福建姓氏志

（第二卷）

中共福建省委党史研究和地方志编纂办公室
福　建　省　姓　氏　源　流　研　究　会　编

海峡出版发行集团 | 福建人民出版社
THE STRAITS PUBLISHING & DISTRIBUTING GROUP | FUJIAN PEOPLE'S PUBLISHING HOUSE

图书在版编目（CIP）数据

福建姓氏志. 第二卷 / 中共福建省委党史研究和地方志编纂办公室，福建省姓氏源流研究会编. --福州：福建人民出版社，2021.6

ISBN 978-7-211-08653-5

Ⅰ.①福… Ⅱ.①中… ②福… Ⅲ.①姓氏—研究—福建 Ⅳ.①K820.9

中国版本图书馆 CIP 数据核字（2021）第 094012 号

福建姓氏志（第二卷）

FUJIAN XINGSHI ZHI

作　　者：中共福建省委党史研究和地方志编纂办公室
　　　　　　福建省姓氏源流研究会
责任编辑：陈　宽　何水儿
出版发行：福建人民出版社　　　　**电　　话**：0591-87533169（发行部）
网　　址：http://www.fjpph.com　　　　**电子邮箱**：fjpph7211@126.com
地　　址：福州市东水路 76 号　　　　**邮政编码**：350001
经　　销：福建新华发行（集团）有限责任公司
印　　刷：福建东南彩色印刷有限公司
地　　址：福建省福州市金山浦上工业区冠浦路 144 号
开　　本：889 毫米×1194 毫米　1/16
印　　张：73.75
插　　页：18
字　　数：2189 千字
版　　次：2021 年 6 月第 1 版　　　　2021 年 6 月第 1 次印刷
书　　号：ISBN 978-7-211-08653-5
定　　价：580.00 元

连城县新泉镇官庄村杨氏愧山公祠（1–1）

平和县九峰杨氏宗祠（1–2）

将乐县蛟湖杨氏宗祠（1–3）

政和县东平镇凤头村杨公祠（1–4）

泉州鲤城区文庄蔡公祠（2–1）

福州三坊七巷文儒坊蔡襄家宅（2–2）

蔡襄倡建的泉州洛阳桥（2–3）

尤溪县洋中镇桂峰村蔡氏古民居群（2–4）

南安市眉山乡高田村叶氏家庙（3–1）

寿宁县犀溪镇北浦叶氏宗祠（3–2）

厦门市同安区叶氏郡马府（3–3）

平和县芦溪镇叶氏绳武楼（3–4）

厦门周氏有应公祠（4–1）

屏南县棠口周姓聚居村的千乘桥（4–2）

尤溪县梅仙汶潭周姓族人建的莲花寨（4–3）

政和县上榅洋周姓族人建造的更楼（4–4）

厦门市同安区苏氏芦山堂（5–1）

龙岩市永定区湖坑新南村苏姓聚居的衍香楼（5–2）

德化县龙浔镇苏姓聚居村宝美村德化屈斗宫古窑址（5–3）

云霄县马铺乡何地何氏家庙（6–1）

福清市一都镇东山村何氏东关寨（6–2）

上杭县中都镇何氏存耕堂（6–3）

上杭县临江镇丘氏总祠（7–1）

尤溪县台溪乡书京村邱氏瑞庆堡（7–2）

清流县林畲乡上塘堀邱氏祖居诒燕第（7–3）

南靖县书洋镇萧氏书山祠（8–1）

厦门市湖里区乌石浦萧氏家庙（8–2）

尤溪县梅仙镇大福圳萧氏古民居（8–3）

福州市鼓楼区高士其故居（9–1）

福州市台江区高氏文昌阁（9–2）

福州市长乐区高鲁天文馆（9–3）

南安市桃源武荣傅氏大宗祠（10–1）

上杭县蛟洋文昌阁（傅姓）（10–2）

长汀县福音医院（傅姓）（10–3）

罗源县起步村柯蔡氏庙会（11–1）

福州市乌山柯述“天香台”摩崖石刻（11–2）

福州市长乐区显应宫（柯姓）（11–3）

南平市延平区南山镇凤池村游公祠（12–1）

大田县建国琵琶堡（游姓）（12–2）

漳州太祖拳青龙阵（游姓）（12–3）

泰宁县杉城镇进士巷梁氏祖居（13–1）

福州仓山区城门镇梁厝村永盛梁氏宗祠（13–2）

武夷山市武夷魂雕塑（彭祖及其子彭武、彭夷）（14-1）

长汀县彭坊刻（凿）纸龙灯在彭坊古村落巡游（14-2）

惠安县康朗家庙（15–1）

永春县玉斗康氏大宗祠（15–2）

永安市洋头村安贞堡（池姓）（16-1）

厦门市翔安区马巷池王宫祖庙（16-2）

光泽县司前乡台山村毛湛毛氏宗祠（17–1）

闽清县下祝乡杉村毛氏宗祠（17–2）

泉州鲤城区涂门街清真寺（金姓）（18–1）

福州晋安区鼓山乡凤洋远东村金将军庙（18–2）

莆田木兰陂与钱四娘（19–1）

古田县泮洋乡中直村高岗钱公殿（19–2）

永泰县大洋镇大展村鄢氏昇平庄（20–1）

永泰县大洋镇高盖山名山室（20–2）

《长泰坂前杨氏族谱系》　明代编修，分为3卷。谱载谱序、源流等。钞本及印刷本。谱存长泰坂前杨氏宗祠。

《长泰塘仔内杨氏族谱》　2017年10月编修。谱载谱序、源流、世系图等。印刷本。谱存长泰塘仔内杨氏宗祠。

八、华安县

《碧溪杨氏家谱》　2017年再修，分为6卷。谱载谱序、源流、世系图等。印刷本，华安县档案局修裱装帧。谱存碧溪村世恩堂理事会。

《福建省漳州府龙溪县华葑保二十四都罗溪社》　2008年编修。谱载谱序、源流、世系图等。印刷本。谱存漳州市图书馆。

第四节　泉州市

一、鲤城区

《亭店后坑杨氏族谱》　宋大中祥符八年（1015年）始编，共3卷；庆元五年（1119年）二修；清乾隆五十四年（1789年）三修；1978年四修，共有25卷。谱载谱序、源流、世系图等。钞本。谱存亭店杨氏宗祠。

二、丰泽区

《印塘懿亭公家谱》　清道光十三年（1833年）编修。谱载杨昌时撰写的本源谱序、1~17世世系图等。钞本。谱存印塘懿亭世系族人家。

三、洛江区

《梧宅杨氏宗谱》　明洪武二十一年（1388年）编修，清康熙四十一年（1702年）二修，宣统二年（1910年）三修，1989年四修。谱载谱序、世系、家规族训、昭穆辈序等。钞本。谱存梧宅杨氏宗祠。

四、石狮市

《曾坑杨氏家谱》　明末始修，清雍正十三年（1735年）杨尔曜二修，同治八年（1869年）杨浚撰三修，同治十二年杨庆霖四修，1993年杨崧岳五修，共6册（厝头、路头、杨园谱各2册）。谱载谱序、世系图、繁衍等。印刷本。谱存曾坑杨氏宗祠。

《蓉园杨氏宗谱》　宋绍熙元年（1190年）始修，明崇祯十年（1637年）二修，清乾隆六年（1741年）三修，1995年四修。谱载谱序、源流、世系图等。印刷本。谱存蓉园杨氏四端堂。

《官聘杨氏族谱》　宋庆元五年（1199）始修，明永乐十二年（1414年）二修，清顺治八年（1651年）三修，1998年四修。谱载谱序、源流、世系表等。钞本。谱存官聘杨氏宗祠。

《卢厝青石杨氏谱牒》　清乾隆年间（1736—1795）杨庆有始修，同治年间（1862—1874）李盈利二修，1949年张谕菌三修，2004年杨孝胥续修。谱载谱序、源流、世系表、繁衍、家规族训等。印刷本。谱存卢厝青石杨氏宗祠。

五、晋江市

《芙蓉杨氏大宗谱》　唐光启年间（885—888）始修，宋大中祥符元年（1008年）二修，宋元祐二年（1087年）三修，明万历十一年（1583年）四修，清康熙二十年（1681年）五修，1918年六修，2006年七修。谱载谱序、源流、世系图、祖训等。印刷本。谱存芙蓉杨氏家庙。

《象泽杨氏宗乘》 唐代始修，宋宝庆二年（1226年）二修，明嘉靖三十年（1551年）三修，清嘉庆十六年（1811年）四修，1982年五修。谱载谱序、源流、世系等。印刷本。谱存象泽杨氏宗祠。

《玉峰杨氏宗谱》 宋绍定二年（1229年）始修，明正德十一年（1521年）二修，清顺治十二年（1656年）三修，1931年四修，2002年五修。谱载谱序、世系图、源流等。印刷本。谱存玉峰杨氏宗祠。

《布泽杨氏族谱》 明洪武十五年（1382年）始修，清顺治八年（1651年）二修，光绪二十七年（1891年）三修，1998年四修。谱载谱序、辈序、世系源流等。印刷本。谱存布泽杨氏宗祠。

《金屿杨氏族谱》 明代纂修，清乾隆年间（1736—1795）重修，1948年三修，1986年四修。谱载谱序、源流、世系表等。印刷本。谱存金屿杨氏家庙。

六、南安市

《厚卿杨氏族谱》 宋淳祐元年（1241年）始修，明洪武十五年二修（1382年）二修，清顺治九年（1652年）三修，1937年四修，2009年五修。谱载谱序、源流、世系图、繁衍等。钞本。谱存后坑文化馆。

《李西杨氏族谱》 宋崇宁二年（1103年）始修，明万历八年（1580年）二修，清嘉庆十六年（1811年）三修，1999年四修。谱载谱序、世系、源流等。钞本。谱存李西杨氏宗祠。

《塘上杨氏族谱》 宋庆元五年（1199年）始修，明崇祯十二年（1640年）二修，清咸丰十年（1860年）三修，2006年四修。谱载谱序、世系、源流等。钞本。谱存塘上杨氏宗祠。

《社庄杨氏族谱》 宋庆元二年（1196年）始修，明弘治八年（1495年）二修，清同治七年（1868年）三修，1988年四修。谱载谱序、世系、源流等。钞本。谱存社庄杨氏宗祠。

七、惠安县

《杜厝杨氏族谱》 明洪武十年（1377年）始修，崇祯十三年（1640年）二修，清咸丰十五年（1865年）三修，2012年四修。谱载谱序、世系、源流等。印刷本。谱存杜厝杨氏宗祠。

《屿头杨氏大宗谱》 宋淳熙三年（1176年）始修，明嘉靖十二年（1533年）二修，清乾隆元年（1736年）三修，1998年四修。谱载序言、世系图等。印刷本。谱存屿头文化馆。

八、安溪县

《芦田三洋杨氏宗谱》 宋崇宁元年（1102年）始修，明洪武十年（1377年）二修，天启五年（1625年）三修，清嘉庆七年（1802年）四修，2015年五修。谱载谱序、辈序、源流、世系图等。钞本。谱存杨明珠纪念馆。

《宝都杨氏族谱》 明洪武三年（1370年）始修，清顺治元年（1644年）二修，1916年三修，2013年四修。谱载谱序、辈序、源流、世系图等。印刷本。谱存宝都杨氏宗祠。

九、德化县

《安章杨姓族谱》 清康熙五十五年（1716年）陈梦祥始修，乾隆四十四年（1779年）陈清时二修并作序，嘉庆十五年（1810年）郑治三修并作序，光绪二十一年（1895年）周重华四修并作序，1928年陈镇周五修并作序，2001年赖正川六修，分为2卷。谱载谱序、世系图、祖墓等。印刷本。谱存安章杨氏龙兴堂。

十、永春县

《永春岩春杨氏族谱》 明万历三十五年（1607年）始修，清乾隆、嘉庆、道光、光绪及民国年间均有续修，1942年蓬壶杨汝净七修，共5卷。谱载谱序、世系图等。钞本。谱存岩春杨氏宗祠。

《蓬壶八乡杨氏族谱》 明万历四十二年（1614年）始修，杨玄妙、杨徐明主修，桐邑陈子父编撰；崇祯十二年（1639年）二修，杨明则、杨开秋主修，莲山杨樊懋编撰；清康熙三十九年（1700年）三修，杨应玄、杨日荣、杨日未倡修，范子先编撰；雍正四年（1726年）四修，杨美宝、杨高爵、杨可欣、杨二雍、杨圣瑞倡修，林世张编撰；乾隆四十三年（1778年）五修，康光宇编撰，钞本；道光十年（1830年）六修，黄德三编撰，杨智肃协编；1938年七修，杨云山主修，康毓书编撰，钞本，今尚存全套2卷；1995年八修，杨清勇主修，杨嘉仲、金田纂修，全套2卷。谱载谱序、世系图等。钞本。谱存蓬壶杨氏宗祠。

第五节 三明市

一、三元区

《忠山村杨氏族谱》 清咸丰十一年（1861年）杨祖森始修，同治元年（1862年）重修。谱载谱序、源流、世系图、分房、族规家训等。钞本。谱存忠山村杨氏祠堂。

二、永安市

《贡川弘农杨氏家谱》 明嘉靖年间（1522—1566）始修，清康熙七年（1668年）杨怀忠二修，嘉庆九年（1804年）杨世起三修，光绪三年（1877年）杨世家四修，1948年五修，2002年杨庆光主持六修。谱载新旧谱序、源流、世系、世录、世传、圣谕、诰命、墓志、年号、族规、凡例、服制、寿文、谱跋、蒸田、书田、祠联等，共计4本、16卷。刻本。谱存贡川杨氏祠堂。

《龙依坑杨氏族谱》 清光绪三十四年（1908年）始修，共计22本；1992年续编，2本，与旧谱衔接。谱载谱序、源流、世系、家训等。印刷本。谱存龙依坑杨氏宗祠。

三、清流县

灵地镇杨源村《宏农杨源仲望公系族谱》 旧谱《宏农杨源杨氏族谱》于20世纪60年代被毁，2019年杨燕钦重修。谱载新修杨氏族谱序、源流、世系、族规、家训格言、杨源史略、重建祖祠记、字派等。印刷本。谱存灵地镇杨源杨氏宗祠。

四、宁化县

石壁《杨边村杨氏族谱》 宋代四洪郎始修，明代二修，清代重修9次，民国年间重修两次，1990年十四修。谱载新旧谱序、源流、世系、族规、分支系等。印刷本。谱存杨边村杨氏祠堂。

宁化泉上镇《延祥杨氏族谱》 明万历十八年（1505年）始修，宁化县儒学教谕王以蒙作谱序；清康熙五十八年（1719年）、乾隆四十五年（1780年）、嘉庆十八年（1813年）、道光二十六年（1846年）、光绪七年（1881年）重修。谱载新旧谱序、源流、世系、族规、传记等。印刷本。谱存延祥杨氏祠堂。

五、建宁县

《上坪杨氏家谱》（又名《关西杨氏族谱》） 清康熙五十九年（1720年）杨文聘始修，杨泰岩作序；乾隆四十九年（1784年）二修；嘉庆十八年（1813年）三修；道光二十七年（1847年）四修；同治十一年（1872年）五修；光绪三年（1877年）六修；1933年七修；2001年杨佐兴八修，杨民安作序，更名为《关西杨氏族谱》。谱载旧序、山场祖产、列祖画像、仕宦录、牌坊祠堂记、列祖赞颂、墓志、各房子孙名录等，共计14册。印刷本。谱存上坪杨氏宗祠。

《长吉堡杨氏族谱》 清乾隆五十六年（1791年）杨达琳始修，杨达金作序；同治七年（1868年）杨祥玉主持二修；光绪二十三年（1897年）杨茂荣三修，杨继贤作序。谱载旧序、凡例、家规、字派、历次修谱首士花名、历代远祖世系图、源流记略等。钞本。谱存长吉堡杨氏宗祠。

《溪源上坑杨氏族谱》 清乾隆七年（1702年）始修，此后历经乾隆四十七年（1775年）、嘉庆五年（1800年）、嘉庆二十三年（1820年）、道光十八年（1839年）、咸丰八年（1858年）、光绪四年（1878年）、光绪二十四年（1898年）、1918年、1938年、1997年10次重修。谱载谱序、源流、世系、家规、墓志等。印刷本。谱存溪源上坑杨氏宗祠。

六、泰宁县

《上坑村杨氏族谱》 清乾隆七年（1742年）始修，四十二年二修，嘉庆五年（1800年）三修，嘉庆二十三年四修，道光十八年（1838年）五修，光绪四年（1878年）六修，光绪二十四年七修，咸丰八年（1858年）八修，1918年九修，1997年十修。谱载源流、世系、分房等。印刷本。谱存上坑村杨氏宗祠。

七、明溪县

《鳌坑村杨氏族谱》 明永乐二十一年（1423年）杨顺童始修；万历十三年（1585年）杨绍濂二修；明崇祯十三年（1640年）杨寿钦三修；清乾隆年间（1736—1795）、嘉庆八年（1803年）重修；道光二十二年（1842年）杨锦云六修；光绪九年（1883年）七修；1996年杨应光编修，共4册。谱载谱序、源流、世系等。印刷本。谱存鳌坑村杨氏宗祠。

《小珩村杨氏族谱》 清同治年间（1862—1874）始修，谱已佚失；1996年杨传宗主持重修。谱载谱序、源流、世系等。印刷本。谱存小珩村杨氏宗祠。

《大坑村杨氏族谱》 明永乐十五年（1417年）始修，万历十八年（1590年）二修，清康熙五十八年（1719年）三修，光绪五年（1879年）四修，1948年五修，2008年六修。谱载谱序、源流、世系分房等。印刷本。谱存大坑村杨氏宗祠。

《弘农杨氏房谱》 2000年明溪县胡坊杨姓与明溪城关坪埠村杨姓宗亲合族编修，杨以金、杨敬思主持纂修。谱载仙游县象洋、象山两村杨氏世系，谱序，源流等。印刷本。谱存湖坊村杨氏宗祠。

瀚仙镇岩里村《杨厝杨氏族谱》 明永乐十五年（1417年）始修，万历十八年（1590年）二修，清康熙五十八年（1719年）三修，光绪五年（1879年）四修，1948年五修，2002年杨良忠六修。谱载谱序、源流、世系、族规等。印刷本。谱存岩里村杨氏宗祠。

《杨家坊杨氏族谱》 明永乐十五年（1417年）始修，万历十八年（1590年）二修，清康熙五十八年（1719年）三修，光绪五年（1879年）四修，1948年五修。谱载谱序、源流、世系等。印刷本。谱存杨家坊杨氏宗祠。

《十里铺杨氏族谱》 明洪武二十八年（1395年）始修，清同治九年（1870年）续修。谱载谱序、源流、世系等。钞本。谱存十里铺村杨氏宗祠。

夏阳乡地美村《埂桥头杨氏族谱》 清雍正六年（1728年）始修，嘉庆十八年（1803年）二修，道光二十九年（1849年）重修。谱载谱序、源流、世系等。钞本。谱存地美村杨氏宗祠。

《紫云杨坊杨氏族谱》 清雍正六年（1728年）始修，嘉庆十八年（1803年）二修，道光二十九年（1849年）重修。谱载谱序、源流、世系等。钞本。谱存杨坊杨氏宗祠。

盖洋镇《姜坊村谢坑杨氏族谱》 清嘉庆五年（1800年）、同治八年（1869年）重修。谱载谱序、源流、世系等。钞本。谱存谢坑杨氏宗祠。

夏阳岭头村《际头杨时族谱修》 明万历八年（1580年）、清乾隆三年（1738年）、道光八年（1828年）三次重修。谱载谱序、源流、世系、族规等。钞本。谱存岭头村杨氏宗祠。

夏阳《上吾坊族谱》 元大德十一年（1307年）始修，明弘治十二年（1499年）、清乾隆三十二年（1747年）、嘉庆十六年（1812年），光绪二十一年（1895年），1995年五次重修。谱载谱序、源流、世系、族规等。印刷本。谱存夏阳村杨氏宗祠。

八、将乐县

《蛟湖杨氏族谱》 南宋淳熙元年（1174年）始修，杨时长子杨迪之第三孙杨瑾（南宋进士）撰写谱序。此后历经元至正九年（1349年）、明洪武十三年（1380年）、天启元年（1621年）、清乾隆十七年（1752年）、光绪十年（1884年）五次重修，1913年清末太学生、杨时27世杨弥梯主持七修。谱载历次修谱谱序、源流、世系、分房、圣谕、诰命、科举仕宦、族规、墓志、传记、杨时年谱、先祖画像等。印刷本。谱存蛟湖杨氏宗祠。

黄潭镇《祖教杨氏族谱》 元大德十一年（1307年）始修，此后历经元至正九年（1349年）、明正德三年（1508年）、崇祯十三年（1640年）、清康熙五十年（1711年）、乾隆三十年（1765年）、嘉庆二十年（1815年）、同治十年（1871年）、光绪三十二年（1906年）、1942年9次重修。谱载谱序、源流、世系、分房、家训族规、传记等。印刷本。谱存祖教村杨氏宗祠。

光明镇《上地杨氏族谱》 元大德十一年（1307年）始修，此后历经元至正七年（1347年）、明正德三年（1523年）、清嘉庆元年（1796年）、同治十三年（1873年）、1921年、1995年6次重修。谱载谱序、源流、世系等。印刷本。谱存上地村杨氏宗祠。

光明镇《各布杨氏族谱》 元至正四年（1344年）始修，明代至清光绪二十二年（1896年）3次重修，1915年五修。谱载谱序、源流、世系等。钞本。谱存各布村杨氏宗祠。

光明镇《山头杨氏族谱》 明万历十二年（1584年）始修，清嘉庆二十四年（1819年）二修，同治元年（1862年）、1948年、1984年均有续修，2014年杨长绍重修。谱载谱序、源流、世系、传记等。印刷本。谱存山头杨氏宗祠。

万安镇良坊村《际上杨氏族谱》 明代始修，清嘉庆二十一年（1816年）、光绪二十年（1894年）、民国年间3次重修。谱载谱序、源流、世系等。印刷本。谱存际上杨氏宗祠。

黄潭镇《吴村杨氏族谱》 元至正七年（1347年）始修，明代至民国年间有过4次重修，2001年六修。谱载谱序、源流、世系等。印刷本。谱存吴村杨氏宗祠。

万全乡《杏溪杨氏族谱》 明正德三年（1508年）始修，清嘉庆三年（1524年）、光绪七年（1881年）两次重修，1949年四修。谱载序言、源流、世系等。印刷本。谱存杏溪杨氏宗祠。

万全乡常安村《杨氏族谱》 清嘉庆十七年（1814年）始修，光绪十年（1884年）重修，2004年续修。谱载谱序、源流、世系等。印刷本。谱存常安杨氏宗祠。

白莲镇《大王杨氏族谱》 明天启三年（1623年）始修，清康熙五十七年（1718年）、宣统三年

（1911 年）、1984 年 3 次重修。谱载源流、谱序、世系等。印刷本。谱存大王杨氏宗祠。

白莲镇大里村《弘农杨氏族谱》 清嘉庆十一年（1806 年）始修，光绪十四年（1888 年）重修，后又续修两次。谱载谱序、源流、世系等。印刷本。谱存大里杨氏宗祠。

安仁乡《福山杨氏族谱》 明万历三十一年（1603 年）始修，清乾隆三十一年（1771 年）重修，光绪二十三年（1897 年）和 1916 年均有续修。谱载谱序、源流、世系等。印刷本。谱存福山杨氏宗祠。

余坊乡洋源村《萧地杨氏族谱》 清同治四年（1865 年）始修，光绪七年（1892 年）、1948 年重修。谱载谱序、源流、世系等。印刷本。谱存萧地杨氏宗祠。

《八闽三杨汇谱·杨时世系卷》 2002 年编修，杨远祥主编。谱载杨英昌中将撰写的谱序及将乐、顺昌、南平、沙县、浦城、松溪等地杨时裔孙的繁衍与播迁、源流、世系、分房、分支、族规家训、传记等。印刷本。谱存各地杨时后裔家中。

九、沙县

《茂溪杨氏族谱》 清嘉庆十五年（1810 年）始修，光绪十六年（1890 年）重修，1938 年杨高堂重修，2002 年杨世泉再修。谱载源流、世系、传记、族规等。印刷本。谱存茂溪杨氏宗祠。

十、尤溪县

坂面镇《大坪村杨氏族谱》 南宋末始修；清康熙年间（1662—1722）杨作平、杨秀、杨凤侣、杨金声主持续修，但未成集；清嘉庆十三年（1808 年）杨怀达重修；1983 年杨开茂续修，编成上下二卷。谱载世系图、各房族公生平简介等。印刷本。谱存大坪杨氏宗祠。

坂面镇蒋坑村《笔山杨氏宗谱》 清道光十三年（1833 年）杨添满、杨添龙修，聘请溪泖先生执笔；1949 年杨新满、杨新自、杨新风等二修。谱载源流、谱序、世系图、敕谱、世传、坟图、年号、祠图、历代科举、族规等。印刷本。谱存蒋坑村杨氏宗亲各家。

洋中镇《后楼杨氏宗谱》 明万历三十五年（1607 年）杨际会始修并作序，谱已佚失；1995 年杨国铭、杨忠意等主持重修并作序。谱载序言、世系图、历代名人录、祠联、诗赞等内容。印刷本。谱存后楼村杨氏宗亲各家。

洋中镇《上高坪杨氏宗谱》 1964 年汤川陈炳秋先生纂修并作序；1989 年杨仁堂重修，聘请黄会楷执笔并作序。谱载谱序，源流、世系图等。印刷本。谱存洋中村各杨氏宗亲家。

洋中镇《洋边村杨氏宗谱》 1995 年杨顺长主持始修。谱载谱序、源流、世系等。印刷本。谱存洋边村杨氏宗祠。

新阳镇建新村《南芹杨氏宗谱》 原谱仅存残本，2005 年重修。谱载谱序、世系等。印刷本。谱存建新村杨氏宗祠。

西城镇《凤元杨氏宗谱》 1947 年聘请林中春执笔纂修。谱载谱序、世系等。钞本。谱存凤元村杨氏宗祠。

溪尾乡《纲纪杨氏族谱》 清乾隆四十五年（1780 年）始修，聘请郑梦鹤执笔。谱载谱序、源流、世系等。谱存纲纪村杨氏宗祠。

台溪乡《象山杨氏族谱》 明万历四年（1577 年）、清嘉庆二十二年（1817 年）重修，1957 年阮荣镐执笔再修，1982 年剑溪林腾芳续修。谱载谱序、源流、世系等。印刷本。谱存象山村杨氏宗祠。

《西滨杨氏族谱》 明万历三十五年（1607 年）杨际修始修，1998 年续修。谱载谱序、源流、世系等。印刷本。谱存西滨村杨氏宗祠。

十一、大田县

《大田杨氏族谱》　始修和重修原谱均已佚失，2004 年杨传芳、杨连朗重修。谱载源流、世系、祠堂、族规等。印刷本。谱存大田杨氏祠堂。

文江镇《昭文村杨氏族谱》　旧谱佚失，仅保存清同治八年（1869 年）和 1969 年的钞本；2004 年杨连朗主持重修，杨锦章、杨斯件、杨斯耀、杨文智、杨连传、杨斯堘等参与编修。谱载源流、世系、族规等。印刷本。谱存昭文村杨氏宗亲家中。

均溪镇《上华村小七公世系族谱》　1999 年聘请陈竹忠手抄续修。谱载始祖杨小七于南宋绍兴年间（1131—1162），由永安龙塘（现青水乡龙吴村）迁入的世系繁衍及兴建宗祠等。钞本。谱存上华村杨氏宗祠。

第六节　莆田市

一、仙游县

《枫亭杨氏族谱》　1997 年杨庆璜纂修。谱载序言、源流、分房世系等。印刷本。谱存枫亭杨氏宗祠及族人家。

《梁山杨氏族谱》　宋代杨弼始修；明隆庆六年（1572 年）杨化重修，户部侍郎郑纪作序；1994 年杨长森重修并作序。谱载序言、源流、分房世系等。印刷本。谱存梁山杨氏宗祠及族人家。

《四知钟山杨氏族谱》　钟山杨天珠 12 世杨朝左始修，2001 年杨琼重修。谱载源流、分房世系等。印刷本。谱存钟山杨氏族人家。

《锦坂弘农杨氏族谱》　2003 年，杨明礼参照 1949 年旧谱重修。谱载序言、源流、分房世系等。印刷本。谱存锦坂杨氏祖祠及族人家。

《高阳杨氏族谱》　2005 年由杨世春等主编。谱载源流、分房世系等。印刷本。谱存高阳村杨氏族人家。

《阮里承宝杨氏族谱》　2005 年杨金霞、杨宗石、杨明金等编修。谱载序言、源流、分房世系等。印刷本。谱存阮里村杨氏族人家。

《象洋象山杨氏族谱》　2015 年杨敬思主修。谱载序言、本宗排辈谱、源流、开基考、家规家训、追宗溯祖、先祖谱、分房世系、人才录等。印刷本。谱存象洋、象山村杨氏族人家。

二、荔城区

《新度杨城杨氏世谱》　清顺治十七年（1660 年）杨梦鲤始修。谱载莆田杨氏从杨山到杨城（今新度镇阳城）400 多年、20 余世的世系、繁衍等，另还收集明通议大夫、户部侍郎郑纪所作《杨城祠堂记》和多位名人所作谱序。钞复印本。谱存莆田华亭埔头杨金火、仙游度尾剑山杨长森、仙游榜头象洋杨敬思家中。

三、城厢区

《埔头杨氏族谱》　1993 年编修，杨美煊、杨长森、杨元美作序，杨云鹏题书名。谱载序言、源流、分房世系等。印刷本。谱存埔头杨氏宗祠及族人家。

四、涵江区

《杨氏乾宁繁衍族谱》　2010 年涵江萩芦镇林美村编委会编修，杨祖朴、杨国阳主编。谱载序言、源流、分房世系等。印刷本。谱存林美村杨氏宗祠。

五、秀屿区

《弘农杨氏月坑宗谱》 2008 年秀屿区东庄镇月坑杨氏编委会编修，杨金焰主编。谱载序言、源流、分房世系等。印刷本。谱存月坑杨氏宗祠及族人家。

第七节 南平市

一、延平区

樟湖镇高州村三洋《杨氏湟泽族谱》 1989 年修，2009 年重修。谱载谱序、源流、世系图等。印刷本。谱存樟湖镇高州村三洋杨氏宗祠。

樟湖镇中和街《湖峰杨氏族谱》 清光绪十九年（1893 年）杨孟辉始修，2019 年重修。谱载谱序、源流、世系图等。印刷本。谱存湖峰杨氏族人家。

巨口乡横坑村《蛟湖杨氏族谱》 1989 年重修。谱载谱序、源流、世系图、祖训族规等。印刷本。谱存巨口乡横坑村杨氏宗祠。

炉下镇瓦口村《瓦口村杨氏族谱》 1919 年重修。谱载谱序、源流、世系图等。钞本。谱存炉下镇瓦口村杨氏宗祠。

太平镇《杨厝村杨氏族谱》 清光绪三十四年（1908 年）始修，至今已七修。谱载谱序、源流、世系图等。印刷本。谱存太平镇杨厝村杨氏宗祠。

二、武夷山市

《崇安杨氏宗谱》 明正统五年（1440 年）始修，工部尚书杨荣撰写谱序；清康熙元年（1662 年）、嘉庆二十一年（1816 年）二修，共 9 册，8 开竖排印刷本；1946 年杨坤基主持三修，共 21 册。谱载圣谕、历次谱序、显祖像图、历代源流、世系、仕官、传略、家诫、赞文等。影印本。谱存武夷山市三杨文化研究会。

《八闽“三杨”汇谱》 2002 年杨青主编，分为 4 卷（《源流卷》《杨亿世家卷》《杨时世家卷》《杨荣世家卷》）。谱载历次谱序、源流世系、光辉世家、显祖传略、当代英杰、家训家规、诗文选萃等。印刷本。谱存杨亿、杨时、杨荣各支系后裔处或各地杨氏宗祠。

《武夷山杨氏宗谱》 明代始修，原谱已佚；1946 年杨坤基重修；2017 年杨建东、杨学文续编。谱载序文、祖根祖源、名门望族、显祖传列、家训族规、祠堂、世家（含堂号、六第）、文化（含典故、楹联）、源流、世系、后记等。印刷本。谱存武夷山市三杨文化研究会。

《三洋杨氏宗谱》 清光绪十五年（1889 年）杨烈朝、杨烈泰等主编，共 8 册。谱载序言、世系等。印刷本。谱存武夷山角亭三杨氏后裔处（影印本存于武夷山市三杨文化研究会）。

三、建瓯市

房道镇《际村东杨宗谱》 清道光七年（1827 年）泝村村杨氏族长杨学海始修，4 卷；2001 年杨立青、杨立远、杨思义主持重修，5 卷及卷五补充版共 6 本。谱载序言、源流、家规族训、分房世系等。印刷本。谱存建瓯市档案局、房道镇际村村杨氏宗祠。

四、顺昌县

郑坊镇《郑坊村杨氏族谱》 1913 年始修，2002 年重修。谱载序言、源流、家规族训、分房世系等。印刷本。谱存郑坊村杨氏宗祠。

五、浦城县

忠信镇《下洋村杨氏族谱》　清代编修。谱载序言、源流、家规族训、分房世系等。印刷本。谱存下洋村杨氏宗祠。

忠信镇《毛洋村杨氏族谱》　清代始修。谱载序言、源流、家规族训、分房世系等。印刷本。谱存毛洋村杨氏宗祠。

六、松溪县

《巨口杨氏宗谱》　宋淳祐四年（1244 年）杨轩始修，此后历经明建文元年（1399 年）、万历三十七年（1609 年）、崇祯三年（1630 年）、清嘉庆二十年（1815 年）、道光二十年（1840 年）、光绪元年（1875 年）、1921 年、1998 年 8 次重修，共 8 部，每部 8 本。谱载序言、源流、家规族训、分房世系等。印刷本。谱存渭田、溪东、黄沙、外屯杨氏族人家。

《黄屯杨氏宗谱》　清康熙六十年（1721 年）始修，此后历经嘉庆八年（1803 年）、同治七年（1868 年）、1940 年 3 次重修，1983 年续修，2017 年杨芳健主持再修。谱载图片、名人题字、伟人名人论谱、凡例、序言、赞词、田产、墓志、家风家训、文化风采、字辈排行、世系、源流等。印刷本。谱存黄屯杨氏宗祠和杨芳健家。

《竹贤上祠杨氏族谱》　清乾隆二十四年（1759 年）始修，此后历道光二十九年（1849 年）、1943 年，2001 年 3 次重修。谱载序言、源流、家规族训、分房世系等。印刷本。谱存竹贤上祠杨氏修谱理事家。

《竹贤下祠杨氏族谱》　清乾隆二十四年（1759 年）始修，此后历嘉庆六年（1801 年）、道光二十九年（1849 年）、光绪二十一年（1895 年）、1999 年 4 次重修。谱载序言、源流、家规族训、分房世系等。印刷本。谱存竹贤下祠杨氏修谱理事家。

《小町支系杨氏族谱》　清乾隆年间（1736—1795）始修，此后历嘉庆二年（1797 年）、道光十五年（1835 年）、1913 年、1983 年 4 次重修。谱载序言、源流、家规族训、分房世系等。印刷本。谱存小町杨氏修谱理事家。

《松源杨氏史志》　1999 年杨时派下松溪各支系合修。谱载序言、源流、家规族训、分房世系等。印刷本。谱存于松源杨氏各支系理事家。

《水南支系杨氏族谱》　清顺治十八年（1661）始修，此后历嘉庆八年（1803 年）、同治十二年（1873 年）、1937 年、1993 年 4 次重修。谱载序言、源流、家规族训、分房世系等。印刷本。谱存水南杨氏修谱理事家。

《张屯支系杨氏族谱》　清乾隆三十三年（1768 年）始修，此后历乾隆四十六年（1781 年）、1983 年两次重修。谱载序言、源流、家规族训、分房世系等。印刷本。谱存张屯杨氏修谱理事家。

《黄屯支系杨氏族谱》　明正德元年（1506 年）始修，此后历清顺治十八年（1661 年）、乾隆三十三年（1768 年）、乾隆四十六年（1781 年）、嘉庆八年（1803 年）、同治七年（1868 年）、光绪三十年（1904 年）、1985 年、2014 年 8 次重修。谱载序言、源流、家规族训、分房世系等。印刷本。谱存黄屯杨氏修谱理事家。

《长巷支系杨氏族谱》　清乾隆四十七年（1782 年）始修，此后历嘉庆八年（1803 年）、同治十二年（1873 年）、1916 年、1986 年 4 次重修。谱载序言、源流、家规族训、分房世系等。印刷本。谱存长巷杨氏族人家。

《西溪世系杨氏族谱》 明成化元年（1465 年）始修，此后历天启元年（1621 年）、清嘉庆五年（1800 年）、咸丰四年（1854 年）、2006 年 4 次重修。谱载序言、源流、家规族训、分房世系等。印刷本。谱存于西溪杨氏族人家。

《西源支系杨氏族谱》 明宣德五年（1430 年）始修，清光绪三十二年（1906 年）重修，1983 年再修。谱载序言、源流、家规族训、分房世系等。印刷本。谱存西源杨氏族人家。

《山镇杨氏宗谱》 明宣德五年（1430 年）始修，此后历清嘉庆十九年（1814 年）、光绪四年（1878 年）、1919 年、2006 年 4 次重修。谱载序言、源流、家规族训、分房世系等。印刷本。谱存山镇村杨氏族人家。

七、政和县

东平镇《护田村杨氏族谱》 旧谱遭兵燹，明隆庆四年（1570 年）杨祚记录残谱重修并作序；清乾隆三十二年（1767 年）杨潮主持重修并作序；嘉庆五年（1800 年）杨继望续修并作序；1917 年杨辉堂重修，后因积劳成疾而长逝，其子杨颂南（师濂）于 1923 年持旧稿续修，至 1927 完稿，杨继忠作序；1990 年杨文培主持重修，杨学堂、杨致强、杨登钟、杨上荣、杨梦定、杨銮玉参编，至 2001 年完稿。谱载历代序言、源流、世系、仕宦、繁衍、堂联文选等。印刷本。谱存护田杨氏宗祠。

第八节　龙岩市

一、新罗区

《龙岩西陂排头杨氏族谱》 2016 年杨仁欣主编。谱载卷首语、源流、修谱堂规、世系图、先祖遗风、宗亲风采、大事述略、宗祠管理章程、摘抄附录等。印刷本。谱存西陂排头杨氏宗祠。

二、长汀县

《宣成下畲村杨氏族谱》 1994 年 6 月杨增瑞等编修。谱载序论、下畲村杨氏探源、世系图录、人物撷英、宗族文化、家风家训等。油印本。谱存宣成下畲村杨氏宗祠。

《长汀杨氏族谱》 2019 年杨秋明主编。谱载序论、长汀杨氏探源、家谱世系图录、人物撷英、宗族文化、附录等。印刷本。谱存汀州龟山公祠、各乡镇杨氏理事会。

三、连城县

《芷溪杨氏族谱》 2007 年杨本俊主编。谱载序论、芷溪杨氏探源、世系图录、人物撷英、宗族文化、附录等。印刷本。谱存芷溪龟山公祠。

《闽西杨氏族谱》 2011 年 10 月杨子良主编。谱载开宗明义、弘农文献、家族世系、杨氏人物、杨氏文化、谱牒存瑛等。印刷本。谱存连城、长汀、上杭、永定、武平等各地杨氏理事会。

第九节　宁德市

一、蕉城区

《赤溪杨氏族谱》 清嘉庆十九年（1814 年）编修，谱已佚失，尚存谱序；咸丰三年（1853 年）贡生杨世禄整理并重修；光绪十六年（1890 年）杨芳新续编；1983 年始按各房编修，至 2000 年汇编成总谱；2019 年杨日禄主持再修。谱载历代序言、赤溪杨氏源流、世系图、繁衍等。印刷本。谱存赤溪杨氏宗祠。

二、福安市

穆云乡《蟾溪杨氏总谱》 1996 年杨信贤重修。谱载源流、世系图、繁衍等。印刷本。谱存蟾溪杨氏宗祠。

城阳镇日山村《弘农杨氏宗谱》 宋代杨殷、杨韶、杨雅始修，明洪武（1368—1398）初年杨朗二修，景泰元年（1450 年）杨必道三修，万历四十三年（1615 年）郑可晓四修，清乾隆三十一年（1766 年）杨正栋五修，光绪元年（1875 年）杨作舟六修，光绪三十一年（1905 年）杨师程、杨作舟、杨德滋七修。谱载源流、世系图、繁衍等。现存两套钞本。谱存城阳镇日山村杨氏宗祠。

上白石前洋村《关西杨氏族谱》 明崇祯四年（1631 年）陈献廷、龚文台始修，清康熙五十五年（1716 年）毛冠卿二修，乾隆十二年（1747 年）陈际隆三修，乾隆六十年（1795 年）游济乾四修，嘉庆八年（1803 年）郭居经、杨思纬五修，道光九年（1829 年）林风桂六修，道光二十六年（1846 年）七修，同治七年（1868 年）杨国珍八修，光绪十九年（1893 年）杨国珍、杨组臣九修，1920 年杨师程、杨作舟、杨步墀十修，1949 年郑绍康十一修，1981 年龚行南十二修，2008 年林子韬十三修。谱载源流、世系图、繁衍等。印刷本。谱存上白石前洋村杨氏宗祠。

潭头镇西洋境村《西洋杨氏族谱》 明成化十六年（1480 年）杨应浦、杨应源、杨应波始修，万历元年（1573 年）刘文鉡二修，清乾隆十五年（1750 年）黄奇新三修，嘉庆十二年（1807 年）吴济舟四修，光绪元年（1875 年）林友凤五修，1917 年杨瑊甫等六修。谱载源流、世系图、繁衍等。钞本。谱存潭头镇西洋境村杨氏宗祠。

潭头镇湖潭村《关西杨氏宗谱》 宋代杨雅始修，明万历二十三年（1595 年）杨月朗二修，清雍正二年（1724 年）陈质中三修，乾隆二十六年（1761 年）陈良牧四修，乾隆三十八年（1773 年）杨正栋五修，嘉庆六年（1801 年）郭元攀六修，嘉庆二十五年（1820 年）杨鸿撰七修；道光二十六年（1846 年）杨师程八修，1982 年郑绍康、黄俭九修；2008 年汤文彤、宋长十修。谱载历代谱序、源流、世系图、繁衍等。明代之前宗谱已佚失，现存钞本及 2008 年新版印刷本。谱存潭头镇湖潭村杨氏宗祠。

上白石薛家垅村《泗溪杨氏家谱》 明洪武元年（1368 年）杨槐敬始修，洪武八年（1346 年）杨朗二修，景泰元年（1450 年）杨必遇三修，嘉靖二年（1523 年）杨魁选四修，清乾隆二十九年（1764 年）李登临五修，嘉庆二十五年（1820 年）林大成六修，咸丰四年（1854 年）王邦桢七修，光绪二十三年（1897 年）王廷咸八修，1981 年龚行南九修。谱载历代谱序、源流、世系图、繁衍等。印刷本。谱存上白石薛家垅村杨氏宗祠。

上白石镇《西园杨氏族谱》 清康熙五十八年（1719 年）毛冠卿始修，嘉庆四年（1799 年）赵士怀二修，道光十九年（1839 年）王超莹三修，光绪七年（1881 年）杨国珍四修，1918 年缪钟藻五修，1988 年林仲瑞六修。谱载历代谱序、源流、世系图、繁衍等。印刷本。谱存上白石镇杨氏宗祠。

溪潭镇济里村《关西杨氏族谱》 清乾隆十二年（1747 年）林洪范编修，嘉庆六年（1801 年）胡大广重修。谱载历代谱序、源流、世系图、繁衍等。钞本。谱存溪潭镇济里村杨氏宗祠。

溪柄《黄河杨氏族谱》 清康熙四十三年（1704 年）刘中泗纂修，杨日挺参修，郭怀祖（鹿斗人，明经进士）作序；康熙五十一年（1712 年）郑谟二修；乾隆十一年（1746 年）杨朝瑾三修；乾隆五十六年郑维斗四修；道光二年（1822 年）丁宏健五修；咸丰六年（1856 年）杨凤翔（溪尾才良人，明经进士）六修；光绪五年（1879 年）朱英七修。谱载历代谱序、源流、世系图、繁衍等。钞本。谱存溪柄杨氏宗祠。

溪尾镇上村《弘农郡才良杨氏族谱》 清康熙五十八年（1719 年）陈元枫始修，乾隆四十三年（1778 年）柳焕重修，光绪七年（1881 年）再修。谱载历代谱序、源流、世系图、繁衍等。钞本。谱存溪尾镇上村杨氏宗祠。

赛岐镇杨厝《关西杨氏宗谱》 清雍正八年（1730 年）陈元枫始修；嘉庆十五年（1810 年）游光绎二修，游光组手书；同治二年（1863 年）卓贡琳三修；1921 年李焕庚四修；1984 年杨叔莹五修。谱载历代谱序、源流、世系图、繁衍等。钞本。谱存赛岐镇杨厝村杨氏宗祠。

溪尾镇孟洋《关西杨氏宗谱》 清雍正二年（1724 年）郑谟、冯世勋始修，乾隆二十九年（1764 年）杨正栋二修，嘉庆十一年（1806 年）陈连城三修，咸丰三年（1853 年）杨师程四修。谱载历代谱序、源流、世系图、繁衍等。钞本。谱存溪尾镇孟洋村杨氏宗祠。

城阳镇马下村《马厚杨氏族谱》 清康熙五十一年（1712 年）杨拱始修，乾隆五十年（1785 年）张四维二修，道光六年（1826 年）连元玑三修，咸丰五年（1855 年）杨师程四修，光绪十二年（1886 年）连茹五修，光绪三十一年（1905 年）卓维康、连凤翔、连宗谦六修，1923 年连赞琪七修，1948 年吴玉棠八修。谱载历代谱序、源流、世系图、繁衍等。现存乾隆版、民国版钞本。谱存城阳镇马下村杨氏宗祠。

溪潭镇沙岩村《狮岩杨氏宗谱》 清光绪十五年（1889 年）始修，1947 年陈昌颐二修，1985 年三修，2013 年四修。谱载历代谱序、源流、世系图、繁衍等。现存民国版钞本及 1985 年、2013 年印刷本。谱存溪潭镇沙岩村杨氏宗祠。

下白石镇港沺村《杨家山杨氏宗谱》 大周显德三年（956 年），杨杭 9 世杨时始修；明嘉靖十年（1531 年）刘敬德二修；万历四年（1576 年）刘廷魁三修，杨杭 23 世杨瑞作序；清乾隆五十一年（1786 年）李呈祥四修；道光十二年（1832 年）王政治五修。谱载历代谱序、源流、世系图、繁衍等。现存乾隆版、道光版两套钞本。谱存港沺杨氏祠堂。

三、福鼎市

《潋城杨氏宗谱》 宋嘉定年间（1208—1224）杨楫首修，明、清、民国时期 8 次续修，2012 年再修。谱载凡例、历代谱序、世系、家训、祖产、祠堂、坟茔等。钞本。谱存潋城杨氏祠堂。

四、霞浦县

长春镇《武曲杨氏家谱》 清乾隆年间（1736—1795）始修，后毁于火灾；道光年间（1821—1850）二修（与连江杨氏合修）；20 世纪 80 年代后三修（与连江杨氏合修）。谱载序言、源流、家规族训、分房世系等。印刷本。谱存武曲杨氏宗祠。

《柏湾自然村杨氏族谱》 20 世纪 80 年代始修，2015 年重修。谱载序言、源流、世系图等。16 开印刷本。谱存柏湾自然村杨氏族人家。

《牙城枣岭上桂园杨氏宗谱》 1919 年杨芝山始修；1976 年杨国敏、杨敦棣与浙江平阳县溪湾杨氏合修；1994 年与溪湾杨氏二次合修；2008 年杨敦璜、杨本广等重修。谱载序言、源流、世系图等。印刷本。谱存枣岭上桂园杨氏宗祠。

五、寿宁县

《张坑杨氏族谱》 明弘治五年（1492 年）始修，此后历明万历八年（1580 年）、清康熙五十五年（1716 年）、嘉庆二十三年（1818 年）、同治八年（1869 年）、1925 年、1982 年 6 次重修。谱载序言、源流、世系图、家规族训等。现存钞本及 1982 年版印刷本。谱存张坑村杨氏宗祠。

杨溪头村《杨氏族谱》　清乾隆七年（1742 年）始修，道光二十五年（1845 年）二修，光绪二十六年（1900 年）三修，1988 年四修，1995 年五修。谱载序言、源流、世系图等。印刷本。谱存杨溪头村杨氏宗祠。

温洋、三赤坑、蒲洋、岩枣坑、坑底《杨氏族谱》　明成化四年（1468 年）始修，清雍正六年（1728 年）二修，道光三年（1823 年）三修，同治元年（1862 年）四修，1918 年五修，1962 年六修，1983 年七修。谱载序言、源流、世系图等。现存钞本及 1983 年版印刷本。谱存温洋杨氏宗祠。

小东、地头、后西溪《杨氏族谱》　清雍正六年（1728 年）始修，嘉庆六年（1801 年）二修，道光三年（1823 年）三修，同治九年（1870 年）四修，1980 年五修。谱载序言、源流、世系图等。印刷本。谱存小东杨氏宗祠。

《下屏峰杨氏族谱》　元皇庆元年（1312 年）始修，1998 年重修。谱载序言、源流、世系图等。印刷本。谱存下屏峰杨氏祠堂。

《廷嘉洋杨氏族谱》　宋嘉定二年（1209 年）始修，明景泰五年（1454 年）重修。谱载序言、源流、世系图等。钞本。谱存廷嘉洋杨氏祠堂。

六、屏南县

《弘农郡福建屏南凤林村杨氏族谱》　2006 年杨家赠、杨家泽修。谱载谱序、源流、历代世系、祖训族规、历代人物录、祭祀祭文等。印刷本。谱存凤林杨氏宗祠。

第十节　平潭综合实验区

平原镇《海山赤山下杨氏族谱》　清光绪四年（1878 年）始修，1942 年重修。谱载重修谱序、世系图等。钞本。谱存海山赤山下杨氏祠堂。

平原镇《酒店杨氏族谱》　清光绪三十二年（1906 年）始修，1992 年续修，2017 年杨尊香再修。谱载重修谱序、世系图、祠堂对联及壁画故事、人物简介等。印刷本。谱存酒店杨氏祠堂。

第四章　文化遗产

第一节　著作与艺文

［唐］杨在尧（一作杨再尧）　仙游人。著有《梁山文集》。

［宋］杨徽之　浦城人。诏编《文苑英华》《杨侍郎集》20 卷、《古律诗》15 卷、《御选图句》2 卷。

［宋］杨　亿　浦城人。辑有《笔苑时文录》数十篇；著有《括巷》《颍阴》《韩城》《退居》《汝阳》《蓬山》《冠硁》《内外制》《刀笔》等，多已散佚。

［宋］杨　备　浦城人。著有《历代纪元赋》1 卷、《宋颂四章》《姑苏百题诗》3 卷、《金陵览古诗》3 卷、《恩平郡谱》1 卷、《梦轩外集》《两宋名贤小集》等，多已散佚。

［宋］杨　时　将乐人。著有《二程粹言》《三经义辨》《易春秋》《庄子解》《校正伊川易》《孟子义》《晚诗书礼札》《周礼解》等，多已散佚。

［宋］杨　伟　浦城人。与李淑合修《三朝训鉴图》10 卷，著有《虢郡文齐集》5 卷（注：曾巩

《隆平集》载为杨亿所撰）、《时务论》12卷。

［宋］杨元晖　浦城人。著有《宦游集》10卷。

［宋］杨与立　浦城人。著有《壬子问答》《朱子语略》共20卷。

［宋］杨　至　晋江人。著有《文公语录》2卷。

［宋］杨公度　清城人。著有《玉峰集》20卷。

［宋］杨　复　福安人。著有《祭礼》14卷、《仪礼图》17卷、《集注文公家礼》10卷、《〈大学〉〈中庸〉口义》《〈论语〉问答》《〈诗经〉杂说》《仪礼旁通图》1卷、《诚记论全集》13卷等，与朱熹、黄勉斋合著《仪礼经传通解》。

［宋］杨兴宗　福鼎人。参修《四朝会要》，著有《自观文集》。

［宋］杨汝南　漳州人。著有《诗要旨》《春秋要旨》《中庸要旨》《经说》《杨彦侯集》。

［宋］杨　朏　闽县人。著有《闽海蛊毒记》。

［宋］杨士瀛　怀安（今闽侯）人。著有《伤寒类书活人总括》7卷、《医脉真经》2卷、《仁斋直指方》36卷。

［元］杨　载　浦城人。著有《杨仲宏集》8卷、《唐音选》《杨仲宏集古诗》4卷、《诗法家数》1卷、《松雪斋谈录》2卷。

［明］杨　荣　建安（今建瓯）人。著有《默庵集》《退思集》《训子编》《北征记》等（大部分作品辑为《杨文敏集》），主编《五经四书性理大全》，参编《明太祖实录》《明太宗实录》《明仁宗实录》《明宣宗实录》。

［明］杨乔岳　龙海人。著有《太室集》。

［明］杨应诏　建安（今建瓯）人。著有《卫道录》《五经辨疑》《四书要义》《闽学源流录》及《天游集》20卷。

［明］杨联芳　漳州人。著有《诸经纂注》。

［明］杨朝干　厦门人。著有《四书诗经集览》。

［明］杨期演　金门人。著有《易经管见》《岛上纪事》。

［明］杨　缙　归化（今明溪）人。纂修《归化县志》10卷。

［明］杨秉机　厦门人。著有《浩然小草》《鹈草》。

［明］杨一葵　漳浦人。著有《裔乘》8卷、《芙蓉馆集》《云中边略》等。

［明］杨廷器　宁化人。著有《宦游草》《雪富自观》《林下自观》《杂说》。

［明］杨　挺　著有《禹贡精要》。

［明］杨　诚　松溪人。著有《冀铁稿》。

［明］杨　榗　宁化人。著有《郢凿集》。

［明］杨　拭　宁化人。著有《铁山集》。

［明］杨德周　玉田（今古田）人。纂《玉田识略》8卷。

［清］杨　英　漳州人（一曰泉州人）。著有《先王实录》。

［清］杨　捷　著有《平闽记》13卷。

［清］杨　澜　长汀人。纂修道光版《长汀县志》，著有《临汀汇考》4卷。

［清］杨逢时　龙海人。著有《痘诊大全》《医案医治》。

［清］杨学曾　侯官人。与林宝书等合著《龙津书院志》。

［清］杨维屏　侯官人。著有《云悦山房偶存稿》6卷、《红楼梦戏咏》。

［清］杨庆琛　侯官人。著有《绛雪山房诗抄》20卷、《击钵吟》7集。

［清］杨秀珠　侯官人。著有《筠青阁吟稿》。

［清］杨仲愈　侯官人。著有《剑秋阁吟草》《巢云精舍诗稿》。

［清］杨廷璋　汉军镶黄旗人。纂修《福建续志》（共92卷）首4卷。

［清］杨　浚　侯官人，原籍晋江。著有《淡水厅志》《集氏易林古语》《连山归藏逸文》《尔雅岁阳考》《白礁志略》《岛居随录》等。

［清］杨庆修　晋江人。著有《游杭日记》。

［清］杨玉章　莆田人。著有《无名氏诗稿》。

［清］杨新日　漳平人。编修《漳平县志》（共9卷）首1卷、《宁洋县志》10卷。

［清］杨起佐　将乐人。著有《杨龟山先生》《通纪》5卷。

［清］杨毓健　南溪（今尤溪）人。著有《南溪书院志》（共4卷）首1卷。

［清］杨兆璜　邵武人。著有《东霞山馆诗抄》6卷。

［清］杨桂森　南平人。纂修《南平县志》首3卷、末1卷。

［清］杨学骞　建瓯人。编著《建瓯乡土地理教科书》。

［清］杨　豫　崇安（今武夷山）人。合著《武夷纪游》。

［近现代］杨持平　莆田人。著有《仰云集》。

［近现代］杨美君女，闽侯人。续写《榴花梦》360卷。

［近现代］杨　骚　漳州人。著有《迷雏》《他的天使》等剧本集、《记忆之都》等诗剧集。

［近现代］杨成武　长汀人。著有《忆长征》《敌后抗战》《冀中平原的地道斗争》《反攻进攻曲》《战华北》《新的使命》等。

［近现代］杨　立　建瓯人。著有《立人汇稿》等。

［近现代］杨民望（又名杨尔）　同安人。著有《交响音乐的欣赏第一辑》《世界名曲欣赏第一辑》（德、奥部分）、《世界名曲欣赏第二辑》（俄罗斯部分）、《世界名曲欣赏第三辑》（东欧部分）。

［近现代］杨柳溪　同安人。作品有《敌机轰炸图》《行乞图》《饮马图》。

［近现代］杨景文　厦门人。著有《宜园小集》《宜园诗稿》。

［近现代］杨章熹　厦门海沧人。著有《缅甸救亡教育实施纲领》《战后缅甸教育的理论与实践》《缅甸地理》等。

［近现代］杨际岚　平潭人。著有《凭窗断想》《人世间》《远远望去》等。

第二节　族规家训

一、杨文公（杨亿）家训（节录）

童稚之学，不比记诵，在养其良知良能。当以先人之言为主，日记故事不拘今古，必先以孝悌忠信礼义廉耻等事，如黄香扇枕、陆绩怀橘、叔敖阴德、子路负米之类，只为俗说便晓。此道理久久成熟，德性自然生矣。谨按此训，当世守勿失。

（一）敦孝悌　孝悌为人伦之首、百行之原。族内若有子侄忤逆父母，不愿奉养；媳妇不敬公姑，乖离骨肉，以及败常乱俗、党恶逞强者，轻则公祠杖责，重则送官不恕。

（二）睦宗族　宗族乡党乃尊卑长幼所居，非伯叔兄弟即子侄祖孙比间而处，理宜和睦。故先王设教，同乡同井尚有出入相友、患难相扶之义。况一本同枝，而休戚可不问乎？如有小节辄行口角者，族房秉直叱不徇。

（三）尚勤俭　一勤无难为之事，一俭无不起之家。富贵由勤俭而生，荣利由勤俭而成也。若游手偷闲，而奢侈无度，则物力有限，贫贱由此而至矣。凡我子孙，务宜克勤克俭，丕振家声；万毋奢华游惰以颓祖德。违者，尊长面斥不纵。

（四）安生理　士农工商，各有恒业。恒业守而恒产存，恒产存而恒心在，则当家无闲人，而门内有君子矣。倘不务生业而三五成群醉酒游惰者，尊长鸣祠重处。

（五）完国课　贡赋之法，自古有然，况今功令森严，考成所系。虽值时势维艰，亦宜多方设措。倘任意拖延，而累及里甲者，不惟官法重惩，且失故家体统。凡我子孙，务须照限早完，以见急公之义。

（六）戒赌博　赌博为破家之薮，将来萌不法之源，为盗为窝渐次而及也。倘有不肖子孙，不顾家业，掷骰呼卢者，公众送官重究；更赌尽而家贫，遂至为非作歹不法等事者，一经确据，鸣官重处不贷。

（七）严婚娶　婚娶乃人伦之大典，配合贵得其宜。上以昭告于祖宗，下以传流于后世，原非浅也。若不论门户之高低，止较礼仪之厚薄，则以良配贱，有玷家风，莫此为甚。如有此等事情发生，必惩革出族，不许入祠，断不曲徇。

（八）禁争讼　争斗非忠厚长者之道，乃血气勇夫之所为。即有物业不明、越理过情者，亦宜备茶入祠，见明尊长。至众论不服，方许经官。若秉公判断，挠众不从，族房出官核实，亦无左袒，亦无炎凉，以伤族谊。

（九）旌读书　士为四民之首，人才乃一族之望。倘无奖赏，何以鼓贤肖之心？嗣后子孙上学者，贺银贰两。补廪者贺银叁两。科举程仪壹两，贺金肆两。纳监贺银贰两，乡科贺银捌两，外花杆银贰两，外拜祖桌盒陆钱。甲科倍于乡科，鼎甲倍于会科。其有异途考职者贺银壹两。更有未进而潜心苦读者，每季公祠家课首选者，赏银叁钱，以充笔墨之资，亦以鼓励人才之意也。

录自《武夷山杨氏宗谱》

二、杨时勉学诗

示同学
——讲学于含云寺读书楼时书

此日不再得，颓波注扶桑。跹跹黄小群，毛发忽已苍。
愿言诸学子，共惜此日光。术业贵及时，勉之在青阳。
行己慎所之，戒哉畏迷方。舜跖善利间，所差亦毫芒。
富贵如浮云，苟得非所臧。贫贱岂吾羞，逐物乃自戕。
胼胝奏艰食，一瓢甘糟糠。所逢义适然，未殊行与藏。
斯人已云没，简编有遗芳。希颜亦颜徒，要在用心刚。
譬犹适千里，驾言勿徊徨。驱马日云远，谁谓阻且长。
末流学多岐，倚门诵韩庄。出入方寸间，雕镌事辞章。
学成欲何用，奔趋利名场。挟策博塞游，异趣均亡羊。
我懒心意衰，抚事多遗忘。念子方妙龄，壮图宜自强。
至宝在高深，不惮勤梯航。茫茫定何求，所得安能常？
万物备吾身，求得舍即亡。鸡犬犹知寻，自弃良可伤。
欲为君子儒，勿谓予言狂。

录自《杨时集》

三、杨荣训子诗并序

序云：古者，男女未生也，则有胎教；既生也，则有母教。其自幼之长也，则有诗书礼乐之训，言行动止之则，何莫而非教之地哉？惟古之有是教也，则饮食动息进退语默之间，承训诲之勤，习见闻之熟，由是邪僻之念不萌于心，非礼之事不干其志。盖其德性之美，才行公懿，皆德性涵养熏陶之久以成之也。是以其教无不备，而其人无不贤者，良以是也。夫治至后世，教法不立，有子女而不知所以教，有父师而不知所以学，由是放肆淫顽，冥行鼓蹈，贸贸焉以自恣于礼法之外者众矣，欲求其成人者岂不难哉！予于公退之暇，料检先圣贤所以垂教者，摄取切要，类为一帙，名之曰训子篇，以藏于家，俾为父师者知所以教，为子女者知所以学，庶有以成其德性之善，而不至于放僻邪侈，以为不肖之归，则幸矣！至于传世垂后则非予之所敢僭也。

万物生于间，斯人最为贵。惟能尽人道，所以与物异。
卓哉圣哲流，前后同一揆。苟能仰先觉，圣哉驯可至。
吾家清白门，实出关西裔。宦游徙建安，德茂占累世。
我祖素宽厚，乐善敦信义。施财恤寒族，散粟济民贫。
忠鲠化强暴，仁爱及物类。至今大富山，万木尚阴翳。
种德贻后昆，毓庆而钟瑞。我父克承之，仰报恩罔极。
嗟我服遗训，先业恒恐坠。侧身入郡庠，奋志取科第。
一官列词垣，禁苑实严邃。职兼春坊重，位极渊阁秘。
浅薄谅难胜，宠屋宁敢翼。顾帷葵霍衷，焉负初心志。
永怀绍先德，昌以垂后裔。惟尔年弱冠，成人方有俟。
骨肉宜难忘，殷勤加训诲。祖宗恩德深，岁时谨赏祀。
著荐在诚敬，荐献必丰备。服劳奉亲养，窨之崇孝悌。
定省谨晨昏，友爱敦同气。立身期显扬，学优乃登仕。
事上必效忠，抚下宜敷惠。宗祖贵雍睦，推本念先系。
尊空秩有伦，温和永无替。夫妇克敬谐，百事咸顺遂。
子女严训育，冥顽生智慧。戚友重欢好，往来笃恩谊。
丰俭贵适宜，礼节不可废。驭仆诚有道，任使均劳逸。
劝惩须量情，宽猛用兼施。居乡尚谦谨，词色勿严毅。
始终必以诚，表里惟一致。尚当勤学业，夙兴而夜寝。
德性贵涵养，玉琢方成器。宜加修治功，勉励无自弃。
师道贵尊严，动静必有记。惟教学之年，讲授务精密。
择友须胜己，慎勿趋势利。所贵道义交，所重金兰契。
彼短不可张，己长不可恃。恶隐而善扬，悔吝自消弭。
切勿事轻使，切勿务嬉戏。更须戒贪吝，慎勿习骄恣。
稼穑最为艰，蚕织世不易。公赋宜早输，家财勿费溢。
服食勿侈靡，居室勿华丽。语言勿妄发，举动勿放肆。
操守防纵失，好恶审偏颇。安分无强求，宅心无妒忌。
毁誉勿辄言，得失勿轻议。克宽乃有济，知止即无殆。
知足以远耻，欲窒而忿惩。虑危恶旨酒，劳勤惜寸阴。
周公位宰辅，才贤孰可及。一沐三握发，虚己而下士。
颜曾为大贤，圣道所托寄。四勿训是遵，三省日加意。
惟满则招损，惟谦乃受益。重义胜欲者，从敬胜怠者。
祸福岂有门，召致实由己。暗室不可欺，邪径不可履。

严如十目视，复如十手指。善积于冥冥，斯乃有阴骘。
我训既谆谆，尔宜深省记。兹虽浅近言，实为远大计。
斯须颠沛间，弥当加警励。勿作沐猴冠，勿为面墙立。
见贤思齐焉，高山维仰止。临深而履薄，慎终而慎始。
成家而贻后，庶几两无愧。

录自《际村东杨族谱》

四、福清东瀚大坵杨氏族规

冠　礼

冠为成人之始，先儒慎之。当国祚大变之日，犹行冠礼，重可知矣。今遵紫阳功令，儒者用方巾。齐民用小帽止。一冠而泮三祝已。乃命字联班，见尊长礼宾随兮。庶冠者知成人之义。

婚　礼

婚嫁皆不可苟，亲迎概行于漳泉，不无随俗。古杭之迎妇，百灯映照，恐杂行于中家，况寒素乎？万一遇变，当如长乐，使少后近篙前，四揖递酒，托之伴房。然后犒劳脚夫。又不然，两家亲属送迎，则入门无差，是亦一礼也。世有胡乱娶妇、胡乱嫁女，明是沦财，家史并不收入以戒后来云。

丧　礼

亲丧大变，易至简略，故讬之亲殓，但不尽必属贵显。殓礼随兮，服哉随恩。如韩昌黎为嫂服期，报乳哺也。泮滛泉有宗子加缌之礼，同屋三月之服，重深情也。有服者皆随亲如礼，即贺吉不必更冠。若父母之丧虽重，庆吊不出，不得议其非也。

祭　礼

吉凶诸祭，俱载家礼。祖父之祭，当妇摘长。御公祭父，使兄子主之。祠堂之祭属之宗子，盖宗子有君道焉，非支庶之所敢干也。三献礼节，一依朱子家礼。

知　足

作人不要不足，作家偏要知足。儿孙满堂，衣食但仅足而止。孙则付之子，曾孙则付之孙，盖不必管而亦不能管也。管之权，宰之有天。尼父不管伯鱼之无椁，听天命耳。李绩太深斯杀妄交之子而已。且劝君废立。成覆唐宗，又以房杜为戒。房杜虽薄一时，而杜如晦之孙，五世为相，如晦不死矣。由兹勘破，为儿孙作马牛之心妄矣。

庸　德

孔子论至德，而归之中庸。庸为言常也。事君之常，止在致身；事亲之常，止在竭力。故惟常为可能，亦惟常为难能。君之事君，死谏为忠；事亲割股为孝，可为常乎？遂使俗儒作文，反常以争奇。叛朱注以为异。此圣贤之大罪，戒之！戒之！

男　规

男子之不肖，非其赋质恶也，乃其幼日之教荒耳。故凡子弟，当教以读书，习揖让，变气质，不宜任其拗性，凌尊长无所忌顾，将不可收拾。又不宜明许博弈，荒家失业，终将若何！且两人对弈，十人旁观，害有不可胜言者。亦不可与非类者游，族长皆当止之。吾乡之年，幸无盗赌荒淫之非。他乡亦无有，自闯入抗顽者必治，不悛者，擅不与言。与不孝子，与不悌者等并。生不许入祠，死不许载谱。

女　戒

女子适人，与我家之娶妇，为宗祧计长远，非斯其死也。况媳妇之贤否效样在尔。吾不能训女以顺，顽女怙终夫家一忤，辄自效榻前以快一时之愤，而身已先腐。女家不察是非，不究颠末，呼群引类，操斧鞭欲戕其婿，而挞其姑。尽索其资奁，裂女裳，檗女柩，令其更易，一得私赂，书辍前言。任女之破裳敝棺弗恤也。既已殓矣，仍则以厚祭，无不尽醄而归。小人目前之计得矣。其家之愚妇，援此借口，祸必转及，此辈知否？吾家有此等妇，合族亟卫之，讼则共佐之，顽女轻生，果或冤耶！天刑国法，其孰能处龙阳怀泉公禁顽女之缢。其从侄继祚女嫁化南郭家，为悍姑激死。偃在尸床，犹在受姑鞭。亲疏悉不赴吊。至以怀之郭氏其壻岁序犹来存问。南浔承波公女适林家，波闻女缢不吊不问，不沾婿一茶。是何等高谊！是足为三玉子孙，世世法矣。

敦　睦

本宗兄弟叔侄，由宗祖亲之，皆一脉所兮，未为疏远也。间有或因小利而忘一脉之亲，或因小而起相戕之祸，甚且积寡成恨，叠兴词讼，连年不结，破家荡产，深为宗祖之辱。今后子姓不孝不悌者，其本亲当自行惩治之。若本亲姑息，不能治其逆子、傲弟、悖侄，宗老诘责其本亲，令其服罪改过。若再不悛，宗族共弃之。若宗族有不平之事，许如朔望日赴宗禀投宗老，即日为从公剖决曲直审处，应给还者，即令展转卢置相还；应叙罪者，即令当祠叙罪讲好，以敦一本之爱。如有重大事件，宗老戚属不能过分，方许闻官。敢有不遵宗训、不禀投宗祠而兴讼者，许家房请出族谱，呈官陈沂曲直，听官拟罪。庶无情之讼可免，是敦睦之一道也。

录自《大坵杨氏宗谱》

第三节　宗　祠

官庄愧山公祠　坐落在连城县新泉镇官庄村。清代杨禄（杨时第三子后裔）始建。建筑面积 217.5 平方米。坐西向东。歇山顶，木结构，穿斗式屋架，飞檐翘角，建有石门楼及左右耳房。1929 年开辟闽西革命根据地，曾设为农民调查会旧址。同年 12 月，红四军开展军事和政治整训期间，毛泽东在此召开农民调查会。1979 年列为连城县文物保护单位，1985 年列为福建省文物保护单位，2006 年列为全国重点文物保护单位。(见彩图 1-1)

九峰杨氏宗祠　俗称“追来堂”。坐落在平和县九峰镇杨厝坪广福市场右侧。明嘉靖年间（1522—1566）始建，清雍正六年（1728 年）扩建，乾隆七年（1742 年）、光绪年间（1875—1908）、1985 年、2000 年均有维修。占地面积 1876 平方米，建筑面积 458 平方米。坐北朝南。现存建筑为三进式的清代建筑风格，悬山顶，飞檐翘角。祠前建有大埕、泮池。门楼为三楼式仿牌坊结构，外立面呈“一”字形，通面阔 9.17 米，通高 6.79 米。大门两侧青砖砌墙，各镶嵌乾隆年间的“龙凤呈祥”景德镇彩瓷一幅，大门前立有抱鼓石一对。祠内保存有乾隆年间《重修碑记》一方。2013 年列为福建省文物保护单位。(见彩图 1-2)

后庵杨姓宗祠　俗称“后庵大祖祠”。坐落在长泰县城后庵。明永乐年间（1403—1424）杨垓扩建，历代均有修葺。占地面积约 1800 平方米，建筑面积 570 平方米。坐西向东。主体建筑保持明代建筑风格，二进三开间，砖木结构，穿斗抬梁混合式屋架，硬山顶，燕尾脊，由门厅、天井、侧廊、正堂等组成。1996 年列为长泰县文物保护单位，2005 年列为福建省文物保护单位。

蛟湖杨氏宗祠　又名“永思堂”。坐落在将乐县南口乡蛟湖村。清康熙五十六年（1717 年）杨时三子杨遹裔孙杨铭倡建；嘉庆二年（1797 年）杨仲传等人将祠移建钱坑边；道光十七年（1837 年）再迁回原址重建；1994 年杨炳旺、杨贞安等人发起重修上殿、厢房，翌年再次筹资改建祠堂正门，并兴建牌坊；2010 年将乐县政府拨款 30 万元、南口乡政府拨款 3 万元、蛟湖村杨氏宗亲集资 10 多万元再次整修，翌年立杨荣、杨埴夫妇、杨时夫妇雕刻石像。占地面积 1250 平方米。坐西北朝东南。为单层木结构建筑，抬梁穿斗式木构梁，硬山顶。设上厅、下厅、天井、两边厢房及右边配殿，四周砖土围墙。1933 年红军红六师进驻蛟湖，曾以此为师机关驻地。2012 年列为福建省文物保护单位。(见彩图 1-3)

东平凤头杨公祠　又称观艳杨公祠。坐落在政和县东平镇凤头村。清光绪八年（1882 年）始建，

1986 年、1996 年进行两次大面积修缮。占地面积 760 平方米，建筑面积 299 平方米。坐东北向西南。主体建筑为砖木结构的府第式建筑，由院墙、门楼、门厅、过雨廊亭、披榭、大厅、厢房等组成，门厅和大厅之间隔以天井和六角方形过雨廊亭。1929 年 8 月在此成立中共政和第一支部，同年 9 月支部扩展为政和县委；1934 年在此建立建（建瓯）松（松溪）政（政和）苏维埃政府。1984 年列为政和县文物保护单位及革命传统教育基地，2013 年列为福建省文物保护单位。（见彩图 1-4）

连城县杨氏宗祠 又称龟山公祠。坐落在连城县庙前镇芷溪村背园。清康熙六年（1667 年）杨六九郎派下背园杨氏合族兴建。建筑面积 600 平方米。坐东向西。主体建筑由牌楼、上下厅组成，左右以回廊相连接，两旁建有横屋。牌楼坐北朝南，木结构，四方形楼顶，分为四层：第一、第四层为“草尾卷筒鸡爪”造型，悬挂“杨氏家庙”古匾；第二、第三层均饰 3 块木雕版，镌刻“八仙过海”“三英战吕布”等民间故事。厅堂供奉“宋大儒杨时龟山靖文”之神位，神龛联曰“支同一脉联三省；享配千秋序十伦”。2009 年列为福建省文物保护单位。

连城杨辉公祠 坐落在连城县庙前镇芷溪拱桥店古街南端。清雍乾年间（1723—1795）芷溪杨背裔孙为纪念 9 世杨辉所建，清末扩建。占地面积 800 平方米左右。坐东向西。由上下厅、左右厢房、连廊、天井及左右耳房等组成。上厅为拱形卷棚顶，厅堂高悬“恒德堂”匾额，正中供奉芷溪杨背杨氏 9 世杨辉牌位及 10 世杨延贵考妣画像，左右列祀左昭右穆的先祖牌位。据传，祠堂初建时，大门前建有约 360 平方米的鹅卵石砌雨坪，两侧立石鼓一对、石狮一对、石旗杆两对，其中左侧有一口水井，井旁立有一座贞节石牌坊，现皆已无存。2009 年列为福建省文物保护单位。

杨家坊杨氏大宗祠 又称杨氏九二郎公祠。坐落在连城县新泉镇乐江、乐联两村之间。元至顺年间（约 1330 年）杨九二郎始建，用作住房，明崇祯三年（1630 年）改建为祠堂；清嘉庆五年（1810 年）重修；20 世纪 60 年代被用作粮站；1976 年至 1997 年改建为乐江学校、乐江小学礼堂；1998 年恢复为杨氏家庙，进行全面修缮。建筑面积 556 平方米。坐西向东。砖石木结构。门楼宽 15 米，歇山顶，飞檐翘角，雕梁画栋；大厅面积约 350 平方米，内设天井，明亮高阔。1929 年，朱德带领红四军到杨家坊时，曾在宗祠内召开群众大会，发动革命。2002 年列为连城县文物保护单位，2020 年列为福建省文物保护单位。

杨氏楚三公祠 坐落在三明市三元区忠山村。清同治年间（1862—1874）忠山杨氏 13 世杨楚三始建。占地面积 700 余平方米，建筑面积约 500 平方米。坐东北朝西南。为二进式木结构建筑，穿斗式屋架，硬山顶。由前埕、护厝、门楼、前堂、天井、书屋、花厅、上堂、后堂等组成。祠内有人物、花草、鸟兽等木雕图案。1994 年列为三明市文物保护单位。

透堡杨氏宗祠

杨厝玉山杨氏宗祠 坐落在闽侯县青口镇杨厝村东。原为明弘治年间（1488—1505）扬州知府杨成宅第，清康熙二十五年（1686 年）改建为宗祠，雍正五年（1727 年）重修，1992 年重建。建筑面积 600 多平方米。坐东向西。二进三开间，四周马鞍形风火山墙，悬山顶。由门楼、前庭、仪门、回廊、祠厅、前后天井等组成，祠前建有泮池。1991 年列为闽侯县文物保护单位。

透堡杨氏宗祠 又称杨而菖烈士祖祠。坐落在连江县透堡镇南街村。明万历三十七年（1609 年）始建，历清康熙三十年（1691 年）、乾隆四十五年（1780 年）、道光二十年（1840 年）、1992 年 4 次重修，2007 年重建。占地面积 1760 平方米，建筑面积980平方米。坐北朝南。三进六扇五开间，砖木结构，明代封闭式轴心布局，三面风火高墙。明内阁首辅叶向高曾为宗祠中堂书题“敦睦高风”匾，工部右侍郎董应举亦为门额书“义门”二字和插屏额“教义堂”三字，至今尚存。土地革命时期，杨氏宗祠曾是连江县的主要革命活动点。原连罗县委书记杨而菖、红军第十三独立团政委杨挺英曾在祠内创办农民夜校，组织农夫会，推动“透堡暴动”；邓子恢也曾在祠内召开民众大会，发动“二五”减租运动。2000年列为连江县文物保护单位。

霞庄西门角杨氏宗祠　坐落在厦门市集美区后溪镇霞庄社。始建于清代。建筑面积186平方米。坐东朝西。两进式，砖木结构，硬山顶，燕尾脊。2013年列为集美区文物保护单位。

佛昙杨氏祖庙　俗称杨氏大厝。坐落在漳浦县佛昙镇。清康熙二十九年（1690年）始建，历代均有重修，1984年海外杨氏侨胞捐资再修。占地面积8100平方米，建筑面积740平方米。坐东南朝西北。二进四开间，土木结构，由门厅、连廊、大厅等组成，祠前建有广场和泮池。门厅深二间，正厅深三间，面宽五间。祠内联曰“缅怀当年宋帝蒙尘，先祖扈从南疆，鸿儒江干创基业；欣看今日宗庙辉煌，裔孙寻根北国，佛昙镇上庆重光”“父子济美南宫，风高薇省；伯仲树勋海宇，名著竹符”。1985年列为漳浦县文物保护单位。

南诏杨氏家庙　坐落在诏安县南诏镇东关社区杨厝内。清康熙十七年（1679年）杨英华倡建，堂号“济美”。占地面积469平方米，建筑面积226平方米。坐西朝东。单进三开间，土木结构，歇山顶，设有大埕、门楼、连廊、天进、大厅及附属建筑等。2013年列为诏安县文物保护单位。

美山杨氏祠堂“四美堂”　坐落在东山县康美镇美山村。明嘉靖年间（1522—1566）始建；崇祯十年（1637年）重修，增其旧制，进地约300米；清光绪三十二年（1906年）再修；2003年按原样重修并扩建堂前广场。占地面积863平方米，建筑面积383平方米。坐西北朝东南。二进三开间，砖石木结构，燕尾脊。祠厅主祀开基祖杨油滓与祖妣及列祖列宗神主。联曰“祖宗功德天来大，为我子孙须念微微细细之初，一圆冷灰吹活火；父母恩情海样深，凡我弟兄共图本本源源之谊，万卷宝轴胜赢金”。厅内悬挂明崇祯诰封“苦节艰贞”匾及“进士”“明德”“恩元”“文魁”“武魁”“竹操松筠”等匾。1992年列为东山县文物保护单位。

东坂杨姓世福堂祖祠　坐落在南靖县靖城镇东坂村。清康熙年间（1662—1722）始建，民国年间重修，2012年再修。建筑面积272平方米。坐西朝东。设前后二厅，建有左右厢房。2004年列为南靖县文物保护单位。

西厝杨姓祠堂　坐落在长泰县陈巷镇雪美村西厝社。宋代始建，历代均有维修。建筑面积348平方米。坐西向东。二进式，石砖木结构，为四合院式建筑。祠前建大埕、泮池，门墙嵌石雕窗，雕工精致。1996年列为长泰县文物保护单位。

石厝杨姓宗祠　坐落在长泰县陈巷镇石室村石厝社。明成化年间（1465—1487）始建。为二进式宫殿式建筑。后进厅堂两壁书“忠、孝、廉、节”四个大字。联曰“世代沿书径，勤蹊通胜景；德行始善根，蓄馈生妙果”“世下其昌，喜清白家声，宏开石室无双族；德成而上，看巍峨堂宇，遥对吴田第一峰”。2004年列为长泰县文物保护单位。

湖坪杨氏大宗祠　坐落在华安县丰山镇湖坪村。建筑面积200多平方米。坐东南向西北。砖木结构。门前建有上、下石埕。联曰“追我祖生银塘，长碧溪，衍丰山，有本有源宗支世系；来尔孙仕曲江，官泷水，协漳口，元文元武清白家风”。2013年列为华安县文物保护单位。

机垣杨公祠　坐落在永安市贡川镇延爽村。清乾隆九年（1744年）贡川城西杨氏于宅后兴建。占地面积约2700平方米，建筑面积约700平方米。坐北朝南。三进式，青砖木石结构，大门用长条石筑砌而成。1934年曾辟为永安县贡川农工会苏维埃政府驻地。2011年列为永安市文物保护单位。

郊尾阳谷杨氏宗祠　坐落在仙游县郊尾镇阳谷村（亦称杨寨）。明万历五年（1577年）杨宾顺于此定居后始建，历代均有维修，1996 年再修。占地面积 705 平方米，建筑面积 618 平方米。二进三开间，土木结构，明代建筑风格，单檐悬山顶。祠内上、下厅高悬“清白流芳”“进士”等 17 面名人题匾。神龛列祀开基祖杨宾顺和 2 世六兄弟考妣牌位。1998 年列为仙游县文物保护单位。

玉地杨氏宗祠（杨龟山祠） 坐落在南平市延平区水南街道玉地村。明崇祯三年（1630 年）始建，1986 年毁于火灾，1994 年在当地政府及有关部门的支持下重建，1997 年告竣，同年 8 月被南平市延平区文化局定为杨龟山纪念馆。占地面积 600 平方米。坐南朝北，正门朝东，木石结构。大堂正中供奉杨时神主，左右是仁、义、礼、智四大房纪念堂，左厢房设为龟山文物室，存有清康熙四十五年（1706 年）圣祖御赐“程氏正宗”匾额。祠内联曰“斯文上续三千载，吾道南来第一家”“汉廷清节高千古，宋代儒宗冠四贤”。2000 年列为延平区文物保护单位。

锦溪杨氏宗祠 坐落在邵武市肖家坊镇将上村。清道光十二年（1832 年）始建，历时 3 年告竣，历代均有维修。占地面积约 4660 平方米，建筑面积约 3300 平方米。坐南朝北。砖木结构，由门墙、前厅、戏台、大厅、东西楼及厨房等附属建筑组成。2007 年列为邵武市文物保护单位。

渔溪公屋 又称“集鳣堂”。坐落在连城县庙前镇芷溪沿河路竹坑桥头东侧。清康熙六十一年（1722 年）芷溪杨氏 17 世杨渔溪始建，后其子杨翥云、杨润田、杨腾风续建，前后历时十余年。占地面积 1.3 万平方米，建筑面积 5356 平方米，坐东向西。采用客家传统“九厅十八井”的建筑形式，由门楼、雨坪、月池、两口水井、内外文武学堂、后花园和大小房屋 101 间组成。其建筑为典型的框架结构，即将 9 个厅堂、两厢壁板及门扇拆下，恰可铺设 18 个天井位置，摆 120 张八仙桌宴请宾客，晒 99 担谷子。外门楼题字“南离辉映”为清代著名书法家何绍基墨宝，每字缺少一笔，由其坐向与紫禁城一样，应避讳所致。2002 年列为连城县文物保护单位。

湖里竹坑湖杨氏宗祠 坐落在厦门市湖里街南片 47 号。清代始建，1992 年因厦门城市建设，将原有 3 座祠堂迁建合并，在原长房祠堂上重建。占地面积 316 平方米，建筑面积 216 平方米。坐西朝东。二进式，砖木结构，硬山顶，燕尾脊。2007 年列为厦门市涉台文物古迹保护单位。

溪西杨氏大宗祠 坐落在厦门市集美区后溪镇长房社。元大德四年（1300 年）始建，1998 年重建。占地面积 1760 平方米，建筑面积 259 平方米。坐南朝北。二进式，砖木结构，硬山顶，燕尾脊。2007 年列为厦门市涉台文物古迹保护单位。

霞阳植德杨氏宗祠 坐落在厦门市海沧区新阳街道霞阳社区。明初始建，清末和 1987 年重修，2016 年再修。占地面积 900 平方米，建筑面积 300 平方米。坐南朝北。二进式，砖木结构，硬山顶，燕尾脊。2007 年列为厦门市涉台文物古迹保护单位。

芦岐杨氏宗祠 坐落在福州市仓山区城门镇芦岐村。明代始建，2015 年扩建。建筑面积 800 平方米，占地面积 2000 平方米。

谢坑杨氏宗祠 坐落在福州市仓山区城门镇安平村上村。清光绪年间（1875—1908）始建，2008 年重建。建筑面积 500 多平方米。二进三开间，穿斗式构架，双坡顶。

闽安杨氏宗祠 坐落在福州市马尾区亭江镇闽安村。元至正七年（1347 年）始建，2003 年重修。建筑面积 200 平方米。

土地坑杨氏宗祠 坐落在福州市马尾区亭江镇闽安镇北坛。清代始建，2007 年重建。占地面积 1200 平方米，建筑面积 430 平方米。

岐山杨氏宗祠 坐落在福州市马尾区亭江镇亭头村。清道光年间（1821—1850）始建，1997 年重建。建筑面积 680 平方米。坐西南朝东北。二进式，三层楼建筑。

西边杨氏宗祠 坐落在福州市马尾区亭江镇西边村花台顶。清光绪十三年（1887 年）始建，1998 年重建。建筑面积 328 平方米。

长柄杨氏宗祠　坐落在福州市马尾区亭江镇长柄村。清乾隆年间（1736—1795）始建，1935年、1980年、1995年重修。建筑面积300平方米。由门墙、前庭、后院等组成。祠厅面阔三间，穿斗式木构架，双坡顶，厅后设有小天井、庭院。

海屿关西杨氏宗祠　坐落在福州市马尾区琅岐镇海屿义湖白龙山麓。明万历元年（1573年）始建，清乾隆八年（1743年）、光绪三年（1877年）、1958年重修，2014年重建。建筑面积225平方米。土木结构，穿斗式木构架，马鞍形风火山墙，青墙黛瓦双坡顶，雀尾屋脊。

连攀杨氏四知堂　坐落在福州市马尾区琅岐镇连攀村。1998年兴建。建筑面积400多平方米。砖木混凝土结构，二层建筑。

大坵杨氏宗祠　坐落在福清市东瀚镇大坵村。清乾隆三十五年（1770年）始建，光绪二年（1876年）重修，1994年重建。占地面积1033平方米，建筑面积697平方米。坐西朝东。三进三开间，砖石木混凝土结构，双坡硬山顶，进与进之间以天井相隔。大厅悬挂"四知堂""将军""进士""博士""文魁""理学士"等古匾10面；后进厅设祭祀神龛，题曰"四知堂"。

南浔杨氏宗祠　坐落在福清市东瀚镇南浔村。明万历二年（1574年）始建，1995年修缮扩建。占地面积996平方米，建筑面积634平方米。坐北朝南。石混结构，穿斗式木构架，双坡顶。主体建筑由门楼、戏台、天井、祠厅、寝室等组成。祠厅面阔三间，进深三柱。厅堂悬挂"四知堂""进士""拔贡""选魁""学士""解元""礼部儒士""甘肃参将""怀远将军"等匾额。

南湾杨氏宗祠　坐落在福清市上迳镇南湾村。清宣统二年（1910年）始建，1949年大修，1993年重建。占地面积755平方米，建筑面积655平方米。坐北朝南。土木结构，四周风火高墙，穿斗式木构架，双坡顶。主体建筑由祠埕、门墙、戏台、两侧厢楼、天井、连廊、祠厅等组成。

北连杨氏宗祠　坐落在福清市城头镇南田村北连自然村。2011年重建。占地面积280平方米，建筑面积206平方米。坐北朝南。砖木结构。

文祚道南杨祠　坐落在福清市南岭镇文祚村。1925年重修，1952年重建，2003年再建。占地面积480平方米，建筑面积600平方米。坐北朝南。钢筋混凝土结构。祠厅面阔三间，进深二柱，穿斗式木构架，双坡顶。

山东海杨氏宗祠　坐落在福清市渔溪镇后朋村山东海自然村。清代始建，1992年重建。占地面积540平方米，建筑面积400平方米。坐西向东。土木结构，三进式。大厅悬挂"四知堂"鎏金匾额。

仙井杨氏宗祠　坐落在福清市高山镇仙井村。明万历七年（1579年）始建，1921年扩建，1983年重修。占地面积649平方米，建筑面积589平方米。坐西北朝东南。土木结构，穿斗式木架构。主体建筑由门廊、大厅、天井、后厅等组成。

牛峰杨氏宗祠　坐落在福清市沙埔镇牛峰村。清乾隆三十五年（1770年）始建，光绪年间、1928年重修，1993年重建。占地面积630平方米，建筑面积480平方米。坐北朝南。石混结构。二进四扇三开间。

龙南杨氏宗祠　坐落在福清市沙埔镇龙洋村南。清代始建，1987年重建。占地面积650平方米，建筑面积400平方米。坐北朝南。石混结构。

龙北杨氏宗祠　坐落福清市沙埔镇龙洋村北。明万历十四年（1517年）始建，清光绪二年（1876年）续建前落。占地面积350平方米，建筑面积250平方米。坐西朝东。土木结构。

东楼杨氏宗祠　坐落在福清市新厝镇东楼村。清雍正年间（1723—1735）始建，1995年重建。占地面积354平方米，建筑面积274平方米。坐北朝南。砖石木混合结构。

龙峰杨氏宗祠　坐落在长乐区漳港街道龙峰村。明代始建，清康熙五十七年（1718年）重建，乾隆四年（1739年）重修。占地面积1000多平方米，建筑面积600多平方米。二进三开间，四周风火高墙，穿斗式木构架，燕尾脊。厅堂悬挂明代长乐知县夏允彝书题“岊水长流”匾。祠前建有一口直径 6 米的泮池。

东渡杨公祠

东渡杨公祠　坐落在长乐市玉田镇东渡村。元代为纪念南宋爱国将领、抗元忠烈杨梦斗所建，1987 年华侨与村民捐款重建。由上下座组成，设有门楼、门厅、戏台、厢楼、天井、回廊、大厅等，门前建有庭院，四周环以围墙。上座建筑面积 313 平方米，楠木横梁，为明清古建筑；下座建筑面积 427 平方米，暹罗柚木横梁。单檐歇山顶，穿斗式木构架。大门楣匾曰“文章节义祠”。大厅面阔三间，进深三柱，厅堂悬挂明代长乐知县夏允彝书题“宋室忠烈”匾及清代谭仲麟、开国上将杨成武、全国人大常委会原副委员长卢嘉锡、国务院原副总理方毅、福建省委原书记陈明义等题词或题联。

杨于安祖厅　坐落在长乐市漳港镇龙峰村。清嘉庆十八年（1813 年）始建。占地面积 700 平方米。由门墙、门廊、天井（廊房各两间）、厅堂、后院等组成，周以围墙。正厅面阔五间，进深七柱，穿斗式木构架，双坡顶。左右南北各一列护厝，均为三柱七间，穿斗式结构，单坡顶，作厨房、仓房之用。厝东北角有古井，方形井栏刻有铭文“嘉庆拾捌年”。

三溪杨氏宗祠　坐落在长乐市江田镇三溪村。1948 年始建，2008 年重建。建筑面积 1200 平方米。为仿明清建筑风格的砖石木结构建筑，硬山顶，抬梁穿斗式木构架。祠厅石雕、木雕十分精致。戏台饰以 15 层藻井，装饰精美。

演屿杨氏宗祠　坐落在长乐市漳港镇演屿村。明代始建，2013 年重建。建筑面积 1080 余平方米。坐北向南。为三进式钢筋混凝土结构，风火高墙，硬山顶，燕尾脊。

阳厦杨氏宗祠　坐落在长乐市首占镇阳厦村。清代始建，2015 年重建。建筑面积 220 多平方米。

洞头杨氏宗祠　坐落在长乐市营前镇洞头村。明代始建，1996 年重修。建筑面积 330 多平方米。

南门杨氏宗祠　坐落在长乐市玉田镇。清康熙（1662—1722）中期杨昌衡从玉田漫坑迁至南门化龙境时始建为祖屋，2008 年重建为宗祠。建筑面积 700 多平方米。

青口杨厝杨氏祠堂　坐落在闽侯县青口镇杨厝村。2010 年新建。建筑面积 800 平方米。坐西向东。砖混结构。

晓岐杨氏宗祠　坐落在闽侯县南屿镇晓岐村卧牛山东南麓。明嘉靖三十四年（1555 年）始建，清顺治七年（1650 年）、光绪二十四年（1898 年）、1929 年、1997 年重修。建筑面积 902 平方米。坐北朝南。木结构，由前、中、后三座组成。前座设戏台；中座为“四知堂”大厅，设神主龛，悬挂“进士”“烈士”匾等，并刻有卓冰清书写楹联；后座双层楼为“文昌阁”，用于办书斋。大门楣镌“四知堂”匾额。

杨六老祠堂　雅称杨陆祠堂（“杨六老”是后人对开基祖杨六的俗称）。坐落在闽侯县竹岐乡榕西村。据传，肇基祖杨六系明成化年间（1465—1487）由永泰石壁迁入，弘治年间（1488—1505）始建宗祠，原祠为土木结构，历代均有修复；1950 年以后被辟作粮库使用，损毁严重，祠内原有神龛、牌位、匾额、祠堂楹联以及相关文字记载等均丧失殆尽；1976 年粮库搬迁，收归族人管理。占地面积 780 平方米，建筑面积 438 平方米。坐西南朝东北。二进三开间，由前后大厅、庑廊、天井组成，天井用条石铺砌，四周筑有风火高墙。

榕岸杨氏宗祠　坐落在闽侯县竹岐乡榕西村。2004年新建。建筑面积约700平方米。坐西南朝东北。

港边杨氏宗祠　坐落在闽侯县荆溪镇港头村港边自然村。明成化年间开基祖杨东明（杨时后裔）由将乐迁入后始建，堂号为“立雪堂”，历代均有修葺，今已破败不堪，待重建。建筑面积约300平方米。

杨头杨氏祖厝　坐落在闽侯县青口镇杨厝村下杨头。占地面积1200平方米。由前后座组成，左右各建有小三开间宅院。前座设前庭、正厅、后院，门埕、泮池等，四周风火高墙。前庭左右建披榭；正厅面宽五间，建有左右厢房，穿斗式木构架，双坡顶，燕尾脊；后院石铺，周以明沟。后座面宽五间，正间为厨房，左右次间为厢房。

横岐杨氏宗祠　坐落在闽侯县荆溪镇港头村横岐自然村。清代始建；1958年被拆毁；2006年重建；2009年因福州绕城高速公路建设被拆，择地再建。占地面积1250平方米，建筑面积460平方米，附属建筑面积350平方米。坐西向东。三进式，砖木结构，悬山顶。

鸿尾杨氏宗祠　坐落在闽侯县鸿尾乡鸿尾村。明弘治年间杨时长子杨迪由将乐迁入后始建，清代、民国时期均有翻修，1952年重建，2009年再修。建筑面积500多平方米。坐北朝南。

大湖杨氏宗祠　坐落在闽侯县大湖乡大湖村。唐天祐年间（904—907）入闽始祖杨沂后裔杨大郎迁入后始建，1993年在原址上复建为四知堂。建筑面积700平方米。坐东朝西。

福田杨氏祠堂　坐落在闽侯县小箬乡福田村。明万历年间（1573—1620）始建，清代、民国时期均有翻修，2014年修缮扩建。占地面积2000多平方米。辟建有“四知文化广场”，设为福建省家风教育基地、福建省文学创作基地、福州市党性教育基地、闽侯县廉政教育基地。

龙塘杨氏宗祠　坐落在连江县琯头镇塘下村。清咸丰年间（1851—1861）始建，1991年重修。建筑面积300平方米。二进四扇三开间，砖木结构，硬山顶，围以风火墙。

阳岐杨氏宗祠　坐落在连江县琯头镇阳岐村。清嘉庆五年（1800年）始建，1999年旅美族亲倡修。建筑面积600平方米。为前后座组成的砖木结构建筑，四扇三开间，硬山顶，后座三层。

财桥杨氏宗祠　坐落在连江县敖江镇财桥村。1994年始建，2001年扩建后座，2007年重修。建筑面积294平方米。坐东北向西南。砖木混凝土结构，仿古楼阁式建筑。

下山杨氏宗祠　坐落在连江县敖江镇下山村。1938年始建，2004年重修。建筑面积297平方米。坐北向南。三进四扇三开间，木瓦屋面。由前厅、正厅、后座、双天井等组成。

青塘杨氏宗祠　坐落在连江县敖江镇青塘村。清初始建，2008年重建。建筑面积450平方米。土木结构，四扇三开间。

官巷杨氏宗祠　坐落在连江县敖江镇官巷村原祖居地。四扇三开间，砖木结构，建有书院。

蝉步杨氏宗祠　坐落在连江县东岱镇蝉步村。1932年始建，1996年重修。建筑面积230平方米。坐北向南。四扇三开间，砖木结构，硬山顶。

后财杨氏宗祠　坐落在连江县安凯镇同心村。清乾隆四十年（1775年）始建，1958年遭火毁，1995年重建。坐东南向西北。四扇三开间，石木结构，围以风火高墙，双坡顶木瓦屋面。

仙屏杨氏宗祠　坐落在连江县蓼沿乡仙屏村。清乾隆四十三年（1778年）始建，历代均有修缮。建筑面积784平方米。坐西向东。四扇三开间，砖木结构，硬山顶。

蒲边杨氏宗祠　坐落在连江县蓼沿乡蒲边村。2004年重修。建筑面积612平方米。坐西南朝东北。四扇三开间，砖混结构，硬山顶，木瓦屋面。建有二层楼的书院。

柘尾杨氏宗祠　坐落在连江县浦口镇柘尾村。明末清初始建，1996年重修。建筑面积183平方米。坐东向西。二进四扇三开间。

筱埕杨氏宗祠　坐落在连江县筱埕镇。1996年始建，2012年重建。建筑面积253平方米。坐北向南。三进二层楼，六扇五开间，砖木结构。左侧建有书院。

黄岐杨氏宗祠　坐落在连江县黄岐镇烟筒山下。清乾隆年间（1736—1795）始建，2006 年重建。建筑面积 120 平方米。一楼为单层旧式砖木结构，设祭祀神龛；二楼为混凝土结构。

凤城杨氏宗祠　坐落在连江县凤城西南街杨氏原祖居地。建筑面积 360 平方米。六扇五开间，木结构。

塘石杨氏宗祠　坐落在闽清坂东镇杨板村。1923 年始建。六扇五开间，穿斗式木构架，左右两侧筑砌马鞍墙。

秀岭杨氏宗祠　坐落在罗源县飞竹镇秀岭村。清代中期始建。占地面积 1600 平方米。六扇五开间，前有天井、回廊、祠埕，左右侧建有书院。

洋头厝杨氏祠堂　坐落在罗源县西兰乡寿桥村洋头厝。清康熙三十九年（1702 年）始建，1992 年重修，2005 年重建。占地面积 440 平方米。坐南朝北。由前后厅组成，木结构，双坡顶，四周风火墙。后厅面阔三间，设祭祀神龛。

邹湖杨氏宗祠　坐落在永泰县嵩口镇中山村。唐代始建，明末被毁，清光绪二十一年（1895 年）重建，1928 年再次被毁，1933 年再建。建筑面积 500 平方米。祠厅面阔三间，进深七柱，穿斗式木架构，双坡顶，燕尾脊，马鞍式山墙。

龙山杨氏宗祠　坐落在永泰县龙山（又名紫山）。清乾隆二十六年（1761 年）始建，2006 年重修。

上厝杨氏宗祠　坐落在厦门市集美区后溪镇上厝社。元大德四年（1300 年）始建，2009 年重建。占地面积 392 平方米，建筑面积 189 平方米。坐南朝北。二进式，砖木结构，硬山顶，燕尾脊。

霞庄三房杨氏宗祠　坐落在厦门市集美区后溪镇霞庄社。元至元六年（1340 年）始建，清代重修两次，2007 年、2016 年再修。占地面积 375 平方米，建筑面积 261 平方米。坐南朝北。二进式，砖木结构，硬山顶，燕尾脊。

坂山杨氏宗祠　坐落在厦门市集美区后溪镇坂山社。明洪武十三年（1380 年）始建，2007 年重修。占地面积 781 平方米，建筑面积 250 平方米。坐东朝西。二进式，砖木结构，硬山顶，燕尾脊。

霞梧杨氏宗祠　坐落在厦门市集美区后溪镇霞梧社。始建于清嘉庆二十三年（1818 年）。占地面积 245 平方米，建筑面积 77 平方米。坐南朝北。二进式，砖木结构，硬山顶，燕尾脊。

山尾杨氏宗祠　坐落在厦门市集美区后溪镇山尾社。清康熙三十九年（1680 年）始建，1999 年重修。占地面积 439 平方米，建筑面积 252 平方米。坐北朝南。二进式，砖木结构，硬山顶，燕尾脊。

苏营杨厝杨氏宗祠　坐落在厦门市集美区后溪镇苏营杨厝社。明洪武二十六年（1393 年）始建，2015 年重建。占地面积 1030 平方米，建筑面积 230 平方米。坐南朝北。二进式，砖木结构，硬山顶，燕尾脊。

岩内墩上杨氏宗祠　坐落在厦门市集美区后溪镇岩内墩上社。清乾隆二十五年（1760 年）始建。占地面积 663 平方米，建筑面积 216 平方米。坐南朝北。二进式，砖木结构，硬山顶，燕尾脊。

贞庵杨氏宗祠　坐落在厦门市海沧区海沧街道贞庵社。1999 年重修。占地面积 250 平方米，建筑面积 125 平方米。坐东北朝西南。砖木结构，硬山顶，燕尾脊。

外较场杨氏大宗祠　坐落在厦门市同安区祥平街道外较场社。明洪武十七年（1384 年）杨赐保 3 世杨子甫率族人兴建，嘉靖三十七年（1558 年）毁于倭寇，万历三十一年（1603 年）重建，清代数次修缮，1993 年再建。占地面积 715 平方米，建筑面积 249 平方米。坐北向南。二进式，砖木结构，硬山顶，燕尾脊。

后厝杨氏宗祠　坐落在厦门市同安区祥平街道后厝社向东角。明末始建，历代均有修缮，2017 年重建。占地面积 376 平方米，建筑面积 150 平方米。坐西向东。砖木结构，硬山顶，燕尾脊。

程厝杨氏宗祠　坐落在厦门市同安区祥平街道程厝社。始建于清代，2006 年重建。占地面积 150 平方米，建筑面积110平方米。坐东南朝西北。砖木结构，硬山顶，燕尾脊。

杜桥四知堂杨氏宗祠 坐落在厦门市同安区祥平街道杜桥社。因年久失修已部分坍塌。占地面积150平方米，建筑面积70平方米。坐西南朝东北。砖木结构，硬山顶，燕尾脊。

杜桥关西堂杨氏宗祠 坐落在厦门市同安区祥平街道杜桥社。因年久失修已部分坍塌。占地面积300平方米，建筑面积190平方米。坐西南朝东北。二进式，砖木结构，硬山顶，燕尾脊。

米市杨氏宗祠 坐落在厦门市同安区大同街道西安广场双溪一里1号梯302室。清康熙十三年（1674年）始建，康熙二十七年（1688年）落成，历代均有修缮。1999年因旧城改造被拆除，补偿商品房改作祠堂。建筑面积67.12平方米。坐西北朝东南。

下橄榄岭洋杨氏宗祠 坐落在厦门市同安区祥平街道下橄榄岭社。清嘉庆十五年（1810年）始建，1998年重修。占地面积500平方米，建筑面积280平方米。坐北朝南。二进式，砖木结构，硬山顶，燕尾脊。

西山洋杨氏宗祠 坐落在厦门市同安区新民镇西山洋社。1993年在原址重建。占地面积400平方米，建筑面积200平方米。坐南朝北。砖木结构，硬山顶，燕尾脊。

塘边杨氏宗祠 坐落在厦门市同安区新民镇塘边社。几经修缮，2008年大修。占地面积520平方米，建筑面积420平方米。坐东朝西。二进式，砖木结构，硬山顶，燕尾脊。

大榕杨氏宗祠 坐落在厦门市同安区新民镇大榕社。1984年在原祠堂基址重修后落，2000年续建前落。占地面积500平方米，建筑面积150平方米。坐东朝西。二进式，砖木结构，硬山顶，燕尾脊。

霞阳杨氏宗祠 坐落厦门市同安区西柯镇霞阳社。明代始建，1999年重建。占地面积440平方米，建筑面积140平方米。坐北朝南。砖木结构，硬山顶，燕尾脊。

云标长房杨氏宗祠 坐落在厦门市同安区莲花镇云标社新厝头。明代始建，2009年重修。占地面积1650平方米，建筑面积1320平方米。坐北向南。三进式，砖木结构，双护廊，硬山顶，燕尾脊。

云标三房杨氏宗祠 坐落在厦门市同安区莲花镇云标社乌门头。明代始建，2006年重建。占地面积460平方米，建筑面积280平方米。坐东向西。三进式，砖木结构，硬山顶，燕尾脊。

棲霞堂杨氏宗祠 坐落在厦门市同安区莲花镇霞坂社。明嘉靖年间（1522—1566）始建，历代均有修缮，2008年在原址重建。占地面积560平方米，建筑面积120平方米。坐西南朝东北。砖木结构，硬山顶，燕尾脊。

尾林杨氏宗祠 坐落在厦门市同安区莲花镇尾林社。明弘治年间（1488—1505）始建，2004年重建。占地面积500平方米，建筑面积240平方米。坐东朝西。二进式，砖木结构，硬山顶，燕尾脊。

水洋杨氏宗祠 坐落在厦门市同安区莲花镇水洋社。始建于明代，2003年重修。占地面积250平方米，建筑面积140平方米。坐东北朝西南。二进式，砖木结构，硬山顶，燕尾脊。

白交祠杨氏大宗祠 坐落在厦门市同安区莲花镇白交祠社。明万历年间（1573—1620）始建，2012年重建。占地面积423平方米，建筑面积216平方米。坐东南向西北。二进式，砖木结构，硬山顶，燕尾脊。

霞美店孝思堂杨氏宗祠 坐落在厦门市翔安区内厝镇霞美店村。清咸丰六年（1856年）始建，1981年马来西亚马六甲华侨捐资重建。占地面积2000平方米，建筑面积180平方米。坐南朝北。砖木结构，硬山顶，燕尾脊。

莲河杨氏宗祠 坐落在厦门市翔安区新店镇莲河社。1916年重建，1999年翻建。占地面积320平方米，建筑面积220平方米。坐东朝西。二进式，砖木结构，硬山顶，燕尾脊。

杨厝孝思堂杨氏宗祠 坐落在厦门市翔安区新店镇杨厝社。明正德十一年（1532年）始建，1992年重修。占地面积1127平方米，建筑面积452平方米。坐北朝南。二进式，砖木结构，硬山顶，燕尾脊。

保存有明代祠堂碑记一方。

前浯杨氏宗祠 坐落在厦门市翔安区新店镇前浯社。始建于清代，2010 年重建。占地面积 220 平方米，建筑面积 178 平方米。坐东朝西。砖木结构，硬山顶，燕尾脊。

碧湖诒燕堂杨氏宗祠 坐落在漳州市龙文区步文镇碧湖村。明万历四十三年（1615 年）始建，2015 年重建。坐北向南。二进四厢房一天井。

朝阳世美堂杨氏宗祠 坐落在漳州市龙文区朝阳镇朝阳村。明正德六年（1511 年）始建。坐南向北。二进式，砖木结构。

扶摇杨氏大宗祠 坐落在漳州市龙文区郭坑镇扶摇村。明嘉靖元年（1522 年）杨度兴建，清乾隆二十一年（1756 年）重建，2000 年重建。原祠为砖木结构，分前后殿，带左右厢房，门楼设五门。重建后的新祠配建 4 座石塔、关帝庙。

金鳌杨氏家庙 又称“钟鳌堂”。坐落在龙海市白水镇金鳌村。明末始建，历代多次修葺，2011 年再修。占地面积 850 平方米，建筑面积 278 平方米。坐南向北。

碧湖衍庆堂杨氏家庙 坐落在龙海市角美镇杨厝村杨厝社。明嘉靖三年（1524 年）始建。坐北朝南。二进三开间，庙前建有二层大埕，埕前设泮池。庙内保存民国年间福建省省长萨镇冰题赠旅菲侨贤杨在田的“乡间矜式”匾、知名人士杨吉德的“心存济世”匾及全国人大常委会原副委员长彭冲题赠碧湖旅菲同乡会成立五十周年的“团结侨胞，共建祖国”大匾。

湖西天鹅堂杨氏祖庙 坐落在龙海市隆教乡白塘村湖西社。清乾隆二十八年（1763 年）始建，1994 年重修。单进三开间。

下坑守知堂杨氏宗祠 坐落在漳浦县佛昙镇下坑村。明万历年间（1573—1620）始建。坐北向南。二进三开间，土木结构建筑，悬山顶。祠内悬挂“进士”等匾额，祠前建有泮池。大门联曰“二字公忠不夜珠，光钦帝命；一团清正分霄露，气静天台”。

江口和贵堂杨氏宗祠 坐落在漳浦县前亭镇江口社。坐东北向西南。单进三开间，土木结构，悬山顶。祠内悬挂“清白流芳”“理学乡贤”等匾额，联曰“大韶衍派，敦宗睦族；始祖开宗，望出弘农”“春祀秋尝，尊圣贤礼乐；左昭右穆，序世代源流”。祠前建有泮池。

杨华支祠 坐落在云霄县下洞村水尾自然村。清乾隆三十八年（1773 年）始建。建筑面积 145 平方米。

樟朗杨氏大宗祠 坐落在诏安县深桥镇樟朗村。清康熙年间（1662—1722）始建，历代均有重修，2016 年重修扩建。占地面积 500 多平方米。坐西向东。二进式，石木结构，抬梁穿斗式木构架，悬山顶，燕尾脊。主体建筑由门楼、上下厅、连廊、天井、拜亭等组成。大门两侧联曰“敦竹源流远；章松世泽长”。堂联曰“敦道南鸿禧，祖德丕振理学世泽；本关西燕喜，孙谋予定清白家声”。

高磜杨氏家庙 坐落在平和县下坪村高磜社。明成化年间（1465—1487）始建。占地面积约 3300 平方米。坐西北向东南。三进式建筑，祠后设花台，祠前有大埕，埕前旗杆林立。四周建围墙，设过门，门前建照壁。

下坪杨氏祖祠 坐落在平和县霞鹏楼中心。明万历年间始建，历代均有重修。建筑面积 1331 平方米。坐东向西。为“落山虎”式结构，设有一大厅、一门楼。大厅供奉开基祖杨寿卿神主牌位。

塘背科杨氏支祠 坐落在平和县秀峰乡福塘村塘背科社。民国时期杨锦忠等奉资重建。占地面积 800 平方米。坐西向东。二进式建筑。供奉杨厝坪始祖杨世熙支脉杨坪林（兴华）神主牌位。

花坂洋杨氏宗祠 坐落在长泰县陈巷镇石室村花坂洋社。明嘉靖二十年（1541 年）始建。建筑面积 283 平方米。坐东北向西南。祠前建有大埕、泮池。祠内联曰“先辈拼搏传后代，进取描绣锦坂；奉读韬略沿祖迹，奋发绽开鲜花”“先祖三封开望族，奉承四知振家风”。

坂前（兰溪）杨氏祠堂 坐落在长泰县武安镇金里村坂前社。明代始建，清乾隆十年（1745 年）重修。占地面积 2200 平方米。坐北朝南。

丰山杨氏祠堂 坐落在华安县丰山镇。宋建炎三年（1129 年）始建，历代均有修缮，1999 年重修。建筑面积 900 平方米。坐北向南。砖木结构。堂前建有一片面积约 150 平方米的广场。大门联曰“恩传汉四知，史纪明三杰”。

金紫杨氏宗祠 又名金紫杨氏家庙。坐落在泉州市鲤城区百源社区礼让巷南侧。清乾隆十五年（1751 年）始建，初名灵慈宫沟杨氏宗祠。占地面积 1230 平方米。坐东向西。二进三开间双护厝。因杨景辰（杨阳春之孙）官至高位，故在祠堂门顶镶嵌“金紫杨氏家庙”匾。

亭店杨氏祠堂 坐落在泉州市鲤城区江南街道亭店社。明永乐年间（1403—1424）始建，2000 年重建。建筑面积 220 平方米。坐北朝南。二进三开间，祠前建有石埕。

上村杨氏祠堂 坐落在泉州市鲤城区常泰街道上村社区。建筑面积 190 平方米。坐西向东。二进三开间。厅堂悬挂“父子进士”匾。

洛江杨氏祠堂 坐落在泉州市洛江区河市镇梧宅村。清代始建，后毁于火灾，经过重建，1999 年重修。建筑面积 320 平方米。坐东向西。

印塘杨氏宗祠 坐落在泉州市丰泽区群石社区洋塘巷石塘前。明代始建，2002 年重修。建筑面积 235 平方米。坐南朝北。

曾坑杨氏宗祠 坐落在石狮市曾坑村厝头自然村。明末始建，清乾隆年间（1736—1795）重建，同治八年（1869 年）举人杨浚牵头重修，1994 年旅菲乡贤捐资重建。占地面积 280 平方米，建筑面积 200 平方米。坐东北朝西南。二进三开间，石木结构。前落门厅三川脊式硬山顶，后落祀厅宽敞透亮。大门柱镌联曰“唐启芙蓉祖德千秋远，明开曾里流源百世长”。

官聘杨氏宗祠 坐落在石狮市永宁镇后杆柄村。清初始建，乾隆二十三年（1758 年）、道光十四年（1834 年）、1931 年 3 次重建。建筑面积 280 平方米。坐北朝南。二进三开间，砖石木结构。

山边杨氏宗祠 坐落在石狮市永宁镇山边村。2004 年兴建。建筑面积 280 平方米。坐北朝南。二进三开间。

林边杨氏祖厝 坐落在石狮市林边村。清雍正年间（约 1730 年）始建，1983 年重修，2005 年再修。建筑面积 222 平方米。坐西向东。二进三开间，砖石木结构。

桥头杨氏祠堂 坐落在南安市金淘镇院口村（旧称员峤）。清嘉庆年间（1796—1820）朝廷封杨守恺、杨守望、杨守成兄弟三人为三孝子，赐建祠堂一座，立碑记载。建筑面积 255 平方米。坐北朝南。

美林金枝杨氏祠堂 坐落在南安市美林街道金枝村。明代杨建业赐进士第，官拜奉议大夫，修建祠堂一座，今已年久失修。建筑面积 285 平方米。坐北朝南。

官桥五宝杨氏家庙 位于南安市官桥镇新圩村。1996 年旅菲侨亲捐资重修。坐北朝南。石结构。厅柱上刻有朱熹题联“仙子友英贤一局曾消千日瞬，天王旌国手三军为浚万年川”。建筑面积 225 平方米。坐北朝南。

屿头杨氏宗祠 坐落在惠安县洛阳镇屿头村。清代杨克寿和杨连登率族人协力创建，1985 年海内外族人募资重建，1998 年重修。占地面积 500 平方米。坐北朝南。二进三开间，宫殿式建筑。

蓬莱杨氏德阳祖宇 坐落在安溪县蓬莱镇岭东村。1986 年重建。占地面积 1400 平方米，建筑面积 196 平方米。坐北朝南。

尚卿杨氏福狮祖宇 坐落在安溪县尚卿乡园德村外窟西北山麓。明景泰年间（1450—1456）始建，历代多次修葺。占地面积 600 平方米。坐西向东。二进式，土木结构，悬山顶。

宝都杨氏大宗祠 坐落在安溪县龙涓乡宝都村。明成化二十年（1484 年）杨日益 12 世杨元吉、杨元昭兄弟始建；清康熙四十年（1701 年）杨浑执事重建，杉木结构；1940 年重修；1988 年重建，改为砖石结构。占地面积 700 平方米。坐西朝东。二进式大厝。

槐扬杨氏金钩祖祠　坐落在安溪县感德镇槐扬村东北部。明万历年间（1573—1620）始建，历代均有修葺。建筑面积 259 平方米。坐东北朝西南。二进式，土木结构，悬山顶，燕尾脊。

梓美杨氏祖祠　坐落在安溪县西坪镇赤水村。明代始建，2000 年重修。建筑面积 320 平方米。坐北朝南。

安章大祖祠　坐落在德化县桂阳乡安章村。元末（约 1360 年）杨贵二兴建，历代均有修缮。建筑面积 465 平方米。坐北朝南。两进式，木结构，歇山顶，燕尾脊。

苏洋杨氏祠堂　坐落在德化县龙门滩镇苏洋村。1960 年集资重建。建筑面积 220 平方米。坐东朝西。砖石木结构。

和顺杨氏祠堂　坐落在德化县杨梅乡和顺村。开基祖杨日永兄弟三人合建，历代均有维修，民国年间被烧毁，1966 年重建。建筑面积 320 平方米。坐北朝南。木结构。

杏村杨氏岑兜祖宇　坐落在永春县坑仔口镇杏村内岩兜。唐广明年间（880—881）杨甫精始建，历代有修葺，2002 年翻新重建。占地面积 1500 平方米，建筑面积 600 平方米。坐北朝南。

梅林杨氏祖宇　坐落在永春县吾峰镇梅林村下治。清康熙三十五年（1696 年）始建，1963 年重建。建筑面积 275 平方米。坐北朝南。

旗峰杨氏家祠　坐落在永安市贡川镇贡堡北郊。清顺治十二年（1655 年）兴建。建筑面积约 2000 平方米。坐北朝南。木结构。

杨边杨氏宗祠　坐落在宁化县石壁镇杨边村宁石公路左侧。清顺治二年（1645 年）始建，咸丰五年（1855）重修，20 世纪 60 年代被毁，1995 年重修。建筑面积 980 平方米。坐北朝南。砖木结构，双坡顶，两边风火墙。正堂高悬“清白流芳”“恩荣”“旌表”匾额。

上坪村杨氏宗祠　坐落在建宁县溪源乡上坪村。清乾隆四十二年（1777 年）始建，20 世纪 80 年代台湾宗亲出资维修。占地面积 1000 平方米，建筑面积 294 平方米。坐西朝东。地面用石板和三合土铺就。

上坑村杨氏宗祠　坐落在建宁县溪源乡上坑村。清乾隆七年（1742 年）始建，嘉庆五年（1800 年）、道光二十九年（1849 年）、咸丰八年（1858 年）、1918 年 4 次修缮，1996 年再修，基本保持原貌。建筑面积 300 平方米。坐西朝东。

黄地塘杨氏宗祠　坐落在明溪县夏坊乡鳌坑村黄地塘。2000 年在祖祠原基上重建。建筑面积 80 平方米。坐南朝北。砖木结构。

小珩杨氏祖祠　坐落在明溪县枫溪乡小珩村杉林下卧虎山麓。20 世纪 60 年代重建。建筑面积约 200 平方米。坐北朝南。木结构。祠旁有树龄 200 余年的古楠木一株。

谢坑龟山公祠　坐落在明溪县盖洋镇姜坊村谢坑。建筑面积 400 平方米。坐北朝南。上厅供奉杨时，悬挂清道光十年（1830 年）庠生杨万青所立“世德相丞”匾额。

祖教杨氏宗祠　坐落在将乐县黄潭镇祖教村。明隆庆五年（1571 年）始建。占地面积 735 平方米。坐北朝南。抬梁穿斗式木构架。旧时祠前有一条九曲水渠，可饮可濯，为族人仿“曲水流觞”而建。

西湖杨氏宗祠　坐落在将乐县黄潭镇西湖村东南茶果园。2009 年由杨水旺等人发起兴建。占地面积 500 多平方米。坐东朝西。设有殿堂、厢房、大埕等。

里村杨氏宗祠　坐落在将乐县黄潭镇吴村里村上村头。清乾隆五十三年（1788 年）始建，历代均有修缮。建筑面积 1500 平方米。坐北朝南。土木结构，穿斗式木架构。由上下两栋组成，共 6 厅、房室 32 间。其中上栋 3 厅，厅头屏风为八字门结构，雕花格窗，设神龛，供奉先祖牌位。

英山杨氏祠堂　坐落在尤溪县坂面乡大坪村英山。明天启年间（1621—1627）始建。正堂为七开间，堂下设左右厢房。

英山杨氏二祖祠 坐落在尤溪县坂面乡大坪村英山。清乾隆年间（1736—1795）始建，“文化大革命”期间被焚毁。1983年重建。正堂为五开间。

蒋坑杨氏宗祠 坐落在尤溪县坂面乡蒋坑村笔山山麓。明洪武八年（1375年）开基祖杨念四主持兴建，名为“弘农郡四知堂”；1918年杨有源主持重建；1996年杨周常主持再建。面积约1000平方米。坐北朝南。设正堂，左右厢房及上下两庭院，祠前建有泮池。

后楼杨氏祠堂 坐落在尤溪县洋中镇长后楼村。明万历（1573—1620）初年开基祖杨承祯主持兴建，1948年按原结构重建，2004年重修。三进式，木结构，正堂左右设厢房与下堂衔接，中隔天井，四周有回廊相通。

后楼陂兜洋杨氏支祠 坐落在尤溪县洋中镇后楼村。明崇祯元年（1628年）开基祖杨承祯3世杨心鉴主持兴建，1948年重建，1975年被改建为生产队仓库，1979年杨顺长、杨思间等人主持在原址上进行重建，1994年杨经营等主持再修。

后楼长美后杨氏支祠 坐落在尤溪县洋中镇后楼村。清乾隆九年（1744年）开基祖杨承祯6世杨志片与其长子杨念京主持修建。三进两厅堂，木结构，上下堂由左右4间厢房相连，中隔天井，四周有回廊相通。祠堂两侧原建有私塾学舍。

上谪坪杨氏宗祠 坐落在尤溪县洋中镇洋中村上高坪自然村。清嘉庆二十年（1815年）始建，原祠为二层木结构，因年久失修破败不堪，21世纪初由本村杨氏宗亲出资按原样重建。新祠为砖木结构。

龙益杨氏祠堂 坐落在尤溪县新阳镇龙益村龙泽自然村。元代中后期杨伯家、杨伯华、杨荣由大田回迁时修建。

凤元杨氏祠堂 坐落在尤溪县西城镇凤元村洋头。1972年因原祠破败，族亲出资在原址上重建。建筑面积280平方米。坐北朝南。

赖店坂头杨家宗祠 坐落在仙游县赖店镇坂头村。2003年重修。占地面积500平方米，建筑面积200平方米。坐北朝南。二进三开间。大门楣书“锦坂祠堂”四字。

象洋杨氏祖祠 坐落在仙游县榜头镇象洋村。明嘉靖年三十九年（1560年）至明隆庆四年（1570年）由开基祖4世杨对居倡建，1950年以后设为象洋小学，1992年按原样重修。占地面积5000平方米，建筑面积2000平方米。坐东朝西。土木结构。

杨城杨氏宗祠 坐落在莆田市荔城区新度镇阳城村。据明户部尚书郑纪所撰《杨氏祠堂记》载，始迁祖杨宣义建旧祠在其居室东北，规模隘陋；7世杨致政重修，明初9世杨安行以朝官归省又拓地重建，后为豪门私占；明成化（1465—1487）初年族长杨崇进、杨贵成等希望通过官府来解决，才得以在原址复建。为7间一层平房，土木结构。正堂悬匾“存著堂”，依世次列龛供奉诸宗神主，左右有厢房，前有中门；堂门之左设为“宴享所”，右为“致斋年”。由于年久失修，已破烂不堪，今仅存中间3间。现存建筑面积200平方米。坐北朝南。

埔头大池顶杨氏祖祠 坐落在莆田市城厢区华亭镇埔头村。明嘉靖年间（1522—1566）倭寇作乱，杨爱吾三子避难流落到文赋里鳌头境（今埔头），被林姓人家收留，于此造屋居住，后代将祖屋改建为祠堂，历代均有修缮，至今保存较好。占地面积400多平方米，建筑面积300多平方米。

杨厝杨氏宗祠 坐落在南平市延平区太平镇杨厝村上洋。清康熙五年（1666年）始建，历代均有维修，今保存完好。占地面积4836平方米，建筑面积308平方米。坐西南向东北。木结构，悬山顶。厅堂中祠龛与厅壁连在一起，木雕装饰考究，流线型垂幔龛额，悬匾“四知堂”。楹联曰“感春露而怀秋霜，济济人文垂万世；序左昭而分右穆，绵绵瓜瓞于千载”。左右墙壁贴满大张小幅“县学乡试公报”“府学岁试公报”“直隶州州同遇缺即用荣任高升捷报”等，年代虽久但字迹斑驳可认。这些“举报”（捷报）

见证了古代杨厝村杨氏子孙登第连捷的喜庆。

上梅下阳杨氏祠堂 坐落在武夷山市上梅乡下阳村。明嘉靖四十五年（1566年）杨寿子孙始建，万历元年（1573年）落成，初名功德祠（又名寿公祠）；清康熙元年（1662年）改建为书堂，雍正四年（1726年）更名为追孝祠，乾隆二十二年（1757年）重建为祠堂，1928年毁于火灾，2017年重建。占地面积1058平方米，建筑面积758平方米，其中祠堂面积586平方米，附属建筑面积200平方米。坐南朝北。

兴田西郊上曹杨氏祠堂 坐落在武夷山市兴田镇西郊村。清康熙元年（1662年）杨禄子孙始建；曾被侵占为他用，经多方协商收归，2003年由杨耿干等筹资修建。占地面积380平方米，建筑面积366平方米，其中祠堂面积286平方米，附属用房面积80平方米。坐南朝北。

上洋杨氏家祠 坐落在浦城县浦西镇上洋村。民国初年杨廷祯、杨开黄主持修建。占地面积500平方米，建筑面积400平方米。坐南朝北。

巨口杨氏宗祠 坐落在松溪县巨口村。为杨宏毅后裔所建，清宣统年间（1909—1911）毁于火灾，民国初年族人捐资按旧制重建，1992年重建，1998年落成。占地面积600平方米，建筑面积360平方米。坐东朝西。大厅如旧制供奉杨震牌位。日常作为村老年人活动中心。

竹贤上祠杨氏宗祠 坐落在松溪县渭田镇竹贤村头。清乾隆年间（1736—1795）兴建，为开基祖杨文林长房杨暹监支系祠堂，1992年族人集资修缮，2000年再修。占地面积600平方米，建筑面积500平方米。坐北朝南。

竹贤下祠杨氏宗祠 坐落在松溪县渭田镇竹贤村尾。清乾隆年间兴建，设为开基祖杨文林次房杨暹鹤支系祠堂，历代有修复或改建，1992年、2000年先后两次修缮，修旧如旧。占地面积600平方米，建筑面积500平方米。坐北朝南。

护田杨氏宗祠 坐落在政和县东平镇护田村。明正统六年（1441年）陕西发生饥荒，朝廷告示希望有能者出粮赈饥，杨相公闻讯主动献谷1100余石，并亲自送粮到陕西赈灾，是年九月二十二日，明英宗御敕嘉奖并赐建坊、祠；成化八年（1472年）毁于倭寇；嘉靖十五年（1536年）杨相公5世杨天辅鸠族重建；后年久失修，破败不堪，2008年杨文培、杨上和等主持重建，前后历时5年，于2013年落成。占地面积600平方米，建筑面积560平方米。坐北朝南。二进式，石木结构。由前庭、门厅、四角过雨亭、大厅等组成。门厅为二层。

红坊下洋杨氏宗祠 坐落在龙岩市新罗区红坊下洋村，明景泰二年（1451年）杨庭俊主持修建，景泰五年（1454年）落成，历代均有修葺。占地面积1400平方米，建筑面积380平方米。坐北朝南。设有前后厅和东西两厅，后厅（正厅）两侧各建厢房两间。

武平龟山公祠 坐落在武平县永平镇梁山村。2016年重建，奉祀宋龙图阁大学士杨时，每年农历十月二十二日设为祭祀节日，流传至今。占地面积336平方米，建筑面积175平方米。坐西南朝东北。

汀州龟山公祠 坐落在长汀县城。明隆庆年间（1567—1572）穆宗为褒扬杨时敕建，历代均有修葺，2013年重建落成。占地面积486平方米，建筑面积200多平方米。坐北朝南。主体建筑由上下厅组成，配有横屋楼、门楼、内坪、外道等，屋顶饰双龙戏珠，飞檐翘角。

赤溪杨氏宗祠 坐落在宁德市蕉城区赤溪镇卧牛岗下。明万历年间（1573—1620）始建，清道光十一年（1831年）再建，后遭兵燹，屡毁屡建。现祠坐东南向西北。重檐复栋，斗拱雕镂，属明清建筑风格。保存有圣旨、旌表五代同堂匾额等文物。

穆云蟾溪杨氏宗祠 坐落在福安市穆云畲族乡蟾溪村。清同治年间（1862—1874）始建，1997年重修。建筑面积600多平方米。坐西朝东。二进式，砖石木结构。

潭头湖潭杨氏宗祠 坐落在福安市北部山区的潭头村。宋绍定六年（1233年）始建，为杨司马三公宗祠，淳祐十一年（1251 年）立匾“袭庆堂”，明崇祯七年（1634 年）重修，清康熙三十年（1691 年）重修，康熙四十四年（1705 年）重建大厅，乾隆十九年（1754 年）、嘉庆二年（1797 年）、同治十一年（1872 年）重修。

前洋杨氏宗祠 坐落在福安市上白石前洋村。清道光二十二年（1842 年）始建，2008 年重修。三进式，砖石木结构。大门埕上竖两根镌刻“清光绪丙戌年（1886 年）”字样的石旗杆。

溪潭济里杨氏宗祠 坐落在福安市溪潭镇凤林村济里。清嘉庆年间（1796—1820）始建，与杨八太宫毗邻。2013 年重修。建筑面积 600 多平方米。三进式建筑。

上白石西园杨氏宗祠 坐落在福安市上白石镇西园村。清光绪七年（1881 年）始建，1988 年重修。建筑面积约 600 平方米。

上白石薛家垅杨林宗祠 坐落在福安市上白石镇财洪村薛家垅。清同治七年（1868 年）杨、林两姓共建，立祠晋主，光绪四年（1878 年）完竣。二进式建筑。

溪柄黄河杨氏宗祠 坐落在福安市溪柄镇黄河村。清康熙三十九年（1700 年）始建，嘉庆六年（1801 年）、道光十八年（1838 年）扩建。建筑面积近 700 平方米。砖木结构，分前后二厅。

赛岐杨厝杨氏宗祠 坐落在福安市赛岐镇杨厝。清顺治二年（1646 年）始建，1930 年扩建，1987 年进行修葺，2005 年修建。占地面积 640 平方米。砖土木结构，围以风火墙，设前厅（戏台）、回廊、天井（祭拜亭）、后厅及辅房等。

溪尾上村杨氏宗祠 坐落在福安市溪尾镇上村。清乾隆五十四年（1789 年）始建，2004 年进行修葺。占地面积 825 平方米。三进式，土木结构，围以风火墙。设前厅（戏台）、回廊、天井（祭拜亭）、后厅及辅房等。门埕开阔，竖有 10 对旗杆石基座。

溪尾利洋杨氏宗祠 坐落在福安市溪尾镇利洋村。清雍正年间（1723—1735）始建。建筑面积约 450 平方米。二进式建筑。

城阳马厚杨氏宗祠 坐落在福安市城阳镇马厚村。明天启四年（1624 年）始建，清康熙九年（1670 年）重修，嘉庆二十四年（1819 年）重建，2000 年新建戏台及三进围墙。建筑面积 500 平方米。三进式建筑。

曲村杨氏宗祠 坐落在霞浦县长春镇武曲村。原祠建于后门山马仙娘庙旁，占地面积 50 平方米，坐北朝南。2000 年前移建今址。建筑面积 120 平方米。坐北朝南，砖混结构。

上桂园杨氏宗祠 坐落在霞浦县牙城镇枣岭村杨边路。2003 年重修。占地面积 200 平方米，建筑面积 150 平方米。坐北朝南。砖木结构。

山兜杨氏祠堂 坐落在霞浦县柏洋乡洋里行政村山兜自然村。占地面积 400 多平方米。坐北朝南。砖木结构。

温洋新杨氏宗祠 坐落在寿宁县大安乡温洋村。2006 年新建。建筑面积 200 平方米。砖混结构。

杨溪头馀庆祠 坐落在寿宁县下党乡杨溪头村。清同治十一年（1872 年）始建，原祠建筑面积 400 平方米，土木结构，上下两堂布局，后毁圮。1967 年在旧基址上重建宗祠、小学两用楼。现祠面积 520 平方米。砖木结构，上下两堂布局。

沙潭杨氏祠堂 坐落在寿宁县沙潭水碓坑村。明正统十二年（1447 年）始建，清光绪二十六年（1900 年）移建村中，1918 年重建。建筑面积 200 平方米。坐西南向东北。土木结构，两堂布局。

半山杨氏宗祠 坐落在寿宁县斜滩镇半山。2008 年始建。占地面积 1300 平方米，建筑面积 80 平方米。水泥混合结构。

周宁杨氏宗祠 坐落在周宁县狮城镇虎岗村。清光绪二十九年（1903 年）始建，1990 年族长杨祥晏主持扩建。建筑面积 830 平方米。三进六扇五开间，木石结构。大厅正中高悬“四知堂志”匾额，两旁供奉历代公婆神主牌位。柱联曰“始周宣封晋地世系绵延荣万甸，嵇甯化入汀州宗支蕃衍旺东洋”“抚夷狄保江山一门忠烈乾坤正气，劾权奸扶社稷两疏庄严日月争光”“忠贞体国清白传家廉风昭汉代，气概凌云经纶济世政绩著明廷”等。

完店杨氏宗祠 坐落在柘荣县东源乡完店村。清乾隆八年（1743年）始建，2016年重修。

凤洋杨氏宗祠 坐落在柘荣县英山乡凤洋村。清同治年间（1862—1874）始建，光绪二十二年（1896年）再建，2016年重修。

凤林杨氏宗祠 坐落在屏南县路下乡凤林村。清嘉庆四年（1799年）杨仁寿后裔始建；道光二十九年（1849年）重修并增建一座戏台，咸丰三年（1853年）竣工；2005年再修，翌年竣工。

凤林杨氏支祠 俗称下厅。坐落在屏南县路下乡凤林村。清乾隆年间（1736—1795）始建；1975年马来西亚籍华人杨有勋裔孙杨声祥等出资，杨浚裔孙出力，重建上厅及下廊。主体建筑为两层楼。

罗纱洋杨氏支祠 坐落在屏南县路下乡罗纱洋村。明嘉靖十五年（1536年）始建，清乾隆八年（1743年）进行改建、维修。坐西北向东南。由祭厅、戏台、中堂等组成，内设杨木童及历代祖先神主牌位。大门及左右边门首各建3层石阶。祠前二溪交会，潭中设紫桥，桥头建一座凉亭。

酒店杨氏宗祠 坐落在平潭综合实验区平原镇燎原村。1921年始建，2017年集资300余万元重建。建筑面积500多平方米。由门墙、前厅（戏台）、天井、大厅组成。大厅面阔三间，进深二柱，穿斗式木架构，双坡顶。

梧井杨氏宗祠 坐落在平潭综合实验区苏澳镇梧峰村梧井。清咸丰元年（1851年）始建，1963年扩建，1999年重建。建筑面积380平方米。为三落二层楼建筑。

第四节　陵　墓

杨树庄墓 位于福州市晋安区鼓山镇鼓山风景区盘山公路7千米处。墓主杨树庄为民国海军部部长。墓地依山而建，南向偏东21°。设有纪念堂、碑亭、护墓营房等附属建筑。面宽22.77米，进深34米。三合土夯筑，平面呈“凤”字形。封土前竖青石墓碑一方，左右柱联曰“先哲祠邻五贤宛在，高僧塔近千圣不知”。墓裙饰浮雕麒麟一对。设五层墓埕，其中第一层正中立蒋介石赠送的塔状铜香炉，炉身正面上款曰“幼京上将”，下款署“蒋中正正文书”，正面书“懋绩丰功”四个大字，背面阴刻海军船锚图案。2018年列为福建省文物保护单位。

杨时墓

杨时墓 位于将乐县水南镇乌石山腰，俗名乌石排。墓主杨时为北宋著名理学家、国子祭酒。南宋绍兴五年（1135年），杨时在将乐家中无疾而逝，朝廷赐祭葬。明成化六年（1470年），右都御史滕昭命副都御史何乔新招募工匠重修并扩建墓地，兴建32级台阶、神道坊及享亭等。墓碑镌刻“宋龟山文靖杨先生神墓”字样，为滕昭手迹。明弘治六年（1493年），知县陈大经了解到杨时墓田仅有六石田产，即增购毗连墓田之地，合计田租十石，交给杨时后裔杨爵掌理，以作为祭祀和维护杨时墓地之费用。弘治八年，又于墓前建厅室三间、左右廊房、后堂三间及厨房、食堂等，并建围墙。清康熙五十年（1711 年）杨光绪主持整修、重建。20 世纪 60 年代，杨时墓前的巨大石碑及神道上的十二像生、下马碑等文物均被砸毁。1986 年，福建省文化厅、将乐县政府拨款修葺，并于墓前兴建一座重檐歇山式牌楼。楼高 6.4 米，双层楼顶，前匾额曰“倡道东南”，后匾额为“程氏正宗”。1993 年，台湾杨清钦捐资整修并新建“龟山陵园”大牌坊及曲桥。2003 年，将乐县政协牵头铺设长 790 米的陵园步道并新建一座“立雪亭”。2013 年，将乐县弘农杨氏联谊会发动筹资重修并扩建：兴建四柱石雕牌坊“德星坊”，牌坊前立一对大型石雕麒麟（墓前立一对小型石雕麒麟）。墓地坐南朝北。1985 年列为福建省文物保护单位。

杨荣墓 位于建瓯市徐墩乡丰乐村的金蟹山。墓主杨荣为明成祖及仁、宣、英宗四朝内阁宰相，卒后追赠光禄大夫、太师。墓于明英宗正统年间（1436—1449）工部遣派官员督建宁府署营造。占地面积 625 平方米。坐北朝南。墓前建有石牌坊，立皇帝诰碑。牌坊后面辟一片荷花池，上架石拱桥，过桥便是石板林荫大道，左右分立墓志铭、神道碑。此外，还有 9 座谒墓碑和石香亭。墓前甬道两旁分列 6 对石虎、石马、石羊、石猪和文武翁仲。墓座纵深约 50 米。民国时期被盗毁，仅存一座神道碑于农家院内。碑高约 2.8 米，宽 1 米，厚 0.2 米。碑首浮雕盘龙，阴刻篆书“明太师杨荣神道碑铭”；碑文阴刻楷书，为少保礼部尚书兼武英殿大学士南郡杨溥撰；碑底端立于高约 0.9 米、长 1.6 米、宽 0.2 米的昂首石龟背上。2013 年列为福建省文物保护单位。

杨荣夫人刘氏墓 位于建瓯市徐墩乡丰乐村北的金钗山旁。占地面积约 750 平方米。坐西北朝东南。墓室已被盗毁。今墓地周围已被开垦为茶山，仅留墓志铭及石马、石羊、文武翁仲各一对。墓碑高约 2.4 米，宽 0.8 米，厚 0.2 米，碑顶阴刻篆书“敕封一品夫人杨母刘氏墓碑铭”，碑文阴刻楷书，为荣禄大夫少保兼太子太傅、户部尚书、文渊阁大学士庐陵陈循撰。2013 年列为福建省文物保护单位。

杨梦斗墓 位于长乐市玉田镇东渡村后山。墓主杨梦斗为宋末抗元英烈。墓于元初建造。占地面积约 70 平方米。坐南朝北。墓体石构，立弯弓形墓碑；前设石埕，立祭台，台上封土堆用石砌压顶，依山势砌半圆，弧形石砌挡墙至埕前。1987 年列为长乐市文物保护单位。

杨而菖烈士墓 位于连江县透堡镇西南面屿山。墓主杨而菖曾任中共连江县委书记。墓地面宽 40 米，深 23 米。坐北向南。平面呈太师椅形，三合土夯筑。墓碑上款为“公元一九五五年九月”，正文刻“杨母王水莲、杨与福、杨而菖之墓”，下款署“连江县人民政府”。两层墓埕，墓周及墓埕前开设陵园，铺设台阶、花圃。1980 年列为连江县文物保护单位。

杨观吉墓 位于东山县康美乡美山村前。墓主杨观吉为明崇祯四年（1631 年）进士。墓于清康熙二十四年（1685 年）建造。占地面积 500 平方米。坐北朝南。外观呈馒头状，面宽 5.35 米，封土高 1.5 米；墓碑高 1.27 米，宽 1.47 米。1992 年列为东山县文物保护单位。

杨博及吴氏墓 位于长泰县陈巷镇莲塘。为墓主杨博（陶塘洋杨姓 5 世，宋庆元五年（1199 年）进士、醴陵知县）与夫人吴氏的合葬墓。清康熙二十八年（1689 年）重修。占地面积 900 平方米。坐北朝南。墓体呈“凤”字形，三合土结构。墓碑长 1 米，宽 0.6 米。1996 年列为长泰县文物保护单位。

杨仕休及胡氏墓 位于长泰县陈巷镇古农村古老崛后寨仔山。为陶塘洋杨氏始祖、宋殿中丞杨仕休与妻胡氏合葬墓。墓体面宽 8 米，进深 13.67 米，外观呈太师椅形。存有明清修建时所立“宋殿中丞杨公坟道”石碑及碑记一方。1983 年列为南安县文物保护单位。

杨肃墓 位于南安市仙迹岩下水头环城路溪南村西畔。墓主杨肃，唐宣宗诰封“太乙真人”，晚年归隐南安水头高田仙迹岩。据传，杨肃羽化后，乡人扶柩至仙迹岩时突降大雨，遂暂停前行，次日竟发现棺木被白蚁堆土覆盖了，为此就地修建坟墓。1996 年在墓旁兴建“太乙真人杨仙公陵园”，并立石牌坊。1983 年列为南安县文物保护单位。

杨宣仁墓 位于仙游县度尾镇剑山村梁山南面。墓主杨宣仁为仙游度尾镇梁山（剑山）开基祖。墓于唐僖宗中和三年（883年）建造。占地面积600平方米，石构，外观呈“凤”字形。1990年列为仙游县文物保护单位。

杨在尧墓 又称“双龟墓”。位于仙游县度尾镇剑山村梁山南面。墓主杨在尧为唐天祐二年（905年）进士，官终右补阙。墓于五代后周显德六年（959年）建造。占地面积1400平方米。外观呈“双龟迎宾”形。1989年列为仙游县文物保护单位。

杨乾菴墓 位于仙游县度尾镇剑山村梁山。墓主杨乾菴为宋开封府法曹。墓于南宋乾道八年（1172年）建造。墓体长22米，宽7.3米，砖石结构。墓碑曰“宋开封府法曹杨乾菴墓”。墓埕为中外三堂，中埕七级石阶。1992年列为仙游县文物保护单位。

杨照磨墓 位于仙游县郊尾镇杨寨。墓主杨照磨为清代诰封中议大夫、候选布政司。墓于清代建造。1993年列为仙游县文物保护单位。

杨默轩墓 位于福州市马尾区亭江镇闽安东村祥兰里溪边。墓主杨默轩为闽安村东村开基祖。明嘉靖四十年（1561年）造。占地面积800多平方米。坐西北向东南。花岗岩构造。墓碑塔形，碑文镌刻“龙门杨氏宣化尹默轩公父子佳域”字样。三级墓埕，雕龙刻狮。

杨沂墓 位于闽侯县晓岐长房村后山。墓主杨沂为唐左卫上将军，随王绪入闽。2002年重修墓表并立碑。三合土夯筑。

杨宏中墓 俗称杨太傅墓。位于闽侯县南屿镇晓岐后山村大后山。墓主杨宏中为宋太傅。墓体前封土堆呈圆弧形，挡土墙依封土后弧前敞，平面呈“如意”形。

杨廷诣墓 位于闽侯县青口镇杨厝村。墓主杨廷诣为闽侯青口镇杨厝玉山开基主。墓于明洪武十二年（1379年）建造，清乾隆年间（1736—1795）重修。占地面积80平方米。石砌挡土墙，三拜台，石墓埕，封土上覆盖石板，封土前设祭台，台下束腰石立四柱三间，均素面。墓碑为清乾隆年间刻制，阴刻“玉山杨廷诣公配郑孺人之墓”。

杨直庵墓 位于闽侯县祥谦镇卜洲村。墓主杨直庵为卜洲村开基祖。墓于明嘉靖九年（1530年）建造。占地面积约100平方米。墓呈钟形，石构墓埕，阔5.6米，深8米。墓碑阴刻“玉山杨直庵佳城”，款署“大明嘉靖庚寅年立冬吉月吉旦立”。墓前设祭台，石底座，台上立碑亭，祭台裙浮雕双狮戏珠和波浪纹饰，台座刻圭脚；墓周用石板砌挡土墙。

杨升墓 位于闽侯县祥谦镇卜洲村芋菰仑。墓主杨升为明承德郎。墓于明嘉靖十九年（1540年）建造。占地面积约60平方米。墓碑阴刻“玉山杨公友竹佳城”，款署“嘉靖庚子岁季冬吉日造”。三级墓埕，封土前设祭台，中立墓亭，挡土墙均用石砌建。

杨天钧墓 位于闽侯县青口镇东台村龙树自然村西坪亭。墓主杨天钦为青口镇杨厝村观井房开基祖。墓于清康熙五十二年（1713年）建造。占地面积约200平方米。三合土夯筑。封土前立青石墓碑，阴刻“玉山天钧杨公偕林孺人，长男兴季公妇陈孺人寿域”，两侧联曰“插汉方番飞占五马，环桥水从兆印三鳣”。挡土墙用石砌。

杨维邦墓 位于漳浦县杜浔镇鸡母岫山。墓主杨维邦为南宋大臣，随宋端宗赵昰南逃，卒葬漳浦山东岭，追赠为丞相。墓于南宋景炎二年（1277年）建造，明天启元年（1621年）重修。墓碑文曰“丞相始祖杨公墓”。

杨碧沙墓 位于漳浦县前亭镇江口村。墓主杨碧沙生前勤于执教，著述诸多。墓于明万历四十年（1612年）建造。占地面积30平方米。墓碑隐于一棵大榕树下，由于年代久远，树根已将碑石缠绕。碑文为其门生赵范（曾任中宪大夫、浙江按察司副使）书撰，题为“庠储魁碧沙杨先生，孺人淑勤堂陈氏墓”。

杨兴邦墓 位于东山县铜陵镇龙潭山下。清乾隆五十五年（1790年）重修。墓前竖有石旗杆。墓碑刻曰“兴邦，荣授明威武将军杨公，妣敬慎恭人王氏之墓”。款署“乾隆庚辰年阳月吉旦，男及长房、六房孙仝立”。

杨念山墓 位于平和县九峰镇杨厝坪村龙山腰。墓主杨念山为杨厝坪杨氏始祖。占地面积约667平方米。灰石结构。立金字大石碑，中书“大明显考始祖念三公，祖妣曾氏慈闱双金之墓”；两侧半圆形石柱雕刻对联“寻源石壁当溯，衍宗河头堪称”，饰浮雕图案。墓前立一对石望柱，柱顶雕塑两只石狮。

杨近江墓 位于石狮市永宁官聘村后山。墓主杨近江逝世后，五部侍郎黄光缵（又称黄文山）亲临村中诣吊事，追赠墓碑。墓于为明天启七年（1627年）建，2003年重修。

杨明朱墓 位于安溪县官桥镇五里埔头洋中墩上。墓主杨明朱为安溪三洋杨氏2世祖。墓于宋代建造。穴称“鲤鱼朝北斗”。

杨会吾墓 位于安溪县感德槐扬南边山。墓主杨会吾为安溪感德槐扬杨氏开基祖。墓于清顺治十年（1653年）建造。

杨元玖墓 位于安溪县湖头镇汤头村锣山头（杉仔垵）。墓主杨元玖为汤头村锣山头杨氏1世祖。墓于明万历三十五年（1607年）建造，穴名“犀牛望月”。

杨荣墓 位于将乐县光明乡光明村东岭路顶龙池溪畔。墓主杨荣为杨时曾祖父，南唐时任将乐县司户，后病逝。明正统年间（1436—1449）有司奉敕葬，1990年重修。坐东北朝西南。墓穴用条石铺砌，室壁雕有吉祥图案。墓碑高2米，宽1米，碑文刻“故唐进士太始祖子江杨公墓”。

杨明墓 位于将乐县光明乡永吉村坑头自然村金顶山。墓主杨明为杨时祖父。历代均有修葺，今仍保存完好。墓前有龙池溪似玉带环绕。坐东北朝西南。

杨埴墓 位于将乐县水南镇乌石山腰杨时墓左侧。墓主杨埴为杨时之父，宋元祐五年（1090年）病逝，诰赠正议大夫，葬于将乐县城北郊龟山北面封山东麓（俗称天台）。1988年杨桃芳等人牵头集资，将墓迁至今址。坐南朝北。外观为“荷叶盖金龟”形。

杨亿墓 位于浦城县仙阳镇下杨村。为杨亿（宋翰林学士）与妻祝氏合葬墓。墓于宋代建造，后被盗，无碑记，2002年重修。占地面积约100平方米。坐西北朝东南。石构，为竖穴式。

杨复墓 位于宁德市蕉城区漳湾镇拱屿村圆明寺后左侧。墓主杨复为朱熹高足。卒后，宁宗赐葬于圆明寺。历代均有修葺，今保存完好。

杨绍墓 又称司马三公墓。位于福安市上白石镇财洪崇仁寺后。墓主杨绍，世人尊称为司马三公，为杨氏入闽始祖之一。墓于唐景龙三年（709年）建造，清乾隆二十八年（1763年）重修。坐北朝南。墓前建有崇圣寺。

杨柏新墓 位于平潭综合实验区苏澳镇金岐村。墓主杨柏新为平潭平原开基祖。墓于清雍正四年（1726年）建造。墓体面宽8米，进深10米。三合土夯筑。外观呈“如意”形。墓碑阴刻“皇清仙井杨伯新公偕妣陈氏、林氏寿域，雍正四年立”。

第五节 古建筑

亭店杨氏民居 又称杨阿苗民居。坐落在泉州市鲤城区江南街道亭店村。清光绪二十年（1894年）旅菲华侨杨阿苗始建为住宅，历时18年完工。占地面积1349平方米。为三进五开间、带双护厝的闽南民居古建筑，大门前建有宽敞大石庭，围以三面红砖短墙。沿中轴线依次有门楼、门厅、天井、大厅、后轩等，有大小厅堂7间，大小房间26间，大小天井9个，方亭1座，天井1口，其中主建筑的中间辟有一个大天井，两翼又各辟一个小天井，独具特色。大门及正面墙上以青石筑砌，浮雕及透雕人物、山水、花鸟图案，以及颜真卿、苏轼、张瑞图、吴鲁等名家诗词书画，被誉为“闽南传统民居的稀有珍品”。2013 年列为全国重点文物保护单位。

杨时纪念馆（杨绳祖妻林氏贞节坊屋） 坐落在将乐县城电信巷 9 号。清雍正十三年（1735 年）为旌表杨时 20 世嫡孙杨祖绳妻林氏（杨光绪母）贞节，由将乐县衙奉旨兴建，曾作为杨时后裔祭祀祖先的主要活动场所；1989 年改为将乐县博物馆；2010 年又改建为杨时纪念馆。占地面积 970 平方米，建筑面积 660 平方米。由门坊、前厅、后厅、天井、两侧厢房组成。门坊用雕有人物、花卉等图案的砖石筑砌，单檐硬山顶加两坯，面阔三间。正厅为单檐抬梁穿斗式混合结构，面阔五间，进深四柱；后厅有阁楼，现设为展厅，展览内容分为前言、故里渊源、倡道东南、杨时精神、流芳千古和编后语六大主题版块，陈列有关杨时史料 20 余种、图片和图表 80 多幅。2009 年列为福建省文物保护单位。

杨成武故居

杨成武故居 坐落在长汀县宣成乡下畲村。清道光年间（1821—1850）杨成武的高祖父杨长兆兴建。为典型的客家厅堂式建筑。占地面积 1650 平方米，建筑面积约 1360 平方米。坐西朝东。主体建筑由上下厅堂、左右护厝等组成，大门楣上嵌大理石匾，镌刻“清白遗风”四字。门前有泮池，泮池前是纪念广场。2009 年列为福建省文物保护单位。为福建省党史教育基地、龙岩市爱国主义教育基地。

漖城古堡及其入口

漖城古堡 坐落在福鼎市太姥山漖城村。据《漖城杨氏族谱》记载，唐大历年间（766—799）杨绍裔孙移居于此，拓建漖城，于唐宋时期聚族筑堡而居；元代被毁；明永乐年间（1403—1424）重建，称为“铁仓”；明嘉靖年间（1522—1566），朝廷委派官员监建，由叶、杨、王、刘等姓族人沿蓝溪分段修复加固，以抗倭寇。堡内尚有杨楫故宅遗址、清代巡检司署、兵房遗址。街心还有鹅卵石铺就的八卦图。堡中按地形分为四境，东西南北依次为东麓境、庆云境、金鳌境及东牙境，分别建有七圣庙、泗洲文佛、顺懿庙、杨八宫及齐天大圣宫。城东门属东麓境，建于宋代的城门庙泗洲文佛石屋仍在，须弥座上雕有双狮戏珠等图案。城西门为金鳌境，有庙称“杨八宫”。城南门是庆云境，有建于清道光年间（1821—1850）的顺懿庙。北门不设城门，俗称“衙门里”，有齐天大圣宫。其中东门宫有宋代兴修的唐代泗州佛龛古庙，南门城外有大势至菩萨佛塔一座（刻文“明正统二年重造”）。2009 年列为福建省文物保护单位。

忠山先贤祠 坐落在三明市三元区岩前镇忠山村。元至正年间（1341—1368）忠山乡宦罗浩然出资兴建，供奉杨时、罗从彦、李侗和朱熹四大理学家；明宣德年间（1426—1435）忠山籍佥御史邓文铿出资重修。占地面积 700 余平方米，建筑面积 500 余平方米。坐东朝西。由前埕坪、下堂、回廊、天井、边厢及上堂组成。山门为歇山顶；上堂为悬山顶，木石结构，面阔五间，进深三柱。后人祀乡贤邓文铿、罗浩然为配享，以追记其建造及修缮先贤祠的功德之举。1934年4月，粟裕、寻淮洲等率领红七军团进驻，设为忠山乡农会、忠山乡党支部和忠山乡苏维埃政府驻地。1991年列为三明市文物保护单位。

玉山龟山阁　又称朱子阁。坐落在闽侯县青口镇杨厝村西侧。明崇祯年间（1628—1644）为纪念杨时、朱熹而建，清代重修。建筑面积约500平方米。为建于水池上的全木结构的二层楼阁式桥亭建筑，其下用方形条石垒叠成“井”字形桥墩，上铺方形磉盘石，鼓形石柱础。整体建筑面阔三间，进深四柱，重檐歇山顶，穿斗式木构架。四角转角处椽板像四把合扇展开，结构奇巧。上下楼四周环置连廊和花格美人靠。龟山阁旁还建有善继寺、三麻相公正殿、顺天圣母宫等附属建筑。1989年列为闽侯县文物保护单位。

杨而菖故居　坐落在连江县透堡镇南街杨氏宗祠西侧。为清代民居式建筑，2017年改建。建筑面积约60平方米。坐北朝南。土木结构，墙面以三合土夯实，单开间，穿斗式木构架，双坡顶。1961年列为连江县文物保护单位。

秋卿坊　坐落在漳浦县佛昙镇岸仔头村。明万历十七年（1589年）广东副使、乡贤杨守仁建造。为四柱三门三楼仿木式石结构建筑，面宽7.78米，明间宽4.18米，次间宽1.85米，高10.2米，坊顶为鱼尾状石板雕刻，正面镌“万石”二字，背面刻“秋卿”二字。方形石柱，葫芦形石抱鼓。1985年列为漳浦县文物保护单位。

永安“笋邦公栈”　又称笋帮公业。坐落在永安市贡川镇胜利巷43号。清顺治三年（1646年）杨晋臣倡建，是国内迄今发现的最早的笋业商会会址。占地面积97.15平方米。坐南朝北。由门厅、大厅、东西廊及厨房等组成。大门额阴刻“笋帮公栈”四个大字。门厅面阔三间，进深二柱，次间后檐与东西廊相连，东侧防火墙砖烧制有“笋帮公业”的印记，以示房界，厅梁上方悬挂清乾隆年间（1736—1796）所立的“正直无私”牌匾。大厅地面均用青砖斜铺，正中镶嵌一块宽约50厘米的石块，称为“公平石”，是当年笋商们收购笋干、签订合同、商讨价格等的历史见证。2001年列为永安市文物保护单位。

孝节坊　坐落在仙游县郊尾镇沙溪村。因清道光皇帝褒扬杨高标之妻苏氏孝节而建。仿木结构。面宽8.5米，高9米。有人物、鸟兽、花卉等浮雕。1983年列为仙游县文物保护单位。

乐善好施坊　坐落在仙游县郊尾镇沙溪村。清道光年间（1821—1850），武生杨高标遗命其子杨俊选捐建仙游金石书院，御敕建坊以彰其善举。面宽8米，高10米。有人物、花鸟等浮雕。1983年列为仙游县文物保护单位。

沶村牌楼　坐落在建瓯市房道镇沶村村尾。明代始建。为三间三柱歇山顶的木构建筑。通高10米，面阔16.2米，进深6米。正面匾额镌“登瀛”二字，竖式黑底描金。下侧梁枋横书“光禄大夫左柱国太师工部尚书兼谨身殿大学士杨荣”“七代尚书第伯逊、达方、士英、杨荣、公、仕仪、目公”等字样。1995年列为建瓯县文物保护单位。

杨庆琛故居　坐落在福州市鼓楼区宫巷北侧（旧门牌9号、新门牌22号）。为杨庆琛晚年致仕归来的住所。清乾隆年间（1736—1795）始建；道光、咸丰、同治年间（1821—1874）归杨庆琛；1928年被福建省一名官员购买，改建为中西合璧的砖木混合结构，保留清代建筑构架，外观改成民国时期风格；中华人民共和国成立后，曾用作福建省公安厅招待所；今为聚春园驿馆。占地面积1200平方米，建筑面积1448平方米。坐北朝南。为三进式院落，四面风火墙。临街大门是半椭圆形、拱券式的石框门。门头房设三间，中为厅，竖一木插屏门；左为车房（现改造为会客室），右为听差房（现为保安室）。进二重石门，三面环廊，廊下为大天井。天井北边为一进厅堂，面阔五间，进深七柱，大厅右侧厢房今已改为餐饮场所。后天井有覆龟亭甬道，甬道两旁建有美人靠。二进厅堂原面阔三间，进深七柱，今已改为双层楼房，左右厢房均为卧室。三进已被隔断，改造为单元房。一进有小门通西侧花厅，名为“民国苑”，花厅为一座三间排平房，厅前原有假山、鱼池、树木、花卉，均已被毁，改建为二层楼房，靠西侧墙边建有楼梯，可由此登二楼。小天井保留一口水井、一张石桌、四张石凳。

道南祠 坐落在福州市鼓楼区三坊七巷中光禄坊26号。宋宝祐六年（1258年）兴建，原名道南书院，后改为专祀杨时的道南祠；明成化元年（1465年）重建；嘉靖八年（1529年）、嘉靖三十一年、嘉靖四十一年，万历三十七年（1609年）重修；清康熙二十四年（1685年）、光绪十三年（1887年）再修；光绪三十一年改为南城小学；民国初更名为县立第三高等小学国民学校；1931年改为道南小学；中华人民共和国成立以后改为鼓楼第三中心小学；2007年小学被拆移后与道山小学合并组建成林则徐小学，现仅存遗址。原祠主座首进为清式大型双坡顶三间排，东西南三面均为石柱，前廊石柱有陈宝琛书联。二进为双坡顶五间排，古色古香；第二道门为牌楼式建筑，开三个门洞，门前庭院宽广，两旁各植一株古榕。明清时官府春秋致祭，列为国家典祀。20世纪60年代，祠内古建筑多被毁。现存清光绪十四年（1888年）重修碑刻两方，随迁至林则徐小学内。

杨升故宅 坐落在闽侯县青口镇杨厝村。明承德郎杨升始建，清康熙、雍正年间（1662—1735）重建。占地面积1100平方米。为二层楼结构，由前厅、中厅、正厅、书斋、后厅等建筑组成，穿斗式木构架，双坡顶，周以风火高墙。正厅面阔五间，进深七柱，前廊宽敞；中厅阔四间；后厅阔三间，进深三柱。

铺前杨氏贞节牌坊 又称蔡宗德妾杨氏贞节坊，俗称“小妾坊”。坐落在厦门市同安区大同街道碧岳铺前里巷口。明万历三十八年（1610年），泉州府同知张仲孝、同安知县李春开为蔡宗德妾杨氏所立。杨氏18岁嫁蔡宗德为妾，23岁守寡，亲生儿子早殁；在蔡宗德正妻洪氏过世后，她抚育嫡子蔡贵易及蔡贵易的儿子蔡献臣成才。万历十二年杨氏去世。万历三十二年，常镇兵备大参蔡献臣上疏奏称“妻之事夫，犹臣之事君。臣之尽忠，既无分于大小；妾之立节，又何间嫡庶?”为此，朝廷特别恩准为杨氏立坊。为封建礼制下旌表妾守护贞节之首例。

永宁官聘杨家大楼 又称“六也亭”杨家大楼，俗称“九十九间古大厝”，被誉为泉州规模最大的华侨民居之一。坐落在石狮市永宁镇官聘（古称“官东”）村宝盖山北面。清代始建作为杨家祖厝；1929年旅菲华侨杨邦梭续建“六也亭”大楼，建筑所用材料全部由菲律宾运回，形成前后两部分中西合璧建筑；1958年用作集体食堂；“文化大革命”期间，部分建筑作为供销社分销店，部分成为官聘村生产大队办公地址和民兵队部，许多雕塑物件被毁坏；2003年修复，保留“五间张”“两进”“双护龙”的花园式古建筑特色。总占地面积2万多平方米。主体建筑为“六也亭”（寓意其家有父叔六兄弟），辅以“雀馆流芳”“鳣堂衔瑞”“迎素月”“三喜余庆”楼等组成的建筑群。“六也亭”大楼分三层，每层都有花窗式的栏杆，楼中有楼；建有天井，配以西式水泥楼梯，第三层楼上有座钟楼。现仍有杨氏族人居住于此。

杨一葵（致吾）修堤功德碑 坐落在漳浦县佛昙镇园东村鸿儒小学前。为万历二十年（1592年）进士、云南布政使杨一葵修筑鸿儒江堤岸所立。碑高3.2米，宽1.15米。内容为颂赞杨一葵修筑鸿儒江堤岸事迹。

宝珠石 坐落在漳浦县马坪镇后山社旁宝珠岭上，距佛昙杨姓始祖杨世隆墓约百米。为金门、佛昙两地杨姓认祖标志（金门也有宝珠石）。

顶仓贞烈坊 坐落在平和县九峰镇下北村顶仓东向。清乾隆四十年（1775年）杨、廖两姓为旌表儒士杨旺来未婚妻廖心娘而立。牌坊高5.35米、宽4.4米，基石0.33平方米。坐东朝西。为四柱三间三楼仿木建筑，花岗岩构造。各楼层均有镂空人物雕塑。

明溪杨家大厝 坐落在明溪县城中山路40号。清代光绪年间（1875—1908）始建。建筑面积1400多平方米。为二进式的纯木结构三合式院落，由上堂、下堂、天井、厢房、回廊、护厝等组成。上堂面阔五间，宽16米，通进深8米；下堂通进深7米，饰有镂空窗花、吉祥物雕刻等。厢房与护厝间设有排水通道。1933年7月至1934年2月间，彭德怀曾驻扎这里，指挥明溪境内的各大战役，至今房内墙上仍保留着红军宣传标语。

“龟山公祠”石牌门楼 坐落在明溪县夏阳镇大街。门楼额曰“龟山公祠”。下廊门联为杨时后裔杨宏手书，曰“斯文上续三千载，吾道南来第一家”。

万木林

万木林石碑 镶立在建瓯市房道镇浰村尾的杨达卿纪念堂（际村杨氏祠堂）左侧的土墙上。明天启五年（1625年）浰村杨氏共立。石碑高1.36米，宽0.58米。阴刻“一山坐落龙津，土名大富山，阮郡守美名曰‘万木园’。墓祖妣黄氏陈氏东至雾露坑……大明天启五年三月□□□派裔公立”字样。据考，万木林原地名白塔龙津大富山，为当地杨氏族人所有和埋葬其先人的地方；元至正十四年（1354年）乡绅杨达卿在灾年以“植杉一株，偿粟一斗”的方式营造万木林，时建宁分省左丞阮德柔郡守命名为“万木林”，亦称“万木园”。面积达1600多亩。1958年定为国家重点保护的封禁林。

巨口官厅 坐落在松溪县渭田乡巨口村。相传是清同治年间（1862—1874）知府杨氏的官邸，原有10座，现存6座，村子因此被命名为“巨口——四知遗风耀古村”。每座官厅前有两道大门，正厅门窗浮雕人物、花鸟图案，造型古朴雅致。

杨尚儒将军故居“生琦堂”“通棋堂” 坐落在连城县朋口镇鱼潭村杨屋自然村。1903年杨尚儒出生在杨屋上新屋“生琦堂”，1906年冬移居下新屋“通棋堂”，此后一直空置，年久失修。2016年，当地村民自发捐款修缮。为清代建筑，木构。占地面积660平方米，建筑面积525平方米。2015年龙岩市委宣传部为两故居颁发“杨尚儒将军故居”牌匾，列为连城县党史教育基地。

赤溪杨氏隆兴号（商铺名）厝 坐落在宁德市蕉城区赤溪镇。清光绪年间（1875—1908）始建。占地面积1000多平方米。为明清建筑风格，歇山顶，重檐斗拱。大厅两旁各设有甬道，连通每个厢房，方便起居，旧时又可避免女眷抛头露面。厅堂内外梁枋、梁架、门扇、窗棂等精雕细镂人物、山水、花鸟、鱼虫等。1934年，寻淮洲、粟裕率领的北上抗日先遣队路过赤溪时，将这里设为驻地指挥所。

霞浦县武曲旧厝 又称杨成康、杨福彪兄弟古厝。坐落在霞浦县长春镇武曲村。清代修建。建筑面积460平方米。为两厅十二间构造。大厅为六扇五开间，厅堂悬挂“硕德高年”匾，上款“八十寿冠带耆宾杨璘敬立，乾隆五十四年己酉正月吉旦”，下款“特授福建福宁府知府五级纪录十次江琅”，为杨嘉璘八十寿辰时福宁知府江琅书赠。门墙两旁各立一头石狮，大门口瓦顶上竖立一只瓷狮，后门通官道。

回龙庵 坐落在寿宁县清源镇后洋村。明代杨开剑与许茂铨、许兆仁合建。建筑面积150平方米。土木结构，上下堂布局。正殿中龛供奉佛像，左右龛配祀杨、许二姓先祖神主。配有田产，收入供给每年盂兰盆法会开支。

第六节 民间信仰

杨真君信仰 杨真君，原称北山杨大人，名显，字飞龙，传为弘农杨氏后裔。南北朝时任闽州刺史陈宝应的部属大将，善理财，掌管军需粮草。有一年，因久逢干旱，福州及邻近数十县农田颗粒无收，加之瘟疫流行，百姓病死、饿死者无数。杨显心急如焚，冒着被杀头的风险，擅自开仓赈灾，并派人远赴外地购买药材，免费施予病人，救活了许多人。灾后，为安抚百姓，杨显又倾其所有，为乡民添置耕牛、农具等，使他们安居乐业。为此，他所掌管的粮草金银告罄，而前方军需告急，杨显被投入监狱，欲处极刑。百姓闻之，成群结队涌入辕门，为其请愿。朝廷担心激起民愤，特降旨赦免。南朝陈天嘉五年（564年），陈宝应欲篡取帝位，杨显力劝，不听，乃隐退于福州北郊山上。乡民德之，立生祠以祀。后坐化于山中，百姓又建"杨大人庙"。杨真君信仰在福州地区广为流传，被纳入地方道教俗神谱系。至清乾隆年间（1736—1795），信众将生祠改建为杨真君祖殿，成为福州北郊山上一座标志性建筑。每年农历三月初三、六月初六、九月初九举办庆典活动。祖殿和分殿还举行迎神活动，请来神像绕境巡游，接受地方民众的膜拜。一路上鼓乐喧天，迎神队伍浩浩荡荡，长达数里，沿途观瞻群众设案焚香接驾。

太乙真人信仰　唐末，杨肃与父兄随王绪入闽后，定居于南安郊尾（高美）社。因精研岐黄，悬壶济世，成为一代名医。曾为王审知夫人治病，后引荐为皇后医治乳疾，首创悬丝诊脉，妙手回春。杨肃不受封赏，只求为家乡开渠筑坝，以溉良田。唐昭宗宣封"太乙真人"，赐金斧银槌及匾额。杨肃逝后，其后裔感念先祖美德，合族在朴兜社建造祠堂，供奉"杨府太乙真人"金身塑像。南宋理学家朱熹为其祠赠联曰"仙子友英贤，一局曾消千日瞬；天王旌国手，三军为濬万年川"。每年四月初七杨肃成仙之日，晋江、南安、同安一带的杨氏后裔聚居村社都举行隆重的祭祀活动，即进香请火习俗：设醮，演戏，家家户户备办三牲酒礼敬奉。每年四月初，各村社组织进香团，前往南安仙迹岩下的仙公陵园拜谒，并到朴兜杨氏祖祠进香请火，祈求护佑子孙兴旺发达。此习俗延续千年。

杨公太师信仰　杨公太师，即宋代抗辽名将杨业五子杨延德，又名杨延贵，人称杨五郎。杨五郎忠心义胆，保国庇民，为宋室立下汗马功劳。逝世后，朝廷在其出家之地五台山建庙立祀。明代，福建东南沿海瘟疫横行，莆田黄石定庄一带组织村民，前往山西五台山恭请巡瘟大神杨五郎分灵来此镇妖压邪。位于黄石定庄的凤山宫就是莆仙地区最早奉祀杨公太师的庙。自此，杨五郎在莆仙地区被奉为瘟部五帝之一的巡瘟大帝，迄今在莆仙地区立庙专祀的就有130多座。仅在仙游地区，较有规模的就有枫亭麟山宫、鲤城木兰太师庙、赖店坂头宝巢宫、郊尾梅洋宫、郊尾阳谷兴漳宫、赖店龙头书社（龙山宫）、龙华貂峰宫等。每年元宵节，各供奉杨公大师的宫庙举行迎神、请神活动，接受村民膜拜。

三平祖师信仰　三平祖师，俗名杨义中，祖籍陕西高陵，因父仕于闽，故出生于福唐（今福清市）。唐贞元十年（794年）随父仕宦至宋州（治在今河南商丘市南），投宋州禅师玄用，剃发出家，元和二年（807年）受戒。会昌五年（845年），唐武宗下令灭佛，筛汰寺院僧尼。驻锡于漳州半云峰下"三平真院"的释义中禅师（俗称三平祖师），率其徒众，徒步进入平和的文峰，选择大柏山麓的龟、蛇两峰之间建立寺院，仍命名曰"三平"，在这深山峡谷之中继续聚徒讲课，宣扬佛法。会昌六年武宗崩，宣宗即位，佛教重兴。漳州刺史郑熏又恭请禅师主持开元寺，并奏请敕封，赐号"广济祖师"，俗号三平祖师。平和因受三平寺的影响，几乎随处可见庵堂、寺庙。三平祖师圆寂后逐渐演化为佛教俗神，成为三平寺的主祀。三平祖师信仰广泛分布于台港澳及全球30多个国家和地区，在海内外分庙达380余座，其中台湾有50多座，香港有2座，印度尼西亚、新加坡等东南亚国家有30余座。每年农历六月初六（三平祖师公出家日，即圣诞日），平和三平寺都会举行"福临三平"民俗庙会及祭祀活动，嘉宾信众共颂《三平祖师颂》，品尝平安斋等，海内外嘉宾信众逾万人参与。

第七节　非物质文化遗产

国家级非遗三平祖师信俗　广济禅师，俗名杨义中，俗称三平祖师公，唐末高僧。相传，他生前为民传授桑麻耕织技术，并以精湛的医术悬壶济世。三平祖师在台港澳及全球30多个国家和地区拥有广泛的信众，在海内外分庙达380余座。每年前往平和县三平寺祖庙朝圣的游客超过80万人次，台湾、香港地区及东南亚国家每年有近6万信众前来进香。“三平祖师信俗”活动已成为中国内地与海外人士交流、联系的重要纽带。2014年列入第四批国家级非物质文化遗产代表性项目名录。

省级非遗杨时祭祀习俗及其代表性传承人　杨时祭祀习俗始于南宋时期。宋绍兴五年（1135年）四月二十四日辰时，杨时病逝，享年82岁。十月二十三日，葬于将乐水南乌石山腰。据明弘治十八年（1505年）版《将乐县志》记载，宋咸淳三年（1267年），礼部尚书冯梦得向度宗皇帝奏请立龟山书院。度宗皇帝准奏，御笔赐“龟山书院”匾额，下诏郡县（将乐）“拨田养士，优其后，春秋致祭焉”。明万历十二年（1584年），神宗皇帝下旨，敕将乐县令拨田55亩5分（后增至123亩），作为祭祀所用祭田，另拨田30亩为学宫每年春秋祭祀杨时之费用。清代之后，祭祀方式逐渐多元化，有书院祭、学宫祭、龟山祠祭、龟山墓祭等，清代《将乐县志》“礼仪篇”中详细记载了龟山祠和龟山墓祭祝文。此外，许多分布于省内外的杨时后裔，于每年春秋两季，带着族谱，挑着供品，长途跋涉来墓前进祭。2018年列为三明市第五批非物质文化遗产项目，2019年列入福建省第六批非物质文化遗产代表性项目名录。代表性传承人为杨土生。

市级非遗“程门立雪”典故　“程门立雪”典故出自《宋史·杨时传》：“至是，杨时见程颐于洛，时盖年四十矣。一日见颐，颐偶瞑坐，时与游酢侍立不去。颐既觉，则门外雪深一尺矣。”杨时与游酢“程门立雪”的故事成为中国著名典故之一，也成为后人尊师敬贤、求知好学之典范，传诵至今。2018年列为三明市第五批非物质文化遗产项目。

市级非遗内文拳及其代表性传承人　内文拳是一个珍贵而稀有的拳种。清末，赤溪老拳师杨勤厚参照少林与本土拳法，融会贯通，创造性地悟出了一整套适合南方人习练的新拳种——内文拳。内文拳讲究快，在卧牛方寸地动起来像陀螺旋转，如风似影，旁人目光难以捕捉，其“刚柔相济，以小制大，四两拨千斤”的技击特点享誉福州和闽东地区。2017年列入宁德市第五批非物质文化遗产项目名录。代表性传承人为杨挺雄、杨定华。

市级非遗福鼎前岐马灯舞及其代表性传承人　福鼎前岐民间流传着一种马灯舞，属于民间传统表演艺术项目，也是一项典型的民间活动，历史悠久，其制作精美，表演编排独特，为老百姓所喜闻乐见。前岐马灯舞与妈祖文化有关系，据说在清乾隆五十三年（1988年）六月十七日，乾隆帝颁发了一道圣旨：每年春秋两季要对妈祖天后娘娘举行宫祭。祭祀时，人们抬着妈祖巡境，其后跟着仪仗队、彩旗队、鼓乐队。在整个庆典仪式中，还举办戏剧、曲艺、杂耍、游佛、对歌、烟花等活动。前岐马灯舞由此孕育而生，为天后宫祭典仪式特有的民俗活动。马灯舞主要道具分马头和马身两部分，演出时分别绑在演员的前腹和后腰，里面各点一根蜡烛，由此得名。马头和马身由竹篾扎成，外面包上纱布，上各种油漆作为马的颜色，马头的纱布上用彩笔画上马眼、马嘴、马鼻等，在马身上则画上马鞍、皮带，现在马眼已用电灯替代。大红“帅”旗为红缎制作，镶金色曲边，红缎上绣金色“帅”字，旗的两翼张灯，这一旗两灯俗称“把门枪”，为马阵之眼。马灯演阵时，每匹马必须以门枪为目标，认定跟进变化阵势，才不致有误。演出服饰主要是头盔、头巾、马甲、马裤、彩鞋，由质地坚韧的纸板做成盔身，其上镶金边，嵌银铁，贴彩饰，插上亮闪闪的珠花、绒花，其效果酷似传统戏剧舞台上演出的头盔，而头巾、马甲、马裤由各色绸缎制成。这些服饰的颜色须与马色相配，战士队形整齐。进入21世纪，马灯舞规模不断壮大，已发展到由30名少年同场表演。其中24人作为“骑马”将士，两人负责“牵马”。在演出中，通常由负责牵马的两个技艺娴熟的少年带队变阵，并以锣鼓为指挥信号，以此有效地调节好场上的演出秩序。作为马戏，前岐马灯舞在表演上十分注重展现古代将士上马奋勇拼杀、进退自如的豪情。前岐马灯表演从每年正月初一开始到元宵，要到各村各境去巡回演出，由每个村里的头人接待，安排在空旷的场地上表演。村里来了马灯是件吉祥的事情，全村的男女老少都会围观一睹其风采。通过打“马灯”，以庇佑全村祛邪消灾，祈求四季平安、风调雨顺。村里有宫庙，逢上祭日，刚好来了马灯，更是热闹非凡，乡土气息浓厚。2017 年列入宁德市第五批非物质文化遗产项目名录。代表性传承人为杨丽辉。

第八节　名胜古迹

杨鸿斌故居　又称采峰别墅。坐落在福州市台江区上杭路 121 号。1926 年马来亚侨领杨鸿斌兴建，建筑所用地砖、木材均从海外运来，砌墙用砖系专门烧制，上有“采峰”字样，建成后杨家三代人皆居于此。1978 年杨鸿斌幼子杨振星移居香港后，此地无人居住。占地面积约 2000 平方米，主建筑面积 523.7 平方米。依山而建，前院绿荫覆盖，正中甬道直通主楼。主楼为一栋二层楼的中西合壁的建筑，砖木结构。楼平面呈“H”形，厅堂居中，两侧为厢房，前后有耳房、扶梯间。主楼卧室和通道处设有密道和密室，可作战争时期躲藏之所。楼后耳房与两侧后院相通，用西式长方形百叶窗采光、通风。主楼左右隔墙外分别设厨房、餐厅、库房和花园等附属建筑。庭院由园林、亭台、小桥、假山等组成。2009 年列为福建省文物保护单位。

鼓浪屿杨家园　坐落在厦门市思明区鼓浪屿安海路 4—8 号、鼓新路 27—29 号。20 世纪初，龙溪县旅菲华侨杨知母兄弟从英国长老会购得旧房一座，拆旧重建为 4 栋欧式别墅。各楼既独立又互有联系：各有花园配属，内以小巷相通。均为外廊式建筑，以罗马柱支撑。尽管建于不同时期，建筑样式也不同，但外装修均有共同的特征：采用清水砖墙配水刷石仿石构件，外嵌红砖，配以白色仿石的色彩。整组建筑结合地形、地块边界条件，收放围合，空间灵活。2018 年列为福建省文物保护单位。

三平寺　坐落在平和县文峰乡三坪村。唐高僧广济禅师（俗名杨义中）兴建，唐咸通七年（866 年）复建，清乾隆四十三年（1777 年）重修祖殿，乾隆四十九年重修寺院，嘉庆二十三年（1817 年）重修塔殿，咸丰三年（1853 年）重修石桥，1937 年重修寺院，1982 年重修祖殿、山门，1984 年重修大雄宝殿，1988 年重修塔殿。总建筑面积 3300 平方米。依山而建，坐北朝南。布局依次为山门、大雄宝殿、祖殿、塔殿，俗称“三进半”。大雄宝殿面阔三间，比山门高 1 米多。两廊对峙，右廊壁上镶嵌清乾隆年间（1736—1795）宰相蔡新等篆刻的《重修三平寺碑记》《重兴中殿碑记》。殿堂中原有宋塑贴金“三宝佛”泥像。祖殿即广济禅师地殿舍，面宽三间。塔殿基座高 2 米，重檐，面宽三间。两侧有台阶，香客须由边门进入殿堂。殿堂正中石龛里供广济禅师趺坐像。塔殿两侧有明李宓手书重镌的《唐王讽碑》及清蔡新、刘勃、王材等人所书的记事题刻十余方。寺庙附属建筑还有莲花池、钟鼓楼、僧房、斋堂等。寺东南 500 米毛氏洞外，竖有宋代石构经幢 1 座，高 3 米，八角形，雕有佛像 20 多尊。2005 年列为福建省文物保护单位、福建省级风景名胜区中心景区。

慈德宫　原名法真禅院。坐落在漳州市芗城区芝山镇西院村。宋乾德二年（964 年）始建，元至大年间（1308—1311）释无则重建，后毁于兵火；明天顺、成化年间（1457—1487）为飓风所坏，僧盛庵、文庵重建；万历年间（1573—1620）遭洪灾毁坏；清乾隆五十年（1785 年）释浑融重兴，龙溪县学廪生、里人杨希健书撰《重兴法真禅院喜缘碑记》（现保存完好）；1993 年重修仅存的一座殿宇，更为今名。主祀保生大帝、二帝、玄天上帝、观音菩萨及开漳圣王、伽蓝爷、王郭伽蓝、杨六郎。建筑面积 110 平方米，宫前建有面积约 200 平方米的红砖埕。坐北朝南，面阔三间，进深三间，抬梁式木构架，木质金柱，硬山顶。宫内粉墙墨书一副对联曰“为善正直见我不拜何妨，作恶奸邪任尔烧香无益”。宫廊中一字排开的四根石柱刻着的两副楹联及东厢墙上镶着的由两片青石组成的《重兴法真禅院喜缘碑记》弥足珍贵。2009 年列为漳州市文物保护单位。

北山杨真君祖殿　坐落在福州市金鸡山东北麓桑溪口。清乾隆二十八年（1763 年）乡民就杨大人生祠处建庙，称祖殿；1970—1987 年改作生产大队白粿厂，1987 年重修，2006 年新修，2012 年扩建。建筑面积 1600 平方米。坐西朝东。二进式，土木结构。现保存有清嘉庆二十一年（1816 年）香炉 1 只，殿前还有千年古樟树 1 株。1998 年列为福州市晋安区文物保护单位。

海屿村义湖 坐落在福州市马尾区琅岐镇海屿村口。明万历三十五年（1607 年）杨仕琮舍田开湖，为表彰其义举，故名。面积约 6600 平方米。湖的东面是杨氏宗祠。祠前有开湖碑 1 方，为明万历三十五年（1607 年）所立（原立于湖亭中，20 世纪 60 年代被推倒，后用作石椅，80 年代被考古发现，立于祠前）。碑身为花岗岩质，高 2. 12 米，宽 0. 7 米，厚 0. 15 米。正面额阴刻“皇明”二字，中间纵刻“杨公仕琮舍田开湖，明万历丁未年十二月通乡立”字样，背面阴刻“义湖记”三字。1999 年列为福州市马尾区文物保护单位。

太乙真人庙 坐落在南安市水头朴里高美村。原为唐末杨肃居所，历代均有修葺；1993 年台湾全球董杨宗亲总会理事长杨清钦捐资重修。占地面积 2000 平方米，建筑面积 200 多平方米。坐东北朝西南。木石结构，上下两进，中留天井。主厅面阔三间，置神龛，奉祀太乙真人（杨肃）金身及旨牌。1993 年列为南安市文物保护单位。

杨角宫 亦称兴漳宫。坐落在仙游县郊尾镇杨寨村。明万历二十二年（1564 年）始建；20 世纪 90 年代，十多位杨姓台胞捐资重建。占地面积 1200 多平方米。土木砖石结构。左右皆有回廊，左边有护厝；外墙顶端饰杨家将人物泥雕，左右壁嵌龙腾虎跃图案砖雕。宫内天井后两处角落中保存两块天然石头，活像羊角形状，相传该宫是羊穴吉地。1993 年列为仙游县文物保护单位。

霞阳应元宫 坐落在厦门市海沧区新阳街道霞阳社。明初始建，清光绪三年（1877 年）大修，1986 年、1996 年两次重修。供奉三清大帝（元始天尊、道德天尊、灵宝天尊）、保生大帝（吴夲）和使头公等。清康熙元年（1662 年）郑成功收复台湾时，曾在厦门组织“忠贞军”，霞阳杨氏 11 世杨文科、杨文允随军入台，于今台南佳里镇番仔寮解甲拓垦。雍正十二年（1734 年）由于拓垦荒芜之地，水土不服，为求神明赐福，杨肇尽、杨名教等十多人专程回到霞阳，护持应元宫香火到台南，并于咸丰四年（1854 年）在佳里镇分灵兴造应元宫分殿。霞阳应元宫现存四根精雕细镂的“蟠龙石柱”为清代古物，系霞阳村太学生杨宗诚出资于光绪三年（1877 年）雕刻的。宫顶的花木鸟兽及门前石狮保留清代原样。2007 年列为厦门市涉台文物保护单位。

北山杨真君老殿 又称北山杨大人庙。坐落在福州市晋安区登云水库西南侧大坝旁金鸡山上。唐五代年间（907—960）始建，原称北山杨大人庙；清嘉庆年间（1796—1820）、光绪年间（1875—1908）有过修葺；乾隆二十八年（1763 年），乡众将溪口杨大人生祠改为祖殿，杨大人庙则改称为老殿；1952 年被辟为登云小学；20 世纪 60 年代老殿文物多被毁坏，仅留下清道光十八年（1838 年）十二月吉日立的一块碑刻；1991 年当地政府开发高尔夫球场和登云山庄，迁至今址重建，1993 年奠基；2006 年进行扩建和修葺；2012 年再修。占地面积约 2000 平方米。主体建筑由前殿、后殿、偏殿、戏台、看台、两廊、大天井、庙埕等组成，另还建有厨房、膳厅、办公楼以及文化娱乐大厅等附属建筑。保存有从旧庙移过来的石香炉，炉面镌刻“嘉庆丙子年”字样。

湖里凤和宫 坐落在厦门市湖里区湖里街 24 号。清乾隆元年（1736 年）始建，1979 年、1991 年重建。建筑面积 100 平方米。坐东向西。为二进三开间的木砖石结构建筑，悬山顶，燕尾脊。供奉天上圣母（林默娘）、保生大帝（吴夲）和太乙真人（杨肃）。

莲鸿宫 坐落在厦门市同安区祥桥祥路顶里 311 号。因其背靠莲花山面向鸿渐山而得名。明代始建，2002 年重建。为单进式石构建筑。供奉陈府王爷（陈文瑞）夫妇、太乙真人、吴黄三将军、罗府元帅等。每年农历八月二十八日为祀典之日，举行神诞祭典和出巡绕境活动。

会圣岩 坐落在邵武市肖家坊镇天成岩景区悬崖峭壁下的一处天然岩洞内。南宋咸淳六年（1270 年）锦溪教谕杨端创建，供塑如来佛像和关公神像，备有钟鼓，招僧住持。明景泰元年（1450 年）房屋毁圮，住持朱慧发动杨氏后人捐资重修。成化十八年（1482 年），浙江金华府龙游知县钟陵王建撰《会圣岩原记》称赞“杨氏之善，善在崇祖而尊祖也”。清康熙元年（1662 年）十一月被大火焚毁，翌年杨氏后人主持重建；道光二十五年（1845 年）杨氏族人发动重修；2002 年重新翻修。现存有杨氏先人修建寺庙的三根题字旧梁。中梁刻曰“锦溪坊承祖八十九世杨氏众族嗣孙，捐资命匠，仍建宗祠，伏显子孙繁衍，世代昌隆，人文鼎盛，地脉攸钟”。左梁刻曰“宋朝咸淳元年敕朝请郎杨植于二年开创梵宫，檀越杨端公偕男宪副公立建造。更祈子孙绵远，富贵长久”。右梁刻曰“大明成化柒年后裔杨文举、永琳、永华与智等修理法堂，庄严佛像，建立藏经楼阁，刻立石碑，迄今光前裕后，显明万载”。保存有一口大铁钟，铭文曰“大元至正二年（1342 年）邵武路邵武县二十五都将村保锦溪坊信女杨妙善、男杜文风信同舍资财铸造……”。

龟山桥 坐落在将乐县城北郊，横跨龙池溪。宋咸淳三年（1267 年）将乐县令黄去疾主持建造，为将乐县城至杨时故居及龟山书院之通道。明永乐三年（1405 年）毁于火灾，杨得敬募款重建，此后经历倾圮及重建。1953 年利用旧石墩重建为木板桥，1967 年改建为钢筋混凝土桥，1983 年毁于洪水后又重建。为两台两墩三孔，每孔净跨 13.78 米，桥长 54 米，宽 9 米。

将乐德星坊 坐落在将乐县水南镇乌石山腰龟山墓前。南宋时为纪念杨时而建，原址在瀚仙乡（旧称龟山乡）龙湖村杨时故里，后迁移至龟山墓前，后毁。2013 年由杨氏宗亲在龟山墓前重建。

落星穴 又名星窟、陨石坑。位于将乐县城北郊肖公洞山。《潜确类书》载：“福建将乐县北门有落星穴。晋义熙年间（405—418）有长星坠其处，俄成一穴。”明弘治《将乐县志》载：“落星穴在将乐县之北门。按《图经》：‘晋义熙中长星坠其处，忽成一穴。’占星者谓：‘五百年后，当有大贤，邑人以德星坊名之。近杨氏故居，龟山先生实生于此，人以为应云。’”清乾隆《将乐县志》亦有相同记载。洞穴深十余米，底部直径 9 米，口部直径 20 余米。穴内北面陡立，呈断壁状，其余各面斜度不同。整个外形为漏斗状。此穴为中国有文字记载较早的陨石坑之一，为杨时故里旅游景点之一。

兴福宫 原名兴福祠。坐落在莆田市涵江区萩芦林美村。清乾隆年间（1736—1795）始建，主祀杨公太师，2013 年重建。占地面积 1500 平方米，建筑面积约 800 平方米。

续贤庵遗迹 又称中庵。坐落在松溪县茶坪乡湛卢山麓。元至顺四年（1336 年）杨时 7 世孙杨缨受聘任湛卢书院山长时捐资营建，并撰写《续贤庵记》铭刻于碑。杨缨晚年隐居于湛卢山，享年 83 岁，死后葬于杉溪里，后人于续贤庵中塑其像以纪念，每年献春秋二祭，并建杨氏书院，招聚杨氏子孙及外姓童生就读。现存有碑刻、古臼、香炉等。

闽东杨氏宗庙 又名崇仁寺。坐落在福安市上百石镇财洪村。唐景龙三年（709 年），入闽始祖杨绍葬于此地，太极元年（712 年）其子女于墓前兴建崇宁寺，咸通元年（860 年）改称崇仁寺。开元二十四年（736 年），奉旨建立崇宁寺，后因僧员众多又建立崇圣寺，咸通元年（860 年）将崇宁寺、崇圣寺两寺合并，重建崇仁寺，永为杨氏功德道场。明万历元年（1573 年）、万历三十五年（1607 年）、清雍正五年（1727 年）、乾隆三十二年（1767 年）均有重修。民国年间存宗祠 14 间、租田 20 亩，1957 年改建，1980 年翻修，1990 年续建。以木石结构为主。保存有杨绍子女种植的铁树 1 株，高约 7 米，直径约 2.5 米，树龄 1100 多年。

灵峰古寺 坐落在福鼎市太姥山潋城村潋溪西畔。素有闽东“小雪峰”之称。唐咸通九年（868 年）杨暄倡建，宋淳熙十六年（1189 年）遭火焚后重建，明天启七年（1627 年）重修，清光绪十年（1884 年）重建。占地面积 1500 平方米。坐北朝南。建有山门、放生池、天王殿、观音殿、卧佛殿、钟鼓楼、大雄宝殿、万佛楼、藏经阁、方丈阁、千佛塔等。大殿以石柱承托，山门垂柳依依，道路盘曲。寺旁林木清幽，泉水甘洌。寺内现存唐宋年间石刻 60 多块，还有熙宁石斛、宣和塔座、绍兴石香炉和宋提刑杨楫撰写的《重修灵峰寺记》碑刻等文物。相传，宋史学家郑樵曾在此授徒讲学，朱熹也曾在这里讲学。

杨耻斋梅楼遗迹　坐落在福鼎市太姥山潋城村。唐代始建。北宋时因杨惇礼藏书万卷而享誉八闽，吸引了郑樵千里求书，寓居于此，授课为师。此后，潋城杨氏人才辈出，曾出现“一门六进士，百年举百官”之盛况。现仅剩残垣遗迹和旧房基石。

石湖书院遗迹　坐落在福鼎市太姥山潋城村。南宋庆元五年（1199 年），朱熹因“伪学”案避难长溪，寓居潋城杨楫家中授徒讲学，立为书院。明成化年间（1465—1487）进士杨爽重建为石湖书院（后进设为潋城杨氏祠堂），并立碑记载。占地面积 1000 多平方米。二进三开间，土木结构。风火墙，马鞍脊。门楼外有旗杆两根。后因修建高速公路被拆，仅留部分遗迹。

第五章　人　物

第一节　人物传

杨复光（843—884）　本姓乔，内常侍杨玄价养子，福建人。幼以宦者入内侍省，累监诸军。唐中和元年（881 年），任天下兵马都监，押诸军讨黄巢，入定关辅。中和二年（882 年）谕降朱温，招李克用，收京城，以功加开府仪同三司，封弘农郡公。其年，卒于河中，赠观军容使，谥忠肃。

杨　沂（845—919）　光州固始人。唐咸通十四年（873 年）官至左卫上将军。乾符五年（878 年）黄巢起义，杨沂与子杨新随王潮、王审知兄弟投奔王绪，南下至福建长汀，随军攻下泉州。景福二年（893 年）又随王审知攻下福州城。乾宁元年（894 年），率部驻守侯官旗山南麓上坎，遂定居于此。

杨徽之（921—1000）　字仲猷，浦城人。五代后周显德二年（955 年）登进士甲科，被礼部擢置“殊等”16 名内上奏。授予秘书省校书郎、集贤秘阁校理，升著作佐郎、右拾遗，同修礼乐书。后两任县职。北宋开宝二年（969 年），复职为著作佐郎，掌管盐谷数年。太平兴国元年（976 年），为左拾遗，升右补阙，旋迁御史、库部员外郎，判刑部南曹、同知差遣院等职，赐予金章紫绶。又奉诏与李昉等汇编前代文章，成《文苑英华》1000 卷，为宋代四大类书之一。还受命编诗 180 卷（一曰 200 卷）。后历迁刑、兵二部郎中，并同知京朝官的考课。端拱元年（988 年）拜为左谏议大夫，旋出知许州（今河南许昌）二载，入朝判史馆事，特加史馆修撰，兼判昭文馆、集贤院，镇安军行军司马、左谏议大夫、开封府判官。嗣后，兼任太子左庶子，进给事中。后拜为工部侍郎、枢密直学士。咸平元年（998 年）转为礼部侍郎，仍兼学士。授兵部侍郎兼秘书监，侍讲学士，兼秘书监。咸平三年（1000 年）卒。诏赠兵部尚书，赐钱 50 万、绢 500 匹，官给营葬。景祐二年（1035 年）追崇先帝旧臣，升赠太子少师，谥文庄。

杨　亿（974—1020）　字大年，浦城人。自幼聪慧，7 岁会做文章。11 岁时在京城即兴赋诗，受到宋太宗甚为赏异，授为秘书省正字，又特赐袍笏。不久，因父死家贫，往投当时知许州的叔祖杨徽之。宋淳化年间（990—994）授太常寺奉礼郎，令在秘阁读书。其间，写成《二京赋》献予朝廷，被视为大手笔，传诵一时。擢为光禄寺丞，赐进士及第，入翰林院试用。至道二年（996 年）升为著作佐郎，奉命充任越王生辰使。宋真宗时，破格提拔为左正言，参与编修《太宗实录》56 卷。因“长于史学”，后又任左司谏，知制诰，赐金章紫绶。咸平五年（1002 年）三月，党项部落首领李继迁攻陷宋国西部边境要地灵州（今宁夏银川一带），杨亿上书，请求放弃灵州，退保环、庆。景德元年（1004 年）以家贫请求出守江南州郡，未准。调知通进银台司兼门下封驳事。不久，奉命主持史馆工作，与王钦若同修《册府元龟》，“其序次、体制，皆亿所定”。该书共 1000 卷，载历代君臣事迹，是宋代编修的两部大型古典文献之一。景德三年（1006年）升任翰林学士，参加编修国史，“凡变例，多出亿手”。大中祥符五年（1012年）因病乞休，未准。两年后病愈，出知汝州，又判秘阁太常寺。天禧二年（1018年）拜工部侍郎。两年后复为翰林学士，奉诏注释御集，兼判史馆事。十二月病卒，赠礼部尚书，谥文。

杨 纮（1004—1065） 字望之，杨亿从子，浦城人。以荫历官知鄞县，因杨亿荐，赐进士出身，历通判、知州、提点江东刑狱及转运、按察使。江东饥，力主开义仓赈之。所至均有政绩。为人严厉，执法苛严，与王鼎、王绰号称“江东三虎”。官至太常少卿。

杨 汲 字潜古，晋江人。宋嘉祐二年（1057年）进士，调赵州司法参军，主管开封府界常平，权都水丞，引汴水淤田，瘠土皆为良田。神宗嘉之，提举西路常平，修古芍陂，引汉泉灌田万顷，累官户部侍郎。后以宝文阁待制知庐州。绍圣年间（1094—1097）复为户部侍郎。

杨 时（1053—1135） 字行可，后改字中立，将乐人。因世居将乐县北龟山之下，世称龟山先生。自幼颖异，8岁会作文章，有“神童”之誉。宋熙宁九年（1076年）中进士，调官不赴，专程到颍昌拜程颢为师。南归时，程颢以目送之，曰：“吾道南矣！”程颢逝后，又与游酢于元祐八年（1093年）一起到洛阳师事程颐。二人执礼甚恭，初见程颐时，见其独坐打盹，侍立不去。“颐既觉，门外雪深一尺矣。”从此，“程门立雪”成为尊师重道的美谈。杨时学问深纯，道行笃实，不仅继承了程门理学，又吸收张载等人的思想，形成自己的理学思想体系，在理学发展史上占有重要地位。杨时为官不畏权贵，刚正不阿，关心国家命运，敢于犯颜直谏。从元丰六年（1083年）起，先后任徐州、虔州司法，瀛州防御推官。自绍圣元年至宣和六年（1094—1124），历知浏阳、余杭、萧山三县及无为军判官、荆州教授等职。靖康元年（1126年）兼国子祭酒。所到之处“皆有惠政，民思之不忘”；还上疏斥责蔡京等人聚敛花石纲，以为此举有“误国之罪”“其害尤甚”，要求朝廷废除之；坚决反对割地求和，力主抗金，挽留抗金名将李纲。时宋王朝陷入内忧外患危机中，杨时误认为这是王安石变法所致，因此上疏“追夺王（安石）爵，明诏中外，毁去（安石）配享（孔庙）之像”。王安石遂由“配享”降为“从祀”。此举受到谏官冯澥的反击，杨时由此被钦宗罢免国子祭酒职务，改任给事中。他力辞不就，最后以徽猷阁待制致仕。建炎元年（1127年）七月，应召赴行在；八月授为工部侍郎兼侍讲。建炎二年，以龙图阁直学士提举杭州洞霄宫；十一月回到故乡将乐，以著书、讲学为事。建炎四年连章告老，获准以原官致仕。绍兴五年（1135年）四月二十四日辞世。谥文靖。

杨 方（约1134—1211） 字子直，号澹轩，汀州（今长汀县）人。南宋隆兴元年（1163年）进士，授弋阳县尉。辞不就职，慕名前往追随朱熹，成为朱熹高足，与杨简、杨楫号称“朱门三杨”。朱熹曾三次推荐他担任官职，并劝曰：“志士应当以国事为重，而不在职务也。”杨方出仕，以廉介刚直著称，其才干为赵汝愚赏识，得孝宗擢用。庆元元年（1195年）任吉州知州。时韩侂胄当权，为排斥异己，诋毁朱熹之学为“伪学”。受到株连被罢职的杨方闲居在江西虔州（今赣州）。在南门外筑了一间草庐，闭门读书。因所居之地植有不少淡竹，故自号“淡轩老叟”。之后又被重用，官至广西提刑。为官20多年，凡有疑案，事必躬亲，力纠错案，不畏权贵。曾严惩当朝权臣史弥远义子、廉州副将史无忌，而传为美谈。晚年用心整理校订朱熹的《廉溪通书》藏本，使之传世。78岁时勤事野死，鞠躬尽瘁于任上。

杨 复（一曰杨復）（1164—1234） 字志仁，号钟岳，世称信斋先生，长溪县秦溪倪峤（今福安市甘棠镇山下村）人。少时聪敏嗜学，博闻强记。青年时受业于朱熹之门，与黄榦（黄勉斋）等为同门学友。力倡朱子之学，曾在福安二十八都东蜀村建立考亭书院。朱熹巨著《仪礼经传通解》由于生前没能完成，由其女婿、弟子黄榦继之。黄榦去世后，杨复最后完成刊行。宋宁宗赏识杨复才华，御赐为正奏状元，旌匾赐额“杨正奏”三个金字。宋端平元年（1234年）正月，真德秀任福建经略安抚使兼知福州，于福州三山郡学创建贵德堂，延请杨复主持郡学教务。杨复以其精湛的理学造诣培育后秀，深受时人推重。卒后敕葬宁德五都港尾圆明庄（今宁德市漳湾镇港尾圆明寺后），春秋祭奠。宋元明清代皆祀于乡贤祠。

杨宏中（1176—1228） 字充甫，福州人。弱冠补国子生。宋庆元元年（1195年），国子祭酒李祥、博士杨简以争赵汝愚罢相事，相继被斥，杨宏中与国子生林仲麟等5人联名上书，请罢逐右正言李沐，召还李祥、杨简。书奏不报，又上副封于台谏、侍从。以此触怒韩侂胄，送太平州编管，时人号为“六君子”。次年移福州。嘉泰三年（1203年）放还。开禧元年（1205年）登进士第，授南剑州教授。嘉定六年（1213年）以荐授户部架阁，寻迁太学正。嘉定八年上书言时弊，指切无隐，迁武学博士。旋为言官所论，出通判潭州。以亲老请辞，差知武冈军，未赴而卒。

杨士瀛 字登父，怀安（今闽侯）人。家族世代业医。传至杨士瀛，医术医理尤精，医名远扬。宋景定元年（1260年）撰写《伤寒类书活人总括》7卷，总结张仲景《伤寒论》、朱肱《类症活人书》两书的研究成果，并加以扩展；内容分为“活人症治赋”“伤寒总括”“伤寒证治”三大部分（自表里、汗下二症起，至产科、小儿、伤寒止）。又著《婴儿指要》（即《仁斋直指小儿附遗方论》）5卷，分12类，重点为惊、疳、泻、痢四症，论述精当。翌年完成《医脉真经》2卷，该书以伪本王叔和“脉诀”为经，参以百家学说的精华，去伪存真，见解独到，后世医家多有借鉴。景定五年，又著成《仁斋直指方》36卷，“剖前哲未言之蕴，摘诸家已效之方，济之家传，参之肘后，使读者一目了然，对病识症，因症得药”，对临床诊治具有指导意义。杨士瀛悉心钻研诸家医籍，并能博采各家之长，融会贯通，其医学理论既不乏创见，又不盲从前人之说，对后世医者影响深远。

杨 缨 字绵公，号钓溪，杨时7世孙，松溪人，祖籍将乐。对濂洛关闽各流派学说均有较高的造诣，对经史典籍论证有独到之处，善草篆与诗赋。毕生致力于教育事业，享有盛誉。元至顺四年（1333年）受聘为松溪湛卢书院山长，求学问道之人纷至沓来，湛卢学风鼎盛一时。晚年隐居于湛卢山，卒后葬于杉溪里，享年83岁。后人于其所建续贤庵中塑像以奉祀，每年献春秋二祭。

杨 荣（1371—1440） 初名子荣，字勉仁，号默庵，建安（今建瓯）人。17岁时选充府学秀才。建文元年（1399年）参加福建乡试，名列第一。次年参加会试、殿试，亦名列前茅，授翰林院编修。明成祖朱棣爱其才，擢升为修撰，并改其名为杨荣，使入文渊阁，参与机务。永乐八年至二十一年（1410—1423），成祖五次出塞，四征鞑靼，一征瓦剌，每次都令杨荣随从。由于著有功绩，升至翰林院学士、翰林院掌院学士，永乐十八年，进阶文渊阁大学士。永乐十九年，成祖从南京迁都北京，规制多出其手。永乐二十年，奉天、华盖、谨身三殿着火，蔓延到秘书阁，杨荣不计个人安危，亲临火场指挥灭火，抢救出图籍制诰，被成祖誉为“岁寒松柏”。永乐二十二年，成祖崩，仁宗即位，一年后仁宗病卒，宣宗登基：仁、宣两朝不因皇位继承问题而发生动乱，得益于杨荣的决策。宣德十年（1435年），宣宗卒，年方9岁的英宗即位，太皇太后张氏听政，信任大学士杨荣、杨溥、杨士奇三人（时人称为“三杨”，杨荣为“东杨”），朝政多以咨询。“三杨”尽心辅政。杨荣为防止太监擅权，举荐侍读学士苗衷及侍讲曹鼐、马愉等贤臣参与机务。正统五年（1440年），请准回乡扫墓，返京途中，在杭州武林驿病卒。英宗追赠光禄大夫、左柱国、太师，谥文敏，敕葬故里。

杨逢春（1498—1553） 字仁甫，号西渠，同安人。明嘉靖八年（1529年）登进士第。初授仁和（治所在今杭州）、昆山（今江苏昆山）两地知县。为政宽民，手定民受赋轻重，断狱必张榜示民，使胥吏不能干政。历迁南京道御史、广东按察司佥事、四川按察司佥事、湖广布政司参议。时叙州（今四川宜宾）有部落叛乱，杨逢春因献策平叛有功，擢为云南按察司副使。未之任卒。

杨九畴（1620—1647） 顺昌人。为人刚毅武勇，疾恶如仇。因反抗土豪地霸的欺压剥削，聚集贫苦民众数十人，于顺昌、将乐两县交界的会石村劫富济贫，发动农民抗租抗税。清顺治四年（1647年）七月，率领义军与王国用领导的义军联合作战，攻打顺昌县城。两次均未克。九月，又联络江西、浙江边境的抗清武装，再次攻打。十月十九日，挖通西门地道，连夜攻破顺昌城，知县钱嘉伦怀印上吊而死。

清廷从延平府派大军前来镇压，同时收买其部将，瓦解义军队伍。起义以失败告终，杨九畴自杀身亡。

杨　璇　又名玉璿、玉祥、杨玑，字玉旋，漳浦人。约生于明崇祯年间（1628—1644）。少年时，受同邑善刻印文的黄仲璇影响，酷爱篆刻，潜心研习刻艺，以此为生。凭借职业之便，得以观摩官绅豪门家藏名画、篆刻、古玩及寺院佛像、壁画等，从中汲取创作灵感和题材，技艺迅速长进。所刻人物、花鸟、走兽等皆惟妙惟肖，栩栩如生，一时声名大振，求者不绝。清初，福州寿山石雕名闻遐迩，达官贵人视为珍玩。杨璇慕名到福州，专攻寿山石刻。杨璇突破传统的宗教、兽像等题材，选择质朴无华而富有生活气息的蔬菜、瓜果为创作内容，令人耳目一新；同时，巧妙利用寿山石天然的形状和色彩，开创"取巧色"先例，依形、色施艺，巧妙构思，有鬼斧神工之妙，因而声誉鹊起，官绅"争相延致"。从此，杨璇长期寓居福州，专事寿山石雕刻，并授徒传艺，直至康熙年间（1662—1722）去世。杨璇的寿山石雕作品多为官绅所珍藏，或作贡品献于朝廷。其高超技艺为后人所效法。

杨廷理（1747—1813）　字清和，号双梧，广西柳州人。清乾隆四十二年（1777 年）拔贡，先后任福建归化、宁化、侯官知县。乾隆五十一年八月任台湾府同知。乾隆五十三年署台湾道，加按察使衔，又以政绩显著升任台湾道兼提督学政，加按察使衔。乾隆六十年因清查库款案被诬控而革职。嘉庆元年（1796 年）流放伊犁。嘉庆十一年重任台湾知府。赴任前向嘉庆皇帝面奏"噶玛兰（今台湾宜兰）当开"。在开发噶玛兰期间，先后 5 次深入勘察丈量土地，调查民生疾苦，设计开办章程。嘉庆十七年任噶玛兰通判，同年十二月卸任。嘉庆十八年病卒于台湾。宜兰百姓称之为"开兰名宦"，立有杨公祠纪念。

杨起麟（？—1787）　福州人。承世职，任水师提标千总。清乾隆二十四年（1759 年）中武举，升迁守备，隶水师。屡积军功，升福建水师左营游击。乾隆五十一年调任台湾安平游击，火线提拔为大鹏营参将，在镇压林爽文起义中战死。朝廷以副将优恤，赐祭葬，入祀昭忠祠；赐云骑尉世职，又赏恩骑尉罔替。

杨庆琛（1783—1867）　原名际春，字廷元，号雪椒，侯官（今福州）人。受业于福州名儒郑光策。嘉庆九年（1804 年）得中举人，嘉庆二十五年中进士。道光九年（1829 年）任刑部河南司主事。翌年升陕西司员外，擢山东司郎中。入京补广东司郎中，两次充律例馆提调，一次任提牢。道光十四年，京察一等，授安徽宁池太广道。道光十六年升湖南按察使。道光十九年擢山东布政使，代理巡抚，兼署学政。道光二十二年召入京，改光禄寺卿，官至刑部员外郎。同治三年（1864 年）重赴鹿鸣宴，奉旨赏加二品衔。认为"举孝""兴廉"是为人之道、为官之要。

杨　澜　字蓉江，号二樵，汀州（今长汀）人。15 岁时已饱读经史，清道光元年（1821 年）任四川昭化（今四川省广元市昭化区）县令。道光十年受聘为《长汀县志》总纂，仅用两年就完成了书稿，成为长汀历史上第一部县志。晚年悉心将弟弟杨浚的《郡志补正》书稿重加考订，著成地方志书《临汀汇考》。

杨秀登俊（1788—1846）　字千人，号霁林，宁化人。出继堂叔杨良荣选为嗣。杨良荣选任官台湾北路诸罗守府，阵亡后得赐世袭云骑尉，由杨秀登俊承袭。清嘉庆二十五年（1820 年）以守备题补，署理烽火门守备，补授铜山营守备，先后护理南澳左营游击、福宁三沙左营游击、福建水师提标前营游击、福建金门总镇、统辖闽安协镇等职。任南澳左营游击时，海盗猖獗，商旅被害甚多，杨秀登俊剿抚结合，终使海氛平静，商旅安全。任厦门参将期间，协助平息台湾张炳"滋事"，以"三日内赶办军需敏捷"记功。

杨　浚（1830—1890）　字雪沧，一字健公，晚号冠梅道人，祖籍晋江，在侯官长大。清咸丰三年（1853 年）中举人，任国史、方略两馆校对之职，候补道头衔。同治五年（1866 年），闽浙总督左宗棠派杨浚主持新开的正谊书局（在今福州黄巷），重刊先贤遗书《正谊堂全书》。不久，左宗棠奉命西征回民及捻军，召杨浚往大营，任营务处军需。先后主漳州、丹霞、紫阳、涪江书院。同治八年（1869 年）受台湾淡水厅同知陈培桂之聘，赴台主修《淡水厅志》。少年时开始藏书，经年累积，聚书7万卷，共3412种，筑楼“冠梅堂”以藏之，成为福建著名藏书家。

杨在田（1848—1934）　字穰云，漳州角美人。清咸丰十年（1860年），年仅12岁时远赴菲律宾继承父业。由于勤劳节俭、讲求信用，数年后将父遗小铁店扩展为瑞隆兴公司，成为马尼拉富商。杨在田看重乡情，乐善好施。到菲律宾谋生的乡人，只要有求于他者，莫不相助。在家乡角美，凡孤贫无依者，每人每月给大米2斗、银圆2元，帮助解决衣食困难；设立恩推议局、大愿堂，为贫苦乡亲施医、施药、施棺；遇上荒年，则出资购谷平粜，救助受灾乡亲。光绪年间（1875—1908），因九龙江水患，捐金数万，清理河道，修筑河堤。此外，还重视教育，曾出资创办培竹山房，延聘教师，督促子侄读书；又捐资兴办碧湖学校，广收乡亲子弟，免费入学，凡家境穷困者，给予资助学习费用。碧湖学校创办60年来，为家乡培育了不少人才。杨在田经商注重培养职工职业道德，曾提出严格要求：凡有妻室在家乡者，不许在南洋重婚，违者撤职，永不聘用。由于重视培养，多数职工颇有成就。

杨用霖（1854—1895）　字雨臣，闽县（今福州）人。少时父母双亡，依堂兄杨腾霄生活。清同治十年（1871年）参加海军，在“艺新”炮舰当“船生”，随管带许寿山学习英语及驾驶、枪炮技术。不久便补“振威”炮舰管炮官，先后升任“艺新”炮舰二副、“飞霆”“镇西”舰二副、英国快船“超勇”二副。光绪十一年（1885年）调升“镇远”铁甲舰大副，又升帮办大副，赏戴花翎，以守备用。光绪十四年北洋舰队建军，署右翼中营游击。光绪十七年升用参将，赏加副将衔。光绪二十年八月十八日，“镇远”随北洋舰队与日本联合舰队大战于黄海，杨用霖指挥弁勇，奋力鏖战。战后论功，补用副将，赏加“捷勇巴图鲁”勇号。当年底，日军进攻威海，企图消灭困守在港内的北洋舰队。杨用霖协助丁汝昌、刘步蟾打退日舰8次进攻。后北洋舰队威海营务处提调牛昶昞推举杨用霖出面与日军接洽投降事宜，杨用霖严词拒绝。回舱后，引枪衔口，自杀殉国。朝廷嘉其忠烈，优恤赏银治丧，赠提督衔，给骑都尉兼骑尉世职。

杨衢云（1861—1901）　字肇春，原名合吉，又名飞鸿，海澄（今龙海）人。13岁考进香港英国海军船厂学机械，因不慎伤断右手3指而转学英文。光绪六年（1880年）毕业，先后任圣约瑟书院教员、招商局船务书记长、英商新沙洋行经理。中法战争（1883—1885）爆发后，投身民主革命运动，在香港成立革命团体“辅仁文社”，当选为社长。同年秋，与孙中山结识，共同组建革命团体“兴中会”，被推举为首任会长。为准备夺取广州的武装起义，在香港筹措军饷，购运枪械，后因泄密遭镇压，杨衢云和孙中山被当局通缉。十一月，赴越南西贡、南非、欧洲等地避难。光绪二十六年，义和团运动兴起，杨衢云和孙中山等革命党人秘密筹备在广东惠州起义。杨衢云自告奋勇回香港筹备，并辞去兴中会总会会长职务，拥护孙中山继任会长。四月，到日本东京与孙中山共商起义事宜。六月，与孙中山同船回到香港共同谋划。十月六日，打响第一枪，屡败清军，队伍发展至两万多人，但因武器弹药供应不及，陷入困境，最终失败。清两广总督悬赏3万元购杨衢云首级。杨衢云谢绝革命党人要他出洋避难的劝告，继续留在香港革命。光绪二十七年一月十日晚，遭清廷刺客枪杀身亡。

杨阿苗（1865—1932）　又名杨嘉种，泉州南门外亭店村（今属江南镇）人。17岁赴菲律宾谋生，继承父业（其父杨孙獭在菲律宾礼智省加黎牙那镇开垦种植园），锐意经营。在马尼拉那士吗尔迈街设立洽成总行，在三猫、明达瑙（棉兰诺）等地开设30多个分支行，自置“孙獭号”“仙厘龟叻号”轮船和多艘小轮船，趸运土特产销往欧美各地。长期担任马尼拉华侨善举公所董事，参与创办马尼拉中华商会，从1906年第三届始，连任4届董事、6届司库。杨阿苗乐善好施，常接济逃荒到菲律宾的乡亲，安排食宿，发放零用钱；1911年捐建泉州南门顺洲桥，出资救济国内灾民。清光绪二十一年（1895年），在家乡亭店建造住宅，历时11年竣工，规模庞大，列为全国重点文物保护单位。

杨持平（1882—1921）　原名人杰，号俊民，莆田人。清光绪三十一年（1905年）考中秀才。宣统元年（1909 年）参加优、拔贡考试，教官苛索“卷金”，杨持平具状上告，被学使抑置“次列”。武昌起义前夕，只身寻黄兴献策，后转至上海参加北伐队。南北议和后，返回莆田，和叶华滋等人创办《兴化报》，通过报纸提出兴利除弊的各项建议。不久，到厦门任《闽南报》编辑，因撰文抨击袁世凯卖国行为，被北洋军阀暗探监视，避往南洋。1916 年从南洋回国，加入革命党，发动民众讨伐北洋军阀。1917 年，联合林敬根、杨汉烈、黄炜、翁程等，在长泰举事，号称“闽南靖国军”。次年和许卓然部队会合，进攻灌口，厦门震动。1919 年，广东军政府委任其为福建靖国军第三旅旅长。1920 年，因叛军出卖而被北洋军阀逮捕。1921 年，在泉州“万山第一”处就义。1928 年，国民政府为杨持平举行公葬仪式，并追认为烈士，遗骸归葬莆田筱塘龙脊山。

杨韵珂（？—1911）　闽侯人。清光绪三十四年（1908 年）就读于南京江南水师学堂，后闻镇江象山炮台将举义革命，弃业入炮台。适各省推选征兵制，投充第九营督队官，与林述庆、柏文蔚等密谋在镇江起义。宣统三年（1911 年）武昌起义爆发，杨韵珂受命率军攻雨花台，不克引还。此时各路援军齐集镇江，组成联军攻南京，与张勋战于孝陵卫，大败张勋。张勋退据城墙凭险而守，众议先争紫金山。杨韵珂奋然请行，与管带余长清率众深夜渡岔路口，抵达紫金山，激战一昼夜，张勋宵遁，遂克天堡城。杨韵珂率众穷追，斩获无数。张勋诈降，杨韵珂入其营，被伏兵开枪击中要害，当场牺牲。民国肇建，定都南京，论克南京功，以杨韵珂为先，勒石纪功于天堡城。与林述庆、陈子范并称为“辛亥福建三烈士”。

杨树庄（1882—1934）　字幼京，侯官人，祖籍连城。清光绪二十九年（1903 年）毕业于广东黄埔水师学堂第八届驾驶班，出任大副。武昌起义海军归附，任艇长。1913 年授中校，升上校，任舰长。翌年升少将衔。1923 年任练习舰队司令兼闽江要塞司令。次年 5 月晋升海军中将。不久，任海军闽夏警备司令。9 月，北洋政府授为海军副总司令、胜威将军衔。10 月任海军总司令。1927 年 3 月率领海军归附国民革命军，任国民政府委员、海军总司令兼福建省政府主席、军事委员会常务委员、海军特别党部主任委员。1929 年任海军部部长。1933 年“福建事变”后任审核福建党务委员。翌年逝于上海。国民政府通令全国海军下半旗志哀三日，并下褒扬令，称其“十六年北伐之役，首率海军，响应义师，促成统一，嗣任海军部部长，又主政闽省，宽猛得中，抚循著绩”，举行公葬典礼。其收藏珍贵书籍多捐赠福州乌山图书馆。

杨山光（1884—1947）　原名岳，字仲觐，泉州人。13 岁应府县童子试，以默写忆经入学为秀才。后考入京师大学堂（北京大学前身），毕业后赴日本明治大学专攻法律，并加入兴中会，后转入同盟会。民国成立后当选为众议院议员，住北平。因见军阀盗窃革命果实，争权夺利，不愿同流合污，便南下回籍。北伐胜利后，在福建省立第十三中学任教，继而受聘为福州法政专门学校教务长。“七七”事变后，在厦门开展抗敌后援活动。1938 年在泉州昭昧国学专修学校（今泉州一中）开讲历史地理和文学训诂课程。昭昧国学改为完全中学后出任校长。数年后转到晦鸣中学和培英女子中学任教。因日军侵略步伐加快，泉州中等学校全部内迁，杨山光随迁到安溪县和南安县继续任教。抗战胜利后，各校迁回泉州，他继续执教，直至逝世。

杨峻德（1900—1931）　原名杨克宽、杨占魁，又名杨适，建瓯人。1928 年任中共福州市委书记，在福安、霞浦、闽清、永泰、连江、长乐、古田等地秘密发展党组织，短期内组建了长乐玉田、桃源和福州郊区的凤岗、高湖、马鞍等党支部。1929 年杨峻德等在崇安、浦城、建阳、江西铅山同时发起暴动，建立农民政权。1929 年 4 月，将崇安县 16 支“民众队”改编为工农红军，又将各路工农红军整编为闽北红军独立团。同年 9 月增补为省委委员，并担任省委秘书长。1930 年 2 月，出席福建省委第二次代表大会，当选为省委执委，调任闽北特委书记兼建瓯县委书记，先后成立了 18 个区苏维埃与 200 多个村苏维埃政权。1930 年 11 月，调回省委机关，任省委常委、秘书长兼组织部部长，领导全省白区斗争。1931 年，由于叛徒告密被捕，关押在国民党漳厦海军司令部监狱。后于 5 月 23 日在南京雨花台就义。

杨尚儒（1903—1986）　连城县朋口乡人。1921 年 10 月参加闽西农民暴动，1930 年 1 月参加工农红军，1930 年 3 月参加中国共产党。参加了中央苏区历次反“围剿”作战和长征。到达陕北后，参加了直罗镇、东征和山城堡等战役战斗。抗日战争时期，历任八路军营长、晋西游击大队大队长等职，参加平型关战斗。解放战争时期，历任东北民主联军第 7 纵队 19 旅副旅长、东北野战军第 1 纵队参谋长、第四野战军后勤部第二分部部长等，参加了辽沈、平津等战役。中华人民共和国成立后，任空军后勤部政委。1950 年参加抗美援朝，任志愿军空军后勤部部长，参加了 3 个机场的修建和反绞杀战，获得朝鲜二级自由独立勋章。回国后，继续担任空军后勤部政委。1955 年被授予少将军衔（副军级、空军），荣获二级八一勋章、一级独立自由勋章、一级解放勋章。当选为中国人民政治协商会议第三、四、五届全国委员会委员。

杨　立（1907—2002）　字立人，号时中，建瓯人。1924 年黄埔军校第三期毕业，留校任政治部见习官。参加第一次东征的淡水、平山、绵湖等战役。抗日战争期间任重庆军政部军粮总局少将处长兼粮食部简任督察，后调中央军校七分校任少将总务处处长。抗日战争后期，任胡宗南部少将高参兼陕西省粮食储运处处长，参加中国赴印度、缅甸远征军。1945 年任陆军总司令部少将高参。抗日战争胜利后，以少将军衔退役。1946 年参加中国农工民主党，参加组建华北运输公司，筹办宇宙宏翻胎厂，并担任上海两江运输公司副经理。1949 年 10 月 1 日应邀参加开国大典。中华人民共和国成立后，组建闽通运输公司并任董事长，担任民革福建省委顾问，被推选为黄埔军校同学会福州联络组长，福建省黄埔同学会副会长、名誉会长，全国黄埔同学会副会长，福建省政协委员。

杨翠光（1909—1931）　上杭县溪口乡人。1929 年参加暴动队，组织打土豪、分田地、烧田契、焚债券的斗争，并将自己家庭的部分土地、房屋、财产分配给贫苦农民，免除一切债务。在斗争中加入中国共产党，担任上杭县少先队总队长。1931 年调任闽西少先总队总队长。1931 年春夏之间，在闽西“肃清社会民主党”错案中蒙冤，于永定县虎岗罹难。1955 年 7 月被追认为革命烈士。

杨挺英（1911—1934）　连江透堡人。1928 年 12 月在乌石山师范学校加入中国共产党，任乌石山师范学校党支部组织委员。毕业后回乡以透堡小学校长身份为掩护开展革命活动。1931 年秋，在邓子恢指导下，与杨而菖一起发动农民开展减租抗债斗争。1932 年秋参加中共福州中心市委举办的党员训练班，培训结束后，被市委派到马江从事兵运工作。1933 年 8 月，在策动驻马尾要塞司令部海军陆战队警卫班起义时，因事泄被捕。在狱中，他与陈祥榕一道以监狱为阵地，建立党支部，坚持革命斗争。同年 12 月，十九路军发动“闽变”后释放出狱。随后任中共连江中心县委组织部部长，主持召开连江工农兵苏维埃代表大会，成立连江县苏维埃政府。1934 年 3 月底接替陈祥榕任红军独立十三团政委，兼任新成立的中共罗源县委组织部部长。独立十三团改编为闽东独立师第三团北上闽东苏区后，任中共罗源县委书记，在连罗游击区重新组建红军独立营，率独立营转入游击战争。1934 年 12 月带病率两名战士，到罗源霍口部署反“围剿”斗争，遭到当地反动武装大刀会的偷袭遇害。

杨而菖（1913—1934）　小名杨与顺，连江透堡人。1927 年在连江初级中学求学期间接受革命思想，1929 年加入中国共产党，以教书身份为掩护，在贫苦农民中秘密传播革命思想，发展党组织。1930 年在透堡成立农夫会（农民协会），任支部书记。同年 10 月成立中共连江县行动委员会，任组织部部长。11 月连江县行动委员会改组为中共连江县委，任县委书记。1931 年秋，在福州中心市委巡视员邓子恢指导下，组织领导减租抗债斗争，并建立农民自卫武装。同年底领导透堡暴动。失败后率骨干突围，转移福州继续活动，筹建革命武装。1932 年在马鼻东川组建县特务队，在连江开展武装斗争。不久组建闽中工农游击第一支队，向罗源山区发展，使连罗根据地连成一片。同年 10 月由省委抽调厦门工作。1933 年第十三支队发生以李德标为首的叛乱事件，杨而菖奉命回连江平息叛乱，整肃队伍，任第十三支队政委，率部接连攻占透堡、晓澳、筱埕等地，建立连罗两县红色根据地。1934 年率部攻打马鼻镇，在激战中不幸牺牲，年仅 21 岁。1953 年连江县人民政府修建杨而菖烈士陵墓，安葬遗骨于透堡乡南山向阳岗上。

杨成武（1914—2004）　长汀人。1929年参加闽西古城地方武装暴动，任闽西红军第三路指挥部秘书、宣传队中队长。1930年编入中国工农红军第四军第三纵队，同年加入中国共产党。1931年起任红四军第十二师秘书、连政委、教导大队政委。参加中央苏区历次反“围剿”斗争。1935年5月，杨成武和团长王开湘率红四团飞夺泸定桥，1935年11月率红四团参加直罗镇战役，夺取敌军重要阵地。1937年抗日战争全面爆发后，任红一师师长、八路军独立第一师师长，长期在华北地区进行抗日斗争。在黄土岭战斗中，歼灭日军900多人，缴获200多辆满载军用品的骡马车、5门火炮、几百支长短枪及无数弹药，生俘十几个日本兵，并击毙日军统帅阿部规秀。抗日战争结束后任冀中纵队司令员。中华人民共和国成立后，任华北军区参谋长兼任天津警备区司令员、京津卫戍区副司令员、司令员，连续8次出任天安门国庆大阅兵总指挥。1950年参加抗美援朝战争，任中国人民志愿军第二十兵团司令员。在文登川之战中，以劣势装备粉碎美军的进攻，重创美军第七师，创造了朝鲜战场月歼敌最高纪录。1955年被授予上将军衔，任北京军区司令员。1959年任中国人民解放军副总参谋长。1966年起任解放军代总参谋长、中共中央军委常委、中共中央军委副秘书长。1962年参加中印边境自卫反击作战，后参加抗美援越战争。1967年担任中央专案组第二办公室主任。“文化大革命”期间遭受迫害被关押，1971年释放。1977年起任中共中央军委委员、福州军区司令员。杨成武是中华人民共和国第一、二、三届国防委员会委员，中国共产党第八届中央候补中央委员，第十一、十二届中央委员，中国人民政治协商会议第六届全国委员会副主席。曾荣获一级八一勋章、一级独立自由勋章、一级解放勋章、一级红星功勋奖章。

杨申生（1919—1948）　化名王伯钧、育昭，出生于上海，随父迁居福州市道山路。1939年在英华中学加入中国共产党。学校内迁顺昌县洋口镇后，在学校里任党支部委员。1941年至1947年，任闽江工委委员、城工部委员，秘密保护福建省委领导人在仓山义庄里和港头的活动安全。其住址曾是重要的革命据点。1948年因“城工部事件”遭错杀，年仅29岁。1956年获平反，追认为烈士。

杨清琪（1919—1948）　平潭县潭城镇人。1944年参加革命斗争，曾参加学生抗日救亡活动和闽中沿海地区的抗日斗争。抗日战争胜利后，任中共平潭工委委员，参与领导平潭县的革命游击战争，1947年调到中共闽浙赣区党委城工部闽中工委工作，1948年2月任中共福长平（福清、长乐、平潭）中心县委城工部学委委员，不久调任中心县委委员，主持福清县城工部的工作，指挥城工部所属武装队伍开展对敌斗争。1949年4月前往中共闽中地委汇报工作时，因“城工部事件”受到牵连审查，于4月10日在福清县北区西宁山上蒙冤罹难。1956年获平反，追认为烈士。

杨陈英（1920—1998）　原名杨金诺，建瓯人。解放战争时期，调晋察冀三纵队，历任组织科长、干部科长、随营学校主任等职。1947年任八旅二十四团政委，后调六十三军炮兵团任团政委、宁夏军官会秘书处处长、十九兵团党委和司令部办公室主任。抗美援朝期间，先在十九兵团司令部，后调入六十三军十八师任副政委。朝鲜停战后，任中国人民志愿军组织部部长，并参与编写志愿军整治工作经验总结。1957年回国后任北京军区组织部部长。1964年任北京军区党委办公室主任。1966年任北京军区后勤部副政委（正军职）。1981年离休。先后荣获中华人民共和国二级独立自由勋章、二级解放勋章，朝鲜民主二级自由独立勋章、二级国旗勋章，中国人民解放军独立功勋荣誉章。

杨端玉（1921—1947）（女）　祖籍石狮，出生于福州。1933年考入文山女子中学，1938年参加中华民族抗日先锋队，并到沙县接受统一军训。1939年参加中国共产党。1939年随文山女中迁到永泰山城，其住址成为党支部秘密据点。1941年被委派到古田县开展革命活动和抗日救亡工作。1943年调回省委机关工作。同年夏被国民党逮捕。1945年10月，国共两党在重庆签订《双十协定》，后被释放。1946年任闽江工委机要秘书，其住址为中共地下党指挥部。1947年2月，福建省委决定成立闽浙赣区党委城市工作部（城工部），同年9月5日，其夫庄征蒙冤遇害，10月，杨端玉也被错杀。1956年获平反，追认为革命烈士。

第二节 人物录

杨 绍（645—709） 字崇显，排行三，任司马，世人尊称司马三公，原籍浙江省衢州府龙游县片竹村，开基福安。唐高宗时进士（明朝福宁府同知马迪纂写《崇仁寺碑记》载为状元），任泉州（今福州）刺史。

杨文荣 字文简，杨绍次子。唐玄宗时（712—756）官拜御史，又任南闽参军。官拜御史。

杨在尧 与先祖自华阴入闽，居仙游。唐天祐二年（905年）进士，官终右补阙。

杨 珊 字朝器。唐初以军功授莆田县尉，后加封为保护将军。

杨 荣 字子江，乳名安其，杨时曾祖父。五代后晋天福二年（937年）进士。南唐保大四至五年（946—947）授西镛州（将乐）司户，秩满遭时乱路阻，遂挈家居西镛州属之龙池杉田（今将乐县城北郊龟山桥左上方），为将乐杨氏始祖。

杨 澈 字晏如，建阳人。宋建隆二年（961年）进士，调青州司户。开宝年间（968—976）改著作佐郎，知渠州。后通判虔州，终祠部郎中。

杨 峦 建阳人。杨澈子。宋淳化三年（992年）进士，职方员外郎。

杨 伟（984—1058） 字子奇，杨亿之弟，浦城人。幼从学于兄。宋天禧元年（1017年）赐进士第，知衢州龙游县，累迁尚书兵部员外郎。仁宗朝（1023—1063）官至翰林学士、中书舍人。

杨 倚 字永年，杨亿之弟，浦城人。宋进士。真宗以亿故，特升甲科。官至开封府工曹。

杨 举 字五二，莆田人。宋祥符八年（1015年）进士，著作郎。

杨令问 字达如，莆田人。宋天禧三年（1019年）进士，枢密使。

杨 晕 仙游人。宋景祐元年（1034年）进士，任国史编修。

杨 蟠（约1017—1106） 字公济，建安人。宋进士。以诗知名。元祐（1086—1094）中，通判杭州，后知温、寿二州。

杨昭述 字宗鲁，浦城人。宋嘉祐（1056—1063）特奏名进士。授池州石埭尉。任满调海康令。

杨 授（1065—1162） 字梦锡，浦城人。宋崇宁二年（1103年）进士，调铜鞮尉。

杨 英 莆田人。宋元丰八年（1085年）进士，官司空。

杨 迪（1082—1104） 字遂道，杨时长子，将乐人。宋进士，英年早逝，追赠宣议大夫。

杨 迥（1085—1166） 字昭远，又字勉斋，杨时次子，将乐人。宋进士，历任婺州通判、修职郎、右司谏、起居舍人、殿中御史。

杨 遹（1096—1165） 字昭祖，杨时三子，将乐人。宋建炎二年（1128年）进士，任军器监丞，迁工部员外郎。

杨 适 字积义，杨时四子，将乐人。宋政和二年（1112年）进士，任婺州通判。

杨 造（1107—1162） 字汝旨，杨时五子，将乐人。宋进士，任敕令所删定官、西京敦宗院丞，迪功郎，再迁承议郎，主管台州崇道观。

杨 云（1018—1160） 字志猷，杨迪长子，将乐人。宋进士，任严州通判、福建路安抚司参议。

杨廷玩 福鼎人。宋进士。

杨惇礼 福鼎人。宋进士。未满60岁辞官归田，以耕读传家。官监察御史。

杨 航（1104—?） 字子修，号南怀，杨迥长子，将乐人。任宣义郎、枢密院编修官、左员外郎。

杨 提 字祯甫，莆田人。官光禄大夫。

杨　森（1135—1204）　字汝子，杨通长子，将乐人。任徐州通判。

杨兴宗　杨惇礼孙，福鼎人。宋进士。史学家郑樵寓寄潋城授学，兴宗少师事之。

杨　楫　杨兴宗从弟，福鼎人。宋进士。在其故里潋城，设坛石湖观，留朱熹讲学。

杨　琳　字子羡，杨云长子，将乐人。宋进士，官至参议。

杨伯谆　泉州人。宋进士，任御史，与朱熹同属理学派系。

杨孝定　字仁静，浦城人。宋时以外祖荫补官，调弋阳令。性纯孝，事母尽养，其母卒，庐墓终丧，乡闾称之。

杨伯华　字祖烈，莆田人。宋进士，官太卿。

杨　植　字道信，号曲江，莆田人。官宣义郎。

杨　栋　字廷梁，莆田人。宋进士，官编修、调知军务。

杨　裴　字七三，莆田人。宋进士，官枢密使。

杨元晖　浦城人。宋进士，以朝奉大夫出知蕲州。

杨世荣　莆田人。宋宣和六年（1124 年）进士，官辅阙左拾遗。

杨梦龄　字子寿，晋江人。宋绍兴二年（1132 年）进士，调瑞安丞，知平阳县。

杨士豁　字伯达，晋江人。宋进士，授宁德丞，知长溪（今福安）县。晚知连州，未赴而卒。

杨保中　字和卿，杨士豁子。宋嘉定元年（1208 年）进士，知长汀县。

杨　楙　字楙之，晋江人。宋乾道二年（1166 年）进士，知永福县。

杨中立　字南强，杨保中弟。知龙岩县，捐俸筑南堤，民赖其利。

杨法明　尤溪人。出家为僧，住锡漳州龙岩寺。南宋绍熙年间（1190—1194）诏征为国师，赐金带、黄金伞等。

杨兴立　字子权，浦城人。宋绍熙四年（1193 年）进士，知遂昌，迁居兰溪。在金华传播理学，形成“金华学派”。

杨亮节　字允芷，浙江会稽人。宋德祐二年（1276 年）任福建观察使。

杨　昭　字原亮，莆田人。宋进士，官广西布政使。

杨　载（1275—1333）　字仲弘，浦城人。元进士，以大臣荐除国史院编修官，出为宁国路总管府推官。其诗文尤佳，与虞集、范梈、揭奚斯齐名，世号“虞杨范揭”。

杨梦斗（？—1276）　字子邵，号山甫，长乐县玉田东渡人。宋宝祐四年（1256 年）进士。德祐（1275—1276）初年，与文天祥力抗元兵。兵败，阖家偕部将赴扬子江凿舟殉难。

杨大轲　永安人。元至治元年（1321 年）进士，擢延平府镇抚。

杨达卿（1305—1378）　名福元，明代宰相杨荣的祖父，瓯宁（今建瓯）梅岐里人。为人乐善好施，荒年发仓谷救济灾民；以植树为名，凡在其山（名大富山）植树一株则酬以斗粟，数百年来，蔚然成林（今“万木林”），1958 年定为国家重点保护的封禁林。

杨寿夫　名松，以字行，建安人。明洪武年间（1368—1398）授县学训导，秩满升本学教谕。宣德年间（1426—1435）升翰林编修，预修《宣庙实录》，升修撰。

杨　琚　闽侯人。明洪武年间官至将仕郎。

杨彦通　号尊德，龙溪人。明洪武十九年（1386 年）荐辟广东按察司佥事。

杨　绍　泰宁人。明广西柳州府知事。

杨　敏　福安人。明永乐年间（1403—1424）授国子监博士，任福安县丞。

杨林佑（1380—？）　将乐人。先任浙江衢州守御，永乐初奉诏率军征交趾（今越南北部），阵亡后，朝廷追封“义勇大将军”。

杨　成（1435—1506）　字成玉，闽县（今福州）人。明天顺八年（1464年）进士，授留台御史。成化六年（1470年）任中议大夫、南京湖广道监察御史。成化十一年擢为中宪大夫、江南扬州知府。

杨　瑛　字德华，莆田人。明正统四年（1439年）进士，官授礼部主事，并员外郎。

杨　瓒　字宗器，莆田新度杨城人。明天顺元年（1457年）进士，任吏部主事、湖广参政等职。

杨　琅　字朝重，莆田人。明天顺八年（1464年）进士，官河南道、山东道监察御使，后巡按江西、浙江等地，并山东按察司佥事，提督学政，卒于官。

杨　铎　字朝鲁，莆田黄石塘头人。明弘治三年（1490年）进士，授浙江萧山知县、翰林院检讨。

杨国本　字士端，莆田人。明正德举人，官四川威州知州。

杨　宣　福安人。以功累升参将，明万历五年（1577年）征守广东雷州府。

杨守仁　字复嘉，号蓉江，漳浦佛昙镇下坑人。明嘉靖四十四年（1565年）进士，历建昌、严州、太平、贵州知府，广东副使。

杨廷相　字君赞，号钟鲁，泉州人。万历二年（1574年）进士，授丹徒知县，擢兵科给事中，升吏科右给事中，历迁太仆寺少卿、太常寺少卿、应天府尹、南京通政使。

杨联爵　龙溪人。明万历十年（1582年）举人，任贵州麻哈知州。

杨乔椿　厦门人。明万历十年举人，初任东流县令，两任山东平度州知州。

杨一葵　字翘卿，号致吾，杨守仁之子。明万历二十年（1592年）进士，官至云南左布行使。

杨光宾　龙溪人。明万历三十一年（1603年）举人，官海州知州。

杨守伯　字嘉沃，号萃锦，漳浦佛昙镇人。明万历三十四年（1606年）举人，官德州知州。

杨景辰（1580—1629）　字载甫，号侗陔，泉州人。明万历四十一年（1613年）进士，任翰林院编修。天启二年（1622年）迁左春坊谕德，为当年会试典试官，后升为詹事府少詹事兼翰林院侍读学士。天启六年升礼部侍郎，仍兼詹事府院务，教习庶吉士，同时受命为《三朝要典》副总裁。崇祯元年（1628年）四月升太子太保、文渊阁大学士。六月因曾经三疏诵魏忠贤和参与阉党修编《三朝要典》而被罢黜，致仕回原籍。因忧思成疾于翌年去世。

杨丹珉　字德玉，尤溪人。明太学生，知永新县，终泰州同知。

杨道宽　泉州人。明太常寺少卿。

杨学皋　字道生，漳浦佛昙镇人。清初任清军左都督，世袭阿思哈哈番。

杨　玮　杨学皋子，漳浦佛昙镇人。清任狼山总兵。

杨元达　字遇春，尤溪洋中后楼人。清初武举人，官授闽浙两省都堂。父子同赴台湾抗倭，威震海内外，时称“杨家将”。

杨良荣选　宁化人。清任台湾诸罗守备。

杨名杰　尤溪人。清任益州知府。

杨　宾　尤溪坂面蒋坑人。清授御前指挥使。

杨得茂　尤溪人。清授御前辅驾兼指挥使。

杨鲁水　平和县南胜镇义路村人。清康熙年间（1662—1722）任徐州总兵提督、光禄大夫。

杨　旻　字仲升，闽侯县南屿晓岐人。清康熙初举人。康熙十七年（1678年）授江南卫九帮领运千总。康熙四十二年授武德将军，署修南江淮卫九帮领运千总事。

杨嘉瑞　江西庐陵人。清康熙二十二年（1683年）随施琅收复台湾。先任厦门镇总兵官，后移镇南澳14年。

杨仕眴（1773—?）　福清东瀚人。清代一品将领。康熙二十二年（1683年）率部跟随林贤，参与澎湖之战，被施琅委以赴台招抚重任。因功题授左都督，擢升贵州定远协副将。卒于任上，钦赐荣禄大夫。

杨素轩 又名杨兰起，福州人。清乾隆年间（1736—1795）任江宁布政使，受钦加一级，赏戴蓝顶花翎，官居二品。

杨发淳 又名杨应紫，福州人。清乾隆年间进士，官至奉直、中宪、资政大夫。

杨　良 福清人。清广东东莞总兵。

杨钟岳 连江人。清乾隆三十一年（1766年）进士，任户部贵州司主事，升户部广西司员外郎、陕西司郎中，旋调济东泰武临道，升山东提刑按察司按察使。

杨　振（约1758—1850） 原名承忠，字柳宵，福清人。历扬州知府、都察院右督御史、殿阁大学士、太傅等职。73岁被封为义天公，爵位世袭。

杨继勋（1773—?） 福州人。历任清护理福建水师守备、福建水师参将、温州镇总兵，兼署浙江提督、统帅将军。

杨　簧（1776—?） 原名杨笙，字履春，号竹圃，连城芷溪人。清嘉庆二十五年（1820年）进士，官至江苏巡抚、护理两江总督，正二品。

杨　华 金门人。清乾隆四十九至五十三年（1784—1788）历任海坛镇守备、闽安水师左营都司。曾奉命护送琉球贡船，累迁江苏京口副将、苏淞镇总兵，署江南提督。

杨大坤 又名杨常利，福州仓山区芦岐人。清嘉庆十三年（1808年），创制“双喜”牌纸伞，晴雨咸宜，不脆不裂，色泽不变。1915年获美国旧金山“巴拿马万国赛会”金奖。1933年获美国芝加哥“百年进步博览会”优秀奖。

杨岳斌（1822—1890） 原名载福，湖南善化人。清光绪年间（1875—1908）任福建水师提督。中法战争爆发，驻闽会办海防事宜，署理船政。光绪十年赴台湾，协同刘铭传共御法军。为闽台海防屡建勋绩。

杨成柱（1825—?） 又名其勤，福安人。清福宁府左营总镇。

杨廷传（1843—1895） 福州人，祖籍连城。清同治七年（1868年）进士，任甘肃甘州知府加盐运使衔。中法马江海战后，任福建船政提调。光绪十七年（1891年），在海潮寺旁奏准劝募建成“左沈二公祠”。翌年担任总办船政，为当时福建船政最高官阶。

杨康灵 金门后浦人。参与消灭蔡牵海上武装所有重要战役，被称为闽台海防中清军“五飞将”之一，破格提拔为福建海坛镇游击，升任福建铜山营参将、浙江瑞安营副将。

杨廷辉 晋江人。任福建闽安协副将。清同治十三年（1874年），为应对日本制造侵台的“牡丹社事件”，率军赴台抗日，著有功绩，获授钦加二品衔，赏戴花翎。

杨廉臣 福州人。清光绪六年（1880年）担任福建船政工程处制机总工程师、制船总司。光绪三十三年起担任船政提调，全面主持福建船政工作。是中国近代造船业的奠基人之一。

杨明海 福州人。同治至光绪间（1862—1908）任长江水师提督。

杨鸿斌（1884—1974） 福州人。马来西亚实业家。曾捐助孤儿院、贫民医院、佛教医院等，1926年又捐建南屿苏州桥。

杨汉烈（1884—1940） 又名取，字克忠，安溪芦田三洋人。1922年任东路讨贼军暂编第一师师长。1926年国民革命军北伐，翌年他率部到福州接受改编，为新编第一军第一师第二旅旅长。1936年被委任为少将参议。

杨栖严 泉州人。清进士，任御史。

杨廷纶 闽侯人。清进士，任闽粤浙总管部堂兼福建巡抚，赐世袭奉恩将军。

杨本松（1899—1934）　明溪县瀚仙岩里村人。1932年担任坪埠乡苏维埃政府主席兼土地委员会副主席，开展打土豪斗争，积极筹粮、筹款支援前线，为红军挑运军需品。后被捕就义。1953年追认为革命烈士。

杨乃银（1904—1944）　平潭县平原镇酒店村人。抗日战争时期参加革命，任闽中抗日游击队沿海突击队战士，参加闽中沿海地区的抗日反顽斗争。1944年9月参加福州鼓山抗日游击队，在廨院战斗中被捕就义，后追认为烈士。

杨志和（1908—1935）　泰宁城关（原籍长汀）人。1931年参加工会和赤卫队并当选城关区苏维埃主席。1933年当选县苏维埃主席。1935年奉命潜回泰宁重新组织力量，后因奸细告密被捕，英勇就义。1953年追认为革命烈士。

杨德元（1922—1989）　厦门海沧人。曾任粤中纵队六支队政治处主任。中华人民共和国成立后任县委书记、地委书记。1973年后历任广东省第五届、第六届常务副省长兼省政府秘书长，广东省政府党组书记等职。当选第五届、第七届全国人大代表，中共十二大、十三大代表。

杨鼎铭（1932—1952）　福清人。1949年入伍为中国人民解放军第二十八军八十三师师部译电员。1952年10月11日，国民党军调集陆海空三军偷袭福建沿海莆田县的南日岛。岛上驻军急需电台联络，杨鼎铭奉命带一部电台登岛沟通联络。上岛时，岛上驻军因寡不敌众大部牺牲，杨鼎铭在敌军逼近时埋藏好密码，跳入海中牺牲。1982年追认为革命烈士。

第三节　历代进士名录

唐　代

姓名	籍贯	中进士年间与科榜	任职	备注
杨在尧	仙游	天祐二年（905年），乙丑科，归系榜	右补阙	

五　代

姓名	籍贯	中进士年间与科榜	任职	备注
杨徽之	浦城	显德二年（955年），乙卯科，李覃榜	礼部侍郎兼学士	

宋　代

姓名	籍贯	中进士年间与科榜	任职	备注
杨　澈	浦城	建隆二年（961年），辛酉科，张去华榜	祠部郎中	
杨自牧	建安	端拱二年（989年），乙丑科，陈尧叟榜	尚书	
杨　峦	建安	淳化三年（992年），壬辰科，孙何榜	方员外郎	
杨令闻	晋江	淳化三年（992年），壬辰科，孙何榜	防御使	
杨子祯	建安	咸平元年（998年），戊戌科，孙仅榜		
杨令绪	晋江	咸平三年（1000年），庚子科，陈尧咨榜		
杨　倚	浦城	景德二年（1005年），乙巳科，李迪榜	开封府功曹	

续表

姓名	籍贯	中进士年间与科榜	任职	备注
杨　举	莆田	祥符八年（1015年），乙卯科，蔡齐榜	著作郎	
杨　湑	晋江	天禧三年（1019年），己未科，王整榜		
杨　伟	浦城	天禧三年（1019年），己未科，王整榜	太常博士中书舍人，礼部侍郎	
杨令问	莆田	天禧三年（1019年），己未科，王整榜	枢密院	
杨　仪	建安	天圣五年（1027年），丁卯科，王尧臣榜		
杨克昌	晋江	天圣五年（1027年），丁卯科，王尧臣榜		
杨仲元	建安	天圣八年（1030年），庚午科，王拱辰榜		
杨　翊	浦城	天圣八年（1030年），庚午科，王拱辰榜	南安尉	
杨　晕	仙游	景祐元年（1034年），甲戌科，张唐卿榜	国史编修	
杨　裴	莆田	景祐元年（1034年），甲戌科，张唐卿榜	枢密使	
杨　纬	建安	宝元元年（1038年），戊寅科，吕溱榜		
杨　洙	晋江	宝元元年（1038年），戊寅科，吕溱榜		
杨　缅	建安	庆历二年（1042年），壬午科，杨置榜		
杨　拯	晋江	庆历二年（1042年），壬午科，杨置榜		
杨　焕	建安	庆历六年（1046年），丙戌科，贾黯榜		
杨师颜	剑浦	庆历六年（1046年），丙戌科，贾黯榜		
杨　绶	晋江	庆历六年（1046年），丙戌科，贾黯榜		
杨　注	晋江	庆历六年（1046年），丙戌科，贾黯榜		
杨仲孺	建安	皇祐元年（1049年），己丑科，冯京榜		
杨景修	建安	皇祐元年（1049年），己丑科，冯京榜		
杨介石	将乐	皇祐元年（1049年），己丑科，冯京榜		
杨允中	晋江	皇祐元年（1049年），己丑科，冯京榜		
杨　琯	晋江	皇祐元年（1049年），己丑科，冯京榜		
杨长聘	建安	嘉祐二年（1057年），丁酉科，章衡榜		
杨　汲	晋江	嘉祐二年（1057年），丁酉科，章衡榜		
杨怀宝	建安	嘉祐八年（1063年），癸卯科，许将榜		
杨　凝	建安	治平二年（1065年），乙巳科，彭汝砺榜		
杨国宝	建安	治平四年（1067年），丁未科，许安世榜		
杨　宇	剑浦	治平四年（1067年），丁未科，许安世榜		
杨　夙	建安	熙宁六年（1073年），癸丑科，余中榜		
杨　郊	浦城	熙宁六年（1073年），癸丑科，余中榜	通判兴化军，集贤校理	
杨　勉	晋江	熙宁九年（1076年），丙辰科，徐铎榜		

续表

姓名	籍贯	中进士年间与科榜	任职	备注
杨　时	将乐	熙宁九年（1076年），丙辰科，徐铎榜	工部侍郎，龙图阁直学士	
杨　恕	建安	元丰五年（1082年），壬戌科，黄裳榜		
杨　训	浦城	元丰五年（1082年），壬戌科，黄裳榜		
杨　巨	浦城	元丰五年（1082年），壬戌科，黄裳榜		
杨　观	建安	元丰八年（1085年），乙丑科，焦蹈榜		
杨　悦	建安	元丰八年（1085年），乙丑科，焦蹈榜		
杨希仲	晋江	元丰八年（1085年），乙丑科，焦蹈榜		
杨　璞	晋江	元丰八年（1085年），乙丑科，焦蹈榜		
杨　烈	剑浦	元丰八年（1085年），乙丑科，焦蹈榜		
杨　英	莆田	元丰八年（1085年），乙丑科，焦蹈榜	司空	
杨惇仁	剑浦	元祐三年（1088年），戊辰科，李常宁榜		
杨敦仁	将乐	元祐三年（1088年），戊辰科，李常宁榜	武平知县	
杨　朏	闽县	元祐六年（1091年），辛未科，马涓榜	建宁军节度书记	
杨明述	晋江	绍圣元年（1094年），甲戌科，毕渐榜		
杨　绩	晋江	绍圣元年（1094年），甲戌科，毕渐榜		
杨循道	剑浦	绍圣元年（1094年），甲戌科，毕渐榜		
杨　杰	建安	绍圣四年（1097年），丁丑科，何昌言榜		
杨道承	剑浦	元符三年（1100年），庚辰科，李釜榜		
杨　桂	建安	崇宁二年（1103年），癸未科，霍端友榜		
杨　授	浦城	崇宁二年（1103年），癸未科，霍端友榜	上津令	
杨惇礼	长溪	崇宁五年（1106年），丙戌科，蔡嶷榜	历太学博士，通判秀州，除司勋员外郎，除监察御史	
杨　唤	浦城	崇宁五年（1106年），丙戌科，蔡嶷榜	布政使，朝散大夫	
杨廷玩	长溪	崇宁五年（1106年），丙戌科，蔡嶷榜	监察御史	
杨尚文	瓯宁	大观三年（1109年），乙丑科，贾安宅榜		
杨　课	晋江	大观三年（1109年），乙丑科，贾安宅榜		
杨武烈	顺昌	大观三年（1109年），乙丑科，贾安宅榜		
杨　适	将乐	政和二年（1112年），壬辰科，莫俦榜	婺州通判，京正寺丞	
杨　升	瓯宁	政和五年（1115年），乙未科，何㮚榜		
杨　申	瓯宁	政和五年（1115年），乙未科，何㮚榜		
杨汝贤	晋江	政和五年（1115年），乙未科，何㮚榜		
杨公度	浦城	重和元年（1118年），戊戌科，王昂榜	福建常平主管，通判潭州摄府事	

续表

姓名	籍贯	中进士年间与科榜	任职	备注
杨　申	剑浦	重和元年（1118 年），戊戌科，王昂榜		
杨　遹	将乐	重和元年（1118 年），戊戌科，王昂榜	工部员外郎	
杨　彦	侯官	宣和三年（1121 年），辛丑科，何涣榜	迪功郎	
杨椿年	晋江	宣和三年（1121 年），辛丑科，何涣榜		
杨　发	顺昌	宣和三年（1121 年），辛丑科，何涣榜		
杨　谆	剑浦	宣和六年（1124 年），甲辰科，沈晦榜		
杨　选	将乐	宣和六年（1124 年），甲辰科，沈晦榜		
杨世荣	莆田	宣和六年（1124 年），甲辰科，沈晦榜	辅阙左拾遗	
杨　干	怀安	建炎二年（1128 年），戊申科，李易榜	朝奉郎、通判韶州	
杨　璟	建安	建炎二年（1128 年），戊申科，李易榜		
杨　柜	建安	绍兴二年（1132 年），壬子科，张九诚榜		
杨梦龄	晋江	绍兴二年（1132 年），壬子科，张九诚榜	知平阳县	
杨秀颖	建安	绍兴五年（1135 年），乙卯科，汪应辰榜		
杨宏材	晋江	绍兴五年（1135 年），乙卯科，汪应辰榜		
杨时发	晋江	绍兴五年（1135 年），乙卯科，汪应辰榜		
杨董才	晋江	绍兴五年（1135 年），乙卯科，汪应辰榜		
杨邦弼	浦城	绍兴十二年（1142 年），壬戌科，陈诚之榜	太常博士，中书舍人	
杨　丞	闽县	绍兴十五年（1145 年），乙丑科，刘章榜	迪功郎	
杨汝南	龙溪	绍兴十五年（1145 年），乙丑科，刘章榜		
杨嘉绩	侯官	绍兴二十一年（1151 年），辛未科，赵逵榜		
杨齐雄	晋江	绍兴二十一年（1151 年），辛未科，赵逵榜		
杨纯臣	剑浦	绍兴二十一年（1151 年），辛未科，赵逵榜		
杨　棫	长泰	绍兴二十一年（1151 年），辛未科，赵逵榜	泷水知县	
杨　曾	罗源	绍兴二十四年（1154 年），甲戌科，张孝祥榜		
杨椿年	建安	绍兴二十四年（1154 年），甲戌科，张孝祥榜		
杨兴宗	长溪	绍兴三十年（1160 年），庚辰科，梁克家榜		
杨当时	顺昌	绍兴三十年（1160 年），庚辰科，梁克家榜		
杨翼之	闽县	隆兴元年（1163 年），癸未科，木待问榜		
杨秀实	罗湖	隆兴元年（1163 年），癸未科，木待问榜		
杨　方	长汀	隆兴元年（1163 年），癸未科，木待问榜		
杨梅卿	侯官	乾道二年（1166 年），丙戌科，萧国梁榜		
杨谦之	长溪	乾道二年（1166 年），丙戌科，萧国梁榜		
杨　冲	怀安	乾道二年（1166 年），丙戌科，萧国梁榜	宣教郎、宁国府佥判	
杨延年	建安	乾道二年（1166 年），丙戌科，萧国梁榜		
杨　楙	晋江	乾道二年（1166 年），丙戌科，萧国梁榜	永福、龙岩知县	

续表

姓名	籍贯	中进士年间与科榜	任职	备注
杨 说	晋江	乾道二年（1166 年），丙戌科，萧国梁榜		
杨 应	侯官	乾道五年（1169 年），乙丑科，郑侨榜		
杨楷之	晋江	乾道五年（1169 年），乙丑科，郑侨榜		
杨晦之	顺昌	乾道五年（1169 年），乙丑科，郑侨榜		
杨继祖	长溪	乾道八年（1172 年），壬辰科，黄定榜		
杨梦惠	闽县	淳熙二年（1175 年），乙未科，詹骙榜		
杨敏中	侯官	淳熙二年（1175 年），乙未科，詹骙榜		
杨 掀	福清	淳熙二年（1175 年），乙未科，詹骙榜		
杨 炳	晋江	淳熙二年（1175 年），乙未科，詹骙榜		
杨友谅	长泰	淳熙二年（1175 年），乙未科，詹骙榜	惠州推官	
杨 楫	长溪	淳熙五年（1178 年），戊戌科，姚颖榜		
杨 �	龙溪	淳熙五年（1178 年），戊戌科，姚颖榜		
杨 武	长溪	淳熙八年（1181 年），辛丑科，王由榜		
杨是甫	长溪	淳熙八年（1181 年），辛丑科，王由榜		
杨 偁	建安	淳熙八年（1181 年），辛丑科，王由榜		
杨宜中	侯官	淳熙十一年（1184 年），甲辰科，卫泾榜		
杨 安	侯官	淳熙十一年（1184 年），甲辰科，卫泾榜		
杨祖尧	长溪	淳熙十四年（1187 年），丁未科，王容榜		
杨 迪	瓯宁	淳熙十四年（1187 年），丁未科，王容榜		
杨昭嗣	晋江	淳熙十四年（1187 年），丁未科，王容榜		
杨兴立	建安（建瓯）	绍熙四年（1193 年），癸丑科，陈亮榜	遂昌知县	
杨景商	闽县	庆元二年（1196 年），丙辰科，邹应龙榜		
杨复礼	晋江	庆元二年（1196 年），丙辰科，邹应龙榜		
杨志锐	龙溪	庆元二年（1196 年），丙辰科，邹应龙榜		
杨仕训	漳浦	庆元二年（1196 年），丙辰科，邹应龙榜		
杨维寅	闽县	庆元五年（1199 年），己未科，曾从龙榜		
杨誉询	侯官	庆元五年（1199 年），己未科，曾从龙榜		
杨 圭	瓯宁	庆元五年（1199 年），己未科，曾从龙榜		
杨士宏	晋江	庆元五年（1199 年），己未科，曾从龙榜		
杨 晏	剑浦	庆元五年（1199 年），己未科，曾从龙榜		
杨子文	剑浦	庆元五年（1199 年），己未科，曾从龙榜		
杨 博	长泰	庆元五年（1199 年），己未科，曾从龙榜	醴陵知县	
杨景良	闽县	嘉泰二年（1202 年），壬戌科，傅行简榜		
杨仪庭	晋江	嘉泰二年（1202 年），壬戌科，傅行简榜		
杨公俊	闽县	开禧元年（1205 年），乙丑科，毛自知榜		

续表

姓名	籍贯	中进士年间与科榜	任职	备注
杨宏中	侯官	开禧元年（1205年），乙丑科，毛自知榜		
杨伯淳	厦城	开禧元年（1205年），乙丑科，毛自知榜		
杨景隆	晋江	开禧元年（1205年），乙丑科，毛自知榜		
杨公衍	长溪	嘉定元年（1208年），戊辰科，郑自诚榜		
杨保中	晋江	嘉定元年（1208年），戊辰科，郑自诚榜	长汀知县	
杨寅翁	晋江	嘉定元年（1208年），戊辰科，郑自诚榜	抚州宜黄知县	
杨　志	龙溪	嘉定元年（1208年），戊辰科，郑自诚榜		
杨斗南	晋江	嘉定四年（1211年），辛未科，赵建大榜		
杨伯安	晋江	嘉定七年（1214年），甲戌科，袁甫榜		
杨公羽	侯官	嘉定十年（1217年），丁丑科，吴潜榜		
杨宗元	建安	嘉定十年（1217年），丁丑科，吴潜榜		
杨　华	晋江	嘉定十年（1217年），丁丑科，吴潜榜		
杨时升	闽县	嘉定十三年（1220年），庚辰科，刘渭榜		
杨　骥	晋江	嘉定十三年（1220年），庚辰科，刘渭榜		
杨　武	剑浦	嘉定十三年（1220年），庚辰科，刘渭榜		
杨仕谨	漳浦	嘉定十三年（1220年），庚辰科，刘渭榜		
杨梦龙	长溪	嘉定十六年（1223年），癸未科，蒋重珍榜		
杨淳子	剑浦	嘉定十六年（1223年），癸未科，蒋重珍榜		
杨浩然	剑浦	嘉定十六年（1223年），癸未科，蒋重珍榜		
杨士倬	侯官	嘉定十六年（1223年），癸未科		武进士
杨汝贤	龙溪	宝庆二年（1226年），丙戌科，王会龙榜		
杨大震	莆田	宝庆二年（1226年），丙戌科，王会龙榜	节度推官	
杨　岦	侯官	绍定二年（1229年），己丑科，黄朴榜		
杨元隆	晋江	绍定二年（1229年），己丑科，黄朴榜		
杨武子	剑浦	绍定二年（1229年），己丑科，黄朴榜		
杨　应	长泰	绍定二年（1229年），己丑科，黄朴榜		
杨　淳	长溪	绍定五年（1232年），壬辰科，徐元杰榜		
杨一夔	莆田	绍定五年（1232年），壬辰科，徐元杰榜		
杨仁吉	建安	端平二年（1235年），乙未科，吴叔告榜		
杨　翼	瓯宁	嘉熙二年（1238年），戊戌科，周坦榜		
杨　鳌	建安	淳祐元年（1241年），辛丑科，徐俨夫榜		
杨应求	龙溪	淳祐元年（1241年），辛丑科，徐俨夫榜		
杨　肃	长溪	淳祐四年（1244年），甲辰科，留梦炎榜		
杨炎午	长泰	淳祐七年（1247年），丁未科，张渊微榜		
杨　鼎	闽县	淳祐十年（1250年），庚戌科，方逢辰榜		
杨　栋	莆田	淳祐十年（1250年），庚戌科，方逢辰榜	编修调知军务	
杨必大	晋江	宝祐元年（1253年），癸丑科，姚勉榜		

续表

姓名	籍贯	中进士年间与科榜	任职	备注
杨次郑	闽县	宝祐四年（1256年），丙辰科，文天祥榜		
杨梦斗	闽县	宝祐四年（1256年），丙辰科，文天祥榜		
杨　琦	闽县	宝祐四年（1256年），丙辰科，文天祥榜	太学博士	
杨自得	剑浦	景定三年（1262年），壬戌科，方山京榜		
杨　滉	长溪	咸淳七年（1271年），辛未科，张镇孙榜		

元　代

姓名	籍贯	中进士年间与科榜	任职	备注
杨　载	浦城	延祐二年（1315年），乙卯科，张起岩榜	宁国路总管府推官	
杨　杙	侯官	至治元年（1321年），辛酉科，宋本榜		
杨大轲	永安	至治元年（1321年），辛酉科，宋本榜	延平府镇抚	

明　代

姓名	籍贯	中进士年间与科榜	任职	备注
杨本初	晋江	洪武十八年（1385年），乙酉科，丁显榜		
杨子荣（杨　荣）	建安	建文二年（1400年），庚辰科，胡广榜	内阁首辅，太师	
杨端仪	晋江	永乐四年（1406年），丙戌科，林环榜	吏部主事	
杨　慈	莆田	永乐九年（1411年），辛卯科，萧时中榜	翰林庶吉士	
杨　永	闽县	宣德二年（1427年），丁未科，马愉榜	监察御史	
杨　茂	闽县	宣德二年（1427年），丁未科，马愉榜		
杨　瑛	莆田	正统四年（1439年），己未科，施槃榜	礼部主事，员外郎	
杨　绍	龙溪	正统十三年（1448年），戊辰科，彭时榜	户部主事	
杨　釜	长泰	景泰五年（1454年），甲戌科，孙贤榜	浙江道监察御史	
杨　瓒	莆田	天顺元年（1457年），丁丑科，黎淳榜	吏部考功主事，迁郎中，湖广布政司左参政	
杨仕倧	建安	天顺元年（1457年），丁丑科，黎淳榜	无为知州	
杨　瑛	建安	天顺四年（1460年），庚辰科，王一夔榜	翰林庶吉士	
杨　成	闽县	天顺八年（1464年），甲申科，彭教榜		
杨　琅	莆田	天顺八年（1464年），甲申科，彭教榜	河南道监察御使	
杨　智	晋江	天顺八年（1464年），甲申科，彭教榜	化州知州	
杨仕伟	建安	成化十一年（1475年），乙未科，谢迁榜	兵部主事	会试春秋魁
杨　铎	莆田	弘治三年（1490年），庚戌科，钱福榜	翰林院检讨	

续表

姓名	籍贯	中进士年间与科榜	任职	备注
杨　旦	建安	弘治三年（1490年），庚戌科，钱福榜		
杨公荣	连江	弘治六年（1493年），癸丑科，毛澄榜		
杨　易	建安	正德三年（1508年），戊辰科，吕柟榜		
杨　表	龙溪	正德九年（1514年），甲戌科，唐皋榜		
杨　茂	松溪	正德九年（1514年），甲戌科，唐皋榜	评事，九江佥事	
杨　茂	松溪	正德十二年（1517年），丁丑科，舒芬榜		
杨叔器	闽县	正德十六年（1521年），辛巳科，杨维聪榜		
杨　烻	侯官	嘉靖五年（1526年），丙戌科，龚用卿榜		
杨逢春	同安	嘉靖八年（1529年），己丑科，罗洪先榜	云南按司副使	
杨一谟	闽县	嘉靖十四年（1535年），乙未科，韩应龙榜		
杨万程	莆田	嘉靖十四年（1535年），乙未科，韩应龙榜		
杨　皆	莆田	嘉靖十七年（1538年），戊戌科，茅瓒榜		
杨　棐	建安	嘉靖三十二年（1553年），癸丑科，陈谨榜		
杨成名	建安	嘉靖四十一年（1562年），壬戌科，申时行榜		
杨　珂	晋江	嘉靖四十四年（1565年），乙丑科，范应期榜		
杨守仁	漳浦	嘉靖四十四年（1565年），乙丑科，范应期榜	贵州知府，广东副使	
杨道会	晋江	隆庆二年（1568年），戊辰科，罗万化榜		
杨佩训	晋江	隆庆五年（1571年），辛未科，张元忭榜		
杨廷相	晋江	万历二年（1574年），甲戌科，孙继皋榜	南京通政使	
杨友桂	长泰	万历二年（1574年），甲戌科	琼崖参将	武进士
杨道宾	晋江	万历十四年（1586年），丙戌科，唐文献榜	礼部左侍郎	
杨一葵	漳浦	万历二十年（1592年），壬辰科，翁正春榜	云南左布政使	
杨洪震	晋江	万历二十年（1592年），壬辰科		武进士
杨百朋	建安	万历二十三年（1595年），乙未科，朱之蕃榜		
杨钟英	长泰	万历二十九年（1601年），辛丑科，张以诚榜	宁波知府，宁绍海道	
杨联芳	南靖	万历二十九年（1601年），辛丑科，张以诚榜		
杨莹钟	长泰	万历三十二年（1604年），甲辰科，杨守勤榜	赣州知府，广西左布政	
杨道寅	晋江	万历三十五年（1607年），丁未科，黄士俊榜		
杨瞿崃	晋江	万历三十五年（1607年），丁未科，黄士俊榜		
杨景辰	晋江	万历四十一年（1613年），癸丑科，周延儒榜		
杨锡璜	晋江	万历四十七年（1619年），己未科，庄际昌榜		
杨式武	海澄	天启五年（1625年），乙丑科		武进士
杨　灼	长泰	崇祯元年（1628年），戊辰科，刘若宰榜	潮阳知县，吏部都给事中	

续表

姓名	籍贯	中进士年间与科榜	任职	备注
杨钺新	海澄	崇祯元年（1628年），戊辰科		武进士
杨观吉	龙溪	崇祯四年（1631年），辛未科，陈于泰榜		
杨元锡	晋江	崇祯七年（1634年），甲戌科，刘理顺榜		
杨　杰	闽县	崇祯十三年（1640年），庚辰科，魏藻德榜		
杨垂云	晋江	崇祯十五年（1642年），壬午科，史惇榜		
杨明琅	晋江	崇祯十六年（1643年），癸未科，杨廷鉴榜		
杨瑞凤	仙游	崇祯十七年（1644年），甲申科		

清　代

姓名	籍贯	中进士年间与科榜	任职	备注
杨旬瑛	晋江	顺治六年（1649年），己丑科，刘子壮榜	御史，巡按广东	
杨梦鲤	莆田	顺治九年（1652年），壬辰科，邹忠倚榜	安徽青阳知县	
杨于先	晋江	顺治九年（1652年），壬辰科，邹忠倚榜	湖南常德推官	
杨梦枝	长泰	顺治十八年（1661年），辛丑科，马士俊榜		
杨日升	侯官	康熙六年（1667年），丁未科，缪彤榜		
杨锡冕	海澄	康熙二十七年（1688年），戊辰科，沈廷文榜		
杨宗泽	南安	康熙四十五年（1706年），丙戌科，王云锦榜	陕西延安府同知	
杨询朋	晋江	康熙五十七年（1718年），戊戌科，汪应铨榜		
杨廷选	同安	康熙六十年（1721年），辛丑科，邓钟岳榜	翰林，国史馆纂修	
杨高翔	惠安	雍正五年（1727年），丁未科，彭启丰榜		
杨大鸿	诏安	雍正十一年（1733年），癸丑科，陈倓榜	延平府学教授	
杨　珪	侯官	乾隆四年（1739年），己未科，庄有恭榜	甘肃华亭知县	
杨方寿	连江	乾隆十三年（1748年），戊辰科，梁国治榜	广西平东知县	
杨　彪	连城	乾隆十六年（1751年），辛未科		武进士
杨有光	南平	乾隆十七年（1752年），壬申科，恩科		
杨凤腾	连江	乾隆二十二年（1757年），丁丑科，蔡有台榜	贺县知县	
杨　森	同安	乾隆二十五年（1760年），庚辰科		武进士
杨钟岳	连江	乾隆三十一年（1766年），丙戌科，张书勋榜	山东按察史	
杨联榜	长汀	乾隆三十一年（1766年），丙戌科，张书勋榜		
杨芳春	闽县	乾隆三十六年（1771年），辛卯科，黄轩榜	巡江黄德道	
杨　桂	同安	乾隆三十六年（1771年），辛卯科		武进士
杨惠元	闽县	嘉庆七年（1802年），壬戌科，吴廷琛榜	山东泰安知府，翰林院侍读	
杨廷英	龙岩	嘉庆七年（1802年），壬戌科，吴廷琛榜	山西虞乡知县	

续表

姓名	籍贯	中进士年间与科榜	任职	备注
杨滨海	晋江	嘉庆十三年（1808 年），戊辰科，吴信中榜	漳州府学教授，台湾府学教授	
杨兆璜	邵武	嘉庆十六年（1811 年），辛未科，蒋立镛榜	直隶广平知府	
杨鹤书	瓯宁	嘉庆十九年（1814 年），甲戌科，龙汝言榜	浙江宁波知府	
杨庆琛	晋江	嘉庆二十五年（1820 年），庚辰科，陈继昌榜	刑部光禄寺卿	
杨　簧	连城	嘉庆二十五年（1820 年），庚辰科，陈继昌榜	江宁布政使	
杨和鸣	侯官	道光十八年（1838 年），戊戌科，钮福保榜	翰林院庶吉士，工部主事	
杨汝为	政和	道光三十年（1850 年），庚戌科，陆增祥榜	直隶广平知县	
杨仲愈	侯官	同治二年（1863 年），癸亥科，翁曾源榜	翰林院庶吉士，散馆工部主事	
杨廷传	侯官	同治七年（1868 年），戊辰科，洪钧榜	福建船政提调，总办船政	
杨士芳	噶玛兰	同治七年（1868 年），戊辰科，洪钧榜		
杨　铭	闽县	同治十年（1871 年），辛未科，梁耀枢榜		
杨兆麒	闽县	光绪二年（1876 年），丙子科，曹鸿勋榜		
杨维培	侯安	光绪六年（1880 年），庚辰科，黄思永榜	新安、大埔、番禺知县	
杨廷玑	晋江	光绪二十四年（1898 年），戊戌科，夏同和榜		
杨廷纶	侯官	光绪二十九年（1903 年），癸卯科，王寿彭榜	福建巡抚	

第二篇

蔡姓

目　录

蔡姓是黄帝的后裔、周文王姬昌的元妃之第五子叔度之后。叔度封于蔡，子孙以国名为姓。东汉时有蔡氏入闽。东晋有蔡天师入闽修道炼丹。唐总章二年（669 年）蔡德轩、蔡德明从陈政父子入闽开漳。垂拱二年（686 年）蔡允恭（一说蔡忠）入闽，迁居漳州，分衍闽南。唐代蔡镐入闽，居福州，后辗转莆田，居泉州。光启元年（885 年），蔡用元、蔡用明举家由钱塘（今浙江）入闽，分别居莆田、泉州。乾宁三年（896 年），蔡炉入闽开业建州（今南平）。宋代有进入闽粤赣边区的蔡福粤客家家族。蔡姓先后 20 多批次入闽，后裔分布以中国南方为主。据 2016 年全省人口统计，蔡姓总数为 666003 人，分布在全省 500 多个街道、乡镇近万个村庄和社区，主要集中在东南沿海的晋江、九龙江、木兰溪和闽江流域。明清时蔡氏家族大批移居台湾，进而播迁海内外。有族谱 225 部；在众多的祠堂、祖墓、古建筑及名胜古迹中，被列入全国重点文物保护单位 8 个，省级文物保护单位 16 个，市县级文物保护单位 64 个，中国历史文化名村 1 个，中国传统村落 5 个，还有许多省级文明村和美丽乡村。世界级非物质文化遗产 2 项，国家级 14 项，省级 9 项，市县级 5 项。历代名人辈出，唐宋以来有进士 228 人，近现代有院士 6 人，有专家学者、企业精英、能工巧匠和国家领导、省部级领导、侨领、将军，以及革命烈士。福建蔡姓主要郡望有济阳郡、莆阳郡、青阳郡等，以“济阳”为总郡望，以济阳堂为总堂号。

第一章　源　流

第一节　溯　源

一、源自姞姓

姞姓在尧舜时期是黄帝的直系后裔。《潜夫论·志氏姓》载：“姞姓封于燕……姞氏之别有阚、严、蔡、光、鲁、雍、断、须密氏。”西周“蔡”通“祭”，朱熹曰：“蔡者天鼋也，天鼋者轩辕也”，是轩辕的图腾。蔡族酋长世袭黄帝的卜祭官，后裔以蔡为姓。

二、源自姬姓

为周文王的后裔。武王伐商，其五弟叔度率领蔡族军旅东征，因功封“祭”（蔡，驻殷墟以西的“墉”地，今河南安阳一带），分管卜祭。周武王姬发崩，叔旦摄政，叔度与管叔、霍叔为“三监”，监督国事，监管殷商遗民。“管蔡之乱”后，蔡叔被贬郭邻，保留车 10 乘、随从 70 人，后卒于郭邻，卜祭官改由叔旦的次子担任；叔度的儿子仲胡被遣往鲁国为臣，替叔旦管理国事。周成王即位，为延续叔度之祀，封仲胡于“蔡”（今河南上蔡），二次封蔡国。传 23 代 25 侯，历 619 年，最终在周贞定王姬介二十二年（楚惠王熊章四十二年，公元前 447 年）被楚国所灭，蔡国遗民以国名为姓。

三、源自少数民族

今土家族、苗族、满族、彝族、傣族、瑶族、壮族、布依族、回族、锡伯族、傈僳族、柯尔克孜族等以及台湾高山族中都有蔡姓。其主流是叔度后裔在蔡国灭亡后南移西迁、融入少数民族中的蔡氏家族，也有在唐以来，特别是明清时期中央政府推行改土归流中，赐少数民族蔡姓者。

四、源自他姓而改

汉族他姓有改蔡姓。如，宋末元初时期，晋江吕厝因避难，全村吕姓改为蔡姓。

五、辛柯蔡同宗

闽台和海外有辛柯蔡同宗之说。辛、柯、蔡三姓同属周太王之后，望出济阳郡；有唐代蔡德明部分后裔因避难改为柯姓，以及蔡铁后裔分辛姓、柯姓、蔡姓避难之传说；闽南有蔡十郎入赘柯姓、世代延续柯蔡姓的记载。

第二节　入　闽

东晋，司徒蔡谟之子蔡系南迁入闽，为邵武县令。

东晋，蔡天师入闽，在宁德、霞浦一带修道炼丹，传至蔡剑，携曾孙蔡明、蔡乾辅佐王审知。闽国内乱，蔡明迁居福安松罗乡杜坑。

晋代，有蔡姓与苏、陈、吴、吕、颜等六姓家族因躲避战祸入闽，居金门。

南北朝宋大明七年（463 年），蔡廓率子入闽，定居莆田。黄巢起义期间，大批族人迁徙江西鄱阳。

唐永徽年间（650—655），会稽人蔡尊师随父由岭南北归，路过泉州，其父卒，葬于南安，一家定居南安。

唐总章二年（669 年），蔡德轩（蔡长眉）、蔡德明（蔡彧）等随陈政入闽，定居漳州。

唐垂拱二年（686 年），蔡允恭（一说蔡忠）任参军文学馆学士，因奸党陷害，自河南谪守绥安（今属漳州），定居仙游，后裔分居闽南。

唐贞元十九年（803 年），朝廷设“万安牧马监”于泉州，置 5 个牧马场。牧马监陈渊率陈、蔡、许、翁、李、张、黄、王、吕、刘、洪、林 12 姓屯居金门。

唐咸通年间（860—874），蔡氏二祖先由光州固始入闽，择居泉州青阳。

唐光启元年（885 年），蔡燧从王绪入闽。

唐乾宁三年（896 年），据《庐峰蔡氏族谱》记载，戈阳节度使蔡炉，携刘翱、翁部等率 53 姓由光州固始入闽，任建阳县令，定居建阳麻沙。

唐末，蔡切为避战乱由考城南（今河南兰考）入闽，居莆阳，后裔分居宁化、广东梅州。

唐末，蔡铁带 3 个儿子由济阳府（在今河南）入闽，初居福州下大路风陈张勤乡，嗣后分辛、柯、蔡姓，分居泉州一带。

唐末，蔡用元、蔡用明兄弟举家由浙江钱塘入闽，初居同安，后随王绪部队迁居仙游慈孝里九龙山上赤湖蕉溪（今仙游枫亭东宅村）。蔡用明再迁居晋江青阳。

唐代，兵马使蔡镐入闽，先居福州，后居惠安港乾之北山。

宋崇宁三年（1104 年），蔡弼聪由光州固始入闽，经兴化定居晋江莲塘村。

宋代，有蔡氏由洛阳入闽，初居漳浦蔡坑。元代，其后裔蔡廷率子蔡孟举、蔡孟章迁海澄芳田，后裔分居安溪县参内乡祐水、源潭。

南宋时，蔡景寿由河南入闽，居同安。

明洪武五年（1372 年），蔡信夫由河南上蔡入闽，居漳州田埔。

明建文二年（1400年），蔡六八由浙江庆元蔡屯村迁居寿宁托溪乡。
明永乐二年（1404年），蔡玉泗由安徽安庆府宿松县随军入闽，居永泰二十都（今大洋尤墘村）。
明嘉靖十六年（1537年），有蔡氏由河南济阳入闽，居安溪苏坑（今金谷河美黄柏洋）。
明嘉靖年间（1522—1566），蔡松涧兄弟二人由江西吉水县入闽，居漳州鹤林。
明代，蔡延山由河南开封府带军入闽，居漳州四都、五都屯垦。

第三节　繁　衍

一、蔡剑家族

东晋时，蔡天师进入宁德、霞浦。唐代传至蔡剑（明代族谱立为1世祖），至4世蔡明和蔡乾迁福州辅佐闽王。五代后晋天福五年（946年）闽国内乱，蔡明率族由福州迁居福安松罗乡杜坑村开族。至明嘉靖年间（1522—1566），分“天、地、人、和”四房，其后裔主要聚居地是松罗乡杜坑村等。

二、蔡允恭家族

蔡允恭及其侄子蔡德轩（蔡长眉）、蔡德明（蔡彧）开漳，唐光启元年（885年），部分族裔随王绪军队迁居泉州、福州。

（一）蔡允恭世系

蔡允恭入闽肇漳，3世蔡澄迁居龙溪，5世迁居云霄西门寨（今西园街）与东厦塘尾等村。7世蔡必辑率诸子迁居漳浦邑南的梁山南麓、常乐乡绥康下里十都狮山。蔡必辑生4子，长子蔡顺甫迁居荷步，次子蔡荣甫迁居狮山，三子蔡文甫迁居漳浦沙岗。

9世长房蔡谷保迁居漳浦西山。次房蔡谷安的6世孙长子蔡子裕和次子蔡子禄分别迁徙浙江与江西。三房蔡谷用族裔迁居霞美、白石、斗（董）门（漳浦辖），后裔蔡朱良迁居铜山；蔡谷用第三子蔡三迁居云霄西林村，后裔迁居前涂、官田，迁徙广东海澄、陆丰大安等地。四房蔡朝定迁居浯田。五房蔡谷遂4世蔡特逃及后裔迁居诏安与含翁等地。六房蔡谷进迁居浯男；六房9世蔡发等五兄弟相率迁徙广东潮州山脚等地；蔡崇岳祖孙三代迁徙江西定南、兴国；蔡阿崇、蔡位伯迁徙广东海丰，蔡名敬子迁徙潮州，蔡三官迁徙潮州庄林；蔡漳生、蔡临生迁徙湖北黄冈。七房蔡惟善9世蔡淙后裔回迁漳州蔡港（今龙海石码西头），蔡仕礼迁居平和小溪，蔡稼叟迁居云霄下河；蔡文礼迁居半岭（今和平乡泮岭村）；蔡仕壮迁居诏安西潭，蔡仕壮次子蔡日宣迁居漳浦霞潭村（亦称荔林）。蔡南益迁居宁德四都金涵蔡洋山。

25世蔡稼叟长房蔡龙田迁居诏安二都官陂陂龙梅仔林；明嘉靖年间（1522—1566），次房蔡苗第二子迁徙广东海丰县城东门外；三房（磨石岭房）迁徙广东澄海县城西门，三房10世蔡俊迁居福鼎桐山；四房从6世至10世，有族裔迁徙台湾台南、云林等地。二房7世蔡明润随父迁居下河村，后裔蔡兴仁迁居南诏（今诏安）芹山，有族裔迁徙台湾；8世蔡恒之子蔡御可迁徙广东海丰，蔡御3世蔡亚盛等迁徙台湾和海外；蔡启程迁徙广东揭阳仙安，后裔蔡定明迁徙台湾和海外；10世蔡全珪迁徙潮州白塔，其孙蔡欣尉迁徙台湾；11世蔡杰之子蔡春迁徙河南新野梁，蔡聪璋迁徙赣梁，其孙蔡明礼回迁高地，族裔迁徙台湾和海外；清康熙四十九年（1710年）13世蔡光震长子蔡意迁徙台湾；14世蔡坚之子迁徙广东梅州。

龙海榜山平宁村西头社蔡汝作后裔分衍平和小溪镇坑里、湖田隆庆等社，芗城渔头庙，龙文塘边、御路、下蔡、园顶、护吉社及龙海九湖琪塘社。明清时期族裔迁徙台湾云林、九弓林，以及马来亚马六甲等地。

元末明初，蔡豚翁迁居漳浦镇坑里地，居流会，后裔分迁隆教乡白坑村白坑、小粤、许厝、过山后等社。清初蔡国骐迁居福州闽安镇，蔡国骏迁徙台湾。

(二) 蔡德轩 (蔡长眉) 世系

蔡允恭侄子蔡德轩迁将军山下鹅豆溪(今云霄和平乡东方村西安村),后定居张坑(今漳浦蔡坑村),后裔迁居大溪屯戍地蔡公瓯。

传8代至蔡元鼎,避乱迁居漳浦嘉宾乡苌坑(长卿)开族。蔡元鼎3世蔡继迁徙粤东辟望庄,4世蔡震之子迁徙潮州,4世蔡精等分迁泉州五店市。14世孙蔡大成生5子,长子蔡谷先,住漳州溪头社。16世长子蔡昭应生2子,蔡京文、蔡京正,迁居云霄南洋村。蔡大成次子蔡谷荣迁居云霄真珠坂村;蔡大成三子蔡谷华分支迁居连浦,四子蔡谷朴分支迁居漳州辖麦坑,五子蔡当军分支迁居漳东庵下尾。16世蔡汝达入赘林家,居圭海谢仓(今属龙海海澄)。17世蔡京文、蔡京正迁居云霄南洋村。18世蔡元泰迁居车田。21世蔡继宗迁居云霄泮岭(今和平乡泮岭村),蔡继宗曾孙为20世蔡明贤迁居和平乡东方村大西安,后裔迁居小西安、桃畲等村。蔡继宗次子蔡君惠之子蔡泽迁徙台湾宜兰。蔡继宗5世至6世后裔蔡保定、蔡保润、蔡奇才等数十人迁居漳浦东都等地。蔡元鼎23世蔡世远、24世蔡新,后裔迁居海澄镇、浮宫镇、东园镇、白水镇、港尾镇、颜厝镇、东泗乡7个乡镇。圭海谢仓蔡姓迁居泉州吴店、厦门市区及同安、漳浦下店、云霄西林,迁徙广东惠州、陆丰大安、深圳、台湾、香港、澳门,部分后裔迁徙东南亚多国。蔡汝达7世蔡逅溪于明万历年间(1573—1620)迁徙广东陆丰大安、深圳、香港,部分迁徙国外。蔡汝达13世蔡士章迁徙马来亚马六甲。漳浦佛昙井尾社后裔迁居洞野、港尾沙坛村,清乾隆二年(1737年),佛昙洞野蔡建德携妻迁徙台湾。

(三) 蔡德明 (蔡彧) 世系

蔡允恭侄子蔡德明定居今龙海角美镇洪岱村,后裔分支蔡店、沧里;9世蔡文纲守故土,后裔迁居后房;9世蔡文纪迁居白石保蔡镇(今蔡店社),9世蔡文烈迁居白石保沧洲(今沧里社),9世蔡子舜入赘同安积善里后蓬社陈君礼家。后裔主要分布于漳州东部各乡镇、厦门海沧、同安西部。宋乾道八年(1172年),蔡淙迁徙湖南湘潭,后裔分布于巴州、安化、金州。明清时期,后裔迁徙台湾、广东各地。相传蔡德明因避难柯树,部分后裔感恩柯树,改为柯姓,分布在漳州、广东潮州等地。

三、蔡岂家族

唐咸通年间(860—874),蔡氏二祖先由光州固始入闽择居泉州青阳。南宋时传至蔡岂,迁居长泰溪口,再迁居登科山,其6世孙蔡明叔再迁居瀛山(今岩溪上蔡村)。后裔分布在瀛山、崎交尾、圳仔、大学、上沈、四落当店、寨内等村。

四、蔡用元家族

唐光启元年(885年),蔡用元1世祖定居仙游,后裔分迁仙游、莆田各地。5世蔡济迁居泉州,6世有蔡襄、蔡高、蔡京、蔡卞、蔡果等,蔡果迁徙广东高州。

(一) 蔡襄世系

蔡襄生3子:蔡匀、蔡旬、蔡旻(福州藤山族谱载有4子,三子蔡旬,四子蔡旻)。

1. 蔡匀支系

蔡襄携长子蔡匀迁居福州文儒坊,蔡匀生蔡僖、蔡沂。

蔡僖生蔡荣、蔡华、蔡贵。蔡华迁居建阳。蔡荣生蔡灵郎、蔡玄郎,曾居江苏常州;蔡玄郎后裔有迁徙常州。蔡灵郎回迁福州,生蔡定国、蔡元勋。蔡定国生5子:蔡千一郎迁徙江西;蔡千二郎(蔡魏)

于宋末元初迁居福安城锦屏，分“福、寿、康、宁”，四房分居城阳、韩阳、坂中南岸、沙溪一带；后裔迁居闽东各地。明代，蔡璲、蔡瑛分别迁徙广东香山、广州；蔡元德迁徙浙江衢州，后裔迁徙四川泸州，部分后裔迁徙台湾。

蔡䜣随蔡襄任职迁泉州，居晋江龟湖，蔡䜣生子蔡使（蔡昌），传5代至蔡迅，分迁泉州鲤城、晋江、惠安、同安各地。蔡迅生3子：蔡日新居龟湖，蔡日烨迁居石狮容卿，蔡日皋迁居龙津（今石狮蚶江镇连埭）；后裔居泉州各地，蔡日烨后裔迁徙台湾云林北港镇等。明清时有后裔迁徙东南亚多国。

2. 蔡旬支系

蔡襄次子蔡旬生蔡传，迁居莆田。蔡用元9世蔡橚、蔡枢、蔡楙分居仙游、莆田、泉州。10世蔡颙迁居龙岩，蔡颢迁居同安。11世蔡伟（穆甫）迁居永泰大洋乡，蔡頙迁徙广东番禺县。蔡颙次子蔡岨曾居长溪（今霞浦）。13世蔡仲、蔡振、蔡显、蔡肖迁居莆田南门；蔡湜、蔡从迁居莆田箕村；蔡惠迁居晋江；蔡自迁居城南蔡宅；部分后裔迁徙浙江淳安；蔡举迁居红门楼，部分后裔迁徙广东潮阳。蔡颙派下13世蔡元龟迁居仙游前莲，蔡进迁居仙游慈孝里，蔡荣迁居十五都环溪槐坑，蔡参迁居十七都黄坑源。蔡橚一支迁徙浙江乐清云门，蔡崇一支迁徙江西石城龙下渡；蔡浚、蔡秋涧迁徙广东电白县。

蔡旬元孙蔡枢生蔡颙，传蔡谌、蔡谔、蔡谧、蔡谭。蔡谔次房长子蔡肖曾孙蔡惠海迁徙广东汕头；8世蔡玉皆迁徙广东揭阳。蔡谭生3子，分“天、地、人”三房分迁。宋靖康元年（1126年），蔡谭三子蔡农迁居尤溪十七都叶宅。庆元元年（1195年），蔡农次子蔡煌由尤溪十七都叶宅迁居尤溪十六都三石井头塆。淳祐七年（1247年），蔡煌三子蔡长由三石井头塆迁居尤溪洋中桂峰。桂峰蔡氏分“黄、玄、阴、天”四房分迁，后裔迁居梅峰（洪坑、丹坑）、际口村、际深村际头等。14世蔡雄由尤溪洋中乡桂峰村迁居台溪东山，其后裔迁居山头、安阳、坑美等村以及永泰、南平等地，部分迁徙湖南。20世蔡孝迁居同安鹤山乡。21世蔡惟博迁居莆田梧塘沁后。26世蔡文饔由桂峰迁居十四都双洋村。

蔡旬元孙蔡枢次子蔡岨曾居长溪（今霞浦），后裔迁徙浙江一带。宋宣和年间（1119—1125），蔡旬曾孙迁居晋江，历八传，迁居东石镇，分迁形成金铺、衍泽、银炉、珠泽、西霞、玉井、前埔、西湖、东埕、松窟埕等，称十六房蔡。

3. 蔡旻支系

蔡襄三子蔡旻迁居莆田蔡宅，蔡用元8世生蔡佃、蔡仙、蔡伸，分9房迁莆田各地。蔡佃生蔡榕、蔡柏，蔡柏后裔迁徙浙右安吉，分迁浙江、江西。蔡榕长房蔡戴迁居晋江东石；曾孙蔡昌迁居龟湖，后裔分迁容卿、华山、莲埭（龙津）、强房、西坑、二房、山下、赤坑、水坑、仕林、玉楼、祥芝、彭田、郭宅、洪尾、古宅、前廓、玉湖、塘锦头、坝边、金埭头、溪前、玉浦、园坂、鲟埔、永宁小街。蔡伸8世迁居晋江守墓庐，14世蔡应琦迁居永春。蔡柏18世蔡希彦迁居石狮永宁；蔡达迁居惠安江陵村。元代一支迁居寿宁。明永乐年间（1403—1424）蔡温迁徙琉球。明清多有族裔迁徙台湾。

4. 蔡甸支系

宋嘉祐年间（1056—1063），蔡襄子蔡甸6世蔡伯超迁居福州归仁里蔡埠，再迁居仓山藤山，分衍仓山、台江，迁徙台湾；6世蔡伯佑先迁福清，后定居长乐漳港犀村（龙角村），后裔播迁长乐各地，明代有族裔迁徙台湾，蔡崇等多人迁徙琉球，后裔播迁海外；6世蔡伯寿迁居尤溪。

（二）蔡高世系

蔡高为长溪（今霞浦）县尉，居长溪及西乡（今福安）。蔡高子蔡均迁徙浙江瑞安，分衍苍南、平阳。蔡高孙蔡倚、蔡似、蔡仿、蔡衎等回迁莆田，后裔迁徙河南，浙江温州、台州等地。

（三）蔡京世系

蔡襄堂弟蔡京生8子：长子蔡攸、二子蔡鯈（音tiáo）、三子蔡翛（音xiāo）、四子蔡絛（音tāo）、五子蔡鞗（音tiáo）、六子蔡修、七子蔡脩、八子蔡鯈。蔡攸迁徙广东雷州，子蔡熙迁徙浙江。蔡鯈子蔡衡迁徙江西，子蔡峄迁徙湖南衡州。蔡絛迁徙广西博白。蔡京身后被灭门二三百口，部分后裔避难时改称蔡襄后裔，并把蔡襄、蔡京两系谱族合为一族。南宋初，蔡鞗二子迁居泉州，宋末其后裔迁居晋江，元末明初，蔡文仲迁居同安新圩镇凤路村黄岗，分布在乌山村前山、上宫、宫仔尾、田边、下曾尾、松管院，面前埔村东寺庄，新圩村，新店镇刘五店浦南，马巷镇五甲尾等地。清代，浦南后裔迁居霞浦乌岐（今松港青岐）。

（四）蔡卞世系

蔡卞是蔡京胞弟，子孙后裔多随蔡卞升贬职流落各地。北宋靖康元年（1126年），蔡卞身后遭灭门，部分后裔避难迁仙游枫亭秀峰、和平、辉煌等村，部分迁居晋江，多数融入蔡襄、蔡炉家族。

五、蔡用明家族

唐光启元年（885年）蔡辉入闽，初寓仙游赤湖蕉溪，再迁晋江青阳。3世蔡舜甫迁徙广东海丰。4世蔡纪迁徙惠州。5世蔡圂迁居深沪。6世蔡确、蔡硕、蔡常安等迁居泉州鲤城，蔡确子蔡渭，蔡渭子蔡庄定居泉州蔡巷，后裔播迁各地。7世迁居英东。8世蔡悬传子蔡厚翁迁居石狮大仑。10世蔡次傅迁徙广南。13世蔡起东由泉州蔡庄入赘大仑黄家。14世蔡福嗣由大仑边迁居金井洋梓坑。15世蔡耕生3子：长子迁居大仑，次子迁居梅林前埔，三子迁居塘东。16世蔡我东迁居塘东。17世蔡南潆迁居漳州南门外。18世蔡梅西迁居前埔，蔡梅良迁居型厝。19世蔡长衡迁居漳州南门外。元末明初，晋江东石石湖7世蔡文仲迁居同安新圩。明万历年间（1573—1620），青阳蔡应胄后裔蔡著和蔡一龙迁徙台湾。天启三年（1624年），23世蔡勇迁居福安秀庄，生3子，长子迁莆田，三子迁东坑，孙子迁财洪、福鼎等地。清初，蔡鸣雷迁台湾，其子蔡协吉后裔迁居泉州各地。

安平柯氏4世祖蔡十郎，维系“柯蔡同宗”，1世柯翰，2世长子柯缵宗迁居安海，次子柯绍宗迁居同安，三子柯继宗迁居各邑；3世柯启学生独女十娘、柯肇学（派往各邑），柯勉学（派往各邑）；4世柯十娘，招赘蔡十郎蔡元美（也称无美）承祀。蔡十郎以5子分承柯蔡：长承柯，次承蔡，三承蔡，四承蔡，五承柯，迁徙广东、海南，其孙20多人各分半数互换柯蔡；五世长房长承蔡，长房二承柯。后裔迁居国内各地，部分迁徙台湾和海外。

清同治年间（1862—1875），青阳蔡厝四房24世蔡清水迁徙台湾牛骂头（今清水镇）；高林房后裔迁徙台湾艋舺；这支蔡氏部分后裔迁居金井塘东村，再迁徙台湾，称塘东派。另有迁徙广东、浙江、江西、江苏、台湾等地及东南亚多国。

六、蔡炉家族

唐乾宁三年（896年），蔡炉迁居建阳麻沙镇北。2世蔡銮定居建阳。3世蔡柏迁徙两浙，蔡松后裔迁徙闽浙赣边，后裔蔡桂、蔡樟兄弟二人迁居福州南台。蔡銮六子蔡桧迁徙浙江庆元；南宋初，蔡发迁居建阳，渐成大族。7世经宁化赤壁迁居客家地区，二传又迁徙广东梅州，后裔分散广东、江西。一支由建阳迁泉州，再迁漳州长泰霞岭。建阳蔡文真后裔迁居长泰枋洋赤岭大埔，分衍枋洋镇坝口、内枋、汤内、草洋、径仑、大竹珪、大帽寨、鸡线寿、对口宅等村。蔡文真6世蔡肇篡、蔡肇基迁居漳州古塘村。今裔孙分衍福建各地及广东、广西、浙江、江西、江苏、安徽、湖南、四川、山西、台湾、香港等地，迁徙东南亚和美国等国。

七、蔡十七郎家族[①]

金门琼林蔡氏始于蔡十七郎，4世开庵里（今同安五显大溪）、宅里族、下厅族。5世蔡维德及子4人开仓内族。6世蔡一禾、蔡一莲、蔡一蜚衍成多房，蔡一梅无传。

6世蔡一禾宗系分迁大厝房，计分迁5房。9世再增“开前坑墘”房，计6房。10世再分迁8房。开族今翔安坪边。

蔡一莲宗系分迁新仓房、二、三及前庭；11世新仓二房再分迁为上、下两房，14世自琼林迁居大嶝北门，20世迁居浙江温州洞头。宋代，蔡景仁迁居翔安蔡厝。蔡景仁后裔于元末明初由琼林迁回大陆沿海，仍称蔡厝。后裔再分衍今厦门新店后头村和大嶝崎口下村。蔡景仁生2子，长子蔡太荣的后裔一支迁居大嶝嶝崎村坪兜角落，有一支迁徙澎湖。8世后裔迁徙台湾，广东潮州、合浦。明初，蔡标迁徙广西梧州，蔡森迁徙广东乳源，蔡极迁居莆田，蔡勋迁徙云南临安，蔡麟迁徙山东蒙阴。蔡毅斋生4子，长子蔡延龄衍下长房份，16世蔡铨藕迁龙海石码。

蔡一蜚入赘银同刘家开龙窟族（今翔安山仔尾），7世由两房分4房。

蔡厝蔡姓还有由莲花小坪村迁来：蔡添秀衍围仔内，蔡西沧衍厝角，蔡宜家衍小坪角等，分衍后头社。蔡攀龙、蔡廷兰先祖迁徙澎湖，后裔迁居金门、厦门，迁徙台湾，部分后裔迁徙海外。

八、蔡福粤家族

蔡福粤是客家蔡氏的先祖：据载是仙游分宗支，蔡襄5世蔡洁居的幼子（一说是建阳蔡炉家族的7世孙，另一说由光州固始入闽）迁居宁化。南宋初居宁化，经汀州迁徙梅州，蔡福粤生2子：长子蔡禄兴返迁宁化，次子蔡禄星迁居立基程乡，后衍广东河婆。蔡福粤2世蔡禄兴回迁汀州武平高梧赤岗，后裔主要分居龙岩武平、上杭、连城等地，后裔部分迁徙广东程乡（也有族谱称迁广东梅州松源）、梅州、潮州、汕头，江西赣东南，播迁台湾及海外。

九、吕厝家族

晋江蔡氏吕厝衍派为“吕骨蔡皮”。先祖本姓吕，因理学名宦、抗元名将吕大奎遭朝廷杀害，其家族也被剿灭，村中的男性都远逃避难，唯独吕妈蔡氏在，官兵问吕妈姓氏，吕妈说是青阳蔡姓，吕厝才得以保全。事后村人称吕姓为蔡姓。后裔迁居晋江、南安官桥，迁徙台湾小琉球等地。

十、蔡六八家族

明建文二年（1400年），蔡六八由浙江庆元蔡屯村迁居寿宁托溪乡，11世蔡挺五迁徙广东功源，蔡吴长迁居建宁。

十一、蔡玉泗家族

明永乐二年（1404年），蔡玉泗由江南安庆府宿松县迁居永泰二十都（今大洋镇尤垅村），后裔分居盘谷乡新丰村、七际村、岭路乡七斗村以及樟城镇沙浮、杨梅、南门、北门等社区，城峰镇城峰村、长庆镇尾洋村、丹云乡前洋村、塘前乡等地。

---

① 厦门、金门、泉州蔡十七郎宗族在历史上交流密切，互相渗杂。为了理清蔡十七郎家族，在分布、族谱、祠堂等章节都采用金门的材料，形成体系。

十二、蔡松涧家族

明嘉靖年间（1522—1566），蔡松涧兄弟二人由江西吉水迁居漳州龙海颜厝镇鹳林村，聚居水头村、园中村、上洋村、上溪村以及宅前村、路边村、颜厝村、洪坂村、马州村、洪塘村、田址村、巧山村等。

第四节　郡望、堂号

一、郡望

济阳郡　晋惠帝时置济阳国，都城在济阳县，北魏废，东晋改为济阳郡。蔡姓是济阳郡士族世家。明帝侨置，随晋政权南迁的济阳考城蔡、江和范姓士族拥有很高的政治地位和经济实力，朝廷特地为他们侨置“济阳郡”，治毗陵郡武进县（今江苏常州武进境内），南朝齐改南济阳郡，梁时废。蔡谟封济阳侨郡，官拜征北将军，赐爵济阳伯。福建蔡氏都以“济阳”作为郡望。

二、主要堂号

济阳堂　一说以郡望为堂号；一说出自东晋蔡谟，因封济阳伯，子孙以此为堂号。福建及海外蔡氏多以济阳堂为总堂号。闽东、闽西、闽北、闽南的漳州祠堂多以济阳为堂号。

福建蔡姓使用较多的分堂号有：

莆阳堂　也称莆阳郡，蔡用元为莆阳1世祖，因蔡襄、蔡京、蔡卞等著名，莆田发族蔡氏家族和从莆田外迁的蔡氏家族有以“莆阳”为分堂号。

青阳堂　也称青阳郡，蔡辉（蔡用明）开基青阳，故称青阳派。晋江青阳蔡氏家族和从晋江外迁的蔡氏有以“青阳”为分堂号。

西山堂和九峰堂　蔡元定号西山，蔡元定儿子蔡沉号九峰。建阳族系也有以“西山”“九峰”为堂号。

琼林堂　明代金门琼林蔡沧界徙居马巷前厝社（今马巷赵厝村），族裔有以“琼林”为堂号。

第二章　分　布

第一节　人口分布

2016年6月，福建省公安厅户籍人口数据统计（不含金门、马祖），全省蔡姓人口总数为666003人，分布于全省各市、县（区、市）及平潭综合实验区。

表2-1　**2016年福建省蔡姓人口分布情况表**　单位：个、人

市（区）别	县（区、市）数	人口数	各县（区、市）人口数
福州	12	42600	鼓楼区5991，台江区2221，仓山区3605，晋安区2559，马尾区504，福清市9247，长乐市4022，闽侯县2604，连江县2024，闽清县296，罗源县587，永泰县6473

续表

市（区）别	县（区、市）数	人口数	各县（区、市）人口数
厦门	6	54651	思明区 14098，湖里区 4389，集美区 3691，海沧区 3764，同安区 8652，翔安区 20057
漳州	13	150154	芗城区 13405，龙文区 6004，龙海市 31718，漳浦县 4094，云霄县 16210，诏安县 1640，东山县 5555，平和县 16870，南靖县 3439，长泰县 6941，华安县 1647，漳州开发区 285，台商投资区 2346
泉州	12	214442	鲤城区 8097，丰泽区 9423，洛江区 1243，泉港区 5215，石狮市 62039，晋江市 73450，南安市 24973，惠安县 1262，安溪县 10931，德化县 594，永春县 2844，台商投资区 2783
三明	12	24785	三元区 1034，梅列区 1491，永安市 3314，清流县 567，宁化县 477，建宁县 347，泰宁县 393，明溪县 451，将乐县 488，沙县 1991，尤溪县 13368，大田县 864
莆田	7	102984	仙游县 23686，荔城区 10853，城厢区 48891，涵江区 10333，秀屿区 9221
南平	10	29115	延平区 8037，建阳区 3532，邵武市 2786，武夷山市 1771，建瓯市 2024，顺昌县 1901，浦城县 2952，光泽县 1353，松溪县 4350，政和县 399
龙岩	7	12129	新罗区 2473，永定区 306，上杭县 638，武平县 749，长汀县 4914，连城县 1505，漳平市 1544
宁德	10	35143	蕉城区 3427，福安市 3308，福鼎市 13207，霞浦县 8603，寿宁县 4441，周宁县 637，柘荣县 313，古田县 809，屏南县 220，东侨开发区 95
平潭	1	3467	

第二节　主要聚居地

一、福州市蔡姓

（一）鼓楼区

鼓东街道　现有蔡襄后裔 120 余户、370 多人。其中中山、庆城、开元社区各 100 多人。

鼓西街道　今居街道 170 余户、530 多人。其中达明、保定社区各 120 多人，西湖、陆庄社区各 100 多人。

南街街道　现有蔡襄后裔 150 余户、400 多人。其中灵响社区 150 多人，柳河社区 100 多人。

温泉街道　今居街道 230 余户、570 多人。其中琼河、东湖社区各 100 多人，汤门社区 120 多人。

东街街道　今居街道 100 余户、340 多人。其中大根社区 100 多人。

水部街道　今居街道 110 余户、360 多人。其中福新社区 100 多人。

华大街道　今居街道 250 余户、750 多人。其中九彩社区 150 多人，屏山社区 120 多人，体育中心社区 110 多人。

五凤街道　今居街道 300 余户、920 多人。其中白龙社区 160 多人，天元社区 130 多人，龙泉社区 110 多人。

洪山镇　今居村 300 余户、960 多人。其中西凤社区 140 多人，福屿、怡山社区各 110 多人。

（二）台江区

茶亭街道　今居街道 60 余户、230 多人，其中福德社区 100 多人。

义洲街道　今居街道 80 余户、300 多人，其中奋斗社区 110 多人。

鳌峰街道　今居街道 80 余户、300 多人。其中玉树社区 100 多人。

（三）仓山区

下渡街道　蔡甸房迁福州归仁里蔡埠，再迁居藤山，今居街道 90 余户、270 多人。

上渡街道　今居街道 120 余户、390 多人。其中江南社区 100 多人。

金山街道　今居街道 210 余户、790 多人。其中后曹村 160 多人，龙津社区 100 多人。

城门镇　蔡甸宗系迁居濂江，今居村 130 余户、480 多人。

建新镇　建阳蔡桂、蔡樟等迁居南台。今居村 200 余户、690 多人，其中农大社区 160 多人。

（四）晋安区

新店镇　清代蔡维灿由漳浦迁入涧田村，今居村 200 余户、690 多人。其中涧田村 260 多人，义井村 150 多人，部分搬进福州城内。

岳峰镇　今居村 280 余户、720 多人。其中康山、桃花山、浦下社区各 100 多人，三华社区 120 多人。

茶园街道　今居街道 200 余户、640 多人。其中站前、站东、环南、洋下等社区各 100 多人。

（五）福清市

玉屏街道　北宋，蔡箕卿迁入福清临江里，今居街道 160 余户、550 多人。

石竹街道　蔡箕卿后裔迁入北前亭，今居街道 210 余户、820 多人。

阳下街道　今居街道 110 余户、480 多人，其中溪东村 400 多人。

海口镇　今居村 100 余户、350 多人。其中车头村 250 多人，下郑和垱头村 100 多人。

江镜镇　今居村 210 余户、800 多人。其中蔡厝 450 多人，白马庙村 350 多人。

高山镇　蔡斗卿迁入门头村，今居村 256 户、1600 多人。蔡天福迁入垄上村，今居村 120 余户、450 多人。

渔溪镇　今居村 40 余户、740 多人。其中余双墩村 180 多人，上张 100 多人。

上迳镇　今居村 376 余户、1700 多人。其中县圃村 1500 人，海头村、塔山村 200 多人。

新厝镇　今居村 300 余户、1010 多人。其中加头村 320 多人，漆林村 140 多人，桥尾村 200 多人，凤迹村 380 多人。

东张镇　今居村 330 余户、1200 多人。其中华石门斗 200 多人，华石上蔡村、千面村、牛坪村各 150 多人，濑底蔡厝 100 多人，半岑村 120 多人。

镜洋镇　今居村 230 户、920 多人。其中下园村 200 多人，上园村 180 多人，掌溪村 150 多人，上南刘村、下南刘村 130 多人，下施村 100 多人。

音西街道　今居街道 50 余户、350 多人，其中音西村 200 多人。

三山镇　今居塘北村 30 余户、100 多人。

（六）长乐区

漳港街道　宋嘉祐年间（1102—1110），莆阳蔡伯佑迁居龙峰村，今居街道 400 余户、1700 多人，分新厝、旧厝两支派。

吴航街道　今居街道 100 余户、370 多人，其中十洋社区 120 多人。

金峰镇　龙峰村 12 世蔡钢迁居厚团村，今居村 300 余户、1110 多人，其中后团村 770 多人。

梅花镇　明末清初，潭头镇元岱村蔡守盛迁居梅花，今居村 320 余户、1070 多人。其中梅东 390 多人，梅西 150 多人，梅南 120 多人，梅北 240 多人，梅新村 120 多人。

潭头镇　龙峰村 13 世蔡孔瑞迁居元岱村，今居村 160 余户、600 多人。

（七）闽侯县

青口镇 明清时期，蔡惟勋、蔡惟芳、蔡惟勇由福州分别迁入，今居村500余户、1600多人。其中东台村450多人，西台村300多人，联丰村350多人，溪东、前街、长楼、船尾、杨厝等村各100多人。

南通镇 今居建南村80余户、220多人。

南屿镇 今居村100余户、290多人，其中村下村100多人。

上街镇 蔡茂由长乐迁入，今居村90余户、280多人。其中庄南村150多人，马保村130多人。

鸿尾乡 今居村700余户、2100多人，其中奎石村180多人。

甘蔗街道 今居街道60余户、190多人，其中甘蔗社区100多人。

大湖乡江洋村 明末由福州藤山的蔡云潮迁入，今居村100余户、300多人。

（八）连江县

筱埕镇 （1）明弘治年间（1500年前后）祖籍漳浦的蔡文旭由泉州迁居定海村。（2）清康熙年间（1662—1722）一支由泉州迁入。今居村130余户、410多人，

蓼沿乡 由定海迁居仙屏，繁衍王坑，今居村70余户、200多人。

坑园镇 明代蔡厚泉由福州迁入坑园墩，今居村240余户、760多人，分迁下屿村100余户、320多人。

敖江镇 今居小湾村70余户、210多人。

透堡镇 今居塘里村40余户、120多人。

（九）罗源县

起步镇 清同治年间（1862—1875），蔡引当、蔡鹤鸣由同安迁居起步村，今居村100余户、340多人。其中起步村220多人，蒋店个村120多人；迁居凤山140多人，鉴江100多人。

（十）永泰县

大洋镇 （1）明永乐二年（1404年），蔡玉泗由江南安庆府宿松迁入永泰二十都（今大洋镇尤垅村）。（2）明代莆阳蔡氏由福州迁入大洋镇。今居村600余户、1800多人，分迁七际村90余户、300多人。

樟城镇 大洋镇和洑口乡蔡氏迁入，今居村130余户、410多人。其中沙浮、杨梅社区各140多人，北门社区130多人。

嵩口镇 今居赤水村40余户、120多人。

梧桐镇 今居三富村40余户、130多人。

盘谷乡 今居新丰村150余户、440多人。

城峰镇 今居龙峰村40余户、130多人。

洑口乡 明代，蔡思堂由德化迁居洑口乡，今居村1000余户、2880多人。其中梧村1860多人，洑口村670多人，吉坑村250多人，祥銮村110多人。

清凉镇 今居北斗村70余户、200多人。

塘前乡 今居芋坑村40余户、130多人。

岭路乡 今居七斗村70余户、210多人。

盘谷乡 今居村130余户、580多人，其中新丰村460多人。

二、厦门市蔡姓

（一）思明区

厦港街道 南宋时蔡景寿后裔迁入，今居街道310余户、960多人。其中鸿山社区180多人，蜂巢山

社区160多人，福海社区140多人，下澳、沙坡尾社区210多人，南华社区120多人。

中华街道　蔡赐兄弟分散由安溪流迁入，今居街道360余户、1190多人。其中中山社区240多人，仁安社区230人，镇海、思南社区各150多人，霞溪、文安社区各210多人。

滨海街道　今居街道280余户、890多人。其中演武社区190多人，白城社区250多人，上李社区100多人，曾厝280多人。

鹭江街道　今居街道510余户、1770多人。其中营平、大同、鹭江道社区各140多人，厦河、双莲、小学社区各380多人，禾祥社区210多人。

开元街道　今居街道590余户、2260多人。其中深田、溪岸、美仁社区各240多人，虎溪社区260多人，美湖社区130多人，天湖社区150多人，西边、后江、湖滨、希望社区各200多人，阳台山、坑内社区各100多人。

梧村街道　今居街道580余户、2200多人。其中梧村社区170多人，文灶、滨中、双涵社区各160多人，金榜、浦南社区各350多人，金祥、文屏社区各290多人，东坪社区250多人，万寿北社区100多人，溪东社区130多人。

筼筜街道　今居街道1210余户、3470多人。其中槟榔社区530多人，四里、振兴、莲岳、湖光社区各240多人，一里社区180多人，屿后社区130多人，育秀、屿后社区各360多人，金桥社区400多人，官任社区280多人，仙搁、仙岳社区各140多人。

莲前街道　今居街道560余户、2100多人。其中前埔南社区260多人，前埔北社区210多人，莲丰社区140多人，金鸡亭社区190多人，瑞景社区120多人，莲成、前埔东社区各100多人。

嘉莲街道　今居街道560余户、2060多人。其中长青社区260多人，莲秀社区300多人，盈翠社区240多人，莲兴社区210多人，松柏社区190多人，莲花北、莲西社区160多人，莲花五村140多人。

鼓浪屿街道　今居街道100余户、370多人。其中龙头社区170多人，内厝200多人。

（二）湖里区

湖里街道　今居街道830余户、3200多人。其中和通社区170多人，康乐、海天社区各160多人，徐厝社区140多人，康晖、南山社区各120多人，村里社区110多人，兴华、怡景、东荣社区各100多人。

殿前街道　今居街道140余户、490多人。其中高殿社区140多人，兴隆、长乐社区各110多人。

禾山街道　今居街道110余户、320多人。其中枋湖、禾盛社区各120多人。

江头街道　今居街道290户、1060多人。其中吕厝、金尚社区各200多人，吕岭社区170多人，祥店、园山社区各120多人。

金山街道　今居街道210余户、790多人。其中金山社区170多人，金安社区150多人，金林、五通社区各120多人。

（三）集美区

集美街道　今居街道120余户、400多人，其中银亭社区180多人。

杏林街道　今居街道210余户、630多人。其中纺织社区190多人，宁宝社区160多人。

杏滨街道　今居街道100余户、320多人，其中三秀社区100多人。

灌口镇　今居村690余户、2050多人。其中三社村1100多人，双岭村320多人。

后溪镇　今居村110余户、460多人。其中后溪村160多人。

（四）海沧区

海沧街道　元至治年间（1321—1323），蔡景福迁入海沧，今居街道1100余户、3300多人。其中钟山村1400多人，吴冠村200多人，海虹、海兴各140多人，渐美村280多人。

新阳街道 今居街道360余户、1110多人。其中吴冠社区210多人，海虹、海兴社区150多人，海发社区120多人，石塘村120多人。

东孚街道 清中期，安溪蔡氏迁入渐美村，裔孙分三大房，今居村280余户、890多人。其中过坂社区350多人，山边社区120多人。

（五）同安区

大同街道 南宋蔡景寿迁入；蔡赐兄弟由安溪迁入。今居街道600余户、1810多人。其中后炉社区310多人，同新社区140多人，西安、三秀、城西社区各160多人，西池社区100多人。明代，金门蔡氏迁入今东山社区后亭自然村，今居村70余户、290多人。

祥平街道 今居街道390余户、1230多人。其中祥桥社区330多人，杜桥社区300多人，西溪社区110多人。

莲花镇 今居村730余户、2500多人。其中百谷村1220人，蔗内村550多人，小坪村480多人，云浦村260多人。

西柯镇 今居西柯蔡店270户、860多人。

汀溪镇 今居半岭村190余户、600多人。

五显镇 今居村1060余户、3810多人。其中布塘村790多人，竹山村北山810人，蔡厝口1250多人，溪西村610多人，四林村150多人，后垄村、军村村各110多人。

（六）翔安区

新店街道 明洪武二年（1369年），蔡文仲、蔡三公迁入灌口查塘村；蔡延时迁入同安民安里十都湖龙头社（今茂林）。今居村1330余户、4650多人。其中茂林2250多人，刘五店1440多人，吕塘社区150多人，后村210多人，东界社区110多人。元末明初蔡景仁后裔由琼林迁入，蔡锋后裔迁入浦南320户、1350多人，蔡厝1100余户、4500多人。

马巷街道 元代，金门琼林6世蔡蓝田迁入山仔尾，7世迁入启舫坪边村，今居村440余户、1490多人。明代，蔡沧界迁入前厝社，今居村290余户、1180多人。其中五美社区270多人，五星社区910多人。蔡锋后裔迁入山仔尾、地瓜市，今居村150余户、600多人。

大嶝街道 明嘉靖年间（1522—1566），金门琼林迁入北门，今居村730余户、2640多人。其中北门1800多人，东埕790多人。明清时蔡锋后裔迁入嶝崎村，蔡太荣后裔一支分衍嶝崎村坪兜角落，今居村430余户、1420多人。其中嶝崎村1000多人，浔崛、双沪、阳塘社区各110多人。

新圩镇 元末明初，蔡锋等族裔由晋江东石迁入乌山村，今居村4300余户、13940多人。其中乌山村2400多人，凤岗2500多人，上宫1200多人，东寺村1650多人，新圩村1680多人，凤路村2050多人，东寮250多人，面前埔村630多人，诗坂村220多人，云头村、上宅村、桂林村各110多人。

内厝镇 明代，金门蔡复一家族迁居小盈岭。今居村260余户、730多人。其中前垵村270多人，莲前村290多人，上塘100多人。

三、漳州市蔡姓

（一）芗城区

东铺头街道 明清时期，蔡谷朴族裔迁入漳州辖麦坑；蔡当军支迁入漳东庵下尾；蔡坂村蔡氏迁入新华东。今居街道410余户、1340多人。其中东铺头社区150多人，龙江、县后、北桥、南昌、加禾社区各130多人，西街社区160多人，瑞京村100多人。

西桥街道 今居街道190余户、540多人。其中西桥、大桥社区130多人。

新桥街道　蔡谷华由云霄迁居连浦，今居街道 680 余户、2010 多人。其中新竹社区 390 多人，元南社区 310 多人，红星社区 240 多人，下沙、前锋社区各 220 多人，新城社区 200 多人，华港、悦华社区各 150 多人，诗浦社区 130 多人。

巷口街道　今居街道 800 余户、2450 多人。其中甘棠宫、市尾社区各 160 多人，苍园、东园社区各 230 多人，鑫荣社区 190 多人，新浦、浦头社区各 120 多人，新锋、新华东社区各 150 多人，巷口、民主里社区 260 多人，岳口、官园社区各 290 多人，东门社区 100 多人。

南坑街道　蔡肇篡、蔡肇基迁入古塘村。今居街道 1400 余户、5630 多人。其中古塘村 3390 多人，腾飞社区 120 多人，龙通社区 160 多人，华元社区 210 多人，东岳社区 170 多人，群裕社区 270 多人，漳糖社区 200 多人，金冠社区 220 多人，桃林社区 120 多人，群兴社区 180 多人，岱山村 260 多人。

通北街道　今居街道 90 余户、1160 多人。其中湖内社区 170 多人，和平里社区 190 多人，金源、芝山社区各 140 多人，宝珠园社区 120 多人。

天宝镇　今居埔里村 40 余户、140 多人。

石亭镇　今居村 130 余户、550 多人。其中仙景村 150 多人，丰乐村 400 多人。

（二）龙文区

蓝田街道　今居村 1030 余户、4330 多人。其中蔡坂村 3400 多人，西坑村 140 多人，小港村 120 多人，梧桥村 670 多人。

步文街道　今居村 730 余户、2920 多人。其中下洲村 2510 多人，后坂村 200 多人。

（三）龙海市

石码街道　唐代蔡彧落籍石码，南宋蔡淙之子孙回迁蔡港，今居街道 430 余户、1610 多人。其中解放东社区 130 多人，解放北社区 230 多人，解放南社区 260 多人，解放西社区 140 多人，新华社区 430 多人，九二〇社区 290 多人，人民西社区 130 多人。

海澄镇　唐代蔡彧族裔落籍海澄，明洪武（1368—1398）初蔡汝达由漳浦葛潭楼下迁居前厝村。今居村 4250 余户、16510 多人。其中前厝村 1530 多人，城内社区 430 多人，崎沟村 1930 多人，埭新村 6340 多人，珠浦村 500 多人，内楼村 480 多人，河福村 260 多人，上寮村 840 多人，仓头村 570 多人，溪头社区 260 多人，豆巷村 400 多人，玉枕村 2710 多人，屿上村 180 多人。元代蔡廷率子蔡孟举、蔡孟章迁居内溪村芳田，今居村 200 余户、600 多人。其中芳田 260 多人，黎明 140 多人。

白水镇　元大德年间（1297—1307），蔡自正迁入金鳌村。今居村 530 余户、1810 多人。其中金鳌村 230 多人，白水村 430 多人，山美村 380 多人，方田村 350 多人，崎岎村 330 多人。

浮宫镇　今居村 120 余户、440 多人。其中海山村 300 多人，霞威村 140 多人。

港尾镇　明清时蔡允恭派系迁入浯屿村。今居村 830 余户、2830 多人。其中浯屿村 1430 多人，上午村 630 多人，汤头、梅市、斗美、沙坛村各 160 多人，城外村 130 多人。

九湖镇　今居村 300 余户、890 多人。其中琪塘村 400 多人，林下村 120 多人。

颜厝镇　蔡谷华族裔迁入颜厝镇莲浦。今居颜厝村 30 余户、120 多人，水头村 680 余户、2010 多人。元末明初，蔡笃轩迁居上洋村溪美社，今居村 980 余户、3150 多人。明代蔡宗周以及万历年间（1573—1620）蔡松、蔡松谷迁居鹳林，今居溪美社 1050 多人，园中村 1000 多人，上溪园村 1100 多人。

紫泥镇　今居村 100 余户、340 多人。其中下楼村、新洋村各 120 多人。

东园镇　今居村 330 余户、1060 多人。其中东宝村、枫林村、厚境村 130 多人，港边村 100 多人。

隆教乡　由同安迁入白坑村，今居村 410 余户、1400 多人。漳浦蔡姓迁居流会，今居村 380 余户、1580 多人。其中流会村 1190 多人，黄坑村 220 多人，径内村 100 多人。

（四）漳浦县

绥安镇 蔡元仲迁入东埔，分衍宪台、草潭、河尾；蔡保定、蔡保润、蔡奇才等数十人迁入城东都等地，今居村2200余户、7930多人。其中东街社区210多人，西街、北街、城西社区390多人，南街社区320多人，南门、道周、绥东社区各410多人，城北、朝阳社区各510多人，绥西社区1160多人，绥南社区240多人，绥北社区360多人，炉尾村、红旗场110多人，英山村610多人，溪南村100多人，马坑村550多人，寨瑶村170多人，查岭村390多人。明永乐年间（1403—1424），蔡日宣自诏安迁入霞潭村（今后潭村和楼脚村），今居村580余户、2200多人。楼脚村蔡姓由霞浦迁入，今居村560余户、2150多人。其中楼脚村1850多人，后港村、辕门村150多人。蔡世远后裔110余户、450多人。其中罗山村170多人，大亭280多人。

旧镇镇 蔡元鼎后裔迁入上蔡、寨内及长桥刈后，今居村1500余户、4810多人。其中上蔡村1370多人，寨内村1600多人，旧镇镇直180多人，梅竹村500多人，旧城村120多人，东厝村250多人，山仔村570多人，潭仔头村220多人。

佛昙镇 蔡元仲东埔后裔迁入石埕（荔枝林）；清雍正十二年（1734年）20个族人来洞野社守墓。今居村430余户、1600多人。其中洞野社1090多人，井美村330多人，花林村130多人。

杜浔镇 今居村310余户、1050多人。其中城里村500多人，过洋村120多人，院边村250多人。

霞美镇 宋淳熙五年（1178年），蔡谷用率族由云霞迁入霞美、白石、斗（董）门；蔡元仲后裔由佛昙镇石埕迁入五社村后田社。宋代蔡荣甫迁入霞美。今居村3320户、9540多人，其中白石村4320多人，董门村2330多人，镇直200多人，霞美村240多人，中社村220多人，山前村110多人，刘坂村180多人，巷内村270多人，五社村200多人，黄埔村610多人，北江村220多人，前梧村100多人，山岭村260多人，塔岭村150多人，下蔡村130多人。从荔枝林迁入五社村后田社，今居村20余户、100多人。溪仔村城内为白石大房920余户、3570多人。

石榴镇 今居村580余户、1880多人，其中石古场840多人，象牙村610多人，石榴村、玳瑁村120多人，东山村160多人。

盘陀镇 绥安镇霞潭楼脚蔡氏迁居通坑村汤坑，今居村1080余户、3340多人。其中通坑村1290多人，盘陀村1510多人，割埔村、和美村各150多人，产山村、上洞村各120多人。

长桥镇 割后村蔡氏源自龙海九湖蔡坑，今居村680户、2210多人。其中割后村1030多人，镇直、长桥农场各100多人，青果村荔枝林社820多人。

前亭镇 宋建炎元年（1127年），蔡煜迁居蔡坑，今居村690余户、2100多人，其中蔡坑1730多人，顶埕村370多人。

深土镇 蔡元鼎后裔迁居示埔村，今居村50余户、160多人。

六鳌镇 宋代蔡旻显迁入西墘（今鳌西村），今居村780余户、2600多人。其中鳌西村1780多人，鳌东村160多人，下寮村330多人，营里村130多人，龙美村、店下村各100多人。

沙西镇 蔡荣甫迁入狮山村、蔡文甫迁入沙岗，今居下寨村30余户、110多人。

古雷镇 蔡元仲后裔迁入古雷镇港口村围内，后又外迁，今居下安村40余户、140多人。

大南坂镇 今居村70余户、250多人，其中刺塘后180多人，上埔梧陂70多人。

漳浦盐场 今居村390余户、1180多人，其中雄厝村900多人，竹屿280多人。

中西场 今居掷石村30余户、130多人。

（五）云霄县

云陵镇 唐代，蔡允恭迁入云霄，今居村390余户、1120多人。其中下港街后坂村、王府街、宝楼街各 210 多人，享堂村 460 多人，塘坪街、城元街各 150 多人。蔡澄其孙迁入云霄西门寨（今西园街），今居村 180 余户、710 多人。其中西园街 380 多人，金霞街 130 多人，大园街、汀洋街、大路街各 100 多人。

陈岱镇　今居竹港村 40 余户、110 多人。

东厦镇　蔡荣甫迁居荷步村；南宋乾道二年（1166 年），蔡朝定迁居涪田（今火田镇）。今居村 210 余户、820 多人。蔡澄其孙迁居塘尾村，今居村 250 余户、680 多人。其中溪塘村 610 多人，船场村 80 多人。蔡旻达分支迁居鳌田里，今居埭洋村 290 余户、820 多人。蔡京文、蔡京正迁居南洋村，今居村 680 余户、2360 多人，其中南洋村 1160 多人，享堂村 1200 多人。蔡氏由莆田迁迁居长洋村，今居村 130 余户、400 多人，其中长洋村 280 多人，船场村 30 余户、120 多人。

莆美镇　蔡思充（蔡汝达）迁入前涂村。今居村 130 余户、420 多人。其中前涂村 320 多人，绥阳街 100 多人。

列屿镇　今居村 850 余户、3320 多人。其中油车村 2980 多人，宅后村 220 多人，人家村 120 多人。

火田镇　南宋乾道二年（1166 年），蔡谷荣家族迁入涪田真珠坂村。元至顺二年（1331 年），蔡三迁入西林村。今居火田村 120 余户、370 多人。

下河乡　蔡稼叟由平和迁居下河；蔡仕壮由平和小溪回迁下河，迁居上河村。今居村 1230 余户、4980 多人。其中下河村 4200 多人，上河村 780 多人。

和平乡　蔡继宗迁入泮岭村，后裔迁居小西安、桃畲等村；明永乐十八年（1420 年）蔡文礼迁入泮岭村订报兴。今居村 710 余户、2380 多人，其中西安村 1450 多人，径仔村 590 多人，东方村 120 多人，内洞村 220 多人。

（六）诏安县

四都镇　蔡延山从河南开封府迁入漳州四都五都，今居田美村 40 余户、130 多人。

西潭镇　明永乐十八年（1420 年），蔡文礼胞兄由漳浦迁入西潭，今居村 130 余户、400 多人。

白洋乡　今居村 210 余户、730 多人，其中搭桥村 370 多人。

建设乡　今居马头村 100 余户、360 多人。

（七）东山县

铜山镇　宋淳熙五年（1178 年），蔡朱良迁入铜山，今居村 1430 余户、3410 多人。其中湖塘村 3280 多人。

陈城镇　今居村 110 余户、370 多人。其中后姚村 250 多人，宫前村 120 多人。

西埔镇　今居村 70 余户、220 多人，其中白石街 140 多人。

铜陵镇　今居村 410 余户、1370 多人。其中铜亭街 290 多人，码头街、苏峰街各 160 多人，公园街、演武街各 170 多人，桥雅街、桂花街、文峰街各 130 多人。

（八）平和县

山格镇　宋绍定元年（1228 年），蔡期远由龙溪蔡港迁入隆庆村，今居村 1300 余户、4030 多人。其中隆庆村 2590 多人，山格街 250 多人，山格村 240 多人，白楼村 200 多人，新陂村 140 多人，平寨村 220 多人，铜中村 390 多人。

小溪镇　宋绍定三年（1230 年），蔡惟善等由隆庆村迁入坑里村下坂社，元至正二年（1342 年），蔡仕礼迁入平和小溪，今居村 2900 余户、8990 多人。其中坑里村 4600 多人，建设社区 380 多人，九一七社区 380 多人，联光村 400 多人，东大社区 360 多人，东风、城东社区各 210 多人，古楼村、玉溪村、联星村 160 多人；西林村、岩坂村各 130 多人，高南村 240 多人，新桥村 130 多人，旧楼村 630 多人，厝丘村

1230多人。元明时，蔡港从龙溪迁居溪州村卓教（溪平）社，今居村2050余户、6520多人，溪州村3380多人，湖田村2350多人，内林村300多人，旧县村490多人。

南胜镇 今居南胜村20余户、100多人。

坂仔镇 今居村90余户、300多人，其中东坑村180多人。

崎岭乡 今居顶寨村40余户、140多人。

秀峰乡 今居坝头村30余户、130多人。

平和工业园区 今居黄井村30余户、100多人。

（九）南靖县

山城镇 宋绍兴三年（1133年），蔡期远由龙溪石码下田头迁入，今居村490余户、1580多人。其中荆江街120多人，溪边村180多人，翠眉村170多人，坑尾村440多人，下潘村440多人。

靖城镇 今居村140余户、460多人。其中大房村190多人，部前村270多人。

龙山镇 蔡而辈由金浦西湖迁入西山村，今居村290余户、910多人。其中西山村430多人，龙山村100多人，东爱村300多人。

（十）长泰县

岩溪镇 南宋蔡芭迁入长泰武安，先至溪口，后迁居登科山，今居村860余户、2870多人。其中上蔡村2230多人，锦鳞村400多人，圭前村100多人。

武安镇 蔡芭后裔迁入，今居村270余户、940多人。其中外武村130多人，登科村250多人，罗山100多人，文泉村210多人，城关村170多人。

陈巷镇 蔡芭后裔迁入，今居村70余户、240多人，其中夫坊村120多人。

枋洋镇 蔡文真迁入霞岭，今居村990余户、3120多人。其中枋洋村1050多人，内枋村1250多人，径仑村360多人，上洋村250多人，科山村、尚吉村各110多人。

坂里乡 蔡文真后裔迁入石格村，今居村30余户、120多人。

古农农场 今居黎明作业区、共同作业区各40余户、120多人。

林墩工业区 今居村80余户、290多人。其中乔美村70多人，石横村130多人。

（十一）华安县

沙建镇 今居村340余户、1650多人。其中日新村130多人，汰内村540多人，良种场310多人，汰口农场270多人。

（十二）台商投资区

唐代蔡彧后裔迁入角美，蔡文纪由鸿山迁入蔡店村，今居村450余户、1420多人。其中沧里社990多人，石美村180多人，铺透村170多人。蔡德明沧州房迁入流传村下埕社，今居村40余户、180多人。

四、泉州市蔡姓

（一）鲤城区

海滨街道 北宋蔡襄、蔡确、蔡硕以及蔡襄次子蔡旬迁入鲤城区东街；南宋初蔡慞两个儿子迁入泉州。今居街道480余户、1620多人。其中金山社区250多人，笋浯、水门、东鲁、新门社区各140多人，伍堡社区220多人，隘南社区130多人，溪亭社区170多人。

鲤中街道 今居街道300余户、1260多人。其中东华社区170多人，新峰社区140多人，和平、通政、东门社区各120多人，清华、西郊、升平、百源、促进社区各100多人。

开元街道 今居街道590余户、1900多人。其中梅山社区220多人，新春、刺桐、东北社区各150多人，双塔社区 240 多人，开元社区 160 多人，西湖社区 240 多人，梅峰、华新社区 100 多人，东升、红梅、泉山社区 130 多人。

江南街道　今居街道 190 余户、690 多人。其中霞洲社区 220 多人，王宫社区 100 多人，火炬社区 370 多人。

金龙街道　今居街道 330 余户、1130 多人。其中古店社区 720 多人，赤土社区 170 多人，龙岭社区 240 多人。

（二）丰泽区

东湖街道　今居街道 1280 余户、3950 多人。其中少林社区 110 多人，东湖社区 140 多人，铭湖、东凤、圣湖、仁风社区各 210 多人，凤山社区 570 多人，松林、霞淮社区各 250 多人，前坂、丰泽社区 300 多人，东涂社区 540 多人，迎津、东美、东淮社区各 170 多人，源淮社区户 440 多人。

泉秀街道　今居街道 280 余户、910 多人。其中华丰、灯洲社区各 210 多人，灯星、泉淮社区各 200 多人。

清源街道　今居街道 160 余户、480 多人，其中普明、环清社区 160 多人。

华大街道　今居街道 60 余户、190 多人，其中华大社区 100 多人。

城东街道　今居街道 1130 余户、3830 多人。其中霞美社区 1190 多人，埭头社区 920 多人，东星社区 990 多人，前头社区 650 多人。

东海街道　今居街道 330 余户、980 多人。其中云谷社区 210 多人，法石社区 410 多人，云山、宝山社区各 150 多人，浔埔社区 210 多人。

北峰街道　今居街道 430 余户、1490 多人。其中肖厝社区 1180 多人，群峰社区 230 多人。

（三）洛江区

双阳街道　今居新岭社区 30 余户、100 多人。

河市镇　今居村 270 余户、980 多人。其中白洋村 120 多人，官洋村、溪头村各 250 多人，蛟南村 360 多人。

（四）泉港区

前黄镇　唐代，蔡镐迁入泉港。宋崇宁年间（1102—1106），蔡广、蔡度后裔由仙游迁入香芹。今居村 480 余户、1400 多人。其中香芹村 800 多人，古县村 220 多人，三朱村 200 多人，前烧村 100 多人。

南埔镇　明永乐年间（1403—1424），蔡崇六由莆田东沙迁入塘头村；蔡震南三房迁入塘头村。今居村 630 余户、2150 多人，其中塘头村 1010 多人，南埔村 100 多人，先锋村 980 多人。

界山镇　1925 年东沙蔡氏迁入界山村，今居村 70 余户、250 多人。今居界山 110 多人，鸠林村 150 多人。

前黄镇　宋崇宁年间，蔡襄后裔由仙游迁居香芹村，今居村 260 余户、890 多人。明万历（1573—1620）初年，蔡氏由东沙迁居凤安村社塘谢塘，今居村 20 余户、100 多人。明万历初年，鲤城花巷蔡氏迁居三朱村，今居村 80 余户、250 多人。清顺治十年（1653 年），蔡氏由晋江迁入古县村，今居村 70 余户、250 多人，前烧村 30 余户、110 多人。

涂岭镇　明天启三年（1623 年），东沙蔡氏三房迁居芦朴村上埕、涂岭村寨内等村落，今居村 430 余户、1560 多人。其中涂岭村 490 多人，秀溪村 190 多人，白潼村 150 多人，路打村 120 多人，樟脚村 610 多人。

（五）石狮市

湖滨街道　蔡元定后裔迁入。蔡日烨迁入容卿，今居街道 1280 余户、3510 多人。其中金林社区 180

多人，新湖社区330多人，仙迹社区540多人，花园城社区360多人，长福社区310多人，曾坑社区500多人，玉湖社区500多人，林边社区400多人，湖边社区390多人。

凤里街道 南宋淳熙元年（1174年），蔡仲全由泉州新门蔡庄迁入大仑，明洪武年间（1368—1398），蔡国器后裔迁入新华。今居街道2330余户、8110多人。其中大仑社区4580多人，新华社区800多人，东村社区160多人，后花社区260多人，宽仁、仁里社区各290多人，华南社区790多人，五星社区580多人，龙华社区360多人。

灵秀镇 宋代，蔡日烨迁入容卿；元末，蔡崇孝由青阳迁入钞坑；明洪武九年（1376年），蔡贵迁入彭田屏山；明代，蔡富克后裔迁入钞坑、彭田。今居村5080余户、16910多人。其中仕林村1830多人，钞坑村1840多人，彭田4330多人，灵峰2580多人，灵山村1100多人，前廊村1390多人，华山村2560多人，港塘村390多人，塔前村290多人，塘园村600多人。

宝盖镇 宋末，蔡念三迁入塘边，今居村1920余户、6320多人。其中塘边村2160多人，宝源社区220多人，坑东村200多人，龙穴村360多人，前园村230多人，前坑村120多人，塘后村300多人，仑后村210多人，铺锦村280多人，塘头村230多人，玉浦村1090多人，雪上村420多人，郑厝村、杆头村、上浦村、松茂村、后安村各100多人。

蚶江镇 宋崇宁三年（1104年），蔡弼聪由兴化府迁居莲塘村，今居村3380余户、11360多人。其中莲塘村6230多人，蚶江村510多人，莲东村400多人，东安村130多人，溪前村1560多人，厝仔村240多人，古山村180多人，洪窟村360多人，锦亭村270多人，水头村720多人，锦江村、石农村、莲中村、青莲村各140多人，石渔村、石壁村各100多人。

祥芝镇 蔡用明后裔蔡国器迁入祥农村；蔡隐斋派下由坑东迁入莲坂村；明初，蔡国器迁入祥芝山兜村；蔡宗珣迁入祥渔村；蔡清童由丰田迁入赤湖村。今居村6600余户、20730多人。其中祥农村2510多人，大堡村260多人，前山村120多人，古浮村2400多人，莲坂村3030多人，赤湖村2740多人，后湖村670多人，祥渔村8330多人，祥运村2410多人。

鸿山镇 今居村850余户、2920多人。其中伍堡村530多人，西墩村250多人，东埔一村400多人，东埔二村310多人，东埔三村400多人，洪厝村、东园村各150多人，莲厝村240多人，郭厝村280多人，邱下村200多人。

锦尚镇 今居村430余户、1360多人。其中东店村、奈厝前村各250多人，西港村120多人，厝上村320多人，卢厝村、锦尚村各150多人，港前村120多人。

永宁镇 元代，蔡坛迁入前埔村；蔡宝峰由晋江朋山迁入永宁，今居村990余户、3180多人。其中第二社区200多人，第三社区670多人，浯沙村360多人，梅林村530多人，港边村170多人，沙堤村、下宅村各200多人，山边村130多人，郭宅村320多人。

（六）晋江市

青阳街道 唐咸通元年（860年），蔡用明迁入青阳，今居街道870余户、2800多人。其中普照社区1560多人，青阳街区850多人，莲屿社区100多人，锦青社区190多人，青华社区100多人。

梅岭街道 北宋宣和年间（1119—1125），蔡旬后裔迁入，今居街道590余户、2030多人。其中蔡厝社区940多人，三光天社区200多人，双沟社区360多人，许厝社区530多人。

罗山街道 蔡念彭由金门迁入小浯塘福堡村。今居街道1280余户、4240多人。其中福埔、后林、苏内社区各100多人，罗裳社区1260多人，缺塘社区510多人，社店、樟井社区各170多人，苏前社区390多人，梧垵社区1290多人，梧桐、许坑社区各160多人。

灵源街道 蔡念彭族裔迁入，今居街道390余户、1450多人。其中灵水社区490多人，大山后社区100多人，林口社区130多人，小浯塘社区360多人，英塘社区370多人。

新塘街道　明洪武年间（1368—1398），祥芝山兜村蔡旺生迁入今梧林社区。今居街道1050余户、3970多人。其中梧林1860多人，后洋、塘市社区各130多人，湖格社区280多人，荆山、南塘社区各100多人，沙塘社区210多人，上郭社区230多人，杏田社区120多人。

陈埭镇　今居村310余户、1220多人。其中梧埭村680多人，仙石村400多人。

池店镇　今居村310余户、1370多人。其中柴塔村520多人，大洲村450多人，仕春村270多人，御辇村130多人。

安海镇　今居村2430余户、8500多人，其中东鲤社区200多人，复兴社区290多人，海东社区670多人，鸿塔社区400多人，兴胜社区600多人，安东村170多人，坝头村110多人，前蔡村330多人，前湖村1050多人，前林村1370多人，桥头村350多人，社坛村1210多人，水后村850多人，西安村120多人，西溪寮村540多人，下洪村240多人。

磁灶镇　今居村250余户、950多人，其中下灶村210多人，新安村740多人。

内坑镇　元代，吕厝村吕姓为避难改姓蔡，今居村950余户、3300多人。其中吕厝村1560多人，白安村230多人，东村村210多人，葛洲村、砌坑村各110多人，加塘村450多人，深圳村630多人。

紫帽镇　宋代蔡卞后裔迁入园坂村；明洪武年间（1368—1398），蔡国器迁居入山兜村，今居村990余户、3390多人。其中塘头村1500多人，园坂村1800多人。

东石镇　宋政和年间（1111—1117），蔡九翁迁居东埕梅峰村；北宋末，蔡确后裔迁居东石；南宋，蔡襄季子蔡旻5世蔡吉、蔡襄次子蔡旬8世蔡德原迁入；元末，蔡桓斋由泉州迁入，后裔迁徙金门蔡厝。明嘉靖年间（1522—1566），蔡惟忠由金门迁入平坑。今居村6060余户、19080多人。其中第一社区2850多人，第二社区870多人，第三社区3080多人，第四社区3090多人，第五社区940多人，永湖村1240多人，光渺村、白沙村各230多人，檗谷村、大白山村、大房村各200多人，郭岑村270多人，金泽村840多人，梅峰村2400多人，梅塘村1730多人，塔头孙厝村290多人，潘径村190多人，平坑村220多人，埔头村100多人，潘山村、三乡村、塔头刘厝村各160多人，肖下村320多人，柯村、龙下村各110多人，井林村、湖头村、金瓯村、清透村、许西坑村各120多人。

永和镇　元代，青阳蔡氏迁居塘下村，今居村3150余户、10990多人。其中塘下村1130多人，英墩村490多人，玉湖村860多人，周坑村800多人，巴厝村210多人，坂头村2780多人，旦厝村、锦岭村、古厝村、西坑村、永和村、梨星村各100多人，割山村380多人，后埔村630多人，力争村960多人，马坪村290多人，山前村1860多人。

英林镇　今居村140余户、470多人，其中嘉排村300多人，英林村170多人。

金井镇　宋代，蔡我东迁入塘东村，今居村2420余户、8650多人。其中塘东村2970多人，镇直350多人，岩峰村660多人，丙洲村、钞岱村各160多人，古安村430多人，湖厝村170多人，金井村1610多人，坑口村1080多人，埔宅村410多人，山头村120多人，石圳村230多人，围头村300多人。

龙湖镇　今居村910余户、2920多人，其中瑶厝村1800多人，秀山村180多人，南浔村、埔锦村、福林村、石龟村、石厦村、衙口村、梧坑村各120多人。

深沪镇　今居村1180余户、4090多人，其中狮峰社区1630多人，金屿社区660多人，璧山、东安社区各360多人，港阜社区110多人，后山社区210多人，南春社区250多人，科任村510多人。

（七）南安市

官桥镇　宋末元初，蔡启昌迁入南安官桥镇。今居村1310余户、4950多人。其中漳里村2990多人，曾庄社区130多人，金庄社区170多人，泗溪村140多人，成竹村340多人，山林村490多人，周厝村290多人，前梧村270多人，新圩村120多人。

水头镇　蔡启昌族裔迁居水头镇，今居村1930余户、6170多人。其中江崎村、下乡村1300多人，下店村990多人，仁福村1350多人，劳光村530多人，肖厝村390多人，朴三村、西锦村190多人，南侨村870多人，文斗村230多人，龙凤村160多人。

溪美街道 今居街道120余户、820多人，其中民主社区130多人，中山社区120多人，溪美、白沙崎社区各100多人。

柳城街道 今居施坪村50余户、180多人。

美林街道 今居玉叶村260余户、980多人。

省新镇 今居村220余户、970多人，其中省身村380多人，油园村450多人。

仑苍镇 今居村1490余户、5100多人。其中大宇村4630多人，园美村240多人，黄甲村230多人。

东田镇 今居村630余户、2090多人，其中东田村170多人，雪峰村680多人，湖山村1240多人。

英都镇 今居村190余户、760多人。其中坂头村430多人，杏塘村320多人。

翔云镇 今居梅庄村30余户、120多人。

金淘镇 今居村170余户、560多人，其中南丰村360多人，中心村180多人。

诗山镇 今居村330余户、1330多人，其中西上村250多人，联星村800多人。

梅山镇 今居村100余户、470多人，其中格内村290多人，丰溪村140多人。

洪濑镇 今居村560余户、1990多人，其中洪南社区120多人，洪北社区1410多人，西林村300多人。

洪梅镇 今居村160余户、530多人，其中三梅村100多人，新林村420多人。

康美镇 今居团结村90余户、320多人。

石井镇 今居促进村30余户、160多人。

向阳乡 今居郭田村40余户、180多人。

（八）惠安县

螺城镇 蔡广、蔡度裔由仙游迁居惠安香芹保。今居村560余户、2010多人。其中螺北关、霞园社区120多人，西北、中新社区170多人，东关社区650多人，东南社区300多人，新霞社区190多人，霞东社区380多人。

螺阳镇 明初，蔡隐和迁居蔡厝。今居村630余户、2200多人。其中蔡仲生迁入上坂村，今居村1200余户、3780多人。明代，蔡桂芳迁居上坂南头村，今居村570余户、2060多人。其中南头村1350多人，东风村190多人，尾透村430多人。

黄塘镇 今居下茂村20余户、100多人。

紫山镇 今居村50余户、220多人，其中官溪村140多人。

崇武镇 今居村400余户、1410多人，其中五峰村370多人，靖江村630多人，莲西村180多人，西华村230多人。

涂寨镇 今居村390余户、1260多人，其中新塘后村610多人，胡厝康霞村500多人。

净峰镇 今居五群村150余户、500多人。

辋川镇 今居村200余户、790多人，其中前洋村610多人，坑南村100多人。

（九）安溪县

凤城镇 宋末元初，蔡景寿由同安琼林（今金门）迁入西门上西街，今居村80余户、270多人。其中上西社区130多人。

蓬莱镇 明洪武五年（1372年），蔡信夫由漳州田埔崇信里迁入岭东德崇（今岭东村）。今居村420余户、1310多人，其中岭东村1210多人，蓬溪村100多人。

湖头镇 今居美溪村30余户、120多人。

城厢镇 蔡西山由南安仑苍大宇迁入城厢，今居中标村20余户、100多人。

金谷镇 明弘治年间（1488—1505），蔡毅轩由晋江深沪迁入崇善里谷口（金山村）。今居村320余户、1060多人。其中金山村710多人，河美村360多人。嘉靖十六年（1537年）由河南省济阳县迁入苏坑（今溪榜村），今居村230余户、770多人，其中溪榜村570多人，南英村200多人。

龙门镇 明正德年间（1505—1521），蔡胤由同安汀溪园迁入依仁里乡溪瑶（今龙门镇），今居村460余户、1560多人，其中龙门村190多人，湖山村110多人，溪坂村1260多人。

魁斗镇 明成化年间（1465—1487），蔡应祖由南安岩浦村迁居崇善里茳藤乡（今鲁藤村），今居村330余户、1040多人，其中鲁藤村900多人。

参内乡 清代，蔡廷后裔由漳州四都五都迁居长泰里祜水村马坑及潭下堡，今居村130余户、530多人，其中圆潭村380多人；由凤城镇上西街迁居参山村，今居村30余户、140多人。

白濑乡 清末，蔡进养迁居白濑乡上格村佛子格自然村，今居村40余户、170多人。

（十）永春县

桃城镇 今居村210余户、600多人，其中桃城社区100多人，化龙社区370多人，花石、长安社区130多人。

五里街镇 今居村130余户、480多人。其中西安社区110多人，吾东村190多人。

东平镇 今居太平村30余户、100多人。

东关镇 今居山城村70余户、280多人。

（十一）台商投资区

洛阳镇 今居村140余户、480多人，其中西吟头村400多人。

东园镇 今居村120余户、410多人，其中玉坂村180多人，长新村160多人。

张坂镇 惠安螺阳上坂族裔蔡羽仪迁居玉田村，今居村340余户、1190多人。其中玉田村280多人，门头村730多人，后曾村180多人。

（十二）金门县

金沙镇 唐末五代，蔡一郎自江淮迁居浯洲山兜（今蔡厝），今居村十余户、100多人。明中叶，派下17世蔡奇迁居湖尾，蔡舜盛迁居田墩，今居村80余户、700多人。16世蔡世直迁居嘉禾（厦门）曾厝垵；16世蔡睿迁感化里西黄。22世蔡坤迁入厦门。

金湖镇 由同安西市迁居浯洲（金门）许坑（今古崗），南宋初蔡十七郎入赘平林（琼林）陈十五家，再发展至小径、下兰、下新厝、咙口、前水头以及小金门的下田、西吴、南塘等地，今居村600余户、5000多人。

金宁乡 明初，晋江塘东迁浯下蔡（田边），明末蔡廷腾举族迁居安岐，今居村70余户、600多人，部分再迁同安、广东佛山、台湾竹参。明中叶，蔡三僮由同安浦南（灌口）迁入，初入湖下，后迁入埔下，派下分衍后浦，今居村70余户、600多人。

烈屿乡 清代，蔡强由同安板桥迁入烈屿后宅；蔡摠由漳浦迁居烈屿西方，各别为一派，今居村50余户、400多人。

五、三明市蔡姓

（一）三元区

城关街道 明嘉靖年间（1522—1566），蔡胜忠由明溪迁入三元星桥，发族1300多人。其中建新、新龙社区各100多人。

白沙街道 今居街道90余户、400多人，其中群二社区230多人。

富兴堡街道 今居街道60余户、230多人，其中富文、永兴社区各100多人。

（二）梅列区

列东街道 今居街道300余户、1200多人，其中一路、四路、高岩、东安社区各130多人，二路、三路、江滨、新和社区各100多人。

列西街道 今居街道170余户、630多人，其中青山社区340多人，群英社区150多人。

徐碧街道 今居北路社区30余户、100多人。

（三）永安市

燕西街道 今居街道70余户、240多人，其中新安社区120多人。

燕北街道 今居街道50余户、190多人，其中红山社区110多人。

洪田镇 今居村240余户、860多人，其中大坑村100多人，黄坑村690多人。

青水乡 今居龙吴村280余户、840多人。

（四）清流县

嵩溪镇 蔡福粤后裔迁入，今居塘背社区70余户、270多人。

（五）宁化县

翠江镇 由建阳始迁入宁化南街开族，今居村300多人。

安乐镇 元泰定年间（1324—1327），蔡吉甫迁入蔡屋，今居村36户、190多人。

（六）建宁县

溪源乡 今居楚尾村40余户、160多人。

（七）泰宁县

开善乡 今居村70余户、220多人。其中池潭村30余户、120多人。

（八）明溪县

雪峰镇 明嘉靖年间（1522—1566）蔡振吾迁入。今居村70余户、250多人，其中雪峰城区120多人。

（九）将乐县

万安镇 今居万安村30余户、120多人。

（十）沙县

凤岗街道 明代，蔡全义、蔡直鏞、蔡全义迁居沙县西门，今居街道20余户、100多人。

高砂镇 蔡全义后裔由沙县西门迁入椒洋；清末，由石狮迁入沙县岭兜高溪，今居岭斗村30余户、170多人；蔡全信由桂峰迁入椒畔村上仓坊，今居村43户、200多人。

夏茂镇 今居罗坑村30余户、130多人。

高桥镇 尤溪桂峰15世蔡元州迁入高桥村，今居村30余户、140多人。

郑湖乡 清代由南平季坑村迁入高地村，今居村70余户、290多人。

青纸街道 今居青纸社区30余户、140多人。

（十一）尤溪县

城关镇 由洋中镇迁入，今居村400余户、1400多人。其中东街社区130多人，西街、北门社区各120多人，水南社区220多人，西门社区270多人，城东社区280多人，沈塔、沈塔社区130多人。

洋中镇 宋靖康元年（1126年），蔡长由莆田枫亭迁入洋中樟溪白叶黄坑口，今居村500余户、1670多人，其中洋中村450多人，桂峰村1220多人；蔡正梅、蔡正中迁入后楼村，今居村110余户、420多人；今居龙洋村40余户、130多人；明永乐十四年（1416年），蔡起三由三石井头塆迁入梅峰斜垅（今启垅），今居村800余户、2610多人；万历四年（1576年），蔡文章由桂峰迁入际口村田头洋，今居际口村230余户、760多人；嘉靖二十年（1541年）蔡大年、崇祯十一年（1639年）蔡肇壮、万历十九年（1591年）蔡懋谅、天启元年（1621年）蔡桂馥迁入，崇祯十六年（1643年）蔡其厚迁入际深村，今居村860余户、2210多人，其中际深村420多人，天堂村160多人，上塘村230多人，坪坑村470多人，浮洋村680多人，官洋村250多人。

西滨镇 明嘉靖年间（1522—1566），蔡文饔由桂峰迁入钱溪（今双洋村），今居村150余户、700多人。

联合镇 清顺治五年（1648年），蔡观安由洋中镇牛头坪迁入南村王元堡；康熙五十六年（1717年），蔡从禄由中镇梅峰村石垅迁入联合村；乾隆二十一年（1756年），蔡挺秀迁入尤溪东边村北峰洋头。今居村340余户、1110多人。其中东边村270多人，惠州村130多人，联南村540多人，联合村170多人。

台溪乡 明代，蔡雄由洋中镇桂峰村迁入东山村，今居村1070余户、3540多人。其中东山村2000多人，盖竹村110多人，坑美村170多人，安阳村580多人，山头村680多人；清乾隆年间（1736—1795），由桂峰迁入洋尾村王宅蔡厝，今居洋尾村20余户、100多人。

溪尾乡 由台溪乡东山村迁入，今居村110余户、360多人。其中秀峤村70多人，长华村110多人，大宁村180多人。

中仙乡 元至大元年（1308年），蔡十由东山村迁入剑溪村厝后，今居村40余户、140多人。

（十二）大田县

文江镇 南宋时，蔡丙大、蔡丙六由尤溪桂峰迁入大中村，今居村120户、620多人。

六、莆田市蔡姓

（一）仙游县

鲤城街道 今居街道370余户、1320多人，其中城内社区150多人，十字社区240多人，洪桥社区730多人，南桥社区100多人。

枫亭镇 今居村2080余户、7910多人，其中学士社区180多人，兰友社区350多人，霞街社区220多人，铺头社区150多人，上浒村540多人，沧溪村160多人，辇山村160多人，东宅村120多人，海滨村900多人，建国村220多人，斗北村550多人，山头村130多人，海安村550多人。蔡卞后裔迁入秀峰、和平、辉煌等村，其中秀峰1320多人，和平940多人，辉煌330多人。

榜头镇 今居村870余户、2710多人。其中坝下社区1570多人，紫泽社区900多人，云庄社区340多人。

郊尾镇 今居村1470余户、4590多人，其中郊尾社区300多人，后面村730多人，宝坑村230多人，古店村350多人，梅塘村390多人，埕边村160多人，长安村380多人，塘边村、沙溪村各230多人，阳谷村140多人，染厝村210多人，后溪村810多人，新和村610多人。

度尾镇 今居村80余户、310多人，其中霞溪村140多人。

鲤南镇 今居村160余户、680多人，其中温泉村100多人，综合农场200多人。

盖尾镇 今居村800余户、2840多人，其中仙溪社区950多人，芹林社区840多人，仙华社区260多人，盖尾社区150多人，杉尾社区140多人、仙华社区250多人。

园庄镇 今居土楼村60余户、220多人。

龙华镇 今居村2100余户、6130多人，其中灯塔村3850多人，东方村200多人，爱和村870多人，龙西、团结村各100多人，红星村240多人。

钟山镇 今居村290余户、890多人，其中西林村110多人，湖亭村610多人。

游洋镇 今居桥光村50余户、170多人。

菜溪乡 今居溪边村70余户、200多人。

（二）荔城区

镇海街道 今居街道440余户、1410多人，其中文献社区160多人，长寿社区80多人，英龙社区240多人，凤山社区260多人，梅峰社区80多人，镇海社区160多人，阔口社区430多人。

拱辰街道 今居街道240余户、740多人，其中拱辰社区430多人，畅林社区70多人，南郊村240多人。

西天尾镇 今居村90余户、210多人，其中东星社区130多人。

黄石镇 今居村240余户、760多人，其中沙堤村250多人，桥兜村430多人。

新度镇 今居村970余户、3060多人，其中新度村190多人，沟尾村2000多人，大坂村300多人，桂林村140多人，东宋村360多人。

北高镇 今居村1350余户、4200多人，其中汀峰村390多人，高洋村140多人，栏山村350多人，渡岭村2110多人，吴城村320多人，埕头村820多人。

（三）城厢区

龙桥街道 今居街道300余户、960多人，其中太平社区180多人，兴安社区230多人，北磨社区300多人，下磨社区170多人。

凤凰山街道 今居街道630余户、1440多人，其中南门社区240多人，南园、龙德井各130多人，筱塘南门、月塘社区各330多人，新塘社区280多人。

霞林街道 今居街道520余户、1620多人，其中沟头社区630多人，棠坡社区450多人，头村社区540多人。

常太镇 今居村500余户、1600多人，其中利车村440多人，霞山村250多人，渡里村280多人，党城村340多人，过溪村130多人，埔头村160多人。

华亭镇 今居村650余户、2020多人，其中涧口村650多人，坪坂村290多人，西许村、长岭村各130多人，万坂村730多人。

灵川镇 今居村920余户、2720多人，其中何寨社区550多人，云庄村450多人，东进村200多人，西墩村、硋灶村、青山村170多人，书峰村210多人，张边村130多人，桂山村670多人。

东海镇 南宋嘉定（1208—1224）后期，蔡度由仙游何岭迁入。今居村13130余户、40050多人。其中东海村4500多人，东沙村6880多人，大埔村4200多人，海头村2680多人，上亭村450多人，利角村3130多人，坪洋村3850多人，蔡厝村5340多人，东朱村1770多人，西厝村3090多人，西黄村600多人，蔡亭村3560多人。

（四）涵江区

涵东街道 今居街道280余户、920多人，其中新区社区190多人，涵中社区160多人。

涵西街道 今居村180余户、570多人，其中仓林社区110多人，涵西社区100多人。

三江口镇 今居村200余户、640多人，其中高美村240多人，新浦村110多人。

白塘镇 今居村450余户、1700多人，其中埭城村、集奎村各100多人，镇前村120多人，柯塘村

700多人，后宫村490多人。

梧塘镇　明崇祯九年（1636年），蔡惟溥由同安县西门外大池顶迁入兴教里沁后村。今居村470余户、1790多人。其中东福社区130多人，枫林村690多人，沁后村800多人。

江口镇　今居村770余户、2870多人，其中江口社区300多人，海星村460多人，新墩村850多人，东楼村420多人，厚峰村150多人，石狮村190多人。

秋芦镇　今居村210余户、950多人。其中洪南村490多人，樟洋村180多人。

白沙镇　今居村180余户、860多人。其中澳柄、龙东、广山村各150多人，宝阳村260多人。

庄边镇　今居村260余户、980多人。其中庄边村500多人，吉云村170多人，赤溪村130多人。

新县镇　今居外坑村50余户、200多人。

大洋乡　今居村240余户、840多人，其中霞洋村620多人，院埔村120多人。

（五）秀屿区

笏石镇　今居村300余户、1110多人，其中来塘村180多人，苏塘村130多人，大丘村120多人，丰山村100多人。

东峤镇　今居村220余户、780多人，其中魏厝村180多人，东峤村220多人。

埭头镇　今居村250余户、950多人，其中高林村130多人，汀港村620多人。

平海镇　今居村830余户、2670多人，其中平海村240多人，山星村190多人，山后村1960多人，西柯村120多人。

南日镇　今居村490余户、1670多人，其中山初村1150多人，西高村450多人。

月塘乡　今居联星村310余户、1140多人。

（六）湄洲岛

湄洲镇　今居村490余户、1670多人，其中东蔡村290多人，寨下村580多人，汕尾村630多人。

（七）北岸开发区

东埔镇　今居乐屿村30余户、120多人。

忠门镇　今居安柄村30余户、110多人。

山亭乡　今居利山村50余户、160多人。

七、南平市蔡姓

（一）延平区

黄墩街道　今居街道70余户、280多人，其中星光、五里亭社区各100多人。

紫云街道　今居街道110余户、410多人，其中文体、三元社区各100多人。

四鹤街道　今居街道130余户、600多人，其中马坑社区130多人，杨西社区100多人。

水南街道　今居街道120余户、490多人，其中东坑村100多人，八仙村120多人。

樟湖镇　今居村280余户、870多人，其中坂头街120多人，溪口、新岭、武步村100多人，高洲村160多人。

夏道镇　今居篁路村130余户、400多人。

西芹镇　今居村410余户、1540多人，其中西芹村320多人，兴华村、坑底村各160多人，洪溪200多人，西岩村230多人，乾兜村270多人。

塔前镇　今居村830余户、2650多人，其中塔前村260多人，棚下村户450多人，大坪村160多人，石城村1270多人，石伏村510多人。

茫荡镇 今居盖头村30余户、120多人。

（二）建阳区

麻沙镇 唐乾宁四年（897年）蔡炉迁入，今居村100余户、330多人。其中麻沙村120多人。

潭城街道 今居街道170余户、620多人，其中西桥、宝山社区各100多人。

莒口镇 今居村80余户、310多人，其中湖桥村110多人。

水吉镇 今居村170余户、660多人，其中水吉社区、民主村各120多人。

漳墩镇 今居村80余户、330多人，其中漳墩村150多人。

崇雒乡 今居村60余户、200多人，其中崇雒村100多人。

回龙乡 今居村150余户、460多人，其中回龙村240多人，白沙村220多人。

（三）邵武市

水北街道 今居街道40余户、200多人，其中飞机坪社区100多人。

水北镇 今居村70余户、280多人，其中王亭村160多人。

卫闽镇 今居村150余户、470多人。其中陈坊、谢坊社区各130多人，外石村110多人。

拿口镇 今居册前村40余户、160多人。

洪墩镇 今居村140余户、560多人，其中尚读村510多人。

（四）武夷山市

崇安街道 建阳蔡炉后裔迁入，今居街道160余户、600多人。

兴田镇 今居村50余户、220多人，其中汀浒村100多人。

洋庄乡 今居村50余户、220多人，其中东村130多人。

（五）建瓯市

芝山街道 今居街道60余户、280多人，其中梨山社区110多人。

徐墩镇 今居村120余户、440多人，其中叶坊社区260多人，下碓社区130多人。

迪口镇 今居下房社区40余户、130多人。

（六）顺昌县

双溪街道 今居街道100余户、590多人，其中中解社区120多人。

元坑镇 今居村110余户、560多人，其中九村310多人。

（七）浦城县

南浦街道 明末，蔡松庆由漳平永福里迁入浦北溪西，蔡琳由泉州迁入浦邑城内，发族800多人，今居仙楼社区50余户、190多人。

河滨街道 今居村40余户、230多人，其中爱民社区120多人。

富岭镇 今居村130余户、510多人，其中富官村110多人，双田村200多人。

石陂镇 今居村140余户、670多人，其中徐墩村210多人，申明、黄墩村各100多人。

仙阳镇 今居早田村40余户、160多人。

忠信镇 今居村70余户、290多人，其中虎头山村160多人。

九牧镇 今居富源村60余户、230多人。

（八）光泽县

杭川镇 今居村100余户、330多人，其中杭东社区100多人。

寨里镇 今居村180余户、580多人，其中桃林村390多人。

华桥乡 今居牛田村40余户、130多人。

司前乡 今居云际村40余户、170多人。

（九）松溪县

松源街道 今居街道170余户、650多人，其中北门社区120多人，东门社区100多人，城东社区170多人。

渭田镇 今居村630余户、2100多人，其中杉坑330多人，竹贤、渭田各210多人，东边160多人，潘墩430多人，渡头户480多人。

河东乡 今居村90余户、240多人，其中河东100多人。

旧县乡 今居村330余户、1010多人，其中船坑360多人，游墩250多人，旧县130多人。

溪东乡 今居村120余户、390多人，其中雷畲150多人。

（十）政和县

铁山镇 今居村30余户、190多人，其中元山村100多人。

八、龙岩市蔡姓

（一）新罗区

中城街道 今居街道110余户、360多人，其中上井社区110多人，北门、北关、兴门等250多人。

南城街道 今居街道130余户、420多人，其中后盂社区220多人，小溪、新岩、兴晖、西平社区200多人。

雁石镇 今居红林社区50余户、200多人。

西坡街道 今居街道60余户、200多人，其中西山村排头、大洋村各100多人。

小池镇 今居村60余户、200多人。山美、赖邦社区各100多人。

苏坂镇 今居瓦洋村30余户、140多人。

（二）上杭县

临江镇 蔡福粤后裔迁人，今居村100余户、330多人，其中黄竹村270多人。

（三）武平县

十方镇 宋代，蔡禄兴回迁高梧赤岗。清顺治年间（1644—1661），漳州蔡天成迁人武平中山。今居村130余户、500多人。其中赤岗村100多人，彭寨村450多人。

城厢镇 今居凹坑村30余户、120多人。

（四）长汀县

汀州镇 由武平迁人，今居村180余户、570多人，其中东门社区140多人，西门社区160多人，营背社区180多人。

河田镇 明初，蔡七郎迁人蔡坊，今居村470余户、1430多人，其中蔡坊830多人，南段村600多人。

南山镇 今居村920余户、2790多人，其中南山村950多人，蔡屋村1520多人，中复村180多人。

（五）连城县

新泉镇 由武平迁居洋梅村，今居村70余户、270多人。

揭乐乡 今居小朱地80余户、320多人。

莲峰镇 今居江坊村80余户、300多人。

（六）漳平市

菁城街道 由武平迁入，今居街道140余户、510多人，其中菁东、富山社区100多人，铁路、下桂林社区150多人。

桂林街道 今居街道60余户、200多人，其中城南社区100多人。

新桥镇 今居西埔村30余户、130多人。

官田乡 今居下浙村40余户、140多人。

九、宁德市蔡姓

（一）蕉城区

蕉南街道 元末，蔡南益由漳浦迁金涵蔡洋山，迁居蕉城。今居街道410余户、1520多人。其中鹏程社区160多人，海滨、南际花园各100多人，芦坪、鹤峰社区各130多人，培英社区250多人，崇文、继光社区120多人，中南、福山社区100多人。

城南镇 蔡三溪由蔡洋山迁入县城西门外，今居南村40余户、160多人。

漳湾镇 清雍正年间（1723—1735），蔡玉集后裔迁入漳湾村，今居村20余户、100多人。

飞鸾镇 今居村340余户、770多人。其中新瓷社区280多人，碗窑村250多人。

（二）福安市

城南街道 宋末元初，蔡魏（千二郎）由福州文儒坊迁居福安湖西锦屏境，发族2380多人。其中南湖、莲池、南郊社区200多人，官村、东风社区180多人。

坂中乡 明末清初，蔡魏福房迁居南岸村，今居村40余户、150多人。

上白石镇 清代，蔡匀后裔迁居上白石，今居村130余户、530多人。其中上白石470多人。

潭头镇 清代由晋江迁入大庄村，今居村220余户、740多人，其中大庄村540多人，东坑村100多人。

松罗乡 后晋天福六年（941年），蔡明由福州迁居杜坑村，今居村320余户、1400多人。

社口镇 今居沙溪村40余户、150多人。

（三）福鼎市

桐山街道 蔡俊由龙溪迁入，今居街道420余户、1390多人。其中溪西社区150多人，小路、十字社区各120多人，桐北社区170多人，福全社区220多人，桐南社区340多人，镇西村150多人，桥头村120多人。

桐城街道 今居街道560余户、1780多人，其中龙山社区180多人，海口社区120多人，流美社区250多人，石湖、三门里村、柯岭村各150多人，春亭社区310多人，五里牌村120多人，资国村110多人，玉塘村、沙龙村、富民社区200多人，岩前村190多人。

山前街道 今居街道310余户、1010多人，其中石亭社区150多人，山前村210多人，兰田村410多人。

贯岭镇 清康熙年间（1662—1722），蔡用元25世蔡君礼由浙江灵溪染布基回迁贯岭上后岚村。今居村140余户、580多人。其中茗洋村140多人，西山上后岚村190多人，下后岚200多人。

前岐镇 今居村600余户、1860多人，其中福东社区300多人，前岐村150多人，柯湾村240多人，薛桥村640多人，彩澳村160多人，薛家村120多人。

沙埕镇 今居村230余户、770多人。其中沙埕社区120多人，南镇村290多人，水澳村100多人，后港村、后澳村180多人，澳腰村、水生村100多人。

店下镇　贯岭茗洋蔡氏后裔迁入店下村，今居村 220 余户、720 多人。其中筼筜村 370 多人，巽城村 120 多人。

太姥山镇　今居村 80 余户、310 多人，其中瓜园村、仙梅村 180 多人。

磻溪镇　今居村 300 余户、940 多人，其中磻溪村 160 多人，金谷村 640 多人。

白琳镇　由贯岭茗洋迁入，今居村 720 余户、1920 多人，其中白琳社区 280 多人，郊村 500 多人，棠村 240 多人，兴头村 290 多人，翁江村 610 多人，玉琳村、坑里洋村 190 多人。

点头镇　贯岭茗洋后裔迁入，今居村 390 余户、1270 多人，其中点头、龙田村、文昌居 250 多人，镇江社区 100 多人，大峨村 190 多人，柏柳村 410 多人，翁溪村 290 多人。

管阳镇　清乾隆十年（1745 年），蔡德孚由浙江平阳回迁管洋村大坪，今居村 360 余户、1130 多人。其中大坪 950 多人，章边村 140 多人。

叠石乡　今居村 130 余户、430 多人，其中茭阳村 290 多人，库口村、南溪村 140 多人。

佳阳乡　今居村 40 余户、140 多人，主要聚居三丘田村、佳山村。

（四）霞浦县

松城街道　今居街道 540 余户、1480 多人，其中龙贤、俊贤、东兴社区 210 多人，松兴、墓斗村各 120 多人，东关村 100 多人，城北、中乘、青岐村、佳湖村 320 多人。

长春镇　今居村 450 余户、1500 多人，其中洪江村 90 多人，武曲村 330 多人，祖厝村 110 多人，武岐村 150 多人，吕峡村 130 多人。

牙城镇　今居村 320 余户、1000 多人，其中西门村、后洋村各 100 多人，洪山村 460 多人，左岭村 160 多人。

下浒镇　今居村 630 余户、1930 多人，其中下浒村 150 多人，赤壁村 570 多人，金蟹村 500 多人，延亭村 590 多人。

三沙镇　清康熙年间（1662—1722），蔡元足由石狮永宁迁入，今居村 130 余户、340 多人，聚居在东沃、西沃、五沃、中心村等社区。

水门乡　今居村 110 余户、340 多人，其中武坪村 130 多人。

崇儒乡　今居村 170 余户、550 多人，其中溪边村 130 多人，保安村 370 多人。

北壁乡　今居村 90 余户、250 多人，聚居池沃村、武岩村。

（五）寿宁县

鳌阳镇　清康熙十三年（1674 年），蔡椿棣由莆田涵头埭里村迁入南关外华丰境营宅，今居村 260 余户、850 多人。其中北凤社区 220 多人，升平社区 250 多人，梅溪村、大同村各 100 多人，鳌东村 130 多人。

犀溪镇　今居渡家洋村 50 余户、220 多人。

芹洋乡　民国初由福安迁入芹洋村，今居村 120 余户、460 多人。其中上修竹、尤溪村各 170 多人，芹洋村、溪源村 130 多人。

托溪乡　明建文二年（1400 年），蔡六八由浙江庆元县蔡屯村迁入托溪，今居村 340 余户、1110 多人，其中峡头村 960 多人。

平溪镇　清乾隆年间（1736—1795），蔡氏由托溪乡峡头村迁入屏峰村，今居村 590 余户、1840 多人，其中屏峰村 1600 多人。

凤阳镇　今居基德村 40 余户、170 多人。

下党乡　今居村 140 余户、510 多人，其中曹坑村 360 多人。

（六）周宁县

咸村镇 今居咸村社区110余户、350多人。

（七）古田县

黄田镇 今居村30余户、100多人，主要聚居双坑村、莪洋村。

杉洋镇 今居松洋村30余户、100多人。

卓洋乡 今居吉洋村50余户、160多人。

十、平潭综合实验区蔡姓

流水镇 清代，晋江蔡皇靖迁居港东村，今居村340余户、1080多人，其中港东村640多人，五埕村190多人，裕藩村130多人；蔡奕增迁居后田，今居村40余户、120多人。

东庠乡 清康熙年间（1662—1722），蔡其春从永春十四都迁居岭下兜，今居南江村50余户、170多人。

中楼乡 清康熙、乾隆年间由仙枫亭迁居中楼，今居村150余户、450多人，其中韩厝村300多人。

潭城镇 清代，由泉州、莆田、浙江迁居潭城，今居村140余户、570多人。

北厝镇 清代，蔡能陛由晋江迁居北厝，今居北厝村、大厝基30余户、100多人。

平原镇 蔡茂成迁居亭安，今居榕山村50余户、160多人。

敖东镇 清代，蔡斗清由福清高山迁居东海村，今居苍海村100余户、320多人。

第三章 谱 牒

第一节 福州市

一、鼓楼区

《河南蔡氏同谱》 1920年蔡滂等修，民国重修。刻本，10册12卷。谱存福建省图书馆。

《济阳渊源考略》 谱载蔡氏始于河南上蔡，唐时入闽，莆阳始祖蔡长与弟蔡辉先居莆阳，后卜居晋江青阳蔡厝，皇周始祖及济阳敬奉宗公，柯蔡远祖世系，柯蔡远祖史略，济阳渊源，闽南济阳堂渊源，莆阳青阳世系等。谱存福建省图书馆。

二、仓山区

《藤山蔡氏族谱》 明成化二十年（1484年）蔡萧始修，嘉靖四十四年（1565年）至清顺治九年（1652年）多次重修，2000年重修。16开精装本。谱载序、源流、世系等。谱存藤山蔡襄纪念馆。

三、晋安区

《福州市晋安区涧田蔡氏族谱》 2015年蔡文锦主编。谱载序、照片、源流、人物录、世系表等。1册。谱存涧田蔡氏祠堂。

四、福清市

《济阳之光》 2000年福清蔡氏宗亲联谊会编撰。谱载序、先祖画像、源流、各支派世系表、人口概况、祠堂、乡贤录等。印刷本，谱存福清蔡氏各宗祠。

《穆门楼蔡氏族谱》 清乾隆十二年（1747年）始修，乾隆五十九年（1794年）二修，1912年五修，2005年六修。谱载序、源流、世系、人物、祠堂记、家规祖训等。钞本。谱存高山门头村蔡氏宗祠。

五、长乐区

《龙角蔡氏族谱》 2001年龙峰蔡氏重修族谱理事会编。谱载序、照片、再建祠堂序、祠堂楹联、蔡襄先祖画像、源流、世系表、人物录等。精装本。谱存龙角蔡氏祠堂。

《福建省长乐市七姓联宗史志》 系吴、张、周、柯、蔡、曾、曹等七姓联宗谱，1999年吴张周柯蔡曾曹历史研究会编撰。谱载前言、序、题词、照片、长乐各村七姓简史。谱存长乐七姓各祠堂。

《蔡氏族谱》 2000年长乐市梅花蔡氏宗亲联谊会编撰。谱载序、先祖画像、源流、蔡夫人故事、人口、乡贤录等。1册，谱存梅花蔡氏宗亲联谊会。

六、闽侯县

《大湖江洋农场藤山蔡氏族谱》 1990年重修。谱载先祖蔡云潮明季开基江洋，发族3房，有序、源流、世系、行第辈分等，谱存大湖江洋农场蔡氏族人处。

七、连江县

《连江坑园蔡氏族谱》 明崇祯十五年（1642年）始修，2013年连江坑园藤山蔡氏祠堂编。谱载伟人论谱、序、先祖画像、源流、世系表、蔡襄传记、人物录等。精装本。谱存坑园蔡氏祠堂。

《连江定海蔡氏族谱》 清光绪三十年（1905年）蔡文灿初修，1948年重修，2010年续修。谱载序、先祖画像、凡例、家规、修谱布诰文、所城界址、源流、世系等。1册。谱存定海蔡氏宗祠。

八、永泰县

《大洋蔡氏族谱》 清乾隆七年（1742年）始修，历代重修，1988年蔡醒生主编。谱载序、先祖画像、源流、世系表、人物录、家规祖训等。1册。谱存永泰大洋蔡氏宗祠。

《福建永泰白沙蔡氏族谱》 1988年白沙蔡氏族谱编写理事会编撰，蔡醒生主撰。谱载序、先祖画像、源流、世系表、人物录、家规祖训、蔡氏文化、积山拳史话、祠堂宫庙等。精装本。谱存白沙洑口蔡氏宗祠。

第二节 厦门市

《灌口蔡氏族谱》 又称《裔孙方位修造本房自已私谱》。明弘治十六年（1503年）编《流江弘治癸亥谱》《流江弘治癸亥谱》，后有《流江万历丁亥谱》，清光绪十六年（1890年）、1912年续修。钞本。谱载序、源流、世系等。谱存灌口蔡氏祠堂。

海沧《钟山蔡氏族谱》 系二房惠养房谱。1990年前后重修。谱载元代初迁始祖入海沧，传衍钟山、渐美等村，源流，世系，播迁等1至15世情况。钞本。谱存钟山蔡氏宗祠。

同安《蔡氏重修家谱》 1990年前后重修。谱载开基祖蔡十七郎，1至26世备考。钞本，1册。谱存台湾嘉义蔡氏祠堂。

《银同帽山蔡氏族谱》 明代始修，清光绪年间（1875—1908）重修。谱载序、世系图等，元末明初蔡文仲为开基祖，附有南宋宰相赵鼎对其先祖的颂词“儒林仪表，国家栋梁，风云翰墨，锦绣文章，驾长虹于寥廓，听凤鸣于高岗”。钞本。谱存新圩镇乌山三蔡祠。

第三节 漳州市

一、芗城区

漳州《蔡家族谱》 宋乾道二年（1166年）始修，明永乐十八年（1419年）、宣德元年（1426年）以及清代多次重修，谱载蔡允恭为开基祖，自唐中叶入闽以来的各个宗支。谱存漳州蔡新纪念馆、漳州市图书馆。

二、龙文区

《浮洲溪头蔡氏族谱集》 1989年修。谱载南宋宝祐年间（约1256年）始祖蔡大成由莲蒲（颜厝前）迁居霞洲溪头，蔡瑗派系17到22世，堂号鹅城堂。钞本，1册。谱存溪头蔡氏宗祠。

三、龙海市

《霞漳溪邑二十七都护吉蔡氏谱》 又名《龙溪护吉蔡氏世谱》，清光绪二十七年（1907年）传抄。谱载宋始祖蔡隐生由莆田迁居龙溪，下迄17世分衍传脉情况。钞本，1册，谱存福建省图书馆。

《霞漳溪邑护吉社蔡氏族谱》 1980年后重修。谱载序、源流、世系图等，先祖蔡杲以《易经》登明成化二十三年（1487年）进士。谱存漳州市图书馆。

《谢仓蔡氏崇报堂族谱》 2001年修，谱载明洪武初年始祖蔡汝达由漳浦葛潭楼下寓居南边，后迁居海澄谢仓，蔡长眉蒙斋派系谢仓支系1到6世。1册。谱存漳州市图书馆。

《岭兜蔡氏族谱》 谱载序、源流、世系图等。3册。谱存漳州市博物馆。

《流江蔡氏宗谱》 明弘治年间（1488—1505）始修。谱载元末明初始祖蔡武生由龙溪新恩里一二三都屿头迁居漳浦镇坑里流会，蔡志坤肇基白坑（流江），内容包括序、蔡允恭裔新恩里屿头派系流江支系1到12世等。1册。谱存漳州市博物馆。

《济阳闽漳蔡氏族谱》 1998年修。谱载唐总章二年（669年）先祖由河南固始随陈政入闽靖边，肇基鸿山洪岱，分支蔡店、沧里，蔡德轩派、蒙斋派系、金鳌支系、蔡德明派2到35世。元大德元年（1297年）始祖蔡自正由漳浦蔡坑迁居金鳌社，堂号济阳堂。1册。谱存漳州蔡新学术研究会。

《九湖琪塘蔡氏世系》 2008年修。谱载明末始祖蔡纯仁由十一都蔡港（西头）迁居浯琪塘，谱系流派，蔡汝祚（西头）支系，所载世系1到12世。钞本，1册。谱存漳州蔡新学术研究会。

四、漳浦县

《金浦蔡氏族谱》 宋咸淳七年（1271年）始修，历代有重修，1988年蔡万生主编，1995年柯李友等重修。谱载唐代始祖蔡长眉由随陈元光开漳迁漳浦，蔡元鼎1到21世，有序、源流、世系图、名人、昭穆、堂号等。铅印本。谱存漳浦佛昙洞野二希堂。

《济阳蔡氏族谱》 1990年前后重修，谱载唐蔡允恭为入闽始迁祖，内容包括序、源流、世系图、名人等。谱存漳州市图书馆。

《蔡氏族谱》　清雍正年间（1723—1735）修，1994 年重修，蔡大兴主纂。谱载序、源流、始祖蔡长眉随陈元光开漳迁漳浦，蔡元鼎派系 1 到 12 世等。1 册。谱存漳州柯蔡理事会。

《漳浦海月岩（港里）蔡氏祖谱》　清乾隆年间（1736—1795）重修，1994 年蔡大兴主纂。谱载序、源流、世系图等。谱存漳浦海月岩蔡氏宗祠。

五、云霄县

西林《蔡氏族谱》　清乾隆年间（1736—1795）编撰。谱载序、源流、世系图、名人等。钞本。谱存云霄西林蔡氏宗祠。

《云霄官田蔡氏族谱》　清代修。谱载元末明初始祖蔡三至火田西林，后由西林迁居官田；一说允恭派，一说元鼎派下谢仓分派；所载世系 1 到 19 世，堂号致敬堂。复印本 1 册。谱存官田蔡氏祠堂。

《济阳漳闽蔡氏族谱》　宋代始修，1998 年蔡永茂等重修。谱载序、源流、世系等。铅印本，1 册，谱存漳州市图书馆。

《云霄官田蔡氏族谱》　清代修。谱载序、源流、世系图、名人等。钞本。谱存漳州市博物馆。

《云霄油车村蔡氏族谱》　清代修。谱载创建者蔡支乐、源流、世系图等，堂号崇本堂。谱存漳州市蔡新学术研究会。

云霄泮岭《蔡氏族谱》　清咸丰年间（1851—1861）编撰。谱载序、源流、世系图等。钞本。谱存漳州市蔡新学术研究会。

六、东山县

《东山县铜陵南门蔡氏宗谱》　现代修。谱载始祖蔡思荣由仙游迁入南闽大溪，清末由诏安荷萝迁入铜山南门，蔡允恭派下铜山思荣公支派，从开闽 1 世至开铜 1 到 5 世。1 册。谱存铜陵蔡氏宗祠。

七、平和县

《蔡氏族谱》　清光绪十三年（1887 年）蔡文周修。谱载序、源流、世系图等。钞本。谱存台湾。

《隆庆村蔡氏族谱》　宋代始修，1980 年重修。谱载序、宋绍定元年（1228 年）始祖蔡期远、蔡章妈由龙溪蔡港迁入，世系，祠堂历史等。谱存隆庆村蔡氏祠堂。

《济阳闽漳蔡氏族谱（平和）》　1998 年修。谱载序、始祖蔡大观（远期）由漳水之东迁来，谱系流派，蔡允恭派、蔡期远支系，1 到 15 世情况等。1 册。谱存漳州市蔡新学术研究会。

《金山乡金浦蔡氏族谱》　1981 年修。谱载序、祖居地平和大梗社高阳楼，清乾隆二年（1737）始祖蔡德建由漳州府漳浦二十三都东仔蔡社迁来，1 到 10 世情况等。钞本，1 册。谱存漳州市蔡新学术研究会。

八、长泰县

《长泰蔡氏族谱》　1990 年前后重修。谱载建阳宗系，蔡杭后裔蔡文真、蔡文仰迁泉州，再迁长泰霞山成大族，内容有序、世系图、谱录图、状迹图等。7 册。谱存长泰蔡氏祠堂。

《长泰蔡氏族谱（1~7）》　乾隆八年（1743 年）修。谱载南宋后期蔡芑由泉州青阳迁长泰武安登科山蔡村锦江（董溪头），分支县前、董溪头、登科山、瀛山（岩溪上蔡），1 到 22 世情况，堂号敬贤堂。

《长泰县蔡氏族谱（上下）》　2000 年重修。谱载蔡文真、蔡文仰迁泉州，再迁长泰霞山成大族。

谱系建阳宗系，内容包括序、世系图、谱录图、状迹图等。谱存漳州市图书馆。

《蔡氏族谱》 2000年重修，蔡振辉等编撰。谱载蔡文真、蔡文仰迁泉州，迁居长泰霞山成大族，内容包括前言、家规、各房1至22世世系图、播迁记述、人物志、祝文等。印刷本。谱存长泰上蔡蔡氏祠堂。

《蔡氏族谱》 2000年修。谱载元末始祖蔡明叔由长泰县城迁来，瀛山派1到33世情况，堂号敬贤堂。钞本。谱存长泰上蔡蔡氏祠堂。

《霞山蔡氏族谱》 明嘉靖二年（1523年）始修，清乾隆年间（1736—1795）续修。谱载宋末始祖蔡文真由泉州、漳州迁来，1到17世情况，堂号瞻依堂。1册。谱存长泰上蔡蔡氏祠堂。

《霞山蔡氏依仑支谱》 2007年修。谱载序、世系图、谱录图、状迹图、昭穆，始祖由长泰内枋分衍迁来，流派邦宏派，15至25世情况，堂号瞻依堂。1册。谱存长泰霞山社蔡氏宗祠。

《霞山蔡氏内枋支谱》 2009年修。谱载明成化后蔡邦宏、蔡邦达、蔡邦扬由霞山迁居内枋，建阳宗系，蔡杭后裔情况，内容有序、源流、世系图、史料特录等。1册。谱存长泰霞山社蔡氏宗祠。

《霞山蔡氏汤内支谱》 2012年长泰霞山蔡氏族谱汤内支谱编委会编撰。谱载始祖蔡杭后裔蔡文真、蔡茂尧从霞山迁居内汤，建阳宗系情况，内容有序、内汤简介、世系图、人物录、昭穆等。1册。谱存长泰汤内社蔡氏宗祠。

《霞山蔡氏草洋支谱》 2011年长泰霞山蔡氏族谱上洋村草萍社支谱编委会编撰。谱载清雍正乾隆间，霞山15世蔡秀才由霞山迁居草洋，建阳宗系，蔡杭后裔情况，内容有草洋简介、世系图、各房分布等。1册。谱存长泰上洋村草萍社蔡氏宗祠。

《霞山蔡氏坝口支谱》 2009年修。谱载蔡文真13世蔡敦敏由霞山迁居坝口，建阳宗系情况，内容有前言、世系图、状迹图等。1册。谱存长泰坝口社蔡氏宗祠。

《珪山蔡氏家谱》 清康熙三十二年（1693年）修，乾隆四十年（1775年）续修。谱载始祖蔡智（清和），先祖蔡翁庆由仙游迁居长泰武安，至5世蔡智由武安分派旌孝里珪山社，仙游派系武安翁庆支系珪山清和支脉，1至16世情况等。复印本，1册。谱存漳州市博物馆。

第四节　泉州市

一、鲤城区

《蔡氏家谱》 清道光十八年（1838年）始修，1920年重抄。谱载宋景炎二年（1277年）蔡潜江隐居塔江（晋江南安塔江洪邦后乡）、源流、字派等。钞本，2册。谱存泉州市图书馆。

《温陵蔡氏族谱》 清蔡应斌手抄。谱载源流、世系等。复印本，1册。谱存泉州市图书馆。

《蔡氏济阳宝堂族谱》 系清光绪三十三年（1907年）泉州蔡氏族谱，蔡树雄修。钞本，1册。谱载序、源流、世系等。谱存台湾。

《温陵龙埔蔡氏族谱》 1990年前后重修。谱载始祖蔡襄11世蔡忠宪由莆田迁泉州、源流、世系等。谱存泉州市图书馆。

《漳里蔡氏族谱》 1931年由蔡氏漳里族谱重抄。谱载源流、世系等。1册，谱存泉州市图书馆。

二、泉港区

《先锋港蔡氏族谱》 清乾隆年间（1736—1795）始修，1998年再修。谱载始祖源流、堂号、世系等。钞本，4卷。谱存南埔先锋老人会。

《樟脚蔡氏族谱》　蔡德岳修撰，1996 年重修。谱载源流、世系、名人录、昭穆等。谱存涂岭镇樟脚村老人会。

《塘头蔡氏族谱资料》　1990 年前后重修。谱载源流、信仰文物、生活习俗、昭穆等。谱存南埔镇塘头村老人会。

三、石狮市

《大仑蔡氏族谱》　明宣德十年（1435 年）始修，蔡道项主修；明清两代先后 11 次续修；1937 年蔡孝瑜主持各房续修，郭伯庭撰修。谱载源流、世系。钞本，1 册。谱存泉州大仑蔡氏家庙。

《石狮大仑蔡氏族谱（总谱）》　1997 年石狮大仑蔡氏族谱编修组编撰，1995 年蔡经斗主修，许贻钧、郭永叠、陈永沛等编修。谱载源流、世系。钞本，34 册。谱存泉州市图书馆。

《玉浦蔡氏宗谱》　2000 年蔡文山修撰。谱载序、源流、世系。谱存石狮玉浦村蔡氏祠堂。

《龙渊（塘边）蔡氏族谱》　明弘治元年（1488 年）蔡道梁始修；明清时多次重修；1929 年、1992 年再修，颜文帛撰修并作序。谱载源流、世系。旧谱 9 册，新谱 10 册。谱存石狮塘边村蔡氏祠堂。

《龙渊派凤栖里（磨内）蔡氏族谱》　清同治九年（1870 年）蔡暗之、蔡日阶、蔡皇诰、蔡种梧、蔡孝聘主修，1920 年蔡友才等重修，1988 年再修。谱载源流、世系。印刷本，5 卷。谱存磨内村蔡氏祠堂。

《钞坑碧溪蔡氏宗谱》　清光绪二十五年（1899 年）始修，1985 年重修。谱载序、源流、世系等。谱存钞坑蔡氏祠堂。

《钞坑屏山蔡氏宗谱》　蔡启始撰修，明崇祯四年（1631 年）蔡惟瞻撰修并作序，清代多次重修，1993 年重修。谱载序、始祖、源流、世系等。谱存钞坑蔡氏祠堂。

《钞坑三公蔡氏族谱》　清康熙年间（1662—1722）蔡廷祯撰修；道光二十年（1840 年）蔡奕贤撰修并作序；光绪十六年（1890 年）重修，蔡寿荣等撰修并作序；1997 年重修。谱载源流、世系。谱存钞坑蔡氏祠堂。

《古山加曾寨蔡氏族谱》　2005 年蔡章銮主修，吴绵普撰修并作序。谱载序、源流、世系。印刷本。谱存古山蔡氏祠堂。

《金彭（华山）蔡氏族谱》　清乾隆二十四年（1759 年）蔡廷芳主修；1938 年重修，施汉年撰修，蔡衍碳、蔡康作序；1998 年重修。谱载序、源流、世系。谱存华山蔡氏祠堂。

《前廊中蔡族谱》　1937 年始修；1995 年重修，蔡岷贵、蔡岷象、蔡岷椅、蔡岷铎、蔡岷忍、蔡我焕等主修。谱载序、源流、世系。谱存前廊蔡氏祠堂。

《古宅（中蔡）蔡氏族谱》　明万历四十二年（1614 年）撰修，蔡庆璜、蔡一槐撰修并作序；清康熙三十九年（1701 年）重修；1920 年重修；1937 年续修；1995 年蔡我焕等主修，郭水抽撰修，刘一平作序。谱载序、始祖、源流、世系等。印刷本。谱存古宅蔡氏祠堂。

《琅山（前廊）蔡氏家谱》　1938 年蔡选卓主持，施汉年撰修，蔡康作序。谱载序、源流、世系。1 册。谱存石狮琅山蔡氏祠堂。

《屏山（彭田）蔡氏宗谱》　蔡启主持始修；明崇祯四年（1631 年）蔡惟瞻撰修并作序；清康熙九年（1670 年）蔡文蔚撰修，蔡君任作序；康熙三十二年（1693 年）至道光二十五年（1845 年）5 次续修，蔡世汝、蔡垂培作序。谱载序、源流、世系等。谱存彭田蔡氏祠堂。

《芦山彭田钞厝份族谱》　清光绪十三年（1887 年）始修，1989 年重修。谱载源流、世系。谱存芦山蔡氏祠堂。

《洋坑（容卿）蔡氏宗谱》　明嘉靖二十四年（1545 年）始修，王用汲、蔡宏达作序；万历三十二年（1605年）重修，蔡之特作序；天启四年（1624年）续修；崇祯十五年（1642年）再修，蔡元荐作序；1931年蔡培庆主修；1995年再修。谱载序、源流、世系。谱存容卿蔡氏祠堂。

《容卿分支龙美家谱》 1985年重修。谱载出自蔡襄族裔，内容有序、世系、名人、昭穆、祖训等。1册。谱存容卿蔡氏祠堂。

《容卿三房五分支郭宅蔡氏家谱》 1994年修。谱载出自蔡襄族裔，内容有序、世系图、名人录、昭穆、祖训、照片等。谱存晋江容卿蔡氏祠堂。

《芝山（祥芝）蔡氏宗谱》 明崇祯九年（1636年），蔡起日、蔡宗衍主持始修并作序；清康熙五十一年（1712年）重修；1995年再修，刘克新撰修。谱载源流、世系。谱存龙美蔡氏祠堂。

《丰田龙兴（莲阪）蔡氏宗谱》 明嘉靖元年（1522年）始修；万历二十五年（1597年）重修，蔡鸣鸾作序；清康熙五十七年（1718年）至嘉庆九年（1804年）6次重修；2008年蔡文旭等主修，龚天益撰修。谱载源流、世系。谱存莲阪蔡氏祠堂。

《莲塘蔡氏族谱》 1997年陈永派、许维钧重修。谱载序、世系、名人、昭穆、祖训等。31卷。谱存莲塘蔡氏祠堂。

《莲塘蔡氏长房家谱》 清道光三十年（1850年）重修。谱载序、源流、世系图、名人、昭穆等。谱存莲塘蔡氏祠堂。

《龙津（莲埭）蔡氏宗谱》 明弘治三年（1490年）蔡恭修撰，蔡清、郑茂宽、黄钟作序；嘉靖三十七年（1558年）谱毁；清顺治四年（1647年）后多次重修；1995年蔡维棍主持重修，吴村牧撰并序。谱载源流、世系。11册。谱存晋江莲埭蔡氏祠堂。

《碧溪（溪前）蔡氏家谱》 清光绪八年（1882年）始修，蔡金甫作序；1946年蔡孙春主持续修，王毓甫撰修并作序；1999年蔡绳招、蔡祖宣主修，蔡文达撰修。谱载序、源流、世系。谱存溪前祠堂。

《锦亭凤翔蔡氏家谱》 1923年、2004年重修。谱载序、世系、名人、昭穆、祖训等。谱存凤翔蔡氏祠堂。

《龙美（洪尾）蔡氏族谱》 1914年始修；1985年蔡云辉、蔡云典、蔡云玖等主持重修，蔡清烟作序。谱载序、源流、世系。谱存洪尾蔡氏祠堂。

《鳌城鳌江蔡氏三泰公族谱》 清光绪十六年（1890年）始修；光绪二十九年（1903年），蔡耀奎主修；1995年、2011年续修，蔡文达撰修。谱载源流、世系。3册。谱存鳌江蔡氏祠堂。

《鳌城蔡氏宝峰公派族谱》 清光绪二十九年（1903年）始修；1995年重修；2011年续修，蔡文达撰修。1册。谱载序、源流、世系等。谱存鳌城蔡氏祠堂。

《鳌城蔡氏起迁公派族谱》 清道光二十七年（1847年）蔡洪埭主持始修，许蔼然撰修；光绪三十四年（1908年）重修；1940年蔡泽培主持重修，桐城徐崇景撰修；1995年蔡奕水主修，蔡文达撰修并作序；2011年续修。谱载源流、世系。1册。谱存鳌城蔡氏祠堂。

《永宁蔡氏紫塘派家谱》 1931年修；1995年、2011年续修，蔡文达撰修。谱载序、源流、世系。谱存永宁蔡氏祠堂。

《永宁蔡氏古东派恪斋家谱》 1994年蔡文达修撰。谱载序、世系、名人、昭穆、祖训等。1册。谱存永宁蔡氏祠堂。

《永宁蔡氏古东派德锥家谱》 1991年蔡先溪主修，蔡文达修撰。谱载序、世系、名人、昭穆、祖训等。1册。谱存永宁蔡氏祠堂。

《永宁蔡氏东石西霞二房二支四元龙派家谱》 1995年东石四霞蔡氏主修，黄嘉逸撰修。谱载序、源流、世系。谱存永宁蔡氏祠堂。

《永宁蔡氏浯沙允滨派家谱》 1995年蔡文达撰修。谱载序、世系、名人、昭穆、祖训等。谱存永宁蔡氏祠堂。

《永宁蔡氏金埭世联公派家谱》　清光绪三十二年（1906年）蔡开术、蔡开再、蔡开河、蔡开堤、蔡开格主修；2007年重修，姚加月撰修。谱载序、源流、世系。钞本，2册。谱存永宁蔡氏祠堂。

《永宁蔡氏郭宅先隆派家谱》　1995年修，蔡文达撰修。谱载序、世系、名人、昭穆、祖训等。谱存永宁蔡氏祠堂。

《永宁蔡氏丰山莲塘咸恩派家谱》　1995年蔡忠体、蔡忠仁主修，蔡文达撰修。谱载序、世系、名人、昭穆、祖训等。谱存莲塘蔡氏祠堂。

《永宁蔡氏梅林东头猷刻派家谱》　1995年蔡世龙、蔡世润主修，蔡文达撰修。谱载序、世系等。谱存梅林蔡氏祠堂。

《永宁蔡氏梅林东兴派下家谱》　1924年蔡猷屋、蔡德贡、蔡泽垂主修；1995年蔡泽锥主持重修，蔡文达撰修。谱载序、世系等。谱存永宁蔡氏祠堂。

《石狮钞坑蔡氏（屏山房）分居永宁派家谱》　1993年许昔表、陈永沛、许贻钧撰修。谱载序、源流、世系。2册。谱存梅林蔡氏祠堂。

《永宁蔡氏龙渊（塘边）世沛派家谱》　2008年蔡本祥主修。谱载序、世系、名人、昭穆、祖训等。谱存塘边蔡氏祠堂。

《永宁蔡氏芝山肇瑗家谱》　清光绪二十五年（1899年）蔡孙荐、蔡大德、蔡谋熙、蔡谋果、蔡谋节、蔡谋谦、蔡垂照主修。谱载序、源流、世系。谱存永宁蔡氏祠堂。

《永宁蔡氏芝山（四公三拄）久安支派图谱》　1995年刘克新撰修。谱载序、世系、名人、昭穆、祖训等。1册。谱存永宁蔡氏祠堂。

《龙坡（前埔）蔡氏族谱》　元中叶始修；明万历年间（1573—1620）蔡道标主持重修；清乾隆年间（1736—1795）蔡玉侯主修；光绪十八年（1892年）各房重修；2002年蔡式泉、蔡式祝等主持重修，蔡文达撰修。谱载序、世系等。钞本，7册。谱存龙坡（前埔）蔡氏各房。

《温陵郭宅蔡氏硕泉公派下家谱》　1994年修。谱载序、世系、名人、昭穆、祖训等。谱存晋江郭宅蔡氏祠堂。

《康霞里蔡氏三房凸公支系谱录》　2001年修。谱载序、世系、名人、昭穆、祖训等。谱存晋江康霞蔡氏祠堂。

《古东蔡氏分支浯沙家谱》　1994年修，蔡文达撰修并作序。谱载序、世系、名人、昭穆、祖训等。谱存浯沙蔡氏祠堂。

《金埭（金山）蔡氏四房家谱》　1950年蔡士德、蔡士丁、蔡选墩、蔡文仁主持始修，王景熙修；2007年重修，姚加月撰修。谱载序、源流、世系。谱存晋江金埭蔡氏祠堂。

《古东蔡氏宗谱》　1994年重修，蔡文达撰序。谱载序、世系、名人、昭穆、祖训等。2册。谱存晋江古东蔡氏祠堂。

《古东蔡氏分支港前仁牌公派家谱》　1994年重修，蔡文达作序。谱载序、世系、名人、昭穆、祖训等。2册。谱存晋江古东蔡氏祠堂。

《古浮理学蔡氏家谱》　清光绪二年（1876年）蔡宜碖、蔡继滴主持重修，蔡世绳作序；1996年重修，刘一平修撰并作序。谱载序、世系等。谱存晋江古浮蔡氏祠堂。

《碧溪（溪前）蔡氏家谱》　清光绪八年（1882年）始修，蔡金甫作序；1946年蔡孙春主持续修，王毓甫撰修并作序；1999年蔡绳招、蔡祖宣主持并修谱，蔡文达撰修。谱载源流、世系。谱存溪前蔡氏祠堂。

《锦亭凤翔蔡氏家谱》　1923年修，2004年重修。谱载序、世系、名人、昭穆等。谱存锦亭凤翔蔡氏祠堂。

四、晋江市

《青阳蔡氏重修族谱》 1990年前后重修。谱载东汉末蔡氏先祖入闽居仙游，后迁泉州吴店，始居龙溪，本支始祖蔡志顺，序、源流、世系。谱存福建省图书馆。

《青阳三修蔡氏族谱》 清光绪十五年（1889年）三修。谱载序、世系、名人、昭穆、祖训等。6册。谱存泉州青阳蔡氏家庙。

《青阳蔡氏族谱》 有清光绪十年（1884年）4册和1册版本，光绪十五年（1889年）三修《青阳三修蔡氏族谱》6册。谱载源流、世系。刻本复印本。谱存晋江市图书馆。

《塘东村志》 1990年前后重修，蔡菁主编，晋江金井塘东村编辑。谱载塘东村史与蔡族史、序、世系等。精装本。谱存泉州市图书馆。

《蔡氏济阳宝堂族谱》 清代蔡树雄修。清光绪三十三年（1907年）钞本，1册。谱载序、源流、世系。谱存台湾。

《青阳蔡家族谱》 蔡连德主修。谱载序、源流、世系。谱存台北“故宫博物院”。

《钱湖蔡氏内乡房族谱》 清光绪五年（1879年）重修，2009年续修。谱载序、源流、世系表、祠堂记、祖训等。谱存钱湖蔡氏祠堂。

《蔡氏族谱》 清光绪十七年（1891年）蔡庆光修。谱载始祖蔡忠惠，分支云林、北港。钞本，1册。谱存台湾。

《前林蔡氏总谱》 1998年续修。谱载序、世系、源流等，含宗谱和房谱。12卷。谱存前林蔡氏祠堂。

《梅林蔡氏得寿公派下公谱》 清雍正八年（1730年）始修，康熙、乾隆、光绪、民国年间都有续修，1999年续修。谱载序、世系、源流、家规祖训等。各分房谱1部2册。谱存梅林蔡氏祠堂。

《开基瑶里蔡氏总族谱》 历代重修，2001年续修。谱载序、世系、源流、家规祖训等。8部。谱存瑶里蔡氏祠堂。

《玉井房蔡氏族谱》 清咸丰四年（1854年）蔡紫珪修。谱载始祖蔡十郎，后裔分布于台湾嘉义、布袋，备考16世。钞本，1册。谱存台湾。

《东石玉井蔡氏二房长尚爱公派下家乘》 1990年前后重修。谱载始祖蔡十郎、源流、世系等。刻本，1册。谱存晋江谱牒研究会。

《蔡氏祠续修族谱序》 1990年前后重修。谱载1世始祖蔡维新、序、世系、名人、昭穆等。刻本，1册。谱存晋江谱牒研究会。

《丰田紫湖蔡氏顺泰房谱》 1927年修撰。谱载始祖蔡隐齐、序、源流、世系。刻本，1册。谱存晋江谱牒研究会。

《崙峰蔡氏家谱》 1990年前后重修。谱载始祖蔡厚翁，世系表，族裔分布泉州、晋江，序，世系等。刻本，1册。谱存晋江谱牒研究会。

《青阳蔡氏上西巷四房肖韦公派下》 1990年前后重修。谱载始祖蔡谦和、序、世系等。刻本，1册。谱存晋江谱牒研究会。

《塔江蔡氏族谱》 1990年前后重修。谱载序，插图、世系表、塔江始祖蔡潜江为五峰之嫡孙。刻本，1册。谱存晋江谱牒研究会。

《台湾鹿港东石玉井派文杞公世系族谱》 谱载始祖蔡十郎，族裔分布泉州、台湾，序，源流、世系等。刻本，1册。谱存晋江谱牒研究会。

《西霞蔡氏族谱》 清同治四年（1865 年）修，蔡德辉作序。谱载始祖蔡德原，备考 16 世，后裔分布台中、嘉义、北港。钞本，1 册。谱存台湾。

《西霞蔡氏族谱》 谱载序、世系表，11 世长房三支始祖蔡仕魁，蔡斗山子，后裔分布泉州晋江。刻本，1 册。谱存晋江谱牒研究会。

《西霞蔡氏族谱》 17 世天部。1990 年前后重修。谱载 17 世长房长支蔡圆山派谱牒、17 世长房长支二新宗公派下谱牒、序、世系等。1 册。谱存晋江谱牒研究会。

《西霞蔡氏族谱》 17 世地部。1990 年前后重修。谱载 17 世长房三支蔡贵山派长支谱牒、17 世长房三支贵山派下二支谱牒、17 世长房四支芳伯派谱牒、序、世系等。刻本，1 册。谱存晋江谱牒研究会。

《西霞蔡氏族谱》 16 世天部。1990 年前后重修。谱载 16 世长房长支员山派下谱牒及吾派、序、源流、世系。1 册。谱存晋江谱牒研究会。

《西霞蔡氏族谱》 16 世地部。1990 年前后重修。谱载 16 世长房三支贵山派下懋阁长支牒、贵山派下二支，16 世长房四支东山派下谱牒，16 世二房二支二兴隆派下长支谱牒，序、世系等。刻本，1 册。谱存晋江谱牒研究会。

《西霞蔡氏族谱》 18 世全部。1990 年前后重修。谱载 18 世长房长支分居南安水尾东松派，18 世长房长支二肇纲派谱牒，18 世长房二支实山派下长支约吾派牒，实山派下二支振吾公派下方来派牒，后裔分布泉州、晋江。刻本，1 册。谱存晋江谱牒研究会。

《西霞蔡氏族谱》 支图贞部。1990 年前后重修。谱载长房长支员山派下谱图，17 世德杖族裔分布泉州、晋江，序，世系等。刻本，1 册。谱存晋江谱牒研究会。

《西霞蔡氏族谱》 15 世天部。1990 年前后重修。谱载 15 世长房长支员山派下及吾公派谱牒、序、世系等，族裔分布泉州、晋江。刻本，1 册。谱存晋江谱牒研究会。

《西霞蔡氏族谱》 15 世地部。1990 年前后重修。谱载 15 世长房四支东山公派下谱牒、15 世二房二支长素菴派谱牒、15 世二房二支二兴隆派谱牒、15 世二房二支三分居南安圆山淳善派。刻本，1 册。谱存晋江谱牒研究会。

《西霞蔡氏族谱》 1990 年前后重修。谱载 19 世长房二支实山派下长支约吾派、19 世实山派二支振吾派下方来派牒、19 世实山派二支振吾派下方所派牒、19 世实山派二支振吾派下方霸派牒。钞本，1 册。谱存晋江谱牒研究会。

《西霞蔡氏族谱》 清康熙四十三年（1704 年）蔡凑石始修，乾隆三十二年（1767 年）、咸丰二年（1852 年）、光绪二十五年（1899 年）续修。谱载西霞蔡氏传衍闽台两地及其发展史。谱存晋江西霞蔡氏宗祠。

《西霞蔡氏族谱（第一世至十二世）》 1990 年前后重修。谱载 1 世祖蔡九郎、序、源流、世系等。刻本，1 册。谱存晋江谱牒研究会。

《芝山蔡氏次房长纯仁公派谱牒（一）》 1990 年前后重修。谱载始祖蔡茂彬、次房始祖蔡纯仁、序、源流、世系等。刻本，1 册。谱存晋江谱牒研究会。

《祥芝蔡氏族谱》 1990 年前后重修。谱载开基祥芝祖长房始祖蔡思明、序、源流、世系。刻本，1 册。谱存晋江谱牒研究会。

《芝山蔡氏纯仁公派谱牒》 1990 年前后重修。谱载始祖蔡茂彬、序、世系等。刻本，7 卷。谱存晋江谱牒研究会。

《芝山蔡氏钦雄公派谱牒》 1990 年前后重修。谱载始祖蔡茂彬、二房 2 世祖蔡钦雄、序、源流、世系。刻本，1 册。谱存晋江谱牒研究会。

《芦山彭田钞厝族谱》 清光绪十三年（1887 年）撰修，1989 年重修。谱载序、世系、名人、昭穆等。3册。谱存彭田钞厝村蔡氏祠堂。

《彭山（彭田）蔡氏家谱》 清乾隆二十三年（1758年）蔡君高、蔡御北撰修，1912年重修。谱载序、世系等。谱存本村蔡氏祠堂。

《梅塘蔡氏大宗谱》 清康熙四十四年（1701年）始修，历代重修，1989年续修。谱载先祖蔡用明，开基祖蔡三来自晋江十一都杨梓坑蔡厝，历代序、祠堂记、世系图、后裔外迁台湾情况等。钞本，1册。谱存梅塘蔡氏祠堂。

《芝山蔡氏扬义公派谱牒》 1990年前后重修。谱载始祖蔡茂彬、次房二派房祖蔡扬义、序、源流、世系。刻本，1册。谱存晋江谱牒研究会。

《青阳蔡氏世系族谱目录》 1990年前后重修。谱载开基祖蔡辉、序、世系等，1至31世备考，分支分布在台中、清水。12卷。谱存台湾。

《晋江坑西蔡氏家谱》 1911—1949年间白棉纸版。谱载序、世系等。线装本，2册。谱存坑西蔡氏祠堂。

《柯蔡家谱》 1989年编撰。谱载序、世系、分支状况。34卷。谱存泉州市图书馆。

五、惠安县

《惠安济阳堂·康霞蔡氏族谱》 历代有修，1984年、2009年重修，2011年蔡应辉、蔡健雄主编。谱载题词、前言、序、源流、重修祠堂记、世系表、家园掠影等。精装本。谱存惠安康夏济阳堂。

《螺阳三蔡志》 1990年蔡鹏飞等整编，螺阳三蔡志编委会印。谱载序、插图、世系表、地图、肖像等；肇基祖蔡隐和由惠北香芹村迁居蔡厝村，蔡隐和生4子：蔡真济迁居东坑，蔡真福居蔡厝，蔡真禄迁居上坂，蔡真美迁居杨宅。精装本。谱存泉州市图书馆。

《永宁蔡氏惠安县螺阳镇三蔡港边村六家刊世系表家谱》 2000年蔡成金主修，蔡清河协修。谱载序、世系等。谱存港边村蔡氏祠堂。

六、安溪县

《安溪石磐头乡蔡氏谱系》 历代重修。谱载序、插图、世系表、地图、肖像等。1册。谱存石磐头乡蔡氏祠堂。

《漳里蔡氏族谱》 1931年修。谱载序、插图，世系表。钞复印本，1册。谱存泉州市图书馆。

《城厢南英蔡氏族谱》 1997年修。谱载序、源流、世系、拟定昭穆字行。谱存城厢南英村蔡氏祠堂。

白濑上格《蔡氏族谱》 清道光五年（1825年）始修，道光二十九年（1849年）、宣统元年（1909年）、1996年3次续修。谱载序、源流、世系、昭穆字行等。谱存上格蔡氏祠堂。

《参内祐水马坑蔡氏族谱》 明代修。谱载序、世系、拟定昭穆字行等。原谱存台湾，钞复印本存参内祐水村蔡氏祠堂。

《魁斗鲁藤蔡氏族谱》 明万历四十五年（1617年）蔡时会始修，历3次续修，清咸丰年间（1851—1861）修谱拟定名行及字行5字，后各续编5字。谱存魁斗蔡氏祠堂。

《蓬莱济阳蔡氏族谱》 1993年续修。谱载序、源流、世系、拟定昭穆字行。谱存蓬莱蔡氏祠堂。

《莲山蔡氏家谱》 1937年蔡忠挟主持始修，谢焕文撰修并作序；1989年重修，刘一平撰修并作序。谱载序、插图、世系表、地图、肖像。谱存莲山蔡氏祠堂。

《金谷蔡氏族谱》 系金谷镇金谷村、金山村蔡氏的总族谱。明万历三十四年（1606年）蔡明谷始修，清光绪元年（1875年）第六次修纂，1913年七修。谱载序、世系等。1册。谱存金谷蔡氏祠堂。

《金谷河美蔡氏族谱》 明崇祯十一年（1638 年）始修，1993 年续修。谱载序、插图、世系表、地图、肖像、昭穆等。谱存金谷蔡氏祠堂。

七、永春县

长安《蔡姓族谱》 1990 年前后重修。谱载序，蔡光烈系九都、十都东园里人等，世系。谱存长安蔡氏祠堂。

长安《桃源东园蔡氏族谱》 1945 年修。谱载序、家规、世系表、人物志、昭穆、采访旧址等。谱存东园蔡氏祠堂。

八、金门县

《琼林蔡氏前水头支派族谱》 1987 年蔡世民、蔡承辉、蔡妈愿编修。谱载始祖蔡十七郎自许坑赘于平林陈氏谱序、世系表、插图、字行。1 册。谱存金门琼林蔡氏家庙。

《浯江琼林蔡氏族谱》 明嘉靖八年（1529 年）始修，清道光元年（1821 年）蔡鸿略、蔡尚温主修，1992 年重修。谱载五代初年琼林始祖自光州固始入闽，不久迁同安西市，再渡海迁居浯洲许坑。印刷本，1 册。谱存金门琼林蔡氏家庙。

《后营蔡氏族谱》 2001 年蔡荣乾主持，蔡文斌主编，蔡清波、蔡清闽、蔡孝宗等参编；2001 年台南再版，登祥印刷。谱载金门琼林始祖蔡十七郎，南宋初自许坑赘于琼林陈家，为琼林派开基祖；渡台祖蔡应科；序、插图、世系表、先祖绣像、琼林昭穆等。印刷本，1 册。谱存金门、台南后营蔡氏家庙。

第五节 三明市

一、明溪县

雪峰《济阳蔡氏族谱》 清初始修，民国续修。谱载明嘉靖年间（1522—1566）始祖蔡振吾明溪开基、序、源流、世系。1 部。谱存明溪雪峰蔡氏宗祠。

二、沙县

《沙县高溪蔡氏族谱》 2015 年高溪蔡氏宗亲理事会编撰。谱载高溪蔡氏源接桂峰蔡长支派蔡全信迁居高溪上仓坊；先祖画像、序、源流、世系表、各房世系、昭穆字辈、祖训家范、编撰理事会芳名、后记等。1 册。谱存高溪蔡氏宗祠。

三、尤溪县

《桂峰蔡氏族谱》 明万历四十二年（1614 年）始修，清初至民国时期 11 次修编。谱载北宋欧阳修、清李光地、程元章等作的序、跋、墓志铭，朱熹的《忠惠公行谊录》，祖训家范、列祖图赞、古诗集等。宣纸竖版线装本，3 册。谱存尤溪桂峰蔡氏祖祠。

双洋《蔡氏族谱》 明万历四十二年始修，清初至民国 7 次修编，1989 年蔡瑞官重修。谱载序、世系、祖训家范等。谱存西滨双洋蔡氏祖祠。

第六节 莆田市

《蔡氏族谱》 1949 年编。第 1 册刊受姓及以下历代世系；第 2 册载南湖古迹、题咏、诸祖文集；第

3册辑诸祖诗集、艺文和诸祖奏议。铅印本，3册。谱存福建省图书馆。

《蔡家族谱》 明宣德元年（1426年）蔡彦哲重修。谱载始祖蔡元恭定居莆田，6世至漳浦，迁居龙门衍一脉，有宣德、万历年间的谱序，时人作的像赞等多篇，蔡元恭宗支世系图。钞本，1册。谱存福建省图书馆。

《蔡家族谱》 谱载北宋后期蔡文宗自汀州府清流迁回莆田庄边华营安济厝蔡宅，定居蕃养；历代谱序、始祖像、墓葬、田产等图像；世系图先列举始祖蔡襄一族世系，续述华营一支世系图谱，及迄至华营蔡裔16世止。钞本，1卷。谱存福建省图书馆。

《蔡氏族谱》 1983年莆田蔡襄纪念馆综合历代蔡氏旧谱（包括各宗、支房谱）重修。谱载始祖蔡长随王绪入闽居莆田，自长及行文，迁东沙衍脉；第1册为入闽始祖及至30代世祖的画像，以及历代谱序，第2册为诸祖小传，以及墓志、田产情况等，第2册后半部分至第9册为世系总图。共9册。谱存福建省图书馆。

《新编蔡襄族谱》 1987年莆田蔡文福编修。谱载蔡襄家族世系及散居情况，前附有蔡氏的来源及其世系考略。谱存福建省图书馆。

《蔡氏宗谱》 清光绪七年（1881年）蔡清言修。谱载序、世系等，排印本，2册。谱存广东中山市图书馆。

《莆田东沙蔡氏族谱》 2004年蔡金宏、蔡金水主编。谱载先祖画像、序、源流、世系表、各房世系、昭穆字辈、祖训家范、编撰理事会芳名。谱存莆田东沙蔡氏宗祠。

《莆田沁后蔡氏族谱（惟溥世系）》 1993年蔡家彩等修。谱载始迁祖蔡惟溥，世居泉州府同安西门外大池顶，明崇祯九年（1636年）迁居莆田北关外武化乡兴教里沁后村福安社前下埕店（旧蔡），后裔繁衍沁后遇山、山边、社后、棋盘、旧蔡各村。铅印本。谱存沁后蔡氏祠堂。

梧塘沁后《蔡氏族谱》 1991年蔡金耀修并作序。谱载先祖画像、序、源流、世系表、各房世系、昭穆字辈、祖训家范、编撰理事会芳名。谱存沁后蔡氏祠堂。

东沙《蔡氏族谱》 明洪武四年（1371年）蔡大四始修，明代7次续修，清代3次续修，1983年重修。谱载世系表、蔡叔度至蔡度脉络世系。谱存东沙蔡氏祠堂。

前林东蔡《蔡氏族谱》 1926年重修，1993年再修。谱载明嘉靖元年（1522年），东蔡至蔡忠惠19世势显，世系表从蔡用元排起至19代。欧体谱例。谱存东蔡蔡氏祠堂。

西厝《蔡氏族谱》 明嘉靖元年修。谱载先祖画像、序、源流、各房世系、昭穆字辈、祖训家范、编撰理事会芳名，世系至忠惠19世。欧体谱例。谱存西厝蔡氏祠堂。

东园《蔡氏族谱》 清康熙十年（1671年）始修，乾隆十八年（1753年）、乾隆二十七年（1762年）重修。谱载源流、世系等。谱存东园蔡氏祠堂。

龙华灯塔《蔡氏族谱》 2001年蔡春祥重修，蔡庆中作序。谱载始祖蔡齐（忠惠公17世）至当代世系。谱存灯塔蔡氏祠堂。

《莆田白沙西坂蔡氏族谱》 清代重修，蔡新作序。谱载序、世系等，钞本，1部。谱存西坂蔡氏祠堂。

第七节　南平市

一、建阳区

《庐峰蔡氏族谱》 宋代始修，9世蔡发、14世蔡希清重修，元明清都有增修。本谱系1917年据清光绪三年（1877 年）本增修。谱载庐峰始祖蔡炉于唐乾宁四年（897 年）迁入建阳；卷 1 载历代谱序，始祖蔡炉、妣夫人及先祖 26 人的像赞；宋真宗、朱熹、真德秀等作的像赞文、序文、墓志铭等，卷 2 至卷 16 分别详载谱系图录、各支派分衍情况、贤传述及艺文等。共 16 卷，仅存卷 2、卷 4、卷 5。谱存福建省图书馆。

《济阳庐峰蔡氏重修族谱》　宋代蔡元定始修，元至治年间至泰定元年（1321—1324）蔡希清重修，明清及近代都有重修。谱载蔡炉随王绪入闽定居麻沙；卷 1、2 载有蔡元定、蔡希清、蔡重第历代谱序多篇，蔡炉及以下 14 世绘像、传述等。卷 3 至卷 20 详列世系图、传，详列分派顺昌等地的衍支世次，有朱熹等写的题款、跋记。共 20 卷。谱存福建省图书馆。

《蔡氏世迹总述》　明万历年间（1573—1620）蔡有琨辑，清雍正年间（1723—1735）蔡重增补，清同治七年（1868 年）刻本，附《蔡氏九儒书》首、辑文 23 篇，其中有关蔡氏世家族谱多篇。谱存云南大学图书馆。

《庐峰蔡氏族谱》　清代蔡乃清主修，光绪三年（1877 年）建阳蔡氏济阳堂重刻本 16 卷，1916 年建阳庐峰书院刻本 14 卷，蔡重等续修。谱载总目、各宗支支谱等。谱存各地蔡氏聚居地及福建省图书馆。

《庐峰蔡氏族谱·济阳堂珍藏》　清光绪三年版。谱载序、插图、世系表等，始祖蔡炉，济阳堂号。14 卷。谱存福建省图书馆。

《庐峰蔡氏族谱》　系建阳济美堂蔡元定、蔡沈家谱。清代蔡乃清主纂，光绪三年修。谱载源流、世系。刻本。谱存福建师范大学图书馆。

《济阳堂·蔡氏大宗谱》　2007 年建阳蔡氏大宗谱编辑委员会编撰，蔡建海、蔡安定主编。谱载序、源流、世系等。精装本，3 册。谱存建阳蔡氏九儒研究会。

《建邑洋源蔡氏宗谱》　清代修。谱载南宋末，蔡元定 6 世蔡凌迁居洋源，卷 3 为世系，余卷为行传。木活字本。谱存建阳洋源蔡氏祠堂。

二、浦城县

《浦城后山蔡氏宗谱》　清蔡锡侯修。光绪二十四年（1898 年）活字印本。谱载序、源流、世系等。钞本，8 册。谱存吉林大学。

《浦城蔡氏会修宗谱》　清光绪三十年（1904 年）章盛邦修。谱载明末蔡松庆自漳平永福里迁居浦北溪西，蔡琳自泉州迁浦邑城内；卷 1 载序、凡例、族规、家训等；卷 2、卷 3 载像赞、宗祠、祭田、墓志等；卷 4 至卷 13 载源流及各派世系。木活字本，13 卷。谱存浦城蔡氏宗亲联谊会。

第八节　龙岩市

一、新罗区

《闽汀蔡氏族谱》　1990 年前后重修。谱载元末明初先祖蔡伯信由梅州松源迁长乐（五华）小都开基，分支宣和中田、南山蔡屋。钞本，1 册。谱存本村蔡氏祠堂及上杭族谱馆。

二、永定区

《永定培丰洪源蔡屋蔡氏族谱》　2001 年重修。谱载序、凡例、族规、家训等。谱存培丰蔡氏祠堂。

三、上杭县

上杭《蔡氏族谱》　谱载序、世系、名人、昭穆等。1 册。谱存上杭蔡氏祠堂、上杭县族谱馆。

第九节　宁德市

一、蕉城区

《宁川望族，蕉城蔡氏》　2015年修。谱载元至正二十年（1362年）始祖蔡南益由漳州府漳浦迁入、序、祠堂家庙、家规家训、艺文、行辈等。谱存宁德市姓氏源流研究会蔡氏委员会。

《济阳蔡氏族谱》　清同治十二年至光绪四年（1873—1878）始修，宣统三年（1911年）续修。上卷为“世系表”，中卷为“历代纪”，下卷为“宗业、宗议、宗翰”等。3卷。谱存宁德市姓氏源流研究会蔡氏委员会。

《济阳堂，宁德蔡氏族谱》　1999年重修。第1册为“宗图集”，第2册为“宗翰集”，第3至10册为“宗纪集”。谱存蕉城蔡氏家庙。

二、福安市

《济阳蔡氏族谱》　宋代始修，有南宋周惇颐序；明嘉靖年间（1522—1566）重修，黄钏作序；1916年重修。谱载开基祖蔡魏、序、世系表、谱系图、源流考、恩荣录、祠堂记、宗祠田产、祖训家规、名绩录、昭穆等。钞本，1册。总谱存南岸村蔡氏宗祠。

南岸《济阳蔡氏族谱》　宋代始修，历代重修，2011年重修。谱载开基祖蔡魏（千二郎）、序、源流、世系等。钞本，1册，谱存南岸村蔡氏祠堂。

《济阳郡杜坑蔡氏族谱》　明万历年间（1573—1620）始修，历代重修，1917年、1978年续修。谱载唐末五代先祖蔡明迁居杜坑、序、源流、世系表、谱系图、祠堂记、名绩录、昭穆等。钞本，1册。谱存杜坑村蔡氏宗祠。

秀庄《济阳蔡氏族谱》　1990年前后重修。谱载先祖由泉州迁来、序、源流、世系表、谱系图、祠堂记、名绩录、昭穆等。1册。谱存秀庄村蔡氏宗祠。

三、福鼎市

《济阳蔡氏宗谱》　清同治八年（1869年）修，1920年重修。谱载始祖蔡允恭迁居漳州，后裔辗转南靖、漳浦；漳浦蔡天文子蔡良宗迁居福鼎前岐，清代至民国的谱序、世系图、先祖画像及传略。1册。谱存福建省图书馆。

《丰田蔡氏柳桥族谱》　2013年重修。谱载序、世系等。谱存前岐集镇柳桥村。

《管洋大坪蔡氏宗谱》　清同治八年（1869年）修，1920年重修。谱载清同治至民国年间谱序、世系图、先祖画像及传略、世系总图等。谱存管洋蔡氏祠堂。

《白琳蔡氏族谱》　1990年前后重修。谱载序、源流、世系表、名人、昭穆等。谱存白琳镇蔡氏宗祠。

《磻溪蔡氏族谱》　清代始修，1968年、1998年续修。谱载序、世系、名人等。1册。谱存磻溪金谷村蔡氏宗祠。

四、霞浦县

《济阳蔡氏族谱》　宋代始修，清同治十三年（1874年）修，历代重修。谱载入沙始祖蔡元足及后裔、序、凡例、世系表、谱系图、源流考、图像赞、恩荣录、祠堂记、宗祠田产、祖训家规、名绩录、昭穆等。1 册。谱存蔡治建处。

《三沙济阳蔡氏家谱》　2015 年蔡治建据清同治十三年钞本重修。谱载前言、凡例、序、源流、世系表图谱、世系文谱、人物录、坟茔、附录等。线装本，2 册。谱存霞浦三沙蔡氏宗亲处、中国闽台缘博物馆。

五、周宁县

《周宁咸村蔡氏族谱》　清代续修，1980 年前后再修。谱载序、凡例、世系表、谱系图、源流考、图像赞、恩荣录、祠堂记等。谱存咸村蔡氏祠堂。

六、寿宁县

《济阳郡寿宁蔡氏》　清道光二十六年（1846 年）始修，2011 年重修。谱载序、源流、世系、人物等。1 册。谱存寿宁蔡氏祠堂。

《寿宁鳌阳蔡氏族谱》　清代始修，2010 年蔡允中主修。谱载序、世系等。精装本。谱存寿宁鳌阳蔡氏宗亲会。

第四章　文化遗产

第一节　著作与艺文

［唐］蔡元鼎　漳浦人。著有《中庸大学解》《语孟讲义》《九经解》《辩类诗》等。

［宋］蔡　襄　仙游人。著有《蔡忠惠文集》《荔枝谱》《茶录》等。

［宋］蔡　京　仙游人。著有《保和殿曲宴记》《太清楼侍宴记》《延福宫曲宴记》等。

［宋］蔡　卞　仙游人。著有《毛诗歌名物解》等。

［宋］蔡　肇　漳州人。作有《松路仙岩图》《山麓渔舟图》《松下逍遥图》《煎茶图》等。

［宋］蔡　瑗　龙溪人。著有《鹅城录》《古今名贤录》。

［宋］蔡　絛　仙游人。著有《北狩行录》。

［宋］蔡　條　仙游人。著有《国史后补》《北征纪实》《铁围山丛谈》《西清诗话》。

［宋］蔡梦弼　建瓯人。撰有《草堂诗话》《工部草堂诗笺》等。

［宋］蔡　伸　仙游人。作有《友古居士词》，存词 175 首。

［宋］蔡　发　建阳人。著有《天文星象总论》。

［宋］蔡　和　南安人。著有《家训集鉴》《易说》。

［宋］蔡　传　兴化人。著有《历代诗吟谱》等。

［宋］蔡元定　建阳人。著有《大衍详说》《吕律新书》《太玄潜虚要指》等。

［宋］蔡　渊　建阳人。著有《周易训解》《太极通旨》《象数余论》《中庸通旨》等。

［宋］蔡　沉　建阳人。著有《书集传》。

［宋］蔡　戡　仙游人。著有《定斋集》（收入《四库全书总目》）、《贞观谏录》《名臣懿范》《忠惠年谱》等。

[宋] 蔡　沆　建阳人。著有《春秋五论》《春秋大义》《春秋衍义》等。
[宋] 蔡　模　建阳人。著有《续近思录》《易传集解》《大学衍说》《论孟集疏》《河洛探赜》等。
[宋] 蔡　杭　建阳人。著有《奏议》《书判》等。
[宋] 蔡　权　建阳人。著有《皇极刚克要略》《八阵图说解》《参同契论》《续近思录》等。
[宋] 蔡如松　漳州人。著有《漳南十辩》等。
[宋] 蔡天兴　晋江人。著有《客中见寄》《题仙迹石》《题雁塔山》。
[明] 蔡　麟　泉州人。著有《草堂诗话》共40卷。
[明] 蔡　溥　漳浦人。主编《蔡氏文溥公自叙年谱》。
[明] 蔡　清　晋江人。著有《四书蒙引易》《蒙引虚斋集》《虚斋集》等。
[明] 蔡　烈　漳州人。著有《孝经定本》《大学格物致知传》《道南录》《朱子晚年定论》。
[明] 蔡克廉　晋江人。著有《可泉集》15卷（收入《四库全书总目》）。
[明] 蔡复一　金门人。著有《毛诗评》《楚愆摘录》《遯庵诗集》《遯庵全集》等。
[明] 蔡有鹍　建阳人。编纂《蔡氏九儒书》9卷。
[明] 蔡道宪　晋江人。纂《蔡忠烈公遗集》2卷。
[明] 蔡守愚　同安人。著有《百一斋稿》《明伦宝鉴》《水经注抄》等。
[明] 蔡宗禹　漳浦人。著有《史记一家言》《杜诗句释》。
[明] 蔡　鼎　晋江人。著有《激论》《易蔡集解》10卷和《万远堂稿》等。
[明] 释元贤（俗名蔡懋德）　建阳人。著有《补灯录》《开元寺志》《鼓山志》等。
[明] 蔡景榕　宁德人。著有《海国生还集》。
[明] 蔡　侃　晋江人。著有《滇舆诗草》诸集。
[明] 蔡献臣　金门人。著有《四书合单讲义》《清白堂稿》等。
[明] 蔡玉卿　漳浦人。著有《孝经》、作有绢本《山居漫泳卷》等。
[明] 蔡保祯　东山人。著有《孝纪》16卷。
[清] 蔡世远　漳浦人。著有《漳州府志》《二希堂文集》《朱子家礼辑要》《鳌峰学约》等。
[清] 蔡　温　祖籍泉州，著有《图治要传》《要务汇编》《实务汇编》《治家捷径》等。
[清] 蔡鸿捷　晋江人。著有《闽学编》《评点孟子》等。
[清] 蔡澄撰　晋江人。著有《大易解题纪要》《变卦图说》等。
[清] 蔡仕岳　晋江人。撰《古文直道编》2卷。
[清] 蔡宾兴　晋江人。著有《诗文集》。
[清] 蔡仕舢　晋江人。著有《大中丞奏疏》《藐村诗文集》《曳蝉集》等。
[清] 蔡大校　福安人。著有《易学》。
[清] 蔡方升　晋江人。撰《易解参考》《春秋四传折衷同异》。
[清] 蔡　新　漳浦人。总裁《四库全书》，著有《事心录》《缉斋诗文集》等。
[清] 蔡廷兰　澎湖人。著有《海南杂著》等。
[清] 蔡廷魁　南安人。著有《鹤邨诗文集》。
[清] 蔡永蒹　晋江人。著有《西山杂志》。
[清] 蔡焕奄　晋江人。著有《丛桂堂诗钞》。
[清] 蔡玉鸣　泉州人。著有《松筠玉记》。
[清] 蔡时光　晋江人。撰《谓何编》。
[清] 蔡彦胤　晋江人。撰《汇纂四书徵》。

［清］蔡捷鸿　石狮人。著有《慕江诗文稿》等。

［清］蔡璿孕　晋江人。著有《萃园秘集》《五经摘要》《四书汇纂》等。

［清］蔡常云　晋江人。著有《古代近体诗》《律赋》《五音谱》《泉州府志》等。

［清］蔡本俊　晋江人。辑《延禧堂寿言》。

［清］蔡震升　石狮人。著有《梦斋草》等。

［清］蔡常云　石狮人。著有《陟瞻文集》等。

［清］蔡必荧　晋江人。撰《四书直解》。

［清］蔡虚谷　晋江人。校注《庄子因书》6卷。

［清］蔡　玑　晋江人。著有《微波簃系年要录》《史诗》等。

［清］蔡锡勇　漳浦人。著有《传音快字》《连环帐谱》。

［近现代］蔡建贤　南平西芹人。总纂1921年版《南平县志》。

［近现代］蔡人奇　福州人。著有《闽警》。

［近现代］蔡咏春　晋江人。著有《基督教思想史》《基督教与唯物辩证法》《中国哲学史》等。

［近现代］蔡尚思　德化人。著有《中国传统思想总批判》《三十年来的中国思想史》《"五四"前后东西文化问题的大争论》等。

［近现代］蔡镏生　泉州人。著有《光化法合成甲苯基二氯硅烷单体的研究》等。

［近现代］蔡鹤汀　福州人。作有《百花写生技法》，与蔡鹤洲合作《樊川夏收图》陈列于北京人民大会堂。

［近现代］蔡鹤洲　福州人。作有《狄芦庵画集》《花鸟画选集》《百花写生技法》等。

［近现代］蔡继琨　生于泉州。创作《我是中国人》《捍卫国家》《抗战的旗号在飘扬》等歌曲。

［近现代］蔡和睦　福建人。撰《福建省农业合作经济史料》第一、二卷。

［近现代］蔡其矫　晋江人。著有《回声集》《涛声集》《生活之歌》等诗集。

［近现代］蔡云程　生于晋江，有作品《巴黎一景》《长城》以及《蔡云程的世界·中西合璧》《蔡云程画集》。

［近现代］蔡仁龙　广东梅县人。厦门大学南洋研究院离休研究员，著有《东南亚著名华侨华人传》等十余部书。

［近现代］蔡大堂　台湾高雄人。华侨大学外国语学院系主任、教授，译著有《华侨网络的理论与实证分析——近代旅日华侨与东亚沿海地区交易图》等。

［近现代］蔡其巩　泉州人。著有《工程断裂力》《X射线试验》等。

［近现代］蔡诗东　东山人。著有《物理学词典》《离子体物理学分册》。

［近现代］蔡载经　泉州人。著有《蔡载经文集》。

［近现代］蔡金发　莆田人。著有《论马克思主义与中国特色社会主义》《蔡襄传》《马克思主义发展史（1848—1883）》。

［近现代］蔡安定　建阳人。勘校《蔡氏九儒书》古籍影印本。

［近现代］蔡德奇　寿宁人。著有《论生态省建设》《华侨华人的新发展》。

［近现代］蔡干豪　福安人。编著《闽台百家姓》《闽台姓氏地图》《闽台寻根大典》《闽台文化大辞典·民族宗族卷》《中国桂峰》等，1977年所作版画《时刻准备着》参加全国美术摄影展。

［近现代］蔡庆发　莆田人。主编《蔡襄研究文选》《蔡襄评传》。

［近现代］蔡英黎　晋江人。著有《农业科研资料汇编》。

［近现代］蔡如星　莆田人。著有《浙江动物志·软体动物》《海洋污损生物及其防除（上册）》。

［近现代］蔡自兴　莆田人。著有《人工智能及其应用》《机器人原理及其应用》《智能控制》和教材16部，与妻子翁环合著《机器人王国考察记》科普中篇小说。

［近现代］蔡永源　莆田人。著有《实用胶粘剂技术手册》。

［近现代］蔡淑娥　石狮人。著有《工业企业经济活动分析》《管理会计》《成本管理会计》。

［近现代］蔡耀国　建瓯人。著有《贝类学概论》《广东的海贝》。

［近现代］蔡型乞　石狮人。纂有《英汉国际经济贸易词典》。

［近现代］蔡元呈　莆田人。著有《桑树病虫害及其防治》。

［近现代］蔡丽双　石狮人。编有《国际当代诗人诗选》。

［近现代］蔡天初　福州人。著有《轨迹：体育工作十年手记》《走过并不遥远》。

［近现代］蔡怀崇　石狮人。著有《工程力学》，合著《材料力学》。

［近现代］蔡开元　莆田人。著有《软件可靠性工程基础》《模糊数学》。

［近现代］蔡国强　泉州人。作品《马可波罗遗忘的东西》《根》（大理石爆破画）保存在中国闽台缘博物馆。

［近现代］蔡金钟　晋江人（菲律宾华侨）。著有《我和济阳——半个世纪回顾》。

［近现代］蔡是民　泉州金门人。著有《琼林风华》。

［近现代］蔡王彬　莆田人。总编导《妈祖信俗》被列入人类非物质文化遗产代表作名录。

［近现代］蔡　奇　尤溪人。著有《玻璃房：蔡奇微博》。

［近现代］蔡国耀　莆田人。主编《莆田市大事记》《莆田县交通志》《江梅妃》《莆阳方志九种》等。

［近现代］蔡水枝、严利人、蔡茂发、蔡沧洲　漳州人。合著《梁村双名臣》《历史一明镜》。

［近现代］蔡飞跃　南安人。著有《红尘笛韵》《紫陌行吟》等散文集。

［近现代］蔡清风　泉州金门人。著有《蔡复一之遗作研究》。

［近现代］蔡主宾、蔡是民　金门人。合著《金门琼林里蔡氏家族发展史》。

［近现代］蔡春枝　漳州人。参编《漳州市志（1990—2005）》。

第二节　族规家训

一、蔡襄祖训

事父母之道曰孝，天之性也；事君上之道曰忠，人之义也。犹耳目心腹，有身则有之，非外物也。通代以旌赏劝其孝，爵禄劝其忠，则孝非天之性，忠非人之义矣。犹无耳目心腹，岂为人欤？乃亦若鹭白乌玄，盖物之本然也，苟染而色之，何可长也？惟忠与孝，待劝而行，讵至孝至忠乎？夫忠孝者，感天地，动鬼神，故有冰鱼寒笋之事、返风起禾之应。或饰名沽誉，虽劝诸，亦可舍诸。则不五之世，忠孝多由于性；三五之后，忠孝多由于劝也。劝之尚不能，况不劝乎？

录自《蔡襄全集》

二、蔡元定祖训

步步守着仁、义、礼、智、信。独行不愧影，独寝不愧衾。

录自《庐峰蔡氏宗谱》

三、蔡复一祖训

报国恩以忠心；担国事以实心；持国论以平心。

录自《梧江琼林蔡氏族谱》

四、蔡世远警言

求为博雅，则限于资；荣显富贵，则限于命；惟道捷要学圣人，可以操之在我。眼前立大志向，定大规模，随所读之书，路体心验，随所行之事。迁善改过，开其学识，使益宏裕，美其德性，使益坚定。

必勉之使为天下不可少之人，靡特为天下不可少之人，又当为一代不可少之人；靡特为一代不可少之人，又当为千百代不可少之人。志锐守坚，捐其所利，而追其所必至，自然日进高明，臻于光大。

录自龙海《济阳闽漳蔡氏族谱》

五、蔡新家训

勤读勤耕是荣华，交商买卖眼前花。
贪花恋酒无利益，争讼赌博破了家。
贫人莫去探富亲，富亲看你是贱人。
天下州郡游遍尽，勤俭节用免求人。
求人如吞三尺剑，靠人若上九重天。
空手问人如问壁，百般巧语不若钱。
不信但看酒中席，杯酒先敬富豪人。
骨肉不亲谁是亲，不敬父母敬何人?
父母在日不孝顺，死后何须哭鬼神。
善似青松恶似花，青松冷淡不如花。
有时若遇霜雪到，只见青松不见花。

录自《蔡新家训》

第三节　宗　祠

泉州洛阳蔡襄祠　又名蔡忠惠公祠，坐落在泉州洛阳桥南端。北宋宣和年间（1120—1125）始建，庆元年间（1195—1200）重修，历代修葺，1983 年经整理修建。占地面积约 2000 平方米，建筑面积 615 平方米。坐北朝南，三开三进，木结构。正殿堂内有蔡襄塑像一尊。祠厅面阔五间，进深三间，穿斗式木构架，硬山顶，前有石埕，东西两侧各有憩园。左右各有大碑亭 1 座，保存有历代碑刻 26 通。其中嘉祐五年（1060 年）蔡襄撰书的“万安桥碑”两通（今存者为大观年间蔡襄曾孙蔡恒所立之石，有一通在抗日战争中被日机炸毁，中华人民共和国成立后重新摩刻）立于祠中。碑高 2. 95 米，宽 1. 63 米，碑文 153 字，蔡襄撰并书。1988 年列为全国重点文物保护单位。

泉州文庄蔡公祠　即蔡清公祠，坐落在鲤城区中山中路文庙前。是祭祀明理学家蔡清的专祠。明隆庆年间（1567—1572）始建，后历经李光地等人多次募众修建，2002 年全面整修。占地面积 400 平方米，坐北朝南。大厅梁上悬挂万历年间（1573—1620）“昭代儒宗”匾。祠内嵌有两方清乾隆五十五年（1790 年）所立的《重修文庄蔡公祠碑记》石刻。2001 年列为全国重点文物保护单位。(见彩图 2-1)

南安官桥漳里村蔡氏祠堂　坐落在官桥镇漳里村。清同治年间（1862—1875）始建。占地面积 760

平方米，坐北朝南，带天井的四合院，墙身以红砖为主，每块红砖上都有不同颜色的花纹，墙裙、柱脚上也刻有浮雕，与上部墙面的砖雕装饰相呼应。中国的仕女、梅花与印度的象头神、牛神，新加坡的鱼尾狮和谐地勾画在一堵墙上。有漩涡形、文字形、几何形花纹。2001 年列为全国重点文物保护单位。

福州蔡忠惠公祠 坐落在仓山下藤路 119 号。明代始建，清代重建。占地面积 585 平方米，坐东向西。现为蔡襄纪念馆。祠内建筑包括门墙、前回廊、正殿、拜亭、祭厅、议事厅、厨房等，周以风火墙。三进五开间，木结构，穿斗式木构架，双坡顶，马鞍式山墙，石铺庭院。正门镶石刻匾额两方，上竖刻楷书“蔡忠惠公祠”，下横刻“蔡氏宗祠”。回廊上镶嵌蔡襄书法碑帖石刻 20 通。正殿立蔡襄坐像。前厅两侧是蔡襄的真行草妙品碑刻。2012 年列为福建省文物保护单位。

晋江青阳蔡氏家庙 坐落在青阳镇梅山。宋代始建，历代重建，抗日战争中被炸毁，后按清代式样重建，1987 年重修。占地面积 1300 平方米，建筑面积 537 平方米。坐南向北，由照墙、大门、厅堂组成，两边带护廊。山门以青石砌造，上有雕镂铭刻。双坡顶，燕尾脊，屋顶黄瓦绿筒。门路宏阔，三开门，门前安石鼓、石枕。面墙悉以雕镂、铭刻青白石料拼装。三进五开间，厅堂面阔五间，进深四间，抬梁式木构架，硬山顶。殿堂内有浮雕、透雕、圆雕的花卉、瑞兽、民间故事人物。2012 年列为福建省文物保护单位。

晋江青阳蔡氏家庙

宁德蔡氏家庙 坐落在蕉城区蕉北前林路。清同治年间（1862—1874）蔡步銮倡建。占地面积 2167 平方米，坐西南向东北，自东而西由半月形水池（上面架设泮桥）、门楼、正堂、后殿等组成，周以围墙。正堂建在高 2.12 米的台基上，面阔三间，进深四间，穿斗式木构架，木结构。正堂为四进三开间，穿斗式梁架，硬山顶。雕梁高架，镶花刻鸟，有木雕、石雕、灰雕，有飞禽走兽、花鸟虫鱼、山水人物。祠堂的正殿和后殿在 20 世纪 60 年代被拆除。2009 年列为福建省文物保护单位。

宁德蔡氏家庙

金门琼林蔡氏家庙建筑群 坐落在金门金湖镇琼林村。琼林的四甲地蔡姓家庙共有 9 座，称蔡氏七宗八祠，还有一座家族书院。原是开基祖蔡十七郎的大祖厝，清乾隆三十五年（1770 年）修建成家庙。总建筑面积 6000 平方米。奉祀琼林蔡氏始祖蔡十七郎到 5 世蔡静山的神主牌位，以及历代先贤 35 位。蔡氏逐渐分房分派，只要各房各派的人中进士，就建造一座宗祠，祭拜始祖蔡十七郎。两进式建筑，三川门，大门上悬“蔡氏家庙”木匾。依次为山门、天井、翼廊、正殿。正殿面阔三间，进深三间，抬梁穿斗式木构架，硬山顶，燕尾脊。明天启五年（1625 年）“御赐里名琼林”匾悬堂上。梁架、斗拱、门窗、隔扇都缀饰精雕细刻的图案。屋脊、山墙、水车堵有剪粘瓷片和泥塑。墙面的龙虎堵、马柜台、石柱础为石雕和陶瓷制品。是台湾地区二级古迹。

厦门海沧蔡氏家庙 又称“谷诒堂”，坐落在海沧区钟山村。明代始建，清代重建，2001年重修。占地面积约150平方米，坐东北向西南。两进式建筑，前堂面阔三间，进深一间，假叠顶双燕尾脊；正堂面阔三间，进深三间，穿斗式木构架，悬山顶；后殿为单条燕尾脊，雕梁剪粘。宗祠正门门额为清代原物。前庭横梁为鱼龙争游图案，梁下的两个雀替是龙头鱼身。庙内右壁中嵌清光绪八年（1882年）碑记1通。庙设五门，庙前有御道和3座旗杆石。1996年列为厦门市文物保护单位。

厦门翔安蔡厝蔡氏家庙 坐落在翔安区蔡厝村。明初始建，2014年重修。建筑面积226平方米，坐东朝西，由祠堂埕、门厅、天井、正殿和两侧附属房组成。正面开五门，穿斗式木构架，硬山顶，燕尾脊。有“兵部尚书”“中宪大夫”等牌匾。供奉蔡襄、蔡复一、蔡攀龙。另有支祠一座。2015年列为厦门市涉台文物。

龙海洪岱蔡氏祠堂 坐落在龙海角美镇洪岱村。唐末始建，历代修葺，清乾隆十八年（1753年）重修。占地面积400多平方米，坐南向北。分前后堂，中有天井，悬山顶。祀蔡叔度、蔡允恭、蔡德轩、蔡德明等先祖。天井右侧廊内立清太子太傅蔡新所书碑记1通，高2.4米，宽0.88米。1995年列为漳州市文物保护单位。

莆田蔡襄祠 坐落在城南乡蔡垞村东南，原为蔡襄故居。宋代始建，明成化六年（1470年）巡抚都御史滕昭重建。弘治七年（1494年），知府王弼拓建堂庑，又赎田地4000平方米、水池二口以供祀事。隆庆六年（1572年）重修。占地面积400平方米，坐西向东，由砖埕、两厢、正殿组成。正殿面阔三间，进深一间，穿斗式木构架，歇山顶。保存弘治年间“蔡忠惠公祠堂祭田记”石碑1通，宽0.80米，高2.50米，厚0.11米，字迹略有风化。2004年列为莆田市文物保护单位。

漳州塘边社蔡姓祠堂 又称“世泽堂”，坐落在龙文区蓝田镇梧桥村塘边社。占地面积500平方米，建筑面积300平方米，祠埕及泮池面积200平方米。坐西朝东，内有明右副都御史蔡文之父亲蔡德流御封碑及墓道碑石2通。1988年列为漳州市龙文区文物保护单位。

龙海榜山蔡氏家庙 坐落在榜山镇平宁村西头社。南宋始建，乾隆五十三年（1788年）、2000年重修。占地面积2000平方米，建筑面积290平方米。坐东朝西，面阔三间，分前后两座，单檐歇山顶。始祖是宋蔡汝作，堂号“理学明儒”。现存有1788年重修石碑2通，清代石旗杆2对、木雕荷花灯3对、狮1对。2004年列为龙海市文物保护单位。

漳浦白石蔡氏祖祠 坐落在霞美镇白石村。清代建筑。占地面积264平方米，坐西向东，由门厅、天井庑廊、正堂组成。正堂面阔三间，进深三间，穿斗式木构架，悬山顶。门厅作凹窝式，覆盆式、乳钉鼓式柱础。祠前20米处为直径约50米的圆形大池，中堆小岛。祠兼祀玄天上帝、王爷公。2004年列为漳浦县文物保护单位。

漳浦上蔡蔡氏家庙 又称“崇孝堂”，坐落在旧镇镇上蔡村社前。明万历年间（1573—1620）始建，2012年重建。建筑面积426平方米，坐东朝西，土木结构，悬山顶，燕脊尾。沿中轴线依次为前堂、天井庑廊和正堂。面阔三间，抬梁式木架构，青石圆鼓形柱础。2004年列为漳浦县文物保护单位。

云霄官田社蔡氏祖庙 又称“致敬堂”，坐落在和平乡径仔村官田社。明天启元年（1621年）始建，清顺治九年（1652年）移建官田。占地面积280平方米，坐西朝东，二进三开间，土木结构，悬山顶。有清代太子太傅蔡新书“致敬堂”匾。2007年列为云霄县文物保护单位。

诏安岑头蔡氏家庙 又称蔡肇庆进士祠堂，坐落在西潭乡岑头村。明末清初始建，历代重修，2011年维修。建筑面积208平方米，坐北向南，由门楼、天井带回廊、正殿组成，一进三开间，菱形石柱，穿斗抬梁式木结构，歇山顶，保留牌匾原物。2015年列为诏安县文物保护单位。

东山孝子祠 又称“承慕堂”。坐落在陈城镇湖塘村，前临莲花塘，背靠三界公山。明万历四十二年（1614年）朝廷敕建，清初迁界毁；乾隆十二年（1747年）封赐重建。1995年维修。祀浙江严州府淳安知县蔡方平。占地面积600平方米，坐西北向东南，门外广场左边竖一对旗杆。大门横匾书“名宦乡贤”，前厅悬挂“椿荣一乡”“望重乡祁，乾隆十四年赠”匾。大厅悬“承慕堂”“廉光浙水”“孝重闽山”匾。2004年列为东山县文物保护单位。

平和坑里村蔡氏宗祠　坐落在小溪镇坑里村。明洪武二十年（1387年）始建，历代重修，现存为清代建筑。占地面积360平方米，坐东北向西南，由拜亭、正堂组成。拜亭为穿斗式木构架，悬山顶，正堂面阔三间，进深三间，穿斗式木构架，歇山顶。内有清文华殿大学士蔡新楹联题刻。2000年列为平和县文物保护单位。

长泰上蔡大宗祠　又称“敬贤堂”，坐落在岩溪镇上蔡村圳仔乾社。明成化年间（1465—1487）始建，历代重修。建筑面积1150平方米，坐南朝北，分为前、中、后三落，石砖木结构，由门厅、正堂、二天井组成。单檐悬山顶，穿斗抬梁式木构架。正面明间有三大门，立一对青石浮雕涡纹团花门鼓、方形石步柱，莲花吊筒。面阔五间，进深三间，第三进安公妈龛。抬梁式结构，五架梁。正堂悬挂蔡新书“五叶联羲”等匾额。存有清嘉庆十年（1805年）的《瀛山碑记》碑。2004年列为长泰县文物保护单位。

石狮龟湖蔡氏祖祠　又称六斗门蔡氏宗祠，坐落在龟湖郑厝村，原为民众感恩蔡襄携子蔡旻开发建设龟湖功德所建的生祠。清顺治十四年（1657年）重建，1915年重修。建筑面积200平方米。坐东北朝西南，两落三开间，砖石木结构，由大门、前厅、中厅和后厅等组成，为闽南宫殿式建筑，中厅面阔三间，进深三间，穿斗式梁架，硬山顶，保存清代构件。2020年列为石狮市文物保护单位。

晋江蔡道宪祠　又名蔡忠烈公祠，坐落在东石镇塔头孙村。崇祯皇帝赐建，清康熙四十九年（1710年）、乾隆年间（1736—1795）重建，1995年重修。占地面积456平方米，坐东向西，由门楼、天井、祠厅组成。门楼前轩廊木构架以三层三跳斗拱承接檐檩，拱首雕龙，斗座雕卧狮，斗作八角，圆形莲瓣，四瓣荷花形，檐下雕花篮吊筒（垂柱）8个。祠厅面阔三间，进深二间，抬梁式木构架，硬山顶，两边带附廊，照墙上嵌题刻“金圭映日”。庭院中有一座高两米的花岗岩清代双龙护碑，碑首雕双龙，篆额“御制”。碑正面刻乾隆皇帝的七律挽诗，背面刻蔡新撰写的蔡道宪事迹。1991年列为晋江市文物保护单位。

晋江珠泽蔡氏宗祠　坐落在东石镇三居社区。清康熙二十七年（1688年）始建，1934年重修。占地面积255平方米，坐北向南。两落三开间，硬山顶，燕尾脊。砖石木结构。门堵有石雕装饰，天井两边带回廊。厅堂内安神主龛，有“端明学士”等匾，两壁有重修落成碑。前埕宽阔，长170多米，两边均为清代至民国年间红砖古大厝。祠后有明代圆形古井。2007年列为晋江市文物保护单位。

晋江东石金埔蔡氏宗祠　坐落在东石镇第二社区龙江中路153号。清初始建，1922年重修。建筑面积500平方米。坐东北朝西南，两落三开间，有1922年重修碑1座。2019年列为晋江市文物保护单位。

尤溪桂峰蔡氏祖庙　坐落在洋中镇桂峰村。宋末元初始建，清乾隆五十五年（1790年）毁于火，次年原址重建。背倚青山，称“飞凤衔书”。占地面积1390平方米，建筑面积731平方米，坐南向北，二进式，单檐歇山顶，木结构。沿中轴线依次为正堂、天井、下堂。正堂为三层建筑，抬梁穿斗式木构架，歇山顶。大殿面阔五间，厅头设有神龛。地面青石铺砌，左右为厢房，边廊各置九级如意踏跺。门厅两侧分置两个圆形花窗，次间各置两扇大门。祠前有3个埕，埕前立有照壁。祠埕有旗杆碣9副、围斗式石旗杆1根。屋后五层花台，各有一口小水井，为风水“龙眼”。2000年列为尤溪县文物保护单位。

尤溪桂峰蔡氏宗祠　坐落在洋中镇桂峰村石印桥上游。清康熙八年（1669年）蔡茂相主持兴建。占地面积948平方米，建筑面积616平方米。坐南向北，二进式，单檐歇山顶，抬梁式木构架。全祠由80根巨大杉木柱子构建，宽枋大梁，全部卯榫镶嵌。沿中轴线依次为正堂、中堂、门楼华表。正堂为抬梁穿斗式构架，有五爪龙构件。厅中植四柱，正榻设神龛，榻柱悬挂蔡新亲笔题写“人心知水源木本，庙貌报祖德宗功”抱柱联。天井两侧为厢房。中堂前小庭院内有石旗杆1对。2000年列为尤溪县文物保护单位。

仙游龙华蔡襄祠　坐落在龙华镇灯塔村北。明万历元年（1573年）始建，清康熙元年（1662年）蔡思斋扩建，乾隆五十九年（1794）命名为蔡襄祠。占地面积895平方米，坐北向南，二进式，前为门厅，中设天井，左右设回廊，后为正厅。正厅面阔五间，穿斗式木构架，歇山顶。厅中悬挂“庆历名臣”等匾。1984年列为仙游县文物保护单位。

仙游鲤城蔡襄公祠　坐落在鲤城镇洪桥社区。宋治平年间（1064—1067）始建。明巡按御史尹仁请朝廷下诏建造。1995年因仙游县城建改造拆除，2010年重建。占地面积410平方米，坐北向南，由门厅、正厅、左右廊庑组成。正厅面阔三间，进深二间，穿斗式木构架，悬山顶。1984年列为仙游县文物保护单位。

建阳蔡氏大宗祠　又称济阳堂，坐落在麻沙镇水南路8号。唐天祐二年（905年）建阳县尉蔡銮倡建；宋元时为“庐峰书院”“梓里书院”；清康熙四十五年（1706年）御书颁赐蔡元定“紫阳羽翼”金匾，御赐重修；2003年全面翻修。占地面积552平方米。坐西北朝东南。祠分上下两大厅，前后两堂都有大天井，三进式，在风火墙下形成四水归内的结构。左右两直八开间，现代模式装修。中直两厅为济阳堂和九贤堂，九贤堂两壁高悬“紫阳羽翼”“学阐图畴”“闽学干城”“家传心学”四匾，左右还悬挂10副挂联。2010年列为建阳市文物保护单位。

周宁咸村蔡氏祠堂　又称蔡厝里祠堂，坐落在咸村镇咸村。清代始建，1981年重修。占地面积188平方米。面阔三间，进深三间，穿斗式木构架，硬山顶。正门楹联“宋代名臣第，闽峤理学家”；祠内楹联“万年樽俎冠裳地，百世簪缨礼义家”“派发龙门上世创垂历尽艰辛成骏业，支分鹤邑后人继述当修孝悌振麟峰”，照墙上匾书“思绎时敷”。1934年红军闽东独立师进驻咸村时将师部设于此，如今标语“苏维埃政府万岁”清晰可辨。1983年列为周宁县文物保护单位。入选“全国红色旅游景点名录”。

福州涧田蔡氏宗祠　坐落在晋安区新店涧田村蔡厝。2015年建。占地面积400多平方米，建筑面积315平方米。坐东北向西南，砖混结构。祠联“漳浦家风发涧田，洛阳世泽扬左海”。

福清江镜蔡氏宗祠　坐落在江镜镇蔡厝村。明嘉靖十二年（1565年）始建，2000年重修。占地面积2500多平方米，建筑面积576平方米，祠埕面积1800多平方米。坐东朝西，正面三门，红砖风火外墙，大门门额是明代石雕“蔡氏宗祠”，两仪门是石雕“孝入”和“悌出”，上方并排5扇窗，中西合璧侨区风格。祠殿面阔五开间，沿中轴线依次为祠堂埕、门厅、戏台、会场、大殿。

福清穆门蔡氏宗祠　坐落在高山镇城门头村。清乾隆十二年（1747年）始建，2002年重建。占地面积1100多平方米，建筑面积506平方米，门前祠埕面积500多平方米。坐东朝西，正面三门，红砖风火外墙，大门门额悬石雕“蔡氏宗祠”。面阔五开间，沿中轴线依次为祠堂埕、门厅、戏台、天井、大殿。

福清圃蔡氏宗祠　坐落在上迳镇县圃村。明隆庆元年（1567年）始建，历代重修，2000年重修。占地面积550多平方米，建筑面积300多平方米。坐东朝西，红砖风火外墙。

福清海头蔡氏宗祠　坐落在上迳镇海头村。清光绪八年（1882年）始建，历代重修，1989年修葺。占地面积750多平方米，建筑面积300多平方米。坐东朝西，红砖风火外墙。

福清岞头蔡氏宗祠　坐落在海口镇岞头村。清乾隆年间（1736—1795）始建，1959年扩建祖厅，2007年重建。占地面积1100多平方米，建筑面积500多平方米，祠埕面积200多平方米。坐东朝西，红砖风火外墙，保存清乾隆年间的双鹤牌匾。

福清前亭蔡氏祖厅　坐落在石竹镇前亭村。清光绪二十年（1894年）始建，1983年、1998年、2000年修葺。占地面积1380多平方米，建筑面积380多平方米。坐东朝西，红砖风火外墙。

福清上蔡蔡氏祖厅　坐落在东张镇华石村上蔡村。清乾隆二十一年（1756年）始建，历代重修。占地面积180多平方米，前埕面积700多平方米。

福清干面蔡氏祖厅　坐落在东张镇干面村。清乾隆年间始建，历代重修，2000年重建。建筑面积360平方米。坐东朝西。

福清濑底蔡氏祖厅 坐落在东张镇濑底村。历代重修，1966 年重建。建筑面积 370 平方米。坐东朝西。

福清半岑蔡氏祖厅 坐落在东张镇半岑村。清嘉庆年间（1796—1820）始建，历代重修。建筑面积 380 平方米。坐东朝西。

福清门斗蔡蔡氏祖厅 坐落在东张镇华石村门斗蔡村。清乾隆二十一年始建，历代重修。占地面积 200 多平方米，前埕面积 800 多平方米。坐东朝西。

福清南刘上蔡祖厅 坐落在镜洋镇南刘上蔡村。唐建中四年（783 年）始建，清康熙十一年（1672 年）改为祖厅，1959 年修葺。占地面积 2000 多平方米，建筑面积 360 多平方米。坐东朝西。

福清南刘下蔡祖厅 坐落在镜洋镇华南刘下蔡村。清康熙三十二年（1693 年）始建，历代修葺。占地面积 1890 多平方米，建筑面积 536 平方米。三落透后，砖木结构。

福清音西溪前蔡氏祖厅 坐落在音西镇溪前村。清光绪（1875—1908）初年始建，1948 年、2012 年修葺。占地面积 400 多平方米，建筑面积 240 平方米。坐东朝西。

长乐龙角蔡氏宗祠 坐落在漳港镇龙角村。清康熙五十九年（1720 年）蔡厚秀献地倡建，1999 年重建。建筑面积 800 平方米。坐北朝南，三进式，由门厅、天井、正殿组成。有古井 1 口，井栏上刻“明正德年庚辰（1518 年）冬蔡公造”。

连江定海蔡氏宗祠 坐落在定海镇山坡上，依山面海。占地面积 200 多平方米。坐北朝南，二层砖混结构。神龛祀蔡家列祖列宗。

连江坑园蔡氏宗祠 坐落在坑园镇坑园村。占地面积 360 多平方米，建筑面积 260 多平方米，坐北朝南，三厢木结构。祠埕右侧配有厨房。现存为清末民初建筑。

永泰县大洋宗祠 又称“济阳堂”，坐落在大洋乡大洋村口。明末清初始建，历代重修，2015 年重修。占地面积 1500 平方米，建筑面积 900 多平方米。坐北朝南，由门厅、戏台、天井、正殿组成，穿斗式木构架，歇山顶。

永泰白沙宗祠 又称“济阳堂”，坐落在洑口乡梧村村濑洋。明万历年间（1573—1620）开基祖蔡思堂始建，清末重建，2000 年重修。占地面积 1510 平方米，建筑面积 200 多平方米。坐东朝西，由正殿和下落院组成，正殿一厅两房，穿斗式木构架，歇山顶。牌匾书“忠惠传芳”“积山拳发源地”。

厦门同安马巷蔡氏宗祠 坐落在同安区马巷山仔尾。2015 年重建。建筑面积 800 平方米，门前祠埕面积 1000 平方米。由祠堂埕、门厅、天井、正殿组成。抬梁穿斗式木构架，硬山顶，燕尾脊。门墙和厅墙青石浮雕装饰。

厦门市翔安区三蔡大宗祠

厦门翔安三蔡大宗祠 又称“高恩堂”，坐落在翔安区凤岗村。明初始建，历代修葺，2015 年重建。占地面积 1200 多平方米，建筑面积 800 平方米。抬梁穿斗式木构架，硬山顶，燕尾脊。由祠堂埕、门厅、天井、回廊、正殿和附属院落组成。祭祀蔡襄、蔡京、蔡卞及蔡文仲等列祖列宗。

漳州古塘蔡氏祠堂 又称“维则堂”，坐落在芗城区芝山镇古塘村。明洪武年间（1368—1398）始建，景泰七年（1456 年）重建，1998 年重修。建筑面积 300 多平方米。坐西向东，砖木结构，二进二殿三开间。主祀开基祖蔡肇基。前堂门额悬“明德维馨”匾，祠内有蔡靖进士文魁匾、蔡澄进士匾等。祠前有御赐表 1 对、“乡贤里”牌坊 1 座。

漳州古塘蔡氏下祠堂　又称“溯源堂”。坐落在芗城区芝山镇古塘村。明景泰七年始建，历代修葺，1996 年重建。占地面积 508 平方米，建筑面积 158 平方米，泮池面积 350 多平方米。坐东向西，由祖厅和两座护厝组成。祖厅为三进两厢房廊式建筑，主祀开基祖蔡肇簒。

漳州浮洲蔡氏世泽堂　坐落在霞美镇浮洲下蔡。原为祖厅，明代始建，由浮洲下蔡园顶二社先祖共建，历代修葺，2008 年重修。建筑面积 198 平方米，坐北向南，二进三开间，悬山顶。门前有石狮 1 对。

漳州溪头社蔡姓祠堂　又称“鹅城堂”，坐落在龙文区步文镇下州村溪头社。明初建蔡鹅公祠堂，2004 年重修。建筑面积 213 平方米，泮池面积 2361 平方米。坐东向西，三进二厢廊式建筑，正殿面宽三间，进深三间，硬山顶，祠前大埕有旗杆石 3 对，祠堂挂有“惠州府正堂”等匾，右廊墙嵌蔡世远手迹“朱子言勖”匾。

漳州蔡坂蔡氏祖祠　又称长房祠堂、“昭德堂”，坐落在龙文区蔡坂社。清代肇基祖蔡师长始建，民国时期蔡竹禅等重建。占地面积 700 多平方米，建筑面积 300 多平方米。坐东南向西北，二进廊院式结构。村中二房祠堂（著存堂）、三房祠堂（崇本堂），邻近护吉社四房祠堂（思怡堂）都始建于清代。

龙海枫林蔡姓家庙　又称“一心堂”，坐落在东园镇枫林村，面向岱帽山，背靠壕山。南宋刑部尚书蔡依国倡建，2004 年重建。建筑面积 360 平方米。坐东向西，三房合建祖祠，长房蔡士隆守东园枫林，次房蔡国贤迁白水镇岭脚，三房蔡国华迁海澄谢仓。二进三开间，有庑廊、天井，保存 3 方碑记。

龙海水头思德堂　又称蔡氏祠堂，坐落在颜厝镇水头社。宋代始建，明嘉靖年间（1522—1566）蔡纳海建，2000 年重建。占地面积 700 多平方米，建筑面积 266 平方米，有上下祠堂埕。坐东南向西北，二进廊院式结构。前堂有三对并列双开门，后堂有左右边门。外二旁门“8”字形墙壁上镶着宋代浮雕麒麟雕刻，屋脊上有开爪双龙戏珠。祠前两旁有 1 对旗杆座。

龙海鹳林社蔡姓家庙　又称“萃敬堂”，坐落在颜厝镇园中村鹳林社中。明中叶始建，2001 年重建。建筑面积 300 平方米。坐东向西，二进两厢房廊院式结构，面宽三间。挂有清乾隆进士蔡善述匾。

龙海海澄蔡姓祖祠　又称“崇报堂”，坐落在海澄镇前厝社。明中叶始建，清嘉庆年间（1796—1820）扩建，同治二年（1863 年）重建，1999 年大修。占地面积 800 平方米。坐北向南，二进有庑廊。正后座面宽三间，内设历代祖先神龛；前座挂“兵部尚书”匾。祠埕左右各有旗杆 2 对，埕前有泮池。保存历代碑记 9 通。

漳州浮洲蔡氏世泽堂　坐落在霞美镇浮洲下蔡。原为祖厅，明代始建，由浮洲下蔡园顶二社先祖共建，历代修葺，2008 年重修。建筑面积 198 平方米，坐北向南，二进三开间，悬山顶。门前有石狮 1 对。

漳浦东埔蔡姓总祖祠　坐落在绥安镇东埔。明清时期始建。建筑面积 330 平方米。坐西向东，二进三开间，土木结构，悬山顶。因地势较低，且排水条件差，祠前经常积水，俗称“浸水祠堂”。

漳浦石埕派总祖祠　又称石埕蔡姓祠堂，坐落在绥安镇东郊荔枝林社。明万历年间（1573—1620）始建，建筑面积 450 平方米。坐西向东，二进五开间，土木结构。祠前铺设狭长的石埕，大门在石埕的右边。

漳浦下佈蔡姓宗祠　坐落在大南坂下楼村林西乾社，堂号“延禧堂”，原为蔡新故居。清康熙年间（1662—1722）建，建筑面积 380 平方米，坐北向南，二进三开间，土木结构，悬山顶。后面有一座楼房，楼房后是花园。前座正中挂“武库耆英”匾，后殿挂乾隆皇帝赐的“黄扉宿彦”“欧获延禧”匾。

漳浦霞潭社追远堂　坐落在绥安镇霞潭社。清中期始建。建筑面积 251 平方米。坐东北朝西南，祠堂内木结构、石础、台阶为原物，其余部分为现代建筑，悬山顶，抬梁式木结构。大门作窝凹式，方形门墩。由门厅、天井和正堂组成。门厅面阔三间，七架梁，正中五柱减中柱，瓜棱形座斗，座斗下制安透雕花板，圆石础。左右庑廊，中间天井，正堂面阔三间，进深三柱，正中设神龛。正堂明间架七檩，前后双步廊式，圆石础，有“霞峰永共重基固，坛水远塘祖泽长”等楹联。

漳浦葛潭蔡姓祖祠 坐落在前亭镇刘下社。清嘉庆年间（1796—1820）建，建筑面积200平方米，坐西北向东南，原为二进五开间，土木结构，悬山顶，现存后进。神龛祀蔡新画像。

漳浦葛潭楼下蔡氏家庙 坐落在前亭镇葛潭刘下村。2002年重建，占地面积3000多平方米，建筑面积700多平方米。土木结构，燕尾式挑梁，祠埕广阔，有泮池。三进式，一进前厅大门三开，二进中厅带东西回廊，三进东西回廊至后厅，神龛上挂着“蔡氏家庙”匾额，左边墙上挂着宋代荆州通判蔡煜立的匾额，右边挂着宋进士蔡硕庆立的匾额。

漳浦洞野二希堂 又称洞野蔡氏祖祠、蔡世远祠堂，坐落在大南坂镇下楼村下布村。清雍正十二年（1734年）始建，乾隆六十年（1793年）追封蔡世远为太傅时重修。建筑面积200多平方米。坐东向西，祠前有石埕、泮池，二进三开间，有飞檐斗拱、立柱屏风、祖龛楹联。

漳浦洞野大厝蔡氏支祠 又称“世德堂”，坐落在佛昙镇洞野村。建筑面积近200平方米。坐西向东，燕尾脊，土木结构，仿二希堂建筑模式。祠前有大埕。二进三开间，由门厅、天井庑廊、后厅组成，两侧各有厢房，厅中高悬“世德堂”匾额。

漳浦荔枝林五房祖祠堂 坐落在绥安镇河尾庙边。清代始建，2007年重建。建筑面积110平方米。坐北向南，由厅门、拜堂、正堂围墙组成，悬山顶、燕尾脊，正殿堂面阔三间，进深三柱，抬梁式木结构，正堂左侧悬挂“文魁”匾。

漳浦三公厅 坐落在漳浦后田村。清代始建，2008年重建。占地面积180平方米，建筑面积107平方米。坐北向南。由门厅、正堂围墙组成，悬山顶，燕尾脊，正堂面宽三间，进深一间。

漳浦霞潭蔡氏宗祠 坐落在绥安镇楼脚村。清乾隆年间（1735—1796）始建，历代重修。建筑面积251平方米。坐东北向西南，由门厅、天井和正堂组成。抬梁式木结构，悬山顶。大门作窝凹式，方形门墩，门厅面阔三间，七架梁，正中五柱减中柱，瓜棱形座斗，座斗下制安透雕花板，圆石础。左右庑廊，中间天井。正堂面阔三间，进深三柱。正堂明间架七檩，前后双步廊式。

漳浦六鳌蔡氏祠堂 坐落在六鳌镇鳌西。清代始建，1990年重修。占地面积249平方米。坐东向西。二进三开间，抬梁歇山顶，土木结构。

云霄下河蔡姓大祠堂 又称“孝思堂”，坐落在下河乡下河村。明嘉靖十一年（1532年）始建。明末清初建有“晋韬堂”，占地面积300平方米。二进一院，抬梁歇山顶，土木结构，大堂为三开间，有蔡新手书“望龙乡族”匾。

云霄梅安蔡姓祠堂 又称“崇本堂”，坐落在莆屿镇油车（梅安）村。明嘉靖年间（1522—1566）始建。占地面积300平方米，坐西朝东。祭祀开基祖蔡思泽，有蔡新手书“崇本堂”匾。

云霄珠坂社蔡姓祖祠 又称“昭德堂”，坐落在火田镇火田村真珠坂社。明万历年间（1573—1620）始建，1999年重修。占地面积300平方米，坐西朝东。二进三开间，抬梁歇山顶，土木结构。

云霄东田社蔡姓祖祠 又称“宗福堂”，坐落在和平镇半岭村东田社。明万历年间始建，主祠建筑面积300平方米，坐西朝东。二进三开间，抬梁歇山顶，土木结构。祭祀肇基祖蔡元鼎18世孙蔡元泰。

云霄山前社蔡姓祠堂 又称“明德堂”，坐落在东厦镇浯田村山前社。明万历年间始建，主祠建筑面积330平方米，坐西朝东，二进三开间，抬梁歇山顶，土木结构。祭祀始祖蔡谷遂、蔡谷进。

云霄长美社蔡姓祠堂 又称“绍德堂”，坐落在东厦镇溪塘村长美社。1998年重修。建筑面积350平方米，坐西朝东。二进三开间，抬梁歇山顶，土木结构。祭祀开基祖蔡思佐。

云霄南洋社蔡姓祠堂 又称“敬德堂”，坐落在东厦镇埭洋村南洋社。明万历年间始建，建筑面积340平方米，坐西朝东，二进三开间，抬梁歇山顶，土木结构。祭祀肇基祖蔡京正。

云霄西安社蔡姓祠堂 又称“炎西堂”，坐落在和平镇东方村。明万历年间始建，建筑面积350平方米，坐西朝东，二进三开间，抬梁歇山顶，土木结构。

云霄长垅社蔡姓祠堂 又称“懿毅堂”，坐落在东厦镇长洋村长垅社。明万历年间始建，建筑面积350平方米，坐西朝东。二进三开间，抬梁歇山顶，土木结构。

云霄前涂村蔡氏家庙 又称尚书祖祠、“致敬堂”，坐落在莆美镇前涂村。明天启元年（1621年）始建，原建在古怀恩县治所（今西林村），后迁建。占地面积300多平方米，建筑面积200多平方米。坐西向东，由门厅、天井、两廊、殿堂组成，二进三开间，悬山顶。主祀尚书蔡思充。

东山蔡氏家庙 又称“承记堂”。坐落在陈城镇湖塘村。宋初始建，明万历三十七年（1609年）朝廷赐匾“廉光浙水”。建筑面积300平方米，坐西朝东。

平和坑里蔡氏家庙 坐落在小溪镇坑里村。明洪武二十年（1387年）始建，历代重修。占地面积360平方米。坐东北朝西南，三进三开间，正堂有蔡新楹联题刻。

平和坑里下坂蔡氏家庙 坐落在小溪镇坑里村下坂。清咸丰八年（1858年）始建。建筑面积188平方米，坐西朝东。砖木结构，一进一落，硬山顶，抬梁穿斗混合式梁架，飞檐斗拱，燕尾脊。

平和溪洲蔡姓家庙 原名为鳌江祠堂，坐落在小溪镇溪洲村大学社寨仔头。2005年重修。建筑面积304平方米，坐西朝东。砖木结构，一落二进，左右廊贯通，硬山顶，抬梁穿斗混合式梁架，飞檐斗拱，燕尾脊。后殿由上下厅堂组成。

平和湖田社蔡姓祖祠 又称“孝思堂”，坐落在小溪镇湖田村湖田社。元代始建。主祠建筑面积450平方米，坐西朝东；分祠六房祠堂计5间。

平和隆庆村蔡氏大宗祠 坐落在山格镇隆庆村，另有“追远堂”“贡元堂”两座。元至正十八年（1358年）始建。勘选“卧牛地”地理位穴U字型开口处建祠。历代重修。2012年重建。建筑面积350多平方米。坐东向西。两落三开间，硬山顶。原祠前立3对旗杆石。

南靖路边社蔡姓祖祠 又称“济阳堂”，坐落在山城镇下潘村顶路边社。明正德十四年（1519年）始祖蔡克昌由龙溪县北溪迁入后始建，1966年被毁，2005年重建。建筑面积250多平方米。坐西北向东南，另有一口古井，前面有泮池。

南靖大宗蔡府祠堂 又称“济阳堂”，坐落在山城镇下潘村。宋代始建。主祠建筑面积350平方米。二进三开间，抬梁歇山顶，土木结构。祠堂周围有5棵500年以上树龄的芒果树。

南靖径头社蔡姓宗祠 又称“济阳堂”，坐落在山城镇下潘村径头社。清初始建，后因被洪水冲毁重建，2005年重建。建筑面积283平方米。坐东向西。现保存有“雍正甲寅年秋谷旦”径头开基楼匾“埔芳”“固鼎”及玉峰主人蔡时仁石碑。

南靖西山蔡氏宗祠 原名“维会堂”，坐落在龙山西山村西中25—1号。清乾隆三年（1738年）蔡维会始建。占地面积2882平方米，建筑面积288平方米。坐东向西。二进三开间围院，抬梁歇山顶。左右后护“同”字型厝，前庭环垣，有“闽省望族”“金浦家声”等匾。

南靖坑尾蔡氏宗祠 坐落在山城镇坑尾村。明洪武二十年（1388年）始建，历代修葺。建筑面积350平方米。坐东向西。二进三开间，抬梁歇山顶，土木结构。

南靖前仙苑蔡氏宗祠 又称“瑞德楼”，坐落在靖城镇部前村仙苑社。明嘉靖年间（1522—1566）始建。建筑面积350平方米。坐东向西。祠内存有明代“瑞德楼”残匾，为闽浙台三地三房寻根的依据。

漳州柯蔡祠堂 坐落在长泰县枋洋镇内枋村。唐末于龙溪海澄始建，1995年列为漳州市文物保护单位。2011年因修建高铁迁到龙文区蔡坂村重建，2017年再拆迁至现址重建。占地面积2550平方米，建筑面积1397平方米。坐西向东，二进廊院式建筑，主殿五开间，抬梁式构架，砖石木结构，悬山顶，燕尾脊。有石雕、浮雕、木雕。祠埕立4对旗杆石。祭祀蔡叔度、柯卢、蔡允恭、蔡德轩、蔡德明、蔡元定、蔡新等蔡氏先祖。

长泰枋洋蔡姓祖祠 又称“瞻依堂”，坐落在枋洋镇赤岭大埔。建筑面积350平方米。坐南向北，前亭后厅，中有大天井，并有左右通门。大厅正中设祭坛，祀开漳圣祖蔡德明、1世祖蔡文真至6世祖。祠左侧通门外平房6间，建筑面积187平方米。

华安汰内（桃源）蔡氏宗祠 又称“至德堂”，坐落在华安汰内桃源，西坑、京头、福全、门口山、汤坂、库坂、河清等地蔡氏族人捐建，2018年重修。建筑面积350平方米。坐西向东，二进三开间，一天井，祠前埕立两对旗杆石。

泉港香芹蔡氏宗祠 坐落在泉港区前黄镇香芹村。宋代始建，2008年重建。占地面积700多平方米。坐西向东，面阔三间，进深四间，砖石结构。南侧有东南井及蔡氏族人的认祖信物“信杯石”。

泉港樟脚蔡氏祖祠 坐落在泉港区涂岭樟脚村。明弘治年间（1488—1505）始建，1989年整修，2007年扩建。另有境美分祠，为境美10世祖蔡积玉所建。建筑面积350平方米。坐西北向东南，石木结构，朱瓦盖顶，屋脊雕龙画凤，大门悬匾“万安世”。

泉港塘头村蔡氏祖厝 坐落在泉港区南埔镇塘头村奇美宫中厝。明正德年间（1505—1521）始建，2012年重建。建筑面积150多平方米。坐西向东，二进三开间，抬梁歇山顶，土木结构。

石狮容卿蔡氏家庙 坐落在灵秀镇容卿村。明永乐年间（1403—1424）始建，万历三十三年（1605年）重建，清道光十九年（1839年）重修，台湾云林北港宗亲捐献建祠堂资金。1930年重修，台湾云林北港蔡培东从台湾运来4方刻有诗词作品的青草石板作为建筑构件，另有一对麒麟。1992年再次修建。建筑面积460平方米，坐西朝东。二进三开间，有多方碑镶嵌墙上，记载台湾宗亲回乡修建祠堂之事。祠周围配有3座房祠。

石狮莲塘蔡氏家庙 坐落在蚶江镇莲塘村。1990年重建。占地面积500余平方米。二进中天井两廊，石结构。祠前有石埕、围栏，石埕上有一对旗杆座，门前有一对石狮。两墙有浮雕，系透雕、圆雕、细刻、线刻。崇祀兴化祖蔡振塘。

石狮塘边蔡氏宗祠 坐落在石狮塘边村。明嘉靖年间（1522—1566）始建，清康熙五十二年（1713年）重修，历代修葺，1990年重建。占地面积300平方米。二进五开间，木石结构，祠堂内有牌匾十多件。

石狮彭田蓝田蔡氏宗祠 坐落在灵秀镇彭田村。清雍正元年（1723年）始建，乾隆四年（1739年）续建。建筑面积300平方米，坐西朝东。二进三开间，木石结构。

石狮凤栖蔡氏宗祠 坐落在石狮凤里街道。清同治五年（1866年）始建，光绪二十年（1894年）重修，1999年菲律宾华侨蔡友玉捐资带动重建。建筑面积311平方米，一进三开间，石木结构。

石狮华山（金山）蔡氏宗祠 坐落在灵秀镇华山（金山）村。清康熙三十一年（1693年）始建，乾隆元年（1736年）重建，1986年重建，2008年台湾同胞、香港同胞和菲律宾侨胞捐资重建。建筑面积320平方米，坐西朝东。二进三开间。

石狮玉浦蔡氏宗祠 坐落在石狮宝盖镇玉浦村。明正德十六年（1521年）始建，清康熙三十九年（1700年）、2000年重建。建筑面积310平方米，坐西朝东。二进三开间。

石狮大崙蔡氏家庙 坐落在石狮大崙村。南宋绍兴二十一年（1151年）始建，原为开基祖蔡厚翁故居，明宣德十年（1435年）改建为祖庙，嘉靖四十年（1561年）焚毁，清康熙四年（1662年）重建，1995年重修。占地面积312平方米。二进五开间，中间为天井，木石结构，燕尾脊，琉璃瓦七彩龙凤硬山顶。家庙由外至里逐次开高，庙前殿五开间，中为大门，两边为厢门。

石狮祥芝蔡氏家庙 坐落在石狮祥芝村。清康熙四十一年（1702年）始建，雍正二年（1721年）重修，1924年重修，1995年重建。建筑面积360平方米，坐西朝东。二进三开间。祠内高悬多面牌匾。

石狮溪前蔡氏宗祠 坐落在石狮蚶江溪前村。明正德十一年（1515年）始建，清道光六年（1826

年）焚毁，1955年重建。建筑面积271平方米，二进三开间。

石狮玉浦蔡氏宗祠 坐落在石狮玉浦村。明正德十六年（1521年）始建，清康熙三十九年（1700年）重建，2000年重建。建筑面积300平方米，坐西朝东。二进三开间。

石狮永宁蔡氏宗祠 坐落在永宁镇小街。清道光元年至同治八年（1821—1869）始建，1993年翻建。建筑面积300多平方米，坐西朝东。二进三开间，土木结构。

石狮前埔蔡氏家庙 坐落在永宁镇前埔村。元末始建，明初扩建，清道光二十年（1840年）、民国初、1984年3次重修。建筑面积440多平方米，坐西朝东。二进三开间，土木结构。祠内高悬明洪武年间（1368—1398）泉州郡守胡器为特表宋护驾将军蔡忠宪的“忠宪第”等题匾。

石狮港边蔡氏宗祠 坐落在永宁镇港边村。元末明初始建，1991年重建。占地面积700多平方米，坐西朝东。三通门双护廊，二进三开间，土木结构。

石狮坑东（古东）蔡氏宗祠 坐落在宝盖镇坑东村。1992年重建。建筑面积300多平方米，坐西朝东。二进三开间，砖木结构。

石狮古宅蔡氏宗祠 坐落在石狮博泽（古宅）乡。明嘉靖三十六年（1557年）始建，清康熙四十四年（1705年）重建，同治五年（1866年）、1993年重修。建筑面积300多平方米，坐西朝东。二进三开间，砖木结构，东有护厝。祠内原高悬“参议大夫”等匾额。

石狮屏山蔡氏宗祠 坐落在石灵秀镇彭田村屏山里。1993年重建。占地面积1700平方米，建筑面积450平方米，坐西朝东。两落三开间，抬梁式木构架，砖石木结构，歇山顶，燕尾脊。由门厅、祭祀厅、厢房、走廊、天井组成。祠门镏金，祠内有砖雕、木雕、石雕、彩绘等工艺。梁上高悬十多面匾。祠埕广阔，有两对旗杆。

晋江玉井蔡氏宗祠 坐落在东石镇玉井。明正德年间（1506—1521）由蔡守辅、蔡守赞始建，清初迁界废圮。乾隆嘉庆年间（1736—1820），蔡世崇、蔡文扬重建并辟为塾馆。咸丰年间（1851—1861）扩建。1944年被日军炸毁。1994年重修。建筑面积400平方米。坐东北向西南。两落三开间，硬山顶，门外铺石埕，围短垣，对门石屏书“帽山南屏”。祠堂凹寿中开大门，左右旁门对开。厅壁四堵有石刻家训。

晋江平坑蔡氏宗祠 坐落在东石镇平坑。清代始建，2000年重修。建筑面积208平方米。坐东北向西南。石木结构，两落三开间，大埕，前落四脊高仰，油画、雕刻“双龙抢珠”“双凤抢珠”。石柱镌刻长联。

晋江塘东蔡氏大宗祠 又称东蔡家庙、大宗祠、下祠堂。坐落在金井镇塘东村。明代始建，1912年重建。建筑面积285平方米。坐东向西。屋脊斜度大。家庙开三通门，中门上红漆金字“东蔡家庙”，外围木栅。门廊石雕，石柱镌刻长联。悬挂25方匾。

晋江塘东蔡氏家庙 又称顶祠堂、新祠堂。坐落在金井镇塘东村北。清同治年间（1862—1874）始建，1992年重建。建筑面积449平方米，祠埕面积206平方米。坐东向西，祠埕竖6对旗杆石，石砌门墙，开青石竹节窗，单塌寿，开三门。大门左右立1对马石，两旁安螭虎窗。三落五开间，三川脊顶，檐下木牌楼多层叠栱，内外梁枋雕刻彩画。内有5个天井，其中两庑间有大天井、两庑靠外墙处左右各有一小天井。祠堂南边建有逸园，门上书“思源”，园内置憩亭、石椅、石桌。

晋江西溪寮蔡氏宗祠 坐落在安海镇西部西溪寮村。清康熙乾隆间（1662—1795）建，1998年重修。建筑面积300多平方米，坐西朝东。二进三开间，砖木结构。堂号“青阳衍派”“宝谟世泽”。

晋江吕厝蔡氏家庙 坐落在内坑镇吕厝村。明正德十四年（1519年）始建，历代修葺，1947年和1993年重修。占地面积1700多平方米，祠埕面积900多平方米，建筑面积600多平方米。坐北向南，两落，燕尾脊，硬山顶，石构墙面，琉璃瓦顶，开三扇大门。正德皇帝御笔题写“户部主事”金字牌匾。

晋江东埕蔡氏宗祠 又称“锦亭堂”，坐落在东石镇东埕村。宋代始建，历代重修，1998年全面翻修。建筑面积1000多平方米，坐西朝东。三进式，楹联“周开宗国裔，秦肇宰衡家”。

晋江西霞蔡氏宗祠 坐落在东石镇西霞村。明末由蔡肖林倡建，清初毁，康熙四十三年（1704年）重建，乾隆五十八年（1793年），由15世台郡岁贡生蔡远众首倡重修。道光十年（1830年）、咸丰十一年（1861年）、1995年数次重修。建筑面积500平方米，坐西朝东。两落，燕尾脊，硬山顶，石构墙面，琉璃瓦顶，外墙条石墙裙粗辟砖墙面，三开门，埕前立1对旗杆石。中门边安青石夔龙窗，浮雕麒麟白石墙裙，两侧墙面嵌青石诗匾。面墙水车堵用青石雕刻戏曲人物。大厅面阔三间，进深四间，用十三架梁。厅壁嵌贴的石刻“忠孝廉节”相传为朱熹手迹。

晋江梧林蔡氏宗祠 坐落在晋江新塘街梧林古村落。二进三开间，建筑面积400平方米，坐西朝东。有“镇国将军”“进士及第”匾，清康熙年间（1662—1722），裔孙蔡以褚因随施琅平台有功，敕封为“镇国将军副总戎”。

晋江福堡蔡氏宗祠 坐落在罗山镇灵源街道小浯塘社区福堡村。清末民初始建，因建设泉州环城高速公路而拆迁重建。建筑面积210多平方米，坐北向南，二进三开间。

惠安上坂南头蔡氏祖祠 坐落在惠安上坂南头村。明代螺阳三蔡6世祖蔡桂芳肇基，明末始建，历代重修，2013年重建。建筑面积300平方米，坐西朝东。

惠安康霞蔡氏长房宗祠 坐落在惠安康霞村。明清时期始建，历代重修，2009年重修。占地面积500多平方米，建筑面积360多平方米。坐东向西，二进五开间。由照墙、大门、厅堂组成，两边带护廊。青石砌造山门，上有雕镂铭刻。双坡顶，燕尾脊，琉璃瓦。厅堂面阔五间，进深四间，抬梁式木构架，硬山顶。

安溪邑西蔡氏宗祠 坐落在凤城镇南街社区北。明万历十二年（1584年）始建，初建时一进，1987年重建。占地面积200平方米，坐西朝东，砖混结构，正厅面阔三间，进深三间，抬梁式木构架，硬山顶。祠侧有关帝庙。

安溪溪坂蔡氏宗祠 又称蔡氏济阳祖祠、“敦本堂”，坐落在龙门镇溪坂村。明崇祯七年（1634年）始建，历代修葺，1988年重建。占地面积400平方米，坐东南向西北，正厅面阔三间，进深三间，抬梁式木构架，悬山顶。

安溪岭东蔡氏宗祠 坐落在蓬莱镇岭东村。明末始祖蔡毅轩始建，1988年、1993年翻建，建筑面积300平方米。坐南向北，石木砖结构，为汉式大厝，抬梁屋架，悬山顶，二进五开间。

安溪蔡氏凤楼祖宇 坐落在蓬莱镇岭东村。清末始建，1936年重修。建筑面积800平方米。坐南向北。

安溪鲁藤蔡氏宗祠 坐落在魁斗镇鲁藤村。明正德年间（1506—1521）由蔡应祖7世孙蔡惠、蔡圣居兄弟倡建，历代重修。1997年重修。建筑面积400多平方米。坐南向北。

安溪金谷蔡氏宗祠 又称济阳蔡氏宗祠，坐落在魁斗镇鲁藤村。明代开基祖蔡毅轩始建，历代重修，1993年重建，改土木结构为石木砖结构。占地面积1080平方米，建筑面积576平方米。坐北向南，二进五开间，抬梁屋架，悬山顶。

安溪圆潭蔡氏宗祠 坐落在参内乡圆潭村下堡。明嘉靖二十九年（1550年）始建，历代多次重修。占地面积1200平方米。坐西北向东南，土木石结构，二进五开间，边有双护厝，门前有鹅卵石铺成的正副埕。

永春东园蔡氏祖宇 坐落在达埔镇东园村。宋代始建，2015年重修。建筑面积576平方米。坐西向东。由门楼、祠埕、大殿和两厢房组成。大殿面阔五间，进深三间。楹联“南宋乡贤誉，东园理学家”。

宁化刘坊蔡屋蔡氏家祠 又称蔡屋蔡氏香火堂、“济阳堂”，坐落在安乐乡刘坊村蔡屋。元泰定元年

（1324 年）始建，1979 年重建。占地面积 556 平方米，建筑面积 206 平方米。坐西向东，土木结构。大祠埕，左右横屋。

尤溪双洋蔡氏宗祠　坐落在西滨乡双洋村，原为蔡氏祥房大厝。清嘉庆（1796—1820）末年始建，始祖二房建。2005 年二房重建。占地面积 3900 多平方米，建筑面积 3200 多平方米。坐东向西，有 36 个房间。二层木结构，周边土围墙。

尤溪双洋蔡氏总祠　坐落在西滨乡双洋村，原为蔡氏祯房大厝。清嘉庆（1796—1820）末年始建，始祖长房建，1920 年遭土匪焚损。2005 年重修，为蔡家总宗祠。占地面积 3600 平方米，建筑面积 3000 平方米。坐东向西，一层共 20 个房间。

尤溪梅峰坎兜蔡氏宗祠　坐落在洋中镇梅峰村。康熙三十七年（1698 年）始建，2002 年蔡龙豪翻修。占地面积 1800 平方米。坐东向西，由大厅、天井、下埕、左右厢房组成，水泥地面，屋后石砌花台，四周围墙。主楼为两层，屋顶飞檐翘角。

尤溪梅峰蔡起三肇基支祠　坐落在洋中镇梅峰村启垅村。清乾隆八年（1743 年）焚毁，1948 年重建，1993 年以来 3 次修缮。建筑面积 216 平方米。坐东北向西南，六扇两层，堂前有埕，埕沿筑墙。

尤溪联南蔡氏祖祠　又名“敦睦堂”，坐落在联合乡联南。清康熙八年（1696 年）开基祖蔡观安始建，1918 年被毁，2007 年重修。建筑面积 206 平方米。

尤溪牛头坪蔡氏祖祠　坐落在洋中镇坪坑村牛头坪。清乾隆年间（1736—1795）始建。建筑面积 700 平方米。坐东向西。八扇两层，分上下堂、左右厢房，祠前有石旗杆 1 对。

尤溪东边蔡氏祖祠　坐落在尤溪联合镇东边村。清乾隆二十一年（1756 年）蔡挺秀建，2007 年重修。建筑面积 300 平方米。坐东向西。

尤溪际头蔡姓（黄房）宗祠　坐落在洋中镇际深村际头。清同治年间（1862—1874）始建，由族中武举人出资翻盖。祠正堂设有官厅。建筑面积 400 平方米。坐东向西。

尤溪台溪东山蔡氏祠堂　坐落在台溪东山村大厅口。宋末元初，蔡雄由洋中桂峰村迁居台溪乡东山村，蔡雄子孙建立宗祠。2005 年曾重修。建筑面积 300 平方米。坐东向西。

大田蔡氏宗祠　又名“济阳堂”，坐落在文江镇大中村大墘村。2004 年翻修。占地面积 1200 平方米，建筑面积 350 平方米，坐西向东，砖木结构。

莆田沁后蔡氏大宗祠　坐落在涵江区梧塘镇沁后过山。明清时期建，1915 年重修。占地面积 750 平方米。坐北向南。祠大门横额柳体书“蔡氏大宗祠”，二层土木结构，5 间厢楼房，楼右有厨房 1 间。

顺昌元坑蔡氏宗祠　坐落在元坑镇九村。清乾隆二十五年（1760 年）始建。占地面积 402 平方米。坐东向西，依次为大门、前厅天井、左右回廊、戏楼、大厅、后天井。大门为砖雕六柱单门六窗牌楼，门额横刻楷书“蔡氏宗祠”。大厅进深五间，抬梁穿斗式木构架，悬山顶。柱础有圆形鼓腹、四方鼓腹和直口圆形鼓腹六角底座三种。

龙岩后盂蔡氏祖祠　又称“种德堂”，坐落在新罗区后盂村。明代始建，原址在东门，后迁东门外洞后盂村重建。建筑面积 300 多平方米。坐东向西。二进三开间，廊院式结构，原有泮池、祠埕。泮池已被填埋。

龙岩红林蔡氏宗祠　又称“济阳堂”，坐落在雁石镇厦老红林村。清代始建，历代重修。建筑面积 300 多平方米。坐东向西。二进三开间，廊院式结构。

龙岩大洋蔡氏宗祠　又称“积德堂”，坐落在新罗区大洋社区。清代始建，历代重修。建筑面积 300 多平方米。坐东向西。二进三开间，廊院式结构。

连城蔡氏祖祠　又称“济阳堂”，坐落在揭乐乡小朱地上村。清代始建，历代修葺，2013 年重建。占地面积 820 平方米。坐东向西，二进三开间，廊院式结构，两侧厢房。供奉蔡万二郎等列祖列宗。

武平蔡氏宗祠 坐落在十方镇彭寨村高梧。1980年修建，2016年重建。占地面积2000多平方米，建筑面积300多平方米。坐东向西。

长汀蔡氏宗词 坐落在南山镇蔡屋。明嘉靖十九年（1540年）开基始祖蔡士耀始建，2005年重建。占地面积2000多平方米，建筑面积300多平方米。坐北向南。

福安韩阳蔡氏宗祠 又称蔡襄、蔡高纪念馆，是蔡襄长房宗祠。坐落在坂中乡南岸村前山坡。元末明初始建，明嘉靖年间（1522—1566）重建，原址在福安城内，万历年间（1573—1620）被洪水冲毁，祠堂随蔡氏家族迁移。1922年再次被洪水冲毁，2011年重建。占地面积1000多平方米，建筑面积550多平方米。坐南向北，四周围墙。二进三开间，廊院式结构，穿梁式木结构。

福安白石坂蔡氏宗祠 坐落在上白石镇白石坂村。1996年重建。占地面积800多平方米，建筑面积600多平方米。坐北向南，钢混结构，由大门、天井和回廊、大殿组成。

福安秀庄蔡氏宗祠 坐落在潭头镇秀庄村。1993年重建。占地面积800多平方米，建筑面积600多平方米。坐北向南，砖木混合结构，由大门、天井和回廊、大殿组成。供奉本支派列祖列宗。

福安杜坑蔡氏宗祠 坐落在松罗乡杜坑村。宋代始建，明代重修，历代修葺，2005年重建。占地面积9000多平方米，建筑面积600多平方米。坐东向西。钢混结构，由大门、戏台、回廊和天井、大殿组成。

福鼎桐城蔡氏大宗祠 又称“憙思堂”，坐落在桐城街道三门里。清代始修，历代重修，2008年重建。建筑面积900平方米。重檐歇山顶，穿梁式结构。大殿三进五开间。供奉蔡允恭等列祖列宗。

福鼎前岐蔡氏宗祠 坐落在前岐镇丰田柳桥村瓜园。清代始建，“文化大革命”期间被毁，1983年和2006年重建。占地面积1200平方米。坐西北向东南，四周围墙，沿中轴线由门楼、祠堂埕、前进、天井、大殿组成。

福鼎管阳蔡氏宗祠 坐落在管阳镇管阳村蔡家山（又称亭前山）北山肩管街429号。清嘉庆（1796—1820）末年始建，光绪年间（1875—1908）重建，民国末期异地改建，1953年回迁原址重建。占地面积1050平方米，建筑面积702平方米。坐南向北。二进三开间，中间大门，两边仪门，左右有附属房，门楼两边立二十四孝石雕。祠后有蔡氏祖墓3座。

福鼎白琳蔡氏祖厅 坐落在白琳镇果园宗村。清嘉庆九年（1804年）建，2006年重修。建筑面积600平方米。坐西南朝东北，四周围墙，有泮池、门楼、祠埕、祖厅等。悬挂嘉庆九年圣旨“节孝”匾和福宁知府题写的“瑶雪同贞”匾。

福鼎磻溪蔡氏宗祠 坐落在磻溪镇金谷村。清光绪年间始建，1998年重建。占地面积2000平方米，建筑面积1500平方米。坐东向西。四周围墙，有门楼、祠埕、前进、天井、大殿等。

福鼎贯岭上后岚蔡氏宗祠 坐落在贯岭镇上后岚村。2006年建。建筑面积500平方米，祠前埕面积2000多平方米。坐西向东，砖石木结构，穿斗抬梁式构架，三川顶，琉璃青瓦，燕尾脊。正厅五开间，石柱镌楹联。

寿宁鳌阳蔡氏宗祠 坐落在鳌阳镇底三堂（今上马巷）。1939年建。占地面积399平方米。坐西向东。

寿宁屏峰村蔡氏宗祠 坐落在平溪乡屏峰村。清代始建，建筑面积350平方米。坐西向东，二进式砖木结构，单檐双坡顶，周围风火墙，依次为正门、戏台、大厅堂、祖宗堂。

第四节 陵　墓

蔡襄陵园 位于仙游枫亭镇铺头村国道西北侧。宋治平四年（1067年），北宋端明殿大学士蔡襄卒葬于此。清乾隆年间（1736—1795），文华殿大学士蔡新谒墓重修。原占地面积4万多平方米，现占地面积1.3万多平方米，总面阔145米，进深92米。坐东向西。墓丘石构，平面呈“风”字形。墓前原有欧阳修、柯全等撰写的墓碑，以及石翁仲、石马、石独角兽等，“文化大革命”中被毁，仅存1对石望柱。左右植骨冬树和榕树各1株。1997年重修，恢复石翁仲、石虎、石马、石独角兽和旗杆等旧观。陵园区内增加全长134米、154面1.26万余字的蔡襄书法作品碑廊，有乾隆皇帝对蔡襄题词和历代名家的书评以及欧阳修撰写的“端明殿学士蔡公墓志铭”等。赵朴初为牌坊题写“蔡襄公陵园”。1961年列为福建省文物保护单位，1988年列为全国重点文物保护单位。

蔡襄陵园

蔡元定墓

蔡元定墓　又称西山陵园，位于建阳莒口镇上布翠岚山。墓主为南宋著名理学家蔡元定。原墓碑“大宋蔡君季通之墓”为朱熹题。1999年重修。占地面积2.56万平方米，陵园总面积2400平方米，墓坪面积547平方米。坐西北向东南。入口处耸立“西山公陵园”石坊，整体有石牌坊、廊亭、墓坪和墓碑等，墓体用鹅卵石砌成，后置墓碑，高3米，宽85厘米，额浮雕双龙戏珠，上刻楷书“清诰授资政大夫蔡公、封二品夫人施氏封茔”。2009年列为福建省文物保护单位。

蔡复一墓　位于厦门翔安区内厝镇后垵村小盈岭南侧。是蔡复一与夫人合葬墓。蔡复一是金门人，明代任云贵、湖广总督及兵部左侍郎，卒后赐兵部尚书。1994年重建。占地面积约1000平方米，坐西北向东南。墓丘平面呈“风”字形，花岗岩及三合土构成。龟背形坟顶前立无字墓碑，方首，高1.4米，宽1.52米。墓前有三级墓坪，面阔27米，进深40米。墓前左右分列石像生并设神道坊。2008年列为厦门市涉台文物古迹保护单位。

蔡献臣墓　位于厦门翔安区环城东路。1997年重修。占地面积约100平方米，坐北向南，平面呈“风”字形，石构。龟背形墓丘前立墓碑，方首，高1.16米，宽1.58米，墓碑上刻“皇明赐进士、嘉议大夫、光禄寺少卿，前赏镇兵备按察使、浙江督学副使虚台蔡先生暨配诰封淑人池氏墓”。墓坪前立六角形石柱1对。石柱顶端有1对石狮，柱面刻有挽联“立朝屹如山，居乡清如水，真乾坤正气，能绍往开来，为江南之夫子；宅心温似玉，接物煦似春，堪砥柱末流，使民思士仰，称斗北之一人”。2008年列为厦门市涉台文物古迹保护单位。

蔡贵易墓　位于厦门翔安区新店镇吕塘村。占地面积约120平方米。坐东向西，平面呈“风”字形，三合土构筑。龟背形墓丘前立墓碑，方首，高1.6米，宽1.4米，墓碑上刻楷书“崇祯甲戌五月，移厝艮坤兼寅申，明赐进士浙江按察使，崇祀乡贤名宦肖兼蔡先生暨配淑人叶氏黄氏之墓，万历辛亥四月男献臣百拜立石”。墓南有2处石坊，两柱单间式，高5米，阔3.1米，坊额两面分别刻“望洋阡陌”“狮山佳气”。2008年列为厦门市涉台文物古迹保护单位。

蔡烈墓　位于漳州龙文区蓝田镇蔡坂村云洞岩南麓。墓主为明代理学家蔡烈。坐西北向东南，墓前十余米处有鹤丘亭，亭中有林达撰文的鹤丘铭碑刻一方，上镌“鹤峰千仞，龙江数曲，中有一丘，其人如玉”。2006年列为漳州市龙文区文物保护单位。

蔡清墓 也称蔡虚斋墓，位于泉州丰泽区东海街道宝山社区桃花山，相传为“龙虾出海”穴。墓主为明理学家蔡清，卒谥文庄。占地面积约1000平方米，坐东北向西南。墓丘糖水灰构筑，平面呈“风”字形。有五级石砌墓坪。墓前有双池塘、文笔（石望柱）。墓前临海滩处有十几块奇石，上刻“蔡锣钟山”。有两座护碑亭，一座是新建的四角亭，另一座俗称“四脚亭”，亭体已废，留有原亭子中央立的1方石碑，高约2米，宽0.62米，上书“明国子监祭酒理学名臣蔡虚斋先生神道”。2009年列为泉州市文物保护单位。

蔡氏墓 位于南安归化里西峰院后山之原（云台山余脉），墓主蔡氏为宋宗室、知南外宗正事义郡王士珸之妻，绍兴三十一年（1161年）卒，葬南安县归化里西峰院后山之原（云台山余脉）。墓志系阴文，书带魏晋碑意：“有宋恭人蔡氏，泉州晋江人，甲寅生。事皇叔祖少师和义郡王士珸，生男不劬。绍兴三十一年九月十二日以疾卒于封崇寓舍，享年二十有八。卜以淳熙十三年闰七月十四日己未，葬于南安县归化里西峰院后山之原。”2006年列为泉州市文物保护单位。

蔡世远墓 俗称蔡相爷墓，墓主蔡世远是清代著名的学者和教育家，乾隆帝师。位于漳浦佛昙镇洞野村西南面凤山。传说墓葬地形为“七星坠地”，平面为传统“风”字型。现存石刻圣旨墓碑和乾隆皇帝祭葬碑。碑高1.2米，宽0.65米，碑额浮雕双云龙戏珠图案。1988年列为漳浦县文物保护单位。

尚书夫人墓 位于云霄火田镇菜埔村魔盾山。墓主为明尚书蔡思充夫人，明崇祯九年（1636年）始建，灰石结构，占地面积2900平方米，墓下立有1方神道碑，上刻“大明万崇三部尚书蔡思充诰命一品夫人张鹤娘陵园”。明叶向高赞“心量宽广，涵养深纯，名载贞珉，昭垂千秋”。2007年列为云霄县文物保护单位。

蔡方平墓 俗称“石烛庵”，位于东山陈城镇湖塘村。明万历三十八年（1610年）建，占地面积40多平方米，坐东南向西北。墓丘呈椭圆形，面宽4米，进深16米，三合土结构。有石墓亭、石墓台和一对高1.8米的石烛，龟背形封土堆前立墓碑，圭首高1米，宽4米，上刻“明文林郎、浙江严州府淳安县知县、清溪蔡公偕元配温惠孺人林氏茔”。2007年列为东山县文物保护单位。

蔡诒河墓 也称蔡玉鸣墓，位于晋江罗山镇梧垵村。墓主蔡玉鸣是近代武术家。占地面积约1332平方米，坐东向西。墓丘呈馒头状，直径2米，高0.6米。1999年列为晋江市文物保护单位。

蔡攀龙墓 位于金门太武山麓径林翠谷。形制简单，且未按清代坟茔规制营造。墓碑由3块花岗石组成，长方形碑心刻碑文，两侧配弧状碑翼。墓前立石狮1对、八角形石望柱1对，柱顶端依清代武官墓规制雕石狮，左雄右雌。是台湾地区三级古迹。

蔡宗盛墓 位于仙游枫亭镇下社村。又称“五龙盘珠”墓。蔡宗盛是蔡襄、蔡京、蔡卞等名人的祖先。占地面积约600平方米，坐东向西。墓丘砖石构筑，呈“风”字形，前有三级墓坪。1984年列为仙游县文物保护单位。

蔡京墓 位于仙游枫亭镇溪南村。宋高宗赐建，三公规制，原墓前排列6对石像生。后坟墓遭盗被破坏，石羊、石马被窃，2015年重修，占地面积约6000平方米，坐东向西。墓丘石构，平面呈“风”字形，前有四级墓坪。墓前有石翁仲各2对、望柱1对。1984年列为仙游县文物保护单位。

蔡卞墓 位于仙游枫亭镇的锦岭东面。宋代修建。墓前原有石翁仲、石虎、石马、石羊。1984年列为仙游县文物保护单位。

蔡炉墓 位于建阳麻沙镇相辞岭排山。墓主为建阳庐峰蔡氏开基祖。唐天福八年（945年）始修。1980年遭毁，2001年重修。占地面积1200平方米，由鹅卵石砌成，由大小不同的9个墓堆组成，分三横三纵，初葬时未立墓碑，宋嘉定十五年（1223年），由蔡渊、蔡沆、蔡沉以父亲蔡元定两代人名义重修并立碑，刻“唐长官蔡公之墓”。2010年列为建阳区文物保护单位。

蔡沉墓　又称九峰园，位于建阳区莒口镇后山村九峰东源。2017年重修。坐北向南。墓体保持宋代风格，用卵石构建，由主墓室、龙柱、铭墙、九峰亭等组成。2020年列为建阳区文物保护单位。

宁德蔡家祖坟群　位于宁德蕉城区的蔡洋山。是宁德蕉城蔡氏1世至6世祖的坟墓群。墓冢均为石构交椅式，有人物、花鸟图案、古文字及书法的浮雕，有碑文石刻。墓坪中都配有四五米高的两根石烛。墓碑亭为四柱三间牌楼式石构仿木建筑，花鸟人物字画、墓铭志等雕刻保存完好。有13世祖蔡廷樑墓、14世祖蔡万源墓、15世祖蔡光均墓、16世祖蔡志谅墓、蔡明组墓等。2003年列为蕉城区文物保护单位。

蔡伯起墓　位于福州南郊盖山金罗盆。墓主蔡伯起为福州藤山蔡氏开基祖。宋代修建。墓门石砌成扇形，墓前有墓志铭。

蔡镐墓　位于泉州泉港区南埔镇先锋村大澳临海的小山坡上。墓主蔡镐在唐大中年间（849—859）为兵马使入闽，居福州。中间是一块无字的墓碑，碑中间似乎有一个圆形，圆形旁边的花纹依稀可见。2003年迁涂岭陵园，墓志铭存泉州市博物馆。

蔡新墓　位于漳浦绥安镇绥西村。1958年墓被盗，1995年基建时清理。占地面积约50平方米，坐北向南，双人穴。砖室券顶，外覆三合土。出土辉绿岩墓碑1通，方首圆角，高1.13米，宽1.75米，两边有高浮雕龙纹，刻“赐进士、诰授光禄大夫、经筵讲官、太子太师、文华殿大学士兼吏部尚书、进赠太傅、赐谥文，恭缉斋蔡先生暨元配累封一品夫人勤慈何夫人佳域。修皇清嘉庆六年孟秋之月谷旦”。墓碑现移存漳州市博物馆。

蔡十郎墓　又称大德侯陵园。位于晋江石狮东石镇。是柯蔡联宗始祖蔡十郎与妣黄氏合葬墓。明万历年间（1573—1620）始建，蔡十郎7世蔡耀宗立墓碑。1982年菲律宾蔡金钟、台湾蔡长城协商倡修。坐西向东，赵朴初手书“十郎蔡公陵园”牌坊匾额，园内纪念楼楼名为陈立夫书写。

蔡梅皋墓　位于南安官桥镇席里村尖山脚。墓主蔡梅皋为明代云南大理知府。明代修建。“文化大革命”中部分被破坏，仅存墓前石翁仲、石虎、石羊各1对。墓左后侧120米处有蔡梅皋夫人林氏、陈氏墓，占地面积4800平方米，平面呈“风”字形，三合土结构，封土高3米左右。

第五节　古建筑

福州文儒坊蔡襄家宅　坐落在福州市三坊七巷文儒坊34号。明万历年间（1573—1620）重建，历代修葺，清代为进士蔡赓良故居。占地面积1000多平方米，坐北向南，周以围墙，共四进。每进之间有风火墙相隔，院墙檐下施灰塑彩色花边纹饰。每进围墙正南中间都设有石框门，共有3个石框门，门上用石刻雨檐石压顶，为明代原物。门头房临街，面阔三间，正中为厅，两旁为房。一进石框门，内三面石铺环廊，廊下石铺天井，厅堂面阔三间，进深七柱，中隔成前后厅，左右厢房，穿斗式木构架，双坡青灰瓦顶，斗拱、雀替、垂柱雕刻精美。二、三进厅房结构与一进相同，每进之间都有前后两个天井，二、三进前天井两侧有披榭。终三进东侧有长弄，通第四进园林。花厅面阔三间，泻水平缓。四间厢房均按清代样式陈设。后院有假山、鱼池。2006年随三坊七巷列为全国重点文物保护单位。（见彩图2-2）

泉州洛阳桥　又名万安桥，坐落在泉州台商投资区洛江区北侧，是多孔梁式古石桥。宋皇祐五年（1053年）始建，蔡襄捐献160亩良田变卖款作为启动金，联系内弟卢氏主持兴修，历时7年，于嘉祐四年（1059年）落成。初建时有桥墩46座，两边有扶栏500个，上有28只不同种类的石狮。桥侧有佛塔9尊、桥亭7座。桥全长1188米，现存830米，宽7米。桥上筑石亭，配以大量造型美观的石雕。桥中央碑亭刻有明万历年间“西川甘露”碑刻和清道光年间（1821—1850）“天下第一桥”石刻横额，中亭周边有历代碑刻12方，中亭旁有崖刻“万安桥”“万古安澜”和12方碑刻，其中有蔡襄修桥刻石碑记。桥南有附属蔡襄祠。1961年列为全国重点文物保护单位。（见彩图2-3）

仙游天中山万寿塔 位于枫亭镇斗山上。五代时期始建，宋嘉祐四年（1059年）由蔡襄捐资重新修建。为四方形实心塔，全部由条石筑成。顶部四角为高耸的蕉叶，中心立有相轮刹柱。总高11米。每层须弥座的束腰皆有雕刻：第一层为4组8条不同形态的奔龙，第二层为梅、兰、竹、菊图案，第三层每面为3尊半身佛像，四角为力士像，北侧一面嵌记事石刻2方。2001年列为全国重点文物保护单位。

蔡竹禅故居 坐落在漳州芗城区南官园大学甲37号。清中晚期建。占地面积3010平方米，建筑面积2865平方米。坐北向南，沿中轴线依次为大门、三堂和后花园，两侧带护厝。三堂均面阔五间，进深三间，穿斗式木构架，悬山顶，堂前均有条石铺的大院庭，堂内木雕构件丰富。二堂檐廊两侧辟耳门，门外续过水廊道通护厝。护厝东10间，西9间，与三堂间有纵向天井相隔。后花园有八角攒尖顶凉亭，多有石雕石刻。三落大院，左右护厝，共有厅房27间，前有大埕，后有花园。大厅梁架都是叠斗抬梁式结构。抬梁木雕，厅堂屋脊均为燕尾脊，第一进厅堂以三开间结构建成“三山脊”式叠落燕尾造型。左右护厝，厝顶的高度比厅堂略低，屋脊均为平脊式圆枋。左右护厝北端各有小门通向后花园。花园原有面积1000多平方米。2005年列为福建省文物保护单位。

金门御赐里琼林坊 位于金门琼林（旧称平林）。明天启五年（1625年），因为平林籍进士蔡献臣赶走蛮夷有功，于是御赐里名“琼林”。是台湾地区二级古迹。

尤溪蔡龙豪故居 坐落在尤溪县洋中镇桂峰村。建于清顺治十三年（1656年），占地面积1200多平方米，大门额书“绩绍西山”。为二层二进穿斗式木构建筑，木雕、彩绘装饰精美。2009年列为福建省文物保护单位。

宁德蔡氏古民居 又称蔡威故居、蔡威烈士展陈馆，坐落在宁德蕉城区蕉北前林路。清道光二十八年（1848年）蔡步銮兴建，光绪二十八年（1902年）修缮。占地面积558平方米，建筑面积506平方米，坐西南朝东北。主体建筑原为四进，现存第一、第二进，第三、第四进因建蕉城宾馆被拆。六扇砖木结构，穿斗式梁架，主体分大门、前天井、正厅、后厅、后天井五部分。大厅中堂正上方高悬清道光皇帝赐予的“孝友”匾额。2009年列入福建省文物保护单位，被授予全军“技侦光荣传统教育基地”，2016年列为福建省爱国主义教育基地。

厦门海沧蔡氏民居 坐落在厦门海沧区海沧镇钟山村。1920—1929年马来亚华侨蔡登楼建造。建筑面积878平方米，坐东北向西南，砖木结构，三进式，共26间，旁有护厝。屋脊以贴瓷花卉图案装饰，木梁雕刻狮子戏球等图案。2007年列为厦门市文物保护单位。

厦门蔡复一故居 又名“贞素堂”，坐落在同安城北门内。明万历年间（1573—1620）建，清初被用作营厩，乾隆二年（1737年）改为双溪书院，乾隆年间（1736—1795）重修。同治四年（1865年）知县白冠玉重修并拓建考棚，光绪二十五年（1899年）增建学舍，5年后改为学堂，1918年重修。“文化大革命”后改为同安县食品厂。原为三进式，除了后楼，其余都被改建。现保存一座清代卷棚式的“秀才楼”。占地面积216平方米，建筑面积383平方米，坐北朝南，三进两层，土木结构。现为蔡复一纪念馆。1988年列为同安县文物保护单位，2002年列为厦门市涉台文物保护单位。

蔡新府第

蔡新府第 又称蔡新府邸，坐落在漳浦城准提室巷。是清乾隆年间文华殿大学士蔡新所建的住宅，俗称相府。建筑面积600多平方米。坐北向南，面阔21米，进深32米。沿中轴线分布大门、天井、门厅、天井庑廊、正堂，正堂宽五间，进深三间，夯土墙体，抬梁式木结构，青石柱础，硬山顶。2007年列为漳州市文物保护单位。

蔡清故居 坐落在泉州鲤城区开元街道孝感巷。明嘉靖三十八年（1559年）郡守熊汝达改为专祠，称“大寺后蔡文庄公祠”，清道光二十九年至咸丰七年（1849—1857）重修，1987年维修。占地面积580多平方米，坐北向南，由门厅、两厢、大厅组成。大厅面阔、进深各五间，穿斗式木构架，硬山顶。大堂正上方挂匾书“文庄蔡公故宅”，东墙嵌有咸丰七年（1857年）《重新泉郡大寺后文庄公祠序》碑1通。1983年列为泉州市文物保护单位。

蔡世远、蔡新故居 又称“永清堡”，坐落在大南板下楼村，清初由蔡新曾祖父蔡而煜始建，乾隆三十四年（1769年）和乾隆四十一年（1776年）蔡新两次增建，形成由府第、永清堡和花园组成的建筑群。坐西向东，三进二天井，建筑面积695平方米。三座府第式样相同，均由门厅、中堂和后楼组成，其中堂面阔五间，进深三间。后楼原为二层楼阁，楼中留出580平方米的大场院。堡为二圈土楼，内楼系在边长41米的楼体四角各突出一角，构成平面。二层楼，向东开门，额匾刻“永清堡，乾隆己丑年腊月谷旦建”。花园今尚存有部分水池、奇石和残桥。大门正上方悬挂嘉庆皇帝所赐“缘野恒春”匾额。庭院铺着雕刻神兽图案的青石。2007年列为漳浦县文物保护单位。

厦门曾厝垵金门蔡府 坐落在厦门思明区曾厝垵260号。明天顺年间（1457—1464），巡检司蔡世直开基曾厝垵建蔡府，清道光二年（1822年）重修，历代维修。前埕后厝，八进六院落，有祠堂、卧室、家丁护厝。现存前院、后院，占地面积1188平方米。坐东北朝西南。红砖白石墙体，硬山式屋顶，双翘燕尾脊。祠堂神龛供明代兵部尚书蔡复一，匾额书“金门蔡氏”。今开辟为曾厝垵渔村文化馆、蔡复一纪念堂。

厦门新圩济阳堂 坐落在厦门翔安区新圩镇乌山村。明代始建，历代修睿，建筑面积约1500平方米，坐西朝东，由正厝与护厝组成，红砖古厝。穿梁式木结构，瓦当燕尾脊、门前的窗格木饰，传统木饰与时尚花砖雕工。由主座门厅、两厢、大厅组成，大厅面阔、进深各五间，有99间。大门高悬鎏金“济阳堂”牌匾。

厦门蔡厝挡风三角塔 位于翔安区新店镇蔡厝社区蔡厝南里村东蔡厝石笔塔南面。现存为明清建筑，蔡氏族人修建，2004年重修。塔呈三角形，高约10米，上有塔刹，锐角直对着大嶝岛与新店镇莲河社区之间的莲河港。塔旁立《蔡厝村挡风三角塔重建》碑记。

厦门蔡厝水尾宫塔 位于翔安区新店镇蔡厝社区蔡厝南里。现存为明清镇水塔。蔡氏族人修建，1990年重建加固，供奉“宫仔祖”。塔为石构，塔身六角形，高约3米左右，实心，3层。六角形覆莲盆式底座，各层另有底座，第一层须弥座，高约30厘米，各面之间雕有竹节状的石棱，六面都有浅浮雕菱形纹饰。第二层六角形底座，圆形塔身，高约20厘米，无纹饰、浮雕、文字。第三层圆形底座，塔身近似杨桃形，高约40厘米。塔顶为六角形攒尖顶，上立塔刹，5层相轮。

东山蔡氏月眉厝 坐落在东山县城顶街。明中军府文书蔡稿（原名蔡瑞枝）卜穴在此建大厝宅，因大院的围墙形似月眉弧形，故名“月眉厝”。三层三柱，穿斗式木架构，采用的是“以柔克刚”的思维，斗拱、雀替、驼峰等木质构件雕刻有花卉、动物、人物等形象，石木雕刻精湛。厝前左边虎巷有旗杆石。

晋江东石蔡氏玉记行古厝群 坐落在晋江市东石镇第四社区。由石四居玉记巷和海路一带共11座大厝组成。蔡树叶兄弟所建。玉记巷8号、9号、海路13号三座古大厝并列，总长36米多，深近14米，规模结构一致。而玉记巷14号花山宅则为蔡树叶宅院。该宅院长28米，宽12米，分三落，前厅、后厅和照墙分别题有“福、禄、寿”，厅两边枋扇题写24幅《朱子家训》。天井内有一口小水井。蔡氏商行均为“玉记商号”，四居海路1号、玉记群屋前面是玉记坞遗址和货栈。玉记坞是当年玉记商船泊货码头，已被填，仅存船坞遗址，遗址处有3门防御海盗的大炮。在船坞遗址东面并列着两座货栈，为砖石结构，硬山顶。

晋江五店市布政衙 坐落在晋江五店市梅岭街道布政衙巷北段。明代始建，原为进士、浙江布政司左参政蔡立敬和历任蕲州、连州知府蔡立爱兄弟二人故宅。建筑面积900平方米，坐北朝南，三落三开间，分为东西两座宅院。房子的下落应用减柱法，减掉中柱和前金柱。现为"五店市家风家训馆"。

仙游龙华蔡氏古厝 坐落在龙华镇灯塔村。清乾隆（1736—1795）末年蔡世飞始建。占地面积1.2万平方米。红砖古厝，三进式，长200多米，有房间120间，莆仙建筑风格，石柱础为绿豆青材质。

莆田二贤祠 "二贤"即宋名贤蔡襄和陈俊卿。坐落在莆田东沙村城隍庙左侧。明成化年间（1465—1487）巡按御史尹仁倡建，后增入艾轩林光朝，改匾"三贤"。嘉靖四十九年（1560年）增参知政事龚茂良，从其裔孙亨奏请改匾"四贤祠"，有司春秋致祭。莆田建筑风格。现为蔡襄东沙纪念馆。

莆田沁后蔡氏大厝 又称蔡氏万兴堂。坐落在涵江区梧塘镇沁后汉口村。1915年印度尼西亚华侨蔡柏德回乡兴建。建筑面积850平方米，坐北向南。主座七间厢，两边连接二层护厝，两边护厝的前端围成一堵照墙。中间设传统大门垣，与正厝心单层一厅四房形成一条中轴线。大门也是双层结构，大门两边用进口瓷砖装饰，门上题"南阳别墅"四字。由正厝与护厝组成。穿梁式木结构，瓦当燕尾脊，门前的窗格为传统木饰与时尚花砖雕工相结合。

第六节 民间信仰

琉球国蔡夫人信仰 明洪武年间（1368—1398），朝廷赐"闽人十八姓"赴琉球国。永乐年间（1403—1424），又再赐"闽人十八姓"赴琉球。琉球国耳目大夫蔡金城之女蔡红亨，长得国色天香。传说她能神游海上，被陈靖姑收为徒弟，羽化成仙，能降魔伏妖，在海上保护渔民渔船，救人无数，被琉球人及福建长乐人视为神明并建庙供奉，尊称为蔡姑婆、蔡夫人。信众有事，只要呼唤"琉球国蔡氏姑婆"，蔡红亨无不显灵相救。蔡红亨坐化之所建置庙宇，祀奉其肉身神位。其灵魂还常常回琉球国探视父母，并在琉球国降妖灭怪，所以琉球人十分感念她的恩德。后蔡夫人的肉身被琉球人接回，唯留"手袖"在长乐。每年七月中旬举办活动，各地文化交流团抵达梅花蔡夫人祖庙祭祀，然后经西施弄、东城门、乡约所、林位宫、武术馆、古城广场、将军山公园巡境，保一方平安。蔡夫人祖庙坐落在长乐梅花镇梅西村，1986年列为长乐市文物保护单位。

长乐市潭头元岱游神民俗 长乐潭头镇元岱村是蔡氏聚居村，村内有崇圣寺（建于宋建隆二年，961年）、麟应堂（建于宋绍兴二十八年，1258年）和娘奶宫等，麟应堂边有蔡氏慈母鄢氏七娘当年建庙时施财建造的方形古井，形成多神信仰。每年正月十五都要举办隆重的神明巡境活动，配有七爷八爷，以求保佑全年全境平安、五谷丰登。各家各户都备香火、佳肴摆在家门前迎接诸神明到来，有条件的人家还给神像披彩、披金，并迎香火进家里，祈求阖家平安幸福。

金门厦门蔡王爷信仰 蔡王爷信仰及其仪式是金厦蔡氏宗亲社区最重要和最为隆重的信仰活动。蔡王爷作为地方安靖保护神，每年都要代天巡狩，保护一方安宁。金门、厦门两地蔡王爷，主神在不同村落有不同身份。第一尊蔡复一，明代泉州府同安县金门蔡厝（今金门县）人，终授兵部尚书，他的事迹被民间演化为神格，同安和翔安每年农历五月十二日祭祀。第二尊蔡攀龙，清代同安平林（今金门）人，骁勇善战，任江南提督，为金门第一位二品武将。大嶝镇崎口下村民众将他作为境主王爷供奉在青龙寺，每年农历十月十八日祭祀。第三尊蔡献臣，明代同安县金门人，与马巷元威殿池王爷同祀。他们的后裔主要分布在金门、台湾岛内和新加坡，海内外的宗孙乡贤尊之为"蔡府王爷"，后人传说他们羽化后被玉皇大帝"玉旨敕令代天巡狩"。清嘉庆十九年（1814年），槟城蔡姓宗亲从中国故里家庙迎请到二位"蔡府王爷"香火，供奉在捕鱼和务农的族人住地，又经历过开拓合祀各姓王爷，香火分炉东南亚各国，海外辛柯蔡宗祠大都供奉蔡王爷与辛、柯王爷。

厦门翔安上头宫庙会民俗　厦门翔安区新店镇蔡厝后珩里上头宫始建于明永乐年间（1403—1424），主祀准提佛祖，配祀七普师爷和注生娘娘。这里的准提佛祖是闽南地区的主炉，有100多个分炉，散布香港、台湾等地和美国。每年正月十四是准提佛祖的诞辰，这天，来自厦漳泉和海外的准提佛祖信徒、蔡氏族人和游客齐聚庙会，上香祈福。上头宫庙会活动有翔安布袋戏、内厝宋江阵、新店腰鼓、闽南高甲戏等民俗表演。

漳州古塘清醮民俗信仰　漳州古塘村是蔡姓聚居村。清醮是蔡氏族人为祈求平安而举行的祭典。家家户户都挂上醮灯为法器，醮灯分为桶灯、龙灯、雨伞灯、平安灯、上梁灯等。古塘村清醮从“请神”开醮到“送神”结束历时两个月，一般安排在农历八月廿二日。请神仪式后，由村里属龙的年轻人抬着“天公”巡游。随驾出巡的有马队、凉伞队、舞狮队、锣鼓队、彩旗队、兵器队等，还有来自台湾云林县内寮靖海天后宫妈祖进香团、厦门集美灌口凤山祖庙进香团。整个队伍足有千米长，其中有200多名打扮可爱的孩子和133匹马，在马师的陪同下，或一人一匹或两人一匹，驾马有序地参与巡游。队伍所到之处，户户摆宴席，设香案，祈求一方太平、风调雨顺、国泰民安。巡游结束后，再挑选合适的日子举行“送王”仪式。村里还将请来芗剧团，连唱两个多月戏。

龙海埭新村“送王船”民俗信仰　这是龙海海澄镇东部与东园镇以埭新村为中心的7个蔡姓聚居自然社的民俗信仰。埭新村的天安宫、进发宫供奉九天玄女、哪吒太子、代天巡狩的王爷等30多位神明，是承载九龙江船民宗教信仰和精神寄托的重要场所之一，距今已有500多年历史，形成“送王船”民俗。每年农历三月初三，请外海王爷为船民保平安。先请道士做醮，到了傍晚时分，信众将纸扎“王船”送到江心的沙洲上。为了让王爷及随从在路上有吃有喝，信众还在“王船”里放入大量的米、面、肉、菜、油、盐及木柴等供品，最后将王船及供品烧掉，并燃放烟花爆竹。送平安王三大阶段，二月为“询平安”，三月为“请平安”，直至农历九月十三日最核心的“送王”才将神明送回去，象征着祭品全部送给了祭祀对象。

平和隆庆村绍庆堂“洗水尪”信仰　明洪武五年（1372年），平和县山格镇蔡氏聚居村隆庆村蔡氏族人建了绍庆堂，祭祀五显大帝和南宋殉国将士，主祀王爷、王爹，内宫夫人，兼祀王公、佛公、观音、马君等神。每年正月初五举行王爹及众神明出巡行香活动，当日在花山溪深水区举行一年一度的“洗水尪”民俗文化活动。游神后，入庙前，由几位年轻力壮的村民抬着众神像，到本村的溪中浸水，左右摇晃，过河时速度加快，溅起阵阵水花，然后迅速抬起神像向绍庆堂方向跑去，请众神入庙。农历十一月十一日演社戏纪念王爹诞辰。“洗水尪”产生于闽南地区，后随闽南籍移民传入台湾，并在移居地落地生根。

石狮市祥渔斗美宫庙会　斗美宫坐落在祥芝镇祥渔村后斗尾。清乾隆二年（1737年）蔡姓族人始建。供奉朱、李、池三大王爷，被村民称为渔村的保护神。乾隆十年开始，斗美宫的香火被分灵至台湾台中县以及马来亚等地。传说三位王爷非常灵验。每年农历五月十三日举办大型庙会，庆祝三大王爷的生辰。每户人家在这一天都要来斗美宫上香，台湾同胞和海外侨胞都组团来谒祖参香。村里的男子在大海中以划龙舟一拼高下，另外还有大型的文体活动及烟花表演。

第七节　非物质文化遗产

国家级非遗厦门漆线雕工艺及其代表性传承人　漆线雕工艺是古代佛像雕塑艺术的遗脉，受宋元线雕工艺特别是沥粉和泥线雕的启发而产生，形成于明末清初。同安马巷蔡氏作坊原名“西竺轩”，漆线雕工艺有文字可查的已传12代，蔡水况、蔡彩石羡是第12代传人。2006年列入第一批国家级非物质文化遗产名录，2007年蔡水况列为国家级代表性传承人，2010年蔡富国、蔡士东列为省级代表性传承人。

国家级非遗龙海蔡妈夫人文化信仰习俗 龙海等地每年农历六月十五日举行“蔡妈夫人”生日的民俗活动。相传蔡妈夫人医术高明，是开漳圣王陈元光之父陈政的奶娘、随军家眷妇科儿科女医生。宋代赐封为广济仙妃，民间尊称“婆姐”“姐母”（乌母）或“悉妈”（娶妈）。龙海多有蔡妈夫人庙，主要有石码清惠宫、榜山镇清惠宫、白水壁潆宫等。祭祀盛典可追溯至南宋绍定元年（1228年）。每年农历六月十五日，龙海等地信众在清惠宫举行蔡妈夫人诞辰庆典，由百名女士组成女子迎神团，轮流抬着蔡妈夫人等四台神轿，巡游大街小巷。信众穿上特制的节日服装，抬神轿，跳大鼓娘伞舞，舞龙阵，载歌载舞，祈求蔡妈夫人保佑善男信女老少平安。家家户户都要备办籼米做的“小米圆”和香火沿途迎祭神明，口唱童谣《团仔歌》。蔡妈夫人民俗香火传遍闽南、台湾和东南亚，每次祭典海外信众都会前来朝拜。2008年列入第二批国家级非物质文化遗产名录。

国家级非遗漳州蔡福美传统制鼓技艺及其代表性传承人 蔡福美传统制鼓技艺源自清乾隆初年（1740年左右），保留着特别的传统鞣制鼓皮的技巧，这种鼓是台湾和东南亚各地的抢手货。清光绪年间（1895年前后）蔡心匏只身到台湾，另开一家蔡福美鼓铺传承祖传的工艺，从此蔡福美制鼓技艺成为海峡两岸传统制鼓工艺代表之一。2011年列入第三批国家级非物质文化遗产名录。2015年第十三代传人蔡志强列为该技艺国家级代表性传承人。

国家级非遗漳州布袋木偶戏及其代表性传承人 漳州布袋木偶戏在南宋时兴盛于漳州，明末即流传到广东、台湾和东南亚一些地区。其特点是用指掌直接操纵偶像进行戏剧性的表演，使之活灵活现，栩栩如生，既能够体现人戏的唱、念、做、打等动作及喜、怒、哀、乐的感情，又能表演一些人戏难以体现的动作，技巧高超，造型精美。2006年列入第一批国家级非物质文化遗产名录，蔡国富、蔡士东成为该项目国家级代表性传承人。2005年，漳州布袋木偶戏列入福建省第一批非物质文化遗产名录。蔡柏惠列为该技艺省级代表性传承人。

国家级非遗东山歌册及其代表性传承人 东山歌册在明代从广东潮州传入，其曲调在民间歌手的演唱中不断嬗变，衍成曲艺。东山歌册是用潮州方言编写的，以诗叙事，被称为“长篇方言叙事诗”，如《杨令婆》《薛丁山征西》《穆桂英挂帅》等。2006年入选第一批国家级非物质文化遗产名录。2008年蔡婉香列为该技艺国家级代表性传承人。

国家级非遗泉港北管及其代表作 北管音乐是清光绪年间（1875—1908）流行于北京、上海、江苏、浙江、广东等地的民间音乐，通过海路等渠道传入泉州泉港区，经融合演变，成为广泛流传于泉港区的一种丝竹音乐。为别于南音，当地人将这一源自省外的民间乐种取名“北管”。北管演唱采用“官话”，演唱者要手执打击乐器，边唱边击以配奏，其音乐风格既保留江南丝竹的明朗、幽雅，又加入闽南音乐的柔婉、秀丽，并有遒劲、朴实个性。2006年列入第一批国家级非物质文化遗产名录。音乐家蔡王彬主编的《泉港北管》成为第一批国家级非物质文化遗产代表作。

国家级非遗泉州十音及其代表作 泉州十音是南北管、弦乐、打击乐等多种乐器组成的合奏，起源于笼吹（鼓吹）音乐的“十音吹”，并在流传中吸取外来诸多曲调，逐渐成为独立的地方乐种，是泉州民间音乐活动的主要形式之一。2006年列入第一批国家级非物质文化遗产名录。音乐家蔡王彬主编的《泉州十音》成为第一批国家级非物质文化遗产代表作。

国家级非遗泉州花灯 泉州花灯制作起于唐代，盛于宋元，延续至今，以其独有的刻纸、针刺工艺和料丝镶装技艺闻名于世。1978年，蔡炳汉首创“针刺无骨灯”，全部用钢针在制图纸上刺出来。光线从针孔中透出，明亮美丽。2006年列入第一批国家级非物质文化遗产名录。蔡炳汉列为该技艺国家级代表性传承人。

国家级非遗五祖拳 五祖拳是中国传统拳术中的南拳之一，由泉州人蔡玉鸣综合白鹤拳、猴拳、罗汉拳、达尊拳和太祖拳而成，故称五祖拳。五祖拳属典型的外家功力型拳术，威猛激烈，以柔济刚，包涵内家拳的很多技击法和内功修炼法。该拳套路多达两百余套，空拳、长短兵自成系统，小套仅有十余步，大套多达 100 多技手。2008 年列入第二批国家级非物质文化遗产名录。

国家级非遗梨园戏及其代表性传承人 梨园戏发源于宋元时期的泉州，音乐属泉腔，由南音、笼吹、十番和部分潮调等融合而成，被誉为“古南戏活化石”。2006 年列入第一批国家级非物质文化遗产名录。2009 年蔡亚治列为该技艺国家级代表性传承人。

国家级非遗枫亭学士街元宵游灯习俗 宋庆历四年（1044 年）蔡襄知福州时，曾布告百姓在元宵节大放花灯，在枫亭驿赏灯题诗，也就有了元宵游灯的民俗活动。宣和年间（1119—1125），蔡攸以色乐彩灯回游枫亭，使枫亭元宵游灯活动加入宫廷灯艺的风格。每年农历正月十三日至十七日，蔡氏聚居地霞桥、霞街、兰友、学士社区及霞街北门自然村依次开始游灯。游灯以“花盆菜头灯”和彩架为主，以“大魁天下”和“端明学士里”为主匾。头牌主匾由仪仗队簇拥而行，车鼓队、十音八乐队、女子腰鼓队穿插其中，汇集篝火、社火、放灯、游神、古巫、傩舞等多种民俗活动和民间灯艺、曲艺、舞蹈、十音八乐、戏曲和杂技等各类艺术。2008 年列入第二批国家级非物质文化遗产名录。

国家级非遗莆仙戏 莆仙戏剧本为中原古老剧种，宋代成为宫廷戏剧。蔡京、蔡卞将该剧种从宫廷引到家乡仙游赤岭，用莆仙方言说白和道情，很多传统剧目深受当地民众欢迎。中华人民共和国成立后，该剧种多次晋京参加戏剧汇演并获奖。《洛阳桥传奇》是其传统剧目之一。2006 年列入第一批国家级非物质文化遗产名录。

国家级非遗建窑建盏烧制技艺及其代表性传承人 建窑为宋代八大民窑之一。建窑黑釉茶盏烧制技艺，要经过选瓷矿、瓷矿粉碎、淘洗、配料、陈腐、练泥、揉泥、拉坯、修坯、素烧、上釉、装窑、焙烧等 13 道工序。建窑建盏的制坯环节是采用手工拉坯成型的，双手将泥拉成器坯，要成竹在胸，一气呵成。2009 年列入福建省第三批非物质文化遗产名录。2011 年列入第三批国家级非物质文化遗产名录。蔡炳龙列为该技艺国家级代表性传承人，蔡炳盛列为该技艺省级代表性传承人。

省级非遗漳州南词及其代表性传承人 漳州南词是一种传统说唱艺术，有曲调之意，与宋元南曲相比名同实异，曲体为西安鼓乐所独有。主要使用扬琴、北琵琶、北三弦、北月琴、二胡、笙、笛、浪帐、金刚腿等乐器。2005 年列入福建省第一批非物质文化遗产名录。2010 年，蔡锦波列为该技艺省级代表性传承人。

省级非遗福建潮剧（东山）及其代表性传承人 潮剧是漳州戏曲主要剧种，俗称白字戏，也称泉潮雅调、潮音戏。潮剧集诗、歌、舞、戏于一体，音乐融合闽南及潮汕一带泉腔潮腔、民歌小调、民间大锣鼓音乐、庙堂音乐及高腔、昆曲、梆子、皮黄腔等腔调。2009 年列入福建省第三批非物质文化遗产名录。蔡宝源、蔡锦善列为该技艺东山县代表性传承人。

省级非遗泉州南派布袋戏及其代表性传承人 泉州南派布袋戏是指泉州地区的掌中木偶戏，以泉腔演唱戏文，区别于唱北调的漳州北派布袋戏，闽南俗称为“掌中傀儡”。2007 年列入福建省第二批非物质文化遗产名录。2010 年，蔡美娜列为该技艺省级代表性传承人。

省级非遗泉州锡雕技艺 泉州锡雕技艺始于唐宋，盛于明清，主要分布于泉州、台湾等地。在泉州中山中路就有一条巷，从巷头到巷尾开设了好多打锡商铺，“打锡巷”由此得名并沿用至今。泉州锡雕技艺主要步骤为：制模、铸造、修整、焊接、磨光、整形、贴金、装配、包装，集传统雕刻、油漆、灯艺、铸造艺术于一体。2009 年列入福建省第三批非物质文化遗产名录。蔡一阳列为该技艺省级代表性传承人之一。

省级非遗同安薄饼制作工艺 薄饼是同安传统小吃，为明代蔡复一夫人李氏创制，被蔡氏家族代代相传。薄饼的做法也在同安民间广为效仿。同安薄饼的馅与其他地区的润饼不同，菜料搭配独具特色的“油饭”。油饭是用糯米、虾仁、香菇炒香后加入骨头汤焖煮而成；菜料则由十几种时令蔬菜炒成。由一张皮、一层炸海苔、上油饭、菜料，加花生酥、秘制酱包卷而成。2017年列入福建省第五批非物质文化遗产名录。

省级非遗桂峰黄酒酿造工艺及其代表性传承人 南宋淳祐七年（1247年），蔡襄9世孙蔡长定居桂峰并开始酿造黄酒。尤溪县洋中镇桂峰村蔡氏族人将传统酿造黄酒工艺记载下来。桂峰黄酒一般在每年冬至时节酿造，经过蒸米、发酵、榨酒、温酒、封坛等多道工序，口味自然甘甜，清醇爽口，味浓香远，色泽橘黄澄亮。2017年列入福建省第五批省级非物质文化遗产名录，蔡和书列为该技艺省级代表性传承人。

市级非遗罗源三代祖师信仰习俗 又称中国（起步）三代祖师文化节迎新过火庙会。起步村是柯蔡聚居村。传说宋代禅门临济宗高僧，法号自超，是三代佛（即七佛中第三佛，毗舍浮佛）转世，即“三代祖师”。祖师圆寂后，乡民建寺奉祀供为柯蔡族人保护神。清道光以前当地即有过火活动，每年农历正月十三日在罗源起步镇起步村举行。火埕由直径15米的圆形土墙围成，中间铺600多篓木炭，当日辰时在火埕“五方”生火，村民提前三天戒斋，这天清晨家家户户门前都摆着香案与供品迎接祖师。祖师巡境从8点开始，穿街走巷。游神队伍旗幡锣鼓开道，三位赤膊、右手挥刀、左手舞着扎着无数铁钉的红色钉球的道士驱邪送福，最后是十数位壮汉护送的祖师神轿压阵。下午4点，乡人们扛着旗伞、神轿入场。敬神仪式过后，乡人们围绕着火埕，抬着神轿举行祈福活动，或赤膊挥舞大刀，或表演撩火，或吹响法号，或添盐扇火。上百个乡人按五行列阵，抬着神轿，由北向南赤脚穿过烟火弥漫的火塘。2017年列入福州市非物质文化遗产名录。

县级非遗漳浦嘉礼戏及其代表性传承人 漳浦嘉礼戏又称提线木偶戏，也称“悬丝傀儡”“嘉礼戏”。嘉礼戏由偶头、笼腹、四肢、提线和勾牌组成，木偶高约六七十厘米，分生、旦、北、杂四个行当，由四名演师分别操线表演。2010年列入漳浦县非物质文化遗产名录。蔡特生、蔡春田列为该技艺县级代表性传承人。

县级非遗晋江山前村火把节 晋江蔡氏聚居村山前村火把节由烧虫灭害、祈求丰收平安、逐疫送穷等习俗发展而来。原在正月初一至十五择吉日举行，后固定在正月初九举行。上午家家户户敬“天公”，下午“运外境”，晚上在村中世泉宫前举办“火把节”。山前村家家户户都会制作火把，每个男丁都有一把。村民手举火把前来参加点火仪式，蔡氏族长点燃“圣火盆”，随后大家纷纷引燃火把，开始环村巡游，祈求新的一年里日子能过得红红火火。2013年列入晋江市非物质文化遗产名录。

第八节　名胜古迹

福州鼓山蔡襄摩崖石刻 位于福州鼓山。唐宋元明清时期的书法作品中，宋代书法家蔡襄的作品最多。具有代表性的有蔡襄的灵源洞题“庆历丙戌孟秋八月，蔡君谟同邵华苏才翁同游”“国师岩”榜书及“忘归石”等。2001年随“鼓山摩崖石刻”列为第五批全国重点文物保护单位。

福州于山蔡襄石刻及碑廊 位于福州于山，山中有历代著名书法家的碑刻，其中有蔡襄题的“幽幽境”等书法碑刻、蔡襄撰并书的《刘蒙伯墓碣》等。1983年列为福州市文物保护单位，2013年列为第七批全国重点文物保护单位。

南安蔡氏古民居建筑群 俗称漳州寮，坐落在南安市官桥镇漳里村。清同治六年（1867年）至宣统三年（1911年），由旅居菲律宾侨商蔡资深所建。民国时烧毁宅第1座，20世纪50年代拆毁宗祠1座。现存宅第19座、书房1座，占地面积3万多平方米，建筑面积近1.6万平方米，房屋计400间。建筑群大体分为东、中、西三部分。前铺石埕，山墙之间留有南北贯穿的2米宽防火通道。西部建筑为东西布局，其余均坐北向南。单体建筑为三进或两进，五开间，并带单边或双边护厝，穿斗式木构架，有硬山顶或卷棚顶。内外装饰石雕、砖雕、木雕、泥塑，一些雕饰有佛教、伊斯兰教及南洋、西方建筑的元素。2001 年列为第五批全国重点文物保护单位，并进入世界文化遗产名录。2019 年漳里村入选第五批中国传统村落。

鼓浪屿日光岩摩崖石刻群 位于日光岩公园内，有蔡复一诗刻（明代·行楷）、蔡谦光诗刻（明代·行楷）、蔡天任诗刻（清代·行楷）、蔡元培诗刻（民国·行楷）、蔡廷锴七绝等。2005 年列为福建省文物保护单位。

厦门马巷元威殿 俗称池王宫，坐落在同安马巷街 218 号。建筑面积 107 平方米。明万历年间（1573—1620）马巷蔡氏族人始建，天启二年（1622 年）移址重建。占地面积 107.6 平方米，坐西向东，二进式，是马巷蔡氏族人修建和保护、管理的庙宇。2013 年列为福建省文物保护单位。

漳浦六鳌古城 位于六鳌镇西侧的青山山腰、六鳌半岛之端。元代蔡氏族人建造，明代为抗倭加固为石堡。城墙全部采用长条石砌筑，墙厚 2~3 米，依山势地形筑于天然岩石上。绕山腰一周，周长 1815 米，高 6 米许，城开西南、南、北 3 个城门，各门有夯土城楼。又辟有 5 个水门，用于排涝和战时应急。还筑有墩台、观察台。城外以海为濠。临海建城，状如“巨鳌载岳”，命名为陆鳌城。城中有蔡氏家庙，祭祀明代南京礼部郎中蔡时鼎等。2001 年列为福建省文物保护单位。

尤溪桂峰村 位于洋中镇蔡岭。村庄面积 13 公顷，古建筑群面积 2.6 万平方米。原有 100 多座，现存 39 幢古民居中，最早的建于明代后期，有蔡龙豪故居、蔡氏祖祠、蔡氏宗祠、古刹等。建筑群依山就势分布于村子的三面山坡上，由木结构房屋、庭院、土围墙、石门组成，大多雕刻着人物、山水、花鸟等图案。村中小桥流水，曲巷通幽，曾经是闽北至福州官道上的必经之处。入选第一批中国传统村落，2002 年获评中国历史文化名村，2009 年，39 座古民居列为福建省文物保护单位。（见彩图 2-4）

晋江塘东村 位于围头半岛的西南隅，东连陆，西临海，占地面积 3.5 平方千米。南宋景定元年（1260 年），塘东村始祖蔡我东拓地建屋于池塘之东，故村名塘东。村民以蔡姓为主。主要名胜古迹有东蔡家庙、西资岩寺、无能祠、三山胜景。村中建筑屋顶高斜陡峭。还有一幢幢排列有序的红砖古厝、民国时期的番仔楼，西资岩摩崖石刻西方三圣大石佛被列为全国重点文物保护单位。村西有一条约 1400 米的触角状沙堤。塘东村系革命老区基点村，保留有大量的军事碉堡、防空洞、“八二三”金门炮战遗迹。2014 年入选第三批中国传统村落。

晋江梧林古村 位于晋江青阳镇新塘街蔡氏聚落，背靠石鼓山，面临梧垵溪。共有建筑 206 栋，建筑面积 6.96 万多平方米。其中闽南大厝 43 栋、石厝 19 栋、古罗马式和哥特式西洋楼 15 栋、南洋番仔楼 22 栋，另有古井、古榕、镇国将军墓、祠堂等。2016 年列为第四批中国传统村落。

尤溪双洋村 位于尤溪县西滨镇。因钱溪穿村而过又名钱溪村。曾是“红军寨”、革命老区基点村。保留有古民居、古建筑 20 多栋以及古井、古树、古祠庙等。居民以蔡襄后裔为主，自古以耕读传家，创办有开山书院。入选福建省级文明村，2018 年列为第五批中国传统村落。

漳州云洞岩景区 位于龙文区蓝田镇蔡氏聚落蔡坂村。景区范围 18.1 平方千米，花岗岩地貌别致多姿，山、水、林、泉、岩、洞、寺兼胜．从五代时期开始，尤其是经过宋代朱熹、明代蔡烈等人打造，成为有“闽南第一洞天”“丹霞第一洞天”“闽南第一碑林”美誉的风景文化名山，有大小洞穴 40 余处，历代各体书法题刻 200 余段。1991 年列为省级风景名胜区；1993 年景区内摩崖石刻列为省级文物保护单位；2008 年被评为国家 AAAA 级旅游景区。

福州苔泉题碣 位于福州北郊龙腰村。有蔡襄于宋庆历年间（1041—1048）正书“苔泉”二字立碣。2001 年列为福州市文物保护单位。

虎溪岩棱层洞摩崖石刻群 位于厦门虎溪路的尽头。有蔡谦光题写诗句、蔡复一《梵天寺二首》、蔡天任《春日太平岩同诸友限韵》等。1982 年列为厦门市文物保护单位。

蔡虚台功德碑 位于厦门集美区后溪镇苏营村。明崇祯元年（1628年）立，1987年移至后溪镇政府大院内。花岗岩石质，圆首，高2.42米，宽0.92米，厚0.19米。篆额16个字。正文楷书，记述明代蔡献臣为保护农田，捐资修筑苎溪朱埭堤岸情况。何乔远撰文，落款“崇祯元年岁次戊辰孟夏吉旦”。1985年列为厦门市文物保护单位。

龙海榜山镇清惠宫 又称蔡妈夫人庙、蔡妈庙，坐落在榜山镇平宁村西头社。南宋绍兴五年（1135年）始建，明嘉靖四年（1525年）、清乾隆二十五年（1760年）及1985年、2012年重修。占地面积3000多平方米，坐北向南，砖木结构，二进三开间两过廊。面宽三间、11.5米，进深三间、11.1米，走廊2.2米，抬梁式木结构，悬山顶。前殿主祀蔡妈夫人（御赐“广济仙妃”），后殿祀观音、佛祖。清乾隆初毁于火灾，陪祀的有婆姐、先生公、伽蓝公和土地公。2013年列为漳州市文物保护单位。

蔡公泉摩崖石刻 位于泉州市鲤城区江南镇乌石村。北宋至和二年（1055年），蔡襄来泉州发现此泉。后疏源凿池储泉水，并建亭覆之。治平元年（1064年），晋江县令王克加以疏浚，并于泉窟上方岩壁竖刻楷书五行“治平甲辰（1064）四月二十八日晋江令王克浚蔡公泉”，字径0.05×0.05米至0.016×0.01米不等。题刻外加框，框高0.45米，宽0.9米。亭已毁。1983年列为泉州市文物保护单位。

晋江青阳石鼓庙 坐落在青阳镇东北隅石鼓山上和平路109号，是蔡氏的家族神庙。宋淳熙年间（1174—1189）始建，初为青阳蔡氏家族的当境神神位。明崇祯四年（1631年），蔡侃奉诏出镇巡抚云贵、四川等地，平息贼寇，传说黄志显化黄旗之号，骑白马助战，蔡侃班师入朝后奏请皇帝敕封其为“顺正府大王”，并授以帽袍、靴带、剑印，以旌殊勋。其香火长盛不衰，在台湾分炉有顺福宫、清德宫、永安宫等。庙内的“青阳乡约记”碑刻高2.6米，宽0.91米，系明万历十六年（1588年）知事张瑞图与青阳乡贤蔡应角、蔡思正等8名蔡姓乡贤牵头，与庄、林等各姓共计18名乡贤协商，制定乡规民约，刻石立法。1991年列为泉州市文物保护单位。

安溪蔡公井 位于凤城镇中山路63号。明代蔡氏族人建，井圈石砌，石鼓形，吊绳磨穿石井圈多处。单孔，直径1.5米，井深约18米，井盘为条石铺盖，井后一短墙上嵌“蔡公井”石刻。此井久旱不涸，久雨不浑，水质上佳。1983年列为泉州市文物保护单位。

莆田东海镇金沙宫 又称蔡襄庙、蔡襄纪念馆，坐落在莆田东海镇东沙村南。宋大中祥符三年（1010年）始建，清乾隆年间（1736—1795）重修。占地面积700多平方米，坐北向南，由正殿和左右两配殿组成。右配殿辟为“端明殿”。正殿面阔五间，进深三间，穿斗式木构架，悬山顶。占地面积300平方米，坐东向西，分前后座，中有天井。殿内保存圆首石碑3通，碑身高1.4米，宽0.66米，碑座高0.29米，宽0.75米。左碑碑文为欧阳修手书，右碑碑文为柯潜赞扬蔡襄题字。黑页岩石碑是（蔡襄父）蔡琇墓志铭。2004年列为莆田市文物保护单位。

龙海石码清惠宫 又称蔡妈夫人庙，坐落在石码镇西头社。北宋蔡氏族人始建，清初因火烧倒塌。原为二进三开间二过廊，1985年重建后殿，2012年重修。主体建筑面积580平方米，坐西朝东，前殿主祀蔡妈夫人，后殿陪祀婆姐、先生公、伽蓝公和土地公。1997年列为龙海市文物保护单位。

龙海石码下码武庙 坐落在龙海石码解放东路横巷23—25号。明嘉靖年间（1522—1567）始建，占地面积550平方米，建筑面积453平方米。坐南向北，面向龙海锦江，分为前后殿，配有亭廊、钟鼓楼，三进三开间，中天井。主殿抬梁斗拱式，云山燕尾加樵脊，硬山顶。保存有明代石狮、石碑、石基等文物。殿内供奉关羽、关平及周仓等神位，祭祀陈政的奶娘蔡妈夫人，每年在此举行蔡妈巡境。1992年列为龙海县文物保护单位。

龙海海澄镇霞苑清惠宫 旧名蔡妈庙。南宋绍兴五年（1135年）始建，明嘉靖四年（1525年）、清乾隆二十五年（1760年）及近现代均有重修。占地面积3000多平方米，坐北向南，砖木结构，面宽三间、11.5米，进深三间、11.10米，走廊2.2米，悬山顶，抬梁式木构架。祀奉蔡妈夫人。1997年列为龙海市文物保护单位。

龙海白水壁漈宫　又称蔡妈夫人庙、大妈庙，坐落在龙海白水镇白水圩。清乾隆三十年（1765 年）始建，历代修葺，1990 年重修。建筑面积 120 平方米，宫前壁石龙、石麒麟浮雕、透雕石窗各 1 对，主祀大妈（蔡妈夫人）、二妈，配祀康元帅、赵元帅、龙王等。保留有清道光（1821—1850）、光绪（1875—1908）年间修缮的石龙柱、石狮各 1 对。2012 年列为龙海市文物保护单位。

“别一蓬莱”摩崖题刻　位于云霄火田镇岳坑村。“仙师洞”洞口有清初蔡世远题楷书“别一蓬莱”四字，字径 0.5 米。款识“宗伯”。左下侧崖壁上刻 4 个符号，难以识读，或为满文。1995 年列为云霄县文物保护单位。

建阳西山和云谷山摩崖石刻　位于莒口镇西山。摩崖石刻“乙卯赐蔡抗西山宝祐丙辰十月朔宋理宗皇帝御书，太中大夫参知政事蔡抗刻石”，以表彰蔡元定。这里原为蔡元定与朱熹对论讲学的“西山精舍”。云谷山摩崖石刻为“乙卯赐蔡抗庐峰宝祐丙辰十月朔太中大夫参知政事蔡抗刻石”“宋理宗皇帝御书”，以表彰蔡沉。字大 1 米见方。1992 年列为建阳市文物保护单位。

福安龟湖寺　又名三宝寺，坐落在福安韩阳镇龟湖山。唐开成三年（838 年）始建，蔡天师入闽东福安，建龟山院，点化“马屿香泉”。宋淳祐五年（1245 年）辟为讲堂，元皇庆元年（1312 年）改为佛道共用龟山寺，明清时期为闽东佛教重要寺院。抗日战争中部分被日军炸毁，1958 年后曾作为福安地委驻地，1990 年重修。主殿面积 305 平方米，坐北向南，面阔三间，进深三间，重檐歇山顶。柱子为方形抹角，其中 8 根有瓜棱纹的石柱系宋代遗存。1980 年列为福安市文物保护单位。

长乐漳港龙角峰　位于漳港街道龙峰村的山峰上（旧称犀邱山）。系一块高十多米的巨石，底部有十几平方米，越向上越细，并呈弯角状翘起，顶部宽仅一米见方，酷似传说中的独角龙的角，连石带峰称为“龙角峰”。蔡襄任福州知府时曾游历此地。宋嘉定年间（1208—1224）蔡氏义房族人献地出资，始建龙角峰寺，设子弟读书斋。清雍正三年（1725 年）辟为禅寺。乾隆二十四年（1759 年）重修，扩建文昌阁。1992 年建观音堂。总建筑面积 930 平方米。山上有明清时期的摩崖石刻。

厦门市天子庙　坐落在厦门凤岗村。宋代始建于泉州城，蔡京五子蔡鞗娶赵佶（宋徽宗）女赵福金，“靖康之难”时与徽、钦二帝一同被掳，卒于黑龙江。赵构建立南宋政权后，把蔡鞗的两个儿子安置在泉州，享受帝王家族俸禄。蔡鞗后裔分别设坛祭祀赵构、赵佶、赵桓以及先祖等。南宋灭亡后，族人抱着神像离开泉州城。明初在凤岗乌山村重建庙宇，1981 年重修。占地面积约 600 平方米，坐西朝东，由门楼、天井、护廊、主殿组成，主殿面阔三间，进深三柱，有 3 个神龛，主神龛祭祀宋徽宗、蔡京和宋高宗，左殿祭祀关羽，右殿祭祀注生娘娘。每年十月十五日等重大节日蔡氏族人都要进行祭祀，祈求天子王爷庇护。天子王爷信仰已经成为蔡氏家族以及当地民众的信俗。

漳州古塘真元清君庙　也称祖庙，坐落在漳州市古塘村。系蔡氏家庙，供奉一帝、二帝、三帝，为四川都江堰二王庙福建第一分镇。明洪武（1368—1398）初年始建，历代修葺，当代蔡元盛牵头重建。建筑面积 270 平方米，坐西朝东，砖木结构，悬山顶，燕尾脊，二进天井前后双步廊，四壁三开，抬梁式木结构，雕刻麒麟龙凤。

漳州古塘太祖拳武馆　坐落在漳州古塘村。由练武场和武馆组成，是漳州武艺堂太祖拳的开基武馆。明末清初蔡氏族人创建，现代重修。占地面积 2000 多平方米，建筑面积 640 多平方米，坐北朝南。有 18 个拳术流派，其中宋江阵等多个项目是漳州市级非物质文化遗产项目。1953 年 11 月，古塘村蔡信和蔡元代表福建体育界参加在天津举办的首届“全国民族形式体育表演及竞赛大会”，双双获大会优秀奖，受到贺龙元帅接见。武馆定期举办漳州地区 20 多个武馆太祖拳武术汇演，海内外武术群英和省市武术协会领导都莅临指导。

漳浦玳瑁山悟道精舍　又称悟道岩寺，位于漳浦北部蔡坑。五代十国时漳浦蔡坑人蔡元鼎隐居玳瑁山悟道岩著书立说，朱熹为蔡元鼎的纪念祠堂匾额题“立志圣贤”。蔡元鼎11世蔡逢甲中进士后，归隐悟道岩耕读，创建“悟道精舍”，建庵隐居。蔡逢甲歿后，僧人雕蔡逢甲像祀奉，以蔡逢甲的‘存齿、甲、发’置神像腹中为神主。明嘉靖年间（1522—1566）僧智嵩重修，崇祯十六年（1643年），副御史王志道重修。寺院坐北朝南，建筑面积300平方米，由正殿、左右厢房组成。左前方约百米大石上有乾隆四年（1739年）的《悟道岩记》摩崖石刻，字幅105厘米，宽53厘米。

漳浦蔡新纪念馆 坐落在西湖畔西宸岭下，2002年建成。占地面积3300平方米，建筑面积484平方米，坐北朝南，两进宫殿式建筑。纪念馆前广场左右两边各竖立4对旗杆。馆内最后进是红木神龛，龛上悬5个匾，正中“延禧堂”“欧荻延禧”是乾隆皇帝赐给蔡新母亲的匾，另有“盛世耆英”“黄扉宿彦”“武库耆英”等乾隆皇帝赐匾。神龛前是蔡新及何夫人坐像。横梁挂有蔡新一生官职的匾。墙壁上挂有蔡新字迹及有关文物资料复制件70多幅，《澄怀园八友图》石刻25幅，有嘉庆皇帝等31篇名人文章真迹、文武百官73张贺寿帖真迹复制件以及蔡新手迹、蔡新墓碑等。

平和隆庆村蔡家古堡 位于山格镇隆庆村花山溪畔。南宋嘉熙二年（1238年）蔡氏族人聚居筑堡，城墙呈U形，花岗岩建造，总长750米，总面积6200平方米。城内有房屋100多座，每座2~3层，青砖砌墙，硬山顶，红瓦双坡面。该村入选平和县十大名村和福建省美丽乡村。

平和坑里村圣王庙 也称王公庙，坐落在平和小溪镇坑里村。南宋祥兴年间（1278—1279）蔡氏族人始建，2004年重修。供奉神农炎帝、宋太祖及孔子，配祀文天祥、陆秀夫、张世杰。占地面积654平方米，建筑面积388平方米。二进三开间。清康乾时期蔡世远、蔡新到此，留下“圣帝传农耕，先师创儒学”墨宝。

建阳蔡元定广场 又称蔡氏九儒广场，位于南平市建阳区民主南路182号。2011年初海内外蔡氏族人捐资修建。占地面积500多平方米。现为建阳城南崇阳溪畔绿地公园，公园中绿地中心树立蔡元定大型塑像，塑像采用整块花岗石雕刻而成，高6米，重约26吨。

第五章　人　物

第一节　人物传

蔡如金 又名南玉，字叔宝，世称蔡尊师。唐永徽（650—655）初随祖父归途路过泉州。祖父卒，葬南安。迁居泉州，以荫入仕，历金部员外郎，守太原。晚年辞官入道，归修于泉州紫极宫精思院，炼丹于清源山紫泽洞。相传蔡如金道术精深，辟谷御气，以方技济人。有石磕村驱蛇、金田村救女等故事。大历中（766—779〉卒，葬于宁寿寺。宋崇宁中（1102—1106）封“虚应先生”，后累加“善利”“灵济”。嘉定十三年〈1220年〉诏封“昭博真人”。

蔡元鼎 字国宝，漳浦县蔡坑（今赤岭前园村蔡坑）人。生于唐末，五代衰乱，隐居蔡坑大帽山山麓讲学。宋初屡次征召，均不出仕。潜心研究“六经”，讲明意蕴，前来听讲的学生先后近千人，尊称“蒙斋先生”。

蔡　襄（1012—1067）　字君谟。宋天圣八年（1030年）进士，授漳州军事判官，历西京留守推官、馆阁校勘，继以秘书丞、集贤校理知谏院，兼修起居注。任谏官期间直言不讳。宰相吕夷简执政，排斥异己，屡贬言者。蔡襄见正人遭贬，作《四贤一不肖》诗，并连上《言灾异》四疏，指出天灾是由君臣上下过失所致，“闻者皆悚然”。随后，又多次上疏谏阻迎接舍利与修建开宝寺塔等事，劝仁宗皇帝应修人事，加强边防，恤民苦难。在政治上，主张去邪人，退不肖，进贤才。上疏参劾宰相吕夷简、晏殊与参知政事王举、陈执中等人。后知开封。庆历四年（1044 年），蔡襄以右正言直史馆出知福州，七年，改任福建转运使，在职期间兴利除害，修复五塘，蓄水以利农户。民感戴其德，为其建生祠。蔡襄奏请朝廷让闽人自煎和通贩闽盐，使民分享盐利；奏请朝廷减征身丁米一半；创北苑小龙团茶；发动老百姓在各州县路旁种植榕树和松树，从福州大义渡至泉漳七百里的大道两侧，荫蔽道路。蔡襄见民患病不就医而就巫觋求治，撰《圣惠方后序》书于碑，挂衙门前，劝病者用医治疗。至和元年（1054 年），迁龙图阁直学士。二年二月，以枢密直学士第二次知泉州府。八月再知福州，疏浚护城河晋安河等水系 76 条，倡学习经书，改革婚嫁丧事陋习等。嘉祐三年（1058 年）移知泉州，带头捐献 160 亩良田，内弟卢氏负责主持，不动用国库一分银两，加快建设洛阳桥。皇祐五年（1053 年）倡建，嘉祐四年（1059 年）告竣。后守杭州。卒谥“忠惠”，赐封福建都城隍祭祀。

蔡伯俙（1013—1100）　字景番，福清人。宋祥符八年（1015 年），4 岁应举。真宗赐诗宠之，赐进士出身，授以秘书省正字，东宫伴读。仁宗嗣位，蔡伯俙以侍读旧恩，官至司农少卿。曾一度外放管理江州太平观。元祐七年（1092 年）告老返乡，朝廷赐建福州“尊儒坊”。

蔡　确（1037—1093）　字持正，泉州郡城（今晋江）人。宋嘉祐四年（1059 年）进士，调任邠州司理参军，被王安石推荐为三班主簿，受到邓绾的举荐，任监察御史里行，劝神宗坚行王安石新法。元丰五年（1082 年）拜尚书右仆射兼中书侍郎，与王安石同居相位。哲宗即位后转左仆射兼门下侍郎（左相），时宣仁太后垂帘主政，起用司马光、吕公著，全面废除新法，蔡确得罪北方权贵，被以奸臣治罪，元祐元年（1086 年）被罢为观文殿学士，贬知陈州（今河南淮阳），再谪新州，卒于贬所。名列佞籍。哲宗后为蔡确翻案，诏为正议大夫，赠太师，谥“忠怀”，派使者护送棺椁下葬。徽宗追封清源郡王，御书碑文。

蔡　京（1047—1126）　字元长，仙游人。宋熙宁三年（1070 年）进士，任浙江钱塘县尉、舒州推官、起居郎，出使辽国后，被提升为中书舍人。蔡京积极参与王安石变法。奏请宋神宗下诏修建莆田木兰陂。元祐元年（1086 年），司马光任宰相，废王安石新法，蔡京在限期内恢复差役制，受司马光赏识。绍圣元年（1094 年）任户部尚书。章惇掌权，对恢复雇役制久议不决，蔡京向章惇献策把差役制又改为雇役制，得到赏识。建中靖国元年（1101 年）徽宗即位，蔡京被降为端明殿和龙图阁学士，后贬到杭州，迁知大名府、户部尚书和左丞等职。不久升任右仆射、太师。崇宁元年（1102 年）徙大名府。为翰林学士承旨，拜尚书左丞，俄为右仆射。次年进右仆射。三年，提为左仆射，重启变法，重用童贯、杨戬、梁师成等亲信，把司马光等反对王安石新政的 120 人打为“元祐奸党”，加剧党争。新政屡兴屡废，还大兴土木建造宫殿，设立道观，屡兴工役加剧民怨，社会矛盾激化，徽宗罢其职。大观元年（1107 年）复相，加太尉、太师。四年，因劾贬杭州。政和二年（1112 年）又复相。“靖康之变”后钦宗即位，蔡京被连贬崇信、庆远军节度副使，衡州安置，又徙韶、儋二州，行至潭州（今湖南长沙）饿死途中。《宋史》列入《奸臣传》。南宋绍兴三十一年（1161 年）十月，高宗下诏大赦，复官赐葬，封鲁国公。

蔡　卞（1048—约 1118）　字元度，蔡京之弟，仙游人。宋熙宁三年（1070 年）进士，调江阴主簿，历国子直讲、起居舍人、侍御史、中书舍人兼侍讲、给事中。哲宗立，迁礼部侍郎。使辽还，以龙图阁待制知宣州，徙江宁府，历扬、广、越、润、陈五州。绍圣四年（1097 年）拜尚书左丞，力主恢复王安石新法。崇宁元年（1102 年），徽宗任蔡京为相，召蔡卞为中太乙宫使兼侍读，知枢密院事，掌握军机大权。徽宗想建武功，要收复被西夏所占鄯、湟二州（今青海省西宁、乐都一带），问蔡卞谁可为将，蔡举荐王厚、高永平。收复湟州，蔡卞因功升两级；又收复鄯州和廓州（今青海贵德），蔡卞再升三级，加金紫光禄大夫。因与蔡京政见相左，降为天章阁学士，知河南府。不久又被重用，加封观文殿学士、昭庆军节度使，后病死途中。《宋史》列入《奸臣传》。卒赠太傅，谥“文正”。

蔡　硕　蔡确胞弟。宋治平二年（1065年）进士，历官军库使，元丰年间（1078—1085）拜尚书仆射（宰相），协助推行王安石新法。司马光、吕公著全面废除王安石新法后，蔡硕为维护新法，卷入朝廷党争，被污为奸臣，贬黜京城，卒于贬所。后被追赠为待制。

蔡　肇（？—1119）　字天启，漳郡（今漳州）人，迁居润州丹阳。宋元丰年间（1078—1086）进士。初事王安石，又从苏轼游，历明州司户参军、江陵推官、太学正通判常州，召为卫尉寺丞，提举永兴路常平。徽宗时为户部员外郎兼编修国史言者，后贬官为两浙路刑狱。张商英当国后引为礼部员外郎，进起居郎，拜中书舍人，后贬为显谟阁待制知明州。擅长诗文及画山水人物。

蔡　伸（1088—1156）　字伸道，又作申道，号古居士，仙游人。宋大观三年（1109年）进士。历大学博士，宣和年间（1119—1125）出知潍州北海县，通判真、饶、徐、楚四州，改知徐州、德州、和州等，浙东安抚司参议官。南渡后，通判真州，除知滁州。秦桧当国，以赵鼎党被罢，主管台州崇道观。绍兴九年（1139年），起知徐州，改知德安府。后为浙东安抚司参谋官，提举崇道观，官至左中大夫卒。擅书法、工词。

蔡　发（1089—1152）　字神与，晚号牧堂老人，建阳人。一生不仕，读书教子，不与流俗相攀附，隐居麻沙显庆寺，攻读经史，游历四方，精于《易》象、天文、地理。其天象、地动学说在发现时间和科学论断方面比哥白尼早了近4个世纪。

蔡　洸　字子平，仙游人。曾主刑部和户部，先后出知吉州、镇江、宁国府事，历知镇江府。知镇江府时，有一年大旱，农民在漕河两岸筑塘蓄水。当时浙江军队要移驻南京，因漕河水浅，船只运输困难，漕运司要镇江府决堤放水，蔡洸心系百姓，拒绝执行漕运司命令。因镇江府管辖的三县，税户和客户纳税不统一，蔡洸上书给皇帝，提出应该统一纳税的币值，使公私皆便利。后迁户部尚书。蔡洸常用俸禄接济贫困的亲戚。辞官归家时，没有旅费，变卖马鞍，才得以回家。卒年57岁。

蔡　兹　字光烈，永春人。宋绍兴十二年（1142年）进士。绍兴十七年担任建州贡院考官，慧眼识朱熹取士。后官至南恩州知州。任期届满，丞相梁克家器重他，欲委以重任，他坚辞不就。回归故里，筑室家居，自题其室为“燕堂”。卒供奉于永春文庙乡贤祠。

蔡　和（1118—1200）　字廷杰，号白石，南安人。宋绍兴二十三年（1153年），朱熹赴同安任主簿，经蔡岭，蔡和整冠出迎，宴请朱熹。自此时相往来，常与朱熹谈理论道，在泉州设馆讲学，以义理著称。蔡和之家颇为殷实，以耕读为乐。其居有二楼相连，匾曰“铎楼”，以振铎斯民自任。他种植荔枝数百株，名“龙峰荔”，其颗一茎两枚，大小配合，核如米大，不同一般。居乡，丧祭悉尊古礼，乡闾化之。

蔡元定（1135—1198）　字季通，号西山，建阳人。宋绍兴二十二年（1152年），父病逝。蔡元定秉承父教，到西山绝顶建屋，刻苦攻读。绍兴二十九年，往崇安五夫里拜朱熹为师。在教学和著述上，蔡元定是朱熹的得力助手。淳熙二年（1175年），蔡元定在西山建精舍，设“疑难堂”。淳熙十五年，尤袤、杨万里将蔡元定的《律吕新书》推荐给朝廷，朝廷召其进京，以疾坚辞。《吕律新书》独创十八律，把中国古代音乐理论提高到新水平。庆元二年（1196年），蔡元定被发遣道州（今属湖南）。翌年三月诏下，蔡元定被抄家，州、县急令逮捕蔡元定。蔡元定未及向家人告别，立即上路。朱熹与从学者数百人，在萧屯靖安寺（今建阳考亭下堡）为其饯行。次日，朱熹送行到县西20里的马伏，与之共宿于寒泉精舍。当晚，两人校订《参同契》，通宵不寐。蔡元定与子蔡沉，穿草鞋步行3000里到道州，读书教学。庆元四年八月初九，蔡元定病逝于贬所。临终前写信与朱熹永别，犹以“师道未立为忧”。不久，旨下许归葬。其子蔡沉扶棺回建阳，同年十一月，葬于建阳崇泰里（今莒口乡）后山陈布村翠岚之原。朱熹题碑曰“大宋蔡君季通之墓”。清康熙帝赐“紫阳羽翼”金匾，赠迪功郎，谥“文节”。祭祀于孔庙。

蔡　戡（1141—1182）　字定夫，仙游人。初以荫补溧阳尉，宋乾道二年（1166年）进士，累官宝谟阁直学士。七年，召试馆职授秘书省正字。八年，知江阴军。历广东、京西转运判官，广东、湖南提刑。淳熙十年（1183年）由湖广总领徙建康府总领、淮西总领。绍熙元年（1190年）为浙东提刑。庆元二年（1196年）知隆兴府。嘉泰元年（1201年）知静江府兼广西经略安抚使。五年，兼知临安府，再任湖广总领。韩侂胄掌权后，告老还乡。

蔡　渊（1148—1236）　字伯静，号节斋，建阳人。初受学家庭，先后在朱熹的武夷精舍、建阳沧州精舍从学。又与黄榦、张浮诸贤清修名节，躬耕不仕，邃于《易》。“伪学”之祸时，父蔡元定发遣道州，弟蔡沉相随侍父，蔡渊事母治家，教育子侄。他留意宗法，继父志修成正、续二集族谱，建祠堂立仪约，后隐居九峰山，任婺州教授。

蔡　沆（1159—1237）　字复之，号复斋，自号一庵居士，建阳人。官江西贵溪知县，至文林郎、两浙运干。后隐居西山前湖书堂，聚徒讲学论道。提出敬义体用论：敬为体以涵养本源，义为用以裁度事宜，被认为是程朱理学与陆九渊心学合流的早期形式。

蔡　沉（1167—1230）　又名沈，字仲默，号九峰。从师朱熹的理学思想传道。宋庆元间（1195—1200）入崇泰里（今莒口）庐峰，在山麓建大明堂（即庐峰精舍），十载始撰成《书集传》。纠正古文《尚书》的讹误，把《书经》的传注推到更高的境界，元明清三朝成为法定教科书，是科举考试出题、评卷的依据。所著《洪范皇极》一书，明确象数的排算方法，阐发宇宙的发展变化。庆元三年，韩侂胄专权，蔡元定受株连，远谪道州。蔡沉侍从，父子毫不悲怠，以礼义相怡悦。次年，父病殁于贬所，蔡沉扶柩以归。绍定三年（1230年）卒，享年64岁，葬于建阳县后山，真德秀为撰墓志铭。谥“文正”。宋宝祐三年（1256年）理宗皇帝追赠太子少师，次年再赠太子太师、太师永国公。皇帝御书“庐峰”，由蔡杭刻于九峰石崖上。元至正十九年（1359）追赠建国公。明成化三年（1467年）又赠崇安伯，嘉靖九年（1530年）诏蔡沉入至圣祠祭祀。清康熙四十四年（1705年）御赐“学阐图畴”金匾。

蔡　模（1188—1246）　字仲觉，号觉轩，建阳人。宋嘉熙二年（1238年）任建安书院山长。淳祐三年（1243年），被建宁府知府王遂荐于朝廷。六年，差遣建宁府学教授。蔡模请颁《白鹿洞学规》于京都临安府学及天下州县，以谕后学。

蔡　杭（1193—1259）　字仲节，号久轩，建阳人。宋绍定二年（1229年）进士，授浙江丽水县主簿，后转宁国（今属安徽）知录，升任秘书省校书郎，屡升至枢密院编修官。淳祐年间（1241—1252），为诸王宫大小学教授。淳祐七年出任江东提刑。十二年，京城临安知府余晦凌辱武学，致使学生闹学潮。蔡杭再三上疏乞罢余晦获准。宝祐三年（1225年）六月升吏部尚书，八月，任端明殿学士，升枢密院副使、参知政事。卒谥“文肃”。

蔡　权（1195—1257）　字仲平，号静轩，建阳人。以明经第进士。尝主庐峰书院，称“静轩先生”。宋淳祐六年（1246年）丞相范钟、侍讲汤中荐其入京任职，以疾辞，受任庐峰书院山长。在哲学上提出“理根于人心”的命题。

蔡梦弼　建瓯人。潜心艺文，不求闻达。尝注韩愈、柳宗元文，所撰《杜工部草堂诗笺》（《古逸丛书》）、《草堂诗话》2卷，皆论杜甫之诗，共200余条，多取自宋人诗话、文集、说部，而取《韵语阳秋》为多（《四库全书总目》卷195）。

蔡　清（1453—1508）　字介夫，号虚斋，晋江人。明成化十三年（1477年）乡试第一名，成化二十年进士，授礼部主事。累官吏部主事、南京文选司郎中、江西提学副使，以忤宸濠乞致仕，起南京国子监祭酒，未及赴任而卒。一生力学“六经”、诸子及史集等书，对程颢、程颐、朱熹等人的著作研读尤精。在泉州开元寺结社研究《易》学，李廷机、张岳、林希元、陈琛等都是其中的成员，有28人，号称“清源治《易》二十八宿”。他们出版论著达90多部，人称“今天下言《易》都皆推晋江；成弘间，士大夫谈理学，唯清尤为精诣”。形成清源学派，其影响遍及全国。万历中追谥“文庄”。成为朱子学说承上启下者。

蔡　瀛　原名蔡清，赴考时避讳改为蔡瀛，号竹翁，福安西门人。明弘治年间（1488—1505）岁贡，初任教谕，擢训导、浙江衢州府学教授等职。治学严谨，常以圣贤的言语、事迹来提升学生的人生格局与思想境界，门生近千人。潜心研究“六经”，讲明意蕴。有著作传世。

蔡克廉（1511—1560）　字道卿，号可泉，晋江人。明嘉靖八年（1529 年）进士。历任户部、刑部主事，刑部员外郎。因宽宥建昌侯张延龄获罪，谪广德州同知，移庐州府同知，擢南京礼部中郎，贵州、江西提学佥事，广东提学副使，江西巡抚，户部右侍郎，户部尚书。

蔡润宗　字克恭、克昌，晋江人。明嘉靖四年（1525 年）举人，任余杭令，著《四书讲章》《易学正言》以教士，授蔡清《易》学，左迁宁国教授，擢南国子博士，以父忧归。服除，补建昌府通判，出为建昌府通判。

蔡贵易（1538—1597）　字尔通，又字道生，号肖兼，金门人。明隆庆二年（1568 年）进士。授江都令，知崇德县。万历十年（1582 年）出知宁波府。迁南京户部陕西司主事，后升员外郎，历礼部郎中、宁波知府、贵州按察副使，最后任浙江按察使。万历十一年，洪水冲毁东津浮梁（今灵桥），溺水者很多，蔡贵易为文祭之，更新浮梁，铁缆联络，人庆坦途。名列“明贤牧”。

蔡景榕（1538—1609）　字尚秀，自号日东来，宁德金涵人。明嘉靖四十年（1561 年），倭寇侵占宁德，蔡景榕被倭掳卖，后由松原山南林寺高僧俊可赎出，留在寺里抄写。在日本两年多，搜集日本岛地理、建置沿革、民俗礼节、文化艺术等。嘉靖四十三年，乘漳州人张姓船返回。回闽后向福建都察中丞汪南溟及学宪姜阿风具状呈诉身世学历，并把所搜集的日本岛资料编纂成册呈奉。学宪察其遭遇，准其照旧补为廪生。万历八年（1580 年）岁贡，司训衔。万历十年官兴化训导，后由兴化调任北京香河县训导，升江西兴国教谕、湖广随州学正。

蔡梦说（1549—1626）　字君弼，龙岩人。明万历二年（1574 年）进士，授中书舍人。巡按江南时，曾弹劾西陵侯籍田千余亩，在安徽主持筑铜陵堤，人称蔡公堤。巡按广东时，建造潮州城石梁，以除水患，当地人立生祠纪念，与韩愈、陆贽祠并列为韩山三祠。张居正死后，幼子张嗣修充军雷阳，处境悲惨。蔡梦说上疏为其说情，触怒皇帝。万历十七年（1589 年）贬浙江副使虚衔。后历海南道副使兼学政、广东南韶道参政。

蔡时鼎（1550—1592）　字台辅，号调吾，漳浦人。明万历二年（1574 年）进士。历知桐乡、元城，征授御史，巡盐两淮。返京述职，恰逢外戚子弟求举不得，诬告陷害顺天考官张一桂徇私舞弊，使其免职候用。时鼎为其不平，触怒皇帝，被谪为马邑典御史，辞职告归。两年后，重起为太平推官，迁至南京刑部主事，迁南京礼部侍中，改吏部。

蔡守愚（1552—1621）　字体言，号发吾，同安县平林里（今金门琼林）人。明万历十四年（1586 年）进士，先后任职于南仪制司主事，工部屯田司主事，虞衡司员外郎，四川副使、参政、按察使、布政使。任布政使时，曾溢余公银千余两，分毫不取。任期满后，归故里闭门著书。

蔡思充（1559—1642）　字宝卿，号元冈，云霄人。明万历三十五年（1607 年）进士，授东阳县令。万历三十七年升太常、光禄二寺卿，刑部侍郎。天启元年（1621 年）晋工部尚书。第一次罢官回下河村时，首倡建造下河城堡。天启六年春，与下河村房长、生员巡视田庄，见无水利设施，遂勘察地势，发动村民开凿两条引水渠，使 350 多亩望天田得以灌溉。崇祯十五年（1643 年）致仕归，卒赠兵部尚书、太子太保。

蔡国柄　字诚中，晋江人。明万历二年（1574 年）进士，授永丰令。擢工部主事，会通行清丈田亩，亲诣履勘，通融均亩无失旧额而止。出督清江漕艘，酌为修船定式，三年省费千余万，后遂遵以为法。

任吏部稽勋考功郎中，竭力澄汰铨法，为同事所忌。出任广东参政，调四川按察副使。

蔡献臣（1563—1641）　字体国，号虚台，别号直心居士，金门人。明万历十七年（1589年）进士，初授刑部主事。天启年间（1621—1627）召为南京光禄寺少卿，历任兵部职方司主事、礼部主客郎中及仪制司郎中。湖广按察使任上被参劾罢归，改任浙江巡海道、浙江学政。天启年间，福建巡抚邵维琏以蔡献臣学问纯正，奏请朝廷把蔡献臣的故乡改名“琼林”，并召蔡献臣为南光禄寺少卿。不久蔡献臣又遭太监诬陷，再次被罢官。他关心桑梓，捐资倡修仁德里海丰埭，修筑石坝60余丈，灌溉良田。卒赠少司寇，赐享朱文公祠。

蔡复一（1577—1625）　字敬夫，号元履，同安翔风里十七都刘浦保蔡厝（现属金门）人。12岁即著万余言的《范蠡传》。明万历二十三年（1595年）进士，授刑部主事，历兵部右侍郎、易州兵备，迁湖广参政、按察使，擢山西左布政，因病辞归不准。天启二年（1622年），以右副都御史抚治郧阳，是岁大旱，以布衣素冠与民抗旱，疏请免掉旧欠加派郧赋计十几万金。此外，核屯额，肃军实，饬吏恤民，以突出的政绩成为朝廷的楷模。后为兵部右侍郎，代贵州巡抚，不久总督贵州云南湖广军务兼巡抚贵州，赐尚方宝剑，节制五省，申严军纪。建造湖南凤凰城“南长城”。卒于平越军中，赠兵部尚书，谥“清宪”。

蔡善继　字五岳，又字伯达，浙江湖州人。明万历二十九年（1601年）进士，万历三十一年知兴化府莆田县。万历三十六年任广东香山知县，收回澳门治权，沿用明朝法令管治澳门；创建烟墩塔于香山石歧阜峰。后任工部主事、南京兵部郎中。万历四十三年出知泉州。时泉州瘟疫流行，蔡善继多方劝赈，施药，施钱，复借帑金，派官员远籴粮食接济，以平米价。泉州百姓建生祠纪念之，称蔡襄为“前蔡”、蔡善继为“后蔡”。后任福宁知府、广东参政，升湖广按察使，转右布政使，分巡襄阳、福建左布政使。

释元贤（1578—1657）　字永觉，自号荷山野纳，又号石鼓老人。俗姓蔡，名懋德，字闇修，号涵一，建阳人。明万历四十五年（1617年）于江西建昌寺削发为僧，后礼博山能仁寺圆戒，隐荷山自修。崇祯九年（1636年）出主鼓山涌泉寺，崇祯十五年历主泉州开元寺、余杭翠云寺、婺州普照寺、南平宝善庵。对明末遗民多有庇护。清顺治十四年（1657年）示疾，不食二十余日，书偈而化。

蔡　鼎（1588—1655）　字可挹，号无能，晋江人。曾追随蓟辽督师孙承宗大败清军。明天启七年（1627年）上疏参魏忠贤十大罪，触怒当朝，遂微服潜避故里晋江金井塘东，于西资岩寺西畔筑“观易亭”，潜心研究《易》学。清顺治二年（1645年），唐王朱聿键即位福州，宰相黄道周向其力荐蔡鼎可大用，帝驰诏聘为左军之师。

蔡一熊　惠安人。明万历四十四年（1606年）进士，万历末年任砀山（今河南永城县保安镇）知县。任内改造城垣，建砖城，增广城濠，凿福井十二眼，修四门楼。工程完成后不久，发生特大蝗灾，河浸新城，领导捍御，升官授户部主事。砀山民众为纪念他和王廷卿建了生祠，称王蔡二公祠。

蔡　澄（？—1645）　字嗣清，龙溪古塘（今漳州）人。明天启五年（1625年）进士，崇祯（1628—1644）初年任职方主事，时魏忠贤得势，愿意依附，以双亲年迈为由出任南京官职，迁员外郎，外任肃州佥事。当地边防紧急，蔡澄核查军籍，多方防御，多次打胜仗，转任湖广参议。后又带兵平定苗寨叛乱，改官广西副使。明弘光帝即位，调蔡澄到岭东，擢任广东左参政。清军南下，统领广东省总兵权，镇守南郡惠州。广州告急，依然孤军作战，为国捐躯。御赐旗杆一对、“乡贤里”牌坊一座。

蔡玉卿（1616—1698）　女，字润石，漳浦人。明末黄道周夫人。黄道周出征时，蔡玉卿组织夫人军，担负后勤工作，鼓励丈夫为国效力。丈夫和弟弟蔡春溶殉难后，承担抚养子女的全部责任，卖书画度日。

蔡　文　又名雯。初任戎旗镇班将，南明永历七年（1653年）守海澄，因功超擢都督佥事，后改任提督亲军骁骑镇亲随营。永历十五年四月入台，五月拨管左冲卫事，六月屯垦南路，其后久驻东宁。永历二十八年从郑经西征，此后克漳州，略粤东，退东宁，守鸡笼山。

蔡　政（？—1668）　字拱枢，金门人。警敏多才，被郑成功器重，任职刑官，从郑北伐。后被郑成功派往北京与清廷议和，未果。南明永历十五年（1661年），随郑成功收复台湾，升至改官勋司。永历十七年兼职思明州知事。翌年厦门失陷，被清军俘虏，用计得脱回台湾，职礼官。

蔡　璧　漳浦人。清康熙十一年（1672年）由乡里拔贡入京，选入太学，两试皆第一。清初选贡，授罗源教谕，后受聘于鳌峰书院，为首任书院长。协助巡抚张伯行创建书院，广置书籍，聘用名师，建章立法。蔡璧通过圣贤的言语、事迹来提升学生的人生格局与思想境界。任职期间，康熙皇帝为鳌峰书院题赠“三山养秀”匾额，乾隆皇帝为鳌峰书院题赠“澜清学海”匾额，御赐《律书渊源》一部。鳌峰书院后来培养了林则徐等一批杰出人才。

蔡　温（1682—1762）　字文若，号鲁齐，别名具志头亲方文若，童名真蒲户，祖籍泉州。清康熙四十八年（1709年）以琉球进贡船存留官身份在福州留学三年，专攻地理、天文和气象之学。蔡温在出任琉球三司官期间，对琉球的山川进行疏导，并制定保护山林的一系列政策，以及鼓励发展农业、手工业，使琉球王国的财政收入大为提高。蔡温还制定《位阶定》，对琉球的政治制度和位阶制度进行改革。被冲绳学学者伊波普猷列为琉球五伟人之一，受琉球人尊崇。

蔡世远（1682—1734）　字闻之，号梁村先生，称梁山先生，漳浦人。清康熙四十八年进士，改庶吉士。精研程朱理学。经李光地推荐参与分修《性理精文》。因母病返闽，受聘主讲鳌峰书院。订立学约，其教以立志为始，以循序体察为致知之方，以敦本立诚为力行之要，有成就者众。雍正元年（1723年）受诏入京，授编修，入直尚书房。历六年迁礼部侍郎，再迁礼部尚书。雍正十二年卒于任内，谥“文勤”。

蔡　璋　字秉钺，晋江人。清康熙二十年（1682年）施琅攻台湾，蔡璋从征，以平台功授职，屯田兴国。后从征建昌，调抚州，克复金溪，复平龙泉、广信、崇安、光泽诸郡邑之战乱，因功先后授南昌、广东总兵，驻顺德。

蔡仕舢　字诒霞，号藐村，晋江莲塘人。清康熙三十二年（1693年）授鱼台令（属山东兖州府），补刑部主事、户部河南司主事，兼理四川司，升监察御史。雍正元年擢工科掌印给事中。翌年任湖北乡试主考，后授佥都御史，充浙江观风整俗使，署浙江巡抚。

蔡　新（1707—1799）　字次明，号葛山，别号缉斋，漳浦人。清乾隆元年（1736年）进士，授庶吉士、翰林院编修、直上书房、翰林院侍讲，累官内廷总师傅，兼理兵部尚书兼管国子监事务、礼部尚书兼理兵部尚书，乾隆四十五年转为吏部尚书兼管国子监事务，授协办大学士。翌年充《四库全书》馆正总裁。乾隆四十七年请假回乡修墓，归家时，遇灾荒，捐资平粜，置义学、义仓、义冢，修葺先贤蔡襄墓和祠、黄道周祠，兴废举坠。乾隆四十八年授文华殿大学士兼吏部尚书，加授太子太师，赐“黄扉宿彦”匾。卒赠太傅，谥“文恭”。

蔡攀龙（1737—1798）　字君宠，又字君龙，金门人。初入行伍便派往澎湖，任水师把总。清乾隆四十七年（1782年）擢升闽安守备，翌年护理金门镇中军左营游击，次年升海坛右营游击，来年调澎湖右营游击。乾隆五十一年奉命率师八百渡海赴台，参与平定林爽文起义。翌年，闽浙总督常青派蔡攀龙前往凤山县剿乱，所当披靡，号为“蔡老虎”。后转战台南、大营、嘉义，解救在嘉义已被围困数月的陆路提督柴大纪，擢为台湾北路协副将，赏戴花翎并获赐“健勇巴图鲁”。后授海坛镇总兵，升为福建陆路提督，授参赞大臣。时柴大纪驻军诸罗被困，蔡攀龙前往援救，遇伏兵败，与柴大纪守孤城。朝廷为嘉奖蔡攀龙誓死坚守，改县名为嘉义，升为台湾总兵，乾隆五十三年调福建水师提督，名列紫光阁“平台二十功臣”之中。后被降调江南狼山镇总兵，卒于官。

蔡　牵（1761—1809）　同安人。好结交江湖朋友，曾聚众为海盗，清嘉庆（1796—1820）初年有船百余艘。率领近万人驰骋于闽浙粤海面，劫船越货。清廷派李长庚率闽浙水师征讨，在定海洋面击败蔡牵。嘉庆九年，蔡牵率众攻打鹿港、北汕，清军崩溃。翌年蔡牵攻占淡水，招募台湾反清志士，自立镇海威武王，建元光明，祭告天地。以沪尾为大本营，大败清军。嘉庆十一年，闽浙水师提督李长庚命金门总兵许松年、彭湖水师王得禄联合剿蔡牵，追击蔡牵入黑水洋，蔡牵在失利的局势下开炮炸死李长庚。新任水师提督王得禄在黑水洋与蔡牵部重开战，蔡牵最后见大势已去，开炮自沉海底。

蔡志谅（1796—1884） 字肇弼，号直卿，人称“蔡百万”，宁德人。清道光年间（1821—1850）任户部江西司员外郎，4次捐资近3万两白银以纾国用，授中议大夫，晋授通奉大夫，封资政大夫。捐资修建宁德白鹤岭官道。道光二十三年出资建宁德文庙，道光二十六年又出资建宁德蔡氏家庙。

蔡廷兰（1801—1859） 字香祖，号秋园，澎湖厅双头乡（今马公兴仁里）人。清道光十一年（1831年）澎湖遭受大风灾，翌年兴泉永道周凯奉命调查赈灾，蔡廷兰特作《急赈歌》详细陈述灾情惨状，受周凯激赞。道光十七年周凯任台湾道，聘蔡廷兰主讲崇文书院，主持引心书院、崇文书院。道光二十四年蔡廷兰中进士，人称“开澎第一进士”。道光二十九年任峡江知县。咸丰二年（1852年）升为考官，调任水利同知。翌年调任峡江知县，咸丰六年任丰成知县，咸丰九年升建昌府同知，卒于任上。

蔡步钟（1831—1869） 字则玉，号监泉，宁德人。以输饷得官，任刑部员外郎，分发四川。知府督臣骆秉章委蔡步钟谳局提调。嗣后，以蔡步钟补用雅州知府。任初，李永利起义，攻陷名山县，蔡步钟与总兵唐友耕率兵讨伐。因战功以道员尽先补用并赏戴花翎。太平军攻云南，云南巡抚林鸿年奏调蔡步钟赴南营帮办军务，升云南按察使，同治五年（1866年）回乡。

蔡　禧（？—1906） 漳浦人。漳浦白扇会起义首领。清光绪三十一年（1905年）秋，漳浦县仙拳会聚会众1000多人，并发展到邻县云霄、诏安、平和等地。蔡禧为大盟主，订立宗旨：排教灭洋、反清复明、惩办贪官污吏，团结民众、筹备军需，拟收复台湾。光绪三十二年遭漳州官府围剿并被杀害。

蔡国琳（1843—1909） 字玉屏，号春岩，祖籍晋江，台南人。任澎湖文石书院山长。清光绪十七年（1891年），由许南英荐，掌教于台南蓬壶书院，并为许南英邀组浪吟诗社。甲午战争时，反对朝廷割台。《马关条约》签订后，内渡避居厦门，翌年复归台湾，请入日籍，并出任台南县参事，乡人鄙之。光绪二十三年拟重振浪吟诗社。光绪三十二年，与连横、赵云石等创台湾“南社”，任社长。

蔡资深（1839—1911） 又叫蔡浅哥，学名永明，号安亭，南安官桥漳里村人。清咸丰五年（1855年）随父亲蔡启昌到菲律宾马尼拉经商，逐步成为华侨富商。回国后出资购买大片荒地，组织宗亲开垦，种植荔枝、龙眼。热心公益事业，施药济贫，办学、育婴、敬节、围防。至光绪三十一年（1905年）投资兴建两座祠宇、13座大厝，房间400多间，占地面积20多亩，成为闽南最大的古代建筑群。于光绪三十年蒙特旨恩赏道职二品封典诰资政大人。

蔡玉鸣（1849—1902） 又名玉明，字贻河，外号帮尾河，晋江人。幼随父迁居漳州谋生，从南拳名师学拳，主习白鹤拳、达尊拳、太祖拳、罗汉拳、猴拳。曾云游大江南北十多年，博采各家之长，吸收白鹤手、齐天指、太祖足、达尊身、罗汉步的优点融化于独创的五祖拳法，使五祖拳成为一个内外功夫较为系统、完善的拳派，为少林五祖鹤阳拳创始派祖师。在漳、泉、厦等地设立武馆授徒。清光绪年间（1875—1908）中武秀才。蔡玉鸣拳医皆精，后集伤科、药物、经络、武术精华，写成《松筠玉记》。以其遗方配制的“松筠堂”药酒驰名中外。

蔡锡勇（1850—1896） 字毅若，漳州人。北京同文馆第一名毕业。清光绪二年（1876年）初任驻美国公使翻译官，回国后留任广东充实习馆员。光绪十年被张之洞委为两广洋务局委员，协助张之洞开设银圆局、水陆师学堂并制造兵船。光绪十五年任湖北铁路局总办，以道员衔受命创办湖北枪炮厂、炼铁厂、织布局、纺纱局、缫丝局、马鞍山煤矿局等，担任各厂、局总办，后创办自强学堂、武备学堂，都任总办。创造了《传音快字》，为中国速记学创始人，并创办了速记学校，培训速记人才。编著了中国

第一部介绍西方复式会计原理的专著《连环帐谱》。

蔡凤玑（1868—1942）　又名蔡禨，字镜湖，晋江人。清代任漳州知府、民国时任建宁安道尹、福建省政务厅厅长、代理省长等职。抗日战争期间，福州沦陷，日本人在福州建立伪政权，他因拒任伪职而避于香港，在贫病中去世。

蔡潮初（1877—1937）　字襟三，号略庵，漳州人。清光绪十一年（1885 年）拔元，任江西县丞，未赴，弃仕精研医学。民国后任龙溪县商会会长，创办漳州岱东小学，任校长，亲自任教。蔡潮初博采众长，医术精湛，精于运用《金匮经》方治疑难病症。常与名医蔡咸甫、吕纪瑞和诗论医，被称为漳州三大名医之一。常资助里中孤寡无依者，遇贫穷病家则免费就诊或解囊赠药。喜收集验方，遗有《验方集》1 册。

蔡训飏（1880—1911）　又名朝栋，字贻岷，号岷樵，福州人。清光绪二十二年（1896 年）南京水师学堂毕业，后派往英国舰队见习两年，获一等文凭。归国后迁“海圻舰”驾驶大副、总大副，调任筹办海军事务处任二等参谋兼谋略科科长等。宣统二年（1910 年）随载涛考察英国海军要政，并负责测绘香港至菲律宾、爪哇、新加坡等国航海图，其绘制的航海图一直沿用至民国期间。归国后授三品统领、驻沪海军一等参谋官，兼督理沪上船队事宜。尚未赴任而病终，御赐“以身许国”。

蔡金枪　晋江塘东乡人。菲律宾华侨领袖，曾任菲律宾柯蔡宗亲总会第五十七、五十八届理事长，菲律宾蕊省甲万那端菲华商会理事长和中华学校董事长等职。自清末以来，安平桥年久未修，加以抗日战争中频遭日机轰炸，战后桥梁桥板毁坏不堪，难以通行。1948 年 9 月，蔡金枪捐献 300 包水泥、3500 千克钢铁、8000 元金圆重修，恢复晋南交通孔道，为安海一带传诵，还捐资重修南天禅寺（即石佛寺）等。

蔡廷锴（1892—1968）　广东人。保定陆军军官学校毕业。参加孙中山领导的第一次北伐。1932 年被蒋介石调往福建“剿共”，任十九路军总指挥、福建绥靖公署主任。1933 年 11 月，同李济深、陈铭枢、蒋光鼐等在福州成立抗日反蒋的“中华共和国人民革命政府”，任人民革命军第一方面军总司令。失败后流亡海外宣传抗日救国，参加中华民族解放大同盟、组织中国国民党民主促进会。1948 年 1 月在香港参与发起中国国民党革命委员会并任中常委、财务委员会主任。1949 年 9 月出席全国政协第一届全体会议。后历任中央人民政府委员会委员、全国政协副主席、全国人大常务委员会委员、民革中央常务委员、民革中央副主席。

蔡鼎常（1895—1985）　又名其楷，字敬五，晋江人。天津大学商学系毕业。1923 年加入国民党。国民革命军北伐入闽期间主持商民协会，支持北伐革命。1930 年创办荣华煤油商行。抗日战争爆发后，在泉州创办福建日报社。1941 年当选福建省参议员。抗战胜利后，在泉州创办晋通船务行。1946 年为晋江县国民代表，到南京参加制宪。在马尼拉蔡氏宗亲的支持下，集资 25 万美元，协助蔡孝忍创办石（狮）东（石）汽车公司及石（狮）永（宁）蚶（江）汽车运输公司，任总经理，又创办力生纺织实业公司。1949 年后把石东、石永蚶公司迁到泉州城内，经营客货运输。1950 年初前往香港，后侨居印度尼西亚。1960 年定居台湾，连任四届台北市晋江同乡会理事长。

蔡梧材（1895—1976）　又名亚材，字琴轩，漳州人。1915 年到荷属东印度（今印度尼西亚）谋生。1940 年在椰城开业，经营布匹。隔年合资创办源利布匹有限公司，逐步成为椰城名贾。为福建会馆主要成员、中华会馆董事兼秘书，参加华侨组织“洪门会”，倡办老巴刹华侨学校。1945 年日本投降后，当选老巴刹中华会馆学校建筑委员会委员，主管建筑事务。1953 年返回故乡漳州定居，参加漳州市侨联活动，参与华侨新村筹建工作，义务为侨属服务。1956 年当选漳州市侨联主席、全国侨联第一届委员。投资建罐头厂、蜜果厂；集资筹建侨芗剧场、漳州旅社、羽毛球厂；引导华侨捐资办华侨小学、华侨中学；筹建华侨新村、华侨医院，发动海外乡亲投资，引进 57 台机床，充实漳州通用电器总厂和内燃机厂的工业机械设备。

蔡派恭（1898—1942） 字志谦，晋江人。早年赴菲律宾经商，渐趋殷富。“九一八”事变后，高举“提倡国货，抵制日货”旗帜，在马尼拉创设大振国货行，并设分行于宿务市，大力推销国货。旋任抗敌会检查组委员等职，致力于输财救国及揭露奸伪活动。1942 年 2 月被日本占领军逮捕，临终前遗嘱妻子四事：当努力救国；当提倡国货；当创办乡校；当力行慈善。4 月 15 日就义于马尼拉华侨义山。

蔡竹禅（1899—1966） 又名大勋，漳州人。辛亥革命后弃学经商。1927 年在漳州开设华侨银号并任经理。1928 年任龙溪商会会长。1932 年代理龙溪县县长。1935 年，漳龙汽车公司濒临破产，蔡竹禅将资金从龙诏汽车公司转入漳龙公司，任漳龙汽车公司董事长。通过整顿内部，修公路、添车辆、降低运费，使公司营业兴隆，拥有 64 辆汽车。1937 年 4 月，联合全省 17 家汽车公司，在厦门成立汽车同业会联合会，打破洋行垄断汽油供应局面。1939 年，漳龙公司迁往龙岩，国民党征车毁车，公司仅剩十余辆车。蔡竹禅曾掩护营救革命人士，捐献 600 元支持红军北上抗日。1949 年主动退还在祖籍向族亲买来的房屋田地给原主，1952 年主动申请漳龙公司由国家赎买。先后担任福建省工商联副主委、漳州市政协副主席、漳州市工商联主委、漳州市副市长、龙溪专署副专员等职。

蔡　珊 浙江宁波人，1926 年 6 月，中共中央派蔡珊来福州改组地委并任福州地委书记。组织行业工会、店员总工会、农民协会，建立党团支部，发展党员 160 余人。1926 年，为迎接北伐东路军入闽，开展策反和争取马尾系海军工作，消灭北洋军阀周荫人所属张毅部万余人，使北伐军顺利进军福州。派出党团员参加到国民党省党部，改组国民党福州党部筹备处，使中共党员和共青团员在其中占有绝对优势。1927 年任福州地委副书记，后撤离福州。

蔡振家（1900—1934） 又名蔡振奎，龙海人。1928 年加入中国共产党，11 月，任中共海澄临时县委委员。1930 年担任海澄临时县委领导工作，领导民众抗捐抗税。1932 年 4 月中央红军进驻海澄时，协助红军做好扩军、筹款和抗日宣传等工作。5 月下旬红军撤离漳州后，参加红三团，调厦门中心市委，再到中共安溪中心县委工作。1933 年任中共元口区委组织委员。1934 年任湖头区委书记。同年 8 月 30 日，率领红二支队一部到东墘寮村袭击联保主任时牺牲。

蔡学团（1900—1969） 福州人。1932 年任福州闽海关帮办。“九一八”事变后，组织抗议活动。1942 年调往设在重庆的海关总税务司署，任税则科代理税务司。其间受中共党员林大琪、高仕融的影响，支持中共组织发动群众运动。1946 年，海关总税务司署迁回上海，蔡学团任人事科额外税务司，为林大琪、高仕融等中共党员的活动提供方便，协助安插人员，保护遇险中共党员转移。武汉解放前夕，配合中共秘密党组织保护好关产，迎接解放。因鄂豫蜀三地委城工部急需无线电话器材，蔡学团拆下海关缉私船通信设备奉送。国民党军要征用江汉关 4 艘工作船，蔡学团秘密组织船员商议对策，把江汉关完整地移交给人民政府。武汉解放后担任武汉海关顾问，后历任外贸部驻中南特派员办事处办公室副主任、湖北省五金矿产进出口公司科长。“文化大革命”中含冤逝世。1980 年平反。

蔡协民（1901—1934） 原名蔡杰，湖南华容人。1925 年加入中国共产党。1927 年参加南昌起义。1929 年跟随毛泽东、朱德进军闽西，参加闽西特委工作，领导闽西革命根据地的建设和武装斗争，后任特委委员兼组织科长、福建省委秘书。1930 年任福建省总行动委员会秘书长、中共福建省委秘书长、省军委书记兼福州市委书记。福建省委机关被敌特破坏后，和曾志、董云阁建立临时省委，任省委书记、福州中心市委书记，领导和发动福州各界群众开展抗日救亡运动。1932 年 1 月调厦门中心市委工作，此后受到左倾机会主义的错误批判。1933 年 7 月被派到安溪中心县委任秘书。1934 年 4 月离开厦门转往根据地，因交通员叛变而被捕，7 月在漳州被杀害。

蔡陈石（1901—1967） 通称蔡石，同安人。1917 年离乡赴越南西贡，1928 年创立新振发进出口洋酒食品公司。懂法语，在西贡中法商界颇有声誉。热心侨社教育和公益事业，曾任闽帮城志中学董事长、中法学校副董事长、西贡华侨总商会行商代表、福善医院总理等，对福善医院整顿和西医建设有贡献。1954年当选西贡中华理事会副理事长，兼任福建中华理事会理事长。

蔡友兰（1901—1991）　字信春，号腾芳，莆田人。19岁开始掌管“蔡大生”商行。1934年，与福建省建设厅联合创办福（福州）兴（兴化）泉（泉州）汽车运输公司，拥有汽车97辆。1943年，福州等地鼠疫流行，出资1.6万元，购得疫苗500瓶，无偿分给全市各医院，还向商家募捐8000元，资助市医师公会开办“时疫医院”。1944年日军第二次侵占福州时，迁南平，拒当汉奸。1946年当选为中华全国总商会理事、省商会理事长。1947年福建饥荒时期，建议省政府设立“粮食平准社”，稳定粮价和物价，组建千人福州地方防护团维护社会治安。创办福州兴安小学、莆田锦江中学、中山中学。1949年福州解放，积极配合军管会，以商会会长名义发公告，让全市工商界照常营业，稳定社会，协助政府开展支前、劝募折实公债活动。抗美援朝时期，带头捐献飞机等，历任福州市人民政府委员、福州市政协委员、市工商联顾问、福建省政协委员等。

蔡钟长（1902—1981）　晋江人。1917年出国谋生，侨居印度尼西亚泗水市。因支持祖国抗日战争，先后两度被荷兰殖民当局和日本占领军逮捕入狱，日本投降后获释。1951年携眷回国参加建设，兴办幼儿园、学校、休养所，资助厦门华侨博物馆。历任中华人民共和国华侨事务委员会委员、福建省华侨投资公司常务董事、福建省工商联副主任委员、北京市侨联副主席、全国侨联常委、全国工商联执委。

蔡镏生（1902—1983）　泉州人。1924年燕京大学毕业，1929—1932年留学美国芝加哥大学，获哲学博士学位。1932—1948年先后在燕京大学、厦门大学、北平中国大学化学系任讲师、教授。1948—1949年在美国华盛顿大学做研究工作。回国后，任燕京大学化学系教授兼主任。1952年调东北人民大学任化学系主任。长于催化、化学动力学和光化学的研究，致力于将物理学科的新技术用于化学学科的研究中，发表学术论文30多篇。曾任民进中央委员、长春市政协副主席、长春市科协副主席，第三、第五届全国人大代表。1957年当选中国科学院学部委员。

蔡咏春（1904—1983）　晋江人。1929年燕京大学社会学系毕业，提倡节育，呼吁“将节育变为社会政策”。同年夏在河北正定农村参加平民教育，后回校入宗教学院，完成神学研究生学业。1936年起先后在福建、香港、广东、云南等地从事神学教育，办难民营，接济过7000多名同胞。1939年赴美国留学，获得硕士学位和博士学位。1944年受圣公会会吏职。1950年夏携全家回国，返燕京大学，在宗教学院开设《基督教思想史》《基督教与唯物辩证法》《中国哲学史》等课程。1956年转东北人民大学执教。

释瑞今（1905—2005）　俗姓蔡，字寂声，号谁真，晋江人。12岁依海安敬公法师披剃出家。20岁在莆田梅峰光孝寺受具足戒，安徽迎江佛学院毕业，游历大江南北名刹丛林，在泉、漳、厦弘扬佛法。1930年于南普陀寺创办养正院，先后亲近太虚、弘一、常惺、圆瑛、溮闲、应慈诸佛教界名宿大师，穷究佛理。1948年赴菲律宾出任住持，使马尼拉信愿寺成为菲律宾佛教的中心。足迹遍布东南亚、北美。创办能仁中学，担任信原寺、兴华藏寺上座，岷市圆通寺、晋江大觉寺开山，新加坡光明山普觉寺方丈，成为菲律宾佛教人士精神领袖。历年来代表菲律宾出席世界佛教会议，被推为世界僧侣会副主席、菲律宾佛教联谊会会长。

蔡春枝（1904—1972）　同安人。12岁入高甲戏班学艺，20岁已熟练掌握净角的表演技巧。1927年加入天福顺高甲班。1931年成为金莲升高甲班主要净角，1954年当选团长。为了改善高甲戏净角重念不重唱、表现手法较单一的缺陷，蔡春枝细心琢磨，使高甲戏净角表演唱念并重，丰富了表现手段，他演的董卓、李逵（净）角于1954年获福建省戏曲观摩会演三等奖。1961年在《包公三勘蝴蝶梦》一戏中打破传统，创造以唱为主的高甲戏净角艺术形象。1966年，金莲升与同安高甲戏剧团合并，他任厦门高甲剧团名誉团长，后当选厦门市第三、第四届人大代表。

蔡尚思（1905—2008）　号中睿，笔名郭生，德化人。1925年考入孔教大学研究科，1928年北京大学研究所研究生毕业，曾先后任上海、复旦、华中、沪江、光华、东吴等大学及无锡国学专修学校教授，光华大学历史系主任、沪江大学副校长，复旦大学历史系主任、中国思想文化史研究史室主任，复旦大学副校长、校长顾问、校务委员会委员、校文科学术委员会主任、学位评定委员会副主任，国务院古籍整理出版规划小组顾问，中国史学会理事，全国宗教学会常务理事，上海市史学会副会长，上海市社联、上海市哲学会、上海市新历史学会理事等。平生治学以古典文学为基础，以史哲结合为专业，以中国思想史、学术史、文化史为重点，成就卓著，出版著作20余部，发表论文200余篇。

蔡　威（1907—1936）　原名泽鏻，宁德人。1924年加入中国共产党。1927年北伐军入闽时，领导商人、工人、农民为北伐军筹备军饷。“四一二”反革命政变后，赴上海同济大学读书并继续从事革命活动。1931年变卖家产充当革命经费，参加中共中央特科无线电训练班学习，转入鄂豫皖革命根据地，先后任军事委员会参谋部参谋、红军总司令部二局局长，发展和培训电台人员并设立红军电台。1932年带电台随红四军西征，1933—1934年，川陕革命根据地建立，其电台在与党中央联系和指挥反“围剿”斗争中发挥重要作用。1935年红军长征中，及时掌握敌军密码规律，破译敌军电报，为红军提供准确的军事情报。因积劳成疾，牺牲于长征途中。1986年，徐向前元帅为其题书“无名英雄蔡威”。

蔡孝固（1907—1984）　别号步前，晋江人。18岁到台湾学习。21岁赴菲律宾，先后创办义成铁床厂、菲律宾橡胶制造厂、菲律宾家具厂、万国铁器制造厂、三角牌油漆厂等，并投资菲律宾太平洋银行，1976年任台湾华侨商业银行董事长、侨光开发公司董事长等。致力于发展菲律宾社会公益福利事业，历任华侨举公所副董事长，菲律宾华商联合会常务理事、理事长，旅菲济阳柯蔡宗亲会理事长，菲华商联总会理事长等职。第二次世界大战期间，支持抗日团体及地下工作人员。

蔡文焕（1910—1947）　号炳斋，莆田人。1932年加入中国共产党，曾任中共莆田中心县委委员兼革命互济会莆田中心县总会主任。1934年转移到上海，参加全国各界救国联合会总会的活动，担任《中国农村》杂志编辑。1937年受命返回闽中开展抗日救亡活动，任莆田县委委员、闽南特委委员、闽中特委副书记。1945年5月奉命率闽中抗日游击队一个基干班前往惠安执行任务，因叛徒出卖被捕。1947年春在福州遇害。

蔡衍吉（1911—1980）　字警若，晋江深沪人。早年去菲律宾经商，太平洋战争爆发后重返晋江深沪，任深沪镇参议员、深沪渔民协会理事长。抗战胜利后开始倾向革命，公开与国民党中央派系人物争辩，一时轰动厦门市。7月，因被人通电指责与共产党有联系，被迫离开厦门。1949年后，担任厦门市工商业联主委、省工商联副主委、全国工商联执委。1950年抗美援朝中，积极开展“捐机献炮”活动。团结和带动工商业者积极接受社会主义改造。1951年赴京参加国庆观礼，历任福建省政协第一届常委、福建省第一届人大代表、全国侨联委员、全国工商联执行委员等。1952年任厦门市副市长。1957年被错划为“右派”，1979年恢复名誉。

蔡先镳（1912—1945）　别名蔡英，莆田人。1929年加入中国共产党。1932年9月任中共莆田中心县委委员。1938年4月参加新四军。1940年任闽中海上抗日游击队副官。后奉命打入伪军内部，为海上抗日游击队筹措经费，收集情报。1945年4月因叛徒出卖被捕遇害。

蔡文沛（1912—1974）　同安人。出生于漆线雕“装佛”世家，7岁学艺，21岁时与兄弟合创西竺轩美记佛店，苦练“装佛”技艺。中华人民共和国成立后，将全部资金尽数入股雕塑合作社，后改为厦门工艺美术厂漆线雕车间。蔡文沛是技术负责人，培养了许多技术骨干。历任厦门市政协委员、人大代表、工艺联社理事。代表作《孙悟空大闹天宫》《郑成功收复台湾》《穆桂英》等，以古装人物战甲上有极细的桂花纹闻名。1961年获福建省二轻厅、福建省文化厅漆线雕艺人称号。

蔡大燮（1912—2000）　龙海人。1931年加入中国共产党，任党支部书记。1934年春，同胡大机等组建并领导抗日革命团体“芗潮剧社”。“七七”事变后，带动全体社员参加抗敌后援会。1941年皖南事变后，转移至香港、菲律宾从事抗日宣传活动。抗战胜利后返乡，曾被国民党逮捕入狱。获释后，赴香港、菲律宾，在中共南方局的领导下，向海外华侨揭露国民党罪行。1949 年漳州解放，回漳继续资助芗潮剧社，参与筹建漳州市工商联组织，发动工商界人士踊跃认购公债。后任福建省文联副主席、福建省文化局副局长、福建省政协常委。

蔡白云（1913—1946）　又名蔡长青、蔡文盛，祖籍金门，生于新加坡。1937 年率领一批华侨青年到延安参加抗日战争。1938 年任中共组织海外工作团副团长，后任广东抗日战地服务团 126 小队副队长，在新兴县活动。1939 年到越南、柬埔寨，任金边新华中学训育主任，领导华侨工人工会和黎明歌咏团、抗日儿童团工作，在西贡的华文报发表抗日文章。1940 年底回香港中共华南分局工作。香港沦陷后，转入海南琼崖纵队总部工作。1943 年再往越南、柬埔寨，支持当地人民抗日运动。日本投降后，虽肺病严重，仍坚持领导西贡华侨组织的大明工会、白铁工会，在西贡病逝。1984 年被民政部追认为革命烈士。

蔡文坛（1913—1963）　永春人，入赘东石珩厝姓蔡。4 岁时父母双亡，被和尚收为学徒，后跟道士打钟鼓学吹拉。15 岁后到傀儡班和布袋戏班当演员、乐员，精于演奏南曲，特别擅长文鼓，在剧目《伤别》的“出庭前”时，使用“独脚然”绝技；唢呐演奏，音色圆润；精花样杂耍，别具一格；对曲牌烂熟于心，与鼓乐极为合拍，能根据演唱者的特点伴奏，助长补短，甚受欢迎。后来转入厦门金莲升高甲班。1954 年参加华东地区戏曲观摩会，获乐师奖。是中国音乐家协会会员。

蔡丕杰（1913—1989）　厦门人。福建协和大学毕业后回厦门英华中学任教。1938 年赴香港圣保罗学院执教。1943 年后返回厦门，先后在英华中学、英华校友小学任教务主任、校长等。1956 年起历任厦门大学外文系副教授、教授。担任《英语成语词典》《综合英语成语词典》顾问。

蔡继琨（1913—2004）　祖籍台湾彰化，出生于泉州。集美学校高级师范毕业，后赴日本东京帝国音乐学院深造。创作管弦乐曲《浔江渔火》，获 1936 年国际作曲家协会交响乐公募首奖。“七七”事变后，回国任福建省教育厅指导员，创建福建战地巡回歌咏团，创作《我是中国人》《捍卫国家》等歌谱曲。1939 年，率领南洋侨胞慰问团到菲律宾、新加坡慰问侨胞，募捐支持抗战。创办福建音乐专科学校并任校长。1942 年赴重庆，任中华音乐教育社社长兼交响乐团指挥、中国音乐学院常务理事、中央大学教授。台湾光复后，创办台湾交响乐团并任团长兼指挥，先后任台湾省艺术建设委员会理事长、《乐学》月刊发刊人、台湾大学教授等。1949 年任菲律宾马尼拉交响乐团指挥，任马尼拉音乐学院、菲律宾大学和圣托马斯大学教授。曾获美国音乐学院及国际音乐界授予的个人指挥家等荣誉称号、奖章和奖状。

蔡启瑞（1913—2015）　同安人。中国催化化学的奠基人。厦门大学毕业，1950 年获美国俄亥俄州立大学博士学位，1956 年任厦门大学教授，副校长。1958 年创建了中国高校第一个催化教研室。络合催化理论和化学模拟生物固氮两个科研项目获 1978 年全国科学大会奖。发表论文 190 多篇，获国家自然科学三等奖 3 项及部委奖多项，联合申请获得催化剂发明专利 7 项。为国家自然科学基金“七五”重大项目碳—化学催化基础研究主持人和“八五”基金重大项目化石燃料资源优化利用的催化基础专家组成员，曾建议“油（气）煤并举，燃化（塑）结合”，优化和洁净利用化石燃料资源，以发展燃化工业。1978 年加入中国共产党，被选为福建省劳动模范、全国劳动模范、第二届全国政协委员、第三至五届全国人大代表、国务院学位委员会委员。1981 年成为中国科学院学部委员。

蔡　园（1915—2014）　仙游人。1930 年参加中国工农红军并加入中国共产党。历任红军团没收队长，抗日支队支队长，新四军 7 师司令部作战科科长、团长，中国人民解放军 34 军 101 师参谋长、29 军 85 师副师长、空军 21 师师长。1953 年任志愿军空军 18 师师长，1955 年授空军大校军衔，任广州军区空军副参谋长、空四军第一副军长兼参谋长。荣获三级八一勋章、二级独立自由勋章、二级解放勋章、二级红星功勋荣誉章。

蔡及时（1916—1942）　字有芳，晋江人。13 岁移居菲律宾。“七七”事变后，任南吕宋区描东岸抗敌会主席，从事抗日工作。1941 年太平洋战争爆发后，开始筹组武装队伍，联络菲游击队，策划劫狱拯救狱中侨领。创办《大汉魂》地下刊物。后被日本宪兵捕杀。

蔡友敬（1916—2005） 字锡桂，别名适季，泉州人。上海中医学院毕业，1953 年任泉州市联合中医院院长、泉州市人民医院院长、泉州市中医院院长。1980 年任主任医师；1987 年评定为教授；1991 年被人事部、卫生部、国家中医药管理局确定为继承老中医药专家学术经验指导教师；1992 年享受国务院政府特殊津贴。获得全国五一劳动奖章，曾被评为福建省卫生先进工作者、福建省劳动模范、全国卫生先进工作者、全国卫生系统模范工作者。

蔡起八（1917—1946） 漳平市新桥乡西埔村人。1941 年加入中国共产党，受命在大山村建立党支部，组织游击队开展武装斗争。1943 年 1 月任中共闽中工委新桥交通站站长。1945 年 5 月，国民党顽固派调集重兵“围剿”闽中根据地。蔡起八通过地下交通线掩护许多同志安全转移。10 月 6 日，在掩护隐蔽在他家养伤的中共大漳（大田、漳平）边委书记林清奇安全转移的战斗中暴露身份，突围后隐蔽山上。国民党新桥保安队包围大山村搜捕蔡起八未果，遂抓捕大山村村民，扬言不交出蔡起八，就把全村烧光杀光。蔡起八为保护全村群众的生命财产安全，挺身而出被抓捕，在狱中牺牲。

蔡学彬（1917—1988） 福州人。1944 年同济大学工学院土木系毕业。1949 年后，任铁道部设计总局大桥设计事务所总设计师、总工程师等职。主持设计过郑州、兰州、乌达、东岗镇的黄河大桥和九江长江大桥等，在桥梁界被誉为“黄河通”。其中兰州黄河大桥和九江长江大桥在桥梁设计技术理论和实践上有创新与突破。

蔡良承（1917—1998） 山西昔阳人。1938 年参加革命，同年加入中国共产党，历任昔西二区分委书记、太行地委秘书长兼办公室主任。1949 年随军南下，任长江支队五大队三中队指导员，海澄县委书记，龙溪地委书记，建阳地委书记，福州市委书记，福建省第五、第六届人大常委会副主任，全国人大代表，第五届全国政协委员。

蔡其矫（1918—2007） 晋江人。1926 年移居印度尼西亚泗水市。1938 年春到延安陕北公学、鲁迅艺术学院学习。1939 年到河北山区敌后抗日根据地，在华北联合大学文学系任教员。1941 年开始发表诗歌。1952 年在北京中国作家协会文学讲习所任教员、教研室主任，是中国作家协会福建分会副主席。

蔡英祥（1919—1945） 平和人。土地革命战争时加入中国共产党。曾任工农赤卫队队员、工农红军闽南独立三团战士。抗日战争爆发后编入新四军，先后任新四军江北指挥部游击纵队第一大队班长、第三支队挺进团干部、第七师十九旅二营八连连长，参加创建皖江敌后抗日根据地和反“扫荡”游击战争。在安徽无为县攻打日军据点的战斗中牺牲。

蔡载经（1920—2017） 厦门人。1942 年参加中共晋江组织“友丝读书会”，从事新闻及统战工作。1947 年参加革命，1949 年任晋江县人民代表会议常务委员会副主席。1952 年后历任泉州市副市长、泉州电厂厂长、泉州工商联主委，晋江下游防洪堤、福建省 701 工程、金鸡拦河闸工程副指挥，国营泉州清源农场场长。1983 年起历任民建福建省委和福建省工商联秘书长、副主委，民建福建省委主委，1996 年当选福建省政协副主席。

蔡维作（1921—1969） 又名蔡汉源、陈坚，石狮人。1937 年南渡菲律宾，加入菲律宾华侨劳工联合会工会，当领导人许立的警卫员。1941 年加入菲律宾华侨抗日游击支队（简称“华支”），任大队长及锄奸团团长。1943 年，华支被包围，蔡维作为部队突围立下战功。1948 年回国参加人民解放军，历任指导员、军分区科长、团参谋长、副团长、师副参谋长、总参二部参谋等职。1965 年调福州军区司令部任情报部副部长。“文化大革命”中含冤逝世。1977 年平反，追认为烈士。

蔡秋辉（1922—1989） 莆田人。博文商业职业学校毕业，参加中国人民解放军，任排长，1957 年转业至福建省轻工业厅技工学校工作。1961 年回乡，先后任沁后村党支部委员、团支部书记、大队长，梧塘公社革委会副主任等。1979 年创办梧塘鞋革厂，1985 年创办莆田振兴鞋革厂，产品出口美国等多个国家和地区。1988 年，与台商合资创办荔丰鞋来有限公司，组建荔辉鞋业有限公司。

蔡云程（1924—2009）　又名蔡继邦，晋江金井塘东村人。10 岁移居菲律宾。1958 年马尼拉马拉安大学美术系毕业。1979 年首创“三合一”无极结构绘画，并以此绘画原理创作的《巴黎一景》《长城》参加巴黎、香港画展，被誉为“中西合璧的新印象派”。1987 年又创造“六合一”立体抽象绘画艺术，被法国工业部全国工业产权研究所（INPI）确认为一项“发明创造”。曾获英国剑桥国际名人传记协会颁授的杰出成就奖、美国爱因斯坦国际学术基金会颁授的和平奖。

蔡恒方（1924—2014）　又名恒芳，字元度，晚号燕山野逸，建阳人。1948 年国立浙江大学化工系毕业。1949 年 8 月参加革命，任东北人民政府计划委员会技术员、中央人民政府国家计划委员会工程师、北京市化工总公司高级总工程师。为北京市劳动模范、教授级高级工程师，享受国务院政府特殊津贴。

蔡友玉（1924—2002）　石狮人。1937 年前往菲律宾，1974 年担任东南亚爱国华侨回国观礼团团长，参加建国 25 周年庆祝活动，受到周恩来总理接见。热心公益事业，向泉州市中医院捐赠一座建筑面积 3297 平方米的科教大楼，向晋江市捐赠一座建筑面积 3316 平方米的科技大楼。设立蔡友玉教育基金，用于奖学助学。

蔡云辉（1925—1985）　又名苏里亚·沃诺维佐约，福清人。1938 年随叔父蔡国璋到印度尼西亚东爪哇谏义里。1958 年在谏义里创办丁烟厂，生产盐仓牌丁香烟。20 世纪 60 年代建立盐仓香烟有限公司，1982 年盐仓牌丁香烟年产量达 240 亿支，占全印度尼西亚丁香烟年销售量的 30%左右，成为印度尼西亚最大的三家香烟厂之一。他不忘乡梓，捐资修建福清医院、礼堂和学校等。

蔡云腾（1928—1973）　小名蔡粉，石狮人。抗战胜利后被国民党强征入伍开往华北地区驻防。1948 年 5 月投奔中国人民解放军，先后参加淮海、渡江等大战役，荣获二等功 1 次、三等功 6 次，在火线加入中国共产党，升为连长。1950 年参加抗美援朝战争，提升为志愿军炮兵营长。1953 年回国入武昌炮校进修，结业后，先后在平潭、南日岛任团军械股长、团后勤处长、某师科长。逝世后，被福州军区追认为烈士。

蔡金钟（1929—2015）　晋江柴塔村人。幼年随母南渡菲律宾。抗战时期参加童子军抗日活动。抗战胜利后，从事布料进出口贸易，创建旅游集团公司。在泉州、莆田捐资修建学校、道路，被誉为“华人慈善家”。邀请和资助福建、江苏和西藏等十多个省、自治区的农林代表团访问菲律宾，促成与菲律宾内湖省合作办农场，促成中国台湾和日本的种苗公司与福建省农科院和黑龙江农业部门合资创办“环农”和“全福”种子公司，引进台湾和日本的农业良种培育技术。查证大量历史资料，多次在菲律宾报刊发表维护祖国南海诸岛主权的文章。帮助解决被菲律宾扣留的中国渔民案件 50 余起，释放被扣渔民 700 余名；处理中国侨民被扣押案件十余起，释放被扣人员近 200 人；纠正冤案，救出蒙冤受刑同胞十多人。倡议并捐款重修蔡襄陵园和河南上蔡蔡叔度陵园，为菲律宾国父何塞·黎刹在晋江找到祖籍地，倡建黎刹广场。多次参加国庆观礼，受到福建省政府表彰。2015 年获中国人民抗日战争胜利 70 周年纪念章。

蔡其巩（1932—至今）　原籍泉州，生于印度尼西亚泗水市。1950 年回国。1956 年哈尔滨工业大学毕业，1961 年调冶金部钢铁研究总院金属物理室，任高级工程师、清华大学兼职教授。20 世纪 60 年代后，进入线弹性断裂力学、弹塑性断裂力学的理论研究和工程应用领域，1978 年提出区分韧带屈服和总体屈服的理论和公式，在国际上首先成功把 J 积分理论用于高应变区裂纹容限分析和应变疲劳寿命分析。是中国金属学会等多个专业学会的理事、委员，全国侨联常委。1980 年当选中国科学院院士。

蔡宁林（1934—1996）　江苏川沙人。1950 年参加中国人民解放军。1954 年加入中国共产党，进入抗美援朝政治部工作，后任长春第一汽车制造厂副处长、国家计委副局长。1983 年任福建省副省长兼计委主任、常务副省长兼体改委主任、福建省委常委、福建省政府党组副书记。1988 年任国家物资部副部长，是第八届全国政协委员。

蔡清洁（1937—2002）　石狮人。1951 年随母赴菲律宾。1962 年菲律宾国立大学化工系毕业，先后涉足造纸、钢铁、金融证券、电器等行业，曾任菲华商联总会理事长、厦门大学海外教育学院名誉院长。出资在家乡荣卿村建起输变电网，修建村子连接石狮的第一条水泥公路，建造第一个大型灯光球场，捐助老人活动中心等。先后捐资支持容卿学校、石狮八中、石光中学、厦门大学、鹭江大学、华侨大学、泉州师范学院等建设，设立奖助学金等。2002 年获菲律宾颁发的首届“杰出华裔菲人奖”，受到追勋。

蔡诗东（1938—1996）　闽侯人，后迁台。曾留学美国，获达特茅斯大学超流物理硕士学位、普林斯顿大学哲学博士学位。在台湾创办《华府春秋》杂志，宣传祖国统一。1972 年回大陆，致力于等离子体物理研究。先后被聘请为美国加州大学、马里兰大学、德克萨斯大学、普林斯顿大学的客座教授、客座研究员。1992 年被授予国家级突出贡献的中青年专家称号。曾任中国及亚非离子体培训与研究机构主席与主任等职。是全国政协委员，1995 年当选中国科学院院士。

蔡原来（1959—1979）　南安人。1978 年参加中国人民解放军，1979 年 2 月 17 日参加中越边境对越自卫反击战，随部执行穿插作战任务。2 月 19 日在河安地区 311 高地突破越军封锁线时与部队失散，弹尽后负伤被俘。翌日晨，在解放军后续部队路过越军潜伏地时毅然暴露目标，引导解放军围歼隐藏的越军，遭越军杀害。部队党委为其追记二等功，安葬在广西靖西烈士陵园。

第二节　人物录

蔡允恭　字克让，称大中公，荆州江陵人。唐初任太子洗马，后出任天策府参军、文学馆（官署名）大学士，“十八学士”之一。唐垂拱二年（686 年），因谠论逆旨，谪守南闽，从河南带第三、四、五、六子及族人入闽，开基兴化军，居漳州。卒葬龙溪县新恩里屿头山。

蔡长眉　号德轩，光州固始人。唐总章二年（669 年）随同陈政入闽，进岭南道故绥安县地绥靖泉潮，在大峰山行台屯兵所开屯筑堡，遣派当地受教化山民，进而入大溪盆地开发农耕。宋绍兴二十年（1150 年）敕封武德将军。

蔡　彧　字德明，号八郎。陈元光府兵校尉，右卫将军。唐总章二年随同陈政入闽，迁居龙海角美鸿山（今洪岱社）。宋绍兴二十年封为昭德将军。

蔡　沼（756—806）　字虚中，晋江人。唐贞元八年（792 年）登明经科，为泉州登明经科之始。授崇文馆校书，转太原县尉，旋任杭州司仓，迁太康主簿，以疾假归。后起任中书舍人、国子监祭酒、太常寺卿。

释性空　俗姓蔡，人称蔡禅师。唐开成三年（838 年），与皈寂禅师在今长溪传佛教，在今福安境内建龟山寺，至唐末共兴建栖善寺、栖隐寺、灵岩寺、龟龄寺等 16 所佛寺。

蔡　剑　先祖东晋入闽，世袭散骑常侍。唐乾符年间（874—879）诰封真人。曾孙蔡明和蔡乾辅佐闽王，分别诰封为一真人、二真人。

蔡　镐（840—?）　光州固始人，入闽居福州。唐大中年间（849—859）迁居十都吴山之南（今惠安南埔镇）沙格的湄洲湾边，为兵马使，排行四，故称四使。平贼有功，殁葬大乡澳（今泉港区南埔镇先锋村的大澳）西山，建四使庙崇祀。泉州城有兵马庙奉祀，人称蔡大帝。

蔡用元、蔡用明　蔡用元，名长，字用元，行三公；蔡用明，名辉，号一翁，字用明。钱塘（今浙江杭州）人。唐光启年间（885—887）随王绪入闽，蔡用元择居仙游连江里赤湖蕉溪，为莆阳蔡氏始祖；

蔡用元居晋江青阳石鼓山，为青阳蔡氏始祖。

蔡　炉（856—943）　字廷器，光州固始人。唐乾符五年（878 年）进士，乾宁四年（897 年）为凤翔节度使。唐末中原战乱，从王绪入闽，任建阳令，择居建阳麻沙。

蔡　銮　字翔程。唐乾宁二年（895 年）授建阳县尉，天复二年（902 年）以疾告乞致仕，在麻沙镇开创家业。乾德二年（964 年）以子蔡梅功赠少保。

蔡　颍　光州固始人。随王绪入闽。唐天祐三年（907 年）前任泉州佥书节度使通判。

蔡　俨　光州固始人。随王绪入闽，居泉州永春。闽王王审知时任户部尚书，后任永春主簿。

蔡守蒙　光州固始人。随王绪入闽，后晋天福五年（937 年）任吏部侍郎，判三司。

蔡弘裔　光州固始人。随王绪入闽，后晋天福五年任军都使。

蔡仲兴　光州固始人。随王绪入闽，后晋开运元年（945 年）任泉州牙将。

蔡　松　字廷茂，建阳人。五代后唐时御笔特除天盛节度使，节度浙江、江西、福建都督军马制。

蔡　柏　字廷彦，建阳人。唐末任两浙安抚使。

蔡　高（1014—1042）　字君山，仙游人。宋景祐元年（1034 年）进士，为福州府长溪县尉，开辟长溪西乡（今福安市），兼任西乡尉。后迁太康主簿，奔走乡间处理历史冤案。有文集传世。

蔡　懋　又名蔡谓，泉州人。赐进士，官下正议大夫。因王安石、蔡确被贬而受株连，回泉州蔡巷老家，因朝廷派人来泉州追捕，弃官逃入德化贵湖里（今桂阳）蔡岩，后转入德化香林寺避难。

蔡　渭　泉州人。官至同知枢密院事。参与王安石新政。高宗即位，司马光、吕公著执政，以蔡渭滥恩，下诏除其族功名，流放英州。

蔡黄裳　字叔文，晋江人。宋祥符元年（1008 年）进士，知虢县，当时郡守亲属招权纳贿，蔡黄裳到任，先将该亲属缚于传舍，再拜谒郡守，具陈其奸，依法处置。后知建阳县，有政声。

蔡　瑗　字希蘧，龙溪人。宋嘉祐六年（1061 年）进士，历典五郡。后官提点江淮、荆浙、福建、广西，官至朝请大夫。

蔡　传　字永翁，莆田人。蔡襄之孙。2 岁时被朝廷荫为守将作监簿，蔡传“笃学力行，六经子史皆务贯通”，始终没有赴任，在家务农圃以养母，到母亲过世后才出来任职，43 岁致仕，历朝奉郎，通判南京留太守。

蔡　佃　字耕道，仙游人。宋崇宁二年（1103 年）榜眼，会星异，上疏论宰相非人，宜学汉汲黯故事，以应天变。责监温州税，官至朝奉郎，直龙图阁。

蔡　攸（1077—1126）　字居安，仙游人。宋崇宁三年（1104 年）赐进士，累官枢密院直学士、宣和殿大学士、开府仪同三司，少保，居宰辅，辽国灭后，蔡攸因功再次升迁，拜少师，后改任太保，封英国公，领枢密院。宋徽宗、钦宗时任宰相。靖康元年（1126 年）贬为太中大夫，连贬往永州，徙浔、雷州、万安军，后流放海南岛，在贬所被诛杀。

蔡　翛（？—1126）　仙游人。初以蔡京荫为亲卫郎、秘书丞。宣和中（1119—1125）拜礼部尚书兼侍讲、保和殿大学士，引荐吴敏、李纲等。钦宗即位，建言募兵、西幸之策。计成，蔡攸忌其功成，假旨请蔡翛守镇江。金军南侵，蔡翛护送宋徽宗南逃。靖康元年被赐死。

蔡　懋（？—1134）　仙游人。历官会昌尉、少府监主簿，试开封府尹，赐朝散大夫，迁同知枢密院事。靖康元年进尚书左丞。宋高宗即位，贬英州。工字画，得蔡襄用笔之妙。

蔡　怞　号三蔡，仙游人。宋大观三年（1109 年）进士，官至徽猷阁待制。

蔡　樵　字子强，仙游人。宋大观三年进士，历官朝奉郎，直秘阁，知泉州府，官至朝奉大夫。到泉州任后，施政有方，“有祖（蔡襄）风烈”。

蔡　嶼　北宋任福州府长溪（治所今霞浦）县令。

蔡　枢　字子历，仙游人。宋政和五年（1115 年）进士，历官西京提举学司。时御史常安民，身系党籍，人多疏之，蔡枢独事以师礼。官至朝请大夫。

蔡　絛　字约之，仙游人。宋宣和七年（1125 年）进士，官至徽猷阁待制，后来被流放到白州，著书立说。

蔡　鞗　仙游人。宋赐进士出身。初以恩泽为亲卫郎、秘书丞。娶宋徽宗的女儿延庆公主赵福金，为驸马。靖康元年被金人掳走，卒于金国，有著作传世。

蔡　絛（1097—?）　字约之，号百衲居士，别号无为子，仙游人。进士，官至徽猷阁待制。

蔡福粤（1117—1188）　名涣，号万一郎，谥垂创，庠生。一说先祖出自仙游（一说建阳，一说由光州固始入闽）。宋代迁居宁化赤壁，辗转到汀州，迁徙广东梅州松源，尊为客家蔡氏始祖。

蔡　漴　字庆崇，祖籍漳郡（今漳州）。宋乾道年间（1165—1173）进士。初授湘潭县主簿，后以廉明，荐调巴州教授，迁安化县令，终官知金州。

蔡规甫　又名盘溪，字德元，号盘溪，莆田人。历任惠安、古田知县，潮州、连州通判，潮州知府。中年休官，终承议郎，享年 65 岁。

蔡　易　漳浦人。宋乾道五年（1169 年）进士，广德军佥判。

蔡　潜　建阳人。宋任御史中丞。

蔡　广　字业父。宋淳熙八年（1181 年）被推荐为上舍释褐，官将仕郎、建阳监税、南流知县。因父亲被贬到海南琼海，蔡广辞去建阳监税官职，南下琼海侍奉父亲。

蔡　杞　建阳人。宋吏部尚书、太子太师。

蔡枢孙　莆田人。宋淳熙十一年（1184 年）进士，官汀州知州。

蔡　震　建阳人。宋宝祐（1253—1258）进士，累官至潮州知府，后为大学士。乐善好施，绍兴年间（1131—1162），完成友人浮屠氏、大峰祖师遗下和平桥南北两端二孔桥梁建设工程。

蔡逢甲　漳州人。宋咸淳四年（1268 年）进士，诏主广东漕举。宋亡后，于大帽山建书院隐居。殁后，僧人雕蔡逢甲像祀奉。

蔡福林　莆田人。宋赵昺皇帝南渡时，护驾莅闽粤，受封水师都督。后从左丞相陆秀夫跳海。蔡福林幸存，漂流到潮安福庆定居。

蔡　喆　明洪武年间（1368—1398）任福建参政。

蔡　麟（1382—?）　字必麒，号十郎，泉州人。12 岁时家遭诬累，举家远避，从居东石，开玉井一代基业。因后裔为郑成功立功而得明永历帝追谥，封大德侯，并授诸子弟军衔荣位。为辛柯蔡三姓联宗开基祖。

蔡惟溥　晋江人。明永乐二年（1404 年）进士，香山（今广东中山）知县，捕杀恶霸，抚集流民。升知钦州。卒祭祀在名宦祠。

蔡　恭　惠安山腰西蔡人。明永乐十六年（1418 年）进士，官拜党州府同知。

蔡宗德　字懋修，金门人。明嘉靖十年（1531 年）举人，官至贵州左通判。

蔡　璲　号少尹，福安西门人。明正统元年（1436 年）恩贡，官广东香山县丞、县令。

蔡　烈（1479—1558）　字文继，龙溪（今漳州）人。师从晋江蔡清，后又受学于莆田陈茂烈。明嘉靖年间（1522—1566）隐居鹤鸣山（漳州云洞岩）白云洞讲学，称“鹤峰先生”。

蔡　瑛　福安小西门人。历明东莞县丞、县令。

蔡　奇　字宜献，号容溪，石狮容卿人。明解州知府。

蔡应吾　漳州火田镇人。明处州通判加宰司教举视卿约事。

蔡一槐　字景明，号沙塘，晋江人。明嘉靖三十八年（1559 年）进士，湖广按察司佥事，官至广东参议。善作墨兰竹石、小楷、行草。寿八十余。

蔡大壮　漳浦人，官明宁知县。

蔡元德　字惟仁，号明宇，行思九，福安锦屏（今城南）人。明万历年间（1573—1620）例贡，历四川泸州判官，迁三品通判。

蔡木裳　漳浦人，明万历年间钦赐翰林院检讨。

蔡思雍　字主恒，晋江永宁人。明古蓟学正，迁龙泉知县。邑有势豪，谋夺民山利，蔡思雍竟断归民。云和矿盗起，蔡思雍调乡兵，备粮饷，擒数巨魁，上之军门，余党解散。卒 83 岁。

蔡　琮　漳浦霞潭树林尾人。明万历八年（1580 年）任南京刑部郎中。

蔡肇庆　云霄人。明万历十一年（1583 年）进士，官至翰林院编修、刑部主事。

蔡应麟　字子瑞，晋江人。明万历十一年进士，兵部武选司主事，改吏部文选清吏司员外郎。被诬，逮系诏狱年余，谪为平民。天启（1621—1627）初重起为南京光禄寺少卿，天启三年升南京太常寺少卿。

蔡　淮　字弘甫，号念质，石狮大仑人。明万历十四年（1586 年）进士，任刑部主事，编《仑山蔡氏族谱》。

蔡　霁　字用明，又字晦仲，号见南，同安人。任大田、长泰教谕。后任乐至知县时，解百姓伐木役之苦；播州民扰，尽力征发民夫，调度财粮；县遇大旱，解仓赈灾；兴县学。

蔡　杲　漳浦旧镇人。明万历十七年（1589 年）进士，官尚宝司少卿。

蔡增誉　字宏耀，号情符，石狮人。明万历二十六年（1598 年）进士。任松江知府。

蔡如川　字继之，晋江人。历官至云南寻甸知府，明万历二十八年（1600 年）因矿税事忤税指使杨荣，被逮下诏狱，受廷杖刑法卒。后赠光禄寺少卿。

蔡宗禹　字宝元，号震湖，漳浦人。明万历二十九年（1601 年）进士，授镇江府理刑。被构陷，去官。后授浙江丽水知县，继升刑部湖广司主事。年老告归漳浦西湖讲学。

蔡立敬　字惺甫，号熙斋，晋江人。明万历二十九年进士，历户部主事、兵部武选司郎中。万历四十六年任浙江温处道参政，终浙江布政参议。

蔡　侃　字明标，晋江人。明万历三十五年（1607 年）进士，授户部主事，历员外郎，迁抚州守，起补淮安郡，晋督学粤东，转赣州粮道，擢江西按察，升云南右布政，晋左布政。崇祯四年（1631 年）拜开府，节制建昌、东川、毕节等地，兼督贵州兵饷。卒赠工部侍郎。

蔡邦藩　石狮人。明万历三十八年（1610 年）进士，任丽水知县。

蔡衍调　漳浦人，明万历年间（1573—1620）官广东饶平运盐大使。

蔡易葵　石狮祥芝人。明代同知。

蔡　靖　漳州古塘人，历任明贵池、增城知县。

蔡鹏霄　字子搏，号培自，石狮人。明崇祯元年（1628 年）进士，任嘉善县令，捐修学宫，治绩显著，迁江西铅山知县，擢监察御史。崇祯十六年授太仆寺少卿。翌年官四川道御史。清兵入关后，为蜀勋援剿北路左协总兵，年七十六卒。

蔡兆培　云霄人。明崇祯三年（1630 年）任光禄太常二侍卿。

蔡炳龙 字开孚，号初穆，石狮人。明崇祯四年（1631年）进士，任大理寺评事。

蔡朝宦 云霄人。明崇祯年间任光禄太常二侍卿，晋刑部侍郎。

蔡 敬 云霄火田镇人。明崇祯七年（1634年）任武职，崇祯十年任九江总兵、左都督。

蔡思淳 漳浦人。明崇祯七年进士，任翰林编修、礼部主事。

蔡士桐 云霄火田镇人。明崇祯七年任刑部侍郎。

蔡缵泗 云霄火田镇人。明崇祯八年（1635年）任光禄太常二侍卿、兵部侍郎。

蔡 賚 漳州下河乡人。明永泰知县。

蔡道宪（1615—1643） 字符白，号江门，晋江人。明崇祯十年（1637年）进士，授长沙、大理推官。崇祯十六年，在与张献忠的农民起义军战斗中破腹身亡，赠太仆少卿，谥忠烈。

蔡肱明 字子起，号靖公，石狮人。明崇祯十三年（1640年）进士，任四川威茂道，死节，谥忠愍。

蔡 禄（？—1674） 字全伍，小名七仔，漳州真珠坂村人。初为郑成功裨将，封威远将军。顺治时降清，官至左都督，清康熙年间（1662—1722）任河北总兵，加太子少保，赐爵阿思尼哈番（男爵）。

蔡德忠 漳州人。明末清初反清复明组织洪门的创始人之一，与方大洪、马超兴、胡德帝、李式开等被后人称为“洪门前五祖”（又称少林五祖）。常活动在福建、陕西、甘肃一带。

蔡承锡 字畴夫，晋江人。清顺治三年（1646年）授漳平教谕，迁真定县丞，升饶阳县令、宁晋县令，卒于官。

蔡 忠 漳州火田人。清顺治十三年（1656年）任碣石总兵、云霄营守备。

蔡而烜 漳浦人。清顺治十五年（1658年）进士，官桐柏知县。

蔡时光 字君龙，晋江人。清顺治十八年（1661年）进士，历推官、长洲令。

蔡 恩 漳州火田人。清康熙年间任游击、云霄营千总。

蔡木谦 漳州人。清代官保定府完县知县。

蔡国竣 漳州人。清康熙年间任台湾水师提督。

蔡国寿 漳州下河人，清康熙年间任罗源游击兼兵备。

蔡仕岳 字诒畴，号莲瓯，石狮人。清康熙十九年（1680年）举人，任赣榆知县。

蔡 芳 石狮容卿人。任清涧知县。

蔡任鹄 字诒翀，石狮人。清康熙十九年举人，任诏安教谕。康熙三十九年进士，授湖广景陵令。以病免归，年七十一卒。

蔡继祖 字诒皇，号念斋，晋江人。清代任郓城令。

蔡为东 号惕园，石狮人。清代任和平知县。

蔡元成 字尚乾，石狮人。清代任颍上知县，参修《福州府志》。

蔡善述 漳浦西湖人。清乾隆四十六年（1707年）任翰林编修、监察御史。

蔡兆仍（1681—1739） 字乃玉，号因也，福安人。清康熙五十六年（1717年）任县丞。有文章传世。

蔡宾兴 字尚三，号邃园，晋江莲塘人。清康熙五十四年（1715年）进士，历官长宁县令兼署龙南、走南两县，晋工部主事、礼部主事、刑部四川司主事、刑部广东司员外郎、吏部验封司郎中。

蔡 棨 漳州人。清雍正五年（1727年）任云霄营守备、仙霞烽火参将。

蔡廷魁 字经五，号鹤邨，南安人。清雍正年间（1723—1735）以助边授员外郎，晋刑部湖广司郎中。捐资建祠，修谱，修葺庙宇精舍，镌刻刊印蔡忠惠、蔡清文集。创办义学，亲自授课族戚。

蔡焕章 字尚闇，号质亭，晋江人。清雍正十一年（1733年）进士，授陕西白水县令。服阕，入都谒补，年四十六卒于京。

蔡　镇　漳州下河村人，清代任江西南丰知县。

蔡锡蕃（1642—1724）　字子盛，建阳人。清乾隆二十四年（1780年）乡试解元，赐进士，充庶吉士，历翰林编修，卒赐奉直大夫，谥康齐。

蔡启自（1644—1722）　一名遴官，号雁山，连江人。与胞弟蔡启章世袭定海骁骑将军之职。清康熙四十五年（1706年），兄弟联合对抗里长暴税，上书建议直接交税以惠民。

蔡兴邦　漳州真珠坂村人。清乾隆年间（1736—1795）任都尉、太湖协副将。

蔡长伦　漳州下河人。清乾隆六年（1741年）官援州同知。

蔡本俊　漳浦大南坂下铺人。清嘉庆四年（1799年）进士，任南宁知府。

蔡步銮　宁德蕉城人。清道光年间（1821—1850）官通奉大夫，候选知府。

蔡赓良（1820—1881）　初名玢，字乔年，号润叔，祖籍连江。清乾隆年间祖上迁居福州文儒坊蔡宅。清道光二十九年（1849年）拔贡廷试一等，入刑部三年升主事。同治（1862—1874）初补授河南司秋审处坐办，律例馆提调。不久升至郎中，出任河南归德知府，调任开封知府。又因治理河防有功，晋秩盐运使。

蔡焕奄（1822—1891）　晋江东石玉井人。迁居福州南台中洲尾，世经营义春船头行和干和干果行。培养孤儿为谊子，施舍孤寡老人。谊子黄培松在清光绪六年（1880年）高中庚辰科武举状元，蔡焕奄因此授封奉政大夫。

蔡建贤（1853—1924）　字辅臣，号笃斋，南平人。先主讲于沙县梅山书院，后被延平知府刘传福聘为延平道书院山长。清光绪二十九年（1903年）出任政和县学训导，不久兼任松溪县学教谕。1913年创办延平中学堂（今南平一中）并任学监。

蔡枢南　字寿星，号莲汀，石狮人，寄籍台湾彰化。清光绪十二年（1886年）进士，任户部四川司主事，钦加员外郎衔，擅诗词作画。

蔡凤梧　福州人。1916年任福建省教育厅厅长。

蔡鹤汀（1909—1976）　字颐元，号枕石散人，福州人。从事舞台美术设计工作。抗战胜利后，与弟蔡鹤洲等人共赴香港举办画展。1950年定居西安从事绘画艺术创作。曾任中国美术家协会会员、美协陕西分会常务理事、陕西省戏曲研究所艺委会美术室创作主任、陕西省政协委员、西安市人大代表。

蔡和尚（1910—1943）　东山人。1935年入伍，任新四军老三连副连长，1943年在安徽截缴国民党军枪弹战斗中牺牲。

蔡鹤洲（1911—1971）　名学亨，字鹤洲，福州人。幼年学习漆画，1937年始研习中国画，擅长花鸟画，1953年定居西安从事舞台美术设计，多次举办过画展和参加全国美展，代表作为《蜀道如今不再难》。是中国美术家协会会员。

蔡金龙（1912—1945）　莆田人。1936年加入中国共产党，作为中国工农红军闽中游击队战士参加了闽中苏区常太游击根据地的反"围剿"作战和三年游击战争。抗日战争爆发后编入新四军北上抗日，任新四军军部特务营二连副连长等职。抗战胜利后，随部参加了解放战争，1946年12月在苏北战场牺牲。

蔡光周　福州人。1947年任中共闽中地委福州工委书记，1949任闽清游击大队政治委员，中华人民共和国成立后任福建省化工厅厅长。

蔡郑苗（1924—2004）　霞浦官路下八斗人。少年加入红军。解放战争时期在山东莱芜战役中担任某师政委。

蔡龙豪（1925—1912） 尤溪桂峰村人。1943 年考入贵州桐梓海军学校。1949 年去台湾。1995 年返乡，1996 年出资 100 多万元创办蔡龙豪奖学基金会。用于家乡兴教助学、办公益事业的资金达 300 多万元。

蔡厚示（1928—2019） 笔名艾特。江西南昌人。历任厦门大学副教授、福建社科院文学所研究员、中华诗词学会顾问等。

第三节 历代进士名录

唐 代

姓名	籍贯	中进士年间与科榜	任职	备注
蔡沼	晋江	贞元七年（791 年），尹枢榜		

宋 代

姓名	籍贯	中进士年间与科榜	任职	备注
蔡 丕	晋江	淳化三年（992 年），孙何榜		
蔡中正	晋江	咸平三年（1000 年），陈尧咨榜		
蔡黄裳	晋江	大中祥符元年（1008 年），姚晔榜		
蔡伯俙	福清	大中祥符八年（1015 年），蔡齐榜		6 岁应童子举，赐出身
蔡昌宗		天圣二年（1024 年），宋郊榜		特奏名
蔡 衮	晋江	天圣五年（1027 年），王尧臣榜		
蔡 衮	仙游	天圣五年（1027 年），王尧臣榜		
蔡黄中	晋江	天圣五年（1027 年），王尧臣榜		特奏名
蔡 襄	仙游	天圣八年（1030 年），王拱辰榜		
蔡 巽	晋江	景祐元年（1034 年），张唐卿榜		
蔡昌龄	莆田	景祐元年（1034 年），张唐卿榜		
蔡 准	仙游	景祐元年（1034 年），张唐卿榜		
蔡 高	仙游	景祐元年（1034 年），张唐卿榜		
蔡若水	晋江	庆历二年（1042 年），杨置榜		
蔡 奕	晋江	庆历二年（1042 年），杨置榜		
蔡若拙	晋江	庆历六年（1046 年），贾黯榜		
蔡 立	仙游	皇祐元年（1049 年），冯京榜		
蔡 项	仙游	皇祐五年（1053 年），郑獬榜		
蔡 洵	晋江	嘉祐二年（1057 年），章衡榜		
蔡 确	晋江	嘉祐四年（1059 年），刘辉榜		
蔡 洙	晋江	嘉祐六年（1061 年），王俊民榜		

续表

姓名	籍贯	中进士年间与科榜	任职	备注
蔡　瑗	龙溪	嘉祐六年（1061年），王俊民榜		
蔡　硕	晋江	治平二年（1065年），彭汝砺榜		
蔡　柏	将乐	治平四年（1067年），许安世榜		
蔡　京	仙游	熙宁三年（1070年），叶祖洽榜		
蔡　卞	仙游	熙宁三年（1070年），叶祖洽榜		
蔡　接	晋江	熙宁三年（1070年），叶祖洽榜		特奏名
蔡　奭	晋江	熙宁六年（1073年），余中榜		特奏名
蔡惟稽	晋江	熙宁九年（1076年），徐铎榜		
蔡元方	将乐	熙宁九年（1076年），徐铎榜		
蔡彦丕	晋江	元丰二年（1079年），时彦榜		
蔡　观	仙游	元丰二年（1079年），时彦榜		
蔡　彰	晋江	元祐三年（1088年），李常宁榜		
蔡　彤	晋江	元祐六年（1091年），马涓榜		
蔡　巩	福清	绍圣四年（1097年），何昌言榜		
蔡　圭	龙溪	绍圣四年（1097年），何昌言榜		
蔡　翊	晋江	元符三年（1100年），李釜榜		
蔡　嵘	龙溪	元符三年（1100年），李釜榜		
蔡　锋	龙溪	元符三年（1100年），李釜榜		
蔡　佃	仙游	崇宁二年（1103年），霍端友榜		榜眼
蔡　伸	仙游	大观三年（1109年），贾安宅榜		
蔡　伷	仙游	大观三年（1109年），贾安宅榜		
蔡　怞	仙游	大观三年（1109年），贾安宅榜		
蔡　翛	仙游	大观三年（1109年），贾安宅榜		
蔡　荺	晋江	政和二年（1112年），莫俦榜		
蔡　佃	仙游	政和五年（1115年），何㮚榜		
蔡　枢	仙游	政和五年（1115年），何㮚榜		
蔡　仍	仙游	政和五年（1115年），何㮚榜		
蔡　衍	仙游	政和五年（1115年），何㮚榜		
蔡元璋	莆田	政和五年（1115年），何㮚榜		
蔡　嵘	龙溪	重和元年（1118年），王昂榜		
蔡　章	龙溪	重和元年（1118年），王昂榜		
蔡　肱	晋江	宣和三年（1121年），何涣榜		
蔡　榕	仙游	宣和六年（1124年），沈晦榜		
蔡义可	惠安	绍兴五年（1135年），汪应辰榜		特奏名

续表

姓名	籍贯	中进士年间与科榜	任职	备注
蔡 能	晋江	绍兴五年（1135 年），汪应辰榜		武进士
蔡 兹	永春	绍兴十二年（1142 年），陈诚之榜		
蔡士龙	剑浦	绍兴十二年（1142 年），陈诚之榜		
蔡中孚	龙溪	绍兴十二年（1142 年），陈诚之榜		
蔡 晟	龙溪	绍兴十二年（1142 年），陈诚之榜		
蔡大成	晋江	绍兴十二年（1142 年），陈诚之榜		特奏名
蔡 绍	晋江	绍兴十五年（1145 年），刘章榜		
蔡 燠	晋江	绍兴十五年（1145 年），刘章榜		
蔡 瑀	建安	绍兴二十一年（1151 年），赵逵榜		
蔡 昊	晋江	绍兴二十一年（1151 年），赵逵榜		
蔡 悬	晋江	绍兴二十一年（1151 年），赵逵榜		
蔡 骥	莆田	绍兴二十一年（1151 年），赵逵榜		
蔡椿老	晋江	绍兴二十七年（1157 年），王十朋榜		
蔡 楫	晋江	绍兴二十七年（1157 年），王十朋榜		
蔡 颐	晋江	绍兴二十七年（1157 年），王十朋榜		
蔡 峋	仙游	绍兴二十七年（1157 年），王十朋榜		
蔡 珏	仙游	隆兴元年（1163 年），木待问榜		
蔡天若	晋江	乾道二年（1166 年），萧国梁榜		
蔡 戡	仙游	乾道二年（1166 年），萧国梁榜		
蔡 豸	永春	乾道二年（1166 年），萧国梁榜		特奏名
蔡汉杰	晋江	乾道五年（1169 年），郑侨榜		
蔡温舒	晋江	乾道五年（1169 年），郑侨榜		
蔡天锡	晋江	乾道五年（1169 年），郑侨榜		
蔡 易	龙溪	乾道五年（1169 年），郑侨榜		
蔡如松	龙溪	乾道五年（1169 年），郑侨榜		特奏名
蔡天钧	晋江	淳熙二年（1175 年），詹骙榜		
蔡尽忠	龙溪	淳熙二年（1175 年），詹骙榜		
蔡 迪	龙溪	淳熙五年（1178 年），姚颖榜		
蔡霆发	晋江	淳熙十一年（1184 年），卫泾榜		
蔡师言	仙游	淳熙十一年（1184 年），卫泾榜		
蔡 谅	仙游	淳熙十一年（1184 年），卫泾榜		
蔡元秀	晋江	淳熙十四年（1187 年），王容榜		
蔡 点	仙游	绍熙元年（1190 年），余复榜		
蔡奋忠	龙溪	绍熙四年（1193 年），陈亮榜		
蔡 铣	仙游	庆元二年（1196 年），邹应龙榜		

续表

姓名	籍贯	中进士年间与科榜	任职	备注
蔡敷言	仙游	庆元二年（1196年），邹应龙榜		
蔡　嘉	晋江	庆元五年（1199年），曾从龙榜		
蔡　辟	莆田	庆元五年（1199年），曾从龙榜		
蔡　衡	莆田	开禧元年（1205年），毛自知榜		
蔡　寯	仙游	开禧元年（1205年），毛自知榜		
蔡知方	崇安	嘉定元年（1208年），郑性之榜		
蔡公申	闽县	嘉定四年（1211年），赵建大榜		
蔡　缶	长乐	嘉定四年（1211年），赵建大榜		
蔡文曝	永春	嘉定十年（1217年），吴潜榜		
蔡　廉	仙游	嘉定十年（1217年），吴潜榜		
蔡次传	晋江	嘉定十三年（1220年），刘渭榜		
蔡　明	晋江	嘉定十三年（1220年），刘渭榜		
蔡履忠	龙溪	嘉定十三年（1220年），刘渭榜		
蔡淳甫	仙游	嘉定十三年（1220年），刘渭榜		
蔡　荣	莆田	嘉定十六年（1223年），蒋重珍榜		
蔡潜夫	晋江	宝庆二年（1226年），王会龙榜		
蔡端夫	晋江	宝庆二年（1226年），王会龙榜		
蔡　辉	晋江	绍定二年（1229年），黄朴榜		
蔡　杭	建阳	绍定二年（1229年），黄朴榜		
蔡应龙	剑浦	绍定二年（1229年），黄朴榜		
蔡世德	瓯宁	绍定五年（1232年），徐元杰榜		
蔡泽民	晋江	绍定五年（1232年），徐元杰榜		
蔡仪甫	仙游	绍定五年（1232年），徐元杰榜		
蔡简夫	剑浦	端平二年（1235年），吴叔告榜		
蔡　璞	晋江	嘉熙二年（1238年），周坦榜		
蔡应龙	福清	淳祐元年（1241年），徐俨夫榜		
蔡士端	晋江	淳祐七年（1247年），张渊微榜		
蔡　益	崇安	淳祐七年（1247年），张渊微榜		
蔡仪国	仙游	淳祐七年（1247年），张渊微榜		
蔡义和	永春	淳祐十年（1250年），方逢辰榜		
蔡公亮	崇安	宝祐元年（1253年），姚勉榜		
蔡福嗣	晋江	宝祐四年（1256年），文天祥榜		
蔡　方	永春	咸淳四年（1268年），陈文龙榜		
蔡逢甲	漳浦	咸淳四年（1268年），陈文龙榜		

明　代

姓名	籍贯	中进士年间与科榜	任职	备注
蔡士实	福清	洪武四年（1371 年），吴伯宗榜		
蔡惟溥	晋江	永乐二年（1404 年），曾棨榜		
蔡　慈	闽县	永乐四年（1406 年），林环榜		
蔡　恭	惠安	永乐十六年（1418 年），李骐榜		
蔡　檖	龙溪	永乐十六年（1418 年），李骐榜		
蔡　靖	龙溪	景泰二年（1451 年），柯潜榜		
蔡　肃	闽县	成化五年（1469 年），张升榜		
蔡元美	莆田	成化五年（1469 年），张升榜		
蔡　清	晋江	成化二十年（1484 年），李旻榜		
蔡　杲	龙溪	成化二十三年（1487 年），费宏榜		
蔡　元	龙溪	弘治六年（1493 年），毛澄榜		
蔡　经	侯官	正德十二年（1517 年），舒芬榜		
蔡存远	晋江	嘉靖五年（1526 年），龚用卿榜		
蔡克廉	晋江	嘉靖八年（1529 年），罗洪先榜		
蔡　文	龙溪	嘉靖二十六年（1547 年），李春芳榜		
蔡本端	闽县	嘉靖三十二年（1553 年），陈谨榜		
蔡明复	漳浦	嘉靖三十五年（1556 年），诸大绶榜		
蔡茂春	闽县	嘉靖三十八年（1559 年），丁士美榜		
蔡　万	晋江	嘉靖三十八年（1559 年），丁士美榜		
蔡一槐	晋江	嘉靖三十八年（1559 年），丁士美榜		
蔡一楠	漳浦	嘉靖四十一年（1562 年），申时行榜		
蔡贵易	同安金门	隆庆二年（1568 年），罗万化榜		
蔡应科	龙溪	隆庆二年（1568 年），罗万化榜		
蔡国炳	晋江	万历二年（1574 年），孙继皋榜		
蔡乾釜	龙溪	万历二年（1574 年），孙继皋榜		
蔡时鼎	漳浦	万历二年（1574 年），孙继皋榜		
蔡梦说	龙岩	万历二年（1574 年），孙继皋榜		
蔡春及	龙溪	万历二年（1574 年）		武进士
蔡宗周	龙溪	万历八年（1580 年），张懋修榜		
蔡　升	漳浦	万历八年（1580 年），张懋修榜		
蔡　琮	漳浦	万历八年（1580 年），张懋修榜		
蔡应麟	晋江	万历十一年（1583 年），朱国祚榜		
蔡　彭	晋江	万历十一年（1583 年），朱国祚榜		
蔡肇庆	诏安	万历十一年（1583 年），朱国祚榜		

续表

姓名	籍贯	中进士年间与科榜	任职	备注
蔡　淮	晋江	万历十四年（1586年），唐文献榜		
蔡守愚	同安金门	万历十四年（1586年），唐文献榜		
蔡仕达	龙溪	万历十四年（1586年）		武进士
蔡懋贤	同安金门	万历十七年（1589年），焦竑榜		
蔡献臣	同安金门	万历十七年（1589年），焦竑榜		
蔡　杲	漳浦	万历十七年（1589年），焦竑榜		
蔡仕雅	晋江	万历十七年（1589年）		武进士
蔡复一	同安金门	万历二十三年（1595年），朱之蕃榜		
蔡增誉	晋江	万历二十六年（1598年），赵秉忠榜		
蔡立敬	晋江	万历二十九年（1601年），张以诚榜		
蔡宗禹	漳浦	万历二十九年（1601年），张以诚榜		
蔡　侃	晋江	万历三十五年（1607年），黄士俊榜		
蔡思充	漳浦	万历三十五年（1607年），黄士俊榜		
蔡光宗	晋江	万历三十五年（1607年）		武进士
蔡邦藩	晋江	万历三十八年（1610年），韩敬榜		
蔡国祯	海澄	万历四十一年（1613年），周延儒榜		
蔡一熊	惠安	万历四十四年（1616年），钱士升榜		
蔡邦翰	龙溪	天启二年（1622年）		武进士
蔡　澄	龙溪	天启五年（1625年），余煌榜		
蔡邦俊	晋江	崇祯元年（1628年），刘若宰榜		
蔡鹏霄	晋江	崇祯元年（1628年），刘若宰榜		
蔡秋卿	闽县	崇祯四年（1631年），陈于泰榜		
蔡炳龙	晋江	崇祯四年（1631年），陈于泰榜		
蔡全斌	晋江	崇祯四年（1631年）		武进士
蔡国元	同安	崇祯七年（1634年），刘理顺榜		
蔡思淳	漳浦	崇祯七年（1634年），刘理顺榜		
蔡道宪	晋江	崇祯十年（1637年），刘同升榜		
蔡肱明	晋江	崇祯十三年（1640年），魏藻德榜		
蔡　熼	漳浦	崇祯十六年（1643年），杨廷鉴榜		
蔡文龟	平和	崇祯十七年（1644年）		武进士

清　代

姓名	籍贯	中进士年间与科榜	任职	备注
蔡而烷	漳浦	顺治九年（1652年），邹忠倚榜		

续表

姓名	籍贯	中进士年间与科榜	任职	备注
蔡而烜	漳浦	顺治十五年（1658 年），孙承恩榜		
蔡时光	晋江	顺治十八年（1661 年），马世俊榜		
蔡泰升	晋江	康熙六年（1667 年），缪彤榜		
蔡茂相	南平	康熙六年（1667 年）		武进士
蔡致远	镇海卫	康熙二十一年（1682 年），蔡升元榜		
蔡其聪	闽县	康熙二十四年（1685 年），陆肯堂榜		
蔡日光	平和	康熙三十三年（1694 年），胡任舆榜		
蔡任鹄	同安	康熙三十九年（1700 年），汪绎榜		
蔡世远	漳浦	康熙四十八年（1709 年），赵熊诏榜		
蔡大受	晋江	康熙五十二年（1713 年），恩科王敬铭榜		
蔡宾兴	同安	康熙五十四年（1715 年），徐陶璋榜		
蔡衍诰	漳浦	康熙五十四年（1715 年），徐陶璋榜		
蔡鹰扬	上杭	康熙五十七年（1718 年）		武进士
蔡霖奏	晋江	雍正元年（1723 年），恩科于振榜		
蔡良庆	永春	雍正元年（1723 年），恩科于振榜		
蔡　新	漳浦	乾隆元年（1736 年），金德瑛榜		
蔡庄鹰	台湾府	乾隆四年（1739 年）		武进士
蔡云从	漳浦	乾隆七年（1742 年），金甡榜		
蔡　淮	漳浦	乾隆十年（1745 年），钱维城榜		
蔡如襄	漳浦	乾隆十六年（1751 年），吴鸿榜		
蔡学简	安溪	乾隆二十二年（1757 年），蔡以台榜		
蔡雄文	漳浦	乾隆三十六年（1771 年）		武进士
蔡廷举	闽县	乾隆三十七年（1772 年），金榜榜		
蔡本禧	漳浦	乾隆四十五年（1780 年）		武进士
蔡善述	漳浦	乾隆四十六年（1781 年），钱棨榜		
蔡　山	漳浦	乾隆五十五年（1790 年）		武进士
蔡鸿捷	晋江	嘉庆四年（1799 年），姚文田榜		
蔡本俊	漳浦	嘉庆四年（1799 年），姚文田榜		
蔡行达	漳浦	嘉庆六年（1801 年），恩科顾皋榜		
蔡以成	侯官	嘉庆七年（1802 年），吴廷琛榜		
蔡鹏南	晋江	嘉庆二十四年（1819 年），恩科陈沆榜		
蔡征藩	侯官	道光二十一年（1841 年），恩科龙启瑞榜		
蔡廷兰	台湾府	道光二十四年（1844 年），孙毓溎榜		
蔡鸿章	台湾府	同治七年（1868 年），洪钧榜		
蔡德芳	彰化	同治十三年（1874 年），陆润庠榜		

续表

姓名	籍贯	中进士年间与科榜	任职	备注
蔡　琛	侯官	光绪二十年（1894 年），张謇榜		
蔡寿年	侯官	光绪二十四年（1898 年），夏同和榜		

第三篇

叶姓

《福建姓氏志·叶姓篇》编纂委员会

主　任：叶延青

副主任：叶树福　叶　子

成　员：叶明豪　叶育新　叶宝来　叶湘盛　叶敬荣　叶永平　叶忠福
　　　　叶高山　叶月德　叶新课　叶明光　叶哲严　叶尚政　叶章勇
　　　　叶炳亮　叶竹芳　叶孝光　叶和英

《福建姓氏志·叶姓篇》编辑部

主　编：叶树福

副主编：叶明豪　叶育新

成　员：叶敬宗　叶阿辉　叶贵阳　叶翔宁　叶乐日　叶树勇　叶志向
　　　　叶梓赋　叶沧江　叶聿炳　叶章传　叶　雄　叶鹰江　叶国斌
　　　　叶丽珠　叶自强　叶金长

目　录

叶①姓，楚王族之后，源自芈姓。还有一些是许姓改叶姓、萧姓改叶姓和少数民族改叶姓。叶姓入闽最早是在西晋永嘉二年（308年）由中原南迁。唐武德四年（621年），叶颙（也作叶灏）奉旨由南京入闽任建州第一任刺史，后定居建安。唐元和年间（806—820），叶清由浙江处州丽水县感德乡德润里入闽，定居仙游县归德乡清泉里北岩山下。唐龙纪元年（889年），叶洙由江西吉安府泰和县射坪乡入闽，定居泉州府同安县南门外佛子岗岭下。唐代至清代，约有80支由浙江入闽，还有一些由广东、广西、河北、河南、江西等地入闽。据2016年统计，全省叶姓总人数600888人，主要分布在南平、漳州、宁德、福州和泉州等地区，形成超过650个叶姓主要聚居地。全省有《叶氏族谱》200多部。在众多宗祠、陵墓、古建筑、名胜古迹中，被列为全国重点文物保护单位的有5个，省级文物保护单位20个，市级文物保护单位5个，县级文物保护单位33个。全国文明村1个，国家AAA级旅游景区2个，中国历史文化名村2个，福建省历史文化名村1个，中国传统村落2个；非物质文化遗产丰富，有世界级1项，国家级7项，省级6项，市级5项。历代科举中，有状元2人，进士255人。明清以后，有大批叶姓族人迁居东南亚各国及中国台湾、香港、澳门地区。叶姓近现代人才辈出。叶姓最常见的郡望为南阳郡，主要堂号有南阳堂、俭德堂、佛岭堂、凌云堂、莲溪堂、树德堂等。

第一章　源　流

第一节　溯　源

一、源自芈姓

黄帝后裔，楚公族裔。先秦文献《左传》有17处直接记载沈尹戌与叶公沈诸梁的言行，其中有沈尹戌担任楚国左司马和叶公沈诸梁担任令尹兼司马的记载。东汉泰山太守应劭著《风俗通》载：“楚，沈尹戌，生诸梁，食采于叶，因氏焉。”西晋《左传》注释家杜预还指出：“戌，庄王曾孙，叶公诸梁父也。”这是叶姓对祖源认识的主流意见。

二、源自姬姓

武王有天下，聃季载为司空，食邑于沈。沈在汝南，其地为平舆之沈亭，后世因以为氏。其裔孙尹寿为楚令尹有功，沈氏之族尹射、尹戌、尹赤、尹朱皆相继用于楚。戌之子曰诸梁，字子高，是为叶公。

三、源自少数民族

满族纳喇氏、叶赫勒氏、德昂族亥氏，高山族、彝族等少数民族有叶姓。

① 叶，繁体字为“葉”，属于1956年国务院公布《汉字简化方案》中的简化字。“葉”古代读音为shè，古字写作“枼”，最早见于甲骨文中，像树上有枝叶的样子。

四、源自他姓而改

唐代，许成一个儿子改姓叶（一说随母姓叶），即今闽东北许裔叶姓。元代，萧昭元一个儿子改姓叶（随母姓叶），即今诏安宝桥叶姓。

第二节　入　闽

西晋永嘉二年（308 年），有叶姓族人为避战乱，由中原南迁入闽。

唐武德四年（621 年），叶颢（又作叶灏）由南京入闽任建州刺史，定居建州（今建阳、建瓯一带）。

唐元和年间（806—820），叶清由浙江处州丽水县感德乡德润里入闽，定居今仙游县归德乡清泉里北岩山下。

唐大中十年（856 年），许延一弃官由光州固始县新安村白马渡入闽，从母姓叶并定居今政和县镇前镇漈头村。

唐大中年间（846—859），叶开定入闽，定居今长乐市鹤上镇路北村。

唐广明元年（880 年），叶诲携子叶煦由浙江入闽，定居富沙（以今建瓯市为中心的闽北一带）东坤。

唐龙纪元年（889 年），叶洙由江西吉安府泰和县射坪乡入闽，定居泉州府同安县南门外佛子岗岭下（今同安区大同街道岳口村铺前佛子岗岭下）。

唐光启元年（885 年），叶孔尧随王绪入闽，定居今连江县敖江镇幕浦村。

唐天祐年间（904—907），叶达、叶致远由浙江处州入闽，定居长溪（今霞浦县）。

唐末，许文郁入闽，居东和梧桐（今政和县澄源乡上洋），从母姓叶。

五代后唐天成二年（927 年），叶道成由浙江平阳入闽，定居政和县后溪。

五代南唐年间（937—975），叶从辉由浙江括苍（今丽水市）入闽，定居今泰宁县城西叶家窠。

宋建隆二年（961 年），叶蒙携 8 子由浙江温州西邯盖竹入闽，定居长溪县。

宋天圣三年（1025 年），叶宜承由浙江松阳县入闽，定居浦城县宜新里北隅。

宋元祐二年（1087 年），叶承潮由浙江泰顺县榅洋入闽，定居今柘荣县英山乡坑源村。

宋绍兴年间（1131—1162），叶五郎由河北河间府辗转迁入龙溪县平和里叶浦社（今属漳州）。

宋绍圣元年（1094 年），叶朝凤由浙江平阳县入闽，定居政和县后溪。

宋景定三年（1262 年），叶芝由浙江处州府松阳谕溪入闽，定居今福鼎市太姥山镇潋城村。

宋祥兴元年（1278 年），叶百念一由浙江泰顺县黄连山入闽，定居今寿宁县犀溪镇犀溪村。

宋末，叶庆元由河南洛阳东门兴福坊经江西瑞金壬田入闽，在宁化为官，定居今宁化县城南乡叶坊村。

宋末，叶静益由今浙江龙泉市八都镇高大门村入闽，定居浦城县水北街镇观前村。

宋末，叶以达由浙江括苍入闽，定居今松溪县松源镇。

宋末，叶映玉由广东经长汀县官前湖坑入闽，定居今上杭县中都镇古坊村。

宋末，叶宜兴入闽，定居福清孝义乡化南里云山境（今港头镇后叶村）。

宋末元初，叶天星由浙江金华府建德县李叶乡里叶村入闽，定居今古田县大桥镇沂洋村。

元至大二年（1309 年），叶德奉由光州固始县石板桥头入闽，定居今顺昌县元坑镇漠武村。

元至大三年（1310 年），叶建二由浙江龙泉高大门村入闽，定居今浦城县富岭镇靖坑村。

元末，萧万六郎从母叶姓，定居诏安县宝桥（今深桥镇华表村一带）。

明洪武元年（1368年），叶廷华由浙江温州府平阳县万全镇叶垟村入闽，定居今南平市延平区水东街道半岭村。

明洪武四年（1371年），叶仲良由江西贵溪县雄石入闽，定居今浦城县永兴镇澄源村。

明洪武五年（1372年），叶存赐由今浙江龙泉市黄南入闽，定居今松溪县渭田镇吴村西源。

明初，叶钦由今浙江龙泉市入闽，定居今浦城县富岭镇前洋村。

明建文四年（1402年），叶满兴由浙江余姚梅川入闽，定居今霞浦县松城街道古善里。

明永乐二年（1404年），叶记寿由浙江金华府入闽，定居今闽清县下祝乡前洋村。

明永乐年间（1403—1424），叶贤五由浙江景宁县小地上村半岭入闽，定居今寿宁县清源镇杨柳树村。

明宣德年间（1426—1435），叶义五携子叶敷十一由浙江云和县规溪入闽，定居今寿宁县鳌阳镇文山里。

明正统年间（1436—1449），叶伯俨由浙江景宁县小地入闽，定居政和县杨梅村（今寿宁县鳌阳镇）。

明嘉靖四年（1525年），叶处能、叶处怀由浙江庆元县入闽，定居今屏南县屏城乡岭兜村。

明嘉靖三十年（1551年），叶灏（又作叶威）由浙江庆元县入闽，定居今屏南县甘棠乡甘棠村。

明成化年间（1465—1487），叶显由今浙江龙泉市入闽，定居今浦城县永兴镇泰窑坑村。

明成化年间，叶仕芳由浙江入闽，定居长溪。

明万历年间（1573—1620），叶孙保由浙江泰顺县叶屿洋入闽，定居今福鼎市磻溪镇炉屯村。

明万历年间，叶荐圣由南京铁井栏入闽，定居今福清市东张黄畲。

明代，叶可进由浙江庆元县潦头村入闽，定居今政和县岭腰乡锦屏上场村。

明代，叶永兴由江西入闽，定居今古田县凤都镇石坑村。

明代，由浙江泰顺县龟湖镇入闽，定居今柘荣县英山乡王社村。

明末，叶琳琪由今浙江龙泉市高大门村入闽，定居今浦城县古楼乡桥头村。

明末，叶镛钦兄弟由今浙江龙泉市大坦入闽，定居今浦城县南浦与富岭。

明末清初，叶可礼由浙江景宁县石梯坑下入闽，定居今寿宁县坑底乡地源上村。

清康熙三十年（1691年），叶高章由浙江平阳县赤溪镇入闽，定居今福鼎市桐山镇丹岐村。

清康熙三十年，叶耀远由浙江苍南县河口入闽，定居今福鼎市硖门乡渔井村。

清康熙六十年（1721年），叶可龄由浙江庆元县桃坑村入闽，定居今寿宁县托溪乡大黍村。

清康熙年间（1662—1722），叶春起由浙江庆元县荷地镇桃坑村入闽，定居今福安市城阳乡早洋。

清康熙年间，叶朝资由浙江庆元县桃坑村入闽，定居今寿宁县斜滩镇溪头洋村。

清康熙年间，叶可奇由浙江庆元县桃坑村入闽，定居今寿宁县鳌阳镇。

清康熙年间，叶可聘由浙江景宁县雁溪石梯村入闽，定居今寿宁县坑底乡坑底村。

清康熙年间，叶春兰由浙江景宁县石梯坑下村入闽，定居今寿宁县坑底乡后坑村。

清康熙末期，叶光举等4户由浙江苍南县藻溪镇元店村入闽，定居今福鼎市太姥山镇柏洋。

清康熙末期，叶可缙、叶可玟由浙江庆元县桃坑村入闽，定居今寿宁县清源镇平岩村。

清雍正三年（1724年），叶春弘由浙江庆元县桃坑村入闽，定居今寿宁县托溪乡大黍村。

清雍正十一年（1733年），叶天通由广东兴堂高祖入闽，定居今福鼎市佳阳乡罗唇村。

清雍正（1723—1735）末年，叶有萼由今浙江瑞安市堂开村入闽，定居今福鼎市佳阳乡蕉宕村。

清乾隆二年（1737年），叶从球、叶从松由浙江庆元县半山入闽，定居今寿宁县平溪镇岭兜村。

清乾隆五年（1740年），叶永照由今浙江苍南县龙港镇巴曹社区入闽，定居今福鼎市点头镇扆山村。

清乾隆五年，叶以舟由浙江平阳县北港南湖西山入闽，定居今福鼎市点头镇王孙四斗村。

清乾隆十九年（1754 年），叶伯龄由浙江庆元县三坑入闽，定居今寿宁县托溪乡黄南洲村。

清乾隆二十五年（1760 年），叶逢源由浙江平阳县十七都入闽，定居今霞浦县水门乡小竹湾杠底村。

清乾隆年间（1736—1795），叶以钦由浙江苍南县马站入闽，定居今霞浦县牙城镇西岭村。

清乾隆年间，叶元景由浙江苍南县马站入闽，定居今霞浦县牙城镇前街村。

清乾隆年间，叶茂全由浙江景宁县石梯下村迁入，定居今寿宁县坑底乡半岭洋村。

清乾隆年间，叶枝、叶方竹由浙江景宁县入闽，定居今屏南县岭下乡葛畲村。

清乾隆年间，叶应楚由浙江庆元县桃坑村入闽，定居今寿宁县斜滩镇蒲洋村。

清乾隆年间，叶起宗由浙江庆元县冈兜山漈入闽，定居今寿宁县托溪乡山口村。

清乾隆年间，叶俊隆由浙江庆元县半山入闽，先居今寿宁县平溪镇李长坑，再转迁岭根村。

清乾隆年间，叶华统由浙江庆元县贤良入闽，定居今寿宁县芹洋乡官路洋村。

清嘉庆四年（1799 年），叶绍意等 3 户由浙江平阳县兆港南湖底森园入闽，定居今福鼎市太姥山镇礼岙水村。

清嘉庆十七年（1812 年），叶芝增由今浙江瑞安市龙湖樟岙入闽，定居今霞浦县牙城镇凤门村。

清嘉庆十七年，叶芝鹉由今浙江瑞安市龙湖樟岙入闽，定居今霞浦县水门乡茶岗双会山村。

清嘉庆二十三年（1818 年），叶序富由浙江平阳县钱仓入闽，定居今福鼎市太姥山镇夫仁顶村。

清嘉庆年间（1796—1820），叶文西由今浙江苍南县矾山镇南宋洋屿星入闽，定居今福鼎市白琳镇大山村。

清咸丰七年（1860 年），叶钟富由浙江泰顺县横坑村入闽，定居今福鼎市桐山镇。

清同治年间（1862—1875），叶邦应由浙江景宁县半溪村入闽，定居今寿宁县坑底乡浩溪村。

清光绪五年（1877 年），叶兆舒由今浙江苍南县灵溪镇凤山前村入闽，定居今福鼎市太姥山镇东埕村塘边村。

清光绪二十一年（1895 年），叶国标由江西广丰县入闽，定居今浦城县古楼乡里山村。

清光绪二十七年（1901 年），叶家楚由浙江景宁县半岭入闽，定居今寿宁县坑底乡坑底村。

清末，叶国绀等 6 户由浙江泰顺县五里牌入闽，定居今福鼎市岙里村。

清末，叶重由今浙江龙泉市高大门村入闽，定居今浦城县古楼乡里山村。

清末，有叶姓由今广西防城市入闽，定居今南靖县丰田镇东华村。

清代，叶远由江西贵溪县入闽，定居今光泽县华桥乡园岱村。

清代，有叶姓由广东梅县石扇镇象村入闽，定居今武平县东留镇苏湖村。

第三节　繁　衍

一、叶颙家族

唐武德四年（621 年），叶颙由南京入闽任建州刺史，定居建州。8 世为叶希京、叶希泽、叶希圣、叶希烈。叶希京传叶惠荣、叶惠昌、叶惠昭；叶希泽生九子，播迁各地：长子叶仁完迁徙浙江括苍，次子叶仁寿迁徙浙江天台，三子叶仁贞迁居建安，四子叶仁昶迁徙浙江金华，五子叶仁和迁居邵武，六子叶仁安迁居闽福，七子叶仁庆迁徙江苏金陵，八子叶仁康迁徙浙江湖州，九子叶仁福迁徙浙江秀州。

叶希京世系　叶希京居建瓯南才里（今小桥一带）。2 世叶惠荣居建州；叶惠昌迁徙江苏南京。宋宣和初年（约 1120 年），叶德泰由今南平市延平高桐迁居建瓯南雅叶康村。南宋乾道初年（约 1165 年），8 世叶浩然迁居建瓯迪口可坑，后裔主要聚居迪口可坑、龙北溪、星田、杉洋、王地后、张坑、坑头、东岩、东洋、东坑、叶坑、长远、后坪、李溪，南雅镇梅村，南平市延平区洋后南山等处。

叶仁贞世系 叶仁贞为叶颙9世。2世叶弘远迁居建瓯宜均桥头。6世叶可行迁居建瓯均源；叶重行迁居建瓯溪头。7世叶义迁居建瓯水北叶垱。11世叶公致迁居松溪城正谊坊。13世叶庭英迁居松溪茶坪；叶盛迁居政和县锦屏。18世叶寿希迁居政和铁山横林。19世叶彦芬迁居建阳回龙。23世叶通三迁居漳墩。

叶四翁世系 叶四翁为叶颙后裔，由富沙迁居侯官甘洲（今闽侯县荆溪镇港头村白头附近的江中沙洲）。后裔聚居福州市鼓楼区；晋安区鼓山镇鼓一、鼓四、上岐、横屿、小桥、凤坂、远洋；台江区秀坂；马尾区马尾镇下德、琅岐镇云龙、亭江镇长安；福清市龙田镇；长乐市潭头镇岱灵、金峰镇；闽侯县荆溪镇港头，青口镇村里、沪屿、船尾、兰圃、付筑、富沙，南屿镇，竹岐乡榕东、榕中、白龙，鸿尾乡鸿尾，白沙镇马坑、宝镜；连江县琯头镇壶江，晓澳镇；古田县前山村等。部分迁徙省外：8世叶声迁徙广东潮州，叶中迁徙广东雷州；9世叶正迁徙广东惠州，叶南仲迁徙广东新兴。

叶味道世系 叶味道为叶颙后裔，居建阳后山。3世叶烨迁居今南平延平新兴里仙厚坑，后裔叶进泗迁居延平茫荡茂地，后裔分迁茫荡镇三楼、上际，峡阳镇梅照，五台镇埂尾，西芹镇，大横镇溪洋，顺昌县大历；叶礼才迁居延平大横镇博爱，其7世叶茂胜迁居建瓯小康。5世叶哉携子叶以镇迁居建阳麻沙郑坊。6世叶以达迁居水吉营头，后裔分迁良源、市头、古源、坤坊；叶以通迁居麻沙扁溪叶坊；叶廷璧避元末之乱迁居松溪，其后裔叶世明迁居建瓯党城。8世叶铛迁居建阳徐市钏头，其4世叶彬迁居建瓯小桥普通。

二、叶与家族

唐元和年间（806—820），叶清由浙江丽水入闽，定居仙游县归德乡清泉里北岩山下。5世叶与定居仙游大济古濑村。叶与4世叶延杰居长乐；叶发寄居福州。9世叶宗文迁居龙岩市曹溪。11世叶训迁居漳岩。13世叶寿朋迁居大田县香坪坵地。15世叶鹏程由莆田北高镇埕前村迁居永泰县坂埕；叶梓迁居永泰县盖洋碓头；叶德灵迁居永泰县长庆上洋；叶汝舟迁居惠安海头；叶萃起迁居安溪厚宅；叶乾二迁居大田广济馆前。18世叶信五由莆田黄石玉塘迁居尤溪县仁厚；叶焜宗迁居同安岭头。叶国珍由仙游迁居龙岩；叶万盛迁居龙岩，长子叶茂兴迁居龙岩新罗区郭畲，次子叶茂春迁居漳平基泰，三房叶茂泽迁居华安。此外，还有后裔迁徙广东、浙江、江西以及东南亚。

叶迅世系 叶迅为叶与5世。五代后周显德五年（958年），叶迅随父叶宁由仙游古濑迁居南安魁缠（高田）。3世叶开于宋天圣四年（1026年）迁徙广东潮州；叶关迁居同安岭下。后裔主要聚居地有南安市眉山乡高田村、天山、太山、三凌，诗山镇社一、社二，金淘镇深垵、占石、深辉、柴水井、后厝、甲头，还有安溪县参内、罗内、岑边等处。清代，9户迁居宁德飞鸾，还有迁徙广东惠州甲子门、博罗县等处。有60余户迁徙东南亚。

叶棻世系 叶棻为叶与11世。南宋绍定年间（1228—1233），叶棻携子叶耆然、叶彦昉由仙游县古濑迁居长泰坂里正达村，叶彦昉迁居仙游县慈孝里（今园庄镇）。3世叶玉宗迁居枋洋镇科山村定枋；叶昆经定枋迁居冈兜，其8世叶遂成经珪塘迁居安溪县龙门镇桂瑶村。4世叶子政迁居珪塘路头。5世叶清叟由定枋移居今岩溪珪后村。6世叶素轩分三大房。14世叶大迁居安溪县城厢镇经岭村。15世叶容郁迁居永春东平镇下林村李子园。20余户迁徙台湾，20余户迁徙印度尼西亚。

叶阿震世系 叶阿震为叶与15世。宋景炎二年（1277年），叶阿震由仙游古濑迁入德化县郭坂（今国宝乡）。8世叶礼七迁居南埕蒲编。11世叶伯捷、叶伯尚及12世叶而缨迁居尤溪县五都兴头。13世叶兵、叶涠迁居沙县。13世至16世十余户迁徙浙江温州。清末，37户迁徙马来西亚、新加坡。

叶福卿世系 叶福卿为叶与12世。元至正三十六年（1366年），叶福卿由仙游古濑迁居永春县达埔镇达德村。8世叶天鑑、9世叶时荣迁徙浙江温州。9世叶长孙、叶时茂迁居德化。10世叶谷宝、叶谷佑迁居福鼎；叶大洙迁居沙县南门。12世叶明贱迁居浦城。9世至12世50余户迁徙江西玉山，5户迁徙江西永丰，

10 户迁徙江西上饶，5 户迁徙江西铅山，4 户迁徙浙江开化，6 户迁徙浙江常山，50 余户迁徙马来亚。

三、叶洙家族

唐龙纪元年（889 年），叶洙由江西入闽，定居同安南门外佛子岗岭下。宋咸淳十年（1274 年），7 世叶镕迁居福州侯官漆林。8 世叶益传叶子发（号春卿）、叶子茂（号夏卿）、叶子成、叶子秀、叶子荣。

叶窦世系　叶窦为叶洙后裔。宋咸淳十年（1274 年），叶窦迁居福清高山镇东山村。6 世叶包老迁居海头。清顺治二年（1645 年），13 世叶学桢迁居今福州鼓楼区。

叶以长世系　叶以长为叶洙 10 世、叶春卿长子，称大长房，后裔聚居厦门同安区五显镇西洋村、新圩镇芦坂尾村、祥平街道瑶头村，集美区灌口镇东辉村美场社。清康熙至乾隆年间有 8 户迁徙浙江洞头县，6 户迁徙台湾。

叶以方世系　叶以方为叶洙 10 世、叶春卿次子，称大贰房，后裔聚居厦门同安区大同街道、祥平街道、汀溪镇、莲花镇、五显镇。迁居厦门市外的有：16 世叶汉文徙居浙江苍南县金乡镇艇艚村；19 世叶邦泰迁居福鼎市必石；23 世叶仲、叶孺、叶伯玉迁居霞浦三沙镇花竹村；27 世叶光块迁徙台湾；清代中期，61 户迁徙浙江洞头县。

叶以直世系　叶以直为叶洙 10 世、叶春卿三子，称大叁房，后裔聚居厦门同安区莲花镇、新民镇，翔安区新店镇岭兜，湖里区禾山街道岭下村，集美区叶厝庄。迁居厦门市外的有：元末明初，11 世叶宁祖徙居长泰县田头乡；明代，15 世叶湜徙居漳州南门外邹塘，叶钦邦原迁居嘉禾里再迁居金门县，叶波迁居龙海程溪；17 世叶新馨迁居南安金淘埔后；19 世叶时渠迁居南安五都麻坑；清末，5 户迁徙台湾，3 户迁徙马来亚雪兰莪。

叶以临世系　叶以临为叶洙 10 世、叶春卿四子，称大肆房，迁居漳浦县长卿保南山，其子叶正兴迁居漳浦县佛昙镇白礁。明洪武二年（1369 年），12 世叶正寿辗转迁居平和县芦溪，后裔聚居平和县芦溪、大溪、小溪、南胜、坂仔、丰头坂、洋头等乡镇，诏安县秀篆镇隔背村、深桥镇双港村、庄头、赤安，漳浦县青果林村，东山县，南靖县，云霄县，龙海市等；迁徙省外的有广东高州市、云浮市、东莞市、汕头市潮南区胪岗镇、河源市连平县元善镇、万善县叶屋楼、连平县、饶平，江西萍乡、兴国县、龙泉县兴贤乡、于都县罗江镇、赣州，广西灵山县等处。清代，40 余户迁徙台湾。

叶以实世系　叶以实为叶洙 10 世、叶春卿五子，称大伍房，后裔聚居厦门同安区大同街道、祥平社区、五显镇、新圩镇、汀溪镇、新民镇、莲花镇，海沧区。迁居厦门市外的有：12 世叶建溪迁居南安石井后宅村。16 世叶福京迁居金门沙美，叶大明迁居南安官桥泗溪屈斗畲。17 世叶有兰、叶有春迁徙浙江苍南、玉环、平阳；叶德高迁居晋江市东石潘迳；叶毓奇及子叶继才迁居泉州新门外店头村，后裔又徙居南安五都洪梅镇美头村；明万历十九年（1591 年），叶泰纯迁徙广东海丰县大塘乡。清代，3 户迁徙浙江洞头县，30 余户迁徙台湾。

叶以庆世系　叶以庆为叶洙 10 世、叶春卿六子，称陆房，元末明初迁徙广东惠东市。

叶以寅世系　叶以寅为叶洙 10 世、叶夏卿长子，元至顺元年（1330 年）迁居晋江市东石世美。明洪武元年（1368 年），11 世叶珠昂迁居同安归得里大轮石山（今垵柄）。13 世叶秉乾从垵柄迁居同安罗溪。清代，30 余户迁徙台湾。

叶以卯世系　叶以卯为叶洙 10 世、叶夏卿次子，元代迁徙广东潮州海阳县宣化都南浔（今揭阳市）。

四、叶延一家族①

唐大中十年（856 年），许延一由光州固始县新安村白马渡入闽，从母姓叶并定居东和关隶漈头（今

① 依据清同治十三年（1874 年）政和漈头《叶氏族谱》。

政和县镇前镇漈头村）。2 世叶国正，3 世叶景衡，4 世叶廷珪，5 世叶及之，6 世叶得遇。后裔主要分布在政和县、屏南县、建瓯市、周宁县、寿宁县、福安市等地。

五、叶文郁家族①

唐末，许文郁入闽，居东和梧桐（今政和县澄源乡上洋），从母姓叶。3 世叶国继由梧桐迁居寿宁丹溪洋；叶国弼传叶景衡、叶天保。4 世叶景衡传及之；天保后裔主要分布在寿宁县。5 世叶及之传得遇（其后世系与叶延一6 世叶得遇世系相同）迁居漈头村，后裔主要分布在屏南县、周宁县、福安市、寿宁县、建瓯市、政和县等地。

六、叶道成家族

五代后唐天成二年（927 年），叶道成由浙江平阳入闽，定居政和县后溪。5 世叶永忠迁居古田县西溪。6 世叶文敬由西溪迁居昆源，后裔叶政寿迁居蕉城区城南叶厝；宋绍兴二十五年（1155 年），叶文鑑之子叶廷瑞迁居古田县大甲。宝庆三年（1227 年），9 世叶景祯迁居大湖村，后裔聚居古田县大甲，罗源县大湖、后园，丰余下厝、园中村。

七、叶从辉家族

五代南唐年间（937—975），叶从辉由浙江括苍（今丽水市）入闽，定居泰宁县城西叶家窠。3 世叶昌迁徙四川。5 世叶福畴迁居泰宁县中库、下库、上库，后裔迁居龙湖官田、洋发、渠高、神下，明溪县胡坊鄞山、叶厝坑，永安市大湖镇，邵武市大埠岗，还有迁徙江西广昌县塘坊村；叶荣迁居泰宁县北庄、井边；叶如圭迁居泰宁县井巷；叶如伟迁徙四川；叶迈迁居建州；叶琳迁居泰宁县南门上宅；叶鹏程迁居泰宁县下后坊；叶三四郎迁徙重庆涪州。6 世叶蟾迁居泰宁县南门下宅，后裔叶礼迁居建宁县东乡；叶九郎迁居泰宁县后坊；叶丞玉迁居泰宁县南口，后裔叶千六迁居泰宁县龙安叶家地、明溪县大坪。10 世叶思恕迁徙江苏吴县齐门。

八、叶蒙家族

宋建隆二年（961 年），叶蒙携 8 子由浙江温州西邯盖竹入闽，定居长溪县。长子叶看迁居今福鼎市点头镇翁溪村；次子叶和迁居今福鼎市白琳镇山后村，传至叶柏一迁居霞浦县崇儒坪园，后裔迁居霞浦县利洋、水浦、塔下、松山、沙塘街、涵江；三子叶珠迁居侯官甘蔗寨；四子叶翠迁居松溪县；五子叶宝后裔叶万倾于宋政和二年（1112 年）迁居霞浦百笕洋，后裔聚居后坑、黄笼岭、东安、洋坑、东瓜岗；六子叶徐迁居今福鼎市流坑底分家阳；七子叶伾迁居今福鼎市白琳镇山后，后裔聚居亭后洋、前岭；八子叶实迁居霞浦县溪南镇台江，后裔聚居叶山、后慕、西安村。

九、叶宜承家族

宋天圣三年（1025 年），叶宜承由浙江松阳入闽，定居浦城宜新里北隅。建炎四年（1130 年），4 世叶仲通迁居叶家山。8 世叶惟清、叶惟允聚居今厦门。23 世叶仕寄迁居坑口。24 世叶新京迁居永建。25 世叶荣仞迁居洋墩。28 世叶文言迁居庵下；叶文備迁居徐蒲地。29 世叶廷丰迁居洋墩。30 世叶芳惠、叶芳年居永兴镇沿州；叶国干迁徙贵州铜仁。31 世叶正全迁居古楼廿里；叶正煦迁居富岭。

---

① 依据清乾隆十一年（1746 年）寿宁县武济《叶氏族谱》、乾隆三十二年（1746 年）周宁县际会《叶氏族谱》、乾隆三十二年（1746 年）寿宁下屏峰《叶氏族谱》等。

十、叶五郎家族

宋绍兴年间（1131—1162），叶五郎由河北河间府辗转南下，暂居龙溪县平和里叶铺社（今漳州）。乾道元年（1165 年），3 世叶十五郎迁居今厦门思明区莲坂社。4 世大长房叶作球世系：11 世叶真祖迁居今漳州台商投资区角美镇金山村，14 世叶盛迁居今漳州龙文区蓝田镇小港；大五房叶勉功世系：12 世叶懋顺由莲坂门口迁居鹭厦。

叶六郎世系 叶六郎为叶五郎 4 世、称大六房。其 7 世叶源叔迁居莲坂仑上。8 世叶伯诚之子叶孔荣迁居候卿社（今厦门湖里区金山街道后坑社区）；叶伯泰迁居薛岭社（今厦门湖里区江头街道薛岭社区），后裔分迁集美区后溪镇岩内村东浦、白地村；叶伯忠迁居仓里社（今厦门湖里区湖里街道仓里社区）；叶伯盛、叶伯隐迁居窗仔份（今厦门思明区莲坂社区）。9 世叶泰迁居西郭社（今厦门思明区筼筜街道西郭社区）。10 世叶广育迁居莲坂门楼下（今莲坂社区）；叶广明迁居仙岳西（今厦门思明区筼筜街道仙岳里社区）；叶广厚迁居熟里（今莲坂社区）；叶广祯迁居东山社（今厦门思明区莲前街道西林社区东山社）；叶广熙迁居井内（今厦门同安区莲花镇沃溪村井内）。13 世叶敬慎与母薛氏迁居井内；叶广孚迁居仙岳东（今仙岳里社区）；叶广迁居枋湖社（今厦门湖里区禾山街道枋湖社区）。还有后裔迁居思明区筼筜街道屿后社区，海沧区京口社、坑里社，集美区灌口镇黄庄社区，同安区汀溪镇半岭村进美山、五显宫，五显镇四林村梨仔林，南安市官桥镇后曾村等地。自明末开始，70 余户迁徙台湾，30 余户迁徙印度尼西亚、新加坡、菲律宾、马来亚。

十一、叶百念一家族

宋祥兴元年（1278 年），叶百念一由浙江泰顺县入闽，定居寿宁县犀溪镇北浦村（今犀溪村）。6 世叶和一长子叶八十迁居凤阳镇半岭村；次子叶八一迁居斜滩镇王坑村；三子叶正华迁徙浙江泰顺县泗溪镇东溪村。8 世叶杰六迁居斜滩镇山田村，后裔迁居竹管垅乡坑底林村、斜滩镇斜滩村；叶杰三曾孙叶隆六迁居霞浦县沙江镇山后村。9 世叶利十迁徙浙江泰顺县泗溪镇横坑村；叶利十三迁居柘荣县。10 世叶淳十四分为元、亨、利、贞四房，除寿宁县内，后裔还迁居福安市潭头镇、霞浦县三沙镇青官司村与沙江镇水潮村、福鼎市桐山镇肖家坝村。11 世叶灌七迁居寿宁县大安乡判地村；叶权二后裔迁居犀溪镇仙峰村、南阳镇官洋村、凤阳镇茶坪村及福鼎市前屿镇下屿村。12 世叶忠二、叶忠十后裔聚居寿宁县犀溪镇、南阳镇、大安乡、清源镇、坑底乡、鳌阳镇、斜滩镇、托溪乡，以及福安市、福鼎市、柘荣县、霞浦县、周宁县，南平市建阳区书坊镇、邵武市大竹镇、武夷山市、浦城县临江镇山后村；迁徙浙江泰顺县百丈镇阳山村、泗溪镇横山村、罗阳镇白溪村、毛竹下、洲岭王家洋，仕阳镇瑞昌村，龙游县湖镇上七都村、上昌村，灵山乡灵山村。1948 年，20 余户迁徙台湾。

十二、叶静益家族

宋末，叶静益由今浙江龙泉市八都镇高大门村入闽，定居今浦城县水北街镇观前村后塘眉山下。5 世叶文五后裔聚居水北街镇观前、裴珰、陈源、际岭，石陂镇案山下、登基头，濠村乡下叶村；叶聪五（即叶文六）后裔聚居石陂镇碓下、象口村，临江镇锦城、上际村；叶镇甫（即叶文七）后裔聚居石陂镇龙根、余档村；叶文十后裔聚居水北街镇观前九石渡；叶文敬后裔聚居石陂镇徐珰井后、黄珰、申明、碓下乌元，水北街镇陈源，富岭镇马家庄；叶文甫后裔聚居石陂镇赤岭、桥亭村；叶颜、叶榆后裔聚居临江镇寨下、下碓，石陂镇旧馆村。9 世叶成达后裔聚居石陂镇布档、驿前村。

十三、叶庆元家族

宋末，叶庆元由河南洛阳东门兴福坊经江西瑞金壬田入闽，在宁化为官，定居宁化县城南乡叶坊村。

5 世三郎叶兴选后裔迁居宁化县张铁坑（今宁化县安乐乡里地村），此后一支迁居宁化县方田乡岭下村，一支迁居江西石城县珠坑乡欧里村；四郎叶兴荣迁居清流县长校镇童家坑村；五郎叶兴相后裔散居宁化县城南乡叶坊村、李畲村、乌石村，长汀县大邱头金花村；六郎叶兴耀后裔迁居宁化县曹坊乡会同里石牛村，此后再迁居长汀县馆前镇湖坑村、陵甲村、赤坑背村，以及连城县上琴村；七郎叶兴辉后裔散居宁化县城南乡大埔上、肖家村、禾公寨、杨家段；八郎叶兴焕迁居明溪县沙溪乡六合村；九郎叶兴煌迁居福清县；十郎叶兴泰迁居清流县城南建祠安居，7 世叶七四郎、叶百五郎分别迁居龙津镇南岐村、大基头村，其后裔再由此繁衍分支，迁居龙津镇供坊村、长汀县馆前镇叶屋村、浦城县永兴乡西乡街富岭村，以及迁徙江西石城县大由乡上朋村。

十四、叶宜兴家族

宋末，叶宜兴定居福清孝义乡化南里云山境（今福清市港头镇后叶村），后裔聚居县东南的霞楼、玉塘、兰林，埕店、吴厝；县西的霞瑶、洋尾，洋埔；县西北施诸村。2 世叶伯后裔多居本村；叶仲后裔多外出。5 世叶俊衡迁居惠安；叶兴昂迁居邵武。6 世叶元吉迁居惠安。8 世叶贵迁徙河北怀来。14 世叶向亨（叶向高四弟）迁徙广东潮阳；叶向明迁居连江县；叶向高迁居融城。

叶向高世系 叶向高为叶宜兴 14 世。其 5 世叶惟山迁居平潭县；叶德旺迁居县西华阳村。7 世叶有玉、8 世叶昌汉迁徙山东省。8 世叶庆冬迁居福州，后裔一支迁居县西北上井村；8 世叶庆墀迁居县南霞楼村。13 世叶培馨迁徙印度尼西亚，后迁徙台湾。15 世叶存湑迁徙印度尼西亚。18 世叶进柴迁徙河南；叶进速迁居漳州。

十五、叶万六郎家族

元末，萧万六郎依母改姓叶，居宝桥（今诏安县深桥镇华表村一带），后裔主要聚居诏安县、漳浦县和广东等地。3 世叶孟长迁居永茂营（包含上下茂营）；叶旺长子叶载后裔迁居上营店前村、澄海樟林，迁徙广东饶平等地；叶旺次子叶三柯后裔迁居诏安县城与漳浦等地；叶旺三子叶四德后裔迁居华表村、梅园村；叶旺四子叶懋的长子叶琏迁居大营埔村，三子叶澄的长子叶天球后裔迁居下园、新保、后埔、数仔美、上园山等地；叶澄次子叶天意迁居上营村。

第四节　郡望、堂号

一、郡望

叶姓最常见的郡望是南阳郡。南阳郡是秦昭王三十五年（前 272 年），秦国夺取楚国之地而设立，治所在宛县（今河南南阳市）。据南宋尚书左丞叶梦得《源流序》称："自尤以下，嘉、光、源、宗、仲皆为祖，合叶公之后为六族，皆居南阳，以南阳郡楚县南顿乡高贵里为定著。"

二、主要堂号

南阳堂 以望立堂。叶姓得姓于叶邑，而叶邑在秦汉时期属南阳郡，叶氏为南阳望族，故以南阳为堂号。大田县、古田县、福安市、上杭县、宁化县等地叶姓聚居地有以"南阳"为堂号。

俭德堂 南宋尚书左仆射兼枢密使叶颙去世之际，理学家林光朝悼诗有"传家惟俭德，无地着楼台"句。福州市晋安区、马尾区、闽侯县、连江县、仙游县，漳州台商投资区等地叶姓聚居地有以"俭德"为堂号。

佛岭堂　叶洙入闽择居同安南门佛子岗岭下，后裔以“佛岭”为堂号。厦门市同安区、翔安区，平和县，漳浦县，霞浦县等地叶姓聚居地有以“佛岭”为堂号。

凌云堂　叶三翁随父叶宁迁居南安，后定居眉山乡高田，境内凌云山气势巍峨，后裔取山名为堂号。南安市、安溪县、宁德蕉城区等地叶姓聚居地有以“凌云”为堂号。

莲溪堂　以叶姓居住地域的地理位置取名。厦门市思明区莲坂“背有金山起伏有八，前有凤屿波平飞舞，左右龙虎盘环交汇，中有莲溪清胜尤珍"，故叶姓族人以“莲溪”为堂号。厦门市思明区、湖里区、集美区、海沧区等地叶姓聚居地有以“莲溪”为堂号。

树德堂　树德，即树立美德之意。以此为堂号，让后裔们知道做人要立德为先。福州市鼓楼区，漳浦县，大田县等地叶姓聚居地有以“树德”为堂号。

第二章　分　布

第一节　人口分布

2016年6月，福建省公安厅户籍人口数据统计（不含金门、马祖），全省叶姓人口总数为600888人，分布全省各市、县（区、市）及平潭综合实验区。

表3-1　**2016年福建省叶姓人口分布情况表**　单位：个、人

市（区）别	县（区、市）数	人口数	各县（区、市）人口数
福州	12	81373	鼓楼区8146，台江区3865，仓山区5270，晋安区6367，马尾区6310，福清市11651，长乐市2055，闽侯县14878，连江县4062，闽清县1973，罗源县7523，永泰县9273
厦门	6	64649	思明区12218，湖里区5296，集美区3346，海沧区2545，同安区36294，翔安区4950
漳州	13	95625	芗城区3726，龙文区892，龙海市6430，漳浦县4732，云霄县504，诏安县15175，东山县1951，平和县43626，南靖县1542，长泰县13860，华安县258，漳州开发区126，台商投资区2803
泉州	12	78231	鲤城区1999，丰泽区2558，洛江区1221，泉港区3233，石狮市453，晋江市4103，南安市39924，惠安县3761，安溪县13007，德化县2904，永春县4876，台商投资区192
三明	12	33885	三元区1206，梅列区1905，永安市4268，清流县1132，宁化县1119，建宁县772，泰宁县1955，明溪县3204，将乐县1292，沙县2516，尤溪县4252，大田县10264
莆田	5	19991	仙游县6220，荔城区8478，城厢区1529，涵江区1359，秀屿区2405
南平	10	120594	延平区14913，建阳区12274，邵武市3717，武夷山市4742，建瓯市29744，顺昌县5427，浦城县19527，光泽县1424，松溪县11970，政和县16856
龙岩	7	11615	新罗区3230，永定区319，上杭县973，武平县241，长汀县1416，连城县1129，漳平市4307
宁德	10	94514	蕉城区4471，福安市6924，福鼎市7112，霞浦县11740，寿宁县31165，周宁县13181，柘荣县2054，古田县9531，屏南县7592，东侨开发区744
平潭	1	411	

第二节　主要聚居地

一、福州市叶姓

（一）晋安区

象园街道秀坂村　清嘉庆十七年（1802年），叶廷禧五兄弟由闽侯县榕岸村迁入，今传10世，居村170余户、700多人。

鼓山镇后屿村　宋绍兴三十年（1160年），叶定老由闽侯县荆溪白石境（今荆溪镇港头村白头）迁入后屿（今鼓一、鼓四村），今传29世，居村200余户、800多人。

鼓山镇上岐村　明嘉靖三十一年（1552年），叶文显、叶生亮由闽侯县荆溪白石境迁入，今传18世，居村120余户、500多人。

鼓山镇横屿村　明天启七年（1627年），叶仕本、叶德明由闽侯县荆溪白石境迁入，今传14世，居村100余户、400多人。

鼓山镇远洋村　清乾隆十八年（1753年），叶绍荣由鼓山镇后屿迁入，今传11世，居村20余户、100多人。

岳峰镇小桥村　清康熙年间（1662—1722），叶成由闽侯县荆溪白石境迁入，今传14世，居村50余户、200多人。

（二）马尾区

琅岐镇云龙村　五代后汉高祖元年（947年），叶结由侯官甘洲（今闽侯县荆溪镇港头村白头附近的江中沙洲）迁入，今居村1200余户、5100多人。

马尾镇下德村　明万历五年（1577年），叶德迁入，今传17世，居村200余户、800多人。

亭江镇长安村　1921年，由闽县扈屿迁入，今居村20余户、100多人。

（三）福清市

玉屏街道向高社区　明万历三十年（1602年），叶向高由港头镇后叶村迁入，今居村70余户、300多人。

音西街道洋埔村　清康熙四十一年（1702年），由东张镇黄仑迁入，今居村500余户、2000多人。

港头镇后叶村　（1）宋末，叶宜兴迁入，今传34世，居村1000余户、4000多人。（2）由沙埔镇西叶村迁入，今居村70余户、300多人。

高山镇东山村　宋咸淳十年（1274年），叶寀由厦门同安区迁入，今传30多世，居村150余户、600多人。

高山镇埕店村　清代由高山镇东山迁入，今居村100余户、400多人。

沙埔镇西叶村　宋末，叶志仁由福州迁入，今传30多世，居村700余户、3000多人。

东张镇里坪村　清代由港头镇后叶村迁入，今居村30余户、130多人。

三山镇魏庄村　清代由港头镇后叶村迁入，今居村60余户、270多人。

港头镇玉塘村　清代由港头镇后叶村迁入，今居村30余户、100多人。

东瀚镇南园村　由高山镇东山村迁入，今居村250余户、1000多人。

渔溪镇古圳埔村　明万历三十七年（1609年），叶烟盛由厦门翔安区马塘迁入，今居村420余户、1700多人。

龙田镇后山村　清代由港头镇后叶村迁入，今居村40余户、170多人。

龙田镇何厝巷　1917年，叶自群由闽县扈屿迁入，今居村70余户、280多人。

（四）长乐区

鹤上镇路北村　唐乾符五年（878年），叶开定迁入，今传40世，居村50余户、200多人。

潭头镇岱灵村　明成化年间（1465—1487），叶季白由马尾区云龙村迁入，今传21世，居村150余户、600多人。

金峰镇后叶村　今居村50余户、200多人。

金峰镇前叶村　由金峰镇后叶村迁入，今居村100余户、400多人。

金峰镇塘下村　今居村80余户、300多人。

（五）闽侯县

荆溪镇港头村　（1）宋天圣四年（1026年），叶韶由侯官甘洲往北岸移居港头村白头，今传33世，居村260余户、1000多人。（2）叶仁由侯官甘洲迁居港头村店头，今传32世，居村260余户、1000多人。（3）叶承祎由侯官甘洲迁居港头村连头叶厝里，今传32世，居村200余户、800多人。

青口镇沪屿村　五代后汉高祖元年（947年），叶延由侯官甘洲迁居闽县镜上境（今青口镇），后裔由镜上经壶山迁入扈屿（今青口镇沪屿村、村里村），今居村650余户、2400多人。

青口镇村里村　今居村320余户、1300多人。

青口镇船尾村　宋宝庆二年（1226年），叶子卫由闽县扈屿迁入，今传28世，居村500余户、2000多人。

青口镇傅筑村　明宣德五年（1430年），叶德由闽县扈屿迁入，今传21世，居村50余户、200多人。

祥谦镇兰圃村　明嘉靖元年（1522年），叶大悦由闽县扈屿迁入，今传18世，居村100余户、400多人。

祥谦镇富沙村　清雍正年间（1723—1735），叶礽连由闽县扈屿迁入，今传9世，居村160余户、660多人。

南屿镇葛岐村　宋景炎二年（1277年），叶大成由南屿镇桐坑迁入，今传27世，居村200余户、800多人。

南屿镇南屿村　宋末，叶观光由荆溪白石境迁入，今传27世，居村200余户、800多人。

南屿镇田头村　明宣德年间（1426—1435）迁入，分居田头村、西庚埔、叶厝弄，今传26世，居村200余户、800多人。

南屿镇糊口村　明代（约1450年），叶则翼由南屿镇桐坑迁入，今传20世，居村100余户、400多人。

鸿尾乡鸿尾村　明嘉靖初年（约1522年），叶向曦由晋安区凤坂迁入，今传19世，居村750余户、3000多人。

竹岐乡榕东村　宋天圣四年（1026年），叶渥由甘洲迁居榕岸湖头（今竹岐乡榕西村）。明嘉靖四十六年（1567年），叶保由榕岸湖头迁入，今居村400余户、1500多人。

竹岐乡榕中村　明代，叶保后裔由竹岐乡榕东迁入，今居村400余户、1500多人。

竹岐乡白龙村　明万历四十六年（1618年），叶正莽由竹岐乡榕东迁入，今传13世，居村110余户、430多人。

白沙镇马坑村　宋绍兴年间（1131—1162），叶公彦由荆溪白石境迁入，今传28世，居村50余户、200多人。

白沙镇宝镜村 清乾隆三十一年（1766年），叶志水由鸿尾村迁入，今传9世，居村40余户、150多人。

（六）连江县

敖江镇幕浦村 唐光启元年（885年），叶孔尧随王绪入闽，今传33世，居村50余户、200多人。

敖江镇青塘村 明万历年间（1573—1620）由长乐市迁入，今传20世，居村120余户、500多人。

晓澳镇百胜村 宋代，叶飽绍由敖江镇幕浦村迁入，今居村220余户、900多人。

晓澳镇晓江村 清代，叶道葵、叶道登、叶道发迁入，今传10世，居村40余户、200多人。

东岱镇东岱街 明代，叶开双由晓澳镇百胜村迁入，今传19世，居村40余户、160多人。

东岱镇山堂村 清代由晓澳镇百胜村迁入，今居村30余户、100多人。

东岱镇湖里村 宋末，叶彪迁入，今传25世，居村60余户、260多人。

浦口镇益砌村 清代由敖江镇幕浦村迁入，今传15世，居村30余户、100多人。

琯头镇壶江村 清道光年间（1821—1850），叶邦义由马尾区云龙迁入，今传9世，居村50余户、200多人。

江南镇澄岩村 清代，叶宽文由敖江镇青塘村迁入，今传9世，居村80余户、320多人。

筱埕镇蛤沙村 清代，叶朝安由东岱镇湖里村迁入，今传9世，居村30余户、100多人。

长龙镇下洋村 清代，叶云鼎由敖江镇幕浦村迁入，今传13世，居村30余户、100多人。

丹阳镇东山村 清代，叶启春由敖江镇幕浦村迁入，今传13世，居村30余户、150多人。

蓼沿乡定田村 明万历年间，叶岐山由上杭县迁入，今传17世，居村30余户、150多人。

下宫镇下宫村 清末，叶昌胞等3户由福清市后叶迁入，今传9世，居村30余户、100多人。

（七）闽清县

东桥镇高港村 明嘉靖末年（约1560年），叶宗福由古田迁入，今传17世，居村120余户、500多人。

省璜镇堂下村 清代由古田迁入，今传10世，居村30余户、100多人。

下祝乡前洋村 明永乐二年（1404年），叶记寿由浙江金华迁入，今传20世，居村70余户、300多人。

池园镇池园村 清康熙三十九年（1700年），叶永侯由侯官县二都迁入，今传12世，居村30余户、100多人。

（八）罗源县

松山镇北山村 宋绍圣元年（1094年），叶朝凤由浙江平阳县迁徙政和县后溪，居数载，继迁福州西门街。绍兴二十五年（1155年），叶朝凤后裔从福州西门街迁入，今传29世，居村500余户、2000多人。

起步镇桂林村 明代，叶泗由鉴江镇岭里村迁入，今传23世，居村200余户、800多人。

起步镇港头村 明代迁入，今居村230余户、900多人。

飞竹镇大湖村 五代后唐天成二年（927年），叶道成由浙江平阳迁徙政和县后溪，5世叶永忠由后溪迁居古田西溪。宋绍兴二十五年（1155年），7世叶廷瑞由西溪迁居盖竹（今古田县大甲）。庆元六年（1200年），9世叶景祯由盖竹迁居罗源小湖，后于宝庆三年（1227年）迁入，今居村120余户、500多人。

飞竹镇大湖后园村 约元至正十年（1350年），叶德显由飞竹乡大湖村迁入，今居村40余户、180多人。

飞竹镇丰余下厝村 约元至正十年，叶德荣由飞竹乡大湖村迁入，今居村360余户、1500多人。

飞竹镇丰余园中村　约元至正十年，叶德盛由飞竹乡大湖村迁入，今居村40余户、190多人。

（九）永泰县

梧桐镇坂埕村　宋端平元年（1234年），叶鹏程由莆田兴福里瀛洲迁入，今传26世，居村370余户、1500多人。

长庆镇上洋村　明正统年间（1436—1449），叶德灵兄弟由仙游县古濑迁入，今传22世，居村800余户、3000多人。

盖洋乡碓头村　明洪武二年（1369年），叶梓由仙游县古濑迁入，今传25世，居村250余户、1000多人。

嵩口镇溪口村　约明弘治十三年（1500年），叶柱由梧桐镇坂埕迁入，今居村80余户、300多人。

嵩口镇坪坑村　明代，叶文明、叶宗泰由盖洋乡碓头迁入，今居村120余户、500多人。

清凉镇古岸村　约明嘉靖三十九年（1560年），叶文基由梧桐镇坂埕迁入，今居村100余户、400多人。

富泉乡蜚英村　约明万历十八年（1590年），叶大益等4户由梧桐镇坂埕迁入，今居村120余户、500多人。

二、厦门市叶姓

（一）思明区

嘉莲街道莲坂社区　宋乾道元年（1165年），叶十五郎由嘉禾里（今厦门禾山）迁入，今传34世，居社区1090余户、4000多人。

筼筜街道仙岳里社区　明代，叶广孚、叶广民由莲坂迁入，今传21世，居社区120余户、500多人。

筼筜街道屿后社区　由西郭社迁入，今居社区30余户、100多人。

筼筜街道西郭社区　明代，叶泰由莲坂迁入，今传21世，居社区30余户、400多人。

梧村街道浦南双涵　由莲坂迁入，今居村30余户、100多人。

（二）湖里区

湖里街道仓里社区　明代，叶伯忠由莲坂迁入，今传21世，居社区120余户、500多人。

禾山街道岭下村　明初，叶贵由今同安区岭下迁入，今传17世，居村100余户、400多人。

禾山街道枋湖社区　明代，叶广由莲坂迁入，今传21世，居村50余户、200多人。

金山街道后坑社区　明代，叶孔荣由莲坂迁入，今传22世，居村120余户、500多人。

（三）集美区

灌口镇东辉村　明代中期，叶乾由今同安区西洋村迁入。今传21世，居村200余户、800多人。

灌口镇黄庄社区　由莲坂迁入，今居社区80余户、300多人。

后溪镇岩内村　明代，叶伯泰由莲坂经今湖里区薛岭迁入，今传21世，居村100余户、400多人。

（四）海沧区

东孚街道第一农场孚中央　叶顺祖后裔由今同安区宋厝村迁入，今居村100余户、400多人。

东孚街道鼎美村　叶视祖后裔由今同安区钏岸村迁入，今居村30余户、100多人。

海沧街道贞庵村　由莲坂迁入，今居村80余户、300多人。

（五）同安区

大同街道碧岳社区　唐龙纪元年（889年），叶洙由江西泰和县射坪乡迁入同安南门外佛子岗岭下

（今碧岳社区）。今传33世，居社区250余户、1000多人。

大同街道田洋村 明末清初，叶孚睦由南门外佛子岗岭下迁入，今传15世，居村50余户、200多人。

大同街道凤山社区 明代，叶亹元后裔由南门外佛子岗岭下迁入，今居社区250余户、1000多人。

大同街道溪边社区 （1）明代中期，叶英由南门外佛子岗岭下迁入，今传18世。（2）叶继宗后裔由苍林迁入。（3）清康熙年间（1662—1722），叶允信由今翔安区马塘村迁入，今传13世。居社区150余户、600多人。

大同街道北镇宫前 清同治二年（1864年），叶国栋由莲坂迁入，今传7世，居村30余户、100多人。

祥平街道瑶头社区 （1）明初，叶思恩由南门外佛子岗岭下迁入。（2）叶文昭后裔由路坂尾迁入。（3）叶顺祖后裔由宋厝迁入。（4）叶胜元后裔由南门外佛子岗岭下迁入。今居村500余户、2000多人。

祥平街道阳翟社区 叶视祖后裔由南门外佛子岗岭下迁入，今居村50余户、200多人。

祥平街道过溪村 （1）明代，叶文盛后裔由下井社迁入。（2）叶文场由汀溪镇峒内村迁入。今居村200余户、800多人。

祥平街道西洪塘村 清代，叶蕙远后裔由今翔安区上宅村迁入。今居村100余户、500多人。

五显镇西洋村 （1）明初，叶震祖由南门外佛子岗岭下迁入。（2）清代，叶春景等十余户由今翔安区路坂尾迁入。（3）叶旻后裔由莲花镇窑市迁入。今居村600余户、2400多人。

五显镇宋宅村 （1）明代，叶震祖、叶复祖后裔由五显镇西洋村迁入。（2）叶平元后裔由南门外佛子岗岭下迁入。（3）叶文科、叶仕周的后裔由今翔安区马塘村迁入。（4）清康熙年间，叶宜善、叶宜浮后裔由五显镇寨阳迁入。今居村300余户、1500多人。

五显镇上厝村 明代，13世叶文科后裔由翔安区马塘迁入，今居村180余户、900多人。

五显镇下峰村 （1）清乾隆年间（1736—1795），叶衍峰由五显镇潘厝迁入。（2）叶腾峰由里溪头村迁入。（3）叶文科后裔由今翔安区马塘、鞍岭庄、马豆、乌山尾迁入。今居村500余户、2000多人。

五显镇四林村 （1）叶文胜后裔由汀溪镇褒美村经北山迁入。（2）叶芋练由汀溪镇古坑迁入。（3）叶文盛后裔由下井社迁入西坑尾。（4）叶文科后裔由今翔安新圩镇马塘迁入。（5）清康熙年间，叶宜善、叶宜浮后裔由五显镇寨阳迁入。（6）叶八仕、叶神佑由六路村迁入。（7）清嘉庆年间（1796—1820），叶廊由莲坂迁入。今居村200余户、800多人。

五显镇美珠堂 （1）清康熙年间，叶宜善、叶宜浮后裔由五显镇寨阳迁入。（2）道光年间（1821—1850），叶金象由今祥平街道钏岸迁入。今居村40余户、200多人。

莲花镇后埔村 （1）元末，叶寿祖由南门外佛子岗岭下迁入，今传21世。（2）明代，叶赐元后裔由今同安区岭下迁入。今居村500余户、2000多人。

五显镇垵炉五显宫 清嘉庆年间，叶先初由莲坂迁入，今传7世，居村30余户、100多人。

莲花镇垵柄村 元至正三年（1343年），叶珠昂由南安深垵迁居同安登庸坊（今城区），明洪武九年（1376年）迁入，今传22世，居村500余户、2000多人。

莲花镇罗溪村 明永乐末年（约1420年），叶秉乾由莲花镇垵柄村迁人，今居村500余户、2000多人。

莲花镇溪东村 明代，叶纪宗兄弟后裔由莲花镇内山头里迁入，今居村500余户、2000多人。

莲花镇井内村 明代，叶广熙、叶敬慎先后由莲坂迁入，今居村80余户、300多人。

莲花镇美埔村 明代，叶崇深、叶世成后裔由莲花镇内山头里迁入。今居村500余户、2000多人。

莲花镇云埔村 明末清初，叶孚渊由南门外佛子岗岭下迁入，今传14世，居村50余户、200多人。

莲花镇窑市村　（1）叶旻、叶世和后裔由莲花镇内山头里迁入。（2）叶希明由莲花镇垵柄迁入瓦窑。今居村500余户、2000多人。

莲花镇澳溪村　清代，叶视祖后裔由祥平街道钏岸迁入，今居村70余户、300多人。

汀溪镇褒美村　（1）明代，叶清由南门外佛子岗岭下迁入。（2）叶思敬由南门外佛子岗岭下迁入。（3）叶厚吾由南门外佛子岗岭下迁入。（4）清初，叶廉、叶贞毅、叶瑞祥、叶业遗、叶慎朴由南门外佛子岗岭下迁入。（5）叶羲乾、叶盛由汀溪镇古坑迁入。今居村800余户、3200多人。

汀溪镇隘头村　明代，叶玉山后裔、叶文远、叶天耒由南门外佛子岗岭下迁入，今居村150余户、600多人。

汀溪镇半岭村　（1）明代，叶渔本由莲坂迁入。（2）叶斐由南门外佛子岗岭下迁入。今居村80余户、300多人。

汀溪镇前格村　（1）清代，叶星伍、叶肖岩后裔由汀溪镇美岐山迁入。（2）叶志恬由汀溪镇半岭迁入。今居村200余户、800多人。

汀溪镇古坑村　（1）清代，叶悉友、叶若源、叶敦祖由南门外佛子岗岭下迁入。（2）叶嘉会、叶永言从九思堂迁入。今居村150余户、600多人。

汀溪镇路下村　清代，叶伍、叶禄由汀溪镇新路村迁入。今居村250余户、1000多人。

汀溪镇新路村　明初，叶文渊由南门外佛子岗岭下迁入，今居村150余户、600多人。

新民镇禾山村　（1）明代，叶顺祖后裔由南门外佛子岗岭下迁入。（2）清代，叶锡仁后裔由今翔安区岑兜迁入。今居村100余户、400多人。

竹坝农场竹坝村　明代，叶仕华后裔由今翔安区上宅迁入，今居村120余户、500多人。

（六）翔安区

新圩镇上宅村　明成化年间（1465—1487），叶文献由同安岭下迁入，今传21世，居村300余户、1200多人。

新圩镇凤路村路坂尾　明代中期，叶文昭由同安西洋村迁入，今传21世，居村250余户、1000多人。

新圩镇马塘村　明代，叶仕周后裔由同安岭下迁入，今居村100余户、400多人。

新圩镇后田洋村　叶仕华后裔由新圩镇上宅迁入，今居村200余户、800多人。

新圩镇面前埔村深溪　叶瑛后裔由新圩镇上宅迁入，今居村100余户、400多人。

新店街道蔡厝社区岑兜　明代，叶仕琳由同安岭下迁入，今传20世，居村200余户、800多人。

三、漳州市叶姓

（一）龙文区

蓝田街道小港村　清咸丰十一年（1861年），叶盛由角美镇金山村迁入，今传7世，居村40余户、150多人。

（二）龙海市

榜山街道田边村　宋末元初，叶世宗迁入，今居村150余户、560多人。

程溪镇顶叶村　元末明初，叶椿生由今厦门同安区岭下迁入，今居村560余户、2260多人。

九湖镇邹塘村　元末明初，叶士琅由今厦门同安区岭下迁入，今居村220余户、900多人。

（三）漳浦县

旧镇镇芹山村　明代由佛昙白石迁入，今居村350余户、1500多人。

绥安镇大埔村 明代由佛昙白石迁入，今居村 70 余户、250 多人。

佛昙镇大白石村 南宋末年，叶温泉由今厦门同安区岭下迁居漳浦南山社，其后裔叶正兴迁入，今居村 30 余户、100 多人。

长桥镇青果村 明天顺年间（1426—1435），叶安甫由平和县南胜岛棣河迁入，今居村 450 余户、2020 多人。

（四）云霄县

火田镇西林村 明初，叶均信由平和县芦溪迁入，今居村 100 余户、400 多人。

（五）诏安县

深桥镇双港村 明成化年间（1465—1487），叶元美后裔由平和县大溪旧寨迁入，今居村 100 余户、400 多人。

深桥镇华表村 元末，叶万六郎由沙县九彩巷迁居宝桥（今深桥镇华表村一带）。约明正德年间（1506—1521），叶四德由宝桥迁入，今居村 450 余户、1800 多人。

深桥镇上营村 约明正德年间（1506—1521），叶天意由宝桥迁入，今居村 1600 余户、6500 多人。

深桥镇下园村 明代中期，叶天球后裔由宝桥迁入，今居村 320 余户、1360 多人。

深桥镇后埔村 明代中期，叶天球后裔由宝桥迁入，今居村 500 余户、1900 多人。

深桥镇树美村 明代中期，叶天球后裔由宝桥迁入，今居村 250 余户、970 多人。

白洋乡玉楼村 由宝桥迁入，今居村 200 余户、760 多人。

秀篆镇隔背村 明万历十八年（1590 年），叶志廷由平和县大溪庄上迁入，今居村 260 余户、1080 多人。

（六）平和县

芦溪镇田螺盂等 元末，叶正寿先由同安迁东山叶厝，后迁居漳浦白礁，再迁居南靖草坂（今靖城镇），再转迁南靖船场镇梧宅（亦称牛宅），明洪武（1368—1398）初年迁入，后裔主要分居芦溪镇蕉路、芦丰、树林、连益、连新、新村、村坑、双丰、梨坑、华丰、九曲、山岗、秀芦和漳汀 14 个建制村（48 个自然村），有 7000 余户，28500 多人。

大溪镇庄上村等 明天顺年间（1426—1435），叶清隐由芦溪镇大枋迁入，今传 25 世，居村 4200 余户、12730 多人。后裔分居大溪镇庄上、豪林、硕卿、三华、云中、大松、赤坑 7 个行政村。

坂仔镇洋头村 明成化年间（1465—1487），叶以善由芦溪镇枫林域迁入，今传 26 世，居村 1200 余户、4720 多人。后裔分居坂仔镇梨洋、东坑村，南胜镇南胜、前山、子坑村。

霞寨镇叶楼村 明嘉靖年间（1522—1566），叶评事由芦溪镇枫林域迁入，今居村 50 余户、200 多人。

霞寨镇钟坑村 明万历年间（1573—1620），叶振容由芦溪镇双峰霞塘迁入，今居村 40 余户、150 多人。

霞寨镇五美村 清康熙年间（1662—1722），由芦溪镇田寮、松树脚、石壁角迁入，今居村 110 余户、450 多人。

（七）南靖县

山城镇溪城村 由平和县蕉路迁入，今居村 30 余户、100 多人。

山城镇碧侯村 由平和县芦溪迁入，今居村 30 余户、100 多人。

山城镇六安村 由平和县与东山县迁入，今居村 30 余户、100 多人。

龙山镇龙山村 由厦门思明区浦南村迁入，今居村 30 余户、100 多人。

和溪镇温水坑村　由平和县芦溪迁入，今居村 30 余户、100 多人。

奎洋镇永溪村　由南安市迁入，今居村 30 余户、100 多人。

梅林镇背岭村　由平和县芦溪迁入，今居村 30 余户、100 多人。

南坑镇南坑村　由平和县芦溪迁入，今居村 30 余户、100 多人。

南坑镇南高村　由平和县芦溪迁入，今居村 30 余户、100 多人。

丰田镇丰田村　由平和县芦溪迁入，今居村 30 余户、100 多人。

丰田镇凤安村　由南安市迁入，今居村 30 余户、100 多人。

丰田镇东方村　由南安市金淘迁入，今居村 30 余户、100 多人。

丰田镇保林村　由龙山镇涌口村迁入，今居村 30 余户、100 多人。

丰田镇东华村　清末由广西防城迁入，今居村 30 余户、100 多人。

（八）长泰县

岩溪镇珪后村　南宋绍定年间（1228—1233），叶棻携子叶耆然、叶彦昉由仙游县古濑迁居长泰县坂里正达村，3 世叶玉宗正达村迁居科山定枋，4 世叶子政迁居珪塘路头，5 世叶清叟从定枋移居今岩溪珪后村。1951 年，珪塘社分为珪后村和珪前村。今居村 1250 余户、4980 多人。

岩溪镇珪前村　今居村 1100 余户、4380 多人。

岩溪镇锦鳞村　（1）明万历年间（1573—1620），叶印由珪塘社上井都迁入锦鳞村下井都社。（2）由珪前村陂头社迁入锦鳞村大坂社。今居村 350 余户、1380 多人。

岩溪镇田头村　（1）明宣德年间（1426—1435），叶德由珪塘社迁入大坪社。（2）明末，叶德信由珪塘迁入田头村田头社。（3）叶次塘由珪塘迁入田头村后埔社。（4）叶珪源由珪塘迁入谢潭社。今居村 600 余户、2400 多人。

岩溪镇湖珠村　清代由珪塘社迁入，今居村 60 余户、240 多人。

岩溪镇顶山村　清代，叶必卿、叶必达兄弟由珪塘社迁入，今居村 120 余户、480 多人。

岩溪镇岩溪圩　明正德年间（1506—1521），叶辰生由珪塘社迁入，今居村 30 余户、100 多人。

古农农场过山村　元末明初，叶康瑶由今厦门同安区岭下迁入，今居村 30 余户、100 多人。

坂里乡丹岩村　明末，叶钦仁由珪塘社迁入，今居村 110 余户、460 多人。

（九）台商投资区

角美镇金山村　明天顺年间（1457—1464），叶真祖由今厦门思明区莲坂迁入，今传 22 世，居村 200 余户、800 多人。

角美镇上房村　明代，叶天、叶秋、叶钗由安溪县经岭迁入，今居村 150 余户、600 多人。

四、泉州市叶姓

（一）鲤城区

金龙街道古店社区　明代，叶十六郎由今厦门同安区迁入，今居村 70 余户、300 多人。

（二）洛江区

双阳街道前洋社区　由今厦门同安区迁入，今居街道 70 余户、300 多人。

（三）泉港区

山腰街道叶厝村　元末，叶七七由仙游县古濑迁入，今传 25 世，居街道 750 余户、3000 多人。

（四）晋江市

梅岭街道沟头村　由仙游古濑迁入，今传 25 世，居村 300 余户、1100 多人。

东石镇狮尾村 元至顺元年（1330年），叶懿德由今厦门同安区迁入，今传25世，居村330余户、1300多人。

东石镇潘径村 明宣德（1426—1435）初期，叶德高由同安区积善山坪洪迁入，今居村90余户、380多人。

（五）南安市

柳城街道上都村 明正统年间（1436—1449），由今厦门同安区岭下迁入，今居村150余户、600多人。

溪美街道长兴社区 清代迁入，今居村30余户、100多人。

溪美街道白沙崎社区 清代迁入，今居村50余户、200多人。

溪美街道凤枞村 明万历年间（1573—1620），叶直轩由今厦门同安区迁入，今居村70余户、300多人。

眉山乡高田村 五代后周显德五年（958年），叶三翁随父叶宁由仙游县古濑迁入，今居村670余户、2700多人。

眉山乡天山村 （1）明成化十年（1474年），叶遯斋由高田迁入，今传22世。（2）清乾隆二十八年（1763年），叶思田由高田村迁入，今传十余世。（3）清乾隆年间（1736—1795），叶因斋由高田后堀仔迁入，今传11世。居村1000余户、3900多人。

眉山乡太山村 （1）明成化年间（1465—1487），叶荣由高田村迁入，今传20世。（2）清乾隆年间，叶凤仪由金淘镇占石村迁入，今传11世。（3）清嘉庆年间（1796—1820），叶有斋由高田后堀仔村迁入，今传10世。（4）叶惟青由高田后堀仔村迁入，今传10世。居村530余户、2100多人。

眉山乡三凌村 （1）清乾隆三十一年（1766年），叶肇挤由高田村石狮迁入。（2）清乾隆年间，叶文海由天山村新安堂迁入，今传15世。（3）清代，叶锡淮由高田村下马亭迁入，今传10世。居村230余户、900多人。

诗山镇社一村 明成化年间，叶紗由眉山乡高田村迁入社坛（今社一、社二村），今传22世，居村1600余户、6300多人。

诗山镇社二村 今居村1600余户、6300多人。

官桥镇后曾村 明嘉靖年间（1522—1566），叶南由今厦门思明区莲坂迁入，今居村150余户、600多人。

金淘镇深垵村 （1）明正德年间（1506—1521），叶通由眉山乡高田迁入，今传20世。（2）嘉靖年间，叶盘古由眉山乡高田迁入，今传21世。（3）清康熙四年（1665年），叶扆卿由顶丹坑迁入，今传12世。居村900余户、3600多人。

金淘镇占石村 （1）明嘉靖二十一年（1542年），叶椿迁入。（2）清康熙年间（1662—1722），叶盘古后裔、叶皤、叶素由深垵村迁入，今传12世。（3）叶敏斋由高田村迁入。居村680余户、2700多人。

金淘镇深辉村 （1）明末清初，叶大备由眉山乡高田村迁入。（2）明崇祯年间（1628—1644），叶祝英由深垵顶美寮迁入，今传15世。（3）清康熙二十二年（1683年），叶呈灿由深垵村迁入。居村750余户、3000多人。

金淘镇柴水井村 （1）清乾隆年间，叶忱率子叶夏由“长安寨”迁入，今传12世。（2）清嘉庆年间（1796—1820），叶哀、叶依由“长安寨”迁入，今传10世。居村250余户、1000多人。

金淘镇后厝村 明万历年间，叶兴由眉山乡高田村迁入，今传20世，居村100余户、400多人。

金淘镇甲头村 清嘉庆年间，叶大备后裔从霞垵迁入，今传10世，居村120余户、500多人。

金淘镇钱山村 明万历年间，叶洪太由厦门同安区莲花莲山头迁人，今传19世，居村300余户、1200多人。

金淘镇钱山村岭后 明万历年间，叶魁茂由今厦门同安区莲花莲山头迁人，今传18世，居村500余户、2000多人。

金淘镇龟后村 明代叶怀进迁人，今传20世，居村100余户、400多人。

石井镇后宅村 明永乐十六年（1418年），叶建溪由今厦门同安区阳翟圳岸迁人，今居村120余户、500多人。

洪濑镇金池头村 明代由今泉州市鲤城区金龙街道店头迁人，今居村500余户、2000多人。

（六）惠安县

螺城镇箭场巷 明代由南安迁人，今传20世，居村30余户、120多人。

螺城镇鳌震村 清代由南安迁人，今居村30余户、120多人。

螺阳镇下埔村 明成化元年（1465年），由今厦门同安区岭下迁人，今居村370余户、1500多人。

螺阳镇松光村 今居村70余户、300多人。

涂寨镇宣妙村 清代由泉港区叶厝迁人，今居村30余户、130多人。

东岭镇潘厝村 清代迁人，今居村50余户、200多人。

（七）安溪县

湖头镇湖一村 元至正五年（1345年），叶元亨由今南安市高田村迁人，今居村80余户、350多人。

金谷镇洋内村 元延祐二年（1350年），叶德懋由湖头镇湖一村迁人，今居村600余户、2430多人。

尚卿乡厚宅村 明正统五年（1440年），叶三七由仙游县古濑迁人，今居村520余户、2090多人。

金谷镇三元村 明嘉靖十八年（1539年），叶公荫由金谷镇洋内村迁人，今传20世，居村180余户、730多人。

城厢镇经岭村 明嘉靖十九年（1540年），叶讳大由长泰县葛坑迁人，今居村120余户、500多人。

参内乡参山村 明正德年间（1506—1521），叶积由今南安市高田村迁人，今传21世，居村960余户、3870多人。

龙门镇桂瑶村 明天启三年（1623年），叶遂成由长泰县岩溪迁人，今传21世，居村190余户、790多人。

（八）德化县

国宝乡国宝村 宋景炎二年（1277年），叶阿震由仙游县古濑迁人郭坂（今国宝乡），后裔居国宝村、佛岭村，今居村260余户、1000多人。

国宝乡佛岭村 今居村260余户、1000多人。

国宝乡格头村 宋景炎二年，叶祖生由仙游县古濑迁人，今居村20户、100多人。

三班镇儒坑村 清嘉庆年间（1796—1820），叶国鱼、叶国义由永春县迁人，今传9世，居村30余户、100多人。

（九）永春县

达埔镇达德村 元至正三十六年（1366年），叶福卿由仙游县古濑迁人，今传26世，居村260余户、1000多人。

蓬壶镇南幢村 明弘治三年（1490年），叶诚斋由今南安市金淘迁人，今居村70余户、300多人。

东平镇李仔园村 明代，叶容郁由长泰县珪塘迁人，今居村30余户、100多人。

五、三明市叶姓

（一）梅列区

列西街道小蕉村 北宋，叶大由南剑州迁居银场溪（今陈大镇渔溪村），后裔迁入小蕉，今居村100余户、400多人。

陈大镇碧溪村 叶寿八由陈大镇渔溪迁入，今居村100余户、400多人。

（二）永安市

燕北街道益口村 元初，叶六三由明溪县胡坊鄞山迁入，今传26世，居村100余户、400多人。

大湖镇益溪村 宋末，叶百十九由明溪县胡坊鄞山迁入，今居村150余户、600多人。

大湖镇瑶田村 元初，叶贵三由明溪县胡坊鄞山迁入，今居村150余户、600多人。

贡川镇贡川村 元代，叶祖恭由明溪县胡坊鄞山迁入，今居村100余户、400多人。

（三）清流县

龙津镇供坊村 明代，叶得达由龙津镇大基头迁入，今传18世，居村110余户、470多人。

长校镇童家坑村 宋代，叶四郎由宁化县叶坊迁入，今居村60余户、240多人。

（四）宁化县

城南镇叶坊村 宋末，叶清由河南洛阳东门兴福坊迁入，今传31世，居村60余户、270多人。

城南镇肖家村 宋末，叶兴辉由城南乡叶坊村迁入，今传28世，居村50余户、200多人。

（五）泰宁县

杉城镇叶家窠村 五代南唐年间（937—975），叶从辉由浙江括苍（今丽水市）迁入，今传40世，居村50余户、200多人。

朱口镇神下村 南宋初年，叶贯之由洋发村许山迁入，今居村50余户、200多人。

朱口镇渠高村 南宋，叶信郎、叶应郎由杉城镇叶家窠迁入，今居村130余户、500多人。

（六）明溪县

胡坊镇胡坊村 宋代，叶小三郎由泰宁县叶家窠阳迁居鄞山（今胡坊镇鄞山），7世叶福海、叶福森由鄞山迁入，今居村130余户、500多人。

盖洋镇大陂村 宋末，叶癸五由泰宁县叶家地迁居明溪夏坊乡新建，叶荣二由新建村迁入，今居村50余户、200多人。

城关乡叶厝坑村 宋崇宁二年（1103年），叶思纯由泰宁县杉阳迁入，今居村50余户、200多人。

城关乡大坪村 元至正元年（1341年），叶景春由叶厝坑村迁入，今居村30余户、100多人。

沙溪乡益树坑村 宋咸淳年间（1265—1274），叶兴焕由宁化县叶坊迁入，今居村30余户、100多人。

（七）将乐县

高唐镇高塘村 明末，叶尾坠从顺昌县九村迁入，今传21世，居村50余户、200多人。

（八）沙县

高砂镇冲厚村 明正德三年（1508年），叶顺汉、叶昌德由建宁府瓯宁县大满州下漈乡迁入，今传17世，居村220余户、900多人。

（九）尤溪县

坂面镇仁厚村 明洪武元年（1368年），叶信伍由仙游县古濑迁入，今居村190余户、770多人。

坂面镇坂面村 明嘉靖年间（1522—1566），叶文明由坂面镇仁厚村迁入，今居村580余户、2350多人。

梅仙镇丁家山村 清康熙三年（1664年），叶广盛由大田县垳地迁入，今居村100余户、400多人。

梅仙镇东坪村 清康熙十五年（1676年），叶方生由大田县香坪迁入，今居村70余户、300多人。

梅仙镇东坪村 清康熙年间（1662—1722），叶旌由大田县迁入，今居村70余户、300多人。

梅仙镇经通村 清乾隆五十二年（1787年），叶广盛由大田县迁入，今居村90余户、360多人。

西城镇东村 清康熙三十年（1691年），叶伯捷等3户由德化县国宝迁居尤溪县五都兴头，因兴头水库建设移民迁入，今居村100余户、400多人。

（十）大田县

太华镇玉井村 宋庆元四年（1198年），叶监庄由仙游县古濑迁入桃源镇馆前村。嘉熙二年（1238年），3世叶三六由馆前村迁入，今居村350余户、1370多人。

太华镇汤泉村 宋德祐元年（1275年），叶七由太华镇玉井村迁入，今传27世，居村50余户、200多人。

太华镇太华村 明正统十三年（1449年），叶升七由太华镇玉井村迁入，今居村30余户、100多人。

上京镇三阳村 宋末，叶十五由桃源镇馆前村迁入，今传28世，居村270余户、1100多人。

梅山镇香坪村 宋末，叶寿朋由仙游县古濑迁入，今传27世，居村300余户、1200多人。

华兴镇京口村 明正统年间（1436—1449），叶环六由梅山乡西坑迁入，今传23世，居村500余户、2000多人。

桃源镇岭后村 宋末元初，叶三八由桃源镇馆前村迁入，今传24世，居村30余户、100多人。

文江镇乌峰丘村 元末由梅山乡香坪迁入，今传26世，居村50余户、200多人。

梅山镇西坑村 元末，叶九由文江乡萧坑坂（今文江乡乌峰丘）迁入，今传26世，居村300余户、1200多人。

武陵乡上岩村 （1）清康熙九年（1670年），叶魁三由上京镇三阳村迁入，今传15世。（2）叶子焜、叶子炳由上京镇三阳迁入。今居村500余户、2000多人。

均溪镇城东村 2006年因水库移民迁入，今居村150余户、600多人。

六、莆田市叶姓

（一）仙游县

鲤城街道蜚山村 今居村220余户、880多人。

园庄镇高峰村 （1）宋末，叶彦昉由长泰县珪塘迁入。（2）另一支由古濑村迁入。今居村410余户、1650多人。

榜头镇霞亭村 今居村300余户、1200多人。

鲤南镇仙安村 今居村160余户、660多人。

石苍乡石阳村 今居村140余户、550多人。

社硎乡白岩村 今居村120余户、470多人。

郊尾镇古狮村 今居村40余户、150多人。

度尾镇洋坂村 由后会村迁入，今居村30余户、120多人。

枫亭镇兰友社区 今居社区30余户、120多人。

大济镇后亭村 今居村30余户、120多人。

（二）荔城区

北高镇埕头村 南宋中期，叶彦晔由仙游县古濑村迁入，今居村800余户、3200多人。

北高镇埕前村 南宋中期，叶处廉由北高镇埕头村迁入，今居村800余户、3200多人。

北高镇汀江村后埕口 宋末，叶寿南由仙游县古濑村迁入，今居村50余户、200多人。

七、南平市叶姓

（一）延平区

水东街道半岭村 明洪武元年（1368年），叶廷华由浙江平阳县万全镇叶垟村迁入，今居村100余户、400多人。

大横镇博爱村 宋末，叶烨由建阳后山迁居延平新兴里仙厚坑，5世叶礼才由仙厚坑迁入，今传26世，居村350余户、1400多人。

大横镇溪洋村 （1）清代，叶贞沐由茫荡镇茂地迁入。（2）叶倪有由茫荡镇三楼迁入，今居村95户、350多人。

茫荡镇茂地村 元至正十三年（1353年），叶进泗由延平区仙厚坑迁入，今传25世，居村290余户、1020多人。

茫荡镇上际村 明代由茫荡镇茂地迁入，今居村60余户、250多人。

茫荡镇三楼村 明初，叶智八由茫荡镇茂地迁入，今传24世，居村70余户、300多人。

峡阳镇梅照村 由茫荡镇茂地迁入，今居村30余户、120多人。

王台镇埂尾村 由茫荡镇茂地迁入，今居村40余户、170多人。

西芹镇西芹村 明代由茫荡镇茂地迁入，今居村130余户、520多人。

（二）建阳区

水吉镇营头村 明洪武二年（1369年），叶以达由莒口镇后山迁入，今传25世，居村500余户、2000多人。

水吉镇坤坊村 清代，叶德宏等15户由水吉镇营头迁入，今传9世，居村70余户、300多人。

水吉镇良源村 清代，叶锦江等3户由水吉镇营头迁入，今传8世，居村30余户、100多人。

水吉镇市头村 清代，叶有泉等5户由水吉镇营头迁入，今传8世，居村40余户、150多人。

莒口镇社州村 明洪武七年（1374年），叶以高由莒口镇后山迁入，今居村100余户、400多人。

麻沙镇郑坊村 明洪武年间（1368—1398），叶哉、叶以镇由莒口镇后山迁入，今居村120余户、500多人。

麻沙镇扁溪村叶坊 明洪武年间，叶圣、叶以通由莒口镇后山迁入，今居村120余户、500多人。

徐市镇钏头村新屯 明初，叶铛由莒口镇后山迁入，今居村100余户、400多人。

回龙乡回龙村 元至大二年（1309年），叶永一秀由莒口镇后山迁入，今传26世，居村250余户、1000多人。

书坊乡书坊村 （1）宋初，叶齐由建州迁入。（2）1976年，叶姓20余户由寿宁县大安半岭迁入，今居村30余户、100多人。

漳墩镇枫坑村 清代，叶通三由回龙村迁入，今居村200余户、800多人。

徐市镇五峰村 1958年由古田县移民迁入，今居村70余户、300多人。

（三）邵武市

大埠岗镇大埠岗村 明代由泰宁县迁入，今居村100余户、400多人。

和平镇危冲村 今居村 30 余户、100 多人。

南洋乡南洋村 清乾隆年间（1736—1795），叶怀皎由德化县国宝迁入，今居村 30 余户、100 多人。

大竹镇洋坑村 1971 年，叶姓 15 户由寿宁县大安半岭迁入，今居村 30 余户、100 多人。

（四）武夷山市

吴屯乡吴屯村 明初由浦城澄源村迁入，今传 20 世，居村 150 余户、600 多人。

（五）建瓯市

瓯宁街道豪栋村 清乾隆年间（1736—1795），叶观麟、叶帝清由建阳回龙迁入，今传 9 世，居村 30 余户、100 多人。

瓯宁街道小龙须巷 清康熙十年（1672 年），叶亦效由迪口镇霞庄迁入，今居村 100 余户、400 多人。

小松镇溪头村 北宋初年（约 960 年），叶弘远由建阳水吉双溪迁居小松镇宜均桥头叶墩村，后裔叶重行由叶墩迁入，今传 39 世，居村 120 余户、500 多人。

小松镇松源村 明初，叶佛宝由徐墩叶坊迁入，今传 22 世，居村 40 余户、170 多人。

小松镇大庙村 清末由小松镇溪头村迁入，今传 5 世，居村 30 余户、120 多人。

东峰镇井岐村 宋绍兴七年（1137 年）由屏南县东峰迁入，今传 35 世，居村 100 余户、400 多人。

东峰镇东峰村 （1）约宋嘉熙元年（1237 年），叶明一由东峰镇濠坝街迁入，今传 30 世。（2）明正德年间（1506—1521），叶善有由建阳回龙迁入，今传 15 世。居村 220 余户、900 多人。

东峰镇福源村 宋代迁入，今居村 30 余户、150 多人。

东峰镇东山下村 明景泰元年（1450 年），叶留柱由屏南县东峰迁入，今居村 60 余户、240 多人。

东峰镇江源村 清代由小松镇叶墩村迁入，今传 11 世，居村 30 余户、100 多人。

东峰镇长源村 清代由东峰镇江源村迁入，今传 9 世，居村 30 余户、100 多人。

东游镇东漈村 明泰昌初年（约 1620 年）由屏南县长坋迁入，今居村 100 余户、400 多人。

东游镇党城村 明正德年间（1506—1521），叶世明由松溪县迁入，今传 21 世，居村 600 余户、2400 多人。

东游镇盛前村 明万历年间（1573—1620），叶天由屏南县长坋迁入，今居村 40 余户、160 多人。

东游镇黄墈村 （1）明万历年间，叶林蔚由政和县梨洋迁入，今传 14 世。（2）由屏南县东峰迁入，今传 14 世。居村 30 余户、100 多人。

东游镇东游村 （1）由屏南县东峰迁入，今传 16 世。（2）叶治坤由屏南县东峰迁入，今传 11 世。居村 50 余户、200 多人。

迪口镇可坑村 宋乾道初年（约 1165 年），叶浩然由延平高桐迁入，今居村 120 余户、500 多人。

迪口镇龙北溪 宋开庆元年（1259 年），叶仕泰由可坑村迁入，今传 27 世，居村 120 余户、500 多人。

迪口镇霞庄村 宋景定元年（1260 年），叶椿由可坑村迁入，今传 31 世，居村 120 余户、500 多人。

迪口镇星田村 （1）宋末，叶十四由龙北溪村迁入，今传 30 世。（2）清代，由龙北溪村迁入，今传 12 世。居村 30 余户、100 多人。

迪口镇杉洋村 元初，叶彦四由龙北溪村迁入，今居村 120 余户、500 多人。

迪口镇王地后村 元初，叶三八由龙北溪村迁入，今居村 30 余户、100 多人。

迪口镇张坑村 元初，叶遵由龙北溪村迁入，今传 24 世，居村 30 余户、140 多人。

迪口镇坑头村 元初，叶四九由龙北溪村迁入，今传 26 世，居村 80 余户、340 多人。

迪口镇东岩村　（1）元初，叶七二由龙北溪村迁入，今传24世。（2）明初，叶友玖由延平小仁洲迁入，今传23世。居村40余户、200多人。

迪口镇东洋村　明初由张坑村迁入，今传21世，居村40余户、180多人。

迪口镇东坑村　明初，叶朱四由延平小仁洲迁入，今传23世，居村30余户、100多人。

迪口镇叶坑村　明正统五年（1440年），叶子华由杉洋村迁入，今传22世，居村30余户、100多人。

迪口镇长远村　明天启初年（约1621年），叶二郎等由龙北溪村迁入，今传18世，居村50余户、200多人。

迪口镇后坪村　清康熙二十年（1681年），叶邦珠由霞庄村迁入，今传13世，居村60余户、270多人。

迪口镇李溪村　清末由杉洋村迁入，今传6世，居村30余户、120多人。

徐墩镇下碓村　元至正初年（约1341年），叶福威迁入，今传21世，居村120余户、500多人。

吉阳镇巨历口村　元至正初年（约1341年），叶安九迁入，今传21世，居村30余户、100多人。

南雅镇叶康村　宋宣和初年（约1120年），叶德泰由今延平区高桐迁入，今居村250余户、1000多人。

南雅镇秦溪岭村　宋咸淳七年（1271年），叶祖耀由建阳回龙迁入，今居村40余户、160多人。

南雅镇连墩村　明洪武十七年（1384年），叶奶福、叶奶寿由迪口镇杉洋迁入，今居村80余户、350多人。

南雅镇小康村　明嘉靖十三年（1534年），叶茂胜由今延平区小仁洲迁入，今传16世，居村60余户、240多人。

玉山镇庆元村　明嘉靖二十年（1541年），叶朱明、叶朱贤由屏南县长坋迁入，今传14世，居村70余户、300多人。

小桥镇普通村　明嘉靖十五年（1536年），叶彬由建阳新屯迁入，今居村40余户、160多人。

小桥镇庄头村　明嘉靖十一年（1532年），叶宝道由东峰镇濠坝街迁入，今居村50余户、200多人。

小桥镇西邦村　清顺治十五年（1658年），叶镝由建阳回龙迁入，今传14世，居村30余户、100多人。

小桥镇坝头村　清康熙初年（约1662年），叶柳由建阳回龙迁入，今传14世，居村70余户、300多人。

小桥镇里长坑村　清康熙初年（约1662年），叶大尊由建阳回龙迁入，今传14世，居村30余户、120多人。

小桥镇湖台村　清康熙初年（约1662年），叶大树由建阳回龙迁入，今传14世，居村30余户、100多人。

小桥镇定高村　（1）清嘉庆年间（1796—1820）由党城迁入，今传10世。（2）叶林松迁入，今传7世。居村40余户、160多人。

水源乡大源村　清康熙年间（1662—1722），叶德鉴由屏南县东峰迁入，今传14世，居村100余户、400多人。

水源乡桃源村　清康熙年间，叶广德由屏南县东峰迁入，今传13世，居村30余户、150多人。

水源乡东洋村　清代由屏南县东峰迁入，今居村30余户、100多人。

水源乡返望村　清代由屏南县东峰迁入，今居村30余户、100多人。

龙村乡黄凌村　明嘉靖年间（1522—1566），叶福庆由小松镇溪头村迁入，今居村30余户、100多人。

（六）顺昌县

元坑镇漠武村 元大至二年（1309年），叶德奉由光州固始县石板桥头迁人，今传26世，居村200余户、800多人。

元坑镇九村 明万历二年（1404年），叶隆盛由顺昌宁安都云曲沙坑村迁人，今居村200余户、800多人。

郑坊镇大目墟村 明末，叶珠泗从元坑镇九村迁人，今居村80余户、320多人。

大历镇大历村 明初，叶智一、叶智三由今延平区茂地迁人，今传24世，居村170余户、600多人。

（七）浦城县

水北街镇观前村 宋末，叶静益由浙江龙泉县高大门村迁人，今传27世，居村700余户、2760多人。

富岭镇小潦村 明末，叶镛钦兄弟由浙江龙泉县大坦迁人，今传24世，居村140余户、590多人。

富岭镇靖坑村 元至大三年（1310年），叶建二由浙江龙泉县高大门村迁人，今传24世，居村40余户、140多人。

富岭镇前洋村 明初，叶钦由浙江龙泉县迁人，今居村120余户、500多人。

富岭镇里元村 明末清初，叶文潇迁人，今传17世，居村40余户、150多人。

石陂镇碓下村 明嘉靖十一年（1531年），叶聪五由观前村迁人，今传24世，居村280余户、1160多人。

石陂镇井后村 元至正元年（1341年），叶文敬由观前村迁人，今传24世，居村120余户、500多人。

石陂镇驿前村 明初，叶成达由观前迁人，今传24世，居村130余户、530多人。

石陂镇叶村 清光绪年间（1875—1908），叶步恭兄弟由寿宁县犀溪迁人，今居村30余户、100多人。

永兴镇澄源村 明洪武四年（1372年），叶仲良由江西贵溪雄石迁人，今传24世，居村520余户、2100多人。

永兴镇泰窑坑村 明成化年间（1465—1487），叶显由浙江龙泉县迁人，今居村50余户、200多人。

永兴镇西乡街 清康熙元年（1662年），叶福成由清流县迁人，今传20世，居村130余户、550多人。

古楼乡叶山村 宋天圣至嘉祐年间（1023—1063），叶宜承由建瓯迁居浦城，4世叶仲通迁人，今传40世，居村260余户、900多人。

古楼乡桥头村 明末，叶琳琪由浙江龙泉县高大门村迁人，今传18世，居村80余户、320多人。

古楼乡里山村 （1）清光绪二十一年（1895年），叶国标由江西广丰县迁人，今传5世。（2）清末，叶重由浙江龙泉县高大门村迁人，今传6世。居村70余户、260多人。

万安乡吴山村 明崇祯年间（1628—1644），叶仕芳由建阳会窑迁人，今传15世，居村30余户、100多人。

（八）光泽县

华桥乡园岱村 清代，叶远由江西贵溪县柴源村迁人，今居村30余户、100多人。

鸾凤乡饶坪村 清代由江西贵溪迁人，今居村30余户、100多人。

司前乡岱坪村 清代由江西贵溪迁人，今居村30余户、100多人。

（九）松溪县

松源街道松源村 元末叶廷璧迁入，今传26世，居村300余户、1200多人。

松源街道水南村 明隆庆年间（1567—1572），叶惟宗由政和县锦屏迁入，今居村60余户、230多人。

渭田镇西源村 明洪武五年（1372年），叶存赐由今浙江龙泉黄南迁入，今传20世，居村100余户、420多人。

渭田镇角歧村 清雍正年间（1723—1735），叶君瑞由松源迁入，今传12世，居村100余户、400多人。

郑墩镇郑墩村 明洪武年间（1368—1398），叶贵由松源迁入，今居村600余户、2500多人。

郑墩镇梅口村 明弘治十三年（1500年），叶深由松源迁入，今居村60余户、270多人。

郑墩镇张屯村 清康熙四年（1665年），叶祖明由松源迁入，今居村30余户、100多人。

茶平乡吴狮坑 元末，叶孔明由松源迁入，今居村50余户、200多人。

茶平乡呼林村 明初，叶观宗由茶平乡吴狮坑迁入，今居村100余户、400多人。

茶平乡葛畲村 明初，叶观宝由茶平乡吴狮坑迁入，今居村50余户、200多人。

茶平乡樟墩坪村 明初，叶观贵由茶平乡吴狮坑迁入，今居村50余户、200多人。

茶平乡林下村 明洪熙元年（1425年），叶庭英由政和县锦屏迁入，今居村100余户、400多人。

溪东乡古衍村 元末明初叶日高迁入，今居村200余户、760多人。

（十）政和县

熊山街道前街叶厝 清乾隆四十九年（1784年），叶圣魁由建安洋墩迁入，今居村30余户、100多人。

镇前镇漈头村 唐大中十年（856年），叶延一由光州固始县新安村白马渡迁入，今传38世，居村270余户、1080多人。

镇前镇下园村 明洪武十一年（1378年），叶享七由漈头村迁入，今传29世，居村340余户、1350多人。

镇前镇峡上村 明宣德十年（1435年），叶子二由漈头村迁入，今居村130余户、560多人。

镇前镇梨洋村 明宣德十一年（1436年），叶子一由漈头村迁入，今传26世，居村340余户、1380多人。

镇前镇吕家洋村 明成化二年（1466年），叶庚五由漈头村迁入，今传23世，居村120余户、470多人。

镇前镇大房村 明弘治十一年（1498年），叶玉生由漈头村迁入，今居村100余户、400多人。

镇前镇梨溪村 清雍正十二年（1734年），叶茂青由梨洋村迁入，今传13世，居村200余户、800多人。

镇前镇牛迹洋 （1）清乾隆三年（1738年），叶贵三由峡上村迁入。（2）乾隆五十一年（1786年），叶盛威由下园村迁入。今居村140余户、560多人。

镇前镇半源村 （1）清初，叶存仁由牛迹洋迁入，今传11世。（2）光绪十六年（1890年），叶逢森由梨洋村迁入，今传6世。居村200余户、800多人。

镇前镇横坑头 明初，叶里二由梨洋村迁入，今传24世，居村190余户、760多人。

岭腰乡锦屏村 元初，叶盛由松溪正谊坊迁入，今居村300余户、1200多人。

岭腰乡锦屏上场村 明代，叶可进由浙江庆元县漈头村迁入，今居村200余户、800多人。

铁山镇铁山村 元初，叶公信由建安叶墩迁人，今居村 30 余户、100 多人。
外屯乡古源村 明成化年间（1465—1487），叶华由漈头村迁人，今居村 80 余户、300 多人。
石屯镇东漈村 明代，叶享一由漈头村迁人，今传 16 世，居村 220 余户、900 多人。
杨源乡翠溪村 清末，叶文寿由周宁际会村迁人，今传 7 世，居村 180 余户、700 多人。
星溪乡山峡村 叶日举由漈头村迁人，今居村 30 余户、140 多人。

八、龙岩市叶姓

（一）新罗区

红坊镇龙溪邦村 宋端平二年（1235 年），叶国珍由仙游县古濑迁居今龙岩新罗区。宋末，叶国珍后裔由新罗区迁人，今传 29 世，居村 30 余户、100 多人。

曹溪街道王庄村 宋末元初，叶东畴由今新罗区迁人，今传 27 世，居村 90 余户、360 多人。

雁石镇岩星村 明嘉靖三十七年（1558 年），叶见波由龙溪邦村迁人，今传 27 世，居村 40 余户、160 多人。

雁石镇雁江村 清代，叶敏章由永春县迁人，今居村 30 余户、100 多人。
白沙镇郭畲村 元代，叶茂兴由仙游县古濑迁人，今传 23 世，居村 260 余户、1080 多人。
白沙镇黄坂村 明初，叶明千由今漳平市基泰迁人，今传 23 世，居村 30 余户、120 多人。
苏坂镇东联村 清代由漳平基泰村迁人，今居村 30 余户、100 多人。

（二）上杭县

中都镇古坊村 宋末，叶映玉由广东入闽，居长汀县官前湖坑数年后迁人，今居村 30 余户、100 多人。

中都镇都康村 元初，叶五一郎由古坊村迁人，今居村 120 余户、480 多人。
临城镇水南村 元初，叶法一郎由古坊村迁人，今居村 40 余户、150 多人。
南阳镇射山村 （1）元代，叶春一由漳州迁人。（2）明代，叶千六郎由都康村迁人，今居村 60 余户、260 多人。

（三）武平县

东留镇苏湖村 清代，由广东梅县石扇镇象村迁人，今传 7 世，居村 30 余户、100 多人。

（四）长汀县

馆前镇陈连村 清顺治年间（1644—1661），叶应森由长汀县水东街迁人，今居村 100 余户、400 多人。

馆前镇复兴村 明代，叶念六郎由宁化县叶坊迁人，今居村 40 余户、160 多人。
馆前镇赤坑村 叶友德由复兴村迁人，今居村 50 余户、200 多人。
大同镇东埔陂角村 叶春辉由复兴村迁人，今居村 50 余户、200 多人。
河田镇中街 叶文茂迁人，今居村 30 余户、150 多人。
汀州镇庙背村 叶名波迁人，今居村 30 余户、150 多人。
汀州镇水东街 叶得雄迁人，今居村 30 余户、100 多人。
汀州镇三官堂前村 叶镜舫迁人，今居村 30 余户、100 多人。
涂坊镇罗屋岗村 叶汝秀迁人，今居村 30 余户、100 多人。

（五）连城县

塘前乡上琴村 明代由宁化县叶坊迁人，今居村 50 余户、200 多人。

（六）漳平市

西园乡基泰村 元至正年间（1341—1368），叶茂春由仙游县古濑迁入，今传28世，居村480余户、1900多人。

西元乡可人头村 明代，叶乃受由基泰村迁入，今居村180余户、740多人。

西元乡西元村 叶蒲玉由基泰村迁入，今居村40余户、150多人。

和平镇春尾村 叶双塘由基泰村迁入，今居村30余户、100多人。

灵地乡留春村 叶周仕由基泰村迁入，今居村90余户、380多人。

九、宁德市叶姓

（一）蕉城区

城南镇叶厝村 宋末，叶政寿由古田县西溪迁入，今传32世，居村250余户、1000多人。

八都镇仁厚村 宋末，叶三八由周宁县瑞龙岗迁入，今传27世，居村50余户、200多人。

霍童镇霍童村 宋末由周宁县际会迁入，今居村70余户、300多人。

虎贝镇浮山村 宋末，叶八十八由古田白盛溪（今属屏南）迁居东山，16世叶宗质迁入，今居村30余户、100多人。

虎贝镇中洋里村 明代，叶得俊由浮山村迁入，今居村150余户、600多人。

飞鸾镇飞鸾村 清末，叶姓20余户由今南安市社坛村迁入，今居村150余户、600多人。

（二）福安市

韩阳镇南湖村 清代叶朝富迁入，今居村30余户、100多人。

韩阳镇栖云港 叶泗七由周宁县际会迁入，今居村110余户、430多人。

韩阳镇锦鸡垅 1990年，叶姓20余户由柘荣县东坑村迁入，今居村30余户、100多人。

城阳镇高山村 清乾隆二十六年（1761年），叶可益由城阳乡早洋迁入，今居村40余户、150多人。

坂中乡下南岸村 明万历元年（1573年），叶天生由漳浦县橄榄林迁入，今居村30余户、100多人。

坂中乡坂中村 明万历年间（1573—1620），叶天生四子由坂中乡下南岸村迁入，今居村30余户、100多人。

潭头镇潭头村 清乾隆年间（1736—1795），叶尚带由寿宁县犀溪迁入，今传10世，居村30余户、100多人。

溪柄镇山下村 宋乾化元年（911年），叶鼎由长溪迁入，今居村30余户、100多人。

溪柄镇宸山村 明永乐年间（1403—1424），叶华一等迁居岭兜，9世元耀迁入，今居村70余户、300多人。

溪柄镇黄河村 明嘉靖元年（1522年），叶应文由长溪经松罗迁入，今居村60余户、260多人。

溪柄镇甲厝村 清代叶士盛迁入，今居村30余户、130多人。

甘棠镇奎聚村 清初，叶仁贵由周宁县际会迁入，今传13世，居村90余户、360多人。

湾坞镇深垵村 清顺治二年（1645年），叶渊九由周宁县际会村迁入，今传13世，居村40余户、160多人。

下白石镇湖头村 清康熙四十三年（1703年），叶子会由寿宁县鳌阳迁入，今居村150余户、600多人。

下白石镇街道 清代，叶如禄由周宁县际会迁入，今居村30余户、120多人。

溪潭镇华岩村 清初，叶植兴由周宁县际会迁入，今传13世，居村50余户、190多人。

康厝乡苏坂村　清初，叶凤飞由周宁县际会迁入，今传 13 世，居村 30 余户、100 多人。

康厝乡左岭村　清初，叶朝先由周宁县际会迁入，今传 12 世，居村 40 余户、170 多人。

康厝乡福源村　清乾隆十六年（1751 年），叶诗三由康厝乡大溪迁入，今传 11 世，居村 30 余户、150 多人。

上白石镇白石坂村　明万历年间，叶天生三子由坂中乡下南岸村迁入，今居村 90 余户、350 多人。

晓阳镇马洋村　明代，叶仁久由周宁县际会迁入，今居村 120 余户、500 多人。

范坑乡大坪村　（1）清道光年间（1821—1850），叶肇式由寿宁县南阳镇含溪村迁入。（2）咸丰年间（1851—1861），叶肇格由含溪村迁入。今居村 30 余户、100 多人。

（三）福鼎市

桐山街道西门仔　清康熙十一年（1672 年），叶其璋兄弟 3 人由寿宁县鳌阳迁入，今居村 70 余户、320 多人。

桐山街道岙里村　清末，叶国绀等 6 户由浙江泰顺县五里牌迁入，今传 6 世，居村 40 余户、180 多人。

磻溪镇仙蒲村　宋建隆元年（960 年）叶罗迁入。今居村 20 户、100 多人。

磻溪镇炉屯村　明万历年间（1573—1620），叶孙保由浙江泰顺县叶屿洋迁入，今传 18 世，居村 30 余户、100 多人。

点头镇翁溪村　宋建隆二年（961 年），叶看由浙江温州西邯盖竹迁入，今传 37 世，居村 55 户、240 多人。

点头镇王孙四斗村　清乾隆五年（1740 年），叶以舟由浙江平阳县南湖迁入，今传 10 世，居村 80 余户、320 多人。

白琳镇山后村　宋建隆二年，叶伾由浙江温州西邯盖竹迁入，今传 38 世，居村 380 余户、1100 多人。

白琳镇亭后洋村　明初叶维才迁入，今居村 40 余户、180 多人。

白琳镇大山村　清嘉庆年间（1796—1820），叶文西由浙江苍南县矾山镇屿星迁入，今传 9 世，居村 30 余户、100 多人。

太姥山镇潋城村　宋景定三年（1262 年），叶芝由浙江处州府松阳谕溪迁入，今传 26 世，居村 128 户、480 多人。

太姥山镇东埕村　明嘉靖年间（1522—1566），叶伯累、叶伯达由泉州洧城迁入，今传 19 世，居村 300 余户、1300 多人。

太姥山镇柏洋村　清康熙（1662—1722）末期，叶光举等 4 户由浙江苍南县元店村迁入，今居村 60 余户、190 多人。

太姥山镇礼岙水村　清嘉庆四年（1799 年），叶绍意等 3 户由浙江平阳县南湖迁入，今传 8 世，居村 40 余户、190 多人。

太姥山镇夫仁顶村　清嘉庆二十三年（1818 年）前后，叶序富由浙江平阳县钱仓迁入，今传 8 世，居村 40 余户、160 多人。

店下镇林家坪村　清乾隆（1736—1795）中期，叶政善由惠安县叶厝村迁入，今传 12 世，居村 60 余户、300 多人。

管阳镇北山村　明天启年间（1621—1627），叶志聪由寿宁县乌石迁入，今传 16 世，居村 40 余户、150 多人。

山前街道北门村　清康熙中期，叶徽琳由永春县达埔村迁入，今传 11 世，居村 40 余户、160 多人。

佳阳乡罗唇村　清雍正十一年（1733 年），叶天通由广东兴堂高祖迁入，今传 9 世，居村 40 余户、150 多人。

佳阳乡蕉宕村　清雍正（1723—1735）末期，叶有萼由今浙江瑞安市堂开村迁入，今传 11 世，居村 30 余户、130 多人。

叠石乡墓岚村　清乾隆二年（1737 年），叶其策等 6 户由德化县国宝迁入，今传 11 世，居村 100 余户、400 多人。

沙埕镇台峰村　（1）清乾隆年间，叶光期迁入，今传 11 世。（2）叶光贤迁入，今传 9 世。居村 50 余户、220 多人。

嵛山镇芦竹港　清光绪（1875—1908）末期，叶金木等 3 户由今厦门同安区迁入，今传 7 世，居村 30 余户、100 多人。

龙安开发区西岙村　清乾隆初期，叶忍盛由寿宁县迁入，今居村 50 余户、200 多人。

龙安开发区　20 世纪 90 年代，由寿宁县及浙江泰顺县乡村移民迁入，今居龙安 50 余户、200 多人。

（四）霞浦县

松城街道古善里　明建文四年（1402 年），叶满兴由浙江余姚梅川迁入，今传 19 世，居社区 30 余户、130 多人。

松港街道利洋村　明崇祯十四年（1641 年），叶岳八由崇儒乡坪园迁入，今传 15 世，居村 50 余户、220 多人。

松港街道冬瓜岗村　清康熙五十六年（1717 年），叶明叠由永春县紫堂迁入，今居村 30 余户、120 多人。

松港街道洋坑村　清康熙年间（1662—1722）叶尚昌迁入，今传 13 世，居村 70 余户、270 多人。

溪南镇台江村　宋建隆二年（961 年），叶实由浙江温州西郡盖竹迁入，今传 41 世，居村 700 余户、2800 多人。

溪南镇东安村　明代，叶永发由水门乡百笕洋迁入（另有一说由福州迁入），今传 25 世，居村 630 余户、2500 多人。

溪南镇关门村　清乾隆年间（1736—1795），叶川金等 4 户由东安村迁入，今传 15 世，居村 230 余户、930 多人。

溪南镇苦竹村　明代，叶四由东安村迁入，今传 16 世，居村 100 余户、410 多人。

溪南镇西安村　明代，叶孔由台江村迁入，今传 19 世，居村 60 余户、260 多人。

溪南镇藻湾村　清康熙二十一年（1682 年），叶廷辉由今福安市迁入，今居村 30 余户、150 多人。

溪南镇后慕村　明末叶礼比由西安村迁入，今传 15 世，居村 30 余户、150 多人。

沙江镇山后村　明正德年间（1506—1521），叶隆六由寿宁县犀溪迁入，今传 21 世，居村 120 余户、510 多人。

下浒镇叶山村　明代叶伯恒迁入，今传 19 世，居村 100 余户、410 多人。

三沙镇青官司村　明末，叶子眷由寿宁县犀溪迁入，今传 14 世，居村 30 余户、100 多人。

三沙镇三澳村　清乾隆年间，叶伯玉由今厦门同安区瑶头迁入，今传 11 世，居村 90 余户、350 多人。

三沙镇花竹村　清乾隆年间，叶仲由今厦门同安区瑶头迁入，今传 11 世，居村 100 余户、390 多人。

三沙镇下厝村　清乾隆年间，叶儒由今厦门同安区瑶头迁入，今传 10 世，居村 40 余户、180 多人。

水门乡百笕洋村　宋政和二年（1112 年），叶宝后裔叶万倾由水门乡下徐迁入，今传 32 世，居村 200 余户、800 多人。

水门乡后坑村 明万历年间（1573—1620）叶永潼迁入，今传17世，居村90余户、350多人。

水门乡樟树坪村 清乾隆元年（1736年）叶必寿迁入，今传12世，居村30余户、150多人。

牙城镇西岭村 清乾隆年间，叶以钦由浙江苍南县马站迁入，今传11世，居村60余户、260多人。

牙城镇前街村 清乾隆年间，叶元景由浙江苍南县马站迁入，今居村60余户、260多人。

柏洋乡长岩村 清乾隆年间，叶日招由今福安市穆阳镇苏坂村迁入，今传11世，居村40余户、170多人。

盐田乡西胜村 清乾隆初年（约1740年），叶日存由周宁县际会迁入，今传11世，居村30余户、100多人。

（五）寿宁县

鳌阳镇蟾溪村 宋末，叶寿九由芹洋乡丹溪桥迁入，今传28世，居村400余户、1600多人。

鳌阳镇文山里 明宣德年间（1426—1435），叶义五由浙江云和县规溪迁入，今传22世，居村500余户、2000多人。

鳌阳镇小东门 明正统年间（1436—1449），叶伯俨由浙江景宁县小地迁入，今传22世，居村30余户、100多人。

鳌阳镇后墩村 明景泰六年（1455年），叶隆九由鳌阳镇龙头弯迁入，今传19世，居村400余户、1600多人。

鳌阳镇红商巷 （1）清康熙（1662—1722）初年，叶瑨一由犀溪村迁入，今传11世。（2）光绪年间（1875—1908），叶奕庚由大安乡半岭迁入。（3）1931年，叶奕士由大安乡半岭迁入。今居村70余户、300多人。

鳌阳镇水井巷 清康熙年间，叶可奇由浙江庆元县桃坑村迁入，今传12世，居村30余户、100多人。

鳌阳镇后村 （1）清乾隆年间（1736—1795），叶景淑后裔由鳌阳迁入。（2）清末，叶发盛三兄弟部分后裔由鳌阳迁入。今居村40余户、180多人。

鳌阳镇安章村 （1）清乾隆年间，叶圣瑞由鳌阳迁入。（2）1964年，叶若源、叶若清由清源岭头洋迁入。今居村30余户、120多人。

鳌阳镇六六溪村 （1）清嘉庆年间（1796—1820），叶资铭由后墩村迁入。（2）道光年间（1821—1850），叶敬玉等5户由后墩村迁入。今居村60余户、260多人。

鳌阳镇白鹇村 （1）1931年，叶明圭由鳌阳上马巷迁入。（2）1947年，叶诞宋由鳌阳六六溪村迁入。（3）叶渊霖、叶渊华由后洋仔迁入。（4）叶宣华由竹梅洋迁入。今居村30余户、100多人。

斜滩镇山田村 （1）明永乐九年（1411年），叶杰六由犀溪迁入，今传16世。（2）清初，叶崇贵由凤阳镇基德迁入，今传10世。居村30余户、150多人。

斜滩镇溪头洋村 清康熙年间，叶朝资由浙江庆元县桃坑迁入，今传11世，居村30余户、100多人。

斜滩镇山岭村 清乾隆年间，叶尚全由印潭下坂迁入，今居村50余户、200多人。

斜滩镇王溪村 清乾隆年间，叶茂和、叶茂锦由斜滩镇黄渡迁入，今居村40余户、150多人。

斜滩镇外洋村 清嘉庆年间，叶其馨等7户由鳌阳迁入，今居村30余户、100多人。

斜滩镇斜滩村 （1）清同治元年（1862年），叶德修由犀溪迁入。（2）同治（1862—1874）末年，叶明邦由安章村迁入。（3）1912至1949年，叶其芬、叶荐祥后裔由外洋迁入。（4）北浦后裔由乾山后、犀溪、坑底林、大安半岭、王竹垅迁入。今居村100余户、400多人。

犀溪镇犀溪村 宋祥兴元年（1278年），叶百念一由浙江泰顺黄连山迁入，今传30世，居村850余户、3800多人。

犀溪镇仙峰村 （1）清顺治（1644—1661）初年，叶瑄一由犀溪村迁入。（2）康熙年间，叶瑄一等3户由犀溪迁入。（3）乾隆年间，叶维炯等8户由犀溪迁入。（4）光绪年间（1875—1908），叶应召由犀溪村迁入。今居村200余户、800多人。

犀溪镇大王前村 （1）清乾隆年间，叶世钦由犀溪迁入。（2）咸丰年间（1851—1861），叶若城由犀溪迁入。（3）民国年间，叶承让等5户由犀溪迁入。今居村40余户、150多人。

犀溪镇郑家坑村 （1）清嘉庆二十四年（1819年），叶世光由犀溪迁入。（2）道光二十一年（1841年），叶钟谋由犀溪村迁入。今居村80余户、300多人。

犀溪镇际坑村 （1）清光绪二十二年（1896年），叶家篪由犀溪迁入。（2）民国年间，叶于高等18户由犀溪村迁入。今居村30余户、100多人。

犀溪镇西浦村 （1）1942年，叶圣廼由浙江泰顺县半路村迁入。（2）1912至1949年，叶允为由交溪村迁入。（3）北浦后裔由犀溪、郑家坑、缪家洋迁入。今居村30余户、100多人。

犀溪镇路口桥村 当代由长冈头、库坑岭头迁入，今居村30余户、100多人。

南阳镇含溪村 （1）清康熙年间，叶尚浦由犀溪迁入。（2）乾隆四十八年（1783年），叶世溥由犀溪迁入。今居村100余户、400多人。

南阳镇后山村 （1）清乾隆四十年（1775年），叶钟实由犀溪迁入。（2）嘉庆初年，叶世院由犀溪迁入。今居村40余户、180多人。

南阳镇后坪村 清乾隆五十三年（1788年），叶钟利由犀溪迁入，今传10世，居村30余户、100多人。

南阳镇下宅村 （1）清乾隆年间，叶奇文由屏南县棠口乡贵溪迁入。（2）1912至1949年由鳌阳迁入。今居村50余户、200多人。

平溪镇东溪村 （1）明代中期，叶昌一由武济村迁入，今传22世。（2）清代中期，叶起富由蒲洋村迁入，今传8世。居村30余户、100多人。

平溪镇湖潭村 明代，叶如享由周宁县际会迁入，今传15世，居村30余户、120多人。

平溪镇大场村 清乾隆初年，叶新裍由周宁县际会迁入，今传11世，居村30余户、120多人。

平溪镇上瑶村 清代，叶茂贵由政和县漈头村迁入，今居村30余户、100多人。

平溪镇长洋村 清代，叶龙羽由鳌阳文山里迁入，今居村30余户、100多人。

凤阳镇基德村 （1）明天顺年间（1457—1464），叶仲怀由清源镇杨柳树迁入，今传17世。（2）清嘉庆初年，叶居庠率6子由清源镇杨柳树迁入，今传8世。居村50余户、200多人。

下党乡下屏峰村 南宋开禧二年（1206年），叶二由政和县梧桐前村迁入，今居村30余户、100多人。

竹管垅乡李家洋村 明末清初，叶礼肃由鳌阳后墩迁入，今居村100余户、400多人。

竹管垅乡坑底林村 清顺治五年（1648年），叶永富由斜滩三澄迁入，今传15世，居村100余户、400多人。

武曲镇桦垅村 清康熙八年（1668年），叶朝通由凤阳镇蓝田村迁入，今传12世，居村200余户、800多人。

大安乡后西溪村 明代，叶义玄由鳌阳后墩迁入，今传15世，居村50余户、200多人。

大安乡半岭村 （1）明崇祯年间（1628—1644），叶融一由犀溪迁入，今传13世。（2）清雍正年间（1723—1735），叶维璇由犀溪迁入，今传11世。（3）乾隆十九年（1754年），叶恒阜、叶恒蓁由犀溪迁入，今传10世。居村120余户、500多人。

大安乡官田场村 （1）清初，叶一璜由鳌阳文山迁入，今传13世。（2）乾隆年间，叶师达由鳌阳文山迁入，今传10世。居村120余户、500多人。

大安乡亭溪村 清康熙年间，叶应麒、叶兆楠由鳌阳东门迁入，今传15世，居村180余户、700多人。

大安乡判地村 （1）清康熙年间，叶璐五由犀溪迁入，今传11世。（2）光绪年间，叶方顶、叶方炳由榅洋村迁入，今传5世。（3）1929年，叶若武由外楼村迁入。今居村40余户、150多人。

大安乡大熟村 清康熙年间，叶其瑞由鳌阳文山里迁入，今传12世，居村70余户、280多人。

大安乡榅坪村 清乾隆年间，叶齐联由鳌阳文山里迁入，今传11世，居村80余户、300多人。

大安乡竹梅洋村 （1）清乾隆年间，叶高鸣由鳌阳后墩迁入。（2）叶明孝兄弟由后洋仔迁入。今居村50余户、220多人。

大安乡溪墘村 清乾隆末年，叶从纪由鳌阳后墩迁入，今居村50余户、200多人。

大安乡伏际村 （1）清代，叶师度由鳌阳文山里迁入。（2）清末，叶圣说由大熟村迁入。今居村80余户、300多人。

大安乡西宅村 （1）清代，叶珍修由鳌阳文山里迁入，今传11世。（2）1943年，叶大年由犀溪迁入，今传4世。居村30余户、100多人。

坑底乡地源上村 （1）明末清初，叶可礼由浙江景宁县石梯坑下迁入，今传13世。（2）1932年，叶成灏由龙井村迁入，今传5世。居村30余户、140多人。

坑底乡坑底村 （1）清康熙年间，叶可聘由浙江景宁县石梯村迁入，今传14世。（2）乾隆年间，叶鸿基、叶鸿炳由鳌阳文山里迁入，今传11世。（3）光绪二十七年（1901年），叶家楚由浙江景宁县半岭迁入，今传5世。居村120余户、500多人。

坑底乡浩溪村 （1）清康熙年间，叶兆开由鳌阳东门迁入。（2）数年后，叶天琉、叶天祐、叶天敏由鳌阳迁入，今传13世。（3）同治年间（1862—1875），叶邦应由浙江景宁县半溪村迁入，今传5世。居村250余户、700多人。

坑底乡上东村 清初，叶从大由鳌阳文山迁入，今传14世，居村30余户、100多人。

坑底乡龙井村 明嘉靖年间（1522—1566），叶时寅由鳌阳文山里迁入，今居村90余户、350多人。

坑底乡林山村 清康熙年间，叶士鳌由鳌阳后叶迁入，今传13世，居村60余户、250多人。

坑底乡地洋村 清代中期，叶齐安、叶基修由鳌阳文山里迁入，今传10世，居村30余户、100多人。

坑底乡山前村 清代中期，叶肇修、叶严修由鳌阳文山里迁入，今居村80余户、300多人。

坑底乡归洋村 清嘉庆年间，叶齐蜚等3户由鳌阳文山里迁入，今传9世，居村50余户、200多人。

坑底乡半岭洋村 清嘉庆年间，叶挺增由坑底乡上地迁入，今传7世，居村30余户、100多人。

清源镇杨柳树村 明永乐年间（1403—1424），叶贤五由浙江景宁县半岭迁入，今传21世，居村130余户、500多人。

清源镇平岩村 清康熙末年，叶可缙、叶可玟由浙江庆元县桃坑村迁入，今居村30余户、100多人。

清源镇后洋村 清代中期，叶齐俭由鳌阳文山里迁入，今居村80余户、300多人。

清源镇龟洋岔村 清嘉庆元年（1796年），叶世华由犀溪迁入，今传9世，居村30余户、120多人。

清源镇洋边村 清道光年间（1821—1850），叶发亮由平岩村迁入，今居村30余户、100多人。

芹洋乡武济村 （1）明天顺二年（1458年），叶苏三由芹洋乡黄家墩迁入，今传18世。（2）由后正坑迁入。今居村100余户、400多人。

芹洋乡广地村 （1）明代中期，叶隆一由鳌阳龙头垮迁入，今传16世。（2）清道光年间，叶应受由托溪乡坪坑村迁入，今传8世。（3）同期，叶竹修由鳌阳文山里迁入，今传8世。居村30余户、100多人。

芹洋乡茗坑村 元至大二年（1309年），叶甲四由下党乡下屏峰迁入，今居村70余户、300多人。

芹洋乡九岭溪村 清康熙年间，叶闻标由平溪镇东溪迁入，今传11世，居村50余户、200多人。

芹洋乡上修竹村 清康熙年间，叶天琼由鳌阳迁入，今传12世，居村30余户、100多人。

芹洋乡官路洋村 清乾隆年间，叶华统由浙江庆元县贤良迁入，今传11世，居村30余户、100多人。

芹洋乡山头村 清乾隆年间，叶家修由鳌阳文山里迁入，今居村70余户、300多人。

托溪乡大黍村 （1）清康熙六十年（1721年），叶可龄由浙江庆元县桃坑迁入。（2）雍正三年（1724年），叶春弘由浙江庆元县桃坑迁入，今传13世。居村200余户、800多人。

托溪乡栋洋村 清乾隆年间，叶方星由黄南洲村迁入，今居村50余户、200多人。

托溪乡渺洋村 清道光十八年（1838年），叶秀毓由大黍村迁入，今居村50余户、200多人。

竹管垅乡花眉墩村 清乾隆末年，叶开秀由李家洋迁入，今居村100余户、400多人。

（六）周宁县

李墩镇际会村 宋末，叶八六由李墩镇瑞龙岗村迁入，今传26世，居村600余户、2400多人。

李墩镇前垅村 明洪武三年（1370年），叶礼一由李墩镇际会村迁入，今居村250余户、1000多人。

浦源镇端源村 明嘉靖年间（1522—1566），叶杰七由政和县梨洋迁入，今居村500余户、2000多人。

泗桥乡岭头村 清乾隆年间（1736—1795），叶梓兴由政和县梨洋村迁入，今居村30余户、100多人。

纯池镇三门桥村 清咸丰年间（1851—1861），叶常荣携8子由李墩镇际会村迁入，今居村300余户、1200多人。

纯池镇东山广村 清代由李墩镇际会村迁入，今居村40余户、140多人。

纯池镇庭洋中村 清代由际会村迁入，今居村100余户、400多人。

纯池镇牛角地村 清代由际会村迁入，今居村50余户、200多人。

咸村镇南门楼村 清康熙三十三年（1694年）由礼门黄牛岭村迁入，今居村50余户、200多人。

咸村镇枣岭村 清末由浦源镇浦源村迁入，今居村50余户、200多人。

咸村镇上楼洋村 清代由际会村迁入，今居村50余户、200多人。

咸村镇吾东溪村 清代由际会村迁入，今居村50余户、200多人。

咸村镇街头亭村 清代由际会村迁入，今居村50余户、200多人。

礼门乡黄旗岭村 清代由际会村迁入，今居村30余户、110多人。

（七）柘荣县

英山乡田头洋 宋元祐二年（1087年），叶承潮由浙江泰顺县榅洋迁入，今居村200余户、800多人。

英山乡王社村 明代由浙江泰顺县龟湖村迁入，今居村30余户、100多人。

城郊乡金坑村 清雍正年间（1723—1735），叶李仁兄弟三人由寿宁县犀溪迁入，今居村30余户、100多人。

富溪镇东溪村 明正德元年（1505年），叶伯肇由寿宁西溪迁入，今居村50余户、200多人。

宅中乡岭门村　清乾隆四十六年（1781 年），叶钦播、叶钦琼由东溪村迁入，今居村 150 余户、650 多人。

（八）古田县

城东街道前山村　明万历年间（1573—1620），叶赤长由闽侯县荆溪白石境迁入，今传 18 世，居村 100 余户、430 多人。

城东街道双山太平洋村　清初，叶乃招由今南平市延平区吉溪大坝村迁入，今传 16 世，居村 130 余户、550 多人。

城东街道西山村　今居村 50 余户、200 多人。

城东街道西峰里村　1958 年，南门村叶姓 70 余户因古田溪水电站建设移民迁入，今居村 80 余户、320 多人。

城西街道后山村　明代叶仕明迁入，今传 15 世，居村 70 余户、300 多人。

城西街道巴斗村　明隆庆四年（1570 年），叶仁遲由屏南县甘棠迁入，今传 17 世，居村 50 余户，200 多人。

大甲镇毗源村　约宋元符三年（1100 年），叶永忠由政和县后溪迁居大甲西溪，长子叶文敬由西溪迁入，今传 39 世，居村 40 余户、150 多人。

大桥镇沂洋村　宋末元初，叶天星由今浙江建德市李叶乡里叶村迁入，今传 28 世，居村 300 余户、1200 多人。

大桥镇澄洋村　明洪武四年（1371 年），叶东山由建瓯东峰迁入，今居村 500 余户、2000 多人。

鹤塘镇上井边村　明洪武年间（1368—1398），叶铠由宁德仙湖桥头迁入，今居村 180 余户、700 多人。

黄田镇三保村　清代，叶照隆从巴斗村迁入，今传 9 世，居村 40 余户、140 多人。

凤都镇石坑村　明代，叶永兴由江西迁入，今居村 100 余户、400 多人。

凤都镇桃溪村　清乾隆六年（1741 年），叶安候由城东街道太平洋村迁入，今传 11 世，居村 110 余户、450 多人。

凤都镇梅洋村　清乾隆年间（1736—1795）由大田县迁入，今居村 100 余户、400 多人。

凤都镇路下村　清代，叶珠珩由屏南县达善溪迁入，今传 9 世，居村 100 余户、400 多人。

凤都镇后塘村　清代，叶珠玳由屏南县达善溪迁入，今传 9 世，居村 70 余户、300 多人。

凤都镇赖坑村　今居村 30 余户、100 多人。

凤埔镇平沙村　今居村 50 余户、200 多人。

泮洋乡清水洋村　明嘉靖年间（1522—1566），叶宗正由闽清县前洋村迁入，今居村 110 余户、450 多人。

泮洋乡洋尾村　今居村 50 余户、200 多人。

泮洋乡建兴村　1958 年，南门村叶姓 70 余户因古田溪水电站建设移民迁入，今居村 70 余户、280 多人。

吉巷乡山界墘村　今居村 40 余户、150 多人。

（九）屏南县

古峰镇长坋村　明正德十年（1515 年），叶英李由白溪坑边村迁入，今居村 350 余户、1350 多人。

双溪镇山头村　明崇祯十一年（1638 年），叶文琼由周宁县际会村迁入，今传 16 世，居村 230 余户、920 多人。

长桥镇叶家庄　清乾隆二十八年（1763 年），叶天健由甘棠村迁入，今居村 40 余户、160 多人。

棠口乡葫萌乾村　明嘉靖十一年（1532 年），叶高真由岭下乡东峰村迁入，今传 18 世，居村 80 余户、340 多人。

棠口乡西村 明嘉靖十一年，叶高良由岭下乡东峰村迁入，今传23世，居村190余户、770多人。

棠口乡贵溪村 明万历十一年（1583年），叶新寄由周宁县际会村迁入，今居村40余户、160多人。

代溪镇达善溪 宋端拱元年（988年），叶邯镕由代溪村迁入，今传39世，居村100余户、410多人。

代溪镇周地村 清康熙十年（1670年），叶朝积由霞浦县长春镇迁入，今居村40余户、150多人。

岭下乡东峰村 宋建炎二年（1128年），叶武七由政和县漈头村迁入，今传30世，居村180余户、710多人。

岭下乡秀谷里村 元至大元年（1308年），叶明一由政和县漈头村迁入，今传24世，居村110余户、450多人。

岭下乡富竹村 明弘治十五年（1502年），叶茂三由岭下乡东峰村迁入，今传19世，居村200余户、830多人。

岭下乡上楼村 明弘治十五年，叶茂官由岭下乡东峰村迁入，今传19世，居村40余户、160多人。

岭下乡梅溪村 清康熙五十一年（1712年），叶德书由岭下乡东峰村迁入，今传16世，居村40余户、140多人。

熙岭乡溪尾村 明崇祯年间（1628—1644），叶春益由甘棠村迁入，今居村40余户、160多人。

甘棠乡王桥头村 清康熙年间（1662—1722），叶蕃秀由甘棠村迁入，今居村30余户、120多人。

甘棠乡寨边村 清康熙末年，叶长秀由甘棠村迁入，今居村40余户、180多人。

第三章 谱牒

第一节 福州市

一、鼓楼区

《三山叶氏族谱》 清乾隆五十六年（1791年）叶观国始修，光绪十六年（1890年）叶大焯续修，1934年叶在玑三修，2010年叶于曦四修，刻本。谱载序、凡例、世系图、世次录。谱存福建省图书馆。

《南阳郡俭德堂叶氏族谱（简编）》 2003年叶延钟编修，印刷本。谱载辈序、名人传略、各房世系谱、后记。谱存叶延钟处。

《福州卧湖桥俭德堂叶氏族谱》 清光绪三十一年（1905年）叶世镛始修，1989年叶昌骏等重修，2009年叶昌澄三修，印刷本。谱载卷首篇、世系篇、人物篇。谱存福建省图书馆。

二、晋安区

鼓山镇《松山叶氏族谱》 元代叶希武始修，明正德年间（1506—1521）叶惟贞续修，清康熙二十四年（1685年）叶世英等三修，乾隆二十二年（1757年）叶方菁等四修，谱无存；1931年叶莲庵五修，刻本。谱载统论、入闽考、水源总图、大小宗图、世系分图、人物传、坟茔志、艺文志、祭典志、墓志铭。谱存鼓四村叶必年处。2003年六修，印刷本。谱存鼓四村老人会。

鼓山镇《远洋叶氏宗谱》 2018年叶道光编修，印刷本。谱载画像、序、文献、家规、世系图表、鸿名录。谱存远洋村叶道光处。

三、福清市

港头镇《云山叶氏文忠公家谱》　明宣德五年（1430年）叶桢始修，万历二十八年（1600年）叶向高续修，叶进晟三修，谱无存；1993年叶则中四修，印刷本。谱载谱颂、像赞、序、宗考、村居、宗祠、宗系、恩荣、胜迹、传记、著作遗录、轶文、辈分、世系。谱存后叶叶氏宗祠。

高山镇《东山叶氏族谱》　清嘉庆二十四年（1819年）始修，1920年续修，2002年叶德城等三修。钞本。谱存东山叶氏宗祠。

四、长乐区

鹤上镇《沙京叶氏宗谱》　明宣德年间（1426—1435）叶杰始修，弘治六年（1493年）叶子仪等续修，谱无存；崇祯十六年（1643年）三修。谱载序、世系、事迹、墓葬。谱存路北村叶天霖处。

五、闽侯县

《甘洲叶氏家史》　宋绍兴二十四年（1154年），叶仪凤撰《甘洲叶氏家史》，记载甘洲叶氏始祖叶四翁至叶仪凤之子叶珪11世上下300年的世系，有《纂定甘洲叶氏家史序》《后序》《甘洲已经三变》传世。淳熙十六年（1189年）叶世美续修，有《甘洲叶氏世序》传世。嘉定五年（1212年）叶珪再修，有《明永乐重广甘洲叶氏宗支家序》《续题家谱扈屿一房补入处士四翁第三世二十郎宝兴派下子孙图内》传世。原本无存，传世世系及谱序见青口镇《扈屿叶氏世谱》、荆溪镇《店头富沙叶氏族谱》《白石富沙叶氏族谱》、竹岐乡《榕岸叶氏宗谱》、白沙镇《马坑叶氏族谱》等。

青口镇《扈屿叶氏世谱》　明洪熙元年（1425年）叶光始修，弘治八年（1495年）叶冕续修，嘉靖四十四年（1565年）叶春三修，谱无存；崇祯十四年（1641年）叶其郁四修，钞本，谱载内容简介、族系卷、世纪图、宗派诸房叙说并图、历代封茔图志、族谱后序、名贤传记卷、诗章卷。谱存福建省图书馆。

上街镇《葛岐龙珠屿叶氏家谱》　明嘉靖十一年（1532年）叶惟厚始修，清康熙十九年（1680年）叶延森续修，乾隆五年（1740年）叶允霆三修，谱无存；清末叶起城四修，钞本；2008年叶与高五修，印刷本。谱载序言、凡例、大事、谱次、环境、行第、陵墓、隶属、家训、名人、世系、源流、附录、后记。谱存葛岐村叶与高处。

荆溪镇《店头（登瀛）富沙叶氏族谱》　明永乐十八年（1420年）叶琚等始修；嘉靖四十四年（1565年）叶佛赐等续修，谱无存；清光绪二十五年（1899年）三修；1922年叶文禹等四修，钞本；1994年叶衣旦、叶明豪五修；2012年叶哲梓、叶明豪六修，印刷本。谱载序、谱论、谱例、源流、宗祠、族训、行第、世系、迁居、人物、胜迹、艺文、附录、编后记。谱存店头康乐楼。

荆溪镇《白石富沙叶氏族谱》　明永乐十八年（1420年）叶琚等始修；嘉靖四十四年（1565年）叶佛赐等续修，谱无存；清康熙二十二年（1683年）叶日国等三修；钞本。谱载序、世系。谱存白石富沙叶氏宗祠。

荆溪镇《龙南富沙叶氏族谱》　清乾隆四十六年（1781年）叶明发等始修，光绪十八年（1892年）叶须福等续修，钞本；1997年叶孝永等三修，印刷本。谱载序言、凡例、谱例、宗祠、行第、世系、迁居、人物、胜迹、艺文、附录。谱存港头村叶孝永处。

荆溪镇《白石富沙叶氏埕房支谱》　清乾隆五十六年（1791年）叶瑞华等始修，道光二十二年（1842年）叶捷瑞续修，光绪二十一年（1895年）叶自桐三修，1943年叶自鳌等四修，1999年叶中平五修，钞本。2016年叶宗烁等六修，印刷本。谱载序、谱例、家训、名派字派、迁居、科名、传赞、烈节、甘洲历史、大事记、世系、附录。谱存白石富沙叶氏宗祠。

荆溪镇《白石富沙叶氏宅房支谱》 清道光十九年（1839年）叶德良等始修，时称《清叶氏家谱世系实录》；1922年叶用荣等续修，钞本；1994年叶明泰等三修，印刷本。谱载题词、大事记、序、修谱题名、谱例、家训、迁居、科名、甘洲历史、世系、跋。谱存白石富沙叶氏宗祠。

荆溪镇《白石富沙叶氏龙房支谱》 清光绪年间（1875—1908）始修，1924年叶文赓等续修，1994年叶纪灯等三修，钞本；2016年叶哲超等四修，印刷本。谱载概述、匾牌、村图村貌、题词、大事记、序、谱例、家训、迁居、科名、甘洲历史、世系、跋。谱存白石富沙叶氏宗祠。

白沙镇《马坑叶氏族谱》 1948年叶义水始修，2011年续修，钞本。谱载序、凡例、世次、世系。谱存马坑村老人会。

竹岐乡《榕岸叶氏宗谱》 1992年叶仁朗始修，2018年叶仁朗续修，印刷本。谱载画像、前言、序、凡例、文献、世系图表、艺文录、芳名录、后记。谱存榕岸叶氏宗祠。

鸿尾乡《鸿尾叶氏仕贵公世谱》 2006年叶世兆主修，叶世勤主编，印刷本。谱载题词、文史、世系、附录。谱存鸿尾村叶世兆处。

鸿尾乡《鸿尾叶氏仕嵩公分谱》 2009年叶世鹏主修，叶成荫主编，印刷本。谱载题词、文史、世系、附录。谱存鸿尾村叶世鹏处。

鸿尾乡《鸿山叶氏仕富公分谱》 2015年叶世武主修，叶仁朗主编，印刷本。谱载先祖画像、序、凡例、谱牒文献、世系图表、世系详图、行第述表、鸿名、艺术、后记。谱存鸿尾村叶世武处。

六、连江县

东岱镇《庐亚叶氏宗谱》 明正统十四年（1449年）始修，嘉靖十八年（1539年）续修，弘治十五年（1502年）三修，万历四十年（1612年）四修，谱无存；清同治五年（1866年）五修，1933年六修，钞本。谱载序、凡例、宗范、传行、先人祭典、绩像礼冠、坟山图、世系图。谱存湖里村叶慧盛处。

敖江镇《蟹井叶氏族谱》 清雍正六年（1728年）黄癸始修，谱无存；嘉庆十九年（1814年）黄肇典续修，1922年陈锡辉三修，2003年叶维源四修，钞本。谱载祖源记、序、寿序、补遗、契约、录志异、先贤录、名次行第、墓图、世系。谱存青塘叶氏宗祠。

蓼沿乡《定田叶氏族谱》 清咸丰二年（1852年）温定槐始修，咸丰八年（1858年）谢大化续修，1929年林贤宗三修，1992年孙厚端四修，钞本。谱载序、凡例、家训、行第、世系。谱存定田村叶存富处。

下宫乡《上宫华峰叶氏宗谱》 清光绪十四年（1888年）俞华钟始修，2012年续修，钞本。谱载序、家规、山园田亩、村图、祖像、行第、世系。谱存上宫村叶英胜处。

长龙镇《下洋叶氏族谱》 清光绪十六年（1890年）吴王章始修，1987年庄子甦续修，钞本。谱载序、集魂碑、行第表、世系、祖墓。谱存下洋村叶顺周处。

敖江镇《幕浦叶氏族谱》 清光绪二十七年（1901年）余洪律始修，1942年余颂三续修，1987年庄子甦三修，钞本。谱载序、行第、先贤事迹、家规、艺文、世系。谱存幕浦叶氏宗祠。

晓澳镇《百胜叶氏族谱》 清光绪三十四年（1908年）高葆先始修，1946年林均芬续修，1985年滕通滂三修，2009年叶信昌四修，钞本。谱载序、修谱芳名、行第、碑记、先贤事迹、家规、垂戒、赠谱诗、世系。谱存百胜叶氏宗祠。

晓澳镇《筱江富沙叶氏族谱》 2006年始修，2016年续修，印刷本。谱载前言、筱江简介、谱记碑记、卷首、世系、世纪录、祖茔、文物、人物、附录、功德榜。谱存晓江富沙叶氏宗祠。

七、闽清县

省璜镇《堂下南阳叶氏支谱》 1994年叶孝钟主持编修，印刷本。谱载前言、溯源查祖、谱例、行第、世系图、先贤事迹、村史简要、附记。谱存堂下村叶孝泉处。

下祝乡《前洋叶氏宗谱》 1997年叶维淮编修，钞本。谱载前言、凡例、序、宗祠记、行第、世系、跋。谱存前洋村叶为照处。

东桥镇《翠屏叶氏宗谱高港支谱》 1999年叶振发编修，钞本。谱载祖像、序、凡例、行第、世系、传记。谱存高港叶氏宗祠。

八、罗源县

飞竹乡《大湖叶氏族谱》 明成化十一年（1475年）叶世俞始修；嘉靖（1522—1566）、崇祯（1628—1644）年间各续修一次；清乾隆三十年（1767年）林虎文四修，谱无存；道光二十一年（1841年）叶萃田五修；光绪元年（1875年）卓懋芹六修；1940年余友德七修，钞本。谱载序、凡例、家训、修谱题名、世系、世传、山场。谱存大湖叶氏祖厅。

松山镇《南阳郡东山叶氏族谱》 清康熙三十二年（1693年）叶超然始修；乾隆十七（1752年）叶时芳等续修；嘉庆二十一年（1816年）叶炬英三修，谱无存；同治十年（1871年）叶金炳四修；1930年叶源紫五修；1941年叶馈良六修；1992年七修，钞本。谱载序、家训、凡例、修谱题名、世系、世传。谱存北山叶氏宗祠。

飞竹乡《丰余叶氏康房支谱》 清道光年间（1821—1850）叶董琳始修，光绪年间（1875—1908）续修，钞本。谱载序、凡例、世系、人物传。谱存丰余村康房祖厅。

起步镇《南阳树荫堂港头叶氏族谱》 2010年叶锡晃编修，印刷本。谱载叶姓起源、凡例、先祖墓志、族规家训、行第表、源流世系表、宗支世系。谱存港头村叶兆蒲处。

九、永泰县

梧桐镇《南阳古濑坂埕叶氏族谱》 清嘉庆八年（1803年）叶兰馨始修，2002年叶明良续修，印刷本。谱载前言、凡例、宗祖遗迹、家庙志、源流、宗祖训言、墓茔志、人才录、世系世谱。谱存坂埕村叶明良处。

长庆镇《南阳古濑上洋叶氏宗谱》 2006年叶登勇编修，印刷本。谱载卷首、源流、祖祠、人物、世系、大事、附录。谱存上洋叶氏宗祠。

盖洋乡《碓头叶氏宗谱》 2016年叶富钊编修，印刷本。谱载前言、凡例、序、源流、世系图、世系志、人才录、民间故事。谱存碓头叶氏宗祠。

第二节 厦门市

一、思明区

《莲溪叶氏族谱》 明崇祯元年（1628年）始修；清顺治十一年（1654年）叶熿元续修；康熙年间（1662—1722年）叶锡蕃三修；乾隆年间（1736—1795）叶怀荆四修；光绪六年（1880年）叶国才五修，谱无存；1919年叶锡经六修，钞本；2016年叶治平主编七修，印刷本。谱载序、凡例、概况、贺词、祖像、祖训、宗祠祖墓、名人传记事迹、名人录、世系。谱存莲坂叶氏宗祠。

二、同安区

《南阳佛岭叶氏族谱》 明永乐六年（1408）叶旸编修，谱无存。1995年叶明哲主编续修，2015年叶明哲等再修。谱载卷首篇、序、综论、族事活动、渊源、志铭碑记、名人录表、外迁、世系表、世系图、编后语。谱存佛岭叶氏家庙（郡马府）。

三、翔安区

新圩镇《佛岭叶氏文献公家谱》 2013年叶文祥主编续修，印刷本。谱载前言、宗支录、世系图、英才录、资料荟萃、传记祭文、芳名录。谱存上宅叶氏祖祠。

第三节　漳州市

一、龙海市

海澄镇《大观叶氏宗谱》 清康熙三十三年（1694年）始修，乾隆五十三年（1788年）叶廷推等续修，钞本。谱载敕命、序、宗图、凡例、世系。谱存大观叶氏宗祠。

程溪镇《叶氏族谱》 1919年编修，钞本。谱载宗祠联句、源流图迹、宗支世次图注。谱存顶叶叶氏宗祠。

二、漳浦县

长桥镇《菁林叶氏宗谱》 2016年叶印模主编，印刷本。谱载祖像、祠庙、古建筑、序、家训、祖源、英才录、芳名录、迁居、祭文、祖坟考、世系图、族谱、编后记。谱存青果村叶氏宗祠。

三、诏安县

深桥镇《宝桥上营叶氏族谱》 明嘉靖年间（1522—1566）叶亹始修；明末叶瑜续修，谱无存；清嘉庆年间（1796—1820）叶观海三修，钞本；1995年傅崇毅四修，印刷本。谱载前言、起源、历史渊源、世系、事略、六房世系衍派、科举功名。谱存上营村老人会。

秀篆镇《南阳隔背叶氏族谱》 2000年叶宗贤等编修。谱载序、凡例、人物、艺文、行第、世系。谱存隔背叶氏宗祠。

四、平和县

大溪镇《叶氏族谱》 明永乐六年（1408年）始修，天启四年（1624年）叶儒绅续修，清道光八年（1828年）叶箐英续修，谱无存；光绪二十四年（1898年）叶向荣续修。谱载序、分居处所、支派序图、宗支世次。谱存福建省图书馆。

芦溪镇《芦丰叶氏永房源流谱系》 清道光八年叶箐英编修，钞本。谱载序、修集俱营小引、谱志弁言、谱系、世系。谱存漳州市博物馆。

大溪镇《叶氏族谱》 清光绪二十四年叶应金纂修，钞本。谱载序、分居处所、支派序图。谱存大溪叶氏宗祠。

芦溪镇《叶氏族谱》 1998年叶国华主编续修，印刷本。谱载序、祖源、艺文、家训、碑志、芦溪考略、家庙、名士录、芳名榜、谱系。谱存漳州市图书馆。

大溪镇《南阳西庄叶氏族谱·友恭公衍派》　2015年叶敬宗编修，印刷本。谱载凡例、祖训家训、楹联、序、世系纪、名人录、分支点、世系图、世系录。谱存平和县图书馆。

五、长泰县

《珪塘叶氏源流宗谱》　1942年叶清光始修，钞本；1982年续修；1992年三修，刻本；1999叶松根四修，印刷本。谱载彩图、谱系、珪塘叶氏史料、其他。谱存珪塘叶氏宗祠。

六、台商投资区

角美镇《充龙社叶氏族谱》　2008年编修，印刷本。谱载祖训、始祖像、叙言、贺词、世系、宗祠碑志、渡台后裔、龙山家乘小引、充龙社概述、寻根记、先贤轶事。谱存金山村叶延义处。

第四节　泉州市

一、晋江市

东石镇《南阳世美叶氏公谱》　明万历十年（1582年）始修，谱无存；清道光二十四年（1844年）续修；清光绪六年（1880年）三修；1984年四修；1999年萧光洋五修，钞本。谱载序、家规、谱例、支派序图、宗支世次。谱存东石叶氏宗祠。

东石镇《潘径叶氏族谱》　清光绪五年（1879年）始修，1985年续修，钞本。谱载序、凡例、行第、世系。谱存晋江市图书馆。

梅岭街道沟头《叶氏家谱》　2000年吴绵普编修，钞本。谱载序、家训、凡例、行第、世系。谱存沟头叶氏宗祠。

二、南安市

眉山乡《南阳凌云叶氏族谱》　元至正二十年（1360年）始修；明弘治元年（1488年）叶昭文续修；嘉靖二十三年（1544年）叶光荫三修；清康熙十九年（1680年）四修，谱无存；2001年五修，印刷本。谱载祖像、坟图、序、谱系、文物史料、仕宦录、名人录、宗支图谱、世系图注。谱存南安市云山宫管委会。

诗山镇《泉南凌云诗山叶氏社坛族谱》　清道光三十年（1850年）始修，谱无存，之后各房各自续修；1949年续修，钞本；2010年三修，印刷本。谱载题词彩照、诗文、叶姓渊源、昭穆、历修、宗支图、联文、序、芳名榜、各房世系。谱存社坛村叶谋地处。

金淘镇《凌云深垵叶氏族谱》　清光绪十二年（1886年）始修，1937年叶崧生续修，刻本。谱载序、祖像、仕宦录、名人录、昭穆、世系。谱存深垵叶氏宗祠。

眉山乡《凌云叶氏祖珍家谱》　2007年叶振卿编著，印刷本。谱载祖像、序言、历代序、惠泽尊王传说、昭穆、历史渊源、叶氏世系图、祖珍家族世系传、家族概史、附录。谱存太山村叶芊处。

眉山乡《凌云叶氏天山太平祖支系谱志》　2015年叶火龙编修，印刷本。谱载谱志、祖像、序、昭穆、凌云世系、太平祖世系。谱存天山村叶火龙处。

三、安溪县

城厢镇经岭《叶氏族谱》　清嘉庆二十四年（1819年）叶文伟编修，钞本。谱载序、凡例、行第、世系。谱存经岭村老人会。

金谷镇洋内《叶氏族谱》 清光绪六年（1880 年）叶冬桂始修，宣统二年（1910 年）叶清捷续修，1940 年叶朝取三修，1993 年叶山河四修，钞本。谱载序、凡例、世系录、人文汇编。谱存洋内村老人会。

龙门镇桂瑶《叶氏族谱》 清光绪二十七年（1901 年）叶文向始修，2002 年续修，钞本。谱载序、凡例、行第、世系。谱存桂瑶村老人会。

参内乡参山《叶氏族谱》 1927 年叶采真编修，钞本。谱载序、凡例、家训、行第、名人录、世系。谱存参山叶氏家庙。

尚卿乡中兴《厚宅叶氏族谱》 1989 年叶进德编修，印刷本。谱载序、凡例、家训、行第、世系。谱存中兴叶氏宗祠。

四、德化县

国宝乡《国宝叶氏族谱》 明万历二十四年（1596 年）始修；清康熙十三年（1674 年）叶蔚续修；康熙三十五年叶提三修，谱无存；光绪二十三年（1897 年）叶超国四修；1948 年陈国标等五修，钞本；2018 年六修，印刷本。谱载序、凡例、家训、源流、地域、文化、人物、迁居、创业、屋宇记、大事记、芳名录、世系图志、后记。谱存福建省图书馆。

五、永春县

达埔镇《紫堂叶氏族谱》 明正德十四年（1519 年）戴钦缵始修；万历十七年（1589 年）潘万里续修；天启四年（1624 年）王耿三修；清康熙十九年（1680 年）尤士美四修；乾隆十九（1754 年）叶恭文等五修，谱无存；光绪三十二年（1906 年）林庆元六修；1947 年叶登庸七修，钞本；2013 年叶沧江八修，印刷本。谱载序、源流、家训、凡例、谱事活动、辈序行第、宗祠图志、祖坟、族贤才俊志、宗族文化、世系。谱存紫堂叶氏宗祠。

第五节　三明市

一、永安市

大湖镇《南阳叶氏族谱》 清乾隆二十年（1755 年）始修，1913 年续修，2008 年三修，钞本。谱载序、谱例、行第、家训、艺文、世系、山场录。谱存益溪叶氏宗祠。

大湖镇《南阳叶氏族谱》 2013 年编修，印刷本。谱载序、谱例、起源、行第、家规、艺文、世系。谱存瑶田叶氏宗祠。

二、清流县

龙津镇《南阳叶氏族谱》 清光绪三十年（1904 年）编修，1940 年续修，钞本。谱载序、凡例、族规、文传、谱引、乡居图、祖祠、祖墓图、世系图、跋。谱存供坊村叶氏宗祠。

三、宁化县

城南乡《叶坊村叶氏宗谱》 1985 年编修。印刷本。谱载序、祖祠、祖墓图、历代世系图、祖碑、祖训、名人传记、修谱成员、捐资芳名、跋。谱存叶坊叶氏宗祠。

四、泰宁县

朱口镇《叶氏族谱》　南宋末年始修，明成化十一年（1475 年）续修，谱无存；清嘉庆十年（1805 年）三修，道光十六年（1836 年）四修，同治六年（1867 年）五修，1922 年六修，1997 年七修，钞本。谱载序言、像图、取名字派、醮田、山场、世系吊图、各房世录、字派、人物传、荣名志、跋等。谱存渠高村老人会。

大龙乡《叶地叶氏族谱》　南宋末年始修，明成化十一年（1475 年）续修，谱无存；清乾隆四十年（1775 年）三修，道光八年（1828 年）四修，道光十六年五修，道光二十五年六修，同治六年（1867 年）七修，光绪二十七年（1901 年）八修，1938 年九修，钞本。谱载序言、像图、取名字派、醮田、山场、世系吊图、各房世录、字派、人物传、荣名志、跋等。谱存叶地村老人会。

五、明溪县

胡坊镇《鄞山叶氏家谱》　宋德祐元年（1275 年）叶贵一始修，明正统十一年（1446 年）叶最续修，弘治十二年（1500 年）叶中元三修，谱无存；清光绪十三年（1888 年）叶家多六修，1995 年叶忠英七修，钞本。谱载序、凡例、家训、祠记、祖祠图像、世系。谱存鄞山叶氏宗祠。

雪峰镇《甘泉叶氏房谱》　明隆庆六年（1572 年）叶景盛始修，清乾隆四十一年（1776 年）续修，谱无存；光绪十七年（1891 年）叶天绍三修，1993 年叶怀琰四修，钞本。谱载序、凡例、家训、祠记、祖祠图像、世系。谱存甘泉叶氏宗祠。

沙溪乡《六合叶氏宗谱》　2003 年叶挺林编修。印刷本。谱载序、世系图、祖墓图。谱存成启叶氏宗祠。

六、尤溪县

坂面镇半山《叶氏宗谱》　1930 年叶长上始修，1990 年叶锦云续修，钞本。谱载序、人物图像、咏谱诗、家训、宦官录、先祖事迹、历代事记、行第小引、联文、世系图。谱存半山叶氏宗祠。

坂面镇仁厚《叶氏宗谱》　清光绪二十八年（1902 年）叶公元始修，1984 年李廷璋续修，钞本。谱载源流、序、祖祠图像、世系图。谱存仁厚叶氏宗祠。

坂面镇坑边《叶氏宗谱》　1962 年林莺鸣编修，钞本。谱载序、凡例、家训、祖祠图像、世系图。谱存坑边叶氏宗祠。

梅仙镇东坪《叶氏宗谱》　1988 年编修，钞本。谱载序、凡例、祖祠图像、世系图。谱存东坪叶氏宗祠。

梅仙镇经通《叶氏宗谱》　1990 年编修，钞本。谱载序、凡例、祖祠图像、世系图。谱存经通叶氏宗祠。

坂面镇后佳垅《叶氏宗谱》　2008 年叶廷和等编修，钞本。谱载序、家训、祖祠图像、人物志、世系。谱存后佳垅叶氏宗祠。

七、大田县

梅山镇香坪《叶氏宗谱》　明代叶朝璎始修，谱无存；清代叶润玖三修，钞本。谱载序、凡例、先贤事略、仕宦录、艺文、行第、世系。谱存香坪村叶清堆处。

太华镇汤泉《叶氏宗谱》　明景泰元年（1450 年）叶城三始修，万历三十二年（1605 年）叶本盛续修，清康熙十七年（1678 年）叶如珪三修，乾隆二年（1737 年）叶中盛四修，谱无存；乾隆二十八年叶光诏五修，钞本。谱载序、凡例、家训、先贤传略、艺文、行第、世系。谱存汤泉叶氏宗祠。

太华镇玉井《叶氏宗谱》 清光绪十八年（1892 年）叶自芳等始修，1947 年叶唐封等续修，钞本。谱载序、凡例、家训、行状、艺文、行第、世系。谱存玉井叶氏宗祠。

京口镇《道顺公派下族谱》 1917 年苏定邦始修，1995 年叶尚贯续修，钞本。谱载序、凡例、艺文、行第、世系。谱存京口叶氏宗祠。

第六节　莆田市

一、仙游县

大济乡《古濑叶氏历代族谱》 明代编修，钞本。谱载总序、历代事记、分派、名山、建桥、建庵、科第、都官公诰词、先贤事迹、敕命、祠记、世系。谱存古濑叶氏宗祠。

《古濑叶氏仙游慈孝宗谱》 2010 年叶文廷主编，印刷本。谱载叶颙简介、古濑府概况、家训、祖训、序、世系、祖源考、附图。谱存仙游县图书馆。

《南阳叶氏入闽前后族谱》 1999 年叶羽经主编，印刷本。谱载序、凡例、祖训、行第、人物、世系。谱存古濑叶氏宗祠。

二、荔城区

北高镇《埕头叶氏族谱》 清代编修，钞本。谱载谱序、历代宗祠坊表、家乘、历代坟茔。谱存埕头叶氏宗祠。

第七节　南平市

一、延平区

茫荡镇茂地《叶氏族谱》 清顺治十一年（1657 年）始修，谱无存；1949 年续修，刻本。谱载族谱例义、谱序、谢恩光表、朱文公简书、祭灵文、近思录表、墓志、祭文、书院记、行状、像赞诗集、祠史迹诗、世系。谱存茂地叶氏宗祠。

大横镇《溪山叶氏宗谱》 1919 年叶邦烈编修，刻本。谱载序、谢恩光表、朱夫子简书、祭灵文、近思录表、墓志、书院记、行状、碑记、祠记、系图小引、始祖传略、像图、山图。谱存博爱叶氏宗祠。

大横镇溪洋《叶氏族谱》 2004 年叶惪基编修，印刷本。谱载谱序、世系。谱存溪洋叶氏宗祠。

水东街道《半岭叶氏宗谱》 2018 年编修，印刷本。谱载序、行第、世系。谱存水东村叶联境处。

二、建阳区

回龙镇《龙溪叶氏宗谱》 元至正十八年（1358 年）始修，明永乐十三年（1415 年）续修，正德十六年（1521 年）三修，清嘉庆元年（1796 年）四修，同治四年（1865 年）五修，谱无存；1932 年六修，2003 年叶国兴七修，刻本。谱载序、凡例、行第、世系、艺文。谱存回龙叶氏宗祠。

水吉镇营头《溪山叶氏宗谱》 1920 年叶邦烈编修，刻本。谱载序、谢恩光表、朱夫子简书、祭灵文、近思录表、墓志、书院记、行状、碑记、祠记、系图小引、始祖传略、像图、山图。谱存福建省图书馆。

麻沙镇《郑坊叶氏宗谱》　1994年编修，刻本。谱载世系图、前言、凡例、家范、序、字派、题词、祖墓、传赞、登科记、仕宦记、祝文、人才录、后记。谱存郑坊叶氏宗祠。

三、建瓯市

南雅镇叶康《叶氏宗谱》　明洪武二十五年（1392年）始修，谱无存；清光绪三十三年（1907年）叶声安续修，钞本。谱载源流、传记、行第、世系。谱存叶康村叶师祥处。

霞庄镇《凤溪叶氏宗谱》　明正德六年（1511年）始修，嘉靖元年（1522年）续修，清嘉庆二年（1797年）三修，同治三年（1864年）四修，谱无存；光绪三年（1877年）五修，1933年叶乔年六修，钞本；1996年七修，印刷本。谱载前言、序、祖像、墓图、祠录、谱录、谱例、祭文、艺文、仕宦录、世系。谱存霞庄叶氏宗祠。

迪口镇杉洋《叶氏宗谱》　明嘉靖十年（1531年）始修，万历四十五年（1617年）续修，谱无存；清乾隆二年（1737年）叶晚年等三修，钞本。谱载源流、碑记、行第、仕宦录、传记、世系。谱存杉洋叶氏宗祠。

东游镇党城《叶氏宗谱》　清乾隆三十年（1765年）叶振源始修，1938年续修，钞本。谱载序、家训、世系。谱存党城叶氏宗祠。

小桥镇《南宋大儒文修公宗谱》　清光绪九年（1883年）叶安中编修，刻本。谱载序、谢恩光表、朱夫子简书、祭灵文、近思录表、墓志、书院记、行状、碑记、祠记、系图小引、始祖传略、像图、山图小引。谱存普通村叶延龙处。

小松镇溪头《宜均叶氏家谱》　清光绪三十四年（1908年）叶松茂始修，1929年叶芝香续修，刻本。谱载凡例、旧序遗迹、纂历代生继序、昭定王碑记连铭、双溪寺记、艺文、辈序、世系。谱存宜均叶氏宗祠。

东峰镇《叶氏族谱》　1932年叶辰山编修，刻本。谱载源流、行第、世系。谱存东峰村叶邦兴处。

东峰镇《东山下叶氏宗谱》　1986年叶松年编修，钞本。谱载谱例、序、情景诗、传家格言、叶许源流序略、迁闽始祖本末录、祖像、世裔图。谱存东山下叶氏宗祠。

《南阳建安谱》　1990年叶林编写，刻本。谱载序、叶邑与叶公、世祖录像、世系表、年谱大略、甲谱实录、附录、跋。谱存建瓯市图书馆。

《中华南阳叶氏宗谱》　1996年叶林主编，刻本。谱载序、叶根渊源、祖像图片、主线谱、祖训、叶氏仕职纪选、附台湾谱、《维阳志谱》序、叶颙传略与年谱、建州叶氏选录、宗亲选录、后记。谱存建瓯市图书馆。

水源乡返望《叶氏宗谱》　2011年编修，精装印刷本。谱载先祖画像、前言、源流、风物、人物、世系图、附录。谱存返望叶氏宗祠。

四、顺昌县

元坑镇九村《元坑叶氏宗谱》　明万历元年（1573年）叶应元始修，天启三年（1623年）叶一新等续修，清康熙三年（1664年）叶继初三修，乾隆四十二年（1777年）四修，谱无存；宣统三年（1911年）叶兰成五修，1992年六修，刻本。谱载序、谱例、家训、祭文、宗祠图记、墓图、封赠、牌文、家传、行派、艺文、吊线图。谱存元坑叶氏宗祠。

元坑镇《谟武叶氏宗谱》　1993年叶树周编修，印刷本。谱载序、行第、传记、世系。谱存谟武村叶树周处。

五、浦城县

水北街镇《浦南观前眉山叶氏族谱》 明嘉靖二十二年（1543年）始修，清雍正八年（1730年）续修，乾隆五十四年（1789年）三修，谱无存；道光十七年（1837年）四修，同治七年（1868年）五修，光绪二十四年（1898年）叶薰沐六修，钞本；1919年叶其蓁七修，1993年八修。谱载序、凡例、家规、行第、祖像、墓图、传略、艺文、世系。谱存观前叶氏宗祠。

古楼乡《叶家山叶氏族谱》 明隆庆六年（1572年）叶向春等始修，谱无存；清乾隆三十年（1765年）崔琪续修，刻本。谱载圣谕、凡例、建祠修谱总引、序、艺文、像赞、先贤传略、辈序、远祖世系、世系吊图。谱存叶山叶氏宗祠。

富岭镇圳边《叶氏宗谱》 清康熙三十三年（1694年）始修，乾隆二十三年（1758年）续修，谱无存；嘉庆六年（1801年）三修，咸丰三年（1853年）四修，1921年五修，1997年六修，钞本。谱载序、凡例、行第、艺文、行传、世系。谱存圳边叶氏宗祠。

富岭镇靖坑《叶氏宗谱》 清康熙五十四年（1715年）陈应祥始修，乾隆十六年（1751年）曾天元续修，乾隆六十年吴振鹤三修，道光三年（1823年）郑锦玉四修，谱无存；1929年李炳华五修，钞本。谱载凡例、家训、序、祠堂记、村祠图、像赞、行传、世系。谱存靖坑叶氏宗祠。

万安乡《南阳济美堂叶氏家谱》 清嘉庆十三年（1808年）叶元勋始修，道光二十二年（1842年）叶廷芝等续修，谱无存；光绪二十九年（1903年）叶赞元三修，刻本。谱载谱序、家范家训、例言、族戒族规、像赞、诰敕、传记、祠堂记、契约、墓图引、字派引、推本图、世系、跋。谱存福建师范大学图书馆。

《叶氏宗谱》（福建·浦城卷） 2014年叶献生主编，印刷本。谱载卷首、祭祀、世系、鸿名。谱存浦城县档案馆。

六、光泽县

华桥乡《园岱叶氏宗谱》 1995年编修，刻本。谱载序、凡例、行第、宗祠、传记、世系。谱存园岱叶氏宗祠。

七、松溪县

《松源叶氏宗谱》 明永乐八年（1410年）始修，嘉靖二十七年（1548年）叶仁祐等续修，万历十四年（1586年）叶维岳三修，清康熙四十一年（1702年）叶魁林等四修，乾隆二十六年（1761年）叶理德等五修，嘉庆四年（1799年）叶传发等六修，道光十八年（1838年）叶维瑞等七修，谱无存；同治五年（1866年）叶君璧等八修，光绪三十一年（1905年）叶一新九修，钞本，谱存溪东乡古街叶性福处。1993年叶培芝十修，印刷本。谱载祠堂图、前言、序、凡例、世系总图、传记、原赞、登仕、颁胙、祭规、人物、世系、后记。谱存松溪县图书馆。

松源镇水南《叶氏宗谱》 清光绪十七年（1891年）叶瑞琛等始修，1935年叶功成等续修，1984年叶功兴等三修，钞本。谱载序、人物、宫室、祠堂、山园、世系。谱存水南村叶名峰处。

渭田镇角歧《叶氏宗谱》 明永乐八年（1410年）始修，万历三十三年（1605年）叶仁祐等续修，清乾隆二十六年（1761年）三修，谱无存；光绪二十六年（1900年）叶学缉四修，2004年叶文庆等五修，钞本。谱载序、家训、凡例、行第、世系总图、传记、世系。谱存角歧村叶章灿处。

渭田镇《南阳郡西源叶氏宗谱》 清乾隆十二年（1747年）始修，嘉庆三年（1798年）续修，咸丰元年（1851年）三修，光绪三十四年（1908年）四修，谱无存；1987年叶新銮、叶兴土五修。钞本。谱载序、谱例、行第、人物、世系外纪、世系图、山场。谱存本村叶昌财处。

茶平乡葛畲《叶氏宗谱》 明永乐八年（1410 年）始修，清康熙八年（1669 年）续修，乾隆二十六年（1761 年）三修，谱无存；嘉庆八年（1803 年）四修，同治六年（1867 年）叶理荣五修，宣统二年（1910 年）叶理荣六修，1944 年叶儒钟等七修，1993 年叶儒章八修，钞本。谱载序、家训、凡例、行第、世系总图、传记、世系。谱存葛畲村叶文兴处。

茶平乡吴狮坑《叶氏宗谱》 明崇祯十七年（1644 年）始修，清嘉庆七年（1802 年）叶天送等续修，谱无存；光绪三十二年（1906 年）叶理德等三修，1942 年叶儒善等四修，1986 年叶风松等五修，钞本。谱载序、家训、凡例、行第、人物、世系、山场。谱存吴狮坑村叶伕书处。

茶平乡阳凤《林下叶氏宗谱》 清道光二十七年（1847 年）叶诏辰始修，光绪三十一年（1905 年）叶诏瑞等续修，1985 年叶简霖等三修，2012 年叶发等四修，钞本。谱载序、谱例、家训、行第、人物、世系。谱存林下村叶圣发处。

茶平乡呼林《叶氏宗谱》 清光绪三十四年（1908 年）叶成为等始修，1942 年叶诏光续修，2000 年叶文坚等三修，钞本。谱载序、家训、凡例、行第、人物、世系、艺文、山场。谱存呼林叶氏宗祠。

郑墩镇《梅口叶氏家史》 2014 年叶凤范编修。印刷本。谱载序、家训、谱例、行第、艺文、世系总图、世系表。谱存梅口村叶凤范处。

八、政和县

镇前镇《象山漈头叶氏族谱》 清乾隆五十六年（1791 年）叶资攀编修，同治十三年（1874 年）许左瀛续修，1917 年叶钟灵三修，钞本。谱载序、家谱引、家谱记、像赞、谱例、家训四箴、探本寻源序、许州迁居豫章录、洪州墓录、豫章序、铁柱观录、豫章迁居河南录、迁居闽南录、许叶分姓志、立庄志并创建寺观录、象山地舆赋、村景诗、字派、叶氏发源总图、受姓受郡源流、世系吊图、山场录、族约条款、跋。谱存漈头叶氏宗祠。

岭腰乡《松溪叶氏宗谱》 宋崇宁三年（1104 年）叶隶始修，元至正末年续修，明宣德二年（1427 年）三修，成化五年（1469 年）四修，弘治年间五修，嘉靖四十三年（1564 年）六修，天启三年（1623 年）七修，清嘉庆五年（1800 年）八修，谱无存；咸丰九年（1859 年）叶月林九修，光绪二十五年（1899 年）叶钱十修，2017 年十一修，钞本。谱载序、人物、宫室、祠堂、山园、世系。谱存锦屏叶氏宗祠。

岭腰乡锦屏上场《叶氏宗谱》 清乾隆十七年（1752 年）张日中始修，嘉庆元年（1796 年）吴周裔续修，1914 年毛承斌三修，1983 年季友德四修，2013 年五修，钞本。谱载序、谱例、显宦、行状、世系图、山场记。谱存上场村叶芳留处。

外屯乡古元《叶氏宗谱》 清同治二年（1863 年）叶向辰编修，钞本。谱载序、艺文、行第、宫庙和奉祀、族规、人物传、世系图、祭田山场。谱存古元村叶秀圆处。

《许裔叶氏总谱》 2015 年叶保声、叶禹祐主编，印刷本。谱载先祖画像、谱例、源流、许裔叶氏谱牒文献选、序、风物、人物、迁居、附录、世系图。谱存政和县图书馆。

第八节 龙岩市

一、新罗区

雁石镇岩星《贻燕堂南阳叶氏族谱》 2011 年叶根海编修，印刷本。谱载序、祖像、宗祠、祖坟、家训、源流表、吊线图、家谱、人才录。谱存贻燕堂叶氏宗祠。

二、上杭县

中都镇都康《叶氏家谱》 清光绪三十年（1904年）叶大梧始修，2000年叶和英续修，印刷本。谱载序、凡例、行第、家训、人物、艺文、世系。谱存都康叶氏宗祠。

三、长汀县

馆前镇《陈莲叶氏宗谱》 2015年叶原老编修，印刷本。谱载序、诗赞、人物表、世系图。谱存陈莲村叶原老处。

四、漳平市

西园镇《南阳叶氏宗亲谱》 1997年叶沁编修，印刷本。谱载题词、古迹影照、前言、叶氏历史沿革、序拾萃、世系、源流、职官名人录、古今英才录、艺文。谱存漳平市图书馆。

第九节　宁德市

一、蕉城区

八都镇仁厚《叶氏宗谱》 清咸丰二年（1852年）黄钟麟始修，光绪十三年（1887年）黄邦仪续修，1913年章必忠三修，1986年汤宜铭四修，2007年陈德冕五修。钞本。谱载序、凡例、行第、世系、山场墓葬。谱存仁厚叶氏宗祠。

虎贝镇浮山《叶氏宗谱》 1921年黄唐编修。钞本。谱载序、凡例、仕宦录、行第、世系。谱存浮山村叶泽禄处。

霍童镇《南安诗山叶氏社坛任房宁德支谱》 2010年南安凌云叶氏社坛续谱委员会编修，印刷本。谱载序、族魂、前言、续修机构、凡例、行第、房派简史、堂号联文、宗支图、世系、致宗亲书。谱存霍童村叶招发处。

二、福安市

溪柄镇《西山下南阳叶氏宗谱》 明万历三十二年（1604年）始修，谱无存；崇祯五年（1632年）续修，清乾隆十九年（1754年）陈永清三修，道光六年（1826年）杨鸿四修，光绪十四年（1888年）王家宾五修，约1930年六修，均为钞本，谱载源流、家范、世籍序、行第、世系、园山地基目录、山场墓葬；1985年七修，印刷本。谱存山下村叶爱清处。

溪柄镇黄河《叶氏宗谱》 清康熙五十五年（1716年）始修，嘉庆十二年（1807年）陈连城续修，同治四年（1865年）谢大杰三修，谱无存；光绪二十六年（1900年）郑韶庸四修，1936年章必忠五修，1984年罗文炳六修，钞本。谱载源流、行第、家训、世系。谱存黄河村叶成生处。

溪柄镇扆山《叶氏宗谱》 清乾隆三十二年（1767年）叶其葵、叶祚琳始修，嘉庆十四年（1809年）叶祚珪、叶日森续修，谱无存；光绪五年（1879年）陈梦兰三修，1921年郭文熿四修，2004年陈德冕五修，钞本。谱载序、山场、人物考、凡例、世系。谱存扆山村叶英崇处。

白石镇《南岸叶氏宗谱》 清雍正十二年（1734年）陈质中始修，嘉庆五年（1800年）郭元攀续修，谱无存；道光十二年（1832年）林知一三修，钞本，谱载序、凡例、家范、历朝仕宦、行第、世系，谱存坂中期成生处；1949年四修，1982年龚行南五修，2002年陈德冕、汤沛书六修，钞本，谱存奎聚叶氏宗祠。

城阳乡《高山叶氏宗谱》 清乾隆年间（1736—1795）始修，钞本。谱载序、行第、世系。谱存高山村叶成处。

晓阳镇《马洋叶氏宗谱》 清光绪三十三年（1907年）编修，钞本。谱载源流、行第、世系。谱存马洋村叶德春处。

下白石镇湖头《叶氏宗谱》 清光绪二十年（1894年）始修，钞本。谱载序、先世名人佚迹、寿序传记、村居图、排行、世系；2010年续修，印刷本。谱存湖头叶氏宗祠。

韩阳镇后垅《叶氏宗谱》 1936年编修，钞本。谱载序、行第、世系。谱存后垅村叶子清处。

韩阳镇锦鸡垅《叶氏宗谱》 1981年叶作棋编修，钞本。谱载序、行第、世系。谱存锦鸡垅村叶小平处。

溪潭镇华岩《叶氏宗谱》 1938年吴让三编修，钞本。谱载源流、行第、世系。谱存华岩村叶国荣处。

康厝乡苏坂《叶氏宗谱》 1984年刘文基编修，钞本。谱载源流、行第、世系。谱存苏坂村叶尚武处。

康厝乡福源《叶氏宗谱》 1985年编修，钞本。谱载源流、行第、世系。谱存福源村叶志章处。

康厝乡石尖《叶氏宗谱》 1985年编修，钞本。谱载源流、行第、世系。谱存石尖村叶祖明处。

康厝乡左岭《叶氏宗谱》 1985年编修，钞本。谱载源流、行第、世系。谱存左岭村叶松清处。

湾坞镇深安《叶氏宗谱》 1985年编修，印刷本。谱载行第、世系。谱存深安村叶明华处。

甘棠镇奎聚《叶氏宗谱》 1987年陈冲编修，钞本。谱载姓氏源流、历世遗像、世系图录、历代序、仕宦科名、家训、题咏、历世行实。谱存奎聚叶氏宗祠。

潭头镇潭头《叶氏宗谱》 2009年编修，钞本。谱载源流、行第、世系。谱存滩头村叶树春处。

三、福鼎市

叠石乡大墓岚《叶氏宗谱》 清道光十年（1830年）始修，光绪十三年（1887年）续修，1918年三修，1950年四修，1975年林成五修，1993年叶锦夫六修，2013年林昌新七修，钞本。谱载图像、历修简况、凡例、族规、序、行第、宗祠、祖墓、宫庙和奉祀、源流和世系图、钦赐匾额、名人录。谱存墓岚叶氏宗祠。

叠石乡五里牌《叶氏宗谱》 清道光十年始修，同治二年（1863年）续修，1918年三修，1950年四修，1975年林成五修，1993年叶锦夫六修，2013年林昌新七修。钞本。谱载图像、历修简况、凡例、族规、序、行第、宗祠、祖墓、宫庙和奉祀、源流和世系图、钦赐匾额、名人录。谱存墓岚叶氏宗祠。

太姥山镇佳阳《叶氏宗谱》 清光绪四年（1878年）始修，钞本；1949年续修，1977年三修，1995年四修，2014年五修，刻本。谱载历修简况、凡例、族规、行第、祖墓、源流和世系图。谱存佳阳村叶书香处。

太姥山镇潋城《叶氏宗谱》 1920年始修，钞本；1963年续修，1980年三修，1997年续修，2010年续修，刻本。谱载图像、历修简况、凡例、族规、序、行第、宗祠、祖墓、源流和世系图、名人录。谱存潋城叶氏宗祠。

太姥山镇《东埕叶氏宗谱》 清光绪十一年（1885年）始修，1919年续修，1948年三修，1977年四修，1995年五修，2014六修，钞本。谱载图像、历修简况、凡例、族规、序、行第、宗祠、祖墓、宫庙和奉祀、源流和世系图、匾额、名人录。谱存东埕叶氏宗祠。

太姥山镇牛栏岗、岭后、街尾《叶氏宗谱》 清道光十一年（1831年）始修，1919年续修，1948

年三修，1977 年四修，1995 年五修，2007 年六修，钞本。谱载历修简况、凡例、族规、序、行第、宗厅、祖墓、源流和世系图。谱存牛栏岗村叶乐麟处。

前岐镇《下屿叶氏宗谱》 清道光十五年（1835 年）叶方华始修，钞本；2018 年续修，刻本。谱载历修简况、凡例、族规、序、行第、源流和世系图。谱存下屿村叶怡营处。

管阳镇天竺《北山叶氏宗谱》 清道光二十一年（1841 年）始修，光绪八年（1882 年）叶广枢等续修，钞本；1976 年叶郑清三修，1995 年叶郑清四修，2014 年叶郑清等五修，刻本。谱载图像、历修简况、凡例、族规、序、行第、宗祠、祖墓、宫庙和奉祀、源流和世系图、匾额、名人录。谱存天竺叶氏宗祠。

白琳镇山后、亭后洋、流坑里《叶氏宗谱》 清光绪三年（1877 年）叶行时等始修，光绪三十四年（1908 年）叶协时等续修，1933 年叶嘉饱等三修，钞本；1954 年叶肇孙等四修，1977 年叶诗韩等五修，1995 年叶诗品等六修，刻本，谱载图像、历修简况、凡例、族规、序、行第、宗祠、祖墓、宫庙和奉祀、源流和世系图、名人录；2014 年叶诗巧等七修，10 册，印刷本。谱存山后叶氏宗祠。

桐山镇《文山叶氏宗谱》 清光绪十一年（1885 年）始修，钞本；1992 年续修，2007 年三修，2013 年四修，刻本。谱载图像、历修简况、凡例、族规、序、行第、概况、宗祠、祖墓、宫庙和奉祀、源流和世系图、钦赐及匾额、名人录。谱存文山叶氏宗祠。

佳阳乡罗唇《叶氏宗谱》 清光绪二十年（1994 年）王体仁始修，钞本；1923 年王体仁续修，1948 年国祚盛三修，1975 年林杰登四修，刻本。谱载历修简况、凡例、族规、序、行第、宗祠、源流和世系图。谱存罗唇叶氏宗祠。

山前镇过洋坪《叶氏宗谱》 1935 年始修，1966 年续修，1989 年三修，1990 年四修，钞本。谱载历修简况、凡例、族规、序、行第、源流和世系图。谱存过洋坪叶氏宗祠。

点头镇翁溪《叶氏宗谱》 1977 年始修，1995 年续修，2014 年三修，印刷本。谱载图像、历修简况、凡例、族规、序、行第、宗祠、祖墓、宫庙和奉祀、源流和世系图、名人录。谱存翁溪叶氏宗祠。

磻溪镇炉屯《叶氏宗谱》 1977 年叶书铄始修，1995 年叶礼金续修，2014 年叶礼金三修，刻本。谱载图像、历修简况、凡例、族规、序、行第、宗祠、祖墓、宫庙和奉祀、源流和世系图、匾额、名人录。谱存炉屯村叶礼金处。

店下镇林家坪《叶氏宗谱》 1980 年编修，刻本。谱载历修简况、凡例、族规、序、行第、宫庙和奉祀、源流和世系图。谱存柏石村叶志锦处。

沙埕镇党洋《叶氏宗谱》 2003 年编修，刻本。谱载历修简况、凡例、族规、序、行第、源流和世系图。谱存党洋村叶东贵处。

四、霞浦县

溪南镇台江《叶氏族谱》 清康熙五十年（1711 年）叶高鸣始修，雍正七年（1729 年）叶高鸣续修，道光十七年（1837 年）吴江平三修，同治七年（1868 年）谢泽周四修，光绪二十二年（1896 年）李绍南五修，谱无存；1924 年吴绍宽续修，钞本，谱载序、祖训、讳名表字、修谱鸿名、远祖世系图、本宗世裔图；1949 年陈幼醒主编，天福境与地禄境分别编修支谱；2008 年续修，打印本。谱存台江叶氏宗祠。

溪南镇关门《叶氏房谱》 1955 年叶永芳始修，1998 年林志豪续修，钞本。谱载序、名人录、行第、世系。谱存关门叶氏宗祠。

牙城镇牙城《叶氏族谱》 清雍正四年（1726 年）始修，乾隆四十三年（1778 年）续修，谱无存；嘉庆十九年（1814 年）三修，道光十八年（1838 年）四修，同治八年（1869 年）五修，光绪十四年（1888 年）六修，1948 年七修，1975 年八修，1994 年九修，2003 年十修，2013 年十一修，钞本。谱载序、凡例、行第、家训、人物、世系。谱存牙城叶氏宗祠。

水门乡百笕《叶氏族谱》 清乾隆六年（1741年）叶梦喆始修，道光二十八年（1848年）卓宪乐续修，光绪十五年（1889年）陈庚续修，1917年郑懋功续修，钞本；1996年陈明儒、叶树勇等续修，刻本。谱载凡例、世系序、祖先坟祠去处、家训、远祖世系、世系支图。谱存百笕叶氏宗祠。

松城镇古善里《叶氏宗谱》 清乾隆四十一年（1776年）叶庸始修，道光七年（1827年）叶德锟续修，谱无存；1934年叶嘉贞三修，钞本。谱载序、影片、传略、科名、世系、宅第、蒸尝、坟墓、阙疑、宗谱小史、后记、附录。谱存松城叶挺明处。

三沙镇会得坑《叶氏族谱》 清光绪十八年（1892年）始修，1928年续修，1996年三修，刻本；2017年四修，印刷本。谱载序、名人录、行第表、世系。谱存下厝叶氏宗祠。

三沙镇花竹《叶氏宗谱》 2018年秦川磐石斋编修，印刷本。谱载图文、凡例、家训、宗祠记、修谱理事会名录、行第小引、字辈对照、世系支图。谱存花竹叶氏宗祠。

沙江镇山后《叶氏宗谱》 1950年陈幼醒与陈起始修，1983年林高峰续修，2006年王马英等三修，刻本。谱载序、凡例、行第表、远祖世系、本纪世系。谱存山后村叶品端处。

州洋乡利洋《叶氏族谱》 清光绪二十八年（1902年）卓兴列始修，1964年卓伯兴续修，1982年叶乃贵三修，2011年陈世安四修，刻本。谱载序、凡例、行第表、远祖世系、本纪世系。谱存利洋叶氏宗祠。

长春镇新厝岚《叶氏族谱》 1955年郑国彝始修，1981年林志豪续修，钞本。谱载序、明宦志、行第表、世系。谱存新厝岚叶氏宗祠。

《霞浦叶氏联谱》 2014年霞浦叶氏联谱编委会编修，印刷本。谱载卷首、祖源、世系、人物、文化、卷尾。谱存霞浦县档案馆。

五、寿宁县

犀溪镇《北浦叶氏族谱》 明正德十五年（1520年）张远始修，清顺治十八年（1661年）叶全六续修，康熙四十三年（1704年）叶丽椿与叶尚檀三修，谱无存；乾隆二十三年（1758年）傅庆云四修，乾隆五十七年张鹤溪五修，道光十七年（1837年）董晋庭六修，光绪二十六年（1900年）七修，1943年八修，1985年九修，钞本；2016年十修，叶树福主编，印刷本。谱载卷一源流序、卷二昭德荣显、卷三至卷八世系、卷九艺文综合、卷十古谱留芳。谱存北浦叶氏宗祠。

鳌阳镇《文山叶氏宗谱》 明嘉靖年间（1522—1566）叶时鸣始修，明末叶松野等续修，清康熙年间（1662—1722）叶栋夫等三修，雍正九年（1731年）四修，乾隆六十年（1795年）林光璞五修，谱无存；道光十四年（1834年）王杰山六修，钞本，谱存寿宁县档案馆；2015年叶允斌八修，印刷本，谱载图像、墓图、序选载、人物志、艺文、家训族规、大事记、流芳榜、行第、世系图。谱存文山叶氏宗祠。

鳌阳镇《月山叶氏宗谱》 明万历二十四年（1596年）叶义简始修，崇祯十六年（1643年）叶应春续修，康熙二十年（1681年）叶万益三修，乾隆四十五年（1780年）四修，咸丰十一年（1861年）叶载岳五修，谱无存；1946年曾权六修，钞本，谱载序、凡例、家训、儒林志、支图、丘墓、列传、艺文志、建置志、里居志；1986年张炯等七修。谱存月山叶氏宗祠。

鳌阳镇后墩《叶氏宗谱》 清同治十二年（1873年）叶蔚然始修，1950年陈茂荣续修，钞本。谱载新旧序、凡例、家训、行第、受姓发源图、流裔图。谱存后墩村叶大林处。

鳌阳镇《桃坑叶氏鳌阳支谱》 清光绪二十年（1894年）袁曾绍始修，1984年叶光隆续修，钞本。谱载序、凡例、行第、世系。谱存大同村叶明富处。

鳌阳镇《月山叶氏后墩支谱》 1941年胡效麟编修，钞本。谱载序、凡例、家训、儒林志、支图、邱墓志、列传志、艺文志、建置志、里居志。谱存月山叶氏宗祠。

鳌阳镇后村《叶氏宗谱》 1984年始修，钞本；2014年吴为国续修，印刷本。谱载序、艺文、行第、谱例、上古源流图、世裔图。谱存后村叶阿村处。

芹洋乡《茗川叶氏宗谱》 明隆庆二年（1568年）茗坑叶伯三始修，清乾隆十一年（1746年）叶润春续修，谱无存；光绪二十五年（1899年）三修，1988年张良等四修，钞本。谱载凡例、前言、董事志、源流志、五音记、村景诗、迁居志、仕宦志、行第表、裔图。谱存茗坑村叶克官处。

芹洋乡《武济叶氏宗谱》 清乾隆十一年（1746年）叶润春始修，乾隆五十五年续修，1917年叶润滋三修，1987年柳亦阳四修，钞本；2016年叶贤斌五修，印刷本。谱载序、世系、艺文、人物、考证。谱存武济村叶贤斌处。

芹洋乡后正坑《叶氏宗谱》 清同治十年（1871年）张廷梁始修，1983年叶伯庭等续修，钞本。谱载序、咏颂、序文志、凡例、世裔纪、支图纪、行第字头、世系、山场置业。谱存武济村叶新宗处。

芹洋乡《官路洋叶氏宗谱》 清乾隆年间（1736—1795）黄琼始修，同治三年（1864年）吴光酉续修，1945年胡效麟三修，1998年叶一舟四修，钞本。谱载序、谱赞、行列图考、源流、世系、山场置业。谱存大同村叶永源处。

芹洋乡上修竹《叶氏宗谱》 1944年王敏贤始修，1993年裴敬续修，钞本。谱载序、家规、凡例、行第、诗文、源流、谱系图。谱存上修竹村叶茂山处。

大安乡《亭下溪叶氏宗谱》 明万历十七年（1589年）叶新业始修，清康熙十六年（1677年）叶景淑续修，乾隆二十五年（1760年）叶芝兰三修，谱无存；道光八年（1828年）叶荣彩四修，宣统元年（1909年）许元璧五修，1980年管宜杨六修，2015年七修，钞本。谱载序、赠谱诗、历修志、凡例、行第、世系图。谱存亭溪村叶小明处。

大安乡后西溪《叶氏宗谱》 1985年管宜杨编修，钞本。谱载序、凡例、行第、世系。谱存后西溪村叶旦忠处。

坑底乡《浩溪头叶氏宗谱》 明万历十七年（1589年）吴公爱始修，清康熙十六年（1677年）叶景淑续修，乾隆二十五年（1760年）叶芝兰三修，谱无存；道光五年（1825年）叶荣彩四修，同治八年（1869年）叶蔚然五修，1944年王敏贤六修，1983年管宜杨七修，钞本。谱载序、谱训谕目、修谱诗、家规、行第、世系图。谱存浩溪村叶茂忠处。

坑底乡林山《叶氏宗谱》 清乾隆五年（1740年）胡仲伯始修，道光三年（1823年）叶廷选续修，光绪年间（1875—1908）三修，1962年吴宗传四修，1996年杨光辉等五修，钞本。谱载序、凡例、谱训、仕宦志、世系。谱存林山叶氏宗祠。

坑底乡龙井《叶氏宗谱》 清乾隆五十七年（1792年）林光璞始修，咸丰十一年（1861年）叶钟玙续修，谱无存；1917年林鸿波三修，1963年王敏贤四修，钞本；2012年吴为国五修，印刷本。谱载序、凡例、世次行第、人物志、艺文、格言要则、家训、墓志、叶氏源流图、世系图。谱存龙井叶氏宗祠。

坑底乡《玉壶叶氏宗谱》 清嘉庆十六年（1811年）叶梁始修，同治二十九年（1849年）续修，宣统元年（1909年）陈福畴三修，1949年叶松澄四修，1984年五修，钞本。谱载序、谱颂、凡例、排行、仕宦录、分迁记、艺文、寿言、传赞、村景祠墓图、世系图。谱存坑底村叶启桐处。

坑底乡半岭洋《叶氏宗谱》 清嘉庆十六年（1811年）叶梁始修，光绪十一年（1885年）梅雪卿续修，1952年叶松澄三修，钞本。谱载序、先贤传略、历代仕宦、分迁引、墓志、源流支图、排行小引、近宗世系。谱存半岭洋村叶林勋处。

坑底乡竹下《叶氏宗谱》 清光绪三十四年（1908年）许元璧始修，钞本，谱载序、人品、支图、艺文、家训、墓志、山场契约；2012年吴为国续修。谱存竹下村叶明宽处。

坑底乡山前《叶氏宗谱》 清光绪三十四年（1908年）始修，钞本，谱载序、人品、支图、艺文、家训、墓志、山场契约；1983 年柳亦阳续修，2015 年吴为国三修。谱存山前叶氏宗祠。

清源镇杨柳树《叶氏宗谱》 清乾隆二十一年（1756 年）吴廷模始修，同治三年（1864 年）叶世淼三修，谱无存；1947 年胡效麟四修，1985 年柳亦阳等五修，钞本；2017 年吴为国六修，印刷本。谱载序、凡例、仕宦志、源流支图、内纪世系图、排行、列传、艺文、丘墓、山场。谱存杨柳树叶氏宗祠。

清源镇平岩《叶氏宗谱》 1925 年周丙煊始修，1984 年张孙照续修，钞本，谱载修谱名录、族规、序、行第、世系图；2017 年吴为国三修，印刷本。谱存平岩叶氏宗祠。

下党乡下屏峰《叶氏宗谱》 清乾隆三十二年（1767 年）叶辉华始修，1927 年胡效麟续修，钞本。谱载源流序、凡例、诗文、山场、排行、源流全图、世系图。谱存下屏峰村叶德林处。

武曲镇桦垅《叶氏宗谱》 清乾隆三十九年（1774 年）始修，嘉庆七年（1802 年）施天汉续修，道光十六年（1836 年）林枝一三修，光绪三年（1877 年）林琛四修，宣统二年（1910 年）林青云五修，1942 年刘先生六修，1982 年叶作棋七修，钞本。谱载凡例、家训、新旧序、叶氏源流迁闽考、始迁志、历朝仕宦、行第、先祖画像、村图、世系图、寺院记、山场记。谱存桦垅叶氏宗祠。

托溪乡栋洋《叶氏宗谱》 清乾隆四十九年（1784 年）叶素象始修，同治五年（1866 年）范传诚续修，谱无存；宣统三年（1911 年）夏承虞三修，1991 年叶一舟四修，钞本。谱载排行字首、序、先贤列传、体像图志、地舆图志、凡例、外纪总图、内纪世系。谱存栋洋村叶开文处。

托溪乡大黍《叶氏宗谱》 清乾隆二十七年（1762 年）叶芝兰始修，嘉庆二十五年（1820 年）陈天球续修，谱无存；同治九年（1870 年）吴之蕃等三修，1917 年夏承虞四修，1983 年吴道琴等五修，钞本；2014 年杨金留六修，印刷本。谱载谱例、序、祠志遗志、家规家训、艺文、传赞、墓志、行第世次、世系图、附录。谱存大黍旁洋叶氏宗祠。

托溪乡大黍《叶氏宗谱》 清乾隆二十八年（1763 年）叶芝兰始修，道光八年（1828 年）叶超林续修，谱无存；同治元年（1862 年）陈洛书三修，光绪二十一年（1895 年）胡凤仪四修，1938 年胡成邑五修，1984 年六修，钞本；2018 年吴为国七修，印刷本。谱载谱例、序、艺文、山场、行第世次、源流全图、世系图、附录。谱存大黍村头叶氏宗祠。

斜滩镇义阳《叶氏宗谱》 清光绪二十年（1894 年）始修，2000 年吴发兴续修，钞本。谱载序、凡例、行第、诗文、世系。谱存斜滩村叶裕元处。

斜滩镇溪头洋《叶氏宗谱》 清乾隆二十七年（1762 年）叶芝兰始修，嘉庆二十二年（1817 年）范邦齐续修，谱无存；同治十一年（1872 年）陈星衡三修，1986 年柳亦阳四修，钞本。谱载序、谱例、人物、行第表、源流图。谱存溪头洋叶氏宗祠。

竹管垅乡坑底林《叶氏族谱》 清宣统三年（1911）缪钟藻始修，谱无存；1951 年王守璋续修，1983 年徐世甫三修，刻本；2012 年卢正树四修，印刷本。谱载序、凡例、行第表、源流图、世系图、艺文、人物、荣名录、世系补阙、捐资芳名、后记。谱存福建省档案馆。

平溪镇大场《叶氏宗谱》 1924 年叶太邱始修，1985 年魏圣冬续修，钞本。谱载源流迁移考、序、系图引、创建事业集、先祖画像、世系图。谱存大场村叶承森处。

平溪镇《南阳郡叶氏家谱》 1949 年始修，钞本；2015 年吴为国续修，印刷本。谱载序、凡例、世次行第、人物、艺文、世系图。谱存长洋村叶岩祥处。

平溪镇东溪《叶氏支谱》 1949 年韦善卿始修，1990 年赖斐续修，钞本。谱载序、凡例、行状、世系。谱存东溪叶氏宗祠。

大安乡榅坪《叶氏宗谱》 1984 年管宜杨始修，钞本；2015 年吴为国续修，印刷本。谱载序、凡例、世次行第、人物、艺文、世系图。谱存榅坪村叶阿村处。

南阳镇嘉宅《叶氏宗谱》 1946 年曾权始修，1988 年续修，钞本。谱载世系图、支图。谱存下房村叶阿丁处。

六、周宁县

李墩镇际会《叶氏宗谱》 清乾隆三十二年（1767年）叶世珍始修，同治十二年（1873年）陈德辉续修，1949年三修，1985年四修，钞本。谱载新旧序、远祖系图、嫡派系图、姓氏源流、历世实录、上世遗像、联甲令牌、阳宅全图、各处坟图、创建集录、山场界址。谱存际会叶氏宗祠。

李墩镇前垅《叶氏宗谱》 清乾隆五十七年（1792年）叶廷思等始修，1985年彭士良四修，钞本。谱载源流迁闽考、谱序、凡例、首训、建基、古迹、山场界址、纪世、本枝、选举、节孝、艺文。谱存前垅叶氏宗祠。

泗桥乡岭头《叶氏宗谱》 清道光年间（1821—1850）叶全才始修，1984年叶伯庭等续修，钞本。谱载序、凡例、行第、世系。谱存岭头村叶裕锦处。

浦源镇《端源叶氏宗谱》 清光绪三年（1877年）始修，1925年杨声续修，2000年卢正树三修，钞本。谱载修谱志铭、序、迁居南闽录、许叶分姓志、许州迁居豫章录、豫章迁居河南录、名贤像谱、家训、凡例、外纪世系图、名人传赞行实、荣显大观、行第、内纪世系图、艺文、跋。谱存端源村老人会。

纯池镇三门桥《叶氏宗谱》 1948年叶瑞琪始修，1988年卢正树续修，钞本。谱载序、凡例、祠堂记及宗庙、名人行实、远祖图、世系图。谱存三门桥村叶建平处。

七、柘荣县

英山乡田头洋《叶氏宗谱》 清乾隆六年（1741年）陈腾芳始修，乾隆四十二年游济乾续修，同治八年（1869年）游锡芹三修，光绪三十一年（1905年）王云阶四修，1939年周秉仁五修，1967年周秉仁六修，1989年叶作祺七修，2017年叶兴才八修，钞本。谱载凡例、序、源流志、艺文、行第、远宗图、流裔图、人物传、祭田山场、历修董事录。谱存田头洋叶氏宗祠。

英山乡坑源《叶氏宗谱》 清乾隆六年（1741年）陈腾芳始修，乾隆四十二年游济乾续修，道光十二年（1832年）陈国光三修，同治八年（1869年）游锡芹四修，光绪三十一年（1905年）王云阶五修，1939年周秉仁六修，1984年林子韬七修，1991年作祺八修，钞本。谱载序、凡例、行第、建置、世系图、人物、艺文、祭田山场。谱存田头洋叶氏宗祠。

富溪镇东溪《叶氏宗谱》 清乾隆二十六年（1761年）陈际隆始修，谱无存；嘉庆二十年（1815年）刘仕周续修，光绪六年（1880年）林锡旗三修，1932年袁登九四修，1983年赖祖馨五修，钞本。谱载序、凡例、世宦图、上祖支派图、世系图、山场墓志。谱存东溪叶氏宗祠。

宅中乡岭门《叶氏宗谱》 清乾隆二十六年（1761年）陈际隆始修，嘉庆二十年（1815年）刘仕周续修，谱无存；光绪六年（1880年）魏宗孝三修，宣统二年（1910年）杨组臣四修，1946年张东峤五修，1983年黄永樾六修，钞本。谱载序、凡例、世宦图、上祖支派图、世系图、山场墓志。谱存岭门叶氏宗祠。

城郊乡金坑《叶氏宗谱》 清咸丰八年（1858年）张国绥始修，1990年叶祖文续修，2011年叶于耀三修，钞本。谱载序、凡例、远祖流裔图、世系图、山场墓志。谱存金坑村叶阿淅处。

八、古田县

鹤塘镇《南阳郡玉井叶氏族谱》 明洪武九年（1376年）始修，谱无存；清道光十七年（1837年）李际时续修，同治十二年（1873年）陈文璧三修，1936年林志仁四修，1992年叶昌党等五修，钞本。谱载序、祖业、远祖世系图、玉井世系图、墓葬。谱存上井边叶氏宗祠。

大桥镇《澄洋叶氏宗谱》　清乾隆十九年（1754 年）叶清齐等始修，光绪十一年（1886 年）叶铿声续修，1932 年陈晃三修，钞本；1996 年叶绍庚四修，印刷本。谱载序、凡例、行第、世系总图、世系图。谱存澄洋叶氏宗祠。

城西街道《巴斗村叶氏宗谱》　清光绪十年（1884 年）编修，钞本。谱载序、行第、世系。谱存巴斗村叶宜俤处。

城东街道《南门叶氏家谱》　清末始修，1994 年叶应琳等续修，钞本。谱载序、行第、世系。谱存南门叶汝祯处。

城东街道《太平洋叶氏宗谱》　1948 年编修，钞本。谱载序、行第、世系、坟墓山场。谱存太平洋叶家明处。

九、屏南县

古峰镇《元拱公派下叶氏支谱》　明弘治十四年（1501 年）苏克明始修，清乾隆五十五年（1790 年）续修，谱无存；1914 年三修，钞本。谱载序、凡例、世系、人物。谱存古峰村叶学相处。

岭下乡《南阳郡正堂叶氏族谱》　清乾隆二年（1737 年）始修，乾隆三十二年续修，1915 年三修，钞本。2008 年、2014 年叶宗平分别四修、五修，印刷本。谱载前言、敬词、许真君传家格言、先祖画像、编修族谱规则、祠堂宗庙桥亭祖墓、圣境古迹、迁闽始祖考、源流、人物、世系图、芳名录。谱存东峰叶氏宗祠。

岭下乡《富竹叶氏族谱》　1988 年叶明权始修，钞本；1991 年、2005 年、2008 年叶禹祐分别续修、三修、四修，印刷本。谱载许真君传家格言、行第、先祖画像、前言、谱例、源流、风物、人物、世系图。谱存富竹村叶禹祐处。

甘棠乡《翠屏叶氏宗谱》　2002 年叶振发编修，印刷本。谱载题词、先祖画像、序列、谱系、恩荣、祠宇、传记、采贝。谱存屏南县图书馆。

《屏南叶氏通谱》　2008 年郑福顶主编，印刷本。谱载彩图、编委会名单、序、谱例、谱论、族典、人物、族源、族系、附录、后记。谱存屏南县图书馆。

第四章　文化遗产

第一节　著作与艺文

［宋］叶仪凤　闽侯人。著有《群书类聚》14 卷、《左氏连壁》8 卷及《易玄神契》《绛毫集》等。

［宋］叶景詹　闽侯人。著有《竹斋遗稿》。

［宋］叶味道　建阳人。著有《四书说》《大学讲义》《易会通》《祭法庙享郊社外传》《经筵口奏》《故事讲义》，编纂《朱子语类》。

［宋］叶　采　建阳人。著有《近思录集解》、诗作《暮春即事》《书事》。

［宋］叶廷珪　建瓯人。著有《海录碎事》22 卷。

［宋］叶梦鼎　建瓯人。著有《经史旨要》。

［明］叶逢阳　松溪人。著有《范琏传》《复湛卢书院记》。

［明］叶季芳　尤溪人。著有《杜鹃诗集》。

［明］叶元玉　清流人。著有《古崖集》。

［明］叶　亹　诏安人。著有《龟峰文集》《龟峰手稿》等。

［明］叶春及　祖籍广东惠州，任惠安县令。著有《絅斋先生文集》《石洞诗格律》《崇文榷书》《惠安政书》《石洞集》等，《惠安政书》《石洞集》入选《四库全书总目提要》、编修《肇庆府志》《顺德县志》《永安县志》，修改《博罗县志》等。

［明］叶　瑜　诏安人。著有《律吕或问》《读礼考证》《江州集》《水车草堂稿》。

［明］叶朝荣　福清人。著有《诗经存固》《四书述训》《芝堂遗稿》7卷等。

［明］叶向高　福清人。著有《纶扉奏草》30卷、《续纶扉奏草》14卷、《官中实录》8卷、《蘧编》20卷、《前纶扉奏草》10卷、《后纶扉奏草》10卷、《苍霞草》20卷、《苍霞余草》14卷、《苍霞诗草》8卷、《说类》60卷、《参补古今大方诗经大全》14卷、《玉塘纲鉴》72卷、《福清县志》4卷、《宫词》4卷、《福庐灵岩志》3卷等。

［明］叶成章　同安人。著有《矜疑录》《宣云书钞》《敬繇录》《柱下奏疏》2卷、《宣云奏疏》12卷、《檄文》2卷。

［清］叶先登　长泰人。著有《纪游全诗》《木天集》《敝帚集》《岛上诗》等，编纂《长泰县志》（康熙版）。

［清］叶信祥　福鼎人。著有《音学》4卷、《大千诗集》2卷、《集唐》2卷。

［清］叶　谦　闽县人。著有《漳泉文献续录》。

［清］叶献论　南安人。著有《玉川诗集》。

［清］叶观国　福州人。著有《老学斋随笔》4卷、《绿筠书屋诗钞》18卷、《闽中杂记》。

［清］叶时茂　同安人。著有《得溪诗集》。

［清］叶观海　诏安人。著有《仪礼叙略》《仪礼约要》《贞女吟咏》《汾浦试艺录》《吟图蠡谭》及《春酒堂全集》等25部，编纂《诏安县志》（嘉庆版）16卷。

［清］叶申蔼　福州人。著有《三礼集证》10卷、《春秋解》12卷、《荫余轩诗文集》5卷、《退食吟钞》20卷。

［清］叶申万　福州人。著有《餐英轩诗钞》8卷。

［清］叶梦苓　福州人。著有《秋江集笺注》《吟草》《异闻汇纪》《诗话解颐》。

［清］叶申芗　福州人。著有《天籁轩词韵》《小庚词存》4卷、《天籁轩词谱》5卷、《本事词》2卷、《天籁轩词选》6卷、《闽词钞》4卷。

［清］叶仪昌　福州人。著有《永阳游草》。

［清］叶庆熙　福州人。著有《我闻室词》。

［清］叶赞彤　福州人。著有《杞菊山房随笔》《明史言行录》7卷。

［清］叶滋森　福州人。著有《弟子职书证》《池上草堂笔记》《尊香楼书画》《识蝠严仙馆诗稿》，编修《靖江县志》（光绪版）。

［清］叶滋钧　福州人。著有《盘涡小草集》《历朝鉴略》。

［清］叶滋澜　福州人。编修《上犹县志》（光绪版）。

［清］叶大焯　福州人。著有《补拙斋藏书书目》《补拙斋文钞》《补拙斋杂录》《正谊书院课艺》16卷。

［清］叶大庄　福州人。著有《礼记审议》2卷、《大戴礼记审议》2卷、《丧服经传补疏》2卷、《礼记遗说考》4卷、《闽中金石记》6卷、《闽碑存目》1卷、《退学录》2卷、《写经斋文》2卷、《写经

斋诗》4 卷、《诗续》2 卷、《小玲珑阁词》1 卷，另有《仓颉篇三种》《礼记审议》《闽中金石记》《偕寒堂校书记》《写经斋诗文稿》《玲珑阁词》等 20 多卷。

[清] 叶在衍　福州人。著有《唐风集》。

[清] 叶在畬　福州人。著有《罗山咏事诗》。

[清] 叶在扬　福州人。著有《度量衡新议》。

[清] 叶大年　厦门人。后人辑有《太史叶大年梅珊公诗稿》。

[清] 叶在琦　福州人。著有《稚愔诗钞》等。

[清] 叶晨晖　古田人。著有《经解》。

[清] 叶在馥　福州人。著有《说川江轮》《最大川江轮的尝试——“民俗”轮的设计与建造》《中英船舶工程名词》。

[清] 叶题雁　泉州人。著有《外侮痛史》。

[清] 叶廷芳　福州人。主编《广东永安县三志》（道光版）。

[清] 叶标元　古田人。著有《凤山草堂诗文集》。

[清] 叶　铭　顺昌人。主编《大田县志》（乾隆版）。

[清] 叶矫然　福州人。著有《易史参录》《龙性堂诗集》《东溟集》。

[近现代] 叶嘉享　霞浦人。著有《倚树斋诗稿》《霞俗缘起》。

[近现代] 叶在均　福州人。著有《刑法》《刑事特别法》《刑事诉讼法要义》《民事疑判》。

[近现代] 叶可羲　福州人。著有《竹韵轩诗集》《竹韵轩文集》《竹韵轩笔记》。

[近现代] 叶永毅　福州人。著有《水利与创新》。

[近现代] 叶于浦　福州人。著有《相平衡与相图基础》。

[近现代] 叶孝信　建瓯人。主编《中国法制史》。

[近现代] 叶秀林　福州人。著有《立体化学》。

[近现代] 叶壬癸　同安人。著有《狭义相对论入门》《广义相对论入门》。

[近现代] 叶邦煊　闽侯人。著有《嘉桂岭》《貂蝉》《孟丽君》等闽剧剧本。

[近现代] 叶兴杰　闽侯人。著有《外科手术学》。

[近现代] 叶长青　福州人。著有《闽方言考》《版本学》《闽方言续考》《文字学名词诠释》《长青先生文集》《松柏长青馆诗》《钟嵘诗品集释》《文心雕龙杂记》《文史通义注》《汉书艺文志问答》《中国文字学研究法》《整理国学刍议》《闽侯方言考证》《论闽音》《闽本考》等。

[近现代] 叶　升　寿宁人。著有《福建著作者志》《图书馆学述要》。

[近现代] 叶在增　福州人。著有《庐山突围记》《审判日军侵华总司令冈村宁次内幕》《忆庐山孤军奋战》《决不容许历史悲剧重演》。

[近现代] 叶明勋　闽侯人，居台湾。著有《忆事怀人》《真意集》《感怀集》等。

[近现代] 叶轩孙　闽侯人。著有《叶轩孙医案》《内妇科临床指南》。

[近现代] 叶渚沛　厦门人。中国科学院院士（学部委员）。著有《生铁铸造》《发展超高温新化工冶金过程的前途》《超高温炭热新技术》《高温冶炼磷酸盐矿制磷过程的基础理论研究》《高温石球热风炉》《叶渚沛选集》《微粒学》等。

[近现代] 叶心瑜　福州人。中共中央党史研究室研究员、教授。著有《惊心动魄：毛泽东在 1934—1936》《放眼看长征》《红军长征的故事》《现代中国的故事》《干部廉政读本》《办案大全》《审案大全》《中华人民共和国实录》《共和国史记》等，合著《中国共产党记历史》（上卷），参加整理李维汉著《回忆与研究》一书。

［近现代］叶家铮　福州人。著有《电视传播理论研究》《电视传播的艺术》等。

［近现代］叶　林　明溪人。著有《政治权力与社会阶级》《列宁生平事业年表》《为人本学正名》《马克思、恩格斯英文分类书目》《人本学，是一门独立的科学》等。译著有《世界社会主义经济体系》《第二次世界大战后的法国经济》《历史规律的客观性》《列宁的最后斗争》《马克思主义与人类个体》等。

［近现代］叶振汉　安溪人。著有《中国社会史纲·古代史部分》（民国版）。

［近现代］叶干运　闽侯人。著有《我国性病防治的历史经验》《性传播疾病的防治对策》《关于麻风病化疗中的耐药问题》《我国对麻风病的控制与监测》等，主编《实用性病学》《实用麻风病学》《国外医学·皮肤分册》等。

［近现代］叶子铭　泉州人。著有《论茅盾四十年的文学道路》《梦回星移——茅盾晚年生活见闻》《叶子铭文学论文集》《文学的基本原理》《茅盾漫评》等，主编《中国现代小说史》，校注《茅盾全集》40卷。

［近现代］叶纪彬　闽侯人。著有《艺术创作规律论》《中西典型理论述评》等，主编《文学概论》。

［近现代］叶品樵　闽侯人。编著《福建省高等教育结构研究概论》《台湾教育面面观》等。

［近现代］叶松荣　闽侯人。著有《断裂与失衡——中西视野下的西方20世纪“新音乐”创新的局限性分析》《欧洲音乐文化史论稿——中国人视野中的欧洲音乐》，主编《西方音乐史》（全国高师本科教材）。

［近现代］叶文振　闽侯人。著有《流动中的爱恋与婚育》《孩子需求论：中国孩子的成本和效用》《女性学导论》，合著《中国婚姻质量研究》。

［近现代］叶明生　寿宁人。著有《福建傀儡戏史论》《古愿傀儡》《莆仙戏剧文化生态研究》《莆田贤良港妈祖信仰、祭祀仪式与音乐研究》《闽台张圣君信仰文化》。

［近现代］叶林心　闽侯人。著有《叶林心寿山石刻艺术》《叶林心书法篆刻选集》《叶林心篆刻》《叶林心篆刻选》《千姿百态学篆刻》《石语心愿》《玉语心愿》等。

［近现代］叶子贤　福州人。著有《叶子贤石雕艺术》。

［近现代］叶小杰　南安人。著有散文集《故乡絮语》。

［近现代］叶恩发　寿宁人。著有《片片红叶》《军旅农缘》。

［近现代］叶树福　寿宁人。著有《叶茂寿宁——寿宁县叶姓蕃衍史》《丹桂飘香——纪念叶昇先生诞辰120周年》。

［近现代］叶兴松　闽侯人。编著《闽侯进士录》《闽侯历代楹联选》《闽侯历代诗词选》。

［近现代］叶梓赋　南安人。著有报告文学集《呼啸行进》、散文集《祖母花》。

［近现代］叶恩忠　闽侯人。著有《穿越峡谷》等。

［近现代］叶启桐　周宁人。著有《名山灵芽：武夷岩茶》。

［近现代］叶向东　寿宁人。著有《人类未来的希望：蓝色星空》《现代海洋经济理论》《探索海洋——海洋经济》等。

［近现代］叶玉珍　大田人。著有散文集《60后的生活记忆》。

［近现代］叶建穗　大田人。著有诗集《花开的声音》。

［近现代］叶作楠　寿宁人。著有《沧桑岁月》。

［近现代］叶志如　南安人。著有散文集《亮光，一直都在》。

［近现代］叶瑞红　寿宁人。著有《红叶诗集》。

第二节　族规家训

一、厦门莲溪叶氏家规

敦孝悌以重人伦，笃宗族以昭雍睦。
和乡党以息争讼，尚节俭以惜财用。
解仇岔以重身命，训子弟以禁非为。
躬稼穑以知艰难，忍耻辱以保家业。
读诗书以明理义，祭祖宗以展孝思。
亲师友以成德行，慎交游以免损累。
严承祧以息讼端，禁烟赌以杜下流。
置义田以赡贫乏，互守望以防盗贼。
主忠信以植根本，守本分以寡过恶。
务谦逊以迓吉益，辩义利以定人品。

录自厦门市思明区《莲溪叶氏族谱》

二、仙游古濑叶氏家训

敬祖宗　祖宗身所自出，不尽诚敬是谓忘本。凡四时祭祀，务要必诚必恭，以尽子孙报本之情。亦宜循分称职，以无越庶人之分。至先圣贤人，洁己修行，上则驰驱社稷，下以光大家声，此又尊祖敬宗之大者。凡我子孙，共体此意以毋忘。

教子孙　凡人子孙，谁不愿其贤良方正。乃或溺于宠爱，昧于大体，或吝其禀气，不延严师，是以入于庸流，礼仪不知，伦理不识，将来干犯国法，玷辱祖先，虽子弟不才，实咎在父母兄也。凡有子孙者，当其幼时，宜就师父，收其可心，端其学习，使质材有成，大可为国家器使，小亦不失为明世良善。若果顽梗不类、教而不善者，即鸣众送官，务俾痛惩自新，毋任毋纵。掩耳不举，既误子弟，亦坠家声，非尽教之道也。

睦宗族　合祭一庙之谓宗，其系一氏之谓族。支派虽繁，原本则一，苟不敦睦，是忘本昧源矣。凡子孙者，常顾名守份，心宜平恕，事贵含忍。不可因小忿而伤同气，不可因小利而灭大义。贵不恃势加乎贱，富不矜财凌以贫。如此则本源之乖、友爱之情弥笃，宗支椒衍，长发其祥也。

勤事业　尝谓士家工商专一业，读者朝惜寸阴，夜勤青灯，求为名士；耕者早作晚息，不辞劳苦，求为上农。稍循穷途，必须义命自安，不得越份而行非礼不法之事。观世之自买刑宪，玷祖辱宗，皆好逸恶劳所致，亦由家法不严，隐纵者之责也。如有不肖子孙，不事生业，家长严加稽察，痛加惩治，以儆将来。

崇俭朴　古语有云："一粥一饭，当思来之不易；半丝半缕，恒念物力维艰。"冠婚祭祀，切戒奢侈，应遵俭约，习俗之本，大节固不可废，而平俭当不失宜。丧祭循士庶之分，冠婚守当今之制。娶必择淑女，频繁有托；嫁必选才郎，门楣无忝。庶门多孝，行敬承之善，而鲜刍忤逆反目之衍。至于衣服饮食居室，尤宜循分量力，毋得过侈纵恣，以暴殄天物。

录自仙游县大济乡《古濑叶氏仙游慈孝宗谱》

三、永春紫堂叶氏家规

家之有规，犹国之有法也。国法所以束人民，家规所以诫子孙，故在国为国法，在家为家规。传曰国之本在家，又曰治国必先齐家，绎斯言也，家规更先于国法也。又曰家之本在身，齐家在修其身，故身为万化之原，不可不慎修也，且吾族子孙将繁盛矣。为父兄者当教子孙以诗书，相与期上进，而荣祖耀宗，不然亦应使知五伦，明六行，谙世故，晓义理；持身以谦，接人以礼，睦乡党和兄弟也。若居山谷，耕凿为业，宜勤俭，宜守分，宜循理，宜敬齿德，宜尊官长，毋惰农业，毋遗祭祀，毋骄傲，毋戏游，毋放荡，毋淫奸，毋窃盗，毋赌博，毋禽荒，毋酗酒，毋干名，毋犯义，毋词讼，毋争竞，毋多言，毋奢侈，毋欺人，毋违众，毋生事，毋昧心，毋诈伪，毋为非，此数者皆修身之要道也。故身修则家可教矣，推而至于临官佐国，莫不皆然，是家规与国法并重也。倘有子孙妄作为，犯家规，以贻吾族羞，则会族于祠堂，严加督责，而切诫之，使知悔过自新，感格从善而后可。若以家规责之又不悛，即置之国法，亦宜愿吾子孙，各守此规，庶几万无一失矣。

录自永春县达埔镇《紫堂叶氏族谱》

四、建阳回龙叶氏家训

隆孝养 凡为人子者，昏定而晨省，理所当然。其衣食奉养须竭力营办，及夫出入起居，必敬谨扶卫，慎毋怠忽。

崇悌顺 凡子弟之于尊长，隅坐徐行。及夫问答，辞色之间必尽悌顺。遇尊长负戴于道，轻并重分，毋得慢视贻诮。

延师训 凡子弟需善训诲，勿使放荡。如资质可造者，延明师教，以举业成才。有家贫不能延师者，亲房量力资补可也。

睦宗族 凡宗族有是非曲直，族长当秉公道以决之，毋得曲意偏护，以致经官告扰。有贫穷患难、婚姻死丧，宗族随意当助。不可以强凌弱，以富欺贫，遵之毋忽。

勤生业 凡子弟，士农工商各勤其业，毋嗜酒贪淫、掷骰博弈好闲，以致废时失事，长大无成。为父兄者当时加戒谕，子弟如违，族长惩治。

尚俭朴 凡人间屋宇、服饰、饮食等项，宜从俭朴，不得过为奢侈，以致倾败身家，违者族长理治。

正婚姻 凡婚娶，必择门户相对、世家清白者。临事必禀诸尊长，商量可否，恐匹配不均，致乖伦纪，违者不许入祠。

重丧祭 凡丧事，衣衾棺椁，虽曰称家之有无，亦宜尽厚，及时营殡，勿致暴露。其四时祭祀必尽其诚敬，违者以不孝论。

别内外 凡人家需分内外，为男子者当正夫纲，不可纵妇出入人家及答应宾客。若僧道、异色之人，尤宜疏绝，违者言责男子。

择交游 凡子弟，交游要择厚重有益之士，则德业可成，事体可托。不可交匪人，致陷身家，悔之莫及，违者族长责罚。

戒伪妄 凡人处己接物，一言一行之间务要诚实，不可阳为君子，阴为小人，自坏心术。如已有不是处，亦当自任其咎，不可倨傲，以重其过。

禁佛老 凡举世之人，父母有恙，为人子者无不竭力，必请僧道发祈祷，至于家室混杂，求福不得而反得祸。倘有疾病宜延医调治，则福无量矣。

录自南平市建阳区回龙镇《龙溪叶氏宗谱》

五、周宁端源叶氏祖训

重农务以足衣食，兼艺贾以丰财源。
勤立业以定家计，尚节俭以惜仓粮。
黜异端以崇正学，提警惕以弭坏人。
笃宗族以昭雍睦，训子弟以禁非行。
完钱粮以省催课，讲法律以儆蛮横。
解仇忿以重身命，戒逃匿以免株连。
和乡党以息争讼，却诬告以崇善良。
明礼让以厚风俗，敦孝悌以重人伦。

录自周宁县浦源镇端源村《端源叶氏宗谱》

第三节　宗　祠

永思堂

平和庄上村永思堂　系庄上大楼建造者叶冲汉的祠堂，坐落在平和县大溪镇庄上村。清康熙十九年（1680年）修建。占地面积3300平方米，建筑面积364平方米。坐西朝东。主体建筑由门厅、天井、侧廊、正堂组成。门厅面阔三间，进深两间，覆板瓦屋面，燕尾脊，抬梁式木构架，明间开中门，门楣上悬“永思堂”牌匾，两侧走廊宽3.8米，深4.8米。正堂面阔三间，进深三间，单檐硬山顶，板瓦屋面，燕尾脊，抬梁式木构架，梁枋、花板、雀替雕龙凤花鸟纹，梁、枋、坐斗、叠斗均为彩绘。堂内悬有清代平和知县褒扬叶冲汉之子叶之荆的“允光硕德”和清廷赐予叶冲汉之孙叶仕伟（康熙癸酉科武举、北京广渠门总兵）的“名标大廷”牌匾，此外还有“艺林仪表”“选魁”“文魁”等牌匾。祠内有许多高浮雕石雕和镂空木雕。祠外墙以青砖砌成，前墙雕花“龙凤呈祥”“双龙戏珠”“双凤比翼”等，祠前立有多座旗杆碣。2006年列为第六批全国重点文物保护单位。

追远堂

长泰珪塘追远堂　又名叶氏家庙，坐落在长泰县岩溪镇珪后村。宋代始建，明清两代均有修葺和扩建，1931年、1985年、2001年和2014年重修。占地面积2000平方米，建筑面积400平方米。坐西朝东。石砖木结构，四合院落式，分门厅、正堂二进，中为天井，两侧为廊，单檐悬山顶。正堂宽17.6米，深27.5米。内外墙明代青砖保留完好，现存建筑保持清代风格。祠前有大埕、池塘和6座旗杆碣。1994年列为长泰县第三批文物保护单位，2018年列为福建省第九批文物保护单位。

长泰珪塘棣芬堂　俗称“三房祖”，坐落在长泰县岩溪镇珪后村。明成化年间（1465—1487）始建，历代屡有修葺。建筑面积约200平方米。坐西朝东。面阔三间，三面砖墙，单落硬山顶，本瓦燕尾脊屋面，内设抬梁木构梁架承接屋面。祠堂前方有石板埕。2018年列为福建省第九批文物保护单位。

长泰珪塘赠公祠 坐落在长泰县岩溪镇珪后村。清雍正四年（1726年）为纪念叶容川而建，1934年、1983年维修。建筑面积约200平方米。坐西朝东。石砖木结构，平面呈四合院落式，由门厅、中天井、正堂及两侧走廊组成，内设抬梁木构梁架承接屋面，单檐悬山顶。室内立有雍正四年（1726年）《新建赠公叶先生祠堂记》石碑一通。祠堂前有砖埕和池塘（赠公池）。1999年列为长泰县第五批文物保护单位，2018年列为福建省第九批文物保护单位。

长泰珪塘聚星堂 俗称“花埕祖厝”，坐落在长泰县岩溪镇珪后村。清初始建，建筑面积约200平方米。坐西朝东。石砖木结构，平面呈四合院落式，单檐悬山顶，由门厅、天井、正堂及两侧走廊组成，2018年列为福建省第九批文物保护单位。

南安凌云叶氏家庙 坐落在南安市眉山乡高田村。北宋雍熙四年（987年）由凌云叶氏始祖叶迅始建，历代均有修葺。占地面积1880平方米，建筑面积355平方米。坐北朝南。两进，悬山顶，燕尾脊，厅堂面阔五间，进深八柱，15檩带前廊，抬梁式木构架，现保持清代中期风貌。大门左右有辉绿岩麒麟、凤凰雕刻及自框青栏壁窗和砖饰。2009年叶氏家庙、孝子祠和驸马府一起列为福建省第七批文物保护单位。（见彩图3-1）

大田京口叶氏宗祠 又称“南阳堂”，坐落在大田县华兴镇京口村。明隆庆五年（1571年）始建。占地面积469.17平方米，建筑面积为356.59平方米。坐东南朝西北。面阔16米，进深18米，由门亭、矮围墙、墙内空坪、天井、正堂及两边厢房组成。正堂面阔三间，进深七柱，穿斗式木结构、悬山顶。1929年初，叶炎煌从厦门返回家乡建立中共大田特支，南阳堂是中共大田县第一支部主要活动地点之一。2017年列为大田县第八批文物保护单位，2018年列为福建省第九批文物保护单位。

寿宁北浦叶氏宗祠 坐落在寿宁县犀溪乡犀溪村。清康熙四十一年（1702年）始建，乾隆十七年（1752年）、乾隆四十七年、咸丰三年（1853年）、光绪十四年（1888年）、1938年，1987年和1999年多次修缮。建筑面积1156平方米。坐西北朝东南。由门楼、戏台、先慎堂（中军府）、享堂、报本堂等组成。牌楼式门楼，面阔三间，悬山顶。戏台设八角藻井，歇山顶。先慎堂进深五柱，享堂进深六柱，面阔均为五间，抬梁穿斗式梁架，歇山顶。2003年列为寿宁县第四批文物保护单位，2013年列为福建省第八批文物保护单位。（见彩图3-2）

同安叶氏家庙（郡马府） 坐落在厦门同安区大同街道碧岳社区辅前里236号。宋淳祐八年（1248年）郡马叶益所建，叶益娶宋魏王妹赵环娘，封郡马。淳祐年间（1241—1252），太子赵禥（即后来的宋度宗）探望姑母后回朝奏请皇上恩准敕建郡马府。府第历代均有兴废，明初修复后，改为祀奉历代祖先的家庙。现存建筑为1992年重建，占地面积2170多平方米。坐北朝南。依次为照墙、旗杆埕、家庙（共二进）、文昌阁。家庙首进为太子亭，宽10.1米，深4米，前建有日月池和小桥；二进为祖厅，宽10.1米，深8米。文昌阁宽10.1米，深6.9米，砖石木抬梁结构，兼用歇山、硬山布瓦顶。1996年列为同安县第六批文物保护单位，2001年列为厦门市第一批涉台文物古迹保护单位。（见彩图3-3）

马尾云龙叶氏宗祠 坐落在福州马尾区琅岐镇云龙村。清康熙二十年（1681年）始建，乾隆五十七年（1792年）、1941年、1995年重修。宽14米，深28米，建筑面积392平方米。坐西北朝东南。砖木结构，四面风火墙，四扇三间二进，中有天井，祠内两旁有钟楼、鼓楼。2006年列为马尾区第八批文物保护单位。

福清后叶叶氏宗祠 系明内阁首辅叶向高祖祠，坐落在福清市港头镇后叶村。明万历四十三年（1615年）始建，建时为三进八扇一后院的宫式斗拱建筑，宽23米，深43.8米，占地面积1008平方米。坐北朝南。由戏台、天井、大殿等组成。外墙为砖石结构，建筑为木结构。清顺治年间（1644—1661）

被毁，康熙年间（1662—1722）修后进和后院，乾隆年间又修戏台亭和回廊，1947年再建中间一进二层楼房和八角大戏台等。1985年，叶氏后裔、旅外华侨出资进行大规模修缮，并恢复原貌。现殿堂面阔三间，进深五柱，穿斗式木构架，歇山顶。1987年列为福清县第二批文物保护单位。

诏安宝桥叶氏家庙（追远堂） 坐落在诏安县深桥镇华表村。明嘉靖三十五年（1556年）始建，清乾隆四十年（1775年）、2007年重修。建筑面积约460平方米。前后两座，厅堂五开间，立24根石柱，三级台阶，开五门：前面三门并排，置一对石鼓，另有左右耳门。2005年列为诏安县文物保护单位。

平和芦溪镇叶氏家庙 坐落在平和县芦溪镇蕉路村开元坪（又名招卿），是芦溪叶氏衍派三春共建的首座宗祠。明建文四年（1402年）始建，明清时期几度修葺；1932年，叶水经、叶荣进主持大修；2007年，台湾和大陆族人捐款重修。占地面积3000多平方米，建筑面积332平方米。坐西北朝东南。由前门厅、中天井、两侧过水廊房、后正堂组成。面阔三间，单檐悬山顶，覆板瓦屋面，正脊燕尾脊。2009年列为平和县第七批文物保护单位。

平和芦溪朝光叶氏宗祠 坐落在平和县芦溪镇芦丰村坝坪。明嘉靖十三年（1534年）始建，历代均有修葺。占地面积1500平方米，建筑面积796平方米。坐东南朝西北。二进砖木穿斗抬梁结构，悬山顶，面阔三间，两侧带护厝。2009年列为平和县第七批文物保护单位。

安溪尚卿中兴叶氏宗祠 坐落在安溪县尚卿乡中兴村。明代始建，建筑面积400平方米，占地面积1200平方米。坐北朝南。土木结构。2013年列为安溪县文物保护单位。

仙游古濑叶氏宗祠（清德堂、古濑府） 坐落在仙游县大济镇古濑村。宋代始建，明正德年间（1506—1521）、清康熙（1662—1722）、雍正（1723—1735）、乾隆（1736—1795）、嘉庆（1796—1820）、咸丰（1851—1861）年间及1914年、1986年、2006年重修。宽12米，深25.3米，建筑面积303.6平方米，占地面积2000平方米。坐北朝南。前后二堂，四周砌有砖墙。1984年列为仙游县文物保护单位。

顺昌大历叶氏宗祠 坐落在顺昌县大历镇大历村。明代始建。祠内有厅、堂、寝室，柱子用楠木，门前有雕刻，保存完整。2018年列为顺昌县文物保护单位。

浦城叶山叶氏宗祠 坐落在浦城县古楼乡叶山村。元末始建，清初被兵火焚毁，乾隆二十九年（1764年）重建，2012年重修。建筑面积358.8平方米。坐西南朝东北。中轴线上依次为墨斗池、门楼、戏台、天井、祖厅。土木结构，二进式，门楼为三间三楼仿牌坊结构，戏台内顶覆八角形藻井，祖厅面阔五间，进深六柱，带前廊，抬梁穿斗混合式梁架。附属建筑有叶氏廊桥、迎龙社和水口风水林。2016年列为浦城县第八批文物保护单位，2018年列为南平市第一批朱子文化遗存名录。

浦城叶山叶氏宗祠

浦城井后叶氏祠堂（护龙堂） 坐落在浦城县石陂镇徐墩村井后自然村。清乾隆五十五年（1790年）修建。建筑面积339.2平方米。坐西朝东。门楼为四柱三间三楼式，门楣上书“护龙堂”三字，沿中轴线依次为门楼，戏台、天井、正厅、后廊、后墙。2009年列为浦城县文物保护单位。

上杭都康叶氏宗祠 坐落在上杭县中都镇都康村上村。清代始建，2003年重修。占地面积约300平方米。坐西朝东。土木结构，有上、下厅，天井，正厅左右各开两间。大门上“叶氏宗祠”石匾乃清代原石。2011年列为上杭县第九批文物保护单位。

闽侯荆溪白石叶氏宗祠 坐落在闽侯县荆溪镇港头村。原名“唐安祠堂”，宋乾道元年（1165年）叶世美率族人始建，元代叶汝茂主持重修，1948年择今址重建，1988年续建。占地面积2580平方米，建筑面积1214平方米。坐北朝南。二进式，砖木结构，穿斗式木架构，硬山顶，马鞍墙，六扇五间三进，宽21米，深57.8米，高8.8米。

闽侯青口玉山叶氏宗祠 坐落在闽侯县青口镇沪屿村。宋宁宗年间（1168—1224）叶子海主持始建。明正德八年（1513年）叶朝宦、叶朝宗等主持重修。1921年叶乐民主持选今址重建，1996年重修。建筑面积1200平方米。坐东朝西。砖木结构。正面三层，祠门上方有陈宝琛书“玉山叶氏宗祠”石刻匾额，祠内戏台上方有原福建省委书记项南书“俭德堂”横匾。

建州叶颢公祠 又称建州富沙昭定王祠、富沙庙，坐落在建瓯尚书坊。祠祀福建富沙叶氏始祖叶颢，是叶氏入闽后第一座名人专祠。唐贞观初年修建，今废。

第四节 陵 墓

叶十三郎墓 位于厦门市思明区嘉莲花园前。墓主系厦门莲溪叶氏2世祖叶颐。宋绍兴年间（1131—1162）修建，20世纪60年代毁失在禾山造纸厂包装厂基建工地下，1992年因建嘉莲花园大厦被重新发现，1993年由文物部门会同建设单位及叶氏族裔在距原址20米处复建。坐西北朝东南。原墓碑为辉绿岩质，弧首，高1.1米，宽0.9米，厚0.14米，碑额浮雕卷云纹，碑身镌楷书“十三郎叶公墓”，无款。墓区宽20.8米，深24.2米，占地面积503.3平方米，四周建有红砖仿古护墙，墓园内有绿化地及石砖通道。1998年列为厦门市第四批文物保护单位。2001年列为厦门市第一批涉台文物古迹保护单位。

叶孔荣墓 位于厦门市思明区东山社，墓主为侯卿（后坑）叶氏开基祖。明代修建，墓园宽11.7米，深21.7米，土石结构，上铺水泥面。墓冢呈龟形，墓围呈马鞍形，墓前有二级墓坪。花岗岩墓碑镌“叶孔荣公墓”等字样。2015年列为厦门市第三批涉台文物古迹保护单位。

叶郡马墓 位于厦门市同安区南门外孤卿山，墓主系南宋郡马叶益。元延祐二年（1315年）始建，占地面积1300平方米，坐西南朝东北，有三层拜埕、多对旗杆。2012年重修。2007年列为厦门市第二批涉台文物古迹保护单位。

叶祖珪墓 位于福州市鼓楼区洪山镇梅亭村，墓主系清末海军将领。清光绪三十一年（1905年）修建，1985年福州市文管会拨款修葺。宽16.5米，深30.8米，占地面积500平方米。坐东北向西南。前方后弧，平面呈“如意”形，三合土夯筑，五级墓坪。墓碑刻楷书“清广东水师提督桐侯叶公乔梓”，两侧立6幅围屏，上刻兰、竹、莲、梅等图案。墓前立《钦赐祭文》碑，碑首浮雕双龙戏珠，篆额“钦赐祭文”。第一级墓坪上保存有石羊、石虎和一对石柱。右侧护坡有一通正方形青石碑，碑文为“光绪三十二年五月初七奉上谕遗官致祭”。1986年列为鼓楼区文物保护单位。

福州后屿烈士陵园 位于福州市晋安区鼓山镇后屿山西麓，原为革命烈士叶凯墓。1965年修建。1988年重修时，乡人把牺牲于1934年的王则炎烈士归葬于叶凯墓内，拓建为陵园。墓坐东向西，平面呈“如意”形，砖石水泥混合结构，五层墓埕，宽10米，深28米。封顶用水泥覆盖，封土前竖花岗岩墓碑，碑面楷书“叶凯、王则炎烈士之墓”。墓柱顶端饰有五角星浮雕，墓柱两侧有“山明”“水秀”题刻。第二层墓埕竖立一座高约8米的纪念碑，碑为砖石结构，正面楷书“革命烈士永垂不朽”，落款“福州郊区人民政府、福州郊区鼓山乡人民政府”。碑身左右面各嵌一块长、宽各0.8米的青石，分别记载叶凯和王则炎烈士的生平事迹。墓的四周护以砖石围墙，正面设铁门，额楷书“烈士陵园”，门柱镌刻对联“英名不朽，浩气长存”。1995年列为晋安区文物保护单位。

叶向高墓 位于闽侯县青口镇东台村戊辰自然村。坐东北朝西南，系明首辅叶向高生前于天启六年

（1626年）为妻俞氏修建。翌年，叶向高亦葬此，据墓志铭拓本记载，石碑高约1.4米，宽0.78米，上篆额右读直下双排文字，曰："明故特进光禄大夫上柱国少师兼太子太师吏部尚书中极殿大学士加赠太师谥文忠叶公墓志铭"，字径约4厘米。铭文76行，每行130字，字径1厘米，颜体楷书。撰文者朱国祯，书丹者文震孟，篆额者郑三俊。1932年，叶向高墓被盗，20世纪50年代初又遭严重破坏，除部分翁仲、石兽掩埋地下外，石牌坊、墓亭、墓志铭等地面文物荡然无存。今存神道碑，上书"皇明特进光禄大夫上柱国少师兼太子太师吏部尚书中极殿大学士上赠太师谥文忠神道"。2013年列为闽侯县不可移动文物。

叶十五郎墓　位于厦门市思明区莲前街道鼓楼社明丽山庄，墓主系厦门莲溪叶十三郎之子叶元潾。宋代始建，2016年重修。墓葬正上方石上镌有"宋十五郎叶公墓"字样，左侧山石刻南宋陆秀夫"官荣"字样。1997年列为思明区不可移动文物。

叶义官墓　位于厦门市思明区开元街道虎溪社区万石植物园内，墓主系厦门莲溪叶氏第22世。占地面积100多平方米。坐东朝西。墓前立大型横置卷云纹碑屏，中央嵌墓碑，镌刻"明正德庚午禾城义官叶公寿域"，碑前建有仿木结构的四柱重檐歇山顶方亭，亭宽15米，进深13米，墓前两侧双级墓石雕龙首形墓围。此墓为厦门岛内仅存的大型明代陵墓。2013年列为思明区不可移动文物。

叶鹤墓　位于厦门同安区五显镇垵炉村五显宫自然村东南，墓主系南宋郡马叶益5世孙。明天顺二年（1458年）修建，2006年重修。墓坪面阔10米，进深25米，占地面积250平方米。坐西南向东北。墓冢、墓围采用花岗岩构建，平面呈"风"字形布局，墓手端部雕作龙首形。墓碑整石立面，高1.2米，宽2.6米，须弥座正立面上浮雕缠枝花卉。墓葬前方依山地坡度落差建有三层墓坪，各层墓坪间砌筑多级石阶。2006年列为同安区文物保护单位。

叶亹墓　世称"佥事祖墓"，位于诏安县深桥镇树美村隹一坑山，墓主系明正德十六年（1521年）进士，历任江西南城知县、河南按察司佥事、广西布政司参议等。明嘉靖四十五年（1566年）修建，1994年重修。占地面积约700平方米。坐西南向东北。由墓堆、墓碑、碑座、墓埕和花屏摆手组成。墓右前侧建有碑亭，名为"世黾亭"，记载叶亹生平事迹。1995年列为诏安县文物保护单位。

叶氏始初祖妈墓　位于诏安县深桥镇华表村的松柏山下井地方，墓主为诏安宝桥叶姓始迁祖的祖母。元代始建，占地面积200平方米，坐北朝南。墓碑高1.1米，宽0.38米，书刻"叶氏始初祖母墓"。2016年列为诏安县文物保护单位。

叶万六夫妇墓　位于诏安县深桥镇后埔村村部南面路边，墓主为诏安宝桥叶氏1世祖。明代始建，2016年列为诏安县文物保护单位。

叶正寿墓　位于平和县芦溪镇蕉路村头巾公山，墓主系芦溪叶氏始祖。明初修建。墓域面积80平方米，占地面积2600平方米。坐西北向东南，属夯土葬。墓碑上书"皇明本祖正寿公墓"，碑左侧竖立土地福神。墓前有一口椭圆形池塘，东开一甬道。2009年列为平和县第七批文物保护单位。

叶棻墓　位于长泰县坂里乡正达村前面，墓主系长泰珪塘叶氏始祖。墓碑立于坂里乡的交通要道旁，上书大字"珪塘叶氏始祖长泰县尉古濑公之墓"，下有小字"本山东至龙田，南至鸬鹚，西至溪坂，北至欧林。五世孙孔旸子珉诸裔重立"。1985年列为长泰县首批文物保护单位。

叶士琳合葬墓　位于建瓯市东游镇溪屯村虎山，墓主系清代昭武都尉。清代修建，占地面积300平方米。墓碑上方中间阳刻篆书"皇清"，下方左右两行阴刻楷书"诰赠昭武都尉士琳叶公墓暨诰封大恭人郑老太君寿域"等字。1982年列为建瓯县文物保护单位。

叶映玉墓　位于上杭县中都镇亲睦村竹篙山，墓主系上杭县都康叶氏始祖。元代建造，清康熙三十六年（1697年）重修，1997年广东雁洋与上杭县都康村叶氏联合再修。占地面积约30平方米。墓碑阴刻"元始祖五郎叶公墓"。2004年列为上杭县文物保护单位。

叶朝奏墓　位于寿宁县大安乡后西溪村，墓主系清代江西省信丰县知县。清道光二十一年（1841年）

始建，2003 年 11 月重修。坐北向南。面宽 2.7 米，进深 3 米，占地面积 133 平方米。2003 年列为寿宁县文物保护单位。

叶秀蕃墓 位于寿宁县鳌阳半月山，墓主系革命烈士。1966 年安葬，1988 年重修，2002 年再修。坐西北向东南。面宽 2.2 米，进深 3.1 米，占地面积 143 平方米。墓碑“叶秀蕃烈士之墓”系叶飞题写。墓前立一石碑，记述叶秀蕃生平事迹。2003 年列为寿宁县文物保护单位。

叶观海墓 位于诏安县深桥镇上营村的坑头尾山上，墓主系清乾隆五十四年（1789 年）拔贡。同治四年（1865 年）修建，占地面积 256 平方米。

叶百念一陵园 位于寿宁县犀溪村锦山。坐东北向西南，占地面积 8400 平方米，2016 年建成。园内有犀溪北浦叶氏始祖叶百念一夫妇和中军府叶和夫妇墓葬，建有大型北浦村貌石刻浮雕、先贤石像和两座石凉亭。

第五节 古建筑

福州叶向高别墅芙蓉园 位于福州市鼓楼区朱紫坊芙蓉巷内，临近安泰河。宋代始建，原为宋参知政事陈韡的“芙蓉别馆”。明代为叶向高在福州的别墅。芙蓉园占地面积近 4000 平方米，左右落相通，前后进相透，园内亭台、楼阁、假山、水池、雪洞错落有致，古木参天，景随步移。西花厅后座假山布置尤为出色，池上一峰耸立，镌有“芙蓉临空”“鹭臂吟风”“霞洞”“桂枝”“玉笋”等石刻，另有达摩面壁、龟、蛇等山石。园内有一棵据说是叶向高手植的古荔，枝繁叶茂，距今已有 300 多年。1991 年列为福州市名人故居，1992 年列为鼓楼区文物保护单位，1992 年列为福州市文物保护单位，2006 年列为第六批全国重点文物保护单位。

福州南后街叶氏民居 坐落在福州市鼓楼区南后街 82 号，原为清末翰林、全闽大学堂监督叶在琦故居。明末始建，清至民国屡有修葺。建筑面积 2321 平方米。坐北朝南。外墙为民国时改建的青砖墙体，建筑主体由主座与花厅组成，主座面阔五间，为明三暗五格局，大厅减柱，空间宽敞，是典型的明代建筑手法。第二进三面环廊，明五间正房沿天井北面一字排开，平面布局简洁朴实。西院为园林，园中有一口半月形水池。第三进的闺楼和花厅雕刻细腻，图案精致。梁架以杉木为主，穿斗式构架，门窗、隔扇用楠木等材料并经精雕细刻，闺楼前装饰挂落，前后均有美人靠、挑檐垂柱、博古雕屏等。2005 年列为福建省第六批文物保护单位，2006 年列为第六批全国重点文物保护单位。

平和芦溪绳武楼 坐落在平和县芦溪镇蕉路村。清嘉庆年间（1796—1820）由芦溪叶氏 18 世、太学生叶处候修建，从奠基到完工，历经嘉庆、道光、咸丰、同治、光绪五朝，前后长达 100 多年。楼外径 43.8 米，墙厚 1 米，占地面积 1056 平方米，建筑面积 1266 平方米。楼内有一个十多米方圆的天井，天井中间有一口水井。楼体分内外双环。楼高三层，其中一二层被等分为 12 个各有上下开间和一个天井的独立式住屋单元，三层则为环楼通廊，分 24 个开间，单元式住屋与通廊式开间相结合。楼中共有 72 个开间，处处可见石雕、木雕、泥塑、壁画等，仅木雕就有 646 处，无一雷同，散见于屏风、壁橱、门窗、梯手上，既有人物花草、文字对联，又有飞禽走兽，诗画结合，动静相宜。2006 年列为第六批全国重点文物保护单位。（见彩图 3-4）

平和大溪庄上土楼 又称为庄上客家土楼，坐落在平和县大溪镇庄上村。清康熙十一年（1672 年）始建，为天地会首领之一叶冲汉的故居，是世界第一大方形土楼。南北相距 220 米，周长 700 多米，楼高三层，共 9 米，占地面积 34650 平方米，建筑面积 9000 多平方米。坐西向东。楼内均用青砖干砌各间门户，有 142 个开间，进入任一住户，其三楼通廊总是相通的，属单元式与通廊式相结合的典型土楼民居建筑。2006 年列为第六批全国重点文物保护单位。

福清瑞云塔　坐落在福清市龙江北岸。明万历三十四年（1606年）始建，万历四十三年（1615年）竣工。由府丞叶成学与知县凌汉翀募捐筹资，名匠李邦达设计施工。塔用花岗石砌建，高34.6米，七层八角，外形仿木构楼阁式，底基为单层八角须弥座，周长24米。第一层北面开门，塔门额竖匾上镌刻“凌霄玉柱”，其余七面设佛龛。第二至第七层两面开门，六面设佛龛。每层进出口各有两尊守门神，现仅存12尊；每层八角檐端都坐镇一尊镇塔将军，共48尊。全塔浮雕大小菩萨、力士、佛像等共400多幅，最大的高1.5米，最小的只有0.2米。1961年列为福建省第一批文物保护单位。

瑞云塔

福清黄阁重纶石坊　坐落在福清市玉屏街道利桥街。明崇祯元年（1628年）内阁首辅叶向高后人建造。坊系青石结构，仿楼阁式重檐歇山顶建筑，高10米，宽11米，进深3米，建筑形式为面阔四柱三间，进深三柱两间。上层正中嵌一竖式龙匾，阴刻“恩荣”两字。中层为一大横式石匾，横向阴刻楷书“黄阁重纶”四字。低层又一横匾阴刻竖列楷书22行，每行6字，铭记叶向高及其祖四代的诰封官衔。匾下及两旁共11组镂空人物形象，集中表现叶向高的生平事迹。人物画雕的下方是8根磨光的四方形石柱，浮雕完整，刻琢甚工。1985年列为福建省第二批文物保护单位。

长泰珪塘普济岩　俗称“珪塘庵”，唐代始建，原址在长泰县岩溪镇珪后村塔寨山西坡中段。明弘治末年（约1499—1505），经珪塘叶氏后裔公议，按照原庙堂格局并采用原石料等，迁址重建在珪塘村中心地带。清乾隆四十六年（1781年）重修，扩大建筑规模，进行精致装饰。1935年叶文龙主持第二次重修。1993年，台胞叶清泰倡议第三次重修，2006年第四次重修。建筑面积559平方米。坐北朝南。砖石木结构。门面开阔，设石雕“三穿门”，配透雕石圆窗，中门边置精美的石鼓，雕有花、草、鹤、鹿等图饰。门前走廊两侧各筑一道翘脊小墙，两墙遥对，呈“8”字形，墙面塑浮雕飞龙、猛虎。屋顶为单檐硬山式，屋脊饰有双龙戏珠、飞禽走兽、排楼、人物等瓷雕。经历代维修，依然保持明清建筑风貌。1996年列为长泰县文物保护单位。2018年列为福建省第九批文物保护文物单位。

长泰珪塘叶文龙故居　又称“霞美堂”，坐落在长泰县岩溪镇珪后村。1932至1934年叶文龙建造，共3座。坐北朝南。东西长60米，深38米，建筑面积2280平方米，占地面积4500平方米，共有30房8厅7天井。中座五开间，两落一进院；左座三开间，两落一进院加左侧横屋；右座三开间，两落一进院加右侧横屋。硬山顶本瓦燕尾脊屋面，山墙为块石拼花，墙裙上红砖空斗砌筑。屋前有砖埕，屋后有花园、厨房和膳厅。2018年列为福建省第九批文物保护单位。

长泰珪塘楼仔厝　又称“祥云堂”，坐落在长泰县岩溪镇珪后村。清康熙年间（1662—1722）叶维三建造，2006年局部有维修。建筑面积6000多平方米。坐北朝南。平面呈“回”字形，四落三进院加东西两厢房，硬山顶本瓦燕尾脊屋面。主体面阔五间，外围砖墙，内设抬梁木构梁架承接屋面，有厅11间、天井13个、房间58间，前有砖埕。现存建筑仍保持清代风格。2004年列为长泰县第六批文物保护单位。2018年列为福建省第九批文物保护单位。

长泰珪塘升厝　又称“积庆堂”，坐落在长泰县岩溪镇珪后村。清乾隆六十年（1795年）由叶懋建造，1983 年、2012 年均有修缮，整座建筑门厅墙面青砖至今保存完整。东西长 62 米，南北长 68 米，建筑面积 4216 平方米。坐东向西。由三进四落及南北厢组成，南厢为“宝斗”，北厢为“学堂”。整个古民居共有 9 厅、10 天井、28 间房，置 15 个路门、巷头门，相互连接。二进厅堂内大屏风门楣刻有“积庆堂”。在三进厅堂两侧巷廊路门墙上及后门外墙上各有 4 个灰匾镶在门楣上，分别刻有“耐园”“涵谷”“培兰”“植桂”，落款为“乙卯仲夏蒲月书”等。厝外石埕左右各有一口水井。2018 年列为福建省第九批文物保护单位。

叶飞故居

南安叶飞故居 坐落在南安市金淘镇占石村。清中晚期始建，1953 年后略有修缮，1998 年全面修缮。东西长约 24 米，南北宽约 17 米，占地面积 700 多平方米，建筑面积 480 平方米。坐南朝北。土木结构。二进五开间连东护厝，悬山顶，上盖青瓦，穿斗式木结构，为闽南传统民居建筑。1919 年叶飞的父亲带其回乡在此居住。2005 年列为省侨联、泉州市和南安市爱国主义教育基地，南安市现代军事教育基地，泉州市红色旅游点。2018 年列为福建省第九批文物保护单位。

大田叶炎煌故居 又称“联芳堂”，坐落在大田县华兴乡京口村。清嘉庆年间（1796—1820）始建。占地面积 684 平方米，建筑面积 500 平方米。坐南朝北。土木结构，悬山顶，由北至南依次为门庭、内雨坪、下堂、天井、正堂及两侧护厝。叶炎煌 1909 年 11 月出生于此。2018 年列为福建省第九批文物保护单位。

浦城陈源叶氏花厅 坐落在浦城县水北街镇陈源村。清道光二十八年（1848 年）叶琳生建造。坐西朝东。由东西两院、天井及走廊组成，中间以两墩三孔石拱廊屋桥分隔，桥身长 8 米，宽 1.5 米，矢高 2 米，净跨 0.85 米，桥建在天井中，廊屋桥跨水而立，东面是木栏杆，西面是镂空花墙，桥西侧为天井，做花台，上立前后两个花架，花台由石板和石柱支撑形成。2013 年列为福建省第八批文物保护单位。

寿宁福寿廊桥 位于寿宁县犀溪镇犀溪村。清嘉庆十九年（1814 年）以叶世虞为首建造，1930 年有修缮。南北走向。南面桥堍建在岩石上，北面桥堍用条石砌筑。长 40.7 米，宽 4.9 米，孔跨 32.8 米，桥高水位 15 米。桥屋为四柱九檩穿斗式构架，18 开间，76 根柱子，上覆双坡顶，两边有木凳，两旁檐下设有挡风避雨板。桥正中东面设有神龛，中祀观音，右祀大帝，左祀临水夫人。2003 年列为寿宁县文物保护单位，2013 年列为福建省第八批文物保护单位。

福州玉屏山庄 坐落在福州市仓山区盖山镇阳岐村。清代邳州知州、诗人叶大庄环玉屏山而建，占地面积 1 万多平方米。原有 20 多座房屋，有鱼池假山，具有园林风貌。叶大庄逝世后，山庄被分割，一些房子毁坏，部分房屋改建。现保存最完整的一座房屋占地面积 1120 平方米，砖木结构，由门廊、披榭、天井、大厅、厢房、后庭等组成。正座面阔五间，进深四柱，穿斗式减木式木构架，双坡屋顶，两边设风火墙。厢房为二层阁楼，厅前廊檐、柱均为楠木。门墙用青砖清水砌，上设女墙，形似城垛。后庭有花园。1983 年列为福州市第二批文物保护单位。

厦门叶清和别墅 坐落在厦门市思明区莲前街道莲怡社区。占地面积 53870 平方米，是一座具有闽南风格的中国传统私家宅第园林建筑，由别墅区、花圃区、园林区三个部分组成。现存的别墅主体建筑坐西朝东，为二层西式别墅，台阶、楼梯以大理石铺成，屋顶天花板有刻花装饰，侧门上方有“清和别墅”4 个圆形金属字。2015 年列为厦门市第六批文物保护单位。

福清利桥　古称“龙首桥”。原在福清市区南门外。宋天圣五年（1027 年）始建，元至治二年（1322 年）重修。明万历三十四年（1606 年），叶成学募资移建于小孤山（今址）。桥长 183.3 米，宽 5 米，共 19 门，为石砌墩台的石板桥。清代两次修葺。1958 年把 10 号桥墩改造成“8”字平台，压缩了 8 个孔，成为 10 孔桥，并在原石板上架设木梁，铺上木板，成为木板面桥。1980 年和 2010 年先后两次改造，现桥长 90.8 米，宽 7 米，两侧安全带宽 0.5 米，石栏杆，钢筋混凝土桥面。1987 年列为福清县第二批文物保护单位。

闽侯凤山书院　又称“文昌阁”，坐落在闽侯县荆溪镇港头村。宋代始建，清乾隆二十八年（1763 年）叶氏族人集资重建，乾隆五十二年叶尔玉主持扩建，道光年间（1821—1850）叶家哲主持修建。坐北朝南。占地面积 1125 平方米，建筑面积约 800 平方米。共三进，第一进为六子祠（祀宋儒邵雍、周敦颐、张载、程颢、程颐、朱熹等六人），第二进为朱文公祠（祀朱熹），第三进为奎光阁（祀文昌帝君）。20 世纪 60 年代圮废，1994 年族人集资复建奎光阁，1997 年叶延青捐资复建六子祠，2005 年叶芳伉俪捐资复建朱文公祠。奎光阁前尚存清进士、提督学政叶观国于乾隆五十七年（1792 年）撰的《凤山书院碑记》碑刻。2013 年列为闽侯县不可移动文物。

罗源叶氏未婚节孝坊　位于罗源县飞竹镇仓前村守善自然村。清道光十六年（1836 年），礼部为 20 岁未嫁丧夫、居孀奉养婆母的叶雪娥立。坊为青石构造，三层楼阁式，单檐四柱三门，高 5.8 米，宽 5.07 米，中门最大，高 2.75 米，宽 1.95 米，两边门次之，高 2.15 米，宽 0.9 米。顶层为正脊，四坡顶，上立葫芦。底层为额枋，正中为双狮戏球，左右为菊、梅图案，其上石匾书“未婚节孝”4 个字，高 0.7 米，在匾与正脊之间立两根竹节形状的青石柱，中嵌竖匾，上书“圣旨”，双龙捧托。门柱方形，宽 0.34 米，双面刻联，正中两柱楷书“夫没姑存，二十未婚完节孝；朝褒坊表，五旬捧诏耀门闾”，次间两柱楷书“守一寸贞心冰霜比洁，完百年名节日月同辉”，柱的前后各有夹柱石，高 1.25 米，厚 0.15 米。浮雕图案有莲、茶、荷、桃、竹、刘海、金蟾、立鹤、蝙蝠、云龙、鹦鹉、宝鼎等。1986 年列为罗源县第二批文物保护单位。

同安“同”字厝　坐落在厦门市同安区莲花镇垵柄村。近代同安有“土皇帝”之称的叶定国于 20 世纪 30 年代初建造。砖木石混合结构。主屋前落硬山布瓦顶金字脊，面阔五间（19.3 米），深三间（13 米）。后进为二层楼房，硬山布瓦顶金字脊，面阔九间（32.7 米），深一间（连廊）（6.6 米，廊 2.05 米）。前后进天井相连，天井中到后进处置一二层的廊楼。二层楼房卷棚顶，宽 15.95 米，深一间，3.2 米，总楼高 6.5 米。主厝两边护龙环接成封闭空间，右边的护厝为二层楼，前为平屋。整栋房屋的重要地方设有射击孔，集住家与防卫于一体。2001 年列为同安区文物保护单位。

厦门叶清池别墅　坐落在厦门市鼓浪屿街道龙头社区福建路 58 号。1900 年由叶清池建造，建筑面积 1620 平方米。是一座典型的欧式建筑，立面处使用简约的太阳光束线条作为装饰。别墅的窗扇众多，许多窗户的外侧有白色的百叶窗。1907 年美国舰队访问厦门时，叶清池曾在这里招待美国舰队司令额墨利少将和清廷军政大员。2002 年列为厦门市重点历史风貌建筑，2013 年列为思明区不可移动文物。

云霄龙章褒锡坊　位于云霄县火田镇西林村。明嘉靖三十二年（1553 年）之后建。坐北朝南。石仿木结构，高 10 米，面阔 7 米。四柱三间三楼。庑殿顶，顶脊雕鸱吻，中间置石葫芦。正面匾额镌楷书“龙章褒锡”，背面镌楷书“天宠貤封”，额枋署“为明敕赠承德郎户部山西司员外郎叶元浩立”。主间下层匾额及次间匾额透雕花鸟人物已佚失。叶元浩是嘉靖三十二年进士叶期远之父。叶期远曾任湖北黄州知府，奏请将自己的封诰移赠父亲叶元浩，叶元浩因此得了个户部员外郎虚衔。朝廷出资建这座牌坊，以示父恩子贵、光宗耀祖。1992 年列为云霄县文物保护单位。

诏安叶观海故居　坐落在诏安县上营村新厝自然村。清嘉庆年间（1796—1820）建造。建筑面积 176 平方米。坐东向西。由门楼、下厅、两厢带天井、顶厅组成，匾书“春酒堂”。2005 年列为诏安县文物保护单位。

平和丰作厥宁土楼 坐落在平和县芦溪镇芦丰村。清康熙三十七年（1699 年）叶长文建造，因工程浩大，历时 40 年才完工。土楼外径 77 米，底层墙面宽 2 米，楼共 4 层，高 19 米，房间有 55 间半，鼎盛时期曾有近 600 人居住。结构为单元式，即每一个券门里面都是一户独立的人家，每户人家都有 4 层楼和独立院子。2013 年列为平和县不可移动文物。

尤溪孝节牌坊 位于尤溪县坂面乡坂面村古渡口。清嘉庆十六年（1812 年），礼部为旌表叶芹水妻王氏夫故守节而建造。仿木结构，高 4.2 米，长 3.5 米，宽 0.57 米，两柱一间二楼，悬山顶，正脊中设葫芦塔刹。双柱为方形，4 个夹杆石雕线形纹饰。牌坊上楼正面中镌阴刻“圣旨”二字，下为案几造型，左右浮雕龙纹，两侧 4 根短竖柱分别浮雕“平安富贵”“冰霜荷梅”等花草图案。正楼主碑镌刻“节孝”两个大字，左题书“嘉庆十六年礼部题请旌表”，右落款“皇朝侍诰叶芹水之妻王氏立”。主碑两侧石块雕有“天官赐福”人物图案，两柱尊形柱托镌刻菱形“卍”字。1992 年列为尤溪县第三批文物保护单位。

政和锦屏水尾桥 坐落在政和县岭腰乡锦屏村（叶姓聚居村）乐平溪上，是政和境内保存完好的伸臂式平梁木廊桥。清咸丰八年（1858 年）修建，20 世纪 80 年代初重修。桥长 26.2 米，宽 5 米，净跨长 20.2 米，孔径 4.8 米。桥廊屋高 4.79 米，悬山顶，抬梁穿斗式结构。立柱 40 根，9 开间，两侧设栏板雨披。现有建筑基本保持原貌。2010 年列为政和县文物保护单位。

寿宁犀溪桂香阁 又称“文昌阁”“奎光阁”，坐落在寿宁县犀溪镇犀溪村。清乾隆五十四年（1790 年）修建。占地面积 510 平方米。坐西朝东。土木结构。第一层面阔五间（15 米），进深五柱（13.8 米），第二层面阔三间，第三层面阔一间，为三层楼三重叠，高 11.35 米。阁顶为悬山双坡顶，轩梁（月梁造）上设荷瓣墩，阁前后有天井、花台。1938 年，叶森与叶升在此创办“私立育英公学”，为寿宁一中前身。1998 年列为寿宁县文物保护单位。

周宁端源民俗建筑群 位于周宁县浦源镇端源村小学南侧。建于清代。坐东向西。由奶娘宫、叶氏宗祠、叶氏支祠组成。奶娘宫建筑面积 531 平方米，由戏台、天井、大厅组成。天井两侧有双层厢廊与戏台相连，厢廊中段加构第三层为钟鼓楼。大厅面阔三间，进深六柱，土木结构，穿斗抬梁式减中柱，硬山顶。大厅东面及两侧设神龛，祀奶娘姑和众仙姑。戏台正上方饰八角彩绘藻井。叶氏宗祠在奶娘宫北侧，建筑面积 260 平方米，由门楼、天井、过雨廊、大厅组成。厅西面设神龛，祀端源村叶氏开基始祖，两侧排列木雕神祖牌，上方悬挂众多匾额。门楼为穿斗抬梁式减中柱，单檐两轩，饰卷棚。祠内有清代庆灯会碑两通、端溪石桥碑一通。支祠与宗祠体量、结构基本一致。1989 年列为周宁县第二批文物保护单位。

周宁端源石梁桥 位于周宁县浦源镇端源村，跨于东洋溪上游。清光绪六年（1880 年），由端源村民叶春锋、叶名著为首的叶氏族人集资建造。南北走向，10 墩 11 孔，宽 1.5 米，长 42 米，高 2.3 米，桥面由 36 个宽 0.35 米、厚 0.28 米、长 3.5 米的石板条架成，横梁长 1.5 米，共 24 根，入水石柱 20 根。2016 年列为周宁县第四批文物保护单位。

建瓯党城右文书院 坐落在建瓯市东游镇党城村。清雍正五年（1727 年）修建。坐北朝南。占地面积 1200 平方米，土木结构，分正厅、登瀛桥、文昌帝君殿三进，每进均有石阶，石阶两侧栽种名贵花木。登瀛桥两边为石砌栏杆，桥下有两口泮池，池四周为鹅卵石砌成，池边设埂台，供摆放盆栽花卉之用，泮池两侧还有两间书斋。文昌帝君殿供奉着文昌帝君神像，殿后为奎星阁，设左右厢房和奎星楼。

建瓯党城古炮台 坐落在建瓯市东游镇党城村。清乾隆年间（约 1750 年）叶华龙修建。原有 8 座，分布在村落的东西南北中及村首、村尾。炮楼一层为斗砖砌成的圆形大门，大门用 20 厘米厚的硬栲木制作，门面用铁皮包裹。炮楼上层也是用斗砖砌制，正面设瞭望窗、土炮孔和土枪孔，用于防御匪患。现存炮台为旧址仿古建造。

第六节　民间信仰

惠泽尊王信仰　惠泽尊王叶森（1189—1208），南安魁;鹏（眉山高田）人。相传自幼十分聪颖，知书达礼，未卜先知，仗义行仁。南宋嘉定元年（1208年），行过冠礼，自知尘缘已尽。一天清早，沐浴更衣后，来到魁鹏南面山麓的枷吊藤上端坐，双手合十，不久便羽化登仙。据史志记载，叶森成仙后，神通广大，有求必应，行仁赐福，兴神助战，功勋卓著，成为闽南民间信仰的高级神祇。自宋至清，获历朝皇帝五次敕封祭典，倍受民间崇拜。高田附近一带百姓将叶森神像供奉在上宫，之后在原址建立慈济宫。800多年来，尊王已成为一尊受万民朝拜的神圣。凌云叶氏后裔诚心敬奉祖神尊王，在海内外建有20多座奉祀尊王的宫殿王府。每年尊王诞辰日，各乡凌云叶氏轮流恭迎“尊王金尊”分别庆赞。届时张灯结彩，迎接尊王的队伍锣鼓喧天，舞龙弄狮，场面壮观。并开坛设殿，敬备鲜花时果、粿品六斋、牲醴香烛等各种祭品，延请道士诵经祝灯，搭台演戏，焚化金楮，燃放烟花鞭炮，为尊王祝寿并祈愿家族兴旺平安、丁财并进。每年春节，还举行恭迎尊王金尊出驾、游乡绕境、为民护境消灾等民俗活动。惠泽尊王的宗教信仰，已由南安高田地区传播到香港、澳门、台湾地区及马来西亚、新加坡、印度尼西亚、菲律宾、泰国等国家。

第七节　非物质文化遗产

世界级非遗泉州传统民居营造技艺及其代表性传承人　泉州传统民居营造技艺是发源于泉州的一种独具特色的汉族传统建筑技艺，始于唐五代，是闽南地区古建筑技艺的主流，传播于泉州、漳州、厦门等地和港澳台地区以及东南亚国家。其技艺可分为大木作、小木作、瓦作、砖石作、油漆作、彩画、堆剪作等工种，其中大木作是核心工种，主要负责木构架建筑中的承重结构，如柱、额坊、梁等；小木作是负责非承重木构件的制作和安装，如门、窗、栏杆等；瓦作是屋面工程；而堆剪作则包含灰塑、陶作和剪贴等工艺，主要用于装饰构件。2007年列为福建省第二批非物质文化遗产项目，2010年作为中国传统木结构营造的三大技艺之一列入联合国教科文组织《人类非物质文化遗产名录》。2013年叶本营成为该项目泉州市代表性传承人。

国家级非遗福州评话及其代表性传承人　福州评话是以福州方音讲述并有徒歌体唱调穿插吟唱的独特说书形式，约形成于明末清初，流行于福州、闽侯、永泰、长乐、连江、福清、闽清等十几个县市及台湾地区和东南亚的福州籍华侨聚居地。福州评话的表演多以一人为主，分为高台演出、书场演出两种。讲究说、吟、做、花，以说为主、兼有吟诵。2005年列入福建省第一批非物质文化遗产名录，叶兆辰为该项目福建省代表性传承人；2006年列入第一批国家级非物质文化遗产名录。

国家级非遗福州寿山石雕刻技艺及其代表性传承人　寿山石雕以产于福州北部山区北峰的寿山石为材料，通过各种技艺制作出雕刻作品。寿山石雕技法在发展过程中广纳博采，融合了中国画和各种民间工艺的雕刻技艺与艺术精华，其技法主要包括圆雕、印纽雕、薄意雕、镂空雕、浅浮雕、高浮雕、镶嵌雕、链雕、篆刻和微雕等。2005年列入福建省第一批非物质文化遗产名录，2006年列入第一批国家级非物质文化遗产名录。2014年叶子贤成为该项目福建省代表性传承人，2018年叶星光成为该项目福建省代表性传承人。

国家级非遗安溪竹藤编技艺及其代表性传承人　安溪竹藤编的主要原料是毛竹等竹质，猫儿藤、龙须藤、山藤及部分木质、草质等辅助材料。其技艺有：一起一落、三条纹编、两条斜纹编、菱形花编、六角穿花编、两起两落、密编等。1979 年以来，安溪竹藤编技艺得到了快速发展，材料种类不断扩大。过去用竹藤编，现在还采用铁线编制，既传承了古老的技艺，又结合了现代设计，产品不断创新。2011 年列入第四批福建省非物质文化遗产名录，2014 年列入第四批国家级非物质文化遗产（扩展）名录，2017 年叶文土成为该项目泉州市代表性传承人。

国家级非遗建窑建盏烧制技艺及其代表性传承人 建窑建盏烧制要经过选瓷矿、瓷矿粉碎、淘洗、配料、陈腐、练泥、揉泥、拉坯、修坯、素烧、上釉、装窑、焙烧等 13 道工序，最终才能完成。2011 年列入第三批国家级非物质文化遗产名录。2015 年叶智慧成为该项目南平市建阳区代表性传承人，2018 年叶礼忠成为该项目南平市代表性传承人，2019 年叶礼旺、叶镔成为该项目南平市代表性传承人。

国家级非遗武夷岩茶（大红袍）制作技艺及其代表性传承人 武夷岩茶（大红袍）传统制作流程共有 10 道工序，环环相扣，缺一不可，其中对茶质起关键作用的是“复式萎凋”“看青做青，看大做青”“走水返阳”“双炒双揉”“低温久烘”等环节。2006 年列入第一批国家级非物质文化遗产名录，叶启桐为该项目代表性传承人。

国家级非遗寿宁北路戏及其代表性传承人 俗称福建乱弹、横哨戏，是清代中期传入福建的乱弹与当地民间戏曲融合形成的一种地方戏曲声腔剧种。曾流行于闽北、闽中及闽东等地，至今已有 300 多年的历史，是代表清代乱弹声腔的珍稀剧种。乱弹进入福建后产生了上路班、下路班、北路班、南路班等戏班，其中以北路班最为强盛，其他各路戏班相继解散后，北路班仍活跃在闽东北一带，北路戏即由此而得名。北路戏的唱腔除极少数具有高腔曲牌体特征外，大多数均属板腔体，曲调旋律优美，节奏欢快，行腔顺畅，带有叙事性的表现特征。其道白、唱腔均使用普通话，这已成为北路戏的一个突出特色。2006 年列入第一批国家级非物质文化遗产名录。2011 年叶永忠成为该项目宁德市代表性传承人。

国家级非遗永定采善堂万应茶制作工艺及其代表性传承人 永定万应茶始于清嘉庆年间（1796—1820），采用 30 多种中草药材经过传统中药制剂工艺配制而成，为棕褐色颗粒状或淡红褐色扁圆块状，色泽均匀，开水泡或煎煮后汤色呈淡红棕色，对胸满腹胀、呕吐腹泻、饮酒伤脾等胃肠道疾病有显著缓解作用。2007 年列入福建省第二批非物质文化遗产名录，2008 年列入第二批国家级非物质文化遗产名录。2017 年叶活动成为该项目龙岩市永定区代表性传承人。

省级非遗福州象园木雕工艺及其代表性传承人 福州象园木雕始于明末清初的建筑装饰和佛像，经过长期的艺术实践，逐步形成一套独特完备的雕刻技法。以龙眼、黄杨、樟、楠等硬质树木为原料，以刀、斧、凿、锯等工具，经过凿坯、修光、磨光、上色、上蜡、镶嵌等工序，运用圆雕、浮雕等技法，制作出精美作品。2007 年列入福建省第二批物质文化遗产名录。2019 年叶国强成为该项目福州市代表性传承人。

省级非遗闽侯传统竹编工艺及其代表性传承人 闽侯竹编以本地盛产的麻竹、毛竹、慈竹等为原料，配上串丝、插花、雕花、配样等不同装饰制成不同种类的工艺品。其品种门类繁杂，按造型分为篮、篓、盘、罩、罐、瓶及纸伞、折扇、灯笼、屏风、动物、人物等生产生活器具和艺术品。其工序繁杂，主要有制篾、防潮霉虫、染色、油漆等十几道工序，多为手工完成。2000 年被列入福建省第二批非物质文化遗产名录。2010 年叶云飞成为该项目福建省代表性传承人。

省级非遗岩溪珪塘祭祀民俗 南宋末年，英勇抗元、宁死不降的陆秀夫在广东崖山海战兵败后，背负年仅 9 岁的皇帝赵昺连同玉玺，愤然投海殉国。当时身为长泰县尉的珪塘叶氏开基始祖叶棻积极督办粮饷，支持前方文天祥、张世杰和陆秀夫的抗元活动。其子叶耆然在山东威海卫为了抵抗元兵入侵英勇献身。后来，叶氏族人将文天祥、张世杰、陆秀夫合尊为“宋朝三君子”，又称“九龙三公”。明弘治末年（约 1499—1505），岩溪珪塘普济岩移建后，珪塘叶氏在普济岩崇祀“三公”，并于每年农历正月十七日举行“三公下水操”民俗活动。活动时，6 名赤身壮汉在锣鼓唢呐声中抬着陆秀夫神像的神轿直奔庙前池塘，跃入水中，颠簸前进，呐喊着绕池而行。神轿在水中左右晃动，一会儿露出水面，一会儿沉入水下，再现当年陆秀夫背着年幼皇帝跳海，不甘被俘虏，在水中继续与敌斗争的情形。2007 年列入福建省第二批非物质文化遗产名录。

省级非遗提线木偶戏（浦城县）及其代表性传承人　提线木偶戏（浦城）原名传子木偶戏，清顺治年间（1644—1661）诞生。演出的节目自隋朝开始，按朝代次序传演，直到明朝为止，内容为每朝历史故事，故称传子。提线木偶戏根据《水浒传》人物制作 108 个木偶，每个木偶配一块提线板，板上拴 11 根提线，木偶操持灵活自如。有一木偶称郭公，浦城话称王乞止，类似戏班中的丑角。唱腔为江西弋阳赣剧高腔，同时又唱歌谣，称歌谣腔。歌谣有 18 首，男女声歌谣各 9 首，用掺有浦城方言的“官腔”演唱。其道白用掺有浦城方言的“官腔”，唯郭公上场用浦城方言。提线木偶戏班艺人有 4~5 人，其中主台 1 人兼报幕，上手 1 人操器乐，鼓师 1 人，提线 1~2 人，每人均要会唱。2008 年列入南平市第一批市级非物质文化遗产代表作名录（以“传子木偶”申报），2009 年列入福建省第三批非物质文化遗产名录。2010 年叶扬忠成为该项目福建省代表性传承人。

省级非遗工夫茶（政和）制作技艺及其代表性传承人　政和工夫茶初制经萎凋、揉捻、发酵、烘干等工序，成品茶系以政和大白茶品种为主体，适当拼配由小叶种茶树群体中选制的具有浓郁花香特色的工夫红茶。在精制中，对两种半成品茶须分别通过一定规格的筛选，提尖分级，分别加工成型，然后根据质量标准将两茶按一定比例拼配成各级工夫茶。2017 年列入福建省第五批非物质文化遗产项目（扩展）名录。2018 年叶昌飞成为该项目福建省代表性传承人。

省级非遗闽东根雕工艺（蕉城叶石和根艺）及其代表性传承人　蕉城叶石和根艺在创作上强调根材的天然造型，在工艺上采用传统古法处理，注重表现根材的本色、纹理，端庄凝重、古朴高雅，地方特色显著。同时巧借朽木残根的形态特点，运用现代雕塑的思维方式、造型风格和表现手法进行构思立意，对舍去的截口和须要改变原有形态的局部，运用现代雕塑的各种技艺进行加工，不留刀痕凿迹，具有较高的技术价值。2008 年列入宁德市第二批非物质文化遗产名录，2011 年并入根雕（福安、蕉城）列入福建省第四批非物质文化遗产名录。2011 年叶石和成为该项目宁德市代表性传承人。2019 年叶陈旺成为该项目宁德市代表性传承人。

市级非遗平和芦溪咸菜腌制技艺及其代表性传承人　芦溪咸菜腌制要精选芦溪产的芥菜，经过砍菜、去杂、剖菜、晾晒、揉搓、加盐、团菜、入瓮、贮存等多道工序，贮藏 1 个月之后，咸菜产生甘酸甘甜效果，为最佳口感。1993 年在福建省名优特产品展销会上获“最畅销产品”奖。2018 年列入漳州市第七批非物质文化遗产名录。叶林青成为该项目漳州市代表性传承人。

市级非遗长泰珪塘元宵点灯民俗　珪塘叶氏家族的元宵点灯活动自明代以来渐已成俗，至今 500 多年。珪塘叶氏始迁祖叶菜饱读诗书，忠贞报国。为了纪念先祖丰功伟德、激励后人勤奋进取，族人中第一次有男孙的爷爷（新公）在元宵节期间都要到祖祠“追远堂”点灯。从 20 世纪 90 年代初开始，族人中只要考上大中专院校以及家里有新添人丁（不论男女）的都可以在祖祠点灯。同时还开展“孝子”“孝媳”和“五好家庭”的评选表彰活动。点灯活动从正月十三日持续到正月十九日，24 小时亮灯，其间还有送灯、结灯、游灯和钻灯脚等活动。2017 年列入长泰县第六批非物质文化遗产名录，2018 年列入漳州市第七批非物质文化遗产名录。

市级非遗泉州小吃制作技艺（酸菜面）及其代表性传承人　泉州小吃酸菜面由叶燕福始创于清宣统二年（1010 年）。100 多年来，历代传人沿袭祖辈手艺，代有创新。第四代传人叶锦龙在烹煮技艺中兼具传承与创新，锅煮中加入独特爆炒技艺。酸菜面汤汁浓郁，口感酸爽，面身筋道，香味诱人。2016 年列入泉州市第五批非物质文化遗产名录。叶锦龙成为该项目泉州市代表性传承人。

市级非遗建阳漳墩贡眉白茶制作技艺及其代表性传承人　漳墩贡眉白茶制法独特，不经炒、揉，直接萎凋而成片叶茶。主要制作工艺包括采摘、萎凋（凉筛—拼筛）、拣剔、匀堆、烘焙、装箱。成茶外表满披白毫，呈白色，属轻度发酵茶类。2014 年列入南平市第五批非物质文化遗产名录，2015 年叶赞喜成为该项目南平市代表性传承人，2019 年叶飞龙成为该项目南平市代表性传承人。

市级非遗寿宁犀溪元宵竖灯茶习俗 竖灯茶习俗始于清康熙晚期，传承至今已 300 多年。寿宁犀溪（北浦）村叶氏族内凡上年或元宵节前生育男孩的人家，在元宵节那天早上，亲朋好友就会在其家门口竖竹挂灯，以示贺喜。当天下午主人在厅堂桌上摆满丰盛的茶点。先期走家串户赶热闹的主要是孩童，主人会接待他们喝糖茶，吃糖果。正式的"竖灯茶"是从当天晚饭后开始，亲朋好友、邻里乡亲会带上烟花爆竹陆续前往添丁增口的人家登门贺喜，主人燃起烟花爆竹热情接待，致谢问候，递烟敬茶，双方互祝"添丁发财"，接着主人便请贺客入席，先品尝"竖灯茶"，再上酒水佳肴，共进元宵晚宴，以表谢意。等主人送走最后一批客人，已过午夜。于是，主人家便请竖竹挂灯、张罗筵席的亲朋好友和族里的长者一起来"圆灯"。次日上午，添丁的人家还要邀请街坊邻居和房亲族友中的成年妇女共进"竖灯茶"早宴。宴毕，元宵"竖灯茶"活动随之结束。此外，过去犀溪村元宵"竖灯节"另有"换烛"（又称"拔烛"）这一环节，即在元宵节午夜过后，亲朋好友中的热心人会拿一双红烛前往临水宫或"社主坛"（当地人俗称"大王庙"）换回一双燃烧未尽的红蜡烛，送往已婚未育妇女的寝室，预祝其早生贵子。接受祝福的人家便燃起鞭炮，热情将他们迎进，并用酒肴款待。2018 年列入宁德市非物质文化遗产名录。

第八节　名胜古迹

叶向高乌山摩崖石刻 位于福州乌山风景区内天秀岩，内容为明首辅叶向高应薛氏后人邀请和作的七律诗一首并记。幅高 2.85 米，宽 2.1 米，草书，字径 0.13 米，纵 7 行，共 88 字。1961 年列为福建省第一批文物保护单位。

叶向高瑞岩山摩崖诗刻 位于国家 AAA 级旅游景区福清瑞岩山瑞岩寺左侧岩壁，内容为叶向高七律诗《谢政归来》，幅高 1.9 米，宽 1.1 米，行书，纵 9 行，共 104 字，字径 0.09 厘米。1985 年列为福建省第二批文物保护单位。

政和遂应场银矿遗址 分布在政和县岭腰乡锦屏村（叶姓聚居地）东北的山谷中，采银始于宋绍兴三十二年（1162 年），封闭于明正德十六年（1521 年），前后延续 359 年之久。现遗留 13 个矿坑、170 余个矿洞，范围约 3 平方千米。矿洞巷道纵横交错，宽窄不一，形成洞中洞、洞上洞、洞下洞、洞洞相通的奇观。2005 年列为政和县文物保护单位，2018 年列为福建省第九批文物保护单位。

叶向高石竹山摩崖石刻 有两处，均位于国家 AAAA 级旅游景区福清石竹山。一处在牛路蹄洞山岩壁，摩崖石刻明首辅叶向高七律诗《登石竹岩》，幅高 1.9 米，宽 1.1 米，行书，纵 10 行，共 112 字，字宽 0.11 米，高 0.14 米。一处在紫云洞右岩壁，摩崖石刻叶向高七律诗二首，幅高 4.2 米，宽 2.1 米，行草，纵 11 行，共 189 字，字宽 0.13 米，高 0.15 米。1981 年列为福清县第一批文物保护单位。

福清豆区园 位于福清市融城镇官驿巷内，是叶向高的花园兼书院。建于明万历年间（1573—1620），全园面积近 200 平方米，园内有书院、亭阁、假山、鱼池、拱桥等，种有佳树名花，景物错落有致。还有闲云石题刻，石高 4.9 米，宽 2.35 米，厚 0.35 米，青灰间白，状如宽扁的鲤鱼。石正面刻篆文"闲云"二字，背面刻五行楷书："此石来自海上，酷似一片云。或谓似鲤，鲤能化龙，云从龙耶，爰为之铭：为云为龙，变化何穷！起沧海，升层穹，壁立乎此中。"1981 年列为福清县第一批文物保护单位。

长乐沙京龙泉寺 位于长乐市鹤上镇沙京村莲花山麓。南朝梁承圣三年（554 年）始建，初名西山寺，唐咸通年间（860—873）赐龙泉寺之额，明万历年间，僧人叶宝丰与县丞叶时敏等地方官修复。叶时敏儿子叶有禄与住持僧隆琦同建弥陀殿、观音堂等。清顺治二年（1645 年），首创日本黄檗宗的隐元禅师来寺住持。咸丰八年（1858 年）重修。坐西北向东南。现存建筑有山门、前殿、大雄宝殿及左右厢房。前殿单檐悬山顶，大殿垂檐歇山顶，均为木构，殿内竖立 16 根高 5.65 米、周长 1.96 米的石柱，柱础、础盘保留唐代构件，屋顶部分保持清代重建时的原貌。1983 年以来，在保持原貌的基础上重修、扩建，重建和新建大雄宝殿、天王殿、山门、法堂、钟鼓楼、达摩祖师堂、藏经楼、斋堂、放生池、观音堂等。全寺占地面积 1 万平方米。中国佛教协会原主席赵朴初题“沙京龙泉寺”横额。寺周有“流米佛”“中丞石”“龙井”等古迹，还有许多古代名人题刻。1984 年列为长乐县文物保护单位，保护范围包括寺周边摩崖石刻。

闽侯《凤山书院碑记》碑刻　位于闽侯县荆溪镇港头村凤山书院内，制于清乾隆五十七年（1792年）。碑高 2.15 米，宽 0.81 米，厚 0.13 米。碑系青石，中间纵向断裂，已修复。碑篆额“凤山书院碑记”，字径 11 厘米。碑文直行楷书阴刻，字径 4 厘米。碑文末尾阴刻两个印章：一为圆形，篆体“毅庵”两字；另一为方形，隶书“叶观国印”四字，印章径长 6 厘米。2013 年列为闽侯县不可移动文物。

叶飞故里红色旅游区　位于南安市金淘镇占石村，总占地面积约 5000 平方米，以泉州华侨革命历史博物馆为中心，串联起叶飞将军故居、侨心园和虎石等景观。占石村是开国上将叶飞的故乡，以及第二次国内革命战争时期“安南永”中心县委金淘工委会所在地，是闽南地区著名的革命老区。红色斗争历史留下中共金淘工委会旧址、占石农会旧址、红二军游击队队部、叶飞故居、叶飞母校、烈士叶忠故居、烈士叶老洗故居、红二军游击队医院、红军洞、红军埔等遗址和华侨革命历史博物馆、革命烈士纪念碑等诸多红色遗迹，是一处集爱国主义教育、国防教育、廉政教育、党的群众路线教育于一体的红色旅游区。2014 年列为国家 AAA 级旅游景区，2015 年列为福建省旅游特色村，2016 年列为福建省美丽乡村示范村，2017 年列为全国第一批红色基因名村。

政和锦屏风景区　位于政和县岭腰乡锦屏村（叶姓聚居村），面积约 10 平方千米。村内有虎头飞瀑、状元杉王、千手观音、绿岛听松、溪涧流鸣、廊桥遗梦、茶楼旧迹、大白茶王、岩韵茶香、矿洞神工、起义遗珠、雄鹰展翅、天池龙井、寿龟神游、南屏峰照、银杏秋妆、方潭含翠、村居夜曲等十八景。2008 年列为福建省百个旅游名村之一，2014 年列为第三批中国传统村落，2017 年列为全国生态文化村，2018 年列为国家 AAA 级旅游景区，2019 年列为第七批中国历史文化名村。

平和蕉路村　位于平和县芦溪镇，是叶姓聚居村。面积 21 平方千米，是革命老区基点村，也是全国重点文物保护单位绳武楼所在地。村内有各种方形、圆形叶氏土楼十多座，保存比较完整的有 6 座：丰满楼、和春楼、福庆楼、福峙楼、植璧楼、绳武楼。2014 年列为福建省乡村旅游特色村，2018 年列为福建省四星乡村旅游村，2019 年列为福建省首批金牌旅游村。

长泰珪后村　位于长泰县岩溪镇，是叶姓聚居村。村内有唐代的庙宇、宋代的宗祠、明代的城堡、清代和民国时期的民居 30 座、庵庙宫亭 10 座、楼寨桥堡 23 座、古墓 11 座、唐代古樟树两棵以及池塘、古井、牌匾、壁画、石碑、铭文等古迹。古建筑中的追远堂、棣芬堂、叶文龙宅、普济岩、楼仔厝、聚星堂、赠公祠、升厝等 8 处被列为省级文物保护单位；“三公下水操”民俗表演列入省级非遗名录，“叶氏宗祠‘点灯’”民俗活动列入市级非遗名录。2016 年列为第四批中国传统村落、福建省第五批历史文化名村，2017 年列为第五届全国文明村、漳州市十佳最美古村落，2019 年列入全国乡村治理示范村名单等。

建瓯党城村古民居群　位于建瓯市东游镇党城村（叶姓聚居村）。村内完整保留着一条青石条铺成的千米古街，有明清古建筑 80 多栋、两万平方米，以砖木结构为主，即内木承重和外砖、生土墙相结合。以二厅三进或三厅四进为单元，采用中轴线贯穿、左右对称的分进式空间布局。古民居雕刻种类分为木雕、砖雕、石雕。木雕主要集中在梁、架、柱头、斗拱、雀替、窗罩等；石雕一般装饰在门枕石、天井铺石、柱础等。雕饰作品题材有人物类、器物类、文字类、花卉植物类和祥禽瑞兽类等。厅堂和拱斗雕刻多用矿物质颜料彩绘。有君子乡古门、佑文书院、紫竹林、林公殿、护龙寺、叶氏祠堂、古渡口遗址等十大景观。还有关庙丹青壁画、宅邸石雕门联、闺房砖砌楼板“古建三绝”及礼耕义种之斋、诰命如意砖雕、金榜题名号报、红色标语板壁“古宅四宝”。2014 年列为第三批中国传统村落，2016 年列为福建省第五批历史文化名村。

泉州南安云山宫 位于南安眉山乡高田村凌云山。宋代始建，原名慈济宫，位于高田村，现址为1993 年旅居东南亚的凌云叶氏华侨和当地凌云叶氏后裔重建。占地面积 5 万平方米，建筑面积 1.3 万平方米。坐南朝北。门楼有“圣旨”牌和“云山宫”横匾，经过门楼是用 6 根龙柱及两根花鸟柱并 14 根花岗石柱架空而建的朝圣亭。与朝圣亭连接的是第一殿“真主宝殿”，殿内有 3 个并列的神龛，祀 3 尊凌云叶氏先祖“忠应威武英烈惠泽尊王”叶森神像。第二殿前有 4 根龙柱撑起的飞檐翘角敬奉台，殿内又分为三大殿，中殿为“灵霄宝殿”，祀玉皇上帝；左殿为“崇先殿”，祀尊王父母“太王、太妃”；右殿为“进生殿”，祀注生娘娘，左右两边分别祀 36 位星君。殿前建有一座八角三重檐的观音阁，阁前有放生池和平安万寿石拱桥。第三殿由 3 座并列式大殿连接建成。中殿为“三清宝殿”，祀道教三清教主，左右配祀东华帝君、瑶池金母；左殿曰“大雄宝殿”，祀释迦牟尼、阿弥陀佛、药师佛，两边配祀文殊、普贤、观音、地藏四菩萨及 18 位罗汉尊者；右殿曰“圆明宝殿”，祀斗姥元君、南北二斗星君、文昌帝君、大魁夫子、五路财神、关圣帝君和六十甲子星君等。

第五章　人　物

第一节　人物传

叶　颢（581—?）　也作叶灏，字商辅，祖籍南京。少苦读诗书，颇有天赋。唐初任银殿光禄大夫、御史中丞兼威边大将军。曾应征松江、海南等地平寇，任海南提抚，后遭奸人谗言，奉旨携眷入闽定居，任首任建州刺史，为福建富沙叶氏始祖。唐初武遇作乱，叶颢捍城阵亡，民为之立祠祭祀。

叶　京　谱名叶希京，字垂孙，建安（今建瓯市）人。工辞赋，唐咸通二年（861 年）进士，因殿试时才华出众，御赐“茂才”，后人将其家乡“南乡”改名“南才里”。《闽书》记载，叶京中进士后骑马出游，路遇监军，因与其相识，在马上相揖，遂遭谤议，沉废终身。官太常博士。

叶　翘　字实侨，永泰人。曾为闽国六军判官，王继鹏登闽王位时（936 年），调升叶翘为内宣徽使，待以师礼，尊为“国翁”。因谏王继鹏耗巨资造紫薇宫，触怒王继鹏，被免职放归永泰。

叶棐恭　也作叶斐恭、叶匪躬，字正之，南平人。北宋庆历六年（1046 年）进士。曾任江西永丰县令，多善政。主持兴筑县之东憧陂，民得灌溉之利。皇祐中（1049—1054）知长兴县，累官检校都官员外郎，哲宗元祐（1086—1094）初以朝议大夫知严州，累赠金紫光禄大夫。迁居平江（今苏州）。

叶康直　字景温，建瓯人。北宋皇祐五年（1053 年）进士，在任光化知县时，教百姓用陶土烧瓦筑屋，避免原来编竹建屋常见的火灾。当时丰稷为谷城知县，亦以治绩显，民谣曰：“叶光化，丰谷城，清如水，平如衡。”曾颁布施行利民的农业新法，深得百姓拥戴。任司农属官，历任永兴、秦凤转运判官，调任陕西，升任提点刑狱转运副使。神宗时（1068—1085），五路兵西征，叶康直主管泾原粮道。元祐元年（1086 年）升迁龙图阁，知秦州。西夏侵扰甘谷时，叶康直指挥诸将设伏以待，杀了西夏两个头领，自此西夏不敢犯境。因功升宝文阁待制、陕西都运使，叶康直却愿为亳州知事。在亳州任上，建水库，疏通沟渠河道，获田数十万亩。后提升为兵部侍郎。卒于任上，年 64 岁。

叶安节（1039—1112）　字亨之，浦城人。北宋治平四年（1067 年）进士。任鄞县主簿时，建海晏、太邱、灵岩三乡水利工程，使工程竣工，三乡获利。升任诸暨知县，发奸摘伏，政号神明。政和三年（1113 年）任定海知县，后任陕西转运司公事，调为诸王宫大小学教授，迁太府丞，移知吉州、袁州，官至朝散大夫。晚年回故乡在皇华山麓首创书院。

叶祖洽（1046—1117）　字敦礼，泰宁人。北宋熙宁三年（1070 年）状元。签书奉国军节度判官，由国子监丞出知湖州，渐次擢为兵部职方司员外郎，曾上书改家乡“归化”为“泰宁”。因支持王安石变法被流放，哲宗复行新法后召回任给事中，因力言王珪于册立时有异论，而深明蔡确有定策之功，又被降职。徽宗时权吏部尚书，任内竭力选拔合适人才，支持曾布改革。崇宁元年（1102 年），曾布被贬知润州，叶祖洽也随之出知定州。将赴任时，他在徽宗面前再次陈述己见，激怒了徽宗，被认为躁妄而降为集贤殿修撰提举冲祐观，列入元祐党籍。至政和（1111—1117）初才召知洪州，继改知亳州，终加徽猷阁直学士衔。

叶　棣　也作叶隶，字彦成，浦城人。北宋熙宁六年（1073 年）以礼经登进士。除秘书省正字，迁校书郎，入馆。授礼部员外郎。元丰三年（1080 年）罢太学博士。徽宗崇宁初（1102 年）知明州，崇宁四年知福州，大观元年（1107 年）知润州，大观四年知湖州。政尚平易，民甚安之。卒谥“忠愍”。曾纂修《富沙叶氏族谱》。

叶　默　字彦思，建瓯人。北宋元丰五年（1082 年）进士。朝议大夫，徽宗时任宗正寺丞，升迁至朝议大夫，任泗州知州，适值朝廷下诏改“宣梵院”为“神霄宫”，叶默上奏极论崇信方士广建真馆之非，被贬到彬州。后来恢复官职，才行动自由。死后追赠通议大夫。

叶　确　字文昭，仙游人。北宋元丰八年（1085 年）进士。朝散大夫，常平公事。时同乡蔡京当国，叶确虽与蔡京有内姻关系，因知其必败，未尝一次登门拜访。蔡京想推荐他当苏州太守，约他一见，叶确不为所动，挂冠而去。不久，蔡京果然垮台。叶确官终河北提举。

叶　常　字权之，浦城人。宋绍圣四年（1097 年）进士。授太学正，迁博士，大观（1107—1110）初除太常博士，迁工部员外郎，多次请求奉祠补外，后出知河中府。

叶　焕　浦城人。官浙东安抚使，历知绍兴、池州、扬州。绍兴中（1131—1162）知池州时，曾申请招 2000 名土人充守御，勇敢以备。境内由是沿江以安。建炎三年（1129 年）以朝散大夫知镇江府，充徽猷阁待制，充浙西路安抚使，后落职提举亳州明道宫。

叶　份（1076—1147）　字成甫，南平人，迁居苏州，以荫入官。南宋建炎三年，除秘阁修撰，充江淮发运副使，试户部侍郎，专一措置财用。陪同高宗到越州（今属浙江绍兴），夜得杜充败奏，叶份坚持主浮海，议遂决策。陪同到四明（今属浙江宁波），官吏奔散，叶份独自冒万死拱卫，敢于大胆献策。迁户部尚书，多次上言州县弊政和民间大事。后来以龙图阁直学士出知泉州。政事简俭，上下安定。

叶庭珪　又作叶廷珪，字嗣忠，建瓯人。宋靖康年间（1126—1127）转知德兴县。张邦昌伪诏至，拒不接受。任福清知县时，制《煮盐利害图》，创增盐价，使民获利，其他州县也纷起效法。绍兴十八年（1148 年）秋，因得罪秦桧而放任泉、漳二州，其为政“清静简易”。叶颙、陈俊卿、黄祖舜、郑丙等人皆出其门下。

叶　顗（1097—1126）　字伯严，仙游人。生性“尚义好谋，习骑射”。常以报国之志自勉。北宋宣和年间（1120—1125）投在太学博士弟子员。靖康元年（1126 年）官授承节郎。是年秋，因金兵分道入侵宋国，随刘延庆守京城东北角。看到势不可支，遂遣弟叶颙回乡归养父母，金兵围城，登城力战而亡。

叶南仲　字晋明，侯官（今闽侯县）人。历知新州（今属广东新兴）肇庆军州事。南宋淳熙二年（1175 年）任福建提刑，见官场贿赂成风，向朝廷建议核定政府官员人数，高薪养廉，得到采纳。其为人正直，有文采。

叶　浓（？—1128）　南宋起义军首领，原为建州禁军军校。建炎元年（1127 年）因转运司迟迟不发“卸甲钱”而参加兵变。建炎三年起义军首领张员等 6 人被斩，众人推举叶浓、叶明珍为首领，六月再次举行兵变，叶浓带领数千人，杀官吏，夺官印，突城而出，破古田，占福州。七月转战宁德、霞浦，兵还建州。八月北攻政和。九月陷浦城，所向披靡。十一月朝廷增重兵讨伐，叶浓兵败东走，十二月投降。不久再次起义，被杀。

叶　荐　字宋颖，建瓯人。初任侯官县丞，南宋绍兴中为福建安抚使司幕僚。时长汀“寇乱”，叶荐被派往招安，直往巢穴，谕以祸福，寇悉听命。绍兴十四年（1144 年）知罗源县事，主持修筑白柯海滩海堤，围垦白柯塘，民受其益。当时朝廷有规定，官获强盗至 20 人者受赏。叶荐宽容为政，有所捕获，多从轻发落，不以为功。

叶　颙（1100—1167）　字子昂，仙游人。初授南海县主簿，巡检获盗十余人，升信州贵溪知县，历知上虞县，迁司农寺丞，除处州知州、常州知州、吏部侍郎。乾道二年（1166 年）知枢密院事，拜尚书左仆射，建议裁汰冗兵、精简机构，以节国用，被孝宗采纳。在宰相任内，清廉公忠，多有善政。曾奏请朝廷免征沙田、芦场赋税，免除兴化军“犹剩米”等，减轻人民负担。向朝廷推荐汪应辰、王十朋等名士。乾道三年罢相。谥“正简”。

叶　绾　字公叔，侯官人，一说为泰宁人。初授汀州宁化县尉，后升浙江处州推官，南宋绍兴十七年（1147 年）任处州龙泉知县，能判断真伪，晓以道理。先前，县佐强迫输纳赋税，叶绾查明情况后予以免除，百姓称颂。后知建安县、处州通判。

叶文炳（1150—1216）　字晦叔，号馥圆，浦城人。任晋江主簿时，汀漳边界豪民相仇敌，乘机倡乱，叶文炳挺身而出，用道理折服他们。任筠州（今江西高安）录事参军时，发生边事，叶文炳振奋兵士，尽力把白州收复。在晋江，掌管刑狱和船舶事，拒绝贿赂，不迁就公卿贵人的请托。嘉定四年（1211 年）任仙游知县，决断了积压多年的案件，改判了一些死刑案件，又增发粮米，培养读书人。

叶立志　字仲愿，仙游人。任南安县尉时，县里发生命案，叶立志奉命验视。但见一尸无首，人人皆说难办。叶立志不畏困难，于溪北寻找到人头，终于擒获凶手。后改任上饶知县，有廉声，官至惠州通判。

叶　莫　字实之，侯官人。南宋庆元二年（1196 年）进士，知处州遂昌县时，修复经界，民蒙其利。后迁宣教郎，签书武冈军（今湖南武冈市）判官。嘉定十七年（1224 年），武冈军发生叛乱，叶莫以防火为名，设计将匪首蒋宗等人捉拿并枭首，其他同党无一人漏网。历任赣州、泉州、江西等处运使、吏部郎中、直秘阁，终中奉大夫，封侯官县开国男。

叶味道（1167—1237）　原名贺孙，以字行，又改字知道，别号溪山，祖籍浙江温州。任鄂州（今湖北武昌）教授。宋理宗时访朱熹之徒及所著书，经地方安抚使推荐，主管三省架阁，并担任宗学谕。因学识渊博，被任命为太学博士兼崇政殿说书。著书立说，为南宋理学木钟学派的代表人物。嘉熙元年（1237 年），宋理宗赐墨“恩光”二字，迁秘书著作佐郎。卒谥“文修”。

叶　湜（1168—1227）　字子是，建瓯人。任新化主簿，后任承仕郎、惠安县丞。真德秀知泉州府时，称叶湜“居官有特操”。叶湜任职终于安仁令，壮年时到朱熹门下游学，为人磊落光明。

叶　棠　字次魏，号万竹，莆田人。以祖叶颙荫官，累迁邵武知军，升为太府丞。知台州，南宋绍定元年（1228 年）权浙东提举，遇大水，城几圮，冒死雨中抢险，筑堤以防水患，城赖以全，台州人立其生祠。升宝谟阁直学士，兼权绍兴府及浙东安抚使。绍定六年，进徽猷阁直学士。知宁国府，召为将作监。

叶　森（1189—1209）　南安人。自幼颖悟，喜道门秘法。独居凌云堂，预知时事，颇有奇中。英年早逝，宋宁宗敕封为“威武惠泽尊王”，乡人立庙祭祀之，在闽南地区及海内外信众颇多。

叶彦昞（1200—1266） 字汝潜，号南林居士，莆田人。南宋时以荐迁政和、南海等县，有政绩。淳祐三年（1243 年）再领两浙漕举，累迁司农寺丞，提举广南市舶。宝祐五年（1257 年）差知邵武军。重视教育，百姓在县学立祀纪念。官至奉直大夫。

叶大有 字谦夫，仙游人。历任英德府教授、国子学录、正言兼侍读、左司谏、侍御史、右谏议大夫、宝章阁直学士等职。为人耿直，能言敢谏，献《备边三策》，宋理宗御笔大书“教忠”二字赐之。宝祐元年（1253 年）除刑部尚书，辞免。

叶 采（？—1260） 字仲圭，一字平岩，邵武人。授邵武尉、景献府教授，迁秘书监、枢密检讨，知邵武军，官至翰林侍讲。尝论郡守贪刻之害，宋理宗嘉纳之。

叶尧蓂 一作叶尧明，字廷瑞，武夷山人。任鄂州通城县尉，以捕获悍贼王刘有功改秩，历知广东清远、将乐二县。曾论福建盐弊，及进兵财、宰相进取、风俗论，终南安军通判。

叶武子（1168—1246） 字成之，号息庵，邵武人。受学朱熹，补太学生。在金兵压境的情势下，朝中有人主张用盲目“北伐”导致战败的韩侂胄头颅与敌方议和，叶武子带领太学生到宫门外请愿抗争，认为那样有损国家的尊严和体面。南宋嘉定七年（1214 年）进士，调郴州教授。历国子正，知处州，入为宗学博士。尝以福建保长催科害民，上书朝廷请求罢之。任建州郡丞时慷慨解囊，将同僚叶大庆所著《考古质疑》付梓。淳祐初（1241 年）加直龙图阁，寻加秘阁修撰。

叶元玉 字迁玺，号古崖，清流人。明成化年间（1465—1487）任户部侍郎，弘治十二年（1499 年）出任潮州知府，重教化，整饬吏治。主持修建北堤，使“二百年来民免水患，厥功实巨”。其同年潮州籍大理寺少卿吴一贯向其求取“澳田”开耕，但澳田是倭寇船只依栖之地，开耕澳田会引来倭寇劫杀，素来为潮州之大患。叶元玉坚执不从，附书奉劝。吴一贯得书大怒，诬陷叶元玉。朝廷听信谗言，将叶元玉罢职。

叶逢阳 字子泰，松溪人。明正德年间（1506—1521）任平阳知县，嘉靖初（约 1522 年）改任广信府同知，后升郎中，为官清正，屡遭构陷。皇帝派他主持修建上清宫道观和致一真人邵元节住宅。竣工后，叶逢阳反对内臣侵吞剩余 6 万两银，而被捏造罪名下狱，后邵元节为之上疏辩白，才得解脱。

叶 亹 字世黾，号龟峰，诏安人。明正德年间任江西南城知县，清操廉正有贤声。百姓为其立“去思碑”。调都察院都事，转任经历。积极促成朝廷于嘉靖九年（1530 年）批准析家乡置诏安县。嘉靖十年升任河南按察司佥事，除奸剔蠹，扶善植良，所部肃然。嘉靖十三年升任广西布政司参议。

叶 奇 字宏伟，闽县（今福州）人。明正德年间任御史。嘉靖初年（约 1522 年），因“大礼议”事件被施杖刑。不久，任两淮巡盐。后居丧守孝，期满，历任应天、贵州、云南巡按。在云南时，巡抚凌相摄取象牙、样金数以百计。叶奇弹劾他，执政者受凌相贿赂，反而定叶奇的罪，令他辞职归田。

叶朝荣（1515—1586） 字良时，号桂山，福清人。明万历四年（1576 年）任江西九江通判，清正廉洁。任瑞昌、彭泽知县，疏浚河道，修建城墙，重视教育，奖掖后进，修成《九江县志》。万历十年升任广西养利州知州，任内复筑城、建学、凿陂塘、垦田、导水，经画创置，皆贻民百世利。士民立祠以祀。

叶向高（1559—1627） 字进卿，号台山，晚年自号福庐山人，福清人。明万历（1573—1620）、天启（1621—1627）年间，两度出任内阁首辅大臣。叶向高任内阁首辅时，请求朝廷增阁臣、补缺官，整顿吏治，铲除积弊，使花销长达 30 多年的“买办银”停止，户部因此每年节省 20 万两的支出。叶向高还多次建议朝廷蠲免赋税，实行赈灾。尤其是他力谏朝廷撤回辽东税监高淮、福建税监高寀，减轻了广大民众的负担。叶向高善于决断大事，积极为万历皇帝出谋划策，更对维护太子正统、遏制魏忠贤的势力起到不可替代的作用。崇祯（1628—1644）初追赠太师，谥“文忠”。

叶时敏（1554—1615） 字志卿，长乐人。明万历年间两任乌程、归安教谕，清修自励。在乌程任教谕时，某豪家以私怨加害无辜考生，阻其入试。叶时敏一夜十次往郡府力争，该考生才获准参加乡试，结果成绩优异。叶时敏常用自己的束修收入资助贫生，升广东程乡县知县后，士子为立去思碑。历任太平府永康知府、衢州府同知、终山东运同。

叶翼云（1610—1648） 字载九，一字敬甫，厦门市湖里区人。明崇祯年间任吴江知县。崇祯末年国库空虚，有官员提议根据田亩增加赋税。叶翼云上书抗辩，吴江百姓因此免除税粮6万多石。任满考核，拟提拔进入京城。权臣吴昌时却以催科不及格为由阻其晋升。吴江百姓闻讯后一片哗然，于是争相交税。未满十日，完粮27500余石。清顺治五年（1648年）奉郑成功之命死守同安城。城破，与弟叶翼俊、叶翼青及全家老少一同殉难。

叶国鼎（1658—1736） 号紫园，闽县人。自幼习武，通经史、熟韬略。及壮入伍，参与平定“三藩之乱”，累功升任闽安协守备。清康熙十五年（1676年）耿精忠再次降清后，叶国鼎率部与进逼福州的明郑部队作战。康熙十六年正月，南下兴化，攻取漳、泉诸地。康熙二十二年任福建水师右营游击，率部随施琅收复台湾，战后加左都督，并升闽安水师协游击。后以都督佥事营建宁协镇府，剿绝巨盗，为民除害，编保甲，让百姓安居乐业。康熙四十六年任澎湖水师协副将，对台、澎、钓鱼岛等36个岛屿实行有效管理。康熙四十九年调闽安协副将，康熙五十年调补福建水师中军威略将军。诰授荣禄大夫。

叶观国（1720—1792） 字家光，号毅庵，晚年又号存吾，福州人。清乾隆时（1736—1795）授翰林院编修。历任翰林院侍讲、侍读、侍讲学士、侍读学士、日讲起居注官、上书房行走、国史馆纂修等职。屡典乡试、会试，历任河南、湖北、湖南、云南、四川乡试主考官，辛丑科武会试总裁，任安徽、云南、广西提督学政。归里后主讲清源书院，购置“双榕书屋”，生平藏书达6万余卷。开创福州“五子登科”和“五世八翰林”的先河。

叶时茂 字允丰，号得溪，厦门同安人。年轻时拜师习武，勤学不辍。清乾隆二十八年（1763年）武科会元，殿试一甲第三名。历任二等侍卫行走、广西柳州游击、融怀参将、新大副将，居官廉洁奉公，军纪严明。乾隆末年致仕居家。时地方不靖，叶时茂率随从生擒贼首。

叶观潮 字文雷，又字晓厓，号丹厓，闽县人。清嘉庆四年（1799年），协助布政使康基田督治南河，后补淮安海防同知。嘉庆七年，徐州唐家湾出险，河督吴璥调其赴任外河同知。嘉庆十年，河水暴涨，情况紧急，叶观潮督率属下并力防护。后升河东河道总督。因微山湖水位连年下降，叶观潮率众疏浚水道，储蓄湖水，令运道畅通，朝廷赏其兵部侍郎衔。嘉庆二十五年，以仪封滑坡被夺职，留工督办善后事宜。道光九年（1829年）仪封工竣，以道员归部选用。未及到任而卒。

叶申蔼（1769—1834） 字惟和，福州人。清嘉庆年间（1796—1820）任无锡知县，执法严明，捐款整修文庙、崇正书院等处。充江南乡试同考官。归里后，倡义局，捐义缘，助修圣庙。道光十三年（1833年）福州大旱，叶申霭急偕乡绅请官府开仓平价售米，并自愿出钱千缗筹米佐官府接济。

叶申万（1773—1831） 字惟千，号芷汀，福州人。清嘉庆时授检讨，充文颖馆纂修，协修《全唐文》。嘉庆十八年（1813年）任湖南副考官，嘉庆十九年补山东道监察御史，转掌山西道，不久掌京畿道兼巡街道。曾上奏各省落库借款、擅行挪借现象严重，易滋弊混，请旨严饬清厘，得嘉庆皇帝认可。授广东高廉兵备道，修缮高州府城，重修《高州郡志》，建则喜亭于城东观，添建梅坡书院，增额百余人。

叶滋森（1823—1883） 字与端，晚号补园，福州人。清咸丰年间（1851—1861）授仙游县学训导，改知县，分发江苏。同治年间（1862—1874）署震泽，调江浦。三任靖江知县，重修钟楼，兴修水利，铺路修桥，受诬归。靖江百姓建叶公亭以资缅怀。

叶大庄（1844—1898） 字临恭，号损轩，又号逊父，福州人。清同治年间（1862—1874）为内阁中书，改靖江知县。中法马江海战时丁忧在家，协力办团练，组织乡人抗击法国侵略，后论功补用同知，升知府。曾入张之洞幕府，参与洋务运动。光绪二十三年（1897 年）任邳州知州，时邳州遭洪灾，叶大庄积极上奏灾情，争取钱粮，并广筹资金，亲送钱粮到户，终积劳成疾，卒于任上。

叶豆仔（1845—1942）　女，又名斗姑，厦门同安人。擅长配制各种药散，治疗小儿时行热症、惊风、白喉、麻疹、“猴损”（重度消化不良）、黄疸等危重病症，对“尸厥”（休克）病症有独特的疗法。民间尊称她“先生妈”。鼓浪屿工部局曾派员赠挂牌匾，叶豆仔对贫穷患者均施医赠药，秉此宗旨，终其一生。

叶伯鋆　字鹤坊，福州人。毕业于福建船政学堂第一期驾驶班。沈葆桢督两江，调其为“登瀛洲”舰长。清光绪八年（1882 年）朝鲜京城之役，叶伯鋆随南北洋水师赴援。光绪十年，法舰侵沿海，朝廷令其领留防诸舰守江阴，事平，升为“南瑞”舰长，后官至总兵，随补授吴淞营协镇，在任三年余，调任“建安”“建威”两快舰统带。

叶祖珪（1852—1905）　字桐侯，福州人。清同治十年（1871 年）福建船政学堂第一届毕业，光绪二年（1876 年）第一批留学英国。归国后，历任“镇边”“靖远”管带，参加光绪二十年中日甲午海战，所领“靖远”舰在甲午海战中一度作为旗舰指挥舰队。北洋水师覆灭后被革职。光绪二十五年撤销革职处分，加提督衔，授北洋水军统领、浙江温州镇总兵、广东水师提督。光绪三十年奉旨总理南北洋海军兼广东水师提督，首次统一清朝南北海军。诰授振威将军。

叶殿铄（1852—1907）　原名在和，字仲波，福州人。同治六年（1867 年）考入福建船政艺圃第一届，光绪三年（1877 年）受清政府派出留洋，先后在法国布雷斯特海军士官学堂、法国监工学堂学习。光绪四年又去德国研修鱼雷制造，是中国研习近代鱼雷技术的先驱。光绪十一年，参与中国第一艘双机钢甲舰“龙威号”建造，升为从三品武官。随后参加“广甲”“平远”“福安”等十余艘舰船的制造，及罗星塔石船坞修建。光绪二十四年起，参与福建船政第一艘新式鱼雷快舰“建威号”、第二艘新式快艇“建安号”的建造工作。逝后追授威德将军。

叶　琛（1855—1884）　字可堂，闽侯人。清光绪二年（1876 年）福建船政后学堂驾驶班毕业。光绪十年马江海战时，任“福胜”蚊子船管带，在不利的阵势下，叶琛率舰以死相拼，指挥“福胜号”调转舰身，用首炮反击敌舰，支援友舰。当舰尾中弹起火时，官兵冒死发炮反击，他面颊中弹昏迷倒下，不久又勇敢站起继续指挥战斗，督勇装炮。后被敌弹射穿肋部牺牲，入祀马尾昭忠祠。

叶在琦（1866—1907）　字肖韩，又字稚愔，闽县人。清光绪时选授翰林院检讨，派充贵州学政。光绪二十七年（1891 年）任全闽大学堂监督。光绪二十九年，又以凤池书院改名福建高等学堂，增建讲堂、宿舍，添置仪器、标本，充实设备。叶在琦着意培育新型人才，选掖优秀，送京师大学堂或赴日留学，又派教员赴日本考察。光绪三十一年奉调进京，补御史。

叶青眼（1876—1966）　原名叶拱，又名耀垣，字文星，泉州人。清末秀才，宣统元年（1909 年）加入同盟会。武昌起义后，叶青眼回泉州，与许卓然等积极筹划光复泉州。宣统三年泉州光复，叶青眼又率领学生军和敢死队配合福建军政府参事宋渊源光复安溪、南安、永春三县。1915 年为中华革命党福建支部长。因闽省反袁斗争失败，转赴菲律宾中西学校任教。1925 年，泉州开元寺创办慈儿院，叶青眼受聘回泉州担任院长。抗战初期，厦门沦陷，难民纷纷逃来泉州，叶青眼积极筹募，提供食宿医药。中华人民共和国成立后，为福建省文史馆馆员、泉州市政协第三届常委。

叶乐民（1877—1944）　原名叶兴清，字乐平、洛屏，闽侯人。清光绪三十一年（1905 年）从福建武备学堂毕业后，官费留学日本，专学军需给养。回国后任北洋政府陆军军需总监，掌管全国的军需给养，授陆军中将军衔，并兼任保定军校教官。因不愿与当局者同流合污，乃弃官回闽，任福建省清乡处总办、福建省政府参议等职。

叶定国（1881—1938）　讳兜，字硕豪，厦门同安人。1918年率徒众加入闽南靖国军，围攻同安失败后逃回莲花山，占据同安、安溪、长泰三县交界山区地盘。1921年，叶定国设团部于大同镇，包揽民讼，派捐征税。1922年被北洋臧致平师进剿，又投靠粤军东路军司令黄大伟部，任独立旅旅长，重新占据莲花山及长泰山区。1926年编入国民革命军，任第七混成旅旅长，驻莆田时被围击于枫亭，叶定国仅以身免，逃回长泰。

叶在均（1885—1954）　字乃崇，号实斋，福州人。日本早稻田大学毕业。曾任京师地方审判厅推事庭长，京师高等审判厅推事庭长，国民政府司法院第一届大法官，北京法政大学、朝阳大学、中国大学、民国大学、南京中央大学等大学教授。抗战胜利后担任最高法院刑事第一庭审判长，审判大汉奸周佛海、陈公博、褚民谊等案。1948年被推选为大法官，但未赴任。1949年政务院总理周恩来曾邀授，因体虚未授大法官。

叶在馥（1888—1957）　字乃芬，福州人。船舶专家，教授，中国造船工程学会创始人之一。清光绪三十二年（1906年）广东水师学堂驾驶班毕业，宣统元年（1909年）随筹办海军大臣萨镇冰赴英国留学，先后就读于英国格拉斯哥大学、美国麻省理工学院，1917年硕士毕业。回国后任职于海军江南造船所，共设计大小船舶299艘，被誉为“中国现代造船巨擘”。1939年任民生机器厂总工程师，参与筹建国立重庆商船专科学校，1943年至1951年任重庆国立交通大学造船系主任、教授。抗战时期，在极端困难的条件下，主持设计建造船舶27艘，改装了大批江河船舶。1949年9月赴京参加第一届全国政治协商会议。后任大连造船厂建厂委员会总工程师，1956年当选第一届上海市人民代表大会代表。

叶可梁（1888—1972）　字肖鹤，福州人。清光绪二十六年（1900年）就读上海圣约翰大学，光绪二十八年任福州外交事务管理局翻译，光绪三十四年获美国康奈尔大学硕士学位，宣统三年（1911年）在京参加殿试，获翰林院翰林荣衔。1911年至1913年任《北京日报》主编、农学院总监、外交部二等秘书。1914年起历任华盛顿中国驻美公使馆二等秘书、中国驻加拿大温哥华领事馆领事、中国驻美国旧金山总领事、中国驻印度尼西亚爪哇总领事、中国驻菲律宾马尼拉总领事。1935年应召回国，继续留驻南京外交部工作。

叶　渊（1889—1952）　字贻俊，号采真，安溪人。1917年国立北京大学经济系毕业，任闽南护法军第三旅参谋长。1919年任安溪县县长。1920年受聘于陈嘉庚，任集美学校校长。作为集美学校奠基者，积极组织师生参加抗日救国活动，深受陈嘉庚赞赏。1934年起任广西省政府财政专员、省财政厅主任秘书、省税务局局长等职。后于香港创设集友银行总行，并在全国各大城市设分行。抗日战争胜利后返回厦门，为家乡建设献策出力。1949年10月由香港赴沪，任集友银行上海分行经理至病逝。

叶培馨（1892—1972）　福清人。20岁中举。清光绪二十九年（1903年）被选送日本，就读于日本政法大学。在日期间加入同盟会。光绪三十三年毕业回国，1935年任福建省教育厅视导员，后任福建省政府秘书。1943年任永泰县县长。辞职后任《福建时报》主编，转职省新闻处。1949年到台湾后，在教育界任职。

叶道渊（1893—1969）　字贻哲，安溪人。北京农业大学毕业，留学德国，获林学博士学位。回国后应陈嘉庚之聘，任集美高级农林学校校长。嗣后历任国立中央大学、浙江大学、广西大学林学系教授兼系主任，广西、江西省政府顾问。1942年回闽，任福建省政府顾问兼农林公司总经理、华侨航业公司董事长。1945年当选国民参政会参政员，1948年当选立法院立法委员，主张早日结束内战。1949年10月后移居新加坡。

叶念兹（1894—1940）　闽侯人，福建协和学院毕业，留校任教。历任厦门英华中学、上海沪江大学附中教导主任，上海雷士德专科学校教授。1933年在家乡创办扈屿小学，次年创办扈屿中心小学。1939年，创办闽侯七濑农业中学，任校长。

叶启杰（1895—1978）　字新吾，建瓯人。1918年入保定陆军军官学校，毕业后在晋绥军任军官。1926年曾参加北伐。1929年任晋绥军第二路军第十军二十九师师长，参加中原大战。1937年抗日战争爆发后，任第二战区第七集团军中将参谋长、第三十五军副军长。辅佐傅作义指挥诸多战役。1941年回福建任第三战区长官部高级参谋。1945年抗日战争胜利，调南京中央训练团将官班待编。蒋介石背弃国共“双十协定”，发动内战，他不愿参战，连续三次申请退役后获准。1947年回乡担任中学教师。中华人民共和国成立后，当选建瓯县人民代表大会特邀代表。

叶轩孙（1897—1976）　原名昌莘，字轩孙，号紫尾老人、卖药翁，以字行。祖籍闽侯。私立法政学院毕业，后随父叶焿藩学中医，擅长滋阴，注重理气疏肝，善治肝肾，侧重调理气血阴阳。1957年被福建省立医院聘为中医科主任。为人正直，名重榕城。

叶可钰（1899—1980）　别名哲如，福州人。1918年入马尾海军学校学习，后入山东烟台海军军官学校和南京海军鱼雷枪炮学校学习。1926年后，历任辰字鱼雷舰、“永绩”“威宁”“宁海”等舰副舰长，南京海军水鱼雷营副营长、“江鲲”舰舰长、中国海军布雷队副总长兼第一分队长等职。参加抗日战争，曾获得“华胄”勋章。后任浙江封江办事处主任、四川巴东海军川江漂流总队总队长。1945年，参加中国共产党领导的活动。1948年，他以国民党海军上校身份为掩护，开展地下工作，说服国民党海军中最有威望的萨镇冰、陈绍宽留在福州，等待解放。1949年10月被聘为福州市各界代表大会特邀代表，1950年任华东海军司令部研究委员会委员、解放军海军第七舰队副司令兼舟山海军基地副司令，1955年授上校军衔，后任福建省航管局副局长、福建省政协第四届委员。

叶长青（1899—？）　名俊生，字长青，又字长清，号长卿，闽侯人。1921年就读于厦门大学教育系。1923年由陈衍聘为国文系助教。1926年，叶长青发起成立“厦门大学国学专刊社”，任社长，编辑出版《国学专刊》。同年春，受聘为南京金陵大学教授。1927年，录取为北京大学研究所国学门通讯研究生。1928年，任福建省立第一高级中学校长，此后又曾任华南女子文理学院教授。1930年，受聘为无锡国学专修学校教授。先后出版著作计有10种。弃学从政后任福建福安、松溪、沙县、永安、长汀、莆田等县县长。

叶渚沛（1902—1971）　祖籍厦门，出生于菲律宾马尼拉。1933年美国宾夕法尼亚大学毕业，获金属物理化学博士学位。1944年后旅居美国、法国和意大利。被聘为联合国教科文组织科学组副组长、经济事务部事务官。1950年回国，历任重工业部顾问、中国科学院学术秘书和化工冶金研究所所长。曾当选全国政协委员、全国人大常委。1955年选聘中国科学院院士（学部委员）。主要从事冶金学研究，在国内率先搞微粒学研究，创建了中国科学院化工冶金研究所并担任首任所长。《论强化高炉冶炼过程的基本问题》一文获中国科学院重大科技成果奖和国家自然科学二等奖。遗著和建议近100篇，其中有10项经研究试验取得重大的成果。是中国化工冶金学科的开拓者和奠基人。

叶秀蕃（1904—1935）　号鼎三，寿宁人。1928年考入省立福州第一高级中学师范科。1929年秋加入中国共产党。1931年5月受中共福州市委派遣，回到寿宁开展革命斗争。当选中共寿宁县特别支部书记兼组织委员。其间为筹措革命经费，毅然变卖家产。1933年5月，在福鼎与黄丹岩、黄淑宗等成立福鼎县第一个党小组，创建福鼎第一支工农武装游击队。1934年2月当选为闽东苏维埃政府副主席；4月，兼任中共福寿县委书记；6月，担任中共闽东特委机关报《红旗报》社长、主编。1935年2月，任闽东临时特委书记；5月，遭叛徒出卖，被害于寿宁官宅山。

叶聿琛（1904—1957）　字航生，罗源人。福建工业专门学校采矿冶金系毕业。1927年起任国民党罗源县党部筹备处主任、全国经济委员会皖淮工程局工程师。1935年任江汉工程局工程司第四段段长，后任黄河水利委员会工程师兼段长。1941年参加四川新津飞机场建筑工作。1943年创办龙华水泥厂，任厂长。1946年任联合国救济总署苏宁分署专员及技正。中华人民共和国成立后，任建筑部华东工程局和西北工程局工程师。

叶青山（1905—1987）　原名叶志泉，长汀人。中国人民解放军卫生事业的创始人之一。1929 年参加中国工农红军，同年加入中国共产党。参加过中央苏区五次反“围剿”作战和二万五千里长征。历任八路军 115 师军医处处长、晋察冀军区卫生部部长。曾和白求恩一起创建晋察冀军区模范医院，参与筹建医务学校。中华人民共和国成立后，任中国人民解放军华北军区卫生部部长、中央卫生部部长助理兼中央保健局局长、北京军区后勤部副部长等职。1955 年授少将军衔。荣获二级八一勋章、一级独立自由勋章、一级解放勋章。

叶　凯（1909—1935）　又名叶如针、叶依四，福州人。1928 年参加革命，次年加入中国共产党，组织领导城市工作和工人运动。1933 年 10 月任中共福州市委代理书记。1934 年 1 月任中共福建临时省委常委；5 月，进入连罗（连江、罗源）苏区，开展武装斗争，建立农村根据地；8 月，开展土地革命；年底，国民党调集重兵“围剿”连罗革命根据地，叶凯针对敌强我弱情况，将工农革命武装化整为零，坚持游击战争。1935 年 6 月，在前往魁岐村途中因叛徒出卖被捕，历经酷刑仍坚贞不屈，壮烈牺牲。1956 年清明节，中共福建省委召开追悼大会，纪念叶凯烈士牺牲 20 周年，并整修烈士陵墓。

叶克守（1912—1990）　福鼎人。1935 年参加中国工农红军，参加土地革命、抗日战争。解放战争时期，任苏北军区特务团团长，苏北军区二分区 4 团团长，第三野战军第 29 军 87 师参谋长，参加淮海、渡江等战役。1955 年 9 月被授予大校军衔，曾任福建省晋江军分区司令员、福安军分区司令员、中共宁德地委书记，1969 年任福建省军区副司令员。是第四届全国人大代表，中共福建省第二届委员会委员，福建省第四届政协常委。荣获三级八一勋章、二级独立自由勋章、二级解放勋章、二级红星功勋荣誉章。

叶在增（1912—1994）　字乃腾，号韫斋。福州人。北平朝阳学院法律系本科毕业。抗战期间率所在的江西省保安团奉命阻击日军，掩护薛岳、张发奎两大兵团安全转移。1939 年后任江西省第十行政专员公署兼纵队司令部书记官等职。1946 年 11 月，任国防部审判战犯军事法庭上校军法官，参与审判了包括南京大屠杀案的元凶——日本侵华第六中将师团长谷寿夫、侵华日军华北司令酒井隆、日本派遣香港的总督矶谷廉介、侵华日军总司令冈村宁次、日本间谍川岛芳子等在内的日本战犯 100 多名。1949 年上海解放前夕，拒绝飞往台湾，携家眷定居江西九江，任九江一中教师，后任江西省人民政府文史馆馆员、九江市政府参事室终身参事。

叶明勋（1913—2009）　字夏风，祖籍闽侯，出生于浦城。先后毕业于福建协和大学、美国科罗拉多大学新闻学院、美国斯坦福大学新闻研究所。1945 年抗战胜利后奉派去台湾接管同盟社。1946 年筹设中央社台北分社并任主任。长期在台湾工作。

叶　飞（1914—1999）　原名叶启亨，曾用名叶琛，祖籍南安市金淘镇，生于菲律宾。幼年回国求学，其间秘密参加革命工作。1932 年 3 月正式加入中国共产党，后到闽东地区参与创建苏区和建立游击队，任中共闽东特委书记、闽东军政委员会主席兼红军闽东独立师政治委员。先后参加了抗日战争和解放战争。历任新四军苏北指挥部第一纵队司令员兼政治委员、第 1 师师长兼苏中军区司令员、山东野战军第一纵队司令员、华东野战军第一纵队司令员兼政治委员，1949 年任第三野战军十兵团司令员，参加渡江、上海战役后，率部南下福建，任福建军区司令员。中华人民共和国成立后，历任福建省省长，中共福建省委第一书记，福州军区首任司令员兼政治委员，交通部部长，海军第一政治委员，海军司令，第六、七届全国人民代表大会常务委员会副委员长。1955 年被授予上将军衔。荣获一级八一勋章、一级独立自由勋章、一级解放勋章、一级红星功勋荣誉章。

叶兴杰（1914—1999）　闽侯人。著名心胸外科学家，二级教授。1939 年毕业于上海医学院，后任该校讲师。1946 年至 1947 年在美国佐治亚大学医学院进修胸外科。1947 年任上海国防医学院外科教官兼胸外科主任，1948 年起先后担任大连医学院教授，遵义医学院教授、副院长，大连医学院副院长，国际外科学会会员，辽宁省心血管研究所副所长。早在20世纪40年代，叶兴杰就系统地开展了血管损伤修复手术。1958年，在国内较早开展了低温直视和实施体外循环心脏手术，是中国早期做心脏直视手术者之一。1981年作为中国代表，参加国际外科学会第29届大会。是第六届全国人大代表。

叶　群（1920—1971）　女，原名叶宜敬。籍贯闽侯，北京出生。林彪夫人。1935年毕业于北京师范大学附属中学，同年参加“一二·九”学生运动。1938年到延安，后进入中央党校二部学习，曾任中国女子大学组教科科长。抗日战争后期与林彪结婚。解放战争时期，在东北民主联军、东北野战军、中国人民解放军第四野战军司令部担任参谋、秘书、编译等职。1955年授中校军衔。后历任教育部普教司副司长、上海市教育局副局长、广州市教育局副局长。1960年任中央军委副主席林彪办公室主任，晋升上校军衔。1966年底，历任“全军文革小组”成员、副组长，中央军委办事组成员、中央军委委员。1969年中共九大当选为中央委员、中央政治局委员。1971年在“9·13事件”中坠机身亡。

叶永毅（1921—2011）　福州人。1942年中央大学毕业，1945年至1946年在美国进修和实习。归国后即负责编制我国第一部综合利用赣江流域规划报告。1950年任水利部水文研究所副所长，指导全国水文资料整编和《水文图集》《水文手册》的编制，并改进设计洪水计算方法，为各项建设提供可靠的水文数据。1957年，因预见三门峡将产生严重淤积问题，与温善章等专家联名呼吁留出泄洪排沙底孔，提出拦洪排沙的低坝方案，但意见未被采纳。1969年受“文化大革命”冲击，下放劳动。1975年至1980年任黄河水利委员会设计院副总工程师。1981年任中国水利水电科学研究院水资源研究所所长，组织编写和翻译6本有关水利工程的专著。1986年任三峡工程论证水文组专家，曾率先引进现代的水利经济理论和方法，担任亚洲开发银行技术援助项目中方专家组长。享受国务院政府特殊津贴。

叶干运（1924—2013）　字可元，原名叶于贞，籍贯福州，北京出生。1948年北平大学医学院毕业。历任中国医学科学院皮肤病研究所麻风病研究室主任、所长等职，教授、博士生导师。长期从事性病与麻风病的流行病学、预防与治疗的研究工作。在国内国际杂志上发表论文60余篇，曾获国家科技进步奖、卫生部科技进步奖多项。是世界卫生组织专家咨询委员、国际麻风学会理事、中国麻风防治协会理事长。获五一劳动奖章，1991年起享受国务院政府特殊津贴。是第六、七届全国人大代表。

叶于浦（1926—2013）　籍贯福州，上海出生。1946年考入清华大学化学系，1950年毕业留校。1952年聘为北京大学无机化学教研室教授。1955年被派往苏联莫斯科大学学习，获博士学位。1961年回北京大学化学系任教。长期从事无机化学领域的教学与科研工作和稀土原料研究，主要研究方向为水盐体系和金属体系相平衡。参与“无机化学丛书”编写和审稿，是北京大学从事相平衡研究的代表，任中国物理学会相图专业委员会多届委员。

第二节　人物录

叶　礼　泰宁人。约于三国时任昭武镇使。

叶元亮　字叔直，泰宁人。约于唐末或五代时期任归化镇使，以军功加西北一面都指挥使。

叶　齐　字思可，建阳人。北宋端拱元年（988年），第二次复试推为第一人（状元）。初授馆陶县令，后授官著作佐郎，改光禄寺丞，迁直史馆。累官至颍州通判。

叶　温　南平人。北宋淳化三年（992年）进士。历任温州知州、刑部都官员外郎。

叶　宾　字虞卿，仙游人。北宋景德二年（1005年）进士。初授海阳县主簿，调连州桂阳令，广州节度推官，知泉州永春、南安和邛州临邛三县事，南剑州通判，尚书省刑部都官司员外郎。在南安当知县时曾断民诉牛舌案。

叶祖谊（1039—1082）　字和甫，泰宁人。北宋皇祐五年（1053年）解元，殿试第四甲进士。历任浙江处州司法参军，福建永泰、江西南城、湖南仁安知县，郴州通判，迁太常博士，改屯田员外郎、骑都尉。

叶宗古 龙溪人。北宋熙宁三年（1070年）进士。知淮南东路高邮军州事、广南东路潮州军州事。

叶唐懿 字顺孺，原籍南平，迁居平江（今苏州）。北宋熙宁六年（1073年）进士第四名，充国子监修撰经义所检讨，后任处州军士推官，累官通直郎，赠少傅。

叶唐稽（1053—1125） 原籍南平，迁居平江（今苏州）。与其兄唐懿同登北宋熙宁六年进士，历任尚书都官员外郎、吏部员外郎、吏部郎中、鸿胪少卿，知湖州、常州、通州、秀州事。

叶康弼 建瓯人。北宋熙宁九年（1076年）进士。朝散郎，知剑州、台州，京西路提举。

叶祖武 字昭甫，泰宁人。北宋熙宁九年进士。政和间（1111—1118）知建州军州事、秀州府推官，京兆府观察使兼淮南转运司干办，提点南京鸿庆宫，朝议大夫。

叶　胄 莆田人。北宋熙宁九年进士。朝散郎，佥书威武军节度判官。

叶　兑（1078—1148） 一名宗谔，字梦授，泰宁人。北宋末任户部员外郎。建炎初（1127年）授户部郎中、直龙图阁，充江淮制置使。迁江南西路转运使，历知鄂州、升州，升江西、福建转运使，秘阁修撰。

叶杓直 字端臣，泰宁人。宋代任建昌府南城尉，改承务郎，授汀州上杭知县，经承奉郎致仕。

叶祖文（又作叶祖旻） 泰宁人。北宋时历任将乐、罗源、清流、崇安四县令。

叶　观 字才仲，泰宁人。宋代历任饶州乐平县令、监南岳、袁州推官、兴国判官。

叶　采 建安人。宋代乡贡进士，从李方子问学，曾为昌化县令。

叶安行（1141—1202） 字伯成，泰宁人。北宋时监潭州南岳，历常州司户，庆元间（1195—1201）任汀州府通判。

叶唐稷 字思济，南平人。北宋元丰二年（1079年）进士，历任和州防御推官、润州金坛知县。迁居平江（今苏州）。

叶大方 建瓯人。北宋元丰二年进士，知政和县，崇宁中（1102—1106）知邵武军，大观间（1107—1110）权京西路转运判官。

叶　声 字彦闻，侯官（今福州）人。北宋元祐三年（1088年）进士，官朝议大夫，知新州（治今广东新兴县）、循州（治今广东龙川县）军州事。后居潮州。

叶　蒉 字仲实，建瓯人。北宋元祐六年（1091年）进士，历任赣县县尉、宣城县丞、奉新县令。年轻时曾著《易传》，阐明《易经》中大衍之数。

叶思冲 字忠冲，泰宁人。北宋时任明州怀安县令、真州通判。

叶思定 泰宁人。北宋时任通州海门县令，再以宣议郎充江西安抚司提干。

叶　绛 泰宁人。北宋时任池州建德县令、信州通判。

叶宜兴 北宋初年入闽，定居福清市后叶村，以"云山桂叶"为堂号。

叶　源 字彦中、亨仲，侯官人。北宋绍圣四年（1097年）进士，调扬州司户，除太学博士，次除秘书省正字，迁校书郎，历京西、京东、福建、两浙提举，官至承议郎。

叶　预 字晋卿，侯官人。北宋崇宁二年（1103年）进士，官承议郎，太学博士。

叶大任 字莘老，侯官人。北宋重和元年（1118年）进士，官至朝议大夫，主管官诰院。

叶南仲 字晋明，侯官人。北宋宣和三年（1121年）进士，官至朝奉郎，知肇庆府、新州。

叶居申 莆田人。北宋宣和（1119—1125）末除通判睦州，被方腊起义军所杀。

叶　綝（1102—1158） 字方庆，泰宁人。南宋绍兴五年（1135年）进士，历浙江温州、建州教授，升诸王宫教授，擢吏部员外郎。

叶翔凤 字子翔，又名天任，闽侯人。南宋绍兴十八年（1148 年）四甲第三十六名进士。官朝奉郎，广州通判。

叶 牙（？—1175） 泰宁人。南宋时知福州连江县，主管崇道观转承议郎，判鄂州，转朝奉郎，知袁州。

叶国乔（1138—1199） 字岳神，号世臣，泰宁人。南宋淳熙二年（1175 年）二甲第一名进士。庆元间（1195—1200）任湖南澧阳（今澧县）知县。

叶 楠 字叔特，侯官人。南宋淳熙二年进士，授文林郎，赣州龙南知县。

叶 涣 字德亨，光泽人。志笃学博，尝从吕祖谦游。南宋淳熙五年（1178 年）南省第二人，任岳州太守，罢厨传，蠲鱼税，除淫祠。

叶 观 字与伯，侯官人。南宋庆元二年（1196 年）进士，是年同族侄叶莫、叶发、叶子高联名登第。官至朝散大夫。监行在进都奏院，知潮州。

叶显祖（1190—1252） 泰宁人。南宋时历任福州闽县主簿，监广州西南盐场税务，广东肇庆府四会知县，广西梧州签书，临桂县令。

叶廷玉 字山立，侯官人。登仕郎，三请漕举。南宋时授奉政大夫，河南开封府同知。

叶映玉 号五郎，上杭人。为上杭叶氏始祖。

叶茂才 尤溪人（今属大田县）。以贤良方正见举，元大德七年（1303 年）任梅州刺史。

叶荆才 尤溪人（今属大田县）。元至大三年（1310 年）授北路户计总管。曾出使福建，经过分水关时，对迎者谦虚退让，像是没有爵位的人，人们因此更加敬重他。

叶景仁 字天德，松溪人。元至正十二年（1352 年），由政和县尉升浦城尹，奉省檄讨政和西里寨寇，擒戮渠魁，抚其胁从者俾归生理。次日进攻敌巢，后援不继，为敌所执，大骂而死。

叶 隽 字良弼，松溪人。元至正十五年（1355 年），听闻父亲叶景仁被政和寨寇所杀，倾家资募壮士，从间道入敌境，杀其渠魁，载父尸以还。朝廷授南丰州同知，他推辞不受。

叶子茂 浦城人。明洪武间（1368—1398）任浙江按察司佥事。

叶 福 字叔畴，侯官人。明授刑科给事中。靖难兵起，叶福守金川门，为内叛者杀于门。福王时谥“节愍”，赠太常寺卿。

叶 宜 字守义，南平人。明授铜仁府同知，除户部郎中，迁知卫辉府，升浙江布政司左参政。

叶 光（1379—1452） 字仕晦，闽县（今闽侯县）人。明永乐间（1403—1424）任南海主簿，后掌邑政，不以一私玷己，不事枉曲。任满时，百姓歌之：“南海簿，性不贪。百鸟凤，人中难。”有诗名，入《广州府志》“循良传”。

叶 恕 字以忠，浦城人。明永乐间任陕西道监察御史，权掌都宪。

叶普亮 字广熙，号静庵，厦门同安人。明代任南京御史、北京巡城御史、河道监察御史。

叶文韶 字仲乐，侯官人。明景泰七年（1456 年）以《易经》中云南榜举人，授奉训大夫、滁州知州。

叶 穆 闽县人。明天顺初（1457 年）除汾州知州，一年后调任吉州，受巡抚都御史李侃推荐，升河间府知府。

叶仕美 字邦彦，闽县人。明成化二十二年（1486 年）举人，正德间（1506—1521）知蕲州，耿介明毅，不怕得罪宗室。曾有流贼入寇，他一人单骑带领兵卒抵御，县城得以保全。

叶 性 字叔理，闽县人。明弘治二年（1489 年）举人，官终庆远同知，慈祥爱人，以理学教导士子，受到拥戴。

叶 仁 长泰人。明弘治十四年（1501 年）贡生，江西临江府通判。

叶子诗　松溪人。明朝时以国子监知广西岑溪县。

叶文浩　字世宏，号松山，福州人。明弘治十四年举人，道州知州。

叶邦荣　字仁甫，闽县人。明嘉靖元年（1522 年）举人，安吉知州，嘉靖十五年刊刻《夷坚志》50 卷。

叶继善　字兆元，闽县人。明嘉靖十六年（1537 年）举人，任含山知县，贤能著声。

叶廷萃　字允升，侯官人。明嘉靖二十二年（1543 年）举人，积官南京工部郎中，和易坦直，对兄弟友爱，其兄弟五人，廷萃官俸之余，悉以分给，随手而尽。晚岁贫约，处之泰然。

叶于佥　字永谐，号肖竹，闽县人。明嘉靖三十四年（1555 年）举人，任秀水教谕，敷教以宽，终梧州通判。

叶乔青　南安人。明嘉靖时（1507—1567）任椽吏，后任龙南知县。

叶其秦　大田人。明万历四十六年（1618 年）举人，任江西南昌府通判。

叶奕世　字烈甫，南安人。明天启元年（1621 年）武举人，任建宁守备，署指挥佥事。

叶　茂　字弘义，泰宁人。明朝任南京监察御史，升河南按察司佥事。

叶应诚　字文实，泰宁人。明朝任浙江金华府永康知县。

叶真中　漳浦人。明崇祯三年（1630 年）举人，授知县。

叶其郁（1608—?）　字崇质，别号子从，号三山居士，闽县人。清康熙间（1654—1722）明经拔贡，授河南按察司知事，署河南商水知县，承德郎。

叶献论（1610—1648）　字日卿，号怀蓼，南安人。清顺治年间（1644—1661）任保定府满城知县。为官清廉，为老百姓废除苛捐杂税，解忧排难，兴修水利，发展生产，因不愿迎合当权者，挂冠而归。满城县士民爱慕他，爰为勒石。

叶矫然（1614—1711）　字子肃，又号思庵，闽县人。清顺治九年（1652 年）进士，任官工部主事、乐亭知县，后因事罢归。致力于《周易》研究，论诗主博参古今而超然自得。

叶有挺（1618—1675）　字贞夫，寿宁人。清康熙十三年（1674 年）耿精忠叛乱，叶有挺宁死不赴伪政权，最后守节尽忠。

叶　谦　字学山，闽县人。清康熙二十年（1681 年）举人，任江西南康知府。

叶遇时　字逊严，号懋若，南安人。清康熙三十八年（1699 年）举人，任山东观城知县。

叶自崧　字青楠，寿宁人。清康熙四十七年（1708 年）举人，任浙江义乌知县。

叶树滋　字世芳，浦城人。清雍正间（1723—1735）任州同，分发甘肃西宁办理准噶尔军粮，议叙分发陕西试用。

叶光汉　字起云，福州人。叶谦子，清雍正二年（1724 年）举人，当涂知县。

叶匡义　又作叶方义，字仍斗，闽县人。清雍正十年（1732 年）举人，江西乐平知县。

叶天挺　南安人。清乾隆元年（1736 年）举人，江西金溪知县。

叶标元　字首干，古田人。清乾隆七年（1742 年）进士，授陵县知县。

叶观海　字家振，号向吾，闽县人。清乾隆十七年（1752 年）恩科举人，甘肃安华知县。

叶声远　字皋南，侯官人。叶矫然子，清乾隆二十七年（1762 年）举人，江西彭泽知县。

叶观潮（? —1820）　字文雷，号晓厓，又号丹厓，闽县人。清乾隆四十八年（1783 年）举人，嘉庆二十四至二十五年（1819—1820）任东河河道总督。

叶映茂　浦城人。清乾隆间（1736—1795）天津卫千总，后任柳州营守备。

叶伏祖　古田人。清千总，历衢州府都司参将。

叶国昌　漳浦人。行伍出身，清江西万安营游击。

叶连标　漳浦人。行伍出身，清台湾左营游击。

叶庆光　德化人。清国子监司业。

叶梦苓　字景西，一字松根，福州人。清乾隆四十九年（1784 年）任台湾凤山县教谕，爱生如子，督学甚严，倾力建设凤阁书院，制定学规，延聘名师，还亲自授课，动员百姓子弟人读，常与台湾文士唱吟。乾隆五十一年冬，林爽文部陷城，叶梦苓率乡勇在埤头街抵抗，被执身亡。

叶申芑（1771—1817）　字惟孙，号竹溪，闽县人。清嘉庆三年（1798 年）举人，广东韵州府仁化知县。

叶申芗（1780—1842）　字惟郁，号小庚，闽县人。清嘉庆（1796—1820）时为翰林院庶吉士，历任南昌府武宁知县，改云南富民、昆明等县知县，署曲靖府、广南府知府，改选浙江绍兴府、湖州府同知、宁波知府。后任河南知府，护河陕汝道。廉明强干。

叶廷芳　字秋英，号菊有，闽县人。清嘉庆三年（1798 年）举人，广东韶州府曲江知县。

叶　昌　南安人。嘉庆时监生，历任庆信府经历、高县知县，后迁居台湾。

叶菁华　南安人。行伍出身，嘉庆时任泉州后营、台湾南路守备。

叶承昌（1784—1838）　原名宸昌，字翼勤，号菊山，闽县人。清道光时（1821—1850）任贵州余庆、天柱知县。

叶敬昌（1791—1852）　原名敏昌，字愚勤，号芸卿，闽县人。清嘉庆时入翰林院充庶吉士，散馆后选吏部考功司主事、员外郎、郎中，掌文选司印，京察一等，后知江苏松江府。道光十五年（1835 年）迁湖南永州知府，道光十九年任湖北盐法武昌道，署湖北按察使司、湖北布政使司。

叶语年　闽县人。清道光十一年（1831 年）举人，浙江知县。

叶新榆　字白枢，号天种，南平人。道光二十三年（1843 年）举人，云南阿迷知州。

叶旭昌（1810—1871）　字季勤，号庚孙，闽县人。清咸丰元年（1851 年）副举人，建阳县学、台湾府学训导，历任江西建昌、余干、永修等县知县。

叶云滋（1812—1846）　字慧与，号惠宇，又号绛音，闽县人。清道光二十四年（1844 年）举人，栋选知县。因六子登科，诰赠资政大夫，翰林院侍读学士加五级。

叶庆熙（1821—1896）　原名滋沅，字与荪，号辰溪，闽县人。历任浙江武康、长兴、寿昌、分水、昌化、建德、桐庐等县知县。

叶滋钧（1827—1887）　字与衡，号准屏，闽县人。历任粤盈库大使，罗定州判，和平知县，化州、德庆州知州，军功赏戴蓝翎随带加三级。

叶滋熊（1829—1899）　字与璋，号小莱，闽县人。同知衔，署江西瑞金知县，宁都知州。

叶滋纯（1831—1898）　字与粹，又作雨穗，号朴夫，闽县人。监生，运同衔，曾任浙江义乌、金华等县知县。

叶滋春（1832—1886）　字与聪，号绍香，闽县人。清光绪元年（1875 年）举人，广东茂名知县。

叶大同（1832—1878）　字协恭，号穆如，闽县人。清同治时（1862—1874）历署广东南海、东莞、潮阳、高要、归善、惠阳等县知县。任惠阳令时，革除夫役，与富商绅士倡捐款，筹募恢复观澜书院经费。

叶滋浚（1836—1893）　字与哲，号槐轩，闽县人。清光绪间（1875—1908）历云南洱源、文山、禄劝等县知县，知姚州。

叶滋澜（1838—1894）　字与苌，号瀛舟，闽县人。历任江西上犹、德化、高安等县知县。

叶大焯（1840—1900）　字迪恭，号恂予，闽县人。清同治七年（1868 年）进士，历任翰林院编修、侍读学士、国史馆纂修、实录馆总纂、文渊阁校理、咸安宫总裁、日讲起居注官、会试同考官、广东提督学政等，因惠州科考舞弊案被革职。回乡掌教凤池正谊书院，并任山长。增辑《三山叶氏祠录》。

叶瑞荣 大田县人。清同治间武举人，有功褒奖千总衔。

叶大涵（1843—1898） 字恢恭，号渊如，闽县人。清光绪十二年（1886 年）进士，历工部都水司主事、广西怀集知县，署平乐知县。

叶大遒（1845—1916） 字敷恭，号铎人，闽县人。清光绪六年（1880 年）进士，历任翰林院庶吉士、散馆授编修、国史馆协修、武英殿协修、广东督粮道、高廉钦兵备道。

叶崇禄（1846—1927） 原名叶清池，字寿堂，厦门人。16 岁时只身出洋经商，辛亥革命后被选为厦门商会会长。曾捐款兴建厦门同文书院教学楼，捐助厦门女子职业学校、华侨女中、群惠小学的经费，主持厦门慈善机构同善堂。

叶大烜（1849—1898） 字韵恭，号炳如，闽县人。清光绪九年（1883 年）进士，刑部河南司主事，奏改知县，安徽当涂知县，署休宁知县，保升直隶州知州。

叶题雁（？—1905） 字映都，号梅珊，泉州人。清光绪时历任户部郎中、监察御史，在京时长年居于福建省籍会馆中，《马关条约》签订后，率先与台籍人士上书都察院反对割台，史称台湾举人“五人上书”。

叶大琛（1850—1927） 字献恭，号观瑜。闽县人。清光绪十二年（1886 年）进士，任工部虞衡司主事，奏改知县，后任浙江宁海、武义、上虞等县知县。

叶在鋆（1857—1914） 字乃陶，号仲冶，闽县人。清光绪十五年（1889 年）恩科举人，同知衔，历任安徽休宁、江西瑞昌知县。

叶在泗（1859—1921） 字乃滨，号叔洙，闽县人。清光绪十五年恩科举人，同知衔，江苏试用知县，署兴化知县，1912 年任屏南县知事。

叶大华（1860—1923） 字黻恭，号淑常，闽县人。清光绪三十年（1904 年）进士，刑部直隶司主事，审录司主稿，特授广东茂名知县，高州知府。

叶大章（1860—1925） 字平恭，闽县人。清光绪三十年进士，历任浙江山阴、给云等县知县，浙江藩署文案，湖南岳常、澄道署文案，福建南平县知事，民国政务院印铸局公报总编辑，陕西印花税处代处长。

叶大林（1873—?） 字壬恭，一字仁公，号荷先，闽县人。历署甸州知州、昆明蒙自等县知县。民国时任云南省水利总局局长、路政局局长、云南省政府参议。

叶启元 （1873—1949） 又名叶神勋，南安人。英国长老会惠世医院第一个华人院长。所研制的“痢疾特效药”“黑色咳嗽剂”疗效显著。民国时在鼓浪屿创办同仁医院，后应陈嘉庚之聘，出主集美医院。

叶大澂（1878—1966） 原名叶大桓，字礼恭，号文侯，又号问鸥，闽县人。浙江官立法政学堂毕业，历署温州洋广货捐局局长、浙江茧捐驻渲稽查局局长、国民政府财政部总务司司长。

叶挺瑞（1883—1953） 字尧阶，明溪人。历任湖北、湖南两省邮务局副邮务长、邮务长，四川邮务总办、民国南京邮政总局总务处长，曾掩护中共地下人员及进步青年进行革命活动。

叶朝梁（1888—?） 闽侯人。辛亥革命元勋，曾任南平地区道台。

叶屏侯（1890—1983） 字金铨，别名干藩，浦城人。民国时期历任湖北省石首县县长、福建省财政厅财经主任、盐务局局长，台湾盐务处处长，闽浙盐务使、督察专员。

叶在熿（1891—?） 字乃煌，福州人。历任福建陆军第二混成旅、第六混成旅军医处处长，国民革命军第 18 军第 3 师、第 17 师军医处处长，驻赣特派绥靖主任公署上校参议。

叶可松（1893—?） 字寿南，福州人。1915 年烟台海军学校驾驶班第九届毕业。历任“庆云”测量舰二等少校舰长，国民政府海军部海道测量局潮讯课课长、局长。1943 年任海军少将。

叶在畴（1894—1951）　原名在畯，字乃城，福州人。福建公立法政专门学校法律本科毕业。1945 年至 1947 年任最高法院检察署检察官、甘肃省高等法院院长、司法行政部监狱司司长等职。

叶华芝（1894—1950）　字实棠，号世堂，浦城人。保定军校第六期毕业，历任国民革命军副旅长、陆军军官学校上校教官。

叶鸿宝（1895—1983）　福州人。早年离乡，侨居印度尼西亚，历任泗水福州同乡会主席、雅加达福州公会主席，1952 年回国后，先后担任福州市侨联副主席，仓山区副区长，致公党上海市委副主委，上海市政协第五、第六届委员。

叶在摹（1896—?）　原名在搏，字乃颂，福州人。国立北京法政大学法律本科毕业，历任农工部主事、农商部佥事、中国大学教授、陆军第五十五军司令部少将秘书长兼军需处长。

叶大增（1896—1948）　明溪人。福建私立法政专门学校毕业，历任归化知事、县长，清流、宁化、连城县县长。

叶文龙（1899—1941）　长泰人。1927 年北伐时，随叶定国加入国民革命军，被委任团长，单独驻防长泰，统辖全县长达 14 年之久。其间，包揽全县田赋和各种捐税，也拨款组织修路，倡办小学，扩建校舍，补助学校经费。

叶克胜（1899—1961）　号子刚，南安人。北京朝阳大学毕业，律师。民国时期历任东山、福安、南安等县县长，后定居印度尼西亚。

叶定贵　字可杭，浦城人。国民党第三战区警备部上校参谋。

叶子山（1900—?）　字保灿，闽侯人。黄埔军校第六期毕业，国民革命军上校旅长，“卢沟桥事变”后，任抗日联军第五纵队副司令员。

叶国庆（1901—2001）　漳州人。1926 年厦门大学毕业后留校任教，历史系教授。

叶赵辉（1903—1935）　寿宁人。革命烈士。1931 年参加革命，1932 年加入中国共产党。1934 年任中共上东区委书记，1935 年被捕牺牲。

叶可羲（1903—1986）　女，字超农，号竹韵轩主人，福州鼓楼区人。曾被誉近代“福州八才女”之一。北京艺术学校毕业，先后在厦门集美女中、福州文山女中、省立福州一中、福州女中、华南学院附中等多校任教。1983 年受聘为福建省文史研究馆馆员。

叶鉴清（1904—1939）　又名云波，福安人。北京农业大学毕业，1938 年代理山东肥城县县长并兼任游击队队长，后调平和、泰安、平原、濮县等地领导抗日救亡工作，1939 年被国民党特务逮捕后杀害。

叶秀荃（1907—1934）　寿宁人。革命烈士。1931 年参加革命，1932 年加入中国共产党，1933 年任中共安德区委书记，1934 年被捕牺牲。

叶光明（1908—?）　浦城人。民国时期担任赤色互济会福建省宣传部部长，后任政协邵武市委员会副主席。

叶　荫（1908—?）　浦城人。中共交通部上海航道局委员会书记、上海航道局局长。

叶存瀚（1909—2013）　又名叶中平，闽侯人。1931 年私立福建法政专门学校毕业，历任驻闽绥靖公署军法官等职。

叶　汇（1910—?）　连江人。1933 年中山大学毕业，德国海德堡大学地理学博士，中山大学教授、地理系主任。

叶独青（1910—?）　字光焕，别名震民，浦城人。曾任中共福建省委秘书长，中华人民共和国成立后任中共《光明日报》社委员会副书记、政协安徽省第四届委员会副秘书长。

叶德乐（1911—1935）　原名叶忠命，罗源人。1933 年参加革命，1934 年加入中国共产党，任罗源县独立营营长，带领独立营配合中国工农红军北上抗日先遣队攻克罗源县城。翌年遭古田县毗源民团显柄大刀会包围，遇害。

叶步兴（1912—1934）　寿宁人。革命烈士。1930年加入中国共产党，1933年任工农红军闽东独立第13团政委，率部转战连江、罗源革命根据地，1934年在连江县反“围剿”战斗中牺牲。

叶风顺（1913—1993）　又名叶风灼，松溪人。1936年参加中国工农红军，1937年加入中国共产党，任闽浙边游击队队长等职。中华人民共和国成立后，历任中共松溪县委书记、县长，南平地区民政局副局长等职。

叶树源（1914—1997）　福州鼓楼区人。南京中央大学土木工程系毕业，后赴台，任成功大学建筑系教授。

叶诚忠（1914—1944）　原名叶天赐，周宁人。革命烈士。1935年参加红军游击队，1936年加入中国共产党，1939年在阳澄湖展开游击战，在大官庄战役中牺牲，是京剧《沙家浜》中“叶排长”的原型。

叶　林（1916—1989）　字克强，明溪人。1927年北平辅仁大学历史系毕业，民盟中央委员，同情掩护地下党活动，曾筹办《民主报》，中华人民共和国成立后在中国社会科学院从事马克思和列宁的思想研究。

叶大铭（1918—?）　福州人。连江县医院主任医师、妇产科主任，提出“宫外孕自血回输”的科研课题，被定为省级医学研究重点项目。

叶挺荃（1918—1948）　字信芳，霞浦人。省立福州师范学校毕业后在霞浦任教，1947年任福建师专地下党支部书记，后任城工部闽东工委组织部长，1948年在城工部错案中罹难，被追认为革命烈士。

叶孝礼（1918—2014）　建瓯人。中共党员，著名儿科专家。1944年从福建医学院毕业，任福建省立医院儿科主任、主任医师，教授，硕士研究生导师。1979年全国劳动模范。享受国务院政府特殊津贴，中国儿科医师终身成就奖获得者。原中华医学会理事，福建省政协委员。

叶楚生（1919—?）　女，明溪人（一说为长汀人）。北平燕京大学毕业，美国哥伦比亚大学硕士毕业，历任多所大学教授。抗战初期任江西省妇女指导处科长，1944年任职于“新生活运动”妇女指导委员会，1949年赴台。

叶明根（1920—1980）　古田人。古田闽东北游击队古田支队政委，1949年任中共古田首届县委书记，1955年至1958年任南平地区副专员。

叶振汉（1920—1983）　安溪人。归侨教育家。广西大学毕业，1949年回国。历任惠安一中、福州二中、福州一中、福州师范学校、集美中学校长，集美航海专科学校校长、党委书记。

叶存湑（1920—1989）　福清人。1937年到印度尼西亚经商，历任泗水公会主席、泗水中华侨团联合会主席。1956年被选为印度尼西亚华侨第六届回国观光团团长，受到党和国家领导人的接见。1959年协助中国大使馆安排印度尼西亚10万侨胞遣返工作。

叶于政（1920—1995）　福州人。1943年上海圣约翰大学毕业，任北京工业大学土建系主任，教授，享受国务院政府特殊津贴。1979年获全国科学大会科研成果奖。

叶于岗（1922—2011）　福州人。1943年国立浙江大学毕业，曾任天津市人大常委会常委、城市建设委员会副主任，天津市规划设计管理局顾问，教授级高级工程师，享受国务院政府特殊津贴。

叶元赞（1922—2002）　闽侯人。福建医学院毕业，三明市第一医院主任医师，三明市第一届民主同盟主委，第二至第四届名誉主委。

叶水源（1922—?）　厦门同安区人。福建医学院毕业，漳州市立医院创始人之一、主任医师，曾获省、市卫生先进工作者称号，1986年被评为中国红十字总会先进会员。

叶神椵（1923—?）　南安人。1948 年福建省医学院毕业，任福建医学院附属第二医院院长，主任医师，1988 年当选福建省政协委员。被卫生部授予医药技术革命奖章。

叶于琬（1926—?）　女，福州人。北京大学农学院毕业，中国农业出版社高级编审。

叶宗忠（1926—2010）　古田人。1947 年 1 月入伍，同年加入中国共产党。历任闽浙赣游击纵队二支队班长、事务长、分队长、指导员。1947 年参加古田县大桥澄洋暴动，后为新中国第一批海军，曾任海军舰艇政委，转业地方后，任福建省老区办副主任。

叶宜耕（1927—1995）　古田人。福建协和大学地下党员，1946 年任中共古（田）罗（源）连（江）中心县委书记，策划指挥古田岭里暴动，中华人民共和国成立后历任安徽日报社第一书记、革委会主任兼安徽省委宣传部副部长，福建省标准计量局党委书记。

叶维钧（1927—2019）　连江人。中国人民大学国际关系学院教授，教研室主任。

叶松藩（1928—2010）　闽侯人。厦门大学毕业，南昌飞机制造公司总工程师，研究员，教授级高级工程师，享受国务院政府特殊津贴。

叶南发（1930—2019）　平和人。1953 年福州大学数学系毕业，先后执教于华南师范大学、福建第二师范学校、福州大学和厦门大学。1986 年参与创办漳州师范学院，任数学系主任、教授。

叶品樵（1931—2019）　闽侯人。上海财经学院毕业，历任福建省高等教育厅党组副书记、副厅长（主持工作），福建省教育委员会党组副书记、副主任。1994 年任厦门大学党委书记。

叶松英（1932—2013）　新加坡华侨，祖籍闽侯。新加坡南洋大学毕业，历任《新岛日报》编辑、南洋大学校长室秘书、新加坡福州十邑商业工会会长、世界福州十邑同乡总会文教部负责人，主持 5 届冰心文学奖评审。

叶子铭（1935—2005）　泉州人。1959 年南京大学研究生肄业，历任南京大学中文系教授、博士生导师，研究生院副院长兼国务院学位委员会学科评议组成员。1988 年获国家级“有突出贡献的中青年专家”称号。

叶榕生（1936—2019）　闽侯人。1961 年南京气象学院毕业，后在中央军委气象局和福建省气象部门从事科研工作。历任福建省气象局局长、局党组书记，高级工程师。

叶家铮（1937—2009）　闽侯人。1958 年北京大学中文系毕业，曾任新华社编辑、中国新闻社摄影部主任，出席全国青年文学创作积极分子代表会议。任北京广播学院电视系主任，教授、硕士生导师。

叶恩忠（1954—2010）　闽侯人。高级编审，福建画报社社长，海潮摄影艺术出版社社长、总编辑。

第三节　历代进士名录

根据《三山志》《闽书》《仙溪志》《福建通志》《福建省人物志》《福州府志》《建宁府志》《三明市志》《漳州市志》《建瓯县志》《同安县志》《晋江市志》《续资治通鉴长编》《宋登科记考》《闽侯进士录》等地方志及历史文献记载，叶姓历代进士 299 人，其中唐代 1 人、宋代 208 人（文进士 153 人，上舍释褐 3 人，武进士 3 人，特奏名 49 人）、元代 1 人、明代 34 人（文进士 31 人，武进士 3 人）、清代 55 人（文进士 37 人，武进士 18 人）。

唐　代

姓名	籍贯	中进士年间与科榜	任职	备注
叶　京	建安	咸通二年（861 年），辛巳科，裴延鲁榜	太常博士	

宋　代

姓名	籍贯	中进士年间与科榜	任职	备注
叶　齐	建阳	端拱元年（988年），戊子恩科，叶齐榜	著作佐郎	状元
叶　温	剑浦	淳化三年（992年），壬辰科，孙何榜	都官员外郎	
叶　宾	仙游	景德二年（1005年），乙巳科，李迪榜	南剑州通判	
叶　傅	仙游	景祐元年（1034年），甲戌科，张唐卿榜	晋江县尉	叶宾子
叶　芳	兴化	景祐元年（1034年），甲戌科，张唐卿榜		特奏名
叶　北	瓯宁	庆历六年（1046年），丙戌科，贾黯榜		
叶　悃	建安	庆历六年（1046年），丙戌科，贾黯榜		
叶棐恭	剑浦	庆历六年（1046年），丙戌科，贾黯榜	浙江严州知州	一作叶斐恭，迁平江
叶　敦	瓯宁	庆历六年（1046年），丙戌科，贾黯榜		
叶　式	建安	皇祐五年（1053年），癸巳科，郑獬榜		
叶祖谊	泰宁	皇祐五年（1053年），癸巳科，郑獬榜	屯田员外郎	
叶康直	建州	皇祐五年（1053年），癸巳科，郑獬榜	兵部侍郎	
叶　偲	建安	嘉祐六年（1061年），辛丑科，王俊民榜		一作瓯宁人
叶　斐	建安	嘉祐六年（1061年），辛丑科，王俊民榜		
叶安节	浦城	治平四年（1067年），丁未科，许安世榜	江西袁州知州	
叶　牧	仙游	治平四年（1067年），丁未科，许安世榜	知县	
叶祖洽	泰宁	熙宁三年（1070年），庚戌科，叶祖洽榜	户部尚书	状元
叶　表	建安	熙宁三年（1070年），庚戌科，叶祖洽榜		
叶　阜	仙游	熙宁三年（1070年），庚戌科，叶祖洽榜	河南真阳知县	
叶宗古	龙溪	熙宁三年（1070年），庚戌科，叶祖洽榜	广东潮州知州	
叶　杕	建州	熙宁六年（1073年），癸丑科，余中榜	浙江秀州司户参军	据《续资治通鉴长编》
叶唐稽	剑浦	熙宁六年（1073年），癸丑科，余中榜	浙江秀州知州	叶棐恭子，徙苏州
叶唐懿	剑浦	熙宁六年（1073年），癸丑科，余中榜	通直郎	叶唐稽兄，徙苏州
叶　恕	剑浦	熙宁六年（1073年），癸丑科，余中榜		
叶　棣	浦城	熙宁六年（1073年），癸丑科，余中榜	福州知州	一作叶隸
叶祖仁	泰宁	熙宁六年（1073年），癸丑科，余中榜	江西吉州司法参军	据《三明市志》
叶　胄	莆田	熙宁九年（1076年），丙辰科，徐铎榜	威武军节度推官	
叶康弼	瓯宁	熙宁九年（1076年），丙辰科，徐铎榜	京西路提举	
叶　豫	建安	熙宁九年（1076年），丙辰科，徐铎榜		
叶祖武	泰宁	熙宁九年（1076年），丙辰科，徐铎榜	建州知州	据《三明市志》
叶大方	瓯宁	元丰二年（1079年），己未科，时彦榜	政和知县	一作建安人
叶唐稷	剑浦	元丰二年（1079年），己未科，时彦榜	江苏金坛县尉	

续表

姓名	籍贯	中进士年间与科榜	任职	备注
叶 极	瓯宁	元丰二年（1079年），己未科，时彦榜		
叶 木	瓯宁	元丰五年（1082年），壬戌科，黄裳榜		一作叶本，误
叶 示	瓯宁	元丰五年（1082年），壬戌科，黄裳榜		
叶世隆	建安	元丰五年（1082年），壬戌科，黄裳榜	朝奉郎	一作瓯宁人
叶孝玉	建安	元丰五年（1082年），壬戌科，黄裳榜		一作瓯宁人
叶 默	建安	元丰五年（1082年），壬戌科，黄裳榜	安徽泗州知州	
叶 伟	龙溪	元丰五年（1082年），壬戌科，黄裳榜		特奏名
叶廷辉	瓯宁	元丰八年（1085年），乙丑科，焦蹈榜		
叶 确	仙游	元丰八年（1085年），乙丑科，焦蹈榜	河北提举常平公事	
叶 锐	仙游	元丰八年（1085年），乙丑科，焦蹈榜		特奏名，叶芳子
叶 时	瓯宁	元祐三年（1088年），戊辰科，李常宁榜		
叶 声	侯官	元祐三年（1088年），戊辰科，李常宁榜	广东新州知州	
叶 蕡	瓯宁	元祐六年（1091年），辛未科，马涓榜		
叶特材	建安	元祐六年（1091年），辛未科，马涓榜		
叶 播	建安	元祐六年（1091年），辛未科，马涓榜		
叶楚材	瓯宁	绍圣元年（1094年），甲戌科，毕渐榜		
叶伯元	仙游	绍圣元年（1094年），甲戌科，毕渐榜		改名叶毖，特奏名，据《仙溪志》
叶正臣	侯官	绍圣四年（1097年），丁丑科，何昌言榜	南剑州司理参军	叶源族侄
叶 常	浦城	绍圣四年（1097年），丁丑科，何昌言榜	山西河中知府	
叶 源	侯官	绍圣四年（1097年），丁丑科，何昌言榜	京学京东福建提举学事	一字亨仲，叶声从兄
叶 闢	侯官	绍圣四年（1097年），丁丑科，何昌言榜	承务郎	
叶 表	泰宁	绍圣四年（1097年），丁丑科，何昌言榜		据《三明市志》
叶居申	莆田	元符三年（1100年），庚辰科，李釜榜	浙江睦州通判	叶胄子
叶宝臣	仙游	元符三年（1100年），庚辰科，李釜榜	河北保州文学	特奏名，叶傅子
叶中行	瓯宁	崇宁二年（1103年），癸未科，霍端友榜		
叶 兑	泰宁	崇宁二年（1103年），癸未科，霍端友榜	江西西路运转使	又名叶宗谓
叶 焕	瓯宁	崇宁二年（1103年），癸未科，霍端友榜	徽猷阁待制	
叶 预	侯官	崇宁二年（1103年），癸未科，霍端友榜	太学博士	叶声从侄
叶怀冕	泰宁	崇宁二年（1103年），癸未科，霍端友榜		据《三明市志》
叶 翱	建州	崇宁四年（1105年），乙酉科		上舍释褐
叶 皋	瓯宁	崇宁五年（1106年），丙戌科，蔡嶷榜		
叶 裕	建安	崇宁五年（1106年），丙戌科，蔡嶷榜		

续表

姓名	籍贯	中进士年间与科榜	任职	备注
叶　观	仙游	大观元年（1107年），乙亥科		叶芳子，上舍释褐
叶　伸	瓯宁	大观三年（1109年），己丑科，贾安宅榜		
叶彦隆	建安	大观三年（1109年），己丑科，贾安宅榜		
叶照鄰	瓯宁	大观三年（1109年），己丑科，贾安宅榜		一作叶昭邻
叶　传	建安	大观三年（1109年），己丑科，贾安宅榜		
叶　搏	怀安	大观三年（1109年），己丑科，贾安宅榜	仙游知县	
叶　开	闽县	大观三年（1109年），己丑科，贾安宅榜		特奏名
叶　逸	建安	政和二年（1112年），壬辰科，莫俦榜		
叶　乂	瓯宁	政和五年（1115年），乙未科，何㮚榜		
叶廷芬	闽县	政和五年（1115年），乙未科，何㮚榜	国子学录	一作叶庭芳
叶庭珪	瓯宁	政和五年（1115年），乙未科，何㮚榜	太常寺丞	一作叶廷珪
叶　中	闽县	政和五年（1115年），乙未科，何㮚榜		特奏名
叶　龚	侯官	政和五年（1115年），乙未科，何㮚榜		特奏名
叶大任	侯官	政和八年（1118年），戊戌科，王昂榜	朝议大夫	
叶庭杰	闽县	政和八年（1118年），戊戌科，王昂榜		
叶发明	瓯宁	政和八年（1118年），戊戌科，王昂榜		
叶灼直	泰宁	政和八年（1118年），戊戌科，王昂榜		据《三明市志》
叶　宽	闽县	政和八年（1118年），戊戌科，王昂榜		特奏名
叶英杰	瓯宁	宣和三年（1121年），辛丑科，何涣榜		
叶南仲	闽县	宣和三年（1121年），辛丑科，何涣榜	广东肇庆知府	叶源族侄
叶知新	龙溪	宣和六年（1124年），甲辰科，沈晦榜		现属芗城区
叶　棠	莆田	宣和六年（1124年），甲辰科，沈晦榜	广东韶州知州	
叶　颛	侯官	宣和六年（1124年），甲辰科，沈晦榜	江苏常州教谕	叶预之弟
叶　顒	仙游	靖康元年（1126年），丙午科	京城守御官	武进士，据《莆阳比事》
叶宗武	建安	建炎二年（1128年），戊申科，李易榜		
叶　棻	建安	建炎二年（1128年），戊申科，李易榜		
叶隆吉	沙县	建炎二年（1128年），戊申科，李易榜		
叶　荐	建安	建炎二年（1128年），戊申科，李易榜	罗源县令	
叶　衡	建安	建炎二年（1128年），戊申科，李易榜		
叶　观	建安	建炎二年（1128年），戊申科，李易榜	广东潮州知州	
叶　绾	泰宁	建炎二年（1128年），戊申科，李易榜		据《三明市志》
叶继颜	仙游	建炎二年（1128年），戊申科，李易榜		特奏名，叶宝臣孙
叶　荣	瓯宁	绍兴二年（1132年），壬子科，张九成榜	广东惠州主簿	

续表

姓名	籍贯	中进士年间与科榜	任职	备注
叶　顒	仙游	绍兴二年（1132年），壬子科，张九成榜	尚书左仆射	
叶　升	南安	绍兴二年（1132年），壬子科，张九成榜		特奏名
叶　绋	泰宁	绍兴五年（1135年），乙卯科，汪应辰榜	湖南营道知州	据《三明市志》
叶　専	仙游	绍兴五年（1135年），乙卯科，汪应辰榜		特奏名
叶　山	建安	绍兴八年（1138年），戊午科，黄公度榜		
叶升廷	晋江	绍兴八年（1138年），戊午科，黄公度榜		据《晋江市志》
叶　闻	闽县	绍兴八年（1138年），戊午科，黄公度榜		特奏名
叶　玮	罗源	绍兴十二年（1142年），壬戌科，陈诚之榜	广东循州州学教授	一作叶瑋
叶彦光	长汀	绍兴十二年（1142年），壬戌科，陈诚之榜	广西平南县主簿	特奏名
叶仪凤	侯官	绍兴十五年（1145年），乙丑科，刘章榜	邵武军教授	
叶继益	仙游	绍兴十五年（1145年），乙丑科，刘章榜		特奏名，叶继颜弟
叶翔凤	侯官	绍兴十八年（1148年），戊辰科，王佐榜	广东广州通判	叶仪凤胞弟
叶能报	侯官	绍兴十八年（1148年），戊辰科，王佐傍		特奏名，叶龚子
叶叔侨	仙游	绍兴二十一年（1151年），辛未科，赵逵榜	知县	叶继颜侄
叶宏中	莆田	绍兴二十四年（1154年），甲戌科，张孝祥榜		特奏名
叶齐山	瓯宁	绍兴二十七年（1157年），丁丑科，王十朋榜		
叶世美	侯官	绍兴三十年（1160年），庚辰科，梁克家榜	枢密院编修	
叶延寿	建安	绍兴三十年（1160年），庚辰科，梁克家榜	安溪县主簿	
叶尧賓	崇安	绍兴三十年（1160年），庚辰科，梁克家榜	南安军通判	
叶元翼	建安	隆兴元年（1163年），癸未科，木待问榜		
叶　肃	瓯宁	隆兴元年（1163年），癸未科，木待问榜		
叶作新	龙溪	隆兴元年（1163年），癸未科，木待问榜		特奏名
叶　建	莆田	隆兴元年（1163年），癸未科，木待问榜		特奏名
叶才老	瓯宁	乾道二年（1166年），丙戌科，萧国梁榜		
叶有秩	建安	乾道二年（1166年），丙戌科，萧国梁榜	安溪县令	
叶　镐	建安	乾道二年（1166年），丙戌科，萧国梁榜	南剑州知州	
叶良臣	闽县	乾道五年（1169年），己丑科		武进士
叶明之	怀安	乾道八年（1172年），壬辰科，黄定榜	从政郎	
叶元凤	闽县	乾道八年（1172年），壬辰科，黄定榜		特奏名
叶望之	罗源	乾道八年（1172年），壬辰科，黄定榜		特奏名
叶立功	仙游	淳熙二年（1175年），乙未科，詹骙榜	江西鄱阳县尉	
叶　楠	侯官	淳熙二年（1175年），乙未科，詹骙榜	江西龙南县主簿	叶仪凤族侄孙
叶国乔	泰宁	淳熙二年（1175年），乙未科，詹骙榜		据《三明市志》
叶之盛	闽县	淳熙二年（1175年），乙未科，詹骙榜		特奏名
叶友定	建宁	淳熙五年（1178年），戊戌科，姚颖榜		据《三明市志》

续表

姓名	籍贯	中进士年间与科榜	任职	备注
叶师德	瓯宁	淳熙八年（1181年），辛丑科，王由榜		
叶文炳	浦城	淳熙十一年（1184年），甲辰科，卫泾榜	安徽和州通判	
叶立志	仙游	淳熙十一年（1184年），甲辰科，卫泾榜	广东惠州通判	
叶景温	罗源	淳熙十一年（1184年），甲辰科，卫泾榜		
叶建中	建安	淳熙十四年（1187年），丁未科，王容榜		
叶孝锡	莆田	绍熙元年（1190年），庚戌科，余复榜	秘书郎	
叶宗鲁	罗源	绍熙元年（1190年），庚戌科，余复榜	朝散大夫	
叶廷祐	晋江	绍熙元年（1190年），庚戌科，余复榜		特奏名
叶　登	莆田	绍熙元年（1190年），庚戌科，余复榜		特奏名
叶　枢	仙游	绍熙元年（1190年），庚戌科，余复榜		特奏名
叶季友	仙游	绍熙四年（1193年），癸丑科，陈亮榜		特奏名，据《仙溪志》
叶子高	闽县	庆元二年（1196年），丙辰科，邹应龙榜	大理评事	叶观族侄
叶祐甫	建安	庆元二年（1196年），丙辰科，邹应龙榜		一作叶佑甫
叶　莫	侯官	庆元二年（1196年），丙辰科，邹应龙榜	吏部郎中，江西运使	叶世美族侄
叶　发	侯官	庆元二年（1196年），丙辰科，邹应龙榜	湖南浏阳知县	叶世美族侄
叶　观	侯官	庆元二年（1196年），丙辰科，邹应龙榜	广东潮州知州	叶世美从兄
叶　湜	瓯宁	庆元五年（1199年），己未科，曾从龙榜	承议郎	
叶　选	瓯宁	庆元五年（1199年），己未科，曾从龙榜		
叶麟之	瓯宁	庆元五年（1199年），己未科，曾从龙榜		
叶　宇	莆田	庆元五年（1199年），己未科，曾从龙榜		特奏名，叶建子
叶元之	松溪	嘉泰二年（1202年），壬戌科，傅行简榜		一作叶元云
叶　楠	闽县	嘉泰二年（1202年），壬戌科，傅行简榜		一作叶枬，叶明之胞侄
叶　棠	闽县	嘉定元年（1208年），戊辰科，郑自诚榜		叶楠同族
叶昌之	福州	嘉定元年（1208年），戊辰科，郑自诚榜		特奏名
叶应辰	闽县	嘉定四年（1211年），辛未科，赵建大榜		
叶　同	建安	嘉定七年（1214年），甲戌科，袁甫榜	南安知县	
叶武子	邵武	嘉定七年（1214年），甲戌科，袁甫榜	秘阁修撰	
叶　檠	仙游	嘉定七年（1214年），甲戌科，袁甫榜		
叶仪凤	剑浦	嘉定七年（1214年），甲戌科，袁甫榜		
叶子春	泰宁	嘉定十年（1217年），丁丑科，吴潜榜		据《三明市志》
叶伯秀	连江	嘉定十年（1217年），丁丑科，吴潜榜		特奏名
叶　准	晋江	嘉定十年（1217年），丁丑科，吴潜榜		特奏名
叶一新	侯官	嘉定十三年（1220年），庚辰科，刘渭榜		叶能报曾孙

续表

姓名	籍贯	中进士年间与科榜	任职	备注
叶　林	闽县	嘉定十三年（1220年），庚辰科，刘渭榜		特奏名
叶　焕	仙游	嘉定十三年（1220年），庚辰科，刘渭榜		特奏名
叶应辰	闽县	嘉定十三年（1220年），庚辰科，刘渭榜		特奏名
叶味道	建阳	嘉定十三年（1220年），庚辰科，刘渭榜	著作佐郎	原籍浙江温州
叶及新	侯官	嘉定十六年（1223年），癸未科，蒋重珍榜		
叶端亮	闽县	嘉定十六年（1223年），癸未科，蒋重珍榜		特奏名
叶天藻	瓯宁	宝庆二年（1226年），丙戌科，王会龙榜		
叶　浚	剑浦	宝庆二年（1226年），丙戌科，王会龙榜		一作叶濬
叶　参	剑浦	宝庆二年（1226年），丙戌科，王会龙榜		
叶　明	晋江	绍定二年（1229年），己丑科，黄朴榜	湖广总干，转考试官	一作叶朋
叶　迈	长溪	绍定二年（1229年），己丑科，黄朴榜	建安知县	
叶逢午	闽县	绍定二年（1229年），己丑科，黄朴榜		特奏名
叶惟寅	长泰	绍定二年（1229年），己丑科，黄朴榜		特奏名
叶　櫄	罗源	绍定二年（1229年），己丑科，黄朴榜		特奏名
叶大有	仙游	绍定五年（1232年），壬辰科，徐元杰榜	刑部尚书	
叶元龟	闽县	绍定五年（1232年），壬辰科，徐元杰榜		特奏名
叶良遇	莆田	绍定五年（1232年），壬辰科，徐元杰榜		特奏名
叶天祐	侯官	端平二年（1235年），乙未科，吴叔告榜	广东潮州州学教授	居罗源，叶玮曾孙
叶悊佐	罗源	端平二年（1235年），乙未科，吴叔告榜	山东平海军签书判官厅公事	
叶重开	闽县	端平二年（1235年），乙未科，吴叔告榜		特奏名
叶梦材	建安	嘉熙二年（1238年），戊戌科，周坦榜		
叶泰夫	瓯宁	淳祐元年（1241年），辛丑科，徐俨夫榜		
叶　采	瓯宁	淳祐元年（1241年），辛丑科，徐俨夫榜	翰林侍讲	一说建阳人
叶宾王	瓯宁	淳祐元年（1241年），辛丑科，徐俨夫榜		
叶应雷	建安	淳祐元年（1241年），辛丑科，徐俨夫榜		
叶首卿	侯官	淳祐元年（1241年），辛丑科，徐俨夫榜		特奏名
叶　谓	闽县	淳祐元年（1241年），辛丑科，徐俨夫榜		特奏名
叶　自	侯官	淳祐四年（1244年），甲辰科，留梦炎榜	清流县尉	
叶酉夫	建安	淳祐四年（1244年），甲辰科，留梦炎榜		一作叶酉大
叶应得	侯官	淳祐七年（1247年），丁未科，张渊微榜		叶一新同族
叶观光	侯官	淳祐七年（1247年），丁未科，张渊微榜		
叶三益	长溪	淳祐七年（1247年），丁未科，张渊微榜		特奏名
叶　谓	福州	淳祐七年（1247年），丁未科，张渊微榜		特奏名
叶　春	闽县	淳祐十年（1250年），庚戌科，方逢辰榜		特奏名，叶观侄

续表

姓名	籍贯	中进士年间与科榜	任职	备注
叶熙孙	闽县	淳祐十年（1250年），庚戌科，方逢辰榜		特奏名，叶林子
叶　木	闽县	宝祐元年（1253年），癸丑科，姚勉榜		
叶景师	闽县	宝祐元年（1253年），癸丑科，姚勉榜		
叶一龙	闽县	宝祐元年（1253年），癸丑科，姚勉榜		特奏名
叶起龙	闽县	宝祐元年（1253年），癸丑科，姚勉榜		特奏名
叶　震	闽县	宝祐元年（1253年），癸丑科，姚勉榜		特奏名，叶观从弟
叶必茂	泰宁	咸淳五年（1269年），己巳科	太学录	上舍释褐，据《三明市志》
叶　彪	连江	咸淳七年（1271年），辛未科		武进士
叶挺芳	罗源	咸淳十年（1274年），甲戌科，王龙泽榜		

元　代

姓名	籍贯	中进上年间与科榜	任职	备注
叶荣一	大田	至正十七年（1357年），丁酉科，王宗嗣榜		据《三明市志》

明　代

姓名	籍贯	中进士年间与科榜	任职	备注
叶德潜	侯官	洪武四年（1371年），辛亥科，吴伯宗榜	山东陵县丞	
叶　复	建安	洪武十八年（1385年），乙丑科，丁显榜	广东增城知县	
叶　耀	建安	洪武十八年（1385年），乙丑科，丁显榜	监察御史	
叶　规	建阳	洪武十八年（1385年），乙丑科，丁显榜	浙江杭州通判	
叶　福	侯官	建文二年（1400年），庚辰科，胡广榜	刑部给事中	
叶　浚	建安	永乐四年（1406年），丙戌科，林环榜	江西鄱阳知县	
叶　暘	同安	永乐九年（1411年），辛卯科，萧时中榜	浙江长兴知县	
叶　宜	南平	永乐十年（1412年），壬辰科，马铎榜	浙江布政司左参政	
叶　恕	浦城	永乐十三年（1415年），乙未科，陈循榜	贵州道监察御史	
叶普亮	同安	正统十三年（1448年），戊辰科，彭时榜	河南道监察御史	
叶　峦	莆田	景泰二年（1451年），辛未科，柯潜榜	监察御史	
叶公大	闽县	天顺四年（1460年），庚辰科，王一夔榜	户部主事	
叶　亨	闽县	成化五年（1469年），己丑科，张升榜	户部员外郎、安徽宁国知府	
叶元玉	清流	成化十七年（1481年），辛丑科，王华榜	广东潮州知府	
叶　铤	闽县	成化二十三年（1487年），丁未科，费宏榜		一作叶娗
叶　宽	晋江	正德三年（1508年），戊辰科，吕楠榜	工部郎中、浙江参政	

续表

姓名	籍贯	中进士年间与科榜	任职	备注
叶　珩	莆田	正德十二年（1517 年），丁丑科，舒芬榜	贵州左布政使	
叶　奇	闽县	正德十六年（1521 年），辛巳科，杨维聪榜	广西道御史、云南巡按	
叶逢阳	松溪	正德十六年（1521 年），辛巳科，杨维聪榜	户部员外郎	
叶　亹	漳浦	正德十六年（1521 年），辛巳科，杨维聪榜	广西布政司参议	
叶春泽	闽县	嘉靖十七年（1538 年），戊戌科，茅瓒榜		
叶期远	漳浦	嘉靖三十二年（1553 年），癸丑科，陈谨榜	湖北黄州知府	
叶士宾	莆田	嘉靖四十一年（1562 年），壬戌科，申时行榜	户部郎中	
叶九金	莆田	隆庆二年（1568 年），戊辰科，罗万化榜	江西佥事	
叶明元	同安	隆庆二年（1568 年），戊辰科，罗万化榜	广西参政	
叶腾凤	同安	万历五年（1577 年），丁丑科	广东罗定州中军守备	武进士
叶向高	福清	万历十一年（1583 年），癸未科，朱国祚榜	内阁首辅	
叶　台	龙溪	万历二十三年（1595 年），乙未科		武进士，据《漳州市志》
叶天陛	莆田	万历四十四年（1616 年），丙辰科，钱士升榜	江西广信知府	
叶成章	同安	万历四十七年（1619 年），己未科，庄际昌榜	大理寺丞，摄卿事	
叶邦翰	漳州	天启二年（1622 年），壬戌科		武进士，据《漳州市志》
叶绍京	漳浦	崇祯元年（1628 年），戊辰科，刘若宰榜	刑部主事	会魁
叶子发	侯官	崇祯十年（1637 年），丁丑科，刘同升榜	广东惠州知府	一说莆田籍
叶翼云	同安	崇祯十三年（1640 年），庚辰科，魏藻德榜	江苏吴江知县、吏部员外郎	

清　代

姓名	籍贯	中进士年间与科榜	任职	备注
叶矫然	闽县	顺治九年（1652 年），壬辰科，邹忠倚榜	工部主事、河北乐亭知县	
叶献论	安溪	顺治九年（1652 年），壬辰科，邹忠倚榜	河北满城知县	
叶先登	长泰	顺治九年（1652 年），壬辰科，邹忠倚榜	山西冀南道	
叶有挺	寿宁	康熙九年（1670 年），庚戌科，蔡启僔榜	江西观政	
叶绍芳	闽县	康熙三十九年（1700 年），庚辰科，汪绎榜	江苏江阴知县	
叶弘祯	同安	康熙四十五年（1706 年），丙戌科		一说台湾籍，武进士，据《漳州市志》

续表

姓名	籍贯	中进士年间与科榜	任职	备注
叶心朝	同安	康熙四十八年（1709年），己丑科，赵熊诏榜	江西宜黄知县、榆社知县	据《同安县志》
叶大楷	莆田	康熙五十二年（1713年），癸巳恩科，王敬铭榜	江苏昆山、仪征知县	
叶有词	福清	乾隆四年（1739年），己未科，庄有恭榜		叶向高曾孙
叶标元	古田	乾隆七年（1742年），壬戌科，金甡榜	山东陵县知县	
叶为舟	邵武	乾隆十年（1745年），乙丑科，钱维城榜	湖北汉川知县	
叶　镇	顺昌	乾隆十三年（1748年），戊辰科，梁国治榜	山西鄗阳知县、晋阳知州	
叶观国	闽县	乾隆十六年（1751年），辛未科，吴鸿榜	翰林院编修，安徽提督学政	
叶健腾	诏安	乾隆十七年（1752年），壬申恩科		武进士
叶廷推	海澄	乾隆十九年（1754年），甲戌科，庄培因榜	山西榆社知县	
叶时茂	同安	乾隆二十八年（1763年），癸未科	广西新太副将	武探花
叶　韬	长泰	乾隆四十三年（1778年），戊戌科	御前侍卫	武进士，据《漳州市志》
叶大观	罗源	乾隆五十五年（1790年），庚戌恩科，石韫玉榜	翰林院检讨	
叶　青	诏安	嘉庆元年（1796年），丙辰科		武进士，据《漳州市志》
叶文英	侯官	嘉庆六年（1801年），辛酉恩科，顾皋榜	云南霑益知州	
叶申棻	闽县	嘉庆七年（1802年），壬戌科，吴廷琛榜	广东连山知县	叶观国次子
叶申万	闽县	嘉庆十年（1805年），乙丑科，彭浚榜	广东高廉兵备道，翰林院检讨	叶观国五子
叶申芗	闽县	嘉庆十四年（1809年），己巳恩科，洪莹榜	浙江宁波知府	叶观国六子
叶金标	同安	嘉庆十九年（1814年），甲戌科	厦门营游击	武进士，据《同安县志》
叶殿铭	闽县	嘉庆二十二年（1817年），丁丑科，吴其浚榜	翰林院庶吉士	
叶桐封	闽县	嘉庆二十二年（1817年），丁丑科，吴其浚榜	浙江嵊县知县，兴化府教授	
叶敬昌	闽县	嘉庆二十四年（1819年），己卯恩科，陈沆榜	湖北按察使、布政使	初名敏昌，叶观国孙
叶杨枝	诏安	道光三年（1823年），癸未科	钦点卫守备	一作叶梅枝，武进士
叶向日	同安	道光六年（1826年），丙戌科	钦点卫守备	武进士，据《同安县志》
叶绍庚	同安	道光九年（1829年），己丑科	安海、澎湖都司	武进士，据《同安县志》
叶宸昌	闽县	道光十五年（1835年），乙未科，刘绎榜	贵州余庆知县	改名承昌

续表

姓名	籍贯	中进士年间与科榜	任职	备注
叶绍飏	晋江	道光十六年（1836年），丙申恩科	直隶通永镇都司	武进士，据《同安县志》
叶舒青	同安	道光十八年（1838年），戊戌科	世袭云骑尉	武进士，据《同安县志》
叶春晖	同安	道光三十年（1850年），庚戌科	漳州山城中军守备	武进士，据《同安县志》
叶景堂	同安	咸丰二年（1852年），壬子恩科		武进士，据《同安县志》
叶时昌	同安	咸丰三年（1853年），癸丑科		一作昌时，武进士，据《同安县志》
叶定国	同安	咸丰九年（1859年），己未科	台北漳化都阃府	武进士，据《同安县志》
叶大同	闽县	同治四年（1865年），乙丑科，崇绮榜	广东南海、东莞、归善知县	
叶大焯	闽县	同治七年（1868年），戊辰科，洪钧榜	翰林院编修、主讲正谊书院	叶观国玄孙
叶应祥	同安	同治十三年（1874年），甲戌科	湖南省知县	武进士，据《同安县志》
叶　愈	闽县	光绪二年（1876年），丙子恩科，曹鸿勋榜		
叶应祥	南安	光绪三年（1877年），丁丑科，王仁堪榜	湖南、江西等省知县	
叶大遒	闽县	光绪六年（1880年），庚辰科，黄思永榜	翰林院编修、广东督粮道	叶大焯弟
叶题雁	晋江	光绪六年（1880年），庚辰科，黄思永榜	户部郎中，陕西道监察御史	
叶大烜	闽县	光绪九年（1883年），癸未科，陈冕榜	刑部河南司主事、直隶州知州	
叶大琛	闽县	光绪十二年（1886年），丙戌科，赵以炯榜	浙江武义知县	
叶大涵	闽县	光绪十二年（1886年），丙戌科，赵以炯榜	广西怀集、平乐知县	
叶在琦	闽县	光绪十二年（1886年），丙戌科，赵以炯榜	翰林、贵州提督学政	叶大焯子
叶文荣	建瓯	光绪十八年（1892年），壬辰科	营用守备	武进士
叶大年	同安	光绪二十年（1894年），甲午恩科，张謇榜	翰林院庶吉士	
叶芾棠	侯官	光绪二十一年（1895年），乙未科	河南道御史	
叶国器	同安	光绪二十一年（1895年），乙未科，武国栋榜	钦加都阃衔	武进士，据《同安县志》

续表

姓名	籍贯	中进士年间与科榜	任职	备注
叶在藻	闽县	光绪二十四年（1898 年），戊戌科，夏同和榜	翰林院庶吉士	
叶大章	闽县	光绪三十年（1904 年），甲辰恩科，刘春霖榜	浙江山阴、缙云知县	
叶大华	闽县	光绪三十年（1904 年），甲辰恩科，刘春霖榜	四川高州知府	

第四篇

周姓

《福建姓氏志·周姓篇》编纂委员会

《福建姓氏志·周姓篇》编辑部

目 录

周姓，黄帝之裔，后稷为古代周族的始祖。西周时的周姓源自姬姓，周文王及其子孙周武王、周成王后裔。周公姬旦（周武王胞弟姬旦，史称周公）次子采邑在周原，其后代也有以“周”为姓。西汉元封元年（前110年），中郎将徐州伯周公宫奉诏由河南光州固始入闽，居今福州南台，是最早入闽的周姓，后裔分居福宁、浦城、兴化等地。唐总章二年（669年），府兵校尉周广德随陈政、陈元光父子由光州固始入闽，居今龙海双第华侨农场寨仔管理区，后裔分居龙海、云霄、平和、芗城、漳浦，霞浦、诏安等地。唐乾符年间（874—879），周龙七避乱由浙江钱塘县迁平阳、泰顺等地后入闽，居政和县澄源乡榅洋村。唐光启元年（885年），周举元由光州固始阴德乡魏侯里入闽，居福州，后裔分居宁德各地以及罗源、连江等县。同年，周创久由南京赤岸入闽，居福州石井巷、芝田等地，后裔迁居福鼎周佳山。唐光启三年（887年），周维岳由光州固始入闽，居福州石井巷等地；周颐携子周靖（景）由光州固始入闽，先居仙游东乡折桂里，后随王潮进驻福州，后裔分居长乐、莆田、泉州、漳州、宁德等地。唐乾宁四年（897年），周枢由光州固始入闽，居今建阳区马伏，后裔分居崇安、河南等地。据2016年全省人口统计，周姓人口总数454598人，分布于全省各地。超过500人的聚居地有350多个。在众多宗祠、陵墓、古建筑、名胜古迹中，各级文物保护单位有21个。有4个周姓村落被列为福建省历史文化名村及中国传统村落。自唐宋以来有进士156人，有各级非物质文化遗产传承人29名。以汝南郡、沛国郡、陈留郡、寻阳郡、临川郡等为主要郡望，常见堂号有汝南堂、本敦堂、爱莲堂等。

第一章　源　流

第一节　溯　源

周姓始祖说法有四：后稷、周昌、周文王姬昌、周公姬旦。

一、源自古周国

黄帝时期，已经存在周部落，黄帝臣子周昌和周书都属周部落（古周国）。

二、源自姬姓

西周初年，后稷被奉为周族的始祖。后稷的裔孙古公亶父（即周太王）率领族人迁徙至陕西岐山下周原，从此称为周族。子孙延续周姓。到文王姬昌时，建立周朝，姬姓家族多以国名为氏，成为周姓的主流。

周公旦（周武王胞弟姬旦，史称周公）次子“祭”姓，后采邑在周原，其后代则以周为姓。

周朝末代君主周赧王姬延被秦所灭，王族沦为平民，族人以周为姓。

周平王之少子姬烈封于汝坟（今河南叶县东北），十九世传至姬邕时，东周被秦灭，姬邕的家族仍被人们称作“周家”，后裔以周为姓。

唐玄宗李隆基即位后，因“基”“姬”同音，于是下诏改姬姓为周姓。

三、源自改姓

北魏鲜卑族贺鲁氏改姓周。

北魏献帝次兄为普氏，后改姓周；同时鲜卑族普乃氏、普周氏均改姓周。

北朝时，北周骠骑大将军普屯瑶因感激北周王朝之恩，改为周姓。

明洪武年间（1368—1398），安溪有苏卓周由苏改姓周，以“武功”为郡望，称“武功周”。

清初，明朝长沙藩王吉王的子孙改为周姓。

四、源自赐姓

唐末山东青州人成汭，昭宗时为荆南留后，五代后梁时赐姓周；五代后周时，赐暨佐姓周。

第二节　入　闽

西汉元封元年（前110年），中郎将徐州伯周公宫奉诏由河南光州入闽，定居于今福州南台，后裔分居福宁、浦城、兴化等地。

唐总章二年（669年），府兵校尉周广德随陈政、陈元光父子由光州固始入闽，定居天城山石斗岭三条坑山麓（今龙海双第华侨农场寨仔管理区），后裔分居龙海、云霄、平和、芗城、漳浦、霞浦、诏安等地。

唐乾符年间（874—879），周龙七因避黄巢农民军由浙江钱塘县迁平阳、泰顺等地后入闽，定居政和县澄源乡刘村（后改刘村为上榅洋村）。

唐乾符年间，周仁威由汴梁（今开封）入闽，定居福州三山石井巷，后裔分居宁德、古田。

唐乾符年间，周璋、周琳堂兄弟由光州固始入闽，居福州侯官（今闽侯县），后迁居长乐清河。

唐光启元年（885年），周举元由光州固始阴德乡魏侯里入闽，定居福州，后裔分居宁德各地及罗源、连江等县。

唐光启元年，周创久由南京赤岸入闽，定居福州石井巷、芝田等地，后裔迁居福鼎周佳山。

唐光启三年（887年），周维岳由光州固始魏陵乡祥符里铁井栏入闽，定居福州石井巷等地。

唐光启三年，周颐携子周靖（景）由光州固始入闽，先居仙游东乡折桂里，景福元年（892年）随王绪等进驻福州。后裔分居长乐、莆田、泉州、漳州、宁德、福安等地。元末，后裔周迪吉为避兵乱，隐居温陵府晋邑二十二都石湖乡（今泉州石狮市蚶江镇石湖）。

唐乾宁四年（897年），周枢由光州固始东隅桂贤坊入闽，定居建州西路马伏（今建阳区马伏），后裔分居崇安、河南等地。

宋初，周章、周彦、周奇、周立等四兄弟由江西抚州府临川县长源里入闽，居汀州府清流县嵩溪罗源隔。

宋崇宁年间（1102—1106），周因由光州固始阴德乡魏侯里入闽，居浦城县。

宋建炎元年（1127年），周仁德由固始入闽，居宁化县。

宋淳熙三年（1176年），周怀机由湖广汉阳府汉阳县入闽，居福鼎长溪赤岸东路岐头（今福鼎沿州村）。

宋庆元四年（1198年），周敦颐后裔周理（周一）由浙江庆元县松元镇周敦村入闽，定居政和南里平溪（今寿宁县平溪乡平溪村）。

宋淳祐二年（1242年），周章于由江西抚州府入闽，定居长溪（今福鼎）。

宋末，周宗贵由汝南（一说江西石城）入闽，先居宁化石壁乡，后定居永定。

宋末，周盛德由南京关井兜入闽，定居福清省田（今龙田镇）山前村。

宋末，周则坚由江西吉水入闽，先居宁德西乡（洋中），后定居罗源廪尾村。

宋末，周志隆由江西石城琴江坑头入闽，定居上杭。

宋末，周洪吉（又名元吉）由江西抚州临川入闽，定居宁化城北。

宋末元初，周四九由江西抚州临邑入闽，先居宁化中沙，后迁居明溪枫溪小雅，定居官坊周家岭。

元至元十六年（1279 年），周瑶因兵乱由浙江处州括苍陈半岭经浙江青田入闽，先居福鼎磻溪谢家洋，后定居王家洋（今磻溪镇黄冈村）。

元至大元年（1308 年），周颜一携眷属由浙江嘉兴入闽，定居政和里周家坪（今寿宁县清源村菖浦里）。

元至正四年（1344 年），周日昌因避祸举家从南京凤阳府入闽，定居泉州清溪场（安溪）西街。

元末，周荣由浙江庆元南坑入闽，定居政和际面（今属外屯乡吴场村）。

明初，周伯英由南京水南村入闽，定居上杭。

明初，周微岳由南京入闽，定居长乐漳港。

明初，周褒赐由江苏武进县仁孝村入闽，为福州卫所下总旗，后裔定居今连江县长龙镇岚下村。

明洪武二年（1369 年），周仁一由浙江乐清白沙入闽，定居福鼎店下岚亭秀兜。

明洪武二年，周宗文由湖广岳州府澧州入闽，定居连江县丹阳镇上周村。

明洪武二十五年（1392 年），周怀宝由浙江庆元松源周墩入闽，居寿宁平溪村。

明洪武年间（1368—1398），周从龙由安徽天长县入闽，定居汀州。

明永乐二年（1404 年），周一郎由河南固始入闽，定居今福州晋安区日溪乡汶洋村。

明永乐二年，周筵滨（周延彬）由河南固始入闽，定居厦门杏林。

明永乐年间（1403—1424），周处后裔周信一由浙江庆元县松元镇水寨村入闽，定居寿宁县利（李）家山村。

明嘉靖十九年（1540 年），周居贞由江西抚州府临川县长源里入闽，定居尤溪城南青印坊。

明崇祯十五年（1642 年），周德所由江西抚州府临川县长源里入闽，定居尤溪兴贤坊。

清康熙十三年（1674 年），周德昌随康亲王入闽，定居福州洪山大王里。

清康熙年间（1662—1722），周添甫由南京凤阳府入闽，居安溪。

第三节　繁　衍

一、周公宫家族

西汉时，周公宫定居福州南台，后裔周时肃迁居浦城，生 2 子：长子周与和迁徙江西，次子周与利迁居浦城。周与利生 2 子：长子周宪中迁居兴化；次子周宪机生 3 子：长子周少贵迁居福宁，季子周少寿迁居兴化岩头，生 2 子：长子周会昌，次子周会品迁居福州郎官巷。周会品 4 世周建隆迁居长乐湖东里，周建隆 3 世周辅生 2 子：长子周宗杰迁徙浙江湖州，次子周宗英后裔周垦迁居长乐区文岭镇凤庄村，其后裔支分“孟、仲、季”三房。

孟房 10 世周大增之子周应璋、周应珅、周应玛三兄弟迁居福州南台；周大存、周同腾、周同万三兄弟迁居闽县东岐。21 世周朝铭迁居福州城内，其 4 世孙周哲文迁居福州上海新村。

仲房 13 世周炳叔迁居闽侯白沙；15 世周大美、周友良分别迁居马尾琅岐和长乐营前岐头；16 世周邦福，17 世周惟吉、周惟六迁居马尾中岐，后裔又先后外迁福州、贵州、广西、佳木斯、北京、台湾等地。21 世周泰仕、26 世周廷高迁居仓山洋洽、台江南禅山边，24 世周用亨迁居长乐梅花。

季房 8 世周仁卿生 6 子，其中四子周谷宪携子周仲仪迁居长乐金峰镇凤港村。周仲仪生 3 子：长子周椠、次子周菉、三子周窾，支衍为“福、禄、寿”三房，后又分支东头房、后厝房、中厝房和新厝房；后裔分迁长乐周山、龙塘、虎埕巷、梅花、厅头顶，福州南台、鼓楼观风亭、水部、鼓山后屿、马尾中岐、琅岐海屿村，连江筱埕、东坪，闽侯东岐、白沙大濑，光泽，霞浦下浒、下岐和县城等地，还有迁徙海南儋州、云南广南。

二、周广德家族

唐代，周广德定居龙海，3 世周匡物后裔迁居龙岩、龙溪，后播迁漳州东南，分衍云霄、平和、漳浦、芗城、诏安和仙游、霞浦等县区，迁徙广东潮州、澄海，台湾、香港地区和印度尼西亚、菲律宾、新加坡、马来西亚、泰国、日本、美国等国。周广德 3 世周荣达始居龙岩新罗区双第社，继迁清泉，后裔迁居泉州南邑、二十九都上霞（今南安岐山村上畲）、厦门海沧后井。

三、周龙七家族

唐代，周龙七定居政和县澄源乡上榅洋村（唐代称刘村）。4 世周来二迁徙浙江庆元后山。11 世周辉文后裔迁居杨源坂头。15 世周茂钱迁居澄源上洋，周振东迁居东平，周振波迁居建瓯东游溪东，周振挺迁居政和城关，周振清迁居镇前郢地。周振星子周纲富迁居今营前农场，周振鑑子周妙富（谱误为“周纲富”）迁居松溪花桥。16 世周纲鸿迁居书坊钱圹、周纲濂迁居铁山、周纲瑶迁居镇前。

四、周举元家族

唐末，周举元由河南光州固始阴德乡魏侯里入闽，居福州。周举元生 14 子 5 女。长子周庾随父入闽定居福州，次子留居河南光州，三子定居福州，四子迁居古田，五子迁居罗源，六子迁居建宁，七子迁徙江苏淮安，八子迁徙广州，九子迁居南剑州（福建沙县、南平一带），十子迁徙浙江温州，十一子迁居永福，十二子迁居连江永贞，十三子迁徙安徽安庆，十四子迁徙河南洛阳。

长子周庾生 4 子：长子周兴迁徙浙江温州平阳，次子周隆迁居古田周家墩，三子周俊（骏）迁居连江周家坂，四子周导迁居宁德白鹤盐场后隐居西乡兰桥。

周导生 5 子：长子周霆迁居洋中，次子周震迁居濂坂，三子周霈迁徙温州平阳，四子周霓守居兰桥，五子周云迁居浦城。

周霆子周翰生 7 子：长子周皋、次子周明定居定洋，三子定居古田小盖竹，四子周善、五子周巍定居北洋坑口，六子周象定居龙山。周霓生 6 子：长子周伟、次子周傧由兰桥迁居洋中林坂，三子周倌、四子周健、五子周尚居兰桥，其后裔分迁宁德各地；六子周售迁宁德西乡芹坂头后又迁居罗源万石洋（今西兰乡）。

周售生 3 子：长子周琚、次子周珍、三子周璋。周琚子周锳迁居连江清河里莲溪今蓼沿乡首占村，传 11 世，支分“仁、义、礼、智、信”五房，后礼房合族迁居敖江花坞和官巷村。次子周珍迁居罗源霍口香岭，后裔分迁侯官（今闽侯）曹地、横溪、洋头，18 世周宗秬生 4 子：长子周骐、次子周骥、三子周騄、四子周驭，支分“仁、义、礼、智”四房，后裔迁居罗源霍口乡黄鹤、船头、罗溪、曲坵和连江仙屏、霞浦拓池山以及迁徙台湾花莲。周售三子周璋留居万石洋。

五、周璋、周琳家族

周璋 7 世周百让迁居莆田城南（今莆田市）。17 世周伟迁居莆田清江乡西周、晋江、惠安。后裔迁徙海南秀梅里及南洋。周琳子周枢、孙周允迁居建阳。

六、周维岳家族

唐末，周维岳定居福州城内三山石井巷，7 世周希孟居侯官剑池，其孙周常安迁居新宁（今长乐）。周常安生 3 子：长子周百福，次子周百禄，三子周百爵。

（一）周百福世系

周百福迁居福州仓山建新镇洪塘，生子周伟。周伟生 2 子：长子周擢，次子周抡。周擢孙周汝学迁下渡，后裔分迁后屿；周抡孙周应迁居淮安九都。

（二）周百禄世系

周百禄迁居新宁四都罗洋，生子周著迁坦村，周著生 2 子：长子周申，其后裔守故居；次子周中生 2 子：长子周角，次子周正迁黄州。周角生 3 子：周济、周基、周广。周济生子周士和，周士和嗣子周崇贤迁居江田石门。周崇贤生 2 子：长子周必进，次子周必成。周必进 6 世衍分"福、寿、禄、孟、仲、季"六支，后裔又繁衍"长街、福、文、行、忠、信"六房：长街房 17 世周朝锦迁居长乐江田阮山下珍和，22 世周绍汉迁居闽侯浦口，23 世周正超迁居连江东岱；福房 22 世周绍知迁居连江苔菉，信房周绍郁迁居长乐松下岭头，文房 23 世周其章，行房周正端、周正西兄弟迁居连江北茭。

周基迁居福清海口，生 2 子：长子周士挺，次子周士推。周士挺生 5 子：周崇尊早殇，周崇贤出继周士和，周崇礼迁居福宁府，周崇智和周崇隆迁居莆阳黄石。周崇隆后裔周贵 5 世周炳迁居平潭英秀，后裔分迁研兜。周士推生子周崇实。

周必成生 5 子：长子周凤，次子周佛，三子周颖，四子周穆，五子周衡。周凤、周颖、周穆守故居，周衡迁居福清海口，周佛先迁福清浔洋里南院，后迁居临江里寿塘后周。周佛生 3 子：长子周朋，次子周善，三子周富留居故里。

周衡后裔：周文道（周维岳 25 世）二子周孟美、周孟福，周文迅二子周孟昱、周孟昇迁居平潭南社洞，后裔分迁澳尾、石榴坑、盘湾、大福。周赐元、周赐延堂兄弟（周维岳 25 世）迁居谢厝村，后裔分迁渔屿、流水、大细坑、北雾里、后田、新楼、福鼎秦屿，迁徙浙江玉恒、海南海口、台湾等地以及东南亚、阿根廷等地区和国家。周盛纪、周盛纲（周维岳 26 世）迁居平潭大富田，后裔分迁模镜、伯塘、苏澳、澳前等村。周孟福（周维岳 26 世）迁居南社垄村，后裔分迁澳尾、裕藩、石榴坑、大福等地。

周善生 2 子：长子周江，次子周瀚。周江先迁平潭海坛南山，后居福清海口龙江之浒，后裔分衍擢桂南山，石溪坂头、龙田、下郑。周瀚迁居福清郭庐。

（三）周百爵世系

周百爵生子周省，先迁福清五岩山下，后居黄仑周宅。4 世周昌迁居音西松潭，生子周富，周富生 2 子：长子周福，次子周寿。周福 5 世周恒生 5 子：周纲、周绍、周统、周纶、周绰。周统迁居松峰，生 5 子，少子周文漠迁苍霞村。周纶子周信迁居海口西岐，周信子周朝迁居倪埔、周祚迁居黄仑。周富次子周寿迁居平潭西楼，后裔分迁流水西楼、屿头玉瑶、下头垣、澳前中甲。

周维岳家族还有一说：唐末周维岳入闽卜居三山石井，生 2 子：周淮、周汉。周淮迁居仓山下渡，后裔周真宇迁居闽侯青口傅筑；周汉迁居侯官六都芝田，后裔分迁旧厝、中厝、楼下、上厝、新厝、溪边、官园、马镇等地。5 世周泰迁居福州安泰。7 世周希孟生 2 子：周思、周志。13 世周旭迁居通山，周鉴迁居永福。16 世周鍑迁居南通泽苗盛美。16 世周愍迁居广东雷州府，周异迁居福州朱紫坊。18 世周广、周进兄弟迁徙北京顺天府。19 世周镐迁居永福，周栋、周树兄弟迁居闽县。31 世周元吉、周元信迁居通南古城，周孝仁迁居南通瓜山黄溪等。

七、周颐家族

周颐携子周靖（景）先居仙游东乡折桂里，后定居福州东街石井巷，后裔迁居莆田、泉州、漳州、宁德各县。周靖17世传至周石麟，由仙游东乡折桂里迁居莆田清浦，后裔迁居北磨，周石麟9世周逊由北磨迁居永春桃溪。周靖19世周绍基隐居泉州浮桥笋江之滨（今晋江围头），生2子：周维城、周维瀚，后裔分居五江（笋江、碧江、鳌江、井江、浯江）。

周维城生3子：长子周明德，次子周明贤，三子周明璋，并分长、二、三房。长房后裔分迁5处：金门、安溪、御史溪园（溪园废后迁福州）、溪头、嗣林。二房分迁10处：浙杭、东宁、南邑、霞绕、浯岛林径（今浯州浦边）、鳌头（今围头）、玉湖、菌江、金屿、井江（今南安营前）。

周绍基次子周维瀚同母吴氏分住白沙（称碧海，后传碧江、笋江）。周维瀚生2子：周朴子、周埭功。周朴子分支白沙金埔房，周埭功分支白沙金井房。周埭功四子周伯智迁徙台湾，五子周伯信迁徙淡水。

后裔周迪吉为避兵乱，隐居泉州石狮市蚶江镇石湖，生4子：周耋龄、周耋熙、周耋翁、周耋顺，迁居陈棣镇，定居今泉州市丰泽区东海镇杨厝村。9世周承福、周承妙迁居大田县户内，周承实迁徙广西南宁。

八、周仁威家族

周仁威生2子：周辅、周弼。长子周辅生4子：周仁、周炳、周礼、周智。周仁居宁川。周炳生4子：长子周颖士，次子周进士，三子周显士，四子周文亮。周颖士9世迁居屏南棠口镇，周文亮迁居十七都墩头亭，后裔周雪堂迁居古田衡阳（今横洋）、沙洲等。周礼生2子：周文灿、周文炽，迁居古田三十都达方。周智迁居福州三山石井巷。1958年建古田溪水库时，移民“旱田坪”建衡阳新村（今横洋新村）、平湖镇达才新村、平湖镇嵩州村，其后又有部分人迁居官州、中院、嵩州、溪龙、钱坂、源里、中村、交溪、郑溪坂等地，分迁古田城关、黄田、凤埔、大桥等地及福州、厦门、宁德、永安、沙县、顺昌、将乐、南平、建阳、建瓯、屏南、周宁、罗源等地，迁徙北京、上海、广州、深圳、南京、江苏、武汉、郑州等地和美国、意大利、日本、马来西亚、新加坡等国。

九、周创久家族

唐末，周创久由南京赤岸入闽，先居福州石井，后迁居闽侯芝田、永春，五代后晋天福三年（938年）迁居福鼎周佳山，至今繁衍40多世，后裔分居福鼎城关、龙安、秦屿等地，其中周崇雅一支迁徙浙江苍南矾山，一支迁徙苍南下汇，一支迁徙苍南梧梅、砖埕。

十、周枢、周椿家族

周德琰遣次子周枢、三子周椿调拨人马由光州固始东隅桂贤坊入闽，支持王氏政权。周枢定居建阳区马伏，称为马伏周家，其后裔多居建阳，亦有迁居武夷山，迁徙河南。周椿定居闽县马江里南树桥头。

十一、周章兄弟家族

周章四兄弟由江西抚州府临川县长源里入闽，先居汀州府清流县嵩溪罗源隔。宋雍熙年间（984—987），其后裔周怀来迁居尤溪县十八都大宁水头（土名堵坪）。元大德八年（1304年），周怀来12世周福禄迁居尤溪县溪尾乡溪尾村（俗称“溪东周”）；周怀来16世周文保（周万一）由溪尾乡大宁村堵坪迁移台溪乡莒洋村定居（俗称“莒洋周”）。

十二、周怀机家族

周怀机由湖广汉阳县入闽，居福鼎白琳沿州村，后裔一支迁居福鼎店下丁家楼，另一支迁徙浙江苍南下魁。在沿州的后裔已衍发38世，并建立沿州、丁家楼、下魁三个周氏宗祠。

十三、周理家族

南宋，周敦颐玄孙周理（周一）由浙江省庆元县松元镇周敦村入闽，定居寿宁县平溪乡平溪村，后裔分居宁德蕉城、周宁、福鼎、福安、霞浦、莆田、建阳、建瓯、顺昌，浙江文成县、庆元县等地。明永乐年间（1403—1424），周理10世周益四从平溪迁居政和上榅洋村，周益四生3子：长子周里三留居上榅洋村，次子周荣三后裔迁居富垅村，三子周顺三后裔迁居福鼎。他们与早期迁居该村的周龙七后裔共同开发上榅洋，村名也由刘村改为上榅洋。后裔迁居福鼎、顺昌。

十四、周洪吉家族

南宋，周洪吉二子周承发与宁化县令林玉结金兰之好，后举家入闽，定居宁化城北。周承发生5子：周仁、周义、周礼、周智、周信。周仁迁居上杭，子孙分居广东。周礼迁居宁化招德里。周义由宁化县城迁居新村里安乐铺坑下窠。周义子周十九郎迁居连城，生4子：周念一郎、周念二郎、周念三郎、周念四郎。周念一郎生3子，皆在原籍，至第九代失传。周念二郎（又称三二公）迁居连城文亨乡龙岗村，生7子，后裔多迁居安乐镇。周念三郎生3子：长子周石益（后改为周万一）迁连城文亨镇周屋，次子周石二（又称三二郎）迁居连城龙岗，三子周石九迁居上杭县白沙里（今白沙镇）。其后裔迁居龙岩、长汀、上杭、永定、三明、将乐、宁化、永安、清流，迁徙湖南、广东淡水、重庆、广西桂林、上海、香港、台湾。

十五、周宗贵家族

宋末，周宗贵由江西石城县坝口慈塘坑入闽，定居上杭，后裔迁居永定、汀州、武平、漳州、福州，迁徙广东、广西、四川、浙江、江西、湖南、海南、台湾地区以及泰国、印度尼西亚、新加坡等国。

长房周胜宝8世周孟庄、周孟中迁居永定。9世周韶迁居建宁府。10世周一广迁徙广东后又迁居长汀濯田。11世周继波、周贤选迁徙湖广。12世周保养迁徙广东海丰，周异彰、周异彩迁徙温州。13世周宾臣、周浪臣、周应龄、周泮臣迁居漳州，周衍庆迁居长汀濯田。14世周元超迁徙江西南安，周姬佐迁徙广西武缘。

次房周寿卿后裔周子贵迁徙广东程乡县饶塘堡（梅县桃饶镇）。9世周爵（念一）、周禄、周荣迁徙广东蕉岭北磜南岭村，周玘、周球迁徙广东，周珠迁徙海南，周瑴迁徙南京。10世周宁迁徙潮州府澄海县观垄，周珩携母迁徙河源县，周金、周尚迁徙河源县，周昌后裔迁徙广西钦州、灵山，周夫与其子周应麒、周应麟迁居长汀濯田。11世周乔柏迁徙赣州，周汝富迁江西会昌，周庚哩与子周六四迁徙广东韶州，周效勤迁徙广东兴宁，周显兄弟7人迁徙广东锡山龙窝，周仲惠迁居南安，周振麟迁徙会昌。12世周绌哥迁徙江西，周起龙迁徙韶州府，周舍生、周叶吉、周长麟、周宪龙迁徙江西雩都小溪圩，周自宁生有5子，俱迁徙广东石龙。13世周岐魁迁徙广东惠州，周次麟、周天麟迁徙赣州，周迪先、周衍先、周耀先迁徙江西凤凰岽，周三满迁徙四川，周增麒、周增麟、周增鸾、周增凤、周增鹤迁徙兴宁，周杰生迁徙浙江衢州府小西门。14世周经生、周纬生、周观生迁徙四川。15世周甲云、周六云迁居福州，周荣魁、周福麟迁徙四川，周莲印迁居武平。21世周德光迁徙台湾。

三房周祥卿9世周月吾（纬）由上杭县庐丰乡横岗棉村迁居永定牛角坵，周佥迁居武平芳洋，周松迁居长汀馆前，周奇英迁徙浙江。10世周恩尧、周恩启、周嘉禄迁居永定牛角坵。12世周圣麟迁居福州，周眉生迁徙四川仲任府江山坝，周在震、周在敬、周在沛、周在丹、周在卢迁徙浙江，周先盛、周在文、周在武、周士玉、周在仁、周在义、周在礼、周在智、周在信、周在勇、周养生、周成生、周端生、周良生迁徙广信，周汉文迁徙四川，周鸿先、周伟文迁徙湘潭，周俊文迁徙衢州，周上林迁居汀州府。13世周五寿迁徙浙江，周九郎迁徙四川，周伟玉、周惟玉迁居福州。14世周成章、周信章迁徙广信。15世周志昌、周志茅迁徙浙江龙游，周永浪、周永源迁居福州。19世周廷佐迁徙台湾。

十六、周则坚家族

周则坚由江西吉水入闽，居宁德西乡洋中，后迁居罗源县碧里乡廪尾村，六代单传，至7世生周桓、周相。周桓嗣孙周在承支分为福房支祖，后裔迁居鉴江村、梅花村以及连江县下楼，迁徙浙江，12世周禄迁居永泰。周相生2子：长子周子民，次子周显。周子民嗣子周存承，支分为禄房支祖，后裔迁居碧里乡前洋村、松山镇白水村、凤山镇方厝村。周显生5子：长子周在承、次子周存承均出嗣，三子周理、五子周糕均失记，四子周原桂支分为寿房支祖，迁居凤山镇后张为肇基祖，并建有周氏宗祠，后裔散居城区，14世周澍迁居福州鳌峰坊。

十七、周志隆家族

周志隆由江西石城琴江坑头入闽定居上杭，后裔迁居武平芳洋青迳。周志隆生子周大满，周大满生5子：长子周友义迁居武平乡下青迳，次子周友德在本址繁衍，三子周友发迁居上杭城关，四子周友望迁居武平中赤乡育平村，五子周友盛迁居武平芳洋乡悦洋村。

十八、周瑶家族

周瑶由浙江入闽，居福鼎磻溪谢家洋，后迁居王家洋（今福鼎磻溪镇黄冈村），传至第九世分“仁、义、礼、智、信”五房。大部分居住在原祖籍地黄冈、弄坑、山头境等村，部分迁居今福鼎市域内、霞浦东关及福州、厦门等地。

十九、周日昌家族

周日昌由南京凤阳府入闽，居安溪生3子：长子周可默，次子周可简，三子周可白。

长房周可默后裔已繁衍至28世，现居安溪的有县城西街、科名、霞镇、石竹、汤内等支派。明清时，周观祖迁徙南京太州新安里，周尾发迁居南安，周应保、周文章等迁居泉州，周佛锡等迁居永春，周史、周文森迁居晋江，周建等迁居兴化，周尚迁居德化，周务等迁居福清，周尔纯、周思荣等迁徙浙江温州地区，周仕潘等迁居福宁府，周仕万等迁居同安，周仕炳等迁居建阳、建宁，周复四移居大田，周佛佑等迁徙江西，周廷光迁徙广东，周宗挺等迁徙台湾，周宗汉等迁居厦门，周邦旭等迁居漳州，周添甫迁居福鼎麻口园（三丘田），周廷缎等迁徙海外。

二房周可简其后裔周道亨、周道业兄弟于明初迁居泉州西街，周良迁居永春西街。

三房周可白后裔已繁衍至26世，现居安溪的仅有官桥镇吾宗、龙门镇田头、锦坑与石牌等支派。另外，周阳等迁居南安，周孕友等迁居泉州，周受命迁居晋江，周大任迁居德化，周抚、周仕权等迁徙浙江温州地区，周受钦迁居同安，周受姜迁居建宁，周朝阳迁居大田，周煌赞等迁徙江西，周大贯等迁徙广东，周受猛等迁徙台湾，周炳若等迁居厦门，周子法等迁居漳州，周乃凤等迁徙海外，周允晃等迁居宁德，周允绒等迁徙广西，周玉梨等迁徙香港。

二十、周伯英家族

明初，周伯英由南京入闽，定居汀州，后裔分居长汀、上杭、武平。10 世夫人何氏携子周茂忠、周茂坤由汀州迁居上杭。

二十一、周从龙家族

周从龙由安徽天长县入闽，定居汀州。后裔分迁宁化、清流、归化、连城、上杭、武平、永定等县。

二十二、周怀宝家族

周怀宝由浙江钱塘入闽，先居松溪周墩，后裔迁居寿宁平溪、福鼎管阳墩头，另一支 6 世周义六迁徙浙江平阳县东门村。

二十三、周宗文家族

周崇文由湖广岳州府澧州入闽，定居连江县丹阳镇上周村，生 4 子：长子周发枝，次子周澄，三子周昌枝，四子周留泽（中殇），支分"福、禄、寿"三房。福、禄两房后裔居上周。4 世周文泽迁居丹阳镇阳坂村，其后裔分居上、下周及阳坂等地。

二十四、周一郎家族

周一郎由河南河口厂入闽，定居今福州市晋安区日溪乡汶洋村，生子周满，后裔分迁福安下白石，迁徙日本。

二十五、周筵滨家族

周筵滨（周延彬）入闽，居漳州，后裔定居厦门杏林村，部分后裔迁徙台湾、香港地区和东南亚。周景清一支由漳州海澄县（龙海市）迁居厦门海沧四社，19 世周佰忍、20 世周良亏迁居晋江金井围头。

二十六、周信一家族

周处的后裔周信一从浙江庆元县松元镇江根乡水寨村入闽，定居寿宁县利（李）家山村。后裔迁徙浙江泰顺，迁居周宁禾溪、浦城林江、福州等地。

二十七、周居贞家族

周居贞由江西抚州府临川县长源里（今江西省抚州市临川区龙溪镇司尧村）入闽，定居尤溪城南青印坊，生 6 子：周平岗、周平山、周平峦在尤奉祠，周平台、周平岐、周国昺回迁长源里，俗称"沈溪周"。周居贞次子周平山之长子周希壁于明崇祯年间（1628—1644）迁入下宣化坊城墙边（俗称"城墙面周"），周平山次子周希润迁入宣德街（俗称"街面周"）。清顺治年间（1644—1661），周居贞三子周平峦之次子周希贤迁入上宣化坊水巷边（俗称"水巷周"）；康熙十四年（1675 年），周希润三子周之标迁入台溪乡溪尾村（俗称"台溪周"）。康熙三十二年，周平岗之孙周之楫（周希圣幼子）迁入梅仙镇汶潭村（俗称"汶潭周"）；康熙四十五年，周平岗 5 世孙周远馨（周希圣曾孙）迁入秀溪（今西城镇联建村，俗称"秀溪周"）。乾隆五十八年（1793 年），周远馨曾孙周树芳迁入雍口。

二十八、周德所家族

周德所由江西抚州府临川县长源里入闽，定居尤溪县兴贤坊（今城关镇东街），生 5 子：周复熙、周复建、周复辰、周复骏、周复亮（俗称“下周”）。清康熙十二年（1673年），周德所长子周复熙迁入下通驷坊街（今厦岗街），生6子：周时、周伸、周勋、周偕、周庠、周信（俗称“前周”）。康熙三十四年，周复熙6子同建祠堂于升平坊（今文庙后街），俗称“祠堂周”，因祠堂坐北向南，又称“沈阳周”。嘉庆年间（1796—1820），周复熙四子周偕之曾孙周生森由“祠堂周”开基坑头（今厦岗街），俗称“坑头周”。光绪十六年（1890年），周复熙三子周勋之7世孙周宣光、周耿光、周祥光、周谦光、周龙光、周恩光由下通驷坊街“前周”开基积善坊，因一门四代五大夫，清廷赐门额“大夫第”（俗称“清泰周”）。1992年因城区改造，族人迁居秦泰路。

二十九、(苏)周卓周家族

明洪武年间（1368—1398），苏结7世孙苏卓周在安溪虎邱镇竹园村开基改姓周，已繁衍22世，分布于竹园村（卓源）、湖丘村（碣仔下）、双都村（溪洋）和罗岩村（罗岩）等地。虎邱镇竹园村周氏自明末起就陆续有人迁居南安、泉州、同安、三明、福清、厦门、建宁、兴化，迁徙浙江台州、台湾和东南亚等地，台湾台北市有数万人，建堂号“武功”。

第四节　郡望、堂号

一、郡望

汝南郡　西汉高帝二年（前205年）始置，治所在河南省上蔡西南。这支周姓为周平王少子周烈的后代，至汉初其后裔周仁封汝坟侯，嗣周。汝南周氏在西汉因有周仁、周燕声名鹊起，东汉时期因有周嘉、周燮、周磐、周举等而盛极，在魏晋南北朝以及隋唐时也名人辈出，遂成望族。

沛国郡　西汉置沛郡，治所在相县（今安徽省睢溪）。东汉改称沛国，后又降为郡。沛国周氏出自周赧王之后，是汉代名臣周昌等人所在的支系。这支周姓族人当初生活在河南中南部的惮孤一带，后来东迁今江苏北部，并在当地形成望族，其代表人物有西汉初年封侯的周昌、周勃、周亚夫等。

陈留郡　秦始皇时置陈留县，汉代改为陈留郡，治所在河南省开封地区。陈留周姓为汝南安成分出、晋代时周震的后裔，遂成望族。

寻阳郡　原属汉代的淮南国，后入庐江郡，在东晋时才由庐江郡析出设郡，郡治寻阳（今江西九江市）。寻阳周姓为汝南安成周氏的分支。晋代，梁州刺史周访由安成迁居寻阳，为寻阳周氏开基祖，这支周姓族人在东晋南朝最为显贵，遂成望族。

泰山郡　置于西汉初年，治所在今山东泰安县东。亦为汝南安成分出，汉汝坟侯周仁裔孙周燕，有子周忠，任泰山太守，此后便留居泰山，为泰山周氏开基。

临川郡　三国时由吴国设立，治郡今江西抚州市，亦为由汝南安成周氏分出的郡望。这支周姓族人在南朝宋时有临海太守周毅，至唐代又有中州刺史周室、永州刺史周子褒、江陵公周弘毅等人，在南朝隋唐时期成为望族。

二、主要堂号

汝南堂　汝南堂是周姓人以其祖先发祥地汝南郡取名的堂号。西汉以来中原周氏入闽，在各地繁衍。宁德市各地，罗源县、闽侯县、连江县、永定县、上杭县、武平县、连城县等周姓聚居地多数以“汝南”为堂号。

爱莲堂 北宋哲学家周敦颐的《爱莲说》为传世名作，其后裔便取“爱莲堂”为堂号。后来，周姓族人仰慕莲花“出淤泥而不染”的坚贞高尚品格，虽非周敦颐后裔，亦用“爱莲堂”。闽南大多数县市及福州的鼓楼区、晋安区、长乐区，长汀县，武夷山市，南平市建阳区、政和县，福鼎市、古田县等周姓聚居地多以“爱莲”为堂号。

福建周姓聚居地还有敦本堂、毓秀堂、笃祐堂、尊亲堂、积玉堂、兴宗堂、东嬴堂、诚本堂、维则堂、濂溪堂、树德堂、燕怡堂、忠义堂、始德堂、光风堂、长源堂等堂号。

第二章　分　布

第一节　人口分布

2016年6月，福建省公安厅户籍人口数据统计（不含金门、马祖），全省周姓人口总数为454598人，分布全省各市、县（区、市）及平潭综合实验区。

表4-1　**2016年福建省周姓人口分布情况表**　单位：个、人

市（区）别	县（区、市）数	人口数	各县（区、市）人口数
福州	12	66690	鼓楼区7492，台江区3033，仓山区4298，晋安区4422，马尾区1093，福清市18104，长乐市8248，闽侯县8215，连江县5910，闽清县728，罗源县3751，永泰县1396
厦门	6	31866	思明区10052，湖里区3990，集美区7558，海沧区6463，同安区2751，翔安区1052
漳州	13	52559	芗城区3918，龙文区1085，龙海市11971，漳浦县4281，云霄县10873，诏安县581，东山县714，平和县15936，南靖县1091，长泰县583，华安县143，漳州开发区125，台商投资区1258
泉州	12	65199	鲤城区2095，丰泽区1754，洛江区305，泉港区1366，石狮市2879，晋江市8500，南安市12004，惠安县10092，安溪县11553，德化县7051，永春县7336，台商投资区264
三明	12	27656	梅列区1308，三元区1097，永安市2407，清流县630，宁化县3965，建宁县1714，泰宁县1461，明溪县905，将乐县1604，沙县134，尤溪县4557，大田县7874
莆田	5	33123	仙游县5955，荔城区11660，城厢区5158，涵江区1868，秀屿区8482
南平	10	75750	延平区4202，建阳区11205，邵武市3899，武夷山市11568，建瓯市11579，顺昌县2752，浦城县15570，光泽县2650，松溪县3890，政和县8435
龙岩	7	19981	新罗区1453，永定区1921，上杭县2987，武平县3035，长汀县2571，连城县7167，漳平市847
宁德	10	72590	蕉城区13410，福安市2794，福鼎市16037，霞浦县6020，寿宁县7118，周宁县10173，柘荣县226，古田县9425，屏南县6787，东侨经济开发区600
平潭	1	9184	

第二节　主要聚居地

一、福州市周姓

（一）鼓楼区

洪山镇大王里村　清康熙十三年（1674 年），周德昌由广东迁入，今传 12 世，居村 100 余户、500 多人。

（二）晋安区

日溪乡汶洋村　明永乐二年（1404 年），周一郎由河南河口厂迁入，今传 23 世，居村 200 余户、900 多人。

鼓山镇上岐村　清初，周朝徵、周长庚由长乐龙塘迁入，今传 23 世，居村 140 余户、600 多人。

（三）马尾区

马尾镇中岐村　清初（1644—1653），周天赐、周惟吉、周惟六由长乐文岭镇凤庄村迁入，今传 22 世，居村 240 余户、1120 多人。

琅岐镇海屿村　明洪武年间（1368—1398），周清由长乐凰文岭凤庄村迁入，今传 20 世，居村 100 余户、500 多人。

（四）福清市

音西街道松潭村　南宋，周昌由福清黄仑周宅迁入，今传 29 世，居村 1280 余户、4850 多人。

音西街道松峰村　明洪武三年（1370 年），周统由福清音西松潭迁入，今传 22 世，居村 400 余户、2000 多人。

音西街道乐浦村　明代中叶，松潭 10 代周信次子迁入，今传 20 世，居村 300 余户、1300 多人。

江镜镇后周村　元末明初，周佛由福清浔洋里南院迁入，今传 31 世，居村 250 余户、1100 多人。

海口镇西岐村　明代中叶，松潭 10 代周信长子迁入，今传 18 世，居村 220 余户、1000 多人。

龙田镇山前村　南宋末年，周盛德由南京关井兜迁入，今传 25 世，居村 110 余户、500 多人。

（五）长乐区

文岭镇凤庄村　南宋绍定年间（1228—1233），周垦由长乐湖东里迁入，今传 31 世，居村 360 余户、1600 多人。

金峰镇凤港村　明初，周铨由文岭镇凤庄村迁入，今传 21 世，居村 620 余户、2600 多人。

文岭镇龙塘村　15 世纪初，周灌由文岭镇凤庄村迁入，今传 21 世，居村 230 多户、1100 多人。

江田镇石门村　元大德二年（1298 年），周崇贤由长邑十二都敦素里感恩宅前迁入，今传 27 世，居村 300 余户、1400 多人。

营前街道岐头村　明末清初，周友良由文岭镇凤庄村迁入，今传 14 世，居村 130 余户、560 多人。

（六）闽侯县

南屿镇芝田村　唐末，周汉由福城三山东街石井巷迁入，今传 39 世，居村 300 余户、1300 多人。

洋里乡洋头村　元至正三年（1343 年），周三（山）由闽侯县卜石岭迁入，今传 36 世，居村 660 余户、3300 多人。

廷坪乡曹地村　南宋初年，周万顷由罗源香岭迁入，今传 38 世，居村 270 余户、1400 多人。

廷坪乡横溪村 元末，周桂月由闽侯卜石岭迁入，今传36世，居村100余户、600多人。

青口镇莲峰村 明正统十三年（1448年），周真宇由福州仓山迁入，今传22世，居村100余户、500多人。

（七）连江县

凤城镇义井居 唐末至宋初，周举元之孙周骏由宁德迁入，今传39世，居村100余户、500多人。

蓼沿乡首占村 南宋淳熙十一年（1184年），周镔由罗源万石洋迁入，今传32世，居村280余户、1000多人。

丹阳镇上周村 明洪武二年（1369年），周宗文由湖广岳州府澧州迁入，今传20世，居村320余户、1500多人。

丹阳镇阳坂村 明末，上周村始祖周宗文之4世迁入，今传16世，居村100余户、500多人。

敖江镇花屿、官巷村 明末清初，周瑛后裔礼房由首占迁入二村，两村合计今传20世，居村190余户、900多人。

（八）罗源县

霍口乡香岭村 宋咸平五年（1002年），周珍由宁德石后乡芹坂头村迁入，今传40世，居村110余户、500多人。

霍口乡黄鹤村 周珍后裔由香岭村迁入，今传28世，居村100余户、500多人。

霍口乡船头村 周珍18世周世清由香岭村迁入，今传20世，居村100余户、500多人。

碧里乡廪尾村 元初，周则坚由宁德（今蕉城区）洋中迁入，今传33世，居村200余户、750多人。

（九）永泰县

城峰镇凤星村 清康熙二十六年（1687年），周章智、周章信兄弟由高盖山东洋迁入，今传19世，居村200余户、800多人。

二、厦门市周姓

（一）集美区

杏林街道杏林社区 明永乐二年（1404年），周筵滨由河南光州固始迁入，今传25世，居村950余户、4100多人。

（二）海沧区

海沧街道后井村 元至正元年（1341年），周草庭由龙海市莲花镇芦坑村迁入，今传28世，居村1000余户、3800多人。

东孚街道东瑶村 清乾隆二十年（1755年）周仁西迁入，今传15世，居村110余户、500多人。

东孚街道周窑村 今居村170余户、700多人。

（三）同安区

新民镇土楼村 明洪武元年（1368年），周英由广东封山县风山镇迁入，今传26世，居村350余户、1200多人。

三、漳州市周姓

（一）龙海市

紫泥镇城内村 元初，周开兴由天城山石斗岭三条山（今龙海双第华侨农场）迁入，今传33世，居村 190 余户、780 多人。

（二）漳浦县

深土镇东郭周村　今居村 260 余户、900 多人。

（三）云霄县

东厦镇荷步村　明洪武七年（1374 年），周太养由龙溪榜山迁入，今传 25 世，居村 3200 余户、10000 多人。

东厦镇荷中村　今居村 1010 余户、4060 多人。

东厦镇荷东村　今居村 700 余户、2800 多人。

（四）平和县

霞寨镇群英村　明景泰六年（1455 年），周均禄由今龙海市榜山迁入，今传 24 世，居村 1100 余户、4600 多人。

四、泉州市周姓

（一）石狮市

蚶江镇石湖村　明洪武元年（1368 年），周迪吉由河南固始迁入，今传 22 世，居村 120 余户、600 多人。

祥芝镇祥渔村　明初，周孔宽、周孔宾由石狮祥芝镇锦亭村迁入，今传 20 世，居村 400 余户、2600 多人。

（二）晋江市

金井镇围头村　宋祥兴二年（1279 年），周绍基随宋帝赵昺入闽，后迁入，今传 25 世，居村 100 余户、500 多人。

东石镇白沙村　元初，周维瀚由金井镇围头村迁入，今传 25 世，居村 700 余户、3000 多人。

磁灶镇溪头村　元初，周建溪由石狮永宁镇沙堤村迁入，今传 24 世，居村 180 余户、900 多人。

永和镇福田村　明洪武年间（1368—1398），周伯义由南坑安乡迁入，今传 23 世，居村 100 余户、600 多人。

深沪镇金屿村　元初，周诒谋由泉州浮桥迁入，今传 25 世，居村 80 余户、500 多人。

安海镇樟岭村　宋神宗年间（1068—1085），周舆邻由仙游东乡迁入，今传 26 世，居村 140 余户、520 多人。

（三）南安市

东田镇岐山村　明隆庆六年（1572 年），周大祥由漳州浦邑韦坑迁入，今传 18 世，居村 900 余户、4000 多人。

美林街道庄顶村　明正德十五年（1520 年），周启德由南安崎口村迁入，今传 20 世，居村 600 余户、2500 多人。

眉山乡山后村　明末清初，周英由安溪县龙门镇寮山村迁入，今传 20 世，居村 140 余户、800 多人。

水头镇南侨村　明万历年间（1573—1620），周振山由晋江溪头迁入，今传 25 世，居村 220 余户、840 多人。

诗山镇前山村　明嘉靖四十四年（1565 年），周观应由安溪县官桥镇吾宗村迁入，今传 27 世，居村 80 余户、500 多人。

（四）惠安县

净峰镇松村村 明嘉靖五年（1527年），周仲发由莆田青浦迁入，今传19世，居村1000余户、4400多人。

辋川镇梧山村 明嘉靖元年（1522年），周处士由辋川镇斗门村迁入，今传20世，居村300余户、1300多人。

黄塘镇下坂村 明成化七年（1471年），周半塘由惠安县城关迁入，今传18世，居村200余户、700多人。

黄塘镇黄塘村 清顺治年间（1644—1661）由黄塘下坂迁入，今传14世，居村130余户、500多人。

（五）安溪县

虎邱镇竹园村 明洪武年间（1368—1398），苏卓周由漳平卓安迁入，今传22世，居村1600余户、6300多人。

城厢镇墩坂村 明宣德年间（1426—1435），周惟新由同安县银同溪边迁入，今传19世，居村100余户、500多人。

（六）德化县

雷峰镇荐解村 宋太平兴国二年（977年），周魏七由仙游县东乡迁入，今传41世，居村250余户、1200多人。

雷峰镇上寨村 明天启六年（1626年），周胡大由双芹迁入，今传22世，居村150余户、600多人。

赤水镇铭爱村 宋绍兴三年（1133年），周小九由大田县均溪镇坂尾周田迁入，今传36世，居村300余户、1400多人。

赤水镇湖岭村 明隆庆年间（1567—1572），周大烈由赤水镇铭爱村迁入，今传24世，居村220余户、900多人。

南埕镇许厝村 明天顺六年（1462年），周景清由双芹迁入，今传22世，居村200余户、800多人。

（七）永春县

桃城镇桃溪村 明永乐元年（1403年），周原福由永春县介福大邱头迁入，今传26世，居村900余户、4000多人。

桃城镇德风村 明嘉靖年间（1522—1566），周德清由永春桃溪迁入，今传25世，居村60余户、300多人。

达埔镇乌石村 明天启三年（1623年），周帽出由永春桃溪迁入，今传22世，居村80余户、400多人。

达埔镇达中村 明初，周尚由永春介福迁入，今传26世，居村100余户、550多人。

五、三明市周姓

（一）宁化县

湖村镇龙头村 明万历年间（1573—1620），周景益由明溪官坊周家岭迁入，今传19世，居村130余户、700多人。

（二）尤溪县

城关镇六角井街道、厦岗街片区、东街等 明崇祯年间（1628—1644），周希壁、周希润由城南青印坊迁入六角井街道，今传14世，居镇30余户、200多人；崇祯年间，周希贤由城南青印坊迁入厦岗街片区，今传14世，居镇50余户、300多人；崇祯十五年（1642年），周德所由江西抚州临川长源里迁入东街，今传16世，居镇100余户、600多人。

梅仙镇汶潭村 清康熙三十二年（1693年），周之楫由城南青印坊迁入，今传14世，居村200余户、1000多人。

西城镇联建村 清康熙四十五年（1706年），周远馨由城南青印坊迁入，今传14世，居村130余户、700多人。

（三）大田县

均溪镇周田村 唐显庆四年（659年），周廷彬由福州迁入，今传54世，居村400余户、1400多人。

均溪镇和丰村 宋元丰二年（1079年），周十九由周田坂美庭迁入，今传35世，居村200余户、940多人。

文江镇龙门村 明弘治四年（1491年），周龙三由江西抚州临川县迁入，今传21世，居村250余户、1000多人。

六、莆田市周姓

（一）仙游县

枫亭镇山头村隔头 明万历年间（1573—1620），周邦器由漳州迁入，今传18世，居村210余户、900多人。

（二）荔城区

黄石镇清浦村 宋绍兴年间（1131—1162），周石麟由仙游折桂里迁入，今传35世，居村640余户、2600多人。

北高镇汀峰村 明万历年间（1573—1620），周石麟后裔由黄石镇清浦村迁入，今传18世，居村460余户、2100多人。

七、南平市周姓

（一）建阳区

崇雒乡后畬村 明崇祯十五年（1642年），周普怀由建阳马伏迁入，今传20世，居村320余户、1300多人。

（二）政和县

澄源乡上榅洋村 （1）唐乾符年间（874—879），周龙七由浙江迁入，今传47世。（2）明永乐年间（1403—1424），周益四由政和南里平溪迁入，今传22世。两支合计今居村300余户、1800多人。

澄源乡富垅村 明永乐年间，周荣三由上榅洋村迁入，今传18世，居村200余户、1500多人。

澄源乡路下村 明永乐年间，周受六由政和南里平溪迁入，今传21世，居村100余户、600多人。

澄源乡叶甘地村 明永乐年间，周聪二由浙江绍兴迁入，今传22世，居村120余户、600多人。

八、龙岩市周姓

（一）上杭县

蓝溪镇梅永村 明洪武二年（1369年），周千四郎由连城县文亨迁入，今传27世，居村120余户、600多人。

（二）武平县

中堡镇芳洋村 南宋末年，周志隆由江西石城琴江坑头先迁入上杭县城关，后迁入，今传 24 世，居村 300 余户、1300 多人。

（三）长汀县

羊牯乡周家地村 明崇祯十六年（1643 年），周五郎由上杭县城迁入，今传 23 世，居村 130 余户、660 多人。

（四）连城县

文亨镇龙岗村 宋末元初，周石三由三明宁化石壁迁入，今传 28 世，居村 400 余户、2050 多人。

文亨镇南坑村 元至正元年（1341 年），周天聘由龙岗村迁入，今传 27 世，居村 130 余户、800 多人。

北团镇山下村 清顺治年间（1644—1661）由龙岗村迁入开基，今传 28 世，居村 140 余户、800 多人。

九、宁德市周姓

（一）蕉城区

洋中镇洋中村 五代末至宋初（约 946—983），周霆由西乡蓝桥迁入，今传 37 世，居村 650 余户、3000 多人。

洋中镇陈家洞村 宋绍熙五年（1194 年），周伯通由洋中镇濂坂村迁入，今传 31 世，居村 190 余户、830 多人。

七都镇六都村 元至正十二年（1352 年）前后，周生财由洋中村迁入，今传 25 世，居村 550 余户、2380 多人。

（二）福安市

晓阳镇晓阳村 清康熙年间（1662—1722），周景华、周官增由周宁县城关迁入，今传 20 世，居村 80 余户、500 多人。

康厝乡苏坂村 清顺治年间（1644—1661），周清二由周宁县城关迁入，今传 18 世，居村 50 余户、400 多人。

城阳镇歇坪村 清乾隆年间（1736—1795），周许五由周宁县城关迁入，今传 16 世，居村 60 余户、400 多人。

（三）福鼎市

佳阳乡周佳山村 后晋天福三年（938 年），周创久由闽侯芝田迁入，今传 40 世，居村 1050 余户、5000 多人。

白琳镇沿州村 北宋淳熙三年（1176 年），周怀机由汉阳府汉阳县迁入，今传 38 世，居村 420 余户、1300 多人。

磻溪镇黄岗村 宋末，周瑶由浙江处州括苍陈半岭迁入，今传 32 世，居村 980 余户、3600 多人。

店下镇丁家楼村 明洪武二年（1369 年），周万盛由白琳镇沿州迁入，今传 26 世，居村 180 余户、930 多人。

佳阳乡三丘田村 康熙十二年（1673 年），周添甫由安溪县迁入，今传 18 世，居村 260 余户、1000 多人。

磻溪镇湖林村 清康熙年间（1662—1722），周兆增由周宁狮城镇迁入，今传 19 世，居村 250 余户、900 多人。

（四）霞浦县

沙江镇坝头村 清初由宁德六都迁入，今传 15 世，居村 150 余户、700 多人。

松港街道后岐村 明末清初，周良某由漳浦县井头洋村迁入，今传 16 世，居村 120 余户、510 多人。

牙城镇东街头村 清乾隆三年（1738 年），周时瑀、周时琳由浙江平阳（今苍南县）大亭迁入，今传 16 世，居村 160 余户、560 多人。

长春镇秋竹岗村 明末清初，周良齐由漳浦县深土镇东郭周村迁入，今传 17 世，居村 180 余户、900 多人。

（五）寿宁县

平溪镇平溪村 宋庆元四年（1198 年），周理由江西南康县迁入，今传 35 世，居村 610 余户、3080 多人。

平溪镇鼎垱村 元大德年间（1297—1397），周二由浙江龙泉后溪村迁入，今传 29 世，居村 150 余户、780 多人。

犀溪镇李家山村 明永乐年间（1403—1424），周信一由浙江庆元县松元镇江根乡水寨村迁入，今传 19 世，居村 120 余户、590 多人。

（六）周宁县

狮城镇狮城村 宋绍圣四年（1097 年），周倌由宁德洋中迁入，今传 33 世，居村 2000 余户、9000 多人。

狮城镇前坪村 明崇祯年间（1628—1644），周耀代由周宁县东洋迁入，今传 16 世，居村 170 余户、800 多人。

纯池镇祖龙村 明崇祯年间，周训十由寿宁县平溪乡平溪村迁入，今传 15 世，居村 340 余户、1850 多人。

浦源镇西坑村 明天顺年间（1457—1464），周贵四、周言八兄弟由周宁县城关迁入，今传 21 世，居村 120 余户、600 多人。

（七）古田县

城东街道仕坂村 清康熙三十一年（1692 年），周国泰、周国安由尤溪县迁入，今传 13 世，居村 190 余户、1000 多人。

大桥镇周厝村 明弘治十年（1497 年），周秉锡由平湖镇横洋迁入，今传 18 世，居村 200 余户、1000 多人。

平湖镇横洋村、沙洲村 南宋，周雪堂由十七都墩头迁入，今传 29 世，居村 700 余户、3000 多人。

（八）屏南县

棠口乡棠口村 宋庆元初年（1195 年），周子美由屏南县熙岭乡墩底迁入，今传 32 世，居村 900 余户、3500 多人。

代溪镇周厝村 宋天圣四年（1026 年），周子昊由屏南县熙岭乡境内墩底迁入，今传 34 世，居村 230 余户、1200 多人。

代溪镇樟源村 宋天圣七年（1029 年），周为祖由屏南县棠口镇棠口村迁入，今传 28 世，居村 120 余户、900 多人。

熙岭乡梨洋村 宋元丰六年（1083 年），周子晃由屏南县熙岭乡墩底迁入，今传 32 世，居村 90 余户、500多人。

十、平潭综合实验区周姓

流水镇谢厝村 明嘉靖年间（1522—1566），周赐元、周赐延堂兄弟由福清海口镇龙江村迁入，今传18世，居村500余户、2100多人。

流水镇西楼村 清康熙年间（1662—1722），周子宁由福清音西街道松潭村迁入，今传26世，居村500余户、3300多人。

流水镇渔屿村 清雍正年间（1723—1735），周国珠由流水镇谢厝村迁入，今传16世，居村350余户、1500多人。

流水镇裕藩村 明末，周朝明由北厝镇南社垄迁入，今传19世，居村100余户、550多人。

北厝镇南社垄村 明万历年间（1573—1620），周孟福由福清市海口镇迁入，今传18世，居村100余户、530多人。

北厝镇澳尾村 明末，周朝聪由北厝镇南社垄迁入，今传19世，居村300余户、1500多人。

苏澳镇大富田村 明末，周盛纲、周盛纪兄弟由今福清市海口镇迁入，今传18世，居村120余户、620多人。

屿头乡下斗门村 清道光八年（1828年），周继、周乌至由今福清市松潭村迁入，今传7世，居村90余户、500多人。

屿头乡上楼村 清末由今福清市松潭村迁入，今传7世，居村80余户、500多人。

第三章 谱 牒

第一节 福州市

一、鼓楼区

《大王里爱莲堂周氏族谱》 2006年周祖光、周祖萌修。谱载渊源、宗祠堂号、宗族世系、祖训宗风及名人传略等。铅印本。谱存洪山镇大王里社区老人会。

二、台江区

《省垣南台周氏支谱》 清咸丰十一年（1861年）周鹏霄修。谱载源流宗派、支系迁徙、历代先贤、先祖墓葬等。钞本。谱存南台周氏理事会。

三、晋安区

《汶洋周氏族谱》 清康熙四十年（1710年）首修，嘉庆十一年（1806年）二修，咸丰六年（1856年）三修，光绪二十一年（1895年）四修，1922年五修，1991年周仲六修。谱载源流、序传、世系、行第等。线装宣纸钞本。谱存汶洋村周氏理事会，分谱存日溪乡汶洋村周姓各户。

《鼓岐周氏支谱》 1990年周正魁修。谱载源流、迁徙、世系、繁衍等。钞本。谱存鼓山镇鼓岐周氏理事会。

《上岐周氏支谱》　1985年周正魁修。谱载源流、繁衍、支迁等。钞本。谱存鼓山镇上岐村周逸六处。

四、马尾区

《马尾中岐周氏支谱》　1980年周端贤修。谱载姬姓渊源、周姓源因、汝南周氏传、远祖历代世系简图，历次谱牒重修之序文、诗赞等。线装钞本。谱存马尾区文体局。

《海屿周氏支谱》　民国时期周国瑞修。谱载源流、繁衍、支迁、传赞等。钞本。谱存琅岐镇海屿村周氏理事会。

五、福清市

《寿塘周氏族谱》　1941年周云章修。谱载寿塘支溯迁谱序、唐代周维岳入闽世系和南院及寿塘支系简图等。线装钞本。谱存江镜镇后周村周氏祠堂。

《松潭周氏族谱》　明嘉靖三十四年（1555年）首修，原名《龙江周氏族谱》；1990年二修；2010年周礼会三修并更名为《松潭周氏族谱》。谱载谱序、源流、世系等。精装铅印本。谱存音西街道松潭、松峰、西岐三村老人会。

《省田周氏族谱》　清道光二十六年（1846年）周仲仁首修。谱载谱序、源流、世系、行第等。钞本。谱存龙田镇山前村老人会。

六、长乐区

《凰山周氏宗谱》　原名《凰山周氏族谱》。明永乐二十年（1422年）周瑶始首修并作序。谱载姬姓渊源、周姓源因、汝南周氏传和远祖历代世系瓜瓞简图，转载宋代绍兴五年状元汪应宸和进士周芹所作的《湖东族谱序》；嘉靖二十年（1542年）周弘选二修，万历三十年（1602年）周应钦三修，1998年周伟四修，和漳港、吴航东门兜、首占岱边三支周氏合修并改为现名。谱载图像、源流、辉煌、祠联、世系、史料等。铅印本。谱存文岭镇凤庄村周氏宗祠。

《凤港周氏族谱》　1994年由吴承启编纂。谱载世系、简图、附录等。线装钞本。谱存金峰镇港头村周氏宗祠。

《龙塘周氏族谱》　1995年由吴承启重修。谱载世系、简图、附录等。线装钞本。谱存文岭镇龙塘村周氏祠堂。

《城关艮岩周氏族谱》　明嘉靖七年（1528年）周良弼首修，陈大用作序；万历十四年（1586年）重修，由谢杰拜撰并作序；1998年周喜官三修。谱载源流、世系、名人等。铅印本。谱存岩村周氏理事会会长周喜官处。

《岐山周氏支谱》　周世煖修并作序。谱载世系、传略、名人等。铅字油印本。谱存营前街道岐头村周氏老人会。

七、闽侯县

《大赖周氏支谱》　1949年周孟霖修。谱载源流、迁徙及支系繁衍等。钞本。谱存白沙镇大赖村周氏理事会。

《都巡周氏支谱》　1995年周礼会修。谱载源流、繁衍及迁徙等。钞本。谱存上街镇周振松处。

《横溪周氏族谱》　清顺治十二年（1655年）孙大佐首修，乾隆九年（1744年）陈辉光二修，嘉庆三年（1798 年）陈文彭三修，道光八年（1828 年）周兴椿四修，同治年间（1862—1874）周有泉五修，民国年间陈承汤、周培荣、周武疆等六修。谱载源流、谱序、世系、行第、诗赞等。钞本（正、副孤本）。谱存廷坪乡横溪村周氏理事会。

《曹地周氏支谱》 清咸丰五年（1855 年）江协清首修，光绪二十二年（1896 年）陈九搏二修，1938 年方毓珍三修。谱载源流、谱序、世系、行第、祖厝等。钞本（孤本）。谱存廷坪乡曹地村周氏宗祠。

《洋头周氏族谱》 清同治五年（1866 年）周武经首修；1990 年王行如二修，分总谱和支谱两部分。谱载谱序、最大辈“祖”字、最小辈“世”字、世系等。线装钞本。谱存洋里乡洋头村老人会。

《三山爱莲堂周氏宗谱》 清光绪年间（1875—1908）周常兰首修，2005 年周培基二修。谱载源流、谱传、世系、诗赞等。精装铅印本。谱存南屿镇芝田村周氏理事会。

《芝泽周氏族谱》 1999 年周启明修。谱载源流、谱传、诗赞等。手刻蜡纸油印本。谱存南通镇泽苗村周氏理事会。

《坑尾周氏支谱》 1980 年周武疆修。谱载谱序、源流、横溪周氏之分支、世系、行第、祖厝等。钞本。谱存廷坪乡坑尾村周氏祠堂。

《仕宦周氏支谱》 1938 年方毓珍编修。谱载谱序、源流、横溪周氏之分支世系、行第、祖厝等。钞本。谱存廷坪乡仕宦村周氏祠堂。

八、连江县

《莲溪周氏族谱》 1994 年胡尚炳、周为雄编修。谱载谱序、源流、最长字辈、最晚字辈等。线装钞本（孤本）。谱存蓼沿乡首占村周为雄家。

《仙屏周氏族谱》 1982 年周祯昌纂修，更名为《仙屏村史》。谱载谱序、世系简图、村居介绍等。宣纸钞本（孤本）。谱存蓼沿乡仙屏村周氏理事会。

《官巷周氏支谱》 1994 年胡尚炳、周为雄修。谱载谱序、传赞引言、训诲纲目、名字引言、世系行第等。钞本。谱存敖江镇官巷村周友兴处及周姓“财、丁、贵”三房各 1 部。

《丹峰周氏族谱》 明初始修，清康熙二十九年（1690 年）二修，雍正六年（1728 年）三修，乾隆二十三年（1758 年）周应阳等四修并作序，光绪二十一年（1895 年）黄仕铨五修，1925 年六修，1989 年陈文怀七修。谱载谱序、世系、行第、传略等。线装钞本（上下二册）。谱存丹阳镇下周村、阳坂村周氏理事会。

《樜桥周氏族谱》 1984 年周有明首修，2014 年余深生再修。谱载谱序、世系、行第、传略等。钞本。谱存浦口镇樜桥村周氏理事会宗祠。

《岚峰周氏族谱》 清光绪十八年（1892 年）程霖滋编修。谱载宗派世系、世祖传略、述训贻谋、恪守王章、名称行次、贤淑女贞等。钞本。谱存长龙镇岚峰村周氏理事会。

九、罗源县

《廪尾周氏宗谱》 明正德八年（1513 年）周溵首修，清康熙六十一年（1772 年）周时达二修，嘉庆二年（1797 年）周生上三修。1949 年整理部分草稿，多遗失，仅存清嘉庆二年重修族谱 1 册，4 开线装钞本。2008 年陈家斌四修。谱载源流、世系、行第等。精装铅印本。谱存碧里乡廪尾村周氏理事会。

《濂澳南湾周氏族谱》 清顺治十年（1653 年）周相啓始修；嘉庆元年（1796 年）鳌江陈鲤青云鳞和周宗义二修，存残本。谱载世系传略、详明宗派、设立宗法、恪守宗训、奖劝崇学、世次行第。宣纸钞本。谱存碧里乡下寨村周氏理事会。

《香山周氏宗谱》（原名《香山周氏族谱》）　清乾隆二十二年（1756年）董钟岳首修；道光三年（1823年）林扬清、黄必搏二修；同治八年（1869年）余良弼三修；1913年余家驹、余际清父子四修；1981年周继平、周祯昌五修，谱名《香岭周氏村史》，谱载谱序、源流、图像、世系、传略、行第、诗赞等，手钞线装本；2008—2011年六修，因与黄鹤、下地、罗溪、船头、曲坧以及霞浦县柘池山6个分支及本乡的琅坑和船头阔濑周氏合修，改名《香山周氏宗谱》，周玉瑞主修，谱分9卷，谱载源流、族规祖训、族谱简介、文物古迹、宗族文化、功德芳名、香岭简介、千年庆有关资料、历史踪影（照片集）、尊宗敬祖等10章，其余各分支单独成卷的有世系传略、业绩芳名、旧谱资料等3章。精装铅印本。谱存霍口乡香岭村周氏理事会。

《船头周氏支谱》　清咸丰三年（1853年）叶茂融首修；光绪三十一年（1905年）谢春霖二修，宣纸钞本；1982年周祯昌三修，谱载谱序、世系等，旧谱存霍口乡船头村周运灿处。2011年周玉瑞四修，汇入《香山周氏宗谱》。铅印本。谱存霍口乡船头村周氏理事会。

《黄鹤周氏支谱》　清同治二年（1863年）周邦桧、周邦玖、周怀作、万邦光首修，钞本；1913年余家驹、余际清父子二修，钞本；1982年阮为康三修，谱载谱序、世系、传略、溯源、祖训、诗赞、名讳行第等，并收录周斌为宁德《蓝桥周氏族谱》撰写的序。钞本，谱存霍口乡黄鹤村周氏理事会。2011年周玉瑞四修。精装铅印本。谱存霍口乡黄鹤村周显孝处及各户。

《罗溪周氏支谱》　清同治元年（1862年）万邦光首修，咸丰八年（1858年）黄登书二修，1918年余际清三修，1982年周祯昌四修，2011年周玉瑞五修。谱载谱序、世系、字行等。铅印本。谱存霍口乡黄鹤村周白松处及各户。

《曲坧周氏支谱》　1918年周硕益首修，谱载世系、事迹、祖训、序爵、名次等。宣纸钞本，谱存霍口乡曲坧村周健处。2011年周玉瑞二修，汇入《香山周氏宗谱》，精装铅印本。谱存霍口乡曲坧村周氏理事会。

《夏地周氏支谱》　清同治八年（1869年）周邦俍、周邦龙、周怀蒙、万邦光首修，线装钞本；1928年余际清二修；1982年三修，线装钞本，谱存霍口乡黄鹤村周日康处；2011年周玉瑞四修。谱载谱序、世系、传略、溯源、祖训、诗赞、名讳、行第等，并收录《香山周氏族谱》谱序。精装铅印本。谱存霍口乡黄鹤村夏地自然村周氏理事会。

《中房港里村半山周氏族谱》　宋绍兴年间（1131—1162）周信首修，1923年林赞清二修，1989年三修。谱载源流、世系、祖业、名行等。钞本（孤本）。谱存中房镇港里村周氏老人会。

《鉴江井水周氏族谱》　1936年周扬才修。谱载李辉麟所作序，韩开基、龚社、萨镇冰题词，源流，世系谱祖业，名行等。薄木板封面钞本。谱存鉴江镇井水村周氏老人会。

第二节　厦门市

海沧区后井《金沙周氏族谱家乘》　清光绪年间（1875—1908）修。谱载第三房世序图谱、1世至20世，世序、裔孙、迁徙。线装木刻印刷本（残本）。谱存金沙三笙堂周氏家庙。

第三节　漳州市

平和县《周氏霞山世系谱》　清末修。谱载流派、世系、堂号、昭穆等。线装钞本。谱存漳州市图书馆、漳州市博物馆、中国闽台缘博物馆等。

平和县《崎岭周氏族谱》　2011—2013年周家庆、周金瑞重修。谱载谱序、世系渊源、分支简谱、祖厝民居、照片等。铅印本。谱存崎岭乡周氏联谊会。

第四节　泉州市

一、石狮市

蚶江《石湖周氏谱志》　明崇祯年间（1628—1644）周国任首修，2007年许维根重修。谱载谱序、源流、繁衍、人物、画像、诗赞、堂联等。精装铅印本。谱存蚶江镇石湖周氏家庙。

《温陵晋水石湖周氏宗谱》　明天启四年（1624年）周国任首修，后经历次续修，2007年周其华等重修。谱载谱序、昭穆字行、世系等。线装钞本。谱存蚶江镇石湖周氏家庙。

《祥芝周氏宗谱》　明崇祯四年（1631年）周仰北、周应豫首修，清康熙二十九年（1690年）周嗣龙二修，康熙三十九年周隆伯三修，乾隆二十六年（1761年）周梦彩四修，嘉庆十七年（1812年）周继琳五修，光绪二年（1876年）周南六修，1992年七修，2011年施灿车、萧光洋八修。谱载谱序、世系、昭穆、字行、赞文等。线装钞本，16册。谱存祥芝周氏宗祠。

二、晋江市

《樟岭周氏族谱》　清乾隆三十八年（1773年）周辉圃首修，咸丰四年（1854年）曾钟雄二修，宣统二年（1910年）周孙枪三修，2007年黄传芳四修。谱载谱序、昭穆字行、世系、族规、祖基志、进身志、祭田志等。线装钞本。谱存安海镇樟岭村周有望处。

《张前荣山周氏如然公派下家谱》　清同治六年（1867年）周则仁首修（现存残本），1990年萧光洋重修。谱载谱序、世系、昭穆字行、生卒年等。线装钞本。谱存灵源街道张前村周水景处。

《鳌江周氏绍基公派下宗谱图》　清乾隆八年（1743年）应佐首修，1995年吴谤重修。谱载谱序、世系图、昭穆字行、仁义说、勤王诗、檄文等。线装钞本。谱存金井镇围头村周氏宗祠。

《碧江周氏族谱》　清乾隆八年周大钟首修，光绪三十三年（1907年）二修，1944年三修，1983年张文辉、张承垤四修。谱载谱序、世系、昭穆字行、族谱识等。线装钞本。谱存东石镇白沙村周五福处。

《碧江周氏族谱》（曹田支系本）　清光绪十八年（1892年）周德元首修，1996年周尚文重修。谱载谱序、昭穆字行、支派图、生卒年等。线装钞本，2册。谱存永和镇福田村周玉玺处。

《溪头周氏建溪公派家谱》　2007年许贻钧、李槟榔重修。谱载谱序、字行、世系、人物传等。线装钞本。谱存磁灶镇溪头村周绍贤处。

三、南安市

《梅岭周氏族谱》　清咸丰四年（1854年）曾钟雄首修，宣统二年（1910年）二修。谱载谱序、世系、梅林（仁寿）从7世起字行等。钞本。谱存官桥镇梅岭村老人会。

四、惠安县

净峰《松村周氏族谱》　2005年周伙连主编。谱载序、彩照、宗祠楹联、松村概况、世系、宗祠、松村史传拾遗等。精装铅印本。谱存净峰镇松村村周和章处。

《黄塘周氏族谱》　清乾隆年间（1736—1795）周兆真首修，2015年周泽忠二修。谱载序言、旧谱原文、世系图、人物、照片等。铅印本。谱存黄塘镇黄塘村周泽忠处。

《梧山周氏族谱》　1940年周焕吓首修，2015年周荣兰二修。谱载前言、世系图、宗祠、人物、图片等。铅印本。谱存㓥川镇梧山村周氏宗祠。

五、安溪县

《卓源武功周氏大宗谱》（虎邱竹园周氏族谱）　清乾隆十二年（1747 年）周赞敬首修，宣统二年（1910 年）周炳修二修，1998 年周碧梧三修。谱载序言、人物志、世系图等。线装钞本及铅印本。谱存虎邱镇竹园村周氏宗祠。

《清溪周氏族谱》（原为《金陵周氏谱记》）　宋嘉定四年（1211 年）首修，明永乐十八年（1420 年）二修，万历二十二年（1594 年）三修，崇祯四年（1631 年）周继亮四修，清康熙三十五年（1696 年）周复侗五修，雍正十三年（1735 年）周静甫六修，乾隆三十三年（1768 年）周世歌七修，乾隆五十一年周元冈八修，光绪九年（1883 年）周锡龄九修。谱载谱序、世系、字行、讳行等。线装钞本。谱存福建省图书馆。2017 年周超群十修，谱名《清溪周氏族谱》，联合谱本一、二卷，谱载序、世系、讳行、字行、宗族迁徙路线分布图等。铅印本。谱存安溪周文化研究会。

《墩坂周氏族谱》　清乾隆二十九年（1764 年）周廷麟、周奕聪始修，后周雨溪续修。谱载世系图、分支衍派、昭穆字行等。钞本，1 册。谱存城厢镇坂墩村周氏宗祠。

《下镇周氏族谱》　1913 年周开臣首修，1999 年周桂升、周伊尹二修。谱载世系图、分支衍派、字行讳行等。线装钞本，2 册。谱存白濑乡下镇村周氏宗祠。

六、德化县

《德化周姓志》　2009 年周敬寅主编。志载源流、分布、谱牒、文物、人物、其他。铅印本。志存赤水镇铭爱村村部。

《双芹周氏族谱》　清康熙九年（1670 年）周尹甫始修，乾隆二十六年（1761 年）周青云二修，同治八年（1869 年）周允恭三修，光绪三十年（1904 年）周成裕四修，1932 年周宏才五修，1993 年陈树棠等六修。谱载谱序并《周氏世考》《晚唐入闽鼻祖序》、世系、字行、跋等，列系图 12 卷，共 38 本。线装钞本。谱存雷峰镇双芹村周氏宗祠。

《铭山周氏族谱》（小铭、湖岭、赤土寨、苏洋周氏合修谱）　明正德十二年（1517 年）李壁首修，天启四年（1624 年）周墀二修，清顺治十五年（1658 年）周獬三修，乾隆五十八年（1793 年）周象贤四修，光绪七年（1881 年）周成裕五修，宣统二年（1910 年）周重光六修，1948 年陈梦松七修，1993 年卢村等八修。谱载谱序、世系、字行等。线装钞本。谱存赤水镇铭爱村周宗禧、周玉在等处。

《铭山志》　1994 年小铭、湖岭周氏合编，周宗禧、卢村等主编。志载地理、政治、经济、文教、祖基、人事、文献，及前言、凡例、概述、大事记、编后语、铭山、湖岭周氏山川图绘等。5 卷，铅印本。志存赤水镇爱铭村村部。

《乐陶周氏族谱》　明嘉靖七年（1528 年）周景始修，清康熙四十四年（1705 年）周际盛二修，乾隆二十六年（1761 年）周司仁三修。谱载谱序、世系、字行等。线装钞本。谱存浔中镇乐陶村周道景处。

七、永春县

永春《桃溪周氏族谱》（原谱名《桃源前溪周氏族谱》）　明正统二年（1437 年）周镛首修，弘治十年（1497 年）周瑛二修，清顺治七年（1650 年）周良诠、周敦翼三、四修，康熙三十五年（1696 年）周宗濂五修，康熙六十一年周宗濂六修，乾隆二十一年（1756 年）周苍岩七修，1928 年郑翘松、周腾飞八修，2003 年周添舜九修，改为永春《桃溪周氏族谱》。谱载谱序、源流、播迁、多篇序文、分房世系、讳行、字行等。线装钞本。谱存泉州市华侨历史博物馆及桃溪、下洋周氏宗祠管委会。

达埔《达中周氏族谱》 明正德十五年（1520年）周长和首修，清乾隆二十二年（1758年）周大歌二修，宣统元年（1909年）周廷元三修，2002年周志印四修。谱载谱序、世系、讳行、字行等。铅印本，6册。谱存达埔宗祠管委会周文江处。

第五节 三明市

尤溪县

溪尾《溪东周氏族谱》 明嘉靖二十八年（1547年）周世明等首修（彭绍孙执笔），清乾隆十七年（1752年）周梦兰二修，道光五年（1825年）周金三修，光绪八年（1882年）周长圭等四修（池梦凤执笔），1942年周熙仓五修（荆庭叟执笔），1989年洪道仪六修，2008年周金宗七修并编入《尤溪县周氏宗谱》第三册。谱载源流、谱序、族规、世系、行第、图像、诗赞等。铅印本。谱存溪尾乡溪尾村周氏祖祠。

《沈溪周氏宗谱》 清康熙五十二年（1713年）周之楫、周远馨、周子晃首修，乾隆十年（1745年）周承汝二修，道光九年（1829年）周树菁等三修（严兆馨执笔），1927年周垂青等四修（傅铭勋执笔），2008年周金宗五修，更名为《尤溪周氏宗谱》。谱载谱序、凡例、恩荣录、祠堂、传记、坟图、世系图、世系表等。铅印本。谱存西城镇联建村周氏宗祠。

《沈阳周氏宗谱》 清乾隆三十九年（1774年）周思皇、周青云首修，道光十五年（1835年）周垂全、周垂永二修，光绪十七年（1891年）周莲开、周奉璋、周丹书等三修，1936年周有浚四修，1998年周维坚、周治照、周治五修。谱载谱序、凡例、像赞、恩荣录、先世考、族规、祠堂、考官爵职、世系图、传记、族产、字辈谱等。铅印本。谱存城关镇沈阳周氏宗祠。

《莒洋周氏族谱》 1927年首修，2007年周锡文续修。谱载谱序、世系图、世系表等。铅印本。谱存台溪乡莒洋村周姓各房。

《竹林周氏族谱》 1920年首修，2000年周腾斌续修。谱载祠堂、祖墓、行第、世系等。铅印本。谱存西城镇大池塘周氏祖房。

《梅仙周氏族谱》 2007年周昌燕等编修。谱载辈分、家风、世系等。铅印本。谱存梅仙镇梅仙村周氏祖房。

《岭头周氏族谱》 1988年吴步韩编修。谱载祖源、大宗图、字辈等。铅印本。谱存联合镇岭头村周氏祖房。

第六节 莆田市

一、仙游县

《仙游隔头周氏族谱》 明万历年间（1573—1620）首修，1985年周成勣二修。谱载谱序、世系图、名录、宗训等。铅印本。谱存枫亭镇山头村周成勣处。

二、荔城区

《莆阳清浦上廊周氏族谱》 北宋熙宁年间（1068—1077）修。谱载谱序、世系、莆阳清浦上廊周氏繁衍与迁徙等。雕版印刷本。谱存黄石镇青浦村周光第处。

第七节 南平市

一、建阳区

《周氏宗谱》 清代周华顺等修。谱载谱序、世系、字行等。同治十一年（1873年）建阳雕版印刷本。谱存福建省图书馆。

《周氏重修宗谱》 清代周文录等修。谱载谱序、源流、世系等。光绪二十六年（1900年）建阳雕版印刷本。谱存福建省图书馆。

后畲《周氏爱莲堂浚公支派家谱》 宋庆元二年（1196年）首修，明正统十一年（1446年）周孙昺二修，清嘉庆二十年（1815年）周鸣岗、周朝阳三修，1948年周林百、周林谨四修，1986年周一能、周泉嫩、周文贵五修，2010年周之汉六修。谱载谱序及跋、世系、族规、人物、诗文等。精装大16开印刷本。谱存崇雒乡后畲村周氏修谱理事会。

二、浦城县

《浦城周氏宗谱》 明正统十一年（1446年）首修，清光绪二十六年（1900年）周炳璘二修。谱载新旧谱序、族规、年谱、传记、源流世系图等。雕版印刷本。谱存福建省图书馆。

三、政和县

上榅洋《益四公派下周氏族谱》 1945年周规旋、周扬裘等首修，1983年周道耀、周陈海等二修，2009年周道坦、周崇圭等三修。谱载谱序、原始世系图、平溪肇基图、上榅洋世系、更楼记等。线装本。谱存福建省图书馆。

际面《周氏宗谱》 清嘉庆二十一年（1816年）周有林首修，道光二十七年（1847年）周廷槐二修，光绪十年（1884年）周警斋三修，1917年周国堃四修，1952年周开梧五修，1981年周开爱六修。谱载谱序、祖赞、谱论、诗词、世系等。线装钞本。谱存外屯乡际面村周式灿处。

富垅《荣三派下周氏族谱》 1944年周作寿首修，1999年周马林等重修。谱载谱序、家训、孝悌、睦族、古礼、禁赌、戒讼、世系及村内古迹等。线装钞本。谱存澄源乡富垅村周国焕处。

《路下周氏族谱》 清光绪五年（1879年）李树瀛首修，1983年周宏列二修。谱载平溪祠堂序、路下村记、世系图等。钞本。谱存澄源乡路下村周氏宗祠。

第八节 龙岩市

一、上杭县

《杭川周氏宗贵公一脉家谱》（四、五、十卷） 清代周嘉智修。谱载世系、字行等。乾隆八年（1743年）木刻印刷本。谱存上杭县谱牒馆。

《上杭庐丰横岗周氏族谱》 2000年周炳珍、周继章修。谱载谱序、源流、世系等。铅印本。谱存上杭县谱牒馆。

二、武平县

《武平芳洋周氏族谱》 2008年周华超主编。谱载源流、郡望、文化、堂联典故、历史沿革、世系表等。铅印本。谱存上杭县谱牒馆。

三、长汀县

《长汀县周氏族谱》 2014 年长汀县周氏族谱编撰委员会编。谱载谱序、源流、世系、照片等。铅印本。谱存上杭县谱牒馆。

《长汀县周氏族谱》 清嘉庆十八年（1813 年）重修。谱载谱序、世系、字行等。嘉庆雕版印刷本。谱存大同镇红湖村周水长处。

四、连城县

《连城县周氏族谱》 清雍正年间（1723—1735）首修，咸丰元年（1851 年）二修，1946—1948 年三修，2009 年周兴栋四修。谱载谱序、世系、字行等。铅印本，谱存上杭县谱牒馆。

第九节　宁德市

一、蕉城区

《蕉城区洋中周氏宗谱》 宋大观四年（1110 年）周尚首修，绍兴初年（1131 年）周信二修并作序，嘉泰二年（1202 年）周牧三修，明永乐七年（1409 年）周斌四修，清咸丰十年至同治四年（1860—1865）周惠民五修。谱载序、文集、传记、科甲、诗词等。线装钞本。谱存福建省图书馆。

石后芹坂头《周氏宗谱》 宋大观四年（1110 年）周尚首修，明洪武二十八年（1395 年）周斌二修，清同治二年（1863 年）三修。谱载世系图、谱序、传记、诗词等。钞本。谱存石后芹坂头周氏宗祠。

二、福安市

《福安周氏志》 2012 年周泽钦主编。志载图片、开宗明义、世系源流、宗族文化、人物、联谊活动等。16 开铅印本。志存福安市档案馆。

三、福鼎市

《福鼎三丘田宗谱》（麻口园） 清雍正十三年（1735 年）首修，撰写《重修周氏族谱记》，道光七年（1827 年）周世东、周世芹二修，同治十一年（1872 年）李霞三修，光绪三十年（1904 年）孟冬四修，1934 年涓璜等五修，1951 年周开养等六修，1974 年周开禧等七修，1993 年周月隆等八修，2006 年周月松等九修，2020 年十修。谱载新旧谱序、世系图、行第、谱引、凡例等。一至四修为钞本，五至八修为雕版印刷本，九至十修为铅印本。谱存佳阳乡三丘田竺岚里周氏祖屋。

《福鼎丁家楼周氏宗谱》 明万历二十八年（1600 年）陈大治首修，清康熙元年（1662 年）陈简敬二修，康熙四十一年柳函绿三修，乾隆十三年（1748 年）赵沅四修，道光五年（1825 年）王绍言五修，光绪四年（1878 年）王聘三六修，光绪三十二年王作梅七修，1933 年蔡鼎新八修，1962 年智礼堂九修。谱载谱序、世系图、名录、诗、赞、宗训族规等。雕版印刷本。谱存店下镇丁家楼周氏宗祠。

《福鼎湖林周氏宗谱》 清光绪三十三年（1907）周召南首修，1948 年林际春二修，1981 年林久奎三修，2003 年章其威四修。谱载谱序、世系图、诗、赞、传记、族规族训等。一至三修为雕版印刷本，四修为铅印本。谱存磻溪镇湖林村周氏宗祠。

《福鼎周佳山周氏宗谱》 清康熙五十年（1711 年）徐其麟首修，乾隆十四年（1749 年）赵沅二修，乾隆四十五年林郎福、孙希旦先后三修、四修，道光十二年（1832 年）孙邦相五修，咸丰十年（1860 年）周宗濂六修，光绪二年（1876 年）周允文七修，光绪十四年周德馨八修，1962 年周宣茂九修，1980 年周佳山等十修，2000 年周问津十一修，2013 年周问明十二修。谱载谱序、世系图、诗赞、传记、行第、谱引、名录等。一至十一修为雕版印刷本，十二修为铅印本。谱存佳阳乡周山村周佳山周氏祠堂。

《福鼎沿州周氏宗祠宗谱》 明万历二十八年（1600 年）陈大治首修，清康熙四十一年（1702 年）柳函绿二修，乾隆十三年（1748 年）赵沅三修，道光五年（1825 年）王绍言四修，光绪四年（1878 年）王聘三五修，光绪三十二年王作海六修，1933 年蔡鼎新七修，1956 年梁福庭八修，1978 年张孙照九修，1999 年张孝西十修，2014 年张孝西十一修。谱载世系图、行第、诗、赞、谱序、名录等。雕版印刷本。谱存白琳镇沿州村周孝坦处。

《福鼎黄冈周氏宗谱》 清顺治十四年（1657 年）首修，康熙十三年（1674 年）周三虞等二修，乾隆二年（1737 年）陈简三修，谱载谱序、族规、传记、赞、诗、世系图、行第、谱引、名录等。乾隆十五年吴子吕四修，乾隆三十五年谢朝昌五修，咸丰十年（1860 年）郑瑞圭六修，同治二年（1863 年）王金城七修，光绪三十四年（1908 年）林詠珍八修，1942 年周宝镛九修，1981 年周陈讳十修，1991 年张孙照十一修，2012 年林丹球十二修。谱载谱序、世系图、传记、诗、赞、行第、谱引、名录等。一至十一修为雕版印刷本，十二修为铅印本。谱存磻溪镇黄冈村周氏宗祠。

四、霞浦县

《盐田横洞周氏家谱》 宋绍定四年（1231 年）孙自庆首修，清光绪十四年（1888 年）郑锐锋二修。谱载序、源流、世系等。线装钞本。谱存盐田乡横洞村周氏宗祠。

《霞浦县渔洋里周氏家谱》 多次重修。谱载谱序、源流、世系、字行等。线装钞本。谱存长春镇渔洋里村周开销处。

《霞浦后港家谱》 清光绪二十五年（1899 年）首修，多次重修。谱载谱序、世系、字行等。线装钞本。谱存松岗街道后港村周华处。

《霞浦秋竹岗周氏家谱》 明初首修，1940 年周邦树二修，1980 年周启电三修，1998 年周开销四修。谱载谱序、源流、世系、字行、财物等。线装钞本。谱存长春镇秋竹岗周氏宗祠。

《溪尾周氏族谱》 清同治十三年（1862 年）周乃高修。谱载谱序、源流、世系、字行等。线装钞本。谱存溪南镇溪尾村周氏宗祠。

五、寿宁县

《平溪理公谱》 明永乐四年（1406 年）吴于首修，崇祯十一年（1638 年）周年学等二修，清光绪二十四年（1898 年）三修，2008 年四修。谱载序、源流、世系、人物。铅印本。谱存平溪镇平溪村周氏宗祠。

《平溪鼎挡周二公谱》 明成化年间（1465—1487）潘琴舜首修，清康熙二十五年（1686 年）二修。钞本。谱载序、世系、字行等。谱存平溪镇鼎挡村老人会。

六、周宁县

《狮城周氏谱志》 清道光十三年（1833 年）余纶光重修，现存凤池境周师政钞本，2011 年再修，更名为《狮城周氏谱志》。志载溯源、世系、宗祠、播迁、大事记等。铅印本。志存狮城镇狮城村周氏宗祠。

七、古田县

《古田衡阳周氏族谱》 明万历四十七年（1619年）周德和、周于仁首修，清道光十八年（1838年）周文颖二修，光绪二年（1876年）周宗钊三修。谱载源流、乡情、人物、谱系、大事记等。钞本。谱存平湖镇衡阳村老人会。

《衡阳周氏志》 2003年古田县平湖镇衡阳村周氏志编纂委员会编，周伯开主编。志载图片、衡阳概述、族谱文选、人物选录、世谱图系等。铅印本。志存周伯开处。

《沙洲周氏世谱》 清光绪二十年（1894年）周乾初首修，1967年二修，1998年周长晃三修。谱载序、世系等。铅印本。谱存平湖镇沙洲村编纂理事会。

八、屏南县

《九洋周氏族谱》 清康熙四十一年（1702年）周康生等首修，1944年李翰元二修，1951年陆章琛三修，2000年周孝昌四修。谱载谱序、播迁、世系、传记、族规宗训等。铅印本。谱存代溪镇九洋村委会。

《棠溪周氏族谱》 清乾隆三十二年（1767年）周尚黼首修，嘉庆十二年（1807年）二修，1989年周修爵、周修钦三修，2011年周荣海、郑福顶四修。谱载谱序、源流、世系、人物、照片等。精装铅印本，3册。谱存棠口乡棠口村周氏族谱编纂委员会。

《棠口周氏族谱》 1988年周宝炘主编。谱载源流、繁衍、世系、宗训、传记、科举、祭文等。铅印本。谱存棠口乡棠口村周氏族谱编纂委员会。

第十节　平潭综合实验区

《平潭周氏宗谱》 1988年平潭县周氏修谱委员会首修，2012年平潭周氏宗谱编纂委员会再修，依据清代平潭大富田族谱资料、盘团族谱资料编修。谱载谱序、源流、历代迁徙、世袭爵位、汝南郡人物、龙江人物事迹及世系表等。铅印本。谱存平潭周氏历史文化保护中心。

《平潭周氏盘团支谱》 1928年林树琼、周训铨首修。谱载谱序、古训、世系表、迁徙等。线装钞本。谱存平潭周氏历史文化保护中心。

《平潭大富田周氏支谱》 1928年周宗濂重修。谱载谱序、世系、支考、迁徙、人物事迹等。线装钞本。谱存平潭周氏历史文化保护中心。

第四章　文化遗产

第一节　著作与艺文

［唐］周　朴 长乐人。诗有《董岭水》等，《新唐书·艺文志》录有诗集2卷，已散佚。《全唐诗》录存其诗15首，编为1卷。周朴死后，友人僧楼浩（林嵩）得其诗百余篇，编为2卷。

［唐］周　镛 莆田人。诗有《诸暨五泄山》。

［唐］**周匡物**　漳州人。御试时作《学殖赋》及《莺出谷诗》，著有《周匡物诗集》等。

［宋］**周希孟**　侯官人。著有《诗义》10卷、《易义》10卷、《春秋义》12卷、《周四门文集》2卷。

［宋］**周武仲**　浦城人。著有《春秋左传编类》30卷。

［宋］**周　固**　浦城人。著有《璧水集》15卷。

［宋］**周明作**　建阳人。著有《壬子问答语录考》。

［元］**周　佑**　漳浦人。著有《边臣近鉴》《边鉴近录》。

［元］**周颐真**　福清人。著有《洞浮老人集》。

［明］**周　玄**　闽县人，有《九仙山期海上故人不至》《平远台宴集》等诗，著有《宜秋集》8卷及《周祠部诗》。

［明］**周　坤**　福清人。著有《玉融志》10卷。

［明］**周廷鑨**　晋江人。诗有《两都篇》《三余篇》《三山草》《颐园草》《朴园诗历前后集》及《水经注钞》。

［明］**周　莹**　莆田人，诗有《鹤洲集》《郡斋新稿》10卷。

［明］**周　瑛**　龙海人。著有《经世管钥》《书纂》《漳州府志》《莆阳拗史》《周氏家语》《闽川稿》《翠渠摘稿》（收入《四库全书》）。

［明］**周　婴**　莆田人。著有《远游篇》4卷（其中有多首关于妈祖的诗歌）、《卮林》4册，与黄光分纂《兴化府志》，另著有《十一洲诗集》《东番记》赋体散文等。

［明］**周　思**　浦城人。著有《见峰集》。

［明］**周任阶**　福州人。著有《天宁集》。

［明］**周文靖**　长乐人。著有《图绘宝鉴》《无心诗史》，另有画作《枯木寒鸦》《茂叔爱莲图》。

［清］**周韩起**　莆田人。善画梅竹，代表画作《梅竹图》，另著有《秋容亭集》。

［清］**周　经**　建宁人。著有《梅花吟》30首。

［清］**周道兴**　周宁人。著有《初仕要言》《朱子小学》及诗集《惺惺轩诗抄》。

［清］**周　礼**　晋江人。著有《悔庵小草》。

［清］**周梦锦**　宁化人。著有《问心堂案牍》。

［清］**周　愈**　侯官人。善画山水。作《题于山万岁寺记事》、画作《松崖碧涧图》等。

［清］**周　铭**　周宁人。著有《周铭医案》《麻书》等。

［清］**周梦虞**　福鼎人。主修《福鼎县志》，续编《北岭文献搜集》10卷，著有《绿满窗诗草》《遁庵诗文集》《古雪斋集》《县名辨讹唱和集》等。

［清］**周士祢**　福州人。著有《婴儿论》。

［近现代］**周良辅**　莆田人。中国工程院院士。SCI收录其论文150余篇，主编或专著《神经外科手册》《现代神经外科学》《神经外科手术图解》等7部书，多次获国家科学技术进步奖（1990年、1995年、2009年、2014年）。

［近现代］**周森赠**　长乐人。著有《GNPS、LNPS应急指挥中心设计》《核辐射防护措施》《GNPS、LNPS环境监测系统的设计》《核电站周围放射性本底调查》《环境监测车的设计》《大亚湾海洋生态零点调查》等。

［近现代］**周南京**　安溪人。著有《外国历史常识》《近代亚洲史料选辑》《世界华侨华人词典》《菲律宾与华人》《印度尼西亚历史》《华侨华人百科全书》等。

［近现代］**周桂钿**　长乐人。著有《王充哲学思想新探》《天地奥秘的探索历程》《董学探微》《中国传统哲学》《虚实之辨》《中国哲学研究方法论》《古国古人论天》等。

［近现代］**周建功** 长汀人。主编《飞机结构力学》《弹性力学》等教材，译有《高温蜂窝壁钣的连接头的最佳设计》等。

［近现代］**周石卿** 安溪人。著有《伤寒论》《热病学》《伤寒百题解》《伤寒论笔记》《南方医话》《八闽医话》。

［近现代］**周技伦** 平和人。著有《飞机电机、电器环境试验方法》《加速振动强度试验方法》。

［近现代］**周天相** 平和人。著有《杉木无性系育种和良种繁殖技术》等。

［近现代］**周永平** 永春人。编著有《高等物理》《大学物理学影像文字结合教材》，译著有《物理学发展史上的里程碑》等。

［近现代］**周绍民** 晋江人。著有《金属电沉积：原理与研究方法》《金属电沉积机理研究》《金属镀层及其转化膜的结构与性能关系研究》《电镀添加剂作用机理》等。

［近现代］**周长楫** 厦门人。著有《厦门方言辞典》《新加坡闽南话词典》《南音字汇》《普通话与闽南话》《闽南话形成发展及在台湾的传播》《厦门方言研究》《闽南方言与文化》等。

［近现代］**周振鹤** 厦门人。著有《西汉政区地理》《体国经野之道》《中国历史文化区域研究》《方言与中国文化》《县制起源三阶段说》等。

［近现代］**周敬华** 浙江人（厦门大学教授）。著有《英语正误句解》《英语写作入门》等；译著有《英语语法高级教程》；编写词典有《综合英语成语词典》《学生五用英汉辞典》《英语听力词典》《COLLINS 袖珍英汉双解辞典》。

［近现代］**周朝飞** 平和人。著有《中国小麦品种及其系谱的研究》《小麦高产稳产新品种选育及其理论与方法研究》。

［近现代］**周泰锦** 湖南人（厦门大学教授）。发表论文《分析化学计量学》《组态相互作用理论方法》等。

［近现代］**周可涌** 安徽当涂人（原福建农学院副院长）。著有《甘蔗栽培学》《甘蔗育苗移栽的理论与实践》《甘蔗》《中国甘蔗栽培》等，主编并撰写《中国大百科全书·糖料分布》和《中国农业百科全书·糖料作物》等。

［近现代］**周　夏** 福州人。与方彦富合著长篇小说《血海情波》、中篇小说《朱门惊变》《海之魂》。剧作有闽剧《啊马江，海军》，电影剧本《甲申马江大海战》。与刘晓迎合著《客家祖地花灯研究》。

［近现代］**周秋麟** 福州人。译著有《中国海洋浮游生物》《海岸带综合管理的策略和方法》《海洋自然保护区管理绩效评估指南》《神秘的宇宙》等。

［近现代］**周永铨** 平和人。著有《耐热钢筋混凝土结构计算》《深圳建设技术资汇编（第一册）》《无水冷滑轨加热炉》。

［近现代］**周阳生** 平和人。著有《仔猪黄痢的研究》《对兔的一种新的病毒性传染病——“兔瘟”的研究》等，主编《动物性食品微生物学检验》。

［近现代］**周承圣** 仙游人。著有《中国甘蔗栽培》《中国甘蔗栽培学》《甘蔗栽培育种的生理基础》，参编《农业百科全书》“糖料作物与分支甘蔗”部分条目。

［近现代］**周汉忠** 平和人。参加编著《中国茶树品种资源录》《江西茶叶》《江西省茶树品种资源目录》等。

［近现代］**周长赋** 莆田人。创作戏曲《秋风辞》《风雪潼关》《涨潮》《江上行》和话剧《风火吟》《沧海争流》等剧本。

［近现代］**周哲文** 长乐人。篆刻作品专集有《毛泽东诗词四十三首印谱》《怀念敬爱的周总理诗词

印谱》《戊辰龙年印谱》《周哲文篆刻集》《艺海藏珍》等。

［近现代］周　明　罗源人。与林戈明合作编写大型京剧《北风紧》剧本，著有《文化心理与戏曲美学》及长篇历史小说《王莽》《声东击西》。

［近现代］周裕惠　平潭人。著有《改革难点论要》《福建综合改革试验热点研究》《6·18：科技成果转化的福建模式》《探寻平潭科学发展》《海坛骄子——献身抗日与解放战争的平潭英雄群体》《周裕惠情系海坛集》等。

［近现代］周秀玉　女，厦门人。执笔《闽南文化生态保护区母语——闽南方言保护》课题，参编《厦门市民文明手册》《厦门市非遗图典》等。

［近现代］周元火　莆田人。著有《政和县志》（1990年版），主编《政和县志（1989—2005）》《政和茶志》《政和政区大典》《政和年鉴》《政和工会志》《政和水利志》《政和星溪乡志》等。

第二节　族规家训

一、罗源香岭村周氏族规

尊祖敬宗，和家睦族，毋致因利害义，有伤风化。
祠宇整修，春秋祭祀，毋致失期废弛，有违祖训。
各宗坟墓，文物古迹，毋致缺祀失管，有被占据。
读书尚礼，交财尚义，毋致骄慢啬吝，有玷家声。
富勿自骄，贫勿自贱，毋致恃富不仁，有失大礼。
婚姻择配，朋友择交，毋致贪慕富豪，有辱宗亲。
怜穷恤匮，济物利人，毋致悭啬不为，有损礼体。
珍玩厅巧，丧家斧斤，毋致贪爱蓄藏，有遗后患。
冠婚讲礼，称家有无，毋致袭俗浮奢，有乖家礼。
房舍如式，服饰从俭，毋致僭侈繁华，有悖例禁。

录自罗源《香山周氏宗谱》

二、屏南周氏家训

敦孝敬，端心术；平气质，勤耕读；崇节俭，尚姻睦；严教训，慎交游；择嫁娶，急正供；敦学术，重品行；定户尊，辨名分；杜争讼，广先泽。

录自屏南《九洋周氏族谱》

三、仙游隔头周氏家训

唯我周公后，濂溪百世孙。殷勤遵圣训，笃信守贤文。
礼乐千秋仰，图书万古存，居身恭俭证，处世厚谦温。
报国忠廉节，传家孝义纯。闺门宜整肃，礼法不容紊。
男女非无别，尊卑自有伦。笑言休苟且，举念要平均。
戒慎其不赌，恐惊所寡闻。存心思济众，立志望超群。
无罪身为贵，成仁名亦尊。高明昭日月，大道遍乾坤。
赫赫流芳远，巍巍树德敦。吾人能学武，福寿永长春。
上可光先祖，下堪裕后昆。

录自《仙游隔头周氏族谱》

四、政和县上榅洋周氏家训

百行以孝为先，子职宜尽。须思劬劳之恩，下气怡声，承欢养志。冬温夏凊，昏定晨省。出必告，返必面。游有常所，习有常业。思显亲以扬名，不亏理以辱亲，方无愧职，成为肖子。朝廷重引年之典，国家隆尚齿之文。凡老成耆寿，所当优礼者也。我族人须授几授杖，爱而敬之，毋得玩忽，致皓首庞眉有不得其所之叹。男女冠笄必闻诸亲属。男人训以成人之规，女子教以于归之道。男女之间应有拘束，不得放肆。说话要正经，非礼勿言；授受要郑重，非礼勿动；乃为大方名族。家之内，古人有胎教，有能言之教，又有小学之教。是以子弟易于成材。俗教子弟，上者教之作文，取科第功名止矣。功名上，道德未教也。凡父兄须知子弟当教，又须知教法，敦请名师，训以圣贤经史，使之陶熔德性，异日为良士，为良吏，即农工商贾亦不失淳谨君子。读书作文必求心得，宗孔孟之真实，去老庄之浮华；文法韩柳欧苏，武效吴廉李。养成勤学苦练，化列儒林，尚其勉旃。勤职业以裕日用。凡人无食则饥，无衣则寒。播谷树桑，民之首务。力作者当勤为种植，及时耕耘，乃获有收。慎勿游惰，致仓箱空虚，家之妇子号寒啼饥。男女匹配，自有一定之缘，厌贫求富，当皆徒然耳。

录自政和上榅洋《益四公派下周氏族谱》

第三节　宗　祠

龙海市坂头周氏家庙（周匡物家庙）　坐落在龙海市榜山镇榜山村。明正德年间（1505—1521）始建，占地面积620平方米，坐东向西，土木结构，一进三开间，红砖墙，闽南古厝风格，供奉开漳第一位进士周匡物牌位。2011年7月列为龙海市文物保护单位。

平和县霞山兴宗堂　坐落在平和县霞寨镇寨里村。明景泰六年（1455年）始建，清乾隆十八年（1753年）、嘉庆十四年（1809年）两次重修。占地面积1012.8平方米，主体建筑长27.64米，宽7.44米，建筑面积505.87平方米。坐西北朝东南，石木结构，门面有石质的门花、门鼓、趋虎窗和门框，二进三开间，左右两厢房，正门两侧大片石雕，门楼由石挑梁和石梁搭成，中梁高7米，天井由条石铺成，左右阴巷以鹅蛋石砌成。明代宗祠建筑风格。兴宗堂坐金穴，名曰“覆鼎金”，是霞寨唯一的周氏宗祠。2013年11月列为平和县文物保护单位。

石湖周氏家庙

石狮市石湖周氏家庙　坐落在蚶江镇石湖村（石农村周厝）。明万历十四年（1586年）始建，周日甲捐资并主持兴建。清雍正年间（1723—1735），台湾嘉义、淡水、南投、鹿港等地宗亲捐资重修；光绪年间（1875—1908），两次由台湾、新加坡宗亲捐资修缮；2007年重修。建筑面积238平方米。坐北朝南，土木结构，总深24.3米，总阔12.5米，全座采用花岗石砌筑，二进三开间，天顶龙飞凤舞，厅壁诗书交错。2007年11月列为石狮市文物保护单位。

莆田清浦周氏桂苑祠　坐落在荔城区黄石镇清浦村。明成化三年（1467年）始建，2019年翻修。占地面积2000平方米，建筑面积1000平方米。坐西朝东，土木石结构，四合院二进式，四扇三间大厅堂，仿金銮殿建筑风格。据传，周瑛为圆母亲见紫禁城的梦，经皇帝敕旨特许而依制式筑建，后为当地周氏家庙。1986年4月列为莆田县文物保护单位。

福鼎市周山周氏宗祠　坐落在佳阳乡周山村。明万历元年（1573 年）始建，清代及民国时期有修。占地面积 8000 平方米，建筑面积 894 平方米。坐东向西，由大门、天井、太子亭、祠厅组成。祠厅由 120 根木柱和精雕的大梁构成。保存有明清历代名人匾额。1997 年 12 月列为福鼎市文物保护单位。

周山周氏宗祠

罗源后张周氏宗祠（碧里乡廪尾村周氏宗祠）　坐落在罗源县城关后张巷 25 号。清末始建，1926 年重建，2018 年在罗源特色历史文化街区建设中进行重新修缮。建筑面积 105 平方米，坐南朝北，砖木结构。2017 年 4 月列入罗源县第二批历史建筑名录。

福清山前周氏宗祠　坐落在福清市龙田镇山前村。元末始建，明清两代曾经两次重修，1992 年重建。建筑面积 450 平方米，坐西北向东南，木石混凝土结构。祠呈二进，四扇三开间、前为环楼戏台，后为大厅神龛。

福清松潭周氏宗祠　坐落在福清市音西镇松潭大埕自然村。明末清初始建，1993 年重修。建筑面积 450 平方米，占地面积 900 平方米。坐北朝南，土木石结构。祠呈二进，四扇三间大厅堂。

长乐凰山周氏宗祠　坐落在文岭镇凤庄村。明末始建，1992 年重修前座，大修后座。建筑面积 1200 平方米。坐北向南，祠呈二进，前座二层厅楼，中间过水天井，后座七柱出游廊，四扇三开间，前五柱，后七柱，三面风火墙，土木石结构。山墙前为喜鹊尾马鞍形，后为国公帽爵禄式，明代建筑风格。“敦本堂”“凰山周氏宗祠”“入孝”“出悌”均由当代篆刻家周哲文书题。

长乐石门艮岩周氏宗祠　坐落在江田镇石门村。明代中叶始建。建筑面积 1000 平方米，坐东北朝西南，土木石结构。祠呈二进，中间天井回廊，七柱出游廊，六扇五开间大厅堂。四面风火围墙，山墙呈马鞍形，喜鹊尾，明代建筑风格。堂号“爱莲堂”。

闽侯芝田周氏宗祠　坐落在南屿镇芝田村。北宋初年始建，因火灾而毁，明代中叶重建，1994 年再重修。建筑面积 512 平方米，坐东向西，土木结构。二进四扇三开间，前三柱过水回廊，后七柱大厅神龛，四面围墙。祠宽 16 米，深 32 米，前座屋脊中间高两边低，蕴含凤凰展翅吉祥如意之意；后座神龛雕梁画栋五彩缤纷，厅前廊石刻有三双石眼，具有明代建筑特征。

闽侯洋头周氏宗祠　坐落在闽侯县洋里乡洋头村。明初始建，2010 年重修。建筑面积 1000 平方米，占地面积 4000 平方米，坐北朝南，砖木混凝土结构。

闽侯横溪周氏宗祠　坐落在廷坪乡横溪村。明崇祯十五年（1642 年）始建。建筑面积 700 平方米，坐东朝西，砖木结构。四扇七柱，堂内大厅左右两边六柱，正厅二柱为直径约 80 厘米的杉木圆柱，大厅上方为四梁空架，大厅内设有周氏塗九公先祖神龛。大门门楣上方挂着同治十三年周云章进士牌匾。走廊内门台阶为七步石板，左右两边各有一条长 150 厘米、宽 35 厘米的石板。门前有长方形石铺大埕，门外有三道弯大路至风水亭，宗祠右方有两口接水池。

连江上周丹峰周氏宗祠　坐落在连江县丹阳镇上周村。清雍正元年（1723 年）始建。乾隆六十年（1795 年）重修，2009 年大修。建筑面积 800 平方米，占地面积 1000 平方米。坐东北朝西南，砖木混凝土结构。大厅公婆龛上悬“尊亲堂”金匾，内挂 1 世祖都指挥使周宗文之软身画像，大门前树立双斗旗杆碣石。

连江首占莲溪周氏宗祠　坐落在连江县蓼沿乡首占村。清道光年间（1821—1850）始建，2003 年重修。建筑面积660平方米，占地面积900平方米，坐北朝南，土木结构。六扇五开间二进，前过水分左右边厢为书院，中有天井；后公婆龛大厅，七柱出游廊。堂号“莲溪堂”。

罗源香岭周氏宗祠　坐落在霍口乡香岭村。原为祖厝，从1世周珍起，历经数代而建成。清康熙十三年（1674年）遭火灾，雍正八年（1730年）重建前座，咸丰二年（1852年）重修。20世纪中叶倒塌，1997年重修，2002年再重修。建筑面积938平方米，占地面积1580平方米，坐东南向西北，土木结构。祠呈二进，六扇五开间。前座九柱，后座十一柱且叠高三层。后改名为“周氏宗祠”，并祭祀历代先祖之神主，神龛上横匾题签“汝南堂”。

永泰凤星周氏祖祠　坐落在永泰县城峰镇凤山洋村。清康熙年间（1662—1722）始建，1960年重修。建筑面积200平方米。坐西北向东南，土木结构，八扇七开间，两边回廊书院。

厦门海沧后井衙里周氏家庙　坐落在海沧区海沧街道后井村。明天顺三年（1459年）始建，1987年重修。建筑面积220平方米，坐西南朝东北，砖木结构，面阔三间10.8米，进深20.1米，前堂进深两间，后堂进深三间。堂内保留有明清时牌匾。

安溪卓源周氏祖祠　坐落在虎邱镇竹园村。明永乐元年（1403年）始建，清代数次修葺，1936年周培英主持重建。建筑面积300多平方米，占地面积500平方米。坐西向东，大厝式建筑，二进布局，面阔五间，石木结构。

德化双芹堂　坐落在雷峰镇双芹村。元代始建，清乾隆二十五年（1761年）重修，咸丰十年（1860年）再修，1922年复建。建筑面积375平方米。坐西向东，四点金穿斗抬梁式结构，上下两层。祠堂面前大埕外有个290余平方米的小池塘，犹如盛油灯盏；池中筑有一条弯曲的小石岸，谓之“灯芯”；“灯芯”末端的岸边建有周氏祠堂，恰似灯芯点燃的火炬，名曰“灯火挂壁”。

德化荐解堂　坐落在雷峰镇荐解村，系德化八房周的“礼、义”两房的祠堂。明隆庆三年（1569年）始建，万历三十五年（1607年）又架扶楼及护厝，清道光八年（1828年）、1925年、1989年三次修建。建筑面积409平方米。坐北偏东向南偏西，土木结构，上堂九架，一厅二房，正厅为四点金皇宫式建筑，下堂为两书院。

永春桃溪周氏宗祠　坐落在桃城镇桃溪村。明嘉靖年间（1522—1566）始建，清乾隆五年（1740年）、光绪十三年（1887年）两次重修，1919年遭兵焚，1923年重建，中华人民共和国成立后，海外侨亲两次捐资重修。建筑面积623平方米。坐东南朝西北，砖木结构，一层平屋，闽南古厝风格。因族人周自超被乾隆皇帝钦点“探花及第”授侍卫，宗祠厅堂上挂“探花及第”牌匾。

政和上榅洋周氏宗词　坐落在澄源乡上榅洋村。1935年始建，建筑面积230多平方米。坐北朝南，土木结构，抬梁悬山顶，风火马头墙。祠分前后二座，前座祀明代始祖周益四，建筑分上下二厅，上厅为正厅，面阔9米，进深10米，四排二十柱，三开间；下厅面阔9米，深5米，四排八柱，上下厅间有台阶三排五级，左右各有天井。后座祀唐代始祖周龙七，建筑式样与前座相同，面阔8米，进深12米。

宁德蕉城区蓝桥光禄祠　坐落在洋中镇莲下村。北宋雍熙二年（985年）4世周霆奉旨始建，以纪念入宁德始祖周导。明嘉靖十九年（1540年）增建华表，清顺治十八年（1660年）前后建筑倾毁。后人在原址重建祠堂。建筑面积1126平方米，占地面积约1688平方米。坐北朝南，土木结构。

宁德蕉城区洋中周氏宗祠（周导纪念馆）　坐落在洋中镇洋中街东北，光禄祠环峰（洋中）分祠，又称“洋中堂”。北宋雍熙二年（985年）始建，清光绪三十四年（1908年）重建，1987年重修。建筑面积1000多平方米，占地面积1200平方米。坐北朝南，土木结构。祠分上下堂，上堂为祠，下堂为戏台，其中上堂深11米，下堂深25.28米，天井深9.85米。

福鼎黄冈周氏宗祠　坐落在磻溪镇黄冈村。元延祐五年（1318年）始建，1925年翻修，2003年再次翻修。建筑面积900平方米，占地面积2680平方米。坐北朝南，砖石木结构。宽18米，深50米，建有爱莲池、大门楼、天井、下殿大厅、天井鱼池、上殿大厅等，上殿有 12 根大石柱，下殿花梨木柱，屋顶覆琉璃瓦，上下殿藻井有精雕细刻的九龙戏珠图案。

霞浦秋竹岗周氏宗祠　坐落在长春镇秋竹岗村。清末始建，1953 年再建。建筑面积 810 平方米，占地面积 2600 多平方米。坐东朝西，砖混结构，三进九开间，建有祭祀堂、临安堂、土地庙、议事厅等，另建有戏台。堂号“汝南堂”。

屏南九洋周氏宗祠　坐落在代溪镇周厝村。宋理宗年间（1225—1264）4 世祖周产主持兴建，2018 年对宗祠、古戏台进行全面维修。占地面积 220 平方米。坐北偏东向南偏西，土木结构，抬梁式悬山顶，面宽 10 米，深约 21 米（含会坪），内祀周厝周氏祖先神位。

屏南棠口周氏宗祠　坐落在棠口乡棠口村。宋宝庆元年（1225 年）始建，清乾隆二年（1737 年）被毁，乾隆八年重建，嘉庆十三年（1808 年）山洪暴发，正厅四面土墙被洪水浸塌，修复时改为板壁。1994 年修建戏台柱和横梁，改用砖混结构，栋面、飞桥、班角保持原状，四面的板壁同时改为砖墙。建筑面积 286 平方米，占地面积 320 平方米。坐东朝西，砖混结构。面对“笔架山”，九曲溪从祠前连远数曲后向西汇入棠口溪，形成三溪汇流。四周山峦拱卫。

屏南樟源周氏宗祠　坐落在代溪镇樟源村。清代始建，建筑面积 160 多平方米。坐北朝南，土木结构。抬梁悬山顶，面宽 10 米，进深 16 米，四排二十柱，三开间。内设神座，祀历代祖先灵位。

第四节　陵　墓

周氏祖墓　位于石狮市蚶江镇石湖村金钗山上。墓主为周东泉，明隆庆年间（1567—1572）始建，占地面积 98 平方米。坐北向南，偏东 30 度，平面呈“凤”字形，花岗岩结构。墓封土堆高约 1 米，长 4 米，宽 3 米，由花岗岩石块拼成龟形。墓碑、墓案刻有花纹。1995 年修复，1998 年 2 月列为石狮市文物保护单位。

周绍基墓　位于晋江市金井镇围头村西、泉围公路东侧。宋末始建，明代重修，占地面积 80 平方米。坐西向东，三合土结构，平面呈“凤”字形，墓前竖有花岗石碑，记周绍基生平。1989 年晋江市文物管理委员会竖碑保护，碑文称：“周绍基，宋末进士，时值乱世，不仕，随宋幼主入围，君臣离散，避元入围，徙于东海之滨，为晋江周姓之始祖。”1989 年 5 月列为晋江市文物保护单位。

周忠魁墓　位于福鼎市硖门乡东稼村。占地面积 40 平方米。坐西南向东北。墓主被后人称为“辛亥革命世纪老人”。2013 年 6 月列为福鼎市文物保护单位。

周垦墓　位于长乐区金峰镇周山境马坑瓜藟山麓。宋理宗年间（1225—1264）始建，占地面积 160 平方米，墓穴 9 圹。坐北向南。葬凤山肇基始祖周垦，父子孙曾四代同坟。1998 年，因驻军基建营房，陵墓迁造于文岭镇凤庄岭山南麓，按原坐向建造，墓亭正面碑文楷书阴刻“有宋处士周公寿域”字样，左右两侧雕刻梅、竹、松、鹤图案，墓桌下方青石浮雕“正面龙”。

周仲观墓　位于长乐区文岭镇龙塘村飞来石西畔。明景泰二年（1415 年）始建，建筑面积 120 平方米。坐北向南。平面呈“凤”字形，墓穴两圹，葬龙塘村肇基祖周仲观偕妣董氏儒人。墓碑为“小生帽”式，碑文阴刻“凰山周公寿域”。

周瑶墓　位于长乐区文岭镇阜山岭兜村钟岭山南麓。明宣德二年（1427 年）始建，建筑面积 90 平方米。坐东北向西南。形如八卦太师椅，大理石构造，墓穴两圹，葬明代文渊阁学士浙江常山知县周瑶及夫人林氏。墓室上方用 7 条大理石从中间沿左右倾斜封顶。墓碑为“小生帽”式，当中嵌入长方形青石，内中阴刻篆字“凰山周公寿藏”和左右楷书“宣德丁未”“阳月吉旦”。横案墓桌用莲花浮雕拱托，墓埕东西两侧靠手分别为“藏龙”“卧虎”石雕。三面古松挺拔，葱翠常青。

周导墓 位于宁德蕉城区洋中莲下清山水尾（保清井洪之地）。占地面积96平方米。坐东向南。依山形而建，后高前低，平面呈长方形，由墓埕、拜垱、太子亭、墓碑、金鼎等构成，葬光禄大夫周导。宋开宝四年（971年）改葬于洋中上坎彭洋头，形似猛虎出林。

周理墓 位于寿宁县芹洋乡可观村楼下坑仔头。宋淳祐四年（1240年）始建，占地面积61.8平方米。坐东偏南向西偏北，长12米，宽6.8米，葬平溪乡平溪村始祖周理，1984年重修，2016年再修。

第五节 古建筑

石门长街房祖厝 坐落在长乐江田镇石门村。宋代良岩2世祖周必进购置。建筑面积450平方米。坐北朝南。土木结构，七柱八扇七间的大瓦房。虽经800多年风雨侵蚀，仍完好无损。

周希孟故居 坐落在闽侯县南屿镇芝田村。宋代始建，明代重建，建筑面积300平方米。坐北向南，面阔六扇五间，进深五楹，穿斗式木构架，歇山顶，屋前石铺天井式庭院，周木构环廊。门头为清代建筑，单檐歇山顶，周围以砖土风火墙，院落式民居。

周子和故居 坐落在闽侯县南屿镇芝田村。清初始建，为武术家周子和所建。建筑面积1000多平方米。坐北朝南。主座为祖上所建，面阔六楹五间，建有门头、前天井、前回廊、前座、后天井、后回廊、大厅等。披房与祖厝连为一体，周围以砖土风火墙，面阔四扇三间，双层阁楼，进深二间，穿斗式木构架，歇山顶，前天井全条石铺成，建筑面积300多平方米。在故居的墙上依稀还可见周子和当年所作水墨山水画4幅和残留“郁山道观”巨幅大字。

薛洋周氏古厝

薛洋周氏古厝 坐落在罗源县西兰乡薛洋村。清中叶始建。现存上下两座，建筑面积下座280平方米、上座218平方米。坐北朝南，土木结构。下座为八扇七间大书院，厅堂上挂有“濂溪流派”牌匾，天井均由石板铺就，厅堂前设有台阶，在台阶两侧自上而下各安有一块斜条石，据传，牌匾是朝里悬挂的，后因未功成名就铺斜石受邻村人干预，屋主把牌匾字朝外悬挂，邻村人见匾即退去。上座虽逊于下座，但大厅上悬挂的“耆寿稀荣”，为咸丰元年（1851年）罗源知县周国让题赠厝主。

鞠多书院 坐落在宁德市蕉城区洋中镇锯刀（鞠多）岭边。宋端拱二年（989年）始建，淳化元年（990年）周导之子周霆建“功德祠”，后衍为“鞠多寺”。清乾隆二十八年（1763年）重修，后因无人继承而废。咸丰五年（1855年）改为书院，称鞠多书院。占地面积800多平方米。坐北向南。土木结构。书院厅堂挂有洋中人明建文帝师“国子先生”周斌画像。

平溪周理祠（理公堂） 坐落在寿宁县平溪镇平溪村。清嘉庆二十五年（1820年）始建，占地面积600平方米。坐北朝南。二进式建筑，土木结构。寿宁知县胡效曾为之撰文。

第六节 民间信仰

闽侯县泽苗三神宫信仰 坐落在南通镇泽苗村。明天顺年间（1457—1464）始建，坐北偏东向南偏西，土木结构，为纪念“从龙忠节”周杰而建，周杰为明正统元年（1436年）进士，官拜户部郎中，正统十四年蒙古瓦剌部也先率兵入侵，英宗皇帝御驾亲征，周杰随帝征讨，负戟兵败，漠北被俘，坚贞不屈，慷慨就义。乡亲们为纪念周杰，在桥兜下山麓修建三神宫，明天顺皇帝敕封周杰三兄弟为灵宝、灵惠、灵应侯王，塑金身，受当地族人顶礼膜拜。

第七节 非物质文化遗产

世界级非遗妈祖信俗及其代表性传承人 妈祖原名林默，称林默娘，被百姓尊为妈祖，立庙祭祀，成为海神。妈祖信仰是流传于中国沿海地区的汉族民间信仰，妈祖文化肇于宋，成于元，兴于明，盛于清，繁荣于近现代，以崇奉和颂扬妈祖的立德、行善、大爱精神为核心，以妈祖宫庙为主要活动场所，以习俗和庙会等为表现形式。信俗传播到世界 20 多个国家和地区，为两亿多民众所崇拜并传承至今。湄洲岛为妈祖祖庙所在地。2009 年妈祖信俗被列入联合国教科文组织“人类非物质文化遗产代表作名录”。周阿仔，莆田人，2012 年列为第一批莆田市级代表性传承人之一（祭典礼仪）。

世界级非遗南音及其代表性传承人 南音又称南曲、南乐、南管、弦管，主要由“指”“谱”“曲”三大类组成，是保存中国古代音乐比较丰富、完整的一个大乐种，汇集了盛唐以来中原雅乐之精华，后来又吸收了元曲及弋阳腔和昆山腔的特长，并与闽南的民间音乐融为一体而逐渐成为词曲清丽柔曼、旋律缠绵深沉的乐种。2006 年，南音被列入联合国教科文组织“人类非物质文化遗产代表作名录”。周碧月，女，泉州人，2010 年列为第二批福建省级代表性传承人（演唱）；周成在，泉州人，2011 年列为第四批泉州市级代表性传承人（司乐）。

国家级非遗闽剧及其代表性传承人 闽剧是福建省五大地方剧种之一，明末清初在福州方言小调、音乐的基础上，与儒林戏、江湖戏、平讲戏等地方戏曲融合，成为一个多声腔剧种，唱腔以“逗腔”为核心，吸收高腔、徽调皮簧、昆腔等其他声腔，流行于闽中、闽东和闽北各县，为现存用福州方言演唱、道白的唯一戏曲剧种。2006 年列为福建省第一批国家级非物质文化遗产项目。周虹，女，福清人，2018 年列为第四批福建省级代表性传承人。

国家级非遗五祖拳及其代表性传承人 五祖拳是南少林武术拳系中最具代表性的拳种，渊源可追溯到东晋甚至更早，自赵宋以后开始兴盛，明代有“吾泉郡棍棒手扑，妙绝天下”的记载。五祖拳包括“一达摩，二太祖，三罗汉，四行者，五白鹤”，主要流传于闽南地区，也传播到港澳台和东南亚等地。2008 年列为福建省第二批国家级非物质文化遗产项目。周焜民，泉州人，2012 年列为第四批国家级代表性传承人；周盟渊，石狮人，2008 年列为第一批泉州市级代表性传承人。

国家级非遗永春纸织画及其代表性传承人 永春纸织画始于盛唐，分布于永春县桃溪和蓬壶。画师先在宣纸上作画后，再用特别的小刀裁成不到 2 厘米的经线，另用宣纸切成同样宽度的纬线，放在纸织机上编织而成，绘画与编织融为一体，体现了一种朦胧、和谐之美。2011 年列为福建省第三批国家级非物质文化遗产项目。周文虎，永春人，2018 年列为第五批国家级代表性传承人；周梅君，永春人，2011 年列为第四批泉州市级代表性传承人；周梅森，永春人，2016 年列为第六批泉州市级代表性传承人；周锦翰，永春人，2017 年列为第一批永春县级代表性传承人。

国家级非遗闽南童谣及其代表性传承人 闽南童谣多系闽南百姓根据儿童的理解能力、心理特点，用闽南方言、俗语，按照平仄节奏和押韵所创作的儿童歌谣，富有音乐美。主要流行于闽南、台湾和东南亚华人华侨居住地。2008 年列为福建省第二批国家级非物质文化遗产项目。周长楫，厦门人，2008 年列为第一批福建省级代表性传承人。

国家级非遗德化瓷烧制技艺及其代表性传承人 德化窑是中国古代南方著名瓷窑，因窑址位于德化县而得名，兴于唐宋，盛于明清，制作技艺独特，初以烧制日用器皿为主，后发展出瓷雕等产品，尤以明代的“象牙白”瓷著称，享誉国内外，至今传承未断。其捏塑工艺精巧纤秀、造型逼真，在刻花、浮雕装饰上，工艺美与材质美相融合，尤其是白瓷制品浓淡分明、层次丰富，釉色乳白如凝脂，透光度极好。2006 年列为福建省第一批国家级非物质文化遗产项目。周德建，泉州人，2017 年列为第七批泉州市级代表性传承人。

国家级非遗莆仙戏及其代表性传承人 莆仙戏有“宋元南戏活化石”之称，流行于莆田、仙游及周边兴化方言区，现存 8000 多个传统抄本，其中一批是宋元南戏剧目。莆仙戏吸收南戏诸腔，结合民间乐舞杂戏等，逐渐形成兴化腔，唱腔婉转细腻，表演古朴优雅，有“蹀步”“俥肩”等独特科介。2006 年列为福建省第一批国家级非物质文化遗产项目。周如典，仙游人，2019 年列为第二批福建省级代表性传承人（表演）；周占玉，莆田人，2017 年列为第四批莆田市级代表性传承人（表演）。

省级非遗有应公信俗 有应公祠坐落在厦门市集美区马銮村有应公庵（俗称屿仔尾宫）。明正统十四年（1449 年）始建，为纪念明代当地抗倭英雄周彝训、周怀炯父子而建。当时，倭寇骚扰积善里窑山乡，里人周彝训组织乡民奋起抵抗，战斗中马陷屿仔尾海滩，其子周怀炯冲入敌阵营救，父子同时阵亡。当地民众将父子合葬于屿仔尾，尊周彝训为有应公并建祠褒其英勇忠义。后有应公庵香火鼎盛，尤以沿海渔民及海外乡亲信念更笃，每年农历四月十二日是有应公的诞辰日，闽南及台港澳地区、东南亚各地信众纷聚马銮村有应公庵祭奠。2019 年 3 月列入第六批福建省非物质文化遗产代表性项目名录和第三批厦门市非物质文化遗产代表性项目名录。（见彩图 4-1）

省级非遗针灸（泉州留章杰针灸）及其代表性传承人 留章杰是近代针灸大师承淡安的亲传弟子，被称为“开拓福建针灸的第一人”，曾担任福建省针灸学会副会长。其薪传“承（承淡安）门针灸学派”理论，在针法、灸法方面，继承了承淡安的医术精髓，且具有自己特色。2017 年列为第五批福建省非物质文化遗产项目。周文强，泉州人，2016 年列为第六批泉州市级代表性传承人。

省级非遗浦城剪纸及其代表性传承人 浦城剪纸既有北方的粗犷大气，又有南方的细腻纤巧。浦城剪纸字中有画，画中有字，以字组画；图形与装饰对象相似，多为方圆形；有图必有意，有意必吉祥，开“礼品花”的先河。2007 年列为第二批福建省非物质文化遗产项目。周冬梅，女，浦城人，2014 年列为第三批福建省级代表性传承人。

省级非遗柘荣布袋戏及其代表性传承人 柘荣布袋戏是由膨膨鼓演变而成的民间剧种，唐代始称“布袋戏”，现可考历史为清光绪五年。此戏为“一人一台戏”，集演唱鼓乐于一身，两只脚踩五六种乐器，双手演木偶，演出时手、脚、口、身并用；音乐曲调为温州和剧，对白声腔贴近方言，演出剧目以古书、演义为主，剧目丰富，一般戏师傅都能表演六七十本戏目。2005 年列为第一批福建省非物质文化遗产项目。周元宙，霞浦人，2017 年列为第五批宁德市级代表性传承人。

省级非遗屏南杖头木偶戏及其代表性传承人 福建省仅存的小杖头木偶戏，因戏偶头部与偶身为木棍连成一体，形如木杖而得名，明末清初传入屏南等县。其木偶角色行当齐全，剧目、唱腔受后来的平讲戏、闽剧影响较大，多用“以假演真”的表现方式，具有明显的地域文化特色。2007 年列为第二批福建省非物质文化遗产项目。周回利，屏南人，2010 年列为第二批福建省级代表性传承人。

市级非遗永春白鹤拳及其代表性传承人 白鹤拳于清顺治年间（1644—1661）由方七娘所创，方七娘自幼秉承家学，练就一身武艺，见白鹤舞姿有感，将其揉合于少林拳法之中，创出“似刚非刚、似柔非柔”之“鹤法”，拳称“白鹤拳”。时永春人曾四拜方七娘为师学艺，后结为夫妻，康熙年间（1662—1722），曾四携妻儿返回永春，白鹤拳因此传入永春，世称“永春白鹤拳”。永春白鹤拳主要有“三战”“节力”和“十三步摇”三个基础套路，保留着“猛虎出洞”“螳螂照日”“金刀出鞘”“大门”“小门”“天关”“地扫”等唐宋已成体系的南少林拳械技法。2010 年列为第三批泉州市非物质文化遗产项目。周金盛、周锦通、周将哲同为永春人，2017 年列为第一批永春县级代表性传承人。

市级非遗屏南民间棍术（八卦棍）及其代表性传承人 八卦棍于清道光年间（1821—1850）由莆田

人林老宝传于屏南县南峭村林日炳，林日炳又传与官洋村江兰槐等人，江兰槐又传至古田、邵武、南平、建瓯一带。该棍法特点是脚踩八卦，套路分为“前天八卦”“后天八卦”“十八变法”，砍、撩、挑、斩、点、划、戳、吊、扫、拐等，招法众多；还有双人对练，称“双龙抢珠”，熟练者在黑暗中亦能对练，不见人棍影，只闻棍击声。今传六代。2016 年列为第五批宁德市非物质文化遗产项目。周盛峰，屏南人，2016 年列为第二批屏南县代表性传承人。

市级非遗屏南传统制硋技艺及其代表性传承人　屏南硋器制作历史悠久，在棠口乡贵溪吴墩村水田下富含一层黏土，周边山坡覆盖着厚厚的黄土，是做硋胚的好材料，缓坡又适合建造烧硋的龙窑，吴墩的先民在此处结窑做硋，后村名就改为硋厂村。屏南传统制硋工艺有手制法和轮制法及分硋胚技术和烧制技术，主要原料有当地的黏土和紫山釉土，包括采土、练土、揉土、拉坯、修坯、阴干（素烧）、上釉、入窑、封窑、烘窑、开窑等制作工序，是屏南传统制硋技艺最原始的工艺模式。硋窑瓷器品种多，釉色多样。2016 年列为宁德市非物质文化遗产项目。周荣锭，屏南人，2017 年列为第五批宁德市级代表性传承人。

县级非遗灌口周氏传统秘制卤味及其代表性传承人　集美灌口周氏卤味的创始人周金朴原为中医，其独具匠心地在卤味底料中加入中草药，卤制后香气四溢，口味清淡，鲜甜软嫩，以卤鸭为主，兼有鸭爪、猪舌等 30 多种卤味。2015 年列为集美区非物质文化遗产项目。周宝在、周宝珍（女）兄妹，厦门人，2015 年列为第一批集美区级代表性传承人。

县级非遗龙雀铁罗汉茶制作技艺及其代表性传承人　惠安“铁罗汉”茶创建于清乾隆年间（1736—1795），茶叶制作继承“施集泉茶圃”传统工艺和祖传新陈拼制秘方，用久藏陈茶配以少量的新茶，精选细拣，特殊焙制，倚重拼配，不仅蓄含岩茶之韵、兰桂之芳，且味醇厚回甘，具有提神醒脑、祛火消食、生津止渴、降压减肥之效，被誉为家乡神茶、乌龙珍茶，并有中华老字号“龙雀牌”。2010 年列为惠安县非物质文化遗产项目。周锦标，惠安人，2018 年列为第一批惠安县级代表性传承人。

县级非遗惠安酱油酿造技艺及其代表性传承人　该技艺由周良成始创于 1928 年，黄豆必须产自淮南，面粉产自华北，水源为大雾山泉水，精盐产自福建最大的食盐生产和出口基地山腰盐场，菌种为传统古老的多菌种。完全依照古法酿造，从匠选、尚蒸、育种、培曲、天酿，到萃油、露晒、封酱，要经历一年多时间。2016 年列为第三批惠安县非物质文化遗产项目。周青尧，惠安人，2018 年列为第一批惠安县级代表性传承人。

县级非遗屏南龙虎形拳及其代表性传承人　龙虎形拳俗称“半龙虎”，清代由泉州南少林传入，拳种吸收了龙桩拳和虎尊拳之精华，攻多虎势，防多龙形。今传六代，后经第四代高人包望鲁改进，拳种技击特点是脚踩三角，拳打三节，身起高低，讲究步法快速进桩、身法灵活多变和巧手旁敲侧击，有五个套路，精华在“拆招”。因招数阴冷，择徒甚严。2016 年列为屏南县非物质文化遗产项目。周盛峰，屏南人，2016 年列为第二批屏南县级代表性传承人。

县级非遗屏南民间吹唱及其代表性传承人　这是一种在屏南平讲戏基础上，用福州土官话，前台唱，后台帮，即“一人启口，众人接和”的古老的民间演唱形式，融入四平戏元素，演化成当地独特的民间音乐。2016 年列为屏南县非物质文化遗产项目。周建功，屏南人，2016 年列为第二批屏南县级代表性传承人。

第八节　名胜古迹

屏南县棠口千乘桥　位于棠口镇棠口村。南宋咸淳年间（1265—1274）始建，明末清初毁于火，清嘉庆二十五年（1820 年）当地乡绅周大权募捐重建。系瓦面屋顶折线型木拱廊桥，南北向横跨于棠口溪之上，全长62.7米，1墩2孔，每孔跨度27.5米，宽4.9米，有桥屋24间99柱，桥基在岩石上，墩为干砌，桥面距水面高度9.7米。整座桥按公鸡形象设计，把正中石墩砌成三角鸡头形，桥面左右为两翼，象征公鸡振翅，昂首报晓。屋面为单檐悬山顶，中脊置风狮爷，翘角呈燕尾式，悬山飞檐翘角顶。2006年列为第六批全国重点文物保护单位。（见彩图4-2）

尤溪梅仙莲花寨　坐落在尤溪县梅仙镇汶潭村。清康熙三十二年（1693年），梅仙汶潭祖先周之楫创建，因所处地名为“莲花池”，地势形如莲花，故名“莲花寨”。占地面积2940平方米（其中建筑面积870平方米），加上四周的护堡壕，总占地面积达4000平方米。坐东朝西，偏南5°。属山岗类型土堡，临河而建，城堡呈长方形结构，沿中轴线由东向西走依次建有护堡壕、跑马道、后天井、祖堂、堡门、前天井、碉式角楼等。主体建筑面阔五间，进深九柱，为穿斗式结构，悬山顶。四周墙厚3.5米，可相通，墙基用鹅卵石砌筑，墙高达12米。四周修有宽7米、深3米的护城河。南北墙有条石砌成的拱形石门，安装用铁皮包裹的对开式厚重大门，墙耳筑有两个小炮楼，寨内挖有水井，并建有居室、厨房等，为周氏族人习武、躲避匪患的重要场所。莲花寨也是红军在尤溪的驻地旧址之一。2016年列为尤溪县文物保护单位。2018年列为第九批福建省文物保护单位（尤溪土堡群）。（见彩图4-3）

周盛公祠　坐落在长汀县涂坊镇涂坊村。清道光九年（1829年）始建，客家府第式围屋建筑。占地面积3060平方米，坐东向西，由门坪、大门、天井、下中上三厅、六排横屋及后围屋组成。抬梁穿斗混合式木构架，悬山顶，三合土墁地。2018年列为第九批福建省文物保护单位。

周忠魁故居　坐落在福鼎市硖门乡东稼村。1946年始建。建筑面积60平方米。坐北朝南，土木结构。原是木构明楼、砖混结构瓦房，门口一副对联上书“国强教育为本，民富科学领先”，步入大门，庭院的正中立着一块石碑，正面刻着周忠魁生平简介，背面刻有“正直、守德、清廉、好学、爱国、重教”12个大字。正厅的展览室里陈列着周忠魁生平事迹展览及海内外爱国人士惠赠的200余件丹青墨宝，其中有国民党元老陈立夫的“自知者英”题词。1998年重建并辟为周忠魁纪念室。2005年列为福建省涉台文物保护单位。

登第桥　位于漳州市芗城区修文路东端。因唐代周匡物登第而名，又称东清桥。唐元和十一年（816年）始建，清嘉庆年间（1796—1820）重修。桥架在壕沟两岸，石梁桥，东西走向，长约8米，宽约5米，桥亭坐北向南，三进三开间，抬梁式木构架，硬山顶。1988年列为第一批漳州市文物保护单位。

清江天后宫

清江天后宫　坐落在莆田市荔城区黄石镇清浦村（今清江村）。原名“灵慈庙”，元至正年间（1341—1368）始建，明万历年间（1573—1620）莆田清浦名臣周如盘捐资并主持扩建，其规模一直保留至今。建筑面积630平方米，坐北朝南，由大门、拜堂、两廊、内庭、大殿等组成，大殿面阔七间，进深四间，悬山顶，穿斗结构，内柱采用减柱法及转角斜状，大门额书“灵慈庙一里人周如盤立”。保留元代建筑样式，并添加了明清建筑风格。宫外古街立有周如磐题刻“周家巷”。1986年列为莆田县文物保护单位。

上榅洋更楼　坐落在政和县澄源乡上榅洋村。宋熙宁七年（1074年），神宗皇帝敕赐建造“更楼”，由周姓族人募资建造，并准筑土城。更楼为土筑，建筑面积20平方米，碉堡式，四方形，内阔4米，深5米，共三层，左右与环村土城连接，形如关隘。楼内一层立4根巨柱，层层相接，南北各一石拱门，高1.7米，阔2.4米，系古官道，西侧一门通村内；二、三层南北西各开望窗三个，兼作射击孔。地下建排水暗沟通村外，沟面并排铺厚条石9块，相传为该村周氏寻亲认祖之标记。更楼虽多次重修，至今保存完

好。2019年列为政和县文物保护单位。（见彩图4-4）

周公塔　坐落在上杭县中都镇上都村三元岭。明天启七年（1627年）汀州巡道朱大典路过此地，捐资倡建。塔系砖木结构，七层八角，高20余米，有木梯相通，层层开窗，空筒式结构，登楼可俯瞰汀江和杭城风貌。大塔建于蜈蚣头，小塔建于蜈蚣尾。因大塔正中蜈蚣头顶，原名“蜈蚣塔”，后应当地周姓族人请求改名为“周公塔”。蜈蚣尾的小塔后来倒塌，而蜈蚣头的大塔一直完整保留至今。大塔塔顶于1942年被日本飞机炸毁一角。1984年被列为上杭县文物保护单位。

上杭驷马桥　位于上杭县城西门外500米处。宋乾道三年（1167年）建，原名为“通驷桥”，后被毁。明永乐九年（1411年），上杭人周永定率族人捐资重建，并在该桥的桥面上架设房屋，立祠祭佛。驷马桥的整体是用长条的石块铺砌而成，长31米，跨度5.2米，桥高5.6米，桥面宽7.5米，桥台基础是用大松原木埋没至水面。是古代上杭、武平两县的主要通道，也曾是该县湖洋、上登、六甲等地通往县城的必经之路。古桥周围绿树成荫，风景秀丽，来往的行人都乐留憩息，赋诗对歌，有着“驷马樵歌”的美誉，为当时的“杭城八景”之一。2012年列为上杭县文物保护单位。

屏南棠口西洋建筑群　位于屏南县棠口镇棠口村。早年周姓村民多信基督教，为外国传教士重点活动区域。棠口西洋建筑群包括姑娘厝、潘美顾医院和淑华女学校等。英国传教士利用庚子赔款，历经20年的时间，在棠口村25亩的范围内建造了规模宏大的西洋建筑群。潘美顾医院建于清宣统二年（1910年），医院的主体建筑和周围环境布局具有典型的欧洲风格，是基督教教会在屏南创办的第一个西医院；淑华女学校是依靠外国津贴的教会学校；棠口村的新四军第三支队第六团团部旧址也是西洋建筑群的一部分，建于清宣统元年，砖木结构，两层楼房，占地面积2000平方米。2006年该建筑群列为屏南县文物保护单位。

屏南木拱廊桥樟口桥　位于屏南县代溪镇樟源村，又名樟源村下亭桥。宋代始建，清咸丰五年（1855年）周姓族人捐资重修，1955年重建。桥长26米，宽3.8米，单孔跨度18.5米，桥面至水面高度5.5米，桥堍以整毛石砌筑，桥面以杉木为梁，上铺厚木板，板上铺块石，桥屋建九开间四十柱，四柱九檩，穿斗式构架，双坡顶。2006年列为屏南县文物保护单位。

长汀县周氏宗祠　坐落在长汀县东大街。建筑面积700多平方米，坐北朝南，砖木结构，府第式二进建筑，左右建有厢房。1929年，红四军进入长汀县城后，发现了郭凤鸣开设在东大街周氏宗祠的被服厂，厂里有十多台日本生产的新式缝纫机，当即接收并更名为“红军被服厂”。在此诞生红军第一套军服，并生产了4000套。毛泽东、朱德、刘少奇、陈毅等都曾到周氏宗祠指导生产。2011年列为中央苏区遗址遗迹群。

香岭石水槽、石臼、石磨　位于罗源霍口乡香岭村周厝里，宋绍兴七年（1137年）该村周姓族人始建石水槽，绍兴九年（1139年）又凿石臼一口。石水槽上刻有“绍兴七年丁巳与众弟侄九房造石槽一口并人工费贰佰余贯永充子孙饮食”等字样，槽长3.5米，宽1.3米，高0.7米，与百余米外洋中水井出口连接。并造石磨置祖厝入口坪边。

后畲村　位于南平市建阳区崇雒乡东北中部。北宋理学家、文学家周敦颐16世孙迁入该村，该村人口以周姓为主。村中有刻有“理学渊源”的石牌坊牌坊，高8米，宽5米左右，还有周家祠。后畲村内的主要建筑基本为三进厅结构，外墙为土砖结构，内为木结构，具有典型的明清建筑风貌。整个村庄现在有明清古宅数十幢，户与户相通，至今各古宅整体框架保持完整。2016年列为第五批福建省历史文化名村，2016年列为第四批中国传统村落。

上榅洋村　位于政和县澄源乡。古村有千余年历史，村后梅花仙顶“五峰朝天”，柳杉矗立，红岩参天，清一色的黑瓦由村中央向左右两翼展开，呈雁字形。唐代和宋代分别有两支周姓族人迁入繁衍生息，村内建有周氏祠堂，分别供奉两支周姓祖先。现有村民1500余人，95%为周姓。村民有习武传统，宋熙宁七年（1047 年）盗匪多次进犯，均被村民击退，神宗皇帝赐旨将该村改为治地，并敕旨建“更楼”等。村口龙传庵始建于明嘉靖二十五年（1546 年），内有 450 年树龄的“夫妻”桂花树王，列为县级林保古树。据载，两树由周文腾于清乾隆二十年（1755 年）购回种下，当时桂树已生长了 200 多年。两棵桂花树相距不到 3 米，枝繁叶茂，相互交融，犹如一个巨大的树冠。2016 年该村列为第四批中国传统村落，2020 年入选福建省“十镇百村”提升工程建设项目村。

富垅村 位于政和县澄源乡。原名后垄村，95%村民为周姓。村前有两水交汇的蛟龙溪，有一座明末所建、清道光年间（1821—1850）重建的石拱桥，名为“蛟龙桥”，桥长 100 米，宽 8 米，为二孔三墩石基木身宫式大桥，共有抱围之粗木柱 80 余根，桥顶重檐精翘，斗拱堆叠，雕梁画栋。村口有棵千年红豆杉，枝繁叶茂，列为县级林保古树。村内有清代建筑的百间仓楼。2019 年该村列为第五批中国传统村落。

棠口村 位于屏南县棠口镇，离屏南县城 6.5 千米。棠口村为周姓聚居村，周姓占该村总人口 90%以上，最多时达 5000 多人。名胜古迹有“千乘桥”及“八角亭”“祥峰寺”“新四军三支六团北上抗日纪念碑”等，还有建于清末的屏南最早的“潘美顾医院”旧址和“淑华女子学校”旧址以及众多百年古民居，最有特色的要数古民居照壁和屋檐上的雕塑。村口有一个两亩多的水塘，称“镜湖”，镜湖的形状像一把青龙偃月刀，镜湖里有两口井，称为“镜湖双井”，挖掘于南宋年间，井口及井台边沿用青石铺设。两井相距 1.7 米，井台间用青石板搭连，水清如镜，清澈见底。2012 年列为第四批福建省历史文化名村，2012 年列为第一批中国传统村落。

第五章 人 物

第一节 人物传

周匡物 字几本，漳州人。少时家贫力学，徒步上京赴考，途经钱塘江，因乏渡船费久滞不得渡江，遂于公馆题诗云：“万里茫茫天堑遥，秦皇底事不安桥？钱塘江口无钱过，又阻西陵两信潮。”杭州郡守见了题诗，责怪渡口官吏后，把周匡物送过了江。从那以后，西陵渡口摆渡舟子再不收取举子们过渡钱，此事成为千古美谈。周匡物曾在天城山日隐堂苦读，此山后被天子御敕改名“名第山”，郡人称周匡物为“名第先生”。周匡物未第时，已驰名闽诗坛。唐元和十一年（816 年）中进士第四名，是漳州的第一个进士。御试时作《学殖赋》及《莺出谷诗》，传诵一时。及第后，任雍州司户。元和十四年（819 年）武宁节度使李塑荐为五行军参事，两年后任广东高州刺史。

周希孟（1013—1054） 字公辟，侯官人。其年幼早慧，年少通“五经”，尤精《易》，学成后与太师文忠陈襄、国子监直讲陈烈、宝文阁侍制国子监祭酒郑穆世称“海滨四先生”，理学在闽中的发展最初就是由他们所倡导，因此有“闽学先驱”之称。他们共同提倡经学，持经讲道，门生达 700 余人。蔡襄、曹颖叔、刘夔等时任福州太守皆亲临学舍，询问经义。周希孟之名益显，朝廷诏赐粟帛，命为将仕郎，试国子监四门助教，宋神宗加赠修职郎、理学贤儒，诏祀乡贤祠。后人妆塑周希孟神像于九仙山嘉福院。南宋景定五年（1264 年），福州百姓在乌石山上为“海滨四先生”建造专祠奉祀，春秋两祭。

周　常 字仲修，建瓯人（一作浦城人）。宋熙宁六年（1073 年）进士，为王安石、吕惠卿所赞赏，补为国子直讲、太常博士。以养亲为由，求任扬州（今江苏）教授，年未五十即致仕。后经御史中丞推荐，复起为太常博士，又辞。元符元年（1098 年）初，朝廷复申前命，入朝并兼崇政殿说书，后升为著作佐郎，上疏奏陈寝陵祭器务在质素而不应奢侈，升为起居舍人。左正言邹浩谏立刘后被削官，周常在讲席论救邹浩，被贬为监郴州酒税，后为国子祭酒、起居郎。周常在朝气节侃侃，指切时弊，尽言不讳。向徽宗进谏："自古求治之王，未尝不以尚志为先。然溺于富贵逸乐、蔽于谄谀顺适，则志随以丧，不可不戒。"同时还指出："元祐法度互有得失，人才各有所长，不可偏弃。"徽宗以天暑为由，令记注官卯漏正即勿奏事，并且还有将此具为令。周常说："陛下于炎暾可畏之候，暂停进对，亦人情之常。若著为定令，则必记于日录，传之史笔，使后人观之，将以为倦于听纳，而忘先帝之美意矣。"徽宗改变原意，并进之为中书舍人、礼部侍郎。蔡京当政，不能容纳周常，以宝文阁待制出知湖州。不久又夺职，居婺州。后复为集贤殿修撰。卒年67岁。

周武仲 字宪之，浦城人。17岁补太学博士，宋绍圣四年（1097年）进士，授黄都县主簿，后升监察御史。宣和二年（1120年），淮南发生干旱和饥荒，周武仲奉旨察访赈济事，有宿州（今安徽宿县）太守吴寿宁下令闭城，拒纳流亡饥民，城外尸体纵横，即草草掩埋了事；真州（今江苏仪征）太守苏之悌夜遣兵仗，截击饥民，将其驱入江中淹死。周武仲据实劾奏。两太守原皆宦官心腹，便制造流言蜚语以惑乱朝廷视听，宦官又从宫中进谗。徽宗催周武仲回京，旋即警悟，升周武仲为尚书比部员外郎，权太常少师，参与考校殿试进士策问。进士范宗尹切直敢言，考校官认为他"谤讪"，周武仲则认为，现在国家正求直言，范宗尹只是异于常人之见而已，改"谤讪"为"涉异"，仍将范宗尹取在前列（后官至宰相）。宣和二年（1120年）冬，朝廷任周武仲为贺辽正旦国信使。周武仲一路留心边务，回朝即疏论河朔军政不修、将士骄慢之情。宣和四年冬，又受任报聘金国的国信使。金国要挟宋廷要增加岁币，周武仲坚持不许，金人大怒，以不放回宋相威胁，周武仲大义凛然力拒，金人见不可压服只好放其回朝。回朝后，升为徽猷阁直学士，又授刑部尚书，擢御史中丞。周武仲疏论卢沟致败原因，因童贯、蔡攸不能节制诸军而致，请求徽宗下令严办，先后三次上章，才迫使童贯致仕。童贯名虽致仕，却仍以太师、豫国公的地位发号施令。周武仲又上疏，认为童贯应放出外任，同时推荐杨时接代。徽宗不采纳，反又起用童贯宣抚三路。童贯挟徽宗罢周武仲御史中丞职。高宗即位，恢复周武仲为刑部侍郎，并升为吏部尚书兼侍读，周武仲力请去职，以龙图阁学士提举江州太平观，后转朝请大夫致仕。卒后，敕葬今浦城县万安乡浦潭村，杨时为其撰墓志铭。

周　纯 字文潜，龙岩人。18岁殿试作《心静天地之鉴赋》，得到皇帝的赞赏，魁登宋治平进士，补国子监，任建安令。时建安廖恩带着一帮强盗在南剑州四处抢掠，周纯招募敢死勇士，征召到数千人，追踪打击匪寇，最后迫使他们接受朝廷招安，廖恩为延郡部曲。宋元祐（1086—1093）初年，苏辙向朝廷推举周纯，由御史台簿提举为江西常平。恰遇饥荒之年，周纯截留向朝廷贡米13万斛救济灾民，让当地许多老百姓存活下来。他历任京西运判、淮南提刑，入为户部员外郎，出任应天知府。后上书告老回乡，以朝散大夫直秘阁致仕。工书法。

周　斌（1331—1394） 字质夫，宁德人。明洪武五年（1372年）授建宁教授，任上，一心兴学课徒，培植后秀；严立教规，督诲门生；勉其振肃士风，励志求学；对贫苦而勤奋的青年奖掖谕扬。周斌颇有知人之明，任建宁教授时，学生杨文敏出身微贱，家道贫寒，周斌见其气质不凡，倾力指授。杨文敏学问大进，后果成名。明洪武十四年八月，明太祖派兵平定云南境内元兵残部，翌年诏天下大庆并选拔人才，周斌撰贺表呈送，皇上阅后深感满意，"有金币之赐"；还在便殿召见他，询以治国大计。周斌侃侃直言，无所避忌，故以直节见重于时。洪武十六年任国子监司业，课艺训诲，国子监里常灯火通明，吟诵之声达于午夜。平时严于律己，约度明信，诚恳而平恕，诸生无不悦服，其风范亦为士子所崇尚。洪武十七年召还京都，擢为齐王府左长史，尽心竭力辅佐齐王。死后，钦赐匾额"国子先生"（背面"文献之里"）。

周　玄（1398—?） 字微之，闽县（今福州）人。学者、诗人、藏书家，为诗瑰奇，托兴悠远。明永乐年间（1403—1424），以文学征，授礼部员外郎（一作祠部尚书郎）。与黄玄皆出于林鸿门下，时称“二玄”，“闽中十才子”之一。藏书众多，并好带书出游，曾经带书数千卷至长乐高棅家，见高棅言：“此为吾友也。”在高棅家读十年后辞去，尽弃所携书曰：“在吾胸中矣。”高棅得到周玄留下的书籍，创建了藏书楼“玩宇楼”。

周　瑛（1430—1518）　字梁石，龙海人，祖籍莆田。早年为陈真晟学生。明成化五年（1469年）进士，受任广德州（今安徽广德县）知州，兴文教，绝淫祠，禁止虐杀女婴，后来民家生育女孩便名“周女”，以颂其惠政。宪宗特为此颁敕奖励，升任南京礼部郎中。不久，出任抚州（今江西抚州市）知府，后又调任镇远（今贵州镇远县）知府。弘治初年（1488—1505）任四川参政，继而升任右布政使，政绩佳且清廉自守。后以年老请求退休，孝宗赐加一级官衔致仕。回莆田后，平素常与新会陈献章、龙溪林雍等相往来，互相探讨学问，时人谓“翠渠先生”。周瑛之学得自朱熹和陈真晟，力主“居敬”，即时时刻刻收其放心，用力于穷物致知，自“六经”之奥及天地万物之广，皆不可不“穷”，学识积累既多，就会一旦豁然贯通。正德七年（1512年），周瑛81岁，慨然受聘主修《漳州府志》，实现其“居敬”的主张。周瑛逝世后镇海人以周瑛“名德老成”，将其合祀于陈真晟祠。善书法。

周　轸（1432—1514）　字公载，号耻庵，莆田人。明成化十一年（1475年）进士，授户部主事。上疏诛梁芳、李孜省，并汰内侍，因涉宫闱等60人在列，吏部不敢向皇帝报送。最后，周轸向皇帝面陈十事，且言：“神仙、佛老、外戚、女谒，声色货利，奇技淫巧，皆陛下素所惑溺，而左右近习交相诱之。”言语十分恳切。皇帝以方修省，皆不罪。后进户部郎中、山东转运使，周轸在任时，不畏强势敢于直言，一心庇民经国，得到不少有识之士的赞赏。后因年迈请求致仕，进江西按察使。弘治时，御史张稷在莆田黄石清浦为会试第三人周轸立“会魁坊”。

周进隆（1453—1520）　字绍立，号双竹，莆田人。明成化二十年（1484年）进士。授绍兴府（今属浙江）推官，决狱公平，解诸暨边家之冤，时有军民与灶户盐场之争，周进隆于新塘之下筑塘界之，民号“周塘”。弘治五年（1492年）召拜浙江道监察御史。弘治七年，御史贾宗锡等在南门内横街为周进隆立“豸史坊”。弘治九年，御史陆完在莆田黄石清浦为周进隆立“绣衣坊”。弘治十一年，御史张敏为周进隆在洋埕立“进士坊”。弘治十二年服阙补山东道监察御史，弘治十五年升直隶太平府（今属安徽）知府，任职上减免劳役，不扰百姓。弘治十八年上言请表李宏治水之功。正德三年（1508年）起，历任云南按察副使、广西右按察使、广西右布政使、左布政使，正德十一年致仕。工诗善书。

周　宣（1478—1532）　字彦通，号秋斋，莆田人。明弘治十八年（1505年）进士，初授常德推官，正德五年（1510年）升浙江道试监察御史，次年转实授，历云南道，改巡按山西，将行，会武宗南巡，与台官疏谏，武宗怒，罚跪端门外烈日中三日。及莅山西，去黠吏，固边陲。竣事，正德十五年（1520年）改提调北直隶学校。世宗即位，首疏治安之策在培元气、伸士气，其要又在圣学；大礼议起，疏引濮议，折衷程子，以反张孚敬之说。擢山西按察副使，仍督学政。历广东按察使，嘉靖六年（1527年）转广东左布政使。卒后入祀莆田乡贤祠。工书法，书绝似米芾，书法遗迹有“鳌壶会秀碑”，现保存在李富白塘科第坊旁。著有《秋斋集》。

周　焕　浙江金华人。岁贡生，历任县学教谕，明嘉靖中任永福（今永泰）知县，口碑甚佳。嘉靖三十八年（1559年）五月十二日，倭寇千余人经福清县侵入永福汰口（今台口），进逼县城，周焕亲率300名浦城兵与城内壮丁登城据守，激战五昼夜，毙伤倭寇百余人。县城被攻陷后，周焕仍率军民全力巷战，终因势单力薄在城内新安巷以身殉国。为纪念周焕英勇抗击倭寇，县民特在县城西关兴建周公祠，每年春秋祭祀。

周九龄（1561—?）　字太瞻，贵州黎平府人。明万历二十二年（1594年）举人，先任四川夔州府开县（今重庆市开州区）知县，不久调任云南永昌府（今云南省保山市）同知，后升任云南鹤庆府（今云南大理州鹤庆县）知府。在任上察民情，修城池，劝农桑，兴文教，赈灾济民，治吏除恶，政声颇著。万历四十六年（1618 年）升任福建都转盐运使，职掌盐业政令，发给盐商盐引，督促灶户煎盐、办课，杜绝私贩，会计盐课之增减，配合销区调整盐运，大胆整治盐务，抓实盐法实施，严惩一些贪官污吏和违法盐贩，推行盐课折银，使灶户有利可图，调动他们的生产劳动积极性，稳定增加官府税赋收入。同时还开通和疏浚水运盐道，推行运销制度改革，将袋包运输改为散装，扩大盐引重量计数，简便易行促销，搞活盐业的经营权，处理好各环节的利益分配关系，推动了福建盐业的发展。

周如磐（1567—1626） 字圣培，号镇庵，莆田人。明万历二十六年（1598 年）进士。选为翰林庶吉士，万历三十一年授检讨，万历三十五年受命为阅卷官。万历四十年往江西主考乡试，升左春坊左中允兼翰林院编修，次年迁右春坊右谕德兼翰林院侍讲。万历四十三年八月主考应天府乡试，后转为右春坊右庶子，兼翰林院侍读，掌司经局事。次年五月奉命册封江淮藩王，七月升任南京国子监祭酒，任间严格训导士子，时称师表，深得神宗皇帝赞赏。万历四十六年升少詹事兼侍读学士，清理贴黄。天启元年（1621 年）升为礼部右侍郎，兼官如故，纂修玉牒，八月任经筵日讲官。并为神宗、光宗《实录》总裁。天启二年三月升礼部右侍郎兼翰林院侍读学士，署掌院事。十二月，以纂修玉牒成，赐银币有差。天启三年加太子宾客，旋升礼部左侍郎。次年任吏部左侍郎。天启五年六月晋升礼部尚书，兼翰林院学士协理詹事府事，八月以原官兼东阁大学士，入阁参预机务。旋晋太子太保、文渊阁大学士。天启五年疏请致仕。卒谥“文懿”，赐祭葬如例。

周起元（1571—1626） 字仲先，号绵贞，海澄（今龙海）人。明万历二十九年（1601 年）进士，初任浮梁（今属景德镇）知县，当地豪强谋占范仲淹所建的双溪书院，周起元执法不阿，保存地方公产，深得学子好评。万历四十年分巡湖广道漕运，组织民工疏浚河道，维修漕运各种设施，使航道畅通。万历末期，漳州伭云诗社主要人物张燮撰写对外交通与贸易的著述《东西洋考》，周起元为之作序，主张开禁。万历四十八年调任广西参议，分守江右道（在今广西）。时值柳州发生大饥荒，灾民抢粮，周起元分别采取招抚和赈恤办法，终于平定动乱。天启三年（1623 年）召为太仆寺少卿，同年升任右佥都御史，巡抚苏松十府，为政廉洁，“丝粟无所取”，组织维修堤防，并上疏请浚江河。苏州织造税监李实贪渎专横，妄增税额，多征银十余万两，并多方敲诈，民怨沸腾。其时苏州同知杨姜权代知府职，对李实的种种不法行为屡加裁抑，李实便借故反诬杨姜。魏忠贤庇护李实，意图罗织杨姜罪名。周起元经过调查，两次上疏为杨姜辩护，并弹劾李实不法数事，惹恼了魏忠贤。天启六年（1626 年），魏忠贤命兵科给事中李鲁生捏造事实，弹劾周起元及高攀龙、周顺昌等六人，矫旨逮捕周起元，将其害于京师狱中。崇祯改元，朝廷为周起元平反，后人尊称周起元、高攀龙等七人为明代“后七君子”。

周　婴（约 1583—?） 字方叔，莆田人。少年时就负有才名，博览群书。曾经作《五色鹦鹉赋》，传诵一时。巡抚朱运昌遂聘之。驰驿至三山，朱运昌置酒堂上，讲宾主礼，欲以儒士送入闱。朱运昌没过多久去世了，此事就不了了之。崇祯十五年（1642 年）适拣选天下举贡，御赐进士特用，周婴也被选拔上，授上犹（今属江西）知县，后为崇义知县。时正值军兴之际，周婴在任上持廉白，革旧弊，宽旧赋，除横征，市无强价，庭无留讼，崇尚文雅，邑人化之。未几，辞官归故里，家居淡泊，与故旧结耆硕会。

周鹤芝 字九元，福清人。精于武艺，专事劫富济贫，成为有名的“江洋大盗”。明崇祯年间（1628—1644）接受招安，任把总，负责稽查海上船只。崇祯十七年（1644 年）清兵入关，周鹤芝举兵抗清，被南明唐王封为水军都督。周鹤芝以舟山为基地，发展抗清武装。后与主将黄斌卿不和，改任平海将军，统领水军。南明隆武元年（1645 年），平国公郑芝龙要投降清廷，曾拉周鹤芝同降，遭劝阻。郑芝龙降清后。周鹤芝移兵海坛，设总镇署，树起抗清复明大旗。清顺治三年（1646 年）正月，南明唐王封周鹤芝为平鲁伯，命其镇守海口、镇东两城，四月建立抗清基地。十月与郑彩率师攻福州，因寡不敌众，兵败而归。年底，在清兵的围攻下，周鹤芝退海坛火烧屿。后又从海上攻福州，失败后北上浙江舟山，与张名振、阮进的部队会师。顺治十年，周鹤芝随郑成功部队在福清、长乐登陆，一度攻下海口、镇东二城和长乐松下等地，后转战海坛。不久，海坛被清兵攻陷，周鹤芝不知去向。

周亮工（1612—1672）　字元亮，原籍河南祥符（今开封）。清顺治四年（1647 年）擢为福建按察使，顺治七年代理建南道，招抚农民军首领曾省，瓦解汀州反清武装。顺治八年赴延平，代理延建道。为平叛乱，单骑入邵武叛兵营，招降首领耿虎。随后，又镇压建宁陈和尚、延平吴赛娘的抗清队伍。顺治九年，郑成功部围攻漳州，城内绝粮，周亮工临危受命，代理漳巡道，从戈戟林中破围入漳，协助守城。漳州解围后，城厢内外尸骸狼藉，周亮工捐赀收埋遗骸十余万具，发粮煮粥供应饥民，并赎回被清军掳掠的良家子女千余人。顺治十年调署兴泉道。当时，福建总督刘清泰因兴泉沿海十四寨接济郑成功，准备发兵剿灭，周亮工极力劝止，使百姓免遭涂炭。同年夏升为福建左布政使，为清初汉人受左布政使职之第一人。周亮工在福建任职多年，足迹遍闽疆，所到之处都奖掖后进，规复文化；公事之余，好与同僚谈论古今掌故，探究方物土产，著有《闽小记》等。

周梦锦　字锡上，宁化人。清康熙三十八年（1699 年）举人，分别在广西、陕西、河北、河北、江苏等任知府，历经二县四府，担任岑溪县令，调崇善，建学宫，设壶山书院，邑人始知学；擢升安陆太守，修堤有劳绩，时逢沔阳大饥荒，周梦锦捐俸倡赈，使很多人存活下来；调任苏州知府，禁奸吏，革陋规，以甦民困。为官清廉，合计革除例银数万两，而自捐献的薪俸达数千两，深受士民拥戴。每到一地，都以办学育人为急务。清代皇帝赐其“世大夫第”匾，现高悬于石牛村周氏宗祠。以老归。著有《问心堂案牍》。

周自超（1760—1837）　字子兰，永春人。清乾隆五十八年（1793 年）考中武进士，钦点探花及第，被委为侍卫。随御驾至热河，抓获刺客，以功赐独眼花翎，赏穿黄马褂，诰封武功将军。嘉庆（1796—1820）初，同安人蔡牵在福建沿海聚众起义，周自超奉令率水师营屡破蔡军，以功被派驻镇金门。嘉庆七年（1802 年）与蔡牵战于高崎，杀蔡将辛德成等 30 余人，并乘胜以渔舟追至铜山宫口，攻占蔡军营地。后被任命代理海门总兵，兼管平海。以功提升为崖州参将，兼香山水陆协统，保荐提举为虎门总兵。率兵会同其他部队，与蔡牵大战于桅夹门，身受重伤仍裹创奋力还击突围，发大炮击沉蔡军船两艘，引弓射杀蔡将三人。周自超与蔡牵军作战十余年，深感师出无名、于心有亏，遂萌退志，告病乞归。返里后，在桃溪之虎溪山坳建屋舍数间，题其额曰“环谷草堂”，每日以赋诗弹琴自娱，自甘淡泊，萧然如寒士。

周　凯（1779—1837）　字仲礼，号芸皋，浙江人。清嘉庆十六年（1811 年）进士，授翰林院庶吉士，继任编修、国史馆纂修、提调等职。在京期间，与林则徐、龚自珍、魏源等结“宣南诗社”，为“京都二十四诗人”之一。擅书画，尤工山水，道光十年（1830 年）调任福建兴泉永道，驻厦门。倡修玉屏书院，聘请东南宿儒前来讲学，奖掖后学；同时主持编撰《厦门志》《金门志》。道光十三年代理台湾兵备道，同年十二月回任兴泉永道。道光十六年迁台湾道，皇清诰授通议大夫加察使衔福建台湾道。周凯在厦门为官 6 年，口碑甚佳。厦门湖莲保旧有义田，因海潮侵蚀荒废已久，周凯亲往履勘，“资筑石埭二百一十三丈，土埭一百十七丈以捍潮汐；引泉凿河，通沟洫，设闸启闭以潴水”，将荒地改造成良田。还“分亩清丈，计户授田，而免租三年”“岁可入租千余石，利溥而可久，民不患饥”。厦门地方士绅为颂扬其政绩，将玉屏书院崇德堂辟为周公祠，岁时致祭。

周　莲（？—1920）　字子迪，贵阳人。清光绪二十五年（1899 年）钦差户部尚书刚毅至江浙清查田赋。周莲在刚毅幕下效力，受委督修浙江海堤。时海堤多处溃坏，工程艰巨。周莲调度有方，得以按期竣工，因而升任福建漳龙道。周莲抵任即考察民情，知“海盗”多系贫民，决定招抚，派人与其首领罗小虎约期会晤。至期，乘舟入“匪窟”，从容喻以利害，劝其归顺，罗小虎见周莲坦率诚笃，愿受招抚，周莲表荐罗小虎为海疆游击，其部下或收编为兵，或遣散就业，海疆平定。闽浙总督许应骙专折叙功，周莲得升直隶按察使，旋调福建按察使，后又改任布政使。任满赴京候升，周莲无意于仕途，告归如皋。武昌起义如皋响应，绅民公推周莲为临时军政总司令，率军维持治安。据传，闽菜传统名肴“佛跳墙”的起源与周莲有关，福州一位官员在家中设宴请周莲，官员夫人亲自下厨，选用鸡、鸭肉等 20 多种原料放入绍兴酒坛中，精心煨制而成荤香的菜肴，周莲尝后赞不绝口，便带衙厨郑春发精心研究，在用料上加以改革，增添了海鲜，“佛跳墙”从此诞生。

周长庚（1835—1893） 字莘仲，侯官人。清同治元年（1862 年）举人。以教读为生，与林纾友善。光绪十年（1884 年）中法马江海战，水师惨败，引起民愤。周长庚与林纾拦马递呈状纸给左宗棠。后来，左宗棠查得实据转奏朝廷，一时义声震动全国。周长庚多次进京会考，屡试不第，大挑得选任建阳县教谕，后调任台湾彰化县。在任时，彰化成为闽台文化交流重要县域。光绪十四年，彰化县发生民变，官府派兵镇压，周长庚为百姓冒死参与谈判，保住城池不被攻破。民变平息后，彰化县令却诬周长庚通贼，下令捉捕，周长庚预先得到消息，逃离台湾。之后前往北京谋生，卒于北京公寓。周长庚在台功绩被列入《彰化名宦传》。

周忠魁（1863—1966） 号诚卿，福鼎人。清光绪六年（1880 年）应福宁镇台武秀才试，名列第一，任福宁镇巡捕官、周墩讯官，后升任福州提台、各营台总稽查、泉州提督署巡捕官，继任浙江定海营哨官、镇海旗管带等职。宣统元年（1909 年）考入陆军部福建讲武堂军官班，在学期间，加入中国同盟会。宣统三年武昌起义爆发，同年 11 月 8 日，周忠魁参加福州起义，任作战指挥部参事，攻占于山后，转战于水部、津门、高节里，捣毁将军衙门，光复福州。1913 年，中华民国临时大总统孙中山颁授周忠魁开国银质奖章一枚、二等勋章执照一件，并补授其为厦门水师游击，赴安溪清剿残余清军，功成，擢为诏安游击。1915 年袁世凯复辟，周忠魁被许崇智委令为师部副官兼军法官，派遣回福州谋讨袁护国之大计，后返闽东发动讨袁斗争，被捕入狱。袁世凯倒台后，获释回乡，创办教育。1937 年日军侵华，70 多岁的他仍上书请缨出征，任委员长行营政训处宣传联络员、兵役顾问。1955 年受聘为福建省文史馆馆员。曾上书国家副主席宋庆龄，力主以攻心为上，和平解决台湾问题，被后人誉为“辛亥革命世纪老人”。

周殿熏（1867—1929） 字墨史，号曙岚，同安人。清光绪十一年（1885 年）被聘为玉屏书院大董，主管书院行政。光绪二十三年中举人。光绪三十年兼任地方慈善机构“同善堂”总董。光绪三十二年，与刘培元、叶大年等创办官立厦门中学堂，光绪三十四年任厦门中学堂学监兼教员。宣统二年（1910 年），朝廷令各地保送优秀学子入京会考，周殿熏获殿试一等，授吏部主事。未几辞官回厦，任同文书院校董。辛亥革命后，厦门光复，设参事会于原兴泉永道署，被推任厦门参事会会长。1920 年，发起倡办厦门图书馆并任馆长，以“搜集善本、保存国粹为首务”，任馆长 10 年纯属义务，不领薪俸。曾赴沪募捐建馆经费及搜集旧书，添置新书，充实图书馆藏书。其间还兼任思明县修志局局长、厦门同文中学首任华人校长，并组织鹭江诗社。著有《棣华吟馆诗文集》《诗经汇事纂编》。

周子和（1874—1926） 字永宽，号宽宽，自署郇山道者，闽侯人。从小喜爱武术，初拜永泰县南派少林高手李昭北为师，习虎形拳术（俗称虎桩），后得蒲岭名师指点，练就“铁砂掌”和“一指功”。清光绪二十三年（1897 年），日本琉球学生上地完文来榕拜周子和为师，学拳练武 13 年，还学习伤科草药。宣统二年（1910 年），上地完文回到日本冲绳，收徒传艺，虎拳成为流行于冲绳一带的武术流派，称“上地流空手道”，并传至香港地区及美、加、菲、法、英、澳等十几个国家。1984 年 3 月 3 日，日本冲绳上地流空手道协会会长上地完英和北美洲上地流空手道协会会长周志玛存率领代表团来南屿寻根访祖，确认周子和为其始祖。周子和能诗善书，福州中亭街“未见斋”、仓前街“及时图”钟表店等牌额都是他的墨迹。

周郑宝（1876—1944） 屏南人。从小爱好雕塑，工艺颇精。清宣统元年（1909 年），周郑宝开始演出杖头木偶戏，制出一整套木偶戏衣、道具和舞台设备，并选择《西游记》《白蛇传》等神话小说，改编为适宜木偶表演的神话戏。为适应山民的欣赏要求，在唱腔上创造了群众喜闻乐听的“土京调”（该调对原京调进行一番改造，以“皮黄”腔为主，杂以西皮倒板、原板、散板、摇板和二簧倒板、反二簧等调）。在表演技巧上，突破前人藩篱，在武打场面中，恰到好处地插进鸟兽虫鱼相斗的形象，使舞台背景呈现出奇特和多变的氛围，令人耳目一新。表演的《鹬蚌相争》《大个头磨刀》等戏，争斗场面特别精彩动人，台下总是掌声如雷。在几十年的艺术生涯中，走遍闽东、闽北和闽中各地，深受城乡民众欢迎。1923 年，该木偶戏班到福州义演《水漫金山》，一天演三场，连演两个月，场场爆满。

周醒南（1885—1963）　字惺南，号煜卿，广东惠阳人。1912 年出任广东公路处处长，参与广东惠州、广州、汕头市政工程建设。后随粤军陈炯明入闽，在漳州主持公路建设、公园建设，为训练路政管理人才，在漳州创办道路专门学校。从 20 世纪 20 年代起，历任厦门市政会、厦门市政督办公署、厦门市工务局等总工程师、委员、会办、局长和顾问，实际负责制定厦门新市区的建设、规划和施工，开辟马路，兴筑第一至第九市场，建设中山公园，围海筑鹭江道堤岸等，主持开发新区 30 处、116 万平方米，新辟市区道路 63 条、49.03 千米。1944 年离任回粤，任广东惠阳商会会长、广州市税务局局长等。抗战广州沦陷前避难到香港，在九龙创办环山学校，自任校监及校长。后病逝于澳门。

周献瑞（1887—1964）　祖籍南安，出生于厦门。清光绪三十一年（1905 年）侨居新加坡，光绪三十三年任星洲阅书报社议员，加入中国同盟会。鼓吹革命，协助筹措革命军需，获孙中山赐旌义状。1913 年任中国国民党新加坡交通部参议。翌年转任中华革命党议员。1927 年任国民革命军总司令部咨议，先后任国民政府侨委会委员、新加坡山东筹赈会委员、董事及黄河水灾委员会、闽南水灾委员会等慈善团体委员。1937 年抗日战争爆发，被选为新加坡华侨筹赈祖国难民委员会委员，其全部财产仅数万元，却率先捐献 2 万元并认购救国公债 2 万元法币，参与发起筹款救国。1940 年，为保存新加坡孙中山重要革命遗址“晚晴园”，筹资进行收购，获国民政府颁给的“见义勇为”匾额。1941 年出任南洋闽侨总会委员、新加坡南安会馆主席。新加坡沦陷后，于 1944 年被日军逮捕，囚禁于孟加丽。抗战胜利后，周献瑞与梁后宙、林建达领导新加坡南安会馆恢复工作，被选为复会后首任主席。1946 年，发起组织马来亚南安总会，被选为第一届主席，总会成立后，发起集资，派人回家乡创设英海汽车公司，修筑英都至溪美公路。

周辨明（1891—1984）　字忭民，惠安人。早年生活在厦门鼓浪屿，清宣统三年（1911 年）毕业于上海圣约翰大学，随后在清华大学任英文教师。1921 年转到厦门大学，任厦门大学学生生活指导长，兼预科高等几何学教授。1923 年厦门大学创建外国语言文学系，任第一任系主任。1928 年，由厦门大学出资送到汉堡大学学习，获哲学博士学位。1933 年学成返校，历任厦门大学文学院院长、教务处处长、新生院院长兼外国语文系主任。1949 年应聘新加坡中华大学语言学教授。周辨明主要研究汉语拼音化、方言音韵及汉字检索法等，是提倡汉语拼音的先驱人物之一，被列入《中国现代语言学家辞典》，曾教授厦门大学外国语文学系英语语音课程，并最早把国际音标运用到中国的英语教学中。1946 年厦门大学 25 周年校庆时，学校特地为他安排“庆祝周辨明教授在校任教 25 周年纪念”活动，并在庆典上赠送他银鼎一座，上镌“师儒硕望”四字。

周士观（1892—1984）　福州人。1913 年考入北京工业专门学校。1920 年赴美国威斯康星大学攻读化学，获硕士学位。1925 年回国主持绥远实业开发筹备处。翌年任山东省督办署技师兼德州兵工厂副厂长。1928 年任国民政府卫生部技正，参加首部《中国药典》的编审工作。1930 年任青岛市卫生局局长。不久，任蒙藏旬刊社社长、中央考选委员会委员。1933 年任宁夏省建设厅厅长。抗日战争胜利后，任闽台建设促进会主任委员、中国上海工矿银行总经理。中华人民共和国成立后，任政务院参事，中国民主建国会第四届中央常务委员会副主席，第二、三届全国政协委员，第四至六届全国政协常委。

周继英（1896—1927） 女，原名周桂香，上杭人。1924 年投身革命，参加青年学生进步团体“奋斗社”，出版刊物《奋斗》，1926 年加入中国共产党，先后筹备建立裁缝、码头、小贩等十余个行业的工会组织，并被推选为上杭县总工会委员长。1927 年，周继英组织工人纠察队和农民数千人，在武平地方武装的配合下，攻占上杭县城。蒋介石发动“四一二”反革命政变后，周继英执行共产党的指示，决定召开工人大会，夺取枪支武装工人纠察队。不料消息泄漏，5 月 7 日晚被捕，第二天英勇就义。1954 年被追认为革命烈士。

周贞英（1899—1999） 女，平潭人。1939 年获美国密执安大学博士学位，1944 年获美国密歇根大学博士学位，后留美工作。1946 年回国，历任华南女子学院、福建师范大学、福州大学生物系教授，毕生从事藻类研究。1964 年参加福建省“紫菜养殖歼灭战”科研小组，深入试验点工作，先后发表《平潭岛的东洋水一束毛藻》《平潭岛的海藻调查报告》《福建海藻名录》《福建三种黑顶藻繁殖体的形态观察》《福建切孢藻属的一新种》《武夷山自然保护区藻类资源初报》以及《武夷山自然保护区藻类资源 X 双星藻科》等，《福建网球藻属的一新种》一文，为世界网球藻属增加了一个新的种类。1981 年，周贞英在中美藻类学术讨论会上宣读论文《中国乳节藻特点的研究》，总结了产于中国的 13 种乳节藻，向世界藻类学家提供中国方面唯一的文献资料。先后任中国农工民主党福建省委委员，福建省第四届、第五届政协委员，福建省妇女联合会委员，当选福建省第三届人大代表，获 1978 年福建省教育战线先进工作者、1979 年全国“三八”红旗手、1982 年福建省“三八”红旗手等荣誉称号。享受国务院政府特殊津贴。

周应聪（1900—1985） 福州人。1913 年入读上海吴淞商船学校，1919 年从烟台海军学校毕业。1928 年赴英国留学。1933 年回国后，历任海军巡洋舰副舰长、驻英大使馆海军武官、海军第二舰队参谋长、练习舰队参谋长、上海海军指挥部总指挥、驻联合国安理会军事参谋团首席秘书兼海军代表。1945 年参加联合国宪章起草工作。抗日战争胜利后，任海军司令部第五署少将署长、国民政府驻上海办公处主任。1949 年参加策动“重庆号”军舰起义。中华人民共和国成立后，历任上海交通大学、大连海运学院教授，交通部参事、国务院参事、高级工程师及中国航海学会第一届理事。

周钦明（1903—1937） 福鼎人。1933 年参加革命，次年在周家山上东区苏维埃政府工作，协助中共鼎平县委进行革命宣传。1935 年随闽东工农红军独立团征战于（福）鼎泰（顺）交界的金山、大湖、二湖、富阳、彭溪等地，在福鼎茗洋牛栏岗加入中国共产党，任中共鼎泰区委委员。1936 年中共泰顺县委成立后，任书记，同时兼任泰顺县人民革命委员会主席。同年 11 月进行反“围剿”斗争。之后，随粟裕撤到莒溪岭湾头村一带，奉命去寻找失散的战士，在抵叶坑村时，带领 70 余名战士冲出包围圈，在泰东北与瑞安交界处与粟裕部队会合。粟裕部队转移后，带领 5 名干部来到泰顺东北南山头村，因房东告密，当晚遭受 30 多个敌人包围袭击而被捕，次日被押往平阳县。1937 年 4 月 5 日就义。

周碧初（1903—1995） 平和人。师从印象派名家约乃斯·罗隆。成名作《西湖》发表于英国《画室》美术专业刊物，主要作品有《春色》《新喜》《漓江之畔》等。与徐悲鸿、颜文梁、林风眠等皆同窗好友。1930 年起先后于厦门美专和杭州美专任教，1932 年任上海美专西画教授。1933 年任私立新华艺专油画系主任。1936 年参加徐悲鸿等发起的默社画会，并参加第一届绘画展览。1939 年与朱屺瞻、陈抱一、钱鼎、宋钟沅在大新公司举办五人联合油画展览会。1941 年任教于杭州国立艺术专科学校。1947 年主编《中国美术年鉴》，作品多被国内外博物馆、美术馆及私人收藏，其中《宋庆龄故居》获上海美术作品佳作奖并入选全国美展。1986 年任上海油画雕塑院艺术顾问，1987 年任上海市艺术高级职务评审委员会美术专业评审成员。

周一鹗（1904—1984） 建阳人。1925 年毕业于国立北平高等师范学校生物系，后转赴法国入波亚芝野大学深造。1928 年回国，先后在北平师范大学、北平农学院、中法大学、辅仁大学和保定医学院等院校任教授。曾与章伯钧、谭平山、朱蕴山等人酝酿第三党的组建工作，任国民党临时行动委员会（即第三党，农工民主党前身）武汉市委书记、湖北省委书记兼长江军事特派员。曾参加冯玉祥领导的民众抗日同盟军，任总司令部秘书。1933年在十九路军建立的中华共和国人民革命政府中任文化委员会委员。1939年被福建省主席陈仪留任为省政府委员，兼任福建省赈济委员会代主任委员等职。1942年赴重庆任行政院物资局顾问、国家总动员会议粮盐组主任、党政工作考核委员会政务处组长等职。1944年赴台湾担任台湾行政干部训练班中将副主任。抗战胜利后，任台湾省行政长官公署民政处处长，兼任日侨管理委员会主任委员，主持在台日本侨民的管理与遣送工作。1947年回上海任中央银行、中央信访局物资配给顾问委员会委员，后随陈仪出任浙江省政府委员、省垦务委员会主任委员和全省农民学校筹备委员会主任等职。1949年初策反陈仪失败，遭到国民党政府通缉。中华人民共和国成立后，任复旦大学生物系教授，编有《无脊椎动物学》讲稿，翻译法文《昆虫生理学》等书。后受聘为农工民主党中央委员会顾问，任农工民主党上海市委会联络委员会副主任、宝山县对台工作委员会副主任等职。

周寿恺（1906—1970）　厦门人，1933年获北平协和医学院医学博士学位，毕业后留该院担任医疗、教学工作。抗日战争爆发后，参加抗日救亡运动，先后担任中国红十字会救护总队部内科指导员、战时卫生人员训练所内科主任。抗日战争胜利后，出任上海国防医学院内科主任、教授、教育长。1949年担任岭南大学医学院副院长、院长兼博济医院院长、内科教授等职务。1953年任华南医学院院务委员会副主任委员与内科教授、中山医学院副院长兼第二附属医院院长。20世纪50年代中期筹建内分泌实验室，开展糖尿病糖代谢、植物神经功能状态对糖代谢的影响、席汉氏病动物模型的制备等研究，同时对各种激素及其他代谢产物的生物化学、生物测定方法等进行临床研究。60年代初期开展胰岛素放射免疫分析研究，在华南地区开展内分泌临床实验和基础理论研究。

周宝庭（1907—1989）　闽县（今福州市）人，1922年拜福州东门派寿山石雕名艺人林友清为师。1933年又师从西门派石雕艺人郑仁蛟，融两派技艺于一身。1954年创作《屈原》《斯大林》《鹿竹》等作品，参加全省首届手工业展览会。翌年，发起组建福州石刻合作社，后改为福州石雕厂。1956年获“福州市名艺人”称号。1979年评为工艺美术师。周宝庭以雕刻古兽、仕女见长，一生创作寿山石雕艺术精品近千件，晚年创作的百余种古兽印纽成为寿山石雕刻艺术的代表作。1983年，其创作的《蛇湖石金鳄龙》等8件（套）作品由轻工业部作为工艺美术珍品收藏。1985年，其创作的《二十八古兽印纽》在第三届全国工艺美术百花奖中获金杯奖。1988年被轻工业部授予“中国工艺美术大师”称号。

周可涌（1912—1988）　安徽当涂人。1935年毕业于南京中央大学农学院，后赴日本、美国考察留学。回国后，历任南京大学农学院助教、重庆林业部技术专员、四川省农业改进所所长、安徽大学农学院教授等职。1949年入闽，在福州大学农艺系任教授、系主任。1952年起历任福建农学院系主任、甘蔗综合研究所所长、副院长，教授博士生导师。1955年在仙游县龙华乡建立中国第一个甘蔗基点，选育出多个高产高糖的优质甘蔗新品种。历任中国民主同盟福建省委顾问、全国政协委员、福建省人大常委、农业部第一届科委委员、中国制糖工业学会理事、中国作物学会甘蔗协会理事长、福建农学会副理事长、福建工业原料作物学会理事长、省科协常委等。

周乐生（1914—1941）　建宁人。1931年红军攻下建宁时担任赤色少年先锋队队长，同年参加红军，不久任团宣传干事。1932年调任江西军区独立三师政治部宣传科副科长，不久改任该师三团政委，先后参加江西项山、沙坪和福建上杭白砂、龙岩雁石等地战斗。1934年1月出席在瑞金召开的中华苏维埃共和国第二次工农兵代表大会；10月，任宁化、建宁两县地方武装合编而成的十七团政委；11月，因十七、十八团在宁化、清流、归化一带战斗失利，在向红十红军靠拢途中负伤，回到建宁养伤。1938年春随新四军军部到皖南，参加第一期教导队学习，结业后留教导队任政治教员。“皖南事变”后，任四十七团政治处主任。1941年遭到大批日伪军包围，在转移中中弹牺牲。

周时源（1914—1974）　原名周素元、周世元，安徽金寨县古碑人。1929年参加红军，次年入党。

中华人民共和国成立后，曾任福建军区福安军分区司令员、福建省军区副司令员、解放军第二十八军副军长。1964 年被授予少将军衔，荣获一级八一、二级独立自由、三级解放勋章各 1 枚。

周裕藩（1920—1945）　平潭人。1934 年考入福清县立初级中学，在进步教师陈聪章、俞建曦引导下参加进步活动。1937 加入中国共产党。1940 年中共福清中心县委成立时任平潭县负责人。在随后建立的抗日游击队中任副指挥兼队长，又奉中共闽南特委黄国璋、陈亨源之命成立大富民众自卫团并任总负责人，在海上与日伪军展开战斗。同时奉命筹组闽中沿海突击队，任指导员。1943 年任中共福长平海口特区委员会书记，又在福州鼓山成立抗日游击队，任队长兼政委。1945 年赴长乐东洛岛，击退日伪围攻，并俘虏十多人，后俘虏突然暴动，周裕藩在与敌搏斗中牺牲。中华人民共和国成立后，当地政府为纪念周裕藩，将其家乡盘团村改名为裕藩村。1956 年 11 月，福建省人民政府追认其为革命烈士。

周秀廷（1928—2007）　莆田人。师从中国古典人物画大师李耕，专攻中国绘画艺术，所绘人物古朴、苍劲、自然，花鸟清新、隽永、秀丽；泼墨写意，气韵生动，工笔别具功力。1959—1960 年为福建省画组组长，两次晋京为人民大会堂、中南海作画。代表作为《松鸽颂》《百鹤朝阳》等，先后共有 64 幅画作被人民大会堂收藏。

周　畅（1931—2018）　祖籍广东，出生于香港。1951 年考入中央音乐学院，1956 年毕业后任教于湖北艺术学院，1985 调入厦门大学艺术学院音乐系任教，后任音乐系主任、教授。1983 年任中国音乐史学会理事。毕生致力于中外音乐的教学与研究，提出音乐“四环教育”的理念，即抓紧一环音乐系内教教育，用好二环校内教育，重视三环国内专家教育，争取四环国际专家教育，培养出一批优秀中青年音乐人才，著有多部音乐专著和教材，发表学术论文百余篇。曾任中国致公党厦门第一、第二届副主任委员，中国致公党福建省第四、第五届委员会主任委员，中国致公党第十一届中央常委，第七届、第八届福建省政协副主席，第八、第九届全国政协委员。享受国务院政府特殊津贴。

周儒荣（1934—2012）　长汀人。1957 年北京航空学院毕业，同年分配南京航空学院任教。长期从事飞行器制造工程专业的教学及科学研究工作，创建“航空航天部 CAD/CAM 开放研究实验室”和“江苏省数字化设计制造工程技术研究中心”。从教近 50 年，累计培养硕士、博士和博士后 90 余名。先后完成国家重点科技攻关等重大科研项目十余项，主持研制多项具有自主知识产权的 CAD/CAM 软件；研究成果获得国家科技进步三等奖 1 项，省部级科技进步一等奖 2 项、二等奖 11 项；所研制的软件在国家科委主持的两次全国自主版权 CAD 支撑软件评测中蝉联一等奖；发表学术论文 200 余篇。先后被评为航空航天部先进工作者、航空航天部优秀研究生导师、江苏省优秀学科带头人、江苏省劳动模范等，被教育部和人事部联合评为全国教育系统劳动模范，被国务院授予全国先进工作者称号。享受国务院政府特殊津贴。

第二节　人物录

周子谅　字存诚，福州人。唐开元年间（713—742）授仪司御史。天宝年间（742—756）因抗言直谏，被杖死墀下。

周会昌　福州人。唐僖宗年间（837—888）授应天府参政。

周举元（841—936）　字及三，河南人。唐广明年间（880—881）官授太师。唐末入闽，为福州、宁德部分周姓始祖。

周　导（882—970）　宁德人。宋乾德五年（967 年）进士，授中书右相、金紫光禄大夫，雍熙二年（985 年）特赐建光禄祠。

周　霆（912—995）　宁德人。宋雍熙二年（985 年）授户部尚书，晋金紫光禄大夫。尊称“尚书公”。

周　震（914—1000）　宁德人。宋开宝八年（975年）授吏部侍郎，后追封大司徒。

周　霈（916—1010）　宁德人。宋太平兴国元年（976年）授兵部侍郎，以战功晋大司马，累迁大司空。

周　霓（918—1012）　宁德人。授郡职迁侍御使，宋景祐三年（1036年）诰赠朝议大夫。

周尧卿　字子俞，道州人。宋天圣二年（1024年）进士，知宁化，后来升太常博士。

周　谞　尤溪人。宋熙宁六年（1073年）进士，广州新会县知府。时王安石推行新法，周谞不执行，并上书力陈其弊，要求解官归田。

周　因　字兴道，浦城人。宋绍圣四年（1097年）进士，累官司农少卿，除直徽猷阁，建炎间（1127—1130）任桂州知府，官至中大夫致仕。

周　瑶（1374—1434）　字仲器，长乐人。明洪武二十八年（1395年）中式。授浙江衢州府常山县儒学教谕，后转升常山知县。永乐帝惜茂才聘修史，赠文渊阁学士。

周　行　字宾示，长乐人。明嘉靖四十二年（1563年）置澄海县，为首任知县。上任时，带领下属，邀请长老和乡彦登山涉水勘查，最后定在辟望村建立县城。著有《澄海县建置图序》，后来建城悉照其规划。澄海士民怀念周行建县功绩，祟祀于名宦祠。

周石麟（1236—1306）　字兆瑞，莆田人。朝奉大夫，称“十七朝奉公”，居所被称为“上廊周家巷”，莆阳清浦上廊周氏始祖。

周春谷（附：周善卿、周用中、周用文、周弼）　号乐真，莆田人。早年到江西，遍谒诸名医，得其方脉秘诀，凡诊脉视病断其生死无不应验。其弟周善卿亦业医。子周用文精疡医，明洪武年（1368—1398）初，行省征召为惠民药局疡医之师。子周用中善疗猝中症，其子周弼，自号谷城子，兼通内外科，尤精中草药性味，乡落中凡有病走求之，略投以草药一二味，无不瘥。

周　弘　上杭人。明永乐十九年（1421年）进士，初知柘城县，宽恕廉谨，邑有“治官如家，爱民如子”之颂。寻擢广西道御史。

周　杰（？—1449）　字文英，号浴兰，闽侯人。明正统元年（1436年）进士，授奉政大夫，升员外郎，钦差浙江、广东两省吏司，又升户部郎中，明正统十四年（1449年）随驾征讨，尽忠漠北。

周　宣　字政举，龙溪人。明正统十年（1445年）会试第三名，授户部主事，后出知潮州。修文庙，建韩江桥，筑海堤，造良田，静海平山头；率部平乱，杀魁首，胁从不治罪。后调惠州，海寇再起，二度讨平。晋升山西兼太仆寺卿，赐三品俸。其诗文多出新意且自成一家，著有《易斋稿》多卷。

周　鲲（1507—?）　字少鱼，号章岩，莆田人。明嘉靖十七年（1538年）进士。历广东布政使司左参议，升江西副使，以辨冤狱忤权贵罢归，隐章林山中。精染翰，片纸寸缥，人争宝之。诗亦饶风致，有《章林岩藏稿》。

周天佐（1510—1541）　字宇弼，晋江人。明嘉靖十四年（1535年）进士，授户部主事，屡分司仓场，以清操闻。嘉靖二十年，杨爵以谏言得罪系狱，数月无敢言者，周天佐上疏乞宥谏臣，情词慷直激切，诏廷杖下狱。越三天，死在狱中。穆宗即位，赠光禄少卿。天启（1621—1627）初，谥“忠愍”。

周　仲　江西人。明嘉靖五年至十年（1526—1531）任漳浦知县，任内修建县城内和乡村的社学，立“梁岳钟秀”坊，并在坊旁列“科贡题名”录。嘉靖六年增筑漳浦城垣上下马道，并疏浚旧城壕，以利城防。嘉靖七年重修鹿溪桥，恢复酾水三十六道全长五十丈的石板桥。吏民敬服，离任后为之立“邑侯周公颂德碑”，并入祀漳浦县名宦祠。嘉靖九年倡修成漳州府史上首部《漳浦县志》。

周　华　字子实，莆田人。博学宏抱，后放弃贡举，回归故里聚徒讲学。所著《家礼》，以朱文公所编为迂阔，时有出入。著《兴化县志》（《游洋志》）8卷。

周希圣（1583—1661） 字汝励，尤溪人。明天启元年（1621 年）入国子监，七年授直隶太仓州同知，奉公正直，颇有政绩。崇祯四年（1631 年）诰封奉直大夫。

周之夔 字辛甫，福州仓山人。明崇祯四年进士，授苏州推官，因犯事被罢官。崇祯末年还居家中，愿起兵报国，且熟于海战，请求率水师由海道抵吴淞，并招集其他军队为犄角，没有如愿。兵败后卒于寺中。

周文冀（1639—1707） 字龙文，晋江人。清康熙二十年（1681 年）以员外郎职随清军平定“三藩之乱”，招服郭义等十万余众归诚，升授参议道，封中宪大夫。返乡后，邀知府、知县等到围头海边视察，目睹渔民生活十分艰苦，便向部院呈文请免，使沿海渔民捕鱼无须再纳税款。

周一漕 号育隆，平潭人。清康熙十二年（1673 年），清廷下令撤藩，周一漕率军征战清剿。康熙二十年平定三藩，班师回朝，因功加官晋爵，御封征藩振威大将军、一品总兵。

周廷槐 武平人。清康熙三十九年（1700 年）进士，钦点吏部主事，后调任奉天锦州府同知，再调吏部员外郎，又升任清吏司掌印郎中、礼部侍郎，康熙六十年曾任会试考官。

周绍龙 字允乾，平潭人。清雍正元年（1723 年）进士，雍正五年荐选庶吉士，后以绩著授编修，进四川道监察御史，不久擢任山西巡察，雍正十年任满，特旨延任一年，内升通政司左参议，后晋顺天府府丞。其书法自成一格。

周正峰 又名正思，字君履，平潭人，周绍龙之子。清雍正十一年（1733 年）进士，授编修，曾任河南乡试考官。

周承景（1764—1796） 字绍庆，尤溪人。清乾隆四十六年（1781 年）岁试取进县学武庠，嘉庆元年（1796 年）授经制外委，带兵驻守澎湖。

周良弼（1797—1871） 屏南人，武秀才。清道光二十三年（1843 年）间年歉，粮吏陆澄官将完粮制银每千文抑为六百，民怨沸腾。周良弼联络数人上控，知县以周良弼“为首抗粮”罪，毁誉于众，因而激成全县无一生员参加乡试，被称为“罢考之变”。后省令县拘禁周良弼等人，各乡父老不服，纷纷上诉。翌年，省派知府来县调查，真相大白，粮吏伏罪，周良弼等人无罪释放。

周思贤（1872—?） 字用模，号望溪，福州马尾人。烟台水师学堂毕业。民国期间任“福安号”“定安号”舰长。

周克盛（1873—1937） 字孚懋，号臣九，福州马尾人。天津水师学堂毕业，就职北洋舰队，1917 年参加“南下护法”，1920 年任护法舰队“福安号”舰长。

周　愈（1875—1940） 侯官人。善画山水，宗法王时敏、王原祁，兼工罗汉佛像画，近法江西刘幔亭，远追陈洪绶。曾受聘为南后街永嘉生漆玻璃店设计绘画。传世作品有《十六应真图卷》。

周仲平 建阳人。清秀才，留学日本学习法政，归国应廷试，奖法科举人。民国时期，历任临时参议院议员、福建省教育司长、公立政法学校校长等职。

周宗濂 福州马尾人。1895 年毕业于天津水师学堂，历任民国海军练习舰、“舞凤”舰舰长等职。曾南下拥护孙中山护法。后定居台湾。

周祖颐（1882—1922） 福安人。清光绪二十四年（1898 年）北上京师，因著文报端抨击时弊而被捕。宣统二年（1910 年）授北京地方检察厅厅长，调任山东全省陆军执法官。后倾向孙中山同盟会宗旨，辞官入天津任《益世报》主编，鼓吹革命。1917 年张勋复辟，周祖颐潜往广州参见孙中山和岑春暄，受命代理岭南道尹，并任两广都督司令部参议。十余年为旧民主革命奔走呼号，因积忧成疾在北京逝世。

周道南（1884—1939） 平和人。福建法政学堂毕业，曾任山东省高等法院推事等职。1911 年福建设省议会，被推选为省议员。1916 年创办县立龙文小学。1926 年创办漳州运输股份有限公司，亲任董事长，公司有职工 300 多人、客车 60 多辆；还兴办洋谷坑垦殖公司、内坑垦植农场、霞寨农具工厂、埔尾陶瓷厂等实业。

周敦棠（1889—1940）　周宁人。从父学医，尤精“白喉病”医术。1936年参加革命，担负闽东红军南区后方医院治疗工作，往来于咸坑、雷打石、大栏头间，治疗护理红军游击队伤病员。抗战期间，奔波于各后方医院。1940年被捕，遭受酷刑，经营救保释回家，后因病伤发作逝世。

周孝培（1894—1968）　寿宁人。保定军官学校第七期骑科毕业。1922年留日，毕业返国后在东北军历任骑兵连长、团长、旅参谋长等职。1928年历任福建省防军教导团营长、团长，代理旅长。1933年任南京骑兵学校研究委员。1935年任中华民国驻日大使馆陆军武官。抗日战争爆发后，任重庆军训部骑兵副监、代兵监。1946年退役。1949年加入中国国民党革命委员会。

周淑安（1894—1974）　同安人。1914年赴美国留学，获得哈佛大学艺术学士学位。回国后，任厦门大学音乐研究员、上海国立音乐专科学校教授。1959年任沈阳音乐学院教授。创作有歌曲《同胞们》《抗日歌》《不卖日货》《纺纱歌》等，编有《恋歌集》《抒情歌曲集》《儿童歌曲五十四首》等。

周秉彝（1902—1961）　长汀人。黄埔军校第四期毕业后参加北伐军，从事党务及政治宣传工作。任金门县县长。1937年金门沦陷时，组织大嶝军民抗击日本侵略者。著有《三民主义理论与实际》《建国大纲理论与实际》《国民经济建设运动理论与实际》等。

周　木（1904—1935）　云霄人。1921年参加云霄自治军。1923年随军讨伐陈炯明，后转而参加潮汕一带农民运动。1927年参加饶和埔红军和工农红军闽南第一支队。1932年随中央红军攻入漳州，开展宣传募捐活动。1933年被派往云霄徐南坑建立交通站。1934年任中共浦云区工委委员。1935年被错杀。1984年平反。

周绍高（1905—1985）　浦城人。1924年在上海海道测量局学习无线电收发技术，后转上海宝山县吴淞口海岸电台实习。1930年创设无线电通信机场。1931年被聘为路透社南京电台台长，同年10月，日本军队炮轰南京下关，电台将路透社记者实地采访的消息迅速传到上海，为独家新闻，各媒体争相传播。抗战胜利后，主持电讯搬迁，办理重庆至南京的直接通信，接收汪伪中央电讯社工作事宜。1949年前往台湾。

周建生（1906—1943）　福鼎人。1934年加入中国共产党。1935年任中共鼎平县委委员兼上东区区委书记，随闽东红军独立团征战（福）鼎平（阳）泰（顺）地区，不久被任命为中共瑞（安）平（阳）泰（顺）县委书记兼泰平区委书记。1936年任中共平阳县委书记。1937年任中共浙西南特委委员兼秘书。1938年中共浙西南特委改称中共处属特委，改任处属特委委员兼秘书。1939年任中共云和县委书记。“皖南事变”后，转移到山锦和岗头庵发动群众，建立革命武装。1943年因长期积劳成疾病逝。

周明福（1907—1989）　晋江人。晋江县医院院长，主任医师。历任晋江县卫生工作者协会主任委员、晋江县科学普及协会主席、晋江县人民委员会委员、晋江县第一至第七届人民代表大会代表、晋江县政协第一至第五届副主席、中华医学会晋江分会副理事长、中国农工民主党晋江县委员会首届主任委员等职。

周宇垣（1908—2002）　长汀人。中山大学生物系教授。一生从事动物学的教学和科研工作，主讲脊椎动物学和鸟类学等课程。20世纪50年代曾任华南资源生物综合考察队脊椎动物组组长，对中国南方各省的动物资源进行长期考察，先后发表《广东大绿鸠——大绿鸠的新亚种》《广东省东南部的动物调查报告》《广东西北部的脊椎动物调查报告》等论文并合著《海南鸟兽》。

周公甫（1909—1966）　永春人。1926年创办永通公司，专售汽车零件。1935年在香港、新加坡分别开设华隆行，与沈逢源等合资在上海开设建德行。1950年参加香港工商界回国观光团，回港后组建广东省华侨投资公司。1956年到印度尼西亚、新加坡、马来亚等地募资创办永春华侨中学。1960年被推选为福建旅港同乡会理事长。1964年在香港创办华丰国货有限公司，为第一任董事长。临终时，仍不忘捐资修建永春县桃溪小学。

周　毅（1914—1984）　山东人。1939年参加八路军，1940年加入中国共产党，历任指导员、民运科长、南平转运站政委等职，荣立二等功和三等功，获三级独立自由勋章和解放勋章。1958年转业福建，历任建瓯房村贮木场场长、建东流域局工会主席。1974年调到生产建设兵团十三团工作。多次被评为省、地、县先进工作者和优秀共产党员。

周　华（1916—1991）　古田人。早年随叶飞参加闽东红军游击队，历任空军某部军级干部，转业任福建省林业厅副厅长等职。

周长清（1918—2012）　宁德人。1935年参军，1939年加入中国共产党，历任副排长，新四军排长、连长、营长，皖南军区一团副政委，安徽省公总队干部处处长，安徽省农垦厅党组副书记、副厅长等职。

周所道（1918—1982）　浙江人。1943年任重庆宪兵医院内科医师。1949年任国民党福州联勤总部第二肺疗医院五官科医师。1951年任中国人民解放军福州军区直属医院医务副主任。1955年调永安专区医院任内科主任，1962年任业务副院长。1955年到1964年，曾连续获福建省、三明市、永安县（市）医务先进工作者、卫生先进工作者等称号。1964年被评为二等抗灾功臣。历任永安县（市）政协第一届至第五届副主席。

周　林（1919—2006）　祖籍江苏。从小丧父，流落到宁化县城。1934年参加红军。1937年加入中国共产党。参加过第五次反“围剿”、抢渡金沙江、飞夺泸定桥、攻打直罗镇等战斗和抗日战争、解放战争。历任八路军和解放军连长、营长、团长、支队长等。1955年授上校军衔，获三级八一勋章、独立自由勋章、二级解放勋章。1956年转业地方，1981年离休。

周菊珍（1921—1967）　女，沙县人。1951年率先成立全县第一个妇女互助组。1952年被评为福建省农业劳动模范，同年加入中国共产党。1955年被选为中共沙县委员会候补委员。1951年起被选为多届县、省人大代表和全国人大代表。1957年被选为全国妇女代表大会代表。1959年被评为全国“三八”红旗手。1962年因非法出售集体粮票并私分所得部分，被撤销省、县人大代表资格。

周谨飞（1922—2006）　福州人。福建农学院（今福建农林大学）教授，农业经济系统计教研室主任，福建农业统计学科创始人之一。著有《统计学》《农业统计教程》等。

周廷模（1923—1944）　平潭人。1939年加入中国共产党。1942年参加闽中游击队。后受党组织派遣，到福州从事地下工作。1944年因叛徒出卖被捕，同年4月被杀害。1979年被追认为革命烈士。

周正端（1925—2009）　古田人。第一军医大学南方医院惠侨科普外科教授。《经腹应用下腔静脉内引流气囊导管施行无血肝切除》《胃肠道恶性肿瘤术后腹腔化疗的实验和临床研究》获全军科技进步三等奖。享受国务院政府特殊津贴。

周大基（1926—1961）　闽县（今福州新店）人。1950年参加福马公路建设，被评为标兵。1951年当福州养路段养路工、班长，被评为福州市劳动模范。1953年加入中国共产党。1955年任闽侯养路工区副区长，被评为福建省劳动模范。1961年6月，闽侯遭受特大洪水袭击时，任县抗洪抢险副指挥长，负责防护洪山桥安全。在危急时刻，他率先跳入水中排除险情，坚持数昼夜，因突发脑溢血牺牲。被追认为模范共产党员和革命烈士。

周维殷（1928—1951年），字序卿，尤溪人。1950年参加中国人民志愿军，入朝作战，牺牲于1951年。葬于丹东七道沟区志愿军烈士公墓。

周顺明（1928—1986）　厦门海沧人。1949年参加革命工作，1954年加入中国共产党，历任海澄县委办公室副主任、海澄珠浦乡党委书记、龙海县副县长等。1968年至1984年，任龙海县委常委兼县革委会副主任、县委副书记、县委书记、中共福建省委委员。其间主持九龙江水利工程的建设，使18万亩耕地受益。1984 年任晋江地委副书记兼晋江地区行署专员。1986 年任漳州市委副书记，同年因病逝世。

周辉美（1930—1953 年）　尤溪人。1950 年 10 月参加中国人民志愿军，入朝作战。1953 年 5 月 1 日，在上甘岭战斗中牺牲，被追认为烈士。

周开元（1938—2008）　惠安人。1960 年入伍，1962 年加入中国共产党，任中国人民解放军总参谋部高级工程师，正师级（享受副军级待遇），享受国务院政府特殊津贴。1995 年获军队科技进步一等奖，1996 年获国家科技进步二等奖。

周文英（1944—1977）　莆田人。1964 年应征入伍为海军航空兵机务员。1966 年加入中国共产党。1969 年为海军航空兵某地勤二中队特设师主任。1977 年在某团进行夜航训练时，因抢救飞机保护战友受伤过重而牺牲。1979 年被海军党委追授"雷锋式机务班干部"的称号，同年 5 月，中共莆田县委发出《关于向"雷锋式机务班干部"周文英学习的决定》，号召全县人民向他学习。

第三节　历代进士名录

唐　代

姓名	籍贯	中进士年间与科榜	任职	备注
周匡业	龙溪	贞元八年（792 年），壬申科，贾稜榜		
周匡物	龙溪	元和十一年（816 年），丙申科，郑澥榜	高州刺史	
周汉杰	龙溪	元和十三年（818 年），戊戌科，独孤樟榜		

宋　代

姓名	籍贯	中进士年间与科榜	任职	备注
周　导	宁德	乾德五年（967 年），明经（并列进士）	中书右相，金紫光禄大夫	
周希古	霞浦	端拱元年（988 年），戊子科，程宿榜	知蓬州	
周　辅	长乐	天圣五年（1027 年），丁卯科，王尧臣榜	员外郎、知华州	
周　万	晋江	庆历二年（1042 年），壬午科，杨置榜		一作周迈
周可封	建瓯	皇祐五年（1053 年），癸巳科，郑獬榜		
周　权	建瓯	嘉祐四年（1059 年），己亥科，刘辉榜		
周　密	晋江	治平二年（1065 年），乙巳科，彭汝砺榜		
周　谭	莆田	治平二年（1065 年），乙巳科，彭汝砺榜		
周　纯	龙岩	治平四年（1067 年），丁未科，许安世榜		
周彦中	建瓯	熙宁六年（1073 年），癸丑科，余中榜		
周　常	建瓯	熙宁六年（1073 年），癸丑科，余中榜		
周　綍	龙岩	熙宁六年（1073 年），癸丑科，余中榜		
周　谓	尤溪	熙宁六年（1073 年），癸丑科，余中榜	新会知县	
周　皋	宁德	元丰二年（1079 年），己未科，时彦榜	户部侍郎	
周恭先	建瓯	元丰八年（1085 年），乙丑科，焦蹈榜		

续表

姓名	籍贯	中进士年间与科榜	任职	备注
周 缜	周宁	元祐四年（1089年），己巳科		
周武仲	浦城	绍圣四年（1097年），丁丑科，何昌言榜	吏部尚书	
周 因	浦城	绍圣四年（1097年），丁丑科，何昌言榜	中大夫	
周丰载	建欧	崇宁二年（1103年），癸未科，霍端友榜		
周 固	浦城	崇宁四年（1105年），乙酉科，徐逋榜	监察御史	
周 思	侯官	崇宁五年（1106年），丙戌科，蔡薿榜	朝请大夫	
周庄仲	建瓯	政和五年（1115年），己未科，何㮚榜		
周开迪	古田	重和元年（1118年），戊戌科，王昂榜	宣教郎	
周孝嗣	侯官	宣和三年（1121年），辛丑科，何涣榜		
周 斐	建瓯	宣和六年（1124年），甲辰科，沈晦榜		
周 适	建欧	宣和六年（1124年），甲辰科，沈晦榜		
周文誉	建瓯	绍兴二年（1132年），壬子科，张九成榜		
周 芹	长乐	绍兴五年（1135年），乙卯科，汪应辰榜	朝请郎、宗正寺簿	
周 葵	长乐	绍兴五年（1135年），乙卯科，汪应辰榜		
周 伟	侯官	绍兴五年（1135年），乙卯科，汪应辰榜	宫保尚书	
周宜未	闽侯	绍兴八年（1138年），戊午科，黄公度榜	从政郎、本路帐管	
周希孟	莆田	绍兴十五年（1145年），乙丑科，刘章榜		特奏名
周 毅	闽侯	绍兴十八年（1148年），戊辰科，王佐榜	承议郎、通判	
周颖士	古田	绍兴二十一年（1151年），辛未科，赵逵榜		
周 彇	周宁	绍兴二十一年（1151年），辛未科，赵逵榜	光泽县尉	
周邦弼	罗源	绍兴二十七年（1157年），丁丑科，王十朋榜		
周直亮	霞浦	绍兴二十七年（1157年），丁丑科，王十朋榜	邵武知军	
周之才	建瓯	绍兴二十七年（1157年），丁丑科，王十朋榜		
周 擢	闽县	绍兴三十年（1160年），庚辰科，梁克家榜	朝列大夫	
周 焯	建瓯	隆兴元年（1163年），癸未科，木待问榜		
周 华	建瓯	隆兴元年（1163年），癸未科，木待问榜		
周 南	晋江	隆兴元年（1163年），癸未科，木待问榜		特奏名
周 抡	闽县	乾道二年（1166年），丙戌科，萧国梁榜	东阳尉、知和州	
周文擢	霞浦	乾道二年（1166年），丙戌科，萧国梁榜		
周明仲	建瓯	乾道五年（1169年），己丑科，郑侨榜	光泽县令	
周 著	长乐	乾道五年（1169年），己丑科，郑侨榜		特奏名
周 邠	龙岩	乾道八年（1172年），壬辰科，黄定榜		
周师尹	罗源	乾道八年（1172年），壬辰科，黄定榜		特奏名
周 震	福清	淳熙八年（1181年），辛丑科，黄由榜	中奉大夫	
周士贵	罗源	淳熙十一年（1184年），甲辰科，卫泾榜	博士	
周 牧	周宁	淳熙十一年（1184年），甲辰科，卫泾榜	横州知州	

续表

姓名	籍贯	中进士年间与科榜	任职	备注
周　申	长乐	庆元二年（1196年），丙辰科，邹应龙榜	朝散郎	
周士贵	仙游	庆元五年（1199年），己未科，曾从龙榜	赦文推恩	
周鼎来	闽侯	开禧元年（1205年），乙丑科，毛自知榜	通奉大夫	
周　霖	闽侯	嘉定元年（1208年），戊辰科，郑性之榜	承议郎	
周平子	霞浦	嘉定元年（1208年），戊辰科，郑性之榜		
周千里	闽侯	嘉定四年（1211年），辛未科，赵建大榜	国子监祭酒	
周　清	建瓯	嘉定四年（1211年），辛未科，赵建大榜		
周叔茂	霞浦	嘉定四年（1211年），辛未科，赵建大榜		
周　郁	晋江	嘉定七年（1214年），甲戌科，袁甫榜		特奏名
周　角	长乐	嘉定十三年（1220年），庚辰科，刘渭榜	著作郎	
周　说	闽侯	嘉定十三年（1220年），庚辰科，刘渭榜	朝奉大夫	
周　弼	晋江	嘉定十六年（1223年），癸未科，蒋重珍榜		
周　申	建瓯	宝庆二年（1226年），丙戌科，王会龙榜		
周元椝	晋江	宝庆二年（1226年），丙戌科，王会龙榜		特奏名
周　炳	建瓯	绍定二年（1229年），己丑科，黄朴榜		
周　俌	闽县	绍定二年（1229年），己丑科，黄朴榜		
周还淳	霞浦	绍定五年（1232年），壬辰科，徐元杰榜		
周　纡	建瓯	绍定五年（1232年），壬辰科，徐元杰榜		
周景章	宁德	绍定五年（1232年），壬辰科，徐元杰榜	薪昌知县	
周　源	晋江	绍定五年（1232年），壬辰科，徐元杰榜		特奏名
周进宝	连江	淳祐元年（1241年），壬寅科，徐俨夫榜	国子监祭酒	
周清父	建瓯	淳祐四年（1244年），甲辰科，留梦炎榜		
周　淼	闽县	淳祐十年（1250年），庚戌科，方逢辰榜		
周应复	闽县	宝祐元年（1253年），癸丑科，姚勉榜	秘书郎	
周尧咨	闽县	宝祐元年（1253年），癸丑科，姚勉榜	户部郎中	
周　淼	宁德	宝祐四年（1256年），丙辰科，文天祥榜	定海知县	
周清老	建瓯	宝祐四年（1256年），丙辰科，文天祥榜		
周云龙	古田	宝祐四年（1256年），丙辰科，文天祥榜		特奏名
周　钟	晋江	咸淳七年（1271年），辛未科，张镇孙榜		
周宗元	建阳	咸淳十年（1274年），甲戌科，王龙泽榜		

元　代

姓名	籍贯	中进士年间与科榜	任职	备注
周　祐	沙县	至正二十六年（1366年），丙午科，左榜张栋榜		

明　代

姓名	籍贯	中进士年间与科榜	任职	备注
周文通	邵武	洪武十八年（1385年），乙丑科，丁显榜		
周　弼	莆田	洪武十八年（1385年），乙丑科，丁显榜	御史	
周宗起	漳浦	洪武十八年（1385年），乙丑科，丁显榜	大理寺丞	
周同生	晋江	洪武十八年（1385年），乙丑科，丁显榜	京卫知事	
周　宏	上杭	永乐十九年（1421年），辛丑科，曾鹤龄榜	广西道御史	
周　杰	怀安	正统元年（1436年），丙辰科，周旋榜	户部主事	
周　莹	莆田	正统十年（1445年），乙丑科，商辂榜	抚州知府	
周　宣	龙溪	正统十年（1445年），乙丑科，商辂榜		
周　炎	莆田	正统十三年（1448年），戊辰科，彭时榜	饶州知府	
周　辙	莆田	天顺元年（1457年），丁丑科，黎淳榜	户部主事	
周　璇	长汀	成化二年（1466年），丙戌科，罗伦榜		
周　瑛	莆田	成化五年（1469年），己丑科，张升榜	四川布政使	
周　熊	闽县	成化五年（1469年），己丑科，张升榜		
周　刚	莆田	成化七年（1471年），明卿荐辟	潮州教授、山阴知县	
周　轸	莆田	成化十一年（1475年），乙未科，谢迁榜	江西按察使	
周　源	同安	成化十四年（1478年），戊戌科，曾彦榜	兵部武选司郎中	
周　信	福清	成化十四年（1478年），戊戌科，曾彦榜	广西按察司佥事	
周进隆	莆田	成化二十年（1484年），甲辰科，李旻榜	广东左布政使	
周　璘	漳州	弘治十五年（1502年），壬戌科，康海榜		
周　宣	莆田	弘治十八年（1505年），乙丑科，顾鼎臣榜	广东布政使	
周朝佐	闽县	正德三年（1508年），戊辰科，吕柟榜		
周　勋	上杭	正德六年（1511年），辛未科，杨慎榜	徽州通判	
周大谟	莆田	正德九年（1514年），甲戌科，唐皋榜		
周朝俛	闽县	正德十六年（1521年），辛巳科，杨维聪榜		
周　亮	侯官	嘉靖十一年（1532年），壬辰科，林大钦榜		
周　瑞	莆田	嘉靖十一年（1532年），壬辰科，林大钦榜	大理评事	
周凤岐	浦城	嘉靖十四年（1535年），乙未科，韩应龙榜		
周天佐	晋江	嘉靖十四年（1535年），乙未科，韩应龙榜		
周　宁	莆田	嘉靖十七年（1538年），戊戌科，茅瓒榜	丹阳知县	
周　鲲	莆田	嘉靖十七年（1538年），戊戌科，茅瓒榜	江西副使	
周良寏	晋江	嘉靖二十九年（1550年），庚戌科，唐汝楫榜		一作奂
周　标	晋江	嘉靖四十一年（1562年），壬戌科，申时行榜	江西参政	
周良宾	晋江	嘉靖四十四年（1565年），乙丑科，范应期榜	四川按察使	
周良寅	晋江	隆庆五年（1571年），辛未科，张元忭榜	浙江参政、给事中	
周希贤	莆田	万历二年（1574年），甲戌科，孙继皋榜	云南副使	

续表

姓名	籍贯	中进士年间与科榜	任职	备注
周维京	晋江	万历二十三（1595年），乙未科，朱之蕃榜	通政吏	
周如磐	莆田	万历二十六年（1598年），戊戌科，赵秉忠榜	文渊阁大学士	
周起元	龙海	万历二十九年（1601年），辛丑科，张以诚榜	右佥都御史	
周　煸	莆田	万历三十五年（1607年），丁未科，黄士俊榜	湖广督学佥事	
周尔发	同安	万历三十八年（1610年），庚辰科，韩敬榜	礼部主事、应天府丞	
周家椿	同安	万历三十八年（1610年），庚辰科，韩敬榜	吏部文选郎	
周思兼	南安	万历四十四年（1616年），丙辰科，钱士升榜	兖州知府	
周廷珑	晋江	天启五年（1625年），乙丑科，余煌榜	吏部郎中	
周之夔	闽县	崇祯四年（1631年），辛未科，陈于泰榜	苏州推官	
周　吉	莆田	崇祯十三年（1640年），庚辰科，魏藻德榜	礼部郎中	
周金汤	莆田	崇祯十三年（1640年），庚辰科，魏藻德榜		
周　婴	莆田	崇祯十六年（1643年），癸未科，杨廷鉴榜	上犹知县	

清　代

姓名	籍贯	中进士年间与科榜	任职	备注
周　琦	长乐	康熙六年（1667年），丁未科	建宁协游击	武进士
周天位	平和	康熙二十一年（1682年），壬戌科，蔡升元榜		
周用桢	建宁	康熙三十三年（1694年），甲戌科	衢州府参将	武进士
周懋勋	连江	康熙三十九年（1700年），庚辰科，汪绎榜	吏部主事	
周廷槐	武平	康熙三十九年（1700年），庚辰科，汪绎榜	吏部主事	
周联慧	同安	康熙四十八年（1709年），己丑科		武进士
周王春	莆田	康熙五十一年（1712年），壬辰科，王世琛榜	内阁撰文	
周绍龙	平潭	雍正元年（1723年），癸卯科，于振榜	顺天府丞	
周正峰	平潭	雍正十一年（1733年），癸丑科，陈倓榜	翰林编修、河南主考	
周遐龄	龙海	雍正十一年（1733年），癸丑科，陈倓榜		
周绍缙	宁化	乾隆十三年（1748年），戊辰科，梁国治榜	定远知县	
周青云	永春	乾隆十六年（1751年），辛未科，吴鸿榜	大宁知县	
周凤翔	永春	乾隆三十七年（1772年），壬辰科，金榜榜	江苏清吏司主事	
周自超	永春	乾隆五十八年（1793年），癸丑科	虎门总兵官	武进士
周瑞图	侯官	道光十三年（1833年），癸巳科，汪鸣相榜		
周作人	闽县	道光二十年（1840年），庚子科，李承霖榜		
周广诚	福清	同治四年（1865年），乙丑科，崇绮榜	高密知县	
周麟章	侯官	同治四年（1865年），乙丑科，崇绮榜		
周维新	侯官	同治十三年（1874年），甲戌科，陆润庠榜		
周家琪	连城	光绪十六年（1890年），庚寅科，吴鲁榜		
周景涛	侯官	光绪十八年（1892年），壬辰科		武进士

第五篇

苏姓

《福建姓氏志·苏姓篇》编纂委员会

《福建姓氏志·苏姓篇》编辑部

目　录

苏姓，源自黄帝，奉昆吾为始祖。隋大业七年（611 年），苏惟忠、苏惟智、苏惟信三兄弟由光州固始大桥头入闽，为第一支入闽苏姓族人。唐代，有 3 支苏姓族人入闽，其中，唐光启元年（885 年）入闽的苏益，人口繁衍最多。据 2016 年全省人口统计，福建苏姓人口总数为 452499 人，主要分布在泉州、厦门、漳州、龙岩、宁德等地，居村 300 人以上苏姓主要聚居地有 450 多个。宋元明清时期，福建苏姓族人陆续迁徙江苏、广东、海南、浙江、云南、广西、天津、江西、湖南、北京、安徽、重庆、四川、贵州、台湾等地以及外迁印度尼西亚、缅甸、马来西亚、新加坡、菲律宾、越南、柬埔寨等国。科举时代，福建苏氏有进士 105 人。现有苏氏族谱 120 余部。在众多的祠堂、祖坟、古建筑、名胜古迹中，被列入世界文化遗产 1 项，国家、省、市、县级文物保护单位近 40 项。苏姓郡望为武功郡，福建苏姓聚居地主要堂号有武功堂、芦山堂、眉山堂、阜阳堂，以芦山衍派为盛。

第一章　源　流

第一节　溯　源

一、源自黄帝

黄帝（轩辕氏）封地为姓。颛顼 7 世昆吾受封于苏，筑苏城，建苏国（国都在今河南临漳县），后迁都于温（今河南省温县），以封地国名为姓，为苏姓最早发祥地。

二、源自少数民族改姓

汉代，辽东乌桓在汉武帝时附汉，迁居中原后改为苏姓，子孙相袭。分迁至上谷、渔阳、右北平、辽西、辽东等郡地。另有满族、回族等少数民族部分后裔改为苏姓。

第二节　入　闽

隋大业七年（611 年），苏惟忠、苏惟智、苏惟信三兄弟由光州固始大桥头入福州乌石山，后居福安穆阳（今福安康厝乡）。

唐总章二年（669 年），苏道随陈政、陈元光父子由光州固始入漳州。宋绍兴二十年（1150 年）受封昭德将军，附祀陈圣王庙。

唐天宝元年（742 年），苏肇基自光州固始入居玉屏镇（今古田县）。

唐光启元年（885年），苏益自光州固始随王潮入闽，任都统领军使。先居泉州，后迁居同安①。

唐光启元年（885年），苏义从王潮入闽，镇守泉关涧埕（今南安）②。

第三节　繁　衍

一、苏惟忠、苏惟智、苏惟信家族

苏惟忠、苏惟智、苏惟信三兄弟先居福州乌石山，后迁居福安（今康厝乡竹岙村）。以“江南瑞雪满群山”为房号，苏曹为江房，居树旁；苏善为南房，居后巷；苏生为瑞房，居池旁；苏金为雪房，居坂旁；苏玉为满房，居巷头；苏富为群房，居巷尾；苏贵为山房，居后宅。部分后裔迁居寿宁、周宁、霞浦。

二、苏肇基家族

苏肇基先居古田，生2子：苏永、苏章。后裔迁居屏南、建瓯、建阳、顺昌、政和。

三、苏益家族

苏益先居泉州，生4子：苏光谊、苏光谓、苏光诲、苏光曦。后居同安葫芦山麓，繁衍省内各地。

（一）苏光谊世系

苏光谊入闽后居南安霞舒阜阳谷口③。致仕后居永春桃林。苏光谊生3子：苏秉礼、苏奉礼、苏明礼，兄弟3人自永春桃林迁居德化县善均里桃枝（今德化县雷锋镇苏厝洋）。宋大中祥符八年（1015年）肇基德化石城（今德化县雷峰镇长基村）。9世苏钦迁居仙游苏家巷建富义堂；12世苏显祖迁居南安霞舒；14世苏师存由南安盘濑迁居安溪高仓庙（今蓬莱镇），苏师圣由南安盘濑迁居安溪魁美（今湖头镇溪美村）；15世苏道助迁居仙游大圳（今大济乡），苏道隆迁居德化双翰（今春美乡），苏道益迁居德化葛坑乡，苏道隐迁居尤中里山岬（今大田县屏山乡内洋村），苏道远迁居德化龙井（今龙浔镇宝美村）。宋代有后裔迁徙台湾。明清时期有后裔迁居尤溪、漳平、龙岩、光泽、邵武、建阳，迁徙江西等地和马来西亚。

---

①　此条目出自：①［宋］欧阳修、宋祁撰《新唐书·第10册（表）》（中华书局出版社1975年版）第3150页记载：“光州刺史苏奕四世孙益”；②［明］何乔远编撰《闽书》（福建人民出版社“八闽文献丛刊”第三册1994年版）第2710页《苏绅传》记载：“苏绅，字仪父，初名庆民，曾祖益，随王潮入闽”；③［明］周瑛、黄仲昭著（清同治十年重刊）《兴化府志》第1024页《苏钦传》（福建人民出版社2007年版）记载：“苏钦，字伯臣，与莆侍郎烨同祖，自都统领军使益入闽，子孙散处泉之属邑”；④［明］郑岳纂《莆阳文献》（广陵书社2016年版）十八册第3页《苏钦传》记载：“苏钦，字伯臣。与莆侍郎烨同祖，自都统领军使益入闽，子孙散处泉之属邑”，至钦，始自德化迁居仙游；⑤［清］怀荫布等重修《清乾隆版泉州府志》（上海书店出版社2000年版）《中国地方志集成·福建府县志辑·乾隆泉州府志》卷之五十六《宋武迹·苏光诲传》记载：“苏光诲，父益，乾符中隰州刺史，自光州固始随王潮入闽”；⑥吴锡璜著《同安县志（民国版）》（方志出版社2007年版）第874页《苏光诲传》记载：“苏光诲，父益，乾符中隰州刺史，自光州固始随王潮入闽。”

②　此条目出自南安市档案馆馆藏手写本及南安县地方志编纂委员会依据该本印刷的民国4年《南安县志》（1989年排印本）卷二十三记载：“苏义……从王潮入闽，镇守泉关涧埕。”另查2000年上海书店、巴蜀书社、江苏古籍出版社根据另外的版本整理出版的《中国地方志集成·福建府县志辑·民国南安县志》，缺卷二十二、二十三。

③　此条目出自：①1912年由苏朝阶主笔第六次重修的安溪《魁美苏氏族谱》载：“益公长子光谊，行大郎。唐光启二年丙午同二弟与父自光州固始从王潮入闽。厥后，由芦山分支南安阜阳谷口，今名霞舒是也。”；②晋江钱坡《苏氏青史传家序》载：“唐一世大郎公，讳光谊，益公长子，唐光启丙午二年与二弟从王潮自河南光州固始县入闽。住居泉南安涧埕灵感里阜阳谷口，地号九郎园……”；③1912年由苏朝阶主笔第六次重修的《江西德兴苏氏族谱》谱载内容同①。

（二）苏光谓世系

苏光谓生5子，长子苏文说迁居漳州龙溪；四子苏文谏迁居漳州大武；五子苏文谛由永春桃林迁居莆田唐安乡望江里（今涵江区芳山村），苏文谛之孙苏卿、苏紫，分为东西二房。7世苏烨迁居三江口镇高美村，苏棫迁居三江口镇美尾村。8世苏良居莆阳。9世苏世南迁居秀屿区苏厝。11世苏倬迁居莆田玉湖。后裔迁徙闽、浙、粤、京等地。

（三）苏光诲世系

苏光诲4世苏紘、苏绅、苏经、苏缄、苏结派衍5个分支。元大德七年（1303年），苏光诲后裔苏唐官、苏唐萤、苏唐郁奉命领解泉州府三县粮银，途经扬子江被盗。因钦差办事不公，引发“粮银祸案”，致芦山堂被毁，部分后裔在逃难期间改许、连、周三姓。

1. 苏紘分支

苏紘，字琴甫。生1子：苏大郎，字子先。移居南安二十都霞舒。

2. 苏绅分支

宋庆历四年（1044年），苏光诲4世苏绅入朝为官，葬江苏镇江京口。苏光诲5世苏颂及后裔迁徙江苏镇江。宋靖康元年（1126年），6世苏颂季子苏携往来闽浙为官，后裔定居同安。7世苏象逸由镇江迁回福建仙游（今龙华乡后头门村）；7世苏孟容生3子：长子苏茂迁徙广东潮州，次子苏箴迁居福建，三子苏咸迁居同安芦山堂。宋宣和六年（1124年），10世苏宋杰迁居海澄青礁（今厦门市海沧区农场田厝窟）。南宋末年，12世苏天利任苏州千户侯，后裔迁居苏州城北。元至大四年（1311年），13世苏维皇迁居同安周山窑，改为周姓（今海沧东浮周窑，后裔迁居杏林）。14世苏朴迁居虎渡（今漳州龙海市东泗乡）；苏唐兴迁居同安蓝田（今同安区洪塘镇苏厝）；苏唐瑯迁居同安澳头，后裔苏可道迁徙天津塘沽；苏唐珠（号西坡）迁居晋江梧山（今晋江安海）；苏唐寄、苏唐雄改为连姓，后裔分别迁居漳平白泉、长泰江都、集美白石；苏唐才迁居晋江廿五都（今石狮玉澜浦）；苏唐能迁居漳浦佛昙；苏唐艺迁居延平县城（今南平市）；苏唐舍迁居泉州胭脂巷（燕支苏）；苏唐宫迁居安溪岭头（今安溪官桥）；苏唐室迁居晋江一都（后裔现居南安南坪和金门），苏唐印迁居龙岩东门外倚入世锦堂。15世苏文焕迁居同安贞岱（今厦门市海沧区东孚镇贞岱村）。

3. 苏经分支

宋祥兴二年（1279年），苏光诲4世苏经传至10世苏刘义，因扶宋于广东崖山殉难。11世苏榕主迁徙广东新会中山；苏昆宗迁徙广东新会顺德；苏君万迁徙广东大埔。12世苏毅迁入福建；苏百隆迁居平和铜壶北山（今平和县坂仔镇民主村）。13世苏九二郎迁居上杭白沙里郎星坑（今上杭县蛟洋乡朗星村），后裔迁居兴化（今莆田），迁徙江西、广东、广西等地；13世苏九三郎迁居永定苦竹（今永定古竹乡），后裔迁徙台湾、江西、广东、广西、湖南、浙江、四川、贵州等地和缅甸。

4. 苏缄分支

宋熙宁九年（1076年），苏光诲4世苏缄长子苏子元由同安迁居晋江（今晋江陈埭镇苏厝村）。9世苏崇龟迁居龟湖（今石狮市宝盖镇苏厝村）。10世苏荣迁居南安产田（今南安市洪濑镇厝斗村产田）。11世苏山确后裔迁居福州、泉州、尤溪、安溪和台湾。13世苏天泽后裔迁居晋江青阳更布口、罗山苏前村；苏天举后裔迁居泉州城内、晋江下埭；苏天祥后裔迁居今石狮市区、晋江龙湖苏厝崎。明万历四十四年（1616年），18世苏怀泉与胞兄弟及堂兄弟11人由南安迁徙浙江瑞安、平阳、苍南。另有后裔迁居晋江磁灶镇钱坡村、永和镇梧仓村、英材镇湖美村和泉州丰泽东湖水漈等地。

5. 苏结分支

宋嘉祐五年（1060年），苏光诲4世苏结归隐安溪衡阳（今安溪县长坑乡衡阳村），生4子：长子九郎，次子十二郎，三子十四郎，四子十五郎，分成四房系。玄孙36人，以“有”命名，称“三十六有”。6世苏可安随父迁居漳平。明洪武年间（1368—1398），苏可安次子苏卓周重返安溪县新康里卓源乡（今虎邱镇竹园村），搭寮定居。相传，于寮址破土建宅时，有人喊：“卓周、卓周，此地非你所有，如欲得地，必须姓周。”苏卓周遂改姓周。明清时期，后裔迁居南安仑苍湖西、福清东张，迁徙浙江台州、台湾台北。部分后裔迁徙东南亚。

苏九郎支系　苏光诲5世苏九郎传至8世，共“二十三有”，分别为：有大、有隆、有才、有森、有基、有志、有义、有礼、有德、有立、有元、有全、有仁、有润、有烈、有俊、有本、有智、有斌、有信、有保、有气、有亮。苏有大后裔迁居安溪剑斗下洋山，福鼎白琳镇、沙埕镇，浙江苍南县桥墩镇、凤池镇等地。苏有隆后裔迁居安溪感德镇大格埔上，裔孙迁徙江西贵溪县雄石、流口镇和进贤县。苏有才后裔迁居南平市塔前镇、永春县蓬壶山兜，浙江兰溪市水亭乡，建德县安仁乡，江西贵溪市金屯镇、横峰县龙门和姚家乡、戈阳县朱坑和曹溪乡。苏有义迁居安溪县长坑乡顶寨。苏有仁后裔迁居安溪县长坑珍田、虎邱竹园、城厢光德，南安湖西村，漳平溪南镇、象湖镇，永安大湖镇、贡川镇，霞浦县崇儒乡和迁徙浙江苍南、平阳、乐清、瑞安、玉环。苏有烈后裔迁居安溪参内乡，南安蓬华镇和眉山乡，永春县上场、外山，福鼎店下镇和迁徙浙江瑞安、平阳、苍南及江西上饶。苏有气后裔迁居安溪县长坑玉美、蓬莱、虎邱和惠安县张坂、东岭等乡镇，永安西洋镇，三明岩前镇，南安仑苍镇，德化县赤水镇，同安院内和迁徙浙江平阳、苍南，云南。苏有亮后裔迁居福鼎桐城镇，华安县仙都镇，龙岩新罗白沙，安溪县祥华盛坑和连江。

苏十二郎支系　苏光诲5世苏十二郎传至8世苏有镇迁居南安霞舒。

苏十四郎支系　苏光诲5世苏十四郎传至8世苏有鹃、苏有鹤、苏有鹄、苏有鸣。苏有鹃后裔迁居安溪县湖上黄武、上路、雪山，长坑衡阳，蓬莱岭南、科阳、湖头、桃舟，明溪县沙溪乡和迁徙江西省横峰县，浙江省泰顺县、苍南县。苏有鹤后裔迁居福鼎白琳镇藤屿。苏有鸣后裔迁居安溪县长坑乡南阳、小西、大西、扶地、青苑、湖上乡长林、湖上、香东坑，感德镇，桃舟乡，白濑乡，永春县一都美岭和政和县东平、建阳、龙岩、漳州、长泰、晋江、石狮。

苏十五郎支系　苏光诲5世十五郎传至8世苏有泰、苏有通、苏有碧、苏有高、苏有明、苏有辉、苏有常、苏有安。苏有泰后裔迁居安溪县长坑衡阳厚德、湖头半岭、南清石皮，迁徙江西省广丰县、玉山县和浙江省开化县。苏有高后裔迁居南安洋庄。苏有明后裔迁居永春白鹤、福鼎店下镇、崇安（今武夷山市）和迁徙江西上饶市、弋阳县、广丰县、横峰县和铅山县。苏有辉后裔迁居安溪长坑前坪、三明星桥和迁徙浙江省苍南县。苏有常后裔迁居安溪县感德、岭头。苏有安后裔迁居安溪衡阳炉下宫，永春美岭、上洋山和三明、永安。

四、南安霞舒苏义家族

苏义居南安涧埕（今康美霞舒）①。生子苏罕；苏罕生3子：苏逊、苏希、苏臻。

长子苏逊回迁光州。

次子苏希传至8世苏垂昌生4子：苏端、苏仪、苏达、苏事。分东西房，苏端、苏仪居东房，苏达、

---

① 此条目出自：南安霞舒《苏氏族谱》（编修时间不详）载：“大郎公，唐光启二年丙午与二弟自河南光州固始县从王潮入闽，至泉州居南安县二十都涧埕灵感里阜阳谷口，地号前埔九郎园。娶□氏，生一子，名罕……公讳义，册名大义。”

苏事居西房。苏端和苏事迁居仙游枫亭。苏仪部分后裔迁居晋江等地。苏达传至15世苏英生6子：苏钦、苏镇、苏锡、苏镌、苏铃、苏锵，在南安等地繁衍形成6个支系，其中长子苏钦有后裔于明末清初迁徙广东顺德、江苏扬州、广西梧州等地；次子苏镇有后裔迁居晋江石湖边、高厝林（今晋江磁灶新垵），泉州洛江大河溪、彭殊寨自然村和闽北瓯南等地，迁徙广东大浦；三子苏锡有后裔迁居惠安等地；四子苏镌有后裔迁居南安美林梧山，后分迁泉州、福州等地；六子苏锵有后裔迁徙北京密云、浙南、广西等地。

三子苏臻，生2子，长子苏十九翁回光州；次子苏二十翁生3子：长子苏衢翁、次子苏明翁、三子苏衡翁分镇惠、永、德关隘。后裔居永春、德化、惠安。

苏希、苏臻部分后裔迁徙台湾等地和菲律宾、印度尼西亚等国家。

第四节　郡望、堂号

一、郡望

武功郡　秦孝公十二年（前350年）始设武功县。东汉初废入眉县。永平八年（65年）复置武功县，治所由渭河南迁至渭河北原郃城。北魏太和十一年（487年）撤县置武功郡，北周建德二年（574年）废武功郡，复置武功县，治所由郃城迁至武功城（今武功镇）。汉代，大将军苏建随卫青、霍去病攻打匈奴有功，封平陵侯。苏建居长安，后葬武功。其后裔遂家其所封，是为武功郡。

二、主要堂号

武功堂　苏惟忠三兄弟和苏肇基的后裔集居在福安、寿宁、周宁、霞浦和古田、屏南、建瓯、建阳、顺昌、政和等地，沿用“武功”为堂号。

芦山堂　苏益入闽后先居泉州，后迁同安，拓基葫芦山，取号芦山堂。其后裔聚居在厦门、泉州、漳州、莆田、三明、龙岩的各县（市、区）和散居在福州、南平、宁德的大部分县（市、区），均以“芦山”为堂号。

眉山堂　宋代，莆田苏棫与苏轼叙宗盟，仰慕眉山家学立堂号。元代，同安苏氏因粮祸受株连，部分族人改堂号，聚居在莆田秀屿、涵江、仙游和泉州惠安等地。

阜阳堂　苏大郎世居南安坂顶霞舒阜阳谷口，历经沿革。2004年在霞舒西房苏氏宗祠左侧建阜阳堂。南安市康美镇等地部分苏姓族人以“阜阳”为堂号。

第二章　分　布

第一节　人口分布

2016年6月，福建省公安厅户籍人口统计（不含金门、马祖），全省苏姓人口总数为452499人，分布于全省各市、县（市、区）及平潭综合实验区。

表 5-1　　**2016 年福建省苏姓人口分布情况表**　　单位：个、人

市（区）别	县（区、市）数	人口数	各县（区、市）人口数
福州	12	18037	鼓楼区 2672，台江区 890，仓山区 1373，晋安区 1521，马尾区 277，福清市 2643，长乐区 266，闽侯县 2391，连江县 1266，闽清县 2043，罗源县 390，永泰县 2305
厦门	6	39498	思明区 10020，湖里区 3918，集美区 3540，海沧区 4735，同安区 14707，翔安区 2578
漳州	13	37056	芗城区 3953，龙文区 1619，龙海市 22309，漳浦县 1319，云霄县 379，诏安县 329，东山县 131，平和县 1374，南靖县 1657，长泰县 874，华安县 2152，漳州开发区 391，台商投资区 569
泉州	12	215583	鲤城区 4758，丰泽区 4396，洛江区 2308，泉港区 316，石狮市 2082，晋江市 27346，南安市 51526，惠安县 7528，安溪县 64510，德化县 21801，永春县 16171，台商投资区 12841
三明	12	24127	三元区 2924，梅列区 1247，永安市 4219，清流县 144，宁化县 284，建宁县 782，泰宁县 185，明溪县 483，将乐县 145，沙县 1235，尤溪县 4788，大田县 7691
莆田	5	29453	仙游县 13177，荔城区 1974，城厢区 2822，涵江区 3624，秀屿区 7856
南平	10	14164	延平区 2003，建阳区 2053，邵武市 685，武夷山市 801，建瓯市 3192，顺昌县 1357，浦城县 2432，光泽县 490，松溪县 140，政和县 1011
龙岩	7	36201	新罗区 6159，永定区 21936，上杭县 266，武平县 149，长汀县 506，连城县 124，漳平市 7061
宁德	10	37965	蕉城区 3904，福安市 8584，福鼎市 4640，霞浦县 7690，寿宁县 590，周宁县 889，柘荣县 214，古田县 4899，屏南县 6311，东侨开发区 244
平潭	1	415	

第二节　主要聚居地

一、福州市苏姓

（一）鼓楼区

五凤街道马鞍（今凤仪家园）　明天启年间（1621—1627），苏明宇由闽南迁入。今传 15 世，有 100 余户、400 多人。后裔迁徙台湾、香港，部分后裔迁徙东南亚多国。

（二）晋安区

寿山乡石牌村　明嘉靖四十四年（1565 年），苏山泰由建宁府瓯宁县（今建瓯市）西乡第五都迁居侯邑（今闽侯县）三十二都双溪，隆庆二年（1568 年），再由双溪迁入。今传 16 世，居村 90 余户、460 多人。

（三）福清市

上迳镇树林村　清康熙四十年（1701 年），芦山堂苏结后裔由南安蓬华苏厝迁入。今传 13 世，居村 130 余户、600 多人。

上迳镇上迳村　苏惟宁由永春迁入。今居村 50 余户、300 多人。

渔溪镇上张村 苏士想由安溪长坑南阳迁入。今传13世，居村130余户、550多人。

东张镇石排村 明正统五年（1440年），苏福至由安溪迁居东张水库附近，1958年因修建水库，部分后裔移民迁入。今传23世，居村50余户、300多人。

东张镇玉林村 明正统五年，苏福至由安溪迁居东张水库附近，1958年因修建水库，部分后裔移民迁入。今传24世，居村50余户、310多人。

镜洋镇梨洋村 明正统五年，苏福至由安溪迁居东张水库附近，1958年因修建水库，部分后裔移民迁入。今传22世，居村50余户、320多人。

（四）闽侯县

荆溪镇关中村 明末，苏次山由安溪岭头迁入。今传18世，居村190余户、1000多人。

荆溪镇溪下村 苏世禄、苏世良迁入。今传15世，居村80余户、450多人。

鸿尾乡古洋村 明万历二十五年（1597年），苏正万由闽清县塔庄乡甲洋村迁入。今传21世，居村190余户、950多人。

（五）连江县

凤城镇玉山村 清雍正年间（1723—1735），苏锡由闽南迁入。今传11世，居村80余户、450多人。

丹阳镇东山村 明万历年间（1573—1620），苏绍龙由闽南迁入。今传15世，居村70余户、430多人。

江南镇连沙村 清康熙年间（1662—1722），苏三门由南安迁入。今传13世，居村70余户、420多人。

（六）闽清县

省璜镇凤池村 明嘉靖元年（1522年），苏福地由永春白鹤迁入。今传18世，居村100余户、460多人。

省璜镇和平村 明嘉靖元年，苏洪魁由永春白鹤迁入。今传17世，居村50余户、300多人。

省璜镇郑坑村 明嘉靖三十四年（1555年），苏宗寿由尤溪迁入。今传17世，居村50余户、310多人。

塔庄镇甲洋村 明嘉靖元年，苏洪辉由永春白鹤迁入。今传18世，居村130余户、550多人。

塔庄镇坂尾村 明嘉靖元年，苏秀泉由永春白鹤迁入。今传17世，居村130余户、650多人。

（七）罗源县

霍口乡东宅村 今居村70余户、300多人。

霍口乡南墘村 明正统十年（1445年），苏有志由古田迁入。今传23世，居村60余户、300多人。后裔迁居步尾村、霍口村。

（八）永泰县

葛岭镇蒲边村 清顺治年间（1644—1661），苏十才由同安迁入。今传14世，居村100余户、500多人。

白云乡蒲西菖蒲坑村 清康熙（1662—1722）末期，苏兴伯由仙游迁入。今传13世，居村150余户、600多人。

赤锡乡双桂村 清康熙三年（1664年），苏义明由仙游县浔阳里白凫（今菜溪乡白凫）迁入。今传15世，居村100余户、500多人。

盖洋乡小洋村 明万历年间（1573—1620），苏祖发由永春迁入。今传16世，居村90余户、420多人。

二、厦门市苏姓

（一）集美区

灌口镇深青村　明弘治年间（1488—1505），苏国顺和苏九郎部分后裔先后由海沧区东孚镇贞岱村迁入。今传21世，居村300余户、1300多人。后裔迁徙台湾高雄市、台南市，部分后裔迁徙东南亚。

灌口镇田头村大岭社　南宋时，苏九郎由贞岱村迁入。今传28世，居村50余户、300多人。后裔迁徙台湾嘉义县等地。

灌口镇坑内村前山社　清同治十一年（1872年），苏家声由贞岱村迁入。今传7世，居村60余户、310多人。

（二）海沧区

海沧街道官林庵　宋宣和六年（1124年），苏宋杰由仙游迁入。今传35世，居村80余户、300多人。

海沧街道温厝社区山后社　宋建炎年间（1127—1130），苏宋杰后裔由官林庵迁入。今传34世，居村150余户、600多人。后裔迁居东孚街道贞岱村、漳州虎渡（今龙海市东泗乡虎渡村）、同安充龙（今漳州角尾）和迁徙安徽定远等地。

东孚街道贞岱村　宋咸淳六年（1270年），苏文焕、苏文熉由山后社迁入。今传29世，居村500余户、2000多人。后裔迁居海澄、迁徙台湾等地。

东孚街道凤山村　明弘治年间（1488—1505），苏崇绪和苏九郎部分后裔先后分别由灌口镇深青村及贞岱村迁入。今传20世，居村200余户、800多人。

（三）同安区

大同街道东宅村　明初，苏平瑶由洪塘镇苏厝村迁入。今传21世，居村200余户、850多人。后裔迁徙台湾等地。

大同街道东宅行军塘　明中期，苏世扬由东宅村迁入。今传20世，居村200余户、800多人。

大同街道东宅过坑里　明中后期，苏德说后裔由苏厝村迁入。今传20世，居村120余户、500多人。

大同街道东宅月龙里　明中后期，苏孟宗、苏德遇由苏厝村迁入。今传20世，居村90余户、400多人。后裔迁居晋江东井等地。

大同街道东宅龙秋里　明中后期，苏世伟后裔由东宅村迁入。今传20世，居村80余户、300多人。

大同街道下溪头村　明中后期，苏存安、苏存亿和苏存礼由东宅村迁入。今传21世，居村720余户、2800多人。后裔迁居安溪和迁徙台湾，部分后裔迁徙马来西亚。

大同街道康浔村　明中后期，苏存礼后裔由下溪头村迁入。今传20世，居村600余户、2300多人。后裔迁徙台湾，部分后裔迁徙柬埔寨等国。

洪塘镇苏厝村上、下里　元至大四年（1311年），苏唐兴由同安县城迁入。今传27世，居村200余户、700多人。

洪塘镇苏厝村尾厝里　明中后期，苏君泽由苏厝村迁入。今传20世，居村110余户、400多人。

洪塘镇苏厝村白石里　明中期，苏平山后裔由苏厝村迁入。今传20世，居村100余户、350多人。

洪塘镇苏厝村新宅里　明中期，苏存耀后裔由苏厝村迁入。今传20世，居村120余户、430多人。

洪塘镇新学村护国坑　明中期，苏存玉由东宅村迁入。今传20世，居村180余户、800多人。后裔迁徙台湾等地。

洪塘镇新学村下宅里　明中后期，苏世德后裔由苏厝村迁入。今传20世，居村120余户、600多人。后裔迁徙台湾等地。

洪塘镇新学村宫口里　明中后期，苏德顺由苏厝村迁入。今传 20 世，居村 90 余户、400 多人。后裔迁徙台湾等地。

洪塘镇新学村新厝仔　明中后期，苏存器后裔由苏厝村迁入。今传 20 世，居村 70 余户、300 多人。

洪塘镇洪塘村　明中后期，苏存辉、苏存鼎后裔由苏厝村迁入。今传 20 世，居村 160 余户、600 多人。

洪塘镇洪塘村下刘里　明中后期，苏存耀后裔由苏厝村迁入。今传 20 世，居村 130 余户、400 多人。

洪塘镇洪塘村埔下里　明中后期，苏平生、苏平赐后裔由苏厝村迁入。今传 20 世，居村 160 余户、550 多人。

洪塘镇新厝村　明中后期，苏存耀后裔由苏厝村迁入。今传 20 世，居村 100 余户、380 多人。

洪塘镇新厝村顶刘里　明中后期，苏存耀后裔由苏厝村迁入。今传 20 世，居村 80 余户、300 多人。

洪塘镇新厝村尤厝里　明中后期，苏平溥后裔由苏厝村迁入。今传 20 世，居村 90 余户、320 多人。后裔迁居南安小嶝、前房等地。

洪塘镇新厝村董厝里　明中后期，苏平山后裔由苏厝村迁入。今传 20 世，居村 90 余户、360 多人。

洪塘镇新厝村顶欧坑　明中后期，苏平山后裔由苏厝村迁入。今传 20 世，居村 160 余户、600 多人。

西柯镇埭头村　明后期，苏平山后裔由白石里迁入。今传 16 世，居村 120 余户、460 多人。后裔迁徙台湾，部分后裔迁徙马来西亚等国。

莲花镇云埔村　清初，苏贤德由苏厝村迁入。今传 14 世，居村 80 余户、310 多人。

（四）翔安区

马巷街道三乡村　明代后期，苏国展由洪塘镇新学村护国坑迁入。今传 22 世，居村 390 余户、1200 多人。

新店街道澳头村　元至大四年（1311 年）、明万历年间（1573—1620），苏唐琊、苏敦谟分别由同安和青礁（今海沧区海沧街道青礁村）迁入。现分别传 27 和 16 世，居村 130 余户、500 多人。后裔迁居泉州、晋江、厦门和迁徙天津、台湾，部分后裔迁徙印度尼西亚、新加坡、越南等国。

三、漳州市苏姓

（一）芗城区

巷口街道浸水埕　苏狷轩由龙海市东泗乡虎渡村迁入。今传 26 世，居村 500 余户、2000 多人。

石亭镇下苍村　由田中央（今龙文区步文镇田丰社区）迁入。今传 24 世，居村 260 余户、1000 多人。

（二）龙文区

步文街道田中央（今田丰社区）　明中后期，由龙海浸水埕迁入。今传 21 世，居村 500 余户、2000 多人。

（三）龙海市

东泗乡虎渡村　宋祥兴二年（1279 年），苏朴由海沧区海沧街道青礁村迁入。今传 29 世，居村 580 余户、3000 多人。

东泗乡虎渡庵前社　明中期，苏文焕后裔由贞岱村迁入。今传 23 世，居村 80 余户、350 多人。

东泗乡卓港村　明中后期，由虎渡迁入。今传 20 世，居村 450 余户、1500 多人。

东泗乡太江村　明洪武二十七年（1394 年），苏愚翁由虎渡村迁入。今传 25 世，居村 820 余户、3200 多人。后裔迁徙广东、台湾，部分后裔迁徙缅甸、印度尼西亚、新加坡等国。

东泗乡松岭村　明万历年间（1573—1620），由太江村迁入。今传17世，居村150余户、600多人。
东泗乡斗门头村　由太江村迁入。今传15世，居村120余户、500多人。
东泗乡石钟村　由太江村迁入。今传17世，居村110余户、500多人。
东泗乡守宜村　由太江村迁入。今传14世，居村90余户、400多人。
东泗乡水浒村龙潭　由虎渡村迁入。今居村100余户、430多人。
海澄镇下埭村　由虎渡村迁入。今传23世，居村550余户、2200多人。
海澄镇合浦村　由虎渡村迁入。今传21世，居村700余户、3100多人。
海澄镇溪田村　由虎渡村迁入。今传15世，居村80余户、460多人。
海澄镇内溪碑头　由海澄镇东山尾村迁入。今传20世，居村280余户、1100多人。
海澄镇苏厝村　由东泗乡卓港村迁入。今传15世，居村80余户、350多人。
海澄镇罗坑社　由太江迁入。今传21世，居村600余户、2300多人。
海澄镇广林社　明代，苏宁由太江迁入。今传20世，居村260余户、1000多人。
海澄镇田寮社　明中后期，由海澄镇东山尾村迁入。今传20世，居村80余户、320多人。
浮宫镇青尾苏社　明中后期，苏素由东泗乡太江迁入。今传22世，居村300余户、1100多人。
港尾镇格林村　元末，苏敏庵由漳浦佛昙镇迁入。今传30世，居村650余户、3100多人。
九湖镇下洋社　由虎渡迁入。今传15世，居村70余户、350多人。

（四）漳浦县

沙西镇高林村新城　明嘉靖年间（1522—1566），由龙海市东泗乡虎渡迁入。今传19世，居村80余户、300多人。

（五）平和县

坂仔镇民主村　元后期，苏俊、苏满孜（芦山堂苏经后裔）由广东枫朗迁入。今传26世，居村500余户、2000多人。后裔迁徙台湾台北，部分后裔迁徙东南亚。

（六）南靖县

梅林镇潆头村　清初，苏梧凤由龙岩市永定区古竹乡大德村迁入。今传16世，居村260余户、900多人。

梅林镇双溪村　明中后期，苏富彩由永定区古竹乡迁入。今传22世，居村200余户、800多人。

丰田镇丰田村　苏启建由永定区古竹乡迁入。今传14世，居村90余户、400多人。

靖城镇田口村　清初，苏慈慎由龙溪县浦头（今漳州市芗城区）迁入。今传15世，居村80余户、300多人。

（七）长泰县

枋洋镇上深村　清初，由同安莲花镇迁入。今传15世，居村260余户、1000多人。后裔迁徙台湾，部分后裔迁徙东南亚。

（八）华安县

仙都镇市后村　元泰定四年（1327年），苏东泉由安溪盛卿（今祥华乡）迁入。今传28世，居村680余户、2700多人。后裔迁徙台湾，部分后裔迁徙东南亚。

四、泉州市苏姓

（一）鲤城区

涂山街道燕支（胭脂）巷　元至大四年（1311年），苏唐舍由同安芦山堂迁入。今传23世，有90余户、400 多人。后裔迁徙香港、台湾，部分后裔迁徙印度尼西亚、菲律宾等国。

常泰街道常春村 明代，由燕支巷迁入。今传 20 世，居村 200 余户、800 多人。

江南街道前店村 由燕支巷迁入。今传 20 世，居村 130 余户、500 多人。

（二）丰泽区

东湖街道水漈村 明代，苏锦源后裔由东岳山苏厝围（今泉州清源山麓少林路）迁入。今传 20 世，居村 500 余户、2000 多人。

（三）洛江区

马甲镇龙楼村 明代，苏秀甫由龙岩东门外（今龙岩市新罗区）迁入。今传 20 世，居村 360 余户、1300 多人。

（四）石狮市

宝盖镇苏厝村 宋淳熙十六年（1189 年），苏崇龟由晋江清沟迁入。今传 29 世，居村 200 余户、750 多人。后裔迁居仙游，迁徙浙江、台湾等地（其中散居台南市 2000 多人）。

宝盖镇玉浦村 元至大四年（1311 年），苏唐才由同安芦山堂迁入。今传 28 世，居村 120 余户、400 多人。

蚶江镇蚶江村 清乾隆（1376—1795）末期，苏忠馄三兄弟由今泉州市区迁入。今传 10 世，居村 90 余户、300 多人。

（五）晋江市

罗山街道苏前村 明中后期，苏天泽由龟湖苏厝迁入。今传 21 世，居村 100 余户、600 多人。

池店镇柴塔村 明中后期，苏正吾由晋江东石迁入。今传 19 世，居村 80 余户、300 多人。后裔迁徙台湾、香港、澳门，部分后裔迁徙菲律宾、印度尼西亚、马来西亚、缅甸等国。

池店镇大洲村 由晋江张园迁入。今传 14 世，居村 70 余户、300 多人。

池店镇华洲村 由安溪衡阳迁入。今传 15 世，居村 80 余户、350 多人。

池店镇小霞浯村 由晋江清沟迁入。今传 15 世，居村 110 户、400 多人。

陈埭镇苏厝村 宋中期，苏向由同安芦山堂迁入。今传 35 世，居村 1300 余户、5000 多人。后裔迁徙广东、台湾（现有 5000 多人）、香港、澳门，部分后裔迁徙菲律宾、印度尼西亚等国。

陈埭镇浦头村 明后期，苏仰浦由晋江柴塔迁入。今传 20 世，居村 100 余户、400 多人。

涵口村下埭村 苏天举由石狮龟湖苏厝迁入。今传 19 世，居村 90 余户、300 多人。

龙湖镇苏厝崎村 明后期，苏元成由石狮龟湖苏厝迁入。今传 20 世，居村 160 余户、600 多人。后裔迁徙深圳、上海、香港，部分后裔迁徙菲律宾。

磁灶镇钱坡村 明永乐年间（1403—1424），苏缄后裔苏联生由槐市（今钱坡村旁）迁入。今传 23 世，居村 2300 余户、9000 多人。后裔迁徙香港，部分后裔迁徙菲律宾。

磁灶镇井边村 明代，苏颂后裔由磁灶迁入。今传 21 世，居村 200 余户、700 多人，有后裔迁徙香港，部分后裔迁徙菲律宾。

磁灶镇笑口村 明中后期，苏梦载由晋江福埔迁入。今传 21 世，居村 310 余户、1200 多人。

磁灶镇石湖边 明中后期，由南安霞舒迁入。今传 19 世，居村 260 余户、1000 多人。后裔迁徙菲律宾、印度尼西亚等国。

磁灶镇新安村高厝林 明中后期，由南安霞舒迁入。今传 20 世，居村 130 余户、500 多人。

紫帽镇张园村 明中后期，苏立端由今泉州鲤城区江南镇常春村迁入。今传 20 世，居村 160 余户、600 多人。

紫帽镇洋店村　明中后期，由南安迁入。今传 21 世，居村 180 余户、700 多人。

安海镇梧山村　元至大四年（1311 年），苏唐珠由同安芦山堂迁入。今传 25 世，居村 530 余户、2100 多人。后裔迁徙广东、台湾，部分后裔迁徙印度尼西亚、菲律宾等国。

安海镇山兜村　明中后期，苏戴峰由梧山村迁入。今传 20 世，居村 370 余户、1200 多人。后裔迁徙印度尼西亚、菲律宾等国。

安海镇玉楼村　明中后期，苏善德、苏道政由梧山村迁入。今传 21 世，居村 130 余户、500 多人。

安海镇东井村　清康熙年间（1662—1722），苏道志由同安迁南安，后裔再迁入。今传 12 世，居村 210 余户、800 多人。后裔迁徙台湾，部分后裔迁徙印度尼西亚、菲律宾等国。

东石镇东石村　明洪武二年（1369 年），苏进宗由泉州燕支巷迁入。今传 23 世，居村 160 余户、600 多人。后裔迁徙台湾。

永和镇梧仑村　苏一元由同安迁入。今传 24 世，居村 280 余户、1100 多人。

英林镇湖美村　明代，苏珏峰由梧仑村迁入。今传 21 世，居村 510 余户、2100 多人。后裔迁徙台湾，部分后裔迁徙菲律宾等国。

（六）南安市

康美镇梅元村　唐光启年间（885—888），苏大郎由光州固始迁入。今传 41 世，居村 1470 余户、5880 多人。后裔迁徙印度尼西亚、马来西亚、缅甸等国。

康美镇康美村　明成化（1465—1487）初年，苏钦后裔由梅元村迁入。今传 23 世，居村 2310 余户、9300 多人。后裔迁徙香港、台湾，部分后裔迁徙菲律宾、缅甸等国。

康美镇集星村　明嘉靖（1522—1566）中后期，苏志达、苏志坡分别由霞舒涧埕和梅元大厝内自然村迁入。今传 20 世，居村 910 余户、3750 多人。

康美镇梅魁村　明嘉靖末，苏志建、苏志达、苏志述、苏志逾等分别由集星村田乾迁入苏坑（今梅魁）。今传 20 世，居村 1210 余户、4900 多人。

康美镇梅星村　明嘉靖中后期，苏志达后裔由梅魁村迁入。今传 18 世，居村 1420 余户、5700 多人。

康美镇东旭村　明嘉靖后期，苏镌后裔由梅元村迁入，今传 19 世；明嘉靖三十七年（1558 年），苏志坚由梅元尾寮自然村迁入，今传 18 世，共居村 1240 余户、5000 多人。

康美镇赤岭村　明万历（1573—1620）初期，苏大阜后裔和苏敦培、苏珍培、苏家培、苏孚分别由园内村和霞舒迁入。今传 18 世，居村 1200 余户、4900 多人。后裔迁徙马来西亚、新加坡等国。

康美镇园内村　明天顺年间（1457—1464），苏铃由霞舒，苏大藩、苏大宪由南安梅园村迁入。今传 17 世，居村 1490 余户、6000 多人。后裔迁徙马来西亚、新加坡等国。

洪濑镇厝斗村　清初，苏敦实由洪濑古山村、苏畅才兄弟由梅元村顶村分别迁入。今传 13 世，居村 240 余户、980 多人。

洪濑镇葵山村　明成化年间（1465—1487），苏楠由园内村迁入。今传 20 世，居村 710 余户、2860 多人。后裔迁徙印度尼西亚、马来西亚等国。

洪濑镇产田村　宋后期，苏荣由晋江龟湖苏厝（今石狮市）迁入。今传 26 世，居村 70 余户、300 多人。

洪濑镇三梅村竹溪　明成化年间，苏瑜后裔由梅元涧埕先迁洪濑街头，再迁入竹溪。今传 16 世，居村 220 余户、890 多人。

仑苍镇湖西村　明后期，苏结后裔周德成（明初由苏改周姓）由安溪竹园村迁入。今传 19 世，居村 900 余户、2800 多人，后裔迁徙温州、台湾等地。

仑苍镇园美村　明洪武十六年（1383 年），苏元翁由安溪衡阳东洋迁入，今传 20 世，居村 630 余户、

3000多人。后裔迁居厦门、金门和迁徙台湾，部分后裔迁徙马来西亚等国。

蓬华镇苏厝村 明中后期，苏景瑞由永春上场迁入。今传22世，居村1000余户、3500多人。后裔迁居南安外寨、福清、永安，迁徙温州、台湾，部分后裔迁徙菲律宾等国。

眉山乡外寨村 明中后期，苏佛养由蓬华镇苏厝村迁入。今传20世，居村600余户、2000多人。后裔迁居安溪、明溪，迁徙马来西亚、越南、法国、澳洲、德国。

英都镇南坪村 明万历年间（1573—1620），苏淮江由金门迁入。今传18世，居村50余户、300多人。

官桥镇西庄村 明中后期，苏汝度由石狮玉浦迁入。今传20世，居村180余户、700多人。清代中期，苏启猷后裔由南安迁入，今传12世，居村70余户、300多人。

（七）惠安县

张坂镇苏坑村 元至正年间（1341—1367），苏中养由同安榕下小盈岭迁入；明永乐二年（1404年），苏团峰、苏寿峰由南安霞舒迁入。今分别传22、21世，居村700余户、3200多人。后裔迁徙浙江、台湾，部分后裔迁徙新加坡。

张坂镇山内村 明永乐十七年（1419年），苏团峰后裔由苏坑村迁入。今传22世，居村500余户、2000多人。后裔迁徙台湾，部分后裔迁徙印度尼西亚。

张坂镇后蔡村 明弘治年间（1488—1505），苏尚智、苏尚仁、苏尚义由泉州东岳山苏厝围迁入。今传20世。居村400余户、1800多人。

张坂镇上仑村 明后期，苏妈良由苏坑村迁入。今传15世，居村500余户、2000多人。

张坂镇莲石村 明后期，苏高莘由后蔡村迁入。今传16世，居村190余户、800多人。

张坂镇东溪村 清初，苏九题等分别由苏坑、后蔡村迁入。今传14世，居村100余户、400多人。

张坂镇新塘内 分别由苏坑、山内村迁入。今传12世，居村70余户、300多人。

张坂镇门头村 明清民国时期，苏肇、苏敦、苏毓尊、苏文德、苏阵、苏双喜等分别由山内、苏坑、上仑村迁入。今分别传16、13、10、9世，居村350余户、1300多人。

张坂镇田中村 清民国时期，苏寿峰后裔与苏固柳由苏坑、后蔡等地迁入。今分别传12、8世，居村110余户、400多人。

张坂镇后曾村 清初，苏寿峰后裔由苏坑村迁入。今传14世，居村400余户、1200多人。

张坂镇北蔗村 明末期，苏团峰和苏寿峰后裔由苏坑西头、新厝村迁入。今传15世，居村90余户、400多人。

张坂镇大峡村 清初，苏千、苏不由苏坑村迁入。今传13世，居村90余户、360多人。

张坂镇黄岭村 明代，苏承聪由东岭镇潘厝村迁入。今传18世，居村100余户、400多人。后裔迁徙浙江、台湾，部分后裔迁徙马来西亚。

东岭镇潘厝村 明代，苏中养后裔由苏坑下店五房迁入。今传21世，居村530余户、2100多人。

山霞镇东莲村 清初，苏秋兰、苏藻、苏堂、苏篮、苏亭分别由苏坑、上仑、东溪、山内村迁入。今传19世，居村210余户、800多人。

东园镇蟳头村 明初，苏行礼由苏坑下店迁入。今传20世，居村60余户、300多人。部分后裔迁居洛阳、张坂和迁徙新加坡、越南等国。

崇武镇大岞村 清初，苏包使由苏坑迁入。今传17世，居村100余户、400多人。

洛阳镇西方村 明后期，由东园镇群青村蟳头先居白沙，再由白沙迁入。今传13世，居村130余户、600多人。后裔迁徙中国香港和菲律宾。

涂寨镇院前村 清初，苏挺、苏派由苏坑迁入。今传15世，居村170余户、600多人。

涂寨镇宣妙村　清中期，由苏坑村迁入。今传 11 世，居村 60 余户、300 多人。

螺阳镇庄林柄　明后期，苏高成由张坂下山内温厝刊迁入。今传 16 世，居村 300 余户、1500 多人。

螺阳镇小苏坑　清中期，苏徽政由门头村迁入。今传 13 世，居村 100 余户、550 多人。

螺阳镇古塘村　清中期，由张坂东溪村迁入。今传 12 世，居村 70 余户、300 多人。

紫山镇蓝田村　明万历年间（1573—1620），由漳浦油车前迁入。今传 15 世，居村 350 余户、1800 多人。

（八）安溪县

长坑乡衡阳村　宋嘉庆六年（1060 年），苏结由同安迁入。今传 32 世，居村 2000 余户、8000 多人。后裔迁徙浙江、江西、云南、台湾，部分后裔迁徙东南亚多国。

长坑乡西溪村　明天顺八年（1464 年），苏隆生由长坑小西村迁入。今传 18 世，居村 900 余户、3700 多人。后裔迁徙台湾，部分后裔迁徙东南亚多国。

长坑乡南阳村　明天顺年间（1457—1464），苏进尾由衡阳村迁入。今传 18 世，居村 450 余户、1600 多人。后裔迁居福州、福清、建瓯、政和、仙游等地。

长坑乡小西村　明天顺年间，苏存生由长坑南阳村迁入。今传 18 世，居村 700 余户、3000 多人。后裔迁徙台湾，部分后裔迁徙美国。

长坑乡扶地村　明万历年间（1573—1620），苏宏廉由长坑西溪村大坂迁入。今传 17 世，居村 700 余户、3000 多人。

长坑乡青苑村　清康熙十三年（1674 年），苏宠祝由长坑小西村迁入。今传 14 世，居村 300 余户、1200 多人。

长坑乡玉美村　明成化十八年（1482 年），苏第四由衡阳迁居长坑南斗村，再由南斗迁入。今传 23 世，居村 1200 余户、4500 多人。后裔迁徙浙江、云南等地。

长坑乡珍田村　元至正二十年（1360 年），苏三郎由衡阳三村村迁入。今传 25 世，居村 500 余户、1800 多人。后裔迁徙台湾（居台湾新竹 5000 多人、彰化 3000 多人）。

长坑乡前坪村　宋后期，苏有辉由衡阳村迁入。今传 25 世，居村 450 余户、1600 多人。后裔迁徙浙江、台湾等地。

湖上乡湖上村　明天顺年间，苏进妈由衡阳顶寨迁入。今传 18 世，居村 1100 余户、4700 多人。

湖上乡雪山村　明隆庆元年（1567 年），苏进富由衡阳村迁入。今传 18 世，居村 760 户、3000 多人；明代中后期，苏好生由长坑小西迁入，今传 17 世，居村 70 余户、300 多人；清顺治年间（1644—1661），苏圣敏由长坑西溪村迁入，今传 15 世，居村 210 户、800 多人。后裔迁居永春、漳平，部分后裔迁徙马来西亚等国。

湖上乡上路村　清顺治年间，苏进允由长坑雪山村迁入。今传 13 世，居村 500 余户、2100 多人。

湖上乡岭美村　清初，苏纪成由长坑乡玉美村迁入。今传 11 世，居村 90 余户、300 多人。

湖上乡黄武村　清康熙年间（1662—1722），苏尾仔由长坑衡阳村迁入。今传 13 世，居村 300 多户、1100 多人。后裔迁居福州等地。

湖上乡长林村　明万历年间，苏宏莺由长坑小西村迁入。今传 16 世，居村 300 余户、1200 多人。

剑斗镇双洋村　明正德年间（1506—1521），苏尾发由长坑衡阳村迁入，今传 21 世，居村 230 余户、750 多人；清康熙年间，苏致科由衡阳村迁入，今传 11 世，居村 150 余户、550 多人。

剑斗镇东阳村　明末清初，苏惠生由长坑南阳村迁入。今传 13 世，居村 90 余户、430 多人。后裔迁居三明市区和永安等地。

剑斗镇前炉村　清初，苏呈明等由长坑雪山村等地迁入。今传 12 世，居村 70 余户、300 多人。

感德镇槐植村 宋淳祐年间（1241—1252），苏可宠由长坑乡衡阳村迁入。今传25世，居村200余户、800多人。

感德镇大格村 明末清初，苏义二由感德镇槐植村迁入。今传12世，居村400多户、2000多人；清中期，苏进妈后裔由衡阳先迁洪佑村，再由洪佑迁入，今传10世，居村50余户、300多人。

感德镇洋山村 清初，苏光到、苏显讨分别由长坑乡衡阳、小西迁入。今传11世，居村260余户、1000多人。

感德镇五甲村 清初，苏忠信由长坑衡阳迁入。今传12世，居村90余户、350多人。

蓬莱镇新林官仓庙 元至正二十年（1363年），苏师存由南安盘濑迁入。今传25世，居村110余户、400多人。

蓬莱镇岭南村 明景泰元年（1450年），苏元德由安溪尚卿乡科名村迁入。今传19世，居村480余户、2000多人。后裔迁徙新加坡（现有1万多人）和马来西亚等国。

蓬莱镇岭东村 苏呈椿迁入。今传14世，居村60余户、300多人。

白濑乡上格村 清康熙三十年（1691年），苏国柱由湖头镇半山村迁入。今传12世，居村200余户、900多人。

白濑乡树脚村 由湖头镇汤头村迁入。今传11世，居村70余户、300多人。

官桥镇岭头村 元至大四年（1311年），苏唐宫由同安芦山堂迁入。今传23世，居村400余户、2100多人。后裔迁徙台湾，部分后裔迁徙新加坡、马来西亚、印度尼西亚等国。

湖头镇横山村 元至顺元年（1330年），苏清寿由官桥镇岭头村迁入，今传25世，居村1000余户、4000多人，后裔迁徙台湾台北市三峡镇；元代后期，苏敦让由泉州迁入，今传21世，居村60户、300多人；清初，苏芳泰后裔由长坑珍田迁入，今传13世，居村60余户、310多人。

湖头镇汤头村 明后期，苏清寿后裔由湖头镇横山村迁入。今传22世，居村800余户、3800多人。

湖头镇大埔村 清乾隆十六年（1751年），苏秀清由湖头镇横山村迁入。今传9世，居村50余户、300多人。

湖头镇溪美村 元至正二十七年（1367年），苏师圣由蓬莱新林官仓庙迁入。今传24世，居村1100余户、5100多人。后裔迁居光泽、建阳，迁徙江西、台湾等地。

湖头镇湖四村 明万历年间（1573—1620），苏见田由长坑衡阳村迁入。今传16世，居村90余户、300多人。

湖头镇半岭村 明万历年间，苏全茂由长坑衡阳迁入。今传15世，居村200余户、800多人。

桃舟乡桃舟村 清光绪年间（1875—1908），苏树兰等三支系分别由长坑、湖上、感德等地迁入。今传7世，居村280余户、1000多人。

参内乡岩前村 明中后期，苏见泉由南安蓬华迁入。今传15世，居村300余户、1100多人。

虎邱镇竹园村 明洪武年间（1368—1398），苏卓周由漳平迁入（改姓为周）。今传23世，居村2000余户、8200多人。后裔迁徙台湾，部分后裔迁徙东南亚多国。

（九）德化县

龙浔镇宝美社区 元初，苏道远由德化石城（今雷峰镇长基村）迁入。今传29世，有1200余户、3900多人。后裔迁居安溪、永春、福州、永泰、厦门、漳州、三明、永安、尤溪、建阳、宁德飞鸾，迁徙江西、浙江、吉林、香港、台湾，部分后裔迁徙菲律宾、马来西亚、美国、英国。

龙浔镇浔东社区 元初，苏道远后裔由今宝美社区迁入。今传28世，有140余户、500多人。

龙浔镇德新社区 元初，苏道远后裔由今宝美社区迁入。今传27世，有100余户、350多人。

龙浔镇兴南社区 元中期，苏道远后裔由今宝美社区迁入。今传26世，有70余户、300多人。

龙浔镇龙鹏社区 元中期，苏道远后裔由今宝美社区迁入。今传27世，有50余户、310多人。

龙浔镇南门社区 元中期，苏道远后裔由今宝美社区迁入。今传26世，有50余户、300多人。

龙浔镇湖前社区 元中期，苏道远后裔由今宝美社区迁入。今传25世，有50余户、300多人。

龙浔镇大坂村 明初，苏秀峰、苏瑞峰由安溪大格迁入。今传18世，居村70余户、360多人。部分后裔迁居英山村，迁徙台湾等地。

浔中镇浔中社区 元初，苏道远后裔由今宝美社区迁入。今传28世，有50余户、300多人。

浔中镇风池社区 元初，苏道远后裔由今宝美社区迁入。今传27世，有60余户、310多人。

浔中镇富东社区 元初，苏道远后裔由今宝美社区迁入。今传26世，有50余户、300多人。

葛坑镇富地村 元初，苏道益偕子苏启昌由德化石城（今雷峰镇长基村）先居德化杨梅中团美洋长丘头（今葛坑镇大正村）暂住，后由苏启昌移居尤溪木埝（今三明市尤溪县坂面乡肖坂村嘉溪自然村）。明洪武年间（1368—1398），苏启昌后裔苏荣一、荣三回迁定居今德化葛坑镇富地村高坑。今传29世，居村1200余户、4800多人。后裔迁居福州、龙岩、尤溪，部分后裔迁徙印度尼西亚、马来西亚等国。

葛坑镇龙漈村 明永乐年间（1403—1424），苏法清由富地村梅岭堂迁入。今传22世，居村150余户、600多人。后裔迁居福州、莆田、尤溪，迁徙安徽等地。

葛坑镇蓝田村 明嘉靖年间（1522—1566），苏新隆由富地村梅岭堂迁入。今传20世。居村250余户、1000多人。后裔迁居福州、尤溪，迁徙江苏、山东等地。

春美乡双翰村 元初，苏道隆由德化石城（今雷峰镇长基村）迁入。今传29世，居村540余户、2400多人。后裔迁居福州、厦门、泉州，迁徙江西、深圳，部分后裔迁徙美国。

春美乡古春村 明代，苏金六迁入；清代中后期，苏瓒四、苏建秋、苏义万、苏宗绵、苏善耀、苏如许等先后由双翰村迁入。今分别传16、14、11、10、8、6世，居村550余户、2200多人。后裔迁徙安徽、陕西、广东、湖北、台湾等地。

春美乡春美村 清代中后期，苏仲振、苏弘政、苏鸣周、苏用躬先后由双翰和古春村迁入。今分别传12、11、10、6世，居村480余户、2300多人。后裔迁居大田、明溪、福州、厦门、泉州，迁徙云南、深圳、台湾。

春美乡上春村 清代中后期，苏应植、苏明珏、苏珍有、苏钟升、苏元前、苏维扬先后由双翰、古春和春美村迁入。今分别传11、10、9、6世，居村350余户、1500多人。后裔迁居福州、厦门、永安、建瓯。

春美乡尤床村 清乾隆至嘉庆年间（1736—1820），苏柏二后裔和苏亦满、苏圣中、苏钟耀、苏清大先后由双翰和古春村迁入。今分别传13、12、10世，居村360余户、2000多人。后裔迁居福州、厦门、泉州，迁徙台湾等地。

春美乡新阁村 清乾隆年间（1736—1795），苏台生、苏贵铬先后由双翰村迁入。今分别传12、8世，居村140余户、530多人。后裔迁居大田县，迁徙北京、深圳、香港，部分后裔迁徙东南亚多国。

春美乡梁春村 清康熙年间（1662—1722），苏波三、苏仲弼后裔由古春村迁入。今传14世，居村470余户、1200多人。后裔迁居厦门、大田、永安、沙县、珠海，部分后裔迁徙印度尼西亚、马来西亚。

大铭乡大铭村产洋自然村 明嘉靖年间（1522—1566），苏环四由双翰村迁入。今传18世，居村90余户、360多人。后裔迁居泉州、福州，迁徙上海、北京等地。

大铭乡联春村 明万历三十二年（1604年），苏辉二由双翰村迁入联春后格仁；清康熙四十四（1705年）和五十四年，苏美十一和苏美九先后由双翰村迁入内春里。今分别传17、15世，居村490余户、2200多人。后裔迁居大田、福州，部分后裔迁徙马来西亚。

大铭乡金黄村 清雍乾年间（1723—1795），苏德若、苏德贯分别由双翰村迁入。今分别传13、11

世，居村120余户、500多人。部分后裔迁居福州、厦门、泉州、晋江、安海、龙岩等地。

（十）永春县

蓬壶镇观山村 宋政和二年（1112年），苏有明由安溪衡阳迁居永春城内北门，后裔苏盖辉携子苏心白再由北门迁入。今传37世，居村1550余户、5350多人。后裔迁居闽清、霞浦，迁徙江西上饶、浙江、海南、台湾等地。

蓬壶镇都溪村 明洪武二十七年（1394年），苏逊由永春桃溪（今蓬壶镇都溪村）迁入。今传34世，居村300余户、1100多人。后裔迁徙江西上饶、台湾，部分后裔迁徙印度尼西亚、马来西亚。

蓬壶镇仙岭村 苏法通、苏尾旺由蓬壶观山村迁入。今传21世，居村500余户、1500多人。

蓬壶镇汤城村 元至大四年（1311年），苏有才携子苏可静由安溪衡阳迁入。今传28世，居村60余户、300多人。后裔迁居南平，迁徙浙江温州、江西、宁夏，部分后裔迁徙马来西亚。

蓬壶镇鹏溪埕边村 明嘉靖中期（1550年前后），苏方建由观山村迁入。今传35世，居村140余户、600多人。

石鼓镇东安村 苏道真由蓬壶观山村迁入。今传25世，居村820余户、3000多人。

石鼓镇洑江村 苏茂森由蓬壶观山村迁入。今传15世，居村60余户、300多人。

石鼓镇大卿村 由蓬壶观山村迁入。今传20世，居村100余户、500多人。

石鼓镇桃场村 苏以环由安溪长坑乡衡阳迁入。今传20世，居村60余户、300多人。后裔迁徙江西等地。

一都镇吴殊村 清初，苏兴跃由下洋镇大荣村迁入。今传15世，居村300余户、1300多人。

一都镇美岭村 清中期，苏结后裔苏荣扬、苏耿长分别由安溪衡阳、南阳迁入。今分别传10、8世，居村170余户、700多人。

东平镇冷水村 明末清初，苏直斋由同安迁入。今传14世，居村80余户、300多人。

五、三明市苏姓

（一）三元区

岩前镇增坊村 清光绪年间（1875—1908），苏流山、苏流美、苏孝奇等分别由安溪长坑、大西、剑斗，永春白观、德化大铭、大田桃源迁入。今传7世，居村320余户、1200多人。

岩前镇星桥村 清嘉庆三十一年（1826年），苏宗生由永春蓬壶观山村鸟仔坑迁入。今传8世，居村50余户、300多人。

（二）永安市

大湖镇冲一村 清光绪六年（1880年），苏孝康、苏孝贵由安溪长坑衡阳后溪坪迁入。今传6世，居村60余户、300多人。

大湖镇冲二村 清道光年间（1821—1850），苏呈满由安溪长坑衡阳青洋坂迁入，今传8世；另一支系于1831年由安溪县湖上乡雪山村迁入。今传7世。两支合计居村60余户、300多人。

大湖镇冲三村 清乾隆三十九年（1774年），由安溪长坑衡阳西溪迁入。今传10世，居村130余户、600多人。

大湖镇冲四村 清咸丰四年（1854年），苏年垲由安溪竹园迁入。今传7世，居村80余户、400多人。

（三）明溪县

沙溪乡瑶奢村 清光绪十四年（1888年），苏呈存等由安溪长坑衡阳迁入。今传6世，居村60余户、

310 多人。

（四）沙县

凤岗街道西郊村　清道光四年（1824 年），苏元伍、苏元歎、苏元机由漳平象湖镇迁入，今传 9 世，居村 50 余户、300 多人。

南霞乡龙凤坂村　清顺治十七年（1660 年），苏以庆由德化迁入。今传 14 世，居村 60 余户、300 多人。

（五）尤溪县

联合镇惠州村　清康熙十三年（1674 年），苏益后裔苏宗荣迁居永泰东洋乡，后再由东洋迁入。今传 15 世，居村 300 余户、1300 多人。

中仙乡善邻村　明嘉靖八年（1529 年），苏质八、苏献四由大田县石鼻头（今太华镇甲魁村）迁入。今传 19 世，居村 500 余户、2100 多人。

新阳镇溪坂村　元至正十三年（1353 年），苏清二由德化县石城迁入。今传 27 世，居村 200 余户、900 多人。

新阳镇龙漈村坎里自然村　明景泰七年（1456 年），苏宝三由大田县梅山乡璞溪村迁入。今传 28 世，居村 130 余户、570 多人。

（六）大田县

屏山乡内洋村　元初，苏道隐由德化石城（今德化县雷峰镇长基村）迁入。今传 31 世，居村 500 余户、2200 多人。后裔迁徙江西、浙江等地。

屏山乡溪头村　苏道隐后裔由内洋村迁入。今传 20 世，居村 280 余户、1000 多人。

石牌镇拱桥村　苏道隐后裔由内洋村迁入。今传 18 世，居村 200 余户、800 多人。

石牌镇盖山村　苏道隐后裔由内洋村迁入。今传 19 世，居村 60 余户、400 多人。

石牌镇石坑村　苏道隐后裔由内洋村迁入。今传 18 世，居村 60 余户、300 多人。

石牌镇张坑村　苏道隐后裔由内洋迁入。今传 19 世，居村 60 余户、300 多人。

吴山镇梓溪村　明嘉靖年间（1522—1566），苏富四由内洋村迁入。今传 19 世，居村 90 余户、400 多人。

太华镇甲魁村　宋绍兴年间（1131—1162）和宋景炎年间（1276—1278），苏富一和苏延祐先后由德化石城迁入尤溪三十五都（今大田上京梅岭村和太华镇甲魁等村），部分后裔分迁甲魁；明中期，苏明二由德化双翰迁入。三支合计今居村 250 余户、1200 多人。

太华镇池园村　苏富一、苏延祐后裔分别由上京镇梅岭村、太华镇甲魁村和桃源镇盂坂村迁入。三支合计今居村 60 余户、300 多人。

桃源镇盂坂村　苏富一、苏延祐后裔分别由梅岭村和甲魁村迁入。今居村 60 余户、300 多人。后裔迁居尤溪等地。

梅山镇璞溪村　明中期，苏环八由德化双翰迁入尤溪四十五都（今大田县奇韬镇、文江乡等地），苏清润由尤溪四十五都再迁入。今传 19 世，居村 230 余户、900 多人。

六、莆田市苏姓

（一）仙游县

枫亭镇建国村　明景泰三年（1452 年）苏光琰、苏龙松由海澄（今龙海市）迁入。今传 19 世，居村 400 余户、1600 多人。后裔迁居沙溪、西张等地。

枫亭镇东宅村 明代后期，苏茂玄、苏肇善由莆田秀屿苏厝迁入。今传16世，居村150余户、600多人。

枫亭镇土墩村 清初，苏宜纯、苏为日分别由莆田秀屿苏厝、仙游枫亭慈孝里迁入。今传14世，居村130余户、520多人。

枫亭镇秀峰村 清康熙年间（1662—1722），苏祈锡迁入。今传13世，居村70余户、300多人。

郊尾镇西山村 明洪武年间（1368—1398），苏先裕由莆田秀屿苏厝迁入。今传25世，居村560余户、2200多人。

郊尾镇长安村 清康熙初年，苏益后裔由晋江迁入。今传15世，居村360余户、1400多人。

郊尾镇伍狮村 清康熙四十年（1705年），苏伯苍由度尾镇屏山村迁入。今传14世，居村100余户、360多人。

郊尾镇沙溪村 明弘治年间（1488—1505），苏一乐由枫亭建国村迁入。今传16世，居村50余户、300多人。

园庄镇大埔村 清初，苏尧珠由度尾屏山祥云迁入。今传14世，居村60户、300多人。后裔迁居晋江、惠安等地。

盖尾镇斜尾村 清康熙初年，苏益后裔迁入。今传14世，居村170余户、700多人。

赖店镇张埔村 清乾隆年间（1736—1795），苏海头由莆田秀屿苏厝迁入。今传11世，居村90余户、380多人。后裔迁徙印度尼西亚。

赖店镇新周村 明天启年间（1621—1627），苏尧明由度尾屏山祥云迁入。今传20世，居村120余户、500多人。

榜头镇后庄村 清中后期，苏先裕后裔由郊尾西山村迁入。今传11世，居村60余户、300多人。

榜头镇云庄村 清中后期，苏先裕后裔由郊尾西山尾迁入。今传10世，居村70余户、330多人。

游洋镇桥头村 明中后期，苏奇者后裔由菜溪圆宅村迁入。今传19世，居村70余户、300多人。

大济镇大济村 明中后期，苏月璋由度尾霞溪祖坪迁入。今传20世，居村60余户、310多人。后裔迁居大田。

龙华镇金沙村 明后期，苏益后裔由社硎仙头村迁入。今传15世，居村290余户、1200多人。后裔迁居漳州、厦门。

龙华镇东岐村 明弘治年间（1488—1505），苏缘寿由泉州东岳山苏厝围（今泉州少林路）迁入。今传21世，居村120余户、600多人。

龙华镇金沙村 清后期，苏缘寿后裔由东岐村迁入。今传10世，居村90余户、370多人。

社硎乡仙头村 明中期，苏成德由度尾霞溪祖坪迁入。今传18世，居村170余户、800多人。

社硎乡半岭村 明中期，苏淑器由社硎乡仙头村迁入。今传17世，居村100余户、500多人。

度尾镇中岳村 明嘉靖年间（1522—1566），苏俊由莆田秀屿醴泉苏厝迁入。今传17世，居村50余户、300多人。

度尾镇霞溪村 明初，苏贵宗由仙游木兰社区池头苏厝巷迁入。今传22世，居村80余户、370多人。

菜溪乡圆宅村 明初，苏奎轩由莆田秀屿迁入。今传23世，居村90余户、510多人。后裔迁居永泰等地。

菜溪乡石峰村 清康熙年间，苏重玄由圆宅村迁入。今传14世，居村70余户、360多人。后裔迁居建阳、明溪。

（二）荔城区

拱辰街道陡门村　今居村 110 余户、450 多人。

新度镇沟口村　今居村 120 余户、660 多人。

（三）城厢区

凤凰山街道南门社区　今传 25 世，居社区 190 余户、1000 多人。

常太镇汀洋村　苏子齐由泉州迁入。今传 20 世，居村 100 余户、460 多人。

常太镇溪北村　今传 19 世，居村 100 余户、480 多人。

常太镇金川村　今传 19 世，居村 60 余户、300 多人。

东海镇西张村　明后期，苏一期由仙游枫亭建国村迁入。今传 16 世，居村 120 余户、520 多人。

（四）涵江区

三江口镇芳山村　五代，苏光谓后裔苏文谛由永春桃林迁入。今传 37 世，居村 150 余户、700 多人。后裔迁徙浙江、广东湛江等地。

三江口镇高美村　宋中期，苏烨后裔由芳山村迁入。今传 37 世，居村 80 余户、500 多人。

三江口镇美尾村　宋中期，苏棫后裔由芳山村迁入。今传 36 世，居村 130 余户、600 多人。

涵东街道涵中村　今居村 150 余户、680 多人。

梧塘镇梧梓村　清康熙四十七年（1708 年），苏尚玉由南安蓬华迁入。今传 12 世，居村 50 余户、310 多人。

梧塘镇枫林村　清光绪十五年（1890 年），苏文由萩芦镇上莲池迁入。今传 10 世，居村 60 余户、300 多人。

（五）秀屿区

东庄镇苏厝村　宋绍兴年间（1131—1162），苏世南由涵江芳山村迁入。今传 29 世，居村 820 余户、4100 多人。后裔迁徙广东、河北等地。

东庄镇厝头村　宋绍兴年间，苏世南后裔由涵江芳山村迁入。今传 29 世，居村 370 余户、1650 多人。后裔迁居仙游、霞浦、邵武等地。

东庄镇田厝村　清乾隆年间（1736—1795），苏新率族人由苏厝村迁入。今传 12 世，居村 280 余户、2000 多人。

东庄镇下郑黄村　1931 年，苏桂率族人由苏厝村迁入。今传 4 世，居村 120 余户、800 多人。

东庄镇东红村　由苏厝村迁入。今居村 60 余户、320 多人。

东峤镇东兴村　清康熙年间（1662—1722），由苏厝村迁入。今传 14 世，居村 100 余户、600 多人。

七、南平市苏姓

（一）延平区

塔前镇莒上村　清乾隆（1736—1795）中期，苏文旺由永春县蓬壶山兜迁入。今传 11 世，居村 210 余户、750 多人。

茫荡镇安丰村　清乾隆四十九年（1784 年），苏天陆由永春县呈祥乡迁入。今传 10 世，居村 60 余户、300 多人。

（二）建阳区

潭城街道桥南村　1957 年由屏南移民迁入。今居村 50 余户、300 多人。

潭城街道新村 1958年苏世珍后裔由古田县原炎墩村（1958年因古田溪修建水库而移民）迁入。今居村80余户、310多人。

麻沙镇扁溪村 清初，苏光谊后裔由光泽县司前乡司前村迁入。今传12世，居村100余户、400多人。

（三）邵武市

水北镇大乾村 居村50余户、310多人。

（四）武夷山市

茶场三区 1963年，苏大璋后裔由古田县原炎墩村移民迁入。今居村60余户、300多人。

洋庄乡三渡村 清嘉庆年间（1796—1820），苏明兄弟由安溪衡阳迁入。今传9世，居村70余户、450多人。后裔迁居浦城、建阳、邵武等地。

（五）建瓯市

龙村乡石壁村 明中期，苏日忠由屏南县长桥镇柏源村迁入。今传24世，居村90余户、350多人。

东游镇东游村 清嘉庆年间（1796—1820），苏兴俊、苏智灯、苏渊由屏南葛畲迁入。今传9世，居村60余户、300多人。

东游镇河岭村 清道光年间（1821—1850），苏光洪由屏南寿山村迁入。今传7世，居村80余户、400多人。

东游镇云头村 清末，苏有成、苏有换由政和后田村迁入。今传5世，居村50余户、300多人。

东峰镇圭阳村 明中期，苏一利由屏南柏源迁入。今传24世，居村60余户、310多人。

徐墩镇岩中村 清乾隆（1736—1795）中期，苏肇南由泉州府迁入。今传12世，居村70余户、350多人。

房道镇七道村 清同治年间（1862—1874），苏华茂、苏华盛三兄弟由龙岩长汀迁入。今传7世，居村60户、320多人。

东峰镇长溪村 民国时期，苏加吉迁入。今传4世，居村60余户、300多人。

（六）顺昌县

建西镇际会村 1963年，苏大璋后裔由古田县原炎墩村移民迁入。今居村60余户、320多人。

双溪街道莲花新村 1979年，苏大璋后裔由古田县原炎墩村移民迁入。今居村60余户、310多人。

（七）浦城县

忠信镇村桥村 由福安先迁仙阳镇仙阳村和仙南村，后再迁入。今居村70余户、310多人。

忠信镇排栅村 由仙阳村迁入。今居村60余户、310多人。

忠信镇宅门村 由仙阳村迁入。今居村60余户、300多人。

莲塘镇吕处坞村 由忠信镇排栅、宅门、白沙等村分别迁入。今居村100余户、500多人。

（八）政和县

城关 清乾隆年间（1736—1795），由安溪衡阳迁入。今传14世，有60余户、300多人。

东平镇瓜厂村 清乾隆二十年（1755年），苏玉瑞由安溪衡阳迁入。今传13世，居村70余户、330多人。

石屯镇王山口村 清乾隆年间，苏廷草、苏世斗分别由安溪衡阳迁入。今传13世，居村60余户、

300 多人。后裔迁徙北京、上海等地。

八、龙岩市苏姓

（一）新罗区

东城街道东新村　宋绍熙元年（1190 年），苏光谊后裔苏守道等由漳州府龙岩县聚贤里排吉（今三明市大田县桃源镇东风林场）迁入。今传 33 世，居村 210 余户、650 多人。后裔迁徙香港、澳门、台湾，部分后裔迁徙东南亚、美国、加拿大、澳大利亚等国。

东城街道社兴村　宋绍熙元年（1190 年），苏守道等由今三明市大田县桃源镇东风林场迁入。今传 33 世，居村 180 余户、500 多人。后裔迁徙香港、台湾，部分后裔迁徙东南亚、美国、加拿大等地区和国家。

铁山镇洋头村　明嘉靖二十八年（1549 年），苏熙周由东新村迁入。今传 19 世。居村 140 余户、460 多人。后裔迁徙香港、台湾，部分后裔迁徙东南亚地区、加拿大等国。

曹溪街道后隔　明永乐七年（1410 年），苏守道后裔由东新村迁入。今传 24 世，居村 90 余户、450 多人。后裔迁徙宁波、四川、香港、台湾，部分后裔迁徙东南亚多国。

白沙镇小溪村　元皇庆二年（1313 年），苏彦厚由漳平迁入。今传 30 世，居村 80 余户、400 多人。后裔迁徙香港、台湾等地。

白沙镇溪柄村　元皇庆二年，苏应举由漳平迁入。今传 30 世，居村 80 余户、320 多人。

雁石镇上老村　明正德三年（1508 年），苏子和由永定古竹迁入。今传 22 世，居村 120 余户、600 多人，后裔迁徙湖南等地。

（二）永定区

古竹乡大德村　元皇庆二年（1313 年），苏九三郎由广东枫朗迁入。今传 30 世，居村 1100 余户、3800 多人。后裔迁徙广东、广西、湖南、四川、江西、浙江、台湾，部分后裔迁徙缅甸、印度尼西亚等国。

古竹乡田洋村　明正统五年（1440 年），苏鐊、苏敬周先后由赤寨村和井头村迁入。今传 23 世，居村 180 余户、600 多人。

古竹乡仙人坑村　明嘉靖十九年（1540 年），苏正吾由大德村迁入。今传 20 世，居村 50 余户、300 多人。

古竹乡磜下村　明万历二十八年（1600 年），苏逊友、苏伯亲分别由大德村和古竹村赤寨迁入。今传 17 世，居村 80 余户、330 多人。

古竹乡山仔口村　明嘉靖十九年（1540 年），苏杏霖由塘仔村迁入。今传 19 世，居村 50 余户、310 多人。

古竹乡楼仔洋村　明万历八年（1580 年），苏瑞笔由赤寨村迁入。今传 18 世，居村 70 余户、320 多人。

古竹乡坑头坝村　明正德十五年（1520 年），苏伯纪由赤寨村迁入。今传 20 世，居村 130 余户、470 多人。

古竹乡新楼下村　明正德十五年，苏伯云由赤寨村迁入。今传 20 世，居村 160 余户、580 多人。

古竹乡陂仔角村　明万历八年，苏二由由赤寨村迁入。今传 18 世，居村 80 余户、320 多人。

古竹乡深坑村　明万历八年，苏二由后裔由赤寨村迁入。今传 18 世，居村 80 余户、320 多人。

古竹乡赤寨村　明正统五年（1440 年），苏宗琼由大德村迁入。今传 23 世，居村 100 余户、360

多人。

古竹乡井垅村 明永乐十八年（1420年），苏景长由大德村迁人。今传24世，居村360余户、1300多人。

古竹乡庵背村 明天顺四年（1460年），苏錀由赤寨村迁人。今传22世，居村240余户、900多人。

古竹乡杨家寨 明永乐十八年，苏景嵩由大德村迁人。今传24世，居村160余户、560多人。

古竹乡井头村 明正统五年，苏福深由大德村迁人。今传25世，居村540余户、2000多人。

古竹乡塘仔村 明天顺四年，由井头村迁人。今传22世，居村230余户、700多人。

古竹乡下蛟塘村 明成化十六年（1480年），苏子寿由大德村迁人。今传22世，居村90余户、360多人。

古竹乡坪洋村 明天顺四年，苏尚恩由大德村迁人。今传22世，居村550余户、1800多人。

古竹乡井背村 明天顺四年，苏铧由大德村迁人。今传22世，居村110余户、340多人。

古竹乡郑田村 明嘉靖十九年（1540年），苏阁霖由塘仔村迁人。今传20世，居村110余户、360多人。

古竹乡背坑村 明弘治十三年（1500年），苏守要、苏少章分别由井背村和大德村迁人。今传21世，居村60余户、300多人。

古竹乡园下村 明天顺四年，苏赞、苏铿由大德村迁人。今传22世，居村110余户、410多人。

古竹乡彭坑村 明万历八年，苏升槐由大德村迁人。今传18世，居村110余户、400多人。

古竹乡金乾村 明万历八年，苏升莪由大德村迁人。今传18世，居村60余户、320多人。

古竹乡大旧节村 元至正二十年（1360年），苏九三郎后裔由大德村迁人。今传27世，居村450余户、1830多人。

古竹乡蛟塘村 元至正二十年，苏九三郎后裔由大德村迁人。今传27世，居村140余户、500多人。

湖坑镇新南村 明万历年间（1573—1620），苏良亭由古竹大德村迁人。今传18世，居村500余户、1600多人。后裔迁徙广西平南县和藤县。

湖坑镇南中村 明万历年间，苏酌斗由古竹乡杨家寨迁人。今传18世，居村480余户、1600多人。后裔迁居顺昌、四川、台湾，部分后裔迁徙缅甸。

湖坑镇吴银村 清康熙年间（1662—1722），苏山九、苏乃来、苏鲢辉分别由南中村迁人。今传15世，居村220余户、800多人。后裔迁居厦门等地。

抚市镇张天湖村 元至正二十年，苏伯十郎由古竹迁人。今传26世，居村70余户、300多人。

抚市镇中寨村 元洪武十三年（1380年），苏万一郎、苏万三郎由张天湖村迁人，今传26世，居村520余户、2300多人。后裔迁徙广西柳州。

抚市镇桥河村 元至正二十年，苏念一郎由抚市中寨村迁人。今传23世，居村80余户、550多人。后裔迁居高坡。

抚市镇里前溪村 元至正二十年，苏念二郎由中寨村迁人。今传25世，居村60余户、330多人。

抚市镇高莲村 明洪武十三年，苏念一郎后裔由桥河村迁人。今传21世，居村50余户、300多人。

抚市镇北星坝村 明万历二十八年（1600年），苏春咸由永定石岭村迁人。今传17世，居村160余户、650多人。

陈东乡高丰村 明正德十五年（1520年），苏仰吾、苏仲直和苏錀后裔由古竹迁人。今传20世，居村180余户、700多人。

陈东乡西瓜畲 明弘治十三年，苏兰亭由井头村迁人。今传19世，居村90余户、300多人。后裔迁徙缅甸。

陈东乡龙舌村　明弘治十三年，苏壮吾由井头村迁入。今传 20 世，居村 150 余户、650 多人。后裔迁徙广东、香港，部分后裔迁徙缅甸、印度尼西亚、马来西亚。

陈东乡古通村　明弘治十三年，苏让吾由井头村迁入。今传 21 世，居村 160 余户、680 多人。后裔迁徙台湾，部分后裔迁徙缅甸、印度尼西亚、马来西亚。

陈东乡石岭村　明嘉靖三十九年（1560 年），苏华儒由背坑村迁入。今传 19 世，居村 90 余户、330 多人。后裔迁徙广东等地。

（三）上杭县

蛟洋镇贵竹村　元至元六年（1340 年），苏九二郎由广东大埔枫朗迁入。今传 23 世，居村 80 余户、300 多人。后裔迁徙广东紫金等地。

（四）长汀县

庵杰乡燕背村　明正德十四年（1519 年），苏兴礼由永定古竹大德迁入。今传 20 世，居村 50 余户、310 多人。

红山乡上坪村　今居村 50 余户、300 多人。后裔迁徙江西云田寨。

（五）漳平市

象湖镇土坑村岐山自然村　宋宝祐四年（1256 年），苏以义由安溪迁入。今传 30 世，居村 160 余户、900 多人。后裔迁徙浙江、台湾。

象湖镇扬美村象笏自然村　明洪武二十三年（1390 年），苏七一由土坑村岐山迁入。今传 25 世，居村 500 余户、1600 多人。后裔迁居漳州、永安等地。

象湖镇下地村吉宅自然村　元至元元年（1335 年），苏二十二郎由漳平卓垵迁入。今传 28 世，居村 100 余户、400 多人。后裔迁居永安、沙县等地。

象湖镇宽田村　清顺治十六年（1659 年），苏七一等由扬美村迁入。今传 14 世，居村 100 余户、400 多人。后裔迁居永安等地。

象湖镇象湖村　清雍正十三年（1735 年），苏美七等由扬美村迁入。今传 13 世，居村 200 余户、800 多人。

新桥镇东坑村　宋端平元年（1234 年），苏六五由漳平金塘坑迁入。今传 27 世，居村 180 余户、680 多人。

新桥镇钱坂村　明成化二年（1466 年），苏光谊后裔由漳平新桥迁入。今传 25 世，居村 80 余户、320 多人。

西元镇钟秀村　元泰定三年（1326 年），苏彦厚由漳平府聚贤里姣潭（今大田县桃源镇东风林场）迁入。今传 23 世，居村 480 余户、1600 多人。后裔迁居永春吾峰后垅村。

西元镇可人头村　元至治二年（1322 年），苏德俊由龙岩白沙镇迁入。今传 23 世，居村 120 余户、600 多人。

双洋镇城内村　清道光二十三年（1843 年），苏光谊后裔分别由龙岩东新村和可人头村迁入。今传 7 世，居村 100 余户、400 多人。

双洋镇徐溪村　清雍正七年（1729 年），苏逸德由漳平赤水镇迁入。今传 13 世，居村 100 余户、530 多人。部分后裔迁居沙县。

赤水镇香寮村　明嘉靖四十年（1560 年），苏阿古由德化迁入。今传 19 世，居村 60 余户、300 多人。

赤水镇田头村　明万历元年（1573 年），苏宽吾由龙岩双辉堂（今新罗区解放路）迁入。今传 16 世，居村 130 余户、400 多人。后裔迁居仙游枫亭等地。

和平镇东坑村　元至正十六年（1356年），苏光谊后裔由新桥镇迁入。今传18世，居村70余户、300多人。

和平镇水东村　宋端平元年，苏六五由漳平金塘坑迁入。今传27世，居村60余户、300多人。

和平镇和春村　明宣德五年（1430年），苏光谊后裔由龙岩白沙镇迁入。今传22世，居村80余户、330多人。

桂林街道南美村　明宣德五年，苏彦厚后裔由西元镇钟秀村迁入。今传19世，居村70余户、420多人。

九、宁德市苏姓

（一）蕉城区

飞鸾镇筠竹坪村　明洪武年间（1368—1398），苏城琅由安溪衡阳迁入。今传26世，居村300余户、1500多人。

飞鸾镇飞鸾村　明永乐年间（1403—1424），苏宗广由筠竹坪村迁入。今传24世，居村200余户、1000多人。后裔迁居福州、古田。

飞鸾镇蒲岭村　明永乐年间，苏宗福由筠竹坪村迁入。今传24世，居村120余户、600多人。

六都过路坑村　清雍正年间（1723—1735），苏永祥由筠竹坪村迁入。今传12世，居村80户、330多人。

漳湾镇门下村　清初，由泉州迁入。今居村110余户、420多人。

八都镇屿头村　清康熙年间（1622—1722），苏开明由福安穆阳迁入。今传16世，居村110余户、400多人。

（二）福安市

甘棠镇外塘村　宋崇宁元年（1102年），苏岳、苏嵩兄弟由福安康厝乡苏家汰村迁入。今传37世，居村650余户、2700多人。后裔迁徙上海、台湾等地。

范坑乡吉溪村　宋嘉熙元年（1237年），苏用廉由长溪大松澳底（今霞浦长春镇长溪村）迁入。今传33世，居村300余户、1320多人。

社口镇岩兜村　宋隆兴元年（1163年），苏汉三后裔由苏家坂村迁入。今传35世，居村100余户、600多人。后裔迁徙浙江等地。

潭头镇高岩村　元末明初，苏千二由岩兜村迁入。今传26世，居村80余户、500多人。

社口镇三坑村　清康熙三十二年（1694年），苏赵三由岩兜村迁入。今传14世，居村100余户、360多人。后裔迁徙浙江。

穆云乡翁洋小暑村　元至治元年（1321年），苏七十七迁入。今传28世，居村70余户、360多人。后裔迁徙台湾。

坂中乡仙源里村　元延祐年间（1314—1320），苏百二由福安溪潭镇岭头村迁入。今传27世，居村420余户、2100多人。

溪尾镇林里村　明初，苏金一由溪尾镇林江村迁入。今传20世，居村100余户、550多人。

松罗乡瑶澳村　清乾隆三十九年（1774年），苏显四由林里迁入。今传13世，居村70余户、400多人。

坂中乡澳中洋村　清中期，苏士仲由许洋迁入。今传13世，居村60余户、300多人。

康厝乡岭尾村　清康熙二十六年（1688年），苏荣八、苏元诗分别由苏家山迁入。今传14世，居村

80余户、400多人。

潭头镇石牌村　清中期，苏仲佑由安溪横山迁入。今传14世，居村180余户、600多人。

（三）福鼎市

桐山街道古岭村　清顺治年间（1638—1661），苏结后裔苏伯琪由浙江泰顺县泗溪半岭回迁入。今传13世，居村70余户、300多人。

桐山街道水北溪村　清嘉庆年间（1796—1820），苏结后裔苏大标等由浙江苍南矾山甘岐回迁入。今传7世，居村60余户、300多人。

桐城街道江边村等　明后期和清中后期，苏结后裔苏君俊、苏辉昌、苏龙元分别由浙江瑞安广化乡和平阳县先后回迁入桐城街道柯岭捲桥头、江边村和资国村。今分别传17、14、12世，居村70余户、320多人。

管阳镇楮楼村　清乾隆十六年（1751年），苏结后裔苏愈助、苏愈崇、苏愈爵、苏愈照由浙江苍南回迁入。今传11世，居村80余户、600多人。其他支系今居村70余户、500多人。

白琳镇翁江村　清康熙四年（1665年），苏结后裔由浙江平阳三十三都回迁入。今传13世，居村50余户、300多人。

白琳镇沿州村　清顺治五年（1648年），苏结后裔由浙江苍南桥墩岩角迁居福鼎沙龙，后苏承照从福鼎迁入。今传9世，居村50余户、300多人。

白琳镇白岩村　明天启年间（1621—1627），苏时用由仙游先居福鼎翁潭，后再由翁潭迁入。今传14世，居村60余户、300多人。

白琳镇腾屿村　清顺治年间，苏结后裔苏辉昌由浙江平阳回迁入。今传10世，居村50余户、300多人。

叠石乡里湾村　清乾隆（1736—1795）后期，苏结后裔苏国政、苏国銈由叠石乡石竹坑村迁入。今传9世，居村70余户、310多人。其他支系今居村60余户、300多人。

龙安开发区　明后期，苏结后裔苏明英、苏世荣由浙江平阳回迁入。今传12世，居村160余户、700多人。

（四）霞浦县

沙江镇围江村　明万历十年（1583年），苏万宁后裔由漳浦县车前迁入。今传18世，居村800余户、4000多人。

松港街道佳湖村　清乾隆年间（1736—1795），苏信前由永春迁入。今传10世，居村70余户、300多人。

长春镇积石村　明洪武年间（1368—1398），苏绅后裔苏智三（志三）由江苏镇江市丹徒县上蝗回迁入。今传24世，居村230余户、1000多人。

盐田乡怀溪上村　清康熙三十年（1691年），苏仕发由南安水尾迁入。今传13世，居村120余户、550多人。

溪南镇岱岐村　清康熙（1662—1722）后期，苏世俊由莆田秀屿迁入。今传12世，居村80余户、370多人。

（五）寿宁县

凤阳镇上大洋村　苏祯二、苏煌由穆阳迁入。今传42世，居村60余户、380多人。

芹洋乡山面村　元至大五年（1312年），苏绅后裔苏云智由浙江景宁县回迁入。今传30世，居村60余户、300多人。后裔迁居顺昌、政和。

（六）周宁县

七步镇苏家山村　宋元丰八年（1086年），苏曰五由福安康厝乡苏家坂村迁入。今传37世，居村100余户、400多人。

（七）古田县

城西街道枣坪村　清康熙四十五年（1706年），苏必盛四兄弟由屏南县甘棠乡南山村迁入。今传13世，居村90余户、400多人。

城西街道上洋村　清康熙五十年（1711年），苏必进由枣坪村迁入。今传13世，居村120余户、550多人。

卓洋乡沽洋仔村　明隆庆三年（1569年），苏名陞由凤埔乡原炎墩村（已被水库淹没）迁入。今传18世，居村180余户、680多人。后裔迁徙东南亚。

平湖镇半舫村　清康熙五十一年（1712年），苏共玉由屏南县长桥镇柏源村迁入。今传13世，居村290余户、1100多人。后裔迁徙台湾，部分后裔迁徙马来西亚、美国。

凤埔乡皈洋村　明万历二十八年（1600年），苏廷仲由柏源村迁入。今传17世，居村140余户、500多人。

凤埔乡福全村　明嘉靖十四年（1535年），苏德舜由柏源村迁居石梯村，后再迁入。今传20世，居村270余户、1000多人。

吉巷乡北墩村　明崇祯九年（1636年），苏东振由柏源村迁入。今传15世，居村90余户、300多人。

吉巷乡曲斗村　清乾隆元年（1736年），苏则煌由吉巷乡北墩村迁入，今传12世，居村110余户、380多人。

（八）屏南县

长桥镇柏源村　宋淳祐九年（1249年），苏朝美由古田县樟岭迁入。今传30世，居村280余户、1100多人。后裔迁居建瓯、建阳等地。

岭下乡葛畲村　清乾隆二年（1737年），苏奶泰兄弟由建瓯中溪迁入。今传11世，居村200余户、800多人。

寿山乡寿山村　苏开立由猴洋（今寿山）迁入。今居村260余户、1500多人。

熙岭乡山墩村　明永乐三年（1405年），苏仲良迁入。今传25世，居村90余户、600多人。

棠口乡洋中村　清康熙年间（1662—1722），苏应基由二十八都迁入。今传12世，居村110余户、520多人。

第三章　谱　牒

第一节　福州市

一、鼓楼区

《马鞍苏氏族谱》　民国年间苏建英重修。1992年苏建弼倡议，苏茂典、苏茂华、苏茂年三修；2016

年苏茂凯四修。谱载序言、凡例、始迁祖苏明宇由闽南迁入马鞍村苏氏源流、繁衍、分布、世系、宗祠等。铅印本，1册。谱存苏茂凯处。

二、福清市

《武荣蓬岛苏氏族谱》　清乾隆九年（1744年）苏士茂首修，光绪三十年（1904年）苏克瑞二修。谱载始迁祖苏爆兴由南安蓬华迁入福清上迳树林村苏氏源流、繁衍、分布、世系、宗祠等。铅印本，1册。谱存上迳镇树林苏氏祠堂。

三、闽侯县

鸿尾乡《古洋苏氏族谱》　1996年由古洋苏氏族人重修。谱载始迁祖苏正万由闽清甲洋迁入古洋村苏氏源流、繁衍、分布、先祖图像、世系、宗祠等。铅印本，1册。谱存鸿尾乡古洋苏氏祠堂。

《关中村苏氏族谱》　清光绪二十四年（1898年）苏国福、陈宝图、池继绍等首修，2008年苏孝锡、苏孝光、苏友怡、苏孝炉、苏若杭等续修。谱载始迁祖苏次山由安溪官桥岭头迁入关中村苏氏源流、繁衍、分布、世系、宗祠等。旧总谱遗失，旧支系谱为线装本3册；新总谱为铅印本1册，新支系谱为铅印本数册。谱存苏孝锡、苏孝光、苏友怡、苏孝炉、苏若杭处。

《溪下村苏氏族谱》　1997年陈传福首修，2016年苏明美续修。谱载序言、始迁祖苏世禄和苏世良迁入溪下村苏氏源流、繁衍、分布、世系、祖厝等。铅印本，1册。谱存荆溪镇溪下村苏氏祠堂。

四、连江县

《芦山苏氏联谱》　2007年秦淮梦、苏静、苏增光首修，2015年秦淮梦、苏增光、苏国武续修。谱载序言、凡例、始迁祖苏锡由闽南迁入连江县西门外玉山苏厝里村苏氏源流、繁衍、世系、宗祠等。铅印本，1册。谱存苏静、苏增光处。

《东山村苏氏族谱》　1931年黄庆云首修，2015年林宜美二修。谱载序、凡例、先祖图像、始迁祖苏绍龙由泉州及南安一带迁入连江东山村苏氏源流、繁衍、播迁、世系、宗祠等。铅印本，1册。谱存东山村苏氏祠堂。

五、闽清县

《武功·闽清苏氏宗谱》　1975年苏月章修；1996年苏俊莺等续修，福建省原副省长苏昌培题签。谱载序言、凡例、先祖图像、源流、繁衍、分布、世系、人物、宗祠等。铅印本，1册。谱存闽清苏氏祠堂。

六、罗源县

《洋头苏氏族谱》　1985年林定墨等重修。谱载序言、先祖图像、源流、繁衍、分布、世系、宗祠等。铅印本，1册。谱存洋头村苏氏祠堂。

《下渡坂苏氏族谱》　2014年余养峰重修。谱载序言、先祖图像、源流、繁衍、分布、世系、宗祠等。铅印本，1册。谱存霍口乡霍口村苏氏祠堂。

七、永泰县

永泰《苏氏族谱》　旧谱遗失。1996—2008年苏贤河重修（含5个支系）。谱载序、凡例，始迁祖苏义明、苏兴伯分别由仙游县迁入永泰赤锡乡双桂村、白云乡葱蒲坑村苏氏源流、繁衍、分布、各分支世系表、宗祠等。铅印本，1 册。谱存赤锡乡双桂村、白云乡葱蒲坑村苏氏祠堂。

第二节　厦门市

一、海沧区

《贞埭苏氏族谱》　清咸丰三年（1853 年）重修。谱载序、凡例、入闽始祖苏益、始迁祖苏文焕迁入贞埭村苏氏源流、繁衍、分布、世系、宗祠等。钞本，1 册。谱存东孚街道贞埭村苏氏祠堂。

二、同安区

《苏氏族谱》　五代后晋天福七年（942 年）苏益首修，北宋时苏颂二修，南宋时苏玭三修，开禧年间（1205—1206）苏汉四修，明嘉靖三十四年（1555 年）苏澜五修，清康熙年间（1662—1722）苏奇芳六修，乾隆年间（1736—1795）七修，嘉庆年间（1796—1820）八修。谱载序言、像赞、谱论、始祖苏益、源流、繁衍、分布、世系、昭穆字行、宗祠及人物等。钞本，2 册（乾隆版、嘉庆版）。谱存同安芦山堂。

《芦山全谱》　明代后期，苏缄后裔苏佩谷修。钞本，仅存序言。谱存同安芦山堂。

《芦山苏氏大宗总族谱》（上集）　1994 年苏进水修，永春县原县长苏中业撰序。谱载序言、凡例、历代先祖图像、始祖苏益、源流、繁衍、分布、世系图、祖训族规、郡望、堂号、昭穆字行、祭祀、谱牒、艺文、历史名人、宗祠、墓葬等。铅印本，1 册。谱存同安芦山堂。

第三节　漳州市

漳州《苏氏族谱》　明洪武年间（1368—1398）苏惟敬、苏孟矩首修，天顺六年（1462 年）二修，嘉靖七年（1528 年）苏松三修，嘉靖三十年苏逸馆四修，隆庆四年（1570 年）苏泉五修，清道光六年（1826 年）苏功成六修（谱名与“同安苏氏族谱”同）。谱载序言、凡例、始祖苏益，始迁祖苏宋杰（苏益 11 世）迁入青礁苏氏源流、繁衍、分布、世系、宗祠、祭祀等。钞本，1 册。谱存福建师范大学图书馆。

漳州苏氏《虎渡族谱》　2015 年苏明德主编。谱载序、凡例、源流、繁衍、分布、世系、宗祠等。铅印本，1 册。谱存苏明德处。

第四节　泉州市

一、鲤城区

《燕支苏氏族谱》　明弘治十五年（1502 年）燕支巷苏氏族人首修，正德十三年（1518 年）二修，万历四十七年（1619 年）苏懋祺、苏懋祉三修，清康熙十一年（1672 年）苏缵辙四修，咸丰九年（1859 年）苏松年五修。谱载序言、入闽始祖苏益、始迁祖苏唐舍及后裔繁衍、分布、世系、宗祠、人物及艺文等。钞本，15 册。谱存泉州市文物管理委员会和台北“故宫博物院”。

二、石狮市

《龟湖苏厝苏氏族谱》　明弘治元年（1488 年）首修，正德十年（1520 年）苏亢骥二修，万历十八年（1590 年）苏廷玉、苏廷守三修，万历三十七年苏鼎铉四修，清乾隆六年（1741 年）苏有声五修，光绪三十三年（1907 年）吴悌图六修，民国年间七修，1997 年八修。谱载序言、始祖苏益、始迁祖苏崇龟及后裔的繁衍、分布、世系、宗祠、人物及艺文等。平装本，1 册。谱存宝盖镇苏厝祠堂。

《宽仁苏氏房谱》　清光绪五年（1879 年）苏诒忠首修，1997 年苏子民续修。谱载序、源流、繁衍、分布、世系、宗祠、人物等。铅印本，1 册。谱存宝盖镇宽仁苏氏祠堂。

三、晋江市

《晋邑清沟苏氏宗谱》　明嘉靖十六年（1539 年）苏济川首修，万历十五年（1587 年）苏紫溪二修，天启六年（1626 年）苏凤三修，清雍正四年（1726 年）苏垍四修。谱载泉南始迁祖苏光诲（苏益三子）、中兴始迁祖苏振宗及其繁衍、分布、世系、宗祠等。钞本，2 册。谱存陈埭镇苏厝村苏氏祠堂。

《钱坡苏氏家乘》　明正德三年（1508 年）首修，嘉靖十三年（1534 年）苏续宗二修，天启七年（1626 年）苏宇庶三修。谱载远祖苏缄及其世系等。钞本，1 册。谱存钱坡苏清培处。

四、南安市

霞舒《阜阳苏氏族谱》　宋景定五年（1260 年）苏敔纂修家乘，明洪武十八年（1385 年）苏伯通首修，成化十年（1474 年）苏铃二修，弘治十年（1497 年）苏勤保三修，嘉靖三十三年（1554 年）至万历三十七年（1609 年）苏希栻四至六修，清顺治十四年（1657 年）苏彦先七修，乾隆四十二年（1777 年）苏光濂八修，1948 年整修，2002 年苏连城等九修，2009 年苏晋卿主编续卷。谱载始迁祖苏大郎、序言、旧谱序、繁衍、分布、世系、宗祠、人物等。旧谱为钞本 1 册，新谱为铅印本 8 册。谱存康美镇霞舒阜阳堂。

《阜阳苏氏（东房）族谱》　明万历年间（1573—1620）首修，清初续修。谱载世系、字辈等。

五、惠安县

《惠安苏氏族谱系》　2002 年由苏景中主编。谱载前言、编纂说明、惠安苏氏五支派之祖源、繁衍、分布、先贤录、风景名胜等。谱存惠安县档案馆。

六、安溪县

《衡阳苏氏族谱》　南宋后期首修。明隆庆四年（1570 年）、清顺治十年（1653 年）、康熙五十三年（1714 年）、嘉庆十三年（1808 年）、道光六年（1826 年）、咸丰五年（1855 年）、光绪二十年（1894 年）和 1943 年共 8 次续修。谱载始祖苏益、衡阳始迁祖苏结及其繁衍、分布、世系、宗祠、人物等。现存清嘉庆十三年江西木版本和道光六年（1826 年）雕版谱各 1 套。谱存长坑乡衡阳村苏氏宗祠。

《衡阳苏氏大宗谱》　1998—2000 年苏忠阵、苏忠琴、周碧梧主编。谱载序言、凡例、源流，繁衍、分布、世系、谱牒、文物、人物等。铅印本，4 册。谱存中国闽台缘博物馆。

《蓬莱溪南苏氏族谱》　明万历八年（1580 年）苏紫溪首修，清嘉庆十八年（1813 年）苏于集二修，光绪二十三年（1897 年）苏少丙三修，1933 年苏荣华四修，1991 年五修。谱载序言、凡例、先祖图像，始迁祖苏元德由尚卿乡火烧桥迁入蓬莱溪南村苏氏源流、繁衍、世系、宗祠等。铅印本，1 册。谱存蓬莱镇溪南村苏氏祠堂。

《岭头苏氏族谱》　清康熙年间（1662—1722）首修，后续修失考。谱载始迁祖苏唐宫由同安芦山堂迁入安溪官桥岭头村苏氏源流、繁衍、分布、世系、宗祠等。铅印本，1 册。谱存官桥镇岭头村苏氏祠堂。

《恒产苏氏族谱》 清康熙年间首修。1924年续修。谱载始迁祖苏清寿由官桥岭头迁入横山村苏氏源流、繁衍、分布、世系、宗祠等。铅印本，3册。谱存湖头镇横山村苏氏祠堂。

《魁美苏氏族谱》 明正统二年（1437年）苏甫魁首修，清康熙四十五年（1706年）苏秉仁二修，乾隆四十四年（1779年）三修，嘉庆二十三年（1818年）四修，光绪七年（1881年）五修，1912年六修，1941年苏章源七修，2002年苏财源八修。谱载始祖苏益、始迁祖苏师圣由德化石城迁入魁美（今溪美）村苏氏源流、繁衍、分布、世系、宗祠等。谱为钞本10册，铅印本，3册。谱存湖头镇溪美村苏氏祠堂。

七、德化县

《德化苏氏志》 2013年苏开昆主编，苏霜益总审，苏荣踊、苏玉峰作序。志载凡例、源流、世系、迁徙、分布、谱牒、文物、人物、风采、联谊、祖源考析等。现存德化苏氏源流研究会。

《龙井苏氏族谱》 明成化二十一年（1485年）首修，隆庆三年（1569年）苏璘二修，万历三十八年（1610年）三修，天启元年（1621年）四修，清乾隆元年（1736年）五修，嘉庆十五年（1810年）六修，光绪十四年（1888年）苏邦翰、苏宗仁、苏春元、苏庆元等七修，1938年苏应龙等八修，1998年苏玉峰、苏霜益、苏玉盾等九修。谱载序言、凡例、旧谱序、入德始祖苏奉礼、始迁祖苏道远由德化石城迁入德化龙井（今宝美村）苏氏源流、繁衍、分布、世系、族规家训、昭穆字行、宗祠、祭祀、历史名人、文物、墓葬等。铅印本，12册。谱存德化县档案馆。

《双翰苏氏族谱》 明嘉靖九年（1530年）苏伯辅首修，万历三年（1575年）二修，万历四十六年三修，清顺治十三年（1656年）四修，雍正七年（1729年）五修，道光十四年（1834年）苏品六修，同治六年（1867年）七修，1944年八修，1987年苏利民主笔九修。谱载序、凡例、旧谱序、入德始祖苏奉礼、始迁祖苏道隆由德化石城迁入双翰苏氏源流、繁衍、分布、世系、族规家训、昭穆字行、宗祠、祭祀、历史名人、文物、艺文、墓葬等。铅印本，16册。谱存双翰苏氏宗亲理事会和双翰、古春、春美、上春、尤床、新阁、梁春村苏氏祠堂。

《梅岭苏氏族谱》 明崇祯十二年（1639年）首修，清乾隆十一年（1746年）二修，同治三年（1864年）三修，1934年苏永范四修，2013年苏财源五修。谱载序、凡例、旧谱序、入德始祖苏奉礼、始迁祖苏道益由德化石城迁入德化葛坑梅岭村苏氏源流、繁衍、分布、世系、族规家训、昭穆字行、宗祠、祭祀、历史名人、文物、墓葬等。铅印本，4册。谱存葛坑镇梅岭堂和富地、龙漈、蓝田村苏氏祠堂。

《大坂苏氏族谱》 清光绪年间（1875—1908）首修。谱载始迁祖苏秀峰和苏瑞峰由安溪寮角迁入德化大坂村苏氏源流、繁衍、分布、世系、宗祠等。钞本，1册。谱存龙浔镇大坂村苏氏祠堂。

《西洋苏氏族谱》 清光绪三年（1877年）与安溪同支系合修。谱载赤水西洋与安溪同支系苏氏源流、繁衍、分布、世系、宗祠等。钞本，1册。谱存赤水镇西洋村苏氏祠堂。

《丁墘苏氏族谱》 清同治八年（1869年）首修。谱载序、源流、繁衍、分布、世系、宗祠等。钞本，4册。谱存龙浔镇丁墘村苏氏祠堂。

八、永春县

《蓬壶观山苏氏族谱》 明嘉靖十三年（1534年）首修，隆庆六年（1572年）二修，天启三年（1623年）三修，清康熙二十九年（1690年）四修，康熙五十一年五修，光绪二年（1876年）六修，光绪六年七修，1924年八修，2003年苏映前九修，更名为《永春白鹳苏氏族谱》（含观山、仙岭、都溪、鹏溪、汤城、东安、洑江等村的苏氏），由福建省原副省长苏昌培题谱名。谱载序言、旧谱序、凡例，始迁祖苏有明由安溪衡阳先迁永春北门，其后裔苏盖辉由北门再迁入观山村苏氏源流、繁衍、分布、世系、宗祠等。铅印本，4 册。谱存观山村苏氏宗祠。

《蓬壶都溪苏氏族谱》　2002 年修，由永春县原县长苏中亚题签。谱载始迁祖苏逊由汤镜樟头迁入蓬壶都溪苏氏源流、繁衍、分布、世系、宗祠等。铅印本，1 册。谱存都溪村苏氏祠堂。

《蓬壶西昌苏氏族谱》　明嘉靖元年（1522 年）苏童首修，清雍正元年（1723 年）苏仕佑二修，乾隆十七年（1752 年）苏仕佑三修，嘉庆十一年（1806 年）苏笃轩、苏必尊四修。谱载序、源流、分布、世系、宗祠等。钞本，1 册。谱存西昌村苏氏祠堂。

《蓬壶汤城山兜苏氏族谱》　清康熙四十七年（1708 年）首修，乾隆二十六年（1761 年）苏知廷、苏子敬、苏知显二修，民国年间三修，2003 年苏其俊兄弟四修。谱载序、源流、繁衍、分布、世系、宗祠等。铅印本，1 册。谱存蓬壶镇山兜村苏氏祠堂。

《桃场苏氏族谱》　清康熙二十三年（1684 年）苏子芾、苏启御、苏子为首修，道光八年（1828 年）苏友膺二修，1998 年苏宗云三修。谱载始迁祖苏以环由安溪衡阳迁入石鼓桃场村苏氏源流、繁衍、播迁、世系、宗祠等。铅印本，1 册。谱存石鼓镇桃场村苏氏祠堂。

《玉柱南岸苏氏族谱》　谱载安溪衡阳苏以修后裔由仙游迁入永春县湖洋镇玉柱南岸村苏氏源流、繁衍、播迁、世系、文物、人物等。钞本，4 册。谱存湖洋镇玉柱南岸村苏氏祠堂。

第五节　三明市

一、三元区

岩前镇《增坊苏氏族谱》　2003 年重修。谱载始迁祖安溪衡阳苏结后裔迁入增坊苏氏源流、繁衍、播迁、世系、宗祠等。铅印本，1 册。谱存增坊村苏氏祠堂。

二、永安市

大湖镇《苏氏族谱》　2002 年重修。谱载始迁祖（苏结后裔）苏孝康、苏孝贵、苏呈满、苏年垲分别由安溪衡阳后溪、青洋坂、西溪和安溪新康里迁入大湖镇苏氏源流、繁衍、分布、世系、文物等。铅印本，4 册。谱存冲一、冲二、冲三、冲四村苏氏祠堂。

燕南街道永浆村《苏氏族谱》　2016 年重修。谱载始迁祖安溪衡阳苏结后裔迁入永浆村苏氏源流、繁衍、播迁、世系、宗祠等。铅印本，1 册。谱存永浆村苏氏祠堂。

西洋镇林田村《苏氏族谱》　2016 年重修。谱载源流、繁衍、分布、世系、宗祠等。铅印本，1 册。谱存林田村苏氏祠堂。

三、沙县

高砂镇阳溪村《武功郡祖宗族谱》　原谱被毁，1995 年重修。谱载源流、繁衍、分布、世系、宗祠等。铅印本，1 册。谱存阳溪村苏氏祠堂。

高砂镇冲厚村《武功郡历代宗亲族谱》　清光绪二十二年（1896 年）首修。谱载源流、繁衍、分布、世系、宗祠等。钞本，1 册。谱存冲厚村苏氏祠堂。

大洛镇华口村《苏氏族谱》　清乾隆四十二年（1777 年）苏永载首修，道光二年（1822 年）苏廷杨二修，同治三年（1864 年）苏登焕三修，1982 年苏景桂四修。谱载源流、繁衍、分布、世系、宗祠等。铅印本，1 册。谱存华口村苏氏祠堂。

四、尤溪县

梅仙镇汶潭村《苏氏族谱》 清咸丰七年（1857 年）苏冠奎首修。谱载源流、繁衍、分布、世系、宗祠等。钞本，1 册。谱存汶潭村苏氏祠堂。

联合镇惠州村《上驿苏氏族谱》 1915 年杨开先首修，1942 年陈步安二修，1988 年陈祖英三修，2016 年苏国耀四修。谱载始迁祖苏宗荣由永泰东洋乡迁入惠州村苏氏源流、繁衍、分布、世系、文物等。铅印本，1 册。谱存惠州村苏国耀处。

联合镇惠州村《转洋苏氏族谱》 1915 年杨开先首修，1942 年陈步安二修，1988 年陈祖英三修，2015 年萧方槐四修。谱载始迁祖苏宗荣后裔由永泰东洋乡迁入惠州村转洋自然村苏氏源流、繁衍、播迁、世系、宗祠等。铅印本，1 册。谱存惠州村转洋自然村苏氏祠堂。

联合镇惠州村《前水苏氏族谱》 1915 年杨开先首修，1942 年陈步安二修，1988 年陈祖英三修。谱载始迁祖苏宗荣后裔由永泰东洋乡分迁惠州村前水自然村苏氏源流、繁衍、播迁、世系、文物等。铅印本，1 册。谱存惠州村前水自然村苏氏祠堂。

台溪乡台溪、清溪《苏邦章、苏邦其支谱》 1990 年苏义本修。谱载始迁祖属苏邦章、苏邦其支系的源流、繁衍、播迁、支系图等。铅印本，2 册。谱存台溪村、清溪村苏氏祠堂。

台溪乡际坑村《苏氏族谱》 清乾隆四十八年（1783 年）汤荣墀首修，同治二年（1863 年）苏世殷二修，1987 年林浮云三修。谱载源流、繁衍、播迁、世系等。铅印本，1 册。谱存际坑村苏氏祠堂。

中仙乡善邻村《塗山苏氏族谱》 清光绪十一年（1885 年）苏振藻首修，1938 年苏文华二修，1963 年林莺鸣三修，1986 年苏肇修四修，2013 年苏有贤五修。谱载始迁祖苏质八、苏献四兄弟由大田石鼻头迁入善邻村苏氏源流、繁衍、分布、世系、宗祠等。铅印本，1 册。谱存善邻村苏氏祠堂。

新阳镇溪坂村《坂水苏氏族谱》 宋庆历年间（1042—1048）首修，清光绪十九年（1893 年）苏作霖二修，1981 年苏新炼三修，1994 年四修。谱载始迁祖苏清二由德化石城迁入尤溪新阳溪坂村苏氏源流、繁衍、播迁、世系、宗祠等。铅印本，1 册。谱存溪坂村苏氏祠堂。

新阳镇坎里村《龙漈苏氏族谱》 清道光十三年（1833 年）苏振光首修，1999 年重修。谱载始迁祖苏宝三由大田台安坂迁入尤溪新阳坎里村苏氏源流、繁衍、播迁、世系、文物等。铅印本，1 册。谱存坎里村苏氏祠堂。

管前镇绿柳村《苏氏族谱》 1993 年首修。谱载源流、繁衍、分布、世系、宗祠等。铅印本，1 册。谱存绿柳村苏氏祠堂。

五、大田县

屏山乡内洋村《苏氏族谱》 明崇祯十五年（1642 年）首修，清乾隆三十三年（1768 年）二修，嘉庆五年（1800 年）苏岸斋、苏华亭三修，1931 年郭笃材四修，1986 年苏登铉五修。谱载序、凡例、旧谱序、入德始祖苏奉礼，始迁祖苏道隐由德化石城迁入大田屏山内洋村苏氏源流、繁衍、分布、世系、族规家训、昭穆字行、宗祠、祭祀、历史名人、文物、墓葬等。铅印本，4 册。谱存屏山乡内洋苏氏祠堂和苏庆俊处。

第六节　莆田市

仙游度尾畲田《苏氏族谱》 苏繂首修，清康熙十五年（1676 年）苏鼎重修。谱载始迁祖由莆田秀屿苏厝迁入仙游度尾畲田苏氏源流、播迁、世系、宗祠等。钞本，1 册。谱存畲田村苏氏祠堂。

仙游社硎道头池水梅房《苏氏族谱》　清光绪三十四年（1908年）苏文璧首修，1997年重修。谱载源流、繁衍、分布、世系、宗祠等。铅印本，1册。谱存头池水梅房村苏氏祠堂。

第七节　南平市

一、武夷山市

武夷山《苏氏谱牒》　1966年苏寿良五修，1988年苏寿良六修。谱载源流、繁衍、播迁、人物、宗祠等。一至四修旧谱为钞本各1册，新谱为铅印本1册。谱存武夷山苏氏祠堂。

二、建瓯市

龙村乡石壁《苏氏族谱》　清道光十八年（1838年）苏智灯首修，同治七年（1868年）苏道循、苏德懋二修，1987年苏加珠三修，1998年四修。谱载始迁祖苏日忠由屏南县长桥镇柏源村迁入石壁村苏氏源流、繁衍、分布、世系、宗祠等。铅印本，1册。谱存石壁村苏氏祠堂。

东峰镇圭阳村《苏氏族谱》　旧谱于“文化大革命”期间遗失，1997年重修，1998年与屏南长桥柏源村联谱再修。谱载圭阳（源出柏源）苏氏源流、繁衍、分布、各分支世系图、宗祠、人物等。铅印本，1册。谱存圭阳村和柏源村苏氏祠堂。

三、顺昌县

《苏氏世珍公谱牒》　旧谱于“文化大革命”期间遗失，2016年苏永斌、苏九田、苏九楼、苏久昂等重编。谱载源流、繁衍、分布、世系、祠堂、人物等。铅印本，1册。谱存苏永斌、苏九田、苏九楼、苏久昂处。

四、光泽县

《武功苏氏宗谱》　清初首修，道光二十九年（1849年）重修。谱载始迁祖苏沂南由安溪衡阳迁入邵郡（今邵武市境内）苏氏源流、繁衍、分布、世系、宗祠等。钞本，4册（不全）。谱存光泽县苏氏祠堂。

第八节　龙岩市

一、新罗区

《世锦堂苏氏族谱》　明初苏励斋首修，清康熙三十年（1691年）苏羽侯、苏楚渊二修，乾隆二十四年（1759年）苏惠斋三修，道光十年（1830年）苏腾辉四修，光绪十四年（1888年）苏宏九、苏凤冈五修，宣统元年（1909年）苏邦荣六修，1994年七修。谱载始迁祖苏唐印由同安芦山堂迁入世锦堂苏氏源流、繁衍、分布、世系、宗祠等。钞复印本，10册。谱存龙岩新罗区世锦堂。

《乐桂堂苏氏族谱》　明洪熙元年（1425年）苏鐭首修，正统元年（1436年）二修，弘治八年（1496年）三修，清康熙三十四年（1695年）四修，乾隆四十年（1775年）五修，2005年六修。谱载西桥、万安陈二坑、白沙小溪村蛟潭、榕树后、溪柄苏氏源流、繁衍、分布、世系、宗祠等。铅印本，3册。谱存新罗区乐桂堂。

二、永定区

《武功郡永定苏氏族谱》 清代、民国年间多次编修各支系家谱，2003 年苏钟生、苏椿华首修《武功郡芦山堂永定县苏九三郎公系大宗族谱》。谱载始迁祖苏九三郎由广东枫朗迁入永定等地苏氏源流、繁衍、分布、世系、宗祠、人物等。铅印本，2 册。谱存永定苏氏宗祠和各分支系苏氏祠堂。

《抚市中寨苏氏族谱》 清乾隆年间（1736—1795）首修。谱载始迁祖苏万一郎、苏万三郎兄弟由永定古竹迁入抚市中寨苏氏源流、繁衍、分布、世系、宗祠等。铅印本，1 册。谱存中寨村苏氏祠堂。

三、上杭县

上杭《九二郎公族谱》 谱载始迁祖苏九二郎由广东大埔枫朗迁入上杭蛟洋镇贵竹村苏氏源流、繁衍、分布、世系、宗祠等。钞复印本，1 册。谱存贵竹村苏氏祠堂。

四、漳平市

赤水《乐桂堂苏氏族谱》 明洪熙元年（1425 年）首修，正统元年（1436 年）二修，弘治八年（1496 年）三修，清康熙三十四年（1695 年）四修，乾隆四十年（1776 年）五修。谱载始迁祖苏宽吾由龙岩双辉堂迁入漳平赤水镇苏氏源流、繁衍、分布、世系、宗祠等。雕版本，3 册。谱存漳平赤水乐桂堂。

象湖《岐山武功堂族谱》 明嘉靖年间（1522—1566）首修，清雍正十年（1732 年）二修；道光年间（1821—1850）三修。1930 年四修。谱载始迁祖苏以义由安溪衡阳迁入漳平象湖镇土坑村岐山苏氏源流、繁衍、播迁、世系、宗祠等。钞复印本，1 册。谱存土坑村岐山武功堂。

《吉宅武功堂苏氏族谱》 清雍正十年首修，光绪年间（1875—1908）二修，民国年间三修。谱载始迁祖苏以义后裔由安溪迁入漳平象湖镇下地村苏氏源流、繁衍、播迁、世系、宗祠等。钞复印本，1 册。谱存下地村吉宅武功堂。

《扬美象笏堂族谱》 明嘉靖七年（1528 年）首修，清雍正十二年（1734 年）二修，光绪年间三修，1931 年四修，1995 年五修。谱载始迁祖苏七一由土坑村岐山迁入象湖镇扬美村苏氏源流、繁衍、播迁、世系、宗祠等。钞复印本，1 册。谱存扬美村象笏堂。

第九节　宁德市

一、蕉城区

飞鸾镇《筠竹坪苏祠谱》 旧族谱于“文化大革命”期间遗失，1980 年重修。谱载始迁祖苏城琅由安溪衡阳迁入筠竹坪、飞鸾、蒲岭尾村（同一宗谱）苏氏源流、繁衍、播迁、分支世系图、宗祠等。铅印本，3 册。谱存筠竹坪、飞鸾、蒲岭尾村苏氏祠堂。

八都镇《屿头苏祠谱》 旧族谱于“文化大革命”期间遗失，1982 年重修。谱载始迁祖苏开明由福安穆洋迁入八都镇屿头村苏氏源流、繁衍、分布、分支世系图、宗祠等。钞本，2 册。谱存屿头村苏氏祠堂。

二、福安市

甘棠镇《外塘村苏祠谱》 元至正元年（1341 年）苏彦实首修，明隆庆三年（1569 年）二修，清康熙六十年（1721 年）三修，雍正元年（1723 年）四修，嘉庆八年（1803 年）五修，道光十八年（1838 年）六修，同治六年（1867 年）七修，光绪年间（1875—1908）八修，1945 年九修。旧谱遗失，1987 年依据残本和各房家谱重修。谱载始迁祖苏子征由福安苏家坂村迁苏家汰，其后裔苏岳、苏嵩兄弟再由苏家汰迁入甘棠镇外塘村苏氏源流、繁衍、分布、分支世系图、宗祠等。钞本，2 册。谱存外塘村苏氏祠堂。

社口镇《岩兜村苏祠谱》　原旧谱 2 册，1982 年重修。谱载始迁祖苏汉三后裔由苏家坂村迁入社口镇岩兜村苏氏源流、繁衍、分布、分支世系图、宗祠等。钞本，3 册。谱存岩兜村苏氏祠堂。

社口镇《山坑村苏祠谱》　原旧谱 2 册，2014 年重修。谱载始迁祖苏赵三由岩兜村迁入山坑村苏氏源流、繁衍、播迁、分支世系图等。钞本，2 册。谱存山坑村苏氏祠堂。

社口镇《利溪村祠谱》　旧谱遗失，1983 年重修，2013 年再修。谱载源流、繁衍、分布、世系、宗祠等。钞本，2 册。谱存利溪村苏氏祠堂。

坂中乡《坑头村苏祠谱》　清代后期首修，民国年间二修，1988 年三修，2013 年四修。谱载源流、繁衍、分布、世系、宗祠等。钞本，4 册。谱存坑头村苏氏祠堂。

坂中乡《仙源里苏氏族谱》　清康熙三十八年（1699 年）首修，乾隆五十二年（1787 年）二修，1987 年三修，2014 年四修。谱载始迁祖苏百二由福安溪潭镇岭头村园外湾迁入仙源里村苏氏源流、繁衍、播迁、分支世系图、宗祠等。铅印本，1 册。谱存仙源里村苏氏祠堂。

《林里、瑶澳苏祠谱》　清康熙五十七年（1718 年）首修，乾隆三十九年（1774 年）二修，道光二十二年（1842 年）三修，咸丰元年（1851 年）四修，1978 年五修，2015 年六修。谱载始迁祖苏金一先由溪尾镇杞湾村移居林里，其后裔苏显四再由林里迁入松罗乡瑶澳村苏氏源流、繁衍、播迁、分支世系图、宗祠等。铅印本，1 册。谱存溪尾镇林里村和松罗乡瑶澳村苏氏祠堂。

潭头镇《石牌村苏祠谱》　旧谱遗失，2004 年重修。谱载始迁祖苏仲佑由安溪横山迁入石牌村苏氏源流、繁衍、分布、分支世系图、宗祠等。钞本，1 册。谱存石牌村苏氏祠堂。

范坑乡《吉溪村苏祠谱》　清末首修，1950 年、1974 年、1989 年、2013 年二至五修。谱载始迁祖苏用廉由长溪大松澳底迁入范坑乡吉溪村苏氏源流、繁衍、分布、分支世系图、家训族规、文物等。钞本，4 册。谱存吉溪村苏氏祠堂。

康厝乡《岭尾村苏祠谱》　1987 年修。谱载始迁祖苏荣八、苏元诗分别由周宁七步镇苏家山村迁入康厝乡岭尾村苏氏源流、繁衍、分布、世系、宗祠等。钞本，2 册。谱存岭尾村苏氏祠堂。

三、福鼎市

白琳镇《翁江苏祠谱》　清同治二年（1863 年）苏孝醇、苏孝灿、苏芳渚等首修，1934 年苏秉通、苏秉富、苏忠尧等二修，1962 年苏景骏、苏景华、苏景芽等三修，1981 年苏景发、苏经芽、苏景山等四修，1995 年苏步蝉、苏传塍，苏秉华等五修，2016 年苏义贺、苏家练等六修。谱载芦山堂苏结后裔迁入福鼎白琳翁江村苏氏源流、繁衍、分布、世系、宗祠等。钞本，6 册。谱存翁江村苏氏祠堂。

四、霞浦县

沙江镇《围江苏祠谱》　1912 年重修，旧谱于“文化大革命”期间遗失，1983 年三修，2009 年四修。谱载始迁祖苏万宁后裔由漳浦县车前迁入沙江镇围江村苏氏源流、播迁、世系、宗祠等。铅印本，4 册。谱存围江村苏氏祠堂。

沙江镇《大坪苏祠谱》　清康熙二十八年（1689 年）首修，乾隆五十二年（1747 年）二修，1923 年三修，1983 年四修，2009 年五修。谱载始迁祖苏惟忠、苏惟信后裔由福安迁入沙江镇大坪村苏氏源流、繁衍、分布、世系、宗祠等。钞本，5 册。谱存大坪村苏氏祠堂。

松港街道《佳湖苏祠谱》 清光绪十六年（1885 年）首修，1929 年二修，1963 年三修（总谱），1984 年四修。谱载始迁祖苏信前由永春县迁入松港街道佳湖村（分七房）苏氏源流、繁衍、分布、分支世系图、宗祠等。铅印本，1 册。谱存佳湖村苏氏祠堂和各分支系。

松港街道《松港下村苏祠谱》 清光绪二十三年（1897 年）首修，1956 年二修，1982 年三修。谱载始迁祖苏信前及其后裔由永春迁入松港下村苏氏源流、繁衍、分布、分支世系图、文物等。钞本，4 册。谱存松港下村苏氏祠堂。

三沙镇《三沙苏祠谱》 清道光八年（1828 年）首修，同治八年（1869 年）二修，1935 年三修，1991 年四修，2008 年五修。谱载源流、繁衍、分布、世系、宗祠等。谱为钞本 5 册。谱存三沙村苏氏祠堂。

牙城镇《凤楼、五福湾苏祠谱》 1974 年首修，1991 年二修，2009 年三修。谱载源流、繁衍、分布、世系、宗祠等。钞本，3 册。谱存凤楼、五福湾各支系苏氏祠堂。

牙城镇《西门苏祠谱》 1944 年首修，1983 年二修。谱载源流、繁衍、分布、世系、宗祠等。钞本，2 册。谱存西门村苏氏祠堂。

下浒镇《东山村苏祠谱》 清光绪年间（1875—1908）首修，2010 年二修。谱载源流、繁衍、分布世系、宗祠等。钞本，2 册。谱存东山村苏氏祠堂。

下浒镇《潭水村苏祠谱》 2002 年重修。谱载源流、繁衍、分布、宗祠等。钞本，1 册。谱存潭水村苏氏祠堂。

溪南镇《山坪村苏祠谱》 1913 年首修，2005 年再修。谱载源流、繁衍、分布、宗祠等。钞本，2 册。谱存山坪村苏氏祠堂。

溪南镇《岱岐村苏祠谱》 1983 年重修，2005 年再修。谱载源流、繁衍、分布、宗祠等。钞本，2 册。谱存岱岐村苏氏祠堂。

长春镇《积石村苏氏谱》 明代首修（旧谱毁于倭患），清光绪（1875—1908）中后期二修，1929 年三修，1981 年四修，2012 年五修。谱载源流、繁衍、分布、宗祠等。钞本，4 册。谱存积石村苏氏祠堂。

长春镇《传胪村苏祠谱》 清光绪（1875—1908）初年首修，2013 年重修。谱载源流、繁衍、分布、宗祠等。钞本，2 册。谱存传胪村苏氏祠堂。

崇儒乡《苏祠谱》 清咸丰七年（1857 年）首修，1929 年二修，1995 年三修。谱载源流、繁衍、分布、世系、宗祠等。钞本，3 册。谱存洋沙溪、观洋、坝里兰村苏氏祠堂。

盐田乡《上村苏祠谱》 清咸丰二年（1852 年）首修，光绪二十三年（1907 年）二修，1939 年三修，1981 年四修，2015 年五修。谱载源流、繁衍、分布、世系、宗祠等。钞本，5 册。谱存盐田上村苏氏祠堂。

盐田乡《浒屿村苏祠谱》 1981 年重修，2010 年再修。谱载源流、繁衍、分布、世系、宗祠等。钞本，2 册。谱存浒屿村苏氏祠堂。

水门乡《湖里后湾村苏祠谱》 1928 年首修，1963 年、1973 年、1989 年和 2006 年二至五修。谱载繁衍、分布、宗祠等。钞本，5 册。谱存后湾村苏氏祠堂。

水门乡《武坪村苏祠谱》 旧谱被毁，1976 年二修，2006 年三修。谱载源流、繁衍、分布、宗祠等。钞本，2 册。谱存武坪村苏氏祠堂。

柏洋乡《洋里八斗洋村苏祠谱》 清光绪十七年（1891 年）首修，1918 年二修，1976 年三修，1989 年四修，2006 年五修。谱载源流、繁衍、分布、世系、宗祠等。钞本，2 册。谱存洋里八斗洋村苏氏祠堂。

柏洋乡《谷山、洋里苏祠谱》　清同治十年（1871年）首修，光绪十五年（1889年）二修，1916年三修，1948年四修，1993年五修，2009年六修。谱载源流、繁衍、分布、世系、宗祠等。钞本，6册。谱存谷山村和洋里村苏氏祠堂。

柏洋乡《清渡溪村苏祠谱》　1959年重修，1993年再修。谱载源流、繁衍、播迁、世系、宗祠等。钞本，2册。谱存清渡溪村苏氏祠堂。

五、寿宁县

芹洋乡《山面村苏祠谱》　清乾隆五十年（1785年）首修，1926年二修，1996年苏应岩、苏开佺、苏开文等主持，叶一丹三修。谱载始迁祖苏云智由浙江景宁县迁入芹洋乡山面村苏氏源流、繁衍、分布、世系、宗祠等。钞本，2册。谱存山面村苏氏祠堂。

凤阳镇《大洋村苏祠谱》　谱载始迁祖苏祯云由福安穆洋迁入大洋村苏氏源流、繁衍、播迁、世系、宗祠等。钞本，2册。谱存大洋村苏氏祠堂。

六、周宁县

七步镇《苏家山村苏祠谱》　清光绪十七年（1891年）苏开鸾、苏开菽主持，黄庆云首修；1985年二修；1998年三修。谱载始迁祖苏曰五由苏家坂村迁入苏家山村苏氏源流、繁衍、分布、世系、宗祠、墓葬等。钞本，新旧共5册。谱存苏家山苏氏祠堂。

七、古田县

《古田苏氏族谱》　唐乾符年间（874—879）苏昌（苏肇基后裔）首修，北宋年间苏照二修，南宋年间苏彬三修，南宋末四修。谱载源流、繁衍、分布、世系、人物、宗祠等。钞本，1册。谱存古田苏氏宗祠和苏仲辉处。

《延墩武功苏氏族谱》　明天启六年（1626年）苏邦经三兄弟首修，清康熙四十二年（1703年）苏源再修。谱载始迁祖苏仁波迁入古田延墩苏氏源流、繁衍、分布、世系、人物、宗祠等。钞本，1册。谱存苏仲辉处。

平湖镇《王厝前（半舫）苏氏族谱》　明崇祯五年（1632）苏六阳首修，1987年再修。谱载始迁祖苏共玉由屏南县长桥镇柏源村迁入平湖镇王厝前（半舫）苏氏源流、繁衍、分布、世系、文物、人物等。影印本，1册。谱存半舫苏氏宗祠和苏仲辉处。

卓洋乡《独峰苏氏族谱》　道光七年（1827年）苏俊铎首修，光绪十一年（1886年）二修，1947年三修。谱载始迁祖苏名升由古田凤埔乡炎墩村迁入独峰村，后裔分迁沽洋仔村苏氏源流、繁衍、分布、世系、宗祠等。钞本，1册。谱存独峰村和沽洋仔村苏氏祠堂。

城西街道《枣坪、下洋苏氏族谱》　嘉庆二十五年（1820年）苏学清、苏学海等首修，2014年再修。谱载始迁祖苏必盛兄弟由屏南县甘棠乡南山村分别迁入枣坪村和下洋村苏氏源流、繁衍、分布、世系、宗祠等。铅印本，1册。谱存枣坪村、下洋村苏氏祠堂和苏仲辉处。

凤埔乡《皈洋苏氏族谱》　清道光年间（1821—1850）苏志盛首修，2003年再修。谱载始迁祖苏廷仲于明万历二十八年（1600年）由屏南县长桥镇柏原村迁入古田凤埔乡皈洋村苏氏源流、繁衍、分布、世系、文物等。铅印本，1册。谱存皈洋村苏氏祠堂和苏仲辉处。

吉巷乡《北墩武功苏氏族谱》　清道光年间（1821—1850）苏帮周、苏光辉等首修，2016年再修。谱载始迁祖苏东振由屏南县长桥镇柏源村迁入古田吉巷乡北墩村苏氏源流、繁衍、分布、世系、宗祠等。铅印本，1册。谱存北墩村苏氏祠堂。

《岐下洋苏氏族谱》 2007年重修。谱载始迁祖苏仲继由平湖镇王厝前（半舫）村迁入岐下洋村苏氏源流、繁衍、分布、世系、文物等。铅印本，1册。谱存苏仲辉处。

八、屏南县

长桥镇《柏源村苏祠谱》 1986年重修，1999年三修，2003年四修。谱载源流、繁衍、分布、世系、人物、宗祠等。铅印本，2册。谱存柏源村苏氏祠堂。

长桥镇《前高溪村苏祠谱》 2006年重修。谱载长桥镇前高溪村苏氏源流、繁衍、分布、世系、宗祠等。钞本，2册。谱存前高溪村苏氏祠堂。

岭下乡《葛畲苏祠谱》 民国年间重修；1985年三修；2012年苏必岗、苏晨久、苏考弟主持，苏翰伟主编四修。谱载苏惟忠、苏惟信后裔苏奶泰兄弟由建瓯中溪迁入屏南岭下乡葛畲村苏氏源流、繁衍、分布、世系、宗祠等。铅印本，3册。谱存葛畲村苏氏宗祠和苏必岗、苏晨久处。

熙岭乡《山墩村苏祠谱》 1923年重修，2012年续修。谱载始迁祖苏仲良，迁入山墩村苏氏源流、繁衍、分布、世系、宗祠等。钞本，2册。谱存山墩村苏氏祠堂。

棠口乡《洋中村苏祠谱》 1959年由苏正同主持，郑福鼎重修。谱载源流、分布、世系、宗祠等。铅印本，2册。谱存洋中村苏氏祠堂。

寿山乡《寿山村苏祠谱》 1996年苏永裕、苏享世等8位宗亲重修。谱载始迁祖苏开立由猴洋移居今屏南县寿山乡寿山村苏氏源流、繁衍、分布、世系、宗祠等。钞本，2册。谱存寿山村苏氏祠堂。

第四章　文化遗产

第一节　著作与艺文

[宋] 苏奉礼 德化人。著有《治乱集》3卷、《治道要言》10卷。

[宋] 苏　绅 同安人。著有《苏龙图集》《奏疏》等。诗作《金山寺》《胶山寺》《惠山寺并简窦公》等收入《全宋诗》。文章《以灾异言政事疏》《经叛安化蛮奏》《陈便宜八事》等收入《全宋文》。

[宋] 苏　缄 同安人。有诗作《英德碧落》《祭兄苏绅墓》《广教寺》等。

[宋] 苏　结 同安人。有诗作《有感》等。

[宋] 苏　颂 同安人。著有《苏魏公文集》72卷、《新仪象法要》《本草图经》20卷、《迩英要览》《华夷鲁卫信录》等。

[宋] 苏　京 同安人。著有《颍川诗集》。

[宋] 苏　随 泉州人。著有《紫云诗集》。

[宋] 苏象先 同安人。著有《魏公谭训》10卷。

[宋] 苏　棁 同安人。有诗作《题李行中秀才醉眠亭》等。

[宋] 苏　庠 泉州人。著有《后湖集》30卷。

[宋] 苏　随 晋江人。有诗作《东湖纪梦》等。

[宋] 苏伯材 晋江人。著有《文集》《周易解义》30卷。

[宋] 苏　钦 德化人。著有《两汉提要》10卷，编修《高宗实录》等。

［宋］苏总龟　德化人。著有《论语解》《太学儒学篇》等。

［宋］苏十能　莆田人。有词作《南柯子》等。

［宋］苏　权　兴化人。著有《春秋解》。

［宋］苏　升　永春人。著有《颐斋集》。

［宋］苏　洞　同安人。著有《泠然斋集》。

［宋］苏思恭　晋江人。著有《省斋集》《曲江志》。

［宋］苏　竦　龙海人。著有《易经》《诗传》《三礼折衷》。

［宋］苏大璋　古田人。有诗作《蘼芜》《瑞香花》《凤翀峰》等。

［宋］苏茂一　晋江人。有诗作《琐窗寒·重游东湖》等。

［宋］苏寿元　晋江人。有诗作《和雷壑先生韵》等。

［宋］苏天章　龙海人。著有《竹源诗草》。

［宋］苏眉隆　龙海人。著有《子山二卷》。

［明］苏希栻　南安人。著有《庄子注抄》《杜诗选注》《拾存零草》《骚赋类萃》《文选摘注》等。

［明］苏士潜　泉州人。著有《苏氏家话》。

［明］苏　浚　晋江人。著有《四书儿说》4卷、《易经儿说》4卷、《易经心语》《韦编微言》《酒经》1卷、《三余文集》30卷。

［明］苏鼎实　晋江人。著有《四书注补》《尚书明说》《古今鉴略》《四性理约言》《人物传评》等。

［明］苏存沛　泉州人。著有《史评一编》。

［明］苏茂相　泉州人。著有《宝善类编》《读史韵言》《苏氏韵辑》《先觉要言》《正气编》《教家三书》等。

［明］苏　鏸　龙岩人。著有《浴心遗稿》。

［明］苏　坤　建瓯人。著有《素履集》等。

［明］苏　洹　建瓯人。著有《贻拙集》《燕游唱和集》等。

［明］苏　琰　晋江人。著有《春秋传语编注》《白猎斋文集》《运甓斋集》20卷、《鸳鸯谱》6卷等。

［明］苏九润　南安人。有诗作《题雪峰》等。

［明］苏茂杓　泉州人。著有《濠庵问答》等。

［明］苏庚新　晋江人。著有《四书翼笺》《易经管见》等。

［明］苏文昌　泉州人。著有《诗文集》等。

［明］苏国瓛　晋江人。著有《沧螺集》《事言韵集》20卷。

［明］苏燮国　泉州人。著有《随笔录》。

［明］苏国珍　泉州人。著有《先正格言编》《樵寄垂后录》。

［明］苏凤翔　晋江人。著有《诗集》等。

［明］苏姒卿　泉州人。著有《诗集》。

［明］苏眉山　莆田人。著有《绣佛阁藏稿》8卷。

［明］苏元俊　沙县人。著有《小有初集》。

［明］苏之琨　沙县人。著有《三易会解》《礼记小说》。

［清］苏　朝　长泰人。著有《霞城赋》《燕游草》《越游草》。

［清］苏缵顼　泉州人。著有《晚香堂稿》1卷、《历史世系编年》4卷。

［清］苏履吉 德化人。著有《友竹山房诗草》《纫蕙山房诗草》等。
［清］苏如兰 德化人。著有《纫蕙诗草》等。
［清］苏廷玉 同安人。著有《亦佳室诗文钞》《从政杂录》。
［清］苏　惕 南安人。著有《雪梅集》。
［清］苏　铎 南安人。著有《诗集》。
［清］苏长性 德化人。有诗作《题白牡丹茶》《题白茶花》等。
［清］苏瑞桢 同安人。著有《琴苑》32卷。
［清］苏松坚 永泰人。著有《蛙鸣录》《倚松书屋杂纂》。
［清］苏大山 泉州人。著有《红兰馆诗钞》《红兰馆文钞》。
［清］苏玉如 惠安人。有诗作《感怀》等。
［清］苏逸云 龙岩人。著有《读左月乙说》《卧云楼笔记》。
［清］苏郁文 龙海人。有诗集《眇公遗诗》。
［清］苏镜潭 泉州人。有诗集《东宁百咏》。
［清］苏育南 德化人。编著《海桥百家唱和集》。
［清］苏友仁 德化人。有诗作《登戴云》等。
［清］苏警予 南安人。有诗集《菲岛杂诗》。
［近现代］周石卿（原名苏石卿） 安溪人。著有《伤寒百题》《伤寒笔记》《南方医话》。
［近现代］苏振申 龙岩人。著有《中国历史图说》《元政书经世大典之研究》等。
［近现代］苏昌培 永春人。著有《团结学》《特色论》《明言经》等。
［近现代］苏秋水 安溪人。著有《竹轩集》等。
［近现代］苏天家 晋江人。著有《苏天家诗词集》等。
［近现代］苏坤泉 惠安人。著有《香草集》等。
［近现代］苏登记 安溪人。著有《近代物理实验概论》。
［近现代］苏金燕 永春人。著有《政治经济学（资本主义部分）》。
［近现代］苏双碧 南安人。著有《历史科学理论与方法》《苏双碧史学论文集》《洪秀全传》《太平天国史综论》《朝夕集》等。
［近现代］苏骏声 霞浦人。著有《路》。
［近现代］苏孝敏 宁德人。著有《词陌拾萃》。
［近现代］苏瀛汉 永春人。著有《永春白鹤拳大观》。
［近现代］苏开仲 德化人。著有《老药新用110种》等。
［近现代］苏稼夫 泉州人。著有《中国针灸》等。
［近现代］苏金智 永春人。著有《汉语的数目字》。
［近现代］苏振团 福安人。编著《福建苏氏·闽东定居志》等。
［近现代］苏淑勉 安溪人。著有《希望的山城》。
［近现代］苏黎明 南安人。著有《泉州家族文化》等。
［近现代］苏丽萱 福安人。著有《九月的低语》。
［近现代］苏翔天 宁德人。著有《三原色》等。
［近现代］苏文菁 宁德人。著有《区域与全球的互动：明代至民国的中国东南文学考察》等。
［近现代］苏诗布 大田人。著有《踩着阳光过日子》等。
［近现代］苏武荣 尤溪人。主编《微机病毒防范与杀毒技术》等。

[近现代] **苏　静**　连江人。著有《礁火轻袅》等。

[近现代] **苏　忠**　连江人。著有《职场江湖》等。

第二节　族规家训

一、同安芦山堂苏氏家训

凡吾子孙，父慈子孝，兄友弟恭，夫正妇顺。
内外有别，老小有序，礼义廉耻，为人豪杰。
士农工商，各守一业，和善心正，处事必公。
费用必俭，举动必端，语言必谨，事君必忠。
为官必廉，乡里必和，睦人必善，非善不交。
非义不取，不近声色，不溺货利，尊老敬贤。
救死扶伤，讦诈勿为，盗偷必忌，不善者劝，
不改者斥。凡我子孙，必尊家规，违者责之。

录自《芦山苏氏大宗总族谱》

二、苏颂家训（感事述怀五言百韵以代家训）

六经日沉酣，百氏恣蹂躏。论诗识温柔，讲易知谦巽。
书要通上古，史亦蕲尽信。复熟中庸篇，推名善恶混。
赖此渐摩益，稍知贤圣蕴。念昔多艰勤，诲尔宜悱愤。
见贤弓在檠，遇事骖从靳。高门训序畏，刊腹摩兜慎。
美璞不雕琢，安得怀瑜瑾？学问不沾洽，何由垂望闻。
操守不坚纯，久必成缁磷。进修要及时，行为要无闷。
蜗庐庇风雨，稷田助饔饺。出处虽殊途，丰约已过分。
更思祖先勋，相传清白训。考室俟构堂，肥家在忍顺。
常使棠棣荣，无致荆枝忿。中遘须自防，外诱不可徇。
懼尔志悠悠，故吾言谆谆。力行倘不谕，家声期远振。

录自《苏魏公文集》

三、德化《苏奉礼家规垂训》

吾族自吾祖益公入闽，子孙派分德化桃枝石城。迄于今，子孙益繁，贤愚不等。今会集族人，特申家规，务以礼义廉耻为立身行已之原，恪遵训典，相率而勉之。

戒忤逆双亲　人伦之中，莫大于父子。父慈子孝，即或父虽不慈，而子亦不可以不孝。族中有涉忤逆者，当严为惩责，以戒不孝之风。

戒慢侮尊长　不敢以贤知先人，不敢以倨侮相加，方称孝悌。乃世有欺凌尊长、狎侮先辈者，其之不肖，族人须以此为戒。

戒惰游邪僻　耕读为本，诗礼传家。士农工商，各勤其职。懒则惰游，警以邪僻，自绝世风之靡也。断不敢纵容以酿祸也。

戒家机外泄　内密而无隙可乘，而外侮不得加也。造言生事，以快己私，不自知其非也，最可深恶。

戒搅是生非 妇人之职，相夫教子。间有肆为长舌，不分行列尊卑，搅是生非，须痛抑之，以为不能齐家之戒。

戒以强凌弱 宗族之中，原属一本。虽有小忿，不废懿亲。毋以强而凌弱，毋借公而行私。庶九族敦睦，礼义成风，不失吾祖宗开创燕贻之遗意！

录自《德化龙井苏氏族谱》

四、龙岩《世锦堂家训十则》

男子欲其知义；女子欲其习业；门庭欲其清白；谱牒欲其世修；兄弟欲其共爨；用度欲其节俭；宗族欲其和睦；乡党欲其恂恂；田业欲其谨守；坟茔欲其修理。

录自新罗区《世锦堂苏氏族谱》

第三节 宗 祠

芦山堂 又名苏氏大宗祠，坐落在同安县城西北葫芦山麓。五代后晋开运元年（944 年）由苏益父子住宅改建；元至大四年（1311 年）毁于战乱，明嘉靖二十二年（1543 年）重建，世宗钦赐“苏氏大宗”；清顺治元年（1644 年）再次毁于战乱。1911 年重建。1987 年重修。占地面积 2400 平方米，建筑面积 700 多平方米，坐东北朝西南。有门厅、正厅和后堂三进，两侧为马鞍脊护厝。门厅与正厅围合成合院，中有天井及两侧过水廊，凹寿门，抬梁式梁架，牌楼式屋顶，三段式燕尾脊。正厅面阔三间，进深五柱，抬梁减中柱，硬山顶，燕尾脊，厅内神龛祀入闽始祖苏益。后堂建于台基上，为祭祀苏颂专祠。墙基、墙体、梁柱及石狮、石柱础、石雕圆窗，屋顶剪粘、彩塑装饰等为明清时期建筑构件。全国政协副主席、著名数学家苏步青书写“苏氏大宗”和“芦山堂”二方匾额。大门有楹联“尚书御史翰林第，将相公侯科学家”。大厅楹联为“世胄相传清白训，源流同是子卿孙”（集苏颂诗文句）。朱熹撰匾额“宋朝丞相府，魏国太师家”。1988 年列为同安县文物保护单位，1991 年列为福建省文物保护单位，2001 年列为厦门市涉台文物古迹。（见彩图 5-1）

燕支苏氏宗祠

大田万应庙

泉州燕支苏氏宗祠 坐落在泉州市鲤城区涂山街道胭脂巷。明正德年间（1506—1521）始建，清代、民国时期多次重修。占地面积 1200 多平方米，建筑面积 800 多平方米，坐东朝西。三进三开间，硬山顶，具有汉回文化特色。大门额书“苏氏宗祠”，大厅楣立“绥成堂”。2009 年列为福建省文物保护单位。

大田万应庙 坐落在大田县屏山乡内洋村。清乾隆元年（1736 年）始建，1989 年重修。占地面积 920 多平方米，建筑面积 380 多平方米，坐西朝东。木结构，庙内榆木雕花、绘龙描凤、雕梁画栋、飞檐翘脊。奉祀抗元名将苏十万等英烈，庙堂正中塑苏十万神像。1929 年朱德率红四军途经时，驻扎该庙。万应庙大门左侧墙上写的“公买公卖”“男女平等”两幅宣传标语至今犹存。1991 年列为大田县文物保护单位，2018 年列为福建省文物保护单位。

同安苏公祠（又称苏颂祠）　坐落在同安孔庙教思堂后。宋绍兴二十三年（1153 年）朱熹任同安主簿时始建，明嘉靖十二年（1533 年）福建巡按苏信改建，历经多次重修。占地面积 310 平方米，总建筑面积 210 多平方米，坐北向南。二进三开间，现仅存正殿，穿斗式木构架，硬山顶，内存清代石碑 1 块，花岗岩质，高 1.7 米，宽 0.41 米，上刻“宋观文殿大学士太子少师进士司空封卫国公谥正简字子容讳颂苏公神位”。柱联为“存小心与宋千古，知大义唯公一人”，由朱熹撰。祠内存清嘉庆十八年（1813 年）重修碑铭。2001 年列为厦门市涉台文物保护单位。

漳州浸水埕苏氏大宗祠　坐落在漳州市区文化街 145 号。宋末（约 1275 年）始建，1998 年重修。占地面积 400 多平方米，建筑面积 240 平方米，坐北向南。祠前池塘相传为“毛蟹穴”，常年有水，故称浸水埕。2002 年列为漳州市文物保护单位。

龙海格林苏氏家庙　坐落在龙海市港尾镇格林村。明万历十年（1582 年）始建，经多次重修扩建。占地面积 650 多平方米，建筑面积 310 平方米，坐北向南。二进三开间，土石木结构。2007 年列为龙海市文物保护单位。

惠安苏氏大宗祠　坐落在惠安县张坂镇苏坑村。清乾隆二十年（1755 年）始建，2003 年重修（辟为全县苏氏的宗祠）。占地面积 500 多平方米，建筑面积 320 多平方米，坐北朝南。石木结构，面阔五间，进深三柱。宗祠曾以办学为掩护作为红色革命据点。2006 年列为惠安县文物保护单位。

安溪东洋祖宇　坐落在安溪县长坑乡衡阳村。宋元丰八年（1085 年）始建，明清民国时期经多次重修，1989 年再修。占地面积 1830 多平方米，建筑面积 420 多平方米，坐西向东。正厅面阔五间，进深三柱。大门楹联书“汉室忠良裔，宋朝御史家”。2003 年列为安溪县文物保护单位。

安溪大成祖宇　坐落在安溪县湖头镇横山村。清乾隆四十九年（1784 年）始建，原为安溪衡阳珍田太学生苏济时的居所，其孙苏咸英献地，苏结“三十六有”后裔共建，2005 年续修。占地面积 2000 多平方米，建筑面积 1120 多平方米，坐北向南。三进六柱五开间，四合院建筑风格。1997 年列为安溪县文物保护单位。

德化福德宫　坐落在春美乡双翰村鲤中。元泰定三年（1326 年）始建，历代修葺，1985 年重建。占地面积 190 多平方米，建筑面积 120 平方米，坐北朝南。木结构，屋檐前四角翘起，精工雕塑彩绘。崇奉苏氏先祖。大门对联为“尊是侯王亲是祖，福宜子孙德宜民”。1993 年列为德化县文物保护单位。

德化水府祖殿　坐落在德化县龙门滩镇白石村。元代始建，1938 年遭兵燹焚毁，唯存基石地沿。2005 年在原址重建。占地面积 180 多平方米，建筑面积 110 平方米，坐西向东。奉祀抗元名将苏十万“苏公尊王”而建造武烈庙。1988 年水府庙、练兵场等苏十万抗元遗址列为德化县文物保护单位。

福州市鼓楼区马鞍苏氏祠堂　坐落在鼓楼区北门马鞍。清嘉庆年间（1796—1820）始建，1941 年被日军拆毁，历经修葺，2015 年重建。占地面积 400 多平方米，建筑面积约 300 平方米，坐西朝东。木结构。

闽侯古洋苏氏祠堂　坐落在闽侯县鸿尾乡古洋村。清乾隆五十四年（1789 年）始建，1926 年重建，历经整修。占地面积 600 多平方米，建筑面积 580 平方米。土木结构。

连江玉山苏氏宗祠　坐落在连江县凤城镇玉山村。清乾隆（1736—1795）中期始建，历经修葺，2002 年在原址重建。占地面积 300 多平方米，建筑面积 500 平方米。祠堂前为门楼，中为天井，后为三层混凝土仿木建筑。现为连江苏氏总宗祠。

连江竹溪境苏氏宗祠　坐落在连江县丹阳镇东山村。明初始建，历经修葺，2012 年重建。占地面积 330 平方米，建筑面积 200 平方米，坐西朝东。四扇三间，木结构。

闽清葛洋苏氏宗祠　坐落在闽清县塔庄镇甲洋村。清末始建，2016 年重建。占地面积 500 多平方米，建筑面积 450 平方米。土木结构。

罗源洋头苏氏宗祠　坐落在罗源县飞竹镇洋头村。明正统年间（1436—1449）始建，历经 3 次重修。占地面积 200 平方米，建筑面积 100 多平方米。土木结构，清代建筑风格。

永泰前斗苏氏祠堂　坐落在永泰县盖洋乡小洋村前斗。清光绪（1875—1908）中期始建，历经修葺，2015 年重修。占地面积 400 多平方米，建筑面积约 300 平方米。土木结构。

海沧山后孝慈堂　坐落在厦门市海沧区海沧街道温厝山后社。宋嘉定十三年（1220 年）始建，历经多次整修。占地面积 300 多平方米，建筑面积 280 平方米。石木结构，硬山顶，二进三开间。

海沧贞岱昭珪堂　坐落在厦门市海沧区东孚街道贞岱村。清康熙三年（1664 年）始建，历经多次整修。占地面积 500 多平方米，建筑面积 420 平方米。石木结构，硬山顶。

同安苏厝苏氏祖庙　坐落在厦门市同安区洪塘苏厝大乡。明宣德元年（1426 年）始建，明清及民国时期屡有兴废，1992 年重建。占地面积 1800 平方米，建筑面积 800 平方米，坐东北朝西南。为前中后三落大厝，四周围墙，大门朝西北，通进深 39 米，前埕宽 21 米，进深 45 米。前落与中落形成合院，面宽 11. 6 米，通进深 21 米。前落面阔三间，平开三门，抬梁式梁架，三段脊。中落面阔三间、11. 6 米，进深五柱、11. 7 米，中为抬梁结构，边墙为穿斗式梁架，厅内悬“中顺大夫”“武魁”“进士”等匾额，硬山顶，燕尾脊。后落为苏颂专祠，面阔五间，进深四柱，神龛上悬“丞相公庙”匾。抬梁式梁架，三段脊，硬山顶。祠堂规模较大，保留较多石构房基、石柱础、抱鼓石等清代建筑构件。

翔安区澳头苏氏家庙　坐落在厦门市翔安区新店镇澳头村。明末始建，历经多次整修。占地面积 200 多平方米，建筑面积 170 平方米，坐北朝南。埕门开偏，石木结构，硬山顶，燕尾脊。

翔安马巷苏氏家庙　坐落在厦门市翔安区马巷镇三乡街。清雍正年间（1723—1735）始建，历经多次整修。占地面积 200 多平方米，建筑面积 130 平方米。硬山顶，燕尾脊。

漳州太江追远堂　坐落在龙海市东泗乡太江村。明宣德二年（1427 年）始建，历经多次整修。占地面积 400 多平方米，建筑面积 300 多平方米。二进三开间，砖木结构。

漳州虎渡虎溪堂　坐落在龙海市东泗乡虎渡村。明末清初始建，历经多次整修。占地面积 600 多平方米，建筑面积 500 多平方米。三进三开间，砖木结构。

漳州苏氏大夫家庙　坐落在华安县仙都镇市后村。清乾隆九年（1744 年）始建，历经多次整修。占地面积 1500 多平方米，建筑面积 700 平方米。二进五开间，木石结构。

泉州东湖苏氏宗祠　坐落在泉州市丰泽区东湖水漈村。清初始建，历经多次整修。占地面积 600 多平方米，建筑面积 510 平方米，坐西朝东。二进三开间带双护廊，硬山顶。

石狮苏厝苏氏家庙　坐落在石狮市宝盖镇苏厝村。明嘉靖年间（1522—1566）始建，历经多次整修。占地面积 300 多平方米，建筑面积 250 平方米，坐北朝南。二进三开间，硬山顶。

晋江苏厝苏氏祖庙　坐落在晋江市陈埭镇苏厝村。明嘉靖年间始建，历经整修。占地面积 500 多平方米，建筑面积 400 多平方米，坐北朝南。二进三开间，硬山顶。

晋江钱坡苏氏宗祠　坐落在晋江市磁灶镇钱坡村。明万历年间（1573—1620）始建，历经整修。占地面积 1200 多平方米，建筑面积 1000 多平方米，坐北朝南。三进三开间，硬山顶。

晋江梧山苏氏家庙　坐落在晋江市安海镇梧山村。明万历年间始建，历经修葺。占地面积 400 多平方米，建筑面积 300 多平方米。二进三开间，硬山顶。

晋江梧仑苏氏宗祠　坐落在晋江市永和镇梧仑村。明代后期始建，历经多次修葺。占地面积 300 多平方米，建筑面积 280 平方米。二进三开间，硬山顶。

晋江湖美苏氏宗祠　坐落在晋江市英林镇湖美村。清初始建，历经修葺。占地面积 300 多平方米，建筑面积 250 平方米。二进三开间，硬山顶。

南安龙门祖宇　坐落在南安市蓬华镇苏厝村。明弘治十五年（1502 年）始建，历经整修。占地面积 400 多平方米，建筑面积 320 多平方米。土木结构。

南安霞舒苏氏西房宗祠　坐落在南安市康美镇梅元村。明万历年间始建，历经整修，1991 年重建。占地面积 800 多平方米，建筑面积 500 多平方米，坐北朝南。木结构，三进三开间，硬山顶。

南安霞舒阜阳堂　坐落在南安市康美镇梅元村。2004 年在南安霞舒西房苏氏宗祠左侧新建。占地面积 800 多平方米，建筑面积 500 多平方米，坐北朝南。两层砖混结构。

南安霞舒苏氏东房家庙　坐落在南安市康美镇崛内村。明万历年间始建，历经整修。占地面积 400 多平方米，建筑面积 300 多平方米，坐北朝南。木石结构，二进三开间，硬山顶。

安溪衡阳显福祠　坐落在安溪县长坑乡衡阳村。宋嘉庆六年（1060 年）始建，历经修葺。占地面积 200 多平方米，建筑面积 130 平方米，坐东朝西。石木结构，为衡阳苏氏支系发祥地。

安溪衡阳岩头祖宇　坐落在安溪县长坑乡衡阳村。宋元丰八年（1085 年）始建，历经整修。占地面积 500 多平方米，建筑面积 400 平方米。四合院式古建筑。

安溪衡阳多魁祖宇　坐落在安溪县长坑乡衡阳村。宋元丰八年始建，历经修葺。占地面积 600 多平方米，建筑面积 530 平方米。四合院式古建筑。

安溪光恒祖宇　坐落在安溪县湖头镇横山村。元至正（1341—1367）中期始建，1998 年重建。占地面积 600 多平方米，建筑面积 500 平方米。二进式，土木结构。

安溪魁美龟山祖宇　坐落在安溪湖头镇溪美村。明初始建，历经整修。占地面积 200 多平方米，建筑面积 140 平方米，坐东北向西南。木结构，硬山顶。

安溪竹园西楼祖宇　坐落在安溪虎邱镇竹园村。明中期始建，历经修葺。占地面积 800 多平方米，建筑面积 600 平方米。木石结构。

安溪魁美牛眠祖宇　坐落在安溪湖头镇溪美村。明中期始建，历经修葺。占地面积 200 多平方米，建筑面积 130 平方米，坐西南向东北。木结构，硬山顶。

安溪衡阳花树兜祖宇　坐落在安溪长坑衡阳村，清康熙（1662—1722）中期始建，历经整修。占地面积 700 多平方米，建筑面积 520 平方米。土木结构，四合院式古建筑。

安溪魁美拱甲祖宇　又称溪美苏氏宗祠，坐落在安溪县湖头镇溪美村。清乾隆（1736—1795）中后期始建，历经整修。坐西朝东，占地面积 600 多平方米，建筑面积 300 多平方米。土木结构，硬山顶。2011 年列为文物普查点。

德化双翰苏氏祖祠　又称“新兴堂”，坐落在德化县春美乡双翰村鲤中。元至元二十七年（1290 年）始建，历经修葺。占地面积 700 多平方米，建筑面积 498 平方米，坐东朝西。木结构，歇山顶，燕尾脊。

德化双翰苏氏宗祠　又称“世德堂”，坐落在德化县春美乡双翰村鲤中。元皇庆二年（1313 年）始建，明永乐（1403—1424）和万历（1573—1620）年间两次失火，天启四年（1624 年）重建，历经修葺。占地面积 3100 多平方米，建筑面积 2498 平方米，坐东朝西。木结构，歇山顶，翘脊，闽南宫殿式建筑风格。大厅柱联为“溯远系于石城祖有德宗有功五世簪缨光仕籍，辟宏基于翰里文为经武为纬千秋俎豆起书香”。

德化龙井苏氏祖祠　又称“龙井堂”，坐落在德化县龙浔镇宝美村后井窑。明洪武（1368—1398）初期始建，嘉靖二十三年（1544 年）翻架，清康熙五十五年（1716 年）改向重建，1933 年重修，1997 年再次修葺，2014 年依原样重建。占地面积 3400 多平方米，建筑面积 860 平方米，坐西向东。土木结构。

厅堂两边建四、六扇加护厝，屋架为穿斗抬梁式，高6米。下堂建厢房，下堂正厅开双扇大门，屋顶为歇山式翘脊，正面为石条和红砖墙面，闽南宫殿式建筑风格。

德化梅岭苏氏祖祠 又称“梅岭堂”，坐落在德化县葛坑镇富地村岭头。明洪武初期始建，历经整修。占地面积1000多平方米，建筑面积590多平方米。木结构。

德化大坂苏氏祖祠 又称“长埕堂”，坐落在德化县龙浔镇大坂村官田洋。明洪武中期始建，历经修葺。占地面积1000多平方米，建筑面积750平方米，坐东向西。土木结构。

德化西洋苏氏祖祠 又称“安富堂”，坐落在德化县赤水镇西洋村。康熙三十二年（1693年）始建，历经整修。占地面积600多平方米，建筑面积500平方米，坐北向南。木结构。

永安灵安苏氏祖祠 坐落在永安市大湖镇冲二村。清光绪七年（1881年）始建，历经整修。占地面积200多平方米，建筑面积120平方米。木结构。

尤溪塗山苏氏宗祠 又名“岐山堂”，坐落在尤溪县中仙乡善邻村。清顺治十六年（1659年）始建，历经修葺。占地面积1000多平方米，建筑面积600平方米。木结构。

大田屏山苏氏祖祠 又名“兴里堂”，坐落在大田县屏山乡内洋村坑里。元至元年间（1264—1294）始建，历经修葺。占地面积1000多平方米，建筑面积750平方米，坐北向南。木结构。

大田甲魁桂林堂 坐落在大田县太华镇甲魁村。明嘉靖七年（1528年）始建，历经整修。占地面积300多平方米，建筑面积250平方米，坐西向东。木结构。

南平莒上村苏氏祖祠 坐落在南平市延平区塔前镇金鸡山下廖坪村。清中期始建，历经修葺。占地面积600多平方米，建筑面积约400平方米。土木结构。

建瓯东游苏氏宗祠 坐落在建瓯市东游镇后门路16号。清嘉庆十四年（1809年）始建，历经整修。占地面积700多平方米，建筑面积500平方米。木结构。

新罗苏氏祖祠 又称“世锦堂”，坐落在龙岩市新罗区东城东兴路联兴巷3号。元延祐四年（1317年）始建，清道光十七年（1837年）重建，1937年被日军炸毁，2001年在原址按原建筑风格重修。占地面积1900多平方米，建筑面积600平方米，坐东朝西，土木结构。上下两厅，左右回廊贯通上下厅，中心是天井，为风柜斗式建筑，墙体为青砖结构。厅内16根圆木柱，每柱接地均配花岗石莲花石鼓，天井四周柱子除石鼓外，下半截1米左右均是花岗柱，上段为圆木对接的石木混合柱。厅堂屋架总称骑筒架，横通采用泥鳅肚工艺，骑筒及二通横梁均雕龙刻凤，涂金彩漆。

永定苏氏祖祠 又称峻厦祠家庙，坐落在龙岩市永定区古竹乡大德村。明成化年间（1465—1487）始建，20世纪60年代被毁，1987年重修。占地面积860多平方米，建筑面积360平方米，坐北向南。木结构。

永定蕉园苏氏祖祠 坐落在永定县抚市镇中在村。明初始建，历代整修。2013年重建。占地面积2500多平方米，建筑面积1800平方米。砖混结构。

永定南溪八甲祖祠 坐落在龙岩市永定区湖坑镇南中村。明末清初始建，历代修葺。占地面积2000平方米，建筑面积600多平方米。土木结构。

永定秀峰山宗庙 坐落在龙岩市永定区湖坑镇新南村。清宣统元年（1909年）重修（又称秀峰禅寺），历代修葺。占地面积3000多平方米，建筑面积500平方米。木结构。

漳平岐山武功堂 坐落在漳平市象湖镇岐山。宋咸淳四年（1268年）始建，明代遭毁，清初重修，历代整修。占地面积1150平方米，建筑面积630平方米。土木结构。

福安仙源里苏氏祖祠 坐落在福安市坂中乡仙源里村。清代后期始建，经数次修葺。占地面积600多平方米，建筑面积430平方米。砖木结构。

福安仙峰宗庙　又称定觉寺，坐落在福安市坂中乡仙源里村白龙溪涧过坑岗。清代后期始建，经数次整修。占地面积 1200 平方米，建筑面积 550 平方米。砖木结构。

霞浦积石苏氏宗祠　坐落在霞浦县长春乡积石村。明中期始建，经数次修葺。占地面积 1000 平方米，建筑面积 580 平方米。木结构，二进三开间。

第四节　陵　墓

苏益陵园　又称唐武安侯墓，位于厦门市翔安区内厝锄山。墓主为芦山苏氏一世始祖，五代后唐时修建，明清、2002 年和 2013 年重修。坐西向东，祖陵占地面积 4000 多平方米，保护面积 5 万多平方米。穴形蜈蚣吐珠，两个龟背形封顶并列，一为三合土构筑，一为辟石叠砌，环拱两穴，左畔古石碑镌刻“刺史苏公夫人张氏寿域”，右畔三级墓坪相传为地理师墓葬；后依芙蓉主山，前案笔架毓秀，九曲环绕，左右鼓山旗山相应，与自然融为一体。2001 年列为厦门市涉台文物保护单位。

苏懋祺墓　位于泉州市丰泽区城东镇东星村。墓主苏懋祺为明万历举人、新河知县。墓丘由糖水灰构筑，现存墓围和三级墓坪，墓前立有花岗岩墓碑，长方形，高 1.6 米，宽 1.28 米，碑文“明文林郎新和令修翼苏先生墓”。墓前原有一对望柱，已毁。2001 年列为泉州市文物保护单位。

苏大山墓　位于泉州市区大坪山。墓为双圹，墓主苏大山为清代诗人、文史学者、藏书家。墓碑书“燕支显考荪浦苏先生，继妣玉燕杨孺人真宅”。2001 年列为泉州市文物保护单位。

苏钦墓　位于仙游县龙华镇建华村宝幢山。墓主为宋大中大夫、利州路转漕使判官。坐北朝南，占地面积 2800 多平方米。墓丘砖石结构，平面呈“凤”字形。墓前右侧石碑阴刻“宋利路漕大中大夫苏公神道”，墓碑方首，高 1.2 米，宽 0.8 米，上阴刻碑文“宋芦山赐进士大中大夫讳钦苏公佳城”。1984 年列为仙游县文物保护单位。

苏京墓　位于永定县古竹乡古竹村。墓主为明弘治元年（1488 年）敕授正阳第一殿护驾捲廉将军。占地面积 400 多平方米。2012 年列为永定县文物保护单位。

苏奉礼墓　位于德化县雷峰镇肖坑村章峰山下。为宋礼部尚书与妣陈氏合葬墓。2015 年重修。坐西南向东北，占地面积 600 多平方米。“龙马饮泉”形，面前垂鞭案。

苏结墓　位于安溪县长坑乡小西村。墓主为宋监察御史。宋元祐九年（1094 年）修建，历经重修。坐西南向东北，瓜藤墓，占地面积 400 多平方米。

苏总龟墓　位于南安康美镇蓝田村。墓主为宋翰林学士、大中大夫。宋庆元四年（1198 年）修建，2003 年依旧制整修。坐北向南，占地面积 300 多平方米。“龙虾出海”形。

苏敢墓　位于南安市康美镇梅元村。墓主为守朝议大夫。清乾隆年间（1736—1795）整修。

苏老圃墓　位于厦门市同安区洪塘新厝村顶欧坑。墓主为同安 24 社始迁祖。明正统十四年（1449 年）修建，1988 年重修。坐北向南，占地面积 300 多平方米。平面呈“凤”字形，花岗岩构筑。

第五节　古建筑

永定衍香楼　位于龙岩永定区湖坑镇新南村。清道光二十二年（1842 年）苏谷香始建，历经修葺。占地面积 4300 多平方米，建筑面积 7.3 万平方米，坐东北朝西南。圆形土楼，直径 40 米，依次为前厅、中厅、后厅。厅堂高 4 层，每层有 24 间木质房屋。墙底厚 1.6 米，墙顶厚 0.7 米，全楼砖木结构，雕刻精巧，壁上书画精美，整体布局协调。2001 年列为福建省文物保护单位，2008 年列入世界文化遗产。（见彩图 5-2）

永定环极楼 位于龙岩永定区湖坑镇南中村。清康熙三十二年（1693 年）苏卜臣始建，历经整修。占地面积 4800 多平方米，建筑面积 6.2 万平方米，坐北朝南。由二环建筑组成，直径 43 米，高 4 层，底层 32 间房，设有门厅、正厅，墙体厚 0.9 米，二、三、四层 34 间房，内环单层，有 12 间房，楼外侧单层附属楼共 30 间房。2001 年列为福建省文物保护单位。

环极楼

厦门集美泽深宫 坐落在集美区灌口镇深青村深青里 71 号。明初始建，清光绪十九年（1894 年）重修，1994 年再度修葺。占地面积 396 平方米，建筑面积 300 多平方米，坐东南朝西北。穿斗式构架，砖木结构。分前后两殿，南侧连建释仔宅，面宽 18 米，进深 22 米。前殿抬梁式梁架，三段式花脊，面阔三间、10 米，3 门，中门楹联为“大德广生封大帝，深仁厚泽镇深青”。后殿为敞厅，硬山顶，燕尾脊，前檐廊梁架由一对龙柱和 4 根方石柱支撑，殿内奉祀保生大帝。宫内保留有清代建筑石构件，并有光绪二十二年（1896 年）石香炉 1 只。泽深宫为白礁慈济宫第一分炉，清中期，深青苏氏族人将香火分炉台湾高雄路竹乡等地，建有东安宫。2007 年列为厦门市涉台文物保护单位。

连江养拙草堂 位于连江县西门外玉山村。清初始建，乾隆十年（1745 年）苏渭生任连江知县时捐薪重修。历代修葺。占地面积 2100 多平方米，建筑面积 300 多平方米，坐西南朝东北。砖木结构。主楼为双层楼房，四间横排，二楼有雕花栏杆，楼前回廊通往假山，为园林式建筑。辛亥革命时期，开办毓贤女子学校，后改为陶英小学。1984 年列为连江县文物保护单位。

永泰将军堂 位于永泰县葛岭镇蒲边村。明后期始建，长期由苏氏族人出资修葺。占地面积 400 多平方米，建筑面积约 350 平方米，坐西向东。土木结构，由庙前古驿道、门楼、天井、廊庑、正殿组成。历经 400 余年风雨，迄今保存完好。2016 年列为永泰县第九批文物保护单位。

永泰桃源宫 位于永泰县葛岭镇蒲边村。明后期始建，清乾隆年间（1736—1795）由苏氏族人捐资重建，道光十七年（1837 年）再建，同治十三年（1874 年）重修，历代修葺。占地面积 600 多平方米，建筑面积约 430 平方米，坐东北向西南，土木结构。民国期间为苏氏家族的学塾。2016 年列为永泰县第九批文物保护单位。

永泰桃源桥 位于永泰县葛岭镇蒲边村桃源宫前。清乾隆六十年（1795 年）由苏氏族人始建。东北西南走向，石拱结构，桥长 12.5 米，宽 2.5 米，有石碑志，是永泰仍在使用的最古老的石拱桥。2016 年列为永泰县第九批文物保护单位。

红军游击队队部 位于龙海市东泗乡卓港村。1926 年由华侨苏德炉修建，历代修葺。占地面积 340 多平方米，建筑面积 170 平方米，坐北向南，西洋建筑风格。1932 年苏静、苏精诚以该楼为据点建立游击队队部，开展游击战。1987 年列为龙海市文物保护单位。

广济桥

龙海苏静故居 位于龙海市海澄镇内溪村碑头社。清末（约 1911 年）始建，历代修葺。占地面积 323 平方米，建筑面积 184 平方米，坐北向南，闽南建筑风格。2009 年列为龙海市文物保护单位。

德化广济桥 又称双翰桥亭，位于德化县春美乡双翰村鲤中。明嘉靖元年（1522 年）始建，清顺治十四年（1657 年）重修，乾隆九年（1744 年）苏有圭等族人集资扩建，1974 年苏重仁等募捐再修，1987 年全面整修。南北走向，采用层叠结构，为单孔木伸臂廊桥。该桥长 24 米，桥面宽 5.3 米，距水面高 5.6 米。两端桥墩在河床边岩石上用条石交错干砌，桥上用 16 根长 14 米的杉木分两层（上层 11 根、下层 5 根）横架在桥墩上。桥廊屋高 6 米，重檐歇山式屋顶，燕尾式翘脊，覆青瓦。廊屋结构对称，有 40 根木柱，两边置靠背椅，两侧各一厅，桥中为五开间。旧时该廊桥位于闽中通往沿海的重要官驿道。1983 年列为德化县文物保护单位。

顺昌双溪临水宫　位于顺昌县建西镇双溪村。清道光六年（1826 年）始建，“文化大革命”期间文物被焚毁，2008 年由双溪村苏氏族人捐资重修。占地面积 1000 多平方米，建筑面积 700 多平方米，坐北朝南，土木结构。奉祀临水夫人陈靖姑。2010 年列为顺昌县文物保护单位。

第六节　民间信仰

泉州苏夫人姑信仰　泉州市鲤城区常春村有座苏夫人姑庙，据《泉州府志》记载，明成化、万历年间，苏夫人姑神灵显赫，平战乱，靖倭寇，先后被封为护国卫生、衍圣崇福夫人，谥号“贞烈”。苏夫人姑信仰名扬海内外，分炉在闽南、菲律宾有 70 多处。每年农历十二月初一苏姑诞辰日，泉州各地和海内外分炉前来进香朝觐，由彩旗、鼓乐、神轿、善信组成规模庞大的进香团，为泉州苏氏独特的民间信仰。

德化双翰翁爹公信仰　德化双翰福德宫历年有祭祀苏氏先祖肇基双翰、尊崇儒学的民俗活动。每年农历正月十四、十五日迎奉诸神，撑凉伞，举大灯，鸣火铳，擂三通鼓，闹百戏，摆猪公和甜粿等丰盛供筵。首日主祀南朝大帝，次日庆赞“岁祀翁爹公”诞辰，道士设坛，请神、观灯、犒赏、虔诵疏文，祈福祛灾，并于四季敬供祈福，祈祐风调雨顺、国泰民安。

苏十万信仰　永泰兰亭宫，永春南门庙、苏王庙，戴云山脉及周边多地均供奉苏十万。每年元宵节期间举办奉祀民俗活动，弘扬苏十万孝义、忠勇、武烈的爱国爱家精神。

德化葛坑雷公生日信仰　葛坑镇富地村大垵苏氏族人于每年农历六月二十三日在葛坑梅岭苏氏祖祠敬拜雷公神，成为弘扬正道、主持法仪的独特信仰。该信仰源自葛坑苏上诉冤情，清乾隆五十九年（1794 年），大垵苏上诰因晒草灰制肥受诬制硝谋反，永春办案官兵办案途经下涌时突遭雷劈，感动州官，案件得以秉公办理。苏氏族人祈求神明主持公道，渐成风俗，并演化为信仰。

第七节　非物质文化遗产

世界级非遗“泉州南音”及其代表性传承人　福建泉州南音是现存历史最悠久的传统古乐，遗传唐代宫廷音乐的诸多特点，被誉为“御前清曲”。2009 年 10 月正式列入联合国教科文组织公布的非物质文化遗产名录。晋江人苏统谋对“泉州南音”有独到的研究、继承和创新，2008 年成为该项目第二批国家级代表性传承人。

国家级非遗“德化瓷烧制技艺”及其代表性传承人　福建德化瓷烧制技艺传承了明代何朝宗瓷雕技法，在瓷观音等塑像上具有独特的造诣。德化人苏清河，在瓷泥配方、釉水研制、稀土原料的应用、瓷器与造型的设计方面均有创新。2006 年成为该项目首批国家级代表性传承人。

省级非遗“泉州南少林五祖拳”及其代表性传承人　五祖拳发源于泉州，是福建省七大拳种中历史最悠久的优秀拳术。拳势似刚而柔，刚柔相济，具有鲜明的地方特色和南派武功风格。永春人苏瀛汉，2010 年成为该项目省级代表性传承人。

省级非遗“德化瓷工艺”及其代表性传承人　德化人苏玉峰，自幼酷爱瓷艺，其瓷作品《百花蓝》陈列于人民大会堂福建厅内。2008 年成为该项目首批省级代表性传承人。

第八节　名胜古迹

德化屈斗宫古窑址　坐落在德化县龙浔镇宝美村。系宋元时代古窑址，占地面积3300多平方米，建筑面积1100平方米。古窑址传承古代制瓷工艺，形成了以苏德明、苏学金、苏勤明等人为代表的传统的“何朝宗”流派的观音制瓷大系。1976年由福建省政府文管部门组织厦门大学历史系联合发掘。窑址东西宽约300米，南北长约150米。窑基全长57.1米，宽1.4~2.95米，共17间窑室，出土800件烧制工具和6793件瓷器。出土产品造型和制作工艺呈现宋元时期“鸡笼窑”的特点，对研究宋元时期的中国民窑体系有重要价值，为研究海上丝绸之路陶瓷器贸易提供重要历史资料。1988年列为全国重点文物保护单位。(见彩图5-3)

集美驿楼古地　又称深青驿遗址，坐落在厦门市集美区灌口镇深青村。元代始建，明洪武十四年（1381年）和景泰元年（1450年）两度由深青苏氏族人兴资扩建。占地面积700平方米，建筑面积100多平方米，坐南向北，花岗岩材质，牌坊建筑风格。该遗址是古代漳州、泉州二府驿道上的重要驿楼。2013年列为福建省文物保护单位。

荣福堂红军留言墙　坐落在漳平市象湖镇扬美村。清宣统三年（1911年）由苏联忠、苏联森、苏联镳三兄弟合建，历代整修。占地面积620平方米，建筑面积480平方米，坐东南向西北，木结构。1929年8月20日，朱德率红四军第二、三纵队进军闽中，途经该村时驻扎荣福堂，留下红军宣传标语和款信。1982年列为漳平县文物保护单位，2018年列为福建省第九批省级文物保护单位。

荣福堂

泉州对山苏夫人姑庙　坐落在泉州市鲤城区紫帽山凌霄塔下。明正统六年（1441年），泉州百姓纪念苏六娘英灵，垒石为宫，成化六年（1470年），明宪宗下旨敕封苏六娘为“护国卫生夫人”，谥“贞烈”。当地官府依制建庙塑像。万历（1573—1620）中，泉州太守邱浙诣对山叩敬苏夫人姑庙。后神宗皇帝加封“衍圣崇福”。清顺治五年（1648年）遭兵燹，光绪十五年（1890年）重修，1941年海内外信众募捐修缮，1980年再次维修。占地面积3000多平方米，建筑面积400多平方米，坐南向北。1998年列为泉州市文物保护单位。

惠安利济桥　坐落在惠安县张坂镇苏坑村。南宋咸淳年间（1265—1274）始建，历代由苏氏族人捐资修葺。占地面积600平方米，建筑面积300平方米，东西走向，花岗岩结构。桥长31米，宽3米，桥东有两座三层石塔，桥西有两尊石将军。该桥为崇武通往泉州等地的交通官道。2006年列为惠安县文物保护单位。

安溪衡阳庵　坐落在安溪县长坑乡衡阳村北斗山南麓。原为仙公宫，明洪武二十八年（1395年）由安溪苏氏族人改建，历代修葺。占地面积500多平方米，建筑面积420平方米，坐北向南，单檐歇山顶，进深18米，宽21米，明代四合院建筑风格。庵内有“响惠”“圣真”堂、六神殿，有泥塑、木雕神像58尊。内庭右边有一株古桂树，树分三杈，花后结籽，三年发芽，是一处独特景观。该庵博采南北方信仰，凸显地方特色文化，系闽南宗教文化的小博物馆。1995年列为安溪县文物保护单位。

德化祖龙宫 坐落在德化县宝美村卦寨山。初名玄女宫、白沙宫、窑尾宫等，宋元祐九年（1094年）始建玄女宫，清同治年间（1862—1874），苏学金募资扩建，改为祖龙宫。1990年至2007年间大规模修建。占地面积5300多平方米，建筑面积2300多平方米，坐西向东，木结构。祖龙宫祭祀德化龙窑先祖，供奉三代祖师、九天玄女、虞圣大帝、太上老君、朝天圣侯文天祥、闽王王审知等神位。每遇开窑和每年农历五月十六日必举行奉祀仪式，为苏氏烧瓷人朝拜的神殿。1996年列为德化县文物保护单位。

德化程田寺 坐落在德化县龙浔镇宝美村。五代后唐年间（923—936）始建，清代多次维修。抗战期间，大雄宝殿曾作为盐仓，其他殿堂破损严重。1939年苏由甲等苏氏族人在西厢房创办凤林慈儿院，救助抗日民主义士及侨胞留下的大量学童，同年9月该寺被日机炸毁，仅存东大雄宝殿；1986年由苏氏族人重塑佛像，2002年重修前殿，2011年再修后殿。占地面积3300多平方米，建筑面积1800多平方米，坐东南向西北，木结构。该寺为五代高僧行端修真地、德化县四大名刹之一。寺内供奉释迦三世尊佛、真济祖师、伽蓝尊王、观世音诸佛。寺院分为三殿，建筑造型与自然环境融为一体。1988年列为德化县文物保护单位。

大田崇圣岩寺 又名大仙峰岩寺，坐落在大田县屏山乡内洋村大仙峰。南宋隆兴二年（1164年）始建，明正德七年（1512年）扩建东楼“崇正阁”、西楼“云珍阁”、下楼“闻钟阁”共16个厅室，清嘉庆十年（1805年）失火，嘉庆十二年修复，1959年毁于山洪，1998年重建主殿。占地面积3800多平方米，建筑面积2300多平方米，坐西向东，木结构。正殿奉祀真宗、徐宗、力宗三祖师，偏殿供奉苏氏先祖大檀樾神位。2005年列为大田县文物保护单位。

红四军前敌委员会旧址达道堂 坐落在漳平市象湖镇扬美村。清乾隆五十年（1785年）由苏贵山始建，历代修葺。占地面积730平方米，建筑面积590平方米，坐南朝北，木结构。1929年8月红四军前敌委员会在此设立指挥部。2014年列为漳平市文物保护单位。

闽清古驿道 位于闽清塔庄甲洋村。五代时期始建，由曾任泉州左都统军使苏光谊及苏秉礼、苏明礼等开凿。古道北接南平、江西至中原，南至永泰嵩口、德化、泉州，为内陆到沿海的重要交通驿道。宋初为兴化军通往内陆的主要军事要道，连接兴化军治所（现仙游游洋镇）。古道依山势而凿，设古驿站，以青石、条石铺砌成阶达数千米，迄今仍有部分保存完好。邑人为纪念都统军史、总制的功德，建总制王庙，以青石为材，并有“葛峰崇祀典，闽海显神灵”碑刻，与千年古树相映成景，保存了千年古驿道的风韵。

深青茂林庵 位于厦门市集美区灌口镇深青村东。清康熙三十年（1691年）重修为前后二殿。民国初期前殿毁于兵火。1995年重建后殿。2006年，苏氏族人兴资重建，并增建前殿、中殿及廊庑。占地面积660平方米，建筑面积400多平方米，穿斗式梁架，砖木结构。庵面宽2米，进深30米，单檐翘脊硬山顶。庵内奉祀清水祖师、大使公等民间神祇，存有部分清代石木建筑构件及康熙三十年安溪彭岩赠送之功德碑1方。

龙岩东兴姑婆宫祠 又称龙岩东兴天后宫，坐落在龙岩市新罗区东新东桥坂。宋绍定年间（1228—1233）始建，历代修葺。占地面积3100多平方米，建筑面积600平方米。土木结构。

龙岩济行廊桥 位于永定区湖坑镇新南村。明嘉靖二十一年（1542年）苏良亭后裔始建。桥长30米，宽3米，三孔制，桥墩高15米。石木结构。

福安苏八尊公神宫（又称威烈王宫） 坐落在福安市坂中乡仙源里村。清嘉庆年间（1796—1820）始建，历代修葺。占地面积668平方米，建筑面积520平方米。砖木结构。宫内供奉闽东苏氏始祖苏惟忠、苏惟信和苏八尊、临水夫人等13尊神像。

第五章　人　物

第一节　人物传

苏　益　又名利用，字世进，光州固始人。唐相苏瓌8世孙，乾符中隰州刺史。光启元年（885年）携家眷随王潮由固始入闽，先居温陵（今泉州），后定居同安，为芦山堂苏氏始祖。王潮发兵福州，苏益为泉州都统领军使。在王审知治闽时期，以军功树威。宋雍熙元年（984年），追赠上将军、武安侯。

苏光诲（922—1002）　字明教，同安人。读书习武，少谙兵法。后晋天福七年（942年）任泉州都统使。唐末五代，留从效为泉州都指挥使，图议兴复王氏，苏光诲与留从效举兵诛叛将黄绍颇有功，任漳州刺史。苏光诲天性孝顺，邻郡闻风向慕。宋雍熙元年（984年）因平盗有功，为左屯卫将军，赠上将军、武陵侯。

苏仲昌（975—1057）　字孔嗣，同安人。宋天圣二年（1024年）进士，历提点荆湖南北两路刑狱公事，知宜、邵、复三州。有政绩，擢左屯卫将军。卒赠太师福国公。

苏　绅（999—1046）　字仪甫，同安人。宋天禧三年（1019）进士。历宜州、复州、安州推官，改大理寺丞，再迁太常博士。举贤良方正科，擢尚书祠部员外郎，通判洪州，徙扬州。归，上十议，进直史馆，为开封府推官、三司盐铁判官。苏绅善言直谏，锐意进取，博学多才，进史馆修撰，擢知制诰，入翰林学士，再迁尚书礼部郎，后改龙图阁学士，知扬州。又以吏部郎中改侍读学士、集贤殿修撰，知河阳。元祐（1086—1094）中，以儿子苏颂显贵，赠太师。

苏　缄（1016—1076）　字宣甫，同安人。宋宝元元年（1038年）进士，初为南海主簿，领州番舶。历知英州、廉州、鼎州及广东钤辖。熙宁四年（1071年）以皇城使知邕州。熙宁八年，大越国李常杰率兵10万围攻邕州，苏缄率领2000余名官兵守城待援，敌军攻城数十天未果。因孤军无援，熙宁九年，粮尽城破，苏缄举家36人殉难。宋神宗赠奉国军节度使，谥“忠勇”。哲宗赐祠额怀忠，邕州、泉州等地立祠祭之。现同安、厦门、金门等地城隍，奉祀苏缄。

苏　颂（1020—1101）　字子容，同安人，苏绅长子。宋庆历二年（1042年）进士。任宿州观察推官、江宁知县、南京留守推官。皇祐五年（1053年）后任馆阁校勘、集贤校理，得以博览皇家藏书。嘉祐二年（1057年），增补《开宝本草》；嘉祐七年著《图经本草》，嘉祐八年召为开封府界提点诸县公事，为修起居注、知制诰。治平二年（1065年）迁三司度支判官，治平四年至元丰五年（1082年），三次任伴送使，两次任贺辽主生辰使。元丰元年（1078年）知开封府，判尚书吏部兼详定官制。元祐（1086—1093）初，与吏部令使韩公廉合作，采历代诸家之说，制造水运仪象台，仪象器械制作精巧，通浑天仪、铜候仪。绍圣（1094—1097）初著《新仪象法要》。元祐七年拜尚书右仆射兼中书侍郎，入相。绍圣四年以太子少师致仕。进太子太保，累加封赵郡公。建中靖国元年（1101年）夏卒。徽宗赠司空，理宗赠正简。

苏　棁（1026—1086）　字子富，同安人，苏绅三子。以荫补官。宋熙宁三年（1070年）任秘阁校理、秘书郎，升同知太常礼院。有诗名。

苏　嘉（？—1128）　字景谟，同安人。熙宁（1068—1077）初入太学，以对策论变法之非而遭罢免，元丰中（约1081年）以荫补襄阳县丞，改知杭州宣阳县，历太常博士、常州通判。

苏　京（？—1117）　字世美，同安人。以学问行为称誉于时，因父荫任假承务郎，授雄州防御推官，监江宁府税务，擢忠武军节度使，终沂州通判。

苏伯材（1045—1107）　字廷构，晋江人。宋绍圣四年（1097年）进士。知潮阳县，执法公正。朝廷嘉其志，下诏书褒扬，擢韶州知府。后归隐于故里。

苏　携（1065—1140）　字季升，同安人。初授武成军节度推官，后除丹阳县丞，兼行县令事，再知明州、温州，通判庐州，靖康二年（1127年）升少卿，擢刑部侍郎，累官至右朝议大夫、通直郎，赠通议大夫。有文集5卷行世。

苏　坚　字伯固，泉州人，居丹阳。为钱塘县丞，督拓西湖。后知铅山，宋崇宁元年（1102年）监昭州岑水银铜场，官至建昌军通判。有文集，今佚。

苏　庠（1065—1147）　字养直，号眚翁，泉州人。工诗词，安分守道，无意仕途，宋绍兴年间（1131—1162）被召，不仕。隐居江西庐山。著有《后湖集》等传世。

苏师德（1096—1177）　字仁仲，苏颂孙，同安人。以祖父荫，补假承务郎。后遭秦桧排斥，削籍流放汀州（今福建长汀）。秦桧死后，复官。乾道八年（1172年），以右奉直大夫致仕。

苏　烨（1070—1130）　初名桓，字天龙，莆田人。宋元符三年（1100年）进士，初任成都提举学事，后为淮西府学提举，升为国子司业。补外，历知泉、福、建三州。召为礼部侍郎，以祠禄归。钦宗即位（1126年）复召，其时因多种缘故，乞致仕，加大中大夫，充徽猷阁待制。

苏　棫（1072—1135）　字公美，莆田人。宋元符三年（1100年）进士。历提举淮西府学事，徽宗时由尚书郎为辟雍司业，擢升翰林。

苏　钦（1102—1168）　字伯承，德化人。宣和六年（1124年）进士。初授惠州录事参军，任闽清等知县，调广州任佐吏。任江西安抚司属官时，遇赣兵哗变，苏钦以安抚使、转运使献策得以平定。论军功提巴州知州，任满调任阆州知州。宋绍兴二十九年（1159年）特授利州路转运使，赠大中大夫，佩紫金鱼袋。绍兴三十年朝廷遴选监司，命其监四川。

苏　玭（1129—1192）　字训直，同安人。恩补将任郎。随父流放汀州，后复官。历黄岩主簿、常山知县、泰州太守、吏部郎中。

苏大璋（1169—1206）　字颙之，号双溪，古田人。宋庆元五年（1199年）进士。除道州教官，以阐明正学为己任，召试馆职，为秘书省正字，累迁著作郎。时逢“伪学”之禁，苏大璋力主兴儒学，出知吉州。

苏　升（1117—？）　字时仲，永春人。宋绍兴十八年（1148年）进士，历任永丰知县、琼州知州。诗风类陶渊明，飘逸清新，有诗集传世。

苏总龟（1123—1194）　字待问，德化人。入太学，授迪功郎。宋绍兴三十二年（1162年）试上舍优等第一，授太学博士。孝宗即位，恩赐释褐，迁衡州教授，奉诣治武学。乾道元年（1165年），湖南宜章李金叛乱，苏总龟下令“毋轻退，毋惊惶，内外相守”，击败李金，建立军功，勋及族裔。后改差抚州教授，转信州通判，提举广南东路市舶司，任广南东路参议，主管台州崇道观，授大中大夫，选翰林学士，授太子太傅。有理学著作传世。

苏　洸（1122—1193）　字太澄，亦称澄老，兴化人。初任县尉，因捕盗有功授抚州临川知县，任内带领民众修治述陂，民受其利，称为“苏公陂”。改宾州（今广西宾阳）通判。后授广东雷州知府，继知新州、封州、辰州。

苏　权（1162—？）　字元中，仙游人。宋淳熙十一年（1184年）进士，初授吉州推官，调广西梧州推官、福州府教授，改任江西余干知县，擢广东封州知州，升湖南辰州知府。

苏刘义（1232—1280）　福建人。宋景定年间（1260—1264）襄阳之战有军功，升督府节制军马。

景炎初（1277—1278）为校检少保、节度使、殿前司都指挥使，累加开府仪同三司。崖山之战中出海洋，传说被其部下所杀。

苏十万（约1232—1280）　名一侯，字万仁，号留义，德化人。初为忠勇军都指挥使，景炎年间（1277—1278）升殿前司都指挥使，崖山海战后回德化，组织义勇军再抗元，战败于水府。祥兴年间（1278—1279）封苏王，明洪武三年（1370年）封武烈尊王。

苏　鏸（1448—1506）　字仲戢，龙岩人。明成化十四年（1478年）进士。为河南崇府右长史，奏加正四品。正德元年（1506年）晋升亚中大夫。

苏希栻（1531—1620）　南安人。明万历二年（1574年）进士，奉直大夫、河南许州知府。赴任后考察利弊，叹息道："世好繁缛，吾处之以简；世好诡谲，我应之以直。"苏希栻执法公允，明于判断，后遭同知谗言报复被免职。归家后热心公益，置义仓，修桥梁，筑水坝，清贫自守，以耕读为本。

苏　浚（1542—1599）　字君禹，号紫溪，晋江人。苏缄后裔。明万历元年（1573年）乡试第一名，万历五年会试会魁。官刑、工、礼部主事，万历十一年任春闱考官，擢浙江督学佥事，迁陕西参议，慷慨捐献薪俸，构建学宫，再迁广西副使，擢参政，领桂平道，修纂《广西通志》，迁贵州按察使，以疾不赴。有理学著作传世。

苏茂相（1566—1630）　字宏家，号石水，晋江人。明万历二十年（1592年）进士，授户部主事，擢户部尚书，督学江西，与汤显祖交游。升太仆寺卿，擢都御史，巡抚浙江。改任刑部尚书，加太傅、大司寇。

苏朝阳　字廷鸣，南安人。明万历五年（1582年）举人。历任济宁学正、怀远（今广西三江侗族自治县）县令、柳州知州。祀柳州名宦祠。

苏寅宾　字初仲，号日门，同安人。明万历四十七年（1619年）进士。历任昆山县令、宁波府教授、国子监教授、海南兵备道、湖广粮储道员。

苏兆先　字尔开，号在蓼，南安人。明万历四十七年进士。历任刑科给事中、兵科左给事，因揭发奸胥，追还上供焰硝4.3万两，夙蠹顿清，升俸一级，擢吏科左给事中，加太常寺少卿。后又忤逆当权，归家。卒赠太常寺正卿。

苏茂杓（？—1642）　字宏济，晋江人。明万历四十六年（1618年）举人。初任封丘县令。抗贼，设粥赈蝗灾。知杞县令，迁左汴守署府。赠太仆寺少卿。

苏梦仪（？—1643）　号羽若，晋江人。明天启二年（1622年）武进士。初授浙江嘉区守备，迁温州游击将军。因剿海寇有功，擢湖广黎靖参将、同知提督、安庆水陆营卫。屯兵金陵城北，破张献忠部。崇祯十五年（1643年）在钟山南岭被害。晋文阶光禄大夫、太子少保加后军大都督，谥"武愍"。

苏鸣岗（1580—1644）　同安人。印度尼西亚华侨领袖。少年到印度尼西亚西爪哇万丹经商，率华侨开发巴达维亚。后迁居巴城（今雅加达）。明万历四十七年（1619年）被荷兰东印度公司总督任命为甲必丹（华侨首领），参与地方政务。崇祯九年（1636年）离职滞留台湾。崇祯十二年回印度尼西亚，任原职直至病逝。

苏履吉（1779—1839）　字其旋，号九斋，德化双翰人。三知敦煌，委署贵德（今青海省）司马，升安西直肃州正堂，署新疆哈密知府正堂。后任广东海防厅视事、佛山知府。

苏廷玉（1783—1852）　字韫山，号鳌石，同安人。清嘉庆十九年（1814年）进士。历任员外郎、郎中，江苏松江、江宁、苏州等知府，江苏粮道，山东按察使，四川按察使、布政使，四川总督加兵部郎中衔，大理寺少卿。

苏　亿（1880—1915）　字书万，德化人。少侠义，刚直，举试落第，遂经商。受革命党人影响，参加反清革命活动。清宣统二年（1910年）回闽组织武装起义，宣统三年在葛坑等地成立保安会，当选会长。1912 年，以天平寨为据点，建立东西南北中五营，提出“对官不对民，对富不对贫”的口号，尤溪、安溪、德化、永春、大田等地民众投身其营。1913 年军阀李厚基围剿大田，保安会义军溃败，苏亿潜入福州，被李部侦缉队长王献臣所捕，1915 年在福州遇害。

苏郁文（1888—1943）　又名眇公，龙海人。在日本加入同盟会。任印度尼西亚爪哇《公报》编辑。1910—1929 年先后任《群报》《江声报》《闽南报》《厦声报》《昌言报》编辑。1933 年离沪。先后执教于厦门中学、大同中学。

苏振寿（1890—1971）　又名如南，字永年，龙岩人。1910 年南渡马来亚、泰国等地经商，参加当地华侨团体的爱国活动，赞助华侨公益事业，曾任曼谷福建会馆主席、曼谷中华总商会执行委员、泰国华侨救济祖国粮荒委员会常委。抗日战争时期发动侨胞支援祖国抗战。中华人民共和国成立后，热心家乡社会主义建设，捐款资助龙岩华侨中学、华侨幼儿园，投资扩建龙岩造纸厂、火电厂、东宝山农场和黄邦山华侨农场，两次捐款支援抗美援朝。历任第一届全国人大代表，全国政协第三、第四届委员。

苏子衡（1905—1989）　晋江人。著名化学家。1941 年投身革命并入党，参加晋察冀城工部工作。中华人民共和国成立后，历任第四、第五、第六、第七届全国政协常委。曾任台盟中央主席和中国和平统一促进会顾问。

苏阿德（1906—1937）　原名苏鸿章，永定人。1925 年“五卅”惨案发生后，为声援上海工人的斗争，发动城区木业工人参加示威游行。1928 年参加后田暴动。历任中共闽西特委执行委员，中共龙岩县委委员，闽西赤卫大队总队长，中共福建省委委员、职工委员会书记，中共福州中心市委委员、职工党团书记。1933 年被捕，在“闽变”时获释，被派到马尾搞兵运。1934 年，先后任中共福州市委组织部长、连江中心县委特派员等职。1936 年任中共南溪区委书记。1937 年在龙岩遇害。

苏启胜（1909—1967）　永定人。1928 年参加永定暴动，1929 年参加红军，历任团政委、红二方面军团政委。参加中央苏区五次反“围剿”战斗和红军长征。抗日战争时期，历任八路军一〇二师教导团副团长、师政治部宣传部长，独立第二支队政委，晋西北区党委人武部副部长兼民兵总指挥部主任，陕甘宁留守兵团政治部组织部副部长等职。解放战争时期，任热河军区政治部主任，冀热察军区副政委兼政治部主任，参加平津战役。中华人民共和国成立后，先后任华北军区后勤部副政委兼政治部主任、华东军区海军政治部主任，东海舰队副政委兼政治部主任、海军政治部主任。1955 年授少将军衔。荣获二级八一勋章、二级独立自由勋章、一级解放勋章。

苏　华（1908—2008）　女，莆田人。1930 年参加革命，1931 年加入中国共产党，参与创建闽中游击区。曾任中共莆田县委妇女部部长，闽中工委委员、莆田中心县委书记、闽南特委委员、福建省委委员。中华人民共和国成立后，历任中共福建省委妇委书记、福建省妇联主任、第一届全国人大代表、第四届全国政协委员、全国妇联第三届执委。

苏　静（1910—1997）　曾用名苏孝顺，龙海人。早年赴缅甸谋生。1932 年参加海澄县红军游击队，编入中央红军第一军团。参加第四、第五次反“围剿”和长征，曾任第一军团总指挥部敌工部部长、东北野战军作战处处长。参加北平和平解放谈判。中华人民共和国成立后，历任中南军区副参谋长、人民解放军总参谋部军务部部长、国家计划委员会副主任等职。当选中国共产党第九、第十、第十一届中央委员，中国人民政治协商会议第一届全国委员会代表、第五届全国委员会常委。1955 年授中将军衔。获二级八一勋章、一级独立自由勋章、一级解放勋章。

苏精诚（1915—1941）　龙海人。1932 年参加红军，同年加入中国共产党。参加第四、第五次反“围剿”、平型关大捷等重大战役。历任中央苏区宣传分队队长，红四师和红一师政治部宣传科长，红一军团敌工科长，八路军一一五师团政委、旅政治部主任、太岳军区政治部主任等职。1941 年，为掩护陈赓旅长率部转移，在韩垦战斗中牺牲。

苏璧泓（1926—2011）　泉州人。1952年参加工作，1980年加入中国农工民主党，1984年加入中国共产党。福建省肿瘤医院首任院长，主任医师，教授，享受国务院特殊政府津贴。曾任中国癌症研究基金会常务理事、福建抗癌协会理事长。当选福建省第八届人大常委会委员、农工民主党福建省委副主委、省政协常委、全国政协委员。

苏昌培（1932—2008）　永春人。1949年参加闽、粤、赣游击队永春支队。1952年加入中国共产党。历任永春湖洋公社党委书记、南安县委书记、莆田市委书记、福建省副省长、省人大常委会副主任等职。当选第九届全国人大代表兼农业和农村委员会委员。苏昌培注重理论与实践结合，在沿海的工作实践中，提出"抗台风八字诀"（测、报、警、防、抗、抢、救、跑），是对大自然规律的总结，很好地将其应用在实践中。

苏文辉（1936—2014）　德化人，1956年毕业于东北人民大学，留校任教。1990年任博士生导师，任吉林大学教授，固体物理教研室副主任，2000年应聘哈尔滨工业大学兼职教授，成为凝聚态物理学科带头人。多次获国家级和省部级科技进步、自然科学等奖项，享受国务院政府特殊津贴。对高压物理等学科的研究有重大突破。历任中国科学院国际材料物理中心长期成员，中国高压物理专业委员会第二届委员会副主任，《中国高压物理学报》副主编，吉林省物理学会学术委员会副主任、固体物理专业委员会主任等职。

第二节　人物录

苏　妙　字观妙，南海（今广州市）人。唐大历四年（769年）任泉州刺史。

苏奉礼（927—1016）　又名长源，字浚深，德化人。五代时为参军，宋太平兴国二年（977年）进士。授礼部尚书、仆射，封开国公。有著作行世。

苏佑图（957—1022）　字良谋，同安人。历任漳州行军大司马、检校国子祭酒、御史大夫。赠司空，封代国公。

苏仲华（？—1031）　又名苏克昌，同安人。初任秘书丞、供备库副使，充广西兵马都监将军。

苏　绎（1006—1077）　字谋甫，同安人。宋治平二年（1065年）恩授大理评事，再迁卫尉寺丞。

苏　结（1023—1100）　字实甫，号忠顺，同安人。宋皇祐元年（1049年）进士，初为朝请郎，出任邓州太守，拜殿中丞、国子学博士，进监察御史，封宣议大夫。

苏　遇（1038—1095）　字常逢，同安人。宋熙宁六年（1073年）进士，历徽猷阁学士、安庆太守、抚州太守、太子中允太常丞。

苏子元　同安人，苏缄长子。初为桂州司户。苏缄殉难后，召为阖门祗侯、殿中丞，通判邕州。宋元丰元年（1078年），以朝奉大夫任漳州通判，后知横州。

苏子正（？—1076）　同安人，苏缄次子。宋熙宁九年（1076年）与父同殉难于邕州，封兵马都监大将军。

苏子明（？—1076）　同安人，苏缄三子。宋熙宁九年与父同殉难于邕州，封兵马都监副将军。

苏象先（1065—1125）　字本梅，同安人。宋元祐六年（1091年）进士，历涪陵主簿、南雄观察推官，官至左朝请大夫。

苏　竦（1156—?）　字廷仪，龙溪人。宋庆元五年（1199年）进士，调肇庆府推官，累赠奉直大夫。

苏文瓘　同安人，宋绍兴二十五年（1155年）以右朝散郎任漳州通判。

苏孟容（1085—1160）　字本桂，号象仑，同安人。历右修职郎、两浙转运司干办公事。

苏　汉（1160—1242）　字体极，同安人。宋庆元二年（1196年）进士，累官吏部郎中、江西转运副使、知开州、朝奉大夫。

苏思恭（1169—1233）　字钦甫，晋江人。宋嘉定四年（1211年）进士，除兴化教授，调韶州教授。常从陈淳、蔡和游，笃意朱熹理学。

苏国兰（1200—1266）　字世蕙，号召佩，仙游人。宋宝庆二年（1226年）进士，初任县尉，授衡州佥判，升福州府长乐知县，累迁右司郎中。

苏　绩　莆田人。以荫补官，历漳浦县尉，知沙县、闽县。

苏　熹（1187—?）　字世庵，号师晦，德化人。初任惠州河源县尉，秩满辟南恩州录事参军，两考授福州长乐县令。

苏　禀　字世用，德化人。少年精锐，由庠生入贡，以经请举，选任广东阳春知县。

苏　敌　字启韶，南安人。宋开庆元年（1259年）进士，授朝议大夫。

苏　宝　字一之，初以武功授泰宁尉，历福建帅府都事。

苏　照　字明远，建安（今建宁）人。元至正年间（1341—1367），以明经荐入翰林，授福建按察使，预纂修事。

苏　坤　字伯厚，建瓯人。明洪武（1368—1398）初以明经授建宁府训导，永乐初擢翰林侍读。参修《太祖实录》和《永乐大典》，后迁翰林检讨。

苏孔机　名畴，以字行，龙岩人。明正统年间（1436—1449）以贡生入太学，授永州同知。

苏　琰　晋江人。明万历四十一年（1613年）进士。授行人，擢御史。得罪权贵，罢归，后复为贵州巡按。

苏　洹　字景济，建瓯人。明成化元年（1465年）荐修《宪宗实录》《孝宗实录》。以疾辞归。能诗工书善画。书法备诸体，写染精妙。有著作行世。

苏　镒　建瓯人。吏部郎中。

苏原茂　龙海人。以茂才荐举，授知州。

苏　纪　莆田人。都督府都事、苑马寺丞。

苏　泰　古田人。布政司经历。

苏　澜　同安人。明嘉靖七年（1528年）举人。历任五河、金溪教谕，升乐昌县令。

苏宗玺　字敦信，号竹崖，晋江人。明嘉靖二十二年（1543年）举人。知保昌（今广东南雄）县，查办伪造钱币案，擢瑞州通判。

苏士润（1536—?）　字维德，号诚斋，晋江人。明嘉靖四十四年（1565年）进士。历任吉水县令、监察御史、湖广副使、夔州同知。

苏守愚（1537—1615）　晋江人。南京户部主事。

苏　民　字利见，晋江人。明嘉靖二十八年（1549年）授长乐令。

苏守一（1550—1607）　字际受，晋江人。明万历八年（1592年）进士。历任滋阳县令、户部主事、刑部主事。

苏春芳　字昭元，南安人。明万历年间（1573—1620），就职县功曹，除京秩武功右卫经历，升南京高邮州同知。左迁晋楚王府审理正。授通议大夫。

苏梦灿　字于标，号依葵，南安人。明万历年间（1573—1620）河南信阳知州。到任仅3个月，当地发生严重饥荒，立即下令停止催征赋税并辞官。后以原职调补四川万州，又擢升湖北武昌同知。

苏舜臣　字哲甫，号心竹，晋江人。明万历十四年（1586年）进士。累官刑部主事、六安知州。

苏宇庶（1564—1627）　字嗣谐，号眉源，晋江人。明万历二十年（1592年）进士。历任保定县令、刑部主事、广东副使、山东参政等职。

苏眉山（1559—?）　字志乾，号心一，莆田人。明嘉靖四十一年（1562 年）任新会知县。退隐沙县，改营商业，累积千金。

苏懋祺（1571—1620）　字子迪，号修翼，晋江人。明万历二十二年（1594 年）任长汀教谕、新河知县。

苏懋祉（1573—1614）　字子介，晋江人。明万历三十五年（1607 年）进士。历任宁陵、南召、歙县县令。

苏九润　字尔霖，号雨生，南安人。明天启年间（1621—1627）四川中江知县。

苏国瓛　字瑜公，号迂叟，晋江人。明崇祯十六年（1643 年）进士，累迁山东道监察御史。

苏廷龙　莆田人。明万历十年（1582 年）知广州府清远县，后任荆门（今属湖北）知州。

苏聚庶（1592—1652）　字乔众，号耀集，安溪人。明崇祯十一年（1638 年）升都司佥事。

苏万祝　字应期，晋江人。官丽水主簿，擢柳州卫参军。赠光禄大夫、太子太保，后军府大都督。

苏　森　字公懋，浦城人。尤精于医。

苏国翰　同安人。吉安同知。

苏梦灿　南安人。武昌同知。

苏民望　南安人。明嘉靖元年（1522 年）历任宣平教谕、缙云知县。

苏庚新　字子白，晋江人。明天启元年（1621 年）授易州学正，迁连山知县。

苏　峨（1637—1699）　字哲生，号巍庵，同安人。清康熙二十六年（1687 年）以台湾凤山附生登科，为台湾开科兴举第一位举人。

苏国玮（？—1643）　字灿卿，晋江人。以军功授安庆参将。明崇祯十五年（1643 年）守城殉难，赠龙虎将军、副总兵。

苏养观（1616—1693）　字钦赉，安溪人。清顺治十二年（1655 年）敕福宁府参将，顺治十八年升保宁府总兵都督，康熙二年（1663 年）加成都府镇国将军。

苏　昙　又名懋玲，原名云，字元伯，南安人。清初，授广东罗定州都司，又升任春、阳二江副将，后升任春江镇总兵，再升任青海西宁州总镇，复提升为罗阳总兵。卒后，授一品荣禄大夫。

苏　吉　字三耆，号惠庵，永定人。任广东右营游击，升署都督同知，诰授荣禄大夫。

苏　潮　字景韩，长泰人。清康熙三十八年（1699 年）授柳州令，调荔波，建学宫，封奉恩辅国公。

苏　祉　字君受，号荣洲，南安籍晋江人。授建平县令，升和州牧，擢广信府同知。

苏　侃（1638—1708）　字直庵，龙海人。官至湖南洞庭水师副将。

苏　勇（1655—?）　字大弼，同安人。荐为同安营千总。清康熙十九年（1680 年）加赠守备，按例袭云骑尉。

苏明良（1682—1742）　字虞廷，号省斋，龙海人。历任漳浦守备、广东碣石总兵、台湾第一位挂印总兵、福建陆军提督，诰授荣禄大夫。

苏虎臣　字范伯，号廷楷，南安人。清康熙十六年（1677 年），随提督段应举克复同安、海澄，授千总，升守备。康熙二十年授都司。康熙二十二年，随水师提督施琅统一台湾，授左都督，任兴化协镇，封荣禄大夫。

苏光彩　字垂虹，号融亭，同安人。少业儒，精于医。遍游赵燕齐等地，救人无数，补安徽河巡，历署黄山土桥巡检，升同州。以子贵，赠荣禄大夫。

苏起鳌（？—1853）　龙海人，寓居厦门。补福建水师提标右营外委、右营守备、升闽安左营都司。清咸丰三年（1853 年）林俊兵乱，奉檄围剿，兵败殉难。

苏明登　泉州人。历任福宁府守备、南澳游击，五品武官。

苏人谷（1838—1912）　字星泉，闽侯人。清光绪九年（1883年）进士，官居广西镇安府知府正堂。后带职还乡。光绪十七年（1891年）兼任闽清文泉书院首任院长。

苏兴理（1884—1934）　化名苏大奈，德化县龙浔镇丁墘村人。1926年参加革命，1934年被暗杀牺牲。

苏金木（1888—1932）　龙岩市新罗区西陂乡黄竹坑村人。1931年参加革命，1932年在战斗中牺牲。

苏龙淮（1893—1931）　龙岩市新罗区雁石镇上老村人。1929年参加革命，曾任东方游击队交通员。1931年被捕牺牲。

苏春荣（1893—1931）　龙岩市新罗区西陂乡黄竹坑村人。1929年参加革命，原龙岩县苏维埃政府财政委员。1931年春夏之间蒙冤罹难。中华人民共和国成立后被追认为革命烈士。

苏警予（1894—1965）　又名苏甦，字耕余，南安人。早年加入同盟会。曾任同文书院文史教员，1930年任新民书社编辑。抗日战争期间避居菲律宾，任菲律宾华侨援助抗敌协会秘书。

苏建庵（1895—1931）　龙岩市新罗区雁石镇后路村人。1929年初参加革命，原上老村苏维埃政府主席。1931年被捕牺牲。

苏宗才（1897—1938）　屏南县代溪乡淦山村人。1934年参加革命。1938年牺牲。

苏　系（1898—1935）　安溪县参内乡岩前村人。1932年参加革命。1935年被捕牺牲。

苏炎照（1898—1931）　龙岩市新罗区铁山乡洋头村人。1929年参加革命，原工农红军东方区游击队指导员。1931年蒙冤罹难。中华人民共和国成立后被追认为革命烈士。

苏旺赐（1898—1933）　龙岩市新罗区雁石镇上老村人。1929年参加革命，1933年牺牲。

苏旺周（1899—1931）　龙岩市新罗区雁石镇后路村人。1929年参加革命，游击队战士。1931年蒙冤罹难。中华人民共和国成立后被追认为革命烈士。

苏初鲁（1899—1945）　德化县春美乡尤床村半山人。1943年参加革命，1945年被捕牺牲。

苏荣水（1899—1977）　惠安人。早年在菲律宾从事建筑业。抗战期间，首倡成立菲律宾武功苏氏宗亲会，出任中国国民党驻菲总支部主委，发动侨胞捐资，支援祖国抗战。

苏振源（1901—1929）　漳平市西园乡钟秀村人。1929年参加革命，红四军入漳后，任漳平城防第一赤卫队队长。1929年被捕牺牲。

苏福泉（1902—1930）　泉州市泉港区涂岭镇路口村人。1927年在厦门参加革命，1930年因叛徒出卖被捕牺牲。

苏福泉（1902—1930）　又名苏法全，惠安人。中国共产党党员，中共福建省委工运部部长。1930年被捕牺牲。

苏鸿树（1902—1969）　字剑塘，惠安人。毕业于台湾医学院。大革命时期，在厦门创建惠民医院，资助掩护了方毅、罗明、陶铸等中国共产党员。抗战期间，在石狮创建华侨医院，继续从事地下掩护工作。中华人民共和国成立后，依旧行医济世。

苏宜坤（1903—1929）　龙岩市新罗区雁石镇上老村人。1929年参加革命，曾任龙岩县外山前苏维埃政府工会主席。1929年被捕牺牲。

苏兴竹（1903—1930）　龙岩市新罗区西陂乡黄竹坑村人。1929年参加革命，曾任黄竹坑苏维埃政府主席。1930年被捕牺牲。

苏庆云（1903—1931）　龙岩市新罗区雁石镇上老前村人。1926年参加革命，1930年回到龙岩任闽西苏维埃政府秘书兼《闽西红报》编辑等职。1931年蒙冤罹难。中华人民共和国成立后被追认为革命烈士。

苏石桂（1903—1942） 龙岩市新罗区铁山乡洋美村人。1940 年参加革命。1942 年被捕牺牲。

苏锦波（1904—1931） 龙岩市新罗区雁石镇上老村人。1929 年参加革命，1931 年在转战江西战斗中牺牲。

苏龙照（1904—1931） 龙岩市新罗区雁石镇后路村人。1929 年参加革命，1931 年蒙冤罹难。中华人民共和国成立后被追认为革命烈士。

苏 井（1904—1935） 龙海市颜厝乡人。1929 年参加革命，1935 年牺牲。

苏义清（1905—1931） 龙岩市新罗区城关中城西街人。1929 年参加革命，原龙岩县苏维埃政府秘书。1931 年蒙冤罹难。中华人民共和国成立后被追认为革命烈士。

苏冬旺（1906—1933） 龙岩市新罗区西陂乡黄竹村人。1929 年参加红军，1933 年在战斗中牺牲。

苏石子（1906—1936） 福鼎市管阳乡褚楼村人。1934 年参加工农赤卫队，1936 年在战斗中牺牲。

苏 金（1906—1929） 漳平市西园乡钟秀村人。1929 年参加革命，曾任漳平城防第一赤卫队副队长。1929 年牺牲。

苏坤林（1907—1933） 龙岩市新罗区铁山乡洋头村人，1930 年参加红军，1933 年失踪。中华人民共和国成立后被追认为烈士。

苏邦从（1907—1935） 福鼎市店下乡西澳村人。1934 年参加革命，1935 年在战斗中牺牲。

苏正发（1907—1936） 福鼎市店下乡西澳村人。1934 年参加红军，1936 年在战斗中牺牲。

苏水海（1908—1931） 龙岩市新罗区铁山乡洋头村人。1929 年参加革命，1931 年蒙冤罹难。中华人民共和国成立后被追认为革命烈士。

苏廷照（1908—1933） 龙岩市新罗区铁山乡洋头村人。1930 年参加红军，1933 年在战斗中牺牲。

苏德胜（1908—1936） 福鼎市店下乡西澳头村人。1934 年参加革命，1936 年牺牲。

苏兴柏（1909—1930） 龙岩市新罗区西陂乡黄竹坑村人。1929 年参加革命，曾任红十二军某部排长，1930 年在战斗中牺牲。

苏洪照（1909—1930） 龙岩市新罗区城关东城东街人。1929 年参加革命，1930 年随部队转战失踪。中华人民共和国成立后被追认为革命烈士。

苏泉庆（1909—1931） 龙岩市新罗区铁山乡洋头村人。1929 年参加革命，1931 年在转战中失踪，中华人民共和国成立后被追认为革命烈士。

苏二仔（1909—1931） 龙岩市新罗区铁山乡洋头村人。1929 年参加革命，1931 年蒙冤罹难。中华人民共和国成立后被追认为革命烈士。

苏秋福（1910—1929） 龙岩市新罗区铁山乡洋头村人。1929 年参加革命，同年底在转战中失踪。中华人民共和国成立后被追认为革命烈士。

苏坤河（1910—1932） 龙岩市新罗区雁石镇上老村人。1931 年参加红军，1932 年在战斗中牺牲。

苏老寿（1910—1934） 宁德市蕉城区漳湾镇门下村人。1933 年参加游击队，1934 年牺牲。

苏孝坤（1910—1935） 福鼎市店下乡巽城村人。1934 年参加革命，1935 年在战斗中牺牲。

苏进木（1910—1937） 霞浦县盐田乡里马村人。1933 年参加革命，1937 年牺牲。

苏石麟（1910—1942） 龙岩市新罗区铁山乡洋美村人。1940 年参加革命，1942 年在战斗中牺牲。

苏新兴（1910—1945） 安溪县桃舟乡桃舟村人。1944 年参加革命，1945 年被捕牺牲。

苏其田（1910—1949） 龙海市东泗乡人。1949 年参加革命，1949 年在战斗中牺牲。

苏南荣（1911—1931） 龙岩市新罗区城关东城东新村人。1929 年参加革命，1931 年在转战中失踪。中华人民共和国成立后被追认为革命烈士。

苏椿发（1911—1932） 龙岩市新罗区铁山乡洋头村人。1930 年参加红军，1932 年失踪。中华人民共和国成立后被追认为革命烈士。

苏达清（1911—1934） 永定县古竹乡人。1928 年参加农民起义，1934 年在战斗中牺牲。

苏 民（1911—1936） 屏南县长桥乡柏源村人。1935 年参加革命，1936 年牺牲。

苏天河（1912—1931） 龙岩市新罗区城关东城社兴村人。1930 年参加红军，1931 年在战斗中牺牲。

苏益仁（1912—1932） 龙岩市新罗区西陂乡黄竹村人。1932 年参加红军，1932 年在战斗中牺牲。

苏孝道（？—1932） 龙海市海澄镇人。1932 年参加革命，同年在战斗中牺牲。

苏伏庚（1912—1935） 宁德市蕉城区七都乡马坂村人。1935 年参加红军，同年在战斗中牺牲。

苏考谱（1912—1935） 福鼎市磻溪乡后坪村人。1934 年参加红军，1935 年在战斗中牺牲。

苏作贵（1912—1951） 安溪县桃舟乡桃舟村人。1949 年参加革命，1951 年在战斗中牺牲。

苏银富（1913—1932） 龙岩市新罗区曹溪乡石粉村人。1930 年参加红军，1932 年在转战中失踪。中华人民共和国成立后被追认为革命烈士。

苏呈潭（1913—1936） 福鼎市叠石乡里湾村人。1935 年参加革命，1936 年牺牲。

苏根旺（1914—1934） 龙岩市新罗区曹溪乡浮蔡村人。1932 年参加红军，1934 年在战斗中牺牲。

苏 猴 南安市蓬华镇苏厝人。红军烈士。

苏惠珠（1914—1935） 女，建宁人。1930 年参加革命，1935 年被捕牺牲。

苏炳南（1915—1937） 龙岩市新罗区曹溪乡石粉村人。1933 年参加革命，1937 年牺牲。

苏炳发（1915—1938） 龙岩市新罗区铁山乡洋头村人。1938 年参加革命，1938 年被捕牺牲。

苏清林（1915—1946） 同安区洪塘镇苏厝村人。1945 年参加革命，1946 年在战斗中牺牲。

苏小介（1916—1934） 建宁县城关镇圳头村苏家自然村人。1932 年参加游击队，1934 年在战斗中牺牲。

苏忠冬（1917—1936） 福鼎市白琳乡翁江村人。1934 年参加革命，1936 年牺牲。

苏绍德（1917—1951） 建阳县麻沙镇扁溪村人。1949 年参加进军华南作战，1951 年在朝鲜战场牺牲。

苏桂生（1918—1943） 浦城县管厝乡庆元村人。1936 年参加革命，1943 年在战斗中牺牲。

苏抓生（1918—1949） 安溪县长坑乡衡阳村人。1949 年参加革命，同年在战斗中牺牲。

苏石卿（1918—1993） 原名周石卿，安溪竹园人。出生于中医世家，从医 60 多年，积累了丰富的医学经验。任福建中医学院伤寒研究室主任，教授。

苏春太（1919—1951） 漳平市赤水乡人。1937 年参加革命，1951 年在朝鲜战场牺牲。

苏深渊（？—1944） 惠安县张坂镇山内村人。1930 年参加革命，1944 年被捕牺牲。

苏兴帽（？—1944） 大田县石牌乡拱桥村人。中共闽西北特委交通员，1944 年牺牲。

苏仁渴（？—1945） 大田县石牌乡拱桥村人。1940 年参加革命，1945 年在战斗中牺牲。

苏扬泉（？—1945） 永泰县塘前乡官烈村人。1944 年参加革命，1945 年被捕牺牲。

苏扬棋（？—1945） 永泰县塘前乡官烈村人。1944 年参加革命，1945 年被捕牺牲。

苏扬林（？—1945） 永泰县塘前乡官烈村人。1944 年参加革命，1945 年被捕牺牲。

苏德民（1919—2007） 德化人。新华通讯社高级编译、主任编辑。

苏登辉（1920—1951） 莆田市笏石乡北埔村人。1948 年参加平津战役和进军中南战役，1950 年首批赴朝参战，1951 年在战斗中牺牲。

苏 协（1920—1951） 安溪县尚卿乡青洋村人。1949 年入伍，1951 年入朝参战。1951 年在战斗中牺牲。

苏进裕（1921—1953） 德化县春美乡上春村人。1949年入伍，1953年在朝鲜因公殉职。

苏李溅（1922—1953） 漳州城区市尾人。1951年入伍，1953年在朝鲜战斗中牺牲。

苏德秀（1923—1950） 德化县龙浔镇宝美村人。1949年参加革命，1950年在朝鲜四方山战斗中牺牲。

苏文锦（1924—1949） 漳州西园乡钟秀村人。1949年参加革命，1949年在战斗中牺牲。

苏辉仁（1924—1958） 南安市康美镇梅元村人。1953年入伍，1958年在金门战斗中牺牲。

苏仁兑（1925—1945） 大田县石牌乡拱桥人。1941年参加革命，1945年被活埋牺牲。

苏　实（1925—1949） 安溪县长坑乡衡阳村人。1949年参加革命，1949年在战斗中牺牲。

苏文仔（1925—1951） 龙海市海澄镇人。1950年参加革命，1951年在朝鲜作战中牺牲。

苏必标（1925—1951） 屏南县岭下乡葛畲村人。1950年参加革命，1951年在战斗中牺牲。

苏　铁（1926—1949） 安溪县湖头镇溪美村人。1949年参加革命，1949年在战斗中牺牲。

苏谋丁（1926—1951） 惠安县张坂镇门头村人。1950年参加革命，1951年在战斗中牺牲。

苏松明（1927—1949） 安溪县湖头镇横山村人。1949年参加革命，同年被捕牺牲。

苏　开（？—1950） 南安市康美镇人。1949年参加革命，1950年牺牲。

苏国珍（1928—1950） 德化县龙浔镇宝美村人。1949年参加革命，1950年牺牲。

苏炳义（1928—1951） 惠安县张坂镇苏坑村人。1949年参加革命，1951年在战斗中牺牲。

苏彦硕（1928—2011） 泉州人。国家一级导演，福建省梨园戏实验剧团副团长。

苏开安（1929—1951） 德化县春美乡上春村人。1950年参加革命，1951年在战斗中牺牲。

苏树香（1932—1950） 南安市康美镇梅元村人。1949年参加革命，1950年在战斗中牺牲。

苏来兴（1933—1953） 龙海市东泗乡人。1951年入伍，1953年在东山岛保卫战中牺牲。

苏富富（？—1953） 连江县丹阳乡东山村人。解放军战士，1953年在东山岛保卫战中牺牲。

苏海山（1937—1958） 安溪县长坑乡玉美村人。1958年入伍，同年在炮击金门战斗中牺牲。

苏立雅（1937—1996） 南安人。毕业于浙江大学，研究员级高级工程师，多次获电子工业部嘉奖，享受国务员特殊政府津贴。

苏振国（1937—2015） 晋江人。第一位全国田径十项全能冠军，曾任福建省体委副主任。

苏师尧（1939—2015） 晋江人。国家级体操教练。获新中国体育开拓奖、国家体育贡献奖。

苏兴松（1955—1979） 漳平象湖乡扬美村人。1975年入伍，1979年在对越自卫反击战中牺牲。

苏启欣（1960—1979） 德化县葛坑乡富地村人。1978年入伍，1979年在对越自卫反击战中牺牲。

第三节　历代进士名录

宋　代

姓名	籍贯	中进士年间与科榜	任职	备注
苏奉礼	德化	太平兴国二年（977年），丁丑科，吕蒙正榜	礼部尚书	泉州进士录记载
苏国华	泉州	端拱二年（989年），己丑科，陈尧叟榜	康州知州，著作郎	
苏季成	泉州	咸平三年（1000年），庚子科，陈尧咨榜		
苏　颀	龙溪	大中祥符元年（1008年），戊申科，姚晔榜		

续表

姓名	籍贯	中进士年间与科榜	任职	备注
苏　绅	同安	天禧三年（1019年），己未科，王整榜	翰林学士	
苏　璹	泉州	天圣二年（1024年），甲子科，宋郊榜		
苏仲倡	同安	天圣二年（1024年），甲子科，宋郊榜	赠太师、福国公	特奏名
苏　逢	龙溪	天圣五年（1027年），丁卯科，王尧臣榜		
苏　玠	晋江	景祐元年（1034年），甲戌科，张唐卿榜	鄂州节度推官	
苏　迪	龙溪	宝元元年（1038年），戊寅科，吕溱榜		特奏名
苏　缄	同安	宝元元年（1038年），戊寅科，吕溱榜	邕州知州	
苏　紘	同安	宝元元年（1038年），戊寅科，吕溱榜	京东转运使，邵武司	
苏　颂	同安	庆历二年（1042年），壬午科，杨置榜	宰相，赠司空、魏国公	
苏　畋	闽县	庆历二年（1042年），壬午科，杨寘榜	检校都官员外郎	
苏　衮	同安	庆历六年（1046年），丙戌科，贾黯榜	陕西宣抚使，集贤院学士	
苏　勉	晋江	庆历六年（1046年），丙戌科，贾黯榜		
苏　结	同安	皇祐元年（1049年），己丑科，冯京榜	监察御史	
苏霈恩	德化	嘉祐二年（1057年），丁酉科		明经进士
苏　随	泉州	嘉祐二年（1057年），丁酉科，章衡榜	博罗知县	
苏　咸	泉州	治平二年（1065年），乙巳科，彭汝砺榜		
苏　松	晋江	熙宁三年（1070年），庚戌科，叶祖洽榜		
苏　遇	同安	熙宁六年（1073年），癸丑科，余中榜	太子中允太常丞	
苏　彀	同安	熙宁六年（1073年），癸丑科，余中榜	兵部郎中	
苏　駉	同安	元丰二年（1079年），己未科，时彦榜	越州议案，国子监丞	
苏　传	漳州	元丰二年（1079年），己未科，时彦榜		特奏名
苏　复	泉州	元丰八年（1085年），乙丑科，焦蹈榜		特奏名
苏象先	同安	元祐六年（1091年），辛未科，马涓榜	朝请大夫	
苏伯材	晋江	绍圣四年（1097年），丁丑科，何昌言榜	韶州知府	
苏　烨	莆田	元符三年（1100年），庚辰科，李釜榜	礼部侍郎	
苏　棫	莆田	元符三年（1100年），庚辰科，李釜榜	司业	
苏　均	龙溪	崇宁五年（1106年），丙戌科，蔡薿榜		
苏　谧	永春	大观三年（1109年），己丑科，贾安宅榜		特奏名
苏　祥	德化	政和二年（1112年），壬辰科，莫俦榜	侯官丞	特奏名
苏　良	莆田	宣和六年（1124年），甲辰科，沈晦榜	广东经略，荆湖北路安抚司，赠光禄大夫	

续表

姓名	籍贯	中进士年间与科榜	任职	备注
苏　振	同安	宣和六年（1124年），甲辰科，沈晦榜		
苏　绍	龙溪	宣和六年（1124年），甲辰科，沈晦榜		特奏名
苏　钦	德化	宣和六年（1124年），甲辰科，沈晦榜	利州路转运使，赠太中大夫	
苏　升	永春	绍兴十八年（1148年），戊辰科，王佐榜	琼州知州	
苏廷彦	莆田	绍兴二十一年（1151年），辛未科，赵逵榜	江西安仁县尉	特奏名
苏良翰	龙溪	绍兴二十七年（1157年），丁丑科，王十朋榜		特奏名
苏　向	晋江	绍兴二十七年（1157年），丁丑科，王十朋榜	抚州教授	
苏总龟	德化	绍兴三十二年（1162年），壬辰科	衡州教授、大中大夫	上舍释褐第一
苏十能	莆田	乾道五年（1169年），己丑科，郑侨榜	太常寺丞	
苏养直	晋江	淳熙五年（1178年），戊戌科，姚颖榜		
苏士凤	晋江	淳熙八年（1181年），辛丑科，黄由榜	宁德主簿	
苏　权	仙游	淳熙十一年（1184年），甲辰科，卫泾榜	广东封州知州、湖南辰州知府	
苏　晋	福安	淳熙十四年（1187年），丁未科，王容榜		特奏名
苏淑和	漳浦	绍熙元年（1190年），庚戌科，余复榜	广南东路转运司干办	
苏　振	晋江	绍熙元年（1190年），庚戌科，余复榜		特奏名
苏端准	闽侯	绍熙四年（1193年），癸丑科，陈亮榜		
苏兴甫	连江	绍熙四年（1193年），癸丑科，陈亮榜		
苏　汉	同安	庆元二年（1196年），丙辰科，邹应龙榜	吏部郎中、朝奉大夫	
苏大璋	古田	庆元五年（1199年），己未科，曾从龙榜	著作郎，知吉州	
苏　竦	海澄	庆元五年（1199年），己未科，曾从龙榜	从事郎、奉直大夫	
苏　泰	永春	嘉泰二年（1202年），壬戌科，傅行简榜	御史大夫	
苏方子	兴化	嘉泰二年（1202年），壬戌科，傅行简榜		童子科
苏子牧	莆田	开禧元年（1205年），乙丑科，毛自知榜		
苏凯之	晋江	开禧元年（1205年），乙丑科，毛自知榜		
苏思恭	晋江	嘉定四年（1211年），辛未科，赵建大榜	兴化、韶州教授	
苏伯成	晋江	嘉定七年（1214年），甲戌科，袁甫榜		
苏盛甫	福州	嘉定十年（1217年），丁丑科，吴潜榜		特奏名
苏　溥	福州	嘉定十三年（1220年），庚辰科，刘渭榜	光泽知县、朝奉郎	
苏应衡	莆田	嘉定十三年（1222年），庚辰科，刘渭榜	龙溪县知县、奉议郎	
苏士洪	古田	嘉定十六年（1223年），癸未科，蒋重珍榜		

续表

姓名	籍贯	中进士年间与科榜	任职	备注
苏公永	晋江	嘉定十六年（1223年），癸未科，蒋重珍榜	龙岩知县	
苏国兰	仙游	宝庆二年（1226年），丙戌科，王会龙榜	衡州县尉、衡州佥判、长乐知县、通议大夫	
苏士穆	古田	绍定二年（1229年），己丑科，黄朴榜	安福知县	
苏子严	莆田	绍定五年（1232年），壬辰科，徐元杰榜		特奏名
苏　纯	龙岩	淳祐元年（1241年），辛丑科，徐俨夫榜	翰林学录	
苏　谦	罗源	淳祐四年（1244年），甲辰科，留梦炎榜		
苏天民	同安	淳祐七年（1247年），丁未科，张渊微榜		
苏泰孙	福安	宝祐元年（1253年），癸丑科，姚勉榜		
苏德载	古田	宝祐四年（1256年），丙辰科，文天祥榜		
苏　敌	南安	开庆元年（1259年），己未科，周震炎榜	朝奉大夫	泉州进士录记载
苏　祕	同安	咸淳七年（1271年），辛未科，张镇孙榜		《闽书》记载

明　代

姓名	籍贯	中进士年间与科榜	任职	备注
苏　霔	龙岩	正统十年（1445），乙丑科，商辂榜		
苏　鏸	龙岩	成化十四年（1478年），戊戌科，曾彦榜	河南崇府右长史	
苏　信	永安	弘治六年（1493年），癸丑科，毛澄榜	全椒知县	
苏　辅	晋江	正德九年（1514年），甲戌科，唐皋榜	琼州知州	
苏　麒	南安	正德九年（1514年），甲戌科，唐皋榜		
苏士润	泉州	嘉靖四十四年（1565年），乙丑科，范应期榜	夔州同知	
苏希栻	南安	万历二年（1574年），甲戌科，孙继皋榜	许州知府、奉直大夫	
苏　浚	晋江	万历五年（1577年），丁丑科，沈懋学榜	贵州按察使	
苏舜臣	晋江	万历十四年（1586年），丙戌科，唐文献榜	刑部主事、六安知府	
苏茂相	泉州	万历二十年（1592年），壬辰科，翁正春榜	户部主事、都御史、太傅、大司寇	
苏守一	晋江	万历二十年（1592年），壬辰科，翁正春榜	嵫阳知县、户部主事、刑部主事	
苏宇庶	晋江	万历二十年（1592年），壬辰科，翁正春榜	山东布政司右参政、中宪大夫	
苏民俊	漳州	万历二十年（1592年），壬辰科，翁正春榜	户部主事	
苏懋祉	泉州	万历三十五年（1607年），丁未科，黄士俊榜	南召令	
苏　琰	晋江	万历四十一年（1613年），癸丑科，周延儒榜	御史、贵州巡按	

续表

姓名	籍贯	中进士年间与科榜	任职	备注
苏寅宾	同安	万历四十七年（1619年），己未科，庄际昌榜	广东按察司佥事、湖广布政司参议	
苏兆先	南安	万历四十七年（1619年），己未科，庄际昌榜	中宪大夫、太常寺卿	
苏梦仪	晋江	天启二年（1622年），壬戌科	光禄大夫、太子少保	武进士
苏国瓛	晋江	崇祯十六年（1643年），癸未科，杨廷鉴榜	山东道监察御史	

清　代

姓名	籍贯	中进士年间与科榜	任职	备注
苏尧松	南安	康熙六年（1667年），丁未科，缪彤榜	歙县知县	
苏　埙	南安	康熙三十九年（1700年），庚辰科，汪绎榜	江宁知县	
苏　圻	晋江	康熙五十七年（1718年），戊戌科，汪应铨榜		
苏元琮	侯官	雍正二年（1724年），甲辰科		武进士
苏　遂	同安	雍正八年（1730年），庚戌科，周澍榜	教谕	
苏徽典	南安	雍正八年（1730年），庚戌科	北京直隶昌平府参将	武进士
苏廷玉	同安	嘉庆十九年（1814年），甲戌科，龙汝言榜	四川总督、兵部侍郎	
苏　蓉	同安	道光九年（1829年），己丑科		武进士
苏人谷	闽侯	光绪九年（1883年），癸未科，陈冕榜		
苏梦兰	同安	光绪十八年（1892年），壬辰科，刘福姚榜	惠安知县	
苏克敦	福州	光绪二十四年（1898年），戊戌科		武探花

第六篇

何姓

《福建姓氏志·何姓篇》编纂委员会

主　　任：何其灯

副 主 任：何中华　何　文　何少若　何　池

委　　员：何友训　何家应　何中东　何文锦　何宗键　何明显　何正彬
何少君

《福建姓氏志·何姓篇》编辑部

主　　编：何　池

副 主 编：何友训　何小平　何仁强

编辑部主任：何友训

撰 稿 人：何友训　何联同　何荣进　何井泉　何星明　何文亮　何清昆
何元星　何玉璋　何福星　何水星　何荣双　何正彬　何云声
何文禄　何文清

分 统 纂：何友训　何联同

总 编 纂：何　池

目　录

何姓为华夏始祖黄帝之裔，周文王姬昌之后。主流“庐江何”源于周武王儿子姬姓唐叔虞后裔在秦初的韩姓，还有多个少数民族及外姓改何、皇帝赐姓等。何姓最早入闽者为东汉中原何氏九兄弟，他们在冶县（今福州）、莆仙一带治病救人，形成福、莆一带民间的“九仙崇拜”。何姓是西晋“永嘉之乱”中原士族“衣冠入闽”八大姓之一。从南北朝到清朝，中原何氏多次大举入闽。南朝梁时，何敬容率族人入闽；唐总章二年（669年），光州固始人何嗣韩随陈政入闽平乱并落籍；唐末，何衍（衍庆）等何姓军士随王绪入闽；从宋到清，中原何氏先后有何旦、何祖永、何郴、何万、何华勋等多批迁徙入闽。截至2016年，福建何姓人口近40万，主要分布在福州、漳州、泉州、莆田、宁德、龙岩等地88个县（市、区）的460多个村庄（聚居地）。形成以何衍、何旦（大郎）、何敬容、何华勋、何隆兴、何万为代表的六大世系家族。明末清初，福建何氏族人一批批迁徙台湾地区及东南亚各国。福建何姓族人涌现出大量杰出人才，据统计，何氏文武进士有113人（榜眼1人）。全省各地建有从唐到近代以来何氏宗祠400多座，安葬各地开基祖的陵墓有近百座，古建筑、名胜古迹、名人故居40多处，其中省级文物保护单位5处，市、县级文物保护单位32处。郡望以庐江、陈郡、东海、清源为主，主要堂号有庐江堂、崇本堂、追远堂、孝思堂、敦本堂、崇德堂等。

第一章　源　流

第一节　溯　源

一、源自改姓

周成王（周文王之子）弟弟唐叔虞封于韩，韩王安时韩国被秦所灭，该支韩姓后裔为逃避追杀，改韩姓为何姓。相传有两种说法，一说：秦灭韩，韩公子韩瑊逃居庐江，操楫渡船为业。正值张良组织壮士在博浪沙椎击秦始皇未遂，秦始皇疑为六国流亡公族所为，派官吏四处暗访六国公族。一天，韩瑊的船上来了一队秦吏，问韩瑊姓什么。韩瑊指着河水说：“就姓这个。”官吏以为是“河”而不在意。因躲过一劫，韩瑊就以“河”的同音字“何”为姓。另一说：因江淮一带韩、何同音，故以韩改何姓。

汉代，何苗，本姓朱，冒姓何。明代方孝孺惨遭极刑后，方姓族人因避家难，改方姓为何姓。但去世后改回方姓。

二、以国名为姓

隋唐时，西域众诸侯国各自以国名为姓：阿姆河、锡尔河流域各氏族统称为“昭武九姓”，即康、史、安、曹、石、米、何、火寻和戊地，“何”为九姓之一。

三、源自赐姓

元末，吐蕃宣抚使锁南之子铭入朝，被朝廷赐姓何。

四、源自少数民族汉姓

北魏孝文帝迁都洛阳后，鲜卑复姓贺拔氏改用汉姓为何；鲜卑吐谷浑氏中，有部分改用汉姓为何。蒙古族、满族、回族、锡伯族、达斡尔族、鄂温克族、鄂伦春族等部分族支改姓何。

五、源自外国人

泉州有荷兰裔后代用何姓。

第二节　入　闽

汉武帝元狩年间（前122—前117），江西九江何氏兄弟九人，因其父参与淮南王叛乱，为避害偕逃入闽，先居福州于山，后迁仙游九鲤湖。

东汉末年，何雄入闽，抵抗孙策而战死，后裔留居福建，散居闽北各地。

西晋永嘉三年（309年），何绥率子孙避难入闽，定居闽东各县。

西晋永嘉年间（307—313），北方战乱，衣冠始入闽者八姓，何姓为入闽八姓之一。

南北朝南朝梁时（502—557），宰相何敬容避乱入闽，定居建州毕岭（今浦城）中村。

唐总章二年（669年），光州固始人何嗣韩随归德将军陈政由光州南下入闽。屯垦闽南故绥安地（今云霄县火田镇大峙原下）。后裔散居漳、泉一带。

唐武则天时期（684—704），何广文携夫人李兰使带十八营兵马随王爷李元祥由京城逃难入闽，定居大田广平镇东西坑何厝。

唐天宝元年（742年），庐江潜县人何德奉朝廷之命作为采访处置使入闽，“卧漳抚闽”。后裔留居闽南一带。

唐中和四年（884年），何逸由浙江瑞安调任邵武刺史，先迁邵武城关，后裔定居光泽十四都白举村。

唐光启元年（885年），何隆兴随王绪由光州固始入闽，定居福州南台，后裔迁居寿宁江山。

唐光启元年，何震随王绪由南昌杨梅岗入闽，定居闽中（今福州），后裔迁居建宁葛藤窠。

唐光启元年，何本瑜随王绪入闽，定居顺昌，后裔迁居古田水口。

唐光启二年，何衍（一说何衍庆）应泉州刺史王潮敦请入闽安抚地方，食采螺阳（今惠安）。何衍子何成任漳州昭信校尉，卜居龙溪白石，后裔移居泉州。

唐末，何镛由江西黎川庐游入闽，定居今光泽县止马镇舟船村。

五代后梁龙德二年（922年），何亶（何大郎）由直隶庐江郡入闽，任宁化县尹。居宁化石壁村西乡堡，后升迁梅州太守。后晋天福二年（937年），任满后迁居武平县盈塘里南岩狮子口手炉山。

五代时期（907—960），何祖永由杭州入闽，先居福州，后迁建宁葛藤窠。

北宋，何郴因避乱由光州固始入闽，定居邵武小溪（今洪墩镇尚读村）。

宋乾道元年（1165年），何万举家由光州固始入闽，定居玉融崇德乡时和里（今福清市龙田镇中街三村）。

宋淳熙十六年（1189年），何仁佐由光州固始入闽，定居今连江县马鼻镇辰山村。

宋咸淳七年（1271年），何基与子何琛由江西婺源入闽，定居今福清江镜镇前宅后庄村。

宋祥兴二年（1279年），何昌世入闽，定居崇安（今武夷山市）。

宋代，何存德随从县令李明府由光州固始入闽，定居玉田（今古田县）奥米。

宋代，何德雄为逃难由今浙江金华婺城区罗店镇后溪河村入闽，定居今建瓯市迪口镇可建村。

宋末，何大郎后裔何基3世由江西广昌迁入，定居宁化中沙何屋村。

宋末元初，何达用携子何应光由光州固始入闽，定居永春玉斗镇云台村。

宋末元初，何执中后裔何曹仁由浙江龙泉清源郡入闽，定居今福安市上白石镇坂头（流尾）村。

元至元二十七年（1290年），何华勋后裔何露16世何济由江西庐游（今黎川荷源镇）入闽，定居光泽岛石村。

元至治年间（1321—1323），何俨官任兴化路总管兼劝农事，由岭南西路（今广西）入闽，定居仙游城北门内。

元末明初，何缙由广州入闽，先居福清龙田港尾（锦美）华山，后定居临江里前华。

明洪武元年（1368年），固始人何满什带兵从海路入闽，先居福州双门前（今贤南路一带），后裔定居长乐北山星园。

明洪武七年，何昆源由江西临川调任泉州右卫所，后定居德化县隆泰社后苏村（今浔中镇）。

明初，何福生随明军南征，由安庆府潜山县忠孝里入闽，定居福州日溪乡谢舍里（今井后村何厝里）。

明洪武年间（1368—1398），何基后裔何文定敕授宣德郎，由光州固始县银盏巷入闽，定居福清芦华村，后裔迁居江镜镇酒店村。

明洪武年间，何洗5世何宝由浙江龙泉豫章何村入闽，定居政和西峰（今岭腰乡西坑村）。

明永乐二年（1404年），何伋随明军由江西临川入闽，先居延平，后定居永泰苍霞。

明永乐二年，何胜随军入闽，先住南平，后迁闽侯下厝埕，再迁入永泰白云乡石岸村。

明永乐二年，何巴由江西吉安八角井入闽，先居福州侯官，后定居闽侯岭兜。

明永乐十九年，何姓一支由河南省兰考县城关何寨村入闽，定居莆田江口镇仙井村。

明正统十四年（1449年），何积良为躲避战乱由河南省仪封县（现兰考县）入闽，定居今松溪县茶平乡吴山头村。

明万历二十七年（1599年），何奏福由江西石板桥入闽，先迁邵武洪墩童阳际村，后定居今顺昌县大干镇武坊村山坊。

明代中叶，何冼后裔何荣晶由浙江庆元张地村入闽，定居政和县铁山镇张天村。

明代中叶，何一凤由河南固始县桃溪巷入闽，定居今莆田市荔城区拱辰街道。

明代，何冼后裔何敬九率子何唐孟由浙江丽水宣平上舍入闽，定居政和县外屯乡吴场村。

明末，何伯城由江西石板桥入闽，定居今顺昌县双溪街道府墙村。

明末清初，何基后裔何浦原由浙江金华入闽，先居三山（福州），清顺治九年（1652年）定居政和县鲸市上溪（今东平镇岭根村）。

清初，何逢春由浙江兰溪入闽，定居今浦城县城关解放村。

清嘉庆年间（1796—1820），何冼后裔何接妹、何培基逃荒入闽，定居政和县外屯乡下池村。

清嘉庆十五年，何登春由江西临川沿途做木匠入闽，定居今南平市延平区上楼村。

清同治七年（1868年），何康金由广东梅县入闽，定居今南平市延平区安科村。

清末，何姓一支由河南开封入闽，定居今南平市建阳区将口镇东田埂南山下村。

清代，何季温25世何洪仁由浙江平阳鸡罩山入闽，定居今霞浦县水门乡七斗岔村。

清末民国初，何有良由江西华能马莲垅村入闽，定居今邵武市拿口镇兰丹头村。

第三节　繁　衍

一、何衍（衍庆）家族

（一）何崇禧世系

何衍（衍庆）11 世何崇禧 4 世孙何桂生 3 子：长子何国仁，次子何国仕，三子何国信。

何国仕长子何洪，后裔分迁永福、陈田、仙游海头、福州、福清；三子何保，后裔迁居麟麓山尾、辋川桥尾、平铺、西楼、东王及北门外；四子何童，迁居永春涂桥半移凤山。

何国信长子何容，后裔迁居惠安前安、锦溪、岭内，再移山郊官坝，后居墓柄；四子何定，迁居下安里；五子何崇，后裔迁居惠北仙塘、钱洋、下墩外。何国信次子何宽长子何济及后裔迁居下新厝、北门外小溪及省外；何宽次子何善及后裔迁居下埕、山兜、墓前、山边，后裔何迪易迁徙广东，后迁徙海南，何迪文、何迪琰迁居庄上、司口；何宽三子何普及后裔迁居福清石镜、永福申口及文坂、坑北、试剑、后山；何宽四子何冀及后裔迁居麟南西亭、西楼，即今峰崎祠堂后、坑北、菜馆、祠堂、西楼、西亭、墓柄。何松隐家族主要聚居在惠安，后裔播迁至泉港、鲤城、厦门、莆田、宁德，迁徙台湾、香港、澳门地区，迁徙东南亚及世界各国。

（二）何逖基世系

何衍（衍庆）15 世何逖基（载梧次子），迁居温陵浔江，后隐居泉州清源洞麓下。

何逖基长子何元镇之长子何添清迁居同安嘉禾里东澳（今厦门何厝），后居浯州（今金门）。何添清长子何佛叔迁居泉州城南，后裔迁居晋江砌田、南安西山；次子何仲叔居东澳；三子何仁叔迁居泉郡，后裔分迁石狮永宁、宽仁、浯沙，晋江大埔，连江浦口等地。何添清 10 世何自修迁居同安何厝。

何元镇次子何添治居泉州浔尾。何元镇三子何添润迁居泉州城南。何元镇四子何添沮（信祖）携弟何添滆（信福，排行第五）、何添河（信哥，排行第六）、何添漪（信奇，排行第七）迁居漳浦何浔（今官浔）。何添沮称为上宗。大儿子 4 世何化龙迁居莆田秀屿区忠门镇何坑；6 世何志大、何志远迁徙广东潮州；7 世何仁参迁徙广东肇庆阳春，何仁坚迁居惠安宝珠石。三儿子 4 世何景隆迁居漳浦县盘陀镇。五儿子 8 世何魁类、何仁会、何仁亮迁居莆田城厢区灵川镇何寨、兴化徐埔；9 世何汝愿迁居莆田兴山内池；9 世何学尹迁居霞浦大南中炉坑（上横）；10 世何廷进迁徙浙江温州。何元镇五子何添滆称为下宗。大儿子 4 世何廷文、何廷朴迁居漳浦县旧镇梅竹村；二儿子 4 世何孟宽迁居漳浦县杜浔镇水港村大路边，7 世何大善、何大美迁居福清市港头镇占阳村；三儿子 4 世何积序迁居泉州市惠安县崇武，5 世何思慎迁居东山县杏陈镇前何，6 世何开雍迁居漳州浦南，7 世何伯合迁居漳州市长泰县坂里，10 世何俊用迁居南安英都镇杏塘村桃仔脚；四儿子 6 世何孝祯迁居福清市东关寨，15 世何玉象迁居漳州市芗城区府口街。何元镇六子何添河迁云霄后居南胜何仓。何添河长子何京保迁居平和崎岭；次子何彦保迁居云霄何地，后裔陆续迁徙陕西、南宁、扬州、琴州、肇庆、潮州、海丰、吾宁、岳溪、阳江和台湾地区，迁居福州、福宁、泉州、仙游、南太武、湖西尾山，迁徙琉球及东南亚各国；三子何彦璋出嗣蓝源泰为子。何元镇七子何添漪迁居古溪口（今龙海程溪何寮），后裔迁居安溪珍地、迁徙浙江苍南。

何逖基次子何元钊迁居惠安县属蚌厓（今埔崎）。

何逖基三子何元钲之长子何添洙迁居漳州南郊圆山莲花埔；次子何添泗迁居漳州岳口；三子何添汶迁居莆田何桥，后裔迁居诏安梅岭；四子何添沇迁居南平、顺昌。

何逖基四子何元镛长子何添淮迁居海澄浮宫；次子何添海迁居龙岩县口；三子何添江迁居漳州黄（圆）山脚下；四子何添汉迁居南安溪仔尾前路。

何逖基五子何元铉迁居光泽县。

二、何亶（何大郎）家族

五代后唐时期，何亶定居武平县盈塘里南岩狮子口手炉山，生10子1女（何仙姑），后携眷迁居冷洋刘坑（今武平县岩前镇宁洋村）。长子何大福郎迁徙江西信丰；次子何福郎迁徙广东梅县；三子何金衍迁居长汀河田；四子何金衢迁徙广东赤岸；六子何金微迁徙广东海丰；七子何七郎迁徙江西信丰；八子何金从迁徙广东河源；九子何惟则迁徙浙江龙泉，何惟则4世何执中、何执文后裔迁徙广东、江苏、江西等地；十子何十郎迁徙赣州。

何亶五子何景行留居宁洋生7子。长子何统元迁徙江西于都；次子何仁元迁徙江西赣州；三子何昆元迁徙广东南雄；五子何信元迁徙广东翁源。何亶3世何义元生9子，长子何敬清迁徙广东大埔南海；三子何明广迁徙江西信丰；四子何立中迁徙广东大埔丰顺；五子何桂美迁居武平象洞；六子何念五郎迁徙广东饶平；七子何念六郎迁徙广东始兴；八子何念十郎迁徙广东翁源；九子何念满郎迁居武平黄埔金鸡岭。何亶4世何念三郎生5子，次子何进廷迁徙江西定南；三子何进国迁徙江西吉安；四子何进东迁徙江西太和；五子何进旬迁徙江西万安。

何亶5世何六一郎后迁居上杭县中都镇蛟腾村，生4子。长子何伯一郎迁徙广东梅县松源，生9子：次子何千二郎由松源迁回上杭；三子何千三郎迁居永定齐潭；四子何千四郎迁徙广东松口中江；五子何千五郎迁徙广东；六子何千六郎迁徙广东蕉岭；七子何千七郎迁居上杭洋境定达；八子何千八郎迁居上杭庐丰棉村；九子何千九郎迁徙广东梅县。何六一郎次子何伯二郎迁居武平县永平，其孙子何清四郎迁居武平东留，其后裔迁徙江西会昌、龙南、寻乌、安远、吉安、广东、四川德阳与遂州等地。何六一郎三子何伯六郎后裔迁居武平象洞。何六一郎四子何伯九郎生10子：何万一郎迁居上杭湖洋寨背；何万二郎迁徙广东南海、顺德，后裔迁徙广西玉林；何万三郎迁居上都下徐，后裔分迁武平桃溪湘坑；何万四郎迁徙广东松源、蕉岭南磜；何万五郎迁徙江西吉安；何万六郎迁居长汀；何万七郎迁徙江西万安；何万八郎迁居汀州；何万九郎迁徙广东翁源始兴。

三、何敬容家族

唐代，何敬容后裔何递生7子：长子何越4世何长官迁河源（今罗源县）；7世何震迁居宁德游墺；11世何神聚迁居屏南前墘，何神光迁居福清，何神迺迁居宁德东洋；12世何文达先迁周宁县咸村镇，再迁周宁礼门乡梅渡肥朱河，后迁周宁李墩镇梅洋山头坂村。

何文达长子何三郎迁居周宁礼门乡梅渡肥朱河，后迁洋坪；23世何德迁居洋坪；25世何溱一迁居屏南县长桥半圳，继迁屏南县代溪镇北讫洹溪村，何沛七迁居周宁县礼门乡后垅村；33世何怀一、何积侵迁居洋坪；35世何登明迁居周宁县泗桥乡竹岭村，后裔迁居政和县城关、深确（今上洲）、镇前何山、铁岭铁山、西坑等；36世何美官之后裔何圣顺迁居松溪水屯村。

何文达次子何四郎迁居周宁县首洞梨村。何四郎生5子：何纪留居梨村；何平迁居周宁县梨坪；何安迁居产洋后入赘周宁县七步镇；何妥迁居周宁县泗桥乡常洋。何纪后裔何珙四迁居周宁县礼门乡六角圵村；何永华迁居寿宁县凤阳镇官田洋村；何元余迁居周宁县纯池镇福山村；何仸俊迁居周宁县礼门乡首洞八角亭，后裔迁徙浙江龙游县灵山镇。何平后裔何恩寿迁居霞浦县围江；何明川迁居霞浦县后首村；何天命迁居霞浦县沙江镇白鹭村；何天上迁居霞浦县沙江镇小马村；何装二迁居周宁县礼门乡油湾村，后裔迁周宁县李墩镇瑞龙岗；何乘五迁居霞浦县；何拱九迁居周宁县李墩镇富足墘村，并向李墩镇六浦洋繁衍；何茂六、何盛九迁居周宁县玛坑乡下坑村；何兆谟、何隆树迁居周宁县玛坑乡长峰高湾村；何浪三迁居周宁县礼门乡梨坪山里村；何延四、何伯能迁居周宁县礼门乡梅渡村；何邦禄迁居屏南东盘长门，继迁建阳崇乐；何怀六、何怀十、何贵、何田迁居周宁县咸村镇芹村，后裔何盛迁居霞浦清皎村，何隆迁居霞浦竹田村；何以遂迁居周宁县泗桥镇下楼村；何元齐迁居周宁县礼门乡首洞油湾村；何天潮迁居周宁县李墩镇深洋中村；何天均迁居霞浦；何天注迁居李墩镇李墩村；何天择、何天章、何天鹤、何天算四兄弟迁居礼门乡首洞八角亭村；何天礼分居寿宁清源韶托，后裔迁居寿宁县清源镇王坑、瑞兜，继迁周宁县礼门乡山头村；何福观迁居寿宁托溪乡梅林。何妥后裔分居周宁县礼门乡首洞坑柄村、坛岔村、贡川村；何廷秀迁居福鼎前岐龟岭村；何仕震、何道笠居寿宁斜滩。

何文达三子何五郎迁居周宁县礼门乡大碑村；后裔何拱一、何开五迁居宁德西乡瓦窑头，何宗赐迁居霞浦下浒镇大湾村，何宗临迁居霞浦北壁乡铁炉村。

何文达四子何六郎迁居周宁县七步镇八蒲。

何文达五子何七郎迁居周宁城关坝下。

何递三子何庄后裔何洪禄迁居福宁州二十二都汉山（今福鼎市），再移居福鼎九都花门楼，后迁太姥洋；何洪祚迁居秦屿四角井；何洪祥迁居沙埕镇流江杉柴湾；何洪福迁居霞浦清官司及梅花（三沙）；何洪奖迁居霞浦杨家渡头。

何递四子何彻12世何执中四子何谨迁徙浙江括苍龙泉市豫章。后裔何处班迁徙浙江景邑雁溪；何小十迁徙浙江龙泉缪坑村；何兆鹏、何兆龙、何起儒迁居寿宁鳌东角林，后裔迁居寿宁县鳌城（鳌阳镇）、宁德市蕉城区、福安市潭头镇澳里村。何元孚迁居福鼎十九都茗洋，生4子，分诗、礼、传、家四房。礼房何孟衍定居茗洋；诗房何孟从、传房何孟化、家房何孟信三兄弟迁居福鼎磻溪蔡家山村。后裔何君益迁居福鼎点头举州；何天焘迁居寿宁西门山头洋（今坑底），后迁寿宁县鳌城南门；何世聪迁居寿宁城关南门；何元宸迁居寿宁坑底大岭；何达馨迁居坑底后坑；何元叶之子何景梓迁居寿宁县南阳花岭水竹洋；何明铨迁居今霞浦松城街道葫芦门；何朝舜入赘霞浦县垅头八斗岗，生6子，其中三子属何姓；何祥范迁居霞浦县牙城凤门；何淳溪迁徙浙江平阳观美鸡罩山，后裔迁居霞浦水门七斗岔。

四、何华勋家族

（一）何逸世系

唐代，何华勋7世何逸调任邵武刺史，迁入邵武城关，后迁居光泽十四都白举村。次子何镛迁居光泽舟船，三子何镃后裔迁居光泽，六子何进迁居光泽城关。25世何钦佩长子迁居光泽县止马镇大坑村，27世长子迁居光泽县华桥乡何舟坪，31世何恢（铁匠）迁居光泽县司前乡何家里。

（二）何郴世系

北宋，何华勋11世何郴定居邵武市尚读村，传至14世何文显迁居福州琅岐。16世何济迁居光泽县止马镇岛石山，何演迁居光泽县司前乡庭燎村。17世何葵三迁居邵武古山，何葵四迁居邵武宝积山南坑，何葵五迁居福州乌石山，何葵六迁居邵武宝积山黄土坪。18世何炯由江西金溪后车迁居福州侯官。20世何良仲再迁居光泽县司前乡毛家湛。何良仲儿子何友汉、何友清迁居光泽庭燎；何友沂迁居司前乡墩上村，后迁徙江西铅山。23世何彦珍、何彦玉由江西金溪后车迁居光泽儒州。

五、何隆兴家族

唐末，何隆兴定居福州台江。后裔何万五迁居寿宁江山。何万五长子何七14世何启龙迁居福鼎流美，后迁居巽城海尾；次子何八、三子何九迁徙浙江景宁荐溪。17世何光璐迁居福鼎石龟渡，后裔何大金迁居政和；何大根、何大本兄弟迁徙浙江；何大居迁徙浙江龙泉，后裔何蔡金、何文瑶等迁居浦城吴墩。何启发、何东来迁徙浙江龙泉深坑。何正镳迁居建安（今建瓯）二十一都安泰里溪塘源白鹰垅。何光表迁居建安，何光清迁居建安十六都，何光满、何光启迁居建安重厝大墩头，何光需迁居政和。何新葡、何新萄迁徙浙江龙游。何家曾迁居政和县城内南门桥头，何家钦迁居建安房道高掘村。何光生之子何德义（又名开义）迁居建阳，何德新（又名开新）迁居松溪县。

六、何万家族

南宋，何万定居福清龙田，其孙子何有金生 3 子，长子何天瑞、次子何天寿、三子何天佑，始分 3 支。

何天瑞长子何震甫迁居福安，后裔何憎、何嫌、何团、何添 4 兄弟迁居福安松罗乡洋西村。次子何贵甫任端州知府，后裔定居广东端州（今肇庆）金渡。

何天寿曾孙何国忠迁居平南里六十都（今福清沙埔）；何万 13 世何次波迁居连江后湾，何半坡 19 世迁居福清龙田镇井兜，再迁龙田镇三村。

何天佑生 4 子，长子何梦登迁徙广东潮阳甲子门（北门），后迁回福清前宅村；后裔何保兴迁徙海南琼州府。何梦登次子何希成回迁福清龙田，定居积库村东头尾。何梦登 11 世何信润迁居福州；15 世何大枝迁居尤溪九都梅营坂，何大栋迁居福州，何大梁、何大材迁居尤溪，何大悟迁居同安；17 世何学日、何学元、何学鲁等迁居福清镜洋镇磨石埔下村；23 世何贤才迁居福州仓前山土地庙边，何尔昌迁居罗源。何梦登三子何桃先迁居福清江镜村，复迁居福清达溪村。何梦登 10 世何铎迁居平潭院前。长房何铿迁居福清一都东关寨毗邻雁湖、前张。何真我迁居尤溪县九都梅营坂。何天佑次子何梦雷后裔何祥麟迁居福安十都谢家庄，后裔何度、何舜迁居福安万安里前洋。何方伯、何敬斋迁居福州。何禄生 3 子，均迁居福州。长子何其玖迁居今台江区铺前；次子何其珍迁居台江区上杭路；三子何其玫迁居福州鼓楼区。何天佑三子何梦学、四子何梦敏均在福清。

附：福建何姓族人播迁台湾概况

明清时期，何氏族人渡海赴台垦荒，以漳泉二州为主，又以漳州居多。

一、云霄何姓

明万历年间（1573—1620），马铺何地何毅园任台湾都使司都司时，带领一批族人迁台定居。清康熙年间（1662—1722），何祐、何义、何仪等率 150 多名族人随郑成功收复台湾，后定居台湾。至乾隆二十年（1755 年）修谱之时，云霄迁台人数达 547 人。以后仍有族人陆续迁台。

马铺开基祖何彦保两个儿子何种德、何温朴分两个支脉。

何种德支脉迁台：明万历年间，9 世何钦行、何明轩、何明珠，10 世何巽、后裔何琚等 20 多人；明天启年间（1621—1627），10 世何长等 40 多人；清顺治年间（1644—1661），11 世何凡等 30 多人；清中后期，13 世何沈、何讽、何罕及后裔何潫，14 世何招及后裔何蒲等 8 人，15 世何王及后裔何潮等 7 人。

何温朴支脉迁台：明隆庆至万历年间（1567—1620），6 世何国道次子和四子何道清、何道静兄弟，7 世何凤及次子何享，8 世何俊、何潭，9 世何唱等 12 人，后裔何布等 9 人。明末清初，10 世何舜等 17 人，11 世何叠等 45 人。清乾隆年间（1736—1795），12 世何万、何存等 38 人。清中后期，13 世何曾，14 世何丁、何汉、何大，15 世何贡及后裔何景迎等 9 人，16 世何深等 11 人。

二、平和何姓

明初，何添河长子何京保14世何安如、何宗博，15世何藏、何茂儒、何笺、何联澄，16世何唱、何响、何各坑等6人，17世何仕国、何对，18世何雀，19世何土拎等4人，21世何国桃等迁徙台湾崎岭乡。

清康熙（1662—1722）末年，何廷谨迁徙今台中市，何泽、何薄迁徙今台北市松山区。

乾隆（1736—1795）初叶，何显瑞迁徙今嘉义民雄，何谨迁徙今台中大肚，何天超迁徙今台北板桥。乾隆中叶，何诚迁徙今高雄市，何来等6人迁徙今嘉义民雄，何定、何柴、何礼等迁徙今台中市，何忠直迁徙今台北士林区。乾隆末年，何彩迁徙今高雄市，何茂椿迁徙今南投草电，何溪水迁徙今台中市。乾隆年间，何世泽等百余人迁徙台湾。

嘉庆年间（1796—1820），何酒生迁徙今台中雾峰，何仁和迁徙今宜兰五结。

道光年间（1821—1850），何甫、何承、何万盛、何天成等迁徙今台中市，何王迁徙今宜兰苏澳。

三、其他县市何姓

明天启年间（1621—1627），南安人何斌（又名何廷斌）随颜思齐、郑芝龙入台，曾任荷兰人通事（翻译官），为何姓最早入台祖。

清康熙二十五年（1686年），南靖人何纯亮迁徙台湾。

雍正年间（1723—1735），诏安人何子清、何子旋、何招舜等迁徙今台中市。

乾隆六年（1741年），诏安人何士兰迁徙今台北市内湖区。乾隆二十六年，南靖人何建琵、何瑞琳、何瑞梓迁徙台湾。乾隆五十四年，惠安人何光添迁徙新竹。乾隆（1736—1795）中叶，漳浦人何正直迁徙今桃园市；乾隆末年，诏安人何款、何笕、何强迁徙今台中市，何辉泽迁徙今台北士林；平潭沃前镇礶角底村何梦墀迁徙台湾竹堑（新竹）。

道光年间（1821—1850），南靖人何凤观迁徙今桃园市。

清末，长泰县有一批何姓人相继到南洋谋生，至今在印度尼西亚望加锡繁衍的何氏宗亲有290余户、1000多人。

1936年，平潭敖东镇院前村何朝贤迁徙台湾基隆。

第四节　郡望、堂号

一、郡望

庐江郡　西晋时置郡，治所在舒县（今安徽庐江县）。在三国魏至南朝宋齐梁朝的近300年间，何桢10代载于正史且有明确世系关系的有54人，其中封侯10多人，皇后3人，驸马6人，尚书及以上官职者达14人，遂成望族。福建绝大部分何氏族人以“庐江”为郡望。

陈　郡　秦时置郡，治所在陈州（今河南淮阳县）。自汉代至魏晋时期，陈郡何氏家族鼎盛，三代为相，遂成望族。其代表人物有何夔、何曾、何劭。

东海郡　秦时置郡，治所在郯（今山东郯城北）。鼎盛时期涌现出何无忌、何邕、何勖等17位名人，遂成望族。

清源郡　宋时置郡，治所在龙泉（今浙江龙泉市）。宋大观年间（1107—1110），居住在浙江龙泉上河村的何执中历任工部、吏部尚书兼侍读，徽宗朝时任宰相，死后追封清源郡王，其后裔遂成望族。其后裔在闽北、闽东一带有分布。

二、主要堂号

庐江堂 以郡望为堂号，福建绝大多数何姓聚居地以“庐江”为堂号。

其他主要堂号还有：崇本堂、崇德堂、崇福堂、追远堂、鳌江堂、学海堂、三英堂、孝思堂、敦睦堂、敦本堂、光德堂、集成堂、敬爱堂、敬孝堂、龙江堂、美宗堂、善继堂、树德堂、万福堂、辛山堂、馨德堂等。

第二章 分 布

第一节 人口分布

2016年6月，福建省公安厅户籍人口数据统计（不含金门、马祖），福建省何姓人口总数为391790人。分布全省各市、县（区、市）及平潭综合实验区。

表6-1　**2016年福建省何姓人口分布情况表**　单位：个、人

市（区）别	县（区、市）数	人口数	各县（区、市）人口数
福州	12	107075	鼓楼区5441，台江区2687，仓山区3459，晋安区3901，马尾区1688，长乐区2333，福清市70226，闽侯县4016，连江县5438，闽清县698，罗源县1068，永泰县6120
厦门	6	16394	思明区8741，湖里区2861，集美区1453，海沧区1454，同安区1377，翔安区508
漳州	13	89240	芗城区3549，龙文区588，龙海市6034，漳浦县14612，云霄县30513，诏安县12646，东山县7485，平和县9630，南靖县1792，长泰县1531，华安县309，台商投资区415，开发区136
泉州	12	47236	鲤城区1805，丰泽区2002，洛江区1801，泉港区2635，石狮市1799，晋江市5917，南安市3171，惠安县19042，安溪县4579，德化县306，永春县635，台商投资区3544
三明	12	11383	三元区583，梅列区828，永安市1204，清流县465，宁化县1155，建宁县2619，泰宁县895，明溪县415，将乐县921，沙县534，尤溪县1471，大田县293
莆田	5	24877	仙游县6942，荔城区4651，城厢区3698，涵江区3710，秀屿区5876
南平	10	33008	延平区2343，建阳区3039，邵武市6326，武夷山市1442，建瓯市3081，顺昌县1908，浦城县3549，光泽县5396，松溪县1932，政和县3992
龙岩	7	20673	新罗区1837，永定区720，上杭县7430，武平县9056，长汀县605，连城县164，漳平市861
宁德	10	33698	蕉城区6321，福安市3375，福鼎市6005，霞浦县4788，寿宁县2484，周宁县7147，柘荣县92，古田县1620，屏南县1529，经济开发区337
平潭	1	8206	

第二节　主要聚居地

一、福州市何姓

（一）鼓楼区

安泰街道朱紫坊　清嘉庆二十四年（1819年），何万16世何其玫由福清龙田迁居福州台江上杭路，20世何碧轩购房迁入。今传8世，居住50余户、230多人。后裔迁徙海内外有2000多人。

（二）台江区

洋中街道何厝里　清代，何万16世何其珍由福清龙田迁居福州台江，后裔迁入。今传8世，居住50余户、200多人。

（三）仓山区

建新镇凤岗新村　清顺治十八年（1661年），何一铉由福清酒店村迁入。今传18世，居村50余户、150多人。

建新镇洪塘村　清咸丰十年（1860年），何广祥带领兄弟何广银、何广贵、何广富由福清瞻阳村迁入。今传7世，居村20余户、100多人。

盖山镇义序村　1940年，何海鉴由晋安区新店镇象峰村迁入。今传4世，居村50余户、200多人。

（四）晋安区

新店镇象峰北岭下　明天启元年（1621年），何大汉由长乐鹤上北山迁入。今传16世，居村210余户、1100多人。

新店镇过溪何厝里　清光绪十六年（1890年），何奇碧由福州猫头山迁入。土地征用拆迁后住象峰新苑七、九、十号楼。今传5世，居村20余户、100多人。

宦溪镇峨嵋半岭村　清同治元年（1862年），17世何元朗由象峰村北岭下迁入。今传7世，居村60余户、210多人。

寿山乡岭头村　清道光年间（1821—1850），何俊由福清酒店村迁入。今传8世，居村40余户、160多人。

日溪乡日溪村何厝里　清康熙年间（1662—1722），何嗣韩后裔何弋严由仙游菜溪岩兜迁入密溪（今何厝里）。今传12世，居村30余户、160多人。

日溪乡井后村何厝里　明初，何福生随明军南征入闽，由安庆府潜山县忠孝里迁入谢舍里（今井后村何厝里）。今传26世，居村60余户、210多人。

（五）马尾区

亭江镇亭江村　清康熙年间（1662—1722），何万后裔何团泰5世何文兴由闽安迁入。今传13世，居村120余户、500多人。

琅岐镇后水村　明洪武三年（1370年），何彬13世何文显由邵武台溪（今洪墩镇尚读村）迁入。今传26世，居村400余户、1500多人。

（六）福清市

龙田镇三村村　宋乾道元年（1165年），何万由光州固始迁入。今传38世，居村500余户、2000多人。

龙田镇七井坑村 何玉成由龙田三村迁入。今居村60余户、280多人。

龙田镇南亭村 何万后裔由龙田三村迁入。今居村90余户、350多人。

龙田镇东华村 何嗣韩后裔由闽南迁入。今居村600余户、2500多人。

江镜镇江境村（原前宅村） 元初，何万5世何梦登由广东廉州先迁回龙田，后迁入。今传31世，居村1600余户、5960多人。

江镜镇前宅后庄村 宋咸淳七年（1271年），何基与子何琛由江西婺源迁入。今传26世，居村250余户、600多人。

江镜镇东花庄 明嘉靖年间（1522—1566），何基13世何应元携子何大义由前宅后庄迁入。今居村600余户、1500多人。

江镜镇酒店村 明洪武年间（1368—1398），何文定后裔何泽由福清芦华村迁入。今传25世，居村1700余户、7000多人。

江镜镇南华村 元至元二十三年（1286年），何昌世儿子何艮齐由崇安迁入。今传24世，居村3700余户、20000多人。

江镜镇北翁村 元初，何仁禄由南华迁入。今传24世，居村500余户、2200多人。

江镜镇苍霞苍埕村 元代，何万后裔何希成由龙田积库迁东头尾再迁入。今传28世，居村300余户、1080多人。

江镜镇前华村 元末明初，何缙由广州先迁福清龙田港尾（锦美）华山，后迁入。今传24世，居村980余户、3500多人。

港头镇瞻阳村 明正统元年（1436年），何大善由漳浦迁入。今传27世，居村1250余户、4900多人。

港头镇蓝田村 清顺治年间（1644—1661），何琛16世何正琏由前宅后庄迁入。今传13世，居村230余户、1300多人。后代有迁江镜埔尾村。

沙埔镇沙埔村 明代，何应魁由江镜南华田园下迁入。今传14世，居村400余户、1900多人。

沙埔镇官厅村 何应魁次子何子芳由沙浦村迁入。今传14世，居村400余户、1500多人。

沙埔镇岸前村 何泽后裔由江镜酒店村迁入。今居村30余户、100多人。

高山镇门头村 明朝中叶，何华山、何华水由港头瞻阳迁入。今传21世，居村120余户、600多人。

高山镇前岭村 清初，何世龙先迁福清时和里岭头村，后迁入。今居村90余户、300多人。

高山镇北魏前村 何泽后裔由沙埔岸前村迁入。今居村100余户、400多人。

高山镇长坑村 何琛后裔由江镜前宅后庄村迁入。今居村30余户、150多人。

三山镇后郑村 明洪武六年（1373年），何显（何应基）由江镜南华井得里迁入。今传28世，居村500余户、2000多人。

三山镇下厝村 元至顺元年（1330年），何采官由福清华山迁入。今传25世，居村350余户、1700多人。

三山镇东园村 明洪武九年（1376年），何应庚由江镜南华井得里迁华山再迁入。今传26世，居村380余户、1700多人。

三山镇东兴村 明代，何应庚后裔由江镜南华迁入。今居村60余户、260多人。有7户迁塔头镇后红村。

三山镇华塘村 何演由江镜南华迁入。今居村210余户、900多人。

宏路街道后铁埔村 清雍正年间（1723—1735），何万后裔由晋江迁入。今居村80余户、300多人。

石竹街道北前亭村 清乾隆年间（1736—1795），何元龙由龙田迁入。今传17世，居村220余户、

1050 多人。

海口镇树岭村　何万后裔由龙田迁入。今居村 60 余户、230 多人。

上迳镇塔石村　何玉成后裔由龙田迁入。今居村 70 余户、280 多人。

东张镇华石村　清乾隆年间，何日明后裔何国养由莆田渡口（大洋）迁永泰岭路乡马附村后迁入。今传 15 世，居村 180 余户、600 多人。

镜洋镇波兰村　明末，何均善由莆田待贤里三图先迁锦江龙兴社龙门坊仙井村后迁入。今传 20 世，居村 100 余户、300 多人。

一都镇东山村　明嘉靖十四年（1535 年），何孝精由漳浦官浔下炉村迁入。今传 24 世，居村 400 余户、2200 多人。

一都镇后溪村　何正为由福清一都东山沙溜迁入。今居村 30 余户、150 多人。

（七）长乐区

古槐镇井门村　何兰湖、何兰室由闽南迁入。今传 14 世，居村 100 余户、330 多人。

鹤上镇何朱里　明代，何满什之子何功保由福州三牧坊迁入。今传 21 世，居村 230 余户、1600 多人。

鹤上镇荷叶墩　明代，何功保义房 4 世何至谊由何朱里迁入。今传 21 世，居村 120 余户、400 多人。

金峰镇何厝里　清嘉庆三年（1798 年），何昌谋由福清蓝水巷迁入。今居村 60 余户、200 多人。

吴航街道东关领口村　清嘉庆二十一年（1816），何贤捷由何朱里迁入。今传 7 世，居村 30 余户、120 多人。

（八）闽侯县

南屿镇茹莲村　明代，何万后裔由福清龙田迁入。今居村 50 余户、200 多人。

南屿镇中溪村　清乾隆二十一年（1756 年），何文历（别名何百万）由福清龙田迁入。今传 11 世，居村 40 余户、170 多人。

荆溪镇永丰村　1938 年，何振超由闽侯洋里迁入。今居村 70 余户、200 多人。

竹岐乡春风村　明末清初，何子宜由长乐泮野福堂迁入。今传 16 世，居村 300 余户、1300 多人。

竹岐乡火炬上缎村　明万历四十八年（1620 年），何启东后裔何秀溪（原名何亨福）由福清一都东山迁入。今居村 40 余户、200 多人。

洋里乡岭兜何厝里　明永乐二年（1404 年），何巴由江西吉水八角井迁侯官二十七都绅见前墩里，再迁锡岭，后迁入。今传 21 世，居村 300 余户、1200 多人。

大湖乡江洋村　明嘉靖年间（1522—1566），何朗由延平府沙县迁入。今传 22 世，居村 120 余户、550 多人。

（九）连江县

东岱镇洪塘村　清道光元年（1821 年），何安汉由长乐古槐镇井门村迁入。今传 8 世，居村 40 余户、170 多人。

长龙镇建庄村　清康熙年间（1662—1722），何君策由福清瞻阳村迁入。今传 13 世，居村 20 余户、100 多人。

马鼻镇辰山村　宋淳熙十六年（1189 年），何仁佐由河南固始迁入。今传 30 世，居村 180 余户、750 多人。

筱埕镇定海村　何万后裔先后有 5 支迁入：何天佑次子何梦雷后裔何恒善由福清龙田迁入，今传 11 世；何希宇由福州迁入，今传 13 世；何克明于清康熙三十九年（1700 年）由连江县透堡镇透街南门迁入；何开泰由透街南门迁入；何金铨由透街南门迁入，今传6世。5支合计居村100余户、510多人。

黄岐镇海建街 明万历四十八年（1620年），何敬叔由福清龙田迁入。今传20世，居村300余户、1200多人。

苔菉镇琇邦村 元大德四年（1300年），何炯由马鼻辰山迁入。今传26世，居村520余户、2200多人。

苔菉镇后湾村 清嘉庆五年（1800年），何万19世何右喜、何右珠、何右盛、何右祥、何右奕、何右发和20世何大成、何斌成、何次成、何能成、何外成等由福清龙田镇三村井兜四房迁入。今传10世，居村170余户、760多人。

浦口镇浦口街（外何） 明崇祯十一年（1638年），何振玉由晋江永宁港边迁入。今传16世，居村90余户、370多人。

浦口镇浦口街（里何） 清乾隆七年（1742年），何彝贵由福清龙田中街三村迁入。今传10世，居村70余户、320多人。

安凯乡奇达村 明万历四十五年（1617年），何承扳由马鼻辰山迁入。今传16世，居村40余户、180多人。

（十）闽清县

梅城镇城关村 民国初年，何春林由河南省迁入。今传5世，居村10余户、130多人。

梅溪镇塔峰村何厝里 清中叶，何绍章由闽侯洋里迁入，现大部分迁至梅溪镇集镇居住。今传10世，居村30余户、160多人。

（十一）罗源县

碧里乡里澳村 清康熙十一年（1672年），何大治三兄弟由莆田下岚兴化迁入。今传16世，居村170余户、730多人。

（十二）永泰县

大洋镇苍霞村 明初，何伋由今南平延平迁入。今传24世，居村660余户、2900多人。

塘前乡大坪村 明成化十八年（1482年），何衍23世何大发由福清东山先迁永福保地头，后移二都宅头顶再迁入。今居村30余户、130多人。

白云乡陈家村何厝里 清乾隆年间（1736—1795），何宗发、何昆仲等7人由永泰大洋镇苍霞迁入。今传11世，居村60余户、300多人。

白云乡石岸村 明永乐二年（1404年），何胜随军入闽，先住南平，后迁闽侯下厝埕，再迁入。分散在石岸、北山、北园、星联何家、岩石等自然村。今传27世，居村300余户、1300多人。

白云乡樟江村 清康熙三十二年（1693年），何维汉由永泰大洋镇苍霞村迁入。今传14世，居村200余户、1000多人。

岭路乡云山马附村 清代，何衍后裔由莆田涵江渡口（大洋）迁入。今传16世，居村20余户、100多人。

岭路乡长坑村 何衍后裔由岭路乡云山马附村迁入。今居村30余户、100多人。

二、厦门市何姓

（一）思明区

莲前街道何厝村 元初，何添清由温陵（今泉州）迁入。今传25世，居村1000余户、3700多人。

（二）湖里区

湖里街道上何社　何添清后裔迁入。现已拆迁并入村里社区。今居住 52 户、260 多人。

（三）海沧区

海沧街道大埕、彭埕、后山尾等村　何逖基后裔迁入。今居村 70 余户、300 多人。

（四）同安区

西柯镇何厝村　明隆庆元年（1567 年），何添清 10 世何自修由东澳何厝迁入。今传 16 世，居村 210 余户、660 多人。

大同街道溪边村　清道光年间（1821—1850），何添清后裔由何厝村迁入。今居村 30 余户、100 多人。

（五）翔安区

马巷街道石莲村　何添沮后裔何俊用由南安英都杏塘桃仔脚迁入。今居村 50 余户、170 多人。

三、漳州市何姓

（一）芗城区

浦南镇何厝村　明弘治年间（1488—1505），何添滆 5 世何德军迁入。今传 19 世，居村 170 余户、700 多人。

西桥街道府口街（今台湾路、芳华路）　清道光年间（1821—1850），何添滆 15 世何玉象迁入。今传 7 世，居住 50 余户、240 多人。

（二）龙海市

九湖镇林下莲花社　元代，何元钲长子何添洙后裔迁入。今传 23 世，居村 50 余户、250 多人。

东泗乡西岭村　清康熙年间（1662—1722），何良禄后裔由漳浦官浔西北村迁入西山自然村；下宗四房 13 世由官浔下炉村迁入浮山自然村。今传 14 世，居村 560 余户、2200 多人。

东泗乡下浦村　何添政 13 世由漳浦官浔西北村迁入下浦自然村；13 世由官浔西北村迁入堀仔自然村。今传 12 世，居村 400 余户、1430 多人。

程溪镇白云小田坑社　1952 年，何彦保后裔由云霄何地迁入。今传 4 世，居村 70 余户、300 多人。

程溪镇下庄柿仔社　1952 年，何彦保后裔由云霄何地迁入。今传 4 世，居村 30 余户、140 多人。

隆教乡镇海村　明末由莆田迁入。今居村 30 余户、150 多人。

港尾镇上午溪沙社　何文府 14 世由漳浦官浔西北村迁入。今传 10 世，居村 40 余户、160 多人。

浮宫镇石坑村考后　今传 10 世，居村 30 余户、130 多人。

浮宫镇海门岛海山村大山社　清初由官浔迁入。今传 10 世，居村 20 余户、110 多人。

（三）漳浦县

官浔镇西北村　元至大三年（1310 年），何添沮、何添滆随 7 兄弟由泉州浔尾迁居厦门，再迁入。今传 25 世，居村 930 余户、3740 多人。

官浔镇锦江村　何添沮、何添滆九房后裔迁入。今传 25 世，居村 1000 余户、3910 多人。

官浔镇红霞村　何添沮后裔由官浔西北村迁入，并分居在下帐、坑尾、下雄、洪田自然村。今传 24 世，居村 700 余户、2320 多人。

官浔镇下炉村等　何添沮、何添滆后裔迁入，并分居在大溪边、洪塘、旧厝、洋坑、下炉自然村。今传 24 世，居村 630 余户、2150 多人。

杜浔镇路边水港村 何添湢次子3世何孟宽后裔由官浔镇西北村迁入。今传24世，居村120余户、560多人。

杜浔镇林前下吕村 民国时期由路边水港村迁入。今传6世，居村40余户、150多人。

旧镇镇梅竹村 何添湢长子何子禄3世何廷朴、何廷文由官浔西北村迁入。今传22世，居村290余户、1190多人。

长桥镇长桥南坑口 民国时期，何添湢次子何子安后裔由官浔西北村白灰迁入。今传6世，居村40余户、160多人。

石榴镇石古作业区新村 何添沮三子4世何添寿后裔由官浔西北村迁入。今居村30余户、160多人。

（四）云霄县

马铺乡枧河村 明永乐年间（1403—1424），何添河次子何彦保由平和南胜和（何）仓移居泮池，再迁入。后裔传衍于枧脚至马铺一带，称“何地”。今传23世，居村780余户、3660多人。

马铺乡乌石坑村 今居村450余户、2090多人。

马铺乡新楼村 今居村250余户、1200多人。

马铺乡石鼓村 今居村410余户、1940多人。

马铺乡漈头村 今居村310余户、1390多人。

马铺乡客寮村 今居村560余户、2660多人。

马铺乡乌螺村 今居村510余户、2320多人。

马铺乡大仑村 今居村420余户、1980多人。

马铺乡桥头村 今居村360余户、1670多人。

马铺乡粗溪村 今居村410余户、1910多人。

马铺乡湖洋村 今居村130余户、620多人。

马铺乡杨美村 今居村420余户、2000多人。

马铺乡坪水村 今居村150余户、700多人。

马铺乡下庵村 今居村160余户、780多人。

马铺乡马铺村 今居村570余户、2680多人。

马铺乡石芹村 今居村480余户、2270多人。

火田镇圆峰村 今居村330余户、1500多人。

火田镇白石村 今居村230余户、1080多人。

火田镇高田村 今居村20余户、100多人。

云陵镇西园社区 今居社区50余户、230多人。

云陵镇金霞社区 今居社区140余户、750多人。

云陵镇北园社区 今居社区30余户、250多人。

莆美镇绥阳社区 今居社区50余户、230多人。

莆美镇宝洋社区 今居社区80余户、470多人。

莆美镇宝城社区 今居社区90余户、490多人。

下河乡磁窟村 今居村50余户、160多人。

（五）诏安县

梅岭镇霞河村 元末明初，何应全由莆田何桥吉蓼村迁入。今传29世，居村1510余户、6800多人。

南诏镇玉墩头村 明永乐八年（1410年），何应全4世何万三郎由霞河村移居广东梅县。明嘉靖三十九年（1560年），7世何祯远由广东梅县回迁。今传20世，居村300余户、1600多人。

桥东镇西山村　明弘治三年（1490年），何应全4世何万五郎后裔由霞河村前厝迁人。今传22世，居村340余户、1500多人。

桥东镇下寮村　明正德五年（1510年），何开华由霞河村后厝迁人。今传20世，居村210余户、1000多人。

建设乡江亩坑村　清初，何祯远7世何敦敏由玉墩头迁人。今传13世，居村200余户、800多人。

梅岭镇寮雅村　清康熙二十九年（1690年），何应全15世何朴顺由霞河村后厝前房迁人。今传16世，居村350余户、1460多人。

金星乡黎明菜园埔村　清康熙年间（1662—1722），何应全后裔由霞河村后厝迁人。今传12世，居村160余户、800多人。

金星乡黎明塘厝　清嘉庆年间（1796—1820），何应全后裔由西山村迁人。今传11世，居村40余户、200多人。

建设乡何福寨　清中期，何祯远9世二房由诏安霞葛镇玉墩头村前洋社迁人。今传8世，居村30余户、130多人。

金星乡院前村　清光绪十六年（1890年），何应全后裔由菜园埔村迁人。今传5世，居村20余户、160多人。

南诏镇北关社区　清光绪年间（1875—1908），何敦敏后裔由南诏镇二都（今建设乡地域）江亩坑村迁人，称水潮何。今传6世，居村30余户、130多人。

（六）东山县

杏陈镇前何村　明天顺元年（1457年），何添漏后裔何思慎由漳浦官浔迁人。今传23世，居村1120余户、4500多人。后裔迁居漳州、厦门等市，迁徙香港、台湾地区和新加坡、缅甸、希腊等国家。

杏陈镇埕英村　何思慎后裔由前何村迁人。今传23世，居村610余户、2800多人。

（七）平和县

崎岭乡彭溪村　明初，何添河长子何京保由南胜镇和（何）仓迁居合溪古河边村，后裔再迁仙霞社，后迁人。今传23世，居村410余户、1920多人。

崎岭乡溪头村岩坑社　明末，何京保后裔迁人。今传16世，居村60余户、260多人。

安厚镇岐山村　明末，何彦保后裔多支由云霄县马铺乡迁人。今传16世，居村720余户、3300多人。

安厚镇顶楼村　明末，何彦保后裔迁人。今传16世，居村460余户、1000多人。

山格镇白楼村　明末，何彦保后裔多支由何地迁人。今传16世，居村70余户、330多人。

（八）南靖县

金山镇荆美村　明成化年间（1465—1487），何榕轩由南靖靖城镇大房村迁人。今传23世，居村270余户、1200多人。

山城镇六安村高坛社　清末，何仰由云霄县马铺乡桥头村迁人。今传6世，居村20余户、100多人。

（九）长泰县

坂里乡坂新村　明正德年间（1506—1521），何伯合由今漳州市芗城区浦南镇何厝村迁人。今传24世，居村300余户、1020多人。

坂里乡新春村　何伯合后裔迁人。今居村30余户、140多人。

（十）台商投资区

角美镇杨厝村杨厝社（古白石） 唐末，何衍之子何成卜居白石，今传42世。是福建何姓族人发祥地之一。因清初迁界废村，复界后迁入不多；21世纪后，大批人外出打工做生意。今居村仅7户、20多人。

四、泉州市何姓

（一）鲤城区

鲤中街道后城小区 清中期，何天润后裔何顺济迁入。今传8世，居社区200余户、800多人。后裔分居东街、菜巷、西街、南门。

（二）丰泽区

城东街道浔美社区 宋淳祐年间（1241—1252），何逖基由古万安（今泉州洛江区万安街道）迁螺阳（今惠安）再迁入。今传28世，居社区40余户、170多人。

城东街道浔美社区赤石村 何逖基9世何逸斋由浔尾（今泉州市丰泽区城东街道）迁入。今居村20余户、100多人。

城东街道金屿、凤屿二村（俗称“乌屿”） 何逖基6世何纯齐由浔美迁入。今居村20余户、110多人。后裔迁居泉州浔美、桥南（今泉州鲤城区兴霞路一带）、陈三坝（今洛江区坝南村与惠安县洛阳镇陈坝村以及台商区之间）等地。

东海街道法石社区 何逖基7世何友仁迁入。今传12世，居社区30余户、100多人。

（三）洛江区

双阳街道坝南村 大宅村8世何吉宇、何声宇、何诚宇、何福宇四兄弟由陈三坝迁入；大宅村15世何诗穆随后移入。今居村210余户、700多人。

双阳街道吕埔村 今居村20余户、140多人。

双阳街道下炉村 何添治后裔何元斋长子后裔迁入。今居村30余户、110多人。后裔迁徙香港等地。

河市镇寮尾村 今居村10余户、100多人。

河市镇下堡村 今居村50余户、280多人。

河市镇曾何村 今居村50余户、200多人。

（四）泉港区

涂岭镇樟柄村 惠安峰崎何氏东族3世何国信长子何容迁入；西族何英6世何铁三子何纪迁入。今传25世，居村300余户、1060多人。

涂岭镇岭下村 惠安峰崎何氏西族何英6世何铁四子何经迁入，其中社尾房迁自惠安县涂寨镇山尾村，其余各房迁自惠安县辋川镇钱埔村。今居村90余户、320多人。

涂岭镇溪西村 20世纪50—60年代因建陈田水库由涂岭陈田迁入。今居村90余户、300多人。

涂岭镇前欧村 20世纪50—60年代因建陈田水库由涂岭陈田迁入。今居村40余户、150多人。

南埔镇凤翔麦厝村 麦氏先祖（姓何）由惠安峰崎村迁入。今传23世，居村50余户、200多人。

南埔镇施厝蔡宅村 是“外麦内何”，原分5个房系。今传24世，居村100余户、510多人。蔡宅麦氏1965年移民崇安100多人。有后裔迁徙台湾地区和新加坡等国家。

南埔镇柯厝北辋村 是“外麦内何”，分北塞与下朱两个房系。今居村80余户、280多人。

（五）石狮市

凤里街道宽仁社区 元至正十九年（1359年），何衍18世何仁叔沿洛江“出南坝”而移居于蚶江、永宁一带，繁衍至11世。清顺治十八年（1661年）迁入，有3支：何启佑，居于石亭（今石狮观音亭一带），传有后树堡派；何玉子，寓居石狮水西（今后花村），传有北何支派；何玉褒，寄栖石狮凤山（今山上村），传有南何支派。今传14世，居社区130余户、500多人。

凤里街道仁里社区　何仁叔后裔迁入。今居社区60余户、230多人。

永宁镇浯沙村　明正统年间（1436—1449），何逖基后裔何荣德从泉州鳌江入赘银江（今永宁岭兜村）胡家。生5子，其中3个儿子恢复姓何：何法仰迁徙潮州惠来县，何法伍迁居泉城北门外，何法仁次子何齐毓后裔于明嘉靖年间（1522—1566）迁入。今传20世，居村30余户、140多人。

（六）晋江市

西园街道砌田社区　明宣德年间（1426—1435），何逖基4世何惠生由广州迁入。今传22世，居社区650余户、2360多人。11世分支迁徙台湾。

磁灶镇大埔村　明代，何荣德后裔何齐民由石狮永宁岭兜村迁入。今居村60余户、370多人。

灵源街道张前社区　宋末元初，何亶12世何念九（十九郎）与次子何致政（三十一郎）由建阳迁入。今传27世，居社区500余户、2570多人。

（七）南安市

霞美镇西山村　何添润后裔迁入。今居村100余户、420多人。

水头镇曾岭村枫林社　何逖基后裔迁入。今居村40余户、150多人。

洪濑镇何厝村　何逖基后裔迁入。今居村60余户、260多人。

溪美街道何厝村　何逖基后裔迁入。今居村50余户、210多人。

溪美街道杏莲村　由云南省迁入。今居村250余户、1000多人。

官桥镇红岭村　何逖基后裔迁入。今居村100余户、500多人。

英都镇杏塘村　由云南省迁入。今居村50余户、200多人。

英都镇桃仔脚村　由云南省迁入。今居村50余户、190多人。

（八）惠安县

辋川镇峰崎（埔崎）村　何松隐后裔迁入，分居山尾、仕尾、墓前、后宅、埭墘新村、树脚新村自然村。今居村1540余户、5110多人。

辋川镇峰南村　何松隐后裔迁入，分居西亭、草厝、园畔、西楼、东园自然村。东族8世何晟甫为西楼中楼祖，何裳甫为西亭祖，草厝由西亭三房分衍，园畔属西族6世何铁次子何统派系。今居村1000余户、3490多人。

辋川镇试剑村　何松隐后裔迁入，分居试剑、司口、坑园、林边自然村。试剑为东族4世何宽孙何普二房派，司口为何宽孙何迪文二房派。今居村330余户、1320多人。

辋川镇庄上村　何松隐后裔迁入，分居庄上、井头、陈庄、坑北、太史巷自然村；峰崎何氏东族4世何宽孙何迪文及何迪琰派系；又有何宽四子何世良长子、三子两派系。今居村680余户、1270多人。

辋川镇坪埔村　何松隐后裔迁入，分居坪埔、山步自然村。1世何大宾系峰崎西族6世何铁四子何经派系。今居村470余户、1850多人。

辋川镇后许村　何松隐后裔迁入，分居新厝、新宅、半埭岸、上店自然村。新宅何氏是民国时由峰崎树脚迁入，新厝是何陕西长子何贞后裔，半埭岸由何贞次子开基，上店由峰崎风帽村15世何道开基。今居村380余户、1450多人。

辋川镇前洋村　清末由峰崎风帽村迁入。今居村40余户、170多人。

螺城镇北关街　清末民国初由峰崎、峰南各宗支迁入，分居北门头、双龟牌、后坂村。今居住180余户、720多人。

螺城镇中新街 由峰崎、峰南迁入。今居住30余户、120多人。

紫山镇石马村 由埔崎（辋川桥尾）迁入。今居村20余户、120多人。

涂寨镇宣妙村 由陈坝、峰崎迁入。今居村20余户、100多人。

崇武镇莲西村 明初，何衍15世何积序由南靖迁入。今传21世，居村210余户、880多人。

崇武镇靖江村 何积序后裔迁入，称东门柴奇何。今居村30余户、100多人。

崇武镇海门村 何积序后裔迁入，称双益何。今居村60余户、220多人。

崇武镇潮乐村 清代中叶，何锦源后裔由泉州石头街迁入，称城隍口中亭何。今居村20余户、100多人。

黄塘镇坝岭村 入坝4世何木奄、何则明由惠安后轩村迁入。今居村350余户、1270多人。

（九）安溪县

湖上乡珍地村 明成化八年（1472年），何添漪后裔何崇兴迁入。今传24世，居村1000余户、5600多人。

湖头镇仁福社区 清康熙十二年（1673年），何玉襄（天保）由晋江锦田（今砌田）迁入。今传9世，居社区20余户、100多人。

（十）德化县

浔中镇后所、凤洋两村 明洪武七年（1374年），何昆源由江西临川调军泉州，后迁入。今传25世，居村30余户、120多人。

（十一）永春县

吾峰镇培民村 明万历二十一年（1593年），何廷鹳13世后裔由福清龙江北岭迁入。今传20世，居村40余户、200多人。

玉斗镇潆内村（包括斗仔村） 宋末元初，何达用由光州固始迁入。今传25世，居村50余户、230多人。

（十二）台商投资区

洛阳镇陈坝大宅村 明洪武元年（1368年），何添治后裔何元斋次子何观澜迁入。现为入坝4世何木庵后裔，分衍上宅、隔壁、六柱、三落、涌源、合源、瑞源等支系。今传22世，居村300余户、1530多人。

洛阳镇陈坝后轩村 入坝3世何奇斋后裔迁入，分衍五柱、棋盘、西街尾、土楼、厝斗、后堡等地。今居村180余户、750多人。

洛阳镇陈坝芸内村 入坝3世何奇斋后裔迁入，分衍对面、后厝、池内、寨脚房等地。今居村210余户、1150多人。

洛阳镇陈坝后仁口村 入坝3世何奇斋后裔由芸内村迁入。今居村50余户、160多人。

洛阳镇陈坝三舍村 入坝4世何则明后裔迁入。今居村210余户、950多人。

五、三明市何姓

（一）永安市

西洋镇上螺村 清咸丰八年（1859年），何崇兴13世何穆参、何穆市、何穆画、何穆於四兄弟由安溪湖上乡珍地村迁入。今传8世，居村20余户、近100人。

槐南镇上后溪村 唐代，何广文3世何千十由大田东西坑何厝迁入。今传45世，居村50余户、240

多人。

（二）清流县

嵩山镇马排何家祖村　清康熙年间（1662—1722），何八十郎君后裔何君禾由江西石城坊郭里迁入月汤（今何家祖村）。今传11世，居村40余户、210多人。

（三）宁化县

中沙乡何屋村　宋末，何大郎后裔何基3世由江西广昌迁入。今传40世，居村70余户、320多人。

（四）建宁县

濉溪镇葛藤窠（现县府大院）　何震后裔何文高由福州迁入；何侪17世何祖永由福州迁入。20世纪50年代，在葛藤窠修建县政府大楼，何姓后裔迁居民主街。今居住50余户、200多人。

伊家乡沙洲村　宋咸淳九年（1273年），何文高13世何招郎由葛藤窠迁入。今居村160余户、810多人。

濉溪镇长吉村　明代，何住山由葛藤窠迁入。今居村50余户、250多人。

里心镇大南村　明代，何宝山由长吉村迁入。今居村30余户、200多人。

溪源乡溪源村　明代，何永冬由长吉村迁入。今居村50余户、210多人。

黄坊乡芦岭村（珠坊）　宋代，何祖永后裔何清七由葛藤窠迁入。今传40世，居村60余户、200多人。

黄坊乡将上村　宋代，何大绅后裔由珠坊迁入。今传40世，居村60余户、180多人。

溪口镇马源村　宋代，何大绅后裔由珠坊迁入。今居村30余户、100多人。

溪口镇杨林巧洋村　元代，何桂郎由黄溪保先迁际上，后迁渠村、迁排前、迁溪枫再迁入。今居村100余户、400多人。

溪口镇渠村　明代，何贵酉由葛藤窠迁入。今居村30余户、130多人。另有何祖永后裔10余户、50多人。

（五）泰宁县

朱口镇南坑青峰村　清道光年间（1821—1850），何葵四由邵武宝积山迁入。今居村20余户、200多人。

朱口镇南坑下家村　何葵四后裔由青峰村迁入。今居村20余户、100多人。

朱口镇源色村神后垅　由源色村何家际整村迁入。今居村40余户、300多人。

（六）将乐县

安仁乡蜈蚣鼻松树乾村　何郴后裔由邵武杨厝庵坑迁入。今居村20余户、100多人。

安仁乡余坑村下排　民国初年，何启□由将乐古庸镇南街迁入。今传8世，居村60余户、200多人。

（七）尤溪县

梅仙镇梅营村　清乾隆十四年（1749年），何君弼后裔何能秀、何能器两兄弟由福清江镜苍埕村迁入。今居村30余户、160多人。

西滨镇七里村　明万历（1573—1620）初，何衎9世何三奇由漳浦官浔迁居九都下洋坂，再迁联合镇峡（隔）洋。明万历二十年（1592年），何三奇之子何可几迁入。今传16世，居村110余户、520多人。

坂面镇后山村　明弘治四年（1491年），何伋后裔何宗郎由永泰大洋苍霞村先迁台溪乡大头桥村金坑再迁入。今居村80余户、310多人。

联合镇吉木村 清康熙三十八年（1699年），何缙后裔由原福清县孝义乡前华村迁入。今居村20余户、100多人。

台溪乡大头桥村金坑 明洪武二十五年（1392年）由今三明市梅列区迁入。今居村60余户、230多人。

（八）大田县

广平镇丰庄村 唐武则天时期（684—704），何广文携夫人李兰使带十八营兵马随王爷李元祥由京城逃难到大田广平镇东西坑何厝，现大部搬迁入丰庄村。今传48世，居村50余户、200多人。

六、莆田市何姓

（一）仙游县

鲤城街道何厝 元代中期，何俨后裔何徽奄迁入。今传24世，居住270余户、1310多人。

枫亭镇耕丰村 明代，何添湢10世何仕敏由漳浦官浔迁入。今传18世，居村230余户、1100多人。

度尾镇中岳村 何俨后裔何建七迁入。今传22世，居村280余户、1100多人。

榜头镇紫洋村 明万历三十三年（1605年），何建七12世何贵峰由仙游西乡万善里下宫迁入。今传17世，居村220余户、880多人。

盖尾镇仙潭村 明万历（1573—1620）初，何嗣韩后裔何岳于迁入。今居村200余户、800多人。

盖尾镇斜尾村下厝仔（前宅） 何道享三子由荔城区新度镇下坂下何村迁入。今居村350余户、1300多人。

盖尾镇后山西来村 清乾隆年间（1736—1795），何俨后裔何成厚由度尾中岳村迁入。今传9世，居村20余户、120多人。

游洋镇兴山内池村 清初，何嗣韩25世何汝愿携子何学鲍由漳浦官浔迁入。今传15世，居村20余户、120多人。

游洋镇天马村 何学鲍后裔由内池村迁入。今居村120余户、540多人。

菜溪乡莱溪村 明代中期，何嗣韩后裔由永春县胡洋镇大垀后迁入。今居村30余户、180多人。

（二）荔城区

拱辰街道江边社区 明代中叶，何一凤由今河南固始桃溪巷迁入。今居社区180余户、750多人。

拱辰街道朱墩社区 何一凤10世何世经由江边后牌迁入。今传15世，居社区330余户、1660多人。

拱辰街道莘郊何社 何嗣韩后裔由莆田灵川迁入。今居村100余户、400多人。

黄石镇瑶台村 今居村100余户、500多人。

新度镇下坂下何 何嗣韩后裔何邦明由惠安峰崎迁入。今居村260余户、1200多人。

（三）城厢区

常太镇金竹坑村 何嗣韩后裔何天琚先迁南靖县衙口，后迁入。今居村70余户、380多人。

常太镇长基顶甲村 明末由惠安县莱园后逃荒迁入，后裔分迁顶甲石埔。今居村50余户、250多人。

华亭镇后塘村 由荔城水船头迁入。今居村50余户、280多人。

灵川镇何寨村 明嘉靖年间（1522—1566），何嗣韩后裔何仁亮、何仁会兄弟由南安溪仔尾迁入。今传18世，居村700余户、3000多人。

（四）涵江区

涵东街道苍然村 何启文后裔由三江口杨芳村岭兜迁入。今居村20余户、200多人。

白塘镇都郊村 今居村30余户、180多人。

梧塘镇埔头村　何启文携眷迁入。今传 17 世，居村 70 余户、300 多人。

江口镇仙井村　明永乐十九年（1421 年），何姓一支由河南省兰考县城关何寨村迁入，分衍在新井村、下后路村、井头村、港下村。今居村 270 余户、1500 多人。

江口镇农山村（上下何）　明万历十六年（1588 年），何启文三子何进三由埔头迁入上何，今传 15 世。下何由涵江杨芳岭兜迁入。今居村 180 余户、700 多人。

三江口镇杨芳岭兜村　清嘉庆年间（1796—1820），何启文后裔迁入。今居村 30 余户、170 多人。

萩芦镇崇联村　由萩芦林美村迁入。今传 20 世，居村 50 余户、250 多人。

（五）秀屿区

埭头镇何厝村　何岳由荔城区镇海街道阔口村迁入。今居村 130 余户、800 多人。

埭头镇东林村　今居村 50 余户、260 多人。

月塘乡西吴村　今居村 60 余户、410 多人。

忠门镇何坑村　明代中后期，何嗣韩后裔何化龙由漳浦官浔上宗长房迁入。今传 22 世，居村 280 余户、2300 多人。

忠门镇后坑村　清乾隆年间（1736—1795），何化龙后裔由何坑村迁入。今居村 180 余户、1420 多人。

七、南平市何姓

（一）延平区

夏道镇汀源村　清道光十八年（1838 年），何丁瑞由今泉州市迁入。今传 17 世，居村 20 余户、120 多人。

西芹镇留墩村槐树坑　清康熙五十八年（1719 年），何福财由武平县逃荒到长汀再迁入。今传 12 世，居村 60 余户、310 多人（含坑底立墩村 7 户、35 人）。

峡阳镇葛大村　清嘉庆二十五年（1820 年），何大郎 20 世何松化的后裔与同族人何森龙、何宗禧、何煌龙、何才庆等结伴，由武平县下坝乡老屋场迁入，分居在大奶庙、新厂村、鸭母垄场自然村。今传 8 世，居村 20 余户、100 多人。

峡阳镇浪石村　1950—1962 年间，何伋后裔何敬明、何从森由永泰县白云乡樟江村迁入。今传 6 世，居村 20 余户、130 多人。

大横镇上楼科甲村　清嘉庆十五年（1810 年），何登春由今江西临川何家村迁入。今传 8 世，居村 30 余户、140 多人。

大横镇上楼自然村　清乾隆三十三年（1768 年），何仙御由福州迁入。今居村 80 余户、350 多人。

（二）建阳区

潭城街道　1930 年，何子超由古田县平湖镇玉源村迁入。今传 5 世，居村 20 余户、130 多人。

将口镇东田埂南山下　清末由河南开封迁入。今传 6 世，居村 30 余户、160 多人。

（三）邵武市

水北街道何家岭村　明末清初，何壬一 29 世何天焕由光泽岛石山何葵二支下迁入。今居村 40 余户、210 多人。

沿山镇古山街　明洪武五年（1372 年），何华勋后裔何伯继由光泽岛石山迁入。今传 26 世，居村 500 余户、2600 多人。

拿口镇兰丹头村　清末民国初，何有良由江西华能马莲垅村迁入。今居村 50 余户、250 多人。

洪墩镇尚读村 北宋，何露12世何郴由光州固始迁入。今传48世，居村70余户、300多人。

洪墩镇水口寨村 北宋末年，何兑3世何锡后裔由尚读村迁入。今传46世，居村200余户、800多人。

洪墩镇桥头村 清代中期，何郴后裔由尚读迁入。今居村100余户、500多人。

大埠岗镇南坑村 元至正元年（1341年），何壬一17世何卓荣由光泽岛石山先迁邵武宝积山，20世何伯敏迁入。今传24世，居村440余户、1800多人。

大埠岗镇黄土坪村 元至正六年，何天廷由光泽岛石山先迁宝积山道祝坪，后裔何昭四迁入。今传30世，居村150余户、700多人。

（四）武夷山市

武夷街道角亭村 何逖基后裔麦氏改回何姓后裔由惠安迁入。今居村40余户、190多人。

星村镇朝阳村 1958年由今浙江江山何家山村迁入。今居村20余户、90多人。

兴田镇南岸村 1946年，何大郎后裔由浦城县原桥亭乡蒙州村竹林台迁入。今居村40余户、170多人。

（五）建瓯市

房道镇房道村 清同治八年（1869年），何尚仁由武平县象洞镇新岗村迁入。今传10世，居村20余户、140多人。

迪口镇可建村 宋代，何德雄为逃难由今浙江金华婺城区罗店镇后溪河村迁入。今传36世，居村150余户、1390多人。

迪口镇小口村 明万历二十六年（1598年），何德雄11世何福正由可建村迁入。今传25世，居村20余户、130多人。

迪口镇王地村 明嘉靖十七年（1538年），何德雄13世何寿三由可建村迁入。今传23世，居村50余户、280多人。

小桥镇吴当村 何寿三后裔由迪口镇王地村迁入。今居村20余户、110多人。

（六）顺昌县

双溪街道新屯（府墙）村 明末，何伯城由江西石板桥迁入。今传22世，居村30余户、130多人。

大干镇武坊村山坊 明万历二十七年（1599年），何奏滆由江西石板桥先迁邵武洪墩童阳际村，后迁入。今传16世，居村60余户、240多人。

（七）浦城县

南浦街道解放村 清初，何逢春由浙江兰溪迁入，今传14世，居村40余户、160多人；1930年前后何少龙由浙江义乌迁入，今传3世，居村3户、20多人。

水北街镇小茅洲村 清康熙（1662—1722）末年，何延润35世何其文由浙江蒋坑迁入。今传13世，居村80余户、200多人。

仙阳镇三元村 1948年，何毓南26世何永贵由浙江龙泉温垟迁入。今居村10余户、100多人。

忠信镇蒋村 由浙江龙泉县（今龙泉市）迁入。今居村30余户、160多人。

忠信镇下庄村、雁塘村 由浙江龙泉迁入。今居村20余户、100多人。

濠村乡北坑村莫上自然村 清康熙十四年（1675年），何积良后裔何圣铎由松溪茶平乡吴山头村迁入。今传15世，居村80余户、280多人。

（八）光泽县

杭川镇城关社区 何华勋后裔何进由邵武迁入，民国时达到“何家荷半街”。今居社区200余户、

900多人。

寨里镇儒洲村　何演23世何彦珍、何彦玉二兄弟由江西金溪迁入。今居村30余户、330多人。

寨里镇山坊村　宋初，何文高后裔陆续由建宁葛藤窠迁入。今居村90余户、400多人。

寨里镇官桥村　何文高后裔迁入。今居村20余户、100多人。

止马镇岛石村　元至元二十七年（1290年），何华勋后裔何露16世何济由江西庐游（今黎川荷源镇）迁入。今传28世，居村140余户、620多人。

止马镇水口村张家源　何壬一后裔迁入。今居村100余户、260多人。

止马镇古林村　何壬一后裔迁入。今居村20余户、100多人。

止马镇舟船村　唐末，何镛由江西黎川庐游迁入。今传46世，居村130余户、450多人。

鸾凤乡尧坪村　今居村20余户、100多人。

华桥乡何舟坪村　明末，何镃27世迁入。今居村100余户、400多人。

华桥乡圆岱何家村　今居村20余户、100多人。

司前乡庭燎村　明洪武年间（1368—1398），何演后裔何良仲由闽侯迁入。今传26世，居村120余户、400多人。

司前乡云际村　何良仲后裔迁入。今居村40余户、200多人。

司前乡何家里　清乾隆年间（1736—1795），何镃31世何恢迁入。今居村20余户、100多人。

（九）松溪县

松源街道南门社区　清康熙年间（1662—1722），何基11世何其元由福清江镜酒店村迁入。今传14世，居社区170余户、590多人。

茶平乡吴山头村（含湛卢山）　明正统十四年（1449年），何积良躲避战乱由河南仪封县（今兰考县）迁入。今传19世，居村190余户、560多人。

（十）政和县

东平镇东平村　清顺治九年（1652年），何基后裔何浦原由三山（福州）迁入。今传12世，居村30余户、150多人。

岭腰乡西坑村　明洪武年间（1368—1398），何冼后裔何宝由浙江龙泉豫章何村迁入。今传24世，居村60余户、280多人。

岭腰乡锦屏村　何宝后裔迁入。今居村20余户、100多人。

铁山镇高林村　明永乐年间（1403—1424），何松由西坑村迁入。今传22世，居村60余户、300多人。

铁山镇张天村　明代中叶，何荣晶由浙江庆元张地村迁入。今居村90余户、420多人。

铁山镇江上村　何荣晶后裔迁入。今居村30余户、140多人。

星溪乡富美村　今居村20余户、100多人。

外屯乡吴场村　明代，何冼后裔何敬九率子何唐孟由浙江丽水宣平上舍迁入。今居村100余户、570多人。

八、龙岩市何姓

（一）新罗区

大池镇竹何村　何千八郎11世何旺由上杭庐丰棉村迁入。今传20世，居村30余户、130多人。

（二）永定区

凤城街道西北居委会 何六一郎7世何千三郎由广东梅县程乡（今松源镇）先迁永定齐潭，后迁入。今传23世，居村30余户、160多人。

峰市镇信美村 清道光十七年（1837年），何伯一23世何仁旺由广东梅县松源镇五星村迁入。今传9世，居村20余户、120多人。

（三）上杭县

临江镇镇西社区 1918年，何念四郎22世何亮贤由武平县象洞镇迁入。今居社区30余户、120多人。

临江镇东南社区 元代，何千三郎8世何五四郎由永定齐潭迁至上杭县稔田镇九珠，1999年因水电站建设整村迁入。今传22世，居社区60余户、280多人。

临江镇东南社区 何千八郎16世何应祥由蓝溪镇黄潭村宫浩然村迁至稔田镇九珠坑上何屋，1999年因水电站建设整村迁入。今传13世，居社区60余户、260多人。

临城镇龙翔村 明代，何万什郎10世何益生由中都镇蛟腾村迁入。今传20世，居村100余户、450多人。

中都镇蛟腾村 宋元祐元年（1086年），何大郎5世何六一郎由武平岩前宁洋村刘坑迁入。今传26世，居村150余户、560多人。

中都镇下徐村 宋绍兴十三年（1143年），何六一郎7世何万三郎由蛟腾村迁入。今传24世，居村30余户、160多人。

中都镇罗溪村 宋绍兴三十一年，何六一郎8世何志远由蛟腾村迁入。今传23世，居村200余户、760多人。

中都镇瑞香村 宋淳熙十三年（1186年），何六一郎8世何志宏由蛟腾村迁入。今传23世，居村90余户、360多人。

湖洋镇简头村 何千八郎16世何子宝由上杭旧县镇梅溪迁入。今传13世，居村50余户、220多人。

湖洋镇寨背村 宋政和三年（1113年），何六一郎7世何万一郎由中都镇蛟腾村迁入。今传29世，居村140余户、560多人。

湖洋镇元丰村 何万一郎15世何兴远由赛背村迁入。今传16世，居村60余户、280多人。

湖洋镇岩头村 明代，何六一郎6世何百七郎后裔由中都镇六十地迁入。今传27世，居村20余户、100多人。

庐丰乡横岗村（棉村） 宋绍兴十五年（1145年），何六一郎7世何千八郎由广东省梅县区松源镇迁入。今传24世，居村300余户、1210多人。

泮境乡定达村 何伯一郎10世何宗福由上杭庐丰棉村迁入。今传21世，居村150余户、610多人。

泮境乡泮境村 何千七郎12世何彰、何荣、何富由定达村迁入。今传19世，居村210余户、880多人。

旧县镇梅溪村 何千八郎10世何子盛由上杭庐丰横岗村（棉村）先迁泮境蛇坑后迁入。今传20世，居村130余户、680多人。

官庄乡德康村 何万什郎14世何文甲由上杭县中都镇蛟腾村下屋迁入。今传16世，居村90余户、360多人。

蓝溪镇黄潭村 何千八郎12世何广由上杭庐丰横岗棉村迁入。今传9世，居村120余户、480多人。

（四）武平县

象洞镇新岗村 宋代，何大郎4世何念四郎由武平县岩前镇宁洋（冷洋）迁入，其子何伯七郎分迁新岗等村（包括大山、光彩、东寨、富岭土楼子）。今居村540余户、2420多人。

象洞镇富岭村　宋代，何大郎5世何百四郎由象洞牛角山头迁入。今传31世，居村40余户、190多人。

象洞镇官坑村　宋代，何大郎14世何道通由富岭村岭头坊自然村迁入。今传30世，居村30余户、150多人。

东留镇封侯村　宋代，何伯二郎8世何清四郎由武平县永平镇帽村迁入。今传24世，居村290余户、1320多人。

东留镇大明村　宋代，何伯二郎9世何康三郎由封侯村迁入。今传23世，居村290余户、1300多人。

十方镇黎畲村　宋代，何六一郎9世何康四郎由封侯村迁入。今传23世，居村70余户、300多人。

桃溪镇湘坑村　宋代，何六一郎10世何富一郎由上杭县中都镇下徐村迁入。今传23世，居村480余户、2530多人。

武东镇黄埔村　宋代，何万一郎8世何千九郎由上杭县湖洋镇寨背村迁入。今传23世，居村80余户、400多人。

下坝乡大田村　清康熙年间（1662—1722），何千二郎12世何郡堂由武平县南门方迁入。今传28世，居村40余户、150多人。

下坝乡福兴村　何郡堂后裔迁入。今传28世，居村20余户、100多人。

中山镇太平城中村　清代，何千一郎14世何道盛由武平县下坝乡大田村老屋场迁入。今传17世，居村50余户、240多人。

民主乡民主村　何千一郎17世何起云、何起仪由中山镇大平村迁入。今传14世，居村30余户、130多人。

平川街道红东村　何千一郎17世何宝珠由武平县下坝乡大田村老屋场迁入。今传13世，居村20余户、110多人。

（五）长汀县

大同镇罗坊村　明天顺七年（1463年），何千九郎19世何渊由广东迁入。今传22世，居村200余户、810多人。后裔迁徙北京、天津、哈尔滨、台湾等地。

汀州镇水东街　清代，何万三郎15世何崑吾由武平县桃溪湘坑迁入。今传15世，居村20余户、120多人。

（六）漳平市

南洋镇红林村　清道光十八年（1838年），何千一郎23世何光庭、何秀华、何盛湘由广东梅县松源五星村迁入。今传9世，居村30余户、400多人。

南洋镇北寮村　清道光十八年，何千二郎23世何福养、何庚叔、何庚庭由广东梅县松源五星村迁入。今传9世，居村20余户、100多人。

南洋镇梧溪村　清道光十九年，何千二郎23世何建廷由广东梅县松源瑶福村迁入。今传10世，居村50余户、160多人。

九、宁德市何姓

（一）蕉城区

八都镇何厝里等　明天顺四年（1460年），何文达22世何福源由周宁首洞迁入。今传19世，居村20

余户、160多人。

漳湾镇游澳村 明弘治十三年（1500年），何长官后裔何光由罗源河洋满盾迁入。今传22世，居村40余户、250多人。

蕉南街道篠场 何光3世何復由游澳村迁入。今居村50余户、250多人。

霍童镇溪南村 明嘉靖四十五年（1566年），何文达后裔何崇让由周宁首洞迁入。今传19世，居村70余户、290多人。

赤溪镇夏村 明万历二十八年（1600年），何文达24世何伯显、何伯荣由周宁首洞迁入。今传18世，居村370余户、1730多人。

八都镇金垂村 何元俊由夏村迁入。今居村30余户、180多人。

八都镇大岭村 由夏村迁入。今居村30余户、130多人。

八都镇溪园村 由夏村迁入。今居村20余户、110多人。

三都镇松岐村 清顺治七年（1650年），何光7世何世业由游澳村迁入。今传14世，居村20余户、130多人。

城南镇金蛇头村 清乾隆十年（1745年），何文达后裔何元武由周宁首洞迁入。今传11世，居村360余户、850多人。

赤溪镇东岭村 清嘉庆五年（1800年），何文达29世何廷科由周宁首洞迁入。今传10世，居村60余户、260多人。

（二）福安市

上白石镇坂头（流尾）村 宋末元初，何执中后裔何曹仁由浙江龙泉清源郡迁入。今传35世，居村250余户、1370多人。

城阳镇小溪边村 清康熙初年，何文达35世何世发由周宁芹村迁居福安上溪东，38世何其清复迁入。今传11世，居村90余户、380多人。

晓阳镇晓阳村（包括南源村） 清康熙年间（1662—1722），何文达15世何佛振、16世何庆灿由周宁梨坪迁入。今传14世，居村110余户、500多人。

赛岐开发区何厝村 清雍正年间（1723—1735），何文达15世何有达、何有满自周宁梨坪迁居安乐，越3世何廷蒲迁福安二十八都铜坑里，后迁入。今传10世，居村70余户、310多人。

康厝畲族乡社洋村等 何文达31世何胜二长子何福二迁入，分衍填秦、首章、岭尾、铜岩等自然村。今传13世，居住60余户、240多人。

溪潭镇溪潭头村 何文达34世何起莺由周宁首洞先迁罗源县罗坪里七甲，后迁入。今传13世，居村20余户、100多人。

社口镇岐兰山村 何文达后裔何以贵、何以行等七兄弟由福鼎石桥头迁入。今传13世，居村40余户、230多人。

潭头镇外沃村 何万后裔何咸由福清龙田迁入。今居村70余户、300多人。

（三）福鼎市

叠石乡莰阳村 明万历年间（1573—1620），何凤山因避战乱，由上杭棉村迁居闽浙交界雅阳，转居鹿坑佳阳，后迁入。今传16世，居村700余户、2660多人。

店下镇王家坪村 清顺治年间（1644—1661），何曹仁后裔由福安马头村迁入。今传14世，居村50余户、220多人。

太姥山镇太姥洋村 清康熙（1662—1722）初年，何三庄后裔何洪禄由福宁州二十二都汉山先迁福鼎九都花门楼，后迁人。今传 18 世，居村 280 余户、1150 多人。

贯岭镇茗洋村　清康熙十七年（1678 年），何元孚由浙江瑞安三家村后硐山迁人。今传 12 世，居村 20 余户、100 多人。

磻溪镇蔡家山村　清康熙六十一年（1722 年），何元孚后裔何孟从、何孟化、何孟信三兄弟由茗洋村迁人。今居村 70 余户、300 多人。

前岐镇龟岭村　清康熙三十一年（1692 年），何文达 12 世何廷秀由周宁蛀洞迁人。今居村 60 余户、240 多人。

白琳镇棋盘山村　清康熙四十九年（1710 年），何质毅由惠安前炉迁人。今居村 50 余户、230 多人。

店下镇巽城海尾村　清康熙五十一年（1712 年），何启龙由寿宁县政和里江山村先迁福鼎流美，后迁人。今传 12 世，居村 210 余户、810 多人。

（四）霞浦县

松城街道沙头村　明嘉靖五年（1526 年），何汉九由松港街道瑞峰山村迁人，今传 18 世；明末清初，何发由闽南八角井迁人，今传 12 世。两支合计居村 60 余户、340 多人。

松城街道松山村　明万历二十二年（1594 年），何国利携子何惟开、孙何一鸿由沙头村迁人。今居村 30 余户、170 多人。

松城街道沙塘里村　明崇祯十三年（1640 年），何萃生由中炉坑村迁人。今传 14 世，居村 110 余户、470 多人。

长春镇吕峡村　明天启年间（1621—1627），何举蕚、何举芳由福清迁人。今传 14 世，居村 130 余户、500 多人。

长春镇中炉坑村　明万历年间（1573—1620），何学尹、何学汤兄弟由漳浦上宗迁人。今传 14 世，居村 190 余户、960 多人。

长春镇文岐村　清代，何伯乾由晋江浔美先迁罗源，后迁人。今传 17 世，居村 20 余户、170 多人。

长春镇渔洋埕村　今居村 20 余户、100 多人。

牙城镇梅花村　清康熙四十一年（1702 年），何洪福后裔何玉某由永泰同安镇西门村迁人。今传 11 世，居村 20 余户、100 多人。

溪南镇溪尾围头桥村　清康熙五十年（1711 年），何会发从福鼎太姥洋迁人。今传 10 世，居村 40 余户、170 多人。

三沙镇青官司村　清康熙六十一年（1722 年），何玉同由福鼎太姥洋迁人。今传 11 世，居村 20 余户、100 多人。

下浒镇大湾村　清嘉庆九年（1804 年），何珙一 7 世何宗赐由宁德西乡（今宁德蕉城洋中）瓦窑头迁人。今传 8 世，居村 50 余户、240 多人。

水门乡七斗岔村　清代，何季温 25 世何洪仁由浙江平阳鸡罩山迁人。今传 11 世，居村 20 余户、110 多人。

盐田乡盐田街　何廷槐迁人。今传 12 世，居村 40 余户、170 多人。

（五）寿宁县

鳌阳镇城关社区　清康熙四十九年（1710 年），何天焘后裔何世聪由寿宁坑底乡坑底村迁人。今传 13 世，居社区 120 余户、580 多人。

斜滩镇斜滩村　何文达 35 世何仕震由周宁梨坪迁人；1936 年，何文荣由莆田市江口镇山兜村迁人；1941 年，何文达 40 世何永贞由周宁首洞产洋迁人。今居村 30 余户、130 多人。

斜滩镇水北村 清代，何大郎15世何麟璋、何献璋由武平县象洞迁入。今传11世，居村80余户、300多人。

托溪乡江山村 明成化二年（1466年），何隆兴后裔何万五由福安马头迁入。今传25世，居村60余户、300多人。

托溪乡杨梅林村 清末，何福观由江山村迁入。今传5世，居村50余户、250多人。

凤阳镇官田洋村 清雍正元年（1723年），何珙四后裔何永华由周宁六角坮迁入。今传13世，居村100余户、480多人。

清源镇角林村 清初，何敬容后裔何兆鹏、何兆龙由浙江龙泉缪坑迁入。今居村30余户、140多人。

清源镇韶托村 清末，何文达39世何天礼由周宁梨坪迁入。今传5世，居村30余户、110多人。

南阳镇花岭水竹洋村 清道光年间（1821—1850），何元叶之子何景梓由寿宁坑底上东村迁入。今传7世，居村20余户、100多人。

（六）周宁县

礼门乡首洞梨村 宋宝庆元年（1225年），何四郎由周宁李墩梅洋村山头坂自然村迁入。今传32世，居村40余户、200多人。

礼门乡首洞梨坪村 宋咸淳二年（1266年），何文达3世何平迁人，今传31世，居村150余户、690多人；何浪三迁人，今传14世，居村20余户、100多人。

礼门乡首洞产洋村 宋宝祐六年（1258年），何文达3世何妥由梨村迁入。今传32世，居村50余户、240多人。

礼门乡首洞坑柄村 何妥后裔由产洋村迁入。今居村40余户、220多人。

礼门乡首洞八角亭村 何圣延之子何天择、何天章、何天鹤、何天算四兄弟由梨坪村迁入；后何伕俊也由梨村迁入。今居村60余户、280多人。

礼门乡首洞澎油湾 何元齐携子迁入。今传8世，居村70余户、370多人。

礼门乡洋坪村 何三郎随父由周宁咸村迁入。今传23世，居村50余户、260多人。

礼门乡后垅村 何三郎25世何沛七由洋坪村迁入。今居村40余户、190多人。

礼门乡梅渡六角坮村 何纪后裔何珙四从梨村迁入。今传16世，居村20余户、100多人。

礼门乡大碑村 何五郎由山头坂迁入；何贵房由后产洋迁入。今传32世，居村140余户、690多人。

礼门乡梅渡村 明正统年间（1436—1449），何延四、何伯能由梨坪迁入。今传17世，居村70余户、380多人。

玛坑乡下坑村 何茂六、何盛九由梨坪迁入。今传13世，居村50余户、280多人。

玛坑乡高湾村 何兆谟之子何龙潘、何隆树由下坑村迁入。今传10世，居村20余户、100多人。

李墩镇富足墘村 何拱九由梨坪迁入。今传14世，居村90余户、400多人。

李墩镇深洋中村 何圣恩之子何天潮由梨坪迁入。今传6世，居村20余户、100多人。

李墩镇际会山头坂 何显由梨平迁入。今居村30余户、120多人。

泗桥乡竹岭村 清康熙（1662—1722）初年，何登明由礼门乡洋坪迁入。今传11世，居村110余户、570多人。

泗桥乡下楼村 何以遂由礼门乡梨坪迁入。今传10世，居村30余户、180多人。

纯池镇纯池村 清乾隆年间（1736—1795），何伯亮三子何元余由寿宁官田洋迁入。今居村30余户、150多人。

狮城镇兴福新村（今五四茶场） 何装二由梨坪迁油湾，后裔迁瑞龙岗，后迁人。今传13世，居村20余户、110多人。

咸村镇芹村 何怀六、何怀十由梨坪迁入。今传12世，居村210余户、1000多人。

七步镇竹下村 今居村90余户、320多人。

（七）古田县

城东街道双山村 明成化七年（1471年），何曾福、何曾禄由建瓯迪口可建村迁入。今居村80余户、430多人。后裔有迁徙马来西亚。

水口镇嵩溪村 清顺治五年（1648年），何际龙由莆田北螺村（八角井）迁入；何本瑜后裔由顺昌迁入；何修梨、何修香迁入。今居村80余户、300多人。后裔有迁徙台湾地区和马来西亚等地。

凤埔乡西溪村 宋代，何大锵之子何存德由光州固始县随从县令李明府入闽，先居古田奥米，5世何褒、何俊迁入。今传25世，居村80余户、300多人。

凤埔乡北溪村 何存德16世由西溪村迁入。今居村40余户、170多人。后裔有迁徙马来西亚等国家。

平湖镇端上村 何顺贤先居古田县三保后街，再移居唐宧村深坑垅燕里，后迁入。今传25世，居村110余户、460多人。

黄田镇三栋厝 何洋田、何洋坪由崇安县灯前村迁回。今传6世，居村30余户、120多人。

（八）屏南县

长桥镇高溪村 何存德后裔何善由古田先迁屏南二十都半圳村，后裔何涓迁入，何亨贞再迁入。今传23世，居村50余户、240多人。

长桥镇半圳村 何文达25世何溱一由周宁礼门乡洋坪村迁入。今居村250余户、1090多人。

代溪镇洹溪村 何溱一后裔由半圳村迁入。今居村40余户、260多人。

十、平潭综合实验区何姓

敖东镇院前村 明天顺三年（1459年），何铎由福清江镜镇前宅村迁入。今传20世，居村320余户、980多人。

澳前镇礌角底村 明万历年间（1573—1620），何铎4世何定江携次子何元明由院前村迁入。今传17世，居村570余户、2180多人。15世何朝贤迁居台湾基隆，后裔何梦墀迁徙台湾竹堑（新竹）。

北厝镇庄上村 清嘉庆二十四年（1819年），何承起由院前迁入。今传8世，居村30余户、110多人。

北厝镇加田下村 清道光二十八年（1848年），何翊发由院前迁入。今传7世，居村60余户、220多人。

流水镇坑北村 明万历年初，何心齐由福清龙田积库迁入。今传15世，居村90余户、330多人。

中楼乡南楼村 明天启元年（1621年），福清瞻阳12世何乔岐由福清瞻阳瑟江先迁韩厝，再迁入。今传16世，居村450余户、1430多人。

中楼乡松柏岚 何乔岐长子何士鉴由南楼迁入。今传13世，居村50余户、180多人。

流水镇君山后 何乔岐三子何士锋由南楼迁入。今传13世，居村50余户、190多人。

岚城乡小岭村 明天启元年（1621年），瞻阳12世何乔来由福清瞻阳瑟江先迁韩厝，再迁入。今传13世，居村50余户、180多人。

东庠乡东风村等 明天启年间（1621—1627），何泰、何广、何鞋由福清龙田玉瑶豪山迁入，今居村50余户、200多人；东进村11户、37人；沃底村9户、30人；湖边村20户、67人。

平原镇东坑村 明崇祯二年（1629年），福清虎邱东园9世何俊命同族堂弟何肇禄由福清虎邱东园迁人。今传15世，居村90余户、350多人。

苏澳镇下狮狮村 何肇禄由东坑迁人。今传14世，居村140余户、520多人。

白青乡伯塘村 清道光年间（1821—1850），东园11世何应由东坑迁人。今传10世，居村40余户、130多人。

平原镇桃花寨 清乾隆年间（1736—1795），何可琪由福清后郑西河先迁江楼；4世何圣硕再迁人。今传13世，居村150余户、480多人。

第三章 谱 牒

第一节 福州市

一、台江区

《龙田何氏支谱》 清乾隆二年（1737年）始修，嘉庆二十四年（1819年）重修，1934年22世何刚德等三修。铅印本，分福、禄、寿、喜4册。谱载：1世何万；清代，16世何其玫随两兄由福清龙田迁居台江。分六房，为六房合修谱。刻本。谱存福建师大图书馆、福建省图书馆、山西省家谱馆。2013年25世何友训续修，电脑打印本。谱存福清龙田何氏祠堂。

《龙田何氏台石派五房支谱》 1917年何鼎德修。谱载：1世何禄及其子何其玫，清代由福清龙田迁居台江。支分六房，为第五房房谱。铅印本。谱存北京大学图书馆、福建省图书馆、山西省家谱馆。

《龙田何氏台石派六房支谱》 1919年何心埙修。谱载：1世何禄及其子何其玫，清代由福清龙田迁居台江。支分六房，为第六房房谱。铅印本。谱存福建省图书馆、福建师大图书馆、山西省家谱馆。

二、仓山区

《洪塘瞻阳何氏支谱》 1995年何宏先修。谱载：1世何广祥，清代携兄弟何广银、何广贵、何广富等由福清港头乡瞻阳村迁至福州洪塘乡，以及1世至7世世系图。铅印本，1册。谱存福建省图书馆。

三、晋安区

《北岭下何氏族谱》 2009年何幼亭等修。谱载内容自20世何嵛翱始，历13世。铅印本。谱存北岭下何氏宗祠。

《日溪何氏族谱》 1938年陈宗谦始修，1990年陈宗谦重修，均钞本。由何新源收藏。2018年陈若航主笔三修。谱载千古纲常、名字歌词、家规教戒、彝伦男范、贤淑女贞、生人节略、山场登载、远祖神在、世系纲纪、系纪全图等。铅印本。谱存全族各户。

《玉环何氏族谱》 清康熙四十四年（1705年）何大遂始修，乾隆二十八年（1763年）韩起堂二修，咸丰三年（1853年）何有杰、何有义三修，光绪二十二年（1896年）高诚四修，1938年五修，1997年陈宗和六修。谱载序赞、凡例、规则劝诫、世系、水源图、木本图、祖厝图、山场地界图、墓山图、世纪等。钞本。谱存日溪井后村何厝里长房何德农处。

四、马尾区

《凤翥何氏宗谱》　清康熙五十二年（1713 年）何瑜、何替、何宣始修，1998 年续修。谱载 1 世何兑至 34 世系。铅印本。谱存凤翥何氏宗祠。

五、福清市

《达溪苍城庐江何氏族谱》　1937 年何承华等修。谱载何万后裔宋代何君弼为 1 世。谱为复印本，3 册。谱存福建省图书馆。

《三村何氏族谱》　民国陈国猷编撰。谱载宋代何万 1 世至 20 世世系。钞本，3 册。谱存福清市图书馆。

《江镜何氏族谱》　1937 年何承华等修。谱载始祖何万，及 1 世何君弼至 20 世纪 30 年代世系。钞本，3 册。谱存福建省图书馆。

《瞻阳何氏支谱》　清末修。谱载：1 世何履铉，清代人；记事至清光绪二十九年（1903 年）。钞本，1 册，毛装，存卷二至四。谱存南京图书馆。

《酒店何氏族谱》　明嘉靖（1522—1566）前八修均已遗失，明嘉靖二十四年何肇协九修，后又历次重修，1934 年何训月等二十二修，2000 年 12 世何修桂等人二十三修。谱载始祖何泽至今世系图。排印本。谱存福清市图书馆、湖南省图书馆。

《前宅何氏族谱》　清乾隆二十七年（1762 年）何君弼 19 世何观澜始修，嘉庆三年（1798 年）20 世何龙永重修，咸丰元年（1851 年）21 世何雅友三修，光绪二十四年（1898 年）施照年、林之四修，1946 年五修，1995 年何振朝等六修。谱为前宅何氏与后庄何氏世系合谱。谱载始祖何君弼至今世系图。钞本。谱存前宅祠堂。

《江镜前宅后庄何氏族谱》　1945 年何本炎、何桂官始修，1997 年二修。谱载始祖何君弼之后代世系图。手钞本。谱存后庄祠堂。

《后庄何氏族谱》　清乾隆二十八年（1763 年）始修，嘉庆三年（1798 年）二修，光绪二十四年（1898 年）凤翔林奇英三修。谱为后庄何氏与前宅何氏世系合谱。谱载始祖何基至今世系图。钞本，2 卷。谱存后庄祠堂。

《何氏长支族谱》　清代，江镜南华田园下何氏编。谱载何昌世以下世系。钞本。谱存南华村何心云处。

《北翁何氏支谱》　1950 年陈国栋编修。谱载 1 世何艮齐至敦辈世系。钞本。谱存北翁村何全顺家。

《蓝田何氏支谱》　1993 年何培风编修。谱载 1 世何正琏至 29 世世系。铅印本。谱存蓝田村何培风处。

《穆门何氏宗谱》　1994 年福清高山镇门头村何氏理事会重修。谱载何华山、何华水世系。铅印本。谱存福建省姓氏源流研究会何氏委员会会长何其灯处。

《后郑何氏族谱》　1989 年何成福编修。谱载何显之后代世系。排印本。谱存后郑村祠堂。

《虎邱下厝何氏族谱》　清宣统元年（1909 年）叶荫庭始修，1941 年薛启英重修，1989 年薛石山三修。谱载下厝何氏世系图。排印本。谱存下厝村祠堂。

《庐江虎邱东园何氏族谱》　1992 年何守贵编修。谱载自何应庚 17 世起世系。排印本。谱存东园村祠堂。

《华山虎邱何氏族谱》　明正德十五年（1520 年）始修，清乾隆五十五年（1790 年）二修，宣统元年（1909 年）三修，1941 年四修，1989 年五修，2007 年何玉平等人六修。谱载虎邱何氏世系图。排印本，2卷。谱存虎邱祠堂。

《虎邱东兴何氏族谱》 1989—1991年薛天俊编修。谱载东兴何氏世系图。排印本。谱存东兴村祠堂。

《镜洋何氏族谱》 1938年何明泽编修。谱载镜洋波兰村1世何均善至13世世系。钞本。谱存波兰村何开明处。

六、长乐区

《星园何氏义房荷庄谱牒》 清代，何满什11世何必升、何宗京等始修，乾隆二十一年（1756年）何景星二修，1990年何国璋重抄。谱载星园何氏世系图。钞本。谱存荷叶墩村何根官处。

《金峰何氏族谱》 1989年何明理编修。谱载金峰何氏世系图。排印本。谱存族人各户。

七、闽侯县

《竹岐春风何氏支谱》 清道光三年（1823年）进士林朝阳始修，宣统二年（1910年）10世何祖谦二修，1959年11世何宗炮等三修，1984年11世何宗旭等四修，1996年11世何宗旭等五修。谱载春风村何氏世系图。铅印本。谱存春风村何开立处。

《上缎何氏分支谱》 2004年何运源、蒋宝栋编修。谱载上缎何氏世系图。排印本。谱存族人各家。

《岭兜何氏族谱总谱》 1995年何家钟、何孝思重修。谱载前言、何氏家训、世系图表等。铅印本。谱存洋里村何兴华处。

《江洋何氏族谱》 清雍正十三年（1735年）始修，嘉庆四年（1799年）二修，道光六年（1826年）三修，同治元年（1862年）四修，1936年何谦斋五修，1988年何克琮、何孝爵等主持六修。谱载凡例、家训、世系图、事迹等。钞本。前四修谱遗失，五修谱存江洋村何克梅处，六修谱存江洋村何绍松处。

八、连江县

《洪塘庐江何氏族谱》 2015年何明金、何明富、何连发等人编修。谱载洪塘何氏世系图。排印本。谱存东岱镇洪塘何氏祖厝。

《长龙何氏家谱》 2009年孙仁明、何文昌、何希潮编修。谱载长龙何氏世系图。排印本。谱存长龙何氏祖厝。

《庐江何氏族谱》 明弘治十四年（1501年）何文镇始修，崇祯八年（1635年）何应元二修，清乾隆十二年（1747年）何绍宗三修，道光二年（1822年）四修，咸丰十年（1860年）五修，光绪二十一年（1895年）六修，2002年何迎光、何德华七修。谱载始祖何仁佐至今世系图。为马鼻辰山和琇邦联谱。排印本。谱存马鼻辰山和琇邦宗祠内。

《定海何氏族谱》 2005年何双昌、何希潮、何继惠等始修，2015年何继惠等重修。谱载定海何氏世系图。排印本。谱存福清龙田何氏宗祠。

《蛤沙何氏族谱》 1928年何统能始修，1985年何长朝二修。谱载蛤沙何氏世系图。排印本。谱存筱埕镇何长德处。

《凤岐庐江何氏族谱》 清道光四年（1824年）何步云始修，光绪五年（1879年）黄光彬二修，1923年李馥斋三修，2009年何惟良、林一焯四修。谱载凤岐何氏世系图。排印本。谱存黄岐何氏宗祠。

《浦口何氏族谱》（外何） 清康熙五十九年（1720年）何元模始修，道光九年（1829年）15世何立成二修，光绪三十二年（1906年）17世何积林等三修，1937年18世何培振等四修，1984年19世何先香等五修，2017 年 20 世何基正等六修。谱载浦口外何何氏世系图。铅印本。谱存浦口何氏宗祠。

《浦口镇庐江何氏支谱》（里何）　2002 年何希梓、何希利编修。谱载里何何氏世系图。铅印本。谱存福清龙田何氏宗祠。

《后湾何氏族谱》　1935 年原谱被毁，2015 年何玉明、何国强等重修。谱载 1 世何长至 27 世世系、何氏源考、何氏家训等。钞本。谱存福清龙田何氏宗祠。

《荷头何氏族谱》　1994 年何顺庚、何红永、何顺太、何孝发等人编修。谱载荷头何氏世系图。铅印本。谱存荷头村何顺太处。

九、闽清县

《梅溪塔峰何氏族谱》　1995 年何家钟、何孝思编修，为闽侯洋里续谱。谱载塔峰历代何氏世系图。铅印本。谱分发给族人。

十、罗源县

《鉴江镇上澳何氏族谱》　1990 年溪南村禅地洋成昌堂黄兴朝编修。谱载上澳何氏世系图。铅印本，谱存上澳村何细蛋处。

十一、永泰县

《庐江苍霞何氏族谱》　清康熙二十三年（1684 年）11 世何维遇、12 世何克任始修，1997 年 19 世何在标、何在浦二修。谱载 1 世何伋至 24 世世系。铅印本。谱存苍霞村何则银处。

《庐江北山石岸何氏谱志》　清光绪十三年（1887 年）始修，1946 年何心潜、何法荣二修，2002 年何心森、何思春三修。谱载 1 世何胜至今世系图。铅印本。谱存石岸村何旭光处。

第二节　厦门市

《东澳何氏家谱》　明代中叶始修，清雍正十一年（1733 年）重修，民国初年重抄，1985 年东澳何厝 20 世何本善和 21 世何荣豹重抄。谱载东澳何氏世系图。钞本。谱存厦门思明何厝族史研究会。

《同安何厝何氏族谱》　旧谱遗失，仅存一字辈行诗：“自修家传璀世德，将来乐业建景光。”2019 年何文亮重修。谱载 1 世何自修至 17 世世系实录。铅印本。谱存同安何厝村何文亮处。

第三节　漳州市

一、芗城区

《漳州府口街何氏家谱》　2011 年何池编著，何乃川作序。谱载清道光年间（1821—1850）官浔下宗下炉 15 世何玉象到今漳州市区府口街（今台湾路一带）开基繁衍至今 7 世的详细情况。铅印本。谱存漳州市图书馆、漳州市档案馆。

二、漳浦县

《蠔浔何氏族谱》　1991 年福建省图书馆抄本，1 册。谱载：何嗣韩为始祖；1 世何添沮、何添湢，元代人；记事至清嘉庆间（1796—1820）。谱存福建省图书馆。

《何氏本始记》　明弘治元年（1488 年）官浔 6 世何文雍主编，太子太保、吏部尚书莆田人陈俊作序。谱载：入闽始祖何安抚后裔官浔 1 世何添沮、何添湢，古分上、下两宗，衍九房，世系、昭穆等。钞本复印件。谱存锦江村何论德处。

《官浔何氏族谱》　2007 年何振华主编，何庚生作序，为重新整修旧谱打印。谱载：何添沮（信祖）、何添湢（信福）两兄弟，上、下宗九房世系记至十二世，官浔名胜古迹、人文地理。排印本。谱存官浔老人会图书室。

《官浔何氏族谱》下宗系　2014 年何基才主编，何乃川、何池等作序。谱载：文物名人以及官浔地理，下宗何添湢开基，延修至 24 世，九房外迁与本地的分布等。排印本。谱存漳浦县文化馆。

《漳州官浔何氏族谱》　2015 年何小平、何荣进主编，何文龙作序。谱载：官浔开基祖上宗何添沮、下宗何添湢，元至大三年（1310 年）由泉州迁入，延修至 26 世。分上下卷。铅印本。谱存漳州闽南师范大学图书馆、漳浦县文化馆。

三、云霄县

《和地何氏族谱》　清乾隆间刻本，12 册。记事至清乾隆二十一年（1756 年）。谱载：始祖何嗣韩，唐朝人。一世何添河，偕子何京保、何彦保，明代由漳浦南溪迁居云霄何仓何（和）地，后裔散居漳州、泉州、厦门、潮州、台湾等地情况。谱存美国犹他州图书馆。

《何氏家谱》　清代何子祥始修。1928 年平和琯溪华英书社据清乾隆二十年（1755 年）刻本石印。谱载谱序、宗图、漳泉何氏世系、漳州（云霄）和地何氏世系、传记、碑录、坟图、家训、诰命、义坛、祭礼大宗祠、漳泉何氏各派世系图、后裔迁台湾史料。1988 年云霄方志办誊印本，10 册。谱存福建省图书馆、漳州市图书馆、云霄县图书馆。

《何氏族谱》　2006 年何文龙、何金水主编。谱衔接清乾隆二十一年（1756 年）版《何氏家谱》，上、下卷。中国作家协会鲁迅文学院教授、乡贤何镇邦题写书名并作序。铅印本。谱存国家图书馆地方志和家谱文献中心、厦门大学图书馆。

四、诏安县

《韩何族谱》　2009 年何济寿主编，韩克明作序。谱载何氏源流、族贤寿星、仕进先人、人物传记、族训等。铅印本。谱存诏安县南诏镇北门欲思堂内。

五、东山县

《前何何氏家谱》　1993 年何赛花主编，十三修本。谱载 1 世何思慎明代迁东山前何、引言、世系渊源、昭德侯世系、族人分布、前何自然地理、大事记、监业、文教、乡俗、职官志、学历录、传略、胜迹、修谱记等凡二十目。铅印本。谱存漳州市林嘉书处。

《前何乡志》　1997 年何荣玉主编。谱载前何乡自然环境、村落分布、海界、大事纪要、风土民俗、各项事业、人物传记、前何世系等，共 13 卷。铅印本。谱存漳州东山县图书馆。

六、平和县

《何氏家谱》　民国编修。谱载平和何氏种德堂各房图、生卒葬、迁徙、族人迁台湾名录等。谱为石印本与刻本，4 册。谱存南靖县何柳枝处及福建省图书馆（卷三）。

《何氏家谱》　平和县崎岭乡彭溪村家谱，何俊秩主编。谱载彭溪村何氏源流世系、墓葬、宗祠等。二卷本。谱存平和县崎岭乡彭溪村何俊秩处。

七、南靖县

《金山水美何氏族谱》　1918 年编修。谱载入闽祖叙录、漳州系谱、南靖金山荆美（山美）1 世至 16 世生卒葬、昭穆、祖祠、迁徙及族人迁居台湾记录等。稿本，1 册。谱存南靖县荆美村何卓然处。

《金山荆美何氏族谱》　民国编修。谱载入闽祖叙录、漳州系谱、南靖金山荆美（山美）1 世至 19 世生卒坟墓迁徙、昭穆及族人迁居台湾史料等。谱为稿本，1 册。谱存厦门大学人类研究所资料室。

第四节　泉州市

一、鲤城区

《清源何氏族谱》　清嘉庆年间（1796—1820）编修。谱载：始祖何安抚，唐时入闽漳州；至 15 世何逊基，宋末元初人；何逊基至清嘉庆二十五年（1820 年）世系。钞本，1 册。谱存福建省图书馆。

二、丰泽区

《浔美何氏族谱志》　清代抄录，记事至清嘉庆年间（1796—1820）。谱载：何浔下宗后溪徐洋何氏部分世系实录，何浔、何地、何潭总记，添治世系实录，佛叔、仁叔世系实录，何氏族谱志，何氏族谱序，白石何氏世系实录，何氏本始记，浔江何氏祠堂重修记，何夔片传。钞本，1 册。谱存泉州市图书馆。

《浔江何氏族谱》　清咸丰年间（1851—1861）何连金等人抄录，谱存何振华处。2020 年何振华、何振明等续编。谱载入闽 1 世何安抚至 17 世何添治直至 23 世世系实录、祠堂复修、近代主要宗族活动、族谱资料摘录。铅印本。谱存浔江何氏各家。

三、洛江区

《陈三坝后轩土楼房何氏宗谱》　始修情况不详。谱载入坝 1 世何观澜至 19 世的名讳、字号、配氏、生子、生卒、墓葬、世序。钞本。谱存惠安县档案馆，附在《闽南何氏族谱》后。

四、泉港区

“总牌”谱牒　亦称牌位。总牌用薄杉木板制作，部分配有插架，共 32 块。每板厚 0.6 厘米，宽约 10 厘米不等，长度有 33、36、39 厘米 3 种。板正面用蝇头小楷书写，有的再刷上桐油。谱载生卒年最早为乾隆、最晚为民国。谱牒存模柄村祖厝。

五、石狮市

《鳌江何氏族谱》　清乾隆六年（1741 年）北何房何奎、南何房何奎辉等人主笔重修；道光元年（1821 年），旅居台湾鹿港的何朝浴捐资，北何房何朝果等主笔二修；1936 年何宗研后裔三修；2013 年各房续修，为八房合修本。谱载何仁叔 11 世至 25 世各房世系。手钞印本。谱存石狮宽仁何氏老人会。

《浯沙何氏族谱》　2013 年重修。谱载 1 世何荣德至 20 世世系实录。手抄复印本。谱存浯沙村何世芳处。

六、晋江市

《福全何氏家谱》　据 1939 年抄本复印，1 册，毛装。谱载：明嘉靖末叶迁入福全村，肇基为著代 1

世祖，2世祖升泉，3世祖兆业至10世世系。谱存晋江市图书馆。

《张前何氏家谱》 1961年蔡鹤松编修。谱载：始祖何致政，1世何路，清代人。钞本复印，1册。谱存晋江市图书馆。

《锦里何氏族谱》 1985年庄炳辉编修。谱载：1世何惠生，明代人。钞本复印，2册。谱存晋江市图书馆。

《锦里何氏族谱》 原修总谱及分支派系族谱在“文化大革命”时损毁；2001年重修，由何民传等人搜集海内外各支派的资料，结合乡里幸存的祠堂入主谱及部分分房支派谱的基础上编修而成的。谱载1世何惠生至22世各房世系图。铅印本。谱存锦里村何爱勤处。

《台山何氏族谱》 旧谱祠堂失火时被焚毁，2010年何克海重修。谱载大埔浯沙谱系、1世祖至10世祖名讳、自8世起名行序、嗣传至今22世。排印本。谱存大埔村何世芳处。

《温陵晋邑登贤仓内房何氏家谱》 清嘉庆十一年（1806年）惠安峰崎何式金重修，光绪十年（1884年）泉郡西大寺后何邦彦三修。谱载：1世何念九生何致政，致政生5子，分为仁义礼智信，五房之分自此始。世系编至22世。钞本。谱存张前村何爱群处。

七、惠安县

《闽南何氏家谱》 清光绪元年（1875年）钞本。谱载佚名增补记事至民国间。1册，平装。谱存泉州市图书馆。

《闽南何氏族谱》 20世纪60年代初钞本，是闽南何氏总谱。谱载：自何安抚使至14世何载梧，15世清源始祖何逖基及闽南各分派祖“五元”“七添”分衍脉络，入坝一世何观澜至18世传。族谱收录明正统十二年（1447年）何潜的《何氏族谱志》、靖江王长史马环的《何氏族谱序》、明弘治元年（1488年）吏部尚书陈俊的《闽南何氏族谱序》、嘉靖二年（1523年）兵部尚书王守仁的《闽南何氏族谱序》、何浔6世何思恒的《清源何氏世系并诗歌》及《泉漳何氏世家行状》《晋江浔尾何氏谱序》、清康熙二十年（1681年）何秉忠《读家谱序》、康熙三十一年的《何浔本宗世系》、何谓英的《丹诏何氏族谱序》等。谱存惠安县档案馆。

《麟山何氏族谱》 明景泰元年（1450年）何松隐17世何世从始修，25世何开泰重修，清道光十六年（1836年）何赫声四修，均失传。1940年，麟山24世西亭官家子彝先生重修，共13卷：卷一收录谱序文献及何松隐以上闽南诸宗，卷二至卷七为东族世系，卷八起为西族世系。按村分列房系，起自1世何松隐，延至22世。钞本，未刊。1967年被有关部门收缴，下落不明。民间仅存卷一（总卷）、卷六（西亭分卷）副本及西楼部分钞本。谱存峰南村何鑫波处。

《庐江麟山何氏族谱》 1996年惠安峰崎祖业理事会三修，只编印第一部资料汇编。世系部分起自安抚使，止于17世“添”字辈25位传。族谱中安抚使像、安抚使墓碑草图、墓位置示意图，以及峰崎祠堂草图，均转载自台北何氏宗亲会编印的《何氏族谱》。族谱收录何子彝谱13卷目录，并拟订新编13卷卷次。铅印本。谱存峰崎村何福馨处。

《峰崎何氏宗志》 1961年台北何玉基纂修，何应钦书名题签，何志浩作序，何荫乔又序，编者自述。宗志分上、中、下三篇。上篇收录安抚使世系及谱序，中篇为麟山分派，包括派记、祠墓、世系、科举、职官、居徙、规训、传赞等，下篇主要有形胜、文物、掌故、人事等篇目。宗志对民国时期峰崎的人事、掌故记述详尽。编纂时，因海峡两岸处于隔绝状态，世系仅凭记忆收录，缺失甚多。铅印本。谱存峰崎何氏老人会。

《麟山试剑何氏族谱》 2011年6月何来木、何木桂等编。谱载宗志、世系、人物等。铅印本。谱存试剑村老人会。

《麟山庄上何氏族谱》 2011年5月何良才、何妈金、何惠烟等编。谱载源流、世系、人物、17至24世世系。排印本。谱存庄上村老人会。

《麟山钱埔何氏家谱》 2011年5月何瓦德、何祖金、何宝山等编。谱载源流、世系、祠堂、陵园、地理、人物等。铅印本。谱存钱埔村老人会。

《麟山峰南何氏族谱》 2011年12月何鑫波主编。谱载源流、字辈、繁衍、族规、1至25世世系、人物等。铅印本。谱存峰南村何鑫波处。

《惠安何氏族谱》 2012年何清峰等编修。谱载源流、世系、文物、宗族文化、人物五篇。分上下两卷，铅印本。谱存惠安县档案馆、图书馆。

《崇武庐江何氏族谱》 2000年何渊波编修，何发奎等搜集资料汇成。谱载源流、传衍、自15世起世系、人物、部分旧谱序、封赠诏书、家庙楹联。铅印本。谱存崇武镇何建民处。

《庐江何氏崇武镇族谱》 2013年12月何建民、何佳赋编修。族谱是在《崇武庐江何氏族谱》基础上，选取《惠安何氏族谱》部分资料完成的。谱载源流、传衍、世系、人物等。铅印本。谱存崇武镇何建民处。

八、安溪县

《安溪珍地何氏族谱》 清顺治十四年（1657年）何肇辉始修，经八次续谱，1983年何木生、何明志十修。谱载：1世何元厚，记事至清康熙三十年（1691年）。钞本复印。谱存泉州市图书馆、安溪湖上乡珍地村部。

九、德化县

《后苏何氏族谱》 清乾隆十二年（1747年）张大有编修。磨损严重，只有何氏世系。钞本。谱存德化县何四通处。

十、永春县

《吾峰何氏家族谱》 清康熙四十九年（1710年）闽清何汝重修。谱载世系、祖讳字、辈行，残缺不全。钞本。谱存永春县何锡川处。

《桃园漈内何氏族谱》 明隆庆三年（1569年）二修，万历三十年（1602年）何君斗三修，崇祯十一年（1638年）何抟九、何万茂四修，清乾隆十八年（1753年）何雍五修，嘉庆十六年（1811年）何日升六修，道光十四年（1834年）何芳秦七修，光绪二年（1876年）何声祥八修，1941年何明侯九修，2005年何春胜十修。谱载世系、讳字、辈行、修谱人及时间。现存有九修、十修等四卷。钞本。谱存永春县何江水处。

《蓬莱何氏家谱》 破损不全，只剩世系、字行。1950年何世油重修，谱载："吾家于明清由泉郡城外而入永春湖洋蓬莱乡。"蓬莱何氏衍传至今已15世。钞本，谱存永春县何金辉处。

第五节 三明市

一、永安市

《小螺乡何氏族谱》 1980年抄自安溪湖上珍地《何氏族谱》再补修。谱载1世祖何穆参四兄弟至6世僚字辈实录。钞本，3册。谱存上螺村何建生处。

二、清流县

《琴阳何氏十一修族谱补遗》 1993年何东方、何仲南等编修。谱载序言、清流嵩口何氏世系等。排印本。谱存嵩口镇何家祖村各户。

三、宁化县

《浏阳何氏族谱》 清道光元年（1821年）何廷钦等纂修。谱载：一世何大郎，安徽庐江郡（今安徽合肥）人，五代后梁开平元年（907年）中进士，后任福建宁化尹，遂居于此；卷首新序、源流、南岩碑文、诗对、原赠序、原序、圣谕、仪注、祠联、卷一新序、家训、家规、源流世系等。庐江堂木活字本，3册。存卷一、卷首。谱存上海市图书馆。

《庐江郡何氏族谱》 宁化中沙族谱，共分四卷。明万历十八年（1590年）始修，经七次续谱，1991年何正辉等九修。谱载卷首新序、孝敬歌、传赞、杰事人名、祠记、学堂记、字派、源流世系等。钞本。谱存宁化中沙何屋村部。

四、建宁县

《葛藤窠何氏宗谱》 清康熙六十年（1721年）始修，何龙序；乾隆三十二年（1767年）二修，朱仕秀、何中楫序；嘉庆十年（1805年）三修，朱圭序；道光十年（1830年）四修，礼部侍郎陈用光序；同治六年（1867年）五修，何元炳序；光绪三十年（1904年）六修，何光、何泽洪序；1991年七修，何懋伦主编，何光显作序；2017年何绍贤、何文进八修。谱载族规祖训、字辈堂号、诗词精选、芳名留世、世系源流、旧谱拾遗等。铅印本，8卷。谱存福州市图书馆、建宁沙洲何氏宗祠。

《珠坊何氏宗谱》 南北朝时宋永初二年（421年）始修，何整序；唐开元十九年（731年）二修，何侃序；宋开庆元年（1259年）三修，何羽序；元至元十五年（1278年）四修，何从召序；明嘉靖十七年（1538年）五修，灵山嗣孙何乾元序；万历三十五年（1607年）六修，何其贤序；清雍正五年（1727年）七修，灵山馥园桂序；1990年上饶何兆林八修；2019年九修，何剑主编。前七版雕版印刷，第八、九修铅印线装本。前谱存珠坊村何春正处，后谱存珠坊何氏宗祠内。

五、尤溪县

《尤溪西滨七里何氏族谱》 何逖基11世何有长始修，1942年何阳春、陈步安重修。谱载源流、谱序、世系图、坟图、族规、历代名人等。1986年何新爽、陈星三三修。谱存七里村何新良处。2018年何新如等四修。铅印本。谱存七里村何氏各房。

《厚山何氏族谱》 2016年由坂面镇古迹村张宗铝编修。谱载历代祖先名讳和现在人口情况。铅印本。谱存厚山何氏东兴堂。

《大头桥何氏族谱》 旧谱已失，存1954年和1997年重修本。谱载源流、世系图、族规、历代名人等。铅印本。谱存台溪乡大头桥村何开荣各房。

《梅营何氏族谱》 清乾隆五十六年（1791年），何君弼19世何恒钜始修，1937年何雨康、何承钟、何承喜、何雨灶等重修。谱载源流、谱序、族规、历代名人等。钞本。谱存梅营村何朝淦处。

六、大田县

《闽大田何氏家谱》 1999年何开选整编，记载一世何太尉至当代族人。钞本。谱存广平镇东西坑何厝何新安处。

第六节　莆田市

一、仙游县

《鲤城何氏族谱》　2014 年编修，何元平任编委会主任，何文光主编。谱载元代何俨始至 2015 年止何氏情况。铅印本。谱存仙游鲤城老人会。

《紫洋何氏族谱》　2002 年何玉喜、何福淡、何玉标、何玉喜、何元海编修。谱载序言、字派、一世何贵峰及历代世系、人物等。铅印本。谱存仙游紫洋老人会。

《游洋何氏族谱》　2016 年游洋何文誉、何淑文、何文凤等编修。谱载 1 世何汝愿至 17 世世系实录。铅印线装本。谱存仙游游洋老人会。

二、荔城区

《朱墩何氏族谱》　2011 年何师贤、何维树编修。谱载朱墩村何氏发展简史、源流、世系、人物志、历代人物、遗迹等，尊何世经为 1 世。铅印本。谱存莆田朱墩老人会。

三、城厢区

《何寨何氏族谱》　清乾隆三十三年（1768 年）始修，2004 年何寨何氏理事会何宗水等重修。谱载官浔上宗至何寨 1 世至今、何寨何氏探源、文武职芳名排列等。铅印本。谱存莆田何寨老人会。

第七节　南平市

一、延平区

《峡阳何氏族谱》　清代，老族谱钞本 2 册。2001 年 10 月何山东、何荣双、何林旺重修。谱载峡阳镇葛大村的大奶庙、新厂村、鸭母垄场的何氏 20 至 28 世世系实录。铅印本。谱存峡阳镇何荣双处。

《槐树坑何氏族谱》　1941 年乐华昌代笔钞本，2019 年 12 月何昌铧重修。谱载 1 世至今世系实录、何氏家训、大郎公始祖与何仙姑文史资料等。铅印本。老谱存槐树坑村何朝玲处，新谱存槐树坑村何氏各户。

二、邵武市

《樵西古潭何氏宗谱》　明宣德元年（1426 年）何伯继、何永澄始修，天启三年（1623 年）二修，清乾隆二十四年（1759 年）三修，乾隆五十一年四修，嘉庆二十一年（1816 年）五修，咸丰六年（1856 年）六修，光绪二十一年（1895 年）七修，1944 年八修，1990 年邵武、光泽、泰宁三地何氏宗亲联合九修。谱载 17 世（始迁祖）至 42 世世系实录。铅印本。谱存邵武市图书馆。

《庐江台溪何氏宗谱》　2002 年何汉、何通宜、何远荣等编修。谱载 27 世至 35 世世系实录。铅印本。谱存邵武市图书馆。

《樵南宝积何氏宗谱》　清乾隆二十四年（1759 年）何斯举、何思纯始修；道光二十九年（1849 年）何振绶二修；光绪十五年（1889 年）何长镜、何家培三修，系南坑、黄土坪两家联合修谱；1920 年何天惠等四修；1991 年何守和、何光炎、何平权、何道成等人五修（为光泽、古山、宝积山、泰宁联修）。谱载17世（始迁祖）至44世世系实录。铅印本。谱存邵武市图书馆。

《樵南黄土坪何氏宗谱》 元末，何彬17世何后继始修（草谱）；清道光二十九年（1849年）何振绥等重修；光绪十五年（1889年）何长镜、何家培、何国唐等三修，为南坑、黄土坪联谱；1920年何天惠、何家汉等四修；1991年何平权、何道成等五修（为光泽、古山、宝积山、泰宁联谱）。谱载17世至44世世系实录。铅印本。谱存邵武市图书馆。

三、建瓯市

《可建何氏族谱》 宋大观三年（1109年）1世何德雄始修，1933年何廷霖等二修，2012年何添信、何荣煜、何添旺、何远福等三修，2018年何本洪四修。谱载1世至36世世系实录。铅印本。谱存可建村何本洪处。

四、顺昌县

《山坊何氏家谱》 1971年原谱失火遗失，2008年9月凭何承弓、何承德、何振全等人钞本为依据重修。谱载1世至16世世系实录。铅印本。谱存山坊村何长贵处。

《石湖口何氏族谱》 清光绪元年（1875年）何犹倡首主修，谱载何崇遗下一脉世系；清宣统二年（1910年）何廷潘等二修；1937年何荣光、何家腾、何其华等三修；1994年何冠堂等四修。谱载16世至21世世系实录。铅印本。谱存石湖口村何学荣处。

五、浦城县

《溪源何氏族谱》 1995年何锡武编修。谱载25世至30世世系实录。钞本。谱存溪源村何仕明处。

《下庄村何氏族谱》 1941年何希中、何月新编修。谱载26世至37世世系实录。钞本。谱存下庄村何招联处。

《浦城何氏家谱》 2001年何宝琪编修。谱载1世至14世世系实录。钞本。谱存浦城何佳望处。

《茅洲村何氏支谱》 1996年何恒贵编修。谱载33世至46世世系实录。钞本。谱存茅洲村何富华处。

六、光泽县

《杭西岛石山何氏族谱》 宋绍熙元年（1190年）始修，何增纂辑，为与江西庐游合修本；明永乐八年（1410年）二修，何静斋纂辑；正统十一年（1446年）三修，何静斋纂辑；天启元年（1621年）四修，何仕坤纂辑；清乾隆三年（1738年）五修，何东凤等纂抄；乾隆二十六年六修，何子儒、何子江纂修；乾隆三十九年七修，何天相等纂修；乾隆五十四年八修，何子儒纂修；嘉庆十五年（1810年）九修，何兆槐纂修；道光二十五年（1845年）十修，何禹拜纂修；咸丰六年（1856年）十一修，何兆诚纂修；光绪十三年（1887年）十二修，何联紫、何联辉纂修；光绪十四年十三修，何金炜纂修；1921年十四修，何世隆纂修；1948年十五修，何世承主纂。谱载16世至43世世系实录。刻本。谱存水口村何开举处。

《舟船宗支何氏族谱》 明嘉靖元年（1522年）二修，清乾隆五十一年（1786年）三修，道光二十六年（1846年）四修，光绪三年（1877年）五修，光绪三十四年六修，1932年34世何惟德、何文举、何顺谋等七修。谱载8世至36世世系实录。铅印本。谱存双坑村何乾元处。

《庭燎宗支何氏族谱》 清乾隆二年（1737年）始修，咸丰十一年（1861年）二修，光绪元年（1875年）三修，光绪十六年四修，1926年何良仲16世何绍轩、18世何长资等五修。五修谱谱载20世至22世世系实录。钞本。谱存庭燎村何长发处。

《葛藤窠何氏宗谱》　1991年何拱辉、何绍松、何祖烈、何光显等在原建宁《何氏家谱》基础上重修。谱载始祖何文高至今世系。铅印本。谱存寨里山坊村何泽林处。

《杭川何氏族谱》（司前何氏族谱）　清光绪二十九年（1903年）何惟斗、何惟玉编修。谱载8世至52世世系实录。钞本。谱存司前村何家里何金富处。

七、松溪县

《吴山头何氏族谱》　明天启元年（1621年）始修，清康熙四十年（1701年）何有乡主持二修，嘉庆七年（1802年）何文寿、何天富主持三修，同治十三年（1864年）何陈金、何光永主持四修，1953年何国祯主持五修，1990年何国通主持六修，2005年何秀明、何学东主持七修。谱载9世至28世世系实录。钞本。谱存吴山头村何全微处。

《松源何氏族谱》　明嘉靖年间（1522—1566）始修，清乾隆二十六年（1761年）续修，道光二十七年（1847年）三修，同治十一年（1872年）四修，光绪三十一年（1905年）何文权等五修，1934年何德新、何德清六修，1993年何昭礼、何昭光、何克荣七修，2014年何克荣、何永灼八修。谱载11世至25世世系实录。钞本。谱存松溪县何克荣处。

八、政和县

《高林何氏族谱》　南宋始修，1982年何德智、何大金等五修。谱载：南宋绍兴、清嘉庆、咸丰及民国时期的旧序及《受姓迁徙源流记》，名宦，世系；尊何汤为开郡远祖、何宝为西峰肇基祖、何松为高林开基一世；载至第22世“显”字辈止。钞本。谱存高林村何大辉处。

《吴场何氏宗谱》　清嘉庆二十一年（1816年）叶宗浩始修，光绪元年（1875年）叶向辰二修，1919年宁德彭寿田三修，1983年10月许振明、何儒沐四修。谱载：卷首记述及吟咏类文字，嘉庆、光绪等旧谱序五篇，何氏受姓始祖之纪，吴场开基世系，以何情发为一世祖，历载至第二十世“德”字辈（地房）。钞本，1册4卷，录正、副本各1册。谱存吴场村何辉堂处。

《下池何氏支谱》　1983年何濡沐编修，为“和房下池接妹公派下世系之图”。世系分为下池始祖接妹公派下世系和元福派下培基公世系两图，历载6世。钞本。谱存下池村何濡沐处。

《西坑何氏谱稿》　清雍正四年（1726年）9世何运嘉重修，嘉庆十九年（1814年）12世何瑞夏三修，1983年四修。谱载：西坑何氏世系图，以何宝（聪三）为西坑肇基1世祖，历载至第21世。钞本。谱存西坑村何德隆处。

《张天何氏宗谱》　该谱源于宋嘉定十五年（1222年）户部侍郎何处久撰修的《庐江族谱》和明万历十一年（1583年）江西学政何镗所撰的《丽阳何氏族谱》。清乾隆十三年（1748年）丽水姚祖让始修，咸丰元年（1851年）张秀杰重修，1917年何冲麟三修，1952年何甫宏、董修、吴俊声四修，1984年3月浙江季友德五修。谱载1世至21世世系实录。钞本，2册。谱存张天村何上聪处。

《岭根何氏宗谱》　1989年吴世生编修。谱载：世系以浙江兰溪何基（北山）为鼻祖，以何基4世何浦原为1世，历载至11世“水”字辈。钞本。谱存东平村何永成处。

第八节　龙岩市

一、新罗区

《竹何何氏族谱》　1998年何铁龙重修。谱载11世何旺至31世世系实录。精装排印本。谱存竹何村何氏各户。

二、上杭县

《中都何氏族谱》 明嘉靖三十三年（1554 年）何正始修，清康熙十七年（1678 年）何乔仲二修，何桂三修，清光绪十四年（1888 年）何茂才四修，1936 年何达元等五修，2010 年何占东主持六修。谱载：始祖何旦，1 世何六一郎，宋代迁宁化县石壁村，复迁武平岩前。铅印本。四修谱存吉林大学图书馆，五修谱存福建省图书馆，六修谱存上杭客家族谱博物馆。

《上杭县何氏族谱》 2014 年何祥春、何其荣、何福星、何万宗、何永忠组织，何其荣主编。谱载序言、何氏渊源、授姓始祖至何大郎世系、迁闽始祖何亶世系、上杭县 10 个乡镇 21 个村何氏居住地各分支房谱、何氏名人芳名录、上杭县何姓革命烈士等。铅印本。谱存上杭客家族谱博物馆。

《庐江郡何氏族谱》 2012 年何其荣主编。谱载泮境乡何千七郎泮境美宗堂世系。排印本。谱存上杭客家族谱博物馆。

《张滩何氏族谱》 2008 年临城镇龙翔村张滩何氏理事会编修。谱载 10 世何益生世系。铅印本。谱存张滩何氏各户。

三、武平县

《庐江郡何氏族谱》 清康熙五十九年（1720 年）何和美编修。谱载何大郎世系图。1996 年铅印本。旧谱存湖南图书馆，新谱存象洞村何氏宗亲各家。

《岩前何氏族谱》 清道光二十九年（1849 年）何瑞应、何洪谟编修。谱载：一世何大郎，第一册谱序、源流序、家规、家训、遗嘱、祠堂叙、像图等，第二册至第四册世系。庐江堂木活字本，4 册。谱存上海市图书馆。

《何氏千八郎族谱》 1999 年何能煊纂修。谱载何旦 3 世何千八郎派下谱系、序、前言、纪事、遗训、何仙姑定光纪事、世系渊源、入闽世系、武平世系、题名录、大事记、迁徙、宗人照片等。铅印本，1 册。谱存武平县何占谦处。

《封侯何氏族谱》 2016 年何善机编修。谱载武平县东留镇封侯村 11 世何德明世系。排印本。谱存封侯何氏各户。

《湘坑何氏族谱》 2008 年何安庆编修。谱载武平县桃溪镇湘坑村何氏世系。铅印本。谱存湘坑何氏各户。

第九节　宁德市

一、蕉城区

《夏村何氏家谱一》 清光绪九年（1883 年）何天逢、何天笏、何天钲始修，光绪三十二年何道贯、何道杶等二修，1932 年洞天钟山氏、何道杶、何开等三修，1987 年何群全、何邦吉、何冬连等四修，2012 年何茂贵、何石潘、何时松等五修。谱载明万历二十八年（1600 年）24 世何伯显、何伯荣至 42 世世系。铅印本。谱存夏村新祠堂。

《夏村何氏家谱二》 1922 年何经聪始祖一本，1929 年何经亮始祖二本，1987 年何景绥等二修时合二为一，2012 年何胜才等三修。谱载明万历二十八年 24 世何伯显、何伯荣至 42 世世系。铅印本。谱存夏村新祠堂。

《东岭何氏支谱》　1986 年何常渭、何常清等 7 人重修。谱载清嘉庆五年（1800 年）29 世何廷科至 39 世世系。钞本。谱存东岭村祠堂。

《金蛇头何氏家谱》　2011 年何邦云、何松双等重修。谱载清乾隆十年（1745 年）38 世何元武至 49 世世系。排印本。谱存金蛇头村祠堂。

《八都何氏家谱》　清同治八年（1859 年）始修，1927 年何邦治、何邦光、何邦驹等二修，1987 年何时道、何安毫、何安懋三修，2006 年何安懋、何安毫四修。谱载明天顺四年（1460 年）22 世何福源至 31 世世系。钞本。谱存八都镇何厝村何建盛家。

《溪南何氏家谱》　1991 年祥地成昌堂纂辑。谱载明隆庆元年（1567 年）31 世何崇让至 50 世世系。钞本。谱存溪南村祠堂内。

《游澳何氏族谱》　1990 年何淑应等 7 人重修，汤玉文辑。谱载明弘治十三年（1500 年）1 世何光由至 22 世世系。钞本。谱存游澳村何氏大厅内。

《三都何氏家谱》　2002 年何绍约等编修。谱载清顺治七年（1650 年）1 世何世业至 14 世世系。钞本。谱存三都镇青山岛何友忠处。

二、福安市

《坂头何氏族谱》　明宣德十年（1435 年）始修，万历十九年（1591 年）二修，清康熙五十五年（1716 年）三修，乾隆二十七年（1762 年）四修，嘉庆八年（1803 年）五修，光绪十年（1884 年）泰顺刘先生六修，2005 年福安汤先生七修。谱载何执中后裔何曹仁至 35 世世系。钞本，8 册。谱存坂头村何氏宗祠内。

《潭头外沃何氏族谱》　清乾隆五十九年（1794 年）始修，寿宁县学庠生郭元攀等撰；道光五年（1825 年）碧峰林枝一二修；1986 年林仲瑞三修。谱载何万后裔何咸至 33 世世系。钞本。谱存外沃村何兴发处。

《社口镇岐兰山何氏族谱》　清同治七年（1868 年）陈景安始修，1991 年吴发兴重修。谱载何文达后裔何爱稔之子何以贵、何以行至 13 世世系。钞本。谱存岐兰山村何坤祥处。

《社口镇黄厝下何氏族谱》　清道光十八年（1838 年）郑家荣始修，1990 年黄有章重修。谱载清雍正年间（1723—1735）何大郎后裔何文章至 11 世世系。钞本。谱存社口镇黄厝下村何成财处。

《庐江郡何氏族谱》　晓阳镇晓阳村、南源村合修谱。清咸丰二年（1852 年）何绥始修，1920 年 40 世何天城、41 世何道长二修，1986 年何常荣等三修。谱载清康熙年间（1662—1722）何文达 15 世何佛振和 16 世何庆灿至 25 世世系。钞本，2 册。谱存晓阳村何庆洋处。

《溪柄何氏族谱》　清咸丰四年（1854 年）编修。谱载明崇祯十年（1637 年）何万后裔何旨吾、何心吾至 16 世世系。钞本。谱存溪柄村何明焕处。

《管头何氏族谱》　清道光年间（1821—1850）陈先生始修，光绪年间（1875—1908）重修。谱载何文达后裔何元成至 7 世世系。钞本。谱存大留村何振祥处。

《大留何氏族谱》　1928 年郑集卿编修。谱载何文达 29 世何廷鹞、廷缘至 8 世世系。钞本，3 册。谱存大留村何振祥处。

《何厝何氏族谱》　1983 年张孙照始修，2007 年张孝西二修。谱载清雍正年间何文达后裔何有达、何有满至 10 世世系。钞本，2 册。谱存甘棠村何氏宗祠内。

《潭溪何氏宗谱》　清同治九年（1870 年）陈德峻编修。谱载何文达 34 世何起莺至后 13 世世系。钞本。谱存外沃村何兴发处。

《社洋何氏族谱》　1935 年始修，1987 年二修，2015 年福安正源堂三修。包括周溪、填秦、首章、岭尾和坂中畲族乡铜岩村何氏。谱载何文达32世何福二后13世世系。钞本，5册。谱存社洋村何氏宗祠内。

《尤澳何氏族谱》 1985年何奶明编修。谱载清源郡始祖何执中25世何圣宽后6世世系。钞本。谱存尤澳村何奶明处。

《林岗何氏族谱》 清道光二十五年（1845年）郑家荣等始修；1985年何应祥、何成康为首续修，福安龙洋刘文基撰写。谱载清道光年间何大郎后裔何千三至10世世系。钞本，4册。谱存小溪边村何育强处。

三、福鼎市

《叠石茭阳何氏族谱》 清道光二十三年（1843年）何北麟、何玉佩等始修，光绪六年（1880年）乾房何玉苍和光绪十三年坤房何汉杞分别二修，1923年何俊德、何昌樊等三修，1961年何朝雄等四修，1977年何朝化等五修，1993年何朝化等六修，2003年何朝化等七修，2016年何朝弄、周绪麒等八修。分总谱和支谱两部分。总谱同卷，支谱按乾、坤两房宗谱分卷记载，并相互存藏。总谱载历届首事名录、族谱凡事、族规家训、颁定行第、何氏源流考、何氏来源、入闽开基祖记、历次修谱时间、祠堂记和太始祖、入闽开基始祖、茭阳村始迁祖世系图等。铅印本。谱存茭阳村村部。

《海尾何氏宗谱》 清同治三年（1864年）何玉钿、苏呈观始修，光绪四年（1878年）何德林等二修，光绪十八年何玉炮、何玉品、陈懋修三修，宣统三年（1911年）王作梅四修，1922年何玉池、曾黉俊五修，1948年何朝长、梁文山六修，1980年何伯应、何发达、吕林麟七修，2000年何发毓等八修，2015年何发毓、何发清、周绪麒等九修。谱载始迁祖何启龙至今世系。铅印本。谱存福鼎巽城海尾村、石龟村，北山大湾洋尾，霞浦章家衕过洋村，寿宁县江山村村部。

《太姥洋何氏宗谱》 清康熙三十六年（1697年）何会荣始修，同治十一年（1872年）何奕椿等二修，1926年何品通、王景干三修，1963年何菊秋、李孝琏四修，1981年何剑州、何天午、李友瑾五修，1999年何明显、何明信、周绪麒六修，2009年何明显、周绪麒七修。谱载清康熙（1662—1722）初年何洪禄、洪祚、洪祥、洪福等至18世世系。铅印本，10本。谱存太姥洋村、洋里村、嵛山鱼岛村，秦屿四角井村、流江村、塘边村、西山村、清官司村、杨家溪渡头村、三沙双头兰村村委会。

《王家坪何氏宗谱》 清同治十一年（1872年）续修，1912年三修，1948年四修，1962年五修，1982年何尔妹、何文奎等六修。谱载清顺治年间（1644—1661）何执中后裔何曹仁至33世世系。钞本。谱存王家坪村何明忠处。

四、霞浦县

《霞浦何氏（浔美）支谱》 旧谱因火灾焚毁，2015年何煜、何士珍重修。谱载家族源流、何添治世系表、何连春家族世系图表、回忆录等。铅印本。谱存族人每户1本。

《三村何氏宗谱》 2009年青官司、梅花、围头桥三村联谱。谱载谱序、源流序、凡例、祠堂记、登科记、祖训等。铅印本。谱存福鼎太姥洋何氏宗祠，各村存房谱。

《瑞峰山何氏宗谱》 清咸丰八年（1858年）卓英杰、卓宪乐始修，1924年二修，1981年何廷铭、黄元魁三修并作序。谱载谱序、凡例、家训、传赞、诗篇、远祖世纪、瑞峰山世系图表等。钞本。谱存瑞峰山村何开存处。

《沙头贞房何氏宗谱》 清同治三年（1864年）何廷铨、何开林等始修，1981年何步扬、何聚言等二修。该谱以（房）为主。谱载何国贞世系、谱例、传赞、诗篇、公业记录、祭田及元房房产等。钞本。谱存沙头村何氏宗祠。

《沙头发公何氏宗谱》　1944年始修，1982年何有栋、黄永魁等重修。谱载咏赞村景、咏赞祖德、咏赞家训等诗文。钞本。谱存沙头村何作希处。

《松山何氏宗谱》　1983年何步扬、柘荣城南黄永魁编修。谱载松山何氏属沙头（贞房）世系，另附有咏赞松山村景等诗篇。钞本。谱存松山村何同通处。

《七斗岔何氏宗谱》　清嘉庆二十四年（1819年）始修，1923年浙江省泰顺县何洙峰、何锦章重修并撰序，2012年何吓方等三修。谱载永嘉场西河何季温迁居分派源流考。钞本。谱存温州祠堂。

《过洋何氏宗谱》　清同治三年（1864年）何玉钿、苏呈观、罗阳始修，光绪十八年（1892年）陈懋二修，1922年三修，1948年何朝长、何朝业等四修，1980年何伯应、何发达等五修，2015年何伏长六修。谱载清代25世何洪仁至后11世世系。钞本。谱存过洋村何伏长处。

《围江何氏宗谱》　1983年何开成、叶芳埜二修，2003年何邦树、叶芳埜三修。谱载谱序、凡例、世系图表等。钞本。谱存围江、梅洋、后首三村，小马、水潮、白鹭各存分立房谱。

《下横何氏宗谱》　1915年金遂元重修，1934年陈鸿英三修，1981年陈德迪四修，2004年12世何则钦五修。谱载中炉坑1世何学汤繁衍世系图表。钞本。谱存下横村何成捷处。

《上横何氏宗谱》　清光绪三十二年（1906年）袁文烈重修；1981年何子齐、陈惠川等三修；2000年何洪乱、陈世安四修，11世何孔思撰序。谱载明万历年间（1573—1620）1世何学尹、何学汤至14世世系。钞本。谱由各房轮流保存。

《沙塘里何氏宗谱》　1981年何兆喜、陈惠川始修，2000年福鼎陈世安二修。谱载1世祖何萃生至14世世系。钞本。谱存沙塘里何家大厝处。

《长春何氏宗谱》　谱为何大郎27世何应光摘录的一小部分。钞本。谱存长春村何冬贵处。

《吕峡何氏宗谱》　1986年何邦义、何文蔚重修。谱载凡例、传赞，还列有萃公蒸尝、祭田众产位置。钞本。《总谱》存吕峡何氏宗祠，《支谱》5册分藏于各房。

《文岐何氏宗谱》　1981年何金榜、何金团、何金干等始修，2001年何金干、卓垅、卓垚等二修。谱载清代1世何伯乾至17世世系。钞本。谱存文岐村村委会，分谱各户1册。

《大湾、北壁何氏宗谱》　1994年何廷金、谢旺生编修。谱抄自"由棋境迁本村旧记"，参考先祖墓志铭。钞本。总谱分存于大湾何氏宗祠。

《西洋何氏宗谱》　明弘治十四年（1501年）11世何文镇始修。旧谱载残缺，大部分内容失传。2002年何以忠重修。谱载自原字辈至7世世系实录。钞本。谱存西洋村何依兴处。

五、寿宁县

《江山何氏宗谱》　清乾隆四十九年（1784年）始修，道光元年（1821年）二修，道光二十九年三修，光绪二十四年（1898年）四修，1913年五修，1985年何发雄等六修。谱载：何隆兴随王潮入闽及至何万五由福安马头迁寿宁江山，及后裔播迁繁衍情况。有序文、凡例、世系世表、源流、宗派、像赞、墓记、行第昭穆、普晋寺志、山场地界记、五音记、各年公益事记等。钞本。谱存江山村村委会。

《斜滩何氏族谱》　清乾隆四十年（1775年）始修，乾隆四十五年何邦灿重修。仅存残缺不全谱头。谱载周宁首洞何氏源流和播迁情况，至斜滩1世何仕震止，谱中有何氏播迁源流考、仕官科集、像赞、传记、系图志等。钞本，2册。谱存斜滩村何道钊处。

《山角林何氏宗谱》　宋绍兴四年（1134年）始修，淳祐年间（1241—1252）二修，清咸丰七年（1857年）三修，1939年四修，1993年何凤灵五修。钞本，2册。谱载庐江郡分派清源郡的始末。谱存山角林村何家蔚处。

《水北何姓宗谱》　清光绪三十一年（1905年）始修，后焚毁，1984年何瑞全重修。谱载何太郎后裔1世何麟璋、何献璋至11世世系。钞本，2册。谱存水北村何瑞全处。

《洙峰何氏宗谱》 明嘉靖十年（1531年）始修，清康熙二十八年（1689年）二修，乾隆九年（1744年）三修，道光八年（1828年）四修，同治十一年（1872年）五修，1954年六修，1994年何玉斌七修。谱载：何元叶迁坑底上东，其子何景梓分迁花岭水竹洋；另载昭穆。钞本。谱存洙峰村何玉斌处。

《大同何氏支谱》 2001年何录丰编修。谱载何世聪迁寿宁南门概况和昭穆、世次雁行表。钞本。谱存蟾溪村何录丰处。

《后坑何氏家谱》 1984年何逢坤编修。谱载清道光年间（1821—1850）1世何达馨至7世世系。钞本，2册。谱存后坑村宗祠内。

《韶托何氏族谱》 1988年何世雄编修。谱载清末何文达39世何天礼会传5世世系。钞本。谱存韶托村何世雄处。

《大岭何氏家谱》 宋绍兴四年（1134年）始修，明正德四年（1509年）二修，清乾隆二十年（1755年）三修，道光二十二年（1842年）四修，光绪三十二年（1906年）五修，1962年六修，1996年何振林七修。谱载何元宸肇迁大岭概况。钞本。谱存大岭村宗祠内。

《官田洋何氏族谱》 清嘉庆三年（1798年）始修，咸丰三年（1853年）二修，宣统三年（1911年）三修，1989年何世江四修。谱载何珙四由周宁梨村迁六角坮，后裔何永华分迁概况。钞本。谱存官田洋村何成辉处。

六、周宁县

《梨村何氏宗谱》 清乾隆四十年（1775年）何圣缓始修，钞本，2册；道光十三年（1833年）何天恒、何道中二修，钞本，3册；光绪三十二年（1906年）袁文烈三修，钞本，3册；1935年洞天钟山氏四修，钞本，3册；1983年魏日冬、魏日良五修，谱载南宋宝庆元年（1225年）13世何四郎至32世世系，钞本，3册。谱存梨村何孙标处。

《大碑何氏宗谱》 清道光二十年（1840年）何天恒、何道中、何正琥等始修，系绍述堂造（手抄孤本）；光绪七年（1881年）何道贞二修，钞本，1册；1939年洞天钟山氏三修，谱载13世何五郎至32世世系，钞本，1册。谱存大碑村何财宝处。

《竹岭何氏宗谱》 清乾隆五十七年（1792年）何圣缓始修，钞本，1册；光绪七年（1881年）何道贞二修，钞本，1册；1984年叶望威、何开基三修，谱载清康熙（1662—1722）初年1世何登明至11世世系，钞本，1册。谱存竹岭村何妙锋处。

《梅渡何氏宗谱》 清乾隆五十七年（1792年）何圣缓始修，道光七年（1827年）何世缓二修，咸丰六年（1856年）何道贞三修，宣统元年（1909年）章必忠四修，1983年礼门龙峯境魏日冬、魏日良五修。谱载明正统年间（1436—1449）31世祖何延四、何伯能至47世世系。钞本。谱存梅渡村何日清处。

第十节　平潭综合实验区

《院前何氏族谱》 1932年何朝禄、何朝振始修；1994年何祖焰、何朝智、何行和、何文瑞二修；2015年何文登、何霖、何文禄、何祖茂、何泽民等三修，为院前、庄上、加田下、东限洋、大福、西楼、岭前、上洋、上楼合谱。始修和重修（含坑北）包括礶角底，均为钞本，各1册；再修为铅印版，1册。谱载1世祖何铎至20世世系实录。谱存敖东镇院前村何氏宗祠。

《礌角底何氏族谱》　2016年何文清、何经龙、何文纬、何朝锦编修。为礌角底、北高坪合谱。谱载1世祖何铎至20世世系实录。铅印版，上下两册。谱存澳前镇礌角底村何氏宗祠。

《南楼何氏族谱》　1946年何培苏、何基余、何基川始修，2003年何先祯、何基森、何光珠、何光龙、何光齐等二修。为南楼、南盘、青峰、东进、东风、沃底、湖边、君山后、小岭等合谱。谱载1世祖何乔岐与堂弟何乔来至16世世系实录。钞本，上下两册。谱存中楼乡南楼村何氏宗祠。

《东坑何氏族谱》　1947年始修，2013年何昌文、何宗旺、何昌玉、何昌安等重修。为东坑、伯塘、下狮狮合谱。谱载1世祖何俊命至15世世系实录。始修为手写版1册，重修为铅印版1册。谱存东坑村何氏老人会。

《桃花寨何氏族谱》　1946年何德宜、何先和、何先福始修，2003年何木春、何光生、何光平等重修，2014年何仁贵、何光生、何光灿、何裕生等三修，为福清后郑西河何氏谱汇编。谱载1世祖何可琪至13世世系实录。始修和重修均为钞本，各1册，再修为铅印版1册。谱存平原镇桃花寨村何氏老人会。

《坑北何氏族谱》　清嘉庆二十四年（1819年）何景星二修；光绪二十五年（1899年）8世何冠雄三修；1994年11世何行义、何行和四修，与院前何氏合编；2018年何行和、何武艳、何武雄五修。谱载1世祖何心齐至15世世系实录。前为钞本，五修为铅印本。谱存流水镇坑北村何氏老人会。

第四章　文化遗产

第一节　著作与艺文

［宋］何　万　福清人。著有《易辩》3卷、《渊源录》3卷、《长乐财赋志》16卷、《鼎论》3卷、《时议》1卷。

［宋］何　兑　邵武人。著有《随津易传》。

［宋］何　镐　邵武人。著有《易集义》。

［宋］何去非　浦城人。著兵家述评《备论》28篇（中国古代第一部军事人物评论集）。

［宋］何　述　浦城人。著有《礼记传》20卷、《事类领要》10卷、《庐江集》10卷。

［宋］何　薳　浦城人。著有《春渚纪闻》。

［明］何　御　福清人。著有《白湖诗草》6卷。

［明］何　璧　福清人。诗有《辽蓟吟》1卷，文有《逋客集》1册，编校《北西厢记》2卷。

［明］何玉成　福清人。著有《揽翠山房诗辑》。

［明］何　楷　龙海人。著有《古周易订诂》16卷、《诗经世本古义》28卷。

［明］何文雍　漳浦人。著有《何氏本始记》。

［明］何乔远　泉州人。辑有《名山藏》，著有《武荣全集》《皇明文征》《闽书》。

［明］何乔迁　晋江人。撰《潭阳文献》，著有《廷尉集》。

［明］何琪枝　晋江人。著有《玉子诗集》。

［明］何家驹　惠安人。著有《四书史参》、嘉庆《惠安县志》。

［明］何大鹏　建宁人。著有《镕金铸宝》。

［明］何孟伦　建宁人。主持修纂《建宁县志》。

［明］何　贞　建宁人。著有《太白楼诗》《忘筌馆近稿》。

［明］何其渔　建宁人。著有《渔父编》。

［明］何天宠　建宁人。著有《偶言集》《楚中游草》。

［明］何望海　邵武人。著有《樵溪合壁》《秋声集》《沧浪诗序》《曾公生祠碑记》。

［清］何玉瑛　女，闽县人。著有《疏影轩诗集》2卷。

［清］何治运　闽县人。编纂《广东通志》，著有《公羊精义》《论语解诂》《孟子通义》《周书后定》等。

［清］何子祥　云霄人。著有《蓉林笔抄》4卷、《何氏家谱》10卷。

［清］何觐光　建宁人。著有《急救奇方》《内伤砭肓》等。

［清］何秋涛　光泽人。撰有《校正元圣武亲征录》《蒙古游牧记校补》，《北徼记编》后增编为80卷。

［清］何淑苹　光泽人。著有《琴北诗抄》。

［清］何长聚　光泽人。著有《鑫国诗文集》《乐事录》《义仓序》《音学管见》。

［清］何　璟　广东香山人，光绪闽浙总督、福建巡抚。著有《春秋大战录》《通监大战录》《奏议》《事余轩诗》等。

［近现代］何刚德　福州人。著有《平斋家言》《话梦集》等。

［近现代］何振岱　福州人。著有《觉庐诗草》《我春室文集》《榕南梦影录》《心自在斋诗集》《西湖志》等。

［近现代］何公敢　福州人。专著《公债》，译本《财政学》，编有《英汉字典》。

［近现代］何孝元　福州人。著有《民法总则》《民法债篇总论》《工业所有权之研究》。

［近现代］何孝允　福州人。著有《保险学原理》。

［近现代］何方生　福州人。著有《生命在于脑运动》，主编《革命生涯六十年》。

［近现代］何　达　福州人。著有诗集《我们开会》《何达诗选》，作品选集《长跑者之歌》。

［近现代］何文昌　连江人。著有《自得斋吟稿》。

［近现代］何宗玉　连江人。著有《虎东吟韵》《北京奥运颂》《海涛吟韵》。

［近现代］何友恭　福州人。著有《希齐遗书》一册。

［近现代］何碧辉　厦门人。主编《妇产科学》。

［近现代］何敬真　漳浦人。著有《南印度的胡椒》《印度椰子的栽培》等。

［近现代］何镇邦　云霄人。文学评论家。著有《长篇小说的奥秘》《当代小说艺术流变》《文学的潮汐》《文学的新世纪》等。主编《文体学丛书》《当代名家随笔丛书》等。

［近现代］何丙仲　惠安人。著有《风流千载忆延平》《厦门景观》《厦门摩崖石刻》《厦门碑志汇编》《何丙仲学术文集》等。

［近现代］何　池　漳州人。著有《翁泽生传》《中国共产党指导台湾革命研究》《漳州人与台湾开发》《龙湖集评注与陈元光研究》《漳州革命老区史》（下）等。

［近现代］何葆国　云霄人。著有《十八岁没有烦恼》《石榴疯狂》《寂寞山城人老也》《马铺故事》《山坳上的土楼》等。

［近现代］何　也　平和人。著有《雾月星辰》《大地粉尘》《饥饿的皮肤》《嘎山》等，主编《闽南风》。

［近现代］何欣航　女，云霄人。著有《书橱里的船》《小兔子的天空》等。

［近现代］何子彝　泉州人。编纂《麟山何氏族谱》13卷。

［近现代］何乃川　泉州人。《朱子学研究》《闽学丛书》《儒家文化现代透视》的组织者和撰稿人之一，著有《闽学困知录》等。

［近现代］何少川　泉州人。著有《山海幽幽》《故乡的花》《古榕魂》《何少川散文自选集》《闽南：多彩的家园》等，主编《闽台文化大辞典》等。

［近现代］何家鑫　泉州人。著有《手足口病流行特点及其防治》。

［近现代］何　奔　惠安人。主编《经导管人工主动脉瓣植入术——理论与操作》。

［近现代］何　英　女，上杭人。著有《抚摸岁月》《远去的岁月》《悠悠岁月》。

［近现代］何清和　建宁人。著有《清风和畅》。

［近现代］何曼试　仙游人。著有《福建主要粮油作物优良品种》《福建农作物种子标准》等。

［近现代］何　农　福安人。著有《人民艺术家·何农》《何农中国画》等。

［近现代］何宜武　寿宁人。著有《华侨经济研究》《结合海外华商力量强化经济外交》等。

［近现代］何　隽　寿宁人。著有《燕京避难记》。

［近现代］何绵山　河南固始人，福建电视大学教授。著有《八闽文化》《台湾民俗》《福建宗教文化》《闽台佛教亲缘》《台湾民族与宗教》等。

［近现代］何　景　江苏泰兴人，厦门市科协主席。著有《河西及祁连山三植物群落》《兰州植物志》《福建植物区域与植物群落》《福建种子植物研究》等。

第二节　族规家训

一、福州日溪井后村何厝里

家规十则：敬重天地，恪守王章，孝顺父母，识服师傅，尊敬长上，和睦乡里，苦心力学，尽力农业，早完粮税国课。

家规十戒：莫作非为，莫学赌博，莫逞拳力，莫贪酒色，莫容盗贼，莫欺孤贫，莫坏伦纪，莫好骄傲，莫服异端。

家规十劝：各安生理，各扶风俗，各励贞节，各习礼义，各立廉耻，各存心田，各训子弟，各助葬丧，各重婚姻。

录自《玉环何氏族谱》

二、漳州云霄何氏家训

祭祀宜诚，家庙宜守，祖墓宜护，兄弟宜和，
源流宜清，婚姻宜正，闺门宜肃，黄耇当敬，
交游当慎，本分宜守，俊秀宜培，诗礼宜倡，
族谊当敦，唆讼宜戒，戏闯当斥，赌博当绝，
诽语当严，家长当正。

录自云霄何地《何氏家谱》

三、泉州麟山何氏祖训

天理莫逆，为人不易。祖德莫忘，子孙有用。
父母莫逆，身从何来？兄弟莫欺，同气连枝。

子弟莫惯，害他一生。居家莫逸，民生在勤。
家庭莫偏，易起祸端。立身莫歪，子孙看样。
慎听偏言，免伤和气。立志向上，手心向下。
钱财莫轻，勤苦得来。耕读莫懒，起家之本。
奢侈莫学，自起贫穷。待人莫刻，一个恕字。
做事莫霸，众怒难犯。故旧莫疏，祖辈之交。
邻里莫绝，相及照应。本业莫抛，所靠何事？
妄人莫近，容易伤生。正人莫远，急难可靠。
非分莫近，受辱惹祸。美色莫迷，报应甚速。
贫穷莫怨，小富自勤。言语莫尖，可以祈福。
富贵莫羡，积德悠久。贫穷莫轻，想你当初。
暗箭莫用，祸延子孙。交友莫滥，须要识人。
非理莫说，败德伤人。国法莫玩，政令森严。

录自泉州《麟山何氏族谱》

四、南平市光泽何氏祖训

勉孝悌：父母恩情重，弟兄手足亲。生平能孝悌，不愧其为人。
勉忠信：寸心当自尽，实念贵常存。忠信能为主，事成品亦尊。
勉诗书：遂生宜复性，学足破愚痴。婚姻事犹缓，延师教莫迟。
勉勤俭：懒惰奢华子，原非有用才。事功勤里得，丰自俭中来。
勉守分：境遇难齐一，唯循素位行。人生能守分，意气自然平。
戒赌博：喝雉呼卢事，倾家更败名。财从孤注尽，落寞令人轻。
戒讼狱：理道虽而有，衙门总要钱。凭他欺骗我，只是让为先。
戒淫邪：万恶淫为首，蛾眉未可贪。亏心防暗室，俯仰贵无惭。
戒强悍：势力谁能恃，强中更有强。从来君子辈，和气兆祯祥。
戒骄吝：保泰谦光好，通财义气全。不为骄且吝，里党羡英贤。

录自南平光泽司前乡庭燎村何氏宗祠大厅上横匾

第三节　宗　祠

云霄县何地何氏家庙　坐落在马铺乡枧河村后厝。清乾隆十八年（1753 年）何子祥倡建，历多次重修，1999 年略修，2017 年重修。占地面积约 1000 平方米，建筑面积 275 平方米。坐西北向东南。土木结构。主体为两进燕尾脊硬山顶建筑风格。主厅堂面开阔，进深三间，两侧上下双连厢房，堂廊两旁立有“龙”“虎”两门，抬梁穿斗混合式梁架。主体建筑的石作构件和木构斗拱雕刻绘题材丰富，是为闽南古代建筑的典型。祠里正厅悬挂“内阁名臣”“一等伯爵”“广陵锁纶”“德垂后昆”“文魁”“武魁”“恩魁”，以及两块“进士”匾额，祠前尚存部分旗杆石。祠埕存有四通历史上重修家庙时迁台宗亲捐资捐物碑记。主祀云霄、平和何氏 1 世祖何添河。2009 年被列为福建省第七批文物保护单位。（见彩图 6-1）

福州马尾区凤翥庐江何氏宗祠　坐落在琅岐镇后水村（即凤翥境）。明洪武十五年（1382 年）始建，清康熙五十二年（1713 年）移建村口，雍正四年（1726 年）扩建，嘉庆二十四年（1819 年）重建，1919 年又扩建下座，1997 年集资 200 多万元，历时 2 年重建。占地面积 840 平方米，建筑面积 630 平方米。坐北向南。祠前有154平方米祠埕，还建有8.2米高、8米宽的四档三开“学海堂”祠坊。宗祠三进三厅，雕绘龙柱石狮，汉白玉栏杆，还有青石柱楹联24幅。2000年被列为马尾区第五批文物保护单位。

福清市瞻阳何氏宗祠 坐落在福清港头镇瞻阳村。清康熙三年（1664年）始建，乾隆六年（1741年）重修，2002年再修。建筑面积851平方米。坐北向南。全木结构，六扇三进。祠名由时任国民政府主席林森所书。祭祀1世祖何大善及历代先祖。2003年被列为福清市文物保护单位。

福清市龙田何氏宗祠 坐落在龙田三村。南宋咸淳九年（1273年）始建，度宗皇帝钦赐礼部尚书何君弼回乡立祠祭祖；明万历四十六年（1618年）何万16世廉州知府何玉成与其父中宪大夫何善为独资重修；清咸丰八年（1858年）进士何履亨独资重修，增添24幅文武进士匾额和22副木柱联，供奉入闽始祖何万塑像与神主牌，上方悬挂“钦赐立祠”的圣旨框匾；1988年重修。建筑面积733平方米。坐南向北。木石结构，六扇三进。明内阁首辅叶向高赠青漆贴金柱联：“齐名焕新子孙系及耘图永继俎豆馨者；瓜瓞绵长苗裔绳承稼穑弗断美羹蒸尝。”2020年被列为福清市文物保护单位。

黄岐海新何氏祖厝 坐落在连江县黄岐镇海新街道解放路29号。清末何贤乐、何贤玉（何玉利）始建。占地面积514平方米。坐北向南。木结构。曾作为区公所。2013年被列为连江县文物保护单位。

云霄县何氏祖祠清章堂 坐落在马铺乡杨美村新寨。清初始建，道光年间（1821—1850）、1948年均有重修，2011—2013年依照“修旧如旧”的文物保护原则重修。建筑面积176平方米。坐北向南。砖木结构，二进三开间悬山顶，两侧有厢庑。石作构件和木构斗拱雕刻精美，尚存清代民俗艺术题材。正厅悬挂“协镇副将”“乡进士”“修职郎”等匾额，祠前左右两副旗杆石。何乃川题写大门对联：“何地家声远；清源世泽长。”主祀4世祖（虹三房）何肃正。2015年被列为云霄县文物保护单位。

云霄县寨洋何氏追远堂 坐落在马铺乡杨美村寨洋。俗称寨洋祖祠。清初始建；道光年间、1948年二次重修；2011再修，规制不变，修旧如旧，保持清代建筑原貌。占地面积约1000平方米，建筑面积256平方米。坐北向南。燕尾脊硬山顶建筑风格，二进三开间，两侧有厢庑，堂廊两旁立有“龙”“虎”两门。砖木建筑。上厅悬挂清初征台建功、梧州副总兵何祐的“协镇副将”和“乡进士”“修职郎”等匾额。下厅正中悬挂何少川题“根深叶茂”匾额。主祀虹三房支脉8世祖何聘莘。2015年被列为云霄县文物保护单位。

东山县何氏家庙追远堂 坐落在杏陈镇前何村。明末始建，历多次重修，1981年、2011年又重修。建筑面积192平方米。坐西北向东南。为抬梁式悬山顶土木结构，二进三开间悬楼正中厅堂，二侧上下双连厢房。家庙悬挂清代同治皇帝所赐“钦点翰林院”金字匾，以及“荣禄大夫”“七品正堂”等牌匾。堂前有口半月形“祠堂潭”。2002年被列为东山县文物保护单位。

惠安县峰崎何氏宗祠 坐落在辋川镇埔崎主村正中心。宋淳祐七年（1247年）何崇禧始建；明正统十三年（1448年）重修；清乾隆三十七年（1772年）大修；民国初略修；1995年重修，规制不变，修旧如旧，保持原貌。占地面积2000平方米，建筑面积1150平方米。坐东南向西北。占穴玉凤朝麒麟，为宫殿式三合院土木结构。主体建筑祭厅西向面对麒麟山巅。正门前有一对卷曲螺纹状石鼓，祭厅前场地称“凤规”，近凤规处原先曾竖四对旗杆夹石。从祠堂埕进凤规设亭式院门一座，进院门先上三台阶，经甬道下五台阶，然后进入祠堂正门，人称“三上五下”。正厅高悬“镇闽人宗”“安抚肇基”横匾。正厅神龛中供奉安抚使公神像，下奉列祖列宗禄位。正厅两侧悬挂历代名士匾16方。2002年被列为惠安县文物保护单位。

安溪县珍地何氏宗祠 坐落在湖上乡珍地村88号。明代始建，2004年何四国等人筹资重修。建筑面积2000平方米。坐北向南。正厅悬山顶，面阔五间，进深三间，前有池塘。2005年被列为安溪县文物保护单位。

邵武市古山何氏宗祠 坐落在沿山镇古山中街。清乾隆年间（1736—1795）始建。占地面积约1400

平方米。坐北向南。分为两大部分，以街为中轴，南北对称分布。两侧分别建造单孔拱形跨街石门牌坊两座。木砖结构，外形飞檐凌空，翅角对峙，祠内有木雕、墙画、砖刻以及地砖和大理石条。2011 年被列为邵武市文物保护单位。

邵武市台溪水口寨何氏祠堂 纪念先祖何兑、何镐，也称何兑何镐祠堂。坐落在洪墩镇水口寨村东。明末清初始建，2004 年重修。占地面积 940 平方米。坐南向北。2011 年被列为邵武市文物保护单位。

光泽县岛石村何氏丘公祠堂 坐落在止马镇岛石村。清初始建，历代有整修。建筑面积 800 多平方米。坐北向南。布局规整对称，大量使用砖石，外墙砖雕，室内木雕，明代建筑风格。内有戏台，分三进。2012 年被列为光泽县文物保护单位。

福州市上杭路何氏宗祠 坐落在台江区上杭路 88 号。清乾隆五年（1740 年）何万后裔 17 世何次严、何逸斋、何荀若共同出资始建。占地面积 1200 平方米。坐北向南。三进六开间，两僻廨。为龙田台石派祖祠。

福清市酒店村何氏宗祠 坐落在江镜镇酒店村中心。明中期始建，清乾隆五十四年（1789 年）重修，1995 年重建。占地面积 500 平方米。坐北向南。宽 3 间，深 5 间，硬山顶，穿斗式木构架。1929 年何文成、何胥陶曾在此从事革命活动。被列为福清市革命文物点。

福清市沙埔何氏宗祠 坐落在沙埔镇沙浦村。明末清初始建，1988 年重修，2017 年又修。占地面积 861 平方米，建筑面积 431 平方米。坐北向南。双层三进，硬山顶，砖石土木结构。祭祀 1 世祖何子南、何子芳。“何氏宗祠”系清道光榜眼何冠英所书。

福清东华何敬存支祖厅 坐落在福清市龙田镇东华村。清代始建，1996 年重修。占地面积 800 平方米。坐东北向西南。土木结构。供奉 1 世何敬存及历代祖先。

福清市前宅何氏宗祠 坐落在江镜镇江镜村（前宅村）。清康熙（1662—1722）中叶始建前院落，乾隆八年（1743 年）建后院落，1993 年何隆朝等侨胞和港澳宗亲与梓里族人共同筹资重建。占地面积 1383 平方米，建筑面积 516 平方米。坐北向南。六扇三进。

福清市前华何氏宗祠 坐落在江境镇前华村中心。清乾隆三十六年（1771 年）始建，光绪元年（1875 年）重建，2002 年重修。建筑面积 688 平方米。坐北向南。砖混结构。祭祀 1 世祖何缙。

福清市下厝何氏宗祠 坐落在三山镇虎邱村中部虎头山下。清乾隆五十五年（1790 年）由第 14 世 18 户出资始建，1951 年重修，2010 年重建。建筑面积 885 平方米。坐北向南。砖木混凝土混合结构，三进两层。

福清市东园何氏宗祠 坐落在三山镇虎邱东园村。清乾隆六十年（1795 年）始建，1995 年重修。建筑面积 705 平方米。坐北向南。砖木结构，三进双层，祭祀东园始祖何公。门口有一对旗杆碣。

福清市华塘何氏宗祠 坐落在三山镇华塘村中。清嘉庆十九年（1814 年）始建，门楣有碑刻“何氏宗祠　嘉庆拾玖年”，2002 年重修。建筑面积 583 平方米。六扇三进，坐西向东。

福清市北翁何氏祠堂 坐落在江镜镇北翁村。清嘉庆年间（1796—1820）始建，1993 年重建。建筑面积 750 平方米。坐西向东。砖木结构，六扇三进。

福清市蓝田何氏支祠 坐落在港头镇蓝田村中心。清乾隆年间（1736—1795）始建，1996 年重建。建筑面积 300 多平方米。坐北向南。砖混结构，三进四扇。

福清市东山何氏宗祠 坐落在一都镇东山村公园旁。2011 年重建。钢筋混凝土框架结构。建筑面积 688 平方米。坐东北向西南。祭祀始迁祖何孝精。

福清市门头村何氏宗祠 坐落在高山镇门头村何厝。1988 年修建，2015 扩大重建。占地面积 1000 平方米，建筑面积 576 平方米。坐东向西。背靠后山埔，二进规制。

福清市东兴何氏宗祠 坐落在三山镇虎邱东兴村中。2003 年建成。建筑面积 500 多平方米。坐西北向东南。砖木结构，六扇三进。主祀 1 世祖何应庚。

长乐何氏庐江宗祠 坐落在长乐鹤上镇何朱里。明代后期始建，1981 年失火烧毁，1991 年重建。建筑面积 800 多平方米。坐北向南。礼堂式建筑，前厅两层，底层供奉祖先，后有舞台。

连江浦口外何何氏宗祠 坐落在浦口镇浦丰居委会。2002 年始建。占地面积 3300 平方米。坐北向南。砖木结构，三厅两天井。主祀 1 世祖何振玉。

连江庐江何氏宗祠 坐落在连江马鼻镇辰山村钱峰山下。清乾隆二十五年（1760 年）始建，数次重修，2008 年何宗键、何宗海等捐资加以完善。占地面积 610 多平方米。坐南向北。砖木结构，四扇三间。祀始祖何仁佐及历代何氏先祖。

永泰苍霞何氏宗祠群 坐落在永泰大洋镇苍霞村。包括何氏宗祠、中房何氏祖厝、崇福堂、奎光阁和崇福桥等。明永乐年间（1403—1424）由始祖何伋始建；明正德十六年（1521 年）6 世祖何文代增建了祠堂的配套建筑，包括祠庙、崇福桥以及高达五层的奎光阁，后奎光阁遭火焚；清乾隆六年至十年重修何氏宗祠并重建奎光阁；1990 年重修何氏宗祠，并新盖何金兰纪念堂、罗汉堂、圣公殿、顺利桥。占地面积 2000 多平方米。坐北向南。

厦门何厝何氏家庙 俗称厦门何厝大宗祠。坐落在思明区何厝村。明代始建，多次重修，2006 年再修。占地面积 1100 多平方米。坐北向南。

同安何厝宗祠 坐落在厦门同安区西柯镇何厝村村北。清道光七年（1827 年）始建，1995 年在原址重建，2019 年再建。占地面积 223 平方米。坐南向北。前后进双护廊砖木结构。门联镌刻：庐江衍派流芳远，霞崎分支世泽长。

坪埕何氏小宗 坐落在厦门市海沧区海沧街道海沧农场村坪埕社 79 号。清乾隆十五年（1750 年）始建。占地面积 300 平方米。坐东南向西北。

龙海市何氏树德堂 坐落在东泗乡西岭村西山社。清乾隆五年（1740 年）始建，2011 年重建。占地面积 730 多平方米，建筑面积 540 多平方米。坐南向北。两侧有护厝。

漳浦县上宗何氏家庙追远堂 坐落在官浔镇区内。明永乐十五年（1417 年）始建，2003 年重修。建筑面积 288 平方米。坐西向东。为两进三开间土木建筑，悬山顶。主祀 1 世祖何添沮。

漳浦县下宗何氏家庙孝思堂 坐落在官浔镇区内。建筑面积 310 平方米。坐北向南。为两进三开间土木建筑，悬山顶。主祀 1 世祖何添湢。

漳浦县何氏善继堂 坐落在官浔镇红霞村洪田。清康熙年间（1662—1722）始建，2010 年重修。建筑面积 300 平方米。坐东向西。抬梁式土木结构，二进三开间悬山顶，由门厅、天井、主堂组成。

云霄县何氏祖祠昭德堂 坐落在马铺乡枧河村后厝社。清初始建，2009 年重建。建筑面积 334 平方米。坐西北向东南。主祀 4 世（虎大房）何以忠。

云霄县何氏祖祠聿修堂 坐落在火田镇圆峰村。清康熙年间始建，2015 重建。建筑面积 300 多平方米。坐南向北。主祀 4 世（虹四房）何以杰。

云霄县何氏祖祠硕蝦堂 坐落在马铺乡石古村。清乾隆年间始建，2014 年重建。建筑面积 588 平方米。坐西向东。主祀 4 世（虎四房）何宽礼。

云霄县何氏祖祠贞慈堂 坐落在马铺乡枧河村漈口社。清乾隆年间始建，2014 年重建。建筑面积 172 平方米。坐东北向西南。主祀 4 世（虹五房）何以宣。

云霄县何氏祖祠崇德堂 坐落在马铺乡外石芹村。清乾隆年间始建，2011 年重建。建筑面积 250 多平方米。坐西北向东南。

诏安县何氏家庙 俗称“何修爷楼”。坐落在诏安县南诏镇北门外。清乾隆年间始建，2010 年重修。建筑面积 624 平方米。坐北向南。

平和县霞山何氏祖祠　坐落在崎岭乡彭溪村霞山“田螺窝”。明嘉靖年间（1522—1566）始建，2010年重修。建筑面积134平方米。坐东向西。主祀1世祖何添河。

长泰县何氏祖祠　坐落在坂里乡坂新村仑尾社。清初始建，建筑面积208平方米。坐西北向东南。

晋江市砌田何氏祠堂　坐落在西园罗裳山麓。明万历年间（1573—1620）始建，清咸丰年间（1851—1861）重修，1988年大修。建筑面积200多平方米。坐东向西。土木结构。

晋江市张前何氏宗祠　坐落在灵源街道张前社区。明万历年间何其昭建造，1958年重修，2008重建。占地面积960平方米，建筑面积360平方米。坐北向南。砖木结构。

惠安县坝江何氏宗祠　坐落在洛阳镇陈三坝坝南村。明永乐年间（1403—1424）始建，清光绪三十二年（1906年）维修，1998年重修。占地面积480平方米。坐西向东。主体建筑祀厅两进三开间，斗拱结构，硬山屋顶。两侧有“远祖龙溪；近宗凤屿”篆字砖雕对联，还各有一组9字圆形变体砖雕。大门左偏，五级台阶，门上悬挂“何氏宗祠”匾额。

惠安县崇武何氏家庙　坐落在崇武城内大街头（今莲西村）。清代始建，1998年在原址重建。占地面积210多平方米。坐西向东。

永春漈内何氏祖厝　坐落在永春县玉斗镇云台村漈内自然村。元代始建，2014年重建。占地面积700平方米，建筑面积225平方米。坐北向南。土木结构，门阔五间，门匾书“庐江祖宇”。主要祭祀漈内始祖及列祖列宗。

永安市上后溪村祖屋　坐落在槐南镇上后溪村。1999年整修。建筑面积700平方米。坐北向南。

宁化县中沙何氏宗祠　坐落在中沙乡何屋梅林墩。宋末始建，2015年重建。占地面积1700平方米。坐北向南。砖混结构。

建宁县珠坊何氏宗祠　坐落在黄坊乡芦岭村珠坊外湾。清道光三年（1823年）始建，2014年、2016年两次重修。建筑面积800平方米。坐北向南。

建宁县葛藤窠何氏宗祠　坐落在伊家乡沙洲村。清乾隆三十九年（1784年）始建，1931年失火烧毁，1946年重建宗祠上厅，1987年重建下厅。占地面积约800平方米。坐西北向东南。砖木结构。

尤溪县七里何氏宗祠　坐落在西滨镇七里村裕后山。清康熙四十年（1701年）始建，历代均有维修，2017年再修。建筑面积380平方米。坐北向南。土木结构。

鲤城何氏宗祠（何俨祠堂）　坐落在仙游县鲤城街道城内社区北门巷41号。明嘉靖元年（1522年）6世何雄始建，清代重建。建筑面积500多平方米。坐北向南。土木结构。

江边何氏庆远堂　坐落在莆田市荔城区拱辰街道办事处张镇村江边自然村。明代中叶始建。占地面积500多平方米。坐北向南。

建瓯市可建何氏宗祠　坐落在迪口镇可建村中央。南宋始建，2009年重建。占地面积760多平方米。坐东南向西北。砖木结构。

光泽县何氏宗祠　坐落在司前乡庭燎村。清道光二十九年（1849年）始建。建筑面积400多平方米。坐北向南。内中正堂悬挂有清光绪二十一年（1895年）由裔孙何远资手书的“祖训”真迹。

新罗区竹何村何氏宗祠　坐落在大池镇竹何村。明代始建。占地面积1300多平方米，建筑面积140平方米。坐东北向西南。砖木结构。池塘2口，旗杆石多座。

上杭县千八郎公祠　坐落在庐丰乡棉村下店子。宋宝祐四年（1256年）始建，2009年重建。建筑面积400多平方米，占地面积1816平方米。坐东北向西南。砖混结构琉璃瓦。

上杭县六一郎公祠　坐落在中都镇瓜墩圩。宋绍定三年（1230年）始建，历次重修，后被毁，2014年在原宗祠上方重建。占地面积4000平方米，建筑面积860平方米。坐南向北。仿古砖混结构琉璃瓦。

武平上寨何氏家庙　坐落在武平县象洞镇新岗村。明代始建，2013年重修。占地面积3500平方米，建筑面积600平方米。坐西向东。上下大厅，中间大天井，门口有大小池塘各1口。

武平县湘坑文一公祠　坐落在桃溪镇湘坑村。明代始建，2007年重修。占地面积2000平方米，建筑面积500平方米。坐北向南。砖木结构。

武平县仕周公祠辛山堂　坐落在象洞镇新岗村。明代始建，2013年重修。占地面积3500平方米，建筑面积600平方米。坐西向东。上下大厅，中间大天井，门口有大小池塘各一口。

宁德市夏村何氏宗祠　坐落在蕉城区赤溪镇夏村。1936年始建，砖木框架结构，两层。占地面积800平方米。坐东南向西北。

福鼎市巽城何氏宗祠　坐落在店下镇城海尾村。1925年始建，2000年重修。占地面积927.7平方米。坐西向东。

首洞韩何宗祠　坐落在周宁县礼门乡首洞梨村主峰境内。清光绪年间（1875—1908）扩建上座，1922年扩建下座，1983、1999年二次重修，2013—2017年韩何两姓宗亲共同捐资重建。占地面积2600多平方米。坐北向南。

平潭南楼何氏宗祠　坐落在平潭中楼乡南楼村中部。清乾隆五十九年（1794年）始建，2000年重修扩建。二层三进。占地面积1059平方米，建筑面积386平方米。坐北向南。

第四节　陵　墓

何逖基墓园　位于泉州丰泽区清源街道清源山西田寮村。南宋末年墓。陵地面近三角形，依山势分上、中、下三层，总长116米，底宽60米，占地面积约5200平方米。坐西向东。上层为陵墓，中层墓埕，下层平台为大庭，大庭左右各有平屋数间，供守墓人居住，今尚存房屋基址。历代均有修葺，清同治九年（1870年），后城何氏1世何鸿文出资遵旧制进行重修，墓后崖石上载有重修刻石；2016年成立福建省清源何氏逖基公陵墓修复理事会，6月动工重修，2018年11月竣工。墓碑上镌“庐江清源何氏太祖逖基公陵墓”。2001年被列为泉州市文物保护单位。

何子祥墓　位于云霄县马铺乡石鼓村东坑。清乾隆三十六年（1771年）始建。占地面积260平方米。坐北向南。进士何子祥历任浦江、平阳县令加金华通判，逝世后归葬故里。墓前竖立两柱石碑书写对联“宰浦江，莅平阳，惠政清风传浙水；兴文祠，设义坛，建宗修谱肇和山”。2020年被列为云霄县文物保护单位。

何君怀墓道碑　位于福州市仓山区上渡街道红星社区黄柏岭。清代始建。坐西向东。碑高2.75米，宽0.8米，厚0.3米。碑额直刻三行六字篆文“皇清恩荣诰赠”，碑文楷书“奉直大夫户部广西清吏司、主事加一级君怀何公墓道”。2015年被列为仓山区文物保护单位。

何万（一之）陵墓　位于福清清源里石坑山（今东张镇道桥）。南宋始修，明天启六年（1626年）何玉成整修，清乾隆年间（1736—1795）又整修。深40米，宽25米，面积1000平方米。坐西向东。墓碑上书“宋朝请大夫一之何公墓”。右前方旁边立有清光绪六年（1880年）九月福清县正堂所立“示禁碑”，列出祖山四至，并昭示予以保护。2020年被列为福清市文物保护单位。

何安抚墓园　位于惠安县螺城镇石盘村西北梅山水库北畔半山腰。穴称“美女怀胎”。唐末始建，20世纪五六十年代建梅山水库时墓园被削近半，1983年新加坡庐江何氏总会捐资首倡重修。1992年秋，埔崎宗贤成立“祖业三修理事会”，发出倡议书，菲律宾、新加坡庐江何氏宗亲会，石狮宽仁、厦门何厝等地宗亲支持捐助，同年11月重建。面积103.5平方米，占地面积390平方米。坐东北向西南，随后在旧墓封土上覆以水磨花岗石龟盖，环墓太极、曲手、丹池、墓埕皆以水磨青白花岗岩砌筑。墓牌镌“开闽始祖赐谥忠竭何公墓”。墓右增建“溯源亭”，左立重修碑，以壮观瞻。依山势而建，总落差2.7米。

2006 年被列为惠安县文物保护单位。

何大郎墓 位于武平县岩前镇宁洋村 205 国道旁。宋代始建，清乾隆四十六年（1781 年）重修，2005 年再修。乾湖塘龟形肩井穴。面积 230 平方米。坐南向北。碑文“始祖唐进士宁化知县大郎何公，二世祖五郎公之墓”“清乾隆辛丑仲夏月吉重修，上杭县嘉应嗣孙武平县宗亲 2005 年重修”。1998 年被列为武平县文物保护单位。

上董何氏墓 位于福州市仓山区城门镇上董村上董山入口 100 米处。元代始修。共 5 座，覆钵形，三合土构筑。坐北向南偏西。总占地面积 130 平方米。墓呈“米”字形排列，各墓约距 0.9 米，中冢封土高 1.8 米，周长 16.04 米，其余各冢封土高 1.8 米，周长 15.5 米，各墓前均立青石碑。正中间冢碑文是“蓝水何氏寿域”、东南冢碑文“幼傅何公寿域”、西南冢碑文“仙阆何公寿域”、东北冢碑文“于宾何公寿域”、西北冢碑文“虚舫何公寿域”。2015 年被列为仓山区文物保护单位。

何华山、何华水墓 位于福清高山埕仔尾。明朝中期始建，是高山门头何氏始祖墓。面积 30 多平方米。坐东南向西北。

何鹏霄陵墓 位于福州崇福寺后山景岗山上。清道光二十五年（1845 年）始建。上书“皇清赐进士出身诰授奉直大夫云卿何公”。占地面积 150 平方米。坐北向南。

何半波墓 位于福清龙田镇上和洋鸬鹚穴。明嘉靖二十九年（1550 年）始建。面积近 1000 平方米。坐北向南。在墓右前方立有嘉靖皇帝钦命应天府尹郑漳莅临代天御祭花岗岩石碑，高 2.43 米，宽 0.82 米，厚 0.15 米，上额有“敬赐祭葬”四字，中间自右向左“明奉政大夫靖江左长史半坡何公墓道”，右下有“应天府尹年生郑漳题”，左下有“嘉靖庚戌岁季冬立石”。该墓基本保存完好。

何仁佐墓 位于连江县马鼻镇辰山村下林崎山。南宋始建。土石结构，呈半月形墓。占地面积 50 平方米。坐东向西。墓碑刻“始祖何公仁佐德配陈氏诰老孺人之墓”。

何启发墓 位于永泰县岭路乡长坑村村西公路边。清乾隆三十九年（1774 年）始修。何启发为永泰岭路乡对山村洋尾自然村何氏始祖。面积 120 多平方米。坐西向东。

何厝陵园 位于厦门岛内虎仔山南麓。厦门何厝村有 700 多年历史，列祖列宗分葬于何厝周边土地。在厦门开发建设中，何氏宗亲始择虎仔山集中安葬动迁坟墓。2000 年始修。占地面积 2000 平方米。坐西北向东南。安葬何厝 7 世何端淳以及之后的何姓列祖列宗。

官浔上、下宗开基祖合葬陵园 位于漳浦县官浔镇西北村陈仓陂山（九房公山）。背靠宝塔山，面朝玳瑁山。为上宗开基祖何添沮（信祖），祖妣陈氏；下宗开基祖何添湢（信福），祖妣黄氏、李氏等五位合葬墓。明洪武（1368—1398）初年始建，明嘉靖年间（1522—1566）迁移合葬，2010 年扩建重修。占地面积 1600 平方米。坐西向东。

何添河墓 位于平和县南胜镇何仓村。明永乐年间（1403—1424）始修，为云霄、平和何氏一世祖，穴名“月眉金”。占地面积 1200 平方米。坐西向东。祖妣盘氏墓位于何仓村附近，穴名“吊钟”。占地面积 600 多平方米。坐西南向东北。1992 年重修。

何彦保墓 位于云霄县马铺乡枧河村柿仔坑。墓主为何地开基祖，穴名“仙人跷脚”。明正统年间（1436—1449）始修，2017 年重修。占地面积 280 平方米。坐西北向东南。

何思慎墓 位于东山县前何村前的东隅肖家埔。为东山县前何 1 世祖何思慎与妣林氏合葬墓。明嘉靖二十七年（1548 年）始修。占地面积 428 平方米。坐西南向东北。

何应全墓 位于诏安县梅岭镇下河村，为诏安何氏一世何应全和妣林氏合葬墓。俗称“三脚墓”，穴名“盘蛇蛟墩”。明初始修，2019 年重修。占地面积 600 平方米。坐北向南。

何京保墓 位于平和县崎岭乡彭溪村。为崎岭乡开基祖墓，穴名“席草沓”田顶，原墓因道路建设 2004 年迁葬于此。占地面积 220 平方米。坐西北向东南。

何伯合墓　位于长泰县坂里乡新春古吹。为一世祖何伯合墓。清初始修。占地面积 350 平方米。坐西南向东北。

鲤城镇何氏祖墓　原位于仙游保福山，明成化十五年（1479 年）何雄兴建，2011 年 12 月因开建公路而迁移到将军山下。大理石结构。占地面积 250 平方米。坐北向南。

何元碧祖墓（何阳春祖父墓）　位于莆田盖尾镇濑榜路斜尾路口向南 500 米左右，岭头宫背面。明万历四十七年（1619 年）始建，2016 年重修。上书“何知州府之公墓”。占地面积 1000 平方米左右。坐北向南。

何阳春墓　位于仙游郊尾镇长岭山。明代始建。上书“皇明乡进士奉直大夫任广西上思州知州，阳春中玄何公”。占地面积 50 平方米。坐北向南。

何兑墓　位于邵武洪墩东砀水尾凤凰山北。宋代始修。何兑为北宋进士、广西提刑检法官。占地面积 80 平方米。坐南朝北。

何镐墓　位于邵武十九都（现洪墩镇尚读村境内）。何镐为何兑之子，湖南善化县令、南宋理学家。宋代始修。墓地共 3 层，占地面积 120 平方米。坐北向南。

何卓荣墓　位于邵武南坑风山扩窑西官路边。墓主为南坑何氏始祖。元代始修。占地面积 80 平方米。坐东向西。

何恒墓　位于邵武黄土坪坡封山下的店坛后门。墓主为黄土坪何氏始祖。元末始修。占地面积 80 平方米。坐北向南。

何伯继墓　位于邵武古山街窑平山。墓主为邵武古山何氏始祖。明永乐十六年（1418 年）始建。原葬本都西洋坊祖婆，后迁葬于此。占地面积 120 平方米。坐北朝南。

何六一郎墓　位于上杭县中都镇兴坊村下坑，夫子弹琴形。宋代始修，历经维修，1994 年台胞何庚生捐资再修。占地面积 200 平方米。坐东北向西南。碑文“庐江郡何氏四世祖考三十郎公妣王太孺人，五世祖考六一郎公妣吴太孺人，妣范太孺人合墓”。旧碑葬坟中。

何伯显妣邱氏墓　位于宁德蕉城区赤溪镇溪园村后岛山大石壁下。俗称“麒麟墓”。明崇祯八年（1635 年）始建。为蕉城区赤溪镇溪园村何氏始祖墓。占地面积 100 平方米。坐北向南。

何曾福妣詹氏墓　明墓。位于古田桃溪龙瑞八斗。俗称“八斗墓”，墓主为古田何氏始祖。明嘉靖二年（1523 年）始建。占地面积 1500 平方米。坐南向北。

“金钟”墓　位于寿宁斜滩过溪山金钟洋。斜滩始迁祖何元祚与林氏孺人墓。清乾隆四十二年（1777 年）始建，咸丰七年（1857 年）、1915 年重修，2001 年再修。占地面积 120 平方米。坐南向北。

何定江墓　位于平潭澳前镇碓角底村西北向约 80 米处、俗称大寮鹿寮门的山丘上。何定江为澳前镇碓角底村何氏始祖。明天启二年（1622 年）始建，2014 年重修。占地面积 239 平方米。坐东向西。

何逢庆墓　坐落在平潭县岚城乡研兜村西 300 米、三十六脚湖管理处东北的山丘上。墓主为沙浦系始祖。清朝同治三年（1864 年）始建，2014 年重修。占地面积 150 平方米。

第五节　古建筑

福清东关寨　坐落在福清一都镇东山村半山腰。系何氏族人为防御盗匪而联合筹资，清乾隆元年（1736 年）由何延礼等依山势而筑。坐东向西，寨分上下两层，底层 99 间，上层 69 间，36 个门，18 个天井。占地面积 4280 平方米，建筑面积 7000 平方米。为古城堡式建筑，寨房为土木结构，呈长方形三进，长 77 米，宽 56 米，中轴线对称布局，3 座并排，中厅面阔 5 间，进深 1 间，左右面阔 3 间，进深 1 间。中左右三部分之间有土筑隔火墙，围墙下方为花岗岩垒砌而成，高达十余米，上为土筑哨廊，宽 2 米多，可供跑马巡逻，哨廊外墙开有 68 个小窗，供瞭望、射击之用。寨在东南、西南、西北三处开门，寨门为大理石框木板门，用重阳木制成，门顶有出水洞，以防火攻。2000 年被列为福建省文物保护单位。(见彩图 6-2)

邵武市通判泉 坐落在邵武市洪墩镇尚读村。南宋理学大师何兑建造。因何兑在宋绍兴年间（1131—1162）曾任辰州通判，乡人称其为“通判泉”。相传掘井时有双鹤从中飞出，故又名“鹤泉”。泉分五眼，依序为饮用水、洗菜、洗衣、洗污物等不同功能。井面以大石板铺筑，井眼长方形，面积分别为 3. 8、12. 8、4. 1、8、12. 7 平方米。井眼设计科学合理，至今村民仍自觉遵循，从不紊乱。2018 年被列为福建省文物保护单位。

通判泉

上杭县客家大型古民居——存耕堂 坐落在中都镇。清乾隆元年（1736 年），上杭县中都镇何冲山带领 3 个儿子在广东经营生意获利回乡，耗资 9 万多两白银，历经 13 年，建筑成此具有客家传统风格的大型古民居。占地面积 3996 平方米。设有 9 个大厅，18 个院落，230 个房间，方方实实，故有“九厅十八井”之称。三进为二层楼房。四进为一排四个四扇三间三层楼。五进左右两旁各有三排横屋。从内到外，从高到低井然有序。同治年间（1862—1874），太平军将领康王汪海洋曾率部队驻扎于此，在右回厅楼壁上留有“某年某月太平天国康王在此驻宿”的字样。“存耕”两字嵌联竖在高大的门框上，大门楹联“存心淡泊为君子，耕稼畔歌效古人”。二进中堂堂柱上亦有一副对联，联曰：“存其好心，养其廉洁；耕者让畔，行者讴歌。”2009 年被列为福建省文物保护单位。(见彩图 6-3)

何振岱故居

福州何振岱故居 又名觉庐，坐落在福州市鼓楼区三坊七巷文儒坊大光里 21 号（原为大光里 16 号）。始建于清嘉庆年间（1796—1820），光绪年间（1875—1908）及民国初都曾重修。建筑面积 527 平方米。坐南向北。四面围墙，共两进，第一进厅堂面阔三间，进深二间，双坡顶，穿斗式木构架，有插屏门隔成前后厅。是三间排倒朝。屋前庭院种有花树，竖“何梅生墓志铭”。何振岱购入后始终为何氏家族居住。1991 年被列为福州市文物保护单位。

路尾赵何氏节孝坊 位于漳浦县长桥镇长桥村路尾自然村。清乾隆三十三年（1768）为赵庠生之母何氏立。三柱三间式石仿木结构，无顶。面宽 4. 8 米，高约 4 米，柱顶各有 1 只小石狮，柱上刻有对联，正中横匾刻“节孝”二字。1984 年被列为漳浦县文物保护单位。

云霄县马铺谷春庵 又称马铺义坛，坐落在马铺乡马铺村。清乾隆十六年（1751 年）进士何子祥始建。坐西南向东北。为悬山式抬梁穿斗混合结构，主体建筑二进一院三开间，左侧建廊厅厢房一座，整座为土木建筑，历史上多次重修，2002 年再修，尚保持清代建筑原貌。大门上方悬挂“谷春庵”木匾一方，以及庵内对联多副，为何子祥所题原迹。庵旁立有“武伯乡庐江何氏恩荣坊”，清乾隆三十二年奉旨始建，2017 年重建。正面三层，上层书“皇恩，乾隆三十二年谷旦立”；中层左右各雕一条龙拱卫着“圣旨”两字；下层右边书写“大清礼部仪制清吏司奉敕贻褒福建省平和县武伯乡庐江何氏”，中间“文武世家”四个大字，左边写“旹乾隆三十二丁亥季值韶节之吉”，背面“忠孝节义”四个大字。2007 年被列为云霄县文物保护单位。

东坑何氏节孝坊　位于平和县坂仔镇东坑村和表自然村。清乾隆二十一年（1756 年）始建。南北横向。通高约 5 米，宽 8 米，四柱三间，二层歇山式。牌坊的四根石柱上的两边各刻有两对门联，其中，西向外侧的一对门联为乾隆进士何子祥题：“菽水代夫历抱贞心恶夜月；荻灰教子长留锦字印寒霜。”清道光十三年黄许桂主修的《平和县志·烈女志》记载：“何氏贡生陈其志妻。年二十二而寡。伯氏许以子嗣，然尚未生也。氏矢志守节，焚香祝天。越三载，伯果生双胎，而以惠瑶继夫后。人以为孝感所致。乾隆间旌。”1996 年被列为平和县文物保护单位。

惠安青龙桥　位于辋川镇峰崎村北的麒麟山下，横跨众水交汇的林辋溪出海处。南宋宝祐年间（1253—1258），入闽始祖何衍 11 世何崇禧和惠安僧人、著名造桥慈善家释道询建；元大德年间（1297—1307），里人何炯首次重修；明天顺七年至成化二年（1463—1466），泉州承天寺僧大章、木行等主持再修；清雍正八年（1730 年），邑人黄侍举三次重修。此后便一直荒坏失修。桥为石梁结构，南北走向，残长 35.8 米，宽 3.9 米，高 2.5 米。尚存 4 孔 5 墩，每孔净跨 10.3 米。半船行桥墩端部叠涩出檐。桥面各节原架 5 条石板，现有的已断缺。最长者 12.8 米，宽 1.4 米，厚 0.68 米，重达 32900 千克。其中一块石板刻有“大明岁次癸未年众等重修”字样，即指明英宗天顺七年的第二次重修。桥南侧尚存明代重修石碑一座，中镌“青龙桥”三个斗书，边款为“白沙道人立，崇禧散吏书”。1984 年被列为惠安县文物保护单位。

惠安县何琼玖故居　坐落在崇武镇海门村。清道光年间（1821—1850）监生何琼玖所建。建筑面积 180 平方米。坐西向东。由门厅、西厢、大厅组成。大厅面阔五间，进深四间，抬梁结构，硬山屋顶。前有石埕、照墙。内尚存清代石雕、木刻。2002 年被列为惠安县文物保护单位。

台溪精舍　坐落在邵武市洪墩镇尚读村。南宋何兑之子何镐所建。土木结构。面积 300 多平方米。坐北朝南。何镐曾在这里传授理学，世称“台溪先生”。2016 年被列为邵武市文物保护单位。

何公敢故居　坐落在福州市鼓楼区朱紫坊 24 号。始建于清康熙（1662—1722）末期，嘉庆二十四年（1819 年）何万 20 世何碧轩购置，道光及民国间都有重修。建筑面积 2500 多平方米。坐南向北，四面围墙，共四进。入门为“三间排”的门头房。从门头厅入石框门，三面环廊，廊下天井。第一进厅堂面阔三间，进深二间，双坡屋顶，穿斗式木构架。西侧有小门通小花厅，花厅门窗、门扇、花槛、壁板皆用楠木。第二进面阔三间，进深二间，置前、后两天井，两侧有厨房、堆杂物屋等。第三进面阔五间，进深二间，中间原供奉何氏祖宗牌位，两侧前后各有二排房间。第四进坐西向东，面阔七间，进深二间。

福清市瞻阳八扇厝　坐落在港头镇瞻阳村村西 172 号。清雍正三年（1725 年）何明寿始建。建筑面积 2000 平方米。坐北向南。古厝三落八扇两附舍，有 36 个天井，封火山墙二坡顶（燕尾脊），穿斗式木构架，面阔七间，大门前有大埕，竖夹杆石两副。正座进深十二檩用五柱，带前后廊。两进之间有墙隔断，中开门，门内为后天井及左右两厢，后座进深十五檩用七柱，后部设屏门隔为前后厅。大厅明次间前部辟为轩廊。屏门上方及轩廊、檐下等处梁枋、花板、斗拱、替木等木构件雕刻精美。两旁各有附堂一列。从前大厅至后厅门共 10 道门，取之“十全十美”。

连江辰山拱辰堂　坐落在马鼻镇辰山村钱峰下。宋淳祐五年（1245 年）何觉明捐地起盖，明嘉靖二十五年（1546 年）何极川重建，后又经何氏宗亲多次修缮。建筑面积 300 多平方米。坐南向北。现供有六爷公神位，香火鼎盛，信众广布。

连江县通山第一王庙　坐落在黄岐半岛琇邦村虎东山上。建筑面积 300 多平方米，共三层。坐西向东。据传，唐武德九年（626 年），南海总兵任铭带病奉旨，统领三军，卫国平乱，壮烈捐躯，岛民为念忠烈，建祠传颂，敕封为神。元至正十九年（1359年），朱元璋水师南下攻打福州，因海雾笼罩，迷失方向，遇险上塘竹排礁。危险之际，虎东山顶灯火辉煌，指明方向，水师乘风破浪，攻下福州，平定江南。明太祖定都南京之后，御笔题封虎东山境大王为“通山第一王”。2005年黄岐何氏宗亲捐资帮助修建盘山公路，2015年又捐资重建“大王府”。

永泰苍霞奎光阁 坐落在大洋镇苍霞村。明正德十六年（1521年）何文代兴建，清乾隆六年（1741年）重建。建筑面积98平方米。坐东向西。原为5层，是何氏私塾学堂，曾被焚。

永泰樟江棋杆厝 坐落在永泰樟江。清乾隆四十年（1775年）12世何克荆主持建造，东西两边各有四座横楼，楼与楼之间长达300多米。整座建筑面积1500多平方米。正座坐西南向东北。分上下两落，中间木结构，东西两边以土墙包围，中间有天井、书院，共有房间40多间。清道光年间（1821—1850），这里曾出过两名文武举人，门前两支石旗杆是因中举荣誉而立。

漳浦官浔何姓大夫家庙 位于漳浦县官浔镇，为何鸣玉故居。何鸣玉以外孙南宁知府蔡本俊（蔡新第六子）赠奉政大夫，后称其府第为“大夫家庙”。占地面积600多平方米。坐北向南。为两进三开间土木建筑，悬山顶，面临街道。堂上悬挂清代大学士蔡新及夫人画像各一幅。

惠安县何上先武进士第 坐落在辋川镇峰南西亭村中。清道光年间（1821—1850）始建。占地面积500平方米。坐东向西。为二进五开间双护厝，土木结构，大门上悬木质匾额一方，刻颜体“进士”两个大字，边款为“六部侍郎兼都察院右副都御史巡抚福建等处地方提督职务魏元烺为进士道光丙申恩科会试第五十七名殿试第三甲第二十七名何上先立”。宅第内有5个天井。正面墙体用石裙红砖砌筑。门前有一长方形砖埕，约130平方米，周围埕岸1.2米。埕右原有一对旗杆夹石，今佚。

惠安县峰崎土楼 坐落在辋川镇峰崎村。清嘉庆年间（1796—1820）始建。长宽各20米，高12米。坐西向东。四周外墙均用糯米灰夯筑而成，为五开间的二层楼房，中间一天井，四周房间面向天井，结构严谨。

德化县何朝宗故居 坐落浔中镇后所村虎山头半山腰。明代建。占地面积1820平方米，建筑面积750多平方米。坐北向南。山脚有条浐溪蜿蜒流过。对面为岐山。古式土木结构，二进五开间，两边各有骑楼护厝。何朝宗是明代杰出的瓷塑家，为德化瓷窑工匠建庙供奉的瓷神。

上杭县瑞香村大夫第 坐落在中都镇瑞香村。清康熙五十七年（1718年）当地何姓17世何莲友建造。占地面积2500平方米，建筑面积1500平方米。坐西向东。该建筑建于烂泥田上，故打下直径尺余松木梅花桩数百根，再夯上近3米高的石灰三合土墙，底层墙厚80厘米。整个屋面未用一颗铁钉，全用老毛竹烤干的竹钉，特制瓦片每片重1250克。三栋三层土楼，二层二横屋，共设18厅68间房6个天井。前面3个石拱大门，正中石拱门顶楼横立块大石板，雕刻“大夫第”3个大字。前后经历三代人建造完成。历经多次地震和风灾水灾等自然灾害，仍毫无损害，是闽西山区古代客家建筑工艺的典型代表。

何廷一故居 坐落在长汀县汀州镇南门社区建设街47号。清同治元年（1862年）25世何史芳始建。相连房屋2栋，土木二层结构。占地面积736平方米。坐西向东。原屋内房间30余间，大小厅堂6眼，天井5处，水井2口。

石龟何氏民居 坐落福鼎市佳阳畲族乡安仁村石龟自然村石龟8号。清道光十七年（1837年）何德宋、何新潘父子始建。占地面积1290平方米。坐东北向西南。高10米，为木质结构，楼层为二层半，三厅，内厅雕刻精致，天井近百平方米。

寿宁大夫第 坐落在宁德市寿宁县斜滩镇何家巷6号。清代建。宽26米，高约15米，深29米。坐北向南。封山顶，面阔5开间，两进院落，3层土木结构，四周防火墙高及屋宇；屋顶双面坡覆盖，青瓦飞檐；地面铺三合土，平整坚实；大门高大巍峨，门楣上方有一块清光绪年间（1875—1908）钦赐的大横匾，上书“大夫第”。厅堂上雕梁画栋，门、窗、格扇浮雕花鸟。大夫第为政治家何宜武、科学家何宜慈故居。

第六节　民间信仰

一、何氏九仙信俗

何氏九仙祈梦信俗是福建民间分布地域较广、信众较多、特色突出的重要信俗之一。汉武帝元狩年间（前122—前117），安徽庐江何太守九个儿子为避淮南王刘安之乱，取道江西豫章（今南昌）入闽。何氏九兄弟在八闽留下诸多足迹，包括福州于山九仙洞、福清石竹山九仙阁、惠安笔架山仙公阁、泉州马甲仙公山、长乐朝阳山九仙洞、德化县东西团九仙山、将乐县九仙山、尤溪县一十八都九仙山、宁德霍童山等。最著名的当数仙游榜头镇九鲤湖，为何氏九仙最后定居处，并在这里炼丹济世，治病救人，在这里“跨鲤升天”，之后“竟能赐梦，决人休咎”，于是被信众奉为神灵，于此建“九仙祠”、塑九仙神像祀之，还建“祈梦楼”“祈梦阁”以求九仙赐梦。

九鲤湖祈梦信俗发端于唐。唐贞元（785—805）进士许稷在《游九鲤湖》一诗中云：“山空人去后，梦醒客来初。”晚唐诗人御史大夫郑良士亦在同题诗中写道：“我来不求邯郸梦，取醉聊乘郑圃风。”唐代九鲤湖祈梦习俗在继承汉族原始的占梦和祈禳活动的基础上，逐渐形成了相对固定的“祈梦”信俗仪程，包括戒斋、洁洗、品茗、焚香、赏景、求梦、解梦、圆梦、还愿等具体程序，成为颇具特色的祈梦和圆梦的信俗文化。到了明代，祈梦的风气更甚。明代户部尚书郑记在其《仙梦辩》中描述：“由莆而闽，而天下，靡不闻风而翘想之；士大夫宦游兹土，莫不函疏叩关而至。”江西籍状元罗伦，江苏籍状元黄钺，江苏籍进士周世臣、顾大典，浙江籍进士王弼，江南才子唐伯虎，地理学者徐霞客，明末清初民族英雄郑成功，清初大学士李光地等均慕名而至九鲤湖探幽祈梦，留下诸多传说。

除九鲤湖外，福州石竹山也是何氏九仙祈梦重地。《王世懋游记》：闽人祈梦，以秋往九鲤湖，以春往石竹。石竹是九仙离宫，为行春治所耶。石竹山祈梦以九仙信仰为纽带，以民间心理医疗知识为内涵，并在此基础上形成了自己独特的礼俗，逐步衍生出四季祭典，尤其以每年立春日的“接春”仪式为代表。

仙游九鲤湖祈梦、福州石竹山祈梦信俗随着分灵多处的九仙祠而遍及全闽，并远播海外。现民间来祈梦者仍络绎不绝，据宗教管理部门统计，每年慕名来九鲤湖及相关九仙山祈梦祈福的海内外信众多达30多万人次。

二、何嗣韩信俗

何嗣韩是唐代戍闽将军陈政、陈元光的军需官，因驻扎怀恩（今诏安），成为诏安何氏族人信奉的始祖神，并发展为诏安何嗣韩信俗。自古以来，每年在农历二月十五日各何氏村片，由各乡村组织何氏宗亲每家每户自备祭品到各村祠堂祭拜始祖何嗣韩，同时各村有敬奉祖宗何嗣韩神像的，也组织由年轻人抬始祖神像绕乡村巡安后回祠堂安放受村民朝拜，时间各乡村自定，有上午6时开始，也有7时、8时开始。有个别村如下寮村，逢鸡年就组织全村宗亲到下河村迎请祖公神像到下寮村朝拜12天后，再奉送祖公神像回下河村。全县集中朝拜是每年二月初八，全县有何氏宗亲共16个村片，备祭品由各乡村老人会负责人到诏安县南诏镇何氏家庙拜始祖神，诏安何氏宗亲会主持祭祀大典。上午9时，主持人宣布祭拜开始，鸣炮。主祭人带领各村片宗亲代表，在始祖神灵前肃然进行九跪三叩首，由宗亲会领导宣读祭祖颂文，后烧金帛等。礼毕鸣炮结束。

三、何仙姑信俗

武平《何氏族谱》记载："何仙姑，后晋天福二年丁酉（937年）十月十三日卯时生于南岩。仙姑幼性清净，不饮酒，不茹荤，隐迹岩中，誓不适人。"父何大郎生十子一女，仙姑名何琼，排行第七，又称七姑。在南岩山中静修，不食不饥，不衣不寒。遇吕洞宾指点得道，北宋元祐元年（1086年）仙逝，享高寿150岁，葬于岩前冷洋（现名宁洋、灵岩）何大郎墓右则，立有"何氏仙姑之墓碑"，何仙姑治病救人的传说故事至今在民间广为流传。《武平岩前何氏族谱》记载：何仙姑经常手持洁净的荷花，以中草药普救黎民百姓，后被奉为神，信众较多。据武平县宁洋当地老人证实和记载考证，当地何氏族人在武平县宁洋砖厂内找到何仙姑坟墓遗址。为纪念何仙姑，族人建起"何仙姑庙""何仙姑亭""八仙庙"等，并竖起何仙姑塑像，供信众朝拜，年年香火旺盛。出生地武平县灵岩村已被列入中国传统村落名录，村后南岩有供奉何仙姑的"仙佛楼"及何仙姑亭。

四、福安白云山何仙君信俗

何仙君俗名何明清，周宁县礼门乡大碑村人，生于明代。相传，何仙君幼时家贫，勤奋成家，育有二子。后因大儿子早逝，看破红尘，云游四方。只身来到白云山，梦遇白云山缪从龙仙翁点化，常驻此山，利用早年医术，经常为黎民百姓巡医消灾解难，化雨抗旱救火。明正德年间（1506—1521），求得修身渡世玄妙道法，脱凡升仙，是年39岁。何仙君因屡屡显灵，盛名远播闽浙两省五县，其替黎民百姓消灾解难的事迹，境内妇孺皆知，得到信士的爱戴和敬佩，每逢初一、十五，登山进香者络绎不绝；每年农历八月十四至十六日，五县乡民信众聚集在福安白云山举办何仙君诞辰庆典。1998年，福安晓阳何氏后裔募捐善款在原坟墓后修建坟塔；2018年又再次筹资修建护栏，浇灌水泥操场。

第七节　非物质文化遗产

省级非遗厦（门）金（门）何厝宋江阵及传承人　厦门何厝是思明区沿海的一个古村。明嘉靖年间（1522—1566），倭寇时常骚扰厦门沿海，村民们敬仰梁山好汉大无畏的忠义情操和团结精神，自发习武抗倭，后成为一种老少皆宜的健身运动，逐渐演化成世代传承的宋江阵，并传播到金门何厝。宋江阵在技法上，除了一般的刀枪剑戟棍等之外，还有一些特殊的武器，如当年抗倭时村民所用的藤牌和丈二矛枪等。2014年12月，厦（门）金（门）何厝宋江阵被列为福建省非物质文化遗产项目，代表性传承人有厦门何厝何进辉（省级）、何成龙（区级）、何燕良（区级）。

省级非遗泉州笼吹及传承人　泉州笼吹是一种民间吹鼓乐，相传为古代宫廷官衙用于迎宾送客、祭奠、庆宴的仪仗大乐。流传到民间后，艺人为了方便，平时把所用乐器（琵琶、三弦、南鼓、唢呐等）收藏在一担古色古香的箱笼中，就座演出前并列排放，演奏完又把乐器放回笼中，故称"笼吹"。笼吹演奏时，演奏者围着鼓成圈，开始先"起鼓"，用三跪九叩的"满山闹"击乐法及大唢呐前呼后应，增加热闹气氛。泉州笼吹是中国民间音乐现存唯一带乐器箱笼和乐器架随队演奏的乐种，箱笼成为笼吹区别于其他乐种的鲜明标志。2009年8月被列为福建省非物质文化遗产项目，泉州笼吹世家为石狮市"何家班"，传承人有何木水、何清和父子等。

第八节　名胜古迹

泉州市留公陂　又名屠公陂，俗称陈三坝（何氏族人聚居村），古代水利工程。位于洛阳江中游，洛江区双阳街道前埭社区坝南村和泉州台商投资区洛阳镇何氏族人聚居的陈坝村交界处。五代后晋开运二年（945 年）至后汉乾祐二年（949 年）泉州刺史留从效修建，南宋绍兴三十年（1160 年）留从效八世孙、右使留元刚续建。初建时，陂长 30 丈，宽 13 丈，深约 1. 3 丈。工程修竣后改名“留公陂”。历代均有修葺，现坝南尚存明代泉州郡守屠东崖重修碑一方。1963 年，国家拨款 8 万元重新整修陈三坝。石砌的拦河滚水坝，总长 90 米，净高 2. 8 米，设排洪闸五孔。坝址在陈坝何氏村落范围内，首先受益者为坝江何氏。因此，历代的坝江何氏积极参加修坝、护坝。现在，陈坝灌溉工程由坝南村委会负责管理。1998 年被列为泉州市文物保护单位。2009 年被列为福建省文物保护单位。

何氏九仙观　坐落在福州于山东麓。五代后唐长兴二年（931 年）闽王王廷钧所建，以陈宝元为宫主。北宋崇宁二年（1103 年），宋徽宗赵佶为镂刻道家大藏经，下诏在此营建道观，初名天宁万寿观，主祀何氏九仙。政和五年（1115 年），福州郡守黄裳对万寿观进行扩建，增建了喜雨楼、玉皇阁等，使之殿宇相望，雄镇一方。绍兴七年（1137 年）改名报恩广孝观。元至正元年（1341 年）改名九仙观。于山是何氏九兄弟炼丹修仙之所，也是何氏九仙信仰的发源地，更是福建省著名的道教宫观，在中国道教史上有着重要地位。其宫观香火旺盛，信士众多，影响遍及海内外。1983 年被列为福州市文物保护单位。

云霄县炉峰书院与炉峰岩　坐落在马铺乡石鼓村尖尾山麓。清乾隆二十三年（1758 年）何子祥倡建。虽然书院是由何氏出资创办，但也接待同邑的异姓子弟就读。《炉峰书院开馆启》开宗明义地表明：“愿罗邻里乡党之英流，以资敬业乐群之广益。”书院设寝室，置炊具，“以供族子及异姓之来学者”。炉峰书院建成后，云霄县“文风日盛，科甲仕官读书人寻常事耳”，从此以后“闻吾乡文武登巍科不绝，子弟蜚声黉序，指不胜屈”。大学士蔡新曾到炉峰岩看望同学志明住持僧，并撰“杜嚣”寺匾，今尚存。2001 年云霄何姓族人捐款重建“炉峰书院”与“炉峰岩”，占地面积 800 多平方米，坐西向东。1992 年被列为云霄县文物保护单位。

惠安县萱辉别墅　坐落于辋川镇何姓族人聚居的峰崎村。1954 年始建，南洋归国华侨何吉水兴建。占地面积 1600 平方米，建筑面积 900 平方米。坐北向南。为三进五开间带东护厝。主厝大门做成凹寿式，门上内嵌“梅阁传芳”石匾。土木砖结构，红砖砌筑外墙，外墙镶有砖雕、石雕、泥雕，室内前廊后轩嵌入木雕、影调、彩绘，屋顶穿斗式木构架。共 28 间房。整体建筑风格融合闽南传统民居和南洋华侨建筑。2018 年被列为惠安县文物保护单位。

何树远故居　又称天吾家。坐落在福州市仓山区公园东路，西面与公园东路 8—14 号的京和园相邻，是一幢具有近代西洋风格的二层砖木结构洋房。1920—1930 年何树远建。正门在北侧，面向公园东路，有常见的近代西式门楼，原匾额为“天吾家”。何树远曾为律师，后任福州平水轮船股份有限公司董事长、福建轮船公司副经理。

福清石竹山九仙阁　石竹山位于福清市西郊 10 千米处。《闽都记》云：“汉何氏九仙所游之地。”《王世懋游记》：“闽人祈梦，以秋往九鲤湖，以春往石竹。石竹是九仙离宫，为行春治所耶。”现存石竹寺始建于唐大中年间（847—859），初名灵宝观，是一座以道教为主、兼有儒释的道院，宋乾道九年（1173 年）改为现名。石竹寺主要由九仙阁（仙君楼）、玉皇阁（天君殿）、土地厅、观音大士殿、舍利塔、紫云楼、玉皇行宫、大悲殿等组成，供奉的是汉代何氏九仙君，其中九仙阁香火最盛，常有香客在此祈梦。

石竹山九仙阁

连江县天官宫 坐落在安凯乡奇达村。清乾隆年间（1736—1795）何承扳始建，2005 年奇峰何氏宗亲献资扩建，2013 年失火烧毁，再度重建。建筑面积 150 平方米。坐北向南。天官为当地海神，天官信俗属连江县独有的民俗文化，每年正月十一日游海神，独具特色，已有 300 多年的历史。

漳浦县何楷敕命碑 位于湖西畲族乡赵家城村下梧自然村西石湖山边。为明崇祯七年（1634 年）崇祯皇帝对户部尚书何楷父母的敕命。碑身青石质，宽 97 厘米，高 180 厘米，碑额竖刻“奉天敕命”四个篆字，两边浮雕云龙图案，正文 540 字，为朝廷封何楷父为承德四川清吏司署员外郎主事、封其母为安人的敕命。崇祯十五年，何楷辞官隐居于此，遂将敕命刻碑立于其新构的石湖精舍中。

洪田村

漳浦县官浔镇洪田村 官浔洪田村为何姓族人聚居村。明代，何氏族人就“七星坠地”的地理优势建造村庄，以“七座大厝抱后楼”的特色建筑配合地理格局。整个村庄以“善继堂”为主体，配建十四落大厝、祠堂、广济宫、池塘、饮用古井等，两边护龙厝均面向“善继堂”，井然有序，户户相通，直达三层矩形土楼。村口主道旁筑建三层防匪炮楼，村中分布三个广场、三口古井，引玳瑁山泉水环绕村庄，造就两水汇堂的水法格局，注入池塘，归一出水，村前社后均筑造宽约 3 米，高 2 米的土廊，名为“玉带”，与周边护龙厝一起使整个村庄形成椭圆形格局。2017 年被列为福建省传统古村落。

云霄县火田镇白石村 位于云霄县火田镇西北部，坐落在海拔 1080 米的大帽山腰，与平和东南部交界，共有白石、店仔、东坛、安缸、横山、厘坪等 6 个自然村，全村总人口 1300 人，其中何姓 1080 多人，是以何姓为主的村落。村内名胜古迹星罗棋布，有宋城遗址、高东溪讲学遗址、半月楼、店仔土楼（又称小圆楼）、交椅楼（县级文物保护单位）、下弃厝等古建筑群落，以及佛峰山脚下百亩梯田景观。在东坛自然村有阳明谷瀑布，落差达 280 米。在大帽山深处，有千年古茶树群落，总面积达 7028 亩，树龄大多在 800 年以上，古茶树中最高有 6.8 米，最大树围 1.7 米，相传为唐陈政陈元光父子入闽平“啸乱”时栽种。该村致力于美丽乡村建设，成为远近游客农家乐休闲旅游的打卡地。2017 年 7 月被福建省旅游发展委员会、财政厅列为首批福建省美丽乡村示范村，2019 年 12 月 25 日入选第一批国家森林乡村名单。

云霄县坪水乡苏维埃政府纪念碑 位于云霄县马铺乡何姓族人聚居地坪水村。2009 年中共云霄县委、县人民政府始建。坪水乡苏维埃政府纪念碑整体以党旗的造型设计，中嵌朱红磨光装饰岩石，正面镌刻镰刀斧头图案和“一九三四年坪水乡苏维埃政府纪念碑”金色大字，背面刻写坪水乡人民革命斗争史实。坪水村地处云霄县北部的偏僻山区，是革命老区基点村。1934 年 3 月，中共靖和浦县委常委林路、五区区委李若松受靖和浦县委的指派，到坪水村加强革命工作的领导。同年 4 月，在此成立中共坪水乡支部。8 月，成立坪水乡苏维埃政府，辖 20 多个自然村 130 多户。坪水乡也是土地革命战争时期中共漳州中心县委、靖和浦县委机关所在地。

泉州仙公山丰山洞 丰山洞又称“双髻寺”，俗名“仙公寺”。传说何氏九仙后来在泉州丰山降灵，丰山也就奉祀何氏九仙，是仙公信仰者朝拜的圣地。丰山洞始建于南朝齐时期，中间几经兴废。寺宇坐东朝西，深 11.5 米，宽 12.8 米，面阔三间，进深三间，面积 146 平方米，木、砖、石结构，重檐歇山顶建筑形式。附近还有仙棋盘、藏杉井等。此处留下了许多祈梦传说：如郑成功的“半天子”游山、神仙专管凡间事、真神仙也、仙公无戏言等。丰山洞所在的仙公山总面积 25 平方千米。为国家 AAAA 级风景名胜区。

何松隐纪念园　位于惠安县埔崎岭兜崙。惠安何氏一世祖何松隐与妣蔡氏七太孺人合葬墓，俗呼公众墓。现尚存墓道遗址、何松隐墓志铭等，还有居墓左七世孙敦朴的残缺墓碑上刻“大明峰山敦朴何公暨温慧孺人连氏墓”依然保存。2020 年 1 月 19 日在原址动工修建何松隐纪念园。纪念园占地面积 600 多平方米，其中主体碑园占地面积 300 多平方米。周边园地绿化和种植 30 棵松柏树。2020 年 8 月 8 日竖立纪念碑，上书“松隐公纪念园”。

惠安笔架山仙公阁　笔架山位于惠安和泉港交界处的紫山镇（惠安辖）境内，海拔 752.3 米，是惠安的最高峰。仙公阁传说因祀“何氏九仙”而名，是泉州仙公始祖。建筑面积 30 多平方米。坐西北向东南。此阁由于建筑在山顶悬崖边，规模为一进三开间，外墙石结构，硬山顶，燕尾脊，是典型的闽南建筑风格。阁中两根巨大的青龙石柱，青龙气势磅礴，腾云驾雾，如摆脱羁绊飞向蓝天；左边是“仙公阁”，中间是“观音殿”，右边是“三宝殿”，三殿处于同一水平面。

仙游九鲤湖风景区　徐霞客把它和武夷山、玉华洞并称为福建“三绝”。九鲤湖景区由九鲤湖、麦斜岩、卓泉岩三大景区组成，景区里有九真观，里面供奉着何氏九兄弟，还有九鲤庙、祈梦楼等。九鲤湖风景区的主景点是九漈飞瀑，包括雷轰、瀑布、珠帘、玉柱、石门、五星、飞凤、棋盘、将军等景点。中午太阳照射下，瀑底飞雾中常常出现“午虹晴雨”的奇观。为国家 AAAA 级风景名胜区。

何家巷　坐落在寿宁县斜滩镇。据《寿宁何氏家乘》记载，何家巷形成于清道光十九年（1839 年）前，巷里的古民宅迄今有 160~200 年历史。是一处集居住、生活、生产、读书、聚会、休闲、防御功能于一体的城堡式建筑群。占地面积约 6000 平方米。巷内“之”字形排开 8 座楼宇（前些年烧毁 1 座），厝厝相连，门门相通。该巷人丁兴旺时居住着 500 多人，清末著名人士何宜武故居就在该巷，大门上方有清光绪皇帝钦赐题刻的“大夫第”大横匾。近代史上，这里走出了许多志士名人，如何宜武和世界高科技产业专家何宜慈博士兄弟，以及义释苏共友人鲍罗廷夫人的大法官何凤丹、营救共产党人的国民党南京最高法院检察官何修等。

何叔衡纪念园　位于长汀县濯田镇梅迳村内小迳。1965 年始建。何叔衡是老一辈无产阶级革命家、中共一大代表，中央苏区检查、审判机关创始人。1934 年 10 日在长汀梅迳村被当地国民党保安团包围，为不拖累队伍，纵身跳崖牺牲。为缅怀何叔衡烈士光辉业绩和崇高品格，中共长汀县委、县政府及濯田镇于 2015 年初开始对何叔衡纪念设施进行改扩建。新竣工的纪念园占地面积 3555 平方米，由纪念碑、纪念馆、纪念亭组成。

何叔衡纪念碑

第五章　人　物

第一节　人物传

何嗣韩（635—?）　光州固始人。唐总章二年（669 年）随陈政戍闽，任陈部府兵校尉，主军需财粮职。宋绍兴二十年（1150 年），高宗敕封何嗣韩为“竭忠辅国将军”。

何　德（684—754）　1958年出土于西安市西郊土门的《唐故云麾将军右龙武军将军同正员庐江县开国伯上柱国何公墓志铭并序》乃何德墓志铭全称。墓志铭载："公讳德，字伏德，庐江潜（县）人也……""天宝六载（747年）有事南郊，以公元勋，特拜将军，俄封庐江县开国伯，食邑七百户。""上每嗟重，俾图麟阁，卧漳未几，游岱何长。十三载七月二十三日疾亟于金光里之私第，春秋（享年）七十有一。"何德最高官阶为上柱国（正二品）。开元二十五年（737年），时年57岁的第二任漳州刺史陈珦（陈元光之子）向朝廷"上疏乞哀龄待终"。促成何德被朝廷委以"抚闽"重任而"俾图麟阁卧漳"施政，颇有政声。天宝十三年（754年），"卧漳"数年的何德杖朝回京述职，不久"疾亟于金光里之私第"。

何　衍　（或名衍庆），固始人。生活于唐武宗至后梁年间（841—923）。唐光启二年（886年），泉州刺史王潮恐当地百姓不服管治，请固始人先世有功于闽者何嗣韩族裔何衍入闽协助安抚地方，分田划地，安置百姓，稳定民心，有功地方，食采螺阳（今惠安），乾宁三年（896年），王潮升任威武军节度使，驻福州。翌年底王潮卒，王审知遵兄嘱而继其位。王潮离世使何衍萌生归隐之心，"至审知据闽，即为隐去"，王审知惋惜之际"犹遥授其职"（即保留原职，让其退休居螺阳领取俸禄），以报其功。逝葬惠安峰崎青林山，谥忠竭，封光禄大夫，封安抚使。是闽地最大一支何姓族群之祖。

何大郎（892—992）　名亶，传说为何仙姑之父，闽西客家何氏开基祖，庐州府庐江县人。五代后梁贞明三年（917年）进士，官大林郎。后梁龙德二年（922年），官授福建汀州府宁化知县，后升广东梅州太守。任满遂居宁化石壁村西乡堡，后迁武平盈塘里岩前，开辟狮岩。73岁时，把全部田产、房屋赠予郑自岩（定光古佛）建佛殿，定居武平冷洋（今宁详）刘坑。为龙岩武平何氏开基始祖。

何　瓒（？—930）　闽人。唐末进士，李存勖为太原节度使时，何瓒为判官。后梁龙德二年（922年）代张承业为太原留守。次年李存勖建后唐，用之为谏议大夫、太原留守，进秩仆射。后唐天成三年（928年）出任西川节度副使，时西川节度使孟知祥谋自立，改任何瓒为行军司马。长兴元年（930年），孟知祥举兵反，何瓒被软禁，饮恨而亡。

何昌世（约1098—1159）　字正卿，崇安人。北宋宣和三年（1121年）进士。宋建炎年间（1127—1130）任台州司理。金兵南下，何昌世护驾有功，宋高宗授其"尽忠为国"，擢升少师。绍兴（1131—1162）初改任宣教郎、大理寺丞。

何去非　字正通，浦城人。喜谈兵学，元丰五年（1082年）以"对策"长于论兵入仕，被任命为右班殿直、武学教授，不久升任武学博士。善文，颇受苏轼赏识，参与校订了《孙子》《吴子》等武经七书。其著作《备论》28篇，对战国至五代的22位著名军事人物用兵得失进行评述，是中国古代第一部军事人物评论集。苏轼在看过《备论》之后，深为赞赏，称"褒贬不宥旧说，其论历代所以废兴成败，皆出人意表，有补于世"，故于元祐四年（1089年）、五年两度向朝廷力荐，任承奉郎，元丰五年出任徐州教授。

何　兑　字太和，号龟津，邵武人。北宋重和元年（1118年）进士。授广西提刑检法官，南宋绍兴间（1131—1162）任辰州通判官。后为御史马伸赏识，推荐置幕府，传授二程学说，特别精心钻研周易，著有《随津易传》，乡人称为"中庸何公"。何兑收集材料，正面揭露当朝奸臣秦桧等人篡改历史，掩盖自己与金相屈膝投降、纵容张邦昌称楚帝、迫害忠臣御史马伸等罪行，并状呈朝廷。由此，秦桧恼羞成怒，将其革职并通缉，最后流亡到闽江口东岸风翥界芦洲的九龙山（凤翥山）千家池居住。绍兴二十五年（1155年）秦桧死后，何兑得以官复原职。

何　镐（1128—1175）　字叔京，何兑之子，邵武人。少承家学，受父亲教育影响较深，立志以圣贤为师，一心讲求道德修养，后世称"台溪先生"。曾任安溪县主簿、上杭县丞和湖南善化（今长沙市）县令。与朱熹游历，经常在七台之麓小溪之滨的"台溪精舍"（今洪墩镇境内）相互研讨学问，辩论疑难问题，并著《易集义》。

何逖基（1216—1275）　讳普成，字正献，泉州人。入闽始祖何衍（亦称“何安抚”）第十五世孙，泉州浔美何氏及遍布全闽清源派系的始祖。南宋末曾任南京留守右卫朝阳门左千户。因朝政腐败、社会动荡弃官回乡，继而携长子元镇到清源洞学道修炼，足迹不入城。元朝建国后八十一年，为招抚民心，至正十二年（1352 年）八月，元帝敕封何逖基“诗书渊源，文武宗匠”，实乃名世大将，特诰封为武勇骑尉。

何子安（1336—1414）　谥锐斋，漳浦官浔人。官浔何氏下宗始祖何添湢（信福）第三子。明洪武九年（1376 年）代兄从戎，抗击倭寇，御倭克捷，立功晋升右卫左千户，凯还铭勋朝庙，赐田立屯，成为抗倭英雄。

何道旻（1365—1437）　泰宁县人。明洪武二十四年（1391 年）以闽中选贡第一名入国子监肄业，曾任大理寺评事，京畿道监察御史，江西、湖广按察司副使，两浙巡按，四川巡按，永州知府等职。何道旻一生清介，被誉为“何青天”，明太祖颁诏褒扬他“器度尊严，才猷卓拔”。

何孟伦　广东新会人。明嘉靖二十年（1541 年）进士。初任慈溪知县，因得罪权贵，改知建宁。任上缮城池、建桥梁、清屯军、均丁粮、置学田、劝农课士，庭无宿讼，吏无隐情；建名宦乡贤祠，以励风纪；引泮池西入之水，以防火灾；改巡司于要地，以防盗匪。其主持修纂的《建宁县志》，为建宁现存最早的县志。

何朝宗（1522—1600）　又名何来，祖籍江西，德化浔中后所村人。其家乡盛产优质瓷土，在宋元时代就是著名的瓷业产区，何氏许多族人都从事瓷业生产，何朝宗从小就受到瓷文化熏陶，喜爱瓷塑工艺，拜当地瓷塑艺人为师。何朝宗的瓷塑作品结合瓷土特性，博采众长，又吸收泥塑、木雕、石刻造像的技法，传神写意，富有神韵，线条柔媚流畅，清晰、简洁，形成独具一格的“何派”技艺，其所塑之仙佛人物形态逼真、栩栩如生、形神兼备，富于艺术魅力。作品以达摩、观音、罗汉等佛教人物居多。其代表作品《达摩渡海像》《盘膝观音》为北京故宫博物院所收藏。

何乔远（1558—1632）　字穉孝，晋江人。少时从父习文，明万历四年（1576 年）与兄何乔迁同举丙子科乡试，万历十四年进士。授刑部云南司主事，升礼部仪制司郎中，敢直言上疏。万历二十四年，因“奏牍不恭罪”谪贬广西布政司经历。次年，其妻病故，乃请假回籍治丧，从此绝意仕途。家居 20 多年，与郡守程朝京、窦子偁结为知交，从不为私事请托，对于地方政事屡有好建议。曾敦请官府支持重修一峰书院，又在镜山（清源山五台峰西南麓）下购置农舍数间，创立“休山书院”，人称“镜山先生”。万历四十年起，致力于地方文献著述，开始纂《闽书》。泰昌元年（1620 年），光宗即位，起用何乔远为光禄少卿。天启元年（1621 年）七月，奉命典试江西，阅卷认真，评选公正，还朝后添注为太仆少卿。其时，后金（清）兵已攻取辽阳，何乔远主张严守广宁，不久广宁失守，人们服其灼见。天启二年，进左通政。天启三年，擢升通政使。由于政敌流言攻击，便力求辞官，以户部右侍郎离开朝廷。崇祯二年（1629 年），朝廷又起用为南京工部右侍郎。上任后即上疏建议，开通镇江南湖，连接内河运输，思宗采纳，命其兼署户、工二部，又上疏“清冗役，考仓期”，思宗又采纳，但此举触动一帮腐败官僚利益，纷纷上疏攻讦。何乔远见弊政无可救治，便主动引退。逝后赠工部尚书，赐祭葬。

何　楷（1594—1646）　字玄子，号黄如，祖籍晋江，漳州镇海卫人。明天启五年（1625 年）进士。值魏忠贤乱政，不谒选而归。崇祯年间（1628—1644）初授户部主事，进员外郎，改刑科给事中。举劾无所避。曾弹劾温体仁、王应熊，复劾杨嗣昌，贬为国子监丞。福王时，擢户部右侍郎，督理钱法。清顺治二年（1645 年），随唐王朱聿键入闽，擢户部尚书，掌都察院事。其为官率直敢言，故不容于掌军事的郑芝龙，旋去职。漳州城被清军攻破，何楷郁郁而终。其府邸在漳州青年路中段，俗称“何衙内”。其写于崇祯八年（1635 年）的《平定海氛疏》中首次提出“台湾”名称。该奏疏收入《明史》，成为中国正史称“台湾”之始，是其在台湾问题上之一大贡献。

何　斌　又名何廷斌，南安水头镇曾岭村人。明天启元年（1621年）随郑芝龙到台湾。荷兰人占据赤嵌（今台南市）后，何斌改信荷兰人所信之教，学习荷兰语，荷兰人任何斌为通事。何斌十分憎恨荷兰侵略者在台湾肆意侵占农地为“王田”、强迫百姓缴纳高额地租和苛捐杂税。清顺治八年（1651年）郭怀一领导的台湾人民反抗荷兰侵略者的武装起义被镇压后，荷兰侵略者经常扣留往来海峡的郑氏商船和军需舰艇，郑成功针锋相对，传令各地商人不准到台湾经商。顺治十四年六月，陷于困境的荷兰人派通事何斌到厦门请求郑成功开放海禁。何斌借此机会劝郑成功收复台湾。顺治十六年，荷兰侵略者发现何斌为郑代征船税的活动，便通缉捉拿何斌。次年正月元宵夜，何斌离台赴厦投奔郑成功，献上亲手绘制的台湾荷兰人军事布防及港口航路图。顺治十八年三月二十三日，郑成功率大军进攻台湾，何斌作为向导率郑军从暗礁密布的水道鹿耳门顺利登岛，击退敌兵，占领要隘，攻取赤嵌。何斌担任郑成功的首席翻译官，严令荷兰殖民者撤离台湾。在重兵压境形势下，荷兰殖民者于永历十六年十二月初三日（1662年2月1日）在投降书上签字。台湾收复。

何　义（1628—1698）　字忠甫，云霄县马铺乡人。清顺治六年（1649年）加入郑成功军队伍，屡立战功，任左虎卫将军，升虎卫左镇，驻守金门。康熙元年（1662年）五月，郑成功逝世，郑氏政权内讧。次年，清廷请何氏家族策反何义，何义看到台湾郑氏政权已江河日下，完全丧失“复明”的可能，便于八月十五日以点军巡海为名集合军队，到厦门投清闽浙总督李率泰，被封为副将。康熙二十二年，施琅带兵征台，何义带领众将士击败郑军主力。何义进驻台湾后，“严缉军士，不许掳掠”，善待郑氏家族和台湾百姓，台人感恩戴德，称何义为“何佛护”。何义以二次征台之军功，被授为昂邦章京（都统）内大臣兼左都督、袭骑都尉、一等伯爵，敕封光禄大夫。

何　祐（1643—1718）　云霄县马铺乡人。清顺治年间（1644—1661）投入郑军队伍，因战功显赫，被郑成功提拔为左武卫将军，随郑军驱逐荷兰侵略者收复台湾。入台后被提升为北路总督，驻守被称为台湾“北门锁钥”的鸡笼城。康熙二十二年（1683年），郑克塽向清廷投降，何祐被清军收编，任用为襄阳、梧州等地副总兵。曾率兵参加收复被沙俄占据的雅克萨战役。

何子祥（1707—1771）　字象宣，号蓉林，云霄县马铺乡人。清乾隆十六年（1751年）进士。归来讲学霞漳书院，又为南胜书院山长。乾隆二十三年，于家乡建炉峰书院、何氏宗祠、义坛（慈善机构，又称谷春庵），修《何氏家谱》。乾隆二十五年，选浙江浦江县令，兼署义乌。上任后，整觞衙门，设“内号送牌卷”制度，规定即告即收即送，满40卷悬牌以示讯期，当案人按期自至，免传呼。又设“牌票用戳法”，明写“差役不许坐兜，无‘拘’字不许私锁。到即报官，不准私押，违者当堂杖革”。审案时，严禁胥吏、衙役替人帮禀回话。生员黄芳茂家巨富，曾与胥吏构陷，告倒县令，历任县令惧而待为上宾。何子祥经查获罪证，判以绞刑，两名胥吏，一充军，一杖枷。一时衙门清肃。捐俸修建浦阳书院，倡建义乌绣湖书院，整修诸多社学，拨田产延师讲学。乾隆三十年调任平阳知县加金华通判。重教兴农，创建龙湖书院，重修平阳学宫、昆阳书院，督修、疏通内外河道，建设农田水利。写出10卷本的《何氏族谱》。因勤政劳瘁病逝于任上。浦江、平阳百姓立庙崇祀。

何冠英（1791—?）　字杰夫，福建闽县（今福州）人。清道光十六年（1836年）榜眼。授翰林院编修。道光十七年，留国史院协修，文渊殿校理，以编修曾任广西、山西乡试副考官。道光二十年出任浙江乡试副考官。后累迁山东道监察御史，稽察中仓，由道光帝钦派抽查漕粮运业。后丁母忧，三年后服满。任浙江道监察御史。道光二十七年任江南道监察御史。同年七月转任湖广道监察御史。道光三十年任湖广道御史。咸丰元年（1851年），奉命巡视西域，补授贵阳知府。不久，转兵备道，擢升贵州巡抚。

何开静、何柔运　龙溪东泗西山人。清咸丰三年（1853年），闽南小刀会反清起义，何开静与侄何柔运参加起义军，该年四月初十日率领部分起义军参与攻占漳州府，与黄位、江源嫂领导的主力配合，杀汀漳龙道文秀和总兵曹三祝。之后接连攻占海澄石码、长泰、同安、安溪、厦门、漳浦、东山和云霄等地。清廷震惊，急调重兵于十月初进行围攻，起义军数月后惨遭失败，何开静叔侄被捕后不屈就义。

何鸿文（1816—1886）　字开运，号怡亭、开翁，泉州人。“好德何支脉”开基祖。清代咸丰、同治年间（1851—1874），从涂门街开一间豆腐作坊起步，逐步发展到从永春、德化买竹子、杉木，卖到外省。生意越做越大，何鸿文打造18艘商船，发展船运业，将泉州特产卖到浙江，又将浙江丝绸、大米等贩回泉州。在鼎盛时期，以泉州“后城”为中轴线，周围置办24座大厝，以及涂门街、西街若干商铺。据史料记载，清代浙江发水灾，何鸿文将准备运回泉州的18船大米、布匹匿名赈灾，官府得知后，上奏朝廷褒奖，称“好德传芳”，表授五品官衔。

何　璟（1816—1888）　字伯玉，号小宋，广东香山人。清道光年间（1821—1850）进士。选入翰林院庶吉士，3年后授翰林院编修。咸丰三年（1853年）任江南道监察御史。咸丰七年十二月，英法联军攻陷广州，两广总督叶名琛被俘，广东巡抚柏贵投降。何璟上疏请求籍没叶名琛家产，并将柏贵从重治罪。次年四五月，英法联军北上大沽口，何璟连上8道奏疏，阐述战守要略。咸丰九年升任户部给事中，旋任工部掌印给事中，九月出任安徽庐凤道。从同治四年到十年（1865—1871），先后任湖北布政使、山西布政使、福建巡抚、江苏巡抚、两江总督兼通商事务大臣、闽浙总督。清光绪九年（1883年）中法战争爆发。福州马江海战失败后，被革职回乡。晚年在家乡应元书院讲学。

何秋涛（1824—1862）　字巨源，号愿船，光泽杭川（城关）人。清道光二十四年（1844年）进士。历任刑部主事、员外郎。曾主讲保定莲池书院。关心社会政治问题，尤重边疆史地研究。其时沙俄侵略扩张威胁中国北方边境安全，他编写清东北、新疆、蒙古地区的地理历史专著《北徼记编》《朔方备乘》等，作为维护边疆的依据。

何长聚　字焕奎，号鑫园，光泽人。授例候选知府。时县内溺女婴风比其他县更盛。何长聚作《戒溺歌》以劝，收养遗婴达10年，共收养女婴150余人。又创建育婴堂，竭力经理，3年建成，成活婴儿无数，使溺女风得以平息。岁荒，劝殷富户平粜，并四处购米以济，自己先倾藏谷为倡，节家人食以救饿者，全活甚众。捐谷500石，倡设义仓于乡，全县仿效。置族中祭田、学田、科资田，年收谷为祭祀、读书、试费。修文庙、建杭川书院、修理县署及东西大桥、镇岭浮桥均捐资襄事。

何刚德（1855—1936）　字彝毅，号肖雅，晚年号平斋，闽县（今福州）人。清光绪三年（1877年）进士。历任吏部主事，江西吉安、建昌、南昌知府。光绪二十六年任苏州知府期间，组建警察队伍，维护社会治安。辛亥革命后，以前清遗老退隐。1914年3月，应北洋政府之请，出署江西内务司司长。同年6月，任江西省豫章道尹，曾护理江西省省长。1922年后受排挤，称病挂冠侨居上海，埋头著述。

何品璋（1860—?）　原名尔立，字质玉，闽侯人。毕业于福州船政后学堂第四届驾驶班，毕业后加入北洋水师。清光绪二十年（1894年），何品璋随“镇远”舰参加黄海海战及威海卫保卫战，配合管带林泰曾重创日舰西京丸和松岛号。北洋水师全军覆没后被革职。光绪二十九年，经直隶总督兼北洋大臣袁世凯保奏，开复原官，任“海筹”巡洋舰管带。宣统二年（1910年）任清廷海军部参赞厅一等参谋。1912年授为海军上校。1913年4月出任海军总司令处军需长，11月任海军总司令处军衡长。1914年5月晋授海军少将。1918年3月代理海军总司令。1926年11月以年老辞职，同时晋升海军中将。抗日战争爆发后，任海军总司令部顾问。

何振岱（1867—1952）　字梅生，号心与、觉庐、悦明，晚年自号梅叟，侯官人。光绪二十三年（1897年）第四名举人，3次考进士均落第，后被江西布政使沈瑜庆聘为藩署文案。1915年福建巡抚使许世英聘请何振岱重修《西湖志》，任总纂。次年，福建督军兼省长李厚基决定重修《福建通志》，聘沈瑜庆为总裁，陈衍为总纂。何振岱应聘编撰《福建通志》的《艺文》和《列传》部分。抗日战争中，福州两度沦陷，日军曾托人聘何振岱为顾问，均被严词拒绝。抗日战争胜利后，国民政府褒奖抗日期间坚贞不屈人士，何振岱列福州首位。

何叔衡（1876—1935）　湖南宁乡人。1913年考入湖南公立第四师范学校，1920年冬与毛泽东建立了湖南共产主义小组。1921年7月与毛泽东一起参加中国共产党第一次全国代表大会，为中共创始人之一。1930年7月当选中华苏维埃共和国临时中央政府执行委员等职务。红军开始长征后，奉命留在闽赣边根据地坚持游击战争，帮助两地乡苏维埃政府作了许多工作。1935年2月24日，从江西瑞金转移福建途中，于福建长汀水口镇小径村被国民党军包围，身负重伤，为不拖累部队跳下悬崖牺牲。

何　隽（1885—1952）　原名景常，字风丹，寿宁斜滩人。1913年毕业于北京法政大学，1920年署京师地方审判厅推事。1925年署北京高等审判历推事。1940年在天津加入律师公会。在北京就学时就倾向共产主义，加入了李大钊所领导的北方国民党左派。1927年2月，张作霖的部属张宗昌在南京浦口逮捕共产国际派驻中国的最高特使鲍罗廷妻子及3名随同人员，转解北京。时任京师高等审判厅刑事庭庭长的何隽坚持正义，裁定不予起诉，恢复鲍妻等4人自由。1927年审理“鲍罗廷案”曾轰动国际法学界，受到张作霖通缉，何隽辗转返回老家寿宁斜滩坑底山寮避难。次年6月，张学良接管东北政务时，何亦复职。在天津从事法律工作的24年间，何隽给自己立下“四不办案”原则，即：“无理者不办，无诉讼必要者不办，欺凌孤寡贫弱者不办，原告为贪污、土劣、伴逆、奸盗邪淫者不办。”

何　遂（1888—1968）　字叙甫，福清港头镇占阳村人。光绪三十年（1904年）考入福建武备学堂。光绪三十三年，在保定陆军随营军官学堂加入中国同盟会。宣统元年（1909年）秋，何遂在陆军大学第二期毕业后，到广西训练新军的机构“督练公所”参谋处担任筹略科科长兼陆军干部学堂教官。次年参与创建同盟会广西支部，出版《南报》（后改为《南风报》），宣传革命思想。武昌起义爆发时，何遂是清军北洋第六镇统制吴禄贞的参谋。吴禄贞准备起义时被袁世凯刺杀。何遂毅然率领第六镇部分官兵起义，被推为燕晋联军副都督。1917年任靖闽军司令。1924年任国民军第三军参谋长、第四师师长、北京政府航空署长、国民军空军司令等职。1928年5月任黄埔军官学校代理校长。1937年，中共中央代表团到达南京，何遂赠送枪支弹药给十八集团军办事处。全面抗战开始，何遂任国民政府立法院军事委员会委员长，给八路军增加军饷。中华人民共和国成立后，历任华东军政委员会委员、司法部部长、政法委员会副主任，是第一、二、三届全国人大代表，全国人大常委会法案委员会委员。

何公敢（1888—1977）　原名何心楠，又名何崧龄，号景韩，笔名炳炎、一卒，福州人。清宣统三年（1911年）留学日本时加入同盟会，旋归国参加辛亥革命。1917年再赴日本，京都帝国大学经济学部毕业回国，被陈嘉庚聘为厦门大学教授兼总务处主任。次年任福建省教育厅厅长、国民革命军总司令部政治部宣传处处长。1927年任福建省政府委员、秘书长兼福建盐运使。1931年任福建省财政厅厅长、福建省财政特派员。1933年“福建事变”时，任中华共和国人民革命政府闽海省省长。1941年加入中国民主政团同盟。先后任中国民主同盟中央委员，民盟重庆市支部、南京市支部主委等职。1949年到香港参与创建中国国民党革命委员会，任秘书长。中华人民共和国成立后，历任福建省人民代表大会代表，福建省政协委员，全国政协委员，福建省司法厅厅长。

何　修（1893—1954）　原名义常，又名少山，何隽堂弟，寿宁斜滩人。1913年福建私立政法学校毕业。1914—1945年，先后任建瓯、海澄、惠安县司法承审员，闽侯地方检察厅检察官，福州市法院首席检察官，福建省高等法院检察官，南京最高法院检察官等职。在堂兄何隽的影响下，同情和支持共产党人。1929—1944年，先后承办了数十起政治案件，均以无确凿证据为由处以不予起诉而释放。1933年协助在榕的寿宁籍共产党人叶秀藩等人，将共产党员范竣搭救出狱。1945年升任南京最高法院检察官，派驻福州市主持闽浙赣分庭检察工作。其间，营救革命者钟方水出狱。1954年被聘为福建省文史馆馆员。

何葆仁（1895—1989）　厦门人。清光绪三十一年（1905年）移居新加坡。曾在道南学堂学习。光绪三十四年回国，入南京暨南学堂。辛亥革命后返回新加坡。1919 年五四运动时，组织上海学生联合会，当选首届主席及全国学生联合会副主席，为五四运动学生领袖。1920 年去美国华盛顿大学攻读商科，毕业后又获伊利诺大学政治学硕士，1924 年回上海复旦大学攻读哲学博士学位，任复旦大学政治系教授，曾短时间代理复旦大学校长。1925 年重返新加坡，先后任华侨中学校长、和丰银行马六甲分行经理。其间参加抗日活动，任新加坡南洋闽侨大会主席，南洋各属华侨筹赈祖国难民总会常委，马六甲中华总商会常委，之后回中国参加后方抗日工作，获抗日胜利勋章。1950 年返新加坡经商，先后任新加坡远东银行副主席、新加坡葆成公司董事长、新加坡同济医院副主席等职。

何开渠（1900—1943）　字自为，又名福成，光泽止马岛石村人。青年时就读于福建公立法政专科学校。1926 年国民革命军攻下福州后参加北伐军，任国民革命军政治部股长。同年 12 月被国民革命军任命为光泽县县长。任内惩办了前政府中贪污水灾救济款的豪绅。九一八事变后去北方参加抗日活动，历任山东泗水县县长、山东德县地方法院院长、平绥铁路警务处处长等职。1938 年任江西上饶县县长，1940 年在江西省政府任视察员。1942 年被上饶地方黑恶势力暗杀。

何敬真（1902—2004）　漳浦县人。1931 年毕业于金陵大学农学院。1944—1945 年赴美国学习水土保持和植物分类、草原管理等。学成回国从事大学林业教学，曾任厦门集美高级农林学校校长兼教务长，又先后在私立铭贤学院、四川大学任教。1953 年调入华南热带作物学院、研究院从事教学和科研工作，为创立橡胶园进行大量田野调查和试种，开创中国橡胶等热带作物研究和栽培事业。先后任热作系主任、热作所所长、广东植物学会副理事长、国家农垦部科技委副主任。中国热带作物科研与教学事业的创始人之一。主持或指导过多项热带作物栽培研究课题。1975 年主持的热带作物引种试种课题，获广东省科学大会奖。1983 年获中国农学会坚持农业科学工作 50 年以上的农业专家表彰。第二届至第五届全国人大代表，享受国务院特殊津贴。

何　鸣（1903—1939）　原名君熙，海南省万宁市龙滚镇人。1927 年夏参加中国共产主义青年团，同年 12 月加入中国共产党。1931 年被委派到闽南漳州南、北乡一带和靖和浦革命根据地开展土地革命，建立乡村苏维埃政府和人民自卫队，闽南红三团成立后担任红三团四连指导员。1932 年底任漳州中心县委书记兼红三团政治委员。1934 年 8 月任中共闽粤边区特委常务委员，主持军事工作。10 月中共中央红军长征后，在与中共中央失去联络的 3 年中，同黄会聪、何浚、张长水等中共闽粤边特委领导人坚持游击战争，保存和发展工农武装。1936 年 6 月兼任红三团团长。同年冬任中共闽粤边区特委代理书记。1937 年 7 月，在与国民党驻漳 157 师进行合作抗日谈判时，因急于求成没有执行中共闽粤边特委关于“驻防地区应在我游击区”的指示，按照国民党 157 师命令，轻易将队伍带离根据地，使近千名红军指战员被 157 师强行缴械，自己也被扣留，后被任命为 157 师政训处少校附员。1938 年与共产党组织取得联系，返回红军游击队。不久随新四军赴苏皖参加抗日战争。1939 年 6 月，在安徽新四军驻地被定为“叛徒”“特务”而被错杀。1950 年由其家乡海南万宁县人民政府追认为革命烈士。

何　浚（1904—1982）　广东乐会（今海南琼海）人，字赞华。1927 年春加入中国共产主义青年团。1932 年 4 月由中共厦门中心市委调派到漳州负责恢复和发展共青团工作，任共青团漳州临时工作委员会负责人。同年下半年任中国工农红军闽南独立第三团团党委委员、第一连政治指导员。1932 年底调任中共漳州中心县委常委、组织部部长，主持中心县委日常工作。1934 年 3 月任中共（南）靖（平）和（漳）浦县委书记。同年夏调中共闽粤边临委工作。同年 8 月至 1937 年 8 月任中共闽粤边区特委常委，组织地方游击队，开展游击战争。1934 年中央红军主力长征以后，留在闽南坚持游击战争。1936 年 6 月起任中共漳州人民抗日义勇军总指挥部总指挥。不久调中共闽粤边特委，先后任组织部长、特委书记。1944 年初奉调延安，进中央党校二部学习。其间，任中共中央海外工作委员会办公室副主任。1945 年 4 月至 6 月参加中共七大。1945 年 12 月随周恩来到重庆。1946 年 4 月离开重庆到香港。10 月回海南老家工作，先后任中共琼崖区委副书记兼组织部部长、琼崖工农民主政府副主席、财政厅厅长等职。1949 年 10 月起，先后任中共琼崖区委员会副书记、中共海南岛区委副书记、第二副书记、第五书记、广州市委常委兼监委主任、广东省人大常委等职。是中共七大候补代表。

何碧辉（1904—1994）　女，祖籍漳浦官浔，出生于厦门。1932 年毕业于北京协和医学院并获医学博士学位，同年任南京中央医院妇产科主任医师、住院总医师。1944 年赴美国约翰·霍布金斯大学医学院及密执安大学医学院深造。翌年底回国，任南京中央医院妇产科主任。中华人民共和国成立后，南京中央医院改为华东军区医院，仍任妇产科主任。1956 年改任中国人民解放军妇产医院 82 医院（后改称儿童医院）院长，1965 年调任南京军区南京总医院副院长、上校军衔，一级教授。她把自己的全部心血和生命融入妇产科医学事业，淡泊名利，一生未婚。何碧辉与林巧稚同为中国妇产科界的泰斗，以“北林南何”享誉国内外。1979 年加入中国共产党。曾任第一至第五届全国人大代表、中国人民解放军医学科学学术委员会荣誉委员、全军妇产科专业组组长、《解放军医学》编委、中华医学会妇产科学会理事、江苏省科协副主席。获“全国三八红旗手”称号，有著述。

何　凤（1908—1948）　云霄马铺人。1929 年参加革命，不久加入中国共产党，任中国工农红军闽南第一支队短枪班班长，是靖和浦边区有名的神枪手，闽南红三团成立后任排长。“漳浦事件”后，随卢胜等人冲出敌人包围圈，在漳浦清泉岩重建闽南红三团。1939 年，红三团编入新四军二支队第四团，开赴苏皖抗日前线，何凤任副连长。因积劳成疾，返回闽南根据地工作。先后担任中共云和诏县委、闽南特委（后改地委）保卫工作。1948 年 6 月病故。追认为革命烈士。

何清标（1902—1980）　云霄马铺人。因家贫入赘平和欧寮。1933 年底参加闽南红三团，1934 年加入中国共产党。同年，欧寮乡苏维埃政府成立，当选为主席。不久，国民党军队“围剿”苏区，何清标带领群众与敌人展开斗争。1937 年国民党军“清剿”欧寮村时，何清标儿子因保长告密被敌人枪杀。1940 年，国民党军队又一次“清剿”欧寮村，何清标被抓，但没有暴露身份，终获释放。以后，又多次被捕，受尽酷刑，但始终坚守党的秘密。1947 年 10 月，奉调漳浦龙岭任工作组组长。1949 年调平和县任副县长。1956 年调平和县任副县长至 1963 年。1980 年 1 月离休。

何必然（1910—1973）　别名奎水，惠安人。1942 年投身革命。1946 年在中共闽中惠安工委领导下，在峰崎村以“防盗”为名组织“巡山队”，使国民党武装不敢入村抓丁征粮。1949 年 6 月 28 日，成立游击队，组织精干行动组，在县工委领导下，行动组突袭辋川乡公所，击杀伪乡长，回途中击毙县警察局刑侦队长。20 世纪 50 年代，奉调任中苏友协福建分会秘书长，曾赴苏联、东欧等地考察。20 世纪 60 年代初，调任福建省博物馆馆长。

何　笙（1911—1950）　建宁珠坊人。抗日战争中任建阳县国民兵团团副、建宁县丰安乡乡长、县第二保安中队指导员等。建宁解放前夕，参与迎接解放建宁的活动。1949 年 10 月 24 日，何笙去江西黎川与人民解放军联系解放建宁事宜。旋即返回建宁与国民党当局谈判和平解放建宁失败。11 月 6 日，人民解放军四野部队奉命撤回江西，何笙随部队撤走。1950 年 1 月底，抚州军分区与南平军分区同时进军解放建宁，何笙随军返回。1950 年 2 月 15 日，何笙接受县人民政府副县长王英贤交代劝降土匪十八支队的任务，结果被杀害。1989 年，省政府正式追认何笙为革命烈士。

何　景（1912—1978）　字星叔，江苏泰兴人。1935 年毕业于南京中央大学理学院生物系，毕业后留校任教，1946 年后历任福建省研究院副研究员、研究员，福建农学院、福州华南女子文理学院、福建协和大学兼职教授。1951 年后历任厦门大学生物学系副主任、中国科学院华东亚热带植物研究所所长。1956 年加入中国共产党。何景在植物分类、植物生态学方面有较高造诣，曾任中国植物学会理事、福建省植物学会理事长、福建省热带作物学会理事长、厦门市科协主席等职。

何廷一（1916—2007）　原名何廷英，又名何俊卿，长汀大同罗坊村人。1929 年加入中国工农红军，

1933年成为中共党员。参加第五次反“围剿”和二万五千里长征。历任红军十五师参谋、军委二局参谋、热河军区第十九军分区副司令员，参加辽沈、平津战役。中华人民共和国成立后，历任空军司令部参谋长，空军检察院检察长、副司令员，第五届全国人大代表，全国政协第六、第七届委员，中共十二大代表。1955年授予少将军衔，荣获一级解放勋章和一级红星功勋荣誉章。

何适水（1917—1944）　字虹，惠安人。1938年加入中国共产党。抗日战争全面爆发后，投笔从戎，先在建瓯师管区学练处、福建省第十三补训处接受军事教育，后保送中央陆军军官学校（属黄埔军校系列）第十七期步兵科深造，毕业后派驻福建陆军第八十师（李良荣部）任上尉连长。1944年中秋夜，日军偷袭福州北门外之大北岭，何适水防地首当其冲，彻夜浴血激战，身负重伤，不幸阵亡。后被追认为革命烈士。

何文德（1917—1948）　云霄马铺人。1945年参加革命，任中共闽粤边委交通员，多次出色完成任务。之后先后任云和边区工作团主任、武工队队长，为恢复云和边区党的工作作出贡献，被国民党保安团视为眼中钉，1948年8月18日在与武工队副队长林亚治赴平和五寨行动时被俘遇害。同年12月，被中共闽南地委追认为中共党员、革命烈士。

何凌登（1917—1950）　福州人。在湖南参加抗日救亡运动时，由徐特立介绍奔赴延安，经“抗大”学习后派往新四军三师工作。中华人民共和国成立初，任三十九军司令部参谋处长。1950年9月17日，何凌登作为中央抽调组成的入朝先遣调查小组成员，进入朝鲜开展军事侦察。何凌登把观察到的各种军事、政治情报写成文字，向军部汇报。10月22日晚，三十九军渡过鸭绿江后，何凌登为保护军长，到军长吴信泉乘坐的1号车前，要求与他调换位置。空中巡逻的美国飞机发现目标，俯冲扫射投弹。1号车被击中，何凌登是志愿军入朝作战牺牲的第一位团级职务的革命烈士，2020年央视拍的纪念抗美援朝70周年的纪录片《国家记忆》记载了他的名字和画面。

何恩典（1920—1992）　惠安人。1941年毕业于厦门大学。历任厦门大学物理系副教授、系主任，海洋系教授、系主任。1956年加入中国共产党。1962年作为中国海洋考察团成员赴苏联考察。回国后与海洋界知名科学家联名发起倡议建国家海洋局，参与组建福建海洋研究所（今为国家海洋局第三海洋研究所），参与主持制定全国海洋科学发展规划，主持研制“STY—1型水平探鱼仪”，获1987年度国家水产总局科技成果二等奖。先后兼任国家科委海洋专业学科组成员、中国地球物理和大地测量联合委员会委员、全国水声学术委员会委员、南海海洋研究所学术委员会委员、中国科学院海洋研究所委员、中国海洋学会副理事长等职。

何荣贵（1920—2006）　原名何国诚，邵武人。青年时期投身革命，改名何荣贵，打入国民党部队从军，潜伏7年为党组织传送大量情报。1946年2月加入中国共产党。历任闽浙赣边区司令部警卫员，闽浙赣地委机关保卫队分队长，广丰、浦城两县县委书记并兼中队长，广浦独立团团长及政治部主任，邵武县民政科科长，邵武县农民协会副主席，崇安县人民武装部副部长，邵武县武装部部长，建阳地区老区工作队队长，邵武县人民委员会副县长，邵武县农行行长，邵武县（市）政协副主席等职。

何正璋（1927—1991）　曾用名何致昌、何正樟，福州人。1944年在学校期间秘密加入中国共产党，负责学委交通工作，先后将上海、南京两地撤退的进步学生、职工以及空军起义人员安全转移到解放区。中华人民共和国成立后，历任上海纺织工业局副局长、上海市经济委员会副秘书长、纺织工业部副部长。改革开放后，在深圳创建华联集团。曾任中国科学技术协会第四届全国委员会委员、中国经济协会副会长。

何　坤（1927—2004）　云霄人。1945年参加革命，1946年加入中国共产党，1947年参与开辟大别山根据地。1948年参加淮海战役，历任排长、连长、营长，多次荣立战功。1951年参加中国人民志愿军赴朝鲜抗美援朝，在战斗中用步枪击落美国飞机1架，得到志愿军总司令部、政治部嘉奖，并获朝鲜国旗三级勋章、中华人民共和国国防部奖章。1963 年转业回云霄工作，1988 年离休。

何隆朝（1927—2011） 福清人。著名侨领，三宝垄华人总会主席、世界福清同乡联谊会常务副主席。20 世纪 50 年代应中央政府邀请回国出席国庆大典。在其定居中爪哇的近 70 年中，团结联络侨胞，维护侨胞权益，关心支持祖籍国及家乡发展。曾捐资 100 万元帮助福清龙华职业中专学校建成总面积 5000 平方米的教学实验综合大楼“何隆朝楼”。

何曼试（1933—2009） 仙游盖尾人。1957 年 7 月毕业于山东农学院农学专业。先后培育出 25 个小麦良种，1 个品种通过国家审定、5 个品种通过省级审定，被全国 20 多个省市 900 多个单位引种，大面积推广应用。据不完全统计，推广面积累计达 5800 多万亩，增产小麦 11.62 亿千克，产值超过 22 亿元，其中“晋麦 2148”小麦新品种选育获国家科技进步二等奖。首创小麦育种材料“南种北繁”、一年两熟的快速繁育新途径。曾任泉州市农业科学研究所小麦组组长，泉州市科学技术协会主席、党组书记等职。是国家有突出贡献中青年专家、首届全国优秀科技工作者享受国务院政府特殊津贴。

何乃川（1935—2015） 泉州人。毕业于厦门大学中文系，厦门大学哲学系教授，长期从事哲学原理和中国哲学史的教学和研究，所担任的中国哲学史课，被评为厦门大学优秀专业基础课。被评为厦门大学教书育人先进工作者，曾赴菲律宾马尼拉大学授课。是福建省姓氏源流研究会何氏委员会创会会长。

何少川（1938—2019） 泉州人。1959 年毕业于厦门大学中国语言文学专业。1959 年 2 月参加工作，1976 年 6 月起，历任福建日报社副总编辑、省委常委、省委宣传部部长、省社科联主席、省委副书记、省委党校校长，2001 年 2 月任省政协副主席、党组副书记，2003 年 3 月起先后任全国政协港澳台侨委副主任、省炎黄文化研究会会长。第八届、九届全国人大代表，第四届、五届、六届福建省委委员，第十届全国政协委员。主持福建省宣传思想工作期间，组织实施社会文化“芳草计划”和文艺创作“百花计划”，牵头成立省社会科学规划工作领导小组并担任组长，推动省社会科学优秀成果评奖工作制度化、规范化。其指导筹建的中国闽台缘博物馆，是海峡两岸交流基地和爱国主义教育示范基地。

何龙章（1946—1997） 云霄人。中共党员，厦门大学中文系毕业。20 世纪 60 年代中后期至 70 年代初期任龙溪专署民事组知青办干事、工作组组长。“文化大革命”结束后，先后任中共龙溪地委办公室副主任、政策研究室主任、中共诏安县委书记等职。在诏安工作期间严惩长期横行该县的地方黑恶势力。1990 年 3 月任漳州市副市长，主抓科教文卫体工作，1992 年 4 月调任福建省经济体制改革委员会党组副书记、副主任、正厅级巡视员、《福建改革》杂志主编。

何桂萍（1968—2000） 女，祖籍四川西充，新罗区人。1993 年进入中国农业银行新罗支行基层储蓄所工作，先后 3 次被新罗支行评为先进工作者。2000 年 11 月 18 日 12 时 29 分，为保护银行资产，在与进入银行抢劫的歹徒搏斗中遇害。2000 年 12 月，何桂萍被中国农业银行福建省分行、龙岩市分行分别追授“农行卫士”荣誉称号，2001 年 1 月中国农业银行总行追授何桂萍“中国农业银行金融卫士”荣誉称号。2002 年 12 月，福建省人民政府追认何桂萍为革命烈士。

第二节　人物录

何　德　固始人。唐总章二年（669 年）任府兵队正，随陈政、陈元光父子平闽靖乱，为唐室戍边拓疆、定域立治、创建漳州做出贡献。

何　成　字子绎，固始人。为唐光启二年（886 年）入闽的安抚使何衍长子，授漳州昭信指挥校尉，肇基龙溪白石。

何梦登　字君弼，福清人。南宋咸淳年间（1265—1274）进士。历官朝议大夫、广东揭阳知府、中奉大夫、礼部尚书，从一品。

何　万　字一之，闽县人。南宋隆兴元年（1163 年）进士。历官漳州府太守，钦赐朝请大夫，累迁尚书右司马郎中、尚书左司马郎中，出平江府（今苏州）知府。

何　俨（1284—1341）　字卓之，号主斋，仙游人。元至治元年（1321 年）进士。任兴化路（府）总管兼管农桑的官，累官朝奉大夫。

何　观　晋江人。明永乐二十一年（1423 年）试中书舍人，办事文渊阁。景泰二年（1451 年），谪九溪卫经历，转象山知县。

何　宜　字行义，福清人。明正统十三年（1448 年）进士。历任户部主事、兵部郎中、浙江参政、江西左布政使。明成化九年（1473 年）钦赐福清时和里（今龙田）立进士牌坊，以旌表其清操。

何文雍（1451—1548）　字尔郁，谥武庄，漳浦官浔人。明成化年间（1465—1487）任殿前侍卫，统辖武羽林军。因宦官索贿不与，立遭陷害被贬归乡。居家倡修族谱，为编纂闽南何氏族谱的先驱。

何半坡（？—1550）　讳英才，字时英，福清人。明嘉靖年间（1522—1566）进士。授奉政大夫，嘉靖二十八年给假回乡居丧。翌年嘉靖手诏其入朝拜相，惜诏到已病逝。嘉靖帝钦命勒石“敬赐祭葬”。

何曙初（1527—1601）　晋江人。任文林郎南直池州府建德县正堂。

何　夔　晋江人。明万历四十三年（1615 年）举人。初任灵州令，崇祯十五年（1642 年）升亳州知州。

何玉成　字子纯，福清人。明万历四十四年（1616 年）进士。历任工部员外郎、廉州知府。在任时设边防，剿巨盗，安民保境，勤修政事，廉州百姓感其德，为其立祠以祀之。

何毅园　云霄人。明万历间（1573—1620）台湾都指挥使司都司。

何望海（1573—1638）　字若士，号金阳，邵武沿山人。明天启二年（1622 年）进士。任广东揭阳知县。

何九说　泉州人。以荫授太常典簿，晋太仆寺丞，署京营库藏之务。后改南户部主事，晋本司员外郎。

何则明　惠安人。明江西吉安府永丰县令。民众爱戴，建贤祠以祀。

何家驹　字如飞，惠安崇武人。崇祯十六年（1643 年）进士。授江苏常州府推官，任上平反冤狱，全活 371 人。调监察御史，上官索贿不应，改调浙江温州推官，遂拂袖而还。

何　模　镇海卫人。何楷之子。清顺治年间（1644—1661）吴县知县。

何祥振　字玉轩，号福，云霄人。清康熙年间（1662—1722）京承袭骏都尉敕封通议大夫。

何祥晏　号安，云霄人。清康熙年间江苏上元县（今江宁县）正堂。

何祥书　字纪文，号全，云霄人。清康熙年间京城南营参将，山东总兵提督。

何国举　东山人。清康熙年间任浙江省绍兴总兵、左都督，后晋封荣禄大夫。

何　勉（1690—1778）　名肇昂，字启轩，福州人。少时贫穷，弃文就武，屡立战功。清康熙六十年（1721 年），带 100 福州兵入台平定战乱有功，任台湾北路营参将、云骑尉世职。乾隆五年至八年（1740—1743）任台湾总镇。

何肇彩　同安人。清康熙四十四年（1705 年）任台湾南路营参将。

何　誉　同安人。清康熙年间平岳功，封左都督，从三品。

何林茂　同安人。清康熙年间平岳功，封左都督，从三品。

何陈宫　福清人。清雍正五年（1727 年）进士。历任山西安邑令、沁水知县。在任上设义学，置学田，造桥梁。卒时士民立祠于桥头以祀之。

何永陞　号袁辉，云霄人。清雍正年间（1723—1735）御前侍卫。

何弘城　号瑾，云霄人。清雍正年间户部郎中（钦令巴里昆军前大人）

何永垲　号成，云霄人。清雍正年间承袭骑都尉正参。

何士钰 号六十二，云霄人。清雍正年间大邑县正堂、四川邛州州判。

何慈爱（1710—1780） 女，漳浦官浔人。乡贤（奉政大夫）何鸣玉长女，清文华殿大学士蔡新夫人，相夫教子，辅佐蔡新。封一品诰命夫人。

何　桢 新罗大池竹何村人。清乾隆二十七年（1762 年）举人。任荣昌县知县。

何治运（1775—1821） 闽县（今福州）人。清嘉庆十二年（1807 年）举人。博闻强记，笃志汉学。受粤督阮元聘，纂《广东通志》。

何觐光 字浣斋，建宁北乡人。当地名医，有人求诊，有求必应，即使半夜出诊，也未曾厌倦。清乾隆三十年（1765 年）米价暴涨，他开仓碾米，平价卖出。创立“毓秀会”资助参加科举的寒士。

何　镛 字元寿，上杭中都人。清广西南宁麻城隆安县知县。

何稽贤 上杭中都人。清南京付州肃县知县。

何思和（？—1773） 福州人。台湾总兵何勉三子。清乾隆三十七年（1772 年）奉旨接任章绅担任台湾镇总兵。

何瞻汤 字耻衡，号郁洲，云霄人。清乾隆年间（1736—1795）榆杜知县。

何蔚然（1750—1817） 字素宜，号秀岩，闽县人。清藏书家，晚年多购书以教子孙。珍藏书达 10 万卷。

何特声 武平象洞人。清道光八年（1828 年）武进士。任广东、四川右营守备锦州营都司，钦赐花翎。

何怀清 同安人。清道光年间（1821—1850）厦门海关理货官，从四品。

何登其 惠安人。清五品武德骑尉。

何　修 诏安人。清武举人。广东高州总兵、都督。

何　诗 东山人。清温州府瑞安县七品正堂。

何鸣玉 字蓝仲，漳浦人。清奉政大夫。

何见可 诏安人。清广西太平府正堂职。

何炳陞 诏安人。清武举人。绿营千总。

何心川（1853—1926） 字镜秋，福州人。清同治六年（1867 年）考入福州船政学堂后学堂第一届驾驶班，光绪三年（1877 年）赴英国留学，为中国第一批海军留学生。学成回国，任“开济”快船管驾、“镜清”快船管带。1913 年晋升海军少将，1919 年 1 月晋升海军上将。

何发仂（1874—1934） 邵武水北上坪村人。任上坪乡苏维埃政府主席。1934 年被捕遇害。革命烈士。

何细仂（1877—1934） 邵武水北上坪村何家岭人。上坪游击队队长。1934 年被国民党军杀害。革命烈士。

何生书（1881—1929） 上杭县人。1929 年参加革命，曾任旧县区赤卫队炊事员。1929 年攻打上杭城时被俘后就义。革命烈士。

何詠阁（1883—1983） 高士其生母，福州人。历任福州市政协委员、常委，于百岁高龄筹办福州滨海学校并任董事长。

何细奴（1883—1933） 建宁沙洲村人。1931 年 6 月参加革命，曾任区苏维埃政府主席。1933 年 4 月被大刀会杀害。革命烈士。

何其伟（1884—1966） 又名俊坡，字忠衡，莆田人。辛亥革命老人。曾任北伐东征军支队副司令、莆田县代县长，永定县县长。

何明月（1885—1935） 云霄马铺乡马铺村人。1935 年 4 月参加革命，为闽南红三团秘密交通员。

1935 年 9 月 10 日在执行缴敌枪支时牺牲。

何显祖（1887—1954）　字子扬，莆田人。曾任国民党福建省政府参议，国民党军少将旅长。

何弗丧（1888—1952）　莆田人。民国商人，1925 年在菲律宾创办《南风杂志》，全额资助原莆田中山中学校长林兰英（后为中国科学院院士）赴美留学。

何树星（1889—1931）　上杭人。1930 年参加革命，曾任上杭卢丰区第六乡党支书，被诬为“社会民主党”遭错杀。后追认为革命烈士。

何大鸿（1889—1931）　邵武古山街人。邵武台上游击队队员。1931 年 5 月 24 日被国民党军杀害。革命烈士。

何崇金（1889—1933）　宁化城关人。中国工农红军第二十师战士。1933 年在宁化县安远与国民党军作战中牺牲。革命烈士。

何玉莲（1890—1929）　女，赣州兴国人。曾任建阳、顺昌、邵武三县妇女部部长。1929 年 1 月在崇安牺牲。革命烈士。

何亦鱼（1890—1942）　周宁人。1934 年参加革命，不久加入中国共产党。1942 年 2 月反“围剿”斗争中被捕杀害。革命烈士。

何子彝（1891—1959）　名缵廷，号醉余，惠安人。1917 年福建公立政法学院毕业后，被任命为南京高级法院审判员。倡办麟山学校，任校长。为泉州何氏留下麟山族谱。

何玉书（1892—?）　字梦麟，光泽城关人。毕业于北京法政专门学校。1926 年起历任广州黄埔军官学校潮州分校政治部主任、国民革命军东路军总指挥部政治部主任、中国国民党福建省临时政治分会委员、福建省财政委员会主席、福建省军需委员会主任等职。

何昌越（1892—1936）　福鼎市人。1934 年参加革命。1936 年 3 月在福鼎秦屿被杀害。革命烈士。

何奶回（1893—1934）　蕉城区赤溪镇夏村人。1934 年参加革命，任赤溪夏村苏维埃政府侦察委员。1934 年 11 月在霍童邑坂被国民党武装杀害。革命烈士。

何阿增（1893—1936）　柘荣人。1934 年 3 月任柘洋区宝鉴宅村苏维埃政府工作委员。1936 年 3 月 19 日前往山后送信途中遇捕被杀害。革命烈士。

何寿生（1894—1931）　又名何汉男，邵武古山街人。土地革命战争时期参加革命，参加邵光（邵武、光泽）边区革命根据地的土地革命斗争和闽赣苏区的反“围剿”游击战争。1931 年在执行任务时被捕遇害。革命烈士。

何周书（1894—1930）　上杭人。1929 年参加革命，曾任杭武县第六区梅溪乡赤卫队队长。在梅溪与国民党军作战中牺牲。革命烈士。

何占元（1894—1931）　上杭人。1929 年参加革命，曾在红军彭扬学校学习，后任团长。在中都圩被国民党武装杀害。革命烈士。

何　汉（1894—1931）　邵武人。20 世纪 20 年代参加革命，为邵武县党组织秘密交通员。1931 年在执行任务时被捕遇害。革命烈士。

何　异（1894—1936）　云霄坪水村人。1933 年 5 月参加革命，为红三团地下工作团成员。1936 年 8 月在平和县岭门被捕遇害。革命烈士。

何若汉（1895—1934）　福清人。闽中游击队队员。1934 年 8 月被捕后，在狱中组织越狱遭杀害。革命烈士。

何细祖（1897—1934）　宁德蕉城区赤溪镇院前村人。1933 年参加革命，为闽东游击队员。1934 年 2 月 8 日在赤溪院前遇害。革命烈士。

何昌弟（1897—1934）　福鼎市秦屿镇太姥洋村人。1934 年 2 月参加革命，任交通员。1934 年 8 月在福鼎秦屿遇害。革命烈士。

何德生（1897—1934） 建阳樟墩姜地村人。1934年初参加革命，曾担任中共建阳樟墩乡苏维埃政府主席、水吉区区长。1934年8月因被诬错杀。被追认为革命烈士。

何昌益（1897—1936） 福鼎市秦屿镇太姥洋村人。1934年参加下南区游击队，任班长。1936年3月在秦屿遇害。革命烈士。

何帮炎（1897—1936） 寿宁人。1933年7月参加革命，为寿宁上东区游击队员。1936年5月在牛岭村被民团包围而牺牲。革命烈士。

何崇福（1898—1933） 宁化城关人。红五军团炊事员。1933年在归化县（今明溪县）黄川作战中牺牲。革命烈士。

何友远（1899—1931） 上杭人。1929年参加革命，曾任杭武县第一区苏维埃政府文书。1931年因误为“社会民主党”被错杀。被追认为革命烈士。

何　岂（1899—1946） 女，平和坂仔古树坪村人。1935年参加革命，为古树坪村接头户。1946年11月23日在本村被捕遇害。革命烈士。

何祖云（1899—） 建宁县溪口人。1931年6月参加革命，曾任乡苏维埃政府主席。长征出发后失踪。被追认为革命烈士。

何林清（1900—1936） 周宁县礼门梨坪村人。1936年5月参加革命，为周宁县苏维埃政府交通员。1936年秋在执行任务时被捕，在周墩县油湾村被杀害。革命烈士。

何子良（1901—1929） 武平人。1929年参加革命，曾任新岗赤卫队大队长。1929年8月11日在新岗被国民党武装杀害。革命烈士。

何楷贤（1901—1931） 上杭人。1930年参加革命，曾任上杭县第三十苏维埃政府文书。1931年因误为“社会民主党”被错杀。被追认为革命烈士。

何贵生（1901—1933） 建宁沙洲村人。1931年6月参加革命，曾任区苏维埃政府秘书。1933年4月被大刀会杀害。革命烈士。

何水泉（1901—1933） 邵武水口寨人。水口寨游击队副队长，1933年11月在洪墩被国民党武装杀害。革命烈士。

何天福（1901—1935） 云霄古楼村人。1935年参加革命，为闽南红三团三连战士。1935年在漳浦县小山城村与国民党联防队战斗受伤后在官浔牺牲。革命烈士。

何洪妹（1901—1936） 福安康厝畲族乡社洋村人。1936年5月参加革命，任凤南区苏维埃政府交通员。1936年12月在周宁县方广寺被国民党武装杀害。革命烈士。

何绍光（1901—1936） 浦城忠信人。闽北红军独立师独立营副营长兼浦北第一区游击大队大队长。1936年5月被国民党武装杀害。革命烈士。

何先花（1901—1937） 云霄马铺石芹村人。1932年4月参加革命，为闽南红三团工作人员。1937年10月27日在坪水被联防队抓捕而牺牲。革命烈士。

何新盛（1902—1930） 武平人。1929年参加革命，曾任象洞赤卫队大队长。1930年4月在攻打江西赣州战斗中牺牲。革命烈士。

何锡才（1902—1931） 上杭人。1930年参加革命，曾任东一区第二十八乡苏维埃政府主席。1931年6月因被误为“社会民主党”而错杀。被追认为革命烈士。

何香书（1902—1931） 上杭人。1929年参加革命，曾在杭武县第六区文化部任职。1931年因被误为“社会民主党”而错杀。被追认为革命烈士。

何克宽（？—1931） 上杭人。1929年参加革命，曾任上杭县杭南游击队指挥部书记。1931年在中都圩作战中牺牲。革命烈士。

何成荣（？—1932）　上杭人。1929 年参加革命，曾任红军第四军二纵队中队长。1932 年在广东大埔作战中牺牲。革命烈士。

何贵仔（1902—1932）　崇安人。曾任红军闽北独立师战士。1932 年 1 月在江西牺牲。革命烈士。

何水泉（？—1933）　邵武洪墩人。土地革命时期参加革命斗争。1933 年在邵武县洪墩反“围剿”斗争中牺牲。革命烈士。

何进新（1902—1933）　连江人。闽东北游击队独立连连长。在厦宫战役中牺牲。革命烈士。

何扬书（1902—1934）　上杭人。1933 年参加革命，曾任上杭县赤卫队战士。1934 年在梅溪上潭岗作战中牺牲。革命烈士。

何长奴（1902—1938）　建阳樟墩人。1934 年参加革命，是闽北地下交通员。1938 年 7 月在建瓯东塘被杀害。革命烈士。

何天发（1903—1929）　上杭人。1929 年参加革命，曾任红军第十一师三十三团书记员。1929 年在江西临川作战中牺牲。革命烈士。

何贞书（1903—1931）　上杭人。1930 年参加革命，曾任杭武县第六区赤卫队模范营排长。1931 年在永定坎市作战中牺牲。革命烈士。

何金弟（1903—1934）　福安溪潭仙石村人。1932 年参加革命，为外西区游击队队长。1934 年 2 月在宁德宽岭作战中牺牲。革命烈士。

何河潘（1903—1935）蕉城区赤溪镇夏村人。1934 年参加革命，为闽东游击队员。1935 年在赤溪溪坂被杀害。革命烈士。

何常弹（1903—1936）　周宁人。1934 年 3 月参加革命，加入中国共产党，任中共周墩南区区委书记。1936 年 11 月在反“清剿”斗争中被捕，在宁德城关被杀害。革命烈士。

何常钗（1903—1936）　周宁礼门王坑村人。1936 年 5 月参加革命，为中国工农红军闽东独立师第三纵队第二支队战士。1936 年秋在寿宁县反“围剿”作战中牺牲。革命烈士。

何培闇（1903—1971）　福州人。茶叶经营商。生产的“三角片”与茉莉花茶驰名北方。

何道南（1904—1931）　龙岩人。1929 年参加革命，曾任合甲乡苏维埃政府主席。1931 年因肃清“社会民主党”案被错杀。被追认为革命烈士。

何如寿（1904—1934）　蕉城区赤溪镇夏村人。1933 年参加革命，为闽东游击队员。1934 年在周宁县布兜作战中牺牲。革命烈士。

何奶佺（1904—1935）　蕉城区赤溪镇岩坪村人。1934 年参加革命，为闽东游击队员。1935 年在镇和县塘角作战中牺牲。革命烈士。

何红翻（1904—1935）　云霄马铺石古村人。1934 年 2 月 21 日参加革命，为闽南红三团三连战士。1935 年在攻打白泉战斗中牺牲。革命烈士。

何火碑（1904—1948）　云霄马铺客寮村人。1945 年参加革命，解放战争时为闽南第八支队接头户。1948 年 10 月 25 日因执行联络任务在双马被捕后杀害于马铺圩。革命烈士。

何德烈（1905—1930）　武平人。1929 年参加革命，曾任象洞赤卫队战士。1930 年 10 月在江西作战中牺牲。革命烈士。

何庚林（1905—1931）　上杭人。1930 年参加革命，曾任杭武县中区赤卫队队员。1931 年因肃清“社会民主党”而被错杀。被追认为革命烈士。

何维赠（1905—1931）　上杭人。1929 年参加革命，曾任横岗乡苏维埃政府主席。1931 年因误为“社会民主党”被错杀。被追认为革命烈士。

何品书（1905—1931）　上杭人。1930年参加革命，曾任杭武县第六区赤卫队模范营排长。1931年在永定坎市作战中牺牲。革命烈士。

何联彬（1905—1933）　上杭人。1930年参加革命，曾任东一区苏维埃政府主席。1931年因误为“社会民主党”被错杀。被追认为革命烈士。

何子员（1905—1933）　上杭人。1932年参加革命，曾任红军新编第十二军班长。1933年后无音讯。被追认为革命烈士。

何兴发（1905—1933）　崇安人。红七军团五十八团战士，1933年在建阳黄坑牺牲。革命烈士。

何帮从（1905—1936）　周宁礼门梅度村人。1936年6月参加革命，任周墩县梅度村苏维埃政府粮食委员。1936年7月反“围剿”斗争中为保护红军粮食被捕，随后在后垅村被害。革命烈士。

何洪远（1905—1936）　上杭人。1929年参加革命，为杭代县游击队队员。1936年在庐丰作战中牺牲。革命烈士。

何华云（1905—1949）　武平人。1929年参加革命，为象洞赤卫队机关连战士。1949年5月在梅州河作战中牺牲。革命烈士。

何绍兰（1905—1957）　字公达，寿宁斜滩人。1930年毕业于福建省政法大学，先后在南安、安溪等县法院任审判官、院长，曾任福清县县长、福建省政府专员，处置了一批贪官污吏。因抗战有功而被授予抗战胜利勋章。中华人民共和国成立后，先后在省人民法院、教育部门任职。

何　简（？—1957）　原名奉常，字竹间，寿宁斜滩人。北京俄文预科毕业，1924年前后考入北京政府办的警官大学，1927年在京师高等警察厅任职，因鲍罗廷妻案牵连入狱，经张学良解救，到国民政府经济部门任职。

何焕兴（1906—1929）　武平人。1929年参加革命，为富岭赤卫队战士。1929年8月在富岭被国民党武装杀害。革命烈士。

何崇盛（1906—1929）　武平人。1929年参加革命，为赤卫队战士。1929年8月在岭坊被国民党保安队杀害于象洞坊。革命烈士。

何福标（1906—1930）　上杭人。1930年参加革命，曾任红军第十二军副连长。1930年在攻打武平县桃地战斗中牺牲。革命烈士。

何进高（1906—1931）　上杭人。1930年参加革命，曾任红军十二军排长。1931年因被误为“社会民主党”而错杀。被追认为革命烈士。

何利生（1906—1931）　古田平湖端上村人。1927年参加革命，任福州士兵运动委员会委员。1931年4月在马尾海军司令部进行革命活动时被捕遇害于连江长门。革命烈士。

何烈和（1906—1931）　上杭人。1931年参加革命，为红军新编第十二军战士。1931年4月在攻打武平县桃地战斗中牺牲。革命烈士。

何根书（1906—1933）　上杭人。1930年参加革命，为红军独立第八团战士。1933年在江西姑口作战中牺牲。革命烈士。

何　兴（1906—1934）　海南万宁人。1927年5月参加革命，同年加入中国共产党，任中共靖和浦中心县委委员兼第三区区委书记。1934年12月在山城因吴其山叛变出卖而被杀害。革命烈士。

何帮杨（1906—1934）　周宁玛坑冬家山村人。1933年春参加革命，任闽东工农游击队第一支队班长。1934年10月在宝岭村下坑作战中牺牲。革命烈士。

何老施（1906—1936）　福鼎沙埕刘江村人。1932年10月参加革命，1935年12月编入中国工农红军闽东独立师第四团任三连班长。1936年12月在宁德周仓作战中牺牲。革命烈士。

何仕安（1907—1930）　宁化中沙人。红十二军战士，1930年随军进入江西省瑞金县后无音讯。被追认为革命烈士。

何开怀（1907—1930） 武平人。1929 年参加革命，为象洞赤卫队战士。1930 年 12 月在江西赣州战斗中牺牲。革命烈士。

何锡炎（1907—1931） 上杭人。1930 年参加革命，曾任东一区第二十八乡少先队主任。1931 年 7 月因被误为“社会民主党”而错杀。被追认为革命烈士。

何如汉（1907—1934） 宁德市蕉城区赤溪镇夏村人。1934 年参加革命，为闽东游击队员。1934 年在赤溪小坛被国民党武装杀害。革命烈士。

何吓咬（1907—1947）福清人。闽中游击队队员，1947 年 2 月在莆田被国民党武装活埋于石湖岭。革命烈士。

何开能（1908—1930） 上杭人。1929 年参加革命，曾任红军第十二军连长。1930 年 12 月在永定县顶子岐作战中牺牲。革命烈士。

何维德（1908—1930） 上杭人。1929 年参加革命，曾任上杭卢丰区横岗乡团支书。1930 年因被误为“社会民主党”而错杀。被追认为革命烈士。

何安远（1908—1931） 上杭人。1929 年参加革命，为红军第十二军战士。1931 年在龙岩大池作战中牺牲。革命烈士。

何火眼（1908—1934） 云霄火田园峰村人。1933 年 8 月参加革命，为红三团游击队队员。1934 年 11 月在圆峰村被国民党保安队杀害。革命烈士。

何新华（1908—1935） 上杭人。1929 年参加革命，为福建军区裁判部战士。1935 年在漳州被俘后牺牲。革命烈士。

何凤胞（1908—1937） 莆田人。闽中游击队队长。1937 年在金川乡普光亭遇害。革命烈士。

何子林（1909—1931） 上杭人。1930 年参加革命，为东二区苏维埃政府队员。1931 年 6 月因被误为“社会民主党”而错杀。被追认为革命烈士。

何麻根（1909—1934） 云霄园峰村人。1933 年 3 月参加革命，为闽南红三团游击队战士。1934 年 5 月被国民党武装杀害。革命烈士。

何渔白（1909—1934） 云霄园峰村人。1933 年 8 月参加革命，为闽南红三团游击队战士。1934 年 11 月在圆峰村被国民党保安队杀害。革命烈士。

何品同（1909—1935） 蕉城区赤溪镇夏村人。1934 年参加革命，任赤溪夏村苏维埃政府后备队队长。1935 年 11 月在宁德狱中牺牲。革命烈士。

何文成（1909—1935） 福清人。1930 年参加革命，曾担任中共福清特别支部书记、福清县委书记。1935 年 2 月 3 日被杀害于福州西门鸡角弄。革命烈士。

何吓学（1909—1936） 霞浦松港街下村人。1935 年参加革命，任霞浦县下区苏维埃政府文化委员。1935 年 11 月因执行任务在霞浦后港村遇害。革命烈士。

何　炎（1909—1938） 崇安人。曾任中共福安县委委员。1938 年 1 月在福安牺牲。革命烈士。

何心斌（1909—1947） 福清人。闽中游击队队员。1947 年 6 月被地下党派入敌军当教官时因秘密泄露遭杀害于平潭。革命烈士。

何荣根（1910—1931） 龙岩人。1930 年参加革命，曾任上杭三区团支部书记。1931 年因被误为“社会民主党”而错杀。被追认为革命烈士。

何崇福（1910—1931） 明溪人。红军战士。1931 年在县城郊牺牲。革命烈士。

何帮自（1910—1933） 1933 年 7 月参加革命，为寿宁上东区赤卫队员。1933 年 12 月 14 日在执行任务时负伤，医治无效牺牲。革命烈士。

何道波（1910—1934） 蕉城区赤溪镇宣洋村人。1931 年参加革命，为闽东游击队员。1934 年 2 月 7 日在赤溪龟山作战中牺牲。革命烈士。

何坤连（1910—1934） 蕉城区赤溪镇牛洞村人。1934 年参加革命，为赤溪岭头村苏维埃政府工作人员。1934 年 5 月 4 日在赤溪被杀害。革命烈士。

何绍荣（1910—1934） 建宁黄坊人。1933 年 4 月参加革命，为红军司号员。1934 年 5 月随红军出发后失踪。被追认为革命烈士。

何显欠妹（1910—1941） 福清人。闽中游击队队员。1941 年被国民党武装杀害于江阴埔头村。革命烈士。

何仁朝（1910—1947） 福清人。闽中游击队三队队员。1947 年 3 月游击队由江镜移至永泰戴云山，因被怀疑有逃跑现象被错杀。被追认为革命烈士。

何友恭（1910—1991） 又名思贤、希齐，福州人。1931 年从事革命工作。曾任中央人民政府政务院文体教育委员会参事、中山大学教授兼中山大学党委宣传部部长。

何成仁（1910—1929） 上杭人。1929 年参加革命，为红军第十二军战士。同年在长汀县苦竹山作战中牺牲。革命烈士。

何大狗（1910—1931） 上杭人。1929 年参加革命，为上杭县湖洋元迳乡赤卫队员。1931 年在永定峰市作战中牺牲。革命烈士。

何克昌（1911—1930） 上杭人。1930 年参加革命，为红军第十二军战士。1930 年江西石城作战中牺牲。革命烈士。

何新棉（1911—1931） 上杭人。1930 年参加革命，为红军独立第七师二团二连战士。1931 年在武平县北区作战中牺牲。革命烈士。

何谷才（1911—1931） 上杭人。1929 年参加革命，为武平县赤卫队战士。1931 年在武平县桃地作战中牺牲。革命烈士。

何宪子（1911—1933） 福建人。1933 年 12 月牺牲。革命烈士。

何新远（1911—1933） 上杭人。1929 年参加革命，为红军第十二军战士。1933 年在上杭县稔田石碑前作战中牺牲。革命烈士。

何日辉（1911—1933） 上杭人。1930 年参加革命，曾任红军第十二军营长。1933 年在江西东黄陂作战中牺牲。革命烈士。

何昌晃（1911—1934） 福鼎秦屿太姥洋村人。1934 年 2 月参加革命，任交通员。1934 年 3 月在秦屿长岗被捕，牺牲于永安县狱中。革命烈士。

何昌碧（1911—1934） 福鼎秦屿太姥洋村人。1934 年参加革命，任交通员。1935 年 1 月在秦屿被捕遇害。革命烈士。

何廷花（1911—1936） 福鼎白琳木便树岔村人。1935 年 7 月参加革命，后编入中国工农红军挺进师。1936 年 12 月在朱家洋被捕遇害。革命烈士。

何如金（1911—1937） 连江人。红军闽东独立师排长。1937 年在宁德八都牺牲。革命烈士。

何金埔（1911—1944） 福清人。闽中游击队队员。1944 年被国民党武装杀害于城关。革命烈士。

何吓钿（1911—1949） 福清人。闽中游击队队员。1949 年 7 月在同国民党 96 军作战中牺牲。革命烈士。

何　笙（1911—1950） 1950 年 2 月 19 日剿匪中被土匪杀害。革命烈士。

何顺老（1912—1929） 崇安人。崇安民众分会会员。1929 年牺牲。革命烈士。

何桂金（1912—1931） 女，上杭人。1930 年参加革命，曾任上杭县东一区苏维埃政府宣传员。

1931 年 8 月因被误为“社会民主党”而错杀。被追认为革命烈士。

何文模（1912—1931）　上杭人。1929 年参加革命，曾任苏维埃政府宣传委员。1931 年因被误为“社会民主党”而错杀。被追认为革命烈士。

何七七（1912—1931）　上杭人。1929 年参加革命，为红五军团十八团战士。1931 年 3 月到江西宁都后无音讯。被追认为革命烈士。

何永全（1912—1933）　福建人。1933 年 12 月在光泽止马牺牲。革命烈士。

何刘子（1912—1933）　福建人。1933 年 12 月在光泽牺牲。革命烈士。

何浪辉（1912—1933）　上杭人。1932 年参加革命，曾任第十二军传令兵副班长。1933 年在武平小兰桃地作战中牺牲。革命烈士。

何　生（1912—1935）　泰宁人。大田乡苏维埃政府干部。1935 年在大田街尾牺牲。革命烈士。

何红妹（1912—1936）　福鼎店下巽城村人。1936 年 4 月参加西北区游击队。1936 年 3 月随队伍开往外地失踪。被追认为革命烈士。

何开易（1912—1936）　周宁礼门洋坪村人。1936 年 7 月参加革命，为中国工农红军闽东独立师周墩主营战士。1936 年 9 月在周墩县后垅村反“清剿”斗争中被捕，在溪尾村被杀害。革命烈士。

何阿工（？—1938）　宁德人。新四军 6 团炊事员。1938 年在屏南县双溪牺牲。革命烈士。

何自人（1912—1943）　福清人。闽中游击队队员。1943 年 8 月被国民党保安队杀害于龙田大池边。革命烈士。

何振朝（1912—1945）　福清人。闽中游击队队员。1945 年被国民党武装活埋于石湖岭。革命烈士。

何宝兴（1912—1947）　福清人。闽中游击队队员。1947 年 6 月被国民党武装杀害于城关利桥。革命烈士。

何建智（1912—1950）　漳浦官浔人。20 世纪 30 年代参加革命，曾任同安第三区区长。1950 年在解放同安县城战斗中牺牲。革命烈士。

何祖焕（1912—1963）　又名何光耀，闽侯人。医学教授。曾任福州塔亭医院外科主任、副院长、福建医学院教授。

何善伍（1913—1931）　上杭人。1930 年参加革命，曾任上杭县苏维埃政府少先队主任。1931 年因被误为“社会民主党”而错杀。被追认为革命烈士。

何惟书（1913—1931）　上杭人，1930 年参加革命，曾任红军独立师传令班长。1931 年在武平县苦竹山作战中牺牲。革命烈士。

何金文（1913—1932）　上杭人。1932 年参加革命，为上杭县卢丰区赤卫队队员。1932 年在稔田南坑头被捕杀害于蜈蚣岭。革命烈士。

何龙兰（1913—1932）　平和山格隆中村人。1932 年参加革命，为中国工农红军十五军四十五师一三三团二营七连战士。1932 年 10 月在江西宜黄城作战中牺牲。革命烈士。

何先华（1913—1933）　上杭人。1933 年参加革命，为福建军区独立二营战士。1933 年在上杭南阳马洋洞作战中牺牲。革命烈士。

何辉昌（1913—1934）　上杭人。1931 年参加革命，为红军第十二军战士。1934 年在永安作战中牺牲。革命烈士。

何陈妹（1913—1938）　蕉城区霍童镇外表村人。1937 年参加革命，为新四军六团战士。1938 年北上抗日时失踪。被追认为革命烈士。

何家斌（1913—1938）　寿宁人。1936 年参加革命，为寿政景庆中心县游击队员。1938 年 3 月在政和新厝口与土匪作战中牺牲。革命烈士。

何传练（1913—1940）　福鼎前岐龟岭村人。1934 年参加革命。1940 年 4 月在福鼎前岐岗头活动时被捕遇害。革命烈士。

何胥陶（1913—1945）　福清人。1929 年参加革命，曾担任中共福清县委委员，参加组织和领导"龙高暴动"，组建红军游击队。抗战时组织抗日游击大队。1945 年 6 月 22 日被杀害。革命烈士。

何友忠（1913—1947）　福清人。闽中游击队班长。1947 年 3 月被捕后牺牲。革命烈士。

何活仔（1914—1928）　崇安人。崇安民众分会会员。1928 年牺牲。革命烈士。

何顺元（1914—1930）　崇安人。红军闽北独立团战士。1930 年牺牲。革命烈士。

何庆书（1914—1931）　上杭人。1930 年参加革命，为红军独立第七师战士。1931 年在武平县苦竹作战中牺牲。革命烈士。

何天书（1914—1932）　上杭人。1929 年参加革命，为红军第十二军战士。1932 年后无音讯。被追认为革命烈士。

何日华（1914—1933）　上杭人。1930 年参加革命，曾任红军第十二军三十四班班长，1933 年在江西东黄陂作战中牺牲。革命烈士。

何锦书（1914—1934）　上杭人。1930 年参加革命，曾任红军第十二师通讯排排长。1934 年在江西瑞金与敌作战中牺牲。革命烈士。

何水巴（1914—1934）　云霄县马铺坪水村人。1933 年 8 月参加革命，任红三团坪水乡赤卫队队长。1934 年 10 月在坪水被国民党联防队包围战斗中牺牲。革命烈士。

何桂英（1914—1934）　女，建宁里心人。1931 年 3 月参加革命，曾任区苏维埃政府妇女主席。1934 年 5 月随红军出发后失踪。被追认为革命烈士。

何祥亨（1914—1935）　上杭人。1929 年参加革命，曾任福建军区第十九团看护员。1935 年在长汀县美西角作战中牺牲。革命烈士。

何武瑞（1914—1937）　曾用名何端，诏安建设人。1935 年 3 月参加革命，为乌山游击队战士。1937 年在诏安杨梅山战斗中牺牲。革命烈士。

何姜姆猴（1914—1947）　福清人。闽中游击队队员。1947 年 3 月因参加秘密会议被国民党追捕时牺牲于江阴海面。革命烈士。

何代新（1914—1948）　政和人。闽北游击队联络员。1948 年牺牲于政和外屯北科茶亭。革命烈士。

何邦基（1914—1995）　曾名何可人、何清辉，惠安人。1929 年 6 月加入中国共产党，任惠安公学支部书记。1936 年奉命建立涂岭地下交通站。先后任中共晋南惠仙临时工委委员、闽浙赣省委机关管理科长、惠安县委组织部副部长。1950 年后任福建省复员委员会南平办事处副主任、明溪县委宣传部部长、惠安县政协副主席。

何牛奶（1915—1933）　建宁黄坊人。1931 年 4 月参加革命。1933 年 5 月随红军出发后失踪。被追认为革命烈士。

何广联（1915—1934）　上杭人。1934 年参加革命，曾任红军第十二军班长。1934 年在宫前被抓捕杀害。革命烈士。

何重兴（1915—1934）　宁化禾口人。红三军团三营战士。1934 年在江西省白水寨失踪。被追认为革命烈士。

何其荣（1915—1934）　蕉城区赤溪镇夏村人。1934 年参加革命，任赤溪夏村苏维埃政府主席。1934 年在周宁梅山被捕后于宁德县狱中牺牲。革命烈士。

何开满（1915—1936）　周宁礼门彭油湾村人。1936 年 2 月参加革命，任周宁县苏维埃政府交通员。1936 年秋在执行任务时被捕，在梨坪村岔头被杀害。革命烈士。

何天俭（1915—1936）　周宁礼门坑柄村人。1936 年初参加革命，为工农红军闽东独立师周墩独立营战士。1936 年 7 月在李墩乡前垄村反“清剿”作战中牺牲。革命烈士。

何家仕（1915—1938）　寿宁人。1933 年参加革命，为寿政景庆中心县游击队员。1938 年 3 月在政和新康口与土匪作战中牺牲。革命烈士。

何根清（1915—1938）　蕉城区霍童镇胜门村人。1935 年参加革命，新四军战士。1938 年北上抗日时失踪。被追认为革命烈士。

何玉莲（1915—1943）　女，邵武卫闽人。1936 年参加革命，参加闽北邵光（邵武、光泽）革命根据地三年游击战争。1943 年 5 月 20 日在邵武朱坊沙州坝英勇就义。革命烈士。

何天走（1915—1947）　福清人。闽中游击队队员。1947 年 4 月被国民党武装杀害于高山。革命烈士。

何冬菊（1915—1949）　福清人。闽中游击队队员。1949 年 7 月与国民党军作战中牺牲于积库南陵后。革命烈士。

何　杰（1915—1950）　平和白楼村人。平和解放时任白楼乡乡长，1950 年 8 月残匪袭击乡政府时遭杀害。革命烈士。

何翠华（1916—1929）　上杭人。1929 参加革命，曾任红军医院看护员。1929 年后无音讯。被追认为革命烈士。

何六子（1916—1932）　宁化城关人。福建军区独立九团战士。1932 年在连城县作战中牺牲。革命烈士。

何帮灿（1916—1936）　周宁礼门洋坪村人。1936 年参加闽东独立师，任第二纵队战士。1936 年 6 月在宁德百丈岩作战中牺牲。革命烈士。叶飞题词“百丈英风”。

何常荣（1916—1940）　周宁礼门后垅村人。1936 年参加革命，加入中国共产党，为闽东游击队战士，参加闽东游击区抗日反顽斗争。1940 年 9 月在周墩吴礼洋反“围剿”作战中牺牲。革命烈士。

何玉种（1916—1942）　福清人。闽中游击队队员。1942 年 2 月在白太岛与国民党军战斗中牺牲。革命烈士。

何木旺（？—1943）　建阳樟墩人。1941 年参加闽北游击队。1943 年在八宝战斗中牺牲。革命烈士。

何火炉（1916—1948）　云霄马铺村人。1934 年参加革命，为闽南第八支队四大队战士。1948 年 9 月因回家探听情况被杀害于马铺圩。革命烈士。

何光（先）华（1916—1947）　平潭中楼乡南楼村人。1944 年参加革命。1947 年 1 月 31 日奉命回平潭执行任务时被国民党平潭县政府抓捕杀害。革命烈士。

何两花（1917—1934）　女，云霄坪水村人。1933 年 2 月参加革命，任闽南红三团坪水乡苏维埃政府妇女主席。1934 年 11 月 10 日在国民党联防队“围剿”中被杀害。革命烈士。

何陈双（1917—1935）　蕉城区赤溪镇院前村人。1932 年参加革命，为闽东游击队员。1935 年 3 月 10 日在赤溪溪福山头被国民党武装杀害。革命烈士。

何祥邻（1917—1935）　蕉城区赤溪镇夏村人。1933 年参加革命，为闽东游击队员。1935 年在赤溪夏村水尾被国民党武装杀害。革命烈士。

何士林（1917—1938）　松溪渭田木丘村人。1937 年参加革命，为中国工农红军闽北独立师某部战士。1938 年在反“围剿”作战中牺牲。革命烈士。

何永昌（1917—1948）　云霄马铺枧河村人。1948 年 3 月参加革命，为闽南第七支队第八连战士。1948 年 5 月于平和县衫坑村作战中牺牲。革命烈士。

何丽水（1917—1951） 泉州人。1947 年入伍，为中国人民志愿军三十八军三三九团二连战士。1951 年 2 月在朝鲜汉江北岸战斗中牺牲，曾两次立大功。革命烈士。

何友钊（1918—2002） 福州人。福建省人大常委会第六届、第七届委员，福建林学院教授。

何福华（1919—1934） 上杭人。1929 年参加革命，曾任红军第十二师班长。1934 年因痢疾在长汀四都医院病故。革命烈士。

何希尊（1919—1937） 福鼎叠石茭阳村人。1936 年参加西北区游击队。1937 年 11 月在福鼎太姥洋与敌作战中牺牲。革命烈士。

何乔夫（1919—1944） 建阳樟墩人。1937 年参加闽北独立师。1944 年在杭头被国民党武装杀害。革命烈士。

何民党（1919—2001）、**何文理**（1920—2001） 晋江砌田人。晋江旅菲华侨。都曾任菲律宾何氏宗亲理事会总会会长，带头并发动海外侨胞，捐资 1000 多万元，为砌田家乡的教育、交通、电力，以及重修祠堂、安抚使墓做出贡献。

何德春（1920—1935） 云霄坪水村人。1934 年 11 月参加革命，为闽南红三团三连战士。1935 年 2 月在漳浦县尪仔石山战斗中牺牲。革命烈士。

何连水（1920—1940） 平和南胜义路村人。1936 年参加革命，为新四军战士。1940 年 2 月 28 日在福州金兰山战斗中牺牲。革命烈士。

何炎茂（？—1942） 福清人。闽中游击队队员。1942 年 2 月在白犬岛与国民党军战斗中牺牲。革命烈士。

何小奴（1920—1943） 松溪花桥九蓬村人。1938 年参加革命，任建松政（建瓯、松溪、政和）游击队地下交通员。1943 年 10 月在反“清剿”斗争中被捕，在松溪县花桥镇被杀害。革命烈士。

何清流（1920—1948） 云霄马铺下庵村人。1947 年 11 月参加革命，为闽南游击队第八支队战士。1948 年 9 月 2 日被国民党武装捕杀于马铺圩。革命烈士。

何德茂（1921—1943） 建阳姜地人。1943 年参加革命，为闽北党组织工作人员。1943 年在政和山冈被国民党武装杀害。革命烈士。

何吓昌（1921—1944） 福清人。闽中游击队队员。1944 年 3 月从上海回到江镜时被国民党保安逮捕杀害于狱中。革命烈士。

何金菊（1921—1945） 福清人。闽中游击队队员。1945 年被国民党军队杀害。革命烈士。

何长乐（？—1945） 福清人。闽中游击队队员。1945 年 9 月 1 日被捕后遇害。革命烈士。

何妹仔（？—1946） 福清人。闽中游击队队员。1946 年在海上担任运输任务时被国民党逮捕后杀害于高山镇。革命烈士。

何伙水（1920—2016） 又名琪辉，惠安峰崎人。20 世纪 20 年代入黄埔军校第十八期步兵科受训。1948 年冬回故里参加共产党秘密活动，多次以自己黄埔学员身份作为掩护，其家成为秘密活动据点。20 世纪 80 年代初，何伙水与三兄何奕法被定为革命“五老”。

何洪川（1921—1948） 云霄马铺乌螺村人。1948 年参加革命，为闽南游击队第八支队战士。1948 年 8 月在大溪下村战斗中牺牲。革命烈士。

何枝祥（1921—1948） 平和崎岭彭溪村人。1948 年 5 月参加革命，为闽南游击队战士。1948 年 6 月在南靖小山城战斗中牺牲。革命烈士。

何显欠妹（1921—1949） 福清人。闽中游击队队员。1949 年 7 月与国民党 96 军作战中牺牲。革命烈士。

何昌金（1921—1950） 建阳樟墩人。1949 年参加革命，曾担任乡农会主席。1950 年剿匪时被土匪杀害于政和东平。革命烈士。

何瑶琨（1921—1978）、**何瑶煌**（1923—2004）　泉州丰泽人。旅新加坡华侨，热心家乡公益，捐建后厝华侨小学、东海农业中学、东海卫生院，创建泉州贤銮基金会，奖学奖教。

何彭福（1921—1998）　宁德人。1937 年参加闽东红军游击队，后编入新四军。中华人民共和国成立后，历任上海师范学院组织人事处长、上海供电局纪委书记（厅级）等职。

何友恪（1921—2015）　又名陈志远，福州人。福州马尾海军学校毕业，1943 年 8 月参加抗战，1946 年赴英留学。1948 年加入中国共产党。曾参与策动重庆号巡洋舰起义和国民党海军海防第二舰队集体起义。

何宜慈（1921—2003）　何宜武胞弟，寿宁斜滩人。毕业于厦门大学物理系，1946 年到美国斯坦福大学留学，获电子学博士学位，毕业后留任斯坦福大学研究员、高级研究员。1990 年底退休后，任美国逸仙工业园有限公司首席顾问，1991 年春被聘为厦门市高科技开发区高级顾问。

何文赞　龙海东泗西山人。抗日战争时期在国民党军队某师任副官，在秘密搜集驻厦门日军情报时，因下属叛变，为日军逮捕。遭酷刑不屈而被沉海。革命烈士。

何开元（1922—1948）　平和崎岭彭溪村人。1945 年 5 月参加革命，为闽南游击队战士。1948 年在山格赤竹脚战斗中牺牲。革命烈士。

何东尧（1922—1948）　云霄马铺乌螺村人。1946 年 1 月参加革命，为乌山革命根据地交通员。1948 年 11 月 5 日被捕，杀害于马铺圩。革命烈士。

何泉金（1922—1951）　惠安人。中国人民解放军第十九兵团六十五军一九四师五二八团一连战士。1951 年剿匪中失踪。追认为革命烈士。

何敓堂（1922—1961）　古田凤都双山人。凤都双山大队长，中共党员。1961 年 7 月 29 日被报复杀害。革命烈士。

何万全（1923—1947）　福清人。闽中游击队队员。1947 年 3 月因参加泰山寺秘密会议被国民党武装追捕后杀害于高山镇。革命烈士。

何国文（1923—1950）　建阳樟墩人。1949 年参加革命，农民代表。1950 年剿匪时被土匪杀害于政和东平。革命烈士。

何本成（1924—1936）　福鼎白琳翠郊村人。1934 年 2 月参加革命，任交通员，1936 年 3 月加入霞浦县二区肃反队，同年在南广等地从事革命活动后失踪。追认为革命烈士。

何俤俤（1924—1941）　福清人。闽中游击队队员。1941 年 3 月 29 日晚驾船载地下工作人员袭击国民党盐船盐兵时被发觉，遭机枪扫射后牺牲于上泾海上。革命烈士。

何回仔（1924—1948）　云霄马铺乌螺村人。1947 年 12 月参加革命，任闽南游击队第八支队事务长。1948 年 7 月 1 日在云霄县乌螺村被捕，杀害于平和高坑。革命烈士。

何成士（1924—1949）　曾用名何成仕，诏安梅州下河村人。共青团员，1949 年 10 月在广西无宝县剿匪中牺牲。革命烈士。

何木如（1924—1953）　云霄白石村人。1951 年 2 月参加革命，为华东军区公安八十团一营一连战士。1953 年 7 月 16 日在东山战斗中牺牲。革命烈士。

何水成（1924—1952）　惠安人。中国人民志愿军第六十七师二〇一团二营五连战士，1952 年在朝鲜光大岱战斗中牺牲。革命烈士。

何炎茂（？—1942）　福清人。闽中沿海抗日游击队战士。革命烈士。

何妹仔（？—1946）　福清人。参加抗日战争和解放战争。革命烈士。

何友礼（1925—1948）　福州人。曾任闽浙赣区城工部闽江工委常委，在反所谓的“红旗党”运动中被错杀。被追认为革命烈士。

何盛三（1925—1951）　云霄马铺磜头村人。1948 年 12 月参加革命，任闽南游击队第八支队一连班长。1951 年 2 月 20 日在平和大坪剿匪战斗中牺牲。革命烈士。

何文财（1925—1952）　福清人。志愿军一三四团二营六连军械员。1952 年 10 月 20 日在朝鲜五圣山战斗中牺牲。革命烈士。

何水淼（1926—1948）　云霄马铺乌螺村人。1948 年 3 月参加革命，为闽南游击队第八支队七连战士。1948 年 10 月在南靖山城柴头埔村被捕牺牲。革命烈士。

何号斌（1926—1949）　古田凤浦北溪村人。南古瓯游击队战士。1949 年 2 月在南平洋后作战中牺牲。革命烈士。

何方生（1926—2013）　原名何孝尧，何公敢之子，福州人。1947 年参加革命，1949 年参加南下服务团进入福州。任福建省体委副主任等职。

何　青（1927—1947）　平和南胜云后村人。1947 年 4 月参加革命，为闽南游击队战士。1947 年 9 月在大溪冲锋岭战斗中牺牲。革命烈士。

何金星（1927—1948）　云霄马铺大仑村人。1948 年 5 月参加革命，为闽南游击队第八支队七连战士。1948 年 5 月在平和县大溪冲公岭作战中牺牲。革命烈士。

何代新（？—1948）　政和外屯下坪村人。解放战争时期参加革命，任闽浙赣边区纵队闽北游击支队联络员。1948 年冬在为游击队购买粮食时被捕，在外屯乡北山村被杀害。革命烈士。

何友于（1927—1948）　福州人。曾任闽江纵队司令兼政委，在反所谓的“红旗党”运动中被错杀。被追认为革命烈士。

何水金（1927—1950）　云霄马铺桥头村人。1949 年参加革命。马铺乡农会主席。1950 年 8 月 5 日被何耀南土匪捕杀于马铺圩。革命烈士。

何乌金（1927—1952）　福建人。解放军一九〇〇部队水兵师二五五团十三营八连战士。1952 年 12 月在南日岛战斗中牺牲。革命烈士。

何裕福（1927—1952）　东山人。1952 年在朝鲜马良山守备战中牺牲。革命烈士。

何东源（1927—2016）　福安人。早年侨居马来西亚，参加当地抗战活动，遭遣返归国，安排在福安县银行工作。

何进国（1928—1948）　平和安厚岐山村人。1948 年参加革命，为闽南游击队战士。1948 年 6 月在漳浦县小山城作战中牺牲。革命烈士。

何全仔（1928—1950）　东山人。第四野战军第四十军一一九师战防炮营三连战士。1950 年在朝鲜战场上牺牲。革命烈士。

何厚唇（1928—1950）　云霄白石村人。1948 年参加革命，任中国人民志愿军第二十军六十师一七八团通讯员。1950 年 11 月 29 日在朝鲜古土里战斗中牺牲。革命烈士。

何志宏（1928—1968）　漳州人。1946 年就读福州教会圣约翰大学化工专业毕业。任张家口煤矿机械厂首席工程师，“文化大革命”中含冤而逝。1973 年由所在单位张家口煤矿机械厂予以平反，恢复名誉。

何春德（1928—2017）　永春人。老游击队员。潦内村地处边远，何春德倾尽所有，四处奔波，修路搭桥，为乡亲开辟一条致富的大道。2010 年获得首届福建省“助人为乐”好人称号。

何锦河（1929—1948）　平和南胜欧寮村人。1944 年参加革命，为闽南游击队战士。1948 年 6 月 13 日在南胜欧寮村被捕后杀害。革命烈士。

何清泉（1929—1949）　云霄马铺乌螺村人。1948 年 3 月参加革命，为闽粤赣边区十九团一营司号员。1949 年 7 月 29 日在漳州林下与南下解放军会合时因误会而伤亡。被追认为革命烈士。

何万钟（1929—1949）　云霄马铺枧河村人。1947 年 1 月参加革命，为解放军第六军六连战士。1949 年在广东省小炉溪作战中牺牲。革命烈士。

何恒功（1929—1950）　山东淄博人。解放军某部二六〇团一营二连战士。1950 年 7 月在德化因公牺牲。被追认革命烈士。

何金枝（？—1950）　广东人。厦门翔安海军一〇七三部队战士。1950 年在解放金门战役中牺牲。革命烈士。

何恒功（1929—1950）　山东淄博桓台人。解放军某部二六〇团一营二连战士。1950 年 7 月在德化云龙岑剿匪中牺牲。革命烈士。

何瑶波（1929—1968）　诏安人。诏安县委副书记。“文化大革命”中遭迫害致死。被追认为革命烈士。

何占庆（1930—1986）　惠安人。先后任长汀县副县长、中共龙岩地委副书记。

何建忠（1930—1950）　顺昌人。解放军十六军二三二团二营六连战士。1950 年 6 月因公牺牲。革命烈士。

何大妹（1930—1952）　古田城东街道人。中国人民志愿军第二十七军七十九师二三七团二连战士。1952 年 5 月 6 日在朝鲜战场作战中牺牲。革命烈士。

何四时（1930—1960）　平和崎岭彭溪村人。1955 年参加工作，为南靖森工局干部，中共党员。1960 年 6 月 9 日为抢救国家木材而牺牲。被追认为革命烈士。

何从齐（1931—1954）　永泰人。海军某部一团一营四连战士。1954 年 8 月在漳州东山海域战斗中牺牲。革命烈士。

何必祯（1932—1952）　平潭苏澳镇斗门村下狮人。解放军福建水兵师二五五团一营一连战士。1952 年 10 月在南日岛战斗中牺牲。革命烈士。

何德田（1933—1951）　云霄马铺车墩村人。1948 年参加革命，为志愿军二十四军二一六团战士。1951 年牺牲于浙江硖石。革命烈士。

何银枝（1933—1952）　云霄马铺新楼村人。1951 年 1 月参加革命，为公安八十团三营九连炊事员。1952 年 12 月 14 日在漳浦九区剿匪战斗中牺牲。革命烈士。

何秋泽（1933—1953）　云霄马铺枧河村人。1953 年参加革命，为解放军某部二七二团三营九连战士。1953 年 7 月 17 日在东山战斗中牺牲。革命烈士。

何显微（？—1958）　江西人。1958 年“8·23”炮击金门中受伤的 19 名解放军战士之一，经陆军三分院（180 医院前身）抢救无效牺牲。革命烈士。

何耀丰（？—1958）　厦门湖里人。炮兵三七一团榴炮营一连驾驶员。1958 年牺牲。革命烈士。

何金标（？—1958）　广东潮州潮安人。厦门湖里步兵第九十三师二七九团警卫连战士。1958 年金门炮战中牺牲。革命烈士。

何雪如（1934—2009）　女，芗城人。原国营漳州市麻纺厂副厂长、工会主席。先后获“全国工交财贸战线先进生产者”、“全国三八红旗手”、福建省劳动模范等荣誉称号。

何章银（1935—2009）　仙游人。在太原重型机械厂工作。曾担任国家载人航天飞船发射塔建造项目总负责人，教授级高级工程师。

何文忠（1941—1960）　诏安梅塘村人。1960 年 3 月入伍，空军福州场站场务连消防兵。1960 年 7 月 31 日在福州机场因公牺牲。革命烈士。

何　财（？—1961）　云霄人。解放军〇四四七部队一分队三小队战士。1961 年 9 月在东山海战中牺牲。革命烈士。

何昌校（1941—1962）　福清人。解放军六六一四部队战士。1962年8月27日在福州因公牺牲。革命烈士。

何友珠（1941—1967）　女，福清人。原福州军区炮兵留守处工作。1967年8月13日在福建泰宁因舍己救人而牺牲。革命烈士。

何祖迪（1941—1976）晋江人。永安县东方红伐木场干部。1976年因公牺牲。革命烈士。

何深海（1943—1968）　云霄马铺大仑村人。1964年3月入伍，为独立一师步兵三团战士。1968年9月1日在漳州市浦林支农时牺牲。革命烈士。

何牛夫（？—1969）　浙江人。厦门湖里炮兵三十九团五连战士。1969年牺牲。革命烈士。

何振浑（？—1970）　江西人。厦门湖里第九十三师炮兵团运输队副指导员。1970年牺牲。革命烈士。

何吓兰（1946—1970）　福清人。解放军四二五二部队三一一船副轮机长。1970年4月20日在战备训练中因公牺牲。革命烈士。

何道銮（1949—1970）　福清人。铁道兵八七一二部队战士。1970年4月21日参加隧道施工爆破时牺牲。革命烈士。

何团经（1949—2003）　福清人。全国人大代表。先后担任龙岩地委副书记、泉州市委副书记、三明市市长、泉州市市长等职。

何放民（1951—2009）　平和人。中国人民解放军七三一二一部队医院院长，大校。

何溪辉（1955—1979）　惠安人。1976年3月入伍，中共党员，任解放军某部三七六团二营机枪排排长。1979年2月在对越自卫反击战中牺牲于东丐，荣获二等功一次、三等功一次。革命烈士。

何志敏（1958—1979）　惠安人。1978年2月入伍，为解放军某部三七六团战士。1979年3月在对越自卫反击战中牺牲，荣获三等功一次。革命烈士。

何世义（1958—1980）　泉州洛江人。广州空军八七〇六七部队指挥连战士。1980年9月12日在南海为抢救遇险战友而牺牲。革命烈士。

何时灿（1959—1980）　蕉城区蕉南福山村人。1978年3月入伍为解放军三二一一九部队七十二分队战士。1980年在顺昌县执行战备测绘训练中牺牲。革命烈士。

何国兴（1961—2004）　邵武水北龙斗村铺前组人。2004年2月14日在邵武市水北镇龙斗村扑救森林火灾中牺牲。革命烈士。

何灵基（1971—2005）　福清人。福清市农村信用社联社阳下分社主任。2005年10月2日在福清市阳下镇抗击“龙王”台风中为保护国家财产而牺牲。革命烈士。

第三节　历代进士名录

唐　代

姓名	籍贯	中进士年间与科榜	任职	备注
何　亶	武平	后梁贞明年间（915—921）	宁化县尹，梅州太守	又一说是后唐天成元年（926年），待考
何　瓒	福州	天祐三年（906年），丙寅科，薛廷珪榜	行军司马	

宋　代

姓名	籍贯	中进士年间与科榜	任职	备注
何辟非	建安	庆历二年（1042 年），壬午科，杨置榜		
何　甫	建安	治平二年（1065 年），乙巳科，彭汝砺榜		
何与京	邵武	熙宁三年（1070 年），庚戌科，叶祖洽榜	南城主簿，永春州推官	
何与捐	邵武	熙宁三年（1070 年），庚戌科，叶祖洽榜	宣德郎令景陵	
何　述	浦城	元丰二年（1079 年），己未科，时彦榜	奉符县尉	
何　总	福州	元丰八年（1085 年），乙丑科		特奏名
何成之	瓯宁	绍圣元年（1094 年），甲戌科，毕渐榜		
何　贲	瓯宁	绍圣元年（1094 年），甲戌科，毕渐榜		
何　静	龙溪	政和二年（1112 年），壬辰科，莫俦榜	福清知县	
何　兑	邵武	重和元年（1118 年），戊戌科，王昂榜	广西提刑检，辰州通判	
何昌世	崇安	宣和三年（1121 年），辛丑科，何涣榜	台州司理少师	
何　铎	剑浦	绍兴二年（1132 年），壬子科，张九成榜		
何　灏	崇安	绍兴五年（1135 年），乙卯科，汪应辰榜		
何元达	怀安	绍兴十五年（1145 年），乙丑科，刘章榜	终事郎	
何钦承	浦城	绍兴十八年（1148 年），戊辰科，王佐榜		
何邦昌	崇安	绍兴十八年（1148 年），戊辰科，王佐榜		
何士良	闽县	绍兴二十四年（1154 年），甲戌科，张孝祥榜	迪功郎	
何　若	闽县	绍兴二十七年（1157 年），丁丑科，王十朋榜	汀州教授	
何　万	闽县	孝宗隆兴元年（1163 年），癸未科，木待问榜	平江知府	
何　珪	罗源	乾道二年（1166 年），丙戌科，萧国梁榜		
何　说	闽县	乾道八年（1172 年），壬辰科		武进士
何　庇	闽县	淳熙八年（1181 年），辛丑科，黄由榜		
何士显	闽县	淳熙十一年（1184 年），甲辰科，卫泾榜		
何应酉	罗源	庆元五年（1199 年），己未科，曾从龙榜	德安知府	
何　知	瓯宁	庆元五年（1199 年），己未科，曾从龙榜		
何大章	崇安	庆元五年（1199 年），己未科，曾从龙榜		
何守约	永福	嘉定十三年（1220 年），庚辰科，刘渭榜		
何士龙		嘉定十六年（1223 年），癸未科		武进士
何士颐	闽县	绍定二年（1229 年），己丑科，黄朴榜		
何元泽	崇安	绍定二年（1229 年），己丑科，黄朴榜		
何　焕	怀安	绍定五年（1232 年），壬辰科，徐元杰榜		
何茂才	建安	端平二年（1235 年），乙未科，吴叔告榜		

续表

姓名	籍贯	中进士年间与科榜	任职	备注
何正夫	瓯宁	淳祐元年（1241年），辛丑科，徐俨夫榜		
何崇禧	惠安	淳祐四年（1244年），甲辰科，留梦炎榜	广东布政使司	
何德华	瓯宁	宝祐四年（1256年），丙辰科，文天祥榜		
何贵甫	福州	开庆元年（1259年），己未科，周震炎榜	广东端州知府	
何君弼	福清	咸淳七年（1271年），辛未科，张镇孙榜	礼部尚书	

元　代

姓名	籍贯	中进士年间与科榜	任职	备注
何　俨	仙游	元至治元年（1321年），辛酉科，宋本榜	兴化路总管	

明　代

姓名	籍贯	中进士年间与科榜	任职	备注
何文信	闽县	洪武四年（1371年），辛亥科，吴伯宗榜		
何德举	晋江	洪武四年（1371年），辛亥科，吴伯宗榜		
何善成	福州	洪武二十一年（1388年），戊辰科，任亨泰榜	监察御史	
何　琼	怀安	永乐十三年（1415年），乙未科，陈循榜	雷州知府	
何　宜	福清	正统十三年（1448年），戊辰科，彭时榜	江西左布政使	
何　湜	闽县	天顺四年（1460年），庚辰科，王一夔榜	南京户部郎中	
何　南	福清	明成化八年（1472年），壬辰科	厦门总镇都督府	武进士
何　显	闽县	成化二十三年（1487年），丁未科，费宏榜	浙江贵州参政	
何宜登	福清	正德三年（1508年），戊辰科，吕柟榜		
何世祺	福清	嘉靖五年（1526年），丙戌科，龚用卿榜	归化知县	
何时晋	泉州	嘉靖五年（1526年），丙戌科，龚用卿榜		
何元述	丰泽	嘉靖十一年（1532年），壬辰科，林大钦榜	广东按察司副使	
何　御	福清	嘉靖十七年（1538年），戊戌科，茅瓒榜	两淮运史	
何　琚	晋江	嘉靖二十六年（1547年），丁未科，李春芳榜	刑部主事，员外郎	
何廷钰	邵武	嘉靖二十九年（1550年），庚戌科，唐汝楫榜	当朝御史	
何廷锦	邵武	嘉靖三十五年（1556年），丙辰科，诸大绶榜		
何邦礼	福清	嘉靖三十五年（1556年），丙辰科，诸大绶榜	抚州府推官	
何乔远	晋江	万历十四年（1586年），丙戌科，唐文献榜	礼部员外郎，户部右侍郎	
何琪枝	石狮	万历二十九年（1601年），辛丑科，张以诚榜		
何斌臣	龙溪	万历二十九年（1601年），辛丑科	南澳副总兵	武进士

续表

姓名	籍贯	中进士年间与科榜	任职	备注
何玉成	福清	万历四十四年（1616年），丙辰科，钱士升榜	广东廉州知府	
何望海	邵武	天启二年（1622年），壬戌科，文震孟榜	广东揭阳知县	
何 楷	晋江	天启五年（1625年），乙丑科，余煌榜	户部尚书	后定居镇海卫
何家驹	惠安	崇祯十六年（1643年），癸未科，杨廷鉴榜	监察御史，温州推官	
何九云	晋江	崇祯十六年（1643年），癸未科，杨廷鉴榜	选庶常，授编修	
何运亮	晋江	崇祯十六年（1643年），癸未科，杨廷鉴榜	海康知县，太仆寺少卿	

清 代

姓名	籍贯	中进士年间与科榜	任职	备注
何其智	福清	顺治六年（1649年），己丑科，刘子壮榜	江西德兴知县	
何承都	晋江	顺治六年（1649年），己丑科，刘子壮榜	刑部主事，陕西巡按	
何芳腾	晋江	顺治十五年（1658年），戊戌科，孙承恩榜	宁波府经历	
何儒显	顺昌	顺治十八年（1661年），辛丑科，马世俊榜		
何龙文	晋江	康熙三十年（1691年），辛未科，戴有祺榜		
何 晔		康熙三十三年（1694年），甲戌科		武进士
何侗若	闽县	康熙三十九年（1700年），庚辰科		武进士
何其玫	福清	康熙三十九年（1700年），庚辰科，汪绎榜	浙江湖州府同知	
何秉忠	晋江	康熙四十五年（1706年），丙戌科，王云锦榜	昭化令	
何腾三	闽县	康熙五十一年（1712年），壬辰科，王世琛榜	太原府知府	
何宏坦	海澄	康熙五十一年（1712年），壬辰科	御前侍卫，西安府协领	武进士
何士钧	漳浦	康熙五十七年（1718年），戊戌科	琼协守备	武进士
何昂驹	福清	康熙五十七年（1718年），戊戌科		武进士
何陈宫	福清	雍正五年（1727年），丁未科，彭启丰榜	山西沁水知县	
何 捷	福清	雍正八年（1730年），庚戌科		武进士
何恒键	福清	乾隆四年（1739年），己未科，庄有恭榜	赣榆县知县	
何逢禧	侯官	乾隆十六年（1751年），辛未科，吴鸿榜	吏部左侍郎	
何子祥	平和	乾隆十六年（1751年），辛未科，吴鸿榜	浙江平阳浦江县令，金华通判	
何思聪	侯官	乾隆二十二年（1757年），丁丑科，蔡以台榜		
何永清	永泰	乾隆三十六年（1771年），辛卯科，黄轩榜		
何弘坦	云霄	乾隆三十七年（1772年），壬辰科		武进士
何恒镇	侯官	乾隆四十三年（1778年），戊戌科，戴衢亨榜	江西武宁知县	

续表

姓名	籍贯	中进士年间与科榜	任职	备注
何西泰	侯官	乾隆四十三年（1778年），戊戌科，戴衢亨榜		
何恒键	闽县	嘉庆六年（1801年），辛酉恩科，顾皋榜		
何弈簪	晋江	嘉庆十三年（1808年），戊辰科，吴信中榜		
何正辉	周宁	嘉庆十三年（1808年），戊辰科	翰林院检讨	赐进士
何奕松	福清	嘉庆二十四年（1819年），己卯科，陈沆榜	朝议大夫	
何萼联	侯官	嘉庆二十五年（1820年），庚辰科，陈继昌榜		
何鹏霄	闽县	道光二年（1822年），壬午恩科，戴兰芬榜	东乡知县	
何大经	侯官	道光三年（1823年），癸未科，林召棠榜		
何特声	武平	道光八年（1828年），戊子科		武进士
何森林	侯官	道光十三年（1833年），癸巳科，汪鸣相榜		
何鸣章	侯官	道光十五年（1835年），乙未科，刘绎榜		
何冠英	闽县	道光十六年（1836年），丙申恩科，林鸿年榜	巡抚	榜眼
何上先	惠安	道光十六年（1836年），丙申科	都司	武进士
何名儒	平和	道光十六年（1836年），丙申恩科，林鸿年榜	钦点山西即用	
何秋涛	光泽	道光二十四年（1844年），甲辰科，孙毓桂榜	刑部主事，奉直大夫，刑部员外郎	
何履亨	闽县	咸丰六年（1856年），丙辰科，翁同龢榜	甘肃镇番知县	
何嵩祺	长乐	咸丰十年（1860年），庚申恩科，钟骏声榜		
何式珍	侯官	同治十年（1871年），辛未科，梁耀枢榜	山东曹县知县	
何德溱	闽县	光绪二年（1876年），丙子恩科，曹鸿勋榜		
何刚德	闽县	光绪三年（1877年），丁丑科，王仁堪榜	长江豫章道尹	
何式璜	侯官	光绪三年（1877年），丁丑科，王仁堪榜		
何晋德	侯官	光绪六年（1880年），庚辰科，黄思永榜	惠州知府	
何尔钧	闽县	光绪十五年（1889年），己丑科，张建勋榜		
何廷献	闽县	光绪二十四年（1898年），戊戌科，夏同龢榜		
何　谌	闽县	光绪二十九年（1903年），癸卯科，王寿彭榜		
何启椿	侯官	光绪二十九年（1903年），癸卯科，王寿彭榜		

第七篇

丘（邱）姓

《福建姓氏志·丘（邱）姓篇》编纂委员会

主　　任：邱吉天

副 主 任：邱文赛　邱其标　邱善明　丘征元

委　　员：邱昭阳　邱文栋　邱德璋　邱德忠　邱吉安　邱鸿斌　邱和德
邱奕梨　邱良源

《福建姓氏志·丘（邱）氏篇》编辑部

主　　编：邱吉天

副 主 编：邱文赛

撰稿人员：邱良源　邱荣华　邱晓光　邱灵光　邱盛樑　邱建群

目　录

丘姓，源出炎帝，奉姜尚为太始祖、丘印为始祖。太公望吕（姜）尚被分封在营丘（今山东省淄博市临淄区），嫡子丁公伋立为诸侯，子印后裔以“丘”为姓。据载，丘姓入闽始于西晋永嘉二年（308年）的“八姓入闽”，其中丘姓为八姓之一，此后至明末清初，从省外迁入福建的丘（邱）姓共有25支。汉武帝时，为避孔子之名讳，改“丘”姓为“邱”姓，其后“丘”“邱”并用。清雍正三年（1725年），世宗胤禛下诏，“以昭诚敬致尊荣”，除“四书”“五经”外，凡系姓氏、地名，“丘”字一律加邑部为“邱”字。辛亥革命后，邱馥、丘逢甲等提议，恢复祖先丘姓，闽、粤、台部分族人响应。至今“丘”“邱”并用。为避免混淆，典籍、谱牒、进士名录及陵墓上冠以“丘”“邱”者，均维持原记述不变。

据2016年统计，全省丘（邱）姓总人口数为355439人，主要分布在350多个丘（邱）姓聚居村庄。编有《邱氏族谱》280多部；在众多的祠堂、祖墓以及名胜古迹、名人故居中，被列入世界遗产保护单位1项，全国重点文物保护单位2个，省级文物保护单位11个，市县级文物保护单位6个。唐宋以来福建有丘（邱）姓进士111人。丘（邱）姓郡望有河南郡、扶风郡、吴兴郡等，堂号以河南堂、文庄堂、忠实堂、树德堂、肇安堂等较为常见，尤以河南堂闻名。

第一章　源　流

第一节　溯　源

一、源自姜姓

商末，吕尚辅佐周武王灭商有功，周初，封于齐而都营丘（今山东淄博市临淄区）。明人编《左传精舍志》云：“太公封于营丘，嫡子丁公伋立为诸侯，其支子印遂以丘为姓。”印又称穆公，族人尊其为得姓始祖。春秋鲁国左史官丘明为姜太公之后裔，后代为丘姓。

二、源自妫姓

春秋时郑大夫丘弱后裔称丘氏，并世居扶风（今陕西兴平市东南）。

三、源自姒姓

夏帝少康时，封其小儿子曲烈于鄫（今河南柘城北），至周灵王时，被莒国所灭，其子孙去邑为曾姓，其分支以“丘”为姓。

四、源自少数民族改姓

古有丘林氏、丘敦氏改为丘姓。自汉以来，匈奴、鲜卑、乌桓、羌等族人有的改为丘（邱）姓。魏晋南北朝时期，鲜卑族中的丘林、丘敦、丘目陵等氏，有的改为丘姓。北魏献帝七分国人，以其弟豆真（封临淮王）镇守来国，归而命姓，为丘敦姓，豆真之子丘堆改姓丘。乌桓有国王名丘力居者，在位30

多年，其后乌桓有丘姓。三国魏有名将毋丘俭，其子孙改毋丘为丘姓。唐宋以来，北方民族进入中原建立辽、西夏、金、元诸政权，在少数民族中，有的改为丘（邱）姓。清代满洲八旗秋佳氏改为邱姓。苗、畲、蒙古、土家等民族均有邱姓。

第二节 入 闽

西晋永嘉二年（308 年），丘夷兄弟 3 人奉母由光州固始避乱入闽，定居泉州晋江清源刺桐里（今泉州晋江清源山附近）。

晋代丘伯康由原籍河南固始迁闽，居泉州，后由泉州迁居仙游县屏山。

唐总章二年（669 年），丘安道随光州固始人陈政入闽平乱，定居漳州。至 15 世丘鸿衍迁龙溪十一都镇南社（今龙海市榜山镇洋西村渡头社）。

唐天宝三年（744 年），丘仕宾由江西南丰军山迁邵武禾坪，曾孙丘法从于唐昭宗龙纪元年（889 年）转徙建宁上黎高坑。

唐长庆三年（823 年），丘昆清由江西南昌进贤江南村避乱入闽，举家定居建宁，后迁居宁化水茜。

唐僖宗年间（873—888），丘七携三子随王绪入闽，开基古田。

唐光启元年（885 年），丘祯、丘祥、丘福兄弟 3 人随王绪自光州固始入闽，定居建平（原建阳）之北乡石臼里（今武夷山市）。

唐光启年间（885—888），丘辅随王绪自光州固始入闽。南宋绍兴二十四年（1154 年）前后，转迁连江县城关石桥巷柄（今连江县医院附近）。

五代后唐天成年间（926—930），丘琐因不受后晋官职，举家由河南逃仙游隐居，后迁宁化石壁。

唐末，丘亮同兄自光州固始入闽，定居建阳。

唐末，丘杰因避黄巢军而由光州固始入闽，定居泉郡（今泉州）清源。后裔有一支分迁海南定安。

北宋景祐元年（1034 年），丘杰秀由光州固始举家南迁入闽，定居莆田岩头，后裔于宋末元初移居上杭县，播迁广东、台湾等地。

宋初，丘三郎由河南入闽，定居连城高地。

宋政和年间（1111—1118），丘喜随父祖从江苏海州（今江苏省灌云县）入闽，先居建阳将口东田村，后定居芹溪东田。

宋高宗年间（1127—1162），丘壹盟由河南汝南府移居上杭县吴卷坑（今属永定）。

南宋绍兴二十四年（1154 年）前后，总兵丘才由浙江吴兴至小埕（今连江筱埕）监造城垣，因守其地而定居。

南宋宁宗时（1195—1224），丘密（邱七八）因得罪韩侂胄，被贬后由河南遁居崇安。

南宋咸淳年间（1265—1274），丘朝所由河南逃难入闽。

元延祐三年（1316 年），丘万八秀由江西石城蛟蝴堡西林到龙岩访亲，后在溪南定居，行医济世。

元至正年间（1341—1368），丘万隆由江西石城入闽。

明洪武元年（1368 年），丘得府随大将汤和征战入闽，留守延平，后迁居永泰，后裔多居于今永泰县清凉镇温南村。

明初，丘伯顺由广东饶平水口村迁入，定居诏安大坪，后裔移居庵前村。

明万历年间（1573—1620），丘宗裔、丘宗柯、丘宗广三兄弟由河南迁入闽侯县荆溪镇仁洲村。

明天启年间（1621—1627），丘永成从江西八角井迁入古田县泮洋后山村。

明末，丘世裔由河南迁入，定居侯官（今闽侯）荆溪永丰村。

第三节　繁　衍

一、丘夷家族

西晋永嘉二年（308年），丘夷兄弟三人奉母由光州固始避乱入闽，定居泉州晋江清源剌桐里（今晋江清源山附近）。丘夷生5子：长子丘永之迁居崇安大安（今武夷山市）；次子丘因之迁居建溪；三子丘全之迁居南剑；四子丘成之迁居福州；五子丘元之留居清源（今泉州市），后裔分迁兴化、汀州、漳州。宋丞相李纲为其撰写《祠堂记》。

二、丘安道家族

唐总章二年（669年），丘安道以府兵队正之职随玉钤卫左郎将陈政入闽开漳，定居云霄火田社（今龙海市东泗乡西岭村）。宋绍兴二十年（1150年），高宗追封其为昭德将军。丘安道15世丘鸿衍迁居龙溪十一都镇南社（今龙海市榜山镇洋西村渡头社），后裔丘韩保于元代移居漳浦县杜浔镇，其后裔主要定居漳州市、龙海市、诏安县和台湾、广东惠州市等地。

三、丘仕宾家族

唐天宝三年（744年），丘仕宾自江西南丰军山客游邵武禾坪（今邵武和平镇），娶刘氏女而居之。唐天祐元年（904年），其曾孙丘法从迁居义宁军葛藤窠，继迁上黎高坑，遂家于此，为建宁丘氏始祖。

四、丘昆清家族

唐长庆三年（823年），丘昆清因避乱隐居建州武夷山下（今建瓯市），其孙丘礼郎自建州迁居宁化水茜双溪口。宋咸淳三年（1267年），丘昆清后裔礼郎支派和智郎支派陆续迁入宁化、清流、长汀和明溪等县。

五、丘七家族

唐僖宗年间（873—888），丘七随王绪入闽，居古田县。其孙丘润定居古田县大甲镇岩富村。南宋绍兴二十八年（1158年），丘润10世丘恒山从岩富村迁居连江马鼻镇赤石贵丰。南宋咸淳四年（1268年），丘恒山7世丘福生转迁长乐上邱。元泰定年间（1324—1328），丘福生后裔丘起南移迁琼田（今长乐市玉田镇坑田村）。明永乐九年（1411年），丘恒山11世丘钿任江西赣县丞，遂家于贵溪泗沥镇邱家村。清乾隆年间（1736—1795），丘起南兄丘融南15世丘天福、丘天赐兄弟迁居福宁州劝儒乡遥香里二十都店头村（今福鼎市点头镇）。元大德七年（1303年），丘润15世丘仲严由古田县大甲镇岩富村迁居屏南玉洋铜口（今玉洋山胶亭）。

六、丘祯家族

唐光启元年（885年）秋，光州固始人丘祯与弟丘祥、丘福随王绪入闽，定居于崇安县黎阳（今武夷山市岚谷乡黎口村）。丘祯后裔部分留守黎口，其余先后迁居枫坡、大安、城隅、浦城、建阳等地。

七、丘琐家族

五代后唐天成年间（926—930），丘琐举家逃往仙游隐居，后迁宁化石壁。宋末元初，后裔丘八郎妻韩八娘携三子惟长、惟福、惟禄（三五郎）为避兵乱，由宁化石壁迁居上杭胜运里南坑。今上杭境内有丘三五郎裔孙近2万人，分布在该县16个乡镇。永定丘三五郎后裔的五个派系，分别是伯四郎系、伯七郎系、伯八郎系、伯九郎系和伯十郎系，全县有1万余人，分布在全县17个乡镇的22个自然村。南宋年间（1127—1279），长汀丘三五郎后裔丘伯一郎由上杭胜运里太拔前坝迁长汀三洲丘坊开基。裔孙散居河田镇、三洲镇、古城镇、汀州镇、大同镇、濯田镇、红山乡等7个乡镇。丘小二郎在河田镇下修（山田背）开创基业。明正德元年（1506年），丘受（又名德寿）携家眷由上杭庐丰宋公坪迁居中华洞（今涂坊镇长中会村下地）开基。明万历年间（1573—1620），丘五郎由连城宣和南山下中田水尾迁居长汀新桥丘坑，后移廖家村，为廖家村丘氏一世祖。丘太郎由上杭迁居汀州河田修坊汤畲，其孙丘十郎移居松林源，其6世丘五九郎又迁大同镇李岭村。

八、丘德充家族

南宋绍兴二十四年（1154年）前后，丘辅后裔丘德充转迁连江县城关石桥巷柄（今连江县医院附近）。丘德充5世丘仲、丘存、丘洪，其中，丘仲迁居连江马鼻镇文峰（俗称十甲）、合峰（俗称五甲），后裔分迁本县长龙建庄、蓼沿塔后等地及罗源城关；丘存迁本县浦口镇益砌村，后裔分迁松坞、定海、下洋等地；丘洪留居城关。

九、丘杰秀家族

北宋景祐元年（1034年），丘杰秀（迁徙广东称“烋秀”）由光州固始举家南迁入闽，定居莆田岩头。宋崇宁元年（1102年），其长子丘成实因被党争波及而贬谪出京，任福建罗源县吏，南宋绍兴四年（1134年）举家迁居广东饶平；另二子也分别被贬至海南琼州和广东潮州。5世丘禧传迁居漳州海澄县（今龙海市海澄镇）。另有后裔于宋末元初移居汀州府宁化石壁，继迁广东、广西、四川、江西赣南及上杭、永定、长汀、连城等地。

十、丘瑞家族

北宋初年，丘瑞世居海州（今江苏连云港市灌云县北南城镇），宋嘉祐三年（1058年），其子丘砺调任福建路提刑狱公事、转运判官。孙丘喜随父祖入闽，先到建阳将口东田村，后在芹溪东田定居。后裔分居建阳各地。

十一、丘兆庆家族

宋开禧二年（1206年），丘兆庆开基于尤溪县台溪乡上宅村黑藤坑，后裔分布尤溪、大田、德化3个县的16个自然村。明洪武十五年（1382年），丘兆庆后裔丘文九迁回尤溪县城关镇星明村，后移居尤溪县梅仙镇玉石村。明景泰三年（1452年），后裔丘国栋一支迁居尤溪县中仙乡上云村；另一支丘海三生6子，其长子丘二十后裔迁居大田县奇韬镇桃东村，次子丘廿二后裔迁居坂面镇后盂过溪洋，三子丘廿四后裔迁居尤溪县西城镇玉池村，四子丘福伍后裔迁居尤溪县台溪乡书京村，五子丘福六迁居德化县桂阳乡邱村安村，六子丘福九迁居德化永梧村。

十二、丘才家族

南宋绍兴二十四年（1154年）前后，浙江吴兴郡人丘才担任总兵，至小埕（谱志又称江亭、小亭、小埕，即今连江县筱埕镇）监造城垣，因守其地而家。其后裔分布连江县定海、大埕、罗回、幕浦、奇达、长门及福州郊区琅岐等地。元至正五年（1345年），8世丘恒迁居连江晓澳。后裔播迁福州市区，福州市马尾区白眉村，连江县城关，连江县琯头镇定岐、下岐，霞浦县北壁乡下岐及北京、上海、广东、台湾省地，还有部分迁徙至美国等国。明万历四十一年（1613年），丘才后裔丘志良由筱埕分迁连江县官坂镇梅里村。

十三、丘朝所家族

南宋咸淳年间（1265—1274），丘朝所由河南逃难入闽，开基今福州市宦溪镇罗汉村。

十四、丘万八秀家族

元延祐三年（1316年），丘万八秀入龙岩开基，分居于9个乡镇的26个村（社区居委会），后裔分迁漳平、华安及湖北、江西等地。

十五、丘微家族

元代，丘微长子丘逸与其长孙丘睿由莆田刺桐巷迁仙游游洋邱厝定居。明洪武年间（1368—1398），丘微5世孙与侄丘伯玉迁居文笔峰飞凤麓下蒋（亦称凤岗，今龙华爱和村顶下蒋）。

十六、丘寿卿家族

明初，丘寿卿开基惠安县沙格后头，4世丘若水迁邱厝村后邱，后裔分布山透、山后、赤土尾、西邱街和小岞镇南赛村。明天启七年（1627年），丘寿卿后裔之一丘探于从泉州上邱潘山迁居惠安县。

十七、丘宗裔家族

明万历年间（1573—1620），丘宗裔、丘宗柯、丘宗广三兄弟由河南迁入闽侯县荆溪镇仁洲村开基。

十八、丘世裔家族

明末，丘世裔由河南入闽，开基闽侯荆溪永丰村。

第四节　郡望、堂号

一、郡望

河南郡　汉高祖二年（前205年），改秦三川郡置河南郡，治所在雒阳（今洛阳市东北）。南北朝时期，北魏拓跋嗣（409—423）将鲜卑皇族改为汉姓，其中丘敦氏·豆真改为丘氏。豆真之子丘敦堆（亦作丘堆）为河南洛阳鲜卑族丘氏的开基祖。丘堆以功赐爵为侯，拜为右弼，实为宰相。其后代功勋彪炳，封侯封爵者比比皆是，遂成河南丘姓巨族。中原入闽丘氏多以"河南郡"为郡望。

扶风郡　春秋时邾大夫丘弱后裔称丘氏，世居扶风。西汉时置郡右扶风，为三辅之一。三国魏时改为扶风郡，治所在槐里（今陕西兴平东南）。汉武帝（前140—前87）时，由山东（太行山以东）迁徙关西的旧族不断增加，这些移民（包括丘姓）的后裔又分徙到陕西各地，在扶风衍为望族。

吴兴郡　三国吴时置郡，治所在乌程（今吴兴南）。扶风人丘俊，汉平帝时持节安抚江淮，后留江左，居吴兴。南北朝时衍成望族。

二、主要堂号

河南堂　以郡望"河南"为堂号，称为"河南堂"。福建丘（邱）姓聚居地多以"河南"为堂号，如尤溪县城关镇星明村、大田县华兴镇张墩村、连江县筱埕镇筱埕村等。

文庄堂　丘濬，原籍福建泉州，历任明礼部尚书、文渊阁大学士等，谥“文庄”，福建丘濬子孙聚居地遂以“文庄”为堂号。

忠实堂　丘岳，南宋理宗年间（1225—1264）任参议官、兵部侍郎，之后任淮东安抚制置使兼知扬州，其后裔分迁福建。在任期间，他坚持忠言直谏，据理力争。理宗御笔“忠实”二字制成匾额高悬堂上，曰“忠实堂”。福州市鼓楼区井巷、永泰县城峰镇里岛村丘（邱）姓聚居地遂以“忠实”为堂号。

其他丘（邱）堂号：厦门市海沧区新垵村、漳浦县杜浔镇文卿村为“诒谷堂”，诏安县秀篆镇大坪村、庵前村为“继新堂”，永春县达埔镇圳古村为“章安堂”，宁化县城郊镇李七村为“展亲堂”，尤溪县台溪乡书坪村为“时思堂”，龙岩市新罗区南城街道思南社区为“肇安堂”，连江县晓澳镇晓江、晓锋、晓兴社区为“树德堂”等。

第二章　分　布

第一节　人口分布

2016年6月，福建省公安厅户籍人口统计（不含金门、马祖），全省丘（邱）姓人口总数为355439人，分布于福建各市、县（区、市）及平潭综合实验区。

表7-1　**2016年福建省丘（邱）姓人口分布情况表**　单位：个、人

市（区）别	县（区、市）数	人口数	各县（区、市）人口数
福州	12	48765	鼓楼区3536，台江区1681，仓山区2531，晋安区2256，马尾区874，福清市3585，长乐市3126，闽侯县2263，连江县21207，闽清县2284，罗源县1369，永泰县2921
厦门	6	17202	思明区4914，湖里区1746，集美区1556，海沧区5769，同安区1284，翔安区1924
漳州	13	23067	芗城区2250，龙文区266，龙海市3748，漳浦县7571，云霄县243，诏安县2606，东山县244，平和县642，南靖县3238，长泰县254，华安县1413，漳州开发区310，台商投资区282
泉州	11	50969	鲤城区1087，丰泽区1246，洛江区1336，泉港区3919，石狮市26415，晋江市1336，南安市1854，惠安县6503，安溪县1762，德化县860，永春县4550
三明	12	44034	三元区764，梅列区1115，永安市4151，清流县3466，宁化县16083，建宁县2695，泰宁县1673，明溪县2638，将乐县3394，沙县1759，尤溪县3833，大田县2463
莆田	5	18176	仙游县11021，荔城区1776，城厢区1306，涵江区3415，秀屿区658
南平	10	35642	延平区2176，建阳区5807，邵武市4335，武夷山市3907，建瓯市6464，顺昌县2265，浦城县3890，光泽县4787，松溪县963，政和县1048
龙岩	7	99809	新罗区16385，永定区7946，上杭县33779，武平县7548，长汀县24749，连城县7448，漳平市6464
宁德	9	17775	蕉城区1847，福安市3512，福鼎市4211，霞浦县2689，寿宁县555，周宁县538，柘荣县144，古田县3239，屏南县931，东侨经济开发区109
平潭	1	932	

第二节　主要聚居地

一、福州市丘（邱）姓

（一）晋安区

宦溪镇罗汉村　南宋咸淳年间（1265—1274），丘朝所由河南逃难入闽，开基宦溪镇罗汉村。今传29世，居村189人。

（二）马尾区

亭江镇白眉村　明嘉靖年间（1522—1566），丘宗逶由连江晓澳外出谋生，辗转至马尾白眉村定居。今传16世，居村178户、800多人。

亭江镇亭头村　清初，邱帮之子邱长、邱命、邱富三兄弟由连江筱埕凤亭禄房迁闽安镇，其4世邱金晃迁居亭江。今传9世，居村20余户、100多人。

琅岐镇衙前、上岐村　清初，邱长3世邱恩明、邱恩钱兄弟由闽安村迁入。今传9世，居村50余户、200多人。

（三）福清市

高山镇东进村　清康熙三十二年（1693年），丘端弼由永定县太平里迁入，后裔分迁该市三山北游、平潭吉兆、卜石及台湾台北市。今传13世，居村240余户、1200多人。

上迳镇岭胶村　清雍正七年（1729年），邱台轩由永春县卿美村迁入。今居村2000余人。后裔分迁海外700多人。

镜洋镇上店村　清嘉庆十一年（1806年），邱文华由仙游欧湾村迁入。今传11世，居村110余户、450多人。后裔分迁福清、福州、香港等地以及印度尼西亚等国。

宏路街道马山村　清雍正七年，邱侯聘由福清西门外虎头山下迁入。今居村80余户、300多人。后裔分迁该市马山、黄塘、苍下口及平潭，迁徙北京，以及海外印度尼西亚、新加坡等地。

三山镇北游村　清末，邱元口由高山东进邱厝里移迁北游村。今居村30余户、120多人。

（四）长乐区

航城街道岐后村　清道光年间（1821—1850），邱其存由玉田镇坑田邱氏福房迁入。今传10世，居村20余户、100多人。

金峰镇邱朱村　清乾隆（1736—1795）后期，邱子口由玉田镇坑田迁入。今传9世，居村70余户、350多人。

玉田镇坑田村　南宋咸淳四年（1268年），连江丘恒山7世丘福生转迁长乐上邱，元泰定年间（1324—1328），后裔丘起南由上邱迁入。今传36世，居村830余户、3500多人。

潭头镇沙堤村　清代由坑田邱氏福房迁入。今居村20余户、100多人。

潭头镇厚福村　今居村20余户、100多人。

（五）闽侯县

荆溪镇仁洲村　明万历年间（1573—1620），丘宗裔、丘宗柯、丘宗广三兄弟由河南迁入。今传15世，居村500多人。

荆溪镇永丰村　明末清初，丘世裔三兄弟由河南迁入。今传14世，居村200多人。

上街镇金屿村　清嘉庆年间（1796—1820），邱清强、邱清仕等兄弟三人由连江晓澳迁入。今传8

世，居村 200 多人。

大湖乡郑地村　元至正年间（1341—1368），丘元春迁入，生 6 子，分布闽侯郑地、柏溪、石垅浦和关口 4 村。今传 24 世，居村 580 多人。

（六）连江县

凤城镇西北街　南宋绍兴二十四年（1154 年），丘辅后裔丘德充迁居西北街石桥巷柄。今传 28 世，居村 110 余人。后裔分迁连江益砌、赤石。

浦口镇益砌村　明洪武年间（1368—1398），丘德充后裔丘存由城关石桥巷柄迁入。今传 31 世，居村 2600 多人。后裔分迁连江定海、下洋等地，现有 300 多人。

浦口镇松坞村　清康熙五十七年（1718 年），丘惟言由连江益砌村迁入。今传 28 世，居村 63 户、300 多人。

筱埕镇筱埕村　南宋绍兴二十四年（1154 年），丘才由浙江吴兴迁入。今传 31 世，居村 461 户、1917 人。后裔迁居连江定海、大埕、罗回、幕浦、长门、奇达及福州琅岐等地，居村 250 户、1000 多人。

官坂镇梅里村　明万历四十一年（1613 年），丘才后裔丘志良由筱埕迁入。今传 30 世，居村 155 人。

晓澳镇晓澳（含晓锋、晓江、晓兴 3 个社区）　元至正五年（1345 年），丘才后裔丘恒由筱埕迁入。今传 26 世，居村 3169 户、12800 多人。后裔迁徙台湾桃园、台北、新竹 200 多户、1050 多人；美国等海外 300 多户、1860 多人。迁徙北京、上海、广东以及霞浦县北壁乡下岐村等地 1000 多人，为全省丘氏单一开基祖后裔聚居人数最多的一支。

琯头镇壶江村　清道光十四年（1834 年），邱树彩由晓澳迁入。今传 7 世，居村 40 余户、160 多人。

琯头镇下岐村、澹岐村　明嘉靖三十二年（1553 年），丘宗信由晓澳迁入下岐村。今传 15 世，居村 126 人。另迁澹岐村 16 户、80 多人。

马鼻镇文峰、合峰村　元代，丘仲由石桥巷柄入赘积石中段陈家，次子复归丘姓名善，后裔分迁文峰、合峰。今传 31 世，居村 5400 多人，外迁 800 多人。

马鼻镇贵峰村　南宋绍兴二十八年（1158 年），丘恒山由古田岩富迁入。今传 32 世，居村 4300 人。

长龙镇建庄村　明嘉靖年间（1522—1566），丘晏由马鼻文峰迁入。今传 21 世，居村 35 户、140 多人。

长龙镇下洋村　明崇祯年间（1628—1644），丘值由浦口镇益砌村迁入。今传 16 世，居村 41 户、200 多人。

蓼沿乡塔后村　清顺治十四年（1657 年），丘儒震由马鼻文峰迁入。今传 15 世，居村 63 户、240 多人。

（七）闽清县

塔庄镇泸溪村　明万历元年（1573 年），丘观仁由建阳迁永泰盘符，后转迁入。长子丘敏松留居泸溪，今居村 230 余户、900 多人；次子丘敏章分迁璜兰，转迁泸溪马岭尾、田地、凉亭等地，今传 16 世，居村 760 多人。

省璜镇璜兰村　明末，丘敏章由塔庄镇泸溪村迁入。今居村 130 余户、600 多人。

（八）罗源县

凤山镇　清光绪年间（1875—1908），邱洪祥等由连江马鼻文峰、合峰村迁入。今传 6 世，居村 110 多人。

凤山镇南门外　清光绪中期，连江合峰邱宏盛迁居宁德岚口，后转迁入。今传 5 世，居村 20 余户、40 多人。

碧里乡前洋村 清光绪中期，由连江贵峰先迁罗源拜井里龟基垦荒，历2世迁入；另一支由贵洋迁入。今传5世，居村20多户、170多人。

起步镇起步村 清光绪（1875—1908）初，由广东梅县迁居罗源，后移居宁德县城，于民国初再迁入。今传5世，居村8户、30多人。

（九）永泰县

城关北门后埕 明万历二年（1574年），丘南松由上杭迁入。今传16世，居村1200多人。

清凉镇温南村 明洪武元年（1368年），丘得府随大将汤和征战入闽，留守延平，后迁永泰，后裔多居于今清凉镇温南村。今传24世，居村400多人。

二、厦门市丘（邱）姓

（一）海沧区

新阳街道新垵村 元末，丘迁荣为避乱由河南寓居于山平洪，后裔聚居新垵村。今传26世，居村8000多人。明末，后裔移居台湾300多人，今已繁衍近万人。另有部分播迁马来西亚和印度尼西亚等地。

（二）同安区

西柯镇埭头村 由海沧新垵村迁入。今居村500多人。

（三）翔安区

大嶝街道小嶝社区 宋景炎年间（1276—1278），丘葵为避兵乱，由同安汀溪镇吾峰村迁入。今传28世，居村1500多人。

三、漳州市丘（邱）姓

（一）漳浦县

杜浔镇文卿村 唐总章二年（669年），丘安道随陈政入闽，定居漳州，后裔丘文卿迁入。今传26世，居村1300余户、6000多人。

（二）诏安县

秀篆镇大坪村、庵前村 丘伯顺由广东饶平水口村迁入，定居大坪，今居村13户、50多人。后裔丘颙才移居庵前村，今传22世，居村1000多人。部分后裔赴台湾开基立业，分布在新北板桥市、台北县中和市、桃园县等地，今有1万多人。

（三）南靖县

书洋镇双峰村 元至治二年（1322年），丘惟福由广东大埔兰树窑坪上迁书洋下田。今传22世，居村3220多人。

（四）华安县

高安镇高安村 明末，丘敦庵由龙岩市溪南迁入。今传23世，居村1700多人。

高安镇平东村 清中期，邱天赐携子7人迁入，后裔分居平东村山口自然村、三洋村、高安村等地。今传12世，居村200多人。

四、泉州市丘（邱）姓

（一）鲤城区

临江街道士地后 清乾隆年间（1736—1795），邱正宽从永定县迁入。今传10世，居村150多人。

临江街道南门　清末民初，邱金榜由丰泽潘山上邱迁入。今传 4 世，居村 90 多人。

（二）丰泽区

北峰街道潘山社区　元末，丘顺卿由泉州清源山迁入。今传 24 世，居村 500 多人。

（三）洛江区

马甲镇梧峰村　唐僖宗年间（873—888），丘虎仔由泉州清源上邱辗转迁入。今传 39 世，居村 1490 多人。

河市镇白洋后余　明末清初，由石狮市锦尚厝上迁入。今居村 180 多人。

（四）泉港区

南浦镇邱厝村　明初，丘寿卿由泉州清源山开基沙格后头，4 世丘若水迁入。今传 26 世，居村 2500 多人。

（五）石狮市

锦尚镇厝上村　元中期，丘承恩次子丘观保、三子丘观福迁入。今居村 7800 多人。

锦尚镇深埕村　明嘉靖年间（1522—1566），丘伯拱、丘万总由锦尚厝上迁入。今传 19 世，居村 1450 多人。

锦尚镇东店村　清康熙年间（1662—1722），丘尚智、丘苗初等从锦尚厝上迁入。今传 14 世，居村 2700 多人。

（六）惠安县

螺城镇东南街　清康熙四十四年（1705 年），丘添量由泉州清源山迁入。今传 13 世，居村 170 多人。

螺城镇在坊　明代，丘松龄由泉州清源山迁入。今传 13 世，居村 300 多人。

东岭镇大邱村　清嘉庆十七年（1812 年），邱总清由螺城镇南门街迁入。今传 7 世，居村 130 多人。

（七）德化县

桂阳乡邱村村　明洪武元年（1368 年），丘福六由尤溪迁入。今传 28 世，居村 23 户、120 多人。

桂阳乡永梧村　明洪武元年，丘福九由尤溪迁入。今传 28 世，居村 48 户、270 多人。

五、三明市丘（邱）姓

（一）永安市

安砂镇安砂村　清末，丘得幸由宁化水茜迁入。今居村 33 户、150 多人。

（二）清流县

林畲乡丘坊村　明永乐年间（1403—1424），丘荣卿由清流泉下丘坊首迁林畲乡石坪，后迁入。今传 35 世，居村 1400 多人。

林畲乡麦元洞村　明永乐十一年，丘七二由清流泉下丘坊迁入。今传 33 世，居村 80 余户、500 多人。

林畲乡舒梅岭村　明永乐十一年，丘十郎由清流泉下丘坊迁入。今传 34 世，居村 108 户、500 多人。

林畲乡背抚村　明代，丘念一郎房裔丘远瑞、丘永益由清流泉下丘坊迁入。今传 25 世，居村 79 户、380 多人。

余朋乡炭山村　明代，丘二十五郎由林畲乡迁入。今传 26 世，居村 45 户、190 多人。

龙津镇南岐新峰村　丘黼郎由宁化县兴善里都寮村迁入。今传 27 世，居村 260 多人。后裔一支迁居建阳，一支迁徙海南。

龙津镇楼下村　明成化年间（1465—1487），丘观生由清流县梦溪里炭山村迁入。今传 29 世，居村

260多人。

龙津镇楼下村 明成化年间，丘五郎由林畲乡迁入。今传27世，居村50户、260多人。

东华乡南岐村 明成化年间，丘八鯆郎由林畲乡迁入。今传27世，居村67户、250多人。

（三）宁化县

水茜镇安寨村 唐长庆三年（823年），丘礼郎由江西南昌进贤江南村迁入。后裔丘陶郎起传24世，居村2038人。丘保郎起传28世，居村550多人。

水茜镇高岭村 丘云郎、丘员郎兄弟由高岭迁入。丘云郎迁居上畲，丘员郎留居祖地。今传27世，居村900多人。

水茜镇石寮村 丘平郎由水茜镇社背村迁入。今传21世，居村770多人。

泉上镇泉下村 宋咸淳四年（1268年），丘廿一郎由双溪口徙居泉下里之热水南（今泉上镇南边），明洪武四年（1371年），后裔转迁入。今传31世，居村1270多人。

城郊镇社背村 南宋淳祐年间（1241—1252），丘贤郎后裔丘满郎由水茜镇都寮村迁入。今传24世，居村1820多人。

城郊镇上畲村 明洪武二年（1369年），丘云郎由水茜镇高岭村迁入。今传24世，居村1400多人。

城郊镇李七村 明洪武二年，丘霞郎由水茜镇高岭村迁入。今传24世，居村1350多人。

城郊镇张家弄 丘七五郎由泉上镇迁入。今传24世，居村580多人。

城郊镇巫高村 丘方郎由水茜镇社背村迁入。今传25世，居村450多人。

城郊镇社下村 丘柳郎由水茜镇迁入。今传19世，居村500多人。

曹坊镇官地村下丘地 明初，丘露郎由祖地礼齐坑迁入。今传25世，居村400多人。

济村乡丘坑村 丘辛保郎由水茜镇迁入。今居村690多人。后裔迁徙江西石城小坑里。

（四）泰宁县

杉城镇邱洪村邱家排 南宋绍兴十年（1140年），丘法从后裔丘功七郎由建宁上黎堡蟠湖高坑迁入。今居村94户、430多人。

朱口镇朱口村等 元元统元年（1333年），丘法从后裔丘奇官由建宁上黎堡蟠湖高坑迁入。今居村232户、1000多人。后裔分迁朱口村、渠高村、上白石、神下村、岈头村、梅林村等。

（五）明溪县

盖洋镇张地村 明嘉靖三十八年（1559年），丘永贵由宁化泉下丘坊迁居盖洋林家山，不久迁入。今传21世，居村530多人。

盖洋镇大坑村 明代，丘七郎由清流县余朋乡太山（碳山）村迁入。今传21世，居村89户、400多人。

胡坊镇丘坊村 明代，丘十二郎由清流县余朋乡太山（碳山）村迁居明溪县璜溪桥，后转迁入。今传26世，居村102户、360多人。

枫溪乡小珩村 元至正三年（1343年），丘新惠由宁化泉下丘坊迁入。今传25世，居村51户、330多人。

（六）尤溪县

台溪乡上宅村 宋开禧二年（1206年），丘兆庆由闽侯县迁入上宅村黑藤坑。今传37世，居村846户、6100多人。

西城镇北宅、联合镇惠州村 明万历三年（1575年），丘信席由建宁县迁入。今居村81户、300多人。

（七）大田县

华兴镇张墩村 南宋末年，丘三由尤溪黑藤坑迁居大田县台躔龟坑。宋度宗年间（1265—1274），其次子丘七仕迁入。今传35世，居村261户、1200多人。

奇韬镇文经村 明洪武二年（1369年），丘蔡政由尤溪迁入。今传21世，居村116户、470多人。

奇韬镇桃东村 明洪武元年，丘二十从尤溪迁入。今传27世，居村68户、330多人。

六、莆田市丘（邱）姓

（一）仙游县

游洋镇兴山村尾林 宋末，丘微长子丘逸与其长孙丘睿由莆田刺桐巷迁入。今传38世，居村4000多人。

龙华镇爱和村 明洪武年间（1368—1398），丘微侄丘伯玉由莆田刺桐巷迁入。今传35世，居村5000多人。

龙华镇金溪村东埔 明洪武年间，丘伯玉居凤岗（爱和村），20年之后复迁钟石东埔（今龙华镇金溪村东埔）。今传34世，居村480多人。

鲤南镇象林村下田厝 明末，丘国耀由莆田刺桐巷迁入。今传18世，居村680多人。

（二）荔城区

新度镇郑板村 由莆田刺桐巷迁入。今居村1000多人。

新度镇云庄村 由莆田刺桐巷迁入。今居村7户、50多人。

西天尾镇象峰村 由莆田刺桐巷迁入。今居村50户、300多人。

（三）涵江区

国欢镇码头村 元元贞三年（1297年），丘水由石狮迁入。今传36世，居村2000多人。

七、南平市丘（邱）姓

（一）建阳区

将口镇东田村 宋嘉祐三年（1058年），丘砺由海州（今江苏连云港市）调任福建提刑使，入闽后定居建阳将口东田。今传38世，居村3000多人。后裔分居建阳各地。

徐市镇唐科村 清嘉庆年间（1796—1820），邱君亮、邱琯义先后迁入。今传9世，居村1000多人。

水吉镇大庙村 丘北山由上杭县来苏里中都铙坊乡迁入。今传22世，居村2500多人。

（二）武夷山市

岚谷乡黎口村 唐光启元年（885年），丘祯、丘祥、丘福三兄弟随王绪入闽，后裔迁入。今传38世，居村1100多人。

吴屯乡彭屯村 唐光启元年，丘祥后裔迁入。今传40世，居村230多人。

洋庄乡长滩村 唐光启元年，丘福后裔迁入。今居村400多人。

兴田镇枫坡村 丘宗嗣因战乱奉母迁入。居村1000多人。

（三）建瓯市

小桥镇南乡村 宋绍兴年间（1131—1162），丘祥6世丘元褒由大梨潹迁入。今传36世，居村2070多人。

南雅镇伊村兴都 丘奶贵、丘奶明由河南迁入。今传15世，居村340多人。

（四）顺昌县

高阳乡丘坑村 清代，丘子定兄弟由龙岩上杭黄泥岗迁入。今传7世，居村310多人。

（五）浦城县

管厝乡党溪村 清顺治（1644—1661）初，丘心廷由建阳麻沙界迁入。今传14世，居村300多人。

永兴镇冠山村 清康熙（1662—1722）初年，丘启凤由建阳井水村迁入。今传14世，居村700多人。

永兴镇永平村 清康熙初年，丘启吾由建阳井水村迁入。今传15世，居村200多人。

南浦街道和平路 清康熙初年，丘振凤由建阳井水村迁入。今传14世，居村300多人。

莲塘镇官桥村 清康熙初年，丘启峦由建阳井水村迁入。今传15世，居村400多人。

（六）政和县

铁山镇铁山村 清康熙、乾隆、道光年间，邱腾三、腾五、盛万、盛祖、玉贤、朝福等先后由建阳迁入。今居村430多人。

外屯乡外屯村 明代，丘谨一由建阳迁入，今传23世，居村360多人；清代，邱天福迁入，今传11世，居村200多人。

八、龙岩市丘（邱）姓

（一）新罗区

南城街道溪南社区等 元延祐三年（1316年），丘春（即丘万八秀）由江西石城迁入，世居溪南，后裔从溪南迁居龙岩境内9个乡镇27个村、社区居委会。其中：南城街道溪南社区10000多人、隔后社区1400人、鲎门前1300人、新陂社区200多人。铁山镇洋头村580多人。西城街道苏溪社区1000人、西安社区770多人。中城街道中街240多人。东城街道东街620多人。曹溪镇月山村2800多人、漪濑村210多人。西陂镇大洋村380多人、西山村230多人、排头村近300人、硿口村100多人。龙门镇谢洋村350多人。雁石镇黄庄村530多人、厦中村650多人。

龙门镇龙潭村 元至正年间（1341—1368），丘万隆由江西石城入闽，明洪武二十年（1387年），后裔丘文德、丘文益迁入。丘文德传22世，丘文益传23世，两房合计居村810多人。15世丘瑞福、丘瑞庆迁居印度尼西亚。

雁石镇苏邦村 明万历二十四年（1596年），丘仲义迁入。今居村150多人。

东肖镇隘头村 明洪武元年（1368年），丘宗仪迁入，今传26世，居村380多人；明代中期，丘张生由永定太平里长流村迁入，今传22世，居村430多人。

（二）永定区

培丰镇文溪东村 明初，丘华宗由上杭县迁入。今传21世，居村1000多人。

坎市镇奖坑村 明洪武年间（1368—1398），丘存礼迁入。今传25世，居村600多人。

金砂乡赤竹村 丘惟福（丘伯七郎后裔）迁入。今传27世，居村1000多人。

金砂乡寨下村 丘惟长（丘伯七郎后裔）迁入。今传19世，居村1000多人。

（三）上杭县

临江镇 南宋年间，丘八郎妻韩八娘携3子由宁化石壁移居上杭太拔城前坝，后裔迁入。今分布临江镇及周边乡镇近2万人。

城关镇官圳巷 明宣德元年（1426年），丘致政后裔丘良佐迁入。今传22世，居村500多人。

太拔镇湖子里村 明初，丘念二郎迁入。今居村800多人。部分后裔在明清时期移居江西。

溪口镇大丰汤边村 丘万三郎先迁太拔城前坝，后迁秋竹坝（溪口镇大丰村邻），再迁入。今居村1000多人。

庐丰乡河田山村 明初，丘三八郎迁入。今居村600多人。

蛟洋镇崇源村 丘寿山迁入。今居村400多人。

蓝溪镇黄潭村 丘十九郎迁入。今居村2000多人。

蛟洋镇崇源村 宋代，丘得智（丘万八郎）四子丘寿山由永定合溪迁入。今传29世，居村400多人。

（四）长汀县

河田镇下修村 丘小二郎迁入。今传38世，居村1640多人。

河田镇大埔村 明永乐年间（1403—1424），丘庆通由连城迁入。今传19世，居村330多人。

河田镇松林村 元代，丘四九郎由上杭庐丰扶阳迁入。后裔散居松林村及周边乡镇，今居村5400多人。

童坊镇林田村 明崇祯年间（1627—1644），丘景阳迁入。今传16世，居村800多人。

新桥镇丘坑村 明万历年间（1573—1620），丘五郎由连城宣和南山下中田水尾迁入。今传19世，居村660多人。

大同镇李岭村 丘五九郎由松林源迁入。今居村2000多人。

大同镇东埔村 元至正初年，丘荣祖携长子丘子达由连城迁入。今传24世，居村2100多人。

涂坊镇长中会村 明正德元年（1506年），丘得受（又名丘德寿）由上杭庐丰宋公坪迁入。今传21世，居村190多人。

涂坊镇吴坑村 明万历四十四年（1616年），丘璋明由上杭中都镇林塘上屋迁入。今传19世，居村910多人。

三洲镇丘坊村 南宋年间，丘伯一郎由上杭胜运里太拔城前坝迁入。今居村2500多人。

三洲镇丘坊村 明洪武年间（1368—1398），丘二郎（又名丘真郎）由宁化丘地石头背迁入。今传26世，居村852人。

新桥镇新桥村等 丘四十四郎后裔迁入，散居11个乡镇26个行政村，今居村5400多人。主要聚居地为新桥镇新桥村和涂坊镇吴坑村。

（五）连城县

莒溪镇高地村 宋初，丘三郎由河南迁徙高地开基。今传28世，居村460多人。

庙前镇阁康村 元代，丘丙一郎由上杭黄坑迁入。今传25世，居村1320多人。

朋口镇细溪口村 元末，丘三十四郎由上杭黄坑迁居汀州宣河里，后裔迁入。今传25世。

宣和乡炉峰村 丘贵旺由本县陈地峡移居陈坑后迁入。今传18世，居村410多人。

北团镇石丰村 丘礼安迁入。今传19世，居村100多人。

（六）漳平市

溪南镇 明万历年间（1573—1620），丘万八秀梅雪房9世丘肖砦由龙岩首迁漳平西门外横街，后迁入。今居村70多人。

南洋镇永兴村 明洪武年间（1368—1398），丘岩骧后裔丘原德由漳平桂洋迁宁坑寮，子丘十一郎迁入。今居村1170多人。

双洋镇城内村等 明万历年间，丘仁全（丘万八秀素菴房11世）由龙岩迁入，后裔散居于双洋镇城内村、城外村、岩坑村、冯田村等地。今传26世，居村90多人。

双洋镇城内村等 明万历年间，丘崇山由大田县太华镇迁入。传至第4代分5房，其中长房丘斐卿居双洋，后裔散居双洋镇城内、城外、东洋、赤洋埔等村，共110多人。

双洋镇百种畲村 明初，丘朝选（丘三五郎12世）由永定西溪七桥迁入。今居村220多人。

九、宁德市丘（邱）姓

（一）蕉城区

赤溪镇班竹村 清雍正元年（1723年），丘士芳由武平县露荫村迁入，今传11世。其弟丘士兴徙居宁德象坑梧桐里村，今传10世。两支合计600多人。

赤溪镇阳头夏村 明初，丘连九、丘连十兄弟迁入。今传18世，居村490多人。

（二）福安市

城阳镇洋面村 清雍正五年（1727年），邱明发由宁德游湾（今周宁油湾）迁入。今传10世，居村1200多人。

城阳镇后楼村 清康熙五十七年（1718年），丘昌壁由上杭下都青草坪迁徙浙江泰顺平坑五箩坵，乾隆四年（1739年）转迁入。今传10世，居村500多人。

下白石镇等 邱辉与4世邱瑞庭居福安阳头；4世邱瑞鼎居福安下白石；5世邱钦居福安溪尾。今传13世，合计居村300多人。

（三）福鼎市

硖门乡田头门 清康熙（1662—1722）末年及乾隆元年（1736年），丘彦如、丘丁生、丘乾生、丘昆生先后由上杭迁入。今传11世，居村740多人。

硖门乡邱厝里 宋淳熙五年（1178年），丘霖任永春连营参将，后弃官定居永春西门。元至大三年（1310年），其5世孙丘引从永春迁入嵛山，后转迁硖门邱厝里居住。今传22世，居村150多人。

白琳镇溪边村 明崇祯元年（1628年），丘士记由永定经莆田迁入桐山又转迁浙江，生9子，第六子丘长保复迁福鼎店下王垅，第八子丘长佑复迁福鼎白琳彭家洋。今传14世，居村98户、550多人。

秦屿镇邱厝里村 明末，丘心三迁入。今传14世，居村54户、290多人。

太姥山镇横街里 北宋初，丘广惠由福唐（今福清）浮江迁入长溪县（今霞浦县）南山，后转迁崇儒乡汴洋村。清初，24世丘元六迁居福宁州劝儒乡望海里十都秦屿村（今福鼎市太姥山镇）。今传12世，居村23户、100多人。

沙埕镇官城尾村 清乾隆五十一年（1786年），丘茂承、丘茂生兄弟由福清甲湖坡迁入；嘉庆十一年（1806年），丘茂兴迁入与兄同居。今传9世，居村460多人。

点头镇石桥头村 清康熙年间（1662—1722），丘海若、丘汪若兄弟从浙江浦门厦材迁入。今传11世，居村60户、210多人。

（四）霞浦县

松城街道后门洋村 清康熙年间，丘拔降由永定迁入。今传12世。后裔分迁福安市松罗乡马头下村，今居村160多人。

松港街道 清雍正年间（1723—1735），邱大焕由上杭崑山迁入。今传10世，居村210多人。

松港街道长沙村 清乾隆四十七年（1782年），邱文善由闽侯青口杨梅山迁入。今传11世，居村150多人。

崇儒乡汴洋村 北宋初，丘广惠由福唐（今福鼎市）迁入长溪县（今霞浦县）南山，后转迁入。今传38世，居村89户、370多人。

三沙镇　清雍正年间（1723—1735），丘赞石由石狮锦尚厝上迁入。今传11世，居村430多人。

长春镇长门村　清康熙末年，丘长汀由莆田迁入。今传10世，居村100多人。

牙城镇西岭村　清乾隆五十五年（1790年），邱廷模、邱廷孚由浙江蒲城首迁福鼎点头石桥头，后迁入。今传10世，居村130多人。

下浒镇延亭村　清道光年间（1821—1850），邱炳侣、炳錭兄弟由石狮下村迁入。今传8世，居村230多人。

（五）寿宁县

清源镇墩坑村　清嘉庆年间（1796—1820），邱仲贤六兄弟迁入。今传10世，居村210多人。

（六）周宁县

礼门乡油湾村　明末，丘誉七迁入。今传15世，居村490多人。

（七）柘荣县

东源乡鸳鸯头村　清康熙年间（1662—1722），丘天五由上杭白沙里迁入。今传10世，居村110多人。

（八）古田县

大甲镇岩富村　唐僖宗年间（873—888），丘七携三子随王绪入闽并迁入。今传42世，居村500多人。

凤都镇坑里村　明天启年间（1621—1627），丘妹由建瓯小桥镇洋泽村迁入。今传15世，居村2000多人。

泮洋乡后山村　明天启年间，丘永成从江西八角井迁入。今传17世，居村900多人。

（九）屏南县

代溪镇玉洋村孔雀尾　元大德七年（1303年），丘仲严由古田县大甲镇岩富村迁入玉洋村；明成化三年（1467年），7世丘中佑移居玉洋村孔雀尾。今传28世，居村1000多人。

长桥镇岑洋村　明万历（1573—1620）末年，丘福养迁入。今传16世，居村590多人。后裔分居长桥镇长桥村和建瓯玉山长布村等地。

十、平潭综合实验区丘（邱）姓

中楼乡卜石村　由福清东进邱厝迁入。今居村20余户、100多人。

北厝镇吉钓村　由福清东进邱厝迁入。今居村20余户、100多人。

第三章　谱　牒

第一节　福州市

一、马尾区

《眉山邱氏族谱》　原谱遗失，1988年重修，2015年邱和吉主持四修。谱载序、源流、世系等。谱存连江晓澳、马尾白眉邱氏宗祠等。

二、福清市

高山《东进邱氏族谱》 清道光十四年（1834 年）邱渭智及侄邱功就、邱功煌首修，1924 年邱元焜、邱元利、邱元梨二修，2008 年邱尔康三修。谱为钞本。谱存上海市图书馆、高山村邱氏宗祠。

《中华丘（邱）氏大宗谱·福建福清分谱》 2010 年由邱敦文主编。谱载序言、要文、宗祠、人物、文瀚等。谱存国家图书馆和上海市图书馆。

三、长乐区

《坑田邱氏族谱》 清代中叶始修，清末及民国初年历经两次续修，2000 年四修。谱载序、源流、世系等。上下二册。谱存上海市图书馆。

《吴航邱氏族谱》 邱仲恩修。谱载序、源流、世系等。1931 年铅印本。谱存上海市图书馆。

四、闽侯县

《仁洲邱氏族谱》 清嘉庆二十年（1815 年）陈静安始修。谱载序、源流、世系等。谱为钞本。谱存仁洲村邱氏宗祠。

《郑地邱氏族谱》 清乾隆二十五年（1760 年）陈经邦始修，道光二十八年（1848 年）邱春宝、邱春华重修。谱载世传排行、增置田畴、山林川泽、冢宅坟茔等。谱为钞本。谱存郑地村邱氏宗祠。

《中华丘（邱）氏大宗谱·福建闽侯分谱》 2007 年邱守安主编。谱载序言、要文、宗祠、人物、文瀚等。谱为铅印本。谱存国家图书馆和上海市图书馆。

五、连江县

《凤亭邱氏族谱》 明成化六年（1470 年）始修，清康熙元年（1662 年）二修，乾隆六年（1741 年）三修，嘉庆二十一年（1816 年）四修，1932 年五修，1989 年六修。谱载传赞、生卒、婚娶、昭穆等。谱为钞本。谱存上海市图书馆。

《赤石邱氏族谱》 清咸丰十一年（1861 年）郑蓉石修。1 卷（稿本）。谱载传赞、生卒、婚娶、昭穆等。谱存上海市图书馆。

《积石邱氏族谱》 明永乐二十一年（1423 年）丘宗宏始修，成化四年（1468 年）二修，嘉靖十七年（1538 年）三修，万历四十四年（1616 年）四修，崇祯十四年（1641 年）五修，1937 年六修，1992 年七修。谱载传赞、生卒、婚娶、昭穆等。谱有钞本、铅印本两种版本。谱存上海市图书馆。

《益砌邱氏族谱》 清咸丰二年（1852 年）始修；光绪七年（1881 年）二修，改木刻本为欧氏本；光绪三十三年三修，谱为木刻本。谱载传赞、生卒、婚娶、昭穆等。谱存上海市图书馆。

《筱江邱氏族谱》 明成化（1465—1487）初年邱惪始修，嘉靖四十二年（1563 年）失于倭乱，崇祯十二年（1639 年）邱珠二修，清康熙十六年（1677 年）邱养中三修，雍正十二年（1734 年）邱东山四修，乾隆五年（1740 年）邱戆斋五修，嘉庆二十一年（1816 年）邱蔚然、邱卓然六修，光绪二十三年（1897 年）邱仰高、邱晴飞七修，1940 年邱祖铎、邱景潘、邱焕章八修，1988 年邱学敦、邱清氛九修，2015 年邱吉天十修。谱载传赞、生卒、婚娶、昭穆、节烈、志铭等。谱为铅印本。谱存上海市图书馆、连江县档案馆。

《筱埕邱氏族谱》 自明成化六年（1470 年）始，前后进行 10 次编修；2017 年邱炳仁、邱国华主修，邱吉天、陈坤荣主编，是为十一修。谱载序言、要文、宗祠、人物、文瀚等。谱存福建省图书馆。

《中华丘（邱）氏大宗谱·福建连江分谱》　2004年邱吉天主编。谱载序言、要文、宗祠、人物、文瀚等。谱存国家图书馆和上海市图书馆。

六、闽清县

《泸溪邱氏族谱》　清嘉庆年间（1796—1820）邱鸣冈始修，1989年邱林昌二修。谱载传赞、生卒、婚娶、昭穆等。谱为打字油印本。谱存泸溪邱氏宗祠。

《中华丘（邱）氏大宗谱·福建闽清分谱》　2008年中华丘（邱）氏联谊总会福建闽清分会主编。谱载序言、要文、宗祠、人物、文瀚等。谱存国家图书馆和上海市图书馆。

第二节　厦门市

海沧区

《新江邱曾氏族谱》　明万历元年（1573年）始修，万历三十八年邱增添二修，清康熙十一年（1672年）邱尔辅三修，同治二年（1863年）邱柳幼四修，2009年邱跃土主持编纂《续修邱曾氏族谱》。原谱载谱图、谱传、源流、像赞、家规等，续修谱则分为彩照、文字、谱系三大部分。原谱为雕版，27册。谱存新垵村邱曾氏宗祠。

第三节　漳州市

一、龙海市

《海澄崇本堂邱氏族谱》　1991年邱凤阳修。谱载序言、世传、先祖像赞、姓氏源流、家法族规等。谱存上海市图书馆。

二、漳浦县

《杜浔邱氏文卿族谱》　明成化十三年（1477年）邱俊始修，清康熙元年（1662年）邱维堦二修，2014年邱建定续修。谱载谱序、源流、世系、人物、文献选载等。谱为铅印本。谱存漳州邱氏杜浔诒穀堂。

三、诏安县

《诏安秀篆庵前邱氏族谱》　明中期始修，后多次重修，1989年台湾邱正吉主持再修。谱载谱序、源流、世系等。谱存诏安秀篆庵前邱氏宗祠。

四、南靖县

《双峰邱氏族谱》　历代皆有修编。有邱连陆老谱、邱化元老谱、邱育新老谱、邱如奎老谱、邱联学老谱、邱月茂老谱等版本。今多已散佚。

《中华丘（邱）氏大宗谱·福建南靖分谱》　2016年邱福清、邱职学修。谱载谱序、源流、世系、人物、文献选载等。谱为铅印本。谱存上海市图书馆。

《下双峰邱氏族谱》 1929年纂修。谱载序、渊源考、世系等。谱存上海市图书馆。

《书洋双峰河南郡邱氏族谱》 1935年邱子奇抄本，邱鹏补订。谱存上海市图书馆。

《书洋乡大双坑村邱氏双溪祠列祖列宗族谱系统表》 1989年邱春草主编。谱载序、源流考、世系等。铅印本，1册。谱存上海市图书馆。

第四节　泉州市

一、石狮市

《泉郡石狮锦尚邱氏族谱》 1998年合族纂修。谱载谱序、源流、世系、人物等。复印铅印本。谱存上海市图书馆。

《泉郡石狮卢厝邱氏家谱》 1999年邱奕盘、邱奕生重修。谱载序、源流考、世系等。复印铅印本，1册。谱存上海市图书馆。

二、晋江市

《上邱清源邱氏宗谱录》 记事至元代。谱载序、源流考、世系等。复印本。谱存上海市图书馆。

《泉郡鲤玉桥邱氏族谱》 邱嘉峪纂修。谱载序、源流考、世系等。复印本。谱存上海市图书馆。

《泉郡鲤北山内湖邱氏族谱》 邱金悦纂修。谱载序、源流考、世系等。复印本。谱存上海市图书馆。

《泉郡泉西锦塔邱氏族谱》 邱定周纂修。谱载序、源流考、世系等。复印本。谱存上海市图书馆。

《闽仟邑兴山尾林邱氏宗祠族谱》 邱国锞纂修。谱载序、源流考、世系等。复印本。谱存上海市图书馆。

三、德化县

《德化白珩邱氏族谱》 清乾隆十年（1745年）陈梦详首修，乾隆五十六年、嘉庆元年（1796年）两度重修。谱载族氏里居、生卒葬所、嫁娶姻戚等。谱存德化白珩邱氏宗祠。

《德化永梧邱氏族谱》 清乾隆十三年（1748年）林诗二修，后历经三次重修，2002年六修。谱载名号世传、族氏里居、生卒葬所、嫁娶姻戚等。谱存德化永梧邱氏宗祠。

四、永春县

《卿美邱氏族谱》 原谱12卷，今仅存卷首至第六卷。谱载族氏里居、生卒葬所、嫁娶姻戚等。复印清宣统二年（1910年）刻本。谱存上海市图书馆。

第五节　三明市

一、永安市

《永安贡川邱氏族谱》 明崇祯年间（1628—1644）丘延福始修；清乾隆十六年（1751年）邱薰沐

二修，延平府尹官志涵作序，雕版，4卷；咸丰六年（1856年）王山重修；2002年邱孔洋、邱其昌四修。谱载世系、世录、圣谕、服制、族规等。谱存永安贡川邱氏宗祠。

《永安安砂天水郡邱氏族谱》　清康熙二十四年（1685年）始修，肖宸输撰序；嘉庆二十四年（1819年）二修；同治六年（1867年）三修；光绪二十四年（1898年）四修；1941年五修；1996年六修。共12卷。谱载谱序、源流、世系、人物、文献选载等。谱存永安安砂邱氏宗祠。

二、宁化县

《天水郡邱氏族谱》　清代邱兴律等纂修，乾隆五十九年（1794年）四修。卷端题高岭天水郡邱氏重修族谱。谱载世系、世录、服制、族规等。谱存上海市图书馆。

《天水邱氏族谱》　清代邱宪厚纂修，6卷；光绪年间（1875—1908）重修，雕版，6册。谱载谱序、源流、世系、人物、文献选载等。谱存上海市图书馆。

《水茜邱（丘）氏族谱》　清康熙年间（1662—1722）始修，至1993年共有9次续修。谱载世系、世录、服制、族规等。谱存宁化水茜邱氏宗祠。

《曹坊中华邱氏大宗谱》　2004年续修。谱载族氏里居、生卒葬所、嫁娶姻戚等。谱存宁化曹坊邱氏宗祠。

《泉上邱（丘）氏族谱》　清初始修，至2004年有3次续修。谱载族氏里居、世系世录、生卒葬所、嫁娶姻戚等。谱存宁化泉上邱氏宗祠。

《中沙邱（丘）氏族谱》　至1994年有10次续修。谱载族氏里居、生卒葬所、嫁娶姻戚等。谱存宁化中沙邱氏宗祠。

《水茜中华邱（丘）氏族谱》　至2003年有11次续修。谱载族氏里居、生卒葬所、嫁娶姻戚等。谱存宁化水茜邱氏宗祠。

《中华丘（邱）氏族谱·福建宁化分谱》　2008年中华丘（邱）氏联谊总会福建宁化分会主编。11册。谱载谱序、源流、世系、人物、文献选载等。谱存国家图书馆和上海市图书馆。

三、建宁县

建宁《邱氏大成族谱》　明万历年间（1573—1620）始修；至清光绪二十四年（1898年）10次重修；1992年上里邱家排村邱模文、邱模燕主修，在原谱的基础上重修，定为今名，19册。谱载谱序、迁移考、仕宦录、建祠记、墓志、列祖颂等。谱存中华丘（邱）氏联谊总会福建建宁分会。

《中华丘（邱）氏大宗谱·福建建宁分谱》　2006年中华丘（邱）氏联谊总会福建建宁分会纂修。谱载谱序、源流、世系、人物、文献选载等。谱存国家图书馆和上海市图书馆。

四、泰宁县

《泰宁邱氏族谱》　谱载族氏里居、生卒葬所、嫁娶姻戚等。谱存泰宁杉城镇水南村。

《中华丘（邱）氏大宗谱·福建泰宁分谱》　2006年邱灿忠主修。谱载谱序、源流、世系、人物、文献选载等。谱存国家图书馆和上海市图书馆。

五、将乐县

将乐《邱氏族谱》　原谱毁于1966年，现存族谱是根据从沙县夏茂等地搜集的资料并根据上辈回忆编修。

六、尤溪县

《丘氏兆庆公族谱》 清光绪十四年（1888年）尤溪县黑藤坑丘兆庆3世丘世春整理成8卷，后于“文化大革命”期间佚失，2003年重修（邱盛果为修谱理事会理事长，邱盛祥任主编）。谱载谱序、源流、世系、世传、祠图、坟图等。谱存中华丘（邱）氏联谊总会福建尤溪分会。

《中华丘（邱）氏大宗谱·福建尤溪分谱》 2006年中华丘（邱）氏联谊总会福建尤溪分会成立修谱理事会，邱盛果为理事长，邱盛祥任主编。谱载谱序、源流、世系、人物、文献选载等。谱存国家图书馆和上海市图书馆。

《尤溪书山邱氏族谱》 清乾隆十四年（1749年）邱仕庆、邱圣钲始修，光绪元年（1875年）二修，1929年三修，1980年四修，2000年五修。谱载谱序、源流、谱文、世系图等。谱存中华丘（邱）氏联谊总会福建尤溪分会。

《邱（丘）氏族谱》 2004年邱在汤、邱灿满、邱荣武等编修。谱载族氏里居、生卒葬所、嫁娶姻戚等。谱存尤溪西城北宅村邱氏宗祠。

七、大田县

《大田张墘邱三公族谱》 元大德七年（1303年）始修，明万历四十五年（1617年）、清康熙二十六年（1687年）、光绪五年（1879年）、2006年四度重修。谱载世传排行、增置田畴、山林川泽、冢宅坟茔等。谱存大田张墘邱氏宗祠。

《大田桃东长町邱氏族谱》 明嘉靖年间（1522—1566）始修，清顺治十年（1653年）二修，1913年三修，2001年四修。谱载族氏里居、生卒葬所、嫁娶姻戚等。谱存大田桃东长町邱氏宗祠。

第六节　莆田市

一、仙游县

《凤岗、钟石邱氏族谱》 丘微之首修，丘道瘦增修，惜均无存。明万历二十六年（1598年）丘廷卿重修，崇祯七年（1634年）丘君炳续修，清乾隆二十六年（1761年）邱云东再修，皆无存。道光二十八年（1848年）邱卿光主修，邱仲文、邱士仁、邱和士、邱瑛士参编，1995年重刊复印。谱载族氏里居、世传排行、生卒葬所、嫁娶姻戚等。谱存中华丘（邱）氏联谊总会福建仙游分会和仙游县龙华镇爱和村丘添龙家。

《尾林邱氏宗祠族谱》 1999年编修。谱载族氏里居、生卒葬所、世传排行、嫁娶姻戚等。谱存尾林邱氏宗祠。

《中华丘（邱）氏大宗谱·福建仙游分谱》 2012年邱国稞、邱国侯、邱鉴纂修。谱载谱序、源流、世系、人物、文献选载等。谱存国家图书馆和上海市图书馆。

二、城厢区

《莆田兴泰邱氏七修族谱》 清代邱拨云等纂修，3卷；清道光九年（1829年）衍庆堂雕版，5册。谱载世传排行、增置田畴、山林川泽、冢宅坟茔等。谱存上海市图书馆。

《莆田邱氏族谱》 清代邱能文纂修，不分卷；清道光二十八年（1848年）曾炳南钞本，5册。谱载世传排行、增置田畴、山林川泽、冢宅坟茔等。谱存上海市图书馆。

第七节 南平市

一、建阳区

《建阳芹溪邱氏族谱》 宋淳熙九年（1182年）始修，朱熹作序；明宣德七年（1432年）续修。谱载族氏里居、生卒葬所、世传排行、嫁娶姻戚等。谱存芹溪村邱氏宗祠。

《枫坡邱氏支谱》 清光绪二十一年（1895年）邱岩始修。谱载世传排行、增置田畴、山林川泽、冢宅坟茔等。谱存枫坡邱氏宗祠。

《中华丘（邱）氏大宗谱·福建建阳分谱》 2008年邱运财主持纂修。谱载谱序、源流、世系、人物、文献选载等。谱存国家图书馆和上海市图书馆。

二、邵武市

邵武和平《邱氏族谱》 为福建崇安县（今武夷山市）岚谷乡黎口村邱天信所收藏的1915年雕版。谱载世传排行、增置田畴、山林川泽、冢宅坟茔等。

三、武夷山市

《黎阳丘氏族谱》 南宋嘉泰三年（1203年）始修，朱熹作序，其中《题黎阳邱氏像跋》系文天祥所撰；明宣德九年（1434年）丘云谷二修；正德十一年（1516年）三修；嘉靖二十年（1541年）丘云霄四修；万历十六年（1588年）五修；清康熙二十一年（1682年）六修；康熙三十八年七修；光绪十八年（1892年）邱兆荣等八修。谱载族氏里居、生卒葬所、世传排行、嫁娶姻戚等。谱存黎阳邱氏宗祠。

《长滩续修邱氏支谱》 明嘉靖三十年（1551年）丘凤始修，清道光六年（1826年）邱世桢续修。谱载族氏里居、生卒葬所、嫁娶姻戚等。谱存长滩邱氏宗祠。

《黎阳邱氏族谱·枫山谱》 清乾隆十三年（1748年）邱光宗始修。谱载世传排行、增置田畴、山林川泽、冢宅坟茔等。谱存黎阳邱氏宗祠。

《黎阳邱氏族谱·福公谱》 清光绪二十四年（1898年）邱培之始修。谱载族氏里居、生卒葬所、嫁娶姻戚等。谱存黎阳邱氏宗祠。

《中华丘（邱）氏大宗谱·福建武夷山分谱》 2008年邱德志主修。谱载谱序、源流、世系、人物、文献选载等。谱存国家图书馆和上海市图书馆。

四、建瓯市

《建瓯邱氏族谱》 宋景定二年（1261年）丘善祥首修，明宣德元年（1426年）丘永宗二修，弘治元年（1488年）杨晃三修，嘉靖二十六年（1547年）丘温、丘阶、丘仕四修，清乾隆二十五年（1760年）邱元生五修，咸丰二年（1852年）邱藩封、邱显爔六修，宣统元年（1909年）邱兴旺七修，1919年邱毓才八修。谱载世传排行、增置田畴、山林川泽、冢宅坟茔等。谱存中华丘（邱）氏宗亲联谊总会福建建瓯分会。

《中华丘（邱）氏大宗谱·福建建瓯分谱》 2008年中华丘（邱）氏宗亲联谊总会福建建瓯分会主持纂修。谱载谱序、源流、世系、人物、文献选载等。谱存国家图书馆和上海市图书馆。

五、政和县

《政和邱氏族谱》 清康熙二十四年（1685 年）丘明新始修，咸丰十年（1860 年）邱迁举等续修。谱载族氏里居、生卒葬所、嫁娶姻戚等。谱存中华丘（邱）氏宗亲联谊总会福建政和分会。

《中华丘（邱）氏大宗谱·福建政和分谱》 2008 年中华丘（邱）氏宗亲联谊总会福建政和分会主持纂修。谱载谱序、源流、世系、人物、文献选载等。谱存国家图书馆和上海市图书馆。

第八节 龙岩市

一、新罗区

《邱万钟户族谱》 1921 年邱钟嵘编修。谱载世传排行、增置田畴、山林川泽、冢宅坟茔等。谱存上海市图书馆。

《中华丘（邱）氏大宗谱·福建龙岩分谱》 2008 年邱汉成、邱新民组织纂修。谱载谱序、源流、世系、人物、文献选载等。谱存国家图书馆和上海市图书馆。

二、永定区

《河南邱氏族谱》 记事至民国时期。谱载世传排行、增置田畴、山林川泽、冢宅坟茔等。钞本。谱存上海市图书馆。

《福建永定河南堂邱氏族谱》 合族纂修。谱载族氏里居、生卒葬所、嫁娶姻戚等。铅印本。谱存上海市图书馆。

三、上杭县

《惟长公族谱》 明万历十五年（1587 年）丘从周始修，乾隆二十九年（1764 年）丘立斋重修，2004 年丘清球再修。谱载族氏里居、生卒葬所、嫁娶姻戚等。谱存上杭邱氏研究会。

《惟禄公家谱》 明弘治十年（1497 年）丘志辨始修，弘治十七年增修（11 世丘昂撰写《增修族谱序》），此后历经正德九年（1514 年）、嘉靖三年（1524 年）、万历二年（1574 年）、清康熙六年（1667 年）4 次续修，乾隆十年（1745 年）再修（丘一炳作《增修族谱序》），乾隆二十九年上杭城郊丘殿三、丘友侃等发起统修。谱载谱序、源流、世系、人物等。谱存上杭邱氏研究会。

《上杭丘氏三五郎公族谱》 （总卷）明景泰元年（1450 年）丘由聪始修，成化二年（1466 年）丘泓续修，此后历代各房皆有编修，2005 年丘细妹、丘亿初主修。谱载谱序、源流、世系、人物等。谱存上杭邱氏研究会。

《邱氏世昌支谱》 清乾隆十一年（1746 年）始修，道光三年（1823 年）丘春三二修，光绪三年（1877 年）丘凤冈三修，光绪二十四年丘景昭四修，1996 年丘文经将该谱合编入《上杭县中都丘氏族谱》，2005 年丘振灿再次合编入《中都丘氏念四郎族谱》进行编修。谱载族氏里居、生卒葬所、嫁娶姻戚等。谱存上杭邱氏研究会。

《邱氏致政公族谱》 明成化二年（1466 年）丘洪始修（谱名《杭川洪公族谱》），嘉靖八年（1529 年）丘延龄二修，清光绪二十年（1894 年）丘上颖四修，1997 年丘春淮五修（改谱名为《邱氏致政公族谱》）。谱载传赞、生卒、婚娶、昭穆等。谱存上杭邱氏研究会。

《河南堂邱氏族谱》 明代丘作圣、丘仑泰编修，抄自明万历四十四年（1616）修本，为两大房裔合修谱。谱载世传排行、增置田畴、山林川泽、冢宅坟茔等。影印本。谱存上海市图书馆。

《杭川河南邱氏族谱》 清代邱昌泰编修。谱载族氏里居、生卒葬所、嫁娶姻戚等。影印本。谱存上海市图书馆。

《邱氏宗谱》 清嘉庆年间（1796—1820）邱绍金编修。雕版。谱载世传排行、增置田畴、山林川泽、冢宅坟茔等。谱存上海市图书馆。

《邱氏族谱》 清同治十一年（1872 年）邱向阳等编修。为河南堂雕版 5 册，存卷首、卷二、卷六，以及世系 2 册（未标卷次）。谱载卷首序、传、家规、历代仕宦、遗像、坟图等。谱存上海市图书馆。

《邱氏世昌公支谱》 清光绪三年（1877 年）邱凤冈编修，3 卷；光绪三十四年邱维岳续修，木活字本，10 册。谱载世传排行、增置田畴、山林川泽、冢宅坟茔等。谱存上海市图书馆。

《邱氏世渊公家谱》 清代邱锦章纂修，10 卷。谱载传赞、生卒、婚娶、昭穆等。谱存上海市图书馆。

《邱氏百五郎公家谱》 清光绪三十三年（1907 年）邱家驥等编修，丘逢甲作序。雕版，10 册。谱载传赞、生卒、婚娶、昭穆等。谱存上海市图书馆。

四、长汀县

《松林源河南堂丘氏族谱》 明万历十五年（1587 年）始修（丘峙山撰《松林源河南堂丘氏五修族谱记》），清康熙年间（1662—1722）重修，同治九年（1870 年）丘炳周复修，光绪二十二年（1896 年）丘勃轩、丘昌隆续修，1995 年丘久发重修。谱载传赞、生卒、婚娶、昭穆等。谱存松林源邱氏宗祠。

《中华丘（邱）氏大宗谱·福建长汀分谱》 2007 年邱火诚、邱马金组织纂修，3 卷本。谱载谱序、源流、世系、人物、文献选载等。谱存国家图书馆和上海市图书馆。

第九节 宁德市

一、福安市

《福安洋面村邱氏族谱》 清道光七年（1827 年）吴观乐、郑家荣始修，咸丰十年（1860 年）刘祚蕃二修，光绪二十五年（1899 年）郭赞图三修，1947 年卓光文四修，1984 年潘施春五修，2004 年王超希、邱福荣、邱顺金六修。谱载传赞、生卒、婚娶、昭穆等。谱存洋面村邱氏宗祠。

《福安后楼村邱氏族谱》 清咸丰五年（1855 年）涂荣阳始修，光绪十三年（1887 年）连际云二修，光绪三十一年连枝芳三修，1947 年李耀南四修，1987 年谢仲鸿五修。谱载世传排行、增置田畴、山林川泽、冢宅坟茔等。谱存后楼村邱氏宗祠。

芦洋《河南郡丘氏族谱》 清乾隆六年（1741 年）二修，道光元年（1821 年）范连茹三修，同治十年（1871 年）四修，1918 年连仰膺五修，2000 年章伟峰六修。谱载传赞、生卒、婚娶、昭穆等。谱存芦洋村邱氏宗祠。

《山后邱氏族谱》 清道光二十二（1842 年）年吴天恩始修，1915 年王祖庚二修，1950 年刘鸿三修，1989 年林仲瑞四修。谱载族氏里居、生卒葬所、嫁娶姻戚等。谱存山后村邱氏宗祠。

《洋头邱氏族谱》 杨世禄首修，陈克绥二修，缪书亨三修，缪培琛四修，1991 年邱奶凌五修。谱载传赞、生卒、婚娶、昭穆等。谱存洋头村邱氏宗祠。

《半岭邱氏族谱》 清道光二十五年（1845 年）王良谟始修，光绪十七年（1891 年）半岭王家宾二修，1984 年潘施春三修。谱载世传排行、增置田畴、山林川泽、冢宅坟茔等。谱存本村邱氏宗祠。

《横坑邱氏族谱》 1984年邱高忠编修。谱载族氏里居、生卒葬所、嫁娶姻戚等。谱存横坑村邱氏宗祠。

《甘棠岭尾邱氏族谱》 1990年陈德冕重修。谱载族氏里居、生卒葬所、嫁娶姻戚等。谱存岭尾村邱氏宗祠。

《罗家坪邱氏族谱》 清同治七年（1868年）邱景镕编修。谱载世传排行、增置田畴、山林川泽、冢宅坟茔等。谱存罗家坪邱氏宗祠。

《青楼下邱氏族谱》 1985年颜懿昌编修。谱载族氏里居、生卒葬所、嫁娶姻戚等。谱存下邱村邱氏宗祠。

《中华丘（邱）大宗谱·福建闽东分谱》 邱福荣主编，邱彦、邱大铖为副主编，2005年12月出版。谱载谱序、源流、世系、人物、文献选载等。谱存国家图书馆和上海市图书馆。

二、福鼎市

《秦屿邱氏族谱》 清嘉庆元年（1796年）邱椿、邱世谨始修，咸丰二年（1852年）邱安麟、邱宜波、邱礼烽续修。谱载族氏里居、生卒葬所、嫁娶姻戚等。谱存秦屿村邱氏宗祠。

《官城尾邱氏族谱》 清嘉庆二十一年（1816年）邱大发编修。谱载族氏里居、生卒葬所、嫁娶姻戚等。谱存官城尾村邱氏宗祠。

厦材《河南郡邱氏宗谱》 清咸丰八年（1858年）邱振畅、邱霞浦、邱振发始修，光绪二十二年（1896年）庄蒙材续修。谱载族氏里居、生卒葬所、嫁娶姻戚等。谱存厦材村邱氏宗祠。

《硖门邱厝里邱氏族谱》 宋淳熙年间（1174—1189）丘霖始修，明永乐年间（1403—1424）丘日旺续修，正德年间（1506—1521）丘元桂三修，清光绪七年（1881年）赖春谋四修，1941年张温如五修。谱载族氏里居、生卒葬所、嫁娶姻戚等。谱存硖门邱厝里邱氏宗祠。

《秦屿邱厝河南邱氏宗谱》 清嘉庆元年（1796年）丘椿始修，光绪二十四年（1898年）林士恭二修，1946年林楼凤三修。谱载族氏里居、生卒葬所、嫁娶姻戚等。谱存秦屿邱厝邱氏宗祠。

《点头石桥头河南郡邱氏宗谱》 宋宣和元年（1119年）邹元佐始修，清咸丰八年（1858年）黄步莹、胡作霖、陈兆渊续修，光绪二十二年（1896年）庄蒙材三修。谱载族氏里居、生卒葬所、嫁娶姻戚等。谱存点头邱氏宗祠。

《沙埕官城尾邱氏族谱》 清嘉庆二十一年（1816年）邱大发修。谱存沙埕邱氏宗祠。

《中华丘（邱）氏大宗谱·福建福鼎分谱》 2006年邱光平、邱良源主纂。谱载谱序、源流、世系、人物、文献选载等。谱存国家图书馆和上海市图书馆。

三、霞浦县

《汴洋邱氏宗谱》 宋绍兴年间（1131—1162）丘允始修，元至正十一年（1351年）丘元礼二修，明永乐十八年（1420年）黄原素三修，清顺治十六年（1659年）丘瑞鷟四修，康熙四十八年（1709年）丘峻五修，光绪七年（1881年）游锡爵六修，1923年金遂元七修，1955年郑鼎铭八修，1983年李绍银九修，2003年李绍味十修。谱存福建省图书馆。

《长沙邱氏宗谱》 清光绪四年（1878年）邱兆机、邱兆嘉等始修，光绪十八年邱善元、邱和元二修。谱载族氏里居、生卒葬所、嫁娶姻戚等。谱存长沙邱氏宗祠。

《中华丘（邱）氏大宗谱·福建霞浦分谱》 2008年中华丘（邱）氏宗亲联谊总会福建霞浦分会组织纂修，邱一成、邱一真主纂。谱载谱序、源流、世系、人物、文献选载等。谱存国家图书馆和上海市图书馆。

四、古田县

《大甲岩富邱氏族谱》 明正统二年（1437 年）林春华始修，清咸丰十年（1860 年）陈奕庆续修。谱载族氏里居、生卒葬所、嫁娶姻戚等。钞本。谱存大甲岩富村邱氏宗祠。

《城东坑里元祀公房系邱氏族谱》 明崇祯十一年（1638 年）始修，1988 年续修。谱载世传排行、增置田畴、山林川泽、冢宅坟茔等。谱存城东坑里村邱氏宗祠。

《后山村邱氏创修族谱》 1988 年连江马鼻积石文峰邱文祝、邱文梅编修。谱载族氏里居、生卒葬所、嫁娶姻戚等。谱存后山村邱氏宗祠。

《仕坂村邱氏房谱》 1988 年邱维佃编修。谱载世传排行、增置田畴、山林川泽、冢宅坟茔等。谱存仕坂村邱氏宗祠。

《中华丘（邱）氏大宗谱·福建古田分谱》 2008 年中华丘（邱）氏宗亲联谊总会福建古田分会组织纂修。谱载谱序、源流、世系、人物、文献选载等。谱存国家图书馆和上海市图书馆。

五、屏南县

《中华丘（邱）大宗谱·福建屏南分谱》 邱清记主编，邱彦、邱大铖为副主编，2005 年 12 月出版发行。谱载谱序、源流、世系、人物、文献选载等。谱存国家图书馆和上海市图书馆。

《建安邱氏族谱》 宋景定二年（1261 年）丘善祥始修，明宣德元年（1426 年）赵文震二修，嘉靖二十六年（1547 年）丘温、丘阶、丘仕三修，清宣统元年（1909 年）邱兴旺四修。谱载世传排行、增置田畴、山林川泽、冢宅坟茔等。谱存建安村邱氏宗祠。

第四章 文化遗产

第一节 著作与艺文

[宋] 丘 葵 晋江人。著有《易经解疑》《春秋通义》《四书日讲》《周礼补亡》及《钓矶诗集》等。

[宋] 丘 允 长溪（今霞浦县）人。著有《奏议》3 卷、《南溪集》10 卷。

[明] 丘养浩 晋江人。著有《集斋类稿》。

[清] 丘云霄 武夷山人。著有《东游集》《南行集》等。

[清] 邱荣豸 连江人。著有《锦江集》《筱江凤亭邱氏支谱》。

[清] 邱嘉诤 连江人。著有《兵学纂》《兵学摘要》《伦纪大观》《赤石杂著》《兴安稿》《卖菊草》《武彝游草》《积石詹言》《积石茎草》。

[清] 邱钟灵 上杭人。著有《香岭居士集》。

[清] 丘渔父 上杭人。著有《澹园集》《归来草读史随笔》。

[清] 邱春三 上杭人。著有《杏香楼集》。

[清] 丘秀瑞 上杭人。著有《东山草堂》10 卷，《东山草堂文集》20 卷，入选《四库全书》《切问斋文钞》。

［清］**丘嘉穗**　上杭人。著有《东山草堂文集》《东山草堂诗集》《东山草堂古文汇选》《四书拟言评点》《四书文稿》《绍文广义》等。

［清］**丘　倬**　上杭人。著有《春晓堂集》。

［清］**丘国瑞**　上杭人。著有《春晓堂诗文集》。

［清］**丘　哲**　漳州人。著有《青年与革命》等。

［清］**丘菽园**　原名德馨，又名炜萲，龙海人。创办《天南新报》，著有《菽园诗集》《新小说百品》。

［清］**丘　馥**　原名邱复，上杭人。著有《念庐文存》《念庐诗稿》《念庐诗话》《过庭读学》《嘉应桥东集》《后汉书注校补》《上杭县志》《丘氏除去偏旁说》等。

［清］**邱景源**　上杭人。工水墨山水，著有《天下名胜图册》。

［清］**丘士任**　上杭人。因父多病，发愤读方书，以良医名于时。著有《脉雇类纂》《经验诸方》。

［近现代］**邱　怀**　上杭人。著有《中国牛品种志》《养牛学》《秦川牛的保种和改良问题》。

［近现代］**丘宏义**　厦门人。著有《新封神榜》《吴大猷——中国物理学之父》，译有《预约新宇宙》《亿万又亿万》《抓时间的人》《数学与头脑相遇的地方》《量子重力》。

［近现代］**丘宏达**　厦门人。著有《现代国际法问题》《现代国际法》《中国与台湾问题：文件与分析》《关于中国领土的国际法问题论集》《国际组织的缔约能力》《中美贸易与投资法律问题》《抗战胜利的代价——抗战胜利四十周年学术论文集》等。

［近现代］**邱瑞光**　女，连江人。著有《宫颈黏液量测定在妇科临床上的应用》《阴黏膜辨修补法治疗陈旧社会性会阴二度裂伤》和《晚期恶性肿瘤淋巴管内灌注多联抗癌药物的疗效观察》等多篇论文，并获福建省自然科学优秀学术论文奖。

［近现代］**邱一峰**　字合中，笔名丘陵，连江人。著有《临证可参》《耐寒斋诗词集》等。

［近现代］**丘　堤**　原名碧珍，女，霞浦人。民国六大“新女性”画家之一。作品有油画《平湖秋月》《栀子花》等。

第二节　族规家训

一、龙岩市素菴邱氏戒命十则

强梁不可逞，奸恶不可习，行止不可守，食用不可侈，伦理不可乱，官长不可欺，租税不可贪暴，钱粮不可包揽，词讼不可教唆，乡族不可骄傲。

录自《中华丘（邱）氏大宗谱·福建龙岩分谱》

二、连江县文峰（五甲）丘氏祖训

十宜：早纳国课，孝顺父母，敬事尊长，友爱兄弟，和睦乡里，体恤下情，存心忠厚，作事公平，守礼奉法，勤力生计。

十戒：骄矜傲狠，色荒丧德，酗酒贾祸，溺比匪类，健讼结仇，诡诈欺人，奢侈浪费，游惰赌博，贪得非义，败行为非。

录自《中华丘（邱）氏大宗谱·福建连江分谱》

三、建阳区邱氏做人格言

人以正为贵，家以和为贵，父以严为贵，子以顺为贵，母以慈为贵，媳以贤为贵，师以严为贵，友以诚为贵，书以勤为贵，学以精为贵，穷以志为贵，志以恒为贵，富以仁为贵，文以真为贵。

录自《中华丘（邱）氏大宗谱·福建建阳分谱》

四、丘氏古家训

敦孝悌以重人伦，笃宗族以昭雍穆，和乡党以息争讼，重农桑以足衣食，尚节俭以惜财用，隆学校以端士习，黜异端以崇正学，讲法律以儆愚顽，明礼让以厚风俗，务本业以定民志，训子弟以禁非为，息诬告以全善良，诫匿逃以免株连，完钱粮以省催科，联邻里以弭盗贼，解仇忿以重身命。

录自《中华丘（邱）氏大宗谱·福建闽东分谱》

第三节 宗 祠

上杭丘氏总祠 原为上杭丘三五郎祠、上杭县丘逢甲师范传习所。坐落在上杭县城瓦子街。清嘉庆二十年（1815年）始建。占地面积5000平方米，建筑面积2550平方米。坐北朝南。主体建筑为中宫连进四大落，后台及左右营建二层围屋百余间，墙砖每块印有“邱祠”二字。2017年被列为第九批福建省文物保护单位。（见彩图7-1）

石狮东埔邱氏宗祠 坐落在石狮市鸿山镇东埔村。清康熙三十二年（1693年），丘有章担任厦门的右营游击将军，其父丘钟易被朝廷诰赠为“怀远将军”。丘天胜与丘钟易属同一族，以武略受知于万提督，平金厦两岛，授副将职，跟随施琅收复台湾，以军功授荣禄大夫、左都督，康熙三十六年因军功诰封“四世一品”。雍正六年（1728年）建祠，1999年重修。建筑面积210平方米。祠内悬挂“营丘世胄”“四世一品”“父子进士”“武略大将军”等匾额。2006年被列为石狮市文物保护单位。

石狮东埔邱氏宗祠

鼓楼邱氏宗祠 坐落在福州城内石井巷。清乾隆四十九年（1784年）上杭邱氏7世邱万七购置原史广川房屋，设上杭邱氏试馆，供族人客榕使用，嘉庆年间（1796—1820）改为上杭邱氏宗祠。建筑面积400平方米。祠内有“忠实堂”“神主堂”“叙议堂”。

马尾眉山邱氏宗祠 坐落在马尾区白眉村。清道光十一年（1831年）始建，原名为邱氏支祠；2000年3月修建祠堂前墙及回廊，改名邱氏宗祠；2013年在原宗祠基地上进行重建。占地面积350平方米，建筑面积200平方米。砖木结构。

福清东进邱氏宗祠 坐落在高山镇东进村。清乾隆五十九年（1794年）始建，1989年扩建前座并重修后座。建筑面积400平方米。五柱四扇三开间，纵深三柱，设有回廊天井。

福清上店邱氏宗祠 坐落在镜洋镇上店村。1937年始建。建筑面积300平方米。二进三开间，土木石建构，四周风火围墙。前进设戏台，中间回廊天井，后进是神龛大厅；上下进纵深各五柱。祠前横匾“邱氏宗祠”“入孝”“出悌”，由原国民政府主席林森题。

长乐坑田邱氏宗祠 坐落在玉田镇坑田村。清雍正四年（1726年）始建，后被征作他用，2000年重修。建筑面积500平方米。单进式三开间，混凝土木石结构，四周风火围墙。

闽侯仁洲邱氏宗祠 坐落在闽侯仁洲。清嘉庆七年（1802年）始建，几经修葺，保存至今。建筑面积200平方米。

连江筱江邱氏宗祠 坐落在连江县晓澳镇晓江街中部。明万历三十二年（1604年）始建，清顺治十

连江筱江邱氏宗祠

八年（1661年）被倭寇焚毁，康熙三十五年（1696年）重建，乾隆五十七年（1792年）和嘉庆十六年（1811年）续建回廊过水和墙外厨房与围墙，1936年邱氏树德学校用作校舍，1969年焚毁，1990年重修，增建仰亭、北墙外基地和前门厅楼房。占地面积1421平方米。三进式混凝土木石建构，北围墙外另建一座二层楼房，上作游乐场所，下为筵席厅堂。

连江贵峰（十甲）邱氏宗祠 坐落在连江县马鼻镇贵峰村（俗称“十甲”）。清康熙五十九年（1720年）始建，六扇七柱，占地面积471平方米；光绪三十年（1904年）重建中座，面积扩至751平方米；2012年9月在旧祠原址新建邱氏十甲宗祠，南侧另建办公楼、膳厅、停车场、公园等配套工程。占地面积1050平方米。土木结构。

连江文峰邱氏宗祠 坐落在连江县马鼻镇文峰村。明嘉靖（1522—1566）末年始建，四扇，土木结构；清道光三十年（1850年）扩建；1966年夏被台风夷为平地；1996年重建。混凝土砖石建构，六扇，前后两座。建筑面积530平方米，祠前埕270平方米，占地面积约900平方米。

连江筱埕邱氏宗祠 坐落在连江县筱埕镇筱埕村东亭路。清顺治年间（1644—1661）始建，雍正十二年（1734年）重修，1999年重建。建筑面积1200平方米。混凝土砖石结构。

闽清泸溪邱氏宗祠 坐落在闽清县塔庄镇泸溪村。清代邱敏松始建，原为上洋叶家祖厝，后改为泸溪上洋邱氏宗祠。1946年重建。总面积约700平方米。为二进式、四扇三开间的土木建构，前进五柱，后进七柱。

永泰里岛邱氏宗祠 坐落在永泰县城峰镇里岛村。为永泰县邱氏总祠，供奉邱氏历代先祖之神主。占地面积2000平方米，建筑面积300多平方米。四扇三间九柱，祠内分设各支系小厅、会议室、接待室，主厅正中神龛上悬“忠实堂”匾。祠前围墙总长40米、高3米。

厦门海沧新垵邱氏家庙 又称“诒谷堂”，俗称大祖，坐落在厦门市海沧区新垵覆鼎金东侧。清乾隆年间（1736—1795）曾进行修葺，光绪十四年（1888年）邱正忠主持重修，1941年和1957年两次翻修，1998年重建。占地面积1600平方米。设有前殿、天井、后殿，其中主厝面积650平方米，大埕767平方米，龙船厝（四间）189平方米。坐西向东。

新垵邱氏家庙

厦门同安小澄邱氏宗祠 坐落在厦门市同安小澄。1987年翻建。建筑面积160平方米。祠内奉祀宋泉郡隐士、理学名贤丘葵。

漳浦杜浔邱氏大宗祠 坐落在漳浦县杜浔镇南炉村。明天顺七年（1463年）杜浔邱氏6世祖邱俊把祖厝改建成大宗祠，万历四十六年（1618年）扩建，清康熙二十五年（1686年）重修，1983年再度修葺。建筑面积200平方米。

诏安庵前邱氏祖祠 坐落在诏安县庵前村的轮东轮下自然村。清代始建。建筑面积160平方米。歇山顶，三进三开间，由门楼、门厅、天井连两庑廊、拜殿、大殿组成。拜殿两侧各有一耳门（又叫“子孙门”）通两侧护屋，门厅与大殿都是一斗三升式斗拱，大殿龛上横梁悬挂黑底金字“继新堂”匾。

南靖双峰双溪祠　坐落在南靖县书洋镇双峰村。1991年3月，台湾邱正吉带领台亲返乡寻源认祖，发动捐资重建，1993年9月13日竣工。建筑面积180平方米。

南靖邱氏志广祠　坐落在南靖县书洋镇。1995年由台亲捐资重建。占地面积830平方米，建筑面积375平方米。砖木结构。

泉郡邱氏宗祠　坐落在泉州市区西郊清源山下。宋代始建，前临晋江水；元代驸马、武略大将军丘顺卿在潘山重建，民国末年荒废；1996年，泉州市所辖县市区及同安、仙游等地百余村庄宗亲协力捐资于原址重建，1997年5月27日竣工。占地面积600多平方米，宗祠建筑面积192.8平方米，附建二层楼200平方米。

南靖双峰双溪祠

石狮西港邱氏祖祠　坐落在石狮市西港村。1998年重建。建筑面积160平方米。砖木结构。

石狮洋下邱氏祖祠　坐落在石狮市洋下村。2006年重建。建筑面积150平方米。砖木结构。

石狮锦尚厝上邱氏祖祠　坐落在石狮市厝上村。2003年重建。建筑面积260平方米。砖木结构。

石狮金丘邱氏祖祠　坐落在石狮市金丘村。1999年重建。建筑面积180平方米。砖木结构。

南安市官桥前坑邱氏宗祠　坐落在南安市前坑村。建筑面积180平方米。

惠安县邱氏宗祠　坐落在惠安县城。2002年邱氏宗亲集资重修。建筑面积320平方米。砖木结构。

永春县卿美邱氏宗祠　坐落在永春卿美。明万历年间（1573—1620）始建，2002年修葺。建筑面积260平方米。砖木结构。

永春县达埔圳古邱氏祖祠　坐落在达埔镇圳古村。明代始建，2004年重建。建筑面积180平方米。砖木结构。

永安市贡川邱氏家祠　又名“章宪堂”，坐落在堡南临津门的上方。清嘉庆十二年（1807年）始建，1995年旧城改造时移建于后花台。占地面积1000平方米，建筑面积200平方米。坐西向东。砖木结构。

宁化县水茜镇安寨村蛟池祠　坐落在水茜镇安寨村。清乾隆十年（1745年）在丘贵朝旧庐址上建造，2001年宁化县丘氏将入闽始祖丘昆清神主牌暂奉入蛟池祠（因昆清祠被占，改为学校），成为宁化、明溪、清流、永安、上杭、连城、长汀等地的丘氏祖祠。建筑面积660平方米。砖木结构。

宁化县上畲村丘云郎祠　坐落在上畲村。清康熙四年（1665年）始建。占地面积948平方米，建筑面积285平方米。

宁化邱（丘）氏家庙　坐落在城郊镇上畲村。清咸丰年间（1851—1861）始建。建筑面积300平方米。砖木结构。

宁化县水茜镇高岭村丘员郎祠　坐落在水茜镇高岭村。明万历六年（1578年）始建，1962年重建。建筑面积360平方米。砖木结构。

宁化县城郊镇李七村丘政郎祠　又名“展亲堂”。清乾隆三十八年（1773年）始建，咸丰七年（1857年）祠堂连同族舍80余户皆遭战火焚毁，当年族众捐募银钱于原址重建。建筑面积360平方米。砖木结构。

泰宁县坳头村邱氏宗祠　坐落在朱口镇坳头村。清道光三十年（1850年）建。建筑面积420平方米。砖木结构。

尤溪县星明邱氏宗祠 又名“底厝园”，坐落在尤溪城关星明村。明嘉靖三年（1524年）始建，邱积善重建，1945年复建，2002年3月再次重建。占地面积300多平方米。砖木结构。

尤溪县书山邱氏时思堂 坐落在尤溪台溪书京村书坪自然村。明洪武十三年（1380年）开基祖邱福伍始建。建筑面积560平方米。土木结构。

尤溪县城关新洋村邱氏宗祠 坐落在尤溪洋中埔头厝。建筑面积340平方米。

尤溪县西城北宅村邱（丘）氏祖祠 坐落在尤溪西城北宅村卓源自然村。占地面积380平方米。砖木结构。

建宁县邱氏家庙 坐落在上里邱家排。清乾隆三年（1738年）始建，20世纪末遭毁复建。建筑面积370平方米。砖木结构。

仙游邱氏总祠

仙游县邱氏总祠 坐落在龙华镇爱和村（凤冈）。宋代6世丘奂于蒋溪创建上邱祠堂，李纲撰《上邱祠堂记》；11世丘希虞为避水患，由蒋溪迁凤冈；清道光五年（1825年），邱润玉、邱鼎怀、邱卿光建文笔宗祠；现有的仙游县邱氏总祠是2016年10月在其遗址上建成。主体建筑面积近1000平方米。砖木结构。

仙游县大坂楼祠堂 坐落在龙华镇团结村。清道光二十五年（1845年）始建。建筑面积450平方米。砖木结构。

仙游县游洋双髻后新祠堂 坐落在仙游县游洋镇双髻后村。2013年始建。建筑面积500平方米。砖木结构。

浦城冠山邱氏宗祠 坐落在浦城县永兴镇冠山村。明万历年间（1573—1620）始建，清代重修。占地面积500平方米。坐西朝东。三厅两厢，穿斗抬梁式，混合结构。

政和县邱氏祠堂 坐落在政和县外屯乡外屯村叶洋坂。2017年农历八月动工，同年十一月初三立柱上梁。占地总面积800多平方米，建筑面积200多平方米。坐北朝南。前后二进，木结构。

龙岩苏溪邱氏绍锦堂宗祠 坐落在新罗区西城街道苏溪村。清乾隆五年（1740年）始建。占地面积2000平方米，建筑面积约1500平方米。二进四厝式，抬梁木构架，设上厅、东西两厅、中厅、下厅、枕形围屋、灰坪及围墙，单檐歇山顶。

龙岩溪南邱氏云吉堂宗祠 坐落在新罗区溪南大同巷内。20世纪80年代重修，是溪南村保存较完好的明清时期建筑。占地面积2580平方米，建筑面积400平方米。坐西朝东。抬梁木构架，单檐歇山顶，现存正厅、中厅、边厅、六落、两天井、门楼及灰坪等。祠后有围屋，祠前有池塘、围墙。

龙岩黉门前邱氏步升堂宗祠 坐落在新罗区南城黉门前黉兴巷128号。清乾隆五十八年（1793年）始建。建筑面积1500平方米。坐南朝北。土木结构，有正、中、前厅。

龙岩隔后邱氏承启堂宗祠 坐落在新罗区南城隔后邱厝巷4号。迄今有500年历史。建筑面积2000平方米。二厅二落二天井，土木结构，抬梁单檐歇山顶。

龙岩黉门前邱氏钟秀堂宗祠 坐落在新罗区天马山东侧山脚老鹰坑前。清乾隆四十三年（1778年）始建。占地面积约2000平方米。坐北朝南。土木结构，建有上厅、中厅、前厅。

龙岩溪南邱氏绥思堂宗祠 坐落在新罗区溪南登高山下溪南坂内的登高潭下溪路上。2003年重修，保存完好。占地面积1715平方米，建筑面积166平方米。二进四落式，土木结构，建有正厅、中厅、大门、围墙及灰坪。

龙岩新陂邱氏崇德堂宗祠 坐落在新罗区新陂后山。明嘉靖年间（1522—1566）始建；2010 年因市政建设需要被征用，后以原样迁建于旧址东北方约 100 米处。新祠占地面积约 2000 平方米，建筑面积约 300 平方米。砖木结构。

龙岩溪南邱氏紫诰堂宗祠 坐落在新罗区溪南登高山下。明嘉靖年间（1522—1566）始建。占地面积 2138 平方米，建筑面积 648 平方米。三厅六落，土木结构。

龙岩黉门前邱氏源裕堂宗祠 坐落在新罗区南城黉门前黉门路 22 号。清乾隆三十年（1765 年）始建。占地面积约 5000 平方米，建筑面积 2650 平方米。坐西朝东。三厅六落，土木结构。

龙岩排头邱氏绍荆堂宗祠 坐落在新罗区西湖岩山平盂顶。清乾隆三十五年（1770 年）始建，2013 年因市政建设拆迁重建。占地面积 1500 平方米，建筑面积 600 平方米。二进二落，钢筋混凝土结构，歇山顶，红瓦白墙，雕梁画栋。

龙岩排头邱氏旺福堂宗祠 坐落在新罗区西湖岩山平盂顶。北临原魁星阁、观音庙、太母宫和钟灵书院等古建筑，南与寮仔壁的“华夏名贤宫”遥相呼应。清代始建。占地面积约 1500 平方米，建筑面积 320 平方米，两层附房面积约 660 平方米。坐北朝南。土木结构。

龙岩月山邱氏懋恺堂宗祠 坐落在龙岩至厦门的 319 国道曹溪月山路段。始建于明万历（1573—1620）末年。占地面积 4000 平方米，建筑面积 1050 平方米，大门内坪约 100 平方米，祠前有 500 平方米的半月形灰坪。二进（大门—下厅—正厅）二厢（连厅厢及边厢），土木结构，燕尾脊，左右厢有巷道、正厅屏后道、下厅前通道相连。

龙岩龙潭邱氏孝义堂宗祠 坐落在新罗区龙门街道炉潭背（现龙潭村）。始建于宋末元初。占地面积约 1300 平方米。

龙岩洋头邱氏莲花堂宗祠 坐落在新罗区铁山镇洋头村（俗称“铁石洋”）。明隆庆年间（1567—1572）始建。占地面积 1400 平方米，建筑面积 300 余平方米。二进二落式，土木结构。

龙岩厦中后店邱氏笃庆堂宗祠 坐落在新罗区厦中后店。1927 年始建。占地面积约 3000 平方米。为燕尾脊，土木结构。主厅左右各一厢房，大门前及围墙外有灰坪。左边落有五房三廊二厅二天井，右边落有四房二廊一厅一天井。

龙岩厦中后店邱氏成德堂宗祠 坐落在新罗区厦中后店。明嘉靖二十年（1541 年）始建，20 世纪 60 年代被毁，1981 年重修，2002 年再次修缮。占地面积约 3000 平方米。土木结构。正厅建有左、右厢房 4 间，天井两侧有东、西厅，东厅前设有厨房。左边落有房 4 间，配上廊、下廊、天井。

龙岩黄庄邱氏诒德堂宗祠 坐落在雁石镇黄庄村中心。清嘉庆年间（1796—1820）始建。占地面积 10382 平方米，建筑面积 5164 平方米。坐北朝南。土木结构，歇山顶。内设正厅、中厅、前厅与六落，横廊连接厅落；外设围墙、灰坪、池塘。

龙岩永定区邱氏家庙 坐落在培丰镇文溪村东北方。明永乐年间（1403—1424）始建，清光绪年间（1875—1908）第三次重修。占地面积 2600 余平方米。坐东北朝西南。土木结构。

上杭丘氏祖祠 坐落在上杭县城东登俊大街（今解放路 206 号）。清嘉庆二十年（1815 年）动工，光绪十九年（1893 年）方竣工。占地面积 5000 多平方米。坐北朝南。土木结构，中宫连进四大栋，后台及左右均建有围楼，四周围屋配房两层计 100 余间，墙砖有“邱祠”二字。大门原有一座“荣褒豸史”石牌坊，今废。

长汀河田丘穆公祠 坐落在河田镇。宋末始建，1981 年筹建，1992 年渡台宗亲邱正吉鼎力相助，动工重建。占地面积 300 平方米。砖石结构。

长汀丘坑丘氏宗祠 坐落在河田镇丘坑村。清初始建，1990 年重建。占地面积 400 平方米。

长汀洋坑丘氏宗祠 坐落在河田镇洋坑村。清末始建，2000 年重修。占地面积 320 平方米。土木结构。

长汀李岭丘氏四九郎公祠 坐落在大同镇李岭村。明成化二十二年（1486 年）始建，原祠名为丘氏宗祠，建筑面积 371 平方米。此后多次维修，1998 年重建，2003 年竣工并更为今名。占地面积 2370 平方米。土木结构。

长汀县李岭丘氏宗祠 坐落在大同镇李岭村。清乾隆十年（1745 年）始建，2000 年重建，2001 年竣工。占地面积 600 平方米。土木结构。

长汀珊坑丘氏家祠 坐落在馆前镇珊坑村。明万历四十四年（1616 年）始建，1992—2001 年重修。建筑面积 242 平方米。

长汀赤坑丘氏宗祠 坐落在馆前镇赤坑村。2006 年重建。占地面积 120 平方米。土木结构。

长汀新桥丘氏宗祠 坐落在新桥镇新桥村。2002 年重修。占地面积 1000 多平方米。原为土木结构，后改为砖木结构。

长汀陈屋丘氏家祠 坐落在濯田镇陈屋村。1993 年重建。建筑面积 120 多平方米。砖木结构。

长汀大塘下丘氏宗祠 坐落在四都镇谢坊村大塘下。2002 年重建。占地面积 500 平方米，建筑面积近 200 平方米。砖木结构。

福鼎秦屿邱氏宗祠 坐落在秦屿古城北路邱厝巷内。清光绪三年（1877 年）邱楚成、邱云凤、邱作华等筹集资金，在祖厅（1872 年毁于大火）基址上拓建为宗祠；1982 年重修，增建一进大厅和一间偏房，深 21 米，宽 10. 8 米，砖木结构。占地面积 226. 8 平方米。

福鼎泰雾墩邱氏宗祠 坐落在泰雾墩。清嘉庆十六年（1811 年）始建，2000 年 10 月重建。占地面积 320 平方米。砖木结构。

福鼎蒲门下才（寨）邱氏宗祠 坐落在祖厝旁的厝基内。明代始建，因年代久远，族人重择地基再建 3 间祖祠，2002 年原祠移后 10 多米重建。占地面积 500 平方米。砖木结构。

霞浦福宁邱氏宗祠 又称“姜太公文化园”坐落在松城街道北山里。2017 年秋中华邱氏宗亲联谊总会福建霞浦分会主持筹建。占地面积 2100 平方米。按照明清五踩斗拱结构，仿唐式砖砼设计建造，由前后两幢组成：前幢大殿正中供奉姜太公塑像，两侧有记事碑、文化长廊、厢房、办公室等；后幢前殿设为福宁邱氏宗祠（聚贤厅），后殿为邱祖殿（祭祀殿）。

古田岩富邱氏宗祠 坐落在大甲镇岩富村。清乾隆三十年（1765 年）始建邱氏祖厝，六扇十三柱。1991 年 6 月 25 日失火，仅存大门楼。2001 年 10 月在原址重建。占地面积 500 平方米。砖木结构。

屏南邱氏宗祠 坐落在屏南县城。2007 年重修。占地面积 2200 平方米。砖木结构，祠前大坪铺设大理石地板，建造人工湖，湖边建有六角形凉亭 1 座。

屏南玉洋玉东邱氏宗祠 坐落在玉洋玉东。明弘治八年（1495 年）丘元茂始建，1955 年 10 月在原祠堂正后方新建三层祠堂 1 座。占地面积 1200 平方米。砖木结构。

屏南岑洋村邱氏宗祠 坐落在岑洋村。清乾隆十三年（1748 年）邱启腾创建。占地面积 1000 平方米。砖木结构。

第四节 陵 墓

丘三五郎夫妇合墓 位于上杭太拔镇黄岩紫林滩屏风岭。为上杭丘氏始祖丘三五郎夫妻合茔。南宋淳熙七年（1180 年）始建，清乾隆六年（1741 年）重修，2001 年 2 月 24 日再修，并新建“思源亭”1

座。占地面积180平方米。坐西南朝东北。石结构。2002年被列为上杭县文物保护单位。

丘端弼墓 位于福清市高山平下里长安村海塍上。为开基祖丘端弼夫妻合葬墓。清康熙元年（1662年）始建，1986年8月重修，2001年6月重建。三合土构筑，墓穴二圹。

邱曾禄墓 位于福清市音西街道北楼村西角山。为开基祖邱曾禄墓。清嘉庆十年（1805年）建造。三合土构筑，墓穴二圹。

邱迨轩墓 位于福清市岭胶上迳西张村西头。为开基祖邱迨轩夫妻合葬墓。清乾隆三十三年（1768年）建造。三合土构筑，墓穴二圹。

邱子佩墓 位于新岐山下。为闽侯县南通镇马腾村始祖邱子佩墓。明万历四十七年（1619年）建造。石灰构筑，墓穴二圹。

邱恒山墓 位于连江马鼻赤石贵峰岭口山。为开基祖邱恒山夫妻合葬墓。宋嘉定九年（1216年）建造。三合土构筑，墓穴二圹。

邱仲墓 位于连江马鼻赤石文峰橄榄坪。为开基祖邱仲夫妻合葬墓。明初建。三合土构筑，墓穴二圹。

邱恒墓 位于连江东岱北门何厝山。为晓澳邱氏开基祖夫妻合葬墓。元帝至正五年（1345年）建造。石灰构筑，墓穴二圹。

邱荣生墓 位于永泰县岭路乡潭后村坑仔里马罗山。墓主为永泰县邱氏开基祖夫妻。清康熙五十五年（1716年）建造，原墓址在上杭县担来坑仔里，乾隆五年（1740年）移葬今址。石灰构筑，墓穴二圹。

邱膽乾墓 位于永泰县岭路乡东柄林。为永泰县邱氏开基祖后裔夫妻合葬墓。原墓在永泰县坑仔里大坑，清嘉庆十六年（1811年）移葬今址。石灰构筑，墓穴三圹，三拜台。

邱迁荣暨妣苏孺人墓 位于厦门市海沧区新垵本山石牌前。为邱氏开基祖邱迁荣（原姓曾，名明，后入赘邱家，改姓邱）夫妻合葬墓。明洪武（1368—1398）初年建造。墓穴二圹，石灰构筑。

邱氏新江陵园 位于厦门市海沧区文圃山东坡、龙文巷口南侧。清代建造。原址在厦门市海沧区新垵本山石牌前、白匏林、金梳园等地。1992年新江华侨诒谷堂董事会决定建造新江陵，将8世以上新垵邱氏列祖列宗移葬今址。占地面积约1000平方米。

邱良功陵墓 位于厦门市同安区太武山麓的小径村旁。清嘉庆二十二年（1817年），浙江提督邱良功回任时，不幸逝于途中，朝廷赐祭葬，赠“建威将军”，建陵墓。

邱文卿墓 位于漳浦县杜浔镇新德山。为开基祖邱韩保（号文卿）夫妻合葬墓。明洪武元年（1368年）始建。墓穴二圹，三合土构筑。

邱氏上头仑邱履墓 位于泉州市洛江区马甲镇梧洋上头仑（象头宫）。墓主为梧洋开基祖邱履。明嘉靖六年（1527年）始建，嘉靖九年重造墓宫。三合土构筑，墓穴二圹。

邱縠成墓 位于泉州市丰泽区潘山。为潘山开基祖邱縠成墓。明代建造。三合土构筑，墓穴二圹。

邱奕田墓 位于石狮大仑。为大仑开基祖邱奕田墓。元至正十一年（1352年）建造。三合土构筑，墓穴二圹。

邱德阳墓 位于石狮锦尚厝上乡。为锦尚开基祖邱德阳墓。明洪武七年（1374年）始建，2007年重建。三合土构筑，墓穴二圹。

邱英略墓 位于惠安城关西门下廖村的鸡心仑山，又名邱厝山，后改称总兵山。望柱、石将军及双马、双羊因修水库而流失，现仅存望柱巍然高耸，在总兵墓前东南方。

邱接森和二世祖考妣墓 位于永安贡南巫峡头。为贡川开基祖邱接森及子媳合葬墓。原址在永安贡川贡堡东南大坝口，1998 年因 205 国道改线迁葬于今址。占地约 80 平方米。三合土构筑，墓穴二圹。

邱（丘）氏祖墓　位于尤溪西城镇北宅村柿树垅田头右边。清康熙二十四年（1685 年）建造。占地面积 60 平方米。三合土构筑，墓穴二圹。

尤溪城关邱姓始祖墓　位于尤溪台溪福廷坑。占地面积 50 平方米。三合土构筑，墓穴二圹。

邱养源（君涵）墓　位于仙游大板楼后林山。墓主为仙游县大板楼邱氏始祖。明崇祯三年（1629 年）始建。三合土构筑，墓穴二圹。

邱伯玉墓　位于仙游龙华金溪坝洪顶。为钟石始祖邱伯玉夫妻合葬墓。三合土构筑，墓穴二圹。

邱淡如墓　位于仙游县孝仁里白湖山。为凤岗四房月山始祖邱国耀（号淡如）墓。明嘉靖三十七年（1558 年）建。三合土构筑，墓穴二圹。

邱元褒合葬墓　位于建瓯市福兴院学坑。为上堡开基祖邱元褒夫妻合葬墓。宋理宗宝庆、绍定年间（1225—1233）建。三合土构筑，墓穴二圹。

丘延保祖墓（丘三公陵园）　位于政和县外屯乡葛后村尾铁子坑琢林山上。明嘉靖二十五年（1546 年）始建，2012 年 12 月重新整修，在原址上用混凝土浇筑围墙，并用大理石铺墓前广场。总面积 780 平方米。

丘万八秀墓　位于龙岩城北斜岭亭下小溪边。为开基祖丘万八秀夫妇合葬墓。明洪武二十年（1387 年）始建，后改建，现为始祖丘万八秀夫妇及二、三世祖合葬墓。占地面积 600 平方米。

丘惟福夫妇合葬墓　位于龙岩市永定区仙狮镇锦丰村木梓坑。为始祖丘惟福夫妻合葬墓。宋代建造，原墓在广东大埔虎头砂矮子峁三蛙塘即青溪乡满山红。石灰构筑，墓穴二圹。

丘大五郎（元官）墓　位于龙岩市永定区。为永定开基祖之一丘大五郎（元官）墓。明代建，清乾隆二十七年（1762 年）重修。石灰构筑，墓穴二圹。

丘太七郎夫妇合葬墓　位于永定金砂水口青峰坳东大埔湖寮岭下树塘。为永定开基祖之一丘太七郎、妣曹十一太婆墓。明代建。石灰构筑，墓穴二圹。

丘八郎墓　位于上杭稔田镇南坑村。为上杭丘氏宋始祖丘八郎墓。宋代始建，原址在上杭黄岩紫林滩，始祖妣韩太婆墓在上杭稔田镇南坑村背之叶坑层，1992 年台裔丘正吉捐资，在原址后退 13 米重建。墓碑仍沿用老碑文“河南郡宋始祖考字继龙讳仁号八郎之墓”。占地面积 1500 平方米。混凝土石砖石构筑，墓穴二圹。

丘惟禄（三五郎）墓　位于上杭黄岩屏风岭。宋代始建，清乾隆六年（1741 年）重修，墓碑增刻“妣陈孺人、妣李孺人”，1966 年邱相田将军捐款修缮，1992 年台裔邱正吉捐资，于原址退后 13 米重建水泥坟，2002 年墓碑改刻“宋太始祖”。占地面积 1000 平方米。混凝土石砖石构筑，墓穴二圹。

丘惟长夫妇合墓　位于上杭县稔田镇南坑村水口社边东岸。为上杭丘氏始祖之一丘惟长与妣郑、梁合墓。清乾隆十年（1745 年）建。占地面积 1100 平方米。

大李岭象山丘五九郎陵园　位于上杭县大同镇李岭村。1998 年李岭村丘氏宗亲集资建成象山陵园（骨灰堂）。占地面积 2000 平方米。混凝土石砖石构筑，墓穴二圹。

邱腴夫妇合葬墓　位于长溪县（今霞浦县）南山溪田村马鞍山寿龙岗。丘腴夫妇合葬墓。宋熙宁十年（1077 年）始建。石灰构筑，墓穴二圹。

邱仲严等八世纪念墓　位于屏南县寨坪村寨坪岗。2004 年，寨坪村邱氏集资在寨坪岗建造屏南县开基祖邱仲严、妣杨氏及 2 世至 8 世祖妣纪念墓。

第五节 古建筑

南靖县书洋镇双峰村土楼群 坐落在南靖县书洋镇双峰村。为邱氏先人在南靖扎根创业而兴建的土楼，现存方、圆形土楼25座，还有交椅型、月眉型、五凤式及其他形制土楼80多座。其中“隆兴楼”建于明正统十三年（1448年），“泥乾楼”建于景泰六年（1455年），“和安楼”建于万历三十八年（1610年），五凤式的“宽厚居”建于万历三十八年，“炽昌楼”建于民国年间，另还有“田螺坑”等土楼。2008年被列为世界文化遗产。

尤溪书山大院“光裕堡”“瑞庆堡” 坐落在尤溪县台溪乡书京村。清道光三十年（1850年），邱长厚率子建造光裕堡，占地面积2600多平方米，建筑面积2200多平方米。清光绪六年（1880年），邱荣华建造瑞庆堡，占地面积2500平方米，建筑面积2300平方米。土堡坐西向东，其形制是围廊式土楼，前方后圆，以厅堂为中心。二堡建筑庞大，是闽中现存规模较大、保存较完整的古建筑之一。2010年12月和2013年1月分别被列为福建省文物保护单位。（见彩图7-2）

清流邱氏祖屋“诒燕第” 坐落在林畲乡林畲村塘堀组，堂名“诒燕第”。清光绪五年（1879年）丘国佳始建。占地面积1386平方米，坐西朝东。为两进三厅土木结构建筑，有厢房22间、耳房2间、辅房44间，左厢房边有一口永不干涸的水井，屋后有3米高围墙。1930年1月，毛泽东率红四军二纵队居住于此，并创作《如梦令·元旦》。嗣后，红四军十一师、东方军、福建省独立第七师等红军部队先后在此活动，并留下红军夜校、红军医院、红军井、红军桥、红军烈士墓等红色遗址群和红色标语。1983年被列为清流县文物保护单位，2009年被列为福建省文物保护单位。先后被列为三明市爱国主义教育基地、福建省国防教育基地。（见彩图7-3）

龙岩邱氏肇安堂 坐落在龙岩城内北门。原系明崇祯刑部左侍郎王命璇府第。清光绪三十四年（1908年），龙岩邱氏万八秀碧溪房17世孙邱畅林购买重建，称为肇安堂。坐北朝南。宽40米，深25米，占地面积1612米，建筑面积560平方米。堂内分前厅、中厅、后厅，最后是后廊，两边建有厢房，独立院落，正中悬挂“肇安堂”祠匾。大小房间24个，系清代古民居建筑的风格。1929年6月19日，红四军攻克龙岩城，毛泽东和夫人贺子珍入住肇安堂。在此，毛泽东与朱德、陈毅署名发布《红四军司令部政治部布告》，邓子恢根据毛泽东指示，起草《土地斗争纲领》。1975年肇安堂定为毛泽东旧居，国家征用，改为龙岩市博物馆，1982年被列为福建省文物保护单位。

霞浦县圣寿寺 坐落在霞浦县崇儒乡坪园村。宋庆历元年（1041年）汴洋4世祖丘腴于创建，元至正年间（1341—1368）修缮，明初毁于火，成化二年（1466年）重建。明代每逢皇帝万寿诞期，各官俱往圣寿寺高呼庆贺。每年农历四月初八，邱家子孙到寺里上香。2006年8月10日，大殿毁于“桑美”台风。2009年由第19世孙媳邱郑阿珠牵头，重建圣寿寺主殿。

连城冠豸山二丘书院 坐落在连城县冠豸山。明初始建，原是丘鳞、丘方叔侄读书处。后人景其功德，在冠豸山上筑起书院并塑其像以祀之。后仅存一座倾斜破旧的牌楼，现已重建。

厦门海沧新垵邱氏红砖古厝 坐落在厦门市海沧区新垵村。清代始建。由邱扬阵绣楼厝、邱振祥大院、邱新样锦庆堂、万记万吉大厝、邱忠波大厝、邱光地大厝、邱得魏庆寿堂、邱明昶棋盘厝、陉正楼阁等组成，是新垵村保存较为完好的、具有闽南风格的红砖古民居。

第六节 民间信仰

霞浦县崇儒乡汴洋村侯王信仰 侯王生于汉明帝（58—75）时，封英烈侯王，继封昭济侯王，谥

“显助”。汴洋村建有侯王宫，邱姓自迁居以来，每年农历正月十三日做福事，当有一人作“福头”，村里留有集体公用田地八九亩，供福头种植。当日全村男女老少都到侯王宫烧香拜佛，请道士做法事。

第七节 非物质文化遗产

新垵五祖拳 南少林拳的一种。厦门市海沧区新垵村村民多为邱姓，自古以来就有习武的习惯，全村习武人数超过1000人，占全村总人数的七分之一。代有武林高手。2004年参加首届中国福建南少林国际武术大赛，获得金龙奖9枚、银狮奖9枚；2006年参加首届香港国际武术大奖赛，获得金牌3枚。新垵村民热爱武术运动，2007年8月，新垵五祖拳被列入第二批福建省非物质文化遗产名录。代表性传承人为邱大昕、邱明全、邱靖娜（女）。

第八节 名胜古迹

仙游县龙华镇龙华寺 坐落在仙游县龙华镇，隋代古刹。隋大业年间（605—617），江苏润州甘露寺惟胜比丘云游，见此地胜境清游，遂结茅精修梵行。隋炀帝下旨敕建并命名，由丘氏族人筹建。普惠庵前廊6根石柱及柱础，是福建省地面上现存最古的建筑遗物之一。北宋大观年间（1107—1110）建龙华双塔。2007年被列为福建省文物保护单位。

惠安净峰寺 坐落在西邱的西北方向的净峰山之巅，三面环水，一面负陆，风光旖旎。唐代，丘氏族人筹资兴建净峰寺，是惠安唯一兴建于唐代的寺庙。按中轴线布局排列，有观音殿、寺仙祠、文昌祠、三宝殿等。南朝宋谢灵运居此终老，清代郑板桥为之书题“天然图画”碑刻。近代高僧弘一法师在此挂锡，保存有“弘一法师旧居”。2010年被列为福建省文物保护单位。

古田县大甲镇岩富村古树罗汉松 坐落在古田县大甲镇岩富村。是一株千年古树罗汉松，据说由丘氏开基祖种植，树高15米，胸径134厘米，生长茂盛，常年不凋。为全国最古老、枝干最大的古树之一，被列为省级保护树木。

福清万安所城 坐落在福清市高山邱厝村。明洪武二十年（1387年）江夏侯周德兴修建。城周长1733米，依山傍海，全部由花岗岩方石构筑。明万历二十七年（1599年）城内建祝圣宝塔，塔高20米，八角七级，花岗岩构筑。1989年被列为福清市文物保护单位。

南靖县书洋镇双峰村崇庆桥保安亭 坐落在南靖县书洋镇双峰村。明万历四十四年（1616年）创建。为木结构廊桥，长15米，宽6米，高5米，以9株大杉木飞架溪面，造型精巧。2006年被列为南靖县文物保护单位。

海沧新垵正顺宫 坐落在厦门市海沧区新垵村西南大马路旁。明初始建，清嘉庆二十三年（1818年）邱氏信众捐资重建，改为三进式庙宇，内有僧舍四间，因“东山霖雨，西山毓奇，名正言顺”，故名。中殿供奉的主神谢安（俗称救驾王、王孙爷）、大娘、二娘、谢玄及谢安之子太保哥，后殿供奉“三宝佛”。

宁化县蛟潭桥 坐落在宁化招贤里双溪口（今水茜镇安寨村西北）。宋朝太祖年间（960—976）始建，1955年由丘禄潭等筹资改建成石拱桥。为木廊桥，桥跨度30米，宽6米，两头悬崖峭壁，距水面50多米。旧时是水茜境内的下付、下洋、张坊等自然村和宁化安远通往建宁的交通要道。

第五章　人　物

第一节　人物传

丘　允（1067—1153）　字执中，号南溪居士，长溪（今霞浦县）人。宋元符三年（1100年）进士。授真定府乐城县尉，适采炮石军暴横，丘允申明禁戢之，调知岳州临湘县，甫三日，平反冤狱50余人，郡守鞏璘喜曰："令皆如此，天下何忧不治。"改襄州鄧城县，除官府买绢之害。移洪州新建县，时道流恣横凌民，丘允严绳之。道流诉于朝，宰相蔡京欲加丘允罪，徽宗曰："吏以爱民被罪，何以劝天下。"遂释之。擢柳州，时新行茶法，豪右恃势欺诈，官吏不敢诘，丘允穷治其奸，以疏陈广西盐课之弊，朝廷下其法于两广，民以为便。建炎（1127—1130）中诏对，首请上稽天意，内勤政事，任贤远奸，无或豫怠。高宗嘉纳。除知惠州致仕，封朝议大夫。

丘　鳞　字起潜、启潜，连城人。宋嘉定十三年（1220年）特奏名进士。任江西赣县县尉，政有廉声。绍定年间（1228—1233）寇乱，丘鳞率民避难于冠豸山。招捕使陈其功，升任邵武军建宁县承直郎。

丘　方　连城人。宋宝庆二年（1226年）特奏名进士。江西宁都县丞。优于文学，为人耿介，任职期间兴学好士，恤民疾苦，每遇荒年，极力赈灾济民，宁都百姓感激之，尊祀为名宦。丘方与其叔丘鳞归隐后，在连城冠豸山上设堂讲学，弘扬朱子理学。邑人感其恩德，仰其高风，故在冠豸山上建"二丘书院"，立塑像，竖牌坊，镌刻"进士联芳""叔侄乡贤"以褒其功德。

邱英略　惠安人。清乾隆九年（1744年）武举人，乾隆十三年武进士。历任安徽亳州都司、江苏海州游击参将、南京江宁城守副将，权充浪山镇总兵，嗣又移镇寿春。父丧归守，期满改任广东雷琼总兵，即将赴任病逝。

丘作训（1723—1774）　连城人。清乾隆十七年（1752年）武举人。先任广东德庆州守备、湖北宜昌镇南营水师游击，后升施南协镇、宜昌隆总镇，旋升为都督府将军。乾隆三十九年山东白莲教王伦起事，他奉命出征，任先锋，后于守城时战死。追封为"振威将军""忠臣"，立华表于故里阁康村。

邱良功（1761—1817）　同安人。出身行伍，因骁勇善战，一路升迁至浙江提督。清嘉庆十四年（1809年）八月，因追击海上武装蔡牵有功，赐封三等男爵。嘉庆二十二年入觐，回任时不幸逝于途中。朝廷赐祭葬，赠"建威将军"。

邱联恩（？—1859）　同安人。因父邱良功功绩卓著，获赐封男爵。清道光二十三年（1843年）任直隶通州协副将，后升任河间协主将，累迁南阳镇总兵，加提督衔。咸丰九年（1859年）春，太平军克宁陵，睢州城破，邱联恩在舞阳北舞渡殉职。

邱梅卿（1837—1906）　连江人。清同治元年（1862年）进士。任内阁中书，补授方略馆校对。光绪十四年（1888年）以部铨外用，授中议大夫、广东庆远知府。卸任日，百姓为其立传竖牌，逝后入祀名宦祠。

丘逢甲（1864—1912）　字仙根，号沧海，祖籍上杭下都黄坑，出生于台湾苗栗县。清光绪十五年（1889年）进士。授工部主事，后弃官返台从教。光绪二十一年台湾被割让给日本，他划破手指写下"抗倭守土"血书，并4次联名上书清廷未果，便倾尽家财组织义军抗日，打了大小百余仗，终因孤立无援而失利，返回广东员子山从事救国教育。光绪三十一年与丘馥等人创办上杭邱祠师范传习所（福建省第一所），先后任广东省咨议局议长、广东省教育司司长、中华民国临时政府参议员。1912 年因积劳成疾而逝。

丘　馥（1874—1950）　又名邱复，字果园，又字瘦樵，谱名柰芳，别号荷生，上杭人。清光绪二十三年（1897 年）举人。清末参加文坛“南社”。辛亥革命后，与丘逢甲倡议去“邱”之偏旁，“还我汉族之丘”。1913 年当选福建省议员，1924 年为全国参议员，任孙中山大元帅府参谋、秘书，后受聘嘉应大学教授。

丘　哲（1885—1959）　漳州人，原籍广东梅县松口区。清光绪三十二年（1906 年）加入同盟会，多次参加反清起义。宣统三年（1911 年）参加广州黄花岗起义，同年参加光复潮州战役。中华人民共和国成立后任广东省副省长。为中国农工党创始人和领导人之一，著名爱国民主人士和政治活动家。

丘必书（1892—1981）　上杭人。幼习木偶艺术。1929 年红四军入闽时参加农民协会，任乡苏维埃政府财粮委员、县新剧团主任。中华人民共和国成立初期，将《刘胡兰》等歌剧移植于木偶戏，配合反霸、土改等运动。1953 年为上杭县木偶剧团团长，获华东区“特种艺术表演奖”一等奖。1955 年赴京参加 12 省（市）木偶皮影戏观摩演出会，并加入中国戏剧家协会。

邱吉士（1894—1968）　连江人。保定军官学校第三期毕业，黄埔军校教官。1912 年参加福建北伐学生军。先后参加“二次革命”和讨伐陈炯明行动，任参谋、支队长等职。后投入闽北卢兴邦部，出任上校参谋等职。中华人民共和国成立后被选为连江县政协委员。

邱　策（1895—?）　原名则强，别号其蕃，长乐人。第一陆军预备学校、保定陆军军官学校第二期工兵科、中央训练团国防要塞研究班毕业。历任北洋陆军第六师工兵队长，国民革命军师工兵参谋、工兵团营长，军事委员会南昌行营工兵指挥部参谋主任，中央训练团训育教官。抗日战争全面爆发后，任中央军校上校筑城地形教官以及军训部校阅委员会委员、第五战区司令长官部工兵指挥官兼少将工兵团长。1946 年 7 月退役。

邱其根（1898—1978）　闽清人。26 岁时在尤溪、将乐、沙县务工。1950 年被顺昌洋口木材采购站招收。1957 年调九龙山伐木场。1958 年开展技术革新，积极钻研技术，带领全班工人试制成功双轮木平车，架设木平车轨道，大幅提高工效。因经验丰富、目测林木蓄积量准确率达 95%，被誉为“土专家”“老黄忠”。1959 年升为工段长，获技师称号；当年被选为全国劳动模范，并加入中国共产党，任顺昌县人民政府委员、福建省总工会第四次代表大会委员。福建省林业厅、福建人民出版社联合将其事迹编绘成连环画，在林业院校及林区广泛宣传。

邱　洇（1900—1954）　艺名“花草主人”，上杭人。自幼酷爱书画艺术，1937 年徐悲鸿资助他在杭州举办个人画展，并亲为其画展题词“笔精墨妙，技法超群”。在从事国画艺术创作的 30 多年中，邱洇先后结交徐悲鸿、高剑父、高振之、孙裴谷及罗丹、虞愚、卢湘帆等书画名家。其作品深受闽粤和东南亚华侨收藏家的喜爱，并被菲律宾、新加坡、泰国等海外多家美术机构和多位收藏家收藏。

丘与川（1907—?）　上杭人。黄埔军校毕业，北伐战争期间曾任第二十八军第十六师师长。抗战爆发后参加淞沪会战、武汉会战，后任第十六师参谋长及独立第二支队支队长。1946 年任国防部监察局监察官，1949 年任总统府特派战地少将视察官，被解放军俘虏后获释定居湖南。

丘汉平（1904—1990）　原籍福建海澄新安（今厦门海沧区新垵村），生于缅甸仰光。毕业于上海东吴大学法律学院。1929 年获华盛顿大学法学博士学位。1931 年起在国立暨南大学、东吴大学法律学院、中国公学宪法、交通大学商事法学院任教授，创办华侨中学、仰光中学、华海中学等。1939 年秋出任福建省政府委员兼省银行总经理。1945 年 1 月任福建省财政厅厅长，创办省立福建大学并兼任校长。1946 年领衔发起编修《福建邱氏通志》，开全省丘（邱）氏联谱之先河。1948 年任立法院立法委员。1949 年 10 月赴台湾。曾被选为意大利皇家学院罗马法荣誉研究员、美国密苏里州斐托斐荣誉会员。

邱少陵（1906—1984）　古田人。1931 年赴美国明尼苏达大学梅城研究院进修，获实验外科学硕士学位，并在纽约斯佳结核病医院等 3 所医院研修胸外科、肿瘤外科及麻醉科技术。1942 年回国后任重庆陆军医院外科主任、华东军政委员会卫生部保健医院外科顾问、上海第二医学院教授兼胸外科顾问。曾参加抗美援朝志愿医疗手术队并任外科顾问，后任上海市第一、第二结核病院胸外科主任。

邱金发（1911—1985）　龙岩人。1929 年夏参加红四军，长征中任连指导员，带领"尖刀连"抢渡乌江。抗美援朝时任中国人民志愿军第二十五站长，指挥汽车运输任务。1955 年授大校军衔。

邱子明（1914—1999）　上杭人。1930 年加入中国共产党。1932 年参加中国工农红军，任红一军团二师、一师政治部技术书记。参加过长征。抗战时任八路军一一五师三四三旅六八五团政治处教育股股长及新四军第三师直属政治处主任等职。解放战争时任东北独立七师政治委员。中华人民共和国成立后任中国人民解放军铁道兵政治部副主任、副政委。1955 年授少将军衔。

邱相田（1916—1984）　上杭人。1935 年加入中国共产党。土地革命战争时期任中共杭岱县委代理书记，坚持南方三年游击战争。抗日战争时期历任新四军军部特务团政治委员，浙东游击纵队第五支队政治委员，中共浙东区四明地委书记兼四明自卫总队队长、政治委员。解放战争时期任华东野战军第一纵队第三师政治委员。中华人民共和国成立后任中国人民解放军军副政治委员兼政治部主任，华东军区装甲兵副政治委员，济南军区装甲兵政治部主任、副政治委员兼政治部主任。中国人民政治协商会议第六届全国委员会委员。1955 年授少将军衔。

邱兰标（1916—1969）　曾用名邱德明，永定人。1931 年参加中国工农红军，曾任红五军团第十五师参谋、红四方面军第三十军军部机要员、中央军委二局二科科员，参加历次反"围剿"作战和长征。解放战争时期历任中共中央办公厅机要室秘书、科长等职。中华人民共和国成立后历任国家档案局副局长、中央档案馆党委书记、毛泽东机要办公室主任等职。

邱国光（1918—2001）　上杭人。1932 年参加中国工农红军，同年转为中共党员，担任团卫生部供给主任，参加中央苏区反"围剿"斗争和长征。抗日战争时任八路军一一五师野战医院院长。解放战争时期历任辽东军区供给部副部长、辽东军区兵站部部长等职。中华人民共和国成立后历任广州军区后勤部部长、广州军区副司令员、后勤学院副院长等职。1955 年授少将军衔。

邱瑞光（1919—2002）　女，连江人。毕业于福建医学院。长期在福建省立协和医院工作，任妇产科主任医师。多次被省卫生厅、福建医学院、省立协和医院授予荣誉称号，多次被省政府、省卫生厅等评为先进工作者。

丘继存（1920—?）　漳州海澄（今漳州龙海）人。东北大学教授，博士生导师。从事选矿工程的教学和科研，专长于微细粒金属氧化矿物的选收，曾在国内外学术刊物上发表 20 多篇论文。

邱武凌（1920—?）　霞浦人。高级农艺师。曾任福建省农科院果树研究所所长、福建省农科院学术委员会副主任委员。主持完成"福建猕猴桃资源调查"，获得省科技三等奖。主编《中国龙眼志》等书。享受国务院政府特殊津贴。

邱岳峰（1922—1980）　福州人。著名电影表演艺术家。中华人民共和国成立之前参演《文天祥》《日出》《钗头凤》等，导演《夜半歌声》《林冲》等话剧。1950 年进上海电影制片厂译制组工作，先后参加了数百部外国影片的译制，在《安娜·卡列尼娜》《简·爱》《大独裁者》等近 200 部影片中担任重要角色配音，又为《大闹天宫》等数十部国产美术片和故事片配音。

第二节　人物录

丘　祚　浙江湖州人。南朝宋元嘉十四年（437 年）任晋安郡太守，为丘姓入闽始祖之一。

丘昆清 建瓯人。唐太宗的功臣丘行恭后裔，光禄大夫兼内阁太子太师。因避战乱从中原南下，于唐长庆三年（823年）从江西南昌进贤江南村过江入闽，举家迁至建州（古称建瓯）居住。为八闽丘氏始祖之一。

丘 琐 字廷干，号常固，晋江人。五代后唐天成年间（926—930）进士。官仪真刺史。及石敬瑭建后晋，强授其官职，遂举家逃至仙游隐居。为八闽丘氏始祖之一。

丘 荷 建瓯人。宋天圣八年（1030年）进士。官侍郎。康定元年（1040年）任浙江富阳县令。

丘振源 霞浦人。北宋元符三年（1100年）进士。任广西柳州、广东惠州知府，赠左朝议大夫，爵县男，服三品，食邑三百户。

丘 砺（994—1069） 海州眗山（今属江苏）人。宋政和八年（1118年）进士。历知筠、泰、建三州。绍兴十八年（1148年）调任福建路提刑狱公事、转运判官，终朝请大夫。

丘朝俊 福清人。宋元符三年进士。任朝奉大夫，知肇庆府。

丘 允（1067—1153） 霞浦人。宋元符三年进士。任岳州临湘（今湖南临湘市）知县。升柳州知州，后调知惠州、绍兴。致仕后朝廷赠左朝议大夫，爵县男，服三品，食邑三百户。

丘 山 仙游人。宋建炎二年（1128年）特奏名进士。任瑞安（今属浙江）知县。为政洁身自好，宽严相济，升御史。

丘应方 字伯瞻，霞浦人。南宋淳祐七年（1247年）特奏名进士，任江西南康军星子县尉。

丘兼善（1378—?） 字应士，连江人。明太学生。任兵部郎中。

丘陵宗（1386—1449） 永定人。明岁贡生。曾任浙江布政司，卒于汀州府。敕赠户科都给事中。

丘宁甫 霞浦人。明洪武十三年（1380年）任四川道御史。

丘 遇 泉州人。明洪武年间（1368—1398）任指挥佥事。

丘惟善 连江人。明洪武年间荐授天台课税大使。

丘子缘 连江人。明洪武年间任分水知县。

丘 锡 字永锡，武夷山人。明洪武年间乡荐中建文元年（1399年）举人。官工部给事中。

丘原庆 上杭人。明洪武年间贡生。弘治年间（1488—1505）任知县。

丘 保 罗源人。明洪武年间贡生。任仙居知县。

丘 羲 字汝节，连江人。明永乐七年（1409年）任湖北鄂州府巴陵县河泊使。

丘 荣 泉州人。明永乐年间（1403—1424）任左千户所指挥佥事。

丘 济 连江人。明永乐九年（1411年）举人。任赣县知县。

丘 钿 连江人。明永乐年间进士。历任赣县丞、金华府浦江县丞。

丘 继 邵武人。明永乐十五年（1417年）任工部主事。

丘 聪 上杭人。明永乐十八年（1420年）举人。任韶州府翁源县训导，充广西乡试同考官。

丘 重 字德厚，泉州人。明以文学被荐，授礼部主事，参修《永乐大典》，仕终南刑部郎中。

丘 良 南平人。明永乐年间举人。任豹韬卫经历。

丘 俊 程乡（今广东梅州）人。明永乐二十二年（1424年）进士。正统年间（1436—1449）任福建按察副使。

丘 进 字邦用，仙游人。明正统年间贡生。任宁国知县。

丘 谅 泉州人。明景泰年间（1450—1457）举人。任黟县知县。

丘安重 晋江人。明天顺三年（1459年）举人，成化二年（1466年）进士。历任浙江瑞安知县、湖广道御史、云南按察副使。

丘惟瑄 上杭人。明天顺七年（1463年）岁贡。任雷州府海康知县。

丘　恭　泉州人。明成化十五年（1479 年）任德化知县。

丘　瓛　邵武人。明成化十七年（1481 年）任韶州府仁化知县。

丘　嵩　泉州人。明成化年间（1465—1487）任左千户所指挥佥事。

丘　瑄　上杭人。明成化年间任雷州府海康知县。

丘　宣　长汀人。明成化年间任雷州府海康知县。

丘彦常（1476—?）　连江人。明成化年间任浙江观海卫总旗。

丘葵波（1446—1496）　龙岩人。由翰林儒仕荐辟，任北京礼部司务，授奉玺郎。复升尚宝司司承，敕授承德郎。

丘　祯（1446—?）　上杭人。明任云南维摩州同知。

丘敬所（1458—1487）　龙岩人。明浙江东阳教谕，城南兵马副指挥。

丘　峻　漳浦人。明弘治四年（1491 年）任浙江义乌知县。

丘　崇　长汀人。明弘治年间（1488—1505）任知县。

丘積维　上杭人。明弘治年间贡生。任摩州同知。

丘宁甫　霞浦人。明弘治年间任监察御史。

丘　璿　上杭人。明弘治年间任监运司副使。

丘　瑛（1474—1535）　连江人。明弘治年间任福宁员外郎。

丘小山（1492—1559）　龙岩人。明应贡，文林郎，任城南兵马副指挥。

丘愧岩（1495—1552）　龙岩人。明应贡，任山东武定州州判，升兖州宁阳知县。

丘　端　上杭人。明正德年间（1506—1521）府学贡士。

丘　祯　字德亭，号紫山，泉州人。明正德年间任河南信阳通判。

丘　昂　上杭人。明正德年间贡士。任宁德训导，升广东和平知县。

丘　鉴　字世明，武夷山人。明正德年间岁贡。历平阳训导，升云南知事，授文林郎。

丘　珠　连江人。明正德年间任福宁员外郎。

丘寿民　号潜轩，晋江人。明正德年间授赠光禄少卿。

丘道隆　字懋之，上杭人。明正德九年（1514 年）进士。嘉靖年间（1522—1566）由御史擢知府，迁给事中。

丘其仁　字主静，莆田人。明正德十二年（1517 年）进士。任户部郎中，出守广东潮州。

丘养浩（1496—?）　字以义，号集斋，晋江人。明正德十六年（1521 年）进士。授余姚知县，升南京大理寺丞转大理寺少卿，擢右佥都御史巡抚四川，终官江西巡抚。

丘茂中　字子时，莆田人。明正德十六年（1521 年）进士。历官工部郎中、河南右布政使。

丘乾元　字允大，号紫虚，武夷山人。明嘉靖九年（1530 年）以诗经入胄监，授太仓州通判。

丘　隅　字止于，莆田人。明举人。嘉靖十七年（1538 年）任归善县知县。

丘时庸　漳浦人。明嘉靖十九年（1540 年）举人。任高州府教授，香山知县。

丘　山　连江人。监生。明嘉靖二十三年（1544 年）任石门知县。

丘预达　莆田人。明嘉靖二十六年（1547 年）进士。任布政司左参政，迁山西按察使，进升贵州左布政使。

丘文范　连城人。明嘉靖四十三年（1564 年）任江西于都教谕，后升湖北荆州教授。

丘孔昭　上杭人。明嘉靖四十四年（1565 年）任归善训导，万历三年（1575 年）任同知。

丘一贤　字唯齐，武夷山人。明嘉靖年间由南京留守、中卫经历司经历授湖广夷陵知州。

丘行义　字养和，又名继峰，连江人。明嘉靖年间举人。任确山知县。

丘道明 上杭人。明贡士。嘉靖年间任山东武士城县令。

丘　珊 福州人。明嘉靖年间任经历。

丘　愈 莆田人。明嘉靖年间举人。任武定同知。

丘云霄（1495—1582） 武夷山人。明嘉靖中以明经恩贡，授松阳司训，后复补梧州府司训，再迁南京国子监典簿，御赐文林郎转授广西柳州令。

丘日明 清流人。明嘉靖时任寿昌（今浙江建德）知县。

丘养举 漳浦人。明隆庆四年（1570年）举人。任电白知县。

丘如岱 泉州人。明隆庆年间（1567—1572）任泉州府检校。

丘知庸 惠安人。明隆庆年间任廉州府司狱。

丘懋讳 漳浦人。明万历二十年（1592年）进士。擢兵科给事中，任按察司副使。曾以建储未定，疏请先斩郑国泰以谢天下，直声震朝端。终以忤旨守处州。

丘时康 漳浦人。明举人。万历九年（1581年）任香山知县。

丘凤腾 漳浦人。明举人。万历十二年（1584年）任电白知县。

丘　锴 字龙衢，上杭人。明万历十六年（1588年）贡士。任嘉庆府通判。

丘应和 晋江人。明万历二十六年（1598年）进士。历任户部管粮督储、浙江副使。

丘　琳 泉州人。明万历三十四年（1606年）任永宁卫指挥佥事。

丘敦复 字振寰，上杭人。明万历四十四年（1616年）贡士。任景宁知县。

丘一凤 字文静，连江人。明万历年间（1573—1620）功加都督，授烽火营左厅。

丘朝龙 字潜山，连江人。明万历年间任山东镇总兵，赠大夫，加太子少保。

丘梦周 泉州人。明万历年间举人。任完县县令。

丘承忠（1570—1614） 连江人。明万历年间任员外郎。

丘惟峻 平和人。明万历年间任平和知县。

丘生亮 建宁人。明万历年间举人。任建宁县知县。

丘　镗 仙游人。明万历年间任寿昌（今浙江建德）知县。

丘鸿渐 邵武人。明万历年间任泰宁知县。

丘修吾（1521—1588） 龙岩人。明万历三年（1575年）任广西迁江知县，升同州知州。

丘南崑（1570—1627） 龙岩人。明天启元年（1621年）授山东莱州府胶州同知。

丘廓吾（1532—1554） 龙岩人。明赠文林郎。署德庆州开建知县。

丘养恬（1541—1586） 龙岩人。明赠承德郎。任江西饶州通判。

丘玉吾（1551—1616） 龙岩人。明授武威将军，任江西南城左营中军把总，升千总。

丘襟宇（1551—1634） 龙岩人。明授文林郎。任广东肇庆府高安县司训，升江西益州府教授，德庆州开建知县。

丘万山（1557—1631） 龙岩人。明恩贡生。北京中城兵马副指挥，授山西汾州府永宁州判。

丘士熺（1576—1651） 龙岩人。明贡生。任湖广靖州别驾。

丘惺针（1593—1651） 又名映奎，龙岩人。明文林郎。任广东雷州府遂溪知县。

丘　宏 长乐人。明天启年间（1621—1627）任信宜典史。

丘　敬（1596—?） 连江人。明天启年间任按察使，中军所福宁烽火营游击。

丘渔父 讳梦鲤，字樗奄，上杭人。明崇祯六年（1633年）举人。任知县。

丘孔铉 莆田人。明崇祯六年任高明知县。

丘金声 泉州人。明崇祯十年（1637年）任饶平知县，后任户部主事。

丘云霄 字凌上，号止山，武夷山人。明崇祯十七年（1644 年）贡士。任南京国子监典簿，迁广西柳城知县。又以明经授粤西柳城县令。

丘允道（1626—1680） 连江人。明崇祯年间（1628—1644）任湖北推官。

丘 锡 字尔衮，晋江人。清顺治五年（1648 年）举人。任刑部员外郎，晋兵部郎中。

邱龙翔（1616—?） 字禹瞻，连江人。清顺治十一年（1654 年）武举人。

邱卫公（1638—1701） 讳垣，字维师，龙岩人。清参将，任汀州城左哨千总。

邱 玠 永定人。清顺治十一年诰赠武功将军。

邱敦化 长汀人。清顺治十八年（1661 年）岁贡。任司马。

邱允通（1638—?） 字大复，连江人。清顺治十八年进士。

邱翼公（1643—1688） 又名维墀，龙岩人。清任部委守备总练。

邱士镛 漳浦人。清顺治间（1644—1661）任平阳府浮山知县。

邱宗献 讳瓒，字慎庵，上杭人。清康熙十八年（1679 年）进士。神电卫守备，宣武将军。

丘天胜（1633—1713） 别名钟曦，字胤伏，晋江人。清康熙年间（1662—1722）以军功钦授荣禄大夫，左都督。任贵州参将。

丘大章（1670—1711） 字典夔，武夷山人。清康熙十八年督学汪君选贡于朝廷，廷试第一，授正白旗教习。

邱紫涛（1647—1710） 讳镕，字子涛，龙岩人。清康熙三十九年（1700 年）敕授文林郎，候铨知县。

丘大夏（1666—1738） 字长水，号禹修，武夷山人。清康熙五十年（1711 年）进士。授福宁府教授。

丘人豪（1649—1753） 字阳寅，号驾千，武夷山人。清授儒林郎。

邱献斋（1673—1717） 讳轸，龙岩人。任泉州府儒学训导，升宁德县教谕，加捐翰林院孔目，京卫武学教授。再任广东香山知县，恩授文林郎。

邱尹州（1678—1714） 讳赞，龙岩人。任广东香山协镇右营左哨总司。

邱坤成（1679—1747） 字则美，连江人。清康熙年间山东衍圣公府赞礼生员，例赠州同知。

邱金亮（1708—1764） 字有彩，连江人。清康熙年间太学生，例赠儒学司训。

邱树棠 上杭人。清乾隆七年（1742 年），由汉阳籍中式湖北榜举人，钦点主事，任江南江宁知县。历任江西、山西布政按察使，雁门关提督，升荣禄大夫、振威将军。

邱倬云（1760—1845） 讳章，龙岩人。清乾隆四十四年（1779 年）恩科武举人，次年恩科进士。历任江西安庆营右军守备，旋调署江南京口左营守备。署理乍浦营参将印务、太湖营游击，推补广东肇庆水师营参将。

邱类峰（1735—1802） 龙岩人。清任按察司经历。

邱观彩（1736—1804） 字成章，武夷山人。清钦赐正七品衔。

邱汉沂（1740—1801） 连江人。清岁贡生。候选儒学司训、赐赠儒林郎，直隶州同知。

邱 贤 泉州人。清初归附清朝。康熙元年（1662 年）任襄城（今属河南）营都司。

丘应登 字小鲁，号澹公，宁化人。明崇祯举人。清康熙元年授直隶顺天府香河知县。

邱 锬 永定人。清康熙十八年（1679 年）授中参将，诰封武功将军。

邱 峤 字碧上，上杭人。清康熙二十六年（1687 年）举人。历任刑部浙江司员外。有文名。

邱中宽 字又严，上杭人。清康熙三十五年（1696 年）举人。任汉阳知县。

邱世行 字充义，上杭人。清康熙四十四年（1705 年）武举人。雍正八年（1730 年）任东昌卫千总。

丘充义 讳敬轩，上杭人。清康熙四十四年举人。任守备。

丘嘉穗 字秀瑞，号实亭，上杭人。清举人。康熙四十五年（1706年）任归善（今广东惠阳东北）知县。

邱宗周 字宪章，上杭人。清康熙五十二年（1713年）武举人。任范县营守备。

邱一镇 晋江人。清康熙年间授光禄大夫，左都督。

邱有道 晋江人。清康熙年间随父钟义往贵州，因军功世袭潮州府揭石卫守备。

丘中宽 上杭人。清康熙年间乡举。任汉阳知县。

邱　韵 字嗣音、懋之，上杭人。清雍正二年（1724年）进士。

邱　进 字纪夏，连江人。清雍正四年（1726年）武举人。赠武信骑尉，任台湾镇标左营拔总。

邱翰华 泉州人。清雍正五年（1727年）任惠安知县。

邱绍淹 讳进，建宁（一说江西上饶）人。清雍正年间（1723—1735）举人。文林郎，任南阳府桐柏知县。

邱志高 字象乾，上杭（一说江西龙泉）人。清乾隆元年（1736年）举人。任四川铜梁知县，署新繁、石泉、陵相等知县。

邱如一 字子仪，上杭人。清乾隆三年（1738年）举人。钦赐翰林院检讨。

丘王槐 上杭人。清乾隆十年（1745年）例授州同知。

邱　堂 建宁人。清乾隆十八年（1753年）任江西新建知县。

邱理德 将乐人。清举人。乾隆二十一年（1756年）任济阳知县。

邱孔固 福建人。清乾隆二十五年（1760年）任福宁中营守备。

邱廷选 上杭人。清乾隆三十年（1765年）贡士。任河南池州州判。

邱录俊 字民章，建宁人。清乾隆三十五年（1770年）举人。授河南汝州宝丰知县。

邱堪琳 字贡美，建宁人。清乾隆三十五年举人。任宝丰县知县，卒赠文林郎。

邱景云 永春人。清乾隆三十八年（1773年）任密县（今属河南）知县。

丘大绶 上杭人。清乾隆四十年（1775年）例授布政司参军。

丘　铎 上杭人。清乾隆四十六年（1781年）例授都司。

丘　铨 上杭人。清乾隆四十六年例授州同知。

邱能成 闽侯人。清乾隆四十八年（1783年）署中军守备。

邱堪林 字贡美，建宁人。以子录俊中清乾隆举人。授河南汝州宝丰知县，赠文林郎。

邱懋功 晋江人。清乾隆年间（1736—1795）任厦门右营右厅，待赠宣武大夫。

邱有章 晋江人。清乾隆年间诰封武功大夫，任澎湖地方副总兵。

邱钟灵 字献廷，号芝山，上杭人。清乾隆九年（1744年）武举人。协江南镇江卫领运千总。

邱廷选 上杭人。清贡生。乾隆四十四年（1779年）任河南府（治今河南洛阳）通判。

邱　勋 建宁人。清嘉庆元年（1796年）翰林院庶吉士。任荆宣施分巡道。

邱　鼎 福鼎人。清嘉庆元年任右营守备，驻台州。

邱　衡 福鼎人。清嘉庆元年任右营守备，驻台州黄岩镇。

邱录煌 原名杰（府、县志载名邱煌），建宁人。清嘉庆十年（1805年）进士。钦点翰林院庶吉士，官延安知府。

邱　复 尤溪人。清嘉庆十四年（1809年）举人。任翰林院检讨。

丘鹏翥 上杭人。清嘉庆十四年例授州同知。

邱鸣春　长汀人。清嘉庆十八年（1813 年）武举人。任泉州提标前营把总。

邱春三　字企华，上杭人。清嘉庆二十一年（1816 年）举人。历任闽县龙溪教谕，卓异知县，加五品衔。

丘以耕　上杭人。清嘉庆二十三年（1818 年）例授卫千总。

丘秀瑞　又名实亭，字嘉惠，上杭人。清嘉庆年间（1796—1820）举人。任广东归善知县，二科文武同考试官。

丘企华　又名杏香，字春三，上杭人。清嘉庆年间举人。任知县，翰林院待诏。

邱才颖　光泽人。清嘉庆年间任饶平知县。

丘轮翰（1720—1782）　字绍文，号可大，武夷山人。清附贡生。例授卫千户之职衔。

丘作训（1723—1774）　连城人。清振威将军。

邱汉浚（1730—1790）　字振文，连江人。清郡庠生。例赠修职郎、候选儒学司训。

邱大焕（1733—1815）　霞浦人。清冠带耆宾，例赠儒林郎。

邱见尧（1734—1795）　龙岩人。清任徐州府经历、宁县知县。

邱关麟（1743—?）　又名志衡，武夷山人。清拔贡生。授教谕职，敕封承德郎。

邱宏起（1747—1819）　龙岩人。例授州同知。

邱树云（1752—1813）　字作光，连江人。清岁贡生。赐赠儒林郎，直隶州同知。

丘炳春（1756—1790）　讳镗，字迓清，武夷山人。诰封奉政大夫。

邱学经（1762—1804）　字若通，号籍亭、行一，霞浦人。诰赠儒林郎。

邱金燮（1763—1835）　字商书，连江人。清岁贡生。例授登化郎，直隶州同知。

邱仰乾（1766—1828）　讳志龙，龙岩人。清儒林郎。布政司理问。

邱树超（1767—1817）　字作宾，连江人。清岁贡生。例授直隶州同知。

丘正昆（1773—?）　又名正德，字名凤，武夷山人。因功升川东重庆府左营守备。

丘可法（1774—?）　字景宗，武夷山人。弱冠入伍，屡建奇功，委为枫营千总，升为卫府守。

丘道翘（1777—1845）　字士舒，号兰畹，武夷山人。清贡生。多次奉诏举试入京。授承德郎，任布政司经历。

邱应鸿（1787—1856）　字仪羽，浦城人。例授清武德骑尉，晋封通奉大夫。

邱光玉（1787—1890）　字思美，号钓璜，霞浦人。冠带耆宾，例赠儒林郎。

丘世珩（1812—1861）　又名泉，号丽川，又号郎孙，武夷山人。清授县同知，诰封奉政大夫。

丘　峰（1789—1856）　字茂兴，号云岩，武夷山人。清庠生。诰封奉政大夫。

邱光策（1792—1853）　字思猷，号简斋，霞浦人。清诰封奉直大夫。

邱邦章（1793—1840）　字允腾，连江人。清武庠生。例封云骑尉。

邱晴台（1795—1834）　字聿尊，连江人。清岁贡生。候选儒学司训。

邱睛云（1796—1833）　字聿锦，连江人。清岁贡生。候选儒学训导。

邱希谋（1798—1872）　字澄汉，连江人。清道光二年（1822 年）进士。道光三年任广州清定县训道，道光九年任松江县令。

邱致堂（1807—?）　字成德，号樾华，武夷山人。授清藩府经历。

丘　鼎　上杭人。清道光三年（1823 年）例授州同知。

丘　震　上杭人。清道光三年例授营千总。

邱霖商　字培英，龙海人。清道光十四年（1834 年）举人。任县儒学、汀州府学。

邱镇功　同安人。清道光二十二年（1842 年）任台湾水师协副将，为清代台湾的高级武将。

丘道明 字诚之，号新溪，上杭人。清岁进士。任武城知县、杭州府同知、南京应天府治中。

邱　延 字建厚，连江人。清任铜山营水师游击。

邱天成 连江人。清任援辽把总。

邱日陛 字汉川，连江人。清任武信骑尉、铜山把总。

邱洪得 字吕果，长汀人。任云霄营守备、署提前营游击、汀州府左营把总，清道光十七年（1837年）任邵武千总。

丘彩生 又名鹏，字霄汉，上杭人。清奋武校尉，任武平县千总。

邱琳玉 字严川，上杭人。清任永定城守城千总，诰授武功将军。

邱廷辅 字建原，连江人。清铜山水师游击。

邱弃庵 龙岩人，原居漳州府。清营千总，因军功加三级，诰封武德将军。

邱朝栋 连江人。清敕赠武信骑尉、铜山把总。

邱联恩（？—1859） 同安人。清世袭一等子爵，累迁南阳镇总兵，加提督衔。

邱　轩 光泽人。清监生。同治六年（1867年）任浙江龙泉县丞。

邱元发（1813—1856） 龙岩人。清恩赐六品衔。

丘兆鳌（1813—1890） 字宜金，号六峰，霞浦人。清同治十一年（1872年）恩贡。例授文林郎。

丘兆兰（1814—1870） 字宜芳，号畹石，浦城人。府试冠军，例授加州司马衔，得五品封典。清同治二年（1863年）恩贡生咨部选教职，旋例授加直隶州同衔。

邱华东 字世仁，上杭人。清道光举人。任湖南麻阳知县。

邱　璋 长乐人。清道光二十年（1840年）进士。刑部广西司员外郎。

邱锡申 武夷山人。清道光二十三年（1843年）任崇安知县。

邱在濂 福建人。清举人。道光二十七年（1847年）任仁化县知县。

邱　璠 上杭人。清监生。道光二十九年（1849年）任阌乡（今河南灵宝）县丞。

丘天才 又名荣峰，字鸾，上杭人。清咸丰十五年（1855年）举人。授内阁中书衔。

邱荫梅 南平人。清同治元年（1862年）任翁源知县，同治五年（1866年）任陆丰知县。

邱世钬 又名邱都，尤溪人。清同治七年（1868年）岁贡。任延平知府。

丘　桂 上杭人。清同治十年（1871年）例授卫守备。

丘仁应 上杭蛟洋人。清光绪年间（1875—1908）例授通判。

邱炳忠 同安人。邱联恩族子。邱联恩阵亡后袭二等男爵。

邱炳义 同安人。邱联恩族子。邱联恩阵亡后袭骑都尉，又授云骑尉世职。

邱仲山（1817—1886） 字鲁岩，浦城人。弱冠应童子试，有声望，清诰封奉直大夫。

邱海门（1820—1872） 又名升池，龙岩人。清州文庠。钦加六品衔。

邱连三（1820—1875） 又名玟恩，龙岩人。清赐五品军功。

邱仰山（1824—1884） 字静轩，浦城人。清历任三江、下沙等盐场大使，以同知衔加四级，覃恩加一级，诰封通奉大夫。

邱景城（1824—1866） 连江人。清旌奖武校尉。

丘凤仪（1825—1865） 字正立，号竹楼，武夷山人。清增贡生。诰封奉政大夫。

邱登球（1826—1875） 字书汙，连江人。清岁贡生。例授修职郎，候选直隶州同知。

邱宏树（1828—1856） 又名宝琳，龙岩人。清署诏安营把总。

邱锦铭（1828—1859） 武夷山人。清贡生。以功授六品衔。

邱济堂（1828—1861） 又名汝丹、光裕，龙岩人。清恩授府知事。

邱锦堂（1829—1862） 字希韩，武夷山人。清敕授承德郎。

邱光庭（1830—1875） 又名仪军，号可象，浦城人。清同治中奖叙提举衔，任浙江县丞。诰封奉政大夫。

邱廷英（1830—1891） 又名长茂，龙岩人。清奖军功任把总，补尽先守备。

邱秩高（1833—1860） 龙岩人。清例授奉直大夫，钦天监提举。

邱明良（1833—1888） 字官章，连江人。清同治十二年（1873年）授闽安右营总司。

丘凤诰（1834—1894） 字正希，号薇卿，武夷山人。清附贡生。诰封奉政大夫。

邱枝峨（1835—1854） 字建峦，连江人。清太学生，例赠云骑尉，正五品封爵。

邱景山（1836—1904） 字秀岩，又字永年，武夷山人。纳粟以巡检，派往浙江候补，拔浦江县典史，例授宣德郎。

邱鹏霄（1837—1909） 字清坤，连江人。清邑武生。例授云骑尉、补用千总。

丘景蕃 字芙初，长乐人。清附贡生。同治十一年（1872年）任寿昌（今浙江建德）知县。

邱世藩 福建人。清光绪三十年（1904年）任台州黄岩镇守总兵官。

丘锦诒（1840—1876） 又名丰田、广荣，号西园，武夷山人。清优廪生。钦加盐提举，补浙江通判。

丘凤轮（1841—1873） 字正广，号屏卿，武夷山人。清附贡生。诰封奉政大夫。

邱梓林（1844—1877） 又名永材，号梓林，浦城人。清邑庠生。以军功加六品衔，奏奖儒学训导。

邱余庆（1845—1866） 龙岩人。清恩授直隶分州。

邱振声（1845—1897） 讳文响，龙岩人。清京礼部衙门供事，钦加五品衔，国史馆议叙一等记录，三次奉谕出外国。署理四川彭山县知事。

邱瑞元（1847—1887） 又名彦瑞，霞浦人。清赐进士出身。例授六品宣德郎、布政使司理。

邱如茂（1848—1907） 讳青松，龙岩人。清中书科中书。

邱季荣（1848—1929） 又名季龙，霞浦人。清福宁府左营守备，州同加二级。

邱季龙（1848—1929） 连江人。清台湾千总，升连江守备，武信骑尉。

邱培椿（1849—1893） 字潮澜，号寿根，武夷山人。清国子监太学生，敕授承德郎，选用州同知。

邱光顺（1849—1911） 又名光斗，龙岩人。清都司，统摄台湾府营官，任台南花莲港镇海后军左营，赏戴蓝翎。

邱允恭（1850—1908） 讳来弟，龙岩人。钦加六品衔，特授邵武府建宁训导。

邱竹筠（1850—？） 讳铭勋，龙岩人。清历任洛邑、寿县知县。

丘杰英（1851—1912） 字文兴，号若庵，宁化人。清授直隶州判。

邱晴飞（1852—1899） 字书潜，连江人。清邑武生。敕授五品，先后任云骑尉，即补用千总、宣武都尉、兵部候补推官。

丘培榕（1853—？） 字滦澜，号荫十，武夷山人。清邑庠生。光绪中入幕，以军功任职詹事府，考取供事官，即选巡检并派往江西试用。

邱彩轩（1863—？） 讳瑞章，龙岩人。清增进士。署泉州府教授、清源监院，历任晋江、同安、南安、惠安教谕，代理漳州府教授，兼平和县训导，覃恩文林郎，加一级。

邱乾华（1864—1931） 讳坤荣，字厚齐，龙岩人。清授布政司经历。

邱顺章（1865—1891） 讳生庆，龙岩人。清奖六品顶戴，补外委。

丘和元（1865—1933） 字则声，号次义，霞浦人。清宣统三年（1911年）以正科岁贡充恩贡，任商务会议董，兼团防、团董，并兼自治会义绅、国民会议议事。

丘为仁（1867—1908）　字保知，号礼箴，武夷山人。清末举人。授五品衔，建宁教谕。

邱作中（1868—1917）　讳国柱，龙岩人。清例进士。布政司理问。

邱景团（1870—1907）　字一修，官名瑞麟，连江人。清邑武生，光绪举人。特授都统府。

邱德海（1870—?）　讳明福，龙岩人。钦加五品衔，奉政大夫。

邱仪辉　浦城人。清监生。同治十年（1871 年）任乌程县丞。

邱鸿文　福建人。清拔贡。光绪三十四年（1908 年）任浙江乐清知县。

邱维侯（1879—1942）　讳添兴，龙岩人。清州试拔贡。任州视学（后称总督学），宣统元年（1909年）选广东直隶州判。

丘启化（1913—1944）　上杭人。新四军浙东纵队政治保卫部部长。

丘仁华（1914—?）　上杭人。原沈阳军区空军副政委，1955 年授大校军衔。

丘　怡（1915—?）　字允怡，号纯庄，上杭人。福建省轻工设计院总工程师，曾任省政协委员。

第三节　历代进士名录

宋　代

姓名	籍贯	中进士年间与科榜	任职	备注
邱　赍	建安	咸平三年（1000 年），庚子科，陈尧咨榜		一作贯
邱　荷	建安	天圣八年（1030 年），庚午科，王拱辰榜	浙江富阳县令，侍郎	
邱舜元	莆田	宝元元年（1038 年），戊寅科，吕溱榜		
邱子云	仙游	庆历二年（1042 年），壬午科，杨寘榜		
邱与龄	建安	庆历二年（1042 年），壬午科，杨寘榜	福清、顺昌县令	
邱　升	泉州	庆历二年（1042 年），壬午科，杨寘榜		
邱　陞	晋江	庆历二年（1042 年），壬午科，杨寘榜		
邱子谅	仙游	皇祐元年（1049 年），己丑科，冯京榜		
邱　同	建安	皇祐五年（1053 年），癸巳科，郑獬榜	德化县令	
邱　高	建安	嘉祐二年（1057 年），丁酉科，章衡榜		
邱　述	建安	熙宁三年（1070 年），庚戌科，叶祖洽榜	浙江长兴县令	
邱　传	崇安	元丰五年（1082 年），壬戌科，黄裳榜		
丘　傅	建安	元丰五年（1082 年），壬戌科，黄裳榜		
丘振源	霞浦	元符三年（1100 年），庚辰科，李釜榜	惠州知府，左朝议大夫	
邱　向	仙游	元符三年（1100 年），庚辰科		特奏名
邱　崇	晋江	元符三年（1100 年），庚辰科，李釜榜		
邱朝俊	福清	元符三年（1100 年），庚辰科，李釜榜	朝奉大夫，肇庆知府	
丘　允	长溪	元符三年（1100 年），庚辰科，李釜榜	知柳州，左朝议大夫	
丘　价	晋江	大观三年（1109 年），己丑科		
邱世京	永春	大观三年（1109 年），己丑科		特奏名

续表

姓名	籍贯	中进士年间与科榜	任职	备注
邱　柔	瓯宁	大观三年（1109年），己丑科，贾安宅榜		一作同安人
丘之立	建安	大观三年（1109年），己丑科，贾安宅榜	南安、顺昌县令	
邱　程	建安	政和二年（1112年），壬辰科，莫俦榜		
邱　棠	瓯宁	政和二年（1112年），壬辰科，莫俦榜		
丘　达	长溪	重和元年（1118年），戊戌科，王昂榜		
丘之起	建阳	宣和六年（1124年），甲辰科，沈晦榜		
丘立之	瓯宁	建炎二年（1128年），戊申科，李易榜	南安、顺昌县令	
丘　山	仙游	建炎二年（1128年），戊申科		特奏名
丘钦若	建安	绍兴二年（1132年），壬子科，张九成榜	知连城县	
丘之奇	建阳	绍兴二年（1132年），壬子科，张九成榜		
邱　璀	崇安	绍兴五年（1135年），乙卯科，汪应辰榜	临江军（今四川忠县），佥判	
邱　遇	福州	绍兴五年（1135年），乙卯科		特奏名
丘　密	建安	绍兴十八年（1148年），戊辰科，王佐榜		
邱　畴	建安	绍兴二十四年（1154年），甲戌科，张孝祥榜		
丘似我	仙游	绍兴二十四年（1154年），甲戌科		特奏名
丘　哲	建宁	绍兴二十七年（1157年），丁丑科，王十朋榜	汀州司理参军，通直郎	
邱　翔	邵武	绍兴三十年（1160年），庚辰科，梁克家榜	肇庆府法曹参军，调梧州州学教授，终宣教郎	
丘商隐	仙游	乾道二年（1166年），丙戌科，萧国梁榜		
邱微之	仙游	乾道二年（1166年），丙戌科，萧国梁榜	朝奉大夫	
邱知刚	晋江	乾道五年（1169年），己丑科	梅州知事	武进士
丘　纲	仙游	淳熙二年（1175年），乙未科		特奏名
邱　辙	尤溪	淳熙十一年（1184年），甲辰科，卫泾榜		
丘殿爱	宁化	绍熙元年（1190年），庚戌科		特奏名
邱如皋	晋江	绍熙元年（1190年），庚戌科，余复榜		
邱　枢	崇安	绍熙元年（1190年），庚戌科，余复榜		
邱　和	崇安	庆元二年（1196年），丙辰科，邹应龙榜	潭州司法参军	
邱　闻	龙海	庆元五年（1199年），己未科		特奏名
邱迪哲	安溪	嘉泰二年（1202年），壬戌科，傅行简榜	中奉大夫	
丘　柟	瓯宁	嘉泰二年（1202年），壬戌科，傅行简榜		
丘唐杰	宁化	开禧元年（1205年），乙丑科，毛自知榜	澧州法曹参军	
丘师陶	福清	开禧元年（1205年），乙丑科，毛自知榜		

续表

姓名	籍贯	中进士年间与科榜	任职	备注
丘惟清	仙游	嘉定十三年（1220年），庚辰科		特奏名
邱　发	建安	嘉定十三年（1220年），庚辰科，刘渭榜		
丘　麟	连城	嘉定十三年（1220年），庚辰科	赣县尉，建宁知县，终官承直郎	特奏名
丘必先	罗源	嘉定十六年（1223年），癸未科		武进士
丘　献	仙游	宝庆二年（1226年），丙戌科，王会龙榜	大理寺司直，奉议郎	
丘　方	连城	宝庆二年（1226年），丙戌科	任江西宁都县丞	特奏名
邱　登	建宁	绍定二年（1229年），己丑科，黄朴榜	任汀州州学教授	
邱元龙	福清	绍定二年（1229年），己丑科，黄朴榜	任晋江知县	
邱梦周	宁化	端平二年（1235年），乙未科	任全州清湘县丞	特奏名
丘应方	霞浦	淳祐七年（1247年），丁未科	江西南康军星子县尉	特奏名
邱富国	建安	淳祐七年（1247年），丁未科，张渊微榜	任端阳签书判官厅公事，宋亡不仕	
邱闻之	闽县	淳祐十年（1250年），庚戌科，方逢辰榜		
邱　枢	建瓯	开庆元年（1259年），己未科，周震炎榜		
邱应甲	福清	景定三年（1262年），壬戌科，方山京榜		
邱尧章	长乐	咸淳七年（1271年），辛未科，张镇孙榜	初授瑞安府博士，后官至制干	

明　代

姓名	籍贯	中进士年间与科榜	任职	备注
邱　俊	广东梅州	永乐二十二年（1424年），甲辰科，邢宽榜	任福建按察副使	
邱　霁	光泽	天顺四年（1460年），庚辰科，王一夔榜	任苏州知府	原江西鄱阳人
丘　弘	永定	天顺八年（1464年），甲申科，彭教榜	任户部给事中，都给事中	
丘安重	晋江	成化二年（1466年），丙戌科，罗伦榜	云南按察副使	
邱　山	莆田	成化二年（1466年），丙戌科，罗伦榜	任瑞安知县，迁监察御史，升贵州按察司副使	
邱天佑	莆田	成化十七年（1481年），辛丑科，王华榜	任里安、饶平知县，监察御史，巡按广西	
邱　泰	莆田	弘治九年（1496年），丙辰科，朱希周榜	任广州府新宁县，迁思州知州	
邱道隆	上杭	正德九年（1514年），甲戌科，唐皋榜	由御史擢知府，迁给事中	

续表

姓名	籍贯	中进士年间与科榜	任职	备注
邱其仁	莆田	正德十二年（1517年），丁丑科，舒芬榜	任户部郎中，出守潮州	
邱茂中	莆田	正德十六年（1521年），辛巳科，杨维聪榜	任工部郎中，河南右布政使	
邱养浩	晋江	正德十六年（1521年），辛巳科，杨维聪榜	任余姚知县，升南京大理寺丞、大理寺少卿，右佥都御史，巡抚四川、江西	
邱秉文	莆田	嘉靖二十三年（1544年），甲辰科，秦鸣雷榜	任刑部主事，浙江长兴知县	
邱预达	莆田	嘉靖二十六年（1547年），丁未科，李春芳榜	任布政司左参政，迁山西按察使，进贵州左布政使	
邱　瓒	惠安	嘉靖二十六年（1547年），丁未科，李春芳榜	任户部郎中	
邱道充	上杭	嘉靖二十九年（1550年），庚戌科，唐汝楫榜	任湖州州判、署知州事，北京栾州同知	
邱有嵓	晋江	嘉靖三十二年（1553年），癸丑科，陈谨榜		
邱汝材	漳浦	万历八年（1580年），庚辰科，张懋修榜		
邱懋讳	漳浦	万历二十年（1592年），壬辰科，翁正春榜	任兵部给事中、按察司副使，忤旨守处州	
邱应和	晋江	万历二十六年（1598年），戊戌科，赵秉忠榜	任户部管粮督储，浙江副使	
邱宪章	南平	万历三十五年（1607年），丁未科，黄世俊榜		
邱　儁	宁化	崇祯四年（1631年），辛未科	任泉州守备	武进士
邱万钦	崇安	崇祯十六年（1643年），癸未科	任正总兵	武进士

清　代

姓名	籍贯	中进士年间与科榜	任职	备注
邱允通	连江	顺治十八年（1661年），辛丑科，马世俊榜		
邱　彝	将乐	康熙九年（1670年），庚戌科，蔡启僔榜		
邱宗献	上杭	康熙十八年（1679年），己未科，归允肃榜	神电卫守备，宣武将军	
邱　瓒	上杭	康熙三十六年（1697年），丁丑科		武进士

续表

姓名	籍贯	中进士年间与科榜	任职	备注
邱　晟	将乐	康熙四十五年（1706年），丙戌科，王云锦榜	任内阁中书，浙江诸暨知县	
邱宗周	上杭	康熙五十二年（1713年），癸巳科		武进士
邱　韵	上杭	雍正二年（1724年），甲辰科，陈德华榜		
邱在标	连城	乾隆二年（1737年），丁巳科	德庆州守备，龙泉阃都司，恩南营游击，黎平营参将，署上江协镇	武进士
邱英略	惠安	乾隆十三年（1748年），戊辰科	安徽亳州都司，江苏海州游击参将，南京江宁城守副将，权充浪山镇总兵	武进士
邱　堂	建宁	乾隆十七年（1752年），壬申科，恩科，秦大士榜	任藤县知县，江西新建知县	
邱梦花	连城	乾隆二十五年（1760年），庚辰科		武进士
邱倬云	龙岩	乾隆四十五年（1780年），庚子科，汪如洋榜	广东肇庆水师营参将	恩科
邱　章	龙岩	乾隆四十五年（1780年），庚子科，汪如洋榜	历任肇庆水师参将，永州都司	
邱立和	将乐	嘉庆元年（1796年），丙辰科，赵文楷榜		
邱音越	闽县	嘉庆四年（1799年），己未科，姚文田榜	任青州府高苑知县	
邱录煌	建宁	嘉庆十年（1805年），乙丑科，彭浚榜	延安知府	
邱希谋	连江	道光二年（1822年），壬午科，戴兰芬榜	松江县令	
邱景湘	长乐	道光十三年（1833年），癸巳科，汪鸣相榜	历官军需局提调	
邱　璋	长乐	道光二十年（1840年），庚子科，李承霖榜	刑部广西司员外郎	
邱铭勋	闽侯	咸丰十年（1860年），庚申科，钟骏声榜		
邱梅卿	连江	同治元年（1862年），壬戌恩科，徐郙榜	授中议大夫，广西庆远知府	
邱东屏	长乐	光绪五年（1879年），己卯科		武进士
邱　璜	长乐	同治七年（1868年），戊辰科，洪钧榜	任刑部主事	
邱为钰	长乐	光绪十二年（1886年），丙戌科，赵以炯榜		
丘逢甲	彰化	光绪十五年（1889年），己丑科，张建勋榜	广东省咨议局议长，广东省教育司司长，中华民国临时政府参议员	
邱聿徽	长乐	光绪十六年（1890年），庚寅科，吴鲁榜	任翰林院编修	
邱炳萱	长乐	光绪二十一年（1895年），乙未科，骆成骧榜		

第八篇

萧姓

《福建姓氏志·萧氏篇》编纂委员会

主　任：萧祖潘

副主任：萧伟民　萧祥梅　萧笃坚

成　员：萧增加　萧惠扬　萧云乐　萧清镐　萧红卫　萧福龙　萧承加
萧笃坚　萧家良

《福建姓氏志·萧氏篇》编辑部

主　编：萧锡鸿

副主编：萧亚生　萧贵勇　萧卿贤

撰稿人：萧锦平　萧传彬　萧家良　萧顺标　萧应耀　萧振福　萧长青
萧育京　萧　安　萧德发　萧维馨　萧大雄　萧用光　萧书椿
萧忠生　萧东年　萧庆腾　萧桢祥　萧胜龙　萧正华　萧正飞
萧元林　萧惠扬　萧成华　萧家进　萧绍玲

目　录

萧姓，为嬴姓之裔，伯翳之后。萧孟亏为萧氏受姓第一人，萧氏奉萧叔大心为始祖。据载，南朝齐梁时期，有萧氏皇室子孙持节出使、都督州郡，乃至任福建之郡守。在闽地就职期间，因娶妻纳室有子孙入籍传衍于闽。南朝梁承圣元年（552 年），梁元帝萧绎之子萧方哲留镇福州，定居福州西河。唐代萧成宝等 5 支、五代十国时期萧崇兴等 2 支、宋代萧守中等 9 支、元代萧显闻等 2 支、明代萧志四等 2 支，共 21 支先后或为官，或戍兵，或商贾游学，或躲避灾祸而入闽，落籍传衍，蔚为八闽萧氏派系。

据 2016 年福建省人口统计，萧姓总数（户口在籍数）为 259410 人，主要分布在三明、南平、莆田、泉州、漳州等地，形成 300 多个萧姓主要聚居地。明清以来，先后有数十支萧姓支派迁徙台湾地区，还有远播东南亚等国家。萧姓入闽以来，创造并遗存有丰富的文化遗产，各地尚存有《萧氏族谱》300 多部，现存的家族祠堂和名人家庙、祖墓以及名人故居等省级文物保护单位 5 处，市县级文物保护单位 13 处，还有诸多文物点。唐宋以来，萧氏科举成就辉煌，有进士 89 人，举人、特奏名者甚多；近现代不仅涌现出国家级、省部级和县（团）级以上领导，以及海外爱国侨领，还有不少专家学者和企业名流。萧氏郡望有河南郡、兰陵郡，堂号以河南堂、兰陵堂、凤翼堂、八叶堂、师俭堂等为著名。

第一章　源　流

第一节　溯　源

一、源自嬴姓

远古时期，有善驯鸟兽的部落首领伯翳，食采于嬴地（今陕西省云阳一带），称为嬴氏。后裔有孟亏，能续远祖伯翳之业绩，因而被夏王封土于萧邑（今安徽萧县），以邑为姓，称“萧孟亏”，为萧氏受姓第一人。

二、源自子姓

春秋时，宋国微子启之裔孙大心，率诸公子以组军队，平息南宫长万叛乱有功，宋桓公将萧邑封给大心，建立萧国，为宋国之附庸国，称大心为萧叔。公元前 597 年，萧国被楚国所灭，后世子孙以国名为氏，称为萧氏。

三、源自他姓改姓

宋代有白袍将军名钟达，因被奸臣诬害，抄斩九族。为逃避迫害，儿子中有改姓为萧者。元代，在北方流行的太一教会中，因创教人姓萧，一些非萧姓嗣教者亦改为萧姓。

四、源自少数民族赐姓与改姓

汉代有巴哩、伊苏济勒、舒噜三族被赐萧姓。两晋南北朝时，契丹巴哩、伊苏济勒、部噜三氏改姓萧。辽太祖对后族（契丹）巴哩氏、伊苏济勒氏、舒噜氏等三族赐姓萧。辽时，奚有五氏族遥里氏、伯德氏、奥里氏、梅知氏、揣氏，世与辽人通婚，附姓述律氏，按例称萧氏。此外，世居沈阳的满洲人有萧姓；清代满洲八旗姓伊喇氏，后亦改为萧氏；佤族司彭牙特氏、斯内氏，汉姓均为萧；普米族巴落瓦支氏，汉姓之一为萧。还有壮族、侗族、彝族、傣族、回族、白族、阿昌族、土家族、台湾高山族等均有萧姓。

第二节　入　闽

南北朝梁承圣元年（552 年），梁元帝萧绎第九子萧方智出任江州刺史，后召回建康（今南京）就位为梁敬帝，随即命其弟萧方哲留镇福州，娶河南提点女为妻，定居福州西河。

唐武德二年（619 年），萧成宝由江西泰和入闽，先居汀州鄞河坊萧屋堂，旋迁馆前胡坑。因遭贼祸，又徙迁四堡杨慈地，后定居清流长校东里山背（今长校镇河排东山）。后裔分布清流、长汀、连城、宁化等地。

唐总章二年（669 年），萧润尔随陈政、陈元光父子率府兵入闽平乱，定居漳州。后裔分布云霄、诏安等地。

安史之乱期间（755—763），萧志宣入闽戍守泉州，后奉任归德场（今属福建德化县）检验，定居萧田乡（今德化县三班镇龙阙萧田）。后裔分布霞浦、福鼎等地。

唐大中七年（853 年），萧华挈家渡江入闽，居福州怀安（今福州乌山）。后裔分布福安、寿宁、宁德、霞浦、政和，播迁台湾等地。

唐中和元年（881 年），萧曦由江南入闽，定居长乐县前清里大鳌坑（一作“大鳌坑”）。后裔分布今福州、莆田、泉州、厦门、漳州等市，播迁广东、台湾等地，以及东南亚国家。

五代后晋天福六年（941 年），萧崇兴因国乱不仕挈家由汴梁（今河南省开封）入闽，居仙游县石壁潭（今大济镇溪口下萧村）。后裔分布福州、漳州、泉州、三明、南平、龙岩、宁德等地，以及湖北、浙江、广东、台湾等。

五代年间（907—960），萧荡由江西入闽，居顺昌县西峰都凤岭（今郑坊镇峰岭村），后迁居顺昌县元坑镇福峰村。后裔分布沙县、将乐、明溪、南平等地。

宋初，萧守中因官由江西入闽，致仕后定居浦城县仙阳镇。

北宋建隆三年（962 年），萧积銮由江苏武进兰陵入闽，初居三山（福州），后定居泰宁县朱口镇石辋村。

北宋雍熙二年（985 年），萧崇由江西入闽，定居邵武萧家坊镇崇际坊黄家磜村（时属邵武三十四都）。后裔分布泰宁、将乐、明溪、建宁、霞浦、古田等地。

北宋乾兴元年（1022 年），萧律任汀州知军，由江西新喻（今新余县）入闽。升迁时次子萧兰留居汀州。

南宋绍兴二年（1132 年），萧守益由虢州（今河南省灵宝市）入闽，定居福州城内朱紫坊。翌年其父萧泰携次子萧守常及诸孙入闽，定居福州城内西峰里。

南宋乾道八年（1172 年），萧证生因避兵乱由润州邹阳县（今属江苏镇江市润州区）入闽，定居延平府将乐县光明水吉（今将乐县光明镇水吉）。后裔分布沙县、明溪、三明等地。

南宋景炎年间（1276—1278），萧整随宋端帝赵昰入闽，定居长溪魁洋（今霞浦萧墩）。

南宋景炎二年（1277 年），萧燧因避战乱由江西新喻县入闽，定居汀州归化县龙湖大帐山（今瀚仙镇龙湖村）。后裔分布上杭、永定等地。

南宋祥兴二年（1279 年），萧梅轩因避战乱由江西泰和入闽，定居宁化石壁葛藤凹，后迁广东梅县松源。5 世萧伯成迁居上杭太拔彩霞村，其弟萧得全迁永定洪山，再迁峰市镇桃泉村。

元至正二十二年（1362 年），萧显闻由江西入闽，避隐武平县丰田，后定居黎畲杉树塘。后裔分布今武平县十方镇的黎畲、黎明、十方村，以及长汀、上杭等地。

元时，萧仕良由礀州（今广东雷州）统制解甲入闽。初居福州安泰桥，后居连江廿六都松皋（今下宫乡松皋村），定居奇达楼前（今安凯乡奇达村）。

明初，萧茂袭父萧胜之职（庆阳卫前所副千户），由凤阳府荥城入闽，任兴化卫中所副千户。后裔在莆田相继袭职，以军籍定居莆田。

明宣德年间（约 1430 年），萧志四由江西会昌入闽，定居武平县东留乡龙溪村。

第三节　繁　衍

一、萧成宝家族

唐代，萧成宝入闽，定居清流县（今长校镇河排山背）。12 世萧嘉麒迁居东山。13 世萧镐宗（后改名铭宗）迁居汀州童坊萧岭。后裔分布清流李家长灌、里田，长汀馆前小洋、石背、新桥石人，连城北团蕉坑，宁化泉上、湖村、龙下等地。

二、萧润尔家族

唐代，萧润尔入闽，定居漳州。后裔分迁诏安金星乡邱城村，再迁城关；另一支迁居云霄县东厦镇荷东村。

三、萧志宣家族

唐代，萧志宣入闽，定居德化县三班镇龙阙萧田。3 世萧真迁居德化盖德乡下坑村。清乾隆年间（1736—1795），后裔萧慎伍迁居龙浔镇英山村，萧君圆迁居福鼎市贯岭下安，萧孟林迁居霞浦洲洋乡七里村。28 世萧成迁居霞浦崇儒乡墩后。后裔分布省内外各地和港澳台地区及东南亚国家。

四、萧华家族

唐代，萧华入闽，定居福州乌山。其子萧丙二携家眷迁居宁德蕉城，而后又迁居萧奥底。萧丙二仲子萧丁四迁居萧家岭下竹柄，再迁萌源村。后裔分布周宁狮城、浦源、七步镇，以及福安、寿宁、宁德、霞浦、政和等地，还有播迁台湾等地。

五、萧曦家族

唐代，萧曦入闽，定居长乐县前清里大鳌坑。3 世萧调生萧全、萧愈 2 子。萧全与弟萧愈之次子萧高迁居永泰县岭路乡陈山，传至宋乾道状元萧国梁，裔孙萧洵因官定居广东潮阳。萧国梁 7 世萧中立迁居厦门乌石浦，12 世萧遁斋迁居漳州守墓，后裔迁居书都村。萧全后裔萧德原迁居莆田涵江区大洋乡杏山村灯山，后裔衍传涵江区下林村、琼峰村灯炉、黄林村、霞洋村对门、坝头村坪底和新县镇的下大所等地。萧曦 10 世萧潢迁居莆田岱石（今荔城区北高镇岱峰村），生萧彬、萧杵、萧杜 3 子。后裔分别迁居兴化城霞萧（今荔城区后塘社区霞萧村）和延寿里（今属涵江区），霞萧萧抡后裔迁居潮州。萧潢 10 世萧雁迁居惠安县萧厝，后裔迁居仙游；萧鹤迁居晋江东石岑兜（萧厝梅峰旧谱称迁徙浙江钱塘）；萧韦松迁居晋江十都萧下（今晋江东石镇）、七都后萧（今晋江安海镇）；萧雪松迁居泉州安溪。萧潢11世萧造端迁居泉州同安浯州（今金门县）；萧仲防迁居永春；萧仲洽之子萧元仲迁居南安；萧仲潮迁居泉州等。萧曦17世萧邦杰迁居连江县小亭村；萧世高迁居尤溪，萧世芳迁居龙溪，萧发珍迁徙乐昌。萧曦后裔分布省内各地，亦播迁浙江、广东、广西、台湾等地及东南亚国家。

六、萧崇兴家族

五代时，萧崇兴入闽，定居兴化军仙游县石壁潭，生萧重、萧荣、萧遵3子。萧荣、萧遵迁居德化县张岩新村，萧荣再移居沙县紫陵台萧墩（今虬江街道萧墩），萧遵再迁居龙岩县聚贤里林埔坪（今大田县上京镇桂坑村黄城岬）。萧荣生萧礼、萧启、萧长、萧普4子，后裔迁居沙县城乡各地。萧遵生萧稳、萧皓、萧蒋、萧进、萧趋、萧卿、萧预、萧足、萧华、萧隆10子，长子萧稳生萧文、萧质、萧忠3子，萧文迁居大田县上京镇陈京美村（今属桃源镇），萧质迁居龙岩九峰山。萧质生萧智、萧仁、萧勇3子，萧智后裔迁居罗源县中房镇，萧勇后裔迁居龙岩新罗区曹溪镇浮蔡村，萧忠后裔迁居桃源镇下举、太华、广平、大田城关等地。萧遵次子萧皓生萧奇，迁居大判头柯林兜，后迁徙广东潮州府。萧遵三子萧蒋迁中原泉湖坵（今属上京镇）后迁萧溪边；萧蒋长子萧二留居祖地，次子萧五迁居漳浦，三子萧七迁居长泰。萧遵四子萧进迁居溪边后堀；萧进长子迁居萧庄上厝，次子迁居永安蓬五畲。萧遵六子萧卿初居林埔坪，后迁居安溪县。七子萧预迁居黄城岬。八子萧足迁居晋江。萧崇兴后裔分布福州、三明、泉州、龙岩、南平、宁德、漳州等地，播迁湖北、浙江、广东、台湾等地及东南亚国家。

七、萧荡家族

五代十国时期，萧荡入闽，定居顺昌西峰都凤岭。5世孙萧四二迁居夏茂镇洋邦等地。7世孙萧明五迁居元坑镇福峰村，裔孙萧位下迁居将乐高唐神坑源，后裔分布村尾、占厝、三溪尾。17世萧学仁迁居沙县延溪坑。20世萧文铨长子萧昌锆迁居沙县二都芹洋里（今沙县青州镇涌溪村），次子萧昌源迁居南平马坑桥，其后裔萧十大迁居沙县十五都水头坊，又衍传倪居山；萧留祖先迁居沙县虬东茂水十七都中窠大墘头，再迁至上碓村。

八、萧崇家族

北宋时，萧崇入闽，定居邵武崇坊黄家磜，生萧杰、萧俊、萧仲3子。长子萧杰迁徙江西建昌府南城县东隅；次子萧俊迁徙江西建昌府新城县，后裔有一支返迁明溪县夏阳镇杏村；三子萧仲留居邵武。萧仲生11子：萧二四迁居泰宁朱口；萧二八迁至江西建昌东隅；萧四一一支迁居泰宁县城，部分迁居朱口镇擎布村；萧四二迁居窑边，部分后裔迁居将乐余坊朱岭头；萧四三迁居建宁楚上忠信坊（今建宁伊家湾）；萧四四迁居泰宁大田乡；萧四五迁居泰宁石辋积善坊；萧四六、萧四八迁居泰宁朱口；萧四七先迁居将乐儒坊林圳头，再迁杨家山，后裔分布安仁、余坊、大源、伍宿、万安、光明、大坂洋、白莲、古田等地；萧四九留居邵武守墓，其子萧廉生萧正、萧祥、萧荣，后裔分布邵武、泰宁、将乐、建宁、明溪、霞浦等地。

九、萧证生家族

宋代，萧证生入闽，定居将乐，生5子。次子萧颜生萧茂、萧盛2子：萧茂迁居三元（今三明市）馆前；萧盛迁居明溪夏阳，裔孙萧念五（萧登仕）生6子，其后裔萧满万迁居三元岩前增坊，萧长胜迁居三元岩前横，萧小八迁居夏阳萧侑，萧小八后裔萧先和复迁将乐南口大拔，萧先和10世萧尔彭迁居南口松岭。萧盛后裔多分布明溪、三元、沙县、宁化、尤溪等地。

十、萧整家族

南宋时，萧整入闽，定居福州长溪魁洋（今霞浦县崇儒乡萧墩）。2 世萧裕生 3 子：长子萧怡迁居霞浦崇儒乡沙溪村枣岭自然村，次子萧恺居福安松罗岭头，三子萧悌居福安韩阳。后裔分布福安市、霞浦县各乡镇。

十一、萧燧家族

南宋时，萧燧入闽，隐居汀州归化县龙湖大帐山。2 世萧云龙（百三郎）居上杭丰田里庵前塘背。4 世萧千八郎迁居恩全（今永定县仙师乡恩全村）。

十二、萧梅轩家族

南宋时，萧梅轩入闽，隐居宁化石壁葛藤凹，后迁徙广东梅县松源。4 世萧基三子萧伯成（萧千三郎）迁居上杭，后裔萧七封迁居上杭太拔彩霞村。萧七封后裔迁徙江西赣州、上犹、兴国、九江等地。萧基四子萧得全（萧千四郎）由梅县松源迁居永定洪山，后裔萧念一郎迁居仙师凹背，萧念三郎迁居峰市桃泉坑。萧基长子萧得成（萧千一郎）14 世萧时拨由蕉岭皇佑迁居漳平南阳北寮，17 世萧德霖由广州迁居龙岩新罗中城。

十三、萧显闻家族

元代，萧显闻由江西入闽，定居武平县丰田，生 2 子：长子萧万一郎留居十方黎畲杉树塘，次子萧万二郎迁居梅县松源。7 世萧惟达由杉树塘迁居黎畲东门坊、萧均寿迁居长汀县四都小金村乌蛟塘。9 世萧南岗迁居十方村，萧明益迁居长汀县涂坊乡溪源村。10 世萧仁长子萧敬冈迁居十方来福村。11 世萧元章迁居长汀宣成乡长桥村。后裔播迁江西寻乌、浙江金华、四川内江、湖南浏阳及台湾等地。

十四、萧琡家族

宋时，萧汝器后裔萧琡由龙岩迁往安溪龙涓鸭母井芦草洋（亦呼困洋保）。萧琡传 6 子：长子萧防后裔迁徙南昌，三子萧阶迁居莆田，四子萧漕迁居龙涓坑园萧头。萧琡 3 世孙萧时规迁居芹山，5 世萧公茂迁居湄上芹山（今黎山村芹山角落），8 世萧存善迁居龙涓诏都，9 世萧琛逵迁居龙涓燕尾、萧章卿迁居安溪湖头大埔村，10 世萧朝庆迁居龙涓霞林，13 世萧彦春迁居龙涓山坛村，15 世萧德永迁居武夷山萧家湾。萧琡五子萧洁迁居长泰旌孝里萧宅，后裔萧旭文迁居同安石兜萧厝社；六子萧淳先居长泰，再迁徙广东大埔。后裔播迁江西、浙江、台湾等地，以及马来西亚、新加坡等国。

十五、萧仕良家族

元代，萧仕良入闽，定居连江下宫镇廿六都松皋，生萧守、萧金 2 子，卜居奇达楼。元末萧金返迁松皋，5 世萧府迁定海，6 世萧凤迁居王化村（今连江县长龙镇）。

十六、萧志四家族

明代，萧志四由江西会昌县入闽，定居武平县东留乡龙溪村黄田，生 3 子：萧仲十迁徙广东高州；萧仲七生萧成四、萧成八；萧仲五生萧成九，子孙分布龙溪黄田、大联村、中坊等地。18 世萧作贵迁古田县凤都镇半山村，还有后裔迁徙江西宜春、彬江、上高、万安、奉新，四川绵阳，重庆，湖南浏阳等地。

第四节 郡望、堂号

一、郡望

河南郡 秦朝时为三川郡。西汉高帝二年（前205年）改置河南郡，治所在雒阳县（今河南洛阳市东北）。秦末沛人萧何随刘邦起义，建立西汉王朝，刘邦以萧何功最盛，封为酂侯（古属沛郡，今河南永城市酂城镇），萧何父子兄弟皆有食邑，乃益封何二千户。萧氏发展成为河南的望族。

兰陵郡 西晋元康始置，治所在承县（今山东枣庄市峄城镇）。后移治昌虑县（今山东藤县东南）。东晋初，侨置郡，治所在兰陵县（今江苏常州市武进县万绥镇），南朝宋改为南兰陵郡。南兰陵是萧氏南迁后的主要聚居地，其后萧氏建立了齐、梁两个王朝，创造辉煌的历史，兰陵萧氏遂成名门望族。

二、主要堂号

兰陵堂 萧氏南迁兰陵，建立齐、梁两个王朝，故以兰陵郡望为堂号。福建萧姓聚居地使用“兰陵堂”堂号的有：长乐、闽侯、漳州、龙海、泉港、安溪、大田、宁化、清流、建阳、尤溪、泰宁、长汀等。

河南堂 萧氏望出河南郡，子孙便以“河南堂”为堂号。福建萧姓聚居地使用“河南堂”堂号的有：武平、上杭、长汀馆前、三元区岩前、大田县广平、德化县水口、福安、古田、霞浦、周宁、闽侯廷坪、永定恩全、长汀南山、顺昌、浦城、邵武、武夷山、德化、建宁、将乐、沙县、尤溪、泰宁上清等。

师俭堂 以萧何遗训“后世贤，师吾俭，不贤勿为势家所夺”而定立堂号“师俭堂”。福建萧姓聚居地使用“师俭堂”的有：永定区峰市镇桃泉、仙师乡恩全、漳平市南阳乡北寮、长乐区漳港园敦、安溪官桥内村等。

追远堂 福建萧姓聚居地使用“追远堂”的有：龙文区朝阳、南靖县金山、长泰县岩溪等。

凤翼堂 福建萧姓聚居地使用“凤翼堂”的有：安溪西坪宝山村等。

八叶堂 福建萧姓聚居地使用“八叶堂”的是：福鼎市贯岭镇下安村。

第二章 分 布

第一节 人口分布

2016年6月，福建省公安厅户籍人口统计（不含金门、马祖），全省萧姓人口259410人，分布于全省各市、县（区、市）及平潭综合实验区。

表8-1　**2016年福建省萧姓人口分布情况表**　单位：个、人

市（区）别	县（区、市）数	人口数	各县（区、市）人口数
福州	12	30990	鼓楼区3359，台江区1975，仓山区2439，晋安区3310，马尾区520，福清市2187，长乐市2815，闽侯县5598，连江县3274，闽清县1363，罗源县3675，永泰县475

续表

市（区）别	县（区、市）数	人口数	各县（区、市）人口数
厦门	6	9549	思明区 4017，湖里区 2259，集美区 1496，海沧区 938，同安区 492，翔安区 347
漳州	13	14523	芗城区 1527，龙文区 1556，龙海市 1534，漳浦县 538，云霄县 144，诏安县 441，东山县 121，平和县 250，南靖县 5695，长泰县 2156，华安县 196，漳州开发区 153，漳州台商投资区 212
泉州	12	49448	鲤城区 995，丰泽区 1331，洛江区 860，泉港区 10674，石狮市 309，晋江市 9503，南安市 3820，惠安县 1324，安溪县 13732，德化县 3011，永春县 3765，泉州台商投资区 124
三明	12	66529	三元区 1388，梅列区 2248，永安市 1587，清流县 2529，宁化县 1841，建宁县 1541，泰宁县 9985，明溪县 3314，将乐县 15610，沙县 3400，尤溪县 17332，大田县 5754
莆田	5	21122	仙游县 5459，荔城区 2662，城厢区 4216，涵江区 3770，秀屿区 5015
南平	10	23392	延平区 2810，建阳区 3810，邵武市 6009，武夷山市 2293，建瓯市 2245，顺昌县 3345，浦城县 1461，光泽县 819，松溪县 128，政和县 472
龙岩	7	18729	新罗区 1244，永定区 2316，上杭县 914，武平县 6643，长汀县 6719，连城县 569，漳平市 324
宁德	10	24233	蕉城区 835，福安市 3737，福鼎市 1539，霞浦县 3093，寿宁县 2251，周宁县 9562，柘荣县 193，古田县 2749，屏南县 140，闽东华侨经济开发区 134
平潭	1	895	

第二节　主要聚居地

一、福州市萧姓

（一）鼓楼区

洪山镇祥坂村后洋　今居村 100 余户、400 多人。

（二）台江区

义洲街道浦西村　由城内西峰里迁入，今传 31 世，居村 120 余户、500 多人。

（三）仓山区

建新镇上塘村　由闽侯县上街镇邱湖村迁入，今传 14 世，居村 120 余户、500 多人，后裔迁居福州鼓楼。

盖山镇半田村　今传 9 世，居村 60 余户、300 多人。

（四）晋安区

鼓山镇横屿东村　明代，萧子泽 9 世萧宗藩由西边村迁入，今居村 280 余户、1100 多人。

鼓山埠兴村　清康熙十四年（1675 年）迁入，今传 13 世，居村 100 余户、500 多人。

（五）福清市

沙埔镇西山村　清乾隆年间（1736—1795）萧尔积迁入，今传 12 世，居村 270 余户、1100 多人。

（六）长乐区

漳港街道漳港居委会　今居村 800 余户、3300 多人。

（七）闽侯县

上街镇邱阳村　清康熙十二年（1673年），萧孝达由青口镇夹陇顶迁入。今传16世，居村200余户、800多人，后裔迁徙台港澳地区及东南亚国家。

青口镇夹龙村　萧曦后裔由长乐大鳖坑迁入。今居村200余户、900多人，有后裔迁徙台湾等地。

竹岐乡竹西村　清顺治年间（1644—1661），萧益柯由尤溪梅仙迁入，今传13世，居村70余户、300多人。

廷坪乡黄埔村　元至正六年（1346年），萧益由古田衫洋迁入，今传27世，居村600余户、3000多人。另从黄埔迁居营头村400多人、发广村100多人、洪山村200多人。

（八）连江县

琯头镇阳岐村　明初萧瑯生迁入，今传24世，居村200余户、700多人，旅居海外1300多人。

下宫镇松皋村　元至元三年（1337年），萧仕良迁入，今居村400余户、1300多人。

（九）闽清县

金沙镇墘面村　萧元18世萧宗华等迁入，今传17世，居村80余户、300多人。

下祝乡箸洋村　明初，萧文明由古田牛峰迁入，今传23世，居村100余户、400多人。

（十）罗源县

飞竹镇西录村　明洪武元年（1368年），萧回由古田县牛头岭迁入，今居村50余户、200多人。

中房镇王沙村　明弘治元年（1488年），萧实夫由龙岩迁入，今居村130余户、700多人。后裔迁居连江松皋、起步镇桂林村、松山镇未阳村昌西等地。

霍口乡岐峰村　明永乐二年（1404年），萧金柱由将乐县白马桥头迁入，今居村200余户、700多人。

西兰乡洋坪村　明代，萧德雄由罗源罗平里官洋迁入，今传21世，居村160余户、700多人。

西兰乡寿桥村　明末，萧祖招由罗源洋坪迁入，今传15世，居村100多人。

二、厦门市萧姓

（一）湖里区

江头乌石浦社区　明正德元年（1506年），萧国梁7世萧中立迁入，今传22世，居村250余户、1000多人。

（二）集美区

后溪镇新村　明正统年间（约1440年），萧旭文由长泰岩溪锦鳞村牛角山迁入，今传20世，居村160余户、700多人。

三、漳州市萧姓

（一）芗城区

天宝镇山仔尾村　清康熙二十五年（1686年），萧国梁后裔萧儒杰迁入，今居村80余户、300多人。

（二）龙文区

朝阳街道书都村　萧国梁12世萧遁斋由漳州迁入，今传23世，居村180余户、760多人。

朝阳街道登科下社　萧纯笃迁入，今居村120余户、500多人。

（三）龙海市

港尾镇沙坛考后村 明末，萧德兴由漳州迁入，今传13世，居村300余户、1200多人。

（四）漳浦县

霞美镇溪仔村 清道光年间（约1821年），萧乌泡由漳州迁入，今传10世，居村70余户、300多人。

（五）云霄县

东厦镇荷东村 萧润尔后裔迁入，今居村30余户、100多人。

（六）诏安县

金星乡邱城村 萧润尔后裔迁入，今居村90余户、400多人。

（七）南靖县

山城镇八一村 今传7世，居村30余户、100多人。

金山镇霞涌村 明正统十四年（1449年），萧孟容由金山迁入，今居村160余户、700多人。有后裔迁居河乾，迁徙台湾嘉义、南投等地。

书洋镇田中村 由永定（一说漳州）迁居书洋，萧满泰分支居内坑；萧奋分支居书洋的外坑。两支合计今居村1050余户、4200多人。有后裔迁徙台湾彰化等地。

书洋镇上下田村 由书洋迁入，今居村120余户、500多人。

书洋镇赤州村 由书洋迁入，今居村180余户、700多人。

船场镇西坑村 由书洋迁入，今居村50余户、200多人。

（八）长泰县

岩溪镇锦鳞龙美村 萧佑慈由安溪县龙涓芹草洋迁入，今居村170余户、700多人。

岩溪镇石铭东厝村 萧佑勤由安溪县龙涓芹草洋迁入，今居村120余户、400多人。

四、泉州市萧姓

（一）丰泽区

城东街道新前社区萧姓村 今传18世，居村200余户、800多人。

（二）洛江区

马甲镇后坂村 清初，萧顺敏迁入，今传18世，居村250余户、1000多人。

（三）泉港区

南埔镇萧厝村 明洪武八年（1375年），萧瓒10世萧雁由莆田岱石迁入，今居萧厝2000余户、8000多人；惠屿岛250余户、1000多人。

涂岭镇樟脚村 清中叶从泉港南埔迁入，今居村40余户、170多人。

后龙镇峰前村 清中叶从泉港南埔迁入，今居村40余户、150多人。

（四）晋江市

安海镇后萧村 元至正年间（1341—1368），萧韦松由泉州迁入，今居村100余户、450多人。次子萧烟迁居十都下萧。

安海镇西垵村 明末，由晋江东石岑兜迁入，传8世迁居西畴境后路萧，今居村150余户、600多人。后裔迁徙台湾、香港地区及马来西亚、新加坡等国。

东石镇岑兜村　元末明初，萧鹤由莆田岱石迁入，今居村100余户、600多人。后裔迁居安平、南安、安溪，迁徙浙江、台湾等地及新加坡、马来西亚等国。

东石镇萧下村　元至正年间（1341—1368），萧韦松次子萧烟由安海后萧迁入，今传29世，居村2000余户、7000多人。后裔迁居前垵、黄山，迁徙港澳台地区及新加坡、马来西亚、泰国等东南亚国家。

金井镇前垵村　（1）萧佛赐由萧下村迁入，今居村50余户、200多人。（2）萧如渊由霄霞村迁入，今居村60余户、200多人。

龙湖镇埔头村　萧以仁由福清迁入，今居村50余户、200多人。

池店镇旧铺村　今居村60余户、300多人。

（五）南安市

梅山镇梅峰村　萧逊齐迁入，今居村120余户、560多人。后裔迁居南安、泉州、官桥，迁徙广东、香港、台湾地区及缅甸、马来西亚、印度尼西亚、英国、爱尔兰等国。

金淘镇南丰村　今居村100余户、460多人。后裔迁居安溪、德化，迁徙金门等地。

康美镇梅星村　明代，萧文轩由龙溪二十五都竹塔社迁入，今居村60余户、210多人。后裔迁徙浙江平阳、台湾等地及印度尼西亚等国。

美林街道内茂村　萧曦34世萧允义由外茂迁入，今居村280余户、1000多人。后裔迁徙印度尼西亚、新加坡、马来西亚等国。

官桥镇黄山村　萧孜辅由安海迁入，今居村40余户、200多人。

（六）惠安县

螺阳镇盘龙村　由净峰迁入，今居村150余户、600多人。

黄塘镇省吟村　由泉港南埔迁入，今居村50余户、200多人。

净峰镇墩中村　清中叶由泉港南埔迁入，今居村150余户、600多人。

（七）安溪县

桃舟乡达新村　元代，萧遵13世萧卧云之子萧十一（号四二）由大田萧溪边迁入，今居村850余户、3000多人。后裔迁居永春、顺昌，迁徙台湾等地。

桃舟乡吾培村　明崇祯年间（约1636年），萧十一11世萧新二由达新村迁入，今居村200余户、780多人。

龙涓乡黎山村芹山角落　明洪武七年（1374年），萧琡后裔萧公茂由芹山村迁入，今居村490余户、1700多人。后裔迁居武夷山，迁徙江西铅山县、广丰及台湾新北、淡水等地。

龙涓乡长新村霞林　萧琡10世萧朝庆由芹山迁入，今居村180余户、600多人。

龙涓乡福黎村　明成化年间（1465—1487），萧琡8世萧怀生由黎山迁入，今居村600余户、2100多人。萧琡9世萧琛逵迁入燕尾，今居村50余户、200多人。

龙涓乡山坛村　萧琡13世萧彦春由芹山迁入，今居村310余户、1100多人。

龙涓乡福都村诏都　萧琡11世萧宗道由福黎上诏都迁入，今居村260余户、900多人。后裔迁居厦门海沧，迁徙江西上饶等地。

龙涓乡芹山村　萧斌由芹草洋迁入，今居村200余户、700多人。

西坪镇宝山村　明洪武二十五年（1392年），萧曦21世萧性本由安溪新康里柏叶山兜迁入，今传23世，居村560余户、2200多人。后裔迁居官桥、漳平赤水、长泰、龙海，迁徙浙江苍南及台湾等地。

官桥镇内村村　明代中叶，萧佛生由蓬莱龙居顶寨迁入，今居村350余户、1200多人。后裔迁居长泰、兴化，迁徙台湾地区、新加坡等国。

龙门镇湖山村 明永乐三年（1405年），萧兴西由泉州迁入，今居村300余户、1000多人。后裔迁居大田桃源。

（八）德化县

上涌镇后宅村 元致和元年（1328年），萧遵后裔萧才福由德化上涌桂林后垵迁居梅上里黄石林山顶，萧成福再由黄石林迁入，今居村180余户、760多人。

桂阳乡陈溪村 萧才福10世萧金达由后宅迁入，今居村120余户、580多人。

水口镇湖坂村谢地 明永乐十四年（1416年），萧发光由德化清泰里八埕迁入，今传24世，居村70余户、280多人。

盖德镇下坑村 唐宣宗二年（848年），萧真由萧田迁入，今居村500余户、2000多人。

龙浔镇英山村 清乾隆间（1736—1795），萧慎伍由下坑迁入，今居村60余户、250多人。

（九）永春县

下洋镇大荣紫坑村 北宋时，萧遵7世萧念二由安溪桃舟迁入，今居村60余户、200多人。后裔迁居玉斗、含春、曲斗、蓬壶。

下洋镇含春村 清康熙年间（1662—1722），萧遵后裔萧成南由大荣紫卿迁入，今居村80余户、300多人。

一都镇南阳官埔村 明嘉靖二十四年（1545年），萧遵后裔萧兴贤由永春一都古格迁入，今居村280余户、1000多人。

一都镇鲁山村 明正统七年（1442年），萧卅五由安溪桃舟迁入，今居村30余户、200多人。

玉斗镇坑柄村 明永乐年间（1403—1424），萧遵后裔萧义十由永春大荣紫卿迁入，今居村100余户、520多人。

五里街镇华岩厚德村 明崇祯九年（1636年），萧中立8世萧一芬由永春迁入，今居村60余户、200多人。

五、三明市萧姓

（一）三元区

岩前镇增坊居洋村 明永乐十年（1412年），萧满万由明溪萧佈村迁入，今传22世，居村100余户、400多人。

岩前镇横坑村 萧长胜由明溪夏阳迁入，今居村100余户、280多人。

（二）梅列区

陈大镇陈墩村 明洪武年间（1368—1398），萧永长由明溪萧佈村迁入，今传22世，居村220余户、860多人。

徐碧街道徐碧村 由尤溪龙上迁入，今居村100余户、400多人。

（三）永安市

西洋镇桂溪村香木岭 宋开禧二年（1206年），萧小六由大田萧溪边迁入，今居村50余户、200多人。

曹远镇大源村 萧福志由桂溪香木岭迁入，今居村60余户、200多人。

小陶镇黄坛村 萧五郎由永安大陶后洋迁黄坛，今居村50余户、210多人。

（四）清流县

长校镇河坑村 北宋时，萧嘉麒由清流县河排山背迁入，今居村70余户、300多人。

李家乡长灌村　元至大元年（1308年），萧小八由长汀童坊萧岭迁入，今居村400余户、1800多人。裔孙分布霞浦大京等地。

（五）宁化县

湖村镇罗坊村　明代，萧成广由明溪县夏阳青山迁入，今居村280余户、1000多人。

泉上镇泉永村　由长汀县童坊萧岭迁入，今居村50余户、200多人。

（六）建宁县

伊家乡伊家村　宋景德四年（1007年），萧四三由邵武禾坪迁入，今居村200余户、800多人。

伊家乡伊家村陈家　萧公赞迁入，今居村80余户、400多人。

（七）泰宁县

朱口镇朱口村　（1）宋咸平二年（999年），萧四九由邵武黄家磜迁入。（2）咸平三年（1000年），萧四八由邵武黄家磜迁入。（3）萧四六由邵武黄家磜迁入。三支合计今居村1000余户、3500多人。

朱口镇擎布村　萧五七由江西南城回迁朱口上坪再迁入，今居村90余户、400多人。

朱口镇杨发村　宋咸平二年，萧四七后裔萧延生由邵武黄家磜迁入，今居村90余户、480多人。

朱口镇石辋村　宋代，萧积銮由福州迁入，今居村250余户、1000多人。

朱口镇石辋村　宋咸平三年，萧四五由邵武黄家磜迁朱口，后迁入，今居村100余户、400多人。

上青乡崇际村际下　萧四八后裔由邵武黄家磜迁入，今居村60余户、240多人。

上青乡永兴村半岭　萧宗贵、萧宗富由泰宁朱豁迁入，今居村60余户、200多人。

（八）明溪县

夏阳乡夏阳村　萧念五由将乐光明水吉迁入，今居村180余户、1000多人。后裔分布三明陈大、岩前、吉口沙溪、宁化湖村、陈坊新桥等地。

夏阳乡杏村　萧明三由邵武迁入，今居村180余户、730多人。

（九）将乐县

漠源乡湖管村村尾　萧位下由顺昌西峰峰岭迁居将乐漠源神坑源，后裔迁入，今居村100余户、400多人。

余坊乡瓜溪村　宋嘉熙二年（1238年），萧日进由河南汴梁迁入，今居村170余户、780多人。后裔迁居伍宿、邵武等地。

安仁乡伍宿村　萧子龄由余坑瓜溪迁入，今居村200余户、1200多人。

余坊乡隆兴村　宋咸平二年（999年），萧四七由邵武禾坪迁入，今居村100余户、600多人。

大源乡西田村　萧福荣由将乐马岭迁入，今居村200余户、1000多人。

南口镇大拔村　萧先和由明溪夏阳萧佈迁入，今居村60余户、220多人。

南口镇松岭村　清康熙年间（1662—1722），萧尔彭由大拔村迁入，今居村180余户、770多人。

黄潭镇元埕村　元末（约1367年），萧欲义由南平迁入，今居村110余户、700多人。

水南镇瑞隆萧坊　五代末（约959年），萧万钱迁入，今居村300余户、1200多人。

（十）沙县

虬江街道萧墩村　宋乾德元年（963年），萧荣由德化张岩新村迁入，今居村60余户、260多人。

高砂镇冲厚村源头　萧祖福由萧墩迁入，今居村50户，200多人。

高砂镇龙慈村　今居村50余户、200多人。

凤岗街道三姑村　萧孔任由永安西洋镇桂溪香木岭迁入，今居村60余户、240多人。

南霞乡溪源村 萧简臣、萧宾臣由永安西洋镇桂溪村香木岭迁入，今居村60余户、200多人。

青州镇涌溪村 萧学仁5世萧昌浩由延溪坑迁入，今居村40余户、200多人。萧昌浩弟萧昌源迁居南平马坑桥。

夏茂镇水头村 萧大十由顺昌峰岭迁入，今居村50余户、400多人。

夏茂镇上碓村一 清咸丰年间，萧留祖由顺昌峰岭迁沙邑虬东茂水十七都中窠大乾头，今居村100余户、500多人。

（十一）尤溪县

梅仙镇梅仙村 明嘉靖十四年（1535年），萧世春由先大田上举林村迁居二十三都，嘉靖十六年（1537年）再迁入梅仙。今居村2300余户、9800多人。

梅仙镇坪寨村 明嘉靖十四年，萧文大由大田迁入，今居村70余户、500多人。

梅仙镇经通徐家山 明正德十六年（1521年），萧丙六由尤溪梅仙迁入，今居村240余户、1200多人。

梅仙镇梅仙东门村 明嘉靖元年（1522年），萧顺六由大田迁入。今居村120户、800多人。

西城镇秀村溪源底 清康熙二十二年（1683年），萧若生由尤溪新阳镇龙坪迁入，今居村60余户、280多人。

台溪乡大头桥王吉山 明嘉靖六年（1527年）由大田迁入，今居村50余户、270多人。

新阳镇龙上黄枝墘 元至元二十三年（1286年），萧文仲、萧文泮由梅溪（今萧溪边）迁龙上。明嘉靖三十五年（1556年），26世萧有二复迁黄枝墘。今居村500余户、2000多人。

管前镇西洋尾 清康熙十六年（1677年），萧春晚由龙上迁入，今居村180余户、780多人。

管前镇浯溪村 清道光十年（1830年），萧兆昌由新阳镇龙上迁入，今居村140余户、500多人。

管前镇鸭墓村东墘 清康熙元年（1662年），萧田迴由龙坪迁入，今居村140余户、500多人。

管前镇鸭墓村水井兜 清代，萧宙一由大田的樟子林迁入，今居村30余户、200多人。后裔分布牛松坑、黎地、永春上田等地。

洋中镇龙洋村下保 明永乐年间（1403—1424），萧莘起由德化（旧名尤邑龙溪蔡坂头）迁入，今传24世，居村140余户、650多人。

洋中镇康林村 明万历年间（1573—1620），萧义由龙洋迁入，今居村120余户、400多人。

中仙乡吉华村 明嘉靖三十七年（1558年），萧五郎由闽清十三都尾林埔迁入，今居村360余户、1300多人。

（十二）大田县

上京镇桂坑黄城岬 宋建隆元年（960年），萧遵由泉州府德化县张岩新村迁入，今居村90余户、300多人。

上京镇桂坑村 萧香三、萧香七由萧溪边迁入，今传36世，居村100余户、400多人。

上京镇萧溪边 宋乾德四年（966年），萧蒋三由黄城岬迁入，今传38世，居村100余户、540多人。

上京镇上举村 萧三十由萧溪边迁入，今传36世，居村120余户、600多人。

桃源镇益举村 北宋，萧忠三由林埔坪迁入，今传30世，居村120余户、500多人。三子萧兴（小十一公）迁居上洋，今传33世，居村160余户、700多人。

均溪镇（城关） 明宣德五年（1430年），萧涓三由桃源益举迁入，今传23世，居村40余户、200多人。

桃源镇蓝玉村 萧月五由上举村迁入，今传39世，居村300余户、1200多人。

桃源镇玉田村　萧太七由蓝玉迁入，今居村 300 余户、1000 多人。
桃源镇丰城村　萧万一由陈京美村迁入，今居村 50 余户、300 多人。
太华镇群团村　萧镇八由益举迁入，今传 32 世，居村 70 余户、300 多人。
太华镇汤泉村　明代，萧链三由上京萧溪边迁入，今传 30 世，居村 58 户、230 多人。
广平镇万筹村　明代，萧昇十由桃源益举迁入，今传 27 世，居村 60 余户、300 多人。
太华镇德安村　明初，萧一福由上京萧溪边迁入，今居村 60 余户、240 多人。
东风农场泼水村　萧亮五由蓝玉迁入，今居村 50 余户、200 多人。

六、莆田市萧姓

（一）仙游县

榜头镇东宫村东蔡　明万历年间（约 1588 年），萧苍野（一作萧春溪）由泉港萧厝迁入，今传 17 世，居村 250 余户、1000 多人。

鲤南镇下楼村　今传 19 世，居村 260 余户、1000 多人。
鲤城街道双桥村　今居村 150 余户、600 多人。
鲤城街道东门村　今居村 100 余户、400 多人。
鲤城街道木兰十字社区　今居村 80 余户、320 多人。
枫亭镇辉煌村　今居村 150 余户、500 多人。
盖尾镇盖南村　今居村 100 余户、500 多人。
盖尾镇仙华村　今居村 60 余户、300 多人。
龙华镇东风村　今居村 50 余户、200 多人。

（二）荔城区

拱辰街道莘郊村　今居村 40 余户、200 多人。
镇海街道镇海居委会　今居村 70 余户、300 多人。
新度镇下坂村　今居村 70 余户、300 多人。
北高镇岱峰村　宋宣和年间（1119—1125），萧潢由长乐迁入，今居村 50 余户、200 多人。后裔迁居兴化城霞萧（今荔城区萧姓后塘社区萧姓）、延寿里（今属涵江区萧姓）及泉州城区、惠安萧厝、安海后萧、晋江萧下、安溪、仙游等地，远播浙江、广东、台湾地区及东南亚国家。
北高镇福岭村　由秀屿区萧姓东峤镇上萧（亦称东萧）迁入，今居村 90 余户、300 多人。
黄石镇下江头村　今传 10 世，居村 140 余户、500 多人。

（三）城厢区

龙桥街道泗华村　今居村 150 余户、550 多人。
龙桥街道洋西村　今居村 60 余户、230 多人。
霞林街道萧厝村　今居村 60 余户、300 多人。
凤凰山街道　今居村 70 余户、300 多人。
华亭镇埔柳西山村　清代，萧应凤由仙游榜头东宫迁入，今传 11 世，居村 70 余户、300 多人。
华亭镇南湖村　清代由埔柳西山迁入，今传 10 世，居村 90 余户、300 多人。
灵川镇张边村　萧德吾由仙游迁入，今传 16 世，居村 300 余户、1200 多人，后裔迁徙马来西亚 1000 多人。
常太镇南川村　今居村 40 余户、200 多人。

（四）涵江区

涵东街道　今居村70余户、300多人。

大洋乡大洋村　元至正年间（1341—1367），萧全后裔萧得原由永福（今永泰县）迁入，今居村120余户、500多人。

大洋乡琼峰村　今居村40余户、200多人。

大洋乡坝头村　今居村40余户、200多人。

江口镇丰山霞萧村　清代迁入，今传13世，居村300余户、1000多人。后裔迁居江口五星、海星村，萩芦水沂，迁徙港澳地区及东南亚国家500多人。

白塘镇埭里村　今居村30余户、200多人。

国欢镇码头村　今居村70余户、300多人。

三江口镇前明村　今居村70余户、300多人。

三江口镇新兴村　今居村70余户、300多人。

梧塘镇松东村　清康熙年间（约1666年），萧武由新安里青枫（今北岸东埔镇吉廖）迁入，今居村180余户、600多人。

（五）秀屿区

笏石镇丙仑村　今居村30余户、200多人。

东庄镇石前村　今居村30余户、200多人。

东庄镇东沁村　今居村100余户、400多人。

东庄镇东红村　今居村100余户、400多人。

东峤镇先锋村　今居村140余户、500多人。

平海镇平海村　今居村80余户、300多人。

忠门镇岳秀村南　明隆武二年（1646年），萧武由惠安萧厝迁入，今居村80余户、400多人。

东埔镇乐屿岛　清乾隆年间（约1736年），萧华元、萧敬元由泉港萧厝迁入，今传23世，居村260余户、1200多人。2017年因海岛建设搬迁乐屿新城，迁移800多人。

湄州管委会莲池村　下萧萧世仁由仙游田玲底（今鲤城木兰社区萧姓）纸山村迁入，今传8世，居村180余户、700多人。

七、南平市萧姓

（一）延平区

南山镇坑仔源村　清康熙年间（1662—1722），萧怀材由泉港萧厝迁入，今传13世，居村250余户、1000多人。

（二）建阳区

回龙乡浒州村　清康熙年间，萧涧三迁入，今传25世，居村160余户、700多人。

回龙乡半天霄村　清康熙年间，萧溶四由浒州迁入，今传25世，居村150余户、600多人。

潭城街道考亭村　萧华祖迁入，今居村40余户、250多人。

将口镇西岸村　今居村30余户、160多人。

（三）邵武市

肖家坊镇肖家坊村　宋天禧元年（1007年），萧万七由邵武黄家磜迁入，今居村250余户、1000多人。

肖家坊镇黄家磜村 今居村 140 余户、560 多人。

肖家坊镇中际村 今居村 50 余户、200 多人。

肖家坊镇琢石村 今居村 250 余户、1000 多人。

肖家坊镇登高村萧家洋 萧八郎由邵武迁入。居村 160 余户、500 多人。

肖家坊镇将上村 今居村 100 余户、500 多人。

水北街道新厝村 今居村 250 余户、1000 多人。

和平镇萧家湾村 萧高宝由邵武迁入，今居村 100 余户、360 多人。

桂林乡惠林村 萧禄三由邵武新坑乡麻畲迁入，今居村 100 余户、400 多人。

张厝乡瑞云村 明末，萧时信由将乐儒坊迁入，今传 21 世，居村 70 余户、300 多人。

金坑乡重下村 清初，由邵武黄家磜迁入，今居村 50 余户、200 多人。

大埠岗镇谢坑村 明洪武年间（1368—1398），由邵武黄家磜迁入，今传 23 世，居村 50 余户、200 多人。

（四）武夷山市

武夷街道柘洋萧家湾 萧德永由泉州德化迁入，今传 11 世，居村 50 余户、200 多人。后裔迁居武夷山洋庄山口及星村山前兰等地。

岚谷乡长援村 萧四益迁入，今传 23 世，居村 900 余户、3000 多人。后裔迁居武夷山黎口、桐木，迁徙温州平阳、玉山等地。

（五）建瓯市

小松镇定高村 萧树朝迁入，今传 9 世，居村 40 余户、200 多人。

小松镇小松村 萧树朝迁入，今传 9 世，居村 10 余户、100 多人。

徐墩镇归宗村 萧杨春迁入，今传 18 世，居村 70 余户、300 多人。

（六）顺昌县

元坑镇福峰村 萧明五由顺昌西峰都凤岭（今郑坊乡峰岭村）迁入，今居村 300 余户、1000 多人。后裔分布沙县、将乐、明溪等地。

郑坊镇峰岭村 今居村 70 余户、400 多人。

（七）浦城县

仙阳镇仙南村 萧紫云迁入，今居村 60 余户、250 多人。

（八）光泽县

止马镇衫关村 元末，萧樵国由江西赣州宁都迁入，今居村 50 余户、200 多人。

崇仁乡洋塘村 由泉州迁入，今居村 40 余户、200 多人。

八、龙岩市萧姓

（一）新罗区

曹溪街道浮蔡村 萧质由大田迁入，今居村 80 余户、300 多人。后裔迁居罗源王沙等地。

适中镇保丰村 明万历年间（1573—1620），萧万盛由南靖书洋迁入，今传 22 世，居村 30 余户、150 多人。

（二）永定区

峰市镇桃泉村 萧一郎由永定洪山五坑迁入，今传 27 世，居村 120 余户、500 多人。

仙师镇恩全村 萧千八郎由明溪龙湖大帐山迁入，今传29世，居村500余户、2000多人。

（三）上杭县

庐丰乡横岗棉村 萧十八郎迁入，今传27世，居村150余户、600多人。后裔迁居宁德、柘荣、霞浦、福鼎等地。

太拔镇彩霞村 萧七封迁入，今传27世，居村30余户、150多人。后裔迁徙江西上犹黄埠、兴国莲塘、九江修水等地。

（四）武平县

十方镇黎明村 明洪武二十二年（1389年），萧显闻由武平丰田迁入，今传25世，居村450余户、1600多人。后裔迁居长汀四都、宣城涂坊，迁徙江西寻乌、浙江金华、四川内江等地。

十方镇黎畲村 明正德十五年（1520年），萧显闻7世萧惟达由黎明迁入，今居村760余户、2800多人。

十方镇来福村 清初，萧显闻11世萧敬冈由黎畲迁入，今居村40余户、200多人。

十方镇十方村 明末，萧显闻9世萧南岗由黎明迁入，今居村330余户、1200多人。

东留镇龙溪村 明宣德五年（1430年），萧志四由江西会昌站塘迁入，今传22世，居村120余户、500多人。后裔迁居古田凤都，迁徙江西宜春、四川重庆、绵阳等地。

（五）长汀县

城关镇萧屋塘 宋乾兴元年（1022年），萧兰由江西新余县迁入，今传30世，居村180余户、500多人。

大同镇南里村 由江西泰和县迁入，今传23世，居村120余户、500多人。

大同镇师福村 居村30余户、130多人。

南山镇中复村连厝岗 明初，萧九郎由大田迁入，今传27世，居村130余户、500多人。同时迁入的还有萧二郎（居南山长峰山）、萧八郎（居南山岩上）。

馆前镇小洋村 明洪武二十四年（1391年），萧铭宗后裔萧六郎由萧屋岭南岗梨树下迁入，今传26世，居村160余户、600多人。

馆前镇云丰村 明正德十一年（1516年），萧铭宗后裔萧仁山由萧屋岭迁入，今居村80余户、300多人。

新桥镇石人村 清康熙三十五年（1696年），萧六郎后裔萧汝安、萧汝堂兄弟由馆前小洋村迁入，今传15世，居村500余户、2000多人。

新桥镇新桥村 今居村50余户、200多人。

童坊镇萧岭村 宋绍兴二十一年（1151年），萧镐宗（后改名为铭宗）由清流县长校东山迁入，今传27世，居村160余户、630多人。

三洲镇兰坊村 明弘治年间（1488—1505），萧钦爵迁入，今传17世，居村200余户、800多人。

四都镇小金村乌蛟塘 萧显闻7世萧均寿由上杭南门念田后迁入，今传19世，居村70余户、300多人。

宣成乡长桥村 萧显闻11世萧元章由上杭梁坡迁入，今传18世，居村50余户、200多人。

涂坊镇溪源村 萧显闻9世萧明益迁入，今传19世，居村50余户、200多人。

（六）连城县

北团镇蕉坑村 清咸丰十年（1860年），萧传德由长汀馆前云峰村石背迁入，今传8世，居村50余户、200多人。

（七）漳平市

南洋乡北寮村　清嘉庆年间（1796—1820），萧时拨由广东蕉岭皇佑迁入，今传9世，居村30余户、100多人。

赤水镇赤水村　清乾隆年间（1736—1795），萧承谟由安溪县西坪镇宝山迁入，今传11世，居村50余户、200多人。

九、宁德市萧姓

（一）蕉城区

金涵乡菰洋村　清乾隆六年（1741年），萧汉珍由上杭县胜运里棉村迁入，今居村80余户、300多人。后裔分布罗源、福安等地。

（二）福安市

松罗乡岭头村　元初，萧恺由霞浦魁洋萧墩迁入，今居村700余户、2800多人。

城关镇雁塔村　宋末，萧悌由霞浦魁洋萧墩迁入，今居村550余户、2200多人。

下白石镇岐后村　由福安城关迁入，今居村80余户、300多人。

（三）福鼎市

白琳镇翁江村　清康熙年间（1662—1722），萧汉华由汀州府上杭胜运里棉村迁入，今传13世，居村80余户、300多人。

贯岭镇分水关村下安　清康熙年间，萧君园由德化迁入，今居村100余户、400多人。

（四）霞浦县

崇儒乡溪边村　明宣德五年（1430年），萧仕泰由永春紫坑迁入，今传22世，居村60余户、250多人；清康熙四十八年（1709年），萧明筑由洋头下厝坂迁入，今传22世，居村100余户、400多人。

崇儒乡长坑村　清康熙三十年（1691年），萧文显由上杭县胜运里棉村迁入，今传13世，居村70余户、300多人。

崇儒乡沙溪枣岭村　元初，萧怡由霞浦魁洋墩泊迁入，今居村150余户、600多人。

水门乡墩后村　清康熙五十二年（1713年），萧成由德化下坑（今霞坑）迁入，今传14世，居村150余户、600多人。

长春镇大京村　今居村50余户、200多人。

（五）寿宁县

凤阳镇漈头村　萧瑞畴由福安路下村迁入，今居村120余户、500多人。

（六）周宁县

浦源镇萌源村　萧丙二由福州乌山迁入，今传30世，居村2500余户、9560多人。后裔迁居狮城、纯池、七步、李墩、泗桥、寿宁凤阳等地。

（七）柘荣县

城郊乡旺里龙井岗　清乾隆九年（1744年），萧文显后裔由福宁长溪（霞浦）石山半岭迁入，今传12世，居村60余户、200多人。

（八）古田县

凤都镇半山村　清乾隆八年（1743年），萧作贵由武平龙溪迁入，今传9世，居村50余户、200

多人。

大桥镇牛峰村 萧崇9世萧守端由将乐儒林乡圳头村迁入，今传22世，居村300余户、1200多人。

卓洋乡半山村 由牛峰迁入，今居村150余户、600多人。

十、平潭综合实验区萧姓

潭城镇江仔口庄 清咸丰三年（1853年），萧为发由泉港萧厝迁入，今传9世，居村90余户、600多人。

东庠乡东凤村 清乾隆年间（1736—1795），萧仕美由晋江龙湖镇埔头迁入，今传12世，居村160余户、1060多人。

苏澳镇钟门村 由长乐漳港迁入，今传9世，居村60余户、320多人。

北厝镇北厝村 清乾隆年间，由晋江埔头迁入，今居村30余户、150多人。

第三章 谱 牒

第一节 福州市

一、长乐区

漳港《漳港萧姓谱志》 2003年3月萧宗闽编修。谱载源流、各房世系、人物等。16开横排本。谱存漳港萧氏宗祠。

二、闽侯县

竹西《溪口萧氏族谱》 萧绍忠、萧祥国、萧绍宝、萧祥溪编修。谱载源流、世系等，钞本。谱存溪口村萧氏宗祠。

上街《兰陵邱阳萧氏族谱》 清道光十六年（1836年）始修，光绪二十六年（1900年）二修，1935年三修，1993年四修。谱载源流、世系等，钞本。谱存上街镇邱阳村萧氏宗祠。

三、连江县

琯头《阳岐萧氏族谱》 2011年萧芳宝、萧绍孔、萧济兴、萧禄官、萧济瑔主持纂修，16开横排本。谱载谱序及瑯生之下各房世系图等。谱存琯头阳岐萧氏宗祠。

第二节 厦门市

一、湖里区

《乌石埔萧氏族谱》 2016年萧增加、萧伟、萧胜利主持纂修，萧秉豪主编。谱载谱序、远祖世系、近祖世系、昭穆、像赞等，16开横排本。谱存乌石埔萧氏家庙。

二、集美区

后溪《石兜萧氏族谱》　2018年萧清波、萧先进、萧伟民主持纂修。谱载总论、萧氏世祖、图腾、流迁、族规祖训、世系名录等，16开横排本。谱存后溪镇新村老人会。

第三节　漳州市

南靖县

永丰里《吴宅总涌川萧氏世系总记》　清同治十二年（1873年）萧腾明编修。谱载源流、分房世系，钞本。谱存闽南师范大学图书馆。

金山《萧氏顺德堂族谱》　清光绪八年（1882年）萧迎祥编修。谱载谱序、源流、显祖、分房世系等，钞本。谱存闽南师范大学图书馆。

书洋《漳龙萧氏族谱》　清光绪九年（1883年）始修。谱载源流、分房世系等，钞本。谱存厦门市图书馆。

书洋《萧氏六世仕鼎系族谱》　清光绪年间（1875—1908）始修。谱载谱序、源流、世系等，钞本。谱存闽南师范大学图书馆。

金山上涌《萧氏世系谱》　清光绪二十八年（1902年）萧钟鸿始修。谱载谱序、源流、谱例、家规、分房世系等，钞本。谱存闽南师范大学图书馆。

金山涌山《萧氏族谱》　清光绪二十八年萧钟鸿始修，1936年萧难清二修。谱载谱序、分房世系等，钞本。谱存闽南师范大学图书馆。

书洋《萧氏深坧祠祖牌、墓牌录谱》　清光绪三十四年（1908年）始修。谱载世系、楹联、神主牌位等，钞本。谱存闽南师范大学图书馆。

书洋《萧氏十世侃毅系族谱》　清宣统年间（1909—1911）始修。谱载谱序、源流、各房世系名录等，钞本。谱存闽南师范大学图书馆。

书洋《芳远堂萧氏家谱》　清末修。谱载世系等，钞本。谱存闽南师范大学图书馆。

书洋《萧氏族谱》　1949年萧仰高修。谱载谱序、大事记、各房世系、功名录等，钞本。谱存闽南师范大学图书馆。

书洋《萧氏六世仕忠系族谱》　民国时期编修。谱载谱序、世系等，钞本。谱存闽南师范大学图书馆。

书洋《漳龙萧氏族谱》　1999年萧家山主修。谱载序言、先祖像赞、世系图等，16开横排本。谱存书洋芳远堂萧氏祖祠。

金山霞涌《萧氏族谱》　2000年萧旺金主编。谱载谱序、凡例、源流、分房世系、家规等，16开横排本。谱存金山霞涌萧氏宗祠。

第四节　泉州市

一、鲤城区

《凤翼萧氏家谱》　宋绍兴十八年（1148年）萧大振首纂，清乾隆四十二年（1777年）萧谨仕、萧富文二修，光绪八年（1882年）三修。谱载御书题谱、谱序、显扬录、宗祠匾考、宗谱凡例、家庙神主、祠堂祭文、庙联、人物传记、世系等，刻版印刷本。谱存萧祖绳处。

二、泉港区

萧厝《梅峰萧氏族谱》 明洪武十一年（1378年）萧雁始修；嘉靖十年（1531年）萧崇安及子二修；嘉靖四十一年（1562年）毁于倭患，潘应时重修；崇祯二年（1629年）又遭海寇焚毁，萧尚望重修；清雍正六年（1728年）萧怀炳续修，萧其镳再修；乾隆六十年（1795年）萧举元重修，钞本。谱存泉港萧厝萧氏宗祠。

萧厝《梅峰萧氏族谱》 1995年萧湘波、萧茂发主持重修。谱载像赞、昭穆、世系、祖训家规、艺文、墓葬等，16开竖排本。谱存泉港萧厝萧氏宗祠。

三、晋江市

东石《萧氏萧下谱志》 2004年修纂，萧光猛主编。谱载序言、远祖、世系、乡贤录等，16开横排印刷本。谱存东石萧下村萧氏祖祠。

四、安溪县

龙涓《石墩坵萧氏宗谱》 谱载谱序、祖训、像赞、世系录等，钞本。谱存龙涓萧仲恩处。

龙涓《嵋谿堂族谱》 谱载谱序、祖训、1世萧公茂至20世萧伯榆叙世录（云溪图书），钞本。谱存龙涓萧水泵处。

龙涓《金珠堂族谱》 谱载谱序、世系图等，钞本。谱存龙涓萧仲开处。

龙涓《诏都洋里族谱》 清乾隆三十年（1765年）萧承义倡修，萧丕际编修。谱载凡例，谱序、祖训、世代册录、1世萧公茂至17世萧丕泗叙世录等，钞本。谱存龙涓萧琼章处。

龙涓《萧氏族谱》 民国年间誊钞本之复钞本。谱存龙涓萧文法处。

芹山《萧氏族谱》 清光绪九年（1883年）修。谱载凡例、祖训、山界、1世萧汝器至15世萧进景叙世录等。谱存厦门市图书馆。

龙涓《诏都萧氏族谱》（二房谱） 2017年萧溪柳编修。谱载世系图、九族图，1世萧琡至26世分为二房长、上五家、社头裔孙世系等。谱存龙涓诏都萧氏宗祠。

西坪《宝山萧氏宗谱》 清道光年间（1821—1850）始修，光绪二年（1876年）二修，光绪二十二年三修，1928年四修，1957年五修，1979年六修，1994年七修，2010年萧怀全、萧怀忠等八修。谱载谱序、像赞、世系图、名录等，竖排印刷本。谱存宝山怀远堂萧氏宗祠。

龙门《清溪朴兜萧氏族谱》 1928年重修，共7卷。谱载谱序、世系图、名录等，竖排毛边纸印刷本。谱存龙门湖山萧氏宗祠。

五、德化县

下坑《华山萧氏族谱》 清康熙年间（1662—1722）萧弘梁主编始修，2001年重修。谱载像赞、序言、世系、修谱名录墓葬等。谱存德化下坑萧氏宗祠。

第五节　三明市

一、梅列区

陈大《萧氏家谱》 清光绪三十年（1904年）萧宗选主修。谱载序言、皇朝圣谕、家规祖训、字派、远祖源、近祖源、世系、祖祠图、墓地图、祀产等，毛边纸线装印刷本。谱存陈大萧氏祖祠。

二、永安市

小陶五一村《萧氏族谱》 清乾隆十六年（1751年）编修。谱载序言、世系名录等。1999年刘灿耿重钞本。谱存小陶萧氏宗祠。

桂溪《香木岭族谱》 谱载历代谱序、林埔祠总世系、各房世系图、祖祠、墓地图、艺文、祀产山场、各朝科举名录等，钞本。谱存桂溪香木岭萧氏宗祠。

坑边大源《萧氏族谱》 2013年修，萧宗成主编。谱载谱序、字辈、世系图、名录等。谱存坑边大源萧氏祖祠。

三、清流县

东山《萧氏联修族谱》 1996年萧元林主修。谱载谱序、家规、字派、人物、各分支世系图、名录等，竖版毛边纸印刷本。谱存长校东山萧氏祖祠。

四、宁化县

湖村罗坊《萧氏族谱》 清康熙三十七年（1698年）始修，雍正六年（1728年）二修，嘉庆二年（1797年）三修，道光十年（1830年）四修，同治七年（1868年）五修，光绪二十五年（1899年）六修，1993年萧明延七修。谱载谱序、耆寿、族规家规、字辈、世系、名录、宗祠图、墓地图、祀产等，竖版印刷本。谱存罗坊萧氏宗祠。

五、建宁县

伊家《黄坊萧氏续修谱》 1990年萧步年主修。谱载续修谱序、各房世系图等，竖版印刷本。谱存黄坊萧氏祖祠。

伊家《萧氏四三公族谱》 清乾隆五十一年（1786年）始修，嘉庆九年（1804年）二修，道光十九年（1839年）三修，同治八年（1869年）四修，光绪十八年（1892年）五修，1992年六修。谱载谱序、家规、耆寿、世系图、宗祠图、墓地图、祀产等，竖版毛边纸印刷本。谱存伊家萧氏宗祠。

六、泰宁县

朱口《萧氏四八公族谱》 清嘉庆十一年（1806年）始修，1912年二修，1943年三修，1986年四修。谱载谱序、世系、人物、宗祠、墓葬图等，竖版毛边纸印刷本。谱存朱口萧氏四八公宗祠。

朱口《四六公萧氏族谱》 清嘉庆十二年（1807年）始修，同治九年（1870年）萧庆咸二修，光绪三十二年（1906年）萧庆登三修，1935年萧庆萱四修，1996年萧来仁、萧衍学主持五修，竖版毛边纸印刷本。谱存朱口萧氏四六公宗祠。

上青半岭《萧氏族谱》 2003年修。谱载序言、世系图、耆寿、人物等，竖版毛边纸印刷本。谱存半岭萧氏祖祠。

石辋《萧氏积銮公族谱》 2014年萧秀鹏主持六修。谱载谱序、名录、世系图等，竖版印刷本。谱存石辋萧氏宗祠。

七、明溪县

夏阳《萧氏族谱》 1991年萧金秀主修。谱载清代老谱序、序言、世系图、墓地图等，竖版印刷本。谱存明溪夏阳萧氏宗祠。

八、将乐县

水南《萧氏族谱》 清光绪十四年（1888年）萧知人主修。谱载历代谱序、世系、名录、人物、寿文、宗祠、墓葬等，竖排印刷本。谱存水南萧氏宗祠。

余坊瓜溪《萧氏族谱》 清嘉庆十三年（1808年）始修，道光二十一年（1841年）二修，光绪七年（1881年）三修，光绪三十三年四修，1939年萧庆鸿五修。谱载历代谱序、先祖像、世系、宗祠、墓葬等，竖版玉扣纸印刷本。谱存瓜溪萧氏宗祠。

大源《萧氏大源西田族谱》 清道光二十八年（1848年）始修，同治十三年（1874年）二修，光绪二十六年（1900年）三修，1936年四修，1994年安福山、雪堂、杨继程等主持五修。谱载历代谱序、先祖像、世系、宗祠、墓葬等，竖版印刷本。谱存西田萧氏宗祠。

黄塘元埕《萧氏族谱》 1995年萧德贤、萧长荣、萧守京等主持重修。谱载序言、家规、字派、世系图、墓葬图等，竖版印刷本。谱存元埕萧氏宗祠。

余坊隆兴《萧氏族谱》 清嘉庆二十五年（1820年）始修，光绪十一年（1885年）二修，1919年三修，1948年四修，1996年江贵寿主持重修。谱载历代谱序、荣名录、寿文、宗祠、墓葬图等，竖版印刷本。谱存余坊隆兴萧氏宗祠。

南口《大拔萧氏族谱》 2002年萧有基、萧炳火主修。谱载源流、世系图、祖祠图、墓葬地等，竖版印刷本。谱存南口大拔萧氏祖祠。

九、尤溪县

梅仙《梅仙本美族谱》 清光绪七年（1881年）萧凌鸿主修。谱载历次谱序、历代绅衿表、祖祠图、墓葬图、祀产等，钞本。谱存梅仙本美萧氏宗祠。

梅仙《梅仙徐佳山族谱》 谱载谱序、世系表、宗祠图、墓地图等，钞本。谱存梅仙徐佳山萧氏祖祠。

梅仙马坪《萧氏族谱》 1990年陈炎序主修。谱载历代谱序、世系图、名录、墓葬图等，钞本。谱存梅仙马坪萧氏宗祠。

梅仙本美《萧氏族谱》 清康熙二十七年（1688年）萧维谔始修，乾隆四十九年（1784年）萧圣芳二修，嘉庆十四年（1809年）萧桂林三修，1945年萧洪海四修，1984年萧子云主持五修，2004年六修。谱载谱序、世系、名录、祖祠图、墓葬图等。谱存梅仙本美萧氏宗祠。

联合《萧氏族谱》 民国初年陈阳春始修，1982年萧方权主持二修。谱载谱序、世系表等。谱存联合萧氏宗祠。

台溪《下庄坂萧氏族谱》 2006年陈由福编修。谱载序言、历史人物、远祖源、近祖源、世系图、字辈、墓葬地等，钞本。谱存下庄坂萧氏祖祠。

新阳《龙坪萧氏族谱》 2011年萧元星、萧世尧、萧占乔主修。谱载谱序、世系图、名录等，16开横排印刷本。谱存新阳黄龙坪萧氏祖祠。

管前《龙坪黄枝墩萧氏族谱》 2011年萧占乔主修。谱载谱序、世序图、祖祠图、祖墓图、字派、祠联等。谱存涺溪东坋堂祠堂。

台溪《王吉山萧氏族谱》 2014年萧知椂主修。谱载谱序、世系图、祖祠图、墓葬图等，竖排印刷本。谱存台溪王吉山萧氏祖祠。

十、大田县

丰城《龙源祠萧氏族谱》 明万历四年（1576年）萧一杰主修，清康熙三十二年（1693年）萧佳植等二修，道光十五年（1835 年）萧洛川、萧应温三修，光绪七年（1881 年）萧凌鸿、萧际隆等四修。谱载序言、祖祠图、墓葬图、世系图、功名、先贤、艺文等，钞本。谱存桃源丰城萧氏龙源祠。

蓝玉《乾元祠、坤元祠萧氏族谱》　明隆庆元年（1567 年）萧引凤、萧有章主修，天启元年（1621 年）萧一槐、萧友松、萧日新、萧日蕃二修，清顺治七年（1650 年）萧震生三修，康熙四十一年（1702 年）萧可蕙四修，乾隆六十年（1795 年）萧攀桂、萧雨化五修，道光十六年（1836 年）萧东渠、萧得良、萧梦夔六修，光绪十九年（1893 年）萧来仪七修，1939 年萧澄三八修，1956 年萧基大重修。谱载序言、宗祠图、墓葬图、世系图、源流、祀产、家规、字派、艺文等，钞本。谱存桃源蓝玉萧氏乾元祠。

上京桂坑《龟兴乡进田祠萧氏族谱》　明隆庆元年（1567 年）萧引凤、萧有章始修，知县谢廷训、延平同知端贲、湖广德安府黄腾春、两洋四川府推官乔程甫、邓林等作序，清顺治七年（1650 年）萧震生二修，康熙四十五年（1706 年）三修，乾隆十九年（1754 年）萧云光四修，道光十六年（1836 年）萧东渠五修，光绪二十五年（1899 年）萧直卿、萧邦彦六修。谱载谱序、源流、宗祠图、祖墓图、世系、族规等，钞本。谱存桂坑进田祠萧氏宗祠。

太华《潦头萧氏镇八公谱志》　清嘉庆四年（1799 年）萧兆圭主修，1946 年二修。谱载谱序、支派图、世系图、祀产等，钞本。谱存太华萧氏宗祠。

太华《汤泉隆兴祠萧氏族谱》　清康熙三十三年（1694 年）萧瑞章、萧玉安重修，乾隆三十三年（1768 年）萧岐鸿、萧岐椿、萧文灿、萧文选等再修，1927 年萧子麟、萧玉章续修。谱载谱序、源流、世系、祀产等，钞本。谱存汤泉隆兴祠。

城关《田阳、夏园祠萧氏族谱》　清乾隆二十七年（1762 年）萧元周续修，民国年间重修，2013 年萧应耀、萧秀美等再修。谱载谱序、祖祠图、祖墓图、像赞、源流、世系、字派、祖训、功名先贤、艺文、大事记等，钞本。谱存田园萧氏祖祠。

第六节　莆田市

一、荔城区

北高《岱石萧氏家谱》　宋绍兴十八年（1148 年）萧大振首纂。谱载御书题谱、谱序、显扬录、人物传记、世系等，钞本。谱存厦门市图书馆。

二、城厢区

灵川《张边萧氏族谱》　民国年间萧文林纂修，“文化大革命”期间佚失，只存华侨萧仙景钞本下厝房世系谱和祖宗墓葬 1 册。2019 年萧金荣、萧文秀重修四房族谱。谱载四房世系等，横版印刷本。谱存萧文秀处。

第七节　南平市

一、邵武市

黄家磜《萧氏族谱》　明洪武二十六年（1393 年）始修，清乾隆二年（1737 年）加原序，嘉庆十八年（1813 年）二修，道光二十七年（1847 年）三修，同治十年（1871 年）四修，光绪二十二年（1896 年）五修，1926 年六修，1994 年七修。谱载凡例、序言、世系图、宗祠、墓葬图、耆寿、人物等，竖版印刷本。谱存萧家良处。

桂林《蕙林萧氏族谱》 1997年五修，萧世森主修。谱载序言、世系图、像赞等，竖排印刷本。谱存桂林蕙林萧氏祖祠。

二、武夷山市

岚谷后山《岚谷萧氏宗谱》 清光绪元年（1875年）萧纫芳主修。谱载谱序、源流、世系，祖训、家规、像赞、祖祠图、墓地图、祀产等，雕版竖排印刷本。谱存岚谷长援萧氏祖祠。

武夷镇《柘洋萧氏族谱》 清光绪元年（1875年）萧英主修，宣统二年（1910年）萧肃敬续修，5册10卷。谱载谱序、源流、世系，家规、像赞、祖祠图、墓地图、祀产等，雕版竖排印刷本。谱存柘洋村萧芳忠处。

三、顺昌县

元坑《萧氏族谱》 清光绪十四年（1888年）萧臣庄主修，共4册，后原谱遗失，只存复印本。谱载世系源流、"礼义智"三房系、荡公之下铜岭世系、祖祠、祖坟地图等。谱存元坑萧氏祖祠。

四、浦城县

仙阳镇仙南《萧氏族谱》 清光绪元年（1875年）萧英主持重修，萧芳赞修，共12册。谱载序（含源流序、总序和旧、新序）、祖像、祖训、科名、宗祠、节孝坊、地方图和山图、分支、世系等，竖排玉扣纸石版印刷。谱存仙阳镇仙南村管下路22号。

第八节　龙岩市

一、新罗区

曹溪《浮蔡萧氏族谱》 2008年7月萧柏山主修。谱载序言、世系传，油印本。谱存曹溪浮蔡萧氏宗祠。

中城《萧梅轩宗支统谱》 2012年萧诰延、萧锡鸿等编修。谱载序篇、世系图、名录、宗支发展与播迁、上下线问题、大事记、艺文、先贤与时贤、其他，囊括从开基祖至今20余万裔孙的资料。16开横排印刷本。谱存福建师范大学、厦门大学、闽南师范大学等大学图书馆及上杭客家族谱馆等处。

二、永定区

仙师《永定县萧氏族谱》 2003年萧中良主修，为永定仙师恩全、峰市桃泉两支宗亲合编。谱载序文、世系、人物、墓葬等，16开横排印刷本。谱存恩全、桃泉萧氏宗祠。

三、武平县

十方《黎畲萧氏族谱》 清乾隆二十年（1755年）萧兰芳始修，1989年萧迪银主持二修，1999年萧迪银主持三修。谱载谱序、世系、人物、坟墓等，16开横排印刷本。谱存黎畲萧氏宗祠。

东留《龙溪萧氏族谱》 2010年萧斌主修。谱载谱序、世系表、人物等，16开横排印刷本。谱存东留龙溪萧氏宗祠。

四、长汀县

城区《萧氏族谱》 清道光二十一年（1841年）萧赞庭重修，2006年萧炳正三修。谱载谱序、先贤、世系等，16 开横排印刷本。谱存萧炳正处。

五、漳平市

南洋《蕉岭皇佑萧氏分支族谱》　2015 年 6 月萧浩延、萧锡鸿编修。谱载谱序、凡例、分支世系图、名录、发展与播迁、大事记、先贤与时贤、附录等。谱存南洋乡北寮村萧氏宗祠。

第九节　宁德市

一、福安市

松罗《岭头萧氏族谱》　明崇祯五年（1632 年）始修，后有六次重修，1947 年八修，1982 年九修。谱载谱序、家训、世系、名录等，钞本。谱存松罗岭头萧氏宗祠。

雁塔《韩阳萧氏族谱》　清乾隆十七年（1752 年）始修，嘉庆四年（1799 年）二修，道光三年（1823 年）三修，咸丰十年（1860 年）四修，光绪九年（1883 年）五修，光绪三十四年六修，1986 年七修。谱载谱序、家训、世系，钞本。谱存雁塔韩阳萧氏宗祠。

二、福鼎市

白琳《白琳翁江萧氏族谱》　1935 年萧承邦重修。谱载序文、分支世系、祖训、先朝人物、耆寿、墓志铭、祀产等，竖排刻版玉扣纸印刷本。谱存白琳翁江萧氏宗祠。

三、霞浦县

崇儒《崇儒枣岭萧氏族谱》　1963 年重修。谱载序文、分支世系图等，钞本。谱存崇儒枣岭萧氏宗祠。

州洋《七里墾萧氏宗谱》　清康熙五十三年（1714 年）萧廷弟始修，同治十三年（1874 年）萧志隆主持二修，2008 年萧品耀三修。谱存七里墾萧氏宗祠。

崇儒《长坑萧氏族谱》　清嘉庆十七年（1812 年）曾傅洙始修，1924 年王体仁二修，1949 年萧宗潜三修，1980 年萧和瑛四修。谱载序文、分支世系、祖训、先朝人物、耆寿、墓志铭、祀产等。竖排刻版印刷本。谱存崇儒乡长坑萧氏宗祠。

水门《墩后萧氏谱》　谱载历修谱序、世系图等，钞本。谱存水门墩后萧氏宗祠。

四、周宁县

萌源《萌源萧氏宗谱》　明永乐二年（1404 年）萧崇五始修，嘉靖三十七年（1558 年）萧纪五、萧孔曜二修，万历九年（1581 年）萧纪五、萧守五三修，清乾隆十三年（1748 年）陈联振四修，乾隆二十五年张沧五修，乾隆四十五年张四维六修，光绪元年（1875 年）仲夏七修，1992 年萧志居八修，钞本。谱存萌源萧氏宗祠。

五、古田县

大桥《牛峰山萧氏族谱》　谱载序言、世系图、大学生名录等，钞本。谱存大桥牛峰萧氏祖祠。

第四章　文化遗产

第一节　著作与艺文

[宋] 萧德藻　闽清人。著有《千岩择稿》7卷，外编《吴五百传》3卷，续编《文献通考》4卷。

[宋] 萧　里　龙溪人。著有《经解》1册。

[宋] 萧　山　沙县人。著有《读诗传》《论语讲说》《读易管见》。

[明] 萧崇礼　晋江人。著有《海南垦殖史》10卷。

[明] 萧腾凤　晋江人。著有《天倪子》。

[明] 萧　福　浦城人。著有《毅斋吟稿》，参修《永乐大典》。

[明] 萧雪文　同安人。著有《易经释义》《比岩文集》《火余文集》《诗韶释义》。

[明] 萧尔晦　同安人。著有《冬青诗集》《俞诗评》。

[明] 萧士骏　泰宁人。著有《春园集》。

[明] 萧重熙　泰宁人。著有《五经汇语》《诸书纂要》。

[明] 萧　恕　将乐人。著有《平斋吟稿》《玉华百咏诗集》。

[明] 萧　慈　将乐人。著有《易经》，参修《将乐县志》，还有《和张本题封山韵》《题太平寺》《三华八景总题》等诗作。

[明] 萧来凤　将乐人。著有《演宗问答》《雅歌集》。

[明] 萧一槐　大田人。著有《天文地舆图》《通鉴纂要》《四书困学篇》。

[清] 萧正模　将乐人。著有《史论》18卷、《后知堂集》46卷及《续异人文》《读东林传笔记跋》《潮阳笔记》《萧深谷文集》43卷。

[清] 萧道管　福州人。著有《说文重文管见》1卷、《列女传集解》10卷、《萧闲堂札记》4卷、《然脂新话》3卷、《平安室杂记》1卷、《言愁》和《说乐》2篇、《萧闲堂遗诗》，遗有诗文、长短句各1卷。

[清] 萧　震　侯官人。著有《道山纪略》《西台奏议》《理刑末议》《洗冤录》。

[清] 萧　京　侯官人。著有《轩岐正论》《四诊正法》《药性微蕴》《伤寒门医案》《医论》《医鉴病鉴》《思孝》《荆园小语》。

[清] 萧云鹏　晋江人。著有《安平稽古》30卷。

[清] 萧汉杰　晋江人。著有《宗人落籍根源考》。

[清] 萧　泳　南平人。著有《柳溪集》《游武夷草》。

[清] 萧元桂　建阳人。著有《迁善编》。

[清] 萧少山　长汀人。著有《言志集》1册。

[清] 萧宝棻　闽县人。著有《鹭江竹枝祠》1卷。

[清] 萧治安　闽县人。著有《民间草药单验方》《澳桥山馆医话》。

[清] 萧　瀞　将乐人。著有《慎承录》1册。

[清] 萧　勷　将乐人。著有《百咏诗集》及《咏孔子山》《和穆公祠》两首诗作。

[清] 萧廷扬　宁德人。著有《伤寒论撮要》2 册。

[清] 萧文辉　连江人。著有《松石斋词》，现藏国家图书馆。

[近现代] 萧　冰　福州人。著有《小鹧鸪》《黄河无字碑》《网上行走》《黄河风》《春梦在心头》《蝶恋花》《美妙就在身边》，创作剧目《女大当家》《彩莲闹婚》《归雁情》《龙女怨》《魂归金瓯》。

[近现代] 萧书椿　罗源人。著有《汉语语法表解》《民国史散论》，有译著《气候与人类的活动》和《谈校长工作》。

[近现代] 萧　马　厦门人。著有中篇小说《钢锉将军》、短篇小说集《哨音》、散文《蓦然回首》、电影文学剧本《铁梨花》等。

[近现代] 萧古岩　泉州人。著有《楞严经玄要》《法华经略疏》《遗教经注释》《圆觉经玄义》《心经释》。

[近现代] 萧胜龙　将乐人。著有《圣水岩之月》《萧胜龙诗钞》《玉洞秋云》，主编《福建中央苏区纵横·将乐卷》《论杨时》《客家名贤杨时研究文集》《龟山诗联集》《纪念杨时诞辰 960 周年学术论坛论文集》《杨时文化大典》《将乐杨时及杨氏家训家规》《将乐姓氏》《将乐古建筑》《杨时经典语录选编》及《闽学鼻祖杨时》（传记），创作 30 集电视历史短剧《杨时》。

[近现代] 萧斯林　尤溪人。著有《锦绣河山》《世界奇观》《中外英杰》《绝代佳人》《万紫千红》《默默自燃成泰斗星光有泪君知否》等诗词集，以及《路在脚下》《肺腑语与致谢诗》等传记。

[近现代] 萧冠英　大田人。著有《水轮泵与水轮泵站》。

[近现代] 萧鸿杰　大田人。著有《浙江北仑发电厂 I 期 60 万千瓦锅炉汽轮发电机组·电气分册》《电机学》《UATLAB 仿真技术与应用》。

[近现代] 萧　峻　大田人。著有《萧峻画集》《萧峻书画篆刻集》《萧峻山水画集》《青花悠梦》《神融笔畅》。

[近现代] 萧亚生　莆田城厢区人。著有《莆田百家姓楹联》《兴化家族与祖宗崇拜》《兴化古城寻踪》，主编《城厢水利》《胆肝谱春秋》等。

[近现代] 萧漳龄　女，莆田人。著有《窥探美国人》。

[近现代] 萧天喜　武夷山人。主编《武夷山文化丛书》《走向世界的武夷山》等。

[近现代] 萧如鸿　龙岩人。编著国家重点教材《电机学》，合著《电机的电磁场》。

[近现代] 萧飞鸿　龙岩人。著有《精液检验》《男性不育》《新男性不育不孕》。

[近现代] 萧中良　永定人。著有《诗梦王寿山》《土楼客家》《土楼酒歌》。

[近现代] 萧志善　武平人。著有《南平百科全书》《南平名产志》《华夏萧氏志》《萧氏大事记》《萧氏人物志》《延年益寿》《我的大半生》《益知录》《不枉此生图像志》。

[近现代] 萧建亨　长汀人。著有《气泡的故事》《影子的故事》《金星人之谜》《不睡觉的女婿》《密林虎踪》《奇异的机器狗》《重返舞台》《布克的奇遇》《影子的故事》《钓鱼爱好者的唱片》《铁鼻子的秘密》《沙洛姆教授的迷误》《梦》《金星人之谜》《萧建亨科幻小说选》《萧建亨科幻小说新作选》《萧建亨获奖科学幻想小说选》及科普读物《谜一样的地方》。

[近现代] 萧华庭　长汀人。译著《无线电发送设备教程》《电磁兼容原理》《线性集成电路应用指南》等，合著《数字微波中继通信》《高频电路》。

[近现代] 萧炳正　长汀人。著有长篇小说《萧家媳妇》（改编为 30 集电视剧）、《杨梅花开》。

[近现代] 萧传富　周宁人。编著《福建名乡名镇》之“周宁县咸村镇”篇。

第二节　族规家训

一、泉港南埔镇萧厝梅峰萧氏家训

（一）孝双亲

父母双亲，恩似海深，生儿育女，历尽艰辛。子女成人，孝养殷勤，鸦能反哺，人当胜禽。父母所需，竭力奉进，不应吝啬，薄待双亲。父母教诲，谨记在心，父母有过，婉言规陈。父母有病，精心侍奉，求医诊治，力减病痛。久病不愈，照护始终，婿为半子，也应分奉。婆媳关须，应如母女，婆慈媳孝，不存忌疑。莫伤亲心，毋揭短处，改过即可，莫向外议。上有父母，下有儿孙，上慈下孝，代代相传。

（二）爱同胞

兄弟姐妹，骨肉同胞，情同手足，根须一条。成家立业，各操其劳，团结互助，仍应做到。分炊析产，莫争多少，财物易得，手足难找。赡养父母，各皆尽孝，富多贫少，不该计较。姑嫂相敬，是非减少，姊妹嫁出，互亲相好。妯娌和睦，互尊互助，情同姊妹，协力致富。自爱爱人，合家安好，事事适可，和乐永保。

（三）睦夫妇

不求貌美，偏重素质。健勤能干，俭朴诚实。夫妻之间，情重如山，荣辱与共，利害相关。欲求美满，以诚为先，推心置腹，不相欺骗。不受谣祸，不被唆骗，信任至重，理解关键。生活习惯，互就相容，互敬相爱，互助互勉。同心同德，克勤克俭，就力行事，量入花钱。统一计划，分头去办，大事相商，小事自便。一方有过，耐心规劝，循循善诱，不可耍蛮。一方患难，勿怨勿烦，体贴照顾，不该疏远。富不移情，贫不相怨，百年偕老，同苦共甜。喜新厌旧，众所不齿，朝花暮柳，更违法纪。晚婚晚育，少生优生，生男或女，都应平等。父母行为，胜于说理，言传身教，启发自砺。

（四）亲宗族

敦亲睦族，五要记住：一曰敬老；二曰尊贤；三抚孤寡，周到细心；四扶危困，不辞劳辛；五持公正，排难解纷。合族团结，和气生春。同根相邻，应互关心，天灾人祸，俱可减轻。喜事相贺，丧事吊唁，合族之事，协力齐心。

（五）慎交朋

朋友之间，信义为重，情淡如水，谊厚难动。同气相求，同声相应，互尊互信，情谊笃定。物以类聚，人以群分，志同道合，是谓良朋。肝胆相照，敢褒敢评，切磋砥砺，携手并进。狐朋狗友，狼狈为奸，沆瀣一气，越陷越深。近朱者赤，近墨者黑，择朋交友，岂可不慎？管鲍分金，相交至诚，孙庞暗斗，令人心惊。莫矜己长，莫轻人短，贫贱之交，终生不忘。

（六）勤学习

玉琢成器，人学知义，不分男女，皆要学习。尊师重教，充实知识，讲究科学，掌握技艺。幼年求学，犹须勤勉，熟读精思，获益匪浅。循序渐进，温故知新，勤学好问，分秒必争。德智体美，全面发展，劳动锻炼，均须实干。滴水穿石，精神可贵，博学成才，功名可遂。逆水行舟，不进则退，不学无术，何以立世？光阴易逝，生年有限，囊萤映雪，当为借鉴。闻鸡起舞，自强不息，锲而不舍，终生受益。

（七）守法纪

国有国法，民有民约，严守法纪，坚持原则。盗窃拐骗，不劳而获，法网恢恢，疏而不漏。贪污受贿，罪在不赦，敲诈勒索，作恶自毙。车匪路霸，应当消灭；流氓地痞，岂容肆虐？交通规则，各应遵守，不慎车祸，覆水难收。秉公办事，严谨廉洁，作奸犯科，自趋毁灭。立身处世，最重人格，礼义廉耻，时自鞭策。

（八）重修身

爱国爱乡，热心公益，开拓创新，敬业尽职。遵守秩序，礼貌待人，举止端庄，言谈宜慎。为人正直，细察兼听，是非善恶，爱憎分明。己所不欲，勿施于人，严以律己，恕以待人。凡事三思，留有余地，鲁莽从事，追悔莫及。淫乱好色，身败名裂，祸延子孙，自作罪孽。富贵勿骄，贫贱不移，光明磊落，凛然正气。

（九）善持家

一粥一饭，来之不易；半丝半缕，都要爱惜。诚实劳动，合法经营，先富富邻，无限光荣。才高身勤，收丰用省，谦恭忠厚，其家必兴。公平交易，勿占便宜。穷邻苦友，量力周济。损人利己，损公肥私，不义之财，分毫不取。巧取豪夺，骄奢淫逸，为富不仁，万人唾弃。移风易俗，消除迷信，破旧立新，合理改进。

（十）讲卫生

黎明即起，洒扫庭除，内外清洁，排列整齐。垢集桶堆，痰入沟盂，环境优美，体健神怡。饥不暴食，渴不狂饮，戒烟节酒，多动少病。增果蔬菜，减肉糖盐，清通脏腑，祛病延年。笑口常开，青春常在；怨恨嫉忌，身心大害。纵欲短命，乐观长寿，讲究卫生，全家幸福。

录自泉港萧厝《梅峰萧氏族谱》

二、晋江萧下萧氏家训

治家要则，世代传承；引规律己，祖训彰明。事亲孝顺，赡养至情；弟恭兄友，妯挚娌诚。夫妻和顺，家室安宁；男求才德，女效淑贞。待人接物，礼让敦诚；尊贤敬老，举止文明。不分房祧，一脉相承；胸怀爽朗，琐事莫争。亲邻睦族，气静心平；抚孤恤寡，济困扶倾。勿讥彼短，勿恃己能；恃强凌弱，报应非轻。祸因恶起，福自善凝；交朋择友，良莠分明。贫宜立志，富莫骄横；戒淫戒赌，善贾善耕。惰终废业，勤必有成；奢终遭困，俭必丰盈。尊师重教，培育精英；虚心研读，贵在有恒。优良环境，福寿康宁；规章法纪，宜守宜绳。仕途宦海，清正廉明；繁荣经济，克振家声。忠心报国，青史留名；弘扬祖德，万世谨铭。

录自东石萧下《萧下萧氏谱志》

三、明溪县夏阳萧佈村萧氏家规家训

古人治家如治国。晁氏守法度，扬播敦义，让万石君秉礼无间，洵后世之楷模。谱中采录先贤格言，勖以迁善改过。是训是行，期于协一。乃逸乃谚，在所必惩。《书》曰："从绳则正"，其各勉旃。

（一）尊祖宗　祖宗之灵，洋洋如在。祭之日，各宜庄敬。不许露顶跣足，亵慢先灵。违者不容与祭。如有侵欺祭田及临祭攘夺者，此不孝之子孙也。与众弃之，不许入谱。

（二）睦族党　瓜瓞同根不可忘也。凡我族氏，祀必赴，冠婚必告。少而孤，则老者字之；贫而无归，则富者助之。如有燃萁煮豆、摘子绝蔓者，此家之蠹贼也。合族送治，毋玷家风。

（三）正宗潢　莔草芝夷稗似谷，君子恶其杂也。故非其种者，锄而去之。凡属螟蛉，不得闯入，以防乱宗之弊。

（四）谨职业 蠹食之民，王法所禁。故四民之业，不可废也。读书之外，须课农商。不许游手生事，自干国纲。如为僧为道为优为隶，此有玷辱先人之甚者也，直削其名，毋羞吾谱。若为士而有劣行、居官而有贪名，皆不肖之子孙也，俱不录。

录自夏阳萧佈《河南萧氏族谱》

四、清流县长校东山萧氏家训

修身齐家，孝悌先行。敬宗尊祖，精诚团结。春秋祭扫，纪念祖灵。祖祠祖庙，珍惜爱护。风景林木，人人保护。族规祖俗，共同遵守。奉养父母，既虔且诚。夫唱妇随，家业必兴。兄弟手足，骨肉至亲。妯娌姐妹，互助互敬。家庭和睦，齐心创业，尊老爱幼，睦族和邻。教育子女，唯学唯勤。刻苦攻读，成材成人。待人接物，谦虚谨慎。助人为乐，见义必行。除暴安民，济危救贫。士农工商，业精于勤。学用科学，发展生产。劳动致富，勤俭持家。助学兴教，培育精英。参军服役，保家卫国。减繁去奢，婚丧喜庆。戒怠戒懒，禁赌禁淫。国家法纪，模范执行。田赋税收，及时完成。宦海仕途，清正廉明。忠于祖国，爱护人民。为恶莫作，唯善是真。防火防盗，确保安宁。讲究卫生，振奋精神。社会道德，恪守不违。移风易俗，弃旧图新。遵规守训，百世昌盛。

录自长校东山《萧氏联修族谱》

五、大田县上京林埔大宗祠萧氏家训

父母育儿女，教育倍辛艰。生子爱子慧，育女思女贤。玉琢方成器，功名富贵长。落榜不丧志，才艺更红专。知足顺意乐，贪婪终落难。慈善有好报，恶习无近前。和气家生财，重义声名扬。六亲讲义气，诚实福无疆。富贵骄不得，贫困志要长。只怕不争气，矢志家道昌。富贵贫贱分，只在竞争关。世路多曲折，眼明好通畅。防范上古事，理智任心宽。礼貌光世德，亲疏不分辨。来去财分明，非义心莫贪。勤劳治家宝，节俭盈长祥。在家尽忠孝，出门礼让先。求世人中凤，万般忍是缘。为人终生计，以训人生观。

录自上京林埔大宗祠《萧氏家训》

第三节　宗　祠

南靖金山镇霞涌萧氏宗祠四美堂 坐落在南靖县金山镇霞涌村。明万历十八年（1590 年）始建，清代重修。占地面积 1530 平方米，建筑面积 117 平方米。坐北朝南。建筑风格为带门楼的单体悬山顶土木结构建筑。祠前辟有泮池，后设龟背形抄手。奉祀开基祖萧孟容，配祀五代祖考妣神位。祠内楹联为"本河南从永邑先镇漳州绵瓜瓞，溯石滩移水美继开永里绍箕裘。""衍派源流钟涌水，渊源一脉贯书山"。祠厅悬挂台湾地区原副领导人萧万长分别于 1997 年、2015 年赠题的"祖德福荫""宗功祖德"牌匾。祠外门前竖立清嘉庆二十二年（1817 年）明经进士萧元勲所立的旗杆和

四美堂

2008年萧万长当选为台湾地区副领导人时所立的旗杆等。2009年11月列为福建省第七批文物保护单位。

大田林埔萧氏大宗祠 坐落在大田县上京镇桂坑村黄城岬（古称林埔坪）。北宋熙宁三年（1070年）始建，清康熙十七年（1678年）重修，1994年保持原建筑风格再度重修。占地面积3000多平方米，建筑面积1300平方米。坐东北朝西南。呈双牛抵力形。悬山顶，土木结构，具有古代衙署建筑风格，俗称“萧祖衙”。宗祠大门联曰“兰陵继起称大姓，林埔肇开第一祠”。祠内奉祀肇基祖萧遵及历代先祖牌位。悬挂2009年萧万长题“萧氏林埔大宗祠”牌匾。2009年列为福建省第七批文物保护单位和涉台文物保护单位。

林埔萧氏大宗祠

南靖书洋镇书山祠 坐落在书山镇书洋村山下106号。清康熙初年（约1662年）始建，康熙三十一年（1692年）重修，2014年重新大修，2015年举行重光庆典。占地面积1960平方米，建筑面积790多平方米。坐东朝西。为二进三间二护厝，“前带笠，后棕蓑”的建筑风格。祠前竖有石旗杆，建有泮池。大门前楹联为“书香永艳历代儒芳传万载，山气长灵蝉联甲第继千秋”。祠内奉祀1世祖考萧奋公、妣林氏老孺人暨历代先祖牌位。厅堂悬挂清乾隆庚午科（1750年）中式第一名解元萧元光“恩魁”匾、嘉庆辛未科（1811年）萧光斗立“贡元”匾各一面。2017年列为福建省第九批文物保护单位。（见彩图8-1）

南靖书洋镇乾源祠 坐落在书山镇书洋村山下，与书山祠并列。历代皆有修缮，保存完好。占地面积840平方米，建筑面积约420平方米。坐东朝西。单进三开间，悬山顶，土木结构。祠前辟有泮池，左右设护厝。大厅楹联为“乾峰彩云系玉带，源泉映月载金冠”。2017年列为福建省第九批文物保护单位。

厦门乌石浦萧氏家庙 坐落在湖里区乌石浦社内。明正德年间（约1515年）始建，1988年复建。占地面积320平方米，建筑面积237平方米。坐北向南。二进一天井，悬山顶，砖石木结构。大门联曰“天宝石奇飞来乌石，霞漳江曲流入鹭江”。大厅横梁高悬萧万长题“兰陵世家”题匾。2005年列为厦门市涉台文物保护单位。（见彩图8-2）

南靖书洋镇东山祠 又名“斗山祠”。坐落在书洋乡书洋村内坑56号。明嘉靖年间（1522—1566）始建，1986年重修，近年又按修旧如旧的原则修缮，2016年竣工。占地面积2080平方米，建筑面积810平方米。主体建筑坐东朝西，大门楼坐北朝南。二进一天井，单檐悬山顶。门楼为硬山顶、棱形柱。祠前建有泮池。大门楹联为“祖本河南移南靖；宗承鄚国肇莱溪”。1996年7月列为南靖县文物保护单位。

晋安鼓山埠兴兰陵萧氏支祠 坐落在晋安区鼓山镇埠兴村。1929年始建。占地面积500平方米，建筑面积400平方米。坐北朝南。三进两天井，硬山顶，钢筋混凝土结构。祠内悬挂“文魁”“武魁”匾额。

长乐漳港萧氏宗祠 坐落在漳港镇漳港街道。明正德年间（1506—1521）始建，2014年择地重建。占地面积1.2万平方米，建筑面积1650平方米。坐北朝南。三进两天井，歇山顶，钢筋混凝土结构。祠前广场面积2000平方米，建有各种纪念碑、亭、雕像，以及景观喷水池等。大门联曰“兰陵衍派依山瞻远景，漳水传芳临海启新程”。祠内奉祀入闽始祖萧曦及历代先祖神主牌。

闽侯邱阳萧氏宗祠 坐落在上街镇邱阳村。清代创建，1977年拆除原建筑，扩建为三层楼房。建筑面积2070平方米。坐西北向东南。前后两落，钢筋混凝土结构。祠内设图书室、接待室、办公室、老年人活动室及祭祀大厅等。联曰“溯八叶之传家自是兰陵望族，卜三山而结宅长承相国遗风”。

闽侯竹岐镇溪口萧氏宗祠 坐落在竹岐镇竹西村溪口自然村。占地面积约450平方米，建筑面积120平方米。坐北朝南。单进单层，悬山顶，土木结构。

闽侯廷坪萧氏宗祠 坐落在廷坪乡黄埔村。占地面积350平方米，建筑面积130平方米。坐北朝南。悬山顶，单进敞开式厅堂，土木结构。

连江阳岐萧氏宗祠 坐落在琯头镇阳岐村。清康熙年间（1662—1722）始建，2000年择地重建。占地面积693.6平方米，建筑面积1138平方米。坐北朝南。三层二进一天井，硬山顶，东西合璧，钢筋混凝土结构。大厅进深48.46米，面宽14.31米。祠左侧建膳厅、厨房等附属建筑，面积630平方米。祠前立"大通县正堂萧氏"石旗杆一对。

连江松皋萧氏宗祠 坐落在下宫镇松皋村。清嘉庆三年（1798年）始建，1994年大修。占地面积600平方米，建筑面积400平方米。坐北朝南。二厅一天井，硬山顶，石木结构。

连江长龙王化萧氏宗祠 坐落在长龙镇王化村。2008年重建。占地面积660平方米，建筑面积200平方米。坐东北朝西南。二厅一天井，硬山顶，砖木结构。

闽清金沙墘面萧氏宗祠 坐落在金沙镇墘面村。2006年重建。占地面积1063平方米，建筑面积900平方米。坐西朝东。三层二厅一天井，钢筋混凝土结构。

罗源洋坪萧氏宗祠 坐落在西兰乡洋坪村。清乾隆后期（1775—1795）始建，同治二年（1863年）重修，2007年再修。占地面积500平方米，建筑面积300平方米。坐北朝南。单进六扇七柱，硬山顶，土木结构。门楼亭为歇山顶，木结构。祠前原有旗杆一对，现仅存底部碣石，上刻"萧奇怀立同治二年"字样。祠内有"文魁""武魁""选魁"牌匾。

罗源霍口岐峰时思堂 坐落在霍口镇岐峰村。明万历中期（1588—1598）创建，清代重修，20世纪90年代重建。占地面积1350平方米，建筑面积700平方米。坐北朝南。单进四扇五柱，硬山顶，土木结构，由大堂、戏台和门楼亭组成。

罗源王沙萧氏宗祠 坐落在中房镇王沙村。明代后期始建，清代扩建。占地面积700平方米，建筑面积300平方米。坐东北朝西南。三进二天井，悬山顶，砖木结构。祠前有旗杆1对。祠内楹联曰"先贤甘苦倍偿方有百代兴旺，后辈创新图强可待万世根基"。祠内悬挂有"进士"匾。

漳州书都萧氏追远堂 坐落在龙文区朝阳镇书都村。清康熙年间（1662—1722）始建，至今保存完好。占地面积约2000平方米，建筑面积510平方米。坐东向西。分上下两厅，二厢房，悬山顶、砖木结构。祠前大埕开阔。祠内供奉始祖萧遁斋公妈牌位。正堂对联曰"源溯兰陵宋代科名推首选，派分书社清时仕籍看重辉"。2003年列为漳州市文管办文物保护点。

龙海港尾青田兰陵堂 坐落在港尾镇沙坛村青田社。占地面积300平方米，建筑面积100平方米。坐西南朝东北。单进三开间，悬山顶，土木结构。

漳浦霞美萧氏宗祠 坐落在霞美镇溪仔村丈头社。1940年重建，2000年扩建。占地面积280平方米，建筑面积约110平方米。坐东朝西。单进三开间，悬山顶，砖木结构。

诏安金星萧氏宗祠 坐落在金星乡邱城村洋江自然村。清初始建，1996年翻修。占地面积500平方米，建筑面积280平方米。坐西朝东。单进开三间，悬山顶，土木结构。

南靖书洋深坵祠 坐落在书洋镇田中村深丘石跳头。清雍正六年（1728年）始建，同治年间重修。占地面积1100平方米，建筑面积220平方米。坐东南朝西北。单进三开间，悬山顶，土木结构。祠前有泮池。祠内楹联曰"深林木森森千枝万叶归一本，坵壑泉混混分支别派悉同源"。

南靖书洋龙潭祠 坐落在书洋镇田中村。占地面积250平方米，建筑面积230平方米。坐北朝南。单进三开间，悬山顶，土木结构。祠内悬挂"明经""贡元""文魁""州司马第"等牌匾。

南靖书洋芳远堂 坐落在书洋镇街上。1995年重修。占地面积2000平方米，建筑面积340平方米。

坐西南朝东北。二进三开间，悬山顶，土木结构。祠厅悬挂“选魁”“河南衍派”“继往开来”“光前裕后”等牌匾。

南靖书洋凤鸡堂　坐落在书洋镇山仔自然村。占地面积1800平方米，建筑面积124平方米。坐北朝南。单进三开间，悬山顶，土木结构。前有泮池，设左右护厝。

南靖书洋崇宝堂　坐落在书洋镇书洋村。明末始建，2017年重修。占地面积3340平方米，建筑面积400平方米。坐西北朝东南。单进三开间，悬山顶，土木结构，建有门楼、院墙等。祠内神龛左室供奉孔子神位。

长泰岩溪龙美追远堂　坐落在岩溪镇锦鳞村龙美自然村。占地面积650平方米，建筑面积258平方米。坐北向南偏东。二进一天井，悬山顶，土木结构，祠前有泮池。祠厅悬挂“玉堂清选”匾。

长泰岩溪锦鳞村东厝追远堂　坐落在岩溪镇锦鳞村东厝自然村。占地面积430平方米，建筑面积210平方米。坐东南朝西北。二进一天井，悬山顶，砖木结构。大门两旁有抱鼓石。祠内供奉开基祖萧佑勤以下历代祖宗神主。大厅悬挂“追远堂”匾。祠内楹联曰“凤山旌旗展龙图，良岗灵气耀东红”。

泉州闽台萧氏大宗祠　坐落在丰泽区城东街道蓬莱路（新前社区）。2013年始建。占地面积13500平方米，建筑面积1300平方米。坐西南朝东北。三进二天井双护厝，歇山顶，砖木结构。

泉港萧厝萧氏宗祠　坐落在泉港区萧厝村。明洪武年间（1368—1398）萧仲仁始建上座，清乾隆十一年（1746年）萧笃甫扩建厅堂，乾隆三十七年萧其镳营建下座，同治初年萧建式倡议重修，1994年在原址依旧规制扩建。总占地面积276平方米，建筑面积188平方米。坐东朝西。两进三开间（附前埕），硬山顶，石木结构。右侧毗连处兴建一座两层小楼，为老人协会会所及守祠者之住处。埕围西北角设置门楼，上嵌“萧氏家庙”石匾。中门门楣上嵌“萧氏宗祠”匾额，门前置抱鼓石一对。祠内奉祀开基始祖萧雁与妣李氏以下历代神主。祠堂楹联曰“汉代功臣第，唐朝宰相家”“纵横闽海无双地，雄峙梅峰第一祠”等。

晋江萧下萧氏宗祠　坐落在东石镇金山之麓。明嘉靖三十一年（1552年）始建，天启二年（1622年）续建下落及廊庑，清顺治十八年（1661年）禁海“迁界”时遭毁，康熙二十三年（1684年）在旧址重建，2000年遭台风暴雨侵袭坍塌，2003年重建并增建双护厝及一幢双层附属楼。占地面积650平方米，建筑面积396平方米。坐东朝西。二进一天井三开间带两护厝，硬山顶，土木结构，门墙为石构。大门匾镌“萧氏宗祠”四个大字，为萧万长手书。门柱镌联曰“金山飞彩凤，玉海起苍龙”。

晋江东石岑兜萧氏宗祠　坐落在东石镇岑兜村。始建于明代，清嘉庆年间（1796—1820）重修，1985年再修。占地面积1000平方米，建筑面积535平方米。坐东南朝西北。单进式，两边带护厝，硬山顶，砖木结构。祠内楹联曰“汉代功臣第，唐朝宰相家”。大厅悬挂“进士”“登科”“文魁”“选士”“历任文衡”等牌匾。

晋江前垵萧氏宗祠　坐落在金井镇前垵村。清乾隆十年（1745年）始建，道光七年（1827年）重修，1933年再修，2013年重建。占地面积180平方米，建筑面积150平方米。坐北朝南。二进一天井，硬山顶，砖石木结构。大厅楹联曰“汉代一功臣麟阁丹青昭国策，唐朝八家宰象贤朱紫振家声”。

晋江安海后萧村萧氏宗祠　坐落在安海镇后萧村。明正德年间（1506—1521）始建，清初因灾乱遭毁，2004年在原址上重建。占地面积1350平方米，建筑面积185平方米。坐南朝北。二进一天井，硬山顶，砖木结构。

晋江安海镇西垵村萧氏宗祠　坐落在安海镇西垵村。1986年重建。占地面积450平方米，建筑面积310平方米。坐东北朝西南。单进式，带双护厝，硬山顶，砖木结构。

晋江龙湖萧氏宗祠　坐落在龙湖镇埔头村。明代始建，2005年重建。占地面积1000平方米，建筑面积320平方米。坐东北朝西南。单进三开间，硬山顶，石木结构。

南安内茂萧氏祖祠　坐落在美林街道内茂社区。2015 年重建。占地面积 3350 平方米，建筑面积 295 平方米。坐东朝西。二进一天井，两边有回廊，硬山顶，砖石木混合结构。祠外立有华表牌坊。祠内楹联曰“定规立法一代贤相创伟绩，安邦定国两朝天子开齐梁”，“凤山脉灵千古秀，内茂叶盛万年青”。

南安康美梅星萧厝祖屋　坐落在康美镇梅星村玲内自然村。清光绪二年（1894 年）重修，2009 年再修。占地面积 450 平方米，建筑面积 260 平方米。坐北朝南。二进一天井，两边有回廊、双护厝，硬山顶，砖木结构。祠外有晒坪。大门楹联曰“笔架墨香谱族誉，梅峰春发振宗声”。祠内楹联为“兰陵酂侯首功盖世绵祖德，八叶封相诚辅盛唐发裔孙”。

南安金淘南丰村萧氏祖祠　坐落在南丰村古荣。占地面积 236 平方米，建筑面积 141 平方米。坐西南朝东北。二进五开间一天井，硬山顶，砖木结构。

南安梅山梅峰宗胤堂　坐落在梅山镇梅峰村炉口自然村。1997 年重修，2017 年重新修建。占地面积 800 平方米，建筑面积 328 平方米。坐西南朝东北。二进一天井带双护厝，硬山顶，砖木结构。

安溪宝山凤翼祠　坐落在西坪镇宝山村。明洪武二十五年（1392 年）始建，1989 年重建，2007 年再修。占地面积 3000 平方米，建筑面积 260 平方米。坐北朝南。二进一天井，悬山顶，土木结构。祠前有泮池、旗杆、戏台等。祠内有萧万长所题“凤翼堂”及“选魁”“文魁”“武魁”“修职郎”“义勇可风”等匾额。

安溪龙涓萧氏肇基堂　亦称“五社祖”。坐落在龙涓乡芹山村。元至顺二年（1331 年）始建，清嘉庆十六年（1811 年）重修，2011 年在原址按旧制重建，并拓宽祠埕。总占地面积 500 多平方米，建筑面积 122 平方米。坐西北朝东南。悬山顶，单进三开间，砖石木结构。大厅进深 8 米，面宽 15.2 米。祠堂内外置石柱，门廊二柱浮雕飞龙。正厅对联曰“肇端至顺蜚声远，基奠芹山绵世荣”。2012 年列为全国三普文物点。

安溪官桥内村萧氏祖祠　坐落在官桥镇内村村祖厝边 28 号。明万历十年（1582 年）始建，1992 年重修，2019 年再修。占地面积 500 多平方米，建筑面积约 316 平方米。坐东北朝西南。两进一天井，悬山顶，砖木结构。祠堂对联曰“师能明哲千秋赏，俭以养廉百世崇”。大厅左右墙上挂贴有“忠、孝、廉、节”四个大字。2012 年列为全国三普文物点。

安溪西坪宝山丰田祠　坐落在西坪镇宝山村。明万历五年（1577 年）始建，2011 年重建。占地面积 1300 平方米，建筑面积 240 平方米。坐东北朝西南。二进一天井，两边带回廊，悬山顶，土木结构。大门楹联曰“丰盈汉代宗臣裔，田本梁朝帝子家”。祠内楹联为“丰山勋业汉律儒宗承兰陵俎豆，田上鼎基孟贞文选案凤翼箕裘”。

安溪桃舟南达萧氏宗祠　坐落在桃舟乡达新村。明洪武九年（1376 年）始建，历经多次修建，1999 年再重修。占地面积 1226 平方米，建筑面积 400 平方米。坐北朝南。两进两护厝，悬山顶，土木结构。前有六角池。祠内楹联曰“南山耸峙高峰想当年鼻祖择居此地标吾乡第一，达德开基峻宇其日后子孙继起其人绍酂国无双”“门对南山自北而西而东三山高拱包藏内，基开达德由漳入安入德一水朝来浥注中”。

安溪桃舟达德坂尚德堂　坐落在桃舟乡达新村。清康熙年间（1662—1722）始建。占地面积 600 平方米，建筑面积 260 平方米。坐南朝北。二进一天井带四厢房，悬山顶，土木结构。

安溪龙涓诏都东阳祠　坐落在龙涓乡福黎村诏都东阳自然村。清乾隆十年（1745 年）始建，1943 年大修，2010 年重修。占地面积 1750 平方米，建筑面积 470 平方米。坐东南朝西北。二进三开间一天井带双护厝，悬山顶，土木结构。建有门亭。

安溪龙涓诏都石门内祖祠　坐落在龙涓乡福黎村。明成化十六年（1480 年）始建，1943 年重修。占地面积 663 平方米，建筑面积 214 平方米。坐西朝东。单进三开间，悬山顶，土木结构。

安溪龙涓诏都竹林下祖祠　坐落在龙涓乡福黎村。明万历二年（1574 年）始建，万历四十二年重修，

1943年再重修。占地面积672平方米，建筑面积152平方米。坐西北朝东南。单进三开间，悬山顶，土木结构。

安溪龙涓诏都洋美祠 坐落在龙涓乡福都诏都自然村。2004年重修。占地面积450平方米，建筑面积326平方米。坐西北朝东南。二进三开间一天井，悬山顶，土木结构。

安溪龙涓永庆祖祠 坐落在龙涓乡黎山村芹山角落。明末始建，2015年重建。占地面积550平方米，建筑面积190平方米。坐东朝西。单进三开间，悬山顶，砖木结构。

安溪龙涓黎山湄都祖祠 坐落在龙涓乡黎山村芹山自然村。明洪武十四年（1381年）始建，1999年重修。占地面积723平方米，建筑面积285平方米。坐东南朝西北。单进三开间，悬山顶，砖木结构。祠前有泮池。正厅楹联曰“兴水木之思溯源于九江刺史，承诗礼之训仰范于八叶平章”。

安溪龙涓黎山嵋谿祖祠 坐落在龙涓乡黎山村芹山角落（深坵95号）。太学生萧章钮建于清同治十二年（1873年），2014年毁于火灾后重建。建筑面积480平方米，占地面积1000多平方米。坐北朝南。二进一天井，悬山顶，砖木结构。神龛楹联曰“嵋山竞秀东西岳，谿水溯源南北朝”。

安溪龙涓长新仁里祖祠 坐落在龙涓乡长新村上林自然村。清光绪九年（1883年）重修，2002年再重修。占地面积600多平方米，建筑面积196平方米。坐东北朝西南。二进一天井五开间，悬山顶，土木结构。

安溪龙涓山坛仰昌堂 坐落在龙涓乡山坛村。明万历年间（1573—1620）始建，2012年重修。占地面积388平方米，建筑面积209平方米。坐西朝东。二进一天井五开间，悬山顶，砖木结构。

安溪湖头大埔萧氏宗祠 又名“埔兴祠”。坐落在湖头镇大埔村。2017年重建。占地面积850平方米，建筑面积195平方米。坐西南朝东北。二进五开间，悬山顶，砖木结构。大门两边祠联为“埔地腾龙开骏业，兴居毓秀续新篇”。

安溪龙门朴都萧氏宗祠 坐落在龙门镇湖山村朴都自然村。明永乐三年（1405年）始建，1993年、2000年重修。占地面积1100平方米，建筑面积180平方米。坐北朝南。二进一天井三开间，悬山顶，土木结构。大厅楹联曰“朴守其贞昭三章世德衍繁侪玉，都成斯授绍八叶雄风毓现时英”。

德化霞卿萧氏安槐堂总祠 坐落在盖德乡下坑村。明嘉靖四十三年（1564年）重建，2011年翻修。占地面积1万平方米，建筑面积344平方米。坐北朝南。单进敞开式带双护厝，悬山顶，土木结构。祠内悬挂“解元”牌匾，款题“钦命福建巡抚都察院讳仲举取第一名”，署款“清康熙丁卯科萧弘梁立”。

德化桂阳陈溪侯屿堂 坐落在桂阳乡陈溪村。2011年重建。占地面积2660平方米，建筑面积375平方米。坐北朝南。单进敞开式，悬山顶，土木结构，建有围墙、晒坪。祠内楹联曰“侯山发千祥叶茂枝繁千秋旺，屿水流万派河清海晏万世昌”。

德化龙浔英山金宝堂 坐落在龙浔镇英山村。清乾隆五年（1740年）始建，2014年重建。占地面积3500平方米，建筑面积330平方米。坐西南朝东北，两进一天井带护厝，悬山顶，土木结构。

永春玉斗魁柄萧氏宗祠 坐落在玉斗镇坑柄村。清光绪年间（1875—1908）重修，2009年再修。占地面积1000平方米，建筑面积280平方米。坐北朝南。二进一天井带双护厝，悬山顶，土木结构。祠内楹联为“兰陵发祖德泽裔孙传万世，卿柄开基仁荫望族继千秋”“脉原固始宗风古，派衍桃源世泽长”。

永春一都南阳西侯祠 坐落在一都镇南阳村。明嘉靖十九年（1540年）始建，1946年维修。占地面积1216平方米，建筑面积200平方米。坐东朝西。二进一天井，悬山顶，木结构。2001年获泉州历史研究会颁发的“泉州名祠”称号。

永春下洋大荣紫卿堂 坐落在下洋镇大荣村紫坑自然村。北宋熙宁十年（1077年）始建，清雍正二年（1724年）重建，2000年重修。占地面积2330平方米，建筑面积1400平方米。坐西朝东。二进一天井五开间，悬山顶，土木结构。祠外建有晒坪。祠内楹联曰“紫极皎明承先启后绳祖武，卿云绚烂继往开来上前程”。

永春一都古格萧氏总祠 坐落在一都镇鲁山村古格自然村。明正统年间（1436—1449）始建，1999年大修。占地面积1000平方米，建筑面积260平方米。坐东朝西。二进一天井，悬山顶，土木结构。祠内楹联曰“古侯流芳派衍一都才济济历为望族，格局踞胜祠朝千象景菲菲时仰世家”。

三元岩前泰乙公祠 坐落在岩前镇岩前村。占地面积200平方米，建筑面积100平方米。坐东朝西。单进敞开式，砖混结构。祠前立石旗杆一对，为清乾隆叔侄进士萧飞龙、萧振元所立，“文化大革命”时遭毁，仅剩半截。

梅列陈墩萧氏宗祠 坐落在梅列区陈大镇陈墩村。占地面积800平方米，建筑面积550平方米。坐西向东。二进一天井，悬山顶，土木结构。祠内奉祀开基祖萧永长。

清流东山嘉麒公祠 坐落在长校镇东山自然村。宋太平兴国元年（976年）始建，1988年重修。占地面积1100平方米，建筑面积246平方米。主体建筑坐东向西，门楼坐南向北。二进一天井，悬山顶，土木结构。祠外有前坪、泮池。祠内楹联曰“嘉言懿行祖德留芳家声远，麒甲辉暎儿孙继美世泽长”。

建宁伊家萧氏家庙 坐落在伊家镇伊家村。南宋年间（1127—1279）始建，明清均有维修。占地面积1100平方米，建筑面积780平方米。坐东南朝西北。二进一天井，悬山顶，土木结构。祠内楹联曰“四千年远史源于商夏，九百万裔孙沿续当今”。

建宁陈家萧氏宗祠 坐落在伊家镇伊家村陈家村。1992年重修。占地面积266平方米，建筑面积184平方米。坐东朝西。单进式，悬山顶，土木结构。祠内楹联曰“萃子孙于一堂按序昭穆，祀祖宗于百代报德报恩”。

泰宁朱口萧四六公祠 坐落在朱口镇朱口村。2003年重修，2016年重建。占地面积460平方米，建筑面积450平方米。坐南朝北。二进一天井，悬山顶，砖木结构。奉祀1世祖萧四六暨历代先祖神位。

明溪杏村萧氏总祠 坐落在夏阳乡杏村。2008年重修。占地面积300平方米，建筑面积150平方米。坐西朝东。二进三开间，悬山顶，土木结构。祠前立有一对石旗杆。

明溪夏阳丰禄祠 坐落在夏阳乡夏阳村。2002年重修，2009年再修。占地面积约3000平方米，建筑面积320平方米。坐南朝北。单进三开间，悬山顶，土木结构。

将乐余坊瓜溪日进公祠 坐落在余坊乡瓜溪村。1995年维修。占地面积220平方米，建筑面积165平方米。坐西朝东。二进一天井，悬山顶，土木结构。

将乐南口里坑钱公祠 坐落在南口乡南胜村里坑。占地面积440平方米，建筑面积322平方米。坐东南朝西北。二进一天井，硬山顶，土木结构。

将乐黄潭元埕欲义公祠 坐落在黄潭镇元埕村。占地面积800平方米，建筑面积270平方米。坐西北朝东南。单进式，悬山顶，土木结构。

沙县夏茂水头萧氏宗祠 坐落在夏茂镇水头村。占地面积60平方米，建筑面积35平方米。坐北朝南。单进式，硬山顶，土木结构。

沙县夏茂上碓萧氏宗祠 坐落在夏茂镇上碓村。占地面积230平方米，建筑面积180平方米。坐东朝西。二进一天井，悬山顶，土木结构。

尤溪本美萧氏宗祠 坐落在梅仙镇梅仙村。明嘉靖二十一年（1542年）始建，1917年被火毁，1918年重建，2007年创建世春公园，2011年重修。占地面积2400平方米，建筑面积480平方米。坐西北朝东南。三座并排，单进五开间，带两护厝，悬山式三川脊屋顶，土木结构。

尤溪梅仙东门萧氏宗祠 坐落在梅仙镇梅仙村东门自然村。2006年重修。占地面积1000平方米，建筑面积630平方米。坐南朝北。单进五开间，两侧带厢房，悬山顶，土木结构。

尤溪梅仙徐家山萧氏总祠 坐落在梅仙镇经通村徐家山自然村。2006年、2008年维修。占地面积

1350 平方米，建筑面积 296 平方米。坐西南朝东北。单进式带两侧厢房，悬山顶，土木结构。

尤溪洋中龙洋下保萧氏祠堂　坐落在洋中镇龙洋村下保自然村。1945 年始建，2012 年重修。占地面积 1300 平方米，建筑面积 385 平方米。坐北朝南。两层二进一天井，左右厢房，四周回廊，土木结构。大门楹联曰“兰陵家声远，龙洋世泽长”。祠内联曰“春祀秋尝无忘兰陵世泽，父慈子孝不愧忠惠家声”。大厅悬挂“进士”牌匾。

尤溪洋中康林萧氏宗祠　坐落在洋中乡康林村。明代始建，2010 年大修。占地面积 2480 平方米，建筑面积 510 平方米。坐北朝南。单进三开间，悬山顶，土木结构。

尤溪中仙吉华萧氏宗祠　坐落在中仙乡吉华村。明嘉靖三十七年（1558 年）始建，2009 年再重修。占地面积 900 平方米，建筑面积 625 平方米。坐西朝东。三进二天井，悬山顶，土木结构。祠内楹联曰“承祖宗一脉真传俭勤耕读，尊圣贤四字遗训孝友忠诚”。

尤溪中仙吉华萧氏宗祠　坐落在中仙乡吉华村上洋自然村。清乾隆二十五年（1760 年）重修，2016 年再重建。占地面积 1200 平方米，建筑面积 510 平方米。坐西朝东。二进一天井，悬山顶，土木结构。祠前有泮池。

尤溪新阳龙坪萧氏宗祠　坐落在新阳镇龙上村。明嘉靖三十五年（1556 年）始建。占地面积 1.2 万平方米，建筑面积 1472 平方米（含书院等附属建筑）。坐南朝北。单进敞开式，悬山顶，砖木结构。

尤溪管前西洋尾新兴堂　坐落在管前镇本地。2008 年重建。占地面积 350 平方米，建筑面积 144 平方米。坐西北朝东南。单进敞开式，悬山顶，土木结构。

尤溪管前镇浯溪东圿堂　坐落在管前镇浯溪村。占地面积 1350 平方米，建筑面积 485 平方米。坐北朝南。二进一天井五开间带双护厝，悬山顶，土木结构。祠内楹联曰“东岩名山武陵凤尾展翅三千宜住北方凤地，圿洋胜境乌石龙珠星移十方壮观南面龙天”。

大田城关萧氏田阳祠　坐落在大田县县衙门前街。明天启年间（1621—1627）始建，历代均有维修，2013 年因城市建设迁建白岩公园西湖北侧。占地面积 880 平方米，建筑面积 300 平方米。坐西北朝东南。二进五开间，悬山顶，砖木结构。

大田丰城龙源祠　坐落在桃源镇丰城村。明洪武五年（1372 年）始建，多次重修。2015 年再修。占地面积 1600 平方米，建筑面积 550 平方米。坐西北朝东南。二进一天井七开间，悬山顶，土木结构。

大田桃源蓝玉萧氏乾元祠　坐落在桃源镇蓝玉村。明代始建，多次重修。占地面积 1960 平方米，建筑面积 290 平方米。坐北朝南。单进两护厝，悬山顶，土木结构。

大田桃源蓝玉萧氏坤元祠　坐落在桃源镇蓝玉村。明代始建。占地面积 600 平方米，建筑面积 160 平方米。坐西北朝东南。单进五开间带两厢房，悬山顶，土木结构。

大田桃源益举新田祠　坐落在桃源镇益举村。北宋年间（960—1127）始建，2010 年重修。占地面积 1360 平方米，建筑面积 720 平方米。坐西北朝东南。二进三开间带双护厝，悬山顶，土木结构。

大田桃源益举夏园祠　坐落在桃源镇益举自然村。北宋年间始建，多次修缮，2009 年再修。占地面积 1000 平方米，建筑面积 700 平方米。坐西北朝东南。二进一天井，悬山顶，土木结构。祠前建有月池和墨池砚台。

大田桃源上举林新舍祠　坐落在桃源镇上举林村。始建于明代，1991 年重建。坐西北向东南。占地面积 1300 平方米，建筑面积 130 平方米。二进一天井，悬山顶，土木结构。

大田太华镇潈头新舍祠　坐落在太华镇群团村潈头自然村。明代始建。占地面积 1350 平方米，建筑面积 140 平方米。坐东北朝西南。单进六开间，悬山顶，砖木结构。

大田太华镇德安新兴祠　坐落在太华镇德安村。清初创建，2006 年重建。占地面积 500 平方米，建筑面积 230 平方米。坐西向东。二进五开间，悬山顶，砖木结构。

大田太华镇汤泉隆兴祠 坐落在太华镇汤泉村。清初始建，2008年重修。占地面积600平方米，建筑面积280平方米。坐东向西。二进五开间，悬山顶，砖木结构。

大田上京镇萧溪边平美祠 坐落在上京镇黄城村萧溪边平美盂。明万历三十二年（1604年）重建。坐东北向西南。占地面积600平方米，建筑面积320平方米。二进五开间，悬山顶，土木结构。

大田上京镇萧溪边太平祠 坐落在上京镇黄城村萧溪边。北宋崇宁三年（1104年）始建，1990年重建。占地面积500平方米，建筑面积240平方米。坐东北向西南。二进三开间，悬山顶，土木结构。

大田上京镇桂坑进田祠 坐落在上京镇桂坑村。明嘉靖年间（1522—1566）始建，1997年重建。坐南向北。占地面积660平方米，建筑面积120平方米。单进式，悬山顶，土木结构。

大田广平万筹兰陵堂 坐落在广平镇万筹村。南宋年间（1127—1279）始建，“文化大革命”期间遭毁，1985年重建。占地面积1350平方米，建筑面积120平方米。坐西南朝东北。单进五开间，悬山顶，土木结构。

莆田黄石霞江头萧氏宗祠 坐落在黄石镇霞江头村。清嘉庆年间（1796—1820）始建，光绪二十九年（1903年）萧元海中举人后重建，1940年扩建后堂，2005年再次重建。建筑面积230平方米。坐东朝西。单进式，悬山顶，砖木结构。大门楹联曰“八叶家声大，五侯世泽长”。祠内悬挂“贡元”“文魁”牌匾。

仙游东宫萧氏宗祠 坐落在榜头镇东宫村。清代始建，历代均有维修，1996年重修。占地面积600平方米。建筑面积约450平方米。坐北朝南。二进一天井，悬山顶，土木结构。大门楹联曰“汉代功臣第，唐朝宰相家”。

仙游鲤南下楼萧氏宗祠 坐落在仙游县鲤南镇下楼村。占地面积530平方米，建筑面积750平方米。坐东南朝西北。二层二进一天井，平板式屋面，砖混结构。

仙游大济阮里萧氏祖厝 坐落在仙游县大济镇阮里村。1910年始建。占地面积1600平方米，建筑面积1900平方米。坐西北朝东南。三进二天井，悬山顶，后落为三层楼，土木结构。

邵武萧崇公总祠 坐落在萧家坊镇黄家磜村。1973年始建，1998年扩建，2011年重修。占地面积700平方米，建筑面积500平方米。坐西南朝东北。二进一天井，悬山顶，土木结构。祠内奉祀开基祖萧崇公妣及历代列祖列宗神位。

邵武萧家坊万七公祠 坐落在萧家坊镇萧家坊村。2015年重修。占地面积620平方米，建筑面积530平方米。坐西朝东。二进一天井，硬山顶，砖木结构。

邵武萧家坊登高八郎公祠 坐落在萧家坊镇登高村萧家洋自然村。2001年重修。占地面积680平方米，建筑面积560平方米。坐西朝东。二进一天井，硬山顶，混合结构。

邵武萧家坊中际四九公祠 坐落在萧家坊镇中际村东坑自然村。1983年重修。占地面积350平方米，建筑面积200平方米。坐北朝南。单进式，硬山顶，砖木结构。

顺昌福峰萧氏宗祠 坐落在元坑镇福峰村。清康熙五十五年（1716年）始建，占地面积2000多平方米，后被改为元坑区政府办公驻所，原祠仅存门楼部分，2007年择新地重建。新祠占地面积550平方米，建筑面积420平方米。坐西朝东。二进一天井，悬山顶，砖木结构。祠内奉祀开基祖萧荡公暨历代先祖神位。

新罗浮蔡萧氏望风堂 坐落在曹溪镇浮蔡村。占地面积120平方米，建筑面积90平方米。坐东向西，大门朝南。单进三开间，悬山顶，土木结构。

永定峰市桃泉萧氏师俭堂 坐落在峰市镇桃泉村。占地面积130平方米，建筑面积85平方米。坐南朝北。单进式，悬山顶，土木结构。神龛上方悬挂“师俭堂”牌匾。

上杭庐丰横岗萧氏宗祠 坐落在庐丰乡村横岗村。明洪武年间（1368—1398）始建。占地面积620平方米，建筑面积355平方米。主体建筑坐东北朝西南，门楼坐北朝南。二进三开间，悬山顶，土木结构。祠前原立有 6 根石旗杆，现仅存 1 根。

武平显闻公总祠　坐落在十方镇黎明村。明洪武二十九年（1396 年）始建，太平天国时期（1851—1864）中堂被毁，1988 年重修，后几经修缮并增建科技馆、厨房、膳厅等。占地面积 6500 平方米，建筑面积 858 平方米。坐西北朝东南。三进二天井两厢房，悬山顶，土木结构。祠前建有莲叶盖龟形泮池。大门楣嵌“萧氏家庙”石匾，联曰“相国家声远，河南世泽长”。祠内联曰“八叶衣冠第，六朝仕宦家”。悬挂“源远流长”等匾额。

武平十方惟达公崇德堂　坐落在十方镇黎畲村。明嘉靖十七年（1538 年）始建，1986 年修缮，2006 年重修。占地面积 6000 多平方米，建筑面积 550 平方米。坐东向西。二进一天井五开间，悬山顶，土木结构。堂号“崇德堂”。祠内悬挂“进士”“文魁”“武魁”牌匾。祠前立 4 根石旗杆。

武平东留龙溪萧氏中心祠　坐落在东留乡龙溪村。明末清初（1644 年）始建，2010 年重修。占地面积 400 平方米，建筑面积 220 平方米。坐西南朝东北。二进一天井左右厢房，悬山顶，砖混结构。祠内楹联曰“鄮国溯侯封继寻图书百代簪缨联鹊起，中坊衍支派重新庙宇千秋俎豆享龙溪”。

长汀童坊萧岭铭宗公祠　坐落在童坊镇萧岭村。2010 年重修。占地面积 200 平方米，建筑面积 83 平方米。坐东朝西。单进三开间，悬山顶，砖木结构。

长汀馆前井口景达公祠　坐落在馆前镇云丰村井口自然村。明代始建。占地面积 350 平方米，建筑面积 130 平方米。坐北朝南。二进一天井，悬山顶，土木结构。祠外有大埕和泮池。

长汀馆前六郎公祠　坐落在馆前镇小洋村。明成化年间（1465—1487）始建，历代均有维修，2003 年重修。占地面积 320 平方米，建筑面积 220 平方米。二进式，悬山顶，木结构。祠内奉祀萧六郎暨历代先祖神主牌。

长汀新桥石人文清公祠　坐落在新桥镇石人村。清康熙年间（1662—1722）始建，1938 年重修，2008 年重建。占地面积约 320 平方米，建筑面积 154 平方米。坐北朝南。二进一天井，平顶式屋面，砖混结构。

长汀南山连屋岗九郎公祠　坐落在南山镇连屋岗村。2003、2013 年重修。占地面积 6250 平方米，建筑面积 220 平方米。主体建筑坐东南朝西北，门楼坐北朝南。二进一天井，悬山顶，土木结构。祠前立两根石旗杆。

漳平新桥城口曳船萧氏祖祠　坐落在新桥镇城口村曳船自然村。占地面积 1350 平方米，建筑面积 135 平方米。坐南朝北。单进五开间带双护厝，悬山顶，土木结构。

漳平南洋北寮萧氏祠堂　坐落在南洋乡北寮村。2012 年重修。占地面积 250 平方米，建筑面积 90 平方米。坐西朝东。单进式，悬山顶，砖木结构。

漳平赤水下寮万隆堂　坐落在赤水镇赤水村。占地面积 1660 平方米，建筑面积 340 平方米。坐西朝东。二进一天井五开间，悬山顶，土木结构。

福安韩阳萧氏宗祠　坐落在城关镇雁塔村。原祠在南湖龟山之湖滨，明万历年间（1573—1620）始建，2011 年择地重建。新祠占地面积 2800 平方米，建筑面积 1800 平方米。坐东南朝西北。三进两天井，硬山顶，钢筋混凝土结构。祠内悬挂明进士萧显“进士”牌匾。

福安松罗岭头萧氏宗祠　坐落在松罗乡外岭头村。清道光二十四年（1844 年）始建，2001 年重建。占地面积 1100 平方米，建筑面积 780 平方米。坐北朝南。二进一天井，硬山顶，钢筋混凝土结构。祠联曰“脉自河南兴万代，派衍岭头旺千秋”。

福鼎下安萧氏祠堂　坐落在贯岭镇下安村。清嘉庆二十三年（1818 年）始建，2007 年重修。占地面积 650 平方米，建筑面积 200 平方米。坐北朝南。二进一天井，悬山顶，砖木结构。

福鼎翁江萧氏宗祠　坐落在白琳镇翁江村。清嘉庆年间（1796—1820）始建，历代有维修，2017 年大修并增建外门楼。占地面积1500平方米，建筑面积481平方米。坐西南朝东北。硬山顶，抬梁式木构架。沿中轴线对称布局，依次为前埕、门厅、戏台、天井、厅堂及左右廊庑。廊庑之上设有观戏楼。祠厅为四柱五开间，厅顶饰以三个装饰精美的八角形藻井，梁枋、雀替、斗拱等建筑构件精雕狮子、鲤鱼、花鸟等图案，雕花局部镶嵌绿松石。大门联曰“励节高风褒荣金凤，明伦重地孝讲慈乌”。

霞浦崇儒长坑萧氏宗祠 坐落在崇儒乡长坑村。清乾隆九年（1744年）始建，2004年大修。坐东北朝西南。占地面积150平方米，建筑面积90平方米。单进式，硬山顶，砖木结构。

霞浦崇儒枣岭萧氏宗祠 坐落在崇儒乡沙溪村枣岭自然村（萧家湾）。宋元丰七年（1084年）始建，明永乐元年（1403年）重修，2016年重建。占地面积1000平方米，建筑面积288平方米。坐东朝西。三进二天井，硬山顶，钢筋混凝土结构。

霞浦州洋七里壑萧氏宗祠 坐落在州洋乡七里村。原祠毁圮，2005年择地重建。占地面积135平方米，建筑面积65平方米。坐北朝南。单进式，硬山顶，钢筋混凝土结构。

周宁萌源萧氏宗祠 坐落在萌源村下街尾。明永乐九年（1411年）始建，清顺治十六年（1659年）重建，光绪十六年（1890年）重修，1986年重修，2006年再修。占地面积1000平方米，建筑面积828平方米。坐东朝西。三进二天井，硬山顶，砖木结构。一进为门厅、戏台；二进为穿堂；三进为享堂，奉祀鼻祖汉相萧何，萌源始祖萧丙二暨祖妣柴、胡二氏。二、三进厅堂两侧立神龛，奉祀各房龙头神主牌200余位；高悬名人、寿星、贞节牌匾及有数百年历史的古匾。祠内联曰“三杰标名独起图书继世，八朝辅政称为社稷良臣”。每年正月初一、初二，族人携家带口到祠堂祭拜，三月初三举行祭祖及会亲览阅家谱。

平潭东庠萧氏宗祠 坐落在平潭综合实验区东庠岛。1985年在原址重建。占地面积1400平方米，建筑面积325平方米。坐西北朝东南。二进一天井，硬山顶，石木结构。祠内联曰“积德即致子孙孝，行善方能瓜瓞绵”。

第四节　陵　墓

萧国梁墓 位于漳州市区新华东路九龙城小区内。宋代建造。为宋状元萧国梁的衣冠冢。墓园占地面积1680平方米，墓体进深16米，面宽14米。以石灰、沙石混合体筑造。1988年列为漳州市文物保护单位。

萧昭元墓 位于诏安深桥镇。为萧叶钟始祖、潮阳2世祖萧昭元之墓。宋明清代皆有修葺，现保存清代风格。2005年列为诏安县文物保护单位。

萧丽蓉墓 俗称萧妃墓。位于仙游县枫亭镇后萧村塔斗山。元代建造。相传是元顺帝妃子萧丽蓉墓。占地面积728平方米。墓体呈“凤”字形，为三合土构筑，两侧墓手分别雕刻一石狮。2013年列为仙游县文物保护单位。

萧圣洋墓 位于福鼎白琳旺兴头狮山岗下。清道光二十二年（1842年）建造，道光二十四年十月二十一日入葬。占地面积774平方米。坐东北朝西南。墓体呈“凤”字形，以青石和三合土构筑而成。设有太子亭，两旁石柱题联曰“麟阁华堂绵岁月，狮山石室绕玄烟”“四尺封崇马腊，三公地卜牛眠”“一洞风云龙早蛰，千秋城郭鹤初归”等，中间墓碑刻曰“皇清岁进士例授修职郎圣洋萧公之寿域”，左配八品孺人慈淑王氏、庄慎

萧圣洋墓

王氏，右配八品孺人恭慎黄氏、恭淑曾氏。墓园设栏杆、挡风墙、走道、大埕、中埕、小埕、屏风封土堆围领等及后土正神位、祥兴宝库。建有三道围墙，每道围墙中间阴刻大字，从外至内分别为“垂裕后昆”“大海回澜”和篆字“有余庆”；围墙外立有两根 4 米多长的石望柱，镌刻“文光”“射斗”字样。1989 年列为福鼎市文物保护单位。

萧梦轩墓　位于福鼎白琳翁江小溪。清道光二十九年（1849 年）建造。占地面积 276 平方米。坐南朝北。墓体呈“凤”字形，为加工精细的青石砌成围领楼阁式建筑。墓碑刻曰：“皇清萧梦轩之墓，先室敖、陈氏，内室朱氏”。太子亭镌刻诗词和名人何冠英题刻，左右两侧分别设“福德正神”“本山龙神”宝座。墓前建有挡风墙、走道、围墙及栏杆。栏杆镌刻“寄所寄”“游且游”大字，外中挡风墙镂空雕刻“寿”字。1989 年列为福鼎市文物保护单位。

萧遁斋墓　位于漳州市龙文区朝阳镇后店村书都社下路尾（角潭尾大榕树下）。为书都萧氏 1 世祖萧遁斋夫妇合葬墓。清乾隆十二年（1747 年）建造，2017 年重修。占地面积 600 多平方米。坐北向南。

萧子玉墓　位于南靖县书洋水尾。为书洋开基祖萧子玉墓。清光绪二十九年（1903 年）重修。占地面积 100 平方米。坐西南朝东北。以石灰三合土构筑。

萧孟容墓　位于南靖县金山镇霞涌村墘头。为霞涌开基祖萧孟容之墓。明正德四年（1509 年）造，1987 年重修，2015 年再修。占地面积约 200 平方米。坐南朝北。

萧颜墓　位于三明市三元区荆东村。宋宝祐二年（1254 年）建造，2013 年重修。为南宋福州府通判萧颜之墓。占地面积 1300 多平方米。前有墓祠，后为陵墓，现仅存陵墓一处。

萧遵墓　位于大田县上京镇原德村（旧为龙岩县聚贤里厚德乡）。为大田萧氏始迁祖萧遵之墓。葬于宋大中祥符三年庚戌（1010 年），2008 年重修。占地面积 4000 平方米。坐东南朝西北。

萧思进墓　位于大田县梅山镇沈口村长坑天孟山南麓。为萧遵 15 世孙、明江西袁州府通判萧思进墓。占地面积 3000 多平方米。坐北朝南。墓体呈“凤”字形，以三合土构筑，墓前立有一对三合土灰质狮子，墓台上方镌有“荣昌奕世”四个大字。

萧敏墓　位于莆田市涵江区大洋乡大洋村。明代建造。为明兴化县学贡生、南京神武卫经历萧敏之墓。占地面积 45 平方米。坐北朝南。墓体呈“凤”字形，龟背状，石构。墓碑楷书竖刻“兴化府学岁进士英楼萧公墓”。建有三级墓埕。列为莆田市全国“三普”文物点。

萧潢墓　位于莆田市荔城区北高镇东田村粿合山。为萧氏入莆 1 世祖宋户部郎中萧潢墓。宋代建造，2003 年重修。

萧显闻墓　位于武平县武东镇丰田村。为黎畲开基祖萧显闻与原配胡氏赠孝敬宜人、再配饶氏合葬墓。占地面积约 300 平方米。坐东朝西。墓体呈“凤”字形，石灰、沙土混合筑造。

萧丙二墓　位于周宁县冢林山（蒙洋）。为萌源 1 世祖萧丙二与妣胡氏合葬墓。占地面积约 150 平方米。坐东南朝西北。墓碑刻曰“宋始祖萧丙二公妣柴胡氏之墓”。左右联曰“来龙钟吉穴，沙水起长生”。

萧丁四墓　位于周宁县藤长坑处（今西门 3 巷）。为萌源 2 世萧丁四与妣纪氏合葬墓。2000 年重修。占地面积约 200 平方米。墓碑额横书“河南郡”。正中竖刻“萧丁四公妣纪氏安人之墓”。

第五节　古建筑

尤溪梅仙大福圳古民居　又名大卜众、大腹圳。坐落在梅仙镇坪寨上洋村。为萧士贶之子萧良尧、萧良铣、萧良淦三兄弟和侄儿合建的民居建筑群。清同治九年（1870 年）始建，2014 年尤溪县人民政府出资修缮。占地面积 9600 多平方米，建筑面积 7200 多平方米。系内外院、角楼、工匠厂等建筑组成的，集居住、防御于一体的清代古建筑。内院由主厝和两侧七重护厝及西护厝前部书院组成；沿中轴线分布，依次为前堂、天井、廊庑、中堂、天井、厢房、后堂、后花台、柴草间等，共面阔36间，其中后堂（主厅）面阔五间，进深七柱，单檐悬山顶，穿斗式木构架。外院由18个大小厅堂、260多个房间组成，建有3米高院墙、两座三层碉堡式角楼、河卵石甬道、多级三合土大埕、泮池等。木雕、石雕等建筑构件装饰精美，与壁画、诗联等相互辉映。“文化大革命”期间遭到破坏，但建筑总体保持完好。2010年列为尤溪县文物保护单位，2013年列为福建省文物保护单位。（见彩图8-3）

南靖书洋萧氏土楼群 坐落在书洋镇田中村潭角。依山面溪，前有一深潭。由6座方形土楼组成，分别为：竹林楼、大学楼（亦称德元楼）、潭谷楼、光辉楼（旧称濯津楼）、顺兴楼、路脚巷。其中潭谷楼历史最悠久，宋末元初始建。其楼墙没有石基，直接建在地面上，墙体特别厚，墙面上可摆放八仙桌。1949年前倒塌一角，1962年重新修缮。门联曰“潭清思欲德，谷熟悟求仁”“潭涌铭盘水，谷盈比栉仓”。路脚巷实为在深潭中垒石建起来的一座小土楼，外观呈船形。兴建时，在深潭里汆水垒砌石基，墙基厚实牢固；建两层，一楼如船的底舱，二楼设计成船头、船尾、中厅等房间。2013年列为南靖县文物保护单位。

惠安螺阳萧际恩故居 坐落在螺阳镇前康村。萧际恩，字锡汝，清乾隆年间（1736—1795）任福建长乐教谕，后移任台湾彰化教谕，升迁彰化虞乡知县。萧际恩故居是其调任时留下来的老宅。占地面积33500平方米。建有公馆、私塾、祠堂、典当行等，是一处功能齐全的古建筑群。

顺昌福峰萧氏民宅群 由福峰三大栋、福峰三小栋和圣姑三栋组成。始建于清代。福峰三大栋坐落在福峰村93号、95号、96号。房主萧壹溥。占地面积2019平方米，建筑面积1880平方米。1999年列为顺昌县文物保护单位。福峰三小栋坐落在福峰村37号、38号、40号。占地面积1220平方米，建筑面积1100多平方米。2010年列为顺昌县文物保护单位。圣姑三栋实为6栋，分为前三栋和后三栋。前三栋坐落在福峰村3—1号、4号，另一栋无牌号；后三栋坐落在福峰村1号，另二座已被改建，统称为圣姑三栋。前三栋建筑面积均为287平方米，后三栋建筑面积396平方米。筑有戏台、书斋等，建筑规模庞大，雕刻精美。福峰村1号列为顺昌县文物保护单位。

罗源洋坪村萧氏古村落 坐落在罗源县西兰乡北部。明末清初始建，是一组以文魁房、选魁房等科第命名的建筑群，至今完整保存的有俗称“对面厝”“惜字炉厝”“水头厝”等16座明清古民居。总建筑面积达15066平方米。建筑整体为木结构，雕梁画栋，技艺精湛。其中最为气派的是萧奇怀故居，建有“正六品”官员建筑规制的压顶墙体、花厅、美人靠、厢房、观景走廊等。清宣统元年（1909年）贡生萧文珍宅第还建有私塾和小姐阁楼。古村门庭随处可见“文魁”“耕读世家”“修身齐家”等古匾。2015年列为省级传统古村落，目前作为明清文化古镇项目正在重修，已完成12座古民居修缮和幸福小院建设。

南靖书洋萧佛成故居 又名“岐山楼”“大寨楼”。坐落在书洋镇书山村。为一座方形三层土楼，保存完好。萧佛成曾任民国国民政府侨务部长，其后裔包括现任泰国内阁总理、资深顾问兼科技部部长萧辅钰和原泰国海军上将萧辅元。

莆田琼峰萧氏民居 坐落在涵江区大洋乡琼峰村。明洪武年间（1368—1398）始建，1944年重修。坐北朝南。单进双层，悬山顶，土木结构。由砖埕、上下厅、厢房、护厝等组成，共有48个房间。主体建筑面通宽51.5米，通进深43.6米。上厅面阔九开间，两侧有厢厅；下厅两侧各建一列护厝。砖埕两侧为厢房，左右厢房各面阔三开间。厅堂悬挂“誉望宗隆”“极辉稀寿”两面木制匾额，为清雍正年间的古物。屋前左右两侧各植一棵千年古树：左为枫树，树旁有一圆形花岗岩马槽；右为朴树，为宋状元萧国梁后裔、明兴化县学贡、官南京神武卫经历萧敏读书处。枫树为其拴马树，马槽为饮马之用。西南边还有一处跑马场，当地称马林、马蹄丘。列为莆田市全国“三普”文物点。

顺昌萧肇纯故居 坐落在元坑镇福峰村23号。清代建筑。硬山顶，穿斗式，土木结构。屋前置有一对拴马石柱。宅内存有一块贺匾，是清乾隆五十三年（1788年），由经筵讲官太子太保、文华殿大学士兼国子监事务加四级蔡新，为七十寿萧肇纯、妣范氏同立的，上书“松鹤遐龄”。2017年列为顺昌县历史建筑保护单位。

福鼎翁江萧家大院　坐落在白琳镇翁江村翁江里。清嘉庆年间（1796—1820）建造。规模庞大，由3座并列大厝组成，自西向东依次为长房、二房大厝，四房、五房大厝，原三房大厝。以长、二房大厝最为气派，为三进式二层楼、悬山顶的穿斗式木构架建筑。建有牌坊式门楼，穿过门楼是大埕，右转为正门，依次有门厅、一进厅堂、过雨亭，二进门厅、二进厅堂、两侧厢房、三进院落等。厅堂之间以天井相隔。厝内悬挂咸丰五年（1855年）福建提督学政都察院左副都御史彭韫章题赠“福臻畴九”牌匾及原福建省省长萨镇冰书题“乐善好施”牌匾。四、五房大厝和原三房大厝均为二进式院落。

第六节　民间信仰

萧公信仰　萧公，大田县人，号“法明”，北宋大观二年（1108年）生于大田上京林埔洋。年少时聪慧过人，立志济世救民。常结友慕道，足迹遍布永泰、仙游、德化、尤溪、闽清等地，又与志同道合的张公、章公结拜相交，远赴闾山（今辽宁省境内）问道。学道初成后，在南平溪源凤冠岩修炼。其间扶危济困，惩恶扬善，祈雨保苗，祛病除灾，为当地百姓做了许多好事。相传于宋绍兴二十二年（1152年）因功德圆满而羽化升天。人们感念他的恩德，为他立祠祭祀，逐渐演化为民间神俗信仰。嘉熙二年（1238年），宋理宗敕封他为“溪源显迹德云灵应萧公大师”，民间尊称“辅天法主萧圣真君”。明弘治六年（1488年），明孝宗加封溪源庵为“玄真宝殿”“圣宝宫殿”。清康熙十七年（1678年），清圣祖下旨敕封他为“孚佑清一大师”。萧公成为福建民间信仰所尊崇的“五圣君”之一和民间保护神，其信众遍及福建全省乃至港澳台地区及东南亚国家。至今，南平溪源一带每年举行萧公寿诞、萧公巡游、萧公巡境、蓦溪祖殿、春节讨福、按时祈福等活动。全省有30多座庙宇奉祀萧公神位，其中南平溪源峡谷、德化石牛山石壶殿、安溪龙涓敕真宫是萧公信仰的圣地。

萧王爷信仰　萧王爷，即萧太傅，名望之（前107—前47），西汉宰相，官至御史大夫、太子太傅。一生为官清正，忠君爱民，孝亲敬老。后人立庙祀之。闽南地区民众素重王爷信仰，尊萧太傅为正神，总管王爷。其神庙以富美宫最有名气。富美宫是萧太傅的行宫，也是“泉郡王爷庙的总部”。每逢灾患之年，民间按习俗要举办大型醮会放王爷船，举行放生公羊仪式，以此为民众祈福消灾。厦门乌石浦萧氏家庙主祀萧望之，每年农历五月十七日举行祭祀活动。集美后溪文山宫也供奉萧王爷。萧太傅信仰也传入台湾，其分灵在台湾多达2000余处。此外港澳地区，菲律宾、新加坡、印度尼西亚、马来西亚等地亦有萧王爷信仰。

萧瑀信仰　萧瑀，字时文，其祖父是后梁宣帝萧詧，其父萧岿即梁明帝。萧瑀9岁时封新安郡王。唐高祖很器重萧瑀，遣书授光禄大夫，封宋国公。高祖称呼他为萧郎，素敬其执法苛刻、孜孜自勉。唐太宗继位，又拜为尚书左仆射。太宗忆其性情骨耿，说：“此人不可以厚利诱之，不可以刑戮惧之，真社稷臣也。”并赐诗赞曰：“疾风知劲草，板荡识诚臣。”萧瑀终年74岁。后人念其忠贞，建庙奉祀。清流县长校镇东山村、长汀县童坊镇萧岭村、清流县李家乡长灌村等地均建有萧瑀庙，民间称为“萧公庙”。

第七节　非物质文化遗产

市级非遗尤溪梅仙板凳龙习俗及其代表性传承人　尤溪梅仙萧姓元宵灯会，俗称“迎龙灯”，清嘉庆元年（1796年）始创，延续至今成为传统习俗。梅仙镇的龙灯也称为“板凳龙”，是在一节节长约2米、宽约20厘米的木板上，用竹篾搭起骨架，糊上白纸，制成灶头状的龙身，再绘上七彩云纹；巡游时在龙灯内点上蜡烛，边迎边舞，以祈求国泰民安、风调雨顺。萧姓的“板凳龙”按“天”“地”“人”“和”四房各制作一条。龙首、龙身、龙尾等均要标明房系，接龙时就不至于错位。梅仙萧姓元宵灯会最精彩的当属“迎龙灯”活动，每年腊月开始筹备制作。龙头一年一制，各家轮流制作；龙身则由各家共同制作，按各房户数、人口数分摊经费。新的一年有多少人家、多少口灶，就有多少节龙身板，最多的年份有170多节龙身板。人丁兴旺的支脉，“板凳龙”连接起来长达三五百米。2015年列入三明市第四批非物质文化遗产名录。萧方宣为该项目代表性传承人。

县级非遗漳平南洋水仙茶制作技艺及其代表性传承人　漳平水仙茶大部分操作由制茶师傅依据经验把握。其制作讲究，要求精细规范，并具灵活性、艺术性。如水仙茶饼制作工艺流程为：采青—晒青—做青（摇青）—杀青—揉捻—造型（含造型与定型）—烘焙。2016年列入漳平市非物质文化遗产名录。南洋镇北寮村水仙茶制作传承人萧宗凤为水仙茶制作精英，2009年获得“水仙茶斗茶赛茶王奖”，2016年获漳平市“非物质文化遗产水仙茶制作传承人”称号。

第八节　名胜古迹

清流长校镇萧公庙　又名瑀公庙。坐落在三明市清流县长校镇东山村。唐末宋初创建，明代重建，历代皆有修缮，现存建筑为清代风格。奉祀萧氏先祖初唐名臣萧瑀。萧瑀，字时文，官拜左仆射。唐贞观初年任御史大夫，拜同中书门下三品（执掌宰相职位），贞观二年（628年）追封为太子少保。萧公庙为重檐歇山顶式土木结构，由庙前大坪、门楼、正殿等组成。庙内雕梁画栋，饰有细木花式如意斗拱、凤头假昂及螺旋藻井等。占地面积约150平方米。庙门口有两尊石兽，大门石柱镌刻萧瑀诗一首：“莺啭歌喉春尽长，高迁乔木占风光。朝来飞入花深处，露滴金衣点点香。”2009年列为福建省文物保护单位。

邵武中际东坑廊桥　坐落在萧家坊镇中际村东坑自然村殳山脚下。相传建造于清中叶，2015年重修。桥长16.3米，宽4.3米，为单孔石拱桥，南北走向。桥面以条石铺筑。廊屋为单檐悬山顶，穿斗式构架。廊桥中部设六角形藻井，廊屋外侧铺钉有风雨板。桥中亭为楼阁式四檐歇山顶，原为六层，加上廊屋共七层，后因维护艰难，修葺时拆除了两层，现为四层。桥中东侧设有神龛，供奉观世音菩萨。桥的北端有三间木构庙宇曰“龙华庙”。旧时多数廊桥是作为交通要道使用，据说东坑廊桥是一座通往山上的过道，有着“顺风顺水”之意，即在村庄近水口处建桥，以辟邪纳福保平安。2011年列为邵武市第七批文物保护单位。

中际东坑廊桥

长汀童坊镇萧岭屋廊桥　坐落在童坊镇萧岭屋村尾。清末由萧家人出资兴建。桥身长15.3米，宽3.8米，由32根木柱分16组支撑构成歇山式屋架，屋顶为穿斗抬梁式木结构，四面设遮雨板，另用22根直径30厘米的原杉木构筑成具有客家建筑特色的平梁屋廊桥，既结实又美观，既能防震又方便维修，具有极高的历史、艺术和科学研究价值。2012年列为长汀县文物保护单位。

泉州富美宫　坐落在鲤城区南门，紧邻晋江江滨路。明正德年间（1506—1521）始建，清光绪七年（1881年）择地重建，1934年再次重修。正殿神龛供奉萧太傅神像，身着王冠衮服，红脸黑须；配祀二十四司（二十四位王爷）、文武尊王（张巡、许远）及苏、柳、李三位夫人。神龛上方高悬“汉代儒臣”

牌匾。富美宫如今已成为海内外信众朝拜萧王爷的祖庙。

南平溪源峡谷萧公祖殿　坐落在延平区西南溪源峡谷（省级风景名胜区）的溪头凤山之旁，下临青溪曲流。北宋宣和年间（1119—1125）始建，2008年萧公诞辰900周年，于殿前雕塑“萧公神迹”碑廊。主体建筑为重檐歇山顶仿木结构，分上下两殿。上殿依山盘垣，主祀张、萧、刘、连、邵五位圣君及伽蓝土地、观音大士、暨公老佛、神农教主和五谷真仙等；下殿临溪独峙，主祀奉萧公圣君和雷公电母。两殿一高一低，造型美观。其中萧公祖殿尤久负盛名：自南宋嘉熙二年（1238年）宋理宗赐额“德云殿”，并加封殿中所祀张、萧、刘、连、邵为“五大圣君”后，该殿之名屡见典籍，明弘治元年（1488年），明孝宗又敕额“玄真宝殿”，由于萧公在民间影响深远，民众仍习惯以“溪源庵”沿称，尊称“萧公祖殿”。今萧公祖殿所传承的民俗信仰活动有：祈梦、祷雨及举办庙会。

大田萧荀龙妻郑氏节孝坊　坐落在桃源镇蓝玉村。清乾隆二十七年（1762年），朝廷为表彰萧荀龙之妻郑氏节孝事迹敕建。牌坊为四柱三门三楼的石构建筑。高7米，主体宽约5米，中门宽约2米，两边小门宽约1米。中间两根石柱正反面皆镌刻对联：“丹心似石摩苍汉，劲节如霜倚碧天”。中间有一根粗大的横梁，四周雕饰精美的花纹图案，正中镌刻节孝女郑氏的生平，其上嵌“旌表故儒士萧荀龙妻郑氏”石匾。在最前端的石板正反面竖刻“圣旨”二字，其下横刻“节孝”二字，四周雕刻双龙戏珠等图案。

大田县城萧氏古树　坐落在大田城中心建山路左侧、县影剧院旁。明天启元年（1621年）萧思进由恩贡出任广西平乐府（今桂林市）、江西袁州州判时亲手种植，今存樟树、栎树两株。时至今日，樟树、栎树树冠占地面积600多平方米，古樟树树干直径1米以上。1995年大田县人民政府以“福建古树名木”挂牌保护。

第五章　人　物

第一节　人物传

萧　韡　字棠仲，龙溪人。宋大观三年（1109年）进士，任古田县尉。一次捕获强盗30余人，因对贼犯处理得法，升迁至福清县丞。有人被诬告实施妖术，萧韡秉公办案，为之伸冤，使数百家人免受牵连。后到南恩出任知州时，半途遭遇贼人，贼犯早闻萧韡之德政，愿意悔改，萧韡遂招抚之，使改过自新。南恩州本无城墙，为防海寇侵扰，萧韡版筑城垣，并沿城四周种植刺竹。此外又兴建学舍，市田置书，聚生徒养之。任满后乞祠归里。居20余年，开门授徒，被尊称为“萧夫子”。享年89年。

萧大振　初名绍，避绍兴年号改名大振，莆田岱石人。宋高宗南渡时，护驾至临安明（宁波府）、越（绍兴府）两州。以功封司法参军。宋绍兴二十七年（1157年）首修《萧氏家乘》并作序，提出唐刺史萧曦“自江南入闽，而不是固始”，是对“入闽始祖皆自光州固始”说法提出质疑的第一人。享年82岁。

萧德藻　号千岩老人，闽清人。为南宋诗人四大家之一，亦是寓言作家。早年与陆游从江西人曾义学诗。宋绍兴二十一年（1151年）进士。初为龙川丞，后任湖北参议，调湖州乌程县令。绍兴三十一年与诗人杨万里相识，引为诗友。时朝廷宰相推荐他出任太守，称病不就。后任福建安抚司参议。著有《千岩择稿》（杨万里作序，誉为绝唱）、《吴五百》等。

萧国梁　字挺之，永泰人。宋乾道二年（1166年）状元。任著作郎、太子侍讲兼礼部郎官。淳熙元年（1174年）出任泉知州府，翌年升任建宁知府，累官至朝奉郎、广东运判。为人正直不阿，敢于谏言。萧国梁未登第时，传其乡瑞云峰石壁有金书古谶：“瑞云山下出三元，东西二里人皆传”“天宝石移，瑞云未期；龙爪花红，状元西东”。民间有“石桥半，出通判。石桥全，出状元”之谚语。有文集行于世。

萧登仕（1244—1314）　号廷光，明溪夏阳人。南宋景炎二年（1277年），文天祥随端宗赵昰由南剑州（今南平）赴汀州募兵，路经夏阳时，因穷乡僻壤，食宿困难。萧登仕出面迎驾，慷慨捐献粮物犒劳军队。因护军有功，端宗封他为尚书，御赐紫袍金带，享二品俸禄，并准建府第。萧登仕身居显官后，为地方兴利除弊，赈济灾民，致力办学，深受百姓敬仰。

萧明哲　字元普，一作元甫，将乐溪南人（今水南镇）。为人刚正耿直。少举进士。南宋末年，随文天祥抗元授督幹架阁监军。出江西，收复万安，寻复龙泉。有躬入野坡，连结诸寨拒元兵，被执，不屈而死。文天祥集杜诗以哀之，曰：“诸生旧短褐，张目视寇仇。高义终焉在，白骨更何忧。”

萧景茂　民国《福建通志》作景懋，龙溪人。性情刚直孝友，家贫力农。元顺帝至元四年（1338年），南胜县（今南靖县）民李志甫（《元史》“本传”作“智甫”）作乱，掠陷龙溪。景茂与兄佑召集乡丁，在观音山桥与之决战，因寡不敌众，景茂被敌捕获，宁死不屈而被杀害。

萧　福　福清人。明洪武年间（1368—1398），以儒士授任嘉兴县典史。为人廉正宽厚，争讼者咸称其平。所任官职虽小，但在处理完公务之后，常利用闲暇时间读书。永乐元年（1403年）补乐安典史，后升为监察御史。

萧　显　福安人。明永乐元年举人，翌年登进士第。跟随成国公征交趾。副帅清远伯攻眉盘江不下，命萧显前往招抚。萧显单车造垒，宣明大义。守军感悟，化干戈为玉帛，纳款求柝。班师后授峡山知县。秩满，县民赴英国公张辅、尚书黄福处告留，诏留任峡山。后调连山县，劝农兴学，政绩斐然。

萧　原　字本初，顺昌人。明永乐四年（1406年）由延平府学选贡，授广西道监察御史。居官正直，纠劾不避强御，为人挤陷。谪交趾新安府推官，单骑赴任。时值交趾武装反抗明廷，逼之降，萧原力抗不屈而死难。

萧　敬（1438—1528）　字克恭，别号梅东，南平县（今延平区）人。自幼入宫服役，选为司礼监内书堂读书。为人谨慎，熟悉典故，依律办事。历侍明英宗、宪宗、孝宗、武宗、世宗五朝皇帝，四任司礼监秉笔太监，四任司礼监掌印太监，前后长达50年。明嘉靖七年（1528年）病逝。谕祭三坛，赐新钞3万缗。皇太后赐给白金100两、文绮4表里。大学士翟銮为他撰墓志铭，杨一清为他写墓表。

萧光甫　莆田人。明景泰四年（1453年）举人，官授潼川州学正，历任安县（今四川绵阳市）、宁县（旧属南昌府）知县，迁光禄署正、中军都督府经历，官终光禄寺署正。弘治十二年（1499年），兴化府同知应元征以光甫与父萧为并祖萧保，俱领乡荐，故在城内小西湖左为萧光甫立“青云世第”坊。

萧　慈　将乐水南人。明代书法家、旅行家。尝同熊威、吴绅纂修《将乐县志》，后以《易经》应岁贡。善书法，工诗词。明成化二十年（1484年），潜心绘制80幅玉华古洞景区导游图刻印成册。其中72幅画玉华洞内162个景点，8幅画洞外的14处景点和古迹，被誉为中国溶洞旅游文化历史上的“稀世瑰宝”。

萧　崑　字叔冈，将乐人。明正德二年（1507年）举人。任浙江淳安县教谕，创正业书院，讲授儒学，人称“道南正宗”。后任安徽绩溪县教谕。正德十四年前往广东讲学，时值宁王朱宸濠起兵谋反，萧崑途经安庆，遇朱军攻城，为巡逻士兵所俘，被押见朱宸濠。朱欲劝他投降，崑慷慨陈言。朱大怒，挺剑刺崑，投弃江中，得随从救上船，后死于广东官邸。按察使王子言亲为主持葬礼，并传谕学校，彰其人品，载入名宦志。尚书胡富撰写墓志铭。

萧弘鲁　字晋明，江西庐陵人。尝受学王阳明，而友舒梓溪。从政之后，即注重教育。明正德十五年（1520年）知仙游县，上任后即创书院，置学田。再岁，山寇猝至，萧弘鲁从容谋划战守之计，寇不得入，从间道去。从征兵戍持刀兵入市，斗掠市物，萧弘鲁置之法，执其首恶诛之。秩满，擢儋州知州。

萧景腆　字世厚，晋江人。初习博士业，弃而为掾。明正德年间（1506—1521）授定远县尉。时经骚乱，百姓流离，景腆与知县修城凿池。以丁母忧去任。服除，补长洲县尉。值岁饥，受命分赈，克己奉公，民沾实惠。时织造太监张志聪横行不法，知县郭波持法阻挫，为张志聪所执，倒曳车后。景腆领所部追夺，市民尽为景腆张气，梯屋飞瓦，投击张志聪。张还诉于朝，械下诏狱。廷臣会疏救护，仍任县尉。巡抚吴廷举为立“仗义英风”碑于长洲县门。景腆铁面虬髯，敦伦尚义。在长洲，与祝枝山、沈石田、唐伯虎诸名士雅所慕向，及被逮，益钦其高义大节，故所得诸名笔书画独多，常披阅以自娱。年六十七卒。

萧　俨　莆田岱石（今属荔城区北高镇）人。萧俨五世皆以单传，至俨始有兄弟，白首不析。平生授徒所得束脩悉置田园，曰后世必以此合食也。著《家规》三十余条，每朔望，开宗祠，集内外子姓训勅之。以是家人有雍穆风。及殁，郡人按察使郑茂、太守廖梯并传其行，至擬之张公艺云。萧俨生萧文麟、萧文莺两子，咸克承先志，合食者六十余年。而后，萧文麟子萧桂，明嘉靖朝选贡；孙萧奇勋、萧奇熊、萧奇杰与萧文莺子萧标，先后登科第，人以为孝友善报。

萧廷宣　江西庐陵人。举人出身。明嘉靖三十五年（1556 年）知长泰。时倭寇猖獗，长泰城垣单薄。萧廷宣主持修葺城隍，增筑加固。三十八年，倭寇蜂拥而至，率诸生督民捍卫。倭寇久攻不下，自行撤退。倭寇去，官军方至，军帅纵兵士掳掠。廷宣闭城不纳，登陴责备军帅。帅大恨，言上官，萧廷宣几遭落职。时人作文叹曰：“自古忠臣义士出，身徇公家急，不蒙瓜衍之赏，而被杜邮之祸，觉其实事，犹咨嗟叹息，而况亲见之者乎？”

萧腾凤　字明仲，号岐阳，晋江人。明嘉靖四十三年（1564 年）举人。隆庆二年（1568 年）进士，授南海令。时曾一本乱起，邑里萧条，而督抚衙门添设，驻军客兵杂处，百条纷纭。腾凤明而能断，调剂有方，上下称便。尤善催科，廉洁奉公。听讼公允，人心悦服，称“贤父母”。以同乡为郡守，坐事牵累，左迁县丞。后历官两淮运使，纠弊除蠹，一意更始，远近颂德，而诸吏大贾却蜚语中伤。遂罢归。

萧永泰　泰宁人。明嘉靖中（1522—1566）以贡授廉州府推官。时流贼啸聚山峒为患，永泰直抵木头诸寨，谕以祸福，贼四千皆投戈复业。居六年，迁济南同知，致仕。时有水部主事莫聪赠以诗云：“谁云林下一人无，眼底贤哉此丈夫。随我入山唯有鹤，任他世上媚如狐。”林居二十余年，杜门却扫，人皆称之。

萧鸣盛　字儆韦，建阳人。明万历三十一年（1603 年）举人。初授灵山知县，再调仙居，所至有善政。后任三原，有流寇犯境，是夜二鼓，家人熟睡，萧鸣盛为不惊扰家人，密取印系肘上，选快壮数十人出城迎敌。寇败遁，黎明还县，无有知者。

萧震男　字兆祥，又字铭鼎，邵武人。明万历四十七年（1619 年）武进士。天启间（1621—1627）官镇抚卫。崇祯三年（1630 年）以辽事急，奉命出关赴援。总兵官毛文龙知其骁勇，署为前部参将。旋守备榆林，屡立战功，进松江参将。福王时，迁闽安副将。逾年，唐王立于闽中，擢总兵官。清兵入闽，与战阵亡。

萧来凤　字舜仪，号宾竹，将乐人。明万历年间（1573—1620）贡生，历教谕。由贡训海阳，谕饶平，摄海、饶、揭三邑篆，宦囊如洗。正从祀，铸祭器，请罢月蚀公宴，推解以济贫士，远来问道者凡十一邑，学者称为宾竹先生。萧来凤生平力学，甘贫，食不粱肉，衣不絮帛。好着方冠，为上下八枭，著名三纲五常巾。道路转折如明堂矩步，目不淫声，终身以倡明道学为己任。年老致仕，卒于家。十一邑门人闻之，为位而哭于潮，期月而退。方伯黄琮表其庐曰“道学渊源”。万历四十四年（1616 年）祀海、饶两庠名宦，饶民若或见之，又祀诸灵祠，饮食必祭。四十七年（1619 年）祀本县乡贤。

萧　恕　字汝推，将乐水南人。孝友诚悫，博学好古。早失怙，感陟岵之戚，作亭以追思之。继丧母，居丧遵古礼，哀痛逾乎常情。贡入比雍，为祭酒谢方石公所器重。官浏阳县丞，莅任期年，遂致仕归。卒诏入孝悌祠。

萧闻宇　号慎初，泰宁朱口人。授广西怀集知县。其地獞獠出没不测，掠库劫狱以为常，城每昼闭。闻宇赋性温平，政治和洽，顽慝革心。凡建桥梁、平盐价、制包浸，率多惠政。升云南元江府通判，以继母耄赋归。居林下二十余年，未尝释卷。尤精医旨，凡以病告者，不论远近，不顾寒暑，必往调诊，妙手回春。郡邑礼于上庠者八次。

萧奕辅 字翌猷，广东东莞人（《福建通志》作四川人）。明天启元年（1621年）乡试中举，翌年中进士。明崇祯年间（1628—1644）授福建长汀县令。为官清廉，县令任上，母亲死于官署，竟无钱治丧，由长汀绅士发动士民帮他料理，才把棺柩运回乡。而后历任广西道御史、太仆寺少卿、佥都御史、福建巡抚等职。在福建任职期间，平定陈虎、关日奎、陈佳等作乱，使福建局势安定下来，因功被加官晋爵。萧奕辅待人慈厚，乐于助人，人称萧霖，意为“及时雨”。因与官场权要不合，以年老告归，家居省城。不久，清兵南侵，广东韶关、连县告急，奕辅献出私蓄六百两银建铳台，以抗清兵。卒年65岁。

萧懋烈 归化人。明崇祯年间（1628—1644），官凤阳照磨。流贼破凤阳，懋烈揭兵奋击，杀贼数十，因无援被执，骂贼不屈而死。子舞凤，同日殉难。懋烈赠应天府经历。清乾隆四十一年（1776年），诏祀忠义祠。

萧　震 字长源，号鸣霆，侯官人。清顺治九年（1652年）进士。官湖广、山西道监察御史。丁父艰回籍。康熙十三年（1674年）靖南王耿精忠在福建起兵叛清，震以密谋反抗，事泄被杀。善八分书。

萧正模 字端木，号深谷，将乐人（《中国人名大辞典》作长乐人）。清代史学家。年少时饱读经史，15岁递补生员。因耿精忠叛清而匿深山中。巡抚张伯行开馆，延士纂修朱子书，属正模为总编。贡太学，一至京师而返。作《史论》，概览中国上下几千年历史，客观点评重要历史事件和历史人物，议论精辟，见解独到。后任泰宁县教谕。

萧宏梁 字允瞻，号穆亭，德化霞卿人。清康熙二十六年（1687年）福建乡试第一人（解元）。幼而颖慧，弱冠入泮，岁科屡试冠军，庠中推为领袖。三十九年会试，本推会元，主考与考官意见不合，考官浙江萍乡俞长城坚持首荐，竟遭抑，为梓其文传播京城。平生著述极富，尤精堪舆风水，熟悉历法。终未第而卒。士论惜之。

萧系闳 号霞岭，广东程乡人，举人出身。清雍正四年（1726年）任仙游知县。莅官爱民体士，每报命案，当即亲自到场勘验，不费民财。五年解任，留居仙游三年，民众自动馈赠薪米不绝，每逢诞辰，则通衢张灯庆贺。及归，远近士民流涕相送，并立长生禄位于城隍庙内殿东。居仙期间，与当地萧氏宗亲敦睦宗谊，并为萧氏家谱作序。

萧　富 闽县人，迁居金门后浦。清乾隆年间（1736—1795）任金门后营外委。乾隆五十一年（1786年）台湾林爽文起义。萧富奉命从征，随副将丁朝雄防堵海口南路。将军常青攻南潭，命为前锋，用疑兵之计智取南潭，旋北援诸罗，战死鹿仔草。赐恤，世袭云骑尉。

萧履堂 字敬斋，建阳人。父大任，以例授库大使，以却贿闻。履堂亦以例授江苏皋桥县丞，权知娄县。县故多大猾吏，每新县令至，则筹集数千金以献，县令也因受贿不敢管理。这些猾吏把持公堂，与县令分庭抗礼，良民莫敢忤视。履堂莅任，返其金，按治之如法，豪猾敛迹。后复擢娄县，民相庆，焚香迎。以忧归。

萧元桂 字芬圃，建阳人。清乾隆六十年（1795年）举人，嘉庆十三年（1808年）进士。初授浙江汤溪知县，调临海。临海环山滨海，民俗刁悍，杀人者每多株连，盗贼辄诬平民，又有匪徒纠党谋取人财，曰“敲竹杠”；海寇复乘机剽掠，民不安。元桂既严惩罪犯，又劝谕士民，风俗为之一变。擢乌镇同知，权处州知府，移金华。属县多留狱。元桂雷厉风行，克期讯鞫，四月而竣。旋丁父忧，以哀毁卒。元桂在汤溪时，尝迎养其父。父入境，访之乡民，曰：“好官”，乃进署。元桂每事请命，退必视父之喜怒，以考政之得失。在临海，创溪山书院；在处州，修莲城书院；在金华，捐丽正书院膏火。处州、金华旧有育婴堂，皆修复之。

萧　斯 字蓼州，广东梅州人。清嘉庆六年（1801年）举人，十六年进士，以知县分直隶，告亲老，近改制福建，署永福知县，旋补尤溪县。治尚简要，惩刀笔，剔奸弊，倡修三书院，建文昌宫，延名师督课奖功，士风丕变。郭西有利建桥，圮于水，捐廉数百金，倡修告成，行旅便焉。莅尤八年，邑人感颂其德。以母老思归，遂奉版舆旋里。

萧捷三　字敏南，原籍惠安，徙居南武陵。清嘉庆二十三年（1818 年）恩科武举人，二十五年武进士，官千总。曾国藩奇其才，檄领水师，克岳州，晋游击。咸丰五年（1855 年），克湖口，攻石钟，中炮阵亡。诏赠副将，谥“节愍”。

萧正枢（1788—1853）　字延钧，号梦轩，福鼎翁潭人。副贡生。为人忠厚，和睦兄弟，其父天成令正枢为总理家政大权。事亲以孝闻。一日邻人不慎失火，延及所居。正枢融焰入，力扶父柩。忽南风大作，火势北掀，柩得出。复入，负八旬祖母，牵家人，扶老母，俱得免。清道光二十年（1840 年），孝廉高云垞倡议，即修河坝以护城，建文昌祠、忠孝祠。邑旧无考棚，正枢亦始捐巨资倡建，总司其事不辞老瘁，遂建考棚。落成后并将余款置阖邑宾兴田。正枢是泰房移迁翁江首任当家人，亦是上海三泰茶庄创始人。

萧南枢　字杓斋，金门后浦人。少读书，通大义。家贫从军，充镇标稿职。总兵窦振彪延为记室。窦任厦门提督，奏折书檄，多出其手；每巡洋，必与俱，料敌决胜，前后获盗无数。清道光年间（1821—1850）补厦门千总。窦尝为请奖蓝翎，辞不受，以让诸将之有功者。时洋匪江扁鹊最悍，南枢以计招之，遂降。以功署厦门中营守备，卒于任，时年 52 岁。

萧祖伦（1805—1872）　泰宁半岭人。清道光十一年（1831 年），泰宁爆发全县抗钱粮加派斗争，萧祖伦为主要组织者和领导者。知县派人赶往邵武府请兵弹压。萧祖伦、黎呈祥被押送省城黑牢。民众继续坚持斗争十多天后，惊动省里的督抚大臣，下令处理一批民愤极大的粮胥和污吏，而萧祖伦被狱禁 30 年。同治九年（1870 年）获释归里，同治十一年殁于半岭村故居，享年 67 岁。

萧古岩（1840—1959）　字德清，号幻游，法号虚云，泉州人。父萧玉堂为泉州府幕。19 岁剃度出家，先后在福州鼓山涌泉寺、五台山修持。后赴滇中阐教近 20 年。95 岁时返曹溪重建南华，中兴云门。历任福建鼓山涌泉寺、广东南华寺、云门大觉寺住持。1953 年发起成立中国佛教协会，被选举为名誉会长。同年当选全国政协委员。1959 年圆寂，世寿 120 岁，戒腊 101 岁。虚云禅师一生苦行长达百余年，历坐 15 个道场，重兴六大祖庭，一身兼承禅门五宗，法嗣信徒达数百万众，著名弟子有十余人，其中释一诚、释传印两位大德高僧先后担任中国佛教协会会长。

萧道管（1855—1907）　女，字君佩，一字道安，侯官人。自幼读古书，颇有见解。与陈衍婚后，带儿携女随夫辗转 20 余年，见闻广博。好考据之学，能融会贯通，著《说文重文管见》一卷，辨析极精。善诗文，工小楷，学虞世南《庙堂碑》《卫景武碑》，得其神似。因患血崩症，卒于京师。有著作行世。

萧佛成（1862—1940）　祖居南靖，生于暹罗（今泰国）。清光绪三十一年（1905 年）与孙中山所创办香港《中国日报》建立联系，在曼谷和陈景华共同创办《华暹日报》。光绪三十四年建立同盟会暹罗分会，当选为会长。1912 年任国民党暹罗总支部长。1926 年初回广州参加国民党第二次全国代表大会，当选中央执行委员。翌年 4 月支持并参加蒋介石建立的南京国民政府，任中央政治会议委员。国民党宁沪汉三派合流后，任中央党部海外部委员、行政院侨委会常务委员。1929 年当选国民党第三届中央监察委员。1931 年任广州国民政府委员。宁粤合作后，任南京国民政府委员。1937 年抗日战争爆发后，返回暹罗侨居。1940 年病逝。

萧其章（1879—1915）　字焕东，号暗然。武平黎畲人。早年就学时即加入同盟会。武昌起义后，归办乡团。后去日本留学，入明治大学读书。时袁世凯正谋称帝，其章决心反袁，参加孙中山建立的中华革命党。1914 年被委派回福州策动北洋军阀部下起义时，被人告密，于次年被捕，4 月 18 日遇害于福州屏山，时年 36 岁。

萧祥济（1884—1940）　字家经，号云川，官名赞高，尤溪人。能诗工书，擅言词，善辩驳。历任福建省国民议会参议员等职，历游两京苏杭，备受军政当局殷礼迎待。晚年精研岐黄，起沉疴，救急危，皆不受酬谢，普施恩惠于闾里，广积仁功于乡邦。

萧治安（1884—1964） 闽县人。幼年随父种植、采集草药，制作药材，自修医学，探研祖传医疗验方。21岁在福州澳桥开诊，名闻一方。钻研《外科正宗》《外科证治全生集》等历代医学著述，得心应手，内服外敷常奏奇效。为人爽直，自奉甚俭，常解囊帮助乡邻，对慈善事业更好施乐为，曾捐资福州中医学社办学，被选为该社理事长。中华人民共和国成立后，治安着手中医方剂型改革实验，将中药加工提炼成水剂和片剂。1958年携家藏全部药物及医疗设备加入联合诊所，虽年事已高，仍应诊施教。有著作行世。

萧立暟（1887—1964） 又名用美，字维芳。周宁萌源人。平生恢宏大度，耿介无私，乐善好施，热心义举。值岁饥，舟运贱米，悯粜饥民，不谋毫利。凡修建桥亭道路、神宫庙宇并故茔等，无不力任艰巨，数十年如一日。民国间任萌源村联保主任，构怨于小人，次子被掳，几次险遭不测，幸众力为缓颊，皆曰："此乃善人之子，不可戮！"后赎大洋600元。时立暟知陷害者，未行报复。迁狮避险，创业垂统，善继善述，于萌源村回龙寺右一屋为善社诵经堂。1946年六十大寿，福建省省长萨镇冰为之题赠"礼隆养国"匾。

萧兴东（1889—1952） 又名其俊，武平黎畲人。年少聪颖好学，毕业于福建政法学院。其兄讨袁牺牲后，即奔赴广州，投入孙中山领导的革命队伍，先后担任广西横县、广东普宁县法官，后随北伐军入福建，历任福建省民政厅视察员、建瓯县法院院长。1925年出任武平县县长。为官公正廉洁，关注民生，热心教育，深得群众敬仰。在连续三任武平县县长后，又调任漳浦县县长。1940年起担任武平县参议员。1948年与时任县长钟日兴创建十方维杨中学。1949年接受中国共产党领导，拥护人民政府，被誉为开明绅士。

萧求贞（1890—1961） 女，人称"伊俤嫂""伊俤姆"，罗源城关人。父母早丧，被县基督教会收养。清光绪三十一年（1905年）被选送到福清基督教医院学习妇幼专业，4年后回罗源基督教医院任助产士。1912年随夫薛瑞豪（伊俤）赴新加坡考察，研习助产科医术，1915年回罗源。1924年与其夫创办圣约翰药房妇幼诊所。助产经验丰富，医德医风为人称道。凡家境贫寒的产妇，不收取手术费、药费，还予以救助。时年罗源天花病流行，她走乡串户为儿童接种牛痘。中华人民共和国成立后，继续致力于服务妇产事业。

萧碧川（1893—1967） 泉港南埔镇萧厝村人。燕京政法大学毕业后，就任福建省法院审判庭庭长。旋辞职赴新加坡华商银行、安达银行任副行长，并在华文报社兼职。1930年返回萧厝继承父业，在萧厝港开设振成商行，并在上海、泉州两地开设建成商行、金成商行等，同时经营海运生意。在他的努力下，萧厝港于1936年经南京国民政府交通部批准，注册为商港并正式载入国际航运图，政府随之相继成立"海关""查缉所"等机构。自此，萧厝碧霞洲港驰名中外。

萧　乾（1904—1945） 长汀人。黄埔军校一期学生，留校任教育班长，参加学生军东征讨伐陈炯明。1925年由连长升为十八军十一师六十一团副团长，1931年升为旅长，继为五十二师副师长；而后接任罗卓英任十一师中将师长。同年李济深、陈明枢、蔡廷锴等在福州成立人民政府，萧乾任省保安司令，主管福建军事。后福建省政府主席陈仪改保安司令部为保安处，萧乾为副处长。1945年元月视察闽东三都澳时不幸落水遇难。

萧东明（1910—1942） 号海平，闽侯人。1931年金陵大学毕业，于次年11月任外交部交际科科员。1939年任中国驻菲律宾总领事馆随习领事。1942年1月马尼拉沦陷，日本宪兵逮捕包括萧东明在内的中国驻菲总领事馆8名外交官，同年4月17日以"从事抗日活动，军事协助重庆政府扰乱治安、抵制日货等罪状"为由，将他们押至华侨义山杀害。

萧冠槐（1915—1945） 又名萧明甫，大田蓝玉人。1938年加入中国共产党。1939年任中共大田县委委员兼第四区委书记。1941年任中共闽中工委委员、工委统战部长兼大（田）永（安）宁（洋）边委书记。1944年任中共闽西北特委委员兼统战部长。1945年6月任闽西北挺进游击队支队长。6月13日，国民党尤溪县保安中队进攻游击队驻地，萧冠槐不幸中弹，壮烈牺牲。

萧文玉（1917—1976）　山西沁县人。1938 年加入中国共产党，先后任霍县县委宣传部部长、组织部部长、县委书记。中华人民共和国成立以后，先后担任中共建阳地委组织部部长，福安地委副书记兼组织部部长、地委书记，福建省委农村工作部第一副部长，三门峡水利工程司党委副书记，福建师范学院党委副书记兼院长，福建省委党校党委书记兼副校长，福建省委农村工作部副部长兼省农林水办公室副主任，福建省农业厅厅长。"文化大革命"期间历任南安县委副书记、龙岩地委副书记、地区革委会副主任、莆田地委书记兼地区革命委员会主任等职。1976 年逝世。

萧　枫（1917—1991）　又名田湖、师颖，福建安溪人。印度尼西亚归国华侨。早年就读上海暨南大学附属中学、暨南大学。1936 年在上海参加革命，从事党的地下工作，并在香港正式参加中国共产党。1938 年 2 月在延安抗日军政大学、陕北公学学习，后参加八路军、新四军队伍，亦是海外工作团成员。1942 年后担任苏北抗日根据地民运队长、区长、县教育科长、苏中军区军需科长等职。1948 年起，在人民解放军三野三兵团二十九军八十五师先后任 253 团、254 团政治处主任等职。1949 年 10 月 20 日厦门解放，任厦门大学首任军事代表，组建厦大党组织。后历任中共厦门市委书记处书记、宣传部部长、市政协副主席、市民主人士审查领导小组组长、华侨博物院行政委员会副主任、福建省教育厅副厅长等职。"文化大革命"期间任华安水库建设指挥部副总指挥等职。此后先后担任中共厦门市委副书记、书记兼市政协副主席、建港指挥部主任、厦门鹭江职业大学（现厦门理工学院）校长兼党委书记等职。长期从事党务、统战、侨务、教科文卫工作。

萧光琰（1920—1968）　闽侯人。早年在美国求学。1942 年毕业于玻摩那大学化学系，转芝加哥大学物理化学专业，获物理化学博士学位，任该校研究员，成为美孚石油公司研究化学师。中华人民共和国成立后回国。1951 年任中国科学院工业化学研究所研究员，调大连化学物理研究所，开展页岩油裂化催化剂氮中毒的基础研究，并结合中国石油二次加工进行硅酸铝裂化催化剂的研究。随着大庆等油田的发现，萧光琰在金属酸性催化剂双重性的研究方面硕果累累。

萧汉光（1920—2009）　永春人。福建省立师专毕业。解放战争时期，参加地下党活动，创办农民夜校，发展民兵组织，并协助办好革命交通联络站；任安溪蓝溪中学教务主任，永春县人民民主政府民政科长、县政工作团副团长。中华人民共和国成立后，担任永春县财粮科科长，历任福建识字运动委员会办公室教研组长、省委党校文化班教务副主任、省干部文化学校教务处副主任、教育学院工农业余教育教研室语文组长、教育学院图书馆负责人、省委处理晋江地区地下党历史遗留问题工作队队长、省成人教育研究会理事。1985 年离休，任福建省闽粤赣边区革命史研究会理事，享受厅级干部待遇。

萧大涛（1934—2009）　龙岩人，祖籍广东梅州。高级工程师。1952 年考入长春东北地质学院地质矿产勘察系，毕业后分配在中南地质局。先后担任技术员、工程师、副总工程师、总工程师等职务。1959 年在南岭搞地质工作时，勘察发现寒武纪的双笔石化石和雷氏三叶虫及部分腕足类化石，这一成果经地质权威专家鉴定确认，轰动地质界；在国家地质评论杂志上发表学术论文，解决了湖南及两广地区几十年龙山群（前泥盆纪）定名的争议，从而建立起新的完整的地质时代定名体系。在洞庭湖周边做地质普查时，发现恐龙蛋化石，为洞庭湖盆地与衡阳红盆白垩纪地层对比与时代确定提供依据。两项成果载入 1994 年出版的《湖南省志》。

萧如鸿（1938—2005）　龙岩人，祖籍广东梅州。山东大学教授。1955 年考入清华大学电机专业，1960 年考取研究生，1964 年毕业并获优秀毕业生称号。毕业后主要从事微型、特种电机的研制、开发等。十几项科研成果通过部、省级鉴定，其中两项属国际先进水平，其成果转化为产品，取得了很好的经济和社会效益。事迹编入《世界优秀专家人才名典》《中华英才大典》《中国人才辞典》《中国专家大辞典》《中国当代创业英才》《二十一世纪人才库》等书。

萧清伦（1947—2018）　晋江萧下人。改革开放初期，创办雨伞企业富兴公司。先后成立广东惠阳洋伞有限公司、晋江富兴轻工有限公司、泉港富昌伞业有限公司、泉港富兴钢板有限公司等 6 家公司，并带动家乡制伞业的发展。2009 年被推选为东石伞业协会会长，连任三届。2015 年当选第四届全国制伞专业委员会会长。先后向教育、村镇基础设施、慈善公益事业捐资近 300 万元。被推选为晋江市金山中学、小学、幼儿园永远名誉董事长，侨声中学名誉董事长，东石慈善顾问，东石商会名誉会长，东石侨联名誉主席等。2008 年当选第六届萧氏环球恳亲大会主席。2018 年去世，时年 72 岁。

第二节　人物录

萧　基　南朝梁武帝（502—549）时，以长乐侯知晋安郡太守。亦曾任建安郡太守。

萧　云　南朝梁武帝时，以宾化侯知晋安郡事。

萧　纪　南朝陈宣帝（569—582）时，以宜黄侯知丰州事（晋安郡太守）。

萧嗣德　侯官（今福州）人。南朝梁明帝萧岿曾孙，唐高宗咸亨元年（670 年）以都督府司马任泉州（今福州）刺史。

唐穆宗贞献萧皇后　晋江龙湖镇烧灰村（今萧妃村）人。唐元和四年（809 年），唐穆宗李恒生次子李昂（涵），即唐敬宗李湛之弟。宝历二年（826 年），18 岁的李昂被拥立为帝，即唐文宗。李昂登基后，以母萧氏为皇太后。萧皇后于宣宗大中元年（847 年）去世，谥号贞献皇后。

萧　膺　字次元，侯官人。唐开成三年（838 年）进士，官至大理司直。

萧　宏　唐开成年间（836—840）官晋江县令。

萧　坤　字德卿，号曦，为萧氏入闽始祖之一。官唐江南刺史。入闽后，居长乐县前清里大鳌坑（一作“鳌坑”）。

萧　遵（924—1010）　萧崇兴三子。初随父入闽，居仙游石壁潭，后迁居龙岩县聚贤里林埔坪（今大田县上京镇桂坑村），任指挥使。创林埔祠，取堂号“田阳堂”。

萧　佐　一作萧谓，沙县人。宋初任德化知县，后任永福（今永泰县）知县。

萧仁宪　长乐人。北宋初任安溪知县。

萧　律　字调元，江西新喻人。北宋初授广州司法，擢汀州知州。后徙润州，历大理少卿、夔峡转运使，终金部员外郎。

萧　谓　祖籍长乐，随父萧梓迁居江西新喻。以《诗》《易》教授闾里，而优于笃子，生四子贺、贯、赍、实，后皆博学有名，俱登第。

萧　贯　字贯之，长乐人。宋进士，历任安、宿二州通判，京东转运使，知洪、饶二州。官至兵部员外郎。

萧　廉　邵武人。宋武进士，留京封为引驾大将军，敕封福建镇东南海大将军。

萧　麟　字汝云，号宁，长乐人。宋代官枢密院。

萧　铜　官名杰，萧麟子，长乐人。宋进士，屡历郡守，政绩有声，仁宗称“萧铜朕自擢也”，欲大用，而卒。

萧　潢　号宗，为萧氏入莆始祖之一。官宋户部郎中。

萧　观　号存斋，祖籍莆田，徙居广东汕头。宋进士，官终惠州刺史。

萧　褈　宋庆历二年（1042 年）以都官员外郎任漳州知州。

萧　辟　宋熙宁六年（1073 年）任惠安知县。

萧汝士　字君平，江西吉州人。宋元丰三年（1080 年）以封荫任长汀知县。

萧仪之　清流人。宋元祐年间（1086—1093）任知州事。

萧　抡　莆田人。宋宣和六年（1124 年）进士，官朝奉大夫、水部员外郎。

萧之敏　字敏仲，又字好学。江西九江人。宋乾道间（1165—1173）任建阳知县。

萧　逵　祖籍福建，徙居江西新喻。宋进士，开禧元年（1205 年）以敷文阁直学士、大中大夫知福州，兼领福建安抚使。开禧三年专领安抚使。累官至太常。

萧舜咨　字禹平，泰宁人。宋庆元五年（1199 年）殿试进士，嘉泰年间（1201—1204）任漳州军事推官，累官江西提刑。刚介特立，人服其严，所至有声。

萧　顗　字子庄，浦城人。少孤，以孝闻。与李郁、陈彦、罗从彦同受业杨时之门。后为清流主簿，终岁而归。朱松尝师事之。

萧　韶　泰宁人。宋代任刑部郎中。

萧　郊　南宋时以奉议郎任漳浦知县。

萧　忱　长汀人。宋代时官政和知县。

萧欲仁　名孟春，字欲仁，将乐人。宋代名儒。师从杨时，杨时时任萧山知县，于京师行馆为欲仁所著《大学》作后记《题萧欲仁大学篇后》。

萧　佐　江西龙泉人。宋进士，任汀州知州。

萧　彦　江西泰和人。宋进士，任永福（今永泰县）知县。

萧　环　江西吉安人。举人，任建宁府通判。

萧　颜　将乐人。授福州府通判，殁于任上。

萧　雁　字百二，号老松，祖籍莆田，迁惠安。官元学士。

萧　鹤　字百六，号石松，祖籍莆田，迁晋江。官元浙江府同知，转朝奉大夫。

萧　寅　江西吉州人。元至正二十四年（1364 年）官邵武府同知。

萧　全　将乐人。明洪武年间（1368—1398）岁贡，官至云南道监察御史。

萧　载　一作萧琚，长乐人。明洪武年间岁贡，官程乡知县。

萧道昭　山东曲阜人。明洪武二十二年（1389 年）官建宁知县。

萧　茂　漳州府学，明洪武至宣德年间（1368—1435）贡生，官黄州通判。

萧　成　江苏宜兴人。明永乐初以功升泗州卫指挥同知，除福州右卫，调中卫，世袭。

萧吾义　字以富，泰宁人。明永乐三年（1405 年）以岁贡中应天府举人，官金华知县。

萧　礼　明永乐年间（1403—1424）任福州府左参政。

萧　曾　连江人。明永乐年间贡生，任番禺知县。

萧　福　字九畴，号毅斋，浦城人。明永乐年间进士，授翰林院庶吉士，预修《永乐大典》，累官至吏部考功郎。有著作行世。

萧　璧　晋江人。明宣德年间（1426—1435）贡生，官至广西永宁知州。

萧　銮　字景和。广东潮阳人。明宣德二年（1427 年）进士，天顺年间（1457—1465）调福建佥事。

萧乾元　字必克。江西万安人。明进士，正德十二年（1517 年）任福建按察司佥事。

萧　显　字文明，号履庵。江西龙泉人。明进士，弘治年间（1488—1505）擢福建按察司佥事。

萧继美　字敬吾，湖广罗田人。明举人，嘉靖四十四年（1565 年）任惠安知县。

萧　蔚　广西柳州人。明举人，隆庆年间（1567—1572）任罗源知县。

萧敏道　江西南昌人。明进士，万历年间（1573—1620）以事左迁福建盐运同知，擢迁福州知府。

萧　毂　字古心，江西万安人。明举人，万历间任连江知县。

萧可教　江苏江都人。明进士，任南安知县。

萧　渊　字文静。山东堂邑人。明进士，任福建按察副使。

萧　晚　字启旦。江西吉水人。明进士，由广东按察使升福建右布政使、左布政使。

萧　谦　字有终，永平卫籍，四川巴县人。明进士，升福建副使（福州府按察副使），首任建宁道按察司佥事（一说任古田知县）。

萧　瑞　字吉夫，又作吉甫，安徽泾县人。明进士，任福建左参政。

萧廷杰　四川泸州人。明进士，任福建左参政。

萧鸣凤　陕西鄜州人。明崇祯年间（1628—1644）任汀州府司狱。

萧　璿　龙溪人。明进士，官兵科给事中。

萧　歆　萧韶之弟，南平人。明进士，官兵部郎中。

萧复阳　字见心，金门人。明进士，授金溪知县，累官户部员外郎、奉训司徒大夫。

萧奇勋　字懋建，莆田岱石人。明进士，初授浮梁（今江西景德镇）知县，升南京户部员外郎。

萧奇杰　字懋阳，莆田人。明进士，官灌县知县（今湖南湘潭），擢监察御史。

萧　韶　南平人。明举人，初授吴江知县，转户部主事，擢户部郎中。

萧　纳　南平人。明举人，官至国子监助教。

萧时中　永安人。明举人，官荆州知州。

萧　泗　建阳人。明举人，官赣州府同知。

萧奇熊　字懋男，莆田人。明举人，授永昌（今云南保山市）同知。

萧继美　晋江人。明举人，官高州府同知。

萧富春　字仲和，侯官人。明举人，官长沙府同知。

萧　镛　字雍金，莆田人。明举人，授四会（今广东四会市）知县，升蒙化府（今云南巍山彝族回族自治县）同知。

萧储卿　龙溪人。明贡生，入太学。应天府试中举，任桂林府推官。

萧　为　字尚颍，莆田人。明举人，官乐昌（今广东乐昌市）教谕，宁县知县。

萧　谦　字绍亨，莆田人。明举人，授曲周（今河北邯郸市）知县。

萧　标　字立卿，一作直卿，莆田人。明举人，授贺县（今广西贺州市）知县。

萧春芳　晋江人。明举人，官霍邱知县。

萧云鹄　晋江人。明举人，官知县。

萧九章　晋江人。明举人，官高要知县。

萧　风　龙溪人。明举人，官宁国知县。

萧　胤　一作萧允，字文祚，泰宁中隅人。明举人，任柳州教授。

萧　崇　建阳人。明举人，历任德州、镇江府教授。

萧　存　晋江人。明举人，官应天府教授。

萧　璜　字玉甫，莆田乌石人。明府学岁贡，有文名，入国子监司业。

萧　敏　莆田人。明兴化学贡，官南京神武卫中卫经历。

萧惟清　永安人，一作将乐人。明岁贡，由户部主事进阶奉议大夫，迁郎中，转广东布政司参议。

萧　韶　顺昌人。明贡生，任广州府莲州通判。

萧　瑛　一作萧兵，泰宁朱口人。明贡生，官永州府通判。

萧　英　泰宁人。明岁贡，任邵武府通判。

萧思进　大田人。明恩贡，历任广西平乐（今广西桂林）、江西袁州府（今宜春市）通判。

萧文乔　明溪人。明贡生，任山东莒州州判。

萧　诏　顺昌人。明贡生，官连州通判。

萧　全　崇安人。明贡生，任潮阳知事。

萧　善　将乐人。明贡生，任河南按察司知事。

萧　廸　泰宁人。明贡生，任淮王府经历。

萧九州　字禹锡，福安宾贤人。明代选贡，任广东新宁知县。

萧　定　将乐人。明贡生，官遂溪知县。

萧　琛　龙溪人。明贡生，官英德知县。

萧　惠　明贡生，官瑞金知县。

萧　熙　泰宁人。明贡生，任龙川知县。

萧　义　将乐人。明贡生，官章明知县。

萧崇礼　南平人。明贡生，迁任安知县。

萧治昺　侯官人。明贡生，任长泰知县。

萧重熙　号镜潭，泰宁人。明万历年间贡生，授靖安知县。

萧　源　字本清，南平人。明贡生，官江西南康知县。

萧茂道　一作懋道，明溪人。明贡生，官广东龙川知县。

萧　岳　泰宁人。明贡生，官南安府学教授。

萧　文　泰宁人。明贡生，任建德县学教谕。

萧一杰　大田人。明贡生，任古田训导，升广宁教谕。

萧惟大　永泰人。明以人才举，累官广东按察副使。

萧　毅　南平人。明任锦衣卫指挥使。

萧　清　长汀人，明任户部主事，迁郎中。

萧贵路　明官泉州府通判。

萧日新　大田聚贤里人。明任德安通判。

萧友松　大田人。明任德州州判。

萧　珩　明任南安知县。

萧长华　明溪人。明任宣城知县。

萧宗达　莆田人。明任西河知县。

萧得成　明溪人。任广东长乐（今五华县）知县。

萧学敏　延平人。明任尤溪知县。

萧　廪　字可发，号兑嵎，江西万安人。明进士，任邵武府学教授，累擢右佥都御史，官终兵部左侍郎。

萧承恭　江西人。明举人，任同安儒学教谕，升知州。

萧显用　四川南川人。明举人，任福宁州同知。

萧　旸　字惟寅，江西万安人。明举人，任将乐教谕，擢零陵知县。

萧应凤　湖北江陵人。明举人，任南安知县。

萧　麐　安徽泾县人。明举人，任仙游知县。

萧　宏　安徽武岗人。明成化年间（1465—1487）任上杭知县。

萧世聘　浙江靳县人。明任延平府同知。

萧起凤　江西万安人。明任邵武知县。

萧　绰　江西泰和人。明任沙县知县。

萧　崧　江西南昌人。明代任福州府都转运盐司同副。

萧　亮　四川人。清顺治十二年（1655 年）以秀才随征入闽，任宁洋知县。

萧　重　号远村。直隶静海人。清嘉庆年间（1796—1820）补兴化莆田凌厝巡检，道光五年（1825 年）迁同安县丞，驻金门。

萧宸翰　归化人。清进士，官泾县知县。

萧　超　武平人。清进士，官蓝田知县。

萧逢源　台湾凤山人，祖籍南安。清进士，历任浙江厘金局局长、会稽知县。
萧　煊　号柳溪，邵武人。清举人，官广西易州知州。
萧天锦　改名萧光，字絅文，号濰源，归化人。清举人，官华州知州。
萧天华　晋江人。清举人，历官真宁知县、大理寺评事。
萧　澍　龙溪人。明举人，入清，任宁国知县。
萧　龚　武平人。清举人，官广济知县。
萧云鹏　晋江人。清举人，官阳山知县。
萧廷炜　一作廷伟，字荆玉，永定人。清举人，官含山知县。
萧际恩　字锡汝，惠安人。清举人，历任长乐、彰化县学教谕，升虞都、庐乡知县。
萧懋棋　归化人。清举人，历浙昌国卫屯务总司。
萧露光　长汀人。清举人，历汀州镇左营千总。
萧起凤　永定人。清贡生，官嵊县知县。
萧炳馨　泰宁人。清拔贡，初任政和县学训导，调台湾县学，迁登州府学，擢黄县、蓬莱知县。
萧茂芬　建宁人。清拔贡，官四川秀山知县。
萧大文　大田人。清贡生，任汀州府训导，升府学教授。
萧　武　原名萧斌，号尚烈，莆田人。明官行在参将，郑氏治台时，授台湾水师一镇。
萧延寿　字怀等，号挟山，莆田人。清代任朱天贵水师军务，敕封左都督佥事，加纪录五次。
萧永吉　诏安人。行伍出身，清代任德化汛千总。
萧元勋　武平人。清代任直隶州同知。
萧　镇　一名元安，建阳人。任同安同知。
萧　震　湖北潜江人。清进士，历任漳平知县，后改任台湾府凤山知县。
萧克昌　陕西咸阳人。清举人，任福鼎知县。
萧信扬　一作信阳，湖北宜城人。清举人，任海澄知县。
萧之祯　湖北荆州人。选贡，任平和知县。
萧永域　湖北汉阳人。贡生，任诏安知县。
萧振谋　广东始兴人。贡生，任兴化府学教授。
萧板辟　江西庐陵人。监生，任漳汀司巡检。
萧　琰　广东平远人。任兴化知府。
萧毅中　湖北公安人。任巡抚（赣、汀、漳、韶、郴）都御使。
萧近高　江西庐陵人。任福州府按察使。
萧　燮　安徽宣城人。任福州府推官，福州府经历。
萧声明　广西全州人。吏员，任漳州府知事。
萧　泮　江西泰和人。任邵武知县。
萧廷玉　广东梅阳人。任归化知县。
萧　颍　云南晋宁州人。任寿宁知县。
萧　璟　四川阆中人。任台湾镇挂印总兵官，后调建宁镇总兵官。
萧芝美　字兰亭，浙江人。行伍出身，历任汀州总兵官、福宁镇总兵官。
萧上敏（1884—?）　尤溪人。曾任国民革命军新编第二师参议。

萧笠云（1897—1984）　原名焕章，东山城关人。20岁赴法国留学。1926年回国参加北伐军，在前敌总指挥政治部工作。1941年倡办东山初级中学并任首任校长。1947年任上海中纺公司技术处处长。

萧　敬（1893—1941）　字树棠。长汀人。曾任长汀税厘局、公路局局长。1936年任长汀县县长。

1937 年就读日本士官学校步兵科。回国后先后任南京汤山步兵学校少校教官，江西吉安干训所上校教官、教育大队队长等。抗日战争爆发后，任国民党中央军委少将高级参谋兼军司令部战情发布组组长、第一战区政治部秘书长。

萧新瑞（1905—1981） 长汀人。1928 年参加农民暴动，任队长，同年加入中国共产党。曾任长汀县苏维埃政府农会主任。1949 年参加支前、土改等工作。历任长汀县民政科长、四都区区长、县光容敬老院、福利院院长等职。为福建省第一届人民代表大会代表。

萧迪银（1907—2005） 武平十方人。1928 年加入中国共产党。1929 年任福建省上杭苏区（才溪）县委秘书，旋任中国工农红军第十二军军部参谋科长，参加前 5 次反“围剿”斗争。

萧光榜（1907—2002） 号连登，又号荫民，尤溪人。早年毕业于英国将官学校，留学日本士官学校，通晓四国语言。历任师长、中央陕西军官学校教务长等职。抗日战争胜利后，解甲优游。1949 年迁台。

萧墩其 崇安星村黎源人。中共党员，1932 年入伍，曾任红军闽北独立团参谋长。1935 年在崇安县四渡桥保卫战中牺牲。

萧恒太 归化人。1932 年任中共归化县委书记。

萧来芙 归化人。1934 年组建苏区归化县游击队，任政委。

萧兴依 归化人。1934 年组建苏区归化县游击队，任队长。

萧尚经 武平人。任国民革命军军政学校教授。

萧树棠 长汀人。日本士官学校毕业，任国民党军事委员会抗战战况发布组组长。

萧兆庚 长汀人。黄埔军校第六期毕业，任国民革命军 55 师师长。

萧炳炎 长汀人。黄埔军校第七期毕业，任国民革命军 59 师团长。

萧齐庭 长汀人。黄埔军校第十四期毕业，任国民党第三战区上饶防管指挥部参谋主任。

萧志锋（1911—1990） 女，湖北宜昌人。1938 年参加中国共产党。中华人民共和国成立后，历任中共福州市直机关党委书记、福州市妇联书记、福州市委常委兼组织部长、福州市市长。改革开放后历任中共福州市委统战部副部长、市政协副主席、市人大常委会副主任。

萧 福（1917—1979） 长汀人。1933 年参加革命，曾任江苏省交通厅厅长。

萧友良（1920—1980） 字杰诚，武平人。1939 年考入黄埔军校，历任排长、连长、营长，曾于鄂西、湘西抗击日寇。1949 年初任武平县县长，后到台湾深造，历任团长、师参谋长、副师长等职。

萧江西（1927—1997） 古田人。1945 年参加革命，中华人民共和国成立后历任古田县副县长、县委副书记、县长等。享受厅级离休待遇。

萧永义（1927—2004） 仙游大济人。1950 年厦门大学毕业，分配到国家第一机械工业部基本设计院任院长。

萧开荣（1931—1994） 仙游盖尾人。1953 年浙江大学毕业后留学苏联，回国后先后在国家、福建省公安部门工作，1962 年调任福建省人民防空办副主任。

第三节 历代进士名录

唐 代

姓名	籍贯	中进士年间与科榜	任职	备注
萧 膺	侯官	开成三年（838 年），戊午科，裴思谦榜	大理司直	

宋 代

姓名	籍贯	中进士年间与科榜	任职	备注
萧楚材	晋江	咸平五年（1002年），壬寅科，王曾榜		
萧 沆	晋江	天禧三年（1019年），己未科，王整榜		
萧汝翼	泰宁	宝元元年（1038年），戊寅科，吕溱榜		
萧汝霖	闽县	庆历二年（1042年），壬午科，杨置榜		
萧汉臣	龙溪	皇祐元年（1049年），己丑科，冯京榜		
萧 开	闽清	皇祐元年（1049年），己丑科，冯京榜	承议郎	一作辟
萧 杰	闽县	皇祐元年（1049年），己丑科，冯京榜		
萧伯仪	晋江	皇祐五年（1053年），癸巳科，郑獬榜	知州事	
萧 竤	尤溪	嘉祐八年（1063年），癸卯科，许将榜		
萧 稷	晋江	嘉祐八年（1063年），癸卯科，许将榜		一作程，特奏名
萧汝器	泰宁	治平四年（1067年），丁未科，许安世榜	迪功郎	一作归化人
萧山異	沙县	熙宁三年（1070年），庚戌科，叶祖洽榜		一作谓
萧维申	泰宁	熙宁三年（1070年），庚戌科，叶祖洽榜		
萧 彦	龙溪	熙宁九年（1076年），丙辰科，徐铎榜		
萧 规	闽县	元祐三年（1088年），戊辰科，李常宁榜		特奏名
萧 昞	闽清	元祐六年（1091年），辛未科，马涓榜	袁州知州	
萧 磐	闽清	绍圣元年（1094年），甲戌科，毕渐榜		
萧 恒	尤溪	绍圣元年（1094年），甲戌科，毕渐榜		一作暄
萧 韶	泰宁	元符三年（1100年），庚辰科，李釜榜		
萧 韡	龙溪	大观三年（1109年），己丑科，贾安宅榜		
萧 抡	莆田	宣和六年（1124年），甲辰科，沈晦榜	水部员外郎	
萧 规	晋江	绍兴五年（1135年），乙卯科，汪应辰榜		
萧汝规	龙溪	绍兴五年（1135年），乙卯科，汪应辰榜		特奏名
萧宗颜	闽县	绍兴八年（1138年），戊午科，黄公度榜		特奏名
萧稷臣	闽县	绍兴八年（1138年），戊午科，黄公度榜		特奏名
萧德藻	闽清	绍兴二十一年（1151年），辛未科，赵逵榜	安抚司参议	
萧 竑	欧宁	绍兴二十一年（1151年），辛未科，赵逵榜		
萧 倬	闽县	绍兴二十四年（1154年），甲戌科，张孝祥榜	提举干官	
萧宗说	闽县	绍兴二十四年（1154年），甲戌科，张孝祥榜		特奏名
萧德棻	闽清	绍兴三十年（1160年），庚辰科，梁克家榜	宣教郎	
萧声显	龙溪	隆兴元年（1163年），癸未科，木待问榜		
萧尹躬	沙县	隆兴元年（1163年），癸未科，木待问榜	福清知县	
萧宗旦	闽县	隆兴元年（1163年），癸未科，木待问榜		特奏名
萧国梁	永泰	乾道二年（1166年），丙戌科，萧国梁榜	礼部郎官	状元

续表

姓名	籍贯	中进士年间与科榜	任职	备注
萧佑之	闽县	乾道二年（1166年），丙戌科，萧国梁榜		一作枯，特奏名
萧必豫	闽清	乾道二年（1166年），丙戌科，萧国梁榜	州学教授	
萧诚意	闽清	乾道八年（1172年），壬辰科，黄定榜		
萧　说	永泰	乾道八年（1172年），壬辰科，黄定榜		
萧国均	永福	淳熙五年（1178年），戊戌科，姚颖榜	庐陵主簿	
萧国馨	永福	淳熙五年（1178年），戊戌科，姚颖榜	英州教授	
萧　轸	永福	淳熙八年（1181年），辛丑科，黄由榜	兴化知县	
萧　玠	龙溪	淳熙十一年（1184年），甲辰科，卫泾榜		
萧　琚	龙溪	淳熙十一年（1184年），甲辰科，卫泾榜		一作踞，特奏名
萧　雍	长汀	淳熙十一年（1184年），甲辰科，卫泾榜	迪功郎	特奏名
萧　迁	龙溪	淳熙十四年（1187年），丁未科，王容榜		一作珏
萧　辎	龙溪	淳熙十四年（1187年），丁未科，王容榜		特奏名
萧梦兆	清流	绍熙元年（1190年），庚戌科，余复榜		一名兆，特奏名
萧　里	龙溪	庆元二年（1196年），丙辰科，邵应龙榜	广州教授	
萧　杞	侯官	庆元五年（1199年），己未科，曾从龙榜	朝奉郎	
萧舜咨	泰宁	庆元五年（1199年），己未科，曾从龙榜	江西提刑	
萧　轙	永福	嘉泰二年（1202年），壬戌科，傅行简榜		
萧荣祖	剑浦	嘉定元年（1208年），戊辰科，郑性之榜		
萧松甲	闽县	嘉定四年（1211年），辛未科，赵建大榜		一作崧申
萧经德	闽县	嘉定四年（1211年），辛未科，赵建大榜		
萧　鉴	闽清	嘉定四年（1211年），辛未科，赵建大榜		特奏名
萧万里	福州	嘉定七年（1214年），甲戌科，袁甫榜		特奏名
萧遇之	晋江	嘉定十三年（1220年），庚辰科，刘渭榜		一作迈之
萧　涓	闽清	绍定五年（1232年），壬辰科，徐元杰榜	汀州教授	
萧虞韶	剑浦	端平二年（1235年），乙未科，吴叔告榜	汀州教授	
萧　山	沙县	端平二年（1235年），乙未科，吴叔告榜	长溪县丞	一作石
萧　駉	沙县	端平二年（1235年），乙未科，吴叔告榜		特奏名
萧　燃	沙县	端平二年（1235年），乙未科，吴叔告榜		特奏名
萧泰夫	永福	淳祐元年（1241年），辛丑科，徐俨夫榜	袁州主簿	
萧梦得	罗源	淳祐元年（1241年），辛丑科，徐俨夫榜		
萧邦杰	福州	淳祐七年（1247年），丁未科，张渊微榜		特奏名
萧　和	闽县	淳祐十年（1250年），庚戌科，方逢辰榜		
萧起夫	闽清	景定三年（1262年），壬戌科，方山京榜		
萧桂发	莆田	咸淳四年（1268年），戊辰科，陈文龙榜	泉州教授	一作继发

元 代

姓名	籍贯	中进士年间与科榜	任职	备注
萧延臣	将乐	延祐五年（1318年），戊午科，霍希贤榜		特奏名

明 代

姓名	籍贯	中进士年间与科榜	任职	备注
萧 清	长汀	永乐二年（1404年），甲申科，曾棨榜	户部郎中	
萧 显	福安	永乐二年（1404年），甲申科，曾棨榜	工科给事中	
萧 福	浦城	永乐四年（1406年），丙戌科，林环榜	吏部考功司	
萧 璿	龙溪	天顺八年（1464年），甲申科，彭教榜	兵科给事中	
萧 歆	南平	正德九年（1514年），甲戌科，唐皋榜	兵部郎中	
萧奇勋	莆田	嘉靖三十二年（1553年），癸丑科，陈谨榜	户部员外郎	
萧复阳	同安	嘉靖四十四年（1565年），乙丑科，范应期榜	户部员外郎	
萧腾凤	晋江	隆庆二年（1568年），戊辰科，罗万化榜	两淮运使	
萧奇烋	莆田	万历十四年（1586年），丙戌科，唐文献榜	监察御史	
萧梦阳	晋江	万历三十四年（1606年），丙午科		武进士
萧震男	邵武	万历四十七年（1619年），己未科	总兵	武进士

清 代

姓名	籍贯	中进士年间与科榜	任职	备注
萧 震	侯官	顺治九年（1652年），壬辰科，邹忠倚榜	御史都堂	
萧熙祯	永定	顺治十六年（1659年），己亥科，徐元文榜	长沙知县	
萧蕃露	武平	康熙五十七年（1718年），戊戌科		武进士
萧 超	武平	乾隆十年（1745年），乙丑科，钱维城榜	蓝田知县	
萧元桂	建阳	嘉庆十三年（1808年），戊辰科，吴信中榜	临海知县	
萧捷三	惠安	嘉庆二十五年（1820年），庚辰科	千总	武进士
萧文辉	连江	同治四年（1865年）乙丑科，崇绮榜	乐会知县	
萧逢源	凤山	光绪二十年（1894年），甲午科，张謇榜		台湾府人

第九篇

高姓

《福建姓氏志·高姓篇》编纂委员会

主　　　任：高志超

常务副主任：高孔煜

副　主　任：高建顺　高珠英（女）　高平和　高武典

委　　　员：高　农　高明福　高进展　高成祥　高书文　高金典　高德芳
高金钹　高水茂　高　华　高超灶　高映生　高朝仁　高亚方
高谢彦　高源源　高芝忠　高伯安　高纯征　高加福　高增富
高益彪　高林财　高荣明　高祖杰　高文祥　高晓斌

《福建姓氏志·高姓篇》编辑部

主　　　编：高孔煜

副　主　编：高　农　高平和　高永川　高秀荣（女）

目　录

高姓，炎帝后裔，源自姜姓。姜太公8世姜赤（齐文公）次子姜服采食于高邑，称公子高，其孙姜傒以祖父公子高的“高”为姓，叫高傒，高傒是高姓的得姓始祖。高姓自唐代开始至民国，有高俨、高肇、高璠、高钢、高曦、高育、高耀祖、高闳、高颐、高元龙、高王宇、高阿闽、高永兴13支家族入闽定居。据2016年全省人口统计，高姓总数为240640人，分布省内300多个主要聚居地。明代以后，福建迁徙台湾及海外的高姓族人达16万之多，建有宗祠70余座、故居8座、陵墓10台，其中省级文物保护单位4处、县级文物保护单位2处。有谱牒61部（册）、民间信仰2项、非物质文化遗产项目2项、名胜古迹5处，历代进士182人。郡望有渤海郡和广陵郡，主要堂号有渤海堂、广陵堂、众魁堂、树德堂、有继堂等40余号。

第一章　源　流

第一节　溯　源

一、源自上古

相传“黄帝臣高元作宫室”。高元是为黄帝建造高楼的大臣，以技为姓，高元是中国历史上高姓第一人。随后还有西周高奔戎，他是周穆公的卫士。春秋时有高渠弥、高克等人，其后裔都无从查考，应包括在今天的高姓群体中。

二、源自姜姓

姜尚，字子牙，炎帝后裔，尊称姜太公。8世齐文公（姜赤）的次子姜服，因采食高邑，人称公子高，姜服孙姜傒，时任齐国上卿，因拥立姜小白（齐桓公）合诸侯、称霸中原有功，齐桓公命以祖父高字为姓，并封为世袭上卿。高傒成为高姓的得姓始祖。

三、源自改姓

春秋时齐惠公的儿子公子祁，字子高，这支后裔以高为姓。十国时后燕主慕容云自称是高阳氏的后裔，改为高姓，称高云，后裔也都改复姓为单姓，称高姓。北齐时高隆之本姓徐，因父与高欢交厚，后改为高姓。

四、源自少数民族

南北朝时，北魏孝文帝实行汉化，改北方胡人复姓为汉族的单姓高氏。还有在京族、黎族、苗族、东乡族、哈尼族中都有高姓。

第二节　入　闽

唐咸亨四年（673年），高俨，又名高斌（北齐高欢第6世）由晋陵避乱入闽，任延平县令。后裔分居邵武、顺昌等地。

唐天宝年间（740—756），高肇由吴苏常熟入闽，定居闽中（福州一带），3世孙高良器移居长乐龙门，高良材移居长乐流水。

唐天宝九年（750年），高璠由江苏扬州入闽，任长乐郡太守，定居怀安县石岊（今福州市仓山区建新镇怀安村），后裔迁居福安、福鼎、寿宁、柘荣等地。

唐中和元年（881年），高钢由光州固始入闽，先居漳浦，后定居怀安县凤岗里高宅洋（今福州市仓山区建新镇高宅村），后裔分迁泉州安平（今晋江安海），石狮永宁，南安埕边、锦墩，厦门、高浦、刘五店，安溪高坪、大坪，台湾、广东、浙江及南洋等地。

唐光启元年（885年），高曦随王绪入闽，定居福州华林坊（今华林路），后裔分迁莆田、漳浦等地。

唐大顺年间（890—891），高育由山东统军入闽平乱，后梁开平四年（910年）择居邵武和顺（今光泽县鸾凤乡和顺村），后裔分迁邵武、光泽，江西黎川、贵溪等地。

宋熙宁二年（1069年），高拱由浙江绍兴入闽，定居漳浦九都（今漳浦县杜浔宅兜社），后裔分迁广东、台湾等地及东南亚国家。

宋淳熙十一年（1184年），高闳由河南固始入闽，定居平潭罗澳（今苏澳镇），后裔分迁福州、上海、云南等地。

宋祥兴二年（1279年），高颐等高姓族人为避战乱，由黄河流域等地举家入闽，先居宁德，后裔分迁闽、粤、赣边界群山之中，为客家高姓。

明永乐二年（1404年），高元龙由江西吉水入闽，屯军闽清，定居二十二都（今闽清县感德洋），后裔分迁南平等地。

明万历十五年（1587年），高玉宇由山东青州随军入闽，先居长乐南乡，后定居福州鼓楼南营，后裔散居福州、上海、北京等地。

清顺治年间（1644—1661），高阿闽由浙江入闽，定居福清长安村。

清康熙年间（1662—1722），高永兴由南京铁井栏入闽，定居福清文场村。

第三节　繁　衍

一、高俨家族

唐代，高俨4世高德文由延平（今南平市）迁邵武。后裔高云迁徙临安（今浙江杭州市），另一支后裔迁徙江苏常州。8世高福三迁徙苏州。12世高询出任浙江衢州推官，举家定居衢州城西。后裔散居闽、浙、苏等地。

二、高肇家族

唐代，高肇定居闽中（今福州一带），生子高阁，高阁生2子，长子高良器，次子高良材。

（一）高良器世系

高良器迁居长乐航城龙门。13世高汝信迁居长乐锦屿（今屿头村）。15世高士仪迁居福清磁瑶（今海瑶村），高士行迁徙衢州府。16世高克成迁徙广东潮州。17世高世永迁居上边村。18世高继盈迁居宁德，高继厚迁居古田。19世高以正迁居福城（今福州市）石井巷，后转北门外；高福、高寿、高康、高宁迁居平潭务里村。27世高伯岳移居福州东街（称东街派），高伯均迁居宁德飞鸾渡，高伯明迁居莆田，高伯综迁居同安。22世高琮甫迁居前澳溪下村，高默甫迁居长乐利巷。23世高景玉、高景志、高景畴迁居长乐三都，高景和迁居东关太平桥，高景度（高棅）迁居三都岱峰夏亭。24 世高质仲迁居六都星上井，高广仲迁居六都星溪村，高晋仲迁居福州（今古楼南门兜一带），高君玉迁居金峰台瑶村，高性仲迁居今闽侯江洋农场回峰村，高洪仲迁居闽侯甘蔗青岐叶洋村。25 世高维大迁居福州凤岗里（今建新镇高宅村），亦称“后高宅”，高维岳（福房）迁居金峰台瑶，高维岗（寿房）迁居金峰台瑶，高维茂迁居罗联西林村，高维和迁居六都星溪，高维述迁居南平上洋口，高维仲、高维勉、高维远、高维寿迁居岱峰村。27 世高德政迁徙直隶（今河北省）真定府南宫县，高德平迁居福州安民巷。30 世高肇政迁居闽侯竹岐罗洋村。31 世高敬勤迁居上洋村。33 世高在奕迁居闽县田螺湾（今闽安松门）。34 世高纯水迁居岱峰下里巷，高纯东迁居潭头镇，高宏振迁居福州太平山山仔里，高能金迁居玉田桃源树。35 世高银诚迁居罗源。36 世高体驾、高体骈迁居延平（今南平市），高体鉴迁居上湖村，高体若迁居福州，高体登迁居岱岭，高进发迁居河下街。37 世高义仁、高芳仁迁居利洋村，高依相、高依朗迁徙台湾，高岸仁、高稿仁、高炎使迁居福州，高玉玉、高清清、高郎郎、高彭彭迁居连江县，高育仁迁居福州后街。38 世高佳兹、高桂成迁居福州西湖口，高溪迁居连江，高居銮迁居连江黄岐，高居鼎迁徙新加坡，高春瑞迁徙青岛，高全金、高金俤迁徙台湾。后裔迁徙日本、美国、加拿大、新加坡、德国、葡萄牙、印度尼西亚等国。

（二）高良材世系

高良材初居长乐东渡上元龙首桥畔，后定居流水（今长乐樟流村）。生 8 子，长子幼亡，三子出家，四子出继陈门，后迁回流水复高姓，五子迁居白头村（无嗣），六子高立朋（又名端阳）留居流水，七子高立锡迁居王厝下（无嗣），八子无嗣。后裔高成夫迁居漳港龙峰村，高允迁居首占孝里村。27 世高守灿迁居东关村（今东门新村高厝里）。还有后裔迁居龙津村、闸兜村，侯官洪塘瓦埕村（今仓山区建新镇云程村）后街，福清高岭村、长安村。

三、高璠家族

唐代，高璠定居福州仓山建新镇怀安村。13 世高鲁宾与高说（邵）携子迁居长溪柳缠（今福安溪柄镇水田村），高崧迁居长溪桐山（今福鼎桐山西园村）。14 世高祥迁居福安水田坑头村，高禄（祚）迁居福安赛岐镇廉首村。15 世高沈迁居柳田上村（俗称崎头公）。26 世高葵、高茵迁居蟾坂凤山边（今福安溪柄镇田坂旧村后门山下）。34 世高悟辅迁居田坂中桂林，后裔散居茶洋、渔洋等地。高祉迁居福安甘棠镇谷坪村。高廉后裔迁居寿宁、柘荣等地，有一支迁徙浙江中途折回后定居北岭日溪（今福州晋安区日溪乡桥头）。高如峰迁徙台湾。

四、高钢家族

唐代，高钢定居福州仓山建新镇高宅，7 世分 21 房。浩房高克大迁居郡城（今福州），瀛房高克登迁居玷坂（今福州战坂），渐房高克洪迁居航城（今长乐），河房高克清迁居郡城，洲房高克广世居凤岗（今高宅村），流房高克遂迁居融城（今福清），淳房高公厚迁居泉州安溪，涵房高公育、滋房高公泽、高思连房高公慕、高惠连房高公溥迁居泉州安平，濬房高克哲迁居闽县（今福州），渍房高克续迁居古田，洙房高克盛迁居罗源，湾房高克长迁居凤岗高桥头，澧房高克勉迁居永福（今永泰），沛房高克贤迁居南台（今福州台江），泗房高克鲁迁居闽清，滩房高克照迁居侯官（今福州），涓房高克济迁居龙溪，澈房高克通迁居长乐。

附：安溪大坪高姓 10 房后裔迁徙台湾情况

上派长房，30 世高炅备子高培土、高培远、高炅草，31 世高维蒲迁徙台湾彰化及淡水、新竹。

上派二房，31 世高培坚、高培详迁徙台北，高培馔迁徙台湾。

上派三房，30 世高炅臣迁徙台湾，居上淡水、内湖庄。

上派四房，31 世高培启迁徙台湾，居台北文山内湖庄。
上派五房，30 世高炅枸迁徙台湾，居上淡水、万盛庄。
下派长房，30 世高炅晚与子高培居迁徙台湾，居木栅、中尾。
下派三房，30 世高炅东迁徙台湾，居上淡水、万盛庄。
下派四房，28 世高淳旺迁徙台湾赤石乡，30 世高炅道同次子高培良迁徙台湾。
下派六房，29 世高植占迁徙台湾，居台南路金京谭林仔边，30 世高炅意迁徙台湾。
下派八房，29 世高植体及子高炅晋迁徙台湾，居上淡水、六张犁。

五、高曦家族

唐代，高曦定居福州，生 3 子：长子高钦迁居长乐，次子高旰迁居漳浦县，三子高晴迁居侯官县（今福州华林坊）。高钦生 2 子：高全、高愈。长子高全迁居同安县；次子高愈，其子高铜迁徙广东。高铜生 3 子：高坦、高憬、高侃。高坦生子高一才，迁居莆田县；高憬迁居永春，高憬长子高广迁居漳州，高广子高麟迁居莆田黄村。高侃 4 世高浇生 3 子：高师孟、高师曾、高师孔，高师孟迁居莆田凤谷里（宋称奉谷里），高师曾、高师孔迁徙广东保昌县玑巷，后裔迁珠江三角洲。

六、高育家族

唐代，高育定居光泽和顺，生 6 子：高居乾、高居武、高居保、高居明、高居遂、高居魏。在光泽、邵武和江西黎川繁衍 36 支后裔，即：和顺、管密、庵头、贯庄、长源、池湖、大青、金坑、隘上、下坑、居洋、甘竹、熊村、芦丰、大庙、百石、桥亭、大陂、上排、长广窠、双门、黄溪、危家塘、荷村、长山、崇瑞、高田、蔡源、廖家、儒州、桃林、良家山、夫人村、严婆桥、光泽城关、邵武二都等地。

七、高拱家族

宋代，高拱定居漳浦杜浔，高扶后裔迁徙广东省潮汕。高禄成迁居滦都，高禄治迁居白水九节桥，高禄助迁居东园镇东头村。高禄成后裔迁居今龙海市其他村、诏安县、南靖县、云霄县、东山县、闽清县攸太村、福州晋安区战坂村和广东省惠来、普宁、揭阳、揭东、海丰、陆丰。高登二房后裔迁居龙海高坑、港口、半港、文美、新厝、罗锦、海澄玉沈、紫泥下楼，漳州芗城乌石、高坑，漳浦，厦门同安吾江，迁徙广东海丰鸟坎、四川、台湾等地及菲律宾、新加坡等国家。高一勤后裔迁居南靖县何岭头，分迁塔仔、西坑、官田。

八、高颐家族

宋代，高颐定居宁德。3 世高旷迁居邵武。6 世高文辉迁居宁化千家围石壁村。7 世高十郎迁居上杭胜运里。8 世百一郎名高成，迁徙广东潮州揭阳县黄石寨石坑；高百二郎定居曹田乡；高百三郎迁居上杭茶地乡高屋、黄潭。9 世高千一郎迁居宁化县大田里丰正村，高千二郎、高千三郎迁徙广东梅县石扇。高必英迁徙广东大埔湖寨。高必善迁徙广东嘉应州兴宁县刁坊铺油房塘。高文辉后裔还迁徙福建、广东、江西、湖南、浙江、广西、四川、重庆、湖北、海南、贵州、香港、澳门、台湾等地以及新加坡、马来西亚、泰国等国。

九、高元龙家族

明代，高元龙定居闽清，乾房高德明后裔迁居下洋斜湾、黄坪桥、大箬、顺昌鹭鹚口等地，迁徙马来西亚等国；坤房高得理后裔迁居隔头、梅城、渡口等地，迁徙泰国等国；成房高肖泉后裔迁居前洋、三斗垅、梅城、南平等地，迁徙新加坡、马来西亚等国。

十、高玉宇家族

明代，高玉宇定居长乐南乡，5 世高嵩基生 3 子：高国章、高国光、高国荣，分“福禄寿”三房，迁居福州花园弄。8 世高福康迁居鳌峰坊。高士其生子高志其，迁居上海。道山路高氏衍分“仁义礼智忠信”六房。高明远后裔迁居福州各区，迁徙北京、上海、成都及海外等地。

第四节　郡望、堂号

一、郡望

渤海郡　汉高帝五年（前 202 年）设置，治所在浮阳县（今河北省沧州市东南）。东汉移治南皮县（今河北省南皮县）。隋开皇初废，大业初年，改沧州为渤海郡。东汉时，高傒 25 世高洪任渤海郡太守，后裔居住渤海，世代为官，遂成为望族。

渔阳郡　战国时期燕国设置。秦汉时，治所在渔阳县（今北京市密云西南）。北魏初移治雍奴县（今天津市武清县西北）。唐开元十八年（730 年）设置蓟州，天宝初年改为渔阳郡。为避“永嘉之乱”，高傒 7 世高隐率族人数千户迁徙幽州（今天津市蓟县），高隐 4 世高湖又率一部分人回迁，也有居渔阳，后成望族。

辽东郡　战国时燕国设置，治所在襄平县（今辽宁省辽阳市老城区）。西晋改为辽东国，后复为郡。十六国后燕末年，其地并入高句丽，北燕又置辽东郡于今辽宁西部，北魏时废。隋大业八年（612 年）复置，治所在通定镇（今辽宁省新民县东北辽滨塔）。部分高姓族人随高隐由渤海迁到幽州，是辽东高姓主干。时有高诩、高硕因避“永嘉之乱”迁入幽州一带。高瞻随叔父高隐，率族人数千迁徙幽州，成为当地望族。

广陵郡　东汉建武十八年（公元 42 年）以广陵国改置，治所在广陵县（今江苏省扬州市西北蜀岗上）。三国魏移治淮阴县（今江苏省淮阴县西南甘罗城），后又移治射阴县（今江苏省宝应县东北射阳镇）。东晋时复移治广陵县。南朝宋元嘉八年（431 年）改置为南兖州。唐天宝元年（742 年）又改扬州为广陵郡，治所在江都县（今江苏省扬州市）。乾元元年（758 年）复为扬州。三国吴时期，高瑞为丹扬（又称丹阳，治所在安徽省宣城县）太守，后裔遂成望族。

河南郡　西汉高帝二年（前 205 年）以三川郡改置，治所在雒阳县（今陕西省西安市西北）。隋初废，大业初年曾改豫州为河南郡。唐初改为洛州。河南郡高姓为战国时齐国后裔，先迁至陈留、颍川，后迁至洛州，还有一部分鲜卑族高姓逐成望族。

二、主要堂号

渤海堂　厦门市集美区高浦村，将乐县高山坊、白莲村，南平市延平区若洋村，邵武市高坊村，顺昌县土垅村，蕉城区西溪村，福安市岗后村、温厝村，霞浦县三沙村、高厝里、海湖村、大京村，周宁县梅台村，屏南县玉洋村、亥窑村、路下村，古田县坂中村、凤埔村等地高姓族裔以“渤海”为堂号。

广陵堂　福州市仓山区怀安村、光泽县和顺村、福安市水田村、福鼎市桐山村、寿宁县南岸村等地高姓族裔以“广陵”为堂号。

重庆堂　长乐市龙门村（大诏房）、上洋村、阡中村，闽侯县陈厝村等地高姓族裔以“重庆”为堂号。

追远堂　龙海市际都村（次房），云霄县高厝村、宜谷径、水流沟，东山县铜陵村等地高姓族裔以“追远”为堂号。

有继堂　石狮市永宁村、晋江市安海村、安溪县大平村等地高姓族裔以“有继”为堂号。

中山堂　福州市鼓楼区鳌峰坊、道山路等地高姓族裔以“中山”为堂号。

养德堂　龙海市田洋村、际都村（长房）等地高姓族裔以“养德”为堂号。

永思堂　龙海市高坑村、际都村等地高姓族裔以“永思”为堂号。

崇本堂　龙海市卢洲村、石狮市霁江村等地高姓族裔以“崇本”为堂号。

诒德堂　东山县南陈村、城内村等地高姓族裔以“诒德”为堂号。

其他地方高姓族裔使用堂号情况：

福州市仓山区高宅村高姓为树德堂，麦浦村高姓为思贤堂；长乐市龙门村高姓为众魁堂；闽侯县罗洋村高姓为韶南堂。

漳州市芗城区乌石村高姓为孝德堂、高坑村高姓为传芳堂；龙海市高厝村高姓为世馨堂、下楼村高姓为敬远堂、海澄村高姓为思成堂；诏安县双楼村高姓为光裔堂；东山县高陈村高姓为追满堂、建宅村高姓为诒毂堂。

永安市岩下村高姓为佑啟堂。

上杭县蓝溪村高姓为百籑堂。

第二章　分　布

第一节　人口分布

2016年6月，福建省公安厅户籍统计人口数据（不含金门、马祖），福建省高姓有240640人，分布于福建省各市、县（区、市）及平潭综合实验区。

表9-1　**2016年福建省高姓人口分布情况表**　单位：个、人

市（区）别	县（区、市）数	人口数	各县（区、市）人口数
福州	12	59232	鼓楼区5981，台江区3824，仓山区4905，晋安区3946，马尾区791，福清市15641，长乐市16708，闽侯县2292，连江县3168，闽清县1132，罗源县534，永泰县310
厦门	6	16556	思明区4995，湖里区2088，集美区3781，海沧区992，同安区3874，翔安区826
漳州	13	36217	芗城区3773，龙文区263，龙海市14671，漳浦县590，云霄县3789，诏安县2420，东山县2436，平和县666，南靖县3967，长泰县1011，华安县159，台商投资区938，漳州开发区1534
泉州	12	34708	鲤城区915，丰泽区1311，洛江区285，泉港区930，石狮市4294，晋江市3241，南安市5283，惠安县261，安溪县17455，德化县220，永春县478，台商投资区35
三明	12	14220	三元区621，梅列区754，永安市1907，清流县361，宁化县337，泰宁县224，尤溪县473，明溪县158，将乐县1739，沙县696，建宁县492，大田县6458
莆田	5	8313	仙游县1579，荔城区891，城厢区2238，涵江区736，秀屿区2869

续表

市（区）别	县（区、市）数	人口数	各县（区、市）人口数
南平	10	22427	延平区 2342，建阳区 1840，邵武市 4113，武夷山市 519，建瓯市 2424，顺昌县 3676，浦城县 865，光泽县 4041，松溪县 514，政和县 2093
龙岩	7	5268	新罗区 811，永定区 274，上杭县 1922，武平县 1642，长汀县 301，连城县 60，漳平市 258
宁德	10	21960	蕉城区 919，福安市 5049，福鼎市 7097，霞浦县 2309，寿宁县 974，周宁县 700，柘荣县 359，古田县 1768，屏南县 2652，东侨经济开发区 133
平潭	1	21739	

第二节　主要聚居地

一、福州市高姓

（一）鼓楼区

东街街道东街口　元至正年间（1341—1368），高伯岳由长乐龙门村迁入（世称东街派），今居街 20 余户、100 多人。16 世高国安迁居台江区上杭街，高国城迁居闽侯桐口村，后裔迁徙北京、上海、南京、云南、江苏、台湾和海外各地。

安泰街道鳌峰坊　明万历年间（1573—1620），高玉宇由长乐南乡迁居福州，先居南营一带，8 世高福康由花园弄迁入，今传 14 世，五代同堂，居街 20 余户、100 多人。

安泰街道道山路　明代，高玉宇后裔“仁义礼智忠信”六房迁入，今传 14 世，居街 30 余户、120 多人。后裔迁徙四川成都及海外。

华大街道湖前村　清嘉庆年间（1796—1820），高昆和由鼓楼石井巷迁入。今传 12 世，六代同堂，居村 150 余户、700 多人。后裔散居海内外。

（二）台江区

双杭街道上杭街　清乾隆年间（1736—1795），高国安（东街派）迁入，今居街道 20 余户、100 多人，后裔散居城内各区。

义洲街道浦东社区　清乾隆末年（约 1790—1795）由长乐锦屿（今屿头村）迁入，今传 9 世，居村 80 余户、350 多人。

太平山山仔里村　清嘉庆年间（1796—1820），高宏根由长乐龙门（大沼房）迁入，今传 11 世，五代同堂，居村 90 余户、400 多人。

（三）仓山区

建新镇怀安村　唐天宝三年（750 年），高璠由江苏扬州入闽，至德年间（756—758）迁入，今传 51 世，五代同堂，居村 150 户、500 多人。后裔迁居福州晋安区日溪、福安、福鼎、霞浦、寿宁、拓荣及台湾等地。

建新镇高宅村　（1）唐天祐二年（905 年），高钢由光州固始入闽，后迁入，称前高宅，后裔迁居晋江安平。（2）明天顺年间（1457—1464），高维大由长乐龙门（大沼房）迁入，称后高宅，今传 19 世，十代同堂，居村 200 余户、800 多人。

建新镇透浦村　清康熙年间（1662—1722），由凤岗里（今建新镇高宅村）迁居九仙地乌龙江小岛。

咸丰年间（1851—1861），因受洪水冲刷，整村移离靠江边，建透浦村。今传13世，五代同堂，居村50余户、200多人。

建新镇麦浦村 清雍正年间（1723—1735），高兴贤由吴航（今长乐）迁人，今传10世，五代同堂，居村100余户、400多人。后裔高孔廉、高孔航迁徙台北，高子通、高孔南迁徙美国。

建新镇岩洲村 四代同堂，今居村20余户、110多人。后裔散居建新镇及福州各地，迁徙台湾台北市。

城门镇蒋宅村 清嘉庆年间（1796—1820），高则忠由长乐潭石迁人，今传10世，五代同堂，居村50余户、200多人。

（四）晋安区

新店镇坂中村 清康熙年间（1662—1722），高指楠兄弟二人由龙海际都村迁人，今传13世，六代同堂，居村50余户、200多人。

新店镇官路村 清康熙年间，高必显兄弟三人由鼓楼区湖前村迁人，今传13世，四代同堂，居村20余户、100多人。

新店镇古城村 清乾隆末年（约1791—1795）迁人，五代同堂，居村40余户、200多人。

新店镇桂山村 四代同堂，居村20余户、100多人、后裔散居福州各地。

日溪乡漈兜村 清雍正年间（1723—1735），高元如由闽侯县五十七都（今大湖乡回峰村）迁人，今传11世，四代同堂，居村60余户、240多人。

日溪乡上万洋 清雍正年间，高元良由闽侯县五十七都迁人，今传11世，四代同堂，居村30余户、140多人。

日溪乡湖里村 清雍正年间，高元贞由闽侯县五十七都迁人，今传11世，四代同堂，居村20余户、100多人。

日溪乡日溪村 清乾隆年间（1736—1795），高起任由福州仓山区石岊迁人，今传10世，四代同堂，居村20户、110多人。

（五）马尾区

亭江镇牛顶村 清雍正年间（1723—1735），高道荣由连江县潘渡贵安村迁人，今传11世，五代同堂，居村60余户、300多人。后裔分迁马尾区亭江镇东街菜园里、白眉水库及福州等地，迁徙美国、新加坡。

亭江镇松门村 清乾隆十五年（1750年），高在奕（下福房）由长乐龙门迁人，今传10世，六代同堂，居村130余户、500多人。后裔迁居亭江，迁徙日本、美国、加拿大等国。

亭江镇闽安村 清咸丰年间（1851—1861），高体达、高体添兄弟由松门村迁人，今传7世，六代同堂，居村100余户、300多人。

（六）福清市

三山镇海瑶村 元至元年间（1264—1294），高士仪由长乐龙门村迁人，今传29世，八代同堂，居村350余户、1400多人。后裔迁居平潭土库、江楼。

江阴镇莆头村 元至正年间（1341—1368），高道由莆田望江新浦垱迁人，今传22世，六代同堂，居村500余户、2000多人。

港头镇高东村 元至正年间，高生（宗发）由莆田望江新浦垱迁人，今传21世，八代同堂，居村630余户、2400多人。后裔迁居福清、福州，迁徙美国、新加坡。

高山镇长安村 （1）明崇祯年间（1628—1644）迁人，今传16世，五代同堂，居村60余户、200

多人。（2）清顺治年间（1644—1661），高阿闽由浙江迁入，今传15世，五代同堂，居村270余户、1100多人。后裔迁徙日本、新加坡70余户、300多人。

江境镇南霄村 清顺治年间，高祖由江阴莆头村迁入，今传12世，七代同堂，居村300余户、1200多人。后裔迁徙美国、新加坡等国。

江镜镇下和洋村 清康熙年间（1662—1722）由南霄村高厝迁入，今传15世，六代同堂，居村120余户、480多人。后裔迁居福州，迁徙广州、香港等地及日本、新加坡、印度尼西亚和美国等国。

阳下街道高厝村 清康熙元年（1662年），高其裕、高其发由平潭县土库村迁入，今传15世，七代同堂，居村230余户、920多人。后裔迁居城关20户、100多人。

南岭镇大山村 清雍正年间（1723—1735），高嘉顺由城头镇湖美村迁入，今传10世，四代同堂，居村70余户、300多人。后裔迁居福州、长乐、永安，迁徙印度尼西亚。

一都镇南湖村 清雍正年间，由江阴镇莆头村迁入，今传10世，四代同堂，居村40余户、200多人。后裔迁居城关、宏路，迁徙美国。

沙埔镇文场村 清康熙年间，高永兴由南京铁井栏迁入，今传10世，四代同堂，居村180余户、720多人。

镜洋镇溪底村 清嘉庆年间（1796—1820）由三山镇玉瑶（今海瑶村）六房迁入，今传8世，四代同堂，居村20余户、100多人。后裔迁居福州、大田。

城头镇南斜村 清雍正年间，高嘉宸由城头镇湖美村迁入，今传10世，五代同堂，居村50余户、200多人。后裔分迁长乐坑田十连村。

城头镇湖美村 清嘉庆年间，高兆康由平潭土库村迁入，今传8世，六代同堂，居村100余户、400多人。后裔迁居南斜、南岭。

（七）长乐区

航城街道龙门村 唐贞元十八年（802年），高肇3世高良器由闽中（今福州）迁入，衍分：福房（上福房、下福房）、寿房、康房（横头房、上新房、下新房、榕墩房、石楼房）、宁房（芝山房、大沼房）。今传46世，十代同堂，居村1000余户、4000多人。后裔迁居长乐各村、福州、福清、平潭、连江、罗源、闽侯、霞浦、古田、屏南，迁徙台湾地区和侨居美国。

航城街道里仁村 明万历二十五年（1597年），高孝天由文石村迁入，今传16世，五代同堂，居村90余户、370多人。

航城街道闸兜村 高成夫由流水村迁入，今传38世，七代同堂，居村300余户、1000多人。后裔迁居龙峰村。

航城街道井下村 清乾隆四十年（1776年），高体统由龙门迁入，今传9世，五代同堂，居村80余户、300多人。后裔迁徙台湾地区及海外40余户、200多人。

航城街道里洋村 今居村20余户、100多人。

江田镇流水村 唐永贞元年（805年），高肇3世高良材先居东渡上元龙首桥畔，后迁入，今传39世，八代同堂，居村640余户、1800多人。

古槐镇屿头村 宋淳熙四年（1177年），高德明由龙门村迁入，今传32世，十代同堂，居村120余户、500多人。外迁福州等地40余户、150多人。并迁海内外各地。

古槐镇屿中村 元泰定年间（1324—1328），高仝义由屿头村迁入，今传25世，十代同堂，居村50余户、200多人。后裔迁居西洋村15户、60多人。

古槐镇洋布村 元泰定年间，高德明由屿头村迁入，今传25世，十代同堂，居村250余户、1000多人。后裔迁徙美国。

漳港街道龙峰村　宋宝祐年间（1253—1258），高成夫由闸兜村迁入，今传30世，七代同堂，居村30余户、120多人。

金峰镇台瑶村　元至正年间（1341—1368），高君玉由龙门村迁入，今传24世，五代同堂，居村420余户、1400多人。后裔迁徙日本、美国、英国、法国等国。

吴航街道岭沙村　明洪武五年（1372年），高景和由龙门村芝山房迁入，今传24世，五代同堂，居村120余户、500多人。后裔迁徙海外。

吴航街道高厝里　清康熙年间（1662—1722），高守灿携子高克由流水村迁入，今传12世，五代同堂，居村40余户、200多人。后裔迁徙台湾。

首占镇佑林村　明景泰年间（1450—1456），高则始由福清磁瑶村（今海瑶村）迁入，今传22世，七代同堂，居村160余户、650多人。

首占镇孝里村　明嘉靖年（1522—1566），高允由流水村迁入，今传18世，六代同堂，居村100余户、400多人。

首占镇岱边村　明万历三十年（1602年），高敏显由龙门村迁入，今传16世，九代同堂，居村100余户、400多人。后裔高纯水迁居下里巷，高体登迁居岱峰村，有一支迁居福州东门塔头街。

首占镇上洋村　清康熙年间，高道亮由龙门村迁入，今传14世，八代同堂，居村350余户、1500多人。后裔高诚发、高诚旺迁居连江大谷村，另有后裔迁徙台湾地区和新加坡、美国等国。

潭头镇文石村　清顺治二年（1645年），高伯理由福州清河坊迁入，今传14世，五代同堂，居村20余户、110多人。

罗联乡西亭村　明天顺三年（1459年），高质仲由航城镇龙门村迁入，今传20世，五代同堂，居村50余户、200多人。

玉田镇阡仲村　明天顺三年（1459年），高全哲由龙门村迁入，今传18世，八代同堂，居村400余户、1800多人。后裔迁居福州、福清，迁徙海外。

玉田镇桃源村　清嘉庆年间（1796—1820），高仕由龙门村大沼房迁入，今传12世，六代同堂，居村70余户、260多人。

松下镇前连村　清光绪十四年（1888年），高克康由福清城头镇南斜村迁入，今传7世，五代同堂，居村70余户、200多人，后裔迁徙云南及美国。

营前街道下洋村　清光绪十年（1884年），高居进由阡中村迁入，今传5世，三代同堂，居村20余户、100多人。后裔分迁马尾魁岐。

（八）闽侯县

竹岐乡罗洋村　清嘉庆年间（1813年），高肇政由竹岐乡上段村迁入，今传12世，五代同堂，居村30余户、130多人，后裔迁居霞浦。

竹岐乡白龙村　由长乐龙门村迁入，今居村20余户、100多人。

竹岐乡火炬村　由白龙村迁入，今居村30余户、100多人。

大湖乡回峰村　明正德元年（1506年），高维奎由长乐龙门村迁入，今传22世，六代同堂，居村110余户、550多人。后裔迁居晋安区濂兜村、上万洋村、湖里村、肯坑村等地。

荆溪镇下村村　明万历年间（1573—1620），高永由长乐龙门村迁入，今传15世，四代同堂，居村30余户、140多人。

荆溪镇桐口村　清康熙年间（1662—1722），高伯岳15世高国诚由东街迁入，今传14世，五代同堂，居村180余户、700多人。后裔迁居福州九彩园，迁徙上海、北京及海外等地。

上街镇马洲村　清乾隆年间（1736—1795），高道禄、高道宾由怀安凤岗里（今建新镇）高宅村迁入，今传10世，六代同堂，居村70余户、200多人。

南通镇陈厝村高庄 明代，高守真由长乐龙门村迁入，今传16世，五代同堂，居村60余户、260多人。

南通镇财浦村 清雍正年间（1723—1735），高守国、高守文兄弟由长乐龙门村迁入，今传14世，六代同堂，居村100余户、400多人。

（九）连江县

晓澳镇百胜村 明正统十年（1445年），高淄由长乐首占镇佑林村迁入，今传20世，八代同堂，居村200余户、860多人。后裔迁居东岱关头村。

敖江镇青塘村 明景泰年间（1450—1456），高辰兴由长乐锦屿（今屿头）村迁入，今传22世，七代同堂，居村70余户、300多人。后裔迁居琯头、山兜、丹阳及福州。

潘渡镇贵安村 明天启年间（1621—1627），高天赐由长乐龙门村迁入，今传17世，六代同堂，居村40余户、160多人。后裔迁居城关及福州。

东岱镇关头村 清康熙年间（1662—1722），高良凤兄弟由晓澳百胜村迁入，今传12世，六代同堂，居村90余户、400多人。

黄岐镇大谷村 清乾隆年间（1736—1795），高诚发、高诚旺由长乐龙门村迁居黄岐山里后迁入，今传19世，四代同堂，居村90余户、380多人。后裔迁居黄岐街及福州。

黄岐镇海丰街 清同治年间（1862—1874），高爱义兄弟由长乐流水（今玉田樟流）村迁入，今传5世，四代同堂，居村20余户、100多人。

安凯乡奇达村 清咸丰年间（1851—1861），高端密由长乐龙门村迁入，今传6世，三代同堂，居村20余户、80多人。后裔迁居福州、永安、长乐及侨居美国。

筱埕镇筱埕村 清同治年间（1862—1874），高敦平、高敦鈺、高敦兴、高敦吉由长乐流水（今玉田樟流）村迁入。今传6世，五代同堂，居村40余户、160多人。

筱埕镇定海村 元至正年间（1341—1368），高继祖由长乐龙门村迁入，今传26世，五代同堂，居村90余户、380多人。后裔迁居福州。

（十）闽清县

桔林乡感德洋 明永乐二年（1404年），高元龙由江西吉安县白花桥八角井迁入，今传19世，六代同堂，居村120余户、500多人。后裔迁居南平、顺昌，迁徙马来西亚、新加坡等国。

东桥镇溪芝村 明嘉靖年间（1522—1566），高得明由桔林感德洋迁入，今传20世，五代同堂，居村40余户、160多人。

白中镇攸太村 明万历三十七年（1609年），高毅庵由海澄县三区（今龙海市浮宫镇）际都村迁入。今传14世，居村130余户、600多人。后裔迁居县城，南平延平区、光泽县、邵武市，迁徙台湾地区及侨居海外。

（十一）罗源县

起步镇杭山村 明万历年间（1573—1620），高成魁由长乐玉田坑村迁入，今传14世，四代同堂，居村20余户、100多人。

起步镇起步街 清咸丰年间（1851—1861）由长乐古槐屿头村迁入，今传6世，四代同堂，居街区20余户、100多人。后裔迁居城关及福州。

鉴江镇鉴江村 清道光年间（1821—1850），高永嘉由长乐古槐洋布村迁入，今传7世，四代同堂，居村30余户、120多人。后裔迁居城关。

（十二）永泰县

葛岭镇溪洋村　清顺治年间（1644—1661），高东溪由长乐龙门村迁入，今传 16 世，居村 20 余户、100 多人。

二、厦门市高姓

（一）集美区

杏林街道高浦　南宋末年，高思连后裔高士表由晋江安平迁入，繁衍八房，今传 31 世，居村 80 余户、350 多人。后裔迁居杏林董任、思明区岭兜、湖里区县后、同安区小坪村、海沧鳌冠。

（二）同安区

莲花镇军营村　高世臣由晋江安平迁入，今居村 100 余户、400 多人。

莲花镇庙村村　高钦和、高钦长、高钦惰、高钦印兄弟由军营村迁入，今居村 50 余户、200 多人。

大同街道三秀街　由集美杏林街道高浦村迁入，今居街区 20 余户、100 多人。

（三）翔安区

新店街道刘五店　元初，高嗣本由南安水头村迁入，今居村 30 余户、100 多人。后裔迁徙广东、台湾及南洋。

三、漳州市高姓

（一）芗城区

石亭镇高坑村　高登后裔由龙海榜山高厝迁入，另一支由际都村迁入，今居村 140 余户、600 多人。

石亭镇乌石村　高登后裔由龙海榜山高厝迁入，今居村 200 余户、970 多人。

（二）龙海市

石码街道高坑村　宋绍定三年（1230 年），高登 5 世高一举由漳浦迁入，另一支由际都村迁入，今传 35 世，八代同堂，居村 250 余户、1000 多人。

石码街道罗锦社　高一举后裔由石码高坑村迁入，另一支由际都村迁入，今居村 150 余户、600 多人。

石码街道港口社　高一举后裔由石码高坑村迁入，今居村 90 余户、400 多人。

石码街道半港社　高一举后裔由石码高坑村迁入，今居村 100 余户、500 多人。

石码街道文美社　高一举后裔由石码高坑村迁入，另一支由际都村迁入，今居村 100 余户、500 多人。

石码街道新厝社　高一诚后裔由际都村迁入，另一支由石码高坑村迁入，今居村 150 余户、600 多人。

榜山镇高厝村　明洪武年间（1368—1398），高一举 4 世高天龟由高坑村迁入，今居村 300 余户、1000 多人。后裔迁居紫泥下楼、乌石高坑、芗城乌石、海澄玉枕、石码高厝埕。

浮宫镇际都村　元泰定年间（1324—1327），高禄成兄弟由同安竹坑迁入，今传 32 世，居村 1000 余户、5000 多人。后裔迁居漳州各县市、迁徙粤东、台湾，以及东南亚各国。

浮宫镇澄溪社　明宣德二年（1427 年），高登 10 世高广珍由际都迁入，今传 24 世，居村 90 余户、440 多人。

浮宫镇海平村　清康熙三十九年（1700 年），高广珍 10 世由澄溪迁入，今传 12 世，居村 170 余户、

700 多人。

港尾镇白沙村 由丹溪村先迁仙潭村后迁入，今居村 440 余户、1800 多人。

港尾镇沙坛村 高广珍后裔由澄溪迁入，今传 32 世，居村 40 余户、200 多人。

港尾镇格林村高厝 高广珍后裔由澄溪迁入，今传 32 世，居村 20 余户、100 多人。

东园镇东原村 元泰定年间，高登 7 世高禄玄（禄助）由际都迁入，今传 23 世，居村 300 余户、1300 多人。

海澄镇后塘村 明成化年间（1467 年），高禄成 5 世高则旦由际都迁入，今传 32 世，居村 120 余户、500 多人。后裔迁居高坑村新厝社、文美社、罗锦社，传 31 世，有 1000 多人。

海澄镇沉屿村 清雍正年间（1723—1735），高则旦后裔迁入，今传 12 世，居村 70 余户、350 多人。

海澄镇玉沈村 高登后裔由紫泥镇下楼迁入，今居村 70 余户、300 多人。

紫泥镇下楼村 高登后裔由龙海榜山高厝迁入，今居村 70 余户、300 多人。

（三）漳浦县

绥安镇高厝巷 高登后裔迁入，今居村 50 余户、220 多人。

（四）东山县

铜陵镇铜陵村 清雍正年间（1723—1735），高帮胤由云霄迁入，今传 13 世，居村 300 余户、1100 多人，后裔迁居福州、厦门、漳州，迁徙北京、台湾地区及菲律宾。

杏陈镇建宅村 明成化十六年（1480 年），高仲贤由潆都社迁入云霄荷步，今传 32 世，居村 40 余户、200 多人。

杏陈镇高陈村 由建宅村迁入，今居村 220 余户、1000 多人。

（五）云霄县

云陵镇水流沟 清康熙二十年（1682 年），高赞九由云霄高厝寨迁入，今传 14 世，居村 1000 余户、4800 多人。

（六）平和县

大溪镇赤坑村 元延祐间、泰定间及元末（1351 年），高文辉后裔从上杭回迁宁化后，再由高念六从宁化迁入，今居村 100 多人。

（七）南靖县

靖城镇武林村 高登后裔高满宝迁入，今居村 1000 余户、3900 多人。

（八）诏安县

深桥镇双港村 明宣德二年（1427 年），高则量、高则修由际都迁入双港村（古称港头），今传 26 世，居村 450 余户、1800 多人，后裔迁徙广东、台湾地区及泰国、新加坡、马来西亚、菲律宾等国。

深桥镇郭寮村 今居村 40 余户、170 多人。

南诏镇城内社区 今居村 50 余户、200 多人。

桥东镇溪雅村 今居村 30 余户、100 多人。

梅岭镇宫口村 今居村 20 余户、100 多人。

（九）长泰县

枋洋镇陈岑村 清康熙二十二年（1683 年），高植湖由安溪大坪村迁入，今居村 30 余户、100 多人。

四、泉州市高姓

（一）丰泽区

北峰街道盘山村 高礼由石狮永宁外高迁人，今居村200余户、680多人，后裔迁居霞美村。

（二）洛江区

双阳街道 明末清初，由石狮永宁迁入，今传13世，居村70余户、300多人，后裔迁居福州、泉州等地。

（三）石狮市

永宁镇霁江村 清代，高佑由晋江安平迁人，传3房19支，今居村500余户、2780多人，后裔迁居许坑、潘山、高坑、倩内、玉浦、莲村、八尺岭、高厝、安海、福鼎水澳，迁徙台湾地区和菲律宾等国。

（四）南安市

码头镇高洋村 今居村80余户、350多人。

（五）安溪县

大坪乡大坪村 元至正八年（1348年），高积贵由安海迁人，衍繁十三房，分迁周边各村，今居村1200余户、6000多人。

大坪乡前洋村 今居村200余户、1100多人。

大坪乡帽山村 今居村200余户、1200多人。

大坪乡福美村 今居村800余户、4500多人。

大坪乡双美村 今居村600余户、3000多人。

大坪乡香仑村 今居村200余户、1200多人。

虎邱镇双格村 今居村300余户、2000多人。

虎邱镇双都村 今居村120余户、500多人。

虎邱镇林东村 今居村800余户、4000多人。

虎邱镇石山村 今居村400余户、3000多人。

虎邱镇竹园村寨仔仑 今居村110余户、500多人。

虎邱镇参内村 今居村100余户、500多人。

尚卿乡古坪村 今居村150余户、800多人。

凤城镇街道村 今居村100余户、500多人。

湖头镇街道村 今居村100余户、600多人。

五、三明市高姓

（一）永安市

贡川镇岩下村 元末，高留神由明溪县大古溪迁人，今居村30余户、120多人。

（二）宁化县

石壁镇石壁村 宋代，高文辉由邵武迁人，今居村30余户、150多人，后裔迁徙上杭、广东、台湾等地。

淮土镇淮土村 高六九由江西抚州迁人，今居村40余户、130多人。

（三）将乐县

白莲镇大里村 高胜原由顺昌大干土垅村迁入，七代同堂，今居村100余户、500多人。

高唐镇高山坊 今居村120余户、500多人。

南口镇大拔坊 今居村60余户、200多人。

古镛镇古墉村 今居村70余户、230多人。

（四）尤溪县

洋中镇际深村 明末清初由长乐龙门迁入，今居村20余户、100多人，后裔迁居顺昌县。

洋中镇长岭村 明万历年间（1573—1620），高发显由八都（今梅仙）文潭村迁入，今居村50余户、200多人。

新阳镇溪口村 由德化县迁入，今居村30余户、100多人。

（五）大田县

建设镇建丰村 明代，高唐二由安溪高岭迁入，今传23世，居村630余户、2580多人。

建设镇建强村 由建丰村迁入，今居村70余户、310多人。

建设镇建民村 由建丰村迁入，今居村130余户、560多人。

建设镇建乐村 由建丰村迁入，今居村500余户、2000多人。

奇韬镇桃舟村 由建丰村迁入，今居村50余户、240多人。

奇韬镇太华村 由建丰村迁入，今居村100余户、430多人。

六、莆田市高姓

（一）仙游县

盖尾镇岭头村 高仕功迁入，今传16世，五代同堂，居村200余户、900多人。

枫亭镇下磨垅村 今居村60余户、280多人。

大济镇洋塘村前牛 今居村30余户、100多人。

（二）涵江区

三江口镇高美村高白 今居村20余户、100多人，后裔迁居福清、湄洲、城厢洋西等地。

白沙镇长兴村高刀 高百户之子高世贤、高世贵迁入，今居村40余户、160多人。

（三）荔城区

北高镇坊井村 今传30世，五代同堂，居村60余户、300多人，后裔迁徙广东、海南、台湾等地。

西天尾镇下坨村 今居村40余户、150多人。

西天尾镇上岭村 今居村20余户、100多人。

（四）城厢区

华亭镇云峰村 明天启七年（1627年）迁入，今传15世，五代同堂，居村400余户、2100多人。

（五）秀屿区

平海镇平海村 明洪武年间（1368—1402）由仙游迁入，今居村30余户、130多人。

平海镇上店村 今居村20余户、100多人。

平海镇平海村东门 由仙游迁入，今居村30户、100多人。

湄洲镇樟头村 今传17世，四代同堂，居村100余户、660多人。

湄洲镇高朱村 今传13世，五代同堂，居村400余户、2400多人。

湄洲镇东蔡村　今居村 60 余户、300 多人。

湄洲镇顶高村　今传 7 世，五代同堂，居村 60 余户、300 多人。

七、南平市高姓

（一）延平区

巨口乡若洋村　明嘉靖元年（1522 年），由顺昌县仁寿镇桥下村迁往南平长安里，后迁入，今传 18 世，六世同堂，居村 310 余户、1000 多人。后裔迁居福州、厦门，迁徙台湾嘉义等地。

（二）建瓯市

南雅镇小雅村　今居村 100 余户、400 多人。

（三）顺昌县

大干镇土垅村　宋代，高清甫由邵武高坊村迁入，今传 36 世，六代同堂，居村 40 余户、210 多人，后裔迁居武坊村、将乐高山坊、大里村、沙县高庄。

岚下乡良溪村　宋祥兴年间（1278—1279），高念秀（彦秀）由南平迁入，今传 30 世，居村 500 余户、2000 多人。

（四）光泽县

鸾凤乡和顺村　唐大顺元年（890 年），高育由山东率军入闽，后梁开平四年（907 年）迁入。今传 48 世，五代同堂，居村 30 余户、110 多人。后裔迁居光泽各乡镇、邵武和江西 15 支，36 个村。

（五）政和县

杨源乡上庄村　元末，由古田路下村（今属）屏南县迁入，今居村 30 余户、100 多人。

镇前镇下园村　元至正年间（1341—1368），高四老由上庄村迁入，今传 21 世，居村 100 余户、400 多人。

镇前镇际头村　高春明由上庄村迁入，今居村 20 余户、100 多人。

八、龙岩市高姓

（一）上杭县

蓝溪镇曹田村高屋　元元贞二年（1296 年），高十郎由宁化县石壁镇千家围迁入，今传 27 世，六代同堂，居村 80 余户、380 多人。后裔迁徙长江以南十省一市、台湾、香港、澳门等地及新加坡、马来西亚、泰国等国。

庐丰乡锦村高屋村　高德成由蓝溪镇曹田高屋村迁入，今居村 50 余户、200 多人。

茶地镇富山高屋村　高澗荣由棉村高屋村迁入，今居村 180 余户、900 多人。

中都镇古桥高屋村　高赤成由棉村高屋村迁入，今居村 50 余户、200 多人。

官庄乡新风村　高崇捻由武平中堡迁入，今居村 20 余户、100 多人。

官庄乡贵和村　高景山由武平中堡迁入，今居村 60 余户、250 多人。

（二）武平县

大禾镇大载村　高何富由上杭县蓝溪镇曹田高屋村迁入，今传 27 世，居村 150 余户、700 多人。

岩前镇东峰村　由上杭县蓝溪镇曹田高屋村迁入，今居村 100 余户、500 多人。

中堡镇田坑村　高元寿由武平大载村迁入，今居村 90 余户、500 多人。

（三）长汀县

古城镇南木坑村 高发郎由上杭县蓝溪镇曹田村迁入，分迁策武镇河上田村，今传17世，四代同堂，两村合计30余户、130多人。

九、宁德市高姓

（一）蕉城区

九都镇西溪村 明弘治年间（1487—1505），高德荣由周宁县梅台村迁入。今传19世，五代同堂，居村20余户、100多人。

九都镇九都村 明嘉靖年间（1522—1566），高继广由西溪村迁入，今传16世，五代同堂，居村20余户、100多人。

（二）福安市

下白石镇小梨村 清康熙年间（1662—1722），高仁八、高圣士由大梨村迁入，今传14世，五代同堂，居村90余户、390多人。

下白石镇荷屿村 宋宝庆元年（1228年），高镝由溪柄镇水田村迁入，今传32世，五代同堂，居村130余户、680多人。

下白石镇大梨村 今居村150余户、500多人。

下白石镇紫斗坂 今居村60余户、200多人。

溪柄镇田坂村 宋至道年间（995—997），高沈由水田村迁入，今传38世，五代同堂，居村90余户、380多人。

溪柄镇水田上村 后晋天福七年（942年），高邳后裔由福州石岊（今仓山怀安村）迁入，今传42世，居村200余户、1000多人。

溪柄镇水田下村 后晋天福七年，高邳后裔由福州石岊迁入，今传43世，居村200余户、900多人。

溪柄镇浦后村 今居村50余户、200多人。

溪柄镇西亭村 今居村60余户、700多人。

甘棠镇岗石村 明嘉靖年间（1522—1566），高子思由周宁县梅台村迁入，今传16世，五代同堂，居村30余户、130多人。

甘棠镇谷坪村 今居村150余户、700多人。

甘棠镇艮后村 今居村60余户、200多人。

甘棠镇温厝村 清乾隆年间（1736—1795），高朝隆、高朝盛兄弟由屏南仁寿亥窑村迁入，今传11世，五代同堂，居村十余户、100多人。

湾坞镇半屿村 清乾隆十一年（1746年），高如宝由赛岐镇廉首村迁入，今传12世，五代同堂，居村150余户、570多人。

湾坞镇梧溪村 今居村60余户、200多人。

赛岐镇廉首村 今居村60余户、200多人。

溪潭镇周家山 今居村60余户、200多人。

溪尾镇杞湾村 今居村60余户、200多人。

（三）福鼎市

桐山街道西园村 北宋乾德二年（965年），高英由福州石岊迁入，今传36世，六代同堂，居村300余户、1000多人。

（四）霞浦县

长春镇连洋村 清雍正八年（1730年），高允贵由平潭县梧凤村迁入，今传11世，五代同堂，居村70余户、240多人。

盐田乡盐田街 清光绪元年（1875年），高承恩由福安甘棠镇眉洋岗后村迁入，今传5世，四代同堂，居村20余户、100多人，后裔迁居福州、厦门。

（五）周宁县

咸村镇梅台村 明万历十八年（1590年），高在侔由屏南县亥窑村迁入，今传17世，五代同堂，居村80余户、500多人，后裔迁居福安岗石、宁德蕉城西溪。

（六）古田县

吉巷乡坂中村 明万历二十年（1592年），高文恺由上高村迁入，今传18世，五代同堂，居村120余户、600多人，后裔分迁建阳。

城东街道沽洋里 清光绪年间（1875—1908），高敏功由坂中村迁入，今传7世，居村40余户、200多人。

（七）屏南县

寿山乡亥窑村 明正德二年（1507年），高国珠、高世明父子由古田县云泽场迁入，今传20世，五代同堂，居村100余户、500多人。

十、平潭综合实验区高姓

苏澳镇罗澳村 宋淳熙十年（1183年），高闳由河南固始迁入，今传33世，五代同堂，居村400余户、1300多人。后裔迁居福州、厦门、福清，迁徙上海、云南、浙江等地。

苏澳镇鹤厝安村 明弘治年间（1488—1505），高神泰由福清海瑶村迁入，今传17世，六代同堂，居村270余户、1000多人。后裔迁城关、福州等地及日本、新加坡、阿根廷等国。

苏澳镇看澳村 明万历年间（1573—1620），高孟夫由福清海瑶村迁入，今传17世，五代同堂，居村650余户、2300多人。

苏澳镇桔树安村 明万历三十七年（1609年），高大绥由杨厝谷迁入，今传18世，六代同堂，居村100余户、500多人。

苏澳镇上苏澳村 明天启四年（1624年），高大章之子高纯增由桔树安迁入，今传15世，六代同堂，居村160余户、570多人。后裔迁居福州。

苏澳镇过溪村 清顺治初年（1644—1661），高孟俊由高福生（仁房）迁入，今传16世，五代同堂，居村170余户、800多人。

苏澳镇梧安村 清康熙四十八年（1709年）由罗澳村迁入，今传12世，四代同堂，居村70余户、300多人。

苏澳镇峙石村 清雍正十二年（1734年），高乃临由江楼村迁入，今传11世，四代同堂，居村40余户、220多人。后裔有30余户、100多人迁居厦门、福州、广州。

苏澳镇苏澳村 清乾隆五十九年（1794年），高商梅由峙石村迁入，今传9世，五代同堂，居村60余户、200多人。

苏澳镇六秀村 清嘉庆十四年（1809年）由土库村迁入，今传8世，五代同堂，居村20余户、100多人。

苏澳镇下苏澳村 清道光十四年（1834年），高登銮由土库村迁入，今传7世，三代同堂，居村80

余户、320多人。

苏澳镇钟门顶村 清道光十四年，高永由江楼村迁入，今传7世，四代同堂，居村30余户、120多人。

苏澳镇钟门下村 清光绪十年（1884年），高举由江楼村迁入，今传5世，三代同堂，居村40余户、180多人；另一支今居村50户、200多人。

苏澳镇土库村 明弘治年间（1488—1505），高士仪次子高闲后裔和8世高神宗由福清海瑶村迁入，9世高公福由江楼迁入，今传18世，八代同堂，居村1000余户、4100多人。

敖东镇大使安村 明嘉靖元年（1628年），高允悌由苏澳镇桔树安迁入，今传17世，六代同堂，居村800余户、3500多人。后裔迁居福州，迁徙上海、沈阳、浙江、四川及美国等地。

平原镇江楼村 明弘治年间，高神汉、高神寿由福清海瑶村迁入，今传19世，七代同堂，居村580余户、3300多人。后裔迁居城关、福州，迁徙上海、浙江等地。

平原镇当盛村 （1）明天启元年（1609年），高有恕由福清海瑶村迁入，今传15世，六代同堂，居村200余户、1000多人。（2）清道光年间（1821—1850），高能德由江楼村迁入，今传7世，四代同堂，居村40户、180多人。（3）高如则由赤山下迁入，居村20户、130多人。

平原镇赤山下村 清乾隆三十一年（1766年），高联登由江楼村迁入，今传9世，五代同堂，居村30余户、140多人。

平原镇军路底 明万历三十七年（1609年），高神惠由福清海瑶迁入，今传16世，五代同堂，居村220余户、900多人。

北厝镇务里村 明万历年间，高福、高寿、高康、高宁由福州石井巷迁入，今传16世，七代同堂，居村300余户、1200多人。

北厝镇跨海村 清乾隆四十九年（1784年），高继理由军路底迁入，今传13世，五代同堂，居村60余户、300多人。后裔迁居城关及福州。

流水镇东美村 清顺治十六年（1659年），高士彬由罗澳村移迁入，今传14世，七代同堂，居村460余户、1700多人。后裔迁居城关及福州、厦门、同安，迁徙云南。

流水镇西楼村 （1）清乾隆元年（1736年），高国惠由罗澳村迁入，今传12世，四代同堂，居村50余户、210多人。后裔迁居城关、福清、福州20户、100多人。（2）清雍正年间（1723—1735），高尚珠由前三埠迁入，今传7世，居村30余户、100多人。

流水镇盘团村 清乾隆元年，高国书由罗澳村迁入，今传12世，四代同堂，居村20余户、100多人。

流水镇上游村 清光绪十年（1884年），高哲俊、高哲杰由江楼村迁入，今传7世，四代同堂，居村60余户、180多人。

流水镇白土埕村 由当盛村迁入，今居村30户、100多人。

中楼乡杨梅坑 清雍正十三年（1735年），高汝泽、高汝源、高汝调由江楼村分迁入，今传12世，七代同堂，居村80余户、320多人。后裔迁居平潭城关40余户、130多人。

中楼乡三埠村 清乾隆四十九年，高举议由江楼村迁入，今传9世，六代同堂，居村50余户、150多人。

中楼乡芦洋村 由土库村迁入，今居村50户、200多人。

中楼乡中楼村 由江楼村迁入，今居村20户、100多人。

白青乡玉堂村 清同治八年（1869年），高贤华由江楼村迁入，今传6世，四代同堂，居村50余户、210多人。后裔迁居城关30余户、120多人。

白青乡白胜村　由土库村迁入，今居村 20 余户、100 多人。
岚城乡上楼村　由江楼村迁入，今居村 20 户、100 多人。

第三章　谱　牒

第一节　福州市

一、鼓楼区

《高氏历代家乘略》　高联璜纂修。谱载唐代高良器由闽中（今福州）迁居长乐龙门，始迁入高泰诚由龙门移居福州。钞复印本，1 册。谱存福建省图书馆。

《中山高氏家谱》　清光绪元年（1875 年）高福康纂修。谱载始迁人高玉宇，行三。刻字本，2 册，谱存福建省图书馆、美国犹他州家谱学会。

《中山高氏福房系家谱》　2008 年高学冠主编。谱载始迁人高玉宇、明末自山东随军入闽，后定居鳌峰坊。精装本，1 册。谱存中华高姓宗亲联谊总会。

《福州高氏联谱》　2008 年修，高胡作序，高孔煜纂修。谱载福州地区高氏家族的源流、入闽、繁衍、分布、谱牒、宗祠、墓葬、文物、人物等。复印本，1 册。谱存闽侯高农处。

二、仓山区

《凤岗高氏族谱》　2000 年高诸观纂修。谱载始迁人高钢自光州固始入闽，定居凤岗高宅洋及繁衍、世系、播迁等。精装本，1 册。谱存中华高姓宗亲联谊总会。

《麦浦高氏族谱》　清乾隆四十八年（1783 年）始修，2001 年高孔煜续修。谱载谱序、远祖渊源、高氏源流、麦浦各房世系、人物及历代大事记。平装本，1 册。谱存福州高孔煜处。

《怀安高氏族谱》　明代修。谱载唐末始迁人高璠自江苏入闽，定居石岊（今仓山建新怀安村），后裔分迁福安等地。钞本，1 册。谱存建新怀安新村高松处。

三、晋安区

《玉漈高氏族谱》　清乾隆二十七年（1762 年）始修，道光十年（1831 年）二修，光绪七年（1881 年）三修，1989 年四修。谱载谱序、源流、世系、行第、人物等。钞本，1 册。谱存玉漈高氏宗祠。

《日溪高氏族谱》　清代修。谱载始迁人高璠唐末入闽及分迁繁衍世系。钞本，1 册。谱存日溪村高家祖厝。

《官路高氏宗谱》　高作梁纂修。谱载源自高良器在玉漈的分支、世系、昭穆。钞本，1 册。谱存官路高氏宗亲家。

四、福清市

《海瑶高氏族谱》　明嘉靖二十七年（1531 年）始修，万历九年（1581 年）二修，天启四年（1624 年）三修，2009 年高绍泉四修。谱载始人高良器传 15 世高士仪自龙门迁居磁瑶（今海瑶村）、谱序、世系、昭穆、人物等。精装本，1 册。谱存三山镇海瑶村高氏宗祠。

《莆峰高氏族谱》 明万历三年（1575 年）始修，清康熙六十年（1721 年）高受愈二修，后经高崇荣三修。谱载谱序、行第表、世系图及墓葬。钞本，1 册。谱存江阴莆峰高氏宗祠。

五、长乐区

《龙门高氏族谱》 明永乐五年（1407 年）始修，正统十年（1445 年）二修，嘉靖十五年（1536 年）三修，隆庆元年（1569 年）四修，清嘉庆十年（1865 年）五修，1992 年以清嘉庆钞本六修。谱载龙门始迁人高良器像、谱序 11 篇、世系图表、烈女、房系、人名录、侨迁录。精装本，3 册。谱存龙门村高氏宗祠。

《流水高氏族谱》 明代始修。谱载流水始迁人高良材和龙门高良器是同胞兄弟。谱上半部已毁无存，后半部尚存，大毛边纸钞本。谱存流水高氏宗祠。

《高氏下福房支谱》 2007 年高光虎、高光天、高作榕、高培青等撰修，谱载谱序、房系分房详图等。16 开铅字印本，1 册。谱存高光天处。

六、闽侯县

《罗洋高氏族谱》 2010 年高孝香、高农编修。谱载高氏源流、沿承史、家规家训及世系。精装本，1 册。谱存中华高氏宗亲联谊总会及闽侯罗洋宗亲处。

《马洲高氏族谱》 1998 年高金龙撰修。谱载源流简介、龙门谱序、各房简介、各房世系、人物和外迁。铅字印本，1 册。谱存马洲高家族长处。

《荆溪关源高氏宗谱》 谱为清代裕远堂木刻活字印本，今仅存其中的第三卷、第四卷和第七卷。谱存中国家谱网站档案馆。

七、连江县

《前井高氏族谱》 清嘉庆二十年（1815 年）高盛众倡修，高上登撰编。谱载谱序、昭穆、世系，始迁人高辰兴之后共 16 世。钞本。谱存青塘高氏宗祠。

《百胜高氏族谱》 谱载谱序、源流、世系、行第、人物等。印刷本，1 册。谱存百胜高氏宗祠。

八、闽清县

《感德洋高氏族谱》 明永乐二年（1404 年）始修，清光绪八年（1882 年）二修，钞本，1 册；1986 年高尚进、高能明三修，谱载谱序、源流、世系和人物简介，铅字印本，1 册。谱存感德洋高家族长处。

九、罗源县

《鉴江高氏族谱》 1929 年始修，谱载谱序、世系、墓葬及附言。2000 年高运筹、高翠�重修，钞本，1 册。谱存鉴江高家族长处。

第二节　漳州市

一、龙海市

《卿山高氏族谱》 宋嘉熙四年（1240 年）始修，历经六修。谱载谱序、传记、源流、世系、辈行、人物等，平装本，1 册。谱存卿山高家族长处。

《际都高氏族谱》　明嘉靖三年（1524年）高海典、高荣宠始修，清康熙十一年（1672年）高维松二修，1982年高加福、高定来三修，2006年高定来四修。谱载谱序、高东溪简介、各房世系、迁徙、人物等。手钞复印本。谱存龙海高加福处、龙海市台办、漳州市图书馆、福建省图书馆。

《东原高氏家谱》　2009年高银堆纂修。谱载谱序、高登简介、源流、世系、迁徙、人物等。钞本。谱存高家族长处。

二、东山县

《铜陵高家族谱》　2000年合族始修。谱载始迁人高登简介、谱序、世系、迁徙、人物等。2014年重修，精装本，1册。谱存东山县图书馆。

三、平和县

《大溪高氏族谱》　清末修。载谱序、源流、昭穆、世系、宗祠、墓葬、人物等，钞复印本，1册。谱存漳州市图书馆、福建省图书馆。

《大溪赤坑河洋高氏族谱》　清雍正五年（1727年）修。谱载谱序、源流、辈行、世系、宗祠、墓葬、人物等。钞本，1册。谱存河洋宗亲处。

第三节　泉州市

一、丰泽区

《潘山高氏长房族谱》　2000年重修。谱载谱序、世系、辈行等。钞本，1册。谱存潘山村高姓宗亲处。

二、石狮市

《霁江高氏大宗祠族谱》　清康熙元年（1662年）高植中始修，康熙四十四年（1705年）高元会二修，康熙六十一年（1722年）三修，乾隆四年（1739年）高宏钟、高植山、高熙光四修，乾隆七年（1742年）高登岸五修，乾隆四十一年（1777年）高世初等六修，1992年收集全族宗亲家谱汇编七修，2014年由高武典主持八修。谱载高钢11世高蔷简介、谱序、源流、辈行、世系、迁徙、人物等。精装本，1册。谱存霁江高氏大宗祠。

三、晋江市

《安平高氏族谱》　明万历十一年（1583年）修，庄鼎光作序。谱载谱序、世系、家规家训、行第及人物。钞本，1册。谱存安平高氏宗亲会。

《安平高氏族谱》　清康熙三十九年（1700年）修。谱载谱序、世系、家规家训、行第及人物。钞本，6册。谱存安平高氏宗亲会。

四、安溪县

《高氏龙下派房族谱录》　清雍正二年（1700年）修。谱载源流、世系、家规等。钞本，1册。谱存龙下高家。

《大坪高氏族谱》　高文卿后裔撰修。谱载谱序、世系、家规家训、行第及人物等。印刷本，1册。

谱存大坪高氏宗亲会。

《安溪高氏族谱》 1945年高尚重修。谱载谱序、世系、家规家训、行第及人物。铅字本，1册。谱存福建高姓总会。

《高佛成派下族谱系统图》 1947年重修。谱载源流、世系、家规家训、行第及人物。钞本，1册。谱存高家族长处。

《安溪高氏族谱》 1984年编修。谱载谱序、高钢简介、世系、家规家训、行第及人物。平装本，1册。谱存美国犹他州家谱学会。

《渤海大坪高氏族谱》 2003年高泉仲十三修。谱载谱序、源流、世系、迁徙、家规家训、行第及人物。精装本，1册。谱存各房、中华高氏宗亲联谊总会。

第四节　三明市

一、永安市

《贡川岩下高氏族谱》 清乾隆九年（1744年）始修，高宗德笔记；道光二十五年（1845年）高圣旺、高元文主持二修，仿欧苏式木刻合成《渤海郡高氏族谱》4卷；光绪年间（1875—1908）三修；2002年高世海、高贻佑、高善琳主持四修。印刷本，1册。谱存中华高氏宗亲联谊总会。

二、建宁县

《濉川蓝田高氏族谱》 清乾隆二十九年（1764年）高永嵋修。谱载谱序、坟山图、历朝进士、敕诰、典恩、墓铭、像赞、世系、祀产、跋等。木活字本，3册。谱存上海市图书馆。

三、将乐县

《白莲大里高氏族谱》 清代修。谱载谱序、源流、世系、辈行、家训、人物和记事。木刻本，1册。谱存大里高仰贤处。

四、大田县

《渤海郡墉城堂高氏族谱》 1947年修。谱载高寅亮简介、谱序、源流、世系、迁徙、人物等。钞本，1卷。谱存建设镇建丰村高超锦、高忠强处。

《仕坑高氏族谱》 清代修。谱载谱序、源流、家规、世系、辈行等。钞本，1册。谱存仕坑高氏宗亲处。

第五节　南平市

一、延平区

《巨口若洋高氏族谱》 清道光二十二年（1842年）高应昌始修并作序，2001年二修。谱载谱序、源流、世系、行第、人物等。16开精装本，1册。谱存巨口高氏宗亲会。

二、顺昌县

《大干土垅高氏族谱》 清光绪十五年（1889年）修。谱载谱序、辈行、世系及分迁。木刻印刷本，

1 册。谱存土垅高伟处。

《岚下良溪高氏族谱》　清光绪十五年（1889 年）修，高朝禄作序。谱载始迁人高念秀（彦秀）简介、世代名录、行第及播迁。钞本，1 册。谱存岚下高林财处。

三、光泽县

《光泽高氏族谱》　清光绪年间（1875—1908）高澍然纂修。谱载始迁人高经纲简介、谱序、世系、家规、人物等。刻本，3 册。谱存福建省图书馆、美国犹他州家谱学会。

《和顺高氏宗谱》　清代始修，谱为光泽、邵武及江西黎川三地广陵高育后裔 16 支系的合谱；1993 年二修，1998 年三修。线装本，12 卷。谱存和顺村高茂平处。

《樵杭高氏宗谱》　1995 年由邵武高至善后裔 14 支族人联合编修。谱载谱序、源流、世系、行第、人物等。线装本，14 卷，18 本。谱存樵坑高长根处。

四、政和县

《礼岩头高氏族谱》　1923 年高维忠等重修，朱凤翔撰修并作序。谱载谱序、源流、世系、行第、人物等。钞本，1 册，现存残页 103 页。谱存礼岩头高氏族长处。

《杨源上庄高氏宗谱》　1948 年高朝云、高朝烈纂修，陈云高撰修并作序。谱载远祖高明山、始迁人高五简介，源流，世系，人物等。12 开钞本，1 册。谱存上庄高氏族长处。

《岭岩头高氏族谱》　1982 年在 1923 年草本基础上重修，高远元、高凤腾等编修。谱载地舆、山场，坟墓等专记、颂赞等。8 开钞本，1 册。谱存岭岩头高远元处。

第六节　龙岩市

一、上杭县

上杭《高氏族谱》　清光绪四年（1878 年）修。谱载谱序、世系、家规家训、行第及人物等。线装本，6 卷。谱存中华高氏宗亲联谊总会和高映生处。

上杭《高氏族志》　1996 年由上杭、丰顺、揭西、五华、贺州高氏宗亲合修。志载谱序、世系、家规家训、行第及人物等。精装本，1 册。志存以上各地高氏宗亲会。

二、长汀县

《高氏族谱》　1995 年五修。谱载始迁人高十郎简介、谱序、源流、世系、宗祠、坟墓等，平装本，8 卷。谱存中华高氏宗亲联谊总会。

第七节　宁德市

一、蕉城区

《西溪高氏族谱》　清光绪十三年（1887 年）续修。谱载谱序、世系、家规家训、行第及人物。毛边纸钞本（蓝布皮），1 册。谱存西溪族长处。

《九都高氏族谱》　清光绪十三年修。谱载谱序、世系、家规家训、行第、人物等。毛边纸钞本，1

册。谱存九都族长处。

二、福安市

《水田上村高氏家谱》 谱载谱序、源流、家训、辈行、世系、人文等。钞本，1册。谱存高细奇处。

《溪尾圯湾高氏族谱》 明崇祯十年（1637年）始修，清道光二十三年（1843年）二修，同治十年（1871年）三修，光绪三十三（1907年）四修，1990年高长鹤等五修。谱载谱序、家训、辈行、世系、人物。8开毛边纸钞本，1册。谱存圯湾高坤华处。

三、福鼎市

《桐山西园高氏家谱》 1996年修。谱载渊源、谱序、世系、宗祠、坟墓、传略、人文等。刻字平装本。谱存西园高氏宗祠。

四、霞浦县

《连洋高氏族谱》 清代修。谱载谱序、源流、家训、世系、人物等。钞本，1卷。谱存连洋高氏族长处。

五、古田县

《迎仙高氏族谱》 明万历十九年（1591年）修，黄中作序。谱载谱序、源流、世系等。钞本，1册。谱存迎仙高氏族长处。

六、屏南县

《亥窑高氏族谱》 2005年高传炳等修。谱载明正德二年（1507年）始迁人高国珠率子5人迁居古田云泽坊，及子高世明移居亥窑等情况。复印本，1册。谱存亥窑高传炳处。

第八节　平潭综合实验区

江楼《龙门高氏族谱》 清代修。谱载谱序12篇、祠堂记2篇、家规13条，人物传、迁徙录、世系图等3册。第一册为《海瑶龙门高福生仁房宗谱》，第二、第三册为《海瑶龙门高福生礼房神汉支谱》。大8开宣纸钞本。谱存江楼高氏宗祠。

《东尾高氏族谱》 1933年始修，1989年重修。谱载谱序、源流、世系、行第等。钞本，1册。谱存东尾村委会。

《平潭高氏族志》 2013年高名师、高扬瑞主编。志载族贤题词、渊源、村居、人物、民企、文献、维权、捐资及附录。精装本，1册。谱存中华高氏宗亲联谊总会。

第四章　文化遗产

第一节　著作与艺文

[宋] 高　登 漳浦人。著有《东溪集》《家论》《忠辨》各1卷。诗《梦游故山》《立冬道中》《小

原欲归》等 25 首入选《全宋诗》，词《西江月》《渔家傲》《浪淘沙》等 12 阕入选《全宋词》。

［宋］高　暨　霞浦人。著有《易说》《诗文集》，参与编撰《乾道会要》。

［宋］高　颐　宁德人。著有《鸡窗丛览》《诗传集解》《会粹古今事论》《一得录》《愚斋类稿》各 1 卷。

［宋］高应松　长乐人。著有《篔亩集》1 卷、《黄鳌文集》6 卷。

［宋］高竹鹤　福州人。著有《砚石录》《启祯宫祠》《荔社纪事》《揽胜图谱》各 1 卷。诗《题友人山居》入选《全宋诗》。

［宋］高伯壎（埙）　宁德人。著有《今古事类》20 卷、《传心直指》。

［宋］高若虎　福州人。著有《渤海诗话》4 卷。

［宋］高献民　莆田人。诗《题九仙宫》入选《全宋诗》。

［宋］高　照　邵武人。诗《金精山》入选《全宋诗》。

［宋］高　熔　福州人。诗《春日田园杂兴》入选《全宋诗》。

［宋］高　攀　福州人。诗《大涤洞天留题》等入选《全宋诗》。

［宋］高安斋　福州人。诗《晚梅》入选《全宋诗》。

［宋］高竹鹤　福州人。诗《题友人山居》入选《全宋诗》。

［宋］高　华　福州人。诗《章华台碑》入选《全宋诗》。

［明］高　棅　长乐人。著有《啸台集》20 卷、《木天清气集》14 卷、《唐诗品汇》90 卷、《唐诗正声》22 卷、《唐诗拾遗》10 卷、《唐诗类》《初唐诗论》《玩宇文原》《林慈诗集》各 1 卷。诗《将归龙门留别冶城诸友好》入选《全闽明诗传》。

［明］高　瀔　福州人。著有《石门录》（又称《霞居集》）《隶书论》《敦义集》各 1 卷。

［明］高　兆　福州人。著有《续高士传》《端溪砚石考》《遗安草堂集》各 1 卷。词《千秋岁赠王丹麓》入选《全明词》，《千秋岁寿王丹麓五十》入选《全清词》。

［明］高克正　漳州人。著有《玉堂初稿》《木天署草》各 1 卷。

［明］高　旭　福州人。著有《榕轩集》2 卷。

［明］高　淮　长乐人。著有《归田集》4 卷、《竹所老人书》《剑谱》各 1 卷。

［明］高　均　福州人。著有《深衣考》1 卷。

［明］高继文　长乐人。有诗作《灵峰龙龛》等。

［明］高纶赞　长乐人。有诗作《题潘伯时双梅堂》等。

［明］高　淮　长乐人。有诗作《送潘仲郇应域之京》等。

［明］高　恭　长乐人。有诗《鼓山寺》等。

［明］高维用　长乐人。有诗作《谒选京都九日有感》《用维柱在京都守岁》等。

［明］高廷忠　长乐人。诗《送人之塞上》见于《全闽明诗传》，有诗作《陈义姑题辞》等。

［明］高于岗　长乐人。有诗作《问姚督台疏清迁民复回志喜》《报许廷民复业颁姚督台章》等。

［明］高　文　长乐人。有诗作《文竹八景》《感怀》等。

［明］高　相　福清人。有诗作《眠鹤亭》等。

［明］高玉豪　长乐人。有诗作《李陵别苏武限韵》等。

［清］高　枢　长乐人。著有《养心吟稿》1 卷。

［清］高辑睿　天津人。著有《崇古堂诗》《镜山阁偶存》等。

［清］高明远　福州人。著有《全史备考》1 卷。

［清］高　昙　福州人。著有《易论》3卷。

［清］高国定　福州人。著有《雪涛集》1卷。

［清］高澍然　光泽人。著有《春秋释经》《论语私记》《抑快轩文集》《诗音》《福建历朝宦绩录》《闽水纲目》各1卷，参编《光泽县志》。

［清］高于冈　长乐人。著有《问轩诗集》2卷、《庐山续吟》《松源纪绩》各1卷。

［清］高则贤　尤溪人。著有《易解》1卷。

［清］高玉豪　长乐人。著有《长乐县乡土志》1卷。

［清］高钟熯　长乐人。著有《四书精义》4卷。

［清］高蓝珍　福州人。有诗作《西湖歌》《西湖夜泛》等。

［清］高定国　福州人。有诗作《雨花岩岱月》等。

［清］高　镛　南平人。有诗作《省归途中作》《剑江即景》《上滩》等。

［清］高钟泉　福州人。诗《留春词集句》入选《石遗室诗话》，《花事》入选《近代诗钞》。

［清］高世焕　福州人。诗《寿阳道中》《青玉峡》《送郭频伽归吴江》入选《福州西湖苑在堂·诗龛征录》。

［近现代］高登鲤　顺昌人。著有《燕息集》《剑叟集》各1卷。

［近现代］高而谦　福州人，诗作《玉尺山》《黄楼行》入选《三坊七巷志》。

［近现代］高梦旦　长乐人。著有《十三月历法》，曾翻译《日本法规大全》《泰西格言集》，创编《涵芬楼古今秘籍珍本》《辞源》《新字典》《四角号码检字法》。

［近现代］高　鲁　福州人。著有《中央观象台之过去与未来》《星象统笺》《相对论原理》《国际天文学》《世界联邦论》《最近欧洲外交史》《空中航行术》《积分释义》《图解天文学》《日晷通论》等。

［近现代］高开坚　福州人。著有《蔼人汇稿》《三教合一浅解》。

［近现代］高赞鼎　福州人。著有《斐君轩诗钞》3卷。

［近现代］高尚志　东山人。著有《周候甄铭》，写有隶书《五里亭》、楷书《渤海世泽》、草书《千字文》。

［近现代］高君箴（女）　福州人。译有《怪戒指》《缝针》《天真的沙珊》《天鹅》。

［近现代］高拜石　福州人。著有《春风楼琐记》。

［近现代］高士其　福州人。著有《三个小水鬼》《细菌与人》《战争与免疫》《我们的抗敌英雄》《揭穿小人国的秘密》《生命的起源》《太阳的工作》《时间伯伯》《高士其科学小品集》《高士其科普创作选集》《高士其谈科普创作》等。

［近现代］高云览　厦门人。著有长篇小说《小城春秋》《文影》《春秋劫》《前夜》《大岗》《没有太阳的早晨》。

［近现代］高名凯　平潭人。著有《汉语语法论》《普通语言学习》《语法理论》《语法学概论》《现代哲学大纲》《普通话语言教程》，译有《巴尔扎克小说集》。

［近现代］高　放　福州人。著有《社会主义的过去与未来》《马克思主义与社会主义》《社会主义在世界和中国》《政治学与政治体制改革》《国际工人运动和共产主义运动别史》等35部。

［近现代］高时良　福州人。著有《学记评注》《中国教育史纲》《中国古典教育理论体系》，主编《苏联国民教育介绍》《明代教育论著选》《洋务运动时期教育》《中国教会学校史》《教育与心理辞典·中国教育史》，合编《教育科学研究方法》等。

［近现代］高由禧　福清人。著有《东亚台风的研究》《青藏高原气候学》等6部。

[近现代] 高渠清　闽侯人。编著《山岭隧道》《地下铁道》。

[近现代] 高　胡　原籍江苏金湖，长期在福建工作。著有《白浪履踪》《神州纪行》《人生感悟》《枫叶寄旅》《华夏纪行》《法理人生》《濠江寄语》《儒学现代化》《科学发展观理论与实践》《管中窥豹喻古今》《此情问青天》《启蒙与后知后觉》《浪淘沙去看今朝》，并有多篇诗作。

[近现代] 高尚平　东山人。著有《高尚平书法集》《高尚平书画集》，主编《商业消防资料》。

[近现代] 高孔煜　福州人。著有《蔼西人家》《堪舆集》《运数集》，主编《高氏春秋》《福建高氏》《福州高姓联谱》《麦浦高氏族谱》，参编《福建姓氏志》《福州姓氏志》《福州市志》等。

[近现代] 高孔熙　福州人。著有《地面气象测报业务管理手册》《地面气象观测文稿选编》。

[近现代] 高令印　厦门人。著有《福建朱子学》《朱熹事迹考》《闽学概论》《李退溪与东方文化》《中国文化刚要》《王廷相评传》《厦门宗教》《游酢评传》《中国哲学通史》《中国禅学通史》《大众佛学业读本》《朱子学通论》等，主编《陈荣捷全集》《闽学志》。

[近现代] 高　清　同安人。译有《植物生理学》《林木生理学》。

[近现代] 高清泽　石狮人。著有《淑园词话》《淑园词笺》《淑园词絮》《淑园诗稿》《淑园诗词拾遗》。

[近现代] 高　翔（女）　福州人。著有《海帅沉浮录》《萨镇冰》《一片冰心在玉壶》。

[近现代] 高鹤鸣　福州人。著有《紧急出航》《宁静的海港之夜》《无名小鸟》《大海啊——我的母亲》、丛书《海贝》《海鱼》《海兽》等。

[近现代] 高　瞻（女）　平潭人。著有《民国县长高诚学》。

[近现代] 高孔廉　福州人。著有《十年研考情》《两岸关系前瞻》《提高效率的政府再造》《杰出经理人企业的灵魂》《广告预算的决定》《人力资源与台湾经济发展经验》《效法成吉思汗处境的毅力》《管理译论》等。

[近现代] 高季笙　福州人。著有《高季笙画鹰》《高季笙中国画选集》。

[近现代] 高爱明　东山人。著有电视剧剧本《谷文昌》、散文集《东山岛纪游》。

[近现代] 高珍华　莆田人。著有长篇小说《远山的呼唤》、中篇小说《名臣邹应龙》《铲平王传》、散文集《山海恋情》《高珍华散文选》、旅游文集《三明胜景》、报告文学集《群星灿烂》等10部。

[近现代] 高珠英（女）　福州人。主编《爱我中华、情系两岸》，参编《福州双杭志》《福州台江与东南海商业网络研究》《福州茶亭十番音乐》等。

[近现代] 高志强　云霄人。著有《高志强画集》《高志强水墨画选》《高志强美术作品集》。

[近现代] 高锦利　福州人。主编《改革在农村》《福州古代人物著述录》《福州历史文化村落》《口述福州解放》《吴石遗墨》《福州茶志》《福州市志（1995—2005）》等。

[近现代] 高永川　东山人。著有文集《感恩岁月》、诗集《再次说起春天》，有诗文发表在菲律宾《世界日报》《现代作家文学》《0596诗刊》《蓝琼诗刊》《闽南风》等报刊。

[近现代] 高少苹（女）　龙海人。著有《剪纸艺术作品集》。

[近现代] 高兴华　霞浦人。著有《闪光的前程》。

[近现代] 高苏宁　福州人。著有《岁月的记忆》。

[近现代] 高晓斌　上杭人。编著《闽西客家大典》《中华高姓大典》（福建卷），执行主编《林则徐大典》《蔡襄文化大典》《杨时文化大典》《闽商领军人物》，参编《朱子文化大典》等。

[近现代] 高铭祥　石狮人。著有《霞思》《论东方经济及文化背景与价值观念》《石狮工商文化研究》《海纳外石狮人资料汇编·高铭祥卷》。

［近现代］高　熔　漳州人。著有《图书馆工作概论》，编纂《福建名人词典》。

［近现代］高如凌　云霄人。著有《闽南谚语俗语格言集萃》。

［近现代］高　然　著有《语言与方言论稿》《大学汉语》《粤港普通话教程》。

［近现代］高振良　南安人。著有《姐妹菩萨双灵寺》。

［近现代］高　怀　厦门人。词《好事近》入选《秋实集》。

［近现代］高义谦　东山人。美术作品集有《闽山情风景画集》《武夷风光画集》《左海艺葩》《风光写生画集》《福建省赴台水彩画展作品集》《全国首届小幅水彩画作品集》《八位画家联展作品画册》《魅力庐丰，多彩畲乡》《醉美福清，难忘乡愁》等。

第二节　族规家训

一、长乐龙门高氏家规

家规十则

一则敬畏天命，二则谨遵圣训，三则恪守宪章，四则孝顺父母，五则诚服师傅，六则早完国课，七则尊敬长上，八则和睦乡里，九则苦心力学，十则尽力农桑。

家规十劝

一劝各安生理，二劝各整风俗，三劝各励贞节，四劝各习礼仪，五劝各立廉耻，六劝各存心田，七劝各训子弟，八劝各恕奴婢，九劝各重婚姻，十劝各助丧葬。

家规十戒

一戒莫作非为，二戒莫学赌博，三戒莫强争讼，四戒莫逞拳力，五戒莫贪酒色，六戒莫容盗贼，七戒莫欺孤贫，八戒莫坏伦纪，九戒莫好骄傲，十戒莫服异端。

录自长乐《龙门高氏族谱》

二、闽侯关源高氏祖训

田地不在膏腴，操心便好。房屋不在高大，不漏便好。
庄稼不在多寡，勤劳便好。契约不在大小，深藏便好。
家居不在新旧，无遗便好。衣服不在华艳，古朴便好。
伙食不在美味，吃饱便好。妇女不在俊秀，慎言便好。
邻居不在富豪，和睦便好。朋友不在酒肉，有信便好。
惟是勤耕苦读，往来有节，需当早起迟眠，农书兼作。

录自闽侯荆溪《关源高氏族谱》

三、安溪县大坪高氏家训

巍巍我祖，宋史留芳。立身处世，言表行坊。忠君爱国，时懔冰霜。封侯锡爵，迹著旂常。惟诸苗裔，听我训章。上读史书，次务农桑。经营事业，矿绩工商。克勤克俭，毋怠毋荒。睦婣任恤，六行皆臧。礼义廉耻，四维毕张。处于家者，筋级筋纲。仕于朝者，为忠为良。勿不仁不义，兄弟争田。勿逾闲逾矩，致罹罪愆。勿偷常乖舛，玷辱祖先。勿秦越相视，萁豆煮燃。宜孝亲敬长，畏圣畏天。宜敦睦宗族，无党无偏。宜恤孤憐寡，持危扶颠。宜急公好义，崇德尚贤。恪遵祖训，神则福汝，昌燧绵延。倘违祖训，神则祸汝，奕世饨遭。仰绎斯旨，顾吾子孙，钦哉勉旃。

录自安溪县《大坪高氏族谱》

四、石狮霁江高家祖训

人生百折，岁月沧桑，循规蹈矩，继述绵长，立身处世，言表行坊，爱民爱国，自立自强。
知书达理，操行冰霜，施仁播德，世代标榜，勤劳致富，励志毋荒，建家立业，腾达辉煌。
伦常纲纪，孝悌践扬，贻厥孙谋，甘苦同当，无私中正，四维毕张，怜孤恤寡，慈爱无疆。
奉亲敬老，睦族敦宗，为人师表，社稷栋梁，先祖垂训，日月同光，吾族苗裔，慎守勿忘。

录自石狮《霁江高氏大宗祠族谱》

五、莆田湄洲高厝高氏家训

自强不息，厚德载物。崇尚科学，探索真理。弘善扬德，诗礼传家。
经史子集，孔孟老庄。健美人格，陶冶情操。育人为本，贵在义方。
施以育爱，切勿宠溺。言传身教，以身作则。幼儿养正，童蒙养性。
少年养志，成人养德。事有终始，本末勿置。见贤思齐，家和业兴。
圣贤为伍，文明通行。修身齐家，意诚心正。心存感激，行为孝善。
施恩勿望，知恩图报。俭以修身，勤以养德。淡泊明志，志存高远。
知行合一，奋发图强。慎思笃行，融会贯通。众志成城，团结一心。
上善若水，大智若愚。崇高心灵，智慧荣光。吾族兴矣，与众同享。
吾族荣昌，与天不老，与国无疆！

录自莆田湄洲高氏妈祖文化活动中心（祠堂）

第三节　宗　祠

长乐屿头高氏宗祠（高应松忠烈祠）　坐落在古槐镇屿头村。明洪武年间（1368—1398）始建。建筑面积600平方米，土木结构。明太祖朱元璋追谥高应松尽忠殉国，赐有奉旨谥忠匾额及“经纬全力”与“险表一节”楹联。前后二进，立有家族芳名和数块历史石碑。厅堂上方有梨花木制成的横杠，呈茶褐色，上有知县夏允夷题赠“宋室忠烈”横匾，乡贤题赠多对柱联。1986年列为福建省文物保护单位。

屿头高氏宗祠

漳浦高东溪祠　坐落在绥安镇绥南村。明成化十四年（1478年）始建。坐北向南。原为二进三开间，一围墙，土木结构，悬山顶。现仅存后进，建筑面积180平方米，坐北朝南。内祀高东溪塑像，挂匾有“百世师”“忠孝双全”“浩气长存”“宇宙完人”。3副对联分别为：“获鹿感鱼，千秋称孝子；朋东仇桧，万古识忠臣。”“植纪扶伦，大节与梁峰并崎；起顽立懦，清风共鹿水长流。”“摘妄锄奸，在昔紫阳为作记；竭忠尽孝，至今青史尚流芳。”1985 年列为漳浦县文物保护单位。

福鼎桐山高氏圆觉寺祠堂 坐落在福鼎一中校园内。宋代始建，明代因倭患焚毁。倭寇不犯寺规，族人将祖宗神灵供奉在高氏家庙圆觉寺内，形成寺祠合一格局。清道光二十六年（1846 年）改建，共三进，前殿祀佛祖，后殿供祖宗牌位，改建后两边厢房为书院，集佛堂、祠堂、书院于一体。中华人民共和国成立后，寺祠被福鼎一中占用。1989 年列为福鼎县第一批文物保护单位。

福州台江上杭路高氏宗祠 坐落在双杭街道上杭街 134 号。清嘉庆年间（1796—1820）建。建筑面积 400 平方米，坐北向南。土木结构，四面有防火墙，首进为高氏宗祠。

福州仓山高宅高氏宗祠 坐落在建新镇高宅村。1914 年始建，1992 年重建。占地面积 1000 平方米，建筑面积 630 平方米，坐西朝东。大门内二重门上方有横匾书“龙门一脉”，后上方横匾书“十代同堂”，天井两边过道建有雨亭，前厅为祭祖厅，上方悬挂“树德堂”牌匾。

福州晋安际兜高氏宗祠 坐落在日溪镇际兜村。1989 年重修，坐北朝南，建筑面积 300 多平方米。土木结构，原有双斗旗杆、进士牌匾、棋盘牌一副，祠内还留有两口七星井。

福清莆峰高氏宗祠 坐落在江阴镇莆峰村。明建文年间（1399—1402）始建，历代都有续修。建筑面积 600 平方米。土木结构，建有戏台、酒楼，四面有防火墙。

福清高东高氏宗祠 坐落在港头镇高东村。明宣德年间（1426—1435）始建，历代有续修，1988 年重修。占地面积 500 平方米，建筑面积 250 平方米。土木结构，四面有防火土墙。

福清海瑶高氏宗祠 坐落在三山镇海瑶村。明嘉靖三十八年（1559 年）始建，1954 年重建，1989 年再次重修。建筑面积 700 平方米，土木结构。

福清南斜高氏宗祠 坐落在江镜镇南斜村。明代始建。建筑面积 80 平方米，土木结构，四面有防火土墙。

福清高厝高氏宗祠 坐落在阳下镇高厝村。清光绪十七年（1891 年）始建，1915 年修，1996 年改建。占地面积 800 平方米。土木结构。

福清文场高氏宗祠 坐落在沙浦镇文场村。清代始建，1998 年重修。占地面积 300 平方米。

福清湖美高氏宗祠 坐落在阳下街道湖美村。1928 年建。占地面积 500 平方米，建筑面积 300 平方米。四面围墙，土木结构。

长乐龙门高氏宗祠 坐落在航城镇龙门村翁山下。南宋绍兴二年（1132 年）始建，元明清历代重修，2009 年，按明代建筑风格重建。建筑面积 900 平方米，占地面积 600 平方米。祠堂按地势分层而建，前后三进，祠前有大石埕，六开大门，门联书“渤海家声远，龙门世泽长。”前座有闽浙监察使高鲁“本固枝茂”题匾，还有历代诰封及“朝元”“文魁”“经魁”等牌匾十余面。

长乐流水高氏宗祠 坐落在江田镇流樟村。宋淳祐年间（1241—1252）始建，清顺治年间（1644—1661）宗祠被沙土淹没，后再建，1958 年祠废，2004 年重建。建筑面积 1600 平方米。土木结构，三进五间排，由祭祖厅、戏台和活动中心组成。

长乐上洋高氏宗祠 坐落在首占镇上洋村。清同治年间（1862—1874）始建，1947 年修建，2001 年重修。建筑面积 700 平方米。大厅挂有“重庆堂”牌匾。

长乐龙门高氏大诏房支祠 坐落在航城镇龙门村。1945 年建。建筑面积 400 平方米。土木结构，为六柱五间排，出游廊，四方有防火墙。

长乐龙门高氏后楼房支祠 坐落在航城镇龙门村。建筑面积 400 平方米。土木结构，四柱三排间，四面有防火墙。

长乐台瑶高氏宗祠 又称台瑶高氏文化中心，坐落在金峰镇台瑶村。元至正元年（1341 年）始建，1995 年重建。建筑面积 800 平方米。

长乐阡中高氏支祠　坐落在玉田镇阡中村。明天顺三年（1459年）建。建筑面积440平方米，土木结构。

长乐感恩高氏宗祠　坐落在古槐镇感恩村。明代始建，2013年重建。建筑面积300平方米。

长乐西亭高氏宗祠　坐落在罗联乡西亭村。2012年重建，建筑面积400平方米。

长乐闸兜高氏宗祠　坐落在航城龙津闸兜村。2011年重建。为三层建筑，后加挂闸兜高氏文化中心。

连江百胜高氏宗祠　坐落在晓澳镇百胜村。明嘉靖十年（1531年）始建，2010年在原址上重修。占地面积1500平方米，建筑面积320平方米。坐北朝南，土木结构，二层楼，下层为混凝土钢筋结构，其中450平方米为贮存室，上层有650平方米是木石混合结构，仿明清古建筑风格，有三进大厅、二进天井、四回廊，内厅有青石雕龙柱，石刻人物格杆，外是高墙红瓦。

闽清感德洋高氏宗祠　坐落在桔林乡感德洋村。明代始建，历经清代、民国数次修葺，1997年重修。建筑面积200平方米。

闽清攸太高氏宗祠　坐落在白中镇攸太村。1926年始建，1990年重修。建筑面积750平方米。七扇五间排。

厦门集美区高浦高氏宗祠　坐落在杏林高浦社区。1933年重修，1989年重建。建筑面积320平方米。

厦门集美区董任高氏宗祠　坐落在杏林董任社区。建筑面积350平方米。

厦门同安区旗山高氏宗祠　坐落在莲花镇小坪村。清嘉庆年间（1796—1820）修建，2011年1月重修。建筑面积350平方米。

厦门翔安区刘五店高氏宗祠　坐落在新店镇刘五店村。明末始建，与龙腾宫并排。1982年由高连恭、高明养、高明举、高明德、高神付与海外高明造等带头修建后院，1992年修建中院和前院。单门宅式建筑，宽15米，深30米，坐南向北。院前为石铺大埕。

漳州芗城区乌石高氏宗祠　又称“孝德堂”，坐落在石亭镇乌石村。清嘉庆二十年（1815年）始建，1976年倒塌，1996年重建。面宽13.5米，深12.5米。祠前有广场，宽16.5米，深17米。主祀始迁人高东溪等神位。

漳州芗城区高坑高氏宗祠　又称“忠孝传芳堂”，坐落在石亭镇高坑村。清代始建。主祀高姓历代列祖列宗。对联为“获鹿感鱼，千秋称孝子；朋东仇桧，万古识忠臣。”每年农历三月初三及立冬日两祭。

龙海高坑社高姓宗祠　坐落在高坑卿山东麓。明永乐七年（1409年）始建。总面积300多平方米。坐东向西，二进三开间，前有天井、过廊、大厅。奉供始迁人高东溪及5世高一举与历代列祖，祖龛前梁上悬挂“忠孝流芳”牌匾。后有宋理学家朱熹撰文为祠记，大门有朱熹撰提联“获鹿感鱼，千秋称孝子；朋东仇桧，万古识忠臣”。祠内现存有清代石碑记二通。

龙海际都高姓宗祠　坐落在浮宫镇际都村。明万历三十三年（1605年）始建。建筑面积300平方米。坐北朝南。有明朝末年漳州知府来宗道题词“百世瞻依，忠孝振徽声，祖有功，宗有德，姓氏传芳光明；马班垂雅望，诵其诗，读其书，箕裘世衍耀门闾”。据传曾受明万历皇帝圣谕“擅文章而华国，敦孝友以居家”。

龙海东头高姓祠堂　坐落在程溪镇东头顶社。清乾隆年间（1736—1795）始建，2006年重建。对联为“渤海源远流长裔子孙昌盛，东原地灵人杰育贤才辈出”。

云霄高厝高氏家庙　坐落在火田镇高厝寨。南宋末期始建，历代有修建，现存的建筑属清代遗物。占地面积1000平方米。坐北向南，二进一院，悬山顶，木石结构，门前旷埕被辟为耕地，原门墩石鼓、华表坊槛构件散落于耕地前水潭边。大门对联楷书“刚彦慧翁，千秋树功穗；朋东仇桧，万古净忠言”。

云霄水流沟高氏家庙　坐落在云陵镇望安山南麓。清乾隆五十四年（1789年）始建。占地面积300

平方米。悬山顶，单檐燕尾式，木石结构，单进一院，门外旷埕，周围筑承露墙，左侧面辟外大门。神龛上方悬挂“追远堂牌”匾，前立柱石刻对联“摘佞锄奸在昔紫阳为作记，竭忠尽孝至今青史尚流芳”。中立柱石刻对联“读书明道文章岩岩光海岳，累疏封章忠义凛凛播乾坤”。后立柱对联“追思祖德惟义惟忠一世人豪垂史乘，远木遗风认仁认孝千秋正气励儿孙”。大门上方有“大夫家庙”彩瓷贴塑横匾。

诏安双港村大房“德立祖祠” 堂号“祀先堂”，属双港村高氏三大房之一高则量派下。坐落在深桥镇双港村东畔。明嘉靖年间（1522—1566）始建。建筑面积300多平方米。坐北朝南，土木结构，二进三开间，前有天井、过廊、大厅。祠内挂有木刻横匾“百世师”，木刻对联为“获鹿感鱼千秋称孝子，朋东仇桧万古识忠臣”。两侧挂匾有“忠孝两全”“浩气长存”“宇宙完人”。堂上崇祀大房1至9世先祖神主。祠堂每三年值一次值年。

诏安双港村二房祖祠 堂号“光裔堂”，属双港村高氏三大房之一，高则量派下。坐落在深桥镇双港村中西侧。明嘉靖年间（1522—1566）始建。建筑面积300多平方米。坐北朝南，土木结构，二进三开间，前有天井、过廊、大厅。挂匾有“忠孝两全”。对联同祀先堂，堂上崇祀“九月初四祖”及二房先祖神主。祠堂每三年值一次值年。

诏安双港村三房祖祠 堂号“永锡堂”，属双港村高氏三大房之一，高则修派下。坐落在深桥镇双港村西侧。明嘉靖年间始建。建筑面积200多平方米。坐北朝南，土木结构，二进一院。祠为一厅二房，前面是天井。挂匾有“忠孝两全”。对联同祀先堂，堂上崇祀则修公及三房先祖神主。

诏安双港村“濠口”祠堂 堂号“绪祥堂”。坐落在深桥镇双港村前大塘边。清康熙年间（1662—1722），双港村高氏大房派下11世濠口派先祖派下始建。建筑面积200多平方米。坐北朝南，土木结构，二进一院。祠为一厅二房，前面是空旷庭院。堂上崇祀濠口派11至14世先祖神主。1951年土改中绪祥堂被没收。2009年，濠口派裔孙将其从村中赎回，并集资修葺。

诏安双港村英山祖祠 堂号“明德堂”，属双港村高氏大房派下。坐落在双港村中东侧。清光绪三十二年（1906年）始建。建筑面积200多平方米。坐北朝南，土木结构，二进一院。祠为一厅二房，前面是空旷庭院，祠厅为17槽古建筑，前面墙壁为八面屏风。1951年土改，英山祖祠被没收。1959年，双港大队以英山祖祠房产与双港庵东侧的枕头公庙房产交换。2006年，双港村巷路硬化时，为扩大村前主要通道，枕头公庙被拆除作为道路，英山祖祠房产归高成记后代，为高成记祖祠。堂上崇祀高成记夫妇及其祖父母、父母、儿子、儿媳一门四代8位高氏先祖神主。2013年3月重新修葺。

东山建宅高氏宗祠 坐落在杏陈镇建宅村。1999年重修，祠内挂有“文魁”“武魁”“圣经”“经元”等横匾。对联书“获鹿感鱼千秋称孝子，朋东仇桧万古识忠臣”。

东山高陈村高姓家庙 坐落在杏陈镇高陈村。主祀高东溪及列祖列宗，祠厅挂有“忠孝传芳”“文魁”“武魁”及“奉直大夫”横匾。对联同上。

南靖武林高氏祖祠 坐落在靖城镇武林村。坐北向南，二进一天井，建筑面积206平方米，门前建旗杆座一个，家祠正中挂有“忠孝流芳”匾，左匾“文魁”，右匾“武魁”，前进大厅悬挂“奉正大夫”牌匾。

长泰陈岑社高氏宗祠 坐落在枋洋镇青阳村陈岑社田仔墩。清代始建。建筑面积124平方米。坐东向西。大厅奉祀高氏先祖。

石狮霁江高氏祖祠 坐落在永宁镇霁江村。清乾隆二十九年（1764年）始建，1996年重建，2014年重修。占地面积1500平方米，建筑面积296平方米。石木结构，二进三开间。门外有壁画“太公拜相”“太公钓鱼”，天井有重建祖厅碑志。祖祠藻井、龛前、拜厅、厢房、围墙角柱、围墙门楼大门、围墙门楼四角柱、大门前廊、大门步口柱、下落柱均有石刻楹联及题词。主祀姜太公、高傒公。

晋江北峰潘山高氏宗祠（崇本堂）　坐落在东石镇潘山村中。清乾隆三十九年（1764年）始建，同治元年（1862年）、1992年两次重修。

晋江安海安平高氏祠堂　坐落在安海镇中山路一带。明隆庆年间（1567—1572）始建，清康熙三十年（1691年）重建，1995年重修。建筑面积466平方米。坐北向南，青石，红瓦，燕尾翘脊，开三通大门，两落五开间。门牌上写有“小宗埔”字样，主殿上悬挂着“文忠”“兵部尚书”“文魁”“武魁”“进士”等诸多牌匾，两庑刊刻“安平高氏历代字行”“祖训”等，前有山字形琉璃瓦顶照墙，中有青狮拱卫，左右皆有影壁浮雕，柱联、匾额、题刻一应俱全，五彩碎瓷片镶贴花式、卷草及古物人物形象。宗祠中门门首石匾镌台湾高玉树题写的“高氏宗祠”。中门门联为朱熹赠联“后周忠节第，有宋尚书门”。主殿前横楣正中高挂朱红匾额“有继堂”。大门柱联曰“渤海宗支居福地，凤岗云裔出英才”。石雕的内容则有“文王聘太公”“太公返西歧”“高怀德扶宋”“高宠挑铁滑车”等故事。祠堂内有台湾地区连战、马英九、宋楚瑜、高玉树等人题字。

晋江陈埭高坑高氏宗祠　坐落在陈埭镇高坑村。明崇祯元年（1628年）始建，1988年重修。

安溪大坪始祖山公宗祠　坐落在大坪乡大坪村。明正德元年（1506年）始建，1941年、1996年、2011年先后重修。主祀高钢。

永安岩下高氏宗祠　坐落在贡川镇岩下村。清顺治年间（1644—1661）始建，1984年重建。占地面积200平方米。

尤溪山门高祖厝　坐落在洋中镇际深村山门。1995年重建。

大田清溪高氏宗祠　坐落在莘口镇清溪村。

大田建丰高氏墉城祠　坐落在建设镇建丰村。明宣德年间（1426—1435）建。占地面积5000平方米，建筑面积700平方米。坐北向南，土木结构。地形为眠犬，埕丰门路立有两座门楼，水沟穿插其间，左边有围楼两直，前有石斗旗两对。后山有风水林。

大田建丰高氏富盛祠　坐落在建设镇建丰村。明嘉靖年间（1522—1566）建。建筑面积300平方米。坐南向北，土木结构。

大田建丰高氏夏巷祠　坐落在建设镇建丰村。明嘉靖年间始建，清乾隆五十二年（1787年）重建，历代有修缮。

仙游岭头高氏宗祠　坐落在仙游县盖尾镇岭头村。明中叶始建，1998年重修。占地面积300平方米，前庭石埕约380平方米。坐东向西，中间有天井，两边走廊，上下二进，三层石阶，两边有厢房。祀始迁人高仕功。

莆田涵江区高美高氏宗祠　坐落在涵江区三江口镇高美村。清代建。祠为单层二进，一进大厅悬挂“父子进士”牌匾。

湄洲高氏妈祖文化活动中心（祠堂）　坐落在湄洲岛高朱村高厝。2013年建。占地面积880平方米，建筑面积380平方米，中心高度10米。坐西朝东，土木及钢筋水泥结构。屋顶呈伞状，两边厢房各二层，配有会议室。

南平延平区巨口乡若洋高氏祠堂　坐落在巨口乡若洋村水尾西侧。明嘉靖年间建。占地面积1500平方米，建筑面积800多平方米。土木结构，两坪一天井，地面用石板条铺成。

光泽和顺高氏宗祠（唐都督高育公祠）　坐落在鸾凤乡和顺村。清同治五年（1866年）始建，20世纪80年代重修。占地面积750平方米，建筑面积400平方米。坐北向南，土木结构，四面风火墙，前有埕。祠内建有回廊，中有天井，上大厅四柱三间排，中设神主龛，前有供桌。大厅深7米，中心高度8.5

米。整个建筑呈“昌”字形。取代代子孙繁荣昌盛兴旺之意。有二十四孝等彩色挂图及世代表 48 幅。

政和岭岩下高氏宗祠 坐落在镇前镇下园村。分上下两栋，通间大厅，上栋宽 9 米，深 7 米，建筑面积 81 平方米，设有神主龛；下栋宽 9 米，深 7 米，建筑面积 63 平方米。土木结构，建有戏台，平檐悬山顶。上下栋建二级升堂阶相连，台阶左右天井各一个。

上杭高文辉宗祠 坐落在城关杭中路 18 号。清道光十四年（1834 年）始建，历代有修缮。占地面积 300 平方米，建筑面积 200 多平方米。砖木结构。

上杭蓝溪高氏宗祠 坐落在蓝溪镇曹田高屋村。元至正年间（1341—1367）始建，1999 年重修。占地面积 400 平方米，建筑面积 200 平方米。砖木结构。

上杭茶地高氏宗祠 坐落在茶地镇官山高屋村。2014 年重建。占地面积 400 平方米，建筑面积 260 平方米。

上杭官庄高氏宗祠 坐落在官庄乡新风村。占地面积 600 平方米，建筑面积 150 平方米。

武平中堡高氏宗祠 坐落在中堡镇田坑村。占地面积 600 平方米，建筑面积 200 平方米。砖木结构。

武平大禾高氏宗祠 坐落在大禾乡大载村。占地面积 1000 平方米，建筑面积 200 多平方米。砖木结构。

福安小梨高氏宗祠 坐落在下白石镇小梨村。2010 年建。占地面积 600 平方米，建筑面积 400 平方米。钢筋混凝土结构，共三层，建有戏台、祭祖大厅和活动室。

福安半屿高氏宗祠 坐落在湾坞镇半屿村。2014 年建。占地面积 2000 平方米，建筑面积 800 平方米。混凝土仿古结构，四面风火墙。共三进，首进戏台，上筑有藻井，两边酒楼，楼下有回廊，天井中安装九龙汉白石雕一座，主龙口有喷水功能，常年喷水不息，寓意高姓族人源远流长，奔流不息。二进上厅为祭祖堂及祖龛。

福鼎西园高氏宗祠 坐落在桐山街道西园村。2004 年建。占地面积 2800 平方米。坐西向东，背山而建，祠门匾额“高氏宗祠”，对联曰“是本地钟灵毓秀，入门思祖德宗功”；二进为华表门；三进中央为通道，两侧厢房，均为二层明楼；四进楼下大厅陈列高氏族史资料，楼上大厅供奉本门高氏历代祖先牌位。

平潭土库高氏支祠 坐落在苏澳镇土库村。清乾隆五十二年（1787 年）建。建筑面积 360 平方米，土木结构。

平潭江楼高氏宗祠 坐落在平原镇江楼村。1930 年始建，1994 年重修。占地面积 600 平方米，建筑面积 500 平方米。土木结构，四面有风火墙，建有戏台、酒楼、祭祖厅，祠前有大埕。

平潭务里高氏宗祠 坐落在北厝镇务里村。历代有重修。占地面积 285 平方米，建筑面积 250 平方米。土木结构，上下两厅。

第四节　陵　墓

高应松墓 位于长乐市江田镇溪湄村山中。南宋末年（1267—1279）建造，1996 年重修。高应松为宋枢密院事，墓碑刻有“高枢密墓”“宋忠臣贋亩公”等字，整个墓保持完好。1986 年列为福建省文物保护单位。

高东溪墓 位于漳浦县城东南偶鹿溪村。宋代始建，2008 年重修。占地面积 1721 平方米。坐北向南，为三合土夯筑灰顶墓圹。高东溪为宋代大夫。有明知县慎蒙为其所立墓表碑于墓右。1985 年列为漳浦县文物保护单位。

高崑如墓　位于福州北门龙峰境（今鼓楼区华大街道湖前村）。清乾隆四十二年（1777 年）建。占地面积 180 平方米。坐西向东。前中央三阶而上，有一堵矮垣屏。外有两扩臂，有仿石鼓一对。墓埕深 3 米，墓碑宽 1.9 米、高 0.65 米，碑文书刻“崑如高公寿域”字样。墓碑镶立在带花纹的石座上。前有祭台高 1 米、长 1.9 米、宽 0.65 米，台裙浮刻麒麟图案。高崑如为湖前高氏 1 世。

高鲁墓　位于福州市西门外梅峰村金狮山。1947 年建。

高开坚墓　位于福州市仓山区建新镇下店村后山上。民国初始造，1985 年重修，坐西北向东南，依山面水（闽江），墓呈“风”字形，宽 5 米，深 8 米，混凝土结构。该墓为其母庄氏夫人与高开坚夫妇合葬墓。

高在奕墓　位于福州马尾区闽安松门村山田里。清嘉庆二十五年（1820 年）始建，咸丰六年（1856 年）修。坐北向南，三合土和石结构。前宽 8 米，纵深 12.5 米。墓碑宽 1.4 米，高 0.86 米。碑文书刻“清龙门在奕高公偕妣魏氏孺人寿域”等字。碑前有祭台，两旁立有石狮方柱一对，台前有矮垣屏，前有八卦图，背有“福”字。墓后筑有弧形的石围城，高 0.8 米。高在奕为松门村高氏 1 世。

高良器墓　位于长乐市航城镇龙门村岭后山。唐代始造，1989 年按原样重修。高良器为龙门高氏 1 世。该墓为高良器与妣郑氏孺人偕长子高立德、媳周氏孺人的合葬墓。

高棣墓　位于长乐市航程镇龙门村半占山。明永乐二十一年（1432 年）建造。高棣为明翰林院典籍。

高惠连墓　位于南安市官桥镇柑山。高惠连为北宋兵部尚书，卒后皇帝赐葬，当朝宰相王安石撰墓志铭。1996 年，徙居台北市裔孙高锦煌首倡捐资重修，建有仿古墓园牌楼、石鼓、石狮、石人、石兽，碑志墓茔在十多阶梯平台中央。

高十郎墓　位于上杭胜运里黄坑巡检寨背龙磜，明代建造，2011 年重修。该墓为高十郎与妣合葬墓。

高育墓　位于光泽县鸾凤乡中坊村。唐代建造，清咸丰五年（1855 年）重修。高育为唐都督、光泽县和顺村高氏始迁人。该墓为高育与张氏、姜氏二位夫人的合葬墓。

第五节　古建筑

高士其故居　坐落在福州市鼓楼区鳌峰坊东口南侧。明代始建，为明代“迟清亭”旧址。建筑面积 2500 平方米。三面风火墙，前后五进，共有六扇大门，入门两房一厅，右框大门为首进，穿斗式构架，双坡屋顶，三面环廊。大厅三开间，中为厅堂，两旁前后厢房，厅前有长廊。二、三进同样三开间，由插屏门隔成前后厅，厅堂两侧为前后厢房，前后厅有天井，两侧有披榭。四进三间排，双层楼房，楼上供奉佛祖。五进为倒朝三间排。每进都有小门，通向东围墙外的花厅。除首进为三开间住房外，二、三、四进有假山鱼池、花木楼阁和迟清亭建筑。1982 年列为鼓楼区文物保护单位，2015 年列为福州市文物保护单位，2018 年列为福建省文物保护单位。（见彩图 9-1）

福州高爷庙

福州高爷庙　坐落在福州市鼓楼区南门兜乌山山脚下。南宋始建，明嘉靖年间（1522—1566）重建，清道光年间（1821—1850）扩建。占地面积 3000 平方米。坐北朝南。建有大殿、左右殿、后殿。主殿前有藻井拜亭一座，戏台两旁是廊式观戏酒楼，庙门拱式，上嵌“古迹天皇寺”和“奉旨祀典”等牌匾。墙上泥塑左龙右虎，并有八仙法宝、葵龙勾草等彩绘浮雕，庙内石板路旁有大型石马和马夫等石雕。大殿为木结构，除保留有石柱、石栏和楹联题匾外，还有悬身的古代人物花鸟、吉祥动物等。供奉主神高真人，附祀五位帝君。1991 年列为福州市文物保护单位，2013 年列为福建省文物保护单位。

高应松故居 坐落在长乐古槐镇屿头村。南宋乾道年间（1165—1172）始建，明洪武年间（1368—1402）敕赐“庆安堂”而扩建。主体一直三进，前有照墙，门楼上方石额镌刻“枢密第”，门内上方石刻“文章节义”字样。前座已圮，留有石埕，现存有二、三进，单檐悬双山顶，面阔五间，进深三柱，前有游廊。中堂上方悬挂敕赐的“庆安堂”匾一块，楹联书“玉堂金马第，文章节义家”一对。旁边有高应松读书处，内有石砌花台，长 8 米，宽 7 米，高 2 米，中有高应松父高仝仁手植古榕一棵。故居内存有方形大石井盖一个，上刻有“宋淳熙元年（1174 年）”凹字。1980 年列为长乐县文物保护单位，1986 年列为福建省文物保护单位。

福州红色高家大院 坐落在福州市台江区太平山山仔里 16 号。清光绪二十六年（1900 年）始建，土木结构，六柱五间排，前后有天井，四面风火墙。占地面积 660 平方米，建筑面积 620 平方米。1924 年，在墙外扩建一座三层砖木建构楼房，建筑面积 600 平方米。高家先后有 16 人加入中国共产党，高家大院是中共闽浙赣省委和福建省委地下电台所在地。2001 年 6 月，共青团福州市委为高家大院挂牌“红色电台故址”，高家大院也被列为“福州市青少年爱国教育基地”。

高开坚故居（蔼庐） 坐落在福州市仓山区建新镇麦浦村高厝里。清末建造，坐北向南，土木结构。前有石板大埕，后靠河仔。出入要从右边通过一座小石桥绕向大埕。周边植有各种花木。占地面积 800 多平方米，建筑面积 500 多平方米。由五间排前后两座房屋组成，前座中间大厅和两旁大房为单层建筑，左右两边房是三层建筑。左边一层是“三一教主”厅。二层是卧室，外建有走马楼。三层是书房和藏书楼。右边一层是大饭厅，二层是卧室，外有走马楼，前有美人靠。三层建有凉台，上雨盖和楼板全是采用进口锌板造成，周边为木质护栏杆。后座隔一天井，排有大金缸三个。后座比前座地面高出一米，一样是五间排，全座为单层建筑。中间大厅和两大房为杉木地板，前有走廊，两边为厨房和贮藏间，后面建有谷仓。共有房间 32 余间。

高至荣故居 坐落在福清市三山镇海瑶村南门。20 世纪初始建，土木结构，两进一天井，共 20 余间房，总面积 280 平方米，是高至荣儿时居住的地方。1954 年，高至荣在故居附近建房，土木结构，两进一天井，有 24 间房，总面积 840 平方米，为其家属居所，依照高至荣生前喜好，在天井养花种草，至今仍可窥见主人的雅趣。

高伯龄故居 坐落在长乐市龙门村泰山宫左横行支祠巷。明代始建，是高伯龄、高号、高廷忠父子孙三代故居。大门楼翘角飞檐，门上悬挂木匾，横书“清白世臣家”，上款“嘉靖已亥春立”，下款“知福州府门人陈楠书”，大门两边楹联为“三世衣冠裔”“四朝袍笏家”。土木结构，明中叶建筑风格，两进，均为六扇五间。

云霄高氏树滋圆楼 又称“宜谷径楼”。坐落在云霄县和平乡宜谷径村。高东溪裔孙高文杰于清乾隆五十四年（1789 年）始建，历时 15 年建

云霄高氏树滋圆楼

成。楼基至第二层墙壁均以花岗岩条石砌成，上为三合土夯墙，墙厚2米，高3层、18米。楼房呈正圆形，直径50米，周长157米，山坡顶。每层都建有厅房，共有6厅78个房间。楼院里凿有一口水井，背面开一圆拱顶大门，两侧石刻对联为“敦诗说礼颐为邹鲁之良，凿井耕田长享盛平之福”。置有防御设施，楼正厅奉供开基祖高文杰及后裔历代祖考祖妣牌位。全楼均住高氏后裔子孙。

高诚学故居　坐落在于平潭综合实验区城关北街41号。1937年始建，土木双层结构，占地面积300平方米。前有厝埕，故居宽12米，深15米，建有独具一格的走廊。2012年3月重修，时任福建省政协副主席、中共福建省委统战部部长张燮飞题写“平潭闽台文化交流会馆”牌匾，中国书画院院长纪怀昌题字“博爱”，还有多位名人题字写对联。2012年10月，故居作为平潭青少年爱国教育基地对外开放。

第六节　民间信仰

福州高爷庙信仰　福州高爷庙坐落在福州市鼓楼区南门兜乌山山脚下。相传高真人祖籍兴化，世代行医，自幼跟随祖父学习医理，并上山采药，在闽侯妙峰山得遇妙峰真人，妙峰真人见他器宇轩昂、谈吐清楚，又深通中草药，遂将其收为弟子，并在妙峰山中传授炼丹和道家正法。由于他法术医术双管齐下，药到病除，被世人誉为神医。他生前走遍八闽、济世救人，晚年羽化乌石山下，邑人感其功德，遂建庙祀之，香火至今不断。历史上，高爷庙曾是福州五帝信仰的一个中心，为福州著名的“九庵十一涧”中的第一涧。

龙海高姓宗仁庙信仰　崇仁庙坐落在石码镇卿山村。宋景宗元年（1260年）始建。奉祀当地高姓始迁人高一举由浦邑迁居时带来的伽蓝尊王和夫人雕像，以示尊宗、亲仁之意，取“宗仁”为庙名。高家子孙感其神灵恩泽，庇护一方平安，对其敬仰、崇敬之心从未改变。

第七节　非物质文化遗产

省级非遗长乐龙门迎清醮　是航城街道龙门村高姓家族祀拜保护神五灵公的盛会。相传，南宋景定元年（1260年），龙门高氏19世孙高以谦偕夫人闲步至龙门二道码头，见有神舟一艘，五神端坐其中，高以谦立即跪地，“祈佑龙门高氏合家平安，子孙昌盛，吾当嘱高姓子孙，世代供奉尊神”。后神不见，龙门即建石亭一座，祀奉五大灵公。五灵公谓张、钟、刘、史、赵五姓，各冠以“显、应、宣、扬、振”之谥，外署衔称“纠察部堂”。民间另有传说，五灵公原为进京赶考的举子，路过浙江地段时，见一鬼魅向村中井内投毒，五举子共守井边，劝说村民勿饮这口井的水，但村民不信，仍要取水饮用，五举子为让村民相信，各自饮下井水，顷刻都全身发黑中毒死亡。村民因感五举子的恩德，建庙供奉他们，他们后被封为专管民间瘟疫的灵公。此后，龙门高姓族人每逢初一、十五都要去行香，祈保平安兴旺。因求则应验，族人恭绘神像，祀于元应宫内，每年在农历二月初二下午三时在神前择冬至前吉日迎清醮。全乡清洁街巷，张灯结彩，素食三天，奉请五灵公銮舆彩船巡游全境。巡游时各部堂执各事，各种揭骨都出动。揭骨中有威灵赫赫的七爷（黑无常）、八爷（白无常），有可爱可亲的孩儿弟、保长公和坛下将等神明，还有丰富多彩的文艺表演队：有高脚、地下坪、杂技、陆地行舟舞龙、拍狮、十番伬、腰鼓队和军乐队，最后是五灵公彩纸船和驾前八将等。各家各户都在门前虔设香案宴坛，一般是全猪头、全鸡、全鸭、全鱼等，有的人家还雇人造作各种各样的献品，在门前点上公香，放鞭炮，每人手执香，跪拜迎送五灵公，祈求合家平安发财。巡游銮回后驻跸在元应宫前的八角井上，等待出水。出水时有高氏族人护驾，送驾起行时水手们要唱：“福如东海浪滔滔，绿（禄）竹逢春节节高，寿比南山年年在，喜欢同唱太平歌。”一路上鸣锣击鼓，摇旗呐喊，疾走如飞，喧声震天。彩纸船抬到二道码头后，还得等时辰到（退潮时），放炮三响，在长号和锣鼓声中，让纸船随退潮而去，寓意让彩纸船上的神明押着瘟疫魔鬼出海而去，保佑全乡各家平安、事业发达。龙门高姓迎清醮文化神会历史悠久，至2016年已筹办753届。2015年，龙门高氏平安清醮民俗传统文化节列入福州市非物质文化遗产代表性名录，2019年列入福建省非物质文化遗产名录。

市级非遗南安高家姐妹菩萨信俗 相传，高家姐妹是水头镇埕边村人。高榜娘于清乾隆四十六年（1781年）农历六月十四日生；高瓜娘于乾隆四十八年（1783年）农历十二月二十七日生。高家姐妹自幼厌荤食，凡食荤必呕吐，一生素食。姐妹还时常到观音堂，听老尼姑念经诵法，在心中扎下佛家慈悲为怀的善根。因其父生病痛苦去世，高家姐妹立志学医，在纺织之余，刻苦学研医道。相传高家姐妹医术奇特，看似山野花草，到高家姐妹手中，经她们研制就成为良药，治好很多疑难杂症。加上高家姐妹医德好，从不收人诊金，不受人答谢，凡痊愈的病人上门答谢，高家姐妹都含笑回答：“不用谢我，你们要去答谢佛祖和观音菩萨。”她们被誉为“扁鹊医术、菩萨心肠”，深受人们的敬仰。高榜娘20岁时不食五谷，只饮素茶，嘉庆六年（1801年）农历十二月二十六日，在家中禅位上慈祥含笑羽化。众亲人将她遗体扶入龛中端坐，经12昼夜后将其肉身粉塑为金身奉供，佛号高三娘，取名“姑娘宫”。两年后高瓜娘绝粒两个月，嘉庆八年（1803年）农历三月初八，颜容不变，在家坐化。众亲人即将其遗体扶入姑娘宫，与高三娘并排而坐，并为高瓜娘肉身粉塑金身，佛号高四娘。姑娘宫也改名双灵寺。200多年来，双灵寺香火旺盛，尤其旅居菲律宾及海外乡亲将高家姐妹菩萨分炉，带到侨居地奉祀，还在居住地建造异国风情的双灵寺，便于朝拜高家姐妹菩萨。2013年列入泉州市非物质文化遗产保护名录。

第八节 名胜古迹

福州高氏文昌阁 坐落在台江区上杭街134号。清嘉庆年间（1796—1820）始建，原是高家书院。占地面积1180平方米。土木结构，坐北向南，二层楼阁，重檐山顶，四面风火墙，底层宽三间，进深6.5米，前建有花圃、假山、鱼池。二层供奉文昌帝君（梓橦神），今尚存有清道光二十年（1820年）举人、长乐人高攀仁书写的“文昌帝君阴骘文”木刻两块。前院有鎏金匾《朱子治家格言》一块。1990年列为台江区文物保护单位，2015年列为福州市文物保护单位。（见彩图9-2）

南安姐妹双灵寺 坐落在南安市水头镇埕边村。清嘉庆七年（1802年）修建，坐北向南，二进三开间，砖、石、木混合结构，穿斗式木屋架。前有拜廊、单檐歇山顶，顶上双龙飞翔，上覆瓦筒，檐口均有瓦筒头及出水檐。前有4根廊柱，左右有覆金色玻璃瓦的钟亭和鼓亭。大门上方是埕边村留英博士高文显书写的“双灵寺”黑底鎏金三个大字。两边门联书“能于众人施无畏，普使世间得大明”。门前两旁有台湾高氏族人捐赠的明代辉绿岩石狮一对。进大门即为拜堂，中厅设有朱红横案桌。神龛内高家姐妹肉身菩萨并排而坐。高三娘长发及腰，梳发髻；高四娘头发盘在头上。姐妹头插金钗，身披锦袍，双手执法器，双目凝视前方，神态安详。二进为大雄宝殿，主供佛祖释迦牟尼、药师佛与阿弥陀佛。后殿祀观世音、文殊、普贤、韦驮、迦蓝诸菩萨。2001年列为南安市文

南安姐妹双灵寺

物保护单位。

福州南宋井圈石 在福州高士其故居中。该石长 1 米，宽 0. 8 米，左侧有一凹形缺口，呈 45°倾斜，石面有模糊碑文。经建筑专家考证，鳌峰坊古时称九仙坊，这块石碑是“九仙泉”的井圈石。明代以前井圈石是正方形的，四块井圈石榫卯衔接成方形井圈。有刻文字的这块是正面的井圈石。

长乐高鲁天文馆 坐落在航城街道龙门村附近的过洋山麓。2007 年 1 月，长乐市政府拨款兴建，占地面积 7800 平方米，建筑面积 860 平方米，展教区面积 1200 平方米。天文馆主要由展区和影视厅构成。天文展区主要有高鲁生平伟绩图文展和太阳地球月球三球玻璃展台、星空地球仪、立体旋转八大行星、动态 LED 信息星图显示器、磁悬浮地球仪等 20 多件天文仪器及互动展品；影视厅内外布有单通道数字天象球幕放映仪、赤道式日晷、浑仪、六星座浮雕、太阳历广场及天文望远镜与太阳望远镜等。高鲁天文馆是全国第一家挂牌的中国科学院国家天文台二部天文科普基地和福州市科育基地。(见彩图 9-3)

长乐清醮总坞 又称龙门平安清醮坞，坐落在航城街道龙门村二道江滨龙舟穴。南宋景定元年（1260 年）始建。2013 年龙门高姓族人发起捐资，在原坞址上，按原坐向重新扩建，历时两年，耗资 1000 余万元建成。建筑面积 1380 平方米，高 24 米。坐南向北，钢筋混凝土结构，全仿古建造。分二层，底层为台，为保护古迹，完整保留原古庙建筑和神像，并加以装修翻新；上层为大殿，主祀五大灵公和八大将等 29 尊纯以红木精雕的神像，并有彩绘。

第五章 人 物

第一节 人物传

高惠连（972—1068） 字公溥，晋江安海人。北宋咸平二年（999 年）进士，大中祥符三年（1010 年）任泉州太守，后升为广南转运使，御史大夫，官至兵部尚书，封渤海郡开国侯，赐紫金鱼袋。从政 60 多年，被时人誉为“耆旧之英，皓儒之伯”。

高 登（1104—1158） 字彦先，号东溪，漳浦人。北宋宣和三年（1121 年）贡入太学，金兵南下时，与陈东等上书乞斩蔡京等六臣。廷臣复建和议，夺种师道、李纲兵权，高登再次诣阙上书，力言和议之非。绍兴二年（1132 年）进士，廷对极言时政，授富川主簿。召赴都堂审察，又上疏万言及《时议》六篇。知静江府，不屈豪强，不阿权贵，终被秦桧所忌，编管容州。

高应松（1212—1275） 字賔亩，长乐人。南宋开庆元年（1259 年）进士，由衡州教授通判广德军，召为国子监丞，权礼部员外郎，翰林院权直。元兵至临安，挟宋投降，高应松不肯草降表。及元兵自涌金门人，举朝奔窜，从官唯高应松等九人在留。后擢端明殿学士，签书枢密院事，从恭帝至燕，绝食不语，越七日卒。

高 棅（1350—1423） 一名廷礼，又名景度，字彦恢，号漫士，长乐人。明永乐年间（1403—1424）以布衣召入翰林，为待诏，升典籍。工书画，尤专于诗。与林鸿、郑定、王褒、唐泰、王恭、陈亮、王偁、周玄、黄玄称闽中十才子。编选唐诗品集，终明之世. 馆阁以此书为宗。其后李梦阳、何景明等前后七子诗摹拟盛唐，实胚胎于此。

高缉睿（1645—1717）　字镜庭，号愚谷，天津静海人。先后历任西城兵马司正指挥、叙州知府、湖北按察使，清康熙四十年（1701 年）任福建布政使。其书法作品入选《中国国家图书馆碑帖精华》。

高澍然（1773—1841）　字时野，号甘谷，晚号雨农（一作字雨农），光泽人。少与同里何长诏、何长载兄弟以诗相唱和，又与姚莹相友善。清嘉庆六年（1801 年）举人，官内阁中书。与建宁学者张绅游。好治古文词。

高　枫（1854—　）　字润生，广西榆林人。清光绪十二年（1886 年）进士，出任闽清、清流、屏南知县。在清流就任时，匪患大起，书院残毁，高枫到任后即平定匪患，安定地方，并捐资重建斋舍，延师教士，振清流学风。该县百姓苦役甚多，高枫裁革殆尽。凡百姓讼狱，随到随结。后改知山西定襄县，未及赴任即卒于京城。

高凤岐（1858—1909）　字啸桐，号媿室，侯官（今福州）人。清光绪八年（1882 年）领乡荐授徒自给。光绪二十二年到杭州辅佐林启创办蚕学堂、求是书院。光绪二十八年执教浙江大学堂，翌年入两广总督岑春煊幕府。光绪三十年在浙江任知县，翌年被岑春煊召回，任两广学务处提调，不久升梧州知府，后辞官。光绪三十四年补试第一。

高而谦（1863—1918）　字子益，长乐人。辛亥革命后寓居上海。1913—1915 年任北洋政府驻意大利国公使。1917 年出任北洋政府外交部次长。

高登鲤（1866—1931）　字鱼门，顺昌人。清光绪十七年（1891 年）举人，先后执教顺昌华阳、龙山书院，倡办顺昌第一所新式学校并任校长，后历任长乐县教谕，在教育界有声望。被选为福建省谘议局议员，后被选为议长，联络思想进步的议员，批评官场积弊，建议兴办各种公益事业。与同盟会福建支部长郑祖荫结为好友，并与“桥南公益社”合办《建言报》揭露清廷黑暗，宣传革命。福州光复后，被福建都督府委任为民政部长，后改为民政司长，调任教育司长。被选为中华民国政府第一届国会议员。1918 年被选为北京新国会（即安福国会）众议院议员，兼总统府顾问。1924 年，段祺瑞抵制国民会议，高登鲤辞职隐居。

高梦旦（1870—1936）　名凤谦，长乐人。清光绪二十七年（1901 年）任浙江大学堂总教习。次年任赴日留学生监督。在日年余，考察认为日本之所以兴盛，端在教育，尤以小学为本。回国后受张元济之聘，出任商务印书馆国文部长，着手编辑小学国文以及史地、字帖、唱歌等教科书，后又编辑中学、师范教科书。倡议翻译日本法规大全，创编《新字典》《辞源》等工具书。宣统元年（1909 年）兼任复学堂监督，其后专司馆务，实任编译所所长。1919 年转任出版部长。1928 年告退。其对汉字改革有研究，曾为查检《康熙字典》改革部首，确定它们上下左右的部属，后王云五参考他的研究成果，别创“四角号码检字法”。

高　鲁（1877—1947）　字曙青，号叔钦，长乐人。马尾船政学堂毕业。清光绪三十一年（1905 年）去比利时布鲁塞尔大学留学，获工科博士学位。宣统元年（1909 年）追随孙中山参加同盟会，辛亥革命后任南京临时政府秘书，不久任中央观象台首任台长。1913 年创办《气象月刊》，普及气象学和天文学知识。1918 年任留欧学生监督。1921 年回国后仍任中央观象台台长。1922 年发起成立中国天文学会，任首任会长。1928 年任中央研究院天文研究所所长。1927 年筹划建立南京紫金山天文台。1929 年任中华民国驻法国公使，同年发明天璇式中文打字机。1930 年 12 月后改任教育部部长，未到职。1931 年回国后相继任监察院监察委员、闽浙监察使等职。参与组织 1936 年和 1941 年两次日全食观测。1999 年，国际行星命名委员会将国际永久编号为 79419 的小行星命名为“高鲁星”，并颁发证书，发布公报。

高赞鼎（1877—1944）　福州鼓楼人。少时师从何振岱，赴日学习法律，为福建开办法律事务所第一人。清宣统二年（1910 年）曾在外务部任职。辛亥革命后任国会参议补议员，后任国民政府秘书，曾出使墨西哥。回国后任国民政府（重庆）高等秘书。

高润生（1877—1954） 福州台江人。少时在药铺学习中药技艺，后又师从伯父高寿臣学习中医。清光绪十九年（1893 年）开始在台江茶亭六柱桥开诊所行医，后又移诊于水部状元街。擅治幼科，精于治疗痘（天花）、疹（麻疹）。光绪二十八年选任福州中医公会常务理事。民国元年（1912 年），北洋政府教育总长伍大燮主张废弃中医中药，遭到中医界强烈反对，高润生慷慨陈言："废止中医，无形灭种。"1929 年，国民政府又企图废止中医，高润生与福州中医公会同仁联名通电抗议。1931 年创办福州中医专门学校，任董事长。该校学制 5 年，前后办 3 届，毕业者 100 多人，1935 年出任福建国医馆董事长。高润生还举办义诊、送医赠药，医治细心，求诊者络绎不绝。

高　义（1879—1942） 原名高大扁，字子馥，祖籍安溪，生于台北大龙峒。清光绪二十一年（1895 年）投入抗击日本占领军的行列。光绪三十一年改名为高义。辛亥革命后，与革命党合作，光复泉属各县，由队长积功递升营长、团长、旅长。1924 年任福建陆军第二师师长，驻防泉州。1926 年 10 月，国民革命军第一路总指挥何应钦率军入闽北伐。1927 年春，全闽民军集中福州，整编为国民革命军新编第一军，高义任第一师副师长兼独立第一旅旅长，旋任师长，委为少将参议。后各将领协议组成新编第一军军事委员会，高义代行军长职务。高义卸职后旅居泉、厦。

高开坚（1884—1944） 字尚谦，号蔼人，福州仓山人。福州蚕桑学堂毕业，福建公立法律学堂肄业，早年追随孙中山加入中国同盟会，参加辛亥革命，历任国民革命军陆军总部参谋、处长、国民政府县长等职，因对时政不满，隐退返乡。高开坚为人正直无私，生活简朴，教导儿孙要勤奋学习、励志上进，发扬"一不积怨，二不结仇"的家风，倡办佛教"莲光社"并潜心研究林兆恩（林龙江）倡导的儒、道、佛三教熔为一炉的学说，修桥铺路，乐善好施。

高登艇（1887— ） 字少航，顺昌人。福建高等学堂毕业，后赴日本留学，入日本大学政治科。回国后任淞沪卫戍司令部中校主任军法官、警备司令部上校军法处长兼江西省政府民政厅秘书主任。1932 年 12 月任福建省政府委员。1934 年 4 月改任福建省政府秘书长。1935 年 5 月任福建省政府委员兼民政厅厅长，1946 年 10 月免职。1944 年 4 月任监察院闽台区监察委员行署委员，后任考试院辅导委员会委员。1948 年选为监察院监察委员。1949 年复任监察院闽台区监察委员行署委员。后去台湾。

高宪申（1888—1948） 字佑之，长乐龙门人。广东黄埔水师学堂第十期驾驶科毕业。历任"海琛舰"枪炮副，"江真舰"航海副，"应瑞舰"航海正、副舰长，广东国民政府海军总司令公署副官、参谋、副官长。1927 年任"永绩舰"舰长。1931 年任"通济舰"舰长，后任"海容舰"舰长，海军引水传习所所长。1937 年任"平海舰"舰长，还曾任"宁海舰"舰长。1938 年 5 月，任海军厦门港司令部少将司令，翌年 2 月任海军学校校长。1947 年 4 月任海军总司令部第二署少将署长、法制委员会委员。

高诚学（1897—1943） 平潭人。曾入福州英华中学、福州道学院、福建法政专门学校及燕京大学就读。1927 年任平潭县民运特派员，开办夜校，抵制日货，组织民团。因刺杀县督学陈学梅而逃往上海，1933 年 11 月"闽变"时回平潭，任计口授田特派员。"闽变"失败后，收集旧部，截劫"鹭江号"客轮，以扩大武装。1936 年 8 月，受省长陈仪赏识，委任省参议员。1938 年 2 月调任福安县长。1943 年 11 月刘建绪任福建省长后，高诚学被军统联络福安地方势力，以"贪污、渎职、私藏武器、图谋不轨"等罪名捕杀。

高强斌（1898—1952） 长乐人。保定军官学校第八期毕业，任国民党第十九军编训处上校处长，历任重庆卫戍总司令部少将高参、中央训练团少将中队长、陆军暂编第一师少将副师长。1947 年起义，任中国人民解放军华北军政大学高级教员。1950年任南京军事学院教导团教研组组长。

高拜石（1901—1969） 字懒云，原籍浙江镇海，生于福州。北平平民大学毕业。曾在北平创办《新生晚报》，历任《华报》《寰宇新闻》《民国日报》及《中央日报》编辑及主笔、台湾省政府新闻处主任秘书等职。1949年去台，醉心于书法篆刻，曾发起组织东冶艺林社。

高　翰（1904—1996） 字公翰，福州人。清华学校毕业后留学美国，先后获科罗拉多大学哲学学士、斯坦福大学心理学硕士、加利福尼亚大学哲学博士学位。回国后，1929年9月至1942年7月先后任国立武汉大学文学院院长、国立重庆大学教授。抗战胜利后，历任行政院善后救济总署台湾分署副署长、经济部渔业善后物资管理处处长、中国渔业公司董事。后去台湾任政治大学、辅仁大学、东吴大学、淡江文理学院教授。

高士其（1905—1988） 原名高仕錤，福州鼓楼人。1925年清华大学留美预备学校毕业，后入美国威斯康星大学化学系，1926年转入芝加哥大学化学系，1927年在美国芝加哥大学研究所读医学博士。1931年回国，历任中央医院检验科主任，桂林盟军服务处技术顾问、食品研究所所长，《自然科学》副主编，一级研究员，全国第一、二、三、四、五届人大代表，中国科协顾问、常委，中国科普创作家协会名誉会长，全国文联委员，中国作家协会理事，中国人民保护儿童全国委员会委员。1934年开始发表科学文艺作品，独树一帜。1939年加入共产党。1951年任文化部科普顾问，1952年加入中国作家协会，1965年任中国微生物学会理事，1976年任中国作家协会理事、中国科普作家协会名誉主席和顾问。著有科学小品、诗词论文30多种，160多万字。

高如峰（1909—2004） 号仰山，福州怀安人。烟台海军学校第十八期、英国皇家海军学院、国防研究院第一期毕业。曾任航海员、鱼雷官、教官、学监、副舰长、队长、大队长、参谋、组长等职。后任军政部海军处处长，台湾澎湖地区海军专员、参谋主任等职。1947年任海军总司令部副参谋长，同年7月任第二军区司令。翌年调任中国驻美国大使馆武官。

高捷成（1909—1943） 龙海人。1926年赴广东参加国民革命军，任第一军宣传员，同年11月随北伐军回到漳州，参与组织农民协会，开展农民运动。大革命失败后，愤然离开军队。1928年考入厦门大学攻读经济学，其间协助其叔父的百川银庄理财，曾暗中抽取资金资助共产党领导的闽南赤卫军。1932年在漳州参加中国工农红军，同年5月加入中国共产党，在中央苏区从事财经管理。1934年参加长征，随中央红军到达陕北。随后进入红军大学第一期学习，并首创红军会计工作制度。抗日战争爆发后，随八路军129师赴冀南敌后抗日根据地。1938年任冀南税务总局局长、晋冀鲁豫财经处处长。1939年秋任冀南银行行长兼政委，主持了冀南货币的发行和流通，并逐步扩大到太行、冀鲁豫及黄河以南4个行署，成为当时各解放区中流通区域最广的一种货币。1943年日军“扫荡”太行山抗日根据地，高捷成率银行干部奔走于边沿区，部署维护货币的斗争任务，5月14日在河北内邱县白鹿角村与国民党军遭遇，为掩护战友而牺牲，后被安葬在河北省邯郸市晋冀鲁豫烈士陵园。他是民政部公布的第一批著名抗日英烈。

高云览（1910—1956） 厦门人。1932年加入中国左翼作家联盟。1937年赴马来亚从事经商、写作等。1946年加入中国民主同盟。1949年被新加坡英国殖民当局驱逐出境。1950年经香港来到天津居住，从事专业创作。著有长篇小说《小城春秋》等。

高名凯（1911—1965） 平潭人。从燕京大学毕业后，入法国巴黎大学专攻语言学，获博士学位。曾任燕京大学国文系教授、北京大学中文系教授、语言研究所学术委员会委员、《中国语文》编委等职。在介绍西方语言学理论方面做了大量工作，为中国20世纪语言学的研究做出贡献。

高盘九（1911—1991） 山东郯城人。1938年入陕北公学学习，同年加入中国共产党。曾任胶东北海银行北海支行、烟台支行行长，山东北海银行济南分行行长。中华人民共和国成立后，历任中国人民银行福建省分行行长、福建省财贸办公室主任、中共福建省委财贸部部长、福建省副省长。

高时良（1912—2015）　福州人。1937年厦门大学毕业后入福建省教育厅做编辑研究工作。曾任教育厅研究室主任、福建师范专科学校副教授。福建解放前夕参加民主党派工作。中华人民共和国成立后历任福建省研究院副研究员、福建新教育研究所研究员、福建师范学院副教授、中央教育科学研究所副研究员、福建师范大学教授、研究生导师、华东师范大学教育科学研究所兼职研究员、福州师专客座教授。1987年离休后继续带研究生，并任福建师范大学关心下一代工作委员会副主任、顾问，校社科联离退休分会会长。

高至荣（1913—1969）　福清人。1932年侨居印度尼西亚加里曼斯，先后被推选为泗水玉融公会主席，泗水新华中学副董事、泗水中华侨团联合会主席、泗水中华医院理事、泗水中华商会副理事长。1953年回国参加家乡建设，翌年当选为福清县归国华侨联合会主席、县华侨建设家乡委员会主任。先后创办福清华侨中学、福清油厂、涨口华侨农场、三山海瑶中学、高山医院门诊部。在三年困难时期，亲赴香港组织进口大量粮油和副食品，缓解侨乡生活困难，进口大批化肥、农药、良种，发展生产，兴建福清侨联大厦等。先后担任福清县副县长、县侨联主席、闽侯专区侨联主席、福建省侨联委员、福清县政协副主席、福建省政协常委、福建华侨投资公司副董事长等职。将每月工资悉数交给出纳存管，用于救济贫困侨胞和资助华侨公益事业。

高玉树（1913—2005）　祖籍福建安溪，出生于台北。1933年台北工专电气科毕业，1951年日本早稻田大学机械工程系毕业，同年在美国国家标准局从事研究，1952年转赴美国麻省工科大学冶金研究所，后长期任台湾地区官员。

高时浏（1915—2012）　福州人。上海同济大学测量学专业毕业，1948年赴加拿大多伦多大学深造，成为学校首届大地测量专业研究生。后到加拿大测绘局工作，多次进入北极圈执行勘察任务，成为第一个进入北极的中国人。1951年放弃在加拿大优厚的待遇，回国在同济大学任教。1956年调武汉测绘科技大学任教授。在学术上多有建树，精通英语、德语。组织过十多期教师英语学习班，自编教材。

高立忠（1916—1978）　祖籍河南省新县。1929年参加中国工农红军。1933年加入中国共产党。土地革命战争时期，任红四军少共国际团二营通讯班长，黄麻区少共书记、武工队员。1934年12月底随独立团离开鄂豫边去皖西，翌年参加了奇袭潜山县官庄附近的王庄战斗。三年游击战争时期坚持斗争。抗日战争时期任新四军第7师19旅56团政治委员、独立团团长、皖南支队政治部主任。解放战争时期任华东军区海军江防舰队政治委员。中华人民共和国成立后，任华东军区海军后勤部副政治委员兼政治部主任、后勤部政治委员、华东军区海军第6舰队政治委员。1958年从苏联伏罗希洛夫海军学院毕业。回国后任中国人民解放军海军厦门水警区司令员，福建基地副司令员，海军指挥学校校长、政治委员，海军第三研究院副院长。1961年晋升为少将。荣获三级八一勋章、二级独立自由勋章、二级解放勋章。

高不危（1917—2006）　福州人。1938年北洋工学院土木工程系毕业。在学生时期参加“一二·九”学生运动，1945年到美国考察城市建设。中华人民共和国成立初期从事城市建设与规划工作。1952年参与规划福州市东工业区、新店工业区、福州第二化工厂和福州铁路火车站选址。1959年完成福州市城市总体规划的编制，先后承担晋安河的规划设计和中南段施工、西区水厂的管网平差设计、华林路排水管设计等。20世纪80年代后期，参加了武夷山风景区的规划设计，以及多次省内国家级、省级风景名胜区的规划鉴定会。撰写发表了《根据福州的特点来规划和建设城市》《关于福州市当前交通问题的建设》《开发山海两线与充分发挥中心城市的作用》《试论九十年代福建城镇发展战略》等论文。曾当选为第六届福建省人大常委会常委，第五届福州市人大常委会常委，福州市政协第二、三、四、五届委员，第六届常委，科技工作组组长，福州市科协第一、二届常委，第三届荣誉委员，九三学社福州市委员会主委，九三学社福建省委员会常委。

高振洋（1919—2004）　福州人。1933 年在福州三山中学读高中时，加入中国共产党领导的中华民族解放先锋队和抗日后援会战地工作团。1938 年经新四军福州办事处主任王助的介绍到新四军政治部工作。1942 年加入中国共产党，派任中共福建省委机关电台台长。1949 年 5 月闽北解放后任《新闽北报》社长，后调任中共福建省委秘书处副处长，历任福建省总工会副主席，三明钢铁厂副厂长，福建省劳动局副局长、局长、党组书记，三明钢铁厂党委书记兼厂长，福建省冶金厅厅长。1971 年任福建省人大常委会专职委员。

高明轩（1919—　）　晋江人。1936 年赴菲律宾当店员。1938 年回国，同年加入中国共产党，并入延安马列学院学习，后在中共中央机关工作。1945 年后任通化日报社社长、东北日报社研究室主任、闽粤赣边大众报社社长。中华人民共和国成立后，历任中共福建省委宣传部处长、福建省侨委主任、全国侨联第一届副主席、福建省侨联第一届主席、中共福建省委副秘书长、国家侨委委员。

高渠清（1920—2001）　闽侯人。1942 年交通大学贵州分校土木系毕业，1949 年获英国新堡皇家学院土木工程哲学博士学位。中华人民共和国成立后，历任唐山铁道学院教授、土木工程系主任，西南交通大学教授、铁道工程系主任，中国土木学会常务理事及隧道学会第一、二届副理事长，国际隧道协会执行委员，国务院学位委员会第一、二届学科评议组成员。1958 年加入中国共产党。1960 年出席全国文教群英会。长期从事钢筋混凝土结构隧道、地下铁道和岩石力学的教学与研究工作。

高由禧（1920—2001）　福清人。1944 年获重庆中央大学气象专业学士学位。中国科学院兰州高原大气物理研究所名誉所长、研究员，中山大学教授。长期开展气象科学研究，在季风、青藏高原气象和中国气候方面有突出成果，被世界气象科学界公认为对季风研究有较大贡献。提出除海陆季风外，全球还有南北半球季风、行星环流季风、平流层季风和高原季风的观点。在全球月平均温、压、湿、风场的变化研究中，得出全球东半球变化大、东半球中的亚欧区域变化大、在亚欧区域中的青藏高原及邻近地区变化大等结论，同时从大气运动的能源强弱分析，得出海洋比陆地强、热带海洋比其他海洋强、热带季风区海洋比热带海洋强、热带季风区海洋比青藏高原及邻近地区强的结论。在青藏高原气象研究中，提出青藏高原及邻近地区是全球大气变化的敏感区、能汇区、启动区和扰动区的观点。1980 年当选为中国科学院学部委员（院士）。

高　放（1927—2018）　原名高元宏，福州人。1946 年考入北京大学。1947 年 6 月加入地下党领导的民主青年同盟，任支部书记。1948 年到晋冀鲁豫解放区，改名高放，进入北方大学文教学院学习。1949 年随华北大学迁到北京。1950 年调入中国人民大学，长期执教国际共产主义运动史、科学社会主义、当代世界社会主义等课程。1981 年成为全国第一批博士生导师。改革开放以来有主编、合编、合译、合著、专著 50 多部。主编《国际共运》杂志，担任《理论探讨》《理论参考》《新视野》《天津市委党校学报》《社会科学研究》等期刊顾问或编委。1993 年后，6 家出版社先后出版《高放文集》9 本，共计 400 多万字。1992 年获国务院颁发的“为发展高等教育做出突出贡献”证书，享受国务院政府特殊津贴。2009 年获中国人民大学荣誉一级教授称号。

高　胡（1927—2017）　江苏金湖人。中国人民大学哲学系研究生班毕业。1940 年 7 月参加革命工作，在新四军中当过战士、见习医生、医务员。1942 年加入中国共产党。解放战争时期，历任华东军区第三后方医院室长、所长，华东军区卫生部第一重伤医院所长、队长，福建省福州市军管会卫生处军代表等职，参加了淮海战役、渡江战役、解放沪杭、解放福州等重大战役。中华人民共和国成立后，历任福建省卫生厅医学教育科、医学预防科副科长，福建卫生干校校长、党总支书记，福建省委政策研究室干部，福建医学院马列主义教研室主任、党委办公室主任，福建医科大学教务处处长，中国援塞内加尔医疗队队长，福建医科大学党委副书记、副校长等职。1981 年调福建省委机关工作，历任省委组织部副部长，省委常委、组织部部长，省委常委、省纪委书记，福建省政协副主席等职。是中共十二大代表。

高元法（1937—2014）　安溪人。中国人民解放军海军少将。曾任海军艇长、副大队长，海军海坛水警区副司令员，厦门水警区副司令员，海坛水警区司令员，福建基地司令员等职。

高庆狮（1934—2011）　厦门人。1957 年北京大学数学力学系毕业。1957 至 1993 年担任中国科学院计算技术研究所研究员、首席科学家。1994 年调入北京科技大学任教授，兼中科院计算所客座院士。1980 年当选中国科学院院士。是中国计算机科学技术领域的先驱，担任中国第一颗人造卫星地面计算控制中心设计负责人、中国第一台专为“两弹一星”服务的晶体管计算机体系结构设计负责人。第五届、第六届全国人民代表大会代表。

高新平（1944—2014）　祖籍安溪，出生于台北，后加入新加坡国籍。厦门首位投资台商，被誉为“开路先锋”。1992 年 11 月创办福建龙岩三德水泥建材工业有限公司并任董事长，该公司于 2003 年、2006 年两次被评为“全国百家明星侨资企业”，并于 2007 年 12 月整体变更改制为三德（中国）水泥股份有限公司。曾任厦门台商投资企业协会创会会长、世界高姓宗亲联谊会首届会长、新加坡高氏公会会长、新加坡中华总商会名誉董事、新加坡安溪会馆常委、云南省侨商会副会长、厦门姓氏研究会烈山分会荣誉会长，2006 年获福建省民政厅授予的“八闽慈善奖”，2008 年被评为“2006—2007 年度福建省十大红十字爱心公益人物”。先后向红十字会、残疾人协会、老人院、孤儿院、学校、灾区等捐款上百次。2009 年为龙岩市新罗区慈善总会捐款 500 万元设立“三德慈善基金”。

第二节　人物录

高　俨　邵武人，唐延平县令。
高　鐾　泉州人，唐正议大夫，奉旨守泉州，殉国。
高复初　长乐人，宋进士，官至都官郎中。
高崇信　长乐人，举孝廉，官至金紫荣禄大夫。
高　崇　福鼎人，宋进士，官淮安都转运使。
高景德　福鼎人，宋进士，官武昌县令。
高　壮　长乐人，宋进士，官至浙江衢州府推官。
高　仁　长乐人，宋进士，官至翰林院奉旨学士。
高良夫　长乐人，宋进士，官至渭州府判官。
高元康　长乐人，官至左司谏。
高　昙　福鼎人，宋进士，授太学士，朝散郎，兼皇孙平阳王府教授。
高　融　福鼎人，宋进士，授衡州司参军，官至宝谟阁学士。
高南寿　福清人，宋进士，官授奉新县令。
高元云　长乐人，宋进士，官至舒州知府。
高元弼　长乐人，官秘书阁校理。

高元翁 长乐人，官广东长乐县令。

高　龄 福鼎人，泉州佥判加信州尹，北平行省参知政事，终通奉大夫。

高　迁 长溪人，官承事郎，山西宣慰使。

高　镂 福鼎人，授国子监丞，官至两监运佥事。

高　松 福鼎人，官台州教授。

高　頣 字元龄，宁德人。宋进士，博览群书，尤精经学，讲经从学者数千人。官至湖南东安知县。

高　霆 长乐人，宋进士，官至江西提刑。

高同谊 长乐人，官杭州知府、东潮州太守。

高　琪 长乐人，历官元代南台御史、广东宣慰使司、福建行省总督军民左参政。

高时外 长乐人，明洪武四年（1371年）以明经推举，官至巩昌府同知。

高　镒 长乐人，以明经推举，官四川成都府贤县知县。

高文箕 长乐人，赴京中选，授广东南雄府通判，后改判云南安宁州。

高　良 长乐人，以人才荐，官至监察御史。

高　昊 福州人，广东长乐县典史、常山知县。

高　浚 长乐人，明进士，官至两淮使。

高　淮 长乐人，乡举入京，任职国子监。

高　旭 福州人，明进士，授吏部给事中，升江西按察学佥事，改提刑佥事。

高　明 晋江人，明贡生，官颍州知州。

高　瑶 福州人，由乡举为荆门训导，授番禺知县。

高伯龄 长乐人，官至江西雩都知县。

高　俊 莆田人，广东肇庆府学教授。

高　琅 龙海人，明进士，官广州府推官。

高克正 海澄人，明进士，授翰林院检讨。

高士龙 海澄人，明武进士，官授南京守备。

高仕枨 长乐人，明举人，官至江西宁都知县。

高　鑑 字孔明，号时庵，自号种菊道人。侯官（今福州）人。明正德年间（1506—1521）任教谕。工水墨山水、花卉、竹石，气韵超逸。

高　瀫 福州人，性爱山水，遍历名山大川，工书善画，藏书万卷。

高　号 长乐人，以乡荐，官至江西安仁知县。

高应祯 长乐人，明进士，官至刑部郎中。

高世魁 长乐人，明进士，出任江西慈溪知县，升御史，后追赐光禄少卿。

高凤山 安溪人，初授湖广筱县教谕，升江西信丰知县。

高廷忠 长乐人，明举人，任浙江奉化知县、江西瑞州同知。

高　兆 字云客，号固斋，闽县（今福州）人。少遭丧乱，自江左还故乡。与朱彝尊友善。工文翰，采摭隐逸，辑为《续高士传》5卷，其书始晋皇甫谧，止明穆宗朝。

高士选 长乐人，明举人，历官尤溪县教谕、广东始兴知县、浙江崇德知县。

高飞声 长乐人，明举人，历官江西玉山知县、浙江杭州同知。

高　跃 海澄人，明武进士，官红厂营把总。

高钦俦 晋江人，官安远县正堂。

高龙光 长乐人，明进士，历任江南镇江知府、布政使。

高上元 长乐人，清禀生，授京都东域兵马司副指挥。

高于翱 福州人，清武举人，授天津卫千总。

高锡爵 长乐人，清举人，官浙江余姚知县。

高延祚 晋江人，江南京口守备，澎台千总。

高 省 晋江人，荐辟，官海坛左营。

高鹏飞 长乐人，清进士，官直隶雄县知县。

高廷壁 云霄人，清举人，官四川泸州同知。

高 峰 长乐人，清举人，官广东琼山知县。

高淳郰 晋江人，官游武练总官，封明威将军。

高炳望 长乐人，清举人，办学 13 年，授安徽泗州同知。

高炅持 晋江人，署澎台副将，封武冀大夫。

高 枢 长乐人，清进士，授河南正阳知县。

高明远 福州人，清进士，授江西大庾知县，未赴任，有著作。

高福康 福州人，清举人，后为大桃知县，为行营粮台，以同知摄理乐清县。

高銮宣 长乐人，清进士，历官四川太平知县、巴州知府。

高 稔 福州人，自贡，官吏部文选司海军部秘书。

高士湘 长乐人，经魁，官广东监库大使。

高庄凯 福州人，马尾船政学堂毕业，历任山东郭县，浙江定海、师门、象山知县，补福建南路观察使，民国时任江苏高邮县盐厘局局长、上海税务署署长。

高光启 长乐人，历任闽浙监察使公署主任秘书、福清县长。

高鹏举 长乐人，马尾船政学堂毕业，任海军第二舰队“湖阜”鱼雷舰舰长。

高树范（1832—1880） 大田人，清钦加五品同知。

高树勋（1847—1911） 大田人，清岁贡生，官知县。

高文骐（1864—1922） 闽侯人，鸦片战争爆发后捐白银 2000 两以助抗英，翌年福州府修城垣又捐助 1 万两，清廷为表彰其善举，授知府衔，候补同知。

高开榜（1864—1922） 福州仓山人，擅长肖像，创新技艺，采用天然色彩矿石作画，新鲜不褪色，作品《关公观书》《关公、周仓、关平》中堂远销东南亚。福建群众艺术馆存有他和四子高翼鹤的作品。

高梦熊（1880— ） 古田人，日本中央大学法律博士，曾任国民政府最高法律推事。

高秀泉（1890—1963） 福州人，1912 年开办国光漆器店，设计人物挂框，获 1926 年杭州国货博览会金牌大奖。1956 年组织西湖漆器研究组，研创“葵花瓶”及图案嵌丝镶彩三套盘作品，多次选送出国展览。1956 年获福州市名艺人称号。

高兆栋（1891—1976） 长乐人，历任南平公路处主任、福建省水利局局长、重庆航空处处长、福建工程处处长，中华人民共和国成立后任福建省公路局总工程师。

高希焯（1896—1967） 长乐人，从事中医儿科临床 40 余年，擅治痘、疹及儿科难症。1956 年任福州市人民医院儿科特约医师、福州市第二人民医院儿科主任。

高尚志（1896—1951） 东山人，工于大篆、隶书、楷书、草书。

高荼禅（1896—1976） 长乐人，历任福建省盐务署录事、福建省银行文牍、福建协和大学教授、吴淞口海军“应瑞舰”书记官、长乐专署秘书、福州女子中学教师。

高君箴（1901—1985） 女，闽侯人，郑振铎之妻。1922 年上海神州女子学校毕业，翻译有《怪戒指》《缝针》等作品，中华人民共和国成立后，先后在国家文物局、文物出版社、中国科学院文学研究所任职。1958 年郑振铎遇难，她将郑振铎收藏的近 10 万册书籍、字画、文物及手稿捐献给国家。

高子琦（1904—1983） 字尊韩，福州人，曾任福建省保安司令部无线电台上校总台长。

高哲理（1907—1962） 平潭人，厦门水产学校毕业，历任船长、平潭县建设局长、县渔会会长、福建省财政厅巡查、上海招商局副局长。

高仕融（1913—1977） 福州人，1938 年加入中国共产党，中华人民共和国成立后，历任中共中央办公厅外贸秘书、驻捷克斯洛伐克使馆商业参赞、外贸部第二局副局长等职。

高　飞（1916—1990） 平潭人，1936 年起先后任福安县制茶所所长、警察局总务股股长、穆阳镇镇长、平潭县经征处主任，后加入中国共产党，任中共平潭县潭西区委书记、平潭人民游击队队长，中华人民共和国成立后任平潭县副县长、三明农业局局长、计委副主任、农科所所长、农委副主任。

高健武（1922—1947） 福州人，1944 年在中共福建省委机关负责训练和后勤工作，后任闽中游击队参谋长兼戴云山游击队直属支队副支队长，1947 年在德化为掩护战友突围而牺牲。

高伯英（1932—2015） 福州人，1948 年在福建省立福州商业学校加入中国共产党，中华人民共和国成立后历任共青团福州市委宣传干事、共青团仓山区工委副书记、共青团台江工委副书记、共青团福州市委宣传部副部长等职，曾任中共台江区委宣传部部长、市委文明办主任、福州市政协第六届和第七届常务委员会副主席等职。

高远灼（1937—2003） 政和人，1962 年起在政和粮食局任保管员，连续 20 年创无虫害，无鼠患，无霉烂，无事故。1981 年被授予福建省财贸系统“劳动模范”称号。

第三节　历代进士名录

唐　代

姓名	籍贯	中进士年间与科榜	任职	备注
高良器	长乐	元和二年（807 年），丁亥科	长乐县尉	
高文宠	长乐	中和元年（881 年），辛丑科		

宋　代

姓名	籍贯	中进士年间与科榜	任职	备注
高　镔	南安	雍熙二年（985 年），乙酉科，梁灏榜	朝奉大夫	
高　镒	南安	雍熙二年（985 年），乙酉科，梁灏榜	宣奉大夫	
高　淳	南安	雍熙二年（985 年），乙酉科，梁灏榜	文林郎	
高复初	长乐	淳化三年（992 年），壬辰科，孙何榜	工部郎中	

续表

姓名	籍贯	中进士年间与科榜	任职	备注
高 滋	南安	咸平二年（999年），己亥科，孙暨榜	仪曹	
高惠连	南安	咸平二年（999年），己亥科，孙暨榜	兵部尚书，开国候	
高思连	南安	咸平五年（1002年），壬寅科，王曾榜		
高 涵	南安	咸平五年（1002年），壬寅科，王曾榜	奉议大夫	
高 构	南安	大中祥符二年（1009年），己酉科，梁固榜		
高 柱	南安	大中祥符五年（1012年），壬子科，徐奭榜		
高 拱	南安	天禧二年（1018年），戊午科		特奏名
高 栋	南安	天圣五年（1027年），丁卯科，王尧臣榜		
高 选	长乐	景祐元年（1034年），甲戌科，张唐卿榜	杭州路教授	
高 照	邵武	庆历六年（1046年），丙戌科，贾黯榜	处州司理参军	
高 侃	同安	皇祐元年（1049年），己丑科，冯京榜		
高 远	长乐	嘉祐二年（1057年），丁酉科，章衡榜		特奏名
高必献	长乐	治平二年（1065年），乙巳科，彭汝砺榜		特奏名
高 豸	同安	熙宁七年（1074年），辛亥科	兵部尚书	特奏名
高文义	同安	元丰五年（1082年），壬戌科，黄裳榜		
高 俌	南安	元丰八年（1085年），乙丑科，焦蹈榜	宣教郎	
高宗信	长乐	元丰八年（1085年），乙丑科，焦蹈榜	光禄大夫	
高 韶	长乐	元祐元年（1086年），丙寅科	提督学事	特奏名
高 羲	晋江	元符三年（1100年），庚辰科，李金榜		
高 甫	福州	元符三年（1100年），庚辰科，李金榜	宣教郎	
高公献	福州	元符三年（1100年），庚辰科，李金榜	知邵武军	
高 临	福州	元符三年（1100年），庚辰科，李金榜	龙图阁赠侍制，知衢州	
高天宜	莆田	崇宁二年（1103年），癸未科，霍端友榜	安抚使	
高仁彦	尤溪	崇宁五年（1106年），丙戌科，蔡嶷榜		
高 伦	南安	大观三年（1109年），己丑科，贾安宅榜		
高 通	福州	政和二年（1112年），壬辰科，莫俦榜	寿昌知县	
高若虚	福清	政和二年（1112年），壬辰科，莫俦榜	静江府通判	
高 预	福州	重和元年（1118年），戊戌科，王昂榜	泉州教授	
高 登	漳浦	绍兴二年（1132年），壬子科，张九成榜	古田县令	
高天禧	长乐	绍兴二年（1132年），壬子科，张九成榜	教授	
高 壮	长乐	绍兴二年（1132年），壬子科，张九成榜	衢州推官	
高 沄	永泰	绍兴八年（1138年），戊午科，黄公度榜		
高 倬	晋江	绍兴八年（1138年），戊午科，黄公度榜		
高 特	福州	绍兴八年（1138年），戊午科，黄公度榜		

续表

姓名	籍贯	中进士年间与科榜	任职	备注
高　仁	长乐	绍兴八年（1138年），戊午科，黄公度榜	翰林奉旨学士	
高　澐	福清	绍兴八年（1138年），戊午科，黄公度榜	潮州府教授	
高　伉	晋江	绍兴十五年（1145年），乙丑科，刘章榜		
高良夫	长乐	绍兴二十四年（1154年），甲戌科，张孝祥榜	官至渭州判官	
高　似	晋江	绍兴二十七年（1157年），丁丑科，王十朋榜		
高侯玉	长乐	绍兴二十七年（1157年），丁丑科，王十朋榜		
高衡夫	福清	绍兴三十年（1160年），庚辰科，梁克家榜	知县	
高元康	长乐	绍兴三十年（1160年），庚辰科，梁克家榜	官至左司谏	
高　昙	长溪	绍兴三十年（1160年），庚辰科，梁克家榜		
高　获	南安	乾道二年（1166年），丙戌科，萧国梁榜		
高人杰	剑浦	乾道二年（1166年），丙戌科，萧国梁榜		
高南寿	福清	乾道五年（1169年），己丑科，郑侨榜	奉新知县	
高　融	长溪	乾道五年（1169年），己丑科，郑侨榜		
高　石	福清	乾道八年（1172年），壬辰科，黄定榜		
高以文	长乐	乾道八年（1172年），壬辰科，黄定榜		
高安世	侯官	淳熙八年（1172年），壬辰科，黄定榜		
高焕章	长乐	乾道八年（1172年），壬辰科，黄定榜	四会县主簿	
高介卿	福州	乾道八年（1172年），壬辰科，黄定榜		
高　名	福清	乾道八年（1172年），壬辰科，黄定榜		
高　穉	南安	淳熙二年（1175年），乙未科，詹骙榜		
高元云	长乐	淳熙二年（1175年），乙未科，詹骙榜	舒州刺史	
高晢民	兴化	淳熙二年（1175年），乙未科，詹骙榜	高要主簿	
高　耸	福州	淳熙五年（1178年），戊戌科，姚颖榜		
高　渥	福州	淳熙五年（1178年），戊戌科，姚颖榜		
高　岳	古田	淳熙五年（1178年），戊戌科，姚颖榜		
高大倚	南安	淳熙五年（1178年），戊戌科，姚颖榜		
高梦卿	莆田	淳熙八年（1181年），辛丑科，王由榜		
高　禾	南安	淳熙八年（1181年），辛丑科，王由榜		
高三美	剑浦	淳熙八年（1181年），辛丑科，王由榜		
高　稼	南安	淳熙八年（1181年），辛丑科，王由榜		
高元弼	长乐	淳熙八年（1181年），辛丑科，王由榜	秘书阁校理	
高首卿	福州	淳熙十一年（1184年），甲辰科，卫泾榜		
高时卿	古田	淳熙十一年（1184年），甲辰科，卫泾榜		
高名世	闽县	淳熙十一年（1184年），甲辰科，卫泾榜		
高元翁	长乐	淳熙十一年（1184年），甲辰科，卫泾榜	广东长乐县令	

续表

姓名	籍贯	中进士年间与科榜	任职	备注
高 葵	长乐	淳熙十四年（1187年），丁未科，王容榜		
高 龄	长溪	淳熙十四年（1187年），丁未科，王容榜	终通奉大夫	
高惟月	福州	绍熙元年（1190年），庚戌科，余复榜	中奉大夫	
高 栖	福州	绍熙元年（1190年），庚戌科，余复榜		
高 纬	闽侯	绍熙元年（1190年），庚戌科，余复榜		
高焕章	长乐	绍熙元年（1190年），庚戌科，余复榜	四会县主簿	
高 豫	长乐	绍熙元年（1190年），庚戌科，余复榜		
高 松	福鼎	绍熙元年（1190年），庚戌科，余复榜	任台州教授	
高 约	长乐	绍熙三年（1192年），壬子科		特奏名
高 癸	长乐	绍熙三年（1192年），壬子科		特奏名
高 颙	福清	庆元二年（1196年），丙辰科，邹应龙榜		
高 霆	长乐	庆元五年（1199年），己未科，曾从龙榜	江西提刑	
高 颐	宁德	庆元五年（1199年），己未科，曾从龙榜	东安知县	
高 轮	福州	开喜元年（1205年），乙丑科，毛自知榜		
高 源	南安	开喜元年（1205年），乙丑科，毛自知榜		
高子昇	古田	嘉定元年（1208年），戊辰科，郑自诚榜		
高 经	连江	嘉定元年（1208年），戊辰科，郑自诚榜		
高 沐	南安	嘉定四年（1211年），辛未科，赵建大榜		
高行义	南安	嘉定七年（1214年），甲戌科，袁甫榜		
高 洙	南安	嘉定七年（1214年），甲戌科，袁甫榜		
高 溥	南安	嘉定十年（1217年），丁丑科，吴潜榜		
高继厚	南安	嘉定十年（1217年），丁丑科，吴潜榜	古田县主簿	
高 溉	南安	嘉定十三年（1220年），庚辰科，刘渭榜		
高 迁	长溪	嘉定十六年（1223年），癸未科，蒋重珍榜	承事郎、山西宣慰使	
高 嘉	福鼎	宝庆二年（1226年），丙戌科，王会龙榜		
高建翁	福清	绍定二年（1229年），己丑科，黄朴榜		
高 籛	福鼎	绍定二年（1229年），己丑科，黄朴榜	两广监运同知	
高元裕	福州	绍定五年（1232年），壬辰科，徐元杰榜	吏部尚书	
高大章	南安	嘉熙二年（1238年），戊戌科，周坦榜		
高洪宗	长乐	淳祐元年（1241年），辛丑科，徐俨夫榜		
高 霆	福清	淳祐元年（1241年），辛丑科，徐俨夫榜		
高达之	福州	淳祐元年（1241年），辛丑科，徐俨夫榜		
高 转	长乐	淳祐四年（1244年），甲辰科，留梦炎榜	文林郎	
高仝谊	福州	淳祐七年（1247年），丁未科，张渊微榜		

续表

姓名	籍贯	中进士年间与科榜	任职	备注
高文章	长乐	淳祐十年（1247年），丁未科，张渊微榜	莆田县主簿	
高　载	长乐	宝祐元年（1253年），癸丑科，姚勉榜		
高应松	长乐	开庆元年（1259年），已未科，周震炎榜	枢密院事	
高　烈	福清	咸淳三年（1267年），丁卯科		特奏名
高公袠	连江	咸淳三年（1267年），丁卯科		特奏名
高应嵩	福清	咸淳七年（1271年），辛未科，张镇孙榜	涿州教授	
高　嵬	邵武	景炎元年（1276年），丙子科		特奏名

元　代

姓名	籍贯	中进士年间与科榜	任职	备注
高　成	上杭	泰定二年（1325年），乙丑科	潮州兵备参议	特奏名
高　崎	长乐	至正二年（1342年），壬午科，陈祖仁榜	总督军参议	
高　钜	长乐	至正二十六年（1366年），丙午科，张栋榜		
高　成	南靖	至正二十六年（1366年），丙午科，张栋榜		

明　代

姓名	籍贯	中进士年间与科榜	任职	备注
高时外	长乐	明洪武四年（1371年），辛亥科，吴伯宗榜	官至巩昌府同知	
高　堂	长乐	洪武六年（1373年），癸丑科		特奏名
高　鹏	上杭	洪武八年（1375年），乙卯科	归安知县	特奏名
高　成	莆田	洪武十八年（1385年），乙丑科，丁显榜	马平知县	
高景材	罗源	洪武十八年（1385年），乙丑科，丁显榜	南康县承	
高　起	莆田	洪武十八年（1385年），乙丑科，丁显榜		
高　泽	闽县	洪武二十七年（1394年），甲戌科，张信榜	主事	
高　祯	闽县	洪武二十七年（1394年），甲戌科，张信榜		
高　同	长乐	永乐三年（1405年），乙酉科		特奏名
高　浚	宁德	永乐九年（1411年），辛卯科，萧时中榜		
高　濬	宁德	永乐九年（1411年），辛卯科，萧时中榜		
高　第	建瓯	永乐十年（1412年），壬辰科，马铎榜		
高　旭	福州	宣德八年（1433年），癸丑科，曹鼐榜	提刑佥事	
高　耿	长乐	宣德八年（1433年），癸丑科，曹鼐榜	兵部给事中	
高　明	安溪	宣德十年（1435年），乙卯科	直隶颍州知县	特奏名
高　岡	闽县	正统元年（1436年），丙辰科，周旋榜	刑事主簿	

续表

姓名	籍贯	中进士年间与科榜	任职	备注
高　橙	莆田	天顺元年（1457年），丁丑科，黎淳榜		
高　启	安溪	天顺六年（1462年），壬午科	浙江松阳县丞	特奏名
高　昂	莆田	成化八年（1472年），壬辰科，吴宽榜		
高　昌	安溪	成化十二年（1476年），丙申科	建昌府学训导	特奏名
高　江	莆田	弘治六年（1493年），癸丑科，毛澄榜		
高　达	闽县	弘治六年（1493年），癸丑科，毛澄榜		
高文达	长乐	弘治六年（1493年），癸丑科，毛澄榜	按察副使	
高凤岐	安溪	弘治十二年（1499年），己未科，伦文叙榜		
高凤吟	安溪	正德五年（1510年），庚午科	县教谕	特奏名
高　仁	莆田	正德六年（1511年），辛未科，杨慎榜		
高凤山	安溪	正德十四年（1519年），己卯科	江西信丰知县	特奏名
高文达	福州	正德十六年（1521年），辛巳科，杨维聪榜		
高世魁	闽县	正德十六年（1521年），辛巳科，杨维聪榜	监察御史	
高应祯	闽县	正德十六年（1521年），辛巳科，杨维聪榜	慈溪知县，升御史	
高　琅	龙溪	嘉靖五年（1526年），丙戌科，龚用卿榜	广州府推官	
高　超	莆田	嘉靖二十六年（1547年），丁未科，李春芳榜		
高　橙	同安	嘉靖四十年（1565年），乙丑科，范应期榜	广州知府	
高　垅	海澄	万历十四年（1586年），丙戌科，唐文献榜	南京守备	
高克正	海澄	万历二十年（1592年），壬辰科，翁正春榜	翰林院检讨	
高钟元	安溪	天启二年（1622年），壬戌科，文震孟榜	安远县正堂	

清　代

姓名	籍贯	中进士年间与科榜	任职	备注
高龙堂	长乐	顺治十三年（1656年），丙申科		特奏名
高子翼	闽县	顺治十五年（1658年），戊戌科，孙承恩榜	开平知县	
高龙光	长乐	顺治十六年（1659年），己亥科，徐元文榜	凉庄参政擢布政使	
高　宫	闽县	康熙三年（1664年），甲辰科，严我斯榜	武陵知县	
高镇峰	南安	康熙八年（1709年），己丑科，赵熊诏榜		
高植野	安溪	康熙五十二年（1713年），癸巳科，王敬铭榜		
高鹏飞	漳浦	雍正八年（1730年），庚戌科，周澍榜	雄县知县	
高　膺	安溪	乾隆二年（1737年），丁巳科，于敏中榜	武翼大夫	
高淳郷	安溪	乾隆二年（1737年），丁巳科，于敏中榜	武翼大夫	
高钟德	安溪	乾隆四十八年（1783年），癸卯科		特奏名
高得芝	安溪	乾隆五十年（1785年），乙巳科		特奏名

续表

姓名	籍贯	中进士年间与科榜	任职	备注
高　峰	长乐	乾隆五十三年（1788年），戊申科		特奏名
高　枢	长乐	道光十三年（1833年），癸巳科，汪鸣相榜	河南正阳知县	
高明远	福州	道光十五年（1835年），乙未科，刘绎榜	授江西大庾知县	
高鎏宣	长乐	道光三十年（1850年），庚戌科，陆增祥榜	四川太平巴州知府	
高大奎	福州	咸丰二年（1852年），壬子恩科，章鋆榜		
高鹏景	侯官	同治二年（1863年），癸亥科，翁曾源榜		
高胪璟	福州	同治二年（1863年），癸亥科，翁曾源榜		
高　纪	福州	同治七年（1868年），戊辰科，洪钧榜		
高　蕃	长乐	光绪二年（1876年），丙子科，曹鸿勋榜		
高树勋	大田	光绪十二年（1886年），丙戌科，赵以炯榜		
高涵和	侯官	光绪十五年（1889年），己丑科，张建勋榜		
高葆光	连江	光绪十五年（1889年），己丑科，武进士	吏部执签	
高鸿焘	长乐	光绪十九年（1893年），癸巳科		特奏名
高玉横	长乐	光绪二十三年（1897年），丁酉科		特奏名
高宗恺	福州	光绪三十三年（1907年），丁未科		特奏名

第十篇

傳姓

《福建姓氏志·傅姓篇》编纂委员会

荣誉主任：傅光明

顾　　问：傅　瑞　傅柒生　傅先庆

主　　任：傅加星

副 主 任：傅家隽　傅为群　傅森林　傅志明　傅瑞典

委　　员：傅金国　傅子仪　傅天甫　傅汰子　傅成坤　傅佛华

《福建姓氏志·傅姓篇》编辑部

主　　编：傅维玉

副 主 编：傅为群　傅荣火

编　　委：傅子瑜　傅清源　傅奎星　傅旭辉　傅加寿　傅惠光　傅礼忠
傅灿文　傅唤民　傅祥锦

目　录

傅姓，尧帝裔孙。《史记》载："商王武丁为求贤人，得说于傅险（今山西平陆）中，举以为相，殷国大治，故遂以傅姓之，号曰傅说。"中华傅氏奉傅说为始祖。据统计，历代从省外迁入福建开基的傅姓共有27支。主要有三大支：一是唐朝末年，傅实从光州固始带兵入闽，后定居南安北门外的周井堡（即今南安市丰州镇桃源村），后裔主要分布在泉州、莆田、漳州、三明、宁德、龙岩等地；二是北宋乾德年间（963—968），傅少一郎由江西抚州金溪入闽，定居宁邑黄双洲（今建宁县均口镇芰坑村黄双洲），后裔主要分布在宁化、江西石城等地；三是南宋景炎二年（1277年），傅以南随文天祥入闽西，其三子傅是郎留居福建，后裔主要分布在闽西、闽北。明清时期，先后有大批傅氏支派移居台、港、澳地区及东南亚各国。据2016年统计，全省傅姓总人口数为171754人，主要分布在省内281个村庄。编有傅氏族谱80多部。在众多的祠堂、祖墓、名胜古迹及名人故居中，有国家重点文物保护单位3个、省级文物保护单位8个、市级文物保护单位5个、县级文物保护单位13个，国家级非物质文化遗产1项、省级非物质文化遗产1项、市级非物质文化遗产4项。历史上名人辈出，有进士100人。全省有傅姓革命烈士389人、革命基点村36个。福建傅氏以"清河"为郡望，主要堂号有清河堂、版筑堂、银青堂。

第一章　源　流

第一节　溯　源

一、源自商相傅说

尧帝裔孙说于傅险（今山西平陆）从事版筑，商王武丁举以为相。因以地号姓，称傅说，傅说是中华傅氏始祖。

二、源自姬姓

出自姬姓，黄帝的后裔，以邑名为姓。《新唐书·宰相世系表》载："黄帝裔孙大由封于傅邑（今山西省平陆），因以为氏。"

三、源自姚姓

舜帝的后裔，以国名为姓。《姓源》载："古有傅国（故城在今山东省枣庄南），舜之裔也，以国名为姓，称为傅氏。"

四、源自少数民族改姓

清代有部分满洲贵族改姓为傅。如傅恒，满洲镶黄旗人，本姓为富察氏；傅开，满洲正白旗人，本姓为郎佳氏；傅腊塔，满洲镶黄旗人，本姓为伊尔根觉罗氏。

第二节　入　闽

唐乾符二年（875年），傅兴龙由光州固始避乱入闽，定居建阳崇泰里马伏乡塘源（今建阳区莒口镇马伏村塘源）。

唐末，傅实带兵由光州固始入闽。乾宁三年（895年）授威武军节度招讨使衔银青光禄大夫尚书左仆射，上柱国。先于泉州东门外东湖建府第，后舍为护安功德院（今东禅少林寺），迁居南安北门外周井堡（今南安市丰州镇桃源村），是南安傅氏开基祖。

五代后唐长兴元年（930年），傅添瑞举家30余人，由江西铁树观往福建邵武寻侄傅厚处避难，长兴四年傅添瑞定居泰宁县开善上保大军圩头三官堂（今泰宁县开善乡余上村）。

唐末，翰林学士傅维昌任建宁府同知。北宋乾德年间（963—968），傅维昌3世傅少一郎由江西抚州金溪入闽，定居宁邑黄双洲（今建宁县均口镇芰坑村黄双洲）。

北宋靖康之难中，傅察殉难，夫人赵氏携子傅自强、傅自得、傅自修，由中原南渡，转徙岭表，后定居泉州。

宋高宗南渡时，傅万一由河南迁入邵武大埠岗南冈。

南宋理宗年间（1225—1264），傅赐七由江右新城（今江西黎川）潭溪彭头入闽，定居邵武昼锦乡崇瑞坪（今邵武市和平镇坪上村崇瑞坪）。

南宋德祐年间（1275—1276），傅丙四由江西南丰迁入邵武金坑上堡。

南宋末年，傅宗显裔傅元礼由江西沙溪陆续辗转入闽，定居光泽渠溪、丰瑞坪。

南宋末年，傅以南由安徽宿州灵璧避乱入闽，抵汀州府宁化石壁大城坑中门坳里定居。

南宋末年，傅万春由江西迁入邵武拿口加尚。

南宋时期，傅伯崇由河南迁入邵武和平旧市。元末，傅尚中、傅砥中由江西盱江迁入光泽寨里大青和光泽崇仁赤米坑。

明洪武元年（1368年），傅商贞由江西临川泸溪草坪迁入光泽崇仁汉溪。

明初，傅文辉由江西黎川迁入光泽李坊毛家岭。

明初，傅友德后裔迁入武平中山傅家坝。

明初，傅万隆由浙江镇海迁入龙岩西陂陈陂。

明天顺二年（1458年），傅景荣由江西临川鹏田迁入龙岩红坊船巷。

明万历（1573—1620）后期，傅长原由江西瑞金迁入长汀古城老口。

明天启年间（1621—1627），傅琪□由江西石板桥迁入顺昌大干武坊。

明崇祯年间（1628—1644），傅贺由江西临川迁入延平水南罗源。

清康熙后期（约1708—1716），傅应春之子傅有光、傅有天、傅有达由江西迁入福州西门。

清乾隆四年（1739年），傅景千由浙江平阳北港鳌埠迁入福鼎沙埕水澳。

清嘉庆年间（1796—1820），傅千七由江西南丰迁入建阳徐市上际。

清咸丰年间（1851—1861），傅仁山由广东蕉岭迁入武平万安五里。

清同治九年（1870年），傅观浩由江西迁入建瓯东峰焙前。

第三节　繁　衍

一、傅兴龙家族

傅兴龙家族主要分布在建阳，今潭城镇水南，徐市镇后塘、溪尾、盖溪、傅家巷，小湖镇郑墩，童游镇徐墩，水吉镇仁山，将口镇傅屯，黄坑镇凤尾，莒口镇长埂等地，17 世傅唐八由建阳迁居浦城后转迁武夷山市五夫镇兴贤村。

二、傅实家族

傅实生 8 子。

长子傅居中析居晋江安海，后迁居阳山内砦。

次子傅居献居南安桃源，其后裔分派今南安市丰州镇桃源、大坑、溪口、浦头，霞美镇锦堂、美傅、西山、玉田，柳城街道东山，美林街道月埔、圳后，康美镇塘岸、垵内、庄内、过沟、东山后，金淘镇玉园、朵桥，九都镇彭内，罗东镇霞山，梅山镇官园，水头镇劳光（小盈岭）；泉州鲤城区常泰街道锦田、山后傅、蔡塘坑，金龙街道店头；晋江市池店镇屿崆；永春县桃城镇环翠；惠安县黄塘镇后；安溪县金谷镇洋内和湖头镇美溪。21 世傅汉由南安玉园迁福清傅厝，传福清市东张镇香山和镜洋镇琯口。27 世傅朝□由南安玉园迁福州茶园，传晋安区茶园街道东浦社区；傅四官由南安朵桥迁漳州乌石，传龙文区蓝田镇西坑、芗城区芝山镇康山、龙海市九湖镇蔡坑。尚有分布在福鼎市茗洋、霞浦县水门、长泰县后坊、沙县高桥、邵武市洋山、浦城城关等地。迁徙省外的有浙江义乌、广东南澳等地。

三子傅仁远由桃源迁居晋江石湖，分派晋江市英林镇湖尾，深沪镇深沪街；石狮市祥芝镇祥芝、瑶湖，锦尚镇港前、东店。迁徙河南洛阳夜叉磨村。

四子傅仁裔，其子傅瑞由南安桃源迁居仙游罗峰，分派仙游县赖店镇罗峰、涂山、龙兴、赖店街、樟林村灯坪和科坑、新周村大尖和鬣尾、前埔村岐圳和白马、象岭村东度和下学及窑埔，鲤南镇玉塔、温泉，鲤城镇东门社区山坪和东门街、洪桥社区西广桥和柳池和西门兜、来洋，盖尾镇仙溪、西津，郊尾镇仑头，枫亭镇后肖；莆田荔城区拱辰街道张镇、莘郊，镇海街道镇西社区，新度镇郑坂；莆田城厢区凤凰山朱坑、新梅，常太镇莒溪；莆田涵江区江口镇坂溪，白塘镇梧郊，大洋乡下林、毛公；莆田秀屿区埭头镇汀港，平海镇高巷。7 世傅颙由仙游迁尤溪巫山，分派尤溪县台溪乡台溪、洋尾，汤川乡演洋，溪尾乡蒋狮洋，梅仙镇石龟到，城关镇园溪，联合乡下云，中仙乡西华；8 世傅诏度由仙游迁徙江苏宜兴，后又有裔孙分迁常州，另有一支裔孙迁宁德市蕉城区赤溪镇赤溪村；13 世傅熊飞由仙游罗峰迁长汀，后传漳平市永福镇下坂；19 世傅再兴由尤溪迁闽清，传闽清县省璜镇炉前；19 世傅珙由仙游罗峰迁厦门同安石浔，传厦门同安区洪塘镇石浔、厦门思明区莲前街道东坪山；26 世傅开睿由漳平永福迁厦门同安马巷，传厦门翔安区马巷镇三乡；29 世傅樽迁福安外澳，传福安市溪尾镇临江、霞浦县盐田乡姚墺。

五子傅仁济由南安周井迁居仙游猎村，后徙居江西建昌军，其后裔分派江西资溪、福建光泽、广西北流。

六子傅仁坦由南安周井迁居漳州长泰西铭，分派今龙岩新罗区江山镇村美村及漳平市官田乡兴夹头村，安溪县蓬莱镇登虎榜，诏安县梅岭镇下傅。15 世二房傅必敬由福建省诏安县迁广东潮州海阳，其后裔分迁汕头、海丰、普宁、惠州、南澳、饶平、揭阳等地。24 世傅柜卿、傅鹏郎由安溪登虎榜迁厦门东渡，28 世傅士珠由安溪登虎榜迁沙县珑东乡水美。另 14 世傅惟龙、傅惟鼎由福建安溪迁居至浙江的苍南，其后裔分迁平阳、瑞安、永嘉、丽水、三门、乐清、义乌、玉环等地。

七子傅仁和由南安周井迁居连江县后溪，一支分派海南省文昌县条限村开基，其后裔分派海南、广东 20 余县。

八子傅仁育居漳州白蕉湖。

三、傅敏家族

傅敏家族分布在泰宁、明溪和将乐。其中，傅廷九分支分布明溪县城关乡坪埠，将乐县白莲镇升平；傅廷启分支分布泰宁县大龙乡浦溪；傅廷信分支分布将乐县万全乡陇源；傅廷盛分支分布将乐县万全乡塅上，泰宁县开善乡岩坑，大龙乡焦溪、角溪；傅廷泰分支分布泰宁县大龙乡角溪。

四、傅维昌家族

傅维昌家族主要分布在宁化、建宁和光泽，部分分布于长汀、明溪和武夷山。其中，傅一郎分支分布宁化县安远镇安家磜，光泽司前乡清溪，武夷山星村镇桐木，长汀县铁长乡双窝里；傅二郎分支分布宁化县安远镇小增源；傅三郎分支分布宁化县安远镇勘头，光泽县崇仁乡招得、李坊乡长垅、司前乡清溪；傅四郎分支分布宁化县水茜镇下傅、水茜镇上傅、水茜镇北安寨、水茜镇沿口、安远镇横江、中沙乡中沙、济村乡济村、石碧镇石碧，光泽县鸾凤乡严家册、司前乡顺坑；傅六郎分支分布建宁县均口镇黄双洲、均口镇洋坑，宁化县水茜镇白沙岭、安远镇营上，明溪县枫溪乡小珩；傅八郎分支分布建宁县伊家乡双坑、伊家乡陈家磜、黄埠乡银坑，宁化县安远镇城脑上，光泽县司前乡墙圈。有部分后裔分布在江西的石城、宁都、于都、兴国、永丰、广昌、铅山等地。

五、傅赐七家族

傅赐七家族主要分布在邵武和平镇崇瑞坪、炉洋，桂林乡上岗、南源、积湾、谢家垅、下渠、上岚、冲元，金坑乡湖溪等地。

六、傅宗显家族

傅宗显家族主要分布在光泽华侨乡丰瑞坪里窝、外窝、坵溪、高溪，止马镇严溪、沙坪源，杭川镇，鸾凤乡油溪、傅家窝等地。

七、傅正先家族

宋末，傅正先定居汀州，生 8 子，2 世傅念一郎迁广东。傅念二郎迁连城朋口，分派连城县宣和乡傅家墙、焦湖、黄坑，朋口镇朋东、朋城、朋兴、马埔、沈坑、禾顶、池溪，莒溪镇墩坑，新泉镇畲部、五坑、背头窠；长汀县南山镇坎头，铁长乡马屋桥，庵杰乡洋背坑，河田镇张坑，大同镇大埔下；宁化县曹坊镇十八烈；浦城县忠信镇毛洋、半源，盘亭乡盘江，仙阳镇和尚坞。傅念三郎傅家墙守祖。傅念四郎迁泉州。傅念五郎迁潮州。傅念六郎迁福州。傅念七郎迁上杭蛟洋，分派上杭县蛟洋镇蛟洋、崇头、坪埔，古田镇五龙，临江镇东门；漳平市赤水镇香寮；永安市小陶镇罗畲；浦城县官路乡毛处、西坑、高墩桥、文安、溪垅厂；寿宁县下党乡山底。尚有部分后裔分布在浙江、江西、广东、四川等地。傅念八郎迁连城东门。另有从连城傅家墙迁往广东蕉岭。

傅百一郎由连城朋口迁上杭增坑开基。绝大多数闽西傅姓族人认同是连城傅家墙开基祖傅正先的第三世；外地族谱还记载傅百一郎源流的多种说法。傅百一郎后裔分布在上杭县太拔镇增坑，茶地镇荒寮下，溪口镇苏前，白砂镇鹏新、中洋、大华，蛟洋镇中村，中都镇凹头；长汀县河田镇伯公岭，新桥镇刘坊、潭复；新罗区大池镇合甲；武平县城厢镇盈科桥；连城县宣和乡南山下；清流县嵩溪镇农科；三明市三元区岩前镇忠山；南平市延平区大横镇朵云坑，茫荡镇石板桥、福兴隆、白莲塘；浦城县忠信镇源里；松溪县渭田镇竹贤。部分后裔分布在浙江、江西、广东、广西、海南、湖南、重庆、四川等地。

第四节　郡望、堂号

一、郡望

北地郡　秦昭王三十六年（前 271 年）置北地郡（今陕西与宁夏交界的中部），为秦初三十六郡之一，郡治在义渠。西汉移治马陵，东汉移治富平。魏晋二代，郡治改在泥阳。西汉时期由傅介子家族发展而来的北地傅姓得到了迅速发展，成为望族。

清河郡 西汉高帝四年（前203年）置清河郡，郡治在清阳（今河北清河东南）。后改为清河国、甘陵国、甘陵郡，治所迁至甘陵（故城在今山东省高唐县清平镇南）。三国时复名清河郡。西晋时期由傅燮家族发展而来的清河傅姓得到了迅速发展，成为望族。福建傅姓郡望均为清河郡。

二、主要堂号

清河堂 傅兴龙家族、傅实家族、傅敏家族、傅维昌家族、傅赐七家族、傅宗显家族、傅正先家族以“清河”为堂号。

版筑堂 因傅说在傅岩发明版筑营造术，故有傅氏以“版筑”为堂号。

银青堂 傅实家族后裔以傅实官至银青光禄大夫，取堂号为“银青”。

第二章 分 布

第一节 人口分布

2016年6月，福建省公安厅户籍人口数据（不含金门、马祖），全省傅姓人口总数为171754人，分布于全省各市、县（市、区）及平潭综合实验区。

表10-1 **福建省傅姓人口分布情况表** 单位：个、人

市（区）别	县（区、市）数	人口数	各县（区、市）人口数
福州	12	8715	鼓楼区1718，台江区598，仓山区1091，晋安区986，马尾区165，福清市959，长乐区605，闽侯县830，闽清县1240，连江县212，罗源县121，永泰县93
厦门	6	7460	思明区4051，湖里区1359，集美区741，海沧区549，同安区464，翔安区296
漳州	13	6255	芗城区1192，龙文区361，龙海市514，漳浦县191，云霄县94，诏安县3091，东山县63，平和县103，南靖县251，长泰县163，华安县84，漳州开发区65，漳州台商投资区83
泉州	12	55443	鲤城区6589，丰泽区1918，洛江区143，泉港区63，石狮市3475，晋江市1515，南安市34064，惠安县211，安溪县6990，德化县98，永春县309，泉州台商投资区68
三明	12	12909	三元区412，梅列区619，永安市765，清流县220，宁化县2446，建宁县1613，泰宁县728，明溪县729，将乐县1149，沙县395，尤溪县3727，大田县106
莆田	5	22049	仙游县18499，荔城区1035，城厢区1422，涵江区844，秀屿区249
南平	10	20148	延平区1521，建阳区2129，邵武市7107，武夷山市792，建瓯市952，顺昌县990，浦城县1874，光泽县4171，松溪县522，政和县9
龙岩	7	31247	新罗区4987，永定区189，上杭县7842，武平县324，长汀县6298，连城县8171，漳平市3436
宁德	10	5861	蕉城区3255，福安市436，福鼎市954，霞浦县36，寿宁县67，周宁县567，柘荣县5，古田县111，屏南县41，宁德东侨经济开发区63
平潭	1	97	

第二节 主要聚居地

一、福州市傅姓

（一）鼓楼区

鼓西街道梦山社区西门 清康熙后期（约1708—1716），傅应春之子傅有光、傅有天、傅有达由江西迁人，今传13世，居社区76户、300多人。

（二）仓山区

城门镇白云村傅坑里 傅海潮因避海寇由南安迁人，今居村44户、200多人。

（三）晋安区

茶园街道东浦社区 清乾隆年间（约1756年），傅朝□由南安玉园迁人，今传10世，居社区45户、180多人。

岳峰镇登云社区 清乾隆年间（1736—1795），傅泽□、傅泽文由南安迁人，今传10世，居社区76户、300多人。

（四）福清市

东张镇香山村 明嘉靖年间（1522—1566），傅汉由南安玉园迁入福清永福乡永寿里傅厝（今东张水库淹没区）。1957年因兴建东张水库搬迁至东张镇香山村，今居村33户、150多人。

镜洋镇瑄口村 明嘉靖年间，傅汉由南安玉园迁入福清永福乡永寿里傅厝；1957年因兴建东张水库搬迁至镜洋镇瑄口村，今居村35户、150多人。

沙埔镇瑄下村 由仙游罗峰迁人，今居村60户、270多人。

（五）长乐区

梅花镇梅西村 清初，傅成发迁人，今传12世，居村67户、300多人。

金峰镇兰田村傅厝顶 从永字辈有记载起，今传10世，居村53户、240多人。

（六）闽侯县

青口镇西台村 清初由漳州迁人，今传13世，居村99户、400多人。

南屿镇芝田村芝山 由漳州迁人，从伯字辈有记载起，今传13世，居村48户、200多人。

鸿尾乡汉头村五指岩 清康熙后期（约1700—1722），傅嘉猷由穆源乡二十都下洋门大路上迁入十九都五指岩，今传12世，居村70户、300多人。

（七）连江县

筱埕镇官坞村 清康熙后期（约1700—1722），傅志广由定海迁人，今传11世，居村13户、50多人。

（八）闽清县

梅溪镇石郑村 明初，始祖傅延瑞由侯官樟洋金街迁人，今传23世，居村99户、400多人。

云龙乡竹柄村大段 清雍正年间（1723—1735），傅得振、傅得又由上杭下斗湖迁人，今传11世，居村87户、350多人。

省璜镇炉前村 明天顺年间（1457—1464），傅再兴由尤溪十九都樟下迁居闽清八都坂头；傅添居由八都坂头迁十都炉前。今传20世，居村155户、700多人。

二、厦门市傅姓

（一）思明区

梧村街道东坪山社区　明万历年间（1573—1620），傅镇原居同安石浔，官至刑部尚书，卒后赐葬厦门金榜山，傅镇的3个儿子在金榜山守孝护陵，后在东坪山安家落户。今传18世，居社区104户、400多人。

（二）湖里区

湖里街道东渡社区　明末，傅实系傅仁坦分支24世傅桓卿、傅鹏郎由安溪登虎榜迁入，今居村78户、300多人。

（三）同安区

洪塘镇石浔村　明嘉靖年间（1522—1566），傅珙由仙游罗峰迁入，今居村45户、200多人。

（四）翔安区

马巷街道三乡村　清康熙年间（1662—1722），傅开睿由漳平霞苑迁入，今居村28户、100多人。

三、漳州市傅姓

（一）芗城区

芝山镇康山村过圳角　清中期，傅侯□由龙溪乌石迁入，今传10世，居村75户、300多人。

（二）龙文区

蓝田街道西坑村乌石　清初，傅四官由南安朵桥迁入，今传11世，居村121户、500多人。

（三）龙海市

九湖镇蔡坑村　清中期，傅侯□由龙溪乌石迁入，今传9世，居村42户、180多人。

程溪镇下庄村　民国初期，傅宗英等由漳平梧村迁入径口、傅金梁由漳平梧村迁入白云。今居村26户、100多人。

（四）诏安县

梅岭镇下傅村　明洪武三十一年（1398年），傅致政由长泰迁入，今传25世，居村1162户、4650多人。

四、泉州市傅姓

（一）鲤城区

常泰街道锦田村　明初，傅基孙由南安桃源迁入，今传23世，居村1003户、4000多人。

常泰街道华星村山后傅　明中期，傅义、傅智、傅贵、傅荣由锦田迁入，今传19世，居村502户、2000多人。

常泰街道华星村蔡塘坑　明中期，傅翰表由南安桃源迁入，今传17世，居村451户、1800多人。

金龙街道古店村店头　明中期，傅达由锦田迁入，今传19世，居村76户、300多人。

（二）石狮市

祥芝镇祥农村前店　后唐清泰二年（935年），傅仁远由南安丰州桃源迁居晋江石湖，傅惟通由石湖迁居金狮埔东林。明中期，傅梅等由晋江金狮埔东林迁入。今传21世，居村149户、600多人。

祥芝镇后湖村瑶湖　明中期，傅梓等由晋江金狮埔东林迁入。今传21世，居村302户、1200多人。

锦尚镇港前村　南宋时，傅忠由晋江金狮埔东林迁入，今传26世，居村46户、180多人。

锦尚镇东店村　明中期，傅彦章由晋江金狮埔东林迁入，今传19世，居村359户、1400多人。

（三）晋江市

池店镇屿崆村　明初，傅泰来为磁灶祖，有裔分迁晋江三十二都徐垅（今屿崆村），今传22世，居村248户、1000多人。

英林镇湖尾村　后唐清泰二年（935年），傅仁远由南安丰州桃源迁居晋江石湖，傅惟辅由石湖移居石头；明中期，傅岗由晋江石头迁入。今传21世，居村31户、120多人。

深沪镇深沪街　清初，傅马型、傅马仪由晋江湖尾迁入，今传13世，居村27户、100多人。

（四）南安市

丰州镇桃源村　傅居献（890—953）居桃源，其裔分派南安及全省各地，今传39世，居村1458户、5800多人。

丰州镇后田村大坑　明中期，傅翰伯、傅履权、傅征田分别由丰州桃源迁入，今传18世，居村152户、600多人。

丰州镇溪丰村溪口　明中期，傅亨由鲤城锦田迁入，今传21世，居村1441户、5800多人。

丰州镇素雅村浦头　明中期，傅苟子由霞美西山迁入，今传18世，居村49户、200多人。

霞美镇四甲村锦堂　明初，傅福翁为南街祖，后裔居霞美镇四甲村锦堂，今传22世，居村609户、2500多人。

霞美镇霞美村美傅　明初，傅福翁为南街祖，后裔居霞美镇霞美村美傅，今传22世，居村48户、200多人。

霞美镇西山村　明初，傅仁复由鲤城锦田迁入，今传23世，居村751户、3000多人。

霞美镇玉田村　明中期，傅振由鲤城锦田迁入，今传21世，居村987户、4000多人。

柳城街道象山村东山　明中期，傅忠由霞美西山迁入，今传20世，居村246户、1000多人。

美林街道玉叶村　明中期至明末，傅顺沼由霞美西山迁入月埔，南容、万容、敬容由鲤城山后傅迁入圳后，今传20世，居村1273户、5100多人。

康美镇福铁村　明嘉靖年间（1522—1566），傅瑜由丰州桃源迁入塘岸，傅翰奇由桃源迁入垵内，傅翰周由桃源迁入庄内；清康熙年间（1662—1722），傅东轩由丰州溪口迁入东山后；又一支由桃源玉园迁入过沟。今传19世，居村1444户、5700多人。

金淘镇玉园村　明中期，傅普赐由丰州桃源迁入。今传19世，居村449户、1800多人。

金淘镇朵桥村　明中期至清中期，傅履海由丰州桃源迁入橄榄头，傅兴源由桃源迁入，傅成渊由晋江坎井南街迁入新厝，傅鸿鹄由丰州桃源迁入，今传19世，居村827户、3300多人。

九都镇彭林村彭内　明初，傅仁孚由鲤城锦田迁居垵下。明中期，傅普由垵下迁入。今传18世，居村248户、1000多人。

罗东镇霞山村　南宋时，傅思温、傅思纯、傅思敬由丰州桃源迁入，今传28世，居村251户、1000多人。

梅山镇新蓝村官园　明中期，傅履良由丰州桃源迁入，今传16世，居村23户、100多人。

水头镇劳光村（小盈岭）　明中期，傅沚由金淘玉园迁入，今传16世，居村369户、1500多人。

（五）惠安县

黄塘镇后郭村　明末，傅荣由南安桃源迁入，今传15世，居村103户、400多人。

（六）安溪县

金谷镇洋内村 明中期，傅胪、傅英、傅真赐、傅宗养由陈坂洋迁入洋内，今传 20 世，居村 418 户、1670 多人。

湖头镇溪美村 明中期，傅复明由晋江仓前迁入，今传 19 世，居村 31 户、130 多人。

蓬莱镇登山村登虎榜 明天顺年间（1457—1464），傅永旺由漳平上篙迁入。今传 21 世，居村 1091 户、4380 多人。

（七）永春县

桃城镇环翠村 明末，傅国俊由鲤城山后傅迁入。今传 16 世，居村 47 户、200 多人。

五、三明市傅姓

（一）永安市

小陶镇吴地村罗畲 明中期，傅仲五由漳平香寮迁入，今传 20 世，居村 52 户、200 多人。

（二）宁化县

安远镇岩前村安家磜 北宋时，傅一郎由建宁黄双洲迁入，今传 33 世，居村 181 户、720 多人。

安远镇岩前村横江 明中期，傅世满由上傅迁入，今传 16 世，居村 31 户、120 多人。

水茜镇下傅村 北宋时，傅四郎由建宁黄双洲迁入，今传 28 世，居村 173 户、690 多人。

水茜镇北安寨村 北宋时，傅白郎由下傅迁入，今传 29 世，居村 67 户、270 多人。

水茜镇棠地村白沙岭 南宋时，傅念三郎由建宁黄双洲迁入，今传 20 世，居村 48 户、190 多人。

曹坊镇罗溪村十八烈 明中期，傅仕荣由连城朋口商游宁邑罗溪，卜居十八烈，今传 17 世，居村 54 户、220 多人。

（三）建宁县

均口镇芰坑村黄双洲 北宋初，傅维昌 3 世少一郎由江西抚州金溪迁入，黄双洲是维昌系发祥地，今传 36 世，居村 42 户、160 多人。

伊家乡双坑村坳头 北宋初，傅上郎由黄双洲迁上洋坑；南宋时期，傅宝郎由上洋坑迁入。今传 23 世，居村 191 户、770 多人。

伊家乡陈家村 南宋时，傅安由坳头迁入，今传 22 世，居村 43 户、170 多人。

黄埠乡竹薮村银坑 清末，傅瑞云由陈家村迁入，今传 2 世，居村 14 户、60 多人。

（四）泰宁县

大龙乡焦溪村浦溪 北宋太平兴国二年（977 年），傅廷启由开善上保（今泰宁县开善乡余上村）迁入，10 世起相继外迁。今分居在大龙乡焦溪村浦溪、下渠乡王坑村王坑口、下渠乡下渠村王家坊、开善乡洋山村大岭坑等地。今传 22 世，居村 81 户、320 多人。

开善乡岩坑村 南宋时，傅佛全由将乐龙栖山迁入，今传 19 世，居村 51 户、200 多人。

（五）明溪县

城关乡坪埠村 北宋太平兴国三年（978 年），傅廷九由泰宁开善上保迁入，今传 27 世，居村 89 户、370 多人。

（六）将乐县

白莲镇白莲村昇平 南宋宝祐年间（1253—1258），傅千八由明溪坪埠迁入，今传 25 世，居村 123 户、500 多人。

万全乡上华村堀上　南宋时，傅仲贵由龙栖山迁入，今传28世，居村37户、150多人。

高唐镇楼杉村　清初，傅云由顺昌县武坊迁入，今传12世，居村81户、320多人。

南口镇孙坊村　傅文九迁入，今居村11户、50多人。

（七）沙县

高桥镇高桥村　1962年，傅居献分支有9户由南安桃源迁入，今居村43户、180多人。

凤岗街道水美村　清道光年间（1821—1850），傅士珠由安溪登虎榜迁入，今传7世，居村12户、50多人。

（八）尤溪县

台溪乡台溪村　南宋绍定二年（1229年），傅伟甫由巫山迁入，今传30世，居村801户、3200多人。

台溪乡洋尾村　清中期，傅祚熇由富山迁入，今传7世，居村64户、260多人。

汤川乡黄林村演洋　南宋时，傅胜雕由巫山迁入，今传30世，居村88户、350多人。

溪尾乡大宁村蒋狮洋　元中期，傅政二由巫山迁入，今传25世，居村84户、340多人。

梅仙镇梅仙村石龟到　明正德元年（1506年），傅进兴由蒋狮洋迁入，今传19世，居村125户、510多人。

城关镇园溪村　清中期，傅成敏由石龟到迁入，今传9世，居村18户、70多人。

联合镇下云村　清初，傅可英由石龟到迁十一都岭头（今联合乡岭头村），现整体搬迁至乡政府所在地下云村，今传11世；清末，傅祚暖由石龟到迁入。今传4世，居村22户、100多人。

六、莆田市傅姓

（一）仙游县

赖店镇罗峰村　五代后唐时（923—936），傅瑞随母郑氏由南安桃源迁入，罗峰是傅实系傅仁裔分支发祥地，今传40世，居村951户、3800多人。

赖店镇涂山村　南宋时，傅良佐由罗峰迁入，今传25世，居村789户、3200多人。

赖店镇龙兴村　明中期，傅有义由涂山分迁鹰井（今龙兴村），今传21世，居村1002户、4000多人。

赖店镇赖店村赖店街　罗峰第三房派下各房均有后裔居住在赖店街，今居村321户、1300多人。

赖店镇樟林村　清初，傅书由罗峰分迁樟林村科坑，今传12世；清初，傅志诚由涂山分迁樟林村灯坪，今传10世。合计居村214户、860多人。

赖店镇新周村　清中期，傅瀹由涂山分迁新周村大尖，今传9世；清中期，傅光修由涂山分迁新周村鬣尾，今传8世。合计居村73户、300多人。

赖店镇前埔村　清中期，傅黄阁由鹰井分迁前埔村岐圳，今传9世；清末，傅金鎔由锦园分迁前埔村白马，今传4世。合计居村55户、230多人。

赖店镇象岭村　明中期，傅镛由东山分迁象岭村东度，今传19世；清中期，傅祥仲由涂山分迁象岭村窑埔，今传9世；清中期，傅海由鹰井分迁象岭村下学，今传7世。合计居村387户、1550多人。

鲤南镇玉塔村　南宋末，傅琇由罗峰分迁东山（今玉塔村），今传24世，居村501户、2000多人。

鲤南镇温泉村　清末，傅炳彰由涂山中厝、傅清高由涂山糗下、傅墀由东山先后分迁温泉，今传9世，居村74户、300多人。

鲤城街道来洋社区垅边　明中期，傅榕由涂山迁入，今传18世，居社区11户、50多人。

鲤城街道东门社区　明中期，傅镒由东山迁入东门社区山坪，今传19世。清末，傅德金由龙兴迁入东门社区东门街，今传5世。合计居社区127户、520多人。

鲤城街道洪桥社区 明末，傅允良由东山分迁洪桥社区西广桥，今传13世；清末，傅发由盖尾旁溪分迁洪桥社区柳池，今传6世；清末，傅焕扬由罗峰分迁洪桥社区柳池，今传7世。合计居社区47户、200多人。

盖尾镇仙溪村 明末，傅元庆由东山迁入，今传14世，居村327户、1300多人。

盖尾镇星庄村西津 明末，傅朝显由罗峰路下迁入，今传16世，居村77户、300多人。

郊尾镇埕边村崙头 明末，傅文峰由罗峰路下迁入，今传16世，居村221户、900多人。

枫亭镇兰友居委会 清末，傅凤由盖尾旁溪迁入，今传5世，居村16户、60多人。

枫亭镇辉煌村后肖 明初，傅铫由罗峰霞亭迁入，今传23世，居村11户、50多人。

（二）荔城区

拱辰街道张镇村 明洪武四年（1371年），傅义由仙游罗峰竹湾从军，卜居兴化城东门外南箕张镇，现拆迁安置张镇村。今传22世，居村110户、450多人。

拱辰街道莘郊社区 清初，傅廷顺由仙游鹰井迁入，今传10世，居社区114户、460多人。

新度镇郑坂村 清中期，傅荔由张镇迁入，今传7世；另有一支迁入郑坂村磨坑里。合计居村41户、170多人。

镇海街道镇海社区西社小区 清末，由莆田澄港迁入，今传6世；清末，由莆田朱坑迁入，今传6世。合计居社区35户、140多人。

（三）城厢区

常太镇南川村南埕 明中，傅金杵由仙游西津涧迁入，后裔居常太坑洋、顶埕、霞山、西坪，今传14世，居村141户、550多人。

凤凰山街道朱坑村水井 明中期，傅君选由仙游涂山迁入，今传14世，居村63户、260多人。

凤凰山街道新塘村新梅 清初，由仙游罗峰避居莆田文赋里龟山，后卜居枫坑，1957年修枫坑水库，移民搬迁至筱塘新梅（今新塘村）。今居村73户、300多人。

（四）涵江区

江口镇坂梁村坂溪 清初，傅伯光由福清江阴迁入，今传17世，居村74户、300多人。

白塘镇上梧村梧郊 清中期，傅善祥由仙游迁入，今传8世，居村17户、80多人。

大洋乡下林村 1958年因兴建东圳水库，傅龙等18户由常太坑洋移民搬迁至大洋下林，今居村63户、250多人。

大洋乡琼峰村毛公 清初，傅舜道由惠安迁入，今传11世，居村64户、260多人。有后裔徙居大洋乡崇兴村黄坝。

（五）秀屿区

埭头镇汀港村 明中期，由仙游迁入，今传9世，居村88户、350多人。

平海镇高巷村 清末，傅富春由仙游鹰井迁入，今传5世，居村27户、110多人。

七、南平市傅姓

（一）延平区

水南街道罗源村 明崇祯年间（约1630年），傅贺由江西临川因经营布匹入闽，卜居南平罗源里罗源峡（今罗源村），今传16世，居村181户、720多人。有后裔徙居水南街道上地村横际和夏道镇洋头村。

大横镇溪洋村朵云坑　清康熙五十八年（1719 年），傅桂显由上杭霞格（现新罗区大池镇合甲村）迁人，今传 11 世，居村 57 户、230 多人。

茫荡镇百际村石板桥　清康熙五十八年，傅文志由上杭霞格迁人，今传 10 世，居村 23 户、100 多人。

茫荡镇百际村福兴隆　清康熙五十八年，傅文秀由上杭霞格迁人，今传 10 世，居村 41 户、160 多人。

茫荡镇岩头村白莲塘　清康熙五十八年，傅文仁由上杭霞格迁人，今传 10 世，居村 23 户、100 多人。

（二）建阳区

潭城街道桥南村　清初，傅观佐由马伏塘源迁人，今传 11 世，居村 32 户、130 多人。

徐市镇壕墩村后塘　明末，傅元由水南迁人，今传 14 世，居村 51 户、200 多人。

徐市镇盖溪村　清中期，傅士璠由水南迁人，今传 8 世，居村 18 户、70 多人。

徐市镇徐市村　清中期，傅佛赠由水南迁人，今传 8 世，居村 63 户、260 多人。

小湖镇贵源村郑墩　南宋末，傅荣钦辞仕避寇卜居瓯邑郑墩仁里（今贵源村郑墩），今传 24 世，居村 41 户、170 多人。

童游街道徐墩村　明末，傅兴龙 19 世迓覓由小湖郑墩迁人，今传 15 世，居村 31 户、130 多人。

水吉镇仁山村　明中期，傅福由西门外迁人，今传 22 世，居村 12 户、50 多人。

将口镇芹口村傅屯　五代时期（908—959），傅仕鲁由马伏塘源迁人，今传 36 世，居村 23 户、90 多人。

黄坑镇九峰村　南宋末，傅淳三由东田迁人，今传 22 世，居村 70 户、290 多人。

莒口镇长埂村　清顺治七年（1650 年），傅君锦由凤尾迁人，今传 12 世，居村 28 户、120 多人。

（三）邵武市

洪墩镇洪墩村洋山　明嘉靖年间（1522—1566），傅宸昌由水北街迁人，今传 18 世，居村 75 户、300 多人。

拿口镇加尚村　南宋时期，江西傅万春子傅君正游学至闽，卜居邵武东乡十一都嘉尚村（今加尚村）。今传 24 世，居村 147 户、600 多人。

大埠岗镇大埠岗村　宋高宗南渡时，傅万一由河南任邵武教授，后隐居邵武山心，其子傅正卿由山心迁人大埠岗村。今传 27 世，居村 371 户、1500 多人。

和平镇和平村旧市　南宋时期，傅伯崇任官邵武，致仕后与其子孙留居邵武城中。12 世傅国鼒由邵武城中迁人。今传 13 世，居村 76 户、300 多人。

金坑乡下堡村上堡　南宋德祐年间（1275—1276），傅丙四由江西南丰迁邵邑严田市昼锦桥头，傅丙四之子傅丁念二由昼锦桥头迁人。今传 31 世，居村 145 户、600 多人。

和平镇坪上村崇瑞坪　南宋理宗年间（1225—1264），傅赐七由江右新城潭溪彭头迁人，今传 33 世，居村 51 户、200 多人。

桂林乡桂林村上岗　明末，傅仁春由崇瑞坪迁人，今传 16 世，居村 48 户、200 多人。

桂林乡桂林村南源　明末，傅胜权由上岗迁人，今传 16 世，居村 114 户、460 多人。有后裔徙居本乡槎口村三白、大洋。

桂林乡下岗村上岚　明中期，傅念七由崇瑞坪迁人，今传 23 世，居村 101 户、410 多人。

桂林乡下岗村冲源　明中期，傅念六由崇瑞坪迁人，今传 23 世，居村 81 户、330 多人。

（四）武夷山市

五夫镇兴贤村 清初，傅兴龙17世傅唐八由建阳凤尾迁浦城仁风里大铁坑，20世傅世继由浦城大铁坑分迁崇安五夫街（今兴贤村）。今传12世，居村12户、60多人。

星村镇桐木村 傅显义由江浒山迁崇安周村里下挂墩（今桐木村），今传11世，居村31户、130多人。

岚谷乡樟村村 清初，傅国兴由邵武迁居浦城西乡通德里樟村（今属武夷山市），今传12世，居村77户、320多人。

（五）建瓯市

徐墩镇下碓村莆新 1958年因兴建东圳水库，傅文富、傅明洪、傅明连等由莆田莒溪迁人，今传5世，居村38户、160多人。

（六）顺昌县

大干镇武坊村 明天启年间（1621—1627），傅琪□由江西石板桥迁人，今传9世，居村71户、280多人。

高阳乡高阳村 清乾隆年间（1736—1795），傅昌衍迁人，今传9世，居村21户、90多人。

仁寿镇仁寿村后门山 清光绪年间（1875—1908），傅树基、傅树莳由尤溪富山迁人，今传5世，居村101户、400多人。

（七）浦城县

官路乡毛处村西坑 清乾隆年间（约1785年），傅记养由上杭蛟洋迁人，今传9世，居村27户、110多人。

官路乡毛处村 清乾隆年间（约1779年），傅应常由上杭蛟洋迁人，今传11世，居村41户、170多人。

官路乡高门村高墩桥 清乾隆年间（约1777年），傅应丰由上杭蛟洋迁人，今传9世，居村22户、90多人。

官路乡高门村文安 清雍正十三年（1735年），傅能达由上杭蛟洋迁人，今传9世，居村17户、70多人。

官路乡王村村溪垅厂 清雍正三年（1725年），傅国賨由上杭蛟洋迁人，今传9世，居村41户、170多人。

官路乡东坑村 清中期，由汀州迁人，今传6世，居村39户、160多人。

忠信镇源里村 清乾隆十八年（1752年），傅松桂（成庭）由长汀伯公岭迁人，今传11世，居村23户、100多人。

忠信镇毛洋村 清乾隆年间（1736—1795），傅士昌由连城朋口迁人，今传10世，居村77户、300多人。

忠信镇半源村 清初，傅正先后裔焦湖14世傅维文由连城焦湖迁浦城大南坑，18世傅子仁由大南坑分迁小潭，19世傅明泰由小潭迁人。今传7世，居村18户、80多人。

盘亭乡盘江村 清顺治年间（1644—1661），傅廷璧由连城沈坑迁人，今传12世，居村22户、90多人。

仙阳镇练村和尚坞 清中期，傅全贤由浦北迁人，今传8世，居村18户、70多人。

（八）光泽县

华桥乡古林村丰瑞坪里窝 南宋末，傅元礼由江西沙溪迁人，今传29世，居村80户、330多人。

华桥乡古林村丰瑞坪外窝 元代，傅攸一由江西勾树岭迁人，今传26世，居村107户、480多人。

华桥乡古林村丘原 南宋末，傅文辉由江西龟涧迁光邑十三都白沙潭，8世傅广五由白沙潭迁入。今传24世，居村18户、80多人。

华桥乡古林村高坑 明成化十八年（1482年），傅聪孙由坵源桥头迁入，今传12世，居村58户、240多人。

止马镇双坑村严溪 明中期，傅振赐由高溪迁入，今传8世，居村51户、210多人。

止马镇亲睦村沙坪源 明初，傅千五由江西南城迁入，今传13世；明初，傅千七由丰瑞坪外窝迁入，今传19世。合计居村40户、170多人。

鸾凤乡油溪村 元末，傅胜甫由丰瑞坪外窝迁入，今传25世，居村344户、1400多人。

鸾凤乡崇瑞村傅家窝 明中期，傅世祥由渠溪迁入，今传18世，居村109户、440多人。

崇仁乡汉溪村 明洪武元年（1368年），傅商贞由江西临川泸溪草坪迁入，今传4世，居村42户、170多人。

寨里镇大青村村头 元末，傅尚中由江西盱江迁入，今传23世，居村43户、180多人。

崇仁乡汉溪村赤米坑 元末，傅砥中由江西盱江迁入，今传23世，居村28户、120多人。

李坊乡上观村毛家岭 明初，傅文辉由江西黎川长仁寨迁入，今传22世，居村44户、180多人。

司前乡清溪村 清乾隆年间（1736—1795），傅显仁、傅显布、傅显文、傅显初等由宁化安家磜、勘头等地迁入，今传11世，居村32户、130多人。

崇仁乡洋塘村招德 清康熙五十一年（1712年），傅显达、傅显远由宁化勘头迁入，今传11世，居村141户、570多人。

李坊乡管蜜村长垅 傅世贵立由宁化勘头迁江西石城薯江。清乾隆二十七年（1762年），傅显瑗由薯江迁入。今传11世，居村30户、130多人。

鸾凤乡崇瑞村严家册 明弘治年间（1488—1505），傅保崇由宁化上傅迁光泽北乡二十都招得村。清初，傅绍周等由招得迁入。今传9世，居村28户、120多人。

杭川镇朱崖 傅逵第8世傅元礼由江西南城厚坪迁资溪长塘，9世傅月辉由资溪长塘迁光泽渠溪，17世傅文渊由光泽渠溪迁资溪朱崖，26世傅月荣迁杭川镇。今传12世，居村十余户、50多人。

司前乡西口村顺坑 清初，傅朝龙由江西石城小牛岭迁入，今传11世，居村11户、50多人。

司前乡岱坪村墙圈 清初，傅世清由建宁陈家磜迁入，今传10世，居村31户、130多人。

（九）松溪县

渭田镇竹贤村 清初，傅昌秀由广东镇平东山角排上迁入，今传10世，居村74户、300多人。

渭田镇渭田村 清道光十七年（1837年），傅美奂到松溪县城关做烟草生意，咸丰四年（1854年）再迁到渭田村居住，今传8代。居村48户、200多人。

八、龙岩市傅姓

（一）新罗区

大池镇合甲村 明初，傅千一郎由上杭增坑迁入，今传19世，居村203户、820多人。有后裔分派南平延平、四川射洪、浙江衢州龙游等地。

江山镇村美村 明洪武元年（1368年），傅元香由龙岩县平在坊（今城区）迁入，今传23世，居村378户、1500多人。有后裔分派曹溪漪濑、铁山富溪、苏坂大洋坑、漳平西园、四川成都、简阳等地。

红坊镇船巷坎洋村 明天顺二年（1458年），傅景荣由江西临川鹏田迁入，今传22世，居村289户、

1200多人。有后裔分迁红坊镇倒流水村、台湾、香港等地及新加坡、马来西亚、印度尼西亚、美国等国。

红坊镇倒流水村 明嘉靖年间（1522—1566），傅定一、傅可升由红坊船巷迁入，今传16世，居村128户、520多人。有后裔分迁赣州、北京、台湾等地。

西陂街道陈陂村 明初，傅万隆由浙江镇海迁入，今传21世，居村27户、120多人。有后裔分迁台湾花莲等地及马来西亚等国。

铁山镇富溪村 清乾隆年间（1736—1795），傅士袍（振川）由江山村美迁入，今传10世，居村22户、90多人。

苏坂镇大洋坑村 清康熙年间（1662—1722），傅尚昆（兑新）迁入，今传11世，居村18户、80多人。

苏坂镇温潭村犁山头 清康熙年间，傅煌叔自永福下坂迁入，今传11世，居村28户、120多人。

雁石镇苏邦村 清嘉庆年间（1796—1820），傅美开自永福下坂迁入，今传12世，居村42户、180多人。

（二）上杭县

蛟洋镇蛟洋村 元初，傅念七郎由连城傅家墙迁入，今传30世，居村1018户、4150多人。有后裔分派蛟洋镇崇头村和坪埔村、古田镇五龙村以及上杭城关东门。

太拔镇田增村增坑 元中期，傅百一郎由连城朋口迁入，今传25世，居村37户、150多人。

溪口镇苏前村 明初，傅千四郎由增坑迁入，今传23世，居村48户、200多人。

白砂镇鹏新村 元末，傅君保由增坑分迁白砂岭背傅窝里，现分布于鹏新村和中洋村，今传26世，居村378户、1500多人。

白砂镇大华村 元末，傅君美由增坑分迁白砂下洋半山里，现分布于大华村石窝里、华地窝、上甲源；傅君福由增坑分迁白砂桐子隔（今大华村）。今传26世，居村369户、1500多人。

蛟洋镇中村村 明中期，傅李宗由白砂半山里迁入，今传17世，居村48户、200多人。

中都镇田背村凹 明末，傅子徽由白砂半山里迁入，今传17世，居村12户、60多人。

（三）武平县

城厢镇金桥村盈科桥 明末，傅有龙由高枧迁入，今传16世，居村28户、120多人。

万安镇五里村 清咸丰年间（1851—1861），傅仁山由广东蕉岭县文福镇坑口村瓦屋下迁入，今传5世，居村13户、60多人。

中山镇太平村富家坝 明初，傅友德后裔中有一支迁武平县中山镇麻姑墩（今太平村），分布在老城、太平、西山，今传25世，居村37户、150多人。

（四）长汀县

南山镇大坑村坎头 元至正年间（1341—1368），傅丙生由连城朋口迁入，今传21世，居村31户、130多人。

庵杰乡上赤村杨背坑 清康熙后期（1700—1722），傅日松由连城新泉五坑迁入，今传12世，居村30户、120多人。

河田镇张坑村 明中期，傅干亲由连城朋口迁入，今传13世，居村137户、550多人。

大同镇李岭村大埔下 元延祐年间（1314—1320），傅千一郎与长子傅四六郎由连城朋口迁入，今传25世，居村47户、200多人。

河田镇伯湖村 明弘治十六年（1503年），傅福广由上杭白砂鹅飞岭迁入，有后裔分派马坑、罗地、露湖等地，今传13世，居村958户、3880多人。

新桥镇刘坊村 明嘉靖二十五年（1546年），傅仕纪由上杭白砂上甲元迁入，今传19世，居村51

户、210多人。

新桥镇潭复村　明嘉靖二十四年（1545年），傅仕云由上杭白砂上甲元迁入，今传19世，居村223户、950多人。

铁长乡双窝里　清康熙初年（约1662—1682），傅家意由宁化安家磜迁石城县沿岗镇鹅窝里，后由鹅窝里转迁汀州府翠峰归阳里双窝里（今铁长乡双窝里）。今传12世，居村61户、260多人。

（五）连城县

宣和乡中曹村傅家墙　南宋景炎二年（1277年），傅以南三子傅正先留居大岭背（今连城县宣和乡曹坊村傅家墙杉树坑），傅家墙是傅正先家族发祥地。今传27世，居村27户、110多人。

朋口镇朋口村　元初，傅念二郎由傅家墙迁入，今传31世，居村979户、3910多人。

朋口镇朋口村沈坑　元中期，傅七哥由朋口迁入，今传24世，居村112户、470多人。

朋口镇马埔村　元末，傅汉生由朋口迁入，今传22世，居村75户、310多人。

朋口镇鱼潭村禾顶　明中期，傅常本由朋口迁入，今传18世，居村49户、210多人。

莒溪镇墩坑村　明末，傅辛贵由朋口迁入，今传16世，居村266户、1070多人。

朋口镇池溪村　明中期，傅仕荣次子傅德辉由朋口迁入，今传22世，居村377户、1500多人。

新泉镇畲部村　明中期，傅仕荣长子傅德稳由朋口迁入，次子傅德辉部分裔孙由池溪迁入，今传22世，居村173户、720多人。

新泉镇儒坡村五坑　明中期，傅王受由朋口沈坑迁入，今传20世，居村26户、110多人。

新泉镇儒坡村背头窠　元中期，傅千一郎次子傅十五郎由朋口迁入，今传25世，居村29户、130多人。

宣和乡洋背焦湖　元中期，傅十一郎在此开基，今传27世，居村144户、610多人。有后裔徙居中田村黄坑。

宣和乡科南村南山下　明末，傅太三郎由增坑迁上杭城关，傅天质由上杭城关迁入，今传17世，居村22户、100多人。

（六）漳平市

永福镇秋苑村下坂　明初，傅熊飞曾孙傅青峰由长汀迁入，今传15世，居村823户、3340多人。有后裔分派芦芝乡华寮村、官田乡、拱桥镇中界村、双洋镇员当村，雁石镇苏邦村犁山头、苏坂镇温潭村等地。

官田乡梧村村　明崇祯年间（1628—1644），傅尚忽由永福下坂迁入，今传15世，居村244户、1000多人。

芦芝乡华寮村　清乾隆年间（1736—1795），傅圣芝由永福下坂迁入，今传10世，居村28户、120多人。

拱桥乡中界村　清光绪年间（1875—1908），傅永溪由永福下坂迁入，今传4世，居村11户、50多人，现大部分迁居漳平城区。

官田乡梅营村兴家头　明初，傅伯仁由下坂上篱迁入，今传18世，居村27户、120多人。

赤水镇香寮村　元中期，傅六七郎与胞弟傅大九郎由江西洪都府石城县逢东街迁永安县十三都梅处窠，后复迁龙岩县集贤里香寮乡。傅六七郎开基上傅（后裔迁永安小陶罗畲），傅大九郎开基下傅。今传28世，居村48户、200多人。

九、宁德市傅姓

（一）蕉城区

赤溪镇赤溪村　明中期，傅恭二、傅宽七等由福安大留迁入，今传19世，居村1047户、4200多人。

（二）福安市

溪尾镇临江村外澳 清乾隆年间（1736—1795），傅馀、傅樽由仙游涂山迁入，今传11世，居村74户、300多人。

（三）福鼎市

贯岭镇茗洋村 清康熙四十四年（1705年），傅明昆、傅明显、傅明仁由浙江姚朱坑迁入，今传8世，居村168户、700多人。有后裔徙居叠石乡苍边村谢坑、沙埕镇南镇村、店下镇寺前村罗口等地。

叠石乡南溪村 清康熙年间（1662—1722），傅起祚、傅起传由宁德赤溪迁入，1974年因建设南溪水库搬迁至店下镇涵头村（今为龙安开发区）。今传12世，居村38户、160多人。

沙埕镇水澳村 清乾隆四年（1739年），傅景千由浙江平阳北港鳌埠迁入，今传12世，居村22户、100多人。

（四）霞浦县

盐田乡姚澳村 清末，傅永纮、傅永经、傅永纶、傅永绚兄弟由福安外澳迁入，今传5世，居村17户、80多人。

水门乡湖里村 清乾隆后期（1775—1795），傅廷有、傅廷碧、傅廷楫由福鼎茗洋迁入，傅廷有后裔居水门乡湖里村和下徐村、傅廷碧后裔居三沙镇浮山村、傅廷楫后裔居水门乡下徐村，今传6世，居村41户、170多人。

（五）寿宁县

下党乡杨溪头村山底 清乾隆中期（1755—1775），傅克邦由上杭县蛟洋迁入，今传9世，居村23户、100多人。

（六）周宁县

七步镇七步村傅厝底 北宋建隆年间（960—963），傅子一由福州南台石兰桥迁入，今传35世，居村122户、500多人。

咸村镇芝田 清乾隆三十四年（1769年），傅孝清由闽侯坂头迁入，今传8世，居村48户、200多人。

十、平潭综合实验区傅姓

潭城镇 清嘉庆年间（1796—1820），傅士聪由晋江迁入，今传9世，居村11户、50多人。

第三章　谱　牒

第一节　福州市

一、鼓楼区

《福州傅氏通谱》 2015年由傅天甫任编委会主任，傅家隽、傅维玉、傅子瑜等编纂。该谱汇集福州市20支傅氏资料，保存傅霖搜集的5支老福州散居群、新福州散居群人物资料。谱存福州傅氏各支系各户。

《西门傅氏族谱》 清嘉庆十年（1805 年）傅登彩首修，1948 年傅锟烈（傅霖）重修，2015 年傅家隽、傅温声等重修。现存 1948 年重修谱。谱载源流、世系、谱序、墓葬等。谱存傅求声处。

二、仓山区

《城门傅氏族谱》 现存民国时期族谱，该谱记载开基祖傅海潮以来的世系资料。傅珠标、傅珠霖修。谱载源流、世系、谱序、墓葬等。谱存城门傅玉坤处。

三、闽清县

石郑《清溪傅氏族谱》 明崇祯十三年（1640 年）首修，清道光三年（1823 年）重修，现存的部分房谱保留崇祯谱序和道光谱序。2015 年傅大俊、傅本凯等重修。谱载序、源流、世系、墓葬等。旧谱存闽清石郑傅太平处。2015 年重修谱存石郑傅氏各支系各户。

《大段傅氏族谱》 现存前厝及里厝二房长生簿，2015 年傅政乐主编《大段傅氏族谱》。谱载序、源流、世系、墓葬等。旧房谱存闽清大段傅立炳处。

《炉前傅氏族谱》 现存傅诗天誊抄的《礼崧公历代家谱》，2012 年傅诗天主编《炉前傅氏家谱》。谱载序、源流、世系、墓葬等。谱存闽清炉前傅本钗处。

第二节 漳州市

《福建诏安傅氏源流》 2003 年傅崇毅主编，只有开基始祖和二世的部分资料，从三世起资料缺失，中间相隔 13 代左右形成断代，除东关支系 8 至 17 世有世系谱外，其余只有世系图。谱存诏安梅林下傅傅氏宗祠。

第三节 泉州市

一、南安市

《南安傅氏族谱》 宋绍兴二十年（1150 年）傅倘创修世系图，嘉定三年（1210 年）傅烈始修《清源傅氏族谱》，明成化二十一年（1485 年）傅凯续修《南安傅氏族谱》，弘治十五年（1502 年）傅浚重修，嘉靖十四年（1535 年）傅耻庵重修，隆庆四年（1570 年）傅阳春重修，清乾隆年间（1736—1795）傅珍重修，1929 年傅奉璋编修《南安傅氏族谱》，谱载历次重修序、源流、世系、人物、墓葬等。现存铅印谱存武荣傅氏宗祠，傅珍重修版手抄本存上海市图书馆。

二、石狮市

《瑶湖傅氏族谱》 清康熙四十一年（1702 年）傅以玉首修，雍正元年（1723 年）二修，乾隆九年（1744 年）三修，乾隆三十七年四修，道光七年（1827 年）五修，同治元年（1862 年）六修，光绪十四年（1888 年）七修，1941 年八修，1977 年九修。谱载序、源流、世系、人物等。谱存瑶湖傅氏祖祠。

《东店傅氏族谱》 清雍正四年（1726 年）傅公声首修，乾隆十三年（1748 年）二修，乾隆三十八年三修，嘉庆三年（1798 年）四修，道光十年（1830 年）五修，2007 年重修。谱载序、源流、世系、人物等。谱存东店傅氏祖祠。

《港前傅氏族谱》 1941 年首修，2001 年重修。谱载序、源流、世系、人物等。谱存港前傅氏祖祠。

三、晋江市

《湖美傅氏族谱》 清雍正三年（1725 年）傅炯首修，光绪年间（1875—1908）二修，1953 年三修，1994 年四修。现存雍正谱、光绪谱。雍正谱是福建傅姓现存最早的族谱。谱载序、源流、世系、人物等。谱存湖美傅氏祖祠。

四、安溪县

洋内《阳春傅氏族谱》 明嘉靖三十九年（1560 年）傅恩首修，万历三十一年（1603 年）二修，清顺治十四年（1657 年）三修，康熙五十四年（1715 年）四修，乾隆十九年（1754 年）五修，1921 年六修，1949 年七修，1994 年八修。谱载序、源流、世系、人物等。谱存洋内傅氏祖祠。

登虎榜《曾子榜傅氏族谱》 清康熙四十八年（1709 年）傅作楫首修，乾隆二十二年（1757 年）二修，道光七年（1827 年）三修，1947 年四修，2016 年续修。谱载序、源流、世系、人物等。谱存登虎榜傅氏祖祠。

第四节　三明市

一、三元区

《忠山傅氏家谱》 现存傅维根 1969 年誊抄家谱，对此后的世系作了补充。谱载序、源流、世系等。谱存忠山傅氏祖祠。

二、永安市

罗畲《种德堂族谱》 现存清道光二十五年《种德堂族谱》钞本，并对部分后裔作了补充。谱载序、源流、世系等。谱存罗畲傅氏祖祠。

三、宁化县

维昌系《傅氏族谱》 明崇祯九年（1656 年）傅友书首修，清康熙二十八年（1689 年）二修，雍正九年（1731 年）三修，乾隆十三年（1748 年）四修，乾隆三十四年五修，嘉庆六年（1801 年）六修，道光七年（1827 年）七修，同治七年（1868 年）八修。现存八修谱首卷序和第二卷吊图刻印本，光绪二十八年（1902 年）九修，九修谱 9 卷（缺第二卷吊图）刻印本，1992 年十修。谱载序、源流、世系等。谱存建宁县均口镇芠坑村黄双洲傅氏祖祠“同兴祠”。

十八烈《清河郡傅氏族谱》 明万历八年（1580 年）傅文赐首修，清雍正元年（1723 年）二修，嘉庆二十三年（1818 年）三修，道光二十九年（1849 年）四修，光绪二十一年（1895 年）五修，1950 年六修，2004 年七修。谱载序、源流、世系等。上杭县客家族谱馆收藏一套六修谱。

四、泰宁县

傅敏系《清河傅氏族谱》 明嘉靖十年（1531 年）傅佛全首修，清乾隆五十八年（1793 年）重修，嘉庆十九年（1814 年）三修，道光二十六年（1846 年）四修，光绪三年（1877 年）五修，1995 年六修。谱载序、源流、世系等。开善乡岩坑村现存五修谱一套。

五、明溪县

傅敏系《清河傅氏族谱》 明隆庆二年（1568 年）始修，清雍正九年（1731 年）二修，嘉庆二年

（1797 年）三修，同治十年（1871 年）四修，1995 年五修。谱载序、源流、世系等。谱存明溪县城关乡坪埠村傅氏祖祠。

六、尤溪县

《台溪傅氏族谱》　元至正七年（1347 年）傅阜首修，清康熙二十三年（1684 年）重修，乾隆七年（1742 年）重修，乾隆四十三年续修，嘉庆十八年（1813 年）重修，咸丰九年（1859 年）续修，光绪十七年（1891 年）续修，1923 年续修，1983 年重修，2014 年重修。现存一套 9 册的《台溪傅氏族谱》，前 8 册于嘉庆十八年重修，第九册于咸丰九年续修。谱载序、源流、世系等。谱存台溪傅氏祖祠。

《演洋傅氏族谱》　元至正七年（1347 年）傅阜首修，明崇祯四年（1631 年）重修，清乾隆二十五年（1760 年）重修，道光二十年（1840 年）重修，1958 年重修，2000 年重修。谱载序、源流、世系、人物、宗祠等。谱存演洋傅氏祖祠。

《蒋狮洋傅氏族谱》　明清时期共修撰 4 次，清光绪二十五年（1899 年）由蒋狮洋、石龟到、园溪、下云联修，1949 年重修，1988 年重修。谱载序、源流、世系、人物等。谱存蒋狮洋傅氏祖祠。

《石狮倒傅氏族谱》　1949 年石龟到、园溪、下云联修，1984 年重修。谱载序、源流、世系等。谱存石狮倒傅氏祖祠。

第五节　莆田市

一、仙游县

《罗峰傅氏族谱》　宋元符二年（1099 年）傅求首修作世系图，绍兴二十四年（1154 年）傅洵美作衣冠人物图，隆兴二年（1164）傅田撰修谱图世系，嘉定二年（1209 年）傅衡重修，元至正二十三年（1363 年）傅玑重修，明景泰四年（1453 年）傅文徽重修，清顺治十六年（1659 年）傅盛重修，康熙五十三年（1714 年）傅致进重修，雍正五年（1727 年）傅致远重修，乾隆十年（1745 年）傅登贤重修，乾隆四十五年傅登俊重修。傅求首修《罗峰傅氏族谱》现存仙游档案馆。1926 年重修 18 卷，保留乾隆四十五年族谱基本资料。2002 年重修，分上、中、下三册，其中上册和中册为 1926 年谱再版，下册是民国版续修。乾隆版和民国版族谱保留各次修谱的序。谱存赖店镇罗峰傅氏祠堂。

二、荔城区

张镇《箕阳傅氏族谱》　清光绪年间（1875—1908）誊钞本，傅锡参与修谱。谱载源流、世系、史迹、对联、墓葬等。谱存张镇傅墩、傅承良处。

第六节　南平市

一、延平区

石板桥《傅氏宗谱》　清咸丰二年（1852 年）石板桥与福兴隆联修，光绪十九年（1893 年）重修，2017 年朵云坑、石板桥、福兴隆、白莲塘联修。现存民国年间誊钞《傅氏宗谱》，记载朵云坑、石板桥、福兴隆、白莲塘部分宗族资料。谱存石板桥傅氏祖祠。

二、建阳区

兴龙系《建阳傅氏宗谱》　明初傅琳首修，天顺六年（1462 年）二修，崇祯三年（1630 年）三修，清同治十三年（1874年）四修，宣统二年（1910年）五修。现存同治谱（5卷）一套、宣统谱（10卷）两套。谱载序、源流、世系、宗祠、墓葬等。谱存建阳傅氏宗祠。

三、邵武市

洋山《清河傅氏族谱》 现存清光绪二十九年（1903年）族谱1册（残缺本）。谱载序、源流、世系、墓葬、宗祠等。谱存洋山傅氏祖祠。

加尚《闽樵嘉尚傅氏族谱》 清乾隆二十四年（1759年）傅珮首修《傅氏族谱》，道光十一年（1831年）傅筑严创修《闽樵嘉尚傅氏族谱》，光绪九年（1883年）重修，1948年重修。谱载序文、源流、世系、墓葬等。谱存加尚傅氏宗祠。

大埠岗《樵南傅氏宗谱》 清乾隆三十一年（1766年）首修，嘉庆二年（1797年）二修，道光七年（1827年）三修，咸丰六年（1856年）四修，光绪元年（1875年）五修，光绪二十五年六修，1945年七修，1994年八修。现存七修谱一套。谱载序、源流、世系、墓葬、宗祠等。谱存大埠岗傅氏祖祠。

《和平傅氏家谱》 清光绪十四年（1888年）依所遗钞本编订，1923年重修。现仅残存1册。谱载序、源流、世系、墓葬、宗祠等。谱存和平傅氏祖祠。

《上堡傅氏宗谱》 清道光十九年（1839年）傅盈馆首修，同治十一年（1872年）二修，宣统二年（1910年）三修，1936年四修，1999年五修。现存四修谱1套。谱载序、源流、世系、墓葬、宗祠等。谱存上堡傅氏祖祠。

赐七系《樵西傅氏家谱》 赐七系分派邵武市的和平、桂林、金坑各地傅氏历来联修族谱。清乾隆五十一年（1786年）傅世祖首修，嘉庆二十一年（1816年）二修，道光二十六年（1846年）三修，光绪二年（1876年）四修，宣统二年（1910年）五修，1941年六修，1994年七修。谱载序、源流、世系、墓葬、宗祠等。六修谱现存樵西傅氏宗祠。

四、武夷山市

樟村《清河堂傅氏宗谱》 1919年首修，2009年重修。现存1919年首修谱。谱载序、源流、世系、墓葬、宗祠等。谱存樟树傅氏祖祠。

五、浦城县

《半源傅氏宗谱》 现存1928年续修谱。谱载序、源流、世系、墓葬、宗祠等。谱存半源傅氏祖祠。

盘亭《盆亭傅氏庚谱》 现存清同治元年续修谱。谱载序、源流、世系、墓葬、宗祠等。谱存盆亭傅氏祖祠。

六、光泽县

《丰瑞坪里窝傅氏宗谱》 傅元凯首修，傅权二修，傅碧瑞三修，明正德十二年（1517年）傅奠宇四修。清康熙五年（1666年）五修，乾隆六年（1741年）六修，乾隆三十年七修，乾隆六十年八修，嘉庆二十五年（1820年）十修，同治六年（1837年）十一修，光绪二十八年（1902年）十二修，1932年十三修，1998年十四修。谱载序、源流、世系、墓葬、宗祠等。谱存丰瑞坪里窝傅氏祖祠。

《丰瑞坪外窝傅氏宗谱》 明万历四十三年（1615年）傅鸣庆、傅万安三修，清康熙七年（1668年）四修，康熙五十五年五修，乾隆二十四年（1759年）六修，乾隆六十年七修，嘉庆二十五年（1820年）八修，道光三十年（1850年）九修，光绪五年（1879年）十修，1938年十一修，1997年十二修。谱载序、源流、世系、墓葬、宗祠等。谱存丰瑞坪外窝傅氏祖祠。

《坵溪傅氏族谱》 清乾隆六十年（1795年）二修，道光十二年（1832年）三修，光绪三十三年

（1907年）四修，1997年五修。谱载序、源流、世系、墓葬、宗祠等。谱存丰瑞坪丘溪傅氏祖祠。

《高溪傅氏宗谱》 清乾隆二十七年（1762年）草修未付梓，嘉庆十三年（1808年）首修，道光二十七年（1847年）二修，光绪五年（1879年）三修，光绪三十三年四修，1939年五修，1997年六修。谱载序、源流、世系、墓葬、宗祠、对联等。谱存高溪傅氏祖祠。

《严溪傅氏宗谱》 清乾隆二十四年（1759年）参加丰瑞坪外窝联修，嘉庆四年（1799年）分修，同治五年（1866年）二修，光绪四年（1878年）三修，1947年四修，1997年五修。谱载序、源流、世系、墓葬、宗祠等。谱存严溪傅氏祖祠。

《沙坪源傅氏宗谱》 清咸丰元年（1851年）首修，1947年二修，1997年三修。沙坪源千七支系于清光绪十七年（1891年）首修，1947年二修。谱载序、源流、世系、墓葬、宗祠等。谱存沙坪源傅氏祖祠。

《油溪傅氏族谱》 清乾隆三十年（1779年）傅绍衡草辑，乾隆四十四年首修，嘉庆二十五年（1820年）二修，咸丰四年（1854年）三修，光绪十一年（1885年）四修，1914年五修，1995年六修。谱载序、源流、世系、墓葬、宗祠等。谱存油溪傅氏祖祠。

《朱崖傅氏宗谱》 光泽县杭川朱崖后裔参加江西资溪县朱崖宗谱联修，朱崖傅姓于清康熙四十九年（1710年）联大宗为一帙。雍正九年（1731年）二修，乾隆三十三年（1768年）三修，嘉庆五年（1800年）四修，同治十一年（1872年）五修，1920年六修，1996年七修。谱载序、源流、世系、墓葬、宗祠等。谱存朱崖傅氏宗祠。

傅家窝《杭川傅氏族谱》 清道光八年（1828年）首修，咸丰十一年（1861年）二修，光绪三十年（1904年）三修，1946年四修，2002年五修。谱载序、源流、世系、墓葬、宗祠等。谱存傅家窝傅氏祖祠。

《汉溪傅氏宗谱》 清嘉庆二十一年（1816年）首修，道光二十八年（1848年）二修，光绪二年（1876年）三修。谱载序、源流、世系、墓葬、宗祠等。谱存汉溪傅氏祖祠。

《杭北傅氏族谱》 光泽县寨里大青与崇仁赤米坑傅氏历来联修族谱。明永乐十九年（1421年）和万历二年（1574年）往盱江合修宗谱，清乾隆五十五年（1790年）分修宗谱，嘉庆十九年（1814年）二修，道光二十八年（1848年）三修，光绪二年（1876年）四修，光绪三十二年五修，1938年六修，1996年七修。谱载序、源流、世系、墓葬、宗祠等。谱存杭北傅氏祖祠。

毛家岭《杭西傅氏族谱》 清道光五年（1825年）首修，同治六年（1867年）二修，光绪三十三年（1907年）三修，1948年四修，1999年五修（与上堡合修）。谱载序、源流、世系、墓葬、宗祠等。谱存毛家岭傅氏祖祠。

维昌系《傅氏族谱》 光泽县维昌系历来联修族谱，清雍正九年（1731年）至光绪二十六年（1900年）参加祖地黄双洲三修至九修，1930年维昌系十修，1991年维昌系十一修。谱载序、源流、世系、墓葬、宗祠等。谱存建宁黄双洲傅氏宗祠。

第七节 龙岩市

一、新罗区

江山《村美傅氏族谱》 明弘治、正德年间首修，傅成志等主修。嘉靖三十五年（1556年）傅仁钦等二修。崇祯二年（1629年）傅道机等三修。清雍正元年（1723年）傅尚化等四修。嘉庆五年（1800年）傅文嵩五修，现存五修谱1套，谱载序言、源流、世系图等，谱存江山镇村美村傅有德处。2009年六修，傅奎星主编，谱载前言、源流、世系图、宗祠、陵墓、人物、风俗等，谱存龙岩市档案馆、村美聚星堂傅氏宗祠。

大池《合甲傅氏族谱》 1939年首修，2015年重修《龙岩合甲傅氏族谱》，谱载前言、源流、世系图、宗祠、陵墓、人物等，谱存龙岩学院图书馆、大池合甲傅氏宗祠。

龙岩《船巷傅氏族谱》 明嘉靖三十七年（1558年）傅文瑶等首修，清顺治十四年（1657年）傅箕润二修，康熙四十三年（1704年）傅伟垓等三修。乾隆二十九年（1764年）傅育德等四修。咸丰五年（1855年）傅作宾等五修。光绪二十八年（1902年）傅士樵等六修。现存的六修谱1套9卷。谱载谱例、谱系、小传、大传、外传（附女姑）、祠宇（附祭田）、坟茔（附山场）、户籍（附书田店房）、家训、文录、正途人物、偏途人物、耆寿、谱叙等。谱存红坊镇倒流水村傅锦辉处。

龙岩《红坊傅氏族谱》 2008年续修，傅庆祥任主任，傅日钦主编，傅为群为执行主编。分上、下两卷，谱载编首、要文、人物、世系、小传、文翰、附录等。谱存国家图书馆、龙岩市图书馆、新罗区档案馆等。

二、上杭县

《蛟洋傅氏族谱》 蛟洋早期族谱和迁往外地的族谱保留清康熙二十三年（1684年）修谱旧序。乾隆版族谱于乾隆五十八年（1793年）始修，嘉庆九年（1804年）刻印，历时12年。道光版族谱于道光十六年（1836年）续修，道光二十六年（1846年）刻印，历时11年。光绪版族谱于光绪三十一年（1905年）续修刻印，蛟洋现存1套11册，缺卷首册。2010年续修，傅仲生任主任、傅镜高主编，傅平任执行主编。谱载编首、世系、人物、附录。谱存各裔孙处。

《增坑傅氏族谱》 清乾隆三十七年（1772年）首修，现存前半部分的历代根源、前言、世系等资料。2013年傅维玉主编《增坑傅氏宗谱》。

《白砂傅氏族谱》 上杭县白砂傅姓有多种族谱：（1）傅君保房《白砂傅氏族谱》修于清道光十二年（1832年），傅焕英主编，王阳明作序，谱载序、世系、源流考、墓葬等。（2）傅君美房《白砂傅氏族谱》修于道光十三年（1833年），光绪五年（1879年）重修。（3）傅谦房《白砂傅氏宗谱》始修于乾隆五十一年（1786年），1918年傅谦后裔闽浙联修。（4）1928年傅文钰主修《傅氏宗谱》，由白砂、蛟洋中村、中都凹头和白砂迁居浙江的后裔联修。谱载序、世系、遗训、祖像、墓葬等，白砂官山口傅元清珍藏上下二卷复印件，上杭县族谱馆珍藏原本。

《闽杭白砂傅氏族谱》 2002年傅恩林主编，由白砂君保、君美、君福三房联修。分3部共12册，谱载序、源流、世系、宗祠、谱牒、墓葬、堂联等，谱存上杭县族谱馆。

三、长汀县

南山《坎头傅氏族谱》 现存清乾隆四十七年（1782年）眷抄本。谱载始迁祖丙生公与妣张景姑墓葬、祭田及祖源，衍至13世各代墓葬及标注迁浙裔孙。谱为22世傅占德收藏，今存坎头24世族人傅茂水处。

河田《张坑傅氏族谱》 清乾隆二十三年（1795年）首修，1922年二修，2001年三修，傅保寿、傅李良主编。1922年谱钞本存张坑傅屋傅李良处。

大埔下《清河堂傅氏族谱》 清嘉庆十七年（1812年）重修，2010年续修，傅作祥、傅作鑫主编。清嘉庆谱钞本存大埔下傅作鑫处。

伯公岭《闽汀傅氏族谱》 清光绪五年（1879年），伯公岭傅氏参加上杭白砂君美公房重修《白砂傅氏族谱》，今存全套刻本于伯公岭傅茂生处。2006年，伯公岭傅茂生、傅占标、傅庆华以此谱为据，续编成《闽汀傅氏族谱》1套8册，谱载题辞、祖像、祖祠、祖墓照，说公1至78世图和谱、正先公1世至8世图与谱、百一郎公1至8世图与谱、福广公1至7世图，新旧谱序、历代名人传记、三修族谱记述等。

新桥《刘坊傅氏族谱》 清光绪五年（1879年）新桥刘坊傅氏参加上杭白砂君美公房重修《白砂傅氏族谱》，2002年编修新桥《刘坊傅氏族谱》，傅智华主编。谱载序、祖祠、祖墓、世系图谱、人物简介、新立（20 个）字辈、后记等。谱存刘坊族人傅礼森处。

新桥《潭复傅氏族谱》 2002 年编成，傅仁范、傅仁益主编。谱载序、祖祠和开基祖墓葬照、世系图谱、人物简介、神祇信仰、新排（20 个）字辈、后记及外迁情况。谱存潭复族人傅仁钰处。

《长汀傅氏源流 · 人才录》 2012 年编成，傅剑平主编，傅柒生作序。该书收集明清以来仍定居长汀的 12 支傅氏有关资料，记载源流、入汀、定居、迁移、分布、谱牒、文物等。该书现存汀城伯公岭族人傅剑平处。

四、连城县

《汀连傅氏七世族谱》 明嘉靖三十六年（1557 年）傅鼎梅主修，康诰作序。谱载傅以南率子经宣河里定居该地、1 至 7 世裔孙分迁各地源流世系。连城县朋口内坎现存民国年间钞本，谱存朋口村傅友村处。

《闽西傅氏族谱》 2004 年傅瑞主编，傅恩林、傅华生任副主编。谱载序言、世系、人物、祖祠、祖坟等，谱存各宗支处。

朋口《闽西傅氏族谱 · 必达祖福分册》 2005 年傅华生主编。谱载序言、世系、人物、祖祠、祖坟等。谱存必达、祖福以下各房。

朋口《沈坑傅氏族谱》 2018 年沈坑与新泉五坑、长汀庵杰杨背坑联修族谱，傅水才主编。谱载序言、世系、人物、祖祠、祖坟等，谱存各房。

朋口《马埔傅氏族谱》 清康熙年间（1662—1722）首修，同治十二年（1873 年）二修，2012 年编修《闽西傅氏族谱 · 马埔汉生分册》，傅瑞主编。谱载序言、世系、人物、祖祠、祖坟等。谱存派下各裔孙处。

朋口《禾顶傅氏族谱》 2005 年参加《闽西傅氏族谱 · 必达祖福分册》联修，谱存各裔孙处。本支旧房谱手抄本存傅长寿处。

莒溪《墩坑傅氏族谱》 2005 年参加《闽西傅氏族谱 · 必达祖福分册》联修。现存本支房谱手抄本，存傅文廷处。

朋口《池溪傅氏族谱》 傅国宾从清宣统元年（1910 年）起长达半个世纪编写本支族谱，现谱存傅农友处。2005 年参加《闽西傅氏族谱 · 仕荣分册》联修，谱存各裔孙。

朋口池溪与新泉畲部《闽西傅氏族谱 · 仕荣分册》 2005 年编修《闽西傅氏族谱 · 仕荣分册》，傅瑞任主编。谱载序言、世系、人物、祖祠、祖坟等。谱存必达、祖福以下各房裔孙处。本支旧房谱手抄本现存傅瑞处。

新泉《背头窠傅氏族谱》 清代中期编修。谱载源流、世系、祖坟等。谱存傅华生处。

宣和《焦湖傅氏族谱》 清乾隆四十一年（1776 年）重修。谱载始迁祖十一郎（正先系 3 世）开始至历代考妣生卒葬时间等。谱存傅汝洲处。

宣和《南山下傅氏族谱》 2002 年傅新荣主编。谱存各裔孙处。

《念八郎房家谱》 从倡修到完编历时 25 年，清康熙三十六年（1697 年）兵部尚书吴兴祚作序，康熙四十一年（1702 年）傅士芳作序。原谱已失传，《池溪傅氏族谱》抄录前半部，今存傅国宾处。

五、漳平市

永福《孝思堂傅氏族谱》 永福霞苑、桂林华寮、官田梧村、双洋员当各支只存旧家谱钞本，2011 年编修《孝思堂傅氏族谱》，傅尔煌主编。谱载序、源流、世系、宗祠、祖坟、人物等，谱存国家图书馆。

官田《兴家头傅氏祖谱》 1987 年编成。谱载序、源流、世系等。谱存兴家头傅家忠处。2011 年参加《孝思堂傅氏族谱》联修。

香寮《上井堂傅氏族谱》 现存清光绪三十二年（1906年）族谱钞本。谱载序、源流、世系等。谱存香寮村傅新华处。

第八节 宁德市

一、蕉城区

赤溪《六甲傅氏宗谱》 清康熙五十年（1711年）傅起正草成，嘉庆二十二年（1817年）首修，咸丰八年（1858年）二修，光绪九年（1883年）三修，1917年四修，1939年五修，1987年六修，2012年七修。谱载序、源流、世系、人物、墓葬等。谱存六甲傅氏祖祠。

赤溪《七甲傅氏族谱》 傅绍经集成草谱，清道光元年（1821年）首修，道光二十七年（1847年）二修，光绪四年（1878年）三修，宣统三年（1911年）四修，2012年五修。谱载序、源流、世系、人物、墓葬等。谱存七甲傅氏祖祠。

二、福安市

《外澳傅氏族谱》 清光绪十三年（1887年）首修，1981年重修，霞浦姚澳参加联修。谱载序、源流、世系等。谱存外澳傅氏祖祠。

三、福鼎市

茗洋《清河郡傅氏宗谱》 清道光四年（1824年）首修，光绪二年（1876年）二修，光绪二十九年三修，1926年四修，1981年五修。谱载序、源流、世系等。谱存铭洋傅氏祖祠。

四、寿宁县

山底《清河郡傅氏家乘》 清宣统二年（1910年）首修家乘，2010年景德公房续修。谱载序、源流、世系、人物等。谱存山底傅氏祖祠。

五、周宁县

《七步傅氏族谱》 原有旧本谱稿，清咸丰六年（1856年）建谱，宣统二年（1910年）重修。现存咸丰谱、宣统谱。谱载序、源流、世系、人物等。谱存七步傅氏祖祠。

咸村《芝田傅氏家谱》 1923年首修，1994年续修。现存首修谱。谱载序、源流、世系、人物等。谱存咸村傅氏祖祠。

第四章 文化遗产

第一节 著作与艺文

［宋］傅 楫 仙游人。著有《傅楫文集》。

[宋] **傅 权** 仙游人。著有《白岩遗稿》。

[宋] **傅谅友** 仙游人。著有《冰厅集》。

[宋] **傅 倘** 南安人。著有《诗文集》。

[宋] **傅知柔** 仙游人。著有《遗文》《苏钦文集》《香风文集》。

[宋] **傅 共** 仙游人。著有《东坡和陶诗解》，又注《和陶文集》《大梦志》《南都赋》。

[宋] **傅自得** 晋江人。著有《至乐斋集》，词作有《蓦山溪》《韦斋集序》《金溪泛舟记》。

[宋] **傅自修** 晋江人。著有《风水驿记》，诗作有《偶成》《题濠上斋二绝》等。

[宋] **傅伯寿** 晋江人。著有《高宗实录》《孝宗实录》《光宗实录》《云庄集序》，诗作有《一段奇轩》《和泉守王龟龄》《题姜相峰前祠》《一眺石》《碧玉峡》《钓台》等。

[宋] **傅伯成** 晋江人。著有《竹隐居士集》《鳌至》《奏议》，诗作有《句》《拟和元夕御诗》《拟和元夕御制》《送留正知赣州》《素馨花》《五峰岩》《金溪桥》《泉城即景》。

[宋] **傅 蒙** 仙游人。著有《论语、孟子、诗讲义》。

[宋] **傅 藻** 仙游人。著有《东坡纪年》。

[宋] **傅 幹** 仙游人。著有《注坡词》。

[宋] **傅 度** 晋江人。著有《文编史说》。

[宋] **傅天骥** 南安人。著有《埜斋集》。

[明] **傅汝楫** 侯官人。著有《卧斋集》。

[明] **傅 浚** 南安人。著有《铁冶志》，《陈坝斗门记》载入弘治《兴化府志》。

[明] **傅夏器** 南安人。著有《易说》《锦泉文集》《莲花峰石室记》《重修万石水利陂记》。

[明] **傅商器** 南安人。著有《诗文集》。

[明] **傅国珍** 建阳人。著有《绂麟楼稿》《廉平摘训》。

[明] **傅廷吉** 建阳人。著有《明镜录》。

[明] **傅尔鳌** 晋江人。著有《痴隐子》《翼祺社序》。

[明] **傅元初** 晋江人。著有《尚书撮义》4卷。

[明] **傅阳明** 南安人。著有《葩经通解》《纪行诗集》。

[明] **傅启光** 南安人。著有《西征随笔》《河西璅言》。

[明] **傅景星** 南安人。著有《宝研斋近唫》。

[明] **傅 朴** 南安人。著有《诗集》。

[明] **傅 纶** 南安人。著有《诗集》。

[明] **傅金范** 南安人。著有《春秋遵传》《古学类纪》《唐宋诗醇》。

[明] **傅鸿飞** 南安人。著有《贡助彻辨》《五迁图说》《袷禘律吕数》。

[明] **傅文瑶** 龙岩人。著有诗集《龙岩八景》等。

[清] **傅为霖** 南安人。著有《旸谷文集》《旸谷诗集》《旸谷后集》《旸谷别集》。

[清] **傅应时** 南安人。著有《诗文集》。

[清] **傅炳锽** 南安人。著有《种竹斋集》。

[清] **傅国英** 南安人。著有《双溪诗赋集》。

[清] **傅修孟** 南安人。著有《同稼堂稿》《弃余诗文集》。

[清] **傅育德** 龙岩人。著有《雨亭诗集》6卷。

[清] **傅金龙** 漳平人。著有《万春寺诗集》。

[近现代] **傅奉璋** 南安人。著有《玉昆集》。

［近现代］傅若谦　南安人。著有《泉州草药》《泉州本草》。

［近现代］傅　鹰　闽侯人。著有《化学热力学导论》《大学普通化学》《有机化学》。

［近现代］傅承义　闽侯人。著有《大陆漂移、海底扩张和板块构造》《地球十讲》《地球物理学基础》等。

［近现代］傅衣凌　福州人。著有《明清时代商人及商业资本》《明代江南市民经济试探》《明清农村社会经济》《明清社会经济史论文集》《傅衣凌治史五十年文编》《明清封建土地所有制论纲》等。

［近现代］傅清藻　仙游人。著有《大地电流勘探用的调制式直流放大器》《阴极示波器显示阿拉伯数字的技术方法》《气象卫星云图像点汇集自动传送获照片的研究》。

［近现代］傅沛仁　延平人。著有《初等微积分》《数学分析讲义》《分析选论》《映射理论》《集值射空间的招朴与一致》。

［近现代］傅静平　连城人。著有《湖北民间舞蹈选》《湖北民族民间舞蹈素材汇编》。

［近现代］傅崇毅　诏安人。著有《夕拾集》《碌碌笔耕六十秋》。

［近现代］傅子玖　厦门人。著有散文诗集《爱的翔舞》，散文评论集《六月海》，中篇小说《白鸥》，以及《陈嘉庚传》《古诗文导读》《中国新文学》等。

［近现代］傅沛福　延平人。著有《辊锻理论与工艺》。

［近现代］傅连暲　长汀人。著有《肺结核病的疗养》《健康漫谈》《我热爱自己的医生职业》《中央红色医院的创立》等。

［近现代］傅维康　长汀人。著有《中国针灸史话》《中国医药历史漫话》《杏林述珍》《医药文化随笔》等。

［近现代］傅如通　长汀人。著有《闽西人民革命史》《璀璨的群星》《抗日烽火中的闽西儿女》等。

［近现代］傅庆定　仙游人。著有《沧桑尘路》（散文集），主编《莆田市志（1991—2005）》《莆田市姓氏志》《莆田市地名志》《莆田市名产志》《莆田市改革开放30年纪事》《莆田60年变迁》。

［近现代］傅先庆　上杭人。著有《教育创新的求索》《学路凡程》等。

［近现代］傅献群　新罗人。著有《虎岭遗墨》等。

［近现代］傅长盛　上杭人。著有《把信送给周恩来》《紫金矿业真相》等。

［近现代］傅柒生　上杭人，著有历史报告文学《军魂》《傅柏翠》《八闽开国将军》，散文集《冬韵心曲》，论著《古田会议论文集》《中国共产党在福建》《福建世界文化遗产》等20多部。

［近现代］傅　翔　连城人。著有《不合时宜的思想》《我的乡村生活》《戏剧的背影》《古砚》《闽戏小记》《小说手册》等。

第二节　族规家训

一、仙游傅伫遗训

遗训曰：余平日无他长，惟方寸之间，坦然取与设施，未尝容私于其间。居官于德，讼之际必曰：其平居家于口体之奉，必从其俭居乡，虽贫寠之民，必还以礼。举措未尝敢以势凌人，言语未尝敢以奸欺物，于烝尝必严约束，惟恐其或坠也。于陇邱必加整葺，惟恐其不肃也。虽家贫不能推有以周不给，合药施人惟恐请者之不来也。每岁所收，或有余羡，出粜必减其价。疾富者之闭籴，以待价也。汝曹居官宜以公清为主，居家宜以俭约为本，居乡宜以钦和为贵，祖先宜以报本为念，兄弟宜以爱敬为先，宗族宜以辑睦为上，言语宜以忠信为质。造次颠沛必于是，虽贫贱不失为贤德君子，如或不然，虽置身荣显，终为小人之归。显明之中固不免人非，幽隐之间阴谴亦所不免。汝曹涉世事疏，训诲之语不可无，安得缄默不言？汝曹宜藏之箧笥，以为检身之律，体而行之，是所望也。

录自《罗峰傅氏族谱》

二、尤溪傅岩野劝学箴

学问之道，首重观摩，讲习之功，最宜纯熟。金可断，玉可攻，志相同者道合；砚可穿，毡可破，积既厚者光流。与其图邀幸以脱颖，曷若勤砥砺于处囊。荆玉投三投终获抱璞之献，青钱万选直有夺命之权。诸君虽非同朽木之难雕，亦岂真璠玙之不琢，况问字未尽茫，如何妨教学相长；惟乐群可以敬业，休将岁月轻抛，趁此时口诵新维，芸窗努力。看指日芹香藻采，泮水联镳。

录自《台溪傅氏族谱》

三、武夷山樟村开基祖傅国兴自著家训

古人所为贻谋者，自有可人之道。今窃师其意，于日常行中拈出八字，曰：孝、悌、谨、信、勤、俭、直、廉，编成韵语，以为家训。令世世子孙传诵服习，谨守而弗坠焉。庶较胜于田宅金珠之留遗也。云尔爰缀数语，为之小引。

孝：哀哀父母，生我劬劳。欲报之德，地厚天高。古人尝难，匪莪伊蒿。及时尽孝，是望汝曹。

悌：弟弟兄兄，以明少长。偶坐随行，礼原非强。哀今之人，胡不钦仰。用戒汝曹，毋羞乡党。

谨：敬胜则吉，怠胜则凶。与其后悔，何如虑终。小心处事，少过多功。小心接物，不失可宗。

信：居心何道？道在主诚。诚于作德，德乃有成；诚于待物，疑贰不生。吾愿孙曾，以信自盟。

勤：克勤有谟，无逸有诰。勤可成家，逸则生傲。一生之计，惟此宜好。小子识之，幸毋自耗。

俭：食之有时，用之有节。匪云悭吝，奢则易竭。滥费无名，于尔有缺。常留有余，以防澌灭。

直：天地生人，秉性维直。是是非非，奚容粉饰。委曲阿私，生理斯熄。直道常存，庶称令德。

廉：君子爱财，取之有道。终日营营，自多烦恼。见利思义，便是至宝。庶几不贪，免其心捣。

录自武夷山《清河堂傅氏宗谱》

第三节　宗　祠

长汀汀州傅氏家庙雍睦堂　坐落在长汀县汀州镇西门社区上塘湾新新巷17号。原为本族绅士傅炳夙私宅，后捐造汀郡侍郎公宗庙。清同治八年（1869年）因水患损毁，由长汀、上杭、瑞金等地十乡傅氏宗亲募资重建，改称傅氏家庙，取堂号“雍睦堂”。建筑面积400多平方米，占地面积600多平方米。坐北向南，由石门楼、上、中、下三厅，厢房和后院组成。前临新新巷，后至中心巷，右抽巷道有一口水井，明清客家传统宗祠建筑风格。2009年列为福建省文物保护单位。

龙岩市新罗区村美傅氏宗祠聚星堂　坐落在江山镇村美村。明洪武二十三年（1390年）始建，历代均有修葺。建筑面积500多平方米，门前子孙坪（和平起义广场）面积8000平方米。坐东南向西北，明代建筑风格。2018年列为新罗区文物保护单位。

上杭蛟洋石背傅氏宗祠　坐落在蛟洋镇蛟洋村石背自然村。明成化、正德年间（1465—1521）蛟洋7世傅文安始建，1922年重修，2012年重建，2019年政府有关部门拨款按原样重建。建筑面积500多平方米，占地面积1000多平方米。坐西南向东北，砖混结构，二进三开间，右边有厢房。土地革命战争时期

曾在此设闽西红军医院。1986年列为上杭县文物保护单位。

长乐傅厝顶祖厅梦霄堂　坐落在金峰镇兰田村。1995年重修。坐西北向东南，八扇七间出游廊，两边有风火高墙，砖木结构。建筑面积50多平方米，占地面积100多平方米。

闽侯西台傅氏祖厝　坐落在青口镇西台村。清初始建，2002年重建老年活动中心，将祖宗香位牌安放于此。建筑面积300平方米，占地面积500平方米。坐西北向东南，砖木结构。

闽侯五指岩傅氏祖祠　坐落鸿尾乡汉头村五指岩。清乾隆年间（1736—1795）始建。建筑面积410平方米，占地面积1800平方米。坐南向北，现存面阔五间的正厅，高10.3米，悬山顶，穿斗式木构架，进深六柱，带前廊。

闽清石郑傅氏祖厝　坐落在梅溪镇石郑村。建筑面积100多平方米。坐南向北，现存面阔四间的正厅，保存有4块香位牌，香位牌上有始祖至15世先祖名讳。

闽清炉前傅氏祠堂　坐落在省璜镇炉前村。1937年始建，1996年重修。建筑面积200多平方米，坐西向东，三开间，两边回廊。

厦门市思明区东坪山岩野傅氏宗祠　坐落在梧村街道东坪社区。明始建，20世纪60年代倒塌，2000年在原址按原规模重建。建筑面积200多平方米，坐北向南，二进三开间。

漳州市龙文区乌石傅氏宗祠崇备堂　坐落在蓝田镇西坑村。明末清初始建，1988年重修。建筑面积192平方米，占地面积653平方米。坐南向北，二进三开间，砖木结构。

诏安霞浦宗祠　坐落在梅岭镇下傅村。明代始建，2000年重修。建筑面积158平方米，坐东向西，大厅面阔三间，进深三柱，门口外埕尚存竖“文魁”旗杆碣一副。

石狮祥芝傅氏宗祠　坐落在祥芝镇祥农村前店。宋代始建，明万历三十二年（1604年）重建，清光绪三十四年（1908年）重修。占地面积200平方米，建筑面积120多平方米。坐东向西，砖木结构，单进大厅。

石狮瑶湖下乡桃傅氏祖祠　坐落在祥芝镇后湖村瑶湖。清康熙元年（1662年）始建，1973年重建，2003年重修。占地面积360平方米，建筑面积300多平方米。坐南向北，砖木结构，二进五开间。

南安桃源武荣傅氏大宗祠　坐落在丰州镇桃源村。唐代始建，宋元明屡次修建。清顺治四年（1647年）被毁，康熙五年（1666年）按原址重建，后经康熙五十七年、乾隆十一年（1746年）、同治七年（1868年）、1926年多次重修，1984年又重修。建筑面积600平方米，占地面积1000平方米。坐东向西。二进三厅，坐东向西，悬加中落亭，穿斗式木构架，硬山顶。天井用水波纹砖铺砌，水涵出坤字。后殿竖立傅实木质石座金身塑像。龛内两边尚有条屏八咏，专咏傅实八子分居各地繁衍之事。在横梁及厅楣上悬挂103名进士匾额，供桌上方3盏红木花灯已有300年历史。祠内保留有诸多名士题赠楹联，大厅两壁有二米见方的“忠孝廉节”四字。宗祠虽经历代修葺，依然保持唐代建筑风格。（见彩图10-1）

南安坎井傅氏宗祠　坐落在霞美镇四甲村锦堂。明嘉靖二十九年（1550年）始建，1990年重修。占地面积420平方米，建筑面积240平方米。坐北向南，砖木结构，二进三开间。

南安玉园傅氏祠堂　坐落在金淘镇玉园村。明代始建，1999年重修。占地面积400平方米，建筑面积280平方米，坐西向东。砖木结构，二进五开间。

南安溪南傅氏宗祠　坐落在常泰街道锦田村。明代始建。占地面积1000平方米，建筑面积200多平方米，坐西南向东北。砖木结构，二进三开间。

南安溪北傅氏宗祠　坐落在丰州镇桃源村，又称裕祖祠。明代始建，2003年重修。占地面积200平方米。建筑面积100多平方米。坐西北向东南，砖木结构，单进三开间。

南安溪口傅氏宗祠　坐落在丰州镇溪丰村。明嘉靖十一年（1532年）始建，2004年依原样重修。占地面积 350 平方米，建筑面积 210 平方米。坐东北向西南，砖木结构，二进三开间。

南安山后傅祖祠　坐落在常泰街道华星村山后傅。明末始建，历代均有修葺，1999 年重修。占地面积 300 平方米，建筑面积 146 平方米。坐东南向西北，砖木结构，二进三开间。

南安芦东傅氏祖祠　坐落在罗东镇霞山村。宋代始建。占地面积 100 平方米，建筑面积 200 多平方米，坐南向北。砖木结构，二进三开间。

安溪洋内傅氏祖宇　坐落在金谷镇洋内村。明末始建，1992 年重建。占地面积 600 平方米，建筑面积 468 平方米。坐东向西，砖木结构，二进五开间。

安溪登虎榜傅氏宗祠　坐落在蓬莱镇登山村。明正德十年（1515 年）始建，1984 年重修。占地面积 360 平方米，建筑面积 207 平方米。坐西北向东南，砖木结构，二进三开间。

永安罗畲傅氏宗祠　坐落在小陶镇吴地村罗畲。建筑面积 300 多平方米，占地面积 500 平方米。单进五开间，前面两边配耳房，土木结构。

宁化安家磜傅氏宗祠　坐落在安远镇岩前村安家磜。2014 年重建。建筑面积 100 多平方米，占地面积 300 多平方米。单进大厅，砖木结构。

宁化北安寨白郎祖祠　坐落在水茜镇北安寨村，俗称白郎公祠。建筑面积 100 多平方米。单进五开间，木结构。

宁化十八烈傅氏宗祠　坐落在曹坊镇罗溪村十八烈。原香火厅年久失修，2014 年筹资 80 多万元新建宗祠兴盛堂。建筑面积 460 平方米，二进三开间，砖木结构。

建宁黄双洲傅氏同兴祠　坐落在均口镇芠坑村黄双洲。始迁祖傅少一郎开基时在黄双洲水口始建同兴祠，明成化年间（1465—1487）、清雍正三年（1725 年）、乾隆六十年（1795 年）重修，2017 年按原规模重建。建筑面积 440 平方米。坐南向北，二进三开间，砖木结构。

建宁双坑傅氏八郎公庙　坐落在伊家乡双坑村。2017 年重建，经合族商议，定名为八郎公庙，号敦睦堂。建筑面积 350 平方米，二进三开间，砖木结构。

建宁陈家傅氏祖祠　坐落在伊家乡陈家村。2015 年重修。建筑面积 100 多平方米。单进三开间，木结构。

明溪坪埠傅氏祖祠　坐落在城关乡坪埠村。明天启三年（1623 年）始建，清顺治五年（1648 年）毁于火，康熙四十五年（1706 年）在原址按原貌重建。建筑面积 200 多平方米，二进三开间，土木结构。

尤溪巫山傅氏祠堂　坐落在汤川乡黄林村巫山。为尤溪分迁祖 7 世颙公所创，南宋绍兴六年（1136 年）始建，清光绪五年（1879 年）遭火灾，次年复建。建筑面积 200 多平方米，坐西北向东南，单进三开间二层，木结构。

尤溪富山傅氏宗祠　坐落在台溪乡台溪村富山之麓，俗称“富山清河堂”。明成化二十三年（1487 年）始建；嘉靖四十年（1561 年）遭焚毁，万历四年（1577 年）重建；清康熙五十一年（1712 年）重建，改坐西南向东北；光绪十二年（1886 年）因遭火灾重建；1917 年被焚烧，翌年再度重建；1994 年重修，2012 年全面修缮。建筑面积 1600 平方米，占地面积 2400 平方米。坐西南向东北，正堂面阔五间，进深二柱，抬梁式木结构，悬山顶。

尤溪演洋傅氏宗祠　坐落在汤川乡黄林村演洋。明永乐年间（1403—1424 年）始建，嘉靖三十九年（1560 年）遭焚毁，万历十六年（1588 年）重建；清乾隆三十三年（1768 年）遭火灾又重建，光绪二十八年（1902 年）重修。建筑面积 200 多平方米，坐西向东，单进五开间二层，木结构。

尤溪蒋狮洋傅氏祖祠　坐落在溪尾乡大宁村蒋狮洋，又称清河郡祠堂。约建于明成化年间（1465—1487）。建筑面积 100 多平方米，坐东南向西北，单进三开间，土木结构。

仙游罗峰傅氏祠堂 坐落在赖店镇罗峰村。南宋庆元元年（1195年）始建，曰“正伦堂”。淳祐二年（1242年）迁至龙头之左畔，明永乐年间另建于罗山之阳，景泰四年（1453年）在旧址重修。清康熙十九年（1680年），迁建祠堂于罗山东麓乌石山之下。占地面积1380平方米，建筑面积1126平方米。坐西向东，面宽五间，进深60米，分前、中、后三殿，历代均有修葺。砖木串梁结构，共有石柱38对。

仙游罗峰傅氏祠堂（莆田傅氏开基祖祠）

仙游傅少师纪念祠 坐落在赖店镇罗峰村罗山东隅。1997年印度尼西亚华侨傅庆荣独资280余万元兴建，建筑面积800多平方米。坐西南向东北，砖木结构，祠内有傅仁裔青湜夫人郑氏携子傅瑞、少师傅楫石雕像。

仙游霞亭傅氏分祠三星堂 坐落在赖店镇罗峰村，俗称霞亭大厅。原为始迁祖傅瑞故居，五代时期始建，后为霞亭派分祠。清光绪二十八年（1902年）遭焚，光绪三十二年重建，2000年重修。建筑面积918平方米，坐西南向东北，三进三开间。

仙游涂山傅氏分祠义阳堂 坐落在赖店镇涂山村，俗称土山大厅。北宋宣和年间（1119—1125）创建，明弘治年间（1488—1505）重建。清光绪二十八年（1902年）遭焚，光绪三十年重建，1998年重修。建筑面积394平方米，坐西北向东南。

仙游龙兴傅氏分祠鹰井大厅 坐落在赖店镇龙兴村，俗称郑街大厅。明景泰年间（1450—1456）始建，年久失修。建筑面积500多平方米。坐西向东，三进五开间。

仙游仙岭傅氏分祠 坐落在赖店镇象岭村东度，俗称仙岭傅氏祠堂。原以祖厝大堂为祠，2013年重建。建筑面积280多平方米，坐北向南，二进三开间，砖木结构。

仙游玉塔傅氏分祠正心堂 坐落在鲤南镇玉塔村东渡，俗称东山傅氏祠堂。明中叶肇建，清光绪二十八年（1902年）遭焚，光绪三十二年重建先祖殿，光绪三十四年续建前座，2000年重修。建筑面积560平方米，坐北向南，二进五开间，土木结构。

仙游仙溪傅氏分祠 坐落在盖尾镇仙溪村，俗称傍溪傅氏祠堂。原以祖厝大堂为祠，2015年重建。建筑面积360平方米，坐西北向东南，二进五开间，砖木结构。

莆田市荔城区傅墩傅公祠 坐落在拱辰街道张镇村。清嘉庆二十二年（1817年）始建，咸丰五年（1855年）、1915年、1985年重修。建筑面积120平方米，坐北向南，单进三开间，土木结构。

南平市延平区百际傅氏宗祠 坐落在茫荡镇百际村石板桥。清雍正四年（1726年），石板桥和福兴隆二支宗亲在石板桥共建。20世纪50年代中期，祖祠被改建礼堂。2015年，由石板桥、福兴隆、白莲塘、朵云坑四支宗亲集资购回，按原规模重建。建筑面积400平方米，坐东北向西南，二进三开间，砖木结构。

邵武加尚傅氏秉艺公享祠 坐落在拿口镇加尚村。清道光十年（1830年）始建，咸丰七年（1857年）遭太平天国军队焚毁，光绪年间（1875—1908）重建。建筑面积200多平方米，二进三开间。

邵武大埠岗傅氏宗祠 坐落在大埠岗镇大埠岗村。清康熙四十二年（1703年）建于南畔，雍正元年（1723年）改筑于北，1965年被改建成大会场，1998年收回使用，2009年重建。建筑面积300多平方米，三进三开间，砖木结构。

邵武上堡傅氏宗祠 坐落在金坑乡下堡村上堡。清道光二十九年（1849年）始建，同治六年（1867年）扩建，光绪十一年（1885年）遭火焚毁，光绪十四年重建，1912年、1936年、1979年、1999年、

2011年五度修葺。建筑面积200多平方米，二进三开间。

光泽丰瑞坪外窝傅氏宗祠　坐落在华桥乡古林村丰瑞坪外窠。清康熙三十一年（1692年）以祖居建造祠宇，雍正六年（1728年）重修，乾隆四十六年（1781年）重建。建筑面积150多平方米。

光泽油溪傅氏宗祠　坐落在鸾凤乡油溪村。清雍正三年（1725年）始建，乾隆四十二年（1777年）扩建，嘉庆年间（1796—1820）建附祠上栋，道光二十八年（1848年）建附祠下栋，咸丰八年（1858年）太平军入境时烧毁，咸丰十一年重建。建筑面积300多平方米。

光泽招德傅氏宗祠　坐落在崇仁乡洋塘村招德。清嘉庆年间（1796—1820）始建，后经多次维修。建筑面积200多平方米。二进三开间，土木结构。

龙岩市新罗区合甲傅氏宗祠　坐落在大池镇合甲村，又名老屋。明朝合甲3世傅刘俊始建，历代均有修葺。建筑面积200多平方米。坐东南向西北，单进三开间，前面两边配耳房。

龙岩市新罗区村美傅氏宗祠余庆堂　坐落在江山镇村美村。清顺治年间（1644—1661）始建．建筑面积180平方米，占地面积300平方米。坐北朝南，土木结构。

龙岩船巷傅氏大宗祠蟠龙堂　坐落在新罗区红坊镇船巷坎洋村。明嘉靖十八年（1539年）始建，嘉靖三十八年重建，历代均有修葺，1998年大修，2008年扩建。建筑面积720多平方米，占地面积3800多平方米。坐北朝南，二进三开间。

龙岩红坊傅氏宗祠肇殷堂　坐落在新罗区红坊镇倒流水村。清乾隆九年（1744年）始建，2016年重修。建筑面积330多平方米，占地面积1750多平方米，坐北朝南。

龙岩市新罗区倒流水傅氏宗祠继述堂　坐落在红坊镇倒流水村。清乾隆十四年（1749年）始建，历代均有修葺。建筑面积500多平方米，占地面积1000多平方米。坐西朝东，土木结构，二进三开间。

龙岩傅氏宗祠问源堂　坐落在原龙岩州南门上石壁头武庙左边（现龙岩市街心广场东边虎岭巷14号）。清道光二年（1822年）始建。建筑面积300多平方米，占地面积400多平方米。坐北朝南，单进五开间，三层土木砖结构。

龙岩市新罗区陈陂傅氏宗祠德星堂　坐落在西陂街道陈陂村大锦山。曾因城市建设被拆迁，2014年在大锦山重建。建筑面积400多平方米，占地面积2000多平方米。砖混结构，二进三开间，坐东朝西。

上杭傅氏总祠　又称三里祖祠，坐落在上杭县城关东门贞洁巷1号。清乾隆六年（1741年）始建，系当时上杭胜运里、白砂里、古田里傅姓集资兴建。建筑面积1185平方米，占地面积1766平方米。坐南朝北，砖木结构，二进三开间，大厅宽阔高大，由18根石柱支撑，两旁各有一排厢房。

上杭增坑傅氏宗祠　坐落在太拔镇田增村增坑，又名百一郎公祠，南宋末年始建。清康熙六年（1667年）按故居原样重建，咸丰九年（1859年）再次按原样重建。建筑面积200多平方米，占地面积500多平方米。坐东向西，单进五开间，两边有耳房，砖木结构。

溪口苏前傅氏祖祠　坐落在上杭县溪口镇苏前村。明初始迁祖傅千四郎始建，历代均有修葺。建筑面积200多平方米，占地面积500多平方米。仿增坑宗祠式样，坐北朝南，砖木结构，单进五开间，两边有耳房。

上杭白砂傅氏宗祠福星堂　坐落在白砂镇中洋村城厦自然村。明弘治十二年（1499年）傅志文公始建。清康熙二十九年（1690年）失火烧毁，同年重建。20世纪60年代被毁，2009年在原址上重建。坐东南向西北，建筑面积260平方米，占地面积500平方米。

上杭白砂城厦傅氏宗祠宁馨堂　坐落在白砂镇中洋村城厦自然村。清康熙三十二年（1693年）始建，2018年在原址重建。建筑面积432平方米，占地面积1311平方米。坐西北向东南。

长汀伯公岭傅氏宗祠　坐落在河田镇伯湖村。明万历三十年（1602年）始建，历代均有修葺，2013年按原样式重建。建筑面积400多平方米。坐北向南，砖石木结构，二进五开间，有厢房4间。

连城傅家墙祖祠崇本堂 坐落在连城县宣和乡中曹村傅家墙。南宋末年始建，清康熙（1662—1722）初年重建，历代均有修葺。嘉庆九年（1804年）、2018年大修。建筑面积500多平方米，占地面积1000多平方米。坐西向东，二进三开间，上厅有左右厢房，下厅、回廊全是空廊，砖木结构。

连城朋口傅氏宗祠 坐落在朋口镇朋城村上桥背朋口中心小学旁。清雍正年间（1723—1735）始建。建筑面积150平方米，占地面积400平方米。仿傅家墙崇本堂式样，坐南向北，二进三开间，砖木结构。

漳平永福傅氏宗祠孝思堂 坐落在永福镇秋苑村霞苑（下坂）自然村。明洪武十年（1377年）始建，历代均有修缮。万历五年（1577年）重修，1985年大修。建筑面积500多平方米，占地面积3000多平方米。坐东北向西南，明代建筑风格，二进三开间，土木结构。

漳平永福傅氏宗祠太平祠 坐落在永福镇秋苑村下坂自然村。建筑面积200多平方米，占地面积300多平方米。坐北向南，二进三开间，土木结构。

漳平香寮傅氏宗祠上井堂 坐落在拱桥镇香寮村桥下自然村。明嘉靖三年（1524年）始建，清嘉庆二十四年（1819年）重建。建筑面积300多平方米，占地面积600多平方米。坐东南向西北，形如螃蟹。门前原有贡生石旗杆2支。二进三开间，土木结构。

宁德赤溪傅氏宗祠 坐落在宁德市蕉城区赤溪镇赤溪村。清道光十一年（1831年）始建，2003年按原规模重建。建筑面积400多平方米，占地面积600多平方米。坐东南向西北，五进式，祠前左右4口古井环列，祠坪竖立浮雕盘龙双斗石旗杆。

福鼎茗洋傅氏宗祠 坐落在贯岭镇透埕村长山。2017年重建。建筑面积150平方米，二进三开间。

第四节 陵 墓

傅居献墓 位于南安市丰州镇桃源村法华山。占地面积400平方米，坐西北向东南。墓丘直径4.8米，底部砌石高0.6米，上部封土高1.5米。墓前立花岗岩石墓碑，方首抹角，高1.32米，宽0.43米，厚0.14米，上刻楷书“左侍禁傅公墓”“公唐银青公次子南安初祖也”。墓前有三级台阶，并立有五代风格的石翁仲1对。墓左前方50米处有夫人柯氏墓，立2尊石翁仲。2012年列为南安市文物保护单位。

傅应嘉墓 位于南安市霞美镇金山村。坐南朝北，占地面积约1400平方米，墓堆塔形，花岗岩墓碑，高2.5米，宽0.9米，碑文“福建都司昭勇将军”。2020年列为南安市文物保护单位。

傅翰奇墓 位于南安市康美镇福铁村古仁寨下。墓主为广东长乐司训。占地面积1032平方米，坐东向西。2020年列为南安市文物保护单位。

傅致政墓 位于诏安溪畔河港山，依山面水。墓主为诏安霞浦傅氏开基祖。长房砂手拱抱过面，次房砂手较短，名叫离乡砂号。

傅实墓 位于南安市丰州镇桃源村葵山之麓。墓碑为花岗岩质，方形圭首，上面阴刻楷书“傅始祖考墓”。墓西向数十米处为其夫人黄氏墓。金钗山下还立有“唐节使仆射傅公、夫人黄氏神道”碑1通。2011年扩建为文化园，占地面积4万平方米，坐北向南。

傅仁裔墓 位于泉州丰泽区东海街道金崎村宁海庙旁。墓主为仙游罗峰傅氏始祖。占地面积350平方米，坐东北向西南，“龙虾戏水”形。

傅仁远墓 原位于晋江市英林镇石湖草坂万寿塔西南，2001年移葬港前山麓。墓主为晋江开基祖，官左侍禁。占地面积50平方米，坐西北向东南。

傅永旺墓 位于安溪县蓬莱镇鸿福村格头山。墓主为安溪登虎榜开基祖。占地面积60平方米，坐南向北，形似傀儡。

傅少一郎墓 位于建宁县黄双洲水口湖洋嵊溪坛排。墓主为建宁黄双洲开基祖。占地面积50平方米，坐南向北，游鱼形。妣熊氏丙娘，葬夫坟右边外手中穴，坐南向北。

傅添瑞墓 位于泰宁县开善乡蜈蚣山崇光寺。为泰宁入闽始祖傅添瑞与妣李氏合葬墓。占地面积50平方米，坐北向南。

傅筹墓 位于将乐县城南占角庙。墓主为宋户部尚书，北宋熙宁九年（1076年）卒于官，神宗遣部官送柩还乡，将乐知县徐发奉葬于将乐城南。占地面积50平方米，坐东向西，象形。

傅瑞墓 位于仙游县赖店镇留仙村留仙山。墓主为仙游罗峰开基祖。占地面积400平方米，坐北向南，“眠犬”穴。

傅楫墓 傅楫敕葬江南常州宜兴县善权山，衣冠冢位于仙游鲤南镇玉塔村东埔山。占地面积400平方米，坐东南向西北，“仙人翘足”穴。

傅伫墓 位于仙游县孝仁里大僻山下白石西峰下。称为“蛇逐蛤”形，占地面积400平方米，坐西南向东北。陆游撰墓志铭。

傅淇墓 位于仙游县慈孝里东门顶龜夹山。占地面积530平方米，坐北向南。

傅兴龙墓 位于南平市建阳区崇政里石床地名前历。墓主为建阳傅氏入闽始祖。坐西北向东南。

傅元香墓 位于龙岩市新罗区江山镇村美村岭头寨。墓主为龙岩村美傅氏开基始祖。建于明代，坐东向西。为罕见的朝天圆形墓穴，墓周用卵石围成犹如大鼓的边灯，占地面积300多平方米。

傅景荣墓 位于龙岩市新罗区红坊镇紫金山脉三将军山，白水漈上坑将尽处左畔半山间。墓主为龙岩船巷开基始祖。明弘治年间（1490—1505）建。占地面积200多平方米。坐东向西，飞天紫凤形。

傅念七郎墓 位于上杭县蛟洋八岭。墓主为上杭蛟洋傅氏开基始祖。明万历四十八年（1620年）修葬，康熙四十七年（1708年）重修。2018年扩修。坐西北向东南，占地面积1800平方米。

傅百一郎墓 位于上杭县太拔园螺山。墓主为上杭增坑傅氏开基始祖。始建于元末明初，清康熙五十八年（1719年）、光绪十三年（1887年）、2008年重修。占地面积60多平方米，坐南向北，“弥陀显肚”形，满堂石。

傅正先墓 闽西傅氏开基始祖正先与祖妣陆福金、赵三娘同葬于连城县傅家墙大岭背坑后龙山。坐西向东。墓碑石刻横屏“松爵芝灵”，左右石刻对联“云山映古墓，金玉祭宗茔”。坟前有华表一对，清嘉庆九年（1804年）重修，1913年复修，占地面积2000平方米。

傅青峰墓 位于漳平市霞苑彰德厝后。墓主为漳平霞苑傅氏开基祖。嘉靖十二年（1536年）、乾隆十六年（1751年）、2013年重修，占地面积300多平方米。坐北向南，“蜈蚣吐珠”形。

傅恭二墓 位于宁德市蕉城区赤溪镇赤溪村大坛后门山。墓主为宁德赤溪傅氏开基祖。金虾穴。占地面积200平方米。

傅启佑墓 位于福鼎市茗洋镇洋罗湖花寮厝。墓主为福鼎茗洋傅氏开基祖。占地面积50平方米，坐北向南。

第五节 古建筑

南安朵桥聚奎楼 位于金淘镇朵桥村，又称朵桥土楼。清康熙（1662—1722）中晚期傅方升、傅方进兄弟始建，历经10年，共耗资纹银3700两。1939年局部维修。聚奎楼是一座方形土楼，占地面积1016平方米。坐西朝东，土楼高三层，内通廊式，每层20个房间，共60间。土楼第一、二层由花岗岩石砌筑，第三层由三合土夯筑。天井凿水井一口，可供全楼族人饮用。2005年列为福建省文物保护单位。

尤溪台溪双兴堂 位于台溪乡台溪村。清咸丰五年（1855年）始建。建筑面积3000多平方米。坐东向西，木结构，二进五开间，两旁各二排二层厢房，共有360个房间。为尤溪北上抗日先遣队旧址，保存多条红军宣传标语。2007年列为尤溪县文物保护单位。

仙游龙头书社 位于赖店镇罗峰村霞亭。宋太平兴国年间（976—984）罗峰傅氏始祖傅瑞兴建，历代均有修葺，光绪十六年（1890年）原址重建，1983年重修，2015年增建第三进。建筑面积300多平方米，占地面积500多平方米。坐西向东。由门厅、正堂、左右厢房组成，内存有贴金匾额、佛屏、八卦石等古迹。龙头书社既是傅氏族人耕读之余谈经论学、吟诗赋文之所，也是傅氏子弟的学习进修之所。1984年列为仙游县文物保护单位。

邵武大埠岗中翰第和下东升号 分别坐落于大埠岗中街和下街。系清嘉庆（1796—1820）至道光（1821—1850）初儒林郎、布政司理问傅穹与其子中书舍人傅国瑛建造的两幢宅第，中翰第为三进厅，占地面积1000余平方米，建筑面积约800平方米，砖石雕饰丰富。下东升号为两进厅，占地面积近1000平方米，建筑面积558平方米。1997年列为邵武市文物保护单位。

光泽油溪承安廊桥 位于鸾凤乡油溪村。明万历三十二年（1604年）建造，1944年重建桥上的木架廊屋。为石墩木梁桥，长约50米，桥体呈月牙状扇形。相传，明万历年间（1573—1620），傅玉满、傅玉秀两兄弟幼年父母双亡，靠吃百家饭长大，后经商挣了一笔钱，在村口建了五墩四孔的廊桥，方便人们出行，以此来回报乡亲的养育之恩。2016年列为南平市文物保护单位。

福州西湖宛在堂 位于福州鼓楼区西湖公园内。明正德年间（1506—1521），福州诗人傅汝舟在西湖小孤山东南隅营建别墅，以其诗句“城外西湖烟霭光，孤山宛在水中央”，取名“宛在堂”。建筑面积300多平方米，占地面积500多平方米。宛在堂建成后，成当时诗人云集地。清乾隆十三年（1748年），诗人黄任倡议重修宛在堂，并在堂中设立诗龛。从此，宛在堂成为吟诗聚会之地和凭吊诗人的纪念堂。宛在堂屹立于高台之上，歇山顶，木构三楹，三面环廊。堂前正中高悬“宛在堂”匾，廊柱上挂着诗人陈衍所撰“聊增东越湖山色，略似西江宗派图”的楹联。

福州西湖宛在堂

仙游锦园民居 位于赖店镇龙兴村度下。清乾隆二十二年（1757年）修职郎傅鼎第兴建。建筑面积2560平方米，坐西北向东南，属大型民居建筑群。三进式，土木结构。设厅堂房舍98间、谷仓12个、大小天井19个。

宁德赤溪“百二间” 位于蕉城区赤溪镇九斗洋弄3号。清乾隆二十八年（1763年）始建。建筑面积853平方米。坐东南向西北，砖木结构，三层楼房，有大小房间120间，故称“百二间”。1934年，红军北上抗日先遣队与闽东工农红军独立师在赤溪会师，曾驻扎“百二间”，其右边墙壁上至今还保留着红军宣传标语。

第六节　民间信仰

闽清大段“麻公三圣” 清雍正年间（1723—1735），傅得振、傅得又由汀州上杭迁居闽清梅溪大段，同时带来了“麻公三圣”神灵供奉。相传“麻公三圣”是紫微大帝手下名将，紫微大帝依靠其收服神灵“黑狗公王”。大段傅姓族人每年正月元宵举行隆重的“麻公三圣”供奉仪式。

“迎公太”民俗活动 连城县朋口镇马埔村的珨瑚庙于每年农历二月初二，都要进行入公太等一整套祭祀仪式，俗称“迎公太”。河源十三坊“迎公太”民俗已有500年历史，列为省级非遗保护项目。连城朋口村、马埔村、鱼潭村、丁坑村和长汀伯公岭村、大坑村等傅姓族人都参与这一民俗活动。

长汀潭复“黄倖三仙”醮事 潭复傅姓祖先信奉“黄倖三仙”。始迁祖傅仕云从上杭紫金山恭奉香火至潭复，初将神牌塑神像并建庙于潭复石鱼形下，后庙和塑像被洪水冲走。相传，有一次，饶仁云撑船下汀州，经十里铺长潭，见三条红鲤鱼跟随而来。翌日，又见三条红鲤鱼跟随，寸步不离。三条红鲤鱼跳到船上，变成三枚刻着“黄倖三仙”名字的神牌。潭复傅姓闻知，即选址重建神庵（今龙泉庵）供奉“黄倖三仙”塑像。据传，农历六月初六是“黄倖三仙”诞辰日，每年这一天，潭复傅姓族人都做纪念“黄倖三仙”的醮事。

第七节 非物质文化遗产

国家级非遗福州茉莉花茶窨制工艺及其代表性传承人 福州茉莉花茶窨制工艺，是一种用特种工艺造型茶或经过精制后的绿茶茶坯，与茉莉鲜花窨制花茶的传统工艺。茉莉花茶的窨制工序包括茶坯处理、鲜花养护（伺花）、茶花拌和、堆窨、通花、收堆、起花、烘焙、冷却、转窨或提花、匀堆装箱等数十道精细工序。上好的福州茉莉花茶根据年份、茶坯质地、气候的不同，要经过6~9窨提花后方能出厂，每一窨要经过2~3日，如遇雨日则顺延（因为雨水会影响茶的品质）。对温度、湿度、花的时机等都要严格把握，差之毫厘便失之千里。2015年列入国家级非物质文化遗产名录。2010年福州茉莉花茶传统工艺第四代传人仓山区城门镇孪生兄弟傅天龙、傅天甫获福州市茉莉花茶传统工艺传承大师称号，2012年成为“福州茉莉花茶窨制工艺”项目代表性传承人。2014年傅天龙成为“福州茉莉花茶窨制工艺”项目代表性传承人。

省级非遗南安蛇脱壳古阵法及其代表性传承人 南安丰州桃源的太祖拳是泉州南少林五大拳种之一。其“蛇脱壳”阵法独具特色。2007年、2009年，“南安蛇脱壳古阵法”先后列为市级、省级非物质文化遗产名录。2011年、2014年，桃源村傅子嘉先后成为该项目市级和省级代表性传承人。

市级非遗泉州桃源元宵灯会 唐僖宗年间（873—888）节度招讨使傅实带兵入闽，在丰州桃源建唐王宫。每年元宵节按长安结灯仪式，祝天子万年，庆贺升平，与民同乐。此后，元宵点灯在闽南地区相沿成俗，称泉州第一灯。桃源点灯代代相传，内容也不断更新，如丰盛筵席祭祀、十世同堂拜祖、攻炮城、篮球比赛、竞猜谜语、摄影展览、车队游行等，傅氏元宵灯会还加入了“唱红歌广场舞”的活动内容。2016年列为泉州市非物质文化遗产。

市级非遗泉州歌诀及其代表性传承人 泉州歌诀是一种用闽南话编创和传播的民间口头文学。2008年，“泉州歌诀”列入泉州市非物质文化遗产保护名录。2011年，锦田村傅孙义成为泉州市该项目代表性传承人。

市级非遗泉州润饼皮及其代表性传承人 百年老字号“泉州润饼皮”于1913年在今泉州市鲤城区常泰街道锦田社区制作成名，1936年，第二代传人傅金钟迁居泉州西街，潜心研磨面泥的搅拌技艺，根据不同的季节和气候，用不同的比例下原料，并在面泥的搅拌过程中，充分利用臂膀的灵活性，搅拌出既有黏度又有韧度的面泥。其烙制的春饼皮既白又韧，好评如潮。2010年，“泉州润饼皮制作工艺”列入泉州市非物质文化遗产名录，2011年，傅国英和傅国忠成为泉州市该项目代表性传承人。

市级非遗泉州“火鼎公火鼎婆”民间舞蹈及其代表性传承人 “火鼎公火鼎婆”源于泉州民间迎神赛会中的“火鼎踩路”，有“烧去千灾，迎来百福”之意，后来逐渐从“火鼎踩路”等习俗中独立出来，成为民间舞蹈“火鼎公火鼎婆”的民俗表演阵头。2010年列为泉州市非物质文化遗产，2012年，锦堂村傅清水成为泉州市该项目代表性传承人。

第八节　名胜古迹

上杭蛟洋文昌阁　坐落于上杭县蛟洋镇蛟洋村。清乾隆六年（1741 年）由蛟洋傅氏先人为祈求文运昌盛而建。阁高 38 米，占地面积 1500 平方米，砖木结构，是宝塔式与宫殿式结合的古建筑。整座文昌阁没有使用一枚铁钉或铁质固件，而是采用穿斗木榫和悬臂梁式构架，是中国古建筑中著名的“中心柱悬梁结构”。阁外观六层，内实四层，主阁楼左翼为天后宫，右翼是五谷殿。文昌阁为古代文人聚会的地方，每年“会试”“文会”、祭祀均在此举行。1929 年 7 月 20 日至 29 日，中共闽西一大在此召开，毛泽东、张鼎丞、邓子恢出席会议。1961 年列为福建省文物保护单位，2006 年列为全国重点文物保护单位。（见彩图 10-2）

长汀福音医院　坐落于长汀县城。清光绪三十四年（1908 年）建成，原名“亚盛顿医馆”。建筑面积 1871 平方米，共有房间 30 间，土木结构平房。1925 年“五卅运动”后，英籍院长回国，由傅连暲主持院务，1926 年改名“福音医院”。1931—1933 年，福音医院成为中央苏区的红军医院，傅连暲任院长。1966 年福音医院按原样修复，后来设立傅连暲纪念馆。1988 年列为全国重点文物保护单位。（见彩图 10-3）

南安桃源宫陀罗尼石经幢　位于南安市丰州镇桃源宫（桃源宫，系南安傅氏始祖傅实所建，建筑面积 300 多平方米）内。北宋天圣三年（1025 年）建。经幢石构，八角七层，通高 7 米。须弥座八角各有侏儒，束腰雕飞天。座上施用八角形水波纹平座，上置覆盆。幢身第一层浮雕双龙戏珠，二、三层浮雕佛像，四层刻“尊胜陀罗尼经咒”，上端横镌“奉为今上皇帝资崇佛幢一座”，六层挑檐翘角，间以仰莲。幢身每面浮雕佛像神态各异。七层幢身与檐均作方形，出檐雕飞天，葫芦顶。除基座用多块花岗岩石砌成外，其余均为整石雕就。经幢构筑完整，造型完美，是福建宋代石经幢经典作品之一。1961 年列为福建省文物保护单位，2019 年列为全国重点文物保护单位。

南安莲花峰摩崖石刻　位于泉州傅氏发祥地南安市丰州镇桃源村境内。现存石刻 23 方。石刻始于宋大中祥符四年（1011 年），晚至清道光五年（1825 年），以宋戴忱、傅自得、朱熹，明黄河清、黄天节，清方士伟等人的楷书、行书及篆书题刻著称，是研究泉州地区历史、水利建设及书法艺术的重要实物。1996 年列为福建省文物保护单位。

仙游万寿观　坐落于仙游一中内。原为傅楫祠。宋建炎四年（1130 年）傅楫第三子傅谦受在傅楫读书处金石山创堂，绍兴七年（1137 年）建成，奉祀玄天上帝，分立傅楫及罗峰傅氏先祖牌位，名曰“少师楫公福神观功德道院”，简称“福神道院”。明洪武（1368—1398）时改名“福神观”，隆庆四年（1570 年）改名“万寿观”。万寿观依山而筑，坐北朝南，主要建筑有山门、前厅、天池、两侧庑廊、正殿、先祖殿及东西偏殿。中华人民共和国成立后，仙游县政府委托仙游一中管理。1997 年秋，先祖殿被仙游一中拆除，万寿观仅存原规模一半。建筑面积 1000 多平方米，占地面积 1200 多平方米。2009 年列为福建省文物保护单位。

仙游万寿观

建阳多宝塔　坐落于建阳水南鲤鱼山。明万历三十年（1602 年），傅国珍在知县魏时应协助下，捐资倡建多宝塔。1988 年福建省、建阳县政府拨资重修。2011 年，建阳市政府投入 500 万元再次修缮。多宝塔为八角七层阁式，高 26. 8 米，整座塔由条石、方砖、木条构成。塔基由大石板砌就，须弥底座由八尊石刻雄狮承托。方砖砌成的塔身，每层八面佛龛内均雕有佛像。2013 年列为福建省文物保护单位。

上杭蛟洋红军医院旧址 坐落在上杭县蛟洋镇蛟洋村石背自然村。原为蛟洋石背傅氏宗祠，始建于明成化、正德年间（1465—1521），坐西南向东北，砖木结构，二进三开间，右边有厢房。建筑面积 500 多平方米，占地面积 1000 多平方米。1929 年 6 月 10 日，红四军和闽西特委研究决定，在蛟洋石背傅氏宗祠建立红军医院。毛泽东在邓子恢、张鼎丞、傅柏翠等陪同下，亲自参加红军医院成立大会。1986 年列为上杭县文物保护单位。2020 年列为福建省文物保护单位。

泉州东禅寺 坐落在泉州市区仁风街东禅村凤山。唐乾宁年间（894—897）威武军节度招讨使傅实兴建，初名“护安功德院”。护安功德院有五堂一殿，五堂即法堂、达摩祖师堂、十三武僧堂、罗汉堂、玄女堂，一殿即大雄宝殿。此外还有庑廊、厨库等附属建筑，俨然一大丛林。此后改称“东禅寺”，即东禅少林寺之前身。建筑面积 200 多平方米。1992 年列为泉州市文物保护单位。

闽清起傅岩摩崖石刻 位于闽清县云龙乡漈上村。为宋代音乐家陈旸及其兄陈祥道、陈安道读书处。“起傅岩”缘于傅说筑于“傅岩”、武丁举以为相的故事。宋绍兴二十四年（1154 年）状元张孝祥将陈祥道、陈旸道兄弟比作傅说，书“起傅岩”，意为陈家兄弟也是起自陇亩，然均怀高才，终为朝廷重用。“起傅岩”石刻为楷书直下，阴刻，字径 1 米，保存较好。1995 年列为闽清县文物保护单位。

漳浦印石山石刻 位于漳浦县东门兜外印石山，该山因峰顶巨石如印而得名。大印石高约 3 米，长约 10 米，底端只有少许面积接触另一块巨石上，颇似风动石。大印石正面两侧石刻“吕令峰”“傅公河”。漳浦知县吕涛为除虎患，掘阱陷虎，后人称此岭为吕令峰；漳浦知县傅希龙引鹿溪之水灌溉良田，后人称此河为傅公河。大印石正面正中石刻宋大观二年（1108 年）傅希龙书《印石记》，全文 290 字，记载凿河引水之事。1996 年列为漳浦县文物保护单位。

仙游白石院 坐落在赖店镇罗峰村大僻山南麓。唐乾宁三年（896 年）始建。宋绍兴（1131—1162）初年，进士傅求之子傅德存和进士傅权之孙傅惠瑗先后往白石院为僧，其间寺院重建。清康熙十一年（1672 年）重修，咸丰二年（1852 年）再次重修。2011 年重修。现存寺院建筑面积 1100 平方米，分上下两殿。白石院保留了明清时期建筑的风格和装饰，住宿区上下两进间由三个天井间隔，分成上中下三堂。天井口的瓦当制成桃心状纹饰，天井底部用传统“六寸红砖”铺就，精致又古朴。寺内佛堂、阁楼、客厅等一应俱全。1980 年列为仙游县文物保护单位。

仙游醒桥观音亭 坐落在赖店罗峰村醒桥自然村。相传，妙应禅师为罗峰傅氏卜地时标识四极，宋淳化年间（990—994），罗峰傅氏在四极建观音亭。位于赖店镇罗峰村的醒桥观音亭为四极之东亭，樟林村的灯坪观音亭为四极之西亭，龙兴村的白马观音亭为四极之南亭，土山村的土山观音亭为四极之北亭。四极观音亭成为罗峰傅氏保护神，千年香火不断，历代均有修葺。亭旁保存有古代石刻。1989 年列为仙游县文物保护单位。

上杭蛟洋革命烈士纪念亭 坐落于蛟洋镇蛟洋村。为纪念 1928 年 6 月 25 日“蛟洋暴动”和土地革命斗争中牺牲的革命烈士，1930 年 1 月 9 日，上杭北四区群众在蛟洋村建造纪念亭，亭内竖纪念碑，上刻 38 位烈士英名，其中傅氏烈士 25 位。1957 年，纪念亭迁建于文昌阁右侧山上。1993 年列为上杭县文物保护单位。

傅柏翠故居避贤庐 位于上杭县蛟洋镇蛟洋村。1934 年国民党十九路军军长蔡廷锴出资建造赠送给傅柏翠。占地面积 200 多平方米，坐北朝南，土木结构，四方形，青屋瓦。前后两栋，前栋有两层，中间是楼厅，楼厅天子屏上挂着“避贤庐”三个大字。在三年游击战争、抗日战争、解放战争中，避贤庐成了傅柏翠与共产党和游击队暗中联系的重要场所。1949 年 7 月，从江西溃退下来的国民党胡琏兵团纵火烧了避贤庐，并悬赏 10 万银圆买傅柏翠的首级。1950 年，傅柏翠筹资重新修复，1993 年列为上杭县文物保护单位。

南安开闽傅氏文化园　位于南安市丰州镇桃源村环山顶金钗山。2011年动工建设。占地面积4万平方米，文化园是在傅实及夫人黄氏的陵墓基础上建成，共分为5个文化广场，内有高5米、重20多吨的傅实雕像及其8个儿子的雕像，建有3座石牌坊、1口大型风水池、九龙壁石雕、蟠龙石柱、文官武将和动物石雕、二十四孝石雕图、孝思亭、敬祖亭及各种题刻等。

将乐圣水岩　位于将乐龙栖山与万全乡交界处，海拔1561米。圣水岩三峰突兀，峰顶是一片石林。天气晴好时，在岩顶可望见将乐、泰宁、明溪、清流、宁化5座县城及金湖。将乐龙栖山芜上始祖傅廷信次子傅天真与杨祖光一起在圣水岩兴建庵宇，奉祀六圣祖师。傅天真又捐资千金建立石洞，将周围山场纳入该庵掌管，又舍田20余秤，为该庵香火之资。傅天真的后裔陆续有人捐资修建。

仙游罗峰禅师庙　坐落在罗峰之东荔园之内、妙应禅师所指石碑"祖师石"旁。傅实与妙应禅师为方外友，唐乾宁年间（895—898）两相宅穴互易，有"汝居我穴，衣冠不绝"之预言。宋建炎年间（1127—1130）傅氏先祖念禅师相地之恩，在禅师所指石碑旁建庙纪念，庙内供奉妙应禅师神像。1997年扩建成单间两进庙宇。建筑面积100多平方米。

邵武大埠岗傅氏家塾碑刻　位于邵武大埠岗傅氏家塾内。墙上有清代道光十年（1830年）四方黑砚石碑刻，均为高1.08米，宽0.46米，碑文为阴刻，有正楷、行楷两种。四方碑刻为：邵武府知府刘学厚撰《傅氏义塾序》、邵武知县杨乾初撰《傅氏义塾序》、候选直隶州州判葛兆麟撰《傅氏义塾序》、浙江西安县知县梅树德撰《傅氏蒙塾义田序》。

龙岩市新罗区江山镇村美拜侯台　位于江山镇村美傅氏宗祠聚星堂左边山坡上。是南宋末年文天祥屯兵勤王龙岩时，操训义勇兵员的指挥所。明清以来，又是历任龙岩州官祭拜九侯神山的祭坛。现为龙岩八景之一的"九侯叠嶂"观景台。

傅连暲将军故居　位于长汀县城东大街98号。占地面积279平方米，建筑面积200多平方米。坐北朝南，土木结构，由门楼、庭院、前后厅、厢房组成，具客家民居风格。1925年，傅连暲任福音医院院长后，在家里设有诊所，并利用家中诊所为中共地下党医治伤病员。门楼横楣"注意卫生"四字为傅连暲亲笔所题。

周宁七步南台王宫　位于周宁县七步镇七步村。宋建隆年间（960—963），福州南台石兰桥傅子一举家外迁时，先到南台护国寺请一尊铜香炉，用稻草系在行李上，行至宁德县青田乡东洋里七蒲村水尾五株水杉树下时，扁担断了，香炉落地，认为南台王显灵，便在此筑屋开基，并建南台王宫，奉祀南台王。附近的五株水杉古树，已列为福建名木古树。南台王宫中供奉南台王和五树大王，常年香火不断。

第五章　人　物

第一节　人物传

傅　实（866—926）　字仲诚，行十一，河南光州固始人。唐僖宗广明年间（880—881）入闽，授威武军节度招讨使建州都押衙。傅实进兵泉州，力除群盗，籍土地、招流亡，民无干戈鱼肉之苦。状上，敕赐银印青绶，衔银青光禄大夫检校尚书左仆射。后带队伍退居南安，驻武荣之周井堡。命将士修筑旧堡，并沿江而下新建三堡以驻守。光启二年（886年），王潮、王审知队伍进驻泉州，以傅实事迹上奏，疏请傅实协同治理军政。天复二年（902年），朝廷敕傅实威武军节度使建州都押衙检校尚书光禄大夫，同时赐男爵，食邑千户。

傅 筹（1008—1076） 将乐人。北宋庆历七年（1047年）因抓捕江西贼寇、经理边务有功，官至金紫光禄大夫上柱国政兼理户部尚书，将老家大部分田地捐赠给府学和县学作学田。

傅 镕 字范民，建阳人。年轻时曾求学于欧阳修门下，北宋嘉祐六年（1061年）进士。初任蓬莱知县，转任邕州通判。熙宁三年（1070年），神宗命司马光主持编修《资治通鉴》，司马光交由傅镕主笔草创，范祖禹协助。熙宁七年（1074年），傅镕补任汝州通判，后转官兴化。元丰七年（1084年），参左仆射兼赞修史事。不久辞官回乡，与同乡中辞官归隐者一道成立九老会。

傅 楫（1042—1102） 字元通，仙游人。北宋治平四年（1067年）进士。任扬州司户参军，代理天长知县时，发动百姓揭发奸邪狡诈之徒，使之灭迹。在国子监任太学博士4年。绍圣二年（1095年），宁王赵佶就资善堂学，傅楫为老师，进职侍讲、翊善中人。谏臣邹浩因言事被贬，傅楫因为他送行也遭到免职。徽宗赵佶即位后，傅楫官至中书舍人。傅楫每以遵祖宗法度等向宋徽宗进言，在朝中一年，以龙图阁待制出任亳州知府。

傅惟肖 字应求，南安人。北宋绍圣四年（1097年）进士，任清江知县时，有一年发仓赈灾，有灾民趁乱抢粮，傅惟肖认为灾民只是饥饿难耐，情有可原，不以重罪治之，灾民大部分得以免除死罪。傅惟肖在岳州通判任上去世。

傅 伫（1084—1151） 字凝远，傅楫堂侄，仙游人。北宋重和元年（1118年）进士。任南安县丞时，遇大饥荒，请求破例设立安养院收留无家可归的灾民，待年景好转再回家团聚。任晋江知县时，依诏令督造战舰，亲临现场督造，人工费比其他地方减半，而任务却先完成，获减免政绩考核两年。后调到茶事司干办公事，曾督造天子行宫，官至朝奉大夫，累赠金紫光禄大夫。

傅贻度（1078—1159） 字冲远，自号植德老人，仙游人。以父亲傅楫遗表恩补承务郎。后任监涟水军、涟水县酒税、泰州如皋县丞、镇江江口镇监务。宋高宗南渡避难，任命傅贻度主管南京鸿庆宫。秦桧为孙求婚，傅贻度极力谢绝结亲，挂冠而去。

傅知柔 字德潜，仙游人。北宋宣和三年（1121）进士。任循州判官时击败贼寇曾少龙，循州城得以免难。任龙岩知县，贼寇不敢犯境。海寇林元仲猖獗，傅知柔调任泉州佥判，奉命招抚，林元仲惊惧，随即投降。傅知柔后任职朝请郎、福州佥判。

傅自得（1116—1183） 字安道，晋江人。北宋靖康年间（1126—1127）随母避乱入闽，定居泉州。南宋绍兴年间（1131—1162），因父亲出使金国殉节而得以补官，三监潭州南岳庙，福建路提点刑狱司，通判漳州。绍兴二十六年，傅自得邀请朱熹游九日山，当夜载酒泛舟金溪，写下《金溪泛舟序》。乾道年间（1165—1173），因不接受权臣曾觌的招用而名闻四方。曾出知兴化军、漳州府、临安府，官至福建路转运副使。朱熹请傅自得为其父朱松的《韦斋集》作序，有“相知为最深”之语。

傅自修（1118—?） 字勤道，晋江人。北宋靖康年间（1126—1127）随母避乱入闽，定居泉州。南宋绍兴年间（1131—1162）监泉州市舶司务，到任后，悉心整顿，革除积弊，贸易兴隆。傅自修由福建机幕职上提举福建市舶司，外国客商举手相贺。乾道（1165—1173）初调任潮州知府，招抚海寇，编为水军，赖以控扼海道。官至直宝文阁，朝廷任命为江西漕运转运司时，未及赴任去世。

傅 汶 字元鲁，仙游人。受父荫初调清流县尉，改将乐知县。剑、建地区曾有弃婴的陋习，傅汶命令里正登记在册，官府给钱米资助养育，因此存活者数以万计。任广州府副职时，狱中贼满为患，傅汶主动承担此事，很快就据实情将囚盗分成三类，只将伤及失主并且赃物金额达到定罪标准的这类囚犯报请死刑复核，其余都减轻罪行发落，发配远近不等。后知贵州，提举江西茶盐事，继知德庆府。其为官贤能，所到之处都以仁政著称。

傅 淇 字元瞻，仙游人。南宋绍兴三十年（1160年）进士。任监察御史纠察政务之初，一人顶六个监察官职缺。孝宗推崇武臣，很多文臣趁机以文阶换武爵，冀获升迁。傅淇上奏，杜绝此弊。后任浙东提刑、直龙图阁，因赡养高龄母亲获准回老家任泉州知府。光宗时（1190—1194）任广西提刑等职。官至中奉大夫直龙图阁，爵莆田县开国男。

傅伯寿（1138—1223） 字景仁，晋江人。南宋隆兴元年（1163年）进士，又试中教官科，乾道八年（1172年）应试博学宏词科。从三馆出知道州后，由吏部郎官出知漳州。庆元元年（1195年）入朝为中书舍人直学士院，累迁礼部尚书，出京任建宁知府。嘉泰二年（1202年）又入朝为翰林学士，迁吏部尚书，进端明殿学士，签书枢秘院事。因主管军事，力挺韩侂胄北伐。开禧三年（1207年）北伐失败，韩侂胄被主和派史弥远等人谋杀，傅伯寿被参阿附韩侂胄，追三官落职。

傅伯成（1142—1226） 字景初，晋江人。少年时跟随朱熹学习，南宋隆兴元年（1163年）与兄傅伯寿同登进士，又试中教官科，授明州教授，知闽清、连江县。庆元元年（1195年）召为将作监，进太府寺丞。当时韩侂胄专权，傅伯成上书宁宗，力言吕祖俭不应当被贬、朱熹学说不可视作伪学，极论朋党之祸，结果被贬出任漳州知州。在漳州创建惠民局，建造东溪桥，由郡南门到漳浦，建桥35座，治道1200丈，不久升迁工部侍郎。朝议欲收纳金国叛降者，傅伯成认为不宜轻弃信誓，力言戍边将帅毋生事，以“摇动国是”罪名被罢官。嘉定元年（1208年）任户部侍郎，擢升左谏议大夫。因拒史弥远引诱拉拢，被贬为吏部侍郎，不久又贬为建宁知府。嘉定八年（1215年），宁宗召他回朝，加宝谟阁直学士，因病辞仕不至。宝庆元年（1225年）加宝文阁学士，第二年加龙图阁学士。谥号“忠简”。

傅大声 字仲广，仙游人。南宋淳熙十四年（1187年）进士，任福清主簿时，审理长溪盗囚，将受株连的50余人都予以释放，仅留下查证定罪的十几人。后调广州教授。通判循州时，贼寇爆发，傅大声全力抗击，贼寇溃败。其上陈的御敌对策被采纳，颁行于广东十四州。后任循州知府，官至朝奉大夫。百姓感念其政绩，立祠纪念。

傅　壅 字仲珍，晋江人。南宋庆元二年（1196年）进士，嘉定三年（1210年）以宣教郎知崇安县，创均惠仓，增学田，立义冢，邑人为其立祠。任大理寺丞时，审核刑狱洗刷冤案，出任南剑州知州、漳州知州。后调任江西抚州，以都官郎受召，尚未赴任就去世。

傅贵卿 福安上二十九都东山（今甘棠镇东山村）人。元至正十五年（1355年）响应红巾军号召，揭竿而起，聚众千余，迅速控制白沙、水田一带，诛杀元朝官吏，开豪富粮仓广济饥民。至正十八年（1358年），福宁州同知袁天禄率兵进剿，傅贵卿在黄岐（今福安下白镇）大败官军60余艘船。翌年，福建行省参政观音奴率兵进剿官塘，被傅贵卿击败。至正二十三年十月，傅贵卿巡营时被廉村社头目卓仲溪计擒，同年十一月被烹杀于柘洋溪坪。

傅　浚 字汝源，南安人。明弘治十二年（1499年）进士，授户部主事。父丧回家守孝期间，被宦官刘瑾削职为民。刘瑾死后，傅浚被重新起用。任工部郎中时，负责督理最大的官营铁场河北遵化铁冶，改革旧弊，节省铁灶费三分之一，因此成为铁冶定制，遵化铁冶一度中兴。转任工部都水司郎中，掌管全国河渠水利、堤防桥梁等事务，因不徇私情，被排挤出工部，任山东盐运司同知，在任上卒。

傅　镇 字国鼎，号近山，傅珙长子，同安人。明嘉靖十一年（1532年）进士，由行人授南京御史，耿直敢言，上书弹劾宦官潘真挟私乱政、凌虐军士，朝廷派员核查，罪证属实，将潘真治罪。傅镇曾代巡三省，巡山东时，当地妖人谢汉作乱，众多党羽被抓，郡县官员欲将他们全部处死，傅镇改为只将首恶判处死刑，其余30余名胁从犯均予释放。署理河南道掌管考绩时，奸相严嵩下令罢黜一位观察使，傅镇因拒绝执行、违忤严嵩之意而出为河南按察副使，管理治河事务。当时尚有余款2000余两未用完，傅镇尽封于钱库中，人们将他姓名“镇”字拆分为“真金”，称这些钱为“傅真金”，赞誉其清廉。出任粤西参政时，有官员提议驱逐流民，傅镇坚决反对。官升右都御史，操江提督，不久因病辞官还乡。傅镇任御史时，耿直敢言，上疏谏无数，使贵戚豪强为之敛手，有“傅虎”之誉。外放为地方官员时，多行仁恕，以德政闻名。万历年间逝世，赐祭葬，祀乡贤。

傅夏器（1509—1594） 字廷璜，南安人。明嘉靖二十九年（1531年）会试第一，因不肯巴结权贵，状元落选。授吏部郎，转光禄寺丞，改任吏部员外郎。因任免事与阁臣不合，被罢官回乡，被聘协修《泉州府志》。

傅应嘉（1524—1567） 字德弼，号钟山，南安人。明嘉靖三十一年（1552年）中武举第二名，授把总职。傅应嘉协同俞大猷、戚继光抗击倭寇，转战江、浙、闽、粤各省，前后身历70余战。海寇吴平纠众倡乱，嘉靖四十五年（1566年），傅应嘉于凤凰山擒获并收服吴平，却因被诬罢职归里。

傅国珍（1545—1615） 字震南，建阳三桂里人。明万历五年（1577年）进士，授江西建昌司理。转任寺评，迁刑部侍郎，剖朱世勋、张傻子两件冤案。万历二十一年以中顺大夫出知嘉兴，致仕还乡。后于万历二十八年，与陈纪为编纂《建阳县志》总裁。万历三十年，捐资在县治南五里鲤鱼山倡建多宝塔。万历三十七年，建阳拱辰桥（今水东桥）毁于洪水，傅国珍捐资重建。

傅道统 号承宇，晋江人。明万历十四年（1586年）进士，授户部主事，历员外郎，任江西漕运监。出任袁州知府、汉阳知府，兴办学校，修建城池，政务俱兴。

傅文龙 字见卿。明天启二年（1622年）进士，授官大理寺评事，升河南道御史。弹劾陕西巡抚耿如杞的不法行为，使他受到处决。任陕西按察司佥事。

傅启光 字曙卿，号念介，南安人。明崇祯元年（1628年）进士，授户部主事，奉差担任密云县漕运监兑、苏松常镇漕务、权崇文门税课。升河南司郎中，掌管省直钱粮。任陕西副使，分守河西，死于任上。

傅象晋 字用锡，同安人。刻苦习武。明亡，熊汝霖拥戴鲁王由浙江乘船入闽，傅象晋联络乡兵勤王。次年秋天，广东卢若腾起义反清，授予傅象晋兵部主事职，傅象晋领兵攻打林姓村寨时，中埋伏，战死，年仅22岁。

傅龙金（1638—1698） 字从云，漳平永福人。因平叛乱、克海盗，功授中权司马左都御史。清康熙二十一年（1682年）被封为先锋大将抵御沙俄，收复雅克萨，提升为提督，后驻防陕西兴安（今安康市），卒于任上。

傅士和 字荣沐，龙岩人。清康乾“湖广填四川”时，率家族数十人进川，先后在金堂、简阳、成都定居。把福建闽西的种烟、制糖技术带至四川，并传到云南、贵州。

傅修孟 字惇侯，南安人。清乾隆五十二年（1787）进士，任广东丰顺知县时，曾只身前往规劝匪徒投案认罪。任饶平知县时，带头捐钱，修好隆都堤坝，隆都人为此特刻石碑“傅公堤”。海滨城镇日黄冈，谷价常腾贵，傅修孟将官粮折价卖给百姓，每年形成惯例。任南澳同知时，当地只有一口淡水井，傅修孟准确判断淡水泉脉，令人凿出一口淡水井，百姓刻石碑称“傅公井”以纪念。

傅廷标（1764—1830） 字准侯，号绳斋，晋江人。年少时即入伍参军，清乾隆四十八年（1783年），后提拔为把总。乾隆五十年领兵前往台湾平乱。累次加官千总、守备，代理水师左营游击。嘉庆四年（1799年）随从四川总督魁伦征剿贼寇，因军功补缺黎雅营游击。嘉庆二十二年补缺广西镇安副将，嘉庆二十五年调往广东镇守南韶连总兵，道光八年（1828年）任高州总兵。

傅　穹 字希上，号健庵，邵武人。白手起家，成为巨富。清嘉庆十二年（1807年），捐献百金倡导修缮县学宫。士子参加科举考试，经费不足，傅穹倡捐300金资助。道光五年（1825年）秋大歉，因担心次年饥荒，劝人种麦，而且供给麦种，次年果然大饥，又筹资赴湖南购粮运回，以平价出售。捐资3500余金创办乡义塾，又捐租150石用以补充义塾开支。

傅克钦 字梅臣，建阳人。拔贡生，任教习，授四川大足知县，调任山西徐沟知县。代理临晋同知时，捐献俸禄创办桑泉书院。迁任太原同知，提任广西柳州知府。清嘉庆二十三年（1819年），自出廉俸，参与重建山西平陆傅相祠和陵墓，撰《重建傅岩祠墓》碑文。

傅维彬（1884—1924） 南安人。清光绪三十年（1904年）秀才。辛亥革命前夕，在厦门加入同盟会。民国成立后，任晋江县商会“坐办”。1918年当选商会副会长。时民军高义部团长陈清祺贩运的鸦片被商民巡查队扣留，陈清祺威胁退还，傅维彬坚决拒绝。1924年春，傅维彬在泉州城里遇刺身亡。出殡之日，全城罢市以表哀悼与抗议，送葬者甚众。

傅连暲（1894—1968） 字日新，长汀河田伯公岭人，医学家，是解放军和新中国医疗卫生事业的重要奠基人。1915年汀州福音医院亚盛顿医馆毕业，受聘汀州八县旅行医生、福音医院医生、亚盛顿医馆教员等职。1925年被推举出任福音医院院长。1927年，发动汀城医务人员成立合组医院，无偿医治途经的南昌起义军伤病员300余人。1929年，带领福音医院救治来到汀城的红军第四军伤病员。1931年后，在汀州创办工农红军看护学校、中央红色医务学校，培养红军医护人员。1933年，将福音医院迁至瑞金，改建为中央红色医院，任院长。1934年，星夜赶往于都抢救身患急性疟疾的毛泽东。1934年参加长征，途中克服种种困难，救治伤病员，为周恩来、朱德等领导人治病保健。1938年加入中国共产党，长期担任中央总卫生处处长、中央医院院长。1945年任军委总卫生部副部长。中华人民共和国成立后，担任卫生部副部长、军委总后勤部卫生部第一副部长，先后当选为中华医学会理事长、全国政协常委、中共八大代表。1955年被授予中将军衔。“文化大革命”期间遭受残酷迫害，1968年3月29日在狱中含冤去世。1973年被追认为革命烈士，1978年公开平反。

傅柏翠（1896—1993） 又名秀中，上杭县蛟洋村人。清宣统三年（1911年）考入福建高等预科学校，加入同盟会。1912年就读福州海滨法政学校。1914年自费留学日本，加入中华革命党。1926年任国民党上杭县党部常委兼秘书。1927年加入中国共产党。1928年发动“蛟洋暴动”。1929年任红四军第四纵队司令员，后改任党代表和红四军前委委员。1930年，执意留在家乡蛟洋，推行共生产、共消费的“农村共产团”试验，后拒绝出任闽西苏维埃政府委任的职务，脱离党的工作。1930年被开除党籍。1931年组织地方保安队，接受国民党军队的任命，任总队长。1934年参与“福建事变”，任闽西善后委员会委员。1939年任永定县长，1941年任省保安第十一团团长，1944年任宁化县长。其间，曾同闽西红军游击队达成了互相协作和共同抗日的秘密协议。1949年参加上杭通电，发动闽西起义，脱离国民党，出任闽西义勇军临时行动委员会主任委员，为闽西解放做出贡献。中华人民共和国成立后，历任福建省人民法院院长、省政府委员、省文史馆馆长，先后当选为福建省政协常委、全国政协委员、民革福建省委会主任委员、省人大常委会副主任等职。1986年，以90高龄重新加入中国共产党。

傅　鹰（1902—1979） 闽侯人。1919年考入燕京大学化学系，1922年公费赴美国密歇根大学化学系留学，1925年取得硕士学位，1928年获博士学位。1929年应东北大学之聘回国，先后在东北大学、北京协和医学院、青岛大学、重庆大学任教授。1939年到设在福建长汀的厦门大学任教授，1941年担任该校教务长兼理学院院长。1944年返回重庆大学任教。1945年再度赴美，任密歇根大学研究员，从事胶体和表面化学研究。1950年离美回国，先后在北京大学工学院、清华大学化工系、北京石油学院任教授。1954年起执教于北京大学，建立以其为主任的中国第一个胶体化学教研室和相应的专业，1962年任北京大学副校长。傅鹰执教于化学讲坛半个世纪，为国家培养了几代化学人才。编写的《大学普通化学》成为全国高等学校化学系主要教科书，1987年被授予国家级优秀教材奖。傅鹰是有突出贡献的物理化学家之一，对胶体和表面化学的研究有着很深的造诣，是中国胶体科学的奠基人。1955年，傅鹰当选为中国科学院学部委员，还曾当选为第三、四届全国政协委员，第五届全国政协常委。

傅才秀（1903—1954） 女，上杭县白砂乡人。1929年红四军两次入闽，傅才秀参加打土豪、分田地。1930年，闽西特委妇女部长李坚真结识傅才秀和邓六金，成为志同道合的亲密战友，被誉为“闽西三朵花”。傅才秀入党后担任上杭县委妇女部长，不久，调到闽粤赣省委妇女部工作。1932年任福建省委妇女部长。红十二军收复上杭、武平后，傅才秀任武平县委书记。1933年任闽粤赣省苏维埃政府执行委员会常委兼妇女部长。1934 年当选为中华苏维埃共和国临时中央政府执行委员。1934 年中央红军主力转移，傅才秀为留守人员，在突围时与留守部队失散，流落到寻乌南桥，后经人介绍与平远县一位韩姓农民结婚。1951 年经李坚真介绍，入南方大学学习，同年 5 月结业后被安排在平远工作。1954 年病逝于平远。

傅承义（1909—2000）　闽侯人。1933 年毕业于清华大学物理系，1939 年考取英庚款公费留学，1941 年获加拿大麦吉尔大学物理学硕士学位，1944 年获美国加利福尼亚理工学院地球物理学博士学位。在美期间发表了一系列关于地震波传播理论的先驱性论文。1947 年回国，任中央研究院气象研究所高级研究员，兼任中央大学物理系教授。1953 年，在北京地质学院创建中国第一个地球物理教研室并任主任。1956 年在北京大学、1964 年在中国科学技术大学创建地球物理教研室，并担任主任，1973 年兼任中国科学技术大学地球及空间科学系主任。1961 年，开展“核爆炸的力学效应分析和核爆炸的远距离侦察”研究，开创核爆炸地震侦察，圆满完成中国首次核试验地震观测工作，受到国防科委表彰和 1978 年全国科学大会的奖励。1957 年当选为中国科学院学部委员，历任中国科学院地球物理研究所一级研究员、副所长、名誉所长，曾任中国地球物理学会副理事长兼秘书长、中国地震学会副理事长，曾当选第三届全国人大代表，第二、五、六届全国政协委员。

傅衣凌（1911—1988）　原名傅家麟，笔名休休生，福州西门傅厝里人。1934 年厦门大学毕业，1935 年东渡日本法政大学研究院攻读社会学。1939 年任福建省银行经济研究室编辑课主任。当时银行内迁永安，傅衣凌在永安城郊发现一批从明嘉靖年间至民国的土地契约文书，参阅地方志书，写成《明清时代永安农村社会经济关系》和《清代永安农村赔田约的研究》等论文。1941 年后，历任邵武协和大学、闽清福建学院、南平省立师范专科学校副教授、教授。1946 年任福建省研究院社会科学研究所研究员，兼任文史组组长。中华人民共和国成立后，历任厦门大学历史系主任、历史研究所所长、副校长、文科学术委员会和古籍整理委员会主任、中国科学院历史研究所兼职研究员等职。傅依凌是中国著名历史学家、中国社会经济史学主要奠基者之一，著作等身。1947 年加入中国民主同盟，1980 年加入中国共产党。历任全国政协第五、六届委员，中国民主同盟中央委员、福建省委会副主任委员，中国经济史学会副会长、福建历史学会会长、福建省社会科学联合会副主任等职。

傅林标（1913—1992）　连城朋口池溪村人。1929 年参加红军，1932 年成为中共党员。1930 年红军第二次攻打长沙时，为敢死队员，战斗中负重伤。伤愈后，留在湘赣军区独立第一师卫生队当卫生员。1931 年入军区卫生部医训队学习，毕业后分配红八军卫生部当卫生员、司药员。1934 年参加长征。抗日战争初期，任八路军一二〇师三五九旅七团卫生队长。抗日战争后期和解放战争时期，历任鄂北军分区卫生部部长、旅卫生部长、师卫生部长等职。中华人民共和国成立后，曾入军医大学深造 6 年，后任中南空军后勤卫生部第一副部长、广州空军后勤卫生部部长、广州空军后勤部副部长等职。1955 年荣获二级八一勋章、三级独立自由勋章、三级解放勋章。

铁　坚（1914—2011）　原名傅藻春，参加红军时改名傅胜三，后更名铁坚，长汀河田伯公岭人。1930 年前往连城投奔红军，成为红十二军战士，后任宣传队长。1931 年任机枪连指导员。1933 年，铁坚所在的红二十四师奉命回闽西参加保卫连城的战斗，他指挥连队负责掩护主力转移，胜利完成阻击任务。之后，铁坚被提升为二营营长，后调师部任宣传科长兼宣传队长。1934 年到中央红军大学学习。1934 年参加长征。抗日战争时期，先后担任八路军政治部民运工作团主任、抗日总部游击一支队队长等职。解放战争初期，任华东军政大学干部科长、华东军区军政工作团副团长等职。1948 年被调往中央香港分局。1949 年任解放军闽粤赣边区纵队副司令员兼参谋长。1949 年任广东军区汕头军分区司令员。不久后调回福建地方工作，离休前任省农垦局顾问。

傅学渊（1915—1987）　长汀新桥潭复村人。1931 年参加红军，同年加入中国共产党。在红七军团任战士、班长，参加中央苏区三、四、五次反“围剿”。1934年在战斗中身负重伤，被留在皖赣边区军分区司令部工作，任通信班长、排长。抗日战争时期，历任新四军一支队排长、连长、营长等职。解放战争时期，任华东野战军一纵队二师五团副参谋长、参谋长等职，参加淮海、渡江、淞沪等战役。此后，历任二十军五九师一七六团副团长、一七七团团长、二十军五九师副师长、浙江省嘉兴军分区副司令员等职。1964年由于健康原因，以正师级待遇离职休养。

傅子耀（1910—1933） 仙游县赖店镇罗峰村人。1927年加入中国共产党，1928年任工农游击队队长，1931年任苏维埃政府主席，1932年任仙游县委书记。1933年在攻打东乡坝下税馆时不幸被捕，在仙游北门水关外被杀害。

傅有智（1911—1933） 安溪县蓬莱镇登虎榜人。1930年加入中国共产党，任中共安溪中心县委执委，1932年任安溪、南安、永春、德化第一位区（官彭）苏维埃政府主席，1933年，在温泉青云楼与陈凤伍等12人被国民党武装诱捕，押至县城凤山杀害。1958年，安溪县政府在傅有智牺牲地建纪念碑，朱德、邓子恢为纪念碑题词。

傅学明（1934—1985） 龙岩新罗红坊坎洋村人。1958年福建农学院毕业后，留校任农学系遗传育种教研室助教。1960年到苏北农学院作物遗传育种进修班进修，后晋升讲师。1965年农学院在莆田基点搞教学指导，傅学明领衔从事小麦、水稻丰产样板片工作，获大面积小麦平均亩产480斤的好成果，创下全省小麦高产新纪录，得到上级嘉奖。1970年任福建生产建设兵团二师八团参谋。1972年调任龙岩县农技站站长。1977年任龙岩县农业局局长。1980年当选为龙岩县副县长。1982年任龙岩地区行政公署副专员。

第二节 人物录

傅希龙 字廷尹，仙游人。北宋元祐六年（1091年）进士。漳浦知县任内，在城西南凿河，引鹿溪之水灌溉良田，人称“傅公河”。

傅谅友 字冲益，傅楫长子，仙游人。北宋元祐九年（1094）进士，官至和州知府。

傅谊夫 字冲节，仙游人。北宋元符三年（1100年）进士，授青州教授，改知高邮军，升方员外郎，知东平府、广德府，转为太常少卿，终兵部侍郎。

傅 诚 字至叔，自号雪涧闲翁，仙游人。曾随朱熹游学，南宋淳熙八年（1181年）进士。任永春县尉、青阳令，召提辖文思院，充江淮督府幕官。嘉定初年除国子博士，迁太常博士。

傅 諴 字友叔，仙游人。南宋淳熙十一年（1184年）进士，初任无为军副职，奉召监六部门。开禧二年（1206年）调任宗正寺簿，奉命前往淮西安定百姓。回朝廷后，任淮西漕，召为司封郎中，再升迁尚左郎中。

傅 康 字仲良，晋江人。南宋嘉定（1208—1224）初年受父荫知古田县，查清税赋收支实情。嘉定十三年知汀州，宝庆（1225—1227）初年转知南剑州。累进司农少卿，兼左司谏。晚年知袁州，直徽猷阁。

傅 烈 字承仲，晋江人。南宋庆元五年（1199年）进士，历任南剑州、惠州教授，是《易》学名家，讲经授课，学生满座。后任保昌知县、循州通判。当地食盐等民生物资供应紧张，傅烈劝导商贩不要扰乱市场秩序，以平价销售。后升任梅州太守，未上任就去世了。

傅天骥 字君遇，南安人。南宋嘉定四年（1211年）进士，任建宁府教授时，讲授传播程颢、程颐的伊洛之学。后任龙溪知县、福州通判。

傅定保 字季谟，号古直，晋江人。南宋咸淳七年（1271年）中礼部奏赋第四。元大德（1297—1307）初年任漳州路学正，首次合并讲授《太极图》《西铭》，听者无不心悦诚服。曾短期担任三山书院山长，不久辞归在家授徒养母。至治年间（1321—1323）出任平江路儒学教授。

傅仁孚 字志及，南安人。明洪武（1368—1398）初为郡诸生，被征召为本县学训导，学满考试，授予嵩县训导，调往潮州，升任泰兴教谕。后遭诬陷解职，赴京城找主管司法的臬司申冤，在京城去世。

傅 凯 字时举，号敬斋，南安人。醉心于《易》学研究。明成化十四年（1478 年）进士，授户部主事，任天津等八卫提督。后来转任户部郎中，辞官回乡。

傅 显 字达夫，侯官人。明弘治五年（1492 年）由州县荐举应试进士，曾出守武岗州。

傅阳明 字际熙，号晦吾，南安人。明嘉靖二十五年（1546 年）举人，初任从化县教谕，后任南陵县令。

傅汝舟（1476—1557） 字木虚，号磊老、丁戊山人，侯官人。通晓星相学、风水术、佛学以及道家黄老之学。在福州西湖营建别墅宛在堂。

傅存仁 字君任，号退斋，南安人。明嘉靖年间（1522—1566）由岁贡授官归善训导，为避倭寇陈情，免除当地百姓劳役。任广东兴宁县教谕时，倭寇侵扰，傅存仁打扫廊舍给避难百姓居住。

傅新养 字汝成，南安人。明嘉靖三十九年（1560 年）倭寇入侵，傅新养捐资募兵抗倭时不幸中箭而死。

傅庆贻 字有积，号积所，南安人。明万历十四年（1586 年）进士，授官广东番禺县令，为官公恕廉明。官至户部主事。番禺、阳春二县都将其入祀名宦祠及南安乡贤祠。

傅国俊 字有遴，南安人。明万历二十八年（1600 年）举人，初任元城县教谕，提国子监助教，转工部司务，督理皇陵工程。崇祯（1628—1644）初年，升任户部员外，管理通州中南仓，后督理北京草场。

傅元初 字子仁，晋江人。明崇祯元年（1628 年）进士，授江西浮梁县令，建议漕运赋税可以折价征银布帛等代替，百姓立祠以表感念。任工科给事中时，主张解除海禁。官至按察副使。

傅渊季 号卓斋，南安人。清乾隆四十五年（1780 年）进士，钦点知县，请改教职。历任汀、漳、台湾教授。西方殖民者侵犯台湾省城时，傅渊季奉命统兵抵御，屡建功劳。告老还乡后曾掌教螺阳书院。

傅嘉年 建安人。清光绪六年（1880 年）进士，以主事用掣工部。光绪十九年传补总理衙门章京，光绪二十二年经总理衙门奏保补主事，加四品衔。光绪二十六年奏保补员外郎，换三品衔。翌年补外务部考工司郎中，充本司掌印。

傅维早（1884—1939） 南安县溪美东山村人。建筑师。早年参与厦门鼓浪屿英美领事馆、英华书院的建设工程。清宣统二年（1910 年），负责泉州惠世医院和培元学校全部工程的设计和施工。

傅维丹（1906—1984） 泉州市锦田村人。1925 年往印度尼西亚谋生，1957 年回国定居。曾任泉州市侨联主席、福建省侨联常委、全国侨联委员，泉州市政协第二届和第三届副主席、福建省政协常委，福建省第五届人民代表大会常务委员会委员。

傅家震（1910—1990） 福州西门傅厝里人。北京政法学院专科毕业，曾任国民党福建财政厅区党部书记、福州市财政局局长。

傅赓烈（1914—1970） 福州西门傅厝里人。福建省陆地测量局测量专科毕业，高级工程师。曾任福建省实业厅副总工程师。

傅啸宇（1915—1937） 原名傅家骥，福州西门傅厝里人。1935 年中央航空学校第四期航空班毕业后任空军少尉飞行员。1937 年淞沪抗战期间，任空军第五大队第 24 中队分队长。1937 年 8 月 17 日，击落日驱逐机一架。8 月 28 日，与日机空战中身受重伤，10 月 5 日殉国。

傅家齐（1921—2002） 福州西门傅厝里人。上海交通大学毕业，留美获硕士学位，高级工程师。后长年在台湾政府部门任职。

傅沛兴（1924—2017） 南平市延平区茫荡镇百际村人。北京大学建筑工程系毕业，教授，高级工程师。曾任北京市建筑工程研究院副院长、北京市人民政府技术顾问。

傅孙焕（1924—1948） 别名马一峰，化名德文，南安人。1943年加入中国共产党，1945年任中共福州第一市委委员，1947年任福州市委委员，1948年受组织派遣前往沙县、三元一带担任城工部负责人，同年4月，因中共闽浙赣省委误认为城工部有内奸而蒙冤遇难。1956年被追认为革命烈士。

傅云裕（1926—2012） 仙游县赖店镇土山村人。华南农学院干部进修班结业，历任仙游县二区区长、副县长、县长，晋江地区副专员。

傅清霖（1926—2012） 仙游县赖店镇土山村人。早年参加进步学生组织，参加党的秘密活动。中华人民共和国成立后历任仙游县七区区长、福建省轻工业厅制糖局秘书科科长、省重点工业企业仙游糖厂第一副厂长兼党委副书记。

傅清藻（1928—2004） 仙游县赖店镇龙兴村人。中国人民解放军第二炮兵第一研究所教授级高级工程师，长期从事空间物理、高空物理、地球物理等科学技术仪器产品的研制。

傅钟驯（1929—2002） 仙游县赖店镇罗峰村人。1948年任仙游县南区党支部副书记，中华人民共和国成立后任城南乡政府秘书，1954年推荐福建省中医研究所学习，毕业后留校任教，任福建中医学院教授、系主任，当选省政协委员。

傅沛仁（1929—1995） 南平市延平区茫荡镇百际村人。东北师范大学教学系研究生毕业，黑龙江大学数学系教授。曾任黑龙江省数学学会副理事长。

傅凤来（1931—1973） 仙游县赖店镇赖店街人。北京气象大学毕业，高级工程师，曾任四川省气象局副局长。

傅家政（1931—1999） 福州西门傅厝里人。由厦门大学参军，原解放军海军青岛基地大校。

傅子周（1931—1992） 南安丰州溪口（溪丰）人。浙江大学毕业，教授级高级工程师。原贵州省建筑学会理事、施工委员会委员，贵州省建筑三公司总工程师，贵州省建筑总公司设计室总工程师。

傅静平（1931—2004） 连城县朋口石背人。中央戏剧学院毕业，在第一次全国专业文艺职称评定中被评为一级导演。曾任武汉歌舞剧院编导、湖北省舞蹈家协会主席。

傅子玖（1934—2010） 厦门市鼓浪屿人。福建师范学院中文系毕业，厦门集美大学教授。曾任厦门市政协常委、厦门市民盟常委、厦门市文联副主席、厦门市作家协会副主席。

傅沛福（1934—2010） 延平区茫荡镇百际村人。吉林工业大学机械制造专业毕业，吉林大学教授、博士生导师。曾任吉林大学副校长、吉林省锻压学会理事长、全国锻压学会副理事长。

傅文庆（1940—2016） 仙游县赖店镇樟林村人。福建师范学院毕业，赴澳大利亚进修，教授、博士生导师。曾任福建师范大学生命工程学院副院长。

第三节　历代进士名录

唐　代

姓名	籍贯	中进士年间与科榜	任职	备注
傅　荀	南安	会昌六年（846年），丙寅科，狄慎思榜		

宋　代

姓名	籍贯	中进士年间与科榜	任职	备注
傅　熔	建阳	嘉祐六年（1061年），辛丑科，王俊民榜		

续表

姓名	籍贯	中进士年间与科榜	任职	备注
傅　楫	仙游	治平四年（1067 年），丁未科，许安世榜	龙图阁待制知亳州，赠少师	
傅　贤	南安	治平四年（1067 年），丁未科，许安世榜		
傅　霖	南安	熙宁三年（1070 年），庚戌科，叶祖洽榜	律博士，迁大理寺丞	
傅　列	建阳	元祐三年（1088 年），戊辰科，李常宁榜		
傅　权	仙游	元祐六年（1091 年），辛未科，马涓榜	太学录	
傅希龙	仙游	元祐六年（1091 年），辛未科，马涓榜	漳浦知县，通直郎	
傅　求	仙游	元祐六年（1091 年），辛未科，马涓榜	长溪、建阳县令，通直郎	
傅谅友	仙游	绍圣元年（1094 年），甲戌科，毕渐榜	员外郎，和州知州	
傅　岩	仙游	绍圣元年（1094 年），甲戌科，毕渐榜	户部户漕	
傅惟肖	南安	绍圣四年（1097 年），丁丑科，何昌言榜	临江军清江知县，岳州通判	
傅谊夫	仙游	元符三年（1100 年），庚辰科，李釜榜	康平、广德知县，转太常少卿，终兵部侍郎	
傅　芸	仙游	大观三年（1109 年），己丑科，贾安宅榜		
傅　伫	仙游	重和元年（1118 年），戊戌科，王昂榜	晋江知县，剑州通判，赠金紫大夫	
傅知柔	仙游	宣和三年（1121 年），辛丑科，何涣榜	龙岩知县，通判循州、泉州，朝奉大夫	
傅　铣	建阳	宣和三年（1121 年），辛丑科，何涣榜		
傅行己	仙游	宣和六年（1124 年），甲辰科，沈晦榜		
傅　共	仙游	绍兴二年（1132 年），壬子科，张九成榜	增城、东莞知县，五羊知录，奉直大夫	
傅惟康	南安	绍兴五年（1135 年），乙卯科，汪应辰榜	吉州太学、南海丞	
傅惟深	南安	绍兴八年（1138 年），戊午科	靖海军佥判、通直大夫	武进士
傅　若	仙游	绍兴十二年（1142 年），壬戌科，陈诚之榜	南海县尉、迪功郎	
傅知新	仙游	绍兴十八年（1148 年），戊辰科，王佐榜	龙岩知县，文林郎	
傅　牧	仙游	绍兴二十四年（1154 年），甲戌科，张孝祥榜	长溪县尉、浙西运干	
傅　淇	仙游	绍兴三十年（1160 年），庚辰科，梁克家榜	泉州知州，中奉大夫，直龙图阁	
傅　从	仙游	绍兴三十年（1160 年），庚辰科，梁克家榜	文学教授	
傅　靖	仙游	绍兴三十年（1160 年），庚辰科，梁克家榜	安海主簿	
傅伯成	晋江	隆兴元年（1163 年），癸未科，木待问榜		

续表

姓名	籍贯	中进士年间与科榜	任职	备注
傅伯寿	晋江	隆兴元年（1163年），癸未科，木待问榜		
傅　佑	南安	隆兴元年（1163年），癸未科，木待问榜	开建县主簿、县尉	
傅　櫄	仙游	隆兴元年（1163年），癸未科，木待问榜	将仕郎	
傅　伸	南安	淳熙二年（1175年），乙未科，詹骙榜	龙岩主簿	
傅　诚	仙游	淳熙八年（1181年），辛丑科，黄由榜	淮西运判、太学国子博士	
傅　丙	仙游	淳熙八年（1181年），辛丑科，黄由榜	无为军教授	
傅思谦	南安	淳熙八年（1181年），辛丑科，黄由榜		
傅　藻	仙游	淳熙八年（1181年），辛丑科，黄由榜		
傅　諴	仙游	淳熙十一年（1184年），甲辰科，卫泾榜	无为军通判、提刑、提举，六部门监，侍郎	
傅公稜	仙游	淳熙十一年（1184年），甲辰科，卫泾榜	长溪县尉	
傅　益	仙游	淳熙十四年（1187年），丁未科，王容榜	两淮运司总管	
傅大声	仙游	淳熙十四年（1187年），丁未科，王容榜	循州同知、通判，朝奉大夫，赠奉议大夫	
傅　熺	仙游	绍熙四年（1193年），癸丑科，陈亮榜		
傅　壅	晋江	庆元二年（1196年），丙辰科，邹应龙榜		
傅起岩	闽县	庆元五年（1199年），己未科，曾从龙榜		
傅　烈	南安	庆元五年（1199年），己未科，曾从龙榜	南剑、惠州教授，保昌知县，循州通判	
傅仿翁	仙游	嘉泰二年（1202年），壬戌科		童子科
傅　广	仙游	嘉泰二年（1202年），壬戌科		童子科
傅汝霖	仙游	开禧元年（1205年），乙丑科，毛自知榜	东莞主簿	
傅大任	仙游	嘉定元年（1208年），戊辰科，郑性之榜	龙岩县丞	
傅天骥	南安	嘉定四年（1211年），辛未科，赵建大榜	建宁教授、龙溪知县、福州通判	
傅思义	南安	嘉定七年（1214年），甲戌科，袁甫榜	南海丞	
傅　烨	仙游	嘉定十三年（1220年），庚辰科，刘渭榜	四会知县	
傅　矩	仙游	嘉定十三年（1220年），庚辰科，刘渭榜		
傅　齐	晋江	嘉定十六年（1223年），癸未科，蒋重珍榜		
傅一枝	仙游	绍定二年（1229年），己丑科，黄朴榜	潮阳主簿	
傅　萇	仙游	绍定二年（1229年），己丑科，黄朴榜	潮阳主簿	
傅　违	南安	绍定五年（1232年），壬辰科，徐元杰榜	中书舍人	
傅应子	南安	端平二年（1235年），乙未科，吴叔告榜	宣教郎	
傅　光	南安	端平二年（1235年），乙未科，吴叔告榜	宣教郎	

续表

姓名	籍贯	中进士年间与科榜	任职	备注
傅谅之	仙游	端平二年（1235年），乙未科，吴叔告榜	安溪主簿	
傅直方	南安	嘉熙二年（1238年），戊戌科，周坦榜		
傅坤厚	南安	嘉熙二年（1238年），戊戌科，周坦榜	居善主簿	
傅奕之	仙游	淳祐十年（1250年），庚戌科，方逢辰榜		
傅一新	仙游	宝祐四年（1256年），丙辰科，文天祥榜	泉州司户	
傅炎发	仙游	景定三年（1262年），壬戌科，方山京榜	政和县尉，升提干	
傅梦澄	仙游	咸淳元年（1265年），乙丑科，阮登炳榜	安溪主簿	
傅定保	南安	咸淳七年（1271年），辛未科，张镇孙榜	三山书院山长、平江路儒学教授、漳州学正	
傅桂发	仙游	咸淳七年（1271年），辛未科，张镇孙榜	番禺主学	
傅岩起	仙游	咸淳七年（1271年），辛未科，张镇孙榜	新会主学	
傅登炳	仙游	咸淳十年（1274年），甲戌科，王龙泽榜	建宁教授	
傅虎臣	仙游	咸淳十年（1274年），甲戌科，王龙泽榜	永福县尉	
傅雷龙	仙游	咸淳十年（1274年），甲戌科，王龙泽榜	闽清县尉	
傅翘叔	仙游	景炎元年（1276年），丙子科		准敕文推恩
傅腾辉	仙游	景炎元年（1276年），丙子科		准敕文推恩

明　代

姓名	籍贯	中进士年间与科榜	任职	备注
傅　沆	晋江	永乐十三年（1415年），乙未科，陈循榜		
傅　凯	南安	成化十四年（1478年），戊戌科，曾彦榜	提督天津八卫，陕西员外郎，云南司郎中	
傅　浚	南安	弘治十二年（1499年），己未科，伦文叙榜	郎中，理苏州铁冶，山东转运同知	
傅　概	南安	正德六年（1511年），辛未科，杨慎榜	行人司行人	
傅　镇	同安	嘉靖十一年（1532年），壬辰科，林大钦榜	南京御使转广西参政、浙江右布政使，操江提督	
傅　卿	莆田	嘉靖二十三年（1544年），甲辰科，秦鸣雷榜		
傅夏器	南安	嘉靖二十九年（1550年），庚戌科，唐汝楫榜	吏部员外郎，稽勋司郎中	
傅履谨	南安	嘉靖三十七年（1558年），戊午科	金吾卫将军	武进士
傅国珍	建阳	万历五年（1577年），丁丑科，沈懋学榜		
傅履礼	南安	万历八年（1580年），庚辰科，张懋修榜	南安知府	
傅道统	南安	万历十四年（1586年），丙戌科，唐文献榜	汉阳知府	

续表

姓名	籍贯	中进士年间与科榜	任职	备注
傅履阶	南安	万历十四年（1586年），丙戌科，唐文献榜	楚雄知府	
傅庆贻	南安	万历十四年（1586年），丙戌科，唐文献榜	番禺、阳春知县，南京户部主事	
傅宾凤	南安	万历十七年（1589年），己丑科，焦竑榜	广东参政	
傅文龙	南安	天启二年（1622年），壬戌科，文震孟榜	大理寺评事，河南道御史，陕西佥事	
傅元初	晋江	崇祯元年（1628年），戊辰科，刘若宰榜		
傅启光	南安	崇祯元年（1628年），戊辰科，刘若宰榜	户部主事，陕西副使	

清　代

姓名	籍贯	中进士年间与科榜	任职	备注
傅中麟	仙游	康熙十九年（1680年），庚申恩科		武进士
傅士芳	连城	康熙二十二年（1683年），壬戌科		武进士
傅奏启	南安	雍正元年（1723年），癸卯恩科	江南守备、瓜州游击	武进士
傅　周	上杭	乾隆二年（1737年），丁巳恩科		武进士
傅昆阳	上杭	乾隆二年（1737年），丁巳恩科		武进士
傅应时	南安	乾隆二十二年（1757年），丁丑科，蔡以台榜	龙游知县	
傅渊季	南安	乾隆四十五年（1780年），庚子科，汪如洋榜	汀州、漳州、台湾三府教授	
傅修孟	南安	乾隆五十二年（1787年），丁未科，史致光榜	丰顺、饶平知县，金华知府	
傅嘉年	建瓯	光绪六年（1880年），庚辰科，黄思永榜		
傅国英	南安	光绪十八年（1892年），壬辰科，刘福姚榜	内阁中书	

第十一篇

柯姓

《福建姓氏志·柯姓篇》编纂委员会

顾　问：柯连姝　柯木林　蔡文献　柯进益

主　任：蔡干豪

副主任：(排名不分先后)

蔡元盛　蔡炳河　柯逢殊　柯建力　柯立魁　柯子明　柯声涛

柯心滔　柯明兴　柯连平　柯和平　柯港清　柯水彪　柯朴坤

柯瑞和　柯春城　柯朝硕　蔡松水　柯国标　柯观国　柯志忠

柯宗良　柯柏龄　柯振鸣　柯宝琪　柯林北　柯姝婧　柯学林

柯娣娣　蔡辉煌　蔡宗程　柯国贵　柯俊延　蔡沧洲　柯亦霖

柯建伟　蔡桂川　林　庚

《福建姓氏志·柯姓篇》编辑部

主　编：蔡干豪

副主编：柯建力　林　庚

目　录

柯姓主流源自姬姓，黄帝后裔。唐总章三年（670年），府兵队正柯敦颐随陈政之母魏妈从光州入闽，定居漳州开族。唐光启元年（885年），柯延熙（柯玄之）率家族17人自光州固始柯家营（今河南固始北环路柯营子）随王绪入闽，寓居永春，分衍福州、厦门、泉州、莆田、漳州、三明10多个大宗系。相传唐末宋初，有蔡轶率子3人由河南济阳府入闽，初居福州下大路风陈张勤乡，嗣后分辛、柯、蔡姓而居，辟地开族。北宋潮州柯太守，隐于漳州府龙溪县二十五都良埔村。数支入闽柯氏族人分布在全省各县（市、区），密集在晋江、九龙江、闽江和木兰溪流域。据2016年统计，全省柯姓人口总数为158437人，有《柯氏族谱》70多部；在众多的祠堂、名人故居、祖墓以及名胜古迹中，有全国重点文物保护单位2个、省级文物保护单位1个、市县级文物保护单位15个、全国首批农村社区建设示范单位1个；非物质文化遗产9项，其中国家级4项、省级1项、市县级4项。柯姓历代名人辈出，唐宋代以来进士109人，其中文状元武状元各1人、武进士8人，柯姓主要郡望有济阳郡等，以济阳郡为总郡望。堂号以济阳堂、瑞鹊堂、一经堂、竹圃堂等著名。

第一章　源　流

第一节　溯　源

一、源自姬姓

黄帝嫡系周太王古公亶父（周文王祖父），生泰伯、仲雍、季历三子。古亶父欲立三子季历继承王位，长子泰伯和次子仲雍双双三让王位，迁至南方，学土著人断发文身，自号勾吴，泰伯卒，仲雍继承为吴伯。传到第五世“相”，因于柯山会盟诸侯，而指山为姓，故尊为柯氏得姓始祖。至仲雍八世孙吴伯“卢”，为念曾祖相柯山会盟之盛典，而确立家族以先祖名字为姓氏，称柯氏。尊柯相为肇姓始祖，封柯山郡。得姓始祖柯卢，史称柯氏正宗。

二、源自国名

齐襄公九年（前689年），齐襄公将柯邑封给自己的一个儿子，其后裔便以封邑名称为姓氏，称柯氏。

三、源自辛柯蔡氏联宗

唐咸亨元年（670年），蔡德明为陈元光军校，入闽作战，相传曾经避难柯树，因感恩，其后裔部分改为柯氏。相传唐末宋初，蔡轶率子三人入闽，分辛、柯、蔡繁衍。宋代蔡元美（蔡十郎）入赘晋江安平柯启学家，与其独生女柯谷瑛（号十娘）结婚，后裔分衍柯、蔡两姓。

四、源自少数民族

唐朝实行改土归流，少数民族有部分改为柯姓。《魏书》载：柯拔氏、代羌族、鲜卑族都有改柯姓。

《柯氏考略》谓：羌及鲜卑俱有柯姓。台湾少数民族中也有柯姓。

第二节　入　闽

唐总章三年（670年），府兵队正柯敦颐（又名柯墩熙）随陈政之母魏妈由光州固始入闽。屡立战功，并定居漳州。

唐光启元年（885年），柯延熙（柯玄之）由光州固始柯家营（今固始北环路柯营子）入闽，驻寓永春，再定居泉州城；一说迁居福州金斗桥（今台江区下杭街），再定居泉州开族。

唐光启元年，光州固始人柯玄光入闽，驻寓福州金斗桥。

唐光启元年，光州固始人柯裕入闽，驻寓侯官（今福州闽侯上街）。

唐光启元年，光州固始人柯貊入闽，驻寓泉州城。

唐光启元年，光州固始人柯大更随王审知入闽，卜居福州钱塘巷，次年到玉田县二十五都盖竹石门（即今屏南县路下乡富塘村）开基。

相传唐末宋初，光州固始人蔡轶，官封大夫，带有儿子三人由河南济阳府入闽，初居福州下大路风陈张勤乡，嗣后分姓分居，辟地开族，长子入辛姓，二子入柯姓，三子保留蔡姓，各分居泉州一带。柯姓分支泉州东门外，后迁居永春、南安一带。后裔族谱未见记载。

北宋末，柯某为潮州太守，因金兵之乱，退隐入闽，定居于漳州府龙溪县二十五都（华丰镇）良埔村良村社，支派繁衍遍于闽南。

第三节　繁　衍

一、柯敦颐家族

唐总章三年（670年），柯敦颐定居漳州，子孙播蕃漳州各地。唐末，部分后裔迁居泉州、福州等地；也有迁徙钱塘（今浙江杭州一带）。漳州和台湾部分柯氏族谱有记载，后裔多数融入其他宗系和支系之中。

二、柯延熙家族

唐光启元年（885年），柯延熙（柯玄之）居永春桃源和平里十八、十九都（今永春东平镇、东关镇），再移至卓埔乡桃源之西达理之东的田内及石马，继而迁居温陵。柯延熙2世柯思孝迁居福州，形成长乐世系。后唐天成五年（930年），3世柯五由泉州迁居宁洋县锦水桥头（今大田桃源），形成大田世系。4世柯宝由温陵迁居莆田，形成莆田世系。4世多数留寓温陵元妙观西水沟巷，或迁周边地区，成温陵柯氏主脉。12世柯十九郎、柯十八郎及其子分别从泉州水沟巷迁居南安、丰州、武荣。

（一）柯思孝世系

俗称长乐柯氏派系。唐景福二年（893年），柯延熙之子柯思孝初寓福州三山驿金斗桥（今双杭街），五代后梁开平元年（907年）迁福州北门外古灵岩柯山村。后唐同光元年（923年）前后，柯思孝之子柯希夷迁居长乐仙岐村，生3子：长子柯顺昌迁长乐岭南岱西村柯朱自然村；次子柯显昌迁兴化莆田及柯厝墩；三子柯硕昌开运元年（944年）从柯山村迁居长乐漳港仙岐村，宋末，柯硕昌后裔柯良吉出赘犀邱迁西邱（今漳港龙峰村），明永乐年间（1403—1424），其6世柯得才由西邱迁居南阳（今漳港百户村），清康熙元年（1662年），柯元煐从长乐樟港柯百户村迁居闽侯泽洋村盛汉，分衍闽侯各乡镇。后裔迁居福州，迁徙香港、台湾地区，以及菲律宾、美国、加拿大等国家。

（二）柯五世系

后唐天成五年（930 年），柯延熙 3 世柯五由泉州迁居宁洋县锦水桥头（今大田县桃源），形成大田世系，分居桃源、广汤村、杨坑村、东风农场等各乡镇；明正德年间（1506—1521），柯千九迁居龙岩，后裔播迁永定、梅列（今三明）各地以及江西，部分后裔迁徙海外。

（三）柯宝世系

俗称莆田柯氏状元世家。后晋天福元年（936 年），柯延熙 4 世柯宝由泉州府晋江县水沟巷（今柯厝巷）迁居兴化府莆田武盛里西山古楼。5 世柯瑛迁居安乐里柯山（今灵川柯朱村），后裔部分迁居仙游连江里后榄（今枫亭镇秀峰、耕丰村）；后裔柯武迁徙广东潮阳，迁居鲤城街道富洋、蜚山。南宋初，莆田安乐里柯尚德迁居漳郡（今漳州）；柯申由莆田迁居龙海榜山镇；柯月潭迁居仙游胡隔村；柯启后迁居永春景山。明代，柯亮后裔迁居仙游功建里西街（今鲤城洪桥街）。明洪武（1368—1398）初，柯樾由莆田柯山竹脚社迁居漳州天宝镇塔尾村。柯嗣由龙海榜山镇迁居龙溪东美南门（今漳州市芗城区）。明洪熙宣德年间（1425—1435），柯循规从莆田竹仔脚社迁居南靖岩前村；明万历元年（1573 年），柯氏祖由莆田江阴新县镇孔溪村迁入永泰城关，有后裔迁居长乐南溪。清康熙二十年（1681 年），柯昭明由南靖迁居今漳州芗城区小浦南，后裔分布南靖及漳州各地。

（四）柯庆文世系

北宋，柯延熙 5 世柯庆文迁居南安。6 世柯述生 4 子，族裔在泉州各县分衍。7 世柯暘迁居福州，子柯瑗回守泉州。7 世柯昀迁居龙岩。宋绍兴元年（1131 年），7 世柯元曾携子柯国材迁居安海。绍兴二十年（1150 年），柯国材避隐同安，其长子柯缵宗留居安平（今晋江安海），次子柯绍宗迁居庄江（今同安鼎美后柯），分衍霞岐西柯，柯世厚又迁居梧侣为后柯。后裔迁徙新加坡、菲律宾、马来西亚等国家。8 世柯万象迁居晋江塘市（今南塘），被尊为南塘柯氏的肇基祖，另开南塘世系。清道二十九年（1849 年），柯庸由同安下岐迁居罗源起步村。

元初，柯万山迁居安溪坵城，尊其父柯守顺为始祖。元延祐元年（1314 年），柯真应由安溪还巢里炉塘岭入赘华安金德寮。元至正年间（1341—1368），11 世柯惟恂由同安迁居漳浦县溪南社。柯惟恂后裔柯梓蒸从漳浦溪南迁居列屿镇青径村径头社（今镜楼）。柯崔由溪南迁火田镇岳坑迁居和平乡内洞村南午社，后裔迁居漳浦七都东街，23 世柯绳映迁居东屿村九柱。

明初，柯宣沛由漳州霞田下迁居龙海柯坑，柯宣沛长子柯觉灵传衍屿头下美社（今白水镇下田川），再分衍浮宫圩内、邱厝村下柯社。明宣德二年（1427 年），柯樾 4 世柯乾元迁居埔南崇坑（昔坑头）。明正统十年（1445 年），5 世柯德阳迁居龙岩，正统十四年迁居南靖山城岩前，其后裔分居后豪、葛边（今三厝）。明正统十年，5 世柯德立迁居芗城霞田下。弘治八年（1495 年），7 世柯宣派由霞田下迁居龙溪石码柯坑。正德十二年（1517 年），8 世柯鸠宗迁居南靖南坪坪顶，其后枝分下奢。清康熙二十年（1681 年），13 世柯昭明迁居芗城小浦南。塔尾后裔迁居天宝村后沟社、南坑农友村浦南社、芝山镇渡头村葛边村。芝山镇渡头村柯氏迁居上板村三厝社。天宝镇塔尾柯乾远出赘龙文区朝阳镇桥头村坑头（今崇坑）。

（五）柯万象世系

南宋绍兴末叶至孝宗乾道年间，柯延熙 8 世柯万象迁居晋江塘市（今南塘），被尊为南塘柯氏的肇基祖，后裔分衍下廊、林口、下仓、上郭、柯仓、西舍等村庄，成众多分支。宋末元初，柯亮后裔从晋江南塘迁居今泉州市鲤城区洪桥街。13 世柯秉刚迁居长泰，生 3 子，长子迁居高美传衍；次子迁龙海角美，后裔播迁厦门东孚；三子迁居双圳头，播迁珪前村坵尾社。15 世柯至道迁居漳州长屿。明成化年间（1465—1487），柯应清从晋江迁居龙治村。正德五年（1510 年），柯应清 4 世柯惠法由熙里迁居安溪蓬壶盖德；柯法保迁居郡溪为柯氏肇基祖。万历年间（1573—1620），柯子盛由坑仔口镇景山村迁居桃城城内。明末清初，有部分后裔迁徙中国台湾地区和海外。

（六）柯知彰世系

谱称昉公支系。宋代，柯述次房曾孙柯知彰携子柯汪、柯洪从南安迁居福州南台（今仓山）。柯汪迁居福州象园，分福、禄、寿三房派居象园、乐东、乐西及周边村社。后裔迁居福州马尾、亭江，迁徙台湾、香港、澳门等地区，部分后裔迁徙美国、新加坡等国家。

（七）柯奎世系

南宋年间，柯延熙后裔柯奎由邵武迁居建宁城关，其8世柯承宗生子柯一郎、柯二郎、柯三九郎。明正统至清康熙年间，柯一郎后裔先后移居江西；柯二郎、柯三九郎兄弟分别迁居建宁伊家乡隘上村和笔架村。柯二郎为隘上村柯氏开基祖，后裔迁居溪口镇枧头村、客坊乡龙溪村、里心镇芦田村和均口镇均口村，迁居邵武、宁化，迁徙江西省宁都县等多地。柯三九郎为笔架柯氏开基祖，其后裔迁居溪口镇枧头村、濉溪镇器村和里心镇芦田村。自第5代至第21代有迁居建阳、建瓯、武夷山和宁化县，有迁徙江西上饶、玉山、浮梁、广昌、宁都、贵溪、石城、兴国和浙江江山、建德等地。

（八）柯启学世系

俗称蔡十郎支系。安平鳌西柯氏3世柯启学独女柯十娘，招赘蔡元美（也称无美）承祀而称“蔡十郎”。蔡十郎以五子分承柯蔡。长承柯，次承蔡，三承蔡，四承蔡，五承柯（派往广东、海南），其孙20多人各分半数互换柯蔡。“柯蔡同宗”之间一直深刻维系，后裔迁徙中国台湾地区和菲律宾等东南亚国家。

三、柯大更家族

唐光启元年（885年），柯大更由汝宁府光州固始入闽，卜居福州钱塘巷，次年迁居玉田县二十五都盖竹石门（即今屏南县路下乡富塘村）开基，至今传50余代。后裔迁居凤林、罗沙洋、法竹坑、三万里、路下各村，长桥乡柏源、岑洋等村，古峰镇古厦、长汾、佳洋等社区，寿宁城关、大安乡伏际、后西溪村、清源乡胡家墩村，部分后裔迁居闽北，也有迁徙浙江。

四、柯太守家族

北宋末，柯太守避金人之乱，隐居于漳州府龙溪县二十五都良埔村，繁衍邻近各村社，后裔遍布闽南。后裔从清乾隆（1736—1795）初年开始，陆续迁徙台湾。

第四节　郡望、堂号

一、郡望

济阳郡　晋惠帝时，将陈留郡之一部分置济阳郡，在今河南省兰考县一带。东晋明帝置于毗陵郡武进县（今江苏武进区西北）地。南朝齐改为南济阳郡，梁天监中废。因为柯卢世居济阳郡崇德乡节孝里（今河南兰考），因此与蔡氏同称“济阳衍派”。福建柯氏多以“济阳”为郡望。

钱塘郡　秦置县，属于会稽郡（郡治在今苏州）。南朝陈置钱塘郡，隋复县，民国时期，钱塘与仁和县合并为杭县。柯氏曾经在钱塘一带发族。

河南郡　汉改三川郡置河南郡，治所在雒阳（今河南洛阳）。柯氏曾经在河南发族，以“河南”为郡望。

齐　郡　西汉初年将临淄郡改为齐郡。齐襄公后裔柯姓以“齐郡”为望。

二、主要堂号

济阳堂　以郡望为堂号，五代后唐年间（923—936），柯延熙后裔曾在泉州元妙观西水沟巷建祖宇济阳堂。福建该支柯氏通用“济阳”堂号。宁德柯姓多以“济阳”为堂号。福建、台湾地区和东南亚国家的部分辛、柯、蔡三姓以“济阳”为柯蔡联宗堂号。

瑞鹊堂　瑞鹊即异鹊的意思，是奇怪的小鸟。宋时柯述曾经在漳州当辅佐的官施赈副使，赈饥施惠，救济灾民，当时有两只鹊鸟在他住的屋梁上垒了窝，离任时百姓送了数十里，两只小鸟追着他的轿飞翔，叽叽喳喳不忍离去。苏轼为此作《异鹊并序》，宋神宗赞叹其“真瑞鹊堂”，御笔亲书“瑞鹊传芳”，福建柯氏后裔多以“瑞鹊”为堂号。

和平堂　唐光启元年（885年），柯氏入闽初居永春桃源和平里，为纪念这个入闽的初居地，柯氏在永春兴建祖宇和平堂。2011年由南塘柯永楷牵头重建，按“共展孝道之风”“弘扬宗功祖德”之意更名为“孝德堂”。

一经堂　南宋绍兴二十三年（1153年），朱熹仕同安县主簿兼管学事，翌年，柯国材知遇朱熹，被聘为同安县学之“直学”，协助朱熹讲学及管理学堂。朱熹、柯国材结为“匪同而和、肺腑以倾、志同道合”的进道之友。当年柯国材建大厝落成时，朱熹撰写《一经堂记》以贺乔迁之喜，更在文中指出其“造诣所极，非予所敢量也”，用来形容柯国材当时理学造诣之精深。柯国材病逝后，朱熹闻讯设坛遥祭，更盛赞柯国材为理学名儒，亲书“理学名儒”挂于一经堂内。柯国材家族多以“一经”为堂号。

竹圃堂　明代状元柯潜号竹岩，留有《竹岩文集》《竹岩诗集》等著作，被尊为“竹岩学士”。仙游枫亭镇秀峰村柯姓后裔以“竹圃”为堂号。

第二章　分　布

第一节　人口分布

据2016年6月福建省公安厅户籍人口数字统计（不含金门、马祖），全省柯姓人口总数为158437人，分布于全省各市、县（区、市）及平潭综合实验区。

表11-1　**2016年福建省柯姓人口分布情况表**　单位：个、人

市（区）别	县（区、市）数	人口数	各县（区、市）人口数
福州	12	21571	鼓楼区1712，台江区1393，仓山区1193，晋安区1262，马尾区130，福清市859，长乐市9857，闽侯县2604，连江县791，闽清县106，罗源县397，永泰县2740
厦门	6	15878	思明区3668，湖里区1210，集美区1157，海沧区2185，同安区6182，翔安区1475
漳州	13	20518	芗城区7419，龙文区460，龙海市2001，漳浦县5773，云霄县812，诏安县55，东山县123，平和县114，南靖县2091，长泰县1046，华安县211，漳州开发区32，台商投资区381

续表

市（区）别	县（区、市）数	人口数	各县（区、市）人口数
泉州	12	63309	鲤城区 1187，丰泽区 1538，洛江区 145，泉港区 8509，石狮市 1478，晋江市 25331，南安市 6222，惠安县 6344，安溪县 9212，德化县 300，永春县 2939，台商投资区 104
三明	12	8471	三元区 302，梅列区 332，永安市 739，清流县 297，宁化县 270，建宁县 1913，泰宁县 57，明溪县 77，将乐县 139，沙县 354，尤溪县 1043，大田县 2948
莆田	5	24531	仙游县 4743，荔城区 2601，城厢区 5828，涵江区 5270，秀屿区 6089
南平	10	4224	延平区 417，建阳区 370，邵武市 333，武夷山市 349，建瓯市 825，顺昌县 368，浦城县 1246，光泽县 130，松溪县 112，政和县 74
龙岩	7	2752	新罗区 543，永定区 132，上杭县 298，武平县 21，长汀县 59，连城县 1363，漳平市 336
宁德	10	2830	蕉城区 484，福安市 51，福鼎市 567，霞浦县 626，寿宁县 167，周宁县 637，柘荣县 8，古田县 60，屏南县 824，东侨开发区 23
平潭	1	424	

第二节　主要聚居地

一、福州市柯姓

（一）鼓楼区

鼓东街道中山社区　后梁开平元年（907 年），柯硕昌从金门桥迁北门外古灵岩柯山村（今冶山一带）。今居社区 20 余户、70 多人，居开元社区 15 户、60 多人。后裔分居临近新店镇、岳峰镇社区等。

鼓西街道保定社区　今居社区 13 户、60 多人，另居后县、达明等社区。

东街街道大根社区　北宋元祐五年（1090 年），柯述迁居三坊七巷。今居社区 20 户、70 多人，另居汤边、军门、竹林境等。后裔迁居南街街道、温泉街道等。

华大街道九彩社区　今居社区 20 余户、70 多人。

水部街道莲宅社区　今居社区 13 户、70 多人，另居闽都社区 60 多人、福新社区 60 多人。

五凤街道天元社区　今居社区 10 余户、60 多人，另居兰亭社区 50 多人。

洪山镇福屿社区　今居社区 20 余户、70 多人，另居怡山社区 70 多人、凤湖社区 70 多人。

（二）台江区

瀛洲街道两街社区　唐末，柯玄光入闽迁居福州金斗桥（今双杭街）；唐景福二年（893 年），柯延熙之子柯思孝居金门桥。今居社区 12 户、60 多人。后裔迁居建海社区 50 多人、滨江社区 80 多人、瀛东社区 70 多人。

后洲街道中亭东社区　宋绍兴年间（1131—1162），柯知彰由南安迁南台（仓山），后裔迁居台江。今居社区 20 余户、70 多人，另居南公社区 70 多人、元一社区 60 多人。

上海街道牡丹社区　今居社区 20 余户、70 多人，另居交通三社区 60 多人。

苍霞街道新城社区　今居社区 14 户、60 多人。

洋中街道福明社区　今居社区 20 余户、90 多人，另居达道社区 60 多人。

鳌峰街道亚峰社区　今居社区 13 户、60 多人，另居曙光社区 50 多人、武夷社区 60 多人。

洪山街道西洋社区　今居社区 20 余户、70 多人，另居菏泽社区 50 多人、凤湖社区 60 多人。

（三）仓山区

仓山镇东升村　宋绍兴年间（1131—1162），柯知彰由南安迁居南台。今居村 18 户、70 多人。后裔散居仓山，迁居上渡、下渡、金山等街道。

建新镇马榕村　明永乐年间（1403—1424），柯元枝迁居马榕村柯厝。今居村 50 余户、200 多人。后裔迁居各社区、各村，其中农大社区 60 多人。

（四）晋安区

象园街道象园社区　明永乐年间（1403—1424），柯汪由台江迁居象园。今居社区 150 余户、450 多人。后裔另居乐西社区 100 多人、乐园社区 90 多人，以及王庄街道、茶园街道、鼓山镇、福州市区等。明清，后裔播迁台湾、香港等地以及海外各国。

鼓山镇茶会社区　今居社区 11 户、50 多人，迁居福茶社区 50 多人。

岳峰街道三华社区　今居社区 12 户、60 多人。

（五）福清市

上迳镇油塘村　清嘉庆年间（1796—1820）由莆田新县迁玉融际塘洋，后迁居油塘村。今传 11 世，居村 80 余户、250 多人。

东张镇崔后村　清道光年间（1821—1850）由莆田新县迁入。今传 9 世，居村 58 户、230 多人。迁居华石村 80 多人。

（六）长乐区

航城街道龙门村　明洪武年间（1368—1398），柯琬由永泰迁入。今传 24 世，居村 70 余户、280 多人。播迁航辉社区 80 多人，分迁文武沙等地。

吴航街道十洋社区　今居社区 40 余户、130 多人，另居洋锦社区 60 多人、航华社区 70 多人。

潭头镇岱西村　五代时期，柯硕昌族裔由福州北门外迁入。今居村 230 余户、590 多人。后裔迁居金峰镇金峰村、陈店村，湖南镇等。

漳港街道仙岐村　后唐同光元年（923 年）前后，3 世柯希夷（柯硕昌）从福州北门外古灵柯山村迁入仙岐村。今传 42 世，居村 400 余户、1170 多人。迁居漳港社区 120 多人、镇直社区 80 多人、漳光社区 80 多人。

漳港街道门楼村　今居村 680 余户、2100 多人。

漳港街道百户村　明永乐年间（1403—1424），柯得才由西邱（漳港龙峰）迁居南阳（百户村）。今传 23 世，居村 1200 余户、3500 多人。后裔迁居门楼、新厝、潭头，以及闽侯、福清等地，共 1500 余户、6200 多人；迁徙台湾地区，以及美国、英国、加拿大、新加坡、德国、日本等国家。

漳港街道新厝村　今居村 410 余户、1560 多人。播迁新宅村 50 多人，万沙、屏洋、洋边、沙尾村各 90 多人，上垱顶村 40 多人。

漳港街道龙峰村　宋末，柯硕昌 18 世孙柯良吉迁入西邱（今龙峰村）。今居村 45 户、160 多人。迁居演屿村 150 多人，山边、王朱村各 70 多人，路顶村 100 多人。

首占镇岱边村　柯顺昌族裔迁居长乐岭南（今岱边村西村）。今传 42 世，居村 120 余户、560 多人。后裔迁居邻近各个村社。

江田镇游溪村　明洪武年间，柯琬由永泰迁居长乐五都洋门里（今龙门村）发族，后带领部分子孙开拓游溪村。今传 30 世，居村 15 户、70 多人。后裔迁居三溪村 90 多人，下珍、溪湄村各 70 多人。

文武沙镇国营农场作业区村　柯琬后裔由龙门村迁入。今居村110余户、480多人。后裔迁居壶井、下吴、山顶、壶东等村社各60多人。

金峰镇金峰社区　今居社区10余户、50多人。迁居金峰、陈店村各50多人。

鹤上镇白眉村　今居村50户、170多人。迁居东平、峰顶、云路村各60多人。

（七）闽侯县

南通镇泽洋村　清康熙元年（1662年），柯元熼由长乐樟港柯百户村迁入泽洋村盛汉、其元。今居村210余户、670多人。后裔迁居福州各地，迁徙香港、台湾各地，以及美国、加拿大等国家，境外同胞数千人。

（八）连江县

敖江镇山亭村　由罗源起步村迁入。今居村70余户、250多人。

筱埕镇定海村　柯地祐由晋江任定海参将迁入。今居村30余户、80多人。后裔迁居邻近村落。

江南乡己古村　柯国梁由蓼沿大沧迁入。今居村26户、70多人。后裔迁居邻近村落。

蓼沿乡大沧村　明隆庆年间（1567—1572），柯文连与子柯道云由长乐迁入。今传18世，居村100余户、600多人。后裔迁居岐山村80多人，以及邻近村落。

潘渡乡贵安村　由蓼沿乡大沧村迁入。今居村30余户、120多人。

长龙镇下洋村　由蓼沿乡大沧村迁入。今居村20余户、90多人。

（九）闽清县

上莲乡新村村　今居村16户、60多人。

（十）罗源县

起步镇起步村　清道二十九年（1849年），柯庸由同安下岐迁入起步村后里巷。今传17世，居村90余户、200多人。后裔迁居凤山镇南门外村及闽凤、西门、东门、南门等社区。

凤山镇南门外村　清末民初由起步村迁入南门外村。今居村30余户、80多人。

松山镇小荻村　清道光年间（1821—1850），柯龙枝由连江蓼沿大沧村迁入。今传9世，居村120余户、380多人。后裔播迁临近村落。

（十一）永泰县

樟城镇玉井社区　明万历元年（1573年），柯氏祖由莆田江阴新县镇孔溪村迁入城关玉井，分天、地、人3房，分别迁居镇内南门、登高、沙浮、杨梅社区各120多人，北门、城关村各140多人。今传18世，分布永泰各地。

梧桐镇上埕村　今居村60余户、170多人。

城峰镇温泉村　明万历年间（1573—1620），樟城地房分衍柯荣、柯材、柯实三派迁入。今传18世，居村200余户、900多人。迁居刘岐村190多人、芋际村170多人。

清凉镇清凉社区　明万历年间，柯桂由安溪蓬莱乡迁入。今传17世，居村100余户、500多人。后裔迁居小田村、村尾村。

洑口乡祥銮村　明万历十四年（1586年），柯弘贤由安溪蓬莱乡迁入。今传16世，居村210余户、680多人。后裔迁居洑口村90多人、吉坑村70多人，以及梧村等村。

盖洋乡石塘村　明崇祯十一年（1638年），柯汝由永春卓埔迁入。今传16世，居村30余户、120多人。

盘谷乡洋里村　今居村30余户、90多人。

二、厦门市柯姓

（一）思明区

厦港街道沙坡尾社区　柯翰后裔由海沧迁入。今居社区40余户、110多人。迁居鸿山、下澳、蜂巢山等社区各70多人，南华、福海等社区各50多人。

中华街道中山社区　柯翰后裔由海沧迁入。今居社区40余户、120多人。迁居仁安、文安、霞溪等社区各100多人，镇海社区70多人。

滨海街道曾厝社区　柯翰后裔由海沧迁入。今居社区50余户、180多人。迁居演武、白城等社区各80多人。

鹭江街道小学社区　柯翰后裔由海沧迁入。今居社区40余户、140多人。迁居鹭江道、厦禾、双莲等社区各120多人，营平、大同等社区各70多人。

开元街道深田社区　柯翰后裔由海沧迁入。今居社区50余户、180多人。迁居仁美社区150多人，溪岸、虎溪、后江等社区各100多人，西边、美湖、希望、坑内等社区各90多人。

梧村街道金祥社区　柯翰后裔由海沧迁入。今居村50余户、160多人。迁居双涵、文灶、浦南、文屏、金榜山等社区各110多人，梧村、溪东社区各90多人，滨中、东坪社区各120多人。

筼筜街道槟榔社区　柯翰后裔由海沧迁入。今居社区40余户、160多人。迁居金桥、一里、仙阁等社区各110多人，官任、湖光等社区各120多人，屿后、岳阳、育秀等社区90多人，四里社区150多人。

莲前街道前埔南社区　柯翰后裔由海沧迁入。今居社区40余户、140多人。迁居前埔北社区110多人，金鸡亭、莲云、洪文等社区各60多人。

嘉莲街道莲花北社区　柯翰后裔由海沧迁入。今居社区40余户、130多人。迁居盈翠、松柏、长青等社区各110多人，莲兴社区140多人，莲秀社区120多人，莲花五村、龙山社区各70多人，莲西、华福等社区各50多人。

鼓浪屿街道内厝社区　柯翰后裔由海沧迁入。今居社区30余户、90多人。迁居龙头社区60多人。

（二）湖里区

湖里街道康泰社区　柯翰后裔由海沧迁入。今居社区30余户、90多人。迁居康晖、海天、濠头社区各80多人，徐厝、康乐、兴华社区各60多人。

殿前街道长乐社区　柯翰后裔由海沧迁入。今居社区30余户、80多人。迁居兴隆社区70多人。

禾山街道枋湖社区　柯翰后裔由海沧迁入。今居社区20余户、80多人。

金山街道金山社区　柯翰后裔由海沧迁入。今居社区20余户、80多人。迁居金安社区70多人。

江头街道金尚社区　柯翰后裔由海沧迁入。今居社区30余户、120多人。迁居吕厝社区120多人，祥店、江村、江头、吕厝、园山社区各80多人。

（三）集美区

集美街道银亭社区　柯翰后裔由海沧迁入。今居社区20余户、90多人。

杏林街道宁宝社区　柯翰后裔由海沧迁入。今居社区30余户、110多人。迁居纺织、曾营社区各60多人。

灌口镇东辉社区　柯翰后裔由海沧迁入。今居社区50余户、190多人。迁居顶许社区140多人，李林村70多人，灌口社区100多人。

后溪镇前进村　柯翰后裔由海沧迁入。今居村100余户、360多人。迁居后溪村100多人。

（四）海沧区

东孚街道后柯村　南宋初，柯翰开基同安后柯。今传35代，居村280余户、830多人。迁居鼎美、芸尾村各80多人。柯翰后裔有7个房头分迁海沧、灌口、杏林、集美、湖里邻近乡镇，后裔迁徙台湾高雄地区，以及新加坡等国家。

海沧街道东屿村　后柯支派柯翰后裔柯弥赐、柯绳映由后柯迁入；莆田支派柯祐后裔迁入。今居村370余户、1200多人。迁居石塘社区90多人，海发、温厝社区各70多人，海沧、海翔、海兴社区各50多人。部分后裔迁居同安、翔安、晋江安海等地。部分后裔迁徙台湾地区以及海外各国。

新阳街道新垵社区　柯翰后裔由海沧迁入。今居村40余户、130多人。

第一农场村　柯翰后裔由海沧迁入。今居村20余户、80多人。

（五）同安区

新民镇梧侣社区　柯翰后裔由海沧迁入。今居社区990余户、2990多人。迁居西塘、乌涂社区各120多人，后宅、柑岭村各60多人。

大同街道后炉社区　柯翰后裔由海沧迁入。今居社区35户、90多人。迁居西安、三秀、城西社区各80多人。

祥平街道杜桥社区　柯翰后裔由海沧迁入。今居村50余户、180多人。迁居阳翟社区130多人，西洪塘、凤港社区各110多人，陆丰、祥桥社区各70多人。

西柯镇西柯村　柯翰后裔由海沧迁入。今居村700余户、2160多人。迁居潘涂、丙洲、洪塘头社区各110多人，埭头社区130多人，浦头社区90多人，吕厝、下山头社区各60多人。

（六）翔安区

内厝镇霞美村　柯翰后裔由海沧迁入。今居村350余户、1180多人。迁居新垵村150多人，上塘社区90多人，黄厝、莲前村各70多人。

三、漳州市柯姓

（一）芗城区

东铺头街道东铺头社区　宋室南渡时，柯尚德由莆田安乐里迁居漳郡；南宋后期，柯德立由龙海榜山镇分居漳州田霞（今东铺头）；明正统十年（1445年），后裔徙居芗城霞田下；清康熙二十年（1681年），柯昭明由南靖迁居芗城区小浦南，发族3600多人。今居社区15户、40多人。迁居龙江、嘉禾等社区各100多人，西街、南台、南昌、水仙花等社区和瑞京村各70多人以及城区各街道。

西桥街道南星村　今居村30余户、110多人。迁居延安、南山、大桥社区各70多人。

新桥街道前锋社区　今居社区100余户、310多人。迁居解放社区120多人，新竹、元南、悦港社区各110多人，下沙、新城、诗埔社区各60多人。

巷口街道官园社区　今居社区30余户、110多人。迁居浦头社区100多人，鑫荣、巷口等社区各90多人。

南坑街道农友村　今居村150余户、460多人。迁居东岳、群裕社区各120多人，腾飞、龙通社区各70多人，华元、漳糖、桃林、金冠等社各80多人。

通北街道团结社区　今居社区20余户、80多人。迁居和平里、湖内社区各70多人。

天宝镇塔尾村　明洪武（1368—1398）初，柯樾由莆田柯山竹脚社迁入，另说柯樾由榜山镇迁入。

今传23世，发族5800多人。今居村1150余户、3710多人。迁居天宝村460多人，天宝社区140多人，山美村、墨溪村、过塘村、洪坑村、大寨村各100多人，月岭村80多人，路边村、田寥村、盘谷村各60多人。部分后裔迁居闽南、龙岩、广东，明清以来部分后裔迁徙台湾地区和东南亚各国。

芝山镇上坂村三厝社 由渡头村葛边柯氏迁入。今居村110余户、350多人，另有渡头村葛边210多人。

（二）龙文区

朝阳镇桥头村 柯乾远由芗城区天宝镇塔尾出赘迁入坑头（崇坑）。今居村110余户、330多人。迁居流岗村60多人。

（三）龙海市

石马镇新华社区 明代迁入，发族530多人。今居社区30余户、120多人。迁居解放东社区、桥村社区各60多人，解放西社区80多人，九二零社区100多人。迁徙台湾地区和海外。

台商投资区东美村 明洪武（1368—1398）初期，柯嗣迁居龙溪二十八都太平保南洲（今东美村南园社洲尾角），发族560多人。今居村20余户、70多人。迁居东山村100多人、社头村120多人。明清时期有众多后裔迁徙台湾，部分后裔迁徙东南亚各国。

白水镇下田村 柯宣沛生子柯觉灵、柯觉定，长子柯觉灵传衍屿头下美社（今白水镇下田川），再分衍浮宫圩内、邱厝村下柯社，发展1300多人。今居村150余户、690多人。迁居山边村90多人。

浮宫镇浮宫村 下田村蔡氏分衍浮宫圩内。今居村35户、100多人。迁居邱厝村150多人。

九湖镇新塘村 今居村30余户、120多人。迁居庵兜村80多人、下庵村60多人。

榜山镇柯坑村 宋代，柯申由莆田迁入；明初，柯宣沛由漳州霞田下迁入，发族610多人。今居村140余户、580多人。迁居福河村110多人。

（四）漳浦县

绥安镇溪南社区 元至正年间（1341—1368），柯庆文11世柯惟恂由同安一经堂迁入，发族5700多人。今居社区1010余户、3180多人。迁居南街社区180多人、南门社区110多人、绥南社区360多人、道周社区130多人、炉尾社区70多人、鹿溪社区70多人。

绥安镇东街社区 明清时期由龙海市榜山镇柯坑村柯氏迁入。今居社区80余户、240多人。迁居绥东社区190多人，朝阳社区140多人，西街、绥北、城北社区各130多人，城西、京里社区各100多人，绥西社区80多人，北街社区150多人，麦埔社区50多人，大亭社区120多人。

杜浔镇杜浔村 今居村10余户、50多人。迁居正阳村130多人。

（五）云霄县

列屿镇青径村 柯梓燕从漳浦溪南迁居青径村径头社（今镜楼）。今居村130余户、490多人。

和平乡内洞村 今居村40余户、130多人。

（六）东山县

西埔镇西博等社区 今居社区30余户、120多人。

（七）南靖县

山城镇岩前村 明洪熙宣德年间（1425—1435），柯循规由莆田竹仔脚社迁入，今传23世；正统十四年（1449年），柯姓后裔迁入。今居村260余户、1080多人。其后裔分居后豪。

山城镇中山社区 明正德十二年（1517年），柯鸠宗徙南靖南坪坪顶。今居社区20余户、70多人。

其后枝分下奢。迁居新民社区70多人，解放社区90多人，人民、六安、荆江社区各100多人，山城社区110多人，三下村80多人。

山城镇翠眉村　芗城区天宝镇塔尾村柯姓迁入。今居村120余户、340多人。后裔迁居南靖及漳州各地。

龙山镇南坪村　今居村60余户、210多人。

高新技术产业园区靖城村　今居村30余户、120多人。迁居湖林村90多人。

（八）长泰县

岩溪镇珪后村　柯庆文13世柯秉刚三子迁入双圳头及珪前村坵尾社坵尾，发族1100多人。迁居全镇各村。今居村170余户、690多人。迁居圭前村120多人、锦鳞村110多人、坵尾社100多人。清代部分后裔迁居台湾。

武安镇京元村下柯社　今居村180多人。大部分外迁，分迁外武、文泉、罗山等村，部分迁徙台湾。

（九）华安县

湖林乡大坪村金德寮　元延祐元年（1314年），柯真应由安溪还巢里炉塘岭迁入。今居村30余户、120多人。后裔迁居华丰镇。

华丰镇良埔村良村社　北宋末，先祖避金人入闽，隐居漳州龙溪县二十五都。今居村20余户、70多人。

四、泉州市柯姓

（一）鲤城区

鲤中街道新峰社区　柯述后裔迁入。今居社区20余户、80多人。迁居清华、东门、政通等社区。

滨海街道金山社区　柯述后裔迁入。今居社区20余户、90多人。迁居水门、新门、海清等社区。

金龙街道古店社区　今居社区30余户、90多人。

（二）丰泽区

东湖街道东湖社区　柯述后裔迁入。今居社区20余户、80多人。迁居东凤社区90多人，铭湖、圣湖社区各80多人，松林社区110多人。

丰泽街道东涂社区　今居社区30余户、120多人。迁居东美社区110多人，丰泽、前坂、源淮、东淮社区各80多人。

清源街道后茂社区　今居社区150余户、490多人。迁居城口社区80多人。

东海街道后亭社区　今居社区60余户、200多人。迁居法石、后厝社区各110多人。

北峰街道招联社区　今居社区40余户、130多人。

（三）泉港区

山腰街道荷池社区　今居社区20余户、80多人。

南埔镇柯厝村　明永乐年间（1403—1424），柯善正、柯善友迁入，发族4900多人。今居村1100余户、4100多人。迁居南埔村、仑头村新厝各120多人，天竺村100多人，天湖村、施厝村各90多人，邱厝村110多人，先锋村250多人，沙格村160多人，肖厝村130多人。

界山镇界山村　清康熙年间（1662—1722），柯厝二房9世柯朝煜、柯朝英迁入。今居村1100余户、4100多人。迁居鸠林村260多人，河阳村、鹅头村各80多人，玉湖村120多人，东张村、狮东村各60多人，东凉村、下朱村各50多人，岭头村90多人。

后龙镇栖霞社区 今居社区20余户、80多人。

涂岭镇秀溪村 清光绪四年（1878年），柯芋尾自仙游后榄迁入。今居村70余户、200多人。迁居幸福社区70多人、白潼村90多人。

（四）石狮市

湖滨街道新湖社区 北宋元祐二年（1087年），柯氏多支从晋江塘市、林口、上郭等地迁入。今居社区12户、50多人。迁居首坑社区、玉湖社区各60多人。

凤里街道龙华社区 今居社区30余户、90多人。迁居宽仁、华南社区各50多人。

灵秀社区港塘村 今居村30余户、90多人。迁居灵狮村70多人、塔前村50多人。

宝盖镇铺锦村 今居村16户、50多人。

（五）晋江市

青阳街道青阳社区 南塘后裔迁入。今居社区70余户、260多人。迁居高霞、象山社区各60多人，锦青、莲屿社区各50多人。

梅岭街道双钩社区 今居社区80余户、310多人。迁居梅岭110多人。

西园街道官前社区 今居社区610户余、2500多人。迁居车厝、砌田社区各90多人。

灵源街道林口村 南塘后裔迁居。今居村1300余户、5100多人。迁居张前、英塘社区各100多人，小浯塘社区60多人。

新塘街道南塘村 柯万象迁入，被尊为晋江南塘柯氏的肇基祖。今居村450余户、1750多人。播迁林口、缺塘、磁灶、安海、英林、内坑和青阳等。沙塘社区290多人，后洋社区240多人，湖格社区100多人，后库、荆山、新塘市直社区各70多人，梧林社区80多人。

新塘街道上郭村 南塘9世柯植迁居。今居村1500余户、4700多人。

新塘街道塘市村 柯应由南塘迁居。今居村550余户、2100多人。迁居杏坂社区50多人、杏田社区120多人。

安海镇兴胜社区 同安后柯后裔迁入。今居社区50余户、190多人。迁居东鲤、鸿塔社区各50多人，复兴社区60多人，东海、安东社区各120多人。

磁灶镇湖头村 南塘10世柯析迁入。今居村110余户、330多人。迁居张林村80多人。

内坑镇东村村 南塘8世柯元炳迁入。今居村50余户、200多人。

东石镇柯林村 由南塘迁入。今居村400余户、1550多人。迁居塔头刘厝村90多人，三乡村、塔头孙厝村各60多人。

永和镇英墩村 今居村20余户、80多人。迁居菌边村、周坑村各50多人。

英林街道沪厝安村 南塘12世柯希灵迁入。今居村330余户、1200多人。迁居嘉排村400多人，锦江村880多人，埭边村720多人，东埔村、后头村、龙西村、柯坑村、西埔村各50多人，英林村100多人。

深沪镇运伙村 南塘7世柯佛应迁居西美柯（狮尾）。今居村40余户、150多人。

（六）南安市

柳城街道施坪村 宋元之交，柯十九郎由泉州府晋江城沟下巷迁入南关外东山渡，再迁居南安东门。今居村80余户、230多人。迁居霞江社区120多人。

溪美街道新湖社区 今居社区13户、50多人。

新省镇满山红村 今居村70余户、260多人。迁居省东村50多人。

英都镇仕竹村　今居村 150 余户、590 多人。迁居紫山村 50 多人、坂头村 90 多人。

诗山镇西上村　今居村 30 余户、80 多人。迁居声东村 90 多人、梧埔村 60 多人。

蓬华镇蓬岛村　今居村 70 余户、250 多人。

码头镇东大村　今居村 400 余户、1550 多人。

码头镇宫占村　今居村 120 余户、440 多人。迁居大庭村 50 多人。

九都镇美星村　今居村 100 余户、390 多人。迁居新民村 90 多人，新东村、新峰村 50 多人。

丰州镇西华村　今居村 40 余户、150 多人。迁居丰州村 100 多人。

官桥镇曾庄村　由晋江南塘迁入。今居村 220 余户、850 多人。迁居金庄社区 60 多人。

水头镇文斗村　今居村 80 余户、310 多人。播迁南桥村 140 多人。

（七）惠安县

螺城镇西北社区　今居社区 30 余户、120 多人。播迁北关、中新社区各 90 多人，东南、新霞、霞张、前型等社区各 60 多人。

螺阳镇溪南村　今居村 410 余户、1500 多人。迁居王孙村、后田村各 100 多人，锦里村 80 多人，上坂村 60 多人。

紫山镇官溪村　今居村 180 余户、590 多人。

崇武镇莲西村　今居村 25 户、90 多人。

涂寨镇金相村　今居村 90 余户、300 多人。迁居社坝村 70 多人、廖厝村 80 多人。

东桥镇东湖村　今居村 30 余户、120 多人。迁居后建村 90 多人。

辋川镇南星村　今居村 760 余户、2960 多人。迁居吹楼村 150 多人、五柳村 120 多人、后坑村 110 多人。

（八）安溪县

凤城镇龙湖社区　今居社区 30 余户、110 多人。迁居北石、东北、上西社区各 90 多人，朝阳社区 80 多人，南街、祥云、东岳社区各 60 多人，凤山、小东社区各 70 多人。

蓬莱镇蓬溪村　元至顺元年（1330 年），柯万山迁居蓬莱镇开基，分两房系。今传 25 世，居村 880 余户、3350 多人。迁居蓬莱社区 170 多人，联盟村 910 多人，岭美村 220 多人，鹤前村、岭南村各 100 多人，岭东村 190 多人，联中村 220 多人，美滨村 120 多人，鸿福村、彭格村、蓬新村各 70 多人。后裔迁厦门同安、江西上饶、浙江温州、香港、澳门、台湾等地，部分后裔迁徙欧美和非洲。

湖头镇湖四村　今居村 30 余户、120 多人。

官桥镇碧二村　明正德九年（1514 年），柯元荣迁入。今传 16 世，居村 150 余户、540 多人。部分后裔迁徙台湾等地区。

剑斗镇御屏村　今居村 30 余户、120 多人。

城厢镇上营村　今居村 70 余户、240 多人。迁居雅兴村 60 多人。

金谷镇金谷村　今居村 30 余户、70 多人。

魁斗镇佛仔格村　元至元六年（1269 年），柯万水迁入，分六房系。今传 23 世，居村 130 余户、490 多人。迁居魁斗村、奇观村各 70 多人。部分后裔迁厦门同安、台湾等地。

白濑乡长基村　柯万福二房迁居长基村（田中、九町）。今居村 80 余户、320 多人。迁居寨坂村 60 多人。

湖上乡沙堤村　明洪武三年（1370 年），柯万福迁入，分三房系。今传 21 世，居村 260 余户、880

多人。

长坑乡三村村 明永乐八年（1410年），柯裕迁入。今传22世，居村260多户、1100多人。迁居玉湖村130多人。清康熙年间（1662—1722），有后裔迁居同安、龙海、永安，迁徙江西和台湾。

（九）德化县

龙浔镇英山村 清乾隆年间（1736—1795），柯朝传父子从永春迁居德化城南郊路尾巷（今兴南社区路美巷）。今居村20余户、60多人。后裔多数外迁。

浔中镇浔中村 1940年，柯协从永春县胡格（今苏坑镇熙里村）迁居浔中村诗墩。今居村22户、70多人。

春美乡尤床村 宋元丰元年（1078年），柯永春由大田县聚贤里大集横倒仑迁居春美乡尤床村洋头。今居村30余户、100多人。

（十）永春县

桃城镇桃城社区 明万历年间（1573—1620），柯子盛由坑仔口镇景山村迁入。今居社区20余户、50多人。迁居五里街镇仰贤村70多人。

桃城镇环翠社区 由晋江二十五都塘市迁入。今居村60多人。

蓬壶镇都溪村 柯法保为都溪柯氏肇基祖。今居村190余户、600多人。

达埔镇金星村 今居村20余户、60多人。

湖洋镇高坪村 由景山迁居高坪村。今居村20余户、60多人。

坑仔口镇景山村 元末明初，柯启后由莆田回迁永春，始居魁斗村樟树坪，再迁景山，柯启后为景山柯氏肇基祖。今居村410余户、1500多人。

苏坑镇龙治村 元大德五年（1301年），仙游仁德里柯润生迁居胡隔角落。今居村100余户、400多人。迁居五里街镇埔头村60多人。明成化年间（1465—1487），晋江南塘11世柯应清迁居龙治自然村。今居村120余户、500多人。居东坑村50多人。

五、三明市柯姓

（一）三元区

城关街道新龙社区 由大田迁入，发族130多人。今居社区10余户、60多人。

白沙街道群二社区 今居社区10余户、60多人。

（二）梅列区

列东街道三路社区 由大田迁入，发族210多人。今居社区10余户、60多人。迁居崇桂社区50多人。

列西街道青山社区 由大田迁入，发族150多人。今居社区20余户、70多人。迁居群英社区60多人。

（三）永安市

西洋镇上螺村 今居村20余户、80多人。迁居内炉村、虎山村各30多人。

小陶镇五星村 今居村30余户、100多人。迁居松山村30多人。

（四）清流县

嵩口镇嵩口社区 今居村16户、90多人。迁居沧龙社区90多人。

（五）宁化县

安远镇硝坊社区 清代，由建宁伊家乡迁人，发族230多人，后裔迁居邻近各村。今居村10余户、60多人。

（六）建宁县

伊家乡笔架村 明初，柯三九郎从建宁县城关迁入。今传26世，居村270户、800多人。迁居东风村70多人。后裔迁居邻近县市和福州等地，部分后裔迁徙江西、浙江等地。

伊家乡隘上村 明初，柯三九郎胞兄柯二郎从建宁县城关迁入隘上村三都隘（简称“隘上”）。今传26世，居村111户、460人。后裔迁居邵武、宁化，部分后裔迁徙江西宁都。

濉溪镇器村村 清嘉庆年间（1796—1820）由笔架村迁入，发族250多人。今居村10余户、60人。迁居复兴、新生、水南、斗埕村和综合农场。

里心镇芦田村 由隘上、笔架两村迁入，发族100多人，后裔迁居邻近村落。今居村10余户、50多人。

溪口镇枧头村 清代分别由伊家乡笔架、隘上村迁入。今居村40余户、150多人。后裔迁居高圳等村庄。

均口镇均口村 清代由伊家乡隘上村迁入。今居村10余户、50多人。

客坊乡龙溪村 清乾隆年间（1736—1796）由隘上村迁入。今居村45户、140多人。迁居里源村、张溪村各70多人。

（七）将乐县

光明镇各布村 今居村20余户、60多人。迁居永吉村。

（八）沙县

南霞乡龙泉村 今居村50余户、180多人。

（九）尤溪县

城关镇水东村 柯梓友（正榛）从德化春美乡尤床村迁入。今居村70余户、270多人。

城关镇埔头村 明崇祯（1628—1644）初年，柯继山从大田科山大坑桃园乡桃园村迁入。今居村30余户、80多人。

城关镇城关街区 清代，柯伟九携孙柯九育从德化春美乡尤床村迁入尤溪四十五都玄沙；柯振约、柯振范从春美乡尤床村迁入尤溪县旺口。今居西门、西街、城东、东街、水南、沈塔社区230多人。

梅仙镇谢坑村 明嘉靖年间（1522—1566），柯二十六从大田迁入梅仙。今居村45户、180多人。

坂面镇肖坂村 今居村10余户、50多人。

台溪乡际坑村 今居村60余户、210多人。迁居园兜村70多人。

（十）大田县

桃源镇桃源村 后唐天成五年（930年），柯五从闽南迁入。今居村70余户、150多人。播迁桥山村120多人、东风农场50多人。后裔迁居闽西各地，部分迁徙江西。

桃源镇广汤村 今居村190余户、700多人。

桃源镇杨坑村 今居村130余户、540多人。

上京镇上京村 柯五族裔分衍。今居村70余户、240多人。迁居南坑村80多人。

武陵乡泮路村 柯五族裔分衍。今居村40余户、120多人。

文江镇小芹村 柯五族裔分衍。今居村 110 余户、360 多人。迁居昭文村 80 多人。

六、莆田市柯姓

（一）仙游县

鲤城街道洪桥社区 明代，柯亮后裔从晋江南塘迁入功建里西街（今洪桥街），发族 1600 多人。今居社区 50 余户、160 多人。后裔迁居鲤城以及邻近乡镇各社区，明清时后裔迁徙台湾。

鲤城街道蜚山村 从兴化府乌石尾小柯山（今梅峰社区）迁入。今居村 80 余户、330 多人。迁居东门社区 120 多人。

鲤城街道富洋村 从兴化府乌石尾小柯山（今梅峰社区）迁入。今居村 90 余户、360 多人。

枫亭镇秀峰村 灵川柯朱村柯氏迁入。今居村 270 余户、890 多人。迁居学士社区 120 多人，霞桥、兰友社区各 80 多人，霞街社、铺头社区各 60 多人，九社村 80 多人。

枫亭镇耕丰村 灵川柯朱村柯氏迁入。今居村 130 余户、490 多人。居镜湖村、辉煌村各 110 多人，东宅村、建国村、海安村各 60 多人。

榜头镇溪尾村 今居村 120 余户、450 多人。

度尾镇剑山村 今居村 20 余户、70 多人。

鲤南镇太原村 今居村 20 余户、70 多人。

盖尾镇聚仙村 今居村 120 余户、510 多人。后裔迁居石马村。

大济镇洋坑村 今居村 30 余户、120 多人。

游洋镇石山村 今居村 40 余户、140 多人。

石苍镇石阳村 今居村 100 余户、380 多人。

（二）荔城区

镇海街道凤山社区 今居社区 50 余户、160 多人。迁居文献、长寿社区各 70 多人，英龙、梅峰社区各 100 多人，镇海社区 80 多人。

拱辰街道畅林社区 今居社区 50 余户、180 多人。迁居拱辰社区 50 多人。

西天尾镇东星社区 今居社区 170 余户、770 多人。迁居三山村 700 多人、龙山社区 70 多人、后卓社区 50 多人。

新度镇桂林村 今居村 50 余户、210 多人。迁居大坂村 50 多人、东埔余村 50 多人。

（三）城厢区

龙桥街道太平社区 后晋天福元年（936 年），柯宝由泉州府晋江县水沟巷（今柯厝巷）迁入兴化府莆田武盛里西山古楼。今居社区 16 户、60 多人。迁居兴安社区 90 多人，北磨、延寿社区各 80 多人，下磨、龙桥、泗华社区各 60 多人。后裔迁到莆田各地发族，部分后裔迁徙台湾地区，以及海外各国。

凤凰山街道筱塘社区 今居社区 20 余户、70 多人。迁居南门、南园、月塘社区各 60 多人。新塘、龙德井各 50 多人。

霞林街道顶墩村 今居村 100 余户、410 多人。

常太镇霞山村 今居村 90 余户、370 多人。迁居党城村 220 多人、渡里村 50 多人、顶坑村 270 多人。

华亭镇西沙村 今居村 60 余户、250 多人。迁居华亭社区 60 多人。

灵川镇柯朱村 今居村 710 余户、2900 多人。迁居桂山村 990 多人，何寨社区 50 多人，硋灶村、下尾村各 80 多人，青山村 150 多人。

（四）涵江区

涵东街道新区社区　今居社区 23 户、60 多人。迁居卓坡社区 70 多人。

三江口镇鳌山村　今居村 10 余户、50 多人。

梧塘镇松东村　今居村 80 余户、320 多人。迁居松西村 170 多人、漏头村 130 多人。

白沙镇广山社区　今居社区 240 余户、960 多人。迁居白沙、梨坑社区、宝阳村、前埔社区各 60 多人。

新县镇文笔村　今居村 520 余户、2080 多人。迁居新县村 240 多人，张洋村 90 多人，圩顶村、上茅村各 60 多人，广宫村、洋林村 110 多人，巩溪村 170 多人，仙安村 80 多人。

大洋乡瑶山村　今居村 70 余户、280 多人。迁居大洋村、琼峰村各 50 多人，可山村 260 多人。

（五）秀屿区

笏石镇顶灶村　今居村 14 户、50 多人。迁居秀山村 80 多人。

东庄镇马厂村　今居村 100 余户、390 多人。

东峤镇铁炉村　今居村 20 余户、80 多人。

埭头镇温李村　今居村 40 余户、150 多人。迁居英田村 50 多人。

平海镇上店村　今居村 510 余户、2090 多人。迁居平海村 140 多人，石塘村、北峤村各 60 多人。

平海镇溪后村　今居村 380 余户、1400 多人。迁居东美村、石井村各 60 多人，江堤村 130 多人。

平海镇西柯村　今居村 390 余户、1450 多人。迁居山星村 100 多人。

北岸开发区莆禧村　今居村 170 余户、560 多人。

七、南平市柯姓

（一）邵武市

水北镇大乾村　清代由建宁伊家乡迁入。今居村 10 余户、50 多人。

大竹镇官墩村　民国时，尤溪梅仙谢坑柯氏 15 世柯洪星、柯洪耀 12 人迁入。今居村 40 余户、150 多人。

（二）武夷山市

武夷街道大布村　今居村 10 余户、60 多人。迁居溪洲村 60 多人。

（三）建瓯市

徐墩镇下碓村　今居村 30 余户、100 多人。

玉山镇洋后村　今居村 20 余户、70 多人。

东游镇盛地村　今居村 80 余户、290 多人。迁居党口村 50 多人。

（四）顺昌县

双溪街道中解社区　今居社区 20 余户、90 多人。迁居和勤社区 70 多人。

埔上镇口前村　今居村 20 余户、70 多人。

（五）浦城县

南浦街道仙楼社区　今居社区 10 余户、50 多人。

永兴镇永平村 由晋江南塘迁入。今居村 70 余户、240 多人。

富岭镇浮流社区 今居社区 40 余户、120 多人。

石陂镇旧馆村 今居村 20 余户、60 多人。

旧阳镇太平社区 今居社区 10 余户、50 多人。

盘亭乡上黄处村 今居村 80 余户、310 多人。迁居秀里村 50 多人、东峰村 80 多人。

（六）松溪县

郑墩镇新甫村 今居村 10 余户、60 多人。

（七）政和县

东平镇东平村 今居村 30 余户、90 多人。

八、龙岩市柯姓

（一）新罗区

西陂街道黄竹坑村 今居村 40 余户、130 多人。

中城街道上井社区 今居社区 10 余户、50 多人。

（二）永定县

虎岗乡虎东村 今居村 20 余户、90 多人。

（三）上杭县

临城镇西郊村 今居村 60 余户、210 多人。

（四）连城县

北团镇柯坊村 明清时由建宁伊家乡迁入。今居村 250 余户、1070 多人。居许坊村、山下村各 50 多人，下江村 210 多人。

（五）漳平市

吾祠乡吾祠村 由大田迁入。今居村 50 余户、180 多人。

九、宁德市柯姓

（一）蕉城区

蕉南街道中南社区 今居社区 10 余户、60 多人。迁居南际花园社区 50 多人。

三都镇坪岗社区 今居社区 60 余户、250 多人。

（二）福鼎市

沙埕镇水澳村 由晋江南塘迁居人。今居村 30 余户、120 多人。迁居澳腰村 50 多人。

店下镇三佛塔村 今居村 40 余户、140 多人。迁居溪岩村 50 多人。

太姥山镇太姥洋村 今居村 20 余户、80 多人。

（三）霞浦县

松港街道后岐社区 由晋江南塘 14 世迁入。今居社区 20 余户、80 多人。迁居古岭下村 50 多人。

三沙镇三沃村 清乾隆年间（1736—1795），柯起栋由泉州泉港南埔镇柯厝迁入。今居村 20 余户、90 多人。迁居三沙社区 50 多人。

水门乡墩后村 今居村 10 余户、50 多人。

崇儒乡樟桥村 今居村 20 余户、70 多人。

（四）寿宁县

大安乡伏际村 今居村30余户、90多人。

（五）屏南县

长桥镇柏源村 今居村10余户、60多人。

路下乡富塘村 唐光启二年（886年），柯大更迁入开基。今传50多世，居村160余户、630多人。迁居路下村120多人，凤林村、芳院村各50多人。

十、平潭综合实验区柯姓

岚城乡正旺小头村 清嘉庆年间（1796—1820）由长乐百户村迁入。今居村100余户、440多人。后裔迁居潭城镇右营、城东、北门、中埔、宝湖、桂山、红山，澳前镇观音澳、南高坪、龙南，平原镇。

第三章 谱 牒

第一节 福州市

一、晋安区

《南阳柯氏族谱》 清代始修，“文化大革命”中被毁，1997年重修。谱载序、源流、东西派系世系、祠堂、人文、经济、坟茔、历史名人、家规祖训等140条目。铅印本。谱存福建省姓氏源流研究会柯蔡委员会。

象园《柯氏族谱》 现存残本。有柯寿颐、柯声涛编修稿本30多页。手写稿本。谱存象园柯氏宗祠。

二、长乐区

《南阳柯氏族谱》 明万历二年（1574年）始修，清乾隆四十一年（1776年）柯兴耀重修，道光年间（1821—1850）增修，1997年合族同修。谱载修谱执事彩照、祠照、乡图照、谱序、目录、渊源、福建闽中柯氏世系源流等。谱存百户村柯氏联谊会。

《柯氏家谱》 清代柯彭年、柯鸿年修，清光绪二十年（1894年）雕版印本。谱载序、源流、世系、昭穆等。谱存在吉林大学图书馆、重庆市图书馆、美国犹他州家谱学会。

《凤岐柯氏族谱》 宋代始修，1997年7月柯法毅等三修。铅印本。谱载序、源流、村貌发展概况、世系、祖厅、祖坟、显应宫、古井、名宦大观、经济等。钞本，2册。谱存长乐市漳港街道凤岐柯氏宗祠。

《福建省长乐市七姓联宗史志》 系吴、张、周、柯、蔡、曾、曹等七姓联宗谱，1999年吴张周柯蔡曾曹历史研究会编撰。谱载前言、序、题词、照片、长乐各村7个姓氏简史。谱存长乐有关各姓祠堂。

三、连江县

《连江柯氏族谱》 1999年连江柯氏族谱编撰委员会编撰。谱载序、源流、世系、昭穆、郡望、堂号等。谱存连江县南通镇、敖江镇等柯氏老人会。

四、永泰县

《柯氏族谱》 清嘉庆元年（1796 年）始修，同治十三年（1874 年）续修，2000 年三修。谱载序、世系、昭穆、郡望、堂号等。钞本。谱存永泰县樟城镇玉井柯氏宗祠。

第二节 厦门市

《霞岐柯氏族谱》 同安柯氏族谱，不分卷。清乾隆三十七年（1772 年）柯寅始续修。谱载序、源流、世系、祠堂、坟茔、历史名人、家规祖训等。现存清光绪年间（1875—1908）钞本。谱存福建师范大学图书馆，扫描本存晋江柯孙文处。

《霞岐柯氏族谱》 同安西柯霞岐重修族谱，1995 年族谱编委会编印。谱载序、后柯村全景、地图、祖像、柯氏源流、入闽、庄江分支、霞岐世系、梧侣世系、罗源起步村渊源、历代名贤等。谱存厦门后柯一经堂。

《同安梧侣柯氏族谱》 1996 年 10 月同安梧侣村重修族谱理事会编印。谱载序、祖像、同安梧侣柯氏史话、入闽繁衍、庄江分支、霞岐发祥、梧侣定居、历代名贤等。谱存厦门梧侣柯氏祠堂。

《闽南柯氏一经堂族谱》 2010 年重修，闽南柯氏一经堂族谱编纂委员会编撰。谱载序、后柯村全景、地图、祖像、柯氏源流、入闽、庄江分支、霞岐世系、梧侣世系、罗源起步村渊源、历代名贤等。精装 1 册 3 卷。谱存厦门海沧区东孚街道后柯一经堂。

第三节 漳州市

一、芗城区

《天宝柯氏三房系谱》 清代修。谱载明洪武（1368—1398）初开基祖柯樾由莆田柯山竹脚社迁徙龙溪县二十一都美阳社（今名芗城区天宝镇塔尾村塔尾社）。谱系流派：唐末入闽柯亮派下晋江柯庆文派系美阳柯樾支系。堂号紫阳（瑞鹊）堂。钞本。谱存天宝镇天宝柯氏祠堂。

《天宝塔尾柯氏族谱之一（柯氏重修族谱序）》 2008 年 11 月修。谱载开基祖、谱系流派、世系、堂号、昭穆等。钞本复印件。谱存漳州市蔡新学术研究会。

《天宝塔尾柯氏族谱之二（恭敏惠三房嗣派下）》 2008 年 11 月修。谱载开基祖、谱系流派、世系、堂号、昭穆等。钞本复印件。谱存漳州市蔡新学术研究会。

《美阳柯氏族谱》 清同治年间（1862—1874）修。1 册为柯氏族谱，载福建漳州塔尾（美阳）肇基祖柯樾入漳情况；2 册载柯氏三房系谱；3 册载柯氏族谱墓道。该谱已续至民国，钞本，3 册。谱存天宝镇塔尾柯氏祠堂。

《天宝塔尾柯氏族谱之三（信房祖乾铭公派下）》 2008 年 11 月修。谱载开基祖、谱系流派、世系、堂号、昭穆等。钞本复印件。谱存漳州市蔡新学术研究会。

《天宝塔尾柯氏族谱之四（宽房祖乾厚公派下）》 2008 年 11 月修。谱载开基祖、谱系流派、世系、堂号、昭穆等。钞本复印件。谱存漳州市蔡新学术研究会。

天宝《柯氏族谱墓道》 清同治稿本。谱载序、世系、祠堂、坟茔、昭穆、郡望、堂号等。谱存福建省姓氏源流研究会柯蔡委员会漳州办事处。

天宝《柯氏三房系谱》 清同治稿本。谱载始祖柯述、宋进士、龙图阁学士、名宦、乡贤、天宝柯氏世系、昭穆、郡望、堂号等。谱存福建省姓氏源流研究会柯蔡委员会漳州办事处。

天宝、京元《柯氏族谱》　清同治稿本。谱载序、始祖柯述、宋进士、龙图阁学士、祀名宦与乡贤、世系、昭穆、郡望、堂号等。谱存福建省姓氏源流研究会柯蔡委员会漳州办事处。

二、龙海市

《龙溪美阳柯氏家乘（柯坑祖源）》　1996年重修。谱载开基祖、谱系流派等。钞本复印件。谱存漳州市蔡新学术研究会。

三、漳浦县

《金浦柯氏族谱》　1992年柯季友编修，依据溪南族人传抄光绪谱牒编修。谱载柯氏渊源考略、始祖柯翰（闽南柯氏四世祖）、溪南肇基祖贤恂公（闽南柯氏十一世）、谱序、祖像、世系表、堂号、昭穆、历代先贤等。铅印本。谱存绥安溪南村祠堂、漳州市图书馆。

《柯氏族谱》　1992年修。谱载开基祖、谱系流派、世系、堂号、昭穆等。复印本。谱存漳州市蔡新学术研究会。

四、南靖县

岩前《柯氏族谱》　谱载世系、祠堂、郡望、堂号等。谱存岩前柯氏宗祠。

五、华安县

《济阳郡柯氏族良村柯氏谱》　清代修。谱载传衍、世袭、祠堂记等。谱存湖林乡大坪村东福祠堂。

六、云霄县

南澳《柯氏族谱》　1997年始修，据迁广东南澳柯氏与祖地漳浦云霄宗亲联络对接谱牒资料，南澳柯氏族谱编写小组编撰，柯礼玉题名，柯礼权作序。谱载图像、源流世系等。谱存漳州市蔡新学术研究会。

第四节　泉州市

一、鲤城区

《柯氏宗谱》　民国年间瑞鹊堂雕版印本，今仅存第43卷。谱存中国家谱网站档案馆。

《济阳柯氏宗谱》　明代柯明经庄始修，清乾隆四十四（1779年）柯宗亮第八次续修。谱载序、世系、谱志、昭穆等。谱存泉州市图书馆。

《狮美柯氏顶厝份家谱》　清代始修，1936年续修。谱载序、世系、昭穆等。钞本。谱存泉州图书馆。

《狮美柯氏顶厝份家谱》　清代柯千瑞续修，同治十三年（1874年）三修。钞本。谱存泉州图书馆。

二、泉港区

《瑞鹤堂界山柯氏族谱》　2015年柯子成、柯金禄、柯其成编修。谱载先祖画像、乡贤、历代科甲、名宦、家训、文明准则、源流、村貌、古迹、坟茔、凡例、昭穆、世系等。谱存泉港界山柯氏宗祠。

《济阳蚵厝族谱》　1999年重修。谱载序、世系、昭穆、郡望、堂号等。谱存南埔镇柯厝（蚵厝）

村老人会。

《涂岭镇秀溪柯氏族谱》 谱载序、世系、昭穆、郡望等。谱存秀溪村老人会。

三、晋江市

泉州有源堂《南塘柯氏宗谱》 明永乐二十年（1422年）柯盖德始修，正统十四年（1449年）柯季永主持二修，天启元年（1621年）柯乾宪主持三修，清康熙三十年（1691年）柯赓昌主持四修，乾隆三年（1738年）柯开明主持五修，乾隆十九年柯其琛主持六修，乾隆三十六年柯其印主持七修，乾隆四十四年柯宗亮主持八修。谱载柯氏源流、入闽、播蕃、分布、先祖绣像、翰林院庶吉士邱日荣贺词、序、赞、凡例、36部族谱字号、存谱情况、举人进士录、名人录、各房世系、族谱跋、柯述公墓禁、司户公墓志、中轩公志铭、大小宗议约、坟图四至等。6册。谱存晋江南塘村柯和平处。

《济阳柯氏大宗谱》 清乾隆四十四年（1779年），江西广嘉置局印制。谱载柯氏源流、入闽、播蕃、柯庆文世系表以及分布等。谱存泉州海外交通史博物馆。

《南塘柯氏支分花宅三滨塘公派家谱》 明代始修，清代柯子清续修。清光绪二十三年（1897年）本。谱载柯氏源流、入闽、世系、昭穆等。钞本。谱存泉州市图书馆。

《南塘柯氏相公二房分派台舍家谱牒》 明代始修，清同治十三年（1874年）柯千瑞续修。谱载柯氏源流、入闽、世系、昭穆等。钞本。谱存泉州市图书馆。

《南塘柯氏族谱盘山房谱》 明代始修，清代续修，清光绪四年（1878年）三修。谱载柯氏源流、入闽、世系、昭穆等。钞本。谱存泉州市图书馆。

《上郭柯氏东升公长房谱》 明代始修，清代续修，清光绪二十三年三修。谱载柯氏源流、入闽、世系、昭穆等。钞本。谱存泉州市图书馆。

有源堂《柯氏宗谱》 明永乐（1403—1424）初始修，至清乾隆年间（1736—1795）历八次重修。谱载柯氏源流、入闽、世系、昭穆等。钞本。谱存泉州市图书馆。

晋江柯仓《柯氏族谱》 谱载源流、世系、昭穆等。复印本。谱存晋江柯孙文处。

晋江《安平柯氏诒经堂族谱》 谱载世系、昭穆等。钞本。谱存晋江安海柯碧山宗亲处。

晋江柯仓《钱塘柯氏墩兜派族》 明代始修，清代续修，清光绪二十三年本。谱载柯氏源流、入闽、世系、昭穆等。谱存安海柯氏老人会。

晋江《安平柯氏诒经堂族谱》 谱载柯氏源流、入闽、世系、昭穆等。钞本。谱存晋江安海柯碧山宗亲处。

晋江深沪西美村《塘市派柯氏祖谱》 清光绪二十二年修。谱载柯氏源流、入闽、世系、昭穆等。复印本。谱存晋江柯孙文处。

四、南安市

《武荣柯氏族谱》 明嘉靖八年（1529年）始修，清乾隆年间（1736—1795）续修，同治六年（1867年）三修。谱载序、世系、谱志等。钞本。谱存泉州市图书馆。

《武荣柯氏族谱》 清乾隆年间修。谱载“龙图学士”“瑞鹊堂”横匾、典故、柯庆文世系表等。石印古本，8卷。谱存南安丰州荣东祖祠。

《武荣柯氏族谱》 明嘉靖二十年（1541年）柯日蕃编修，清代柯焕登重修。谱载柯氏源流、入闽、世系、昭穆等。清同治七年刻本，8册。谱存泉州市图书馆。

官桥《碧二柯氏族谱》 1937年柯重儒主持编修。谱载序、世系、谱志等。钞本。谱存南安市官桥柯氏宗祠。

五、惠安县

涂寨柯厝《龙田柯氏谱》　2006年柯孙文始修。谱载序、世系、谱志、昭穆等。1册。谱存柯厝村柯氏老人会。

六、安溪县

清水岩坪《济阳柯氏大宗谱》　谱载柯氏源流、入闽、播蕃、柯庆文世系表以及分布等。谱存清水岩坪内柯氏宗祠。

《蓬溪柯氏坵城族谱》　明嘉靖二十年（1541年）柯逢春始修，清康熙五十六年（1717年）柯光胜二修，乾隆二十年（1755年）柯元僚三修，道光十五年（1835年）四修，光绪三年（1877年）柯孙炳、柯孝都五修，光绪三十三年六修，1948年柯贤德七修，1996年柯五良、柯文水、柯鸿源、柯铁钟、柯章发、柯武圳、柯明良八修。谱载魁头柯氏地形图、全景图、祖宇全景图、始祖肖像、宗支世系图、世贤表、人物传、现代名人录等。印刷本，2卷。谱存蓬溪柯氏宗祠。

《蓬莱魁头柯氏族谱》　1996年10月柯氏族谱第八次修谱理事会编撰。谱载谱序、世系图、迁徙、人物等。精装本，2册。谱存安溪魁头柯氏宗祠。

长坑《三村柯氏族谱》　清康熙三年（1664年）柯赓昌始修，康熙二十四年柯天谟二修，1919年柯章墩三修，2001年柯文字四修。谱载谱序、世系图、房产、墓葬等。印刷本，4卷。谱存安溪县长坑乡柯氏宗祠。

湖上《沙堤柯氏族谱》　清乾隆十二年（1747年）柯道量始修，嘉庆二十五年（1820年）柯晖圃二修，咸丰十一年（1861年）柯大霓、柯重桴、柯大玷三修，光绪九年（1883年）柯大霓、柯重桴、柯大玷、柯贤朝四修，1922年柯贤朝五修，1995年柯飚、柯琴能六修。谱载谱序、世系图、迁徙、人物等。印刷本，5卷。谱存安溪县湖上乡沙堤柯氏宗祠。

魁斗《佛仔格柯氏族谱》　清嘉庆十五年（1810年）始修，后有两次续修。昭穆与蓬溪柯氏同。钞本。谱存安溪县魁斗镇佛仔格柯氏宗祠。

七、德化县

《尤床柯姓族谱》　清乾隆元年（1736年）柯震星始修并序，乾隆七年琼溪赖辉二修并序，嘉庆元年（1796年）龙津林天香三修并序。谱载序、源流、世系等。谱存德化春美乡尤床村柯氏祠堂。

《城南柯氏家谱》　1995年柯维俊编修，诗墩柯氏与永春县苏坑镇熙里村柯氏合编谱。谱载源流、世系等。谱存诗墩柯氏与永春县苏坑镇熙里村柯氏老人会。

八、永春县

《柯氏宗谱》　明永乐二年（1404年）始修，系南塘肇修；历明正统、天启，清康熙三次重修，乾隆三年（1738年）五修，又经乾隆十九年、乾隆三十六年灵地二次重修，今本系灵地柯氏迁徙江西广信府裔孙八修，清乾隆四十四年柯宗亮主修。江西上饶广嘉置局刻本。谱仅存1卷。谱载刊列目录、修谱年届、凡例、谱序、家规、祠堂图并记文、祖像并赞、屋图、字派谱号、南塘始祖系传图等。谱存永春坑仔口镇景山村柯氏宗祠。

《柯氏宗谱》　1994年始修。谱载序、世系、谱志、昭穆等。不分卷35册。谱存永春坑仔口镇景山村柯氏宗祠。

第五节　三明市

一、大田县

《柯氏田阳龙湖方族谱》　清光绪年间（1875—1908）修。谱载柯二入闽仙游、历居永春、龙溪、定居大田的历史，世系表，祠堂，坟茔，字辈等。谱存广汤村横洋锦水祠。

《柯氏宗谱》　系济阳郡闽锦水祠柯氏宗谱，2007年柯占穗、柯振鸣等根据老谱续编。谱载序、源流、世系表、名人、祠堂、坟茔、家规祖训等。谱存广汤村横洋锦水祠。

二、建宁县

《绥安柯氏族谱》　清乾隆十一年（1746年）始修，柯大沐、柯广量等编修，至1993年建宁伊家乡笔架村柯氏族谱编撰委员会编撰，已历九修。谱载建宁柯氏开基祖及前代源流、谱序、传记、图赞、世系、行状、家规、祖产、祠堂、坟茔等。6册。谱存伊家乡笔架村柯氏宗祠。

《建宁县伊家乡隘上村柯氏族谱》　始修与笔架村合修，从二修起由隘上村柯氏族谱编撰委员会编修。迄今历修9次。谱存隘上村柯氏宗祠。

第六节　莆田市

《莆田柯氏大宗谱》　宋代柯勾编修，历代有续修；元至正年间（1341—1368）柯吉永续修；明洪武六年（1373年）柯钦续修；明成化年间（1465—1487）续修，状元柯潜、进士柯燉作序；清雍正八年（1730年）续修。谱载序、源流、世系、昭穆等。4卷。谱存莆田市城厢区柯朱村老人会。

第七节　南平市

浦城县

西乡郭园头《柯氏家谱》　永兴镇柯氏族谱。谱载1世由晋江南塘分迁西乡郭园头等情况以及源流、世系图等。谱存永平村老人会。

第八节　龙岩市

《龙岩柯氏族谱》　柯添英编修。谱载明正统十年（1445年）漳州天宝塔尾柯亮迁居龙岩开族，以及重修族谱凡例、前言、世系、编后等。谱存连城北团镇柯坊村老人会。

第九节　宁德市

福鼎市

《济阳柯氏宗谱》　1974年续修。谱载重修族谱凡例、前言、世系、编后等。雕版复印本。谱存泉州市图书馆。

《济阳柯氏宗谱》　1974年续修。谱载凡例、前言、世系、编后等。雕版本。谱存泉州市图书馆。

第四章　文化遗产

第一节　著作与艺文

［唐］柯　崇　闽（福建）人。著有《相和歌辞·宫怨》《过武胜关》等，收入《全唐诗》。

［宋］柯　述　泉州人。著有《否泰十八卦》。

［宋］柯国材　晋江人。著有《经解》《书经》《泰誓》《洪范》《易卦次叙》《否泰易经十八卦》等。

［宋］柯　举　晋江人。著有《梦语集》《诗集》。

［宋］柯应东　晋江人。著有诗词全集，今存诗歌《壶山》《口占》等。

［宋］柯梦得　莆田人。著有《抱瓮集》《选唐绝句》等。

［明］柯尚迁　福州人。著有《曲礼外集》《数学通轨》《周礼全经释原》《三礼全经释原》《曲礼全经类释》等。

［明］柯维骐　莆田人。著有《宋史新编》《史记考要》《续莆阳文献志》《左铭》《右铭》《经义答问》《讲义》等。

［明］柯茂竹　莆田人。著有《柯亭诗文初稿》《柯论》等。

［明］柯　潜　莆田人。著有《历代君鉴》《天下郡志》《竹岩文集》《竹岩诗集》《补遗》。

［清］柯　辂　晋江人。著有《淳庵诗文集》《淳庵存笔》《朱子地理论》《阳阴理气五行》等。

［清］柯　廷　晋江人。著有《周易解》。

［清］柯廷璟　晋江人。著有《箧衍涉笔》《笃辉堂制义》《周易解》等。

［清］柯琮璜　晋江人。撰修《诒经堂重修安平志》《奎光阁题名大略》等及地方文史十余篇。

［清］柯廷瓒　晋江人。著有《学庸要言》《易经发蒙》。

［清］柯廷祐　晋江人。著有《笃辉堂制义》。

［清］柯世仁　福州人。木雕作品《伏虎罗汉》《伏狮罗汉》《弥勒佛》《男像观音》《长眉佛》被福建博物院收藏。竹雕《会昌九老笔筒》存上海嘉泰拍卖有限公司。

［清］柯鸿年　长乐人。著有《澹园遗稿》。

［近现代］柯凌汉　长乐人。著有《中华债法论纲》《中华物权法论纲》《民法物权》等。

［近现代］柯　青　莆田人。著有《近世内科学》《儿科学》《常见内科疾病的诊断与治理》等。

［近现代］柯石头　同安人。彩扎作品《武松》《李逵》等。

［近现代］柯联魁　漳州人。创作戏剧《小英雄》《仁丹》《抓汉奸》《八一三炮声》。

［近现代］柯贤溪　晋江人。编剧有《金魁星》《唐二别要》《管甫送》《妗婆打》《骑驴探亲》等。

［近现代］柯　明　福州人。创作剪纸动画电影片《红军桥》《好猫咪咪》《天书奇谭》《西岳奇童》。

［近现代］柯子中　惠安人。著有《假象真义》《关于否定之否定规律研究中的一些问题》《挑战与发展——马克思主义与现代科学技术革命》《现代自然科学的发展与哲学本体论的探新》《自然辩证法概

论：科学抽象》《马克思主义哲学纲要》《马克思主义基本原理——哲学篇》《内容形式范畴与经济体制改革》《职业道德》。

[近现代] 柯应夔 福州人。著有《生理产科学》《病理产科学》。

[近现代] 柯　冲 晋江人。著有《植物免疫的生物化学和生理学》。

[近现代] 柯远扬 闽侯人。著有《孔学新说》修订本，以及《八闽文化》《台湾文化》（载《中华地域文化集成》。

[近现代] 柯继承 福州人。著有《苏州园林趣谈》《艺圃》。

[近现代] 柯金算 同安人。著有《实用英语疑难详释》。

[近现代] 柯联才 晋江人。著有《柯联才医学文集》《药用庭园花卉》《花果疗法》，主编《杏桔传芳》《盛国荣临证经验集》等。

[近现代] 柯传奎 永泰人。著有《中国冬虫夏草研究》《极简生物学》《极简社会学》，合著《冬虫夏草与健康100问答》等。

[近现代] 柯桐枝 莆田人。著有《柯桐枝画辑》《柯桐枝花鸟画选》等。

[近现代] 柯连平 晋江人。著有《中学数学解题典型错误分析》《成人高考解题典型错误分析丛书》（数学）。

[近现代] 柯文彬 晋江人。合著有《常用中药真伪鉴别》《常见病症家庭防治简易妙方》。

[近现代] 柯逢殊 晋江人。主编《让德高风》。

第二节　族规家训

一、泉州有源堂柯氏家规

家之有规，犹国之有法也！国法以约束齐民，家规以惩训子孙。教子须以诗书，戒女须以顺正。父当慈、子当孝、兄克友、弟克恭。待亲戚当有隆杀，绾乡党当以辑睦。治家不可不勤俭，待人不可不丰腆。与人之交也，久要不忘；征官课也，正赋蚤输。立心行己，以忠、以信；作事营谋，有始、有终。机械事，不得妄为；闹要局，不得混入。勿作梁上之君子，遗臭万年；勿作衎衎之嫖郎，倾荡家产。闻人淑慝，先量己以自忖反躬，当厚薄责人以远怨。唾面自乾者，扩师德之宽量；引车避忿者，羡相如之雅怀。勿损人以利己，勿丧善以欺天。六德六行，守之不失；三慾三戒，摈之无侵。各事生涯，各守本分。毋淫泆、毋赌博、毋酗酒、毋争竞、毋词讼、毋犯法、毋以强凌弱、毋以富欺贫。守家规如守国法，钦圣训如蓍龜。斯为故家子弟，不失为当世之善人。后世子孙，慎之、戒之。违者私惩、抗者公谴。钦而勿失，固所愿也！

录自泉州有源堂《南塘柯氏宗谱》

二、南安武荣家规

冠、婚、丧、祭，见朱文公家礼，今士大夫用之。贫富不同，随时斟酌。以行唯婚配，须择门户相当。娶妇当求淑女，勿计妆奁；嫁女当择贤婿，勿计聘礼。庶闺门正始，仁厚可风。

居家须勤俭，当以朱子家训为法，族中婚姻死丧，贫不能为礼者，众共助之。

男女十岁外，方许为婚，不许同食、息。有犯功亲祖父母名（讳）者，切避之。

无子立继嗣，先兄弟，次族人，不得已养异姓以嗣宗祧。

录自《武荣柯氏宗谱》

三、晋江柯氏有源堂家训

忠、孝、廉、节，乃人生立身之大本，必录其实行，以传不朽。

录自晋江有源堂《柯氏宗谱》

四、莆田柯氏家训

子系贤能由祖致，永代丰荣仿崇陶。礼仪文章日相勖，元魁齐美继联高。
笃守家箴尚节俭，淑慎忠廉学略韬。后嗣克承先人愿，自立乾坤千百曹。
孝悌传司师尊敬，伦纲弈起耀金波。麟趾休征谦武备，盛才繁衍若江河。
松茂文经容愈励，盘根固织属丝罗。可是祯祥恒献瑞，本枝交发万年柯。

录自《莆田柯氏大宗谱》

第三节　祠　堂

莆田柯氏修史堂　坐落在莆田荔城区梅峰街乌石尾。明正德年间（1506—1521）建，原为正德年间布政使严淦厝宅，号称小柯山，后柯英购居，柯维骐在此著《宋史新编》二百卷，故名修史堂。占地面积525平方米。2007年旧城改造，修史堂受到破坏，2009年被拆迁。2014年莆田市文物局、莆田市园林管理局把柯维骐修史堂迁建于绶溪公园内。坐西北朝东南，其正面右侧为门厅，中轴线依次为照壁、前堂、后堂及前堂与后堂间的左右廊屋。明代建筑风格。1984年3月被列为莆田市文物保护单位。

莆田柯氏修史堂

安溪蓬莱魁头柯氏大宗祠　又称蓬溪柯氏大祖宇。坐落在安溪蓬莱镇蓬溪村龟背脊。明嘉靖十九年（1540年）柯景勋集资始建，清康熙三十七年（1698年）在原地基修建。后经过几次修葺，1989年海内外宗亲集资重建。占地面积2915平方米，建筑面积375平方米。坐西北向东南，面拱蓬莱第一峰。仿古宫殿式砖木结构建筑，二进面阔五间，砖石木结构。石雕景物，木雕彩绘，描金画栋。大门联“魁星灿烂怀前哲，头角峥嵘起后昆”为虞愚所书，厅联“鹊瑞流芳家声丕振，龙图衍派世泽弥长”“魁临鹊瑞无双地，头仰蓬莱第一峰”为胡问遂书，堂中悬挂“瑞鹊流芳”匾为启功书，此外还有“父子进士”“同胞选魁”“四明经”“博士”等古今匾额。宋代柯庆文父子五进士的彩像高挂在厅堂正中。2012年被列为安溪县文物保护单位。

安溪县蓬莱镇魁头柯氏大宗祠

福州市仓山区建新柯朱家庙 坐落在福州仓山区建新镇金榕北路31号马榕小区内。2002年重建。占地面积320平方米，建筑面积246平方米。坐西北向东南。单进两开间土木建筑，挂匾“杨公府”，供奉闽越王、杨公将军、临水夫人等，陪祀柯氏列祖列宗。

福州市晋安区象园柯氏宗祠 坐落在福州晋安区象园社区。清光绪年间（1875—1908）始建，占地600多平方米，附属学堂。后改为象园小学，祠堂多数土地被小学占用。1995年重建，后房地产开发，祠堂拆除重建，建筑面积400多平方米。坐东向西。为七柱四槅三榈排，祠堂中原有苏轼题写的“瑞鹊堂”牌匾和台湾宗亲的捐献功名表，惜均已失落。

长乐南阳柯氏祖厅 坐落在长乐漳港街道门楼村东门角。明永乐十七年（1419年）始建。建筑面积86平方米。坐北朝南。全木构架，三开间，二开门，堂悬南阳柯氏始祖柯得才画像，门楣悬“南阳柯氏祖厅”匾。

长乐仙岐柯氏祖祠 坐落在长乐漳港街道仙岐村。北宋宣和年间（1119—1125）始建，历代重修，1999年大修。占地面积1100平方米，建筑面积600平方米。坐东向西。三进深，五开间，木构架，四面山墙为夯土围墙，三开墙门，门上悬刻“凤岐柯氏宗祠”，屋顶作双坡面，砖瓦构，燕尾脊，双边山墙，歇山式翘角冲天。地面用三合土夯筑。

长乐岱西柯氏宗祠 坐落在潭头镇岱西村柯朱。清雍正年间（1723—1735）始建。建筑面积600平方米。坐东北向西南。木构架，二进深，三开间，中堂悬“瑞鹊堂”匾，1976年因火灾焚毁。1991年重建柯朱文化中心即岱西柯氏祖祠，建筑面积为800平方米，前部为三层现代式礼堂建筑结构，后部置戏台，中部为宽敞的空旷地。

闽侯南阳柯氏支祠 坐落在闽侯南通镇泽洋村盛汉。清康熙元年（1662年）始建，乾隆二十一年（1756年）重修，历经数次修缮，2014年7月因政府规划用地整体搬迁，2018年落成。占地面积3200平方米，建筑面积3000平方米。坐东向西。四柱三门，外观上又融入现代建筑气息，门楼双檐翘角，门前双狮拱卫，门上悬挂南阳柯氏支祠正堂题匾“瑞鹊堂”。1988年陈立夫为祠堂题祠堂名，2019年柯文哲题写“瑞鹊传芳”牌匾。祠堂保留了清代至民国时期修建祠堂的碑记3座。

连江大仓柯氏宗祠 坐落在连江蓼沿乡大沧村。原是一间破陋祖屋，清代重建，2016年大仓、崎山、官巷、下洋、已古、贵安、罗源、定海、长龙、小猹等村诸宗亲集资重修。占地面积940平方米。坐北向南。混合水泥土木仿古结构。

永泰温泉柯氏宗祠 坐落在永泰城峰镇温泉村玉井巷。明嘉靖九年（1530年）始建，背倚雄狮山，面朝笔架山。原为开基祖柯北泉杉木故居，后改为柯氏宗祠，1927年重修，1997年重修。建筑面积120多平方米。坐东北向西南。砖木结构。祠堂内保留有清代牌匾、石狮、石鼓等。楹联“济阳家声远，玉锦世泽长”。

厦门海沧柯氏家庙 又名“一经堂”。坐落在厦门海沧区东孚街道后柯村。宋代始建，现存为清代建筑。占地面积800平方米，建筑面积300平方米。坐北向南。布局为二进一天井。正堂面阔三间，进深三间，穿斗式木构架，悬山顶，高约8米。中脊绘太极图，并书“丁才旺贤、子孙昌盛”字样。堂内保存宋代一世祖神主牌位及镌有“乡试头号”字样举重石一块。

厦门后柯时思堂 坐落在厦门海沧区东孚街道后柯村。明代始建，历代重修，现存为清代建筑。占地面积350平方米，建筑面积230平方米。坐西北向东南；祠堂正大门、两仪门，大门为青石门框，门楣、门当雕刻卷花，前有一对石鼓，雕刻精细。仪门上方龙形木刻及石刻造字，组成“春露秋霜”门楣，寓意恩泽与威严。三开间，深二进，穿梁式砖木结构，歇山顶，燕尾脊。两侧护廊，中间条石铺设天井。主殿为寝殿，深三柱，皆为石柱，神龛、雀替、悬钟、镶花和斗拱木石皆精巧。墙体以条石为基础，闽南红砖墙。祠堂前埕广阔。

厦门海沧敦厚堂　坐落在厦门东孚街道后柯村望山。敦厚堂系柯庆文三子柯仲吉派下祠堂。北宋嘉祐年间（1056—1063）四世祖始建，历代重修。占地面积1500平方米，建筑面积350平方米。坐东南朝西北，两落组成四合院，三厅，面阔三间进深两间，硬山顶，假叠燕尾脊，石础红砖墙，砖木结构。楹联“分晋水之三派，开鼎山第一枝”。存有“大夫第”匾额等。

厦门后柯自我堂　又称柯氏家庙。坐落在厦门市海沧区东孚街道后柯村南区。占地面积450平方米，建筑面积330平方米。坐东南朝西北。由前后两进组成，第一进单曲燕尾脊，面阔三间，进深一间；第二进三开间两落，因台风残毁，仪门保留完好。石础红砖墙，砖木结构。

厦门后柯思成堂　又称柯氏小宗家庙。坐落在东孚街道后柯村南区140号。清代建筑。占地面积450平方米，建筑面积300平方米。坐北朝南。石础白粉墙，红瓦双燕尾脊硬山顶结构。

漳州塔尾村柯姓宗祠　号“紫阳堂”，又名“瑞鹊堂”。坐落在漳州市芗城区天宝镇塔尾村。现存明清建造分格。坐西北向东南。三进屋西厢房一天井，前开三门，土木抬梁结构，堂上雕梁画栋。祠堂宽20米、长40米。祖龛供开基祖柯樾及派下各代祖宗牌位。宗祠牌匾有8幅，分别为“褒录贞孝”“修行明经”“副魁”“进士”“登俊”“文魁”“武魁”“帝简兰台”。对联有“代天巡守秦蜀楚，简命兰台义忠贞”“大江南旋盈紫气，诸峰北环壮翰城”“系出姬周，授郡济阳，发源由卢祖；迁从莆田，朝宗柯山，分派自越公”“异鹊高材科及第，百泽渊源朝莆阳”。

漳州葛边柯氏宗祠　坐落在漳州市芗城区芝山镇渡头村葛边。1943年修葺，2015年重修。占地面积300平方米。坐西南向东北。硬山顶，燕尾脊，单开单进，祠埕分上下埕，埕里有旗杆，门楣挂“柯氏宗祠”额，厅堂悬“忠宪大夫”匾。

龙海柯坑柯氏宗祠　坐落在龙海榜山镇柯坑村。现存明清建造分格。建筑面积200平方米。坐北向南。单进，祖堂附左右侧室，依次为埕、院、堂，保存完好。

龙海下美柯氏家庙　又称“追远堂”。位于龙海下美社中。明代始建，1997年重修。建筑面积300平方米。坐北向南。二进三开间，存有清乾隆十七年（1752年）“柯氏重建祖庙碑记”和乾隆五十年“捐金署产”碑记。

漳浦溪南柯姓家庙　堂号“一经堂”。坐落在漳浦绥安镇溪南社，挂匾“柯氏家庙”。建筑面积300平方米。坐西向东。两进三开间土木建筑，悬山顶。对联“庙貌常新，毓秀钟奇，庆衍南溪聚族；祖德孔溥，登科发甲，世传金浦名家”“溯源中州衍闽台，百代子孙济济；本承大同传金浦，万世瓜瓞绵绵”。

云霄径头柯氏宗祠　堂号“一经堂”，坐落在云霄夙屿镇青径村径头。清道光年间（1821—1850）始建，历代屡有重修。建筑面积200平方米。坐北朝南。二进三开间，土木结构，悬山顶。

南靖岩前村瑞鹊堂　又称柯氏宗祠，俗称楼底。坐落在南靖山城岩前村大社。明代始建，历代重修。占地面积376平方米，祠埕78平方米，建筑面积158平方米。坐西南向东北。明、清建筑风格，祠堂为二进砖木结构，花岗岩条石砌成1.5米宽圆形围墙将整幢祠堂环抱其中，围墙左、右侧，后左、右侧分别筑有用于防御的炮孔一处，主建筑分前厅、后厅，半月形护厝依后厅左右沿天井两边而建，燕尾脊飞檐，木瓜斗拱，画栋雕梁，天井后侧中央有六角型古井1口。“瑞鹊堂”“瑞鹊传芳”“苍岩献瑞”等匾额毁于“文化大革命”初期。

漳州柯蔡祠堂　又称闽南柯蔡大宗祠。坐落在长泰枋洋镇内枋村公园内。唐末始建，历代重修，原址在龙海角美，1995年被列为漳州市文物保护单位。因修建高铁拆迁到龙文区蔡坂，2015年再迁建至现址。占地面积2550平方米，建筑面积1397平方米。坐西向东。二进廊院式建筑，主殿五开间，抬梁式砖石木结构，悬山顶，燕尾脊。石雕、浮雕、木雕精细。祠埕树立4副旗杆。祭祀蔡叔度、柯卢、蔡允恭、蔡德轩、蔡德明、蔡元定、蔡新等柯蔡先祖。

长泰高美柯姓祖祠　堂号“瑞鹊堂”。坐落在长泰岩溪镇珪后村高美水阁。清代建。占地面积218平方米，建筑面积140多平方米，主建筑宽9.8米、深13.8米。坐西向东。

长泰双圳头高美柯姓祖祠 堂号“瑞鹊堂”。坐落在长泰岩溪镇珪后村双圳头社。清代建。占地面积564平方米，建筑面积410多平方米，主建筑宽19米、深21.4米。坐北向南。

长泰下柯社柯氏祖祠 堂号“瑞鹊堂”。坐落在武安镇京元村下柯社。明清时期建。建筑面积240多平方米。土木结构，保存完好。

长泰九坵尾柯姓祖祠 坐落在长泰九坵尾。1999年重修。占地面积629平方米，建筑面积460多平方米，主建筑宽17米、深27米。坐西向东。

华安县大坪村东福祠堂 坐落在华安湖林乡大坪村。占地面积约2000平方米。坐东向西。祠前有广场，呈“同”字形，土木结构。为金德寮柯姓祖祠，每年十一月初六为祭祖日。祠内有对联“俎豆衣冠，宗功衍庆；诗书礼乐，世泽流徽”“尊祖敬宗，孝孙有庆；敬诗说礼，明德惟馨”。

漳州瀛洲柯氏宗祠 坐落在漳州市台商投资区角美镇东美村南园社（南洲）。明代始建，历代修缮，1950年征为仓库，后改为菇房，无人修葺，仅余断壁残垣。20世纪80年代后宗贤倡议重建，漳州、厦门、广东宗裔相助，2015年重修。占地面积约650平方米，建筑面积230平方米。坐北向南。硬山顶，燕尾脊，二进三开间，祠埕二落置旗杆夹两副，钢混仿古结构。祠门楣上悬“柯氏祠堂”匾，龛祀明始祖柯应凤及瀛洲柯氏列祖列宗。今堂前的嵌石堵系旧祠保留。

泉港界山柯氏祠堂 坐落在泉州市泉港区界山镇七间张村。1995年由旅居马来西亚的侨胞柯春华及企业家柯奇清首建。占地面积331平方米，建筑面积210平方米。坐北向南。闽南古建筑砖石土木结构。祠宽10米、纵深21米，二进三开间，硬山屋顶、燕尾翘脊。门楣镌刻“柯氏宗祠”，上方挂巨匾“学庄嫡系”。祠堂中有楹联“柯山浓春意，济水会古情”“述祖德高遗荫五寨基业，朝公功浩开创万年山川”等。

泉港柯厝（蚵厝）柯氏宗祠 坐落在泉州泉港南埔镇柯厝村。明末清初始建，1998年动工重修。占地面积680平方米，建筑面积380平方米。坐北向南。闽南古建筑风格，砖石土木结构，硬山顶，燕尾脊，二进三开间，祠前围墙，右侧护屋。该祠前进门楣额镌刻“柯氏宗祠”，厅堂中悬“瑞鹊堂”匾。

晋江象阁柯氏小宗祠 坐落在晋江新塘街道上郭社区大乡中路南113号。20世纪90年代重建。占地面积380平方米。坐北向南。埕围门偏向朝东，硬山顶，燕尾脊，二进三开间，三通门。

晋江锦江柯氏宗祠 坐落在晋江英林镇锦江村锦江东路。初建单进，清康熙年间（1662—1722）柯则福倡修，并扩建为二进；1947年、1988年海内外诸族裔捐资续修。占地面积600平方米。坐北略偏东。向南略偏西。硬山顶，燕尾脊，二进三开间，祠埕以墙为疏，门楣挂“柯氏宗祠”额、厅堂悬“龙图学士”匾。

晋江华林柯氏宗祠 坐落在晋江灵源街道华林中路。明天启七年（1627年）始建，清光绪二年（1876年）由柯邦亭倡导重修，2013年重建。占地面积880平方米。坐西北朝东南。背依华表，面朝浯塘，祠系二进三开间，硬山顶，燕尾脊。前进门挂“柯氏宗祠”匾，二进厅中悬“龙图学士”额。祠前左右两侧置双象石雕，祠埕前立“品”字照墙。

晋江华林柯氏小宗祠 坐落在晋江灵源街道华林中路。明天启七年（1627年）始建，清光绪二年（1876年）、2013年重修。建筑面积628平方米。坐北向南。二进三开间，前门偏向朝西，门向改正，并附祧晋禄。系华林柯氏四甲房祖祠。

晋江南塘柯氏家庙 坐落在晋江新塘街道南塘社区。明初始建，历代重修；1923年、1962年修葺；1995年旅菲华侨柯贤尧首倡，海内外宗亲协力重建。占地面积1000平方米。坐西向东。歇山顶，抬梁式木构架。圈以石砌墙垣，垣门朝北，两旁门墙嵌青石影雕。门亭雕饰，门匾书“柯氏家庙”金字。门路木作，朱漆木桶墙上安鎏金螭虎窗，黑漆大门彩绘文武门神，中门前一对青石鼓。门对面立一堵“山”

字形照墙，墙中镌“福”字，照墙前面竖旗杆夹石两副，祠前石埕宽广。祠堂面阔五间、进深五间，歇山式顶，燕尾脊，抬梁式木构架。堂柱皆用石柱。中厅为寝殿。两面厅壁刻“忠孝廉节”字，相传为宋丞相文天祥墨宝。厅柱镌联“鹊赋家声起，龙图世泽长”，二进厅背挂“饮水思源”匾，系抗日名将柯远芬于1940年谒祠时所立，三进厅前悬“龙图阁大学士”匾，寝殿神龛供奉柯氏列祖列宗神主。祠左有护厝一列，护屋陪左。开三通大门。二进厅开“三通门”。堂号“瑞鹊传芳”。

晋江南塘柯氏家庙

晋江钱塘柯氏宗祠　坐落在晋江东石镇柯村钱塘南区古街道南畔。清康熙（1662—1722）末年柯正鹏初建，为单进三开间，单檐硬山式。乾隆四十四年（1779年）重建，光绪年间（1875—1908）扩建，20世纪80年代修葺。占地面积1200平方米。坐西北向东南。为三间二进，增“品”字照墙，开“三通”前门。一进门悬“柯氏宗祠”匾，二进厅挂“龙图学士”匾额。寝殿神龛祀奉钱塘柯氏历代祖先神主。一进厅右壁镶嵌清代赤砖碑记两方。

晋江钱塘柯氏小宗祠　坐落在晋江东石镇柯村南区。清光绪元年（1875年）柯兹省倡建，居台湾诸族裔支助建造。占地面积480平方米。坐东南向西北。三开间单进深，硬山顶，燕尾脊。厅堂悬有“进士”“皇恩宠锡”之匾，龛前联书“世德渊源庙宇沾九重雨露，故家支孙人物步万里风云”。系柯仓柯氏三房柯瑞济祖祠。

晋江沪江柯氏宗祠　坐落在晋江英林镇沪厝垵村南区沿海通道旁。清咸丰同治间（1851—1874）续建，2016年重建。占地面积2000平方米。坐东北向西南。倚浯山，朝沪海，二进三开间廊院建筑，左右护屋。前堂外悬匾书“柯氏宗祠”，厅殿中挂“龙图学士”额。圈墙外铺设石广场，种有花木。

晋江澄江柯氏宗祠　坐落在晋江英林镇嘉排村林厝。清代始建，1989年重建，并祔祧晋禄。占地面积700平方米。坐北向南。二进三开间，周墙护疏，植有花木。祠前悬额书“柯氏宗祠”，厅堂中挂“龙图学士”匾，厅堂左右双壁镌嵌“忠孝廉节”四大金字。厅堂中龛祀澄江琼林柯氏一世柯希灵及列祖列宗神主。

晋江鳌岱柯氏宗祠　坐落在晋江英林镇埭边村上柯区。清乾隆十九年（1754年）始建，光绪十四年（1888年）重修，1928年再修，2002年依原址原貌翻建，并祔祧晋禄。占地面积650平方米。坐东向西。二进三开间，“品”字照墙，方形库池。前进门悬书“柯氏宗祠”匾，厅堂中挂“龙图学士”额，龛前联“祖南塘、宗钱塘，祖宗一脉灵毓秀；前印岫、后角岫，前后双峰崎徵祥”，厅堂左右双壁镌嵌“忠孝廉节”四大金字。

南安丰州荣东祖祠　坐落在南安丰州镇富春铺。宋代始建，原为柯庆文、柯仲常读书处，元至元二十八年（1291年）柯汝舟重建，明嘉靖十四年（1535年）柯日蕃重建为祠宇，1932年柯贻以独资创建，1943年柯贤稳集资加固，1997年重建。建筑面积500平方米。为二进歇山式石木建筑，门庭入口有正中和两侧三大门及二小门。面墙皆以青白岩石为柱，间夹浮雕，装上四幅字刻诗篇，是蔡襄、苏轼、朱熹、钦差所撰。厅前一联“父子一朝五进士，祖孙六世十登科”。又多采用王十朋、苏东坡等人为祖先所撰楹联。堂上有柯庆文、柯仲常的大幅彩像。各县先祖衣冠（仕宦）40尊尽供奉于中龛。柯氏荣东祖祠立匾“瑞鹊堂”，源于苏东坡曾为二世公撰写赞诗“瑞鹊章”。

南安后曾庄柯氏宗祠　坐落在南安官桥镇后曾庄村共建街。清道光二年（1822年）始建，1987年旅菲侨胞柯世仕宗贤捐资修缮。占地面积约700平方米。坐东北向西南。硬山顶，燕尾脊，二进三开间，二落埕。一进厅门楣上镶嵌“柯氏宗祠”匾，厅堂中悬“龙图大学士”匾，左挂“巡抚”、右挂“总镇”之额，祠前门路立1987年修缮捐资芳名石碑一方。

惠安留安柯氏宗祠 坐落在惠安紫山镇官溪。明末始建，2003年修葺。占地面积350平方米。坐西向东。硬山顶，燕尾脊，单进三开间，背倚牛角石。门楣上挂额刻“瑞鹊堂”，厅堂联“南塘衍派家声远，瑞鹊传芳世延长”。

安溪蓬溪瑞墩宗祠 又称安溪蓬溪柯氏长房祖宇。坐落在蓬莱镇联盟村下圳仔。清康熙二十九年（1690年）柯光选始建，光绪三十四年（1908年）修建，1998年柯艺成主持、海内外宗亲鼎力协作重建。占地面积652平方米，建筑面积236平方米。坐西向东，偏西北。仿古宫殿式建筑，砖木结构，二进布局，面阔五间。堂中悬挂“恩元”“博士”“大校”等古今匾额，门联“瑞霭霞光春入宇，墩辉俊彩福临门”，厅联“瑞应庆云焕彩龙起舞，墩培梧槚高标凤来仪”。

安溪蓬溪瑞琚宗祠 又称安溪蓬溪柯氏二房长祖宇。坐落在蓬莱镇蓬溪村龟背脊。清道光四年（1824年）始建；2001年由柯建成、柯海水提议，柯金赞、柯希平、柯新华献资支持，柯铁钟主持并集资重建。占地面积586平方米，建筑面积241平方米。坐西北向东南。仿古宫殿式建筑，砖木结构，二进布局，面阔五间，石雕景物，描金画栋。门联“瑞星映照明奎角，琚带相依绍济阳”。

安溪蓬溪美厅宗祠 又称安溪蓬溪柯氏二房二祖宇。坐落在蓬莱镇蓬溪村龟背脊。清乾隆四十五年（1780年）始建，2002年集资重建。占地面积1463平方米，建筑面积223平方米。坐西向东。仿古宫殿式建筑，砖木结构，二进布局，面阔五间，红墙琉璃瓦，雕梁画栋。堂中悬挂“明经进士”“父子选魁”“博士”等匾额，门联“美承祖德孙支秀，厅绍宗风骏业馨”，厅联“美誉沓来魁头独步，厅声丕振风物今朝”。

安溪佛仔格柯氏宗祠 坐落在安溪魁斗镇佛仔格村后寮。1915年柯墙重建，2002年秋柯聪敏主持集资再建。占地面积168平方米，建筑面积108平方米。坐东向西。宫殿式建筑，土木结构。门联“瑞惠隆兴锦百世，鹊鸣泰运颂千秋”，厅联“后叶欣荣芳美秀，寮门福泽晋菁华”。

安溪沙堤柯氏宗祠 坐落在安溪湖上乡沙堤村金谷坪。明洪武三年（1370年）始建，多次修葺。建筑面积365平方米。坐北向南。大厝式建筑，石木结构。楹联有“分支自塘市，木本水源数典无忘其祖；衍派在沙堤，志继事述贻谋宜绍厥勋”“我宗祖二鹊传芳，永享千秋俎豆；尔子孙一经传训，长流万世书香”等。

安溪上营柯氏车岩祖宇 坐落在安溪城厢镇上营村车岩。约于明嘉靖九年（1530年）始建，后经4次修建。建筑面积250平方米。坐南向北。大厝式建筑，石木结构。楹联有“车号指南元圣作，岩高拱北逸民居”“济水长流江海，阳和永照乾坤”等。

德化尤床惇穆堂 坐落在德化春美乡尤床村。明洪武三十一年（1398年）柯永春更迁尤床洋头潘厝前建宇肇基，县知事应履平题名“悙穆堂”，清康熙三十九年（1700年）重建，1985年火焚毁，后重建。建筑面积800多平方米。坐东北向西南。木结构，二进式，歇山顶，燕尾脊。

永春柯庆文祖宇 又称孝德堂，原名和平堂。坐落在永春达埔镇金星村石码角落。唐宋时期始建，为柯氏入闽后迁居永春的故地祖业，历代重修，2011年在祖宇原根基上重建。建筑面积560平方米。坐北向南。为仿古闽南建筑，砖石结构，二进三开间，进深五柱，燕尾脊。大殿石柱都雕刻楹联。孝德堂祖宇内供奉柯庆文及子柯述、柯逑、柯迪、柯延五神位。

永春景山柯氏腾云祠 俗称尚祖厝。坐落在永春坑仔口镇景山村。元末明初始建，系景山柯氏肇基祖柯启后由魁斗移居景山时择地而建。占地面积约800平方米，建筑面积约480平方米。坐西南向东北。二进五开间，土木结构。傍依牛姆林，四周茂林修竹。据传此乃一块风水宝地，穴曰“燕子归巢”，几百年来，屋顶从不见落叶，屋内从未见蛛网。

永春龙治柯氏宗祠　又称有源堂。坐落在永春苏坑镇熙里村龙治。明成化年间（1465—1487）始建。占地面积1000平方米。坐西向东。土木结构。

泉州下垵柯氏小宗　坐落在泉州台商投资区东园镇下垵村埔顶。原为祖宇，1915年由下垵柯氏第12世柯焕忠偕其兄弟返梓里翻建该祖宇为小宗祠。建筑面积约400平方米。坐北朝南。砖石木结构，闽南古建筑风格，硬山顶，燕尾脊，二进三开间，左右护屋。门楣上木堵刻“柯氏小宗”，厅堂联“南塘分支，龙图衍派”，前庭凹寿正面二堵静物灰雕、对揖二堵动物砖雕。

建宁笔架柯氏祖祠　又称“老祠堂”。坐落在建宁伊家乡笔架村。明弘治年间（1488—1505）始建，1980年重建。建筑面积200平方米。坐东北向西南。全木结构。仅为冬至祭祖用。

建宁笔架柯氏宗祠　又称“上祠堂”。坐落在建宁伊家乡笔架村二组。清嘉庆二十五年（1820年）始建，1970年拆建为笔架大队村部，2008年村部移址恢复为祠堂，2014年重修。占地面积420平方米。坐东北向西南。二层，木质结构，内设戏台。

建宁笔架柯氏家庙　又称“下祠堂”。坐落在建宁伊家乡笔架村三组。清道光二年（1822年）始建，2017年重建。占地面积1220平方米，主祠面积1070平方米，附属建筑面积150平方米。坐北向南。砖木结构，内设戏台。

建宁隘上柯氏家庙　坐落在建宁伊家乡隘上村。明末始建，2012年重建。主祠面积230平方米，膳堂160平方米，祠前埕坪240平方米。坐北向南。砖木结构。

尤溪柯氏宗祠　又称“种德堂”。坐落在尤溪二十六都迎祥。明嘉靖元年（1522年），柯福宗开基尤溪二十六都迎祥，建柯氏宗祠“种德堂”。建筑面积280平方米。坐西向东。土木结构，前有祠埕。

大田县桃园锦水祠　坐落在大田桃园镇广汤村横洋。五代后唐天成五年（930年），柯五迁宁洋锦水桥头，始建祠堂，21世纪初重修。占地面积1000平方米，建筑面积680平方米。坐东南朝西北。整体结构为“祥云捧月”形，又称“明月沉江”形，土木建筑结构，存有多面清代牌匾。

第四节　陵　墓

柯氏墓　位于南靖龙山镇双明村。明代古墓。占地面积200平方米。坐西向东。墓丘平面呈“风”字形，高1.5米，宽3米，长4米，三合土夯筑。墓坪竖石翁仲、石马、石羊、石狮各一对。存“皇帝遣布政司右参政魏瀚谕祭于南京守备司礼监太监陈祖生母柯氏惟尔贤淑闺范”碑一通，横卧于附近涵上洞上。碑平首，高2.5米，宽1.5米。2012年被列为漳州市文物保护单位。

柯尚迁墓　位于长乐吴航街道东关村岭南岭沙山。柯尚迁为明代理学家、数学家。1997年重修。占地面积300平方米。坐东北向西南。青石墓。1993年被列为长乐市文物保护单位。

柯樾墓　位于漳州芗城区天宝镇塔村村北。柯樾为明初塔尾开基祖。墓碑仍存。

柯朴雅墓　又称石狮墓。位于长泰县岩溪镇珪后村高美附近大坯寨。明天启七年（1627年）始建，为柯朴雅暨室林氏合葬墓。柯朴雅希为高美柯姓开基祖。三合土构筑，立有石碑，今保存完好。

柯觉灵、柯觉定墓　位于龙海市柯坑东井山。柯觉灵、柯觉定为柯坑二世祖。坐南向北。保存完好。

柯朴轩墓　位于晋江市东石镇柯村之划船埔。俗称“睏狗穴”，据传，该睏狗之穴是当时隐士张廷边堪舆所定。建于明代。占地面积300多平方米，“风”字形墓，三合土结构，原貌依然保留完好。墓主系钱塘柯志尹三世柯朴轩，为柯仓三房一世祖。

柯松斋墓　位于晋江七都陈埯坑。石构。柯松斋为晋江七都柯氏先祖。

柯庆文墓　位于永春县苏坑镇莲地村，地名凤穴。柯庆文为宋天圣年间（1023—1032）进士，屯田员外郎。石墓，墓丘呈“风”字形。墓碑文“皇宋闽柯氏开基祖墓”，墓联“瑞鹊传芳远，济阳源流长”。

柯述墓 位于永春九十都卓口山潘家村后柯坂山，地名黄龙奔江。柯述为北宋福州知府，龙图阁学士，晚年归里，卒葬于此。石墓，墓丘呈“风”字形。

柯万山墓 位于安溪蓬溪村协德角落。柯万山为蓬溪柯氏一世祖。1997 年重修。坐西北向东南。石构，穴位“密黎霞”。

柯子礼墓 位于安溪县蓬溪村大窟尾飞鸦里。柯子礼为蓬溪柯氏二世祖。2001 年重修。坐南朝北。石构，墓穴位“飞鸦落洋”。

柯潜墓 位于莆田市灵川镇柯朱村。墓主柯潜为明景泰二年（1451 年）状元，官至翰林院学士、詹事府少詹事，卒葬于安乐里和温山。墓丘三合土构筑，平面呈“风”字形，墓前有石象生，1987 后墓遭破坏，石象生全部被盗。

第五节　古建筑

莆田金桥巷柯氏民居 俗称柯氏宅、状元柯潜府第。坐落在莆田市区蒸城街道金桥巷。明中期建筑，先由林氏居住。明景泰年间（1450—1456），状元柯潜后裔从莆田灵川镇迁此购此居，清初重修。建筑面积 2000 多平方米。共有 4 座古建筑物，坐北朝南，由前、中、后三进组成，穿斗式木构架，悬山顶。门联“学士家声大，状元世泽长”。1984 年被列为莆田市文物保护单位。

龙海凤山岳庙 古称凤田岳。坐落在龙海榜山镇、海澄镇交界柯坑境凤山岳。宋初始建，古碑记载明万历三十年（1602 年）重修，清代至民国多次修建。占地面积约 4000 平方米。坐西北向东南。土木结构，3 座建筑并列各为二进，主殿面阔五间，进深三间，砖木结构，单檐歇山顶。176 尊各路神鬼塑像分立，12 根浮雕石龙柱支撑整座大殿，两座高达 4 米的金炉立庙前。主祀五岳大帝。庙内有柯公纪念室、时思碑。时思碑镌刻“开田延赞柯公、开山觉灵、觉定柯公建注生宫朝森、德柔柯公兴前座朝章万历壬寅春柯颐绍皋泽启容克肇馨同立”，存有明万历三十年、清乾隆四十三年（1778 年）、道光六年（1826 年）、宣统三年（1911 年）等碑 22 通，记载历代重修、重建、扩建和捐资者芳名。1992 年被列为龙海市文物保护单位。

晋江南塘洑田庙 又称文夫子庙。坐落在晋江新塘街道柯氏聚居村南塘社区洑田塘边。元代始建，1948 年重修。占地面积 550 平方米，建筑面积 374 平方米。坐东向西。阔五间，深二进，轩敞严整，祀奉南宋爱国英雄文天祥。朱漆门楹联书“燕山留正气，洑水扬清风”。廊庑壁镶嵌 6 方碑石：明正统年间（1436—1449）《南恒碑记》、明嘉靖十五年（1536 年）《更新洑田塘陡门记》《陂首柯乾相立》、清雍正十年（1732 年）《勒石永示》、清同治七年（1868 年）《遗碑载道》、1948 年《重修洑田庙碑》。庙前存有一座南塘的宋代七星桥——清风桥。2007 年被列为晋江市文物保护单位。

晋江柯国材故居 又称一经堂，柯氏祖厝、柯厝坊。坐落在安海镇柯厝巷。南宋柯元曾任石井镇（今安海）监镇，携子柯国材徙居于此并修建，明代重修，几经翻修，但基本保持了原貌。建筑面积 440 平方米。坐东向西。三进三开间，双护厝，硬山顶。四周有石埕和围墙，出砖入石的门墙极具闽南特色，红砖和瓦砾交错堆叠的墙体古朴拙实。当年大厝建成时，朱熹为一经堂主撰写《一经堂记》以贺乔迁之喜。2007 年被列为晋江市文物保护单位。

仙游柯氏祖厝 坐落在仙游枫亭镇秀峰村。3 座柯姓祖厝建于清雍正四年（1726 年），分别称为“上柯”“中柯”“下柯”。上柯 380 平方米、中柯 393 平方米、下柯 380 平方米。3 座古厝坐北向南依次排列，间隔百余米，均为方形结构，每座呈东西对称布局，多层次进深，中间布有天井，砖木穿梁式结构，莆仙建筑风格。秀峰村柯姓以“竹圃”为堂号，每一处古厝里都存有“竹岩学士”字，有的刻在门庭上的匾额上，有的写在大门前的灯笼上，还有许多融合在多根柱子的楹联里。2018年被列为仙游县文物保护单位。

长乐柯尚迁故居　坐落在长乐漳港街道百户村。明代建。占地面积700平方米，建筑面积345平方米。坐西南向东北。土木石结构，八扇七间，进深三柱。前埕广阔，原有水池，今已填塞。大厅前有石臼、石盂等遗物。今无人居住，破损严重。

柯凌汉故居　坐落在长乐潭头镇岱西村柯朱自然村。建于清同治年间（1862—1874）。建筑面积986平方米。坐东北朝西南。三进，四周是风火高墙。两进间既有高墙相隔，又有框门相通。第三进后带天井，天井两旁有厢房，前天井四面环廊，后天井三面环廊。天井条石铺地，宽9.8米、进深2.8米，前天井登五级石阶，是面宽17.05米、进深9.8米的六扇五间五柱出游廊正座。正座两侧与风火墙间隔着宽0.8米的墙边弄。正座及前后厢房的屋架构件、窗棂等做工及雕刻都十分精细。西边正屋是柯凌汉结婚时的洞房。

柯玉芝祖居　坐落在厦门市海沧区东孚街道后柯村，为新加坡原总理李光耀夫人柯玉芝祖居。清代建筑。占地面积1300平方米，建筑面积430平方米。坐北向南。三进两落，目前保留前后两落，石基红砖墙，硬山顶。

厦门柯清龙宅　坐落在厦门市海沧区东孚街道后柯村北区。清代建筑。占地面积1600平方米，建筑面积1100平方米。坐西北朝东南。围厝两座，横纵建筑，两落三进，红瓦单燕尾脊硬山顶结构。木雕和燕尾脊正立面的泥灰塑主要有花鸟、几何纹、螭龙纹、八卦和风狮爷等。大门围墙外墙面有大理石刻“石敢当”。

厦门柯思知宅　坐落在厦门市海沧区东孚街道后柯村南区。清代建筑。占地面积760平方米，建筑面积530多平方米。坐东南朝西北。由前后两进和左右护厝组成，主体建筑基本保存完好。第一、第二进均为单曲燕尾脊，面阔三间，进深两间。左右护厝为叠顶单曲燕尾脊，面阔六间，进深一间。木雕精美，有花卉、猴子等图案，屋脊饰有剪瓷工艺体现的花鸟禽兽等图案。

扶西·黎刹祖居地故居　坐落在晋江新塘街道上郭社区大乡中路南125号，扶西·黎刹的祖屋。扶西·黎刹被菲律宾国人尊称为“国父”、民族英雄。扶西·黎刹其高祖父柯南哥（为“塘边叟”的19世）于清康熙元年（1662年）出生于此屋，后移居菲律宾。其祖屋始建于明末，2011年重建。占地面积约350平方米。硬山顶，燕尾脊，厝埕筑墙，墙门偏向朝西。厝右侧立石碑一方，字刻中英文“扶西·黎刹故居”。

莆田凤山书院　坐落在莆田城厢区灵川镇柯朱村，北望壶公山，南临灵川海湾。宋熙宁年间（1068—1077）始建，明崇祯十五年（1642年）重建，20世纪80年代由柯氏族人发起按照原样重修。建筑面积300多平方米。书院为莆仙建筑风格，红砖红瓦，飞檐翘角。堂内分前后两厅，前厅为教室，后厅供奉文昌帝君。《莆阳进士录》记载，自宋高宗绍兴二十七年（1157年）至明崇祯十五年，仅柯山（今柯朱村）柯氏一族，就出了1名状元、12名进士和3名特奏名进士、3名其他科进士。

第六节　民间信仰

福州瑞云寺柯文佛信仰　福州瑞云寺供奉柯云尘肉身佛，尊称柯文佛。柯云尘俗名柯普谋，清道光四年（1824年）生，象园村人，一生省吃俭用，把剩下来的钱都救济给穷人，被百姓称为活菩萨。光绪二十二年（1896年）九月十五日，柯文佛忽告众：“吾将西归！”乃趺坐圆寂，寿七十三。仙逝后遗体不腐，族人将其肉身供奉于家中祭祀，逐步成为当地民间信仰。并将其故居称为“得道佛禅寺”，世代供奉。消息传开，福州知府带领文武百官从象园头木桥三步一拜到得道佛禅寺朝拜柯文佛；鼓山三十六乡和福州四面八方的信众前来瞻仰，拈香朝拜。民国海军耆老萨镇冰常带领下属朝拜。

厦门后柯放火狮　厦门市海沧区后柯原为同安县十八都龙门堡积善里后柯社，每逢农历三月十五日及十月十五日，柯氏村民都要聚集在海印堂保生大帝尊前“放火狮”。农历三月十五日祈求国泰民安、风调雨顺、合境平安、百业兴旺。农历十月十五日答谢神明，欢庆丰收，祈求风调雨顺、来年百业兴旺、五谷丰登。因此“放火狮”的各项活动办得比过年还热闹。每到“放火狮”日期的前几天，村民就精心扎制一只高大的狮子，糊贴上色纸，再以古法所制的鞭炮、烟花等缠绕狮子全身，看上去五颜六色，十分壮观，还会张贴上大家的心愿。三月十五或十月十五这一日，全村人都会聚集在海印堂前观看“放火狮”。村民将纸狮抬到海印堂前，举行隆重仪式后，由主事人点燃引线，整只“狮子”万炮齐发、焰火四射，如一头“火狮”欢腾起舞，伴着隆隆的鞭炮声，锣鼓喧天，整个场面热闹非凡。该风俗明末清初随着郑成功收复台湾、屯田左营而传入高雄左营。抗日战争胜利，为庆祝台湾光复，在 10 月 10 日“放火狮”，从此也成为高雄市的重要民俗。“放火狮”寓意驱邪避凶、消灾解厄，寄托着人们添丁发财、喜庆兴旺、吉祥如意的殷切祝福，期待渔船出海平安、满载而归。相传火狮前身为保生大帝的坐骑（黑虎将军），只要把心愿写在纸条上，连同火狮一起燃放，火狮会将众愿带到天上，不仅会带来好运，还会让人心想事成。

龙海凤山岳庙庙会民俗　龙海市石码柯坑一带有一个独特民俗，据清乾隆十八年（1753 年）的《石码镇志》记载：柯坑凤山“岳岭庙甚灵赫。每年三月二十四日，邻村榜山社必诣庙进香，有弄狮演技之举，镇民几空市往观”。几百年来，人们为了规避水灾、旱灾、地震、台风等自然灾害以及各种瘟疫的发生，在每年的农历三月十五日、三月二十四日、三月二十八日、七月二十七日这四个日子在岳庙举办庙会祈福，其中农历三月二十四是“过炉”日，最为称著。举行庙会之前，由柯坑柯姓大房牵头，召集各房头的耆老研究该年过炉（请炉）活动的筹备工作。庙会这日，五社头各村落到处都是喜气洋洋，男女老幼都穿上新装，到岳庙参加庙会的队伍，首先在本社各角落环游。三月二十四日，天未亮五社头各村就人声鼎沸，家家户户都做好准备。约在上午 10 时，各房头参加庙会的队伍像长龙一样从柯坑、田边、径口三路上岭并与进香队伍汇集岳庙广场。这日各社头的队伍，都是彩旗敝空、鞭炮不绝、锣鼓喧天，各房头身穿蓝色长衫，头戴礼帽，青壮年身穿兵卒服抬着辇轿（神銮），又有装扮各套古装戏文的青年男女随行，浩浩荡荡。近午，庙会活动开始，庙前广场彩旗迎风飘舞，各社头抬神活动一队一队、一次一次来回不停地举行，震耳的鞭炮接连不断，每队抬神活动后就进庙举行过炉（请炉）仪式。接着是弄龙舞狮、武术表演、歌仔阵演唱等，庙外戏台还演出芗剧戏等。1996 年凤山岳庙经龙海市政府登记为宗教活动场所。

南安柯府八使相公佛信仰　南安市码头镇东大村大岵柯氏宗亲和簪佩乡乡亲特有的民间信仰。在这两个村镇里建有柯八使王爷府，供奉柯王爷和夫人陈氏。信众初一、十五可以到王爷府进香。每年农历二月十五、十六日要举行“八使相公”寿诞庆典活动。这一天，由前一年推举的香主负责主理，请法师、聘戏团，观丁、演戏、舞龙灯。早上开始村民就在家门口备好香烛和供品。信众一大早开始进柯府进香。10 点左右，主事队伍从柯府请出王爷和夫人金身上銮轿，在龙灯、歌舞队的护送下进行巡境，每户人家都在家门口接引香火，保佑风调雨顺、全境平安，晚上在王爷府请戏班唱戏。据《武荣柯氏族谱》记载，光州固始人蔡轶，带领一家分开三路伪装逃命。长子蔡忠辅随母姓辛，化名辛文悦；次子蔡忠佐改随二娘姓柯，化名柯八使；三子蔡忠惠（化名为蔡忠烈）及二女由蔡大夫带领向京东西路逃亡。三路通过吴越，南下福州，择居城府南门外。从此，辛、柯、蔡同宗，柯八使就是他们的祖公。

建宁屈原庙会民间信仰　建宁伊家乡纪念战国时期著名爱国诗人屈原的活动每年有两次，一次是五月初五端午节，建宁的端午节活动特别隆重，富有地方特色。而第二次是福建省其他地方少有的，每年在农历十月十六日屈原的诞辰日举行。屈原庙坐落在建宁伊家乡柯氏聚居的笔架村，屈原庙沿溪畔小路而建，狭小逼仄，装饰简陋，然历久弥新，名声越发显赫，当地居民把屈原作为菩萨祭祀。村民每逢月初、月中及家中有大事都要前往烧香祭拜。每年农历十月十六日屈原的诞辰日，笔架柯氏和十里八乡的信众手持香烛而来，为屈原“菩萨”做生日。当日活动主要是参拜菩萨、进香祷告、诵经祈福，表达柯氏族人对屈原的敬仰，也祈求吉祥平安。

福安城隍柯老爷信仰　福安城隍庙，原址在老城区西门内，后因城市建设迁址城南天马山麓。宋淳祐五年（1245 年）始建。城隍的由来有民间传说，清康熙（1662—1722）末年，新任福安城隍的神灵出自寿宁县大安乡伏际村柯家，俗名柯世业，法名柯维振。相传他经观音菩萨点化，赴闾山学法，得许真君真传，出山后屡屡降妖伏魔，拯救万民。康熙五十七年，柯维振羽化归真，因治妖有功，被玉皇大帝敕封为永镇城隍，前往福安履职。另据清代光绪（1875—1908）末年《福安乡土志》记载，福安城隍神是明翰林院学士詹事府少詹事柯潜，其在清代被敕封为显佑伯，“永镇福安”。

第七节　非物质文化遗产

国家级非遗泉州高甲戏及代表性传承人　又名戈甲戏、九角戏、大班、土班，发祥地为泉州，发源于明末清初闽南农村流行的一种装扮梁山英雄、表演武打技术的化装游行。高甲戏的传统剧目有 900 多个。2006 年，高甲戏被列入第一批国家级非物质文化遗产名录。泉州高甲戏剧团柯荣湘为国家级代表性传承人之一。

国家级非遗晋江高甲戏（柯派丑行表演艺术）　以高甲戏表演艺术家、“闽南第一丑”柯贤溪为代表的高甲戏柯派丑行表演艺术，是高甲戏主要流派中最具代表性的一支，其中媒婆丑、家丁丑是柯派高甲戏中最具典型的丑角，其表情幽默诙谐、活泼夸张，节奏明朗，舞蹈性强，轻快自如，妙趣横生。从柯贤溪将柯派高甲戏推向鼎盛，到其女儿柯绵绵在教学中将柯派高甲戏推广弘扬，再到其曾孙女接手这门艺术。《骑驴探亲》《番婆弄》《闹茶馆》等柯派精典小戏经演不衰，《金魁星》曾获文化部第八届文华奖新剧目奖、福建省第二十届戏剧会演优秀剧目奖。2008 年，晋江高甲戏（柯派丑行表演艺术）被列入第二批国家级非物质文化遗产名录。

国家级非遗德化瓷工艺及代表性传承人　德化瓷工艺是福建德化地方传统手工技艺。其捏塑工艺精巧纤秀、造型逼真，在刻花、浮雕装饰上，工艺美与材质美相融合，呈现出名窑气质，尤其是白瓷制品浓淡分明、层次丰富、釉色乳白如凝脂，透光度极好。德化县与江西景德镇、湖南醴陵并称中国三大古瓷都。2006 年被列入第一批国家级非物质文化遗产名录。德化县宴扬陶瓷工艺厂柯国镇为国家级代表性传承人之一。

省级非遗福州象园木雕工艺　福州木雕工艺源于唐宋时期的寺庙建筑和神像雕刻。最初的雕刻材料主要是樟木、楠木、红木及杉木等，雕刻内容多是寺院的佛像、庙宇的柱头、栋梁和神龛，以及桌、床等日用家具的花饰雕刻。明末清初，建筑与佛像雕刻开始分离为不同类型的雕刻体系，从大型佛像雕刻转而发展为室内陈列欣赏艺术品。清末，象园村成为远近闻名的木雕之乡。木雕技艺日趋成熟，技法以圆雕为主，还有浮雕、透雕、薄雕、镂空雕等，擅刻老翁、仕女等历史题材人物。因树根资源供不应求，改用龙眼树的枝干作为雕刻材料，形成龙眼木雕行业。象园流派又称柯派，人物刻画注重神韵，衣纹线条柔顺飘逸；动物作品丰富多彩；人物面具为一枝独秀。杰出艺人有柯传钟、柯世仁、柯庆元等。柯世仁传世之作有《男观音像》等，柯庆元以具有故事情节的活动作品轰动艺坛。2007 年被列入第二批福建省非物质文化遗产名录。

市级非遗罗源三代祖师信仰　称中国（起步）三代祖师文化节迎新过火庙会。罗源县起步村是柯蔡两姓为主的聚居村。三代祖师（1164—1203），宋代禅门临济宗高僧，法号自超，永泰人，传说能行法会趋吉避凶，是三代佛（过去七佛中第三佛，毗舍浮佛）转世，即“三代祖师”。祖师圆寂后，乡民建寺奉祀。过火活动始于清朝道光（1821—1850）以前，每年农历正月十三日在起步村举行。火埕由圆形土墙围成，中间铺600多篓木炭，当日辰时在火埕“五方”生火，寓意晨曦圣洁之阳火。围墙内壁贴着“五方火红、五谷丰登、百家增炭、百福俱臻”等红底大字，寓意着五行相生、代代相传。村民提前三天戒斋，清晨家家户户门前都摆着香案与供品迎接祖师。祖师巡境从早晨八点开始，穿街走巷。敬神仪式过后，乡人们围绕着红彤彤的巨大火埕，抬着神轿举行祈福活动，或赤膊挥舞大刀，口念咒语，摇晃着脑袋，并不断用刀刃和铁锤敲砍后背；或间歇表演撩火；或吹响法号；或添盐扇火。上百个乡人按易经五行列阵，抬着神轿，由北向南赤脚穿过烟火弥漫的高温火塘。2012年被列为福州市非物质文化遗产。（见彩图11-1）

市级非遗柯氏传统武术兵器锻造技艺（传统技艺Ⅷ） 漳州市芗城区柯国林武术器械加工店，保留有柯氏传统武术兵器锻造技艺。其技艺包括选材、炉火火候控制、锻造技术把控、煅烧、锻打、淬火、刀口加钢、去火、形制修饰等一系列传统工艺，是具有闽南特色的武术兵器锻造技术。该技艺的第四代传人为柯钦，第五代传人为柯国林。2016年被列为漳州市第七批市级非物质文化遗产。

市级非遗泉州柯世德青草丹膏及代表性传承人 柯世德青草丹膏是一种治疗皮肤疾病的特效药，对治疗肛周脓肿、无名肿痛、疔疮、带状疱疹（俗称“飞蛇”）、痔疮等症状都有很好的效果。创始人柯长春是一位德高业精的名医，于清乾隆元年（1736年）在城南顺济桥新桥头开设柯世德青草丹膏药铺，悬壶救人。2016年被列入第六批泉州市非物质文化遗产。柯秀珍是柯世德青草丹膏的第八代传人，为泉州市第六批市级非物质文化遗产代表性项目代表性传承人。

县级非遗晋江西园官前竹篮传统技艺及代表性传承人 晋江西园官前竹篮，起源明朝万历年间（1573—1620），柯隐泉前往漳州诏安谋生，娶诏安女林氏为妻，学习了竹编制品的制作技艺，后将技艺带回了官前，传给了官前各户人家。柯氏世世代代传承竹编工艺。2019年被列入晋江市第六批非物质文化遗产代表性项目名录，柯孙宏为代表性传承人。

第八节　名胜古迹

福州乌山柯述摩崖石刻 位于福州市乌山。山中有历代著名书法家的碑刻276段，现存122段，其中有柯述题的“天香”等书法摩崖石刻5段，现存4段（另1段1950年建省气象台观察站时被埋）：第一段是“天香台”（楷书，径一尺五寸，镌望潮峰西）；第二段是乌山“邻霄台”；第三段是“柯仲常（柯述）、祖夷仲、王若愚、曹子方、邓仲告、陈济翁、潘及之　元祐庚午十二月初四游神光寺”（楷书，径七寸，镌望潮峰西）；第四段是“大宋福州社坛铭：后牧民天乃食维社稷作稼穑风雨雷赞生殖协时日祭有秩岁庚午夏率职即坤维　坛域地污隘制匪式爰广新古是则辛未春工告毕齐有厅器有室旸若雨事咸囗后之人敬毋斁　元祐六年三月，温陵柯述撰　王裕民书。”（楷书，径五寸，镌邻霄台后）等。2008年，乌山摩崖石刻被列为全国重点文物保护单位。（见彩图11-2）

长乐显应宫 又称大王宫、妈祖庙。坐落在漳港街道仙岐村（柯氏聚居村）。宋绍兴八年（1138年）始建，明弘治三年（1490年）柯氏族人又聚资重建，后殿辟为凤岐书院，清道光二十一年（1841年）重修，清光绪年间（1875—1908）因自然灾害而湮埋于地下，1992年6月22日偶然发现古宫遗址而整体出土。根据古建筑专家规划设计重建的，分地面新宫和地下古宫两个部分。第一期工程建筑面积5600平方米，保留原遗址旧标高，作为地下宫，原有神像、柱础、神龛等按旧定位保护，以供研究和观赏。地面部分总平面布局以中轴线左右对称，采用传统的庭院殿堂形式。前立照壁，依次建有牌坊、山门、将军殿、天妃殿、大王殿，天井左右为钟鼓楼，后院两边角楼相峙，两翼配殿附龙，回廊绕院，主次分明，格局有序。第二期工程建筑面积 10000 平方米，建有花圃、停车场及综合楼等。从阁楼式的通口顺阶而下，便可进入地下古宫观瞻。出土的古宫仅见两殿，前后殿的门墙均保存完好。记载重修的石碑出土时是在前殿门墙的左边。进入前殿大门，前殿左边为妈祖神龛，右边为巡海大帝神龛。后殿正厅祀当地守境大王神祇，左偏殿为医药神祇，右偏殿为临水夫人。各尊神像及其基座均保留原位不动。保存宋明柯姓族人修建大王宫的功德碑。2016 年被列为全国重点文物保护单位，获评 AAA 级旅游景区。（见彩图 11-3）

福州贡院　坐落在福州市鼓楼区中山路 23 号中山大院内。北宋元祐五年（1090 年）始建，柯述是在福建创立贡院的第一人。该贡院是目前全国保留下来创立最早的贡院。后曾经多次移建和重建，现存贡院为清代重建。由主体建筑致公堂和南面前方东、西 2 座相对而建的考棚品字形组成。占地面积 1600 平方米，建筑面积 2400 平方米。致公堂呈方形，坐北向南，砖石外墙结构，蓝瓦翘檐屋架。局部二层木结构，内有过厅、中央大堂、大小配房近 20 间。8 根楠木立柱、梁榫和顶棚有油绘花案。2 座考棚都为 2 层，都是单排考舍组成的石木建筑结构，东座朝西，西座朝东，考棚前有回廊相对，便于考官监考。2 座考棚建筑面积约 1000 平方米。2 座考棚中间和四周都留有空地。辛亥革命后改为福建省咨议院，孙中山曾经莅临福州贡院视察，1936 年改称福州中山纪念堂。2015 年被列为第六批福建省文物保护单位。

福州瑞云寺　坐落在福州市晋安区象园村四甲弄，原为柯云尘故居。清光绪二十二年（1896 年）柯云尘仙逝后，族人将其肉身供奉于家中祭祀，并将其故居称为“得道佛禅寺”。福州四面八方的信众前来瞻仰，拈香朝拜。历代有修葺，今寺名是从象园柯姓祠堂“瑞鹊堂”及柯云尘名中各取一字，定名为“瑞云寺”。瑞云寺有大殿和观音阁两座。大殿就是柯云尘的原住屋，面积 200 平方米，坐北向南，供新雕塑的柯文佛立像。1946 年重修瑞云寺时，民国海军耆老萨镇冰送来袈裟、宫灯和“佛法无边”的牌匾。20 世纪 80 年代，全国政协副主席卢嘉锡到寺院调研。2012 年被列为福州市郊区文物保护单位。

柯坑井　位于龙海市榜山镇柯坑村云峰寺院，柯坑村柯姓聚居村开基井。宋淳熙九年（1182 年）建。石结构，方形，深 2. 9 米。井沿由 4 块宽 1. 2 米、高 0. 66 米、厚 0. 15 米的花岗岩砌成。上刻“云峰院僧四换袖衣资舍一口，为恩安龙神考妣自身，同僧福惠藏岩。壬寅岁淳熙数九腊月日”。2006 年被列为龙海市文物保护单位。

漳浦柯凤造路摩崖石刻　坐落在漳浦县湖西乡岭脚村古道桥西 200 米。宋嘉祐四年（1059 年）石刻。刻于一块直立的大石上，记宋代柯凤夫妻捐资錾石砌路修桥以利行人事迹。石刻高 1. 2 米、宽 0. 8 米，落款“宋嘉祐四年己亥十月一日书”。2006 年被列为漳浦县文物保护单位。

晋江洪氏节孝坊　位于灵源街道林口社区华林南路西端。清乾隆二十八年（1763 年）始建，为旌表华林柯士鳌妻洪氏节孝之良操而立，1984 年依原址原貌重建。其坊四柱三间，石构牌楼式。顶部有辉绿石“圣旨”牌，上枋其中一面额刻“天朝奖锡”；另一面刻“恩褒节孝”，下枋双面之额皆刻“旌表晋江县儒士柯士鳌妻洪氏坊”，左右附额刻省、府、县官署，下横坊雕龙首、双凤，匾盖上方置鱼、狮石雕各一对。2007 年被列为晋江市文物保护单位。

蓬莱镇登虎榜关帝庙　坐落在安溪蓬莱镇登山村村口一座小山岗上的最高处。该庙由柯氏宗亲建造管理，始建无考。占地面积 300 平方米，保护面积 1200 平方米。为石构二层式建筑，第二层用木板铺设，内祀关帝，庙外设有石砌围墙环护。土地革命战争时期，这里曾是中国工农红军闽南游击队第二支队（简称红二支队）的重要活动据点。今庙宇正厅墙壁上还留有一副红二支队队长陈凤伍所题“瘴气乌烟染世界，热血扫平净光明”对联。登虎榜关帝庙是红二支队在安溪活动的主要地点之一。1996 年被列为安溪县文物保护单位。

长乐百户村　位于长乐漳港街道，是滨海古村落，柯氏聚居村，福建省级文明村。村内有显应宫、柯尚迁纪念馆、南阳岱屿洞天然岩洞景区、南阳忠烈侯庙、万寿塘寺、观音堂等景点，并修建有幸福院、尚迁老人公寓、尚迁公园、孺子牛·尚迁学堂等。柯尚迁纪念馆俗称算盘公园或尚迁公园。占地面积1000多平方米，2010年初步竣工。由公园和纪念馆两个部分组成，公园中有柯尚迁塑像、巨型算盘雕塑、《数学通轨》等主题元素。纪念馆展出柯尚迁的《数学通轨》、算盘等文物，以及中国算盘历史。南阳岱屿洞又称玄天上帝庙，明洪武十三年（1380年）柯氏族人创建，清嘉庆二年（1797年）重修，道光二十一年（1841年）和光绪二十一年（1895年）重修建，1976年重建，1981年和2012年重修扩建。占地面积约1860平方米，建筑面积880平方米。坐北朝南，岱屿洞为天然石岩洞穴，结构分为前、中、后三个部分，中后部分为石岩洞神殿，三进深、大阔间；后部紧连中部，为嵌入山体洞穴石岩古殿，后殿主祀玄天上帝诸神，洞深幽暗肃严；中部为石构架廊庑，充为前殿，洞殿旁立有几方铭刻重修时事的古石碑。殿内数十尊神像，殿上画栋雕梁。洞宇二开大门，门前一对石狮。前部为现代结构的宽敞明亮礼堂式建筑，南面置构戏台以供酬神演出，中间为空旷场地。岱屿洞庙东边立有三门排石梁柱架构的节孝坊。洞庙西边的“大王宫”庙与岱屿洞玄天上帝庙约同年代建筑，建筑面积约380平方米，宫屋顶作双坡面，燕尾脊，双翘角，红墙琉璃瓦，六开大门。2017年入选为全国首批农村社区建设示范单位。

长乐南阳新厝万寿塘寺 又称帝爷寺。坐落在漳港街道新厝村。清嘉庆十九年（1814年）柯氏族人捐建。占地面积约3600平方米，万寿塘寺建筑面积为660平方米，上下二层。2012年增修南阳观音堂，观音堂建筑面积690平方米，三层结构，坐北向南，三开间、三开大门，屋顶作双坡面燕尾脊，红黄琉璃瓦，二十三步石台阶中央置九龙聚福、莲花呈祥，台阶前配有一对石狮。

永泰洑口威显庙 坐落在永泰洑口乡洑口村，唐永泰二年（766年）柯氏族人始建，为护境王之庙。历代有修葺。20世纪70年代被拆毁，古物尽失，只留碑文，80年代重修。占地面积1200平方米，建筑面积800平方米。宋绍兴元年（1131年）赐庙额“威显”，绍兴十九年初封灵贶侯。庙面朝后亭溪，为土木结构，进庙两边皆有神像，正中为护境王。亦有古时郡守名家文人题诗。

厦门海沧后柯村 后柯村位于东孚街道的东南面，村域面积1.7平方千米，是柯氏聚居村，著名的侨乡、台胞故里。早在北宋年间，柯述之子孙就在此开基发族，历代名人辈出，有宋代名儒柯国材、清代爱国华侨柯祖仕、当代名人柯玉芝等。现存古民居20多幢，有建于宋代的朱熹题词的柯氏家庙一经堂、明代的时思堂，以及清代的时思堂、敦厚堂、自我堂、思成堂、垂裕堂、大夫第、柯清龙宅、柯思知宅，还有新加坡李光耀夫人柯玉芝祖居，以及1929年槟城瑞鹊堂柯氏公司集资创办的后柯社丰林农务股份有限公司遗址等，这些木质结构房由庭院、砖土围墙、石门、红瓦组成；大都雕刻着人物、山水、花鸟等图案。村民们保留淳朴的民风民俗，特别是每逢农历三月十五日及十月十五日，柯氏村民聚集在海印堂保生大帝尊前“放火狮”民俗活动影响到中国台湾地区和新加坡、马来西亚、印度尼西亚等东南亚各国。后柯村附近有胡元轩墓、厦门天竺山森林公园、青礁慈济东宫、日月谷温泉主题公园、院前社等旅游景点，有青果、蚝仔煎、厦门花生酥、荔枝蜜、厦门薄饼等特产。后柯村先后获得厦门市“十一五”农村工作先进单位、“文明村”“平安家庭创建活动示范居（村）”“平安先进村”“征兵工作先进单位”“征地拆迁工作先进工作单位”“巾帼示范基地”“先进基层党组织”“2006—2008年度五个好达标单位”等荣誉称号。

晋江扶西·黎刹公园 位于晋江市上郭村。2002年建设。占地5300多平方米，广场矗立黎刹铜像。碑高18.61米，表示黎刹的出身年份为1861年。基座上正面是黎刹高大的雕像，两边是母亲哺乳婴儿和父亲课子读书的雕像，表达了父母亲的养育之恩。扶西·黎刹被菲律宾国人尊称为“国父”、民族英雄，其高祖父柯南哥（为“塘边叟”的19世）于康熙元年（1662年）出生于泉州南门外罗山上郭村，后移居菲律宾。扶西·黎刹（1861—1896）是菲律宾优秀的作家、医生、艺术家与科学家，因批判西班牙殖民统治和殖民政策，于1896年12月30日被马尼拉当局处死。黎刹为了菲律宾的民族解放和独立的斗争和牺牲精神，给菲律宾人民起到了启蒙和鼓舞的力量，被菲律宾视为民族英雄，尊为“国父”。

晋江钱塘海峰庵　原名海鸿庵，又作海烽庵。坐落在东石镇柯村。南宋宝祐六年（1258年）由南塘柯云从偕义兄陈少源创建，以作义母洪氏礼佛奉经之所。宋末元初毁于兵燹。元至大二年（1309年）柯志尹捐俸复建，始成歇山顶，三楹二进，左右翼堂，垣墙护疏，花木环之。元至正十二年（1352年）、明建文四年（1402年）、景泰五年（1454年）、正德十五年（1520年）、万历三十二年（1604年）重修，佛像重塑金身，增山门照墙。崇祯七年（1634年）柯乃壮洎僧常珍重修。清顺治十八年（1661年）毁于兵燹，康熙三十三年（1694年），柯逸云、陈益云、陈益斋诸君首倡重兴，乾隆四十年（1775年）、道光二十八年（1848年）修葺，2003年资依原址重兴。占地面积5000多平方米，坐西向东。初为重檐歇山顶，三间单进，立拜亭，设厢房，祀奉观音佛祖。有柯志尹题写匾额“海峰庵”、联“大同称至治，元日动初阳”；进士柯君泽题联“海国旧传书谈经留夜月，峰山今入画补衲剪春云”等。后殿自元至清旧碑复立。

晋江南岳庙　又称南岳禅寺。坐落在泉郡晋邑十一都埕江乡（今东石镇埕边村）。元代钱塘柯志尹创建。清乾隆年间（1736—1795），钱塘支派鳌埭乡（今晋江英林镇埭边柯厝）柯隆为纪念其先祖志尹之好义乐善之壮举，又捐资重修。周垣460余米。

南安官桥镇龙宫　又名古英殿。坐落在官桥镇后曾庄荔枝脚尾。清道光年间（1821—1850）始建，原址位于柯氏宗祠旁一简屋，主祀“四王府”。后易址，至20世纪90年代末重修，2012年由乡贤以及旅菲柯成焕、居港柯美美等鼎力支持再次重修。扩建为公园，拥地面积6000多平方米。坐东南向西北。南畔四角亭、北畔六角亭，公园口置两石雕大象，宫庙重檐歇山顶，二进三开间，前设天公亭，右附土地庙，宫埕金亭、凉亭2座，放生池纵跨一桥，宫之重檐中高悬“瑞鹊胜境”巨匾，宫前门楣上嵌“镇龙宫”之额，拜亭一石柱联刻“南塘古地人修一德，瑞鹊胜境神监三春”。

第五章　人　物

第一节　人物传

柯敦颐　又名柯墩熙，光州固始人。唐总章三年（670年）为府兵队正，随陈政之母魏妈从光州入闽，参与开发漳州，并定居漳州，被尊为柯姓入闽始祖。宋绍兴十三年（1143年）诏封昭德将军。

释全奯（豁）（828—887）　俗姓柯，福州府长溪人（今闽东，一说泉州人）。少年出家，研习佛教经藏和律典，又游历各地禅宗道场，和雪峰义存、钦山文邃为道友。唐咸通八年（867年）到仰山道场，参访德山宣鉴和尚。后居唐年山，山有石岩巉，立院号岩头欤，说法讲道，时号岩头法道。唐光启年间（885—888），天下纷乱，全豁为地方武装所剽掠，责其供馈，被杀害。圆寂后门人梵其尸，获舍利77粒，并为起塔。唐僖宗赐谥清严禅师。

柯　崇（838—？）　又称柯宗。闽（福建）人。唐光化年间（898—901）与曹松等5人以才华卓越受世人仰慕，天复元年（901年）又同榜进士，年龄都在七十多岁，当时号称“五老榜”。唐昭宗特降恩旨，诏授其太子校书。后归闽卒。

柯玄之　又名柯亮，字延熙，号彪炳，又号裔庵，光州固始柯家营（今固始北环路柯营子）人。唐光启元年（885年）举家族17人随节度使王绪入闽。一说驻寓福州金斗桥（今台江下杭），一说初居桃源（今永春）和平里田内及石码聚族，因族繁地窄而分拨子孙择乔漳州、大田、德化及福州三山驿等地开拓，以晋江为盛。世居泉州元妙观西水沟巷，俗呼柯家巷。被尊为柯姓入闽始祖。

柯　五　字希夷，泉州人。因家族繁荣，居住地窄，后唐天成五年（930年），自告奋勇举族由泉州迁居龙岩宁洋县锦水桥头（今宁化县桃源）开拓新土，后迁居大田桃源杨坑，开垦土地，兴修水利，逐步形成大田宗系。

柯　萼　南安人。进士出身，官至员外郎。宋太平兴国年间（976—984），遇一僧人，同往万岁山，在一棵古松下挖掘出南朝梁高僧宝志记述帝王之位的石刻篆文。上镌释宝志手书“圣祚绵远”四字，进献朝廷。太宗取名“瑞石”。寓含于柯氏楹联“奎章精识，石篆雄文”下联中。

柯庆文　《八闽通志》作柯庆夫，泉州人。宋天圣二年（1024年）进士。官屯田员外郎。与端明殿学士蔡襄知交，蔡襄评他“秘书多才晚未遇”，其子柯述才华出众，被蔡襄推荐为泉州教授。后其子柯述、柯逑、柯迪、柯廷（满）都先后中进士，父子五进士传为佳话。蔡襄作《送柯秘书三子归泉应诏诗》，赞赏其兄弟“海鹰上云出爪翼，天马历地无羁缰”。

柯　述（1017—1111）　字仲常，泉州人。宋皇祐年间（1049—1054）由蔡襄推荐任泉州教授，嘉祐二年（1057年）进士。初任赣县县尉。缉盗办案，不遗余力。在此之前，赣县抓到盗贼每死刑，柯述任职后，建议县令给退赃物的盗贼以减刑，措施上的反差形成精神上的威慑，盗贼闻风收敛。后升归安（今浙江吴兴）知县，到任后，发现归安虽面临太湖，却常患旱涝，就提倡兴修水利，蓄水排涝，使农业丰产。不久，移知襄县，盗贼闻风而逃别地。神宗听到这件事，召见他并询问情况，对其赏识有加，并写其姓名于屏风，以备日后重用，不久，提升柯述知怀州。元祐（1086—1094）、元符（1098—1100）中，柯述两次知福州，历福建提刑官、湖南转运使、漳州施赈副使，官至朝议大夫、直龙图阁。任漳州施赈副使时，处理赈务有条不紊，公平合理，饥民颂德。当时苏东坡为其写《纪柯述瑞鹊》诗褒扬。元祐五年（1090年）创办福州贡院，倡制福州茉莉花茶。

柯国材（1116—1176）　名翰，泉州人。宋绍兴二十四年（1154年）进士。绍兴元年随父柯元曾迁居安海，就读“鳌头精舍”（石井书院前身）。绍兴年间（1131—1162）与父“筑海为田，曰柯西埭”。绍兴二十年，避隐同安庄江，授课生徒常百余。绍兴二十三年，朱熹主簿同安兼管学事。翌年，柯国材受聘同安县学，直学，协助朱熹管理教务及讲学授徒。在朱熹与同安县学同仁的精心施教下，同安学风为之一振。绍兴二十六年，朱熹同安离任前，为柯国材撰《一经堂记》，离任后两人书信往来“非复一再”，酝酿“格物”说。宋乾道二年至三年（1166—1167），柯国材应邀参加朱熹《孟子集解》修编。卒祀同安、安海乡贤祠。

柯知彰　字仲晦，泉州人。柯述从孙，宋绍兴三十年（1160）进士，授海丰县令，为民办实事，疏浚灵溪，兴建灵溪陂，溉田三千顷，使农业丰产，海丰百姓感戴其恩。补知梅州，后迁福州通判。与子柯汪、柯洪同府为官。告归，初居福州南台（今仓山），三奉祠观，挂冠纳禄，杜门谢客，后开福州象园柯氏一脉。卒年八十六。

柯裔武（1118—1188）　莆田人。南宋建炎二年（1128年）进士，官至国子监宣教太学士，与宗泽等拥护抗金英雄岳飞。柯裔武为避战乱及政治迫害，离开国子监，南归到潮阳寻找时任潮阳县令的父亲柯璿。宋绍兴十年（1140年），柯裔武迁徙潮阳黄陇都阳溪乡（今潮南区峡山洋内），为潮汕地区柯氏开基祖。

柯　熙　字仲嘉，永福（今永泰）人。南宋绍兴十八年（1148年）武举第一人，同年上御集英殿策试武科进士，殿试时策入优等，武艺超群，夺得武状元，朝廷授予保义郎（正九品）。绍兴二十六年恢复武学，柯熙被朝廷任命为武学谕，正九品，掌以兵书、弓马、武艺训练、诱导学习者。官终承直郎，正六品。

柯宋英　字子飞，晋江人。宋绍兴二十四年（1154年）进士。教授四明，除国子正，迁本监簿，累官至梅州知府。忠于职守，使农业丰产，人以德化，民风清正，狱中无死囚。任满还乡，三奉祠观，挂冠纳禄，都称他“乡先生”，享年八十六。

柯立义（1181—1244）　字方叔，号正夫，同安柯厝人（又作莆田人、晋江人、南安人）。宋特奏名进士，南宋宝庆二年（1226年）准赦文推恩“登极升等”录用，历官福建恭城簿尉。端平二年（1235年）升任高凉（今高州）通判，授奉直大夫，其勤政爱民，未几为当朝宰相颜大卿通令嘉奖，擢升檄摄郡事。主政后宵衣旰食，整饬风纪，兴利除弊，缉匪捕盗，保境安民，尊儒倡教，扶掖后学，开荒垦田，疏溉浚淤。高凉郡富民殷。高凉吏民皆曰：“苍天有眼，吾民有福！”淳祐四年（1244年），因积劳成疾殁于官署。

柯汝龙　原名柯云从，晋江人。宋宝祐四年（1256年）进士。授清漳司户参军。当时，正值黄河泛滥成灾，柯云从奉命前去救灾，看到灾民饱受苦楚，忍饥挨饿，便拿出自己的积蓄买来粮食救灾，百姓非常感恩。

柯　举　字仲时，号竹圃，莆田人。南宋景定五年（1264年）领乡荐，南宋德祐元年（1275年）进士。授迪功郎、潮阳主簿，未仕以昭谕畲民，改善民族矛盾有功，改从仕郎、漳州府教授，授元辟兴化路盐司管勾。

柯南起　原名德泰，字时泰，号览山，南宋同安积善里人。少时便有英略，相貌魁梧，时值宋末元初，连年战乱，柯南起招募工人于村寨外挖壕沟，保卫村民不受兵乱之苦。元初，科举废止，众乡绅因柯南起善于经营海运贸易，以为若以他为县令有利于恢复民生经济，便举荐他为同安令，后升泉州路治中。迁龙溪县尹，改授忠翊校尉、漳浦知县。其间招抚流民，成绩斐然，又授南剑路将乐县尹兼劝农事，5年后告老还乡。

柯得才（1350—1426）　长乐漳港百户村人。明洪武元年（1368年）代父从戎，因功升北京济州卫指挥，明太祖驾前指挥，护驾有功，敕封昭信侯，管军百户。明建文年间（1399—1402），从燕王朱棣，定难有功，升北京济州卫指挥使，金吾百户。世袭爵位，荣及父母。永乐十七年（1419年）迁居南阳（今百户村），挖掘蓄水塘，疏浚河道，南阳遂成鱼米之乡。此后当地得地名柯百户村。

柯应寿　字克忠，号忠轩，晋江人。明永乐十九年（1421年）进士。致学于经史，著作受到郑浮邱、黄元之二公的高度称赏。他少年失父母怙恃，由兄长抚养成长，成人后事兄如父。兄柯应祖在军籍中，柯应寿以兄长年事已高不能驰驱劳顿，呈请代兄北上，遂领取部符，督运赋税到京师，而后归途中行至闽清时因病逝世。

柯　潜（1423—1473）　字孟时，号竹岩，莆田人。7岁能写诗，15岁会作八股文。明正统九年（1444年）举人第一名，因不忍离别父母未赴会试。正统十三年会试只中了副榜，不愿就职。景泰二年（1451年）状元，授翰林修撰。参与《历代君鉴》《天下郡志》的编写工作，升中允。天顺（1457—1464）初年，迁尚宝少卿。宪宗即位，以旧宫僚擢翰林学士，参修《英宗实录》，成，进官少詹事兼翰林院侍读学士，主掌院事。慈懿太后丧，柯潜与修撰罗璟上章，请合葬裕陵，廷臣相论争，柯潜再疏，竟得如愿。成化四年（1468年），因父亲亡故，柯潜回乡守丧，成化六年又遭母丧。成化七年，朝廷诏命为国子监祭酒，力辞不就，继续守丧。柯潜性高洁，重操行，好文学，文辞平妥整洁，诗尤清婉。

柯　信　字汝充，号容庵，南安人。明弘治十六年（1503年）举人，岁贡。任南京国子监教谕，后升温州教授。恰逢庠生（秀才）李如山受权贵欺压，柯信代其向督学申辩，言辞颇厉，被督学怒呵，柯信欲弃官而去，众学生一致挽留，柯信说不如回乡当老农足矣。而后两院查其贤能，请其复职，柯信以病推辞拒不赴任。为示诚意，温州府学将其列入学祀名宦之列，地方官还为建其宅，然柯信高风亮节，对馈赠宅地之事佯装不明，拒绝复职。嘉靖十四年（1535年）崇祀“乡贤名宦”。

柯　乔（1497—1554）　字迁之，号双华，安徽青阳县人。初师李古源，后师王阳明、湛若水。明嘉靖八年（1529年）进士。初任行人御史、贵州道郎等职，以政绩升任湖广按察司佥事，治理沔阳大堤。柯乔认为“江水溺人，咎在官吏”，遂亲自视察江汉两岸地势、堤基，于重点工段督促检查，4个月筑成江堤数百里，减少水患。他还建立集市，铺设浮桥，兴办学校，平雪冤狱。离任时，沔阳数千人为之送行，并以其靴帽建立生祠。嘉靖二十四年，升任福建布政司参议、按察司副使、巡海道副使，协助提督朱纨加强浙闽海防军务、抗击葡萄牙殖民者、打击海盗，并亲自领军镇守泉州、漳州等海防要地。嘉靖二十八年，葡萄牙侵略者兵船至福建宫前湾海域抛泊登陆，肆行奸淫掳掠，柯乔会同漳州知府卢璧、龙溪知县林松发兵，派一兵船伪装商船，诱敌深入伏击，共歼敌239人。后因触犯权贵，蒙冤入狱。嘉靖二十九年，得释回原籍青阳柯村。嘉靖三十三年，朝廷察知柯乔冤情，下诏复用，是时柯乔已病逝。

柯维骐（1497—1574）　字奇纯，号希斋，莆田小柯山（今城厢区梅峰街乌石尾）人。明史学家。明嘉靖二年（1523年）进士。授南京户部主事，引病告归，从此无意仕途，潜心读书，以“明道著书”为己任，四方从学者达400多人。柯维骐当年著书之处，人称柯氏修史堂。柯维骐登第，未尝一日为官，中经倭乱，故庐焚毁，家困甚，终不妄取。抚按监司时有论荐，不复起。隆庆（1567—1572）初，廷臣复荐，以年高但授承德郎。合《宋史》《辽史》《金史》为一书，以宋朝为正统，附以辽、金，积20年之力撰成《宋史新编》。对元人所修宋史的错误和疏漏多有补正。

柯实卿（1505—1557）　字公仲，号肖海，晋江人。明嘉靖十一年（1532年）进士。历任南京户部主事、户部副郎、南京主考、刑部郎中、池州知府、郧阳知府。执法不阿，因忤上官被调郧阳，又因抵制宦官索贿而告归。时逢倭患，柯实卿力请筑安海城以防倭，率先出资筑造城墙一百丈以作表率，并亲董其役。乡人为其立碑纪念其筑造城墙之功。

柯应凤　字文征，龙溪（今厦门海沧）人。明嘉靖二十二年（1543年）举人。知珙县（今川滇边界），珙县邻镇常年有土酋欺压百姓，柯应凤上任后方收服之使不再扰民。在查实狱中有一冤案时，因坚持为其平反而忤逆上级，调任湖南会同县令。会同县内常年盗贼猖獗，柯应凤上任后召集乡亲数千人，对众人分开取证，最终将众人所共同指认的盗贼绳之以法，境内盗贼消除，风气肃然。后又减轻徭役，廉能声名远播，升凤阳别驾（即通判），因丁忧离任。后补惠州通判，时值李文标据点叛乱，柯应凤单骑入贼军收服盗匪，解散团伙。

柯　本　莆田人。明嘉靖二十九年（1550年）进士。初授浙江佥事，后转任南曹郎，分管凤阳。当时流寇大军企图入侵临淮，柯本乘流寇渡黄河弱势时，率兵痛击，把流寇击败于黄河上，捍卫了临淮城，临淮百姓感激他保护一方平安，为其树碑、立生祠。

柯尚迁（1500—1583）　字时益，号乔可，又号阳石山人，长乐漳港南阳（今百户村）人。明嘉靖二十八年（1549年）贡生。任邢台县丞。精通算学，万历六年（1578年）写成《曲礼外集》，其中《补学礼六艺》附录《数学通轨》，该书在日本广为流传，书中引有“九歌总歌法语”“撞归法语”“还原法语”，对珠算方法作了详细说明。书中还初定算盘图式为十三位算盘，是第一个对珠算算法及算盘图式作全面叙述的人。

柯一鲲（1536—1563）　字云兴，号后山，仙游人。县学诸生，能文善武，明嘉靖三十八年（1559年）倭寇攻占仙游，柯一鲲自告奋勇率乡兵应募，屡战屡胜，破敌立功数十次。嘉靖四十二年十二月，倭寇集结2万余众进犯仙游县城。柯一鲲与柯一龙、柯一鲸及全城军民同仇敌忾，坚守50多日，直至戚继光雄师赶到，内外夹攻全歼倭寇。战斗中柯一鲲兄弟冲锋在前，都英勇牺牲，后被追为文武都元帅。钦差大臣为他们建颂功祠、兴英烈庙，撰写七言长诗颂其功勋。

柯　挺（1537—1610）　字以拔，号立台，海澄三都东屿人。明隆庆二年（1568年）恩贡入国子监，万历元年（1573年）顺天府乡试第一，万历八年进士。授河南南乐县令，转任清丰县，能体察民情，处理冤假错案，平靖盗匪，使清丰县境得到治理，再升陕西道御史，敢于上疏弹劾魏忠贤，请除奸魁。

万历十五年，陕西大灾，疏请发临德二仓谷二十万石赈济，并亲身入境设粥棚救济灾民。巡按楚地，平定郧阳兵变。平息动乱有功，旋督河南学政，鉴拔知名人士。母丧归里，鉴于朝政分歧，遂坚卧不出。

柯茂竹 字尧叟，柯维骐孙。自幼聪颖绝人，于诸生（秀才）中每试皆出类拔萃，受知于督学。明万历十一年（1583 年）进士。授海阳知县，任职期间勤政爱民，不谄媚上官，不与世俗同流合污，但因病体孱弱不久便病逝。

柯有斐 字展夫，南安人。明万历十年（1582 年）举人。授武进教谕，因百姓公愤与当地别驾高某抗争，将被豪强侵占的两院之地恢复为学院。万历十九年，聘教山东，所推举的学子多数中了进士，转任国子监助教，迁户曹，后转员外郎。外放管理江州财税时，当地地方官任用彪役恣意横征暴敛，柯有斐断然将十几个彪役革职，以清役替代。万历三十四年，转任贵州朗州，清除府库积弊，为当地省下了黄金五千两。不久因病告老还乡，洁身自好，县郡官员宴请从不出席。

柯凤翔（1541—1619） 字志德，号桐冈，同安人。明万历十七年（1589 年）进士。初授刑部四川主事，擢刑部员外升郎中。后凤翔知广西平乐县，为官清廉公正，因丁母忧离职返乡时，平乐县百姓遮道泣送，不愿凤翔离任，百姓歌：“清官业已行，酷吏苦将到。”后任江西赣州府知府，最后任两浙都转盐运使。平反多年积压之不公案件，得粤浙百姓官吏歌颂，最终因不愿屈服于上官徇私逢迎而辞官归乡。归乡后捐资置办祭田，用以供养族中老弱病残生活无依者。

柯岳瑞 字五衷，南安人。明万历二十二年（1594 年）举人。初授太湖县令，有惠政，转南司城擢南刑部郎中。柯岳瑞在调离太湖时，当地官民皆万分不舍，纷纷为他送米粮以作路饷，众官吏亦靠在城门上久久不愿离去。后出守柳州，未上任便已去世。

柯杲（昶） 莆田人。明万历三十二年（1604 年）进士。授鄞县知县，有政声，擢南户部主事，榷扬州钞关，恤商捐羡，除回空漕船陋规，历官直隶河间府知府，治行为三辅（太子太保、太子太傅、太子太师）所称最。升易州道、山东济宁副使，有神明之誉。官至都察院副都御史，巡抚山西。任内整备边练。在任两年，天启五年（1625 年）以母老归乡。后养母殁，因哀伤过度而卒。

柯　彦 字君求，长泰方成里人。出身贫寒，苦学成才，崇祯元年（1628 年）进士。任江南道合肥知县。柯彦到任后，采取措施，兴利除弊。针对当地农田水利设施差的状况，组织修浚河流以泄洪，开凿渠道以灌溉。经过 3 年治理，当地农业丰收、民生富足、社会安定。同时，着手整顿官务，任能进贤，撤换一些有劣迹、无能力的官员、衙役，倡导任职者人人有善言、善迹，爱民为民。柯彦任职期间，合肥百业俱兴，百姓安乐。后升户部主事，又升为户部员外郎，入朝任职。搜集校正资料，参与纂修《漕政实录》，得到上司的嘉许，又擢任湖广按察司佥事。因积劳成疾，于赴任时殉职。

柯元伯（1585—1641） 字康侯，龙岩人。明崇祯四年（1631 年）进士。知东阳县，因有善政，当地百姓称颂其“一心如水”，并建生祠。后升户部主事，属管云南，处理收支井井有条，擢任河南道监察御史，巡按陕西茶马。当时陕西遭流寇蹂躏，商人频频失资，柯元伯设法疏通，剔除数十年累积的马政茶法弊政。后转为汝辉道兵备副使，在任内去世，祀乡贤祠。

柯士芳 莆田人。明崇祯十五年（1642 年）进士。崇祯末年任河北真定府乐城知县，顺治二年（1645 年）始历任刑部郎中、湖广道监察御史、大理寺寺正，又领钦差视察直隶抚恤地方、明正典刑，因官绩考核第一名升通政司右参议转左参议，后署河南开归陈许郑道（下辖开封府、陈州府、归德府、许州直隶州、郑州直隶州），在任期间纲纪严明，剔除了官吏欺压抢劫百姓的陋习。

柯宸枢（？—1649） 漳州人。明郑成功部将，任中冲镇。清顺治六年（1649 年）正月，郑成功陷漳浦，自同安战败后，郑成功往铜山募兵，命柯宸枢等攻漳浦，清守将降。后命柯宸枢等守盘陀岭，清副将王之纲等调集各县兵，攻盘陀岭，诸将见清军势大，纷纷不战而逃，柯宸枢同其弟柯宸梅孤军奋战，终因寡不敌众，兄弟皆阵亡。

柯应凤 字伯羽，德化汤泉人（今属大田）。诗文出众，笃志攻苦。明末清初之际，以才华任连江司训。清顺治二年（1645年），连江沿岸海寇肆掠，柯应凤被巨盗所捕，用为向导，遭拒，且当面列数海盗十大罪状，被海盗割去舌头，仍宁死不屈，后被折磨致死，年仅四十。柯应凤妻郑氏亦当场撞石自尽殉节。

柯维振（？—1718） 俗名柯世业，法名柯维振，寿宁大安乡伏际村柯家人。自幼修道，尚武，乐善好施。相传经观音菩萨点化，赴闾山学法，得许真君真传，出山后屡屡降妖伏魔，拯救万民。康熙五十七年（1718年）羽化归真，被玉皇大帝敕封为永镇城隍。

柯春行（？—1725） 同安鼎尾（今厦门海沧）人。明郑成功水师将领，清顺治十七年（1660年）随郑成功驱逐荷兰殖民者，收复台湾。顺治十八年，率部1400人于台湾左营（今高雄左营区）安营扎寨、屯田训练水师。其后代于台湾繁衍生息为台湾六甲柯氏。渡海前，柯春行特从同安后柯厝恭请中坛元帅、朱府千岁、福德正神，置于船上，以安渡瀚海，渡台后于左营莲池潭畔修建天府宫供奉三尊神位，供乡民参拜，香火鼎盛。还将厦门海沧"火狮"的传统习俗带到了高雄，至今高雄民间每年都要举行"火狮"庆典。

柯　愿 字又邹，龙溪（今龙海）人。清顺治十八年（1661年）进士。初知藁城县（今属北京），政绩斐然，赐蟒服旋掛。不久挂失归里。起补东安县令，又升礼部主事，试典山东。管理芜湖关税，常例尽除。复管太平仓，收支皆有法度。历官数任，谨慎办事。后归乡十数载，约法乡里，治安一方，使无盗贼。

柯　潮 字于韩，莆田灵川人。清康熙三十五年（1696年）举人。授江南当涂县令，一上任便遍查百姓疾苦，事事躬亲。时当涂县被上级官府加派额外税赋千金，民不堪重负而逃亡他乡，柯潮奏请减轻税负，有高官阻挠，柯潮不畏强权继续上奏对曰"若辈肥，吾民瘠矣"，遂税赋得以从轻，先前逃亡他方的百姓又纷纷回乡，当涂百姓为其立生祠。百姓采石引发争议，诉讼官吏不问曲直便偏袒豪强，柯潮收集案情证据，犯人畏罪投案自首。康熙五十四年冬，奉旨至来安赈灾，见灾民饥寒交迫，柯潮捐资购置绵襦给穷者老者优先赠予，赈灾落实到灾民使民受惠，而不让贪官污吏从中得利。故第二年朝廷再次委任其至广德赈灾，后因病告老还乡，居乡中20年，卒年七十五。

柯　彩 海澄（今龙海）人。民间流传的漳州五虎将之一，特用武职，清康熙年间（1662—1722）历任威宁（今甘肃）、南汝、凉州、延绥总兵，平乱有功，加封荣禄大夫、都督、同知等荣誉头衔。康熙皇帝赐"三边节铖"石坊立于漳州上街，成名后在芗城乌衣巷（今大通北路）建柯衙内大宅。

柯连英 同安马銮人。清康熙年间（1662—1722）从军，征台湾任南路千总，驻淡水。不久升守备，驻凤山。雍正六年（1728年）任南路千总，驻下淡水，旋升守备，分驻凤弹。募工种刺竹，周围三匝，犬牙相错。雍正十年，吴福生起义，围攻凤弹，竟不能入。溪东有山名"山猪毛"，有番时出焚掠，民苦之，柯连英率师深入，捣其巢，擒获20人，清除祸患，台人感之。后升广东左翼镇中军。

柯　辂 字瞻莪，号淳庵，晋江人。清乾隆四十二年（1777年）举人。乾隆五十六年冬任永定训导。嘉庆二年（1797年）夏移教诏安。嘉庆四年六月调任台湾府嘉义县训导。嘉庆六年署台湾府彰化县教谕。嘉庆九年春调任邵武教谕。嘉庆十八年秋任安仁县（今江西余江）知县。嘉庆二十四年致仕，留滞安仁县紫云驿馆近二年。道光元年（1821年），因身患痿痹左半身偏废之病返乡。道光二年四月部选永安县教谕，以病不赴。道光四年至七年任泉州清源梅石书院山长。有藏书5000多卷、著述40余种，被称为"闽中著述第一人"。

柯元庆 长乐人。武秀才，授督标水师营圆山汛把总，署本营千总。清咸丰三年（1853年）四月，山匪黄有使围攻延平城，柯元庆奉召征讨，率先赶到延平城外救援，与贼军开战于城外十里庵，最终寡不敌众，力竭阵亡。等到救援大军赶到，延平城围困才得到解除。咸丰帝下诏，赐柯元庆入祀省城昭忠祠。

柯琮璜　号竹山，晋江安海西柯人。清道光元年（1821年）寄籍台湾考取举人。历任大桃教谕、南安县教谕、泉州府教授、候补知府。咸丰三年（1853年）四月，“会徒”攻占安海为巢，八月进攻泉州南门，柯琮璜带生员徒协助守城。“会徒”败走。四方援兵到达，但在会剿时遇伏，被劫兴泉永道关防。接巡抚令，柯琮璜领兵追回铴藩关防一颗；又带兵驻防安海分县，督办团练协防“会徒”。事后论功，柯琮璜连升四级，钦加五品职衔升以知府用。

柯　抡（1823—1885）　字子青，号健庵，别号储卿，官名印抡，湖北兴国州湖田畈人。清同治二年（1863年）进士。历知福鼎县、清流县、寿宁县。同治十三年任建宁知县。柯抡外出时，由二差役各扛一牌在前面开路，牌上写着“愿闻己过”“求通民情”。有案件必抓紧审理，历年积压之案审断一清。曾误结一案，后得知真情，便立即重新审理，公开平反，承认错误。创建义塾于奎星阁东。闲暇时挖地种菜。郡守建官府，行文要建宁捐银3800两，柯抡详细禀报兵荒之后民间疾苦，表示不能奉命。闽浙总督李鹤年以“闽省第一贤员"上奏，升直隶州知州。两充福建同考官，诰授奉政大夫。离任归里，主讲兴国州书院、富川书院、江西瑞昌三乡书院。捐银建义学数处。

柯世仁　福州象园人。原为马尾造船厂工，后转为雕刻花板、神主等木雕，集前辈艺人传统技法的大成，开创福州柯派木雕。首创和擅于根据黄杨木、竹子等不同材料的性能，运用劈、削、雕、剔等刀法，随心所欲，雕成风格各异的作品。最善雕刻古代人物等圆雕作品，人物立像，射猎图及普贤洗像、达摩、观音、铁拐子诸像，其雕刻技艺精细传神，极大影响了后世福州木雕艺术。曾到印度尼西亚制作木雕和传艺。

柯祖仕　字学优，同安后柯村人。少年在家务农，后往马来西亚谷眼色海谋生。致富后，热心公益事业，购置田地创办学堂培养下一代。每逢故乡遭遇荒灾，都花巨资购米运回乡里赈灾扶贫，帮助家乡宗亲渡过难关，还多次出资修缮后柯海印堂（保生大帝）和柯氏家庙，为家乡铺路造桥，带领族宗前往南洋谋生。清光绪八年（1882年），同安知县赠给“望重乡阁”牌匾，表彰柯祖仕热爱家乡、扶贫赈灾的丰功伟绩。

柯祖培　字我庵，长乐人。柯祖培自幼承袭家训，聪颖笃学，弱冠补弟子员。同治九年（1870年）先后肄业于鳌峰、正谊各书院，主讲林士傅、林鸿年皆器重之。光绪二年（1876年）进士。知江西永新县，有政声，后任科举的同考官（乡试、会试中协同主考官阅卷的副考官），辨能识才，慧眼识英，经柯祖培阅卷所选拔出的考生，日后皆成为贡献突出的人才。不久积劳成疾，卒于任上。

柯　雍　长乐人。柯雍生性聪颖，读书过目不忘，年十九为诸生，光绪二年（1876年）举人。为学不拘泥于古法，喜读经世实用之书。光绪十年法军侵犯福州，柯雍发现涨潮时敌舰可从城北闽江南河道顺潮而入，陈请总督设要塞于南岸堵截敌舰进入河道，闽浙总督何璟听取建议，且于广石建立炮台，成军事重镇。柯雍主讲吴航、胪峰书院，训迪不倦，多所成就。当时城中欲开办保婴局但无场所，柯雍筹资黄金六百两，于塔山毓麟宫旧址重建为保婴局。对于各类赞助善举皆不遗余力。选泰宁训导，以母老改莆田，未到任先卒。

柯庆元　别名柿凡，福州象园人。著名的木雕艺人，能用黄杨木作精工细刻的镂雕。其作品对山峰峦岫的高低、层次、远近等刻画极为细致，衬以树木、花草、亭舍、楼阁、人物等。柯庆元擅长表现虫草花卉、果盘等，还喜欢雕刻活动的作品，如踏水车、划龙舟等。受到钟摆的启发，创作能活动、带有背景、人物的组合式木雕《赛龙舟》《踏水车》《渔、樵、耕、读》等作品，参加南京赛会。但因参观人多，展棚倒塌压死人，归咎于他，因而蒙冤死于牢中。

柯鸿年（1867—1929）　字贞贤，号珍岑，晚号澹园居士，长乐人。柯鸿年少时有殊才，读书致志，过目不忘。13岁应童子试，16岁人马江船政，公派赴法国留学，就读“法学部律例大书院”，专攻万国公法、法语专业课程，6 年后归国充船政政职，后任芦汉铁路公司参赞。后因芦汉铁路事情上闻于朝，被权贵看中企图收为权贵私有。柯鸿年不从，遂遭污蔑免职。后从商，闲暇时好与闽地同乡诗人吟诗作对，并屡次应海外故人之邀重游海外，最后一次病归，逝世。

柯　铁（1874—1900）　号铁虎，又称柯铁虎，台湾府云林县古坑乡人。柯铁有兄弟 4 人，他排行老三。打铁出身，身材魁梧。1895 年清朝被迫与日本缔订马关条约，将台湾割让给日本，引发台湾各地的纷起抗拒。柯铁年仅二十几岁，与兄弟举家揭竿举义，招募义士数百据大坪顶为天险，屡次歼灭进犯的日军，被誉为“铁虎”，与台北简大狮、台南林小猫并称“抗日三猛”，大坪顶亦因其固守，被称为“铁国山”。当时云林县人简义，原为刘永福部属，率义军与日军战斗，兵败，走投于柯铁；台湾各地爱国猛将谋士亦纷纷来归，抗日力量发展迅猛，大家共推简义为首领。日军一面大规模围剿屠杀，一面派员安抚辜显荣、陈绍年等，简义受到诱惑，独自一人下山归降。义军改举柯铁为铁国山总统，坚持抗日。日军多次招降，柯铁不为所动，坚持斗争长达四年。1900 年柯铁旧伤复发病逝。柯铁去世后，义军遭到日军总督府围剿被歼灭。

柯守智（1888—1977）　原籍厦门海沧区东孚街道后柯村。1898 年从三宝垄到新加坡谋生。1932 年加入刚成立的华侨银行，被推举为新加坡银行家协会成员，任华侨银行职友会会长。柯守智热心社会公益，1935 年曾捐款厦门大学。1937 年七七事变后，新加坡华社筹赈中国抗日时，他积极捐钱购买义演票券，大力支持筹赈活动。1940 年 7 月获颁太平局绅勋衔，1951 年 7 月被马来大学授予荣誉法学博士学位，得到新加坡太平绅士的殊荣。1952 年获得新加坡总督颁发的勋章，嘉奖其在二战时的特殊贡献。

柯进来（1892—1990）　安溪蓬溪村人。1916 年往新加坡谋生，初做小贩，继而创设“协隆记”商号，专营五金建筑器材。1930 年春回乡探亲，独资创办进来小学。1935 年创立新加坡五金公会，任首届会长。1941 年冬，新加坡沦陷，家产被日军劫掠，日本投降后，创办协隆有限公司，经营欧美各国的五金器材，成为新加坡著名五金业巨商。历任新加坡中华总商会董事，新加坡福建会馆执委，中华女子中学、华侨中学、南洋女子中学等校董事。先后任新加坡安溪会馆评议员、常务主席、名誉主席，南洋大学建设科主任，南洋柯氏公会永久名誉会长。1956 年春回国，捐建小学礼堂、教室、厨房等面积 1613 平方米，增办进来中学。后陆续为进来中学捐建美安楼、敬业楼、敬诚楼，计 7051 平方米，并添置教学仪器，创设奖教奖学基金。

柯子鸿（1893—1937）　晋江人。以镶牙行医为业。五卅运动中与罗扬才一起发动工人进行反帝宣传。1926 年 3 月加入中国共产党。1927 年成立厦门码头工会，被选为秘书。同年 1 月，中共厦门市委成立，任市委委员和厦门总工会（筹备会）宣传部部长、工人纠察队队长，协助罗扬才领导厦门工人运动。“四九事变”后，带领纠察队和工人设法营救被捕中共党员。因受到国民党当局的通缉和追捕，随即转入农村，以行医为掩护秘密建立党的组织和农民协会，组建革命武装开展游击战争。1930 年 5 月 25 日参与组织和领导厦门武装破狱行动，负责后勤保障并率队提供外围掩护和接应工作。随后调回厦门工作，先后担任厦门赤色总工会副委员长、委员长，继续领导厦门工人运动。由于长期在艰苦环境下工作，积劳成疾，病逝于同安。中华人民共和国成立后，追认柯子鸿为革命烈士。

柯全寿（1893—1948）　祖籍福清（一说厦门海沧东屿），出生于印度尼西亚中爪哇沙拉迪加。倾力支持坚持正确报道祖国的《新报》，成为新报集团主要成员。清宣统二年（1910 年）十月创办周刊，发动华侨支援孙中山领导的辛亥革命、二次革命和讨袁护法。1912 年 4 月，《新报》改为日报。1921 年在雅加达创办华文版《新报》，1923 年出版《新报周刊》，宣扬中华文化，反对荷兰国籍法、华侨服兵役和参加荷属东印度国民参议会，支持印度尼西亚争取民族独立和社会公正的斗争。1928 年 11 月的《新报周刊》首先发表爱国歌曲《大印度尼西亚》，印度尼西亚独立后被定为国歌。抗日战争时期，募捐大批药品和 5000 多万港元，先后组织配备救护车 9 辆，携带大批药品、医疗器械，和四批医疗队，支援祖国抗击日本侵略者。与宋庆龄联系，把药品直接送给八路军和新四军。印度尼西亚沦陷后，被日军关入黑牢，饱受折磨，但宁死不屈，1948 年病逝于雅加达。

柯朝阳（1894—1984）　别名方明，厦门民安里田中央村人。7 岁入塾，16 岁赴南洋槟榔屿。第一次世界大战期间，经营纺织品、罐头食品、皮革、橡胶业务。1929 年在上海开设华侨商业公司、仰新公司，担任上海泉漳中学董事长。1936 年返新加坡任《洋商报》经理，后经营水产养殖、畜牧业。抗日战争爆发后，参加陈嘉庚领导的南洋华侨筹赈祖国难民总会的工作。日本投降后，任新加坡《新民主报》经理，因抨击蒋介石政权及殖民政府，翌年初被英殖民政府逮捕入狱，后为陈嘉庚保释。任《侨日报》发行部主任及同安会馆总务股主任、新加坡纸品厂营业部主任。1955 年 7 月回国，翌年加入中国致公党，投资海沧华侨养殖场，任场长。1956—1980 年，4 次当选为同安县副县长，同安县政协常委、同安县侨联主席和福建省侨联副主席。1980—1983 年，历任同安县政协副主席、县人大常委会副主任、全国侨联委员、全国政协委员、致公党福建省委副主委、厦门市侨联常委等职。

柯　青（1898—1992）　号伯棠，莆田人。少年时商业小学堂毕业到中药店当学徒。后考入私立哲理中学。1917 年东渡日本千叶医大学习，毕业后留附属医院任职。1925 年回国任上海亚东医大教授、教务长兼任上海协和医院院长。1926 年，应黄埔军校附属医院之邀，南下广州任该院内科主任。先后担任国民政府海陆军总院内科负责人、国民革命军总司令部军医处处长，授上校军衔。同年参加北伐，为第二后方医院院长。1927 年四一二政变，因受嫌疑，出逃香港。旋而赴沪任上海东南医学院教授。1929 年冬，回莆田城内开伯棠医院，应聘在莆田圣路加高级助产护士学校兼课，后被推为莆田县医师公会会长。中华人民共和国成立后，出席莆田县第一届各界人民代表会议。历任江口平民医院院长、涵江医院主任医师。1957 年，主持中国农工民主党涵江筹委会工作，当选为莆田县政协第五届委员。柯青一生勤于译著，有著作传世。

柯凌汉（1896—1985）　字梅初，长乐潭头镇岱西村人。1912 年考入福建私立法政专门学校法律本科。毕业后入日本早稻田大学学习民法学。1916 年回国。先后在闽侯地方法院、福建高等法院分院、最高法院任检察官、首席检察官、推事、庭长、院长等职务，还兼福建私立法政专门学校、福建学院教师。1948 年 2 月任福建学院院长。1951 年夏任厦门大学法律系主任，将研究心得写成《中华债法论纲》《中华物权法论纲》《民法物权》，两年间重版 5 次，为中国民主法制理论的发展与完善作出贡献。1953 年秋回福州定居，参加中国国民党革命委员会，当选为民革福建省委委员、省政协委员、省政协政法工作组副组长等职务。1980 年任福建省法学会名誉会长、省律师协会顾问、民革福建省委顾问等。

柯石头（1902—1974）　同安嘉禾里人。柯石头自幼学艺，掌握彩扎技巧，继承柯氏彩扎歌诀，被称为“溪岸派”。中华人民共和国成立后，柯石头致力于彩扎人物造型的研究，开辟京剧武打人物短扎造型的新路，人称“北派”。作品不仅表现所塑造人物的个性，而且能表现不同环境中的心理状态。制作的彩扎《武松》，将景阳冈的醉意、快活林的豪气、飞云浦的悲壮都表现得恰如其分。1958 年被聘为福建省工艺美术研究所特约研究员。1961 年被福建省二轻厅和福建省文化厅授予“彩扎艺人”称号。

柯应夔（1904—1979）　福州人。上海沪江大学毕业后，入北京协和医学院深造，获博士学位。1940 年赴美国纽约肿瘤纪念医院任研究员，专攻妇产科和肿瘤学，考取美国专家学会会员。1941 年回国，曾任北京协和医学院妇产科住院医师、河北医学院妇产科教授，翌年任天津医学院妇产科教授、天津天和医院院长、天津中心妇产科医院主任等职。1946 年被聘为天津市立高级助产职业学校首任校长。先后任九三学社天津市常委、天津市政协委员。

柯成贵（1908—1935）　又名柯润，字伯庠，霞浦西洋岛（今海岛乡宫东村）人。1925 年就读福州格致中学，参加反帝反封建活动。1930 年底在西洋岛招众聚义，发展到 100 多人。1934 年 1 月，改编闽东红军独立团海上游击独立营（海上游击队），任营长。不久加入中国共产党，建立独立营党支部。在中共领导下，以西洋、浮鹰、北礵等岛屿为根据地，于闽东海域截击日本海上交通运输船只，袭击在西洋海域的日本船艇，为苏区购买武器、医药，配合陆上红军作战，攻打三洲、石湖、大京等地的反动刀会。同年8月，配合赛岐船民工会，护送抗日先遣队伤员转移到安全地治疗。独立营在发展中壮大，编3个连、1个警卫排300多人，有枪支100多条、机枪2挺、帆船20多艘、小汽艇1艘。1935年春节期间，闽东红军西南团和中共连罗县委机关遭敌围困，西南团团长杨采衡、共青团连罗县委书记陈云飞率骨干20多人突围后连夜撤至岛上，国民党军翌日拂晓出动飞机、兵舰、陆军517团和地方武装民团千余人分兵进攻。为给隐蔽在秘密岩洞里的中共党员送食物，柯成贵扮作渔民，摇着小舢板驶往凤门屿，不幸被捕，但他始终坚守革命秘密，后被押至福州枪杀。1966年民政部追认柯成贵为革命烈士。

柯联魁（1910—1938）　小名天闻，漳州芗城区人。1930年受亲友帮助到上海劳动大学就读，一年后结识许铁如（彭冲）、蔡大燮等中共党员，1933年加入中国共产党，参加组建和领导漳州芗潮剧社。既编剧，又导演和演出，还给漳州《闽南新报》等报刊编“芗潮文艺戏剧”“漳州妇女”“救亡呼声”“大众歌声”等副刊，组织社员撰稿，自己也积极撰写文章，导演过《伤兵医院》《放下你的鞭子》《巡案使》《他的秘密》《未完成的杰作》等，创作和改编《小英雄》《仁丹》《抓汉奸》《八一三炮声》等。1936年，柯联魁倡议在漳州文庙召开漳州市文化界悼念鲁迅逝世大会，鼓励大家学习鲁迅精神，团结一致，抗御外侮。为了发展革命话剧运动，代表芗潮剧社协助龙溪中学师生组织剧社，帮南靖民众剧团导演剧目，并组织到厦门等地巡回演出。1937年七七事变后，芗潮剧社立即组织抗日救亡宣传队开展大规模抗日救亡宣传运动。1938年6月被捕遇害。

柯　裕（1919—1951）　漳州芗城区天宝塔尾人。家境清贫，1944年被国民党抓去当壮丁，逃跑被抓回严加管押。在解押到湖南地界时，再次逃跑未成，遭严刑拷打，后来被编在国民党军队里当兵。1948年，在解放东北战役中，被人民解放军俘虏，经思想教育，转而参加中国人民解放军，从此在解放军里多次受到部队领导的表扬。1950年抗美援朝，随部队赴朝作战，任志愿军某部排长。入朝后，曾参加大小三次战斗，表现勇敢顽强。1951年在朝鲜第五次战役中，不幸中弹牺牲。

柯经煊（1908—1983）　福州象园人。师从“象园派”木雕艺人陈河河。1936年曾在前屿的福建工读实验学校教授雕刻。擅雕传统、现代人物及动物，代表性作品有《寿仙》《八仙》《铁拐李》《苏武牧羊》《东方朔》等。业内称之为“十八般武艺样样皆精”。培养不少艺徒，传艺认真负责，严格但不保守，还曾赴台湾传艺。1950年定居香港并以雕刻为生，作品广受收藏界喜爱。

柯贤溪（1908—2002）　艺名肖罗溪，晋江沪厝埯人。1946年参加泉州大光明戏院主办的高甲戏表演赛，获得金牌一枚，并被誉为“丑大王”。1952年，柯贤溪建立晋江民间高甲戏剧团并担任团长。1960年底，柯贤溪参加厦门高甲戏丑角会演，再次被推为“丑王”。1982年，柯贤溪在福建艺术学校泉州分校高甲班任教。柯贤溪在男丑表演基础上开创了高甲戏的女丑表演艺术，根据不同年龄妇女有着不同的表演程式，专门编有“女丑十八法”。主要剧目有《金魁星》《换包记》等。其开创的艺术流派被称为柯贤溪表演艺术，俗称肖罗溪表演艺术。

柯志达（1907—2004）　漳浦人。1932年加入中国共产党，历任中共溪南乡支部书记、特别支部书记、浦南区委委员、浦西区委书记。1938年初随新四军北上抗日，历任淮北支队参谋长、淮北边区保安总处科长、安徽泗灵睢县县委常委兼社会部部长、公安局局长等职。1947年任华东军区保卫部科长。1949年5月上海解放，任上海静安区公安局局长，1949年7月奉命参加长江支队南下，任福建省第五地委委员兼专署公安处长，1950年调任龙岩地委任常委兼专署公安处长。1952年12月调回龙溪地委，任地委副书记兼专员。1956年3月调任福建高级人民法院副院长，1964年出任中共福建省委监委专职常委。1970年3月后历任龙溪地区革委会副主任、地委常委、副专员、副书记。1983年离休之后任福建省老体协副主席、漳州市委党史顾问组组长、漳州市老龄委名誉主任、老体协主席等职务。漳州市人大第九届至十三届代表，第九届至十二届大会主席团成员。

柯玉珠（？—2010）　新加坡总理李光耀原配，原籍福建同安县后柯社（今海沧鼎尾）。1947 年毕业于莱佛士学院，因成绩特别突出而获得英国女皇奖学金并进入剑桥大学，并获得全马来西亚留英学生中的第一名。1947 年 7 月获颁女皇奖学金。是新加坡的著名律师。1950 年 9 月于新加坡同李光耀结婚。

柯荄仙（1916—1994）　女，长乐人。1935 年就读于北京师范大学教育系，抗战全面爆发后放弃学业，从事抗日救亡活动。1938 年加入中国共产党，后因当地党组织遭破坏，与党组织失去联系。1943 年厦门大学教育系毕业，任长汀中学、国立厦门侨民师范学校教师。1947 年起任厦门侨师附小（后改名为厦门实验小学）校长 22 年。曾被选为福建省第一至第三届人大代表和省第四至第五届政协委员、厦门市政协常委和民盟厦门市委常委。1972 年退休后仍为教育事业献策出力，参加筹建厦门六中幼教职业高中，参加编写海外华文学校教材等。1986 年重新加入中国共产党，1988 年获厦门市“老有所为精英奖”，1992 年被聘为厦门实验小学名誉校长。

柯桂荣　字远芬，祖籍泉州塘市南塘。黄埔军校陆军大学毕业，陆军中将。曾任中国驻越南军援团团长、台湾警备总司令部参谋长。1945 年 10 月 25 日与时任台湾行政长官陈仪一起接受在台湾的日军投降仪式。

柯在铄（1924—2007）　长乐人。曾在西南联大、北京大学读书，从学生时代起就投身爱国进步学生运动，担任过北大学生自治会主席、华北学联主席。1947 年加入中国共产党。1950 年至 1953 年任中国学联常驻国际学联布拉格总部代表，《中国青年报》副总编辑，1985 年至 1987 年担任外交部港澳事务办公室主任兼中英联合联络小组中方首席代表、中华人民共和国香港特别行政区基本法起草委员会委员。1987 年至 1990 年担任中英联络小组中方首席代表（大使衔），参加了中英关于香港前途问题的谈判，同时担任香港基本法起草委员会委员、香港特别行政区筹委会委员。

柯依斌（1925—1998）　福州象园人。师从叔父柯经煊学习木雕，1955 年加入福州象园木雕合作社，1958 年进入省工艺美术实验厂，1970 年调入福州雕刻厂。擅长木牙人物、动物雕刻，尤以刻牛闻名于世。代表作品有《牧牛》《龙凤观音》等。1960 年被评为福建省工艺美术艺人。

柯庆年（1927—1953）　又名柯衍群，漳州天宝人。漳州省立龙溪中学爱国学生运动骨干，1948 年 5 月加入中国共产党，1949 年 1 月奉命进入游击区，任闽粤赣边区纵队八支队文化教员，同年 9 月任公安 13 师 80 团 1 营政治指导员，在剿匪战斗中多次立功。1953 年 7 月 16 日，国民党军队调集陆、海、空军大规模偷袭东山岛。柯庆年率领 36 名指战员坚守西埔山，与十几倍兵力、装备精良的国民党登陆部队，开展抗登陆作战。经过 2 个多小时激战，歼敌 147 人，然寡难敌众，弹尽粮绝，柯庆年与 36 名指战员全部牺牲。全体指战员被民政部追认为革命烈士。

柯海燕（1928—1948）　女，原名柯久香，乳名阿仔，曾化名苏淑英、小蔡，屏南人。1941 年秋加入中国共产党。1942 年夏参加抗日救亡活动。1943 年在福州烟台山党的秘密联络站工作。不久选调中共福建省委电台学习发报业务，结业后任中共福州市委电台报务员。同年秋，由于叛徒出卖被捕。在狱中，柯久香历经威逼利诱和酷刑摧残，顽强地与敌人进行斗争。抗战胜利后，以“轻犯”释放。1946 年夏到福州，化名柯海燕进入陶淑女子中学读书。同年 10 月与党组织接上关系，重新投入革命斗争。1947 年夏，党组织发现国民党特务在秘密监视柯海燕后，当即通知柯海燕转移福州北郊新店镇的联络点，化名小蔡，以护理陈茂容分娩为掩护从事妇女工作。1948 年 3 月调到闽浙赣区党委城工部闽侯县尚干镇秘密联络点，负责收集情报并沟通城工部与闽侯山区游击队的联系。1948 年 4 月，因“城工部事件”牵连蒙冤罹难。1956 年平反，福建省人民政府追认为革命烈士。

柯久光（1929—1951）　屏南路下富塘人。1948 年在华北战场参加革命，任中国人民解放军第六十一军（时为华北军区第十三纵队）一八一师五四三团战士、班长，参加了太原战役、解放西北的作战和解放西南的作战，中华人民共和国成立后参加了剿匪作战。抗美援朝战争爆发后随部编入中国人民志愿军第六十军于 1951 年 3 月赴朝参战，任第五四三团某部排长，参加了第五次战役。1951 年在朝鲜前线战斗中壮烈牺牲。

柯文英（1931—2006）　台湾台中人。1949 年到厦门上学。中华人民共和国成立初期加盟厦门篮球队，曾经在厦门市运会上获得跳高、跳远两项冠军。1953 年代表福建队参加华东区运动会 1500 米接力赛，打破全国纪录。1958 年在全国夏季运动会上，又夺得五项全能冠军，打破全国纪录。是发现和培养著名跳高健将倪志钦、郑凤荣和郑达真的“伯乐”。20 世纪七八十年代担任福建省田径协会副主席、福建省田径队总教练和国家裁判。台盟福建省委第五届委员会委员、福建省政协第五届、第六届委员。

第二节　人物录

柯大更　光州固始人。唐光启元年（885 年）随王审知由原籍汝宁府光州固始县起义军入闽，卜居福州钱塘巷，次年到玉田县二十五都盖竹石门（即今屏南县路下乡富塘村）开基。

柯玄光　光州固始人。唐光启元年随节度使王绪入闽。驻寓福州金斗桥（今台江下杭）。

柯　裕　光州固始人。唐光启元年随节度使王绪入闽。驻寓侯官（今福州闽侯上街）。

柯　貊　光州固始人。唐光启元年随节度使王绪入闽。驻寓泉州城。

柯　峡　字庆升，又庆星，号尚三（同山）。宋景德三年（1006 年）进士。历官朝散大夫，户部员外郎，起居注谏官，泉州府学教授、学政。

柯　颖　字天聪，晋江人。宋景祐元年（1034 年）进士。历官至尚书右丞。宋大观二年（1108 年）归隐。

柯　熙　玉田富塘人（今屏南路下富塘），宋嘉祐元年（1050 年）为浙江道严州路寿昌县尹。

释佛岭　俗姓柯，名廷，泉州人。宋嘉祐年间（1056—1063）国子监助教。常与苏东坡、黄庭坚、师兄佛印同游，吟诗作赋，时称“东京四才子”。宋仁宗钦赐圆顶，赐号“佛岭禅师”。

柯　济　字大通，号垢山，莆田人。宋治平二年（1065 年）进士。授将仕郎，任峡州长扬知县。

柯　璿　字齐政，号中山，莆田人。宋熙宁六年（1073 年）进士。官广东潮州府潮阳知县。

柯　远　字臻道，怀安人。宋元祐六年（1091 年）进士。知南漳县，终奉议郎。

柯廷坚　字诚季，侯官人。宋绍圣四年（1097 年）进士。终朝奉大夫。

柯　暘　南安人，柯述子。宋政和年间（1111—1118）任福建转运使。

柯　棐　字季忱，闽县人。宋崇宁五年（1106 年）进士。历秘书少监，太常少卿，除右文殿修撰、太子舍人、知德安府宣州。终朝请大夫、知宣州。

柯新之　字盛甫。莆田人。北宋崇宁五年补生，大观三年（1109 年）特奏名进士。任广东惠州府海丰县知县。

柯宗孟　字伯醇，永福人。北宋政和五年（1115 年）进士。终通判广州。

柯　梁　字道兴，长乐人。北宋重和元年（1118 年）进士。任龙永县尹，靖康二年（1127 年）归隐。

柯　璇　南安人。南宋建炎元年（1127 年）进士。官至广东潮阳县令。

柯邦学　建宁人。宋广东琼州府推官。

柯　岳　字刚仲，莆田人。南宋绍兴二十七年（1157 年）进士。淳熙年间（1174—1189）知南安县。授奉议郎。

柯　仲　建宁人。官至太原令。子柯俊杰，游学于樵川（今邵武）诗论家严羽、严肃、严参门下，为闽学名儒。

柯进德 莆田人。南宋嘉泰二年（1202 年）进士。官广东惠州府归善知县，授通直郎。

柯 迪 永福（今永泰）人。宋嘉定七年（1214 年）进士。任漳州通判军州事。

柯应东 字德明，莆田人。七岁能诗，南宋绍定元年（1228 年）选贡，宋咸淳四年（1268 年）进士。官福州府罗源县尉，历充建宁、泉州度漕官。有《壶山集》，已佚。

柯公焕 字德章。元元贞年间（1295—1297）为古田尉。时邻寇侵境，率其民敌之，力不继而死，其家人也被杀害。帅府嘉其忠勇，立祠祀之。

柯志尹 自号海峰居士。元至大二年（1309 年）进士。授江西建昌府同知。晚年功成隐退，于海峰庵设席课教乡间子弟，四方名彦儒士慕其名往来唱和，因而庵名日盛。

柯 季 字永叔，号鲁闇，晋江人。泉郡庠生，明永乐十九年（1421 年）进士。徐闻知县，首修南塘柯氏家乘。

柯 项 字斯道，号直寮，漳浦大南坂人。明正统五年（1440 年）岁贡。金坛知县。

柯 敩 建宁人。明夔州府推官。

柯 效 建宁人。明琼州府推官。

柯应凤 字文徽，龙溪人。明嘉靖二十二年（1543 年）举人。凤阳通判。

柯奇卿 晋江人。为郡诸生，池州郡守柯实卿胞弟。明嘉靖年间（1522—1566），倭寇进犯东南沿海，柯实卿谋划保护安平城，柯奇卿佐其谋划。倭寇进犯安平，柯奇卿登陴固守，誓与城共存亡。办事淳朴公平，以年德为乡祭酒，族人咸遵约束。年六十九卒。

柯 通 龙溪人。明隆庆四年（1570 年）进士。常州知府。

柯安甫 海澄人。明万历二年（1574 年）武进士。北路守备。

柯宗邦 建宁人。明万历年间（1573—1620）进士。授山西乐州县正堂。

柯乾敷 晋江人。明代雷州府推官，官至赣州府同知。

柯世隆 晋江人。明以人材举，授句容知县。

柯松斋 晋江人。明赠奉直大夫。

柯 著 字景明，惠安人。明代画家。善墨梅。

柯士璜 字无暇，莆田人。明代画家，善着色花卉。

柯赓昌 字贻赳，晋江人。清顺治六年（1649 年）进士。授潜江令。汉水为患，躬率修堤，民赖以安。擢礼部主事，告归。康熙三十二年（1693 年）典试河南，所取得人，人服其识。

柯世雄 海澄人。清康熙年间（1662—1722）四川夔州协石营游击，功加署副将。

柯 辉 漳浦人。清朝特用武职，台湾守备。

柯地祐 晋江人。由行伍任清定海参将，京口副将。

柯得昌 晋江南塘人。清康熙年间沿海迁界，从沿海侨寓南塘迁界者艰辛万状，柯得昌留意他们的安顿，资助他们饥寒，恤其征役，全活千余人，为德于乡，名载《晋江县志》。

柯可栋 字平若，晋江人。清雍正十一年（1733 年）进士。授安徽繁昌县令，勤于政事，息事平讼，捐俸兴公益，卒于官。民众建“甘棠遗爱坊”以思其德。

柯伟生 号嵩亭，晋江人。清乾隆十年（1745 年）进士。任光山知县，曾与弟柯可栋同修湫田塘。

柯鹏腾（1740—1805） 龙溪人。清乾隆年间（1736—1795）武举人。任海坛石营千总。

柯连升 晋江人。由行伍任本标左营千总，清乾隆五十二年（1787 年），征林爽文阵亡，钦赐祭葬，赏给银两，世袭罔替。

柯廷恩 晋江人。清由行伍任汀镇中营千总。征林爽文，擒林佳齐解京，赏守备。

柯　生　漳浦溪南人。清嘉庆十三年（1808 年）武进士。翰林院检讨。

柯者仁　晋江人。清闽清教谕，河南密县知县。

柯旭候　晋江人。行伍出身，以其军功面授总镇，清帝赐一品金紫荣禄大夫。

柯思宽　晋江人。清安仁县知县。

柯忠湍　字寿川，长乐人。《长乐县志》记载，年少时考举人屡试不中，遂转学医，医术精湛，施诊三十余年，救活人命不计其数。

柯　燮　晋江人。清安仁知县。

柯应隆　晋江人。清句容知县。

柯思睿　晋江人。清光绪三年（1877 年）进士。庚辰殿试考授内阁中书。

柯　云　号云师，厦门人。工艺美术师。1903 年受聘赴台湾参与北港朝天宫修缮工程，北港朝天宫尚存有柯云创作亭台楼阁及少数几尊人物，这些作品姿态优美，线条细致。

柯竹山　泉州籍，新加坡华侨。1933 年 5 月在荷属东印度（今印度尼西亚）创办《赤潮》，拥护共产党，宣传抗日救国。曾受驱逐。抗日战争时期，会同梁灵光、李白涛、许寒冰等爱国青年回国参加新四军，奔赴前线抗日。1949 年 8 月参加中国人民解放军福建文化服务团领导工作，回厦门市组织工商联，在厦门市折实公债劝购委员会工作。

第三节　历代进士名录

唐　代

姓名	籍贯	中进士年间及科榜	任职	备注
柯　崇	闽人	天复元年（901 年），辛酉科，归佾榜		

宋　代

姓名	籍贯	中进士年间及科榜	任职	备注
柯　峡	莆田	景德二年（1005 年），乙巳科，李迪榜		族谱记载
柯庆文	泉州	天圣二年（1024 年），甲子科，宋庠榜		
柯　湜	晋江	天圣五年（1027 年），丁卯科，王尧臣榜		
柯　颖	晋江	景祐元年（1034 年），甲戌科，张唐卿榜		
柯伯华	永泰	皇祐元年（1049 年），己丑科，冯京榜		
柯世程	南安	嘉祐二年（1057 年），丁酉科，章衡榜		
柯　逑	泉州	嘉祐二年（1057 年），丁酉科，章衡榜		
柯　述	泉州	嘉祐四年（1059 年），己亥科，刘辉榜		
柯　迪	泉州	嘉祐四年（1059 年），己亥科，刘辉榜		
柯　尃	南安	嘉祐年间（1056—1063）		族谱记载
柯　济	莆田	治平二年（1065 年），乙巳科，彭汝砺榜		
柯　辟	长乐	熙宁六年（1073 年），癸丑科，余中榜		《福州府志》卷 38

续表

姓名	籍贯	中进士年间及科榜	任职	备注
柯 瓆	南安	熙宁六年（1073年），癸丑科，余中榜		族谱记载
柯宣符	晋江	元丰五年（1082年），壬戌科，黄裳榜		
柯 庸	泉州	元丰五年（1082年），壬戌科		特奏名，《泉州府志》乾隆版卷33
柯 远	福州	元祐六年（1091年），辛未科，马涓榜		
柯廷坚	福州	绍圣四年（1097年），丁丑科，何昌言榜		
柯 棐	福州	崇宁五年（1106年），丙戌科，蔡嶷榜		榜眼
柯 翊	福州	大观三年（1109年），己丑科，贾安宅榜		
柯新之	莆田	大观三年（1109年），己丑科		特奏名，《莆田县志》卷12
柯 森	福州	政和二年（1112年），壬辰科，莫俦榜		
柯宗孟	永泰	政和五年（1115年），乙未科，何桌榜		
柯亨道	福州	政和五年（1115年），乙未科		特奏名，《福州府志》卷38
柯若禔	福州	重和元年（1118年），戊戌科，王昂榜		
柯 楫	晋江	重和元年（1118年），戊戌科，王昂榜		
柯 梁	长乐	重和元年（1118年），戊戌科，王昂榜		
柯 彬	福州	宣和三年（1121年），辛丑科，何涣榜		
柯 发	南平	宣和六年（1124年），甲辰科，沈晦榜		
柯 璇	南安	建炎二年（1128年），戊申科，李易榜		族谱记载
柯裔武	莆田	建炎二年（1128年），戊申科，李易榜		族谱记载
柯 偶	晋江	建炎二年（1128年），戊申科		特奏名
柯 藩	南安	绍兴五年（1135年），乙卯科		特奏名
柯 熙	永泰	绍兴十八年（1148年），戊辰科		武状元，《福州府志》卷38
柯 端	永泰	绍兴二十一年（1151年），辛未科		特奏名，《福州府志》卷38
柯宋英	南安	绍兴二十四年（1154年），甲戌科，张孝祥榜		
柯国材	同安	绍兴二十四年（1154年），甲戌科，张孝祥榜		
柯 岳	仙游	绍兴二十七年（1157年），丁丑科，王十朋榜		
柯知彰	南安	绍兴三十年（1160年），庚辰科，梁克家榜		
柯 肱	晋江	乾道五年（1169年），己丑科，郑侨榜		
柯 夐	晋江	淳熙二年（1175年），乙未科，詹骙榜		《泉州府志》乾隆版
柯 琼	晋江	淳熙二年（1175年），乙未科		特奏名
柯 甲	福州	淳熙五年（1178年），戊戌科，姚颖榜		
柯才耸	永泰	淳熙五年（1178年），戊戌科，姚颖榜		《福州府志》卷36
柯 造	泉州	淳熙十一年（1184年），甲辰科		特奏名，《泉州府志》乾隆版卷33
柯 垓	福州	淳熙十四年（1187年），丁未科，王容榜		
柯应宸	南安	淳熙十四年（1187年），丁未科，王容榜		

续表

姓名	籍贯	中进士年间及科榜	任职	备注
柯谦宗	福州	淳熙十四年（1187年），丁未科，王容榜		
柯时可	福州	绍熙元年（1190年），庚戌科，余复榜		《福州府志》载
柯万卿	永泰	绍熙元年（1190年），庚戌科，余复榜		
柯　杞	福州	绍熙元年（1190年），庚戌科		特奏名，《福州府志》卷38
柯若谷	福州	绍熙元年（1190年），庚戌科		特奏名，《福州府志》卷38
柯端卿	福州	绍熙元年（1190年），庚戌科		特奏名，《福州府志》卷38
柯雷变	晋江	绍熙四年（1193年），癸丑科		特奏名
柯　藩	晋江	绍熙四年（1193年），癸丑科，陈亮榜		
柯必卿	福州	庆元二年（1196年），丙辰科，邹应龙榜		
柯龙受	福州	庆元二年（1196年），丙辰科，邹应龙榜		
柯国良	永泰	庆元二年（1196年），丙辰科		武进士，《福州府志》卷38
柯　庚	莆田	庆元二年（1196年），丙辰科		特奏名，《莆田县志》卷12
柯　渊	莆田	庆元二年（1196年），丙辰科		特奏名，《莆田县志》卷12
柯　葆	永泰	庆元五年（1199年），己未科，曾从龙榜		
柯诚中	福州	嘉泰二年（1202年），壬戌科，傅行简榜		
柯进德	莆田	嘉泰二年（1202年），壬戌科，傅行简榜		
柯　棠	福州	嘉泰二年（1202年），壬戌科		特奏名，《福州府志》卷38
柯　迪		嘉定七年（1214年），甲戌科，袁甫榜		
柯　适	永泰	嘉定七年（1214年），甲戌科，袁甫榜		
柯　汪	南安	嘉定七年（1214年），甲戌科，袁甫榜		
柯梦旂	永泰	嘉定七年（1214年），甲戌科		武进士，《福州府志》卷38
柯子冲	永泰	嘉定七年（1214年），甲戌科		武进士，《福州府志》卷38
柯梦得	莆田	嘉定七年（1214年），甲戌科		特奏名，《莆田县志》卷12
柯焕宗	长乐	嘉定十年（1217年），丁丑科		特奏名，《长乐县志》卷14
柯亨宗	福州	嘉定十三年（1220年），庚辰科，刘渭榜		
柯应明	晋江	嘉定十六年（1223年），癸未科，蒋重珍榜		
柯　伟	莆田	宝庆二年（1226年），丙戌科		特奏名，《莆田县志》卷12
柯立义	南安	宝庆二年（1226年），丙戌科		特奏名
柯　逢	永泰	端平二年（1235年），乙未科		特奏名，《福州府志》卷38
柯　洪	南安	端平二年（1235年），乙未科，吴叔告榜		
柯　傅	福州	嘉熙二年（1238年），戊戌科		特奏名，《福州府志》卷38
柯　源	泉州	嘉熙二年（1238年），戊戌科		特奏名，《泉州府志》乾隆版卷33
柯云从	晋江	宝祐四年（1256年），丙辰科，文天祥榜		
柯应东		咸淳四年（1268年），戊辰科，陈文龙榜		

续表

姓名	籍贯	中进士年间及科榜	任职	备注
柯 举	莆田	德祐元年（1275年）		

元 代

姓名	籍贯	中进士年间及科榜	任职	备注
柯君泽	晋江	元贞二年（1296年），丙申科		乾隆版《晋江县志》
柯志尹	晋江	至大二年（1309年），己酉科		族谱记载

明 代

姓名	籍贯	中进士年间及科榜	任职	备注
柯志得	龙溪	永乐十三年（1415年），乙未科，陈循榜		《龙溪县志》光绪修订版
柯应寿	晋江	永乐十九年（1421年），辛丑科，曾鹤龄榜		
柯 季	晋江	永乐十九年（1421年），辛丑科，曾鹤龄榜		
柯 潜	莆田	景泰二年（1451年），辛未科，柯潜榜		状元
柯 燉	莆田	成化二年（1466年），丙戌科，罗伦榜		
柯拱北	莆田	弘治六年（1493年），癸丑科，毛澄榜		
柯 英	莆田	弘治十二年（1499年），己未科，伦文叙榜		
柯维熊	莆田	正德十二年（1517年），丁丑科，舒芬榜		
柯维骐	莆田	嘉靖二年（1523年），癸未科，姚涞榜		
柯 乔		嘉靖八年（1529年），己丑科，罗洪先榜		
柯实卿	晋江	嘉靖十一年（1532年），壬辰科，林大钦榜		
柯 本	莆田	嘉靖二十九年（1550年），庚戌科，唐汝楫榜		
柯 通		隆庆五年（1571年），辛未科，张元忭榜		
柯宗邦		万历年间		
柯安甫	海澄	万历二年（1574年），甲戌科		武进士
柯 挺	海澄	万历八年（1580年），庚辰科，张懋修榜		
柯 泉	晋江	万历十一年（1583年），癸未科，朱国祚榜		
柯茂竹	莆田	万历十一年（1583年），癸未科，朱国祚榜		
柯凤翔	同安	万历十七年（1589年），己丑科，焦竑榜		
柯 昶	莆田	万历三十二年（1604年），甲辰科，杨守勤榜		
柯 楷	镇海卫	天启五年（1625年），乙丑科，余煌榜		
柯 彦	长泰	崇祯元年（1628年），戊辰科，刘若宰榜		
柯元伯	龙岩	崇祯四年（1631年），辛未科，陈于泰榜		《龙岩州志》卷15
柯 载	莆田	崇祯十三年（1640年），庚辰科，魏藻德榜		

续表

姓名	籍贯	中进士年间及科榜	任职	备注
柯士芳	莆田	崇祯十五年（1642年），壬午科，史惇榜		

清　代

姓名	籍贯	中进士年间及科榜	任职	备注
柯赓昌	晋江	顺治六年（1649年），己丑科，刘子壮榜		
柯　愿	龙溪	顺治十八年（1661年），辛丑科，马世俊榜		
柯参天	台湾凤山	康熙四十八年（1709年），己丑科		武进士
柯可栋	晋江	雍正十一年（1733年），癸丑科，陈倓榜		《泉州府志》《晋江县志》
柯国栋	晋江	雍正十一年（1733年），癸丑科		武进士，傅依凌《安海志》
柯治平	连城	乾隆七年（1742年），壬戌科		武进士
柯伟生	晋江	乾隆十年（1745年），乙丑科，钱维城榜		
柯雨官	莆田	嘉庆四年（1799年），己未科，姚文田榜		
柯　生	漳浦	嘉庆十三年（1808年），戊辰科		武进士
柯　抡	湖北	同治二年（1863年），癸亥科，翁曾源榜		
柯祖培	长乐	光绪二年（1876年），丙子科，曹鸿勋榜		
柯思睿	晋江	光绪三年（1877年），丁丑科，王仁堪榜		
柯德树	长乐	光绪十六年（1890年），庚寅科，吴鲁榜		

第十二篇

游姓

《福建姓氏志·游姓篇》编纂委员会

主　任：游嘉瑞

副主任：游建旺　游天星

委　员：游　雄　游成钟　游海瑞　游初本　游上净　游开炳　游　洲
游武平　游克仁

《福建姓氏志·游姓篇》编辑部

主　编：游嘉瑞

副主编：游天星　游建旺

编　辑：游良耀　游晓闽　游良友　游海涛

目 录

游姓为黄帝后裔，源自姬姓，奉春秋时期郑穆公之子姬偃（字子游）为始祖。唐末至五代时期，游匹、游植、游琔由光州固始分别南迁入闽，游匹、游琔均定居建阳，游植定居莆田，开创八闽游姓三大支派。此后三个支派渐向海内外传播，其中以游匹这支最为繁盛，后裔广布海峡两岸。2016 年 6 月，福建省公安厅人口户籍数统计（不含金门县）游姓人口总数为 155283 人，分布于全省各地。有游氏族谱 100 多部。在众多祠堂、古建筑、古墓中有全国重点文物保护单位 1 处，省级文物保护单位 4 处，市县级文物保护单位 10 处。此外，还有省、市、县三级非物质文化遗产 10 个。唐代以来福建游氏有进士 59 人。主要郡望有广平郡、冯翊郡，主要堂号有广平堂、立雪堂、山川堂等。

第一章　源　流

第一节　溯　源

一、源自姬姓

黄帝后裔，源自姬姓。春秋时期周厉王姬胡的儿子姬友被其兄周宣王姬静封于郑邑，建立郑国。至郑穆公姬子兰时，育有 13 子，其中姬偃字子游，史称公子偃。公子偃之孙姬眅以祖父之字“游”为氏，称游眅。公子偃遂为游姓始祖之一。

二、源自官职

囿游，为周朝王室贵胄宫内或府内管理花园、菜园、果园等园林的小官。囿游后裔以其先祖官职为姓氏者，称囿游氏，简化为游氏。

斿人，为春秋战国时期各诸侯国的一种官职，主要负责掌管王旗或军中标志性军旗，多由英武盖世的勇士或彪形大汉担任。斿人后裔以其先祖官职为姓氏者，称斿人氏或游人氏，简化为游氏。

三、源自王氏改姓

五代十国时期，闽国灭国之后，许多闽国王氏后裔改姓，其中以改姓游、沈、叶者最多。因此，东南沿海一带有“王、游、沈、叶是一家”之说。

明永乐年间（1403—1424），王念八迁居诏安县秀篆镇，将其子王先益过继给当地故交游念四之孙游信忠为嗣，改称游先益。游先益子孙繁衍成一个庞大的支系，被称为“王游派”。

四、源自少数民族

满族瑚图哩氏世居黑龙江两岸，后多冠汉姓。其中的游氏源出瑚图哩・甫福海。瑚图哩・甫福海，吉林扶余人，清末地方官，累官至游移协领。其后裔便以他的官职为姓，改称游氏。

第二节　入　闽

唐开成至会昌年间（836—846），游匹由光州固始入闽，定居建阳长坪（今麻沙镇富垅村）。

唐光启元年（885年），游琔随王绪入闽，定居建阳麻沙镇富垅村。

唐代，游植由光州固始入闽，定居莆田紫霄圭浦（今莆田市荔城区西天尾镇后埔村）。另有一说，游匹与游植系从河北任城先迁往江西婺源，之后才各自转迁至建阳和莆田。

唐末五代，游恭由光州固始入闽，定居建瓯迪口。

唐末五代，游国宾由陕右先迁浙江会稽，再迁温州平阳。嗣后自温州平阳入闽，定居侯官（今闽侯县）荆溪东蜀，其长子迁居宁德芹后村。另有一说：游国宾与游国实原籍北京广平府，因宦游来闽而定居今宁德蕉城区八都镇云淡村。此后，游国宾后裔分布连江、罗源以及宁德的金溪、芹后；游国实后裔分布长乐、福宁州。

宋乾道九年（1173年），游迈三从江西南昌府丰城西桥头麦埔村（古地名）迁居闽清水池麻翁坑架屋（今永安青水乡）。

南宋，游天寿由江西吉水入闽，定居罗源县碧里乡廪尾村。

宋代，游再潮因避金兵，由江西临川入闽，定居宁化安远黄土坪（今游溪背）。

元末明初，游富治、游富国、游富农三兄弟由江西万安入闽。游富国定居龙岩平寨，游富龙定居漳平市永福镇郎车，游富治定居南靖县和溪镇迎富村。

明万历年间（1573—1620），游文一由江西抚州入闽，定居光泽华桥。

明代，游皓由江西临江迁入，定居长汀。

清光绪年间（1875—1908），游东生由江西抚州入闽，定居建宁县溪口镇东坑（今东塘）。

清代，游和璋由江西瑞金日东入闽，定居长汀县大同镇建明村。

清代，游氏由山东省滨州市入闽，定居莆田西天尾镇圳下村。

清代，游氏由河南开封府入闽，定居泰宁洋边。

清末，游学详由广东新宁入闽，定居邵武城郊镇莲塘村。

第三节　繁　衍

一、游匹家族

唐代，游匹定居建阳长坪（今麻沙镇富垅村）。9世游酢后裔从富垅播迁全省和海内外各地。除福建外，主要分布于江西、广东、浙江、湖南、安徽、甘肃、重庆、四川、云南、贵州、广西、台湾等地。以台湾为最，逾15万人；其中诏安秀篆移居台湾者尤多，多分布于台北市、新北市、台中市、宜兰县、桃园县、彰化县等地。此外，还迁徙香港、澳门地区，以及美国、新加坡、马来西亚等国家。

（一）游秦世系

游匹3世游秦，迁居福清城头镇堑柄村。游秦12世游上鉴迁居平潭白青。游上鉴12世游益浩迁居白青仙埕；游上鉴13世游辉迁居白青招康，游志勇迁居平原东梧凤，游志谋迁居白青仙埕，游弼元迁居东占（今东厝堑）；游上鉴16世游显淑迁居福鼎硖门里；游上鉴17世游伯彩迁居屿头旺宾，游永祥迁居白青南盘，游永贵迁居白青玉堂，游永福、游永宗迁居流水镜沙；游上鉴19世游德位迁居霞浦大京丹湾；游上鉴20世游耀美迁居流水镇柳厝底，游耀瑞迁居苏澳镇猫头乾。

（二）游酢世系

游匹 9 世游酢定居建阳富垅，生 7 子。

游酢长子游撝迁徙江西临川，生 5 子；其长子游昴迁居建阳松源；三子游文珀（二三郎）迁居上杭阔滩坝头。游撝 16 世游臻群迁居松溪马坑；游臻群生 3 子，长子游彦章迁居董坑，次子游彦荣迁居梓榔。

游酢三子游拂 7 世游淳十迁居建阳水吉。

游酢四子游损 4 世游严，于宋嘉定七年（1214 年）发现延平吉溪里（今南平市延平区南山镇凤池村）北面山脉形似五只凤凰，视为风水宝地，遂从建阳长坪迁居该地。今凤池村是闽北最大的游酢后裔聚居地。游损 4 世游小云迁居建瓯小桥集厚。

游酢五子游拨次子游鼎迁居武夷山。

游酢 3 世游率甫迁居南平九坍，生 3 子，长子游基、次子游仕鹏（游千九郎）、三子游千八郎。游基 6 世游宗本迁居王台张坑，8 世游甲八迁居王台梗尾，9 世游亮二迁居王台黎坑。游仕鹏初居南平来舟游竹山（今游地），后携次子游敏谿转迁长乐猴屿浮岐；8 世游灿与二弟游熺迁居长乐潭头溪上；9 世游景篪迁居长乐潭头溪新村新宅；22 世游正顺迁居长乐琅岐，其弟游正利迁居长乐潭头泽里。游仕鹏长子游三一留守南平游竹山，游三一 5 世游兆三迁居顺昌谟武，游兆六迁居沙县；16 世游耀芳迁居南平王台后溪；游兆六 8 世游来孙迁居沙县木科黄坑头，18 世游联珠随母自县城直巷迁入根竹坑。游率甫三子游千八郎迁居西芹坑底绿水坑。

游酢 4 世游宷迁居长乐仙桥。游智四迁居建瓯小桥高门溪边。还有迁居永泰上峰、清凉者。

二、游植家族

唐代，游植定居今莆田西天尾镇后埔村。5 世分为端明、璜山、壶南、沙坂、南海、湄江、山美七房。后裔迁居莆田涵江、秀屿、江口，以及广东、广西和海外。居涵江者为端明派，居秀屿者为鳌城派，居城中者为湄江派。10 世游拔之迁居秀屿，后裔分居前云、东沁、肖林。17 世游国清自秀屿迁居仙游宝峰。23 世游大川后裔迁居城厢区衙后。24 世游应举迁居仙游大坪口。29 世游槐圆迁居海头东港。游伯绚迁居东庄莆头村。

三、游瑸家族

唐末，游瑸定居建阳麻沙镇富垅村，生 5 子，分迁建瓯。后裔大多定居福安、柘荣、霞浦以及闽北，部分迁徙浙江、台湾等地。

四、游恭家族

唐末五代，游恭定居建瓯迪口。游恭 4 世游穗生 4 子，长子游仁霸迁居店村，次子游仁广迁居迪口昼锦坊，三子游仁著迁居小桥镇百丈，四子游仁贵世居迪口巨济坊。

五、游国宾、游国实家族

游国宾与游国实因宦游来闽而定居今宁德云淡村。此后，游国宾后裔分迁连江、罗源以及宁德的金溪、芹后；游国实后裔分迁长乐、福宁州。

六、游迈三家族

宋乾道九年（1173 年），游迈三入闽定居今永安青水。7 世游魁七后裔：游千三迁大田县三十九都澄坑（今建设镇建国村澄坑）；游千七迁清水池大垢头，后裔居今永安市青水乡上早安村；游千八迁漳平和睦里卢溪边（今漳平市吾祠乡下吾祠自然村），后裔迁居儒山（今漳平市灵地乡游山头村）；游千九迁溪南尾佳洋（今永安槐南镇溪南村）；游千十迁三坑里洋（今永安青水乡三溪村）。

第四节　郡望、堂号

一、郡望

广平郡　西汉中元元年（前149年）析邯郸郡东北，始置广平郡。郡治在今河北鸡泽县旧城营村（时称广平县）。东汉时被废，并入巨鹿郡。三国时期复置。隋文帝开皇二年（582年）广平郡被废。唐玄宗天宝元年（742年）改洺州为广平郡。唐乾元元年（758年）又改广平郡为洺州。广平郡游氏祖先发祥地在今之邢台市任县。三国魏晋南北朝时期，广平郡渐成游姓的繁衍中心，出现著名的“广平四游”（西晋的游纶、游统兄弟与游暘、游邃兄弟）和“北魏三游”（游雅、游明根、游肇），由此逐渐形成游姓的广平郡望和广平堂。

冯翊郡　三国曹魏黄初元年（220年），改左冯翊始置郡，治所在临晋（今陕西省大荔县），北魏移治高陵（今西安市高陵区）。游氏冯翊郡望形成于西晋末期十六国时期，其代表人物是游子远。游子远以文官统帅军队，并取得辉煌胜利，稳定了前赵的统治，以功官至大司徒，其后裔以“冯翊”为郡望。

二、主要堂号

立雪堂　出自游酢程门立雪典故。主要分布于南平市延平区王台镇九坍村、上杭县稔田镇化厚（坝头）村、尤溪县溪尾乡溪尾村等游姓聚居地。

广平堂　以郡望为堂号。主要分布于诏安县秀篆镇埔坪村、南靖县靖城镇游坑村、柘荣县黄柏乡黄柏村等游姓聚居地。

道南堂　出自游酢理学南传典故。主要分布于诏安县秀篆镇埔坪村等游姓聚居地。

第二章　分　布

第一节　人口分布

2016年6月，福建省公安厅户籍人口数据显示（不含金门、马祖），福建游姓总数155283人，分布于全省各市、县（区、市）及平潭综合实验区。

表12-1　**2016年福建游姓人口分布情况表**　单位：个、人

市（区）别	县（区、市）数	人口数	各县（区、市）人口数
福州	12	28531	鼓楼区2072，台江区1268，仓山区2029，晋安区1279，马尾区313，福清市9595，长乐市3933，闽侯县543，连江县1349，闽清县564，罗源县5036，永泰县550
厦门	6	2902	思明区1382，湖里区595，集美区339，海沧区282，同安区175，翔安区129

续表

市（区）别	县（区、市）数	人口数	各县（区、市）人口数
漳州	11	25997	芗城区 4673，龙文区 441，龙海市 592，漳浦县 263，云霄县 189，诏安县 5724，东山县 812，平和县 6669，南靖县 5656，长泰县 147，华安县 643，漳州开发区 33，台商投资区 155
泉州	11	708	鲤城区 70，丰泽区 89，洛江区 27，泉港区 29，石狮市 71，晋江市 127，南安市 100，惠安县 30，安溪县 82，德化县 21，永春县 48，台商投资区 14
三明	12	6373	三元区 250，梅列区 254，永安市 1530，清流县 52，宁化县 572，泰宁县 614，尤溪县 1256，明溪县 73，将乐县 329，沙县 811，建宁县 106，大田县 526
莆田	5	11003	仙游县 2388，荔城区 1361，城厢区 546，涵江区 834，秀屿区 5874
南平	10	30352	延平区 6292，建阳区 4351，邵武市 990，武夷山市 2068，建瓯市 10627，顺昌县 1239，浦城县 1092，光泽县 627，松溪县 2473，政和县 593
龙岩	7	17568	新罗区 2199，永定区 6740，上杭县 4453，武平县 130，长汀县 1367，连城县 66，漳平市 2613
宁德	9	21972	蕉城区 2313，福安市 2655，福鼎市 1098，霞浦县 1768，寿宁县 75，周宁县 129，柘荣县 7629，古田县 5180，屏南县 1028，东侨经济开发区 97
平潭	1	9877	

第二节 主要聚居地

一、福州市游姓

（一）仓山区

仓山镇池后弄 清嘉庆年间（1796—1820），游孙拔由凤岗里冯宅村迁入。今传 8 世，居村 10 余户、50 多人。

建新镇冯宅村 明弘治十八年（1505 年），游宗海由长乐古槐仙桥迁入。今传 18 世，居村 250 余户、1000 多人。

建新镇麦浦村梅花楼 明弘治年间（1488—1505），游德杲由长乐潭头新宅迁入。今传 18 世，居村 10 余户、50 多人。

建新镇后曹村 今居村 16 户、90 多人。

建新镇石边村 今居村 10 余户、50 多人。

盖山镇后坂村 清乾隆年间（1736—1795），游永由长乐金峰游坂迁入。今传 12 世，居村 20 余户、100 多人。

（二）马尾区

亭江镇上林境菜园里 清代，游大振由福清迁入。今传 11 世，居村 40 余户、100 多人。

亭江镇闽安游厝里 清代，游得宝由连江迁入。今传 8 世，居村 40 余户、200 多人。

（三）福清市

城头镇堑柄村 游匹 3 世游秦由建阳麻沙富垅村迁入。今居村 150 余户、600 多人。

三山镇沁前村 元末，游上鉴 5 世游愆由平潭西游垅迁入；元末明初，游懋由平潭钟门迁入。今居村

1500余户、6000多人。

三山镇前薛东连村　元末明初，游酢14世游宗太迁入。今传23世，居村100余户、300多人。后裔迁居平潭，并迁徙台湾地区及东南亚等地。

（四）长乐区

航城街道里仁村　明末，游文禄迁入。今传15世，居村150余户、600多人。

营前街道洞头（洞江）村　清顺治十八年（1661年），仙桥游园15世游胜琳由长乐古槐仙桥迁入。今传15世，居村120余户、520多人。

松下镇前连村牛山顶　清嘉庆年间（1796—1820），游正佑随母由福清东庄先迁城头梁厝，又迁梁厝后坤炉里，随后迁入牛山顶。今传9世，居村70余户、260多人。

古槐镇仙桥游园　游酢4世游寀随朱熹由湖州守官任上逃难回迁长乐，初居旒山，后迁入仙桥游园。今传29世，居村200余户、1000多人。

金峰镇塘下村　游鳌桥由长坪迁入。今传29世，居村160余户、720多人。

金峰镇游坂村　游上鉴13世游调由平潭西游垄迁入。今居村190余户、810多人。

猴屿乡浮岐村　游酢4世游仕鹏（游千九郎）由延平九坍村迁居来舟镇游地村，宋庆元二年（1196年）转迁入。今传27世，居村130余户、450多人。

猴屿乡白岩村　由潭头镇溪新新宅迁入。今居村40余户、160多人。

潭头镇溪新村溪上　明洪武元年（1368年），游仕鹏8世游灿、游熺兄弟迁入。现该村游氏已全部外迁。

潭头镇溪新村新宅　明永乐年间（1403—1424），游景篪由溪上村迁入。今传15世，居村210余户、800多人。后裔迁居长乐各处，其中潭头镇菊潭、泽里、文石各有数户，白岩自然村有40多户、160多人。

江田镇游溪下游村　由游园村迁入。今居村200余户、1000多人。

罗联乡顶头村　游继禄随母赘居迁入。居村10余户、50多人。

（五）闽侯县

白沙镇游厝里　清乾隆年间（1736—1795），游尔策由福州仓山凤岗里冯宅村迁入。今传12世，居村40余户、200多人。

南通镇新岐村　清末，游春华兄弟由福州仓山凤岗里冯宅村迁入。今传7世，居村20余户、100多人。

青口镇青口村　清乾隆年间，游永枝由福州仓山凤岗里冯宅村迁入。今传8世，居村10余户、50多人。

（六）闽清县

塔庄镇梅寮村　明嘉靖三十八年（1559年），游仲康迁入。今居村30余户、100多人。

塔庄镇茶口村　今传15世，居村40余户、200多人。

（七）罗源县

松山镇兰头里　由游园村迁入。今居村120余户、600多人。

西兰乡寿桥村　由游园村迁入。今居村40余户、180多人。

（八）永泰县

樟城镇上峰坪　清康熙年间（1662—1722），游酢后裔由建阳迁入。今居村10余户、50多人。

城峰镇太原银场村　清代，由福州仓山凤岗里冯宅村迁入。今居村14户、70多人。

清凉镇芹洋巫洋村 宋代，游操因避乱迁入；游继孟由福州仓山凤岗里冯宅村迁入。今居村50余户、200多人。

清凉镇清凉村 游酢后裔由德化县迁居永泰城关，后分支迁入。今居村14户、50多人。

嵩口镇三峰岭尾村 明永乐年间（1403—1424），游兴由南平迁入。今居村20余户、100多人。

嵩口镇玉湖村 明清时，游植32世游亭仰由德化县水口镇上湖村迁入。今传15世，居村30余户、170多人。

二、漳州市游姓

（一）芗城区

南坑街道市后村市后社 明洪武年间（1368—1398），游深源由莆田迁入。今传25世，居村210余户、1100多人。

南坑街道市后村下池社 今居村220余户、1300多人。

巷口街道市尾村 今居村770余户、2200多人。

巷口街道岳口社区游厝巷 今居村50余户、350多人。

（二）云霄县

莆美镇莆东村灯芯巷 明永乐十八年（1420年），云霄县游氏一世祖游良由平和秀峰迁入。该村是全县游氏的发祥地，今游氏族人已全部外迁。

陈岱镇岱东村 今居村10余户、50多人。

云陵镇大园社区 游良后裔迁入。今居村36户、100多人。

（三）诏安县

秀篆镇埔坪村 宋末元初，游乐山三子游念四由永定下洋月流迁入。今传26世，居村950余户、3800多人。其中陈坑990多人、大禾斜110多人、大屋230多人、东升400多人、发里660多人、凤江楼510多人、坑边370多人、林屋90多人、文兴420多人。

秀篆镇石东村 元初，游念四后裔由埔坪村迁入。今居村390余户、1170多人。其中炉坑100多人、石下1070多人。

秀篆镇注湖村 清初，游念四后裔由埔坪村迁入。今居村160余户、670多人。其中大笼140多人、上楼240多人、下楼280多人。

秀篆镇东径村 清初，游念四后裔由埔坪村迁入。今居村90余户、370多人。其中葛庭坪110多人、际头250多人。

秀篆镇隔背村竹头背 清初，游念四后裔由埔坪村迁入。今居村60余户、260多人。

（四）平和县

秀峰乡秀峰村 宋末元初，游乐山次子游钧政由永定下洋月流迁入。今居村1380余户、6720多人。

（五）南靖县

靖城镇游坑村 明景泰元年（1450年），游贞毅、游景东由上杭蓝田迁入。今居村310余户、1150多人。

和溪镇迎富村 明洪武年间（1368—1398），游富治由永定洪源迁入。今居村350余户、1500多人。

和溪镇迎新村 明洪武年间，游富治由永定洪源迁入。其时迎新属迎富村，故有共同开基祖。今居村450余户、1700多人。

和溪镇金榜社 明景泰年间（1450—1457），游富治3世由迎富社迁入。今居村90余户、380多人。

奎洋镇仙岭村　明景泰三年（1452 年），游辛郎由永定洪源迁入。今居村 300 余户、1100 多人。

奎洋镇霞峰村　明成化十八年（1482 年），游普由仙岭迁入。今居村 30 余户、150 多人。

（六）华安县

马坑乡文华村　由南靖迎富村迁入。今居村 70 余户、300 多人。

马坑乡下垅村　今居村 20 余户、100 多人。

马坑乡杜塘村　今居村 20 余户、100 多人。

三、三明市游姓

（一）永安市

青水乡三溪村　游千十后裔迁入。今居村 30 余户、120 多人。

青水乡早安村上早安　游千七后裔由大坵头迁入。今居村 20 余户、70 多人。

槐南镇溪南村　游千九由永安青水乡迁入。今居村 90 余户、370 多人。

（二）泰宁县

朱口镇音山洋边村　由河南开封迁入。今居村 30 余户、100 多人。

（三）将乐县

大源乡肖坊村　由尤溪县西城镇东村卓坑迁入。今居村 20 余户、100 多人。

（四）沙县

南阳乡木科村黄坑头　游来孙由沙县城关迁入。今传 18 世，居村 120 余户、560 多人。

凤岗街道根竹坑村　清嘉庆年间（1796—1820），游联珠由沙县城关直巷随母迁入。今传 8 世，居村 26 户、126 人。

（五）尤溪县

梅仙镇谢坑村　清康熙年间（1662—1722），游世寓携子游士博由今南平市延平区南山镇凤池村迁入。今传 16 世，居村 100 余户、400 多人。

梅仙镇玉石村　清咸丰年间（1851—1861），游孔成由尤溪县梅仙镇谢坑村迁入。今传 10 世，居村 15 户、70 多人。

溪尾乡溪尾村　清乾隆五十八年（1793 年），游则和由永泰嵩口三十二都岭尾迁入。今居村 50 余户、180 多人。

西城镇麻洋尾洋村　游世高由大田县均溪镇郭村下郭村迁入。今传 15 世，居村 50 余户、200 多人。

西城镇东村卓坑村　明末清初，游法聪由漳平灵地游山头迁入。今传 20 世，居村 90 余户、450 多人。

管前镇上双山（上丹山）村　游孟六由漳平市吾祠乡陈地村前湖迁居尤溪，5 世游颛三迁入双山村。今传 13 世，居村 20 余户、80 多人。

西滨镇过溪村　清光绪年间（1875—1908），游上斌由尤溪县梅仙镇谢坑村迁入。今传 7 世，居村 20 余户、90 多人。

西滨镇雍口村　1921 年，游朝寿携两个弟弟举家由尤溪县梅仙镇谢坑村迁入。今传 6 世，居村 12 户、50 多人。

（六）大田县

建设镇建国村澄坑　游千三由永安青水乡迁入。今居村 80 余户、350 多人。

均溪镇郭村　游福彩由漳平灵地乡游山头村上湖长房迁入。今传23世，居村70余户、300多人。

四、莆田市游姓

（一）仙游县

鲤城街道宝峰村　明代，游国清由莆田秀屿迁入。另两支分别由邻近的水磨坑村和榜头镇芹山村（今安贤里后坡墩）迁入。今居村200余户、800多人。

大济镇东井村　今居村100余户、600多人。

榜头镇东桥村　由芹山村后坡墩迁入。今居村20余户、80多人。

（二）荔城区

西天尾镇后埔（圭浦）村　唐代，游植由光州固始迁入。今居村200余户、800多人。

西天尾镇圳下村　清代由今山东省滨州市迁入。今居村30余户、100多人。

（三）城厢区

东海镇东港村　清乾隆年间（1736—1795），游愧圆由秀屿迁入。今居村20余户、120多人。

（四）秀屿区

东庄镇前云村　南宋初，游植10世游拔之由涵江迁入。今居村300余户、1950多人。

东庄镇秀屿村　游拔之后裔迁入。今居村80余户、530多人。

东庄镇东沁村　游拔之后裔迁入。今居村180余户、1170多人。

东庄镇肖林村　游拔之后裔迁入。今居村90余户、550多人。

东庄镇后江仔村　游拔之后裔迁入。今居村40余户、260多人。

东庄镇莆头村　南宋时期，游伯绚迁入。今居村170余户、1050多人。

五、南平市游姓

（一）延平区

南山镇凤池村　宋乾道七年（1171年）或嘉定七年（1214年），游严由建阳长坪迁入。今居村530余户、2270多人。

王台镇九坍村　南宋，游酢3世游率甫由建阳长坪迁入。今传33世，居村56户、280多人。

王台镇埂尾村张坑　游宗本由九坍村迁入。今传27世，居村50余户、210多人。

王台镇埂尾村黎坑　游亮二由张坑迁入。今传23世，居村30余户、140多人。

王台镇埂尾村埂尾　游甲八由九坍村迁入。今传23世，居村10余户、50多人，其中属游甲八后裔的5户、18人，其余为中华人民共和国成立后由九坍、张坑等村迁入。

王台镇蕉坑村后溪　明后期，游耀芳由来舟镇游地出赘后溪潘姓迁入。今传16世，居村30余户、100多人。

西芹镇西芹村　明代，游宝实由建阳迁入。今传17世，居村70余户、300多人。

西芹镇坑底村绿水坑　游千八郎由王台镇九坍村迁入。今传31世，居村80余户、300多人。

太平镇儒罗村小杜口　清乾隆十八年（1753年），游宜由永泰巫洋迁入。今传12世，居村140余户、700多人。

大横镇山源村　明末，游应成由延城（即延平）迁入。今传13世，居村28户、100多人。

来舟镇游地村游地　南宋庆元年间（1195—1200），游三一随父游仕鹏由九坍村迁入。后游三一之弟游敏谿随父游仕鹏转迁长乐浮岐。今传30世，居村70余户、310多人。

来舟镇游地村下际 明末清初，由沙县青州镇异州村埂头迁人。今居村 8 户、30 多人。

南山镇明洋村 元末明初，游恭 6 世游和行后裔游书仲由建瓯迪口迁入下明洋自然村。今传 23 世，居村 120 余户、500 多人。其中上洋自然村开基祖为游书仲之孙游寿四，今居村 50 余户、200 余人；下明洋自然村今居村 70 余户、300 余人。

（二）建阳区

麻沙镇长坪村富垅村 唐末，游匹自河南固始迁入。今居村 120 余户、500 多人。

水吉镇水吉村 游拂 7 世游淳十由富垅迁入。今传 24 世，居村 350 余户、1320 多人。

漳墩镇松源村 古称“游源”村。宋隆兴二年（1164 年），游撝之子游昴由今江西吉安市临川区迁入。今传 30 多世，居村 1000 余户、4000 多人。

（三）邵武市

大竹镇官墩村 1931 年，游朝春由尤溪县梅仙镇谢坑村迁入。今传 6 世，居村 50 余户、200 多人。

（四）武夷山市

崇安街道松凹村 今居村 20 余户、50 多人。

兴田镇澄浒村 宋代，游捺次子游鼐迁入。今居村 10 余户、50 多人。

兴田镇澄前村 今居村 40 余户、140 多人。

兴田镇西郊村 今居村 39 户、160 多人。

五夫镇澄溪村 今居村 20 余户、80 多人。

上梅乡上梅村 今居村 10 余户、50 多人。

吴屯乡上村村 今居村 28 户、120 多人。

吴屯乡后源村 今居村 49 户、150 多人。

（五）建瓯市

迪口镇迪口村 唐末至五代，游恭由光州固始迁入。今传 40 世，居村 90 余户、380 多人。

迪口镇店村 游恭 5 世游仁霸由迪口村迁入。今居村 60 余户、260 多人。

迪口镇占村村 今居村 150 余户、630 多人。

迪口镇西坑村 北宋雍熙年间（984—987），游恭 5 世由迪口迁入。今传 32 世，居村 150 余户、600 多人。

迪口镇龙北溪村 今居村 20 余户、100 多人。

小桥镇高门溪边村 明中叶，游酢后裔游智四迁入。今居村 100 余户、400 多人。

小桥镇小桥外长坑村 今传 10 世，居村 50 余户、200 多人。

小桥镇富井村 今居村 20 余户、100 多人。

小桥镇后塘矮竹村 今居村 20 余户、100 多人。

吉阳镇吉阳村 元至正年间（1341—1368），游匹 18 世游鉴钦迁入。今传 22 世，居村 200 余户、600 多人。

水源乡忠溪大垅村 明末，游大四由屏南县岭下乡谢坑村迁入。今传 16 世，居村 60 余户、360 多人。

水源乡温洋南坑里村 今居村 40 余户、250 多人。

水源乡吴墩前溪村 今居村 10 余户、60 多人。

水源乡良贤坪浾村 由屏南县岭下乡迁入。今居村 20 余户、140 多人。

东游镇东际初里村 由屏南县岭下乡迁入。今居村 10 余户、60 多人。

（六）顺昌县

元坑镇谟武村 元延祐五年（1318 年），游兆三由南平市来舟镇游地村迁入。今传 26 世，居村 50 余户、190 多人。

大干镇仙谭村 民国年间，游朝接由尤溪县梅仙镇谢坑村迁入。今传 5 世，居村 10 余户、50 多人。

（七）浦城县

临江镇山后村 由江西迁入。今居村 70 余户、350 多人。

（八）光泽县

华桥乡游家村 明万历年间（1573—1620），游文一由江西抚州迁入。今传 21 世，居村 20 余户、90 多人。

（九）松溪县

渭田镇潘墩村马坑 明天顺七年（1463 年），游撝 16 世游臻群由建阳长坪富垅村迁入。其三子游彦宗守居开基祖地。今传 26 世，居村 200 余户、890 多人。

渭田镇董坑村 游臻群长子游彦章由马坑村迁入。今传 26 世，居村 280 余户、980 多人。

溪东乡榉上村榉榔 游臻群次子游彦荣由马坑村迁入。今传 27 世，居村 390 余户、1350 多人。

六、龙岩市游姓

（一）新罗区

铁山街道东宝岭后新村 游十一郎由漳平灵地游山头迁入铁山街道岭后村开基。2000 年，政府统一划地在岭后附近的东宝建岭后新村，游十一郎后裔集体由岭后村迁入。今居村 150 余户、600 多人。

曹溪街道坪尾村 游富国由永定培丰镇洪源村迁入。今居村 300 余户、1100 多人。

（二）永定区

下洋镇月流村 宋末元初，上杭游氏开基祖游文珀之孙游五七郎由上杭梅溪寨迁居胜运里长滩后，又迁居永定月流村。其长子游乐水无传；次子游乐山生 4 子，均外迁。月流村曾有游五七郎大宗祠 1 座（今已毁）；有祖墓 10 余座，历代由大溪房裔孙祭扫。清雍正年间（1723—1735）在月流村居住的游氏迁往惠州府永安县，至此月流再无游氏居住。

大溪乡大溪村 宋末元初，游乐山长子游五九郎由下洋镇月流村迁入。今传 26 世，居村 680 余户、1850 多人。

大溪乡太联村 明初，大溪 4 世游万六郎由大溪村塘背屋场迁入。今居村 1090 余户、3020 多人。

大溪乡坑头村 明中叶，大溪 8 世游石溪由大溪村塘背屋场迁入；清初，大溪 13 世游仲进兄弟亦由大溪村塘背屋场迁入。今居村 300 余户、800 多人。

大溪乡三堂村 清乾隆年间（1736—1795），大溪 14 世游兴朝由太联村迁入。今居村 199 户、550 多人。

湖山乡上坪村 清康熙二年（1663 年），游守卿由平和秀峰迁入。今居村 20 余户、100 多人。

培丰镇洪源村 元末，游存化由永定月流迁入。今居村 120 余户、500 多人。

（三）上杭县

稔田镇化厚村 宋淳熙二年（1175 年），游文珀因避战乱，由江西庐陵（今临川区）迁入。今居村 200 余户、1000 多人。

临城镇同康村 明洪武年间（1368—1398），游文珀后裔游德珊由旧县镇梅溪寨迁入才溪镇同康村。

1996年和2003年，分别因建设金山水电站和紫金山金铜矿开发，该村整村迁移至城区二环路北边。今居村400余户、1860多人。

旧县镇尧埔村 游景由梅溪寨迁入。今传19世，居村96户、510多人。

白砂镇洋乾村下村 游德辉三子游效由上杭县梅溪寨迁入。今传20世，居村90余户、430多人。

（四）长汀县

汀州镇南门社区 明代，游皓由江西临江迁入。游皓11世游瑛远后裔居杨柳巷；游皓13世游奉元后裔居五通街。今传20世，居村20余户、100多人。

河田镇游坊村 元末明初，游明甫由上杭迁入。今传26世，居村250余户、1000多人。后裔迁居长汀县城、宁化、三明、龙岩，迁徙北京、上海、汕头、深圳等地。

大同镇建明村 清代，游和璋由江西瑞金日东鸡嫲窝先迁楝桥坑，后迁入建明村。今传26世，居村10余户、50多人。

大同镇东关村 游皓13世游鼎元迁入。今传21世，居村10余户、50多人。

濯田镇元当村 清代，游辉浦由上杭同康村迁入。今居村10余户、50多人。

（五）漳平市

双洋镇溪口大会村 游士绵由游山头过继给刘家，其次子游元春承继游姓。今居村20余户、80多人。

灵地乡游山头（儒山）村 宋嘉熙年间（1237—1240），游魁七4世游千八由尤溪县清水池迁入，其后裔分居5个自然村。今居村350余户、1400多人。

灵地乡灵地吾村 由游山头迁入。今居村30余户、100多人。

吾祠乡陈地前盂（湖）村 游福五、游厚五由游山头迁入。今居村50余户、260多人。

永福镇龙车村头村 游真福迁入。今居村110余户、450多人。

桂林街道上黄祠村 由永福镇龙车村村头村迁入。今传10世，居村80余户、350多人。

七、宁德市游姓

（一）蕉城区

八都镇云淡村 明初，游济宝由四都金溪迁入。今传27世，居村100余户、400多人。

石后乡芹后村 五代时期，游国宾长子游坦由侯官县迁入。今居村960多人。

金涵畲族乡金溪村 明弘治五年（1492年），游鼎由罗源城关街尾下迁入。今传23世，居村40余户、220多人。

（二）福安市

溪柄镇坑头村 宋景祐四年（1037年），游榕由建阳迁入福宁长溪县土家山（本村古称，又称涂家山、游家山）开基，成为闽东游氏始祖，后裔外迁达数万人。今居村80余户、380多人。

城阳镇仙岭村 今居村170余户、700多人。

（三）福鼎市

前岐镇象阳村 今居村200余户、800多人。

（四）霞浦县

松城街道西关村 明末清初，长乐游古园15世游胜峨次子游钟亨由长乐仙桥迁入。今传14世，居村10余户、50多人。

松城街道古善里 明末清初，长乐游古园15世游胜峨长子游钟文、三子游钟凤由长乐仙桥迁入。今传12世，居村10余户、50多人。

长春镇长春村 清康熙年间（1662—1722），游渊山由闽清县（或长乐市）迁入。今传12世，居村10余户、50多人。

溪南镇塘埁头村 清末，游起秀迁入。今传8世，居村10余户、80多人。

柏洋乡西宅村游厝下 明代，游曜18世游三四由柘荣（或福安）迁入。今传19世，居村70余户、360多人。

柏洋乡横江村 今居村20余户、70多人。

柏洋乡大岭村甲溪口村 今居村10余户、50余人。

牙城镇牙城村 清嘉庆九年（1804年），游淑浩由浙江灵溪迁入牙城镇风洋村坵里自然村开基。2005年，因台风“桑美”毁屋，全村搬迁至牙城镇城区现村居住。今传8世，居村10余户、90多人。

牙城镇斗门村鹧鸪岗游厝里 清初，福清市先祖13世迁徙浙江菰城，15世游元祥从浙江菰城返闽迁入牙城鹧鸪岗开基。今传9世，居村10余户、50多人。2005年，因台风“桑美”毁屋，全村搬迁至牙城镇城区居住。

三沙镇五沃村 今居村30余户、150多人。

（五）周宁县

浦源镇萌底村 今居村30余户、160多人。

（六）柘荣县

双城镇游厝里 今居村20余户、110多人。

城郊乡靴岭尾村 今居村20余户、110多人。

城郊乡湄洋村兰前 今居村20余户、120多人。

城郊乡岭边亭村彭岐垄 今居村30余户、130多人。

城郊乡南岔村 今居村10余户、70多人。

富溪镇富溪村 今居村120余户、500多人。

富溪镇北岭村 今居村110余户、420多人。

富溪镇东山村 今居村40余户、200多人。

富溪镇横龙坑村 今居村50余户、230多人。

富溪镇花坪村南坪 今居村30余户、150多人。

富溪镇王家岗村 今居村30余户、180多人。

富溪镇石俊村 今居村20余户、90多人。

黄柏乡黄柏村 今居村320余户、970多人。

黄柏乡上黄柏村 游时由福安游家山（今坑头村）迁入。传15世后分为两支：游应芳居上黄柏，游应万居下黄柏。今居村140余户、580多人。

黄柏乡沙坑里村 今居村80余户、270多人。

黄柏乡大坝里村 今居村30余户、120多人。

黄柏乡下坪洋村 今居村30余户、140多人。

黄柏乡蒲洋村蒲洋新街 今居村10余户、90多人。

黄柏乡南山村 今居村110余户、530多人。

黄柏乡凤落垄村 今居村20余户、140多人。

黄柏乡蒲洋坪村　今居村 40 余户、160 多人。

黄柏乡安后村　今居村 40 余户、200 多人。

黄柏乡长冠村　今居村 210 余户、860 多人。

黄柏乡硋窑村　今居村 20 余户、120 多人。

黄柏乡游家边村　今居村 180 余户、700 多人。

黄柏乡双岗洋村山乾卢　今居村 40 余户、200 多人。

楮坪乡马蹄岩村　今居村 80 余户、340 多人。

楮坪乡社坪村桥头　今居村 30 余户、180 多人。

楮坪乡石咸村坑边　今居村 10 余户、50 多人。

乍洋乡五蒲村　今居村 20 余户、100 多人。

东源乡鸳鸯头村　游匹后裔迁人。今居村 30 余户、130 多人。

（七）古田县

凤都镇东村　宋天圣二年（1024 年），游二十三迁人。今居村 300 余户、1500 多人。

凤都镇村尾村　今居村 250 余户、1050 多人。

凤都镇小吉村　游容迁人。今居村 180 余户、750 多人。

凤都镇上坪村　今居村 200 余户、820 多人。

凤都镇石峰村　今居村 20 余户、80 多人。

黄田镇廷洋村　今居村 200 余户、860 多人。

城西街道下洋村　今居村 50 余户、210 多人。

（八）屏南县

路下乡墘头村　宋雍熙四年（987 年），游玑由古田游巷口先迁二十四都盖竹游坑，后迁人墘头村。今居村 70 余户、300 多人。

长桥镇慈云村　元代，游玑后裔游善和由建阳迁人。今传 16 世，居村 105 户、300 多人。

长桥镇前坪村　游玑后裔游得宗迁人。今居村 30 余户、100 多人。

屏城乡南峭汤坑村　游玑后裔迁人。今居村 100 余户、300 多人。

屏城乡南湾村下村　游玑后裔迁人。今居村 100 余户、400 多人。

八、平潭综合实验区游姓

白青乡西游垄（自然村，今已废）　宋嘉定三年（1210 年），游秦 12 世游上鉴由福清堑柄迁人，成为平潭开基祖。其后裔繁衍分布往周边的东占、招康、剑湖、南盘（包括仙埕自然村）、玉堂等地（号称“五游”）。

白青乡东占村（昔东厝堑）　明万历三十三年（1605 年），游弼元由西游垄迁人。今传 15 世，居村 800 余户、2390 多人。

白青乡招康村　明万历三十六年（1608 年），游辉由西游垄迁人。今传 16 世，居村 360 余户、1180 多人。

白青乡南盘村　清雍正十年（1732 年），游永祥由东占村迁人。今传 12 世，居村 100 余户、450 多人。

白青乡仙埕村　明万历三年（1575 年），游益浩由西游垄迁人，今传 17 世，居村 90 余户、280 多人；同期，游志谋亦由西游垄迁人，今传 16 世，居村 70 余户、220 多人。今居村共有 160 余户、510 多人。

白青乡玉堂村　清乾隆二年（1737 年），游永贵由招康村迁入。今传 12 世，居村 320 余户、920 多人。

平原镇剑湖村　明万历三十三年（1605 年），游志嘉由仙埕村迁入。今传 15 世，居村 350 余户、1150 多人。

平原镇东梧凤村　明万历三十四年（1606 年），游志勇由西游垄迁入。今传 17 世，居村 70 余户、290 多人。

流水镇镜沙村　清雍正八年（1730 年），游永福、游永宗由东占村迁入。今传 10 世，居村 220 余户、780 多人。

流水镇柳厝底村　游耀美由招康村迁入。今居村 10 余户、50 多人。

北厝镇北厝村　明末清初，由东占村迁入。今传 13 世，居村 100 余户、300 多人。

北厝镇湖南村　明末清初由东占村迁入。今居村 20 余户、80 多人。

苏澳镇猫头乾村　游耀瑞由招康村迁入。今传 9 世，居村 125 户、420 多人。

第三章　谱　牒

第一节　福州市

一、仓山区

《立雪堂凤泽游氏族谱》　1993 年游季康始修。谱载：一世游宗海，明代人，从长乐仙桥迁入。铅印本。谱存福建省图书馆、冯宅村游氏宗祠。2008 年游季康二修，更名《福州凤泽游氏族谱》。谱载 1 世游宗海以降、地理、民俗与各房世系、乡贤等。谱存冯宅村游氏族人处。

《闽游族史》　1995 年游季康主编。铅印本。收集福建全省各地的游氏源流和主要聚落等资料。书存全省游氏各有关社团与个人。

《立雪堂大夫第家乘》　2005 年游季康编撰。谱载游氏凤岗里大夫第一脉之家乘，自清嘉庆年间（1796—1820）至 2003 年征地拆迁，凡十六世。铅印本。谱存延平游鹤亭处。

二、福清市

《浔江游氏自七公派下支谱》　1998 年余孔海、王钦平修。分五房，每房各一谱。谱载：一世游懋，元末由平潭迁居福清市三山镇沁前村。钞本。谱存沁前村游氏宗祠。

《游氏族谱（堑柄村）》　2016 年游建增修。谱载：游玉光于唐末迁居福清东塘（堑柄）村。打印本。谱存堑柄村游氏宗祠。

《东连游氏族谱》　2016 年游钦贵、游深荣、游明华修。谱载先祖画像、名人（孙中山、毛泽东）论谱、祠堂楹联、世系等。钞本。谱存东连村游氏宗祠。

三、长乐区

《蒲峰游氏族谱》　2007 年游俊旦主编。谱载：游酢 3 世游仕鹏，宋乾道进士，不乐仕途，游历闽邑

（闽县），后定居江左蒲峰（今浮岐）。铅印本。谱存浮岐村。

《业程堂游氏族谱》（长乐溪上新宅）　清道光二年（1822年）游士松编写，1992年游季康修补并复印。谱载：游仕鹏后裔分支溪上、新宅等村。钞本。谱存新宅村。南平凤池游定夫祠藏有复印本。

《新宅游氏族谱》　2009年游天官、游起明、游龙潮主编。谱载：游仕鹏由南平王台镇九坍村先迁居来舟镇游地，后携次子游敏豁转迁长乐猴屿浮岐；8世游灿与二弟游熺同迁长乐溪上；9世游景篪迁长乐新宅。铅印本。谱存长乐溪新村新宅祠堂，并分发各户游氏族人。

《长乐洞江游氏族史》　2002年游通杰主编。谱载：清顺治十八年（1661年），游古园15世游胜琳携二男三孙，为避倭寇，由长乐仙桥迁入洞江。铅印本。谱存洞江村游通杰等人处。

《闽乐邑游氏族谱》　明万历二十六年（1598年）修，为当时长乐游氏统谱。谱载：游酢孙游应可于宋庆元年间（1195—1200）因伪学之变，携子侄逃难到长乐旒山。游应可生五子。次子游义叔迁三山；三子游寀迁古县南园里（今七都仙桥），后传“十一上”发八游；四子游清叔迁连江；五子游理叔迁江西。另载游鳌桥传鳌桥（今塘下）诸派。线装古本，重新裱褙装订。原谱存长乐游建旺处，复印本存长乐游氏宗亲联谊会。

《长乐里仁游氏族谱》　2011年游斯睿编。谱载：始祖游文禄，明末迁入。原有表字“文志有仁义通达永世克昌其”，之后沿用游古园派系行辈。铅印本。谱存里仁村游氏族人处。

四、连江县

《福建省连江县紫薇游氏族谱》（残谱整理）　2002年游开阳等二修。谱载：一世游国泰，元代人；始迁人游润夫，元末迁居连江。谱存连江游链研究会。

五、罗源县

《罗川（源）游氏族谱》　1998年游泉英修。谱载序、世系等。谱存游泉英处。

六、永泰县

《永泰县游氏族谱》　2013年游嘉瑞主编。谱载游氏先贤（图像）、游酢专辑、游氏渊源、游氏谱序、八闽游氏、祖训格言、游氏宗祠等。打印本。谱存国家图书馆、福建师范大学图书馆、永泰县游氏各村落。

第二节　漳州市

一、诏安县

《秀篆王游氏族谱》　清乾隆四十七年（1782年）游文侍纂修。宣统年间（1909—1911）钞本，1册。谱载：一世游宝生（行念八），原姓王，明季自汀州府宁化县迁入漳州诏安秀篆，将其子过继当地游家，遂承游姓；并载王游二姓合族经过及迁徙等。谱存秀篆镇盘石楼王象烁处。

《秀篆王游氏族谱》　清宣统年间钞本，1册。卷端题秀篆游氏龙潭楼系谱。谱载：5世祖游前溪，明万历年间（1573—1620）建造龙潭楼祖祠。谱存秀篆镇盘石楼王象烁处。

《秀篆游氏家谱汇纂》　清嘉庆年间（1796—1820）稿本。谱载序、世系等。谱存秀篆镇龙潭家庙及秀篆镇盘石楼王象烁处。

《秀篆发里长房族谱》　清道光二十二年（1842年）修。谱载序、世系等。钞本。谱存秀篆镇埔坪村陈坑游辉煌处。

《秀篆发里长房族谱》 清光绪三十二年（1906年）修。谱载序、世系等。钞本。谱存秀篆镇埔坪村陈坑游高分处。

《秀篆游氏发里房家谱》 1912年游火根纂修。谱载：始祖游酢；1世游乐山之子游念四于明代迁居漳州秀篆；游念四派下第三房四十五公发里房支谱。谱存秀篆镇埔坪村游文锦处。

《发里房道南堂游氏世系谱》 1991年游根木修。谱载：游念四派下游珠成，为道南堂1世。油印本，1册。谱存秀篆镇埔坪村道南堂游文东处。

《秀篆游氏东升房家谱》 民国始修。谱载游念四派长房五十三公东昇房支谱。钞本。谱存秀篆镇埔坪村游文锦处。

《乐山念四游氏派族谱》 1989年游祯汤纂修。谱载游念四派下族谱。1册。谱存游根木、游文教处。

《西洋游氏宗祠重建鉴记》 1992年游根木、游祯汤编修。谱载游念四派下西洋支家谱。铅印本。谱存秀篆镇西洋游氏宗亲会、福建省图书馆。

《广平游氏族谱》（秀篆镇西洋） 1991年春游根木、游祯汤、游祯砵修。谱载游氏进豫入闽远祖源流，以及秀篆游氏1世游念四衍派各支系简系和世系谱。谱存秀篆镇西洋游氏宗亲会。

《秀篆游氏石下塔下房系谱》 1995年修。谱载：游念四之孙游九十三为石下塔下房1世。钞本。谱存秀篆镇埔坪村游根木处。

《石下塔下房游氏族谱》 1924年游贵华重抄。谱载：秀篆游氏3世祖游九十三为石下塔下房开基祖；1世至16世之名人录及各世系详情；敦敬堂秀霞楼于清咸丰十一年（1861年）更名为今之朝源楼始末。楷体钞本。谱存塔下房敦敬堂。

《秀篆游氏汶紫房系谱》 1995年修。谱载：游念四曾孙游理寿为汶紫房1世。钞本。谱存秀篆镇埔坪村游根木处。

《石下汶紫珠房游氏族谱》 1992年复印。谱载秀篆石下汶紫房1世游理寿至14世之名人录及世系。钞本。谱存汶紫头祖祠继新堂。

《秀篆游氏始祖念四公第十世拔英公派下家谱》 1996年游根木修。谱载秀篆游氏始祖念四公派下发里房第十世拔英公前程功名录和世系。铅印本。谱存游文东处。

《诏安游氏（祠）宗谱》 1998年游根木修。谱载序、世系等。打印本。谱存秀篆镇埔坪村游文东处。

《游氏谱牒》 1998年游根木、游祯汤编修。谱载游氏源流和各世系分布情况等。油印本。谱存秀篆镇埔坪村游文东处。

二、平和县

《秀峰游氏族谱》 1928年修。谱载：始祖游礼，宋季由江西入汀州上杭；裔孙游二三郎于元代迁居漳州平和；始迁祖游均政，于明正德年间（1506—1521）迁居秀峰。钞本。谱存漳州市台工办林嘉书处。

《（平和）秀峰南山角（游氏）房谱》 2009年游祖田编。谱载：开基祖游六三郎，于明建文四年（1402年）迁入秀峰。打印本。谱存秀峰游氏宗祠与南平凤池游定夫祠。

三、南靖县

《迎富广平游氏历代族谱》 1917年游彤管修。谱载：1世游富治，由永定迁居南靖迎富。复印本。谱存迎富村游惠松处，以及福建省图书馆、漳州图书馆、厦门大学人类研究所资料室。

《闽游富治系大族谱》 2002年游惠松修。谱载序、世系等。谱存迎富村游惠松处。

《闽游富治系大族谱》　2003 年游宗祥主编。铅印本。谱载序、世系等。谱存漳州市台工办林嘉书处。

《南靖游坑游氏族谱》　2003 年游水土、游练编修。谱载序、世系等。打印本。谱存游水土处。

《仙岭游（尤）氏祖谱》　民国时期游（尤）令和修。谱载序、世系等。钞本。谱存仙岭村游宗富处。

《仙岭游（尤）氏族谱》　2015 年游（尤）宗富、游（尤）桂海修。谱载游氏源流考、源流志、祖先墓址、闽游二三郎公迁徙示意图、世系篇等。打印本。谱存仙岭村游宗富处。

《霞峰游氏族谱》　1999 年游启渊、游连法修。谱载序、世系等。打印本。谱存游启渊处。

《迎新、迎富游氏族谱》　2001 年游惠松、游宗祥修。谱载序、世系等。打印本。谱存游惠松、游闽明处。

《金榜社游氏族谱》　1999 年游金城、游成欣修。谱载序、世系等。打印本。谱存游开明处。

第三节　三明市

一、永安市

《溪南游氏族谱》（永安市槐南镇溪南）　2018 年溪南修谱理事会编修。谱载：始祖游迈三，于宋乾道九年（1173 年）由江西丰城西桥头麦埔村移居永安清水池；游魁七裔孙游千九，于明永乐年间（1403—1424）由永安青水乡三溪村迁居溪南正甲坊（今永安市槐南镇溪南村下城），为开基祖。铅印本。分存各户族人处。

二、尤溪县

《尤溪溪尾村游氏族谱》　1913 年始修，1984 年二修。谱载：清乾隆五十八年（1793 年），游则和由永福（今永泰）县嵩头三十二都岭尾迁尤溪县溪尾半岭。钞本。谱存游利强处。

《三港头游氏族谱》　2020 年修，修谱理事长游良禄，主编游良耀。谱载：清康熙年间（1662—1722），游世寓携子游士博由今南平市延平区南山镇凤池村迁居尤溪三港头，今至“毓”字辈已传 16 世。铅印本。谱存三港头游氏宗祠及各房宗亲处。

《游氏卓坑族谱》　2018 年游有生、游有模、游洪椿、游洪柱、游芳辉等编修，游洪炯主笔。谱载：宋乾道九年（1173 年），始祖游迈三从江西丰城西桥头麦埔村移居永安清水池；后裔游千八于宋咸淳八年（1272 年）迁居漳平吾祠乡下吾祠芦溪边店头坪；游千八裔孙游义六转迁游山头下盂（今下湖）；明末清初，游义六 16 世游法聪由漳平灵地乡游山头移居尤溪西城镇东村村（今卓坑）。铅印本。分发各户族人保存。

《麻洋游氏族谱》　清宣统元年（1909 年）游氏裔孙修。谱载：游世高由大田县均溪镇郭村下郭村迁入。钞本。谱存游秀海处。

《管前镇双山（上丹山）游氏族谱》　清光绪十年（1884 年）首修，1993 年重修。谱载：游孟六由漳平吾祠乡陈地村前湖迁居尤溪；5 世游颛三迁入双山村。钞本。谱存游年叶处。

三、大田县

大田澄江《游氏族谱》　2016 年游加余、游加茂、游初基等编修，陈美光主笔。谱载：始祖游迈三，于宋乾道九年（1173 年）由江西丰城西桥头麦埔村移居永安清水池；后裔游魁七于宋咸淳八年（1272

年）迁居漳平吾祠乡下吾祠芦溪边店头坪；游魁七裔孙游千三转迁大田建设镇建国村澄江。铅印本。谱存游初基、游加余处。

大田均溪镇下郭村《游氏族谱》 1994年游清声编修。谱载：游福彩由漳平灵地乡游山头村上湖长房迁入。钞本。谱存下郭村游氏族人处。

第四节 莆田市

一、仙游县

《仙游宝峰游氏族谱》 2005年游新华主纂。谱载：始祖游国清，明代由莆田小屿（今秀屿）徙居仙邑宝峰。铅印本。谱存宝峰游氏族人处，并存南平凤池游定夫祠、湖南省图书馆、广州图书馆等。

《清康熙重修宝峰游氏族谱（残本）》 1946年游嘉锟重抄。钞本。谱存宝峰游氏族人处。

二、荔城区

《莆田紫霄圭浦游氏家乘》 1914年游榆、游培校订，游定远作序。谱载：1世游植，唐代人。石印本。复印本存福建省图书馆、南平市凤池游定夫祠。

《续修圭浦游氏家乘》 2019年莆田紫霄圭浦游氏族志编委会编纂，总顾问游福祥，策划游焕章，编委游洲、游天赐、游仪凤、游秋明。谱载序、世系等。谱存南平市凤池游定夫祠。

三、秀屿区

《莆阳鳌城游氏家乘》 钞本。残缺不全，封面、封底均缺失，但页脊具谱名。有明代万历年间（1573—1620）进士游应龙资料。谱存鳌城游氏宗祠。

《莆田鳌城秀屿游氏族谱》 2010年鳌城族谱编委会编写，主编游瑞彝，副主编游万发、游文通、游铭镇、詹清棋、游开兴、游文水。谱载广平游氏自唐入闽世系考摘录、圭浦游氏世系考、秀屿房行辈、秀屿房祠堂变迁、重建鳌城游氏宗祠记、各房世系图表等。谱存鳌城游氏宗祠与秀屿游氏族人处。

第五节 南平市

一、延平区

《游氏文化源流》 2010年南平市游酢文化研究会、游氏文化源流编纂委员会合编。书涉全省各地游氏源流等内容。

《南平凤池游氏族谱》 1942年游云楷始修，1978年张子苗二修，2002年南平凤池游氏修谱委员会游成秀三修。谱载序、世系等。谱存凤池游定夫祠。

《立雪世家永隆堂》（王台九坶） 清中叶修。谱载：游率甫于宋淳熙十年（1183年）由建阳长坪迁入，5世游锡畴建“永隆堂”，祭祀游酢等先祖。钞本。谱破损较为严重，1985年翻印。原谱存九坶，复印本存南平凤池游定夫祠。

《广平郡立雪世家游氏历代宗谱》（王台黎坑） 清道光二十三年（1843年）游泗清修。谱载序、世系等。钞本。谱存黎坑宗祠。

《游氏族谱》(王台张坑)　清乾隆三十年（1765 年）游伯岐始修，1948 年重修。谱载序、世系等。钞本。谱存张坑游氏族人处。

《游氏族谱》(来舟游地)　清嘉庆四年（1799 年）游必茂主修。谱载序、世系等。钞本，2007 年翻印。原谱存游地，复印本存风池游定夫祠。

《率甫支游氏族谱》　2018 年游有钦、游大尧、游俊联、陈兆隆主编。谱载：游率甫于宋淳熙十年（1183 年）由建阳长坪迁居九坍，其后裔主要分迁 13 个自然村，该谱为十三村联谱。谱存游率甫支游氏各村落，并存国家图书馆、上海市图书馆、广东省立图书馆、浙江省图书馆、福建省图书馆、南平市图书馆等处。

《小杜口族谱》　2013 年修，主编游祖喜，副主编游祖茂、游志彪、游永星。谱载序、世系等。铅印本。

《南平西芹游氏族谱》　2003 年游梦熊修。谱载 1 世游宝实。铅印本。谱存南平市风池游定夫祠。

二、建阳区

《富垅游氏宗谱十卷》　清代纂修。清道光七年（1827 年）雕版本，10 册。卷端题广平游氏宗谱。谱载：1 世游匹，唐代人，宋人游酢出于此支。南平风池游定夫祠存有线装复印本。

《富垅游氏宗谱十二卷》　清同治七年（1868 年）游绍伊始修。谱载序、世系等。12 册。书名页及目录题广平游氏重修宗谱，四修本。卷四、五为复印本。谱存建阳区图书馆、福建省图书馆。

三、武夷山市

《富垅游氏宗谱》　清同治七年（1868 年）始修。有 12 本，分装两箱，损坏严重。谱存武夷山市兴田镇西郊村游全忠处。

四、建瓯市

《建瓯迪口游氏族谱》　清中叶始修。谱载序、世系等。

迪口《游氏祖谱》　1924 年修。谱载序、世系等。谱存迪口游氏宗祠，复印本存南平风池游定夫祠。

《建瓯大垅游氏族谱》　2015 年游鸿基编。谱载：明末，1 世游大四开基大垅村；收录同宗的南坑里村、垱上村，屏南县岭下乡牛浆堀村（今谢坑村境内）钱（前）溪村、盖竹洋村、坪添村、初里村等地的游氏入谱；书末附有 80 岁以上寿星名录。铅印本，16 开。分存各户族人处。

五、顺昌县

《游氏族谱》(顺昌谟武)　清同治年间（1862—1874）始修。谱载序、世系等。钞本，1990 年翻印。原谱存游鸿源处，复印本存谟武文苑。

六、松溪县

《松溪松源游氏家乘》　1923 年修，主编吴泰。谱载：松溪游氏始祖游臻群由建阳徙居松（松溪）邑东乡（渭田）马迹坑，又移居马石坑。谱存南平风池游定夫祠。

《松溪县游氏族谱》　1991 年游光代主修，主编陈松让。谱载：明天顺七年（1463 年），游酢长子游撝 16 世游臻群由建阳长坪富垅村迁入松溪县渭田镇潘墩村马坑（原名马石坑）村。钞本。总谱三卷十五册，分谱三卷十五册。谱分存三房宗亲手中，南平风池游定夫祠亦收存一套。

第六节　龙岩市

一、新罗区

《广平游氏族谱》（龙岩新罗曹溪坪尾）　1998 年游彪始修，2020 年游德煌主笔重修，并编入《坪尾村志》。谱载游富国为永定培丰镇洪源村迁入龙岩新罗曹溪镇坪尾村始祖。铅印本。谱存曹溪坪尾游氏族人处。

《游氏族谱》（新罗区铁山镇岭后村）　分别修于明正德六年（1511 年）、万历三十八年（1610 年）、清乾隆二十八年（1763 年）、道光元年（1821 年）。钞本。2011 年游兴炎重编。谱载：1 世游十一郎；宋乾道九年（1173 年），始祖游迈三从江西丰城西桥头麦埔村移居永安清水池；后裔游千八于咸淳八年（1272 年）迁居漳平吾祠乡下吾祠芦溪边店头坪；游千八裔孙游义六转迁游山头下盂（下湖）；游义六裔孙游十一郎移居龙岩铁山岭后村，成为该村开基祖。铅印本。谱存岭后村各户族人处。

二、永定县

《游氏大兴永昌一脉族谱》　清乾隆五十年（1785 年）游宏瑶、游丰元始修，至嘉庆十五年（1810 年）完稿。谱载：1 世游五九郎，由月流迁到大溪南山坊开基。钞本。谱存大溪游其祥处。

《永定泰溪游氏万四郎公族谱》　清嘉庆十五年（1810 年）游丰元修。谱载：1 世游五九郎，由月流迁到大溪南山坊开基；大溪东片万四郎公房世系。钞本。谱存大溪游宝泰处。

《泰溪游氏宗谱》　清光绪二十七年（1901 年）游光魁增修。谱载序、世系等。钞本。谱存福建省图书馆。

《永定泰溪广平游氏族谱》卷一　1949 年游子云修。谱载：1 世游五九郎，由月流迁到大溪南山坊开基。钞本。原共四卷，只剩下卷一。谱存大溪游万标处。

《永定广平游氏族谱》　1999 年永定游氏修谱委员会第五次编修，编委会主任游步能、游振东；2009 年第六次编修，主编游海，副主编游步能、游万标。谱载大溪游氏谱序、源流、祖训、宗支世系图，以及各村游氏开基始祖、世系、迁徙等情况。铅印本。谱分存当地族人处及永定区图书馆。

三、上杭县

《闽游二三郎系大族谱》　1999 年游岳勳修。谱载：1 世游二三郎，宋季由抚州临川迁居汀州府上杭县胜运里坝头。铅印本。谱存福建省图书馆、东山县图书馆、南靖县图书馆、南平凤池游定夫祠。

《上杭县同康村游氏五四郎公族谱》　2004 年始修，游芳、游光盛主编；2017 年游新源等重修。谱载：上杭开基第三世祖游五四郎（游善明），由上杭县稔田镇化厚村（今坝头）迁至上杭县旧县镇梅溪寨开基；明洪武年间（1368—1398），9 世游德珊由梅溪寨迁至同康村（今铜坑塘）开基。版本分铅印本、电子版。铅印本存上杭客家族谱馆、南平凤池游定夫祠。

四、长汀县

《游作梅家谱》　清末游作梅编修。谱载：开基祖游二三郎，汀郡开基始祖游皓。木刻版。谱存长汀县濯田镇元当村游书培处。

《广平堂汀州游氏族谱》　2008 年游义章主编。谱载：长汀县 4 支游氏从元末至清代分别由江西和上杭等地迁居长汀。钞本。谱存长汀游氏家庙和游义章处。

五、漳平市

《厚福堂族谱》（漳平市吾祠乡前盂游氏族谱）　清嘉庆二十二年（1817 年）始修，汤氏主编；1915 年陈祖尧主编重修；2000 年杨开峦重编。谱载：游福五为儒山（今游山头）迁入前盂厚福堂始祖。钞本。谱存游名文、游其肆处。

《进盛堂族谱》　清嘉庆二十二年始修，汤氏主编；1915 年陈祖尧主编重修；2000 年杨开峦重编。谱载序、世系等。谱存游佳族、游如贵处。

《智九公游氏族谱》（灵地乡游山头灶角）　清嘉庆二十二年游振文编。谱载：游山头游氏四房祥昌堂为智九公建造。钞本。谱存游光明处。

《广平郡游氏咸新堂宗谱》（灵地乡游山头）　明正德六年（1511 年）首修，清康熙十五年（1676 年）二修，嘉庆三年（1798 年）三修，同治十一年（1872 年）游肇堦四修。钞本，1 册。2016 年第五次重修，改谱名为《游氏儒山族谱》，由游山头修谱理事会编修（游定俊主笔）。铅印本。谱载：1 世游迈三，宋乾道九年（1173 年）由江西丰城西桥头麦埔村移居永安清水池麻翁坑，后裔游千八迁居漳平吾祠乡下吾祠后芦溪边店头坪，游千八裔孙游义六又转迁游山头村下盂（下湖）。二修钞本 1 册，存灵地乡灶角村游朝昌处。五修铅印本，由当地族人分别保存。

《双洋镇溪口大会村游氏族谱》　清宣统年间（1909—1911）编修。谱载：游士绵由游山头灶角过继给刘家，其次子元春为游姓。谱存游柏尧处。

《游氏族谱》（漳平市永福镇龙车村）　清乾隆三十七年（1772 年）修。谱载：游富农为永定培丰镇洪源村迁入漳平龙车村游氏始祖。钞本。谱存游建旗处。

《桂林街道上黄祠村游氏族谱》　1998 年编修。谱载：游朝荣由永福镇龙车村村头村迁桂林黄祠，为该村开基祖。钞本。谱存游永钿处。

第七节　宁德市

一、蕉城区

《游氏宗谱》（宁德蕉城区石后乡芹后村）　清嘉庆十九年（1814 年）始修；光绪二十二年（1896 年）二修；1943 年三修；1986 年四修，黄超鸣主修，孙林营协修；2019 年五修，余深茂主修。各年代宗谱均是毛笔誊写，四开纸张装订。谱载：肇基始祖游国宾，生于唐天复元年（901 年），五代时自陕右到会稽（今浙江绍兴），移徙温州平阳，既而迁于闽，闽王委任盐铁使。后谢职归隐侯官荆溪东蜀，长子游坦卜居宁德芹后村。钞本。谱存该村游氏祠堂。

《续修游氏族谱》（宁德蕉城区金涵乡金溪村）　清乾隆二十九年（1764 年）12 世游西园始修，光绪五年陈松年重修，1985 年汤伯樵、林茂三修。谱载：1—18 世世系图；肇迁祖游鼎公，罗源县廪尾人，于明弘治五年（1492 年）徙迁宁德金溪村。钞本。谱存该村游氏祠堂。

二、福安市

《游氏宗谱》（福安溪柄镇坑头村）　宋元符元年（1098 年）始修，1 世祖游榕作序；明万历三十年（1602 年）21 世游世钦、游世佑二修；清乾隆十五年（1750 年）25 世游明仁三修；清道光二十年（1840 年）四修；清光绪二十年（1894 年）29 世游金学、游金雁及 30 世游宗喜、游宗斯五修；1931 年林廷璋六修；1985 年七修，主编游逢生，副主编游登富，执笔董诚。谱载：1 世祖游榕于宋乾德年间（963—968）由建阳迁福安县游家山（今坑头村）。钞本，7 本。分存坑头村游氏各房处。

三、柘荣县

《柏峰游氏分南阳元房支谱》　清道光二十年（1840 年）重修。谱载宋、明、清各代旧序等多篇。钞本。残缺，封面破损。谱存城关游氏宗祠游增祥处。

《南阳游氏宗谱》　清光绪三十年（1904 年）始修，陈琼燕总纂，陆鉴滋、刘师章汇修。谱载序、世系等。上、下两册。谱存黄柏乡蒲洋南山游氏宗祠，南平凤池游定夫祠存有复印本。

《南阳游氏亨房宗谱》　1933 年重修，首事游积荣。分上下部（《南阳亨房宗谱校正》），但两部版式规格不一。谱载：宋明清各代旧序等多篇；1 世游以敬由柏峰迁南阳。钞本。谱存黄柏乡蒲洋南山村游氏宗祠。

《游氏宗谱》　1983 年游增缙纂修，首事游崇晋、游崇安、游崇俊、游登铸、游登缩。谱载序、世系等。上下两册。谱存黄柏乡蒲洋南山游氏宗祠。

《柘城紫薇派房谱》　清道光二十年重修，2007 年重印。复印本存南平市凤池游定夫祠。

四、古田县

《古田凤都东村族史》　2001 年游思恭修。谱载序、世系等。铅印本。谱存东村游氏族人处。

《福建省古田县五都小吉游氏支谱》　2002 年游成官修。谱载新旧谱序三篇、名行次序诗、开闽始祖宗派等。铅印本。谱分存小吉族人处。

五、屏南县

《屏南县游氏族谱》　20016 年游和德修。铅印本。谱载慈云村、前坪村、下村、汤坑村四村支谱等。谱分存屏南各地族人处。

第八节　平潭综合实验区

《平潭游氏总谱》　2005 年始修，原名《平潭游氏族史》，平潭县游氏族史编纂委员会编，主编游学淋，副主编游天赋、游天咏。2018 年续修，改名《平潭游氏总谱》，平潭综合实验区游氏总谱编纂委员会编，主编游天荆，副主编游学淋、游遵森、游岚生、游克仁、游明。谱载：全县 10 多个游氏村落后裔繁衍发展情况，世系表，平潭游氏始祖为入闽 1 世祖游匹；游匹 3 世游秦由建阳麻沙富垅村迁居福清东塘（今堑柄村）开基；游秦 12 世游上鑑于宋嘉定三年（1210 年）由福清堑柄迁入平潭西游垄，为平潭开基祖，西游垄遂为平潭游氏发祥地。铅印本。谱存平潭游酢文化促进会、游氏宗亲联谊会，以及各村游氏宗亲处。

《平潭游氏招康公美公族谱》　2015 年游天银主编。谱载平潭县白青乡游日奋第四子名游公美、世系等。谱存本房族亲处及平潭游酢文化促进会、平潭游氏宗亲联谊会。

第四章　文化遗产

第一节　著作与艺文

［唐］游　恭　建瓯人。著有《小东里集》《广东里集》《短兵集》。

［宋］游　酢　建阳人。著有《论语杂解》《孟子杂解》《中庸义》《易说》《游酢文集》等。

［宋］游九言　建阳人。著有《汉唐精艺》《默斋文集》。

［宋］游次公　建瓯人。著有《倡酬诗卷》。

［明］游　琏　连江人。著有《海道经》《蓬莱集》《平黎集》《东行稿》《南行稿》《少石文集·六卷》等。

［明］游　德　柘荣人。著有《隆中半榻稿》。

［明］游居敬　南平人。著有《五经旁注》《奏议》《丹园集》《可斋文集》《延平郡志》等。

［明］游　朴　柘荣人。著有《存山集》《诸夷考》《石仓诗选》《游太初乐府》《游参知文集》等。

［明］游日章　莆田人。著有《骈语雕龙》8卷。

［明］游于广　南平人。著有《左传注解》《摘录五大儒传》等。

［明］游　艺　建阳人。著有《天经或问》《万象成书》《奇门超接》《万法归宗》《诗法入门》等。

［明］游　龙　柘荣人。著有《江城怀古》《格言》《偶谈》《江城鸣草》《道德经注释》等。

［清］游绍安　福清人。著有《涵友堂诗文集》4卷。

［清］游瀛洲　平和人。编纂《平和县志》。

［清］游　炯　霞浦人。著有《学庸秘解》《文溪诗草》。

［清］游光缵　霞浦人。著有《近科小题文钞》。

［清］游光绎　霞浦人。著有《府学大魁阁记》《炳烛斋诗手稿》。

［清］游大琛　霞浦人。著有《风鹿吃语诗》。

［清］游观澜　莆田人。著有《莆田名家印存》等。

［近现代］游　寿　女，霞浦人。著有《殷墟书法选释》《李德裕年谱》《北魏文学史稿》等。

［近现代］游祯汤　诏安人。编著有《乐山念四游氏派族谱》等。

［近现代］游季康　福州仓山人。著有《闽游族史》。

［近现代］游根木　诏安人。编著有《秀篆游氏发里房家谱》《广平游氏族谱》《发里房道南堂游氏世系谱》等。

［近现代］游德馨　罗源人。著有《实践与思考》《政协纪程》《游德馨书法作品集》等。

［近现代］游通镛　长乐人。著有《泽畔吟草》。

［近现代］游克仁　平潭人。著有《打洋船渔业》《南方新兴养殖》《网箱养真鲷、石斑鱼技术》等。

［近现代］游　凯　长汀人。著有《实用内科学》《急诊临床》《临床药理学》等。

［近现代］游钦生　福州人。著有《探索集》等。

［近现代］游本章　长汀人。译著有《高频电热装置》等。

［近现代］游嘉瑞　永泰人。著有《山川文集》《游嘉瑞诗书印选》《游嘉瑞书信墨迹选》《游嘉瑞案头摩崖石刻》《游嘉瑞书法艺术作品集》等。

［近现代］游遵绍　平潭人。著有《游遵绍水彩画集》等。

［近现代］游天菁　平潭人。著有《目莲救母》等莆仙戏作品，参与整理莆仙戏传统曲牌1000多首。

［近现代］游景玉　女，福州人。著有《亚仿技术开发及应用论文集》《仿真控制论文集》《解决2000年问题的技术和实例》等。

［近现代］游鹤楼　福州仓山人。著有《半闲园漫笔》《侃山集》。

［近现代］游友基　古田人。著有《九叶诗派研究》《中国现代女性文学审美论》《冯梦龙论》等10部。

［近现代］游天荆　平潭人。著有《心路集》《山水吟稿》《海山词笺》等。

［近现代］**游天星**　平潭人。主编《中国文物地图集·福建分册（福州市部分）》。

［近现代］**游振伟**　福州仓山人。主编《福建省人口发展战略研究》《闽台婚育文化大观》等。

［近现代］**游海涛**　福州仓山人。著有《十三点集萃》等9部书籍；编辑有《福建博士风采》《跟博士握手》《世界妈祖庙大全》等。

［近现代］**游天河**　平潭人。著有《游天河作品集》《游天河书法作品》等。

［近现代］**游宪生**　上杭人。著有《经济增长研究》《中国国民经济管理学》。

［近现代］**游作忠**　闽清人。著有《梅声诗集》《梅溪文荟》《白岩山文集》等。

［近现代］**游良耀**　尤溪人。著有《常总评传》《游酢格言》《游酢：最受朱熹尊重的闽学鼻祖》等。

［近现代］**游生忠**　永安人。著有《千秋雪》《追梦的春天》等。

［近现代］**游宏炳**　永定人。著有《中国收入分配差距研究》《政务文稿写作实务》《中国农工民主党烈士传》等。

［近现代］**游振辉**　福州人。著有《外科用药》《现代院前急救医学》等。

［近现代］**游惠松**　南靖人。著有《平面几何中考与竞赛》《诚悦立人》《诚征——易数宇宙法则》。

［近现代］**游高平**　武夷山人。著有《武夷山水美如画》（游高平画集）等。

［近现代］**游劝荣**　上杭人。著有《法制建设在福建》《两岸法缘》《台湾法律界》等10多部。

［近现代］**游明元**　东山人。著有《铜山娘子会唱歌》《游明元——中国人物画集》等。

［近现代］**游良进**　古田人。著有《回望家山——游良进书画作品集》等。

［近现代］**游建胜**　长乐人。著有《英国科技政策与科学园》《海洋功能区划论》《海洋管理研究——福建区域探索与实践》等。

［近现代］**游友川**　古田人。著有《程门立雪——游酢传》《道学南传先驱——游酢》等。

［近现代］**游立华**　建瓯人。著有《“程门立雪”典故的时代价值》等，合著有《福建家训》《福建乡规民约》等。

［近现代］**游万玲**　女，古田人。著有《幼儿园环境创设与活动方案》《幼儿园区角操作活动150实例》等。

第二节　族规家训

一、永泰县游氏族谱祖训

（一）孝敬父母，敬老尊贤。和睦亲族，勤读书诗。诚实正业，早完钱粮。

（二）重祖谱，重丧祭。立祭田，定祭祀。护坟墓，推宗子。统宗盟，择师傅。避名讳，习礼仪。崇仕进，珍人品。褒贞烈，恤孤寡。谨议婚，训子弟。挽气运，明嗣续。

录自《永泰县游氏族谱》

二、南靖仙岭游氏洋美祠祖训

族人源出一祖，应敬祖宗、孝父母，本也，源也。羊能跪乳，乌能反哺。应尊老爱幼，子孙支也，脉也。友爱兄弟，手足之情，同气连根。

品行宜端，明礼义廉耻，竭忠尽孝，积德行善。

家和万事兴。婆媳互敬，夫妇调和，勤创家业，克俭生活，不可奢华。尚俭者开福之源，好奢者起贪之兆。子女宜耕宜读，宜商宜艺，知书达礼。

程门立雪，尊师重教，终生学习，有志者事竟成。

录自南靖仙岭游氏洋美祠堂

三、宁德芹后游氏宗规

在上亲长务要孝顺，不可忤逆。
合族老幼务要和睦，不可争竞。
在家事有余力，务要学习书数，不许赌饮。
交结乡邻以及雇工，务要诚实之人，不许匪类。
厅堂祖祠宫庙务要洁净，不许私顿物件。
众沟水道务要流通，不许闭塞。
门前大路务须清洁，不许堆积草。
主山树木并下砂案山俱要存留庇荫，不许私砍。

录自宁德芹后村《游氏宗谱》

四、柘荣游氏祖训

尝读祖训，窃叹前人之望后人者极殷，而虑后人者至切也。谱叙谆谆，无非所以慎祭祀、谨孝思、端士习、重本计、吉凶、敦睦、培植风水，备见规模之宏远、垂法之深详焉。《诗》云“有谷贻孙子”，其我祖之谓乎。前谱未立家范，兹云孙敬伸祖命，谨列数条以垂后云。

宗庙：宗庙所以奉主而妥先灵也。凡祭祀之期，子孙齐集，必须致敬。对越择有道之曾孙，执事勿越俎而代庖。向以内凡三年丧毕者，即将其考妣主送入庙。不知一家奉祀之主，奚可以对祖而称考者。兹悉传各子孙领回，已葬焚之，未葬者奉祀于本家神堂。至若分房世祖，宜另制神主，以隆配享。所有先达名望诸公，亦另制神主以为崇祀，礼可以垂久矣。

孝思：万物本乎天，人本乎祖。故人之身即祖之身也。尝思远祖创业之维艰，近祖克承之匪易。曾子曰：“慎终追远。”慎终者，丧尽其礼；追远者，祭尽其诚。尽诚尽礼，而孝思备矣。

敦伦：《传》云：“人之所以异于禽兽者，以其有人伦也。”圣贤千言万语，无非教人尽伦之事。要其事：施之于身为庸行，出于口为庸言。忽其庸，是禽兽奚异；勉其庸，则圣贤为徒矣。

睦族：祖宗燕翼，以一人之身而衍数百世之云礽，源本既深，枝叶必茂。分而视之，族有亲疏之别；合而观之，人皆一本之亲。慎勿以富吞贫、强凌弱、众暴寡。血气不亲，寇仇结自族内，此则始祖曾笔之谱，不可不戒也。

士习：士为四民之首，品所最贵。始祖有云：因居山僻，少谙诗书，无有出仕以显先人之光者。当创迁之始，即计及此，是以彦梁公发轫于前，肖涧、起南二公继轨于后，启我诗书，蕃我冠裳，代有其人，皆始祖默有以贻之也。后之有志读书者，先器识而后文艺，勿以一衿自足，于以光前裕后。讵不伟欤？

农业：生居乡僻，为士者少，为农者恒多。故始祖览胜至此，即曰：吾子孙足以食力于斯矣。又曰：田土毋献外氏。迄今八百余载，各耕祖业，即无恒产者，概种于内之田。但恐勤惰攸分。勤者深耕易耨，黍熟禾丰，上足以事父母，下足以畜妻子；惰者耕耘失时，收获必歉，遂致父母冻饿、妻子饥寒，可不儆欤？

吉凶：冠、婚、丧、祭，礼原称家。富者，若不竭力营办，则鄙吝之人，于礼固失；贫者，若必务侈效人，则典鬻之为，于礼亦悖。人苟知此，礼明而家亦治。

主山：屋后主山，通族风水攸关。是以始祖有命，后门主山，各照所居之处留绿，毋樵采焉，毋牛羊焉。诚恐世远派别，或有出居异地，混指主山为公共之物，而妄生觊觎者有之。光仪于康熙五十年间与南阳一房天御等遵守祖训，重立合约，上下主山，各相培植，以卫风水。庶几保主山之菁华，可卜人丁之蕃衍、人文之蔚起焉。众祈永守可也。

录自柘荣《南阳游祠宗谱》

第三节　宗　祠

龙潭游氏家庙

诏安秀篆镇陈龙村龙潭游氏家庙　堂号盛衍堂，为秀篆王（游）氏祖庙。坐落在秀篆镇龙潭村。明隆庆六年（1572年）游瑞清始建，清崇祯十七年（1644年）毁于兵灾，顺治年间（1644—1661）重建，康熙二十三年（1684年）、道光元年（1821年）、1946年和1991年先后4次重修。保留明代建筑风格。占地面积9986平方米，建筑面积1330平方米。坐西北向东南。由门楼、天井、两廊、中厅、拜亭、大厅及东西厢房等组成。大厅面阔7间、进深2间，中厅面阔7间、进深4间，门楼面阔7间。构架间斗拱为一斗三升式，圆梭形石柱，带柱础。建筑均为穿斗式木构架，单檐悬山顶。内有大小房间99间，其中东西厢房各5间。家庙前有大埕和半月池。左侧有外门楼，顶端嵌清康熙六十一年刻的建筑规制碑；门楼外墙嵌清乾隆十九年（1754年）重修碑。家庙内存有明代抗倭名将俞大猷为抗倭立功的千户游瑞清题写的“义勇奇勋”匾额、时任国民党福建党部主任委员陈肇英赠的“里闾生色”匾，及时任台湾宜兰县县长游锡堃题书的“敦亲睦族”牌匾等。秀篆王（游）氏派下在台后裔多达10多万人，因此龙潭家庙在台拥有3个分祠。2013年被列为福建省文物保护单位。

南平御史定夫游公祠　又名南平游定夫纪念馆，坐落在延平区南山镇凤池村，系全国仅存的古代祭祀游酢之专祠。元延祐三年（1316年）游酢九世孙游以仁始建，清道光七年（1827年）重建。占地面积1085平方米，建筑面积646平方米。坐东北向西南。分为前后两堂。前堂面阔7间、进深6米，后堂面阔9间、进深13.5米。后堂立有游酢塑像，左右配以游严（凤池1世）和游居敬（游酢16世）塑像。祠内有元明清和民国时期的雕刻，正堂上还有宋理宗皇帝“御赞匾”。1987年被列为南平市文物保护单位。1988年8月经批准更名为游定夫纪念馆。1996年被列为福建省文物保护单位。（见彩图12-1）

汀州游氏家庙

长汀汀州游氏家庙　又称汀州府游氏总祠，省文物保护单位名录定名“南门游氏家庙”，坐落在汀州镇店头街。清嘉庆二十一年（1816年）始建，由大溪圆寨游宗七契买曾汤大屋并牵头集资建立。以广平堂、敦睦堂为堂号，奉祀游酢、游二三郎等祖先。曾兼作会馆。建筑面积907平方米。坐北向南。砖木结构，有房间38间。由门楼、雨坪、大门、门厅、下厅、上厅、左右厢房、右一列横屋等组成。上厅面阔三间，进深九柱，穿斗式梁架，悬山顶。下厅面阔五间，进深六柱，抬梁、穿斗式梁架，悬山顶。下厅外有空坪，其东侧建有门楼，上端篆刻“游氏家庙”四字。庙内尚存大型花雕神龛、神案、牌匾等。2013年被列为福建省文物保护单位。

漳州南坑街道市后村游氏祠堂　坐落在芗城区漳华路市后村。堂号崇本堂，是芗城区市后社、下池社、市尾社和岳口游厝巷诸村的游氏祖祠。奉祀开基祖游深源及派下先人。明万历三十二年（1604年）建，2013年重修。占地面积680平方米。石砖木混合结构。硬山顶，燕尾脊。雕刻精美，具闽南建筑风格。1990年被列为漳州市文物保护单位。

诏安秀篆镇埔坪村发里道南堂　又称“发里房祖祠”或“游氏家庙”，坐落在秀篆镇埔坪村发里。明万历十二年（1584年）始建，清康熙五十四年（1715年）重修。保留闽南地区古代建筑的原貌。建筑面积604平方米，周边绿地和池塘面积3141.5平方米。坐北朝南。堂内奉祀游氏始祖游酢。为二进廊院式布局，由门楼、天井、上厅、下厅及东西厢房组成。堂前有土坪、照壁和两口池塘、四对明清旗杆。两座门楼，其中一座为明代建筑。主座坐北向南，面阔三间，进深三间，土木结构，抬梁式木构架，歇山顶，燕尾脊。堂内分为上厅、下厅，每厅两侧各有一个房间，上下厅之间有天井相隔。墙体采用古代三合土泥砖砌就。道南堂左侧屋脊上，两面刻有花卉和动物，是现存最古老的剪瓷雕，长达3米多。室内墙壁保留有3幅明清壁画，其中两幅面积约0.5平方米和1.5平方米，另一幅壁画位于祖宗神龛后面的墙壁上，面积约15平方米。神龛立有28个明清所刻牌位，其中游酢牌位两侧各雕一条金蟒，上下刻绘金色云头和花卉。有一块清康熙年间（1662—1722）诏安知县张大器所题“齿德俱尊”老牌匾。道南堂是革命战争时期中共游击队员躲避搜捕和接头的据点。2021年3月被列为诏安县第十七批县级文物保护单位。

漳平市永福镇龙车村游氏宗祠（中共龙车支部成立旧址）　又名崇德堂，坐落在永福镇龙车村村头自然村。建于清代。大厅为抬梁式木构架。1928年8月10日，邓子恢在该宗祠直接领导建立漳平第一个地方党组织——中共龙车支部。2017年被列为漳平市文物保护单位。

柘荣县柏峰游氏宗祠　又称柘荣游氏总祠，坐落在黄柏乡上黄柏村。明宣德元年（1426年）始建，清康熙三十四年至三十七年（1695—1698）重建，历代屡有重修。占地面积3339.65平方米。坐北向南。主体建筑为砖木结构，抬梁穿斗式混合构架，单檐，硬山顶。通面阔15.19米，通进深22.36米。2007年被列为柘荣县文物保护单位。

柘荣柏峰游氏宗祠

长乐洞江游氏宗祠　坐落在营前街道洞头村。1917年始建，1991年重修。建筑面积560多平方米。坐西朝东。面阔五间。宗祠大门上的原匾书“洞江游氏宗祠”出自民国海军总长杜锡珪之手。祠内有“立雪堂”“进士”“文魁”“武魁”等牌匾。大厅上有7副石柱祠联和一对水晶玻璃金字楹联。

漳州芗城区下池游氏岐山堂　坐落在芗城区南坑街道市尾村下池。建于清代。占地面积288.68平方米。坐东北向西南。石砖木混合结构，硬山顶，燕尾脊。依中轴线从西南往东北依次由泮池、前埕、前厅、天井、过水廊道、主堂组成。前厅明间内凹，抬梁式木构架，面阔三间，进深三柱，两侧各开一小门。主堂明间亦为抬梁式木构架，面阔三间，进深三柱。西北侧有方形古井一口，由四片花岗石砌成榫卯结构，占地7.5平方米。清代建筑风格，梁架雕刻精美，图案繁缛。2020年被列为漳州市文物保护点。

诏安秀篆镇嘉西洋游氏宗祠　又称西洋“游氏大宗”，坐落在顶安村坑口，为秀篆游氏总祠，堂号“广平堂”。清乾隆七年（1742年）始建，奉祀秀篆1世游念四及派下先人。因将倒塌，1991年台胞募资重建。面积1300多平方米。坐西北向东南。石结构。

诏安秀篆镇埔坪村东升楼祖庙　堂号“锡祉堂”，坐落在埔坪村东升。清顺治七年（1650年）始建，

1991—1992 年重建。面积 560 平方米。坐东向西。奉祀秀篆 2 世游五一郎及派下先人。

诏安秀篆镇石东村石下汶紫房祖祠 坐落在秀篆镇石东村石下汶紫头，堂号“继新堂”。清康熙年间（1662—1722）始建，几经重修。1983 年在特大洪水中倒塌，2015 年重建。占地面积 4500 多平方米，建筑面积 450 平方米。坐南朝北。奉祀 3 世游辅仁长子游理寿派下子孙。1931 年中国工农红军饶和埔诏第三连指挥部在该祠成立，并活动至 1935 年。被列为诏安县中小学生爱国主义教育基地。

诏安秀篆镇石东村石下塔下房祖祠 堂号“敦敬堂”，坐落在石下村朝源楼内。始建于清康熙四十二年（1703 年），多次重修，末次重修于 1943 年。占地面积约 3600 平方米，建筑面积约 420 平方米。坐南向北。供奉 3 世祖游九十三及衍派下先祖。1932 年 5 月，饶和埔诏苏维埃政府在该堂成立。

平和秀峰游氏大宗祠 坐落在秀峰乡秀峰村。清嘉庆十一年（1806 年）始建，1912 年和 2003 年两次重修。建筑面积 134.19 平方米。面阔 9.47 米，进深 14.17 米。坐东向西。砖瓦土木混合结构，抬梁穿斗混合式构架，硬山顶，燕尾脊。雕梁画栋，飞檐斗拱。门口一对青石抱鼓石。祠堂内有“诵芬堂”“祥开五代”“广平堂”“立雪堂”“诵读”“芬芳”“亚元”“文魁”等牌匾，有“祖德振千秋大业，宗功启百代文明”等对联。民国时期，当地农会和共产党组织曾在此开展活动。

南靖县靖城镇游坑村游氏大宗祠堂 坐落在靖城镇游坑村中部。清代始建，21 世纪后重修。总面积 543.80 平方米。通面阔 18.56 米，总进深 29.30 米。坐东北向西南。整体平面呈纵长方形，由门厅、天井、左右庑廊和主堂组成。抬梁式木构架，硬山顶，燕尾脊。大门作凹窝式，两边开木格窗。明间内收。门厅面阔三间，圆形青石柱础。主堂亦面阔三间，进深三柱。前轩左右侧开边门。座斗有瓜斗，狮形陀墩，方形斗拱，座斗下透雕花板。梁架 9 檩。正中设祖宗龛，上面悬挂“广平堂”匾。石柱上有楹联多对。清代建筑风格。为南靖县文物保护点。

仙游宝峰游氏宗祠 坐落在仙游县鲤城街道北宝峰社区。清咸丰年间（1851—1861）始建，1993 年重修。坐北朝南。单进合院式。通面阔 15.9 米，通进深 21.7 米。土木结构，悬山顶。依中轴线依次为大埕、下厅、天井、上厅。其中，下厅面阔五间，进深三柱；上厅面阔五间，进深五柱，抬梁式木构架。存有游嘉瑞题匾“理学名臣”。

莆田紫霄后浦村游家庙 坐落在荔城区西天尾镇。宋代始建，明嘉靖至万历年间（1522—1620）扩建为上下二厅，明末至民国初多次重修，1999 年再次重修。面积 230 多平方米。坐东北朝西南。土木结构。游德馨题匾“立雪春秋”，游嘉瑞题名“游家庙”。

秀屿鳌城游氏报功祠（游氏宗祠） 坐落在莆田市秀屿鳌城鳌脊东麓。清初倾圮，乾隆十年（1745 年）在前云西至尾重建，号“游氏报功祠”，后遭火患。1949 年、2008 年两度重建。建筑面积 1926 平方米。

南平九坍游定夫立雪堂 坐落在南平市延平区王台镇九坍（原名游墩）村。元大德五年（1301 年）游锡畴始建。初名“永隆堂”，内设神龛祭祀游酢。后经多次重修，更名为“游氏祠堂”。1989 年再次重修，更名为“游定夫立雪堂”。2014 年重修时，祠左前侧增盖“道南碑廊”。占地面积约 2500 平方米，建筑面积 860 平方米。通面阔 17 米（五开间），通进深 51 米。坐南向北。祠共三进，分为前、中、后三堂。前、中堂毁于 1968 年，今仅存后堂。祠内安放有子游、游肇、游匹、游酢、游拟、游率甫等先祖木雕像和各村 1 世祖牌位。

武夷山澄前村游氏祠堂 坐落在兴田镇澄前村。清初始建，1995 年由澄浒、西郊等邻近 4 个村庄和散居于武夷山市区的游氏族人及 3 位台湾游氏同胞共同捐资重修。面积 240 多平方米。坐北朝南。共二进，土木结构。祠堂内设神龛，祭祀游氏先祖游酢。

上杭坝头游氏家庙 坐落在稔田镇化厚（坝头）村。元至正二十六年（1366 年）始建，原名“立雪堂”；1994 年在海外宗亲赞助下重新改建。占地面积 490 多平方米。坐西向东。内塑元祖游酢神像，并存有历代楹联和各种匾额。在堂中设有书橱，存放书籍。

永定大溪南山游氏宗祠　坐落在大溪乡塘背村。原为大溪3世游千九郎所建居屋，三开间，分予3子，每人1间。其后裔改为祠堂。明嘉靖四十年（1561年）毁于兵灾，清康熙四十年（1701年）、雍正十三年（1735年）两度重建，1966年又遭拆毁，1985年再度重建。占地面积约1000平方米，建筑面积约800平方米。坐南向北。土木结构。祠堂为“崇本堂”，内存大量楹联，如“秀发豸山胜启南山朝五岽，源寻洛水支分泰水接三溪”“支蕃绵六子，星朗耀三台”“欲向豸山传道脉，还从洛水溯渊源”等。

坵盂（湖）堂　坐落在漳平市吾祠乡陈地村上陈地坵甲。明嘉靖元年（1522年）游八二始建，清代重修。建筑面积约460平方米。砖木结构，周围青砖砌筑。主屋及两厢房为穿斗式木构架，青瓦。堂内以木质镶板及竹片、草泥、纸筋灰板等为墙。后厅设一通道与左右边厢房互通。主屋与厢房过道下埕、台阶等均为石砌。建筑高度偏低，但柱子较大。无柱础，仅用简易石块垫柱。具当地明代建筑特征。2019年被列入漳平市历史建筑名单。

前盂厚福堂　坐落在漳平市吾祠乡陈地村前盂。为纪念先祖游福五而建。清代早期建筑。白灰青瓦。穿斗式木构架，悬山顶。面阔5开间。两边厢房、围墙等保存完整。2013年被列入漳平市第三次全国文物普查不可移动文物名录。

致曲堂　坐落在漳平市吾祠乡陈地村前盂。清乾隆年间（1736—1795）建。依山而建，坐西北朝东南。白灰青瓦，砖木结构，悬山顶。三开间。厢房、下堂保存完整。大厅与下堂为穿斗、抬梁式混合木构架，含垂柱、垂花，为此堂建筑的特色结构。大厅阶梯石造型独特，用花岗岩凿刻成茶桌式，桌脚秀美，中雕蝴蝶。下埕由石头砌铺。主屋与厢房过道下埕及左右沿阶等为传统石砌结构。柱子较大，有柱础及特制柱磉，皆具清代建筑特征。厅堂内悬挂多块牌匾。

后昌堂　坐落在漳平市吾祠乡陈地村前盂。清嘉庆十八年（1813年）建，2020年依原样维修。主体建筑约300平方米。穿斗式木构架。1929年8月底，红四军第二、三纵队经过该村，并在后昌堂留宿。2013年被列入漳平市第三次全国文物普查不可移动文物名录。2019年被列入漳平市第二批历史建筑名单。

祥昌堂（前山坪祠）　坐落在漳平市灵地乡游山头村灶角。明隆庆三年（1569年）建。为漳平北部明代民居代表性建筑之一。穿斗式木构架。1950年解放吾祠厚德时，解放军在该堂留宿。2013年被列入漳平市第三次全国文物普查不可移动文物名录。2019年被列入漳平市第二批历史建筑名单。

路下游氏宗祠　坐落在屏南县路下乡路下村。为屏南县游氏总祠。清康熙五十年（1711年）始建，历经多次毁坏与修复，“文化大革命”后一度作为集体粮仓，1986年重建并恢复为祠堂，2016年重修。占地面积180多平方米，建筑面积800平方米，实用面积600平方米。坐西向东。土木结构。分为上下两厅。祠堂内供奉历代祖先牌位。

平潭五游祠　坐落在平潭综合实验区白青乡东堑村。清乾隆五十八年（1793年）始建，光绪十四年（1888年）重修，2000年重建。民国初至中华人民共和国成立后，先后被用作乡公所、合作社和学校。1991年恢复祠堂用途。占地面积1092平方米，建筑面积790平方米。坐西北向东南，面临东海，视野开阔。石木结构。面阔五开间（17.23米），进深28.13米。梁上悬挂“进士”“文魁”“武魁”“厚德载福”等先贤匾额。后部为神主龛，供奉平潭游氏历代先祖；上方悬挂本祠堂号“立雪堂”牌匾。

第四节　陵　墓

游朴墓　位于柘荣县双城镇城南社区大坪。明万历二十三年（1595年）建造。坐北向南。“风”字形，青石结构。墓碑阴刻楷书“皇明湖广参政游少涧墓”。封土堆前围山石呈半八卦形；两侧围山石柱头有圆雕和壁画浮雕。神道碑阴刻楷书“皇明赐进士大中大夫湖广布政使司右参政，奉敕分守荆西道少涧游公神道”。1983年被列为柘荣县文物保护单位；2001年被列为福建省文物保护单位。

游金辂墓　位于莆田市东海镇坪洋村石梯寺附近，清代始建。占地面积约100平方米。坐东向西。平面呈“风”字形。墓丘（封土）及左右两翼和墓手（挡土墙）均为三合土构筑，三合土墓手上下和墓碑四周的墓立面则为红砖构筑。墓碑辉绿岩石质，方形，中刻“清台湾镇总兵君载游先生”，左刻“副室夫人林氏暨”，右刻“如夫人陈氏之墓”。2004年被列为莆田市文物保护单位。

游居敬御葬墓 位于南平市延平区南山村石马坪。由墓和陵园两部分组成。墓地由青砖砌成，四周绿树成荫。石砌墓葬坪宽2.65米、深6米。墓碑铭文为“明赐敕葬通译大夫两京刑部右侍郎可斋游公暨诰封淑人前封宜人封儒人李氏墓”。墓前有一南北长30米、东西宽7米的陵园。陵墓神道上排列有13件大型石雕（石狻猊、石羊、石马以及石雕文武翁仲等）和一座石牌坊。牌坊上横刻“皇明钦赐祭葬”6个大字。两边方柱上各一只石狮子，其后是一对六棱柱形的石华表。华表直径0.28米、高3米。正中耸立一龟座神道碑，碑文曰：“明通议大夫两京刑部右侍郎可斋游公神道”。最北面遗有一石龟碑座，原碑已失落，存有明内阁首辅大臣叶向高撰写的碑文。1982年被列为南平市文物保护单位。

游开墓 位于南平市延平区南山镇大坝村东南约20米处。占地面积497平方米。坐西南向东北。墓坪由卵石铺成，分上、中、下三层。上层墓堆为波浪形，墓葬形制呈鲤鱼状，人称“鲤鱼坟”。墓碑铭文为清乾隆年间（1736—1795）重刻。墓前方原有两口水井，早已填塞。游开，宋代诗人。1987年被列为南平市文物保护单位。

游琏墓 位于连江县敖江镇小湾山。占地面积约65平方米。坐南向北。三合土夯筑。游琏，官至江西参政；曾极力举荐明代抗倭名将戚继光，因此戚继光曾亲往小湾山谒墓，并建“春雨亭”以示对恩师的怀念。1961年被列为连江县文物保护单位。

游古园墓 原位于长乐罗田（今罗联乡）园台山亭。清乾隆十八年（1753年）移葬于今之游溪村。墓主为长乐仙桥游氏始祖。

游凌云墓 位于诏安县秀篆镇北坑村，墓地为进士游凌云生前自选。清光绪年间（1875—1908）始建，历代均有重修。坐西向东，由东、西两座墓葬组成。占地面积120平方米。墓丘为三合土构筑，平面呈“风”字形。西侧墓碑上刻有“显妣诰命宜人詹大一娘，光绪七年阳月”等字样；东侧墓碑年久风化，碑文无法识别。因其夫人詹氏厚德，光绪帝钦赐墓葬。游凌云还把无妻小的秀才游登云与自己合葬在一处，遂成罕见的文武合葬墓。被列为诏安县文物保护点。

游良孙墓 位于南平市延平区南山镇凤池村。坐北向南，墓呈“风”字形。占地面积约500平方米。由墓道、二层墓坪、墓台、墓鼎、内外墓环等六部分组成。墓道宽9米，有23个台阶。墓坪宽10米、进深11米，设坟台案桌。墓碑由碑盖、碑身、碑座组成。碑盖高0.3米，浮雕双狮抢球；碑身高0.9米，花边环绕；碑座高0.3米、宽0.6米，雕有花纹图案。碑文为“奏差惟忠游公张氏孺人真宅”，系游以仁手迹。坟台厢廊通道由下而上14个坎层，下宽1.5米，上宽1米。上层坟坪进深3.5米，为圆形坟包，直径2米；其中心点上有颗圆球石珠，高0.3米，象征将军帽鼎。外墓环周边长为140米，高0.4至0.8米不等；内墓环周边长14米，高2至4米，为倒U形。墙裙布设动物花草等10幅壁画浮雕，图案为龙、鱼、羊、双壁理花、獐、马、狮、狗等。浮雕为元代作品。墓周边有20余株古树环抱。

游匹墓 位于南平市建阳区麻沙镇长坪村富垅。明万历二十八年（1600年）始建。墓园有一条石砌小路延伸至山坡下，整齐有致。不详何年被盗，致墓碑底部被斩断。残碑宽0.7米、高约1.7米。碑面额镌刻一“大”字，“大”字下面有被钻凿痕迹，无法辨认其后文字。碑正中刻字二列，左列为“游匹公神”，右列为“虞氏夫人”（神与人二字下见横贯碑体的断痕），两列中线之下为“墓”字。石碑两边分刻竖排小字：左边仅一行，为“万历二十八年叁月清明吉日立”；右边刻字二行，可见“九代孙宋定夫游酢至十七代孙……”等字样。1994年和2003年曾两度修复。墓主游匹为游氏入闽始祖之一。

游酢陵园 位于南平市建阳区麻沙镇长坪村富垅。占地面积10666平方米。坐西向东。由牌楼、圆梦亭、碑林和文肃堂等组成。墓主游酢为宋代理学家，官至太学博士、监察御史。

游钰仲墓 位于建瓯市迪口镇政府后山。唐末宋初始建；1986年重修建，其时墓中出土的文物被建瓯市博物馆收存。占地面积数十平方米。原墓碑刻有“宋游公中丞”字样；新墓碑中间刻有“宋御史中丞公游讳钰仲墓”字样。

游乐山陵园　位于永定大溪乡大溪村南山宗祠边。原墓位于下洋镇月流村马山下。1997年由海峡两岸宗亲共同出资迁葬于此。占地面积550平方米。坐北朝南。砖石水泥混合结构。

第五节　古建筑

大田县澄江琵琶堡　原名龟头堡。坐落在建设镇建国村。明崇祯年间（1628—1644）游三岛主持修建，清咸丰五年（1855年）重修。占地面积2000平方米。坐西朝东。该堡不仅作为当地游氏宗祠（广平祠），也是一座以防范土匪为主兼具听佛念经和居住功能的堡垒式及回廊式建筑，因地而建成琵琶型。通高9米多，墙高7米，跑马道宽2米。建筑古朴粗放，共三进，歇山顶。它以造型独特、年代较早、利用自然环境最好和宗教色彩浓厚，被全国古建筑专家赞誉。堡内三圣祠供奉“三圣尊王”。2005年被列为大田县文物保护单位，2013年被列为全国重点文物保护单位。（见彩图12-2）

游琏故居　旧称三栋毗连，坐落于连江县凤城镇中山路25号、27号。明嘉靖年间（1522—1566）建，为游琏致仕后的退养之所；2018年重修。2020年被县政府列为文化景区，对外开放。占地面积1000多平方米。原为三进，有100多间老屋。具明代建筑风格，采用明三暗五格局和前后轩廊、九柱进深的最大配置。25号正厅为穿斗式木构架，以典雅精致著称，雕刻有松、菊、梅、竹及蝙蝠等。27号建筑仅剩前后两进院落。大厅有颂扬游琏的门柱楹联“已孟忠臣昭汗简，平黎百姓著青湘”，和著名门联“柳色明青琐，花香入紫薇”。故居曾以高8.8米、宽7.6米的牌坊闻名遐迩，已毁于“文化大革命”期间。

陈地游氏民居　坐落在漳平市吾祠乡陈地村。清光绪年间（1875—1908）建。砖木结构，白灰青瓦，悬山顶。面阔三开间。厢房、下堂保存完整。大厅及下堂为穿斗抬梁混合式木构架。四周屋廊由花岗石铺设。1929年8月底，红四军第二、三纵队经过该村，并在该民居留宿。2013年被列入漳平市第三次全国文物普查不可移动文物名录。

南平市建阳区七子楼　坐落在麻沙镇长坪村。宋代游酢建造。面积约2300平方米。坐西北朝东南。系7座并列的联体建筑，青砖灰瓦，木质结构，刻花雕龙。每座三至五进不等，末进为后花园。青砖砌就拱门。因建筑后部受河流侵蚀，有的仅余一二进。

武夷山西郊村福林庵　坐落在兴田镇西郊村楮树下。清代始建，为游氏族人捐款共建。庵里供有文肃公游酢塑像。内有清道光八年（1828年）石碑一通，碑上刻有“合乡出疏牌记，今将新建造福林庵助银芳名开具于左，通乡众银助出洋番壹佰肆拾贰圆正，大清道光八年岁次戊子仲冬之月”等字样；还记载游氏“大”字辈和“提”字辈先人捐赠前地基和后地基各一匝。

龙岩市永定区塘背龙塘楼　坐落在大溪乡大溪村。宋末元初游五九郎修建。为大溪游氏的开基土楼。面积788平方米。坐西向东。土木结构，高2层，无石脚楼基。含门厅有30个房间。现在还有后裔居住。

龙岩市永定区太联五福楼　坐落在大溪乡太联村。是独具风格的三环大圆楼。大溪游姓14世游廷峰始建，至其子游友龙才修建完工。五福楼又称“友龙圆寨”，或称“圆寨”，同时圆寨又是整个村庄的名字。楼名为“五福楼”，是因楼主游廷峰生有五个儿子，土楼的建筑结构就按照“五”来设定和划分，分为五个单元、五个楼梯、五个通道、五个大厅等。五福楼大门前的对联“五房有庆，福泽无疆”，也寓意楼主对其五房后裔均福齐贵的美好心愿。面积3419平方米。坐东南向西北。由内、中、外三环组成，共有52个开间。外环含门厅、四层半主楼及五部楼梯；门厅与走廊相通处设拱门，左右拱门上方分别嵌有“义路”“礼门”横额。中环也分为五个单元，每单元有一个中门和小门相通，中门内的小天井由鹅卵石铺砌成图，色彩斑斓，犹如迷宫。内环为圆形大厅，可容数百人，厅中大梁悬挂“文魁”“武魁”和“一等勋章”3块金字牌匾；中央设祖宗牌位“十四世覃恩貤赠正四品昭武都尉高祖考冀厚廷峰游公妣詹大恭人禄位”；厅后壁联“五数符天，五数符地，地天同庥家室庆；福我多男，福我多寿，寿男共祝子孙昌”；内环中门有“百忍图”，中门对联为“百行思张公家训，忍耐遵朱子格言”。在五福楼东北400米处，有清嘉庆七年（1802年）族人游联芳因守御有功而诰封的牌楼，石构，单间，高7.2米、宽6.5米，顶上为石刻“圣旨”牌，其下刻“都阃府”三个大字。五福楼名人辈出，因之亦称“文臣武将楼”，是海外侨胞寻根问祖的重要场所。

龙岩市永定区游氏镇江楼　原名振昌楼。坐落在大溪乡大溪村。清康熙年间（1662—1722）大溪游氏11世游蜚声始建。坐西向东。方形，有内外两圈。外圈为主楼，土木结构，内通廊式，高4层，48开间。楼南北（正面）宽46.8米，进深45.5米。底层墙厚1.7米，顶层墙厚1.1米。悬山屋顶，屋檐宽大。屋顶瓦面作平面交接，外坡交接处形成垂脊，内坡交接处形成天沟，脊顶保持水平。大门对联为“镇宅乾坤大，江山日月长”。清同治四年（1865年）被太平军烧毁；1930年又被国民党张贞部所烧，同时烧掉大溪村四座带有“昌”字的楼。后游子云、游振元、游彬辉三人前往印度尼西亚筹募资金，海外侨胞竭力资助。经三年重建，改名“镇江楼”。“镇”者，“真”“金”不怕火也；“江”者，水也，用意为克制火灾为患。由六大房后裔入住。20世纪70年代，楼内住有36户、480多人。近年，香港游小民捐资近百万元在门坪外建休闲广场。

霞浦县曲井头游朴住宅　坐落在松城俊星街。明代建筑，游朴告老回乡后始建。因宅地处松软潮湿地块，其地基用大量松木填造，至今仍完好无损。坐北朝南。建筑面积2000平方米。依次为大门、客厅、书房、卧室、书堂等。宅内有水井七口。为霞浦县文物保护点。

霞浦县古善里炳烛斋庐　又称游寿故居，坐落在松城万贤街后街。清代建筑。坐北朝南。建筑面积184平方米。二进木结构。正门有“炳烛斋旧庐”匾，两边有楹联“四代诗书今贤古善，满门桃李塞北江南”。为霞浦县文物保护点。

第六节　民间信仰

游云祖师信仰　游云（1491—1537），仙游县人，是闽中地区民间立庙祀奉的男神。民间传说游云保佑百姓安居乐业，并能使信众考取功名、商旅好运，亦能为信众辨证治疗疑难杂症等。祀奉游云的祖庙在其羽化地尤溪县溪尾乡本洋村。该祖庙正殿主祀游云祖师，左右配祀五谷仙、卢公祖师，遂名“三台庵”，亦称“三台祖殿”。

游氏仙姑信俗活动　游氏仙姑宫祈福仪俗是以民间社火和民俗文化为主要内容的民间信仰活动。游氏仙姑生于北魏年间，世居光州固始。名门闺秀，精于医术，励志行善，终身未嫁，在当地广为传颂。仙逝后，当朝皇帝赐封为“游氏仙姑”。民众仰其善德，世代立庙奉祀。

第七节　非物质文化遗产

省级非遗漳州太祖拳　源自少林，是汉族传统拳术之一，相传为宋太祖赵匡胤所传，故称太祖拳。南派太祖拳法主要传播于闽南和台湾地区，也是漳州地区传播最广的南少林拳种之一。清光绪十八年（1892年），拳师游青龙（闽西人）在漳州开设武馆“登龙堂”，而成游家首代太祖拳传人。2011年11月被列入福建省第四批非物质文化遗产名录。（见彩图12-3）

省级非遗“程门立雪”传说　据《辞海》《辞源》记载：宋，杨时、游酢初见程颐，程颐瞑目坐，二子侍立不去。既觉，谓二子曰：“贤辈犹在此乎？”命之退。出门，雪深三尺矣。游（酢）杨（时）载道南传，四传至朱熹，集大成而就闽学，程朱理学遂播扬海内外。2017年，“程门立雪”传说被列入福建省第五批省级非物质文化遗产代表性项目名录。

省级非遗柘荣游氏仙姑宫祈福仪俗　柘荣县上黄柏村“游氏仙姑祈福仪俗”，是游氏先祖于唐末从中原带人并传承千年的民俗。唐末，游氏先祖游瑸随军迁徙时携仙姑香火来到福建，奉祀于建阳长坪里。北宋建隆元年（960年），游瑸3世游榕迁祀仙姑香火到长溪县（今霞浦）游家山（今属福安坑头村）。宋治平年间（1064—1067），柘荣游氏1世游时和游畔兄弟迁入柏峰（今上黄柏），将香火带人奉祀，并世代相传。祈福内容有：神诞祈福、四季祈福、除夕祈福，以及婚嫁、出行、求学、经商祈福等。以每年农历正月十七日游氏仙姑神诞日祈福和四季祈福最为隆重，又以婚嫁祈福和除夕祈福最具特色。2008年11月被列入柘荣县第二批非物质文化遗产保护名录；同年12月被列入宁德市第二批非物质文化遗产保护名录。2017年1月被列入第五批省级非物质文化遗产代表性项目名录。

市级非遗“游傩狮”传统游艺及代表性传承人　漳平吾祠前盂游氏《进盛堂族谱》记载：“清康熙末年，族人用傩狮舞驱宗祠边密林中邪气。”“游傩狮”源于在宗祠边、路上或各种活动场所游走“傩狮”，是当地流传的傩面舞、南狮、游走艺术部分表演形式合三为一的一种游艺活动。前盂（湖）自然村在三明大田、泉州永春和龙岩漳平三地结合处。据传，明朝末年，游氏两兄弟在森林茂密的前湖山脚下兴建游氏宗祠时，“明师先生”嘱咐每年须进祠傩狮（也称摆狮）至少一次以辟邪。为不违祖训，前盂村先民组建傩狮队，户户有人参与，年年在宗祠傩狮拜祖，热闹一番，并沿袭至今。通常有游狮、狮拜贡、打狮、救狮、狮爬杆、狮戏水等表演节目。2018年12月，“游傩狮”被列为龙岩市第六批非物质文化遗产项目，游祖合为该项目代表性传承人。

市级非遗凿字技艺及代表性传承人　游氏《进盛堂族谱》（1915年修）记载：“嘉庆五年游兴机从春邑一都学造屋亲筑致曲堂，凿刻《选魁》《福延堂》等匾。”后村里族人多人拜游兴机为师，并传承木工及凿字技艺。现当地人仍用这一传统凿字法制作牌匾、楹联等。凿字技艺包括选材处理（设计、渡稿）、凿字技艺（初凿、细凿）、上漆着色（底色、提亮）等程序。主要表现为书法的翻刻、复制和书法神韵的再现。2018年12月被列入龙岩市第六批非物质文化遗产代表性名录，游祖地为该项目代表性传承人。

市级非遗漳平实用杂字文及代表性传承人　清嘉庆年间（1796—1820），漳平前盂武庠生游荣昆、游山头岁进士游联登、游山头太学生游振邦根据民间流传的方言记载各类农村日用生活字词，并整理成册。漳平实用杂字文以四字为主，共有7000多字，分节气类、地理类、上厝类、铜铁类、铁器类、银器类、瓷器类、石器类、木匠类、竹篾类、糖料类、海味类、肉味类、五谷类、果子类、菜蔬类、存服类、染色类、竹木花类、宝贝类、亲戚类、三教九流类、工艺类、交易类、作息类等。常以闽南语漳平话说唱。现存光绪二十八年（1902年）钞本一册。2018年12月被列入龙岩市第六批非物质文化遗产代表性名录，游兴贵为县级代表性传承人。

市级非遗大溪赛大鼓习俗　宋代，永定大溪游氏两兄弟在马荠岽的南山脚下各兴建一座游氏宗祠，人称“南山老屋”。其时风水先生嘱咐，此宗祠形似一对狮子，而狮性喜睡，每年至少要吵醒睡狮一次。于是人们定每年大年初一，大家敲锣打鼓到南山宗祠热闹一番。从此，为不违祖训，大溪游氏宗族便楼楼有大鼓、户户有铜锣、年年上南山老屋拜祖。几百年来，这一风俗在大溪乡游氏村落一直延续不断。2018年12月被列入龙岩市第六批非物质文化遗产代表性名录。

市级非遗大溪大鼓制作技艺及代表性传承人　永定区大溪乡大溪大鼓传统民俗活动孕育出造鼓名师游品才，其祖孙三代造鼓，除销往闽西各县和漳州、厦门外，还销往广东梅州、潮州、汕头等地。今大溪乡尚存千余面大鼓，大多出自游品才、游亮茂之手。大鼓形式多样，有橄榄鼓、缸子鼓、双头鼓等十几个种类，每个种类又有大、中、小三种规格。2018年12月被列入龙岩市第六批非物质文化遗产代表性名录，游亮茂为市级代表性传承人。

市级非遗大溪迎关帝习俗　大溪迎关帝活动源于明万历年间（1573—1620），盛于清乾隆年间（1736—1795）。大溪乡有座400多年历史的关帝庙。相传农历五月十三日是关公生日，因此大溪乡每过三年，都在这一天举办一次永定大溪关帝圣君民俗文化节，前后持续三天。活动期间，请关帝神像出庙到各村巡游。巡游队伍前面鸣锣开道，有回避、肃静大牌；关帝神轿在前，关平、周仓（扮演）及关字大旗队在后，锣鼓队及各表演古事队方阵紧跟其后，形成1000多米长的踩街迎关帝队伍。各村设供台，关帝巡游到村后，村民即祭祀、祈福。各村巡游完后，于农历五月十三日（为正日）在大溪集镇所在地开展大型踩街游行活动。在祭祀活动主供台，除猪、羊五牲祭祀外，在祭坛前还要宰杀一头黄牛，把牛肉、骨头掏空，只留牛头连接牛皮、牛脚，设立成空架子进行祭祀，传说是关羽犒赏三军之用。因之，民间流传“大溪人奇趣不奇趣，空壳黄牛祭关帝”的民谣。届时闽台两地和广东、浙江、江西的游氏宗亲都纷纷前来参加活动。2017年，大溪游氏宗亲护送关帝圣君到台湾巡游，与台湾的17个关公庙对接，大溪关帝庙也成为台湾同胞返乡谒祖、寻根省亲的重要平台。2018年12月，大溪迎关帝活动被列入龙岩市第六批非物质文化遗产代表性名录。

县级非遗灵地“打八仙”及代表性传承人 是由7～8人组成，在八音乐器的基础上，加配京班鼓（紧鼓）、唢呐（2支）等乐器，经过吹、打、说、唱演绎而成的一种立体式表演。如今已成为各种民俗活动的配乐。漳平市灵地乡游山头上盂、许坑自然村村民自发组成的两支打八仙乐队，表演过程形式多样，富有戏曲性。八仙按半路迎佛，以及宫、祠、庙、民居等用途进行分类，每曲表演需10～20分钟。打紧鼓者是八仙演出的总领。在每曲吹打中需用当地闽南话方言灵地腔说唱。2018年被列入漳平市非物质文化遗产代表性名录，游宗枝为县级代表性传承人。

第八节　名胜古迹

南平游定夫书院 坐落在南平市延平区南山镇凤池村。元延祐四年（1317年），游酢9世孙游以仁仿照建阳长坪的豸山书院而兴建。占地面积2195平方米，建筑面积1093平方米。坐北朝南，依山面溪，为三进式院落。由门厅（正宗堂）、庭院、中堂（道南堂）和大堂（立雪堂）组成。大堂内有一尊高2米的游酢坐像。中堂（道南堂）主祀孔子，配祀周敦颐、程颢、程颐、朱熹。中堂正面门楼用花岗岩砌成，顶部悬挂直书“宋嘉熙二年敕建豸山书院”金色牌匾；门额嵌石“游定夫书院”系20世纪80年代重修时游嘉瑞题刻；左右小门横眉石刻朱熹行书“程门立雪”“载道南来”。明清两代曾3次重修。1993—1999年，凤池村游氏后裔再度进行全面修复。1994年被列为南平市文物保护单位，并被列为市爱国主义教育基地。

武夷山水云寮书院遗址 坐落在武夷山云窝。北宋元符二年（1099年）游酢创建，是杨时、游酢程门立雪后道学南移的传道第一站。曾毁于兵燹，但遗址和三块条石构成的石门仍存，游酢裔孙游九言的摩崖石刻“水云寮”三字及其题名亦完好保留于巨石壁上。2016年被列为武夷山市文物保护单位。

永泰立雪书院 坐落在永泰县城关龙峰山上。由游酢28世游嘉瑞创建。叶选平题院名“立雪书院”，华国锋赐题“观海”。占地面积3000平方米。依山而筑，仿古格局。设有山川艺术馆、尺一楼、百砚斋、千石印室、耕读亭、道南轩等。书院融讲学论道、收藏交流、健康休闲、旅游观光为一体。

建阳廌山书院 坐落在南平市建阳区麻沙镇长坪村富垅。宋元符元年（1098年）游酢建草堂于富垅。乾道二年（1166年）知县萧之敏改建为祠堂以祀游酢，朱熹曾为之题记。嘉熙二年（1238年）建宁知府王野奉诏于富垅建书院，宋理宗御书“廌山书院”赐之。元时遭兵燹。明洪武二十四年（1391年）裔孙游勉道重建。万历十三年（1585年）巡按御史杨辰题廌山书院“立道名儒”宗祠匾。清乾隆三十年（1765年）建阳知县詹登高捐奉重建“名儒阙里坊”于院前。占地面积360平方米。历代多有重建与重修。嗣后倒塌，仅遗存砖雕门楼及残墙。1993年富垅村游氏族人重新修建书院的后堂部分。

柘荣中华游氏文化公园 位于黄柏乡官路洋溪畔。2009年由社会各界捐资创建。占地面积33万平方米。公园由游氏仙姑宫、游氏宗祠（游朴纪念馆）、游朴德政坊、片石堂（游朴读书洞）遗址、古廊桥“乘驷桥”、双翠亭遗址、明代摩崖石刻群，以及一片原始次生林组成。建有光源桥、华英桥、双翠亭、凌云亭、耕读亭、游朴石雕像及观光步道等。大门石雕牌楼四柱三门，高7.6米、宽9米。

第五章　人　物

第一节　人物传

游简言（914—969）　字敏仲，建瓯人。以秘书省正字荐入徐知诰（李昪）幕府，掌元帅府书檄。五代吴天祚元年（935年），徐知诰被封为齐王，游简言调任观察推官。李昪执政时多次升其官职至内史舍人。南唐李璟立，擢升为翰林学士、中书侍郎，又升迁为吏部尚书。宋开宝二年（969年）三月，官拜左仆射兼门下侍郎同平章事。

游　酢（1053—1123）　字定夫，学者称为廌山先生，建阳长坪村人。与堂兄游醇受学于族叔游复。与谢良佐等拜程颢、程颐为师，深得二程赏识与提携。宋元丰五年（1082年）进士。官萧山县尉、河清知县、泉州签判，和、舒、濠州知州，太学博士、府学教授、监察御史等。宋代程颐、杨时、朱熹和理宗皇帝对其均有很高的赞誉。游酢与杨时、吕大临、谢良佐并称程门（程颢、程颐）四大弟子。游酢和杨时“载道南归”，三传而至朱熹，进一步以儒学为主干融合佛、道，形成新儒学（理学），开创了闽学。成语“程门立雪”典故的主角就是游酢和杨时。清乾隆八年（1743年），游酢以先儒入祀孔庙，光绪十八年（1892年），由先儒晋升为先贤。山东曲阜孔庙及台南孔庙至今尚有游酢的神牌位。

游九言（1142—1206）　初名九思，字讷夫，又字诚之，号默斋，建阳人。12岁即作文指斥秦桧。早年从学张栻。因先代的功勋而受封，历任古田尉、监文思院、特赠直龙图阁。张栻任职静江（今广西桂林）、江陵（今湖北荆州）时，聘游九言为幕僚。此后张栻任职金陵（今南京）时，授游九言为抚干，并调安徽全椒县令。宋开禧年间（1205—1207）为淮西安抚机宜，不久调任湖北光化知军等职。游九言为张栻弟子，为“岳麓书院六巨子”之一。与朱熹为密友，曾将朱熹引见给张栻，促成理学史上著名的“朱张会讲”。

游九功（1163—1243）　字勉之，一字禹成，号受斋，建阳人。以先代的功勋而封官，历任荆、鄂宣抚司幕职，咸宁、江陵知县，金州、鄂州、泉州知州，庆元知府，湖北运判，代理刑部侍郎，待诏加宝谟阁直学士，枢密院副承旨等职。赐建阳开国侯。宋嘉定十六年（1223年），积极抗金，立有战功。游九功为张栻弟子，史称“岳麓书院六巨子”之一。任职泉州期间，增筑翼城，开拓刺桐港，繁荣泉州海外贸易。

游　琏（1487—1566）　字世重，号少石，连江人。明正德六年（1511年）进士。博学多闻，与吴文华等并称“连邑六才子”。历官江西新建知县、南京户部主事、山东登州知府、海南兵备副使、江西布政司参政等。在登州知府任上，开仓赈灾，治病除疫，兴文育才，平冤惩贪，重修蓬莱阁，因而被赞与宋代登州太守苏轼相媲美。在海南期间，平叛治乱有功，百姓树“平黎之碑”，并建生祠以纪之。在江西布政司参政任上，培育人才，尤以极力举荐明代抗倭名将戚继光而闻名。

游居敬（1509—1571）　字行简，号可斋，南平凤池人。明嘉靖十一年（1532年）进士。入选翰林院庶吉士。25岁升监察御史。累官按察史、布政使、都察院副都御史、两京刑部右侍郎。因在朝谏中得罪宰相高拱，于明隆庆五年（1571年）辞官归故里。明神宗即位后，为其平反昭雪，赐其墓建造大型石雕神道。天启五年（1625年），宰相叶向高亲撰墓志铭及神道碑文。朝廷赐立“进士第坊”“翰林柱史坊”“方伯坊”“司寇第坊”。

游　朴（1526—1599）　字太初，号少涧，柘荣人。明万历二年（1574年）进士。出任四川成都府推官。万历七年初，受四川督抚之命，参与修成《万历四川总志》34 卷。万历八年调任大理寺评事。万历十年升任右寺副、左寺正。万历十四年转任刑部山西司郎中。万历十七年升任广东按察司副使，职司盐屯，订立盐税规章制度，杜绝奸弊；疏浚河道，惠及百姓；巡视澳门，与葡萄牙人签订法规。万历二十一年升任湖广布政司右参政，分守荆西。归隐回乡后，应聘担任《福宁州志》总裁。

游崇功（1662—1721）　字仲嘉，莆田（一说漳浦）人。清康熙二十九年（1690 年），依襄阳镇总兵蔡元，补协标右营把总，升千总。康熙五十一年再迁福建长福营左营守备，分防长乐县。长乐水灾，游崇功谒巡抚满保，请发粟平粜，民食以济。康熙五十三年，闽浙总督满保荐其补调台湾北路宫守备。赴台后，浚水道，修学宫，建无祀祠，深获诸罗县人赞许。康熙五十六年擢升海坛镇标右营游击。后又调台湾水师协左营游击。康熙六十年四月，因镇压台湾凤山县民朱一贵起义而被杀。

游金辂（1703—1763）　字君载，莆田秀屿人。出身行伍，曾参与镇压朱一贵起义，补督标中营。清乾隆九年至十四年（1744—1749）任泉州城守营守备，乾隆十五年任灌口讯都司。乾隆十六年，皇帝南巡，游金辂亲带浮水兵丁赴浙江接驾，指挥操练水师以供圣览，因对答合称，得赐金牌彩缎加三级，升迁广东南澳总兵官。乾隆二十一年任金门镇水师总兵官。乾隆二十六年四月任镇守福建台湾等处挂印总兵官左都署理水师提督。乾隆二十八年十月被浙闽总督杨廷璋参奏而革职，在押赴省城福州候审途中候风之际，于鹿耳门外妈祖庙空屋中以小刀自刎。

游　悠（1891—1945）　女，平和秀峰村人。1926 年参加农运工作，并加入农会，组织、发动妇女打草鞋，筹集粮食等物资，支援游击队。她家成为游击队活动据点，一家人热心革命。1945 年，因保护游击队被捕，遭受各种酷刑，后因伤势过重牺牲。

游志诚（1898—1989）　平和秀峰村人。1927 年春参加中共福建省委农工讲习所学习，8 月回秀峰组织农民协会，同时加入中国共产党；10 月应邀参加朱德带领的南昌起义部队在秀峰村召开的军事会议，并在次日为部队当向导。1928 年春参加并组织工农革命军，进行武装暴动。同年 6 月南渡马来西亚，初以劳工为生，后做小贩买卖。1930 年往印度尼西亚东爪哇，经营烤烟生意。常捐资办学。先后被当地侨胞选为中华总会委员、主席。多次寄款回家乡，修建秀峰小学校舍、礼堂，购置教学用具。1965 年印度尼西亚排华时，携眷回国，定居漳州市区。

游玉山（1900—1997）　字亮仁，上杭才溪同康人。1929 年参加中国工农红军并加入中国共产党。土地革命时期，历任红军宣传员、武东游击队大队长、中共永和埔中心区委副书记、福建军区没收委员会指导员等职。抗日战争期间，历任新四军二支队三团供给主任、宝应县独立团参谋长等职。解放战争时期，历任新四军一纵队二旅五团副团长、山东胶东特务团团长、泰州军分区参谋长等职。中华人民共和国成立后，调任福建省军区永安军分区司令员。1955 年被授予大校军衔。荣获二级八一勋章、二级独立自由勋章、二级解放勋章。1988 年又被授予二级红星功勋荣誉章。享受副军级待遇。

游　寿（1906—1994）　女，霞浦人。1925 年于福建省立女子师范学校毕业，被民间称为“闽东四才女”之一。次年担任霞浦县立女子高等小学校长。时与林徽因等并称为“福建四才女”。1936 年于金陵大学研究生毕业。后在国立中央大学、中央博物院、中央研究院、中央图书馆从事教学与研究工作。1949 年后先后于南京大学、山东师范学院、哈尔滨师范学院等院校担任副教授、教授等职。

游　龙（1914—?）　原名游家福，福州人。1937 年参加新四军三支队。1941 年任第三野战军四纵队和特种纵队文工团团长。1960 年任福建省文化局副局长。1976 年任福建省文联副主席、省电影家协会主席。

游梅耀（1916—2014）　永定县培丰镇洪源村人。1934 年 1 月参加游击队。1938 年 4 月加入中国共产党。曾坚持闽西南三年游击战争。1940 年任陈毅随行副官。1942 年后历任连长、营长、团参谋长、副团长等职。参加黄桥决战和季家市、苏中七战七捷、淮海、渡江、解放上海等战役。1949 年任龙岩军分区警备团团长。1950 年率部在闽西地区剿匪。1953 年任福建军区守备八〇团团长。1956 年任南平军分区参谋长。1962 年任南平军分区副司令员。1969 年任三明军分区第一副司令员。1971 年任福建生产建设兵团司令部副参谋长。上校军衔。荣获八一勋章、独立自由勋章、解放勋章。1988 年又荣获二级红星功勋荣誉章。享受副军级待遇。

游金锁（1918—1998）　莆田秀屿人。莆仙戏著名表演艺术家。1932 年卖身当时的老板阔口九学戏，成为莆田名戏班益华风的一名出色演员。1952 年任大众剧团团长兼导演。1959 年以省代表队晋京参加国庆 10 周年献礼，演出《三打王英》，轰动京城，获刘少奇、周恩来、朱德等中央领导人接见与赞赏。在戏剧界享有较高的声望。曾任莆田县人大常委、第五届政协委员，并被评为优秀教师、先进工作者。

第二节　人物录

游　匹　字五丈，建阳人。唐代由光州固始迁居建阳长坪（今麻沙镇富垅村），为游氏入闽北支 1 世。福建游氏大部分为其后裔。

游　植　莆田人。唐末官大理寺评事，复任泉州别驾，道经莆阳（今莆田市），乐紫霄山水，定居紫霄岩下象峰圭浦，为游氏入闽南支 1 世。尝捐资创林泉资福寺。

游　衡　号允平，建瓯人。唐元和三年（808 年）进士。元和十三年拜侍郎史。长庆二年（822 年）迁殿中侍郎史。宝历二年（826 年）以直谏罢会昌，宝历六年起复拜御史大夫兼翰林学士。大中二年（848 年）疏谏宣宗，忤旨谪庐陵，定居庐陵五都清湖。

游　恭　字梦得，建瓯人。唐代进士。初为鄂州杜洪掌书记。杜洪死后归吴，代理馆驿巡官。吴武义元年（919 年）调任驾部员外郎、知制诰。

游钰仲（878—948）　建瓯人。仕闽王延曦，为殿前御史中丞。

游　象　莆田人。官至唐太常寺卿。

游　瑟　建瓯人。仕南唐，任千牛备身（掌执御刀，为君主亲身护卫，六品）。

游　部　莆田人。官唐州平化知县。

游　振　莆田紫宵人。宋天圣八年（1030 年）进士。官朝请郎。

游　潜　名汝，字升叔，建阳富垅人。宋庆历二年（1042 年）以太守致仕。赐太中大夫。

游　烈　字晋光，邵武人。宋皇祐元年（1049 年）进士。官职方员外郎。

游冠卿　字公忠，福清东塘人。宋嘉祐八年（1063 年）进士。拜朝散大夫。曾捐献土地以创办乡学。

游　撝（1083—?）　建阳人。官洪州司兵曹事。

游　损　建阳人。宋人，官至考功员外郎迁右司。

游其藩　建阳人。宋政和年间（1111—1118）居太学上舍。政和八年（1118 年）登进士。终朝奉大夫，赠太中大夫。

游　辅　字宋卿，莆田紫霄人。宋重和元年（1118 年）进士。历任宣教郎、广东潮阳知县，值梅州“徭贼”起，朝廷特除之知梅州。游辅入境，“群盗”敛迹遁去，郡治肃然。任未满，以丁忧回籍。诏起广西象州守。卒于任。葬紫霄山。

游　操　字存诚，晚号定庵居士，建阳富垅人。宋宣和三年（1121 年）进士。历官秘书省正字、秘书少监权礼部侍郎。

游率甫　南平人。南宋银青光禄大夫、兵部尚书。

游仕鹏（1135—1199）　长乐人。累官禁近。因伪学邪正之辨，弃官归隐回闽，与黄榦为师友。因爱蒲峰山水，遂居长乐，为浮岐游氏 1 世。

游　旹　建阳富垅人。宋绍兴二十一年（1151 年）进士。湖南安抚参议，终朝请郎。

游允之　莆田人。宋隆兴元年（1163 年）特奏名进士。官永康军节度推官。

游　严（1174—1223）　又称严二，建阳人。宋嘉定十年（1217 年）赐同进士出身。嘉定七年卜居吉溪凤池坊，为凤池游氏 1 世。

游中孚 字大信，武夷山人。南宋名臣李光任安徽宣州知州时，适逢降金将领李成攻城，李光拟派人求援于大帅岳飞。但其部下皆惮于道路险阻，唯游中孚慨然携带十个骑手抄偏僻小道前往岳飞营帐求救。宣州解围之后，朝廷欲授游中孚官职，却坚辞不受。

游次公 字子明，号西池，又号寒岩，建瓯人。宋乾道年间（1165—1173）为范成大幕僚，曾为安仁令。宋淳熙十四年（1187 年）以奉议郎通判汀州。

游　洚 字澄之，建瓯人。宋庆元五年（1199 年）进士。历官安海镇官、浙西提刑司干办公事、太学博士等。

游金西 建阳人。宋嘉泰二年（1202 年）进士。官县令。

游汝梅 字伯春，号雪斋，武夷山人。受业真德秀。宋嘉定十六年（1223 年）进士。晚授嘉议大夫。

游锡畴 延平九坍人。宋代人，官广西道御史。

游义肃 字子敬，一字秉孙，建阳人。宋淳祐六年（1246 年）知连江县事，首修学宫，置田赠饩；浚东湖，复九井，创平粜仓，成通济桥（江南桥），筑相公堤。

游　纶（1481—1555） 字邦济，号默斋，南平人。国子监生。任知县，赠按察司副使，封中宪大夫。

游于北 字怀莐，号思可，延平人。明贡生。恩选入仕，官醴陵县令。

游　德（1505—1540） 字廷光，号磐涧，柘荣人。以子游朴贵，初赠文林郎，加赠儒林郎，累赠中宪大夫。

游日章 字学褧，号南荆，莆田秀屿人。明嘉靖三十八年（1559 年）进士。授江西临川知县，后升廉州知府。

游于广（1576—?） 字怀约，号继可，延平人。明贡生、太学生。历官太仆簿、文林丞、户部郎等。

游　宇 字调沂，更名禹图，东山人。明陵水县知县，衡州府知府。

游廷柏 字子介，福清人。明肃宁训导，都察院司务户部郎中，湖南永州府知府。

游洛图 字赤文，东山人。明虹县知县，青州知州。

游　泮 字士元。明代人。左迁福州教授，署罗源、永福二县事，转国子监典簿。官至云南顺州守。

游新佑 字有秩，福清人。官授河北省香河县知县。

游友德 长汀人。明安徽和州知州。

游应龙 字廷从，号念园，莆田秀屿人。明万历七年（1579 年）顺天经魁，次年联捷进士。知广东增城县事，赠文林郎。

游春霖（?—1589） 字贤谟，云霄莆美人。明嘉靖四十三年（1564 年）举人。初任南安分府同知，后任湖南醴陵县、慈利县知县等职。

游定国 字用正，号震东，罗源人。明天启年间（1621—1627）以岁贡任湖北郧县知县，兴水利，修堤堰，教民树艺。擢广东南雄同知。

游东皋 字义程，莆田秀屿人。明岁贡。官广东增城知县，封文林郎。

游伯槐 莆田人。明万历三十五年（1607 年）进士。历官兵部车驾司郎中、广东布政使司右参政、云南按察使、广西按察使。

游云鸿 字渐甫，号羽仪，莆田秀屿人。明万历四十四年（1616 年）进士。官云南按察使。

游昌业 字天夷，东山人。明东安知县、浙江道布政司监察御史。

游　腾 字朝霖，福清人。明陕西道监察御史。

游凤翔 福建人。明南京湖广道御史。

游　龙（1626—1671）　字元伯，号起南。清代江西新建县知县。

游宗选　字祖圣，莆田秀屿人。明郡庠生。官云南按察使，兴化镇中将参将。曾赴台参战。

游廷扬　诏安人。明崇祯六年（1633年）入京，选任普宁县知县。

游天章（？—1676）　字玉鼎，诏安人。清诰授镇国将军武功大夫加衔从二品特授副将。

游瀛洲　平和秀峰人。清康熙二十一年（1682年）编纂《平和县志》。

游　灏　字祖瀚，号容亭，莆田秀屿人。清康熙二十二年（1683年）任平阳镇随征总兵赴台湾，功加左都督。

游汝仲　诏安人。清康熙年间（1662—1722）任抚州府临川县知县。

游汝僢　诏安人。官清惠州府永安县知县。

游汝傑　诏安人。官清嘉应州兴宁县知县，后升福宁府知府。

游文虎　诏安人。清康熙十一年（1672年）实授云南标骑将军加二品督佥事。

游汉虬　罗源人。清康熙五十年（1711年）武举人，翌年武进士。官御前侍卫。

游全兴　莆田秀屿人。清康熙六十年（1721年）任千总，随同水师提督施世骠镇压朱一贵起义。雍正四年（1726年）任金门镇右营游击。

游　炯　字宗传，霞浦人。清康熙年间任浙江龙泉知县。

游绍安　字学周，号心水，福清人。清雍正元年（1723年）进士。官至江西南安知府。乾隆十一年（1746年）倡建“宋先贤游氏宗祠”于福州乌石山般若台旁。乾隆十七年在闽县嘉崇里独山麓创建“玉融社学”。

游观光　字用宾，莆田秀屿人。历任金门镇左营千总、平阳参将、虎门副将、平阳总兵。清雍正年间（1723—1735）赐葬莆田县西林山（今前黄山）。

游殷亭　诏安人。清乾隆年间（1736—1795）任湖北省郧西县知县。

游思圣　东山人。官台州总兵。

游昌蕻（1746—1810）　字子向，名化曰，号癸亭，延平人。清太学生，加捐通州司马，晋秩州同知，授五品将军。建造华屋“将军楼”。

游昌莘（1757—1831）　又名际泰，字子聘，号尹耕，延平人。授五品武德骑尉、守御千总、奉政大夫。清乾隆四十七年（1782年）建造“百间房”。曾独自修建南平游定夫书院，倡修游定夫祠，并于书院左右两边设练武场，聘延平名师执教。善书法，曾手书“万年仪式”匾，悬于南平游定夫祠大厅。遗有庭训“积金玉不如积福德，勤工艺未若勤耕读”。

游光绎（1758—1827）　字彤卤，一字磸田，霞浦人。清乾隆五十四年（1789年）进士。授职编修。嘉庆四年（1799年）迁陕西道监察御史，后任福州鳌峰书院山长。

游绍吉（1774—?）　松溪人。清顺昌县知县。

游大琛（1787—1861）　霞浦人。清道光六年（1826年）进士。官山西高平等县知县。

游国通　连江龙西浦人。清嘉庆四年（1799年）授武略骑尉，龙西陆路提标守备，出任台湾把总。

游祖镇　莆田秀屿人。清代平阳参将。

游金简　莆田秀屿人。行伍出身。清代龙海石码副游击（正四品）。

游其书（1804—?）　乳名高贤，号志绅，永安人。清咸丰六年（1856年）捐千总；咸丰七年捐补五品副府；咸丰十年，为乡亲们躲避土匪、流寇的袭击和扰乱，筑土堡一座。同治四年（1865年），南平、沙县一带发生严重灾荒，米价飞涨，义捐粮米，延平府知府赠“急公好义”匾褒奖。

游凌云　诏安人。清嘉庆十四年（1809年）武进士。任寿州守备、寿春游击等职。后罢官回乡，建学堂、宫庙，修水利。嘉庆皇帝曾赐其“青云拔钹”匾和黄龙伞一把，并赐建府第“青选堂”。

游从治　连江人。清道光二十年（1840年）任汀州游击。

游长龄　字以昌，号文石，罗源人。历官清觉罗学教习、广西郁林州博白知县、广西寻州府知府。

游　福　武夷山人。官清萧山知县。

游瑞清　诏安人。平寇乱有功，任清千户，赐谥忠义大夫。

游合璧　诏安人。清翰林院检讨。

游学诚（1857—1925）　字悟庵，霞浦人。曾参与“公车上书”。清光绪二十八年（1902 年）任福宁中学监督；后创办霞浦女子高等小学，并任校长；继为霞浦一中首任校长。

游时陔（1872—1930）　字肖兰，罗源人。罗源县商会会长，后任代县长。

游瀚波（1892—1971）　又名联锦，号伏侯，仓山冯宅村人。早年入清南京陆军中学，后入保定陆军军官学校；陆军大学第五期毕业。曾任国民革命军第三集团军军部少将联络员。1937 年太原战役后，资遣回闽。不久挂福建省参议员职。

游施民（1910—1935）　长汀南门街人。1930 年加入中国共产党，曾任福建省苏维埃政府政治保卫局科长，1934 年初调任中华苏维埃临时政府保卫局执行部部长。参加闽西革命根据地的土地革命斗争和中央苏区的反“围剿”战役。1934 年 10 月中央红军主力长征后，随中央留守机关转移山区坚持革命斗争，参加中央苏区的三年游击战争。1935 年秋在江西会昌县白鹅岭反“清剿”战斗中牺牲。

游荣长（1912—1969）　长汀河田游坊人。1931 年加入中国共产党。历任长汀县及福建省苏维埃政府粮食部部长，中共岩西北中心区委书记、县委书记，中共长汀县工作委员会书记，中国人民解放军闽粤赣边纵独立第七团政委。中华人民共和国成立后，历任长汀县县长，中共长汀县委书记、龙岩地委工交部副部长。“文化大革命”中被迫害致死。1981 年 7 月 16 日，中共龙岩地委报省委批复，为游荣长平反，恢复名誉。

游癸巳（1924—1952）　平和秀峰村人。1945 年被国民党抓丁，次年随部队起义后，加入中国人民解放军，历任班长、排长、连长、营长等职。1946 年秋荣获特等功，1947 年获爆破英雄称号。1948 年参加淮海战役。抗美援朝时，担任中国人民志愿军二十三军二〇五团参谋长。1952 年 11 月在朝鲜战场牺牲。

游良钦（1934—2013）　1961 年浙江大学光学系毕业。文职少将。曾任重庆光学研究所所长、上海电影机械制造厂副厂长等职。

游　德（1940—2008）　武汉大学物理系毕业，曾任中科院电子研究所所长。

第三节　历代进士名录

唐　代

姓名	籍贯	中进士年间与科榜	任职	备注
游　衡	建瓯	元和三年（808 年），戊子科，柳公权榜	御史大夫兼翰林学士	
游　恭	建瓯	乾宁至光化年间（894—901）	官至驾部员外郎，知制诰	

宋　代

姓名	籍贯	中进士年间与科榜	任职	备注
游　振	莆田	天圣八年（1030 年），庚午科，王拱辰榜	朝请郎	
游景先	建瓯	皇祐元年（1049 年），己丑科，冯京榜		

续表

姓名	籍贯	中进士年间与科榜	任职	备注
游　烈	邵武	皇祐元年（1049年），己丑科，冯京榜	职方员外郎	
游　奎	建瓯	皇祐五年（1053年），癸巳科，郑獬榜		
游冠卿	福清	嘉祐八年（1063年），癸卯科，许将榜	朝散大夫	
游　勋	建阳	嘉祐八年（1063年），癸卯科，许将榜	终官南康军司理参军	
游　醇	建阳	元丰二年（1079年），己未科，时彦榜	官至奉议大夫	
游　酢	建阳	元丰五年（1082年），壬戌科，黄裳榜	太学博士，监察御史	
游　充	建瓯	元丰八年（1085年），己丑科，焦蹈榜		
游　煦	建瓯	元祐三年（1088年），戊辰科，李常宁榜		
游　醳	建阳	元祐六年（1091年），辛未科，马涓榜	官通判	
游　晖	建瓯	绍圣四年（1097年），丁丑科，何昌言榜		
游　斌	崇安	崇宁五年（1106年），丙戌科，蔡嶷榜		
游　传	建瓯	大观三年（1109年），己丑科，贾安宅榜		
游时升	建瓯	大观三年（1109年），己丑科，贾安宅榜		
游其藩	建阳	重和元年（1118年），戊戌科，王昂榜	终朝奉大夫，赠太中大夫	
游　辅	莆田	重和元年（1118年），戊戌科，王昂榜	官至象州守	
游　操	建阳	宣和三年（1121年），辛丑科，何涣榜	官秘书少监权礼部侍郎	
游　旹	建阳	绍兴二十一年（1151年），辛未科，赵逵榜	朝请郎	
游允之	莆田	隆兴元年（1163年），癸未科	永康军节度推官	特奏名
游　岳	建瓯	隆兴元年（1163年），癸未科，木待问榜		
游　雩	建阳	乾道二年（1166年），丙戌科，萧国梁榜		
游士衡	福清	乾道八年（1172年），壬辰科，黄定榜	文林郎	
游　觌	建瓯	绍熙四年（1193年），癸丑科，陈亮榜		
游昌叔		庆元二年（1196年），丙辰科		武进士
游　洚	建瓯	庆元五年（1199年），己未科，曾从龙榜	太学博士	
游金西	建阳	嘉泰二年（1202年），壬戌科，傅行简榜	县令	
游一龙	莆田	嘉定四年（1211年），辛未科，赵建大榜	漳州刺史	
游定山	建瓯	嘉定十三年（1220年），庚辰科，刘渭榜		
游拱之	南平	嘉定十三年（1220年），庚辰科，刘渭榜		
游继荣	福州	嘉定十六年（1223年），癸未科，蒋重珍榜	嘉议大夫	
游汝梅	崇安	嘉定十六年（1223年），癸未科，蒋重珍榜	嘉议大夫	
游　镕	建瓯	宝庆二年（1226年），丙戌科，王会龙榜		
游梦春	长乐	绍定二年（1229年），己丑科，黄朴榜		

续表

姓名	籍贯	中进士年间与科榜	任职	备注
游清夫	建瓯	绍定二年（1229年），己丑科，黄朴榜		
游　霆	莆田	绍定二年（1229年），己丑科，黄朴榜		
游德卿	武夷山	绍定五年（1232年），壬辰科，徐元杰榜		
游　浑	建瓯	端平二年（1235年），乙未科，吴叔告榜		
游旋叔	建瓯	淳祐元年（1241年），辛丑科，徐俨夫榜		
游明复	福州	淳祐十年（1250年），庚戌科，方逢辰榜		

明　代

姓名	籍贯	中进士年间与科榜	任职	备注
游义生	连江	洪武二十一年（1388年），戊辰科，任亨泰榜	翰林庶吉士	
游　明		景泰二年（1451年），辛未科，柯潜榜		
游　兴	福州	成化八年（1472年），壬辰科，吴宽榜		
游　琏	连江	正德六年（1511年），辛未科，杨慎榜	官终江西布政司参政	
游居敬	南平	嘉靖十一年（1532年），壬辰科，林大钦榜	累官刑部侍郎	
游天廷	镇海卫	嘉靖二十九年（1550年），庚戌科，唐汝楫榜		
游日章	莆田	嘉靖三十八年（1559年），己未科，丁士美榜	临川知县，廉州知府	
游　朴	柘荣	万历二年（1574年），甲戌科，孙继皋榜	官至湖广布政使司右参政	
游应龙	莆田	万历八年（1580年），庚辰科，张懋修榜	广东增城知县，赠文林郎	
游伯槐	莆田	万历三十五年（1607年），丁未科，黄士俊榜	官至按察使	
游云鸿	莆田	万历四十四年（1616年），丙辰科，钱士升榜	云南按察使	

清　代

姓名	籍贯	中进士年间与科榜	任职	备注
游汉虬	罗源	康熙五十一年（1712年），壬辰科	御前侍卫	武进士
游绍安	福清	雍正元年（1723年），癸卯科，于振榜	官至江西南安知府	
游光缵	霞浦	乾隆四十五年（1780年），庚子科，汪如洋榜		
游光绎	霞浦	乾隆五十四年（1789年），己酉科，胡长龄榜	官至陕西道监察御史	
游凌云	诏安	嘉庆十四年（1809年），己巳科	寿州守备，寿春游击	武进士
游大琛	霞浦	道光六年（1826年），丙戌科，朱昌颐榜	山西高平知县	

第十三篇

梁姓

《福建姓氏志·梁姓篇》编纂委员会

主　任：梁永坚

副主任：梁振林　梁奕明　梁品华　梁发平

委　员：梁训湘　梁　栋　梁景兴　梁文汉　梁文光　梁国阳　梁开民　梁宝乾　梁元程　梁广兴　梁加全　梁文深　梁奇珍　梁应盛　梁建华　梁仕发　梁俊华　梁步奏

《福建姓氏志·梁姓篇》编辑部

主　编：梁振林

副主编：梁奕明　梁品华　梁发平

撰稿人：梁亚水　梁文清　梁奕枞　梁文通　梁守敬　梁培庆　梁坤云　梁淑兴　梁永京　梁发绍　梁瑞军　梁开华　梁清顺　梁继成　梁子玉　梁汝福　梁明章　梁建设　梁惠生　梁奕财　梁亦强　梁世帮　梁长钰　梁智文　梁景莲　梁其江　梁汉达　梁友善　梁世旺　梁昌珠　梁艺辉　梁富普　梁海明　梁瑞和　梁大椿　梁运申　梁新梓　梁新运　梁信银　梁永坚（惠安）　梁天星　梁伟平　梁国标　梁长权　梁泗溪　梁亦渠　梁福生　梁水表　梁金和　梁克明　梁狮备　梁明忠　梁国栋　梁宝发　梁金德　梁东华　梁启佳　梁厚文　梁垂兴　梁相成　梁民主　梁世国　梁东辉　梁景业　梁志勇　梁鸿文　梁育琼（女）　梁华星　梁湖北　梁昆长　梁东明　梁亦忠　梁碧娟（女）　梁明义　梁振桥　梁友林　梁进旭　梁伦拥　梁庆秀（女）　梁为民　梁桂林　梁振辉　梁培德　梁万业　梁世乐（苍南）　梁光葆

目 录

梁姓，黄帝之裔，昌意后裔，伯益之后，奉非子为远祖，秦仲为先祖。东晋元兴三年（404年），梁遐迁居三山（今福州），为梁姓入闽始祖；唐建中年间（780—783），梁震五迁居泉州后定居樵城（今邵武）；唐光化元年（898年），梁选定居今南安丰州；唐末，梁逸定居莆田下梁；唐末，梁钦迁居建州（今建瓯）后定居崇安（今武夷山）；后周显德五年（958年），梁日成迁入邵武；宋初，梁京福迁居将乐；宋天禧三年（1019年），梁宗迁居福州鼓岭茶洋；南宋绍兴三年（1133年），梁孟坚迁居汀州宁化石壁；南宋宝祐二年（1254年），梁忠迁居上杭城东；明永乐二年（1404年），梁住儿迁居福州后定居永春蓬壶都溪；明宣德六年（1431年），梁海迁居莆田莆禧；明代，梁思成迁居漳州；另有迁居光泽、莆田、建阳、沙县、福州洪塘等地。据2016年统计，全省梁姓总人口数为134371人，分布全省各地，形成200多个梁姓聚落村庄。有梁氏族谱60多部；在众多的祠堂、古墓以及名胜古迹、名人故居中，国家重点文物保护单位2处，省级文物保护单位8处，市、县（区）级文物保护单位15处，非物质文化遗产5项，全国历史文化名村1处。宋代以来进士63人，状元1人。明清时期，大批梁姓族人迁徙台港澳地区及东南亚、日本、美国等地，主要郡望有夏阳郡、安定郡、扶风郡、东平郡，堂号有忠孝堂、安定堂、梅镜堂、贻燕堂等。

第一章　源　流

第一节　溯　源

一、源自姬、嬴姓

黄帝元妃嫘祖次子昌意，系出姬姓。昌意8世伯益，号大费，助禹治水有功，赐姓嬴，传世至非子，周孝王召非子为主畜，封于秦地（今甘肃天水），爵位是侯，称为秦嬴。非子四传至秦仲。秦仲为周宣王大夫，奉命伐戎殉职。其少子康（讳寅，字秦庆，号梁伯，谥康），东周平王元年（前770年）封为“忠孝伯爵侯”，赠封地于陕西夏阳梁山（今陕西韩城南），建立梁国，称梁康伯，梁康伯为梁姓始祖。

二、源自国名

梁国传国五世至玄孙益耳，公元前641年，梁国被秦穆公灭，梁国后裔因怀祖，便以国名“梁”为氏，史称夏阳梁姓。

公元前361年，为躲避秦国的威胁，魏惠王从安邑（今山西运城）迁都大梁（今河南开封），国号“魏”，从此魏国被称为梁国。魏国为秦所灭，后代以国名为姓，形成开封梁氏。

三、源自少数民族

南北朝时，北魏三字姓“拔列兰”氏，随魏文帝移都洛阳，定居中原，改为汉字“梁”姓。壮族，台湾少数民族、仫佬、侗等众多少数民族均有梁姓。

第二节　入　闽

晋安帝（397—418）时期，梁遐任仆射大将军、安固令（今河北保定）。晋元兴三年（404 年），桓玄篡晋立楚国，授梁遐为征东大将军，梁遐不受，弃官入闽定居三山（今福州）。梁遐为梁姓入闽始祖。

唐建中年间（780—783），梁震五由光州固始长春都入闽，任闽南刺史，定居樵城（今邵武），分衍泰宁城关梁姓。

唐光化元年（898 年），梁选由光州固始入闽，诰授奉直大夫，任武荣州知州，定居今南安丰州。

唐末，梁逸由光州固始入闽，任闽县县令，定居莆田下梁。

唐末，梁钦由今开封铁板桥入闽，任建州（治所今建瓯）刺史，后定居崇安（今武夷山）。

五代后周显德五年（958 年），梁日成携子梁念四由江西饶州鄱阳入闽，初居樵城（今邵武）南乡三十七都仁顺东堡梁家坊，后裔定居今邵武市和平镇坪上村。

五代后周（951—960）末年，应天府（今河南商丘）人梁世达，职授四品，任福州府按察司廉使，定居福州黄泥街。

宋初，梁百忠由山东曲阜入闽，定居光泽崇仁乡洋塘村大理峰水西。

宋初，梁京福任统兵元帅，由山东曲阜可乐村入闽，定居将乐漠源曹坊。

宋天禧三年（1019 年），梁宗由光州固始入闽，任闽县主簿，定居福州鼓岭茶洋（今宜夏梁厝）。

南宋绍兴三年（1133 年），梁孟坚由广东顺德石磑入闽，定居汀州宁化石壁。后裔迁徙广东梅州松源、松口、水南贝、蕉岭等地。

南宋淳熙年间（1174—1189），梁录由处州（今浙江丽水）入闽，任兴化知县，定居莆田。

南宋宝祐二年（1254 年），梁忠由浙江杭州府钱塘琉璃八角井入闽，定居上杭城东门。

明初，梁岁由江西铁井栏入闽，定居长平（今南平市建阳区麻沙镇长坪村）。

明永乐二年（1404 年），梁住儿由南宁县（今南京）入闽，在福州府右卫中所为军，奉命入永春屯田，定居永春蓬壶都溪祥峰。

明宣德六年（1431 年），广宁府（今辽宁北镇市）间阳县人梁海，继承父梁峪职务，调任平海卫莆禧守御千户长，定居莆禧（今莆田市秀屿区山亭乡莆禧村）。

明万历年间（1573—1620），梁葵陆由江西建昌府建昌县（今南城县建昌镇）入闽，定居今沙县凤岗根坑村根竹坑自然村。

明代，山东济南府齐河县人梁思成入闽，受封世袭漳卫千户，定居漳州。

清代，梁文仲、梁克家后裔又从浙江苍南、泰顺迁入今福鼎、霞浦等地。

第三节　繁　衍

一、梁震五家族

唐建中年间（780—783），梁震五由泉州迁居樵城（今邵武），生 5 子，长子梁四宣居邵武；次子梁七宣居禾平；三子梁九宣义居泰宁；四子梁十一宣居将乐；五子梁十三宣回居泉州。梁九宣义迁居泰宁城关传至 14 世梁炳，生 4 子，长子梁地居城关狮子街，至 23 世梁九祥后裔部分迁居梅口乡中村；次子梁址居城隍庙前街；三子梁墉居岭上街；四子梁垠居南门小均凹岭下；城关部分后裔分布大龙乡里坑村及暗岭、老虎际。梁垠 25 世梁廷椿后裔全部迁居城关大巷里（今进士巷）。

二、梁宣义家族

唐代，梁遐后裔梁宣义由侯官（今福州闽侯）迁居尤溪城内兴贤坊。至元代，梁子顺居兴贤坊；梁子正迁居六都梁坑（今西城镇新联村梁坑）；梁子顺长孙梁崇高迁居八都埔头村（今城关埔头村），失传，次孙梁崇纠居兴贤坊；梁鼎新迁居十八都后洋村（今坂面镇坂面村后洋），后裔梁新完、梁新华迁居今台溪乡清溪村，梁必修迁居建阳将口镇渭村，梁必敬迁居顺昌埔上镇上丰村，梁新疆迁徙新疆。梁鼎立迁居十八都陈坑底（今溪尾乡大宁村陈坑底），梁鼎炫迁居六都枣岭，失传。梁宗晋迁居十一都岭头（今联合镇岭头村）。

三、梁钦家族

唐代，梁钦由开封铁板桥入闽，任建州（今建瓯）刺史，定居崇安（今武夷山）。长子梁颽迁徙浙江丽水梁村；次子梁辕居崇邑东阳（今武夷山武夷街道角亭村）；三子梁霖迁居阳邑建忠回潭（今建阳将口镇回潭村），后裔分居建阳将口镇扬香村、崇雒乡、崇安（今武夷山）五夫。

四、梁世达家族

五代末，梁世达居福州，长子梁得恩居福州黄塘（今洪塘），次子梁得泰三子梁志刚入赘古田二保张家，子梁玉真携子室迁居二十六都后垅窝（今屏南县城关后垅村岭兜）。梁伯安父子迁居屏南大章（今棠口乡小章村）；梁伯全居后垅窝，后裔回居福州；梁伯道后裔迁居今建瓯水源乡上坑村潦头，梁伯达居二十六都潦头，再迁居今建瓯水源乡良贤村、东游镇上大垅村、浦城（再迁徙浙江龙泉）。

五、梁选家族

五代末，梁选孙梁文仲携子由光州固始迁居南安二十八都象运（今翔云），长子梁生、次子梁定，北宋初年（970 年前后）分别居前山和东山。

（一）前山房

梁生衍传至明初，梁子复后裔分居今翔云村的美岐、西坑（外迁）、光内（又分居椒岭村内光内、翔云村外光内、椒岭村岭头，翔云村道轩）、四房、路后等自然村。梁番胜分居西坑（外迁），梁奇超分居翔云村仑美。梁顺义携子迁居今南安市东田西坑，其后裔梁后君五兄弟又迁居今厦门市集美灌口镇双岭村。梁希义子梁拔俊、梁拔佳、梁拔丑、梁拔辰迁徙浙江永嘉、苍南樟浦等地。

（二）东山房

梁定衍传至元末，梁进帑分居今梅庄村，后裔居埔前、长埕仑、头梅村运道等地。梁进明分居外东山（今东山村），后裔又分居今梅庄村杉林、莲蒲林，金安村红庄。

梁文仲 18 世梁章义、19 世梁佛生迁居安溪岩头（今官桥镇上苑村）。梁佛生后裔梁有岳迁徙浙江温平北港四十三都圆潭下屿，其长子梁秀卿居浙江苍南蒲门五十四都后碗，次子梁明卿迁居鼎邑（今福鼎）三都大白岩下尾沙。梁秀卿孙梁承玉、梁承科再迁居沿州后湾塘（今福鼎白琳镇沿州村后湾塘），后裔分居霞浦水门乡玉山。梁正翰迁居安邑三十四都林洋头（今福安下白石镇潭头村）。梁世会迁徙浙江苍南凤池凡枝旦，衍传泰顺、苍南浦亭仙头庄，后裔梁茂生再转迁居霞浦沙坑（今柏洋乡沙坑村）。

18 世梁期赐迁居龙溪县龙居里义焦田头（今华安仙都镇宜招田头社），后裔梁弘（宏）远、梁耀昌、梁永昌迁居长泰枋洋镇枋洋村坑柄楼，衍传石横村山头；梁耀昌再迁今浦城莲塘镇山桥村，后裔迁居仙阳巽源、永兴冠山等地。

19 世梁煌赐迁福鼎沙埕后转浙江泰顺吴村贝口，又迁居福鼎后梁（今点头镇后梁村），后裔梁风宁居后梁，梁乌仔及后裔居桐山及后坦，梁华明及后裔居管阳南贝、霞浦牙城首洋。浙江苍南梁廷显后裔迁徙福鼎贯岭镇贯（半）岭村。

21 世梁惠乞改名梁惠卿，迁居长泰葛尾（今枋洋镇尚吉村吉美）；梁惠生改名梁均惠，迁居安溪光德里（今城厢镇仙苑村），后裔梁五英迁徙台湾，梁添应迁居南安十二都凤坡（今诗山镇凤坡村），融入凤坡梁氏五世（称二房祖），后裔外迁龙海海澄、厦门、台湾、浙江温州，迁徙马来西亚等国家。

29 世梁日大、梁兴周迁徙江西铅山葛仙山西山村棋盘石、洋村中州，梁天（兴）东、梁天（兴）珍兄弟迁徙江西铅山紫溪西山、石山湾。

梁文仲后裔分布省内各地，迁徙浙江温州苍南、江西、广东、台湾等地，侨居东南亚诸国。

六、梁逸家族

唐末，梁逸次子梁范由莆田下梁迁居惠安祥符里黄淡村（今黄塘镇），梁范孙梁政迁居晋江（今泉州），其 8 世梁克家居泉州东街相公巷，后居西街仕曹里（今会通巷）。梁政长子梁文惠迁居漳州府。梁欣（颀）居惠安黄淡村，由于发族较弱、遭兵匪，举族迁居今惠安紫山溪西畔建梁厝村，梁暖、梁万春又迁居今紫山镇龙石村河内，部分后裔外迁。

梁克家世系

6 世梁立祖迁徙浯洲（今金门三沙镇三山里山后村），后裔徙居同邑（今同安）屿美地，传至梁盖溪再迁居溪边（今南安官桥镇泗溪村）。梁盖溪生 4 子：长子梁廷机、次子梁廷二、三子梁廷三及后裔居泗溪村的顶乡、下乡、土楼、围内自然村，后裔梁显德迁徙浙江苍南灵溪镇华山村金家楼。梁显德后裔梁振泰又迁福鼎贯岭镇骆驼大坑底。梁盖溪四子梁实齐迁居后浦（今南安市霞美镇仙河村后浦）。梁益春迁居今厦门市翔安区内厝镇莲后村。梁天祚迁居同安翔凤里十四都（今翔安区新店镇），生 5 子，长子后裔居东仓胡梁厝、西林；二子后裔居东头下厝、珩厝、莲后、溪边、竹坝、山仔、石浔、漳州等地；三子后裔居上下东西厝、溪边、西沙、西房、营溪、荷领、小澄、茂前、漳州等地；四、五子后裔居西厝、张厝、苧溪、柴场、屿尾地、浦边白石、雷厝坑等地，再分居林后、张厝、珩厝、西岳梁厝、西房茂林等地。

7 世梁文福迁居永春四五都梁山院（今桂洋镇水尾），传至梁寿。梁寿长子梁进迁居德化龙浔龙中里罗升。罗升梁宝四迁居德化盖德美（今德化春美乡上春村），后裔梁而笃迁居大田济阳乡大墘村，梁于壁等迁徙台湾，梁于吉迁居大田华兴镇昆山村。梁寿次子梁和迁居德化东西里上涌梁桥头，传至梁大一居东固，修行成佛成为蟠龙境主；梁大二迁居今德化南埕镇蟠龙村，其 6 世梁庆全后裔迁居尤溪二十七都（今坂面），再迁徙江西广信玉山，后居上饶石人乡九塘；梁大三迁居今桂阳乡桂阳村岭头，生 4 子，长子居原地岭头，三子支系居岭头后分居龟洋（今龟洋属蟠龙村），后裔梁兴钰携子梁交培迁居水口镇久住村岐头、梁荣木居毛厝村。罗升梁聪四迁居永春苏坑珩内，后裔梁普童奉其父梁妈养再迁居永春二十二都南阳蓬莱巷（今吾峰镇吾顶村），梁普童后裔移居五里街、石鼓、桃城，建宁、厦门、泉州，迁徙江西、香港、澳门、台湾等地及马来西亚、新加坡、美国、文莱、澳大利亚等国家。

9 世梁妈保迁居南安诗山黄埔（今诗山镇凤坡村），其三子梁养从军居长乐。后裔梁添祖与三子梁三郎又迁居永春柯筑洋。梁显隆三子梁愈奇迁徙台湾高雄小港坪顶里。梁愈敏其子侄迁徙浙江平阳、苍南。梁道宾等人迁徙江苏徐州。梁赞彩等人迁居惠安崇武。

12 世梁桂柏后裔迁居惠安东门外（今螺阳镇村下村梁厝），分居今泉州市泉港区前黄镇三朱村田厝及涂岭镇路口村，田厝梁姓又移居涂岭镇小坝村上新、五社村八担。

18 世梁希月兄弟迁居仙游郊尾，再转迁今莆田秀屿区东峤镇梁厝村，后裔又迁居涵江西坡（今苍林村）。梁德馨迁居今秀屿区笏石镇苏塘草莽村。梁希月弟迁居今涵江区江口镇坂梁村梁厝。

清代，梁克家后裔由泉州西街仕曹里（今会通巷）迁居今丰泽区城东街道前头社区、霞美（今丰泽区北峰街道霞美社区）、洛江区河市南塘村梁厝与白洋村梁厝、马甲潘内村山仔尾。梁东轩迁居乌洲（今丰泽区泉秀街道乌洲村）。梁尾官由丰泽城东浔美再迁居霞浦三沙镇花竹村笔架礁。

七、梁日成家族

后周显德五年（958 年），梁日成携子梁念四由江西饶州鄱阳迁樵城（今邵武）南乡（禾坪）三十七都仁顺东堡梁家坊。梁二郎后裔迁居将乐；梁四郎迁居泉州；梁五郎迁居光泽；梁十一郎后裔由梁家坊迁居炉阳（今和平镇坪上村），衍传至南宋初，梁振谟生 5 子；梁十二郎及后裔迁居将乐、泰宁；梁十三郎居坪上村大坵田，其子梁滋文迁居建阳长坪；梁十五郎居坪上，后裔迁居和平罗前村条石，拿口中村、下西坑村，金坑湖溪村横排，张厝张厝村；梁十七郎迁居桂林蕙林村交溪（后裔迁居肖家坊肖家坊村）；梁十八郎迁居大阜岗河源村；梁十九郎迁居大阜岗李源村高婆岭。

八、梁京福家族

宋初，梁京福携子梁武辉、梁君辉迁居三华界古镛玉霄天柱（今将乐漠源乡伍坊村曹坊），长子梁武辉后被召回朝廷，梁君辉后裔梁土祥迁居将乐西乡上良地放坪。梁土祥生 4 子，长子梁彦一居上良地、次子梁彦二居下良地、三子梁彦三居半岭洞、四子梁彦四居放坪成佛立庵，后都居今万全乡良地村，后裔迁居光明镇的台上村，衍传渠许村源头、洋源、际下，大源乡的大源、溪源，黄潭镇的吴村、半岭，邵武洪墩镇的濠坊、宜坊、黄厝等地。黄潭梁柱郎迁居峡阳（今南平延平区峡阳镇进步街），生 4 子，长子梁永福迁建阳长坪、次子梁永明居峡阳、三子梁永宗迁居邵武拿口、四子梁永信迁居福州。良地梁谷迁居明溪珩溪（今瀚仙镇石珩村），后裔外迁莆田、汀州、宁化、漳平、清流、龙溪、沙县、三明中村，迁徙广东、江西、南京、台湾等地。

九、梁百忠家族

宋初，梁百忠由山东曲阜入闽，定居光泽崇仁乡洋塘村大理峰水西，生子梁子章，梁子章生子梁明安、梁明高。梁明安生二子：长子梁羲宏迁居鸾凤乡黄溪村，次子梁羲和居原地大理峰水西。

十、梁宗家族

宋天禧三年（1019 年），梁宗定居福州鼓岭茶洋山（今宜夏梁厝）。3 世梁伯重迁永福石壁（今永泰石壁村）。5 世梁汝霖、梁汝昌后裔迁居兴化；梁汝嘉、梁汝熹迁居福州仓山永南（今城门镇梁厝村）。11 世梁仕成迁居长乐坑田（江田），后代分居上梁厝；后裔梁伯岩、梁伯台迁居福清西松梁厝（今城头镇梁厝村）；梁伯治迁居长乐金峰镇梁边村；梁篪英迁居今宁德蕉城金涵乡单石碑社区；梁章钜仕官归田定居鼓楼区黄巷小黄楼；梁嵩随闽人 36 姓迁徙日本琉球冲绳久米吴江。12 世梁宵先由沙县姜银后琚坑迁居侯官三十都展山（今闽侯大湖乡碾坑村），后裔梁佛庆分居大湖乡聂山村，梁仕调分居罗源霍口畲族乡西峰村，梁孟融分居廷坪乡岭下村。16 世梁得辉迁居今福州市马尾区琅岐镇龙台村；梁得合迁居安庆长沙（今连江晓澳镇长沙村）；梁錯携子梁戊迁居福宁州（今霞浦县松城街道涌山村葫芦坵），梁戊长子梁永年居下浒（今下浒镇外浒村）、二子梁永昌居上澳（今下浒镇上澳村）、三子梁永万居下浒镇栢洋村、四子留居原地。17 世梁渊宇迁居梁坑（今福州市仓山区城门镇洋坑村）；梁桂支系由莆田云祥吉上官后迁居永福十三都竹嵩底油坑祭坑后（今永泰历生村庵后）。21 世梁克居迁居连江长龙镇下垱村，后裔梁时泰分居下洋村；梁时盛分居透堡，梁时盛长子梁廷珂居罗源白塔乡鳌峰村，次子梁廷琸居罗源碧里乡玉莲坂村，三子梁廷琮后裔居罗源白塔乡白塔村尖山、凤山镇管柄村下岭、松山镇吕洞村。22 世梁廷旦迁居城门镇白云村东塔。23 世梁和夫迁居今莆田涵江梧塘镇漏头村龙峰，长子梁宜听居原地、次子梁宜宏迁徙浙江永康；梁宜听子梁德嵩年幼随母改嫁，母逝后由浙江梁宜宏抚养成人回迁漏头龙峰。24 世梁秉禄迁居福清镜洋镇波兰村，后裔分居渔溪镇下北浦村；梁道源携子梁学敏、梁学智迁居今平潭综合实验区大练乡大练村。25 世梁梅轩携子梁圣培、梁圣仁及台江梁道玉后裔迁居闽清池园镇丽山村。26 世梁宗励迁居永福新安（今永泰樟城镇新安村）。27 世梁泽璧由城门镇洋坑村迁居晋安区鼓山镇后屿村。28 世梁腾九迁居连江琯头镇东岸村。梁功瑞、梁功郎兄弟由长乐洛山迁居玉融长安（今福清高山镇长安村）。梁汉隆、梁汉仁、梁汉述三兄弟返迁鼓岭宜夏梁厝。

十一、梁忠家族

南宋宝祐二年（1254 年），梁忠由浙江钱塘琉璃八角井迁居上杭城东。3 世梁均德迁居上杭中都上徐坑村，后裔梁志宁、梁志远兄弟分别迁居永定洪山小墩村、林地村，后裔梁永富、梁永宣兄弟迁居武平湘店下河口村，又迁居长汀羊牯乡；梁均保迁居上杭泮境，后裔梁志昌迁居茶地千龙村，梁可善迁居建瓯小桥百丈村，梁君用（寿昌）迁居湖洋古楼灯下，梁均保四子梁君祥迁湖洋寨背梁岗畲后定居长汀原四都豪坑（今上杭南阳豪东村），后裔迁居今建瓯吉阳镇吉阳村，又分迁居顺昌岚下郭城美女山、仁寿新村仔，建阳徐市唐科村；梁明丰迁居长汀河田，梁世昌迁居上杭临城西陂梁坡头，梁应享迁居白砂洋乾村。4 世梁寿兴迁居湖洋古楼螺田官村新山礤里。5 世梁四五郎迁徙广东梅州，后裔梁成轩居松源青塘村碓子下，又迁蕉岭县北礤岭背村，后裔再迁武平岩前迳口村石乱礤；梁荣昌迁徙武平象洞居美子坑。7 世梁景清迁居武平湘店尧山村，梁缘春迁居上杭白砂大金村水竹洋，梁缘茂迁居临城古石草鞋岭。9 世梁永聪迁居官庄余坊村，后裔梁振贵迁居沙县虬江，梁德时迁居顺昌石溪。10 世梁承斌迁居武平岩前迳口村梁屋，梁本立迁居上杭太拔张芬村。梁子贤由下梁屋迁居上杭珊瑚乡彩坑村。后裔迁徙江西、四川、浙江、湖南、广东、广西及台湾台北、高雄等地，迁徙美国旧金山、华盛顿。

明代，梁聘由上杭迁居仙游游洋，后居今莆田涵江区新县镇新县村溪北，后裔分居新县安乐，衍传泗洋、庐地、白云等地。

十二、梁八十郎家族

元至元三年（1266 年），梁孟坚后裔梁八十郎由广东梅州松源迁居汀州（今长汀策武梁屋头）。长子梁念十郎居梁屋头，后裔散居于策武镇的李城村、河龙村，大同镇的东埔李岭村、桐子坑、犁壁峰，新桥镇小庄叻，汀州镇的白果村下、黄田背，上杭临城镇水西等地；次子梁万八郎居童坊镇梁坊排。5 世梁尚忠迁居新桥镇李家村，后裔散居新桥镇的新店村、丘坑村，大同镇的茜坑叻及将乐白莲、明溪夏阳、江西万安、浙江温州等地。

十三、梁岁家族

明初，梁岁由江西铁井栏迁徙长平（今南平市建阳区麻沙镇长坪村），生子梁希伍，梁希伍生 3 子，长子梁长一居麻沙镇、次子梁得二居禾平（长平）、三子梁乌三居黄坑镇。梁长一后裔梁拱长迁居今建瓯小松镇溪头、高墩村，分衍台尾、大庙以及徐墩镇的大潭、中村等地。

十四、梁住儿家族

明永乐二年（1404 年），梁住儿由南宁县（今南京）入闽，在福州府右卫中所为军，奉命入永春屯田，定居永春蓬壶镇都溪村祥峰。3 世梁春生、梁法生，4 世梁永助迁居兴化枫岭。8 世梁道葵迁徙江西广信兴安县（今横峰县）湖方街，梁道侃迁徙浙江开化县，梁真柳迁居晋江龟湖。9 世梁世昌迁居浦城、梁世烈迁徙江西上饶白石板、梁世靖迁徙浙江开化县青山底、梁世宏迁徙江西广信上饶六十一都、梁世愿迁徙江西广信府永丰城（今广丰区）、梁世郎迁徙江西。10 世梁日考兄弟迁徙江西永丰十六都，梁瑞迁居尤溪基口。11 世梁仕陈迁居同安上田许土堡。15 世梁诗简、梁诗椿迁居尤溪台溪乡清溪村。梁书珍等 22 户迁徙马来西亚。

十五、梁海家族

明宣德六年（1431 年），广宁府（今辽宁北镇市）闾阳县人梁峪任通州卫军升平山卫千户长，子梁海继承父职任平海卫莆禧守御千户长，迁居今莆田秀屿区山亭乡莆禧村，后裔分居安柄、上庄、后郭，平海镇等地。

十六、梁思成家族

明代，山东济南府齐河县人梁思成入闽受封世袭漳卫千户居漳州，传至 10 世梁大老迁居云霄县云陵镇。

十七、迁徙台湾

清乾隆年间（1736—1795），厦门市翔安人梁锐、梁返入垦台湾台中沙鹿，梁士安入垦台湾台北。

清初，长泰坑柄梁姓入台湾高雄阿莲乡招佃开垦。

明清民国时期，象运（今翔云）梁文仲后裔 400 多人迁徙台湾，主要分布于台中庄、彰化秀水、八卦亭，鹿港马芝保、嘉义总爷庄、北头中庄仔、埔尾仑后庄、屏东、澎湖等地。诗山梁愈奇迁徙台湾高雄小港坪顶里。安溪仙苑梁五英、梁子慰、梁天福等 40 多人入台，梁五英衍传 1000 多人。安溪城厢墩坂坂顶的梁氏举家迁徙台湾鹿港。德化南埕蟠龙梁玉生迁台湾高雄鼓山裕民街，梁华治迁台中，梁福川迁台湾莺歌。

明溪梁多春迁台湾，永春、上杭梁姓入台分布于台北中和区、高雄市前镇区镇北里、南投埔里北辰街、苗栗县北苗市场、桃园平镇市等地。

第四节　郡望、堂号

一、郡望

夏阳郡　东周平王元年（前 770 年）赠封地“夏阳梁山”予秦仲少子康。史称“夏阳缵绪”，指安定梁氏源于夏阳（今陕西韩城）康伯。夏阳为本支梁氏最早的封疆地，是梁姓最早发源地。

安定郡　西汉元鼎三年（前 114 年）设郡高平（今宁夏固原），东汉移至临泾（今甘肃镇原东南），东晋梁氏夏阳 23 世梁都，其子梁桥自河东迁安定郡乌市（今甘肃泾川北），其时梁氏鼎盛，前后有 7 人封侯、3 位皇后、6 位贵人、2 位大将军、尚公主 3 人，故时人称谓“满朝紫金衣，全是梁姓人”，安定被誉为“天下梁氏第一郡”，是梁姓主要聚集地。

扶风郡　汉武帝太初元年（前 104 年）设郡扶风（今陕西麟游、乾县西、秦岭东），扶风之族，逸民鸿其后也。“逸民鸿”即梁鸿。梁鸿孟光夫妇以“举案齐眉”著称于世。扶风梁姓是当地望族。

东平郡　汉甘露二年（前 52 年）改炎河郡为东平国，治无盐（今山东平东），东平郡梁氏是梁氏夏阳 9 世千乘侯梁鳣（字叔鱼）的后裔，是齐鲁梁氏望族。

二、主要堂号

忠孝堂　因周平王封秦仲少子康为“忠孝伯爵侯”，其后裔为缅怀祖德宗功，引为堂号。南安翔云梁姓聚居地以“忠孝”为堂号。

安定堂　闽侯县、罗源县、南安市、安溪县、龙海市、漳州市区、龙岩市新罗区和永定区、上杭县、武平县、长汀县、福鼎市、霞浦县、屏南县、光泽县、泰宁县、南平市延平区和建阳区、武夷山市、浦城县、建瓯市、尤溪县、明溪县、福安市等梁姓聚居地以“安定”为堂号。

梅镜堂　泉州市区、惠安县、永春吾顶村、德化县、南安凤坡村和泗溪村、厦门市翔安区、长泰县、莆田市区、霞浦笔架礁村等地梁姓聚居地以“梅镜”为堂号。

贻燕堂　宋隆兴元年（1163年），朱熹与挚友梁汝嘉到福州永南梁厝燕山游览时，见此山川秀丽，适合读书授教，便择燕山而居，设书斋，遂以“梅涧”为讲学场所，梁汝嘉请朱熹题匾，朱熹见燕山形似展翅欲飞的燕子，即亲笔题赠“贻燕堂”。福州梁厝及福州地区梁姓聚居地以“贻燕”为堂号。

第二章　分　布

第一节　人口分布

2016年6月，福建省公安厅户籍人口数据统计（不含金门、马祖），全省梁姓人口总数为134371人，分布于全省各市、县（区、市）及平潭综合实验区。

表13-1　**2016年福建省梁姓人口分布情况表**　单位：个、人

市（区）别	县（区、市）数	人口数	各县（区、市）人口数
福州	12	19786	鼓楼区2559，台江区1779，仓山区3346，晋安区2939，马尾区1175，福清市3332，长乐市1464，闽侯县1711，连江县1126，闽清县212，罗源县351，永泰县234
厦门	6	8702	思明区3472，湖里区3542，集美区2775，海沧区1067，同安区1507，翔安区1708
漳州	11	7195	芗城区1948，龙文区231，龙海市1547，漳浦县397，云霄县405，诏安县94，东山县53，平和县122，南靖县136，长泰县2064，华安县198
泉州	11	34756	鲤城区1363，丰泽区2368，洛江区459，泉港区271，石狮市1520，晋江市5527，南安市13638，惠安县2443，安溪县2661，德化县1994，永春县2503
三明	12	9939	三元区579，梅列区613，永安市1004，清流县133，宁化县232，建宁县186，泰宁县1627，明溪县1245，将乐县1688，沙县444，尤溪县2043，大田县145
莆田	5	8512	仙游县810，荔城区634，城厢区713，涵江区2203，秀屿区4152
南平	10	11651	延平区1925，建阳区1708，邵武市2500，武夷山市800，建瓯市1852，顺昌县619，浦城县1483，光泽县601，松溪县63，政和县100
龙岩	7	11196	新罗区1506，永定区360，上杭县3852，武平县2055，长汀县307，连城县94，漳平市251
宁德	9	7114	蕉城区337，福安市2600，福鼎市3885，霞浦县2069，寿宁县58，周宁县29，柘荣县32，古田县146，屏南县298
平潭	1	138	

第二节　主要聚居地

一、福州市梁姓

（一）鼓楼区

五凤街道铜盘社区　清康熙年间（1662—1722），梁旭所由漳州南靖西关迁入福州北门观音亭下凤池（今铜盘路）。今居社区100余户、400多人。

洪山镇梁厝社区　明末，梁德文由仓山永南梁厝迁入。今居社区10余户、50多人。

（二）台江区

新港街道南公社区　清乾隆年间（1736—1795），梁开裕由仓山永南梁厝迁入。今居社区20余户、100多人。

（三）仓山区

城门镇梁厝村　宋隆兴元年（1163年），梁汝嘉、梁汝熹兄弟由永泰赤壁迁入。今居村680余户、2180多人。

城门镇洋坑村　明初，梁渊宇、梁永深由永南梁厝迁入。今居村110余户、400多人。

城门镇白云村　清嘉庆年间（1796—1820），梁廷旦孙由永南梁厝迁入。今居村20余户、100多人。

三叉街街道　民国初，梁芳立由马尾朏头迁入三叉街。今居街道20余户、100多人。

（四）晋安区

鼓山镇宜夏村梁厝　清乾隆七年（1742年），梁汉隆、梁汉仁、梁汉述由仓山永南梁厝迁入。今居村80余户、400多人。

鼓山镇后屿村　清乾隆年间（1736—1795），梁泽壁由仓山洋坑迁入。今居村80余户、350多人。

（五）马尾区

琅岐镇龙台村　明宣德年间（1426—1435），梁得辉由仓山永南梁厝迁入。今居村320余户、1200多人。

亭江镇闽安村　明末，梁国柱由仓山永南梁厝迁入。今居村10余户、50多人。

亭江镇亭头村　清雍正年间（1723—1735），梁学济由仓山永南梁厝迁入。今居村30余户、180多人。

马尾镇朏头村　清康熙年间（1662—1722），梁则荣迁入。今居村10余户、50多人。

（六）福清市

城头镇梁厝村　明初，梁伯岩、梁伯台由长乐江田里迁入。今居村530余户、2600多人。

（七）长乐区

金峰镇华刘村　明洪武年间（1368—1398），梁伯治后裔由连江迁入。今居村360余户、1800多人。

高山镇长安村　清康熙二十五年（1686年），梁功瑞、梁功郎由长乐洛山迁入。今居村50余户、200多人。

东张镇南湖顶村　清康熙六十年，梁天发、梁天美由莆田迁入。今居村80余户、300多人。

镜洋镇波兰村　清康熙年间（1662—1722），梁秉禄支系迁入。今居村30余户、160多人。

（八）闽侯县

青口镇青圃村　清末，梁功仁由仓山永南梁厝迁入。今居村 10 余户、50 多人。

大湖乡碾坑村　明洪武年间（1368—1398），梁宵先由沙县姜银后琚坑迁入。今居村 480 余户、2000 多人。

大湖乡聂山村　明弘治年间（1488—1505），梁佛庆由大湖碾坑迁入。今居村 90 余户、400 多人。

廷坪乡岭下村　明末，梁孟融由大湖碾坑迁入。今居村 60 余户、260 多人。

（九）连江县

晓澳镇长沙村　明弘治五年（1492 年），梁得合由仓山永南梁厝迁入。今居村 100 余户、400 多人。

长龙镇下垱村　明崇祯十四年（1641 年），梁克居由鼓楼迁入。今居村 170 余户、700 多人。

琯头镇东岸村　清道光年间（1821—1850），梁腾九由仓山永南梁厝迁入。今居村 50 余户、200 多人。

（十）闽清县

池园镇丽山村　清嘉庆年间（1796—1820），梁道玉后裔梁梅轩携子梁圣培、梁圣仁由台江迁入。今居村 50 余户、200 多人。

（十一）罗源县

凤山镇管柄村下岭　清乾隆年间（1736—1795），梁廷琮后裔由连江长龙迁入。今居村 30 余户、160 多人。

松山镇吕洞村　清乾隆年间，梁廷琮后裔由连江长龙迁入。今居村 30 余户、160 多人。

白塔乡白塔村尖山　清乾隆年间，梁廷琮后裔由连江长龙迁入。今居村 30 余户、160 多人。

碧里乡玉莲坂村　清乾隆年间，梁廷滨由连江长龙迁入。今居村 40 余户、150 多人。

霍口畲族乡西峰村　清道光年间（1821—1850），梁仕调由闽侯大湖碾坑迁入。今居村 27 户、100 多人。

（十二）永泰县

城峰镇历生村庵后　明代，梁桂由莆田云祥吉上宫后迁入。今居村 40 余户、150 多人。

樟城镇新安村　清乾隆年间（1736—1795），梁宗励由仓山永南梁厝迁入。今居村 40 余户、200 多人。

二、厦门市梁姓

（一）思明区

开元街道鹭江社区　20 世纪 30 年代，梁其昌、梁加芬由南安翔云迁入。今居社区 10 余户、70 多人。

（二）湖里区

殿前街道神山社区　1937 年，梁清水携子由今翔安张厝迁入。今居社区 30 余户、120 多人。

（三）集美区

后溪镇后塘村　民国初由南安翔云迁入。今居村 20 余户、90 多人。

灌口镇双岭村　民国初，梁后君五兄弟由南安东田西坑迁入。今居村 20 余户、90 多人。

（四）翔安区

新店街道梁厝村　明万历四十四年（1616 年），梁天祚长子由金门山后迁入。今居村 50 余户、200 多人。

新店街道珩厝村　明万历四十四年，梁天祚次子由金门山后迁入。今居村 60 余户、300 多人。

内厝镇茂前村　明万历四十四年，梁天祚三子由金门山后迁入。今居村 80 余户、380 多人。

内厝镇张厝村　明万历四十四年，梁天祚四、五子由金门山后迁入。今居村 100 余户、500 多人。

内厝镇莲后村　明永乐二十二年（1424 年），梁益春由金门山后迁入。今居村 310 余户、1100 多人。

内厝镇院内社　莲后梁姓三房分居。今居村 50 余户、200 多人。

三、漳州市梁姓

（一）芗城区

浦南镇浦南社区浦头　宋末元初，梁圣和、梁圣穆迁入。今居社区 130 余户、600 多人。

浦南镇双溪村　元代由浦头迁入。今居村 250 余户、1200 多人。

石亭镇徐山村　今居村 50 余户、200 多人。

（二）龙文区

朝阳街道科坑社区山美　宋代迁入。今居社区 40 余户、180 多人。

（三）龙海市

紫泥镇巽玉村　清乾隆年间（1736—1795），梁巽玉迁入。今居村 130 余户、520 多人。

（四）云霄县

云陵镇西园社区　明末清初，梁大老由漳州迁入。今居社区 100 余户、400 多人。

（五）长泰县

枋洋镇枋洋村坑柄楼　明代，梁弘远、梁永昌迁入。今居村 180 余户、800 多人。

枋洋镇石横村山头　明万历年间（1573—1620）由坑柄楼迁入。今居村 60 余户、280 多人。

枋洋镇尚吉村吉美社　明初（1380 年前后），梁惠乞改名梁惠卿，由南安象运（今南安翔云）迁入。今居村 150 余户、700 多人。

陈巷镇夫坊村　民国末年，梁昆北兄弟由南安翔云道轩迁入。今居村 15 户、70 多人。

四、泉州市梁姓

（一）丰泽区

北峰街道霞美社区　明末清初，梁克家后裔由泉州仕曹里迁入。今居社区 130 余户、600 多人。

城东街道前头社区　清代，梁克家后裔由泉州仕曹里迁入。今居社区 30 余户、150 多人。

泉秀街道乌洲村　清初，梁东轩由泉州仕曹里迁入。今居村 120 余户、600 多人。

（二）洛江区

河市镇南塘村梁厝　清初，梁克家后裔由泉州仕曹里迁入。今居村 50 余户、200 多人。

河市镇白洋村梁厝　清代，梁克家后裔由泉州仕曹里迁入。今居村 10 余户、50 多人。

马甲镇潘内村山仔尾　清嘉庆年间（1796—1820），梁克家后裔由泉州仕曹里迁入。今居村 60 余户、300 多人。

（三）泉港区

前黄镇三朱村　清代由惠安螺阳梁厝迁入。今居村 20 余户、100 多人。

涂岭镇小坝村　1970 年由陈田迁入。今居村 20 余户、120 多人。

（四）南安市

翔云镇翔云村　明初，梁子复后裔迁入。今居村 630 余户、3530 多人。

翔云镇椒岭村　明代，梁子复后裔迁人。今居村 160 余户、880 多人。

翔云镇东山村　元末，梁进明迁人。今居村 510 余户、2600 多人。

翔云镇梅庄村　元末，梁进明后裔由东山村迁人。今居村 500 余户、3000 多人。

翔云镇金安村　清末，梁裕富由梅庄村杉林迁人。今居村 10 余户、70 多人。

翔云镇头梅村　清代，梁进帑后裔由梅庄村迁人。今居村 10 余户、70 多人。

诗山镇凤坡村　明永乐元年（1403 年），梁妈保由泉州仕曹里迁人；约明正统五年（1440 年），梁添应由安溪仙苑迁人。今居村 1300 余户、6000 多人。

诗山镇诗山社区　由风坡村迁人。今居社区 20 余户、100 多人。

官桥镇泗溪村　明崇祯年间（1628—1644），梁盖溪由厦门同安屿美地（今坂头）迁人。今居村 470 余户、1800 多人。

霞美镇仙河村后浦　明末，梁实齐由官桥溪边（今泗溪村）迁人。今居村 50 余户、200 多人。

（五）惠安县

紫山镇龙石村河内　1940 年，梁暖、梁万春由紫山溪西畔迁人。今居村 20 余户、90 多人。

螺阳镇村下村梁厝　明初，梁克家后裔由泉州仕曹里迁人。今居村 240 余户、1000 多人。

螺阳镇金山村　清代迁人。今居村 20 余户、100 多人。

崇武镇霞西村港边　明末迁人。今居村 270 余户、1100 多人。

山霞镇鹰园村　清代由崇武霞西港边迁人。今居村 20 余户、120 多人。

山霞镇下坑村　清代由崇武霞西港边迁人。今居村 40 余户、160 多人。

（六）安溪县

城厢镇仙苑村　明洪武二十一年（1388 年），梁均惠由南安象运（翔云）迁人。今居村 700 余户、3000 多人。

官桥镇上苑村　明洪武年间（1368—1398），梁佛生、梁章义由南安象运（今翔云）迁人上苑岩头；明代，梁国春由漳州浦南迁人上苑芹前。今居村 20 余户、100 多人。

（七）永春县

吾峰镇吾顶村　明末，梁普童由永春苏坑珩内迁人。今居村 300 余户、2800 多人。

蓬壶镇都溪村祥峰　明永乐二年（1404 年），梁住儿由福州迁人。今居村 100 余户、460 多人。

（八）德化县

南埕镇潘龙村　明代，梁大二由德化上涌梁桥头、梁大三后裔由桂阳岭头迁人。今居村 600 余户、2500 多人。

水口镇岐头村桉樟　清乾隆年间（1736—1795），梁兴钰携子梁交培由潘龙村迁人。今居村 10 余户、60 多人。

春美乡上春村　明正德九年（1514 年），梁宝四由德化龙浔龙中里迁人。今居村 130 余户、600 多人。

五、三明市梁姓

（一）三元区

中村乡中村村　清嘉庆年间（1796—1820），梁谷后裔由明溪翰仙石珩村迁人。今居村 20 余户、80 多人。

（二）宁化县

泉上镇泉上村　清代，梁泰东后裔由漳平南洋北寮村迁人。今居村 20 余户、80 多人。

（三）建宁县

客坊乡客坊村 1965年由南安翔云移民迁入。今居村20余户、100多人。

（四）泰宁县

杉城镇胜一村狮子街 唐建中年间（780—783），梁九宣义由邵武迁入，后裔梁地、梁垠、梁廷椿入居。今居村150余户、680多人。

杉城镇南会村 由狮子街迁入。今居村20余户、80多人。

杉城镇大洋坪村 清康熙年间（1662—1722），梁墉后裔由城关岭上街迁入。今居村20余户、100多人。

大龙乡里坑村 元末，梁地后裔由城关狮子街迁入分布里坑、暗岭、老虎际。今居村130余户、630多人。

梅口乡中州村 1978年，梁九祥后裔由城关迁入。今居村30余户、150多人。

（五）明溪县

瀚仙镇石珩村 宋绍兴二年（1132年），梁谷由将乐良地放坪迁入。今居村250余户、1200多人。

夏阳乡夏阳村 1974—1976年，梁承宜等由长汀新桥李家村迁入。今居村20余户、130多人。

（六）将乐县

漠源乡伍坊村曹坊 宋代，梁京福携子由山东曲阜可乐村迁入。今居村10余户、50多人。

万全乡良地村 宋皇祐三年（1051年），梁土（玉）祥由漠源伍坊曹坊迁入。今居村120余户、500多人。

黄潭镇吴村洋坊 宋德祐元年（1275年）由万全良地迁入。今居村100余户、400多人。

光明镇台上村 宋德祐元年，梁贵福由万全良地村迁入。今居村70余户、300多人。

大源乡溪源村 1968—1978年由光明台上村迁入。今居村70余户、320多人。

白莲镇白莲村 1974—1976年，梁承富等由长汀新桥李家村迁入。今居村30余户、150多人。

（七）沙县

凤岗街道根坑村 明万历四十五年（1617年），梁葵陆由江西建昌迁入。今居村30余户、120多人。

（八）尤溪县

城关镇兴贤坊 唐代，梁宣义由福州闽侯迁入，梁子顺后裔梁再起留居。今居村27户、100多人。

西城镇新联村梁坑 明初，梁子正由兴贤坊迁入。今居村180余户、860多人。

西城镇联建村大池 清康熙八年（1669年），梁肇美由新联村梁坑迁入。今居村90余户、410多人。

坂面镇坂面村后洋 明崇祯四年（1631年），梁鼎新由兴贤坊迁入。今居村30余户、150多人。

梅仙镇登第村 梁成祖由三明梅列迁入。今居村10余户、50多人。

溪尾乡大宁村陈坑底 清顺治五年（1648年），梁鼎立由兴贤坊迁入。今居村60余户、240多人。

联合镇岭头村 清康熙年间（1662—1722），梁宗晋由兴贤坊迁入。今居村250余户、1260多人。

台溪乡清溪村 清光绪七年（1881年），梁诗简、梁诗椿由永春蓬壶都溪祥峰迁入。今居村10余户、60多人。

（九）大田县

济阳乡大墩村 清初，梁而笃由德化春美上春村迁入。今居村10余户、70多人。

华兴镇昆山村 清代，梁于吉由德化春美上春村迁入。今居村10余户、50多人。

六、莆田市梁姓

（一）仙游县

枫亭镇锦湖村　清中期由泉州南安迁入。今居村 70 余户、300 多人。

龙华镇建华村　清乾隆年间（1736—1795）由今莆田城厢霞林街道迁入。今居村 40 余户、200 多人。

（二）城厢区

常太镇浦头村　明代，因避倭战乱而迁入。今居村 140 余户、700 多人。

（三）涵江区

江口镇坂梁村　明正统九年（1444 年），梁希月兄弟由惠安螺阳梁厝迁仙游郊尾，再迁入。今居村 400 余户、2000 多人。

梧塘镇漏头村　明末，梁和夫由福州仓山永南梁厝迁入。今居村 400 余户、1800 多人。

涵西街道西坡村　清代由梧塘漏头分支迁入。今居村 150 余户、700 多人。

涵东街道后度村　清末由涵江西坡分支迁入。今居村 60 余户、300 多人。

新县镇新县村溪北　明代，梁聘由上杭迁入。今居村 60 余户、300 多人。

（四）秀屿区

东峤镇梁厝村　明正统九年（1444 年），梁希月弟由惠安螺阳梁厝迁仙游郊尾再迁入。今居村 1000 余户、5000 多人。

笏石镇苏塘村草莽　清康熙年间（1662—1722），梁德馨由东峤梁厝村迁入。今居村 200 余户、1000 多人。

山亭乡莆禧村　明宣德六年（1431 年），梁海迁入，后裔分居莆禧的安柄、上庄、后郭。今居村 130 余户、600 多人。

平海镇平海村　清顺治十八年（1661 年），梁海后裔由山亭莆禧迁入。今居村 140 余户、700 多人。

七、南平市梁姓

（一）延平区

峡阳镇进步街　明万历年间（1573—1620），梁永明由将乐黄潭迁入。今居村 80 余户、350 多人。

（二）建阳区

麻沙镇麻沙村　明初，梁长一迁入。今居村 170 余户、800 多人。

麻沙镇长坪村　明初，梁得二迁入。今居村 170 余户、800 多人。

将口镇回潭村　唐末，梁霖由崇安（今武夷山）迁入。今居村 50 余户、200 多人。

将口镇渭村　明代，梁必修由尤溪坂面后洋迁入。今居村 10 余户、50 多人。

将口镇扬香村　梁霖后裔由回潭迁入。今居村 10 余户、60 多人。

崇雒乡崇雒村　1950 年，梁霖后裔由回潭迁入。今居村 20 余户、100 多人。

黄坑镇黄坑村　明代，梁乌三由麻沙镇长坪迁入。今居村 20 余户、100 多人。

（三）邵武市

和平镇坪上村　南宋初，梁十一郎后裔由梁家坊迁入。今居村 140 余户、600 多人。

拿口镇中村　宋代，梁十五郎后裔由和平坪上迁入。今居村 30 余户、150 多人。

拿口镇下西坑村　宋代，梁十五郎后裔由和平坪上迁入。今居村 20 余户、100 多人。

大阜岗镇河源村 宋代，梁十八郎由和平坪上迁人。今居村10余户、50多人。

大阜岗镇李源村高婆岭 宋代，梁十九郎由和平坪上迁人。今居村50余户、200多人。

金坑乡湖溪村横排 梁十五郎后裔由和平坪上迁人。今居村20余户、100多人。

张厝乡张厝村 梁十五郎后裔由和平坪上迁人。今居村20余户、100多人。

桂林乡蕙林村交溪 宋代，梁十七郎由和平坪上迁人。今居村50余户、200多人。

（四）武夷山市

武夷街道角亭村 唐代，梁辕迁人。今居村50余户、200多人。

（五）建瓯市

小桥镇百丈村 明永乐年间（1403—1424），梁可善由上杭茶地千龙村迁人。今居村100余户、500多人。

小松镇溪头村 清乾隆年间（1736—1795），梁拱长由建阳麻沙长坪迁人。今居村90余户、400多人。

迪口镇霞溪村 梁贵九后裔由百丈村迁人。今居村30余户、130多人。

吉阳镇吉阳村 明嘉靖年间（1522—1566），梁君祥后裔由上杭南阳豪坑迁人。今居村20余户、100多人。

水源乡良贤村 北宋中期，梁迫达由屏南漈头迁人。今居村70余户、350多人。

东游镇上大垅村 梁伯达后裔由水源乡良贤村迁人。今居村50余户、200多人。

水源乡上坑村漈头 梁伯道由屏南漈头迁人。今居村70余户、350多人。

（六）顺昌县

埔上镇上丰村 1944年，梁必敬由尤溪坂面后洋迁人。今居村10余户、50多人。

岚下乡郭城村美女山 清嘉庆年间（1796—1820），梁日光、梁日富由建瓯吉阳迁人。今居村16户、80多人。

洋墩乡洋墩村 由上杭南阳豪坑村迁人。今居村10余户、70多人。

（七）浦城县

莲塘镇山桥村 明永乐年间（1403—1424），梁耀昌由长泰枋洋坑柄楼迁人。今居村90余户、400多人。

仙阳镇巽源村 明末，梁耀昌后裔由莲塘山桥村迁人。今居村40余户、200多人。

永兴镇冠山村 明末，梁耀昌后裔由莲塘山桥村迁人。今居村60余户、300多人。

水北街镇双墩村 清初由浙江龙泉迁人。今居村60余户、300多人。

水北街镇芧洲村 清代由双墩村迁人。今居村50余户、200多人。

（八）光泽县

崇仁乡洋塘村 宋初，梁百忠由山东曲阜迁人。今居村40余户、200多人。

鸾凤乡黄溪村 宋代，梁羲宏由崇仁洋塘村迁人。今居村130余户、600多人。

八、龙岩市梁姓

（一）新罗区

苏坂镇苏坂村 清末，梁仁祯携子梁西洪、梁北洪由广东梅州松源青塘下迁人。今居村20余户、100多人。

（二）永定区

洪山乡小墩村 明嘉靖年间（1522—1566），梁志宁由上杭中都上徐坑迁人。今居村30余户、150

多人。

洪山乡林地村　明嘉靖年间，梁志远由上杭中都上徐坑迁入。今居村30余户、150多人。

（三）上杭县

湖洋镇古楼村　元代，梁寿兴由上杭城东迁入古楼村的螺田、官村、新山礤里等自然村，今居村140余户、630多人。梁源七郎、梁源九郎由寨背迁入，梁君用后裔由泮境彩霞迁入居岗下、培上、塘下、寨下、中心屋、灯下等自然村，今居村630余户、2960多人。

湖洋镇上罗村　清乾隆至嘉庆年间（1736—1820），梁上发、梁上久由古楼迁入。今居村50余户、240多人。

南阳镇豪东村　明代，梁均祥由湖洋寨背迁入，后有梁均惠、梁均德、梁寿昌的后裔不断迁入。今居村700余户、3000多人。

中都镇上徐坑村　元末，梁均德由上杭城东迁入。今居村70余户、300多人。

临城镇西陂村梁陂里　明代，梁世昌由泮境迁入。今居村10余户、50多人。

临城镇古石村草鞋岭　明景泰年间（1450—1457），梁缘茂由上杭城东迁入。今居村20余户、130多人。

临城镇水西村　清代，梁新鼎由长汀梁屋头迁入。今居村20余户、100多人。

白砂镇洋乾村　明景泰年间，梁应享由上杭城东迁入。今居村10余户、70多人。

白砂镇大金村　明景泰年间，梁缘春、梁铎由上杭城东迁入水竹洋、和平自然村。今居村50余户、260多人。

茶地镇千龙村　明代，梁法昂由泮境彩霞村迁入。今居村20余户、110多人。

太拔镇张芬村　明成化年间（1465—1487），梁本立由上杭城东迁入。今居村60余户、260多人。

珊瑚乡彩坑村　明景泰年间，梁子贤由下梁屋迁入。今居村200余户、900多人。

官庄畲族乡余坊村　明天顺年间（1457—1464），梁永聪由上杭城东迁入。今居村120余户、560多人。

泮境乡彩霞村　明洪武年间（1368—1398），梁均保由上杭城东迁入。今居村80余户、350多人。

（四）武平县

岩前镇迳口村梁屋　明成化年间（1465—1487），梁承斌由上杭城东迁入。今居村600余户、3000多人。

岩前镇迳口村石乱礤　清代，梁成轩后裔梁世昌由广东蕉岭北礤岭背村迁入。今居村20余户、100多人。

十方镇三坊村　清康熙年间（1662—1722），梁北进由上杭湖洋古楼迁入。今居村20余户、90多人。

湘店镇尧山村　明永乐年间（1403—1424），梁景清由上杭城东迁入。今居村200余户、900多人。

湘店镇下河口村　梁永富、梁永宣由上杭中都上徐坑村迁入。今居村150余户、700多人。

（五）长汀县

策武镇梁屋头村　元末，梁念十郎由广东梅州松源迁入。今居村400余户、1870多人。

策武镇李城村　清康熙年间（1662—1722），梁星魁由梁屋头迁入。今居村40余户、150多人。

策武镇河龙村　清代，梁克鸿由梁屋头迁入。今居村30余户、130多人。

汀州镇白果村　清代，梁克殿由梁屋头迁入。今居村40余户、160多人。

汀州镇黄田背村　清代，梁星仰由梁屋头迁入。今居村40余户、150多人。

大同镇东埔村大埔　清代，梁星象由梁屋头迁入。今居村100余户、480多人。

大同镇师福村茜坑叻　清代，梁国贤由新桥镇李家坊迁入。今居村 20 余户、110 多人。

大同镇师福村犁壁峰　清代，梁可耐由新桥小庄哩迁入。今居村 20 余户、100 多人。

大同镇东埔村桐子坑　清代，梁克兆由新桥小庄哩迁入。今居村 30 余户、120 多人。

新桥镇李家村　明嘉靖十七年（1538 年），梁尚忠由童坊梁坊排迁入。今居村 300 余户、1200 多人。

新桥镇新店村　清嘉庆三年（1798 年），梁子卿后裔由李家坊迁入。今居村 80 余户、370 多人。

新桥镇罗坑村丘坑　清代，梁子卿后裔分居。今居村 70 余户、290 多人。

河田镇河田村　清代，梁明丰由上杭南阳豪坑迁入。今居村 20 余户、120 多人。

四都镇三坑村　明代，梁宗皋携子由上杭太拔张芬迁入。今居村 40 余户、200 多人。

濯田镇刘坑头村　明代迁入。今居村 20 余户、100 多人。

南山镇大田村　明代迁入。今居村 20 余户、100 多人。

羊牯乡羊牯村　明万历年间（1573—1620），梁永福后裔由武平湘店河口村迁入。今居村 20 余户、100 多人。

（六）连城县

莲峰镇连峰村　清代，梁泰东后裔由漳平南洋北寮村迁入。今居村 20 余户、90 多人。

（七）漳平市

南洋镇北寮村　清代，梁泰东由广东梅州松源青塘下迁入。今居村 60 余户、250 多人。

九、宁德市梁姓

（一）蕉城区

蕉南街道东湖社区　清代迁入。今居社区 30 余户、150 多人。

金涵畲族乡单石碑社区　民国初年，梁篪英由长乐金峰梁边村迁入。今居社区 10 余户、60 多人。

（二）福安市

下白石镇潭头村　清康熙年间（1662—1722），梁正翰由安溪岩头（今官桥上苑村）迁入。今居村 60 余户、260 多人。

（三）福鼎市

点头镇后梁村　明崇祯十六年（1643 年），梁煌赐后裔梁风宁由浙江泰顺吴村贝口迁入。今居村 500 余户、2000 多人。

桐山街道桐山村　清代，梁乌仔由点头后梁迁入。今居村 60 余户、300 多人。

桐山街道后坦村　梁乌仔后裔迁入。今居村 20 余户、100 多人。

管阳镇南坝村　清代，梁华明由点头后梁迁入。今居村 10 余户、80 多人。

沙埕镇黄岐村　明崇祯年间（1628—1644），梁大昌由浙江苍南宜山梁宅村迁入。今居村 20 余户、100 多人。

店下镇三佛塔村　清顺治年间（1644—1661），梁朝爵由浙江苍南岱岭迁入。今居村 60 余户、230 多人。

太姥山镇大井村　清乾隆年间（1736—1795），梁安侯由浙江苍南凤池垟岙迁入。今居村 20 余户、100 多人。

白琳镇沿州村后湾塘　清初，梁承玉、梁承科由浙江苍南蒲门后碗迁入。今居村 600 余户、2350 多人。

贯岭镇军营村　清代，梁振泰由浙江苍南灵溪华山村金家楼迁入。今居村 20 余户、100 多人。

贯岭镇半岭村　清顺治年间，梁廷显后裔由浙江苍南灵溪樟浦村迁入。今居村 30 余户、150 多人。

(四) 霞浦县

松城街道涌山村葫芦坵　明洪武二十八年（1395年），梁戊由仓山永南梁厝迁入，四子留居。今居村50余户、200多人。

牙城镇首洋村　清代，梁华明后裔由管阳南坝迁入。今居村20余户、130多人。

三沙镇花竹村笔架礁　清康熙元年（1662年），梁尾官由泉州城东浔美迁入。今居村270余户、1300人。

三沙镇金洋村金山　清代，梁尾官后裔由花竹村笔架礁迁入。今居村50余户、230多人。

下浒镇外浒村　明代，梁永年由今松城街道涌山村葫芦坵迁入。今居村70余户、360多人。

下浒镇上澳村　明代，梁永昌由今松城街道涌山村葫芦坵迁入。今居村90余户、400多人。

下浒镇柘洋村　明代，梁永万由今松城街道涌山村葫芦坵迁入。今居村60余户、280多人。

水门畲族乡玉山村　由福鼎白琳沿州后湾塘迁入。今居村10余户、50多人。

柏洋乡前宅村沙坑　清嘉庆十三年（1808年），梁茂生由浙江苍南浦亭仙头庄迁入。今居村50余户、210多人。

(五) 屏南县

棠口乡小章村大章　北宋中期，梁伯安由二十六都后笼窝（今城关后垅村）迁入。今居村130余户、600多人。

十、平潭综合实验区梁姓

大练乡大练村　清康熙年间（1662—1722），梁道源携子梁学敏、梁学智由仓山永南梁厝迁入。今居村50余户、200多人。

第三章　谱　牒

第一节　福州市

一、仓山区

福州永盛《梁氏族谱》　宋绍兴十一年（1141年）梁宗范首修，宋淳熙十六年（1189年）梁仲将增补，元大德元年（1297年）梁敏二修，至治元年（1321年）梁恩观三修，明嘉靖四十五年（1566年）梁肃四修，万历十六年（1588年）梁应时五修，清康熙二十七年（1688年）梁学乾六修，乾隆十三年（1748年）梁其光七修，1992年梁和美、梁敬铨等八修，2003年梁守金、梁振林、梁桂林、梁品华等九修。印刷精装，3卷本。谱载历次谱序、显祖、历代仕宦名录、族贤传志、祠志、庙志、乡志和分房世系等。谱存城门镇梁厝村福州永盛梁氏宗祠文化研究会、福建省图书馆、福建师范大学图书馆、福州市图书馆、中国国家图书馆。

二、马尾区

琅岐《龙台龙江梁氏族谱》　1948年首修，1992年二修。谱前承永盛梁氏族谱，后续迁琅岐各房繁衍世系图表。钞本。谱存梁诗缃处。

三、长乐区

长乐《江田梁氏宗谱》 明成化十五年（1479 年）梁子启首修，万历十一年（1583 年）梁文光二修，崇祯十六年（1643 年）梁君材三修，清康熙二十二年（1683 年）梁君陈四修，光绪十四年（1888 年）梁贡球五修。谱载始迁祖、各支派仕官、十六都濠溪梁永盛梁科名等。钞本。谱存福建省图书馆、福建师范大学图书馆、长乐华夏梁氏宗祠。

四、连江县

《晓澳永盛梁氏长沙支谱》 明代首修，民国中期二修，1995 年三修。谱载谱序、源流、世系等。钞本。谱存长沙梁氏宗祠理事会。

长龙《下垱梁氏族谱》 清光绪元年（1875 年）首修，1924 年二修。谱载谱序、源流、世系等。钞本。谱存下垱梁氏宗祠理事会。

五、罗源县

白塔《鳌峰梁氏支谱》 清光绪元年（1875 年）首修，1924 年二修。谱载谱序、源流、世系等。钞本，2 册。谱存鳌峰梁氏老人会。

碧里《玉莲盘梁氏支谱》 清光绪元年首修，1924 年二修。谱载谱序、源流、世系等。钞本。谱存碧里梁氏老人会。

第二节 厦门市

翔安区

《梁氏族谱》 2016 年由梁景兴主笔，从金门《梁氏族谱》转抄。谱载谱序、源流、字辈、世系等。钞本。谱存梁景兴处。

第三节 漳州市

云霄县

《云陵崇本堂梁氏族谱》 清代梁大老首修，记载简要，1935 年族人二修，1997 年族人三修。2012 年云陵梁氏宗亲理事会重修。谱载原谱序、新谱序、家族传闻轶事、名人录、青云录、开云先祖墓址图、源流、世系、祖厝图等。谱存梁富普处。

第四节 泉州市

一、南安市

翔云《象山梁氏家谱》 明崇祯十三年（1640 年）梁朝挺首修；清康熙三十五年（1696 年）梁景珌

二修；光绪四年（1878年）梁联魁、梁如金三修；1928年梁其才四修，共两套，钞本，每套12部，以十二地支为序（分左右房珍藏），首册谱存福建师范大学图书馆、福建省图书馆、泉州市图书馆；2012年五修，梁永坚任编委主任、梁土鲍主编、梁华星、梁友华副主编。全套18部25册印刷本。谱载历次谱序、源流、字辈、世系、历代仕宦录、宗史文化、文物古迹、祠堂楹联等。四修、五修谱存翔云象山梁氏宗祠资料室及各分房宗祠。

诗山《梁氏黄埔家谱》　明崇祯十三年（1640年）梁景时首修，清康熙四十一年（1702年）梁志飏二修，乾隆二十三年（1758年）梁亨为三修，光绪十年（1884年）梁焜肇四修，1926年梁山肇五修，1996年海内外宗亲六修。谱载《泉州西郡仕曹里梁氏世谱》（南宋梁克家及子梁亿修纂）谱序、族史、源流、字辈、世系、历代名人录、祠堂楹联等。谱存泉州市图书馆、凤坡村梁氏宗祠。

官桥《溪边梁氏家谱》　清道光三十年（1850年）首修，光绪十八年（1892年）二修，1930年王以贤、梁少犹三修，1995年肖光洋四修。谱载谱序、源流、世系、字辈、世系等。谱存梁泗溪处。

仙河《后浦梁氏谱牒》　清末始修，民国期间二修，20世纪80年代张少伯依照民国旧本复抄一部。谱载谱序、源流、字辈、世系等。谱存梁民主处。

二、惠安县

《崇武港边梁氏东厅族谱》　2005年梁炳林、陈芳松编修，梁奕川作序。谱载谱序、始迁祖至今字辈、世系、祭文、祖厝重建记、楹联、祭文、家教等。精装印刷本。谱存泉州市图书馆、梁世国处。

山霞《鹰园港边梁氏家谱》　20世纪50年代鹰园港边梁氏族人编修。谱载始迁祖至今世系等。钞本。谱存鹰园梁氏祖厝。

三、安溪县

《仙苑梁氏族谱》　清乾隆年间（1736—1795）梁同臣首修，光绪年间（1875—1908）二修，2017年梁水万为主编三修。谱载历次谱序、源流、字辈、世系、历代仕宦录、宗史文化、文物古迹、祠堂楹联等。印刷本，2卷。谱存晋江市图书馆、梁东辉处。

四、德化县

南埕《龟祥梁氏族谱》　清顺治八年（1651年）梁廷来首修，康熙年间（1662—1722）二修，光绪三十二年（1906年）梁大光三修，1947年梁金坚、周炳星四修，2016年龟祥修谱理事会五修。谱载历次谱序、源流、字辈、世系等。精装印刷本。谱存梁鸿文处。

南埕《蟠龙梁氏族谱》　清光绪二十三年（1897年）周成裕首修，1946年周炳星二修，2011年梁丁云、陈文代三修。谱载历次谱序、源流、字辈、世系等。精装印刷本。谱存梁建来处。

上村《罗升梁氏盖德美派族谱》　明成化二十一年（1485年）林乾清、柯炖首修，清康熙五十一年（1712年）梁国仁二修，康熙五十六年梁辉斗三修，光绪九年（1883年）梁绍勋四修，1931年郭荫材、梁昭远五修。谱载历次谱序、源流、祠堂志、字辈、世系等。钞本，3册。谱存梁其昌处。

桂阳《岭头梁氏家谱》　清道光十年（1830年）梁良馀、梁望成、梁良裕、梁文鸣编修。谱载历次谱序、源流、字辈、世系等。钞本。谱存梁瑞军处。

五、永春县

都溪《祥峰梁氏家谱》　明隆庆元年（1567年）梁鉴首修，清康熙二十二年（1683年）梁道葵二修，乾隆二十五年（1760年）刘继登三修，嘉庆三年（1798年）梁芳叶四修，光绪四年（1878年）林庆元五修，1926年陈毓秀六修，1999年梁礼着、梁秉润七修。谱载历次谱序、源流、字辈、世系等。钞本。谱存梁清凉处。

吾顶《永春梅镜梁氏族谱》 明万历二十七年（1599年）颜怀德、颜廷椞首修，清乾隆三年（1738年）梁国仁二修，清道光六年（1826年）梁映奎三修，清光绪九年（1883年）陈蕴玉四修，1930年吕景先五修。1995年六修，梁披云任董事会董事长并作序，梁天成、梁超云、梁逸名等编修。谱载历次谱序、源流、字辈、世系、族训、家规等。精装印刷本。谱存泉州市图书馆，吾顶村梁氏宗祠，梁披云、梁灵光展览馆。

第五节　三明市

一、泰宁县

《城关梁氏族谱》 南宋淳祐五年（1245年）邹应龙首修，明永乐十一年（1413年）罗师程二修，正统三年（1438年）黄四祖三修，嘉靖二十二年（1543年）凌瀚四修，清乾隆三十六年（1771年）梁皓月五修，道光十三年（1833年）梁垠六修，咸丰三年（1853年）梁怀锦七修，1927年梁源浩、梁公浩八修，1990年梁印浩、梁鼎业九修。谱载序言、传记、墓志、事略、荣名志、人事录、族训、家规、字辈、世录等。谱存梁垂兴处。

《城关梁氏支谱》 2016年梁万业修。谱载谱序、源流、字辈、世系等。谱存梁垂兴处。

二、明溪县

瀚仙《玠溪梁氏族谱》 清康熙五十四年（1715年）梁煊、梁家齐、陈士敷首修，乾隆三十六年（1771年）梁家兆、梁纶二修，咸丰六年（1856年）梁爱周、梁国登、陈系昌等三修，1995年梁应蘋、梁文钦四修。谱载谱序、源流、字辈、世系、宗图、墓图、祀田、宗祠、寿言纪、衣冠纪等。印刷本。谱存福建省图书馆、梁应盛处。

三、将乐县

良地《裕启堂梁氏族谱》 清乾隆六十年（1795年）梁年舜首修，分天、地、人三册；道光十二年（1832年）二修；光绪元年（1875年）三修；光绪三十四年四修；1943年五修；1981年六修。谱载谱序、源流、字辈、世系、族训、家规等。线装印刷本，5卷。谱存梁佑晋、梁佑芳、梁后裘处。

四、尤溪县

《沈阳梁氏族谱》 清同治五年（1866年）梁振训首修，1925年梁伯荫二修，1989年梁昭盛、梁新海、梁新巷、梁允煌等三修，2015年各支系分别修编。谱载谱序、源流、字辈、世系、族训、家规等。印刷本，8册。谱存梁相成处及上庄坊梁氏宗祠。

《安定郡梁坑梁氏族谱》 2015年梁坑梁氏族谱编纂理事会修，梁士为、梁瑞文、梁瑞豪、梁士霜主编。谱载谱序、源流、字辈、世系等。印刷本。谱存梁士樟处。

《联合岭头梁氏族谱》 1925年首修，1988年吴步韩二修。谱载谱序、源流、字辈、世系等。印刷本。谱存梁相成处。

《安定郡丁地梁氏祖谱》 1990年吴步韩重修并作序。谱载谱序、源流、字辈、世系等。印刷本。谱存梁昌珠处。

五、大田县

济阳《大墘梁氏惠大公支系族谱》　2001年梁国栋编修并作序。谱载《德化罗升梁氏盖德美派族谱》历次谱序、源流、字辈、世系等。印刷本。谱存梁国栋处。

第六节　莆田市

涵江区

坂梁、漏头《梁氏谱稿》　2001年梁亚水编撰。谱载源流、字辈、世系等。谱存梁亚水处。

第七节　南平市

一、延平区

峡阳《西峡梁氏宗谱》　清同治年间（1862—1874）首修，1966年焚毁；1995年梁奋振、梁德明二修。谱载源流、字辈、世系、宗祠文化等。印刷本。谱存峡阳梁氏宗祠、福建省图书馆、梁汝福处。

二、建阳区

《建阳禾平梁氏族谱》　清嘉庆十四年（1809年）梁宝桂、梁凤翅首修，光绪二十三年（1897年）梁为舟、梁钦桂二修。谱载谱序、源流、字辈、世系、族训、家规等。铅印线装本，8册。谱存梁文贵处。

《回潭梁氏宗谱》　清乾隆三十四年（1769年）梁廷柱、方良栋修。谱载谱序、源流、字辈、世系、墓图等。铅印线装本，6册。谱存回潭梁氏宗祠、梁子玉处。

三、邵武市

和平《坪上仁顺梁氏族谱》　清乾隆二十三年（1758年）梁亨清首修，乾隆五十三年梁馨瑞二修，嘉庆二十二年（1817年）梁馨瑞三修，道光二十五年（1845年）梁必显四修，同治十年（1871年）梁栋材五修，光绪二十一年（1895年）梁图杰六修，1918年梁羽仪七修，1944年梁祖辉八修，1998年梁永京九修。谱载历次谱序、源流、字辈、世系、族训、家规等。印刷本。谱存梁永京处。

四、建瓯市

《百丈梁氏族谱》　1995年梁基德重修，2016年梁兴鎧重抄。谱载谱序、源流、字辈、世系等。钞本。谱存梁建华处。

《高墩梁氏宗谱》　明万历四十八年（1620年）梁文进首修，清乾隆三十二年（1767年）梁观雯、梁观霄二修，道光十八年（1838年）梁世堂、梁世奇、梁世封、梁德财等三修，光绪二十年（1894年）梁上浩、梁上燃、梁上燕、梁光铿等四修。谱载谱序、源流、字辈、世系等。钞本。谱存梁金贵处。

《良贤梁氏宗谱》　1989年梁贵盛、梁贵江、梁长奇、梁友华等修纂。谱载谱序、源流、世系、字辈、世系等。钞本。谱存梁长流、梁发平处。

《上坑漈头梁氏宗谱》　1989年梁绍传、梁绍厅、梁其邦、梁其江、梁其平、梁其昇等修纂。谱载谱序、源流、字辈、世系、凡例等。钞本。谱存梁其江处。

《吉阳梁氏宗谱》 2016年与上杭南阳豪坑宗亲合修纂。谱载谱序、源流、世系、字辈、世系等。印刷本。谱存梁继元处。

五、浦城县

山桥《梁氏合修族谱》 清同治七年（1868年）梁文贤、梁芳茂、梁元栋、梁树人等首修，光绪三十二年（1906年）梁芳儒、梁元栋二修，1937年梁元善、梁让德、梁清祥等三修。谱载谱序、源流、字辈、世系、墓图等。铅印线装本，12册。谱存福建师范大学图书馆、梁坤云处。

六、光泽县

洋塘《水西梁氏族谱》 1938年梁安炳、梁太广、梁太生、梁荣付、梁光远首修，5册。2002年梁松生、梁泽根、梁后保、梁兴国二修，印刷本，4册。谱载谱序、源流、字辈、世系、族训、家规等。谱存梁厚文处。

鸾凤《上小源梁氏族谱》 清同治六年（1867年）梁居敬、梁明予首修，光绪三十年（1904年）梁吕年二修，1938年梁泰三修，2016年梁太坤、梁兴言四修。谱载谱序、源流、字辈、世系等。印刷本，5册。谱存梁太坤处。

第八节　龙岩市

一、上杭县

上杭《梁氏族谱（安定郡忠公系）》 明天顺四年（1460年）梁宽首修；清乾隆元年（1736年）梁嶷峰、梁岳、梁成杰、梁经等二修；嘉庆二十三年（1818年）至道光三年（1823年）梁廷洲、梁廷益、梁桂元、梁桂应、梁开泰等三修；咸丰十一年（1861年）梁邦庆四修；2001年安定郡梁氏忠公系修谱理事会五修，梁长沙任会长，梁利忠执行会长。谱载历次谱序、修谱凡例、族史源流、名人传记、家规家训、家庙记、仕宦录、迁徙录、英才录、祖先像、祖墓照片、祖坟图等。精装本。谱存上杭客家族谱博物馆、上杭县志办、上杭县委统战部、上杭客家联谊会、上杭县图书馆、武平县志办、武平县委统战部、闽粤梁氏宗祠。

二、长汀县

《安定堂汀州梁氏族谱》 20世纪90年代梁开荣、梁兴林首修。2020年梁仕发、梁小倩、梁长炜、梁开华等续修。谱载闽粤梁氏通览、前言、凡例、历次谱序、源流、名人传记、家庙记、族史地名、历代名仕录等。精装本。谱存各分房宗祠、上杭客家族谱博物馆、厦门市图书馆、长汀县博物馆、长汀县档案局及梁仕发处。

第九节　宁德市

一、福安市

《潭头梁氏支谱》 清光绪三十三年（1907年）修，由修正堂编纂。谱载谱序、源流、字辈、世系等。钞本。谱存梁许宏处。

二、福鼎市

白琳《后湾塘梁氏宗谱》　1963年梁复庭首修，1975年梁祥视二修，1981年梁祥视三修，1998年梁又前四修，2006年梁祥视五修。谱载历次谱序、凡例、源流、名人传记、仕宦录、家庙记、族史地名等。印刷本4册。谱存后湾塘梁氏宗祠、梁亦渠处。

点头《后梁梁氏族谱》　清嘉庆二十四年（1819年）首修，道光八年（1828年）王世昌二修，道光二十二年梁国栋三修，咸丰十一年（1861年）梁庄临四修，同治四年（1865年）五修，光绪六年（1880年）梁树屏六修，光绪二十六年梁国珍七修，1930年梁福廷八修，1947年梁福廷九修，1978年梁奕诃、梁祥彬、梁其笃等十修，1984年梁奕诃、梁世帮、梁其笃等十一修，1998年梁奕昆、梁世帮、梁祥芝等十二修，2012年梁亦群、梁世帮、梁奕彤、梁世和等十三修。谱载历次谱序、凡例、源流、名人传记、仕宦录、家庙记、族史地名等。精装印刷本。谱存后梁梁氏宗祠、梁亦辉处。

三、霞浦县

《安定堂葫芦坵梁氏族谱》　2013年梁其松、梁应飞重修。谱载谱序、源流、字辈、世系等。印刷本。谱存梁其松处。

《沙坑梁氏宗谱》　1954年梁其文首修，1988年梁其身、梁亦强二修，2003年梁祥苏、梁祥王、梁亦清、梁亦强三修。谱载旧序、新序、源流、文物古迹、世系、字辈、墓志、山志等。印刷本，3册。谱存沙坑梁氏宗祠、梁祥清处。

《上澳梁氏族谱》　1982年梁召善、梁步顶、梁友金、叶方仔修。谱载谱序、源流、字辈、世系等。钞本。谱存梁友金处。

三沙《笔架礁梁氏族谱》　1985年梁祥孙、梁春来首修，1998年梁祥通、梁阿春、梁春发二修，2014年梁金俤、梁生玉、梁明吓、梁定伏三修。谱载旧序、新序、源流、文物古迹、世系、字辈、墓志、山志等。印刷本。谱存梁奕财处。

四、屏南县

《大章梁氏族谱》　原旧谱遗失，2011年组成编纂委员会，梁发绍任主任，郑福顶任主编重修。谱载旧序、新序、源流、文物古迹、世系、字辈、墓志、山志等。精装印刷本。谱存梁发绍处。

第四章　文化遗产

第一节　著作与艺文

［唐］梁　藻　长汀人。著有《处士集》。

［宋］梁克家　晋江人。著有《三山志》《长乐志》《中兴会要》《梁文靖集》《赋九月梅花》。

［宋］梁　亿　晋江人。著有《论语集解》。

［宋］梁南一　晋江人。著有《六经辨疑》。

［明］**梁玉蕤**　安溪人。著有《韵客》《易通二卷》。

［明］**梁怀仁**　晋江人。著有《明朝功臣年表》《读史日抄》《诗文全集》。

［明］**梁　护**　南安人。著有《诗集全部》。

［明］**梁朝挺**　安溪人。著有《剪江雷应集》。

［明］**梁岐超**　同安人。著有《史诗》《诗文集》。

［明］**梁天爵**　南安人。著有《梅亭诗草》。

［明］**梁兴玉**　南安人。著有《璞溪诗集》。

［明］**梁公翟**　南安人。著有《诗集》。

［清］**梁国宝**　安溪人。著有《诗文集》。

［清］**梁文祖**　南安人。著有《四书辑要》《诗文集》。

［清］**梁上国**　长乐人。著有《驳阎氏尚书古文疏证》《山石游记》《闽海人文》。

［清］**梁廷珪**　南安人。著有《自警日新录》。

［清］**梁运昌**　长乐人。著有《读说文解字小笺》《杜园读杜》《秋竹斋诗存》。

［清］**梁章钜**　长乐人。著有《浪迹丛谈》《论语集注旁证》《楹联丛话》等。

［清］**梁恭辰**　长乐人。著有《劝戒四录》《池上草堂笔记》《北东园笔录》。

［清］**梁鸣谦**　闽县人。著有《静养堂诗文集》《笔记》《词存》。

［清］**梁蓉函**　长乐人。著有《静安吟草》《影香窗诗钞》。

［清］**梁春晖**　长乐人。著有《云龛遗稿》《四库总目》。

［清］**梁月山**　将乐人。著有《选心图》《月山遗书》。

［清］**梁九诏**　上杭人。著有《潜齐集》。

［近现代］**梁鸿志**　长乐人。著有《爰居阁诗》。

［近现代］**梁敬錞**　福州人。著有《欧战全史》《在华领事裁判权论》《九一八事变史述》。

［近现代］**梁遇春**　闽县人。著有《春醪集》《泪与笑》《破晓》。

［近现代］**梁桂元**　福州人。著有《梁桂元画集》《梁桂元水彩画选》《闽画史稿》。

［近现代］**梁披云**　永春人。著有《梁披云书法集》《雪卢诗稿》《梁披云教育思想》《番客谣》。

［近现代］**梁灵光**　永春人。著有《梁灵光回忆录》《足痕》《辉煌十五年·珠江三角洲篇》。

［近现代］**梁天成**　永春人。主编《永春县志》（1990版）。

［近现代］**梁燕丽**　永春人。著有《20世纪西方探索剧场理论研究》《梁披云评传》《巴金与泉州》。

［近现代］**梁仲虬**　永春人。著有《雪庐诗稿集外抄》。

［近现代］**梁廉玉**　永春人。著有《教育学》《教育思想发展史略——历史、现状与发展趋势》。

［近现代］**梁南靖**　南安人。著有《中国数学古题浅解》《常用数学》。

［近现代］**梁印浩**　泰宁人。著有《泰宁见闻》《泰宁风俗习惯录文》《三涧吟草》。

［近现代］**梁万业**　泰宁人。著有《无为子吟草》。

［近现代］**梁一池**　福鼎人。著有《树木育种原理与方法》《福建林地资源评价》。

［近现代］**梁敬魁**　福州人。著有《相图与相结构》《高Tc氧化物超导体系的相关系和晶体机构》《粉末衍射法测定晶体结构》。

［近现代］**梁诗魁**　长乐人。著有《西北蜜源植物及其利用》《中国蜜源植物及其作用》《中国农科百科全书·养蜂卷》。

［近现代］**梁敬贤**　福州人。著有《公共关系实务》《工业企业管理》《公共关系》。

［近现代］**梁敬泗**　福州人。著有《怎样写美术字》《动物图案写生变化与技法》《梁敬泗的今生

今世》。

［近现代］梁训义　福州人。著有《大小麦赤霉病及其防治》《浙江新近发展的稻麦病虫害》《中国农业百科全书·植物病理卷》。

［近现代］梁玉璋　福州人。著有《福州话音档》《福建省方言概况》《方言志》。

［近现代］梁君夷　南安人。著有《新加坡武林人物》《象山恩仇记》《回乡记》。

［近现代］梁章凯　福州人。编著有《齐国古陶文五十品》《邺城古陶文五十品》《藏传铁印五十品》。

第二节　族规家训

一、永德梅镜梁新家风

常阅读族谱，以明统绪，辨昭穆，生敬宗尊祖孝悌怜爱之心，致力维护宗族正当权益。

人才乃宗族最宝贵的财富，务必竭力培养子女弟妹，支持族中后秀，爱护各行业的佼佼者。

正确看待钱财，兄弟亲邻须以情义为重，勿因争财而成仇，自取不义，贻笑他人。

崇尚俭朴，即使家有巨资，亦忌奢华侈丽，凡婚丧喜庆，更勿攀比排场。

凡我族亲，无论工农商学兵，都须勤于业，精于艺，创优扬名，为先辈争光，为宗族赢誉。

凡我族子孙，须自求衣食，切勿取巧走险，贻累父兄，玷辱宗族；偶有不轨者，当群起力诫。

眼见多实，耳闻常虚，遇事慎思原委，勿人云亦云，传谣滋事，更勿随爱猜忌，播弄是非。

富贵不骄奢，平等待人，乐善好施；贫困勿丧志，瞄准机遇，努力奋发。

录自吾顶《永春梅镜梁氏族谱》

二、上杭梁氏家训

为人忠厚，立志为人；品行端正，慎言谨行。
父母之德，同于昊天；人生百行，孝顺为先。
友爱兄弟，手足情谊；生则同胞，居则同巢。
夫正妻贤，诚信相依；终身相伴，贫贱不移。
勤劳为本，节俭当先；谨身节用，居之求安。
息忿戒讼，与世无争；悯孤恤穷，济困扶危。
教子勤读，勉力育才；尽力训后，安分守法。
威武不屈，富贵不淫；严于律己，宽以待人。

录自上杭《梁氏族谱（安定郡忠公系）》

三、汀州梁氏族训

天地父母，孝敬为先；兄弟手足，互助为先；
父爱子孝，兄友弟恭；夫妻相敬，当效梁孟；
婆媳相处，爱抚孝敬；妯娌之间，切莫疑心；
睦邻乡里，和忍为先；尊长抚幼，美德继承；
持家之道，贵在勤俭；济困扶危，仗义执言；
赌嫖莫沾，娼盗莫行；伦理法纪，人人尊行；

交亲结友，德道为绳；贫穷不馁，富贵不淫；
贫者不欺，权奸不迎；善事多做，歹恶莫行；
重科兴教，五业俱兴；保护自然，和谐相生；
幼年立志，青壮力行；世无难事，勇于攀登；
创造辉煌，永振家声。

录自《安定堂汀州梁氏族谱》

第三节　宗　祠

泰宁梁氏祖居　坐落在泰宁县杉城镇进士巷16号。明末清初建。建筑面积201平方米。坐西朝东。排山柱穿梁式木结构。由下厅、天井、后楼及辅房等组成合院式。面宽8.8米，总进深22.9米，木构大门，大门北侧开商铺柜台式窗栏。下厅面阔三间，进深四柱，设二层阁楼，对外街开槛窗，悬山顶。后楼面阔三间，进深七柱，两层，后部楼梯直上二层。屋面檐廊处三挑斗拱承托，地面条砖铺砌，带木质八棱素面石柱础。2001年并入尚书第建筑群，被列为第五批全国重点文物保护单位。（见彩图13-1）

福州永盛梁氏宗祠　坐落在福州市仓山区城门镇梁厝村。前身为南宋理学名家梁汝嘉讲学的梅涧书院，由朱熹题字又称“贻燕堂”。元至治二年（1322年），翰林学士承旨梁恩观返乡祭祖修家谱改建为梁氏宗祠，扩建戏台、酒楼、回廊、天井。1919年重修，1987年再修，2019年复修凤池。占地面积693平方米。坐西朝东。宗祠面阔五间，进深六柱，穿斗减柱硬山顶土石木结构。祠埕左右分列旗杆夹石座；门墙北边立有禁溺女婴石碑；大门两侧墙上塑有一对瓷盏象，每只约3米高，象身镶嵌上千个瓷酒杯，脚踏八宝，背驮花瓶马鞍，寓意“平安吉庆，八方进宝”。正大门百利花岗石匾额镌刻“永盛梁氏宗祠”。屏风门石柱楹联“追五世迁居隆兴纪岁，历四朝构宇永盛宗祠”。两个仪门分别嵌“入孝”“出悌”石匾。宗祠楹联、匾额甚多，“溯族分支固始七，开宗发肇天禧三”“史馆词曹光州千古，茶洋石壁永里一祠”“灏老为颓首选，伯鸾乃当奇才”。神龛上方高挂“贻燕堂”堂号匾；两侧六幅清人画像，正厅上方悬挂清道光皇帝褒奖广西巡抚梁章钜禁烟有功而御赐的三个“福”字方匾，还有萨镇冰题字“燕翼贻谋”、沈葆桢题字“女中婴臼”、徐世昌题字“急公好义”匾额，祭厅中悬挂进士、文魁、名人题赠匾额及古今名人画像、事迹简介。2009年被列为福建省第七批文物保护单位。（见彩图13-2）

将乐良地梁氏宗祠　坐落在将乐县万全乡良地村南村口。明万历年间（1573—1620）始建，清康熙四十四年（1705年）、乾隆年间（1736—1795）历三次重修，2018年再次重修。面阔23.34米，总进深26.57米，占地面积588.1平方米，建筑面积201.9平方米。坐西朝东。悬山式硬山顶，砖混穿梁式木结构，大门顶阴刻“梁氏宗祠”，两侧壁仪门，祠埕立两对双斗式石烛，初附建于文昌阁西侧，原由主殿、天井、上下厅、前部院坪组成，后以门楼、连排仓房将过村古道纳入宗祠范围，祠前为吊脚楼式俗称“甄祀楼”干栏式和穿斗式结构。2013年被列为福建省第八批文物保护单位。

光泽洋塘梁氏宗祠　坐落在光泽县崇仁乡洋塘村水西。明崇祯七年（1634年）始建，2019年重修。建筑面积360平方米。坐东朝西。祠堂为明代建筑风格，两进殿合院式，由门楼、门厅、正殿、后殿等组成，硬山顶抬梁与穿斗混合式构架。

洋塘梁氏宗祠

正殿两侧梢间正面板壁分别阳刻“孝”“悌”两大字，面阔五间，南北宽 13 米，东西长 27 米，为五山式砖构门楼，无中大门，门楼前墙上嵌“梁氏宗祠”石匾额，两侧开仪门，顶嵌“入见”“出闻”石匾。2009 年被列为福建省第七批文物保护单位。

梁家祖宅　坐落在泰宁县杉城镇胜一街。明代建。通面宽 11.58 米，总进深 25.23 米，建筑面积 292 平方米。大门坐南朝北，主体坐西朝东。合院式建筑，由门庭、前天井、正厅、后天井、后厅等组成。砖砌大门，设门庭。天井用条石铺砌。正厅面宽五间，进深五柱，悬山顶屋面，斗拱、瓜柱、柱础，抬梁穿斗式混合木结构。后厅面宽三间，进深五柱，后部设神龛。带木质八棱素面石柱础，保留明代建筑特征。2010 年以胜一街建筑群合并项目被列为泰宁县文物保护单位。

泰宁老虎际梁氏宗祠　坐落在泰宁县大龙乡里坑村老虎际。清代中期建。占地面积 1690 平方米，建筑面积 768 平方米。坐西北朝东南。双面坡悬山式屋面，穿斗式木结构吊脚楼。2010 年被列为泰宁县文物保护单位。

长汀梁屋头梁氏家庙　坐落在长汀县策武镇梁屋头。明嘉靖年间（1522—1566）始建，崇祯年间（1628—1644）重建，2020 年重修建。占地面积 695 平方米。坐北朝南。砖木结构。三进两天井三开间，悬山顶单檐脊。2011 年被列为长汀县文物保护单位。

福州下杭梁氏祠堂　坐落在福州市台江区双杭街道下杭路 92 号。建于民国初年，多次重修，2019 年再修。占地面积约 700 平方米。坐北朝南。厅堂面阔三间，进深四间，双坡顶，砖砌风火墙，穿斗式木构架。门口墙基嵌有“梁祠祭业”碑刻一方。

福州洋坑永盛梁氏支祠　坐落在福州市仓山区城门镇洋坑村。清道光三十年（1850 年）始建，历代重修，1995 年重建。占地面积 500 多平方米。坐东朝西。三进三开间，硬山顶石砖木结构。

福州梁得辉家庙　坐落在福州市仓山区城门镇梁厝村东麓。清雍正六年（1728 年）始建，1997 年重建。面积 360 多平方米。坐西朝东。硬山顶砖木结构，一堂二房三门，前后双天井，堂两厢砖砌风火墙。

福州龙台永盛梁氏宗祠　坐落在福州市马尾区琅岐镇龙台村。明宣德元年（1426 年）始建，嘉靖七年（1528 年）重修，1992 年重修建。建筑面积 1200 多平方米。坐西南朝东北。硬山顶砖木混结构。祭厅中悬挂“诗礼传家”鎏金牌匾。

福清梁氏宗祠　坐落在福清市城头镇梁厝村。清嘉庆年间（1796—1820）始建，1927 年重修，1979 年、2002 年两次大修建，2013 年重建。建筑面积 620 平方米。坐北朝南。硬山顶砖木穿梁式结构，祀厅中堂高悬“梅镜堂”、民国年间制的梁氏《历科题名录》牌匾。

长乐华夏梁氏宗祠　坐落在长乐市金峰镇梁边村。宗祠左边有元至正五年（1345 年）古井，清乾隆四年（1739 年）重建，1944 年重修。占地面积 1500 多平方米，建筑面积 700 多平方米。坐东朝西。硬山顶混合仿木穿梁式结构。

闽侯碾坑梁氏宗祠　又称梁宵先公祠，坐落在闽侯县大湖乡碾坑村。清初始建，光绪十二年（1886 年）重修，2006 年维修。建筑面积 115 平方米。坐西朝东。砖石穿梁斗式木结构。单进三开间，正殿悬挂乾隆年间（1736—1795）“孝顺无双”牌匾，大门廊檐穿斗木出挑，硬山顶风火墙，屋脊双龙戏珠。祠埕立石碑旗杆夹石 1 对。

连江长沙永盛梁氏宗祠　坐落在连江县晓澳镇长沙村。明弘治五年（1492 年）始建，历代均有修葺，1944 年重修，2008 年续修。建筑面积 360 多平方米。坐西北朝东南。大殿三开间两进深，硬山顶，穿梁式木结构，祭厅中高悬“贻燕堂”牌匾，大门前立石狮一对。

连江长龙梁氏宗祠　坐落在连江县长龙镇下洋村下垱自然村。元至正年间（1341—1368）始建，清同治十年（1871 年）重修，1936 年、1995 年两次扩建，2009 年重建。建筑面积 500 多平方米。坐北朝南。歇山顶，钢混仿古仿木结构，主后殿三开间三进深。石构架门楼门额“宗功永耀”。内外墙嵌石影雕二十四孝图案。

厦门蔡厝梁氏家庙 坐落在厦门市翔安区新店街道蔡厝村。清同治三年（1864 年）始建，历代多次修葺，1994 年重建，2001 年重修。建筑面积 150 多平方米。坐西南朝东北。二进三开间，歇山顶燕尾脊，砖石木结构。

厦门院内梁氏宗祠 坐落在厦门市翔安区内厝镇莲后村院内。明正德七年（1512 年）始建，1960 年重修。占地面积 2000 多平方米，建筑面积 417.6 平方米。坐西北朝东南。二进三开间，悬山顶燕尾脊，砖石穿梁式木结构，雕梁画栋，大厅六支原始杉木大柱，柱础圆石墩。

厦门张厝梁氏宗祠 坐落在厦门市翔安区内厝镇莲前村。明万历四十四年（1616 年）始建，1995 年重修建。面积 150 多平方米。坐西北朝东南。二进三开间，悬山顶燕尾脊，土石木结构。

厦门珩厝梁氏宗祠 坐落在厦门市翔安区新店街道珩厝村。明代始建，清同治年间（1862—1874）重建，1988 年重修建。建筑面积 150 多平方米。坐北朝南。单进三开间，歇山式硬山顶，石木结构。

漳州浦头梁氏宗祠 坐落在漳州市芗城区浦南镇浦头。2016 年重修建。占地面积 2155 平方米，建筑面积 600 平方米。坐西朝东。肖形蛇穴拦水老龟盘踞。砖石穿梁式吊斗木结构。悬山顶燕尾脊，琉璃瓦屋面，设二厅二巷两侧扶厝，厅左右壁分别嵌石雕二十四孝图案，大门两侧嵌石雕历代名仕典故图案。门口石雕山门，门额阳刻“忠孝传家”鎏金字。

龙海巽玉梁氏宗祠 坐落在龙海市紫泥镇巽玉村。1998 年在原祖厅旧址重建。建筑面积 200 多平方米。坐东北朝西南。二进三开间，悬山顶燕尾脊，琉璃瓦，房脊嵌龙凤雕，石木混合穿梁式结构。

云霄云陵梁氏祖厝 坐落在云霄县云陵镇西园社区享堂前。清康熙年间（1662—1722）始建，1944 年重修。建筑面积 90 多平方米。坐东朝西。单进单开间，土木结构。

长泰坑柄梁氏宗祠 坐落在长泰县枋洋镇枋洋村坑柄楼。明代始建，历代修葺，2005 年重修。占地面积 1000 多平方米，建筑面积 380 平方米。坐西朝东。二进五开间，悬山顶燕尾脊，石木混合穿梁式结构。

长泰吉美梁氏祖祠 坐落在长泰县枋洋镇尚吉村吉美社。明代始建，历代重修，1998 年重修建。占地面积 1000 多平方米，建筑面积 300 多平方米。坐西朝东。悬山顶燕尾脊，石木混合穿梁式结构。

长泰梁氏山头宗祠 坐落在长泰县枋洋镇石横村山头。始建于明代，历代重修，2003 年重建。占地面积 806 平方米，建筑面积 399 平方米。坐南朝北。二进三开间，重檐式燕尾脊，钢混仿古宫宇结构。祠前有泮池，正殿匾额“梅镜传芳”。

泉州霞美梁氏宗祠 坐落在泉州市丰泽区北峰街道霞美社区。清代始建，1988 重修建。占地面积 300 多平方米，建筑面积 150 平方米。坐北朝南，二进三开间，歇山顶燕尾脊，红砖石木混合结构。

泉州梁氏乌洲宗祠 坐落在泉州市丰泽区泉秀街道乌洲村。清初始建，嘉庆四年（1799 年）修建，2019 年重修。占地面积 300 多平方米，建筑面积 130 平方米。坐北朝南。二进三开间，硬山顶燕尾脊，砖石钢混仿木结构。

泉州河市南塘梁氏祖祠 坐落在泉州市洛江区河市镇南塘村梁厝。清代始建，2008 年重修建。占地面积 500 多平方米，建筑面积 200 多平方米。坐西南朝东北。二进三开间，燕尾脊琉璃瓦屋面，砖石木结构。

泉州马甲山仔尾梁氏祖祠 坐落在泉州市洛江区马甲镇潘内村山仔尾。清代始建，2019 年重修建。占地面积 900 多平方米，建筑面积 500 多平方米。坐东朝西。仿皇宫筑构，三进五开间，双天井双过水（厢房），九架出步顶下落十四间，歇山顶燕尾脊，琉璃瓦屋面，砖石木结构。

南安后浦梁氏宗祠　又称后浦祖宇，坐落在南安市霞美街道仙河村后浦。清嘉庆十年（1805 年）始建，2008 年重修建。占地面积 200 多平方米，建筑面积 120 平方米。坐东北朝西南。三进一开间，悬山顶燕尾脊，砖石木结构。

南安碧溪梁氏宗祠　坐落在南安市官桥镇泗溪村。1995 年由新加坡侨亲梁后古夫人梁王玉兰捐建。占地面积 300 多平方米，建筑面积 130 多平方米。坐北朝南。砖石混仿木结构，单进三开间，歇山顶燕尾脊，屋面琉璃瓦。正殿嵌梁披云题字“安定衍派，梅镜传芳”，大门额“梁氏宗祠”等青石雕刻匾。

南安象山梁氏宗祠　又称窝内祖厝，坐落在南安市翔云镇翔云村前山寨“凤窝”。明末始建，清康熙二十年（1681 年）重修，20 世纪 70 年代毁，1994 年重建。占地面积 1714 平方米，建筑面积 473 平方米。坐西北朝东南。主殿为汉式十一架出步，一厅二巷港二路点金，两侧扶厝厢房仿古，门亭、围墙，重檐歇山顶燕尾脊，屋脊嵌双龙雕，土石木结构。祀厅中悬挂“忠孝堂”“奉直大夫”匾额，左右壁分别嵌石刻鎏金历代仕官人物录及《跋》等碑文。大门额“安定衍派”，门联“象卷龙蟠昭烈祖，山灵隆德佑后人”，两侧双扇仪门“入孝出悌”“礼门义路”，门额“夏阳缵绪”“梅镜传芳”。

南安象山二世前山宗祠　又称济美宗祠，坐落在翔云村前山寨内，肖形“向天蜡灼”。清初始建。建筑面积 200 多平方米。坐北朝南。土石结构。

南安象山二世东山宗祠　又称北卿宗祠，坐落在东山村北坑山南麓，肖形“狮仔弄球”。清嘉庆八年（1803 年）始建，1989 年重修。建筑面积 150 多平方米。坐西北朝东南。重檐歇山顶燕尾脊，两进单开间，砖石木混结构。

南安东山梁氏宗祠　坐落在南安市翔云镇东山村后山母西麓。清代中期始建，1985 年重修，2006 年重建。占地面积 200 多平方米，建筑面积 180 多平方米。坐东朝西。二进三开间，正厅悬挂“进士”牌匾，歇山顶燕尾脊，砖石穿梁式木结构。

南安梅庄梁氏宗祠　坐落在南安市翔云镇梅庄埔前圳墘。始建于元末明初，2011 年重建。占地面积 200 多平方米，建筑面积 100 多平方米。坐东朝西。二进三开间，歇山式燕尾脊，砖石木结构。

南安梁氏新衙祖厝　坐落在南安市翔云镇梅庄山武仓西麓。清乾隆三十八年（1773 年）建顶落，嘉庆二年（1797 年）建下落，1992 年下落毁于火，2002 年裔宗人修复。建筑面积 256 平方米。坐北朝南。二进九架出步、六路五开间顶下落，具闽南“皇宫起”建筑风格，歇山顶燕尾脊，土石砖穿梁式斗拱木结构。正堂悬挂“文魁”“孝友垂芳”牌匾。

南安凤坡梁氏宗祠　坐落在南安市诗山镇凤坡村。明嘉靖二十二年（1543 年）始建，1920 年重修，1988 年重修建。占地面积 1000 多平方米，建筑面积 400 多平方米。坐西北朝东南。二进五开间，悬山顶燕尾脊，砖石木结构。

惠安东门外梁氏宗祠　坐落在惠安县螺阳镇东门外梁厝村南。1950 年建，1958 年毁，2001 年重建。建筑面积 200 多平方米。坐东北朝西南。砖石木夯结构，单进三开间，歇山顶琉璃瓦，主殿燕尾脊，祠埕三层六角琉璃瓦葫炉顶砖砌焚金亭。

惠安港边梁氏东厅祖厝　坐落在惠安县崇武镇霞西村港边。清乾隆年间（1736—1795）始建，1942 年重修，2005 年重修建。建筑面积 318 平方米。坐东北朝西南。二进三开间，歇山顶燕尾脊，琉璃瓦屋面，砖石木结构。

惠安鹰园梁氏祖厝　坐落在惠安县山霞镇鹰园村港边。1998 年重修。建筑面积 200 多平方米。坐东北朝西南。二进五开间，硬山顶燕尾脊，土石结构。

惠安下坑梁氏祖厝　坐落在惠安县山霞镇下坑村。1998 年重修。建筑面积 200 多平方米。坐东北朝西南。两进五开间，硬山顶燕尾脊，土石结构。

安溪仙苑梁氏宗祠 坐落在安溪县城厢镇仙苑村梁厝。始承祖母家屋一座，明正统十四年（1449 年）被贼烧毁，拾得遗留石木搭建，正德十一年（1516 年）复建，2014 年新翻建。占地面积 900 平方米，主体建筑面积 292 平方米。坐北朝南。二进三开间，正殿雕龙石柱，歇山顶燕尾脊，屋脊嵌瓷剪雕双龙，祠大门廊壁入嵌各石花浮雕，顶嵌“安定衍派”匾额，穿梁斗式砖木结构。

安溪坂顶梁氏宗祠 坐落在安溪县城厢镇墩坂村顶坂。清代始建，后坍塌，1998 年台胞梁哲周返乡寻根时重建。建筑面积 100 多平方米。坐西朝东。单进单开间，砖石结构。

安溪梁国宝祖祠 坐落在安溪县城厢镇仙苑村梁厝。清康熙四十五年（1706 年）始建，2000 年重修。占地面积 935 平方米，主建筑面积 505.5 平方米。坐东南朝西北。三落三开间两护厝，土石木结构。主堂悬挂“进士”牌匾，祠埕两侧立有两对旗杆夹石。

德化蟠龙梁氏宗祠 坐落在德化县南埕镇蟠龙村。始建于元末明初，2010 年重修。占地面积 200 多平方米。坐西朝东。单进三开间，上下两层洋楼厅，悬山顶单檐古式穿梁木结构。

德化龟祥梁氏宗祠 坐落在德化县南埕镇蟠龙村龟祥。清代始建。占地面积 200 多平方米。坐西北朝东南。单进五开间，古式穿梁木结构。

德化罗升梁氏宗祠 坐落在德化县春美乡上春村罗升（罗坑）。明代始建，1972 年被拆，1986 年梁披云等捐资复建，2011 年重修。占地面积 300 多平方米。坐北朝南。二进五间开，重檐式燕尾脊，土石木混合结构。

德化桂阳梁氏宗祠 坐落在德化县桂阳乡桂阳村。1947 年始建，2008 年重修。占地面积 600 多平方米，建筑面积 200 多平方米。坐东朝西。一进两开间，砖石木结构。

永春吾顶梁氏大宗祠 坐落在永春县吾峰镇吾顶村（蓬莱巷）水尾。明末始建，1987 年修建，2007 年港胞梁良斗捐资重修。占地面积 3200 平方米，建筑面积 1056 平方米。坐北朝南。门楼二进四合院式十二间，单檐式歇山顶燕尾脊，钢混砖石仿木穿梁式结构。大厅四周影雕二十四孝图案，永德梅镜梁氏源流、家风、仕官、名人事迹等铭刻石碑嵌于墙上。大门口立石狮一对。

永春梁披云梁灵光祖屋 坐落在永春县吾顶村石碧寨安仔。清代始建，2017 年由当地政府、澳门福建同乡会筹资修建。占地面积 850 平方米，建筑面积 550 平方米。坐东南朝西北。悬山顶古式排山柱穿梁木结构。2019 年镇政府、广东闽南经济促进会筹资建广场，立梁披云、梁灵光石雕像，并作为纪念馆。

永春都溪梁氏宗祠 坐落在永春蓬壶镇都溪村石鼓林山麓。明永乐二年（1404 年）始建，历代修葺。建筑面积 136 平方米。坐西北朝东南。五间平屋，土石木结构。

明溪石珩梁氏宗祠 坐落在明溪县瀚仙镇石珩村。明崇祯六年（1633 年）始建，2012 年重修。建筑面积 300 多平方米。坐南朝北。两进三开间，砖砌风火墙，硬山顶琉璃瓦，穿梁式木结构。

尤溪城内梁氏宗祠 坐落在尤溪县城内兴贤坊沈福门旁。唐代建，1926 年重建，2017 年重扩建。占地面积 336 平方米，建筑面积 276 平方米。清式半重檐悬山顶，砖混穿梁式木结构。

尤溪坂面梁氏宗祠 坐落在尤溪县坂面镇坂面村后洋梁。明崇祯四年（1631 年）始建，1918 年烧毁，1943 年重建。占地面积 500 多平方米。坐北朝南。单进五开间，重檐式穿梁式木结构。

尤溪陈坑底梁氏宗祠 坐落在尤溪县溪尾乡大宁村上庄坊。清顺治六年（1649 年）始建，1993 年旅外侨亲捐资重建。建筑面积 150 平方米。坐西朝东，俗称凤穴。砖混结构，悬山顶，绿色琉璃瓦。

尤溪丁地梁氏祖祠 坐落在尤溪县梅仙镇登第（丁地）村下厝坪坊。1955 年建。占地面积 150 多平方米，建筑面积 90 多平方米。坐西朝东。单进五开间，悬山式单檐顶，穿梁式木结构。

仙游枫亭古下梁氏祖祠 坐落在仙游县枫亭镇锦湖村古下自然村。清道光年间（1821—1850）始建，2008 年重修。建筑面积 80 多平方米。坐东朝西。单进单开间，悬山顶平屋，砖石木结构。

莆田埔头梁氏祖屋　坐落在莆田市城厢区常太镇埔头村梁厝。清代建。面积 100 多平方米。坐西朝东。悬山式砖混木结构。

莆田坂梁梁氏宗祠　坐落在莆田市涵江区江口镇坂梁村梁厝。明崇祯二年（1629 年）始建，历代重修，1980 年重修，1995 年翻修，在石柱加刻柱联。占地面积 600 多平方米，建筑面积 300 多平方米。坐北朝南。两进五开间及扶厝，歇山顶马鞍式屋面，混合穿梁式木结构。

莆田东峤梁氏宗祠　坐落在莆田市秀屿区东峤镇梁厝村。明代建，历代重修。占地面积 1200 多平方米，建筑面积 200 多平方米。坐北朝南。四进三开间，悬山顶燕尾脊，红陶瓷瓦，雕梁画栋，穿梁式木结构。

南平峡阳梁氏宗祠　坐落在南平市延平区峡阳镇进步街。明末建，历代重修，1998 年再重修。占地面积 450 多平方米，建筑面积 370 多平方米。坐北朝南。两进三开间门楼，歇山顶砖钢混穿梁式木结构。大门台阶两侧立石狮一对。

建阳回潭梁氏宗祠　坐落在建阳区将口镇回潭村。2005 年修建。占地面积 208 平方米。坐东南朝西北。土木结构，单进单开间，正殿右侧悬挂“源远流长”牌匾。

邵武坪上梁氏宗祠　又称“敦睦堂”，坐落在邵武市和平镇坪上村。明代始建，清乾隆五十二年（1787 年）修建，2019 年大修。占地面积 450 多平方米。坐北朝南。两进五开间，硬山顶与歇山顶结合，风火墙穿梁式木结构。保留着明清年代西安的建筑风格。由围墙侧项边门经祠埕进出大门，围墙外悬挂“对越无射”四面方匾。

邵武梁氏享堂　坐落在邵武市和平镇坪上村南麓。清咸丰年间（1851—1861）建。建筑面积 260 多平方米。坐南朝北。硬山顶与歇山顶结合，风火墙穿梁式木结构。古黑砖门楼，中开大门，两侧仪门，两进三开间。

建瓯百丈梁氏宗祠　坐落在建瓯市小桥镇百丈村。2017 年梁氏后裔集资新建。建筑面积 400 多平方米。坐西朝东。两进四开间，回拼式砖木混合穿梁式结构。

浦城山桥梁氏宗祠　坐落在浦城县莲塘镇山桥村。清代始建，2006 年修，2013 年重修。建筑面积 500 多平方米。坐西南朝东北。悬山式单檐脊，砖土穿梁式木结构。两进五开间，正殿大木柱，基嵌六角石雕墩。大门口立石狮一对。1931 年曾作红军临时医院。

光泽上小源梁氏宗祠　坐落在光泽县鸾凤乡黄溪村上小源。明末建。占地面积 300 多平方米。坐东朝西。围墙南北两侧前开卷顶仪门，由仪门进入祠埕，正殿前高挂“佑启我后”匾额，顶部六角形藻井，神龛砖雕须弥坐，坐上木构庑殿顶三开间龛屋，雕凤凰、花瓶、如意、葵花、螭虎龙及回纹、万字图案，殿前木圆柱桎雕菊瓣，六角形开石柱墩。硬山顶抬梁与穿斗混合式构架。

龙岩苏坂梁氏宗祠　坐落在龙岩市新罗区苏坂镇苏坂村。2019 年梁天星筹建。建筑面积 260 平方米。坐北朝南。砖混结构，单进上下厅，两边回廊，上厅混凝土大圆柱，回廊屋面各嵌小狮一对。

上杭彩坑梁氏宗祠　坐落在上杭县珊瑚乡彩坑村。明崇祯年间（1628—1644）始建，近代修建。建筑面积 200 多平方米。坐北朝南。砖混结构，琉璃瓦顶。

上杭中都梁氏宗祠　坐落在上杭县中都镇上徐坑村。明洪武二十年（1387 年）始建，清康熙三十年（1691 年）修建，2019 年重修建。占地面积 2000 多平方米，建筑面积 300 多平方米。坐南朝北，肖形田螺。两进三开间，龙珠顶燕尾脊琉璃瓦，竹节八字门楼，砖木结构。

上杭豪东梁氏宗祠　坐落在上杭县南阳镇豪坑村。明代中期建，清乾隆年间（1736—1795）重修，2013 年重建。占地面积 1346 平方米，建筑面积 806 平方米。坐东南朝西北。砖石柱墩混结构。门前立“耀枢状元及第”牌匾，桅杆七对。

上杭灯下梁氏宗祠　坐落在上杭县湖洋镇古楼村灯下。明景泰年间（1450—1457）始建，清乾隆年间（1736—1795）修整，重建门楼，2012年重新修葺。建筑面积1000多平方米。坐西南朝东北，肖形神龟。砖混结构，悬山式琉璃瓦。月形风池1500多平方米。

上杭余坊梁氏宗祠 坐落在上杭县官庄乡余坊村。明弘治年间（1488—1505）建。建筑面积500多平方米。坐西朝东。三进三开间，砖木结构。祠埕前风池。

上杭水竹洋梁氏宗祠 坐落在上杭县白砂镇大金村水竹洋。明初始建，2016年重建。占地面积260平方米。坐东朝西，砖混结构。

长汀梁氏德威祠 坐落在长汀县策武镇梁屋头村中新屋坪。明天启年间（1621—1627）始建，1947年重修，2006年重建。建筑面积240多平方米。坐西南朝东北。土木结构。三进两天井三开间，悬山顶单檐脊。

长汀梁氏念轩祠 坐落在长汀县策武镇梁屋头村。明代建，2006年重修建。占地面积487平方米，建筑面积297平方米。坐北朝南。单进两堂式祀厅，砖混结构。

长汀李家坊梁氏宗祠 坐落在长汀县新桥镇李家坊村。明嘉靖（1522—1566）后期始建，清康熙四十六年（1707年）重修，道光七年（1827年）又修，1957年重修葺，2018年重修建。占地面积2100多平方米。坐北朝南。砖土木结构。

武平河口梁氏宗祠 坐落在武平县湘店镇店下村河口石嘴上。明末建。建筑面积420平方米。坐东朝西，肖形唱鹅形谷仓穴。砖木结构。

武平牛皮坪梁氏宗祠 坐落在武平县湘店镇尧山村牛皮坪。清康熙三十九年（1700年）始建，2017年重修。占地面积1000多平方米，主殿面积171.4平方米，祠埕面积208平方米。坐南朝北。砖木结构。

武平迳口梁氏宗祠 坐落在武平县岩前镇迳口村梁屋。清代中期建，1987年修建，2015年重建。占地面积620平方米。坐东南朝西北。钢混框架结构。两进三开间，悬山式翘脊，琉璃瓦屋顶。

福鼎后梁梁氏宗祠 坐落在福鼎市点头镇后梁村。清嘉庆二十三年（1818年）始建，2016年重修。占地面积1680平方米，建筑面积346平方米。坐西朝东，肖形龙穴，背靠燕峰山、面朝鲤鱼山、左龟右蛇穴。空腹砖墙马鞍形风火墙，硬山顶穿梁式木结构。上下厅24根柱以二十四孝为象征，正殿梁悬挂“贡元”“厚德可封”“三英聚秀”等清嘉庆以来历代名仕牌匾，祠埕前立有清代旗杆。

福鼎后湾塘梁氏宗祠 坐落在福鼎市白琳镇后湾塘。清乾隆二十七年（1762年）始建，2006年重修。占地面积400多平方米，建筑面积150多平方米。坐西南朝东北。两进五开间，悬山顶琉璃瓦，屋脊双龙戏珠，钢混仿木斗拱式结构。梁上悬挂“梅镜流芳”“荣宗耀祖”牌匾，门前立石狮一对。

霞浦上澳永盛梁氏宗祠 坐落在霞浦县下浒镇上澳村。2013年建。占地面积900多平方米，建筑面积（两层）240多平方米。坐北朝南。钢混结构。一层多功能厅，二层正殿，木雕神龛，歇山式硬山顶琉璃瓦，马鞍式风火墙，由祠埕台阶上二楼大门进主殿，大门两侧嵌二十四孝青石雕。

霞浦沙坑梁氏宗祠 坐落在霞浦县柏洋乡前宅村沙坑。2006年重建。占地面积960平方米，建筑面积350平方米。坐东朝西，背靠王狮角山峰、门朝溪西水库。钢混结构。两进三开间，中大门，左右仪门，屋沿百鸟朝凤，琉璃瓦屋面，屋脊瓷剪雕双龙戏珠。正殿悬挂“光宗耀祖”“梅镜流芳”牌匾。

屏南大章梁氏宗祠 坐落在屏南县棠口乡小章村大章。南宋中期始建，历多次修建，1969年维修。深10米，宽7.8米，建筑面积78平方米。坐南朝北。单进单开间，硬山顶土木结构。

第四节 陵 墓

梁克家墓 位于泉州市城东清源山北麓凤山，今草邦水库南岸。宋代建，1958年建草邦水库时，墓址被淹没，2002 年泉州遇旱，墓地露出，2011 年族人依原朝向移至水库岸重修建，保持宋制。占地面积 160 多平方米。坐西朝东，墓背后上部肖形狮子，对面山形似五只虎，称“五虎朝金狮”穴地。墓呈“风”字形，宋代石灯笼、石翁仲、石羊、石虎、石麒麟列于墓埕两侧。碑文刻鎏金“宋状元拜相梁克家墓”，四根方石柱悬山顶琉璃瓦墓亭。1984 年被列为泉州市文物保护单位。

梁克家墓

梁甘甘墓 位于福州仓山区城门镇梁厝村南麓红桥山。1923 年葬于家族墓地，1962 年修建烈士陵墓。占地面积 40 平方米。土石筑建。墓前拜埕三阶，两旁仿古鼓一对，墓碑首刻五角星，下刻“二七烈士梁甘甘同志之墓”，两旁立 3 米高方形雕狮石柱。1992 年被列为仓山区文物保护单位。

梁国宝墓 位于安溪县城厢镇仙苑村锡亭崎。清代建，历次修葺。占地面积 140 平方米。坐西北朝东南。土石结构。外观呈“风”字形，三笏石墓碑，碑文刻“授文林郎考屺亭梁公封太孺人妣孝荘黄氏墓”。三进拜埕，墓埕三对石圆鼓、石印斗、石文笔立两侧。1995 年被列为安溪县文物保护单位。

梁文颛、许大娘墓 位于安溪县城厢镇仙苑村。明代建。占地面积 330 多平方米。坐南朝北。三合土结构。为仙苑梁氏 4 世祖梁文颛与夫人许大娘合葬墓。外观呈“风”字形，墓碑刻“梁公”。三进拜埕，碑前右侧 1 棵古榕树。2007 年被列为安溪县文物保护单位。

梁文彬、叶氏墓 位于安溪县城厢镇仙苑村。明代建。占地面积 360 平方米。坐西朝东。三合土结构。为仙苑梁氏 4 世祖梁文彬与夫人叶氏合葬墓。呈“风”字形，墓碑无字。三进拜埕，碑前两侧立石圆鼓 1 对、石狮 3 对。2007 年被列为安溪县文物保护单位。

梁忠墓 位于上杭县城南三层岭。南宋末年建，清代重修。占地面积 100 多平方米。坐南朝北，肖形美女照镜、蜈蚣出洞。砖石结构。墓碑刻“始祖公梁忠十九郎□之墓”。墓背上方三元塔，明天启七年（1627 年）建，塔呈八角形，高 20 多米，分七层，砖木空洞构筑，木梯相通，层层开窗，飞檐翘角，俗称上杭龙脉。2013 年被列为上杭县文物保护单位。

梁忠夫人墓 位于上杭县城和平路与振兴路交叉处。南宋末年建，清康熙二十二年（1683 年）重修，1983 年再修葺。占地面积 100 多平方米。坐西北朝东南，肖形乌鸦伏田、田鸡浮塘。砖石混凝土结构。墓主为梁忠夫人郭太安人，三笏石墓碑，刻“宋梁氏始祖妣郭太安人墓”，两侧刻“天佑人丁并茂，地应科甲联芳”“凡闽粤赣后裔重修立，公元一九八三年”。墓四周筑围墙，墓门建石牌坊，高 6 米，坐北朝南，前立石狮 1 对。牌楼正面额“梁氏祖地”，联文“忠公肇业恩泽万代，太婆福地德传千秋”，背面横额“紫气东来”，联文“三层岭蜈蚣出洞眠世祖，振兴路田鸡浮塘安太婆”。2013 年被列为上杭县文物保护单位。

梁氏义姑墓 位于福州仓山永南庵头山。元代建。因福泉高速公路建设，1996 年移葬今永南里梁厝湖龙山。坐南朝北。墓呈“风”字型，三合土砖石建造，宽 7.8 米，深 12.5 米，三重拜埕。墓主为福州永盛梁氏 11 世梁天成之女梁义姑。墓碑阴刻“陈门梁氏义姑灵位”。碑前有祭台、拜埕，两旁石狮 1 对，墓右边立石碑刻“梁氏义姑传记”，三合土围埕。

梁学圭墓 位于福州仓山区城门镇清凉山东麓（又称学圭山）。清乾隆三十八年（1773 年）建。坐北朝南。进深 24.8 米，宽 18.9 米，建筑面积 468.72 平方米。墓进深五重埕，前埕蓄水天池。青石墓碑、墓桌、墓桌裙；墓环、墓手、墓墙用术米熬粥搅拌三合土浇筑，墓手两厢石鼓、前后两对醒狮。墓主为福州永盛梁氏 25 世，乾隆年间雍进士梁学圭及夫人并儿、媳，墓碑刻“雍进士易居梁公配林孺人暨长男宗强男妇林氏次男宗立男妇郭氏蔡氏四男宗扳男妇陈氏周氏寿域”，左右小字刻“大清乾隆癸巳，秋九月谷旦立”，埕屏阴刻“官侯到堂，罗星镇守”，余十六字难以辨认。外观呈“风”字形，周槽排水明沟。墓头重埕前有天然平面岩顶，深 12 米，宽 20 米。

梁兴玉墓 位于南安市翔云镇东山村北坑。明代建，近代修葺。面积 30 多平方米。坐北朝南。土石结构，呈“风”字形，三笏石墓碑。为明郑成功部都督佥事梁兴玉墓，碑文阴刻“皇明敕授都督佥事璞溪梁公墓，男腾基鼎谦鼎仑鼎宪立石”，墓案石阴刻“福禄寿”，单进拜埕，两侧立石文笔。

梁文祖墓 位于南安市翔云镇梅庄村山武仑南麓。清代建，2013 年族人重修。占地面积 300 多平方米。坐北朝南。石混凝土结构。墓前方陈庄溪与范厢溪交汇、肖形龟蛇两山镇溢口。外观呈“风”字形，三笏石墓碑。墓主为乡进士文林郎梁文祖，碑文镌刻“清乡进士文林郎汀州府教　授建阳学教谕敬庄梁公墓”，墓埕五对石圆鼓、石印斗、石狮子、石文笔、石灯笼位列两侧。

梁京福、黄氏墓 位于将乐县漠源乡伍坊天柱山水尾。宋代建，多次修葺。面积 60 多平方米。坐西朝东。土石结构，为天然石灰岩洞穴。墓主为宋初统兵元帅梁京福和黄氏夫人。青绿色板岩墓碑，碑文阴刻“安定郡宋统兵元帅始祖考梁京福公妣黄氏夫人之墓”。

第五节　古建筑

鼓楼黄巷小黄楼 坐落在福州鼓楼区黄巷 36 号。原为唐代黄璞祖居旧屋，清代毁于火，道光年间（1821—1850）梁章钜全面修复，由长乐江田里上梁厝迁此居住。占地面积 3600 多平方米。坐北朝南。正楼尚存一进厅堂与门头房。西侧花厅为双层小楼，穿斗式木构架，双坡顶，四面围墙，自成院落。内所有驼峰、斗、托、拱都精雕细刻。天井前面有一口小鱼池，拱形小石桥，桥栏上刻有“知鱼乐处”四字。东侧有一座凉亭。从小路可通楼上藏书阁，楼阁内的隔扇和门扉皆用楠木制成。楼下两侧有雪洞，深 10 米，洞里云气苍茫，保存完好。1988 年被列为鼓楼区文物保护单位，1992 年被列为福州市文物保护单位，2006 年被列为第六批全国重点文物保护单位。

梁月山故居 坐落在将乐县万全乡良地村。清乾隆四十三年（1778 年）建。面宽 21 米，进深 13 米，占地面积 270 多平方米。坐北朝南。硬山顶砖石木混合结构。平脊式屋顶，墙主体为填盒式砖土墙，大门在房屋的右侧，朝来水方向，坐西朝东。故居前后两进，前门墙、过道和天井，后房屋主体，沿大厅而下左右为厢房，抬梁式木结构，嵌入兰花、小鸟等木雕。右厢房边为书房两间，长 2.5 米，宽 3.2 米。内间存有“爱吾庐”牌匾，对联“东壁图书府，西园翰墨林”，外间牌匾“近思斋”。左边有一半圆形水塘，形似半个月亮。2013 年被列为福建省第八批文物保护单位。

良地水尾木廊桥 位于将乐县万全乡良地村水尾。清咸丰七年（1857 年）良地梁姓先祖始建，2016 年重修。横跨良地溪，坐西朝东，为单孔木伸臂梁木构架廊屋桥，桥身呈西南—东北走向。长 22.4 米，宽 3.84 米，占地面积 235.7 平方米。距水面高约 5 米，悬山式屋顶，中三间屋顶升高，通高 4.27 米，与对岸桥头的集灵宫高低错落，中部立神龛，朝向来水方向，分别供奉如来、真武帝、妈祖、许真人、萧公尊王、本坊土地福德神。

良地水尾木廊桥

2013 年被列为福建省第八批文物保护单位。

良地文武庙　坐落在将乐县万全乡良地村南村口，原称文昌阁。明末良地梁姓先祖始建，清乾隆二十六年（1761 年）重建，2016 年重修。占地面积 461 平方米，建筑面积 387 平方米。坐西南朝东北。重檐悬山顶七跳如意斗拱造型木结构门楼。门楼“八”字开，平面呈梯形，屋顶四坡五脊顶，高 6.57 米。由前坪、天井、三面回廊、拜亭、两层殿阁等组成，四周夯土围墙。上层奉祀孔子，额题“文教昌明”，下层中神龛奉祀关公，额题“圣之义者”，左祀阳公师傅，右祀“延平四贤”，即杨时、罗从彦、李侗、朱熹。2013 年被列为福建省第八批文物保护单位。

外浒古城堡　位于霞浦县下浒镇外浒村。明嘉靖三十四年（1555 年）梁氏先祖为保卫家园、抗击倭寇而建，几经重修，城堡平面呈椭圆形，城墙鹅卵石、块石垒砌，周长 648 米，基通宽 5.5 米，顶宽 3.6 米，通高 6 米，保存有宽约 2 米的走马道，5 个城门，东、北两边为长方形门，西、南三门为拱形门。2013 年被列为福建省第八批文物保护单位。

霞浦外浒古城堡

老虎际古建筑群　老虎际为泰宁县大龙乡里坑村的自然村。村落清代中期始建。占地面积约 8200 平方米。坐西北朝东南。双面坡悬山式屋面，穿斗式木结构吊脚楼。整个村落木构建筑依山崖顺着山势逐级往下搭建，层层叠叠，以石头和杉木、石基石阶石巷，构成村落肌理，石板路纵横交错、曲折盘旋，原木、木板材榫接的吊脚楼立在石面上。整个村落有 8 层，建筑物 36 座，越往上建筑年代越久远，地势最高的是梁氏家族的祠堂（祖屋），其余房屋大门朝向基本与祖屋相对，有单层平屋，也有双层楼阁。依山而建的木屋冬暖夏凉。原村里住梁姓 68 户、286 人，后陆续搬迁。2010 年被列为泰宁县文物保护单位。

梁厝特色历史文化街区　位于福州市仓山区城门镇。占地 34.24 万平方米。街区环靠南台岛东南部闽江下游南岸之燕山，古时称燕山村，宋代梁姓迁居于此，繁衍生息，而后燕山村易名梁厝村。有建于唐代的千年古刹龙瑞寺，宋代永盛梁氏宗祠、桃源左东境（大王宫），清代的得辉梁公家庙、三翕堂、三落里、四胞宅、韬庐别经、三老爷宅、发财厝、九天井民居、梁训债宅、梁淳故居、梁宝林宅、梁仁柯宅、蓝灰厝、药铺房、子亭下旧厝、旧门厝、宽门里、梁甘甘祖厝、梁祖勋故居、梁鸣谦祖屋、梁敬魁故居、歪门厝、梁守纲宅、路门亭及文昌宫、奎光台阁、八爷庙、梁氏义姑墓、“二七”烈士梁甘甘墓、龙瑞寺甘泉井、梁氏宗祠外井、梁厝水井、村里街井、井兜弄井、村里街西口井等 40 多处古建筑。2015 年被列为仓山区梁厝特色历史文化街区。

梁鸣谦故居　坐落于福州鼓楼区衣锦坊闽山巷 9 号。清代建。建筑面积 481 平方米。坐西向东，西面风火墙。东面中间开着两扇大门，天井两边又筑一道墙，墙两侧建有厢房，天井上建五开间、进深 6 柱的单层木构屋，屋面为双坡单檐硬山顶，灰陶合瓦屋面，明间次间均为穿斗式屋架。中间为厅堂，后是插屏门，厅堂左右为侧厅，均住人。初看是三开间，走过两旁的小门，各有单独的一房一天井。整个房屋抬高，屋内铺木地板，屋后有小花园。

雨伞形圆土楼（日升楼）　坐落在漳州市芗城区浦南镇双溪村。大门坐西朝东，土楼为土木瓦结构。

清代梁氏先祖建，20世纪20年代遭水灾、20世纪50年代修复。该“雨伞”楼呈圆形，直径约24米，中有一水井、地面的条石铺设呈八卦状，环楼有30间房、上下两层共60间，红砖青瓦交相辉映，主通道东门保存完整，另有小门3个，楼内结构一般呈现前室为厨房，后室为客厅，每户皆有一楼梯直通二楼卧室和阳台。土楼呈双环圆形，通常是外高内低呈碗状，而双溪雨伞楼内圆比外圆高一层，呈雨伞状，故此得名。

孝子祠、举人堂、廪生堂 坐落在南安市翔云镇翔云村新桥。清嘉庆二十一年（1816年）始建，2003年修复。占地面积920平方米，建筑面积392平方米。坐东北朝西南。朝廷为旌表孝子梁廷珪、孝妇黄氏，“赐金建坊立祠以昭大典”，由其孙梁前茅奉旨建“孝子祠”，立“孝子节孝坊”（坊毁于1966年），又为已故举人梁文什、廪生梁文仗立“堂”。一祠两堂并排，歇山顶燕尾脊，砖石穿梁式木结构。孝子祠正厅悬挂“孝子节孝”牌匾，诰封龛上存有嘉庆皇帝“圣旨”匾额。

第六节 民间信仰

新桥龙灯盛会 明代，长汀县新桥镇李家坊梁姓5世梁尚忠，创造了别具一格的元宵龙灯会。龙灯也称屋角子灯，散灯也称凉笠哩灯。每年正月元宵节，龙灯、散灯的活动为期四天。从正月十三日晚至正月十六日晚。至今已有500多年。龙灯有3只，其中2只大龙（即龙公、龙母），1只小龙，由龙头、龙身、龙尾3部分组成。龙身是用一块块长约2米、宽约0.1米的杉木板组成，在杉木板上安放两个八角圆形的灯笼。木板两端各挖1个圆孔，用1根圆形木棍的上端，穿过圆孔，将前后2块木板连接起来，再接上龙头与龙尾。大龙每只最长有100多米，小龙有30余米。龙灯是主灯，以外每人拿一盏散灯。散灯由上下二部分组成，灯的上部是一个如古时女人为遮阳戴在头上的凉笠，下部是一个八角圆形的灯笼，散灯最多时有近百盏。龙灯和散灯都是用竹篾制灯框，外部盖上优质的色纸，并绘上各种各样鲜艳图案。灯内都点着蜡烛。每年正月十三日晚，散灯集中到本村的福主庵前举行“打花”及祭拜妈祖诸神活动。正月十四晚，3只龙灯先集中到本村福主庵举行“打花”及祭拜后，龙灯散灯排成一行进行大巡游。队伍途经新店、樟树、罗坑等村。沿途村民大放烟花爆竹，巡游队伍经过樟树村口庵下时，举行祭拜活动，然后将庵内的妈祖诸神接回本村供奉。正月十五、十六两天为下辈日，十六日晚活动通宵达旦，龙灯散灯数次在村中穿插，在梁姓祠堂后的草坪上进行围追游戏。全村弥漫着喜庆气氛，祈愿来年美好如愿、乡亲兴旺发达。

永南里梁厝迎年 在福州仓山永南里梁厝村，每年的正月初三日梁姓的“当头社”房长，就开始策划当年的“迎年事宜”。十九日晚上，聚集大王宫，举行大王移驾仪式。击鼓鸣钟之后，鸣炮移驾。随着移驾功成，上香的人流汹涌而至，鞭炮声震耳欲聋。正月二十一日，族人当年有娶亲发丁的人家，都要制作喜灯，扛到宫中沾灯。下午，族中各家社把全体出动游境。从二十一到二十三日，族人络绎不绝进香上供，每天日夜场闽剧伴神。二十三日，家家设宴款待宾客，迎接晚上的巡境回宫。头行牌引路，鸣锣开道，高照、执事牌、娶亲喜灯、添丁喜灯、各部将神圣看轿、大驾，并穿插着腰鼓队、军乐队、安南呗、高跷队。一路接受族人敬香、膜拜迎送。绕一大圈，队伍集中乡中六角亭大埕聆听由道士主持的“读疏”。其时，大家偃旗息鼓，洗耳恭听。随着道士大呼“齐大发，保平安”，众神圣起驾出境巡游。经过寺庙及邻村宫庙都要参拜，接受对方鼓乐、礼仪接送。而高潮却是在“跑走马”（跑着进宫）。其时，各色乐队分列宫道两旁，轮到起跑，社员们细心整理道具，调整气息，待得那“一声雷”腾空炸响，霎时鼓乐声震，喝彩雷鸣，社员们健步如飞，簇拥着神圣奔跑回宫上殿。最为壮观和惊心动魄的，就数“三田都元帅”和“本境尊王”两尊大驾的奔跑回宫仪式。鸣炮起驾后，一路欢呼的族人，蜂拥靠轿争摸轿棍，说是摸到回宫大驾的轿棍，全年更加安顺。大驾迅将到达宫门口，护卫执事人等，更是牵手拦开蜂拥而至的人流，荡开一条通道，一见大驾进宫，一拨卫队奋力挡住人潮，一队转身急忙掩合宫门，插上大门横杠。宫外跳脚欢呼和宫内上殿喝彩交相呼应，昭示迎年仪式成功闭幕。

第七节　非物质文化遗产

省级非遗翔安现代民间绘画（农民画）及传承人　翔安农民画源于传统民间壁画，是历代民间艺人传承下来的一种民间艺术，主要有佛祖图、神仙、天将、罗汉、龙凤等吉祥图案。20 世纪 50 年代，翔安农民在传统民间美术壁画的基础上，以浓墨重彩和鲜明欢快的艺术语言表现生产生活和乡风民俗，诸如田间农作、圩日赶集、踩车戽水、挖井修堤、采茶摘果、养蚝捕鱼以及弄车鼓、唱南音、神话掌故、人文景观皆可入画。翔安农民画是水粉水彩画的变体，造型稚拙，色彩鲜艳，风格沉郁古朴。从民间剪纸、绣花、彩扎、泥塑、漆线、木雕等艺术形式中撷取造型技巧，使得作品既绚丽多彩又显得稚拙朴实，既夸张又真实，给人以鲜明强烈的视觉效果。其构图、色彩、造型、图案、纹样都形成一套相对完整成熟的体系。厦门市翔安区被文化部命名为“中国现代民间绘画之乡”。作品《万众一心・众志成城・战疫情》《战疫情・出春耕》荣获福建省艺术馆、福建省非物质文化遗产保护中心 2020 年度福建省“抗疫情・福建非遗在行动”系列活动优秀作品奖。2009 年 1 月，翔安农民画被列为福建省第三批非物质文化遗产项目，梁金城为该项目省级代表性传承人。

省级非遗上杭县水竹洋田公元帅信俗与傀儡戏及传承人　明初，发源于上杭县白砂镇大金村的水竹洋。梁缘春由浙江杭州祖籍地学回高腔傀儡戏。随后流行于闽西、粤东及台湾等地。清代以来，闽西傀儡戏盛行，民间班社林立，水竹洋有高腔戏班 5 个、乱弹戏班 7 个，几乎家家有戏班、人人会演木偶戏。上杭县高腔班、乱弹班达 108 班。由于傀儡戏艺人和戏班的逐渐增多，清乾隆二十四年（1759 年），由水竹洋梁姓傀儡戏班“龙凤堂”17 世传人梁攀秀作为东道主，发起建立行业公会“田公会”。1998 年，大金村族人重修田公堂。2002 年，成立客家木偶文化艺术研究会，并恢复田公会的祭祀和傀儡戏班社调演、展演的戏剧文化节活动。2008 年 11 月，白砂镇被文化部命名为“中国民间文化艺术之乡（傀儡戏）”。2011 年 12 月，上杭田公会（田公元帅信俗）与傀儡戏被列为第四批福建省非物质文化遗产，梁利忠为该项目省级代表性传承人。

市级非遗传统香制作技艺（厦门闽南天然香制作技艺）及传承人　闽南天然香制作技艺发源于厦门同安（今翔安），其制作技艺的过程：应时采收天然香草香料，因人因时而异设计香方，配伍炮制香材，捣碎研磨诸香，和合成品，收入瓮缸，窖藏数月，做成各式香品及香丸、香饼等，经阴干或烘干处理，过一段时间窖藏后使用，具有驱疫避秽、安神助眠、静心养生、净化空气等功效，可以纾解压力、提高人体免疫力。2019 年 12 月，传统香制作技艺（厦门闽南天然香制作技艺）被列为厦门市非物质文化遗产代表性项目，梁美贤为该项目市级代表性传承人。

市级非遗尤溪陈坑底香线稻草龙　相传清顺治年间（1644—1661），徙居尤溪十八都陈坑底的梁鼎立，为祈求风调雨顺，慕名前往二十八都六角岐山请来善利尊王供奉，首创用精选晒干的粳稻草编扎轻巧灵动的稻草龙感恩神明。稻草龙由龙首、龙尾、龙身组成，全长 20 多米，分九节（取意长长久久），加上龙珠，由 10 人舞龙、5 人鼓乐、8 人举“风调雨顺、五谷丰登”字匾、12 面龙旗组成舞龙队伍。龙身遍插各户供奉的香线。为普沾神灵恩泽，每年都有轮值“做头人”，负责统筹当年的迎春舞龙活动。“做头人”的人要沐浴更衣，焚香叩拜跪请“善利尊王”圣火，恳其附身稻草龙。龙身插满香火，夜间舞动，星星点点，配上花灯，神龙随着锣鼓鞭炮声和阵阵喝彩色，摇头摆尾巡游全村，到家家户户拜年，赐福保平安。全村男女老少，虔诚恭候家门口，手持香火迎龙、接龙、换香，以祈求风调雨顺、五谷丰登。历年正月初一至十五期间举行祭舞稻草龙成为村民的信俗，在陈坑底传承 300 多年。2015 年 6 月，尤溪陈坑底香线稻草龙被列为三明市第四批市级非物质文化遗产项目。同时2月祭舞的稻草龙被三明非物质文化遗产展示馆永久收藏。

县级非遗泰宁梁氏拓印及传承人 拓印术始于东汉熹平年间（172—178），在中国流传几千年的手工技艺，却因无人可传，几成民间“绝艺”。在泰宁城关进士巷梁氏书画装裱店，依旧坚守着这一古老手工技艺，梁家珍藏着一份世上独一无二的朱熹四季壁诗梨木拓板。20世纪40年代，老书画艺术家梁鼎业看到保存在县孔庙五王殿右廓墙中的朱熹四张“四季诗”碑刻因年久墙损碑文开始断裂后，心急如焚，带着纸墨工具到孔庙拓印，并用两块梨木板雕刻成拓板。如今，80年过去，梨木拓板完好如初地保存在梁家祖屋，上面篆刻的不仅是四季诗，更有梁家几代人的坚持与传承。2015年8月，梁氏拓印被泰宁县政府列为县级非物质文化遗产项目，梁光葆妻子李春英为该项目传承人。

第八节　名胜古迹

龙瑞寺 原名龙瑞院，又称龙瑞古刹。坐落在福州仓山区城门镇梁厝村燕山之麓。唐天复元年（901年）始建，宋代修建，清光绪十五年（1889年）重修，梁厝村梁姓族人历代修葺。占地面积1303平方米。坐北朝南，主要建筑有山门、天王殿、大雄宝殿、陶塔、藏经殿等，2001年增建观音阁，两厢为僧房，周围砖土风火墙。大雄宝殿平面呈“回”字形，内“口”字形为正殿，面阔三间，进深五柱，22根连柱础瓜棱形石柱支撑殿顶，其中殿堂六根高4米，周长达1.95米。正殿四周游廊，面阔六柱五间，进深六楹，抬梁与穿斗式混合石木构架，单檐歇山顶。殿廊前须弥座石阶东西两侧，基座嵌12面青石浮雕图案，依次有双狮戏球、荣华富贵、椿萱双禄、怜子爱妻、封侯挂印、鲤跳龙门、士子游春、龙宫献宝、花荣枝茂、龟鹤同春、四季长春、八蛮贡象等宋代雕刻。寺内有宋代石槽、石盆、甘泉井。殿东墙镶嵌由族贤江苏海门直隶厅同知梁孝熊带头捐资、清光绪十五年撰写的“重修龙瑞寺序碑”，碑高2.29米，宽0.88米。双陶塔原立于宝殿前塔院东西两侧，北宋元丰五年（1082年）烧制，1972年移至鼓山置立于涌泉寺前。天王殿面阔三间，进深四间，穿斗式木构架，硬山顶屋面，2001年改建为混凝土结构。观音阁位于大殿后侧，面阔六间，进深五柱，两层混凝土结构。1983年被列为福州市文物保护单位，2001年被列为福建省文物保护单位。

水竹洋田公堂 位于上杭县白砂镇大金村水竹洋。明末清初建，1998年梁姓族人重修。建筑面积30多平方米。坐北朝南。单进平屋，三面土墙，堂口朝路，土木结构。堂中悬挂“田公堂”牌匾，神桌中奉傀儡戏戏神“田公元帅”，左奉“陈平先师”，右奉“太保公王”。历年农历六月二十四日田公元帅神诞日，闽西各地傀儡戏班班主、艺人都前往上香，祭拜祖师爷“田公”。田公堂成为闽西、粤东、台湾客家之高腔及乱弹提线傀儡戏发祥地标志，而水竹洋则成为客家傀儡戏发展中心。2001年被列为上杭县文物保护单位。

文昌宫 坐落在福州仓山城门梁厝村东北麓。始建失考，清雍正年间（1723—1735）在原址修建，1991年梁姓族人捐资重修建。建筑面积250多平方米。坐西向东。土木石结构，宫门旁开右墙，主殿中祀文昌帝君、左祀宋驱童、右祀白驱，驾前魁星挥笔踢斗，六尊星君列两旁。

奎光台阁 俗称魁星楼，又称魁星王官楼，坐落在福州仓山城门梁厝村燕山东麓。始建失考，历经修葺，1993年由梁训连捐资在原址重修建，梁姓族人奉祀踢斗魁星。建筑面积200多平方米。坐西朝东。砖木结构，东向开门，单进单厅堂，门两侧开圆形窗。阁前有岩石半露地面，状若砚台，曰“玉砚”；阁北边石笋露土高1米多，形似破土春笋，曰“魁星笔”。

八爷庙 坐落在福州仓山城门梁厝村北麓。始建失考，梁姓族人历经修葺，1989年族人大规模整修。建筑面积120多平方米。坐东朝西。土木石结构，主殿双开间，奉祀桃源左东境玉封探花府驾前右将军岳宗血池总政林八爷。

桃源左东境　又称大王宫，坐落在福州仓山城门梁厝村糗下街。宋代建，清同治十三年（1874 年）重建，历代修葺，2012 年重修。建筑面积 323.75 平方米。坐东朝西。抬梁穿斗混合木结构，宫埕一棵百年大榕树，宫四进五开间，由门廊、拜亭、两廊、左右天井、大殿组成，拜亭抬梁四柱间歇山顶，大殿面阔三间，进深七柱，卷搁式游廊，风火墙两坡顶。中殿祀感应尊王，两厢祀文、武判官；左殿祀三田都元帅及所辖驾前部将；右殿祀临水夫人及三十六婆官。梁姓“四房社把”轮流值年奉供。

柳杉王　位于福州晋安区鼓岭宜夏梁厝村。宋天禧三年（1019 年）由福州梁姓永盛 1 世梁宗种植。柳杉王高 30 多米，胸围 13 米，冠幅直径 20 米，树龄 1000 多年。整株柳杉高大魁梧，中间一枝分为两干，一干直立高耸，另一干曲折有致，两大树干似依似偎合抱如一，下半部数根枝丫向四周盘错伸展，交错环绕，围成巨大树冠。有人称“夫妻树”“情人树”。

南龙宫　坐落在长泰县枋洋镇枋洋村坑柄楼村口。明代建，2005 年重修。占地面积 1000 多平方米，建筑面积 380 平方米。坐西朝东。两进悬山顶燕尾脊，面阔三间，屋面脊嵌瓷剪雕双龙凤，由戏台、宫埕、前殿、天井、回廊、正殿组成，石木混合穿梁式木结构。正殿供奉梁氏族人迁来时分炉的南安象运（翔云）龙须岩菩提祖师。

泉州梁氏祖祠碑　又称梁克家公祠碑。原在泉州市西街仕曹里（今会通巷）。清道光十六年（1836 年）梁氏祖祠修建时，由嘉庆七年（1802 年）进士、时任广西巡抚梁章钜题写碑文。碑质地为黑色板岩，长 0.7 米、宽 0.4 米、厚 0.033 米。此碑系 20 世纪 30 年代泉州城内扩建西菜市场时，拆除梁克家公祠时被发现，今藏于泉州海外交通史博物馆。

庆云馆　坐落在南安市翔云镇东山村后山母西麓。明代始建，1958 年遭毁，2014 年重修建。占地面积 210 多平方米，建筑面积 90 多平方米。坐东北朝西南。单进三开间，馆廊青石蟠龙柱 1 对，大门及两侧仪门，重檐悬山式屋顶，飞龙翘脊，砖石穿梁斗式木结构。馆埕两侧立石马 1 对。为祭祀元进士、南京都通朝御转运使钦差巡按梁政及护卫李、金二人而建。历年农历十一月十三日东山村梁姓族人都行奉祀。

忠义祠　坐落在南安市翔云镇翔云村四房。1947 年建，1993 年修新。占地面积 120 多平方米，建筑面积 80 多平方米。坐西南朝东北。两进三开间，歇山顶燕尾脊，红砖石木结构。祠堂高悬“一门忠义”牌匾和“忠烈梁氏三十五人墓志铭”石碑。是国民政府为旅星华侨梁后宙及其家属在抗日战争期间（1942 年 2 月 14 日），一日之内，家属 35 人被日军杀害，而题颁勒石的，并建忠义祠入祀。

龙须岩　坐落在南安市翔云镇翔云村象运山北麓。明隆庆《泉州府志》载：“象运山有岩曰龙须岩，石罅中有龙须草，泉随草滴，因名。”世传古有僧人在象运山之阴悬崖峭壁，凿罅石立柱建龙须岩。明代象山（今翔云）梁文芳“因禄寿院废，兴建龙须岩主殿”。清康熙（1662—1722）初年火灾，唯存菩提祖师金身。康熙三十四年重建，并新雕塑鎏金主殿坐佛金身。1986 年海内外乡亲捐资重修建，2001 年正月初六主殿失火焚毁，2002 年主殿重建。占地面积约 13000 平方米。坐南朝北。层递式三层岩殿建筑，重檐式歇山顶屋顶，琉璃瓦，瓷剪雕飞龙翘脊，砖石穿梁斗式木构架。现存北宋铸铁飞钟，重 400 多千克；唐代雕刻石墩、清代木质符印一方和瓷质香炉一口等古物。岩下沿台阶进入护法门，门内四尊高 3 米护法天王像分立两边。主殿大门匾额“龙须古迹”鎏金大字，大门额“龙须岩”。殿廊六根青石龙雕，两侧左右两门，殿前两尊石狮张嘴含珠对护，主殿两边建有钟鼓二楼。大殿丹梁彩栋，龙蟠凤飞，莲花坐上供奉菩提祖师塑像，仿人体造型雕塑，俗称“五镂造型”，五官端正，黑脸阔额，头顶五佛帽，外披袈裟，身穿龙袍，高 2.4 米。左右剑印二童，高 2 米，带盔披甲。龛前案桌、拜堂。左龛祀福德正神，右龛祀境主公妈。殿前立石香炉，烧金亭。沿殿右壁小道台级而上建有“观音阁”，神龛前案桌供奉观世音菩萨坐像。由摩崖下大“佛”字直通后殿，内供奉如来佛祖，殿单门双窗三间开。主殿存有：宋泉州郡守蔡襄题“名岩石茁龙须草，胜地志传象运山”“虎啸龙须动，鹿鸣象运开”；明代书法家张瑞图书题“龙须古地”；清初安溪李玉鸣书题“蓬莱仙监”；清刑部主事王玉书书题“甘霖慰望”等牌匾；还有无名氏“片名独涵龙须碧，万松常锁白云间”“月来阶下花呈影，雨过庭前草滴泉”等诗句。近代有全国政协原副主席张克辉“武荣之光”；中国著名教育家、书法家梁披云“龙蟠寺古、狮吼云翔”；福建省委党校原副校长、南安市原市委书记梁奕川“龙须古迹”等题词。有山门、静心亭、平安塔、放生池、仙叠洞、观龙亭等建筑。龙须岩始建时，供奉菩提祖师三尊，分别称为老祖、二祖、三祖。历年农历正月初六日菩提祖师生日，翔云梁姓族人分“四保社”轮值奉祀。梁姓族人将菩提祖师分炉至台湾彰化秀水、马芝堡，安溪仙苑、长泰坑柄等地行奉供。清代曾作为安南同小刀会大本营。解放战争时期成为中共闽西南秘密活动据点。

龙胜堂 坐落在南安市翔云镇椒岭村佳仁。清初始建，20 世纪 80 年代修建，2014 年重修建。占地面积 1000 多平方米，主殿建筑面积 90 多平方米。坐南朝北。单进殿堂，面阔 9 米，堂廊蟠龙青石柱，重檐悬山式屋顶，飞龙翘脊，脊嵌剪瓷雕双龙凤，琉璃瓦屋面，入嵌三寿、八仙塑像，砖石穿梁吊斗式木结构。由堂埕、凉亭、戏台、焚金亭组成。殿厅供奉梁姓由德化龙湖祖殿分炉的三代祖师，历年农历十二月初一日三代祖师生日，椒岭村、翔云村梁姓族人都行奉祀。

万安堂 坐落在南安市翔云镇梅庄村水尾。民国始建，1984 年重修，2008 年重修建。占地面积 400 多平方米，建筑面积 90 多平方米。坐东南朝西北。单进殿堂，面阔 9 米，中大门两侧仪门，堂廊蟠龙青石柱，飞龙翘脊，脊嵌剪瓷雕双龙凤抱宝塔，砖石穿梁吊斗式木结构。主殿供奉梁姓由安溪龙门胜果分炉的三代祖师，历年农历十二月初二日三代祖师生日，梅庄村梁姓族人都行奉祀。

梁孝子庐墓处 位于南安市翔云镇翔云村龙须岩下岩脚埔。墓前有石刻“旌孝梁公庐墓处”。

安溪仙苑清康熙皇帝圣旨 梁国宝是城厢镇仙苑村梁氏第 11 世祖，清康熙三十九年（1700 年）进士，授文林郎，任广东潮州府镇平县县令。今尚存原圣旨四道，圣旨长度都为 180 厘米，宽 31 厘米，方块字长宽 1 厘米。圣旨用丝绸材料做成，以满汉两种文字写成，左满文，右汉文，中间写有下诏的日期并钤康熙玺印。圣旨今珍藏于梁国宝后裔梁艺明家中。

龙须殿 坐落在安溪县城厢镇仙苑村睏狗山顶。2015 年修建。占地面积 3000 多平方米。坐北朝南。砖石混合穿梁式木结构，大门廊两对雕龙石柱，抬梁吊斗，悬山顶翘脊，脊嵌瓷剪雕双龙凤，殿埕左戏台。仙苑梁姓族人供奉龙须岩菩提祖师。

园明禅寺（园明岩） 位于永春县吾顶村中部，始建于明宣德年间（1426—1435），民国期间遭毁，2012 年乡贤梁国富筹资并主持重建。占地面积 1000 平方米，建筑面积 600 平方米。坐南朝北，钢筋混凝土结构，供奉释迦如来诸佛。

老虎际古村落 位于泰宁县大龙乡里坑村。老虎际因村寨西北麓背靠龙王岩，又常有老虎出没，古称“龙虎际”，后来，村民觉得龙虎相争不吉利，改称老虎际沿用至今。老虎际三面环山，只有东南山岔口与外界相连，进村的道路均由石块砌成，站在山脚抬头仰望，能看到整村容貌，石阶规整逶迤而上，房屋错落有致。择高而建的一面依山，一面是悬空用杉木撑起的吊脚楼。龙王岩主体形状像是开怀趺坐的弥勒大佛，弥勒的肚子上有个红色沙砾岩风化而成的特殊景观，像是一颗心，又称开心石。心形石中间有两个裂缝，一长一短，形成一个有角度的时针和分针的钟。“开心弥勒”是当地人的天然时钟，方圆十几里，村里人可根据太阳光在开心石的投影而作息。村后是梁姓祖先种植的老松树林，古木参天。错落有致的吊脚楼，清澈明净的山泉，蜿蜒曲折的山间小路，构筑出一幅山乡美景。2015 年被福建省住建厅公布为传统村落。

良地村古建筑群 良地村为将乐县万全乡辖下行政村。距县城 70 多千米，地处将乐、泰宁两县交界处，是有着近千年历史的山水间古村落。北宋年间梁姓迁居此地，如今村民多姓梁。整个村庄被群山环抱，遗存有明清年代古建筑群，村民的住宅和谷仓分开而建，住房依山而建，或用石头垒出地基，或用木头支撑呈吊脚楼。全村按谷仓区、居住区、私塾区、家庙区、风水廊桥区和道庵区布局，用鹅卵石铺就小路和石板搭成台阶，将各区串联。进入良地村，首先要走过水尾木廊桥，这是一座百年老桥，南北向横跨良地溪，廊桥中建有六个神龛，桥头是集灵宫。曲折的石板路、斑驳的土墙、精美的雕刻构成文武庙、梁氏宗祠、绪蜒厝、月山公屋、许前厝、谷仓群和水尾木廊桥等23座乡土古建筑。2012年，良地村进入首批中国传统村落名录，2014年获评第六批中国历史文化名村。

万寿庵 坐落在莆田市秀屿区东峤镇梁厝村埕头。明洪武元年（1368年）始建，清乾隆二十年（1755年）重修，2010年再修。面积900多平方米。坐北朝南。单进五开间，歇山顶燕尾脊，石土木结构。梁姓供奉杨太师及本境保护神、观音菩萨。

安定书社 又称兴贤书社，坐落在莆田秀屿区东峤梁厝村。1921年梁姓先人在原“安福书社”基础上翻修，1992年扩建。占地面积600多平方米。坐北朝南。单进三开间，石土木结构。正厅供奉社公（尊主明王）及夫人，两侧为文皂、武判、司马圣王等文武列圣。

安福庵 坐落在上杭县白砂镇水竹洋扶竹岭。元至顺元年（1330年）由闽杭梁氏3世梁均惠始建，1950年毁为田地，2007年梁姓族人重建。建筑面积1000多平方米。坐西南朝东北。土石木结构。梁姓族人奉祀“观音佛母”。1929年至1934年曾作为中共闽西特委与红四军的联络交通站。

三峰禅寺 位于屏南县棠口乡大章村弯中，又称三门院。北宋中期梁氏族人建，清顺治八年（1651年）重建，宣统元年（1909年）维修，2020年重修建。寺分上下两厅，面宽19.8米，深39.3米，面积778.14平方米。坐西南朝东北。土木结构。雍正年间（1723—1735），泉州南少林寺铁头和尚避难隐居三峰寺，寺内存有铁头和尚练武的宝剑、练武石二块及顶在头上避雨的方石。有北宋政和二年（1112年）石碑文。正厅供奉如来佛祖、观音菩萨、傅司、齐天大圣。大章梁氏族人行奉祀。

第五章 人 物

第一节 人物传

梁汝霖 字允济，又名岩老，福州人。北宋政和五年（1115年）进士。靖康年间（1126—1127），金人攻汴，梁汝霖佐帅守城有劳绩，得诏使金国，正气凛然，威武不屈，被囚禁荒废破寺中。后往南方逃奔，昼伏夜行，竟全节而归。宋高宗嘉奖，授直秘阁知泉州。

梁克家（1127—1187） 字叔子，晋江（今泉州鲤城区东街）人。少时就读泉州学宫，后游学广东。宋绍兴三十年（1160年）状元及第。授平江（今江苏苏州）签判，辅佐政务。金主完颜亮南侵被部将杀死，众议可乘机进取者纷纷，独梁克家持不可，致书权兵部侍郎陈俊卿说：“不量力而动，将有后悔。”丞相陈康伯闻知，赞赏其深谋远虑。宋孝宗即位后，召为秘书省正字，迁著作佐郎。应诏陈奏大政六事：正心术、立纪纲、求风俗、谨威柄、定庙算、结人心。累迁至中书舍人。奏陈当时风俗之弊，为欺罔、苟且、循默、奔竞。孝宗手诏奖谕。乾道五年（1169年）签书枢密院事。次年拜参知政事。乾道七年兼知院事。请筑楚州（今江苏苏州淮安）城，环驻舟师于此，边镇雄峙，人赖以安。时丞相虞允文以北伐恢复为己责，与梁克家异议。梁克家以为：用兵以财用为先，今用度不足，岂能成功？乾道八年拜右丞相兼枢密使。后虞允文罢相，梁克家独掌朝政。为政刚正不阿，虽近戚权幸，不稍迁就。以议事不合乞外，知建宁府（今建瓯）。临行，劝孝宗无求奇功。淳熙八年（1181年）知福州府，后召任醴泉观使。次年召拜右丞相，封仪国公，进封郑国公，以内祠兼侍读。病卒，赠少师，谥文靖。葬泉州城东清源山北麓凤山。知福州时修《三山志》，并撰修《长乐志》40卷，著有《中兴会要》《梁文靖集》。因他两度为相，泉州故宅里巷称相公巷。

梁成大 字谦之，闽县人。宋开禧元年（1205年）进士。历扬州通判，迁宗正寺主簿，谄事史弥远家臣次求进。宝庆元年（1225年），承史弥远旨，诬劾魏了翁、真德秀，迁监察御史。绍定元年（1228年）进左司谏。迁宗正少卿、权刑部侍郎。史弥远死，黜职予祠。后复为言官所论，夺祠，送广东潮州居住。

梁氏义姑 福州人。永盛11世梁公成之女，兄亡嫂逝，遗孤在抱，义姑矢志不嫁，抚养孤侄成家立业。为彰显义姑功德，族中后裔每年春秋祭祀。

梁　政（1304—1367） 字永聪，南安人。元至正十一年（1351年）进士。历任南京都通朝御转运使钦差巡按，丁忧期间，泉州发生奕思巴奚兵乱，梁政奉诏组训民丁，护境安民。因兵息民境安宁而受到族人感戴，卒后塑像奉为神明立馆奉祀。

梁　乔 字迁之，号静轩，上杭人。明弘治十五年（1502年）进士。正德（1506—1521）初授刑部主事，多次与同仁上疏弹劾太监刘瑾而无着落，便单独面奏，触怒武宗皇帝，被投入锦衣卫监狱。后经保释，任绍兴知府。因母年高体弱而辞官归里，侍奉老母，母殁哀毁成疾，后筑小楼闭门读书，从不干谒公门。病逝后皇帝下旨以“忠孝名臣”褒奖，入祀上杭县太忠庙。

梁兴玉（1635—1701） 字日振，号璞溪，南安人。清顺治七年（1650年），从郑成功征战闽海各地，授亲军协卫，屡建战功，累加都督同知（象山梁氏家谱和墓碑为都督佥事），赐剑印。随郑成功收复台湾，以都督同知内理台湾事务，力陈郑成功广募漳州、泉州、惠安及潮汕、铜山沿海农渔民和失业游民，移居台湾，号召将士家属迁徙台湾，充实台湾户口。

梁其光 原名裕拱，闽县人。清雍正十三年（1735年）进士。任广东乡试同考官候选知县，授江西省龙南县知县，两署定南县事。乾隆十三年（1748年）为福州永盛梁氏第七次重修族谱，谨撰谱序，并著有谱例十则以及福州永盛梁氏历代仕官题名名录。

梁章钜（1775—1849） 字闳中，晚号退庵，长乐人，生于福州。清嘉庆七年（1802年）进士。授翰林院庶吉士，任礼部主事。掌浦城南浦书院讲席，入福建巡抚张师诚幕府，与林则徐共事。考选军机章京，以第一卷引见记名，入直军机处。道光年间（1821—1850）升礼部员外郎，任大清通礼馆、内廷方略馆编修；授湖北荆州知府兼荆宜施道，升淮海河务兵备道，调署江苏按察使。管理盘运漕粮总局，任山东按察使；调任江苏布政使任职8年，4次代理巡抚。江淮大水灾，率属捐廉募款，修复练湖牌坝，筹款兴修孟渎、得胜、澡港三河水利。奏请回福州养病，后奉召入京授甘肃布政使，升广西巡抚，上疏主张重治鸦片囤贩之地，强调“行法必自官始”，配合林则徐严令梧州、浔州官员捉拿烟贩，杜绝复种罂粟。亲自带兵防守梧州，并增兵南宁、浔州，运送火炮支援广州防务。曾上疏抨击琦善在广东“开门揖盗”，歌颂三元里人民抗英斗争，第一个向朝廷提出以“收香港为首务”。任江苏巡抚时，带兵到上海会同江南提督陈化成部署抗英事宜，兴办团练，严密设防，使英军未敢妄动。后奉命署理两江总督兼两淮盐政，又奉旨回苏州办理粮台。道光二十二年（1842年）正月，梁章钜病发，携家寓居扬州，后回福建浦城。闻知英人要在福州设立码头，福建巡抚刘鸿翱业已奏准，当即写信给刘鸿翱，痛陈其害，指出：“此局若成，其弊有不可殚述者也。”晚年从事诗文著作，一生共著诗文近70种。在楹联创作、研究方面贡献颇大。

梁逢春（1804—1849） 字章秋，号华亭，南安人。由行伍历升水师提标，调任闽安左营守备，清道光二十一年（1841年）任把总，在厦门与英军交战中受重伤，上宪记头等功，奖赏银两，加升千总，委署福建水提右营守备，赏戴蓝翎，特授闽安左营守备。

梁鸣谦（1826—1877） 字礼堂，福州人。清咸丰九年（1859年）进士。任吏部考功司主事、军机处稽勋司行走、通奉大夫，福州鳌峰书院山长。同治五年（1866年），周开锡署福建巡抚，梁鸣谦入抚署，任文案职。同治六年被船政大臣沈葆桢聘入船政幕府，同治十三年随沈葆桢前往台湾，开发基隆煤矿，减轻煤税，筑碉堡，增炮台等设施。为明延平王郑成功建祠，并代沈葆桢作一祠联："开亘古未曾有之奇局，洪荒留此山川，作遗民世界；极一生无可如何之遇，缺憾还诸天地，是创格完人。"光绪元年（1875年）返闽，加三品衔；以抚台有功，晋二品衔，以候补道任用。续修福州《永盛梁氏族谱》，翌年受福州鳌峰书院聘任教职。

梁后宙（1884—1975） 又名梁宙，字其宇，南安人。13岁南渡新加坡，做过小工、工头、橡胶园总巡。1914年开垦林厝港3.25平方千米荒山，经过数十年的辛勤开垦，将林厝港发展成繁荣村区，至今还保留梁宙路、梁宙巷、梁宙湾。1926—1940年，组建新加坡南安会馆，创办林厝港启化学校及接生院。抗日战争期间，梁后宙积极参与祖国抗战，1941年组织华侨抗日守备军，新加坡沦陷后，全家男女老幼35人惨遭日寇杀害。抗战胜利后，组织恢复在新加坡工农商企业，数度回乡建校兴学。1946年，国民政府根据战时奖励军民条例，颁发"一门忠义"褒词匾额，后又任侨务委员，并颁胜利勋章。由于开发新加坡林厝港有功，1950年英王乔治六世颁发S. C. H. 勋章，1953年英女王伊丽莎白二世颁发O. B. E. 勋章，以褒扬奖赏。

梁训颖（1890—?） 福州人。1915年留学美国，进入美国伊立诺大学机械科学系，专攻材料学。回国后任福州海军飞潜学校教官、海军马尾飞机工程处工程师、海军江南造船所飞机制造处工程师、海军江南造船所材料课上校课长、材料库库长，先后被授予海军一等造舰官、海军造舰少监。1949年5月上海解放后继续留在江南造船厂工作。

梁敬錞（1893—1984） 字和钧，福州人。北京大学毕业，历任北京大学教授、北京朝阳大学教授、民国司法部司法讲习所教授、美国哥伦比亚大学客座教授、美国纽约圣若望大学研究教授。曾任国民政府司法部秘书、修订法律馆总纂，主持商法起草。历任南京政府最高法院推事、宁夏高等法院院长、宁夏财政厅厅长、财政部参事、驻美战时物资供应委员会秘书长。1949年去台湾。

梁甘甘（1894—1923） 福州人。16岁时经表兄介绍，到汉口京汉铁路江岸车头厂当验车工，由于经常与同乡林祥谦在一起，受进步思想影响，积极参加工人运动，成为京汉铁路总工会江岸分会一员，并化名邵承鹰。1923年2月4日，京汉铁路总工会发表罢工宣言，全线3万多人举行大罢工。2月7日下午5时，铁路警备司令张厚生指挥两营的士兵，分3路包围了江岸分工会，开始血腥大屠杀。江岸分工会纠察队队员梁甘甘在与军警搏斗掩护工人撤退时，身中乱弹牺牲在工会门前。

梁宝通（1902—1984） 又名琦藩、孝亨，福州人。1945年加入中国共产党，参与开辟闽江水上秘密交通线。1946年任修造厂党支部副书记，完成福州为闽北游击队和省委机关秘密运送电台、武器和护送省委干部等任务。开辟的运输线被誉为"闽江地下航线"。其革命活动事迹，曾在20世纪60年代被拍成电影《地下航线》（故事片）。1951年后历任公营福建水运公司工会主席、福州市人民政府委员、福建省内河轮船公司副经理、福州航管局副局长。

梁茂富（1903—1934） 长汀人。1930年任区苏维埃政府主席。1931年加入中国共产党，任模范赤卫队指导员。5月参加中国工农红军。历任连指导员、营教导员、团政治委员等职。在反"围剿"战斗中屡建战功。1934年10月率部长征途中，在广西赤水与国民党军作战中牺牲。1983年被民政部批准为革命烈士。

梁序昭（1904—1978） 长乐人，生于福州。1917年入马尾海军制造学校学德语，后转入烟台海军学校航海班。1924年12月加入中国共产党，并成为中共烟台党组织的创始人之一。1925年烟台海军学校毕业后，在舰艇上实习，随舰参加周恩来担任总指挥的上海第三次工人武装起义，炮轰北洋政府海军位于上海高昌庙的海军司令部。1937年10月指挥"湖鹏艇"在江阴封锁线江面与日本海军航空队奋战，直至“湖鹏”艇中弹下沉，率幸存官兵撤离上岸，加入海军炮队继续与日军作战。1946年起，先后任“太康”“峨眉”舰长。1948年5月任第一舰队准将司令。1949年去台湾。

梁披云（1907—2010）　学名龙光，别号雪予，永春人。1934年创办马来西亚吉隆坡尊孔中学，1936—1938年任印度尼西亚棉兰市苏东中学校长。1939年在当地抗敌后援会工作，任马来西亚中华中学校长。1940年参加陈嘉庚率领的南侨归国慰问团，回国慰问抗日将士。1947年任福建省教育厅厅长。1981年回泉州，创办泉州黎明学园。1984年春，在泉州黎明学园的基础上创办了泉州黎明职业大学，任校长兼首届董事会董事长。1990年任澳门福建学校董事会主席。当选为全国政协六、七、八届委员，第三届中国侨联常务委员、中国侨联顾问。曾先后任澳门特别行政区筹备委员会委员、澳门特别行政区第一届推选委员会委员。2002年2月获澳门特别行政区颁发的银莲花勋章，2007年获澳门特别行政区颁发的大莲花勋章。

梁国斌（1910—1980）　原名梁又植，曾用名邓耀南，长汀人。1929年加入中国共产党。先后任长汀县苏维埃政府财委会主任、工农检察部部长、特派员兼赤卫军政委、肃反委员会主席。福建省苏维埃政府成立后任省保卫局侦察科科长，并当选为中共福建省委监察委委员。1934年红军长征后留在根据地坚持游击战争，任闽西南抗日义勇军龙岩办事处主任。1938年，先后任新四军军部教导队科长、江北指挥部军法处处长、独立团政委。皖南事变后，任新四军政治部锄奸部部长、保卫部部长等职。解放战争时期，任华东军区政治部保卫部部长、中共中央华东局社会部部长等职。上海解放后，任上海市军管会公安部副部长。1949年7月，随中国人民解放军第十兵团南下解放福建，任中共福建省委常委兼公安厅厅长和社会部部长，领导和完成福州、厦门的接管工作。1951年任华东军政委员会公安部副部长、中共中央华东局社会部部长等职。1954年后，历任最高人民检察院副检察长、党组副书记、公安部副部长，中共贵州省委书记，中共上海市委书记处书记，上海市副市长，上海市第七届人大常委会副主任，中共上海市委顾问。

梁仁钦（1913—1941）　又名梁鸿，化名任志忠，连江人。1928年5月，由福州市委黄孝敏介绍加入反帝同盟会，1928年12月加入中国共产党。1929年7月中学毕业，留在市委当交通员。1930年11月当选为中共连江县委委员、第一任连江县团委书记。1932年6月任闽东工农游击队十三支队特务队队长。1934年1月工农游击队改编为中国工农红军闽东第十三独立团，继任十三团特务队队长，3月参加中共连罗县委扩大会议，当选为县委常委、组织部部长。1934年10月，中央红军长征后，梁仁钦遭逮捕。1937年7月抗战全面爆发后，国民党政府被迫释放梁仁钦。连江下洋抗日游击队成立后担任中队长，1941年5月国民党掀起反共浪潮，梁仁钦被捕，5月下旬在罗源县百丈村就义。

梁孝煌（1914—2014）　字树国，福州人。1934年投考中央军校第十一期。毕业后授陆军中尉军衔，在国民党中央军委工作。随后往江苏、安徽、湖南、江西等地担任新生活运动视察员，1937年抗战全面爆发后，参加长沙会战。抗日战争胜利后，调任国民党第五战区政治部第一厅秘书，少将副处长。1949年去台湾。2008年5月返乡探亲，赠给母校福州一中新台币10万元，福州一中用此款制作老校友黄花岗英烈林觉民名句“为天下人谋永福”的大匾额悬挂于福州大学城一中新校区，并制作相同的一面小匾额致赠梁孝煌家，福州一中用梁孝煌捐赠的新台币100万元，专款建了一座以他名字命名的“孝煌图书馆”。还在福州一中设立“梁孝煌伉俪助学金”，每年资助高中部贫困生10名，每人3000元。

梁祖辉（1914—2000）　讳旧焕，永春人。马来西亚斗湖巴华中学董事长。后改教从商，与梁清辉等创办上海南光公司，并在天津、台湾、厦门、泉州等地设立分公司，公司红利的一部分作为建设永春南阳学园和家乡之用。1953年与其兄在南渡英属北婆罗洲（今马来西亚沙巴州）置地创办启南实业公司。为斗湖巴华中学捐献6公顷土地，资助当地华人发展教育事业，捐建南阳小学，被尊为斗湖福建会馆永久名誉会长。1978年12月后，继续捐建南阳学园、永春崇贤中学、永春六中、泉州黎明大学等公益事业。

1987年与梁清辉合捐110万元港币，设立梁披云奖学基金。泉州市人民政府、福建省人民政府先后授予“乐育英才”匾3块，金、银、铜质奖章各1枚。

梁清辉（1915—1990）　讳廉炎，字忠炳，永春人。先从教后经商。1945年与梁祖辉等创办上海南光公司，并任新加坡南光分公司总经理，与梁祖辉一起把每年分红一部分充作南阳小学专股。1950年应邀回北京参加中华人民共和国第一个国庆观礼。1950年后奔波于香港、澳门等地和新加坡、马来西亚、印度尼西亚等国家，以联络乡情为己任，是香港新中行主要创始人之一。20世纪60—80年代为南阳小学捐建礼堂、教室，建设水电站、水力加工厂、南阳幼儿园，并资助困难子弟上高中、大学，捐资建设永春一中、永春侨中、黎明大学等。任永春县商会名誉会长，香港永春同乡会名誉会长等职。泉州市人民政府、福建省人民政府先后授予“乐育英才”匾4块、金质奖章3枚、铜质奖章1枚。

梁思久（1915—2003）　武平人。1931年参加红军。1934年加入中国共产党，1934年10月参加长征。先后参加中央苏区第四、五次反“围剿”战斗，以及平型关大捷、百团大战、辽沈战役等重大战役。中华人民共和国成立后参加抗美援朝战争，获朝鲜民主主义人民共和国国旗勋章、二级解放勋章。回国后历任黑龙江军区军事法院院长、哈尔滨军分区副司令员、大校军衔，离休时享受副军职待遇，授予二级红星功勋荣誉章。

梁守槃（1916—2009）　福州人。1937年清华大学毕业，留美硕士。历任浙江大学航空系教授、系主任，哈尔滨军事工程学院教授会主任。1965年任海防导弹总设计师，主持国产的反舰导弹设计生产。1983年任航天部科学技术委员会副主任、航天部第三研究院科学技术委员会主任、航空航天部高级技术顾问、航天工业总公司高级技术顾问。是《世界导弹大全》编委会主任委员。中国战术导弹事业重要奠基人、航天工程技术专家。曾发明双层金属高压容器，解决不锈钢问题。被航天部授予一等功和劳动模范称号。先后当选中国科学院院士、中国工程热物理学会理事长、中国宇航学会名誉理事长、中国科协委员、国际宇航科学院（IAA）院士。全国人大第三、四、五届代表，全国政协第三、六、七届委员，中国共产党第十二次全国代表大会代表。2006年10月获“中国航天事业五十年最高荣誉奖”。

梁灵光（1916—2006）　曾用名梁剑平，永春人。1936年参加中国共产党的秘密组织上海抗日青年团。1940年8月加入中国共产党。历任抗日民主政府县长、专员、新四军团长、旅长、军分区司令员、军参谋长。1949年10月后，历任厦门市第一任市长、市委书记、福建省工业厅厅长、省委公交部部长、福建省副省长、省委常委、书记处候补书记、书记。主持省政府常务工作，并兼任省计委、物委、编委及省支前委主任。中共福建省委常委、省革委会副主任。国家轻工业部部长、党组书记，1980年任中共广东省委书记、省长兼广州市委第一书记、市长兼暨南大学校长。历任广东省顾问委员会主任，第七届全国人大常委会委员、全国人大常委会华侨委员会副主任委员，中共十一大、十三大代表，中共第十二届中央委员，第二、五、六、七届全国人大代表。

梁新民（1918—2003）　讳允作，曾用名黄心平，号“未远庐主”，南安人。1936年就学于漳州龙溪简师，参加党外围共产党组织读书研究会，积极参加抗日救亡活动。1942年6月加入中国共产党，先后任翔云党小组组长、边区游击队大队长兼政委。1949年四五月间，率游击队解放南安翔云，参加解放安溪龙门、官桥的战斗。中华人民共和国成立后，历任中共南安第七区区委书记、福建省第一届人民代表、南安县副县长、金门县县长、晋江专署侨务局局长、泉州大学医学院院长、福建省汽配公司泉州销售公司党支部副书记。离休享受厅级待遇。

梁茂成（1919—2006）　长汀人。1932年加入共青团。1934年8月参加中国工农红军，长征途中加入中国共产党。抗日战争期间，先后在西安杨虎城部、周恩来领导的西安八路军办事处、叶剑英领导的云阳镇八路军办事处、中央电台一分队、中央直属电台十分队、军委三局干部组工作。解放战争时期，任中央军委三局办公室干部组组长。1949年10月后，先后任中央军委电信总局干部处副处长、邮电部干部司司长、北京市市内电话局局长、邮电部政治部主任、邮电部纪律检查组组长等职，在中共第十二次全国代表大会上当选为中央纪律检查委员会委员。享受副部级待遇。

梁良斗（1927—2019）　学名曙光，永春人。1952年移居香港经商。1986年起，先后捐款人民币4400多万元用于建设泉州黎明大学、永春一中、永春侨中、永春五中、崇贤中学及永春师范、永春职专及永春县70所小学幼儿园，并设立扶贫教育基金、奖教奖学基金等，泉州市人民政府、福建省人民政府先后授予“乐育英才”匾4块、金质奖章3枚、银质奖章1枚。永春侨中为其建亭树碑，永春一中建亭，表彰其奉献精神。

梁美灿（1928—2014）　祖籍南安翔云，生于新加坡。新加坡南洋梁氏公会荣誉会长、荣誉顾问，新加坡蔡厝港公民咨询委员会名誉主席。1972年荣获新加坡共和国总统颁赐公共服务星章（BBM），2000年荣获公共服务星章（勋条）BBM（L）。从1989—1998年个人捐款和发动海外侨亲捐款合计人民币1961万元，支持故乡建侨联大厦、卫生院“温润楼”、中学“新侨楼”、中心小学“荣华楼”“长球楼”和翔云大岭公路、村道水泥路面建设；并倡导创立中学奖教奖学基金、各村小学教育基金及添置学校教学设备等公益事业。1998年荣获泉州市人民政府颁发的“热心公益事业，慷慨捐资，造福桑梓”荣誉证书。

梁敬泗（1928—2020）　自号丙石，福州人。1944年11月投笔从戎，参加抗战，为中国青年远征军第208师直属炮一连二等兵。1956年毕业于山东师范学院艺术系，留校任教。先后任山东师范学院、山东省艺术专科学校助教，山东艺术学院讲师、副教授、教授、系主任兼党支部书记。多次被评为全国优秀教师和山东省优秀教师，是中国美术家协会会员、中国书法艺术研究院艺术委员会委员、山东省书法家协会会员、福建省书法家协会会员，书法作品“新纪书怀”“长城颂”长卷被国家博物馆收藏。为《福州晚报》倡建的福州抗日志士纪念墙题词，现题词镌刻于纪念墙上。2015年9月获中共中央、国务院、中央军委颁发中国人民抗日战争胜利70周年纪念章。

梁敬魁（1931—2019）　福州人。1955年厦门大学毕业。1956年赴苏联科学院学习，1960年苏联科学院巴依科夫冶金研究所金属合金热化学和晶体化学专业研究生毕业。1978年晋升为中国科学院物理研究所副研究员，1984年担任凝聚态物理专业博士生指导教师。1993年当选为中国科学院化学部学部委员。1995年5月任中国科技大学兼职教授。2004年7月受聘为中国科学院福建物质结构研究所黄丰课题组客座教授、合作培养博士研究生。2008年7月担任中国科学院宁波磁性材料与器件重点实验室学术委员会委员。

梁泰平（1931—2015）　南安人，出生于台湾高雄。厦门解放前，参加中共厦门闽中工委领导的革命活动。1953年毕业于厦门大学电机系无线电通信与广播专业。先后任上海有线电厂技术员、工程师、设计科长、副总工程师、高级工程师，厂长兼上海航天局第804研究所所长、顾问、研究员高级工程师。20世纪60年代初，主持设计研制成功国内第一台军用文字传真机和军用气象传真机并装备部队。科研成果曾荣获国家银质奖。1985年获全国“五一劳动奖章”和全国优秀经营管理者称号。历任中华全国台湾同胞联谊会副会长、上海市台湾同胞联谊会会长。中共第十三次、十四次全国代表大会代表，第八届全国政协委员，第七届上海市政协委员。

梁南靖（1937—1999）　南安人。中共党员。1958年同济大学毕业。先后任广西壮族自治区建筑科学研究设计院党委副书记、院长，广西建筑工程质量检测中心主任，广西建筑信息中心主任，并任中国土木工程深基无损检测学术委员会副主任委员、广西建筑工程质量检测协会理事长。获建设部劳动模范和享受国务院政府特殊津贴等奖励。

第二节　人物录

梁震五　光州固始人。唐大历七年（772 年）进士。官中书舍人，入闽任闽南刺史。

梁九宣义　邵武人。唐官中书舍人，朝廷制诰官。

梁　选　追号紫山，光州固始人。唐诰授“奉直大夫”，昭宗光化元年（898 年）任武荣州知州（治所在今南安市丰州镇）。

梁　逸　光州固始人。唐闽县县令。

梁　政　惠安人。后唐廷州马步军都校。

梁京福（912—991）　曲阜人。宋官拜谏议大夫，帝封统兵大元帅。入闽居将乐。

梁武辉　将乐人。宋护国将军、兵部尚书。

梁君辉　将乐人。宋官拜中书舍人，帝封天官之第。

梁池成　将乐人。宋潮州太守，升南京应天府布政使。

梁康福　将乐人。宋汀州太守。

梁池贵　将乐人。宋荆州知府。

梁　顔　字习之，长汀人。宋咸平三年（1000 年）进士。庐州知府、开封府判官。

梁　杞　莆田人。宋庆历六年（1046 年）进士。任连州司理、谳狱详明部使者、桂阳令、比部员外郎、朝奉郎通判、鄂州军事。

梁宗范　字世则，又字尔模，福州人。宋重和元年（1118 年）进士。通判信州，是创立福州永盛梁氏族谱第一人。

梁汝嘉　字维则，号两槐，福州人。宋理学名家。曾邀朱熹在福州仓山永南梁厝梅涧书院授徒讲学。

梁应庚　字本仁，号止堂，闽县人。南宋宝庆二年（1226 年）进士。任南安主簿，以母老不赴，汀州太守李华辟为武平主簿，以劳绩上得旨与堂除差遣，终诏除直秘阁。

梁　亿（1158—1191）　字伯安，晋江人。梁克家之子。以父任补官，累迁福州通判。

梁　丙　闽县人。宋庆元五年（1199 年）进士。仕朝奉郎，开禧年间（1205—1207）知泉州。

梁　淮（1184—1225）　字德源，晋江人。梁亿之子。乡荐授承议郎，浙西师判。

梁　均（1211—1277）　字平甫，晋江人。梁淮之子。宋预荐论策进士，授中奉大夫。

梁嗣昌（1238—1316）　字德顺，晋江人。梁均之子。宋福州左司理。

梁异翁　长乐人。元授承务部郎，从六品。

梁　銮　闽县人。元由按司吏任孟津巡检。

梁　安　闽县人。元大德元年（1297 年）以录事司荐授詹事府右司（从四品），直历湖南中书行省知事。

梁　义　字汝信，德化人。明宣德年间（1426—1435）岁贡。黄河县正堂。

梁　高　尤溪人。明宣德年间任江西万载、德安知县，大田督办。

梁　海　广宁府闾阳人。明宣德六年继任父职，任平海卫莆禧（今莆田）守御千户长。

梁文祥　明溪人。明正德十一年（1516 年）任浙江湖州府长兴县丞，升归安知县。

梁　鼎　闽县人。明武宁和平知县。

梁周继　明溪人。明嘉靖年间（1522—1566）任江西赣州府安远知县。

梁经济　明溪人。明嘉靖十九年任广东惠州府博罗知县。

梁　鼎　明溪人。明嘉靖二十年岁贡，任江南凤阳府蒙城知县。

梁怀仁　字宅之，晋江人。明嘉靖四十四年进士。授南京吏部主事。

梁大老（1621—1701）　讳登圻，漳州人。明世袭漳卫千户，加封指挥签事，授云霄七贤祠庠序主教。

梁玉蕤　安溪人。明崇祯十三年（1640年）进士。任吏部主事。

梁景忠　上杭人。明绛州通判。

梁道弘　上杭人。明岁贡。任广东盐课司提举。

梁时衡　上杭人。明荣褒司马，赠政大夫，兵部郎中。

梁永岳　上杭人。明省察官。

梁　裒　上杭人。明北京祁州仓副使。

梁钦中　上杭人。明贵州大使。

梁　汴　上杭人。明南京卫仓大使。

梁　柱　泰宁人。明贡生。任浙江金华知县。

梁　安　泰宁人。明贡生。任浙江开化知县。

梁跃闽　明溪人。明诰封河南汝宁府信阳州知州。

梁　勋　莆田人。清封赠州同知。

梁汝捷（1612—1686）　字日登，尤溪人。清职捐六品通判生。

梁协彬　字再华，泰宁人。清乾隆年间（1736—1795）历任陕西澄城、安徽寿县、广西博白知县。

梁国宝（1661—1732）　字鼎文，安溪人。清康熙三十九年（1700年）进士。任广东潮州府镇平县令，赠文林郎。

梁上国（1748—1815）　字斯仪，长乐人。清乾隆四十年（1775年）进士。嘉庆年间（1796—1820）升内阁侍读学士、太常寺少卿，改奉天府丞兼提督学政。历任詹事府少詹事、稽查觉罗官学、太仆寺少卿、太常寺卿。

梁多春　明溪人。清乾隆三年（1738年）由澎湖军功，升任台湾左营中军千总。

梁　纶　明溪人。清乾隆年间（1736—1795）任古田县学教谕、诰赠文林郎、河南汝宁府汝阳知县。

梁运昌（1771—1828）　字慎中，长乐人。清嘉庆四年（1799年）进士。授翰林院开实录馆编修，官至太史。

梁恭辰（1814—?）　长乐人。梁章钜三子，清道光二十七年（1847年）署理温州知府，任温州知府、杭嘉湖道台。

梁学钊　福鼎人。清咸丰九年（1859年）监生，同封正六品。

梁孝熊　福州人。清光绪间（1875—1908）两任江苏海门直隶厅同知。

梁训勤（1885—1952）　字翔云，福州人。清代末期，福建武备学堂毕业后，考入日本士官学校。毕业后授陆军上校衔，任国民革命军第十一混成旅副官长。历任福建省盐务署署长、福建省茶税局局长、福建省参议员、中华民国国民大会代表、中央监察院监察委员。1949年去台湾。

梁祖榆　又名梁栋，号斗山，福州人。早年在连江县加入同盟会组织。清宣统三年（1911年）同盟会在广州举行武装起义，梁祖榆主动申请加入敢死队，战斗中腿部中弹，扑倒在地，被战友抢回莲塘街杨公馆，转到香港疗伤。

梁跃宗　明溪人。清岁贡，诰赠直隶州知州。

梁先稑　明溪人。清授例盐大使，分发四川，历署泸州纳溪县知县、潼州府康家盐度大使、三台县丞、清溪知县。

梁嵩年　明溪人。清任四川泸州纳溪知县。

梁国材　德化人。清成都府中军营守备。

梁　琛（？—1884）　福州人。清代海军军官，中法马江海战烈士。曾任福建船政轮船水师见习管轮、管轮。马江海战打响后，“济安”舰中弹起火。梁琛仍拼尽全力寻找角度，向法舰开炮，直至殉国。

梁亨承（？—1884）　福州人。清代中法马江海战烈士。

梁祖同（？—1884）　福州人。清代中法马江海战烈士。马江海战爆发时，任福建船政轮船水师“济安”舰炮手。

梁祖勋（？—1884）　福州人。清代中法马江海战烈士。光绪七年（1881 年）被授予千总衔，加六品军功。光绪八年九月任福建船政轮船水师“振威”舰大副。

梁功珪（？—1884）　福州人。清代中法马江海战烈士。任福建船政轮船水师“飞云”舰升火。

梁梓芳（？—1884）　福州人。清代中法马江海战烈士。清光绪十年（1884 年）任“扬武”号舰副管驾千总。

梁鼎业（1911—1998）　又名梁净业，字省三，泰宁人。十六岁入大生堂学艺，其书法、画作、拓印、装裱字画工艺传至今三代。国画作品“麻姑献寿”“钟馗”1989 年被选参加北京庆祝中华人民共和国成立 40 周年书画展。

梁天我（1914—1944）　南安人，由新加坡回籍。1938 年任中共厦门市委常委。后在东江纵队任职，奉命赴贵州抗日，时任团长，1944 年阵亡。

梁岳英（1917—1948）　福州人。中共党员。1941 年后，参加闽江口沿海抗日斗争，参加闽侯、长乐游击根据地的建设和反“围剿”斗争。1948 年 9 月 15 日在福州洋洽执行任务时被国民党军保安团逮捕遇害。1983 年，民政部批准为革命烈士。

梁文章（1917—1943）　云霄人。1937 年入龙岩军官教育队学习，任江西陆军第 76 师少尉排长，湖南陆军第 183 师 548 团 4 连少尉排长。抗日阵亡，国民政府军事委员会追授为中尉连长，享受政府抚恤待遇。

梁敬洛（1918—2011）　字利灿，号仲书，福州人。就学于福州英华中学及厦门大学。历任超毓联中、古田县二中总务、训育、教导等职。其业绩编入古田县文史、古田县二中、福州师大附中、英华中学校史。并荣获“尔乃世之光”“校友楷模”“先进工作者”等表彰。

梁宽盛　龙岩人。1931 年 5 月参加红军，1934 年 10 月从江西于都参加长征。1936 年加入中国共产党，抗战期间担任白求恩大夫助手。1949 年 10 月后任四川省永川地区卫生局局长。

梁玉璋（女）（1929—2009）　福州人。先后在北京俄语学院、福建师范大学中文系任教。任福建师范大学文学院中文系教授、现代汉语教研室副主任、现代汉语专业硕士研究生导师、海外教育学院汉语教研室主任。曾任中国高校文字改革委员会理事、福建省语言学会理事，1989 年获国家教委颁发“从事语言文字工作三十年”荣誉证书。2002 年获中国第四届吴玉章人文社会科学优秀奖。

梁桂元（1936—2016）　福州人。国家一级美术师、中国美术家协会会员、福建省文史研究馆馆员、福建省水彩画研究会副会长、福州市美协副主席兼秘书长、福州市展览馆常务副馆长。

梁桂成　字克珙，德化人。民国时期任仙游、德化县县长。

梁桂英　字华喜，德化人。民国时期任德化县县长。

梁开周　汀州人。厦门大学毕业，民国时期曾任汀州专员公署视察员。

梁伯荫　尤溪人。民国初期任尤溪、南平、大田、沙县知事。民国《沙县志》主修，《尤溪县志》协修。

第三节　历代进士名录

唐　代

姓名	籍贯	中进士年间与科榜	任职	备注
梁震五	固始	大历七年（772年），壬子科，张式榜	闽南刺史	后定居福建

宋　代

姓名	籍贯	中进士年间与科榜	任职	备注
梁希言	晋江	端拱元年（988年），戊子科，程宿榜		
梁　頠	长汀	咸平三年（1000年），庚子科，陈尧咨榜	庐州知府、开封府判官	
梁审言	晋江	景德二年（1005年），乙巳科，李迪榜	广东桐庐知县	
梁　杞	莆田	庆历六年（1046年），丙戌科，贾黯榜	朝奉郎通判、鄂州军事	
梁　经	晋江	绍圣元年（1094年），甲戌科，毕渐榜		
梁熙志	晋江	崇宁五年（1106年），丙戌科，蔡薿榜		
梁熙载	晋江	大观三年（1109年），己丑科，贾安宅榜		
梁泽民	剑浦	大观三年（1109年），己丑科，贾安宅榜		
梁义从	建安	政和二年（1112年），壬辰科，莫俦榜		
梁汝霖	永福	政和五年（1115年），乙未科，何桌榜	谏议大夫直秘阁　泉州知府	
梁之嘉	瓯宁	政和五年（1115年），乙未科，何桌榜		
梁天衢	瓯宁	政和五年（1115年），乙未科，何桌榜		
梁国宾	闽县	重和元年（1118年），戊戌科，王昂榜	朝散郎	
梁宗范	永福	重和元年（1118年），戊戌科，王昂榜	信州通判	
梁之仪	浦城	重和元年（1118年），戊戌科，王昂榜		
梁国材	闽县	绍兴二年（1132年），壬子科，张九成榜	仙游知县	
梁汝昌	永福	绍兴十八年（1148年），戊辰科，王佐榜	莆田迪功郎	
梁南一	晋江	绍兴十八年（1148年），戊辰科，王佐榜		
梁守卓	永福	绍兴十八年（1148年），戊辰科		特奏名
梁端宇	长乐	绍兴二十四年（1154年），甲戌科		特奏名
梁　召	长乐	绍兴二十四年（1154年），甲戌科		特奏名
梁克家	晋江	绍兴三十年（1160年），庚辰科，梁克家榜	右丞相兼枢密使	状元
梁大壬	长乐	绍兴三十年（1160年），庚辰科		特奏名
梁　京	永福	乾道二年（1166年），丙戌科，萧国梁榜		
梁　光	建安	乾道五年（1169年），己丑科，郑侨榜		
梁　甫	闽县	乾道八年（1172年），壬辰科，黄定榜	保昌丞	

续表

姓名	籍贯	中进士年间与科榜	任职	备注
梁文虎	晋江	淳熙二年（1175年）乙未科，詹骙榜		
梁大临	闽县	淳熙二年（1175年），乙未科		特奏名
梁大亮	闽县	淳熙五年（1178年），戊戌科，姚颖榜		
梁　昺	闽县	淳熙十一年（1184年），甲辰科，卫泾榜		
梁待聘	建安	淳熙十一年（1184年），甲辰科，卫泾榜		
梁　发	永福	绍熙元年（1190年），庚戌科，余复榜	湘阴知县	
梁　铸	建安	庆元二年（1196年），丙辰科，邹应龙榜		
梁　丙	侯官	庆元五年（1199年），己未科，曾从龙榜	朝奉郎、泉州知府	
梁廷仪	永福	庆元五年（1199年），己未科		特奏名
梁成大	闽县	开禧元年（1205年），乙丑科，毛自知榜	扬州通判、刑部侍郎	
梁子张	永福	嘉定元年（1208年），戊辰科，郑性之榜	奉议郎	
梁　俶	晋江	嘉定元年（1208年），戊辰科		特奏名
梁传（傅）	龙溪	嘉定七年（1214年），甲戌科，袁甫榜		
梁　琮	闽县	嘉定十年（1217年），丁丑科，吴潜榜		
梁子强	永福	嘉定十年（1217年），丁丑科，吴潜榜	建宁教授、承议郎	
梁廷兰	永福	嘉定十年（1217年），丁丑科，吴潜榜	上舍	
梁梦庚	闽县	嘉定十三年（1220年），庚辰科，刘渭榜	南靖知县	
梁纲中	宁德	嘉定十三年（1220年），庚辰科，刘渭榜		
梁　柱	侯官	嘉定十六年（1223年），癸未科，蒋重珍榜		
梁应庚	闽县	宝庆二年（1226年），丙戌科，王会龙榜	武平主簿、将士郎、江西节制司准遣	
梁中行	闽县	嘉熙三年（1238年），戊戌科		特奏名
梁椿选	晋江	淳祐元年（1241年），辛丑科，徐俨夫榜		

元　代

姓名	籍贯	中进士年间与科榜	任职	备注
梁　政	南安	至正十一年（1351年），辛卯科，文允中榜	南京都通朝御转运使、钦差巡按	
梁　谏	永福	至正十九年（1359年），己亥科		录自福州《永盛梁氏族谱》

明　代

姓名	籍贯	中进士年间与科榜	任职	备注
梁嗣隆	晋江	永乐三年（1404年），乙酉科	奉化琼山教谕	

续表

姓名	籍贯	中进士年间与科榜	任职	备注
梁缘弼	上杭	永乐十三年（1415年），乙未科，陈循榜	杭州府于潜知县	一作梁弼
梁　楠	永福	弘治八年（1495年）乙卯科	浙江乡试中式、训异，开国子监五经博士	录自福州《永盛梁氏族谱》
梁　乔	上杭	弘治十五年（1502年），壬戌科，康海榜	绍兴知府，授三品嘉议大夫	
梁　鼎	永福	弘治十七年（1504年），甲子科	福建乡试中式	
梁怀仁	晋江	嘉靖四十四年（1565年），乙丑科，范应期榜	南京吏部主事	
梁玉蕤	安溪	崇祯十三年（1640年），庚辰科，魏藻德榜	吏部主事	

清　代

姓名	籍贯	中进士年间与科榜	任职	备注
梁国宝	安溪	康熙三十九年（1700年），庚辰科，汪绎榜	授文林郎，广东镇平县令	
梁其光	闽县	雍正十三年（1735年），乙卯科	江西龙南知县，两署定南县事	录自福州《永盛梁氏族谱》
梁上国	长乐	乾隆四十年（1775年），乙未科，吴锡龄榜	太常寺卿	
梁运昌	长乐	嘉庆四年（1799年），己未科，姚文田榜	入翰林编修，官至太史	
梁章钜	长乐	嘉庆七年（1802年），壬戌科，吴廷琛榜	礼部主事，广西、江苏巡抚，兼署两江总督	
梁达榜	归化	嘉庆十三年（1808年），戊辰科，吴信中榜	河南汝阳知县、信阳知州	
梁逢辰	长乐	道光二十一年（1841年），辛丑恩科，龙启瑞榜	兵部员外郎	
梁庚辰	长乐	道光二十四年（1844年），甲辰科，孙毓桂榜	知县	
梁学卿	福鼎	咸丰六年（1856年），丙辰科，翁同龢榜		录自福鼎《后梁梁氏族谱》
梁学辉	福鼎	咸丰六年（1856年），丙辰科，翁同龢榜		录自福鼎《后梁梁氏族谱》
梁鸣谦	闽县	咸丰九年（1859年），己未科，孙家鼐榜	吏部考功司主事、军机处稽勋司行走、鳌峰书院山长	
梁钦辰	闽县	同治二年（1863年），癸亥科，翁曾源榜		
梁天昂	闽县	同治十三年（1874年），甲戌科，陆润庠榜		
梁亿年	长乐	光绪二年（1876年），丙子恩科，曹鸿勋榜		
梁肇荣	侯官	光绪十五年（1889年），己丑科，张建勋榜		
梁维新	侯官	光绪十六年（1890年），庚寅恩科，吴鲁榜		
梁禹甸	闽县	光绪三十年（1904年），甲辰科，刘春霖榜	知县	

第十四篇

彭姓

《福建姓氏志·彭姓篇》编纂委员会

主　任：彭嘉庆　彭钦华

副主任：彭锦麟　彭时平　彭友欣　彭孝淦

委　员：彭溪水　彭信锋　彭美文　彭　健　彭志伟　彭卓兴　彭志明
彭宗宝　彭承华　彭育峰　彭祖雄　彭　搏　彭承高　彭群英
彭铃光　彭金亮　彭廷灼

《福建姓氏志·彭姓篇》编辑部

主　编：彭锦麟

副主编：彭时平　彭铃光　彭金亮

编　委：彭信龙　彭　光　彭美蓉　彭细福　彭培基　彭茂星　彭世明
彭文海　彭进禄　彭如桂　彭福桐　彭灿光　彭万柱

目　录

彭姓，始祖篯铿，乃颛顼帝玄孙、陆终三子，受尧帝封于彭城立大彭国，后裔以国为氏，尊篯铿为彭祖。商代大彭国亡，彭祖携子彭武、彭夷入闽，居荆南山幔亭峰下，遁迹养生，与当地闽越人开山拓土，繁衍生息。后人以彭武、彭夷之名易荆南山为武夷山。唐至清代，福建彭姓多由河南、江苏、江西、广东、浙江迁徙入闽。据2016年统计，福建省彭姓人口113316人，其中彭迁、彭思邈、彭枨、彭子安四大家族后裔占福建彭姓总人口50%以上。彭迁徙居建阳北乡东岸潺口（后划归崇安县所辖，今武夷山市吴屯、岚谷一带），三代人开疆辟土，史称"先有彭，后有崇"和"作邑彭姓"；彭思邈后裔迁衍遍及宁德市各个县（市、区）和福州市罗源县；彭枨后裔聚居在泉州市洛江区、莆田市荔城区、仙游县；彭子安后裔居住在厦门市同安区、翔安区。形成百人以上彭氏聚居村136个，彭氏祠堂30余座。彭氏古村寨、祖厝、古民居在福建各地星罗棋布。有非物质文化遗产4项。明清以后，福建彭姓部分族人徙居台湾新竹、彰化，以及东南亚、欧美等地。历代科举中，有状元2人、进士68人。莆田彭甫支系在明成化至清康熙200年间，世代连登科甲，有"三代司马，四世名宦"之美誉。产生过明代"铁面尚书"彭韶、清代"天下廉能第一"彭鹏和共和国开国将军彭胜标、彭德清等杰出人物。福建彭氏郡望以陇西郡为主，主要堂号有陇西堂、积庆堂等。

第一章　源　流

第一节　溯　源

一、源自黄帝

此源有两种说法：第一种，彭姓为帝喾时的火官祝融之后的八姓之一。据《国语》载："祝融之后，八姓，己、董、彭、秃、女、斟、曹、芈。"第二种，据《通志・氏族略》和《姓氏寻源》记载，篯铿受封于彭城（今江苏徐州），建立大彭国，《国语・郑语》记载："大彭、豕韦为商所灭矣。"其后，大彭国子孙以国名为氏，即彭氏。（见彩图14-1）

二、源自改姓

据《姓氏考略》载，满、蒙、回、苗、白、瑶、土家、彝、拉祜等民族有彭姓，属于汉化改姓。唐宋元明清时期，中央朝廷推行羁縻政策及改土归流，少数民族改为彭姓。

第二节　入　闽

商代，大彭国亡，彭祖携子彭武、彭夷入闽，居荆南山幔亭峰下，与当地闽越人一起开山拓土，后裔多有北上返迁江西，再向西迁徙。

唐初，彭迁携眷由江西仁和入闽，初居建阳北乡东岸潺口（今武夷山市吴屯、岚谷一带）。

唐开元四年（716年），彭鉴览由江西饶州鄱阳锦表坊入闽，初居光泽杭川。

唐光启元年（885年），彭思邈随王绪入闽，居福州西湖。

唐光启元年（885年），今泉州市洛江区虹山彭姓先祖由光州固始（今河南省固始县）随王绪入闽，定居泉州。

宋皇祐二年（1050年）前后，彭福祥由江西宁都州钟鼓乡白鹭树下村入闽，居汀州府宁化孟溪（今宁化县治平乡）彭坊村。

宋绍兴年间（1131—1162），彭椿年由浙江黄岩入闽，居莆田。

南宋初，彭溱三携子彭椿三、彭椿洪由江西抚州府临川县斯和（今江西省抚州市临川区河埠乡斯和村）经南丰县入闽，定居邵武府建宁县（今建宁县）。

宋嘉定七年（1214年），彭戢由江西吉安府安福县入闽，居福建邵武府邵武县西乡三十九都北溪之下畲（今邵武市沿山镇下畲村）。

宋末，彭九郎由江西新城县（今江西省黎川县）入闽，居汀州府归化县（今明溪县）。

元至元年间（1264—1294），彭子源由江西入闽，居今龙岩市新罗区龙门镇赤水村。

元至元三十一年（1294年），彭敬甫由光州固始入闽，居汀州府宁化县。

元末，彭伯福由广东省潮州府海阳县第三巷西门内入闽，任兴化路宣差，后定居莆田。

元末，彭子安由广东省潮州府海阳县第三巷西门内入闽，初居兴化路（今莆田市），后迁入浯州金沙里后学村。

元末，彭发达由建康（今南京市）八角井入闽，定居连江县桥仔（在马祖岛）。

元末，彭文聪由今广东梅州入闽，居武平县下坝大田。

元延祐三年（1316年）前后，彭祖贵由江西迁入，定居连城。

明洪武八年（1375年），彭庆由江西调拨泉州卫后千户所而入闽，驻泉州卫后所。

明洪武（1368—1398）初，彭史亥由江西拨军入闽，居泉州卫右所。

明洪武十四年（1381年），彭仁七由浙江泰顺岩坑入闽，初居寿宁县南山下，清康熙四十六年（1707年），其后裔彭有亮迁入今福鼎市点头镇洋边村。

明洪武十八年（1385年），彭源德拨军入闽，居德化浔中凤洋。

明洪武二十三年（1390年），彭顶生由江西拨军入闽，居泉州虹山。

明建文二年（1400年）前后，彭永富由广东梅州丰顺入闽，居今龙岩市永定区仙师镇水城彭屋。

清乾隆五十八年（1793年），彭英森由浙江泰顺南院坑边入闽，居宁德八都。

清道光年间（1821—1850），彭孟一由江西广昌入闽，初居邵武府建宁县癸羊堡，后迁入桂阳（今黄埠乡桂阳村）。

清道光五年（1825年），彭天伸由浙江苍南入闽，居今福鼎马栏溪。

清咸丰年间（1851—1861），彭心房由甘肃陇西迁入，居今福州市鼓楼区旗汛口井大路14、15号彭家大院。

第三节　繁　衍

一、彭迁家族

西晋永嘉元年（307年），彭迁远祖彭迈避乱过江迁居润州（今江苏镇江）丹阳，陈后主至德二年（584年），彭大智由丹阳徙居江西仁和，唐贞观（627—649）初，彭迁携眷自江西仁和迁居建阳北乡东岸潺口（今武夷山吴屯、岚谷一带），传至第5世分为天房彭瑭、地房彭贞、乾房彭珰、坤房彭瑄4个世系，尊彭迁为一世祖。

（一）天房彭瑭世系

12世彭昌季由建阳北乡东岸潺口迁徙江西永丰。15世彭子诚由永丰迁回崇安曹墩；彭云翔由崇安县城迁徙江西省宜春市奉新县。21世彭佛祖由崇安县城迁居建阳仓岐，再迁孔山峡（今建阳区孔山峡西乡），后裔彭钓由崇安县城迁居建安县长门；彭仁由崇安县城迁居彭墩村。

（二）地房彭贞世系

唐末，居住在建阳北乡东岸潺口的彭贞后裔陆续迁居外地。8世彭五九迁居岚角坡前地坊。17世彭荣长迁居五夫南坑。22世彭东海迁居北乡岚角，其后裔迁居水东。25世彭懋字和26世彭思义迁居阑汤（今新阳）。明万历二十年（1592年），26世彭懋贤迁居岚谷。

（三）乾房彭珰世系

北宋末，13世彭鳌由建阳北乡东岸潺口迁居五夫开耀村。18世彭天禄生4子，支分仁、义、礼、智4房，后裔彭赘迁居五夫开耀村，彭贺献迁居五夫大将村，彭裕和彭应熊迁居南乡城隅，还有后裔迁居新阳。19世彭文斌由五夫迁徙江西省上饶市南乡正坞村。27世彭维垣迁居漳州。

（四）坤房彭琯世系

宋淳祐二年（1242年），彭世宦由崇安县城迁居北乡（现岚谷乡）良墩。宝祐元年（1253年），彭庚迁居北乡阳谷范墩。清康熙年间（1662—1722），彭仕望迁居大埠桥。康熙五十八年，彭陈孙由良墩迁居大滓。乾隆年间（1736—1795），彭廷儒由大滓迁居麻园。彭鹏三后裔迁居城隅，彭成定后裔迁居崇城（今武夷山市），彭林长由良墩迁居坑口地坑，彭九十后裔迁居大西杨庄地坊，彭四奴后裔迁居双溪水尾，彭百达后裔世居洋角，彭瑞生由蝎谷迁居五夫。20世纪50年代，后裔彭荣山由今武夷山市武夷街道角亭社区迁居罗源县凤山镇北门社区。

二、彭思邈家族

唐光启元年（885年），彭思邈随王绪入闽，居福州西湖，被闽东彭姓尊奉为第一世祖。家族繁衍情况大致分三个阶段，第一阶段宋代，主要形成宁德二十一都熟洋的彭寿支系和咸源长巷底彭魏支系。第二阶段元、明时期，主要形成杉洋菴前（今古田县杉洋镇）彭兰老支系、宁德二十一都熟洋一带的彭曦支系、彭曜支系以及八蒲岭头（今周宁县七步镇）彭迎支系。第三阶段明末到清末，闽东彭姓迁徙频繁。

2世彭兰胤与弟同父居住福州西湖。5世彭金与长子彭官迁居古田县杉洋枫湾（今古田杉洋）。6世彭官居枫湾；彭安迁居浯际；彭宏（宠）迁徙温州平阳；宋开宝五年（972年），彭泰迁居福源叶雪岭兜大坑松岗松脉后，居15年后同其子转迁塘边（今虎贝镇塘边村），后裔分迁浦城、福安等地；彭密迁居渡头（今宁德市蕉城区飞鸾镇），后裔复迁室头村（今宁德市蕉城区石后乡），乾隆三十年（1765年）前后，彭密后裔彭长沄迁居今霞浦县北壁乡半柘村。7世彭沐由枫湾迁居宁德熟洋；彭游迁居长溪（今霞浦县）；彭润迁居张际（今古田县鹤塘镇东际村），元末，后裔彭兰老复回迁杉洋菴前，择居登瀛（今古田杉洋）；彭渥子孙迁居今福鼎市、浙江省泰顺县等地。8世彭寿生子彭当、彭德、彭稷，居宁德二十一都熟洋后坑。

（一）彭当世系

9世彭当，其后裔繁衍居住在宁德二十一都熟洋后坑一带。元末明初，熟洋后坑一带彭当后裔繁衍大致有彭曦、彭晖、彭暘、彭曜、彭旺5大支系①。

---

① 2016年10月、2018年8月专题研讨的《从彭当到彭曦年代考》一文认为："彭曦大约生于元末明初，从彭当到彭曦（含彭晖、彭暘、彭曜、彭旺）大约失考360~380年、历15~16世。"该说为主流观点。

彭曦支系 元末明初，25世彭曦居熟洋彭家墩。26世彭继茂始迁宁德六都，后迁居七都溪头；彭继芳留居熟洋后坑。30世彭汀由熟洋后坑迁居上洋村（今属虎贝镇）。31世彭镂迁居虎贝镇溪东；彭鐩迁居上洋村；彭钦、彭键与彭鏐留居熟洋后坑。33世彭永桥迁居粳后（枧后）；彭永柯迁居溪东；彭永柏迁居宁德二十一都谢庄。34世彭子保由谢庄迁居湖兰里；彭祖寿由粳后迁居南洋村，后裔一支迁居顺昌池墩；彭祖世由枧后始迁溪坂洋后迁居南洋村，后裔一支迁白溪；彭祖遇和四弟彭祖堂居枧后村；彭汝訔迁居岩头（即街头，今虎贝镇）；彭朝郎支分七房，居彭家墩七家坪。清康熙（1662—1722）末期，37世彭昌盈、彭昌胤、彭昌玉先后由溪东村迁居乾坵头村、戴家山棋盘洋村和禅洋村（3个村都在今霞浦县柏洋乡）。乾隆五年（1740年），彭友贵由溪东迁居柏洋乡长岩村，后陆续又有数人由溪东村迁居柏洋乡过洋村。38世彭开成由上洋村迁徙今广东省顺德区勒流镇黄连新村；彭章安由上洋村迁居下楼村湖兰里八十厝。1916年，彭祖圆迁居崇安县新城乡三港村翏湾自然村，彭兴环迁徙江西省界内的翏湾自然村路口。

彭曜支系 明初，25世彭曜携子彭淮、彭泗由熟洋彭家墩迁居古田县三十七都彭家岭。26世彭泗居彭家岭；彭百一携子彭春迁居大盖竹，转迁居古田县大甲彭厝里。明永乐九年（1411年）前后，27世彭应珠由彭家岭迁居今古田县鹤塘镇南阳村纱帽山下。28世彭广由南阳村迁居古田县卓洋乡松杭村。31世彭金九由南阳村迁居霞浦县崇儒乡鸡角弄村，传3世后迁居崇儒乡积田。清康熙年间（1662—1722），彭福祯由崇儒乡积田向南迁居，彭福祥由崇儒乡积田迁居崇儒乡坵山村，1980年以后坵山村彭姓陆续迁居霞浦县松城街道。31世三房彭玿后裔迁居郑洋山，大部分已回迁鹤塘镇南阳村；三房彭玑后裔迁居铁寮墓湾，后又回迁鹤塘镇的南阳、鹤塘、路上、后彰等村，32世仁房彭眼携子、嫡孙迁居上武（今三明市建宁县）；三房彭世穤迁居边兜村坑里垅、南阳村邦洋，居住在坑里垅的彭姓已回迁鹤塘镇的鹤塘、后彰、南阳等村。清初，34世长房彭绍迁居卓洋乡庄里村；康熙年间，三房彭伯湍由古田县南阳村迁居侯官县（今福州），其曾孙彭尔贤由侯官县迁闽侯县荆溪关东村，部分后裔迁徙马来西亚实兆远。35世长房彭万纯迁居井边铁寮村。乾隆（1736—1795）初期，彭升极由松杭迁居卓洋乡文洋村。乾隆年间，36世彭文焜、彭文烛、彭文炬三兄弟由卓洋乡松杭村迁居闽清县东桥镇黄土岭村铁山隔自然村；彭道源兄弟由卓洋乡松杭村迁居闽清县东桥镇新桥村。39世长房彭同宾迁居包头洋（隶属鹤塘镇田地村），后裔回迁鹤塘镇的南阳、鹤塘、后彰、田地等村。雍正年间（1723—1735），彭应珠后裔多人迁徙新加坡、马来西亚、泰国。

（二）彭稷世系

彭思邈第9世嫡孙彭稷生子彭明、彭表、彭映，居宁德二十一都熟洋后坑，部分后裔迁居咸源长巷底（今周宁县咸村）和石堂（今宁德市蕉城区虎贝镇文峰、梅鹤、南岭、浮山、岔路、黄柏6个行政村所辖地界）。

彭明支系 彭明开基唐山中舍（今虎贝镇梅鹤村一带）。彭大用始迁莒溪锯柴坪，彭仲善迁居山阜湖里，彭彦明迁居陈园下厝坪，彭景寓、彭景宗兄弟迁居陈园，2000年举村迁居今金涵乡新园小区，少部分散居今宁德市蕉城区各地。南宋淳熙年间（1174—1189），彭得英迁居古田灵龟，后裔彭河由灵龟迁居四十五都吉巷寮里；彭真荣迁居古田大桥前坪；彭厥始迁四十五都吾峰坂，再迁十五都后寨村；彭有成迁居吉巷绳头厂；彭元耀迁居韦端后井水头；彭明涟迁居后井水尾；彭端雄迁居官洋村，由于修建古田溪水电站蓄水库，官洋村大部分彭姓后裔迁居建阳区童游镇玉田村，部分彭姓后裔（约100多人）迁移靠山而居，仍称官洋村；彭端卿迁居古田县水口镇，繁衍生息各成一支。前坪村的彭真荣后裔，分迁坑里（前新村）、大桥街、宁德市蕉城区、建阳区、建瓯市、武夷山市、顺昌县、将乐县，还有旅居新加坡、马来西亚、泰国等地。元至正四年（1344年），彭贤与二弟、三弟（三十九）迁居古田县三十五都一保前大章（今棠口镇大章村），后迁居白禳溪（今屏南县寿山乡白凌村）。彭宁迁居唐山境西墘（今虎贝镇梅鹤村一带），明正德年间（1506—1521），后裔彭久迁居今虎贝镇西坑村。

彭映支系 彭映嫡孙彭魏迁居咸源长巷底。彭胜由咸源长巷底迁居今福安市甘棠镇上塘村肇基。明中期，彭胜后裔彭九畯由上塘村迁居赛岐南安村。彭映第14世孙彭成生生彭迎、彭舒、彭於3子。元至正十五年（1355年），彭成生携子彭迎由咸源（又称函源、咸村）迁居八蒲岭头下苦竹湾（今周宁七步镇），后迁居周宁县七步镇岭头村。彭愈敦由岭头村迁居龙溪村，后裔分布于龙溪、深水岭、墓仔、三湾、那坑、梅山等自然村，1995年后，三湾、那坑、梅山三地族人迁居狮城镇兴福社区。彭愈整由岭头村迁居芹洋（今周宁县玛坑乡芹太坵村），彭严俭和彭严慎由芹太坵村转迁墺底，清乾隆四十年（1775年）又迁玛坑乡溪边村。乾隆（1736—1795）末期，彭必乾和彭必全携眷由溪边村迁居今福安市甘棠镇甘江村；彭进钢后裔由溪边村迁居今福安市穆洋石尖、建瓯溪东；彭于铿迁居玛坑溪尾村；彭于璋迁居玛坑首章，后裔迁居咸村；彭必松和彭必怀三兄弟迁居玛坑东垅；彭必求迁居玛坑社坪；彭必馨迁居排头岗；彭必康和彭必源迁居前洋；彭禄一迁居彭家山；彭天寿迁居官村；彭愈懋留居岭头村，清康熙（1662—1722）末期，彭愈懋后裔彭文昌由岭头村迁居安邑穆洋（今福安市穆阳村）。元末，彭於由周宁咸村迁居霍童亭江头，明嘉靖三十六年（1557年），因亭江头被洪水淹没，彭克和携子彭凤、彭寿迁居霍童镇坂头，部分后裔迁文湖风吹罗带、邑坂罗井里村，清乾隆年间，彭文灿由邑坂罗井里村迁居八都镇吴山村肇基。

（三）其他世系

宋仁宗年间（1023—1063），彭周城由熟洋彭家墩（凉伞树）迁居今福鼎市晏溪（今管阳暗溪村），旋迁半路里（今柘荣县凤里村），继迁益岩（今福鼎市点头镇赤岩村）。

宋绍兴四年（1134年），彭念一、彭念五由熟洋彭家墩迁居宁德霍童。淳祐三年（1243年），后裔彭三五由宝坑彭家山迁居安邑下十都（今福安市晓阳镇）东源村。明末清初，彭孔礼携子彭长日由东源村迁居霞邑三十八九都下场坪，俗称厝坪里。清康熙年间（1662—1722），彭长日后裔由厝坪里迁居霞浦盐田乡霞洋村。

宋宁宗年间（1195—1224），彭四由熟洋彭家墩迁居漳湾镇官井村，世代繁衍居官井村。

宋宁宗年间，彭乾北由长溪（今霞浦县）携眷迁徙浙江象南田后居宁海古洞上村（上彭）。

南宋末期，彭二二由熟洋彭家墩迁居今福安市黄兰坂中村。明万历九年（1581年），因洪水冲毁房屋，整村迁移坑里村。

宋代，彭齐（谱名彭九）由熟洋彭家墩迁居长溪柘水（今柘荣县城关）。明代，彭进益迁居黄柏乡软岭村。彭颂迁居富溪镇霞利洋村，另有后裔迁福安市城阳镇王垮里村。

元大德三年（1299年），彭中甫由熟洋彭家墩迁居宁德十四都莒洲（瀛洲）村，后裔分支宁德洪口乡潭头村、八都镇、九都镇、周宁礼门乡溪山村、福安赛岐南安村等地。2006年因建洪口水库，莒洲举村迁居七都镇新建瀛洲新村。

明初，彭德新由熟洋彭家墩迁居罗邑（今罗源城关）。明万历年间（1573—1620），彭少山由罗邑迁居廪尾中衕（今罗源县碧里乡）。清光绪年间（1875—1908），彭仁国由廪尾中衕迁居西门顶（今凤山镇西门社区）。

明初，彭滕由熟洋彭家墩迁居鹤邑城内（今宁德市蕉城区）。明末，彭振翰由鹤邑城内迁居福宁府曲井巷（今霞浦县城关曲井巷）。清康熙五十五年（1716年），彭日辉分支迁居安邑壶瓶滩（今福安市溪柄镇柏柱洋鲤鱼边村），后裔迁居福安市区、赛岐镇以及福州等地。

明嘉靖年间（1522—1566），彭初次由熟洋彭家墩迁居福宁（今霞浦县）霞山村，后裔迁居霞浦县沙江镇古县村。

明嘉靖年间，彭而南由熟洋彭家墩迁居罗源县松山镇迹头村（彭厝里）。

明末，彭亦辉迁居福安市溪潭镇前埔村。清康熙年间（1662—1722），彭尔生由前埔村迁居霞浦县三沙镇。

清康熙五十九年（1720年），彭启封由宁德迁居福鼎桐城。后裔彭成炯由桐城迁居今点头镇荷山自然村。

清乾隆（1736—1795）末期，彭国通由熟洋彭家墩迁居霞浦县溪南镇藻湾村。

三、彭枨家族

唐光启元年（885年），今泉州市洛江区虹山彭姓先祖随王绪入闽，次年定居泉州城西。宋景德年间（1004—1007），彭枨由泉州城西迁居晋江中山（今虹山乡）白凤村，今后裔分布在虹山乡的虹山、苏山、前坂、白凤、松角山5个村，彭姓占全乡总人口的95%，虹山彭姓尊彭枨为一世祖。

清康熙（1662—1722）末期到1949年，26世彭懋彬，27世彭孙千、彭孙只、彭孙极、彭孙思、彭孙通，28世彭存已，29世彭为棕、彭克楼、彭可湿、彭可禄、彭忍居、彭绵远，32世彭永准、彭金木和彭国奚等近百名族人分别由虹山、南安飞云村山当和南安美星村先后迁徙台湾地区。

1930—1979年，彭琴（东长房长）后裔彭乃坝、彭复兴等30多人由虹山迁徙香港。

清康熙四十四年（1705年）到1949年，26世彭懋匿，27世彭修高、彭庄加，37世彭芳景（南安市九都镇美星村人）等150多彭姓族人由虹山迁徙文莱、印度尼西亚、马来西亚、新加坡、菲律宾诸国。

宋景德年间（1004—1007），彭枨的一位兄弟由泉州城西迁居南安后山塘（今南安市九都镇美星村后山塘）。明代时，其后裔彭贵中由后山塘迁居同村草埔头，被尊为草埔头彭姓开基祖。1972年，彭美乳等多房派十余户因建设山美水库由南安县九都公社美星大队（今南安市九都镇美星村）迁居长泰县岩溪公社甘寨大队（今岩溪镇甘寨村）。

彭枨后裔迁衍的主要分支如下：

（一）彭贤世系

宋绍兴（1131—1162）前期，6世彭贤由晋江中山（今泉港虹山乡）白凤村迁居莆田漳港（今莆田市荔城区新度镇港利村），拓居北头（今莆田市荔城区黄石镇七境村钱塘）。港利、钱塘等地族裔尊彭贤为肇莆一世祖。乾道年间（1165—1173），彭贤部分子孙由北头迁居兴化军所城西门内（今莆田市区）。

（二）彭莲发世系

南宋景炎年间（1276—1278），13世彭莲发由白凤村迁居仙游县中埔（今赖店镇张埔村）。清嘉庆年间（1796—1820），30世彭松、彭根、彭叶三兄弟由仙游中埔迁居今枫亭镇下社村。光绪年间（1875—1908），33世彭永铁由仙游中埔迁居今枫亭镇九社村。

（三）彭琴（东长房长）世系

明弘治年间（1488—1505），20世彭琴由白凤村迁居虹山村。天启年间（1621—1627），23世彭香仔由虹山村迁居永春汤洋（今永春县东关镇外碧村汤洋），25世彭万琇回迁白凤村。清乾隆十五年（1750年）前后，29世彭可藻由白凤村迁居仙游县龙华金山（今仙游县龙华镇金山村），后东长房系多祧裔260多人分别由白凤村、虹山村、松角山村及南安县飞云村山当迁居金山村。乾隆五十五年前后，30世彭口由白凤村迁居南安县飞云村山当。道光年间（1821—1850），31世彭尊元、彭叔元兄弟由虹山村迁居松角山村。1942年，彭乃贮由南安飞云村山当迁居金陶镇亭川村岭兜大厝斗。1948年，彭赐兴由南安飞云村山当迁居漳州市角美镇金山村。1963年，彭乃格、彭长水、彭金泉由泉州市虹山乡虹山村迁居华安县沙建镇汰口农场。1964年，34世彭建池由松角山村、35世彭锦树由虹山村一同迁居清流县嵩溪镇阳坊村，同时随迁的彭姓族人还有130多人。1965年，34世彭随兴等20余彭姓族人由虹山村迁居清流县林畲乡红星村；35 世彭乃片、彭乃立、彭乃富，36 世彭昌盛等 4 户 20 多人由南安飞云村山当迁居泰宁县朱口镇尤源村。1982 年，彭赐勇由仙游金山村寮坪迁居漳州市角美镇金山村。20 世纪 90 年代，35 世彭乃朝等 10 位族人由仙游县龙华镇金山村迁居漳州市芗城区新桥街道诗浦村（今诗浦社区）。

（四）彭棋（东长房二）世系

清同治年间（1862—1874），32 世彭季摘由白凤村迁居南安飞云村寮山（今南安市乐峰镇飞云村寮山）。

（五）彭书（东长房三）世系

清同治年间（1862—1874），30 世彭宣城、31 世彭桶、32 世彭季炁由白凤村迁居南安飞云村寮山。1952 年，33 世彭本由白凤村迁居仙游黄沙上库（今仙游县龙华镇金沙村）。1965 年，33 世彭永昆等 31 位彭姓族人由南安飞云村寮山迁居宁化县水茜镇沿口村。

（六）彭铨（东二房长）世系

明嘉靖年间（1522—1566），20 世彭铨由白凤村迁居苏山村，东二房长部分后裔仍居白凤村。清康熙二十四年（1685 年）前后，26 世彭懋杰由苏山村迁徙浙江温州府平阳县金乡后割村（今温州市苍南县金乡镇）。1965 年，33 世彭景水由白凤村、34 世彭保通由苏山村一同迁居清流县嵩溪镇黄沙口村，同迁的彭姓族人还有 130 多人。1965 年，33 世彭仕金由白凤村迁居清流县嵩溪镇塘背村，同迁的彭姓共 160 多人。

（七）彭镐（东二房二）世系

明嘉靖年间（1522—1566），20 世彭镐由白凤村迁居前坂村。清康熙二十九年（1690 年）前后，26 世彭招高由前坂村迁居仙邑本箕垅（今仙游县鲤城街道万福社区）。乾隆四十五年（1780 年）前后，29 世彭贵成由前坂村迁居仙邑西乡文贤里陂头（今仙游县度尾镇洋坂村陂头）。

（八）彭聚（东三房）世系

明天启年间（1621—1627），23 世彭恒解由白凤村迁居兴化城后常太里涨城社边（今莆田市荔城区）。

（九）彭试（东四房）世系

明嘉靖四十年（1561 年），22 世彭敧由白凤村迁居晋江安平大庭头（今晋江市安海镇通天巷）。清康熙四年（1665 年）前后，25 世彭于孔由白凤村迁居泉城旧馆驿（今泉州市鲤城区鲤中街道新峰社区）。道光五年（1825 年）前后，29 世彭裕后由白凤迁居仙游县龙华金山根德垵（今龙华镇金山村）。1931 年，32 世彭元兴由金山根德垵迁居黄沙上溪（今龙华镇金沙村）。

四、彭福祥家族

宋皇祐二年（1050 年）前后，彭福祥由江西宁都州钟鼓乡白鹭树下村迁居宁化县孟溪彭坊村，被尊为一世祖。9 世彭德诚迁居宁化曹坊乡包家庄（后改彭家庄）。10 世彭进仪生十子，分十房。元至治元年（1321 年），11 世十个兄弟同时由曹坊乡包家庄分迁各地，其中：长房彭仕兴迁居汀城火草巷，后裔迁居现大同镇李岭村；四房彭仕满迁居汀州童坊彭坊村，清康熙元年（1662 年）前后，彭仕满后裔彭一龙迁居今四都镇新华村，雍正乾隆间（1723—1795），17 世嫡孙由童坊镇彭坊村迁居新桥村，道光元年（1821 年）前后，后裔彭亨山迁居今大同镇光明村；七房彭仕丰先迁居汀城水东街，转徙居江西省瑞金日东乡观音岭下，康熙元年前后，彭仕丰后裔又由瑞金日东乡观音岭下返迁长汀古城老口（今黄泥坪村）。彭德诚与彭进仪携带年幼的彭仕达迁居汀州南山镇彭屋（今朱坊村）。彭德诚后裔还有迁居长汀县大同镇南寨村、宁化县淮土镇、泉上镇，清流县，连城县四堡镇等地。

五、彭溱三家族

南宋初，彭溱三携子彭椿三、彭椿洪由江西抚州府临川县经南丰县入闽，定居邵武府建宁县（今三明市建宁县）靖安村。

（一）彭椿三世系

彭椿三4世彭秋三由建宁县靖安村迁居将乐高唐黄坑口村，后裔彭先寿由高唐黄坑口迁居高砂下柳源（今沙县高砂镇柳源村）。宋末，彭丹一和彭七九兄弟由下柳源迁居尤溪县，彭丹一居尤溪蕉坑（今梅仙镇蕉坑村），彭七九居尤溪彭山（今西城镇三山村）。明万历年间（1573—1620），后裔彭名书由下柳源迁居沙县青州阳溪（今高砂镇阳溪村），彭叔四与次子彭卓壬由建宁靖安村迁居夏茂梨树下（今沙县夏茂镇梨树村），彭兴长、彭兴二迁居罗坑（今夏茂镇大布村罗坑），越数年，彭兴二迁居彭邦（今夏茂镇大布村彭邦）。清朝年间，彭汉长迁居夏茂。

（二）彭椿洪世系

彭椿洪后裔彭郎四迁居延平府（今南平市延平区胜利街）。清初，彭凯蛟由延平迁居沙县高桥（今高桥镇高桥村）。1914年，彭汉桥由高桥迁居顺昌双溪中山路。1954年其后裔迁居双溪镇。

六、彭椿年家族

宋绍兴年间（1131—1162），彭椿年由浙江黄岩入闽游学。族裔卜居兴化军所城西市、前街一带（今莆田市区）。

七、彭受家族

南宋，彭受居兴化军所城西门内。景炎二年（1277年）元兵攻城，彭受之孙彭泽率子侄数人由兴化西门内迁居港内（今属港利）。元时，彭泽之孙彭念三由港内迁居涵口（今属港西）、彭念五居港内后彭（今属港利）。元末，彭念五长孙彭奉由后彭迁居横塘（今钱塘），为陈布政赘婿（两承），子兆一、兆二、兆三、兆四依约随父姓彭。明洪武二十一年（1388年），彭奉部分后裔由横塘迁居今黄石镇沙坂村。弘治八年（1495年），彭念三部分8世孙由涵口迁居文赋里新亭（今莆田市城厢区华亭镇霞皋村），守祭彭韶陵墓。嘉靖五年（1526年），彭奉部分后裔由横塘迁居黄园（今七境村黄园），守祭彭甫、彭大治父子陵墓。嘉靖十四年，彭奉后裔两兄弟由横塘迁居彭山（今荔城区拱辰街道霞戴社区），守祭彭文质陵墓。嘉靖二十三年，彭泽子侄后裔2户因避倭乱外逃，居所被焚毁，依附亲友而由漳港迁居今新度镇新度村。嘉靖四十年，彭泽子侄部分后裔由漳港迁居今白埕村。万历二十九年（1601年），彭奉部分后裔由横塘迁居今莆田市涵江区国欢镇黄霞村。崇祯二年（1629年），彭奉后裔1户由横塘迁居下霄（今黄霞村下霄）。清顺治九年（1652年），彭奉后裔2户由横塘迁居毛崩坑（今新度镇桂林村彭墓自然村），守祭彭汝楠陵墓，1950年，后裔全部迁居今新度镇沟尾村。清末，彭锦川由漳港迁居今莆田市涵江区梧塘镇枫林村。

八、彭九郎家族

宋末，彭九郎由江西新城县（今江西黎川县）石板桥头迁居归化县下觉里高洋（今明溪县夏坊乡高洋村），数传至彭进兴迁居夏坊黄坊（今夏坊乡夏坊村）。

九、彭敬甫家族

元至元三十一年（1294年），彭敬甫由光州固始迁居宁化县城。明洪武（1368—1398）初，彭敬甫的第5世孙彭益仁迁居宁化的上罗增坊。嘉靖二十四年（1545年），彭益仁后裔彭孔高第三子彭儒修迁居宁化县招得里礤下村（今安远乡杜家村礤下）。

十、彭发达家族

元末，彭发达由建康（今南京市）八角井迁居连江桥仔（马祖岛），7世彭孝敬由连江桥仔迁居定海。11世彭承列由定海迁居南湾（今连江县江南乡南湾自然村）。清嘉庆年间（1796—1820），14世彭德元由南湾迁居连江县江南镇王庄村。

十一、彭伯福家族

元末，彭伯福由广东省潮州府海阳县第三巷西门内迁居兴化路（今莆田市）。

十二、彭子安家族

元末，尚未成年的彭子安因父母早逝，随兄彭伯福由广东省潮州府海阳县第三巷西门内迁居兴化路（今莆田市）。未几兄嫂殁，便依托浯州盐司（六品官）母舅马氏，娶浯州（金门）金沙里罗尾娘，迁居浯州金沙里后学村，尊奉其父彭天禄为一世祖。迁衍的主要分支如下：

（一）东派彭用乾世系

明初，3世彭用乾由浯州金沙里后学村迁居同安彭厝。明末清初，部分后裔先后迁居安溪县龙门镇观山村。清雍正六年（1728年），13世彭汝金由同安彭厝迁徙台湾。乾隆三十五年（1770年）前后，14世彭荣宣由同安彭厝迁徙今台湾台北市大桥町。

（二）西派彭用斌世系

3世彭用斌由浯州迁居同安后肖（今厦门市同安区五显镇后肖村）。4世彭孔仕由后肖始迁南安院上（今新店街道沙美社区），后迁居毗邻的鹊山赤埕自然村（今同属沙美社区）。4世彭孔学携子彭敬初由鹊山赤埕迁居毗邻的胡坵沙美（今同属沙美社区）。5世彭敬宏由同安后肖迁居与彭厝毗邻的竹浦（今新店街道竹浦村），为竹浦开基祖。明末清初，彭用斌部分后裔先后迁居安溪县龙门镇观山村。清乾隆五年（1740年）前后，13世彭汝旦、彭汝得、彭汝全、彭汝乾、彭汝济、彭汝次、彭汝珮、彭汝虎、彭汝柬、彭汝信、彭荣达、彭伊任等由竹浦迁徙台湾彰化县溪州松仔脚和新竹南寮，部分后裔迁徙欧美。

（三）彭用吉世系

明初，3世彭用吉携子彭卯迁居诏安县径口乡（今东山县杏陈镇径口村）。

十三、彭庆家族

彭庆原籍江西省抚州府临川县八十二都第九社，元末参加明军，明洪武八年（1375年）调拨泉州卫后千户所。永乐元年（1403年），其次子彭闰调拨屯垦于德化县惠民里霞碧村（今龙门滩镇霞碧村），尊奉彭庆为霞碧彭氏一世祖。至7世，由彭天锡、彭天载、彭天保、彭天佑、彭天申开为五大房。

迁衍的主要分支如下：

（一）长房彭天锡世系

清康熙年间（1662—1722），12世彭玉裁迁居闽清县十一都溪坪村，其后裔主要居住在今闽清县上莲乡溪坪村与新村村，有后裔徙居马来西亚。20世纪初，彭礼振后裔多人由新村村集体到将乐县城关承包工程，工程结束后即定居将乐县古镛镇。

（二）二房彭天载世系

清末，17 世彭富涅随母迁居今龙门滩镇碧坑村。

（三）三房彭天保世系

清雍正乾隆年间（1723—1795），11 世彭士荣携子彭玉鹤及孙彭联文、彭联魁、彭联捷、彭联标迁居“上府山头窑”（今尤溪县）。清代末期，16 世彭甲砣迁居尤溪县。1947 年，19 世彭荣堂（又名荣棠）迁徙今台湾台北市仕林镇后巷里。

（四）四房彭天佑世系

明崇祯年间（1628—1644），10 世彭国秩携子彭士贵、彭士珊迁徙浙江。明末清初，9 世彭万轩迁居今龙门滩镇磻坑村。清初，11 世彭士祖迁徙浙江。清康熙年间（1662—1722），12 世彭玉浓、彭玉海迁居兴化（今莆田市）。康熙末至雍正年间，11 世彭士玲、彭士琫迁居湖景村，彭士历迁居苏洋村；12 世彭玉着迁居兴化（今莆田市）。雍正末乾隆初，13 世彭联贺、彭联丕随母王氏迁居古田县。乾隆年间（1736—1795），12 世彭玉树迁居苏洋村；12 世彭玉迎迁居“上府”；13 世彭联汉迁居宁德县；13 世彭联渔、14 世彭登缀先后迁居尤溪县。清末，15 世彭科尊迁居永春小岵（今永春岵山），彭科熔迁居仙游山坑西；15 世彭科唐、彭科吐（从磻坑村）、彭科煲（从磻坑村）、彭科叹（从磻坑村），16 世彭甲妆、彭甲崇、彭甲偕（从磻坑村），17 世彭富锬、彭富作等分别迁居“上府”；16 世彭甲楄迁徙台湾，彭甲艾、彭甲利从磻坑村迁居永泰县洑口乡杨格；17 世彭富宗迁居今雷峰镇溪美村；19 世彭荣藩迁居浔中镇丁溪村许厝；16 世彭甲潄、彭甲漂、彭甲査、彭甲付、彭甲溏等，17 世彭富熴、彭富炘、彭富钺与彭富臣兄弟、彭富昆全家，18 世彭贵眼等迁徙东南亚；18 世彭贵买（父富输）迁徙马来西亚昔仔挽（今称实兆远）。20 世纪初至 40 年代，17 世彭富性、彭富琶与彭富蟲兄弟等，18 世彭贵寅、彭贵鐀等迁徙东南亚；18 世彭贵热、彭贵龙等迁徙马来西亚昔仔挽（今称实兆远）。1949 年，18 世彭贵军（又名贵昆、贵君）迁徙台湾台北市仕林镇后巷里。20 世纪中期，18 世彭贵买、彭贵城兄弟（父富炳）等迁徙东南亚，彭贵才迁居今雷峰镇溪美村；21 世彭宝兴、彭钦深兄弟迁居村兜村。

（五）五房彭天申世系

清康熙年间（1662—1722），10 世彭国魁（字熙斗）迁徙浙江温州，彭国旭（字熙泮）迁居福宁府西门外三十六七都后坑（今霞浦县松城街道青福村七里曲）。乾隆年间（1736—1795），12 世彭玉福偕子彭联寅迁居福宁府宁德县，13 世彭联潤携子彭登柱、彭登棉全家迁居上府山头窑（今尤溪县）。清末，15 世彭科仁迁居上府。

十四、彭顶生家族

明洪武二十三年（1390 年），彭顶生由江西拨军泉州，始居晋江中山（今泉州市洛江区虹山乡），后迁居德化县霞碧乡（今龙门滩镇）村兜村上围自然村。明中期，5 世彭祖积由村兜上围迁居今龙门滩镇大溪村大地自然村。清中期，11 世彭诸岱、彭诸岳、彭诸出、彭诸密、彭诸山兄弟随母黄氏品娘由村兜上围迁居古田县，11 世彭诸分由今龙门滩镇大溪村大地自然村迁居尤溪县。清末，13 世彭进邦由村兜上围迁居永泰县嵩口镇下坂村宙洋里，15 世彭叔日又移居永泰县。20 世纪 40 年代，彭仲联长子彭叔秀由永泰县嵩口镇下坂村宙洋里迁往上府。1949 年彭仲联孙彭文桂、彭文兴兄弟由永泰县嵩口镇下坂村宙洋里迁居永泰葛岭。

十五、彭品方家族

明洪武年间（1368—1398），彭品方由澧渎迁居上泽，后裔迁居桐山（今隶属福鼎市），传九世彭永灵由桐山迁居今福鼎市沙埕镇流江村。尊彭永灵为发祥肇基始祖。

十六、彭源德家族

元末，彭源德参加明军，明洪武十八年（1385 年）因拨军入闽，定居泉州德化浔中凤洋（今德化县浔中镇凤洋村）。清光绪三十年（1904 年），彭瑞炉由凤洋迁居马来西亚昔仔挽（实兆远）。20 世纪初，彭瑞面由凤洋迁居浔中丁墘村。1940 年，彭金水由凤洋迁城关西门宫对面，后迁居西门街。

十七、彭史亥家族

彭史亥原籍长洲（今苏州），元末迁居江右（今江西）并参加明军，明洪武初拨军泉州右卫所，再迁居德化县城北门外半岭，后迁居北门外陶趣格（涂厝格）。

十八、彭永富家族

明建文二年（1400 年）前后，彭永富由广东梅州丰顺入闽，传衍今龙岩市永定区仙师镇水城彭屋。

十九、彭海涛家族

明中期，彭海涛迁入，后裔彭世通、彭世祥支系居今长乐区梅花镇梅南村。

二十、彭新祖家族

明崇祯年间（1628—1644），彭新祖由江西省宁都州黄坑迁居长汀，分衍彭国兴、彭国荣、彭世赞、彭世明、彭世隆、彭必贞六支房系。后裔孙分散居住古城镇的古城村、中都村、下增村。

二十一、彭英森家族

清乾隆五十八年（1793 年），彭英森由浙江省泰顺县南院坑边入闽，初居宁德八都，嘉庆年间（1796—1820），彭英森五子：彭天栋、彭天景、彭天致、彭天权、彭天顺迁居霞浦水门乡百笕村溪里，20 世纪 90 年代以后部分后裔迁入霞浦城区。

二十二、彭天伸家族

清道光五年（1825 年），彭天伸由浙江省苍南县入闽，初居今福鼎市马栏溪，后迁入霞浦县牙城镇龟山村，部分后裔现迁入霞浦城区。

二十三、彭心房家族

清咸丰年间（1851—1861），彭心房由甘肃陇西迁入，居今福州市鼓楼区旗汛口井大路 14、15 号彭家大院。部分后裔迁居江苏南京、台湾等地以及美国、英国等国家。

第四节　郡望、堂号

一、郡望

陇西郡　战国时期秦国秦昭襄王二十八年（前 279 年）置郡，因在陇山之西而得名，治所在狄道（今甘肃临洮）。秦末时楚汉争霸，位于楚国都城的徐州处于战乱状态，有一支彭氏族人为避战乱而逃离都城远迁陇西，后逐渐形成当地望族。福建彭姓以陇西郡居多。

淮阳郡　汉高祖刘邦十一年（公元前196年）置淮阳国，为同姓九国之一，都城在陈州（今河南淮阳），西汉末长平侯彭宣定居淮阳，因后裔兴旺，该支彭氏家族就以淮阳为郡望。

宜春郡　唐朝状元、礼部郎中彭景直之子彭构云为官江南袁州（今江西宜春市），后辞官隐居袁州震山岩。唐玄宗、代宗前后三诏不出，子孙繁衍吴楚六府十三邑，并创江右彭姓的新宗派，成当地望族。

二、主要堂号

陇西堂　以望立堂。福州、三明、莆田、南平、龙岩、宁德彭氏聚居地大多以“陇西”为堂号。厦门沙美立陇西堂。

孝思堂　有追思先祖，也有鼓励鞭策后人尽孝之意。厦门彭厝彭姓聚居地以“孝思”为堂号。

积庆堂　明永乐十八年（1420年），彭昌重建爱贤堂更名“积庆堂”，取“积善之家必有余庆”之意。泉州虹山彭姓聚居地以“积庆”为堂号。

庆余堂　明嘉靖二十六年（1547年），彭功盛偕四个侄子建庆余堂。德化霞碧、村兜上围、浔中陶趣、凤阳四个支系彭姓以“庆余”为堂号。

述古堂　古田县南阳彭应珠家族以“述古”为堂号。

敦叙堂　清乾隆五十四年（1789年），宁德西隅后场彭氏修建祠堂时，改“世德堂”为“敦叙堂”，并以“敦叙”为堂号。

十策堂　长乐区梅花镇梅南村彭海涛家族聚居地以“十策”为堂号。

淮阳堂　长汀县古城村彭新祖家族聚居地以“淮阳”为堂号。

第二章　分　布

第一节　人口分布

2016年6月，福建省公安厅户籍人口统计（不含金门、马祖），全省彭姓人口总数为113316人，分布全省各市、县（区、市）及平潭综合实验区。

表14-1　**2016年福建省彭姓人口分布情况表**　单位：个、人

市（区）别	县（区、市）数	人口数	各县（区、市）人口数
福州	12	7038	鼓楼区1250，台江区358，仓山区763，晋安区592，马尾区147，福清市495，长乐市478，闽侯县459，连江县345，闽清县652，罗源县1223，永泰县170
厦门	6	12015	思明区2348，湖里区1081，集美区575，海沧区351，同安区772，翔安区6888
漳州	11	2418	芗城区298，龙文区48，龙海市122，漳浦县161，云霄县55，诏安县96，东山县978，平和县145，南靖县98，长泰县150，华安县83
泉州	12	18498	鲤城区373，丰泽区701，洛江区11411，泉港区89，石狮市187，晋江市562，南安市2141，惠安县432，安溪县195，德化县2059，永春县301，台商投资区47

续表

市（区）别	县（区、市）数	人口数	各县（区、市）人口数
三明	12	7416	三元区 246，梅列区 366，永安市 418，清流县 1895，宁化县 892，建宁县 238，泰宁县 127，明溪县 196，将乐县 235，沙县 2120，尤溪县 598，大田县 85
莆田	5	13645	仙游县 5829，荔城区 5647，城厢区 801，涵江区 981，秀屿区 387
南平	10	16081	延平区 905，建阳区 1727，邵武市 1383，武夷山市 5644，建瓯市 2090，顺昌县 529，浦城县 2057，光泽县 1165，松溪县 311，政和县 270
龙岩	7	6040	新罗区 945，永定区 200，上杭县 609，武平县 947，长汀县 3031，连城县 202，漳平市 106
宁德	9	30165	蕉城区 7963，福安市 3524，福鼎市 1351，霞浦县 2013，寿宁县 110，周宁县 3855，柘荣县 1122，古田县 7507，屏南县 2389
平潭	1	106	

第二节　主要聚居地

一、福州市彭姓

（一）福清市

镜洋镇镜洋村溪头自然村　清末由晋江迁入。今传 8 世，居村 40 余户、100 多人。

（二）长乐区

梅花镇梅南村　明中期，彭海涛迁入。清末，彭世通、彭世祥支系居梅南。今传 6 世，居村 30 余户、100 多人。

（三）闽侯县

荆溪镇关东村　清雍正年间（1723—1735），彭尔贤由侯官（今福州境内）迁入。今传 11 世，居村 30 余户、100 多人。

（四）连江县

江南镇王庄村　清嘉庆年间（1796—1820），彭德元由连江南湾迁入。今传 8 世，居村 30 余户、100 多人。

（五）闽清县

上莲乡溪坪村　清康熙年间（1662—1722），彭玉裁由德化县霞碧乡（今龙门滩镇）迁入。今传 12 世，居村 80 余户、320 多人。

上莲乡新村村　清嘉庆年间（1796—1820），彭义质、彭礼振、彭礼厚由上莲乡溪坪村迁入。今传 9 世，居村 30 余户、130 多人。

东桥镇黄土岭村　清乾隆年间（1736—1795），彭文锟、彭文烛、彭文炬三兄弟由古田县卓洋乡松杭村迁入。今传 8 世，居村 30 余户、180 多人。

东桥镇新桥村　清乾隆年间，彭道源兄弟由古田县卓洋乡松杭村迁入。今居村 10 余户、90 多人。

(六) 罗源县

碧里乡廪尾村 明万历年间（1573—1620），彭少山由罗邑（今罗源城关）迁入，今传15世，居村50余户、180多人；清康熙年间（1662—1722），彭功然由连江县透堡迁入，今传11世，居村80余户、280多人；清雍正年间，彭德崇由连江透堡迁入，今传9世，居村50余户、230多人。

松山镇迹头村（彭厝里） 明嘉靖年间（1522—1566），彭而南由今宁德市虎贝镇熟洋彭家墩（凉伞树）迁入，今传17世；清乾隆年间，彭源程由宁德飞鸾迁入，今传10世，居村30余户、150多人。

起步镇桂林村 清康熙年间由宁德飞鸾迁入。今传12世，居村40余户、160多人。

凤山镇西门社区（西门顶） 清光绪年间（1875—1908），彭仁国由碧里廪尾中衕迁入。今传7世，居村20余户、90多人。

(七) 永泰县

嵩口镇下坂村 清道光年间（1821—1850），彭进邦由今德化县龙门滩镇上围自然村迁入。今传7世，居村10余户、80多人。

二、厦门市彭姓

(一) 同安区

五显镇后肖村（原银同后肖） 明初，彭用斌由金门迁入。今传25世，居村70余户、350多人。

(二) 翔安区

新店街道彭厝社区（原银同彭厝） 明洪武年间（1368—1398），彭用乾由金门迁入。今传26世，居社区1900户、5040多人。

新店街道沙美社区（原银同沙美） 明洪武年间，彭孔仕、彭孔学由同安后肖村（原银同后肖）迁入。今传25世，居社区600余户、2500多人。

三、漳州市彭姓

(一) 芗城区

新桥街道诗浦社区 20世纪90年代，彭乃朝等10位族人由仙游县龙华镇金山村迁入。今居社区12户、110多人。

(二) 东山县

杏陈镇径口村 明初，彭用吉由金门始迁同安后迁入径口村。今传26世，居村200余户、950多人。

(三) 长泰县

岩溪镇甘寨村 由泉州南安市九都镇美星村草埔头迁入。今居村25户、110多人。

(四) 华安县

沙建镇汰口农场埔岭社区 1963年，彭乃格、彭长水、彭金泉由泉州市洛江区虹山乡虹山村迁入。今居村13户、80多人。

四、泉州市彭姓

(一) 鲤城区

鲤中街道新峰社区 清康熙年间（1662—1722），彭于孔由晋江中山（今洛江区虹山乡）白凤村迁入。今传 15 世，居社区 150 余户、600 多人。

（二）洛江区

罗溪镇广桥村 20 世纪 60 年代，以恪斋派裔孙为主，10 余户彭氏后裔组建“远耕队”由原晋江县罗溪公社虹山大队赴邻村广桥大队（今罗溪镇广桥村）耕种林田而肇宅定居。今传 3 世，居村 30 余户、130 多人。

虹山乡白凤村 宋景德年间（1004—1007），彭帐由泉州城西迁入。今传 41 世，居村 460 余户、2100 多人。

虹山乡虹山村 明弘治年间（1488—1505），彭琴由白凤村迁入。今传 21 世，居村 900 余户、4150 多人。

虹山乡苏山村 明嘉靖年间（1522—1566），彭铨由白凤村迁入。今传 19 世，居村 450 余户、2060 多人。

虹山乡前坂村 明嘉靖年间，彭镐由白凤村迁入。今传 19 世，居村 400 余户、1950 多人。

虹山乡松角山村 清道光年间（1821—1850），彭尊元、彭叔元兄弟及其他分支由虹山村迁入。今传 10 世，居村 500 余户、2300 多人。

（三）晋江市

安海镇通天巷 明嘉靖四十年（1561 年），彭敧由晋江中山（今洛江区虹山乡）白凤村迁入。今传 18 世，居村 50 余户、200 多人。

（四）南安市

乐峰镇飞云村寮山 清同治年间（1862—1874），彭季摘、彭宣城、彭桶、彭季烝先后由晋江中山（今洛江区虹山乡）白凤村迁入。今传 8 世，居村 120 余户、500 多人。

九都镇美星村草埔头（彭仔湾） 宋景德年间（1004—1007），彭帐的一位兄弟由泉州城西始迁南安后山堂再迁草埔头。今居村 36 户、230 多人。

（五）惠安县

紫山镇南安村彭厝自然村 清代由惠安县涂寨镇陈芹村迁入。今居村 40 余户、150 多人。

（六）德化县

龙门滩镇霞碧村 明永乐元年（1403 年），彭闰由泉州卫后千户所拨屯种于德化县惠民里（今龙门滩镇霞碧村）。今传 23 世，居村 370 余户、1700 多人。

龙门滩镇磻坑村 明末清初，彭万轩由霞碧村迁入。今居村 80 余户、360 多人。

龙门滩镇苏洋村 清康熙（1662—1722）末至雍正年间（1723—1735），彭士历由霞碧村迁入；乾隆年间（1736—1795），彭玉树由霞碧村迁入。今居村 40 余户、180 多人。

龙门滩镇村兜村 明洪武二十三年（1390 年），彭顶生由江西拨军泉州，先居虹山，再迁入村兜村上围自然村；20 世纪 50 年代，彭宝兴、彭钦深兄弟由霞碧村碧潭自然村迁入村兜村。今居村 20 余户、120 多人。

五、三明市彭姓

（一）清流县

嵩溪镇阳坊村 1964 年，彭姓 130 多人分别由原晋江县罗溪公社的松角山大队和虹山大队同时移民迁入。今传 4 世，居村 110 余户、580 多人。

嵩溪镇塘背村 1965 年，彭姓约 160 人由原晋江县罗溪公社白凤大队移民迁入。今传 3 世，居村 90 余户、540 多人。

嵩溪镇黄沙口村　1965年，彭姓130人分别由原晋江县罗溪公社的白凤大队和苏山大队同时移民迁入。今传3世，居村160余户、770多人。

嵩口镇立新村　清乾隆年间（1736—1795），彭殿岷由汀州府长汀县彭坊（今童坊镇彭坊村）迁入清流县沙芜乡洞口村，1972年因建设安砂水库，全村搬迁嵩口镇立新村。今传9世，居村60余户、200多人。

林畲乡红星村　1965年，彭姓20多人由晋江县罗溪公社虹山大队移民迁入。今传3世，居村20余户、80多人。

（二）宁化县

治平乡彭坊村　五代后唐同光二年（924年），彭福祥由江西宁都县白鹭树下村迁入。今传30世，居村40余户、140多人。

水茜镇沿口村　1965年，彭姓30多人由南安县罗东公社飞云大队（今南安市乐峰镇飞云村）移民迁入。今传5世，居村20余户、110多人。

安远镇杜家村　明嘉靖二十四年（1545年），彭儒修由宁化县上罗坊村迁入。今居村20余户、100多人。

（三）明溪县

夏坊乡高洋村　宋末，彭九郎由江西省新城县（今江西省黎川县）石板桥头迁入。今传21世，居村10余户、80多人。

（四）将乐县

古镛镇百花社区　20世纪初，彭礼振后裔由闽清县上莲乡新村村迁入。今传6世，居社区10余户、80多人。

（五）沙县

夏茂镇大布村　南宋，彭兴长由沙县高桥镇梨树村迁入。今传28世，居村120余户、540多人。

夏茂镇彭邦村　南宋，彭兴二由大布村罗坑迁入。今传28世，居村190余户、880多人。

高砂镇柳源村　南宋，彭先寿由将乐县高唐镇黄坑口村迁入。今传26世，居村100余户、560多人。

高砂镇阳溪村　明万历年间（1573—1620），彭名书由高砂镇柳源村迁入。今传18世，居村80余户、300多人。

（六）尤溪县

梅仙镇蕉坑村　南宋，彭丹一由沙县高砂镇柳源村迁入。今传24世，居村120余户、500多人。

西城镇三山村　南宋，彭七九由沙县高砂镇柳源村迁入。今传24世，居村20余户、90多人。

城关镇西门、水南、城东等社区　1949年前后由蕉坑村和彭山村迁入。今居社区合计30余户、100多人。

六、莆田市彭姓

（一）仙游县

鲤城街道万福社区　清康熙二十九年（1690年）由泉州虹山迁入。今居社区50余户、300多人。

鲤城街道十字社区　清同治年间（1862—1874），彭公辅由度尾洋坂陂头迁入。今传9世，居社区30余户、160多人。

龙华镇金山村　清乾隆十五年（1750年），彭可藻由泉州虹山白凤村迁入；虹山彭姓多祧后裔由白凤村、虹山村、松角山村迁入；清乾隆十五年以后，彭塔、彭口后裔由南安县飞云村山当迁入。今居村 750 余户、3530 多人。

龙华镇金沙村 1931 年，彭元兴由金山村根德垵迁入；1952 年，彭本由白凤村草埔脚迁入。今居村 20 余户、90 多人。

赖店镇张埔村 南宋景炎年间（1276—1278），彭莲发、彭杰秀父子由泉州虹山白凤村迁入。今居村 470 余户、2360 多人。

枫亭镇下社村 由赖店镇张埔村迁入。今居村 30 余户、120 多人。

（二）荔城区

拱辰街道霞戴社区 明嘉靖十四年（1535 年），彭受后裔两兄弟由横塘迁入。今居村 19 户、80 多人。

拱辰街道张镇村 元初，彭清渠由港内后彭迁入。今居村 500 余户、1800 多人。

新度镇港利村 宋绍兴（1131—1162）初期，彭贤由泉州虹山白凤村迁入；宋绍兴二十年前后，彭椿年由浙江黄岩迁入；宋景炎二年（1277 年），彭泽由兴化军所城迁入。今居村 600 余户、2700 多人。

新度镇港西村 宋嘉定年间（1208—1224）由港内迁入。今居村 100 余户、430 多人。

新度镇白埕村 明嘉靖四十年（1561 年）由港内迁入。今居村 100 余户、400 多人。

新度镇新度村 明嘉靖二十二年（1544 年），2 户彭姓族人由港内迁入。今居村 25 户、180 多人。

新度镇沟尾村 1950 年由横塘桂林村彭墓自然村迁入。今居村 40 余户、160 多人。

黄石镇七境村 宋绍兴（1131—1162）后期，彭泽宗、彭奕休由港内迁入；宋景炎二年（1277 年），彭奎部分后裔由兴化军所城迁入；元末明初，彭奉由港内迁入。今居村 400 余户、1590 多人。

黄石镇沙坂村 明洪武二十一年（1388 年）由横塘迁入。今居村 30 余户、100 多人。

黄石镇黄园村 明嘉靖五年（1526 年）由横塘迁入，守祭彭甫、彭大治父子陵墓。今居村 40 余户、400 多人。

（三）城厢区

华亭镇霞皋村 明弘治八年（1495 年）由港内迁入，守祭彭韶陵墓。今居村 100 余户、530 多人。

（四）涵江区

梧塘镇枫林村 清末，彭锦川由港内迁入。今居村 90 余户、360 多人。

国欢镇黄霞村 明万历二十九年（1601 年）由横塘迁入。今居村 60 余户、300 多人。

七、南平市彭姓

（一）建阳区

童游街道彭墩村 明代，彭仁由今崇安城区迁入。今居村 17 户、90 多人。

潭城街道回瑶村 明代，彭仁后裔迁入。今居村 30 余户、150 多人。

将口镇回潭村 明代，彭佛应后裔迁入。今居村 20 余户、120 多人。

崇雒乡横源村 明代，彭佛祖由崇安迁入。今居村 17 户、90 多人。

（二）邵武市

沿山镇下畲村 元末，彭戬由江西吉安府安福县迁入。今居村 20 余户、100 多人。

拿口镇肖坊社区 彭戬后裔由下畲村迁入。今居村 17 户、90 多人。

(三) 武夷山市

武夷街道角亭社区　明代，彭应纪迁入。今居社区 17 户、90 多人。

武夷街道新阳村　明万历二十年（1592 年），彭懋学迁入。今居村 43 户、280 多人。

武夷街道下梅村　明代，彭元参迁入。今居村 17 户、90 多人。

崇安街道花桥社区　元代，彭成宗迁入。今居社区 28 户、140 多人。

新丰街道溪东社区　明万历二十年（1592 年），彭懋盛迁入。今居社区 20 余户、90 多人。

新丰街道临安社区　明末，彭仲仁迁入。今居社区 16 户、90 多人。

五夫镇五夫村　宋嘉定二年（1209 年），彭鳌由崇安迁入。今居村 40 余户、250 多人。

五夫镇大将村　明初，彭贺献由五夫村迁入。今居村 40 余户、260 多人。

五夫镇五一村　明初，彭甫义由五夫村迁入。今居村 20 余户、110 多人。

五夫镇溪尾村　清康熙年间（1662—1722），彭元亮由五夫村迁入。今居村 23 户、90 多人。

五夫镇兴贤村　彭贺献后裔迁入。今居村 18 户、90 多人。

星村镇曹墩村　元至正二十八年（1368 年），彭子诚由永丰迁入。今居村 20 余户、100 多人。

兴田镇双西村　明代，彭四奴、彭思义后裔迁入。今居村 20 余户、120 多人。

岚谷乡岚谷村　元代，彭五九由崇安迁入。今居村 106 户、600 多人。

岚谷乡横墩村　明代，彭文椿迁入。今居村 51 户、260 多人。

岚谷乡客溪村　明代，彭懋贤迁入。今居村 33 户、170 多人。

岚谷乡染溪村　明代，彭光祖迁入。今居村 25 户、130 多人。

岚谷乡岚头村　明万历年间（1573—1620），彭鹗表迁入。今居村 23 户、120 多人。

岚谷乡稍屯村　明正德年间（1506—1521），彭五四迁入。今居村 19 户、100 多人。

(四) 建瓯市

迪口镇下溪村　彭岱由江西迁入。今居村 35 户、190 多人。

南雅镇梅村　今居村 20 余户、110 多人。

水源乡钱团村　彭裕迁入。今居村 17 户、90 多人。

川石乡外洋村　彭选淮迁入。今居村 50 余户、260 多人。

(五) 浦城县

南浦街道仙楼社区　清乾隆六十年（1795 年），彭玉各后裔由崇安迁入。今居村 20 余户、110 多人。

石陂镇村溪村　元末，彭志广（溥）后裔由崇安迁入。今居村 30 余户、150 多人。

永兴镇下墩村　元末，彭志广（溥）后裔由崇安迁入。今传 20 多世，居村 44 户、220 多人。

永兴镇永兴村　元末，彭志广（溥）后裔由崇安迁入。今居村 20 余户、100 多人。

忠信镇排栅村　清康熙年间（1662—1722），彭金启兄弟由长汀迁入。今居村 24 户、120 多人。

(六) 光泽县

杭川镇杭东社区　唐开元四年（716 年），彭鉴览由江西饶州鄱阳锦表坊迁入。今居村 24 户、120 多人。

鸾凤乡中坊村　彭鉴览后裔由杭川迁入。今居村 31 户、160 多人。

八、龙岩市彭姓

(一) 新罗区

龙门镇赤水村　宋景炎二年（1277 年）前后，彭子源由江西迁入。今传 25 世，居村 90 余户、400 多人。

红坊镇岭背村 清康熙三十五年（1696 年）前后，彭清桂由上杭蓝溪迁入。今传 12 世，居村 50 余户、170 多人。

（二）永定区

仙师镇水城彭屋 明建文二年（1400 年）前后，彭永富由广东梅州丰顺迁入。今传 25 世，居村 12 户、100 多人。

（三）长汀县

古城镇古城村 明崇祯年间（1628—1644），彭新祖由江西省宁都州黄坑迁入。今传 25 世，居村 180 余户、900 多人。

古城镇黄泥坪村 清康熙元年（1662 年）前后，彭仕丰后裔由江西瑞金日东乡观音岭下村迁入。今居村 20 余户、100 多人。

童坊镇彭坊村 元至治元年（1321 年）前后，彭仕满由宁化县治平乡彭坊村迁入。今传 29 世，居村 156 户、800 多人。

大同镇李岭村 元至治元年前后，彭仕兴由宁化县治平乡彭坊村迁入。今传 26 世，居村 30 余户、140 多人。

大同镇南寨村 明嘉靖年间（1522—1566），彭盛莹迁入。今传 18 世，居村 145 户、450 多人。

大同镇光明村 清道光元年（1821 年）前后，彭亨山由长汀县四都镇上地村迁入。今传 10 世，居村 58 户、290 多人。

四都镇新华村 清康熙元年（1662 年）前后，彭一龙由长汀县童坊镇彭坊村迁入。今传 16 世，居村 31 户、160 多人。

新桥镇新桥村 清雍正到乾隆年间（1723—1795），彭仕满 6 世嫡孙由长汀县童坊镇彭坊村迁入。今传 11 世，居村 77 户、420 多人。

南山镇朱坊村 元至治元年前后，彭德诚由宁化县治平乡彭坊村迁入。今传 26 世，居村 79 户、390 多人。

（四）上杭县

中都镇永联村 元末明初，彭俊由武平县岩前镇伏虎村迁入。今传 25 世，居村 57 户、300 多人。

太拔镇张芬村 明末，彭千由上杭县稔田镇杨梅洞迁入。今传 18 世，居村 16 户、90 多人。

蛟洋镇梅坝村 清康熙年间（1662—1722），彭缨由长汀迁入。今传 13 世，居村 23 户、110 人。

（五）武平县

民主乡民主村陂下自然村 明洪武十三年（1380 年）前后，彭文聪由武平下坝大田迁入。今传 25 世，居村 119 户、520 多人。

民主乡高横村 明万历年间（1573—1620），彭荣由武平县岩前镇东峰村迁入。今传 23 世，居村 128 户、560 多人。

（六）连城县

新泉镇联溪村 元延祐三年（1316 年）前后，彭祖贵由江西迁入。今传 27 世，居村 20 余户、200 多人。

九、宁德市彭姓

（一）蕉城区

虎贝镇塘边村 北宋开宝五年（972 年），彭泰由福源叶雪岭兜迁入。今居村 80 余户、300 多人。

虎贝镇彭家村　宋咸平三年（1000年）前后，彭沐携四子彭寿由古田县杉洋迁入，现多为彭曦后裔。从彭曦开始传24世，今居村120户、500多人。

虎贝镇上洋村　明万历年间（1573—1620），彭汀由彭家村迁入。今传17世，居村81户、320多人。

虎贝镇溪东村　明末，彭镂由彭家村迁入；清初，彭永柯由彭家村迁入。今居村13户、80多人。

虎贝镇谢庄村　清康熙年间（1662—1722），彭永柏由彭家村迁入。今居村20余户、80多人。

虎贝镇下楼村湖兰里　清雍正年间（1723—1735），彭子保由谢庄村迁入；咸丰年间（1851—1861），彭樟安由上洋村迁入。今居村50余户、200多人。

虎贝镇南洋村　清康熙年间（1662—1722），彭祖世与彭祖寿由粳（枧）后村迁入。今传14世，居村170余户、700多人。

虎贝镇西坑村　明正德年间（1506—1521），彭久由唐山中舍（今虎贝镇梅鹤村）迁入。今居村86户、350多人。

漳湾镇官井村　宋宁宗年间（1195—1224），彭四由虎贝彭家村迁入。今居村150余户、700多人。

七都镇瀛洲新村　2006年因建洪口水库，新建七都镇瀛洲新村，彭中甫后裔由莒洲村迁入。今居村200余户、900多人。

七都镇小溪村　明嘉靖四十年（1561年），彭发祥携子由永定迁居福宁（今霞浦），后裔迁居宁德六都后迁入。今传17世，居村80余户、300多人。

霍童镇坂头村　明嘉靖三十六年（1557年），彭克和由霍童亭江头迁入。今传22世，居村70余户、300多人。

八都镇吴山村　清乾隆年间（1736—1795），彭文灿由宁德罗井里迁入。今居村50余户、200多人。

洋中镇邑堡村　明嘉靖年间（1522—1566），彭玳由虎贝彭家村迁入。今传19世，居村80余户、390多人。

洋中镇天湖村　清康熙四十年（1701年），彭世德由虎贝彭家村迁入。今传15世，居村170余户、800多人。

石后乡室头村　宋淳熙七年（1180年），彭密后裔由飞鸾渡头迁入。今居村130余户、700多人。

洪口乡潭头村　清光绪十六年（1890年），彭治国、彭治读、彭治参由洪口乡莒洲村迁入。今传6世，居村30余户、130多人。

金涵乡新园小区　2000年因政府造福工程，彭景寓和彭景宗后裔由洋中镇陈园村举村迁入。今居村30余户、160多人。

（二）福安市

赛岐经济开发区南安村　明中期，彭九畯由福安上塘村迁入，今传16世；清代，彭积德由宁德莒洲村迁入，今传13世。合计居村30余户、160多人。

甘棠镇上塘村　彭胜由咸源长巷里（今周宁县咸村）迁入。今传34世，居村120余户、500多人。

甘棠镇甘江村　清乾隆（1736—1795）末期，彭必全由周宁县玛坑乡溪边村迁入。今传7世，居村20余户、80多人。

溪柄镇黄兰坑里村　明万历九年（1581年），因暴洪灾害，整村由黄兰坂中村迁入。今居村40余户、200多人。

溪柄镇楼下鲤鱼边村　清康熙五十五年（1716年），彭日辉由福宁府（今霞浦县）城内曲井巷迁入。今传12世，居村60余户、300多人。

晓阳镇东源村　宋淳祐三年（1243年），彭三五由宝坑彭家山迁入。今传32世，居村110余户、500多人。

溪潭镇前埔村 明末，彭亦辉迁人。今传12世，居村20余户、90多人。

城阳镇王垮里村 清顺治八年（1651年），彭薛六由韩阳十六都象垅迁人。今传12世，居村20余户、100多人。

穆阳镇穆阳村 清康熙五十九年（1720年）前后，彭文昌由周宁岭头迁人。今传12世，居村30余户、150多人。

潭头镇马山村 清雍正年间（1723—1735），彭应山由汀州府上杭县胜永里迁居福安七都西园，乾隆十七年（1752年）由七都西园迁人。今居村40余户、200多人。

溪尾镇渔歧村 清乾隆三十五年（1770年），彭光显由霞浦县盐田乡霞洋村迁人。今传12世，居村20余户、100多人。

（三）福鼎市

点头镇赤岩村 宋仁宗（1023—1063）时期，彭周城由半路里村（今柘荣凤里村）迁人。今居村30余户、130多人。

点头镇洋边村 清康熙四十六年（1707年），彭有亮由寿宁县南山下迁人。今居村40余户、200多人。

点头镇企头村 清乾隆年间（1736—1795），彭光美由浙江省平阳县矾山镇南宋洋迁人。今居村40余户、170多人。

点头镇荷山村 清乾隆年间，彭成炯由福鼎桐城迁人。今传11世，居村40余户、200多人。

沙埕镇流江村 彭永灵由桐山迁人。今居村40余户、200多人。

（四）霞浦县

松城街道松兴社区曲井巷 明末清初，彭振翰由鹤邑（今宁德市蕉城区）城内迁人。今居街区30余户、80多人。

松城街道西关 1980年以来，彭福祥后裔由崇儒乡坵山村迁人。今居街区30余户、150多人。

松港街道后港村 清嘉庆十四年（1809年），彭开源后裔由牙城下岭峰村迁人。今传11世，居村15户、80多人。

三沙镇 清康熙年间（1662—1722），彭尔生由福安市溪潭镇前埔村迁人。今传13世，居村30余户、160多人。

沙江镇古县村 明嘉靖年间（1522—1566），彭初次后裔由霞山村迁人。今传17世，居村40余户、200多人。

水门乡百笕村 清嘉庆年间（1796—1820），彭大栋5兄弟由宁德八都迁人。今传12世，居村30余户、150多人。

盐田乡霞洋村 清康熙年间，彭孔礼后裔由霞邑三十八九都下场坪（俗称厝坪里）迁人。今居村36户、150多人。

柏洋乡过洋村 清康熙四十七年（1708年），彭昌盈、彭昌胤、彭昌玉先后由宁德福源境（今蕉城区虎贝镇）溪东村迁人。今传13世，居村130余户、600多人。

北壁乡半柘村 清乾隆三十年（1765年）前后，彭长沄由宁德石后乡室头村迁人。今传10世，居村30余户、130多人。

（五）周宁县

七步镇岭头村 元至正十五年（1355年），彭成生由咸源长巷里（今周宁咸村镇）迁人。今居村110余户、500多人。

七步镇龙溪村　彭愈敦由七步镇岭头村迁人。今居村400余户、2000多人。

玛坑乡芹太坵村　明弘治十一年（1498年），彭愈整由七步镇岭头村迁人。今居村40余户、200多人。

玛坑乡溪边村　清乾隆四十年（1775年），彭严俭、彭严慎后裔由墺底村迁人。今传17世，居村170余户、800多人。

（六）柘荣县

富溪镇霞利洋　明代，彭颂由柘荣上城迁人。今传25世，居村130余户、600多人。

黄柏乡软岭村　明代，彭进益由柘荣城关迁人。今居村350余户、1600多人。

（七）古田县

杉洋镇杉洋村　后晋天福三年（938年），彭金迁人。今传41世，居村130余户、600多人。

鹤塘镇灵龟村　宋淳熙年间（1174—1189），彭得英由宁德市虎贝镇彭家村迁人。今居村30余户、150多人。

鹤塘镇南阳村　明初，彭应珠由三十七都彭家岭迁人。今传23世，居村630余户、3000多人。

大甲镇大甲村　明初，彭曜从宁德虎贝彭家村迁居古田三十七都彭家岭，后裔彭百一由彭家岭迁人。今居村100余户、500多人。

大桥镇前坪村　彭真荣由寮里迁人。今居村130余户、600多人。

卓洋乡松杭村　明初，彭广由鹤塘镇南阳村迁人。今传18世，居村100余户、500多人。

卓洋乡文洋村　清乾隆年间（1736—1795），彭升极由松杭村迁人。今居村100余户、450多人。

吉巷乡寮里村　彭河由灵龟迁人。今居村100余户、500多人。

（八）屏南县

代溪镇赖湾村　清康熙年间（1662—1722），彭得昆由白凌村迁人。今居村46户、220多人。

寿山乡白凌村　元至正四年（1344年），彭三十七与彭三十八、彭三十九由古田大章（今棠口镇大章村）迁人。今传28世，居村130余户、600多人。

寿山乡北山村　明嘉靖三十年（1551年），彭玟一由白凌村迁人。今传17世，居村50余户、250多人。

寿山乡白玉黄熟垅村　明万历年间（1573—1620），彭钩由白凌村迁人。今居村15户、80多人。

寿山乡白玉村　清嘉庆元年（1796年），彭其享、彭其轩、彭其崙、彭其嵩、彭其峥先后由白凌村迁人。今居村120余户、600多人。

岭下乡罗厝村　清乾隆三十六年（1771年），彭郑苗由白凌村迁人。今居村64户、290多人。

第三章　谱　牒

第一节　福州市

一、闽侯县

闽侯荆溪关东《彭氏族谱》　1992年彭益顺主持首修。谱载世系图谱、昭穆等。钞本。谱存关东彭氏祖厝。2020年彭益茂、彭桂松主持，彭光重修《彭氏族谱》。谱载源流分布、世系图谱、昭穆、寻根谒祖等。铅印本1册。谱存关东彭氏祖厝。

二、连江县

连江《陇西彭氏族谱》 1940年彭家发首修，1991年彭春太主持二修。谱载世系图谱、昭穆等。钞本。谱存连江县江南镇彭氏老人会。

三、闽清县

闽清上莲溪坪《彭氏族谱》 清咸丰二年（1852年）彭澄撰修院乾《彭氏家谱》，现存原稿；1988年彭荣文主编溪坪《彭氏族谱》，现存钞本；2007年彭孝炽、彭时平、彭连德重修溪坪《彭氏族谱》。谱载源流、世系图谱、昭穆、文史资料等。铅印本。谱存闽清上莲彭氏老人会。

四、罗源县

罗源廪尾井兜《彭氏族谱》 2007年彭文桂主持编修。谱载世系图谱、昭穆、文史资料等。铅印本1册。谱存罗源县彭氏老人会。

罗源玉廪中衕《彭氏族谱》 2012年彭信凤主持编修。谱载世系图谱、昭穆等。铅印本。谱存罗源县彭氏老人会。

罗源玉廪岐霸厝《彭氏族谱》 2012年彭和财主持编修。谱载世系图谱、昭穆等。铅印本。谱存罗源县彭氏老人会。

第二节　厦门市

同安区

《彭祖世家总谱·福建天禄公分谱》 明正统十三年（1448年）首修银同《彭氏族谱》；正德二年（1507年）二修；嘉靖十一年（1532年）三修，广东提学佥事同邑人林姓作序；万历三十七年（1609年）四修，大同巡抚张廷拱作序；清康熙三十二年（1693年）五修，彭鹏撰写《重兴祠堂记》；道光年间（1821—1850）六修；1964年彭洵英、彭金隆、彭金山和彭玉振在台湾重修并改名《同安彭氏族谱》。2013年发现了清乾隆三十一年（1766年）首修、道光六年续修的《沙美彭氏族谱》，随即集《沙美彭氏族谱》《同安彭氏族谱》重修族谱，更名《彭祖世家总谱·福建天禄公分谱》（电子版）。谱载彭天禄家族世系图谱昭穆、历次修谱的旧序、先祖部分墓茔建造时间与地点以及家规族训等。谱存厦门市翔安区彭厝祠堂。

第三节　泉州市

一、洛江区

《虹山彭氏族谱》 南宋乾道七年（1171年）彭朠首修；明成化年间（1465—1487）彭添麟二修；嘉靖八年（1529年）彭珙三修；嘉靖三十八年彭任四修；万历五年（1577年）彭仙迪、彭希陵、彭宜达五修；崇祯九年（1636年）彭尚遗六修；清康熙十六年（1677年）彭翼博、彭俞鼎七修；康熙三十七年彭纯庵、彭廷选八修；1931年彭荫棠九修，九修版全套23册，被泉州市文物管理委员会作为文物收藏一套；1999—2020年，彭卜雄、彭国胜、彭金亮先后主持，彭金联协助集录，完成十修。谱载渊源、宗法、谱例、昭穆、祠宇训、宗支图、宗支卷、世纪图、世纪卷、世系图、世系志、古礼志、文瀚志、宦牒儒牒志、名人谱序等。谱存虹山彭氏家庙。

《闽泉南九都草埔头彭氏族谱》　1932年首修，2014年续修。谱载宋代以来历代繁衍迁徙情况和谱序、世系图、家规家训等。印刷本。谱存村彭姓老人会。

二、德化县

《陇西德化大宗彭谱志》　明万历三十四年（1606年）彭大岗首修《南箕彭氏族谱》；清康熙三十八年（1699年）彭士斌二修；20世纪初彭甲波三修；1948年连景柞四修，谱名《陇西彭氏大宗谱》，未付印，现存原稿，由彭建农保管；1993年彭金桂五修，谱名《陇西德化大宗彭谱志》，包括霞碧南箕彭氏、村兜上围彭氏、浔中陶趣彭氏、凤阳彭氏4个支系。铅印本和手稿存彭建农处。

第四节　三明市

一、清流县

《清流彭氏族谱》　2009年由清流县嵩溪镇、嵩口镇高坑村、田源乡田口村、林畲乡舒曹村彭氏各编修1本族谱，2010年1月合编出版。谱存嵩溪镇、嵩口镇、田源乡、林畲乡彭氏宗长处。

《彭氏族谱》　清代，清流嵩口镇立新村彭氏与长汀县童坊乡彭坊村合编；2010年重修。谱存嵩口镇立新村彭氏宗长处。

二、宁化县

《宁化治平彭氏族谱》　宁化县治平乡彭坊村、淮土镇寨下村彭姓合编谱；清康熙二十一年（1682年）重修，彭文富作序；乾隆四十六年（1781年）续修；嘉庆十八年（1813年）续修，彭发科等作序；1995年重修。谱存彭坊村、寨下村彭氏宗长处。

《彭氏族谱》　清代，宁化泉上镇黄新村、水茜镇水茜村和长汀童坊镇彭坊村彭姓合编；2010年二修。谱存黄新村、水茜村彭氏宗长处。

《磜下彭氏族谱》　1996年重修。谱存安远镇磜下村彭氏宗长处。

三、建宁县

《彭氏族谱》　建宁县溪口镇杉溪村彭氏与黎川县西城乡瑶下村彭氏合编，1999年重修。谱存溪口镇杉溪村彭氏宗长处。

《彭氏族谱》　清代，建宁县黄埠乡桂阳村彭氏与江西省广昌县尖峰乡黄家舍村彭氏合编；1996年二修。谱存黄埠乡桂阳村彭圣聪处。

四、明溪县

《明溪夏坊彭氏族谱》　清嘉庆七年（1802年）二修；道光十七年（1837年）三修；光绪二十一年（1895年）四修，彭立身作序；1992年五修，彭义辉作序。谱载旧序、新序、历史人物传、远祖、近祖世系、字派、历代名人像图、祖屋图、坟图等。铅印本二册。谱存夏坊乡高洋村、夏坊村彭氏宗长处。

五、将乐县

《彭氏族谱》 2007年将乐县彭氏与闽清县溪坪彭氏合编。谱存将乐县古镛镇龙池社区彭星光处。

六、沙县

《沙县彭氏族谱》 沙县夏茂镇和高桥镇彭姓合编；明正统三年（1438年）续修；成化十七年（1481年）二次续修，彭汴作序；清康熙五十四年（1715年）三次续修，彭弘远等作序。谱载旧序、新序、家规、世系、历代名人记、大徙图、小徙图、传文、历代名人图像、疆域图、坟图、旧字派、新字派等。平装本，4册。谱存夏茂镇彭邦村和高桥镇高桥村彭氏宗长处。

《沙县高砂柳源、阳溪彭氏族谱》 清光绪年间（1875—1908）修，彭永坤主持并撰写谱序。谱存柳源老人会和阳溪老人会。

《夏茂彭氏族谱》 清光绪二十六年（1900年）彭汉渠编修。刻本，2册。谱存沙县夏茂镇大布村罗坑彭茂其处。

七、尤溪县

《尤溪彭氏族谱》 清光绪九年（1883年）首修，彭永坤主持并撰谱序；曾绍参二修。谱载曾绍参、朱紫佩、王吉人、彭永坤等撰写的序文，还记载了彭姓家训家规、繁衍迁徙情况和习俗等。钞本，3册。谱存尤溪县梅仙镇蕉坑村、沙县高砂镇柳源村、阳溪村彭氏宗长处。

第五节　莆田市

一、仙游县

《仙游陂头彭氏支谱》 清道光年间（1821—1850）彭贵春编修，2004年彭玉衡、彭嘉庆重编支谱。谱载台湾彭伯良编纂的《中华民族炎黄源流简易谱（彭氏卷）》。2019年单印成册。谱存闽台缘族谱馆。

二、荔城区

《南箕彭氏族谱》 明万历四十四年（1616年）彭绥蕙首修；清康熙三十一年（1692年）彭铣二修；乾隆十九年（1754年）彭洪三修，三修谱的微缩胶卷摄录版存中国科学院文献情报中心古籍阅览室；2014年彭育峰捐资并主持，彭文献、彭加荣、彭文珍协助，初圆四修。印刷本。谱载谱序、源流、谱志、乡貌与祖厝、宗贤等。谱存南箕村彭氏老人会。

第六节　南平市

一、建阳区

《作邑彭氏建阳宝田支谱》 清道光七年（1827年）年首修，1997年道松等二修。谱存村彭姓老人会。

二、邵武市

《上坪彭氏宗谱》 清咸丰二年（1852年）首修，高立升撰写宗谱谱序；光绪十四年（1888年）彭久朝二修；1999年三修。谱载家族源流、谱序、世系繁衍、祖茔坐落以及族规家训等。谱存村彭姓老人会。

三、武夷山市

《作邑彭氏大宗谱》　清同治九年（1870年）重修。谱载序、世系图等。铅印本。谱存彭进禄处。

《作邑彭氏族谱》　清道光七年（1827年）重修。谱载序、世系图、家规家训等。铅印本。谱存彭德煌处。

四、建瓯市

《建瓯迪口彭氏家谱》　清乾隆十五年（1750年）首修，雷天壮撰序；1917年彭家骁二修。钞本。谱载旧序、新序、家规、世系、历代名人记和历代先祖墓茔坐落等。谱存迪口彭姓老人会。

《建瓯川石外洋村彭氏家谱》　元至正四年（1344年）首修，云南蒙化府知府蒋铭撰序；明正统六年（1441年）二修，正议大夫、礼部左侍郎陈琏撰写彭服周《服周公记》墓志；嘉靖十七年（1538年）三修，潞城镇国将军郭极光作序；清乾隆十五年（1750年）四修。谱载太学生彭士标为其祖父彭国瑞（讳宗珍）撰写的墓志和历次修谱序、世系、家规以及先祖部分墓茔等。谱存村彭姓老人会。

五、光泽县

《杭川彭氏族谱》　清雍正三年（1725年）彭惟庆、彭惟彦首修，道光三十年（1850年）彭荣诰、彭英侯二修，光绪十三年（1887年）彭英倬、彭英仕三修，1999年光泽彭氏重新刊印族谱。谱载首修、二修、三修序和世系繁衍迁徙情况以及家规家训等。谱存村老人会。

第七节　宁德市

一、蕉城区

《霍童彭氏宗谱》　明万历三年（1575年）首修，清康熙五十六年（1717年）二修（房谱），光绪七年（1881年）三修，1917年四修，1983年彭崇嵩、彭德熊首事重修。谱载世系图谱、支系迁徙情况以及家规家训等。谱存霍童镇坂头八都镇吴山彭氏支祠。

《天湖村彭氏宗谱》　清雍正五年（1727年）首修，因嘉庆九年（1804年）山界纠纷，将宗谱抵押县堂，此谱遗失；1918年由彭昌汶、彭晋碟等人按各房支系整理《天湖村彭氏房谱》多本；1983年彭福侗主持重修宗谱。谱载历次修谱谱序、世系图谱、支系迁徙情况以及家规家训等。谱存彭福侗处。

《彭溪彭氏族谱》　清咸丰三年（1853年）杨世禄首修，光绪三十二年（1906）缪书馨二修，1930年叶检峰三修，1988年四修，2019年洋中上坎冯源深五修。谱载历次修谱谱序、世系图以及家规家训等。谱存小溪村老人会。

《吴山彭氏宗谱》　清光绪六年（1880年）首修，光绪三十四年二修，1931年三修，1983年彭芳燕首事四修。谱载历次修谱的谱序、分支迁徙情况以及家规家训等。谱存霍童镇坂头八都镇吴山彭氏支祠。

二、福安市

《前浦村彭氏宗谱》　清康熙五十六年（1717年）首修；清道光元年（1821年）、咸丰元年（1851年）、光绪十年（1884年）均有续修，1926年李焕康五修，1984年林金水六修，2014年彭灿光七修。谱载历次修谱谱序、世系图、支系迁徙情况以及家规家训等。谱存前埔村老人会。

《鲤鱼边彭氏宗谱》 清乾隆四十年（1775 年）彭祚淑首修，同治十一年（1872 年）彭元晋等二修，1940 年三修，1951 年四修，1989 年五修。谱载家族迁居年代与地点、世系图、历代祖宗墓茔修造时间与地点、家规族训、历代优秀族人事迹简介等。1872 年、1940 年、1951 年、1989 年四个版本存鲤鱼边村祠堂。

《东源村彭氏族谱》 清乾隆五十三年（1788 年）彭正举首修，道光八年（1828 年）林光淇二修，1984 年彭则荣三修。谱载历次修谱谱序、世系图谱、支系迁徙情况以及家规家训等。谱存东源彭姓老人会。

《南安村彭氏宗谱》 清道光四年（1824 年）首修《上塘分支谱》；咸丰九年（1859 年）二修；光绪二十五年（1899 年）三修；2015 年四修；2015 年首修《莒洲分支谱》，两支谱合编，谱名《南安村彭氏宗谱》。谱载世系图和两宗支系迁居南安村的年代以及历代祖宗部分墓茔修造、坐落，还记载了多则老谱序和两宗支系的家训家规等。谱存南安村彭氏祠堂。

三、福鼎市

《流江彭氏族谱》 1954 年彭尚元主持，彭诗仁、彭诗岳协助首修；1976 年彭尚鳌主持，彭佳环协助二修；1982 年彭尚元主持，彭传恩、彭继琳协助三修；2001 年彭尚双主持，彭尚元、彭加强协助四修。谱载历次谱序、世系迁徙情况以及家规家训等。谱存流江彭氏宗祠。

四、霞浦县

曲井巷道堂宫彭氏《宽、惠两房房谱》 1949 年彭培树主持首修《宽房房谱》；2019 年彭锦麟、彭锦清主持二修并作序，更名《宽、惠两房房谱》。收录彭正觐于清乾隆三十九年（1774 年）、乾隆四十三年分别为福安柏柱洋壶瓶滩《彭氏宗谱》、周宁岭头《彭姓宗谱》撰写的序文两则，载录宽、惠两房世系、历代先祖部分墓茔坐落、家规家训等。谱存松城街道道堂宫彭氏宅院。

《城北彭姓家乘》 2016—2019 年彭越搜集整理。谱载世系图、家规家训等。谱存彭越处。

古县村《陇西郡彭氏宗谱》 1940 年首修，1995 年二修。谱载历次修谱谱序、世系图谱、部分先祖墓茔坐落以及家规家训等。谱存古县村彭姓老人会。

过洋村《陇西郡彭氏家谱》 清咸丰十一年（1861 年）彭岩泉、彭瑞荆、彭章圃首修，光绪二十二年（1896 年）彭寿山、彭和齐、彭巨川二修，1932 年彭华成、彭秀坡三修，1961 年彭作淙、彭开钏四修，1989 年彭庆儒、彭月松、彭庆爵五修，2018 年彭永敏、彭寿龄、彭庆仕、彭庆颂、彭阿丁六修。谱载历次修谱旧序、历代祖宗仕谱、世系图谱、先祖墓茔修造时间地点、家规家训等。谱存过洋村彭氏宗祠。

水门《彭氏宗谱》 清康熙二十八年（1689 年）首修，乾隆五十八年（1793 年）二修，道光八年（1828 年）彭天景、彭天顺三修，道光二十六年四修，1944 年五修。谱载宋天圣三年（1025 年）老谱序和列祖墓茔坐落、山地界、人物传记等。谱存彭华处。

五、周宁县

《岭头彭姓宗谱》 明万历三十八年（1610 年）彭邦阴（舒九）首修；清乾隆四十三年（1778 年）彭正觐二修，彭文振等主事；同治五年（1866 年）彭登由三修。谱载籍治宁川政化全图、历次修谱旧序、历代祖宗仕谱、世系图谱、先祖墓茔修造时间地点、家规家训等。钞本。谱存岭头村彭氏宗祠。

六、柘荣县

《霞利洋彭氏族谱》 清乾隆十一年（1746 年）首修，嘉庆四年（1799 年）、道光十一年（1831 年）、同治元年（1862 年）、光绪二十四年（1898 年）及 1929 年 5 次续修，1980 年彭伏亩七修，2012 年彭国梁八修。谱载历次修谱谱序、世系图、各分支系迁徙情况以及家规家训等。谱存霞利洋彭氏宗祠。

七、古田县

《杉洋村彭氏族谱》　明正德年间（1506—1521）彭唐首修，嘉靖三十九年（1560 年）彭武二修，清雍正二年（1724 年）彭于璧三修，道光八年（1828 年）彭于玳、彭于几等四修，光绪二十七年（1901 年）彭蒂龚、彭承斌、彭时嘉等五修。钞本。谱载历次修谱谱序、世系图谱、迁徙情况、宗祠修建和维修以及家规家训等。谱存杉洋彭姓老人会。

《南阳彭氏族谱》　1996 年第一次重修；2006 年第二次全面编修，铅印。谱载南阳村村志（部分）、南阳谱志序、南阳亲祠文约、南阳字行联、族谱目录、历史纪年、世系图谱、编后记等。谱存南阳村彭氏宗祠。

《文洋村松杭彭氏祖谱》　清同治六年（1867 年）彭合然等主持首修，1948 年二修，1993 年彭邦居、彭仕佑等三修。钞本。谱存松杭村彭姓老人会。

《卓洋乡文洋彭氏支谱》　1949 年首修，1993 年彭桂容二修。钞本。谱载新老谱序、各房世系、先祖部分墓茔坐落等。谱存文洋村彭姓老人会。

八、屏南县

《白凌溪彭氏族谱》　清乾隆五十一年（1786 年）重修，光绪二十一年（1895 年）续修，2007 年续修。谱载谱序、远祖渊源、彭氏源流、各房世系、分支派系、历代及人物大记事、祠堂、古墓坐落等。谱存白凌溪老人会。

第四章　文化遗产

第一节　著作与艺文

［宋］彭　耜　长乐人。著有《道德真经集注》《海琼玉蟾先生文集》《海琼问道集》《彭耜词选》等。

［宋］彭　兴　莆田人。著有《周易义解》《太极歌》《易证诗》《神授易图》。

［元］彭　炳　崇安人。著有《彭炳诗选》《元亮集》等。

［明］彭　韶　莆田人。著有《名臣录》《彭惠安集》。

［明］彭　甫　莆田人。著有《忍庵集》，纂修《仙游县志》。

［明］彭大治　莆田人。《明诗纪事》录其诗 1 首，著有《定轩存稿》，主持《仙溪志》第五次修订。

［清］彭帝时　仙游人。著有《诗经演义》。

［清］彭　鹏　莆田人。著有《古愚心言》8 卷、《中藏集》1 卷和《万寿敷福集》《两粤疏抄》《渡江草》若干卷行世。

［近现代］彭嘉庆　仙游人。著有《金融理论与实践探索集》《毅德阁吟稿》《妈祖颂》《七言属对一千联》等。

［近现代］彭耕耘　泉州洛江人。著有《新闻探微》《槐荫拾萃》《我们一起看电影》。

［近现代］彭新国　泉州人。著有《兰亭问学·茂林草堂书学文集》。

［近现代］彭传芳　泉州人。有油画作品《东海晨曦》《都市瑞雪》《开放的沿海渔市》，出版大型画册《中国当代名家油画集——彭传芳》。

［近现代］彭　飞　罗源人。著有《彭飞章草》《彭飞花笺书法作品选》《彭飞隶书》《中国金融书法名家系列专辑——彭飞卷》等。

第二节　族规家训

一、彭延年家训

诰尔子孙，诫尔子孙：原尔所生，出我一本。虽有外亲，不如族人。荣辱相关，利害相及。宗谊为重，财器为轻。危急相济，善恶相正。为父者当慈，为子者当孝，为兄者宜爱其弟，为弟者宜敬其兄。士农工商，各勤其事。冠婚丧祭，必循乎礼。乐士敬贤，隆师教子。守分奉公，及人推己。闺门有法，亲朋友义。立行必诚而无伪，御下必恩而有礼。务勤俭而兴家庭，务谦厚而处乡里。毋事贪淫，毋习赌博。毋争讼以害俗，毋酗酒以丧德。毋以富欺贫，毋以贵骄贱。毋恃强凌弱，毋欺善畏恶。毋以下犯上，毋以大压小，毋因小忿而失大义，毋听妇言以伤和气。毋为亏心之事而损阴骘，毋为不洁之行以辱先人。毋以小善而不为，毋以小不善而为之。毋谓无知，冥冥见晓。毋谓无人，寂寂闻声。依我训者，是其孝也，我其佑之。违我训者，是不肖也，我其覆之。不惟覆之，令其绝之。子子孙孙，咸听斯训。

录自厦门翔安彭厝《彭祖世家总谱·福建天禄公分谱》

二、泉州市洛江区虹山彭氏积庆堂《祠宇训十款》

正人伦：	人生五伦	皇降之懿	慈孝友恭	相宜责备	蒸淫污行	灭弃天理	屋漏无亏	克昌后裔
尊师长：	养育中才	洵乐父兄	延师振德	礼遇须隆	惟尔子弟	坟典早攻	澄心立雪	品第超庸
谨祭祀：	水木根源	实兴孝思	禴祠烝尝	时祭弗虚	斋戒沐浴	苾芬享祀	庶几先祖	永锡尔祚
保家业：	念我先世	夙兴夜寐	积丝成缕	有此基址	保之实艰	败之容易	愿尔子孙	勤俭弗替
支门户：	有田有土	总赖我君	供差服役	以报其恩	顾我祖宗	罔敢或愆	愿及尔等	尚亦云然
敦宗族：	敦宗爱族	只个推心	危哉利窦	丧却斯秉	平旦夜气	好恶犹真	勉旃忠恕	终身可行
恤孤寡：	惟孤与寡	最可抚怜	有等饕餮	图润自身	影侵产业	凡事凭陵	谁知天道	转汝后人
礼宾客：	亲朋相接	礼协当然	尊卑毋忽	贫富莫嫌	言谈委曲	迎送周旋	无谄无渎	令闻可传
睦邻里：	同居闾里	实吾胞与	喜须有庆	难必相扶	毋矜已智	毋笑他愚	休戚相关	永奠尔居
崇俭素：	乘肥衣轻	日用华靡	愚者惊骇	识者薄鄙	敝袍菜根	前贤明志	凡吾子孙	宜从简易

录自《虹山彭氏族谱》

三、尤溪县蕉坑彭氏家训

立心务宜仁厚。凡事先将我心审个明白，我心上过得去，别人心亦过得去，将心比心，必使人己两平。平则不鸣，一切所行自然天宽地阔，绝无窒碍。切勿便宜自占，吃亏他人，刻薄待人，使人难受。天地以仁爱而生万物，人心以仁厚而召千祥，端自培养心田始也。

居家务宜严肃。纲常伦纪，首要认真，礼貌人情，不容衰替。内而妇女，言笑戒其喧哗，余闲着其纺织。外而子弟，语言戒其妄诞，行坐勿令欹斜。厅中宾客在座，后辈侍立静听，毋使踞坐杂谈，总使家中父子兄弟，和气相亲，不露乖张之态。职业各守，绝无惰慢之容，便是兴家立业气象。

治家务宜勤俭。勤而不俭，入少出多，虽勤无补。俭而不勤，财无来路，俭亦徒然。至若亲戚往来，友朋赠答，礼意上当用，人情中难免哉，又不可吝啬，失之门面。

肚量务宜宽洪。尝见器小之流，一言必较，一线必争。二兄弟析居，而分毫不让；二友朋相与，而些小难容。此等人正不济事，戒之。

居心务宜谦虚。切勿妄自尊大，一味骄矜。唐郭令公位愈高，而心愈下；福愈厚，而心愈卑。因能身名交泰，保全始终。所谓谦受益者，此也。

子弟宜督读书。盖书不误人，达可光祖耀宗，穷亦知理守法。读书先端心术，心术不端，虽文采有余，终无可取。近有驰骛声华，讬名道学，初博一衿，心满意足，书卷束之高阁，不复求进，辄思倚势凌人，觊觎分外，甚至出入公门，包揽词讼，实为乡邻之蠹，此等劣行，切宜力戒。

处事宜知变通。凡事有理有势，总以看破为长。譬如一事，论理实让不得，论势则有不容任气，不得不委曲维持者，切勿守理太执，不知通变，不善调停，自贻后悔。

为人最宜安分。功名富贵，虽由人力，实皆天定。钱财从辛苦中来，方能耐久。切勿熏心名利，分外营求。总须听其自然，尽分内所当为之事，自然行成名立。

心理最宜光明。凡事明明白白而行，予人共见。切勿言语诡秘，播弄机关，暗箭伤人，激人生事。

行事务循规矩。谨守其常，切勿立异好奇，惹人议论。

持身最宜公正。凡乡邻有不平等事，我须酌理准情，相时度势，公道劝和，明白开导。与其耗财构讼，而屈膝公堂，不如忍气让情，尚可全邻谊。语云“人情留一线，后来好相见”是也。若两造不听，宜即奉身而退，切勿勉强出头，袒护所亲，以自取咎。

处众最宜温和。切勿盛气凌人，太露圭角。古云：“峣峣者易折，皎皎者易污。”势必然也。而所行又要实事求是，独特实见，切勿随声附和，与假浮沉。

语言最宜谨慎。古云“多言必失”。凡宾朋在座，须知顾后瞻前，看无妨碍，方可说出。切勿侈口而谈，论人长短。言者无心，闻者有意，致生嫌隙。

人有患难疾苦等事，切勿背地笑人，资为话柄。古云：“幸灾者不祥。”

人有不善及阴私等事，切勿任情诋毁，恣意攻发，信口谈笑，当面抢击，使彼无地自容，在我失了忠厚之道。

用人不容求备。须知弃短录长，盖愚者千虑亦有一得。器量浅狭，才偏可用。一切事务，博访周咨，亦可以匡所不逮。

凡遇小人，心中阴为防检，勿与往来。而言貌阳似优容，不宜刻待。盖此辈存心叵测，若亲之如蜜，或与结姻，或与为友，势必贪求无厌，难饱其欲。若视之如仇，或以言语刺讥，或以礼貌慢待，势必中伤于我，贻患非轻。惟待以不激不随之法，斯得之矣。

子弟有发科甲，临政亲民者，务要立身清白。为国为民，切勿簠簋不饰，唯诺取容，贻诮素餐。

居恒宜积阴功。凡救灾恤孤、排难解纷、敬惜字纸，铺桥砌路，一切有益于人善事，有财者不吝财，有力者不惜力，务期实心流露，不为沽名。久久行之，神明自能默鉴，以是造福，留遗子孙，胜于遗金者多矣。

录自《尤溪彭氏族谱》

第三节　宗　祠

五夫彭氏宗祠　坐落在武夷山市五夫镇五夫村东面貊猴山下。清康熙五十年（1711 年）始建。坐东向西。整体平面呈横长方形，面阔 17.3 米，总进深 10.4 米。占地面积 2000 多平方米，建筑面积 237.6

平方米。由大门、过雨亭、天井、前厅、神案及山墙等主要部分构成，明清时期建筑风格，单进合院式建筑。砖木结构，四周砖墙围护，前厅面阔三间、进深五柱，左侧另有一间原为藏经阁。穿斗抬梁结构，额枋跨空减金柱，石质鼓式柱础，风火墙，硬山顶，地面以方砖铺设。2014 年被列为武夷山市文物保护单位。

武夷山五夫彭氏宗祠

泉州洛江区虹山彭氏家庙

虹山彭氏家庙 坐落在泉州市洛江区虹山乡白凤村岱瑁山东南坡前半里许。宋景德年间（1004—1007）始建，明永乐十八年（1420 年）维修且重建爰贤堂并更名积庆堂，隆庆四年（1570 年）改建，1992 年修缮前落墙体和屋盖，2019 年再次修缮。占地面积 1003 平方米，建筑面积 450 平方米。坐西南向东北。三开间三进深，燕尾脊，硬山式闽南古建筑。室内全木栋梁结构，上落山墙主体毛石砌筑归尾红砖、前落山墙青石墙基红砖墙体，正面青石墙裙红砖墙体，门堂青石浮雕。2017 年被列入泉州市第一批历史建筑保护名录。

后肖祠堂 坐落在厦门市同安区五显镇后肖村。明洪武（1368—1398）初始建，1991 年迁居台湾新竹的彭氏宗亲赞资，邑乡族人协力在原址重建。占地面积 500 平方米，建筑面积 198 平方米。坐东向西。堂内悬挂台湾新竹彭氏祖祠理事长彭国全之“源溯彭城”匾额，彭武雄理事长之“世泽长存”和彭炳进博士之“玉润祖祖”额匾。孝思堂上方挂“孝悌力田”匾，还挂有彭河泉为堂号“蒲吾”而纂的冠首联“蒲崛彭城尧任守藏商大夫，吾留银邑徐闻县尹明乡贤”和明同安知县以“孝悌力田”为荐用彭用乾出仕而纂的“孝悌传家祖训相承箕裘长继美，力田耕读诗书淬砺兰桂永腾芳”柱联。

翔安彭厝祠堂 坐落在厦门市翔安区新店镇彭厝社区。明洪武十八年（1385 年）始建，历代多次修缮，2016 年族亲慷慨赞资（其中彭志坚、彭志伟两人捐资 100 万元）重建。地基墙体保留明代建造遗迹，建筑面积 371 平方米，广场附属设施 950 平方米。坐北向南。大堂保留历代匾额“孝悌力田”“荣禄大夫”“奉政大夫”“文魁”“武魁”“钦元”“拔元”“进士”，悬挂 1995 年台湾学者彭炳进率台湾宗亲回彭厝松山堂时的贺匾“德厚流光”和 2000 年为纪念彭德清将军的“海军少将”匾。

沙美祠堂 坐落在厦门市翔安区新店镇沙美村。明代彭孔仕、彭孔学等奠基建造。建筑面积 215 平方米。坐南向北。2012 年沙美长房修建祖祠，其建筑面积 210 平方米；二房祖祠建筑面积 208 平方米。坐北向南。宗祠内正上方悬挂“孝悌力田”“进士”等匾。

东山县彭氏宗祠 坐落在东山县杏陈镇径口村。清乾隆十三年（1748 年）始建，2012 年原址重建。建筑面积 268 平方米。祠分上下两级，上埕 210 平方米，下埕 150 平方米。坐东向西。宗祠与后肖村同书“蒲吾”堂号。

德化县彭氏宗祠 坐落在德化县龙门滩镇霞碧村下科南坑。明嘉靖二十六年（1547 年）始建，历经 6 次大修，2017—2018 年重建。占地面积 1000 平方米，建筑面积 320 多平方米。坐西北向东南。采用典型的两进、五间张、厅井式民居布局，后面是五开张的主体，前面是大门、下房，中间是天井。内部为穿斗式木构架，外墙为砖混结构，屋顶为悬山式双坡面、曲线双燕尾脊，灰瓦白墙。

横塘世德祠　坐落在莆田市荔城区黄石镇横塘村（今钱塘）。宋绍兴二十七年（1157 年）始建。一天井，二寝，五开大厅。占地面积 800 平方米。坐西向东。祠联“信古家声大，开科世泽长”。

横塘清德祠　坐落在莆田市荔城区黄石镇横塘村（今钱塘）。明嘉靖四年（1525 年）始建。占地面积 300 平方米。坐西向东。前后座各三间，横四丈一尺（约 13.53 米），直十五弓（约 24.75 米）。祠联“清白家声大，诗书世泽长”。

尚书祠　坐落在莆田市荔城区新度镇港内（今属港西村）。明弘治八年（1495 年）始建。三开间三进深栋梁结构。坐北朝南。刑部尚书彭韶告老返乡后病逝，子孙奉旨建祠以祀，世称“尚书祠”。该祠主建筑毁于 20 世纪 60 年代末，1993 年春在原址重建，占地面积 1000 多平方米，前后落三开间，中庭，东西廊，硬山式栋梁结构。保留明朝福建巡抚庞尚鹏撰书“盛德大功四世国家元老，孤忠峻节百年天地一人”大门石刻楹联。竣工庆典之后，莆田彭氏宗亲商定，亦名“莆田彭氏大宗祠”，以作为莆田彭姓族人活动的主要场所。1995 年，祠内设立“彭氏历史名人纪念馆”，祠内主祀彭韶，尊奉受姓始祖彭祖，加奉多位彭氏历史名人。

仙游陂头彭氏宗祠　又称陂头彭祖祠，坐落在仙游县度尾镇石牌兜洋坂村凤嘴口。清咸丰元年（1851 年）始建，2000 年重修。占地面积 2000 平方米，建筑面积 210 平方米。坐北向南。单进三开间，背靠凤山，面临兰溪。新加坡作家周颖南撰写祠碑记，厅堂悬挂彭氏远祖及彭氏家训石雕。

汀州彭氏宗祠　坐落在长汀县南寨二路。2017 年建。占地面积 420 平方米，建筑面积 730 平方米。坐西偏北向东偏南，二层砖混结构。

彭家墩彭氏宗祠　坐落在宁德市蕉城区虎贝镇熟洋彭家墩村东南面。北宋初期始建，明万历三十六年（1608 年）修建。宽 12 米、进深 12 米，占地面积 500 平方米。坐东北向西南。

霍童镇坂头八都镇吴山彭氏支祠　坐落在宁德市蕉城区霍童村鹤林路。2013 年建。占地面积 600 平方米，建筑面积 500 平方米。坐南向北。

莒洲村彭氏宗祠　坐落在宁德市蕉城区七都镇瀛洲新村。2018 年重建。占地面积 626 平方米。坐西南向东北。

上塘村彭氏宗祠　坐落在福安市甘棠镇上塘村。2007 年建。占地面积 584 平方米。坐西向东。

南安村彭氏宗祠　坐落在福安市南安村。明初始建，嘉靖七年（1528 年）毁，2011 年在南安村择址重建。占地面积 1060 平方米，建筑面积 530 平方米。坐西北向东南。砖混结构。

鲤鱼边村彭氏宗祠　坐落在福安市溪柄镇鲤鱼边村。2018 年建。占地面积 496 平方米。坐东南向西北。

流江彭氏宗祠　坐落在福鼎市沙埕镇流江村。2010 年建。占地面积 1000 平方米。坐北向南。面向沙埕海港，钢筋砖混与主体杉木结构，棕红色琉璃瓦盖顶，五间正殿，左右各三间厢房。

过洋村彭氏宗祠　坐落在霞浦县柏洋乡过洋村。1950 年建。占地面积 610 平方米，建筑面积为 790 平方米。坐东南向西北。

圻山村彭氏宗祠　坐落在霞浦县松城街道高罗州。2012 年建。占地面积 888 平方米，建筑面积 180 平方米。坐东北向西南。

龙溪村彭族祠堂　坐落在周宁县七步镇龙溪村，与云峰庵毗连。明代始建，清嘉庆年间（1796—1820）修缮，坐东北向西南，后毁。1943 年上房在本村建彭氏支祠 1 座，占地面积 90 平方米。2019 年原址重建，占地面积扩大至 314.4 平方米，坐东向西。2010 年下长房在本村建彭氏祠堂 1 座，建筑面积 525 平方米，坐南向北，主体砖混及石材结构，上下两厅均为双层双檐。2019 年下五房建彭氏支祠 1 座，建筑面积312.6平方米，坐东北向西南。

玛坑溪边彭氏宗祠 坐落在周宁县玛坑乡溪边村。清咸丰元年（1851年）始建，2009年重修。宽9米、深18米。坐西北向东南。

软岭村彭氏宗祠 坐落在柘荣县黄柏乡软岭村。元大德三年（1299年）始建，明成化（1465—1487）、弘治（1488—1505）、嘉靖（1522—1566）和清道光二十七年（1847年）4次修缮，2007年重修。占地面积332平方米。坐北向南。砖木结构。

霞利洋村彭氏宗祠 坐落在柘荣县富溪镇霞利洋村东北隅。清咸丰五年（1855年）始建，1948年重建，1998年重修，2012年又重建。建筑面积375平方米。坐东北向西南。

杉洋彭氏金公总祠 坐落在古田县杉洋镇菴前彭厝。元代始建，1958年建古宁公路时拆前厅廊，1995年重修，后又毁于火，2018年于杉洋镇屏峰山选址建造。占地面积520平方米。坐西北向东南。

南阳彭氏宗祠 坐落在古田县鹤塘镇南阳村西南纱帽山麓。明万历（1573—1620）初始建，崇祯八年（1635年）重修，2004—2007年祠堂全面整修。重修后祠堂宽25.2米、长43米，总面积近1100平方米。坐南向北。

白凌彭氏宗祠 坐落在屏南县寿山乡白凌村中心。明嘉靖二年（1523年）始建，清嘉庆四年（1799年）增建前后厅、耳房、照楼，光绪十三年（1887年）修建宗祠外庭。占地面积248平方米。正厅坐北向南。中厅下廊竖立旗杆二对。

第四节 陵 墓

彭十一娘墓 位于周宁县咸村镇川中村西北向咸村通往霍童公路北侧约500米蔗乌垄东山坡。建于宋建炎三年（1129年）。东西向8米，南北宽7米，坐东向西。墓坪呈椭圆形，以中线分为上下坪。上坪中间从东向西以精雕规整的绿灰岩石多层砌长立方形石棺。石棺前立“宋故彭十一娘墓志铭”，长76厘米、宽30厘米、厚15厘米。铭文楷书128字，字迹工整、清晰可辨。墓志前有供桌，桌两侧各有石阶一级。上下墓坪及圆形墓壁均用规整花岗岩石铺砌。2011年被列为周宁县文物保护单位。

彭端八墓 位于周宁县七步镇七步村至龙溪村公路北侧岭兜山脚。明万历六年（1578年）始建，清咸丰九年（1859年）重修。占地面积42平方米。坐北向南。墓丘石构，平面呈椅形，祭台前为“凸”字形，祭台上立墓亭，墓亭为四坡五脊庑殿顶，鱼吻脊。2011年被列为周宁县文物保护单位。

彭巽九墓 位于周宁县七步镇龙溪村东北向后山腰。明万历九年（1580年）始建。占地面积42平方米。坐东北向西南。墓丘龟背呈椅形，墓坪二级呈“凸”字形，外围呈“风”字形，祭桌上立墓亭，为双檐庑殿顶鱼吻脊。后壁即墓碑，阴刻“明故陇西……万历九年辛卯仲春丙申吉旦”等字。1975年搬迁现址。2011年被列为周宁县文物保护单位。

彭珠九墓 位于周宁县七步镇龙溪村东北向后山腰。明崇祯七年（1634年）建。占地面积154平方米。坐东北向西南。墓外形呈“风”字形，墓丘呈圆椅形，祭台前为“凸”字形，三阶墓坪，祭桌上立有双檐庑殿顶鱼吻脊碑亭。亭后壁即墓碑，刻有“陇西……崇祯七年十二月十四吉日葬，孝男彭良士、良臣、良叔仝立”等字。2011年被列为周宁县文物保护单位。

彭用乾墓 位于厦门市翔安区新店镇欧厝社区禾美自然村南部100米处，墓冢距禾美村通往欧厝水泥路西3米。明代修建。坐东向西。土堆墓冢，封土长3.5米、宽7米，冢前为弧顶盝形墓碑，长2.3米、宽0.42~0.75米、厚0.15米，碑中央浮雕太阳纹及祥云纹。

彭用斌墓 位于厦门市同安区五显镇明溪村（白亨山），与什班山相向而对。明代修建，曾被沙土掩埋，但仍可见冢前盝形祥云拱日纹石碑和方形须弥座供桌。1992年台湾新竹彭氏裔孙赞资重修，2012年后肖、沙美、彭厝族人捐资30万元再行修缮，并以台湾新竹彭氏祖祠署名立墓志铭。

彭汝灏墓　位于厦门市翔安区新店镇彭厝社区东北1000米处。清代修建。占地面积300平方米。坐西向东。龟背形土堆墓冢。宽10米、进深8米，冢前三合土墙夹立方形墓碑，碑高1.12米、宽0.6米、厚0.17米。碑文四行镌刻“特授荣禄大夫任浙江黄严镇中军游击兼参将事信庵彭公配一品夫人李氏墓”。

彭子安墓　位于浯州沙美乡（今金门）。彭子安、婆罗氏合葬。1994年9月17日，在墓碑下挖掘出明代“子安公婆红砖墓志”（该墓志现收藏于台湾新竹南寮祖祠）。墓主为厦门市同安区、翔安区彭姓家族开基祖。

彭枨墓　位于泉州市洛江区虹山乡吴厝后垅徐厝边，今号锯枋湾新田后。坐东北向西南。墓主为虹山彭姓开基祖。

彭韶墓　位于莆田市城厢区华亭镇霞皋村大路顶山。明弘治八年（1495年）始建。占地面积150平方米。坐西北向东南。原墓丘为三合土构筑，平面呈“风”字形。墓前有竹林寺，墓旁有从吾亭。彭韶墓曾遭破坏，石像生无存。2009年由港利彭氏大宗祠理事会募捐资金重修陵墓，由福建省姓氏源流研究会第一届彭氏委员会会长彭嘉庆撰写墓志铭。2013年重修石像生。墓主曾任明刑部尚书。

彭鹏墓　位于莆田市城厢区华亭镇云峰村洋坑山。清康熙四十三年（1704年）正月，彭鹏病卒于任所官舍。康熙帝赐祭葬，筑墓莆阳华亭镇云峰村洋坑山。墓主曾任清广东巡抚。

第五节　古建筑

龙潭广桥　坐落在泉州市洛江区罗溪镇广桥村。宋淳熙八年（1181年）虹山彭映同僧自昕始建，清乾隆五十七年（1792年）众捐再建。现存为清代重建的石砌拱桥建筑，单孔拱形无桥栏。1992年被列为泉州市文物保护单位。

连江县彭氏故居　坐落在连江县江南镇王庄村。清咸丰年间（1851—1861）始建。占地面积620平方米，建筑面积560平方米。坐南向北。前埕后厝，为三纵两进深大宅，红砖白石墙体，硬山式屋顶和双翘燕尾脊，中间厅堂宽敞明亮，为祭祀祖先神明及会客场所，后堂为议事厅。故居传承了清代建筑特色。2018年被列为连江县文物保护单位。

沙县进谷桥　坐落在沙县夏茂镇区境内。明中期始建，现存廊桥为清嘉庆六年（1801年）重建。该桥为单孔拱桥，用花岗岩铺砌。桥拱跨长约12.3米，拱顶高4.5米。桥身为长廊亭式双檐建筑，东西走向，廊桥全长45米、宽7米。桥屋面阔13厅，有54根特大木柱。桥屋上部为木构抬梁梁架，歇山顶。整座桥屋均用上等杉木建造。屋顶翘角飞檐，四角翘起处塑着稻穗，象征“进谷”。当中一厅的建筑更高一层称为“观音厅”，重檐叠阁，翘然高起，屋脊两端雕塑的红鲤倒竖，中央莲花座托起的净瓶取材于“手持净瓶的观音坐莲”之神话。廊桥两边木栏杆下设有“一”字形长板凳，供路人歇脚小憩。栏外檐下有挡雨遮日的斜垂板。中心厅厅外上方有夏茂镇大布村炕头秀才吴世藻题写的“进谷桥”三个行书大字；桥名两边附有彩色壁画。原有的“进谷桥”三字字迹已模糊，彭明镛对此进行仿写，保留至今已有70余年，其字迹仍完好如初。整座桥屋小樑上都写有楹联。1984年被列为沙县文物保护单位。

瑞岩寺　坐落在武夷山市吴屯乡街路村东侧约2000米。唐广明元年（880年）彭玙出资为唐代高僧扣冰辟支古佛修建。建筑平面由山门、天王殿、半月池大雄宝殿、送子观音殿、千手观音殿、古佛殿等部分组成。现仅存山门，其余建筑均为近20年新建。占地面积约6000平方米（长100米、宽60米）。坐北向南。2002年被列为武夷山市文物保护单位。

虹山土楼　坐落在泉州市洛江区虹山乡虹山村。清乾隆四十五年（1780年）始建。“回”字形两层土楼。青石大门，条石墙裙三合土墙体厚1.2米、面宽19米、深19.75米。并列闽南风格大厝加护厝九开间两落，宽 26.6 米、深 21 米。2020 年被列入泉州市辖区第二批历史建筑保护名录。

彭棠故居 坐落在泉州市洛江区虹山乡苏山村，传统闽南风格建筑。有两处，一处在外塔，并排三座，首座是彭棠之父彭艺圃在清光绪二十四年（1898 年）建造，外为山石墙，内为夯土墙，七开间两落，宽 26 米、深 19 米。第二、三座是彭棠在 1918 年和 1920 年建造，外墙为山石墙裙夯土墙体，内为夯土墙，半厅红砖墙面装饰，九开间三落，宽 35 米、深 38 米。另一处在苦坝，两座连体，1932 年彭棠为兄而建。正面红砖墙，侧后山石墙，内为夯土墙，半厅红砖墙，两座中联过厅，两侧护厝，计十五开间两落，总宽 60 米、深 24 米。2020 年被列入泉州市第二批历史建筑保护名录。

港利彭氏百二十间大厝 坐落在莆田市荔城区新度镇港利村。明末始建，清乾隆年间（1736—1795）因火损重建。建筑面积 2500 平方米。坐东向西。三进七开间，结构贯通有致，三进大厅宽敞明亮，是彭姓村民祭祀及庆典场所。“百二十间”大厝匾额、对联、题字较多，中厅梁上原挂有三块清嘉庆年间（1796—1820）匾额，中间是楷书“乐善和风”大匾额，左右是“贡元”“文魁”二块小匾额，还有一块福建提督沈维乔亲笔题赠的“明经父子进士”大金匾额。

霞浦县彭厝里 彭厝里现存宅院，坐落在霞浦县松城街道松兴社区道堂宫巷北侧。建于明末清初，为霞浦县现存较完整的古宅院。占地面积 1600 平方米。坐北向南。三进主厝，纯木质结构，周以砖砌风火墙。主建筑由下厝、上厝和连接上下厝的东西两侧八间厢房及上厝北面东西两侧二间厢房、下厝南面东西两侧二间厢房组成。下厝两层，面阔五开间，宽 19 米，深 14 米，中柱高约 7 米；上厝两层，面阔五开间，宽 20 米，深 13 米，中柱高约 9 米。宅院内由南向北有前天井、下天井、上天井、后天井和小天井共 8 个，上天井西侧现存明代水井一口。

古田县南阳大祖厝 坐落在古田县鹤塘镇南阳村。明万历（1573—1620）初，五世祖偕六世彭曜主事建成。大祖厝三落递进，宽 26.8 米、长 36.2 米、高 3.66 丈，总面积 970.4 平方米。坐东南向西北。八扇十三柱木结构，上厅 108 根柱子，大厅进部横梁上悬挂匾额书“述古堂”，为南阳彭氏堂号。正厅进部柱上巨幅楹联“第一等人忠臣孝子，只两件事明德亲民”以及村族行辈字行联等。

第六节　民间信仰

彭祖祀 相传彭祖是中国古代最长寿的人，被后世奉为中华养生文化创立者、中华厨界祖师爷，道家先驱。每年农历六月十二日或彭氏宗族重大活动时，福建各地彭姓族人有祭拜受姓始祖彭祖的习俗。这一天，各地彭氏宗祠彩旗飘扬、锣鼓喧天，族人满怀虔诚，聚集祠堂，共同祭拜彭祖，祈求风调雨顺、幸福安康。

第七节　非物质文化遗产

省级非物质文化遗产“彭坊刻纸龙灯”及其代表性传承人 “彭坊刻纸龙灯”流传于长汀县童坊镇的彭坊村。清康熙年间（1662—1722），彭景周将泉州剪纸艺术、花灯艺术融合在当地龙灯上，并加以创新组合，形成了独具特色，融合龙图腾文化、刻（凿）纸文化、花灯文化、客家文化等多种文化于一身，具有很强观赏性的彭坊刻纸龙灯。龙灯主要由龙头、龙身、龙尾三大部分组成，整条龙的骨架用竹篾扎成，龙身灯笼上的图案花样采用刻凿工艺。龙身装裱用纸讲究，采用韧性好、透光性强的连素纸，贴各种图案，装裱在椭圆形八面体的灯笼上，然后固定在屋桷子木板上，即形成龙身。龙头、龙身、龙尾间通过活动撑杆进行接驳，便形成了一条五彩斑斓的刻纸龙灯。手工制作过程的扎、刻、凿、剪、贴、裱，工艺细腻、精巧、独特。2011 年被列入省级非物质文化遗产名录，代表性传承人为彭慕财、彭慕喜。（见

彩图 14-2）

省级非物质文化遗产“伏虎禅师信俗（长汀）”及其代表性传承人　汀州城每年农历九月十四日是纪念被人们敬为保护神的伏虎禅师和定光古佛的传统信俗庙会活动。宋《临汀志·仙佛》中载：伏虎禅师俗姓叶，法名惠宽，汀州宁化人，生于南唐时期，卒于宋建隆三年（962 年）九月十三日。幼通悟，善根夙植，出家于汀州开元寺，遍游诸方，悟旨而返。州境山谷深窈，虎豹出没为害，师以解脱慈悲力，为之训饰柔服。众异之，号“伏虎禅师”。南唐保大三年（945 年），他在童坊平原山创建“普护庵”，朝廷赐名为“广福禅院”。保大七年，汀苦旱，郡守闻师道行，结坛于龙潭侧，延师致祷。师云：七日不雨，愿焚其躯。至期旱如故，师趺坐于薪。令人举火，众大惊，火未及燃，甘雨倾注，顿解久旱之苦。平日，师早晓课诵佛经，日间进山采药为民祛病疗伤，解民疾苦。师之善行之举，朝廷敕赐“威济灵应普惠妙显大师”。圆寂后，万民敬仰，奉为神灵祭祀，汀人尊称他为“伏虎禅师”，视其为客家保护神。最具代表性的是“童坊十乡轮祀”，即童坊镇的 10 个村轮流祭祀伏虎禅师的庙会。童坊的彭坊、大埔、下坑、曾坊、刘陈、红明、龙头坊、义家坊、山坑、肖岭等 10 个村，每年从农历正月十四日开始，至农历三月初四日止，每个村都有固定的庙会时间，从两天到四天不等。庙会期间，各个村都举行各具特色的民俗表演。例如，彭坊村的夜晚游龙灯、船灯，大埔村的“龙头送瘟神”，曾坊村的打平安醮、保禾醮，龙头坊村的“祭龙塘”，肖岭村的“打菩萨轿”等，引人入胜。特别是流传于长汀民间的传统艺术，如十番锣鼓、民乐演奏、花灯等，给庙会活动带来祥和喜庆的气氛。2019 年入选省级非物质文化遗产代表性项目名录，代表性传承人为彭慕源。

市级非物质文化遗产“虹山圣祖妈信俗”及其代表性传承人　圣祖妈信俗包括民间传说、祈愿、诞辰祭祀、千米人龙迎“圣祖妈”等。宋绍兴年间（1131—1162），虹山彭姓族人在白凤村岱瑁山东南坡建瑁峰宫，从仙游圣泉宫迎请圣祖妈香火，塑金身供奉。圣祖妈被奉为境内保护神。圣祖妈许仙姑与林默娘、陈靖姑并称福建三大女神。自宋至今，每年元宵，虹山彭姓族人举行圣祖妈游香赐福活动，巡驾乡里；农历九月十五日，全族献祭供品，举办庙会。庙会祭乐和游香活动必用的虹山大鼓吹，唐宋以来历久弥盛。乐器由大鼓、嗳吹、铜钟、大小锣、大小钹等组成，演奏铿锵洪亮、热闹激扬。2016 年被列为泉州市级非物质文化遗产，主持信俗仪式和祭乐演奏等活动的代表性传承人为彭起水、彭议成、彭进庄、彭通成、彭良海。

区级非物质文化遗产“圣祖妈传说”及其代表性传承人　圣祖妈俗姓许，晚唐浙江金华人。传说自幼学道于金华北山，得玄通道人指点，修成无上道果，治病救人、惩恶扬善。自宋以来，神话传说历史悠久。圣祖妈传说故事以弃恶扬善、睦邻友好为主题，主要包括圣祖妈“历史渊源”“民间祭祀大典”“民间信俗”“诞辰日”“签诗”“穿越火城”“神灵显赫聚峰宫圣母”“木兰崎抢香”“惩戒赘婿”“梦示得标”“求花赐嗣”等。虹山彭姓海内外族人普遍流传圣祖妈传说，它是促进家族和谐、社会融洽的重要传统文化载体，更是寻根谒祖、促进海内外华人凝聚力的重要纽带。2018 年被列为泉州市洛江区级非物质文化遗产，“圣祖妈传说”演讲的代表性传承人为彭金连、彭添生、彭秀团。

第八节　名胜古迹

虹山水尾树碑　位于虹山乡虹山村东北部。花岗石刻制，长方形，高 1.52 米、宽 0.48 米、厚 0.12 米，碑额浮雕云月。清道光二十四年（1844 年）虹山彭氏族人立。碑文为保护磻溪旁一片树林的乡约。2001 年被列为泉州市文物保护单位。

虹山瑁峰宫　坐落在泉州市洛江区虹山乡白凤村岱瑁山东南坡。南宋绍兴三十一年（1161 年）虹山彭姓六世彭膜舍地而建。建筑面积 153 平方米。坐西北向东南。三开间两落三进深，硬山顶抬梁式结构，闽南传统的建筑风格。宫前建有拜亭，清康熙八年（1669 年）重修。瑁峰宫供奉的圣祖妈，俗姓许，故又称许氏仙姑、法主仙妃、圣泉妈等。2019年被列为泉州市文物保护单位。

增瑞堂 原名三官堂，1985年更名为增瑞堂，坐落在罗源县碧里乡廪尾村。清顺治三年（1646年）始建。建筑面积600多平方米。坐东朝西。砖木结构，红墙青瓦，马鞍式防火墙，雕梁画廊，石鼓式柱础，黑漆描金柱联，具有明清时代建筑特色。光绪二年（1876年）彭源钿主持重修。20世纪70年代末，西禅寺道善法师（彭春伙）鼎力支持进行重修扩建。在原三官大帝塑像基础上，又重塑释迦牟尼、观音菩萨、地藏菩萨等金身佛像，建有天王殿、大雄宝殿、祖师殿、伽蓝殿、综合楼和西归堂等建筑。

五夫大兴寺 坐落在武夷山市五夫镇貊猴山下。南宋庆元年间（1195—1200）五夫彭氏第十三代祖鳌公由崇安迁居五夫后所建。占地面积1000平方米，建筑面积200平方米。坐东北向西南。"大兴寺"三字是朱熹手迹。

彭家墩凉伞树 位于宁德市蕉城区虎贝镇熟洋彭家墩。彭姓先祖倒插栽种，经历代宗亲养护，高约20米，围近9米，树龄1130多年，树状奇异，树冠向外舒展，枝叶茂盛且形如伞，得名凉伞树，又称"龙伞树"。2018年4月被全国绿化委员会办公室和中国林学会评为"中国最美杉木"。每逢农历三月，闽东彭氏宗亲到树下祭祀。

彭家墩凉伞树

古田县南阳佛宫庙 坐落在古田县鹤塘镇南阳村。明万历年间（1573—1620）建造。正殿三层为挑檐顶塔式木结构，高约12米、宽13.4米、长17.3米，总面积231.82平方米。坐西南向东北。楼下主殿供奉拓主"白马尊王"神像，左偏殿供奉"温康赵"元帅神像，右偏殿供奉敕封"显泽顺天圣母陈林李"三位夫人神像，右边前廊为"虎马大将军"，廊下"舍人公"。楼上正殿供奉"如来佛祖"，左殿供奉"玄天大帝"，右殿供奉"孔夫子"等神像。每年农历二月十八日，彭姓族人敲锣打鼓、旌旗拥簇、鸣炮奏乐迎请拓主，"白马尊王"巡村后，登彭家大祖厝正中宝座。彭氏族人邀请梨园妙曲献演五至七天。佛宫庙是彭家族人祈求生育儿女、风调雨顺、国泰民安的祭拜场所。

第五章　人　物

第一节　人物传

彭　迁（606—?）　字紫乔，润州（今江苏镇江）丹阳人。唐贞观年间（627—649）初授官前八部都尉，擢升中郎将，拜襄武太守，封左千牛卫上将军，提节建州（今建瓯）诸军事。彭迁辞官退居闾里后，居建平北乡（今武夷山市）。他雇募乡民，斩草锄蒿，凿湖筑陂，引水溉田三千余顷，创立九十余村。《崇安县志》记载："先有彭，而后有崇。"史称"作邑彭姓"。

彭思邈（827—924）　字有阙，浙江平阳人。唐光启元年（885年）随王绪入闽，曾任开州（今四川开县）司马，后官升礼部尚书，为闽东彭姓开基始祖。

彭　孙　字仲谋，出生于连城县新泉镇龙溪村（今连城县新泉镇联溪村岭下）。以骁勇著名，宋皇祐年间（1049—1054）受命征剿湖南辰州叛乱。熙宁年间（1068—1077）又随军征讨岭南、交趾（今广西、越南）及福建廖恩叛乱，屡建战功，官升至左藏库副使，后提任荆湖北路都监。元丰元年（1078年），彭孙计擒斩岳州（今湖南岳阳）叛乱者詹遇，被授以崇仪使、忠州（今湖北）刺史，代理荆湖路令辖。元丰二年，彭孙任提举训练荆南团练诸军，转六宅使。元丰四年添差金州（今陕西安康）监。元丰七年，因从姚麟出塞有功，升为皇城使，后又授果州团练使。元祐年间（1086—1094）升为河阳总管，改调颍昌府总管，累官至莱州防御使，封西郡侯，食邑1600户。告老还乡后病卒。

彭椿年　字大志，号尔修，浙江台州黄岩人。入闽遂卜居兴化军所城。宋绍兴二十七年（1157年）进士。历国子监主簿、编修官，淳熙十三年（1186年）提举福建（泉州）市舶司，后知处州、太常丞、吏部郎中、国子监司业、江东转运副使，终右文殿修撰。

彭　耜（1185—?）　字季益，号南岳先生、鹤林，世人称他为鹤林靖，长乐人。南宋时期作家、诗人、著名道人。宋嘉定十年（1217年），道教南宗五祖白玉蟾收彭耜为弟子，授之以刀圭火符之传、啸命风雷之诀，彭耜成为金丹派南宗的重要人物，被奉为全真道“南七真”之一。晚年关门闭户，与世隔绝，潜心修炼。福州城东现在有鹤林院遗址。

彭彝甫　莆田人。宋淳祐七年（1247年）特魁状元。他饱学诗书，博识强记，里郡称其为名儒。因无意仕进，授职温州府学教授，终其一身，两袖清风，里绅称奇。

彭　韶（1429—1494）　字从吾，号凤仪，莆田涵口（今荔城区新度镇港利村）人。明天顺元年（1457年）进士。历任刑部主事、员外郎、四川按察副使、按察使、副都御史、刑部侍郎，成化二十三年（1487年）任刑部尚书。他直言敢谏，曾几度得罪皇帝和权臣，几次险遭刑狱。因敢为民请命，民间誉为“彭青天”。在尚书任上，“论事不避权贵”，受憎恨和围攻，愤而辞官回乡。彭韶谢世后，皇帝追赠太子少保，谥“惠安”。

彭　甫（1451—?）　字原岳，莆田小横塘人。明代书法家。成化十七年（1481年）进士。授南京户部主事，升户部员外郎。弘治八年（1495年）二月擢广西按察佥事。正德九年（1514年）纂修《仙游县志》。

彭大治　字宜定，号定轩，莆田小横塘人。彭甫之子。明正德九年（1514年）进士。授南京户部主事，进郎中。正德十五年（1520年）出扬州（今属江苏）知府，调叙州（今属湖南）知府。嘉靖七年（1528年）改韶州（今属广东）知府。有著作传世。

彭文质（1528—?）　字在份，莆田小横塘人。彭甫之孙。明嘉靖三十七年（1558年）任徽州府黟县（今属安徽）县学教谕。嘉靖三十八年进士。授潮州府揭阳（今属广东）知县。嘉靖四十一年重建敬一亭。列名宦祠，谓彭侯祠。擢户部主事，历员外郎，出任桂林（今属广西）知府。万历二年（1574年）十月擢广西副使。万历六年八月升为广西右参政，转左参政。

彭宪范　莆田小横塘人。明万历十六年（1588年）举人。授太原府交城（今属山西）县学教谕，升翰林院孔目，预修国史。历官顺天府通判、刑部郎中。出为云南府知府，因政绩卓异，又升贵州副使，备兵毕节。

彭汝楠　字伯栋，号让木，莆田小横塘人。明万历四十四年（1616年）进士。初任会稽知县，后擢升为礼部给事中。上《劾魏忠贤疏》，要求纠正魏阉“昌秩滥荫”的做法，上疏红丸一案，触怒皇帝，贬为省刑簿税。天启七年（1627年）思宗即位，起用彭汝楠为大理寺丞，又升为太常卿，不久转为兵部右侍郎，后又提拔为左侍郎。崇祯三年（1630年），兴化府奉旨在府城内文峰宫前为彭甫、彭大治、彭文质、彭宪范、彭宪章和彭汝楠立“三代司马”“四世名宦”（两面镌刻）牌坊，表彰祖孙四世贵显。

彭　才（1468—1542）　字益贤，号钝斋，祖籍江西，生于福州。父彭诚谟，入闽为盐商。彭才成年后到湖北、四川等地经商。中年回到福州继承父业，为藤山富豪。他乐善好施，把别人向他借贷的契据全部焚毁。

彭圣培　莆田坊巷（今荔城区文献社区坊巷）人。清顺治九年（1652年）进士。顺治十年任中部县（今陕西省黄陵县）知县。

彭　鹏（1627—1704）　字奋斯，一字无山，又字古愚，号九峰。莆田横塘（今荔城区黄石镇横塘村）人，后迁居城内金桥巷（今荔城区镇海街道文献社区）。彭文质曾孙。清顺治十七年（1660年）举人。官广东巡抚。为官业绩昭著，最为清廉。康熙皇帝褒奖其为“天下廉能第一”，钦赐赠其父彭汝柏、祖父彭宪安、曾祖父彭文质光禄大夫。时直隶巡抚、河道总督于成龙为彭鹏手书“帝眷忠清”木匾一块（此匾被莆田市人民政府列为第二批文物保护单位）。康熙四十三年（1704年）卒于任所，康熙帝赐葬。存有石翁仲、石马、石虎、石羊各1对。

彭汝灏　同安人。清康熙三年（1664年）任部颁千总，拨守平和县。续奉旨分驻山西平阳府，随水师总镇万正色征剿平西王吴三桂，后回闽随靖海将军施琅进取澎湖、台湾，功加左都督。康熙四十年升浙江黄岩镇中军游击，兼管中营事。

彭日光（1643—?）　宁德人。清康熙十八年（1679年），海寇侵扰，彭日光召集乡勇，驾战舰联络相应，争先交战，受巡抚吴兴祚嘉奖，并委任为随征千总。嗣后彭日光跟随靖海将军施琅收复澎湖及台湾，因功升任副将。后叙功提任为左都督。

彭　铭　字朝计，莆田人。清康熙二十年（1681年）举人。才能卓异，由教职擢浙江孝丰知县，后改任江苏安东知县。为官清正廉洁，擢云南剑川知州，在任7年。后迁浙江处州府同知，权嘉兴府，管辖7县。浙东水灾，他赈济灾民、兴利除弊，治水患，兴水利，亲自督办海宁塘水利工程，政绩有声，嘉兴、苏州两郡都受益。

彭光藻　字敬轩，湖南武陵人。先任福州海防同知，清同治七年（1868年）代理长乐知县事。有乡民掳人械斗，彭光藻抓捕其中的首领，并依法严惩，使民风为之一变。后又礼聘学者编纂县志，书成后离任而去。

彭子卿（1867—1942）　字玉凌，三代痘科世家，出生于印度尼西亚马成岛，幼年回原籍宁德读书、学医，受侨居印度尼西亚的父兄影响，利用国外寄回的牛痘疫苗，开展种牛痘防天花治疗，医术名噪一时，是宁德首位牛痘防治专科医生。

彭士菁（1870—1943）　字莪洲，福州人。靠自学钻研医书，改业从医，精攻内科与妇科，成为福州城内有名望的中医师。与当时中医界孙石溪、林笃初、何秀椿齐名。

彭湧金（1892—1940）　龙岩市新罗区龙门村人。1929年参加革命，历任赤水乡苏维埃主席、红八团事务长、区委书记等职。1940年2月在“连坑事件”中被国民党军逮捕，同年4月被杀害。

彭传珍（1903—1973）　福州人。厦门大学毕业后应聘为福建省教育厅督学，1935年赴美国哥伦比亚大学进修，获教育硕士学位。1937年起任厦门大学总务长、教授。1946年筹办福建省立师范专科学校并任校长。1949年到广州中山大学任教务长。后赴台湾。

彭胜标（1909—2003）　长汀人。1929年10月参加革命，同年11月加入中国共产党。曾任红十二军政治部保卫队政委，中共福建兆征县委书记兼县苏维埃政府主席。抗日战争时任新四军营、团政委，师政治部组织部部长。解放战争时任华东野战军及第三野战军师政委。中华人民共和国成立后，任苏南军区政治部主任，江苏军区政治部副主任，安徽省军区政治部主任、副政委（副兵团职待遇）。1955年被授予少将军衔。获二级八一勋章、二级独立自由勋章、一级解放勋章。

彭德清（1910—1999）　同安人。1927年加入共青团，1930年加入中国共产党，参加过解放战争。

1950 年 11 月入朝作战，获朝鲜二级国旗勋章两枚，一级自由独立勋章一枚。回国后，曾担任过中国人民解放军第二十七军军长，海军东海舰队副司令员，交通部副部长、部长，中国航海学会理事长等职务。1955 年被授予少将军衔。中共十二大代表和十二大主席团成员、十三大代表。在中共第十二、第十三次全国代表大会上当选为中央顾问委员会委员。

彭　飞（1914—2006）　湖南永顺人。1934 年参加中国工农红军，1936 年加入中国共产党，参加过湘鄂西革命根据地反“围剿”和长征。抗日战争时期，任新四军团参谋长、团长。解放战争期间，任华东野战军师参谋长、第三野战军副师长。参加抗美援朝战争，任志愿军六〇师师长。1954 年 9 月起任三十一军副军长兼参谋长，1969 年 12 月后任福州军区福建生产建设兵团司令员、福州军区副参谋长、司令部顾问等职。1955 年被授予大校军衔，1964 年晋升少将军衔。1988 年 7 月荣获中国人民解放军一级红星功勋荣誉章。

彭传津（1921—1999）　福州人。厦门大学理工学院毕业。1945 年起历任黄河水利工程局、长江水利委员会工程师。1949 年后历任中山大学工学院讲师、武汉交通学院副教授、武汉河运学院副教授兼水道及港口教研室主任。1979 年后被国务院科技干部局授予教授级高级工程师职称，任福州市业余科技大学副校长。

彭建认（1930—2019）　泉州市洛江区虹山乡前坂村人。1956 年南京建筑工程学院毕业。1958—1967 年在中国第一个核工业基地工作。1967—1982 年参加中国第二、第三个核工业基地建设，任工程处副主任。1982—1988 年参加秦山核电站工程建设，高级工程师，任秦山核电站工程副总指挥兼土建工程总指挥。毕生献身于中华人民共和国核工业建设。

第二节　人物录

彭仲德　字方直、伟行，号坤元。唐永徽二年（651 年）任泉州太守，后任瀛州刺史。

彭仲敬　字金紫、进修，号仲敬、干元。唐永徽五年（654 年）任泉州太守，官至光禄大夫。

彭兰胤（854—924）　字惠侯。曾任侯官县令，居福州西湖。

彭　金（908—975）　字财宝。曾任闽王行军使，闽王右丞，携长子彭官在古田县杉洋肇基。

彭　玿　字武仲，崇安人。通经史，家饶于财，性嘉释典，官至殿中监。

彭次云　瓯宁（今南平建瓯）人。宋嘉祐二年（1057）进士。历任广南西路提点刑狱、成都路转运使、淮南路转运使、京西路转运副使、江淮荆浙诸路发运使。

彭　枨　晋江（今泉州洛江）人。北宋景德年间（1004—1007）卜居白虹山肇基，虹山彭姓一世祖。

彭　烨　晋江（今洛江）人。宋熙宁年间（1068—1077）任广南西路安抚使。

彭延年（1009—1095）　字震峰。宋大理寺卿，福州推官，潮州刺史。

彭　魏（1068—1134）　字虞邦，行七，号春郊，宁德人。御史中丞。

彭泽宗　莆田人。宋绍兴二十七年（1157 年）进士。官衢州教授。

彭奕休　莆田人。宋绍兴二十七年进士。彭泽宗之弟，兄弟两人与彭椿年为同科进士，官永福县主簿。

彭　兴　莆田人。宋绍兴二十七年特奏名进士。官泰州文学，曾进献其所著《易传》。

彭　奎　莆田人。宋乾道二年（1166 年）进士。官德庆府教授。

彭　演　字子山，侯官人。宋乾道二年（1166 年）进士。吏部尚书。

彭梦赐（1150—1218）　字德宽，宁德人。宋淳熙五年（1178 年）进士。沙县知县。

彭　缜　晋江（今洛江）人。宋淳熙十一年（1184 年）进士。嘉泰年间（1201—1204）任通议大夫、兵部侍郎。

彭如高 晋江（今洛江）人。宋绍熙元年（1190年）任通议大夫。

彭　申 字元纯，剑浦（今南平人）。宋嘉定十年（1217）进士。历任上海县学教谕，迁平乐府（今属广西）通判。

彭卿月 晋江（今洛江）人。宋绍定五年（1232年）进士。淳祐年间（1241—1252）任徽猷阁待制。

彭梦林（1185—1242） 字子升，宁德人。宋嘉熙二年（1238年）进士。官宝谟阁待制。

彭彦坚 字国器，侯官人。宋端平年间（1234—1236）循州知州。

彭庭坚 字允成，瑞安人。元至正时（1341—1368）赐进士出身。历同知建宁诸路管府事，定建阳、蒲城、邵武诸城，升同知福建道宣慰使司副都元帅。

彭　怀 古田杉洋人。明洪武八年（1375年）任河南开城洧州县丞，明洪武十年升常德府通判。

彭用乾 同安人。明洪武十八年（1385年）选任山东青州府临朐县丞，擢升广东雷州府徐闻知县，卒于任上。

彭德新 字彦实，罗源人。明洪武年间（1368—1398）任湖广沅州州判。

彭　中（1359—1426） 字孟庸。明洪武十四年（1381年）任陕西巩昌府同知。

彭　琬（1386—1446） 字彦美，宁德人。明永乐十年（1412年）任广东雷州府通判。

彭　宁（1401—1475） 字志道，宁德人。明宣德八年（1433年）拔贡，进阶奉议大夫。宣德十一年官广东崖州知州。

彭　鏦 字朝用，莆田小横塘人。明成化八年（1472年）九月升中书舍人，擢工部员外郎、郎中，左迁永宁州（今属贵州）知州。卒于官所。

彭　景（1450—?） 字叔大，莆田人。明成化二十三年（1487年）进士。历官刑部主事、刑部员外郎、郎中。正德二年（1507年）升湖广布政司右参议。

彭　庠 古田杉洋人。明景泰二年（1451年）任临桂县丞，景泰四年升宜春知县。

彭　球 字国华，莆田横塘人。官至荆州府长阳（今属湖北）知县。

彭希贤（1502—?） 字及夫，莆田人。明嘉靖十七年（1538年）进士。历昌化（今属浙江）知县，升兵部郎中。

彭道南（1548—1639） 字明卿，号文泉，宁德人。明万历七年（1579年）任广东封川知县。

彭希颜 明嘉靖二十八年（1549年）举人。官至昌化知县。

彭　谨 江西新淦人，寄籍福建闽县。明嘉靖二十年（1541年）进士。曾任合州同知、铜梁知县，官至按察司佥事。

彭　珥 浙江龙泉人。明嘉靖（1522—1566）初任闽清知县。

彭时奋（1575—1647） 字汝和，宁德人。明万历十八年（1590年）官景州州判。

彭　悌 莆田黄石人。明万历十九年（1591年）举人。授云南府三泊（今云南安宁市）知县，建崇文桥，后改澄江府河阳（今属河南）知县。

彭汝亨 莆田人。明崇祯十三年（1640年）钦授特用进士出身。历莱州府掖县（今属山东）知县。

彭维让（1624—1649） 字虞侯，宁德人。清顺治四年（1647年）官北京博野知县。

彭泽运（1672—1743） 宁德人。清康熙三十五年（1696年）烽火营千总。

彭　烈（1702—1773） 宁德人。清雍正三年（1725年）千总都司。

彭　佑 普安州人。进士。清乾隆元年（1736年）任罗源知县。

彭祖瑀 湖南湘潭人。清乾隆五十五年（1790年）任连江知县。

彭芝年（1743—1822） 原名上治，宁德人。清乾隆四十年（1775年）任长乐知县。

彭即英 又名永英，霞浦人。清乾隆十九年（1754年）生。正四品昭武都尉，罗源千总升嘉义游击，擢升灌口都司。

彭礼振（1781—1856）　闽清人。一生农耕，垦殖山林。虽是小户人家，但坚持升斗之米扶贫助困，深得乡邻赞誉。清咸丰二年（1852年）荣获“一乡善士”牌匾。

彭毅斋（1796—1871）　原名彭怀，字叔临，晋江（今洛江）人。恩授直隶知州。

彭霁雨（1801—1856）　原名彭泼，字季活，晋江（今洛江）人。恩授直隶知州。

彭克明（1805—1884）　原名彭钦赐，字季福，晋江（今洛江）人。例授州同知。

彭长青（1828—1875）　原名彭万纪，晋江（今洛江）人。例授州同知。

彭存德（1832—1898）　原名彭报禄，字永爵，晋江（今洛江）人。例授直隶知州。

彭携取（1834—1892）　原名彭珪璋，字永秉，晋江（今洛江）人。例授直隶知州。

彭俊奇　溧阳人。清康熙年间（1662—1722）任闽清知县。

彭之昙　湖南湘潭人。清雍正四年（1726年）任连江知县。

彭信谊（1861—1902）　福州人。任惠安知县、梅县知县，升泉州知府。

彭荫棠（1892—1945）　又名彭棠，泉州市洛江区虹山乡苏山村人。民国时期陆军少将。

彭信书　福州井大路彭家大院出生。曾应聘为鹭江书院教席，好读书，典藏颇丰。厦门大学创办时，其子彭义澄奉遗命，将所藏经史集六七万册悉数捐赠给厦门大学图书馆。

彭朝荣（1904—?）　柘荣富溪霞利洋村人。曾任福霞鼎泰县苏维埃政府政委等职，后任鼎泰县第四区富溪区委书记。牺牲时间未详。

彭马辉（1908—1938）　霞浦盐田官岭尾村人。1933年1月参加革命，任霞浦县上西区苏维埃政府主席。1938年10月在福安市贰洋村因叛徒出卖被杀害。

彭马城（1912—1935）　霞浦洲洋八斗村人。1933年9月参加革命，任霞浦县委书记。1935年10月因叛徒告密被杀害在本县东门头。

彭开年（1915—1934）　霞浦柏洋神洋村人。1934年2月参加革命，任中共霞鼎县中心区委书记。1935年因叛徒告密被杀害。

第三节　历代进士名录

唐　代

姓名	籍贯	中进士年间与科榜	任职	备注
彭继嗣	崇安	光化二年（899年），己未科，卢文焕榜	内殿承宣使	
彭继苗	崇安	天复二年（902年），壬戌科	兵部尚书	

五　代

姓名	籍贯	中进士年间与科榜	任职	备注
彭保廉	崇安	同光元年（923年），癸未科		
彭保宴	崇安	天成四年（929年），己丑科		
彭　通	崇安	显德六年（959年），己未科		

宋　代

姓名	籍贯	中进士年间与科榜	任职	备注
彭　钲	崇安	景祐元年（1034年），甲戌科，张唐卿榜	通直郎	
彭仲熊	崇安	皇祐五年（1053年），癸巳科，郑獬榜		
彭次云	建安	嘉祐二年（1057年），丁酉科，章衡榜	江淮荆浙诸路发运使	
彭　歆	崇安	嘉祐三年（1058年），戊戌科	将仕郎	特奏名
彭　璟	建安	治平二年（1065），乙巳科，彭汝砺榜		
彭　路	崇安	崇宁二年（1103年），癸未特科		状元
彭元达	侯官	大观三年（1109年），己丑科，贾安宅榜		
彭　佶	瓯宁	政和二年（1112年），壬辰科，莫俦榜		
彭　拯	崇安	政和二年（1112年）壬辰科，莫俦榜		
彭文嗣	淮安	宣和三年（1121年），辛丑科，何涣榜	迪功郎	
彭　泽	剑浦	宣和三年（1121年），辛丑科，何涣榜		
彭南举	崇安	宣和六年（1124年），甲辰科，沈晦榜		
彭大正	崇安	建炎二年（1128年），戊申科	司礼	特奏名
彭公永	侯官	绍兴八年（1138年），戊午科，黄公度榜		
彭　奭	崇安	绍兴二十四年（1154年），甲戌科，张孝祥榜	左丞相	
彭　范	崇安	绍兴二十七年（1157年），丁丑科，王十朋榜		
彭泽宗	莆田	绍兴二十七年（1157年），丁丑科，王十朋榜	衢州教授	
彭奕休	莆田	绍兴二十七年（1157年），丁丑科，王十朋榜	永泰县主簿	
彭椿年	莆田	绍兴二十七年（1157年），丁丑科，王十朋榜	右文殿修撰	
彭　兴	莆田	绍兴二十七年（1157年），丁丑科	泰州文学	特奏名
彭　涣	侯官	隆兴元年（1163年）癸未科，木待问榜		
彭公衮	淮安	隆兴元年（1163年），癸未科		特奏名
彭　演	侯官	乾道二年（1166年），丙戌科，萧国梁榜	吏部尚书	
彭　奎	莆田	乾道二年（1166年），丙戌科，萧国梁榜	德庆府教授	
彭龟年	崇安	乾道五年（1170年），庚寅科		特奏名
彭　焕	侯官	淳熙二年（1175年），乙未科，詹骙榜		
彭　崧	侯官	淳熙二年（1175年），乙未科，詹骙榜		
彭梦赐	宁德	淳熙五年（1178年），戊戌科，姚颖榜	沙县知县	
彭　缜	泉州	淳熙十一年（1184年），甲辰科	兵部侍郎	特奏名
彭安上	宁德	淳熙十四年（1187年），丁未科		特奏名武进士

续表

姓名	籍贯	中进士年间与科榜	任职	备注
彭　晚	崇安	庆元三年（1197年），丁巳科	光泽主簿	特奏名
彭　淮	崇安	嘉定元年（1208年），戊辰科	功迪郎	特奏名
彭　申	剑浦	嘉定十年（1217年），丁丑科，吴潜榜	平乐府通判	
彭　爚	侯官	嘉定十三年（1220年），庚辰科，刘渭榜		
彭　彝	崇安	嘉定十三年（1220年），庚辰科，刘渭榜	大理寺丞	
彭梦牛	连江	嘉定十六年（1223年），癸未科，蒋重珍榜		
彭霆震	福清	绍定二年（1229年），己丑科，黄朴榜		
彭　寅	侯官	绍定二年（1229年），己丑科，黄朴榜		
彭卿月	泉州	绍定五年（1232年），壬辰科	微猷阁待制	特奏名
彭梦林	宁德	嘉熙二年（1238年），戊戌科，周坦榜	宝谟阁待制	
彭彝甫	莆田	淳祐七年（1247年），丁未科	温州府学教授	特奏名状元

明　代

姓名	籍贯	中进士年间与科榜	任职	备注
彭　贡	永福	洪武二十一年（1388年），戊辰科，任亨泰榜		
彭　福	瓯宁	永乐二年（1404年），甲申科，曾棨榜		
彭　韶	莆田	天顺元年（1457年），丁丑科，黎淳榜	刑部尚书	
彭　甫	莆田	成化十七年（1481年），辛丑科，王华榜	广西按察佥事	
彭　程	瓯宁	成化十七年（1481年），辛丑科，王华榜		
彭　景	莆田	成化二十三年（1487年），丁未科，费宏榜	湖广布政司右参议	
彭　昆	崇安	成化二十三年（1487年），丁未科，费宏榜		
彭　申	莆田	成化二十三年（1487年），丁未科，费宏榜	云南清吏司主事	
彭　球	莆田	弘治十二年（1499年），己未科，伦文叙榜	知县	
彭大治	莆田	正德九年（1514年），甲戌科，唐皋榜	韶州府知府	
彭希贤	莆田	嘉靖十七年（1538年），戊戌科，茅瓒榜	兵部郎中	
彭　谨	闽县	嘉靖二十年（1541年），辛丑科，沈坤榜	按察司佥事	
彭文质	莆田	嘉靖三十八年（1559年），己未科，丁士美榜	广西左参政	
彭汝楠	莆田	万历四十四年（1616年），丙辰科，钱士升榜	兵部左侍郎	
彭汝亨	莆田	崇祯十五年（1642年），壬午科	山东掖县知县	赐特用出身

清　代

姓名	籍贯	中进士年间与科榜	任职	备注
彭圣培	莆田	顺治九年（1652年），壬辰科，邹忠倚榜	中部（今陕西黄陵）知县	
彭　洙	安溪	康熙五十七年（1718年），戊戌科，汪应铨榜	山西解州知州	
彭博古	崇安	乾隆七年（1742年），壬戌科，金甡榜武进士	南泗州卫守备	
彭良稷		乾隆四十六年（1781年），辛丑科，钱棨榜		
彭　翊	侯官	道光二年（1822年），壬午科，戴兰芬榜	日照知县	
彭尚俭	屏南	道光十五年（1835年），乙未科，刘绎榜		附恩

第十五篇

康姓

《福建姓氏志·康姓篇》编纂委员会

主　任：康跃华

副主任：康惠冬　康锦川

委　员：康培英　康联聪　康永光　康亚琪　康文践　康长华　康期铭

康洽荣　康必相　康伟金

《福建姓氏志·康姓篇》编辑部

主　编：康锦川

副主编：康培英　康联聪

编　委：康永光　康焕荣　康亚皮　康良清　康承华　康必相　康海生

康锦梅　康允才　康剑宝

目　录

康姓，黄帝后裔。突厥族、满族、朝鲜族等18个少数民族亦有康姓。唐代中后期，上柱国正太卿康子元与其子康仲璟入闽，定居建宁府建阳县。唐光启元年（885年），康杰、康嘉德等入闽。康杰定居福州，后裔迁居福安穆阳康厝乡；康嘉德后裔定居厦门等地。另有康姓入闽分别定居漳州康厝林（今龙海市角尾镇）和清溪感化里（今安溪县湖上乡）。后唐长兴二年（931年），大理寺少卿、山东刺史康澄因避难入闽定居莆田。后周广顺元年（951年），康文忠随郭威入闽，定居福州侯官，后裔康朝凤迁居南溪锦屏（今尤溪县城关镇水南村）。南宋景炎元年（1276年），康驸马（名讳不详）由建康府（今南京）入闽，定居今南平。明洪武元年（1368年），康邦由江西泰和入闽，定居长汀。清末至民国年间，康子丽等5人由浙江苍南入闽，定居福鼎。据2016年统计，福建康氏人口总数88327人。人口分布全省34个县200多个村庄。另有迁徙浙江、江西、湖南、广东、台湾等省及东南亚各国。有康氏族谱10多套120多本，家庙、祠堂97座，名胜古迹12处，其中列为文物保护单位8处。历代人才辈出。康姓郡望有京兆郡、会稽郡、东平郡、华山郡和晋阳郡，主要堂号有京兆堂、会稽堂等。

第一章　源　流

第一节　溯　源

一、源自姬姓

周文王的第九子姬封，任大周司寇。周武王灭商后，赐封其第九弟姬封管辖“康城”（今河南禹县），建立“卫国”，王号“康”，故称“卫康叔”。后裔以“康”为氏，改为康氏。秦焚书坑儒时，卫康叔后裔中有人易“康”为“匡”姓。至宋朝建立，因避宋太祖赵匡胤讳，复改为康姓。

东周第八位国君周顷王封子姬季子于刘邑（今河南偃师西南）。季子逝世后，谥号为“康”，其部分后裔以谥号为姓，称康氏。

勾须公，世居晋阳，春秋时为鲁国匡邑宰，后代以“匡邑”为氏。唐元和年间（806—820），有避居袁州（今江西宜春）者，后裔改“匡邑”为“康”姓。

南唐，蕲州（今湖北蕲春）的匡稠归宋，为避宋太祖赵匡胤讳，改为康姓。

二、源自国名

汉代，西域康居国（今新疆北部和中亚部分地区）派王子乘出使中原，改姓后定居在河西走廊地区（今甘肃省境内），以国名为氏，称康姓。

三、源自薛姓

四川旺苍县高阳镇鹿渡居民以康姓为主。一派称老命康，一派称薛家康。其中源于薛仁贵之后的康氏一支，以康为姓，由龙安（今四川武平县）迁居旺苍县高阳镇定居。

四、源自少数民族

突厥族中有康姓，生活在金山（今新疆境内阿尔泰山）的游牧部落。满族八旗赫舍里氏、卡可他氏、额勒赫氏、康锡哩氏、康仪里氏、那尔氏、卡宜氏有康姓。蒙古八旗卓尔古特氏、珠尔奇特氏、瑚尔拉特氏和蒙古族中杭锦氏、杭图德氏、杭特努惕氏有康姓。鄂温克族、锡伯族、达斡尔族、羌族、瑶族、土族、土家族、傣族、拉祜族、彝族、畲族、藏族、朝鲜族等少数民族中均有康姓。

第二节　入　闽

唐代中后期，康子元由浙江会稽（今绍兴）入闽，定居建宁府建阳县。

唐光启元年（885 年），康姓族人由光州固始入闽，后裔定居惠安后坑村。

唐光启元年，康杰由光州固始入闽，定居今福州。

唐光启元年，康嘉德由光州固始入闽，后裔定居同安等地。

唐光启元年，康姓族入闽，定居漳州角尾沙坂村（旧称康厝林）。后裔有康真福者，定居安溪感化里（今安溪县湖上乡）。

五代后唐长兴二年（931 年），康澄因避难入闽，定居莆田霞江（今涵江）。

五代后周广顺元年（951 年），康文忠入闽，定居福州。后裔康朝凤迁居南溪锦屏山下（今尤溪县城关镇水南村）。

宋代，康姓族人由光州固始入闽，后裔定居惠安坑柄村入赘李家。

宋景炎元年（1276 年），有驸马康姓者由建康府（今南京）入闽，定居开平里西芹坑甲坊（今南平市延平区西芹镇洪溪村上马石）。

明洪武元年（1368 年），康邦由江西泰和入闽，初居汀州府（今长汀县）水东街登俊坊，后定居汀州城救驾坪（今东门小学背后）。

明代，另有一支由今江苏省江阴市入闽，定居今松溪县河东乡长江村。

清末，康子丽、康子华由浙江省苍南县迁入福鼎。

民国，康子堆、康贤瑞、康贤琪由浙江省苍南县迁入福鼎。

第三节　繁　衍

一、康子元家族

唐代，康子元定居建阳，子康仲璟迁徙山东登州。康仲璟生子康志仁。康志仁次子康存原迁居惠安后坑村，后迁螺阳五音，再迁涂寨、净峰、小岞。康天德迁居安溪新康里宫坂村（今安溪县虎邱镇金榜村），后裔康元河、康惠章迁居南安、泉州桐城（今丰泽区忠堡社区）。

二、惠安康氏家族

宋代，康姓从光州固始入闽，后裔定居惠安县螺阳镇坑柄村（今五音村）入赘李家，生两男，一承李家、一承康家。明成化八年（1472 年）分为康生仔、康川、康调仔三户。后裔康角迁居永春。后裔迁居惠安涂寨、净峰、小岞等地。

三、康杰家族

唐代，康杰定居福州。子康贾森生康智、康仁、康惠。康智迁徙温州府平阳县，康仁迁居福州南后街、康惠迁居长溪县穆阳康家坂（今福安市穆阳康厝乡）。康惠后裔迁居坂头后林、溪墘，康照迁居福苑，康照迁居霞浦水南芦峰，康照后裔迁居平潭苏澳土库、过溪，繁衍两大支系，其中一支系迁居福清龙田镇玉瑶村，后裔复迁平潭。

四、康嘉德家族

唐代，康嘉德后裔迁居清溪县感化里（今安溪县湖上乡）。宋代，后裔由安溪迁居同安豪山前房社后（今厦门市同安区新民镇禾山村）。分迁嘉禾里五通林边，禾山刘塘、下庄、垅仔尾、墙后、界外、土楼、后路、前山、九栈林和今翔安区箱山及海外，一支后裔迁居今福鼎市太姥山。翔安后裔迁居今海沧、漳州、南安，迁徙今广东潮州、台湾嘉义等地以及印度尼西亚等东南亚国家。

五、“康厝林”康氏家族

唐代，一支康姓定居今龙海市角尾镇沙坂林（旧称康厝林）。明代，后裔迁居龙海安山、同安豪山、翔安箱山。安山后裔有3个兄弟，一个定居在今龙海市安山村和溪墘村；一个改姓唐，迁居今漳州市龙文区小港村后房社；一个改姓江，迁居龙海市港尾镇石埠村。龙海溪墘另有后裔迁居华安、漳浦、诏安，迁徙广东和台湾宜兰、嘉义县义竹乡西过村等地及东南亚国家。康亨潮迁徙今广东省汕头市潮南区。

六、康真福家族

元代，康真福定居安溪感化里（今安溪县湖上乡大坑村），明宣德元年（1426年），3世康孟聪迁居永春锦斗芦垳，为入永始祖。明成化元年（1465年），康孟聪携子康福成、康福瑞、康福清再迁永春县玉斗镇红山村定居（俗称“红山康”）。康福成与陈姓两承（即康福成身份一半卖给陈姓，一半保留在康家，按闽南习俗，一个人继承两家香火和产业），定居红山村；康福瑞生5子，长子康观养迁居玉斗镇玉美村，次子康公保迁居玉斗镇玉斗村，三子康外生、四子康员生定居玉斗镇红山村，五子康海保迁居玉斗镇竹溪村；康福清早卒，两个幼儿随母迁徙江西铅山。

红山康家族后裔分衍玉斗、坑仔口、下洋、锦斗、蓬壶等19个乡镇21个村，迁居闽清、福清、永安、尤溪、沙县、大田、南平、邵武、建宁、古田、霞浦、南安、漳平等地，迁徙江西新余与横峰、湖南长沙、浙江平阳（今苍南县）、广西龙州、台湾等省市，以及马来西亚、印度尼西亚、新加坡、菲律宾等国家。清末民初，一支后裔由浙江平阳返迁福鼎。

七、康澄家族

五代后唐时期，康澄定居莆田霞江（今涵江区），后裔康梦戊生5子，其中康椿、康松、康柏、康榴四兄弟迁居月塘乡前康村砺山。康梦己子康槐、康桂及康梦戌子康桧迁居黄石镇天马村康厝。康梦庚生子康村，定居黄石镇天马村塔山康厝。康澄10世康习、康冈兄弟居仙游碧溪，其一后裔迁居仙游县兴泰里梅洋村下卢，生3子，长子迁居仙游石苍乡五湖乌石。明洪武二年（1369年），康澄15世康慈迁居笏石刘厝村国清里上林。

八、康文忠家族

五代时期，康文忠定居侯官（今福州）。后裔康朝凤迁居南溪锦屏山下（今尤溪县城关镇水南村），康成二迁居仙游县可溪（今仙游县赖店镇玉墩村），康成四迁居二十五都腾峰龙井兜（今尤溪县台溪乡丁岩村）。

九、康驸马家族

南宋景炎元年（1276 年），康驸马入闽定居开平里西芹坑甲坊（今南平市延平区西芹镇洪溪村上马石）。后裔迁居今南平市延平区塔前、西芹、夏道，建阳区洋墩，建瓯市东峰、建安，松溪县洋河等地。

十、康邦家族

明代，康邦由江西泰和迁入汀州府（今长汀县）。3 世康雪园迁居长汀县城，康蕙园迁居馆前。5 世康兰英迁居长汀大同李岭。7 世康永成迁居上杭南阳乡，后裔迁居延平府（今南平）松子坑，再迁徙广东兴宁。9 世康君章一支后裔迁徙江西广信府。康邦家族后裔迁居长汀、上杭、连城、龙岩，迁徙广东兴宁、江西瑞金、台湾、香港、澳门等地区和美国、加拿大、新加坡等国家。

第四节　郡望、堂号

一、郡望

京兆郡　三国时置郡，治所在长安（今陕西西安西北）。隋时弘农上洛令康显后裔居此，遂成望族。

会稽郡　秦时置郡，治所在吴县（今江苏苏州），汉时移治山阴（今浙江绍兴）。唐太学博士康国安居此，后裔遂成望族。

东平郡　汉时改大河郡为东平国，南朝宋时置东平郡，治所在无盐（今山东省东平县东）。康晔、康恭两个支系居此，后裔遂成望族。

华山郡　北魏时置郡，治所在郑县（今陕西华县）。东晋时，康因曾任太子詹事居此，后裔遂成望族。

晋阳郡　春秋时置郡，治所在今晋南蒲州。秦襄王改治所在晋阳城（今山西太原），晋阳康姓，宋代由匡姓改姓而来，匡勾须世居晋阳，后裔遂成望族。

二、主要堂号

京兆堂　以郡望为堂号，康杰、康嘉德、康文忠、康澄、康驸马、康邦、康真福、康朝凤等康氏家族的聚居地以“京兆”为堂号。

会稽堂　以郡望为堂号，康子元家族的聚居地以“会稽”为堂号。

第二章　分　布

第一节　人口分布

2016 年 6 月，福建省公安厅户籍人口数据统计（不含金门、马祖），康姓人口总数为 88327 人，分布于福建省各市、县（区、市）及平潭综合实验区。

表 15-1　　2016 年福建省康姓人口分布情况表　　单位：个、人

市（区）别	县（区、市）数	人口数	各县（区、市）人口数
福州	12	2824	鼓楼区 561，台江区 163，仓山区 280，晋安区 233，马尾区 61，福清市 349，长乐市 58，闽侯县 90，连江县 29，闽清县 76，罗源县 700，永泰县 215
厦门	6	8677	思明区 1854，湖里区 642，海沧区 607，同安区 2450，翔安区 3124
漳州	13	13670	芗城区 1079，龙文区 109，龙海市 10582，漳浦县 238，云霄县 29，诏安县 278，东山县 38，平和县 29，南靖县 76，长泰县 68，华安县 350，台商投资区 669，漳州开发区 125
泉州	12	41000	鲤城区 572，丰泽区 855，洛江区 65，泉港区 154，石狮市 143，晋江市 359，南安市 841，惠安县 16593，安溪县 364，德化县 68，永春县 20876，台商投资区 116
三明	11	1859	三元区 179，梅列区 153，永安市 320，清流县 26，宁化县 72，泰宁县 9，明溪县 42，将乐县 48，沙县 401，尤溪县 419，大田县 99
莆田	5	6431	仙游县 573，荔城区 1092，城厢区 234，涵江区 1405，秀屿区 3127
南平	10	9578	延平区 7240，建阳区 254，邵武市 221，武夷山市 79，建瓯市 1156，顺昌县 229，浦城县 235，光泽县 44，松溪县 92，政和县 28
龙岩	7	1965	新罗区 162，永定区 38，上杭县 374，武平县 15，长汀县 1242，连城县 52，漳平市 82
宁德	10	1602	蕉城区 98，福安市 292，福鼎市 219，霞浦县 794，寿宁县 14，周宁县 10，柘荣县 6，古田县 156，屏南县 4，东侨经济开发区 9
平潭	1	1360	

第二节　主要聚居地

一、福州市康姓

（一）鼓楼区

南街街道南后街　康仁由侯官迁入；清道光年间（1821—1850），康培生与子康祯观由永春县玉斗镇迁入。今居社区 25 户、100 多人。

（二）福清市

渔溪镇苏田村　康世君、康长奋、康文乔由永春县玉斗镇迁入。今居村 100 余户、500 多人。

（三）闽清县

上莲镇新村村　清嘉庆年间（1796—1820），康华从、康世信、康新金由永春县玉斗镇迁入。今居村 50 余户、200 多人。

店前乡坑头村　清康熙年间（1662—1722），康尧贻由仙游县乌石迁入。今居村 40 余户、180 多人。

（四）罗源县

松山镇八井村　今居村 100 余户、400 多人。

二、厦门市康姓

（一）湖里区

金林社区林边社 今居村 20 余户、100 多人。

（二）海沧区

东孚街道霞山社区 由同安豪山迁人。今居社区 200 余户、800 多人。

（三）同安区

新民镇禾山社区刘塘 今居村 150 余户、600 多人。

新民镇禾山社区前房 今居村 90 余户、300 多人。

新民镇禾山社区土楼 今居村 110 余户、550 多人。

新民镇禾山社区后路 今居村 30 余户、100 多人。

新民镇禾山社区前山 今居村 240 余户、1180 多人。

新民镇禾山社区九栈林 今居村 70 余户、270 多人。

新民镇禾山社区宋厝 今居村 20 余户、100 多人。

（四）翔安区

翔安区箱山村 由同安豪山迁人。今居村 1000 余户、3200 多人。

三、漳州市康姓

（一）龙海市

紫泥镇安山村 明建文二年（1400 年），康中德迁入。今居村 1000 余户、4200 多人。

紫泥镇溪墘村 明建文二年，康定迁人。今居村 1500 余户、5200 多人。

紫泥镇城内村 由安山村迁入。今居村 30 余户、100 多人。

紫泥镇金定村 由安山村迁人。今居村 40 余户、150 多人。

石码镇港口社、红旗社 清末民国初由溪墘村迁人。今居村 150 余户、700 多人。

榜山镇福河社 由溪墘村迁人。今居村 50 余户、200 多人。

港尾镇石坑村田寮内社 由溪墘村迁人。今居村 50 余户、160 多人。

（二）漳浦县

赤湖镇北桥社 今居村 30 余户、140 多人。

（三）诏安县

南诏镇第五街 今居村 100 余户、420 多人。

（四）华安县

沙建镇沙建村朝营社 由溪墘村迁人。今居村 90 余户、360 多人。

高车镇前岭村牛脚坂社 清代，康廷显由朝营社迁人。今居村 30 余户、100 多人。

（五）台商投资区

角美镇新岭社 清末迁人。今居村 30 余户、100 多人。

角美镇沙坂村 由河南迁人。今居村 30 余户、100 多人。

角美镇东美村屯上社 清同治九年（1870 年），康发由紫泥镇安山村迁人。今居村 100 余户、400

多人。

四、泉州市康姓

（一）丰泽区

西街街道忠堡社区 由惠安螺阳迁入。今居社区60余户、200多人。

（二）南安市

官桥镇黄山村 由厦门海沧区东孚街道霞山社区迁入。今居村60余户、200多人。

官桥镇西庄村 明嘉靖年间（1522—1566），康惠晖由永春玉斗迁入。今居村100余户、600多人。

英都镇荣星村 由惠安涂寨镇迁入。今居村40余户、100多人。

（三）惠安县

涂寨镇山尾村弄内 今居村100余户、600多人。

涂寨镇山尾御岭村 今居村190余户、1200多人。

涂寨镇乌石埠村 今居村30余户、120多人。

涂寨镇西湖村 今居村100余户、500多人。

净峰镇塘头村 今居村70余户、260多人。

净峰镇上厅村 今居村400余户、1600多人。

净峰镇墩北村 今居村300余户、1200多人。

净峰镇墩中村 今居村400余户、1600多人。

小岞镇前群村 今居村700余户、2600多人。

小岞镇前海村 今居村300余户、1000多人。

小岞镇前峰村 今居村600余户、2000多人。

黄塘镇亭林村 今居村90余户、400多人。

螺阳镇东风村 今居村40余户、150多人。

螺阳镇五音村 今居村300余户、1300多人。

崇武镇靖江村 今居村30余户、110多人。

（四）永春县

玉斗镇红山村 明成化元年（1465年），康孟聪全家由锦斗镇芦坵村迁入。后裔康外生、康员生定居红山村。今居村100余户、500多人。

玉斗镇玉斗村 由红山、竹溪、凤溪村迁入。今居村900余户、3500多人。

玉斗镇玉美村 康骞由凤溪村迁入，康光养由竹溪村迁入，康元禧由诗元村迁入。今传23世，居村900余户、3000多人。

玉斗镇炉地村 康汝、康降由玉美梅田洋迁入。今传23世，居村800余户、3000多人。

玉斗镇竹溪村 康海保由玉斗镇红山村迁入，康路由凤溪村迁入。今居村700余户、2400多人。

玉斗镇凤溪村 明代，康仁由竹溪村迁入。今居村480余户、2200多人。

坑仔口镇玉西村 清雍正八年（1730年），康文雁由玉斗八坑（今玉美村）迁入玉西村金洋，今传24世，居村160余户、800多人；清代，康锡镂由玉斗镇迁入玉西村中厝，今居村30余户、200多人；清乾隆五年（1740年），康德圆由玉斗镇梅田洋（今玉美村）迁入玉西村岭兜，今居村40余户、200多人；乾隆十三年，康王蒲之子康奎社、康毅轩、康衡社、康琳社由玉斗镇梅田洋迁入玉西村西山，今传21世，居村800余户、3200多人；清代，康文镳由玉斗镇竹溪村迁入玉西村地榜，今传23世，居村100

多户、300多人；康国宽由诗元村迁入玉西村街后，今居村40余户、200多人。

坑仔口镇诗元村　清代，康钟玹由玉斗镇竹溪村迁入，今传20世，居村100余户、400多人；康明本由玉斗镇玉美村八坑迁入，今传22世，居村70余户、200多人；康正柳由玉斗村迁入，今居村80余户、200多人。

坑仔口镇福地村　康元腊由诗元村迁入。今居村20余户、100多人。

坑仔口镇西坪村　由玉斗镇竹溪村迁入。今居村60余户、200多人。

下洋镇下洋村　康国兴、康芳默由坑仔口镇诗元村迁入。今居村40余户、160多人。

下洋镇曲斗村　康邦宗由玉斗八坑迁入。今传23世，居村180余户、1000多人。

下洋镇大荣村　康元墀、康元玺兄弟由玉斗梅田洋迁入。今传23世，居村70余户、350多人。

蓬壶镇联星村　康尽由玉斗迁入，有后裔迁居八乡村。今传22世，居村200余户、1000多人。

锦斗镇长坑村　由玉斗红山迁入。今居村30余户、100多人。

五、三明市康姓

（一）三元区

下洋街道育才路　民国年间（1912—1949），康金井由永春玉斗镇迁入。19世纪60年代，康招贤、康自治、康国珠、康坚固由永春坑仔口镇玉西村迁入。今居街道40余户、200多人。

（二）梅列区

徐碧街道列东村　民国年间迁入。今居村30余户、150多人。

（三）永安市

西洋镇西洋街道　1947年，康儒炉由永春县坑仔口镇玉西村迁入，另一支迁入情况不详。今居街道60余户、250多人。

（四）宁化县

安乐镇安乐村　今居村30余户、100多人。

（五）将乐县

光明乡界源村　今居村30余户、100多人。

（六）沙县

青州镇溪坪村　由今南平市延平区西芹镇上马石迁入。今居村40余户、200多人。

（七）尤溪县

台溪乡丁岩村　宋建隆元年（960年），康成四由城关镇水南村迁入。今居村40余户、200多人。

城关镇埔头村　明代，康大任由三奎头村迁入，今居村40余户、200多人；清代，康周定、康元返由永春玉斗镇迁入，今居村50余户、240多人。

梅仙镇乾美村　清顺治三年（1646年），康大佐由城关镇水南村迁入。今居村50余户、250多人。

西城镇北宅村　清康熙年间（1662—1722），康启安、康启县、康启印、康晋郡、康晋谅由永春玉斗迁入；雍正年间（1723—1735），康子可由城关镇麻洋村迁入。今居村60余户、250多人。

（八）大田县

城关街道凤山社区　康义正、康元继、康半琦由永春玉斗镇迁入，康金德由永春坑仔口镇玉西村迁入。今居社区30余户、100多人。

桃源镇下格寨　清代，康国秦、康国御、康国登由永春下洋镇曲斗村迁入。今居村50余户、200多人。

六、莆田市康姓

（一）仙游县

钟山镇梅洋村 明代，康贵玉由莆田迁入。今居村30余户、120多人。

石苍乡五湖村乌石 明末，康苍琴由钟山梅洋迁入。今居村100余户、400多人。

（二）荔城区

黄石镇天马村康厝 宋代，康槐、康桂、康村、康桧堂兄弟由今涵江区霞江北巷亭迁入。今居村200余户、900多人。

新度镇善乡村 明代，康辅由黄石镇天马村塔山康厝迁入。今居村60余户、200多人。

拱辰街道张镇村洙墩 明万历年间（1573—1620）迁入。今居村60余户、200多人。

（三）城厢区

常太镇松峰村 清代由黄石镇天马村康厝塔山迁入。今居村30余户、100多人。

龙桥街道龙桥社区 今居社区20余户、100多人。

（四）涵江区

梧塘镇西林村后林 清乾隆年间（1736—1795），康润土由杨芳村张井迁入。今居村70余户、300多人。

梧塘镇西林村西垞 清代由黄石镇天马村康厝塔山迁入。今居村50余户、200多人。

三江口镇杨芳村张井 由秀屿区笏石镇刘厝村上林迁入。今居村20余户、100多人。

三江口镇芳山村金墩 由杨芳村张井迁入。今居村80余户、300多人。

白塘镇集奎村岱埕 明末清初由黄石镇天马村康厝塔山迁入。今居村60余户、390多人。

涵东街道埔尾社区 清代由梧塘镇西林村西垞迁入。今居社区20余户、100多人。

涵西街道保尾社区 清代由杨芳村张井迁入。今居社区30余户、100多人。

江口镇后郭村 由杨芳村张井迁入。今居村50余户、200多人。

（五）秀屿区

笏石镇刘厝村上林 明洪武二年（1369年），康慈由黄石镇天马村康厝塔山迁入。今居村20余户、100多人。

笏石镇来塘南田村 明代，康仲华由黄石镇天马村康厝塔山迁入。今居村80余户、280多人。

月塘乡励山前康村、东坑村 宋绍兴二十年（1150年），康椿、康桧、康松、康柏、康榴由今涵江区霞江北巷亭迁入。今传39世，居村1000余户、4000多人。

七、南平市康姓

（一）延平区

西芹镇长建村 元大德年间（1297—1307），由西芹镇洪溪村上马石迁入。今居村200余户、1000多人。

西芹镇坑布村 元大德年间由西芹洪溪村上马石迁入。今居村300余户、1300多人。

西芹镇南洲村 元大德年间由洪溪村上马石迁入。今居村260余户、1300多人。

西芹镇跃村 元大德年间由洪溪村上马石迁入。今居村100余户、500多人。

西芹镇泗坑村 元大德年间由洪溪村上马石迁入。今居村100余户、500多人。

西芹镇洪溪村 元大德年间由洪溪村上马石迁入。今居村50余户、200多人。

西芹镇吉洋村　明正统十一年（1446年）由西芹坑甲坊迁入。今居村50余户、200多人。
塔前镇西洋村西坑　明正统年间（1436—1449）由夏道镇小坪村迁入。今居村380余户、1140多人。
塔前镇棚下村上坑（龙泉坑）　明正统年间由洪溪村上马石迁入。今居村50余户、200多人。
塔前镇棚下村　明正统年十一年由洪溪村上马石迁入。今居村80余户、300多人。
塔前镇赤坑村洋坑　明正统十一年由洪溪村上马石迁入。今居村50余户、200多人。
夏道镇小坪村　元大德年间由洪溪村上马石迁入。今居村80余户、380多人。
夏道镇山后村　明正统十一年由洪溪村上马石迁入。今居村80余户、400多人。
水南街道东坑村际头　清顺治七年（1650年）由西芹镇南洲村迁入。今居村30余户、100多人。

（二）建阳区

洋墩镇上乾村　清代迁入。今居村30余户、100多人。

（三）建瓯市

东峰镇记源村　清代由西芹镇洪溪村迁入。今居村60余户、250多人。

（四）松溪县

河东乡长江村　明代由今江苏省江阴市迁入。今居村20余户、110多人。

八、龙岩市康姓

（一）上杭县

南阳镇阜阳村　明成化年间（1465—1487），康商伯由长汀迁入。今居村90余户、400多人。

（二）长汀县

汀州镇水东街　明洪武元年（1368年），康邦由江西泰和五十六都迁入。今居村500余户、1900多人。
大同镇李岭村　明代，康世英由汀州迁入。今居村40余户、200多人。
大同镇东埔村　康文由江西泰和迁入。今居村60余户、300多人。
馆前镇汀东村　清代，康蕙园、康雪园由长汀县汀州镇新丰街迁入。今居村200余户、960多人。

（三）连城县

庙前镇山寨村　清代，康又平由长汀迁入。今居村30余户、100多人。

（四）漳平市

永福镇小荷村　清代，康文随、康士助、康朝烈、康世国、康锡竹由永春玉斗镇迁入。今居村30余户、140多人。

九、宁德市康姓

（一）福安市

穆阳镇康家坂村　唐末，康惠由侯官（今福州）迁入。今居村50余户、200多人。
社口镇坦洋村　由穆阳康家坂迁入。今居村40余户、100多人。

（二）福鼎市

春石镇流江村　清末，康子丽、康子华由浙江苍南迁入。今居村30余户、100多人。
坎门镇双龙村　民国，康子堆由浙江苍南迁入。今居村20余户、100多人。
秦屿镇冷城村　民国，康贤瑞由浙江苍南迁入。今居村40余户、150多人。

（三）霞浦县

松城街道松兴社区 由穆阳康家坂迁入。今居村 40 余户、100 多人。

崇儒乡石亭村 清代，康庄撰、康明新由永春玉斗迁入。今传 22 世，居村 50 余户、200 多人。

长春镇界石村 明代，康国梁由永春玉斗迁入。今居村 20 余户、100 多人。

牙城镇前街村 清代，康子丽、康金寿由今福鼎市春石镇流江村迁入。今居村 20 余户、100 多人。

三沙镇斗门村 清代由今福安康厝迁入；民国时期，康贤琪由浙江苍南迁入。今居村 150 余户、700 多人。

（四）古田县

松吉乡巴斗村 明代，康建南由今南安市官桥镇西庄村迁入，今居村 30 余户、100 多人；清代，康文聘、康正昆、康正主、康朝幼由永春玉斗迁入，今居村 100 余户、400 多人。

十、平潭综合实验区康姓

苏澳镇土库村 清雍正三年（1725 年），康树楚三兄弟由福清龙田玉瑶村迁入。今传 15 世，居村 120 余户、460 多人。

苏澳镇芦洋村 康树楚支系。今传 15 世，居村 20 余户、100 多人。

苏澳镇过溪村 清雍正三年，康天赐由福清龙田玉瑶村迁入。今传 15 世，居村 50 余户、200 多人。

苏澳镇友谊村 康天赐支系。今传 15 世，居村 20 余户、100 多人。

潭城镇城关 康树楚支系。今传 15 世，居村 30 余户、100 多人。

流水镇流水村 康天赐支系。今传 15 世，居村 20 余户、100 多人。

中楼乡大坪头村 康天赐支系。今传 15 世，居村 20 余户、100 多人。

岚城乡新桥村 康树楚支系。今传 15 世，居村 30 余户、100 多人。

岚城乡中南村 康树楚支系。今传 15 世，居村 30 余户、100 多人。

第三章 谱 牒

第一节 厦门市

同安区

《豪山康氏家谱》 明嘉靖（1522—1566）中期康南徵始修，崇祯三年（1630 年）康尔韫二修。谱载明嘉靖至崇祯年间康氏家族历史。印刷本。谱存豪山康氏宗亲会。

第二节 漳州市

龙海市

《龙海市安山康氏族谱》 2005 年康毅能主修。谱载历修谱序、家训、历代名人传、赞记及各户人口等。印刷本。谱存安山村老人理事会。

第三节　泉州市

一、南安市

《西庄康氏家谱》　1992 年康文铁始修，2008 年康文铁二修。谱载历修谱序、家训、历代名人传、赞记及各户人口等。铅印本。谱存中华康氏文化研究会、永春凤山康氏宗亲联谊会、南安西庄康氏文化研究会。

二、惠安县

《康氏上厅村下馆族谱》　2004 年康应如主修。谱载上厅中大厝下馆历史，内容从 6 世至 14 世，包括序言、后记等。钞本。谱存净峰镇上厅村下馆康氏谱录编委会。

《小岞前内后顶头康氏苏公族谱》　2016 年康赐贤主修。谱载修谱序、祖厝、祖墓、族史钩沉、家训、人物、世系传承及各户人口等。铅印本。谱存惠安小岞前内后顶头康氏谱录编委会。

《螺阳五音大厝康氏族谱》　2020 年康跃华主修。谱载修谱序、家庙、祖墓、源流简介、文物古迹、家训、人物、宗亲风采、世系传承等。铅印本。谱存螺阳五音大厝康氏族谱编纂委员会。

三、永春县

《永春凤山康氏族谱》　明万历二十三年（1595 年）康平溪始修，万历三十六年康竹轩二修，天启二年（1622 年）康静山三修，崇祯九年（1636 年）康瑞台四修，清康熙二十七年（1688 年）康子体五修，咸丰十一年（1861 年）康明贤六修，1925 年康世珍七修，2008 年康青龙八修。谱载历修谱序、家训、历代名人传、赞记及各户人口等。铅印本，由 75 册组成（全族共有 75 个支系，每个支系单独编写一册）。谱存中华康氏文化研究会（河南南阳）、永春康氏宗亲联谊会及全族 75 个支系。

第四节　三明市

尤溪县

《丁岩康氏族谱》　清康熙四十二年（1703 年）始修，光绪四年（1878 年）康道正二修，1933 年康光华、罗菊如、林升、康洽锦等三修，2012 年康良清四修。谱载历修谱序、家训、历代名人传、赞记及各户人口等。铅印本。谱存尤溪城关镇水南村、埔头村、台溪村、丁岩村宗亲会。

第五节　莆田市

荔城区

《塔山康氏家谱》　明洪武年间（1368—1398）康满、康场、康薰沐、康廷盘始修，清康熙四十五年（1706 年）康天球二修，嘉庆九年（1804 年）康仁声三修。谱载历修谱序、家训、历代名人传、赞记及各户人口等。铅印本。谱存福建省图书馆、塔山康氏各支系宗亲会。

第六节　龙岩市

长汀县

《汀州京兆堂康氏族谱》　2010年康期铭主修。谱载历修谱序、家训、历代名人传、赞记及各户人口等。铅印本。谱存康期铭及各支系宗亲会。

第七节　宁德市

福安市

《京兆福里康氏宗谱》　元至元二十七年（1290年）始修，明嘉靖十九年（1540年）二修，崇祯二年（1629年）三修，清康熙四十六年（1707年）四修，乾隆二十七年（1762年）五修，嘉庆十年（1805年）康永英六修，同治十一年（1872年）康集烙七修，光绪三十三年（1907年）康集桂八修，2014年康锦梅、康联聪九修。谱载历修谱序、家训、历代名人传、赞记及各户人口等。铅印本。谱存康锦梅及各支系宗亲会。

第八节　平潭综合实验区

《京兆固始平潭康氏族谱》　清雍正年间（1723—1735）始修，道光年间（1821—1850）二修，同治七年（1868年）三修，1915年四修，1946年五修，1994年康章仲六修，2013年康允发、康承良七修。谱载历修谱序、家训、历代名人传、赞记及各户人口等。铅印本。谱存平潭康氏宗亲联谊会及各支系。

第四章　文化遗产

第一节　著作与艺文

［明］康　朗　惠安人。著有《中丞诗集》10卷、《中丞文集》10卷、《止戈成略》8卷、《海内诗文抄》12卷、《温陵文献》16卷。

［明］康惟心　惠安人。著有《用汲斋读书集》等30多卷。

［清］康伟然　龙海人。著有《黉祀纪绩》《四书说义》《孝经衍义辑要》。

［清］康　咏　长汀人。著有《漫斋诗稿》等。

［清］康敬贻　龙岩人。译有《帝国109》等。

［近现代］康良瑀　永春人。著有《社会心理学》《世界政经概况》。

［近现代］康仲承　永春人。著有《肝炎辩证施治》《中国传统老年医学文献精华》《中国传统养生

学精粹》等。

[近现代] **康金章** 永春人。著有《电除尘器本体结构 CAD 系统》《计算机数值方法》等。

[近现代] **康明爵** 永春人。著有《麻疹辩证论治》《产前产后》等。

[近现代] **康仲涵** 永春人。著有《解剖学》《人体解剖学》等。

[近现代] **康育义** 永春人。著有《生命起源与进化》《古生物学》《苏北油田下第三系划分与对比》《贵州旅游资源考察风光绘画集》《中国当代地球科学家辞典》等。

[近现代] **康德智** 永春人。著有《外科学》《中华神经医学》《中华脑血管病》《立体定向和功能性神经外科》《中国神经肿瘤》《解剖与临床》《中华实验外科》等。

[近现代] **康海玲** 女，永春人。著有《中华戏曲与马来西亚华人的节日民俗》《杨军及其书法艺术》《深层的展演——人类学视野下的马来西亚华语戏曲》《中国戏剧》《中华戏曲与马来西亚华人的节日民俗》《闽方言戏曲的文化担当及边缘放逐》。

[近现代] **康文法** 莆田秀屿来塘人。著有《岩石力》《岩石流变质》等。

[近现代] **康乃真** 莆田涵江保尾人。编著《DSSE-L 数据库系统》《分布式计算机系统》《交互式计算机图形学》等。

[近现代] **康　爵** 莆田涵江保尾人。著有《味外轩诗集》《东山逸民诗辑》《莆阳书家录》《古今方志总目》等。

[近现代] **康　诰** 长汀人。著有《寅湖诗集》《寅湖文集》《四书汇讲》《易经汇讲》《历代名家文选》《杜律粹校》《刘同寇声律发蒙》《和郝先生梅花百韵诗》《历代叙略》等。

[近现代] **康绍迪** 长汀人。著有《计算技术》《统计原理与工业统计》《统计原理与农业统计》《管理会计》《工业统计》《审计学基础》《企业经营管理》《统计原理》等。

[近现代] **康　洪** 长汀人。著有《愤怒》《我和上帝有个约》《城市猎人》《周渔的火车》《台湾海峡》《假如还有明天》等。

[近现代] **康　群** 长汀人。著有《爱的是与非》《戈壁红柳》《草坪》《中外游记一百篇》《世纪新论》《康群散文精选》《百灵鸟散文诗选集》《不平不仄集》《康家诗选》《诗文拾遗》《莫明其妙》。

[近现代] **康绍瞿** 龙岩人。著有外文版《电脑软件学术》两册。

[近现代] **康元泰** 龙海人。主编《漳州市志》。

第二节 族规家训

一、惠安康氏祖训

家之将兴，子孙必多贤能，善可为法颠倒是非见思齐。恶可为戒者，见而自省，子与子言孝，弟与弟言悌。内外有别，尊卑自等，士者治诗书，志科第，农者服穑先畴惟士，物爱一门之内。各安分，毋恃祖业，毋忤逆纵恣以忧父母，毋厚自封殖而自亲属于不恤，毋袖手食贪而惟蒲博之是好，毋投献产业以害其宗族，毋巧弄机械以表其良心，其有宜室家，和兄弟，顾父母，厚族党亲戚故旧。色不为淫，酒不为困，博弈不为诱。不贪、不争、不念、不讼。外御其悔，不吝财物。以致人食其功。天报之德，老寿而少臧，于以高里门。光祖考，斯贤子孙矣！

录自《惠安康氏芳踪》

二、永春康氏祖训

留有余，不尽之巧以还造化；留有余，不尽之禄以还朝廷；留有余，不尽之财以还百姓；留有余，不尽之福以还子孙。若辈知昌家之道乎？留余忌尽而已。

录自《永春凤山康氏族谱》

（引以河南康百万庄园《留余》匾额为祖训）

三、莆田康氏祖训

夫立身正己，然可以以正家睦族，一命之士，布衣之徒能润色名行，设礼法约，引领族人，此亦豪杰，特立之行，筍然而已也。凡我后辈，倘不悖吾家训法程，则正家睦族其有者乎。

孝父母：人生有行，人孝为先，宜竭力事亲，新过亦婉言喻亲，切勿疾言怒色伤亲也。

敬尊长：子弟恂瑾，是为大家，阖族原系一脉。凡年长者当以恭顺，勿以小事微嫌凌辱尊长，和善是道也。

励课读：家族振兴，大才乃大。子弟可读书者，需强激励，正经书史，严加训迪。子弟不读书，即不明义理。吾，忠厚相传，慎不至此。

务生计：士农工商，皆是本职，子弟各有专业，岂可任意游闲，倘有不务正业，嫖赌、逍遥、酗酒，或沦为盗贼流亡，贻害乡邻，是为玷辱祖先，勿此为甚，合族应公论严禁。

重信义：待人接物，诚信为本，投机巧取，哄骗强夺，君子不取不义之财；诚实守信，勤俭拼搏，克慎厥猷知所止。

崇节俭：节俭为兴家之道，维生计之策，况士农之家，日用起居留有余而俭可率人。

禁邪巫：禁忌邪巫邪术。古道：盖鬼道盛，则人道衰，理之一定者。故一切左道邪门惑众，诸辈勿令至门。吾族共凛之禁之，以正正道昌盛。

存心地：人各有志，竭之方寸。古道：但存分寸地，留给子孙耕，这地便是基业，道德堪是。维存则留，不存则绝无所留，奈何不自为地，自不为子孙地乎。望族中子弟勉之惕之，以正家声。

录自莆田康氏宗祠

四、汀州康氏家训

恒古家规明训　裕后房族儿孙　兄弟同胞手足　勿听闲言伤情
上祖历代厚德　为我后人沾恩　吾氏族人繁多　贫富不以均匀
富者不可忘本　穷者莫怨祖人　家和丁财兴旺　诚信为人之本
勤俭治家为上　切莫小利执争　懒惰难以事成　族人永世秉承
和谐共同发展　父慈子孝礼尊　兄弟亲友谦和　邻里乡亲友好
人前莫论人非　是非不入其门　教子必有俊德　教女谨慎闺门
九族五伦敦重　家规国法应遵　幼儿从严教训　娇生惯养不成
静年须务正业　嫖赌利剑害人　君子爱财有道　以之义气公平
酗酒害己害人　特立家规明训　构建和谐氛围　齐筑幸福家庭
告诫吾族后人　子孙后代铭听

录自《汀州京兆堂康氏族谱》

五、永春县玉西村康姓乡规民约

清乾隆年间，永春县“玉版西山康”（今坑仔口镇玉西村康姓），倘若有人过世，总要挑选日子才能出殡，“西山康”也不例外。一日，有位高官微服私访路过此地，听到堂内啼哭之声，便入内探个究竟。官员得知这户人家五天前有长辈过世，因时辰未到不能出殡，且因家贫，众亲人正在想法集资。高官非常同情，便掏出银两相帮，并当场对众人说：“从今往后，若人过世，无须择日，即便出殡。绝不碍事，吾非儿戏，大可宽心！”众人觉得此人绝非等闲之辈，即刻跪拜道谢。经此高官向上报请，得御赐“圣旨”匾额一块悬挂于西山堂大殿之上。“出殡不择日”之举延续于今。2016年，被永春县方志委收录为“永春县坑仔口镇玉西村乡规民约”。

第三节　宗　祠

莆田前康康氏宗祠　坐落在莆田市秀屿区月塘镇前康村。明嘉靖四十一年（1562年）始建，2012年重修。占地面积800多平方米，建筑面积218平方米。坐北向南。2013年被列为莆田市文物保护单位。

前康康氏宗祠

惠安县康朗家庙　坐落在螺阳镇五音村。明万历年间（1573—1620）始建，历经清、民国修葺，1983年重修。占地面积800多平方米，建筑面积400多平方米。坐北向南。砖石结构，明代建筑风格，三进式。明万历敕封为“康朗家庙”，赐春秋二祭。1987年被列为惠安县文物保护单位。（见彩图15-1）

永春县玉斗康氏大宗祠　坐落在玉斗镇玉斗村。1924年始建，2004年重修。占地面积3458平方米，建筑面积1965.51平方米。坐东南向西。土木砖结构，明皇宫式建筑风格，有三进，前、中、后三厅，左右凤翼，书院、护厝构造完整。供奉入永一世康孟聪，宗祠内外饰以木雕石刻、花鸟人物、书法图画等作品。宗祠内有“康叔始源远自朝歌衍派，京兆敦本近由凤山播英”等楹联及历代名贤匾额45幅。2015年被列为永春县文物保护单位。（见彩图15-2）

厦门市同安区豪山康氏家庙　坐落在同安区豪山村。元至正元年（1341年）始建，明嘉靖二十六年（1547年）重建，嘉靖三十七年重修，隆庆元年（1567年）重建，万历二十一年（1593年）重建，1935年重修前堂，1947年重修寝掌，1971年大修屋顶。占地面积2123平方米，建筑面积1427平方米。坐北向南。土木石结构。家庙以“中宪第”冠名立匾。正堂上悬有“文魁”“武魁”“进士”“奉直大夫”等匾额。

厦门市豪山康氏五房祖祠　坐落在同安区新民镇禾山社区前山村南。明万历（1573—1620）末期始建，2003年重建。占地面积212平方米，建筑面积579平方米。坐北向南。砖木石结构。

厦门市豪山康氏前山长柱祖祠　坐落在同安区新民镇豪山前山村西。2005年重建。占地面积250平方米，建筑面积200平方米。坐东北向西南。砖木结构。

厦门市豪山康氏前山二柱祖祠　坐落在同安区新民镇豪山前山村。建筑面积200平方米。坐东北向西南。砖木石结构。

厦门市豪山康氏前山太封柱宗祠 坐落在同安区豪山前山社西村。明万历（1573—1620）末期始建，2005年重建。建筑面积133平方米。坐东北向西南。砖木石结构。

厦门市豪山九栈林康氏宗祠 坐落在同安区新民镇豪山流塘社内。1983年修建。建筑面积176平方米。坐北向南。砖木石结构。

厦门市豪山康氏流塘宗祠 坐落在同安区新民镇豪山流塘社内。2002年重建。建筑面积268平方米。坐南向北。砖木石结构。

厦门市箱山康氏祖庙 坐落在翔安区洪前社区东头第二组。2016年始建。建筑面积348.5平方米。坐东北向西南。砖木石结构。

厦门市翔安箱山康氏家庙 坐落在翔安区新店镇洪前社区洪前村。明代始建，1947年重建，1987年重修，2013年再次重建。占地面积900多平方米，建筑面积272.6平方米。坐东北向西南。土木石结构，明堂梁架木构，梁枋上有狮兽、人物漆金木雕，大门边有花鸟纹抱鼓石，天井四周和厅堂内有鼓形和腰鼓形石柱础。厅堂内有“进士”“兄弟学士”“荣禄大夫”“左营游击”等匾额及“贤母率英儿诰受御前学士家声远，四代官一品恩蒙祖上大夫世泽长”楹联。

厦门市翔安箱山康氏祖庙 坐落在翔安区海军山南麓，洪前社区东头第二村民小组旺来园。2016年始建。建筑面积348.5平方米。坐东北向西南。石木结构。

龙海康氏追远堂大祖祠 坐落在龙海市紫泥镇溪墘村。明初始建，2020年修建。建筑面积425平方米。坐北向南。砖石结构。祠内悬挂着“追远”牌匾及“父子贡元”“节孝”匾额。

龙海康氏追远堂 坐落在紫泥镇安山村。2017年修建。建筑面积400平方米。坐东北向西南。砖木结构。

龙海康氏敦本堂 坐落在紫泥镇安山村。1925年修建。建筑面积200平方米。坐西北向东南。砖木结构。

龙海康氏树德堂 坐落在紫泥镇安山村。2016年修建。建筑面积200平方米。坐东北向西南。砖木结构。

龙海康氏小宗 坐落在紫泥镇安山村。建筑面积190平方米。坐北向南。砖木结构。

龙海康氏绍德堂（大房） 坐落在紫泥镇溪墘村。清道光年间（1821—1850）始建，2013年迁址新建，原大房、三房在社内共同兴建，现新建时分开重建。建筑面积4700平方米。坐北向南。砖木结构。

龙海康氏绍德堂（三房） 坐落在紫泥镇溪墘村。清道光年间始建，2012年迁址新建。建筑面积3178平方米。坐北向南。砖木结构。

龙海康氏兴衣堂 坐落在紫泥镇溪墘村。2012年重建。建筑面积880平方米。坐北向南。砖木结构。

龙海康氏绍衣堂 坐落在紫泥镇溪墘村。清道光年间始建，2003年重建。建筑面积212平方米。坐北向南。砖木结构。

龙海康氏存爱堂 坐落在紫泥镇溪墘村。清道光年间始建，2013年重建。建筑面积1046平方米。坐北向南。砖木结构。

龙海康氏福兴堂 坐落在石坑村田寮内社。2014年重建。建筑面积1054平方米。坐东向西。砖木结构。

龙海康氏霞山堂 坐落在角美镇新岭社。清嘉庆七年（1802年）始建。建筑面积1200平方米。坐西北向东南。砖木结构。

漳浦康氏京兆堂 坐落在赤湖镇北桥村后社。1998年修建。建筑面积302平方米。坐北向南。砖木结构。

诏安康氏蕲州国公堂　坐落在南诏镇第五街。1998 年重建。建筑面积 120 平方米。坐西北向东南。砖木结构。

华安康氏书香堂　坐落在沙建镇沙建村朝营。清代始建，2019 年重建。占地面积 1268 平方米，建筑面积 528 平方米。坐西向东。砖木石结构。

南安市康氏宗祠　坐落在官桥镇西庄村。明弘治年间（1488—1505）始建，2008 年重建。占地面积 650 平方米，建筑面积 450 平方米。坐西向东。石木结构。

惠安净峰上厅中大厝祖厝　坐落在净峰镇上厅村。清顺治年间（1644—1661）始建，2018 年重建。建筑面积 268.2 平方米。坐东向西。仿古风格。

惠安净峰城前康氏祖厝　坐落在净峰镇城前村东莲自然村。明末清初始建，2010 年重建。建筑面积 310 平方米。坐东向西。砖木结构。

惠安净峰上坑街康氏祖厝　坐落在净峰镇塘头上坑街自然村。民国初年始建，2009 年重建。建筑面积 180 平方米。坐西向东。砖混结构。

惠安净峰郑厝康氏祖厝　坐落在净峰镇郑厝自然村。2014 年建。建筑面积 400 平方米。坐东向西。砖木结构。

惠安涂寨西湖大厅祖厝　坐落在涂寨镇西湖村。1990 年重建。建筑面积 185 平方米。坐东向西。石木结构。

惠安涂寨西湖新厅祖厝　坐落在涂寨西湖村。1999 年修建。建筑面积 150 多平方米。坐东向西。石木结构。

惠安涂寨西湖大厝祖厝　坐落在涂寨西湖村。清末始建，2019 年重建。建筑面积 310 多平方米。坐东向西。砖石木结构。

惠安涂寨荷石步祖厝　坐落在涂寨荷石步村。光绪六年（1880 年）前后始建，2017 年修建。建筑面积 160 平方米。坐东北向西南。砖石木结构。

惠安涂寨御岭祖厝　坐落在涂寨镇御岭村。1978 年修建，2014 年重建。建筑面积 280 平方米。坐西北向东南。砖石木结构。

惠安涂寨山尾祖厝一　坐落在涂寨镇弄内村。2014 年重建。建筑面积 295 平方米。坐南向北。砖石木结构。

惠安涂寨山尾祖祠二　坐落在涂寨镇弄内村。清末始建，2019 年修建。建筑面积 194 平方米。坐南朝北。石木瓦结构。

惠安五音村顶乡祖厝　坐落在螺阳镇五音村顶乡。2019 年重建。建筑面积 188 平方米。坐东向西。砖石结构。

惠安五音桥透康氏祖厝　坐落在螺阳镇五音村。清嘉庆年间（1796—1820）始建，2007 年翻建。建筑面积 278 平方米。坐东向西。石木结构。

惠安下埔内祖厝　坐落在螺阳镇五音村。清嘉庆年间始建，2018 年重建。建筑面积 280 平方米。坐东向西。砖石木结构。

惠安崧山康氏七家祖厝　坐落在五音顶乡七家埕。清乾隆年间（1736—1795）始建，2015 年重建。建筑面积 298 平方米。坐西北向东南。砖木结构。

惠安螺阳镇五音村大厝祖祠　坐落在螺阳镇五音村。清代始建，2018 年重建。建筑面积 759 平方米。坐北向南。砖木石结构。

惠安净峰墩北新厅祖厝　坐落在惠安净峰镇墩北村。2012 年重建。占地面积 500 平方米，建筑面积 220 平方米。坐北向南。砖木石结构。

惠安净峰上厅北头祖厝 坐落在净峰镇上厅村。2010 年重建。建筑面积约 300 平方米。坐东向西。仿古风格。

惠安净峰墩北西边康氏祖厝 坐落在净峰镇墩北村。1998 年重建。占地面积 600 平方米，建筑面积 340 平方米。坐北向南。石木结构。

惠安小岞前内东头东厝祖厝 坐落在小岞前内村。清初始建，1996 年修建，2006 年重建。建筑面积 200 平方米。坐南向北。木结构。

惠安小岞前内东头刊西厝祖祠 坐落在小岞前内村。雍正十三年（1735 年）重修，2017 年重建。建筑面积 208 平方米。坐东北向西南。土木砖仿古结构。

惠安小岞前内康氏后顶头乾公祖厝 坐落在小岞镇前群村。嘉庆二十一年（1816 年）始建，2005 年依原址翻建。占地面积 500 平方米，建筑面积 310 平方米。坐东向西。砖木结构。

惠安小岞前内康氏二房土埕祖厝 坐落在小岞镇前群村。清康熙年间（1662—1722）始建，1989 年依原址翻建。建筑面积 310 平方米。坐北向南。石木结构。

惠安小岞前内康氏二房和利祖厝 坐落在小岞镇前海村。清嘉庆年间（1796—1820）始建，1988 年依原址翻建。占地面积 400 平方米，建筑面积 320 平方米。坐北朝南。石木结构。

惠安小岞前内康氏三房石埕祖厝 坐落在小岞镇前群村。清乾隆年间（1736—1795）始建，2008 年依原址翻建。占地面积 380 平方米，建筑面积 310 平方米。坐北向南。砖木结构。

惠安小岞前群康氏东头西厝祖厝 坐落在小岞镇前群村东头。2009 年重建。占地面积 850 平方米，建筑面积 145 平方米。坐北向南。土木结构。

永春康氏院内祖宇 坐落在永春凤山（今玉斗镇红山村）。明成化十七年（1481 年）始建，2006 年重修。占地面积 959 平方米，建筑面积 665. 52 平方米。坐西北向东南。土木砖结构。奉祀凤山康氏二世、康孟聪次子康福瑞。大殿上有清朝大学士、安溪湖头人李光地托弟李光墺，为答谢永春凤山康允臣等众义士勇救李光地及安溪湖头民众的题联“凤凰翼高丹邱灵雏如种，金马门辟庭除玉树生辉”等楹联 16 副。民国时期，系安溪、永春、大田三县共产党员秘密活动据点。

永春康氏神於堂 坐落在玉斗镇竹溪村。明弘治十六年（1503 年）始建，2012 年重修。占地面积 1000 多平方米，建筑面积 590. 25 平方米。坐西向东。土木结构。奉祀永春凤山康氏三世祖康福瑞五子康端斋。俗称“五房祖”。堂内有“神马奔腾祖德维扬凤山聚四美，菸菟仰哨后昆励志竹里开五房”等楹联 24 副。

永春康氏赤谷堂 坐落在玉斗镇玉斗村。明嘉靖年间（1522—1566）始建，2012 年修建。建筑面积 750 平方米。坐东南向西北。土木结构。

永春康氏南墘堂 坐落在玉斗镇玉斗村。清代始建。建筑面积 670 平方米。坐东向西。土木结构。

永春康氏御史洋堂 坐落在玉斗镇玉斗村。清康熙年间始建。建筑面积 1300 平方米。坐东北向西南。土木结构。

永春康氏凤成堂 坐落在玉斗镇玉斗村。清乾隆年间始建。建筑面积 1150 平方米。坐东北向西南。土木结构。

永春康氏洋崙堂 坐落在玉斗镇玉美村。清代始建，2009 年重建。建筑面积 700 平方米。坐西南向东北。土木结构。

永春康氏内村堂 坐落在玉斗镇竹溪村。明万历五年（1577 年）始建。建筑面积 600 平方米。坐南向北。土木结构。

永春康氏霞种美堂 坐落在玉斗镇竹溪村。明万历三十年始建，2013 年修建。建筑面积 630 平方米。坐西北向东南。土木结构。

永春康氏坪上祖宇 坐落在玉斗镇凤溪村。明代始建，2013 年修建。建筑面积 1500 平方米。坐西南向东北。土木结构。

永春康氏凤朝堂　坐落在玉斗镇凤溪村。清光绪二十九年（1903年）始建。建筑面积600平方米。坐东南向西北。土木结构。

永春康氏圳垅堂　坐落在玉斗镇凤溪村。清康熙年间始建。建筑面积900平方米。坐西南向东北。土木结构。

永春康氏保福堂　坐落在玉斗镇炉地村。清康熙年间始建。建筑面积1000平方米。坐西南向东北。土木结构。

永春康氏福美堂　坐落在玉斗镇炉地村。清代始建。建筑面积680平方米。坐东南向西北。土木结构。

永春康氏义门堂　坐落在蓬壶镇联星村。清顺治年间始建。建筑面积350平方米。坐西北向东南。土木结构。

永春康氏福亭堂　坐落在坑仔口镇玉西村。清代始建。建筑面积1100平方米。坐西向东。土木结构。

永春康氏经洋堂　坐落在坑仔口镇玉西村。清代始建。建筑面积830平方米。坐东北向西南。土木结构。

永春康氏题榜堂　坐落在坑仔口镇玉西村。清代始建。建筑面积680平方米。坐东南向西北。土木结构。

永春康氏玉阶堂　坐落在坑仔口镇玉西村。清代始建，2012年修建。建筑面积1500平方米。坐西南向东北。土木结构。

永春康氏榜中堂　坐落在坑仔口镇玉西村。清代始建，2012年重建。建筑面积900平方米。坐西向东。土木结构。

永春康氏金斗堂　坐落在坑仔口镇玉西村。清乾隆年间始建，2017年修建。建筑面积680平方米。坐东北向西南。土木结构。

永春康氏曲水堂　坐落在坑仔口镇诗元村。清道光年间（1821—1850）始建，2013年修建。建筑面积1200平方米。坐西南向东北。土木结构。

永春康氏青草堂　坐落在下洋镇曲斗村。清康熙年间始建，2012年修建。建筑面积560平方米。坐西南向东北。土木结构。

永春康氏金龙堂　坐落在下洋镇曲斗村。清康熙年间始建，2002年修建。建筑面积600平方米。坐西南向东北。土木结构。

永春康氏金美堂　坐落在下洋镇大荣村。1990年重建。建筑面积300平方米。坐西北向东南。土木结构。

尤溪康氏锦屏堂　坐落在尤溪县城南街。五代后周广顺三年（953年）康朝凤始建，2019年重建。建筑面积1200平方米。坐西南向东北。土木结构。

尤溪水南康氏祖祠　坐落在城关镇水南村。明天顺三年（1459年）始建，1998年修建。建筑面积230平方米。坐南向北。砖木结构。

尤溪丁岩康氏祖祠　坐落在台溪乡丁岩村龙井兜。宋嘉熙二年（1238年）始建，2007年重建。建筑面积486平方米。坐西北向东南。砖木结构。

尤溪三奎头康氏祖祠　坐落在城关镇三奎头村。明崇祯年间（1628—1644）始建，2009年修建，2020年重建。建筑面积318平方米。坐北向南。砖木结构。

尤溪丁岩康氏二租康氏祖祠　坐落在台溪乡丁岩村梅树兜。清嘉庆五年（1800年）始建，2014年重建。建筑面积约1200平方米。坐西向东。砖木结构。

尤溪三奎头康氏祖祠 坐落在城关镇三奎头村。明崇祯年间始建。建筑面积500平方米。坐北向南。砖木结构。

莆田塔山康氏宗祠 坐落在莆田市荔城区黄石镇天马村塔山。宋代始建，明万历四十八年（1620年）由康尧仁、康须桢捐地迁建，清康熙四十三年（1704年）扩修，光绪十二年（1886年）重修，清代涵江康日光与望江康瑶瑞、康天宝、康锡侯三修，1920年四修，1958年被拆毁，1999年康银宽、康金和、康荔学、康国力、康玉普、康元海等重建。建筑面积600平方米。坐北向南。石木结构。

仙游乌石康氏祖祠 坐落在石苍乡五湖乌石村。清代始建，2002年重建。建筑面积150平方米。坐西南向东北。土木结构。

南平市延平西芹泗坑康氏祠堂 坐落在延平区西芹镇下泗坑村。明代始建，2013年重修。建筑面积150平方米。坐西南向东北。砖木结构。

南平市延平区康癸三祠堂 坐落在延平区西芹镇南洲村。2006年始建。建筑面积100平方米。坐西南向东北。砖木结构。

南平市坑布康氏祠堂 坐落在延平区坑布村。2019年重建。建筑面积129.6平方米。坐北向南。砖木结构。

南平市塔前镇西洋康氏祠堂 坐落在延平区塔前镇西洋村西坑。明代始建。建筑面积277平方米。坐北向南。砖木土结构。

南平市夏道康氏祠堂 坐落在延平区夏道镇小坪村。明代始建，1980年重修。建筑面积186平方米。坐南向北。砖木结构。

长汀康氏京兆堂 坐落在长汀县城外汀江巷。明代入闽始祖康邦始建，1956年重建。建筑面积300多平方米。坐西北向东南。土木结构。

长汀康氏瑜珍公祠 坐落在长汀县城人民巷6号。清末始建。建筑面积450平方米。坐东南向西北。砖木结构。堂内大殿正中神龛一座，供奉开祠祖瑜珍公神位。大门外镶嵌楹联一副：“秀挹龙潭笃生俊杰，德承豸史屡世忠贞。”

长汀陂角康氏宗祠 坐落在长汀县大同镇东埔村陂角。明嘉靖元年（1522年）始建，2019年重建。占地面积678平方米。坐西南向东北。砖木结构。

上杭南阳康氏宗祠 坐落在上杭县南阳镇。明嘉靖年间始建。占地面积600平方米（现存150平方米）。坐东向西。土墙结构。

第四节 陵 墓

康尔辒墓 位于厦门市集美区坂头水库后狮头仑纱帽山东北面山上。坐西南向东北。墓体呈“风”字形结构，外部为三合土桢墙墓围，宽8.7米，深6.5米。冢前竖立一块厚实的长方形墓碑，碑高1.4米，宽1.03米。上镌楷书碑文：“明赐进士中宪大夫、山东兖州府知府、前户部云南浙江清吏司郎中。我待康先生暨配累诰封恭人吕氏茔”。碑前有石供桌，长2.3米、宽0.55米、高1米。1998年被列为厦门市文物保护单位。

康尔辒墓

康朗墓 原位于仙游县枫亭南岭下学士园坪村

康相山。明朝隆庆年间（1567—1572）始建，皇帝赐国葬，墓地属“羊穴”。坐西北向东南。坟前有两支石文笔，每支高约一丈二尺，有六石仲翁分立两边。墓主为明代陕西督军，当时由县衙派专员管理看护，后裔每年清明前后祭扫。仙游县文物保护文件记载其占地面积425平方米。2006年因建设福厦高速铁路用地，古墓被迁至仙游枫亭公墓园内。1989年被列为仙游县文物保护单位。

康詠墓　位于长汀县大同镇莲花水库河坑口。坐东南向西北。占地面积180平方米。坟前原有石仲翁旌表。墓主为清进士，任职内阁中枢。

第五节　古建筑

永春康氏金洋祖厝　坐落在坑仔口镇玉西村。清雍正八年（1730年）始建。占地面积3200平方米，建筑面积2350平方米。坐西北向东南。明代建筑风格。前、中、后三厅，有凤翼、书院及左右护厝等，土木结构，1989年修建。2017年1月被列入永春县第一批历史建筑名单。

永春康氏西山祖厝　坐落在坑仔口镇玉西村。清乾隆十三年（1748年）永春康氏第十世康奎社、康毅轩、康衡社、康琳社四兄弟始建，供奉永春康氏九世祖康文吉。占地面积2500平方米，建筑面积2100平方米。坐西南向东北。明代皇宫式建筑风格。有前、中、后三厅，有凤翼、书院及左右护厝等，土木结构。2016年修建大殿。2017年1月被列入永春县第一批历史建筑名单。

永春康氏翰琳祖厝　坐落在坑仔口镇玉西村西山。清乾隆年间（1736—1795）康文吉之四子康琳社始建。明代建筑风格，有前、中、后三厅，有凤翼、书院及左右护厝等。占地面积1600平方米，建筑面积1200平方米。坐西南向西北。土木结构。2012年修建。2017年1月被列入永春县第一批历史建筑名单。

永春康氏玉珠祖厝　坐落在坑仔口镇玉西村。清乾隆二十五年（1760年）康奎社后裔康克讃始建。占地面积1200平方米，建筑面积800平方米。坐西向东。明代建筑风格。有前、中、后三厅，有凤翼、书院及左右护厝等，土木结构。2010年修建。2017年1月被列入永春县第一批历史建筑名单。

永春康氏金斗祖厝　坐落在坑仔口镇诗元村。清康熙年间（1662—1722）始建。占地面积1300平方米，建筑面积950平方米。坐西北向东南。砖木结构。2003年修建，2016年重建。2017年1月被列入永春县第一批历史建筑名单。

第六节　民间信仰

厦门市同安区豪山参灵庙信仰　参灵庙在豪山康氏前山社前的五房祖祠右前侧。坐南朝北。占地面积750平方米，建筑面积65平方米。原庙建在前山社西石寨山下的庵前埔，称“圣刚公宫”，祀章府武德侯，始为卢姓所建。清末，卢姓迁出，由康姓续管，并易址建在今址，易名“参灵庙”。1918年，慈云岩被山火焚毁，康家各社“庙倒分菩萨”，参灵庙也分得了玄天上帝、天上圣母和释迦牟尼佛。“文化大革命”期间，参灵庙改为知青住所。传有康如老叟将自家奉祀的“广泽尊王”迎入参灵庙，香火甚旺。每逢诸神庙节日，香烟袅袅，鞭炮不断，欢歌唱戏。

永春康氏章三相公信仰　章侯，名讳不详，排行老三。相传唐末随王绪入闽，并立战功。坐化成神后，民众尊为章三相公，宋代被封为“武德英侯”。宋雍熙年间（984—987），安溪感化里（今湖上乡）的康姓族人供奉章三相公神像。明宣德元年（1426年），康孟聪特将章三相公神像携带入永春奉祀。康孟聪从安溪迁居永春后，携妻儿欲往仙游，行至锦斗村“暗林”处，好友卓氏劝阻，邀请康孟聪一同至玉斗红山村居住。康孟聪自拿不定主意，即将相公神像放于溪流中，暗祷神像若顺水漂流，则前往仙游；若逆水而上，就与卓氏返回。神像入水立即风起水涌，逆水而上。康孟聪便与卓氏定居玉斗红山村，并得到卓家鼎力相帮，两家团结友好，和睦相处。自此，康氏家族日益昌荣。康家敬称卓氏为恩公，教诲后代子孙莫忘恩负义，并于锦斗“暗林”立碑纪念章三相公显灵指点迷津。此碑于1950年修建省道203线时被毁掉。为报答章三相公保境佑民之恩，逢年过节，康姓族人以村庄为单位，轮流杀猪宰羊、张灯结彩，举行祈福、还愿、进香和游乡、歌舞、唱戏等丰富多彩的民间传统活动。

第七节　名胜古迹

厦门市同安区豪山庙豪山龙潭祈雨道场　坐落在同安区新民镇禾山社区之南的流塘社西南，古称为豪岭。祈雨道场坐南向北，豪山庙坐东南向西北。南宋绍兴二十三年（1153年），因漳州龙溪康厝林遭受兵灾，豪山康氏始祖二十八承事始迁同安豪岭之东，隐居在前房社后，并取“豪山”为康氏堂号，“豪山和豪岭”代指豪山康氏家族。明代以后，改称为“茂山”和“大茂山”，最后衍称为“大帽山”。宋代以来，豪山龙潭传闻神奇。宋崇宁二年（1103年），知县赵文仲奉诏建庙，称豪山庙，祀奉龙潭的龙神。然豪山庙已废、龙潭失存，唯祈雨道场碑记保存完好，记载着宋元明清州郡县大旱之年祈雨得雨的故事。1984年被列为同安县文物保护单位。

厦门市豪山慈云岩　坐落在同安区新民镇禾山社区的慈云山上。南宋绍定二年（1229年）由豪山康氏3世祖“十处士”肇建。后其季子康荣立沙门，奉祀释迦牟尼佛。历宋元明清，扩展为释迦三宝圣殿。1918年，岩寺殿宇皆毁于火中。1997年，豪山慈云岩旅游区筹建小组重建大雄宝殿。建筑面积250平方米。为重檐歇山式砖木石殿堂。

惠安康朗书斋　坐落在惠安县螺阳镇五音村崧洋山上。坐北向南。康朗，惠安前康铺坑柄村人（今螺阳镇五音村），嘉靖十四年（1535年）进士。曾任刑部主事、佥都御史等职。为官清正，誉称“铁面康夫子”。崧洋山在诸山中号称巨镇，康朗兄弟子侄，就山筑室读书，初甚简陋。为纪念康朗，后人于崧洋山上重建书斋。1987年被列为惠安县文物保护单位。

厦门市豪山慈云塔　坐落在厦门市同安区新民镇禾山社区。明永乐十一年（1413年）豪山康氏众宗亲集资倡建。建筑面积20平方米。塔高3.1米，全石砌建。石塔建在巨石之上，犹如坐佛，故又称“石佛塔”。1984年被列为同安县文物保护单位。

厦门市豪山慈云石室　坐落在厦门市同安区新民镇禾山社区。明代，康家子弟于慈云顶巨石之下造石室，办书房，令康家子弟招群结茅攻读。室内面积39.9平方米。明隆庆五年（1571年），亨泥林一材登进士，万历十七年（1586年）霞岐柯凤翔登进士，万历四十七年，豪山康尔韫又登进士。慈云石室被誉为“五里三进士石书房”。

厦门市豪山魁星石塔　坐落在厦门市同安区新民镇禾山社区土楼社东南溪边。明万历三十七年，康尔韫中举，其父康若山被乡饮宾封为豪岭一带的“孝廉”。康家于此造塔筑塘，名“魁星石塔”和“塔仔塘”，以此鼓励康家子弟努力奋进，并为康氏家庙守护关栏水尾。塔基为3.35米正方形结构，占地面积19平方米，塔高8.5米，共分五层全石砌建。后因石塔上赘生鸟榕，塔体严重倾斜。2011年，豪山康氏老年人协会倡议集资，重新翻建。

龙海岱仙岩康仙祠　坐落在龙海市九湖镇田中央村。明代始建，殿内奉祀岱仙岩康氏仙祖神像。占地面积1800平方米，建筑面积1200平方米。石砖结构。

漳州安山介尔景福庙　坐落在漳州市角美凤山开发区，故称角美镇沙坂村“康厝林”。宋代康厝林先祖始建。殿内奉祀福德正神石像。占地面积90平方米，建筑面积50平方米，石砖结构。因角美镇沙坂村建设凤山开发区需要，原景福庙被拆毁。经角美镇沙坂村康氏众宗亲与当地政府协调后，2010年在开发区旁边重建景福庙。

龙海溪墘康氏北极殿　坐落在紫泥镇溪墘村。2012年重建。殿内奉祀北极玄天上帝，与武当山一脉相承。占地面积2100平方米，建筑面积1780平方米。石砖结构。

龙海安山康氏武术馆　坐落在龙海市紫泥镇安山村。清光绪十一年（1885年）始建，拳师康宇斋精通太祖拳，在本村开馆收徒，后又发展舞龙、舞狮。2017年9月24日注册登记漳州市“非经常性传统武术馆”，康和松任馆长，康重吾、康瑞富为传人。

惠安净峰康姓三山宫　坐落在净峰镇上厅村。1982年重建，2007年再重建，2009年扩建。建筑面积150平方米。坐东向西。砖混结构。奉祀境主康元帅。康元帅，名妙威，黄河边人。生前为人仁慈，护老爱幼，照顾孤寡，慈惠悯生，乐善好施，常救助贫病之人，扩及万物。相传曾经从老鹰口中救下小鸟，鸟衔长生草以报其恩。去世后，被玉帝封为“仁圣元帅”，系东岳大帝属下十太保之一，掌管四方土地神。古代北民南迁时，敬以为保护之神入闽，建宫庙奉祀至今，香火旺盛。

永春县渡康寺　原名“举春宫”，坐落在永春县玉斗镇凤溪村水尾。明万历三十五年（1607年）始建，1924年阖族议定更名为“渡康寺”，“文化大革命”中被拆除，1992年重建，2008年重修。占地面积281.60平方米，建筑面积233.54平方米。坐西南向东北。砖木结构。奉祀章三相公、保生大帝、张公圣君等神位。

第五章　人　物

第一节　人物传

康大和（1507—1577）　字原中，号励峰，莆田秀屿月塘前康人。少年聪颖，被誉为“神童”。明嘉靖十四年（1535年）进士。嘉靖二十年任同考试官及预修金典。嘉靖二十八年主持顺天府，遂迁任右春坊石谕德。嘉靖三十二年主持会考试举，同年迁升侍讲学士。嘉靖三十四年诏升为南京礼部侍郎，任内奉公职守，后晋升南京工部尚书。当时，严嵩揽权，把持朝政，康大和厌恶官场上尔虞我诈，上告老归。同是工部尚书的林庭机亦致仕回莆田，二人共倡诗社，人们称作“尚书社”。康大和一生著有诸多书籍。兴化郡守吕一静请其续修郡志《兴化府志》。

康　朗（1508—1574）　字用晦，号磐峰，惠安前康铺坑柄村人（今螺阳镇五音村）。少年时资质聪颖，文采出众。7岁入私塾读书，过目不忘，8岁能撰写对联，16岁作诗写文。明嘉靖十年（1531年）举人，嘉靖十四年进士。曾任刑部主事、佥都御史、副都御史、广西参议、山西参议、山东副使、江西左参政、河南佥都御史、陕西督军等职。在职期间，为官清正，执法无私，不畏权势，政德浮著，被称为“铁面康夫子”。康朗辞官还乡后，为家乡办学校、挖潭开井、兴修水利、修筑道路等，村民对康朗十分崇敬和爱戴。万历二年（1574年），康朗奉诏进京，当年十一月于福州途中病逝，赐国葬。

康尔韫（1591—1629） 字叔玉，号彦英，同安豪山人。明万历四十七年（1619 年）进士。历任户部主事、云南清吏司郎中、浙江清吏司郎中、督河西税课，管通州厅，居官四品，封中宪大夫。康尔韫倡建康氏家庙，增建公堂于家庙左前方。从此以“中宪第”立匾，冠名康氏家庙。

康允臣 永春玉斗人。为人耿直豪爽，能文能武，被推举为周边十八座山寨的寨主。清顺治（1644—1661）初年，安溪湖头李光地幼年时与乡民一起，被地方武装首领林日胜劫于永春西部帽顶寨。康允臣亲自带领众勇士，解救李光地和乡亲，被李家敬为恩公。李光地拜相后，每回安溪时，都会往永春拜会恩公。值康允臣八十大寿之日，李光地示弟李光墺赠送十八担寿礼，并撰联祝贺：“凤凰翼高丹邱灵雏有种，金马门辟庭除玉树生辉。”允臣辞回寿礼，独留墨宝，至今仍镶嵌在玉斗镇红山村“院内祖宇”大殿上。

康　詠（1862—1916） 字步崖，号漫斋，汀州城关（今长汀县汀州镇）人。清光绪十八年（1892年）进士。受钦点为内阁中书，后辞官投身教育，先后任潮州东山书院、汀州龙山书院山长。后自费东渡日本考察教育。光绪三十年，建议改龙山书院为汀郡学堂，被聘为察学员，兼综一切校务。翌年被聘为监督，将汀州试院并为校舍，增设课程，增聘教员，广招新生。不久任长汀县教育学会首任会长。光绪三十二年创办新俊小学。清宣统二年（1910 年）被选为福建省咨议局议员、京师咨政院议员。民国初任潮州盐业公司总经理，后创办广东韩山师范，先后任广东惠、潮、嘉应州师范学堂监督。

康绍麟（1886—1947） 字瑞生，长汀人。清光绪三十四年（1908 年）赴日本明治大学留学，其间结识孙中山并参加同盟会，成为同盟会领导人之一。宣统二年（1910 年），受孙中山委派回汀州组织并领导起义。宣统三年，举行汀州反清起义成功，并担任长汀县首任县长，而后调任省高等审判厅刑庭长。康绍麟擅长隶书，收集整理并出版其父康詠的作品《漫斋诗稿》。

康绍周（1903—?） 别号东升，长汀人。北平中国大学、苏联莫斯科中山大学毕业。1928 年起，历任南京中央军校政治教官、庐山训练团暑期训练班教务处副处长、国民党中央特别训练班教育委员会委员、国民党福建省党部执行委员兼组织部部长、福建绥靖公署少将党务处长、福建省参议会参议员。1940年 12 月至 1948 年 3 月，任第二至第四届国民参政会参政员。1949 年任国民政府东南军政长官公署秘书长兼特别党部书记长。同年冬到台湾。

康明深（1910—1951） 永春人。抗战期间，参加军统贵州息烽训练班受训，授少校军衔。1944 年任军统第六特训班第一教导营第一连少校副连长。翌年任营行动组组长。抗战胜利时，主持接收厦门。后辞职回乡，创建坑仔口新街，办小学，筹备开发天湖山煤矿。1948 年 6 月，在厦门参加中共党员张强筹组的福建人民自救同盟。翌年 1 月，与张强、朱文鉴夫妇在坑仔口组织游击武装，任闽西南党组织永春县游击大队长。同年 5 月，带领游击大队解放达埔乡和永春县城。6 月，参加解放德化、大田战斗，任“永德大游击总队”总队长。1949 年 8 月任中国人民解放军闽粤赣边纵队八支队四团副团长兼三营营长。1949 年 11 月调任晋江军分区参谋，被台湾国民党特务拉拢收买，叛变革命。1951 年 4 月 19 日在永春一都乡被剿匪部队击伤，遂开枪自杀。

康富文（1911—1992） 惠安人。曾任加墩保长。抗战时期出洋新加坡，加入新加坡进步社团参与抵制日货，示威游行，发动侨胞捐款捐物支持祖国抗战。在新加坡开设中药铺，是著名老中医，为侨民解除疾苦。晚年回国，叶落归根。

康良石（1912—1967） 永春凤溪人。在马来西亚加入共产党，马六甲州共产党领导人之一，曾任《星州日报》编辑。因被英国政府追捕，于 1948 年 8 月和马共成员徐志荣回凤溪村，先后与王新整、张连联络，建立中共玉坑总支，秘密宣传共产党的宗旨，发展战友。发动抗征会、农协会会员以“屠宰店”为掩护，筹集活动经费，把党员张永年、李勇、王浩等安排到玉坑地区各小学，暗中向群众宣传革命真理。1949年初成立农会，开展抗征兵、抗征粮、抗征税运动，并参加游击队，任闽粤赣边纵队永德大游击队八支队四团三营后勤部主任。1949年4月任永春西区解放委员会委员。同年5月加入中国共产党。与中共华东局特派员朱文鉴、张强等共同做好原国民党党政军人员的统战工作，并向永春全境乃至德化、大田县上层发展，使大批的国民党党政军人员起义投诚，为解放永春、德化、大田做出贡献。

康仲承（1921—2011）　永春炉地人。厦门医学教授，肝病专家。结合临床实践，参加全国省、市学术交流，多次获得国家级、省级、市级科技成果奖，并发明“乙型肝炎合剂”“抗毒舒肝片”“普通肝炎合剂”等药品。编撰《康氏肝病论文》。曾为党和国家领导人周恩来、乌兰夫、王首道、李雪峰、肖华、王任重、江华等首长医治肝病。苏联、波兰、保加利亚等国家的患者也通过使馆求医，受国家中医药管理局委派出国为侨胞义诊，被称为“肝病克星”“今之华佗”。历任厦门市中医院副院长、福建省中医理论研究会副主任、福建省中西医结合研究会顾问、福建省政协委员、中共厦门市委常委等职。被誉为“厦岛明珠”“华南拱壁”“全国中医楷模”，有“北张南康”之称。

康金树（1921—2009）　莆田秀屿月塘东坑人。1934年参加儿童团，1936年10月参加共青团，1938年9月加入中国共产党。开展抗日工作。历任特委机关警卫员，中共福建省委特务队指导员，闽西北游击主力部队指导员，古田、连江、罗源等县游击独立大队大队长，中共闽中地工委委员兼莆田县委书记，闽中地委军事部长，闽中游击司令部参谋长等职务。中华人民共和国成立后，历任第一任中共莆田县委副书记兼副县长，中共永春县委副书记兼县长、县委书记，中共晋江地委海防部第一副部长，省水产局养殖处、生产处处长，省机械局机电站和省物资厅机电公司总经理，省物资厅三类物资处处长。

康跃金（1952—2017）　惠安五音人。1998年创办福建省惠安县惠兴工贸有限公司，致力于建筑水性涂料的研发、生产、销售。企业成为福建省大型涂料企业。1998年创立福建惠安县涂料油漆协会。2003年创立香港美惠投资有限公司、泉州市惠兴涂料有限公司、泉州市惠兴装饰工程有限公司。2006年创立泉州市惠兴建材发展有限公司。他致富不忘乡梓，热心公益，捐资慈善医疗、修桥造路、扶贫济困、资助贫困生上学等100多万元。曾担任泉州市惠安县政协委员、福建海峡经济品牌研究院副院长、中华康氏文化研究会副会长、福建省姓氏源流研究会康氏委员会会长、惠安县康朗文化研究会顾问。

康省民（1943—2019）　惠安五音人。出生于新加坡，幼随父母漂泊海外谋生，勤劳俭朴，聪慧好学。1968年毕业于暨南大学经济系。大学毕业后，相继在海南岛乐东县生产资料等4个公司和商业局工作。1983年任海南黎族、苗族自治州副州长，后任职海南省发改委。20世纪90年代辞政下海经商。在浙江杭州成立铭雅房地产开发有限公司，成为杭州房地产领域的典范。在创业成功之时，不忘回报社会，关心家乡公益事业，捐资几十万元创建五音小学，设立五音小学奖教奖学基金；捐资100万元修建五音村至县城道路；捐助100万元修建五音康氏祖厝。曾任福建省姓氏源流研究会康氏委员会名誉会长、惠安县康朗文化研究会永远名誉会长。

第二节　人物录

康子元　建阳人。唐上柱国宗正太卿。

康　扬　莆田人。唐代进士。广东节度使，一品仙鹤补服，赠金紫光禄大夫，太子太保、兵部尚书。

康天汉　莆田人。唐正一品监察御史。

康天河　莆田人。唐中义大夫。

康　杰　福安人。唐官拜金吾卫大将军。

康　惠　福安人。唐承父荫封朝奉大夫。

康　钵　福安人。唐恩荫大夫。

康　庆　福安人。唐以乡贡孝廉授江左安抚使。

康　澄　莆田人。五代后唐长兴二年（931 年）任大理寺少卿，三品服。

康时史　福安人。宋银青光禄大夫。

康呈之　福安人。宋枢密使。

康授民　福安人。宋银青光禄大夫。

康时吏　福安人。宋枢密使。

康良己　福安人。宋归德知府。

康　昌　福安人。宋宣义大夫。

康鼎成　莆田人。宋代进士。潭州知府，四品云雁补服。

康玉成　莆田人。宋赠监察御史，正少卿。

康　梯　莆田人。宋中议大夫，吏部郎中，三品孔雀补服。

康梦庚　莆田人。宋正少卿。

康　逧　莆田人。元彰义郎。

康　铖　莆田人。元彰义郎。

康　遗　莆田人。明彰义郎。

康长源　莆田人。明文林郎，赠通义大夫，礼部右侍郎，翰林院编修。

康良义　莆田人。明赠通议大夫南京礼部侍郎。

康日锦　莆田人。明钦命三侍经廷日讲，加封中议大夫。

康明德　莆田人。明湖广沔阳同知，正五品。

康商伯　长汀人。明诰赠都校尉。

康子端　长汀人。明优增生，诰封奉政大夫。

康　稳　长汀人。明诰封奉（直）政大夫，兵部职方司员外郎。

康　宪　长汀人。明嘉靖十九年（1540 年）举人。奉政大夫。

康廷良　翔安人。清康熙间（1662—1722）平澎台金厦，功加左都督，任山西平垣营游击。

康孟侯　漳州人。清顺治十八（1661 年）进士。任太平令，政绩显著，诰授“奉直大夫”，升任云南省罗平府州府。

康宿衮　漳州人。清以子孟侯赠奉值大夫。

康　陵　漳州人。清特用武职，南澳总兵官。

康世楷　永春人。清光绪年间（1875—1908）花翎五品，同知衔。

康世进　永春人。清光绪年间蓝翎奋勇巴图鲁特，授安徽大通都阃府，正四品。

康明廉　永春人。清光绪元年（1875 年）花翎同知衔，正五品。

康贞元　永春人。清武举人。花翎五品。

康秋波　莆田人。清五品奉正大夫。

康济成　长汀人。清举人。文林郎。

康宝堂　长汀人。清奉政大夫。

康　春　长汀人。清例授儒从郎。

康虚谷　长汀人。清奉政大夫孝廉。

康良瑀　永春人。历任湖南省政府秘书、南京中央军校政治主任教官、第九战区战干团将官班少将教官兼第九战区政治部少将督查专员，十六绥靖区政务处处长。

康凤山　龙岩人。国民党陆军上校。

康　志　龙岩人。民国海军中山舰上校轮机长。

康绍周　龙岩人。黄埔军官学校创办人之一，福建参议厅厅长。

康绍贤　龙岩人。国民革命军军长。

康殷才（1900—1982）　惠安人。中国公学中学部代校长兼训育主任。

康良助（1909—2001）　惠安小岞镇人。抗日时为国民党军少将。

康明春（1915—1950）　永春县玉西村人。任玉坑乡农会主席。1950年被国民党特务杀害，由中华人民共和国民政部发给“革命烈士”证书。

康鹤年（1912—1950）　永春县玉西村人。任永春县公安局第一任秘书股股长。1950年被国民党特务暗杀，由中华人民共和国民政部发给“革命烈士”证书。

第三节　历代进士名录

唐　代

姓名	籍贯	中进士年间与科榜	任职	备注
康　扬	莆田		太子太保，兵部尚书	

宋　代

姓名	籍贯	中进士年间与科榜	任职	备注
康时中	福安	大中祥符八年（1015年），乙卯科，蔡齐榜	刑部左侍郎	
康　德	龙溪	绍兴三十年（1160年）庚辰科，梁克家榜		
康鼎成	莆田		四品云雁补服	

明　代

姓名	籍贯	中进士年间与科榜	任职	备注
康大和	莆田	嘉靖十四年（1535年），乙未科，韩应龙榜	工部尚书	
康　朗	惠安	嘉靖十四年（1535年），乙未科，韩应龙榜	副都御史	
康尔韫	同安	万历四十七年（1619年），己未科，庄际昌榜	四品	

清　代

姓名	籍贯	中进士年间与科榜	任职	备注
康孟侯	龙海	顺治十八年（1661年），辛丑科，马世俊榜	奉直大夫	
康惟畿	长汀	光绪二年（1876年），丙子科，曹鸿勋榜	奉政大夫	
康　詠	长汀	光绪十八年（1892年），壬辰科，刘福姚榜	内阁中书	

第十六篇

池姓

《福建姓氏志·池姓篇》编纂委员会

主　任：池津光

副主任：池　元　池宝明　池传錞　池素良

委　员：池启辉　池敬嘉　池生金　池声斌　池宝林　池金明　池永顺
池珠香　池德高　池世展　池忠兴　池建忠　池玉清　池建新
池宝添　池有杯　池坤金　池　忠　池存美

《福建姓氏志·池姓篇》编辑部

主　编：池素良（兼）

副主编：池永东　池福玉　池善妙　池友鸿　池英隆　池和钦　池春燕
池其雄

成　员：池启贵　池其春　池泽平　池家福　池宗先　池伯良　池永顺（南平）
池宝昌　池昌立　池茂发　池云世　池应智　池忠发　池礼武
池希强　池良钦　池明清

目　录

池姓，奉黄帝为得姓远祖、少昊为得姓近祖，尊秦昭襄王嬴稷的胞弟公子池（嬴池）为得姓始祖。唐中和元年（881年），池鲤腾入闽，为池姓开闽始祖。光启元年（885年），池涌源随军南下定居福州。唐末，池朝奉定居闽东樟湾镇鸟屿村。宋开禧元年（1205年），池浴郎迁居宁化治平。宋代，池伯仙定居大田。明洪武年间（1368—1398），池桂五定居上杭，池小念九郎定居连城，池五郎定居建宁，洪武十一年（1378年），源澄随母姓池。以上各支在闽汇集成族。据2016年统计，全省池姓总人口数为71000多人，主要分布在闽江流域和闽东地区，形成80余个池姓聚居村落。有池氏族谱31部；祠堂、祖墓、名人故居等分布各聚居地，其中国家级文物保护单位1处，省级文物保护单位2处，县级以上非物质文化遗产4项。宋明清有进士11人，近现代名人辈出，有抗日名将、军界将领、侨界领袖、专家学者、企业名流，还有不少能工巧匠。郡望有西河郡、西平郡，堂号以西河堂、西平堂、同安堂、文昌堂等为主。

第一章　源　流

第一节　溯　源

一、源自殷姓

公元前10世纪中叶，黄帝40世之胄、汤阴23世之后，姓殷讳民，佐周穆王有功，周穆王姬满封民食采于池（渑池），后裔遂以封地渑池的“池”为姓。

二、源自嬴姓

战国时，秦国王族有个嬴池，人称公子池，是秦始皇嬴政曾祖父秦昭襄王嬴稷同母胞弟，为秦国大将军。原居咸阳京都，为保秦国不被列强所灭立下汗马功劳。嬴池的后裔以“池”为姓。

第二节　入　闽

唐中和元年（881年），池鲤腾由光州固始入闽，景福元年（892年）五月进入福州，定居福州石岊（今仓山区建新镇淮安村），后任刺史参谋。

唐光启元年（885年），池涌源随王潮军队入闽，梁开平三年（909年）进入福州，定居石岊，任招讨使。

唐光启元年，池亘耀随王潮入闽，定居福州三山凤池街（东街将军衙前，今福建省立医院一带）。

唐末五代期间，池朝奉迁徙入闽，定居闽东的白鹤盐埕（今宁德市蕉城区樟湾镇鸟屿村）。

宋开禧元年（1205年），池裕郎由江西宁都鹅鸭塘迁徙入闽，定居宁化县治平乡。

明成化年间（1465—1487），池桂五由江西赣州迁徙入闽，定居上杭县。

明代，池小念九郎由江西瑞金迁徙入闽，定居连城县曾屋。

明代，池五郎、池杨携族人由江西广昌迁徙入闽，定居建宁县银坑。池杨又迁居闽侯洋里仙门。

第三节　繁　衍

一、池鲤腾家族

唐景福元年（892 年），池鲤腾定居福州。生 3 子：长子池晋献迁居厦门；次子池晋超迁居南平；三子池晋益迁居闽清十五都白鹤汀。池晋益的 4 世孙池孝锡生 4 子：长子池文托；次子池文弼，迁居南平，后裔无考；三子池文霭迁居尤溪；四子池文季迁居长乐。

（一）池文托世系

池文托 15 世孙池师法携子池世英迁居闽清六都下杭。池师法 13 世孙池如近、14 世孙池伯和与池伯书等迁居三溪乡溪源，14 世孙池肃文迁居三溪乡乌石。15 世孙池长矩迁居白樟镇半山、池长治迁居白中镇攸太村。17 世孙池必中、池向中迁居梅溪镇狮公坪村。还有部分池师法后裔迁徙马来西亚、印度尼西亚、日本等国家。

（二）池文霭世系

池文霭迁居尤溪汤川乡邹宦村。池文霭 5 世孙池韦建迁居汤川乡满坑村，后裔又迁居闽侯县安樟乡半山村、鸿尾乡西乾村。池文霭 10 世孙池浮古生 6 子：长子池日升；次子池高叟迁居中仙乡渔洋村，池文霭 13 世孙池国禄迁居中仙乡中仙村，后裔迁居仙游县游坪镇河里村、游洋镇何星村；四子池力叟迁居北坑村，4 世孙池志成迁居闽清丰洋村，池志成 4 世孙池聪明迁居闽清县城关镇、8 世孙池应发迁居省璜乡岩下村、10 世孙池朝佐迁居福州城门镇下董村、11 世孙池潘嘉迁居闽清十二都上莲乡芹山村，后裔迁徙马来西亚、新加坡，池力叟 11 世孙池宝迁居闽清塔庄际峰村，池宝 5 世孙池仁宇迁居尤溪汤川乡香林村；五子池渊叟迁居汤川乡岳溪村，11 世孙池石养迁居宁德市蕉城区飞鸾镇沈洋村；六子池庚叟 7 世孙池兴福迁居闽清县上莲乡庄洋村，后裔迁徙马来西亚、新加坡。

（三）池文季世系

池文季迁居长乐鹤上镇云江村，3 世孙池晋辛迁南池，6 世孙池暹迁居西池（旧池），14 世孙池阿针迁居闽侯上街镇庄南村，17 世孙池希哲迁居新池、池希厚迁居池桶村，后裔迁居石壁村、青屿村、梅花镇、石燕村、福州晋安区宦溪村；池文季 17 世孙池炜迁居连江县晓沃镇百胜村，后裔池云景迁居晓沃镇长沙村、马尾闽安镇；池文季 31 世孙池剑波迁居闽侯县。后裔迁徙美国、加拿大、英国、比利时、荷兰、日本、西班牙、新加坡、德国、爱尔兰、韩国、泰国等国和港澳台地区。

二、池涌源家族

五代后梁开平三年（909 年），池涌源定居福州，唐天成元年（926 年）迁居同安县永安乡（今厦门同安区）。生 4 子：池孝、池悌、池忠、池信（巩），后裔迁居福建各地，四子池巩迁居长溪松城（今霞浦）龙溪。

池巩 4 世孙池公兴迁居长溪县赤岸，其子池注生 3 子，长子迁居赤岸，二子池养龙迁居彩岙，三子迁居江西广信。池养龙 23 世孙池中江生 4 子：池国纯、池国富、池国仁、池国美。池国纯携弟池国富迁居浙江平阳小龙里，后裔池崟峰、池宾德迁居今福鼎市太姥山镇虎头岗村，后裔池宾录迁居今福鼎市点头镇王家坪，后裔孙池文晔、池文冕分别迁居今福鼎市管阳镇亭边村、点头镇银坑村，后裔池大泮迁居点头镇翁溪村。池国仁、池国美及后裔迁居浙江台州、瑞安、平阳、苍南、玉环、乐清、泰顺、文成、永嘉等地。

池玑 6 世孙池现迁居今福安市上白石镇上宅村、池亳迁居浙江温州池家岭、池諨分居察阳岑兜下村（今福安阳泉街道），8 世孙池聪迁居古田白溪。

池玑 8 世孙池大深生 2 子：长子池翘、次子池凤。池翘后裔迁居柘荣禾熟洋，连城龙尾坂池家山，福鼎后岭、仙蒲、云路洋、沃里，福安池坑、溪尾坂中西林、西胜石匣、旃（占）潭、溪尾溪里、江南、溪尾、平岗，霞浦牙城，浙江苍南凤池、青街，福州闽侯等地。池凤迁居小金（今福安罗江街道小留、桥洋一带），池凤 5 世孙池崇居住小留，后裔迁居今福安阳泉街道、城南街道东风社区、城北街道前进社区和冠杭社区、白石镇、前阳镇前洋村、社口镇池垅村、坂中乡湖口村、溪柄镇溪柄村和白鹤村、赛岐镇赛岐村和长楼村等地；池凤 10 世孙池宗昕、池宗宝迁居同安嘉禾里（今厦门湖里区）；池凤 16 世孙池劝、池勇迁居桥洋，后裔迁居南安（转樟后），霞浦三沙，政和，宁德东门、樟港、溪柄港里、井下、溪尾西林、三都，霞浦盐田等处。

三、池亘耀家族

唐中和年间（881—907），池亘耀定居福州三山凤池。后裔池正一迁居建瓯，5 世孙池祖余携子池叔泰迁居建阳回龙、官井。后裔散居建阳樟墩、水吉，以及建瓯、政和等地。

四、池朝奉家族

唐末五代年间，池朝奉定居白鹤盐埕（今宁德樟湾）。池朝奉生子池八公、池九公。池九公孙池一后裔迁居霍童仙境、池二迁居长溪、池三迁居韩阳。

五、池裕郎家族

宋开禧元年（1205 年），池裕郎定居宁化治平乡池家陂（今池家岽）。长子池天宝迁居今治平畲族乡高地畲族村；次子池天定迁居方田乡大畲村，后又迁居治平高地（今治平畲族乡高地畲族村）。5 世池璠郎、池珊郎迁居上杭。后裔迁居石城小姑等地。

六、池五郎家族

明代，池五郎定居建宁银坑。长子池福寿、二子池福郎迁居银坑、里湖，后裔迁居闽县、建宁府（建阳、建瓯、浦城）；三子池福元迁居光泽；四子池福庠迁徙江西瑞州府上高县；五子池福明迁居漳州；幼子池福增迁居邵武，3 世孙池永奇迁徙江西贵溪江浒山。后裔迁徙江西瑞州、广昌。

七、池杨家族

明代，池杨定居建宁银坑。长子池招迁居闽侯洋里仙门，其子池远定居闽侯廷坪乡池坑村；4 世孙池天鱼、池天爵迁居宁德古田上高（今古田吉巷高坑）、建阳莒口马伏；5 世孙池文长（唐）迁居闽侯大湖箬洋村，其玄孙池子智迁居柘洋三十都禾熟洋（今柘荣县英山乡凤洋村）。后裔散居福州、宁德、古田等地。

八、池小念九郎家族

明代，池小念九郎定居连城县曾屋。生 3 子：池万一郎（千志一郎）、池万二郎（千志二郎）、池万三郎（千志三郎）。池万一郎迁居今龙岩市新罗区万安镇环坑村，池万二郎居曾屋，池万三郎迁居今上杭县通贤镇周源村。池万一郎生 4 子：长子迁居青草岩村，次子居环坑村，三子池春福迁居浮竹村，四子池复兴迁居下坪坑村。池万二郎生 3 子：池石宁、池茂宁、池满宁。池满宁居曾屋，生 2 子：长子池福成迁居长汀县宣城乡溪源牛尾岭，次子池福和居曾屋。池福和生 3 子：长子池祖海居曾屋，次子池祖禄迁居连城厦庄禾长尾，三子池祖德迁居连城厦庄。后裔分迁莒溪镇东坑寨、连城、南平市浦城等地。

九、池桂五家族

明成化年间（1465—1487），池桂五定居上杭，生 10 子：池千一郎迁徙广东大埔县；池千二郎迁徙广东翁源县；池千四郎迁居武平县民主乡岭下村水尾；池千五郎迁居上杭县中都镇军联村盐正坑；池千六郎定居上杭县湖洋镇通桥村；池千七郎子池瑶迁徙江西兴国县；池千八郎迁居武平孔下（今万安镇贤溪村）；池千九郎迁居武平湘店湘坑湖（今长汀县红山乡童屋）；池千十郎迁徙今广东梅州市。

十、池伯仙家族

宋神宗三年（1070 年），池伯仙从福州后林天虹巷迁居今永安市槐南镇。3 世孙池万七迁居尤溪县，4 世孙池大三迁居今大田县建设镇山厚自然村。池大三 11 世孙池金寿迁居今尤溪管前镇林源村，4 世孙池十三迁居今永安市青水畲族乡，5 世孙池有珠、池有富迁居今大田县武陵乡百束村，5 世孙池十八迁居广东潮州府（今潮汕地区），生九男二女。池伯仙 18 世孙池八迁居今大田县广平镇铭溪村，19 世孙池石二迁居今永安市小陶镇，23 世孙治仔（字璟七）迁居广东雷州府（今雷州市）。

十一、池源澄家族

明洪武十二年（1379 年），陈源澄随母改姓池，居尤溪县云盖村。5 世孙池赐使迁居闽清后佳洋头，6 世孙池公荫迁居闽清后佳街中，8 世孙池仲显迁居尤溪山岭村，9 世孙池万四迁居永泰十四都平面村，11 世孙池邦英迁居永泰畲地村，14 世孙池道瑞迁居闽清十二都苏公村，15 世孙池洪生迁居今南平市南溪。池源澄另有后裔池宗福迁居闽清塔庄泸溪。池宗福 11 世孙池文明迁永泰连山；12 世孙池日旭迁古田淮溪，后裔池天球、池天希迁闽清桔林宝湖，12 世孙池周志迁闽侯义洋，12 世孙池周忠迁顺昌城关；20 世孙池吉友迁徙马来西亚。池源澄又一后裔池真旺、池静我迁居闽清官洋、长厅。

第四节　郡望、堂号

一、郡望

西河郡　东汉时置郡，治所在山西省汾阳河以西（今汾阳市内），是汉时中牟令池瑗次子族居地，后成望族。

西平郡　东汉时置郡，治所在河南省西平县，是池瑗的长子池世昌族居地，后成望族。

二、主要堂号

西平堂　以郡望为堂号，福建各聚居地池姓。

西河堂　以郡望为堂号，福建各聚居地池姓。

文昌堂　长乐市各聚居地池姓。

同安堂　厦门湖里区池浴德家族。

敦睦堂　宁化县治平乡高地村池姓。

龙水堂　尤溪县汤川乡香林村池姓。

文炳堂 大田县广平镇铭溪村池姓。

光裕堂 南平市延平区樟湖坂池姓。

第二章 分 布

第一节 人口分布

2016年6月，福建省统计局户籍人口数据统计（不含金门、马祖），全省池姓人口总数为71038人，分布于全省各市、县（区、市）及平潭综合实验区。

表16-1 **2016年福建省池姓人口分布情况表** 单位：个、人

市（区）别	县（区、市）数	人口数	各县（区、市）人口数
福州	12	29701	鼓楼区1196，台江区822，仓山区1378，晋安区1890，马尾区189，福清市1576，长乐市4832，闽侯县1914，连江县5100，闽清县10000，罗源县133，永泰县671
厦门	6	2132	思明区627，湖里区684，集美区335，海沧区197，同安区172，翔安区117
漳州	10	1825	芗城区231，龙文区30，龙海市179，漳浦县310，云霄县80，诏安县788，东山县74，平和县51，南靖县41，华安县41
泉州	11	2331	鲤城区166，丰泽区263，洛江区67，泉港区40，石狮市321，晋江市658，南安市314，惠安县111，安溪县160，德化县181，永春县50
三明	12	14892	三元区192，梅列区195，永安市1746，清流县29，宁化县785，建宁县190，泰宁县15，明溪县29，将乐县119，沙县346，尤溪县5677，大田县5569
莆田	5	1279	仙游县312，荔城区136，城厢区134，涵江区582，秀屿区115
南平	10	5719	延平区1292，建阳区879，邵武市321，武夷山市134，建瓯市1561，顺昌县834，蒲城县341，光泽县80，松溪县48，政和县229
龙岩	7	4919	新罗区1123，永定区262，上杭县707，武平县417，长汀县1175，连城县1087，漳平市148
宁德	9	8240	蕉城区953，福安市2964，福鼎市2847，霞浦县321，寿宁县21，周宁县13，柘荣县179，古田县914，屏南县28
平潭	1	34	

第二节 主要聚居地

一、福州市池姓

（一）仓山区

城门镇下董村 明天启年间（1621—1627），池朝佐由闽清上丰村迁入，今传16世，居村80余户、

320多人。

（二）晋安区

宦溪镇大洋村　明嘉靖四十五年（1566年），由闽清下杭迁人，今传17世，居村70余户、300多人。

宦溪镇宦溪村　清代，池以元由长乐旧池迁人，今传15世，居村60多户、200多人。

（三）马尾区

闽安镇闽安村　明万历年间（1573—1620），池云景由今连江县晓澳镇百胜村迁人，今传15世，居村十余户、40多人。

（四）福清市

宏路街道观音埔村　清顺治九年（1652年），池起玉迁人，定居观音埔，长子池开仕于乾隆年间（1736—1795）迁莱安村，后裔迁洋埔村、腰带乡，今传14世，居村250余户、1000多人。

龙田镇玉瑶村　清乾隆三十九年（1774年）迁人，今传21世，居村270余户、1000多人。

（五）长乐区

湖南镇旧池村　南宋绍兴二十年（1150年），池鲤腾后裔池文季7世池暹迁人，今传35世，居村35余户、1300多人。后裔迁徙美国、加拿大、英国、荷兰等国。

湖南镇新池村　元末，池希哲由旧池迁人，今传22世，居村480余户、1400多人。后裔迁徙美国、加拿大、英国、荷兰、西班牙、新加坡、泰国、韩国、爱尔兰等国。

湖南镇池桶村　元末，池希厚由旧池迁人，今传20世，居村120余户、450多人。后裔迁徙台湾地区和美国、英国、荷兰等国。

梅花镇池厝里村　清康熙年间（1662—1722），旧池23世德字辈迁人，新池32世兆字辈迁人，今传15世，居村160余户、550多人。后裔迁居徙台湾地区和美国、加拿大、英国、荷兰、爱尔兰、比利时等国。

航城街道石燕石门里村　清乾隆年间（1736—1795），池仁盘由旧池迁人，今传13世，居村130余户、500多人。后裔迁徙美国、英国、德国等国。

文岭镇石壁礶赶兜村　池存吉、池良莺、池良清、池大逞、池大月、池大严、池大得、池大庆等由旧池相继迁人，今传14世，居村210余户、690多人。后裔迁徙英国、荷兰、爱尔兰、美国、加拿大、日本、比利时等国。

文岭镇石壁青屿村　清乾隆年间，旧池30世可字辈迁人，新池32世兆字辈迁人，今传9世，居村120余户、650多人。后裔迁徙台湾地区和美国、英国、西班牙等国。

（六）闽侯县

洋里乡仙门村　明永乐二年（1404年），池杨由建宁迁人，今传22世，居村40余户、170多人。后裔迁居福州，闽侯池坑、箬洋、甘蔗，古田，柘荣风洋，迁徙北京，江苏南京、无锡、常州，上海，山东济南，台湾地区以及美国等地。

廷坪乡池坑村　池远由仙门迁人，今传21世，居村300余户、1860多人。后裔迁居福州、闽侯甘蔗、闽清、霞浦西胜、福安赛岐、海南，迁徙泰国等地。

大湖乡箬洋村　池天禄由仙门迁人，传20世，居村20余户、130多人，后裔迁居福州、闽侯甘蔗、柘荣风洋等地。

鸿尾乡安樟村　明万历十五年（1587年），池新居由尤溪汤川迁人，今传17世，居村30余户、140多人。

鸿尾乡西乾村　明万历十五年，池佛居由尤溪迁人，今传15世，居村60余户、420多人。后裔迁居闽清、南平、马尾，迁徙马来西亚。

荆溪镇廷坑村 明代，池润由长乐旧池迁入，今传21世，居村50余户、190多人。后裔迁居福州等地，迁徙澳大利亚。

荆溪镇仁洲村 池继由池坑迁入，今传15世，居村20余户、80多人。后裔迁居福州、上海等地，迁徙马来西亚。

上街镇庄南村 池景文由长乐湖南迁入，今传19世，居村70余户、360多人。后裔迁居福州、龙岩，迁徙江西、台湾等地。

鸿尾乡里头村 清康熙年间（1662—1722），池氏先人由闽清下杭迁入，今传9世，居村130余户、500多人。

鸿尾乡古洋村 清嘉庆五年（1800年），池兴山由闽清下杭迁入，今传10世，居村20余户、80多人。

鸿尾乡元口村上湾厝 池孝修由长乐迁入，今传8世，居村十余户、70多人。

（七）连江县

晓澳镇百胜村 明弘治年间（1488—1505），池炜由今长乐湖南镇仙宅村迁入，今传18世，居村1200余户、5000多人。后裔迁居黄岐、马祖、福州闽安镇等地，迁徙台湾地区和美国。

（八）闽清县

雄江镇尾洋村 元至正元年（1341年），池大阮由南平西家塘迁入，今传26世，居村130余户、560多人。

梅城镇城关街道 明永乐年间（1403—1424），池聪明由上莲上丰迁入，今传23世，居村70余户、410多人。

塔庄镇泸溪村 明成化年间（1465—1487），池宗福由尤溪迁入，今传26世，居村150余户、620多人。后裔迁徙马来西亚。

坂东镇下杭村 明成化八年（1472年），池师法由闽清县白中镇白汀村迁入，今传26世，居村430余户、2160多人。后裔迁徙马来西亚。

省璜镇际丰村 明万历年间（1573—1620），池宝由尤溪迁入，今传17世，居村70余户、310多人。

省璜镇官洋村 明万历年间，池真旺由尤溪迁入，今传17世，居村68户、410多人。

上莲乡上丰村 明洪武五年（1372年），池志成由尤溪迁入，今传26世，居村470余户、2230多人。后裔迁居闽清上莲、池园、白中、白樟、城关及福州等地，迁徙马来西亚。

上莲乡佳头庄洋村 明成化二年（1466年），池兴福由尤溪迁入，今传25世，居村30余户、150多人。

上莲乡后佳村 清顺治七年（1650年），池赐使、池公萌由尤溪迁入，今传18世，居村150余户、630多人。

上莲乡芹山村 清康熙五十九年（1720年），池潘嘉由闽清城关迁入，今传13世，居村50余户、210多人。

上莲乡田溪村 清乾隆四十九年（1784年），池孟秀由上丰迁入，今传11世，居村140余户、580多人。后裔迁徙马来西亚。

云龙乡下洋墩村 清康熙年间（1662—1722），池恩所迁入，今传12世，居村60余户、340多人。后裔迁徙马来西亚。

三溪乡溪源村 清雍正十年（1732年），池如近和池伯和、池伯金、池伯书三兄弟由坂东下杭迁入，今传13世，居村260余户、1330多人。后裔迁徙马来西亚。

三溪乡乌石村　清道光十八年（1838年），池肃文由坂东下杭迁入，今传9世，居村40余户、410多人。后裔迁徙马来西亚。

桔林乡四宝村　清乾隆年间（1736—1795），池旭日由塔庄淮溪迁入，今传11世，居村20余户、70多人。

梅溪镇南泉村　清乾隆年间，池必中由坂东下杭迁入，今传11世，居村60余户、230多人。

梅溪镇榕院村　清乾隆四十二年（1777年），池文盛由雄江尾洋迁入，今传11世，居村40余户、160多人。

白中镇攸太村　清道光八年（1828年），池长治由坂东下杭迁入，今传9世，居村70余户、310多人。

白樟镇半山村　清道光年间（1821—1850），池恒山、池建山兄弟由坂东下杭迁入，今传9世，居村150余户、580多人。

（九）永泰县

洑口乡畲地村　清康熙十六年（1677年），池邦英由尤溪珠峰迁入，今传13世，居村100余户、400多人。后裔迁居永泰城关、嵩口，福州仓山金山、湾边，连江黄岐，马祖等地，迁徙美国。

清凉镇连山村　（1）清康熙十九年（1680年），池文明由闽清泸溪迁入，今传13世，居村30余户、100多人。后裔迁居永泰城关、闽侯竹岐等地。（2）清乾隆二十年（1755年），池朝义迁入，今传10世，居村十余户、50多人。

二、泉州市池姓

安溪县

龙涓乡良垵村　明洪武二年（1369年），池国太由安溪县珠塔村迁入，今传26世，居村40余户、200多人。

三、三明市池姓

（一）永安市

槐南镇洋头村　明景泰三年（1452年），池庚一由今永安市曹远镇清水池村迁入，今传25世，居村330余户、1700多人。

（二）宁化县

治平乡高地村　宋开禧元年（1205年），池裕郎由江西宁都迁入，今传32世，居村210余户、790多人。

（三）建宁县

均口镇里湖村　明代，池福寿由建宁县银坑村迁入，今传27世，居村20余户、110多人。后裔迁居建阳等地，迁徙新加坡。

（四）尤溪县

汤川乡邹宦村　宋淳化年间（990—994），池文霭由闽清白中镇白鹤汀迁入，今传35世，居村80余户、430多人。

汤川乡岳溪村　南宋景定五年（1264年），池渊叟由邹宦迁入，今传25世，居村120余户、520

多人。

汤川乡珠峰村 明洪武十一年（1378年），池源澄随母姓池，由闽清际上迁入，今传26世，居村270余户、890多人。

汤川乡山岭村 清康熙年间（1662—1722），池仲显由尤溪珠峰迁入，今传13世，居村140余户、620多人。

汤川乡香林村 清康熙二十五年（1686年），池仁宇由闽清际丰迁入，今传13世，居村30余户、150多人。

中仙乡中仙村 （1）元大德四年（1300年），池高叟由邹宦乡迁居中仙乡渔洋村。（2）元至正二十五年（1365年），池国禄由渔洋迁入，今传33世，居村1100余户、4880多人。

管前镇林源村 清乾隆年间（1736—1796），池金寿由大田县建强村迁入，今居村30余户、180多人。

（五）大田县

武陵乡百束村 宋熙宁三年（1070年），池伯仙由福州后林天虹巷迁入，今传38世，居村20余户、60多人。

建设镇山厚自然村 宋庆元六年（1200年），池大三由武陵乡百束村迁入，今传37世，居村十余户、40多人。

建设镇建强村 元大德四年（1300年），池寿六由山厚村迁入，今传23世，居村160余户、700多人。

建设镇山中心村 元大德四年（1300年），池东生由山厚村迁入，今传29世，居村90余户、400多人。

广平镇铭溪村 元至正十年（1350年），池八由武陵乡百束村迁入，今传26世，居村600余户、3000多人。

建设镇元山村 清雍正元年（1723年），池圣文、池圣鸣、池圣起由山厚村迁入，今传12世，居村380余户、1800多人。

四、莆田市池姓

（一）仙游县

游洋镇河星村 明嘉靖三十九（1560年），池新生由尤溪中仙迁入，今传18世，居村70余户、380多人。后裔迁居枫亭学士街、度尾霞溪、莆田忠门、涵江仁坑、德化、三明等地。

（二）涵江区

秋芦镇洪里坑底村 明天启二年（1622年），池祖成、池祖审兄弟由龙岩迁入，今传16世，居村150余户、800多人。后裔迁居福清龙溪、东张、海口和萩芦西眉。

五、南平市池姓

（一）延平区

樟湖镇西家塘 明初，池大在由今南平市延平区新洋云路迁入，今传24世，居村200余户、1000多人。后裔迁居古田、南平、福州等地。

樟湖镇前村村 明初，池大二由新洋云路迁居路下溪、桂竹坪，今传26世，居村100余户、600多人。后裔迁居古田、福州、厦门、杭州、上海等地。

樟湖镇王宅村　明初，池大益由新洋云路迁入。1994—1996 年间，迁移到 316 国道旁新址定居，今居村 30 余户、160 多人。后裔迁居古田湾口村、前洋村和南平、福州、广东梅县等地。

巨口乡村头村　明初，池大寿由新洋云路迁入。今传 23 世，居村 40 余户、200 多人。后裔迁居南平、古田、福州、宁德等地。

（二）建阳区

回龙乡回龙村　南宋咸淳六年（1270 年），池祖余、池叔泰迁入，今传 29 世，居村 40 余户、220 多人。后裔迁居福州、厦门，迁徙广东等地。

莒口镇马伏移民村　1958 年，因修古田溪水电站，池姓族人由古田上高迁入，今传 2 世，居村 90 余户、400 多人。后裔迁居建宁、福州，迁徙深圳、上海、广州等地。

潭城街道回瑶村　1958 年，因修古田溪水电站，池姓族人由古田官洋迁入，今传 2 世，居村 50 余户、200 多人。后裔迁居福州、厦门等地。

（三）邵武市

城关　明代，池福增由建宁银坑迁入邵武东关城门外，池宽寿由东关迁居高南、高坑，今传 26 世，居村 30 余户、150 多人。后裔迁居福州、厦门，迁徙南昌等地。

（四）政和县

东平镇凤池村　南宋庆元十四年（1209 年），池觉应迁入，今传 32 世，居村 60 余户、300 多人。后裔迁居建阳、建瓯等地。

六、龙岩市池姓

（一）新罗区

万安镇浮竹村　明宣德年间（1426—1435），池万一郎由连城曾屋迁入万安镇环坑村，三子池春福由环坑村迁入，今传 25 世，居村 200 余户、1000 多人。后裔迁居将乐、漳平、长汀、南平等地。

万安镇青草营村　明宣德十年（1435 年），池复旺由万安镇环坑村迁入，今传 24 世，居村 40 余户、200 多人。

万安镇下坪坑村　明弘治二年（1489 年），池复兴由万安镇环坑村迁入，今传 22 世，居村十余户、60 多人。

（二）上杭县

湖洋镇通桥村　明成化年间（1465—1487），池桂五由江西赣州迁入，今传 32 世，居村 40 余户、200 多人。

中都镇军联村　明末，池五郎由上杭县湖洋镇通桥村迁入，今传 31 世，居村 90 余户、400 多人。

官庄乡蕉坑村　明末，池一郎由连城莒溪镇厦地村迁入，今传 22 世，居村 80 余户、400 多人。

通贤镇周源村　明末，池万三郎由连城莒溪镇厦地村迁入，今传 24 世，居村 30 余户、150 多人。

南阳镇联义村　1953 年，池昌远、池银远、池春远由通贤镇迁入，今传 5 世，居村十余户、90 多人。

（三）武平县

万安镇万安村　（1）明洪武年间（1368—1398），池千七、池千八兄弟由上杭迁入，今传 32 世。（2）清乾隆五十七年（1792 年），池福溪迁入。两支合计居村 100 余户、490 多人。后裔迁居东山镇、东留镇等地。

（四）长汀县

宣成乡宣城村　明正德年间（1505—1521），池福成由连城莒溪镇厦地村迁入，今传 21 世，居村 400

余户、1700多人。

（五）连城县

莒溪镇厦地村 明永乐年间（1403—1424），池小念九郎由江西赣州迁入，今传24世，居村70余户、400多人。后裔迁居新罗、长汀、上杭等地。

莒溪镇厦庄村 明正德年间（1505—1521），池祖禄、池祖德由厦地村曾屋迁入，今传20世，居村140余户、560多人。

莒溪镇池家山村 明隆庆年间（1567—1572），池源泉由厦庄村迁入，今传19世，居村80余户、400多人。后裔迁居福鼎。

莒溪镇莒莲村东坑寨 明崇祯年间（1628—1644），池立洪由厦庄村迁入，今传15世，居村19户、90多人。后裔迁居今南平市浦城县古楼乡、九牧镇、仙阳镇等地。

莒溪镇詹坑村 明崇祯年间，池德智由厦庄村迁入。今传15世，居村16户、60多人。

朋口镇鱼潭村 清康熙年间（1662—1722），池惟彩由厦庄村迁入，今传12世，居村60余户、260多人。

七、宁德市池姓

（一）蕉城区

漳湾镇鸟屿村 明洪武年间（1368—1398），池淑刚由今宁德市蕉城区池头迁入，今传28世，居村160余户、680多人。

（二）福安市

松罗乡后溪村 五代后梁开平四年（910年），池巩由今福州市仓山区建新镇怀安村迁入，今传44世，居村130余户、570多人。

罗江街道小留村 南宋绍兴年间（1131—1162），池凤后裔迁入，今传26世，居村160余户、720多人。

罗江街道桥洋村 明代中期，池劝与其侄由官塘迁入，今传16世，居村100余户、530多人。

阳头街道阳泉社区 （1）清初，池整八由小留迁入。（2）乾隆年间（1736—1795），池承俊由小留迁入，今传15世，居社区110余户、590多人。

城北街道前进社区与城南街道东风社区 明末清初，池凤后裔池芳一由察阳（今阳泉）迁入，今传15世，居社区30余户、130多人。

（三）福鼎市

前岐镇彩岙村 宋嘉祐八年（1063年），池养龙由霞浦赤岸迁入，今传41世，居村60余户、310多人。后裔迁居浙江平阳、瑞安、温州、乐清、玉环等地。

点头镇王家坪 明末清初，池宾录由浙江平阳县青街山边回迁，今传14世，居村110余户、520多人。

太姥山镇虎头岗村 清乾隆年间（1736—1795），池崟峰、池宾德由浙江平阳县青街山边回迁，今传14世，居村100余户、510多人。

管阳镇亭边村 清乾隆十七年（1752年），池文晔由浙江平阳县山门坑东小龙里回迁，今传11世，居村140余户、590多人。

点头镇银坑村 清乾隆十七年（1752年），池文冕由浙江平阳县山门坑东小龙里回迁，今传11世，现居村30余户、130多人。

点头镇翁溪村　清乾隆四十八年（1783 年），池大泮由浙江平阳县山门坑东小龙里回迁，今传 12 世，居村 30 余户、140 多人。

（四）霞浦县

盐田乡西胜村　清康熙二十九年（1690 年），池彦镛、池彦銈、池彦致由闽侯池坑迁入，今传 14 世，居村十余户、50 多人。

牙城镇南兜村　清代后期，池开孝、池开顺迁居霞浦，20 世纪 90 年代，因造福工程迁入，今传 9 世，居村十余户、70 多人。

（五）柘荣县

英山乡凤洋村　清康熙年间（1662—1722），池子智由漈上迁入，今传 12 世，居村 60 余户、320 多人。

（六）古田县

吉巷乡高坑村　明弘治十三年（1500 年），池天鱼、池天爵由闽侯洋里乡仙门村迁入，今传 28 世，居村 60 余户、200 多人。

水口镇下洋坪村　清康熙三十七年（1698 年），池大福由闽清下炉迁入，今传 14 世，居村 26 户、70 多人。

水口镇湾口村　清道光年间（1821—1850），池大益、池大阮后裔由闽清十七都雄江镇尾洋村迁入，今传 10 世，居村 30 余户、200 多人。后裔迁居溪岚村、天柱山。

泮洋乡淮溪村　清雍正三年（1725 年），池大富由南平新洋云路迁入，今传 15 世，居村 48 户、200 多人。

鹤塘镇佳垅村　清嘉庆十五年（1810 年），池长安由闽侯池坑村迁入，今传 21 世，居村 20 余户、140 多人。

第三章　谱　牒

第一节　福州市

一、长乐区

湖南镇旧池《东湖池氏族谱》　又称《西平池氏族谱》。明永乐年间（1403—1424）始修，后多次重修。谱载姓之祖、入闽之祖、一世祖。谱为现代印刷本。谱存东湖池氏宗祠。

长乐新池《池氏族谱》　明永乐年间（1403—1424）始修，历经五修。谱载山川纪、功名、法戒、冠婚、营建、艺文、侨寓、祭祀，以及丧礼葬礼等，并收入《辛丑播迁纪略》《调迁回复纪略》等项。古棉纸钞本。谱存旅美华侨池财魁处。

二、闽侯县

廷坪池坑《凤池池氏族谱》　清康熙五十七年（1718 年），玉禾陈上达编，2016 年重修。谱载源流、繁衍、谱序、世系等。谱存廷坪乡池坑村宗祠。

三、连江县

晓澳百胜《池氏族谱》 清乾隆三十七年（1772 年）杨廷佐始修；咸丰七年（1857 年）余绍唐续修，钞本，10 册；光绪二十八年（1902 年）三修，钞本，仅藏 2 册；1936 年四修，钞本，仅余 1 册；1985 年孙廷五修，钞本，6 册；2008 年王道初六修，16 册，印刷本。谱载源流、繁衍、谱序、世系、宗祠、人物图像、墓葬图及族规凡例数则。谱存晓澳镇百胜村池氏宗祠。

四、闽清县

坂东下杭《西平池氏族谱》 明嘉靖三十五年（1556 年）续修，1999 年重修，精装本。谱载谱序、世系等。谱存坂东镇下杭村池氏总祠。

上莲上丰《池氏族谱》 1948 年始修，1999 年续修，精装本。谱载谱序、世系等。谱存上莲乡上丰村池氏宗祠。

第二节　三明市

一、永安市

槐南洋头《池氏宗谱》 清乾隆二十九年（1764 年）池化龙始修；道光十九年（1839 年）池东升主持重修；1946 年，池举才、池良规三修；1987 年，池善圻、池家烺、池家鑫四修。谱载总纲、序言、祠图、世纪、功名、传记、坟墓、跋、附注等，钞本，1 册。谱存槐南洋头池氏宗祠。

二、宁化县

宁化高地《池氏族谱》 清康熙三十三年（1694 年）始修；乾隆三十九（1774 年）二修；嘉庆十二年（1807 年）三修；道光二十二年（1842 年）四修；同治十三年（1874 年）五修；1917 年池仁衢六修，木刻版印制；1989 年七修，印刷本，14 册。谱存高地池氏宗祠。

三、尤溪县

汤川邹宦《池应天族谱》 明万历十六年（1588 年）池养龙始修；清乾隆五十五年（1790 年）池谦受二修；嘉庆十二年（1807 年）池飞龙三修；2000 年，池守诚四修。谱载姓氏考源、谱序、辈分、世系、传说、大事记、图片及民俗称谓等。谱存汤川乡邹宦村池沼清处。

汤川岳溪《池渊叟宗谱》 1939 年池日章始修；2001 年，池昌镇等续修，谱附有图表和照片。谱存汤川乡岳溪村池有来处。

汤川香林《池氏仁宇公族谱》 清咸丰九年（1859 年）池尧感、池振邦始修；1919 年池善柔、池怀乾二修；2010 年池传錞三修。谱载谱序、世系等。谱存香林村池传坦处。

汤川珠峰《云盖池氏宗谱》 清嘉庆二年（1797 年）池拱辰修。谱载谱序、凡例、谱范、世系、祖祠、山场、祖坟、功名、世案等。谱存珠峰村池氏宗祠。

汤川山岭《云盖池氏族谱》 清嘉庆二年（1797 年）池拱辰始修，谱载谱序、凡例、谱范、世系等；1958 年池孙明编撰《玉满堂》池氏家谱续集，谱载世系、近代先人生卒年月及安葬坟墓等。谱存山岭村池氏宗祠。

中仙《池高叟族谱》　清乾隆五十四年（1789 年）池谦受始修，钞本，失传；1933 年，池波光主持、林锡基作序续修；1985 年，池尚河主持、池其昌作序三修；2000 年，池尚秋主持四修。印刷本，1 册。谱载考源、概述、凡例、传记、瓜瓞谱、坟墓等。谱存中仙乡中仙村池尚秋处。

管前林源《中兴堂池氏族谱》　池万和编撰，谱载世系、近代先人生卒年月及安葬坟墓等。谱存林源村池万和处。

四、大田县

武陵百束《西平池氏族谱》　为始祖池伯仙旧族谱，谱载世系等；清乾隆四十八年（1783 年）池荣举二修，钞本，1 册，谱载序言、世系、传记、坟墓、附注等。谱存武陵乡百束村池氏宗祠。

建设建强《池氏族谱》　1942 年池永锋主修始修，钞本，1 册；1991 年池永锋主修，钞本，1 册，谱载序言、祠图、世系、坟墓、跋、附注等。谱存建设镇建强村池氏宗祠。

建设山中心《池氏族谱》　清同治十二年（1873 年）池初铨等始修，钞本，1 册；1931 年池昌铿等二修，钞本，1 册；2001 年池加恩等三修，印刷本，1 册。谱载序言、祠图、世系、传记、坟墓、附注等。谱存建设镇山中心村池氏宗祠。

建设元山《池氏族谱》　清光绪二十八年（1902 年）始修，池昌盛主修，钞本，1 册；1927 年二修，池昌铫主修，钞本，2 册；1945 年三修，池加兴主修，钞本，2 册；1992 年四修，池加玉主编，钞本，2 册。谱载总纲、序言、世系、传记、坟墓、附注等。谱存建设镇元山村池氏宗祠。

广平铭溪《西平池氏族谱》　1942 年始修，池鑑清主修，钞本，6 册；1987 年池华清二修，钞本，8 册。谱载序言、祠图、世系、坟墓、附注等。谱存广平镇铭溪村池氏宗祠。

第三节　南平市

延平《西塘池氏族谱》　清乾隆五十一年（1786 年），前村池荣就、池荣对兄弟主持，杨学海主修；1999 年重修。印刷本。谱载序、字辈、世系、名人榜等。谱存西塘池氏宗祠。

第四节　龙岩市

一、新罗区

新罗《万安池氏族谱》　1984 年池东祥修。谱载谱序、谱系、祖祠、山地、祖坟、字辈等，钞本，3 本。谱存池氏宗祠。

二、武平县

《池氏族谱》　明万历十年（1582 年）始修，失传；清道光九年（1829 年）二修，失传。1922 年三修；1997 年四修（为赣闽粤湘联修）；2018 年五修。谱载总纲、序言、祠图、世纪、功名、坟墓、跋、附、注等。谱存万安镇贤溪村池氏宗祠。

三、长汀县

长汀《池氏族谱》　明万历十年（1582 年）始修，失传；清道光九年（1829 年）二修，失传；1922 年三修，失传；1997 年四修（为赣闽粤湘联修），共 11 册。谱载谱序、世系等。谱存宣成乡溪源村池氏宗祠。

四、连城县

连城县《池氏族谱》 一到五修失传。1997 年六修（赣闽粤湘联修），池伯良、池炳良等主修，共 11 册。谱载总纲、序言、祠图、世纪、功名、坟墓、跋、附、注等。谱存朋口鱼潭池氏分祠、莒溪曾屋池氏总祠、莒溪厦庄池氏分祠。

第五节 宁德市

一、蕉城区

漳湾鸟屿头《西平池氏族谱》 清道光二十三年（1843 年），池帝寿（淮八）、池煇主持，连步腾撰修并作序；2004 年二修，钞本。谱载谱序、世系等。谱存鸟屿头西平池氏宗祠。

二、福安市

松罗后溪《龙溪池涌源总祠宗谱》 南宋嘉泰元年（1201 年），池枢、池裕作序，并订修谱原例。明洪武二十四年（1391 年），池裕隆等重修；永乐二十一年（1423 年）三修；景泰十二年（1455 年）四修；弘治十五年（1502 年），池得深、池得宝等五修并作序；清康熙五十八年（1719 年）六修，池奎焕、池照生、池鲸焕作序。乾隆五十六年（1791 年）七修，订修谱凡例，新修首事池飞龙、池继灏、池汇南作跋；咸丰二年（1852 年），池步衡、池明亮八修并作序；光绪二年（1876 年），池蓉镜、池步蟾、池登翰九修并作序；光绪三十三年（1907 年）十修；1981 年十一修并作序；2013 年十二修。谱载谱序、诗文、例言、山场、祭田、人物、世系等。谱存松罗后溪龙溪池氏宗祠。

罗江街道《桥洋池氏族谱》 清康熙五十八年（1719 年）始修；乾隆四十六年（1781 年）重修；咸丰九年（1859 年）续修；光绪十六年（1890 年）四修；1928 年五修；1985 年六修；2006 年七修。谱载谱序、修谱凡例、家训、考源、祭田、人物志、世系等。谱存桥洋池氏宗祠。

罗江街道《小留池氏族谱》 清康熙六十年（1721 年），池继善（小留）、池达庵（鹭江）合纂始修，池继善作序；嘉庆二年（1797 年），池梦蛟二修并作序；道光二十四年（1844 年）三修，订《修谱凡例》；光绪十一年（1885 年），池蓉镜、池登翰四修；1917 年五修；1949 年六修；1983 年七修；2003 年八修，谱载谱序、凡例、排行、传赞、世系等。2013 年，阳泉池氏独立修谱，谱载谱序、祖祠记、世系等。谱存阳泉池氏宗祠。

阳头街道《阳泉池氏族谱》 清康熙年间（1661—1722），小留、鹭江、察阳三地池氏合纂始修；2013 年，阳泉池氏独立修谱。谱载谱序、诗词、凡例、祖祠记、世系等。谱存阳泉池氏宗祠。

三、福鼎市

前岐《彩岙池氏宗谱》 元至正八年（1348 年）池涟漪始修；明正统三年（1438 年）池观澜重修；明万历十年（1582 年）池钱江三修；清道光二十年（1840 年）池日寿等四修；1916 年五修。谱载谱序、世系等。谱存前岐彩岙池氏宗祠。

四、柘荣县

英山《禾熟洋池氏族谱》 清乾隆二十二年（1757 年），池孙清从祖居地箬洋录回谱牒。嘉庆九年（1804 年）游华峰始修并作序，2017 年六修。谱载谱序、池氏家范等。谱存英山禾熟洋池氏宗祠。

第四章　文化遗产

第一节　著作与艺文

［明］池浴德　厦门湖里区人。著有《空臆录》《怀绰集》《居室篇》《修整学宫记》。

［明］池显方　厦门湖里区人。著有《大同赋》《晃岩集》22 卷，另著有《玉屏集》《澹远诗集》《直夫偶钞》等。

［清］池伯炜　闽侯人。著有《吟草偶存》《西楼吟集》。

［清］池仲祐　闽侯人。著有《西行日记》《海军实记》《海军大事记》《甲申、甲午海战海军阵亡死难群公事略》。

［清］池南溟　长乐人。诗作有《宛在轩八景》等。

［清］池腾蛟　长乐人。诗作有《祝龙岩州百岁翁邱老人华诞建坊》《送宁化邑尊爱川李公讳倓调任诸罗时余宁化训》《挽从弟羡可副室林氏殉烈》等。

［清］池春雷　长乐人。诗作有《梅花八景》。

［清］池继溥　厦门同安人。著有《然斋诗草》。

［清］池其绳　厦门同安人。著有《史眼》《诗纬》《四书讲录》《三极藏书》《求斋别集》等。

［近现代］池钟瀛　尤溪人。著有《微分方程式》。

［近现代］池英藩　尤溪人。著有《痰抗酸菌涂片检查的质量控制分析》《78 株分枝杆菌培养和菌型分型鉴定耐药性测定》等。

［近现代］池芝盛　长乐人。主编《糖尿病学》，编译《内分泌基础与临床》，编著《糖尿病防治及自我护理》，主编《东南亚糖尿病及其进展》共 3 册，合编《世界糖尿病学》共 4 册，合编《糖尿病流行病学》1 册。

［近现代］池伯鼎　闽清人。自编、合编中学生数学课外读物 45 本，其中《中学数学手册》获福建省新长征科普读物一等奖，《三角形的解法与应用》获全国优秀教育图书荣誉奖。

第二节　族规家训

一、尤溪县汤川乡邹官池氏族规

祭祖扫墓告慰先灵爱护祠堂责无旁贷，
姓氏谱志爱惜珍藏世系字辈谨遵代传，
招嗣入赘视如己出孝敬双亲传承孝道，
教子以德严慈相济好学上进耕读起家，
尊师重教传承文明勤俭治家杜绝奢侈，
赌博吸毒族人共诛诚实守信遵纪守法，
见义勇为惩恶扬善拾金不昧助人为乐，

桑梓故里互助互勉公益事业慷慨解囊，
严以律己宽以待人自尊自爱自立自强，
克己奉公清正廉洁乡风民俗恪守铭记，
知恩图报回馈社会报效祖国振兴中华。

录自汤川邹官《池应天族谱》

二、福安龙溪先祖遗训

积德首务，礼让为先，勤俭立家之本。贵不可抑贱，富不可欺贫，强不可凌弱，众不可暴寡。予智毋恃，予能毋矜，唆人讼无后，占人业灭身，此立身之厚也，敦俗之道也，睦族之义也。孔子大圣居乡，恂恂杖斯出。文王贤侯为国行仁，必先四穷。张公能忍，同居九世；卫輙贼恩，操戈一室。宜师其善，勿习其恶。荣家恒于斯，昌后恒于斯，固不美乎？何弗为也！

录自《龙溪池氏族谱》

三、池伯仙后裔《家规名训》

诚信守法，常学善思，忠信孝悌，礼义廉耻，和邻睦族，勤俭和忍，清白做人，规矩做事。
慎独，主敬，求仁，习劳。勤勤恳恳做事，清清白白做人。孝父母，亲兄弟，友邻里，勤治家。
宜未雨而绸缪，勿临渴而掘井。严以律己，宽以待人。勿以恶小而为之，勿以善小而不为。

录自永安槐南洋头《池氏宗谱》

四、长乐文昌池氏家训

子孝父母，媳敬翁姑，兄友弟恭，妯娌和睦，尊长爱幼，家必昌盛。
黎明即起，洒扫庭除，日勤洗漱，内外整洁，身体健康，益寿延年。
以德为先，品行为上，端正思想，非礼勿为，礼义廉耻，人皆奉行。
奉公守法，洁爱自身，遇事谨慎，和蔼可亲，以礼待人，德莫大焉。
学宜勤奋，切戒骄奢，爱岗敬业，为国为民，扬显名声，荣宗耀祖。
和睦邻里，团结乡邻，不逞凶讼，和气待人，以和为贵，和可致祥。
农业科学，善加学习，精耕细作，毋怠毋荒，增产增收，劳动致富。
一粥一饭，半丝半缕，当思维艰，更要珍惜，唯有俭朴，才能发家。
赌博败家，贪色伤身，酗酒生端，吸毒成瘾，倾家荡产，宜戒之哉。
非财不取，非法莫行，不逞暴虐，以理服人，人当立志，最忌自卑。
贫苦亲邻，须加温恤，天灾人祸，量力而助，排难解纷，善莫大焉。

录自长乐湖南镇旧池《东湖池氏族谱》

五、宁化高地村规

宗规：敦孝弟，睦族党，正坟墓，扩蒸尝，勤耕读，崇礼让。
祠约：敬宗祠，崇祭祀，重家谱，尊齿爵，兴义族，祀香灯，完国课。
族禁：禁近亲行奸，禁藐法行盗，禁欺凌孤寡，禁殴斗争讼，禁侵卖祖坟，禁侵占尝产。

录自宁化高地《池氏族谱》

第三节　宗　祠

福清玉瑶池氏宗祠　坐落在福清市龙田镇玉瑶村。清乾隆三十九年（1774年）始建，1943年、1992年先后两次修缮，2017年在原址重建。占地面积约700平方米，建筑面积500平方米。坐西北向东南，土木结构。前照基础由长4.02米、宽0.6米的三副石板条垒成，大门高2.9米、宽2.15米，左右两个小门；厅左右两侧有精美石条铺成天井，两侧有副堂，由10个大木圆柱架构整座祠堂。修旧牌匾4面，其中朝廷赐匾1面、文魁1面、拔贡2面。

长乐池氏宗祠　坐落在长乐区湖南镇仙宅村。宋代始建，明嘉靖三十八年（1559年），倭寇犯境焚毁，10年后重建；清顺治十八年（1661年），朝廷海禁又被烧毁，清康熙三十六年（1697年）重建。建筑面积675平方米。前后两座，前座五柱单间，后座七柱三间，坐北向南，木结构。祠内悬挂有“进士”“解元”等横匾，左右大柱书写“黎宝家声远，文昌世泽长”的对联。祠前埕边立进士、举人双斗旗杆碣，案山有长乐知县为池泽民所立文昌碑1座。2017年列为长乐区历史建筑保护单位。

长乐新池祠堂　坐落在长乐市湖南镇仙宅村。明宣德元年（1426年）兴建前座，称为“乐善堂”，十多年后又续建后座，清乾隆二十五年（1760年）建神龛。祠堂几遭兵灾，屡经重修扩建，至清嘉庆年间（1796—1820），面积达476平方米。1968年，辟地兴建祠堂配套祖厅1座，面积320平方米。祠堂坐东向西，后座、中庭为木结构，祖厅为土木结构。

长乐池桶村祖厅　坐落在长乐市湖南镇池桶村。相传为始迁人池希厚建造。建筑面积90平方米。坐东北向西南，厅负后门山，左侧为对面山，右侧为蔡宅山，呈襟带拱卫之势。砖木结构，中有小天井，祖厅前后二进，均为五柱。历代有修缮，保持旧时格局。

连江百胜池氏宗祠　坐落在连江县晓澳镇百胜村。清乾隆二十年（1755年）始建。道光十二年（1832年），续建回廊两庑。光绪二年（1876年），开辟东侧新祠。1989年修缮前祠，扩建后祠。1996年新旧两祠合并后，在两祠的原址上重建第一进新祠。2003年再建第二进及第三进新祠，至2009年三进新祠全面竣工落成。2011年续建后山观景台及三面围墙。宗祠面宽18.5米，纵深90米。占地面积5625平方米，建筑面积2158平方米，坐西北向东南。为砖混结构，前后三进依山就势叠次而建，集宫殿建筑和乡村建筑风格为一体。

闽侯洋里仙门宗祠　坐落在闽侯县洋里乡洋里村。清代修建，1938年重修。建筑面积88平方米，坐北向南，土木结构。

闽侯池坑池氏宗祠　坐落在闽侯县廷坪乡池坑村。明代修建，2005年集资重修。占地面积350平方米，建筑面积300平方米，有前后二厅。坐西北向东南，土木结构。

闽侯箬洋池氏宗祠　坐落在闽侯县大湖乡箬洋村。明代修建，毁于火，清代后期重修。占地面积600平方米，建筑面积400平方米，有前后二厅。坐西北向东南，土木结构。

闽清下杭池鲤腾总祠　坐落在闽清县坂东镇旗峰村。明成化十四年（1478年）始建，1944年重建。占地面积2178平方米，建筑面积1307平方米，坐东向西，土木结构。

闽清上莲上丰池氏宗祠　坐落在闽清县上莲乡上丰村。明万历年间（1573—1620）始建，历代有重修，2014年大修。占地面积733平方米，建筑面积296平方米，坐北向南，徽派建筑风格，土木结构。

闽清省璜际峰池氏宗祠　坐落在闽清县省璜镇际峰村。1927年重修，1944年在村水尾新建宗祠，1988年、1999年两次重修。占地面积1265平方米，建筑面积365平方米，坐东北向西南，土木结构。

闽清芹山池氏宗祠　坐落在闽清县上莲乡芹山村。清乾隆二十五年（1760年）始建，1949年后陆续倾圮，1970年在祖厝上座地坪重建。占地面积300平方米，建筑面积80平方米，坐南向北，土木结构。

闽清塔庄泸溪池氏宗祠 坐落在闽清县塔庄镇泸溪村。清康熙四十九年至清雍正八年（1710—1730）分期修建。占地面积 900 平方米，建筑面积 600 平方米，坐南向北，土木结构。

闽清尾洋池氏宗祠 坐落在闽清县雄江镇尾洋村。明洪武元年（1368 年）始建，2017 年重建。占地面积 500 平方米，建筑面积 300 平方米，坐北向南，钢筋混凝土结构。

闽清上莲后佳池族宗祠“吉祥堂” 坐落在闽清县上莲乡后佳村。1995 年始建。占地面积 220 平方米，建筑面积 330 平方米，坐东向西，土木结构。

闽清上莲后佳“昌隆堂” 坐落在闽清县上莲乡后佳村。1996 年始建。占地面积 100 平方米，建筑面积 200 平方米，坐东向西，土木结构。

闽清上莲后佳池氏宗祠“孝廉堂” 坐落在闽清县上莲乡后佳村。1990 年始建。占地面积 350 平方米，建筑面积 150 平方米，坐西向东，土木结构。

永泰畲地池氏宗祠 坐落在永泰县洑口乡梅村。清康熙六年（1667 年）建。占地面积 630 平方米，建筑面积 560 平方米，坐东朝西，砖木结构，二层二进。

永安市洋头池氏万兴祠 坐落在永安市槐南镇洋头村。明成化元年（1465 年）始建，万历三年（1575 年）、清乾隆四年（1739 年）、道光十三年（1833 年）重修，2002 年重建。建筑面积约 1200 平方米，坐南向北，土木结构。

永安市洋头池氏时思祠 坐落在永安市槐南镇洋头村。明嘉靖年间（1522—1566）始建，清雍正元年（1723 年）遭火灾，仅存扶屋二植，后重建上下两堂，嘉庆十九年（1814 年）、光绪二十九年（1903 年）、1985 年重修。建筑面积约 2000 平方米，坐东北向西南，土木结构。

永安市洋头池氏进隆堂 坐落在永安市槐南镇洋头村。清乾隆四年（1739 年）建，有上下两堂左右扶屋、仓间、大门庭等。建筑面积约 1800 平方米，坐东北向西南，土木结构。

永安市洋头池氏进兴祠 坐落在永安市槐南镇洋头村，清乾隆（1736—1795）末年始建，有上下两堂，中门庭，左右扶屋，前有大池塘，面积 700 平方米。1986 年翻修。建筑面积约 2300 平方米，坐北向南，土木结构。

宁化高地池氏香火厅 坐落在宁化县治平乡高地村。池清郎建造。清嘉庆四年（1799 年）火灾烧掉厅堂，嘉庆七年重建，名“敦睦堂”。占地面积 1000 平方米，建筑面积 300 平方米，坐东北向西南，木结构。

宁化高地池氏家庙 坐落在宁化县治平乡高地村。清乾隆三十年（1765 年）始建，占地面积 2000 平方米，建筑面积 400 平方米。二进式，厅堂、天井搭配成套，保存较好。

尤溪中仙乡中仙村池氏宗祠 又称“坡兜坊”，坐落在尤溪县中仙乡中仙村。明洪武二十八年（1395 年）始建。嘉靖三十九年（1560 年）因匪乱被焚，万历四十六年（1618 年）复建。1922 年被匪焚，第二年重建。1966 年被拆，1968 年复建。1969 年二度被拆毁，1980 年再行重建。2017 年大修缮，扩建左右扶厝等。占地面积 3330 平方米，建筑面积 1998 平方米。上下堂八扇，坐南向北，土木结构。

尤溪邹宦村池氏宗祠 俗称“下祖祠”，坐落在尤溪县汤川乡邹宦村。1923 年被土匪焚烧，1928 年在原祖祠旁边修建土木结构的六扇祖祠一座，1984 年在上祖祠原址再修建一座四扇土木结构宗祠。占地面积 1220 平方米，建筑面积 265 平方米，形成上下两座，坐西向东。

大田建设镇元山村池氏宗祠 又称“进兴祠”，坐落在大田县建设镇元山村。清雍正元年（1723 年）池圣文始建，清光绪十九年（1893 年）重建。占地面积 3600 多平方米，建筑面积 300 多平方米，二进五开间。坐北向南，木结构。

大田广平镇铭溪村池氏宗祠 又称“文炳堂”，坐落在大田县广平镇铭溪村。明嘉靖七年（1528 年）始建，1985 年重建。占地面积 3000 多平方米，建筑面积 800 多平方米，二进五开间，坐南向北，砖木

尤溪县中仙村池氏祠堂

结构。

大田建设镇建强村池氏宗祠　又称“积昌堂”，坐落在大田县建设镇建强村。明成化十六年（1480年）始建，1990年重建。占地面积1200多平方米，建筑面积600多平方米。一进五开间，坐西北向东南，木结构。

政和凤池池氏宗祠　坐落在政和县东平镇凤池村。明万历年间（1573—1620）始建，占地面积500多平方米。分上殿下殿，坐北向南，土木结构。

龙岩新罗浮竹池氏宗祠　坐落在龙岩市新罗区万安镇浮竹村。明景泰元年（1450年）始建，2018年重建，前面增建大门、水塘，占地面积5000平方米，建筑面积2400平方米，坐西南向东北，砖木结构。

福安龙溪池氏宗祠　坐落在福安市松罗乡后溪村。2007年，在原祠旧址新建。占地面积2568平方米，建筑面积746平方米。三进三开间，坐北向南，抬梁式构架，土木结构。

福安桥洋池氏宗祠　坐落在福安市罗江街道小留村。清雍正二年（1724年）始建，清乾隆五十一年（1786年）重修，光绪十二年（1886年）移建于桥洋村内，1998年重修。占地面积1834平方米，建筑面积522平方米。坐西向东，砖木结构，二进式。

福安小留池氏宗祠　坐落在福安市罗江街道小留村。宋末元初始建，明代被焚，乾隆年间（1736—1795）重建，1972年又遭焚，2001年重建。占地面积926平方米，建筑面积596平方米。坐北向南，三进式，砖木结构。

福安阳泉池氏宗祠　坐落在福安市阳头街道阳泉社区。清代始建，2008年9月重建。建筑面积1360平方米，坐北向南，二进式，土木结构。

蕉城屿头池氏宗祠　坐落在蕉城区屿头村。清嘉庆年间（1796—1820）始建，2017年重修。占地面积450多平方米，建筑面积300多平方米。一进三开间，坐东南向西北，土木结构。

柘荣凤洋池氏宗祠　坐落在柘荣县英山乡凤洋村。2015年建。占地面积516平方米，建筑面积316.2平方米。坐北向南，二进式，砖木结构。

第四节　陵　墓

池炜墓　位于连江县晓澳镇百胜村牛湾山。2008年重修。占地面积113平方米，平面呈“凤”字形，坐西向东，石混结构。碑刻“百胜西平始祖，池公开源德配阮氏孺人，长男振基公，长媳尊孺人”。

池六玉陵墓 俗称“孝子墓”，位于闽清县坂东镇旗峰村（下杭）象上山，清顺治元年（1644年）始建，坐东向西。2004年迁至下杭南明园，坐向不变。墓碑和墓道碑原件随迁重立。墓碑上头横刻“皇清”二字，碑文为“甲申年岁，六玉池公，偕配张氏，季秋立城”。墓道碑上头也横刻“皇清”二字，碑文为“旌表孝子生员，六玉池公墓道”。

池天宝墓 位于宁化县治平乡坪埔畲族村。为宁化治平始祖池天宝墓，坐东向西，呈“黄牛出栏”形。

池文霭墓 位于尤溪县中仙乡华阳村，为西坑宫池氏始祖池文霭（字应天）公妣合葬墓。1998年重修，占地面积85平方米，坐西向东，混凝土结构。碑刻“池公应天室配周十娘之墓”。

池晟四墓 位于大田县均溪镇红星村。明崇祯十五年（1642年）建。占地面积约70平方米，坐东向西。鸬鹚破潭形，石混结构，碑刻“延平府永安县四十三都：明邑宾显祖考晟四池公之墓，道光三十九年十月立”。

池照南墓 位于福安市城阳镇王湾里村。1921年修建。占地面积约1200平方米，坐北向南。墓主为池凤25世孙池则文（字照南），湖山学校校长黄廷球作墓志铭。

池照莲墓 位于福安市城北街道棠发洋社区。1920年修建，占地面积约700平方米，面阔18米，进深39米。坐东向西，平面呈“凤”字形，墓丘三合土构筑，墓丘前有三级墓坪。墓坪前两侧有一对三合土堆塑狮子。墓主为池凤25世孙池则密（字照莲）。1999年，因拓宽道路拆除。

第五节 古建筑

安贞堡 俗名“池贯城”，坐落在永安市槐南镇洋头村。清光绪十一年（1885年），池占瑞、池连贯（官名云龙）父子为给当地百姓提供一个避难的场所，经请示邑侯甘祥宪后，由云龙自行设计，用其经商积蓄资金而兴建安贞堡，历时14年。该建筑占地面积1万多平方米，建筑面积6000多平方米。总体呈前方后圆形，外墙用厚石加土夯成，厚4米，高9米，环堡走廊墙上布有180个射击孔、90个瞭望窗，具有很强的军事防御能力。堡内360个房间全是木头构造，可居住千人。堡内泥塑、雕刻、彩绘有三顾茅庐、空城计、鲤鱼跳龙门、八仙过海、蜡梅迎春等内容，是一座集生活住宅、民间文化、军事防御为一体的建筑。国家文物评定组称其为“国之瑰宝”。1985年列为永安市文物保护单位，1991年列为福建省文物保护单位，2001年列为全国重点文物保护单位。（见彩图16-1）

永安万金厝

永安万金厝 又名“景云堂”，坐落在永安市槐南镇洋头村二片101号。清咸丰六年（1856年）池圣笃建。建筑面积898平方米，坐西向东。由半月池、门庭、围墙、空坪、下堂、天井、厢房、上堂、化胎、护厝组成合院式建筑。主建筑面阔17米，进深18.6米。门庭悬山顶，面阔一间，进深三柱，坐南朝北；下堂面阔五间，进深四柱；上堂面阔五间，次间与稍间之间有子孙弄，进深九柱，带前廊；前檐斗拱出二挑承托檐檩；上、下堂均为悬山顶穿斗式结构，地面均为三合土夯制；梁、枋、雀替、驼峰等部位雕有吉祥图案，部分图案系双层雕刻。建筑中轴对称，布局合理。2013 年列为福建省文物保护单位。

闽侯关西下洋池氏大厝　坐落在闽侯县荆溪镇关西村廷坑自然村下洋 11 号。清晚期建。共 12 座（已损毁 3 座），占地面积 7200 多平方米。正厝坐西向东，四合院式民居。门内为门廊、天井及两厢。正座悬山顶，穿斗式木结构。面阔五间，进深十七梁用九柱并前后廊，明、次间前都辟为轩廊，明间后部以插屏门隔为前后厅。斗拱、驼峰、垫板、雀替等木构件雕刻精美，檐檩以三挑插拱承托。正座两旁建有附厝，其中右花厅做工精细，有木地板、蟹壳回顶后厅、前轩廊及挂落等装饰。2009 年列为闽侯县文物保护单位。

闽侯关西泊比幽兰坊　坐落在闽侯县荆溪镇关西村廷坑自然村口。清乾隆四十年（1775 年）建。占地面积 330 平方米，坐北向南，石构，四柱三门一楼，歇山顶。正楼檐下有“圣旨”牌。平板枋下字版上阴刻“泊比幽兰”四字，左次间字版上阴刻“清乾隆四十年咨都圣表旌表节孝”。右次间字版上阴刻“侯官县故监生池仅发妻徐氏丁酉年立”。背面正楼檐下有“恩荣”牌，其下字版刻有“贞同古柏”四字，次间题刻与正面相同。边柱顶有一对石狮。正面柱联为：“矢志同柏松立操，存心与日月争光”，背面联为“有补纲常弥宇宙，无亏节操凛冰霜”。2009 年列为闽侯县文物保护单位。

闽清上丰村下新厝　坐落在闽清县上莲乡上丰村莲花山北麓腹地。清乾隆三十年（1765 年）池承善建。占地面积 2500 多平方米，建筑面积 1200 平方米。木结构，厅堂、天井、下埕均用石板压廊踏步，洋灰埕。厝以厅堂为中轴，两边对称，正座有官房、六榻、八榻 32 间（二层），书院、下落 14 间（单层），两边上下横厝 40 间（二层），外加小厅两间供读书习武之用。正座连按横厝的上、中、下过水楼亭 6 个，里外出入有三进门（正门）并建有精致门亭。整座厝有围矮墙。厅堂正上方悬挂着同治年间“五代同堂”牌匾，堂内布局精巧，宽敞古朴，雕梁画栋；屋面扎口翅脊，鳞次栉比，错落有致。2013 年列为闽清县文物保护单位。

闽清上丰村下新厝

闽清上丰村锯柴湾麟祥堂　坐落在闽清县上莲乡上丰村。清朝光绪十三年（1887 年）始建。占地面积约 2000 平方米，建筑面积 3500 多平方米。坐西向东。上下错落有致，左右配列有序，是江南典型的四合院建筑风格。正厝厅堂、柱子、墙壁、石墩雕刻三国人物、八仙过海、飞禽走兽、花草树木的图案。厅堂中央红底黑字“鸿禧”两字；一块木刻横匾，鎏金色的“义协埙篪”四个大字；两边屏柱上雕刻两只凤凰；中央丁梁两头镶金麒麟遥遥相望。官房、下书院、过水楼亭、上下横厝、土堡楼共有百余间。

土堡楼墙体厚度70厘米左右，用于防匪。房屋左边种有防风林。2013年列为闽清县文物保护单位。

闽清上丰村孔仁厝　坐落在闽清县上莲乡上丰村。清乾隆晚期池孔仁所建，故名“孔仁厝”。占地面积约1500平方米，建筑面积2000多平方米，坐东朝西，木结构。正厅堂为单层格局，侧房均为上下一层半，厅地面为石灰三压埕，天井铺石板条。上天井两侧为“书院”，正厝与左右横厝之间有一过水，共有房间50余间；下天井四周砌有圆形围墙。入门转向为坐北朝南方向，三进门，门扇上半部分皆为菱形花窗和人物、花草树木雕刻。2013年列为闽清县文物保护单位。

闽清上寨厝　坐落在闽清县上莲乡上丰村。清光绪二十五年（1899年）池学聘建造。占地面积约1500平方米，建筑面积1650平方米。坐北向南。外墙是用大大小小石头垒砌成的，寨堡平面呈正方形，古称“景秀堂”。寨内土木构造，以正座主体为中心，横厝厨房回照围绕。厅堂高阔宽敞，栋梁上楷书写着“上梁大吉”，厅头形上方红底黑字“紫微銮驾”。官房、六扇书院、横厝等均为二层，房间有100多间。横厝回照第二层有通道，沿着内墙，路宽1米，称为“马路”，当时用来防匪，四观动静，通行方便。寨有石拱三进门，上向都是半圆弧形，门板用坚固的杂木制作，厚度22厘米，两扇对关，刀枪难入。正中出入为大门，两边为小门。2019年列为闽清县历史建筑保护单位。

闽清佳垅墘新厝　坐落在闽清县上莲乡上丰村。清光绪二十九年（1903年）池德圣建造，占地面积约565平方米，建筑面积900平方米。坐西向东，木结构，一厅四直坪廊厝，正中高堂，左右官房六扇均为二层，出面的门和窗都雕刻着精美的图案，有八仙过海、三国人物和花草树木等。官房六扇窗口花板帘精雕多重花物，厅堂上向雕龙画虎，龙凤相合。子孙椽下面雕着多对双龙抢珠，左边人造土山树木茂盛。2019年列为闽清县历史建筑保护单位。

闽清上丰村燕翼堂　因地貌如燕翼形，故名“燕翼堂”。坐落在闽清县上莲乡上丰村。清朝光绪年间（1875—1908）池道舜始建，占地面积约1700平方米，下埕占地面积约1200平方米。坐西向东，木结构。正厅为单层格局；厅堂两侧为左右边官房、六扇、前后过水、横厝，均为上下两层，有40余间。厅堂规模精巧，宽敞古朴，雕梁画栋，错落有致。厅头置有几案桌，屏柱上方书写“荣华”“富贵”处雕刻有凤凰；正上方书写“鸿楼”，再上处挂着“钓渭高风”牌匾，两边后门上方挂着“福”“寿”单字匾。厅中顶梁两头雕刻木制“百子千孙”图案，厅之前二柱横梁中央挂有“寿屈期颐”牌匾。全厅各柱都挂有板制柱联，厅各两柱横梁中央配置15条铁链钩，分挂各式样灯笼。2019年列为闽清县历史建筑保护单位。

闽清上丰村大王后厝　因宅前有个大王宫，故名“大王后厝”。坐落在闽清县上莲乡上丰村。清乾隆三十二年（1767年）池承志始建下座，占地面积4500平方米，建筑面积3600平方米，坐东向西，木结构。厅堂宽敞，天井、下埕均用河蛋石铺砌。前面用石砌成圆形围墙，入门转向坐南朝北，建有正座、官房、六扇、八扇、共计40间。书院16间，横厝26间，上下过水亭4个，共16间。十多年后，在厝后上方扩建上座。后门护坡石砌高6米，后门两边石砌达步，以便上下座通行。上座有正座、官房、六扇、八扇，有40间。书院16间，横厝28间，过水亭4个，共16间。上下两座共计196间。2019年列为闽清县历史建筑保护单位。

闽清上丰下厝　又称圳下厝。坐落在闽清县上莲乡上丰村。明代始建，1968年重建，占地面积1220平方米（正座占地面积274平方米，左横厝190平方米，右横厝190平方米，正厝后面的厨房132平方米，按原始天井埕、下埕、半月形围墙地基内240平方米）。建筑面积1576平方米，土木结构。天井埕下有外埕，半月形围墙，坐北朝南，门转坐东朝西。埕面铺设的河蛋石形成“八卦形”“锣形”等。正座土木结构，六扇五直，中间设单层大厅，高9.5米，厅总深11.7米，宽4.5米；厅中筑有厅屏墙，厅屏两边设有两耳门，中间立有“公安龛”香位，龛前至前廊7.9米。2019年列为闽清县历史建筑保护单位。

闽清上丰“挑鼻厝”　又名“启明堂”。坐落在闽清县上莲乡上丰村。清光绪年间（1875—1908）池道銮所建。占地面积1121平方米，建筑面积2030平方米，门前埕占地面积315平方米。坐东向西，土木结构。正座六扇五直七柱，中间设单层大厅，高 9 米，左右四直，上下二层。正大厅中另立两柱为屏柱，屏柱中设有“公婆龛香位”。正厅堂正栋梁两边和丁梁两边精雕有嵌金古人物，套在梁两头，屏柱顶套着嵌金凤凰一对。正座及两厢书院、回照面积共 517.3 平方米，正座下设有天井埕，面积 71 平方米，天井两厢加回照共 8 间，木结构，大门前面用土墙筑成护屋。正接横厝楼左右前后过水，上下二层木结构，左右横厝土木结构。2019 年列为闽清县历史建筑保护单位。

闽清孔华厝 坐落在闽清县上莲乡上丰村。清乾隆（1736—1795）末年池孔华所建，故名“孔华厝”。占地面积 2300 平方米，坐北向南。江南四合院风格，全木结构。厅堂宽敞，正厅堂地面为石灰三合埕，天井铺石板条，正座有宫房六扇，书院下落两边上下横厝二层，外加小厅二间为“文武厅”，有房间 70 余间，正座连接横厝上中下过水楼 4 个，门扇皆为花草树木雕刻，四周围有矮墙，明代建筑风格。2019 年列为闽清县历史建筑保护单位。

闽清树林前厝 坐落在闽清县上莲乡上丰村。清朝乾隆三十五年（1770 年）池孔开所建，占地面积约 2300 平方米，建筑面积 3300 平方米，坐西南向东北。全厝以 60 米长九条石墙为基地，土木结构，正座横厝和书院下落布局有序，左右对称，总体完整，清代建筑风格。正厅堂单层格局，建筑精美，宽敞古朴。红底金字的丁旺保留完好，两头垫座雕花涂金。官房六扇门和窗均雕刻着菱形有节的图像。正座书院下落廊沿铺着 2 米以上的石板条，天井埕铺成“井”字形。官房六扇和横厝二层计 120 间，过水书院二层 36 间，下落三层 30 间，再下落二层 20 间，共计 206 间。里外出入三进门，两边小门，大门用规格砖砌拱半圆弧形，门外铺着石层踏步。2019 年列为闽清县历史建筑保护单位。

福州宦溪池氏祖厝 坐落在福州市晋安区宦溪象鼻山。清乾隆二十一年（1756 年）由池良亨嫲始建，俗称“新厝”。占地面积约 2700 平方米，建筑面积 4500 平方米。坐北朝南，土木结构。前后落厅堂为单层格局，左右厢房、侧房为上下两层格局，厢房地面挖空为“地暗”，上铺楼板。前落天井左右两侧为住院，住院风火墙上布满精美的浮雕。正厝左右厢房与风火墙之间各有一条前后落厝互通的里弄，正厝前后落风火墙均呈“凸”字形，高出瓦面约 1 米，风火墙外东西两侧还有配套建筑，东侧建有书斋，西侧建有横厝。正厝部分沿中轴线左右两侧呈轴对称布局。所有的木构件均采用榫卯结构组装。前厅堂正上方有一块匾额，上面阳刻“彤管留徽”楷体鎏金大字。在前厅堂的主梁之后有一根灯梁，专门用于悬挂灯笼，取树心部分精雕细刻而成，上面阳刻五爪金龙，呈“双龙戏珠”状。灯梁两端架在镂空雕刻的麒麟“花斗”之上，有三个专用的灯环。后山草坪一棵红豆杉列为区级古树名木。

池步洲故居 坐落在闽清三溪乡溪源村。清乾隆年间（1736—1795）始建，1968 年大修。2018 年，池步洲的胞兄池步云后裔捐款 100 万元，增建埕下方停车场、公共卫生间、花坛围墙等附属设施。占地面积 2600 平方米，建筑面积 3800 平方米。八扇七直，中间大厅，厅前下两边为书院；两边横厝，后面厨房，为二层木结构。右边横厝尾建有土洋楼一栋三层以防匪，大厅廊下设有天井埕，天井埕回廊下方为下埕。

闽清池氏“八卦厝” 坐落在闽清县白中镇攸太村。清道光八年（1828 年）池长治所建。占地面积 2.3 万平方米，建筑面积 1.6 万多平方米。坐北向南，土木结构。正厝八扇二层，大厅堂宽 5.5 米、深（含厅廊）7 米，厅堂设有供祖宗牌位的龛柜，上方正中有“紫薇銮驾”四字金色楷书，再上方装饰蓝色图案中有一红“福”字。在龛柜左右两侧露半圆的屏柱上挂有黑漆纵匾，镌刻着金字对联：“尊祖亲一脉相承克勤克俭，训子孙千秋永记唯读唯耕”。大厅堂四壁皆涂红漆。厅堂左右两侧各建有两层的正官房、二官房、三官房。正厝前天井的左右两侧为书院，回照完整。正厝和书院都是水泥地面，所有边廓都是长石条铺设。有 453 个房间。门外建有 200 多平方米的半月池，池前有环形大车道。

尤溪中仙村池廷煌故居 又称“东斗坊”。坐落在尤溪县中仙乡中仙村。清雍正三年（1725 年）建。占地面积 1340 平方米，建筑面积 670 平方米。是中仙村保存最完好的一座古民宅。

尤溪中仙村池仪苍故居 又称“福泽堂”。坐落在尤溪县中仙乡中仙村。清道光二十二年（1842 年）建。占地面积 3100 平方米，建筑面积 1540 平方米。左扶厝上建楼，门前半月形大池，左右两边有两口小方池，为一座与自然完美融合的古建筑。

尤溪中仙村池氏寨下寨 又名“钟祥堂”。坐落在尤溪县中仙乡中仙村。占地面积 2410 平方米，建筑面积 1820 平方米。是中仙村仅存的一座土楼。

大田铭溪村龙会堡 坐落在大田县广平镇铭溪村水尾东隅。元朝至治年间（1321—1323）始建，清乾隆五十五年（1790 年）由池氏先人接管并对龙会堡进行整修。占地面积 2200 多平方米，建筑面积 1800 多平方米。坐东向西，土木结构。平面呈方形，中心楼为木结构，上下二层；围墙采用毛石干砌而成，墙底基宽 4 米多，上部宽 2 米多，墙体高 5 米多；上建有走马廊，走马廊外围用黄土、田土夯成；走马廊墙上布有瞭望窗、射击孔。西北角主城门、南面小城门，围墙内建有上下二层房屋数十间，有戏台、书院、厨房、水井、仓库、厕所等堡内生活设施，是居住与防御功能一体式城堡。2005—2009 年，池氏家族采用按人口集资、捐款相结合的方式，对戏台、厨房、走马廊、中心楼、两边楼梯等进行维修，现为老年人娱乐活动场所。

福安池氏大厝 坐落在福安城关金山路。清末民初始建。占地面积 2000 多平方米，建筑面积 6000 多平方米。坐南向北，砖木结构。四周青砖马鞍风火墙包栋，三落三天井，三层穿梁式木结构，砖雕、木雕、灰雕都独具特色。为福安城内三大古民居之一。

第六节　民间信仰

厦门池王爷信俗 厦门池王爷信俗源于池王爷传说。相传，池王爷姓池名然，在调任漳州府道台时，在赴任途中，于马巷以东 7 公里处之小盈岑遇到天使，得悉其奉玉帝旨意前往漳州播放瘟药裁减人口。池然忧恐自己上任伊始漳民即遭此灾殃，不如舍己之身代漳郡万千生灵，遂即设计智取瘟药自服。瞬间毒性发作，脸色变黑，化身于马巷。为嘉奖其舍生取义的高尚品德，御旨敕封“代天巡狩总制总巡王”，民间称池王爷。当地民众于明天启二年（1622 年）建“元威殿”（俗名“池王宫”）以纪念。从此池王爷信俗在闽南流行，并于郑成功收复台湾后传入台湾。池王宫立庙后，每逢池王爷生诞（农历六月十八日）祭祀盛典都要举行各种传统庙会活动。是时，闽台两岸成千上万的信徒从各地汇聚而来。庙会活动包括赛马演戏、搭锦棚唱南曲、攻炮城、燃放火狮，尤其进香请火宗教习俗最具地方色彩，深受善男信女的喜爱。池王爷生诞祭祀盛典习俗按其顺序大致如下：神诞前夕做敬（又称做醮），道士在摆满各种祭品的桌子前后做醮。神诞日时，有祝嘏大典仪式、请火（各分庙在乩童的指引下持神像和香炉到祖庙参拜进香求取炉灰）、游境（抬神佛到所“管辖”地域游巡，并有文艺队伍随从）等活动。在闽南、金门、台湾以及新加坡、马来西亚、泰国、菲律宾等地有 1000 余座分炉。池王爷信俗是闽台重要的民间信仰，已成为两岸民俗文化交流的平台。2017 年列为福建省非物质文化遗产代表性项目。厦门、漳州沿海以“代天巡狩池府千岁”为主要角色的“送王船”习俗，2019 年列为国家级非物质文化遗产代表性项目。

第七节　非物质文化遗产

市级非遗宁化治平池氏关刀文武灯及其代表性传承人 清乾隆年间（1736—1795），池润宇由江西赣州七里镇把“走阵灯”这一仪式（灯彩）带入宁化池家岽村，是一种姓氏家族祭祀灯彩之一。每年农历正月初三至十五晚，村里的池姓后裔必在祖祠表演这种灯舞。舞灯者穿白色对襟上衣、中式裤、红色软腰带、圆口黑布鞋。文武灯 16 盏，其中华盖灯（当地人称“高照灯”）2 盏、朱笔灯 2 盏、令旗灯 2 盏、令箭灯 4 盏、关刀灯 2 盏、月斧灯 2 盏、铜锤灯 2 盏，每盏灯高 1.5 米，宽 60 厘米至 80 厘米不等。正月初三开灯时，男女老幼涌向祠堂，三声“菩萨铳”响过，鼓乐齐鸣，16 名青壮汉子各执一灯，面向祖宗神位恭敬三拜。舞灯者随着鼓乐的节奏起舞，时而如巨龙腾飞，时而如骏马奔腾，或静如处子，或动如猛虎。舞毕三叩谢祖。表演队形主要采用古战场的阵式，现在保留下来的尚有龙门阵、回门阵、八卦阵、一字长蛇阵、八门金锁阵、长蛇卷地阵等。每年正月，池家文武灯可到其他乡村表演，但无论多迟，都必须连夜赶回本村，灯里的烛火不能熄灭，所以出灯要有两人挑着蜡烛跟随，有怀念故土、崇尚先祖的意思。正月十五舞毕，文武灯全部道具须存放于祠堂祖宗牌位前，清明节一过便在稻田里焚化，以祈求祖宗保佑。待到翌年正月，人们又开始制作新的文武灯。2008 年的国家级非物质文化遗产“石壁客家祭祖习俗”中已包含池氏关刀文武灯，2020 年单列为三明市非物质文化遗产。

代表性传承人：

（1）制作画师：池贤添，关刀灯：池挺瑶；

（2）阵法持拿月斧：池挺权、池水明，令箭：池生辉、池挺炎、池生基、池挺标，高照明：池贤提、池挺玉，令旗：池生铭、池生凤，关刀：池生铨、池生涌；

（3）乐队小鼓：池挺荼，锣：池挺旭，小钹：池生长，大鼓配乐：池挺昌，大镲：池贤沼，笛子：池生平，八角琴：池生和，二胡：池贤承，京胡：池永前，大鼓：池挺芳。

省级非遗福安坦洋工夫红茶制作技艺及其代表性传承人　坦洋工夫的生产工艺主要包括采摘、萎凋、揉捻、发酵、干燥等工序。坦洋工夫外形匀齐，乌黑油润毫锋显、茶汤红艳有金圈，滋味醇厚甜和，香气呈花香、薯香、焦糖香、桂圆香等等。创新型坦洋工夫是以高香型品种为原料，改进萎凋工艺，在坦洋工夫的工艺基础上增加浪青工序，所制成坦洋工夫外形乌黑油润，花果香明显，茶汤呈琥珀色，滋味鲜爽甜醇。质优者会呈现兰花香、水蜜桃香。2009 年 5 月，坦洋工夫制作技艺列入福建省第三批非物质文化遗产名录，池华荣列为代表性传承人。

市级非遗福安官埔池氏油扇制作技艺及其代表性传承人　官埔油扇，明清时开始在福安官埔村池氏族人中盛行，通过口传心授在池氏家族世代传承。2005 年列为宁德市非物质文化遗产代表性项目。2018 年，该项目代表性传承人池建华被福安市人民政府授予“2017 年度十大民间手工技艺能手（官埔油扇制作技艺）”称号。

县级非遗浮竹岭纸帘制作技艺及其代表性传承人　这项技术由浮竹村池氏族人传承，在明清时期已实现大规模生产。纸竹帘制作以当地特有的一种油竹作为原材料，工序达 30 多道，编织的纸竹帘一般长 1.45 米左右，最长的达到 2.7 米。2020 年 6 月入选龙岩市新罗区非物质文化遗产代表性项目名录。池沧海为该技艺代表性传承人。

第八节　名胜古迹

厦门马巷池王宫祖庙　又名“元威殿”。坐落在厦门市翔安区马巷街 218 号。明万历年间（1573—1620）始建于马巷五谷市榕树下。天启二年（1622 年）迁建。清乾隆二十九年（1764 年）重修，1915 年再修。1995 年 8 月重建。建筑面积 107 平方米，其外部建筑及内部装饰都具闽南特色。殿宇坐西向东，系硬山布瓦顶砖木结构，分前后两殿，呈二进格局。面宽 7.95 米，进深 15.1 米，占地面积 107.6 平方米。庙外墙上是精刻浮雕、人物、花草楹联和匾额；庙内两侧回廊有清代青龙白虎石浮雕各一面。庙内供奉着黑面主神池王爷。池王爷神像为正副驾两尊金身，相传是建庙时根据池王爷指示，用定时定刻从金门半山屏（或叫半山坪）海边逆潮浮游而来的大香樟木雕刻而成，为元威殿池府开基祖庙的镇殿之宝。

元威殿是闽台池府王爷的开基祖庙。1991 年列为厦门市民间信仰对外开放点和文物保护单位，2013 年列为福建省文物保护单位。（见彩图 16-2）

闽清县上丰池氏文昌阁 坐落在闽清县上莲乡上丰村中心地带。清乾隆年间（1736—1795）始建，2014 年重修。含边廓和周边，总占地面积为 356 平方米，建筑面积约为 315 平方米。建筑为楼阁塔式，六角三层，从下而上层层内收。通高 12 米，六角须弥座高 0. 3 米，每边长 7 米，进深 10. 34 米，宽 12. 34 米。内设木梯可至顶层。一层设门朝南，面阔三间，进深五柱。二层、三层整体单间，设方形、圆形门窗。每层出檐翘脊，脊背饰卷草，下施角鱼，葫芦顶刹。此类建筑在古代一般作为读书场所。1992 年列为闽清县文物保护单位。

长乐仙宅文昌碑 坐落在长乐市湖南镇仙宅村旧池，原在显祖池泽民墓道。池泽民为南宋淳祐七年（1247 年）进士，出任广东海南琼州府文昌知县（今海南省文昌县），政声卓著，葬归家乡卓岭山，敕建墓道并立“文昌碑”。墓道毁于清晚期，民国时期移到宗祠案山。近年整修后，以碑为中心，辟成一台，面积 50 多平方米，置 10 级台阶，连接村间大道。碑为白色花岗岩，高 169 厘米，宽 72 厘米，厚 22 厘米，上勒“文昌”两字，每字约 55 厘米见方。

闽侯池坑贤武亭桥 位于闽侯县廷坪乡池坑村，宋重和二年（1119 年）始建。清雍正六年（1728 年）在原石桥之上建木廊桥。2016 年 9 月因台风被毁，2018 年重建。桥长 18. 5 米，宽 6 米。

厦门虎溪岩 位于厦门市区万石岩西南侧。明万历年间（1573—1620）始建，名臣池浴德次子池显方创建，虎溪岩有古寺，称东林寺，又叫玉屏寺，屡经兴废，1984 年重修。寺庙依山而筑，石穴为室，幽深险峻。虎溪岩有虎牙洞、夜月洞、夹天径、飞鲸石等名胜。夜间明月映照，为厦门当地中秋赏月一处胜地，称“虎溪夜月”，厦门古八景之一。现为厦门市自然保护区和公园。

厦门醴洞 又称醴泉洞。位于厦门市万石山天界寺脚下。明万历十一年（1583 年）前后池浴德所建。洞内有一井，井中有泉水涌出，水质甘洌，可以酿酒，故称“醴泉”。洞里供奉 9 位神仙，因此此井称为“仙井”。

厦门江头公园艺术牌坊和曳舟亭 位于厦门市湖里区江头公园。公园入口处的艺术牌坊上刻有“清风浴德”四个大字，坊两端为对称的装饰性镂雕和浮雕图案，主体为中国古代象征刚正不阿的神兽獬豸，表达沐浴清廉之风、涵养高尚品德的理念，寄托着对池浴德的深沉缅怀。公园里还新建有“曳舟亭”，亭边大石上刻有铭文：“原亭在浙江龙游县西明山河畔，为池浴德而建。据史料记载，池浴德系明代嘉禾屿中左所（今厦门湖里区台湾街一带）人，嘉靖四十四年（1565 年）进士。任遂昌知县期间，奉公爱民，勤政廉政。后因晋升调离，百姓簇拥相随数十里，送至龙游码头，舟欲行而百姓曳舟不舍，三日后方于夜间解缆出发。时人于曳舟之处建亭，亭名曳舟，以表思恋。为缅怀、弘扬乡贤高风亮节，特依文献所载建造此亭。”

高地红豆杉 位于宁化县治平畲族乡高地村。高地红豆杉为池氏先人种植和长期维护管理，历经数百年，为当地风水树，至今仍高大茂盛，4 个成年人才能接手合围。

尤溪中仙乡中仙村三层岩 坐落在尤溪县中仙乡中仙村水头岩陂后壁。明代中期池氏先祖始建。占地面积 180 平方米，建筑面积 120 平方米。傍水倚岩，沿峭壁层层迭建。“文化大革命”期间被毁。1996 年池氏宗亲集资聘名师仿古复建，今称“新兴岩”。

尤溪中仙村池廷宾故居 又称“福德堂”。坐落在尤溪县中仙乡中仙村。清雍正八年（1734 年）建。占地面积 2500 平方米，建筑面积 1200 平方米。2006 年毁于火。2007 年仿古复建，为九厅十八弄。

政和凤池凤起亭 位于政和县东平镇凤头村（原名凤池村）。清光绪二十一年（1895 年）由池氏族人筹建，1962 年重建。根据传统的风水学五行八卦布局，全木结构，二层建筑，四面八角又称八角亭。

凤起亭是当地池姓族人民俗活动场所。

政和凤头村楠木林　位于政和县东平镇凤头村（原名凤池村）后山。为明代初年当地池氏祖先置业扩种成林。清道光九年（1829年），官府批准公告池凤翔保山护林建议，严禁砍伐。经历代池氏族人精心保护，至今郁郁葱葱，生机盎然。总面积105亩，是中国目前树龄最长、保护最好、面积最大的原始闽楠木林，为国家二级重点保护植物。其中有百年楠木1000多株，300年至600年树龄的有204株，并有名贵的黑花梨木4株。该楠木林现为国家AAA级景区。

福安马屿香泉禅寺　坐落在福安城南天马山麓、韩阳十景之一“马屿香泉”旁，为东西二溪剑水交流之处，形如马，势外向。元代，知县胡琏凿井，供行人解渴，并建有精致的小石亭覆盖井上避免尘埃。此后，有人在其旁建接待庵。明代在庵旁临溪处建东岳行祠。清代建观音阁，与东岳观、一息亭、塔及其他名胜古迹相映成趣，后废。1980年，住持僧云慧（俗名池锦文）募资在遗址恢复香泉禅寺，建起大雄宝殿，周围陆续建成观音阁、藏经楼、客舍、僧寮和海会塔。1991年，由于国道拓宽拆迁，马屿香泉禅寺迁移到“马屿香泉”圣泉井的上侧，已恢复古迹原貌。

福安忠平侯池王宫　坐落在福安市阳头街道阳泉社区（阳尾村）。清代始建，宫内塑有池大将军、池小将军神像。据传池大将军系阳尾池氏入闽始祖池涌源，原封池将军；池小将军是池小参谋师公。池氏迁居阳尾建宫时，就把池大、小将军作为本地土主，塑神像敬仰。每逢正月十五开正福，当地民众延请道师在宫内点香上疏文恭请池大将军、池小师公回宫。此外，正月十八奶福、三月十六日入福、冬至福等神斋日，都要举行点香上疏文，恭请当境土主池大将军、池小师公活动。当地及邻近民众纷纷前来烧香拜神，祈保本境风调雨顺、五谷丰登。

第五章　人　物

第一节　人物传

池浴德（1539—1617）　字仕爵，号明洲，厦门湖里区人，祖籍福安小留。明嘉靖四十四年（1565年）进士。首任浙江遂昌知县，到任后即着手处理前任留下的积案300多起。百姓来打官司，不必交任何诉讼费，只须带半升米作为途中伙食，即可结案安业。民众亲切地称池浴德为“池半升”。为防皂隶横征暴敛，他特将应纳赋税明文张贴于通衢道路，宽以限期，禁止对有困难者强行逼纳。池浴德升迁调离时，百姓苦苦挽留，直至上船，仍有许多人奋力曳舟不愿放行。后来人们就在西明山畔建亭纪念，取名“曳船亭”。万历年间（1573—1620），明朝廷下令清丈全国土地以增国税，池浴德首先从豪富劣绅下手，对隐瞒少报和行贿者绳之以法，并将额外的土地充作学田，以资助贫苦的读书人。隆庆四年（1570年）后，历任南京吏部考功清吏司主事、北京吏部文选司员外郎署郎中、太常寺少卿（官居四品）。长期任职于吏部，身居要职，廉洁奉公，两袖清风，被其母笑称为“无花果”。池浴德41岁时因母亲去世辞官在家37年，经常施舍乡里，出资买地建造义冢，收埋无主尸骸。明万历三十八年（1607年）秋，闽南地区发生大地震，引发严重饥荒，饿殍无数，瘟疫盛行。池浴德一面为民请命，呼吁开仓救灾，一面举家族之力组织赈灾，施药救济，救饥民数万人。当地老百姓有感于他的恩德，为其建生祠，尊称其为“池府菩萨”。池浴德过世后5年（1622年），改生祠为“元威殿”，经考证，今厦门翔安马巷元威殿供奉的

“池王爷”池然，其原型就是池裕德。

池显京（1567—1632） 字致夫，号念苍，池浴德之子，厦门湖里区人。明万历三十七年（1609年）举人，授和州知州，任内革除繁重的牛税，因触犯巡抚崔呈秀被罢官。后补湖州通判，转任怀庆同知，因督运饷银延期被解除官职。家居三年后卒。精通书法，尤工绘画。

池显方（1588—1652） 字直夫，号玉屏子，厦门湖里区人。明天启四年（1624年）举人。晚明文坛名人，一生精研儒、释、道诸学，著书立说十多部，其中《晃岩集》22卷，《大同赋》收入《四库全书》。晚明文坛竟陵派领袖蔡复一称其诗有诗眼、诗胸、诗容、诗胆，“乃独有之诗才”。晚明海疆动乱，池显方积极出谋献策，参与防务，彰显爱国爱乡情怀。

池起凤 闽清人。曾任琼州府会同县教谕。万历三十三年（1605年），池起凤和知县卢章捐出俸薪白银70两，为会同县学校购置学田七坵数亩。其收益用来解决贫困学子的吃饭问题、学校的教学费用和考生赴省城应试的开支。后来，县学创办成了应台书院。同年，池起凤和卢章建七层聚奎塔，至今仍屹立不倒。万历三十七年，池起凤会同知县叶中声合作开立“叶卢池”田户作为学校的财产，并且一直向政府纳税。“叶卢池”的学田户名一直使用至清乾隆时期。

池剑波 字大鲸，又字秋如，长乐人。清道光二十年（1840年）恩科解元。道光二十五年进士，当年任代理贵溪知县，次年参与主持江西省乡试，后改任教职，补兴化府教授。同治三年（1864年），补漳州府教授。到任五日，遇太平军攻城，官军溃败，漳州城陷落，遂被害。葬老家长乐，后皇帝按例赐恤，其名祀在福建省昭忠祠。

池伯炜（1852—1924） 字滋膺，闽侯人。清光绪十八年（1892年）进士，钦点翰林院庶吉士，散馆。光绪二十一年外派任惠潮嘉分巡兵备道道台，时抗日保台志士丘逢甲率义军抗击日军，事败退到潮州，池伯炜不顾个人安危将其保护下来。丘逢甲有《岭云海日楼诗钞》二首作谢。光绪二十二年任广东惠来县知县兼揭阳县知县。到任后，为赈灾（光绪二十一年揭阳发生地震）献出一半的薪俸，并积极募捐，“全年设摊煮粥，赈济灾民”。任知县期间，“兴革利病”，没收不法豪绅所占官山，革除其擅设私税，支持建设教会医院，扑灭鼠疫。惠阳、揭阳百姓赞其“身坐揭山下，襟情横八区”。

池贞铨（1854—1915） 福州仓山区人。清同治元年（1867年）考入船政前学堂制造班，毕业后留学堂任职。光绪三年（1877年）三月被选为第一批留学生，入法国科鲁苏民厂和巴黎矿务学校学习矿务与钢铁冶炼，又赴英、德、比等国专攻矿务与炼钢。光绪六年八月学成回国，任造船十三厂拉铁厂的拉铁监工（五品守备衔）。回国后与船政同学合作，用连江县白石粉试制炼钢高炉耐火砖，质量超过外国同类产品，并因勘探发现福州穆源铁矿和煤铁有功，先后被盛宣怀和张之洞调用，赴烟台、湖南、陕西、四川、山西、江西、贵州等地勘探调查矿业资源，勘得萍乡煤矿、赣州铜矿等一大批宝矿。光绪十七年起参与筹建中国近代第一个大型钢铁工厂——汉阳铁厂及中国第一个用近代技术开采的露天铁矿——大冶铁矿。是马尾船政学堂培养的第一代矿业专家、中国矿业奠基人之一。

池仲祐（1858—1927） 字滋铿，闽侯人。清光绪五年（1879年）以附身的身份投身海军，在福建、上海、南京和天津等地历办南北洋海军文案。光绪六年十一月，随北洋海防督操丁汝昌接舰部队赴英国接收“超勇”“扬威”两艘快船，并把往返所见写成《西行日记》一书。次年十月在天津大沽作《七省海军议》，提出中国海军“建设十策”，发出“国无海军，几不成国”的呼喊。光绪十年十二月被派往朝鲜平乱立功，加六品衔。光绪十五年回福建考试中举，海军保以知县分省补用。光绪三十一年被委派两广，以合浦知县署理连州知州事。光绪三十四年调任吴川知县，颇有政声。宣统三年（1911年）任南海知县。民国后，供职北洋政府海军部，历任编纂科科长、海军部总务厅秘书、副官处副官。是近代中国海军创建的亲身经历者和海军研究的先驱。

池亦妹仔（1888—1944）　原名池恭通，福清玉瑶村人。1931 年 12 月参加围歼国民党省防军林靖部队的龙高暴动。一年后参加中国共产党。1934 年初任中共福清县委委员，负责交通联络工作，为党组织传送许多重要的文件、情报。他家作为联络点，为供应来往同志们的住宿，不仅卖掉了仅有的田地和物品，还卖掉了 3 个女儿以换取粮食。同年 8 月升任中心县委委员。1937 年春，奉命把闽中游击队留在长乐的武器运回玉瑶村埋藏，事泄被捕。经受严刑拷打，坚不吐实。敌人以为他活不成了，扔下他扬长而去。被乡亲和战友救回。1944 年 1 月，池亦妹仔再次被捕，2 月逝世于狱中。

池金銮（1888—1947）　原名池绍銮，福清玉瑶村人。土地革命战争时期参加革命，曾任闽中红军游击队队员。1934 年 6 月参加福清南西亭起义，后任中国工农红军福建游击队闽南第二支队副连长。抗日战争爆发后，任新四军军部特务营二连排长。1940 年受命返回福建开展抗日反顽游击战争。抗日战争胜利后，随闽中游击队转入山区，参加福长平（福清、长乐、平潭）游击根据地的建设和反击国民党军“清剿”的斗争。1947 年 8 月在莆田县执行任务时牺牲。

池步洲（1908—2003）　闽清人。早年留学日本，入早稻田大学主修机电专业，毕业后在中国驻日本大使馆武官署工作。1937 年 7 月 7 日“卢沟桥事变”爆发，当月下旬携妻带子回国参加抗战，在国民政府军委会从事破译日本密电工作。中华人民共和国成立前夕，拒绝随蒋撤退台湾。晚年应聘上海社科院特约研究员，著书获奖。

池义彪（1909—1995）　长汀宣成乡人。1929 年秋参加革命。曾任东北军区装甲兵技术部政委、安东军分区副政委。转业后，历任湖南体育学院副院长，湖南师范学院副院长、党委副书记。1955 年授上校军衔，荣获二级八一勋章、二级独立自由勋章。是中共七大代表。

池敬樟（1911—1950）　闽侯洋里仙门人。早年加入国民党海军，1947 年退役。后任广东省立海事专科学校总务长、航海系教授。1950 年 2 月，带领 40 余位航海系学生参加中国人民解放军广东军区江防部队，受命担任“果敢舰”舰长。1950 年 5 月 25 日，在解放万山群岛垃圾尾海战中牺牲。

池石头弟（1912—1938）　福安后溪村人。1933 年参加革命，同年加入中国共产党。1938 年 1 月，池石头弟任新四军第三支队第六团警卫排排长，负责警卫新四军六团宁德留守处的安全。1938 年 3 月 16 日，国民党闽东保安第二旅李树棠部袭击宁德留守处，池石头弟带领警卫排战士全力掩护中共闽东特委委员、新四军留守处秘书长郭文焕等 50 多位闽东革命党人突围，因弹药殆尽，池石头弟和警卫排全体战士牺牲。

池钟瀛（1913—1999）　尤溪中仙人。1937 年清华大学物理系毕业，后获博士学位。1937 年至 1948 年，先后任福建医学院、福建教师学院、暨南大学、江苏学院教授。1948 年至 1954 年在美国加利福尼亚大学物理学放射性试验室深造，1954 年获该校核子物理学博士学位。1954 年至 1968 年受聘为佛蒙特州明德大学物理学教授。1957 年至 1960 年连续获得美国国家科学基金奖。1968 年以后，任康涅狄格州桥港市物理学家协会顾问。

池治光（1917—1976）　闽侯县荆溪镇仁洲村人。1946 年 9 月参加中国共产党。曾任中共林森县委（工委）委员、宣传部部长，西区工委书记、西区游击队大队长，仁洲村第一任党支部书记。在任关源地区抗丁会总会长期间，国民党军队营长写信威逼利诱，池治光不为所动，坚持革命斗争。后因“城工部案件”蒙冤。中华人民共和国成立后平反，任闽侯县荆溪公社（乡）副社长、副主任。

池芝盛（1917—2014）　长乐梅花人。1942 年毕业于上海医学院，历任军事医学科学院副研究员，中国医学科学研究院研究员，北京协和医院内分泌科主任、教授，中华医学会内分泌学会副会长，中华医学会糖尿病学会主任委员，世界卫生组织糖尿病专家委员会委员，《中国糖尿病》杂志主编。长期从事内分泌病理生理研究，通过中西医结合治疗，摸索出全面有效的应用胰岛素治疗糖尿病方案。1991 年享受政府特殊津贴。

池孟彬（1918—2007）　闽侯洋里仙门人。美国皇家海军大学毕业。早年投身军界，在国民党海军任职，累升至海军指挥参谋大学校长、三军大学海军学院院长、海军中将副总司令。后转任台湾航业公司总经理、招商局总经理等职。

池云宝（1923—2009）　政和凤池村人。1942 年 8 月加入松政游击队，1943 年 8 月加入中国共产党，1947 年任闽浙边游纵队副纵队长，1949 年 2 月任政寿建工委书记。中华人民共和国成立后，历任浦城县委书记、水吉县委书记、建阳县县长、南平地区农委副主任、建阳地委纪委副书记等职。1983 年离休。

池伯鼎（1927—2014）　闽清人。毕业于南京金陵大学电机系。1951 年起历任福州三中数学教师、数学教研组长、副校长。1981 年 5 月参加民盟，任民盟福建省委会委员，民盟福州市委会常委、文教支委。1986 年 7 月加入中国共产党。1957 年被评为福建省先进教育工作者，1981 年被评为福州市劳动模范，1982 年被评为福建省劳动模范，并于 1984 年光荣进入全国劳动模范代表团参加建国 35 周年国庆典礼，三次受到党和国家领导人接见。1987 年荣获“福建省数学特级教师”光荣称号，2004 年被评为福建省首届杰出人民教师。1992 年退休后，被聘为福建省数学奥林匹克学校校长，继续为培养福建省中学数学竞赛优秀学生辛勤耕耘。

池其官（1928—1981）　连江百胜村人。中共党员。1951 年，参加中国人民志愿军赴朝参战，因作战勇敢，曾获连嘉奖三次、营嘉奖两次。1952 年 10 月，在守卫 319 高地战役中，与战友一道荣立排集体一等功。11 月 3 日，在著名的上甘岭战役中，同所在连队阻击敌人一个营的进攻，在班长负伤后接替班长指挥战斗，第二天反攻 537.7 高地，攻占敌人一号阵地，并坚守两天两夜，打退敌人 5 次反扑，歼敌 40 余名。被评为中国人民志愿军二等功臣。1956 年 3 月复员还乡。

池颂光（1939—2017）　古田人。中共党员。1960 年毕业于福建省建筑工程专科学校工民建专业。曾任屏南县县长，宁德县（今宁德市蕉城区）代县长、县长，宁德市市长。1992 年至 1995 年任福建省建设委员会施工处处长兼福建省建筑工程造价管理总站站长。1995 年至 2002 年调任福建省测绘局局长、党组书记。《瞭望》1989 年第 45 期以《人民市长池颂光》为题，刊载其先进事迹。

池贤仁（1944—2017）　闽清人。中共党员。1964 年于福建财贸学校毕业。曾任福建省轻工进出口公司副经理。1980 年任香港建宁公司中方经理。1984 年任香港华闽公司副总经理（其间在北京外经贸大学和中央党校学习深造）。1986 年任福州海关关长。退休后，担任福建大丰文化基金会第三、四届理事长，资助贫困学子，援建教学大楼，捐赠医疗设备，支持助残安居工程。

池希平（1964—2012）　福鼎人。中共党员。毕业于福建省人民警察学校、中国人民公安大学。是公安技术工程师，曾任福鼎市公安局刑侦大队长、副政委等职。曾侦破沙埕小白鹭两孩被绑架杀害案和福鼎市区出租车司机和摩的司机双杀案，获二等功、三等功多次。先后被授予“全国优秀人民警察”“感动福建十大人物”、福建省第二届“我最喜爱的十大人民警察”提名奖等荣誉称号。

第二节　人物录

池泽民　长乐人。南宋淳祐七年（1247 年）进士，官至广东琼州府文昌知县，有善政。

池日升　号五十三，尤溪邹宦人。南宋景定二年（1261 年）进士，官至光禄大夫（正三品）。翌年官升鲁国大将、都察院兼左司，后升太傅右丞相，敕封鲁国公。

池腾蛟　长乐人。清乾隆十六年（1751 年）举人，拣选知县。历任龙岩州训导、汀州府学教授职务，后在布政使司、按察使司任职。

池禹珍　尤溪珠峰人。清嘉庆元年（1796 年）钦赐正七品职衔。

池圣笃（1787—1870）　官名景星，永安槐南洋头村人。清咸丰八年（1858 年）由监生加捐按察司照磨厅。光绪二十七年（1901 年）恭遇，恩封“中议大夫”。

池延津（1801—1854）　尤溪中仙人。清道光二十六年（1846 年）李宗师科一等三名补廪。咸丰三年（1853 年）组团剿匪，功绩卓著，萧邑侯呈报上司，准七品擢用州县正堂。

池绍忠（1805—1883）　永安槐南洋头村人。获钦命提督福建学政吴保泰为“桥梓联芳”封号。清光绪十三年（1887 年）敕封徵仕郎，光绪二十七年晋封“中议大夫”。

池德伟　大田人。清嘉庆十八年（1813 年）恩授正九品。

池占瑞（1842—1899）　永安槐南洋头村人。清光绪十一年（1885 年）经得邑侯甘祥俊同意建造安贞堡。光绪十三年荣膺诰命敕封徵仕郎、光绪二十七年晋封“中议大夫”。

池拱星（1850—1909）　尤溪中仙人。清文庠生。先后任德化、古田两县教谕，授五品衔。

池连贯（1858—1908）　永安洋头人。28 岁进京廷试，拣授直隶州，清光绪二十七年（1901 年）补知府加二级。

池兆瑸（1866—1894）　原名兆琛，字钰夫，闽侯洋里仙门人。在甲午海战中殉国。

池在由（1899—1934）　又名依妹，连江晓澳镇百胜村人。早年参加革命，1934 年被晓澳民团捕杀。1957 年被连江县人民委员会追认为革命烈士。

池景贵（1901—1943）　上杭湖洋镇通桥村池屋山下人。早年参加红军，1943 年遇害，被追认为红军烈士。

池陈旺（1905—1936）　又名文街，宁德霍童坑头村人。1933 年参加农民自卫队，后加入闽东工农游击第三支队，任坑头村赤卫队队长。1935 年任中共宁德县委书记，1936 年被捕遇害。

池振伦（1908—1934）　连江百胜村人。原红军十三独立团战士，1934 年在浦口作战中牺牲。1957 年被连江县人民委员会追认为革命烈士。

池和金（1909—1934）　又名横济，连江百胜村人。早年参加革命，1934 年被晓澳民团捕杀。1957 年被连江县人民委员会追认为革命烈士。

池振杨（1914—1990）　又名阔嘴，连江百胜村人。中共党员。长期从事水产养殖试验工作，成绩显著，1956 年、1957 年连续两届被福建省人民政府授予福建省劳动模范称号。

池金源（1914—2000）　又名荼远，上杭人。土地革命时期参加红军，经历二万五千里长征，参加平型关战役。中华人民共和国成立后任山东省粮保员、临沭县财政管理员。1954 年返乡通贤礤头村安居，享受老红军待遇。

池方喜（1922—1982）　福鼎翁溪人。早年投身革命，历任通讯员、排长、中队长职务。中华人民共和国成立后历任解放军连长、营长、团长等职，后任浙江军分区驻杭州市钱塘江部队独立团团长。

池家桂（1922—1994）　闽清人。复旦大学经济学毕业，任国民政府外交部办理处译员。1946 年至 1948 年在国共和谈期间为美国马竭尔将军的译员。中华人民共和国成立后赴马来西亚，在古晋新闻处任处长 23 年。

池敬敏（1934—2008）　女，闽侯洋里仙门人。1950 年 3 月任中国人民解放军第 20 军文化教员，当年赴朝参战。回国退役后先后在浙江杭州市政府外事处、上海测绘院工作，任上海测绘院工会主席。1957 年 9 月，为中国妇女全国代表大会代表。

池　宁（1955—2018）　福清人。中共党员。福建师范大学中文系毕业，历任福州市委办公厅副主任、副秘书长，闽清县政府县长，闽清县委书记，福建省农业厅副巡视员。

第三节　历代进士名录

宋　代

姓名	籍贯	中进士年间与科榜	任职	备注
池　福	闽清	乾道二年（1166年），丙戌科，萧国梁榜		
池　洙	闽清	嘉定十三年（1220年），庚辰科，刘渭榜	广东省推官	
池师鲁	闽清	宝庆二年（1226年），丙戌科，王会龙榜		
池光庭	福安	端平二年（1235年），乙未科	高州教授	特奏名
池佰益	闽清	嘉熙二年（1238年），戊戌科		特奏名
池泽民	长乐	南宋淳祐七年（1247年），丁卯科，王光臣榜	广东文昌县令	
池日升	尤溪	景定二年（1261年），辛酉科	太傅右丞相	特奏名
池　翘	福安	宋绍兴年间（1131—1162）	光禄大夫	

明　代

姓名	籍贯	中进士年间与科榜	任职	备注
池裕德	福安	嘉靖四十四年（1565年），乙丑科，范应期榜	太常寺少卿	

清　代

姓名	籍贯	中进士年间与科榜	任职	备注
池剑波	长乐	道光年二十五年（1845年），乙已科，萧锦忠榜	兴化府教授	
池伯炜	闽侯	光绪八年（1892年），壬辰科，刘福桃榜	惠来知县、海阳知县	

第十七篇

毛姓

《福建姓氏志·毛姓篇》编纂委员会

主　任：毛邦寿

副主任：毛厚明

委　员：毛维村　毛祖银　毛胤定　毛重禄　毛起辉　毛宪贵　毛忠育
毛录贵　毛庭寿　毛连华　毛国贞　毛义铃　毛胤连

《福建姓氏志·毛姓篇》编辑部

主　编：毛厚明

副主编：毛胤连　毛坤明

编　委：毛厚如　毛起锻　毛宪村　毛建国　毛永叶　毛亚典　毛建军
毛福泽　毛英东　毛金满　毛金敏　毛成冰　毛显密　毛晓东
毛兴容　毛袁坤　毛景麟　毛建明

目 录

毛姓，黄帝后裔，姬昌之后。奉毛伯郑为开宗鼻祖，毛宝为江南毛氏一世。唐末，毛姓族人随王绪入闽，定居泉州后塘（今属厦门市同安区）。宋元明清，毛姓族人先后自河南、浙江、江西入闽，共约18支。宋代，毛念嵩由今河南安阳入闽，定居南嵩紫霄（今德化县水口镇毛厝村）；景祐元年（1034年），毛亨涧由浙江泰顺入闽，出任闽县知县，任满定居墺底（今福安市范坑乡蛇头村），后裔分居福安及霞浦沙溪。德祐二年（1276年），吏部左侍郎毛璋随陆秀夫等大臣，由燕都护驾益王（端宗）赵昰入闽，后定居梅塘（今福清市沙埔镇坑北村）。宋末，太尉毛康隐由光州固始入闽，定居龙溪（今龙海市）满美。景炎元年（1276年），毛蔚由江西吉水入闽，出任汀州府宁化县主簿，卒于任，后裔定居宁化。宋末，毛崇生由浙江入闽，开基崇北（今武夷山市）黄村里洲。元末明初，毛孟升由江西梅潭迁居光泽二十四都，定居台山。明永乐二年（1404年），毛显率军由江西吉水入闽，卒于任，其子毛保藩、毛保衍定居闽清十九都杉村。此外，还有由浙赣苏入闽的毛姓定居武夷山、浦城、松溪、政和、三元、福安、长汀、同安等地。据2016年统计，福建省毛姓总人口41812人，主要分布东部沿海、闽中和闽北山区，聚居31个县市区的86个村庄，有《毛氏族谱》50多部；祠堂、祖墓、名胜古迹等文化遗存分布各地，其中省级、县级文保单位各1处，进士3人。明清以来，先后有数万毛姓族人迁徙台湾、香港等地区，以及日本、美国、印度尼西亚、马来西亚等国家。近现代名人辈出，涌现不少高级干部、将军、专家、学者和企业家。以西河为郡望，堂号有乐寿堂、西河堂、经学堂、捧檄堂、广庆堂等。

第一章　源　流

第一节　溯　源

一、源自国名

《通志·氏族略》载："毛氏，周文王之子毛伯聃之所封地，世为周卿士，食采于毛，子孙因以为氏。"另，《姓源》载："周文王第八子郑封于毛，《左传》周大夫毛伯是也，后因氏。"武王四年（前1043年），周武王分封诸侯，周文王庶子叔郑受封于毛（今陕西岐山、扶风一带），建立毛国，后裔以国名为氏。世袭伯爵，被称为毛伯郑。公元前516年毛国灭亡。毛国平民留在当地，仍以毛为姓，称"江北毛氏"。春秋末期，其中一支迁河内（今河南武陟），后定居阳武（今河南原阳），称"江南毛氏"。

二、源自赐姓

《明史·毛忠传》载：毛忠初名哈喇，西陲人，正统三年（1438年），与都督蒋贵征讨尕儿只伯，大获全胜，升都指挥佥事，坚守边疆十年，能征善战，皇帝为表彰他，赐予毛姓。

《明史·毛胜传》记载：毛胜，初名福寿，元代右丞相伯卜花之孙，因讨还湖广、巴蜀等处有功，赐姓毛。

《姓氏考略》注："明有伏羌侯毛忠，为赐姓。"

三、源自少数民族

氐族、羌族、回族、蒙古族、满族、瑶族、土家族、维吾尔族、侗族、壮族、苗族、水族、彝族、仡佬族、哈尼族均有毛姓，在金时女真人中也有毛姓，其中以氐族、蒙古族、回族等族毛姓为多。

第二节 入 闽

唐末，毛姓族人随王绪入闽，定居泉州后塘（今属厦门市同安区）。

宋开宝七年（974年），毛念嵩由河南安阳入闽，先居三山（今福州市区），后迁莆田涵江，由涵江迁居德化，定居南嵩紫霄（今德化县水口镇毛厝村）。

宋景祐元年（1034年），毛亨涧由浙江泰顺豪洋入闽，任福州府闽县知县，庆历元年（1041年）任满回乡，途经长溪韩阳大松东墺底，定居墺底（今福安市范坑乡蛇头村），传5世，分迁毛家坪、咸洋（今福安市范坑乡）及福宁（今霞浦县）沙溪。

宋德祐二年（1276年），吏部左侍郎毛璋，随陆秀夫、张世杰等护驾益王赵昰、广王赵昺，率军民30万，由燕都南渡入闽，到福州林浦。景炎二年（1277年），毛璋受封兴安州（今莆田市）知州。祥兴二年（1279年）宋亡，毛璋择福清六十一都鳌峰半岛梅林之中启宇定居（今福清市沙埔镇坑北村梅塘）。

宋景炎元年（1276年），毛蔚由江西入闽，任汀州府宁化县主簿，终于任上，其子毛滨、毛鸿定居永福坊（今宁化县城郊镇属地）。

宋末，毛康隐由河南固始入闽，定居龙溪满美（今漳州市角美镇田里村）。

宋末，毛崇生由浙江入闽，定居崇北黄村里洲（今武夷山市吴屯乡毛家洲）。

元至元二年（1336年），毛庆立由金陵（今南京）入闽，定居崇北坡前（今武夷山市岚谷乡岚谷村）。

元末明初，毛孟升由江西梅潭入闽，定居光泽二十四都台山毛家（今光泽县司前乡台山村）。

明初，毛顺七由浙江潭阳入闽，定居崇北桃椟（今武夷山市吴屯乡桃椟）。

明洪武末年（1398年前后），毛百富由浙江景宁入闽，定居福宁二十九都陈家垅，后裔迁林源（今福安市溪柄镇坑口村林坑）。

明永乐二年（1404年），毛显由江西吉水县八角井里入闽，以校骑尉衔率军镇守延平府，后调往闽清摩天岭治军，终于任，其子毛保藩、毛保衍择梅邑十九都（今闽清县下祝乡杉村）定居。

明正统年间（1436—1449），毛恒葵由浙江江山石门入闽，择居松邑古衕（今松溪县溪东乡）。

明嘉靖年间（1522—1566），毛有桃、毛有李兄弟由浙江衢州江山入闽，毛有桃定居建宁，毛有李先迁虬西蓬坑里，后定居镜头（今三明市三元区白沙街道台江村台镜头）。

明万历年间（1573—1620），毛叔成、毛叔显、毛叔达三兄弟由浙江江山峡门入闽，定居崇东西山上梅里（今武夷山市吴屯乡上毛），毛叔显、毛叔达迁浦南官岭（今浦城县山下乡水门村）。

明代，毛姓族人自广昌南城入闽，定居连城山下（今连城县北团镇山下村）。

清嘉庆八年（1803年），毛振发由浙江豪洋毛洋入闽，定居福安七都小东垅（今福安市范坑乡领先村）。

清光绪九年（1883年），毛发昆、毛发槐由江西龙城入闽，定居长汀古城（今长汀县古城镇）。

1927年，毛思邦由浙江平阳毛家处入闽，定居同安外较场（今厦门市同安区祥平街道）。

第三节　繁　衍

一、毛念嵩家族

宋代，毛念嵩定居德化南嵩紫霄（今德化县水口镇毛厝村），生3子。

长子毛才卿迁居闽清。

次子毛功卿后裔21世毛三良定居毛厝，传4世，毛体元衍传2个房派，居毛厝北山。毛体元长子毛瑞七、嗣子毛日章衍传毛锦峰、毛锦寰房派，毛金文迁居福州，毛少平迁徙美国，毛少宏迁居泉州，毛少安迁居厦门，毛速成迁居永安；31世毛福林迁居福州；32世毛德炜迁居泉州；33世毛文铸、毛荣培、毛文水迁居泉州。毛体元次子毛善九生子毛日新、毛日进，毛日新衍传毛锦波、毛锦文、毛锦湖房派，32世毛松茂、毛文鸿及33世毛寿栋迁泉州；毛日进衍传5个房派，22世毛志鹏迁徙成都，还有迁居德化城关、龙浔、浔中镇。

三子毛德卿后裔毛继福随母改嫁永福龙湘半山李家。毛德卿派下毛十才元末迁居尤溪，明弘治三年（1490年），其子毛贵宗、毛承宗、毛显宗归宗回迁毛厝，衍发3个房派。

二、毛亨涧家族

毛亨涧生5子，长子毛福安生毛敬仙，毛敬仙生2子：

长子毛文鑑，传4世，长子毛淳杰，次子毛淳献，先后迁居豪家坪（今福安市范坑乡毛家坪村），毛淳杰28世毛良二迁居后墺（今福安市潭头镇汾洋村），毛日迁居满洋（今福安市松罗乡）。

次子毛文钦，传4世，长子毛淳达、次子毛淳远迁居咸洋（今福安市范坑乡），三子毛淳於迁居豪家坪中宅，四子毛淳滔迁福宁（今霞浦）沙溪研石。毛淳远后裔毛楚四迁居濑头（今福安市溪潭镇溪北洋新区濑头村）。

三、毛璋家族

宋代，毛璋定居福清梅塘（今福清市沙埔镇坑北村梅塘自然村），传5世，分毛可源、毛可愚两房派。

长房毛可源居梅塘，7世毛仁接代埕边（今福清市沙埔镇四宝村）陈家舅嗣，改名陈贵从军，退役不忘本姓，朝廷议为半随陈姓，子孙以“生陈死毛”衍传，俗称龙渊毛陈氏。10世毛良灼迁居闽侯昙石。16世毛文衍率军到桐山烽火营驻防，后定居桐山（今福鼎市城关）。19世毛禄卿迁居福鼎秦屿屯头岭，后定居礼岱南山（今福鼎市太姥山镇礼岱村）。

次房毛可愚开基江北（今沙埔镇坑北村），居龙楼，生子毛唯真。毛唯真生3子：

长子毛均玉（毛显）迁居仙邑前坂（今仙游游洋），衍发7个支派，迁居仙游东峰、东埔及涵江涵西，并迁居永泰、尤溪。

次子毛仲珀后裔分居坑北村龙楼、祖厝、西厝、下海、东贵盛、新厝下和文场村（今沙埔镇）；毛仲珀后裔11世毛孔照迁居福州西门。15世毛所聚霞浦从军，退役留居姚洋（今福鼎市管阳镇）。17世毛肇琏迁居小篔筜（福鼎市太姥山镇）；毛肇捷迁居龙山头，后裔定居小篔筜。24世毛忠信、毛忠稷、毛忠利，25世毛厚义、毛厚鸣、毛厚秋、毛厚金、毛厚逵、毛厚发等迁居南平来舟、顺昌等地。25世毛厚顺迁徙日本，毛厚绣迁居福州。26世毛祚贤、27世毛胤凤迁徙台湾台北。有的后裔迁徙美国、日本、加拿大和印度尼西亚、新加坡等国家。

三子毛赐瑯分居东厝（今坑北村）。14世毛仕逵迁居阳岐（今仓山区盖山镇），其后裔毛学滨迁居永福（今永泰樟城）。15世毛日庄迁居永福；毛日谋迁居闽清廷洋，后裔分迁宁德及马来西亚；毛鸣岐迁徙四川营山。

四、毛蔚家族

宋代，毛蔚长子毛滨、次子毛鸿定居永福坊（今宁化县城郊镇西城井）。毛滨孙毛立桂迁居汀州县前（今长汀县汀州镇南门社区）；毛鸿孙毛立槐生子毛韬、毛略、毛文、毛武、毛广，毛立槐携毛韬、毛略、毛广迁回江西宁都东山坝，毛文（毛志文）、毛武（毛志武）分别定居宁化张家墙（今宁化县安远镇张坊村）和大磜坪上（今宁化县河龙乡大洋村）。毛蔚后裔还分迁宁化县城、明溪县夏坊乡、建宁县斗城村、武夷山市下梅村、光泽县台山村和江西宁都、永丰、石城等地。

五、毛康隐家族

宋代，毛康隐定居满美（今漳州市角美镇田里村）。后裔毛国鼎，奉旨护送琉球国（今日本国冲绳县）使臣回国，其后代居日本国那霸市；有一支迁居龙岩洋头（今龙岩市新罗区铁山镇）。毛士剑以孝友祀台湾府学文庙，迁徙台湾，后裔分居于台南六甲。

六、毛孟升家族

元代，毛孟升定居台山（今光泽县司前乡），衍发廷学、廷亨、廷梅三个房派，分布毛家、杨家、垱上、关上、桥湾等自然村。毛孟升后裔分迁光泽城关、福州、南平、台湾等地区以及东南亚国家。

七、毛显家族

明代，毛显长子毛保藩、次子毛保衍定居杉村（今闽清县下祝乡堡顶、长新、池楼、尾厝村）。后裔多在闽清县繁衍。

毛保藩3世毛天禄迁居屏南管洋；毛发敬迁居侯官林洋（今闽侯洋里）。

毛保衍传仁、义、礼、智四房，定居杉村。3世毛永转迁居闽清梅溪扶山，后裔迁徙马来西亚、新加坡；毛永怀迁居闽清下祝兰口；毛永福迁居福州洪山祥坂。4世毛德舜三兄弟迁居闽清橘林潘宅，毛尚珍迁居福州上埔。5世毛廷官迁居闽清白樟前庄，毛廷祯及8世毛维昌迁居闽清东桥青窑。6世毛仪亭三兄弟迁居闽清东桥绍溪，毛蓝田迁居闽清东桥过洋，毛披云迁居闽清梅溪上埔。7世毛希乾迁居闽清梅溪大路；7世有一支迁居平潭龟仔（今岚城中南村瑞岭山）。毛显后裔还分迁厦门、三明和上海、江苏、香港、台湾等地区以及马来西亚、新加坡等国家。

八、毛恒葵家族

明代，毛恒葵传4世，毛文广生2子。长子毛明鑑迁居古衢（今松溪县溪东乡），衍发毛尚红、毛尚绿、毛尚紫三个房派；次子毛明重迁居天堂（今松溪县渭田镇溪尾村），后裔分布天堂、榉上、溪尾自然村和花桥乡长衍村。

九、毛有李家族

明代，毛有李生子毛璧峯，毛璧峯生2子：长子毛仙鸾，为道宗，居台镜头（今三明市三元区白沙街道台江村台镜头）；次子毛仙凤，为德宗，居蓬坑里（今三明市三元区莘口镇蓬坑村）。毛仙鸾生毛存泰、毛存恭分别为中、和二支；毛存泰生5子，分别为仁、义、礼、智、信房派。

十、毛叔成家族

明代，毛叔成携毛叔显、毛叔达兄弟定居西山上梅里（今武夷山市吴屯乡上毛）。毛叔显、毛叔达迁居浦南官岭仁凤图（今浦城县山下乡水门村）。毛叔显后裔迁居崇北黎阳。毛叔成后裔毛梓大迁居上梅乡茶景村曹厝（今武夷山市上梅乡）。毛华福迁居浦城山下乡小溪村。

第四节　郡望、堂号

一、郡望

西河郡　春秋属卫地，战国魏时置郡。今陕西东部黄河西岸地区，是毛伯郑最早的封地郑（今陕西华县）西部的“西河”。毛氏是毛伯郑的嫡系望族。

二、主要堂号

西河堂　伯郑封地于毛，位于西河（今陕西华县西部），是毛姓最早祖居地。毛伯郑后裔以“西河”为堂号。闽清县下祝乡杉村，梅溪镇扶山、大路村，东桥镇青窑村，白樟镇前庄村，漳州市满美村，福安市范坑乡毛家坪、咸洋村，屏南县熙岭乡管洋村毛姓聚居地以“西河”为堂号。

乐寿堂　阳武（今河南原阳）人毛苌任河间太守，汉献帝授封其为乐寿伯，遂有乐寿堂号。仓山区盖山镇阳岐村，福清市沙埔镇坑北村、文场村，永泰县樟城镇，福鼎市桐山街道、太姥山镇小筼筜村及礼岙村毛姓聚居地以“乐寿”为堂号。

福建毛姓聚居地还有经学堂、捧檄堂、嵩山堂、岐山堂、里阳堂、学化堂、铁砚堂、舌师堂、广庆堂、凤山堂、裔南堂等堂号。

第二章　分　布

第一节　人口分布

2016年6月，福建省公安厅户籍人口数统计（不含金门、马祖），毛姓人口总数为41812人，分布于福建省各市、县（区、市）及平潭综合实验区。

表17-1　**2016年福建省毛姓人口分布情况表**　单位：个、人

市（区）别	县（区、市）数	人口数	各县（区、市）人口数
福州	12	13448	鼓楼区1013，台江区550，仓山区708，晋安区508，马尾区88，福清市3746，长乐市114，闽侯县859，连江县57，闽清县5432，罗源县26，永泰县347
厦门	6	1555	思明区710，湖里区307，集美区199，海沧区198，同安区97，翔安区44
漳州	13	767	芗城区152，龙文区20，龙海市46，漳浦县31，云霄县10，诏安县15，东山县33，平和县17，南靖县23，长泰县34，华安县9，漳州开发区5，台商投资区372

续表

市（区）别	县（区、市）数	人口数	各县（区、市）人口数
泉州	12	1667	鲤城区 81，丰泽区 92，洛江区 36，泉港区 50，石狮市 40，晋江市 98，南安市 127，惠安县 111，安溪县 48，德化县 909，永春县 52，台商投资区 23
三明	12	2304	三元区 298，梅列区 164，永安市 178，清流县 33，宁化县 870，建宁县 71，泰宁县 80，明溪县 65，将乐县 59，沙县 157，尤溪县 286，大田县 43
莆田	5	1236	仙游县 938，荔城区 56，城厢区 73，涵江区 125，秀屿区 44
南平	10	13641	延平区 498，建阳区 1559，邵武市 508，武夷山市 1526，建瓯市 913，顺昌县 903，浦城县 4165，光泽县 1960，松溪县 1228，政和县 381
龙岩	7	824	新罗区 430，永定区 26，上杭县 22，武平县 53，长汀县 218，连城县 38，漳平市 37
宁德	10	5935	蕉城区 229，福安市 3138，福鼎市 572，霞浦县 100，寿宁县 992，周宁县 48，柘荣县 74，古田县 231，屏南县 511，宁德东侨经济开发区 40
平潭	1	435	

第二节　主要聚居地

一、福州市毛姓

（一）鼓楼区

洪山镇祥坂村　清康熙年间（1662—1722），毛保衍后裔毛朝升由闽清县杉村迁入。今传 15 世，居村 30 余户、100 多人。

（二）仓山区

盖山镇阳岐村　明万历年间（1573—1620），毛仕逵由福清东贵盛（今福清市沙埔镇坑北村）迁入。今传 18 世，分居上岐、下岐，居村 100 余户、600 多人。后裔迁居福州城区、永泰县城及北京市。

（三）福清市

沙埔镇坑北村　宋祥兴二年（1279 年），毛璋择福清六十一都鳌峰半岛启宇定居，取名“梅塘”（今福清市沙埔镇坑北村梅塘）。今传 30 世，衍发 6 个房派，分布梅塘、龙楼、祖厝、西厝、下海、东贵盛、新厝下等自然村，居村 600 余户、2000 多人。后裔还分迁福清市融城、阳下油楼、渔溪以及福州阳岐、闽清、永泰、莆田、仙游、福鼎等地。

沙埔镇四宝村　明洪武（1368—1398）初年，坑北村梅塘毛可源裔毛仁接代龙渊（今四宝村埕边、西厝自然村）陈家舅之嗣，改名陈贵从军，退役不忘本姓，朝廷议为半随陈姓，俗称龙渊毛陈氏。后裔以“生陈死毛”衍传，即其本人及后代子孙在人世间为陈姓，别世后为毛姓。今传 23 世，居村 300 余户、1300 多人。后裔迁居福清融城、闽侯昙石。

沙埔镇文场村　明洪武初年，毛可愚后裔毛惟为由坑北迁入。今传 27 世，居村 130 余户、600 多人。后裔分布东岐下、毛厝，还分布福清融城、宁德蕉城区。

阳下街道油楼村　清康熙年间（1662—1722），毛如山由莆田涵江先迁阳下垱头，后迁入；1941 年前后，毛培义、毛忠兰、毛忠菊、毛厚椿由沙埔镇坑北村东贵盛先后迁入福清北门外及油楼村楼镜。今居村 100 余户、500 多人。

（四）闽侯县

甘蔗街道昙石村 清乾隆年间（1736—1795），毛陈氏后裔陈良灼（毛良灼）由福清埕边（今福清市沙埔镇四宝村）迁入，以毛陈氏衍传。今传 14 世，居村 200 余户、900 多人。有后裔迁徙新加坡。

洋里乡林洋村 明嘉靖年间（1522—1566），毛发敬由闽清杉村迁入。今传 17 世，居村 50 余户、200 多人。

（五）闽清县

下祝乡杉村 明永乐年间（1403—1424），毛显由江西吉水迁入，其子毛保藩、毛保衍择居杉村。今传 20 世，分布堡顶、长新、池楼、尾厝 4 个行政村（统称杉村），居村 610 余户、2500 多人。

下祝乡兰口村 明正德年间（1506—1521），毛永怀由闽清杉村迁入，分居兰口、湖边、垱垅。今居村 100 余户、500 多人。

梅溪镇扶山村 明正德年间，毛永转由杉村迁入。今居村 100 余户、400 多人。后裔迁徙马来西亚、新加坡。

梅溪镇廷洋村 明天启年间（1621—1627），毛一赓由福清江北东厝（今福清市沙埔镇坑北村）迁入。今传 14 世，居村 180 余户、600 多人。后裔迁居宁德、海南、甘肃等地及马来西亚等国。

梅溪镇上埔村 清康熙年间（1662—1722），毛披云由闽清杉村迁入；明末清初，毛尚珍由杉村迁入。今居村 100 余户、400 多人。

梅溪镇大路村 清嘉庆年间（1796—1820），毛希乾由闽清杉村迁入。今居村 40 余户、200 多人。

白樟镇前庄村 明末，毛廷官由闽清杉村迁入。今居村 80 余户、400 多人。

东桥镇青窑村 清乾隆（1736—1795）初年，毛廷祯由闽清东桥湖边迁青窑下厝，今居村 50 余户、180 多人；毛维昌由湖边迁青窑上厝，今居村 30 余户、120 多人。

东桥镇绍溪村 清乾隆年间，毛议亭由闽清杉村迁入，分布圳上、堡里、过洋自然村。今居村 100 余户、400 多人。

池园镇宝山村 清乾隆初年，毛光英由兴化（今莆田）迁入。今传 11 世，居村 18 户、120 多人。

（六）永泰县

樟城镇沙浮社区、南湖社区 清乾隆年间（1736—1795），毛锦屏、毛致中由福州阳岐（今仓山区盖山镇）迁入。今传 12 世，居村 10 余户、50 多人。

梧桐镇明灯村 清乾隆初年，毛光和由兴化（今莆田）迁入。今传 11 世，居村 10 余户、100 多人。

嵩口镇春洋村 清乾隆初年，毛光法由兴化迁入。今传 11 世，居村 20 余户、120 多人。后裔迁居三明、福州等地。

二、厦门市毛姓

同安区

祥平街道外较场村 1927 年，毛思邦由浙江平阳县毛家处迁入。今传 4 世，居村 10 余户、50 多人。

三、漳州市毛姓

台商投资区

角美镇田里村 宋代，毛康隐由河南固始入闽，定居龙溪角美满美村（今漳州市角美镇田里村）。今居村 100 余户、400 多人。后裔迁居龙岩市新罗区；迁徙台湾台南地区及日本冲绳。

四、泉州市毛姓

（一）南安市

英都镇荣星村　清代由龙海迁入。今传12世，居村10余户、50多人。

（二）德化县

水口镇毛厝村　宋太平兴国年间（976—984），毛念嵩由兴化涵江（今莆田市涵江区）迁入。今传36世，居村300余户、1100多人。后裔迁居福州、泉州、永安等地区及美国。

水口镇昆坂村　宋乾德三年（965年），毛三由泉州后塘（今厦门市同安区）迁入，长子毛七定居寮边、次子毛八定居昆山、三子毛九定居溪园里当镜自然村。今居村16户、100多人。

五、三明市毛姓

（一）三元区

白沙街道台江村　明嘉靖年间（1522—1566），毛有李由武陵衢州石门（今浙江江山市石门镇）迁居虬西蓬坑里（今三元区莘口镇蓬坑村），其子毛壁峯由蓬坑迁入。今传18世，居村40余户、200多人。

（二）宁化县

河龙乡大洋村　明景泰元年（1450年），毛蔚5世裔毛志武由永福坊（今城郊镇）迁入。今传26世，居村200余户、800多人。后裔迁徙江西宁都、铅山、乐安等地。

安远镇张坊村　明景泰元年，毛蔚5世毛志文由永福坊（今城郊镇）迁入。今居村20余户、100多人。

（三）尤溪县

城关镇西街社区　清康熙年间（1662—1722），毛茂梧、毛茂桐兄弟由浦城迁居尤溪汤川（今汤川乡汤川村），数年后移迁尤溪城关衙前街（今西街社区）定居，后裔居西街、东街及水南、埔山。今传14世，居社区80余户、300多人。

六、莆田市毛姓

（一）仙游县

度尾镇东峰村　元末明初，毛显4世毛善养由前坂十宅（今仙游县游洋镇游洋）迁入。今传24世，居村20余户、100多人。后裔迁居蜚山等各地。

鲤城街道蜚山村　清乾隆年间（1736—1795），东峰二房后裔毛济孙迁入。今居村70余户、300多人。

鲤城街道木兰社区　清道光年间（1821—1850），毛瑞陞由前坂（今仙游县游洋镇游洋）迁入。今传7世，居社区40余户、200多人。

鲤南镇玉塔村　清乾隆八年（1743年），毛显12世毛仁聪由前坂迁入。今传23世，居村100余户、400多人。后裔迁居榜头镇后坑村、赖店镇坂头村，迁徙香港、澳门等地区及印度尼西亚、马来西亚等国。

枫亭镇建国村　清康熙（1662—1722）末年，毛世美由晋江迁入。今传13世，居村70余户、300多人。

（二）涵江区

涵西街道保尾社区　毛显后裔由兴化（今仙游县游洋镇游洋）迁入。今传24世，居社区50余户、

260 多人。后裔迁居涵东、江口、三江口及莆田市区、福清阳下油楼、福州等地。

七、南平市毛姓

（一）延平区

来舟镇来舟社区 1956 年，毛璋 24 世毛忠信、毛忠稷由福清县江北村（今福清市沙埔镇坑北村）迁入。今居社区 10 余户、50 多人。后裔分布延平、邵武、福州、上海等地。

（二）武夷山市

岚谷乡岚谷村 元至元二年（1336 年），毛庆立由金陵（今江苏南京）迁入。今传 20 世，居村 60 余户、240 多人。后裔迁居横墩、星村等地。

吴屯乡岭根村 明万历年间（1573—1620），毛叔成由浙江江山迁入。今传 19 世，居村 20 余户、100 多人。后裔分布后墘、上梅茶景曹厝及浦城等地。

星村镇黄村 宋末，毛崇生由浙江江山迁入。今居村 20 余户、100 多人。

兴田镇桃椟村 明初，毛顺七由浙江潭阳迁入。今居村 10 余户、90 多人。

（三）顺昌县

埔上镇埔上村 1960 年，毛忠利、毛厚鸣、毛厚义、毛厚逵等由今南平市延平区来舟镇迁入。今居村 10 余户、50 多人。

（四）浦城县

山下乡水门村 明万历年间（1573—1620），毛叔显、毛叔达由浙江江山龙泉迁入。今传 19 世，居村 100 余户、400 多人。

山下乡小溪村 清嘉庆年间（1796—1820），崇东西山上梅里（今武夷山市吴屯乡上毛）毛叔成后裔毛华福迁入。今传 7 世，居村 30 余户、100 多人。

水南乡毛厝村 今居村 30 余户、100 多人。

石陂乡河墩村 今居村 100 余户、300 多人。

（五）光泽县

司前乡台山村等 元末明初，毛孟升由江西梅潭（今贵溪市耳口乡）迁入毛湛（今台山村），后裔分布毛家、台山、杨家、举林，垱上村何家边、垱上、曹家石，清溪村清溪，岱坪村岱坪和寨里镇大银村大银、上关、桥湾、山坊，寨里村茶富等自然村。今传 25 世，居村 400 余户、2000 多人。后裔迁居光泽司前，迁徙台湾等地。

（六）松溪县

溪东乡古衕村 明正统年间（1436—1449），毛恒葵由浙江江山石门街（今江山市石门镇）迁入。今传 20 世，居村 100 余户、400 多人。后裔分居榉上村、花桥乡长衍村、城关等地。

渭田镇溪尾村 毛明重由古衕迁入天堂（今溪尾村天堂自然村）。今传 20 世，居村 100 余户、300 多人。

（七）政和县

铁山镇江山村 明万历年间（1573—1620），毛崇夫后裔由浙江平阳三十九都毛洋（今泰顺县罗阳镇）迁入。今传 25 世，居村 70 余户、300 多人。

八、龙岩市毛姓

（一）新罗区

铁山镇洋头村　明成化年间（1465—1487），毛康隐后裔由龙海满美（今漳州市台商投资区角美镇田里村）迁入。今传16世，居村70余户、330多人。后裔迁居苦竹山。

（二）武平县

永平镇孔下村　明隆庆年间（1567—1572）由江西迁入。今居村10余户、60多人。后裔迁居福州、龙岩，迁徙广东等地。

（三）长汀县

汀州镇南门社区　元末明初，毛立桂由宁化迁入，定居县前（今南门社区）。今居村50余户、200多人。后裔迁居福州及海外。

古城镇古城村　清光绪九年（1883年），毛发昆、毛发槐由江西迁入。今居村30余户、100多人。

（四）连城县

北团镇山下村　明代由江西广昌南城迁入。今居村30余户、100多人。

九、宁德市毛姓

（一）蕉城区

蕉北、蕉南街道　清康熙（1662—1722）末年，毛建候（龙候）由福清六十一都东岐下（今福清市沙埔镇文场村）迁居蕉城东门外马厝坪，因旧城改造，分居蕉北街道平石牌、继光社区，蕉南街道海滨、南门社区。今传10世，居社区15户、60多人。后裔迁居福州等地。

（二）福安市

范坑乡咸洋村　宋政和二年（1112年），毛淳远由长溪韩阳大松（今福安市范坑乡蛇头村）迁入。今传31世，居村400余户、1760多人。

范坑乡毛家坪村　宋政和五年毛淳杰、宣和七年（1125年）毛淳献分别由长溪韩阳大松（今福安市范坑乡蛇头村）迁入。现毛家坪大多为毛淳杰后裔。今传31世，居村100余户、480多人。后裔毛良二迁居汾洋后墺，毛良一迁居霞浦。

范坑乡领先村　清嘉庆八年（1803年），毛振发由浙江豪洋毛洋迁入。今传7世，居村20余户、100多人。

潭头镇汾洋村　明洪武元年（1368年），毛淳杰后裔毛良二由毛家坪迁入。今传27世，居村100余户、500多人。后裔分布后墺、毛厝下、太逢、甲坪等自然村。

溪柄镇坑口村　明正德（1506—1521）初年，毛百富自浙江景宁入闽定居福宁（今霞浦县）二十九都陈家垅，至5世毛文广迁入。今传17世，居村20余户、100多人。

溪潭镇溪北洋新区濑头村　清顺治元年（1644年），毛淳远后裔毛楚四由咸洋迁入。今传16世，居村80余户、280多人。

松罗乡满洋村　清乾隆年间（1736—1795），毛日由汾洋后墺迁入。今传10世，居村10余户、50多人。

（三）福鼎市

桐山街道桐南社区　清康熙八年（1669年），毛文珩由福清六十一都梅塘（今福清市沙埔镇坑北村）迁入。今传11世，居社区20余户、80多人。后裔迁居桐山十字街、五里牌及桥头等，毛培心等迁徙台湾。

太姥山镇小筼筜村 清乾隆四年（1739年），毛肇琏由福清六十一都江北（今福清市沙埔镇坑北村）迁烟台下；乾隆三十三年，毛肇捷由福清东贵盛（今福清市沙埔镇坑北村）迁龙山头；乾隆（1736—1795）末年，毛世照、毛世炜由福清东贵盛迁龙山头，现均定居小筼筜村。今传11世，居村60余户、250多人。

太姥山镇礼岙村 清康熙年间（1662—1722），毛肇天由福清梅塘（今沙埔镇坑北村）先迁屯头岭，后迁入。今传11世，居村60余户、250多人。

（四）屏南县

熙岭乡管洋村 明嘉靖年间（1522—1566），毛天禄由闽清县杉村迁入。今传19世，居村140余户、700多人。

十、平潭综合实验区毛姓

岚城乡中南村 清乾隆年间（1736—1795），毛保衍7世由闽清县杉村迁入。今居村100多户、300多人。后裔迁居平潭城关及福州等地。

第三章　谱　牒

第一节　福州市

一、福清市

《江北毛氏宗谱》 明万历十二年（1584年）毛焕甫及毛仕煌、毛仕楠、毛仕凤、毛国康、毛一勤始修《六十一都毛氏宗谱》（即江北毛氏宗谱），现存有首定9—18世讳、字行第世序各10字及家训规则。清顺治十七年（1660年）毛鸣岐二修，名为《江北毛氏宗谱》。康熙二十一年（1682年）毛鸣岐三修并作序。谱载：毛可愚开基江北，续定19—33世讳、字行第世序各16字，撰行第小引及家训。乾隆三十三年（1768年）毛质峰四修并作序，现存江北可愚1—17世世系图，钞本，谱存闽清廷洋村毛宪村处。乾隆五十年毛绍福五修。嘉庆十六年（1811年）毛绥澜六修并作序。光绪九年（1883年）毛祖溪、毛泽桂、毛泽炉等七修，名为《西河郡乐寿堂福清六十一都梅塘江北毛氏族谱》，陈云詹作序。现存谱序载：毛璋宋末入闽，择居梅塘，开基江北。光绪三十年，毛永喜八修，名为《西河郡乐寿堂毛氏宗谱》，绘有梅塘、江北彩色宗居图并作宗居图引。谱载：毛璋1—14世世系图、福鼎支派系图，收录毛鸣岐撰行第小引及19—33世讳、字行第各16字，钞本，谱存福鼎市小筼筜村毛维池处。1947年毛忠凤、毛忠钿、毛厚意等九修。谱载：可愚世系图，三定34—49世讳、字行第世序各16字，钞本，副本毛厚錩保存，现存毛立平处。1986年毛培楷、毛忠锐、毛厚远等人发起，毛祚珍、毛胤麟执笔十修并作序。谱载：毛璋入闽及北支世系图，钞本，谱存坑北村梅兴堂。1990年毛维书执笔十一修福清《毛氏宗谱》并作序。谱载：毛璋原籍浙江江山，宋末护驾入闽，定居梅塘江北，收录历次谱序6篇及名人录、行第小引、讳字世序、分迁志、家规族训，毛璋及各支世系图，首次实现梅塘、江北、福州阳岐、闽清廷洋、福鼎联谱。16开本4册，木刻，毛边纸双页印刷。谱存福清市沙埔镇坑北村梅兴堂及福州仓山区盖山镇阳岐毛厚璋处、闽清县梅溪镇廷洋村毛宪村处、福鼎市太姥山镇小筼筜村毛氏宗祠。

《龙渊毛氏族谱》　明万历二十九年（1601 年）陈一诚首修并作传序。谱载：毛仁由梅塘入嗣陈氏，复姓毛，后裔生为陈姓，别世后为毛氏，谱中还有《七十二公崛起传》。清康熙三十四年（1695 年）毛天赐二修。谱载：钟山记、定名表昭穆成规以及 11—30 世讳、字行第世序各 20 字。1919 年陈永长等三修《龙渊毛氏族谱》并纂“续修龙渊陈毛氏族谱　建立宗祠传序”，此后有用“陈毛氏”或“毛陈氏”的提法。1946 年毛厚意等四修《龙渊毛氏西干支谱》，谱载西干支世系图等。谱存福清市沙埔镇四宝村埕边“科甲传芳”祠。

二、闽侯县

《昙石毛陈氏族谱》　1990 年陈祥旺始修，2014 年陈国煌等二修。谱载：陈（毛）良灼由福清龙渊迁入、毛仁世系、西干支世系图等。谱存闽侯县甘蔗街道昙石村“科甲传芳”祠。

三、闽清县

《西河堂毛氏家谱》（西房）　清光绪二十七年（1901 年）毛显 14 世毛挺芬重修并作序。谱载：毛显明代入闽镇守延平府（今南平），子择杉村定居及名人传赞、大宗图、世系图表等，长乐谢章铤撰谱序、闽县陈宝琛撰毛显和毛宝衍传、张苏人撰毛承保传、知县何学新撰毛亦贤与毛振文传。谱存闽清县下祝乡杉村老人会。

《西河堂毛氏家谱》（东房）　清光绪二十七年毛显 14 世毛挺芬重修。谱载：林寿椿撰毛显传，陆葆章、曾广嵩撰毛保藩传及历代世系图表。谱存闽清县下祝乡杉村老人会。

《西河堂毛氏家谱》　1992 年毛起天等重修。谱载：毛显入闽镇守摩天岭，子择杉村定居，西房、东房世系总图，各支系分布、后裔迁徙，收录清光绪二十七年毛挺芬重修谱序及毛显、毛保藩、毛保衍传和世代家规等。印刷本，4 册。谱存闽清县下祝乡杉村老人会。

《宝山西河毛氏族谱》　1996 年毛西富修。谱载：序，毛光英由兴化迁入，学名世序 16 字。钞本。谱存闽清县池园镇宝山毛成珠处。

四、永泰县

《格漈下西河毛氏族谱》　1962 年毛钦铨等始修，黄振盛作序；1994 年毛西富补修。谱载：毛光和清代由兴化迁入，兴化 7—12 世世系、14—20 世世系图，学名 16 字，讳、字各 10 字。钞本。谱存永泰县梧桐镇明灯村格漈下毛道福处。

《诬口岭西河毛氏族谱》　1996 年毛西富修。谱载：毛光法由兴化迁入，简言，17—27 世世系图等。钞本。谱存永泰县嵩口镇春洋村毛秋生处。

第二节　泉州市

德化县

《嵩山堂毛氏族谱》　明崇祯十四年（1641 年）毛大玑修。谱载：引，毛念嵩入闽居涵江，后迁入德化毛厝，人物小传，世系图。1993 年毛日票二修《新编讳、字行序》，辑录 28—35 世讳行 8 字，续定 36—57 世讳、字行第世序各 21 字。谱载：明崇祯十四年毛大玑撰《毛氏之族谱引》、毛念嵩传记等。钞本。谱存德化县水口镇毛厝村毛建军处。

《昆山里阳堂毛氏族谱》　清嘉庆六年（1801 年）始修，2001 年毛声贤二修并作序。谱载：毛三

（北宋年间）由泉州后塘迁入，收录嘉庆六年谱序、毛氏族根源，新编 23—33 世字行世序 11 字。钞本。谱存德化县水口镇昆坂村昆山毛福择处。

第三节　三明市

一、三元区

《剑沙毛氏家谱》　清光绪十五年（1889 年）毛锡珠等始修，李兆秀作序。谱载：毛有李由浙江江山石门迁入及世系总图、1—32 世字派世序 32 字、纪条、祖传、列传、家训、祠墓引等。排印本，5 卷。2004 年毛安祖等二修。手工制版印刷本。谱存三明市三元区白沙街道台江村台江头毛氏宗祠。

二、宁化县

《银屏毛氏族谱》　清康熙二年（1663 年）始修，康熙五十年、雍正九年（1731 年）、乾隆四十一年（1776 年）、嘉庆五年（1800 年）、道光十五年（1835 年）、同治十一年（1872 年）先后六次续修，光绪二十九年（1903 年）毛昌韶八修并作序，1943 年毛永昌等九修，1992 年 4 月毛大成等十修并作序。谱载：毛蔚自江西吉水入闽出任宁化主簿，终于任，后裔择大洋、张家坊定居，收录八修、九修序、龙城原序、原跋、圣谕六条、讳序派行 48 字、世系图等。排印本。谱存宁化县河龙乡大洋村毛氏宗祠。

三、尤溪县

《沈阳毛氏家谱》　清顺治三至四年（1646—1647）编修，毛宣燕、周师道、严心尧、洪球图、啸云子作序。谱载：毛茂桐由兴化迁入，历代祖宗纪年、世系全图、家规、行实录、选举录、节孝录、文翰录及县城图、祠堂图等。排印本，4 卷。谱存尤溪县城关镇西街社区毛祖东处。

第四节　莆田市

仙游县

《前坂毛氏族谱》　清乾隆十六年（1751 年）毛仁聪（子明）编修并作序。谱载：毛显元末明初由福清迁入，15 代世系图、13—32 世讳、字行第世序各 20 字。钞本。谱存仙游县度尾镇东峰村毛长乐处。

《毛氏族谱》　2008 年，毛松、毛清梅编修并撰前言。谱载毛显及世系图。钞本。谱存仙游县鲤南镇玉塔村东埔毛氏宗祠。

枫亭《毛氏族谱》　编修年代不详。谱载毛世美由晋江迁入及后裔讳字行第世序各 20 字、世系、生卒、墓葬等。钞本复印。谱存仙游县枫亭镇建国村毛少雄处。

第五节　南平市

一、武夷山市

《毛氏宗谱》　清顺治十五年（1658 年）江敏江始修，并撰毛氏源流考；道光十二年（1832 年）陈象仪二修，并作序，收录旧序、世系图、祖训、阳基图、像图引等；光绪十一年（1885 年）毛舆朝等三修，毛德辉作序并撰字派歌（40字）等；2017年毛智有等四修并作新修族谱序。印刷本。谱存武夷山市吴屯乡岭根村上毛毛智有处。

二、浦城县

《毛氏族谱》　打印本。谱载浦南仁风三图官岭头毛九公28世世系图。谱存浦城县山下乡官岭村毛信贤处。

三、光泽县

《毛湛毛氏族谱》　清乾隆四十三年（1778年）毛信成等二修；道光十八年（1838年）三修，谱载毛孟升入闽、派行25字；1915年毛堂玖等四修；1988年毛景祝等五修并作序。谱载：毛孟升由江西梅潭入闽择居毛家村，续定名行20字，收录历次修谱序、派行、敕命、上谕十六条、分派、世系图、阳基图、祠堂图等。排印本。谱存光泽县司前乡台山村毛家毛氏宗祠。

四、松溪县

《古衢西河郡毛氏宗谱》　清嘉庆二十五年（1820年）孙逵轩等始修并作序，收录魏邦亨、江也晏旧序及吴寅原序；咸丰六年（1856年）周乃洪二修；宣统元年（1909年）陈云峰三修并作新序；1999年毛仁传等四修。谱载：毛恒葵由浙江江山石门入闽，居古衢，并收录历次旧序、原叙、家范、世系总图、字行世序42字、理祠记等。钞本。谱存松溪县溪东乡古衢村毛方亮处。

《天堂毛氏宗谱》　宋淳化四年（993年）毛峻标始修，张文若作序；元大德四年（1300年）毛存蕴二修，王之召作序；至正十六年（1356年）张文若三修，作“源流考”；明正统十二年（1447年）毛恒葵四修，吴朝栋作序；清乾隆五十九年（1794年）毛永玉等五修，许谦作序；道光十二年（1832年）毛永俊等六修，吴泰作序；同治五年（1866年）毛忠元等七修，陈德源作序；光绪三十二年（1906年）毛振传等八修，陈邦作序；1988年毛廷金九修，陈孙让作序。宗谱收录历次谱序、外纪、内纪、字行世序32字、祠图、像图、山场、祭田等。钞本。2018年毛水宝十修，杨芳健主编。8开本，排版印刷精装本。谱存松溪县渭田镇溪尾村毛永宝处。

《毛氏宗谱松溪分支》　2016年毛振寿始修。谱载前言、探本溯源、历代谱序、外纪、内纪等。排印本。谱存松溪县溪东乡古衢村毛振寿处。

五、政和县

《明德惟馨》　1930年修。谱载世系图、各房支系图、由21世起字行世序35字等。钞本。谱存政和县铁山镇江上村毛机木处。

第六节　宁德市

一、蕉城区

《裔南宗系概录》　1984年冬毛瑞基修并作序。谱载：毛建候由福清文场迁入马厝坪，世系图，新定9—17世学名8字等。1995年毛瑞钰补校。手写本1册。谱存蕉北街道毛凤美处。

二、福安市

福安《毛氏宗谱》　宋熙宁五年（1072年）毛亨涧始修；绍兴十八年（1148年）毛淳献二修，撰

《立谱记上》；明崇祯年间（1628—1644）三修。谱载：毛亨涧原籍浙江泰顺，出任闽县知县入闽，任满择居大松东山下墺底及世系图等。木刻本。谱存福安市范坑乡咸洋村毛寿福处。

《豪家坪毛氏族谱》（即毛家坪谱） 宋宣和七年（1125 年）毛淳杰、毛淳献始修，宝祐五年（1257 年）毛正甫二修，明成化元年（1465 年）徐元凯三修，万历二十年（1592 年）彭天明四修，清康熙二十八年（1689 年）吴尚宾五修，康熙三十九年毛兆璞六修，乾隆四十八年（1783 年）叶介封等七修，嘉庆二十二年（1817 年）毛发文等八修、池梦蛟作序并校录源流考等，咸丰三年（1853 年）杨开元九修并作序，光绪二十八年（1902 年）毛起文十修、林洪坡作序，1947 年毛凌福十一修并作序，1993 年毛凌松等十二修、叶一舟作新修序。谱载：毛淳杰由大松移居豪家坪，历次叙、序、13—46 世讳字行第、世裔纪、家范及祠堂志、艺文等。木刻本。谱存福安市范坑乡毛家坪毛氏宗祠。

《西河郡咸洋毛氏族谱》 宋绍兴十八年（1148 年）毛淳献始修并作序，清光绪十四年（1888 年）王云阶二修并作序，1916 年陈景熙三修，1947 年龚尹匡四修并作序，1984 年董枕岩五修并作序。谱载：毛淳远由大松移迁咸洋，收录历次序、原叙、源流考、15—37 世讳字世序、世系图、祠堂志等。木刻本。谱存福安市范坑乡咸洋村毛氏宗祠。

《濑水毛氏族谱》 清宣统元年（1909 年）毛孔绅等始修、张鹏英作序，1947 年毛秀如等二修、黄鼎总纂并作序。谱载：毛楚四由咸洋移迁濑头，血脉指掌图、地形图、世系、讳字行第世序各 10 字及家训等。木刻本。谱存福安市溪潭镇濑头毛氏宗祠。

《西河毛氏族谱（前华卷）》 清嘉庆十六年（1811 年）陈国珍始修，道光二十年（1840 年）毛际诗等二修并作序，1925 年毛腾相等三修、詹之光作序。谱载：毛良二由毛家坪分迁后墺，家训、原序、新序、源流考、讳字行第世序各 12 字及前代总图等。木刻本。谱存福安市潭头镇汾洋村前华宗祠。

林坑《西河郡毛氏族谱》 明崇祯三年（1630 年）毛廷谏等始修、游惟作序，清同治十一年（1872 年）郭宏恒二修并作序，1959 年毛凤魁三修、李春光作序，2016 年陈松龄四修并作序。排印本。谱存福安市溪柄镇坑口村林坑自然村。

领先小东垅《豪阳毛氏族谱》 1980 年修。谱载：毛三九后裔毛振发自浙江豪洋毛洋入闽，入福安七都小东垅（今范坑乡领先村），毛三九以下世系、毛振发以下世系、名行世序等。谱存福安市范坑乡领先村小东垅自然村。

三、福鼎市

《毛氏族谱》 清乾隆五十年（1785 年）毛绍福始修并作序。谱载远祖渊源、江北及福鼎各房世系等。1940 年毛培美二修、毛英靖总纂，2012 年毛维电等三修、毛鸿升总纂。谱载福清远祖、福鼎始迁祖及各支派和阳岐、永泰支派世系图。排版印刷本。谱存福安市太姥山镇小篢筜村毛氏宗祠及福州市仓山区盖山镇阳岐村部、永泰县樟城毛建国处。

第四章　文化遗产

第一节　著作与艺文

［明］毛孔墀 福清人。著有《齐礼编》《劝农诗》。

［明］毛仁钟　闽清人。著有《游航诗集》10卷。

［清］毛鸣岐　福清人。著有《菜根堂全集》28卷，参编《福清县志》，诗作《太蓬仙迹》。

［清］毛一夔　德化人。诗有《石牛山》《飞仙山》《岱仙瀑布》《驾云亭》《凤翥山》《西华室》《心慈岭》《谢公桥》《缨溪》等20余首，收录于《瓷都德化古今诗萃》。

［近现代］毛厚明　福清人。主编《福建毛氏文化志》，编著《福清毛氏志》。

［近现代］毛厚平　福清人。著有《肾镜的临床应用》。

［近现代］毛浩然　福清人。著有《Emotion and English Vocabulary Learning of Senior High School Students》（《高中生情感与英语词汇学习》，德国出版）《两岸对话研究：系统、通道与修辞》《学者学术影响力动态评价指标体系建构与实践》《教育语言学前沿问题研究》等10部著作。

［近现代］毛峻雯　又名陈峻雯，福清人。著有《恐慌症的团体认知行为疗法》。

［近现代］毛峻凌　福清人。著有《心之隐转喻互动》。

［近现代］毛立平　福清人。著有《闯荡日本》。

第二节　族规家训

一、福清毛氏《家训规则》

为官须存忠爱，在人当秉孝慈。俭不鄙吝，富弗骄奢。

凡男妇端方，科名职典事实，查载明晰，以资光前裕后。如有男妇荒纲，亦须叙明，以备黜陟。

凡在所行诸事，勿辱宗身，勿犯评非。勿倡为无益，勿轻上公庭。

无益之书勿读，无益之话勿说，无益之事勿为，无益之人勿欢。

友朋须分益损，父兄加意察游。

夫妇之道，风化所关。嫁娶须择贤德，不以财势起见。

经书不可不读，礼仪不可不学，哀乐有节，丧葬尽礼。

凡有公产己业，断不毗承本族内之人耕作，以杜侵凌。

立嗣先尽周亲，次及功缌鼎派。现属式微如无子，自愿螟养，亦用红线，使其成人，昌盛后代。

行第统一颁布，挨序若尊卑，失序者正之，讳犯者改之。

心术不可得罪于天地，言行要留好样于儿孙。

录自福清《江北毛氏宗谱》

二、闽清毛显家族《世代宗规》

尊祖

记曰：万物本乎天，人本乎祖。子孙之于祖宗，犹树木之于根本，培其本则枝叶盛，不培其本则枝叶枯。后人徒知身计，不念祖宗，其能昌乎？宜重家庙，以时祭享之，守坟墓，以时拜扫之，忌辰必哀，方不愧为子孙。

孝亲

孟子曰："不得乎亲，不可以为人；不顺乎亲，不可以为子。"故养体不如养志，今之私妻子者，何并不能养体哉。谚曰：羊跪乳，鸦反哺，安可不如物；三复"蓼莪"之诗，宜由知之矣。

睦族

古人同居，或九世，或十世，或数世，亲睦之美流传于今。倘同气连枝视若胡越，可乎？凡我族人，须喜相庆，忧相恤，毋以智诳愚，毋以贵凌贱，毋以富弃贫，毋以勇苦怯，毋以众暴寡。范文正公有言曰：“同族固有亲疏，以祖宗亲之，则无亲疏也”。愿共以为法焉。

勤业

益曰：“罔游于逸。”周公曰：“君子所其无逸。”天子尚当兢业，况庶人乎？凡士农工商，勤则成，逸则败。倘游戏过日，此天地间之朽物也。为子孙者，当思寸金不惰，光祖宗亦以保家室也。

录自闽清杉村《西河堂毛氏家谱》

三、光泽毛氏《上谕论十六条》

敦孝悌以重人伦　笃宗族以雍昭穆
和乡党以息争讼　重农桑以足衣食

尚节俭以惜财用　隆学校以端士习
黜异端以崇正学　讲法律以警愚顽

明礼让以厚风俗　务本业以定民志
训子弟以禁非为　息诬告以全良善

诫匿逃以免株连　完钱粮以省催科
联保甲以弥盗贼　解仇忿以重身命

录自光泽《毛湛毛氏族谱》

四、福安毛亨涧家族《家范》（摘录）

尊祖　祖宗者，身所由出，犹水有源而木有根也。立祠宇以妥先灵，营窀穸以藏形体。朔望焚香，洒帚修葺，春秋致祭，品物攸隆，则报本追远，锡福无疆矣。

敬老　朝廷隆养老之典，况乡党乎？族之齿有德者，务宜致敬致爱，以尽孝子之职，切勿欺瞒而被犯上之名，违者攻罚。

农业　士农工商，各有定业，游手好闲，即为不肖子孙。故少年子弟，血气未定，最易入于邪曲，为父兄者，宜朝夕教诲，不可听其游荡为非，辱及祖宗焉。

治家　治家无别法，惟勤与俭。有子当教，即未蜚声艺苑，亦可以识礼仪之文；有田当耕，虽未至富贵，亦可以见俯仰之给。

读书　大道之旨无穷，学问之功宜勉。是以圣人韦编三绝，颜氏闭户潜修，他如车胤萤火由照，高凤漂麦不知，从古圣贤皆尔勤学。吾侪读书当希前人，逊志时敏，博物洽闻，自强而不息，日进于无疆。达处名卿之列，退有高士之风，斯不悔为圣贤之徒。

录自福安《毛家坪毛氏族谱》

第三节　宗　祠

光泽县毛湛毛氏宗祠　又称“六房宗祠”，坐落在光泽县司前乡台山村。清嘉庆九年（1804 年）毛德深始建，历代重修。占地面积 676 平方米，主体建筑面宽 13.5 米、进深 54 米，建筑面积 720 平方米。坐北向南。砖石结构，一字式门楼，正面没有大门，只有两边月门，前后三进三开间。一进前殿与天井均有藻井，前殿上方有“温柔敦厚”牌匾。二进中堂，三进后殿，殿上方有“安孔成寝”牌匾，出自清代著名书法家毛鹤龄之手。木构件雕饰丰富精美。旅居台湾等地宗亲陆续来祠谒祖寻亲。2009 年被列为

福建省文物保护单位。（见彩图 17-1）

德化县毛厝岐山堂　坐落在水口镇毛厝村。明嘉靖四十年（1561 年）毛功卿后裔毛日章始建，清道光九年（1829 年）重建。堂宽、深各 40 米，呈四方形，总面积 1600 平方米。坐北向南。一直四进，一至三进均倒塌成为空地，四进主厅。1943 年 9 月，中共福建省委在此建立地下交通联络站、省委机关情报站、后勤供应站，省委主要领导在此隐蔽开展工作，为省闽中游击队司令部驻地和永德仙游击队指挥部驻地。1985 年被列为德化县文物保护单位，1997 年命名为岐山堂革命纪念馆。

岐山堂革命遗址

福清市梅塘毛氏宗祠　坐落在沙埔镇坑北村梅塘。明万历十二年（1584 年）毛焕甫等始建于梅塘山下，祠内建有书楼、书堂，祠前建有石埕、水池、龙井及文元屋等 8 座建筑。万历三十八年，翰林院检讨陈五昌书“科甲传芳”匾，建有“科甲传芳”牌坊立于祠前石埕中央。清末民国初因台风倒塌。1993 年旅日华侨毛迪钦发起在现址重建。占地面积 1900 多平方米，建筑面积 700 多平方米，祠前有 1000 多平方米活动场地。坐东向西。重建现祠，砖木结构，前后三进，前厅两侧风火山墙，走廊绘二十四孝图；二进活动大厅；三进神主龛供毛璋等先祖牌位。上方悬挂“乐寿堂”牌匾，内有历代进士及现代乡贤牌匾十余面。祠堂前花岗岩五级台阶高登，两边象征丁旺财盛双龙井，活动场所毗邻公路，面向大海，视野开阔。

梅塘毛氏宗祠

福清市下海毛氏宗祠　坐落在沙埔镇坑北村下海。1994 年旅日宗亲毛祚腾等发起兴建。占地面积近 1000 平方米，建筑面积 400 平方米。坐西向东。木砖混结构，前后二进，建有戏台、观戏厅。上方悬挂“乐寿堂”牌匾及神主龛。

福清市埕边“科甲传芳”祠　坐落在沙埔镇四保村埕边。1920 年埕边陈氏与梅塘毛氏合建，2004 年陈华忠等发起翻修重建。占地面积近 1000 平方米，建筑面积 500 平方米。坐东向西。前后三进，主祀毛仁（陈贵），建有戏台、观戏厅等。因其先祖源自梅塘毛氏，后裔以“生陈死毛”衍传，故陈氏建祠不立陈氏祠匾，以梅塘“科甲传芳”匾为祠堂牌匾。“生陈死生”姓氏习俗入选福清市第六批非物质文化遗产保护名录。

埕边“科甲传芳”祠

闽侯县昙石“科甲传芳”祠　坐落在甘蔗街道昙石村铁岭山脚。2015 年兴建。占地面积 600 平方米，建筑面积 300 平方米。坐东向西。木砖混建构，一直三进。三进主堂约 200 平方米，神主龛木雕，古朴壮观，两边有历代进士与主要名人牌匾多面。因其始迁祖源于埕边毛陈姓，故宗祠以“科甲传芳”为祠堂牌匾。

闽清县杉村毛氏宗祠 坐落在下祝乡杉村玥山脚下。明嘉靖年间（1522—1566）毛玉山始建，清康熙年间（1662—1722）因火堙，数年后重建，历代重修，1936年扩建，1993年重新修建，2006年大修。占地面积4300平方米，建筑面积1380平方米。坐东向西。土木建构，正座前为青瓦木结构回廊，两侧厢房各两堵，祠前横厝面宽30米，进深6米，六扇五间，三进正厅，厅堂正面神主龛，供毛显等始祖牌位。祠厅木建构，拱斗、枋、昂、雀替雕刻有四时花卉、祥禽瑞兽、马头风火夹墙，硬山顶多层燕尾横脊翘角。正厅上方悬挂“昭武将军”“文魁”“武魁”及现代乡贤“将军”等牌匾十余面。后埕高耸一棵近300年桂花树王。（见彩图17-2）

闽清县廷洋毛氏宗祠 坐落在梅溪镇廷洋村打石山。1931年始建于廷洋村洋墩，1958年因建设水库拆除，1962年重建于现址。占地面积近1000平方米，建筑面积300平方米。坐北向南。土木结构，六栅五直两层半。

漳州满美毛氏宗祠 坐落在漳州市台商投资区角美镇田里村满美。为1999年重修。占地面积600多平方米，建筑面积200多平方米。坐西向东。砖木结构。主祀毛康隐，是日本冲绳那霸市毛姓和台湾六甲毛姓故里。冲绳闽人“三十六姓”之一毛国鼎后裔宗亲组织“国鼎会”多次组团回满美宗祠寻根祭祖。

德化县毛厝嵩山堂 坐落在水口镇毛厝村。宋末始建，明初毛三良重修，历代均有重修，1984年重修，大厅上方悬挂“嵩山堂”牌匾，2018年初毛建军等发起重修并扩建前殿。占地面积1000多平方米，建筑面积680平方米。坐东北向西南。石砖木结构，分前殿和后殿，后殿为嵩山堂，前殿为大厅、戏台、书院、石雕二十四孝图等，为毛厝毛氏总祠。由明代起，还建有贞吉堂、盛山堂、岐嵩堂支祠。

德化县昆山里阳堂 坐落在水口镇昆坂村昆山。1963年重修。占地面积800多平方米，建筑面积500平方米。坐西向东。全木结构，歇山式屋顶。

三明市三元区台镜头毛氏宗祠 坐落在白沙街道台江村平山天星坑。原祠为明万历年间（1573—1620）始建，在台镜头下城。建筑面积120平方米。上堂深5米，前堂深7米，两书院，中心引左右天井、花台等。2017年因修建长深高速公路征用在现址重建。占地面积400多平方米，建筑面积200平方米。坐西向东。

宁化县大洋毛氏宗祠 坐落在河龙乡大洋村屋背山。明万历十三年（1585年）始建于大洋村双旗形甲山。占地面积600平方米，建筑面积438平方米。土木结构，正厅上方悬挂“捧檄堂”牌匾。主祀毛蔚。2018年6月于现址重建。占地面积2000平方米，建筑面积600平方米。坐东向西。砖木结构，三进，琉璃瓦屋顶，正面装饰雅美，突出客家建筑特色。

仙游县东峰毛氏宗祠 坐落在度尾镇东峰村毛厝。清乾隆年间（1736—1795）始建，因自然灾害倒塌，仅存神主龛和先祖牌位，2016年原址重建。占地面积300多平方米，建筑面积200多平方米。坐东向西。砖木结构。

仙游县东埔毛氏宗祠 坐落在鲤南镇玉塔村东埔。清道光年间（1821—1850）始建，2016年重修。占地面积500多平方米，建筑面积200多平方米。坐东向西。砖木结构，三进三间排。

仙游县蜚山毛氏宗祠 坐落在鲤城街道蜚山村蜚山。清道光年间始建，2016年重修。占地面积500多平方米，建筑面积200平方米。坐东向西。砖木结构，三进三间排。

光泽县毛家村毛家宗祠（西） 坐落在司前乡台山村毛家村西面。清中叶始建，嘉庆八年（1803年）重建。占地面积470平方米，建筑面积200多平方米。坐北向南。砖木结构，正厅高挂“祖德照千秋”牌匾。

光泽县毛家村毛氏宗祠（东）　坐落在司前乡台山村毛家村东面。清嘉庆九年始建。占地面积490平方米，建筑面积200多平方米。坐西向东。砖木结构，三进三排间，内有“昭武将军”“选魁”“经魁”等多个牌匾。

松溪县天堂毛氏宗祠　坐落在渭田镇溪尾村天堂。2010年重建。占地面积300多平方米，建筑面积120平方米。坐西向东。砖木结构。

政和县江上毛氏宗祠　坐落在铁山镇江上村洪源。占地面积200多平方米，建筑面积70平方米。坐西向东。木结构。

龙岩市新罗区毛氏凤山堂　坐落在铁山镇洋头村。2011年重建。占地面积260平方米，建筑面积150平方米。坐东向西。砖混结构，古建筑与现代建筑风格结合。

福安市毛家坪毛氏宗祠　坐落在范坑乡毛家坪村中心。始建在拓宅坑边，明万历十九年（1591年）改建于龙沙山尾，清嘉庆二十三年（1818年）重建。占地面积1000多平方米，建筑面积700平方米。坐西向东。土木结构，三进。

福安市咸洋毛氏宗祠　坐落在范坑乡咸洋村中心。明万历十九年始建，清嘉庆二十三年重建。建筑面积960平方米。土木结构，上下两厅。2017年8月，毛玉良等主持翻修新建。占地面积1700平方米，建筑面积378平方米。坐西北向东南。砖混结构，一直三进，上下两厅堂，琉璃瓦屋顶，双龙戏珠。正面不锈钢大门，两边石雕柱，突出古建筑特色，宏伟壮观。

福安市濑头毛氏宗祠　坐落在溪潭镇溪北洋新区濑头。1998年毛玲光发起始建。占地面积1800平方米，建筑面积9000平方米。坐西向东。砖混结构，三进，建有戏台、阁楼、两边观戏走道及主殿。

福安市前华毛氏宗祠　坐落在潭头镇汾洋村。清嘉庆二十四年（1819年）始建，咸丰五年（1855年）重修，2011年毛明鸿等发起翻修重建。占地面积700多平方米，建筑面积450平方米。坐北向南。砖混结构，三进。

福鼎市毛氏宗祠　坐落在太姥山镇小筼筜村后岐山上。清代始建，1996年重建，2013年祠废，毛义钤等发起选现址新建。占地面积600多平方米，建筑面积300多平方米。坐北向南。砖混结构，三进。主祀福鼎市毛氏远祖及各房始迁祖，主殿为祭祖厅。

屏南县管洋毛氏宗祠　坐落在熙岭乡管洋村。清乾隆年间（1736—1795）始建。建筑面积400多平方米。坐北向南。土木结构。

第四节　陵　墓

毛璋墓　位于福清市沙埔镇东陈村北魏山。明初始建。占地面积50多平方米。背山面海，坐西向东。墓系典型的美女照镜脚桶墓，桶坝毛石砌筑，成圆形，直径4米，桶高0.7米，墓主为宋末福清毛氏入闽一世祖吏部左侍郎毛璋及夫人。

毛可愚墓　位于福清市沙埔镇坑北村江北东道山南。明永乐年间（1403—1424）始建。坐南向北。人称矼墓，系典型的“双狮戏球，锣鼓相照”之地。墓主为江北开基祖，原有立碑。清康熙二十一年（1682年），乡进士四川营山知县毛鸣岐撰《传赞》：“始祖汝愚公，始居梅塘南山，开基西祖厝，一世而传世世，子孙殷繁，人物浸盛。葬于东道山南矼墓。立碑以垂不朽，福荫无疆，春秋享祭。”

毛显墓　位于闽清县摩天岭西。明宣德（1426—1435）初年始建。面宽5米，进深8米。无碑文。系毛石砌土墓。墓主为明入闽一世、校骑尉将军毛显。

毛璧峯墓　位于三明市三元区白沙街道台江村台溪坂。明嘉靖四十年（1561年）始建。是台江一世祖毛璧峯与孺人合葬墓。

毛肇捷墓 位于福鼎市太姥山镇小篔筜龙山头。清嘉庆年间（1796—1820）始建。是龙山头一世祖毛肇捷妣高氏偕长子合葬墓。

第五节 古建筑

福清毛公景厝 坐落在沙埔镇坑北村西厝。清乾隆三十年（1765年）毛公景（毛世佳）兴建。占地面积1200多平方米，建筑面积574平方米。坐北向南。六扇两附舍，三落透后，东西七间厅房并排，两走衕，主体16间为两层楼房，一进前厅，左右各两间两层楼房，二进天井两厢房，三进大厅，厅前为红砖铺设门廊30多平方米。厅堂正中屏风刻“福”字，两边前后各四间两层楼房，左右附舍各五间两层楼房，大小房41间。内墙木结构，外墙花岗岩条石、红砖砌到顶，红瓦屋顶。厝前花岗岩条石铺设石埕367平方米；石埕前有一口大水井，终年不枯，东南方有三棵高大榕树。2008年，在石埕前进行环境改造，建成集休闲、健身、绿化为一体的主题公园和凉亭、公厕各一座，水泥通道200多米。2013年被列入福清市古民居保护名录。

闽清毛崇纪厝 坐落在下祝乡杉村。清乾隆年间（1736—1795）毛崇纪建造。是明、清、民国初年杉村古建筑群中保护比较完整的古民居之一。占地面积800平方米，建筑面积600多平方米。四方宅，似城堡，厝前楼上有精美雕刻，大厅横楣上方有大片的人物、动物木刻，两侧石柱有“八兽”石刻。

第六节 民间信仰

德化县石牛山石壶殿“张公圣君”信仰 传说南宋乾道四年（1168年），道人张慈观遥见石牛山顶魑魔作祟，邀肖明、章敏二道师合力作法，制服五通鬼，并用通天网尽收蛇精树怪。因石牛山气势恢宏，遂将石牛山定为身后福地。宋淳熙九年（1182年），三法师功德圆满，先后羽化于石壶洞、九龙潭。乡民感念其恩德，在石壶洞依山岩筑祠宇，塑张、肖、章三圣君像祀于宇中，开辟香火，四时祭拜。每年农历六月二十九日，毛厝善男信女自石壶殿迎回圣君神像奉祀，绕村一周，鞭炮齐鸣，锣鼓喧天，意在驱除妖魔，祈求平安。

仙游县枫亭镇建国村探花府“田公元帅”信仰 清康熙（1662—1722）末年，仙游县枫亭镇建国村毛氏族人由晋江迁入时，诸事不顺。乾隆（1736—1795）初年，从祖居地迎回毛家保护神田公元帅雷海青神像，并建造探花府奉祀。传说田公元帅是玉皇大帝三太子下凡，唐明皇殿试赐其探花，死于安史之乱。唐明皇（玄宗）感其忠烈，追赠他为“唐忠烈乐官”“天下梨园都总管”；唐肃宗时，加封为“太常寺卿”，受万民祀拜。传说南宋末年，端宗由海道南逃入闽，途中遇风暴，雷海青在天上显圣，带神兵解难，众人翘首仰望，但见云端上有天兵、天将，帅旗上镶绣个“雷”字，因“雨”头被云雾遮蔽了，只隐约露出下边的“田”字，于是颁诏天下，大塑金身，赐名“田公元帅”，四时香火供祭。毛家后裔感其神灵恩泽，庇护一方平安，对其信仰代代相传。每逢农历八月十六日田帅生辰，毛家族人外出者回归，家家户户进探花府进贡祭品，烧香膜拜。每逢春节、四月十六和初一、十五日，进探花府烧香膜拜成为当地村民习俗。闽南及台港澳地区和东南亚华人华侨都将其与妈祖一样膜拜。

第七节 名胜古迹

福清坑北巡山大王宫 坐落在沙埔镇坑北村下海。始建于明末，清咸丰年间（1851—1861）重修，

1966年拆除，1993年原址重建，2006年扩建。大王宫的面积100多平方米，周边有活动场以及凉亭一座。传说佛祖为庇佑毛氏族人，派“帝爷”携“巡山大王”“巡海大王”下界，庇佑当地山清海晏、风调雨顺。每逢正月初九至十五元宵节，江北毛氏6个支派分别举行盛大的迎祭大王盛典。凡本族宗亲都在当天相聚江北，共襄盛举。迎祭大王当天，各支派所在中心地张灯结彩，彩旗迎风飘扬，鼓乐齐鸣，鞭炮声响彻云霄，把大王君夫妇神像迎回，绕村一周，各家各户在自家门口迎接，烧香鸣炮保平安，最后在本支祖厅供奉，祈求人丁兴旺、风调雨顺、事业有成。

福清埕边“科甲传芳”碑　位于福清市沙埔镇四宝村埕边。明万历三十八年（1610年），翰林院检讨陈五昌以福清六十一都梅塘江北毛氏科举入仕众多、英才辈出而题写“科甲传芳”四个大字。当时毛氏宗亲在毛氏宗祠前石埕上建造花岗岩“科甲传芳”牌坊，牌坊上方中央为“科甲传芳”青石横匾。民国初年因台风，宗祠及牌坊倒塌，仅存“科甲传芳”和“翰林院检讨陈五昌书”青石横匾，梅塘毛氏与埕边陈毛氏合建宗祠时，把此匾作为宗祠大门匾额而一直流传至今。

福清诰赠“文林郎”功绩碑　位于沙埔镇岭头村。清康熙（1662—1722）初年，为旌表毛氏族人毛一森孝义功德，诰赠“文林郎”，其后裔刻碑立于其墓前。后因古墓被毁，“文林郎”碑被岭头村民搬去村郊，此石碑现存于沙埔镇岭头村。

闽清杉村丹山境大王殿、玄帝殿、天王殿　坐落在下祝乡杉村。明代毛伯万主持，周围十八姓族人捐资兴建，族人多次修缮、重建现状。大王殿占地面积2655平方米，建筑面积1363平方米，坐西北向东南。玄帝殿（菜殿）占地面积668平方米，建筑面积306平方米，坐东向西。天王殿（又称齐天府）占地面积615平方米，建筑面积286平方米，坐西北向东南。丹山境三宫殿相连，是杉村毛氏族人及周围群众膜拜、祈愿和迎祭活动之场所。重大活动有：每年农历正月十五日，自古田临水宫请香至大王殿；二月二十二日，迎祭六将军盛大活动；三月三日，纪念玄帝诞辰，全村吃素一天；九月九日，自闽侯九仙岩请香至天王殿。

闽清杉村亭桥　俗称溪尾桥，位于下祝乡杉村溪上。是古时通往古田及闽中出省必经之路，为单拱凉亭石桥。明嘉靖年间（1522—1566）毛玉山修建。全长40.8米，面宽4.43米，高6.3米。桥面建有桥亭，亭中建有泰山殿，桥两端有大树23棵。1978年修建为木构青瓦凉亭。2017年重修。

德化石牛山石壶殿　位于水口、南埕交界处金狮岩，是一处将山水文化与道教文化融为一体的道教圣地。宋绍兴年间（1131—1162），张慈观、章朗瑞、肖朗庆三位道人在石牛山治魍魅，后人尊称为“张公圣君”（法主公）、“章公真人”和“肖公圣君”。南宋时，石牛山麓的毛厝毛氏族人发起并出资60%，联合榜上、乘泽、嵩山、梨坑共五村乡民依山岩（顶岩）筑宇，称石壶洞（又称紫霄洞），联同张公生前好友仙游郑思通、永春蓬壶林药师、德化僧人陈正悟，塑张、肖、章三圣君像祀于宇中，开辟百年香火。后遭雷击，洞石崩塌。明正统年间（1436—1449）迁建于今址，称为石壶寺，以后历代均由毛厝毛氏主持重修，并复制宋嘉泰（1201—1204）进士黄龟朋撰楹联悬于正殿，联云：“破洞伏魔开福地，传统度法保生灵。”1936年遭张雄南兵燹，殿堂与神像被焚毁殆尽，后来重修，1986年正殿重建落成。占地面积5000平方米，建筑面积2000平方米。坐西北向东南。殿为重檐歇山式，面宽五间，进深一间，正门镌“石壶祖殿”匾额。附属建筑有餐厅、宿舍、办公用房。后殿也复建。石壶祖殿是闽台两地的道教圣地，莆田、仙游、永泰、永春、安溪、台湾等地有其分香。现薪传台湾数十座宫观，台湾的多处法主公庙特地到此寻根访祖。

仙游探花府　坐落在枫亭镇建国村云锦潭。清乾隆（1736—1795）初年由毛氏族人始建，历代重修。占地面积120平方米，建筑面积60多平方米。坐西北向东南。石砖木结构，雕梁画栋。内祀乐工雷海青，传其精通音律，入宫殿试，被钦点探花，后人又称其为田公元帅、田都元帅、元帅公、相公爷、三田都元帅、会乐天尊、昊天帝子等，是福建百姓和台、港、澳同胞及新加坡、马来西亚等地华人民间及戏剧界共同崇奉的戏神。

光泽毛家忠义牌坊 位于司前乡台山村毛家村。清雍正四年（1726年）毛毯、毛先标、毛明岐建。坐北向南。康熙十三年（1674年），武举人毛锦生为护民救村应募担任练总，平叛耿精忠时，遇伏阵亡。村民感其忠义，地方官员呈报朝廷，皇帝追授毛锦生昭武骑尉，四品衔，恩准建造牌坊，旌表忠义。该牌坊石砖结构，“八”字形，高8.5米，宽12.5米，共三层：一层大门；二层中间青石匾，正中刻“忠义”二字，左边“雍正丙午年（1726年）奉旨旌表”，右边落款为“毛锦生孙、生员毛毯、毛先标、毛明岐立”；三层刻青石匾，中间刻“恩荣”二字。牌坊从一层到三层两边墙上雕刻八仙过海及花鸟等吉祥物。

第五章 人 物

第一节 人物传

毛念嵩 德化人。宋开宝七年（974年），毛念嵩由河南安阳入闽，自三山（今福州市）迁至莆田涵江，曾沿仙游至尤溪官道经营食盐及山货，但“因海氛骚动，且不喜卤地为居，意入深山邃谷中”。贸易途中一住持僧“素与之友善”，相处甚欢。“过此紫霄村（今德化县水口镇毛厝村），见丛林修竹，盘谷郁苍，因卜居焉”，即率子孙开基紫霄，开垦土地，发展农林业，继续经营涵江至尤溪的山海贸易。遗有寄座僧《耕隐》诗云：“蹑蹻担登上紫霄，南嵩山下好逍遥。开笼放鹤天地小，凿洞潜鳞头角翘。分圃栽茶生意足，垦田种栗岁时饶。山僧诗话闽相寄，扫却尘缘了便超。”反映其早耕晚读、诗话相悦、“心逸日休”的山居生活。

毛亨涧 福安人，祖籍浙江泰顺。宋景祐元年（1034年）出任福州府闽县（今福州市）知县。任上劝课农桑，重教兴学，作风廉洁简朴，为发展经济和生活作出贡献。庆历元年（1041年）任满回乡，途经长溪韩阳大松东山下墺底（今福安市范坑乡蛇头村），“眼观景界画荒坵”“四围不听人声语，万壑惟闻涧水流。遍野平原皆可垦，满山树木任堪樵”，即与随从苏廷臣升山立基，携子孙开垦土地，发展农林业。

毛 璋 字肇林，福清人，原籍浙江江山市石门清漾村，籍入庐江。宋嘉定年间（1208—1224）生，宝祐年间（1253—1258）进士，官吏部左侍郎。德祐二年（1276年），随大学士陆秀夫、张世杰护驾赵昰、赵昺由燕都南渡，取道温州海路入闽，在福州邵岐渡登陆，入林浦村，在临江山头兴建“平山堂”驻跸。五月，赵昰在此登基，称端宗，改元景炎。景炎二年（1277年），端宗改兴化军为兴安州，毛璋临危受命，出任兴安知州。景炎三年（1278年），端宗病亡，继立赵昺为帝。祥兴二年（1279年），元兵逼近，昺帝随陆秀夫南逃而蹈海殉国，宋亡。毛璋被元兵围困坚守到最后。他不愿为新朝效力，决意隐居，为避元兵围追，一路北上，至福清六十一都鳌峰半岛梅林之中启宇定居，取名“梅塘”（今福清市沙浦镇坑北村梅塘）。

毛 蔚（？—1279） 字学周，宁化人，祖籍江西吉州龙城。曾任江西宣抚司参军。宋咸淳年间（1265—1274）授吉州学政，任上推崇孝道教育，曾将“至孝”先祖毛洵像树立于学祠。咸淳九年，纂修

《龙城毛氏族谱》并作序。景炎元年（1276年），自江西吉州入闽，出任汀州宁化县主簿，携两儿毛滨、毛鸿随任。任上勤政爱民，于祥兴二年（1279年）卒于任上。时值宋元改朝换代，社会动荡，子孙无法扶柩回故乡，迫不得已，接受官府棺柩，将其安葬于宁化县西郊，并就近结庐守墓。后裔因此定居于永福坊（今宁化县西城井西城外）。

毛康隐 龙海人。宋时曾被敕封为太尉，官提督。宋末由河南固始入闽，肇基于龙溪满美（今漳州市角美镇田里村），开荒屯田，发展农业。元明时，村居初具规模，后裔陆续走出满美，迁徙台湾地区，外迁日本等国家。

毛 显 江西吉水县八角井里人。元至正年间（1341—1368）生，明永乐二年（1404年）入闽，以校骑尉驻镇福建延平府，子毛保藩、毛保衍敕授昭武将军，随军调遣，屡立勋绩，后调镇闽清摩天岭。治军整肃，寇不敢犯，地方赖以安靖。百姓感其威惠。守御二地，克称厥职，卒于任，葬任所西。子毛保藩、毛保衍遂定居杉村（今闽清县下祝乡）。

毛秉铎（？—1559） 字希泽，号道鸣，别名梅塘，福清人。幼敏好学，志存高远。少年随父亲做裁缝，边学艺，边攻读。曾到德化毛厝村，“艺游承泽，夜间亦读书不辍”，时轻薄者以联对嘲之，曰：“福清地瘦人贫，裁缝之子假书生。”秉铎对云：“德化山高地远，纳粟之民夸宰相。”“因回，立志攻书”。明嘉靖五年（1526年），以殿试中第二甲第71名进士。授户部主事，历员外郎、绍兴太守、四川按察司副使。善于治理，政绩卓著，朝廷为其晋授三品衔。

毛孔墀（1511—1566） 字茂对，号野塘。福清人。明嘉靖二十九年（1550年）进士。历任江西鄱阳、京师曲周（今属河北省）县尹。有为有守，多行善政，后擢升南京户部主事。卒于任上。逝后时人以文字记之，勒刻“诚心爱民”石碑，以表其绩。逝去数十年，尚有百姓探问其家况。崇祯六年（1633年），曲周县人、左都御史路振飞巡按福建时，为刻“棠荫滏阳”石碑立其墓侧，还将其灵位送入祭祠，并派官员祭祀。

毛国鼎 龙溪（今龙海市）人。明嘉靖年间（1522—1566）生。明万历二十八年（1600年），奉敕护送琉球（今日本冲绳县）国使回国，受福建巡抚衙门派遣，偕阮国入球，授以都通事、琉国大夫；琉球国王赐宅第于唐荣（今日本冲绳那霸市久米），同为赴琉“闽人三十六姓”，专掌贡典，兼辅政务，成为琉国能臣。毛国鼎成为冲绳毛氏开基始祖。

毛一森 字应立，号伍东，福清人。明嘉靖年间（1522—1566）生，性至孝，父毛仕礼卧病在床，奉汤药，衣不解带。母病，愿以自身代替；母死，哀伤过度，骨瘦如柴。墓葬事宜独自承担劳苦，不与大哥二哥计较分文。侍奉继母陈氏更无闲话。客船在定海失事，叔毛仕秦被海盗所掳，毛一森倾尽家产筹措银两去赎。回归时，有同被盗寇掠走之人，其父花全部财产来赎，盗寇仍嫌不够，欲掳其子，其父痛哭哀号，与儿诀别。他在旁潸然悲伤，把剩余三百两银赠送，不问姓名，也不求偿还。载入《福清县志》人物志。毛一森是明万历十二年（1584年）福清江北毛氏首修族谱和首建毛氏宗祠发起主持人之一，清康熙年间（1662—1722）病逝，享年90多岁，入《福清县志》之《寿官耆年》，“诰赠文林郎”，立碑于墓前。

毛文璟（1601—1648） 字尔献，号席珍，福清人。官湖南道州，清初巡抚，任上禁暴斥奸，风纪肃然。清顺治五年（1648年）十二月初二夜，回闽省亲途经温州三盘山（今浙江乐清），被人事先设伏遇难。毛文璟为官清廉，关心家乡事业，明末清初在坑北村梅塘修建先祖故居，所建的梅兴堂、大王宫，至今仍香火旺盛，成为坑北村及毗邻群众朝礼膜拜胜地。

毛日煊（1622—?） 字子仪，又名鸣岐，号文山，别名蓼奄，官名献球，福清人。清顺治十一年（1654年）举人。康熙七年（1668年）出任四川顺庆府营山县令。在任七年，锐志修桥建城，对因战事被毁之营山城垣，在岁歉之下建城楼四座；重教兴学，重建学宫大成殿东西庑、戟门、棂星石牌门；并重建关圣庙。劝课农桑，济困救灾，民呼二青天。七年任后告老还乡时，当地民众万人送行。著有《菜根堂》全集28卷，参纂《福清县志》，两次修纂福清《江北毛氏宗谱》。

毛一夔（1635—？）　字曰舞，德化人。幼失父怙，而天赋聪慧，从小勤奋好学，学业每冠同窗。长成后，通经史，工吟咏，耽山水；凡德化山川名胜几乎都有他的足迹，并留下诗篇。为清代德化耆绅、著名诗人。流传至今诗作20余首。

毛钟才（1881—1936）　号伯章，闽清县下祝乡杉村人。少年时家境穷困，得亲戚济助在福州求学。清光绪二十七年（1901年），与弟毛铨才同时考入黄埔水师学堂驾驶班学习。光绪二十九年毕业后，服务于上海海军。光绪三十一年，被选派到英国格林威治海军大学深造，回国后在东北从事江防。依据《瑷珲条约》，黑、乌、松三江只准中俄行船，实际三江航权早为沙俄所独占。1917年7月，中国海军部为保护航权，特设黑龙江边防筹备处，并由上海海军总司令公署派出“江亨”号等4舰赴东北屯防。俄国十月革命后，白俄船主廉价出卖船只，由中国商人集资购船经营，成立了42家公司，一共购置106艘轮船，但航权仍遭苏联海军干涉。1920年，组建成立吉黑江边防舰队，毛钟才任“利绥”舰舰长。第一次直奉战争后，出任东北江防舰队中将司令。任职期间，恪尽职守，竭力维护国家航权，为保护航行安全而苦心运筹。

毛铨才（1882—1936）　又名仲方，仲芳，字汉新，闽清下祝乡杉村人，毛钟才二弟。黄埔水师学堂毕业。清光绪二十九年参加林森组建的“旅沪福建学生会”，后加入同盟会。清光绪三十三年，清廷派其到英国格林威治海军大学学习，学成回国。辛亥革命时，参加光复上海行动，被陈其美委为沪军都督府海军部部长。民国时任“应瑞”舰上校舰长。1913年7月授“四等文虎章”。后任海军部上海要港司令处正长，继在京师海军部任职。毛铨才参加护法运动，微服离京，入天津租界转赴上海。孙中山在广州组织广东军政府，毛铨才随程璧光率“海圻”号等军舰南下抵粤，以实力护法有功，被任命为海军司令部参谋长及元帅府参军。1922年，陈炯明叛变，毛铨才被拘禁，陷入囹圄。其妻魏淑媜对看守晓以大义，诱以重赏，方使其脱险，避居上海。北伐成功，国民政府建都南京。1932年，任国民政府中将参军。1935年7月23日，代国民政府参军处典礼局局长。次年逝于任上。国民政府追赠为海军上将。

毛镇才（1892—1957）　号淑翼，闽清下祝乡杉村人，毛钟才三弟。自幼在福州求学，清光绪三十四年（1908年）初中毕业后考入黄埔水师学堂。宣统二年（1910年）毕业后，又入烟台水师学校学习驾驶，毕业后在马尾海军任职。抗战前夕，出任马尾长门电光山炮台台长。1938年5月31日，日军以优势兵力攻打福州，在4艘舰艇全部被重创的情况下，毛镇才组织将士顽强地炮击日军，多次击退日军陆海空协同进攻，粉碎日军占领福州的图谋。1941年春，日军又在闽江口外海面集结重兵，准备从水上进攻福州。4月18日，20余架日机疯狂轰炸马尾长门炮台。毛镇才守护炮台，英勇还击。19日清晨，日军出动两个师团兵力，在空军配合下，向闽江口岸发起猛攻。毛镇才率领将士配合陆军坚决予以反击，直至深夜仍炮声不绝。日军转而由连江筱埕和长乐漳港登陆，抄后路包围炮台。危急关头，毛镇才率部与日军展开肉搏战，血战至20日，才率部突围，沿鼓岭步行十多天撤至南平。1942年，出任闽江江防少将司令，打击沿江土匪，同时做好迎击来犯之敌的准备。1944年9月28日，日军再次攻打福州。毛镇才奉命率部还击受挫，把余部改编为海军游击队，在鼓岭一带坚持游击战。

毛　票（1917—2002）　字兴全，又名日票，化名卢志，德化人。1941年加入中国共产党，在毛厝建立第一个地下党支部，与其母和毛厝族人支持闽中特委游击队开展地下革命斗争，协助闽中特委在毛厝创建交通联络站，开辟德化至大田地下交通线。1944年，中共福建省委南迁至毛厝坂里，毛厝先后成为省委后勤供应站、永德仙游击队指挥部驻地。毛票历任戴云游击纵队中队长、永德仙游击队总指挥，仙游、德化县县长，晋江地区老区建设委员会主任（副厅级）。

毛厚枝（1927—1991）　字宪派，福清人。1949年参加中共游击队，先后参加攻打高山国民党镇公所和截击国民党96军战斗。1951年9月参加中国人民解放军，次年转入福建省边防保卫局（即人民解放军公安军），历任战士、班长、侦察员、侦察参谋，负责连江至福鼎沿海十几个敌占岛屿的情报工作，多次冒险化装潜入敌占岛屿侦察，破获国民党特务8起22人，缴获电台、枪支等物资，多次荣立一等功、二等功，获省劳模、福州军区先进工作者、全军保卫社会主义积极分子等荣誉。1956年11月出席中国人民解放军公安军积极分子代表大会，受到毛泽东、刘少奇、朱德、周恩来等中央领导接见。1963年8月转业，历任福清县政府人事科科长、老区办主任、民政局局长等职。

毛忠勤（1947—1998）　字维政，福清人。1965年参加中国人民解放军，转业后任三明市三元区城关街道书记。1978年入三明师范学院学习，1980年起历任三明市三元区副区长、区委副书记，三明市委宣传部副部长，三明市人民政府秘书长兼办公厅主任，三明市人民政府副市长。

第二节　人物录

毛　仁　元至正年间（1341—1368）生，福清人。明洪武（1368—1398）初，毛仁以“陈贵”顶补入伍陈生四营，官至镇江卫将军衔。后裔以“生陈死毛”衍传。

毛保藩　明永乐年间（1403—1424）生，闽清人。敕授昭武将军。

毛保衍　明永乐年间生，闽清人。敕授昭武将军。

毛元煴　明成化年间（1465—1487）生，号訚齐，福清人。官南京户部主事。嘉靖赠承德郎。

毛孔域　明成化年间生，字永城，号他石，福清人。嘉靖恩赐承德郎，封奉政大夫，户部郎中。

毛秉键　明弘治年间（1488—1505）生，字希建，福清人。任广信通判。

毛有望　明嘉靖年间（1522—1566）生，字仕煌，号畏齐，别名鹏南，科名冲霄，福清人。万历元年（1573年）武魁。历署摭林把总、同福都司，南征平吴有功，授修武校尉。

毛廷祯（1559—？）　闽清人。明选授湖广捕厅，六品衔。

毛质中（？—1616）　字彬夫，福清人。明万历年间（1573—1620）太学生。授北京留守参军。

毛黄中　明嘉靖年间生，字一黄，官名治济，福清人。庠生。文林郎。

毛云中（1566—1637）　字一雨，号瑞宇，福清人。历任广东琼州府定安县县尹（今海南省定安县）。

毛一勤　明嘉靖年间生，号龙基，福清人。明万历年间任北京顺天府太守。

毛一科　明嘉靖年间生，官名鹏云，福清人。入府学生员，庠生。太守。

毛大玑　德化人。任礼部仪制司儒士。

毛天锐　明嘉靖年间生，德化人。任贵州布政司使。

毛天赐　字元宠，号九弼，德化人。明崇祯十年（1637年）任右答给付加衔守备，湖广布政司使。

毛文珩　明万历年间生，字周善，号春还，福清人。毛席珍同父异母兄弟。清康熙八年（1669年），八府抽调，以百队长（六品衔）领军到福鼎桐山烽火营驻防，后定居桐山（今中路育贤巷）。

毛仁仲（1609—1669）　闽清人。明崇祯五年（1632年）贡元。特授建宁府教谕。

毛锦生　明崇祯年间（1628—1644）生，光泽人，武举人。清康熙十三年（1674年）缉盗遇害。敕赠昭武都尉。

毛日谋（1656—1710）　字子成，祖籍福清迁闽清。清赠征仕郎。

毛翼坦 清顺治年间（1644—1661）生，字尔广，福清人。16岁入闽县学生员，康熙二十一年（1682年）举人。任浙江、江西鄞县两任县尹。

毛翼环 清顺治年间生，号太杰，福清人。广东营千总。

毛须举 清康熙年间（1662—1722）生，号晋三，名用锡，福清人。乾隆三年（1738年）举人。授漳州府南靖县令。

毛伯嵩（1673—1740） 闽清人。清康熙武德骑尉。

毛习松 清康熙年间生，字世鹤，号文相，科名高和，福清人（居福鼎）。乾隆三年举人。诰授昭武大夫。

毛世登 清乾隆年间生，字公清，号天九，又号梦纲，官名治亭，福清人。例赠修职郎。

毛崇恕（1785—1852） 闽清人。清道光二年（1822年）举人。敕授文林郎。

毛崇鼎（1786—1849） 闽清人。清钦加五品衔，敕封奉直大夫，晋封奉政大夫。

毛崇纪（1804—1859） 闽清人。清诰封奉政大夫。

毛世飞 清嘉庆年间（1796—1820）生，光泽人。道光五年（1825年）贡生。钦命内阁学士兼礼部侍郎，提督福建省学政。

毛世荐 清嘉庆年间生，光泽人。道光十一年（1831年）举人。钦命兵部尚书、都察江西浙江总督军需、提督军务粮饷监课。

毛元占 清嘉庆年间生，光泽人。道光年间（1821—1850）内阁中书。

毛元英 清咸丰年间（1851—1861）生，光泽人。光绪赐五品衔。

毛绍东（1809—1884） 宁化人。清咸丰七年（1857年）职授正六品，钦命统领闽浙水路兵勇、提督福建水师兼全省军务，世袭骑尉。

毛泽荣（1828—1875） 字由勋，号谷山，福清迁福鼎。清咸丰年间桐山营百队长，六品衔。

毛泽高（1849—1908） 字廷泽，福清人（迁福鼎）。清光绪年间营山营百队长，六品衔。

毛住长（1884—1934） 福安人。1931年入伍，为咸洋村赤卫队队员。1934年在咸洋村后门山牺牲。

毛孔恭（1890—1933） 福安人。1932年入伍，为咸洋苏维埃政府交通员。1933年在曹洋西园村牺牲。

毛阿智（1890—1934） 福安人。1932年入伍，为游击队长，中共党员。1934年牺牲于咸洋村。

毛成基（1898—1934） 福安人。1932年入伍，为苏维埃政府科员。1934年牺牲于咸洋村。

毛步盛（1898—1937） 福安人。1932年入伍，为北区游击队员。1935年在战斗中牺牲。

毛嫩和（1899—1934） 福安人。1933年入伍，为北区肃反队员。1934年在泰逢牺牲。

毛大头（1900—1935） 福安人。1933年7月入伍，为毛家坪苏维埃政府土地委员。1935年9月被捕杀害于上白石。

毛长福（1900—1935） 福安人。北区警卫连战士。1935年6月在寿宁甲坑战斗中牺牲。

毛细弟（1900—1936） 福安人。1933年6月入伍，为毛家坪苏维埃政府主席。1936年因叛徒出卖，被敌围捕，杀害于上坑。

毛明通弟（1900—1936） 福安人。北区游击队员。1936年11月在寿宁冬瓜坪战斗中牺牲。

毛忠恕（1901—1962） 字维宽，又名秉忠，福清人。迁居仓山阳岐。民国福建省参议员。

毛嫩弟（1904—1934） 福安人。毛家坪苏维埃政府工作人员。1934年12月被捕，杀害于上白石。

毛孔顺（1904—1934） 福安人。1931年入伍，为游击队大队长，中共党员。1934年牺牲于寿宁犀溪。

毛虎弟（1905—1934）　福安人。1932年入伍，为游击队员。1934年在寿宁犀溪战斗中牺牲。

毛石奇（1908—1933）　福安人。1932年入伍，为福寿县苏维埃队员。1933年在东坑村牺牲。

毛铃细（1906—1935）　福安人。北区警卫连战士。1935年在毛家坪村被捕，杀害于咸溪。

毛阿扭（1907—1935）　福安人。茶坪山游击队员，1935年11月在泰顺县茶坪山被敌杀害。

毛孔森（1907—1936）　福安人。1931年入伍，为苏维埃政府财政委员。1936年牺牲于南山下。

毛家寿（1908—1935）　福安人。红军闽东独立师三连一排战士。1935年6月在寿宁甲坑战斗中牺牲。

毛和仔（1908—1934）　福安人。毛家坪红带队队员。1934年7月在寿宁攻打敌炮楼时牺牲。

毛根田（1909—1930）　龙岩新罗人。1929年入伍，为红十二军连长，中共党员。1930年随军途中牺牲。

毛景兮（1909—1931）　龙岩新罗人。1930年入伍，为红十二军连长，中共党员。1931年在连城战斗中牺牲。

毛铃珠妹（1909—1935）　福安人。红军闽东独立师三连一排三班战士。1935年3月在穆阳桥溪战斗中牺牲。

毛承清（1909—1934）　福安人。1933年入伍，为游击队员。1934年在南路岭头仔牺牲。

毛景海（1910—1930）　龙岩新罗人。1929年入伍，为红十二军战士，中共党员。1930年随军途中牺牲。

毛龙木（1910—1931）　龙岩新罗人。1930年入伍，为红十二军连长。1931年被误为“社会民主党”，在小池遇害。

毛宝现（1910—1935）　福安人。1932年入伍，任北区游击队员。1935年在寿宁洋边战斗中牺牲。

毛孔德（1910—1934）　福安人。1932年入伍，任北区游击队班长。1934年在寿宁金竹坑牺牲。

毛祖瑞（1910—1934）　福安人。1932年入伍，任中共咸洋乡支部书记。1934年在咸洋村洋尾坑牺牲。

毛铃生（1911—1935）　福安人。红军闽东独立师战士。1935年6月在寿宁甲坑战斗中牺牲。

毛阿堂（1911—1935）　福安人。1932年入伍，任北区警卫。1935年在寿宁南洋牺牲。

毛步法（1912—1935）　福安人。1933年3月入伍，任红军闽东独立师三连一排三班班长。1935年2月在宁德霍童战斗中牺牲。

毛明辉（1913—1933）　龙岩新罗人。1930年入伍，为红十二军战士。1933年随军途中牺牲。

毛成春（1914—1933）　福安人。1932年入伍，任泰逢乡苏维埃政府财政委员。1933年在咸洋村大竹坑牺牲。

毛永全（1915—1935）　福安人。1932年入伍，为北区警卫连战士。1935年在咸洋村牺牲。

毛吓森（1916—1940）　福安人。1936年参加革命，曾任闽东游击队连长。1940年在松溪县牺牲。

毛油仔（1919—1935）　福安人。1932年入伍，为北区游击队交通员。1935年在咸洋村牺牲。

毛祥雄（1916—1948）　福安人。1941年参加革命，曾任闽东游击队连长。1948年在河神其桥牺牲。

毛石利（1920—?）　福安人。1937年参加革命，曾任闽东游击队连长。在战斗中牺牲。

毛赤弟（1922—?）　福安人。1940年参加革命，曾任闽东游击队排长。在寿宁甲峰战斗中牺牲。

净慧法师（1929—2004）　俗姓毛，福安人。8岁出家，历任鼓山涌泉寺副寺、监院，福安佛教协会会长，宁德地区佛教协会会长，福建省佛教协会副会长、顾问。

毛培心（？—2011）　字学幛，号麟鸿。民国中央军官学校15期毕业，1948年随国民党军队赴台，历任宪兵司令部上校、科长、行政局主任等职。

第三节　历代进士名录

宋　代

姓名	籍贯	中进士年间与科榜	任职	备注
毛　璋	福清	宝祐二年（1254年），甲寅科	吏部左侍郎	特奏名

明　代

姓名	籍贯	中进士年间与科榜	任职	备注
毛秉铎	福清	嘉靖五年（1526年），丙戌科，龚用卿榜	四川按察司副使	
毛孔墀	福清	嘉靖二十九年（1550年），庚戌科，唐汝楫榜	江西鄱阳、京师曲周县尹	

第十八篇

金姓

《福建姓氏志·金姓篇》编纂委员会

名誉主任：金朝水

主　　任：金　松

委　　员：金昌营　金宁锋　金良梓　金清山　金昌知　金新丰　金能飞
金付像　金建国　金文亨　金能滔　金　标　金荣星　金荣华
金图标　金荣祖　金日良　金增辉

《福建姓氏志·金姓篇》编辑部

主　　编：金　松

副 主 编：金建国

成　　员：金文亨　金能滔　金　标　金荣星　金荣华

目　录

金姓来源复杂，统观各史，出处有九。其中主要有三：一为少昊金天氏之后；另一为汉匈奴休屠王太子金曰磾之后；三为少数民族金氏或他姓因各种原因改姓。福建金姓从汉至清代均有支派入闽，其主要一支是唐光启元年（885 年）随王绪由光州固始入闽，其他或以入闽任职，或以避难、避居、经商方式入闽。今福州绝大部分金姓属金衡、金履丰的后裔。漳州大部分金姓于明末清初因战乱等迁徙广东河源、海南等地。泉州大部分金姓属金吉后裔。莆田大部分金姓属金皋谢后裔。建阳、武夷山、浦城、松溪、政和、福安、福鼎、霞浦、寿宁、柘荣等地也有金氏聚族村落。据 2016 年 6 月统计，全省金姓总人口数为 34379 人，有 65 个金姓聚落村庄，金氏族谱 26 部，祠堂 20 座。有祖墓、古建筑、名胜古迹分布各聚居地，其中国家重点文物保护单位 1 处，省级文物保护单位 1 处，市、县级文物保护单位 3 处，不可移动文物保护点 5 处，非物质文化遗产 1 项。唐宋以来，金氏出进士 13 人，明清以来有金姓支派迁徙台湾，还有大批后裔迁徙港澳地区及海外。郡望为彭城郡，堂号以“彭城”为总堂号，其他堂号有穀贻堂、亲睦堂、时思堂等。

第一章　源　流

第一节　溯　源

一、源自少昊金天氏

上古五帝之一少昊逝世后，被尊为西方大帝。按五行学说，西方属金，所以少昊又有“金天氏”的称号，其后裔就以其称号为姓，称金氏。这支具有黄帝血统的金氏，史称金氏正宗，后来自山东逐渐向南繁衍，成为彭城（今江苏徐州一带）望族。族裔奉少昊金天氏为得姓始祖。

二、源自官职

远古时期五行之官吏金正。《左传》记载：后裔以官职为氏，称金正氏，后为金氏。

殷商时期官吏金工，主要负责冶金工类。后裔以官职为氏，称金工氏，后为金氏。

西周时期官吏司金。在典籍《周礼·秋官》中记载：司金，职金，掌凡金、玉、锡、石、丹青之戒令。后裔以官职为氏，称司金氏，后为金氏。

汉朝时期官吏执金吾。《前汉·百官公卿表》中记载有执金吾。后裔以官职为氏，称金吾氏，后为金氏。

三国后期曹魏政权在丞相府专门设有金曹官署。后裔以官职为氏，称金曹氏，后为金氏。

魏晋时期官吏金紫光禄大夫。后裔以官职为氏，称金禄氏，后为金氏、禄氏。

三、源自赐姓

匈奴休屠王太子金曰磾，弟金伦。汉武帝赐姓为“金”，授御马监，升侍中、驸马都尉，封秺侯。金氏后人奉金曰磾为赐姓始祖。

《回族人物志·明朝》中记载：明朝著名诗人金大车的先辈是默伽（麦加）人，明朝时期定居永平（今河北卢龙），明太祖赐姓金。在文献《中国回族大词典》中记载：清朝归附清廷的回回胡达哩，原为内务府回子，后为金姓，遂为金姓回民一支。

四、源自改姓

秦二世四年（公元前206年），在秦朝都城咸阳郊外的鸿门宴会上，汉高祖刘邦因项伯护刘有功，后赐其为刘姓，至五代（907—960）为避吴越国王钱镠“镠”与“刘（劉）”同音名讳，项伯后裔改“刘”为“金”；吴越国中的其他刘姓族人也皆去“劉”的“卯”字“刀”旁改为金姓。

西汉末年，为避王莽迫害，汉景帝第六子长沙定王刘发和第九子中山靖王刘胜的后裔，改“刘”为“金”。

清代著名文学评论家金圣叹，一说姓张，名采，字若采，“金圣叹”为其笔名。其后裔子孙遂以其响亮的笔名中的“金”为姓。

五、源自地名

春秋时期楚国金陵邑（今江苏南京），《方舆胜览》中记载：在楚公子熊卓的后裔和金陵守军中，有以先祖世代守卫的邑名为姓氏，称金陵氏，后因“陵”与“坟墓”同义，去掉“陵”字取“金”为姓。

汉代时期西北金城郡的居民多为匈奴、西羌之民，因而有取“金城”之名为汉化姓氏者，称金氏。

六、源自汉朝时期复姓金留氏

《姓苑》记载，汉朝时期有复姓金留氏，后为金氏。

七、源自少数民族

从王莽新朝至曹魏时期，因时政不适，大批金姓东迁经山东半岛浮槎东渡朝鲜半岛。至唐朝时期，朝鲜新罗都城为金城，国王姓金，后裔皆以“金”为姓。又因新罗国与高丽、百济并立，朝鲜半岛一些居民引其“新罗”的谐音汉字“金”为姓。

南北朝时期西羌民族中有金氏。《姓氏考略》记载：苻秦时羌酋有金氏。

明永乐年间（1403—1424），明成祖朱棣五伐漠北，蒙古王子也先土干率妻子及其部族来降，明成祖赐其姓金。另据《清朝通志·氏族略·蒙古八旗姓》《清朝通志·氏族略·附载蒙古八旗姓》记载：出自元太祖成吉思汗“黄金家族”孛儿只斤氏后裔，多冠汉字“金”为姓。

明代，西南地区景颇族中有复姓金劈氏、恒滚氏。在明初，因明太祖朱元璋的禁“胡（游牧民族）”运动，而取汉姓金姓。

《清朝通志·氏族略·满洲八旗姓》记载：明代，达斡尔族精奇哩氏，多冠汉字“金”为姓。另外，达斡尔族索曲氏、德力根氏，到清中叶以后，多取汉字“金”为姓。

《清朝通志·氏族略·满洲八旗姓》记载：爱新觉罗氏、楚库勒氏、褚库尔氏、车克里氏、金佳氏、精格哩氏、索尔济氏、锡尔馨氏等多取汉姓金姓。

八、源自夜郎家族

《后汉书·西南夷传·夜郎》《汉书·西南夷列传》《贵阳府志》《华阳国志》《后汉书》《平越（福泉）直隶州志》等载：金竹金氏，为夜郎竹王的子孙，汉灭夜郎后，封竹王的三个儿子为侯，其一子为金竹侯，世守其土，久之以“金”为姓。

九、源自中东犹太人移民

北宋时期，一部分犹太人随着阿拉伯人、波斯人通过丝绸之路来到东京（今河南开封）。经过一段时间的适应和稳定之后，一些定居下来的犹太人改用汉姓“金”。

第二节　入　闽

汉晋时，有金姓迁居闽长溪赤岸（今霞浦县城东）。

《莆田县志》记载，唐初有中原金氏定居莆田新县镇白鹤村。

唐代，光州固始人金衡入闽，首居长乐吴航，繁衍驰奔、胪峰两大族，成为福州金氏开基始祖。

五代时闽国（909—945）皇室争权，闽国内乱，各族群相继出逃避难。大部分金姓迁徙至吴越国东瓯（温州）、处州（丽水）、平邑（平阳）等地，其中有一支的后裔金庆堂，仍居长溪赤岸。

宋代，金骞随父由东瓯（今温州）镜口迁闽福宁长溪（今霞浦）苏洋村，其孙金洪由苏洋村转迁杨梅村（今寿宁城关）。

宋代，金彦宝从浙江入赤岸（今霞浦），后迁福安赛江甘棠。元代，后裔金大宽携子金有长转迁福安十三都赛江利源，繁衍雅、颂两支派。

元至顺年间（1330—1333），武略将军金吉一庵由上都（今内蒙古自治区锡林郭勒盟，正蓝旗境内多伦县西北）奉旨入闽温陵（今泉州）平乱，定居泉州西街双门前（今鲤城区开元街道新春社区泉州影剧院内）。

元至正三年（1343 年），金梁由处州（今浙江丽水）碧湖金村迁温麻里（今霞浦、连江一带），后转迁福宁州柘洋（今柘荣）西北郑岐山下开基。

明洪武三年（1370 年），彭城钱江分派后裔金宽一从福建龙岩转迁福鼎南溪下叫阳观音堂金大屋开基。

明万历年间（1573—1620），金清甫由浙江兰溪入闽，居龙岩。

明末，金子荣由浙江龙泉八都镇高大门村入闽，居建宁府崇安县（今武夷山市）。

清初，金日享从河南开封府十三巷铁板桥下入闽，定居崇安（今武夷山市）吴屯乡肠角、水尾两村接壤之地。

清初，金元道由浙江龙泉小梅金衕村入闽，居政和县岭腰乡前溪村会岭。

清初，金耳鼎、金耳廖由广东雷州徐闻县入闽，居晋江涂门街外三十六都石头街普月铺美山乡尾。其后裔金殿麟、金殿佑避居永春县。

清康熙年间（1662—1722），莆田知县金皋谢由浙江嘉善县魏塘入闽，定居今莆田市秀屿区月塘乡水潮村。

清乾隆二十四年（1759 年），金王增携侄金振龙（又名金锡发）由浙江平阳金宕入闽，定居福鼎。

清同治年间（1862—1874），浙江杭州人金锡蕃任晋江知县，其后裔定居泉州。

清光绪二十八年（1902 年），浙江杭州人金学献任泉州知府，定居泉州金鱼巷。

第三节　繁　衍

一、金庆堂家族

明初赤岸金姓后裔金庆堂由长溪县赤岸村（今霞浦）迁居溪南镇芹头村肇基，其子金梁生 3 子，分金福、金禄、金寿三支。

二、金衡家族

唐代，金衡入闽，首居长乐吴航。宋元期间大部分后裔迁居异地。金衡 5 世金矿为启金派支祖，金鉄为金墩派支祖，金钺外迁无考。金衡 9 世金达知迁居温陵（今泉州）。金衡 10 世金简、金龙征迁居闽县。金衡 11 世金景遵的后裔金澄迁居长乐、金润迁居宁德，金履纯迁居福宁州，金景华后裔金履平迁居宁德，金景舜迁居长乐南乡仙桥，金景章后裔金员迁居龙溪（今漳州），金景文授金华府推官，携眷定居金华府兰溪县。元灭南宋后，金衡 14 世金履丰携子金标弃袭由浙江兰溪归闽，隐居侯邑（今闽侯）璧团洲、橘园洲、百七股三洲接壤之江洲地繁衍生息，成为璧团洲金氏肇基祖。明万历年间（1573—1620），璧团洲金姓后裔相继分迁怀安下店、闽侯荆溪浦里、福州新店汤斜村等地。清乾隆年间（1736—1795），璧团洲因连年屡遇洪患，田舍耕地崩决，地域逐年减小，遂先后举族迁各地，成为福州金氏入闽以来最大规模的移徙活动。

三、金骞家族

北宋，金骞入闽，妣张氏，生子金正、金忠、金信，俱居寿宁杨梅村。继娶郑氏，生子金远、金謦、金誉，俱迁徙浙江。宋政和七年（1117 年），金骞 4 世金敬由寿宁杨梅村迁居大安肇基，后裔迁居省内宁德、武夷山、建阳、浦城、松溪、福州、泉州，迁徙省外浙江庆元、金华、兰溪、临安、龙泉、景宁、平阳和上海、重庆等地。宋咸淳年间（1265—1274），金敬 3 世金念三由寿宁大安村迁居村头村肇基，后裔迁居南平、武夷山、邵武、建阳、浦城、松溪、政和、福州、厦门等地，迁徙广东、上海、江苏、山东、台湾等地区和美国等国家。元末，金骞 8 世金念六由寿宁杨梅村迁居溪南林底村肇基，后裔迁居溪南、长坝头、城关、斜滩、南阳、周宁、泰宁城关、福安潭头、福安下洋、福鼎龙安、南安罗东、晋江陈埭等地。金敬 9 世金元十三由寿宁双港迁居儒冬地肇基。明初，金敬 10 世金正十一由寿宁彭家池迁居村头，转迁双港后再迁新洋即今大王前村肇基，后裔迁居宁德、福鼎、霞浦、武夷山、厦门等地，迁徙省外浙江、泰顺、温州、宁波、义乌和北京等地。清初，金敬 16 世金应柏由寿宁大安村迁居松溪渭田西下村肇基。清乾隆年间（1736—1795），金敬 21 世金秀南由寿宁大安村迁徙松溪渭田西下村肇基，后裔迁居今武夷山、松溪城关、厦门，迁徙北京等地和英国等国家。

四、金大宽家族

清顺治年间（1644—1661），金大宽之子金有长 15 世金文鹤由福安赛江利源迁居赛岐宅里，繁衍智、仁、勇三支系，奉金文鹤为宅里肇基祖。

五、金吉家族

元至顺间（1330—1333），金吉定居泉州西街双门前，后裔分布在泉州鲤城、丰泽、洛江、台商区、晋江、石狮、惠安、永春、永泰、霞浦等地，迁徙台南、高雄、香港、澳门等地区以及新加坡、缅甸、泰国、马来西亚、美国等国家。

六、金梁家族

元至正三年（1343 年），金梁入闽，金梁子金弹 3 世金孟贵、金孟虑、金孟优、金孟富俱由柘荣东源乡郑岐山利洋里迁居富溪镇叶山。明天顺二年（1458 年），金孟贵迁居王家垅。明正德十五年（1520

年），金孟贵之孙金二叶迁居柘荣三十三都延浆肇基，后又转迁黄柏游家边村，再迁福安仙岭际头里后又回迁柘荣宅中乡蔡山富乐和。金孟优由叶山迁居柘荣城郊乡金家洋。金孟富居富溪镇叶山金龟洋。金孟虑迁徙浙江，一说其后裔金正发、金正达复迁返闽定居兴化府八角井。

七、金皋谢家族

清康熙年间（1662—1722），金皋谢由浙江嘉善入莆田，定居沿海石门山下（今秀屿区月塘乡），其子金圣畴、金圣陛后裔主要分布在今莆田市45个乡镇村落，其中秀屿月塘乡水潮村、东坑村、西坑村和荔城区黄石镇下埭村等均有聚居地，还有迁居福州、厦门、南平、三明、龙岩等地，迁徙台湾等地区和新加坡、日本、美国等国家。

八、迁徙台湾

清康熙三十三年（1694年），金吉后裔金首聱由泉州府晋江县南门外二十五都浦内入台南县七股乡下山仔寮起水开基，娶乡亲苏氏，落足于苏氏嫁妆地（今台南县七股乡城内村200番地，即城仔内东侧之旧厝），建居传后并奉祀由大陆携带来台的金王爷为守护神祇，由于该地狭小，后迁往庄南水师寮（俗称下寮仔），形成另一聚落，代代传衍，后裔散居台湾各地，至9世金聪字、金信庸、金武昌由水师寮迁居高雄市大树乡和山村。

民国期间，闽侯上街镇新洲、竹榄、柴排、石砂有近百户金始族人迁居台湾，涉及可、能、昌、宁四代。荆溪镇玉浦（今为浦里永丰村）有近十户迁台。福州鼓楼都司巷有近十户迁台。福州仓山区对湖江南金氏有六户迁居台湾，涉及文、章、华三代。怀安洪塘（今仓山建新镇）下店、福清市三山镇横坑村金厝头、长乐区营前龙门金珠庄、莆田市秀屿区水潮村等地均有族人迁徙台湾。

第四节　郡望、堂号

一、郡望

彭城郡　最早为西汉时改楚国而设，东汉时又改为彭城国，治所在彭城（今江苏徐州，原属山东）。南朝宋时改为郡。因少昊金天氏发源于山东境内，金氏早期很大部分生活在这一带，故有“源自少昊，望出彭城”之典，逐渐成望族。

京兆郡　西汉朝廷所在地域的行政大区区域名。三国初改京兆郡。西汉大臣金曰磾，官居驸马都尉、光禄大夫，封秺侯，世袭七世。金姓遂为当地望族。故有“勋名翁叔，秺侯世爵”之典。

二、主要堂号

彭城堂　金姓以其郡望为堂号，福建金姓均以“彭城”为总堂号。

縠贻堂　清乾隆年间（1736—1795），因侯邑（今闽侯）璧团洲屡遇水患，田舍耕地崩决，除先前已迁居他乡或在外谋生者定居异地外，其余先后分批举族迁往各地。一部分族人迁往对岸的上街新洲、竹榄、柴排、石砂四村（族史称十八诚过江），以农耕为主。拓域先辈们为祈子孙福禄长久、安宁太平，取先秦《天保》诗中的“天保定尔，俾尔戬縠”“神之吊矣，诒尔多福”句中“縠贻”为堂号。1928年祠堂整修竣工，晋主之际，当时海军团旅长金耀西邀请海军总长萨镇冰为点主官，并请题写堂号“縠贻堂”。匾额毁于“文化大革命”。1999年祠堂再次整修，邀请福建省原副省长伍洪祥题写堂号“縠贻堂”。

亲睦堂　清乾隆年间，金元禄为避水患，由闽侯壁团洲迁居福州藤山仓前山顶对湖乡开基，称江南金氏。开垦地域东至桃花山脚，南至程埔头界，西至岭后、程厝边界，北至金山尾、望北台。筑有湖山里、德兴里、逸林里、戏台前、井兜衕等弄巷聚居建筑群，及大厝、田墩厝、拓庐、可庐、宁庐、云泉山馆等宅第。置“云应正境”十三社，建造“白马王庙”（今为云应正境庙）。开凿大井、四眼井、德星井供全乡饮用。他奉行“亲厚和睦”治家，遂以“亲睦”为堂号。

时思堂　清乾隆六十年（1795 年），金诚发为避水患等，由闽侯壁团洲辗转多地避居，均无定所，后经福清转至连江琯头大坪顶山中落脚。由于当地生存环境恶劣，至民国初，后裔几乎灭绝。然而，在极其艰难苦熬的岁月里，他们仍将祖先牌位随身携带并相传，为表达“为报祖恩，时时在心”之念，以“时思”为堂号。

第二章　分　布

第一节　人口分布

2016 年 6 月，福建省公安厅统计（不含金门、马祖），福建金姓人口有 34379 人，分布于全省各市、县（区、市）及平潭综合实验区。

表 18-1　**2016 年福建省金姓人口分布情况表**　单位：个、人

市（区）别	县（区、市）数	人口数	各县（区、市）人口数
福州	12	12165	鼓楼区 1703，台江区 879，仓山区 1198，晋安区 889，马尾区 166，福清市 481，长乐市 354，闽侯县 5417，连江县 316，闽清县 41，罗源县 53，永泰县 631
厦门	6	1856	思明区 997，湖里区 346，集美区 209，海沧区 155，同安区 91，翔安区 58
漳州	13	481	芗城区 201，龙文区 22，龙海市 45，漳浦县 40，云霄县 22，诏安县 24，东山县 10，平和县 31，南靖县 8，长泰县 15，华安县 12，漳州开发区 11，台商投资区 40
泉州	12	1838	鲤城区 508，丰泽区 466，洛江区 43，泉港区 24，石狮市 231，晋江市 145，南安市 78，惠安县 218，安溪县 49，德化县 17，永春县 41，台商投资区 18
三明	12	1025	三元区 166，梅列区 294，永安市 134，清流县 19，宁化县 28，建宁县 112，泰宁县 56，明溪县 23，将乐县 69，沙县 69，尤溪县 44，大田县 11
莆田	5	1945	仙游县 67，荔城区 184，城厢区 78，涵江区 46，秀屿区 1570
南平	10	6102	延平区 647，建阳区 619，邵武市 417，武夷山市 844，建瓯市 251，顺昌县 275，浦城县 1316，光泽县 262，松溪县 904，政和县 567
龙岩	7	280	新罗区 149，永定区 17，上杭县 18，武平县 5，长汀县 42，连城县 18，漳平市 31
宁德	10	8650	蕉城区 200，福安市 1231，福鼎市 1298，霞浦县 1527，寿宁县 2546，周宁县 247，柘荣县 1460，古田县 66，屏南县 32，东侨经济开发区 43
平潭	1	37	

第二节　主要聚居地

一、福州市金姓

（一）鼓楼区

洪山镇福屿小区　清乾隆年间（1736—1795），金衡27世金玉泉由侯官县橘园洲先迁东门外后再转迁鼓东街道都司巷。20世纪80年代，旧城改造全族由都司巷迁入。今居街区20余户、80多人。部分后裔外迁武汉及台湾等地。

（二）仓山区

建新镇下店村　明万历年间（1573—1620），金衡25世廷字辈由侯官县壁团洲迁入。今居村30余户、150多人。

对湖街道对湖村　清乾隆年间，金衡33世金元禄随父辈由侯官县壁团洲迁入。今居村90余户、300多人。部分后裔迁居永泰、宁德、福安、永春、光泽、厦门等地，迁徙无锡、上海、北京、青岛、成都、柳州、广东、新疆、台湾等地。

（三）晋安区

新店镇汤斜村　明万历年间，金衡19世金璧5世金明奇由侯官县橘园洲迁入。繁衍金彦卿、金纯卿、金苑卿、金彩卿、金弘卿5支系。今居村40余户、130多人。

新店镇琴亭村　清乾隆年间，金衡33世元字辈由侯官县橘园洲迁入。今居村90余户、300多人。

（四）马尾区

琅岐镇海屿村金厝里　清乾隆年间，金衡30世金正全由侯官县壁团洲迁入。今居村30余户、100多人。部分后裔侨居美国等国家。

琅岐镇下岐村　由海屿村迁入。今居村10余户、50多人。部分后裔侨居美国等国家。

（五）福清市

三山镇横坑村　清乾隆年间，金衡30世卿字辈由侯官县壁团洲先迁入三山镇北平埔八角井，后定居横坑村金厝头。传至4世金雄、金砥等衍分5支派。今居村90余户、300多人，绝大多数是金雄后裔。民国期间，部分后裔转迁阳下北岭村、城关融北村及高山薛港村，还有部分后裔侨居东南亚等。

（六）长乐区

航城街道龙门村金厝窟　清乾隆年间，金衡30世金邦奇、金邦培、金邦灿三兄弟定居长乐庵前境龙门金珠庄（今龙门金厝窟）。今居村70余户、250多人。部分后裔迁徙香港地区和侨居美国、新加坡、日本等国家。

松下镇榕岭村　清乾隆年间，松下鱼商船在浙江海域作业时在大风浪中救起一位安溪金姓孩童，后该孩童定居长乐松下榕岭村，生子金盛参、金盛朝（无嗣）。今居村10余户、70多人。

（七）闽侯县

上街镇新洲村　清乾隆年间，金衡29世金崇照4世诚字辈18人由壁团洲迁入。族史称“十八诚过江”。今居村900余户、3000多人。

上街镇竹榄村　清乾隆年间，金衡29世金崇岱4世诚字辈21人由壁团洲迁入。今居村170余户、

500 多人。

上街镇柴排村 清乾隆年间，金衡 32 世金诚北由璧团洲迁入内柴排。今居村 70 余户、290 多人。金衡 33 世金朝元由璧团洲先迁建新镇云埕野猫弄，后转迁外柴排。今居村 10 余户、50 多人。有 30 余户金姓族人由柴排村转迁上街新洲、竹榄。

上街镇石砂村 清乾隆年间，金衡 30 世金于悦 2 世金诚恩、金诚云、金诚海、金诚存由璧团洲迁入。今居村 110 余户、400 多人。

荆溪镇永丰村 明万历年间，金衡 26 世金鸣杨由闽侯下店（今建新镇下店村）迁入玉浦（今永丰村浦里）。今居村 130 余户、500 多人。

竹岐乡苏洋村上荷洋、蒙草洲 清康熙年间（1662—1722），金衡 29 世金而美率子金正东、金正丰、金正元由侯官县璧团洲迁入苏洋江心洲，后因水患，再转迁入。今居村 100 余户、300 多人。

竹岐乡苏洋村荷洋清 清乾隆年间，金衡 31 世金允叶由闽侯璧团洲迁入。今居村 50 余户、290 多人。

（八）连江县

琯头镇东边西兴村 清乾隆末年（约 1795 年），金衡 32 世金诚发由侯官县璧团洲迁入福清，后转迁琯头镇东边村大平顶山，1923 年再转迁入。今居村 50 余户、200 多人。部分后裔迁居凤城凤尾和侨居美国等国家。

（九）罗源县

飞竹镇龙山村 清乾隆年间，金衡 30 世金德辉由侯官县橘园洲迁入原重山里灵山（古仓里），现后裔部分迁城关等地。今居村 10 余户、40 多人。

（十）永泰县

嵩口镇关帝庙街 清康熙年间，金彦卿、金纯卿兄弟由福州新店汤斜村迁入。今居村 20 余户、80 多人。

嵩口镇玉湖村 清乾隆年间，金纯卿由关帝庙街迁入。今居村 100 余户、400 多人。

嵩口镇下坂村 清康熙年间由永春县湖洋镇桃美村白溪迁入。脉衍 3 支。今居村 40 余户、100 多人。

二、泉州市金姓

（一）鲤城区

开元街道开元社区大寺后 明万历十七年（1589 年），金吉 9 世金时舒由新清（今新春社区）西街迁入。今居街区 40 余户、160 多人。

临江街道五堡街 清末，金吉 7 世金朝仕由永春县湖洋镇白溪村迁入。今居街区 50 余户、180 多人。

鲤中街道东门社区第三巷 民国初，金吉后裔由晋江三十九都清源（今丰泽区清源街道泰峰村，下同）迁入。今居街区 30 余户、120 多人。

鲤中街道东门社区忠义巷、清华社区小菜巷 民国初，金吉后裔由晋江三十九都清源迁入。今居街区 10 余户、40 多人。

鲤中街道清正社区桂坛巷、和平社区东街 今居街区 10 余户、40 多人。

（二）丰泽区

东海街道法石美山村 明嘉靖年间（1522—1566），金吉后裔金耳鼎、金耳赓由新清（今新春社区）

西街迁入。今居村30余户、120多人。

清源街道泰峰村 明初，金吉后裔由西门双门前（今鲤城区开元街道新春社区泉州影剧院内）迁入。今居村50余户、230多人。

（三）石狮市

宝盖镇玉浦村 明末，金耳鼎、金耳赓后裔由法石美山村迁入。今居村30余户、100多人。

祥芝镇祥芝村 民国初，金吉后裔由晋江三十九都清源迁入。今居村10余户、30多人。

鸿山镇东埔村 民国初，金吉后裔由晋江三十九都清源迁入。今居村10余户、40多人。

（四）晋江市

龙湖镇枪城村、龙湖街、中山街、衙口村南浔北 民国初，金吉后裔由晋江三十九都清源迁入。今居街区10余户、50多人。

（五）惠安县

黄塘镇黄塘街 明末，金吉后裔由晋江三十九都清源迁入。今居街区10余户、60多人。

紫山镇石码村 明末，金吉后裔由晋江三十九都清源迁入。今居村30余户、130多人。

（六）永春县

湖洋镇桃美村白溪自然村 明正德年间（1506—1521），金吉7世金朝仕（为金吉次子后裔）由泉州清源先迁居挑源月城口水掘头，后再转迁入。今居村10余户、40多人。后裔迁居永泰、泉州市区等，迁徙马来西亚、新加坡等国家。

（七）台商投资区

东园镇龙苍村许埭头自然村 明成化年间（1465—1487），金吉6世金克荣（为金吉次子后裔）由晋江三十九都清源先迁居晋江安平（今安海镇），后再转迁入。今居街区20余户、80多人。后裔迁徙澳门、台湾等地区以及缅甸、马来西亚等国家。

三、莆田市金姓

（一）荔城区

黄石镇下埭村 由秀屿区月塘乡水潮村迁入。今居村10余户、70多人。部分后裔迁居白塘、涵东、江口梧塘、三江口、国欢、庄边、涵西、新县、获芦等乡村、街区。

（二）秀屿区

月塘乡水潮村 清康熙年间（1662—1722），金皋谢任莆田知县，卸任后全家迁入。今居村200余户、1300多人。部分后裔迁居笏石、东桥、东庄、拱辰、新度、北高、西天尾、龙桥、灵川、下林、东海、常泰等乡村、街区，侨居美国、日本、新加坡等国家。

月塘乡东坑村 清末由水潮村迁入。今居村50余户、190多人。

月塘乡西坑村 民国期间由水潮村迁入。今居村30余户、150多人。

四、南平市金姓

（一）建阳区

漳墩镇沙堤村 清初，金清甫3世金孟惠由松溪县松源街道迁入。今居村50余户、200多人。

（二）邵武市

城郊镇莆明村　1956至1958年间为开发山区，由莆田秀屿区月塘乡水潮村迁入。今居村10余户、50多人。

（三）武夷山市

崇安街道城西村、五里桥、角亭村　1978年为建设崇安东溪水库，由吴屯乡肠角、水尾分别迁入。今居街区共20余户、100多人。部分后裔迁居兴田镇仙店村及散居各处。

（四）浦城县

永兴镇凹头上村　清初，金子荣3世金二妹从崇安县（今武夷山市）迁居吴屯乡小际村，再转迁浦城县永兴镇肖家村，最后定居永兴镇凹头上村开基。繁衍金法兴、金法通、金法贵、金法进、金法林5支系。后裔有迁居永兴镇、后洋村、庵前街，武夷山市岚谷乡际下村、星村镇小黎园村等乡镇。今居村50余户、300多人。

（五）松溪县

渭田镇西下村　清初，金应伯由寿宁县大安乡迁入。乾隆年间（1736—1795），金秀南再由寿宁大安乡迁入。今居村100余户、400多人。

花桥乡长衍村　清乾隆年间，金清甫11世金天龙、金天宝由松源镇迁入。今居村90余户、250多人。

松源街道南门永庆坊、北隅慈善坊　明末，金清甫由龙岩迁入。今居村50余户、180多人。

（六）政和县

岭腰乡前溪村会领　清初，金元道由浙江龙泉小梅金衢村迁入。今居村90余户、400多人。

五、宁德市金姓

（一）蕉城区

漳湾（五都）镇龙江境棋盘澳中街　明末，金正发、金正达学得打石工艺后，由兴化府八角井迁入。今居村20余户、100多人。

（二）福安市

赛岐镇宅里村　清顺治年间（1644—1661），金文鹤由福安赛江利源村迁入。今居村200余户、1000多人。

赛岐镇上街村　清乾隆六年（1741年），金世昇由福安赛岐宅里村迁入。今居村50余户、200多人。

（三）福鼎市

叠石乡南溪村　明洪武年间（1368—1398），金宽一由龙岩迁入。部分转迁福鼎城关、桐城玉塘、峡门、龙安等。今居村150余户、600多人。

贯岭镇邦福村牛角垅　清乾隆二十四年（1759年），金王增携侄金振龙（又名金锡发）由浙江横阳锦塘（今平阳金宕）迁入。今居村20余户、80多人。

（四）霞浦县

溪南镇芹头村　明初，金庆堂子金梁由赤岸村迁入。今传34世，居村80余户、400多人。

牙城镇田头洋村　明崇祯年间（1628—1644），金天荣由柘荣江家洋（今金家洋）迁入。今居村10

余户、50多人。

牙城镇牙垅街 清道光年间（1821—1850），金世周由柘荣石山村迁入。今居村20余户、80多人。

松港街道青岐村上金 清乾隆年间（1736—1795），金以积由霞浦七都田头洋迁入。今居村80余户、400多人。

松港街道青岐村下金 清乾隆年间，金应秀由霞浦七都田头洋迁入。今居村90余户、450多人。

（五）寿宁县

大安乡大安村 宋政和七年（1117年），金敬由杨梅村迁入。今传29世，居村100余户、500多人。

大安乡村头村 宋咸淳年间（1265—1274），金念三由大安村迁入。今传28世，居村230余户、1600多人。

犀溪镇大王前村 明初，金正十一由彭家池迁村头村，再迁双港，后迁入新洋（今大王前村）。今传21世，居村40余户、230多人。

南阳镇溪南村 宋末，金念六由寿宁城关镇杨梅村迁入。族人奉金恭为一世祖。今传24世，居村30余户、200多人。

（六）周宁县

玛坑乡上坑村 金□良由浙江金华府兰溪县入闽福宁府，后转迁入。今居村40余户、200多人。

（七）柘荣县

富溪镇叶山金龟洋村 明天顺二年（1458年），金孟富由东源乡郑岐山迁入。今传18世，居村40余户、200多人。

城郊乡金家洋村 明天顺四年，金孟优由富溪镇叶山迁入。今传24世，居村150余户、700多人。

宅中乡蔡山富乐和村 明正德十五年（1520年），金二叶由三十三都延浆先迁黄柏乡延浆村再迁富溪镇游家边村，再由福安仙岭际头里迁入。今传20世，居村30余户、150多人。

第三章 谱 牒

第一节 福州市

一、鼓楼区

《都司巷彭城金氏族谱》 1979年金祥凤据旧谱资料续修，1995年金绍松再修。谱载金姓与闽王关系、都司巷金姓与祖厝情况、世系谱图等。钞本。复印件存福建省姓氏源流研究会金氏委员会。

二、仓山区

对湖《江南金氏家谱》 1996年金文勤、金松据旧谱资料续修。谱载谱序、源流、墓葬、族贤赞、家范、回忆录、世系图、生产经营、开垦地域、族贤楹联等15部分。油印本。谱存福州江南金氏联谊会。

三、长乐区

营前金珠庄《彭城吴航金氏族谱》　2014 年金泉兴、金泉伙、高宇彤等据旧谱资料编纂。谱载概述、建筑、家训、世系、墓葬、世系续编、祀宇、播迁分布、人物传表、旧谱资料、编审回馈、附记、正史资料等。铅印本。谱存长乐金珠金氏宗祠管委会。

四、闽侯县

上街新洲《璧团金氏支谱》　清嘉庆十五年（1810 年）余文经续修，嘉庆十六年任舫重修，1938 年金可望再修。谱载金氏入闽、播迁、昭穆说明，历代乡贤和明洪武二十五年（1392 年）入琉球冲绳金氏始祖等，以及新洲、竹榄、石砂、柴排的世系图表。墨书线装本，4 册。谱存福建省图书馆。

荆溪永丰《玉浦金氏族谱》　清咸丰十一年（1861 年）金祚亮续修，1941 年金传琪、金开涌、金开渎、金彦三重修，1995 年陈传福再修。谱载历次修谱情况、世系图等，并对下店支祖作了补充。铅印本。谱存玉浦金氏宗祠理事会。

上街石砂《金氏支谱》　2008 年金宁忠编撰。谱载序言、旧谱凡例、昭穆、祖训、世系表图、小传事记等。墨书线装本。谱存石砂金将军庙管委会。

五、永泰县

嵩口玉湖《金氏支谱草略》　1931 年金芝友续修。谱载人物事迹、世系分支等。墨书线装本。谱存玉湖金氏宗祠管委会。

嵩口玉湖《彭城金氏族谱坤房支谱稿》　2007 年金尔绵据旧谱资料整理。谱载谱序、源流、人物、世系表图等。谱存嵩口玉湖村金氏福善居。

第二节　泉州市

丰泽区《清源金氏族谱》　明嘉靖三十四年（1555 年）金志行编撰。谱载谱序 4 篇、宗人词、指掌图、总图世系大略、传赞、附录、墓志铭、未著名的明代文言小说《丽史》、重建清真寺碑、后跋、后序等。墨书线装本。谱存福建省图书馆。

第三节　莆田市

秀屿区《莆田水潮金氏族谱》　2014 年金文亨编撰。谱载源流、人物世系、文物遗址、著述民俗、世族发展等。铅印本。谱存月塘乡水潮村老人会。

第四节　南平市

一、浦城县

永兴《坳头金姓明清宗枝录》　谱载入闽后从崇安到浦城的各处迁居地、昭穆行次、世系图、置山田产等。墨书残本。谱存永兴坳头金氏理事会。

二、松溪县

《松源金氏宗谱》 清光绪十三年（1887年）首修，1937年二修，1998年金祖曲等三修。谱载宗祠图、始祖坟图、谱序、凡例、传赞、谱诗、世系图等。油印本。谱存松源金氏宗亲会。

三、政和县

岭腰前溪《会岭金氏宗谱》 2013年杨峰等续修。谱载谱序、行第、世系图等。谱存前溪金氏理事会。

第五节 宁德市

一、蕉城区

漳湾《漳江金氏族谱》 1946年张忠潜续修，1990年阮绍坚再修，2014年李少云再修。谱载家训、谱序、漳江八景诗集、行弟、世系等。油印本。谱存漳湾棋盘澳祖厝。

二、福安市

《赛江利源金氏宗谱》 谱载序、置山田产、世系图等。墨书残本。谱存利源金氏宗祠。

赛岐宅里《金氏宗谱》 清乾隆四十一年（1776年）陈士元首修，嘉庆六年（1801年）陈天成二修，道光十六年（1836年）刘冠诸三修，咸丰十一年（1861年）郭沅四修，光绪二十四年（1898年）郭颐昌五修，1930年陈子封六修，1985年陈松龄七修，2004年陈松龄八修。谱载序、山川图、置山田记、家训、世系图等。墨书线装本。谱存宅里金氏宗祠。

三、福鼎市

《南溪库竹阳金氏族谱》 清乾隆二十三年（1758年）毛嘉瑞首修，道光十年（1830年）何敬超二修，同治十二年（1873年）高南英三修，光绪三十年（1904年）庄黼钦四修，1934年欧名驹五修。谱载新旧谱序、刘金谱序、家训、例言、行第录、世系图纪、世德传、祭田山场录等。墨书线装本。谱存福鼎金氏宗祠。

四、霞浦县

溪南芹头《金氏宗谱》 1949年陈幼醒、陈柳川续修。谱载谱序、凡例、祠产、雁行表、世次图、拾遗记等。墨书线装本。谱存芹头金氏宗祠管委会。

田头洋《彭城郡金氏宗谱》 1953年陈登榆续修。谱载新旧谱序、凡例、家规、行第、江家洋祖源世系、田头洋金天荣世系等。墨书线装本。谱存青岐金氏宗祠。

《津岐上金彭城郡金氏宗谱》 清光绪二十二年（1896年）首修，1923年郑步梯续修，1949年卓□□、郑步梯、林树桓等再修。谱载谱序、凡例、家训、世系图纪、行第、一世祖金以积墓图、暗井村图等。墨书线装本。谱存青岐金氏宗祠。

《津岐金氏宗谱》 2018年续修。谱载新旧谱序、田头洋金天荣世系、下金开基祖金应秀世系、金元锋等人厘定修正（下金）谱序等。油印本。谱存青岐金氏宗祠。

五、寿宁县

《大安彭城金刘宗谱》　宋淳祐三年（1243 年）必成始修，咸淳七年（1271 年）季斯可再修，元至元六年（1269 年）金德夫三修，明弘治三年（1490 年）金刘本四修，清康熙五十三年（1714 年）吴秉衡五修，道光二十八年（1848 年）叶斋勋六修，宣统二年（1910 年）龚德馨、陈如纶七修。谱载序、凡例、自纪、源流世系、诰、大宗图、分派支图、科照、捐舍、祠堂记、仙宫记，及桥、树、亭、诗、志、传、景、墓等共 5 卷。墨书线装本。谱存大安金氏宗祠。

六、周宁县

玛坑《象溪金氏族谱》　清光绪十三年（1887 年）章树训撰修。谱载谱序、凡例、传赞、雁行、世系图等。墨书线装本。谱存玛坑祖厝。

七、柘荣县

《金家洋彭城郡金氏宗谱》　清乾隆三十七年（1772 年）袁起龙首修，嘉庆八年（1803 年）袁瑜二修，道光三十年（1850 年）林枝一三修，光绪十四年（1888 年）郑延佐、郭孝宗四修，1914 年陈善臣五修，1942 年游裔六修，1981 年林子韬七修。谱载新旧谱序、祠志、家训、绅耆、行第、传赞、世系图等。墨书线装本，3 部 10 册。谱存柘荣金氏宗祠管委会。

《富乐河彭城金氏家谱》　清乾隆四十七年（1782 年）黄钟首修，光绪十四年（1888 年）连应机二修，1948 年王治民三修，1984 年王际连四修。谱载序、凡例、家范、世系、产业志、诗赞等。墨书线装本，2 册。谱存宅中富乐和金氏宗祠。

《金龟洋金氏宗谱》　明万历二年（1574 年）王奣山首修，清顺治十年（1653 年）蔡本斋二修，雍正元年（1723 年）毛冠卿三修，道光十二年（1832 年）杨开元四修，光绪十三年（1887 年）饶鸿翥五修，1914 年陈善臣六修，1949 年陈光、陈超七修，1981 年谢逸民、游聚玉八修。谱载谱序、世系、凡例、家训等。墨书线装本，2 册。谱存叶山金龟洋金氏宗祠。

第四章　文化遗产

第一节　著作与艺文

［明］金　铉　漳州人。著有《三州集》《易说》。

［清］金　城　福州人。著有《四书崇正注》《麟子新钞》。

［清］金　潮　福州人。著有《海翁集》《玉山草堂诗钞》。

［清］金皋谢　浙江嘉善（入籍莆田）人。编修清康熙四十四年（1705 年）《莆田县志》。

［清］金　丰　永泰人。增编修订《说岳全传》（全称《精忠演义说本岳王全传》）。

［清］金益三　闽侯人。著有《治眼科七十二症》。

［近现代］金云铭　福州人。著有《中国图书分类法》《协和大学书库记》《中国图书著者符号编列

法》《朱子著述考》《郑和下西洋年月考证》《福建协和大学陈氏书库锁藏清代禁书述略》《陈第年谱》《福建地方文献及闽人著述书目》《台湾、琉球资料联合目录》《西沙群岛、南沙群岛自古以来就是中国的领土（资料选编）》等；译著《禁烟考》《论中国抗战》《论中国抗战之第三阶段》《油桐——美国南部的现金收货》《工合救国——新工业合作可供持久抗战及战后复兴之经济基础》《十八世纪以前游闽西人考》等；专著《金云铭文集》《宁斋序跋集》。

[近现代] 金济安　闽侯人。著有《针灸经外奇穴考》《易经探微心得》《五行在中医治疗上的应用》等。

[近现代] 金振淑　柘荣人。主编《柘荣县志》《柘荣年鉴（一、二部）》《柘荣县政协志》《柘荣县金融志》《柘荣县双城镇镇志》等。

[近现代] 金能筹　闽侯人。主编《中国城市综合实力五十强（福州）》《福州社会经济之最》等。

[近现代] 金章祥　福州人。主编《最美不过夕阳红》。

[近现代] 金秋鹏　泉州人。著有《中国古代建船与航海》《中国古代科技》《中国科学史稿》《一百项中华发明》《中华历史名人徐霞客》《论略中国古代科学家的思想特点》等。

[近现代] 金琪漾　泉州人。著有《福建药物志（一、二册）》《闽台两省生物碱类抗癌植物》等。

[近现代] 金文亨　莆田人。著有《湄洲湾开发利用研究》《闽中人民革命史》《兴化古今情》《莆田史话》《莆田宗教信仰史稿》《闽台玉皇信仰文化研究》《龙脊之歌》《永兴岩与大洋》等。

[近现代] 金立敏　莆田人。著有《寻游平海》《素描秀屿》《问道壶公山》《闽台宫庙建筑脊饰艺术》等。

第二节　族规家训

一、福州仓山江南金氏亲睦堂规则

全体族人，一脉所生，支系各一，枝叶同根。
不忘祖德，不舍亲谊，民族团结，国家大统。
父母当慈，子女当孝，养子教孙，德孝先行。
勤学善思，发奋图强，伦理道德，立身之本。
为官为民，清正廉明，正直公道，尽忠尽责。
尊长爱幼，男女平等，兄弟和睦，姐妹厚道。
夫妻谦尊，克勤克俭，荣辱互系，利害相关。
尊婆爱媳，姻亲相敬，姑嫂和气，妯娌谦让。
勤劳致富，兼顾众人，商贾营生，讲究公平。
不淫不赌，不骗不贬，贫寒不盗，富贵不傲。
逢恶不惧，逢善不凌，骁勇善战，忠奸分明。
诫我子孙，采藻采蘋，春秋两祀，世世存馨。
违犯族约，是为不肖，子子孙孙，言从计纳。

录自对湖《江南金氏家谱》

二、闽侯玉浦金氏家训

人在善，德可馨，传耕读，展文明。
遵祖训，孝双亲，敬师长，爱后昆。
为官者，须廉耻，怀家国，抚乡邻。
欲致富，天酬勤，立远志，惜光阴。
交益友，觅知音，依品端，靠真诚。
睦九族，和六姻，门风正，万事兴。

录自荆溪永丰《玉浦金氏族谱》

三、福安宅里金氏祖训

敦孝悌以重人伦，笃宗族以昭雍睦。
和乡党以息争论，重农桑以足衣食。
尚节俭以异财用，隆学校以端士习。
黜异端以崇正学，讲法律以儆愚顽。
明礼让以厚风俗，务本业以定其志。
训子弟以禁非为，息诬告以全善良。
戒穷逃以免株连，完钱粮以省催科。
联保甲以弭盗贼，解仇忿以重身命。

录自赛岐宅里《金氏宗谱》

四、霞浦溪南金氏家训

孝悌：孝于亲，悌于长。为天伦，人所仰。爱敬全，道斯广。
读书：读诗书，精文墨。学有成，万倍利。勖之哉，勿自弃。
品行：人立身，莫自贬。励名节，远媚谄。生斯世，庸无忝。
勤俭：民有业，惰则偷。习奢侈，贫之由。勤且俭，真有谋。
务本：勤农桑，胜闲逐。仰有事，俯有育。能务本，三飧足。
宽厚：处事宽，存心厚。怜愚蒙，恤亲旧。遵是从，福为久。

录自溪南芹头《金氏宗谱》

五、柘荣金氏祖训

忠国家，尊祖宗。孝父母，和兄弟。
重培植，勤儒业。训子弟，戒淫赌。
兴农业，力输粮。倡节俭，广蒸尝。
亲邻里，谨闺门。守本分，励名节。
睦宗族，崇法纪。讲廉洁，扬正气。

录自《金家洋彭城郡金氏宗谱》

第三节　宗　祠

新洲彭城金氏宗祠　坐落在闽侯县上街镇新洲村。清乾隆五十年（1785年）由璧团洲中堂庙拆迁材料所建。建筑面积1200平方米。坐东朝西。全木结构。祠前埕宽阔，立有旗杆碣，后埕有两株百年树龄白玉兰。祠堂设门楼、戏台、戏房、谯楼、钟鼓楼、正厅、神主殿、诰封亭、总理房等。厅堂为神主龛。祠内数对楹联“八百年聚族于斯仍世锦衣派分胪峰谈旧谱，十四祖聿来胥宇还山钛券卜屋璧水衍新支”等。还有“探花”“进士”“文魁”“武魁”等族贤牌匾，上厅高悬福建省原副省长伍洪祥题匾“穀贻堂”。1999年被列为闽侯县文物保护单位。

新洲彭城金氏宗祠

金珠彭城金氏宗祠　坐落在长乐区航城街道龙门金珠庄驰奔山麓。2001年重建。总建筑面积600多平方米。坐南朝北。砖木结构，仿古建筑。一直二进。一进综合厅可搭设戏台，二进祭祀厅，厅中柱楹联“源彭城入闽地观吴海澜回奠基梓里衍百世，驻吴航聚胪峰望奔山叠翠开创伟业发千秋”。祠堂前左边有口水井称龙井。

玉浦金氏宗祠　坐落在闽侯县荆溪镇永丰村马鞍山白沙垅。2014年重建。建筑面积2000平方米。坐南向北。砖混结构，仿古建筑。翘檐式门楼，徽派马头式风火山墙，二进式布局，一进功能厅，左、右、前三边谯楼环抱，二进祭祀厅。

琯头金氏宗祠　坐落在连江县琯头镇东边村西兴自然村。2004年以金朝水为缘首捐资重建。总占地面积4000平方米，建筑面积1000多平方米。坐北朝南。砖木结构，仿古建筑。依次为双层门厅、屏风门、观礼厅、天井、左右有檐式回廊、主厅、神主楼、后天井、双层后座，祠内花岗岩圆柱28根，青石方柱12根。主厅堂面正前方高悬探花牌匾，主厅堂内正上方高悬入凤邑金氏始祖金诚发匾额等。

玉湖金氏宗祠　坐落在永泰县嵩口镇玉湖村。清乾隆二十一年（1756年）由玉湖金氏开基祖金纯卿之子金维昭建造。总建筑面积400平方米。坐北朝南。土木结构。为单层一进四扇三间排，门墙绘五彩花边。国公帽风火夹墙，硬山顶燕尾横脊，进大门为凹形有檐回廊与大厅相接，中间天井，过天井步上五级石级即到大堂，大厅两则厢房。厅堂横梁高悬多面族贤匾额。

东园许埭头金氏宗祠　坐落在泉州市台商投资区东园镇许埭头村。明末始建，1990年修建。建筑面积300平方米。坐东向西。土木结构，为三间两落式、中有天井的闽南式建筑。

利源金氏宗祠　坐落在福安市赛岐镇利源上峰园。清乾隆三十七年（1772年）始建。建筑面积700平方米。坐东北向西南。土木结构，二进式，为利源金氏雅、颂两房共同建造。祠后开一水井，供全村饮用。

宅里金祠　坐落在福安市赛岐镇宅里村。1918年始建，1996年重修。建筑面积500多平方米。坐东向西。土木结构。祠门上嵌入花岗岩双层翘檐，左右圆形、方形花岗岩石雕漏明窗。祠前有一座八角凉亭，四周石雕围屏式栏板。

宅里金氏宗祠　坐落在福安市赛岐镇宅里村厝兜园。2014年始建。建筑面积1800平方米。坐东向西。砖混结构，三进式，仿古建筑，一进功能厅，二进观礼厅，三进享殿。祠内高悬多面族贤匾额，祠后外加管理用房。

南溪金氏宗祠　坐落在福鼎市太姥山南溪水库南面库竹洋狮头岗。清道光二十年（1840年）始建，1982年建设南溪水库时迁建，2002年扩建大殿。占地面积420平方米，建筑面积350平方米。坐东朝西。砖木结构，由大殿、天井、两廊组成。

青岐金氏宗祠　坐落在霞浦县松港街道青岐村暗井顶沙园头。2016年建。占地面积1200平方米，建筑面积500平方米。坐东向西，面朝东海。砖混结构，二进式双层翘檐，仿古建筑。

芹头金氏宗祠　坐落在霞浦县芹头村益尖山麓。明嘉靖年间（1522—1566）始建，毁于火，清初重建，清末又毁于火，1983年再建小祠堂，2014年重建新祠。占地面积1500平方米，建筑面积500平方米。坐西向东。砖混结构，重檐歇山顶，双层仿古建构，一层功能厅，二层拜殿、享堂。

大安金氏宗祠　又称凤阳集德祠，坐落在寿宁县大安乡大安村洋尾地。清同治十二年（1873年）始建，2001年重修。占地面积1000平方米。坐北向南。土木结构。祠堂埕四周围墙砌筑，四柱出廊门楼式重檐翘角檐下高悬祠名牌匾，进大门双层屋檐桁间框堵彩绘“报本思源”。四水归堂天井。祠内上下二厅，左右回廊相连，正厅安置祖宗灵牌，下厅设戏台，台上八角藻井，屋面歇山顶，中间天井置焚银炉。

村头金氏宗祠　坐落在寿宁县大安乡村头村龟山脚。清同治年间（1862—1874）始建，1936年重建。占地面积600平方米，建筑面积300平方米。坐东北向西南。土木结构，由门楼、天井、享殿组成。

村头金氏庵祠　坐落在寿宁县大安乡村头村真如山，原名石漈庵，又名真如寺，亦是金氏祠堂。南宋建炎元年（1127年）始建，明正统三年（1438年）重建，清咸丰九年（1859年）改建，后分别于1952年、1966年、1977年、1991年四次修建。占地面积550平方米，建筑面积450平方米。坐北向南。土木结构，由上堂、下堂、天井、厢房组成。

溪南金氏宗祠　坐落在寿宁县南阳镇溪南村。清道光二十六年（1846年）始建，2010年春修建。建筑面积约300平方米。坐东南朝西北。土木结构。祠内上厅安置祖宗灵牌，下厅设戏台，左右二层回廊相连，双层翘檐式屋面，八角攒聚。

柘邑彭城金氏大宗祠　坐落在柘荣县城郊乡金家洋村。明成化二年（1466年）始建，清乾隆六十年（1795年）扩建，道光二十五年（1845年）移建，1994年修建，2017年重建。占地面积5000平方米，建筑面积1000平方米。坐北朝南。砖木石结构，仿古建筑。双层翘檐青瓦，祠堂前后两进，一进功能厅，二进祭祀厅，左右有檐回廊与前后二进厅前券顶回廊相连，十六脊八边形藻井，二十四孝石雕龛座。花梨木梁、枋上浮雕人物、花草、祥禽瑞兽等，祠堂门墙青石镂空浮雕，祠前埕开阔，立有清同治元年（1862年）和清嘉庆二年（1797年）邑庠生旗杆碣各一对。埕前有一口120平方米的养心池，池前有长19米、高2.2米的内拱弧形照壁，壁上灰塑由县人大常委会主任陆成伟手书“家正国兴”，池左边摆放三层叠加景观巨石，上刻由福建省政协原副主席金能筹手书“金声玉振”，池右边七星石埕。祠堂左侧为1000多平方米的活动广场，广场前方为祖训碑刻，11米高的旗杆三根直立在祠堂左前方。始建祠堂时种下的红豆杉为省一级保护树木。

叶山金氏祖祠　坐落在柘荣县富溪镇金龟洋叶山村。明天顺六年（1462年）始建，万历二年（1574年）重修，清康熙二十九年（1690年）再修，光绪七年（1881年）重建，1958年重修，2018年再修。建筑面积600平方米。坐北朝南。砖木结构，二进式布局，依次为门厅、屏风门、天井，左右檐式回廊、主厅，厅堂横梁上高悬多面族贤匾额。

第四节 陵 墓

金崇照墓 又称印池墓，位于仓山区盖山镇北园山。清康熙五十六年（1717 年）建造，道光二十一年（1841 年）重修。占地面积 100 多平方米。坐西向东。三合土石太师椅形。墓埕立有 4 米长的横屏，三重碑围，碑前案桌下阳雕麒麟。整座墓的雕刻、文字、图案部分风化。墓主为闽侯新洲肇基祖。

金元禄墓 位于仓山区金山尾西，对湖乡东山麓。清嘉庆十九年（1814 年）建造。占地面积 80 多平方米。坐北向南。三合土石“风”字形。碑前置有石桌，墓埕用多彩卵石铺筑。墓主为福州江南金氏开基祖。

金正全墓 位于马尾区琅岐岛琅岐山麓。清乾隆十一年（1746 年）建造。占地面积 70 多平方米。坐西向东。花岗岩垒筑“风”字形。双层墓围，墓前横案桌两旁立有石狮雕柱。墓主为琅岐金氏开基祖。

金雄墓 位于福清市三山镇横坑村金厝头自然村对面山。清道光二十五年（1845 年）建造。占地面积 100 多平方米。坐西向东。三合土石“风”字形，双层墓围。内围墓手两侧三合土石鼓一对，国公帽花岗岩墓碑石。碑前石桌下阴刻一大型“福”字，两侧对联“北斗朝垣辉南极；玉融秀气荫金峰”。为福清三山金厝头金氏祖墓。

金邦奇墓 位于长乐区营前龙门金珠庄井尾衙刘头。清嘉庆八年（1803 年）建造。占地面积 70 多平方米。坐南向北。三合土石“风”字形。为长乐金珠金氏祖墓。

金而美墓 位于闽侯县上街镇沙堤村。清康熙六十年（1721 年）建造。占地面积 60 多平方米。坐北向南。三合土石弥勒座像形。双层墓围，墓前有三合土石狮一对。为闽侯竹岐江心洲金氏祖墓。

金允叶墓 位于闽侯县竹岐乡苏洋村荷洋大坪乾山。清乾隆三十二年（1767 年）建造。占地面积 50 多平方米。坐西向东。三合土石太师椅形。墓主为闽侯荷洋金氏肇基祖。

金诚发墓 位于连江县琯头镇东边村大平顶山。清代始建，1990 年修建。占地面积 70 多平方米。坐西向东。青石垒筑“风”字形。墓主为连江琯头金氏肇基祖。

金天柱墓 位于罗源县飞竹镇龙山村灵山中。清嘉庆十二年（1807 年）建。占地面积 60 多平方米。坐北向南。青砖三合土石太师椅形。墓主为罗源龙山金氏肇基祖。

金维昭墓 位于永泰县嵩口镇西姑堂山。清乾隆六年（1741 年）始建。占地面积 50 多平方米。坐北向南。三合土石太师椅形，青石倒角有沿墓碑。为永泰玉湖金氏祖墓。

金恭恩墓 位于永泰县嵩口镇白杜村祭头湾龙山岭。清光绪三十一年（1905 年）建造。占地面积 200 多平方米。坐西向东，面朝大樟溪。三合土石弥勒座像形，双层墓围。墓埕与墓围顶高差 6 米。墓围顶阴刻“山明水秀”四个大字，青石墓碑阴刻“皇清岁贡生显考例封儒林郎恭恩金公及例封太安人金母魏氏和原葬乡饮正八品新言陈公佳城”。墓碑顶阳雕梅鹊登春，双侧卷书围屏上雕有人物、鹿竹等图案，青石横案下阴刻“福禄寿”三个大字，整座墓依山而建。此墓特别之处在于一墓两主，原葬陈新言，后金恭恩发现此地环境颇佳，欲买断此墓地未果。后经两姓协商，定金恭恩及妻葬主穴，陈新言葬副穴。为纪念金陈两姓采取文明协商办法同葬一墓，金姓出资在墓的左山腰立庙纪念，取名“文明堂”。

金吉一庵墓 位于泉州市清源山东南麓。元至正二十七年（1367 年）建。占地面积 100 多平方米。坐北向南。红砖水磨石太师椅形。三层墓埕，三层拜台，吉祥万寿龟壳墓丘，登峰梯形花岗岩墓碑上配有花岗岩国公帽冠顶，墓埕中置有花岗岩环边拜石，墓右侧有天然神龟财库岩，左侧有天然将石守护后土发祥岩，墓园右侧不远处立有开闽元金吉武略将军神道碑。为泉州金氏一世祖之墓，是台湾台南、高雄金氏族人寻根谒祖的祖墓之一。

泰峰金氏列祖墓　位于泉州市清源山泰峰村东南山泰斗坪。明代建造。占地面积150平方米。坐北向南。红砖水磨石太师椅形。三层墓园，吉祥发枝龟壳型墓丘，花岗岩墓碑安置在花岗岩碑座上，阴刻“世勋明将军金氏列祖墓”。

美山金氏祖墓　位于泉州市丰泽区东海街道法石美山村金厝山。明代建造。墓丘占地面积30多平方米。坐北向南。

东园金氏祖墓　位于泉州市泉港区东园镇许埭头埔塘山上。明代建造，阿拉伯伊斯兰教墓制风格。占地面积60多平方米。坐北向南。

黄塘金氏祖墓　位于惠安县黄塘镇前郭村洋坑山。明代修建，1972年重修。占地面积50平方米。坐北朝南。墓碑阴刻“世勋明将军金氏祖墓”。墓主为惠安黄塘金氏肇基祖。

湖洋金氏祖墓　位于永春县湖洋镇。明代建造。共3处，一为玉柱村南岸，占地面积70多平方米，坐南向北；二为白溪村岩仔宫后，占地面积30多平方米，坐北向南；三为桃美村祖屋旁，占地面积60多平方米，坐东向西。

金皋谢夫妇墓　位于莆田市荔城区新度镇壶公山东南麓。清代建造。占地面积60多平方米。坐北向南。石砌半圆太师椅形，分墓室、墓埕、后土三部分。墓主为莆田金氏始祖。

金正发、金正达墓　位于宁德市蕉城区漳湾镇鸟屿村屿头山。清庆嘉庆九年（1804年）重建。占地面积50多平方米。坐北向南。毛石垒砌“风”字形，穴名“金鸡鸣海”。墓主为漳湾金氏始祖。

金文鹤墓　位于福安市赛岐镇宅里村半林山。清雍正五年（1727年）建造，乾隆六年（1741年）、1947年、2012年、2013年四次重修。占地面积80多平方米。坐北向南。三合土石“风”字形。门楼式重檐墓碑四柱三开，碑上阳刻彭城、颍川金陈两姓郡望，中部横桁阴刻“安宅”二字，左右柱上阴刻“姓复恩长在，字铭石有香”“山毓七星朝凤穴，水流三涧泽龙头”。为福安赛岐宅里金氏和陈氏共同祖墓。

金庆堂墓　位于霞浦县溪南镇芹头村益尖山麓。明代始建，2013年修建。占地面积50多平方米。坐东向西。三合土石“风”字形。始建墓时种下的大樟树今为二级保护树木。墓主为芹头金氏肇基祖。

金应秀墓　位于霞浦县青岐暗井蛇峰山。清乾隆五十五年（1790年）建造。占地面积50平方米。坐东向西。毛石垒砌。墓主为霞浦青岐下金肇基祖。

金月郇墓　位于霞浦县七都南郊外前屿山。清光绪三十三年（1907年）建造。占地面积50平方米。坐北向南。三合土石“风”字形。墓主为霞浦牙城金氏肇基祖。

金念六墓　位于寿宁县南阳镇溪南村焦垅头（土名桩杆岗）。明洪武三十年（1397年）建造，1927年重修，2017年再修。占地面积100多平方米。坐西北向东南。三合土石金交椅形。墓主为溪南金氏肇基祖。

金弹子墓　位于柘荣县东源乡西源村郑岐山。明建文二年（1400年）建造。占地面积100多平方米。坐南朝北。青石垒砌太师椅形。墓主为柘荣金氏始祖。

金孟优墓　位于柘荣县城郊乡金家洋村洋边山。明天顺五年（1461年）建造。占地面积70多平方米。坐东向西。青石垒砌太师椅形。墓主为金家洋金氏肇基祖。

金孟富墓　位于柘荣县富溪镇金龟洋叶山村后门山花台面。明正德十五年（1520年）建造。占地面积80多平方米。坐北向南。毛石垒砌“风”字形，穴名“真武坐堂”。墓主为叶山金氏肇基祖。

金高轩墓　位于柘荣县城郊乡际头村铁场坑瓦厂岗。清嘉庆六年（1801年）建造。占地面积120多平方米。坐西北向东南。青石菱砌双层墓围，浪、弧型青石压顶，青石方柱双层挡土，翘檐式墓手，青石精雕门楼式重檐墓碑四柱三开，中间横桁阴刻“追远堂”，左右阴刻“清风、明月”，石柱阴刻“精神舒窑穸，气力绕彭城”“龙行窑岗承先泽，案对宫墩庇后贤”“远接蜈蚣峰雅秀，近瞻砚石水潆洄”。为金家洋金氏祖墓。

第五节　古建筑

清真寺　坐落在泉州市鲤城区涂门街中段。元至正九年（1349年）泉州伊斯兰教长布尔罕丁主持、武略将军金吉一庵之子金呵哩捐资重建。占地面积5000多平方米。现存主要建筑有大门楼、奉天坛和明善堂。大门朝南，外观具有传统的阿拉伯伊斯兰教建筑风格。高12.3米，基宽6.60米，门宽3.80米，用辉绿岩条石砌筑，分外、中、内三层。第一、二层皆为圆形穹顶拱门，第三层为砖砌圆顶。楼顶为平台，四面环筑“回”字形垛子，有如城堞，北墙左右嵌有二方阴刻“月”“台”石刻，整座“奉天坛”，现仅存四围石墙。殿内四周的空地上尚存花岗岩残础。入东墙尖拱形正门，西墙正中有一法拱形的高大壁龛，龛内刻有古阿拉伯文的《古兰经》经名石刻，保存完好。1961年被列为全国重点文物保护单位。（见彩图18-1）

凤洋金将军庙　坐落在福州市晋安区鼓山镇凤洋远东村江边。明嘉靖年间（1522—1566）始建，清光绪元年（1875年）重建，1990年重修。占地面积665平方米。坐北向南。砖木石结构，由门楼、戏台、酒楼、钟鼓楼、祖殿组成。周墙下部用条石砌成，墙体用砖头垒筑。门墙为牌楼式，设门亭，亭为重檐歇山顶，檐下斗拱出挑三层。戏台为木构，高1.74米，宽11.05米，深6米。台沿镌刻花鸟浮雕，沿角置垂柱，柱头为兽头形；戏台顶设藻井，斗拱叠涩，呈螺旋状。走楼在戏台两侧，重檐歇山顶，上下三层，每层面阔16.7米，进深3.6米，檐下吊柱饰垂莲，栏板绘有38幅三国演义故事图。左墙镶有清道光二十一年（1841年）镌刻的铺路碑，右墙嵌有光绪元年重建将军庙的捐资碑；戏台前为拜亭，上置藻井，有双龙戏珠图案。酒楼与大殿之间建钟鼓楼，为重檐歇山顶，檐下如意斗拱层层出挑。大殿面阔五间，进深六间，穿斗式木构架，双坡顶，两边设封火墙，两侧各植3株古榕。金将军为“闽人三十六姓”出使琉球国金瑛的后裔。该庙是福州仅有的一座供奉琉球国神的庙，2005年被列为福建省文物保护单位。（见彩图18-2）

新洲将军府　俗称“中堂庙”，为南宋抗金名将金履丰纪念祠，坐落在闽侯县上街镇新洲村南部。明代中叶始建于璧团洲，清乾隆五十年（1785年）因水患，拆迁至新洲。建筑面积1480平方米。坐东向西。全木结构，明代建筑风格。府庙进深三进，依次为门楼、戏台、酒楼；由钟鼓楼、前拜亭、前正厅、行台、雨亭、左右厢房、后大殿组成。门楼三层翘檐，府内雕梁画栋，10个大小各异的雕花藻井。镂空拱形卷棚上刻有多彩的百花图案，其下配有1对蟠龙云海青石圆柱。府内亭、台、楼、榭结构精巧，极尽富丽。镂空屋脊，飞龙吐水。府庙内有历代名人撰书的楹联数10对，殿上高悬福建省原副省长温附山题匾“闽都一胜”和福建省政协原副主席金能筹题匾“永怀祖德”。第三进大殿供奉金履丰将军汉白玉座像。府前有两株省一级保护古红榕树，树旁两神奇景观巨石上雕刻“飞来旗山，声传石鼓”等。1989年被列为闽侯县文物保护单位。

紫山堂

紫山堂　俗称“恭恩厝”，坐落在永泰县嵩口镇玉湖村66号大樟溪旁。清同治元年（1862年）金恭恩建。总占地面积7000平方米。大门向东，主座坐南向北。土木结构，分别由正座、下书院、大埕、后座、边横厝、花园组成。四周大卵石基风火防盗留眼高墙，各式燕尾、喜鹊翅角横脊。厝中共有 7 个大小厅堂、34 个大小天井、4 个花园、1 口大井、10 个拱形防火门、11 条大小通道、6 条大排水沟、22 扇公共门、5 扇出厝门、202 间卧室，门窗位置设计科学，采光充足。共用 440 根大小主柱和 440 粒大小石柱珠。大厅堂和左右书院以及两边横厝大厅的梁、枋、桁、窗、门上悬身人物，祥禽瑞兽，贴金彩绘，青石柱珠，图案百变。70 多扇拐子纹、步步绵、多宝格窗棂门扇，刻有四时花卉、祥云临福、浮雕古器。正厅里正面四扇折叠屏门，镂空人物山水。打开正厅屏门，内壁高挂恭恩及其妇人魏氏精裱中堂彩绘挂像，厝前 1 株百龄柿树，枝叶茂盛，主干粗壮，且年年果实丰厚。2017 年被列为永泰县文物保护单位。

拓庐 坐落在福州市仓山区马厂街 4 号。民国初期金文泳建。占地面积 300 平方米，建筑面积 800 多平方米。坐东向西。二直三层红砖木构加花厅，外廊式。后出回廊天井、厢房、红砖外墙，一层外廊采用木质仿铁工艺，楼右前一株黄皮果树，后水井 1 口，园前左边两层花厅。2016 年被列为仓山区不可移动文物点。

瑞山堂 坐落在永泰县嵩口镇玉湖村 9—2 号。清乾隆年间（1736—1795）金仕廉建造。建筑面积 1000 多平方米。坐南向北。土木结构，六扇五间排，前后两进加双横厝，天井两侧厢房，屋面六道燕尾横脊。2017 年被列为永泰县不可移动文物点。

珠琳堂 坐落在永泰县嵩口镇玉湖村 10 号。清嘉庆年间（1796—1820）金为萱、金为奎合建。建筑面积 2000 多平方米。坐南向北。土木结构，八扇七间排，扇扇通道贯通，双层游廊，横厝，直纹、菱纹、钱形纹等窗棂门扇，绦环板镂雕四时花卉，卵石干垒铳眼高墙。院内东北角与西北角设高楼哨台，厝前狮头护栏呈内弧形布置。2017 年被列为永泰县不可移动文物点。

福善居 坐落在永泰县嵩口镇玉湖村 75 号。清末金宽守建造。建筑面积 1800 多平方米。坐南向北。土木结构。八扇七间排，扇扇通道与前后走道连接，前后天井。院内东南角设高楼哨台。2017 年被列为永泰县不可移动文物点。

庆山居 坐落在永泰县嵩口镇玉湖村 68 号。民国初金良锐、金良知等五兄弟合建。建筑面积 2000 多平方米。坐南向北。土木结构。十扇九间排，扇扇通道与前后走道、横厝廊道贯通，钱形、菱形、花瓣形窗棂门扇，梁架上雕刻各式祥禽瑞兽、四时花卉等。2017 年被列为永泰县不可移动文物点。

江南金氏大厝 坐落在仓山区对湖井兜衕。清乾隆年间（1736—1795）始建，光绪八年（1882 年）重修。总建筑面积 1000 多平方米。坐北朝南。五柱六扇五间排土木结构。依次为大门雨亭、屏风门、天井、正厅、后厅、后花园、后厝弄、厅前左右厢房与大厅“回”形连接，后花园左右书房。梁、枋上雕刻有祥禽瑞兽、四时花卉、戏曲人物故事等，大厅内悬挂“亲睦堂”横匾，后厅神龛内供奉金氏历代先祖神位总牌。

金厝头金氏祖屋 坐落在福清市三山镇横坑村金厝头。清代建造。建筑面积 500 多平方米。坐北向南。土木结构，大天井两侧建有独立左右厢房，过天井步上五级石阶即到主座前埕，过主座前埕依次为面宽三间、进深二间的前后单层横厝两座。

金邦奇祖厅 坐落在长乐区营前镇金珠庄溪园口。明代建造。建筑面积 1000 多平方米。坐南向北。土木建筑，一进象贤厅，三柱四扇三间排；二进考德堂，五柱四扇三间排。

金墩里金家祖厅 坐落在长乐区金峰镇岗墩里。明代建造。建筑面积 1000 多平方米。坐北向南。土木建筑，一进五柱十扇九间排，二进九柱出游廊十扇九间排。

竹榄将军庙 坐落在闽侯县上街镇马排村竹榄。清乾隆年间（1736—1795）始建，清嘉庆七年（1802 年）修建，2007 年重建。建筑面积 1500 平方米。坐西朝东。三进合一砖木结构，一进功能厅，二进观礼厅，三进神殿供奉金履丰将军神像等。马鞍式门墙，双龙戏珠屋脊，枣红色外墙，庙前 1 棵古榕为福建省三级保护古树名木。

龙山金氏祖屋 坐落在罗源县飞竹镇龙山村重山里灵山（古仓里水尾厝）。清雍正年间（1723—1735）建。占地面积约500平方米。坐西朝东。面对龙山，木构青瓦，八扇七间排加书院，前后天井。

葛岭立洋村金氏祖屋 坐落在永泰县葛岭镇立洋自然村。清咸丰年间（1851—1861）始建。建筑面积约400平方米。坐北朝南。土木结构，面对大仓山，六扇五间排，大厅中央设大神龛。全屋错落有致，可见八卦、游龙等清朝时期的雕刻工艺。

大寺后金氏祖厝 坐落在泉州市鲤城区大寺后。明万历二十年（1592年）进士金时舒建。建筑面积1000多平方米。坐北向南。土木结构，花园面积2000平方米。三开间三进式带双护厝悬山顶，天井周环护廊，后座为二层木构。石砌地栿，蜈蚣护廊长石板条，虎爪台阶。前三进为典型的“回”字形，门、窗上部都呈圆拱形，极具伊斯兰特征。

万厝埕金氏大厝 坐落在泉州市鲤城区东街万厝埕15号。1933年建。建筑总面积250平方米。坐北向南。土木结构，由厅堂、天井、后房、厢房组成。大门前为退进式“塌寿”，门楣上方镶有“彭城衍派”，为“出砖入石”工艺。

第三巷金氏大厝 坐落在泉州市鲤城区东街第三巷66号。1933年建。建筑面积约250平方米。坐西朝东。土木结构。大门前为退进式“塌寿”，由上下二厅堂、天井、厢房、过亭组成。

泰峰村金氏祖厝 坐落在泉州市丰泽区清源街道清源社区泰峰路9号。明末建。占地面积500平方米，建筑面积300平方米。坐北朝南。土木结构，三进五开间带西侧厢房、中有天井的闽南式建筑。

黄塘金氏祖厝 坐落在惠安县黄塘镇农市北侧。清光绪年间（1875—1908）始建，2009年修建，2014年扩建。占地面积300平方米，建筑面积160平方米。坐西北朝东南。砖木结构，三间排两落式带护廊、天井的闽南式建筑。

石码金氏祖厝 坐落在惠安县紫山镇石码村八组地。清道光年间（1821—1850）始建，2000年修建。建筑面积450平方米。坐东朝西。砖石混砌，土木结构，三间排两落式带厢房的闽南式建筑。

湖洋桃美金氏祖祠 坐落在永春县湖洋镇桃美村。清末建。占地面积约1300平方米，建筑面积500平方米。坐西北向东南。土木结构。

蓬壶书院 坐落在莆田市秀屿区水潮村中心。清道光年间（1821—1850）水潮金姓始建。建筑面积约200平方米。坐北朝南，土木结构。双出檐式大门连接高基廊庑式围墙，大门上书“蓬壶书院”。中间为正厅，厅中楹联“烛辉剑气振魁星，德著文章临东水”。两侧为厢房，前为广场，整座书院廊前石柱石刻“道派南来”“奎星东聚”“斗极握枢司禄命，奎垣焕新启文明”等。

漳湾金氏祖屋 坐落在宁德市焦城区漳湾镇棋盘澳。清嘉庆六年（1804年）建造。占地面积560平方米。坐北向南。三层石木结构。三合土石基座，长方形条石廊沿，三进式，三天井。

叶山金氏祖屋 坐落在柘荣县富溪镇叶山村外叶山。清嘉庆二十五年（1820年）建造。总占地面积2880平方米，总建筑面积1980平方米。坐北向南。依山而建，单重围墙，单檐砖木穿斗式硬山顶门楼，两正厅，中天井，双层重檐歇山顶硐楼，木构悬山顶主座，面阔18间，进深3间。

金兰益督都府 坐落在寿宁县溪南镇大王前村青山之麓。清光绪年间（1875—1908）始建。建筑面积700平方米。坐东北向西南。土木结构，一直二进，面宽三间，府内雕梁画栋，门前高悬清光绪帝御赐竖匾“督都府”。建筑风格和当地的祠堂相似，现兼作该村金氏祠堂。

第六节　民间信仰

晋安金将军信仰 金将军，字伯通，琉球国唐营（今久米村）人，其先祖金瑛为侯官（今闽侯）壁团洲人。明洪武二十五年（1392 年），明太祖朱元璋在福州选派闽人三十六姓入琉球国，璧团洲的金瑛也在其中，成为琉球国金姓始祖。金伯通为其第 6 世，勇武善拳击，初在该国世子尚元府中任家将。嘉靖三十四年（1555 年），国王尚清逝世，世子尚元继位，于嘉靖三十九年上表明朝廷请求封册。当时海上倭寇猖獗，金伯通将军奉命负责护航，冲破倭寇的截劫，在福州登陆，等待该国上京的使者返航。停留福州期间，曾到闽侯祖籍地认祖联宗。嘉靖四十一年，金将军又奉命护航前来中国朝贡，船于闽江口忽遇暴风雨袭击，在船头指挥的金将军不幸落水身亡，遗体顺潮漂入内港远洋江滨。当地人从遗体上的腰牌得知死者是琉球国金将军，十分重视，对遗体进行防腐处理，并塑像建庙奉祀。嘉靖四十四年，因金伯通护航抗倭有功，被敕封为安东侯。从此，地方官员出使海外、乡人水上行旅，都会到该庙行香，祈求旅途一帆风顺。每年水部河口琉球馆都派人前来瞻仰朝拜，直到抗日战争爆发为止。该庙金将军神像有二，正中系木刻金面坐像，左神龛内的是肉身直立塑像（该肉身像“文化大革命”期间被人抬走，下落不明）。今晋安区远洋境、象洋境等均有其庙宇。金伯通将军神祇活动为每年农历二月初二，各鱼商船前来参拜后扬帆启航。

闽侯金将军信仰　金履丰官至驾前大将军兼御史大夫。宋元交替间，因愤于时弊，偕子金标弃袭归闽隐于侯官之璧团洲等接壤之江洲，结庐而居，垦沙造园，把周边的沙洲改造为良田。倡导栽种橘子、甘蔗，其用甘蔗制成的红糖板称“洲板”，年年被福州府选为贡品。由于沙洲遍种橘树，也称“橘园洲”。为纪念金将军志廉行洁、淡泊利名、忠于国家，及开荒拓域之功绩，族人立庙祀之。经数百年传播，金将军信仰已成为福州周边的广泛民间信仰。目前福州闽侯新洲、石砂、竹榄、柴排、下亭、仓山云应正境等都建有金将军庙。每年农历四月十六日为金将军寿诞，各村举行金将军神祇巡游、摆宴等民俗活动。

长乐金舍人狮公信仰　金舍人为道教幼童，是福州地区民间信仰俗神。金珠庄金姓合族在庄上立庙供奉金舍人狮公，历史久远。每天都有信奉者前来烧香膜拜，特别是遇疑难不解之事，都前往烧香以求灵通。信奉者只要烧香许愿后便在庙前路旁静候听过路行人之言语，或信奉者在归途中听闻到路人的第一句言语后，详其话意指点迷津，俗称“听唱曲”。每年正月初十至正月十八日，各村公产摆谢。全年香火不断。

第七节　非物质文化遗产

市级非遗木雕（根雕）技艺及代表性传承人　福州木雕兴于明末清初，逐渐形成了象园、大板、雁塔三种流派。根雕，是利用老树根或树桩的形体，经过系列工艺程序后制作加工成具有装饰效果和实用功能的艺术品。福州根艺传承于福州木雕，选材根据根形的不同设计造型，设计主要以自然为主、雕刻为辅。2012 年被列入福州市第二批非物质文化遗产名录，金宁魁为代表性传承人，其金奖代表作有《步步高升》《鼠袋佛缘》《发之舞》等。

“金福盛”藤漆皮枕工艺及代表性传承人　是福州古老的传统手工艺。材料为杉木枕骨、藤条、整张牛皮、植物漆等。杉木、藤条需阴干 5 年。工序包括制作枕骨、绕藤、上漆、作画等不同的步骤。皮枕图案以龙凤、山水、人物等为多。皮枕上漆需 5~6 道，完成一个皮枕需 60 多道工序，一个月以上时间，晾干半年以上。在老福州人的生活里，男婚女嫁、家中添丁，“金福盛”藤漆皮枕是长辈、亲朋首选的馈赠佳品。皮枕还销往全国各地和日本、新加坡等国家。金德祥为藤漆皮枕工艺传人。

第八节　名胜古迹

普济桥　又称溪南桥，位于寿宁县南阳镇溪南村内。明代始建，清咸丰三年（1853 年）毁于洪灾，

1961年金启守募资重建。桥长25米，宽5米，拱跨16.4米。桥身呈东南至西北走向，两端桥堍用块石砌筑。桥屋9开间，40柱，上覆双坡顶。桥中设神龛，祀临水夫人，东北面桥头建一大王庙，与廊桥相映生辉。2003年被列为寿宁县文物保护单位。

先薯亭 坐落在国家AAAAA级风景名胜区福州市乌石山清冷台西北。清道光年间（1821—1850）建先薯祠，后祠毁，民国期间修建先薯亭，20世纪90年代重修，2007年再修。八栏柱，柱身设一圈美人靠廊椅。重檐歇山顶，八柱圆形，灰漫天花三层藻井，亭子石柱础上雕刻精美花纹。八角攒尖，青瓦屋面，鹊尾翘角。柱上楹联“引薯乎遥迢德臻妈祖，救民于饥荒功比神农”。边上薯型巨石上所刻《先薯亭序》记载该亭是为纪念明万历年间（1573—1620）推广种植番薯的福建巡抚金学曾和引种的陈振龙而建的。

云应正境十三社 俗称白马王庙（或金将军庙），坐落在福州市仓山区湖山里。清嘉庆十一年（1806年）由云应正境十三社开基祖金元禄倡导始建，同治四年（1865年）金宗本等捐建戏台，1994年移建，2014年修建。总占地面积350平方米，建筑面积250平方米。大门向西，主殿坐北向南。土木石结构，国公帽风火夹墙，雀尾横脊，马头式门墙左右对称，大门上方石匾阴刻福建省政协原副主席金能筹手书“云应正境”，殿内供奉汉冲济广灵白马孚佑王和宋驾前大将军兼御史大夫金履丰将军等诸神明。

金帝爷庙 坐落在长乐区金珠庄帝爷山麓。明永乐年间（1403—1424）始建。建筑面积100平方米。坐南向北。独殿式土木结构，殿内供金帝爷和诸位神明。

金珠古井 分别位于长乐区金珠前东边路狮公庙前和树下虯。明初金姓族人利用天然泉眼而建。两口井水沿岩隙而出，清纯甘甜，水质特优，是族人和乡里人酿酒、培豆芽菜必用之水。

金宅乾坤井 位于永泰县嵩口镇玉湖村瑞山堂左前埕。清嘉庆二十一年（1816年）乾房金为萱、坤房金为奎共同开凿。井面青石条形架铺，整青石圆形井圈面内径70厘米、外径85厘米，井圈高60厘米，井圈外壁阴刻“大清嘉庆丙子年六月”“金宅乾坤置”。

泰峰宫 坐落在泉州市丰泽区清源山泰峰村西。明代始建，20世纪70年代末在泰峰村原水尾宫遗址上重建，2009年9月扩建。建筑面积100多平方米。坐西向东。该村东头山脚还建有景主宫。

蓬山宫 坐落在莆田市秀屿区水潮村南。清中叶始建，20世纪80年代重修。建筑面积300多平方米。坐东朝西。土木结构，分为前殿、后殿，中为天井，单檐硬山顶。水潮村金姓尚武，因崇拜杨五郎而建。

蓬圣宫 坐落在莆田市秀屿区水潮村东南部。清末始建，2006年重修。建筑面积500平方米。背依后郑顶，坐东北朝西南。有山门、前殿、后殿、露天妈祖大型石雕像。主祀天上圣母和慈乾仙妃。

金氏故里长溪赤岸村（霞浦赤岸） 据《福宁府志》《平阳县志》和浙南《金氏族谱》等记载：福建霞浦（长溪）赤岸村曾经是金氏的主要聚居地和播迁地，地处今霞浦县城东，因沿岸山体红色而得名，是古时的海滨重镇，是外迁金姓和浙南温州一带金氏族人的主要播迁地。今古桥遗址、古榕树、古碑尚在。

大安村头临水宫 位于寿宁县大安乡村头村龄溪河畔。清同治五年（1866年）始建，光绪二十四年（1898年）于右侧建刘七师公堂，建制相同，规模略小。建筑面积700平方米。坐北朝南。门楼连接围墙，双层翘檐大殿，檐牙高啄，左右庑廊，门前楹联“碧波济舟迎胜境，龟山临水迹著明”，门内存匾“圣性若慈”，八角斗拱藻井壁板上留存清代工笔木画“秦娥望月”“喜上梅梢”等。正殿供奉奶娘陈夫人。

大安村头大王庙 位于寿宁县大安乡村头村龄溪河畔。清同治九年（1870年）建。建筑面积150平方米。坐北朝南。门楼连接围墙，双层翘檐殿堂，四角檐牙鲤鱼飞跃，庙内存匾“龄溪保障”“物阜民康”，八角藻井内绘有“八仙过海”“牛郎织女”“三顾茅庐”等人物故事。正殿供奉神像。

第五章　人　物

第一节　人物传

金　鲤　莆田新县白鹤（今涵江区新县镇）人。官至司徒，封吴国公。唐太宗李世民题诗赠金鲤曰："黄龙滐里黄龙戏，白鹤山前白鹤楼。弘景可怜虚宰相，岂将薇蕨问夷齐。"

金履丰（1235—1301）　字希成，号亮功，侯官人。官驾前大将军兼御史大夫。南宋被元所灭，偕子金标弃袭归闽，隐居侯官璧团洲、橘园洲、百七股，拓域开垦，发展生产。

金　吉（？—1367）　号一庵，上都（今内蒙古锡林郭勒盟正蓝旗北）人。元天历元年（1328年）王禅反乱，金吉招募士兵进剿，捕杀王禅，文宗皇帝嘉之，授武略将军、左副翼万户府上千户，赐符节镇守泉州，并追论为"隐士"，赐牲品美酒载记。

金弹子（1329—1387）　字伯弓，柘洋金溪九曲巷西门里（今柘荣）人。元至正十六年（1356年），柘荣泰安、安宁两社贼冦猖獗，金弹子为袁天禄麾下右先锋，擒贼冦有功，百姓欢呼其猛将。至正二十四年，福安六都赵氏贼党路劫商客，乡人受害无数，袁天禄吩咐金弹子等左右营千人至六都剿捕贼党告捷。至正二十六年，白沙、官塘逆党攻占福宁东北乡，烧杀抢掠，金弹子等领兵五千由秦屿克杀逆党。至正二十八年，福宁府被宁德梧桐乡和柘荣石堂乡的乡匪贼寇攻陷，州主王伯颜及妻、子被害。金弹子接令会集义兵讨匪平寇，克复一州两县，百姓安乐。因功授驾前大将军，后袁天禄暴病而故，护袁灵柩由南京回乡后自辞功名，隐郑岐山下而居。

金志行（1506—1574）　字达卿，号南谷，泉州人。明嘉靖十五年（1536年）授海南卫。赴任海南万州时正值荒旱之后民不聊生，百姓又饱受苛捐杂税及地方恶势力横行之苦，金志行大力节省官府开支，整肃官纪，铲除地方恶势力，对民宽厚，恩威并重，实施多项惠政为民之策。

金伯通　琉球国唐营（今久米村）人。为闽人"三十六姓"金瑛六世孙。善拳击，有勇力，初在中山国世子尚元府中任家将。明嘉靖三十四年（1555年）国王尚清逝世，世子尚元接位，于嘉靖三十九年上表请明朝廷册封，金伯通奉命护航海上。嘉靖四十一年，金伯通又奉命护航前来中国朝贡，不幸在福州闽江口遇风浪落水身亡。因护航抗倭有功，敕封安东侯。

金时舒　字帮泰，号凤池，泉州人。明万历十七年（1589年）进士。授大理寺评事、户部主事。万历二十二年任山西典试期间，广泛征募社会上的奇人志士、能工巧匠，邀其向民众传授技艺。后任户部广西司郎中、凤阳太守、潮州知府、惠潮按察副使，为潮州韩山修建韩愈祠、广济桥。

金汝砺　字颐德，浙江平湖人。明万历二十六年（1598年）进士。万历二十七年任福安知县，任内开发县城东北，扩大县域范围，建造县城西门城墙和堤坝，防止洪涝灾害。为保县城内水土，杜绝官宦游说，在县内开采、冶炼矿石。为平反县内冤案，走访民间，了解实情，并将罪魁祸首绳之以法，同时加重对作恶多端者严惩力度。为扶持贫困百姓，在县内设立赈灾之田。老百姓感戴、钦佩其德行，为其立生祠奉祀。

金学曾　浙江钱塘人。明隆庆二年（1568年）进士。授工部主事，历任郎中、礼部主事、湖南督学。万历十年（1582年）后任佥事、右佥都御史。任福建巡抚期间曾下令推广种植甘薯，以度饥荒，称番薯为“金薯”。万历二十五年，金学曾提出驻兵澎湖的计划。善草书，著有《海外新传》《金薯传习略》。

金　渫　字谷如，湖南石门人。明崇祯十三年（1640年）进士。崇祯十四年任莆田县知县。任职期间，严格要求官员奉公守法，对刻苦钻研求学者嘉勉推许，培养了一批人才。他还订立合理的课税制度，惠政于民。

金丽泽（？—1646）　字石可，江南武进人。明崇祯十七年（1644年）以拔贡任德化知县。上任初，果断处理、判决县内诸多疑案，令奸雄者闻风丧胆。南明隆武政权时任漳州同知、知府。清顺治三年（1646年）十月，清军攻克漳州，金丽泽自刎而亡，清廷赞谥为气节之士。

金　镜（1617—？）　字叔明，号陟三，闽县人。清顺治九年（1652年）进士。初任湖广、江南、山东行人司行人，后任云南司主事、督理浙江北新钞关江南司员外郎、督理山东临清仓场、官钱法刑部四川司郎中，康熙三年（1664年）任会选考试官、浙江按察司签事、福建提督通省学政等职。

金皋谢　字应台，浙江嘉善县魏塘人。清康熙二十七年（1688年）进士。康熙三十四年任莆田知县。在知县任上，设便民单，改革弊政。重视农业生产，兴修木兰溪水利工程，捐俸重建县衙门。重视教育，整顿县学和文庙，培养人才。倡导和组织编写《莆田县志》，大力支持因划界遭到严重破坏而荒芜的莆田沿海地区进行重新开发。

金鼎锡　号卜庵，浙江仁和人。清康熙五十二年（1713年）进士。任寿宁知县。雍正六年（1728年）自寿宁调任德化知县。他洞悉民情，催课断案正直公道。修建云龙桥，方便百姓通行。

金兰益（1865—？）　又名允臣，字其功，寿宁县犀溪镇大王前村人。他自幼好学，且善习武，立志报国。18岁应征从戎。清光绪二十一年（1895年），河湟地区发生暴乱，金兰益奉命前往参与平乱有功。后关内外悉平，论功，实授总督。光绪二十四年远洋航海护航再得功。为表彰其卓越功勋，光绪皇帝钦旨在寿宁大王前村为其建造“都督府”。

金学献　浙江杭州人。清光绪二十四年（1898年）进士。任泉州知府。光绪二十七年奏请将各省所有书院改设为大学堂、各府厅直隶州设中学堂。光绪二十八年筹办泉州府第一所中学校——泉州府官立中学堂（又名泉郡官立中学堂），延请翰林陈棨仁、李清琦经办，学制5年，初设经史、国文、修身、算学、英语，后增设史地、理化、博物、体操等科。推动多学科综合教育。

金　钺（1867—？）　字仲显，建瓯人。清朝后期考入陆军学校，再进保定入伍生队实习，后加入同盟会。武昌起义时，金钺担任学生军教练长，指挥学生军由镇江进攻天保城，立下大功，任国民革命军陆军少将。袁世凯窃国称帝，金钺流亡日本，直至袁世凯倒台后回国。1918年追随方声涛，任驻粤滇军第四师司令部副官长。1919年任靖国军第六军司令部参谋长，参加广州驱逐军阀龙济光的斗争。后前往南洋募捐10多万元助饷。1922年在黄展云自治军司令部任参谋长。后参加十九路军在福建举行的反蒋运动，担任副官长、参谋长等职。“福建事变”失败后旅居上海，后病故。

金云铭（1904—1987）　号宁斋，福州人。14岁考入鹤龄英华中学。20岁进福建协和学院，以帮助整理图书形式半工半读。金云铭研究美国杜威的十进分类法，结合中国的四部分类法等，于1928年6月编成《中国图书分类法》，首创按著者姓氏排列的分类法。1932年为协和学院购下陈宝琛家藏的3万册图书，辟专室保存，称“陈氏书库”。1934年任协和学院图书馆主任。主持福建文化研究会、“明志学社”及校友会，出版《福建文化》《福建文化丛刊》。1937年编撰《陈第年谱》。抗日战争迁校邵武期间，收集李纲有关碑拓并作考证。1948年到美国哥伦比亚大学图书馆学院攻读图书馆学，获硕士学位。翌年9月回福州，任福建师范学院图书馆副馆长，讲授《图书馆检字法》《图书目录学》等。金云铭重视抢救流落在民间的古籍珍本，发现了全国十分罕见的元至大年间刻版的《宣和博古图录》；还收集元福建麻沙刊本《韩昌黎集》、明何乔远《名山藏》刻本等。1956年，他将所收集的福建省、府、州、县、镇的地方志和专志 300 多部，以及家谱、族谱、稿本、诗文集等闽人著作，编成《福建地方文献及闽人著述书目》，并发表《郑和下西洋年月考证》一文，纠正《明史》中关于郑和七次下西洋具体时间的许多错误。著有《庐山吟草》《芝城杂咏》等 10 多本诗集。

金振庭（1909—1998）　闽侯玉浦（今荆溪镇永丰村浦里）人。民国期间福建国学专修学校经学士，曾任福州市第一区区长、福安县穆阳区署区长等。1945 年参加光复台湾，接任台湾淡水民政科科长、世界评论社主笔，在台湾以笔名金丽生活跃于文艺界，著有《科学读书法山馆纪评》等存于台湾图书馆及各大学图书馆。1942 在福安穆阳风景区留下的摩崖石刻，现为福安市文物保护单位。

金世添（1924—2014）　泉州人。毕业于厦门大学电机系，毕业后入职厦门电信局，后调往台湾任电信管理局工程师，打造台湾通信事业联盟。曾任台湾华新丽华集团总经理，联合光纤总经理以及星资通信、荣群电信、智捷科技、裕德通信等公司的董事长。被台湾地区称为“金公”，是台湾光纤通信网络的先驱。

金章岩（1924—2017）　福州人。1947 年毕业于福建协和大学，任职于福建研究院工业研究所、福建师范大学化学与材料学院，为高分子专业的带头人之一。参与的生漆研发为后来的化工设备防腐等应用做出了贡献。离子交换树脂、电解二氧化锰生产新工艺、纤维态电解二氧化锰、玻璃纸塑化剂、蔗渣制取木糖、新型鞋用胶、新型电化铝材料、新型填充母料、热弹性新型鞋用材料、安全橡胶地砖、橡胶地砖胶黏剂、有机锡高聚物海洋防污涂料、GPC 分子量分布测定仪、AC 系列活性碳酸钙、PEP 填充母料、ABS 填充母料和新型热溶胶黏结剂等 40 多项研究成果转化应用。“生漆成分及其应用研究”获全国科学大会奖、“漆酚钛螯合高聚物防腐蚀涂料”获 1998 年国家科技进步三等奖、“新型铝体系偶联剂”研究获 1989 年福建省科技进步一等奖。

金章旭（1930—2016）　福州人。1954 年毕业于厦门大学生物系，分配在南京师范学院生物系任助教，1959 年调至福建师范大学生物系微生物研究室（后独立成为福建省微生物研究所）。先后担任研究所筛选研究室主任，中国微生物学会酿造分会理事，中国生态学会微生物生态委员会委员，福建省微生物学会副秘书长，九三学社福建省委会副主任委员，福建省政协第五、六届委员，福建省政协第七届常委，福建省科协委员等职。先后参与研究庆大霉素、抗肿瘤抗生素放线菌“23-21”、国家“七五”公关项目——福提霉素、不同类型区域县级农村能源综合建设试点研究纤维素酶、农用抗生素、红曲、沼气等方面以及应用新技术开展微生物方面的研究。领导或参与研究成果先后获得全国科学大会奖、福建省科技成果奖、农业部科学技术进步奖和国家科学技术进步二等奖。

金霖俊（1938—2009）　福州人。毕业于上海体院，曾任浙江省体委主任、党组书记，全国体总委员，中国奥委会执委，中国泳协和武协副主席，浙江省泳协和救生协会主席等职。任浙江游泳队教练时培养获全国冠军、破全国纪录的优秀运动员，为浙江游泳的辉煌打下坚实基础，多次获全国先进游泳工作者称号，被评为国家级名誉教练。担任浙江省体委领导时面对体育经费缺乏的艰难，突出奥运狠抓重点发挥优势注重效益，取得浙江省籍运动员参加历届奥运会均获有金牌、第六届全运会金牌数全国第四的佳绩，浙江省体委多次被授予全国体育事业突出贡献单位。金霖俊在援建非洲国家体育场、引资建造包玉刚游泳场、促进浙江省体育场馆建设上贡献突出。1981 年被浙江省政府荣记一等功，2002 年被授予中华人民共和国体育工作最高荣誉奖章，2008 年任北京奥运会火炬手。

第二节　人物录

金　衡（862—944）　光州固始人。唐中和元年（881 年）探花。后弃官携眷入闽，任中书参军。

金呵哩（？—1366）　号肃轩，泉州人。好孙、吴之学，慈仁广爱，敦尚回教。泉州城中有旧清真寺，荒废岁久，金阿里出巨资重修一新。

金　瑛（1369—1438）　字度光，侯官人。明洪武二十五年（1392年），明太祖敕闽人“三十六姓”赴中山国，金瑛是其中之一，专司贡事，广敷文教，为琉球国金氏始祖。

金　第　长乐人。明永乐元年（1403年）举人。任浙江兰溪知县。

金　勉　直隶华亭（今上海）人。明永乐年间（1403—1424）任漳州府同知。

金文吕　浙江人。明永乐年间任将乐知县。

金　璧　闽县人。明永乐十八年（1420年）举人。府学，任知府。

金　悌　长乐人。明永乐二十一年（1423年）举人。

金廷觐　字叔朝，闽县人。明宣德七年（1432年）举人。

金　复　侯官人。明宣德十年（1435年）贡生。任教谕。

金显宗　侯官人。明正统六年（1441年）贡生。

金迪直　隶安东（今辽宁东港市）人。明成化八年（1472年）进士。任福建都转运盐使司运使。

金留住　名觉静，行辉五，坊二图（今寿宁县大安乡）人。明正统十四年（1449年），括州（今浙江丽水）盗矿徒踞官台山（今大安乡辖）黑风洞，武装开采银矿，与官兵对峙。景泰六年（1455年）五月，官军派精壮乡民金留住等数十人，以犒劳为名混入官台山寨为内应。内外夹攻，寨兵仓促应战，全军覆没。同年八月，朝廷论功行赏，功赠文勇，敕封义勇将军。

金　蘭　浙江乌程人。监生。明成化十一年（1475年）任龙岩县丞。

金　英　字世杰，坊二图（今寿宁大安）人。明成化十二年（1476年）贡生。任江西永丰县丞。

金玉江　江苏江阴人。明成化十二年（1476年）任明溪知县。

金　弘　浙江黄岩（今台州）人。明成化十四年（1478年）任漳浦知县。

金　祯　浙江仁和人。举人。明成化二十一年（1485年）任将乐知县。

金　信　湖南长沙人。明弘治年间（1488—1505）任福州府同知。

金　源　闽清人。明弘治年间贡生。授卫经历。

金文明　闽县人。明弘治十一年（1498年）举人。任教授。

金　澜　浙江湖州人。举人。明弘治十二年（1499年）任延平府通判。

金　贤　江宁（今南京）人。明弘治十五年（1502年）进士。正德十五年（1520年）任延平府知府。

金　振　广西柳州人。明正德年间（1506—1521）任闽县知县。

金　镛　江西人。明正德年间任福清县丞。

金廷贵　又名君爵，字叔贤，号季里，怀安（今福州）人。明正德十一年（1516年）举人。任广西融（容）县知县。

金　榜　浙江金华人。明嘉靖年间（1522—1566）任连城知县。

金　谷　山西山阴人。明嘉靖年间任汀州府知事。

金绍先　浙江鄞县人。明嘉靖年间任汀州府知事。

金国襄　湖南安乡人。明嘉靖年间任连江知县。

金　英　闽清人。明嘉靖年间贡生。任教谕。

金忠洺　安徽休宁人。监生。明嘉靖四年（1525年）任永泰知县。

金　粟　邵武人。明嘉靖七年（1528年）贡生。授都司断事。

金　鼎　浙江金华人。明嘉靖十二年（1533 年）任泰宁知县。

金　铎　崇安人。明嘉靖十五年（1536 年）例贡。

金　城　字邦卫，山东历城人。明嘉靖十七年（1538 年）进士。任福建巡抚、监察御史。

金　檯　浙江于潜（今杭州临安）人。监生。明嘉靖二十三年（1544 年）任漳州府通判。

金　溂　浙江东阳人。明嘉靖二十三年（1544 年）进士。任福宁道，后任漳州道。

金　阶　浙江会稽（今绍兴）人。明嘉靖二十五年（1546 年）任政和县丞。

金立爱　浙江临海人。明嘉靖二十九年（1550 年）进士。隆庆年间（1567—1572）任汀州府知府。

金立敬　浙江临海人。明嘉靖二十九年（1550 年）进士。任福州府左参政、提督学政。

金　璧　浙江鄞县人。明嘉靖三十六年（1557 年）任龙溪县丞。任内不惧艰险，招抚月港不服从官府管理的顽固渔民、商贩、码头霸主，使港口恢复安宁。

金　玑　山西山阴人。明嘉靖四十年（1561 年）任诏安县丞。

金宗器　浙江义乌人。明隆庆四年（1570 年）任将乐县丞。

金尚宝　安徽徽州人。明隆庆六年（1572 年）任漳浦县丞。万历年间（1573—1620）任福州府知事。

金　阵　浙江兰溪人。明万历年间任汀州府知事。

金　俸　浙江杭州人。明万历年间任宁化知县。

金　檄　山西山阴人。明万历年间任福州府知事。

金岩隆　明万历年间任连江县丞。

金　节　海南人。明万历五年（1577 年）进士。任漳州道。

金　城（1579—1641）　字用我，侯官（今福州市）人。幼时家贫，小时拾获金珠宝物，四处寻找失主并如数归还，深得众人赞赏。加赠奉政大夫。著有《四书崇正注》《麟子新钞》。

金师善　松溪人。明代岁贡。任茂名主簿。

金　徽　松溪人。明代岁贡。任琼州府学训导。

金　敏　松溪人。明代岁贡。任训导。

金　威　寿宁人。明代岁贡。任永丰县丞。

金　晟　山西山阴人。明代监生。任将乐知县。

金元嘉　江苏吴江人。明万历三十五年（1607 年）进士。任侯官知县，协修明万历《福州府志》。

金应扬　寿宁人。明万三十七年（1609 年）贡生。任邵武府泰宁县训导，后任广东会同县教谕，再任南直金山卫教授、益州府教授、定海教谕。

金允治　长州（今浙江长兴）人。明崇祯年间（1628—1644）任晋江知县。

金显名　北直顺天府（今北京）人。明崇祯年间任汀州府知府。

金　淶　浙江德清人。明崇祯十三年（1640 年）进士。任莆田知县。

金天羽　吴县（今江苏苏州）人。清顺治年间（1644—1661）任晋江知县。

金　良　浙江鄞县人。进士。清顺治七年（1650 年）任长汀知县事。

金光绪　山东德州人。清顺治六年（1649 年）任宁德知县。

金　兼　字豫甫，浦城人。清顺治八年（1651 年）贡生。

金　镛　朝鲜人。举人。清康熙二十年（1681 年）任平和知县。

金如琏　正白旗（今内蒙古锡林郭勒盟）。清康熙二十一年（1682 年）任清流知县事。

金　鋐　直隶（今河北）人。清康熙二十二年（1683 年）任福建巡抚。

金绍勋　闽县人。清康熙二十六年（1687 年）武举人。

金 潮 字海门，侯官人。清康熙三十年（1691年）进士。授庶吉士，昆山知县，后辞官弃职。中年漂泊流落江南40年，授徒自给，年80余岁归里卒。

金首声 字鸿禧，晋江人。清康熙三十三年（1694年）自福建省泉州府晋江县南门处二十五都浦内赴台，由台南县七股乡下山仔寮起水，30岁应试台南武秀才选元及第，后与当地望族苏氏联姻，落足城仔内东侧，建居传后并奉祀由泉州携带来台的金王爷为守护神，后迁庄南水师寮。

金 城 柘荣人。清乾隆二十九年（1764年）国子监太学生。

金 镕 清乾隆十八年（1753年）任汀州府知府。

金见龙 汉军白旗（今内蒙古锡林郭勒盟）人。清乾隆五十二年（1787年）任永定知县。

金承联 闽县人。清乾隆五十四年（1789年）武举人。

金 绅 闽县人。清乾隆五十九年（1794年）武举人。

金光斗 贵州平越（今福泉市）人。清乾隆六十年（1795年）任政和知县。

金鼎元 字朝显，莆田水潮村人。清嘉庆年间（1796—1820）武举。授卫州府武职，官至江州守备。

金忠洛 安徽休宁人。清嘉庆四年（1799年）任永定知县。

金 东 字韶初，号青岳，蒲门（今浙江杭州）人。清咸丰九年（1859年）任福建属吏。同治八年（1869年）和光绪十三年（1887年）为发展台湾两次向清廷提出开发台湾之良策。著有《行善存》《行膳药草》。

金日居 柘荣人。清同治元年（1862年）贡生。授修职郎。

金锡蕃 浙江杭州人。清同治十年（1871年）任晋江知县。

金奕通（？—1911） 字捷元，侯官（今福州）人。自幼习武，精于骑射，精通各门兵械、拳法。清光绪年间（1875—1908）武举。官授武德骑尉，军功正五品。

金宽守（1878—1939） 字芝宇，永泰人。12岁开始学医，博采众方，精通脉学，在永泰嵩口设立资寿堂药房。清宣统二年（1909年），嵩口发生鼠疫，一夜间30多人丧命，金宽守以一方中药灭了鼠疫，得乡人赞叹。

金振中 字幼樨（耀西），闽县（今福州）人。保定陆军军官学校第一期毕业，民国期间任海军陆战队团旅长，福建省防司令参议顾问，抗日中期任军风纪巡检察团委员。

金廷孝（1888—1936） 柘荣富溪叶山村人。1934年1月参加革命，历任叶山村工农赤卫队队员、叶山村苏维埃政府交通员。参加霞鼎（霞浦、福鼎）边区革命根据地的土地革命斗争和闽东苏区的反“围剿”游击战争。1934年底霞鼎苏区的红军主力转战外线后，随党组织和红军游击队转移到闽浙边界山区坚持革命斗争，参加了闽东、浙南游击区的三年游击战争。1936年2月在富溪乡叶山村反“清剿”斗争中被国民党军抓捕，后牺牲。

金白弟（1901—1934） 柘荣富溪叶山村人。1934年1月参加革命，任叶山村苏维埃政府工作人员。参加霞鼎（霞浦、福鼎）边区革命根据地的土地革命斗争和闽东苏区的反“围剿”游击战争。1934年10月27日在叶山村反“围剿”斗争中被国民党军抓捕，在柘洋城关溪坪村被杀害。

金传福（1901—1936） 柘荣富溪叶山村人。1933年7月参加革命，历任富溪村秘密农会会员、富溪村工农赤卫队队员、工农红军霞鼎（霞浦、福鼎）游击队干部、泰洋乡苏维埃政府主席。参加“五抗”（抗粮、抗租、抗捐、抗税、抗债）斗争、霞鼎边区革命根据地的土地革命斗争和闽东苏区的反“围剿”游击战争。1934年底霞鼎苏区的红军主力转战外线后，随党组织和红军游击队转移闽浙边界山区坚持革命斗争，参加闽东、浙南游击区的三年游击战争。1936年5月在闽东、浙南游击区开展的肃反（肃清AB团）斗争中蒙冤，随后在王金坑罹难。中华人民共和国成立后为其平反，追认其为革命烈士。

金阿银（1901—1934） 柘荣富溪花坪村人。1934 年 3 月参加革命，任工农红军闽东独立师三团七连战士。参加霞鼎（霞浦、福鼎）边区革命根据地的土地革命斗争和闽东苏区的反“围剿”游击战争。1934 年 5 月随部从富溪乡花坪村出发，参加反“围剿”作战，此后失去音讯。中华人民共和国成立后被追认为革命烈士。

金增积（1901—1935） 柘荣楮坪坑头村人。1934 年 4 月参加革命，历任工农赤卫队队员、福安县佳浆乡苏维埃政府警卫连战士。参加福寿（福安、寿宁）边区革命根据地的土地革命斗争和闽东苏区的反“围剿”游击战争。1934 年底福寿苏区的主力红军转战外线后，随党组织和红军游击队转移山区坚持革命斗争，参加闽东、浙南游击区的三年游击战争。1935 年 9 月因被叛徒欺骗前往下连洋参加会议时被抓捕，此后下落不明。中华人民共和国成立后被追认为革命烈士。

金鸿如（1902—1952） 原名金浑如，又名金鸿儒，字登锐，号开纯，福安赛岐宅里人。1928 年参加革命，1930 年 1 月加入中国共产党，1936 年 8 月福建梅列警官学校毕业。为马立峰直接领导的中共赛岐秘密交通联络员，化名余血痕，协助福安县委建设并进行土地革命斗争，曾任柏柱乡、狮峰乡乡长，福安县警察局书记员等。1951 年 3 月 22 日被错误杀害，1985 年 1 月 18 日平反昭雪。

金阿其（1902—1940） 柘荣城郊赤岭村人。1932 年参加革命，积极配合党组织，书写张贴革命宣传标语，深入发动和组织群众开展抗捐、抗税、抗债、抗粮、抗租斗争。1934 年 3 月任赤岭村苏维埃政府主席，领导群众开展土地革命。同年 10 月，国民党七十八师占领柘洋城，他配合林爱、吴成等人将霞鼎泰县委转移到柘荣县东源乡的桃坑、青岚面、芦西坑一带坚持斗争。1935 年 11 月至 1936 年 7 月任霞鼎泰县三区（东坪区）区委书记。1936 年 7 月至 10 月任霞鼎泰县第一区（熊透区）区委书记。1936 年 11 月至 1937 年 2 月任霞鼎泰县财政部部长。1937 年 3 月至 5 月任霞鼎泰县委书记。同年 6 月后脱党。1940 年 4 月病故。

金维娇（1911—1937） 女，福鼎贯岭石帮福牛角龙自然村人，后出嫁到桐城高滩村。1935 年郑丹甫、林辉山等来到高滩一带秘密进行革命宣传活动，开始受到革命思想熏陶。1936 年春，协助丈夫蔡宗竹为地下党送信联络，为往返地下党员烧水做饭、带路送粮，并动员乡亲筹粮筹款，组织妇女赶制军衣草鞋支援驻扎在南峰山的红军游击队。同年 6 月任高滩村人民革命委员会妇女委员，带领妇女投身打土豪、抗捐税、分青苗的斗争。1937 年 6 月，积极配合浙南人民革命委员会妇女部部长蔡爱凤在坪园、溪底等村组织妇女小组，之后，由蔡爱凤介绍加入中国共产党。重阳之夜，福鼎国民党保安四团派兵包围高滩村，为了保护革命同志，她将革命标语塞进屋后牛栏草堆，旋将蔡爱凤藏于二楼神龛里，而自己同丈夫却被捕。10 月 12 日，和丈夫被押赴桐山南郊杨，英勇牺牲。

金灿辉（1915—2002） 泉州人。1936 年从菲律宾回国参加抗日。经爱国侨领陈嘉庚、庄明理介绍赴延安抗大。途中因长沙、汉口沦陷，北上受阻，遂在长沙转投国民革命军。1941 年 5 月随李良荣调入国民党第二十五集团军第一纵队，参加闽侯县大湖抗日战役。

金秋鹏（1943—2002） 泉州人，回族。1964 年毕业于厦门大学物理系。中国科学院自然科学史研究所研究员，中国科学技术大学科学史与科技考古系副主任，中国海外交通史研究会副会长，中国科学技术史学会理事。发表论文近百篇、论著二十部，多次获国家优秀图书奖，一项获科学技术三等奖。

金北生（1956—1987）字质光，柘荣人。1982 年毕业于厦门大学中文系。分配到福建省委办公厅工作，1984 年调中共宁德地委办公室任秘书综合科科长，1987 年任霞浦县委副书记兼组织部部长。

金秀菊（1933—2009） 女，柘荣人。曾任柘荣县妇联主任、县人大常委会副主任。

第三节 历代进士名录

唐代

姓名	籍贯	中进士年间与科榜	任职	备注
金 鲤	莆田	武德时期（618—626）	司徒，封吴国公	莆田县志记载
金 衡	固始	中和元年（881年），辛丑科	中书参军	家谱记载

宋代

姓名	籍贯	中进士年间与科榜	任职	备注
金 懽	闽县	治平二年（1065年），乙巳科，彭汝砺榜	朝议大夫	族谱记载
金景文	吴航	绍熙元年（1190年），庚戌科，余复榜	金华府推官	族谱记载

明代

姓名	籍贯	中进士年间与科榜	任职	备注
金 榕	闽县	永乐十八年（1420年），庚子科	奉议大夫	族谱记载
金 山	光泽	正德九年（1514年），甲戌科，唐皋榜		
金 铉	龙溪	嘉靖四十四年（1565年），乙丑科，范应期榜	刑部主事	
金时舒	晋江	万历十七年（1589年），己丑科，焦竑榜	按察副使	
金 章	南平	崇祯七年（1634年），甲戌科，刘理顺榜	工部员外	

清代

姓名	籍贯	中进士年间与科榜	任职	备注
金 镜	闽县	顺治九年（1652年），壬辰科，邹忠倚榜	福建学政	
金 潮	侯官	康熙三十年（1691年），辛未科，戴有祺榜	昆山知县	
金四德	崇安	乾隆元年（1736年），丙辰科，金德瑛榜		
金 章	闽县	乾隆四十六年（1781年），辛丑科，钱棨榜	泉州府教授	

第十九篇

钱姓

《福建姓氏志·钱姓篇》编纂委员会

主　任：钱庭庄

副主任：钱可铭　钱树连　钱庭勋　钱庭星　钱庭飞

委　员：钱师良　钱理统　钱兆向　钱　杰　钱培芳　钱柏良　钱庆荣

钱照家　钱本勇　钱振新

《福建姓氏志·钱姓篇》编辑部

主　编：钱可铭

副主编：钱树连　钱　宁（女）

撰稿人：钱师良　钱本鑫　钱学连　钱理统　钱　平　钱古源

目　录

据钱镠家传世谱，1 世至 80 世祖统称“钱氏远祖”。80 世祖钱宽之子钱镠为吴越国王，自吴越钱镠起统称“钱氏近祖”。凡吴越王钱镠后裔，又称“吴越钱氏”。后晋开运二年（945 年），钱镠 3 世忠献王钱弘佐率先入闽；南宋建炎元年（1127 年），6 世钱景钦随后入闽，此后钱氏后裔逐步入闽。据 2016 年统计，全省钱姓总人口数为 24747 人，主要分布在连城县、闽清县、龙海市、惠安县、安溪县、蕉城区和古田县。钱氏祠堂、祖墓、古建筑以及名胜古迹分布在各居住地，其中国家重点文物保护单位 1 处，省级文保单位 1 处，市县级文保单位 1 处。福建钱姓宋代以来有进士 10 人。明清以来，有后裔迁徙台湾、香港，还有部分迁往海外。近现代名人辈出，涌现了一批专家、学者和企业精英。钱姓郡望有下邳郡、吴兴郡、彭城郡，堂号以彭城堂最为著名。

第一章　源　流

第一节　溯　源

一、源自彭姓

相传黄帝第七代孙陆终第三子彭祖，生子 54 人，第 28 子彭孚在周朝任钱府上士（管理钱财的最高官吏），称钱孚，子孙遂以官名为姓。

二、源自“籛”姓

相传彭祖姓籛名铿，其支庶子孙将“竹”去掉，而为钱姓。

第二节　入　闽

五代后晋开运三年（946 年），钱镠 3 世忠献王钱弘佐，破李景（南唐）兵取福州得其地，即吴越国闽地，其子孙定居福州南台。

南宋建炎元年（1127 年），钱镠 6 世钱景钦，由浙江省长兴县平寮入闽，定居福州。

宋端平年间（1234—1236），钱镠 11 世钱十五郎，由浙江诸暨市江藻村入闽，定居今连城县莲峰镇（原城关镇）水南街。

元大德年间（1297—1307），钱镠 19 世钱汝能由江苏省常州府入闽，定居今安溪县金谷镇渊兜村巷内。

明洪武年间（1368—1398），钱氏后裔钱丝安入闽，定居龙溪县二十八都浒茂城内（今龙海市紫泥镇城内村）。

明洪武年间（1368—1398），由浙江杭州钱塘入闽，定居今福鼎市店下镇磨石山村。

明洪武二十八年（1395 年），钱忠由安徽庐州（今合肥）迁入，定居今惠安县崇武镇靖江村。

第三节　繁　衍

一、钱景钦家族

南宋，钱景钦定居福州。5 世钱彦星迁居罗源甘厝埕下。6 世钱辂迁居新店真珠壑；钱鑑迁居连江澄岩村；钱钞迁居闽清十五都龙田（今白中镇田中村），后裔迁居邵武、建瓯、武夷山、沙县、泰宁、古田等地，部分迁徙马来西亚等国。17 世钱怀祐迁居北峰宦溪钱厝里；钱怀竹迁居新店郭前村，后裔迁居福州、厦门、三明、莆田，迁徙北京、天津、台湾等地及印度尼西亚、马来西亚、新加坡等国家。18 世钱尔博迁居新店浮村。

二、钱十五郎家族

南宋，钱十五郎（又称千十五），定居今连城，生子钱十八郎。9 世钱万锤迁居连城县北团镇上江村。10 世钱长隆迁居连城县姑田镇小洋地村。11 世钱文海次子钱懋孝和四子钱懋节两大房迁居连城县朋口镇城陂村。钱十五郎后裔自 5 世至 18 世，每世均有一半外迁。钱十五郎后裔宗支繁衍至今传 29 世，至“恒”字辈。

三、钱淑珪家族

明宣德元年（1426 年），钱镠 18 世钱淑珪由宁德蕉城盖竹洋迁居古田临水竹林（今古田县大桥镇钱厝村）。钱淑珪生 3 子：钱淑珪长子钱日高传至 10 世钱尔雄迁居大桥村钱家里，今传 10 世；钱世习迁居泮洋乡大圪东洋里，今传 9 世（此支次子钱大忠迁大圪村溪尾，今传 8 世）；钱世华迁旧城六保过溪直路（古田溪水库淹没，后改名新华村），此支 1958 年移民安置，大部分人迁居邵武、建阳，留在新华村的今传 8 世。钱淑珪次子钱日晓后裔有一支迁居闽清县下祝乡渡塘村滕彭林。此外，钱淑珪后裔尚有部分迁居福州、闽侯、永安、邵武、建阳、武夷山、泰宁等地，迁徙海南三亚，广东深圳，广西南宁、柳州，云南景洪，西藏日喀则，江苏南京，湖北建始，湖南岳阳，台湾台北等地区以及马来西亚、泰国、美国、日本、澳大利亚等国家。

四、钱忠家族

钱忠，安徽省庐州府合肥县人，明洪武二十八年（1395 年），任惠安崇武所千户，其后裔因此定居惠安县崇武镇，今传 26 世。清顺治十八年（1661 年），清廷下令沿海居民“迁界”，钱忠家族一些族人迁至惠安县十八都陈庄铺澳埔村，即今黄塘镇省吟村，又传 16 世。清中期，有一支系从澳埔迁到惠安县螺城镇，即今中新花园城七间街。清中晚期，还有一支系迁入泉州丰泽街东海后渚。

第四节　郡望、堂号

一、郡望

下邳郡　东汉时置为国，南朝宋时改为郡，治所在下邳。秦朝御史大夫钱产家族在下邳，遂成望族。

吴兴郡　三国时置郡，治所在今浙江省吴兴县南下菰城。西汉广陵太守钱逊子孙在吴兴发迹，遂成望族。

彭城郡 西汉改楚国置彭城郡，治所在今江苏省徐州市，钱林家族在彭城成为望族。

二、主要堂号

彭城堂 以郡望为堂号。福州市晋安区新店镇浮村村，泉州市丰泽区，惠安县崇武镇靖江村，螺城镇、黄塘镇省吟村，连城县莲峰镇南前村、朋口镇城陂村、北团镇上江村、姑田镇小洋地村，宁德市蕉城区霍童镇霍童村、上坂头村，古田县大桥镇钱厝村钱姓聚居地均以“彭城”为堂号。

时思堂 闽清县白中镇田中村钱姓。

仰隆堂 安溪县湖头镇高山村钱姓。

崇本堂 龙海市紫泥镇城内村钱姓。

第二章　分　布

第一节　人口分布

2016 年 6 月，福建省公安厅户籍统计人口数据（不包括金门、马祖），全省钱姓有 24747 人，分布于全省各市、县（区、市）及平潭综合实验区。

表 19-1　**2016 年福建省钱氏人口分布情况表**　单位：个、人

市（区）别	县（区、市）数	人口数	各县（区、市）人口数
福州	12	6080	鼓楼区 882，台江区 204，仓山区 561，晋安区 953，马尾区 51，福清市 49，长乐市 40，闽侯县 118，闽清县 2624，连江县 506，永泰县 18，罗源县 74
厦门	6	1495	思明区 856，湖里区 312，集美区 124，同安区 50，翔安区 30，海沧区 123
漳州	13	2447	芗城区 239，龙文区 21，龙海市 1906，漳浦县 35，云霄县 9，诏安县 9，东山县 19，平和县 24，南靖县 20，长泰县 26，华安县 6，漳州开发区 6，台商投资区 127
泉州	12	3199	鲤城区 178，丰泽区 166，洛江区 29，泉港区 40，石狮市 25，晋江市 67，南安市 53，惠安县 1387，安溪县 1184，德化县 2，永春县 53，台商投资区 15
三明	12	1384	三元区 163，梅列区 185，永安市 290，清流县 39，宁化县 34，建宁县 134，泰宁县 63，明溪县 15，将乐县 65，沙县 291，尤溪县 94，大田县 11
莆田	5	1514	仙游县 224，荔城区 292，城厢区 75，涵江区 34，秀屿区 889
南平	10	1887	延平区 308，建阳区 592，邵武市 38，武夷山市 158，建瓯市 191，顺昌县 267，浦城县 117，光泽县 143，松溪县 52，政和县 21
龙岩	7	2750	新罗区 155，永定区 16，上杭县 22，武平县 10，长汀县 61，连城县 2456，漳平市 30
宁德	10	3879	蕉城区 1125，福安市 218，福鼎市 251，霞浦县 85，寿宁县 289，周宁县 526，柘荣县 17，古田县 1302，屏南县 27，东侨开发区 39
平潭综合实验区	1	112	

第二节 主要聚居地

一、福州市钱姓

(一) 鼓楼区

洪山镇凤里村 钱氏22世由周宁迁入，今居村30余户、130多人。

(二) 晋安区

新店镇真珠壑村 宋末元初，钱辂由福州城内迁入，今传33世，居村50余户、210多人。后裔迁居三明、将乐，迁徙辽宁大连、台湾及缅甸。

宦溪镇钱厝里 明末清初，钱怀佑由新店真珠壑村迁入，今传15世，居村50余户、220多人。后裔迁居长乐、建宁、泰宁、龙岩，迁徙广东、上海、安徽及美国。

新店镇浮村村 清初，钱尔博由真珠壑村迁入，今传15世，居村50余户、230多人。后裔迁居武夷山、永安，迁徙浙江、山东、台湾等地。

新店镇郭前村 清康熙四十一年（1702年），钱怀竹由新店真珠壑村迁入，今传13世，居村50余户、210多人。后裔迁居三明、厦门、莆田，迁徙北京、天津、台湾及印度尼西亚、马来西亚、新加坡等国。

(三) 闽清县

白中镇田中村 元初，钱钞迁入，今传34世，居村750余户、3000多人。后裔迁居南平、顺昌、邵武、沙县、三明、永安、泰宁、建宁、古田、建瓯、武夷山，迁徙马来西亚。

(四) 连江县

江南镇澄岩村 元初，钱鑑镇守连江，定居连江县江南镇澄岩村，今传34世，居村150余户、600多人。后裔迁居上林街、瑞龟村。

琯头镇浦井村 由福州迁入，今传32世，居村10余户、60多人。

(五) 罗源县

西兰乡甘厝埕下 南宋嘉定年间（1208—1234），钱彦星迁入，今传35世，居村10余户、70多人。

二、厦门市钱姓

湖里区江头街道祥店社区 1920年由安溪湖头迁入，今传5世，居村20余户、80多人。

三、漳州市钱姓

(一) 芗城区

城区钱厝村 北宋大中祥符五年（1012年）迁入，今传35世，居村20余户、80多人。

(二) 龙海市

紫泥镇城内村 明洪武年间（1368—1398），钱丝安迁入，今传22世，居村490余户、1900多人。后裔迁居新洋村、金定村、溪州村。

四、泉州市钱姓

（一）惠安县

崇武镇靖江村 明洪武二十八年（1395年），钱忠由安徽庐州（今合肥）迁入，今传26世，居村350余户、1430多人。

黄塘镇省吟村 由崇武镇靖江村迁入，今传16世，居村80余户、300多人。

螺城镇 由黄塘镇省吟村迁入，今居村30余户、100多人。

（二）安溪县

金谷镇渊兜村 元大德年间（1297—1307），钱汝能由江苏省常州府迁入，9世从湖头镇高山村田头迁入，今传17世，居村十余户、60多人。

湖头镇山都村 钱汝能4世钱元德由金谷镇渊兜村巷内迁入，今传23世，居村70余户、400多人。

五、三明市钱姓

沙县富口镇白溪口村 由安溪县湖头镇西山村迁入，钱智由安溪湖头镇高宅村迁入，今传8世，居村100余户、400多人。

六、莆田市钱姓

秀屿区平海镇江堤村 居村200余户、870多人。

七、南平市钱姓

建阳区童游街道富林新村 1957年，钱建阳兄弟四人由古田县新华村迁入，今传3世，居村30余户、100多人。

八、龙岩市钱姓

连城县

莲峰镇南前村（包括南前街） 宋端平年间（1234—1236），钱十五郎由今浙江诸暨市江藻村迁入，今传29世，居村360余户、2000多人。

朋口镇城陂村 钱十五郎11世钱文海次子钱懋孝和四子钱懋节两大房迁入，今传27世，居村110余户、450多人。

北团镇上江村 钱十五郎9世钱万锤迁入，今传26世，居村13户、60多人。

姑田镇小洋地村 钱十五郎10世钱长隆迁入，今传27世，居村20余户、90多人。

九、宁德市钱姓

（一）蕉城区

霍童镇瑶街境 明洪武八年（1375年），钱上海由蕉城区洋中镇盖竹洋村迁入，今传20世，居村280余户、1120多人。

（二）福安市

下白石镇外山村 清康熙元年（1662年）迁入，今传14世，居村130余户、520多人。

（三）福鼎市

店下镇磨石山村　明洪武年间（1368—1398），由浙江杭州钱塘迁入，今传14世，居村20余户、80多人。

（四）霞浦县

三沙镇三澳村　钱炎阿迁入，今传4世，居村10余户、40多人。

（五）周宁县

浦源镇溪平村　钱文一迁入，今传31世，居村130余户、520多人。

（六）古田县

大桥镇钱厝村　明洪武十六年（1383年），钱淑珪由蕉城盖竹洋迁入，今传20世，居村160余户、620多人。

大桥镇钱家里　清康熙末或雍正年间，钱尔雄由大桥镇钱厝村迁入，今传9世，居村30余户、110多人。

泮洋乡大圪村东洋里　清康熙末或雍正年间，钱世习由大桥镇钱厝村迁入，今传9世，居村30余户、110多人。

泮洋乡大圪村溪尾　清雍正末或乾隆初，钱大忠由泮洋乡东洋里迁入，今传8世，居村80余户、320多人。

泮洋乡新华村　清康熙末或雍正年间，钱世华由大桥镇钱厝村迁入，今传8世，居村十余户、40多人。

第三章　谱　牒

第一节　福州市

一、晋安区

《宦溪钱氏支谱》　清光绪四年（1878年），钱遵朱、钱庆霖、郑懋勋始修，钞本。1939年钱桐藩、钱和生二修，油印本。谱载始祖钱怀佑于明末清初由新店迁宦溪后世代繁衍情况。1956年，钱和生、钱桐藩、钱培潘、钱信彭三修。1994年，钱树连、钱光生、钱旦生、钱振钿等四修，铅印本。谱存钱王纪念堂和钱氏宗亲家中。

晋安《蒲阳（彭城）钱氏宗谱》　1948年，钱有源、钱经鸿、钱经芳、钱亨璋等始修。1988年，钱经芳、钱经波、钱经榕、钱亨璋等续修。谱载始祖迁居浮村后世代发展情况，铅印本。谱存钱王纪念堂和钱氏宗亲家中。

晋安《彭城郡福州钱氏宗谱》　2002年，晋安区新店镇真珠壑、宦溪、浮村、郭前等村联合始修，钱庭荣、钱庭光、钱景纲、钱树连等编修。谱载再版前言、谱序、像赞、钱氏源流考、世系图考、传记、古迹、祖坟、家训、世系行第、各支祖世系图表、人才录等，铅印本。谱存钱王纪念堂和钱氏宗亲家中。

二、连江县

《澄岩钱氏宗谱》 清同治八年（1870 年）钱朝金始修。光绪九年（1883 年）钱继章二修。1939 年钱财鼎三修。谱载始祖钱鑑定居澄岩及其世代繁衍情况。1994 年，钱灼金四修，毛笔字钞本。谱存连江钱氏分会会长钱灼金处。

三、闽清县

《田中彭城龙田钱氏宗谱》 清光绪十六年（1890 年）始修，钱绍斌、钱绍苓、钱雅程等编修。光绪三十年（1904 年）钱汝烈、钱绍焕、钱绍平、钱长冬、钱长炳续修。1932 年钱长炳、钱起程、钱协程、钱绍椿、钱长迎三修。谱载始祖钱钞于明末迁居田中村后世代繁衍情况。1997 年，钱理波、钱秋贞等四修，铅印本。谱存各钱氏宗亲家中。

第二节　泉州市

安溪县

《清溪钱氏族谱》 明永乐元年（1403 年）始修。清康熙二十年（1681 年）钱拨萃、钱明仁、钱明和、钱明文重修。乾隆三十四年（1769 年）钱世璋、钱孝秋撰写《钱氏族谱序》。光绪五年（1879 年）姻家弟陈其威四修。光绪六年（1880 年）钱厚乔、钱克察五修。1944 年钱弟景第六修。2009 年钱鲁贤、钱水源、钱瑞露七修。铅印本。谱存安溪钱氏分会理事钱连春处。

第三节　三明市

沙县

《钱氏宗谱》 2019 年安溪县湖头镇钱氏宗亲合修，铅印本。谱存沙县南乾钱氏祠堂和桥头钱氏祠堂及各钱氏宗亲家中。

第四节　龙岩市

连城县

《连城钱氏族谱》 清嘉庆二年（1797 年）钱毓芹始修。清光绪二十五年（1899 年）二修，钱鼎彝主纂，钱积涛总理、督修，钱德述、钱德清校阅、监修。2008 年钱师淮、钱师良三修。铅印本。谱存各钱氏宗亲家中。

第五节　宁德市

一、蕉城区

《霍童钱氏宗谱》 清光绪七年（1880 年）始修。1929 年二修。2015 年三修。毛笔字钞本。谱存霍童钱氏分会会长钱承灿处。

二、周宁县

《周宁钱氏族谱》　清雍正十一年（1733 年）始修。乾隆元年（1736 年）重修。宣统三年（1911 年）三修。1986 年四修。毛笔字钞本。谱存钱氏宗祠。

三、古田县

《彭城钱氏家谱》　1990 年始修，马来西亚、泰国宗亲合修。铅印本。谱存浙江临安钱镠研究会。

《钱氏家谱》　1997 年始修，古田钱氏宗亲合修。铅印本。谱存浙江临安钱镠研究会。

第四章　文化遗产

第一节　著作与艺文

［宋］钱　熙　泉州南安人，著有《钱司谏集》10 卷、《志孝》1 部 6 篇、《杂言》数十篇、《拟古乐府诗集》《三酌酸文》等。

［近现代］钱庭宝　福州人，著有《离子交换树脂应用技术》《离子交换树脂应用手册》《吸附树脂及其应用》。

［近现代］钱可铭　福州人，主编《新编中学政治课本中的自然科学问题》《实习班主任工作》《中学政治课新辞典》（社会发展简史分册）、《中学德育理论与实践教程》《职业生涯规划》等。

［近现代］钱永昌　宁德人，著有《创新素养导向的中学物理教学探索》。

第二节　族规家训

一、钱氏家训

个人

心术不可得罪于天地，言行皆当无愧于圣贤。曾子之三省勿忘，程子之四箴宜佩。持躬不可不谨严，临财不可不廉介。处事不可不决断，存心不可不宽厚。尽前行者地步窄，向后看者眼界宽。花繁柳密处拨得开，方见手段。风狂雨骤时立得定，才是脚跟。能改过则天地不怒，能安分则鬼神无权。读经传则根柢深，看史鉴则议论伟。能文章则称述多，蓄道德则福报厚。

家庭

欲造优美之家庭，须立良好之规则。内外门闾整洁，尊卑次序谨严。父母伯叔孝敬欢愉，妯娌弟兄和睦友爱。祖宗虽远，祭祀宜诚；子孙虽愚，诗书须读。娶媳求淑女，勿计妆奁；嫁女择佳婿，勿慕富贵。家富提携宗族，置义塾与公田；岁饥赈济亲朋，筹仁浆与义粟。勤俭为本，自必丰亨；忠厚传家，乃能长久。

社会

信交朋友，惠普乡邻。恤寡矜孤，敬老怀幼。救灾周急，排难解纷。修桥路以利人行，造河船以济众渡。兴启蒙之义塾，设积谷之社仓。私见尽要铲除，公益概行提倡。不见利而起谋，不见才而生嫉。小人固当远，断不可显为仇敌；君子固当亲，亦不可曲为附和。

国家

执法如山，守身如玉。爱民如子，去蠹如仇。严以驭役，宽以恤民。官肯著意一分，民受十分之惠；上能吃苦一点，民沾万点之恩。利在一身勿谋也，利在天下者必谋之；利在一时固谋也，利在万世者更谋之。大智兴邦，不过集众思；大愚误国，只为好自用。聪明睿智，守之以愚；功被天下，守之以让。勇力振世，守之以怯；富有四海，守之以谦。庙堂之上，以养正气为先；海宇之内，以养元气为本。务本节用则国富，进贤使能则国强，兴学育才则国盛，交邻有道则国安。

《钱氏家训》由《武肃王八训》《武肃王遗训》和钱镠32世钱文选的《新家训》三者整合而成。在福建钱氏族谱和钱氏祠堂中均有关于《钱氏家训》的记载，是钱氏家族自觉遵守的家规族训。2018年，《钱氏家训》被列入上海市非物质文化遗产名录。

二、福州市晋安区宦溪祥瑞公家训

财产虽多是靠不住的。要能立志做好人，建事业，不辱祖先，才是好子孙。

兄弟相残，外侮立至；家庭和睦，家道振兴。我愿子孙们戒之勉之。

毋以小嫌疏至亲，毋以贫贱残手足。

青春不再来，及时须奋勉。古人云力作而食不怕贫寒者，诚哉斯言！

欲自立，须从不依赖人做起；欲饱暖，须从劳动做去。

勤俭者兴家之宝，偷闲者破家之媒；事小不作不成，懒怠者终无成就。

有德之妇人为最可敬，孤寡为最可怜，子孙宜存怜恤之心。

治家宜和宜洁宜勤宜俭，缺一不可。

吃饭当思耕农苦，穿衣当思织女劳。吾愿子孙勿暴殄天物，应努力节约。

父母乃吾之生身，应克尽孝养之道，为后世楷模，才是钱氏孝子贤孙。

生子不教最坏，家道教而不严易走下流，为父母者其慎诸。

爱子而不教，是谓溺爱，为害最大。教子成名，胜于积金。

毋为怨府，毋为祸胎。凡事须本良心而行，按正理而作，才是处世良规。不贪财、不失信、不自是，更是立身之本。

录自晋安《彭城郡福州钱氏宗谱》

三、连城家训八则

训孝

父生母育，离里属毛，瞻依所在，膝下非遥，顾我复我，永夕永朝，三年免怀，殷望承祧，恩深地厚，德极天高，报恩报德，义不容逃，周公大舜，千古人豪，不匮难学，用力用劳，鸡鸣盥漱，笄总拂髦，高堂百岁，子难半遭，一有不孝，例载明条，家法严肃，权自众操。

训弟

事长之道，不外一恭，天伦是重，手足相通，弟惟爱敬，兄乃顺从，兄弟和乐，父母融融，角弓翩反，玷辱祖宗，埙篪叶奏，孝在其中，有侮宜御，有财宜公，莫因争产，攘臂逞凶，莫惑妇语，平地波风，类如此犯，族中不容，言亲而切，暮鼓晨钟，嘱尔卑幼，尚其敬共。

训忠

忠主无伪，道大而微，二三其德，是为自欺，表里如一，无从诡随，丹心贯日，屋漏莫亏，我思古人，节义昭垂，生死弗顾，鼎镬如饴，大忠匪易，小忠可为，为人谋事，曾子省之，一念不尽，念念皆私，私心一起，业脞堪危，奸雄祸至，咎归于谁，约我子姓，学忠勿违。

训信

言而有信，州里可行，信友有道，首在顺亲，人要不忘，相应同声，仪型文王，止善交盟，岂若为谅，徒交諐匕，豚鱼可及，中孚利贞，毋轻然诺，毋肆机评，果确其志，金石其音，言不妄发，修辞立诚，人而无信，何以立身，大则失义，小则忘情，譬彼輗軏，无之斯惩。

训礼

道德仁义，非礼不成，礼之为用，自卑尊人，释冋增美，措正施行，嫌疑以决，是非以明，文素多少，详于礼经，视听言动，载在缄铭，为子无礼，何以孝亲，为臣无礼，何以忠君，富贵无礼，非骄则淫，贫贱无礼，志莫能伸，人而无礼，禽兽之心，为礼以敬，须知步绳。

训义

义之舆比，君子凛然，无莫无适，守经达权，性无胶固，行毋拘偏，制事详审，谋虑周全，积而能散，安而能迁，张公好义，万亩曾捐，施德行惠，绩著简编，矜孤恤寡，敬老尊贤，勿吝己有，勿谋良田，邻里乡党，济急为先，愿我子姓，任恤睦姻，义以为质，庶几勉旃。

训廉

避兄离母，仲子非廉，操之有要，守之为坚，临财毋苟，见异勿迁，昔有项氏，饮马投钱，四知夙凛，杨震流传，一介不取，一丝不牵，清操自适，孰舆比肩，我族宜法，知足为贤，始有苟合，少有苟完，淡泊明志，天君泰然，穷达分定，切莫求怜，一念之贪，祸不期延。

训耻

行已有耻，是为寡尤，不愧不怍，始见真修，立功立德，引为己优，耻不若人，作逸日休，耻躬不逮，言虑贻羞，耻为人役，各正厥谋，人而无耻，甘居下流，放僻邪侈，分外营求，笑骂弗顾，礼义不由，或为隶卒，或作娼优，一旦干咎，性命难偷，子姓踰此，屏之勿留。

录自《连城钱氏族谱》

第三节　宗　祠

晋安浮村蒲峰钱氏宗祠　坐落在福州市晋安区新店镇浮村。1929 年始建，1998 年重修，2019 年再修。占地面积 750 平方米，建筑面积 850 平方米。坐南朝北，砖混结构。正中立钱氏历代元祖宗亲神位，墙壁上刻有《钱氏家训》，堂内悬挂福建名人萨镇冰等人的题词赠匾、5 副雕金字对联，大门正面置放一个橡胶木大屏风，正面刻有“钱”字，背面刻有“福”字。

连江澄岩钱氏宗祠　坐落在连江县江南乡澄岩村。清代始建，1994 年重修。坐东朝西，土木结构，建筑面积 120 平方米。

龙田钱氏宗祠

闽清彭城龙田钱氏宗祠　坐落在闽清县白中镇田中

村（十五都）。清康熙十七年（1752 年）始建。2009 年，多方筹资 200 余万元，原址重建。总占地面积 5281 平方米，其中主殿宗祠建筑面积为 1283 平方米。砖混结构，花岗岩、大理石装饰。厅堂设计“时思堂”，正中立钱氏历代元祖宗亲神位，案前设 3 米长的花岗岩石雕案桌，有花岗岩石柱 20 条、大门石象 1 对、大厅花岗岩石雕龙柱 2 条、石雕壁画 30 幅（其中《二十四孝》石雕壁画 24 幅）、《钱氏家训》牌匾 1 面、包含入梅始祖钱钞公（字伏生）“威武将军”在内的牌匾 8 面、花岗岩石雕金字对联 10 副，大门《彭城钱氏宗祠》石雕金字，两边雕刻着“吴越家声远，龙田世泽长”的对联，大门前安置 3 座大铜铸香炉。钱氏宗祠的广场面积 3998 平方米，可安排集会活动，其中，舞厅 698 平方米，灯光篮、排球场 400 平方米，健身器材活动场所 100 平方米，水池 10 平方米，新型公厕 40 平方米，是白中镇文化活动中心。

龙海城内钱氏家庙　坐落在龙海市紫泥镇城内村。明嘉靖年间（1522—1566）始建，2005 年重修。建筑面积约 200 平方米。坐北向南，二进三开间，双脊燕尾。

惠安县崇武镇钱氏宗祠　又称“忠公祠”。坐落在惠安县古城内古地名下寮街东北方的山丘上。始建于明洪武年间（1368—1398），原为一世祖钱忠千户府邸，后人为纪念先祖设为宗祠。建筑面积约 600 平方米，坐北朝南。忠公祠构造格局属徽式“四水归堂”风格，二进五开间，带双廊庑，增闽南燕尾脊。大门前两侧置一对“福禄石鼓”。忠公祠因风雨侵蚀，加之明清两朝海禁、兵役而毁坏。之后，各分支族裔自建居宅，俗称各房“祖厝”，奉先人神位于厅堂。现在，围绕忠公祠（千户府）四周建造的祖厝有 13 座。其中，2011 年落成的仿古建筑“德高楼”，主体建筑面积 362 平方米，埕面面积 500 平方米，成为较为集中的钱氏宗族活动场所。

惠安黄塘钱厝宗祠　坐落在惠安县黄塘镇黄塘村钱厝。2013 年 5 月始建。建筑面积 300 平方米，占地面积 2000 平方米，坐北朝南，土木结构。彭城衍派，堂内摆有祖宗神像。

安溪金谷镇渊兜村巷内钱氏宗祠　坐落在安溪县金谷镇渊兜村。明天启年间（1605—1627）始建，1997 年重建，2007 年 11 月落成。建筑面积 280 平方米，占地面积 1000 平方米，坐北朝南，土木结构。堂内摆有钱王塑像。

安溪湖头镇山都村西山钱氏宗祠　坐落在安溪县湖头镇山都村。2015 年 12 月 25 日始建。建筑面积 300 平方米，占地面积 1300 平方米，坐北朝南，土木结构。堂内摆有宗祖泥塑像。

安溪湖头镇高山村高宅钱氏宗祠　坐落在安溪县湖头镇高山村。2014 年始建。建筑面积 300 平方米，占地面积 1300 平方米，坐北朝南，土木结构。

安溪湖头镇高山村田头钱氏宗祠（牛角厝）　坐落在安溪县湖头镇高山村。2016 年始建。建筑面积 300 平方米，占地面积 1300 平方米，坐北朝南，土木结构。

安溪湖头镇高山村坪兜钱氏宗祠　坐落在安溪县湖头镇高山村。2017 年始建。建筑面积 300 平方米，占地面积 1500 平方米，坐北朝南，土木结构。

沙县南乾钱氏祠堂　坐落在沙县富口镇白溪口村南乾凤凰山北麓。约清乾隆二十五年（1760 年）始建。坐南朝北，木结构，占地面积 150 平方米，建筑面积 180 平方米。2015 年重建，新建祠堂更名为宗祠。坐落在南乾凤凰山向莆铁路左侧，坐南朝北，砖混结构，占地面积 346 平方米，建筑面积 360 平方米。宗祠内有《钱氏家训》《钱氏宗谱》《钱氏宗谱世系图》和钱氏先人牌位。

沙县桥头钱氏祠堂　坐落在沙县富口镇白溪口村桥头月形山路边。约清乾隆二十六年（1761 年）始建，占地面积 140 平方米，建筑面积 140 平方米。坐南朝北，木结构。祠堂内有《钱氏家训》《钱氏宗谱》《钱氏宗谱世系图》和钱氏先人牌位。

连城钱氏宗祠　又称始祖十五郎公祠。坐落在连城县莲峰镇南前村水南尾（旧名连邑擢桂坊水南尾南关内）。清康熙二十七年（1688 年）始建。占地面积 5000 多平方米，坐北朝南。由外大门、大雨坪、仪门、下厅廊、左右走廊、上厅堂、天井等组成。左右两边小园门直通左右两边的厢房，背后是一个可容纳千人的大操坪，操坪上有幢二层的奎阁楼。1930 年，红军在连城期间曾借用。奎阁楼后被烧毁。2014 年重建，秉承原宗祠座向，建筑面积扩大至 519. 4 平方米。

宁德霍童钱氏宗祠 坐落在宁德市蕉城区霍童镇仙岩寺灵尾。1937 年始建，1999 年重建。建筑面积 350 平方米，占地面积 700 平方米，坐南朝北，土木结构。

第四节 陵 墓

钱钞（伏生）墓 位于闽清县白中镇田中村。全石结构，田螺穴。墓主钱钞，封威武将军，墓碑阴刻“伏生钱公之墓”。该墓称为“田螺墓”，是因为其墓前有一个 30 平方米的水田，水源由墓基底渗出，四季不断，且水田长满田螺，长年繁衍。

惠安钱氏祖墓 位于惠安县崇武城外东门与北门之间往北约 100 米处的大石坂下。整座墓葬呈“凤”字形，采用花岗岩筑成。墓碑石呈凸起流线型，长 250 厘米，中部最高处 80 厘米，两边高 40 厘米。碑面雕琢“太阳与祥云”图案，“太阳”图案上书碑文“明惠安钱氏祖”。墓身上部呈龟状，上方是由 9 块花岗岩石有规则地拼合的“龟壳”型。其居中 1 块呈八卦形，最宽处 82 厘米，最长处 110 厘米。墓身前后深约 210 厘米，左右宽约 250 厘米。与碑石底部紧密相连的是一块大石板，长 250 厘米，宽 90 厘米。它是后人祭祀先人奉香的案台。现墓葬周围成为居民住聚区，墓陵前部分墓埕已受破坏。

连城始祖、二代祖暨妣墓 位于连城县西郊渭水坑甲山。为连城钱姓始祖钱十五郎暨妣许氏、二代祖钱十八郎暨妣邱氏合葬坟。虎形。

钱淑珪墓 位于古田县后门林。1997 年修石砌大墓。墓主为古田钱姓始祖钱淑珪，墓地坐西北向东南。

第五节 古建筑

福州宦溪钱厝里古民居 坐落在晋安区宦溪镇宦溪村。清康熙年间（1662—1722）始建，被称为“牛穴”。占地面积 1. 3 万平方米，建筑面积 1. 1 万平方米。三座并排，具有清代古民居建筑风格。周以风火墙，厝内屋顶飞檐翘角。由屏门、大厅、中厅、小厅、披榭、回廊、书院、天井、花园等组成。大门挂有“文魁”匾，各大厅中有省布政司题奏赠赐的“品列乡评”、礼部司题奏赠赐的“松节冰心”牌匾、对联等，都是金字镶嵌，镌刻有古代人物、花鸟禽兽吉祥图案等浮雕，规模为福州市郊北峰地区之最。“文化大革命”期间，金字牌匾、对联被毁。

崇武明清钱氏大厝建筑群 坐落在惠安县崇武镇靖江村。明中后期及清初，崇武钱氏族人以千户府邸为中心，先后建造了 13 座大厝，形成钱氏聚居地。这 13 座大厝形成钱氏古建筑群。

沙县南乾钱氏古厝群 坐落在富口镇白溪口村南乾。约清乾隆二十五年（1760 年）始建，整个古厝群占地面积 1. 2 万多平方米，建筑面积 3 万多平方米，是比较完整的农村典型民宅群。

古田钱家祖厝 坐落在古田县大桥镇钱厝村中央。背靠后门林，入古始祖定居上厝，因所养母鸡总在这里下蛋，所以择地建祖厝。土木结构，宽 5 米，深 15 米，建筑面积 75 平方米。1997 年修缮。

第六节 民间信仰

崇武“无祀宫”佛生日祭祀活动 嘉靖三十九年（1560 年）四月初二，倭寇犯所陷城，钱储率军抵御，战死。这一仗十分惨烈，所军死亡甚多，“填尸遍野”。“迨寇退民复，就北关外后湖路石磐下开筑灰圹十一窀，尽收骷髅而埋之。但忠魂郁积，义魄无依，往往天阴为厉。都指挥公哀而怜之，故设此坛（‘崇疆厉坛’）致祭。神得所依，无复为厉……”“崇疆厉坛”初始为四柱石亭，亭中立《“崇疆厉坛”序》碑。其后，厉坛“荒亭雨祀”“残碣风摧”“古亭既坏”，“易为小院，壮造壁瓦，以故斯坛得再兴祀”。再后来，民众将小院拓建，名曰“无祀宫”，并塑钱储、王铁神像供于宫中。“无祀宫”主要敬祀日是农历四月初二，是钱储牺牲的日子。“无祀宫”英烈崇拜已成为惠安县崇武镇及周边地方民间信仰，更是崇武镇钱氏家族的信仰习俗。

崇武“初五吃大顿” 崇武城内民众将正月初五视为祭祀先人的大节日。相传，明嘉靖年间（1522—1566），有一年十二月过半，崇武城内官兵百姓正准备过年，谁料大批倭寇突然攻城，民众出城西撤。几天后，都司大军来援，倭寇退去，百姓陆续回城。这时，“年兜日”（大年三十）和正月初一都已经过去了。大家收拾遭倭寇洗劫的房舍，掩埋被杀害者遗体。到了正月初五，有人建议补过年。于是，家家户户都烧香点烛，奉敬祖先，同时也祭奠抗倭捐躯的将士，这一天成为历代崇武钱氏族人“吃大顿”（吃大餐）的日子。

古田临水祖庙请香接火 钱厝村是古田临水十三境之一，村尾佛殿供奉临水夫人与南山将军神像。每年正月临水请香接火习俗，是钱厝村钱氏宗亲的传统习俗。旧时有“夫人田”，由钱氏家族各户轮流耕种，收入作为请香费用。轮耕户即为当年福首，负责组织安排，聘请道师，购置贡品、香烛等请香必需品。正月初三上午，钱氏宗亲自发参加，在佛殿集中，道师举行“起马”仪式后，福首带领宗亲抬着香亭（炉），鸣锣前导，手执列木扁刻“肃静”“回避”牌，后随文武仪仗、黄金牙旗、刀枪戟斧列队步行翻越中村丫垭口，一路上鞭炮时鸣，沿旧时去临水大路，浩浩荡荡奔赴临水宫。到达临水宫后，举行“下马”“安座”“献供”等仪式，请神后“起马”，并将正殿香炉里的香火夹一小块至本村炉中，部分宗亲扛着已点着的大型香线，由福首率队返回。仪队回村时，族人在村外大路旁鸣炮迎接，道师讲好话，族人附和叫好。香炉到达佛殿后，道师随仪仗队“下马”“入宫”，行“安座”“祝虾”仪式，并施道坛秘法，其内容主要是请宗族道坛中所有的天神祇和佛道诸神，其中特别突出临水夫人陈靖姑的地位，行“上疏”“代谢”之礼。“上疏”为祈祷科，内容是“献请奶娘下马疏”；“代谢”即“大谢”，族中凡新婚生子、升官、发财人家均于此醮仪献供谢恩。

随着时代的变迁，“肃静”“回避”等牌匾逐渐被“国泰民安”“风调雨顺”“田园大熟”“五谷丰登”等替代，一些道具如刀枪戟斧等也有所变化。“夫人田”取消后，请香费用由福首向宗亲筹集。进入21世纪以后，随着道路交通的完善、机动车辆的普及，请香接火活动也更为机动化，“国泰民安”“风调雨顺”“田园大熟”“五谷丰登”等祝语如今都贴在大小车辆的车身上，香炉抬进车里，各色旌旗也绑在车上，请香接火队伍由步行改为现代化的车队，其他各种仪式基本不变。

古田“二月二” “二月二”是钱厝村佛殿内供奉的南山将军（当地钱氏供奉的神灵）请香接火活动，“二月二”其实不是单指二月初二，二月十二、二十二也在列，初二、十二、二十二可任选一天。钱厝村钱氏宗亲“二月二”到闽清县南山将军殿请香接火由来已久，20世纪80年代之前都是带着香炉徒步从上南路翻山越岭到闽清，一般要两天，一天去一天回。由于路途遥远，一般由福首、道师、钱氏宗亲数人前往，请香接火到村里后，举行各种活动。如今交通便利，近二三十年都是农历二月二十二日当天包车前往闽清，当天回村完成各项仪式。

连城拜钱氏祖宗图、闹花灯 每年正月初九为连城钱氏宗祠祭钱氏祖宗图、闹花灯的传统日子。这天钱氏族人在宗祠上厅堂神主前挂上世系吊线图（称为祖宗图），供钱氏后裔拜祭，每一位钱氏小孩出生后都要把名字添加到世系吊线图上，在世系吊线图上每一个人都可以找到从始祖的世系一直到自己的世系血脉路线图。这天除居住在城关地区的钱氏宗亲早早来到宗祠拜祭先祖外，各乡镇和迁居其他县的宗亲也都早早赶至宗祠拜祭先祖。晚上在宗祠集体会餐，会餐前把世系吊线图取下折好保藏，留待下一年正月初九再用，晚餐后还要放几个小时的烟花。每年正月初九这天，连城朋口城陂的钱氏宗亲都会组织一班“十番”到祠堂演奏，给拜祭先祖和闹花灯增加热闹和喜庆的气氛。

第七节　非物质文化遗产

市级非遗崇武鱼卷制作技艺及代表性传承人　崇武鱼卷是崇武地方风味美食，也是中华名小吃之一。相传，明代千户钱储特制鱼卷为水师“军粮”，从此这项技艺传承下来。2016 年 3 月 28 日，崇武鱼卷制作技艺列入泉州市第五批市级非物质文化遗产。钱瑞芳为该项目代表性传承人。

第八节　名胜古迹

莆田木兰陂　坐落在莆田市城南 5 千米的陂头村木兰山下，是中国古代大型水利工程之一。陂首是堰闸式的滚水坝，长 219.3 米，高 7.5 米，分 32 孔闸门，建有 33 座陂墩。陂首的南北两端有两条共长 500 米的护陂石堤。陂内的溪水分别经过陂首南北端的“回澜桥闸”和“万金陡门”注入总长约 120 千米的大小沟渠，灌溉莆田的南、北洋平原，最后由沿线 300 多处泄涝陡门和涵洞汇入兴化湾。北宋治平元年（1064 年），长乐人钱四娘携资 10 万缗来到莆田，在樟林村旁边的将军岩前垒石筑陂，后来因为山洪暴发冲毁了陂首工程，筑陂失败，钱四娘愤而投水自尽。不久，钱四娘的同乡林从世进士又捐资 10 万缗，在温泉口筑陂，也因水湍流急、选址不当而告失败。熙宁八年（1075 年），福建侯官人李宏又携资 7 万缗应诏而来，他和僧人冯智日总结前人失败的教训，选择在溪面广阔、水流缓慢、溪床岩石亘连的木兰山下建陂，历经 8 年的艰苦施工，垒石数万，终于建成木兰陂。后人为了纪念建陂的钱四娘、林从世、李宏、冯智日等先贤，在木兰陂的南岸修建“协应庙”，现在辟为“木兰陂纪念馆”。馆内有这四位先贤的塑像，同时还保存有明代以来众多名人撰写的碑石。中华人民共和国成立后，新建了木兰倒虹吸管，引进东圳水库的渠水，使得灌溉面积由 15 万亩增到 25 万亩。木兰陂周围风景秀丽，春季涨潮时，溪水漫陂入海，蔚为壮观，形成“木兰春涨”之景。1988 年，莆田木兰陂列为全国重点文物保护单位。（见彩图 19-1）

古田高岗钱公殿　坐落在古田县泮洋乡中直村。明万历年间（1573—1620）始建，清乾隆年间（1736—1795）和道光十六年（1863 年）重建。建筑面积 162 平方米，坐西南向东北，正面阔三间，进深六柱带前廊，抬梁、穿斗式梁架，歇山顶。后部神龛正中供奉钱公塑像，右侧为陈靖姑塑像，东西两面墙上，保存有完整的《陈靖姑传说》壁画 38 幅。2013 年 1 月列为福建省文物保护单位。（见彩图 19-2）

晋安宦溪桥　坐落在福州晋安区宦溪乡宦溪村。宋元祐六年（1091 年）由当地钱姓等村民出资始建。石构平梁桥，南北走向，一墩二孔不等跨，全长 11.7 米，面宽 2.3 米。墩船形，石梁上有“时元祐六年岁五月初六日”题刻。抗日战争时部分桥面遭日军飞机炸毁，抗战胜利后重修。桥面及部分桥梁已翻修。1986 年列为福州郊区文物保护单位，1992 年列为福州市文物保护单位。

福州新店钱王纪念堂　坐落在晋安区新店镇郭前真珠谷村罗汉山卧虎山脉。1997 年福建钱镠文化研究会组织发动福建省和海外钱氏宗亲集资 130 多万元建造“三世五王纪念堂”。建筑面积约 800 平方米。纪念堂前有 45 级台阶，正堂门的上方“钱王纪念堂”由原电子工业部部长钱敏所题，左右两边圆柱镌刻“武肃勋名久，彭城世泽长”对联，一层大厅每根柱子上都镌刻着对联，其中一副内容为“功成吴越十四州，德荫福闽千秋国”。二层是老人休闲房。上三层正中殿内供奉有“三世五王”金身灵位木雕塑像，以

新店钱王纪念堂

示尊崇祖先，两边圆柱上镌刻“一代开吴越，千秋缅伟人”金色对联，左右两边镌刻着“以民为本，保境安民”金色对联，右边镌刻有“三世五王简历，钱镠金书铁券”金色碑匾，左边镌刻着“钱氏家训”“吴越国简介”金色碑匾。

晋安宦溪胜境 坐落在福州市晋安区宦溪镇宦溪村境坑。清康熙二十四年（1685 年）始建。原名“宦溪钱氏胜境”，建筑面积 3200 平方米，土木建构。因风雨洗刷化为平地。2003 年 1 月由当地政府出资进行重建，建筑面积 650 平方米。

闽清仙君殿与仙君山公园 坐落在闽清县白中镇田中仙君山顶的仙君殿。始建于清初，1979 年小修，2001 年由钱氏宗亲筹资，在旧址重建。建筑面积近 200 平方米。殿内有徐、赵、薛三仙君塑像。仙君山公园由闽清彭城钱氏宗祠理事会于 2001 年发动宗亲捐款而建，2015 年钱氏宗祠理事会又集资 60 万元铺设公园水泥路。公园总体为“一台二路三殿四峰五亭阁”格局：“一台”为烽火台；“二路”为直通峰顶的千级石阶和环山公路；“三殿”为仙君殿、仙娘殿、白马大王殿；“四峰”为仙君山与柯洋峰、良民寨峰、白岩山峰、葫芦岩峰；“五亭”为公园中的怀乡亭、美伦亭、来和亭、亨利亭、怡心亭。该公园是集信奉朝拜、旅游、休闲为一体的景点。

闽清白马大王殿 坐落在闽清县白中镇田中村师公岩。白马大王殿始建于 200 年前，背靠仙君山。2016 年应钱氏宗亲要求，在原址新建二层大殿，占地面积 2200 平方米，建筑面积 1087 平方米。琉璃溢彩，石雕龙柱，双龙抢珠，大门镌刻对联曰“闽越尊王千秋盛，神灵尽显万世长”。大殿供奉重塑白马、仁主、王爷、风、火诸神像。

闽清三边井 坐落在闽清县白中镇田中（十五都），钱氏宗祠往西 100 米的三边井。清同治五年（1866 年），钱氏 23 世裔孙钱汝銮建造。山边井直径 4 米，深 1.5 米，涌泉旺盛，常年不涸，冬暖夏凉，清澈甘甜，且泉水量奇大，供全家族几千人百余年用水。相传，光绪二十六年（1900 年）久旱不雨，稻禾干枯，颗粒无收，唯独山边井周边的水稻喜获丰收。

崇武明代千户府第“福禄石鼓”和“双狮戏球”青石浮雕 坐落在惠安县崇武镇靖江村钱忠的千户府第内。“福禄石鼓”青石质地，鼓状，鼓面直径 50 厘米，厚 22 厘米。整座石鼓高 70 厘米，造型上除鼓面凿平外，底部左右两侧浮雕祥云，底部正面有一组四道圆形股线，股线上面分别浮雕“福”“禄”两个大字。“双狮戏球”以彩球为中心，对称两侧配以雌雄双狮。狮子摇头晃脑摆动尾巴，脚踩彩带，戏弄彩球，彩带连接彩球，画面灵动喜庆。在长 100 厘米、宽 20 厘米的青石板上，雕刻出的彩球直径 12 厘米，狮子高约 15 厘米，长约 35 厘米，厚约 2 厘米。

崇武明“靖江侯”牌坊望柱 坐落在惠安县崇武镇靖江村钱侯巷。明代始建，为纪念崇武钱姓 6 世祖钱储而建造。牌坊采用花岗岩构成，两侧望柱顶端各雕塑一尊狮子。狮子坐状，前爪抓地有力，怒目耸耳，昂首天宇。

崇武明代军伍水井——下寮街井 坐落在惠安县崇武镇靖江村钱忠的千户府第旁的下寮街，清代将街中一段改称“卢厝街”。下寮街中有军伍“一伍”军营房，造水井一口，供军营使用，配石盆一个。

周宁玉山禅寺 坐落在周宁县浦源镇吴山底村附近。北宋淳化年间（990—994）始建，以钱敬成为首创建大雄宝殿一座（吴仕部献田 22.2 亩），供奉贴金三如来佛坐像，正中是佛祖释迦牟尼，两侧为十八罗汉。2003年7月8日重建，东西宽30米，南北深52.7米，总面积1581平方米，重建观音阁、大雄宝殿前座，共有3座大殿。

古田仙亭殿　坐落在古田县钱厝村山边洋水尾瀑布左边渠顶。相传因仙人指点修渠成功而建亭纪念，后与周厝人在亭址上共同扩建，故名。民国末期因风雨侵蚀而倒塌，1992年，旅居马来西亚的乡贤钱本振（海俤）出资重建。砖木结构，宽8.4米，深6.3米，建筑面积53平方米。正中主殿供奉马、葛、蔡三位仙奶，两边为厢房，2014年维修。2016年，村民钱素俤、吴锦珠伉俪在征得钱海俤后人同意后，独自出资55万元，拆除原殿，在原址上扩建新殿。新殿宽8.51米，深9.12米，主殿面积78平方米。外墙砖混结构，内殿木结构。四根圆柱、两副梁架，总栋头高7.46米。飞檐翘角，雕梁画栋，绘“双龙抢珠”。新殿于2016年农历十二月初七竣工落成。

第五章　人　物

第一节　人物传

钱弘佐（928—947）　字玄祐（一作“元祐”），五代十国时吴越国国王，941—947年在位。性淳厚，擅长书法。后晋天福六年（941年）任镇国大将军、右金吾卫上将军、镇海镇东节度使等职，敕封吴越国王，进检校太师兼中书令。次年，赐保邦宣化忠正翊戴功臣。天福八年，赐钱弘佐吴越国王玉册，这是一项从后梁时创立的赐封历代吴越国君的定制。开运三年（946年）至次年，钱弘佐两度派军进入名义上臣服南唐、实则独立的福州，击败围攻福州的南唐军队后占领福州，使吴越国避免北、西、南三面被南唐包围的困局。此后，其子孙定居福州南台。钱弘佐被奉为入闽始祖。

钱　熙（953—1000）　字太雅，南安人。博贯群籍，善属文。宋雍熙二年（985年）进士。陈洪进辟其为巡官，专掌笺奏。宰相李昉深加赏重，为他延誉于朝。补度州观察推官，迁殿中丞、直史馆。淳化中（990—994）任参知政事，坐事削职。宋真宗即位，迁右司谏，通判杭州，被劾徙越州。愤恚成疾而卒。

钱四娘　长乐人。宋皇祐元年（1049年）生，一说生于天圣年间（1023—1032）。钱四娘早年丧母，随父在广东，其父一生为官，积劳成疾，病故任上。她搬父柩回乡，经过莆田，被泛滥成灾的木兰溪所阻，听群众说木兰溪一方面泛滥成灾，另一方面田园又无水可灌。治平元年（1064年），年仅16岁的钱四娘就产生了来木兰溪建陂的念头。父柩安葬完毕后，钱四娘变卖家产，加上父亲留下的钱财，凑齐10万缗前来建陂，她孤身一人带巨资来为莆田建陂，感动了莆田广大民众。虽然陂被冲毁，但影响极大。至今莆田群众对此念念不忘。因钱四娘有功德于百姓，宋朝廷敕封其为“夫人”，俗称钱夫人，又加封她为“妃”。

钱　储　明嘉靖年间（1522—1566）任守御崇武千户所千户。嘉靖三十七年（1558年），倭寇从海道攻崇武城。钱储身先士卒，奋力死守，战斗七昼夜，敌多折伤，退去。翌年三月，倭寇再度攻城。钱储督北门，百户王铁督南门。相持十余日，敌攻不下，退去。嘉靖三十九年四月初二，倭寇突至，崇武城失守，钱储与王铁为掩护民众协力奋战，战殁。城陷42日，钱储父子兄弟满门十余人死难，军民死伤枕藉。五月十一日，闽宪万育吾（万民英）率军反击，复崇武城。崇武民众自发在北门外后湖路石盘下开筑灰圹收埋骨骸，设“崇疆厉坛”为祭祀之所。后“崇疆厉坛”改建为无祀宫，逐渐拓建，将钱储、王铁塑像奉祀宫中，将他们遇难的四月初二定为主祀日。钱储在崇武驻防时的居所在崇武古城内东北区域，因其死后封为靖江侯，村即名靖江村，故居所在地名钱侯巷。崇武古城西门外建于明弘治十三年（1500 年）的三官宫中，门殿正面东侧壁堵嵌着一座石碑，碑额“崇武所武德将军钱公”，此碑为纪念钱储的功绩而立。

钱文林（1541—1614） 字仲乔、号爱溪，连城人。钱文林独费千金，加深、加宽环绕连城城区的小溪，垒石砌邓光陂，引文川河水入城，为城里居民解决饮水生活问题；独资开辟连城县西边虎忙岭道路；首倡并捐重资建文庙塔与石桥；捐书田专款建汀州郡试馆；倡首捐建均禄公宗堂。清雍正六年（1728 年）奉旨旌表崇祀忠孝祠。

钱甚德（1875—1951） 又名钱番芝，龙海紫泥乡钱厝村人。民国初在石码十六间自营“春发栈”纸箔，1936 年在厦门设纸箔工场和“振茂”进出口商行。1946 年在香港设合盛行有限公司，经营纸箔、纱布等进出口业务，纸箔产品畅销香港、台湾以及南洋等地。平素乐善好施，在石码行“施药、施棺、施赈”善举。

钱玉光（1894—1981） 字秀春，古田人。1922 年组织自卫军，1923 年任闽北民军卢兴邦部团长，1933 年福建省政府任命为省防军第四旅少将旅长，省绥靖旅长。1943 年，日军占领福州，带领抗日游击队在闽侯大湖、小北岭抗击日军，1946 年选为古田县副参议长，1947 年当选为民国国大代表。中华人民共和国成立后，1950 年说服前古田县保安队队长陈作成及其部携械投诚，劝说屏南匪首陈茂康投诚，促使屏南县和平解放。先后担任过古田县人民政府委员、县人大代表、县政协委员。1965 年退休。

钱仿周（1904—1968） 古田人。1922 年南渡砂拉越诗巫，后移居泰国孙曾里。1938 年至 1947 年在云南省西双版纳考察，试种天然橡胶。1947 年 7 月组建暹华橡胶垦殖股份有限公司，任总经理，率领侨胞回景洪县橄榄坝种植橡胶树获得成功。他的创举突破了《大英百科全书》关于“橡胶仅生长在界限分明的热带地区，大约赤道以南或以北 10°以内”的结论，使中国成为新崛起的天然橡胶基地，他也被誉为“爱国志士”“西双版纳橡胶之父”。曾当选为云南省政协委员。

钱庭宝（1919—1983） 福州人。1956 年毕业于北京大学化学系。同年 8 月到南开大学化学系工作，后任教授何炳林的科研助手。1958 年何炳林教授领导创建高分子化学教研室，钱庭宝亦为创始人之一。钱庭宝一直从事高分子化学的教学和离子交换树脂及吸附树脂的研制工作，取得了许多有较高学术水平和很大应用价值的科研成果，被誉为中国离子交换树脂项目奠基人。

钱本忠（1924—2005） 古田人。1947 年加入中国共产党。1949 年福建省医学院毕业，1951 年任职于福州柴井医院（今福州市第一医院），曾任外科主任、院长。1958 年被授予卫生部银质奖章。1986 年受聘兼任福建医科大学教授。1993 年享受国务院政府特殊津贴。

第二节 人物录

钱弘儇 五代后周广顺元年（951 年）任福州刺史。

钱元瓒 五代后周广顺二年（952 年）知彰武军节度事。

钱 昱 宋开宝七年（974 年）任福州刺史。

钱景钦 封授御史，入闽始祖。南宋建炎元年（1127 年）由浙江省长兴县平寮入闽，定居福州。

钱 俣 宋高宗时（1127—1162）任福建提举。

钱 忠 明洪武二十八年（1395 年）任惠安崇武所千户。

钱　贵　明惠安崇武所千户。

钱　鼎　明惠安崇武所千户。

钱际昌　明惠安崇武所千户。

钱　瑛　明惠安崇武所千户。

钱　宏　明嘉靖年间（1522—1566）任福建巡抚。

钱中选　明万历三十五年（1607年）任福建都指挥佥事。

钱　琦　清乾隆三十一年至四十三年（1766—1778）任福建布政使。

钱德辉（1794—1860）　连城人。清咸丰十年（1860）冬，流寇忽然攻下汀州城，钱德辉刚好在汀州赴试，流寇抓住他后把刀架在他脖子上，逼其投降归服，他不肯投降，被先后砍了四刀，后伤势严重去世，时年66岁。同治七年（1868年）连城县令黄公将其事迹申报朝廷，同治九年奉旨旌表钦赐世袭云骑尉三代。

钱国璋　连城人。曾被朝廷授予县丞、例赠修职郎，因不满朝廷腐败，抛弃功名，离开官场返回家乡，致力于钱氏宗族事务，开办私塾，培养后人，修理祖坟，扩大祀田。

钱庭玉（1925—1998）　福州人。福建农学院植保系毕业，中国华南热带植物研究所研究员、教授，天牛防治专家。

钱家腾（1935—2008）　福州人。北京师范大学数学系毕业，福州大学计算机系教授、系主任，福州大学阳光学院副院长。

钱午巧（1940—2016）　福州人。福建农科院毕业，研究员，享受国务院特殊津贴。曾任福建农科院纪委书记，工会主席。研究成果曾获农业部科技进步二等奖。

钱有然（1945—2002）　古田人。清华大学毕业，1988年受聘在美国密苏里大学任教，1995年聘为终身教授。

钱西明（1960—1999）　古田人。1982年7月于中国人民解放军第二炮兵工程学院毕业。曾在国防科研保密单位工作，火箭高级工程师，上校军衔，因公致病并逝世在工作岗位上。

第三节　历代进士名录

宋　代

姓名	籍贯	中进士年间与科榜
钱　熙	南安	宋雍熙二年（985年），乙酉科，梁灏榜
钱征吉	南安	宋大中祥符八年（1015年），乙卯科，蔡齐榜
钱　效	南安	宋皇祐五年（1053年），癸巳科，郑獬榜
钱大荣	晋江	宋宣和三年（1121年），辛丑科，何涣榜
钱易直	霞浦	宋绍熙元年（1190年），庚戌科，余复榜
钱德谦	南安	宋庆元二年（1196年），丙辰科，邹应龙榜
钱祖成	南安	宋嘉泰二年（1202年），壬戌科，傅行简榜
钱景良	南安	宋嘉定十六年（1223年），癸未科，蒋重珍榜

清　代

姓名	籍贯	中进士年间与科榜
钱王臣	松溪	清乾隆二年（1737年），丁巳科，于敏中榜
钱起源	福州	清嘉庆二十五年（1820年），庚辰科，陈继昌榜

第二十篇

鄢姓

《福建姓氏志·鄢姓篇》编纂委员会

顾　　问：鄢一忠

名誉主任：鄢仁云

主　　任：鄢行庄

常务副主任：鄢行龙

副 主 任：鄢天强　鄢行飞　鄢行杜　鄢礼镜

委　　员：鄢仁锦　鄢展模　鄢行明

《福建姓氏志·鄢姓篇》编辑部

主　　编：鄢仁锦

副 主 编：鄢礼镜　鄢展模　鄢行明　鄢小青

成　　员：鄢振冬　鄢　锋　鄢庆权　鄢行扬　鄢仁榕　鄢仁河　鄢行观
鄢仁绥　鄢茂良　鄢泽良　鄢尧灿　鄢志林　鄢金弟　鄢富元
鄢余平　鄢水旺

目 录

鄢姓源于轩辕黄帝，还有赐姓以及其他原因得姓，少数民族中也有一些鄢姓。鄢姓入闽最早在南宋绍熙年间（1190—1194），鄢太澄由江西省临川县入闽游历，于绍熙四年定居闽北绥安（今三明市建宁县）。明、清、民国时期，先后有十几支（次）鄢姓族人由江西、浙江等地入闽，多数居住在闽西、闽北、闽东等地。据2016年福建省人口统计，全省鄢姓人口总数为12887人。主要分布在福州市的永泰县和闽清县、南平市的延平区、三明市的建宁县等地。鄢识后裔人口最多，鄢太澄、鄢伯元后裔人口次之。福建鄢氏的祠堂、祖墓、名胜古迹及名人故居中，列入全国重点文物保护单位3个，省级文物保护单位3个，县级文物保护单位11个。福建鄢姓尊燕国的鄢乾为先祖，以“太原”“范阳”“平阳”为郡望，“太原”为主要堂号。

第一章 源 流

第一节 溯 源

一、源自妘姓

黄帝之孙颛顼后裔求言封于郐，又称会人，为妘姓。西周时，67世妘璞封地在鄢（今河南鄢陵西北），建立鄢国，周平王东迁第二年（前769年），郑武公乘周王室衰弱之机，出兵吞并鄢国。妘美遭遇国破家亡，因怀念故国，以国名“鄢”为姓。此为鄢氏得姓最早的一支。

二、源自姬姓

春秋初（前740年前后）发生“郑伯克段于鄢”事件，郑庄公之弟共叔段的儿子公孙滑留居卫国，后食采鄢邑，公孙滑就以邑“鄢”为姓。

黄帝曾孙帝喾之后裔、周文王姬昌第五子召公姬奭封于燕（今北京一带），其长子姬克到藩就任。公元前222年秦灭燕时，召公后裔、燕孝王之幼子姬乾，为躲避追杀，举家迁往赵国晋阳（今山西太原）附近隐居，易燕（国）为鄢姓，并将所居之地取名为鄢坊。

三、源自赐姓

西汉初年，燕国燕伋公的后裔希巽因抗击匈奴有功，汉文帝赐其姓鄢。

第二节 入 闽

南宋绍熙四年（1193年），鄢乾55世鄢太澄，因屡试不第，携弟鄢元定、鄢元年，由江西临川入闽，定居绥安黄溪堡上查源（今建宁县溪口镇溪枫村）。

明洪武年间（1391--1398），江西抚州临川县人鄢识任浙江金华同知，所辖之地遭倭寇侵扰失陷，被谪戍闽之延津（今南平市樟湖坂），因染病，动身前逝世，葬抚州原籍。鄢识妻杜氏携三个儿子鄢法真、鄢舍孙、鄢法春编入谪戍队伍到南平。永乐二年（1404 年）到永福利洋（今永泰麟阳）屯田，麟阳鄢氏由此开基。①

明嘉靖年间（1522—1566），鄢伯元由江西省南丰县太和镇入闽，寓居长汀府（今长汀县），后又迁往上杭县平安里曹坑和白沙里汉坑村（今才溪镇荣石村）定居。

明万历年间（1573—1620），鄢时毛由江西省黎川县入闽，定居光泽县华桥乡大禾山村。

清乾隆年间（1736—1795），鄢万某兄弟 3 人，由江西省建昌府（范阳堂）入闽，其中 1 人定居建瓯县小松镇渔村村。

清乾隆末至嘉庆初，鄢子金由浙江省庆元县东溪乡入闽，定居寿宁县托溪乡洋边村。

清嘉庆年间（1796—1820），鄢云玉由江西省建昌府新城县（今黎川县）入闽，寓居延郡南邑（今南平市），3 世鄢光宇转迁至沙邑三都柏洋（今三明市沙县郑湖乡庆洋村）定居。

清末，鄢荣忠由江西省黎川县入闽，先寓居光泽县东门，后定居寨里镇小寺州村黄茅园。

民国初，鄢荣清与侄鄢登敬由浙江省龙泉县入闽，定居松溪县花桥乡路桥村。

第三节　繁　衍

一、鄢太澄家族

鄢太澄入闽定居绥安黄溪堡上查源。8 世鄢吉郎迁居西区和德坊（今建宁县里心镇双溪村）、鄢仲郎迁徙江右玉田（今江西省南丰县）、鄢惠郎迁居枫源（今建宁县溪口镇）。其后裔先后迁徙福建光泽，江西上饶、贵溪、新余、分宜、宁都、丰城、玉山、新城、铅山、上高、南丰，浙江开化、江山、建德，湖南沙溪等地。

二、鄢识家族

明永乐二年（1404 年），鄢识妻杜氏携子鄢法真、鄢舍孙、鄢法春开基永泰麟阳。明正统十三年（1448 年），麟阳鄢氏 2 世鄢法真被诬陷勾结沙县邓茂七造反，家族遭受灭门之祸；其三弟鄢法春逃往江右，后又迁徙湖南省新宁县白马塘隐居，有后裔迁徙四川乐至；3 世鄢璇夫妇及子、侄等 6 人逃匿，26 年后（即明成化十年）返回大洋镇麟阳村，其后裔先后迁居大洋镇大展、凤阳、漈尾、明星、旗东等村。6 世鄢文教迁居闽清县塔庄镇溪东村。7 世鄢茂枝迁居永泰县同安镇官田村。11 世鄢孟豪迁居永泰县梧桐镇坵演村。12 世一部分“道”字辈族人迁居永泰县红星乡过岭。13 世鄢宗注迁居永泰县城关，鄢宗春迁居永泰县城峰镇凤岭通天隔，鄢宗球、鄢宗田迁居永泰县嵩口镇洋中村，鄢宗松、鄢宗拔、鄢宗务迁居闽清县渡口，鄢宗琳、鄢宗广迁居古田县黄田镇，鄢宗言迁居闽侯县白沙镇大目埕。17 世一部分“则”字辈族人迁居永泰县岭路乡二楼村。18 世一部分“秉”字辈族人迁居永泰县葛岭镇九老村，其后裔又先后迁居福州市区和福清、连江、闽侯、南平、三明、莆田、泉州、漳州、龙岩、厦门等市（县）。

三、鄢伯元家族

鄢伯元由江西省南丰县太和镇入闽，先居汀州府城内，后迁居上杭县平安里曹坑村和白沙里汉坑村

① 另一说，根据清乾隆五十七年（1792 年）二修的《绥安鄢氏家谱》中记载：“仲亨公之子识几公复迁榕城永福麟阳”，有人推断识几公即鄢识，是建宁人。

（今上杭县才溪镇荣石村）。9世鄢得胜迁居上杭县旧县镇兰田村，鄢得明迁居南平市延平区赤门乡西山村，鄢盛忠、鄢盛志兄弟迁居赤门乡大樟村，鄢德春迁居闽清县雄江镇岭兜村。

第四节　郡望、堂号

一、郡望

太原郡　战国秦时置郡，治所在晋阳（今山西太原西南），鄢乾首居太原，后裔遂成望族。

范阳郡　三国魏时置郡，治所在蓟县（今北京城西南）。秦二世时鄢乾由太原迁徙范阳，后裔遂成望族。

平阳郡　三国时置郡，治所在平阳（今山西临汾西南）。因鄢希巽为汉朝立下战功，受封于平阳，后裔遂成望族。

二、主要堂号

太原堂　先祖鄢乾首居太原而得名，永泰、闽清、建宁县等地鄢姓聚居地均以“太原”为堂号。

第二章　分　布

第一节　人口分布

2016年6月，福建省公安厅户籍人口统计数据（不含金门、马祖），全省鄢姓人口总数12887人，分布于全省各市、县（区、市）及平潭综合实验区。

表20-1　**2016年福建省鄢姓人口分布情况表**　单位：个、人

市（区）别	县（区、市）数	人口数	各县（区、市）人口数
福州	12	9274	鼓楼区482，台江区219，仓山区402，晋安区225，马尾区39，福清市86，长乐市27，闽侯县157，连江县21，闽清县800，罗源县3，永泰县6806
厦门	6	292	思明区157，湖里区52，集美区42，海沧区13，同安区42，翔安区10
漳州	11	49	芗城区16，龙文区4，龙海市4，漳浦县2，诏安县1，东山县1，平和县5，南靖县5，长泰县2，台商投资区8，漳州开发区1
泉州	11	82	鲤城区8，丰泽区9，洛江区3，泉港区3，石狮市8，晋江市18，南安市8，惠安县4，安溪县12，德化县4，永春县5
三明	12	1403	三元区39，梅列区58，永安市100，清流县1，宁化县3，建宁县941，泰宁县23，明溪县23，将乐县38，沙县128，尤溪县34，大田县15
莆田	5	45	仙游县13，荔城区12，城厢区6，涵江区9，秀屿区5

续表

市（区）别	县（区、市）数	人口数	各县（区、市）人口数
南平	10	1440	延平区 463，建阳区 210，邵武市 90，武夷山市 77，建瓯市 184，顺昌县 76，浦城县 205，光泽县 48，松溪县 77，政和县 10
龙岩	7	121	新罗区 42，永定区 5，上杭县 48，武平县 7，长汀县 5，连城县 3，漳平市 11
宁德	9	157	蕉城区 17，福安市 12，福鼎市 3，霞浦县 5，寿宁县 85，周宁县 2，柘荣县 1，古田县 29，屏南县 3
平潭	1	7	

第二节　主要聚居地

一、福州市鄢姓

（一）闽侯县

白沙镇大目埕村　清乾隆年间（1736—1795），鄢日有由闽清县塔庄镇溪东村迁入。今传 9 世，居村 8 户、40 多人。

鸿尾乡古阳村　1953 年，鄢宗拔后裔鄢体春由闽清县梅溪镇渡口村迁入。今传 4 世，居村 5 户、30 多人。

（二）闽清县

塔庄镇溪东村　明嘉靖年间（1522—1566），鄢文教由永泰县大洋镇麟阳村迁入。今传 15 世，居村 5 户、30 多人。

塔庄镇秀洋村　鄢金兔由溪东村迁入。今传 9 世，居村 6 户、30 多人。

雄江镇安岭村　清康熙二十八年（1689 年），鄢德春由上杭县旧县镇兰田村迁入。今传 14 世，居村 5 户、30 多人。

梅溪镇渡口村　清乾隆二十六年（1761 年），鄢日弟由塔庄镇溪东村迁入。今传 8 世，居村 40 余户、140 多人。

上莲乡新村村　清乾隆五十年（1785 年），鄢乘龙由永泰县大洋镇麟阳村迁入，今传 11 世，居村 100 余户、430 多人；咸丰九年（1859 年），鄢子科由塔庄镇溪东村迁入，今传 10 世，居村 50 余户、250 多人。

上莲乡村尾村　鄢春来由塔庄镇溪东村迁入。今传 9 世，居村 10 余户、40 多人。

（三）永泰县

大洋镇麟阳村　明永乐二年（1404 年），鄢识妻杜氏携子迁入。今传 25 世，居村 450 余户、2100 多人。

大洋镇大展村坡头　清顺治年间（1644—1661），鄢孔知由麟阳村迁入。今传 12 世，居村 60 余户、280 多人。

大洋镇大展村百岁公厝（大洋旧厝）　清康熙五十九年（1720 年），鄢道具由麟阳村迁入。今传 12 世，居村 200 余户、800 多人。

大洋镇大展村里头隔 清雍正六年（1728年），鄢道水由麟阳村迁入。今传12世，居村50余户、270多人。

大洋镇大展村洋尾寨（旧寨、新寨） 清乾隆四十五年（1780年），鄢宗尹由麟阳村迁入。今传11世，居村260余户、1000多人。

大洋镇大展村猫头厝（前隔） 清宣统二年（1910年），鄢铨金、鄢铨容、鄢铨琼、鄢铨简兄弟由麟阳村迁入。今传6世，居村20余户、90多人。

大洋镇凤阳村 明嘉靖三十五年（1556年），鄢茂橙由麟阳村迁入。今传18世，居村170余户、940多人。

大洋镇漈尾村 清乾隆年间（1736—1795），鄢子东、鄢子骅兄弟由凤阳村迁入。今传11世，居村50余户、300多人。

大洋镇明星村 清嘉庆年间（1796—1820），鄢赞元由漈尾村迁入。今传10世，居村30余户、190多人。

大洋镇旗东村 明嘉靖年间（1522—1566），鄢云松由麟阳村先迁同安镇辅弼（今同安村附近）后转迁入。今传16世，居村10余户、40多人。

同安镇红阳村官田 明万历年间（1573—1620），鄢茂枝由大洋镇麟阳村迁入。今传16世，居村8户、30多人。

梧桐镇坵演村 清康熙二十七年（1688年），鄢孟豪由大洋镇凤阳村迁入。今传15世，居村200余户、820多人。

嵩口镇洋中村 清雍乾年间，鄢宗球由闽清县塔庄镇迁入。今传9世，居村30余户、120多人。

嵩口镇村洋村 清乾隆三十年（1765年），鄢宗默、鄢宗煌兄弟由大洋镇大展村迁入。今传11世，居村30余户、200多人。

城峰镇凤岭村 清乾隆年间，鄢宗春由大洋镇麟阳村迁入。今传9世，居村20余户、90多人。

樟城镇登高社区 清乾隆年间，鄢宗注由大洋镇麟阳村迁入，今传9世，居社区18户、70多人；道光年间（1821—1850），鄢子旺由梧桐镇坵演村迁入，今传7世，居社区11户、40多人。

富泉乡庵后村 清道光年间，鄢绍居由大洋镇麟阳村迁入。今传7世，居村10余户、40多人。

富泉乡力星村大磨洋 清同治年间（1862—1874），鄢绍宝由大洋镇麟阳村迁入。今传7世，居村10余户、40多人。

二、三明市鄢姓

（一）建宁县

溪口镇溪枫村 南宋绍熙四年（1193年），鄢太澄由江西抚州临川桐林岭迁入。今传33世，居村40余户、250多人。

溪口镇渠村 清顺治十二年（1655年），鄢世檄由溪口镇溪枫村迁入。今传15世，居村10余户、60多人。

里心镇和德坊村 元至正十五年（1355年），鄢吉郎由溪口镇溪枫村上查源迁入。今传23世，居村40余户、280多人。

（二）沙县

郑湖乡庆洋村 清嘉庆年间（1796—1820），鄢云玉由江西省建昌府新城县（今黎川县）迁入福建延郡南邑（今南平市），3世鄢光宇转迁到延郡沙邑三都（今沙县庆洋村）定居。今居村20余户、90多人。

三、南平市鄢姓

（一）延平区

赤门乡西山村　清康熙三十六年（1697 年），鄢得明由上杭县白沙里汉坑村（今才溪镇荣石村）迁入。今传 14 世，居村 40 余户、180 多人。

赤门乡大樟村　清康熙三十九年，鄢盛忠、鄢盛志两兄弟由上杭县平安里曹坑村（今上杭县才溪镇荣石村）迁入。今传 14 世，居村 40 余户、180 多人。

（二）建阳区

徐市镇大闸村　今居村 12 户、50 多人。

麻沙镇吕屯村　1938 年，鄢闾式由永泰县大洋镇大展村迁入。今居村 10 余户、50 多人。

（三）建瓯市

小松镇渔村村　清乾隆年间（1736—1795），鄢姓“万”字辈族人由江西省建昌府迁入。今传 12 世，居村 40 余户、150 多人。

（四）光泽县

寨里镇黄茅园村　清末，鄢荣忠由江西省黎川县迁入。今传 9 世，居村 9 户、40 多人。

华桥乡大禾山村　明万历年间（1573—1620），鄢时毛由江西省黎川县郑源四十五都迁入。今居村 6 户、30 多人。

（五）松溪县

花桥乡路桥村　民国初，鄢荣清、鄢登敬叔侄由浙江龙泉迁入。今传 5 世，居村 9 户、40 多人。

茶平乡铁岭村　今居村 7 户、30 多人。

四、龙岩市鄢姓

上杭县

才溪镇荣石村　明嘉靖年间（1522—1566），鄢伯元由江西省南丰县太和镇迁入。今传 19 世，居村 7 户、30 多人。

旧县镇兰田村　清康熙年间（1662—1722），鄢得胜由才溪镇荣石村迁入。今传 13 世，居村 6 户、30 多人。

五、宁德市鄢姓

（一）寿宁县

托溪乡洋边村　清乾隆末嘉庆初年，鄢子金由浙江省庆元县东溪乡砵窑村迁入。今传 10 世，居村 20 余户、90 多人。

（二）古田县

水口镇黄田村　清乾隆年间（1736—1795），鄢宗琳、鄢宗广由闽清县塔庄镇东溪村迁入。今传 8 世，居村 8 户、30 多人。

第三章 谱 牒

第一节 福州市

一、永泰县

《麟阳鄢氏族谱》 明嘉靖二十四年（1545年）麟阳鄢氏6世鄢峻首修，万历三十八年（1610年）7世鄢茂材及其孙鄢廷爵二修，清顺治十七年（1660年）9世鄢正衡、鄢泓弓三修，光绪四年（1878年）16世鄢志隆、鄢昭成四修（竖排、刻板印刷），1936年16世鄢耀枢五修，1988年麟阳鄢氏宗亲理事会六修，2012年麟阳鄢氏族谱编纂委员会七修。一、二、三、五次编修的鄢氏族谱均为钞本，仅存其序。谱载谱序、字辈、世系图、世系传人录、祠规族训、播迁记录、历代科举、古代名人、现代人物、传统习俗等。谱存麟阳鄢氏宗祠。

二、闽清县

雄江镇岭兜村《鄢氏族谱》 清康熙二十八年（1689年）编修。谱载谱序与世系。残本。谱存鄢行庆处。

第二节 三明市

一、建宁县

溪枫《绥安鄢氏宗谱》 清乾隆十年（1745年）鄢太澄23世鄢向煜、鄢孔刚等首修，乾隆五十七年鄢松等人二修，道光十七年（1837年）鄢家俊等人三修，同治十年（1871年）鄢家骐四修，光绪二十七年（1901年）鄢邦英五修，2014年绥安鄢氏族谱编纂委员会六修。保存较完整的只有四修、六修谱。谱载谱序、世系传人录、祠规祖训、族产登记、播迁记录、历代科举、古代名人、传统习俗等。谱存太澄公宗祠（鄢氏家庙）。

和德坊《鄢氏宗谱》 清乾隆五年（1740年）首修，建宁县知县刘毓珍作序；嘉庆二年（1797年）鄢必浩等人二修；道光十三年（1833年）鄢郡等人三修；同治十二年（1873年）鄢升、鄢椿林等四修；1913年五修；1995年鄢德康发起，鄢水龙为主编六修。谱载谱序、世系传人录、祠规祖训、族产登记、播迁记录、历代科举、古代名人、传统习俗等。谱存和德坊鄢氏家庙。

二、沙县

庆洋《鄢氏族谱》（河东郡） 清同治四年（1865年）编修。谱载谱序与世系。残本。谱存鄢志林处。

第三节　南平市

一、延平区

赤门《西山鄢氏族谱》　1997 年编修，主编鄢政秉。谱载谱序、世系、名人录、家训、排行字辈等。铅印本。谱存鄢政秉处。

赤门《大樟鄢氏族谱》　2011 年编修，主编鄢受熊，副主编鄢尧灿。谱载谱序、世系、名人录、家训、排行字辈等。铅印本。谱存鄢尧灿处。

二、建阳区

徐市大阐《鄢氏宗谱》　1938 年编修。谱载谱序、世系、族规家训等。雕版印刷本，2 册。谱存鄢全付、鄢全有处。

三、光泽县

《青田鄢氏宗谱》　清光绪二年（1876 年）与江西省黎川县鄢氏合修。残本 1 册，仅存谱序。谱存鄢水旺处。

第四节　龙岩市

上杭县荣石《鄢氏族谱》　为鄢富元回忆记录的钞本。谱载世系。谱存鄢富元处。

第五节　宁德市

寿宁县洋边《鄢氏宗谱》　1926 年，与浙江庆元县东溪鄢氏合修。谱载谱序、世系、排行字辈、家训等。残本。谱存鄢余平处。

第四章　文化遗产

第一节　著作与艺文

［明］鄢茂材　永泰人。著有《莫妙纂》《唐诗汇》《诗评集句》等书，并作《遗珠草》《燕游草》《东瓯即事草》《方内纪游草》《襄阳登舟》《过睢阳次鳌峰韵》《临城道中》《除夕立春》等诗篇。

［明］鄢正畿　永泰人。著有《高盖山房诗抄》《紫顶草》《萌茁草》《正气歌》等诗文集。

［明］鄢正衡　永泰人。著有《小白渡志》。

［清］鄢调元　永泰人。著有《易解》《大学衍义》《十闽名胜笺》等书。

［清］鄢韶成　闽清人。著有《木棉庵怀古》《谒赵公祠诗》《褒贞劝学》《戒溺女》《戒斗》《戒吸

烟》诗文。

［近现代］鄢耀枢　永泰人。作《诗五首》。

［近现代］鄢天金　永泰人。著有《人造卫星导航仪定位精度》《磁罗经自查校正》等书。

［近现代］鄢守楷　永泰人。著有《巴渝吟草》等诗集。

［近现代］鄢秉镛　永泰人。编著有《麟阳鄢氏前谱传序文集》等书。

［近现代］鄢庆和　永泰人。著有《观岚轩诗词书画集》，主编《高盖山古今诗文集》。

［近现代］鄢庆英　永泰人。著有《银海潮声》《银铧犁边》《燃烧希望》《时代当歌》《岁月青春》《擦亮心灵》《菁茵织翠》《人生四然》。

［近现代］鄢行康　永泰人。著有《福建省建筑业财务会计讲义》《中国城乡建筑业财务会计培训教材》。

［近现代］鄢龙翔　永泰人。著有《中国强少年强》。

［近现代］鄢日安　永泰人。作品辑入《国际金鹅奖书画大观》《世界华人艺术精品典藏》，出版《鄢日安观岚轩诗词选》。

［近现代］鄢　武　永泰人。主编《永泰县武术志》，著有《太极辨方水法秘笈》。

［近现代］鄢行龙　永泰人。主编、主审《军事理论教程》。

［近现代］鄢一忠　永泰人。著有《调动一切向上的力量》，主编《福建省村民自治成果集》。

［近现代］鄢兆朋　永泰人。主编《锦凤腾飞》。

［近现代］鄢仁敏　永泰人。编著《源生书画册》。

［近现代］鄢晨熹　永泰人。创作有《福建体育美术作品展作品集》《逐梦山水间》《古寨逢春时》等绘画作品。

［近现代］鄢　萍　永泰人。著有《茶香里的梦》《走不进的黄檗寺》《果园达人》《中文系教授兰娅》《青兰的秘密》等，主编《近现代福州开先人物传》。

［近现代］鄢一龙　永泰人。著有《大道之行（中国共产党与中国社会主义）》《中国国情与发展》等书。

第二节　族规家训

一、建宁鄢氏祠规

国课早完：按律交税，拖欠必究。
尊祖敬宗：先恩考慎，定期祭祖。
恪守祠业：祖祠产业，严密管理。
和睦宗族：敬老尊贤，扶弱爱幼。
议进神主：宗教信仰，各敬其主。
议赠祠银：祠银出赠，登科出甲。

录自《绥安鄢氏宗谱》

二、永泰麟阳鄢氏族训

耕读传家，忠义报国。
弘扬祖德，热心公益。

遵纪守法，树立正气。
尊老爱幼，全族和谐。
加强团结，友好相处。
尊师重教，劝学上进。
廉洁奉公，忠于职守。
勤俭节约，艰苦奋斗。

录自《麟阳鄢氏族谱》

三、寿宁县鄢氏家训

温柔克让，勤俭治家；谦和为处世，孝友以传家。

录自寿宁《鄢氏宗谱》

第三节　宗　祠

福州鄢家花厅　坐落在福州南后街安民巷47~48号。清乾隆年间（1736—1795），由建宁鄢氏与永泰麟阳鄢氏为纪念入闽始祖鄢太澄而合买，经重新装修成“太澄公宗祠”。该祠为明清建筑风格。建筑面积2009平方米；东主宅内有天井、厅房；大门内天井通阔，连接三面走廊，厚长石板铺地，两侧鞍式山墙。正面为“六扇五间排，七柱出游廊”的大厅堂，厅堂共用28根大木柱支撑，穿斗木架，双坡屋顶，厅廊部分遗有木雕花果垂件；正厅两侧厢房窗扇上镶有冰裂纹与不间断“正”字纹两种图案。西花厅为园林小筑，前后两进；轩廊卷棚饰顶、悬钟、雀替刻花果，造型独特，一对青石大柱础四面刻蝙蝠，廊下条石铺地天井。西墙设有两层石制的案几式花架，东墙角建1座木构六角半亭，亭上部翘角筒瓦，如意头扎口，3个小型花篮式悬钟，花纹精细，下部为美人靠。厅内开有小门通二进。二进建有一道篱墙与第一进分隔，中间辟有石框大门作为通道。二进朝向为坐南朝北，与一进隔庭相望，大厅面阔三间，进深七柱，廊下天井，左右回廊，大厅上保留有1根六角形灯杠。2004年被列为福建省文物保护单位，2013年被列为第七批全国重点文物保护单位。

永泰麟阳鄢氏宗祠　坐落在永泰县大洋镇麟阳村卧牛山麓。明永乐二年（1404年）鄢法真始建，正统十三年（1448年）毁于火，成化十年（1474年）鄢仲章重建。建筑面积1100平方米。后经多次重修，依旧保留明代建筑风格，瓦顶飞檐翘脊，回廊环通，土木结构。上落正厅为半井扛梁大厅，宽敞明亮，左右各有厢房三直，十几个房间。下落有上下两埕，上埕建有东西、内外书院。祠前有围墙、门楼、祠埕，结构完整。祠堂大厅正面上方主挂两道“圣旨”桶，和“五马开基”“中兴祖业”“文章节义”3块牌匾。整个大厅及廊院上方还悬挂着“忠义”“节愍”“进士”“文魁”“武魁”“五世其昌”“六品寿官”“恩荣予养”“博士”“伉俪联辉”“科学名家”“书法名家”“体育名家”“造福桑梓”等各类牌匾几十面。祠柱上挂满楹联，均为历代名人所题写，全部用木板雕刻，黑漆金字。1980年被列为永泰县文物保护单位。

绥安鄢氏太澄公宗祠　又称鄢氏家庙，坐落在建宁县溪口镇溪枫村。原由鄢仲德建于后垅前大塘塍路上；清嘉庆十三年（1808年），因旧祠历年久远将倾，移筑于溪枫坊尾。建筑面积800多平方米。土木结构，清代建筑。2016年被列为建宁县文物保护单位。

和德坊鄢氏家庙　坐落在建宁县里心镇双溪村和德坊。清康熙六十年（1721年）修建。建筑面积350平方米。土木结构。

第四节　陵　墓

杜氏墓　位于永泰县大洋镇麟阳村榜里。明代墓，为鄢氏入闽迁樟始祖鄢识夫人杜淑真墓。占地面积 200 平方米。坐南朝北。

鄢璇墓　位于永泰县大洋镇麟阳村祠堂下厝后山左边山仑上。明代墓，为三世祖鄢璇与夫人张氏合葬墓。占地面积 400 平方米。坐东朝西。墓左侧下方路边立有“中兴祖业”石碑。

鄢涧墓　位于永泰县大洋镇麟阳村榜里。明代墓，为五世祖鄢涧与夫人陈氏合葬墓。占地面积 200 多平方米。坐南朝北。全石结构，墓面呈现八卦形，墓碑刻有“安全宅”字。

鄢峻墓　位于永泰县大洋镇下苏村狮尾崙。明代墓，为六世祖鄢峻与夫人林氏合葬墓。占地面积 3000 多平方米。坐南朝北，墓石结构，有碑无字，设有墓亭、月池、花坛。

鄢正畿墓　位于永泰县同安镇官田村水尾。原系明代土墓，为九世祖鄢正畿与夫人杜氏合葬墓。坐南朝北。2011 年由麟阳鄢氏宗亲理事会出资整修为水泥石墓。

鄢一栋墓　位于永泰县大洋镇麟阳村后卞潭下崙。清代墓，为十二世祖鄢一栋与夫人陈氏合葬墓。占地面积 300 平方米。坐西南朝东北。石结构，墓前有石棋杆柱二根。

鄢太澄墓　位于建宁县溪口镇才溪村兰陂水库上，蟹形山下水田中央。南宋嘉定十六年（1223 年）建造。占地面积 150 平方米。坐西朝东。墓石碑刻“宋故始祖鄢公五太澄之墓”。

鄢伯元墓　位于上杭县才溪镇荣石村与旧县镇兰田村交界处牛肠里桥角头。明代墓，为上杭鄢氏入闽始祖鄢伯元与夫人黄氏合葬墓。占地面积 100 平方米。坐西朝东。

第五节　古建筑

昇平庄　又名洋尾寨新寨，坐落在永泰县大洋镇大展村上卞湖。清嘉庆年间（1796—1820）鄢兆英兄弟合建。占地面积 6000 平方米，建筑面积 4000 多平方米。属四落一回照加二横楼，大小房间计 365 间，为防御性功能古寨堡。1949 年初曾是中共闽中游击队司令部驻地。2019 年被列为全国重点文物保护单位。（见彩图 20-1）

凤形厝　坐落在永泰县大洋镇凤阳村。明登封知县鄢廷诲故居。嘉靖三十五年（1556 年）鄢茂橙始建，历经 9 年，于嘉靖四十四年落成。凤形厝地势如凤，因而得名。占地面积 3600 平方米，建筑面积 1600 平方米。明代建筑风格，系全木结构八扇厝，由正座、下座、上下书院，左右横楼、门庭和泮池组成。正座左右两边各有一方一圆古井，大厅正脊隐于隔层，前后厅和下厅地面是松木板铺设。明翰林院编修内阁学士黄文焕于万历二十四年（1596 年）在此厝出生。2019 年被列为福建省文物保护单位。

凤形厝

荣寿庄　又名洋尾寨旧寨，坐落在永泰县大洋镇大展村上卞湖。清乾隆四十五年（1780 年）鄢宗尹修建。占地面积 5000 多平方米，建筑面积 3000 多平方米。属三落一回照加二横楼。共有 280 多个房间，为防御性古寨堡。1949 年初曾是中共闽中游击队驻地。2019 年被列为福建省文物保护单位。

荣寿庄

村尾寨　坐落在闽清县上莲乡新村。清咸丰元年（1851年）鄢子职三子鄢珍可、四子鄢典可修建。清代建筑风格，石、土、木结构。占地面积4200平方米，建筑面积3120平方米。是具有防御性功能的古寨堡。2019年被列为闽清县文物保护单位。

老禄庄　又名土厝，坐落在永泰县大洋镇漈尾村。清乾隆年间（1736—1795）鄢子东、鄢子骅兄弟修建。占地面积4000多平方米，建筑面积2500多平方米。土木结构，大厅两旁的八根大柱以土夯筑而成，故得名土厝。厅柱高10米，直径0.55米，厅堂宽19米，面积约300平方米。2003年被列为永泰县文物保护单位。

新庄厝　又名大洋旧厝，坐落在永泰县大洋镇大展村下卞湖坊下街。清康熙五十九年（1720年）六品寿官鄢道具修建。建筑面积2300平方米。清代建筑风格，全木结构。2017年被列为永泰县文物保护单位。

展凤庄　又名旗杆厝，清知县鄢必兴故居，坐落在永泰县大洋镇大展村下卞湖陈盘洋。清乾隆年间（1736—1795）鄢子亮、鄢子南、鄢子台修建。占地面积6000平方米，建筑面积4200平方米。清代建筑风格，全木结构，1926年部分建筑物被火毁，仅遗留厢房，2002年又火毁。后重建为土木结构的八扇厝，建筑面积2500平方米。2017年被列为永泰县文物保护单位。

珍安堡　又名凤阳寨，坐落在永泰县大洋镇凤阳村。清乾隆六年（1741年）鄢宗旺修建，鄢宗恭夫人朱氏主理。占地面积9000平方米，建筑面积7200平方米，大小房间共360余间。寨墙全部用青石砌成，为防御性古寨堡。2017年被列为永泰县文物保护单位。

凤隔庄　坐落在永泰县大洋镇大展村里头隔。清雍正年间（1723—1735）鄢道水修建。占地面积2360平方米。清代建筑风格，全木结构。2017年被列为永泰县文物保护单位。

庆湖庄　坐落在永泰县大洋镇麟阳村。清光绪二十三年（1897年）鄢则顺修建。占地面积1500多平方米，建筑面积2000平方米。清代建筑风格，土木结构。2017年被列为永泰县文物保护单位。

绍宁庄　又名下新厝，坐落在永泰县大洋镇漈尾村。1912年鄢绳祖修建。占地面积2000平方米，建筑面积1500平方米。大厅殿眉镂刻"福、禄、寿、康、宁"字，大厅两边四扇高窗精美雕刻，右侧正房"喜上眉梢""百鸟朝凤"，左侧官房"鱼、虾、蟹、鲎"四幅浮雕。下厅一根长达13.5米的主力大梁横贯南北，中部稍鼓，两头渐锥。正厅大门两扇厚重坚固，另设三重暗锁，藏玄机，防盗贼。2017年被列为永泰县文物保护单位。

升平庄　又名坂尾乾厝，坐落在永泰县大洋镇大展村。1916年鄢秉勇修建。占地面积4000平方米，建筑面积3000平方米。土木结构，共有房间208间。2017年被列为永泰县文物保护单位。

后卞厝　坐落在永泰县大洋镇麟阳村后卞村口。抗倭义士鄢峻故居，明中叶鄢俊修建。占地面积600平方米，建筑面积400平方米。全木结构，后毁于火，1947年重建正厅。

第六节　民间信仰

永泰麟阳五显大帝诞辰日活动　农历五月十三日，传说为五显大帝（灵官、华光、三眼、紫薇、长生）的诞辰日。在永泰县大洋镇的麟阳、大展、凤阳村，梧桐镇的坵演村、闽清县上莲乡的村尾等鄢氏人口居住比较集中的地方，每年都要举行祭祀活动，祈求风调雨顺、岁岁平安。祭祀活动除了在五显大帝庙内摆放猪、羊、鸡、花生、水果等供品外，还聘请道士做道场、施法术，烧香、点烛、燃放鞭炮；组织歌舞乐队吹打唱跳，抬着神像或真人（扮神灵）坐钉轿巡游；有的请戏班子日夜演戏，延续时间长达月余。

第七节　名胜古迹

名山室　坐落在永泰县大洋镇高盖山上。唐文德元年（888 年）始建，宋元屡有修建，明嘉靖年间（1522—1566）鄢涧重建，清光绪年间（1875—1908）焚于火，1926 年鄢氏族人出资重建。名山室分东、西两室。东室岩壁上有一幅高 2 米、长 10 米的摩崖石窟图“七比丘雕像”，是中国仅存的南宋时期创立的宗教“白莲菜——莲社七祖图”，为宗门之祖的造像遗址；西室观音洞内的男性观音石雕像也较为罕见。1991 年被列为福建省文物保护单位，2006 年被列为全国重点文物保护单位。（见彩图 20-2）

麟瑞塔　坐落在永泰县大洋镇麟阳村后下村口。明万历二十三年（1595 年）鄢煖首倡，鄢氏合族建成。该塔占地面积 500 平方米，建筑面积 200 平方米。五层全木结构，六角形，塔顶有葫芦，塔高 27 米，周长 42 米。1980 年被列为永泰县文物保护单位，2019 年被列为福建省文物保护单位。

麟瑞塔

五显庙　坐落在永泰县大洋镇麟阳村。明永乐二年（1404 年）始建，历代不断扩建。占地 2000 多平方米，建筑面积 1500 平方米。供奉五显三眼大帝诸神。庙内由大殿、雨盖天井、左右看台和戏台组成，天井东西房有钟、鼓二楼。1980 年被列为永泰县文物保护单位。

名山院　坐落在永泰县大洋镇高盖山下。唐文德元年（888 年）始建，几经兴废，明正统三年（1438 年）鄢法真修复，正统十三年被毁，嘉靖年间（1522—1566）鄢峻联合张尤溪、戴宗虎重修。2015 年由大洋信众为主捐资修缮、扩建。该寺院现呈徽派建筑风格。占地面积 15000 多平方米，建筑面积 6000 平方米。

第五章　人　物

第一节　人物传

鄢法真（？—1448）　字伯定，永泰县大洋镇麟阳村人。明正统三年（1438 年），鄢法真组织修复名山院，建书斋楼，供子孙及乡亲子弟读书、习武。因与乡豪顾瞬有隙，又与乡绅陈子希争名山院檀越主权。正统十三年被诬告是沙县邓茂七同党，州督府邓督帅乘机勒索银子千两，鄢法真认为自己清白无辜，不肯屈服而被定谋反罪，全家有 15 人罹难，几乎灭门，所幸有弟、侄、孙等 7 人逃匿。26 年后沉冤得雪，家园复兴。

鄢　涧（1479—1541）　字克清，号朴斋，永泰县大洋镇麟阳村人。鄢涧经营有道，多年努力，家大业大，富甲一方，有田 50 顷，收租 7000 石。鄢涧尊祖敬宗，乐善好施，买 50 石田，每年以此田租收入专供祭祀祖宗之用。明嘉靖年间（1522—1566），出巨资重修名山室、重建名山书院；又引导 4 个儿子修建名山禅院，并拿出院外一片田产（约 30 亩）供烧香点灯、儿童读书之用。另外还铸造 1 口大钟捐给名山禅院使用。

鄢　峻（1509—1562）　字文杰，号东桥，永泰县大洋镇麟阳村人。鄢峻急公好义，15 岁就担任里长，一心为乡亲、族人办事，威望很高，深受拥戴。曾秉承父命，联合当地张、戴两姓，慷慨捐资扩建名山禅院。明嘉靖四十年（1561 年），倭寇入侵永泰，烧杀抢掠。鄢峻组织人马运输粮饷支援官兵抗敌，击退倭寇。第二年倭寇又来犯，县城沦陷，知县周焕战死。危急关头，鄢峻发出"马革裹尸"的豪言壮语，变卖家产，招募 600 多名勇士，组建义军，亲率杀敌，遭逃兵伏击遇害，被明世宗敕封"义士"。清雍正八年（1730 年），知县王纲在永泰县衙东隔墙建"忠义祠"祭祀，题写"明义士饷兵靖倭殉难保城"祠匾额，并作对联"义勇作干城逐寇安民一段英风弥百里；忠贞报王室整冠仗剑满腔正气贯千秋"赞颂。

鄢廷诲（1587—1643）　字德献，永泰县大洋镇凤阳村人。明崇祯十五年（1642 年）进士，授河南登封县令。崇祯十六年，李自成农民起义军路过登封，鄢廷诲见县小，守卫力量薄弱，无法抵抗，便让民众躲避，而他自己则打开城门，在县衙坐等。李自成见鄢廷诲勤政爱民，拿出 10 万两纹银委托其修建嵩岳庙。时遇饥荒，鄢廷诲以此银两购买粮食救济灾民。李自成闻讯，怒而要攻屠登封县，鄢廷诲为保护百姓免遭侵害，独骑见闯王说："罪责在我个人，勿伤及百姓。"后引剑自刎。闯王见状率军退出，对登封秋毫无犯，全城百姓对鄢廷诲感动万分。登封后任知县张埙为其写墓表，赞其忠烈。清乾隆四十一年（1776 年）谥封"节愍"。

鄢正畿（1602—1648）　字德都，永泰县同安镇官田人。明末清兵入关时，参加抗清复明斗争，南明隆武帝授予户科司务、兵科给事中等职。清兵攻下永福（今永泰），清廷以高官厚禄诱降而坚决不从，殉节于官田家祠。清乾隆四十一年（1776 年）谥封"节愍"。

鄢耀枢（1873—1943）　字体郁，号铁香，永泰县城关人。清光绪二十八年（1902 年）举人。任江西省新余县令；宣统元年（1909 年）得法律学位，调任江西省地方审判厅审判长；1912 年返闽任福建省临时咨询局议员；1914 年回永泰县，在麟阳鄢氏宗祠旁边创办永泰西山第一所小学——知儿学堂；1925 年受聘厦门大学，教授中国古典文学课程，晚年主持五修《麟阳鄢氏族谱》。

鄢顺科（1884—1951）　名景商，字则堆，号埜甫，又号泉成九，永泰县大洋镇麟阳村人。16 岁学艺，熟悉建筑业务，承揽建设三都澳美孚洋行等项工程，大获成功，扬名榕城，并成为永泰建筑界先驱，带动永泰建筑业发展。

鄢鸣涛（1888—1964）　又名培松，字秉鹤，永泰县大洋镇麟阳村人。早年赴广州追随孙中山，参加北伐战争，任福建省政府主席方声涛的秘书。1939 年任全国禁烟督察处专员，1940 年任国民党中央文官考核委员会专员，1947 年任总统府参政。曾获"抗日战争胜利勋章"一枚。

鄢茂炎（1935—2005）　永泰县大洋镇大展村人。厦门大学化学系毕业，北京大学原子能专业结业，教授级高级工程师。曾参加中国首枚原子弹的研制与生产，担任核工业部四厂技术科科长、分析室主任。其科研成果获全国科技大会奖、国防科委科技尖端奖、"从事核工业做出贡献"奖。1983 年回福州工作，先后任福州市经委主任、市科协主席、市政协副主席、市人大常委会副主任等职。

鄢行善（1936—2011）　永泰县大洋镇大展村人。高级工程师，享受国务院特殊津贴。1983 年任福建省化纤厂党委书记，1986 年起任厂长。任内抓改革严管理，工厂效益显著提高，其产品 6 项获省优、1 项获国优。1988—1991 年，其所在工厂被评为"全国重点骨干企业"，"全国纺织系统百家最佳效益企业"第十名，"全国化纤五十家利税大户"第五名。个人先后获"省优秀企业家""全国优秀经营者""全国劳动模范""全国五一劳动奖章"等荣誉称号。

第二节　人物录

鄢　识（生卒时间不详）　字知幾，江西抚州临川县人（一说建宁人）。明洪武十七年（1384 年）

举人，初选四川嘉定州荣县知县，后任浙江金华府同知，不久便代理知府职务。敕封奉议大夫，故又称金华公。

鄢仲隐（？—1433）　建宁县溪口镇溪枫村人。先后任广东省揭阳县县丞、云南会泽县令。

鄢文举（？—1458）　字觐侯，建宁县溪口镇溪枫村人。明洪武三十年（1397 年）邑增生。历任兴化（今莆田市）典吏、贵州都司卫典吏、贵州宣尉司吏、江西省玉山县县令。

鄢　璇（1426—1488）　字仲章，永泰县大洋镇麟阳村人。明正统十三年（1448 年）发生灭门族难时，携妻儿 3 人逃匿到嵩口白湾岳父家避难。族难过后，千方百计向官府申诉，历经艰辛于成化十年（1474 年），返回麟阳找回弟、侄，在限柄坊旧址上建 5 间平房居住，开创祖基，对麟阳鄢氏有再造之功。

鄢茂材（1538—1609）　字希周，号名山，永泰县大洋镇麟阳村人。岁贡生。历任浙江省永嘉县丞、江西省兴国州通判、湖北省襄阳府审理等职。

鄢　柳　字秀林，建宁县里心镇和德坊人。清康熙三十二年（1693 年）举人。初任江苏溧阳县县令，次任尚书兰枝，后官至礼部尚书。

鄢一栋（1691—1795）　字道具，号成庵，永泰县大洋镇大展村人。寿 104 岁，清朝廷赐“六品寿官”，旌奖锦帛 4 次，授“五代同堂”匾额，并建牌坊纪念。

鄢国鼎（1700—1770）　建宁县溪口镇溪枫村人。清康熙五十六年（1717 年）乡试第八名，雍正二年（1724 年）大挑考职候选知县，敕封文林郎。

鄢光椿（1759—1827）　字子观，号庄圃，永泰县大洋镇大展村人。清乾隆五十三年（1788 年）举人。晚年授职湖北省嵩县县令。因父母年迈，两次辞谢，在家孝养双亲。得皇恩荣赐“恩荣予养”匾。

鄢调元（1774—1858）　字可贡，号梅峰，永泰县大洋镇漈尾村人。清嘉庆三年（1798 年）举人。任泰宁县学教谕，教学有方，业绩突出，封六品顶戴加二级。

鄢必兴（1787—1839）　字为可，号闻亭，永泰县大洋镇大展村人。清嘉庆二十四年（1819 年）举人，道光十五年（1835 年）大挑一等。任湖北省兴山县代理知县，后调任勋西县令。

鄢金秋（1819—？）　字祖体，永泰县大洋镇麟阳村人。从小习武，青年从军，长年戍守边疆，为国捐躯。清朝廷追授五品官衔。

鄢阿十（？—1884）　永泰县大洋镇麟阳村人。海军舰艇士兵，中法马江海战英烈。

鄢耀庚（1885—1948）　永泰县城关人。1923—1924 年任永泰县县长。

鄢登敬（1901—1938）　松溪县人。从小随叔父鄢荣清行医，后秘密参加中国共产党开展地下活动，曾任中共路桥区委书记。因叛徒出卖，1938 年 8 月被捕遇害。2014 年被福建省政府追认为革命烈士。

鄢秉惠（？—1966）　永泰县大洋镇麟阳村人。曾任某部飞行大队领航长。1966 年冬驾机执行任务中，因飞机失事殉职。被福建省政府追认为革命烈士。

鄢庆枢（1910—1987）　永泰县大洋镇漈尾村人。曾任国民党 233 师军需部主任，1949 年 12 月在四川宜宾参加起义，福建省政府授予“起义有功人员”称号，1952 年返乡任教。

鄢礼匡（1926—1985）　永泰县大洋镇大展村人。1950 年参加土改工作队，任乡政府干部，1953—1978 年任村党支部书记，历任中共永泰县委一、二、三届委员。1955 年获“福建省劳动模范”称号。

鄢天金（1927—2016）　永泰县城关人。曾任大连海运学院教授、全国罗经校正考评委员会主任等职。

鄢邦国（1927—2016）　光泽县大禾山人。1945—1949 年参加闽浙赣游击队，中华人民共和国成立后任光泽县公安局指导员，参加剿匪反霸斗争，曾三次立功受奖。

鄢振岱（1928—2011）　永泰县大洋镇漈尾村人。历任天津市区防疫站副站长、永泰县防疫站副站长、主任检验师，入选福建高级人才录。

鄢礼野（1937—2006）　永泰县大洋镇凤阳村人。海军工程大学教授（正师级）。

鄢庆英（1937—2016）　永泰县大洋镇大展村人。高级经济师，历任中国人民银行永泰支行行长、工商银行永泰支行行长等职。是中国散文学会会员、福建省作家协会会员。

鄢承渠（1938—1982）　永泰县大洋镇凤阳村人。曾任南平化肥厂厂长，因工厂意外失火，为抢救工人生命和国家财产而牺牲。1983 年福建省政府追认其为革命烈士。

鄢礼谈（1938—2013）　闽清县上莲乡新村村人。曾任航空航天火箭部研究员、高级工程师，曾 3 次获国家部级嘉奖。

鄢剑平（1990—2017）　永泰县梧桐镇坵演村人。2017 年 10 月 4 日为救落水儿童而牺牲，被福州市人民政府追认为“福州市见义勇为先进分子”。

第三节　进士名录

姓名	籍贯	中进士时间与科榜	任职	备注
鄢廷诲	永泰	明崇祯十五年（1642 年），壬午科	河南登封县令	特奏名

编 后 记

2001 年，经福建省政府领导同意，福建省地方志编纂委员会计划编纂《福建省志·姓氏志》，并初步制定了篇目，后因故暂停编纂工作。2016 年，福建省地方志编纂委员会副主任俞杰，福建省姓氏源流研究会会长庄奕贤、第三届理事会常务副会长刘以籁等经过多次商讨，并在时任福建省地方志编纂委员会主任陈秋平的支持下，决定重新启动该志编纂工作，列为专志，定名为《福建姓氏志》，由福建省地方志编纂委员会和福建省姓氏源流研究会共同编纂。同年 11 月，经福建省姓氏源流研究会第四届理事会第一次理事大会通过，布置编纂工作，正式启动《福建姓氏志》编纂工作。

《福建姓氏志》编纂工作由福建省姓氏源流研究会所属的各姓氏委员会负责资料收集、撰稿，福建省地方志编纂委员会负责业务指导。全书按姓分篇，每姓一篇，根据编纂进度分卷出版。为保证编纂进度，提高质量，福建省姓氏源流研究会组织专家制定了篇目、凡例、编写通则，并多次召开会议，邀请省内姓氏文化研究、方志编纂的专家进行论证；指定黄姓、高姓、卢姓、魏姓、金姓委员会的专业人员撰写有关章节的范本，供各姓氏委员会撰稿人员作为资料搜集和撰稿的参考。2016 年 12 月，召开启动大会暨首次培训会。会后，各姓氏委员会也都召开几十人至上百人参加的会议，布置编纂工作，开始全面搜集资料，撰写初稿。

2019 年 12 月，《福建姓氏志》第一卷正式出版后，福建省姓氏源流研究会立即着手第二卷的审改工作。从 2020 年 3 月开始，组织专家对列入第二卷的杨、蔡、叶、周、苏、何、丘（邱）、萧、高、傅、柯、游、梁、彭、康、池、毛、金、钱、鄢等 20 个姓的志稿分别

编辑部集体审稿

第二卷出版座谈会

进行认真审稿，至2020年底，前后共召开37次初审、二审会议，确认基本合格后提交终审验收。

2020年12月7日，福建省姓氏源流研究会召开终审验收会议，省内姓氏文化研究、方志编纂的专家对志稿再次提出详尽的修改意见，各姓氏编纂人员根据专家的意见，又对稿件做了认真修改。从初稿撰写到修改审定，各姓氏委员会数易其稿，有的姓还反复修改了十几稿，从而确保了志书质量。2021年6月，志稿正式交付出版。

本志编纂过程中，得到了有关部门和社会各界的大力支持，福建省文史馆原馆长卢美松撰写本志概述，福建省公安厅、统计局提供各姓人口分布的数据，各姓人口聚居的乡镇政府、村委会，街道办事处、居委会为资料搜集提供帮助，福建省委党史研究和地方志编纂办公室专家、福建人民出版社编辑同志多次到会指导，保证了志书编纂任务顺利完成，在此一并致以谢忱。

编　者

2021年6月